MAGYAR—FRANCIA
KÉZISZÓTÁR

*

DICTIONNAIRE
HONGROIS-FRANÇAIS

DICTIONNAIRE HONGROIS-FRANÇAIS

PAR

ALEXANDRE ECKHARDT

PROFESSEUR DE LANGUE ET DE LITTÉRATURE FRANÇAISES À L'UNIVERSITÉ

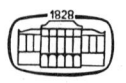

AKADÉMIAI KIADÓ · BUDAPEST

MAGYAR – FRANCIA
KÉZISZÓTÁR

SZERKESZTETTE

ECKHARDT SÁNDOR

A FRANCIA NYELV ÉS IRODALOMTÖRTÉNET EGYETEMI TANÁRA

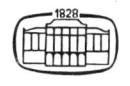

AKADÉMIAI KIADÓ · BUDAPEST

ISBN 963 05 6990 6

Kiadja az Akadémiai Kiadó, Budapest
Első kiadás: 1959
9., változatlan lenyomat: 1996

© Eckhardt Sándor jogutódai 1959

Minden jog fenntartva, beleértve a sokszorosítás, a mű bővített,
illetve rövidített változata kiadásának jogát is. A kiadó írásbeli hozzájárulása nélkül
sem a teljes mű, sem annak része semmiféle formában
(fotokópia, mikrofilm vagy más hordozó) nem sokszorosítható.

A kiadásért felelős az Akadémiai Kiadó és Nyomda igazgatója
A szerkesztésért felelős: Zigány Judit
Műszaki szerkesztő: Kiss Zsuzsa
A fedélterv Németh Zsuzsa munkája
Terjedelem: 69 (A/5) ív

Printed in Hungary

96.24573 Akadémiai Kiadó és Nyomda — Felelős vezető: Zöld Ferenc

TARTALOMJEGYZÉK

Előszó	7
Rövidítések jegyzéke	9
Magyar—francia szótár	17

TABLE DES MATIÈRES

Aux lecteurs	7
Abréviations et signes	9
Dictionnaire hongrois—français	17

ELŐSZÓ

A Magyar Tudományos Akadémia kiadásában megjelent nagy Magyar—Francia Szótár (1958) és nagy Francia—Magyar Szótár (1960) alapján készítettük el a most kiadásra került kéziszótárt.

Hogy a szótár terjedelmét csökkentsük és mégis használható legyen, elsősorban a beszélt és irodalmi nyelvre szorítkoztunk, elhagyva a tudományos és műszaki szókészlet nagyobb részét. Kisebbre vettük az argószavak menynyiségét is, elhagyva a kevésbé használatos vagy elavult szavakat, de javarészt megtartottuk a köznapi szavakat számos jelentésükkel, a bizalmas vagy népies kifejezéseket és neologizmusokat is. A származékszavaknál is takarékosabbak voltunk; ezeket az alapszavakból könnyen kikövetkeztetheti a használó. A szómennyiség csökkenése mellett a lehető legtöbb fordulatot felvettük; ezek rendkívül hasznosak a különböző értelmezések elkülönítésében, a hibák elkerülésében.

Reméljük, hogy a használó megtalálja mindazokat a szavakat és árnyalatokat, amelyekre szüksége van.

Nagy köszönettel tartozom Végh Bélának, aki a szóanyag kiválasztásánál segítségemre volt.

* * *

A használatnál a következő szempontokat kell figyelembe venni:

Nyelvtani kategóriák

A nyelvtani kategóriákat római számok segítségével tüntettük fel. Így névszóknál külön római számot kap a cím-

AUX LECTEURS

Le présent volume est un dictionnaire abrégé que nous avons extrait de nos deux grands dictionnaires hongrois—français et français—hongrois parus en 1958 et 1960 à la Maison d'Édition de l'Académie des Sciences de Hongrie.

Pour réduire le volume de ce dictionnaire sans que son usage en soit compromis, une priorité a été donnée à la langue littéraire et un tri soigneux opéré dans les termes scientifiques et techniques. Le dictionnaire s'est ainsi allégé d'expressions peu usitées ou désuètes et de la plupart des mots argotiques, tandis que les mots usuels avec leurs acceptions nombreuses, les expressions familières et populaires et certains néologismes ont été admis dans un nombre considérable. Nous nous sommes montrés économes des dérivés, les acceptions de ceux-ci se déduisent facilement du mot dont ils proviennent. Malgré la limitation de la quantité des mots admis, nous avons donné le maximum d'exemples qui précisent les diverses significations et permettent d'éviter des incorrections.

L'usager trouvera dans ce volume les mots courants dont il aura besoin.

Nous prions M. Béla Végh de trouver ici l'expression de nos remerciements pour son éminent concours dans la révision du lexique.

* * *

Pour l'utiliser avec profit, nous recommandons de bien noter ce qui suit:

Catégories grammaticales

Les catégories grammaticales sont indiquées par des chiffres romains. Ainsi l'emploi nominal est désigné par les szó főnévi, melléknévi és határozói értelme, illetőleg, ha határozói és elöljárói szerkezetben fordul elő. Igéknél a római számok a tárgyas, tárgyatlan és visszaható értelmet és alakot különböztetik meg. A címszó előtti római számok az azonos hangzású szavakat, vagyis a homonímákat választják el egymástól.

A francia igék legegyszerűbb alakjukban, vagyis infinitivusban szerepelnek, míg a magyar igéknél a legegyszerűbb magyar alakot, a jelen idő egyes szám 3. személyét adjuk, ami különben régi eljárás a magyar szótárirodalomban.

Az igék és főnevek ragozása

Az igék legfontosabb alakjainak végződéseit (múlt idő 1. és 3. személy, kötőmód 3. személy) és a főnévragozásban a többes számot, a tárgyesetet és a birtokos esetet adtuk meg.

Kiejtés

A magyar szavak kiejtését nem jeleztük. A francia szavak kiejtését a használó a francia—magyar részben találja meg. Ugyanitt található a francia igeragozásra vonatkozó minden tudnivaló.

chiffres romains I, II, III. etc. suivant les emplois substantif, adjectif, adverbial etc. Les formes verbales sont divisées en transitives, intransitives et pronominales.

Les chiffres romains placés devant deux ou plusieurs mots signalent les homonymes, termes s'écrivant et se prononçant de façon identique, mais différents soit par l'espèce soit par le sens.

Les verbes français figurent par l'infinitif, tandis que, selon une tradition bien établie de la lexicographie hongroise, les verbes hongrois sont enregistrés sous leur forme la plus simple (3e personne du singulier du présent de l'indicatif.

Conjugaison des verbes et déclinaison des substantifs

Nous avons donné les désinences verbales des plus importantes formes grammaticales (1e et 3e personnes du prétérit, 3e personne du présent du subjonctif) et celles, nominales, de la déclinaison (pluriel, accusatif, génitif).

Prononciation

Nous n'avons pas donné la prononciation des mots hongrois. L'usager trouvera celle des mots français dans le volume français—hongrois. Les informations sur la conjugaison des verbes français sont données aussi dans ce volume.

RÖVIDÍTÉSEK JEGYZÉKE — ABRÉVIATIONS ET SIGNES

ács	ácsmesterség	*charpentier*
alk	alkalmazva	*employé*
áll	állattan	*zoologie*
állatorv	állatorvosi	*médico-vétérinaire*
ált	általában	*en général*
antrop	antropológia	*anthropologie*
arch	régészet, ókori történet	*archéologie, hist. ancienne*
arg	argó	*argot*
ásv	ásványtan	*minéralogie*
átv	átvitt értelemben	*par extension*
aut	automobil	*automobilisme*
bány	bányászat	*industrie minière*
bibl	bibliai	*bible*
biz	bizalmas	*familier*
bor	borászat, szőlőművelés	*œnologie, viticulture*
bőrgy	bőrgyártás	*industrie des cuirs, maroquinerie*
csill	csillagászat	*astronomie*
diák	diáknyelv	*argot des étudiants*
dipl	diplomácia	*diplomatie*
div	divat	*mode*
egyh	egyházi	*ecclésiastique*
él	élettan, biológia	*biologie*
ép	építészet	*architecture*
erd	erdészet	*sylviculture*
erk	erkölcsi	*moral*
ért	értelemben	*au sens...*
f	nőnemű	*féminin*
fényk	fényképészet	*photographie*
fest	festészet	*peinture*
feud	feudális	*féodalité*
ff	felsőfok	*superlatif*
fil	filozófia	*philosophie*
film	film (mint szakma)	*cinématographie, filmologie*
fiz	fizika	*physique*
fn	főnév	*substantif*
ford. szerk.	fordított szerkezettel	*syntaxe inverse*
földr	földrajz	*géographie*
földreng	földrengéstan	*sismologie*
futb	futball	*football*
geol	geológia	*géologie*
gúny	gúnyos értelemben	*ironiquement*
-gy	-gyár, -gyártás	*industrie du...*
gyerm	gyermeknyelv	*langage enfantin*

gyógy	gyógyszerészet	pharmacologie
h	hímnemű	masculin
haj	hajózás	navigation, marine
hal	halászat, hal	pêche, poisson
hat	határozó	circonstanciel, adverbe
her	heraldika	blason
hiv	hivatalos nyelv	langage des bureaux
i	ige	verbe
ill	illetőleg	respectivement
ind	jelentőmód	indicatif
inf	főnévi igenév	infinitif
irod	irodalmi	littérature, littéraire
isk	iskolai	argot des écoliers
isz	indulatszó; hangfestő szó	interjection; onomatopée
ját	játék	jeu
jog	jogi nyelv	jurisprudence
kap	kapitalista	capitalisme
kárty	kártya	jeu de cartes
kat	katonai	militaire
kb.	körülbelül	sens approximatif
ker	kereskedelem	commerce
kert	kertészet	horticulture
kf	középfok	comparatif
koh	kohászat	métallurgie
konyh	konyhai	gastronomie
költ	költői	poétiquement
könyvk	könyvkötészet	reliure
köz	közönséges, triviális	trivial
középk	középkori	moyen âge
közg	közgazdaságtani	économie politique
közm	közmondás	proverbe
ksz	kötőszó	conjonction
lat	latin	latin
ld	lásd	voir...
lél	pszichológia, lélektan	psychologie
m	hímnemű	masculin
(m)	hímnemű főnév gyanánt is használható	s'emploie aussi comme substantif masculin
marx	marxizmus	marxisme
mat	matematika	mathématiques
méh	méhészet	apiculture
mellékm	mellékmondati	de subordination
met	meteorológia	météorologie
mez	mezőgazdaság	agriculture
mit	mitológia	mythologie
mn	melléknév	adjectif
műsz	műszaki	technique
műv	művészet	beaux-arts
n	mindkét nemben használható	nom neutre
(n)	mindkét nemben főnév gyanánt is használható	s'emploie aussi comme substantif des deux genres

nép	népies	populaire
népr	néprajz	ethnographie
nm	névmás	pronom
nőn	nőnem	féminin
növ	növénytan	botanique
nyelv	nyelvtan, nyelvtudomány	grammaire, linguistique
nyomd	nyomdászat	imprimerie
olv	olvasd	lire...
orv	orvostudomány	médecine
pal	paleontológia	paléontologie
paleogr	paleográfia	paléographie
part	participium	participe
part. passé		participe passé
part prés.		participe présent
pej	pejoratív, rosszalló, lekicsinylő értelemben	péjoratif
pénz	pénzügyi	finances
pl	többes szám	pluriel
pol	politika	politique
polgazd	politikai gazdaságtan	économie politique
post	posta	poste
prep	prepozíció, elöljáró	préposition
q	vki (valaki)	quelqu'un
qc	vmi (valami)	quelque chose
qpart	vhova (valahova)	quelque part
rád	rádió	radio
rég	régies	archaïsme
rep	repülés	aviation
ret	retorika	rhétorique
ritk	ritka	peu usité
röv	rövidítés	abréviation
sp	sport	sport
subj	kötőmód	subjonctif
sz	személy	personne
szemp	szempontból	au point de vue
szenv'	szenvedő	passif
szính	színház	théâtre
szm t	személytelen ige v szerkezet	verbe impersonnel
szn	számnév	nom de nombre
táj	tájszó	dialectal
tánc		danse
tb	többes szám	pluriel
tenisz		tennis
tex	textil(ipar)	industrie textile
tgy i	tárgyas ige	verbe transitif
tgyl i	tárgyatlan ige	verbe intransitif
tn	tulajdonnév	nom propre
torn	torna	gymnastique
tört	történelem	histoire
tréf	tréfás	par plaisanterie
tv	televízió	télévision

újs	újságírás	journalisme
v	vagy	ou
vad	vadászat	vénerie
vall	vallási	religion
vegy	vegyészet	chimie
vhol	valahol	quelque part
vhová	valahová	quelque part
vill	villamosság	électricité
vki	valaki	quelqu'un
vmi	valami	quelque chose
von	vonatkozólag	sous le rapport de ...
vívás		escrime
zen	zene	musique

NB. A ~ jel mindig a címszót jelzi. Szakmai jelzéseket teljesen kiírt formában is használtunk *(vasút)*, s általánosan ismert és elfogadott rövidítéseket is alkalmaztunk *(pl.* például, *ua.* ugyanaz).

A választójel - az elválasztáson kívül a változó végű magánhangzótövet is jelöli. Pl. **haza** -*át* = hazát

NB. Le signe ~ représente toujours le mot rubrique.

Les arts et les spécialités ne figurant pas dans la liste ci-dessus sont indiqués en toutes lettres *(vasút* = chemin de fer). Nous employons aussi les abréviations courantes en hongrois: *pl.* = p.e. (par exemple), *stb.* = etc.; *ua.* = idem.

Le trait d'union - en dehors de son emploi usuel, sert aussi à remplacer un thème pour présenter la finale variable qui s'y adapte. P. e. **haza** -*át* = hazát.

JEGYZETEK

JEGYZETEK

JEGYZETEK

JEGYZETEK

A, Á

I. a.[ák, át, ája] 1. *(betű, hang)* a *m;* 2. *zen:* la *m*
II. a *(névelő)* le, la, les; *a házak* les maisons
Aachen [~t] Aix-la-Chapelle *f*
abál [~tam, ~t, ~jon] cuire
abba I. *(hat)* là-dedans; dans celui-là *stb.; (igével:)* y; II. *(nm)* ~, ami dans *v* en ce qui
abbahagy [~tam, ~ott, ~jon] 1. cesser qc *v* de *(inf);* interrompre qc; finir de *(inf);* abandonner; discontinuer; *hol hagytuk abba?* où en sommes-nous? *hagyja abba!* arrêtez! finissez! voulez-vous bien finir? ~*ja a beszédet* finir de parler; ~ *egy mesterséget* quitter une profession; ~*ja a támadást* v *a vitát* désarmer; quitter la partie; 2. *átv:* lâcher prise; raccrocher *biz:* laisser en plan *biz*
abbahagyás arrêt *m;* suspension; interruption *f*
abban I. *(hat)* dedans; là-dedans; dans celui-là; *(igével:)* y; II. *(nm)* ~ *az esetben, ha* dans le cas *v* au cas où; en cas que *(subj);* ~, *ami* en ce qui; ~, *hogy* en ce que; ~ *voltam, hogy* je croyais que
abbanmarad en rester là; cesser; être interrompu(e)
abból I. *(hat)* de celui-là; de cela; de là; par là; *(igével:)* en; II. *(nm)* ~, *amit lát* par *v* de ce qu'il voit; ~, *hogy* du fait que
abcúg! hou! hou! à la porte! démission! dehors! à bas!
ábécé [~k, ~t, ~je] alphabet; a b c *m*
ábécéskönyv a b c; abécédaire; syllabaire *m*
Ábel [~ek, ~t, ~je] Abel *m*
abesszin [~ek, ~t] abyssin, -e
Abesszínia [-át] l'Abyssinie *f*
ablak [~ok, ~ot, ~a] 1. fenêtre; croisée *f;* jour *m; az* ~*ok (összesen) fenêtrage m; (festett)* vitrail *m;* verrière *f; (hajókabinon, repülőgépen)* hublot *m; (járművön)* glace *f; (pénztárnál, hivatalban, ajtón)* guichet *m; (pince*~*)* soupirail *m;* ~*ában* à sa fenêtre; *nem teszi az* ~*ba* il n'ira pas le crier sur les toits; *az* ~*ban áll* être à la fenêtre; *az* ~*ból* (du haut) de la fenêtre; 2. *(üveg)* carreau *m;* glace; vitre *f*
ablakbeverés bris *m* de vitres *v* de glaces
ablakdeszka *(ablakrész)* appui *m* de fenêtre
ablakfél(fa) jambage *m v* jambe *f* de fenêtre
ablakfüggöny rideau; store *m;* draperie *f*
ablakfülke baie; embrasure *f* (de la fenêtre)
ablakkereszt croisée *f; (nem nyitható)* meneau *m*
ablakkeret châssis; (bâti) dormant; encadrement *m* de fenêtre
ablakkilincs crémone *f*
ablakköz entre(-)fenêtre; trumeau *m*
ablaknyílás baie *f; (befelé táguló)* ébrasure *f*
ablakos [~ak, ~at; ~an] I. *(mn) két*~ *szoba* chambre *v* pièce *f* à deux fenêtres; II. *(fn)* vitrier; mastiqueur *m* (de carreaux)
ablakpárkány rebord *v* appui *m* (de fenêtre)
ablakszárny battant *v* vantail *m* (de fenêtre)
ablaktábla 1. vitre *f;* carreau *m; (nagy)* glace *f;* 2. *(külső)* volet *m*
ablaktalan sans fenêtres *v* jour
ablaktok jambages *m pl; műsz:* châssis; dormant *m* (de croisée)
ablaktörlő *aut:* essuie-glace; *(mosóval)* lave-glace *m*
ablaküveg 1. *(anyag)* verre *m* à vitre(s); feuille *f;* 2. *(ablak)* carreau *m;* vitre *f*

ablativus ablatif *m*
abnormis [~ak, ~at; ~an] anomalistique; anormal; aberrant, -e
ábra [-ák, -át, -ája] planche; figure; reproduction; illustration; vignette *f;* *(vázlatos)* schéma *m; a mellékelt -án láthatjuk* la figure ci-contre nous montre
abrak [~ok, ~ot, ~ja] mangeaille; provende *f; (széna)* fourrage *m*
abrakol [~tam, ~t, ~jon] affourrager; affourager
ábránd [~ok, ~ot, ~ja] 1. chimère; utopie *f; ~okat kerget* courir après une ombre; bayer aux chimères; *~okban él* se nourrir d'illusions; *hiú ~okkal áltatja magát* se repaître de songes; 2. *zen:* fantaisie *f* (sur qc)
ábrándos [~ak, ~at; ~an] *(arc)* rêveur; *(lélek)* chimérique; romanesque
ábrándozik [~tam, ~ott, ~zék *v* ~zon] rêver; songer; rêvasser
ábrándozó [~k, ~t; ~an] I. *(mn)* rêveur, -euse; mélancolique; II. *(fn)* rêveur, -euse *n;* songe-creux; *(politikai stb.)* utopiste *m*
ábrázat [~ok, ~ot, ~a] figure; physionomie; mine *f;* faciès *m*
ábrázol [~tam, ~t, ~jon] figurer; représenter
ábrázolás 1. figuration; représentation *f;* le simulacre de qc; ~ *módja (művészi)* rendu *m;* 2. description *f*
ábrázoló [~k, ~t; ~an] I. *(mn)* 1. figurant; représentant; symbolisant; 2. ~ *mértan* géométrie descriptive; ~ *művészet* art figuré; II. *(fn)* représentant; symbole; emblème *m*
abroncs [~ok, ~ot, ~a] 1. cercle *m; (keréken)* bandage *m; (autón, kerékpáron)* pneu(matique) *m; (cirkuszi)* cerceau *m;* 2. *műsz:* collier *m;* frette *f*
abroncsos [~ak, ~at; ~an] I. *(mn)* cerclé, -e; II. *(fn) (készítő)* cerclier *m*
abroncsoz [~tam, ~ott, ~zon] 1. cercler; relier (un tonneau); 2. *műsz:* fretter

abroncsvas fer feuillard *m*
abrosz [~ok, ~t, ~a] nappe *f; felteszi az ~t* étendre la nappe; *leszedi az ~t* enlever la nappe
Absolon [~ok, ~t, ~ja] Absalon *m*
abszint [~ok, ~ot, ~ja] absinthe *f*
abszolút [~ot] absolu; inconditionné, -e; ~ *fagypont* zéro absolu; ~ *fogalom* idée absolue; ~ *hallás* oreille absolue; ~ *hőfok* température absolue; ~ *sűrűség* masse spécifique *f;* ~ *szám* nombre absolu *v* abstrait; ~ *többséggel* à la majorité absolue
abszolute absolument; ~ *nem* absolument pas
abszolutisztikus absolutiste *(n)*
abszolutizmus absolutisme *m*
abszolvál [~tam, ~t, ~jon] 1. terminer ses études; 2. venir à bout de *v* liquider qc
abszorbeál *fiz:* absorber
abszorbeálás absorption *f*
absztinencia [-ák, -át, -ája] abstinence *f*
absztinens [~ek, ~et; ~en] abstinent, -e; abstentionniste *(n)*
absztrahál [~tam, ~t, ~jon] abstraire; opérer une abstraction
absztraháló [~k, ~t; ~an] abstractif, -ive; abstracteur *(m);* . ~ *képesség* faculté abstractive; abstractivité *f*
absztrakció [~k, ~t; ~ja] *ld:* elvontság
absztrakt [~ok, ~ot; ~an] abstrait, -e; · ~ *festő* peintre abstrait
abszurd [~ok, ~ot; ~an] absurde; *(átv. így is:)* grotesque
abszurdum [~ok, ~ot, ~a] absurdité *f;* l'absurde *m; az ~ig viszi a következtetést* raisonner *ab absurdo*
accusativus accusatif *m*
acél [~ok, ~t, ~ja] acier *m; (összetételben)* d'acier; en acier; ~ *tartalmú* aciéreux, -euse; ~*lal bevont* acéré, -e; ~*lal borít* blinder
acéláru article *v* objet *m* en acier; *tb:* les aciers
acélbádog tôle *f* d'acier
acélborítás blindage *m*
acéldrót fil *m* en acier tendu
acélfeldolgozó ipar industries utilisatrices d'acier

acélfürdő *koh:* bain (d'acier) *f*
acélgyár aciérie *f*
acélgyártás fabrication *f* de l'acier
acélhuzal fil *m* d'acier
acélipar industrie *f* de l'acier
acélkék bleu d'acier
acéllemez tôle *v* lame *f* d'acier
acélmetszet gravure sur acier; estampe *f;* acier *m*
acélmű aciérie *f*
acélos [~ak, ~at; ~an] acéré, -e; aciéreux, -euse; ~ *búza* blé dur; froment *m;* ~ *izmok* muscles *m pl* de fer
acéloz [~tam, ~ott, ~zon] ac(i)érer; *átv:* tremper
acélozott [~ak, ~at; ~an] acéré; aciéré; acérain, -e
acélöntés coulée *f v* coulage *m* d'acier
acélöntöde aciérie *f*
acélöntvény fonte *f* d'acier; acier moulé
acélpenge lame *f* d'acier
acélsisak casque *m* d'acier
acél-szénközösség pool acier-charbon *m*
acélszürke gris acier
acéltermelés production *f* d'acier
acéltüdő poumon *m* d'acier
acetilén [~ek, ~t, ~e] acétylène *m*
acetilénlámpa lampe *v* lanterne *f* à acétylène
aceton *vegy:* acétone; propanone *f*
Acheron [~t] *mit: az* ~ l'Achéron *m*
Achillész [~ek, ~t, ~e] Achille *m;* ~ *sarka* le talon d'Achille; *átv:* le point névralgique
ács [~ok, ~ot, ~a] charpentier; équarrisseur *m*
acsarkodik [~tam, ~ott, ~jék *v* ~jon] *vki ellen* s'acharner sur *v* contre *v* après q
ácsfejsze hache(tte) de charpentier; besaiguë *f*
ácsfűrész passe-partout *m;* scie ventrée
ácskapocs clampe *f;* crampon *m*
ácskréta rubrique *f; vörös* ~ arcanne *f*
ácsmesterség charpenterie *f;* charpentage *m*
ácsol [~tam, ~t, ~jon] *(állványt)* assembler; charpenter; *(gerendát)* équarrir; *bány:* buiser

ácsolás *(ácsmunka)* charpenterie *f; (szerkezeté)* assemblage *m; bány:* boisage; ablocage *m*
ácsolat *ép:* charpente *f; bány:* équarrissage; cuvelage *m*
ácsorgás stationnement *m;* flânerie *f; (sortállás)* queue; file *f*
ácsorgó [~k, ~t, ~an] **I.** *(mn)* stationnant; qui fait la queue; **II.** *(fn)* flâneur, -euse; badaud, -e
ácsorog [~tam, -rgott, ~jon] stationner; battre le pavé; flâner
ad [~tam, ~ott, ~jon] **1.** donner; remettre; tendre; offrir; fournir; *(termelve)* rendre; *(engedményt)* consentir; *(orvosságot)* administrer à q; *(tovább v oda)* (faire) passer à q; *időt ad* donner *v* accorder du temps; *Kétszer ad, ki gyorsan ad.* — Qui donne tôt donne deux fois. — **2.** *ad érte vmit* en donner qc; **3.** *(árut)* vendre; *hogy adja?* c'est combien? combien vendez-vous cela? **4.** *(ruhát vkire)* mettre qc à q; **5.** *(játssza)* faire; *adja az áldozatot* se poser en victime; *ipari tanulónak ad* mettre en apprentissage; **6.** *sp: B. C.-nek adja a labdát* B. sert C.; **7.** *(színdarabot)* donner; jouer; représenter; **8.** *(vmire)* tenir à qc; **9.** *vmire adja magát* se vouer *v* se livrer *v* s'adonner à qc
adag [~ok, ~ot, ~ja] **1.** portion; ration; dose *f; jókora* ~ *naivitás* un grand fonds de naïveté; **2.** *orv:* dose *f;* **3.** *műsz:* charge; fournée *f*
adagol [~tam, ~t, ~jon] **1.** rationner; doser; **2.** *műsz:* alimenter
adagolás 1. rationnement; dosage *m;* **2.** *műsz:* alimentation; avance *f;* **3.** *orv:* posologie; dosimétrie *f*
adagoló [~k, ~t, ~ja] **I.** *(mn)* dositif, -ive; *vegy, műsz:* ~ *készülék* doseur *m;* **II.** *(fn)* doseur *m*
adakozás largesses *f pl;* libéralité(s) *f (pl)*
adakozik [~tam, ~ott, ~zék *v* ~zon] donner *v* pratiquer la charité
adakozó [~k, ~t; ~an] *(mn)* libéral, -e; charitable

adalék [~ok, ~ot, ~a] *(tanulmány)* contribution *f* (à qc); *(adat)* document; élément *m;* donnée *f*
Ádám [~ok, ~ot, ~ja] Adam *m;* ~ *apánk* notre premier père; *átv:* ~ *apánknál kezdi* remonter au déluge
ádámcsutka pomme *f* d'Adam
adandó [~k, ~t; ~an] *vkinek* ~ à remettre à q; ~ *alkalommal* à l'occasion; au cas échéant; en l'occurrence
adás 1. don; octroi *m;* **2.** émission (radiophonique *v* de T. S. F. *v* de télé); diffusion *f; következő ~unk* la prochaine écoute
adásszünet *rád:* interruption *f*
adásvétel l'achat *m* et la vente de qc
adásvételi *jog* droit *m* de vente
adat [~ok, ~ot, ~a] donnée; indication *f;* élément *m;* renseignement *m;* ~*okat gyűjt* enquêter; se documenter (sur qc); ~*okat szolgáltat vmiről* fournir *v* donner des précisions *v* des renseignements sur qc; *anyakönyvi* v *személyi* ~*ok* état civil
adatgyűjtés documentation; enquête *f*
adatszerű documentaire; documenté, -e
ádáz [~ok, ~at; ~ul] acharné, -e; furieux, -euse; farouche
addig 1. *(hely)* jusque-là; *(jövőben)* d'ici là; jusque-là; en attendant; *(múltban)* jusqu'alors; antérieurement; **2.** ~ *is, míg jobbra nem fordul minden;* ~ *ameddig* en attendant mieux; ~ ... *ameddig* tant ... que; ~, *amíg* en attendant que *(subj);* jusqu'à ce que *(ind* v *subj)*
addigi [~t] antérieur(e) (à cette date)
addigra d'ici là; jusque-là
adjonisten! salut! bien le bonjour!
adjunktus adjoint, -e *n*
adjusztál [~tam, ~t, ~jon] **1.** *ker:* présenter; **2.** *gúny* fagoter
adjutáns [~ok, ~t, ~a] adjudant major; aide *m* de camp
adminisztráció [~k, ~t, ~ja] administration *f*
adminisztratív [~ok, ~at] administratif, -ive
adminisztrátor [~ok, ~t, ~a] administrateur, -trice *n*

admirális [~ok, ~t, ~a] amiral *m;* officier général
I. adó [~k, ~t, ~ja] *(aki ad, pl. vért)* donneur *m*
II. adó *rád:* émetteur *m* (de T. S. F.)
III. adó impôt *m;* contribution *f;* droit *m;* taxe *f; (egész nép által fizetett)* tribut *m;* ~ *alá eső* taxé(e) *v* frappé(e) d'impôt; imposable; *az* ~*kat emeli* aggraver les impôts; ~*t (ki)vet vkire* asseoir un impôt sur q; imposer q; *vminek* ~*ját leszállítja* dégrever *v* détaxer qc
adóalany contribuable; imposé *m*
adóalap base taxable *f*
adóállomás *rád:* (poste) émetteur (de T. S. F. *v* de télé)
adóbehajtás perception *f v* recouvrement *v* encaissement *m* des impôts
adóbevallás déclaration *f* des impôts
adóbizonylat certificat *m* d'imposition
adócsalás fraude fiscale
adócső *rád:* tube *m* d'émission
adócsökkentés dégrèvement *m* (des impôts)
adódik [~ott, ~jék *v* ~jon] s'imposer; découlèr de qc
adóelengedés remise *v* réduction *v* décharge *v* exemption d'impôt; détaxe *f*
adóemelés augmentation *f v* supplément *m v* majoration *f* des impôts
adóév 1. année fiscale; **2.** année *f* de l'imposition
adófelügyelő directeur *m* des contributions; *(fogyasztási)* receveur buraliste
adófizetés paiement *v* versement *v* acquittement *m* de l'impôt
adófizető contribuable; administré *m*
adófőkönyv matrice *f* du rôle des contributions
adogat 1. donner; passer à q; *(automata)* distribuer; **2.** *müsz:* alimenter; débiter; **3.** *sp:* faire des passes répétées; *(tenisz)* servir
adóhátralék arrérages *m pl* d'impôts; arriéré fiscal
adóhivatal bureau *m* des contributions; recette (des finances) *f*
adóív feuille *f* d'impôts

adókedvezmény faveur fiscale
adókészülék *rád:* poste émetteur
adókirovás; adókivetés établissement *m* de la taxe *v* de l'impôt; l'assiette *f* de l'impôt
adókönyv matrice générale; livret *v* rôle *m* des contributions; *(magával hozható)* portatif *m*
adóköteles imposable; taxable
adóközösség communauté fiscale
adókulcs barème *v* taux *m* de l'impôt
adólajstrom rôle contributif
adólóerő *aut:* puissance fiscale
adoma [-ák, -át, -ája] (bon) mot; anecdote; historiette *f*
adomány 1. don *m;* *(közcélra)* contribution *f;* *(szerény)* obole *f;* 2. *(tehetség)* don *m;* faculté *f;* talent *m*
adományoz [~tam, ~ott, ~zon] concéder; accorder; donner; octroyer; *(címet)* conférer
adományozás donation *f;* octroi *m;* attribution; concession *f;* *(címé)* collation *f*
adomázik [~tam, ~ott, ~zék *v* ~zon] conter des anecdotes
adómentes franc(he) *v* net(te) *v* quitte d'impôt; exempt(e) des droits
adómentesen en franchise
adómentesség exonération fiscale; franchise *f*
adónem catégorie *f* d'impôt; *(jövedelmi)* cédule *f*
adópénz *bibl:* le denier de César
adópótlék taxe de compensation; surtaxe; majoration *f*
adoptál [~tam, ~t, ~jon] adopter
adórendszer système fiscal; régime *m* de fiscalité *v* des impôts
Adorján [~ok, ~t, ~a] Adrien *m*
adós [~ok, ~t] I. *(mn)* débiteur, -trice; *(vmivel)* être redevable de qc; II. *(fn)* 1. débiteur, -trice *n;* 2. *átv:* obligé *m;* 3. *(szólásokban:) megfizettem, nem maradtam ~* prêté rendu; *ő sem marad ~a* rendre à q la monnaie de sa pièce
adóslevél obligation; reconnaissance *f* d'une dette
adósság dette *f; ker:* dette passive; *~ kifizetése* libération *f; kifizeti ~át*

acquitter une dette; s'acquitter (d'une dette); *~ot kifizet* éteindre une dette
adószedő percepteur; receveur (buraliste) *m; tört:* collecteur de tailles; maltôtier *m*
adótárgy objet *m v* matière *f* imposable
adótartozás dette fiscale; arrérages *m pl* des impôts
adóteher charge fiscale
adótorony 1. *rád:* tour *f v* pylône *v* mât *m* d'antenne; 2. tour de télévision
adótörlés radiation *f*
adott [~at] donné; *~ esetben* le *v* au cas échéant; s'il y a lieu; *az ~ esetben* dans le cas concret; en l'espèce; en l'occurrence; *egy ~ jelre* à un signal déterminé; *mat:* *~ mennyiség* quantité donnée; *~ szó* parole *f*
adottság 1. fait; fait acquis; donnée *f* de l'expérience; 2. donné *m;* 3. *(természeti)* dispositions naturelles
adóügyi fiscal, -e
adóvevőkészülék *rád:* poste émetteur-récepteur
adózás contributions *f pl;* payement *m* des impôts
adózik [~tam, ~ott, ~zék *v* ~zon] *(vkinek)* payer l'impôt à q; être tributaire de q
adózó [~k, ~t, ~ja] contribuable; imposable; assujetti *m*
adóztat imposer; mettre à contribution
Adria [-át] *az ~* l'Adriatique *f*
adriai [~t] adriatique
adszorbeál *vegy:* adsorber
adu [~k, ~t, ~ja] atout *m; ~val üt* battre atout
advent [~ek, ~et, ~je] *vall:* avent *m*
adverbiális [~ak, ~at *v* ~t] *nyelv:* adverbial; adverbal, -e
adverbium [~ok, ~ot, ~a] *nyelv:* adverbe *m*
Aeneas [~t, ~a] Énée *m*
Aeneis [~t, ~e] Énéide *f*
aarodinamika *fiz:* aérodynamique *f*
aerodinamikai *fiz:* aérodynamique
aerodinamikus aérodynamicien, -enne *n*

afelé vers ce côté-là; de ce côté-là; dans cette direction
afelett 1. là-dessus; au-dessus; **2.** ~, *hogy* sur ce que; de ce que
afelől 1. de même côté; de ce côté-là; de là; **2.** à ce point de vue; de cela; sous ce rapport
affektál [~tam, ~t, ~jon] **I.** *(tgyl i)* affecter; minauder; **II.** *(tgy i)* affecter; feindre
affektálás affectation; afféterie; minauderie *f*; simagrées *f pl*
affektált [~ak, ~at; ~an] affecté; affété; maniéré, -e
afféle [-ék, -ét] un de ces...; *ez csak ~ áligazság* c'est un de ces sophismes
afgán [~ok, ~t; ~ul] afghan, -e
Afganisztán [~t] l'Afghanistan *m*
áfonya [-ák, -át, -ája] *(fekete* v *kék)* (airelle) myrtille *f*; *(piros)* airelle ponctuée *v* rouge
aforizma [-ák, -át, -ája] aphorisme *m*; maxime *f*
afrik [~ok, ~ot, ~ja] varech; crin végétal
Afrika [-át] l'Afrique *f*
afrikai [~t] africain, -e
ág [~ak, ~at, ~a] **1.** *(fán)* branche *f*; rameau *m*; *ágra ül* v *száll* brancher; *ágról-ágra* de branche en branche; **2.** *átv*: branche; *(folyóé)* bras *m*; *(villáé)* dent *f*; *(agancsé)* cor *m*; *(szarvasagancsé)* andouiller *m*; *(csillagé)* rai *m*; **3.** *(családé)* ligne; branche; **4.** *a közélet minden ágában* dans tous les domaines de la vie publique
ága-boga; *tudja* v *ismeri minden -át* il en connaît *v* sait tous les recoins *v* tours
ágacska [-ák, -át, -ája] rameau *m*; brindille *f*
agancs [~ok, ~ot, ~a] bois *m pl*; ramure *f* (de cerf); *(ág)* andouiller; cor *m*; *tízágú ~* bois d'un cerf dix cors
agár [agarak, agarat, agara] lévrier *m*; *nőstény ~* levrette *f*; *hátrább az agarakkal!* tout beau, Monsieur! vous allez un peu fort!
agarászat [~ok, ~ot, ~a] chasse *f* au lévrier

ágas [~ak, ~at; ~an] *növ*: rameux, -euse; raméal, -e
ágas-bogas branchu, -e; rameux; ramuleux, -euse; touffu, -e
ágaskodik [~tam, ~ott, ~jon *v* ~jék] **1.** se dresser sur la pointe du pied; se piéter; **2.** *(ló)* se cabrer; **3.** *átv*: ruer dans le brancard; *vmi ellen ~* se gendarmer contre qc
agát [~ok, ~ot, ~ja] agate *f*
agávé [~k, ~t, ~ja] *növ*: agave; agavé *m*; pit(t)e *f*; lin *m* d'Amérique
ágens [~ek, ~et, ~e] **1.** *pej*: émissaire *n*; agent provocateur; **2.** *(ügynök)* agent *m*
agg [~ok, ~ot, ~ja] **I.** *(mn)* vieux, vieil, vieille; âgé, -e; **II.** *(fn)* vieillard; grison *m*
aggály [~ok, ~t, ~a] craintes *f pl*; scrupule(s) *m (pl)*
aggályos [~ak, ~at; ~an] inquiétant; risqué, -e; périlleux, -euse
aggályoskodás scrupules *m pl*; appréhension *f*
aggályoskodó [~k, ~t; ~an] délicat, -e; pointilleux; méticuleux; scrupuleux, -euse
aggastyán [~ok, ~t, ~ja] vieillard; vétéran; mathusalem *m*
aggaszt [~ott, aggasszon] inquiéter; angoisser; inspirer de l'inquiétude à q
aggat accrocher; suspendre; pendre
aggkor vieillesse *f*; grand âge; *(beteges)* sénilité *f*
aggkori 1. de la vieillesse; *~ járadék* allocation vieillesse *f*; **2.** *(betegség)* sénile
agglegény vieux garçon; célibataire *m*
agglegénylakás garçonnière *f*
aggodalom [-lmak, -lmat, -lma] angoisse; anxiété *f*; souci *m*; inquiétude *f*; *aggodalmat kelt vkiben* donner l'alarme à q; *komoly ~ra ad okot* inspirer de l'inquiétude *v* de sérieuses inquiétudes (à q)
aggódik [~tam, ~ott, ~jék *v* ~jon] être dans l'angoisse; se peiner; *(vmiért)* s'inquiéter de qc; *(vkiért)* trembler *v* s'alarmer pour q

| aggódó | 23 | ágyhuzat |

aggódó [~k, ~t; ~an] soucieux, -euse; angoissé, -e; anxieux, -euse
aggófű *növ:* séneçon *m*
agilis [~ak, ~at] agile
agitáció [~k, ~t, ~ja] agitation *f;* menées *f pl*
agitál [~tam, ~t, ~jon] agiter, faire campagne; *(háznál)* faire du porte à porte
agitátor [~ok, ~t, ~a] agitateur, -trice *n;* militant *m*
Ágnes [~ek, ~t, ~e] Agnès *f*
agnoszkál [~tam, ~t, ~jon] identifier q; établir l'identité de q
agónia [-ák, -át, -ája] agonie *f*
agonizál [~tam, ~t, ~jon] agoniser
Agost [~ok, ~ot, ~ja] Auguste *m*
Ágoston [~ok, ~t, ~ja v ~a] Augustin *m*
Ágota [-ák, -át, -ája] Agathe *f*
agrár [~ok, ~t, ~ja] agraire; *(politikai)* agrarien, -enne
agrárállam État agraire *m*
agráripar industrie agricole *f*
agrárolló ciseaux *m pl* des prix des produits agricoles et industriels
agrárpolitika 1. *(földművelési)* politique agraire *v* agricole; 2. *pol:* politique agrarienne
agrárproletár prolétaire agricole *m*
agresszió [~k, ~t, ~ja] agression *f*
agressziós [~ak, ~at; ~an] ~ *politika* politique *f* d'agression
agresszív [~ek, ~et] agressif, -ive
agresszor [~ok, ~t, ~a] agresseur *m*
agrobiológia agrobiologie *f*
ágrólszakadt I. *(mn)* déguenillé; dépenaillé, -e; miséreux, -euse; II. *(fn)* va-nu-pieds; pouilleux *m*
agronómus agronome *n*
agrotechnika agrotechnie; agrotechnique *f*
agy [~ak, ~at, ~a] 1. cerveau *m;* ~*on belüli* intracérébral, -e; ~*on kívüli* extracérébral, -e; *töri a kis* ~*át* se creuser la cervelle; 2. *(puskáé)* crosse *f*
ágy [~ak, ~at, ~a] 1. lit *m;* couche *f;* *az* ~ *feje* chevet *m;* tête *f* du lit; *az* ~ *lábánál* au pied du lit; ~*ban fekszik* être au lit; ~*ban marad* garder le lit; ~*nak dől v esik* s'aliter; ~*tól és asztaltól elválnak* se séparer de corps et de table; 2. *műsz:* banc *m;* 3. *kert:* planche; plate-bande *f*
agyafúrt [~ak, ~at; ~an] 1. astucieux, -euse; subtil; fin; roué, -e; 2. *(okoskodás stb.)* spécieux, -euse; ~ *okoskodás* argutie *f;* sophisme *m*
agyag [~ok, ~ot, ~a] argile; (terre) glaise *f;* ~ *tartalmú* argilifère
agyagáru produit céramique *m;* poterie *f*
agyagedény poterie; céramique *f*
agyagégető 1. *(ember)* céramiste *n;* potier *m;* 2. *műsz:* four *m* à cuire; four circulaire
agyaggalamb pigeon artificiel *v* d'argile
agyagipar industrie céramique
agyagkorsó cruchon; pot *m* d'argile
agyagminta moule à cuire *v* creux
agyagműves céramiste *n*
agyagos [~ak, ~t; ~an] argileux; glaiseux, -euse; argilifère
agyagtégely creuset *m* de terre; *tűzálló* ~ moufle *m*
agyalágyult gâteux, -euse; ramolli, -e; paralytique *(n)*
agyar [~ak, ~at, ~a] *(elefánté)* défense *f;* *(erős szemfog)* croc *m*
agyba-főbe *dicsér* porter aux nues; accabler q de louanges; encenser q; ~ *ver* assommer; bourrer *v* rouer *v* assassiner de coups
agydaganat tumeur cérébrale
ágydeszka *(matracot tartó)* goberge *f;* *(oldalsó)* pan *m;* *(hátsó)* dossier *m*
ágyék [~ok, ~ot, ~a] 1. aine *f;* 2. *(lágyék)* lombes; reins *m pl*
ágyéki *orv:* lombaire
ágyékkendő; ágyékkötő cache-sexe *m;* *(tropikus népeké)* pagne *m*
ágyéksérv hernie inguinale
ágyékzsába *orv:* lumbago *m*
ágyelő [~k, ~t, ~je] descente *f* de lit
ágyfa bois de lit; châlit *m*
ágy-fotel fauteuil-couchette *m* -
agyhártya *orv:* méninge *f*
agyhártyagyulladás *orv:* méningite; méningo-encéphalite; fièvre cérébrale
ágyhuzat linge *m* de literie

agyi [~t; ~lag] *orv:* encéphalique; cérébral, -e
ágyipoloska punaise *f* des lits
ágykabát 1. manteau *m* de nuit *v* de lit; **2.** *div:* *(női)* liseuse *f*
agykéreg *orv:* cortex cérébral; ~ *alatti* subcortical; sous-cortical, -e
agylágyulás paralysie cérébrale; gâtisme *m*
agylékelés trépanation *f*
agyműködés activité cérébrale
ágynemű linge *m* de lit(erie); *szétrakja az* ~*t* défaire le lit; *ágyba* ~*t tesz* monter un lit
ágynyilvántartó *kb:* service central d'hospitalisation
agyon à mort
agyonbeszél *vkit* battre les oreilles à q; briser le tympan à q
agyoncsap *ld:* **agyonüt;** ~*ja az időt* tuer *v* tromper le temps
agyoncsépelt rabâché; rebattu, -e
agyondolgozza *magát* se surmener; se tuer de travail
agyonfáraszt échiner; esquinter; éreinter *biz*
agyongyötör harceler à mort
agyonhajszol surmener; tuer de travail
agyonhallgat faire la conspiration du silence autour de q
agyonlő brûler la cervelle à q; fusiller; abattre d'un coup de revolver *v* de fusil; passer par les armes; *agyonlövi magát* se brûler la cervelle
agyonlöv(et)és fusillade; exécution *f*
agyonnyom écraser; étouffer
agyonrúg tuer d'un coup de sabot
agyonsújt *(villamos áram)* foudroyer; électrocuter
agyonszúr tuer *v* abattre d'un coup de poignard *v* d'épée *v* de couteau; poignarder
agyontapos écraser (du pied); écrabouiller
agyonterhel surcharger
agyonüt; agyonver assommer; frapper à mort; ~*i az időt* tuer le temps
agyonzaklat rompre l'oreille à q; harceler à mort
ágyrajáró logeur *m* à la nuit
agyrázkódás *orv:* commotion cérébrale

agyrém chimère; vision; fantasmagorie *f*
agysebész neurochirurgien *m*
ágysodrony sommier métallique *m*
agyszélhűdés *(guta)* (coup *m* d')apoplexie *f*
ágytál bassin pour selles *v* de lit
agytekervény circonvolution cérébrale *v* de cerveau
ágyterítő couvre-lit *m*
agytröszt trust des cerveaux; braintrust *m*
ágyú [~k, ~t, ~ja] **1.** canon *m;* pièce (d'artillerie); *elsüti az* ~*t* tirer *v* décharger le canon; *felállítja az* ~*t (talpára)* affûter le canon; ~*val lövöldöz verebekre* tirer sa poudre aux moineaux; **2.** *átv:* *a nagy* ~ la grosse artillerie
ágyúcső (tube de) canon *m;* bouche *f* à feu
ágyúdörej bruit du canon; grondement *m* des canons
ágyúgolyó obus *m;* bombe *f.*
ágyúlövés coup *m* de canon; ~*nyire* à portée de canon
ágyúnaszád canonnière *f*
ágyúpark parc *m* d'artillerie
ágyús canonnier *m*
ágyútalp affût *m;* semelle *f*
ágyútöltelék *(emberről)* chair *f* à canon
ágyútűz feu *m* des canons; canonnade; salve *f* d'artillerie; *(hajó egy oldaláról)* bordée *f*
ágyúüteg batterie *f* (de canons)
ágyúz [~tam, ~ott, ~zon] bombarder; canonner
ágyúzás canonnade *f;* bombardement *m*
agyvelő cerveau *m;* *(anyaga)* cervelle *f*
agyvelőállomány substance cérébrale
agyvelőgyulladás *orv:* (en)céphalite; cérébrite *f*
agyvérzés hémorragie cérébrale; coup *m* de sang
ahány [~at] **1.** autant que; tant que; *ahánnyal csak beszéltem* tous ceux à qui j'en ai parlé; ~*at csak akarsz* autant *v* tant que tu voudras; **2.** *ahány ... annyi* autant ... autant...; *ahány ember annyi vélemény* autant de têtes, autant d'avis

ahányan 1. *(csak)* autant que; 2. *ahányan... annyian* autant ... autant
ahányszor 1. ~ *(csak)* autant de fois que; 2. *ahányszor ... annyiszor* autant de fois ... autant de fois ...
ahelyett 1. à sa place; en revanche; 2. au lieu de cela; 3. ~, *hogy* au lieu de *(inf)*; loin de *(inf)*; loin que *(subj)*
ahhoz 1. chez celui-là *stb.;* 2. pour cela; à cela; *(ige előtt)* y; 3. ~ *ami* à ce qui...; ~ *hogy* pour *(inf);* ~ *képest* en comparaison; *ld. még:* **képest**
áhítás [~ok, ~t, ~a] aspiration *f;* désir *m*
áhítat *vall:* 1. recueillement *m;* piété *f;* 2. *(ima)* prière *f*
áhítatos [~ak, ~at] *vall:* dévot; recueilli, -e
áhítozik [~tam, ~ott, ~zon *v* ~zék] *(vmire, vmi után)* aspirer à qc; désirer ardemment qc; convoiter qc; soupirer après qc; *(néha rossz ért.)* briguer qc
ahogy comme; ainsi que; tout comme; ~ *(csak) bírom* autant que je peux; ~ *mondani szokás* comme dit l'autre; ~ *a régiek csinálták* à l'instar des anciens; *úgy* ~ *volt* tel quel, telle quelle
ahol où; là où; ~ *csak* où que *(subj)*
ahonnan d'où; à partir duquel
ahová où; là où...
Aiszkhülosz [~t] Eschyle *m*
ajak, [ajkak, ajkat, ajka] 1. lèvre(s) *f (pl); (állaté)* babine *f; alsó, felső* ~ lèvre inférieure, supérieure; *ajkába harap* se mordre les lèvres; 2. *a nép ajkán* dans *v* à la bouche du peuple
ajakhang *nyelv:* labiale *f*
ajaknéger nègre *m* à plateaux
ajakos [~ak, ~at; ~an] *növ:* I. *(mn)* labié, -e; II. *(fn)* ~*ak* labiacées
ajakpirosító bâton de rouge; rouge à lèvres; raisin *m*
ajándék [~ok, ~ot, ~a] cadeau; présent; don (bénévole) *m; (ünnepi)* étrenne *f;* ~*ba ad vkinek* donner *v* offrir en présent à q; ~*ba kap* recevoir en cadeau; ~*képpen* à titre de cadeau; *Ajándék lónak nem jó csikófogát nézni.* — A cheval donné on ne regarde pas à la bouche *v* à la bride.
ajándékoz [~tam, ~ott, ~zon] *ld:* **ajándékba ad**
ajándékozás don *m;* donation *f*
ajándéktárgy objet *m* de fantaisie
ajánl [~ottam, ~ott, ~jon] 1. recommander à q *(de és inf);* conseiller; suggérer; *(módszert)* préconiser qc; ~*va felad* faire recommander; 2. ~*om magamat!* bonjour *v* bonsoir, Monsieur! 3. *(könyvet)* dédier; 4. *(vkit)* patronner; *(jelöltet)* proposer
ajánlás 1. recommandation *(post. is);* référence; introduction *f* (de q); 2. *(könyvben)* dédicace *f;* 3. *(tagé)* présentation *f*
ajánlat proposition; suggestion *f; (árlejtésen)* soumission *f; (árverésen)* enchère *f*
ajánlatos [~ak, ~at] recommandable, utile; *(mondattal)* il est indiqué de *(inf)*
ajánlattétel soumission; offre *f*
ajánlattevő *(árlejtésen)* soumissionnaire *n; (árverésen)* enchérisseur, -euse *n*
ajánlkozik [~tam, ~ott, ~zék *v* ~zon] offrir ses services; s'offrir
ajánlkozó [~k, ~t, ~ja] volontaire *n;* amateur *m; (állásra)* postulant, -e *n*
ajánló [~k, ~t, ~ja] I. *(mn)* 1. ~ *sorok* un mot de recommandation; 2. *(sor, könyvben)* dédicatoire; II. *(fn)* protecteur; introducteur, -trice
ajánlólevél 1. lettre de recommandation *v* d'introduction; 2. référence *f (főleg pl)*
ajánlott [~at; ~an] ~ *levél* lettre recommandée
ajánlva recommandé, -e
ajkú [~ak, ~t; ~an] -phone; *magyar* ~ *de langue* hongroise
ájtatoskodik [~tam, ~ott, ~jék *v* ~jon] dire ses prières; faire des *v* ses dévotions
ájtatosság 1. *(ténykedés)* office *m;* 2. *(érzés)* dévotion *f;* recueillement *m*
ajtó [~k, ~t, ~ja *v* ajtaja] 1. porte *f; (vasúti kocsin, autón)* portière *f; (toló)* porte à coulisse; 2. *(szólá-*

ajtóbélés — **akár**

sokban) zárt ~k mögött à huis clos; *az* ~*ban áll* être à la porte; *az* ~*n belép* passer la porte; *kidob az* ~*n* mettre à la porte; *zárt* ~*kra talál* trouver porte close v visage de bois; ~*ról ajtóra* de porte en porte; *betöri az* ~*t* forcer la porte; ~*t mutat vkinek* montrer la porte à q
ajtóbélés jambage *m*
ajtófél(fa) jambage *m* de la porte
ajtókilincs poignée *f* de porte; bec-de-cane *m*
ajtónálló huissier *m*
ajtónyílás 1. embrasure v baie *f* de la porte; **2.** *(be nem csukott ajtón)* entre-bâillement *m*
ajtószárny battant de porte; vantail *m*
ajtótok encadrement; bâti *m*
ájulás 1. évanouissement *m*; syncope; défaillance; faiblesse *f*; **2.** *az* ~ *környékezi* il se sent défaillir; ~*ba esik* tomber évanoui(e); être pris(e) d'une syncope
ájuldozik [~tam, ~ott, ~zék v ~zon] le cœur lui manque; avoir des faiblesses; se pâmer
ájult [~ak, ~at; ~an] **1.** évanoui, -e; **2.** *átv:* apathique
ájultság 1. *ld:* **ájulás; 2.** *átv:* torpeur *f*
akác [~ok, ~ot; ~a] **1.** acacia *m*; **2.** *(fehér)* (faux) acacia v acacia blanc; **3.** *lila* ~ glycine *f* (de Chine)
akácméz miel *m* d'acacia
akad [~tam, ~t, ~jon] **1.** *(bele*~ *vmive)* s'accrocher à qc; se prendre *(vmibe:* à, dans, entre); **2.** *(előfordul)* il se trouve; il se rencontre; **3.** *(vmire)* tomber sur qc; dénicher qc
akadály [~ok, ~t, ~a] **1.** *(tárgyi)* obstacle *m*; **2.** *átv:* obstacle; empêchement *m*; *kis* ~ anicroche *f*; *váratlan* ~ contretemps *m*; ~*okba ütközik* rencontrer des obstacles; ~*okat gördít vki elé* susciter v créer des obstacles à q
akadályoz [~tam, ~ott, ~zon] empêcher; entraver; embarrasser; contrarier
akadályozás dérangement; arrêt *m*

akadályozó [~k, ~t] embarrassant; gênant, -e; ~ *körülmény* empêchement *m*
akadályoztatás empêchement *m*
akadálytalan(ul) sans encombre v difficulté
akadékoskodik [~tam, ~ott, ~jék v ~jon] faire des difficultés (à q); ergoter; vétiller
akadékoskodó [~k, ~t, ~an] difficultueux; pointilleux; *nem* ~ accommodant; coulant, -e
akadémia [-ák, -át, -ája] **1.** académie *f*; *a Francia* ~ l'Académie Française; *a Francia Tudományos Akadémia* l'Institut (de France); *Magyar Tudományos Akadémia* Académie des Sciences de Hongrie; **2.** *(főiskola)* école (supérieure); académie
akadémiai [~t] académique; ~ *növendék* académiste *n*; *(színi*~, *zene*~*)* élève *n* du Conservatoire
akadémikus I. *(fn)* académicien *m*; *(Francia Tudományos Akadémián)* membre *m* de l'Institut; **II.** *(mn)* ~ *festészet* peinture académique *f*
akadozás 1. *(beszédben)* bégaiement *m*; **2.** *(gépé)* à-coups *m pl*; raté *m*
akadozik [~tam, ~ott, ~zék v ~zon] **1.** *(gép)* avoir des à-coups v des ratés; **2.** ~ *a beszédben* ânonner; bégayer
akadozó [~k, ~t] saccadé; inégal, -e
akar [~tam, ~t, ~jon] vouloir; avoir l'intention de *(inf)*; *nem* ~*om* je n'en veux pas; *nem* ~ *(inf)* refuser de *(inf)*; se refuser à *(inf)*; *mit* ~ *még?* que voudriez-vous de plus? *így* ~*om* je l'entends ainsi; *ha* ~*ja, ha nem* de gré ou de force; bon gré mal gré; *parancsolni* ~ *itt* il prétend commander ici; *ártani* ~ chercher à nuire; *éppen el* ~*t menni* il était sur le point de partir
akár 1. *miattam* ~ *el is mehet* pour moi v quant à moi il peut s'en aller; **2.** (tout) comme; *olyan* ~ *az anyja* il est tout comme sa mère; **3.** *akár... akár... que (subj)* ... ou (que)...; *soit... soit...*; ~ *hiszi,* ~ *nem* qu'il le croie ou non

akarás volition *f;* vouloir *m*
akarat volonté *f;* vouloir *m;* (önkényes) bon plaisir; ~ nélküli veule; ~a ellenére contre son gré; malgré lui; saját ~ából de son propre mouvement; ~tal à dessein; exprès; volontairement
akaraterő force *v* puissance de volonté; fermeté *f*
akarathiány manque *m* de volonté; veulerie *f*
akarati [~ak, ~t] volitif, -ive
akaratlan [~ok, ~t] involontaire; spontané, -e
akaratlanul sans intention; spontanément
akaratnyilvánítás 1. acte *m* de volonté; 2. *jog*: émission *f* de volonté
akaratos [~ak, ~at] entêté; obstiné, -e; (gyermekről így is:) mutin, -e
akaratszabadság liberté *f* de vouloir; libre arbitre *m*
akarattalan aveuli, -e; veule; sans énergie; passif, -ive
akárcsak 1. tout comme; tel (telle)...; 2. ~ egyet is (pas) un seul
akárhány 1. *ld:* akármennyi; 2. plus d'un
akárhányszor 1. toutes les fois *v* chaque fois que; 2. un nombre de fois indéterminé
akárhogy(an) de toute manière; en quelque façon que ce soit; ~ akarja is il a beau faire
akárhol I. *(hat)* n'importe où; II. *(ksz)* où que *(subj)*
akárhonnan I. *(hat)* de n'importe où; II. *(ksz)* ~ *(is)* de quelque part que; d'où que *(subj)*
akárhová I. *(hat)* n'importe où; II. *(ksz)* quelque part que *(subj);* où que *(subj)*
akárki 1. n'importe qui; 2. *pej:* le premier venu; un individu quelconque; 3. ~ *más* tout autre; 4. *(tagadással sokszor:)* aucun, -e; personne; meri-e tagadni ~ *is?* personne oserait-il nier? 5. *(megengedő ért.)* qui que ce soit qui *(subj);* quiconque
akármeddig 1. jusqu'au point où vous voudrez; n'importe où; 2. *(időben)* tant que vous voudrez

akármekkora 1. tout grand qu'il est; 2. si grand *v* si petit que soit...
akármely(ik) 1. n'importe (le)quel; quiconque...; 2. *(tagadással olykor:)* aucun, -e
akármennyi n'importe combien; ~*t ígér is* quoi qu'il promette
akármennyien n'importe combien; ~ vannak aussi nombreux qu'ils soient
akármi I. *(nm)* 1. n'importe quoi; 2. *(tagadással olykor:)* rien; lehetetlenség ~*t is megtudni* impossible de rien apprendre; II. *(ksz)* quoi que *(subj);* ~ *történjék* quoi qu'il arrive
akármikor I. *(hat)* quand vous voudrez; n'importe quand; à tout moment; II. *(ksz)* 1. ~ *jön is* à quelque moment qu'il vienne; 2. toutes les fois que...
akármilyen I. *(mn)* 1. *(önállóan)* quel qu'il soit; 2. *(fn előtt)* n'importe quel...; quelconque; 3. *(tagadással olykor:)* aucun, -e; II. *(hat)* quelque... que *(subj);* si... que *(subj);* ~ *nagy* si grand soit-il
akarnok [~ok, ~ot, ~a] arriviste; ambitieux, -euse *n*
akaródzik [~tam, ~ott, ~zék *v* ~zon] *biz:* nem ~ *(neki) dolgozni* le travail lui répugne *v* le rebute
akarva 1. voulant *(inf);* désireux de *(inf);* 2. volontairement; exprès; ~ *nem akarva* bon gré, mal gré
akaszkodik [~tam, ~ott, ~jék *v* ~jon] 1. s'engrener; 2. *átv:* être pointilleux
akaszt [~ottam, ~ott, akasszon] *ld:* felakaszt
akasztás 1. *(tárgyé)* suspension *f;* 2. *(kivégzés)* pendaison *f*
akasztó [~k, ~t, ~ja] 1. *(fogas, szeg)* crochet *m;* *(kapocsé)* agrafe *f;* 2. *(ruha~)* porte-manteaux *m*
akasztófa gibet *m;* potence *f;* -ára küld livrer à la potence; -ára vele! au poteau!
akasztófahumor ironie *f v* humour *m* macabre; facétie patibulaire *f*
akasztófáravaló pendard; voyou sinistre *m*
akasztófavirág gibier *m* de potence

akasztós muni(e) d'un crochet; ~ *szekrény* armoire-penderie *f*
akasztott [~ak, ~at; ~an] pendu, -e
akceptál [~tam, ~t, ~jon] accepter
akció [~k, ~t, ~ja] action *(pol is);* initiative; opération *f; (jótékony)* œuvre *f*
akcióbizottság comité *m* d'action
akcióegység unité *f* d'action
akcióképes capable d'action
akcióképtelenség incapacité *f* (d'action)
akciórádiusz rayon *m* (d'action)
akciószabadság liberté *f* de mouvement
aki 1. *(mondat élén)* celui *v* celle qui; 2. *(mondatrész után)* qui; 3. *(közmondás élén és rég:)* qui; 4. *mindenki, aki; bárki, aki; aki csak* quiconque; 5. *(ragos alakok:) akik (mondat élén)* ceux *v* celles qui; *(mondatrész után)* qui; *akiket* que; *akinek (dat:)* à qui; auquel; *akinek a* dont; duquel; *akit (mondat élén)* celui que; *(mondatrész után)* que; *akiről, akitől; akiből* dont; de qui; duquel, de laquelle; *akikről, akiktől akikből* dont; de qui; desquels, desquelles
akként *hogy* de manière que; de sorte que; de manière à *(inf)*
akkor alors; en ce temps(-là); *az* ~ *élő államférfiak* les hommes d'État de ce temps; *csak* ~, *ha* seulement dans le cas où; *de hisz* ~ mais alors
akkora 1. *(éppen)* ~ tout aussi grand(e); 2. ~, *hogy* si grand(e) que; *tel v telle que*
akkorában en ce temps(-là)
akkorára 1. d'ici là; jusque-là; en attendant; 2. ~, *hogy* si bien *v* si grand que
akkord [~ok, ~ot, ~ja] 1. *zen:* accord *m;* 2. ~*ban dolgozik* travailler à forfait; être *v* travailler à la tâche
akkordbér paiement *m* à la tâche
akkordmunka travail à forfait *v* à la tâche
akkordmunkás tâcheron, -onne *n*
akkori d'alors; de cette époque
akkorig d'ici là; jusque-là; jusqu'à cette date
akkoron vers ce temps-là; en ce temps

akkreditív [~ek, ~et] accréditif, -ive *(m)*
akkumuláció [~k, ~t, ~ja] accumulation *f*
akkumulátor [~ok, ~t, ~ja] accumulateur *m;* pile *f*
akna [-ák, -át, -ája] 1. *(robbantó)* mine *f; -ára fut v lép* sauter sur une mine; *-ákat felszed* déminer qc; *(tengeren)* draguer les mines; *haj: -át rak* mouiller *v* poser des mines; 2. *bány:* puits *m;* 3. *(utcai)* bouche *f* d'égout
aknafolyosó galerie *f* (de mine)
aknaharc guerre *f* de mines
aknakutató *hajó* dragueur *m* de mines
aknamező *kat:* champ *m* de mines
aknamunka 1. *bány:* travaux *m pl* d'ouverture; 2. *átv:* machinations *f pl;* manœuvre sourde
aknarakó *(hajó)* mouilleur *m* de mines
aknász [~ok, ~t, ~a] 1. *kat:* mineur; *m;* 2. *bány:* porion; avaleur *m*
aknaszedő I. *(mn)* ~ *hajó* remorqueur; dragueur *m* de mines; II. *(fn) kat:* démineur *m*
aknavető *kat:* lance-mines; minenwerfer *m; (ágyú:)* lance-bombe *m*
akináz [~tam, ~ott, ~zon] miner; saper
aknazár 1. *bány:* blocage *m* au puits; 2. *kat:* barrage *m* de mines
akol [aklok, aklot, akla] bergerie *f;* parc *m*
ákombákom [~ok, ~ot, ~a] griffonnage *m;* pattes *f pl* de mouche
akörül autour
aközben cependant; pendant ce temps
akrobata [-ák, -át] I. *(mn)* acrobatique; II. *(fn)* acrobate; équilibriste *n*
akrobatamutatvány acrobatie *f; (átv. is)* tour *m* d'acrobatie
akrobatika [-ák, -át, -ája] gymnastique acrobatique *f*
akrobatikus acrobatique
akt [~ok, ~ot, ~ja] nu *m;* académie *f*
akta [-ák, -át, -ája] acte *m;* pièce *f; akták* dossier *m*
aktacsomó dossier *m*
aktaszerű par acte; couché sur acte

aktatáska serviette *f; (lapos, cippzáras)* porte-documents *m*
aktív [~ok, ~ot] actif, -ive; *(pártban)* militant, -e; *kat:* ~ *állomány* (effectif de) l'armée active; ~ *mérleg* bilan *m* excédentaire; ~ *választójog* droit *m* de vote
aktíva [-ák, -át, -ája] **1.** *ker:* (solde d')actif *m;* **2.** *pol:* activiste *(n);* **3.** *pol:* réunion *f* d'activistes *v* de militants
aktivum [~ok, ~ot, ~a] actif *m*
aktuális [~ok, ~t] d'actualité; actuel, -elle; opportun, -e; ~ *kérdések* questions à l'ordre du jour
aktualitás actualité; opportunité *f*
aktus acte *m;* cérémonie *f*
akusztika [-ák, -át, -ája] acoustique *f*
akut [~ak, ~ot] *orv:* aigu, -ë
akvarell [~ek, ~t, ~je] aquarelle *f*
akvarellfestő aquarelliste *m*
akvarellpapír papier torchon; canson *m*
akvárium [~ok, ~ot, ~a] aquarium; vivier *m*
al- sous; vice-
ál 1. faux, fausse; prétendu, -e; **2.** *(haj stb.)* postiche; **3.** *(érv)* spécieux, -euse
ál- pseudo-
alá I. *(hat)* dessous; au-dessous; *(vízen)* en aval; **II.** *(névutó)* sous qc; au-dessous *v* en dessous de qc
aláaknáz miner; saper
aláás saper (les fondaments de qc); miner; caver; ~*sa egészségét* user *v* délabrer sa santé
alabárd [~ok, ~ot, ~ja] hallebarde; pertuisane *f*
alabástrom [~ok, ~ot, ~a] albâtre *m; ásv:* alabastrite *f*
alább 1. plus en dessous; plus bas; **2.** *(könyvben stb.)* ci-après; plus loin; ci-dessous; *ld.* ~ *v. infra;* **3.** *100 francnál* ~ à moins de 100 frs; **4.** ~ *adja* baisser le ton; *gúny:* ~ *nem is adja!* excusez du peu!
alábbhagy 1. s'apaiser; se calmer; **2.** *(fegyelem, figyelem)* se relâcher; faiblir; *(harag)* tomber
alábbi I. *(mn)* ci-dessous nommé(e); **II.** *(fn) az* ~*ak* ce qui suit

alábbszáll 1. descendre (plus bas); perdre de la hauteur; **2.** *(ár)* baisser
alábecsül sous-estimer; minimiser
aláboltoz voûter *v* cintrer par-dessous
alábukik 1. plonger; **2.** *(elmerülve)* sombrer
alacsony [~ak, ~at] **1.** bas, basse; *(ember)* de petite taille; ~ *vízállás* bas niveau; **2.** *műsz:* ~ *feszültségű* à basse tension; ~ *nyomású abroncs* pneu basse-pression *m;* **3.** *orv:* ~ *pulzus* pouls lent *v* faible; ~ *vérnyomás* hypotension (artérielle); **4.** ~ *ár* prix bas *v* modéré *v* modique; *a leg*~*abb munkabér* le salaire minimum; **5.** *(társadalmilag)* humble; ~ *állású* de basse condition; ~ *rang* rang infime *m;* ~ *sors* humble condition *f;* **6.** *(aljas)* ignoble; **7.** *(közönséges)* vulgaire; trivial, -e
alacsonyabb plus bas; *átv:* inférieur, -e
alacsonyan bas, basse; très bas; ~ *repül* voler bas
alacsonyrendűség infériorité *f*
alacsonyrendűségi *érzés* complexe *m* d'infériorité
alacsonyság 1. petitesse *f;* **2.** modicité *f*
alácsövez drainer
aládúcol 1. étayer; **2.** *bány:* boiser
aláékel caler
aláértékel sous-évaluer; sous-estimer
aláfalaz reprendre en sous-œuvre
aláfest 1. donner la première couche à qc; **2.** *zen:* soutenir; **3.** *átv:* faire (le) décor
aláfestés 1. première couche de peinture; **2.** *zen:* décor *v* fond musical
alagcső drain; tuyau *m* d'amenée
alagcsövez drainer
alagsor [~ok, ~t, ~a] sous-sol; (étage) souterrain *m*
alagút [~ak, ~at, ~ja] tunnel *m; (nem vasúti)* galerie souterraine
alágyújt allumer; mettre le feu à qc
alágyújtós margotin *m; (préselt)* motte *f* à brûler
aláhull retomber
aláhúz souligner
aláír 1. signer; apposer *v* mettre sa signature sur qc; revêtir de sa signature; **2.** *(összeget)* souscrire

aláírás 1. signature *f; jog:* seing *m;* ~*ával ellát* revêtir de sa signature; **2.** *(összegé)* souscription *f*
aláírási *iv* feuille *v* liste *f* de souscription
aláíró [~ok, ~t, ~ja] **I.** *(mn)* signataire; *az* ~ *hatalmak* les puissances signataires; **II.** *(fn)* **1.** signeur *m;* signataire *n;* **2.** *(kölcsöné)* souscripteur *m*
alája sous lui, sous elle; dessous
alak [~ok, ~ot, ~ja] **1.** forme; conformation; configuration; figure *f; (könyvé)* format *m;* ~*ot ölt* prendre corps *v* forme; *vminek* ~*ját ölti* prendre la forme de qc; *korának legnagyobb* ~*ja volt* il était la plus grande figure de son temps; **2.** *(termet)* taille; ligne; silhouette *f;* ~ *körvonalai* silhouette; *szép* v *jó* ~*ja van* avoir de la ligne; **3.** *szính, műv:* personnage *m;* **4.** *pej: ez az* ~ cet oiseau; ce type; **5.** *nyelv:* forme *f; cselekvő* ~ actif *m; szenvedő* ~ passif *m*
alakfa arbre *m* d'espalier
alaki [~ak, ~t] **1.** formel, -elle; **2.** *jog:* extrinsèque; *jog:* ~ *hiba* v *hiány* vice *m* de forme; ~ *kellék* formalités requises
alákínál offrir un rabais
alakiság *jog:* · formalité *f*
alakít [~ottam, ~ott, ~son] **1.** former; façonner; modeler; **2.** *(ruhát)* transformer; **3.** *szính:* créer; interpréter; incarner; **4.** *(megmunkálva)* travailler; façonner; **5.** *műv:* camper; **6.** *vmivé* ~ transformer *v* réduire *v* convertir (en); **7.** *mat: közönséges törtet tizedessé* ~ convertir une fraction en décimales
alakítás 1. formation; façon *f;* modelage; *(gyúrva)* pétrissage *m; (természeti)* configuration *f;* **2.** *(ruháé)* recoupage *m;* **3.** *szính:* intérprétation *f;* **4.** *müsz:* formage *m*
alakítható formable; *(anyag)* plastique
alakító [~k, ~t, ~ja] **I.** *(mn)* formateur, -trice; ~ *erő* force créatrice; ~ *hatás* action modifiante *v* transformatrice; **II.** *(fn)* **1.** formateur, -trice *n;* **2.** *szính:* interprête; créateur, -trice *n*
alakoskodás dissimulation; hypocrisie; perfidie; feinte *f*
alakoskodik [~tam, ~ott, ~jék *v* ~jon] dissimuler; jouer la comédie
alakoskodó [~k, ~t] **I.** *(mn)* dissimulé, -e; hypocrite; perfide; sournois, -e; **II.** *(fn)* hypocrite *n;* pharisien; tartufe *m*
alakozás profilage; modelage *m*
alakszerű formel, -elle
alakszerűség formalité *f*
alaktalan 1. informe; **2.** *ásv:* amorphe; **3.** *(csúf)* difforme; ~*ná tesz* défigurer
alaktan morphologie *f*
alaktani morphologique
alakú [~ak, ~t; ~an] -forme; en façon de; *jó* ~ bien fait(e); bien découpé(e); *nagy* ~ *(könyv)* de grand format; *S-alakú* en S
alakul [~tam, ~t, ~jon] **1.** se former; prendre forme; se développer; se préciser; se dessiner; **2.** *vmivé* ~ se transformer *v* se convertir *v* se muer en qc
alakulás 1. formation; conformation; configuration *f; a viszonyok* ~*a* conjoncture *f;* **2.** *(társaságé)* constitution *f*
alakulat 1. organisation *f;* **2.** *növ, geol, kat:* formation *f*
alakuló [~k, ~t; ~an] **I.** *(mn)* ~ *közgyülés* assemblée constitutive; **II.** *(fn)* ~*ban van* être en (voie de) formation
alakváltozás 1. changement *m* de forme; métamorphose *f;* **2.** *él:* allomorphie *f*
alakvas fer profilé *v* façonné; profil laminé
alakzat conformation; configuration *f*
alámerít submerger; immerger; plonger
alámerül 1. plonger; **2.** *(hajó)* sombrer; couler
alámerülő submersible
alamizsna [-ák, -át, -ája] aumône; charité *f; -át ad* faire la charité; *-át gyűjt* quêter
alámos affouiller; caver
alámosás affouillement *m*

alamuszi [~k, ~t] I. *(mn)* sournois; dissimulé, -e; hypocrite; II. *(fn)* hypocrite; cafard *n*
alant 1. en bas; au bas; en dessous; 2. *átv*: ~ *jár* ramper
alantas [~ak, ~at] I. *(mn)* 1. *(tisztviselő)* subalterne; subordonné, -e; 2. *(származású)* de bas étage; 3. *(aljas)* terre à terre; rampant, -e; vulgaire; II. *(fn)* subalterne; subordonné, -e *n*
alanti de contre-bas; d'en bas
alantjáró rampant; -e; terre à terre
alany [~ok, ~t, ~a] 1. *nyelv*: sujet *m*; 2. *növ*: sujet; plant *m*
alanyeset cas sujet; nominatif *m*
alanyi [~ak, ~t] 1. *nyelv*: subjectif, -ive; 2. *irod*: lyrique
alap [~ok, ~ot, ~ja] 1. *ép*: fondement(s) *m (pl)*; fondations *f pl*; 2. *(hegyé, oszlopé)* base *f*; fondement(s); 3. *átv*: base *f*; fondement(s); *nincs ~ja (méltatlankodásnak stb.)* tomber à faux; *~jában téves* pécher par la base; *ezen az ~on* à ce compte; *vminek ~ján* sur la base *v* à la base *v* en considération *v* en vertu de qc; *ennek ~ján* pour cette raison; par conséquent; *széles ~on* sur une vaste échelle; *új ~okra fektet* remettre au point; *megveti vminek ~ját* jeter les fondements de qc; *minden ~ot nélkülöz* être dénué(e) de tout fondement; *~ot ad vmire* prêter à qc; *~ul szolgál vmihez* servir de base *v* comme base pour qc; 4. *fil, nyelv*: substrat(um) *m*; 5. *(pénzbeli)* fonds *m*; 6. *(alapítvány)* fondation *f*; 7. *(adóé)* assiette *f*
alap- de base; fondamental, -e
alapadag ration *f* de base
alapállás 1. position *f* de repos *v* de départ; 2. *kat*: position de base
alapanyag matière *f v* produit *m* de base; élément (constitutif)
alapár prix de base; prix plancher *v* sec
alapbér 1. *(dolgozóé)* rémunération *f v* salaire *m* de base; 2. *(lakásé)* loyer principal *v* de base

alapdíj taxe de base; taxe fixe *f*; *(taxinál)* prise *f* en charge
alapegység unité fondamentale *v* principale; étalon *m*
alapelem 1. *(vminek része)* élément essentiel *v* indispensable; 2. *(tudományé)* éléments (usuels); rudiments *m pl*: premières notions
alapelv principe initial *v* fondamental
alapépítmény soubassement *m*; substruction *f*
alapeszme idée première *v* mère *v* dominante
alapfal *ép*: mur *m* de *v* en fondation
alapfeltétel condition esentielle *v* primordiale
alapfogalom concept fondamental *v* principal; *tb*: premières notions
alapfok *nyelv*: positif *m*
alaphang *zen*: note fondamentale
alaphiba vice radical
alapigazság vérité de base *v* fondamentale
alápincéz construire *v* bâtir sur sous-sol *v* sur cave
alapipar industrie *f* de base
alapismeretek connaissances *f pl* de base; l'abc *m v* la grammaire de qc
alapít [~ottam, ~ott, ~son] 1. fonder; créer; établir; instaurer; 2. ~ *vmire* faire found sur qc
alapítás fondation; création; constitution *f*; établissement *m*; instauration *f*
alapító *mn* és *fn* fondateur; créateur; initiateur, -trice *n*; auteur, promoteur *m*
alapítólevél charte *f* de fondation; lettres patentes
alapítótag membre fondateur *v* donateur
alapítvány [~ok, ~t, ~a] fondation; donation *f*
alapjában 1. foncièrement; 2. ~ *(véve)* au fond; au vrai; à vrai dire
alapjelentés *nyelv*: acception fondamentale
alapjog droit élémentaire *m*
alapkérdés problème essentiel; question fondamentale
alapkő 1. première pierre; pierre fondamentale; 2. *átv*: pierre angulaire; clef *f* de voûte

alaplap *mat:* base *f*
alapmunkálatok *ép:* travaux *m pl* de fondation
alapművelet *mat:* opération *f; a négy* ~ les quatre règles
alapnyelv langue primitive
alapok principe *m;* cause primordiale
alapokmány charte *f*
alapos [~ak, ~at] **1.** *(munka)* solide; bien fait(e); soigné; approfondi, -e; ~ *érv* argument solide *m;* ~ *okok* des raisons fortes; **2.** *(ember),* *vizsgálat)* minutieux, -euse; précis; approfondi, -e; **3.** *(tisztítás stb.)* radical, -e; **4.** *gúny:* ~ *oka van hinni* être (pleinenemt) fondé(e) à croire; ~ *verés* une correction soignée; **5.** *(ok, gyanú)* légitime; solide; bien fondé(e)
alaposan 1. foncièrement; ~ *ismer* connaître à fond; **2.** *(munkáról)* avec précision *v* minutie; ~ *elintéz* mener à fond; **3.** *biz* fièrement; d'importance; ~ *megmondja vkinek* dire son fait *v* ses (quatre) vérités à q
alaposság 1. *(munkáé)* précision *f;* **2.** *(sejtése, állítása)* le bien-fondé de qc
alapoz [~tam, ~ott, ~zon] **1.** *(házat)* poser *v* jeter *v* faire *v* asseoir *v* établir les fondements de qc; **2.** *vmire* ~ *(állítást)* faire fond(ement) sur qc
alapozás 1. *ép:* travaux de fondation; **2.** *(festése)* couche de fond; première couche
alappillér pierre fondamentale
alaprajz plan *m*
alapréteg 1. sous-sol *m;* **2.** *nyelv:* substrat(um) *m*
alapszabály(ok) statut(s) *m (pl);* ~ *szerint* statutairement
alapszabályszerű conforme aux statuts; statutaire
alapszám *mat:* base *f*
alapszerv *pol:* organisation *f* de base; *(franciáknál:)* cellule *f*
alapszik [alapult, alapuljon] se baser *v* reposer sur qc
alapszín 1. *(festés)* fond *m;* *(ruhán)* teint *m* de fond; **2.** *fiz:* couleur simple *v* primitive

alapszó *nyelv:* **1.** base *f;* radical *m;* **2.** *(szótárban)* mot-base; mot-souche *m*
alaptalan sans fondement; dénué(e) de (tout) fondement
alaptalanul sans motif; sans raison; à tort
alaptermészet nature foncière; qualité maîtresse
alaptétel thèse *v* proposition fondamentale; principe; axiome *m*
alaptőke capital(-fonds); capital initial *v* nominal
alaptörvény loi fondamentale; *(alkotmányjogi)* loi organique
alaptulajdonság caractère dominant *v* essentiel
alapvetés 1. *(intézményé)* fondation *f;* **2.** *átv:* établissement *m* des principes; mise *f* au point
alapvető [~k, ~t] foncier, -ière; fondamental, -e; ~ *adat* donnée *f* de base; ~ *igazság* vérité première; ~ *kérdés* question *f* de fond
alapvizsga *(francia)* licence *f; jogi* ~ *(3-ik)* licence en droit
alapvonal 1. linéaments *m pl;* premières lignes; rudiment *m;* **2.** *mat:* base *f*
alapvonás(ok) 1. linéaments *m pl;* **2.** trait *m* de caractère
alapzat 1. *(épületé)* fondation(s) *f (pl);* soubassement *m;* **2.** *(szoboré stb.)* socle; pied; piédestal; support *m*
álarc masque *m;* *(csak a szem táját fedő)* loup *m*
álarcos [~ok, ~at; ~an] masqué, -e
álarcosbál bal masqué *v* travesti *v* costumé
alárendel 1. subordonner; ~ *vminek* soumettre à qc; **2.** *nyelv:* subordonner
alárendelés subordination *f;* *(nyelvi így is:)* hypotaxe *f*
alárendelő *nyelv:* ~ *kötőszó* conjonction *f* de subordination
alárendelt [~ek, ~et; ~en] **I.** *(mn)* **1.** subordonné, -e; **2.** *nyelv:* ~ *mondat* proposition subordonnée; **II.** *(fn)* sous-ordre; subalterne · *m;* subordonné, e *n*
alárendeltség subordination; infériorité; sujétion; dépendance *f*

alászáll descendre; *(nap)* se coucher
alátámaszt 1. étayer par en dessous; caler; *(vmivel)* soutenir de qc; étayer de qc; **2.** *átv:* épauler; *érvekkel* ~ étayer d'arguments
alátámasztás 1. soutènement; étayage *m;* **2.** *állításának* ~*ára* à l'appui de son dire
alátesz poser *v* passer *v* mettre dessous *v* sous qc
alátét 1. *(íróasztalon)* sous-main *m;* **2.** *(varrásnál)* fond; dessous *m;* **3.** *müsz:* semelle *f;* *(anyához)* rondelle *f*
alatt 1. *(hely)* sous qc; au-dessous de qc; **2.** *(víz mentén)* en aval de qc; **3.** *(szólásokban:)* *a 20/b szám* ~ au numéro 20bis ; **4.** *(időben)* pendant...; dans...; durant...; dans le cours de qc
alatta au-dessous; en dessous; là-dessous; *(át)* par dessous; ~ *áll (vminek)* être inférieur(e) à qc; ~ *fekvő,* ~ *levő* de dessous; (d')en dessous; sous-jacent, -e
alatti [~ak, ~t] de dessous qc; sous-jacent, -e; situé(e) au bas *v* en contrebas de qc
alattomban en cachette; en secret; à la dérobée
alattomos [~ak, ~at] sournois; dissimulé, -e; perfide; hypocrite; fourbe; déloyal, -e; traître, -esse; ~ *betegség* affection insidieuse; ~ *ember* faux frère; traître; hypocrite *m*
alattomosan sournoisement; insidieusement; hypocritement
alattomosság sournoiserie; dissimulation; traîtrise; hypocrisie *f*
alattvaló [~k, ~t, ~ja] **1.** sujet, -ette *n;* **2.** *jog:* sujet; ressortissant *m;* nationaux *m pl*
alávaló [~k, ~t] ignoble; abject, -e; bas, basse; vil; dépravé, -e; infâme
alávalóság bassesse; ignominie; infamie *f*
alávet 1. assujettir; asservir; ployer; inféoder; **2.** *(vminek)* soumettre *v* assujettir à qc; **3.** ~*i magát* faire sa soumission; plier; ~*i magát vminek* se soumettre à qc

alávetett assujetti; asservi; soumis, -e
alávetettség sujétion *f;* assujettissement *m;* inféodation *f*
alázat humilité; soumission *f*
alázatos [~ak, ~at] humble; soumis, -e
alázatoskodik [~tam, ~ott, ~jék *v* ~jon] se faire petit(e); s'humilier
alázatosság humilité; soumission *f*
albán [~ok, ~t; ~ul] albanais, -e
Albánia [-át] l'Albanie *f*
albérlet sous-location *f;* sous-bail *m;* *(birtoké)* sous-ferme *f;* ~*be ad v vesz* sous-louer; ~*ben lakik* loger en meublé
albérleti *szoba* chambre sous-louée
albérlő sous-locataire *n*
albizottság sous-commission *f;* sous-comité *m*
álbölcsesség sophisme; philosophisme *m*
album [~ok, ~ot, ~a] album *m;* *(tudományos)* Mélanges...
álca [-ák, -át, -ája] **1.** masque *m;* **2.** *(rovaré)* larve *f*
álcáz [~tam, ~ott, ~zon] masquer; camoufler *(kat. is)*
álcázás 1. camouflage *m;* **2.** *kat:* masque; camouflage *m*
álcázott [~ak, ~at; ~an] **1.** larvé; déguisé; camouflé, -e; **2.** *kat:* masqué, camouflé, -e
álcím sous-titre; intertitre *m*
álcsoport subdivision *f;* sous-groupe *m*
áld [~ottam, ~ott, ~jon] louer; glorifier; bénir
áldás 1. bénédiction *f;* ~*t mond,* ~*t oszt* bénir q; donner la bénédiction à q; **2.** *a béke* ~*ai* les bienfaits de la paix
áldásos [~ak, ~at; ~an] fécond; bienfaisant, -e
áldatlan malencontreux, -euse; funeste; malheureux, -euse
áldomás 1. vin *m* du marché; ~*t iszik* arroser le marché; **2.** festin; banquet *m*
áldott [~ak, ~at; ~an] **1.** béni; loué; sanctifié, -e; **2.** ~ *állapot* grossesse *f;* ~ *állapotban* en état de grossesse; dans une situation intéressante; enceinte; **3.** *egész* ~ *nap* toute la sainte journée

3 Magyar–Francia kézi

áldoz [~tam, ~ott, ~zon] I. *tgyl i* **1.** *(istennek)* sacrifier; **2.** *vki emlékének* ~ rendre hommage à la mémoire de q; **3.** *(adakozik)* apporter sa contribution à qc; **II.** *tgy i* **1.** *vall:* sacrifier; immoler; **2.** *átv:* sacrifier (à qc); *(időt, pénzt, fáradtságot)* consacrer (à qc)
áldozás *vall:* communion *f*
áldozat [~ok, ~ot, ~a] **1.** *(aktus)* sacrifice *m*; offrande *f*; **2.** *(tárgy)* offrande *f*; **3.** *(állat, ember)* victime *f*; *(átv így is:)* martyr; souffredouleur *m*; **4.** *(szólások:) az örökös* ~ l'éternel sacrifié; *baleset* ~*a* il mourut *v* fut victime d'un accident; ~*ot hoz* faire un sacrifice; ~*ául esik vminek* mourir *v* périr victime de qc
áldozati sacrificiel, -elle; sacrifiable; ~ *állat* victime; bête vouée à être immolée
áldozatkész dévoué, -e; serviable
áldozatkészség **1.** abnégation *f*; esprit *m* de sacrifice; **2.** libéralité *f*
áldozatos [~ak, ~at; ~an] plein(e) d'abnégation
áldozik [~tam, ~ott, ~zék *v* ~zon] *vall:* communier
áldozópap **1.** *(pogány)* sacrificateur; immolateur *m*; **2.** (prêtre) officiant *v* célébrant
Alduna [-át] le Bas-Danube
alelnök vice-président *m*
alélt [~ak, ~at; ~an] **1.** évanoui; défaillant, -e; **2.** *átv:* engourdi, -e
aléltság **1.** évanouissement *m*; défaillance; syncope *f*; **2.** *átv:* prostration; torpeur *f*
alépítmény *ép:* substruction *f*; fondation(s) *f (pl)*
álérv argument fallacieux *v* captieux *v* spécieux
Aleuták [~at] *az* ~ les Aléoutes
alexandrínus I. *(mn)* alexandrin, -e; **II.** *(fn)* alexandrin *m*
alexponál *fényk:* sous-exposer
alezredes lieutenant-colonel *m*
alfa [-ák, -át, -ája] alpha *m*
alfafű alfa *m*
alfaj sous-espèce *f*; sous-genre *m*
alfarészecske particule α *f*

alfejezet subdivision *f*; sous-chapitre *m*
alföld [~ek, ~et, ~je] plaine *f*; baspays *m*; *a Nagy Magyar Alföld* la Grande Plaine hongroise; l'Alföld *m*
alföldi [~ek, ~t] du bas pays; de la plaine
alga [-ák, -át, -ája] *növ:* algue *f*
algebra [-ák, -át, -ája] algèbre *f*
algebrai [~ak, ~t] algébrique
Algéria [-át] l'Algérie *f*
Algír [~t] **1.** *(ország)* l'Algérie *f*; **2.** *(város)* Alger *m*
algíri [~t] algérien, -enne
alhadnagy adjudant *m*
alhas bas-ventre; hypogastre; abdomen *m*
álhazafi patriotard, -e *n*
álhír faux bruit; fausse nouvelle; ~*eket terjeszt* colporter de fausses nouvelles
álhírterjesztés propagation *f* de fausses nouvelles
álhit fausse croyance; erreur *f*
alibi [~k, ~t, ~je] alibi *m*; ~*t bizonyít* établir un alibi; ~*t igazol* fournir un alibi
alig 1. à peine; ne... guère; *(önállóan mondva:)* guère; ~ *hiszem* j'ai peine à le croire; ~ *várja* être sur la braise; **2.** *(mellékmondatban)* ~ *lépett be...* à peine fut-il entré que; sitôt entré, il...
aligha ne... guère; difficilement
alighanem probablement; sans doute
alighogy à peine que; (c'est) à peine si
alispán 1. *kb* sous-préfet *m*; **2.** *magyar tört:* l'alispan, sous-comte *m*
alj [~ak, ~at, ~a] **1.** *(alsó rész)* base *f*; *le bas de qc*; *(hegyé)* pied *m*; *(palacké)* cul *m* de bouteille; *(zsáké stb.)* fond *m*; **2.** *(edényben)* fond *m*; *(lerakódás)* dépôt *m*; **3.** *(silány rész)* déchets *m pl*; résidu *m*; **4.** *vegy:* base *f*; **5.** *műsz:* semelle *f*; **6.** *(szoknya)* jupe *f*; **7.** *átv:* lie; écume *f*
aljas [~ok, ~at] bas, basse; indigne; odieux, -euse; ignoble; infâme; crapuleux, -euse; ~ *módon* ignominieusement; lâchement; ~ *bűntett* crime crapuleux; ~ *csirkefogó* pâle

aljasság 35 alkalom

voyou; ~ *gazember* crapule; double canaille *f;* salaud *m;* ~ *indok mobile* bas; ~ *rágalom* calomnie odieuse *v* insigne
aljasság bassesse; infamie; abjection; dépravation; turpitude *f;* ~*okat követ el* commettre des turpitudes; faire des bassesses
aljazat 1. *műsz:* semelle *f;* **2.** *(tárgyé)* socle *m*
aljfa *erd:* taillis *m* sous futaie
aljnövényzet (végétation du) sous-bois
Alkaiosz [~t] Alcée *m*
alkaioszi *vers* vers alcaïque *m*
alkáli I. *(mn)* ~ *fém* alcalin *m;* **II.** *(fn)* alcali *m*
alkalikus alcalin, -e
alkalmas [~ak, ~t] **1.** approprié, -e; convenable; pertinent, -e; **2.** ~ *vmire* propre à qc; apte à *(inf) v* à qc; *(igével)* se prêter à qc; **3.** *(szólások) katonai szolgálatra* ~ apte au *v* bon pour le *v* propre au service (militaire); ~ *időben* à propos; en temps opportun; ~ *időben és helyen* en temps et lieu voulu; *nem* ~ inopportun, -e; ~*nak ítél* admettre
alkalmasint vraisemblablement; probablement, apparemment
alkalmasság 1. *(személyről)* aptitude *f* (à qc); **2.** *(dologról)* utilité *f*
alkalmatlan [~ok, ~t, ~ja] **1.** impropre à qc; malpropre à qc; inexpédient, -e; *(inkább személyről)* inapte à qc; incompétent, -e; *(katonának)* inapte (au service) *(m);* réformé; **2.** *(kellemetlen)* importun, -e; fâcheux, -euse *(n);* incommode; indésirable; incommodant; inopportun, -e; ~ *időben* à contretemps; mal à propos
alkalmatlankodás dérangement *m;* molestation; importunité *f*
alkalmatlankodik [~tam, ~ott, ~jék *v* ~jon] *(vkinek)* molester *v* importuner *v* déranger q
alkalmatlanság 1. *(személyé)* inaptitude *f (kat. is);* **2.** *(időbeli)* inopportunité *f;* **3.** *(kellemetlenség)* dérangement *m*
alkalmaz [~tam, ~ott, ~zon] **1.** employer; disposer; se servir de qc;

user de qc; *(gyakorlatban)* ~ mettre en pratique; **2.** *(vkit)* employer; engager (en qualité de...); **3.** ~ *vmihez, vmire (dolgot)* adapter à qc; *filmre* ~ adapter au cinéma; porter à l'écran
alkalmazás 1. emploi *m;* (mise en) application; adaptation *f;* **2.** *(hivatalba)* emploi; engagement *m*
alkalmazási *terület* champ *m* d'application
alkalmazkodás 1. adaptation *f;* **2.** *(szemé)* accommodation *f;* **3.** *átv:* souplesse; flexibilité *f*
alkalmazkodási *készség v képesség* **1.** préadaptation; faculté *f* d'adaptation; **2.** *átv:* souplesse; flexibilité *f*
alkalmazkodik [~tam, ~ott, ~jék *v* ~jon] *(vmihez)* s'adapter; s'accommoder; se conformer (à qc); se régler sur qc
alkalmazkodó [~k, ~t; ~an] accommodant, -e; souple; ~ *képesség* souplesse *f*
alkalmazott [~ak, ~at; ~an] **I.** *(mn)* **1.** appliqué (à qc); employé, -e; **2.** *vmihez* ~ conformé, -e; **3.** appliqué, -e; ~ *mechanika* mécanique appliquée; **II.** *(fn) (hivatalnok)* employé, -e *n*
alkalmi [~ak, ~t] d'occasion; occasionnel, -elle; de circonstance; ~ *munka* travail occasionnel; ~ *munkás* salarié occasionnel; gagiste *n;* rouleur *m;* ~ *repülőtér* aérodrome *v* terrain de *m* fortune; ~ *vásár* solde *m;* ~ *vétel* un achat d'occasion *v* de rencontre; occasion *f*
alkalmilag à l'occasion
alkaloida [-ák, -át, -ája] alcaloïde *m*
alkalom [-lmak, -lmat, -lma] **1.** occasion *f;* **2.** *(ragos szólások:) vmi alkalmából* à propos de qc; *az alkalomhoz illő* de circonstance; *erre az alkalomra* pour la circonstance; *egyik alkalomról a másikra* d'une fois à l'autre; *alkalmat ad* ménager une occasion; *-lmat ad vkinek arra, hogy* donner lieu *v* sujet à q de *(inf);* *-lmat ad a rágalomra* donner prise à la calomnie; *megragadja az -lmat* sai-

3*

alkalomszerű — 36 — alkuszik

sir *v* prendre *v* happer l'occasion; *vminek az alkalmával* à l'occasion de *v* à propos *v* lors de; *egy ~mal* un jour; l'autre jour; par occasion; *él az ~mal* profiter de l'occasion pour *(inf)*; *más ~mal* d'autres fois
alkalomszerű actuel, -elle; d'actualité
alkalomszerűség actualité; opportunité *f*
alkar avant-bras *m*
alkat 1. conformation; configuration; forme; structure *f*; 2. *orv:* constitution *f*
alkatelem ingrédient *m*
alkati [~ak, ~t] *orv:* constitutionnel, -elle
alkatrész 1. *(gépé, eszközé)* pièce *f* d'outillage *v* de rechange; 2. *(anyagban)* constituant m; 3. *ált:* élément *m;* partie intégrante
alkimista [-át] I. *(mn)* alchimique; II. *(fn)* alchimiste *m*
alkirály vice-roi *m*
alkohol [~ok, ~t, ~ja] alcool *m;* száraz ~ alcool solidifié; *tiszta ~ (100%-os)* alcool absolu
alkoholellenes antialcoolique; sec, sèche
alkoholista [-ák, -át, -ája] alcoolique
alkoholizmus alcoolisme *m*
alkoholmentes sans alcool; dépourvu(e) d'alcool
alkoholmérgezés intoxication *f* par l'alcool; alcoolisme *m*
alkoholos [~ak, ~t; ~an] alcoolique, alcoolisé, -e
alkoholtilalom 1. prohibition *f;* régime sec; 2. *(alkalmi)* prohibition *(du débit) v* interdiction de la vente des boissons (alcooliques)
alkonzul vice-consul *m*
alkony [~ok, ~at, ~a] crépuscule *m; él(e)te ~án* au déclin *v* à l'automne de sa vie
alkonyat *ld:* alkony; *késő ~* la presque nuit; *~kor* à la tombée du jour
alkonyi [~ak, ~t] crépusculaire
alkonyodik [~ott, ~jék *v* ~jon] 1. la nuit tombe; 2. *átv:* être à son déclin; *csillaga ~* son étoile pâlit
alkot [~tam, ~ott, alkosson] 1. créer; constituer; *(elme)* produire; 2. *mat:* engendrer

alkotás création; œuvre; *f;* ouvrage *m;* production; conception; composition *f*
alkotmány [~ok, ~t, ~a] 1. constitution *f;* 2. *(építmény)* ouvrage; échafaudage *m*
alkotmányellenes anticonstitutionnel, -elle
alkotmányjog droit constitutionnel
alkotmányos [~ak, ~t] constitutionnel, -elle; *~ biztosíték* garantie constitutionnelle; *~ monarchia* monarchie constitutionnelle *v* tempérée
alkotmányozó [~k, ~t; ~an] constituant, -e
alkotmányreform réforme *f* de l'État *v* de la Constitution; révision constitutionnelle
alkotmányszerű conforme à la constitution; constitutionnel, -elle
alkotmánytan droit constitutionnel
alkotó [~k, ~t; ~an] I. *(mn)* 1. constituant, -e; créateur, -trice; *~ munka* besogne créatrice; travail créateur; *~ szerep* rôle actif; 2. *mat:* générateur, -trice; II. *(fn)* 1. créateur, -trice; fondateur, -trice *n;* 2. *mat:* génératrice *f*
alkotóelem élément constitutif
alkotórész 1. pièce constitutive; partie élémentaire *f;* élément; composant; organe *m;* 2. *vegy:* ingrédient; constituant *m*
alkóv [~ok, ~ot, ~ja] alcôve *f*
alkörmös [~ök, ~t, ~e] 1. alkermès *m;* 2. *növ:* phytolaque *m*
alku [~k, ~t, ~ja] 1. marché *m;* affaire *f;* 2. *(alkudozás)* marchandage *m; ~ba bocsátja lelkiismeretét* mettre sa conscience à l'encan
alkudozás marchandage *m*
alkudozik [~tam, ~ott, ~zék, *v* ~zon] 1. *ld:* alkuszik; 2. *(ellenféllel)* parlementer; transiger
álkulcs fausse clef; crochet; passepartout; rossignol *m*
alkusz [~ok, ~t, ~a] *(tőzsdei)* courtier *m*
alkuszdíj (droit de) courtage *m;* provision *f*
alkuszik [alkudni, alkuszom, alkudtam, alkudott, alkudjék *v* alkudjon] 1.

marchander; *(vmire, vmiről)* marchander qc; *(kicsinyesen)* chipoter sur qc; **2.** *átv:* transiger (avec qc)
I. áll [~tam *v* ~ottam, ~t *v* ~ott, ~jon] **I.** *(tgyl i)* **1.** se tenir debout; être debout; *(épület)* s'élever; *(kocsi, tömeg)* stationner; *(gép)* être arrêté(e) *v* stoppé(e); *alig állok a lábamon* ne pouvoir mettre un pied devant l'autre; *egyenesen áll* se tenir droit; *jól áll* être bien campé(e); **2.** *(vhova)* se mettre (sous qc *stb.);* *vki mellé áll* se mettre à côté *v* auprès de q; *átv:* se ranger du parti de q; **3.** *katonának áll* s'engager *v* s'enrôler (dans l'armée); **4.** *átv: itt az áll, hogy* je vois ici que; **5.** *(hogyan?) a dolog így áll* l'affaire en est là; *sp: a fehérek 2:1-re állnak* les blancs marquent 2 contre 1; *a vetés jól* ~ les blés s'annoncent bien; **6.** *(ruha)* aller; seoir; **7.** *(igaz) ez áll (, de)* cela est vrai; c'est entendu; **8.** *(vmiben)* consister à *(inf) v* dans qc; **9.** *(vmiből)* se composer de qc; **10.** *(étel, folyadék)* reposer; **11.** *(szólások:) ezzel áll v bukik a terv* le sort du projet est lié à cela; *nem áll biztosan a lábán* branler dans le mache; **12.** *(vkin, függ vkitől)* dépendre de q; tenir à q; **II.** *(tgy i)* **1.** résister à qc; tenir qc; **2.** *állom az ajánlataimat* je me tiens à mes propositions; **3.** *nem állhatta szó nélkül* il ne pouvait le laisser passer sans observations; **4.** *helyt áll vmiért ld:* **hely;** *neki áll vminek ld:* **nekiáll**

II. *(fn)* **áll** [~ak, ~at, ~a] menton *m;* *majd leesett az álla* il resta pétrifié; *il était médusé; állig felfegyverzett* armé jusqu'aux dents
álladék [~ok, ~ot, ~a] effectif; stock *m*
állag [~ok, ~ot, ~a] **1.** substance; consistance *f;* **2.** effectif *m;* **3.** actif *m*
Allah [~ot] Allah
állam [~ok, ~ot, ~a] État *m;* puissance *f; az* ~ *la chose publique;* l'État; ~*ok felett álló* supranational, -e
államadósság dette *f* de l'État; dette publique

államapparátus appareil *m* d'État; machine *f* d'État
állambiztonság sécurité *f* d'État
állambiztonsági *szervek* sûreté *v* police générale; police judiciaire
állambölcselet (théorie *f* de) la politique
államcsíny coup d'État *v* de force; putsch *m*
államcsőd banqueroute publique
államellenes attentatoire à la sûreté de l'État; *jog:* ~ *büncselekmény* délit *v* crime *m* d'État
államelmélet théorie politique *v* constitutionnelle
Államépítészeti *Hivatal* Office national de construction
államérdek raison *f* d'État
államfelforgató subversif, -ive
államférfi(ú) homme d'État; politicien
államforma statut politique; régime *m*
államfő chef *m* de l'État *v* d'État; souverain *m*
államfölötti super-étatique
államgépezet machine *f* d'État
államhatalom pouvoir(s) public(s) *m (pl)*
államháztartás budget *m* de l'État; finances publiques
állami [~ak, ~t] national, -e; de l'État; étatique; ~ *szektor* secteur nationalisé *v* d'État; ~ *alkalmazott* fonctionnaire *n;* ~ *beszolgáltatás* livraison *v* prestation *f* à l'État; ~ *bevétel* revenu public; *(összesen)* les finances de l'État; ~ *egyedáruság* monopole légal *v* d'État; ~ *gazdaság* exploitation *v* ferme *f* d'État; ~ *jövedék* régie *f* d'État; ~ *jövedelmek* revenus publics; recettes du Trésor; ~ *kezelés* régie *f;* ~ *kiadások* les charges de l'État; ~ *(mező)gazdaság* ferme *f* d'État; ~ *számvitel* comptabilité publique; ~ *támogatás* subvention *f;* ~ *tervgazdálkodás* économie planifiée et étatique; ~ *tulajdon* propriété *f* de l'État; ~ *út* route nationale; ~ *vállalat* *v* *üzem* établissement *m* d'État; régie nationale
államigazgatás *ld:* **közigazgatás**
államiság existence nationale; *(jelleg)* caractère national

államjegy billet *m* d'État; monnaie fiduciaire *f*
államjog droit constitutionnel
államkincstár la trésorerie *f*; le Trésor
államkölcsön emprunt *m* d'État
államkölcsönkötvény obligation émise par l'État; bon *m* du trésor
államköltségen aux frais *v* sur les fonds de l'État
államkötvény rente *f* sur l'État
államközi [~ek, ~t] interétatique
államminiszter secrétaire *v* ministre *m* d'État
államnyelv langue officielle; langue de l'État
államosít [~ottam, ~ott, ~son] étatiser; nationaliser; *(egyházi tulajdont)* laïciser; séculariser
államosítás étatisation; nationalisation *f*
állampapír effet public; (titre de) rente sur l'État
állampénztár trésorerie *f*; Trésor public
állampolgár sujet *m*; citoyen, -enne; ressortissant, -e *n*
állampolgári *jog* droit civique *m*
állampolgárság nationalité; qualité *f* (de citoyen); *megszerzi a magyar ~ot* acquérir la nationalité hongroise; *~átol megfoszt vkit* priver de sa nationalité; dénationaliser
államrend ordre public
államrendőrség police *v* sûreté générale; police judiciaire
államsegély subside *m* d'État; subvention *f*
államszámvitel comptabilité publique
államszerződés traité *m* d'État
államszövetség confédération *f*; fédéralisme *m*
államtanács conseil *m* d'État
államterület territoire *m* d'État
államtitkár *kb*: sous-secrétaire *m* d'État *(politikai*: parlementaire)
államtitok secret *m* d'État
államtudomány sciences politiques *f pl*
államügyész procureur *v* avocat général
államügyészség ministère public
államvagyon fortune publique; bien national; le domaine public *v* national
államvasút chemins *m pl* de fer de l'État

államvédelem sûreté générale *v* nationale
államvédelmi *szerv(ek)* la Sûreté; les CRS (Compagnies Républicaines de Sécurité) *(franciáknál)*; *kat*: le deuxième bureau
államvizsga *kb*: agrégation *f*
állandó [~ak *v* ~k, ~t] I. *(mn)* 1. constant, -e; stable; fixe; *nem* ~ instable; 2. *(tartós)* suivi, -e; durable; permanent, -e; 3. *(jelzős főnevek)* ~ *alkalmazás* emploi fixe *v* stable *m*; ~ *bizottság* commission permanente; ~ *hőmérséklet* température égale; *nyelv*: ~ *jelentés* sens usuel; ~ *jövedelem* revenu fixe *m*; ~ *kapcsolatok* relations suivies *v* ininterrompues; ~ *lakás* domicile *m v* demeure *v* résidence fixe *f*; ~ *tag* membre permanent; II.*(fn) mat*: constante *f*; coefficient *m*
állandóan constamment; continuellement; en permanence
állandóság continuité; stabilité; permanence *f*
állandósít [~ottam ~ott, ~son] fixer; stabiliser; consolider
állandósítás consolidation *f*; raffermissement *m*; stabilisation *f*
állandósul se stabiliser; se consolider; *(rossz)* s'éterniser; *(betegség)* devenir chronique
állandósulás stabilisation *f*
állapot [~ok, ~ot, ~a] 1. état *m*; posture *f*; *(készleté)* situation *f*; *tényleges* ~ état *m* de fait; *a tárgyalások mostani ~ában* au point où en sont les négociations; *nyelv*: ~*ot jelölő ige* verbe *m* d'état; 2. *(társadalmi)* condition; position; situation *f*
állapotos [~ak, ~at; ~an] enceinte
állás [~ok, ~t, ~a] 1. *(nem ülés)* station *v* position debout *f*; 2. *(lóé)* aplomb *m*; 3. *(tornában)* position; pose *f*; 4. *(munkáé, gépeké)* arrêt; stoppage *m*; *(kocsié az utcán)* stationnement *m*; 5. *(fészer)* hangar *m*; *(nyájé)* enclos; parc *m*; 6. *(állvány)* échafaudage *m*; 7. *(pénztáré)* situation; encaisse *f*; 8. *(hiva-*

tal) emploi; poste *m; (személyi adatok között)* qualité *f; (rang)* situation; ~*a van* occuper un emploi; ~*ából elbocsát* mettre à pied; renvoyer; *egy* ~*t elnyer* obtenir une place; ~*t keres* chercher une place *v* un emploi *v* une situation; *az* ~*t keresők száma* le nombre des demandes d'emploi; ~*t változtat* changer de position; ~*átói megfoszt* destituer; mettre à pied; 9. *(helyzet)* état *m;* situation *f;* a *verseny* v *bajnokság* v *pontozás* ~*a* score; classement *m;* a *dolgok jelenlegi* ~*a mellett* dans les conditions *v* conjonctures actuelles; 10. ~*t foglal* prendre position; 11. *kat:* position *f; (egy emberé)* poste *m; betör az* ~*okba* forcer les lignes
állásfoglalás prise de position *v* de parti; attitude *f*
álláshalmozás cumul *m*
álláskereső postulant; aspirant; candidat, -e *(n)*
állásközvetítő I. *(mn)* ~ *iroda* bureau *m* de placement; II. *(fn)* placeur, -euse *n*
állásnélküli sans emploi *(m);* en chômage
álláspont point *m* de vue; position d'esprit; ligne *f* de conduite; ~*ot foglal el* prendre un parti; prendre position; ~*ját fenntartja* garder sa manière de voir; soutenir sa thèse; *leszögezi* ~*ját* arrêter son attitude
állástalan sans emploi *(m);* chômeur, -euse *n*
állású; *alacsony* ~ *a)* subalterne; *b) (barométer)* à basse pression
állásváltoz tatás 1. mutation *f;* 2. changement*m* d'état
állásvesztés retrait *m v* perte *f* d'emploi; révocation *f*
állat 1. animal *m;* bête *f; (kicsi)* bestiole *f; (jószág)* bétail *m; apró* ~ animalcule *m;* hasznos és kártékony ~*ok* animaux utiles et nuisibles; ~*okat tart* nourrir des bestiaux; 2. *pej:* (emberről) brute *f*
állatállomány cheptel *m*
állatbarát ami des bêtes *v* des animaux; zoophile *(n)*

állatbetegség 1. maladie *f* du bétail; 2. *(járvány)* épizootie *f*
állategészségügy police vétérinaire *f*
állatetető 1. *(tartály, állás)* mangeoire *f;* 2. *(ember)* nourrisseur
állatfaj espèce animale *v* d'animal
állatföldrajz zoogéographie *f*
állatgyógyászat médecine vétérinaire *f*
állati 1. animal, -e; ~ *anyag* substance animale; ~ *élet* animalité *f;* 2. *(állatias)* bestial, -e; animalesque; brutal, -e; ~ *módon* bestialement
állatias [~ak, ~at] bestial, -e; de brute
állatkereskedés magasin *m* d'animaux d'appartement
állatkert jardin zoologique; zoo *m*
állatkínzás torture infligée aux animaux
állatmese fable *f;* apologue *m*
állatorvos (médecin-)vétérinaire *m*
állatorvosi médico-vétérinaire; ~ *főiskola* école (nationale) vétérinaire
állatöv *csill:* zodiaque *m*
állatövi zodiacal, -e
állatpreparátor naturaliste; taxidermiste *n*
állatsereglet ménagerie *f*
állatszelídítő(nő) dompteur, -euse (de bêtes féroces *v* d'animaux); dresseur, -euse *n* de bêtes
állattan zoologie *f*
állattani zoologique
állattartás élevage *m*
állattenyésztés élevage *m;* zootechnie *f*
állattenyésztő I. *(mn)* ~ *egyesület* société *f* d'élevage; ~ *nép* peuple éleveur de bestiaux; II. *(fn)* éleveur, -euse *n* (de bétail)
állattömő empailleur *m;* naturaliste; taxidermiste *n*
állatvédő *egyesület* société protectrice *v* pour la protection des animaux
állatvilág 1. règne animal; 2. *(egy vidéké)* faune *f*
állcsont maxillaire *m;* mâchoire *f*
álldogál [~tam, ~t, ~jon] 1. stationner; se tenir ...; *(őr)* être de planton; poireauter *biz;* 2. *(kocsi)* stationner
allegória [-ák, -át, -ája] allégorie *f*
alleluja [-ák, -át, -ája] alléluia *m*
allevél *növ:* bractée; feuille bractéale *f*

állhatatlan instable; inconsistant; inconstant, -e
állhatatlanság inégalité; carence; inconstance; instabilité *f*
állhatatos [~ok *v* ~ak, ~at] persévérant; constant, -e; indéfectible
állhatatosság persévérance; constance; fermeté *f*
alligátor [~ok, ~t, ~a] *áll:* alligator; caïman *m*
állít [~ottam, ~ott, ~son] 1. poser; mettre; placer; *egy létrát falhoz* ~ planter une échelle contre un mur; 2. *(emléket stb.)* ériger; élever; 3. *(lesbe)* aposter; *(felsorakoztatva)* aligner; *bíróság elé* ~ déférer au tribunal; *(tanút, kezest)* fournir; 4. *(mondva)* affirmer; soutenir; *(rosszindulattal)* insinuer; *erősen* ~ soutenir ferme *v (biz)* mordicus; *határozottan* ~ *vmit* assurer qc
állítás 1. *(tárgyé)* pose *f;* ajustement *m; (sorba)* alignement *m;* 2. *(szoboré stb.)* érection *f;* 3. *kat:* recrutement *m;* 4. *(mondás)* affirmation; allégation *f;* 5. *fil, nyelv:* proposition *f;* prédicament *m*
állításköteles *kat:* conscrit *m*
alliteráció [~k, ~t, ~ja] allitération *f*
állítgat 1. *(tárgyat)* redresser; 2. *átv:* affirmer; soutenir
állítható 1. *műsz:* réglable; orientable; 2. *átv:* soutenable
állítmány *nyelv, fil:* prédicat *m*
állítmányi [~ak, ~t] *nyelv:* prédicatif, -ive; ~ *jelző v kiegészítő* adjectif attributif
állító [~k, ~t, ~ja] affirmatif, -ive; ~ *mondat* proposition assertive
állítócsavar vis *f v* bouton *m* de réglage
állítógyűrű *műsz:* bague *f* d'arrêt
állítólag à ce qu'on dit; prétenduement
állítólagos [~ak, ~at; ~an] prétendu, -e; soi-disant *(nőn. ua.)*
állkapocs mâchoire *f;* maxillaire *m;* mandibule *f*
álló [~k, ~t] 1. debout *(nőn. ua.);* sur pied; ~ *helyzet* station debout *v* verticale; *egy* ~ *helyében* sur-lechamp; 2. *(szerkezetrész)* dormant, -e; fixe; 3. *(tartós)* durable; stable;

két ~ *napig* deux jours entiers; 4. *(érték)* fixe; stable; 5. *jól* ~ seyant, -e; 6. *vmiből* ~ composé(e) de ...; *két részből* ~ divisé(e) en deux parties; biparti, -te; *több tagból* ~ *ld:* többtagú
állócsillag étoile fixe *f*
allodium [~ok, ~ot, ~a] *feud:* alleu; franc-alleu *m*
állóharc guerre *f* de position *v* de siège
állóhely place debout *f;* promenoir *m*
állóinga *fiz:* pendule inversé
állóképes 1. *(nem romlandó)* de bonne conservation
állóképesség 1. stabilité; résistance *f;* 2. *(emberé)* endurance *f;* moral *m*
állólámpa lampadaire *m;* lampe *f* à pied
állólétra marchepied *m;* échelle double *f*
állomány 1. *(anyag)* substance *f;* 2. *(készlet)* stock *m;* existence *f;* état *m;* 3. *(gépekben)* parc *m;* 4. *pénztári* ~ existence en caisse; 5. *(tényleges)* effectif *m; (katonai)* effectif; ~*ba vesz* incorporer
állományjegyzék inventaire; bordereau *m*
állomás 1. *(vasúti)* gare; station; *f;* 2. *(úton)* étape; halte *f;* 3. *(katonáé, hivatalnoké)* poste *m*
állomásfőnök chef *m* de gare
állomáshely *(emberé)* poste *m*
állomásozik [~tam, ~ott, ~zék *v* ~zon] 1. être stationné; 2. *kat:* tenir *v* prendre garnison
állomásparancsnokság 1. *kat:* commandement *m* de la garnison; 2. *(vasúti)* commandement de la gare
állóóra pendule *m* à gaine; horloge *f* de parquet
állórész *vill:* stator *m*
állószobor statue pédestre *f*
állósztrájk grève *f* des bras croisés
állótőke *mez:* cheptel mort; *(üzemi)* outillage *m*
állott [~ak, ~at; ~an] *(étel)* vieux de plusieurs jours
állóvíz eau stagnante *v* dormante *v* morte
állszíj mentonnière *f; kat:* jugulaire *f*
alluviális [~ak, ~t] *geol:* alluvial, -e; alluvionnaire

alluvium [~ok, ~ot, ~a] *geol:* alluvion *f;* apport fluvial
állva debout; ~ *marad* rester debout
állvány 1. *ép:* échafaud; échafaudage; bâti *m; (kisebb)* tréteau *m; (polc)* étagère *f;* 2. *(tartó)* support *m*
állványozás échafaudage; levage *m*
alma [-ák, -át, -ája] pomme *f;* ~ *alakú* pomiforme; *Az* ~ *nem esik messze a fájától* Tel père, tel fils. — Bon sang ne peut mentir
almabor cidre *m*
almacsutka le cœur de la pomme
almafa pommier *m*
almahéj pelure *f* de pomme
almamag pépin *m* de pomme
almamoly carpocapse *f*
almás 1. *(étel)* aux pommes; 2. *(fekete)* ~ *(ló)* tisonné, -e; *(szürke)* ~ *(ló)* pommelé, -e
almásderes; almásszürke gris pommelé
almásvörös *(ló)* miroité, -e
álmatag [~ok, ~ot] rêveur, -euse
álmatlan sujet (-ette) à l'insomnie; sans sommeil; ~ *éjszaka* nuit blanche
álmatlanság insomnie *f*
almazöld vert pomme
álmélkodik [~tam, ~ott, ~jék *v* ~jon] *(vmin)* s'étonner de qc *v* de *(inf);* être ahuri(e) *v* étonné(e) de *(inf)*
álmodik [~tam, ~ott, ~jék *v* ~jon] rêver; faire un rêve; avoir un rêve *(vkiről* v *vkivel)* (de q); songer; *arról nem is ~tam, hogy* je n'aurais jamais rêvé que
álmodozás rêverie; songerie *f*
álmodozik [~tam, ~ott, ~zék *v* ~zon] être plongé(e) dans ses rêveries; rêver de *(inf);* rêvasser
álmodozó [~k, ~t; ~an] rêveur, -euse; rêvasseur, songeur, -euse *n;* ~ *természetű ember* esprit chimérique *m;* visionnaire *n*
álmos [~ak, ~at] pris(e) de sommeil; accablé(e) de sommeil; *(természet)* endormi, -e
álmosító [~k, ~t; ~an] soporifique; dormitif, -ive
álmoskönyv livre *m* de songes; la clef des songes

álmosság 1. envie *f* de dormir; engourdissement *m;* 2. *átv:* engourdissement *m;* somnolence *f*
álnév pseudonyme; faux nom; *írói* ~ *nom de guerre;* pseudonyme; ~ *alatt él* vivre sous un faux état civil
álnok [~ok, ~ot] perfide; félon, -onne
álnokság perfidie; félonie; fausseté *f*
álokoskodás raisonnement spécieux; sophisme; argutie *f (pl is)*
alól 1. de dessous (qc); de sous (qc); *kivétel a szabály* ~ c'est une exception à la règle; 2. *átv:* de; *felszabadít az iga* ~ délivrer du joug; 3. *ld:* **alul**
alom [almok, almot, alma] 1. litière *f;* 2. *(állat)* portée; litée *f*
álom [álmok, álmot, álma] 1. rêve; songe *m;* 2. *(átmodozás)* rêverie *f;* 3. *(alvás)* sommeil *m; rossz* ~ cauchemar *m;* ~*ba merül* s'abandonner au sommeil; glisser au sommeil; ~*ba szenderül* s'assoupir; *örök* ~*ba szenderül* s'endormir du dernier sommeil; ~*ból ébred* sortir d'un songe; *álmokat sző* s'abandonner à la rêverie
álomfejtés interprétation *v* explication des songes; oniromancie *f*
álomkép 1. image *v* vision *f* de rêve; 2. *átv:* chimère *f;* fantôme *m*
álomkór maladie du sommeil; trypanose *f*
álompor poudre *v* substance soporifique *v* narcotique *f*
álomszerű fantomatique; enchanteur, -teresse
álomszuszék grand dormeur; marmotte *f;* loir *m biz*
álomvilág le pays *v* le monde des rêves *v* des chimères
alorvos *kb:* interne *n*
alosztály subdivision; section *f*
alpakka [-ák, -át, -ája] ruolz; alpacca; packfond *m*
alpári [~ak, ~t] trivial, -e; vulgaire
alperes [~ek, ~t, ~e] partie défenderesse; défendeur, -eresse
alpesi [~t] 1. alpin, -e; alpestre; ~ *kunyhó* chalet alpin; ~ *legelő* alpage *m;* 2. *növ:* alpicole
Alpok [~at] les Alpes *f pl*

alpolgármester adjoint *m* au maire
alrovat sous-compte *m*
álruha déguisement; travesti *m;* -*ába öltözik* se travestir; se déguiser
álruhás travesti; déguisé, -e
alsó [~k, ~t] **I.** *(mn)* inférieur, -e; bas, basse; *(folyón)* d'aval; *(földrajzi nevekben)* le Bas ...; *fil:* ~ *fogalom* terme mineur; ~ *fokú oktatás* enseignement élémentaire *v* primaire; *az* ~ *néposztály* le petit peuple; ~ *osztályok (iskolában)* le cycle inférieur; les classes inférieures; **II.** *(fn)* **1.** *az* ~ celui du bas; celui de dessous; **2.** *(kártya)* valet *m*
alsóbb [~ak, ~at] inférieur(e) à qc
alsóbbrendű inférieur, -e
alsóbbrendűség infériorité *f*
alsóbbrendűségi *komplexus* complexe *m* d'infériorité
alsóbíróság tribunal *m* de première instance
alsóház la Chambre (des Députés)
alsókar avant-bras *m*
alsónadrág 1. *(rövid)* caleçon *m;* **2.** *(hosszú)* pantalon *m*
alsópapság bas clergé
alsórész partie inférieure; le bas de qc
alsóruha robe *f* de dessous; *(fehérnemű)* linge *m* (de corps)
alsószoknya jupon *m*
álszakáll barbe postiche; fausse barbe
álszemérem mauvaise *v* fausse honte
álszemérmes pudibond, -e *(n)*
álszent faux dévot, fausse dévote; hypocrite *(n);* cagot, -e *(n);* tartufe *(m)*
álszenteskedés hypocrisie; fausse dévotion; tartuferie *f*
alszik [aludni; alszom, alszol, alszunk, alusztok, alusznak, aludtam, aludt] **I.** *(tgyl i)* **1.** dormir; *éberen* ~ avoir un sommeil léger; ~ *mint* ~ avoir le sommeil lourd; ~ *mint a bunda il dort comme un sabot; addig* ~, *míg hasára süt a nap* faire *v* dormir la grasse matinée; **2.** coucher; *a szabad ég alatt* ~ coucher à la belle étoile; **3.** *átv: (ügy, természet, lélek)* sommeiller; **II.** *(tgy i)* ~ *egyet* faire un petit somme; *aludjunk rá egyet!* la nuit porte conseil
alt [~ok, ~ot, ~ja] contralto *m*
altábornagy général *m* de division
által par; de; au moyen de; par l'intermédiaire *v* l'entremise de
általában *(véve)* en général; en règle générale; ordinairement
altalaj sous-sol; tréfonds *m*
általános [~ak, ~at] **I.** *(mn)* général, -e, universel, -elle; absolu, -e; ~ *béke* paix universelle; ~ *érvényű* absolu, -e; ~ *iskola kb: (franciáknál)* école primaire (supérieure); ~ *iskola alsó tagozata* école primaire élémentaire; ~ *felső iskola* école primaire supérieure; ~ *mozgósítás* mobilisation générale; ~ *műveltség* culture générale; ~ *titkos szavazati jog* suffrage universel au vote secret; ~ *sztrájk* grève générale; ~ *hadkötelezettség* service militaire obligatoire; **II.** *(fn) az* ~ le général
általánosít [~ottam, ~ott, ~son] généraliser; faire des généralisations
általánosság généralité; universalité *f;* ~*ban elfogadja a javaslatot* adopter l'ensemble du projet; ~*okra szorítkozik* rester dans le vague
altat [~tam, ~ott, -asson] **1.** endormir; **2.** *orv:* narcotiser; anesthésier
áltat [~tam, ~ott, -asson] leurrer; abuser par de vaines promesses; ~*ja magát* s'abuser; se repaître *v* se bercer d'une chimère
áltatás *orv: (betegé)* anesthésie (générale)
áltatás mystification; tromperie *f*
altató [~k, ~t] **I.** *(mn)* **1.** *(hatású)* endormant, -e; soporifique; **2.** *orv:* narcotique; **II.** *(fn) ld:* altatószer
altatószer *orv:* dormitif; somnifère; soporifique *m*
altengernagy vice-amiral *m*
alternatíva [-ák, -át, -ája] alternative *f*
altest bas-ventre; abdomen *m*
althang (voix de) contralto; contralte *m*
altiszt 1. *kat* sous-officier; gradé *m;* **2.** *(hivatalsegéd)* garçon *m* de bureau

áltört *mat:* fraction impropre *v* mixte *f*

altruista [-át] altruiste; désintéressé, -e *(n)*
áltudomány fausse science
aludt [~ak, ~at] coagulé; figé; caillé, -e
aludttej (lait) caillé *m;* caillebotte *f*
alul 1. *(rajta)* en bas; dans le champ inférieur; **2.** *(alatta)* au-dessous; dessous; **3.** *(lenn)* en bas; en contrebas; **4.** *(keresztül)* par en bas; **5.** *átv:* ~ *van* être dominé(e)
aluli [~ak, ~t] ötéven ~ *gyermekek* les enfants au-dessous de cinq ans
alulírott soussigné(e)
aluljáró passage inférieur *v* souterrain
alulmarad avoir le dessous; succomber
alulról d'en bas; d'en dessous; ~ *jövő kritika* critique venant de la base
alumínium [~ok, ~ot, ~a] aluminium *m*
alumíniumgyár aluminerie *f*
aluszékony [~ak, ~t] dormeur, -euse *n;* indolent; engourdi, -e
aluszékonyság 1. somnolence *f;* **2.** *átv:* indolence *f*
alva endormi; assoupi, -e
alvadás 1. coagulation *f;* **2.** *(teje)* prise *f*
alvadt [~ak, ~at; ~an] caillé; coagulé, -e; ~ *vér* sang caillé *v* grumeleux
alvajárás somnambulisme *m*
alvajáró [~k, ~t, ~ja] somnambule *(n)*
alvállalat; alvállalkozás sous-entreprise *f*
alvállalkozó sous-entrepreneur *m*
alvás sommeil *m*
alváz bâti *m;* *(kocsié)* châssis *m*
alvezér 1. *kat:* général commandant en second; **2.** *átv:* lieutenant *m*
alvilág 1. *vall:* enfers *m pl;* sombre royaume *m;* **2.** *(bűnözőké)* le milieu; la (haute et la basse) pègre
alvilági 1. *vall:* infernal, -e; des enfers; **2.** *(bűnöző)* de la basse pègre; du milieu
alvó [~t] **I.** *(mn)* endormi, assoupi, -e; **II.** *(fn)* dormeur, -euse *n*
alvóhely couche *f;* *(állaté)* gîte *m*
ám certes; voire; bien sûr! *ám jöjjön!* qu'il vienne donc! *ám legyen* soit
amabba(n) dans celui-là
amalgám [~ok, ~ot, ~ja] amalgame *m*

amarra 1. *(rá)* sur celui-là; **2.** *(felé)* par là(-bas); de ce côté-là
amarról 1. *(róla)* de celui-là; **2.** *(felöl)* de là(-bas); de ce côté-là
amatőr [~ök, ~t] **I.** *(mn)* d'amateur; amateur; **II.** *(fn)* amateur; dilettante *m*
amaz; ama celui-là; celle-là
ámbár; ámbátor *ld:* **bár**
ambíció [~k, ~t, ~ja] ambition *f*
ambicionál [~tam, ~t, ~jon] *(vmit)* prétendre à qc; se piquer de ...; ambitionner qc
ambiciózus ambitieux, -euse
ambulancia [-ák, -át, -ája] section réservée *v* pavillon réservé aux malades non alités, dispensaire *m*
ameddig 1. *(hely)* jusqu'où; **2.** *(idő)* aussi longtemps que; tant que; **3.** *(mialatt)* pendant que
amellett en outre; en sus; par surcroît
amely I. *(ksz)* **1.** qui; *(különösen hat. szerk.-ben)* lequel, laquelle; *(csak hat. szerk.-ben)* quoi; **2.** ~*ek* qui; *(mondat élén)* ceux qui; ~*ek közül* dont; parmi lesquels; **3.** ~*et,* ~*eket* que; *(mondat élén)* celui que; **4.** ~*be* dans lequel; où; dans quoi; *(mondat élén)* celui dans lequel *v* où; **5.** ~*ből* d'où; dont; duquel; de quoi; *(mondat élén)* celui dont *v* d'où; **6.** ~*en* sur lequel; sur quoi; où; *(mondat élén)* celui sur lequel; **7.** ~*nek (dat)* auquel; à qui; *(mondat élén)* celui auquel *v* à qui; **8.** ~*nek a (gen)* duquel; dont; *(mondat élén)* celui dont; **9.** ~*re* sur lequel; sur quoi; auquel; *(mondat élén)* celui sur lequel; **10.** ~*ről* ~*től* dont; duquel; *(mondat élén)* celui dont *v* duquel; **II.** *(mn)* lequel, laquelle, lesquels ...; le ... qui
amelyik 1. *ld:* **amely; 2.** *(mondat élén)* celui qui; celle qui
ámen ainsi soit-il; amen *m*
amennyi; amennyit 1. autant que; tant que; **2.** *amennyi ... annyi* tant ... tant ...; autant ... autant ...
amennyiben 1. *(amilyen mértékben)* *ld:*

amennyire; 2. *(feltétel)* pour autant que
amennyire 1. aussi loin que; **2.** ~ csak du mieux que; le mieux que; **3.** *(már)* ~ autant que *(ind* v *subj);* **4.** *amennyire... annyira* autant ... autant; autant que ... autant que
Amerika [-át] Amérique *f*
amerikai [~ak, ~t; ~ul] I. *(mn)* américain, -e; *az* ~ *külügyminisztérium* le département d'État; ~ *mogyoró* cacahuète; arachide *f;* ~ *szövőlepke* écaille fileuse; II. *(fn)* Américain, -e
amerre partout où; par où; où
amerről du côté où; d'où
ami 1. ce qui; ~ *által* ce par quoi; **2.** qui; **3.** *(állítmány)* que
amiatt à cause de cela; pour cela; ~ *hogy* parce que
amibe(n) dans quoi *v* lequel; où; en quoi
amiből ce dont; de quoi; ~ *következik* d'où il résulte
amiért pour cette raison; c'est pourquoi ...; parce que; moyennant quoi
amíg 1. *(~ csak)* tant que; aussi longtemps que; jusqu'à ce que *(ind* v *subj);* **2.** *(cél)* addig, ~ nem en attendant que *(subj);* **3.** *(mialatt)* pendant (tout le temps) que
amihez ce à quoi
amikor 1. lorsque; quand; le jour où; **2.** *(mialatt)* tandis que; pendant que
amilyen 1. tel que; **2.** ~ *bizalmatlan maga* méfiant comme vous l'êtes; **3.** ~ *mértékben terjed ez a betegség dans la mesure où v au fur et à mesure que cette maladie se répand;* **4.** *amilyen olyan* ... aussi ... que; autant ... autant; **5.** *(közmondásban)* tel ... tel ...; **6.** ~ *olyan* il faut le prendre tel quel *v* tel qu'il est; c'est toujours ça
aminek 1. *(gen)* duquel; de quoi; dont; **2.** *(dat)* ce à quoi
amint 1. comme; ainsi que; tel que; **2.** *(mihelyt)* dès que; aussitôt que; **3.** *(mialatt)* pendant que; tandis que

amióta depuis que; depuis le moment où
amire ce à quoi; à quoi; sur quoi
amiről ce dont; de quoi; dont
amit ce que
ámít [~ottam, ~ott, ~son] mystifier; illusionner; *önmagát ~ja* s'en imposer à soi-même
ámítás tromperie *f;* leurre *m*
amitől de quoi; ce dont; dont
amivel avec quoi; de quoi; par où
ammónia [-át, -ája]; **ammóniák** [~ot, ~ja] *vegy:* ammoniaque *f*
amnesztia [-ák, -át, -ája] amnistie *f;* ~ *alá esik* être compris dans l'amnistie
amoda là-bas; par là; de ce côté-là
ámokfutás amok *m*
amolyan *ld:* **afféle**
amonnan de là-bas; de là
Ámor [~t] Cupidon *m*
amortizáció [~k, ~t, ~ja] amortissement *m*
amortizál [~tam, ~t, ~jon] amortir
amott(an) là-bas; plus loin
amőba [-ák, -át, -ája] *áll:* amibe *f*
amögött derrière; là-derrière
amplitúdó *fiz:* amplitude *f*
ampulla [-ák, -át, -ája] *orv:* ampoule *f*
amputál [~tam, ~t, ~jon] *orv:* amputer; *egy lábát ~ták* il a été amputé d'une jambe
amputálás amputation; ablation *f*
amúgy 1. de l'autre manière; ~ *magyarosan* rondement; sans façon; **2.** du reste; d'ailleurs
ámul [~tam, ~t, ~jon] être ahuri(e) *v* médusé(e) *v* sidéré(e)
ámulat; ámulás stupeur *f;* ahurissement *m;* stupéfaction *f;* étonnement *m;* ~ *ba ejt* frapper d'étonnement; *szeme-szája eláll az ~tól* crier merveille
amulett [~ek, ~et, ~je] amulette *f; (szerencsét hozó tárgy)* mascotte *f*
ámuló [~k, ~t; ~va] ahuri; étonné; stupéfait; interdit, -e
anaerob [~ok, ~ot] *él:* anaérobie *(mn)*
anakreoni [~ak ~t] anacréontique
anakronisztikus anachronique
analfabéta [-ák, -át, -ája] **1.** analphabète; illettré, -e *(n);* **2.** *átv:* primitif, -ive; ignorant, -e

analitika [-ák, -át, ája] géométrie analytique *f*
analizál [~tam, ~t, ~jon] analyser
analízis [~ek, ~t, ~e] analyse *f*
analóg [~ok, ~ot] analogue
analógia [-ák, -át, -ája] analogie *f*
ananász [~ok, ~t, ~a] ananas *m*
anapesztusz [~ok, ~t, ~a] (pied) anapeste *m*
anarchia [-ák, -át, -ája] anarchie *f*
anarchikus anarchique
anarchista [-ák, -át, -ája] anarchiste; libertaire *(n)*
anarchizmus anarchisme *m*
anatómia [-ák, -át, -ája] anatomie *f*
anatómiai [~ak, ~t] anatomique
anatómus anatomiste *m*
andalgás rêverie(s) *f (pl)*; rêves *m pl*; méditation *f*
andalító [~k, ~t; ~an] enchanteur, -teresse; charmeur, -euse; berçant, -e
andalog [~tam, -lgott, ~jon] être plongé(e) dans ses rêveries; rêvasser
Andesek [~et]; Andok [~at] les Andes *f pl*
András [~ok, ~t, ~a] André *m*
Andrea [-ák, -át, -ája] Andrée *f*
Andromaché [~t] Andromaque *f*
anekdota [-ák, -át, -ája] anecdote *f*; conte *m*
anélkül 1. sans cela; 2. ~ *hogy* sans que *(subj)*; sans *(inf)*; 3. *(különben)* sans cela; sinon
angin [~ok, ~t, ~ja] coutil *m*
angina *orv:* angine *f*; ~ *pectoris* angine de poitrine
Anglia [-át] l'Angleterre *f*; le Royaume-Uni
angliai [~ak, ~t] d'Angleterre; anglais, -e, britannique
angol [~ok, ~t] I. *(mn)* anglais, -e; britannique; ~ *font* livre sterling *f*; *az* ~ *király* le roi d'Angleterre; ~ *kosztüm* costume tailleur; II. *(fn)* Anglais; Britannique *m*
angolkór *orv:* rachitisme *m*
angolkóros rachitique
angolna [-ák, -át, -ája] anguille *f*
angolos [~ak, ~at] anglais, -e; à l'anglaise

angolosan *távozik* filer *v* s'en aller à l'anglaise
angolpark jardin anglais *v* à l'anglaise
angolszász anglo-saxon, -onne
angoltapasz taffetas gommé *v* anglais *v* d'Angleterre; sparadrap *m*
angóra [-ák, -át, -ája] angora *(m)*
ángy [~ak, ~at, ~a] 1. belle-sœur *f*; 2. tante *f* à la mode de Bretagne
angyal [~ok, ~t, ~a] 1. ange *m*; ~*ok serege* chœur *m* des anges; théorie *f* des anges; 2. ~*om!* mon ange!
angyalcsináló faiseuse d'anges; avorteuse *f*
angyali [~ak, ~t] 1. *vall:* angélique; séraphique; 2. ~ *szép* d'une beauté angélique
angyalka [-ák, -át, -ája] petit ange; chérubin *m*
anilin *vegy:* aniline *f*
anilinfesték couleur *f v* colorant *m* d'aniline
ánizs [~ok, ~t, ~a] anis *m*
Anjou [~k, ~t] *az* ~*k* les Anjou; *(magyar tört:)* les rois de la maison d'Anjou
ankét [~ok, ~ot, ~ja] 1. enquête *f*; 2. conférence; réunion *f* d'information
Anna [-ák, -át, -ája] Anne *f*
annak 1. *(dat)* à lui; à celui-là; ~, *aki* à qui; à celui qui; 2. ~ *folytán* par conséquent; ~ *idején* en son temps; à l'époque; 3. *(gen) annak a . . . háza, aki* la maison de (celui) qui
annál I. *(mn)* chez celui-là; auprès de celui-là; II. *(hat)* 1. ~ *nincs nagyobb baj* il n'est pire malheur que celui-là; ~ *inkább* à plus forte raison; ~ *jobb* (c'est) tant mieux; 2. *minél* ... *annál* plus ... plus; *moins* ... *moins*
annálesek annales *f pl*
annektál [~tam, ~t, ~jon] annexer
annexiós *politika* politique annexionniste *f*
anód [~ok, ~ot, ~ja] anode; plaque *f*
anomália [-ák, -át, -ája] anomalie *f*
anorganikus inorganique
antagonisztikus antagonique
antagonizmus antagonisme *m*
Antal [~ok, ~t, ~ja] Antoine *m*

antant [~ot, ~ja] *tört:* l'Entente *f*
Antarktisz [~t] l'Antarctide *m*
antedatál [~tam, ~t, ~jon] antidater
antenna [-ák, -át, -ája] antenne *f*
antialkoholista antialcoolique *(n)*
antianyag *fiz* antimatière *f*
antibiotikum *orv:* antibiotique *m*
antifasiszta antifasciste *(n)*
antik [~ok, ~ot, ~ja] I. *(mn)* 1. *(ókori)* antique; de l'antiquité; 2. *(tárgy, stb.)* d'époque; de style; II. *(fn)* az ~ok les anciens
antiklerikális anticlérical, -e
Antikrisztus [~ok, ~t, ~a] *vall:* l'Antéchrist *m*
antikvárium [~ok, ~ot, ~a] 1. magasin *m* d'antiquités; 2. *(könyveké)* librairie ancienne *v* d'occasion
antikvárius 1. *(régiségkereskedő)* antiquaire; marchand *m* d'antiquités; 2. *(könyves)* libraire-antiquaire *n*
Antillák [~at] les Antilles *f pl*
antilop [~ok, ~ot, ~ja] 1. antilope *f;* 2. *(bőr)* (en) daim
antimilitarizmus antimilitarisme *m*
antimon [~ok, ~t, ~ja] *ásv:* antimoine *m*
Antinoosz [~t] Antinoüs *m*
antipasszát *szelek* vents contre-alizés
antipátia [-ák, -át, -ája] antipathie *f*
antipatikus antipathique
antiszemita antisémite *(n);* antisémitique
antiszociális antisocial, -e
antiszocialista antisocialiste
antitalentum un incapable
antitézis *fil:* antithèse *f*
antológia [-ák, -át, -ája] anthologie *f*
Antónia [-ák, -át, -ája] Antoinette *f*
Antoninus Pius Antonin le Pieux
antracén ~ek, ~t, ~je] anthracène *m*
antropológia [-ák, -át, -ája] anthropologie *f*
antropológus anthropologiste; anthropologue *n*
Antwerpen [~t] Anvers *f*
anya [-ák, -át, anyja] 1. mère *f;* 2. *műsz:* écrou *m*
anyaállat femelle *f (tápláló:* laitière; *terhes:* portière)
anyacsavar écrou *m;* vis femelle

anyaföld (sol de) la patrie; terre natale
anyag [~ok, ~ot, ~a] 1. matière; substance *f;* ~ *és szellem* matière et esprit; 2. *(munkához való)* matériel, matériau(x) *m (pl);* 3. *(kőé)* grain *m;* 4. *(szöveté)* tissu *m;* 5. *(készítményé)* ingrédient(s) *m (pl);* 6. *(íróé, műé)* matière *f; (tudományos műé)* documentation *f;* 7. *fiz, vegy: (ható)* agent *m*
anyagalapok *közg:* fonds matériels
anyagbeszerzés achats *m pl*
anyagbeszerző chef *v* agent *m* du service des achats
anyagcsata guerre *f* d'usure
anyagcsere métabolisme *m*
anyagellátás ravitaillement *m*
anyagfelhasználás utilisation *f* des matières (brutes)
anyaggazdálkodás contrôle *m* de la production des matières brutes
anyaggyűjtés rassemblement des matériaux; dépouillement *m* des sources; documentation *f*
anyaghiba défaut *m* dans le matériau
anyagi [~ak, ~t] I. *(mn)* 1. matériel, -elle; physique; ~ *eszközök* moyens (matériels); ~ *pont* point matériel; *az* ~ *világ* le monde physique; 2. financier, -ière; pécuniaire; ~ *erejéhez képest* selon sa bóurse *v* ses moyens; ~ *felelősség (vmiért)* responsabilité pécuniaire; ~ *helyzet* situation pécuniaire *f;* ~ *veszteség* pertes *f pl;* 3. *egyh:* temporel, -elle; II. *(fn) az* ~*ak* les finances; les moyens pécuniaires
anyagias matériel, -elle; ~ *gondolkodású* attaché(e) à la matière
anyagiasság matérialisme; esprit *m* terre-à-terre
anyagigénylés demande *f* de matériel
anyagismeret 1. documentation *f;* 2. connaissance *f* des matériaux
anyagkészlet stock; matériel *m*
anyagkönyvelés comptabilité-matière *f*
anyagmérleg *közg:* balance matérielle
anyagmozgatás déplacement *m* de matière, 'manutention *f*
anyagpazarlás gaspillage *m*

anyagtakarékosság économie *f* de matériel
anyagtalan [~ok] immatériel, -elle
anyagveszteség perte *f* de matériel; *(pazarlásból, visszaélésből:)* coulage *m*
anyagvizsgálat essai *m* v épreuve *f* de(s) matériaux
anyagyilkos matricide; parricide *(n)*
anyahajó bateau-dépôt *m;* rep: (bateau) porte-avion *m*
anyai [ak, ~t] maternel, -elle; ~ *ág* côté maternel; ligne maternelle; ~ *részről* du côté maternel; ~ *szeretet* amour maternel
anyajegy envie; marque *f* (de naissance)
anyajog matriarcat *m*
anyajuh brebis *f*
anyakanca jument poulinière
anyakikötő port *m* d'attache
anyakönyv registre *m* de l'état civil; l'état civil
anyakönyvez immatriculer
anyakönyvezés immatriculation *f*
anyakönyvi *adatok:* état civil; ~ *hivatal* bureau *m* de l'état civil; ~ *kivonat* extrait *m* du registre de l'état civil
anyaméh 1. *áll:* reine (mère); portière *f;* 2. *orv:* matrice *f;* utérus *m*
anyanyelv langue maternelle *v* natale
anyanyelvű; *magyar* ~ de langue hongroise
anyaország mère patrie; métropole *f*
anyaországi métropolitain, -e
anyarakéta porteur *m;* fusée porteuse
anyarozs *növ:* ergot de seigle; sclérote *m*
anyás toujours pendu(e) au cou de sa mère
anyaság maternité *f*
anyasejt 1. *méh:* alvéole maternel *v* royal; 2. *él:* cellule mère *f*
anyáskodik jouer à la maman
anyaszív cœur maternel *v* de mère
anyaszült *meztelen* nu(e) comme un ver, en peau *nép*
anyatej lait de sein *v* maternel
anyátlan sans mère; orphelin(e) de mère
anyavédelem protection maternelle *f*
annyi [~t] I. *(mn)* 1. autant de...; aussi grand(e); *(tagadással)* tant de...; 2. *annyi* (fn) ... *amennyi*

autant de ... que; 3. ~ *barátja van, hogy* il a tant d'amis que; *nincs* ~ *pénze, mint magának* il n'a pas tant d'argent que vous; II. *(hat)* 1. *(önállóan)* autant; *(tagadással)* tant; si grand; 2. *(felkiáltásban)* ~*t dolgozik!* il travaille tant! 3. ~, *hogy* tant (de...) que; ~ *bizonyos, hogy* tant y a que; toujours est-il que; 4. ~*t* ... *míg (végre)* à force de *(inf);* 5. ~, *mint* aussi grand (...) que; si grand (...) que; ~ *mint (számolásban)* soit ...; *(számlán)* ci ...; *(osztásnál)* je pose ...; 6. *annyi* ... *amennyi* ... autant ... autant ...; *amennyi* ... *annyi* autant ... que; tant ... que
annyian en si grand nombre; tant
annyiban 1. *(csak)* ~ *amennyiben* dans la mesure où; ne ... qu'autant que; 2. ~ *marad* en rester là
annyifelé de tant de côtés
annyiféle de tant de sortes *v* d'espèces
annyifelől de tant de côtés *v* de directions
annyira 1. *(mérték)* tellement; si; 2. *én* ~ *szeretem!* je l'aime tant! 3. *éppen* ~ *mint* autant que; *(tagadva:)* tant; 4. *no* ~ *még nem vagyunk!* nous n'en sommes pas encore là! 5. *csak* ~ *amennyire (úgy-ahogy)* tant bien que mal; ~, *hogy* à tel point que
annyiszor 1. si souvent; tant de fois; 2. ~ *ahányszor* autant de fois que ...
annyival 1. avec autant; 2. de tant; 3. ~ *inkább* à plus forte raison
anyó [~k, ~t, ~ja]; **anyóka** [-ák, -át, -ája] mémère *f nép*
anyós [~ok, ~t, ~a] belle-mère *f*
anyuka; anyus Maman; M'man *biz*
aorta [-ák, -át, -ája] *orv:* aorte *f*
apa [-ák, -át, apja] père *m*
apaállat mâle *m*
apáca [-ák, -át, -ája] *egyh:* religieuse *f*
apacs [~ok, ~ot, ~a] apache; escarpe *m;* mauvais garçon
apad [~t, ~jon] baisser; diminuer; *(áradt folyó)* se retirer; *(daganat)* se dégorger; *(víz)* baisser
apadás 1. *(vízé)* baisse; décrue *f;* 2. *(tengeré) ld:* **apály;** 3. *ált:* diminution *f*

apagyilkos parricide *(n)*
apai [~ak, ~t; ~an] paternel, -elle; ~ *ág* ligne paternelle; ~ *örökség* patrimoine *m;* ~ *részről* du côté paternel
apály [~ok, ~t, ~a] reflux *m;* marée descendante *v* basse; ~ *és dagály* le flux et le reflux; la marée
apamén étalon *m*
apanázs [~ok, ~t, ~a] rente mensuelle
apaság paternité *f*
apaszt [~ottam, ~ott, apasszon] faire baisser *v* décroître
apát [ok~, ~ot, ~ja] abbé *m*
apátia [-ák, -át, -ája] apathie *f*
apatikus apathique
apátlan sans père; orphelin(e) de père
apellál [~tam, ~t, ~jon] *(vmire)* en appeler *v* se référer à qc
apó [~k, ~t, ~ja] père *m*
apokrif [~ot] apocryphe *(n)*
ápol [~tam, ~t, ~jon] donner des soins à q; soigner q; ~*ja a barátságot* cultiver son ami
ápolás soins *m pl;* traitement *m; orvosi* ~ soins médicaux; *kórházi* ~ hospitalisation *f*
ápolatlan négligé, -e
apolitikus apolitique; impolitique
Apolló(n) [~k, ~t, ~ja] Apollon *m*
ápoló(nő) [~k, ~t, ~ja (~je)] infirmier, -ière; garde-malade *n*
áporodott [~ak, ~at; ~an] moisi; pourri; ranci; éventé, -e
após [~ok, ~t, ~a] beau-père *m;* ~ *és anyós* beaux-parents *m pl*
apostol [~ok, ~t, ~a] 1. apôtre; évangélisateur *m;* 2. *átv:* apôtre *m*
apostoli [~ak, ~t] apostolique
aposztróf [~ok, ~ot, ~ja] apostrophe *f*
aposztrofál [~tam, ~t, ~jon] 1. apostropher; 2. *(vminek)* qualifier (de) . .
apoteózis [~ok, ~t, ~a] apothéose *f*
appercepció [~k, ~t, ~ja] 1. perception *f;* 2. aperception *f*
appercipiál [~tam, ~t, ~jon] percevoir
apraja-nagyja [-át, -át] grands et petits
apránként petit à petit; au fur et à mesure

aprehendál [~tam, ~t, ~jon] *(vmiért)* garder rancune de qc; prendre la mouche
április [~ok, ~t, ~a] avril *m;* ~ *bolondja!* poisson d'avril!
aprít [~ottam, ~ott, ~son] 1. hacher (menu); mettre en pièce; découper; 2. *van mit* ~*ania a tejbe* avoir de quoi faire bouillir la marmite
aprítás hachage *m; (kőé)* concassage *m; (fáé)* débitage *m*
aprítógép concasseur *m*
apró; apróbb I. *(mn)* tout petit; menu, -e; ~ *betű* caractère fin; ~ *figyelmességek* les petits soins; ~*ra ld:* külön; **II.** *(fn) az* ~*k* le petit peuple
apró-cseprő de peu d'importance; futile
apród [~ok, ~ot, ~ja] page *m*
apródonként *ld:* apránként
apprófa menu bois *m;* petit bois
apróhirdetés *újs:* petite annonce
aprójószág menu *v* petit bétail
apróiék [~ok, ~ot, ~a *v* ~ja] *(szárnyas)* abattis *m* (de volailie); *(más)* abats *m pl*
aprólékos [~ak, ~at] minutieux, -euse; détaillé, -e; *pej:* vétilleux, -euse
aprólékoskodik [~tam, ~ott, ~jék *v* ~jon] tatillonner; subtiliser; chercher la petite bête; *(vmiben)* éplucher qc
aprólékosság minutie; profusion *f* de détails
aprómarha menu *v* petit bétail; volaille *f*
aprómunka bricolage *m*
aprópénz (menue) monnaie; ~*re vált* convertir en monnaie; *(átv:)* monnayer (à son profit)
apróra par le menu; dans le détail; ~ *elmond* raconter de fil en aiguille; ~ *tör* broyer; ~ *vagdal* hacher menu
apróság 1. bagatelle; futilité *f;* 2. *(tárgy)* babiole *f;* objet *m* de fantaisie; 3. *(gyermekről)* marmot *m*
apróvad menu gibier
apróz [~tam, ~ott, ~zon] 1. grener; 2. danser à petits pas
apu Papa; pépère
Apuleius Apulée *m*
1. ár [~ak, ~at, ~a] 1. prix *m; (jegyzett árué)* cote *f; az árak esése*

la baisse des prix; *alacsony ár mévente f; mi az ára?* quel en est le prix? cela fait *v* vaut combien? *árban csökken* baisser de prix; *árban emelkedik* augmenter de prix; *a hús árát megállapítja* taxer la viande; 2. *átv:* rançon *f;* prix; *milyen áron?* à quel prix? *minden áron* à tout prix; *semmi áron* à aucun prix
II. **ár** [~t, ~ja] *(vízár)* 1. *(folyón)* courant *m; elragadta az ár* il a été emporté par le courant *(átv is); az árral szemben úszik* remonter le courant *(átv is);* 2. *(kiáradt víz)* les eaux; 3. *átv:* marée *f;* courant *m; a beszéd árja* le flux *v* flot de paroles
III. **ár** [~ak, ~at, ~a] *(szerszám)* alène *f;* poinçon *m*
IV. **ár** [~ak, ~t, ~ja] *(mérték)* are *m*
arab I. *(mn)* arabe; ~ *liga* la Ligue arabe; ~ *ló* cheval arabe *m;* II. *(fn)* Arabe *n*
arabeszk [~ek, ~et, ~je] arabesque *f*
Arábia [-át] l'Arabie *f*
árad [~t, ~jon] 1. *(folyó)* être en crue; monter; *(tengerről)* la marée monte; 2. *(vmiből folyadék)* se déverser; refluer; 3. *(vmiből, gáz, fény, szag stb.)* émaner; s'échapper; se dégager de qc; 4. ~ *a szó belőle* les paroles sortent de sa bouche avec abondance
áradás 1. les crues; les hautes eaux; 2. *szavak ~a* flot *m* de paroles; exubérance *f*
áradat [~ot, ~a] 1. crue; inondation *f;* 2. *átv:* flux; flot *m;* 3. déferlement *m*
áradó [~k, ~t] en crue; montant
áradozás *(dicsérő)* dithyrambes *m pl; (érzelmi)* effusions sentimentales
áradozik [~tam, ~ott, ~zék *v* ~zon] ~ *vmiről* louer qc avec emphase
áradozó [~k, ~t; ~an] exubérant, -e; prolixe
árajánlat 1. offre *f* de prix; 2. *(árlejtésen)* soumission *f; (árverésen)* mise *f*
áralakulás formation *v* évolution *f* des prix
áram [~ok, ~ot, ~a] 1. *vill:* courant; circuit *m;* 2. *ált:* courant; fluide *m*

áramerő(sség) intensité *f* de courant
áramfejlesztő I. *(mn)* électrogène; II. *(fn) (gép)* générateur (électrique) *m;* dynamo *f*
áramfeszültség voltage *m v* tension *f* de courant
áramforrás source électrique *f*
áramgerjesztés induction *f*
áramgerjesztő I. *(mn)* inducteur, -trice; II. *(fn)* inducteur *m*
áramirány sens *m* du courant; ~*t változtat* commuter
áramkör circuit (électrique) *m; helyreállítja az* ~*t* rétablir le circuit; *megszakítja az* ~*t* couper le circuit
áramlás 1. courant; flux *m;* 2. *(folyadéké)* circulation *f;* courant; 3. *fiz:* écoulement *m;* 4. *vill:* effluve; courant; 5. *(pénzé)* circulation *f;* 6. *a közönség* ~*a* l'affluence du public
áramlat 1. *(tengeri)* courant *m;* 2. *átv:* courant; mouvement *m*
áramlik [~ottam, ~ott, áramoljék *v* -oljon] 1. circuler; affluer; 2. *(nép)* affluer
árammegszakító interrupteur; coupe-circuit *m*
árammérő 1. compteur d'électricité; 2. ampèremètre *m*
áramszabályozó régulateur *v* contrôleur *m* de courant
áramszedő prise *f v* récepteur *m* de courant; *(rúd alakú)* perche *f* de contact
áramszolgáltatás fourniture *f* du courant; distribution *f* de l'électricité
áramszolgáltatási *zavar* panne *f* de courant
áramszünet coupure *f* de courant
áramütés électrocution *f;* ~*t kapott* électrocuté, -e
áramváltó transformateur *m* de courant
áramveszteség fuite(s) électriques) *f (pl)*
áramvezető conducteur électrique *m*
áramvonal ligne aérodynamique *f*
áramvonalas aérodynamique; fuselé, -e
aranka [-ák, -át, -ája] *növ:* cuscute *f*
Aranka [-ák, -át, -ája] Aurélie *f*
arany [~ak, ~at, ~a] 1. or *m;* ~ *tartalmú* aurifère; 2. *(pénz)* pièce *f* d'or; *(francia)* louis *m* (d'or); 3.

4 Magyar–Francia kézi

~ból való d'or; en or; *nem mind ~, ami fénylik* tout ce qui (re)luit n'est pas or; **~at ér** c'est de l'or en barre
arány [~ok, ~t, ~a] **1.** proportion *f; (mérték)* mesure *f; (átv. igy is)* échelle *f;* **~ba hoz** ajuster les rapports (entre); *vminek ~ában* en raison de qc; à *v* en proportion de qc; *(részesedésnél)* au prorata de qc; *vmivel ~ban levő* proportionné(e) à qc; *vminek ~ait ölti* prendre les allures de qc; **2.** *mat:* rapport *m;* raison *f*
aranyalap étalon (d')or *m*
aranyásó chercheur *m* d'or
aranybánya 1. mine *f* d'or; **2.** *átv:* le Pérou
aranybarna mordoré, -e
aranybetű lettre *f* d'or *(átv. is)*
aranyborjú veau *m* d'or
aranybulla *tört:* chrysobulle; Bulle *f* d'or
aranycsinálás alchimie *f*
aranyér 1. filon *m v* veine *f* aurifère *v* d'or; **2.** *orv:* hémorroïdes *f pl*
aranyérem médaille *f* d'or
aranyérme monnaie *f* d'or
aranyérték valeur or *f*
aranyérzék sens *m* des proportions
aranyeső (zanót) cytise *m*
aranyfedezet couverture or *f*
aranyfényű aux reflets dorés; doré, -e
aranyfog dent aurifiée
aranyfürdő *fényk:* bain or *m;* virage *m*
aranyfüst lame *f* d'or; clinquant *m*
aranygyapjú toison *f* d'or
aranygyűrű bague *f* d'or; *(karika)* alliance *f*
aranyhajú aux cheveux d'or
aranyhal poisson rouge *m;* dorade chinoise
aranyhímzés broderie *f* d'or *v* en or; *(miseruhán)* orfroi *m*
aranyhomok sable aurifère *m*
aranyifjú dandy; gandin *m*
aranyifjúság jeunesse dorée
aranyigazság grande vérité
aranyjelzés poinçon *m* d'or
aranykeret cadre d'or *v* doré
aranykészlet encaisse or *f;* stock *m* d'or

aranykor âge *v* siècle *m* d'or
aranykorona 1. couronne *f* d'or; **2.** *(pénz)* couronne or
aranyköpés boutade; saillie *f*
aránylag relativement; toute proportion gardée
aránylagos [~ak, ~at] proportionnel, -elle
aranylakodalom noces *f pl* d'or
aránylat [~ok, ~ot, ~a] *mat:* proportion *f; az ~ tagja* un terme de la proportion; *~ belső tagjai* les moyens; *~ külső tagjai* les extrêmes
aranyláz la ruée vers l'or
aránylik [~ottam, ~ott] être proportionné(e) à qc
aranymetszés 1. *(könyvön)* dorure *f* sur tranche; **2.** *mat:* section dorée; proportion divine
aranymosás lavage de l'or; orpaillage *m*
aranyműves orfèvre; joaillier *m*
aranyművesség orfèvrerie *f*
aranynyomás impression en or; dorure *f*
aranyóra montre *f* en or
aranyos [~ak, ~at] **1.** doré, -e; *(barnásan)* mordoré, -e; **2.** *átv:* adorable; charmant, -e
arányos [~ak, ~at] **1.** bien proportionné, -e; harmonieux, -euse; *egyenesen v fordítva ~ vmivel* directement *v* inversement proportionnel(le) à qc; *~ képviseleti rendszer* représentation proportionnelle; **2.** *~ termet* taille bien prise
arányosan proportionnellement (à qc); au prorata de qc
arányosít [~ottam, ~ott, ~son] proportionner à qc; ajuster à qc
arányosítás 1. ajustage; réajustement *m;* **2.** *(adóké)* péréquation *f*
arányosság proportionnalité *f*
aranyoz [~tam, ~ott, ~zon] dorer; *(fogat)* aurifier
aranyozás 1. dorure *f;* dorage *m;* eltávolítja az *~t vmiről* dédorer qc; **2.** *(könyvön)* les fers *m pl*
aranyozott [~ak, ~at; ~an] **1.** doré; -e; **2.** *(fém)* plaqué(e) *v* doublé(e) d'or
aránypár *mat:* proportion *f*
aranyparitás parité or *f*

Aranypart la Côte-de-l'Or; la Gold-Coast
aranypénz 1. pièce d'or; monnaie *f* en or; **2.** *(dísz)* paillette *f*
aranypor 1. or en poudre; **2.** *fest:* or moulu
aranypróba essai *m* du titre de l'or; touche *f*
aranyranett reine *f* des reinettes
aranyrög pépite *f*
aranyrúd lingot *m* d'or; or *m* en barre
aranysárga jaune d'or; *(gabona)* blond; *sötét ~ színű* couleur capucine
aranyszabály 1. *mat:* règle *f* d'or; **2.** *átt:* bonne vieille règle
aranyszál or trait
arányszám proportion *f*
aranyszemcse paillette *f* (d'or)
aranyszínű de coleur d'or; doré, -e
aránytalan 1. hors de proportion; disproportionné, -e; **2.** *mat:* disproportionnel, -elle
aránytalanság disproportion; improportionnalité *f*
aranytartalék réserve-or *f*
aranytartalom 1. *(ércé)* teneur *f* en or; **2.** *(tárgyé)* titre *m*
aranytermelés production aurifère *v* de l'or
aranyvaluta 1. étalon-or *m;* **2.** devise-or *f*
aranyvirág 1. leucanthème *m* des prés; **2.** chrysanthème *m*
árapály le flux et le reflux; marée *f*
arasz [~ok, ~t, ~a] empan *m;* paume *f;* *~nyi vastagon van a por a cipőjén* avoir un pied de poussière sur les souliers
áraszt [~ottam, ~ott, árasszon] **1.** répandre; propager; infuser; verser à flots; **2.** *(gázt, gőzt, szagot)* dégager; **3.** *fényt* ~ verser la clarté; épandre sa lumière; **4.** *átv:* csak *úgy ~ja a ...-t* suer qc par tous les pores
arat [~tam, ~ott, arasson] **1.** moissonner; récolter; faire la moisson *v* la récolte; **2.** *sok babért* ~ moissonner des lauriers; *győzelmet* ~ *vkin* remporter la victoire sur q
aratás moisson *f; ~kor* à la moisson

arató [~k, ~t, ~ja] moissonneur, -euse; *(részes)* août́eur; août́euron *m*
arató-cséplő gép moissonneuse-batteuse *f*
aratórész part *f* du moissonneur
árboc [~ok, ~ot, ~a] mât *m; az ~ok (együtt)* la mâture
árbockosár hune; gabie *f*
árbockötélzet haubans *m pl*
árbocos [~ak, ~t; ~an] mâté, -e; *három~* trois-mâts *m*
árbocrúd l'arbre *m* du mât
árbocsudár *haj:* mât *m* de perroquet
arc [~ok, ~ot, ~a] **1.** visage *m;* face; figure; physionomie *f; megnyúlik az ~a (csalódásában)* sa face s'allonge; *vkinek az ~ába csap* frapper q en plein visage; *(hó stb.)* cingler la figure à q; *~ába nevet* rire au nez de q; *~ra borul* se prosterner; *~ul üt v csap* souffleter q; *~cal a közönség felé* face au public; **2.** *(kifejezés)* air *m;* mine *f; jó ~ot mutat* faire bonne mine; *~okat vág* faire la mine *v* la grimace *v* la moue
arcápoló *szer* (produit) cosmétique *m*
arcátlan effronté; éhonté; impudent; insolent; impertinent; arrogant, -e; *olyan ~, hogy* il a le toupet de *(inf)*
arcátlanság affronterie; impudence; insolence; impertinence; arrogance *f;* toupet *m biz*
arcbőr épiderme du visage; teint *m*
arcél 1. profil *m;* **2.** *kat:* front *m*
arcfesték fard; rouge *m*
arcfestés maquillage; fardage *f;* fardement *m*
archaikus archaïque
archeológia [-át] archéologie *f*
archeológiai [~ak, ~t] archéologique; *~ lelőhely* site archéologique *m*
archeológus archéologue *n*
archimédesi *csavar* vis *f* sans fin *v* d'Archimède
archívum [~ok, ~ot, ~a] archives *f pl*
arcideg *orv:* nerf facial
arcizom muscle facial *v* de la face; *egy arcizma sem rándult meg* il resta de marbre
arcjáték jeu *m* de physionomie; mimique *f*

arckenőcs crème *f* de beauté *v* pour visage
arckép 1. portrait *m;* effigie; *f;* **2.** *fényk;* photo(graphie) *f*
arcképes *igazolvány* carte d'identité
arckifejezés expression *f* (du visage); air *m;* physionomie; mine *f*
arcpirító à faire rougir
arcpúder poudre cosmétique *f*
arcrángás tic *m*
arcszín couleur *f* du teint; teint *m; (kinézés)* mine *f*
arcú [~ak, ~t; ~an] sápadt ~ au visage pâle; szép ~ de belle mine
arculat physionomie *f;* aspect *m*
arcvonal *kat:* (ligne *f* de) front *m*
arcvonás trait *m*
árcsökkenés baisse *f* (des cours *v* des *v* de prix); affaissement *v* fléchissement *m* des prix; régression *f* des cours
árcsökkentés réduction *v* diminution *f* des prix
árdrágítás agiotage (sur qc); profit illicite *m*
árdrágító agioteur; mercanti; profiteur *m*
áremelés majoration (du prix); l'augmentation des prix; hausse *f*
áremelkedés hausse *f* (des prix)
aréna [-ák, -át, -ája] arène *f*
árengedmény remise *f* (sur le prix); rabattage *m; (rossz árunál)* réfaction *f*
Arész [~t] Arès *m*
Aretino [-ót] l'Arétin *m*
árfelhajtás agiotage *m;* hausse forcée
árfolyam cours *m;* cote *f; (pénzé)* change *m; (értékpapíroké)* taux *m*
árfolyamcsökkenés *(tőzsdei)* baisse *f*
árfolyamemelkedés hausse *f*
árfolyamjegyzék bulletin *m* des cours; cote officielle
árfolyamkülönbözet l'écart *m* des cours
argentin [~ok, ~t, ~ja] argentin, -e
Argentína [-át] l'Argentine *f*
argó [~k, ~t, ~ja] argot *m; ~* szó mot *m* d'argot
argumentál [~tam, ~t, ~jon] arguer
Árgus Argus *m; árgus szemekkel* avec des yeux d'Argus

ária [-ák, -át, -ája] aria *f;* air *m*
Ariadné [~t] Ariane *f*
árindex indice *m* des prix
Ariosto [-ót] l'Arioste *m*
Arisztofanész [~t] Aristophane *m*
arisztokrácia [-ák, -át, -ája] aristocratie *f; születési és pénz~* aristocratie de naissance et d'argent; *a születési és szellemi ~* l'aristocratie de la naissance et de l'esprit
arisztokrata [-ák, -át] **I.** *(mn)* aristocratique; aristocrate; **II.** *(fn)* aristocrate *n*
arisztokratikus aristocratique
Arisztotelész [~t] Aristote *m*
arisztotelészi [~t] aristotélicien, -enne; péripatéticien, -enne; péripatétique
aritmetika [-ák, -át, -ája] arithmétique *f*
árja [-ák, -át] aryen, -enne
árjegyzék catalogue *m;* prospectus; prix courant; tarif *m*
árjegyzés cote; cotation *f*
árka [-ák, -át, -ája] sape *f*
árkád [~ok, ~ot, ~ja] arcade *f;* arceau *m*
arkangyal archange *m*
árkász [~ok, ~t, ~a] sapeur *m*
árkol [~tam, ~t, ~jon] **1.** *kat:* saper; **2.** creuser une fosse *v* une tranchée
árkolás 1. *(várnál)* travaux *m pl* de retranchement; *2. (réten)* drainage *m*
árkülönbözet écart des prix; décalage *m*
árlejtés (mise en) adjudication *f; ~en megvásárol vmit* se rendre adjudicataire de qc
árleszállítás réduction *v* diminution du prix; remise *f* sur le prix
ármány(kodás) intrigue; cabale *f;* manœuvres *f pl;* les (sourdes) menées
ármányos [~ak, ~at] intrigant; rusé, -e; fourbe; insidieux, -euse; malin, maligne
ármányoskodik [~tam, ~ott, ~jék *v* ~jon] intriguer; se livrer à des intrigues
armatura [-ák, -át, -ája] **1.** *ép, vill* armature *f;* **2.** *vill:* induit *m*
ármegállapítás taxation; fixation *f v* réajustement *m* des prix
ármentesítés travaux *m pl* de protection contre l'inondation; endiguement *m*

árny [~ak, ~at, ~a] ombre *f;* ~*at vet vmire* projeter de l'ombre sur qc
árnyal [~tam, ~t, ~jon] 1. ombrager; 2. *(vonalakkal, színnel)* ombrer; *finoman* ~ estomper
árnyalás 1. distribution *v* dégradation *f* des ombres; 2. *(színé, fényé)* dégradé; nuancement *m*
árnyalat 1. nuance *f;* ton *m;* tonalité *f;* 2. *(hangban)* inflexion *f* de voix; *egy* ~*nyi különbség* une ombre de différence
árnyas [~ak, ~at; ~an] ombragé, -e; ombreux, -euse
árnyék [~ok, ~ot, ~a] 1. ombre *f;* ~*ba borít* ombrager; *átv:* éclipser; couvrir d'ombre; *az* ~*ban* à l'ombre; ~*ot vet* faire ombre; 2. *(szólásokban:) követi mint az* ~*a* suivre q comme l'ombre suit le corps; *csak önmagának* ~*a* il n'est plus qu'un reste de lui-même; *a gyanúnak még az* ~*a sem fér hozzá* il est au-dessus de tout soupçon; ~*ot kerget* courir après une ombre; ~*ot vet vmire* porter ombrage à qc
árnyékkirály roi fantôme *v* en carton
árnyékkormány gouvernement-fantôme *m*
árnyékol [~tam, ~t, ~jon] 1. *(rajzon)* ombrer; *(árnyékot vet)* ombrager; 2. *műv:* nuancer; 3. *vill:* blinder
árnyékolás ombre *f;* *(rajzon)* estompage *m;* *vill:* écran *m*
árnyékos [~ak, ~at; ~an] ombragé, -e; ombreux, -euse
árnyékrajz 1. silhouette *f;* 2. dessin ombré
árnyékszék cabinet *m* (d'aisances); latrines *f pl;* lieux *m pl* d'aisances; W. C. *m*
árnyékvilág la vallée des ombres; *tréf: kimúlik az* ~*ból* dire adieu à ce monde
árnyjáték ombromanie *f*
árnykép 1. silhouette *f;* *(vetített)* ombres chinoises; 2. *átv:* fantôme *m;* chimère *f*
árnyoldal mauvais côté; *ez a dolog* ~*a* c'est une ombre au tableau
árok [árkok, árkot, árka] 1. fossé *m;* fosse *f;* 2. *(lövész~)* tranchée *f;*

3. *ép:* excavation *f;* 4. *árkon-bokron át* à travers haies et fossés; *árkon-bokron túl van* s'enfuir par monts et par vaux; il court encore
árokharc guerre *f* des tranchées
árokhúzógép excavateur *m*
árokpart berge *f;* talus *m*
árolló l'éventail *m* des prix
aroma [-ák, -át, -ája] 1. arome; parfum *m;* 2. *(boré)* bouquet; fumet *m*
aromás aromatique; parfumé, -e
Áron [~ok, ~t, ~ja] Aaron *m*
árpa [-ák, -át, -ája] 1. *növ:* orge *f; őszi* ~ orge commune; 2. *orv:* orgelet *m*
árpacukor sucre d'orge; alphénique *m*
Árpád [~ok, ~ot, ~ja] Arpad *m*
árpadara semoule *f* d'orge
Árpádházi- királyok les rois de la dynastie arpadienne; les Arpad(ien)s
árpagyöngy orge perlé
árpakása gruau d'orge; orge mondé
árpakávé orge torréfiée
árpaszem grain *m* d'orge
árpolitika politique *f* des prix
arra I. *(hat)* 1. *(rá)* dessus; 2. *(felé)* par là; par là-bas; de ce côté-là; ~ *járók v menők* les passants; ~ *ment egy farkas* un loup vint à passer; 3. *(időben)* là-dessus; alors; *átv:* ~ *képtelen* il en est incapable; ~ *nézve, hogy* en ce qui concerne; ~ *való* approprié, -e; bon *v* apte à *(inf);* II. *(nm)* ~ *az asztalról* de cette table-là
arrafelé par là; de ce côté-là
árrendszer système *m* de prix
arrogancia [ák, -át, -ája] arrogance *f*
arrogáns [~ak, ~at] arrogant, -e
arról I. *(hat)* 1. de dessus; *(ige előtt)* en; 2. *(irány)* de là; de ce côté (-là); 3. *átv:* de cela; *(ige előtt)* en; II. *(nm)* ~ *az asztalról* de cette table-là
árrögzítés fixation *f v* blocage *m* des prix
árszabályozás taxation *f* (des prix)
árszabás tarif *m;* fixation *f* des prix
árszínvonal niveau *m* des prix
árt [~ottam, ~ott, ~son] 1. nuire; faire tort; porter préjudice; *ez nem* ~ *senkinek* cela ne gâte rien; *se nem*

~, se nem használ cela ne mord ni ne rue; **2. vmibe ~ja magát** tremper dans qc; se mêler de qc
ártalmas [~ak, ~at] pernicieux; -euse; nuisible (à qc); nocif; -ive; malfaisant, -e; dommageable; néfaste; *(egészségre)* malsain, -e
ártalmasság nocivité; nuisance *f*
ártalmatlan anodin, -e; inoffensif, -ive; **~ná tesz** mettre hors d'état de nuire; réduire à l'impuissance; *(anyagot)* neutraliser l'effet de qc
ártalmatlannátétel élimination *f*
ártalom [-lmak, -lmat, -lma] *ld:* **kár**
ártás 1. tort; préjudice *m;* **2.** *(büvös)* maléfice *m*
ártatlan [~ok, ~t] **I.** *(mn)* **1.** *(nem bűnös)* innocent, -e; non coupable; **2.** *(naiv)* innocent, -e; naïf, naïve; candide; ingénu, -e; **3.** *(ártalmatlan)* inoffensif, -ive; anodin, -e; **II.** *(fn)* innocent, -e *n;* *tréf:* *(kisember)* le lampiste; *a kis ~* la saintenitouche
ártatlanság 1. innocence *f;* **2.** ingénuité; candeur *f*
Artemisz [~t] Artémis *f*
ártér terrain exposé aux crues; zone *f* des crues
artéria [-ák, -át, -ája] artère *f*
artézi [~ek, ~t] *~ kút* puits artésien
articsóka [-ák, -át, -ája] artichaut *m*
artikuláció [~k, ~t, ~ja] articulation *f*
artikulálatlan inarticulé, -e
artista [-ák, -át, -ája] artiste de music-hall *v* de café-concert; acrobate *n;* artiste forain
artisztikus artistique
ártó [~k, ~t; ~an] malfaisant, -e; néfaste; *(büvösen)* maléfique
áru [~k, ~t, ~ja] marchandise *f;* article *m;* *olcsó, rossz ~* pacotille; camelote *f;* *~ba bocsát* vendre; mettre en vente; lancer; *~ba bocsátja lelkiismeretét* mettre *v* vendre sa conscience à l'encan
árubabocsátás mise en vente; commercialisation *f*
árubeszerző agent du service d'achat
árucikk marchandise *f;* article *m*

árucsere échanges commerciaux *v* de marchandises
árucsereforgalom échanges *m pl*
áruda [-ák, -át, -ája] maison *f* de vente
áruelosztó distributeur *m* des stocks
áru- és értéktőzsde Bourse *f* de marchandises et d'effets publics
árufeladás enregistrement *m;* expédition *f*
árufelhozatal arrivage *m*
áruforgalom 1. *(vasúti stb.)* trafic-marchandise *m;* **2.** *(külkereskedelmi)* échanges (visibles) *m pl*
árugazdálkodás économie marchande
áruhalmozás stockage *m;* *(nyerészkedő)* accaparement *m*
áruhamisítás *(anyagi)* fraude sur la marchandise; falsification *f* des denrées alimentaires; *(utánzás)* contrefaçon *f*
áruház maison *f* de vente; bazar *m;* galeries *f pl;* *nagy ~* grand magasin
áruhitel crédit *m* de marchandises
áruismeret connaissance *f* des marchandises
árujegy récépissé *m*
árujegyzék relevé *m v* liste *f* des marchandises
árukészlet stock *m* (d'approvisionnement)
árukiadás 1. expédition *f;* **2.** bureau *m* des expéditions
árukihordó livreur, -euse *(n)*
árukivitel sortie *v* exportation *f* des marchandises
árul [~tam, ~t, ~jon] **1.** vendre; débiter; mettre en vente; *átv:* *nem ~unk egy gyékényen* nous ne chauffons pas du même bois; **2.** *ld:* **elárul**
árulás 1. *(árué)* vente *f;* débit *m;* **2.** *(hütlenség)* trahison; traîtrise *f;* *~t sző* tramer une trahison
árulerakat dépôt *m* de marchandises
árulkodás délation; dénonciation *f;* *isk:* rapportage *m*
árulkodik [~tam, ~ott, ~jék *v* ~jon] rapporter
árulkodó [~k, ~t, ~ja] rapporteur, -euse *(n)*

áruló 55 ásványolaj

áruló [~k, ~t, ~ja] traître, -esse; perfide *(n)*; vendu, -e *(m)*
áruminta échantillon(-type) *m*
árumintavásár foire *f* (d'échantillons)
árunem espèce *v* nature *f* de la marchandise
áruosztály rayon *m;* section *f* (des) marchandises
árupénztár *(vasúti)* guichet *m* de l'expédition
áruraktár 1. magasin *m;* 2. fonds *m* de commerce
árus marchand; débitant, -e; vendeur, -euse *n;* *(utcai)* camelot *m*
árusít [~ottam, ~ott, ~son] vendre; débiter; revendre; placer; écouler
árusítás vente *f;* débit; placement *m*
árusító [~k, ~t, ~ja] vendeur, -euse *n;* *(fülke* v *hely)* stalle *f*
árusítóhely stand; poste *m* de vente
áruszállítás transport *m* v expédition *f* de marchandises
áruszállítmány 1. arrivage *m;* 2. *haj:* cargaison *f*
áruszámla facture *f*
árutermelés production marchande *v* de marchandises
árutőzsde Bourse *f* de(s) marchandises *v* de commerce
árva [-ák, -át, -án] 1. orphelin, -e *(n);* 2. *átv:* abandonné, -e; pauvre; 3. *(szólásokban:)* egy ~ *garasa sincs* il n'a pas le sou; *nincs itt egy ~ lélek sem* il n'y a pas un chat; *egy ~ szó nélkül* sans mot dire
árvácska [-ák, -át, -ája] *növ:* pensée; violette *f* de trois couleurs
árvaház orphelinat *m*
árvalányhaj *növ:* plumet *m* de Vaucluse
árvaság 1. orphelinage; état *m* d'orphelin; 2. *átv:* ~*ra jutottam* je vis dans l'abandon
árvaszék Chambre *f* des Tutelles
árvédelem (travaux de) défense contre les inondations
árverés vente publique (par enchères); vente (par) adjudication; ~ *alá bocsát* mettre à l'enchère; ~ *útján* par enchères; à l'encan; ~*en vesz* acquérir *v* acheter dans une vente publique; ~*re kerül* passer sous le marteau
árverez [~tem, ~ett, ~zen] 1. *(vmit)* vendre aux enchères *v* à l'encan; 2. *(vki)* mettre aux enchères; 3. *(résztvevő)* enchérir
árvíz inondation(s); crue(s) *f (pl);* hautes eaux
árvízkár dégâts causés par les inondations
árvízkárosult inondé; sinistré, -e *(n)*
árvízvédelem protection contre les inondations
árvízveszély menace *f* d'inondation
arzén [~ek, ~t, ~je] arsenic *m;* ~ *tartalmú* arsénifère
árzuhanás la débâcle des cours; mévente *f*
ás [ástam, ásott, ásson] *(földet, kertet)* bêcher; *(gödröt, földet)* creuser; excaver; *(túrva)* fouir; *(kutatva)* fouiller
ásás 1. *(kerté, földé)* bêchage *m;* *(gödöré)* creusement *m;* *(turkáló)* fouissement *m;* 2. *(kutató)* fouilles *f pl*
ásatag [~ok, ~ot; ~on] fossile
ásatás fouilles *f pl*
ásít [~ottam, ~ott, ~son] 1. bâiller; 2. *(barlang)* bâiller; béer
ásítás bâillement *m*
ásítozik [~tam, ~ott, ~zék *v* ~zon] bâiller (sans cesse)
áskálódás intrigues; menées (sourdes); manigances *f pl*
áskálódik [~tam, ~ott, ~jék *v* ~jon] intriguer *v* cabaler contre q
áskálódó [~k, ~t] intrigant, -e *(n);* faux bonhomme
ásó [~k, ~t, ~ja] 1. bêche *f;* 2. *(ember)* bêcheur, -euse *n*
ásógép excavateur *m;* drague *f* à sec
ásónyom coup *m* de bêche
aspektus aspect *m*
aspiráns [~ok, ~t, ~a] boursier *m* de recherches; aspirant(e)
ásvány [~ok, ~t, ~a] minéral *m*
ásványi [~ak, ~t] minéral, -e; ~ *kincsek* ressources minières; ~ *só* sel minéral
ásványolaj huile minérale *v* naturelle

ásványtan minéralogie *f*
ásványtani minéralogique
ásványvíz eau minérale
asz [~ok, ~t] *zen:* la bémol *m*
ász [~ok, ~t, ~a] *kárty:* as *m*
aszal [~tam, ~t, ~jon] déssécher; torréfier
aszalás desséchement; séchage *m;* déshydratation *f*
aszaló [~k, ~t, ~ja] four à sécher; séchoir *m;* ~ *berendezés* étuve séchoir *f*
aszalt [~ak, ~at; ~an] sec, sèche; desséché; torréfié; -e; ~ *gyümölcs* fruits séchés *v* secs; ~ *szilva* pruneau *m;* prune sèche; ~ *szőlő* raisin sec
aszály [~ok, ~t, ~a] sécheresse *f*
aszat *növ:* cirse; chardon bénit
aszeptikus *orv:* aseptique
aszerint 1. en conséquence; conséquemment; **2.** ~ *amint* v *hogy* suivant que; selon que; au fur et à mesure de qc
aszfalt [~ok, ~ot, ~ja] asphalte; bitume *m*
aszfaltburkolás revêtement *m* de bitume
aszfaltos [~ak, ~at; ~an] asphalté; bitumé, -e
aszfodél [~ok, ~t, ~ja] asphodèle *m*
aszik [~ott, asszon] se dessécher; se sécher; s'étioler
aszimptota [-ák, -át, -ája] *mat:* asymptote *f*
aszindeton *irod:* asyndète *f*
ászka [-ák, -át, -ája] *áll:* cloporte *m*
ászkarák *áll:* isopode *m*
aszkéta [-ák, -át, -ája] I. *(mn)* ascétique; II. *(fn)* ascète *m*
aszketizmus ascétisme *m*
aszkézis [~ek, ~t, ~e] ascèse *f*
aszklepiadészi *sorok* vers asclépiades *m pl*
aszkorbinsav acide ascorbique *m*
aszociális asocial, -e; socialement inadapté(e)
ászok [~ot *v* ászkot, ~ja] chevêtre; madrier *m; (hordóknak)* porte-fût(s) *m (pl)*
ászokfa 1. traverse *f;* madrier *m;* **2.** *(horók alatt)* tin *m*
ászoksör bière forte *v* de garde

aszott [~ak, ~at; ~an] **1.** desséché; décharné, -e; *(arc)* émacié, -e; **2.** *(növény)* étiolé, -e
aszpik [~ok, ~ot, ~ja] aspic *m;* gelée *f* (d'aspic)
asszimiláció 1. assimilation *f;* **2.** *orv:* anabolisme *m*
asszimilál [~tam, ~t, ~jon] assimiler; s'approprier
asszimilálódik [~tam, ~ott, ~jon *v* ~jék] s'assimiler; *(népről így is:)* se nationaliser
asszisztál [~tam, ~t, ~jon] ~ *vkinek* assister q
asszisztens [~ek, ~t, ~e] assistant, -e *n*
asszociáció [~k, ~t, ~ja] association *f*
asszociációs [~ak, ~t; ~an] associatif, -ive
asszonánc [~ok, ~ot, ~a] assonance *f*
asszony [~ok, ~t, ~a] **1.** femme; dame *f;* **2.** *(címzés)* ~*om!* Madame, madame *f*
asszonyi [~ak, ~t] féminin, -e; de femme; de dame
asszonynép le beau sexe; les femmes
asszonyos [~ak, ~at; ~an] féminin, -e
asszonyság madame; commère *f*
asztag [~ok, ~ot, ~ja] meule *f*
asztal [~ok, ~t, ~ja] **1.** table *f;* ~*hoz ül* passer à table; ~*hoz ültet* attabler; *az* ~*nál ül* être à table; ~*t bont* se lever de table; sortir de table; ~*t terít* mettre *v* dresser la table; **2.** *kárty:* mort *m*
asztaldísz *(tál)* surtout *m* (de table)
asztalfiók tiroir *m* (de la table)
asztalfő le haut bout de la table
asztali [~ak, ~t] de table; ~ *bor* vin *m* ordinaire; ~ *edény* vaisselles *f;* ~ *lámpa* lampe liseuse; ~ *só* sel fin
asztalitenisz tennis *m* de table; pingpong *m*
asztalka [-ák, -át, -ája] petite table; *(egylábú kerek)* guéridon *m*
asztalkendő serviette *f* de table; *(tálaláshoz)* napperon *m*
asztallap plateau *m* de (la) table; *kihúzható* ~ allonge *f*
asztalnemű linge *m* de table
asztalos [~ok, ~t, ~a] menuisier *m;* *(mű~)* ébéniste *m*
asztalosmester maître-menuisier *m*

asztalosműhely atelier *m* de menuiserie *v* d'ébénisterie
asztalosság menuiserie; ébénisterie *f*
asztaltárs compagnon *m* de table
asztaltársaság tablée *f*
asztalterítő nappe *f; (kicsi)* napperon *m; (nem evéshez)* dessus *v* tapis *m* de table
asztigmatikus *orv*: astigmate *(n)*
asztma [-ák, -át, -ája] *orv*: asthme *m*
asztmás asthmatique *(n)*
asztrofizika astrophysique; astronomie physique *f*
asztrológia [-ák, -át, -ája] astrologie *f*
asztronómia [-ák, -át, -ája] astronomie *f*
asztronómus astronome *n*
aszú [~k, ~t, ~ja] I. *(mn)* ~ *ág* bois mort; II. *(fn)* vin *m* de liqueur; *tokaji* ~ tokay *m*
aszúszőlő raisin sec; passerille *f*
át 1. *(keresztül)* à travers (qc); au travers (de qc); par qc; *(útiránynál)* via...; *át meg át* d'outre en outre; 2. *(fölötte)* par-dessus qc; 3. *(időben)* pendant; tout le long de...; durant; *öt éven át* durant cinq années; 4. *jobbra át!* demi-tour à droite !
átad 1. remettre; passer; céder; transmettre; présenter; 2. *(megőrzésre)* confier; 3. *(öröklés útján)* transmettre (par hérédité); 4. *(szólásokban:)* ~*ja a hatóságnak* déférer *v* livrer aux autorités; ~*ja a labdát* donner *v* renvoyer le ballon sur *v* à q; ~*ja a szót* donner la parole à q; 5. ~*ja a mozgást vminek* communiquer le mouvement à qc; 6. ~*ja magát se* livrer; ~ *ja magát a fájdalomnak* céder à la douleur
átadás remise; livraison; délivrance; cession *f*; transfert *m*; présentation *f*; *munkamódszerek* ~*a* la diffusion des méthodes de travail
átadó *(átengedő)* cédant, -e *(n); a levél* ~*ja* le porteur de cette lettre
átalakít 1. transformer; remanier; refondre; refaire; réorganiser; *(írásművet)* remanier; 2. *vmivé* ~ transfigurer en qc; métamorphoser en qc; 3. ~ *vminek* arranger en qc;

4. *(vmihez)* adapter à qc; 5. *(ruhát)* modifier le façon de qc; *(átszabva)* recouper; 6. *(helyiséget vmi célra)* aménager en qc; 7. *mat*: *(mennyiséget)* convertir en qc; 8. *(vminek anyagát vmivé)* convertir *v* réduire qc en qc
átalakítás 1. transformation *f*; remaniement *m*; réorganisation *f*; 2. *(átváltoztatva)* métamorphose *f*; 3. *(vmihez)* adaptation *f* à qc; 4. *(ruháé)* refaçon *f*; 5. *(épületé)* reconstruction *f*; 6. *mat*: conversion *f*; 7. *(anyagában)* conversion *v* réduction *f* en qc
átalakítható 1. modifiable; transformable; 2. *(érték)* convertible en qc
átalakító transformateur; réformateur, -euse *(n)*
átalakul 1. *(vmivé)* se transformer en qc; se métamorphoser en qc; 2. *(anyag)* se convertir en qc
átalakulás 1. métamorphose; transformation *f*; changement *m*; modification *f*; 2. *(anyagé)* conversion *f*; 3. *(személyről, inkább rossz ért.)* avatar *m*; *nemzeti* ~ réforme *v* renaissance nationale
átalány [~ok, ~t, ~a] somme forfaitaire *f*; forfait *m*
átalányár prix forfaitaire *v* global
átalánybér salaire à forfait *v* forfaitaire *m*
átalányoz [~tam, ~ott, ~zon] 1. fixer *v* taxer à forfait; 2. *(fizet)* payer à forfait
átall [~ottam, ~ott, ~jon] *ld*: restell
átáll 1. faire défection; ~ *az ellenséghez* passer à l'ennemi; 2. ~ *vminek a gyártására* passer à la fabrication de qc
átállás 1. défection *f*; ralliement *m*; 2. *(üzem) ld*: **átállítás** 1.
átállít *(üzemet)* mettre au pas; *(ipart, békegyártásra)* reconvertir
átállítás 1. *(üzemé)* (re)conversion; mise *f* au pas; 2. *(eszközé)* réglage *m*; *(váltóé)* manœuvre *f*
átalszik *vmit* rester endormi(e) pendant qc; *átalussza a telet* hiverner
atavisztikus atavique
atavizmus atavisme *m*

átázik 1. *(ember)* être (tout[e]) trempé(e) *v* mouillé(e) jusqu'aux os; **2.** *(tárgy)* s'imbiber de qc; être mouillé(e); *(cipő)* prendre *v* tirer l'eau
átbillen pencher *v* basculer de l'autre côté; *(hajó)* chavirer
átbújik se glisser; passer par qc; s'insinuer; se faufiler
átbukik 1. tomber en passant à travers qc; **2.** *haj*: chavirer; *(kocsi)* verser; **3.** *rep, aut*: capoter
átcsábít; átcsal 1. attirer par des promesses; attirer dans son camp; **2.** *(munkást, katonát)* débaucher
átcsap 1. *(vmin)* passer *v* sauter pardessus qc; **2.** *(hódítás, mozgalom, tűz)* mordre sur qc; gagner qc; **3.** *(vmire beszédben)* se rabattre sur qc; sauter à qc
átcsatol 1. *(tartományt)* annexer; détacher; **2.** *gépet ld*: **átkapcsol**
átcserél échanger (contre qc)
átcsoportosít regrouper; reclasser
átcsoportosítás regroupement; reclassement *m*
átcsúszik 1. (se) glisser; **2.** ~ *a vizsgán* s'en tirer tout juste (à l'examen)
átdolgoz 1. remanier; refondre; refaire; **2.** *(elmeművet)* remanier; refondre; **3.** *zen*: arranger
átdolgozás remaniement; remaniment *m;* refonte *f*
átdöf *(fegyverrel)* percer; enfiler; percer de coups
ateista [-ák, -át, -ája] **I.** *(mn)* athée; athéistique; **II.** *(fn)* athée *n*
ateizmus athéisme *m*
átél traverser; voir; connaître; assister à qc; *(lélekben)* vivre qc; se pénétrer de qc; revivre qc avec q
átélés vision; expérience *f*
átellenben vis-à-vis; front à front
átellenes qui fait face à qc; opposé(e) à qc
átenged 1. *(vkit)* laisser passer; **2.** *(vmit vkinek)* (con)céder à q; abandonner *v* rétrocéder; **3.** *(vkit vminek)* laisser q à qc; **4.** ~*i magát vminek* se livrer à qc
átengedés 1. cession *f;* abandon *m;* rétrocession *f;* **2.** *(vizsgán)* admission *f;* **3.** *(csapatoké)* permission *f* de passer
átépít 1. reconstruire; réédifier; restaurer; **2.** *átv*: réorganiser; refondre
átépítés 1. reconstruction *f; (falué stb.)* remodelage *m;* **2.** *átv*: réorganisation; refonte *f*
áteresztő I. *(mn)* poreux, -euse; perméable; *félig* ~ semi-perméable; *át nem* ~ imperméable; **II.** *(fn) (úton, vasúti pályán)* caniveau *m*
áterez ressentir; avoir l'intuition de qc; *(élvezve)* goûter; *(vkinek az érzéseit)* sentir avec q
átért bien comprendre; se bien pénétrer de qc
átértékel 1. réapprécier; reconsidérer; reclasser la valeur de qc; **2.** *fil*: transvaluer; **3.** *(értéket)* revaloriser
átértékelés 1. réappréciation *v* révision *f v* reclassement *m* des valeurs; **2.** *fil*: transvaluation *f;* **3.** *közg*: (re-)valorisation *f;* convertissement *m*
átérzés intuition *f;* sentiment *m*
átesik 1. *(vhová, vmin)* tomber (pardessus qc); **2.** *átv*: passer par qc; traverser qc; subir qc; *a nehézségeken* ~ surmonter les difficultés
átevez passer (qc) à la rame
átfagy 1. être traversé(e) par le froid; **2.** *(ember)* être transi(e) de froid
átfázik prendre froid; être transi(e) de froid; se morfondre
átfedés recouvrement *m;* superposition *f*
átfér (pouvoir) passer
átfest 1. repeindre; remanier; **2.** *(anyagot)* teindre; **3.** *műv*: retoucher
átfésül 1. *(írást)* remanier; retoucher; **2.** *(kat, rendőrség)* ratisser
átfog 1. *(kezével)* serrer entre les doigts; *(karjával)* ceinturer; **2.** *átv*: embrasser
átfogó I. *(mn)* **1.** *(elme)* pénétrant, -e; **2.** *(tekintet)* perçant, -e; **II.** *(fn) mat*: hypoténuse *f*
átfolyik 1. ~ *vmin* traverser *v* arroser qc; **2.** ~ *vmibe* s'écouler *v* pénétrer dans qc
átfordít 1. tourner de l'autre côté; **2.** traduire

átfordul

átfordul 1. faire un tour; se retourner; **2.** *haj:* virer
átforrósít échauffer
átfúr percer; transpercer; perforer
átfúródás *orv:* perforation *f*
átfut I. *(tgyl i)* **1.** *(vhová)* courir; **2.** *(vmin) (ember)* courir à travers qc; parcourir qc; **II.** *(tgy i)* passer sur qc; *(írást)* parcourir
átfutó 1. passager, -ère; **2.** ~ *vonat* train direct
átfűt 1. réchauffer; **2.** *átv:* pénétrer
átgázol 1. *(vízen)* franchir *v* passer qc à gué; **2.** *(vkin)* passer sur le corps à q
átgondol repasser dans l'esprit; méditer qc
áthág I. *(tgyl i) (vmin)* franchir qc; **II.** *(tgy i) (előírást, törvényt)* transgresser qc; contrevenir à qc; ~*ja a törvényt* commettre une infraction
áthágás infraction (à qc); transgression (de qc); violation *f* (de qc)
áthajlik; áthajol *(vmi fölé)* se pencher par-dessus qc; surplomber qc
áthajóz I. *(tgyl i) (vhová)* passer *v* se rendre en bateau; **II.** *(tgy i) (vmit)* traverser *v* parcourir en bateau qc
áthajt I. *(tgy i)* **1.** faire passer; **2.** pousser *v* mener (le troupeau); **II.** *(tgyl i) (kocsin)* traverser qc en voiture
áthalad 1. *(vmin hosszában)* parcourir qc; **2.** *(vmi mellett)* dépasser qc; **3.** *(keresztben)* franchir qc
áthallás diaphonie *f*
áthall(atsz)ik 1. se faire entendre; retentir jusque dans ...; **2.** *rád:* interférer
áthangol 1. *zen:* réaccorder; **2.** *átv:* changer les sentiments de q
átháramlik revenir à q; être dévolu(e) à q; échoir à q
áthárít *(vkire)* rejeter *v* renvoyer *v* reverser sur q; se décharger de qc sur q; *másokra* ~*ja a felelősséget* rejeter la responsabilité sur q
áthasonít 1. assimiler à qc; **2.** *(táplálékot)* animaliser; assimiler
áthasonítás assimilation *f*
áthasonul s'assimiler

átír

áthat 1. *(érzés vkit)* pénétrer; **2.** *(vmit)* commander qc; remplir de qc
áthatás interférence; transparence *f* de grille
áthat(at)lan impénétrable
átható 1. pénétrant, -e; *(hang)* éclatant; perçant, -e; aigu, aiguë; **2.** *nyelv:* transitif -ive; ~ *értelemben* transitivement; ~ *ige* verbe transitif
áthatol pénétrer; percer; traverser
áthatolhatatlan impénétrable
áthelyez 1. *(tárgyat)* déplacer; transporter; transposer; **2.** *(hivatalnokot)* déplacer; transférer; *(katonát)* verser dans qc; muter
áthelyezés 1. *(tárgyé)* déplacement *m;* **2.** *(hivatalnoké)* déplacement; *(katonai)* mutation *f;* **3.** *(időben, helyben)* décalage; transfert *m*
Athén [~t] Athènes *f*
athéni [~ek, ~t] athénien, -enne
áthevít (r)échauffer; rougir au feu
áthevül se réchauffer; (s'é)chauffer
áthidal [~tam, ~t, ~jon] **1.** *(vmit)* jeter un pont *v* un viaduc sur qc; **2.** *átv:* ~*ja az ellentéteket* aplanir les divergences de vue
áthidalás 1. viaduc *m;* **2.** *az ellentétek* ~*a* l'aplanissement *v* la conciliation des divergences de vue
áthidalhatatlan insurmontable
áthí(v) appeler; mander
áthoz 1. *(terhet)* transporter; faire passer; porter; **2.** apporter; porter avec soi; **3.** *(székhelyet stb.)* transférer; **4.** *(vkit vhová)* amener; **5.** *(számlára)* reporter
áthozat report *m*
áthurcolkodik déménager
áthúz 1. *(vhová)* tirer (de l'autre côté); **2.** *(vmit vmin)* passer au travers de qc; **3.** *(anyaggal)* recouvrir; **4.** *ágyat* ~ changer les draps; **5.** *(írásban)* effacer *v* biffer (d'un trait); rayer; *átv:* ~*za terveimet v számításaimat* il déjoue toutes mes prévisions
áthúzódik 1. passer au-dessus de qc; **2.** ~ *vmin* dominer *v* pénétrer qc
átigazol *sp:* muter
átír I. *(tgy i)* **1.** *(másol)* transcrire; recopier; **2.** *egy szót* ~ surcharger

átírás 60 **átkönyvel**

un mot; *nyugtatvány bélyegét ~ja* annuler un timbre de quittance; **3.** *zen*: *(más hangszerre)* arranger; *(más hangnembe)* transposer; **4.** *ker*: virer; **5.** *(vkire)* transcrire au nom de q; **6.** *irod*: recomposer; remanier; refaire; refondre; **II.** *(tgyl i) (hatóság)* requérir q de *(inf)*
átírás 1. transcription; translittération *f*; **2.** *irod*: remaniement *m*; **3.** *zen*: arrangement *m*; **4.** *ker*: *(számláról)* virement *m*
átirat *ld*: **megkeresés**
átírókönyvelés comptabilité *f* en transcript
átírópapír papier-calque; papier carbone *m*
átismétel repasser; reprendre; répéter
átitat imbiber *v* imprégner de qc
átizzad I. *(tgyl i)* être trempé(e) *v* baigné(e) de sueur; **II.** *(tgy i) (vmit)* mouiller *v* tremper de sueur
átjár I. *(tgyl i)* **1.** *(vkihez)* venir *v* fréquenter chez q; **2.** *(vmin)* franchir qc; passer par qc; emprunter (un chemin pour aller à...); **II.** *(tgy i)* **1.** *(betegség, hideg, érzés)* saisir; pénétrer; *~t a hideg* le froid m'a saisi; je suis transi *v* morfondu de froid; **2.** *teljesen ~ (golyó, fegyver)* traverser de part en part
átjárás passage *m; tilos az ~* passage interdit
átjárhatatlan impénétrable; intraversable
átjáró [~k, ~t, ~ja] **I.** *(mn)* passant, -e; *~ ajtó* porte *f* de communication; *~ ház* (maison de) passage *m*; **II.** *(fn)* **1.** passant *m*; **2.** *(hegyek között)* passe *f*; passage; **3.** *(vasúti, egy szinten az úttal)* passage à niveau; *(felüljáró)* passage supérieur; passerelle *f*; **4.** *(vasúti kocsikon)* soufflet *m*
átjátszik *vmit vkinek a kezére* passer la main à q; *átjátssza a hatalmat vkinek a kezére* passer le pouvoir entre les mains de q
átjön 1. *(vhová)* passer; **2.** *~ vmin* traverser qc; passer par qc

átjut réussir à traverser qc; se frayer un chemin à travers qc
atka [-ák, -át, -ája] *áll*: acare; ciron *m*
átkapcsol 1. *(állomásra)* brancher sur qc; **2.** *(sebességet)* passer; **3.** *(sebességre)* régler à qc
átkarol 1. embrasser; enlacer; *~ják egymást* s'entrelacer; *(megragadva)* ceinturer; **2.** *kat*: envelopper
átkarolás 1. étreinte; embrassade *f*; **2.** *sp*: embrassement *m*; **3.** *kat*: enveloppement *m*
átkel *(vmin)* passer qc; traverser qc
átkelés passage *m;* traversée *f; (vízen)* trajet *m*
átképez rééduquer
átképzés rééducation; réadaptation *f*
átképző rééducatif, -ive; *~ tanfolyam (szakmunkássá)* cours de formation professionnelle
átképzős élève *m* d'un cours de formation professionnelle
átkeresztel débaptiser; rebaptiser
átkerget chasser (au-delà de qc)
átkísér conduire; accompagner; escorter; *(foglyot)* conduire sous bonne escorte
átkos [~ak, ~at] maudit; fatal, -e; funeste
átkoz [~tam, ~ott, ~zon] maudire q; *~za sorsát* maudire sa destinée
átkozódás malédictions; imprécations *f pl*
átkozódik [~tam, ~ott, ~jék *v* ~jon] proférer des malédictions; jurer; sacrer; pester
átkozott [~ak, ~at] **1.** maudit; sacré; satané; fichu, -e *(fn előtt)*; *~ meleg van* il fait diablement chaud; **2.** *ez az ~ asszony* cette garce de femme; *~ böröndi!* cette sacrée valise !
átkölt remanier; arranger
átköltés remaniement; arrangement *m*
átköltözés déménagement; changement *m* de domicile; *(népé)* transmigration *f*
átköltözik 1. *(vhová)* aller s'établir *v* se loger *v* résider; **2.** *(nép)* transmigrer
átköltöztet faire déménager
átköltöztetés déménagement; transfert *m*
átkönyvel reporter; transcrire

átköt lier; attacher; *(madzaggal)* ficeler; attacher avec une ficelle; *(szíjjal)* boucler
átkutat 1. fouiller qc *v* dans qc; ~*ja a zsebeit* se fouiller; **2.** *(vámőr)* fouiller qc; visiter; **3.** *(vidéket)* explorer; **4.** *(iratokat)* compulser; dépouiller
átküld envoyer; transmettre
átlag [~ok, ~ot, ~a] **I.** *(hat) ld:* **átlagosan; II.** *(fn)* moyenne *f*; ~*on alul* au-dessous de la moyenne
átlagár 1. prix moyen; **2.** *(átalány)* prix forfaitaire
átlagbér 1. salaire moyen; **2.** salaire forfaitaire
átlagember l'homme moyen; l'homme de la rue
átlagérték valeur moyenne
átlagos moyen, -enne; ~ *forgalom* courant *m* d'affaires
átlagosan *(véve)* en moyenne
átlagprofit *kap:* profit moyen
átlagsebesség (vitesse) moyenne
átlagszámítás calcul *m* de la moyenne *v* des moyennes
átlagteljesítmény rendement moyen
atlanti [~t] atlantique; *az Atlanti Egyezmény Szervezete* l'O.T.A.N. (Organisation du Traité Nord-Atlantique); la Nato
Atlanti-óceán l'(Océan) Atlantique *m*
Atlantisz [~t] l'Atlantide *f*
átlapozás lecture rapide *f*
átlapoz(gat) feuilleter; parcourir
I. atlasz [~ok, ~t, ~a] *(térkép)* atlas *m*
II. atlasz *(kelme)* satin *m*
átlát 1. *(vhová)* voir jusqu'à; *(széles területet)* découvrir; **2.** *(vmin)* voir à travers qc *v* au travers de qc; **3.** *átv:* ~ *vkin* pénétrer q; percer q à jour *v* à fond; ~ *a szitán* il n'a pas les yeux dans sa poche; ~ *vkinek a szándékán* percer le jeu de q; **4.** *(belát)* comprendre; réaliser
átlátatlan opaque; adiaphane
átlátszik transparaître
átlátszó 1. transparent, -e; diaphane; limpide; *(áttetszően)* translucide; *át nem látszó ld:* **átlátszatlan;** *nem* ~ opaque; **2.** *átv:* percé(e) à jour; ~ *ürügy* prétexte apparent

átleng 1. *(szellő)* traverser; pénétrer; **2.** *átv:* saturer; imprégner
átlép 1. *(vmin, vmit)* passer; enjamber; franchir; ~*i a határt* franchir *v* enjamber la frontière; ~*i a küszöböt* franchir le seuil; **2.** *átv:* dépasser; outrepasser; **3.** *(pártba)* se rallier à qc; passer dans qc
átlépés 1. enjambement *v* passage *m* de qc; *(határé)* franchissement *m;* **2.** *(párthoz)* ralliement *m;* défection *f*
atléta [-ák, -át, -ája] athlète; sportif *m*
atlétatermet carrure *f* d'athlète
atletika [-ák, -át, -ája] athlétisme *m*
atlétikai athlétique
átló [~k, ~t, ~ja] (ligne) diagonale *f*
átlós [~ak, ~at] diagonal, -e; ~ *vonal* ligne transversale
átlő I. *(így i)* transpercer *v* trouer d'une balle; *(nyillal)* percer; **II.** *(igyl i)* *(vhová)* tirer une balle (dans. . .)
átlyuggat 1. percer à jour; trouer; perforer; **2.** *(golyó, kés)* cribler
átlyukaszt perforer; poinçonner; trouer; percer
átmásol 1. transcrire; **2.** *(rajzot, ábrát)* calquer; poncer
átmásolás 1. transcription *f*; **2.** calquage *m*
átmászik *(falon)* escalader qc; *(nyiláson)* passer par qc; se glisser par qc
átmegy 1. *(vhol)* passer qc; traverser qc; **2.** *(vhová)* passer; ~ *az ellenséghez* passer à l'ennemi; **3.** *(vmin; átv:)* passer par qc; subir qc; **4.** *(vizsgán)* passer; être reçu(e); **5.** *(árnyalatban)* tirer *v* donner sur; **6.** *(elfajulva)* dégénérer en qc; tourner au *v* en . . .; **7.** *vkire* ~ passer à q
átmelegedik; átmelegszik s'échauffer
átmelegít réchauffer; échauffer
átmenet 1. passage *m;* transition *f* (de. . . à. . .); *(minden)* ~ *nélkül* d'emblée; **2.** intermédiaire *m; ~et alkot vmi között* former une transition de. . . à. . .; **3.** *rád* jonction *f*
átmeneti de transition; transitoire; ~ *állapot* provisoire; état transitoire *m;* **2.** *ker:* ~ *áru* marchandise *f* de transit; **3.** ~ *idő* demi-saison *f;* ~ *kabát* demi-saison *m;* **4.** *(ideigle-*

átmenetileg 62 **átöltöz(köd)ik**

nes) temporaire; provisoire; intérimaire
átmenetileg 1. à titre provisoire; **2.** de passage
átmenő 1. passant, -e; **2.** *ker:* transitaire; ~ *forgalom* transit *m;* **3.** ~ *vendég* hôte passager *v* de passage; *ld. még:* **átmeneti**
átment transmettre à q; sauver (de la ruine)
átmérő diamètre *m; (csőé)* calibre *m*
átmetsz 1. trancher; couper; sectionner; **2.** *mat:* couper; traverser
atmoszféra atmosphère *f*
atmoszferikus atmosphérique; ~ *nyomás* pression atmosphérique
átnedvesedik s'imbiber; se mouiller
átnedvesít humecter; mouiller
átnevelés rééducation *f*
átnéz I. *(tgyl i) (vmin)* regarder à travers qc; *(felette)* regarder par-dessus qc *v (be)* dans qc; **II.** *(tgy i)* **1.** *(írást)* parcourir; **2.** *(javítás céljából)* reviser; *egy kéziratot* ~ *(és kijavít)* reviser *v* revoir un manuscrit; **3.** *(jegyzéket)* repointer; *(elszámolást)* apurer
átnézés 1. revue *f;* **2.** *(javítva)* revision *f;* **3.** *(kutató)* dépouillement *m;* **4.** *egy elszámolás* ~*e* l'apurement *m* d'un compte
átnézet coup *m* d'œil; perspective *f*
átnő pénétrer; envahir
átnyergel 1. changer de selle; **2.** *átv:* tourner casaque
átnyergelés 1. changement *m* de selle; **2.** *gúny:* avatar *m; (üzemé)* reconversion *f*
átnyilall *(fájdalom)* lanciner
átnyom 1. *(erővel)* faire passer; refouler; **2.** *mintát* ~ poncer un dessin
átnyomul 1. *(tömeg)* se porter en masse...; **2.** *(kat: vmin)* franchir qc
átnyújt remettre; passer; présenter
átnyúl *(vmin)* tendre *v* passer la main par-dessus qc
átnyúlik *(vmin)* s'étendre *v* s'allonger au-delà de qc; chevaucher sur qc
átok [átkok, átkot, átka] **1.** malédiction *f;* ~ *rád!* malheur à toi! *átkot mond vkire* lancer une malédiction contre

q; *átkokat szór vkire* faire *v* lancer des imprécations contre q; **2.** *egyh:* anathème *m;* ~ *alá vet* frapper d'anathème; **3.** *vkinek átka* faire le malheur de q
átolvas 1. parcourir; repasser; **2.** *(pénzt)* vérifier
atom [~ok, ~ot, ~ja] atome *m;* ~*ok közötti* interatomique
atomanyag *ld* **hasadóanyag**
atombomba bombe atomique *f*
atombomlás; atombontás décomposition *v* dissociation atomique *v* nucléaire *f*
atomenergia énergie (intra-)atomique
atomerőmű centrale atomique *v* nucléaire *f*
atomfegyver arme atomique *f*
atomfizika physique atomique *f*
atomfizikus physicien *v* savant atomiste *m*
atomhasadás *ld* **maghasadás**
atomhéj couches électroniques *f pl*
atomkorszak âge atomique *m;* ère atomique *f*
atomkötés liaison atomique *v* covalente
atommag noyau *v* nucléus d'atome *v* atomique *m*
atommaghasadás fission *v* scission *f* des noyaux
atommagkutatás recherches nucléaires *f pl*
atomreaktor pile atomique *v* nucléaire *f*
atomrombolás *ld:* **atombontás**
atomsorompó-egyezmény traité *m* sur la non-dissémination des armes nucléaires
atomsúly poids atomique *m*
atomsúlytáblázat *(elemeké)* table de poids atomiques; table de Mendéléiev
atomszám nombre atomique *m; (töltés)* charge atomique *f; azonos* ~*ú* isotope
atomtámaszpont base atomique *f*
átölel embrasser; étreindre; enlacer; serrer dans ses bras; prendre par la taille; *(hogy megragadja)* ceinturer; saisir à bras-le-corps; ~*ik egymást* s'étreindre
átöltöz(köd)ik 1. changer de vêtement; se changer; **2.** *(álruhába)* se travestir; se déguiser

átöltöztet 1. changer de vêtement à q; **2.** *(álruhába)* déguiser
átömlik *(vmibe)* se déverser *v* couler *v* s'écouler (dans qc)
átönt transvaser
átörökít transmettre
átöröklés hérédité; transmission (héréditaire) *f*
átöröklődik se transmettre (par hérédité)
átpártol 1. changer de camp; faire défection; **2.** *(vkihez)* passer au parti de q; ~ *az ellenséghez* passer à l'ennemi
átpártolás défection; désertion *f;* ralliement *m (à* q)
átrág 1. ronger; percer en rongeant; *~ja magát vmin* se faire un chemin avec les dents; **2.** *(rozsda stb.)* corroder; manger
átragad *(betegség vkire)* se transmettre à q; gagner q
átrajzol 1. *(javítva)* reprendre un dessin; retoucher; **2.** *(vmin)* calquer
átrak 1. ranger *v* disposer autrement; **2.** *(árut)* transborder; recharger
átrakás 1. remaniement *m;* **2.** *(árué)* transbordement *m*
atrakció 1. attraction *f;* **2.** *nyelv:* attraction
átrakó transbordeur; rechargeur *(n);* ~ *állomás* gare de transbordement
átrendez modifier la disposition *v* l'ordre de qc; réordonner
átrepül I. *(tgyl i)* **1.** *(vmi fölött)* survoler qc; **2.** *(vhová)* voler; **II.** *(tgy i)* **1.** traverser en avion; **2.** franchir qc
átrepülés *(vmi fölött)* survol *m* (de qc)
átreszel percer avec la lime
átrobog *vmin* franchir qc à toute allure
atrocitás atrocité *f*
átrohan *(gép)* passer *v* traverser à toute allure; ~ *egy állomáson* brûler une station
átruház 1. *(vmit vkire)* transmettre qc à q; *a hatalmat ~za* déléguer q; *(követelést)* transporter sur q; **2.** *(tulajdonságot, hibát, betegséget)* léguer
átruházás transmission *f;* transport *m; (jogë)* cession *f*
átruházhatatlan incommunicable

átruházható cessible; réversible sur q; transmissible; *(értékpapír)* négociable
átruházó translatif, -ive; translateur, -trice *(n)*
átsegít *vmin* aider à passer qc
átsiklik *(vmin)* glisser *v* passer sur (un sujet); passer qc sous silence
átsuhan *(lelkén)* effleurer *v* traverser qc
átsuhanó *átv:* fugitif, -ive
átsüt I. *(tgy i)* cuire *v* rôtir à point; **II.** *(tgyl i) a nap ~ a felhőkön* le soleil donne à travers les nuages
átszakít 1. rompre; faire craquer; **2.** *(gátat)* crever
átszáll 1. *(repülve)* voler (sur); **2.** *(forgalmi eszközön)* prendre la correspondance; changer de train *v* voiture *v (rep:)* d'avion; **3.** *jog:* se transmettre
átszállás changement *m* (de train *v* de voiture *v* d'avion); correspondance *f*
átszállít transporter; transférer; déplacer; transborder
átszállítás 1. transport; transfert *m;* **2.** *(országon)* transit *m*
átszálló I. *(mn)* ~ *állomás* gare correspondance *f;* **II.** *(fn) (jegy)* correspondance *f*
átszállójegy billet *m* de correspondance
átszámít *(vmiben)* réduire *v* convertir en qc
átszámítás conversion *v* réduction *f* (en...)
átszámítási *árfolyam* cours *m* de change *v* de conversion; ~ *kulcs* taux *m* de change
átszámlál; átszámol vérifier
átszármazik se transmettre à q; passer à q
átszármaztat transmettre à q
átszel 1. *(késsel)* trancher; **2.** *átv:* parcourir; franchir; traverser; ~*i a vizet* fendre les eaux; **3.** *mat:* couper; **4.** *(út)* croiser; traverser
átszellemül [~tem, ~t, ~jön] se transfigurer; *arca ~t az örömtől* son visage s'est transfiguré de joie
átszellemült [~ek, ~et; ~en] transfiguré, -e

átszervez réorganiser; refondre; réformer
átszitál (re)passer au v par le tamis; passer
átszivárog s'infiltrer; suinter
átsző *(vmivel)* tisser v mêler v entremêler de qc; *arannyal* ~ brocher en or v d'or
átszökik *(ellenséghez)* passer v déserter à l'ennemi
átszúr percer; transpercer; *karddal* ~*ják egymást* s'enfiler
átszűr 1. passer; filtrer; *(fényt)* tamiser; 2. *(rendőrség) ld:* **átfésül**
átszűrődik (se) filtrer
attak [~ok, ~ot, ~ja] 1. *kat:* charge *f;* 2. *orv:* attaque *f*
áttanulmányoz dépouiller; étudier (à fond)
attasé [~k, ~t, ~ja] attaché m
áttekint 1. *(egészében)* embrasser d'un coup d'œil; 2. *(összefoglal)* jeter un coup d'œil sur qc; résumer qc; ~*i a helyzetet* faire un tour d'horizon
áttekintés vue *f* d'ensemble; résumé m
áttekinthetetlen embrouillé, -e; inextricable
áttekinthető lucide; net, nette; clair, -e
áttelel passer l'hiver; hiverner
áttelepít 1. transférer; 2. *(növényt és átv:)* transplanter
áttelepítés 1. transfert; *(népé)* transfert m de population; 2. *(növénnyé)* transplantation *f*
áttelepülés établissement m; transmigration *f*
áttér 1. *vall:* se (laisser) convertir (à...); changer de religion; 2. *(tárgyra)* passer à qc; aborder; passer à l'étude v à la discussion de qc; en venir à qc
áttérés *vall:* conversion *f;* changement m de religion
átterjed s'étendre à qc v jusqu'à qc; se propager v se communiquer à qc; *(betegség)* se transmettre à q; *(tűz, vmire)* se communiquer à qc; gagner qc
áttesz 1. *(tárgyat vmin)* passer (par-dessus qc); 2. *(vmibe)* transporter; *(vhová)* disposer; ranger; mettre;

~ *a határon* expulser; 3. *(intézményt, ünnepet)* transférer; *más napra* ~ reporter à un autre jour; 4. *(más hatósághoz)* renvoyer à...; 5. *(más nyelvre)* translater; 6. *zen:* transposer
áttétel 1. *(tárgyé)* transport m; 2. *(hatósághoz)* renvoi m; 3. *(hivatalé)* transfert m; 4. *(időben)* renvoi m; remise *f;* 5. *orv: (rákos)* métastase *f;* 6. *műsz:* transmission *f*
áttetszik 1. transparaître; transluire; 2. *átv:* percer
áttetsző diaphane; translucide; *átv: nagyon is* ~ c'est cousu de fil blanc
Attila [-ák, -át, -ája] Attila m
attól I. *(hat)* 1. de celui-là *stb.;* en; ~ *származik* il en tire l'origine; ~ *tartok* v *félek, hogy* je crains que *(subj és ne);* 2. ~ *fogva* à partir de là; depuis ce moment; II. *(nm)* ~ *az embertől* de cet homme(-là)
áttol pousser (sur qc)
áttölt transvaser
áttör I. *(tgy i)* 1. percer; enfoncer; *(gátat)* crever; rompre; 2. *kat:* enfoncer; défoncer; ~*i az arcvonalat* percer le front; 3. *konyh:* passer; II. *(tgyl i)* ~ *vmin* se faire jour à travers qc
áttörés 1. *(gáté)* rupture *f;* 2. *kat:* enfoncement m
áttört 1. *(dísz)* ajouré, -e; 2. *konyh:* passé(e) (au tamis); ~ *leves* potage crème v purée m; crème *f*
áttüzesedik être porté(e) au rouge
áttüzesít rougir (au feu); porter au rouge
átugrat sauter v franchir qc (à cheval)
átugrik I. *(tgyl i)* 1. *(vmin)* sauter (par-dessus) qc; 2. *(vkin)* passer sur le dos à q *(átv is);* 3. ~ *vmire* sauter à qc; II. *(tgy i)* 1. sauter qc; franchir d'un saut; 2. *(kihagy)* sauter qc
átúszik *vmin* passer v traverser v franchir qc à la nage
átutal 1. transmettre; transférer; 2. *ker:* ordonner des virements; *(számlára)* virer (sur le compte de q)

átutalás 1. attribution; assignation *f;* **2.** *ker:* transfert; virement *m;* **3.** *jog: (ügyé)* renvoi *m*
átutazás passage *m*
átutazási *vízum* visa *m* de transit
átutazik *(vmin)* faire la traversée de qc
átutazó I. *(mn)* passager, -ère; ~ *vendég* hôte *m* de passage; **II.** *(fn)* ~*ban* en passant
átültet 1. transplanter; déplanter; **2.** *orv:* greffer; **3.** *(fordít)* traduire
átültetés 1. transplantation *f;* déplantage *m;* **2.** *orv:* greffe (humaine *v* animale); **3.** *(fordítás)* translation *f*
átüt 1. défoncer; percuter; *(golyó)* traverser; perforer; **2.** *vill:* éclater; **3.** *(zsír stb.)* pénétrer
átütés 1. percussion *f;* **2.** *vill* rupture *f*
átütő *vill:* disruptif, -ive; ~ *erő* puissance de perforation; *átv:* force *f* de pénétration; ~ *másolópapír a)* papier calque; *b)* papier carbone *m*
átvág I. *(tgy i)* **1.** trancher; couper (en deux), inciser; sectionner; **2.** croiser; **3.** ~*ja magát vmin* se frayer un passage à travers qc; **II.** *(tgyl i)* **1.** ~ *az erdőn* couper à travers la forêt; **2.** *átv:* ~ *a nehézségeken* sauter la difficulté
átvágás 1. coupe *f;* *(testrészé)* sectionnement *m;* **2.** *(földszorosé)* percée *f;* **3.** *(folyókanyaré)* coupure *f* du fleuve; **4.** *(erdőé)* trouée *f;* **5.** *(úton)* raccourci *m*
átvállal prendre sur son compte; prendre à sa *v* en charge; prendre sur soi de *(inf)*
átvált I. *(tgy i)* **1.** *(pénzt)* convertir *v* changer en qc; **2.** *(szerkezetet)* régler à *v* sur qc; **II.** *(tgyl i)* **1.** *(gépirányt)* renverser la commande; **2.** ~ *vörösre (jelzőlámpa)* changer au rouge
átváltható 1. *(vmire)* convertible *v* changeable *v* transformable (en qc); *szabadon* ~ *valuta* monnaie librement convertible *f;* **2.** *műsz:* réversible; **3.** *vill:* commutable
átváltozás 1. métamorphose; transformation *f;* avatar *m;* **2.** *vall:* transsubstantiation *f*

átváltozik 1. se transformer; **2.** *vall:* se transsubstantier
átváltoztat 1. transformer *v* métamorphoser en qc; **2.** *(pénzre)* convertir en qc; **3.** *jog: (büntetést)* commuer; **4.** *vall:* transsubstantier
átváltoztatás 1. transformation *f;* **2.** *(fémé)* transmutation *f;* **3.** *(értéké)* conversion *f;* **4.** *mat:* réduction *f;* **5.** *(büntetése)* commutation *f*
átvándorlás *(népé)* transmigration *f;* exode *m*
átvándorol transmigrer
átvedlik 1. faire peau neuve; muer; **2.** *(vmivé)* se métamorphoser (en qc)
átvergődik 1. *(vhová)* atteindre qc après bien des souffrances; **2.** *átv: (vmin)* s'en tirer
átvesz 1. *(küldeményt, tárgyat)* prendre possession de qc; reprendre; *(árut, munkát)* prendre livraison de qc; *nem veszi át* laisser pour compte; **2.** ~*i az ügyet* prendre l'affaire en main; ~*i a parancsnokságot* prendre le commandement (de qc); **3.** *(egy szót, kifejezést, témát)* emprunter qc à *v* de q; **4.** ~*i a szót* prendre la parole; **5.** *sp:* ~*i a labdát* être à la réception; **6.** *rád:* relayer; **7.** *(leckét)* repasser; répéter
átvészel s'en tirer
átvétel 1. réception; prise en livraison *f;* *(összegé)* réception *f;* *át nem vétel* souffrance *f;* **2.** *a hatalom* ~*e* la prise *v* la transmission des pouvoirs; **3.** *nyelv, irod:* emprunt *m*
átvételi *elismervény* récépissé *m;* quittance *f;* ~ *jegyzék* feuille *f* d'acceptation
átvevő 1. réceptionnaire *(n);* **2.** *(küldeménye)* destinataire *n*
átvezet 1. conduire; faire entrer; **2.** *(számlán)* reporter (à une autre page)
átvilágít 1. *(vmit)* éclairer qc; traverser de ses rayons; **2.** *orv:* radioscoper
átvilágítás 1. éclairage intérieur; transillumination *f tud;* **2.** *orv* examen radioscopique *m*
átvillan *vmin* traverser qc comme un éclair; ~ *az agyán* traverser son esprit

5 Magyar–Francia kézi

átvirrasztja az éjszakát passer une nuit blanche
átvisz 1. (vhol) transporter; conduire; (faire) passer; **2.** mat: transposer; **3.** ker: (árut országon) transiter; **4.** (összeget) reporter; **5.** (tulajdonságot, hibát, betegséget) léguer; **6.** műsz: (energiát stb.) transmettre; **7.** ~ vmire (írásban, érzésben) reporter sur qc
átvitel 1. transport; déplacement m; **2.** (árué) transit m; az ~ szabadsága liberté f du transit; **3.** (számlán) report m; **4.** mat: transposition f; **5.** (rajzban) report m; **6.** fiz, műsz: communication f; (erőé) transmission f
átvitt (értelem) figuré, -e; ~ értelemben au (sens) figuré; par extension (de sens)
átvizsgál 1. reviser; examiner (à fond); reprendre; **2.** (számlát) apurer; egy számadást ~ reviser un compte; **3.** egy iratcsomót ~ dépouiller un dossier
átvonul passer; traverser; parcourir
átvonulás passage m; traversée f
atya [-ák, -át, atyja] **1.** père m; **2.** egyh: père
atyafi [~ak, ~t, ~ja v atyámfia] (rokon) parent; cousin m
atyafiság 1. cousinage m; **2.** gúny: cousinaille f
atyai [~ak, ~t] paternel, -elle; de père
Augustus Auguste m
augusztus août m
aula [-ák, -át, -ája] aula f
aulikus I. (mn) aulique; **II.** (fn) homme de cour; intime m de la Cour
aureomicin auréomycine f
ausztrál [~ok, ~t] **I.** (mn) australien, -enne; ~ gyapjú laine australienne; **II.** (fn) Australien m
Ausztrália [-át] **1.** (világrész) l'Océanie f; **2.** (a sziget) l'Australie f
ausztráliai [~ak, ~t] australien; océanien, -enne
Ausztria [-át] l'Autriche f
ausztriai [~ak, ~t] autrichien, -enne; d'Autriche

autarchia [-ák, -át, -ája] autarcie f
autó [~k, ~t, ~ja] voiture; auto f; kis ~ voiturette f; ~ba száll monter en auto; ~n en auto; ~t vezet conduire (une auto)
autóbaleset accident m d'automobile
autóbusz [~ok, ~t, ~a] autobus m; (vidék) car m; kiránduló ~ autocar m
autóbuszkalauz receveur (-euse) d'autobus
autodafé [~k, ~t, ~ja] autodafé m
autodidakta [-ák, -át, -ája] **I.** (mn) autodidactique; **II.** (fn) autodidacte n
autóduda klaxon; klakson m
autóemelő lève-auto; cric; vérin m
autófuvarozó voiturier; camionneur; loueur m d'auto
autogejzer chauffe-eau (instantané à gaz)
autogén [~ek, ~t] autogène; ~ hegesztés soudure autogène f
autogram [~ok, ~ot, ~ja] autographe m
autógumi pneu m; chambre f à air
autógyártás construction v fabrication automobile f; automobilisme m
autójavítóműhely garage m (de réparation v de dépannage)
autókarambol collision f de voiture
autokrácia [-ák, -át, -ája] autocratie f
autokrata [-ák, -át, -ája] autocrate (m)
autólámpa phare (d'automobile); feu m
automata [-ák, -át, -ája] **I.** (mn) automatique; **II.** (fn) **1.** machine automatique f; (bedobó) distributeur automatique m; **2.** (gépember) automate m
automatabüfé buffet v restaurant automatique m
automatikus automatique
automatizál [~tam, ~t, ~jon] automatiser
automatizálás automation; automatisation f
autómentő kocsi dépanneuse f
automobil [~ok, ~t, ~ja] automobile f
autonóm [~ok, ~ot] autonome
autonómia [-ák, -át, -ája] autonomie f; (helyi) autorité locale
autópálya autoroute, autostrade f
autópark(oló hely) parc automobile v à autos v d'autos v de voitures m

autórendszám numéro minéralogique *m;* plaque *f*
autós [~ok, ~t, ~a] automobiliste *n;* amateur *m* du volant
autószerelő mécanicien d'automobile; mécano *m*
autószerencsétlenség accident *m* de la route
autószerviz station-service *f*
autoszifon seltzogène; sparklet *m*
autótérkép carte routière
autótető capote *f*
autotípia [-ák, -át, -ája] photogravure *f*
autótülök klaxon *m;* corne *f* d'appel
autóút 1. route *f* d'automobiles; autostrade *m;* 2. *(séta)* promenade *f* en auto
autóverseny course *v* compétition automobile *f*
autóversenypálya autodrome *m;* piste (automobile) *f*
autóversenyző coureur automobiliste *v* automobile *m*
autóvezető 1. automobiliste *n;* conducteur d'auto; amateur *m* du volant; 2. chauffeur (de taxi)
autózik [~tam, ~ott, ~zék *v* ~zon] faire de l'auto
avagy ou bien; soit
I. **avar** [~t; ~ul] I. *(mn)* avare; avar; II. *(fn)* Avare; Avar
II. **avar** [~t, ~ja] fane(s) *f (pl);* sous-bois *m*
avas [~ak, ~t; ~an] rance; ~ *íze* van cela sent le rance
avasodik [~tam, ~ott, ~jék *v* ~jon] rancir
avat [~tam, ~ott, avasson] 1. *(vmibe)* initier à qc; *doktorrá* ~ recevoir docteur; 2. *(tárgyat)* inaugurer; 3. *(posztót)* décatir; mouiller
avatás 1. *(doktori, akadémiai)* réception *f;* *(zárt társaságba)* initiation *f;* 2. *(tárgyé)* consécration *f;* 3. *(posztóé)* décatissage *m*
avatatlan profane; non initié(e); ~ ~ *kezekbe kerül* tomber dans des mains profanes
avatkozik [~tam, ~ott, ~zék *v* ~zon] *(vmibe)* se mêler de qc

avatott [~ak, ~at] initié (à qc); expert, -e; ~ *ismerője* grand connaisseur en matière de...
avégből; avégett pour cela; afin de *(inf);* afin que *(subj);* en vue de *(inf)*
a verbo [~k, ~t, ~ja] principales formes de la conjugaison
Averroës [~t] Averr(h)oès *m*
averzió [~k, ~t, ~ja] aversion *f*
aviatika [-ák, -át, -ája] aviation; aéronautique *f*
aviatikus aviateur *m*
avizál [~tam, ~t, ~jon] ~ *vkit* donner avis à q
avizó [~k, ~t, ~ja] lettre *f* d'avis
avult [~ak, ~at; ~an] vieilli; suranné; démodé, -e; désuet, -ète; tombé(e) en désuétude; obsolète; passé de mode; vieux jeu
avval I. *(hat)* 1. avec cela; avec celui-là; par là; 2. ~, *ami* avec ce qui; par ce qui; II. *(nm)* ~ *az emberrel* avec cet homme(-là)
axióma [-ák, -át, -ája] axiome *m*
az [azok, azt] I. *(nm)* 1. *(határozott dolog v személy)* celui-là; celle-là; *(általános dolog)* cela; *biz:* ça; *(mondat élén)* c'est ce qui...; voilà ce qui; 2. *az vagyok* je le suis; je suis celui-là; 3. *három meg öt az nyolc* trois et cinq font huit; 4. *az, ami* ce qui; *azt, amit* ce que; *az, aki* celui qui; *azé lesz, aki* il sera à qui; 5. *az a jó benne, hogy* il a cela de bon que; II. *(mn)* 1. *ce...-là;* cette... -là; 2. *még az éjjel a)* la nuit même; dès cette nuit-là; *b)* cette nuit déjà; III. *(névelő)* le, la; les
ázalag [~ok, ~ot, ~a] infusoire *m*
azalatt cependant; pendant ce temps; ~, *amíg* (ce)pendant que; tandis que
azáltal 1. de cette manière; par là; 2. ~, *ami* par ce qui; ~, *amit* par ce que
azaz 1. c'est-à-dire; (c.-à.-d.); 2. *100,* ~ *száz forint* 100 soit *v* je dis cent florins
azbeszt [~ek, ~et, ~je] amiante; asbeste *m*

azelőtt 1. auparavant; avant (ce temps); précedemment; 2. ~, *hogy* avant que *(subj)*
azelőtti prédécent; antérieur, -e; ancien, -enne
azért 1. pour cela; à cause de cela; dès lors; par conséquent; *ez ~ van, mert* c'est que; *csak ~, hogy* rien que pour *(inf)*; à seule fin de *(inf)*; histoire de *(inf)*; 2. *de ~ (mégis)* cependant; néanmoins; pourtant; 3. *(csak) ~ is!* (je le ferai) quand même; tant pis! 4. ~, *hogy* afin de *(inf)*; pour *(inf)*; en vue de *(inf)*; afin que *(subj)*; pour que *(subj)*
ázik [áztam, ázott, ázzék v ázzon] 1. *(lében)* tremper v baigner dans qc; *(esőben)* être mouillé(e) v battu(e) par la pluie; 2. *(ember)* se faire mouiller par là pluie; *bőrig ~* être trempé(e) jusqu'aux moelles
ázik-fázik se morfondre sous la pluie
azirant pour ce qui; à ce qui; pour ce que
aznap le même jour; ce jour-là
aznapi du jour
azok; azokat I. *(nm)* 1. ceux-là, celles-là; 2. ~, *akik* ceux qui, celles qui; *~at, akik* ceux que, celles que; II. *(fn)* ces . . . -là
azon I. *(hat)* 1. sur cela; sur celui-là; 2. *~ gondolkoztam, hogy mi* je me demandais ce qui; ~ *van, hogy* il s'attache à *(inf)*; II. *(mn) még ~ éjjel* la nuit même; *~ melegében* sur-le-champ; *illico; ~ nyomban* séance tenante
azonban cependant; mais; toutefois
azonfelül; azonkívül en outre; en sus; en plus; par surcroît
azonmód(on) *ld:* azon *nyomban*
azonnal aussitôt; sur-le-champ; tout de suite; à v dans l'instant (même); *azonnal! (jövök)* un instant! *~ meghalt* il a été tué sur le coup; *~ra kiadó lakás* appartement *m* à louer de suite
azonnali [~t] immédiat, -e
azonos [~ak, ~at] *(vmivel)* identique à v avec qc; analogue à qc; égal,

-e; *~ értékű* équivalent, -e; *~ hangzású* univoque à qc; homonyme
azonosít [~ottam, ~ott, ~son] identifier *(vkivel* à *v* avec q); assimiler (à qc)
azonosítás identification *f*
azonosság 1. identité *f*; 2. *mat:* équation identique *f*; *az ~ elve* le principe d'identité
azonossági *kat: ~ jegy* plaque *f* d'identité
azonosul *vmivel* s'identifier *v* s'assimiler à qc
azontúl 1. au-delà; par delà; 2. *(attól fogva)* dorénavant
Azóri-szigetek les Açores *f pl*
azóta 1. depuis (ce temps); depuis *v* dès lors; à partir de là *v* de ce moment; 2. ~, *hogy* depuis que; dès lors que
ázott [~ak, ~at; ~an] mouillé; trempé, -e; *vértől ~* trempé(e) de sang
Azovi-tenger la mer d'Azov
azt 1. *ld:* az; 2. *~ gondoltam, hogy* j'ai pensé que; 3. *~ már nem!* pour cela non! ah, non, par exemple!
aztán 1. puis; ensuite; par la suite; 2. ultérieurement; plus tard; 3. *biz: ~ akkor* et puis alors; 4. *(szólásokban:) hát ~?* et puis? et alors? *ez ~ a munka!* voilà ce qui s'appelle travailler! *ez ~ remek!* c'est du joli!
áztat baigner; (faire) tremper; mouiller; imbiber; arroser de qc; *(fehérneműt)* tremper; *(pácban, lében)* mariner; *(sebet)* bassiner; *(földet)* abreuver; *lent v kendert ~* rouir du lin *v* du chanvre; *hideg vízben ~* infuser à froid; *könnyeivel ~ja a zsebkendőjét* tremper son mouchoir de larmes
áztatás mouillement *m*; macération *f*; baignage; bain *m*; *(kenderé, lené)* rouissage *m*
azték Aztèque *m*
azúr [~ok, ~t, ~ja] azur *m*; la voûte azurée
azután puis; ensuite; par la suite; plus tard; *két nappal ~* le surlendemain

azzal *ld:* avval
Ázsia [-át] l'Asie *f*
ázsiai [~t] asiatique; d'Asie; *az* ~ *ember* l'Asiatique; l'Asiate; ~ *Törökország* la Turquie d'Asie

ázsió [~k, ~t, ~ja] *ker:* agio *m;* avance *f*
azsúr [~ok, ~t, ~ja] travail *v* ourlet *m* à jour
azsúroz [~tam, ~ott, ~zon] ajourer

B

b 1. *(betű, hang)* b *m;* *(házszámoknál)* bis *(pl: 20/b 20ᵇⁱˢ);* **2.** *zen:* si bémol; bémol *m*
bab [~ok, ~ot, ~ja] haricot *m;* fève *f;* *~ot fejt* écosser *v* effiler des haricots; *nem ~ra megy a játék* on ne joue pas des haricots
báb [~ok, ~ot, ~ja] **1.** poupée *f;* pantin *m;* marionnette *f;* **2.** *(öltöztető)* mannequin *m;* **3.** *átv:* marionnette; paillasse *m;* *akarat nélküli ~* automate *m;* **4.** *(rovaré)* nymphe *f;* *(lepkéé)* chrysalide *f*
baba [-ák, -át, -ája] **1.** bébé; baby *m;* poupon(ne); **2.** *ját:* poupée *f;* **3.** *babám!* ma mie! ma mignonne! ma belle (amie)! ma belle enfant!
bába [-ák, -át, -ája] sage-femme *f*
babakelengye layette *f*
babaketrec baby-parc *m*
babakocsi 1. voiture(tte) d'enfant; poussette *f;* **2.** *ját:* voiture *f* de poupée
babakonyha dînette *f*
babakrém crème baby *f*
bábállam état fantoche *m*
babaruha layette; robe *f* de bébé
bábeli [~ak, ~t] babélique; *ez valóságos ~ zűrzavar* c'est la tour de Babel
bábember homme de paille; paillasse *m*
babér [~ok, ~t, ~ja] **1.** laurier *m;* **2.** *konyh:* laurier-sauce *m;* **3.** *átv: pihen ~ jain* s'endormir sur les lauriers
babérfa laurier *m*
babérlevél feuille *f* de laurier
Babeuf *tana* babouvisme *m*
babfőzelék plat *m* de haricots verts *v* blancs
babhüvely cosse *f* de haricot
Babilon [~t] Babylone *f*
babiloni [~ak, ~t] babylonien; -enne
bábjáték *ld:* **bábszínház**
babkávé 1. café en grains *v* vert; **2.** *konyh:* café nature *v* noir

bábkormány gouvernement fantoche *v* marionnette *m*
babona [-ák, -át, -ája] superstition *f*
babonás superstitieux, -euse
babos *(kelme)* à pois; pastillé, -e
bábrabló carabe sycophante *m*
babrál [~tam, ~t, ~jon] I. *(tgyl i)* fourgonner; fourrager; tatillonner; bricoler; II. *(tgy i)* manipuler; tripoter
babra(munka) travail *m* de patience
babszem graine *f* de haricot; *Babszem Jankó kb:* Grain d'Orge
bábszínház (théâtre de) marionnettes *f pl;* guignol *m*
bábú [~k, ~t, ~ja] **1.** *ld:* **báb** 2.; **2.** *ld:* **baba** 2.
babusgat caresser; pouponner; dorloter
bacchanália [~ak, -át, -ája] bacchanale *f*
bacilus bacille; microbe *m;* bactérie *f;* germe *m*
bacilusgazda *orv:* porteur *v* semeur *m* de germes *v* de bacilles; vecteur de microbes; hôte (intermédiaire) *m*
bacilustenyészet culture microbienne
bácsi [~k, ~t, ~ja] **1.** *(rokon) Károly ~* oncle Charles; **2.** *(nem rokon) Ferenc ~* le père François; **3.** *gyerm:* le monsieur; Monsieur
badar [~ok, ~t; ~ul] inepte; absurde; saugrenu, -e
badarság bêtise; sottise; fadaise; ineptie *f;* *~okat beszél* dire des inepties
bádog [~ok, ~ot, ~ja] **1.** *(vas)* tôle (ondulée); **2.** *(ónozott)* fer-blanc *m*
bádogedény vaisselle *f* en fer-blanc
bádogipar (industrie *f* de la) ferblanterie
bádogkanna bidon *m*
bádoglemez tôle *f*
bádogolló cisaille *f* de ferblantier
bádogos [~ok, ~t, ~a] ferblantier *m;* *(vasbádogos)* tôlier *m;* *(vízvezetékszerelő)* plombier *m*

bádogosmesterség; bádogosműhely ferblanterie; tôlerie *f*
bádogoz [~tam, ~ott, ~zon] couvrir *v* revêtir de fer-blanc
bagariabőr cuir *m v* vache *f* de Russie
bagatell [~ek, ~t] bagatelle *f*
bagó [~k, ~t, ~ja] mégot *m;* chique *f*
bagoly [baglyok, baglyot, baglya] hibou *m;* chouette *f*
bagolylepkék noctuéliens *m pl*
bagolyvár nid *m* de hiboux
bagózik 1. chiquer *v* mâcher du tabac; 2. *biz:* fumer; 3. *biz:* oda se ~ il ne se dérange même pas
bágyadt [~ak, ~at] déprimé; alangui; languissant, -e; *(érzelmesen)* langoureux, -euse; ~ *állapot* état atonique *m*
bágyadtság alanguissement *m;* langueur; dépression; atonie *f*
bágyaszt [~ottam, ~ott, -asszon] déprimer; alanguir
baj [~ok, ~t, ~a] 1. mal (maux) *m (pl);* malheur *m;* infortune *f;* inconvénient; accident *m; (előre nem látott)* contretemps *m; (rossz helyzet)* mauvais pas; détresse *f; (gond)* peine *f;* chagrin *m; a háború okozta ~ok* les plaies de la guerre; *mi (a) ~?* qu'y a-t-il? *az már ~* ça, c'est sérieux; tant pis; *ami nagyobb ~* et (ce) qui pis est...; *(minden) ~ nélkül* sans inconvénient *v* sans encombre *v* sans accroc; Ragos szólások: *mi baja?* qu'avez-vous? *semmi ~a·*il va bien; *mindenkinek megvan a maga ~a* chacun porte sa croix en ce monde; *velem gyűlik meg a ~a* il aura affaire à moi; *de sok ~od van!* tu en fais des chichis! *biz: bajba jutott* en difficulté; en détresse; *~ba keveredik* se mettre dans un mauvais cas; *~ba sodor* impliquer *v* entraîner *v* embarquer dans une mauvaise affaire; *a bajban* en présence du danger; *~ban levő* en détresse; *(nagy) ~ban van* se trouver dans un mauvais cas; *kimászik a bajból* s'en tirer; se tirer d'affaire; *segít a bajon* remédier au mal; *bajt csinál v okoz* causer des désagréments; *~t hoz vkire* porter malheur à q; *sok bajjal jár* présenter *v* offrir des inconvénients; 2. *(betegség)* mal *m;* affection; maladie *f*
báj [~ak, ~at, ~a] charme *m;* grâce *f;* attraits *m pl;* agrément *m*
bájital élixir; breuvage magique *m; (szerelmi)* philtre *m*
bajlódás tracas *m;* tracasserie *f*
bajlódik [~tam, ~ott, ~jék *v* ~jon] ~ *vmivel* se donner du mal pour qc; se faire du tracas
bajnok [~ok, ~ot, ~a] 1. *rég:* lutteur; héros *m;* 2. *sp:* champion, -onne *n*
bajnokcsapat équipe championne
bajnoki [~ak, ~t] *sp:* de championnat; champion, -onne; ~ *mérkőzés* match *m* du championnat
bajnokság championnat *m*
bajonett [~ek, ~et, ~je] baïonnette *f*
bajor [~ok, ~t, ~ja] bavarois, -e
Bajorország [~ot] la Bavière
bajos [~t; ~an] difficile; scabreux, -euse; malaisé, -e
bájos [~ak, ~at] charmant, -e; gentil, -ille; mignon, -onne
bajosan malaisément; difficilement; ne... guère
bájosan gracieusement; avec grâce
bajtárs camarade *m*
bajtársi *egyesület rég* association *f* d'étudiants
bajusz [~ok, ~t, ~a, bajsza] 1. moustache *f;* 2. *(kalászé)* barbe; arête *f*
bak [~ok, ~ot, ~ja] 1. *áll:* bouc *m; (más állaté)* mâle *m;* 2. *(tornászer)* cheval *m* d'arçon *v* de bois; 3. *(állvány)* chevalet; tréteau *m;* 4. *~ot lő* faire une gaffe; gaffer; commettre *v* faire un impair
baka [-ák, -át, -ája] troupier; fantassin; troufion *m*
bakancs [~ok, ~ot, ~a] godillot *m;* godasse *f*
bakelit [~ek, ~et, ~je] bakélite *f*
bakelitlemez bakélite planche *f*
bakfis [~ok, ~t, ~a] *biz:* gamine; adolescente *f*
bakkalaureus bachelier, -ière
bakkecske bouc *m*

baklövés, baki gaffe; bévue *f*
baksis [~ok, ~t, ~a] pot-de-vin *m*
bakszakáll *növ:* tragopogon; barberon *m*
baktat trotter à pas lent; déambuler
bakteriológia [-ák, -át, -ája] bactériologie; microbiologie *f*
bakteriológus bactériologiste; microbiologiste *n*
baktérító tropique *m* du Capricorne
baktérium [~ok, ~ot, ~a] bactérie *f;* bacille; microbe *m*
baktériumbomba bombe bactériologique *f*
baktériumfegyver arme bactériologique *f*
baktériumháború guerre bactérienne *v* microbienne *v* bactériologique
baktériumi bactérien; microbien, -enne; de germes
baktériumölő bactéricide; microbicide; germicide *(m)*
baktériumtenyészet culture *v* flore bactérienne *v* microbienne; bouillon *m* de culture
bakugrás 1. gambade; cabriole *f;* 2. *ját:* saute-mouton *m*
bal [~t] I. *(mn)* gauche; ~ *fclé* à gauche; ~ *kar* bras gauche *m;* ~ *kéz* (main) gauche *f;* ~ *lábbal kelt fel* il s'est levé du pied gauche; II. *(fn)* gauche *f;* ~*jában* dans sa (main) gauche; ~*ján* sur sa gauche; ~*ra* à gauche; ~*ra át!* par le flanc gauche! ~*ra igazodj!* à gauche, alignement! ~*ra nézz!* tête gauche!
bál [~ok, ~t, ~ja] bal *m*
bála [-ák, -át, -ája] balle *f;* fardeau *m*
báláz [~tam, ~ott, ~zon] mettre en balles
baldachin [~ok, ~t, ~ja] 1. baldaquin *m;* 2. *egyh:* dais *m*
Baleári-szigetek les (îles) Baléares *f pl*
balek [~ok, ~ot, ~ja] *biz:* jobard *m;* poire *f*
balerina [-ák, -át, -ája] ballerine *f*
baleset accident *m;* mésaventure *f;* *üzemi* ~ accident du travail; ~ *következtében* par accident; par suite *v* à la suite d'un accident
balesetbiztosítás assurance accident *f*
balesetelhárítás prévention *f* des accidents

baleseti *jegyzőkönyv* constat *m* d'accident
balett [~ek, ~et, ~je] (corps de) ballet *m*
balettcipő chausson *m*
balettest spectacle *m* de ballets
balettíró chorégraphe *n*
balettiskola classe *f* de danse
balettkar corps *m* de ballet
balettnövendék rat *m* de ballet *v* d'Opéra; élève *n* de la classe de danse
balettszoknya tutu *m*
balett-táncos figurant *m* (de ballet)
balett-táncosnő danseuse de ballet
balfedezet demi-gauche *m*
balfogás bévue; gaffe *f*
balga [-ák, -át] sot, sotte
balgaság sottise; folie; simplicité *f*
balhiedelem; balhit préjugé *m;* croyance erronée; fausse croyance
báli [~ak, ~t] de bal; du bal; ~ *ruha* toilette *v* tenue *f* de bal; grande toilette
balin [~ok, ~t, ~a] *hal:* ezüstös ~ bordelière *f*
Bálint [~ok, ~ot, ~ja] Valentin *m*
baljóslatú de mauvais augure *v* présage; sinistre
Balkán [~t] les Balkans; ~ *félsziget* le péninsule *v* la presqu'île des Balkans
balkáni [~ak, ~t] balkanique
balkezes 1. gaucher, -ère; 2. maladroit, -e
balkézről veszi el épouser de la main gauche
bálkirálynő la reine *v* la beauté du bal
balkon [~ok, ~t, ~ja] balcon *m*
ballada [-ák, -át, -ája] 1. romance *f;* 2. ballade *f*
ballag [~tam, ~ott, ~jon] déambuler
ballaszt [~ok, ~ot, ~ja] 1. *(vasúti)* ballast *m;* 2. *(léghajón stb.)* lest *m*
ballépés faux pas *m*
ballisztika [-ák, -át, -ája] (science) balistique *f*
ballon [~ok, ~t, ~ja] 1. ballon; sphérique *m;* 2. *(vesszőfonatos)* ~ *(edény)* bonbonne *f*
ballonkabát gabardine *f*
ballonselyem taffetas *m* à ballon

bálna [-ák, -át, -ája] baleine *f*
bálnahalász; bálnavadász chasseur *m* de baleine
bálnaolaj; bálnazsír huile *f* de baleine
baloldal gauche *f;* côté gauche *m; (hajóé)* bâbord *m; szinh:* côté jardin; *pol: a ~* la gauche
baloldali de gauche; *~ elhajlás* déviationnisme *m* de gauche
baloldaliság *pol:* orientation *f* à gauche; *(túlzott)* gauchisme *m*
baloldalt à gauche
bálozik [~tam, ~ott, ~zék *v* ~zon] aller aux bals
balpart rive gauche *f*
balsejtelem mauvais pressentiment
balsiker mauvais succès; revers; échec *m*
balsors; balszerencse adversité; malchance; infortune *f; (különösen játékban)* déveine; guigne *f;* guignon *m;* poisse *f biz*
balta [-ák, -át, -ája] hache *f;* hachette; cognée *f*
baltacim *növ:* crête *f;* takarmány ~ sainfoin *m* des prés; esparcette *f*
bálterem salle *f* de bal *v* à danser
balti [~ak, ~t] baltique; balte
baltikum la région baltique
Balti-tenger la mer Baltique
balul *ütött ki a dolog* l'affaire a mal tourné *v* a tourné court
bálvány [~ok, ~t, ~a] idole *f;* fétiche *m*
bálványimádás idolâtrie *f*
bálványkép idole *f;* simulacre *m;* image *f*
bálványkő pierre sacrée
bálványoz [~tam, ~ott, ~zon] idolâtrer
bálványozás idolâtrie *f;* fétichisme *m*
bálványozó [~k, ~t, ~ja] idolâtre *n*
bálványszobor idole *f;* simulacre *m*
balvégzetű fatal, -e; funeste
balzsam [~ok, ~ot, ~a] baume; dictame *m*
balzsamfa balsamier; baumier *m*
balzsamfű balsamine *f*
balzsamos [~ak, ~at; ~an] embaumé, -e; balsamique
balzsamozás embaumement *m*
bamba [-ák, -át] niais; balourd, -e; imbécile; nigaud, -e; *~ csodálkozás* admiration béate; *~ alak* nigaud, -e; *imbécile n; butor m*

bambusz(nád) bambou *m*
bámész [~ok, ~t, ~a] badaud; ahuri, -e; *~ tekintettel néz* regarder bouche bée *v* d'un air ahuri
bámészkodik [~tam, ~ott, ~jék *v* ~jon] badauder; regarder bouche bée *v* béante
bámészkodó [~k, ~t; ~an] *ld:* **bámész**
bámul [~tam, ~t, ~jon] I. *(tgyl i) (elképedve)* être étonné(e) *v* ahuri(e); s'étonner (de qc); II. *(tgy i)* 1. *(vkit)* admirer q (pour qc); 2. *(csak vmit)* être émerveillé(e) de qc
bámulat 1. étonnement *m;* stupéfaction *f;* ahurissement *m;* admiration *f;* émerveillement *m;* 2. *(túlzott)* engouement *m; ~ba esik* tomber en admiration devant qc; *~ot kelt* faire naître l'admiration
bámulatos [~ak, ~at] étonnant, -e; admirable; prodigieux, -euse
bán [~tam, ~t, ~jon] 1. *(vmit)* regretter qc *v* de *(inf);* se repentir de qc *v* de *(inf);* 2. *nem ~om! (belemegyek)* soit; *nem ~om, legyen tizenöt!* va pour quinze! *~om is én* peu m'importe; eh bien, tant pis! *mit ~om én?* que m'importe? *~ja a fene!* je m'en fiche; je m'en fous *(durva)*
banális [~ak, ~t, ~an] banal; banalisé, -e
banán [~ok, ~t, ~ja] banane *f*
banánfa bananier; pissang *m*
banánhéj écorce *v* peau *f* de banane
banánhüvely douille *f* de fiche banane
bánás 1. traitement *m;* 2. *(tárggyal)* maniement *m*
bánásmód traitement; procédé *m; rossz ~* mauvais traitements; sévices *f pl*
bánat 1. *(megbánás)* repentir *m;* repentance *f; egyh:* contrition; pénitence *f;* 2. *(szomorúság)* chagrin *m;* affliction *f;* crève-cœur *m; meghal ~ában* mourir de (son) chagrin; *~ot okoz vkinek* donner *v* faire *v* causer du chagrin à q
bánatos [~ak, ~at; ~an] affligé; affecté; dolent; navré, -e

banda [-ák, -át, -ája] **1.** bande; troupe *f;* **2.** *pej:* bande *f;* ramassis *m* de gens; **3.** *zen:* orchestre *m*
bandita [-ák, -át, -ája] bandit; escarpe; voyou *m*
bandzsal [~t; ~ul] *ld:* kancsal
bánik [~tam, ~t, ~jék *v* ~jon] **1.** *(vkivel)* traiter q; infliger un traitement à q; manier *v* manœuvrer q; *rosszul* ~ *vkivel* infliger de mauvais traitements à q; *szelíden* ~ *vkivel* mener q doucement; **2.** *(vmivel)* manier *v* manipuler *v* manœuvrer qc
bank [~ok, ~ot, ~ja] **1.** banque *f;* ~*ba tesz* déposer à la banque; *kivesz a* ~*ból* retirer de la banque; **2.** *átv: adja a* ~*ot (henceg)* il veut en imposer
banka [-ák, -át, -ája] *áll:* búbos *v büdös* ~ huppe *f*
bankár [~ok, ~t, ~ja] banquier; homme de finances
bankbetét dépôt *m* (d'espèces) en banque
bankett [~ek, ~et, ~je] banquet *m*
bankfiók succursale *f* (d'une banque)
bankház maison *f* de banque
bankhivatalnok employé *m* de banque
bankigazgató banquier *m*
bankjegy billet *m* (de banque); coupure *f*
bankjegycsomó liasse *f* de billets
bankjegyforgalom circulation fiduciaire *f*
bankjegykibocsátás émission *f* de billets de banque
bankkamat(láb) taux *m* d'intérêt *v* d'escompte
bankkörökben dans les milieux bancaires *v* de banque
bánkódás regrets *m pl;* affliction *f;* chagrin(s) *m (pl)*
bánkódik [~tam, ~ott, ~jék *v* ~jon] **1.** se consumer en regrets; **2.** ~ *vmin* s'affliger *v* s'attrister *v* se chagriner de qc *v* au sujet de qc
bankóhamisítás émission *f* de faux billets de banque
bankótárca portefeuille *m*
bankpénztár les guichets de banques
bankpénztáros caissier *m* de banque
bankrablás attaque *f* de banque
bankrabló dévaliseur de banque
bankszerű bancaire; bancable

bánt [~ottam, ~ott, ~son] **1.** *(testileg)* faire mal à q; toucher à q; maltraiter; *senki sem* ~ on ne te fait pas de mal; **2.** *(vmi)* blesser; incommoder; *(ami ízléstelen)* cela choque; **3.** *nem* ~*ja a szokásokat* il respecte les coutumes; **4.** *(érzelmileg)* offenser; offusquer; vexer; affecter; mortifier; peiner; *mi* ~? qu'as-tu? ~, *hogy ilyen állapotban látom* je souffre de le voir ainsi
bántalmaz [~tam, ~ott, ~zon] **1.** molester; maltraiter; frapper; **2.** *(szóval:)* outrager
bántalmazás 1. mauvais traitement; sévices *m pl;* **2.** *(szóval:)* outrages *m pl*
bántalom [-lmak, -lmat, -lma] **1.** insulte; offense; avanie *f;* **2.** *orv:* affection *f*
bántó [~k, ~t] déplaisant; choquant, -e; ~ *tréfa* plaisanterie déplacée
bántódás; *nem éri* ~ on n'y touchera pas
banya [-ák, -át, -ája] vieille sorcière *v* mégère
bánya [-ák, -át, -ája] mine *f; (felszíni:)* à ciel ouvert); *(kő-, agyag- stb.)* carrière *f; a -ában* au fond; *-át művel* exploiter une mine
bányaengedély concession *f* (de mine *v* minière); *(okirat)* acte *m* de concession
bányafa bois *v* poteau de mines; boisage *m*
bányafelügyelő intendant *m* des mines
bányafelvonó 1. cage *f* d'extraction; **2.** cage de descente
bányagáz méthane *m; (sújtólég)* grisou *m*
bányahatóság contrôle *m* des mines
bányaipar industrie minière *v* extractive *v* minérale
bányajog 1. *(egyéni)* concession *f* de mine; **2.** *(tudomány)* code *v* droit minier; législation minière
bányajogosítvány acte *m* de concession de mine
bányakerület district minier
bányakutatás prospection *f;* fouilles *f pl*
bányakutatmányi jog droit *m* de prospection

bányalég *ld:* **sújtólég**
bányamérnök ingénieur *m* des mines
bányamester contremaître *m* de mine
bányaművelés exploitation *f* des mines
bányaomlás éboulement de mine *v* souterrain
bányarészvény action minière
bányász [~ok, ~t, ~a] mineur *m;* *(kőbányában)* carrier *m*
bányászat industrie minière *v* minérale *v* extractive; exploitation des mines *v* minière
bányászati minier, -ère; ~ *főiskola* école minière
bányaszerencsétlenség catastrophe minière
bányászik [~tam, ~ott, -ásszék *v* -ásszon] extraire; tirer de qc
bányászkalapács masset *m*
bányászlámpa lampe *f* de mineur
bányásztelep coron *m*
bányatársulat compagnie *v* société anonyme de mines
bányatelek lot minier
bányatulajdonos propriétaire de mine; concessionnaire *n*
bányaüzem exploitation minière
bányavasút chemin de fer minier
baptista [-ák,-át,-ája] *vall:* baptiste *(n)*
I. *(fn)* **bár** [~ok, ~t, ~ja] bar; café-bar *m*
II. *(ksz)* **bár** 1. *(habár)* bien que *(subj);* quoique *(subj);* encore que *(subj);* alors que *(ind);* certes; 2. *(óhajtásban)* puissé-je *(inf);* puissiez-vous *(inf);* pourvu que *(subj)*
barack [~ok, ~ot, ~ja] 1. *(őszi)* pêche *f;* 2. *(kajszi)* abricot *m*
barackfa 1. *(őszi)* pêcher *m;* 2. *(kajszi)* abricotier *m*
barackpálinka barack *m;* eau-de vie *f* de pêche
barackszínű *ruha* robe abricot *f*
barakk [~ok, ~ot, ~ja] baraque *f*
barakképület baraquement *m*
barangol [~tam, ~t, ~jon] 1. errer (çà et là); flâner; 2. *(mindenfelé)* être par'voies et par chemins
barangolás flânerie; promenade *f*
bárány [~ok, ~t, ~a] 1. agneau *m; szelíd, mint egy* ~ doux comme un agneau; 2. *vall:* eltévedt ~ brebis égarée
báránybőr peau *f* d'agneau; agneau *m;* ~*be bújtatott farkas* innocent fourré de malice
báránybőrsapka bonnet *m* de fourrure d'agnelin
báránycomb gigot *m* d'agneau
bárányfelhő nuages moutonnés *v* cotonneux
bárányfelhős *ég* ciel pommelé
bárányhimlő varicelle; petite vérole volante
báránykа [-ák, -át, -ája] agnelet; petit agneau
báránysült rôti *m v* selle *f* d'agneau
barát [~ok, ~ot, ~ja] 1. ami; camarade; *úgy beszél velem, mint egy jó* ~ *il me parle en ami; a* ~ *jogán* à titre d'ami; *egy* ~*om* un de mes amis; 2. *(kutya*~, *mű*~, *sport*~ stb.*)* amateur *m;* 3. *egyh:* moine; religieux *m*
-**barát** pro-; -phile; *magyarbarát:* hungarophile; magyarophile
barátcsuha froc *m;* bure *f*
baráti [~ak, ~t] amical; ami; cordial, -e; ~ *alapon* à l'amiable; ~ *kapcsolat* liaison *f* d'amitié; ~ *kör* cerle *m* d'amis; ~ *látogatás* visite *f* d'amitié; ~ *légkör* climat *m* de confiance; ~ *megegyezés* arrangement *m* à l'amiable; ~ *ország* puissance amie; ~ *szívesség* complaisance; amitié; obligeance *f;* ~ *viszony* relations d'amitié
barátkámzsa cagoule *f;* capuchon; froc *m*
barátkozik [~tam, ~ott, ~zék *v* ~zon] *(vkivel)* se lier (d'amitié) avec q; frayer avec q
barátnő; barátné amie *f*
barátság amitié; camaraderie; union *f;* ~*ból* par (bonne) amitié; par complaisance; ~*ot köt v* ~*ra lép vkivel* se lier (d'amitié) avec q
barátságos [~ak, ~at] 1. amical; ami; cordial; obligeant, -e; ~ *hang* voix amie; ton amical; ~ *hangulat* atmosphère *f* de cordialité; ~ *viszony* relations amènes *v* amicales; 2. *jog:* amiable; ~ *megállapodás*

transaction (conduite à l')amiable; ~ *úton* à l'amiable
barátságosan 1. amicalement; cordialement; **2.** *jog:* à l'amiable; amiablement
barátságtalan inamical; peu amical; désobligeant, -e; ~ *fogadás* v *fogadtatás* accueil inhospitalier *v* peu engagent
barátságtalanul inamicalement; ~ *fogad vkit* accueillir q froidement
barázda [-ák, -át, -ája] **1.** sillon *m (lemezen is);* **2.** *(agyon)* scissure *f;* **3.** *(tárgyon)* rainure *f; (párhuzamos)* strie *f; (oszlopon)* cannelure *f;* **4.** *(géprészen, ablakhornyolaton stb.)* rainure *f;* **5.** *(homlokon)* pli *m;* ride *f;* sillon *m*
barázdabillegető *áll:* hochequeue; branle-queue *m*
barázdál [~tam, ~t, ~jon] rider; sillonner; strier; creuser de sillons
barbár [~ok, ~t, ~ja] **1.** barbare *(n);* **2.** barbare; *(megvetőleg)* ostrogot(h)ique; ~ *franciaság* sabir *m*
barbarizmus 1. *(erkölcsi)* barbarie *f;* **2.** *(nyelvi)* barbarisme *m*
Barbarossa [-át] Barberousse *m*
barbárság barbarie *f;* acte *m* de barbarie; ~*ba süllyed* échouer *v* tomber dans la barbarie
bárca [-ák, -át, -ája] **1.** ticket *m;* **2.** *(árun)* marque; étiquette *f*
bárd [~ok, ~ot, ~ja] **1.** hache *f;* **2.** *(szerszám)* fendoir *m;* doloire *f; (konyhai)* couperet *m*
bárdolatlan fruste; rustique
bárgyú [~k, ~t; ~an] stupide; niais; nigaud; hébété, -e; imbécile *n*
bárgyúság 1. niaiserie; stupidité; imbécillité *f;* **2.** *(beszéd)* insanité; ineptie; sottise *f*
barhe(n)t [~ek, ~et, ~je] molleton *m;* futaine *f*
bárhol; bárhonnan; bárhová *ld:* **akárhol** *stb.*
barikád [~ok, ~ot, ~ja] barricade *f*
bariton [ok, ~t, ~ja] *zen:* baryton *m*
bárium baryum *m*
barka [-ák, -át, -ája] **1.** *növ:* chaton *m;* **2.** *egyh:* *szentelt* ~ rameau *m v* branche *f* de buis bénit

bárka [-ák, -át, -ája] barque; nacelle *f*
barkácsol [~tam, ~t, ~jon] bricoler
barkarola [-ák, -át, -ája] barcarolle *f*
bárki *ld:* **akárki**
I. barkó [~k, ~t, ~ja] favoris *m pl;* côtelettes *f pl*
II. barkó *áll:* cléone *m*
barlang [~ok, ~ot, ~ja] antre *m;* caverne; grotte *f; (állaté)* tanière *f*
barlangi [~ak, ~t] cavernicole; troglophile; troglodyte; ~ *állatok* animaux cavernicoles; ~ *festmény* peinture rupestre *f;* ~ *falfestő-művészet* v *festészet* art pariétal; ~ *medve* ours des cavernes *v* antédiluvien
barlangkutatás spéléologie *f*
barlanglakás habitation troglodytique *f*
barlanglakó I. *(mn) növ, áll:* cavernicole; troglodytique; **II.** *(fn)* troglodyte *m*
barna [-ák, -át; -án] brun, -e; *(világos* ~*)* bistre; *(arc, bőr)* bistre; basané; bronzé; hâlé, -e; ~ *leány* une brune *v* brunette; ~ *legény* un brun *v* brunet; -*ára éget* tanner; hâler; bronzer; basaner; *konyh: -ára süt* roussir; se rissoler
barnamedve ours brun
barnás brunâtre; ~ *színben játszik* brunoyer
barnásfekete nègre; puce
barnasör bière brune
barnaszén *ásv:* lignite; charbon *m* de terre
barnít [~ottam, ~ott, ~son] **1.** brunir; embrunir; bistrer; **2.** *(nap)* hâler; bronzer; dorer; brunir
báró [~k, ~t, ~ja] baron *m*
bárói [~ak, ~t] de baron; baronnial, -e
barokk [~ot, ~ja] baroque; de l'époque baroque; *(franciáknál inkább)* Louis XIII; Louis XIV; *irod:* classique; *(újabban:)* baroque
barom [barmok, barmot, barma] **1.** bétail *m;* bête *f;* **2.** *barom!* brute! butor! animal! espèce d'abruti!
barométer baromètre *m; a* ~ *szép időre mutat* le baromètre est au beau
barométersüllyedés dépression barométrique *f*

baromfi [~ak, ~t, ~ja] animaux m pl de basse-cour; volaille; poulaille f
baromfieledel pâtée f
baromfifarm parquet m d'élevage de volailles
baromfihús viande v chair f de vollaille
baromfiól poulailler; volailler m
baromfitartás; baromfitenyésztés élevage m de volaille
baromfitenyésztési avicole
baromfitömő gaveur, -euse n
baromfiudvar basse-cour f; parquet; parc m
baromfivész choléra aviaire v de poules m
baromi [~ak, ~t] brutal; bestial, -e; ~ *erő* force brutale
baromság ineptie; lourde sottise
báróné; bárónő baronne f
bárpult comptoir m de bar
bársony [~ok, ~t, ~a] velours m
bársonyfényű velouté, -e
bársonygallér col v collet m de velours
bársonyos [~ak, ~at] velouté, -e; velouteux, -euse; *növ*: peluché, -e; ~ *hang* voix feutrée; ~ *léptekkel* à pas de velours; à pas feutrés
bársonypiros amarante
bársonypuha moelleux, -euse; velouté, -e
bársonyruha robe f de velours
bársonyszalag bande f de velours
bársonyszék 1. fauteuil tendu de velours; 2. *(miniszteri)* fauteuil ministériel
bársonyvirág 1. tagète m; 2. hélichryse f
bárszekrény armoire-bar f
bárzsing [~ok, ~ot, ~ja] œsophage m
basa [-ák, -át, -ája] 1. pacha m; 2. *átv*: pacha; satrapa m
basáskodás despotisme m
basáskodik [~tam, ~ott, ~jék v ~jon] 1. prendre des airs de potentat; tailler et rogner; 2. *(vkin)* régner en despote sur q; tyranniser q
Basedow-kór goître exophtalmique m
basedowos *(beteg)* basedowien, -enne *(n)*
bástya [-ák, át, -ája] 1. bastion m; tour f; 2. *átv*: rempart m; 3. *sakk*: tour f
bástyacsúcs saillant m
bástyafedélzet *haj*: tillac m

bástyamű fortification f; ouvrage bastionné
bástyasétány rempart m
baszk [~ok, ~ot] basque; basquais, -e; ~ *sapka* béret basque m
basszus *zen*: basse f; *(hangról így is:)* creux m
basszuskulcs *zen*: clef de fa f
batár [~ok, ~t, ~ja] vieux carrosse; *rozoga* ~ guimbarde; casserole f
batiszt [~ok, ~ot, ~ja] batiste; toile f de batiste; *finom* ~ linon m
bátor [bátrak, bátrat] 1. brave; courageux, -euse; vaillant, -e; crâne; ~ *ember* homme de courage v de cœur; un brave; 2. ~ *leszek majd értesíteni* je me permettrai de vous avertir
bátorít [~ottam, ~ott, ~son] encourager; stimuler; remonter le moral à q
bátorítás encouragement m; stimulation f
bátorság 1. courage m; bravoure f; vaillance f; csak ~! allons, (du) courage! du cran! ~*ot önt vkibe* donner v inspirer du courage à q; *összeszedi (minden)* ~*át* rassembler son courage; 2. *(biztonság)* sûreté; sécurité f
bátorságos [~ak, ~at, ~an] sûr; assuré, -e
bátortalan timide; dépourvu(e) d'assurance; pusillanime
bátran 1. courageusement; bravement; csak ~! allez-y! courage! 2. *(nyugodtan)* avec assurance; sans crainte; en toute sécurité
bátya [bátyát, bátyja] frère (aîné)
batyu [~k, ~t, ~ja] baluchon; bagage m; *(áruval)* ballot m
batyubál pique-nique m
bauxit [~ok, ~ot, ~ja] *ásv*: bauxite f
bauxitművek usine f d'aluminium
bazalt [~ok, ~ot, ~ja] basalte m
bazaltkő 1. basalte m; 2. pavé m de basalte
bazár [ok, ~t, ~ja] bazar m; bimbeloterie f
bazáráru article m de bazar; pacotille; camelote f
Bázel [~t] Bâle f
bázeli [~ek, ~t] bâlois, -e

bázikus basique; ~ *só* sel basique *m*
bazilika [-ák, -át, -ája] basilique *f*
bázis [~ok, ~t, ~a] 1. base *f; mat:* *logaritmus* ~*a* base d'un logarithme; 2. *vegy:* alcali *m*
bazsalikom [~ok, ~ot, ~ja] *(kerti)* basilic *m*
bazsarózsa pivoine *f*
B. C. G. (oltás) *orv:* B. C. G. (bacille Calmette-Guérin) *m*
I. be là-dedans; dedans; là
II. be! *be szép!* (ce) qu'il est beau!
bé *zen: ld:* b
bead I. *(tgy i)* 1. *(kérvényt)* présenter; remettre; déposer; *(panaszt)* déposer; 2. *(terményt)* livrer; 3. *(orvosságot)* administrer; 4. *biz:* ~*ta neki* il lui a monté un bateau; ~*ja a derekát* courber le dos *v* l'échine; avaler la couleuvre; *nép:* ~*ja a kulcsot* casser sa pipe; 5. *sp:* centrer; servir (q); 6. *(vkit vhová)* faire entrer ...; II. *tgyl i) ez végleg* ~*ott neki* cela lui donna le dernier coup
beadás 1. remise; présentation *f;* dépôt *m;* 2. *(terménye)* prestation; livraison *f;* 3. *sp:* centre; service *m;* 4. *orvosság* ~*a* l'administration *f* du médicament
beadvány [~ok, ~t, ~a] requête; demande *f*
beágyaz 1. incorporer; emboîter; 2. *(gépben)* encastrer
beágyazás 1. implantation *f;* 2. *(szövettani)* inclusion *f*
beágyazott incrusté; encastré; enté, -e
beakaszt *(ruhát szekrénybe)* ranger; remettre; pendre; *(kampót)* raccrocher; *(kapoccsal)* agrafer
beáll 1. *(vhová)* se mettre sous qc; s'abriter sous qc; ~ *a sorba* rentrer dans le rang; 2. *(vmibe)* s'affilier; s'embrigader; 3. *(vkinek szolgálatába)* entrer chez q en qualité de ...; ~ *katonának* s'engager; se faire enrôler; 4. *(baj, halál stb.)* survenir; se produire; *az éj* ~ *la nuit tombe v* descend
beállít I. *(tgy i)* 1. *(helyére)* (re)mettre en place; 2. *(vhová)* mettre; placer; 3. *(lőfegyvert, távcsövet)* pointer;

(szerkezetet) régler; *egy gépet* ~ effectuer le montage d'une machine; 4. *átv:* mettre au point; 5. *sp:* csúcsot ~ égaler un record; II. *(tgyl i) (bejön)* entrer *v* venir à l'improviste
beállítás 1. *(helyére)* mise *f* en place; 2. *műsz:* ajustage; réglage *m;* 3. *fényk:* mise *f* au point; 4. *film:* champ *m;* 5. *(hatásra)* mise *f* en scène; 6. *átv:* mise *f* au point
baállítógomb 1. bouton *m* de réglage; 2. *rád:* bouton de syntonisation
beállítottság 1. *(vmire)* branchement *m* sur qc; 2. *(szellemi)* attitude d'esprit; orientation *f*
beállott; *vmi után* ~ consécutif (-ive) à qc; survenu, -e
beállta; *az éj* -*ával* à la nuit tombante; *a halál* -*ával* la mort (étant) survenue
beáramlás affluence; invasion *f*
beáramlik affluer
beárnyékol 1. ombrager; 2. *átv:* ternir
beárul dénoncer à q; rapporter qc à q
beárulás dénonciation *f*
beás 1. enterrer; enfouir; creuser; 2. ~*sa magát (állat)* s'enfouir; 3. *kat:* ~*sa magát* s'enterrer
beavat 1. *(vmibe)* initier q à qc; mettre au fait de qc; 2. *(anyagot) ld: avat 3.*
beavatás initiation *f* (à qc)
beavatatlan non-initié, -e; profane
beavatkozás 1. intervention; ingérence; immixtion *f* dans qc; *be nem avatkozás* non-intervention *f:* 2. *(jogtalan)* instrusion *f* dans qc
beavatkozik 1. intervenir dans qc; s'entremettre pour *(inf);* 2. *(többnyire hivatlanul)* se mêler de qc; s'ingérer dans qc; ~ *az ország belügyeibe* s'ingérer dans les affaires intérieures du pays
beavatott *(mn)* bien-informé(e); initié; renseigné, -e; ~ *forrásból* de source bien informée
beáztat 1. mettre à tremper; essanger; 2. *konyh, cukorgy, stb.* faire tremper; 3. *(szeszben, ecetben)* macérer
bebámul *az ablakon* regarder par la fenêtre bouche bée

bebarangol faire le tour de qc; parcourir qc
bebeszéli *a fejébe vkinek* mettre à q en tête; seriner à q; ~*i magának se* suggérer
bébi [~k, ~t, ~je] baby *m*
bebizonyít 1. démontrer; prouver; faire la preuve de qc; ~*ott dolog, hogy* il est avéré que; **2.** *mat:* ~ *egy tételt* démontrer une proposition
bebizonyítás démonstration; preuve *f*
bebizonyosodik 1. être prouvé(e) *v* démontré(e); s'avérer; **2.** *(hír)* se confirmer; s'avérer
bebiztosít assurer; ~*ja magát* s'assurer
bebocsát laisser *v* faire entrer q; admettre
bebocsátás admission *f;* *újra* ~ réadmission *f*
beborít *(vmivel)* couvrir *v* garnir de qc; *(burkolattal)* revêtir de qc
beborítás recouvrement *m;* *(falaké, úté)* revêtement *m*
beborul *(az ég)* le ciel se couvre; le temps se brouille
bebörtönöz mettre *v* jeter en prison; emprisonner
bebörtönzés emprisonnement *m;* incarcération *f*
bebugyolál emmitoufler; ~*ja magát* s'emmitoufler; s'embobiner
bebújik 1. se cacher; se glisser; s'introduire; **2.** *(föld alá)* se terrer; **3.** ~ *vmibe (ruhába)* passer qc
beburkol *(vmibe)* couvrir de qc
beburkolózik 1. *(vmibe)* s'envelopper dans qc; **2.** *nagyon* ~ *(nem beszél)* se boutonner
bebútoroz meubler; garnir de meubles
bebüdösít empuantir; empester; empoisonner
becéz [~tem, ~ett, ~zen] cajoler; caresser; dorloter; choyer
becézés 1. caresses *f pl;* cajolerie *f;* **2.** *nyelv:* langage hypocoristique *m*
becéző [~k, ~t, ~en] **1.** caressant, -e; **2.** *nyelv:* hypocoristique
becipel 1. introduire au prix de grands efforts; **2.** *(vkit)* entraîner dans...
becitál faire venir; *(hatóság)* citer pour comparaître; assigner

becőtermés silique *f*
becs [~et, ~e] valeur *f;* prix *m; nagy* ~*ben áll* être en (grand) honneur
Bécs [~et] Vienne *f*
becsal; becsalogat attirer *v* entraîner q (par ruse) dans qc
becsap I. *(tgyl i)* **1.** *(bomba vmibe)* donner sur qc; **2.** *(ellenség)* envahir qc; **3.** ~*ott a villám (vmibe)* la foudre est tombée (sur qc); **4.** ~ *a hullám a csónakba* le canot embarque; **II.** *(tgy i)* **1.** ~*ja az ajtót vki előtt* fermer *v* pousser la porte au nez de q; claquer la porte à q; *(dühösen)* (faire) claquer les portes; **2.** *műsz: (falat)* fouetter; **3.** ~*ja a zálogházba* mettre au clou; **4.** *(rászedve)* donner le change à q; duper; blaguer; charrier; bluffer; mystifier; berner; poser un lapin à q; *engem nem csapnak be* on ne me la fait pas *biz*
I. becsapás *(ellenségé)* incursion *f*
II. becsapás *(csalás)* duperie; tromperie; mystification; attrape f
becsapódik 1. se rabattre; claquer; **2.** *(vki)* se mettre le doigt dans l'œil; se tromper
becsár mise *f* à prix; valeur estimative
becsatol 1. boucler; agrafer; **2.** *(iratot)* joindre à qc
becsatolt ci-joint(e); ci-inclus(e); versé(e) au dossier
becsavar 1. *(csavart)* tourner; serrer; *(tárgyat csavarral)* visser; **2.** *(szálat)* tordre; **3.** *(vmi körül)* enrouler; **4.** *(vmibe)* enrouler; envelopper
becsavarás 1. *(csavaré)* serrage *m; (csavarral)* vissage *m;* **2.** *(szálé stb.)* torsion *f;* entortillement *m;* **3.** *(vmibe)* enroulement *m*
becsavarodik s'enrouler; se tordre
becsempész introduire en fraude *v* en contrebande
becsepegtet instiller; verser goutte à goutte
becserél échanger (qc contre qc)
becses [~ek, ~et; ~en] précieux, -euse; de (grand) prix; de valeur; *rendkívül* ~ sans prix

bécsi [~ek, ~t] viennois, -e; ~ *szelet* escalope *f* à la viennoise
becsíp I. *(tgy i)* ~*i az ujját vmibe* se pincer *v* se coincer le doigt dans qc; II. *(tgyl i) (berúg)* être pris(e) de boisson; se prender de vin; *kissé* ~*ett* il a bu un coup (de trop) **becsípett** pris(e) de boisson; gris, -e; éméché(e); pompette
becslés 1. estimation; taxation; appréciation *f*; 2. *(katasztrófánál)* (premier) bilan
becslő [~k, ~t, ~je] commissaire-priseur
becsmérel [~tem, ~t, ~jen] vilipender; invectiver; dénigrer; déprécier
becsmérlő [~k, ~t] détracteur, -trice *(n)*; dénigrant; outrageant, -e; ~ *szavak* propos dénigrants; paroles outrageantes; invectives *f pl*; ~ *kifejezés* v *szó* dépréciatif *m*
becsomagol I. *(tgy i)* emballer; empaqueter; II. *(tgyl i) (utazás előtt)* faire son paquet; faire sa malle
becsődül affluer; envahir qc; faire irruption
becsszomj ambition *f*
becstelen infâme; sans honneur; malhonnête; ~ *ember* un homme sans aveu
becstelenség infamie; ignominie *f*; déshonneur; opprobre *m*
becsuk I. *(tgy i)* 1. *(vmit)* fermer; clore; 2. *(vmibe)* serrer; 3. *(vkit)* enfermer; *(börtönbe)* emprisonner; II. *(tgyl i)* fermer boutique
becsukódik 1. se fermer de soi-même; se rabattre; 2. *(vki után)* se refermer sur q
becsúszik 1. *(vki, vmi rossz)* se faufiler; s'insinuer; *(társaságba)* se faufiler; 2. *(hiba)* se glisser
becsül [~tem, ~t, ~jön] 1. *(mennyiséget, értéket)* estimer; évaluer; priser; 2. *(bensőleg)* estimer; honorer; apprécier; *kevésre* ~ faire peu de cas de qc; *nagyra* ~ faire grand cas de qc; estimer beaucoup
becsülés estime; considération *f*
becsület honneur *m*; réputation *f*; point *m* d'honneur; ~*ébe gázol vki-* *nek* déchirer *v* flétrir l'honneur de q; *foltot ejt vkinek a* ~*én* entacher l'honneur de q; ~*emre!* parole d'honneur! ~*ére válik* faire honneur à q
becsületbeli d'honneur; ~ *adósság* dette *f* d'honneur; ~ *ügyének tekinti*, *hogy* mettre son point d'honneur à *(inf)*
becsületbíróság jury *m* d'honneur
becsületes [~ek, ~et] honnête; probe; loyal, -e; honorable; intègre; *a* ~ *emberek* les gens de bien; ~ *szándék* vues honnêtes *f pl*; rectitude *f*
becsületesség honnêteté; probité; honorabilité; intégrité *f*
becsületrend légion *f* d'honneur
becsületsértés injure (publique); offense; diffamation *f*
becsületsértő diffamant, -e; injurieux, -euse
becsületszó parole *f* (d'honneur); ~*ra sur parole;* ~*ra kienged* libérer sur parole
becsüs [~ök, ~t, ~e] estimateur; appréciateur (des gages); commissaire-priseur *m*
becsvágyó ambitieux, -euse
bedob jeter (dans); lancer; précipiter; ~ *egy levelet* mettre *v* glisser une lettre (dans la boîte aux lettres); *átv:* ~*ja a köztudatba* lancer
bedolgozó ouvrier (-ière) en chambre
bedöglik *biz:* 1. *(gép)* rester en panne- 2. *(bomba, ügy)* rater
bedől 1. crouler; s'écrouler; s'effondrer; 2. *biz:* *(vkinek)* se laisser duper; tomber dedans; marcher
bedörzsöl frictionner; frotter
bedug 1. *(vmibe)* engager; introduire; passer; ~*ja a zsebébe* fourrer *v* glisser dans sa poche; ~*ja az orrát vmibe* fourrer son nez dans qc; 2. *(nyílást)* engorger; obturer; boucher; *(réseket)* calfeutrer; ~ *egy palackot* boucher une bouteille
bedugul se boucher; s'engorger; s'obstruer
beecsetel badigeonner
beéget 1. *(vkinek a bőrébe)* marquer au fer chaud; 2. fixer par la cuisson

beékel 1. coincer; incruster; insérer; 2. *(területről)* enclaver; ~*t területrész* enclave *f*
beemel 1. hisser dans qc; 2. mettre en place
beenged faire entrer; laisser entrer; livrer passage à q; admettre
beépít 1. *(telket)* bâtir; couvrir de constructions; 2. *(vmibe, cipőbe is)* encastrer; *(falba erősítve)* sceller; 3. *(műszerbe részeket)* incorporer; 4. *ált:* intégrer à *v* dans qc; 5. *ellenséges elemeket* ~ *vmibe* noyauter qc; 6. *kat:* ~*i magát (egy állásban)* se loger (dans une position)
beépítetlen non bâti, -e; ~ *telek* terrain vague *v* non bâti
beépül 1. *(terület)* se couvrir de bâtiments; 2. *ált:* s'intégrer; s'incorporer
beépülés intégration; incorporation *f*
beér I. *(tgyl i)* 1. *(vhová)* atteinder qc; 2. *vmivel* ~*i* se contenter de qc; *kevesebbel is* ~*em* je me contenterais de moins; II. *(tgy i)* 1. *(vkit)* rattraper; 2. *sp:* égaler; *ld. még:* utolér
beérés maturation *f*
beereszt 1. admettre; faire entrer; 2. *(padlót)* encaustiquer
beeresztés admission *f*
beeresztő *(lakk)* encaustique *f*
beérik venir *v* parvenir *v* arriver à (sa) maturité
beérkezés 1. arrivée *f;* arrivage *m;* entrée *f;* 2. *sp:* arrivée; 3. *(vonaté)* entrée en gare
beérkezik 1. *(vmi)* parvenir; arriver; 2. *(hajó)* entrer dans le port; *(vonat)* entrer en gare; 3. *(vki)* arriver; percer
beérkező *áru* entrée *f;* arrivage *m*
beerősít 1. assujettir; river; poser; 2. *(falba)* sceller
beesés 1. affaissement *m;* 2. *mat, fiz:* incidence *f;* ~*i szög* angle *m* d'incidence
beesett *arc* joues caves *v* creuses; visage émacié; ~ *mell* poitrine étriquée
beesik I. *(tgyl i)* 1. tomber; 2. *(felület)* s'affaisser; 3. *(testrésze)* se creuser;

II. *(szmt i)* ~ *a szobába* la pluie pénètre dans la pièce
beeső *mat, fiz:* incident, -e; ~ *sugár* rayon incident
befagy 1. geler; prendre; *a folyó* ~*ott* la rivière a pris *v* a gelé; 2. *a kölcsön* ~*ott* le crédit est immobilisé *v* gelé *v* bloqué
befagyasztás 1. prise *f* dans la glace; 2. *ker:* immobilisation *f;* *munkabérek, árak* ~*a* le blocage des salaires, des prix
befal dévorer; ingurgiter; engloutir
befalaz 1. emmurer; emmurailler; 2. *(ajtót)* murer; condamner; *(ablakot)* murer; boucher
befásít (re)boiser
befásítás 1. (re)boisement *m;* afforestation *f;* 2. *(utaké)* plantations *f pl* au bord des routes
befecskendez 1. *(vmivel)* arroser de qc; 2. *(vmit)* injecter
befed (re)couvrir de qc; plafonner
befedés couverture *f;* recouvrement *m;* *(fedél)* toiture *f*
befejel *sp:* marquer de la tête
befejez [~tem, ~ett, fejezze be] 1. terminer; finir; achever; *(teljesen)* parfaire; 2. *(összegezve)* conclure; ~*tem* j'ai dit; *hirtelen* ~*i* couper court; 3. *(feladatot)* remplir; finir; exécuter; accomplir; achever; 4. *(szerepét)* remplir
befejezés 1. achèvement *m;* terminaison *f;* accomplissement *m;* 2. *(beszédben)* péroraison; conclusion *f;* ~ *előtt áll* toucher au terme *v* au but *v* à sa fin
befejezetlen 1. inachevé, -e; 2. *nyelv:* imperfectiv, -ive; ~ *cselekvés* infectum *m*
befejezett [~ek, ~et; ~en] 1. terminé, -e; *tökéletesen* ~ fini, -e; *ez* ~ *tény* c'est un fait acquis; ~*nek tekint* tenir pour acquis(e); 2. *jog:* ~ *cselekmény* acte consommé; 3. ~ *igealak* parfait; perfectum *m*
befejező [~k, ~t; ~en] final; terminal, -e; ~ *aktus* consécration *f;* geste final
befejeződés terminaison *f;* achèvement *m*

befejeződik [~ött, ~jék v ~jön] se terminer (par qc); prendre fin; s'achever; toucher à son terme
befeketít 1. *(tárgyat)* noircir; peindre en noir; 2. *(vkit)* noircir; peindre sous des couleurs noires
befekszik 1. *(ágyba)* se coucher; se mettre au lit; 2. ~ *a kórházba* entrer à l'hôpital
befektet 1. *(ágyba)* coucher; 2. ~ *egy klinikára* envoyer à une clinique; 3. *(pénzt)* placer; engager
befektetés mise *f* de fonds; placement *m;* újabb ~ remploi *m*
befelé dedans; vers le dedans; *csak ~!* entrez seulement! ~ *nyílik* rentrer en dedans; ~ *görbülő* v *hajló* infléchi, -e
befér tenir dans qc; pouvoir passer; pouvoir entrer
beférkőzik [~tem, ~ött, férkőzzék v férkőzzön be] s'insinuer; s'introduire, s'installer; ~ *vkinek a bizalmába* capter la confiance de q
befest peindre; peinturer; *(falat)* peindre; badigeonner
befirkál couvrir de griffonnages; barbouiller
befizet 1. verser; payer; déposer; 2. *(vissza)* rembourser
befizetés versement; paiement *m; (vissza)* remboursement *m*
befog 1. ~ *az ujjával (nyílást)* boucher *v* obstruer avec le doigt; ~*ja az orrát, a fülét,* se boucher le nez, les oreilles; *átv:* ~*ja a fülét* faire la sourde oreille; ~*ja a száját (nem beszél)* tenir sa langue; *(elhallgat)* fermer la bouche; ~*ja a száját (vkinek)* fermer la bouche à q; 2. *(lovat)* atteler; garnir; *(lószerszámot felrak)* harnacher; 3. *(szerszámba)* serrer; *műsz:* encastrer; 4. *haj:* ~*ja a szelet* tenir la vent; ~*ja a szelet a vitorlájába* pincer le vent; *átv:* profiter des moyens offerts par l'occasion; 5. *(vizet)* capter; 6. *(vmire)* astreindre à qc; 7. *(hizlalásra)* mettre à l'étable
befogad 1. accueillir; admettre; recevoir; 2. *(menekültet, vándort)* donner asile à q; 3. *(tömeget, terem)* contenir
befogadóképesség 1. *(térbeli)* capacité; contenance *f;* 2. *(szellemi)* réceptivité *f*
befoglal 1. enchâsser; monter; encadrer; border; *(drágakövet)* sertir; monter; 2. *(vmibe)* intégrer à *v* dans qc; comprendre; *(jelentésbe)* insérer
befogó *mat:* côté *m* de l'angle droit (du triangle rectangle)
befolyás 1. *(vízé)* affluence *f;* passage *m;* 2. *(pénzé)* rentrée *f;* 3. *átv:* influence; emprise; incidence *f; vkinek* ~*a alá kerül* tomber sous la coupe de q; ~*t gyakorol vkire (vmire)* exercer une influence sur q (qc)
befolyási *övezet* zone *f* d'influence *v* de domination; *a francia* ~ *övezet* la présence française
befolyásol [~tam, ~t, ~jon] *(vmit, vkit)* influer sur qc; influencer qc; impressionner q
befolyásolás pression exercée sur q
befolyásolhatatlan 1. *(ember)* irréductible; inaccessible; inabordable; 2. *(jelenség)* réfractaire *v* rebelle à notre influence
befolyásolható 1. impressionnable; influençable; 2. *(dolog)* influençable
befolyásos [~ak, ~at; ~an] influent, -e; en crédit; bien placé(e); ~ *ember* homme *m* d'importance
befolyik 1. *(folyadék)* se déverser *v* couler dans qc; affluer; 2. *(pénz)* rentrer; 3. *(vmibe)* influer sur qc
befon 1. *(haját)* tresser (en natte); natter; 2. *(vkit)* entortiller; enjôler
befordul 1. *(arccal)* faire demi-tour; *(ferde irányba)* obliquer; 2. *(utcába)* tourner (dans); prendre par la rue. . . ; 3. ~ *az árokba* verser dans le fossé
beforr 1. *(lé)* se réduire à la cuisson; 2. *(seb)* se cicatriser; se fermer; *(csont)* se souder
beforradás *(sebé)* cicatrisation *f;* (*csonton)* cal *m*
beforraszt 1. *műsz:* sceller; souder; 2. *(sebet)* fermer; cicatriser
beföldel couvrir d'une couche de terre

befőtt [~ek, ~et, ~je] I. *(mn)* en conserves; conservé, -e II. *(fn)* conserve *f; (gyümölcs)* compote *f*
befőttesüveg bocal *v* verre *m* à conserves
befőz 1. conserver; *zöldbabot jól lehet ~ni* les haricots verts se conservent bien; 2. *cukorgy:* étuver; 3. *konyh: (vmibe vmit)* plonger
befőzés 1. conservation *f;* 2. *cukorgy:* étuvage *m*
befőzőhártya parchemin végétal
befröcsköl éclabousser
befúj I. *(tgyl i)* souffler dans qc; II. *(tgy i) a hó ~ta az utakat* la neige a bloqué les chemins
befúr I. *(tgyl i)* ~ *vmibe* perforer *v* percer qc; II. *(tgy i) ~ja magát* se fixer; se ficher
befurakodás intrusion *f*
befurakodik se faufiler; se fourrer
befúródik pénétrer; se fixer; s'enfoncer
befut I. *(tgyl i)* 1. courir; se réfugier; 2. *(vonat)* entrer en gare; *(hajó)* entrer dans un port; 3. *sp:* arriver (au poteau); 4. *(hír, levél stb.)* arriver; II. *(tgy i)* 1. *(távolságot)* couvrir; effectuer; 2. *átv:* hosszú pályát fut be parcourir une longue carrière; 3. *(növény)* couvrir; tapisser
befuttat *(fémmel)* métalliser; faire couvrir
befűt I. *(tgyl i)* 1. allumer le feu; faire du feu; 2. *biz: alaposan ~ött neki* qu'est-ce qu'il lui a passé ! II. *(tgy i)* chauffer; *(kazánt)* mettre sous pression
befűtés chauffage; allumage *m*
befűtyül 1. *(szél)* pénétrer en sifflant dans qc; 2. *biz: neki ugyan ~tek* son affaire est réglée; son compte est bon
befűz *(cipőt, szalagot)* lacer; *(gyöngyöt, tűt)* enfiler
bég [~ek, ~et, ~e] bey *m*
begerjed 1. s'échauffer ; 2. *vill:* s'amorcer; s'induire
béget bêler
begipszel 1. *(falat)* plâtrer; 2. *(falba)* sceller au plâtre
begittel mastiquer; *(lyukat)* boucher au mastic

begombol boutonner; fermer
begombolkozik 1. se boutonner; 2. *átv:* se boutonner; s'enfermer dans un silence mystérieux
begörbít incurver
begördül entrer *v* pénétrer (en roulant)
begubózik 1. coconner; se chrysalider; 2. *átv:* se claquemurer
begy [~ek, ~et, ~e] 1. gésier; jabot *m;* 2. *biz: a ~ében van* il l'a dans le nez; il est sa bête noire
begyakorlás entraînement *m* à qc; répétition; étude *f*
begyakorol 1. *(vmit)* répéter; apprendre; 2. *magát ~ja* s'exercer (à és *inf)*
begyepesedik 1. se couvrir d'herbe; se gazonner; 2. *átv:* ~ *a feje* s'ossifier; s'encroûter
begyes [~ek, ~et] 1. *(állat)* au jabot rebondi; bedonnant, -e; 2. *(nő)* à la poitrine opulente; 3. *(nő)* hautain, -e; altier, -ière
begyeskedik [~tem, ~ett, ~jék *v* ~jen] se rengorger; se pavaner
begyógyít cicatriser; guérir
begyökeresedés 1. enracinement *m;* 2. *átv:* enracinement; implantation *f*
begyökeresedett enraciné; ancré; invétéré, -e; ~ *szokás* usage établi
begyökeresedik 1. s'enraciner; prendre racine; 2. *átv:* s'ancrer; s'incruster
begyömöszöl fourrer (dans); introduire de force
begyújt I. *(tgy i)* allumer; II. *(tgyl i)* allumer le feu
begyullad 1. s'allumer; 2. *biz:* (megijed) dégonfler
begyűjt *(gabonát)* rentrer; récolter
begyűjtés collecte *f* (des produits agricoles); *(szénáé, stb.)* ramassage; stockage *m*
begyűlik 1. *(emberek)* affluer; se rassembler; 2. *(pénz)* rentrer
behabar *konyh:* faire une liaison; lier; *(lisztet)* délayer
behabzsol avaler goulûment *v* avec avidité; lamper
behajlás fléchissement *m;* incurvation *f*
behajlik s'incurver; se replier; *(teher alatt)* fléchir

behajlít courber (en dedans); recourber; replier; ~*ja a térdét* fléchir *v* ployer le genou
behajol se pencher en dedans
behajóz I. *(tgyl i)* entrer dans le port; **II.** *(tgy i)* **1.** *(tengert)* courir (les mers); **2.** *(csapatot)* embarquer
behajt I. *(tgy i)* **1.** *(behajlítva)* replier; **2.** *(marhát)* amener; **3.** *(pénzt, követelést)* opérer la rentrée de qc; faire rentrer; *(adót)* mettre en recouvrement; **II.** *(tgyl i)* *(kocsival)* entrer *v* pénétrer en voiture (dans)
behajtatlan irrécouvrable; inexigible; irremboursable
behallatszik parvenir jusqu'à...; s'entendre dans...
behálóz 1. prendre dans ses filets; enlacer; **2.** *pol:* *belső szervezéssel* ~ noyauter
behantol enterrer
behány 1. jeter (pêle-mêle *v* en vrac *v* à la pelle); **2.** *(árkol)* combler
beharangoz I. *(tgyl i)* sonner la messe; **II.** *(így i)* *előre* ~*za* annoncer à son de trompe
behasít fendre; déchirer
behatás influence; ingérence *f*
beható [~ak, ~t] approfondi, -e; poussé(e) à fond; minutieux, -euse; ~ *tanulmányozás tárgyává teszi* soumettre à un examen approfondi
behatóan d'une manière approfondie; minutieusement; ~ *foglalkozik egy kérdéssel* approfondir une question; pousser l'analyse d'une question
behatol [~tam, ~t, ~jon] **1.** *(vki)* s'introduire; s'insinuer; pénétrer; **2.** *(vmi)* pénétrer; entrer; s'enfoncer; s'infiltrer; *(golyó)* se loger; *(szél)* pénétrer; *(víz)* pénétrer; entrer; envahir qc; **3.** *katonai erővel* ~ porter les armes jusqu'en...; envahir qc; *a részletekbe* ~ entrer dans les détails
behatolás pénétration; intrusion; entrée; invasion *f*
behavaz couvrir de neige; enneiger
behavazott surneigé, -e; ~ *utak* voies neigées
beheged se cicatriser; se fermer

behegeszt 1. cicatriser; (re)fermer; **2.** *műsz:* souder
behegesztés 1. cicatrisation *f;* **2.** *műsz:* soudage *m*
behelyez 1. introduire; placer; mettre en place; poser; **2.** *(hivatalnokot)* appeler à un poste; instituer
Behemót [~ot] Béhémoth *m; ez a behemót ember* ce colosse
behint *(vmivel)* (sau)poudrer de qc; *(földet)* joncher de qc; *liszttel* ~ fleurer
behív 1. *(a szobába)* appeler; inviter à entrer; **2.** *(hatóság stb.)* convoquer; **3.** *kat:* appeler sous les drapeaux
behívás appel *m*
behívó *kat:* bulletin *v* ordre *m* d'appel; feuille *f* de route
behízelgő caressant; câlin, -e; *(ember)* insinuant, -e; ~ *hang* voix pateline
behódol faire sa soumission
behódolás soumission *f;* ralliement; assujettissement *m; be nem hódolás* insoumission *f; a szokásoknak való* ~ l'asservissement *m* aux usages; *teljes* ~ *vkivel szemben* inféodation *f* (à q)
behord 1. entrer; porter; **2.** *(gabonát)* rentrer; engranger
behorpad 1. se bosseler; **2.** *(földfelület)* être déprimé(e); s'affaisser
behorpadás 1. dépression *f;* fléchissement *m;* **2.** *(talajé)* affaissement *m*
behorpaszt 1. bosseler; bossuer; cabosser; **2.** *(földfelületet)* déprimer; affaisser
behoz 1. *(tárgyat)* entrer; introduire; apporter; **2.** *(személyt)* amener; **3.** *(árut)* importer; introduire; **4.** *(új dolgot)* instituer; amener; acclimater; ~ *egy divatot* amener *v* importer une mode; ~ *egy szokást* établir une coutume; **5.** *(versenyben)* rattraper; **6.** *(amit vesztett)* se rattraper
behozás; behozatal importation; entrée *f*
behozatali [~ak, ~t] d'importation; ~ *engedély* permis *m v* licence *f* d'importation; ~ *tilalom* défense *f* d'importation; ~ *vám* taxe *f* d'importation; droit *m* d'entrée

behull tomber
behullás chute *f*
behunyja a szemét 1. fermer *v* clore les yeux; 2. *(meghal)* fermer les paupières
behurcol 1. traîner (dans); faire entrer; 2. *(betegséget)* transporter; importer; introduire
behurcolkodik *(új lakásba)* (s')emménager
behúz 1. *(amit kidugott)* rentrer; retirer; *(ablakot)* fermer; 2. *(ami kinn van)* tirer; 3. ~*za az ajkát* pincer les lèvres; ~*za a farkát* serrer la queue entre les jambes; ~*za a nyakát* rentrer le cou; 4. *(maga után)* tirer derrière soi; 5. *(nyílásba)* passer; 6. *(vmivel)* garnir *v* tapisser de qc; *(bútort)* capitonner; 7. *nép:* ~*za a csőbe* entuber
behúzódik *(zugba)* se blottir; se retirer; se tapir; *(vackába a nyúl)* se terrer; *az eső elől* ~ *vhová* se garer contre la pluie
behűt mettre (à) rafraîchir; glacer; frapper
beidéz assigner; citer (en justice); citer à comparaître
beigazít 1. mettre au point; pointer; 2. *(vmire)* ajuster qc; régler à qc
beigazol justifier; confirmer; avérer
beigazolás justification; confirmation; vérification *f;* ~*t nyert, hogy* il s'est avéré que; il est acquis que
beigazolódik [~ott, ~jék *v* ~jon] s'avérer; se vérifier
beiktat 1. incorporer; inscrire; *(törvényt)* insérer; *(okmányt)* enregistrer; 2. *(hivatalba)* installer (au pouvoir); investir de qc; 3. *egyh:* *(püspököt)* introniser; 4. *(vmi közé)* intercaler
beilleszkedik 1. *(tárgy)* s'adapter *v* s'intégrer à qc; ~ *a programba* s'inscrire dans le programme; 2. *(dolog vmibe)* se situer dans qc; 3. *(ember vmibe)* se mettre au ton; s'adapter à qc; s'assimiler à qc; s'encadrer dans qc
beilleszt 1. *(vmibe)* emboîter; assujettir (dans qc); 2. *átv:* insérer dans qc

beillik 1. *ld:* **beleillik;** 2. *(vminek)* il peut passer pour...; on dirait un...; friser (qc)
beír 1. noter (sur); enregistrer; inscrire (dans *v* sur); porter (sur); 2. *mat:* inscrire; ~*t kör* cercle inscrit
beirat 1. faire inscrire *v* porter sur...; 2. *(iskolába)* faire inscrire
beiratás inscription; immatriculation *f*
beiratkozás inscription; immatriculation *f*
beiratkozik s'inscrire (à); se faire inscrire (à)
beírókönyv livre *m* de dépense
beismer avouer; confesser; reconnaître; faire l'aveu de qc; ~*i bűnösségét* reconnaître sa culpabilité
beismerés aveu *m;* ~*ben van* entrer dans la voie des aveux
beitat 1. imbiber *v* imprégner de qc; 2. *(mázoló alapozásnál)* abreuver
beivódik s'imbiber; s'absorber; s'imprégner
bej [~ek, ~t, ~e] bey *m*
bejár I. *(tgyl i)* 1. *(vhová)* avoir l'habitude d'aller à...; fréquenter qc; *(vkihez:* q *v* chez q); 2. *(vonal)* entrer en gare; 3. *(motor)* se roder; II. *(tgy i)* *(vmit)* parcourir; faire le tour de qc; faire un tour dans...; ~*ja a világot* faire le tour du monde
bejárás 1. entrée *f;* accès *m;* ~*a van vhová* avoir accès à qc; 2. *(hivatalos)* inspection; tournée *f* d'inspection
I. *(fn)* **bejárat** entrée *f;* accès *m;* abords *m pl;* *a* ~*nál* à la porte
II. *(ige)* **bejárat** 1. promener; 2. *(gépet)* roder
bejáratos familier de q; avoir accès auprès de *v* chez q
bejáró I. *(mn)* 1. ~ *ajtó* porte *f* d'entrée; 2. ~ *beteg* malade externe *v* ambulatoire *n;* 3. *isk:* externe; 4. *(háztartási alkalmazott)* non logé(e); II. *(fn)* 1. *fedett* ~ porche abri *m;* 2. *isk:* (élève) externe *n*
bejárónő femme *f* de ménage *v* de journée
bejegyez 1. écrire; mettre; inscrire; porter sur le livre; enregistrer;

bejegyzés 86 **békeajánlat**

2. *egy védjegyet ~tet* déposer une marque
bejegyzés 1. *(könyvben)* note (marginale); annotation; glose *f;* *(hivatalos)* mention *f;* 2. *(hivatalos ügyirat iktatása)* enregistrement *m;* 3. *(cégé)* inscription *f* sur le registre du commerce; 4. *(telekkönyvben)* transcription; inscription
bejegyzett inscrit; licencié, -e; ~ *cég* raison sociale; ~ *védjegy* marque déposée
bejelent 1. annoncer; faire savoir; notifier; prévenir q de qc; 2. *~i magát (látogató)* se faire annoncer; s'annoncer; se présenter chez q; 3. *(hivatalban, vámon)* déclarer; faire une déclaration de qc; *~i magát (lakását)* déclarer sa résidence
bejelentés 1. annonce; déclaration *f;* avis *m;* ~ *nélkül* sans se faire annoncer; 2. *(hivatalos)* déclaration; notification *f;* avis; *(lakásé)* déclaration de résidence; *valótlan* ~ fausse déclaration
bejelentési *kötelezettség* déclaration obligatoire *f*
bejelentőlap certificat *m* de domicile; fiche *f* d'entrée *v* d'identité
bejelöl marquer; *műsz:* repérer
bejelölés marque *f; műsz:* repère *m*
bejön 1. venir; pénétrer; entrer; 2. *(választáson)* passer; *(versenyen)* se classer; arriver; 3. *(pénz)* rentrer
bejövetel [~ek, ~t, ~e] 1. arrivée; entrée *f;* 2. *a magyarok ~e* la conquête arpadienne
bejut 1. *(vhová)* accéder à ...; parvenir; avoir accès à...; gagner qc; réintégrer qc; 2. *(vkihez)* avoir accès auprès de q; 3. *sp: elsőnek* ~ se classer le premier
bejutás 1. accès *m;* entrée; accession *f;* 2. *sp:* qualification *f* (pour)
béka [-ák, -át, -ája] 1. grenouille *f;* crapaud *m;* 2. *átv: lenyeli a -át* avaler un crapaud
bekalandoz errer à travers qc; (par-) courir à l'aventure par qc; faire le tour de qc

békalencse lentille d'eau; lenticule *f*
bekandikál [~tam, ~t, ~jon] risquer un œil dans qc; jeter un regard curieux *v* indiscret
békanyál *növ:* conferve *f*
bekanyarodik 1. *(út)* obliquer; 2. *(jármű)* prendre le virage
bekap happer; gober; attraper; *(ember, falatot)* enfourner; avaler; ~ *egy falatot* casser une croûte
bekapar 1. enfouir *v* enterrer (avec ses griffes *v* ongles); 2. *(hasznot)* empocher
bekapcsol 1. *(ruhát)* agrafer; boutonner; *(horoggal)* accrocher; *(szíjjal)* boucler; 2. *(vmit)* relier à *v* avec qc; 3. *műsz:* conjoncter; embrayer; *(áramba)* brancher sur qc; 4. *(vkit vmibe)* rallier à qc; associer à qc
bekapcsolás 1. *(ruháé)* agrafage *m;* fermeture *f;* 2. *(gépé)* conjonction *f;* embrayage *m;* *(vezetékbe)* branchement *m;* 3. *ált:* rattachement *m;* *(mozgalomba)* ralliement; contact *m*
bekapcsolódik *átv:* s'insérer; s'enchaîner; ~ *vmi mozgalomba* se joindre *v* se rattacher à qc
békaporonty têtard *m;* caboche *f*
bekarcol inciser; graver
bekasszál encaisser
békateknő 1. écaille *f;* 2. coquille *f*
bekátrányoz goudronner
béke [-ét, -éje] paix *f;* *(mint szerződés)* traité *m* de paix; ~ *hamvaira!* paix à ses cendres *!* *a ~ erői* les forces de la paix; *a ~ hívei* les partisans de la paix; *békében* en temps de paix; *-ében és háborúban* dans la paix et dans la guerre; *-ében hagy* laisser en paix *v* en repos; ficher *v* flanquer la paix à q *biz;* *békét akarunk!* «la paix, oui!» *-ét kér, kínál* demander, offrir la paix; *-ét köt* conclure *v* signer la paix; *-ét teremt* rétablir la paix; *menjen békével!* allez en paix! *nyugodjék -ével!* qu'il repose en paix!
békeajánlat propositions *v* ouvertures *f pl* de paix

békeakarat volonté *f v* désir *m* de paix
békeállapot état *m* de paix
békeállomány effectifs *m pl* de paix
bekebelez [~tem, ~ett, ~zen] 1. *(földet, országot)* annexer; *(mást)* incorporer; ~ *vmibe* résorber *v* englober dans qc; 2. *gúny:* mettre la main sur qc; 3. *(ételt)* engloutir; 4. *(jelzálogot)* inscrire; prendre inscription de qc; *telekkönyvileg* ~ inscrire au registre; inscrire au cadastre
békebeli [~ek, ~t; ~en] d'avantguerre; du temps de paix
békebizottság comité *m* de la Paix
békebontó trouble-ménage; trublion; trouble-fête *m*
békecél but *m* de paix
bekecs [~ek, ~et, ~e] paletot fourré; canadienne *f*
békeértekezlet conférence *f v* pourparlers *m pl* de paix
békefelhívás appel *m* à la Paix
békefeltételek conditions *f pl* de paix
békegalamb colombe *f* de (la) paix
békegazdálkodás économie *f* de paix
békeharc lutte *f* pour la Paix
békeipar industrie *f* de paix
békejavaslatok propositions *v* ouvertures *f pl* de paix
békejobb la main (qu'il me tend); ~*ot nyújt* offrir la paix
békekilátások perspective *f v* chances *f pl* de paix
békekonferencia conférence *f* de paix
békekongresszus congrès *m* de *v* pour la paix
békekötés conclusion *f* de la paix
békeközvetítés médiation *f* de paix
békelétszám effectif(s) *m (pl)* de paix
békéltetés conciliation *f;* apaisement *m;* pacification *f*
békéltető [~k, ~t; ~n *v* ~en] I. *(mn)* conciliatoire; pacificateur, -trice; ~ *eljárás* procédure *f* de conciliation; II. *(fn)* conciliateur; pacificateur *n*
békemozgalom; *a* ~ le Mouvement de *v* pour la Paix
beken [~tem, ~t, kenjen be] 1. *(vmivel)* enduire de qc; *(torkot)* badigeonner de qc; *(bemázol)* bar-

bouiller de qc; 2. ~*i magát* se frotter *v* se barbouiller de qc
bekényszerít *vmibe* faire entrer de force dans qc; *erőszakkal* ~*i* enrégimenter
békepipa calumet *m* de la paix
békepolitika politique *f* de paix
beképzelt fat; infatué(e) de soi-même; suffisant; outrecuidant, -e
beképzeltség suffisance; fatuité *f*
bekerget faire rentrer (en chassant)
bekerít 1. *(vmivel)* enclore de qc; entourer de qc; clôturer; 2. *kat:* *(ellenséget)* cerner; envelopper; *(országot)* encercler
bekerül 1. (pouvoir) entrer; ~ *vki elé* se faire admettre chez q; réussir à paraître devant q; 2. *sp:* ~ *a döntőbe* être classé(e) *v* qualifié(e) pour la finale; 3. *(vmi bűnügybe)* il est mis en cause; 4. *neve* ~ *vmibe* son nom figure *v* est inscrit *v* est porté au...
békés paisible; pacifique; tranquille; conciliant, -e; ~ *belenövés* intégration pacifique *f;* ~ *célokra alkalmaz* adapter à des buts pacifiques; ~ *egymás mellett élés* coexistence pacifique *f;* ~ *építőmunka* construction pacifique *f; a nemzetközi viszályok* ~ *megoldása* la solution pacifique des différends internationaux; ~ *úton* à l'amiable
békésen tranquillement; paisiblement; pacifiquement
békesség paix; tranquillité *f;* apaisement *m;* ~*ben* en paix; *lelki* ~ quiétude *f*
békeszavazás referendum *m* pour la paix
békeszegő violateur *m* de la paix
békeszerető paisible; pacifique; épris(e) de paix
békeszerződés traité *m* de paix
békeszínvonal niveau *m* des temps de paix
békészít préparer
békeszózat appel de paix *v* à la paix; message *m* de paix
béketábor camp *m* de la paix
béketárgyalás(ok) négociations *f pl* de paix

béketermelés production *f* des temps de paix
békétlen impatient; mécontent; turbulent, -e
békétlenkedik [~tem, ~ett, ~jék *v* ~jen] s'impatienter; grogner; rouspéter *biz*
békétlenség inapaisement; mécontentement *m*
béketűrés patience; longanimité *f*
béketűrő patient, -e; pacifique
bekever 1. mélanger; ajouter; amalgamer; **2.** *konyh:* ajouter; **3.** ~ *vkit vmibe ld:* **belekever**
békevilág temps *m* de (la) paix
Béke-(világ)kongresszus Congrès Mondial (des Partisans) de la Paix
Béke-Világtanács Conseil Mondial de la Paix
bekezdés 1. alinéa *m;* új ~*!* à la ligne ! **2.** *(törvényben)* paragraphe *m*
bekísér 1. conduire; introduire; **2.** *(börtönbe)* conduire sous bonne escorte
békít [~ettem, ~ett, ~sen] concilier; réconcilier; apaiser; pacifier
béklyó [~k, ~t, ~ja] entrave *f;* fers *m pl;* ~*ba ver* charger de fers; mettre les fers à q
bekopog(tat) frapper *v* toquer à la porte *v* à la fenêtre
beköltözés 1. emménagement *m;* **2.** *(népé)* immigration *f;* établissement *m*
beköltözik 1. emménager; **2.** *nép:* immigrer; s'établir
beköp 1. cracher (dans); **2.** *biz:* placer son mot; **3.** *arg:* donner; se mettre à table
beköszöntő *(beszéd)* discours *m* d'entrée *v* d'ouverture
beköt 1. ficeler; lier; relier; **2.** *(vmibe)* nouer dans qc; **3.** *(sebet)* panser; **4.** *(könyvet)* relier
bekötés 1. ficelage *m;* **2.** *orv:* pansement; bandage *m;* **3.** *könyvk:* reliure *f*
bekötő *út* (route) départementale; chemin vicinal
bekötött 1. ficelé; ~ *szemmel* les yeux bandés; **2.** *(könyv)* relié, -e

bekötöz 1. *(csomagot)* ficeler; nouer; **2.** *(sebet, szemet)* bander; panser; appliquer un bandage sur qc
bekövetkezendő imminent; prochain, -e
bekövetkezés; bekövetkezte survenance *f*
bekövetkezik s'accomplir; se réaliser; arriver; survenir; s'opérer
békül [~tem, ~t, ~jön] céder; chercher à se raccomoder *v* à faire la paix
beküld envoyer; faire remettre
beküldés envoi *m;* ezen összeg ~*e ellenében* contre envoi de cette somme
beküldő envoyeur, -euse *n*
békülékeny conciliant; déférant, -e; pacifique
békülékenység esprit *v* désir *m* de conciliation; détente *f*
bekvártélyoz cantonner
bél [belek, belet, bele] **1.** intestin *m;* viscères; entrailles *f pl;* *(állati így is)* boyau *m;* *(ehető)* tripe(s) *f (pl);* **2.** *(lámpáé)* mèche *f;* **3.** *(kenyéré)* mie *f;* **4.** *(fáé)* cœur *m* (du bois); moelle *f;* **5.** *(gyümölcsé)* pulpe *f*
Béla [-ák, -át, -ája] Béla *m*
belajstromoz tenir registre de qc; inscrire *v* porter sur les registres
belakatol cadenasser
belakkoz laquer; *(fénymázzal)* passer au vernis
belapul s'aplatir
belát I. *(tgyl i)* **1.** *(vhová)* voir; son regard pénètre dans qc; **2.** ~ *a szívekbe* lire dans les cœurs; scruter les cœurs; ~ *vkinek a terveibe* pénétrer les desseins de q; **II.** *(tgy i)* comprendre; reconnaître; se rendre à l'évidence; réaliser
belátás 1. *(szemmel)* vue *f;* **2.** *(ügyekbe)* connaissance *f;* **3.** *(megítélés, megértés)* discernement *m;* clartés *f pl;* compréhension; indulgence *f;* *cselekedjék (legjobb)* ~*a szerint* faites comme vous l'entendrez; *jobb* ~*ra bír* faire entendre raison à q; amener à résipiscence; *jog:* ~*ától függő* discrétionnaire
beláthatatlan 1. insondable; impénétrable; **2.** incalculable

belátható prévisible; ~ *időn belül* dans un délai à prévoir
bélbolyhok villosités (intestinales *v* de l'intestin)
bélcsatorna voie *v* lumière intestinale; tube digestif
bélcsavarodás volvulus de l'intestin; miséréré *m*
bele [-ém, -éd, -éje *v* bele *v* belé, -énk, -étek, -éjük] **1.** dedans; là-dedans;. ici-dedans; *(a közepébe)* en plein; dans le plein; *mi ütött -éd?* qu'est-ce qui te prend? **2.** *okhat:* en; meghal ~ il en mourra
belead employer; *a lelkét ~ja* il y met toute son âme
beleakad *(vmibe)* se prendre à qc *v* dans qc; s'accrocher à qc; accrocher qc; s'attraper à qc
beleártja *magát vmibe* se mêler de qc; s'ingérer dans qc
belebeszél 1. *(telefonba stb.)* parler (dans); *(mikrofonba:)* (devant); **2.** *folyton* ~ il vous interrompt à tout instant; *mindenbe* ~ il se mêle de tout
belebetegszik [-gedtem, -gedett, -gedjék *v* -gedjen] il en tombe malade
belebolondul s'éprendre; s'amouracher; s'infatuer; s'enticher; s'engouer *(mind: vkibe v vmibe* de q *v* de qc)
belebonyolódik 1. s'engager; s'embarquer; **2.** *(elmondásnál stb.)* s'embrouiller
belebotlik 1. *(vmibe)* buter dans *v* contre qc; se buter à qc; **2.** *átv: vkibe* ~ tomber sur q
belebújik 1. (courir) se cacher dans qc; **2.** *(ruhába)* mettre *v* endosser qc; ~ *harisnyájába* enfiler des bas
belebukik 1. tomber dans qc; **2.** *átv:* échouer; subir un échec; faire (un) four
belecsimpaszkodik s'agripper *v* s'accrocher (à)
beledobál mettre *v* jeter en vrac
beledolgoz *(vmit)* utiliser les matériaux de qc; ajouter; insérer; ~*za magát vmibe* se familiariser avec qc
beledöf enfoncer *v* planter (un couteau)
beledöglik en crever; en claquer

beleegyezés 1. approbation *f:* consentement; acquiescement *m;* adhésion *f; szülői* ~ autorisation *f v* consentement des père et mère; ~*e nélkül* sans son aveu; *vkinek tudtával és* ~*ével* au vu et au su de q; **2.** *jog: határozott (írásos v szóbeli)* ~ consentement exprès
beleegyezik consentir à qc; acquiescer à qc; adhérer à qc
beleegyezőleg adhésivement; ~ *bólint* faire un signe d'acquiescement
beleéli *magát* se sentir dans le coup *biz;* ~ *magát vmibe* se pénétrer de qc
beleért sous-entendre; y comprendre; ~*ve* y compris; implicitement
beleértett 1. sous-entendu, -e; **2.** *nyelv:* implicite
beleesik 1. tomber; sombrer; enfoncer; **2.** *átv:* ~ *vmibe* verser *v* donner dans qc
belefájdul *a fejem, a lábam stb.* j'en ai mal à la tête, au pied *stb.*
belefárad *vmibe* être las de qc; se lasser de qc; ~ *a munkába* se fatiguer à force de travailler
belefekszik - **1.** se coucher dans qc; **2.** *átv: egészen* ~ payer de sa personne; y aller bon jeu bon argent
belefeledkezik s'oublier
belefér entrer *v* tenir dans qc
belefog *vmibe* se mettre à qc; aborder qc; s'embarquer dans qc; entreprendre *v* amorcer qc; *(munkába, témába)* attaquer qc; ~ *a munkába* se mettre au travail
belefojt 1. noyer dans qc; **2.** ~*ja a szót* réduire q au silence
belefordul 1. *(árokba)* verser; **2.** *(vízi jármű)* chavirer
belefőz *konyh:* infuser
belefúj I. *(tgyl i)* souffler; *(kürtbe)* sonner (du cor); **II.** *(tgy i) (vmit)* insuffler
beleful(lad) se noyer
belefúródik 1. s'enfoncer; se ficher; **2.** *(két vonat egymásba)* se télescoper
belég [~ek, ~et, ~je] *hiv, ker:* pièce comptable; contre-partie *f*
belegabalyodik [~tam, ~ott, ~jék *v* ~jon] **1.** *(vmibe)* s'embarrasser;

s'empêtrer; s'embrouiller *(mind:* dans qc); 2. ~ *vkibe ld:* **belebolondul**
belegázol 1. ~ *a vízbe* marcher *v* pénétrer *v* patauger dans l'eau; 2. *átv:* ~ *vkinek a becsületébe* déchirer *v* blesser l'honneur de q; ~ *vkinek a jogaiba* empiéter sur ·les droits de q
belégzés 1. inspiration; inhalation *f;* 2. *nyelv:* ~*sel ejtett* v *képzett* aspiratoire
belehal en mourir; succomber aux suites de qc; *majd* ~ il en meurt; ~ *betegségébe* mourir d'une maladie; ~ *sebeibe* succomber aux suites ce ses blessures
beleharap mordre dans *v* à qc
belehel inspirer; respirer; aspirer
belehelyez placer; installer; implanter; ~*i szeretetét* mettre son affection en q
beleillik 1. *vmibe (tárgy)* rentrer dans qc; 2. *átv:* convenir à qc; rester dans la note; *nem illik bele* détonner
beleizzad suer; ~, *míg* suer à *(inf)*
belejátszik *átv:* intervenir; y être pour quelque chose
belejön se piquer au jeu; s'y faire; se faire la main
belekap 1. *a kutya* ~*ott a lábába* le chien lui a mordu la jambe; 2. ~ *vmibe (dolog)* mordre dans qc; *(tűz)* mordre *v* se prendre à qc; 3. ~ *a munkába* se mettre *v* s'attaquer au travail; 4. *(rendszertelenül)* se rabattre sur qc
belekapaszkodik 1. *(vmibe)* s'accrocher; se cramponner; se raccrocher; 2. *műsz: (egyik fogaskerék a másikba)* mordre; s'engrener
belekarol [~*tam,* ~*t,* karoljon bele] ~ *vkibe* prendre le bras de q
belekerül 1. ~ *vmibe* tomber *v* être pris(e) dans qc; *(társaságba)* fréquenter qc; s'affilier à qc; 2. *(összegbe)* revenir à...; coûter...
belekever 1. *konyh:* incorporer; ajouter; mélanger; 2. *átv:* mêler; entortiller; impliquer; embarquer
belekeveredik *(vmibe)* se compromettre; être compromis(e); s'empêtrer;

s'embarquer; être embarqué(e) *(mind:* dans qc)
belekezd 1. *ld:* **belefog**; 2. *(ételbe)* attaquer; 3. *zen:* attaquer qc
belekóstol *vmibe* goûter *v* tâter de qc; *(átv így is:)* être frotté(e) de qc
beleköp 1. cracher; 2. *átv:* ~ *a tálba* casser les vitres
beleköt I. *(tgy i)* nouer; II. *(tgyl i)* ~ *vkibe* chercher dispute *v* (une mauvaise) querelle à q; chercher une querelle d'Allemand à q
bélel [~tem, ~t, ~jen] 1. doubler de qc; fourrer de qc; *(vattával)* ouater; *(kocsit, bútort, ajtót)* capitonner; matelasser; 2. *műsz:* chemiser; *(lemezzel)* blinder
belelát 1. ~ *vmibe* voir dans qc; pénétrer qc par la vue; 2. ~ *a dolgok (rejtett) lényegébe* savoir le fin fond des choses; ~ *egy emberbe* deviner un homme
belélegzés inspiration; inhalation; aspiration *f*
belélegzik; **belélegez** inspirer; inhaler; aspirer
belelép *vmibe* mettre le pied dans qc; marcher dans qc
bélelés 1. doublage; capitonnage *m;* *(vattával)* ouatage *m;* 2. *műsz: (kemencéé stb.)* revêtement *m;* *(lemezzel)* blindage *m*
belelovall [~tám, ~t, lovalljon bele] emballer; pousser; monter la tête à q; ~*ja magát a*) s'installer dans sa colère; *b)* se piquer au jeu
belelő *vmibe* loger *v* tirer une balle dans qc
bélelt [~ek, ~et; ~en] doublé; ouaté; fourré; capitonné; matelassé, -e; ~ *kesztyű* gant fourré
belemagyaráz y ajouter du sien
belemagyarázás interprétation forcée et erronée
belemarkol 1. y prendre à pleine main; 2. ~ *a szívünkbe* cela nous prend aux entrailles; c'est poignant
belemárt 1. tremper, plonger; immerger; 2. *(vkit vkinél)* desservir q auprès de q; *jól* ~ *a bajba* couler à fond

belemegy 1. *(tárgy)* (r)entrer; s'engager; s'emboîter; *(mind:* dans qc); *nem megy bele...* ne rentre pas; refuser; *valami belement a szemembe* quelque chose m'est rentrée dans l'œil; **2.** *(beleegyez)* se prêter à qc; entrer dans l'idée de q; ~ *a játékba* se prêter (au jeu); **3.** *(belefér)* entrer; tenir
belemelegszik s'animer; se piquer au jeu
belemélyed 1. plonger; s'enfoncer; **2.** *átv:* se plonger; s'abîmer; s'absorber; ~ *önmagába* s'approfondir
belemerít plonger; submerger
belemerül plonger; se plonger *(átv is)*
beléndek [~ek, ~et, ~je] jusquiame (noire)
belenéz 1. *(vmibe)* voir *v* regarder (dans, par, à travers qc); appliquer un œil à qc; **2.** ~ *a könyvbe* jeter un coup d'œil dans le livre
belenő *átv:* s'intégrer à qc
belenövés *átv:* intégration *f*
belenyilallik 1. éprouver une douleur lancinante; **2.** prendre q aux entrailles
belenyom 1. y faire entrer de force; **2.** imprimer (dans)
belenyomul *vmibe* s'emboîter; s'introduire; se glisser *(mind:* dans); télescoper qc
belenyugszik 1. en prendre son parti; se résigner; **2.** *vmibe* ~ se résigner à qc; se soumettre à qc; se plier à qc; prendre son parti de qc; s'arranger de qc; *bele kell nyugodnunk* il faut en passer par là; ~ *sorsába* il se résigne à son sort
belenyúl 1. porter *v* glisser sa main dans qc; **2.** *átv:* ~ *a dolgokba* intervenir dans les affaires
beleöl 1. *(folyadékba)* noyer; **2.** *(pénzt)* engloutir
beleőrül en devenir fou *v* folle; ~*t a gondolatba, hogy* sa raison se dérangea à l'idée que
beleőszül il en a les cheveux blancs
belep 1. envahir; recouvrir; **2.** *(pára)* embuer

belép 1. entrer; pénétrer (dans qc); faire son entrée; **2.** *(társulatba)* adhérer (à qc); ~ *a pártba* adhérer au parti; **3.** *vkihez szolgálatba* ~ entrer au service de q
belépés 1. entrée *f;* accès *m;* pénétration *f;* **2.** ~ *a hadseregbe* enrôlement *m;* **3.** *(társulatba)* adhésion; admission *f*
belepirul il en rougit
belépő I. *(mn)* faisant son entrée; entrant; **II.** *(fn)* **1.** entrant *m;* **2.** *(ruha)* sortie de bal; cape; étole *f*
belépődíj droit *m* d'entrée; entrée *f*
belépőjegy billet *v* ticket *m* d'entrée
belepusztul en périr; en mourir; en crever
beleremeg en tressaillir; en frémir
belerúg 1. donner un coup de pied dans qc; **2.** *sp:* ~ *a labdába* tirer; shooter
beles épier (par la fenêtre *v* par le trou)
bélés [~ek, ~t, ~e] **1.** *(ruhán)* doublure *f;* **2.** *müsz:* revêtement *m;* chemise *f*
belesodródik *vmibe* être entraîné(e) dans qc; ~ *a politikába* se porter vers la politique
bélésszövet 1. tissu *m* à doublure; **2.** étoffe fourrée
belesül rester *v* demeurer court(e); perdre le fil de son discours
belesüllyed s'enfoncer; s'enliser; *(átv. igy is:)* s'endormir dans le vice
belesüpped enfoncer
beleszagol 1. ~ *vmibe* flairer qc; mettre *v* fourrer le nez dans qc; **2.** *átv:* tâter de qc; goûter de qc; être frotté(e) de qc
beleszalad 1. courir dans qc; **2.** *(vkibe)* se jeter dans les jambes de q; **3.** *(autó, vonat)* arriver à vive allure sur qc; *(egy másik vonatba)* tamponner *v* télescoper qc
beleszámít I. *(tgy i)* comprendre; ~*va* y compris; *mindent* ~*va* tout compte fait; *bele nem számítva* sans compter; **II.** *(tgyl i)* entrer en ligne de compte
beleszeret tomber amoureux (-euse); s'éprendre; s'amouracher; s'ena-

beleszokik (vmibe) s'habituer à qc; s'accoutumer à qc; se faire à qc; prendre le pli de qc
beleszól 1. ~ *vkinek a beszédébe* tomber dans les paroles de q; interrompre q; 2. ~ *vmibe* intervenir *v* s'ingérer dans qc
beleszorul 1. *vmibe* ~ être pris(e) *v* coincé(e) *v* se coincer dans qc; 2. ~*t a lélegzete* il en a perdu le souffle
beleszó 1. tisser; entrelacer; 2. *átv:* ~ *vmit* (entre)larder de qc
beletalál (*célba*) porter *v* frapper au but; faire mouche; *helyzetébe nem tudja magát* ~*ni* se sentir dépaysé(e)
beletanul 1. prendre son pli; se faire la main; 2. ~ *vmibe* apprendre son métier
beletartozás appartenance *f*
beletelik il faut (mettre) ...
beletemetkezik 1. s'ensevelir; 2. ~ *a könyveibe* il ne lève pas le nez de dessus ses livres
beletorkollik 1. (*víz*) ~ *vmibe* se jeter *v* déverser ses eaux dans qc; 2. (*utca*) donner dans qc
beletöm fourrer *v* presser *v* faire entrer dans qc
beletörik 1. se casser; se briser; 2. *átv:* plier sous le joug; 3. *átv: ez olyan ügy, amibe* ~*het a bicskája* c'est un jeu à se rompre le cou
beletörődik en prendre son parti; ~ *sorsába* se résigner à son sort
beleun *vmibe* se lasser de qc; dégoûter de qc
beleül prendre place (dans); s'asseoir (dans)
beleüt 1. (*szeget*) enforcer; cogner; (*cölöpöt*) ficher; enfoncer; 2. ~*i a fejét vmibe* heurter qc de la tête; *átv:* ~*i az orrát vmibe* mettre le nez dans qc; 3. (*villám*) tomber sur qc; (*emberbe*) frapper q; 4. *átv: mi ütött belé?* quelle mouche l'a piqué(e)?
beleütközik 1. ~ *vmibe* se heurter contre qc *v* à qc; se cogner contre *v* à qc; 2. ~ *vkibe* se heurter à q; ~ *a törvénybe* heurter les dispositions de la loi

belevág 1. ~ *vmibe* couper qc; tailler dans qc; ~ *az eleven húsba* tailler à vif dans la chair; 2. *orv:* inciser; 3. (*beleütve*) plonger dans qc; 4. *átv: mélyen* ~ (*érzésekbe*) couper dans le vif *v* jusqu'au vif; 5. (*dologba, ügybe*) se lancer *v* se jeter dans qc; 6. (*szóval*) interrompre
belevegyít mêler à qc; mélanger dans qc
belever 1. enfoncer; cogner; ficher; 2. ~*i a fejét a falba* donner de la tête contre le mur
belevesz 1. comprendre; englober; tenir compte de qc; 2. ~*i magát* s'installer dans qc; (*szag*) pénétrer qc]
belevész [-vesztem, -veszett, -vesszen 1. périr; mourir (de); 2. (*vízbe*) se noyer
belevet jeter; lancer; ~*i magát a harcba* s'élancer au combat; ~*i magát az élvezetekbe* se livrer *v* s'adonner aux plaisirs
belevisz 1. (*vkit vmibe*) engager; entraîner; 2. (*vmit vmibe*) y mettre; mêler
belevon intéresser à qc; inviter à prendre part à qc; impliquer dans qc
belezavarodik perdre contenance; ~ *beszédjébe* se couper *v* s'embrouiller dans ses phrases; patauger
belezuhan 1. tomber; faire une chute (dans); 2. *átv:* donner *v* tomber dans qc
bélfekély *orv:* ulcère du duodénum *v* intestinal
bélféreg ver intestinal *v* des enfants; enthelminthe *f*
belföld territoire intérieur; intérieur *m*
belföldi du pays; indigène; autochtone; fabriqué(e) à l'intérieur; national, -e; ~ *forgalom* trafic interne
belga [-ák, -át] I. (*mn*) belge; II. (*fn*) 1. (*ember*) Belge *n*; 2. (*pénz*) belga *m*
Belga-Kongó; *a volt* ~ l'ancien Congo belge
Belgium [~ot] la Belgique
bélgörcsös torminal, -e
belgyógyász (*szakorvos*) spécialiste *n* des maladies internes
belgyógyászat pathologie interne *f*
belháború lutte *v* guerre intestine

bélhúr corde *f* de boyau; boyau *m*
bélhurut entérite *f;* catarrhe intestinal
belibben entrer légère *v* léger comme un papillon
bélista-bizottság commission *f* de la hache
belisztez 1. *(arcát)* poudrer de farine; **2.** *konyh:* fariner; fleurer
beljebb plus au fond; plus avant; plus en dedans; *kissé* ~ un peu en retrait; *nem megy* ~ refuser
belkereskedelem commerce intérieur; *a ~ben* en régime intérieur
belladonna [-ák, -át, -ája] *növ:* belladone *f*
belméret dimensions intérieures; amplitude *f*
bélműködés fonction intestinale
belocsol *(vasaláshoz)* humecter
belop glisser clandestinement; insinuer
belopóz(kod)ik s'insinuer; se faufiler; se glisser
belovagol I. *(tgyl i)* entrer à cheval; **II.** *(tgy i)* **1.** *(lovat)* dresser; **2.** *(területet)* parcourir à cheval
belő 1. *(tgyl i)* *(vmibe)* loger *v* tirer une balle *v* un coup dans qc; **II.** *(tgy i)* **1.** **belövi az ablakokat** casser les vitres à coups de fusil; **2.** *X.* **belövi a 3-ik gólt** X réussit le troisième but
belök 1. jeter; lancer (dans); **2.** *(vkit)* pousser dans qc; *~i az ajtót* pousser la porte
belőle de lui; *(ige előtt)* en; *semmi sem lett* ~ *(emberből)* il n'est rien devenu; *(dologból) a)* l'affaire est tombée à l'eau; *b)* il n'y a pas eu de mal
belövés 1. coup tiré (dans *v* par); **2.** *kat:* *(villázó tüzérségi)* encadrement *m;* *(helyesbítés)* réglage *m* du tir
bélpoklos [~ak, ~t; ~an] **I.** *(mn)* **1.** lépreux, -euse; **2.** *átv:* pestiféré, -e; **II.** *(fn)* lépreux, -euse *n*
belpolitika politique intérieure
belpolitikai de politique intérieure
belső [~k, ~t] **I.** *(mn)* intérieur, -e; interne; intime; ~ **barát** ami intime; ~ **berendezés** mobilier *m;*

(lelki) outillage mental; ~ *égésű motor* moteur *m* à combustion; *orv:* ~ *elválasztási* endocrinien, -enne; ~ *élet* vie intérieure *v* intime; ~ *ellentmondások* contradictions internes *v* intérieures; ~ *gumi* chambre *f* à air; *(kerékpáré így is:)* boyau *m;* ~ *meggyőződés* conviction *v* persuasion intime *f;* ~ *összefüggés* connexion intime *f;* ~ *reform* réforme *f* de structure; ~ *sérülés* lésion interne *f; újs:* ~ *szerkesztő* secrétaire *m* de rédaction; ~ *szervek* viscères *m pl;* ~ *ügy* affaire intime *f; (pol)* affaire relevant de la compétence exclusive (d'un État); ~ *vérzés* hémorragie interne *f;* **II.** *(fn) (vminek belseje)* partie intérieure; intérieur; dedans; fond *m;* entrailles *f pl; (szíve) belsejében* en son âme et conscience; dans son for intérieur
Belső-Afrika l'Afrique intérieure
belsőfülgyulladás otite interne *f*
belsőleg 1. en son âme et conscience; **2.** *orv:* dans l'usage interne; à usage interne
belsőrész *(állatnál)* entrailles *f pl;* viscères *m pl;* tripes *f pl*
belsőség 1. maison *f* de paysan avec jardin; **2.** *(húsáru) ld:* **belsőrész**
belsőszög angle interne *m*
bélszín filet *m; (borjúé, őzé)* longe *f*
beltag 1. *ker:* associé, -e *m;* **2.** *mat:* *~ok* termes moyens *v* internes
beltelek *ld:* **belsőség 1.**
beltenger mer intérieure *v* méditerrannée
beltenyésztés endogamie *f*
belterjes [~ek, ~t] intensif, -ive
belterület 1. (espace) intérieur *m;* **2.** *kat:* *(bástyáé, ékműé)* gorge *f*
belügy 1. intérieur; affaires intérieures; **2.** portefeuille *m* de l'intérieur
belügyminiszter ministre *m* de l'intérieur
belül 1. à l'intérieur; en dedans; **2.** *vmin* ~ à l'intérieur de qc; dans l'enceinte de qc; **3.** *(szíve belsejében)* intérieurement; intimement; **4.** *(vmi időn ~)* dans ...; en moins de...; avant...

belülről 1. de dedans; du dedans; de l'intérieur; **2.** *(érzelmileg)* intimement; intérieurement
belváros le centre (de la ville); le quartier central; la cité; *a ~ban* en ville
belvilág 1. monde intérieur; **2.** *műsz:* amplitude *f;* diamètre intérieur
belviszály lutte intestine
belvíz eaux *f pl* d'infiltration; nappe *f* d'inondation
belvízi *hajós* marinier *m;* ~ *hajózás* navigation intérieure
Belzebúb [~ot] Belzebuth *m*
bélyeg [~ek, ~et, ~e] **1.** *(ragasztható)* timbre *m;* **2.** *(pecsét)* estampille *f;* cachet; timbre *m;* **3.** *(aranytárgyon)* poinçon *m;* **4.** *(állaton)* marque *f;* **5.** *(bűnözőn)* stigmate *m;* flétrissure; marque *f;* ~*et süt vkire* flétrir *v* stigmatiser q; **6.** *átv:* sceau *m;* empreinte *f;* signe *m; vminek* ~*ét hordja magán* porter l'empreinte *v* le sceau *v* la marque de qc
bélyegalbum album *m* de *v* pour timbres-poste
bélyeges [~ek, ~et; ~en] **1.** *(levél)* affranchi, -e; ~*papír v űrlap v okirat* papier timbré *v* marqué; **2.** *(állat)* marqué, -e
bélyeggyűjtemény collection *f* de timbres(-poste)
bélyeggyűjtés philatélie *f*
bélyeggyűjtő philatéliste *n*
bélyegilleték droit de timbre; timbre *m*
bélyegköltség frais *m pl* de timbre
bélyegköteles assujetti(e) *v* sujet(te) au timbre
bélyegmentes affranchi(e) *v* exempt(e) du timbre
bélyegragasztó charnière *f*
bélyegvas fer *m* à marquer
bélyegzés 1. timbrage *m;* oblitération *f;* **2.** *(billoggal)* marquage *m;* **3.** *(gyári ellenőrző órán)* pointage *m*
bélyegző [~k, ~t] **1.** *(ember)* timbreur, -euse *n;* **2.** *(készülék)* estampille *f;* timbre; oblitérateur *m;* **3.** *(billog)* fer *m* à marquer
bélyegzőóra horloge pointeuse
bélyegzőpárna tampon; encreur *m* pour timbres
bélyegzővas fer *m* à marquer
belyukad se trouer; crever; se défoncer
belyukaszt crever; défoncer; trouer
bemagol apprendre par cœur; recorder; mémoriser
bemarat faire mordre *v* corroder
bemaródás corrosion *f*
bemártás 1. trempage *m* (dans qc); **2.** *átv:* débinage *m* nép
bemaszatol souiller; salir
bemászik se faufiler; s'insinuer; pénétrer; se glisser (dans)
bemázol 1. *(vmivel)* barbouiller; badigeonner; peindre *(mind:* de qc); **2.** *(mázzal)* vernir
bemegy 1. entrer; pénétrer; s'engouffrer dans *v* sous qc; **2.** *(tárgy)* pénétrer; entrer
bemelegítés 1. réchauffement *m;* **2.** *sp:* échauffement *m*
bemélyed être renfoncé(e); se creuser; être déprimé(e)
bemélyedés 1. (r)enfoncement *m;* dépression *f;* rentrant *m;* **2.** *földr:* découpure *f;* *(talajé)* dépression *f;* **3.** *kat:* pli *m* de terrain
bemenekül se réfugier; chercher refuge *v* asile
bemenet entrée *f;* accès *m;* abords *m pl; szabad a ~!* entrée libre! *tilos a ~!* défense d'entrer
bemenő *rád:* ~ *jel* signal *m* d'entrée
bemérés 1. *műsz:* recoupement *m;* **2.** *haj, rep:* relèvement *m*
bemerészkedik se hasarder à entrer; se risquer
bemerít plonger; immerger
bemerítés; bemerülés plongement *m;* immersion *f*
bemeszel blanchir (à la chaux)
bemetsz inciser; entailler; faire une incision *v* une entaille à qc
bemocskol 1. souiller; salir; **2.** *átv:* ~ *(szidalmaival)* couvrir de fange
bemond 1. dire; ~*ja nevét* décliner son nom; **2.** *rád:* annoncer (au micro)
bemondó [~k, ~t, ~ja] speaker *m;* *(nő)* speakerine

bemutat 1. *(vkit)* présenter à q; 2. *(vmit)* présenter; soumettre à q; montrer; faire voir; *(okmányt)* produire; exhiber; 3. *(darabot)* représenter; 4. *(áldozatot)* offrir; apporter
bemutatás 1. *(vkié)* présentation; introduction *f;* 2. *(vmié)* démonstration *f;* 3. *jog:* communication *f; ügyiratok ~a* communication de pièces; 4. *növénytani ~* une démonstration de botanique; 5. *~ra szóló járadék* rente *f* au porteur; 6. *szính:* première; générale *f*
bemutatkozás 1. autoprésentation *f;* 2. présentation *f;* 3. *(parlamenti, kormányé)* investiture *f*
bemutatkozik 1. se présenter; 2. *(tettel)* débuter par qc
bemutató I. *(mn) ~ mozi* cinéma *m* d'exclusivité; *katonai ~ szemle* prise d'armes; revue militaire *f;* II. *(fn)* 1. *(váltóé)* porteur *m; ~ra szóló értékpapír* titre *m* au porteur; 2. *szính:* première *(filmé is);* générale *f*
béna [-ák, -át; -án] I. paralysé; perclus, -e; infirme; II. *(fn) (ember)* paralytique *m*
bendő [~k, ~t, ~je] 1. panse *f;* rumen *m; (kérődzőké)* herbier *m;* 2. *átv: (emberi)* panse; bedaine *f*
benedvesedik s'humecter; se mouiller
benedvesít humecter; mouiller
Benelux [~ot] *a ~* le Bénélux
benépesedés peuplement *m*
benépesít peupler; *újra ~* repeupler
benépesítés population *f*
benevez être engagé(e); s'inscrire
benéz 1. *ld:* **belenéz;** 2. *(vkihez)* faire un saut chez q
Bengália [-át] le Bengale
bengálitűz feu *m* de Bengale
benn à l'intérieur; dedans; en dedans; *itt ~* ici dedans
benne dedans; en dedans; à l'intérieur; *(ige előtt)* y; *bízom ~* j'ai confiance en lui; *nincs ~* il n'y est pas; *~ vagyok* je veux bien; *~ van a mulatságban* être de la partie; *igen ~ van a tárgyában* être plein(e) de son sujet; *van ~ valami a)* *(tehetség)* il a quelque chose dans le ventre; *(műben)* il y a quelque chose; *b) (jól mondja)* il y a de ça
bennég 1. *(vki)* périr carbonisé(e); périr dans l'incendie; 2. *(vmi)* être la proie des flammes
bennerejlő inhérent; sous-jacent; immanent, -e
benneteket vous
bennfentes I. *(mn)* bien renseigné(e); particulièrement bien informé(e); II. *(fn)* intime; initié *m*
bennfoglaltatik *(vmiben)* être implicitement contenu(e) dans qc; rentrer dans qc; s'inclure; être compris(e)
bennható *nyelv:* intransitif, -ive; neutre
bennlakó I. *(mn)* interne *(n);* II. *(fn)* pensionnaire *n*
bennszorul être pris(e) *v* coincé(e); se coincer
bennszülött 1. *(gyarmatosítóit)* indigène; 2. *ált:* autochtone; aborigène; natif, -ive *(n)*
bennünket nous
benő I. *(tgy i)* tapisser; couvrir; habiller; *(vad növényzet)* envahir; II. *(tgyl i) ~ vmibe* 1. pénétrer en croissant dans qc; 2. *(csont)* se souder; *(seb)* se fermer
bensőséges [~ek, ~et] intime; fervent; cordial; profond, -e
bénulás paralysie *f*
bénulásos [~ak, ~t; ~an] paralytique
benzin [~ek, ~t, ~je] 1. *(vegytiszta)* benzine *f;* benzène *m;* 2. *(géphez)* essence *f* (de pétrole); *~t vesz fel* faire le *v* son plein d'essence
benzincsap robinet *m* d'essence
benzinhordó fût *m* d'essence
benzinkanna bidon *m* à essence
benzinkút pompe *f* à essence; distributeur *m* d'essence
benzinkutas pompiste *m*
benzinlámpa lampe *f* à essence
benzinmotor moteur *m* à benzine *v* à essence
benzinraktár dépôt *m* d'essence
benzintartály réservoir *m* à essence; *aut:* réservoir d'essence

benzoé [~k, ~t, ~ja] benjoin *m*
benzol benzol *m;* benzine *f*
benzolgyűrű noyau benzénique *m*
benyíló [~k, ~t, ~ja] 1. cabinet *m;* pièce *f* de service; 2. *(konyhához)* souillarde *f*
benyom 1. renfoncer; refouler; déprimer; 2. *~ja az ellenséges frontot* enfoncer la ligne ennemie
benyomás 1. *(tárgyé)* impression *f;* 2. *átv:* impression *f;* effet *m; az a ~om* il me semble que *(inkább ind); ~t kelt vkiben* donner une impression à q
benyomódik *vmibe* s'enfoncer *v* s'imprimer dans qc
benyomul 1. ~ *vmibe* pénétrer (dans) qc; 2. *(vmi rossz)* envahir qc; 3. *(tárgy)* s'enfoncer dans qc; 4. *(víz, szél)* s'engouffrer; 5. ~ *az ellenség hadállásaiba* forcer l'ennemi dans ses retranchements
benyomulás avance; pénétration; invasion *f*
benyújt 1. présenter; *(panaszt)* déposer; 2. *egy törvényjavaslatot ~* déposer un projet de loi; 3. *(tervet)* soumettre
benyújtás présentation; remise; déposition *f*
benyúlik s'allonger dans qc
beolajoz 1. graisser; huiler; 2. *(bekenve)* enduire d'huile
beólmoz emplomber
beolt 1. *(vmi ellen)* vacciner (contre qc); 2. *(vmit)* inoculer; 3. *(fát)* greffer qc *v* sur qc; enter; 4. *átv: (vkibe vmit)* instiller qc à q
beolvad 1. (se) fondre dans qc; s'assimiler; s'absorber *(nép* is); 2. *átv: (így* is) s'intégrer (à qc); s'affilier à qc; fusionner avec qc
beolvaszt 1. *(fémet)* fondre; *(ócskavasat)* refondre; 2. *átv: (népet)* assimiler; absorber; intégrer
beomlás [~ok, ~t, ~a] effondrement; écroulement *m; ~sal fenyeget* menacer ruine
beomlik 1. s'écrouler; s'effondrer; 2. *(hegy)* s'ébouler
beónoz stannifèrer

beoson se faufiler; s'insinuer
beoszt 1. *(anyagokat)* classer; sérier; 2. *(több részre)* répartir; diviser; 3. *(fokokra)* graduer; étalonner; 4. *(élelmet)* rationner; *jól ~ja idejét* ménager le *v* son temps; 5. ~ *vmibe* classer *v* compartimenter dans qc; 6. *(vkit vhová)* affecter q à qc
beömlik 1. se déverser; s'écouler; s'épancher *(mind:* dans qc); 2. *(hajóba a víz)* envahir qc; 3. *(folyóvíz)* se jeter; déverser ses eaux; affluer
beömlőszelep soupape *f* d'admission
beöntés 1. versement *m;* 2. *(fémé)* coulage *m;* 3. *orv:* lavement *m*
beözönlés *(átv is)* reflux *m;* affluence *f*
beözönlik 1. affluer; entrer à flots; 2. *(fény)* couler *v* entrer à flots; 3. *(sereg)* envahir *v* inonder qc; se déborder sur *v* dans qc
bepácol mariner; macérer
bepakol I. *(tgy i)* 1. *ld:* **becsomagol;** 2. *orv:* envelopper; 3. *biz:* engouffrer; enfourner; **II.** *(tgyl i) biz: jól* ~ s'empiffrer
bepanaszol 1. *(vkit)* se plaindre de q auprès de q; 2. *jog:* porter plainte contre q
bepárol distiller; concentrer par évaporation
beperel intenter *v* faire un procès à q; poursuivre *v* attaquer *v* appeler q en justice
beper(e)lés action *f;* poursuites *f pl* contre q
bepillant jeter un coup d'œil dans qc
bepillantás coup *m* d'œil jeté sur qc; *~t nyer vmibe* surprendre les secrets de qc
bepiszkít 1. salir; souiller; maculer; tacher; encrasser; 2. *átv:* ternir; salir; souiller; *~ja vkinek becsületét* éclabousser q; flétrir l'honneur de q
bepólyáz 1. (r)emmailloter; envelopper dans des couches; 2. *(sebet)* appliquer un bandage sur qc
beporzás *növ:* pollinisation; fécondation *f*
bepótol rattraper qc

bér [~ek, ~t, ~e] 1. *(munkásé)* salaire *m;* paye *f; (háztartási alkalmazotté)* gages *m pl;* 2. *(lakbér)* loyer; terme *m; (negyedévi)* trimestre *m;* ~*be ad* donner à bail *v* en location; *(földet)* affermer; ~*be vesz* prendre à louage *v* à loyer *v* à bail; *(ingatlant)* prendre à bail; affermer *(csak földet)*

beragad 1. rester collé(e); se coller (dans); 2. *műsz:* gripper

beragyog inonder de lumière; ensoleiller *(átv is)*

berajzol 1. dessiner dans qc; 2. *mat: (ábrába)* inscrire; appliquer

berak 1. *(vmibe)* ranger; replacer; remettre (à sa place); *(fiókba)* ranger; 2. *(vagonba)* enwagonner; *(árut)* charger sur qc *v* dans qc; *(hajóra)* embarquer dans qc; 3. *koh* charger; 4. *(hajat)* mettre en plis

berakás 1. mise en place; introduction *f; (árué)* chargement *m; (hajóba)* embarquement *m;* mise *f* à bord; 2. *(gépbe)* alimentation *f;* 3. *(hajé)* mise *f* en pli; 4. *(művészi)* incrustation; marqueterie *f*

berakásos [~ak, ~at; ~an] de *v* en marqueterie; marqueté; incrusté, -e

berakodik 1. ranger *v* prendre ses effets; 2. *(áruval)* charger *v* embarquer ses marchandises

berakott 1. *div:* plissé; 2. *műv: ld:* **berakásos;** ~ *munka (bútor)* travail *m* de marqueterie

beraktároz entreposer; stocker; emmagasiner; *(silóba)* ensiler

béralap base *f* de salaire

berámáz encadrer

beránt 1. impliquer; entraîner; envelopper; fourrer *(vmibe:* dans qc); 2. *konyh:* lier; 3. faire entrer en tirant d'un coup

berántószíj courroie *f* de lancement

bérautó auto *v* voiture *f* de louage; taxi *m*

bérbeadás location *f;* louage *m; (lakásé)* bail *m* à loyer; *(földé)* affermage *m*

berber [~ek, ~t, ~e] berbère

bérbevétel location *f;* louage *m; (földé)* affermage *m*

bérc [~ek, ~et, ~e] cime *f;* rocher *m*

bércsalás escroquerie *f* au salaire

bércsökkentés diminution *f* du salaire; abattement *m*

berek [berkek, berket, berke] 1. bosquet; bocage; taillis *m;* 2. *átv: diplomáciai berkekben* dans les milieux diplomatiques

bereked [~tem, ~t, ~jen] s'enrouer

berekeszt [~ettem, ~tte, -esszen] *(ülést)* clore *v* lever (l'audience, la séance)

berekesztés clôture *m; (ülése)* levée *f*

bérel [~tem, ~t, ~jen] louer; tenir en location; prendre à louage *v* à loyer *v* à bail; *(földet)* prendre à ferme

bérelszámolás comptabilité *f* de la paye

bérelszámoló *kb:* comptable-expert au payement des salaires

béremelés augmentation *f v* relèvement *v* réajustement *m v* majoration *f* du salaire

bérenc [~ek, ~et, ~e] 1. mercenaire; homme *m* de main; 2. *(gyilkos)* sicaire; bravo; nervi *m*

berendel convoquer; charger de mission

berendez installer; aménager *(vminek:* en qc); *(bútorral)* meubler; *(gazdaságot)* meubler; outiller

berendezés 1. installation *f;* aménagement *m; (bútorral)* ameublement *m;* 2. *(gyáré stb.)* outillage; équipement *m;* 3. *(birtoké)* cheptel mort; 4. *(szerkezet)* dispositif; groupe *m;* 5. *(országé stb.)* statut; régime; système *m*

berendezkedik s'installer; *(bútorral)* se meubler

bereped crever; se fendre

berepül I. *(tgyl i)* 1. voler (dans *v* au ...); 2. *rep:* pénétrer au-dessus de qc; II. *(tgy i) (vmit)* parcourir en avion

berepülés vol *m* (dans *v* au-dessus de qc)

béres [~ek, ~t, ~e] domestique agricole *v* de ferme; garçon *v* valet *m* de ferme

bereteszel [~tem, ~t, reteszeljen be] verrouiller
berezeg s'amorcer
bérezés établissement *m* des salaires
bérfizetés paie; paye *f*
bérgyilkos tueur *v* assassin à gages *v* soudoyé; spadassin; nervi; bravo *m*
bérharc revendications ouvrières; agitation ouvrière; bataille syndicale
bérhátralék salaire arriéré; paie arriérée
bérház immeuble *m v* maison *f* de rapport
bérjegyzék feuille *f* de paye; bordereau *v* bulletin *m* de salaires
bérkaszárnya *pej:* grande maison de rapport
berkenye [-ék, -ét, -éje] sorbe; corme *f*
bérkocsi voiture *f* de place *v* de louage
bérkövetelés réclamation *f* de salaire *v* de gages
bérlemény 1. chose louée; 2. *(terület)* fermage *m*
bérlet [~ek, ~et, ~e] 1. bail *m;* location *f;* louage *m;* 2. *(szính, vasút)* abonnement *m*
bérleti [~t] 1. de location; du bail; ~ *díj* loyer *m;* 2. d'abonnement; ~ *est* soirée *f* d'abonnement
bérletjegy carte *f* d'abonnement
bérlista; bérjegyzék feuille *f* de paye; bordereau *m* de salaires
bérlő [~k, ~t, ~je] 1. locataire; preneur *m* (à loyer *v* à bail); *(földé)* fermier *m;* preneur (à ferme); tenancier, -ière; 2. abonné, -e *n*
bérmál [~tam, ~t, ~jon] *egyh:* confirmer
bérmálás *egyh:* confirmation *f*
bérmegállapítás établissement *m* des salaires
bérmentes franc de port; franco
bérmentesít affranchir
bérmentve franc(he) de port; franco; *ingyen és* ~ franco et gratis
bérminimum salaire minimum *m*
bérmozgalom mouvement revendicatif
Bermudák [~at] les Bermudes *f pl* *(otthoni)* travail à façon
bérmunka travail salarié *v* mercenaire;
bérmunkás salarié, -e *n*
bérmunkásság salariat *m*

Bern [~t] Berne *f*
Bernát [~ok, ~ot ~ja] Bernard *m*
bernáthegyi *(kutya)* saint-bernard *m*
berohan; beront 1. faire irruption; 2. *(ellenségesen)* envahir qc; faire irruption dans qc; ~, *mint a szélvész* arriver en tempête *v* en coup de vent *v* en trombe
bérosztály zone *f*
berozsdásodik 1. se rouiller; s'enrouiller; 2. *átv:* a *tétlenségtől* ~ az *ember esze* l'oisiveté rouille l'esprit
bérösszeg location *f;* montant du loyer
bérpolitika politique *f* de salaire
bérpótlék sursalaire *m*
berreg [~ett, ~jen] ronronner; vrombir; pétarader; *a motor* ~ le moteur gronde *v (repülőé)* vrombit
bérrendezés ajustement *m* de salaires
bérskála barème *m v* échelle *f v* éventail *m* des salaires
bérszint; bérszínvonal palier *m* des salaires
Bertalanéj; *a* ~ la Saint-Barthélemy
berúg I. *(tgy i)* 1. ~ja az ajtót il enfonce la porte d'un coup de pied; 2. *sp:* ~ *egy gólt* marquer (un but); 3. ~*ja a motort* amorcer le moteur d'un coup de pied *v* avec le kick; II. *(tgyl i)* se prendre de vin *v* de boisson
berúgott pris(e) de boisson; saoul; soûl, -e
beruház 1. investir; placer; 2. *vill:* installer
beruházás investissement; placement *m;* capitaux engagés *m pl*
beruházási d'investissement; de placement; ~ *bank* banque *f* de placements; ~ *osztály* division *f* des investissements
bérviszonyok conditions *f pl* de salaire; les salaires
besároz 1. crotter; éclabousser; 2. *átv:* éclabousser; salir
besavanyít 1. confire *v* conserver au vinaigre; 2. *(káposztát)* préparer de la choucroute
besavanyodik 1. s'aigrir; être confit(e) au vinaigre; 2. *átv:* se racornir; s'aigrir

besegít 1. aider à entrer; **2.** ~ **egy hivatalba** caser q; procurer un emploi à q
besétál (aller) faire un tour à...; aller à pied
besiet entrer en (toute) hâte *v* précipitamment; se hâter (vers)
besodor emporter
besomfordál entrer à pas furtifs *v* à pas de loup; se couler dans qc
besorol ranger; classer; inclure
besoroz 1. *kat:* déclarer apte *v* bon pour le service militaire; **2.** *átv:* enrégimenter; embrigader; recruter
besorozás 1. *kat:* incorporation *f;* recrutement; enrôlement *m;* **2.** *átv:* embrigadement *m*
besóz saler; mettre dans le sel
besötétedik s'obscurcir; *(este)* la nuit tombe
besötétít obscurcir; enténébrer; embrunir
bestia [-ák, -át, -ája] **1.** *(állat)* la brute; **2.** *(nő) a* ~ **la rosse!** *(férfi) a* ~*!* la brute!
bestiális [~ak, ~t] bestial, -e
bestoppol remmailler; raccommoder
besúg rapporter; dénoncer (à q)
besugárzás irradiation *f*
besúgó *készülék* appareil *m* à rayons X
besúgó indicateur; délateur, -trice *n;* rapporteur, -euse *n;* mouchard, -e *n biz*
besurran se faufiler; se glisser; entrer à pas furtifs *v* feutrés; se couler
besüllyed 1. ~ *vmibe* s'enfoncer dans qc; **2.** *átv:* sombrer (dans)
besüllyeszt 1. enfoncer; **2.** *műsz:* encastrer
besüpped 1. *(vmibe)* s'enfoncer; s'enliser; *(sárba)* s'embourber; **2.** *(talaj)* s'effondrer
besűrít *konyh:* réduire; condenser; concentrer
beszabályoz 1. régler; équilibrer; **2.** *(célba)* pointer
beszáguld I. *(tgyl i)* entrer à fond de train *v* au galop; **II.** *(tgy i)* parcourir à fond de train
beszajkóz apprendre comme un perroquet

beszakad 1. s'effondrer; crever; *a tető* ~ **le toit s'abat; 2.** *(szövet)* se déchirer; fendre; *(feszes felület)* crever
beszakadás effondrement; affaissement *m*
beszáll 1. *(autóba, kocsiba)* monter; prendre place; *(hajóba, repülőgépbe)* monter à bord de qc; *beszállni! en voiture!* **2.** *biz: én is* ~*ok* j'en suis, moi aussi
beszállás l'entrée des voitures
beszállásol loger; cantonner
beszállásolás logement *m*
beszállingózik pénétrer *v* arriver un à un
beszállít 1. transporter; **2.** *(beteget)* admettre (à l'hôpital)
beszállítás 1. transport *m;* livraison; remise *f;* **2.** *(kórházba)* admission *f*
beszámít 1. comprendre; compter; mettre en compte; faire entrer en ligne de compte; *(javára)* bonifier qc à q; **2.** *(időt, követelést)* imputer qc sur qc
beszámíthatatlan 1. non imputable; **2.** *(tettes)* irresponsable
beszámíthatatlanság défaut *m* de discernement; incapacité; irresponsabilité morale
beszámíthatóság 1. imputabilité *f;* **2.** responsabilité *f;* discernement *m*
beszámol *(vmiről)* rendre compte de qc; rendre raison de qc; relater qc
beszámoló compte rendu; exposé *m;* *(jelentés)* rapport moral; ~*t tart* faire un tour d'horizon
beszappanoz savonner; *(borbély)* barbouiller de savon
beszárad sécher; se désécher
beszed 1. *(szavazatokat)* recueillir; **2.** *(kényszerrel)* réquisitionner; **3.** *(pénzt)* encaisser; recouvrer; percevoir; faire rentrer; *(vmi után)* faire la recette de qc; **4.** *(orvosságot)* prendre; absorber
beszéd [~ek, ~et, ~e *v* ~je] **1.** *(az emberi beszéd)* la parole; **2.** *(a beszéd módja)* le parler de q; débit; langage *m;* **3.** *(hangképzés)* articulation *f;* **4.** *(élő, mindennapi stb.)* langage; **5.** *(amit mond vki)* paroles *f pl;*

beszedés récit *m;* **6.** *irod:* discours *m;* harangue *f;* (*rövidebb*) allocution *f;* (*egyházi*) sermon *m;* conférence *f;* **7.** (*szólásokban:*) ez csak (*afféle*) ~ c'est une manière *v* une façon de parler; *ez már* ~! voilà ce qui s'appelle parler! *micsoda* ~ *ez?* en voilà une idée! ~*be elegyedik* engager une conversation avec q; *egy* ~*et kiváz* improviser un discours **beszédés 1.** (*kényszerrel*) réquisition *f;* **2.** (*pénzé*) encaissement; recouvrement *m;* perception *f*
beszédes [~ek, ~t; ~en] loquace; parlant, -e; parleur; verbeux, -euse; communicatif, -ive; ~ *példa* un exemple qui parle
beszédesség loquacité; volubilité; faconde; verbosité *f*
beszédfordulat locution; tournure *f*
beszédgyakorlat exercice *m* de conversation; *beszéd- és értelemgyakorlat* leçon *f* de choses
beszédhiba 1. *orv:* défaut *m* de prononciation; **2.** *nyelv:* faute de langage; incorrection *f;* barbarisme *m*
beszédhibás déficient(e) de la voix parlée *v* du langage
beszédmód accent *m;* élocution *f;* débit *m*
beszédtéma sujet *m* de conversation
beszédzavar *orv:* trouble *m* de la parole
beszeg ourler; border; (*hímzést*) enclore
beszegez clouer; (*ajtót*) condamner
beszegődik s'engager; prendre service; entrer en condition
beszél [~tem, ~t, ~jen] **I.** (*tgyl i*) **1.** parler; **2.** *vmely nyelven* ~ parler une langue; **3.** ~ *vkivel* parler à *v* (*biz*) avec q; s'entretenir avec q; ~ *vkivel vmiről* parler à q de qc; causer avec q de qc; *a kezével, a tekintetével* ~ parler du geste, du regard; (*telefonban*) *ki* ~? qui est à l'appareil? *mással* ~ occupé; X . . .- *szel* ~*ek?* (*telefonon*) Je suis chez M. X . . .? *kivel* ~*ek?* à qui ai-je l'honneur de parler? ~*jen!* expliquez-vous! *ne* ~ *jen!* .aisez-vous! ~*jünk másról!* parlons d'autre chose; ~*jünk*

beszerez
világosan! parlons français! *vele lehet* ~*ni* on peut s'arranger *v* causer avec lui; *nem lehet vele* ~ *a)* il ne veut pas entendre raison; *b)* (*nem fogad*) il n'est pas visible; *másról kezd* ~*ni* changer de conversation; *szeretnék* ~*ni X. úrral* je demande à voir M. X.; *jobb arról nem* ~*ni* n'en parlons pas; *hiába* ~ il a beau dire; *könnyen* ~ il a le don de la parole; *maga könynyen* ~ vous en parlez bien à votre aise; *magában* ~ parler tout seul; parler dans sa barbe; *amint* ~*ik* à ce qu'on dit; **II.** (*tgy i*) **1.** dire; *mit* ~? qu'est ce qu'il dit? *túl sokat* ~ parler trop; verbiager; *miket* ~ *ez?* qu'est-ce qu'il vient nous chanter? **2.** parler; *jól* ~*i a francia nyelvet* il parle bien le français
beszélget [~tem, ~ett, -gessen] causer de qc; converser; discourir de qc; s'entretenir avec q de qc
beszélgetés 1. conversation; causerie *f;* entretien *m;* *szính:* dialogue *m;* **2.** (*telefonon*) communication (téléphonique) *f*
beszélő [~k, ~t] **1.** *nyelv:* sujet parlant; **2.** *rád:* (*hangjáték összekötő szövegét mondó*) récitant *m;* **3.** (*több közül*) interlocuteur, -trice *n*
beszélőfilm film parlant; le parlant
beszélőszerv organe phonateur *v* de la voix
beszélt [~ek, ~et] parlé, -e; ~ *nyelv* langue parlée; (*szemben az irodalmival*) langage familier
beszentel *egyh:* **1.** (*templomot*) consacrer; dédier; **2.** (*mást*) bénir
beszentelés *egyh:* **1.** (*templomé*) consécration *f;* **2.** (*másé*) bénédiction *f;* (*halotté*) absoute *f*
beszennyez 1. souiller; salir; polluer; maculer; **2.** *átv:* souiller; salir; flétrir; profaner; ternir
beszerel installer; poser; mettre en place; monter
beszerelés installation; pose; mise *f* en place; montage *m*
beszerez I. (*tgyl i*) s'approvisionner; **II.** (*tgy i*) **1.** se procurer qc; faire l'acquisition de qc; (*készletet*) faire

provison de qc; 2. ~ vmit vkinek procurer qc à q; 3. adatokat ~ vkiről prendre v recueillir des renseignements sur q
beszervez rallier; associer (vmibe: à qc); (rossz ért.) enrôler; (szakszervezetbe) syndiquer; organiser; ~ a pártba affilier au parti
beszervezés ralliement m; (többeké egy csoportba) organisation f; (pártba, csoportba) affiliation f
beszerzés 1. acquisition f; achat; approvisionnement m (en qc); 2. (híreké) service m d'informations; az adatok ~e enquête f
beszerzési ár prix m de revient; ~ forrás source f d'approvisionnement; ~ költség dépenses f pl d'achat; frais m pl d'acquisition; ~ osztály service m des achats
beszí(v) 1. aspirer; inspirer; humer; inhaler; 2. (nedvességet) absorber; boire
beszivárgás (in)filtration f; (falaké) suintement m
beszivárog s'infiltrer; (falról nedvesség) suinter
beszívó aspiratoire
beszívódik être aspiré(e) v absorbé(e)
beszól (vkihez) passer chez q; ~ vkiért venir prendre q
beszolgáltat livrer v remettre (à l'autorité)
beszolgáltatás 1. livraison v remise f aux autorités; 2. mez: livraison f; les prélèvements sur la récolte; stockage m; állami ~ livraisons à l'État; (termése) prestations f pl en nature
beszolgáltatási kötelezettség obligation f de stockage v de livraison
beszór 1. (porral) saupoudrer (de qc); 2. (földet virággal, gallyal) joncher (de)
beszorít 1. (tárgyat) faire entrer de force; coincer; 2. (csavart stb.) refouler; serrer
beszorul 1. être pris(e) (dans v entre); se coincer (dans); 2. (vki) être acculé(e) (contre qc)
beszögellés rentrant; angle rentrant
Besszarábia [-át] la Bessarabie

beszúr 1. enfoncer; piquer; (cölöpöt) ficher; 2. (közbe) insérer; intercaler; interpoler
beszűkül se rétrécir
beszűkülés rétrécissement m
beszűrődik s'infiltrer; (fény) être tamisé(e) par qc
béta [-ák, -át, -ája] bêta m
betábláz transcrire v inscrire (sur le registre du conservateur des hypothèques)
betájol 1. (műszert) mettre au point; 2. ép: orienter
betakar 1. (re)couvrir de qc; envelopper dans qc; 2. (szőlőt) butter
betakarít (termést) rentrer; engranger
betakaródzik vmibe vmivel s'envelopper dans qc; se (re)couvrir de qc
betanít 1. dresser; styler; entraîner; (madarat) seriner; 2. vkit vmire (faire) apprendre qc à q; 3. (leckét) faire apprendre par cœur; (hogy mit mondjon) endoctriner; faire la langue v le bec à q
betanul se styler; prendre le pli; faire un apprentissage; ~ vmit apprendre par cœur; étudier
betapaszt boucher; obturer; calfeutrer
betáplál műsz: alimenter
betársul vmibe commanditer qc
betart 1. boucher avec la main; 2. átv. ld: megtart
beteg [~ek, ~et] I. (mn) malade; souffrant, -e; (kissé) indisposé, -e; II. (fn) 1. malade n; (orvosé) client; patient, -e n; (kezelés közben) a ~ le sujet; 2. (szólásokban:) ennek a ~e il est sous le coup de cet événement; ~re dolgozza magát se tuer de travail
betegágy 1. lit m d'hôpital; 2. lit de souffrance
betegállomány contingent v effectif m des malades; ~ban van être en congé de maladie
betegápolás soins m pl des malades v à donner aux malades; service v d'infirmier
betegápoló, -nő infirmier, -ière n; garde-malade n
betegbiztosítás assurance maladie f

betegen malade; alité, -e; ~ *fekszik* être alité(e); garder de lit
beteges [~ek, ~et] débile; maladif, -ive; souffreteux, -euse; valétudinaire; *(jelenség)* morbide; pathologique; maladif, -ive; ~ *állapot* état morbide *m*; ~ *arc* v *kinézés* mine chétive; ~ *félelem (vmitől)* phobie *f* (de qc); ~ *külső* air *v* aspect débile *m*
betegeskedés maladies fréquentes; santé précaire *v* délabrée; indispositions *f pl*
betegeskedő [~k, ~t] souffreteux, -euse; égrotant, -e
betegesség 1. santé débile *v* délicate; **2.** morbidité *f;* aspect pathologique *m*
betegfelvétel admission *f* à l'hôpital
betegkoszt régime *m;* diète *f*
beteglap 1. *(kórházi)* feuille *f* d'observation; **2.** *(biztosítási)* feuille de maladie; *dolgozó* ~*ja* bulletin *m* d'exemption du travail
beteglátogatás visite *f* (des *v* aux malades)
beteglelkű I. *(mn)* aliéné; déséquilibré, -e; psychopatique; **II..** *(fn)* aliéné; déséquilibré, -e; psychopathe *n*
betegpénz *ld* **táppénz**
betegség maladie; affection *f;* mal *m;* ~ *elleni biztosítás* assurance *f* (en cas de) maladie; ~*be esik* contracter *v* attraper une maladie; *egy* ~*et kezel* soigner *v* traiter une maladie; *egy* ~*et megállapít* établir le diagnostic (d'une maladie)
betegsegélyezés assurance-maladie *f*
betegsegélyző *egylet* caisse *f* d'assurance mutualiste; ~ *pénztár* caisse maladie i
betegségi [~t] **1.** morbide; pathologique; **2.** ~ *biztosítás* assurance-maladie *f*
betegszabadság congé *m* de maladie *v* de convalescence
betegszállító *autó* ambulance-automobile *f*
betegszoba chambre *f* de *v* pour malade; infirmerie *f*
beteker enrouler; envelopper
betekint 1. jeter un coup d'œil dans qc; parcourir qc; ~ *az aktákba* prendre communication du dossier; **2.** *(vkihez)* entrer pour un moment
betekintés inspection *f;* examen *m*
betelepedik s'établir; s'installer (dans la place); ~ *egy helyre* établir sa demeure en un lieu
betelepít 1. *(behoz)* introduire; acclimater; **2.** *(vmivel)* peupler de qc; **3.** *(vkit)* (faire) établir; peupler de ...
betelepül 1. *(nép)* s'établir; immigrer; **2.** *(hely)* être colonisé(e)
betelik 1. s'emplir; ~ *a mérték* la mesure est comble; **2.** *(vmivel)* se rassasier *v* se repaître de qc
beteljesedés accomplissement *m;* réalisation *f; az idők* ~*e* la consommation des siècles
betemet 1. *(tárgyat)* enterrer; enfouir; **2.** *(árkot)* combler
betér passer chez q; entrer; *útközben* ~ faire escale
beterjeszt présenter; porter devant q; soumettre à q
betesz 1. *(szekrénybe stb.)* mettre; ranger; placer; poser; *(fiókba)* serrer; **2.** *(bedug)* introduire; engager; faire entrer; **3.** ~*i az ajtót, könyvet* fermer la porte, le livre; **4.** *(bankba)* déposer
betét [~ek, ~et, ~je] **1.** pièce intercalaire *f;* joint *m;* **2.** *(ruhadarabon)* empièchement *m;* **3.** *(cipőben)* cambrure *f;* **4.** *(telekkönyvi)* feuille *f* du registre foncier; **5.** *(színdarabban)* partie chantée; **6.**. *(bankban)* dépôt *m; látra szóló* ~ dépôt à vue; *kötött* ~ dépôt à terme
betéti *kamatláb* taux *m* d'intérêt
betétkönyv livret *m* de caisse d'épargne
betetőz mettre le comble à qc; couronner; (par)achever
betétszámla compte *m* de dépôt
betéve 1. fermé, -e; **2.** ~ *tud* savoir par cœur
betevő I. *(mn)* qui met dedans; *nincs* ~ *falatja* il n'a rien à se mettre sous la dent; **II.** *(fn)* déposant; épargnant *m*
betilt interdire; prohiber; défendre; supprimer
Betlehem [~et] Bethlehem *m*

betlehemes [~ek, ~et] montreur m de la crèche
betódul 1. envahir qc; inonder qc; faire irruption; 2. (víz, tömeg) s'engouffrer dans qc
betol introduire; engager; pousser
betolakodik se faufiler; s'insinuer; s'introduire de force (dans)
betoldás 1. (ruhán) pièce de rapport v rapportée; 2. (szövegé) interpolation; intercalation f; 3. (a szöveg) interpolation; morceau ajouté
beton [~ok, ~t, ~ja] béton m
betonburkolat revêtement m de v en béton
betonfödém plafond bétonné v en béton
betonhabarcs béton aggloméré v moulé
betonkeverőgép bétonnière f; malaxeur m à béton
betonmunkás bétonneur m
betonoz [~tam, ~ott, ~zon] bétonner
betonréteg lit m de béton
betoppan [tam, ~t, toppanjon be] tomber chez q (comme une bombe); váratlanul ~ tomber du ciel
betorkol(lik) 1. s'aboucher; 2. (folyó) déboucher (dans)
betölt 1. (folyadékot) verser; 2. (teret) emplir; remplir; 3. (lyukat, árkot) combler; 4. (illat a szobát) remplir; embaumer; 5. ~ egy állást remplir ses fontions; 6. (kort) accomplir; 7. hiányt tölt be combler une lacune; igéretét ~i accomplir sa promesse
betöm 1. boucher; obturer; tamponner; (hasadékot) obturer; calfeutrer; (kóccal) étouper; 2. (fogat) obturer; 3. (árkot) combler; remblayer; 4. vkinek a száját ~i (átv. is) mettre un bâillon à q; 5. (eltöm) engorger; obstruer
betömődik s'engorger; s'obstruer
betör I. (tgy i) 1. (ablakot) casser; briser; (ajtót) enfoncer; foncer; 2. ~te a fejét il s'est cassé la tête; 3. átv: (vkit) ployer (à sa volonté); II. (tgyl i)) 1. (vkihez) forcer la porte de q; 2. (ellenség) envahir le pays; 3. (végigrabolva) razzier qc; 4. (betörő) cambrioler qc

betörés 1. (ablaké) bris m; (ajtóé) enfoncement m; 2. (ellenségé) invasion f; (fronton) poche f; 3. a hideg ~e l'offensive du froid; 4. (bűntett) cambriolage m
betörik 1. se casser; se briser; 2. (ember) plier; ployer
betörő [~k, ~t, ~je] cambrioleur m
betud 1. (összeget) imputer qc sur q; 2. (vmit vkinek javára) savoir gré à q de qc; (büntetésbe) décompter; 3. átt: mettre sur le compte de q v de qc; attribuer à qc
betudható 1. imputable; 2. attribuable
betű [~k, ~t, ~je] 1. lettre f; caractère m; kis ~ minuscule f; nagy ~ majuscule f; ~ szerint littéralement; au pied de la lettre; ~ről ~re littéralement; 2. nyomd: (nyomtatott) ~ caractère v lettre d'imprimerie; 3. mat: ~kkel kifejezett littéral, -e; 4. (monogram) chiffre m; initiales m pl
betűhív; betűhű littéral, -e
betűkar (írógépen) (levier) porte-caractère m
betűr 1. ~i ingét rentrer sa chemise; 2. (behajtva) replier; ramener en dedans
betűrejtvény logographe m; (négyzetben) mots carrés
betűrend ordre alphabétique m
betűrendes alphabétique; ~ mutató table alphabétique f
betűs [~ek, ~et, ~en] kis ~ en lettres minuscules; nagy ~ en lettres majuscules v capitales; en grosses lettres
betűszó (mot) sigle m
betűtípus sorte f (de caractère); type m
betűvetés l'art de tracer des lettres
I. betűz [~tem, ~ött, ~zön] (olvasva) épeler
II. betűz I. (tgy i) (tüvel) épingler; II. (tgyl i) ~ a nap a szobába embraser v inonder la chambre de ses rayons
betyár [~ok, ~t, ~ja] 1. bandit; brigand m; 2. gúny: filou; coquin m
betyáros [~ak, ~at] crâne; fier
beugraszt; beugrat 1. faire sauter (dans); 2. (becsap) faire monter v marcher

beugrik 1. sauter (dans); **2.** *szính:* doubler (le rôle de) q; **3.** *(cselnek)* se laisser prendre
beutal 1. *(kórházba)* admettre (à); **2.** *(üdülőbe)* obtenir un bon de séjour pour...
beutaz [~tam, ~ott, ~zon] parcourir; visiter
beutazási *vízum* visa *m* d'entrée
beültet 1. *(kocsiba)* faire monter (dans); **2.** *(hivatalba)* installer; **3.** *(növényt)* implanter; mettre en place; **4.** *(földet)* planter *v* emplanter de qc; *(fával)* boiser
beüt I. *(tgy i)* enfoncer; **II.** *(tgyl i)* **1.** *(villám)* frapper qc; tomber sur qc; **2.** *(ellenség)* envahir qc; faire irruption (dans); **3.** *(vállalkozás)* réussir
beütemez étaler; *(egy tételt)* insérer
beüvegez vitrer
bevádol *(vki előtt)* dénoncer à q; incriminer de qc
bevág I. *(tgyl i)* **1.** *(vmibe)* inciser qc; faire une incision à qc; faire une entaille dans qc; **2.** *a gránát ~ott a házba* l'obus a donné en plein dans la maison; **3.** *zen:* entrer; **II.** *(tgy i)* ~ *egy ablaktáblát* poser une vitre
bevágás incision, taillade; coupure *f;* *(rovásszerű)* encoche *f*
bevagdal; bevagdos taillader
beváj excaver; *~ja magát* s'enfouir
bevakol crépir; ragréer; ravaler
beválaszt élire
beválik 1. faire ses preuves; répondre à l'attente; **2.** se réaliser; s'accomplir
bevall 1. *(hibát)* avouer; reconnaître; s'ouvrir à q; *~ja hibáját* avouer *v* confesser sa faute; **2.** *egyh:* *~ja bűneit* accuser ses péchés; **3.** *(vámot stb.)* déclarer; **4.** *~ja szerelmét* déclarer *v* avouer sa flamme; *~om, nem volt igazam* j'ai eu tort, je le confesse
bevallás 1. aveu *m;* confession *f;* **2.** *(hivatali)* déclaration *f;* ~ *elmulasztása* non-déclaration *f*
bevallott [~ak, ~at] **1.** avoué, -e; *be nem vallott* inavoué, -e; **2.** *hiv:* déclaré, -e; **3.** *ált:* déclaré, -e

bevált 1. *(pénzt)* changer; **2.** *(értékpapírt)* rembourser; **3.** *(vmire)* convertir en qc; **4.** *(ígéretet)* tenir; remplire; réaliser
beváltható 1. convertible; **2.** *(csekk)* payable
bevándorlás immigration *f;* établissement *m*
bevándorol I. *(tgyl i)* immigrer; s'établir; **II.** *(tgy i)* *(egy országot stb.)* parcourir
bevár attendre; laisser venir; venir voir
bevarasodik se recouvrir d'une croûte; se cicatriser
bevarr 1. coudre; recoudre; **2.** *orv:* recoudre; suturer
bevasal 1. repasser; **2.** *biz:* *(pénzt)* faire rembourser rubis sur l'ongle
bevásárlás achat *m;* acquisition *f;* emplettes *f pl*
bevásárlási *ár* prix *m* d'achat; ~ *osztály* service *m* d'achats
bevásárol I. *(tgyl i)* faire le *v* son marché; faire ses commissions *v* emplettes; s'approvisionner; *(nagyban)* faire des achats; **II.** *(tgy i)* **1.** *(vmit)* faire provision de qc; s'approvisionner de qc; **2.** *biz:* *ezzel alaposan ~t* il l'a payé cher; il s'est laissé monter le coup
bevégez finir; achever; terminer; accomplir; *(áldozatot)* consommer
bevégzés achèvement *m;* terminaison; fin; consommation *f*
bevehetetlen inexpugnable; imprenable
bever 1. enfoncer; planter; cogner; faire entrer; **2.** *(cöveket, cölöpöt)* ficher (en terre); planter; enfoncer; **3.** *(ablakot)* casser; briser; **4.** *~te a fejét a falba* il a donné de la tête contre le mur; **5.** ~ *vkinek a fejébe vmit* enfoncer dans la tête de q; inculquer à q
bevérez ensanglanter; souiller de sang
bevérzés *orv:* hémorragie *f*
bevés 1. graver (en creux); tailler; **2.** *(rovásszerűen fát)* hocher; **3.** *átv:* imprimer *v* inculquer à q
bevesz 1. *(ablakon át)* introduire; **2.** *(pénzt)* réaliser un bénéfice de...

sur qc; toucher; 3. *orv*: prendre; ingérer; absorber; *nem veszi be a gyomrom* je ne peux pas le sentir; 4. *kat*: ~ *vmit* amener qc à reddition; 5. *(szagot)* imprégner *v* se pénétrer de qc; 6. *(ruhán)* reprendre; 7. *(vmibe)* comprendre; 8. *(jegyzékbe)* insérer *v* inscrire dans qc; 9. *~i magát vhová* s'installer; prendre pied; s'implanter
bevet 1. ensemencer de qc; 2. *(kenyeret)* enfourner; mettre au four; 3. *hal*: *~i a hálót* jeter le filet; 4. *kat*: faire donner; engager
bevétel 1. *(városé)* prise *f*; 2. *(szövegbe)* inclusion; insertion *f*; 3. *(vkié)* admission *f*; 4. *(orvosságé, méregé)* ingestion; absorption *f*; 5. *(pénzbeli)* recette *f*; *tiszta* ~ produit *v* rendement net
bevételez porter en recette
bevételi *napló* livre *m* de recette(s) *v* des entrées; ~ *mérleg* balance *f* d'entrée
bevetés 1. *kat*: action *f*; 2. *átv*: *belső ipari tartalékok ~e* la mobilisation des ressources intérieures; 3. *mez*: ensemencement *m*
bevetetlen inensemencé, -e; inculte
bevett [~ek, ~et] 1. *orv*: absorbé; ingéré, -e; 2. *átv: ez ~ szokás v dolog* c'est un usage reçu *v* consacré
bevezet 1. *(vkit)* introduire; faire entrer; 2. *(vmit)* introduire; insinuer; 3. *(vkit vmibe)* initier q à qc; 4. *~i a villanyt, a gázt* installer l'électricité, le gaz; 5. *(árut)* lancer; 6. *(könyvbe)* porter sur qc; 7. *ker*: passer; entrer; 8. *ált*: introduire; introniser; *be van vezetve* avoir cours
bevezetés 1. *(vkié)* introduction *f*; 2. *(gázé, villanyé)* installation *f*; 3. *(árué)* lancement *m*; 4. *(vmibe)* mise *f* au courant; *(titokba stb.)* initiation *f*; 5. *(könyvé, tudományba)* introduction; 6. *(szokásé)* introduction; 7. *(könyvbe)* enregistrement *m*; inscription *f*; 8. *(beszédben)* préambule *m*; 9. *ált*: préliminaires *m pl*
bevezető I. *(mn)* 1. ~ *csatorna* canal adducteur; 2. *átv:* initial, -e; 3.

initiateur, -trice; II. *(fn)* 1. introducteur, -trice *n*; 2. *ld*: **bevezetés** 5.—8.
bevisz 1. *(vmit)* porter; (faire) entrer; introduire; 2. *(árut)* importer; 3. *(vkit)* faire entrer; emmener
bevitel importation; entrée *f*; *a ~ korlátozása* la réglementation des importations
bevizez mouiller; humecter; humidifier
I. **bevon** 1. *(ami kinn van)* rétracter; rentrer; ~ *a forgalomból* retirer de la circulation; 2. *haj*: *(vitorlát)* affaler; 3. *~ja a lobogóját* amener son drapeau; 4. ~ *vkit vmibe* intéresser q à qc
II. **bevon** 1. *vmivel* ~ (re)couvrir *v* garnir de qc; *(bélelve)* capitonner; *(fémmel)* recouvrir de qc; *(aranynyal)* doubler; *(ezüsttel)* plaquer; *(mázzal)* engober; 2. *konyh*: enrober; 3. *(lerakódás)* incruster
bevonat 1. garniture *f*; 2. revêtement *m*; 3. *konyh*: glace *f*
bevontat 1. remorquer; 2. *(kikötőbe)* amener en rade; *(pályaudvarra)* amener à quai
bevonul 1. *kat*: faire son entrée; entrer; 2. *kat*: être incorporé; ~ *ezredéhez* rejoindre son régiment
bevonulás 1. entrée *f*; défilé *m*; 2. *kat*: incorporation; reprise *f* du service
bezár 1. enfermer; fermer à clef; serrer *v* mettre sous clef; *(vmibe)* serrer; 2. *(foglyot)* enfermer; emprisonner; mettre aux arrêts; 3. *isk*: mettre en retenue *v* en pénitence; 4. *(iskolát, üzletet)* fermer; clore; 5. *(ünnepségeket)* clôturer; 6. *az ülést ~ja* lever la séance
bezárás 1. fermeture *f*; 2. *(fogolyé)* emprisonnement *m*; incarcération *f*; *(jogtalan)* séquestration *f*; 3. *isk*: retenue *f*; 4. *(ülésé)* levée *f* (de séance); *(ülésszaké, évadé)* clôture *f*
bezárkózik 1. s'enfermer à clé; condammner sa porte; 2. *átv:* ~ *vmibe* se confiner dans qc

bezáródik 1. (se) fermer; se clore; **2.** *átv:* se terminer
bezárólag inclusivement; ... inclus(e)
bezörget frapper *v* heurter à la porte *v* à la fenêtre (de q)
bezúz casser; éventrer; enfoncer
bezzeg certes; à coup sûr
bezsúfol 1. *(embert)* masser; encaquer; **2.** *(dolgot)* comprimer; empiler
biankó en blanc; ~ *váltó* traite *f* en blanc
bibe [-ék, -ét, -éje] *növ:* stigmate *m*
bíbelődik [~tem, ~ött, ~jék *v* ~jön] s'occuper à qc; perdre son temps à *(inf);* apróságokkal ~ tatillonner
bibeszál style *m*
bíbic [~ek, ~et, ~e] *áll:* vanneau *m*
bibircsók [~ok, ~ot, ~ja] verrue *f*
biblia [-ák, -át, -ája] la Bible
bibliai [~t] biblique; ~ *történet* histoire sacrée
bibliamagyarázat exégèse; homélie *f*
bibliapapír papier-pelure *m*
bibliofil I. *(mn)* ~ *kiadás* édition *f* pour amateurs; **II.** *(fn)* bibliophile; amateur *m* de livres
bibliográfia [-ák, -át, -ája] bibliographie *f*
bíbor [~ok, ~t, ~a] pourpre; écarlate *f*
bíborcsiga murex; bigorneau *m*
bíborhere *növ:* trèfle incarnat *v* annuel
bíbornok [~ok, ~ot, ~a] *egyh:* cardinal *m*
bíbornoki [~ak, ~t] *egyh:* cardinalice; ~ *rangra emel* élever à la pourpre; *a* ~ *testület* le Sacré Collège
bíboros [ok, ~t, ~a] *ld:* bíbornok
bíborpalást pourpre *f;* manteau *m* de pourpre
bíborszín pourpre *f*
bíbortetű; *igazi* ~ cochenille *f*
bíborvörös pourpre; pourpré, -e
biccent [~ettem, ~ett, ~sen] *(egyet a fejével)* faire signe de la tête
biceg [~tem, ~ett, ~jen] clopiner; boitiller; clocher
bicikli [~k, ~t, ~je] bicyclette *f;* vélo *m; ~n* à vélo; à bécane
biciklista [-ák, -át, -ája] cycliste *n*
biciklizés cyclisme *m*
biciklizik [~tem, ~ett, ~zék *v* ~zen] pédaler; monter à bicyclette
biciklíző cycliste *n*
bicska [-ák, -át, -ája] canif; couteau *m* de poche
biedermeier *stílus (franciáknál kb:)* style Louis-Philippe *v* louis-philippard; *(másutt kb:)* «bidermeyer»
bifláz [~tam, ~ott, ~zon] *biz:* potasser; piocher qc; *a latint* ~*za* bûcher le latin
bifsztek [~ek, ~et, ~je] bifteck *m*
bigámia [-ák, -át, -ája] bigamie *f; -ában élő (ember)* bigame *m*
bigott [~ok, ~ot; ~an] bigot, -e *n*
bika [-ák, -át, -ája] **1.** taureau *m;* **2.** *csill:* a *Bika* le Taureau; **3.** *(szarvas~)* (grand) cerf; dauget *m*
bikacsök [~ök, ~öt; ~e] nerf *m* de bœuf
bikaerős fort comme un bœuf
bikaviadal course de taureau; corrida *f*
biliárd [~ok, ~ot, ~ja] billard *m*
biliárddákó queue *f*
biliárdgolyó bille *f; fehér* ~ blanche *f; vörös* ~ carambole *f*
biliárdozik [~tam, ~ott, ~zék *v* ~zon] jouer au billard
bilincs [ek, ~et, ~e] **1.** *(mat)* menottes *f pl; (régi)* fers *m pl; leoldja a* ~*eket* ôter les menottes; *vkit* ~*be ver* passer les menottes à q; charger q de fers; **2.** *átv:* chaîne *f;* fers; liens *m pl;* ~*ekbe ver* ligoter; *szét töri* ~*eit* rompre ses liens
bilincsel [~tem, ~t, ~jen] **1.** passer les menottes à q; mettre les fers à q; **2.** *átv: vkihez* ~ river à q
billeg [~tem, ~ett, ~jen] **1.** branler; vaciller; **2.** se dandiner
billen [~tem, ~t, ~jen] **1.** *(fej)* se remuer; *(gép)* basculer; faire la bascule; **2.** *(megbillen)* trébucher
billenő [~k, ~t, ~en] ~ *(farú) teherautó* camion tombereau *m;* ~ *nyomaték* moment basculant
billenőautó camion-benne *m*
billenőcsille benne *f v* wagonnet *m* à bascule
billenőeke charrue balance *v* brabant *f*

billent [~ettem, ~ett, ~sen] I. *(tgy i)* remuer; ébranler; faire basculer; *a mérleget vki javára ~i* faire incliner la balance en faveur de q; II. *(tgyl i) fejével ~ (tagadólag)* hocher *v* branler la tête
billentyű [~k, ~t, ~je] 1. *(zongorán, orgonán, gépen)* touche *f*; 2. *(távíróé)* manipulateur, -trice *n*; 3. *orv: (szívé)* valvule *f*
billió [~k, ~t, ~ja] billion *m*
bimbó [~k, ~t, ~ja] 1. bouton *m*; *növ*: ~ *alakú* gemmacé, -e; 2. *(mellen, tőgyön)* mamelon *m*
bimbózik [~ott, ~zék *v* ~zon] boutonner
binér *mat*: binaire
binóm [~ot] *mat*: binôme *m*
binomiális *tétel* formule *f* du binôme
bioelektromos bioélectrique
biográfia [-ák, -át, -ája] biographie *f*
biológia [-ák, -át, -ája] biologie *f*
bioszféra biosphère *f*
bipoláris [~ak, ~at; ~an] bipolaire
bír [~tam, ~t, ~jon] I. *(tgy i)* 1. posséder qc (en propre); détenir qc; 2. *(kibír vmit)* résister à qc; *nem ~om tovább a)* je n'en peux plus; *b)* je suis à bout de forces; *amennyire ~om* de mon mieux; *~ja az iramot* soutenir un effort; 3. *jól ~ja magát (korához képest)* il porte bien son âge; *(vagyonilag)* avoir du bien au soleil; 4. ~ *(inf)* pouvoir *(inf)*; parvenir à *(inf)*; être à même de *(inf)*; 5. *(kibír vkit)* souffrir q; *nem ~om ezt az embert* je ne peux pas sentir *v* souffrir cet homme; 6. *(vmire)* déterminer *v* décider *v* amener à *(inf)*; *hallgatásra ~* imposer silenc à q; II. *(tgyl i) (vkivel, vmivel)* venir à bout de q *v* de qc; *nem ~ magával* il n'est plus à lui
bírál [~tam, ~t, ~jon] critiquer; censurer; *erősen ~ vkit* gloser sur q; *részletesen ~* faire l'analyse (d'un livre)
bírálat [~ok, ~ot, ~a] critique *f*; compte rendu *m*; censure *f*
bíráskodási *jog* juridiction *f*
bíráskodik [~tam, ~ott, ~jék *v* ~jon] 1. rendre la justice; dire le droit;

2. *(vmiben)* juger qc; connaître de qc; statuer sur qc; 3. *(vki fölött)* juger q; juger les différends de q
birka [-ák, -át, -ája] mouton *m*; brebis *f*
birkabőr peau *f* de mouton; *(kikészített)* cuir *m* de mouton
birkacomb gigot *m* de mouton
birkahús viande *f* de mouton
birkanyáj 1. troupeau *m* de moutons; 2. *átv*: moutonnaille *f*
birkanyírás tonte; tondaison *f*
birkatürelem une patience de saint *v* de Job
birkózás 1. lutte *f*; corps à corps *m*; 2. *sp*: lutte
birkózik [~tam, ~ott, ~zék *v* ~zon] lutter (avec)
birkózó [~k, ~t, ~ja] lutteur *m*
bíró [bírák, *v* bírók, bírót, bírája *v* bírója] 1. juge; magistrat *m*; 2. *(választott)* arbitre *m*; 3. *sp*: (juge-)arbitre *m*; 4. *(szólásokban:)* ~ *és fél egy személyben* être juge et partie; *~t választ* élire un arbitre
birodalmi [~ak, ~t] impérial, -e
birodalom [-lmak, -lmat, -lma] empire *m*; monarchie *f*
bírói [~t] judiciaire; de justice; ~ *itélet v határozat* décision *f* de justice; ~ *gyakorlat* pratique judiciaire *v* reçue; jurisprudence *f*; ~ *hatáskör* compétence; juridiction *f*; ~ *illetékesség* la compétence du tribunal; ~ *joghatóság* juridiction *f*; *a* ~ *kar* le tribunal la magistrature; ~ *végzés* mandat *m* de justice; *(magán- és polgári peres eljárásban:)* arrêt *m*; ~ *zár(lat)* séquestre judiciaire *m*
birokra *kel* en venir aux mains; se colleter
bíróság 1. la justice; le tribunal; 2. *(mint tevékenység)* juridiction; judicature *f*; ~ *elé visz* traduire en justice; ~ *elé idéz* décréter d'ajournement personnel; ~ *előtt* en justice; *(büntetőügyben)* à la barre; ~*on kívül* extrajudiciairement
bírósági [~t; ~lag] *ld*: **bírói**; ~ *határozat* arrêt *m*; ~ *jegyző* greffier *m* au tribunal; ~ *kézbesítés* signification *f*

par huissier; ~ *szakértő* expert judiciaire *v* près les tribunaux; ~ *tanácselnök* président *m* de la chambre; ~ *végrehajtó* huissier *m*; ~ *tárgyalás* débat(s) judiciaire(s) *m (pl)*; audience *f*
birs [~ek, ~et, ~e] **birsalma** [-ák, -át, -ája] coing *m*
bírság 1. amende *f*; pénalité fiscale; *(postai)* surtaxe *f*; ~*gal sújt vkit* frapper d'une amende; ~*ot fizet* payer une amende; 2. *sp*: pénalisation *f*
birsalmafa cognassier *m*
birskörte coing-poire *m*
birtok [~ok, ~ot, ~a] 1. *(föld)* propriété *f*; biens *m pl*; domaine *m*; 2. *ált*: propriété; 3. *(gyarmati)* possession *f*; *Réunion francia* ~ la Réunion est une possession française; 4. *(birtoklás)* possession; jouissance *f*; ~*ba helyez* envoyer en possession; ~*ba visszahelyezés* réintégration *f*; ~*ba vesz* prendre en possession; ~*ában tart* conserver *v* détenir par devers soi; ~*on belül* mains garnies; ~*on belül van* il est en possession
birtokátruházás mutation *f*
birtokbahelyezés réintégration *f* dans la possession de qc
birtokbahelyezési *kérelem* action possessoire *f*
birtokbavétel acte *m v* prise *f* de possession; *(örökség)* saisine *f*
birtokháborítás trouble *m* dans la possession
birtokív feuille cadastrale *f*
birtokközösség indivision, communauté *f*
birtoklap copie *f v* extrait *m* de la matrice cadastrale
birtoklás possession; détention *f*
birtokol [~tam, ~t, ~jon] posséder; détenir
birtokos [~ok, ~at] I. *(mn)* 1. *a* ~ *osztály ld*: **birtokosság**; 2. *nyelv*: ~ *alak v eset v jelző* génitif (possessif); ~ *alak* forme possessive; ~ *névmás* pronom possessif; II. *(fn)* 1. propriétaire *n*; possesseur *m*; détenteur, -trice *n*; *(rangé, állásé)* titu-

laire *n*; 2. *(föld~)* propriétaire terrien
birtokosság classe *f* des propriétaires fonciers; les terriens
birtokper action immobilière *f*
birtokreform réforme agraire *f*
birtokrész parcelle *f*; lopin *m* de terre
birtokvesztés dépossession; confiscation *f* des propriétés
bitang [~ok, ~ot, ~ja] I. *(mn)* 1. *(állat)* animal errant; bétail *m* à l'abandon; *ált*: bien *m* à l'abandon; 2. ~ *ember ld* II.; II. *(fn)* coquin; fripon *m*; fripouille *f*
bitófa potence *f*; gibet *m*
bitorlás usurpation *f*; empiètement *m*
bitorol [~tam, ~t, ~jon] usurper *v* empiéter (sur qc)
bitumen [~ek, ~t, ~e] *ásv*: bitume *m*
bivaly [~ok, ~t, ~a] buffle *m*; *erős, mint egy* ~ être fort comme un taureau
bivalybőr (peau de) buffle *m*
bíz [~tam, ~ott, ~za] 1. *(vkire vmit, vkit)* confier aux soins de q; commettre aux soins de q; 2. *ált*: s'en rapporter *v* s'en remettre à q; *tetszésére* ~*za, hogy* laisser à q à *(inf)*
bizakodik [~tam, ~ott, ~jék *v* ~jon] *(vmiben)* avoir confiance (en qc); *erősen* ~ être plein(e) de confiance
bizalmas [~ak, ~at] I. *(mn)* 1. *(közlés)* confidentiel, -elle; *(ember)* intime; 2. *(hang)* familier, -ière; II. *(fn) vkinek* ~*a* confident, -e; familier, -ière; intime *n*; *pej*: affidé *m*
bizalmaskodás la familiarité; laisser-aller *m*; *(túlságos)* familiarité(s) déplacée(s) *v* choquante(s) *v* indiscrète(s)
bizalmatlan méfiant; défiant, -e; ombrageux, -euse
bizalmatlanság méfiance; défiance *f*; manque *m* de confiance
bizalmatlansági *indítvány* motion *f* de blâme *v* de censure
bizalmi [~ak, ~t] I. *(mn)* de confiance; ~ *állás* poste *m* de confiance; ~ *kérdés* question *f* de confiance; II. *(fn)* 1. homme *m* de confiance; 2. *(választáson)* scrutateur, -trice *n*; 3. responsable *n*

bizalom [-lmat, -lma] confiance f; abandon m; -lmat kelt (vkiben) inspirer (de la) confiance (à q); -lmat szavaz vkinek voter la confiance à q; teljes ~mal en confiance absolue; sans méfiance; ~mal való visszaélés abus m de confiance
Bizánc [~ot] Byzance f
bizánci [~t] byzantin, -e; ~ császárság, birodalom l'empire byzantin; le Bas-Empire
bizarr [~ok, ~t] bizarre
bízik [~tam, ~ott, ~zék v ~zon] (vkiben, vmiben) se fier à q; se confier à q; avoir confiance en q; faire confiance à q; nem ~ vkiben se méfier de q; vall: ~ Istenben se confier à Dieu; ~ a jövőben avoir foi en l'avenir
bizomány commission; f dépôt m; ~ba ad donner en commission; ~ba vesz prendre en commission; ~ban en dépôt
bizományi áruház magasin m de marchandises en commission; ~ raktár dépôt m de consignation
bizományos [~ok, ~t, ~a] commissionnaire; dépositaire n
bizony 1. (erősítő) assurément; certes; à coup sûr; vraiment; ~ Isten! je le jure! Dieu m'en est témoin; de ~! mais si; 2. (megengedő ért.) certes...; voire (mais); pour sûr
bizonygat s'efforcer de soutenir
bizonyít [~ottam, ~ott, ~son] I. (tgy i) 1. démontrer; prouver; faire v fournir v rapporter la preuve de qc; okmányokkal ~ démontrer preuves v pièces en main; ~ egy tényt justifier un fait; 2. (hivatalosan) certifier; attester; 3. (tudományosan) démontrer; faire la démonstration de qc; II. (tgyl i) argumenter; arguer
bizonyítás 1. (tudományos) démonstration; preuve f; a ~ anyaga le matériel des preuves; ~ra nem szorul pouvoir se passer de preuves; 2. jog: production des preuves; a ~ kiegészítését elrendeli ordonner un supplément d'enquête

bizonyíték [~ok, ~ot, ~a] preuve f; argument m; a ~ok la documentation; ~ok hiányában felment acquitter pour insuffisance de preuves; ~ot szolgáltat fournir une preuve; ~ul à titre documentaire; ~ul felhoz invoquer à titre de preuve
bizonyító [~k, ~t; ~an] démonstratif, -ive; probant, -e; documentaire; ~ anyag (bünügyben) les éléments de l'instruction; pièces à l'appui; (tud. műben) documentation f; okirat ~ ereje force probante de l'acte; ~ eszköz preuve f; moyen m de preuve
bizonyítvány certificat m; (szolgálati) états m pl de service; ~t kiállít établir v donner v délivrer un certificat
bizonykodik [~tam, ~ott, ~jék v ~jon] soutenir ferme v mordicus; (fogadkozik) se faire fort(e) de (inf)
bizonylat attestation f
bizonnyal sans doute; certainement; minden ~ à coup sûr
bizonyos [~ak, ~at v ~t] 1. sûr; certain, -e; positif, -ive; annyi ~, hogy il est v il reste v il demeure acquis que; toujours est-il que; nem ~, hogy c'est à savoir si; ~sá tesz confirmer; 2. (egy) ~ (un) certain; tel, telle; (egy) ~ egyén (en) certain individu; un quidam; ~ Dupont nevű egyén le nommé Dupont; 3. ~ esetekben certaines fois; dans certains cas; ~ idő múlva au bout d'un certain temps; 4. je ne sais quel; je ne sais quoi de; 5. egy ~ helyen v helyre (W. C.) quelque part
bizonyosan sûrement; à coup sûr; assurément; certainement; sans doute
bizonyosság certitude f; ~ot szerez acquérir la certitude de qc
bizonyság pièce à l'appui; preuve f; vminek ~a marque f; témoignage; signe m; vminek ~át adja donner témoignage v faire preuve de qc; jog: minek ~ául en foi de quoi
bizonytalan 1. (dolog) incertain; mal assuré; imprécis, -e; vague; (helyzet) précaire; (kimenetelű) douteux, -euse; (magyarázat) flou, -e; ~

bizonytalanság 110 **biztosító**

érzés sensation indéfinissable *f;* ~ *fogalom* idée flottante; ~ *hangon* d'une voix mal assurée; ~ *helyzet situation* précaire *f;* 2. *(ember)* indécis; irrésolu, -e; 3. *(tartás, járás)* hésitant, -e; 4. *(vonalak)* indistinct, -e; vague; imprécis, -e; ~ *fény* lumière vague; faux jour; ~ *szín* couleur louche *f*
bizonytalanság incertitude; imprécision *f;* *(helyzeté)* précarité *f;* ~*ban* en suspens
bizonyul [~tam, ~t, ~jon] *(vminek)* s'avérer; se montrer; se révéler; s'attester *(mind:* qc); *hatástalannak* ~ se révéler inefficace; *jónak* ~ faire sa preuve; *valónak* ~ se confirmer
bizottság comité *m;* commission *f;* ~*ot küld ki* nommer une commission
biztat 1. encourager; animer; enhardir; 2. *(vmire)* encourager à qc *v* à *(inf);* 3. *(vmivel)* flatter de qc
biztatás encouragement *m;* exhortation *f*
biztató [~k, ~t] encourageant; rassurant; engageant, -e; prometteur, -euse
biztonság 1. sûreté; sécurité *f;* ~ *okáért* par mesure de sécurité; ~*ba helyez* mettre en lieu sûr; *(vmi elől)* mettre à l'abri de qc; 2. *(viselkedésben)* assurance *f;* 3. certitude *f*
biztonsági [~t] de sûreté; ~ *határ* marge *v* de sécurité; ~ *rendszabály* mesure *v* de précaution *v* préventive; ~ *szelep* soupape *f* de sûreté; *Biztonsági Tanács* le Conseil de Sécurité; ~ *világítás* éclairage *m* de secours
I. **biztos** [~ak, ~at] I. *(mn)* 1. sûr; assuré; certain, -e; *ez* ~ c'est fixé; *olyan* ~, *mint a halál* c'est comme si le notaire y avait passé; *olyan* ~, *mint hogy kétszer kettő négy* aussi sûr qu'un et un font deux; 2. solide; ferme; ~ *állás* position assurée; *(hivatal)* poste de tout repos; II. *(fn)* ~*ra* à coup sûr; ~*ra megy* il joue au plus sûr; ~*ra vehető, hogy* on peut tenir pour certain que; III. *(hat) ld:* **biztosan**

II. **biztos** commissaire *m*
biztosan 1. *(nem ingatagon)* solidement; d'aplomb; 2. *(jövőre nézve)* sans doute; à coup sûr; certainement; infailliblement; ~ *téved* il doit se tromper
biztosít [~ottam, ~ott, ~son] 1. consolider; affermir; ~*ja a békét* assurer la paix; ~*ja a szabadságot* garantir la liberté; 2. *bány:* braconner; *(fatámokkal)* boiser; 3. *(eredményt, jövőt)* assurer; garantir; 4. *(vmit ellen)* mettre à l'abri *v* à couvert de qc; ~*ja magát* prendre ses sûretés; 5. ~ *vkit vmiről* assurer q de qc; donner des sûretés à q; 6. *(társaságnál)* assurer; ~*ja magát betörés, tűz ellen* s'assurer contre le vol, contre l'incendie
biztosítás 1. *(tárgyé, helyzeté)* consolidation *f;* 2. *bány:* soutènement; boisage *m;* 3. *kat:* couverture *f;* 4. *(jövőre)* sauvegarde; protection; garantie *f;* 5. *(üzleti)* a *Franciaországban kötött* ~*ok* les assurances pratiquées en France; ~ *halál esetére* assurance en cas de décès
biztosítási [~t; ~lag] 1. ~ *csalás* escroquerie *f* à l'assurance; ~ *díj* prime *f* d'assurance; ~ *kötvény* police *f v* contrat *m* d'assurance; 2. *jog:* ~ *lefoglalás* saisie opérée conservatoirement
biztosíték [~ok, ~ot, ~a] 1. garantie; caution *f;* cautionnement *m;* ~*ot ad (pénzbelit)* donner *v* fournir caution; *(zálogot)* nantir; ~*ul lekötött* cautionné, -e; 2. *vill:* plomb *v* fusible *m* (de sûreté); *kiégett a* ~ les plombs ont sauté
biztosító [~k, ~t; ~an] I. *(mn)* 1. *műsz:* ~ *alátét* plaquette arrêtoir *f;* ~ *készülék* avertisseur; appareil *m* de protection; ~ *kötél* corde *f* d'assurance; 2. ~ *fél* preneur d'assurance; *l'assuré m;* ~ *intézet* institution *f* d'assurance; ~ *pénztár a)* caisse *f* d'assurance; *b)* caisse mutualiste *v* de secours mutuel; ~ *társaság* compagnie *v* société *f* d'assurance; 3. *jog:* ~ *lefoglalás* saisie conservatoire

biztosítótábla *f;* **II.** *(fn)* **1.** *vill:* fusible *v* plomb (de sûreté); coupe-circuit *m;* **2.** *bány:* *(vájár)* boiseur *m;* **3.** assureur *m*
biztosítótábla *vill:* tableau général des fusibles
biztosított [~ak, ~at; ~an] **I.** *(mn)* assuré; garanti, -e; *alkotmányosan* ~ *jogok* droits garantis par la constitution; **II.** *(fn)* assuré; preneur *m* d'assurance
biztosítótű épingle anglaise *v* double
bizsereg [-rgett, ~jen] picoter; fourmiller
blabla *arg:* blabla, blablabla *m*
blamál [~tam, ~t, ~jon] compromettre; attirer de la honte sur q; ~*ja magát* se couvrir de confusion
bliccel [~tem, ~t, ~jen] *biz:* **I.** *(tgyl i)* **1.** se planquer; carotter; **2.** *(vendéglőben)* bouffer sans casquer; resquiller; **3.** *isk:* faire l'école buissonnière; sécher; **II.** *(tgy i)* brûler (une leçon)
blokád [~ok, ~ot, ~ja] blocus *m;* ~ *alá helyez* décréter le blocus de qc
blokkház blockhaus *m;* *vasút:* poste *m* de manœuvre
blokkol [~tam, ~t, ~jon] **1.** *ker:* enregistrer; **2.** *(ellenőrző órán)* pointer
blöff [~ök, ~öt, ~je] bluff *m*
blúz [~ok, ~t, ~a] **1.** *(női)* corsage *m;* blouse *f;* **2.** *(matróz~)* blouse; **3.** *(kis fiúké)* blouson *m;* blouse; **4.** *(katonai)* vareuse *f*
bóbiskol [~tam, ~t, ~jon] sommeiller; être somnolent(e); somnoler
bóbita [-ák, -át, -ája] **1.** aigrette; huppe; houppe *f;* **2.** *(fejkötő)* coiffe *f*
Boccaccio [-ót] Boccace *m;* ~ *novellái* les Contes de Boccace
bocs [~ok, ~ot, ~a] ourson *m*
bocsánat **1.** pardon *m;* grâce *f;* ~*ot kér* demander pardon à q *(vmiért:* de *v* pour qc); présenter des excuses à q; *nyilvánosan* ~*ot kér* faire amende honorable; ~*ot kérek* je m'excuse; veuillez m'excusser; ~*ot nyer* obtenir son pardon; **2.** *(felkiáltva:) bocsánat!* excusez; excusez-moi! **3.** *vall: (bűnöké)* rémission *f* (des péchés)

bocsát [~ottam, ~ott, -ásson] **1.** *(vhová)* laisser sortir *v* entrer *v* passer; *(edénybe folyadékot)* faire (é)couler; **2.** *maga elé* ~ admettre en sa présence; **3.** *(vizsgára)* admettre; **4.** *(szólásokban:) áruba* ~ mettre en vente; débiter; *vízre* ~ lancer; mettre à l'eau; *szabadon* ~ élargir; mettre en liberté; **5.** *mat:* abaisser; *egy síkra merőlegest* ~ abaisser une perpendiculaire sur un plan
bocsátkozik [~tam, ~ott, ~zék *v* ~zon] s'engager *v* se lancer dans qc; *alkudozásokba* ~ entrer dans la voie des négociations
bocskor [~ok, ~t, ~a] sandales *f pl*
bódé [~k, ~t, ~ja] **1.** *(árusító)* boutique; baraque *f;* *(újságos)* kiosque *m;* **2.** *(lakás)* baraque; cahute *f;* **3.** *(őré)* guérite *f*
bodnár [~ok, ~t, ~ja] tonnelier *m*
bodorít friser; crêpeler
bodros [~ak, ~at; ~an] **1.** *(haj)* crépu; frisé; -e, **2.** *(anyag)* crêpé; crêpelu, -e
bódulat **1.** étourdissement; hébétement; vertige *m;* **2.** *orv:* narcotisme *m*
bodza [-ák, -át, -ája] *növ:* sureau *m*
bodzafa sambuquier *m*
bodzapuska *ját:* pétoire; pétoise *f*
bodzasíp sifflet *m* en sureau
Boetius Boèce *m*
bog [~ok, ~ot, ~a] nœud *m*
bogáncs *növ:* chardon *m*
bogáncsirtás échardonnage *m*
bogár [bogarak, bogarat, bogara] **1.** insecte *m;* **2.** *(keményhátú)* coléoptère *m;* **3.** *(szeszély)* marotte; quinte *f;* **4.** *bogarat ültet a fülébe* mettre une puce à l'oreille
bogaras [~ak, ~at; ~an] fantasque; lunatique; maniaque; quinteux, -euse; avoir des lubies
bogarász [~ok, ~t, ~a] collectionneur *m* de coléoptères; entomologiste; insectologue *n*
bogarászat entomologie *f*
bogarászik [~tam, ~ott, -ásszék *v* -ásszon] **1.** collectionner *v* chasser les coléoptères. **2.** *(könyvek közt)* bouquiner; *(ált.)* fouiller (dans)

bogárgyűjtemény collection *f* d'insectes; insectier *m*
bogárszemű aux yeux de jais
bogárszínű puce
boglárka *növ:* renoncule *f*
boglya [-ák, -át, -ája] *(gabonából)* meule; moyette *f; (szénából)* tas *m*
bognár [~ok, ~t, ~a] charron *m*
bognárműhely barillerie *f*
bognárság charronnerie; barillerie *f*
bogrács [~ok, ~ot, ~a] chaudron *m*
bogyó [~k, ~t, ~ja] baie *f;* ~ *alakú* bacciforme
bohém [~ek, ~et] bohème *n*
bohó [~k, ~t] folâtre; badin, -e; facétieux, -euse
bohóc [~ok, ~ot, ~a] clown; paillasse; bouffon *m; (vásári)* bateleur; baladin *m; pej:* pitre *m*
bohóckodik [~tam, ~ott, ~jék *v* ~jon] 1. *(cirkuszban)* faire le clown; 2. bouffonner; jouer la farce; *pej:* faire le pitre *v* le paillasse
bohókás badin, -e; folâtre; facétieux, -euse
bohóság drôlerie; bouffonnerie; facétie; farce *f*
bohózat vaudeville *m;* comédie *v* pièce bouffonne; farce *f*
bója [~ák, -át, -ája] *(tengerben)* bouée; balise *f; (folyóban)* guide *m*
bojkott [~ok, ~ot, ~ja] boycottage; boycott *m*
bojt [~ok, ~ot, ~ja] 1. gland *m;* houppe *f;* pompon *m;* touffe *f;* 2. *(kardé)* dragonne *f*
bojtár [~ok, ~t, ~ja] jeune *v* petit berger
bojtorján [~ok, ~t, ~ja] *növ:* bardane *f;* glouteron *m*
bók [~ok, ~ot, ~ja] 1. compliment *m;* galanterie *f;* ~*okat mond* dire des compliments; tourner un compliment; 2. *(hajlongás)* révérence *f*
boka [-ák, -át, -ája] cheville (du pied); attache *f; kibicsaklik a -ája* se démettre la cheville; *összeüti a -áját* claquer les talons
bokafix soquette *f* à élastique
bokasüllyedés aplatissement *m* de la voûte; *orv:* platypodie *f*

bokavédő guètre (de ville); jambière *f*
bókol [~tam, ~t, ~jon] 1. *(beszédben)* dire des compliments; 2. *(hajlongva)* faire des révérences
bokor [bokrok, bokrot, bokra] 1. buisson *m; bokrok között* dans la broussaille; 2. *(saláta stb.)* plant; pied *m*
bokorrózsa rose buissonnante
bokréta [-ák, -át, -ája] 1. bouquet *m; -ába köt* mettre en bouquet; *egy -ára való...* un bouquet *v* un faisceau de...; 2. *(tollbokréta)* panache *m*
bokros [~ak, ~at; ~an] 1. buissonneux; broussailleux, -euse; ~ *erdő* taillis *m;* 2. *átv:* ~ *érdemek* mérites éminents; ~ *teendők* de nombreuses occupations
I. **boksz** [~ok, ~ot, ~a] 1. *(lóistállóban)* stalle *f;* box *m;* 2. *(másutt)* box
II. **boksz** *sp:* boxe *f*
bokszbőr box(-calf) *m*
bokszer [~ek, ~t, ~e] coup-de-poing *m*
bokszkesztyű gant *m* de boxe
bokszol [~tam, ~t, ~jon] boxer; faire de la boxe
bokszolás boxe *f;* pugilat *m*
bokszoló [~k, ~t, ~ja] boxeur; pugiliste *m*
boldog [~ok, ~ot] 1. heureux, -euse; comblé, -e; *végtelenül* ~ être aux anges; *gúny: legyen* ~ *vele!* grand bien vous fasse! ~ *élet* vie semée de fleurs; ~ *emlékezetű* d'heureuse mémoire; ~ *napokat tölt* couler d'heureux jours; ~ *új évet!* je vous souhaite bonne et heureuse; 2. *pej:* ~ *képű* béat, -e; 3. *vall:* bienheureux, -euse
boldogan comblé(e) de joie *v* d'aise; dans le bonheur; ~ *él* vivre heureux *v* heureuse; filer de jours heureux
boldogít [~ottam, ~ott, ~son] 1. rendre heureux; remplir de bonheur; 2. *gúny:* ~ *vmivel* gratifier de qc
boldogság bonheur *m;* félicité *f;* sok ~*ot kíván* souhaiter bien du bonheur; *sok* ~*ot kívánok* je vous souhaite toutes sortes de prospérités
boldogtalan 1. malheureux, -euse; infortuné, -e; *nagyon* ~ malheureux comme les pierres; 2. *(gondolat, stb.)* funeste; désastreux, -euse

boldogul [~tam, ~t, ~jon] 1. réussir; parvenir; se débrouiller; percer; faire fortune; arriver; ~ *az életben* se pousser dans le monde; 2. *(vmivel)* venir à bout de qc
boldogulás réussite *f;* succès *m*
boldogult [~ak, ~at] I. *(mn)* 1. feu; défunt; regretté, -e; ~ *anyám* feu ma mère; 2. *vall:* bienheureux, -euse; II. *(fn)* défunt, -e
bolgár [~ok, ~t; ~ul] I. *(mn)* bulgare; II. *(fn)* Bulgare *n*
bolgárkertészet culture maraîchère
bolha [-ák, -át, -ája] puce *f; megcsípte a* ~ une puce l'a piqué *v* mordu; *-át tesz a fülébe* mettre la puce à l'oreille
bolhacirkusz puces savantes
bolhacsípés piqûre *f* de puce
bolhapor poudre insecticide *f*
bólint [~ottam, ~ott, ~son] *(a fejével)* incliner la tête; faire signe de la tête
bólintás signe de tête approbateur
bolond [~ok, ~ot] I. *(mn)* fou, folle; aliéné, -e; maniaque; ~ *beszéd* radotage *m;* inepties *f pl; majd* ~ *vagyok!* je ne suis pas fou! *szaladgál mint egy* ~ courir comme un échappé; *egész* ~ *vkibe* engoué(e) de q; II. *(fn)* 1. fou, folle; aliéné, -e *n;* 2. *nagy* ~, *(hogy ebbe belemegy)* c'est une vraie dupe; 3. *vminek ~ja* être fou *v* féru de qc; 4. *udvari* ~ bouffon *v* fou *m* de cour; 5. ~*okat beszél* dire *v* raconter des insanités
bolondgomba champignon vénéneux
bolondít [~ottam, ~ott, ~son] affoler; rendre fou; enjôler; *magába* ~ amouracher; a(s)soter
bolondítás enjôlement *m;* mystification *f; (tömegeké)* bourrage *m* de crâne
bolondokháza maison *f* d'aliénés *v* de fous
bolondos [~ak, ~at] 1. maniaque; un peu fou; extravagant, -e; fantasque; 2. *(jókedvű)* facétieux, -euse; bouffon, -onne; folâtre; ~ *gondolat* pensée bizarre; idée saugrenue; ~ *ötlet* toquade *f;* ~ *szívem* mon cœur de fou
bolondoz(ik) [~tam, ~ott, ~zék *v* ~zon] faire le fou *v* la folle; bouffonner; *maga csak* ~ vous voulez rire

bolondság 1. *(tett és beszéd)* folie; bêtise; sottise *f; (csak beszédben)* insanité *f; (fiatalos)* fredaine *f;* ~*okat csinál* faire des folies *v* des siennes; 2. *(hóbort)* toquade; tocade; manie; lubie *f*
bolondul I. *(hat)* follement; II. *(ige)* ~ *vmiért* raffoler *v* être fou (folle) de qc; ~ *a régiségekért* avoir la folie des antiquités
bólongat hocher la tête
bolsevik [~ok, ~ot, ~ja] bolchevique; bolcheviste *n*
bolsevizmus bolchevisme *m*
bolt [~ok, ~ot, ~ja] 1. boutique *f;* magasin *m;* ~*ja van* tenir boutique; 2. *biz:* marché *m*
bolthajtás voûte *f;* cintre; arc *m*
bolthajtásos [~ak, ~at] *ép:* voûté; cintré, -e
bolti *ár* prix *m* de vente; ~ *szolga* garçon de magasin
boltív *ld:* **bolthajtás**
boltos [~ok, ~t, ~a] boutiquier, -ière
boltoz [~tam, ~ott, ~zon] *ép:* cintrer; voûter
boltvezető chef *m* d'entreprise *v* de magasin
bolygat agiter; déranger; remuer; ~*ja a kérdést* agiter une question
bolygó [~k, ~t] I. *(mn)* errant, -e; ~ *fény v tűz* feu follet; II. *(fn) csill:* planète *f;* ~*k közötti* interplanétaire
bolygóház *aut:* différentiel *m*
bolygómű *műsz:* train épicycloïdal
bolygórendszer système planétaire *m*
bolyh [~ok, ~ot, ~a] villosité *f;* duvet *m*
bolyhos [~at, ~ak, ~an] 1. *(szövet)* frisé; duveté, -e; duveteux, -euse; 2. *növ:* laineux, -euse; lanifère; *(finoman)* pubescent, -e
bolyong [~tam, ~ott, ~jon] vaguer; errer; flâner; vagabonder; ~ *az utcákon* battre le pavé; *(ődöngve)* flâner dans les rues; ~ *a világban* courir le monde
bomba [-ák, -át, -ája] 1. bombe; marmite *f; (kilőtt)* obus *m; (ágyúgolyó)* boulet *m; (robbantásra szánt)* engin *m;* 2. *sp:* tir *m* en force
bombamerénylet attentat *m* à la bombe

bombaszilánk éclat *m* d'obus *v* de bombe
bombatölcsér trou *m* de bombe
bombaüzlet affaire *f* d'or
bombavetés 1. lancement *m* de bombes; 2. *rep:* larguement *m* des bombes
bombavető I. *(mn)* ~ repülőgép bombardier; avion *m* de bombardement; II. *(fn)* 1. *(gép)* lance-bombe(s); minenwerfer *m;* 2. *rep:* bombardier *m*
bombáz [~tam, ~ott, ~zon] bombarder; ~*ott részecske* particule cible *f*
bombázó I. *(mn)* 1. *ld:* II.; 2. *fiz:* ~ *részecske* particule projectile *f;* II. *(fn) rep:* bombardier; avion *m* de bombardement
bomlás 1. décomposition; dissociation; désorganisation; désagrégation *f;* autolyse *f;* ~*nak indul* entrer en décomposition; 2. *(elmebeli)* détraquement (cérébral *v* de l'esprit); 3. *a fegyelem* ~*a* le relâchement de la discipline
bomlási *folyamat* le processus de décomposition; ~ *termék* produit *m* de désintégration
bomlaszt [~ottam, ~ott, -asszon] désorganiser; décomposer; désagréger; *(belső szervezéssel)* noyauter
bomlik [~ottam, ~ott, bomoljék *v* bomoljon] 1. se décomposer; se désorganiser; 2. *(vki után, vkiért) ld:* **bolondul;** 3. *biz:* ne bomolj! ne fais pas le fou!
bomlottság démence; déraison *f;* égarement *m*
bonckés scalpel; bistouri *m*
boncol [~tam, ~t, ~jon] 1. disséquer; autopsier; 2. *átv:* analyser; disséquer
boncolás 1. dissection; autopsie *f; a* ~*t végzi* procéder à l'autopise; pratiquer l'autopsie; 2. *átv:* analyse *f*
bonctan anatomie *f*
bonctani anatomique; ~ *atlasz* atlas *m* d'anatomie; *törvényszéki* ~ *intézet* institut médico-légal
bont [~ottam, ~ott, ~son] 1. décomposer; désagréger; désorganiser; dissoudre; *részeire* ~ décomposer;

2. *átv:* elemeire ~ ramener à ses éléments *v* principes; 3. *(palackot, sírt)* ouvrir; *(baromfit)* vider; 4. *ágyat* ~ défaire le lit; *asztalt* ~ se lever de table le premier; *zászlót* ~ déployer *v* déplier le drapeau; 5. *(békét)* troubler; rompre; *házasságot* ~ dissoudre un mariage; 6. *(építményt)* démolir; jeter bas; abattre
bontakozik *ld:* **kibontakozik**
bontási 1. ~ *munkálatok* travaux *m pl* de démolition; 2. *vegy:* ~ *képlet* formule développée *v* de constitution
bontó [~k, ~t] 1. décomposant; dissolvant, -e; 2. *jog:* ~ *akadály* empêchement dirimant; ~ *feltétel* condition résolutoire; 3. ~ *csákány* pic *m* du démolisseur
bontófésű démêloir; peigne *m* à démêler
bonviván [~ok, ~t, ~ja] bon vivant
bonyodalom [-lmak, -lmat, -lma] 1. complication; confusion *f;* 2. *(vígjátékban)* intrigue *f;* imbroglio *m (átv. is)*
bonyolódik [~tam, ~ott, ~jék *v* ~jon] 1. s'embrouiller; se compliquer; se brouiller; 2. *(szálak)* s'emmêler; s'enchevêtrer
bonyolult [~ak, ~at; ~an] 1. compliqué; embrouillé, -e; complexe; 2. *(okoskodás, stb.)* subtil, -e; ~ *csel* ruse subtile
bonyolultság 1. complexité *f;* 2. *(gondolatoké)* subtilité *f*
bor [~ok, ~t, ~a] 1. vin *m;* *(nemesebb)* cru *m; finom* ~ grand cru; *gyenge* ~ vin clair; *nehéz* ~ vin fort *v* capiteux *v* généreux; ~ *illata v zamatja* bouquet *v* fumet *m* du vin; ~ *színe* robe *f;* 2. *(szólásokban)* ~*ban az igazság* la vérité se trouve dans le bouchon; *jó* ~*nak nem kell cégér* à bon vin point d'enseigne
bór [~t, ~ja] bore *m*
borászat œnologie; industrie viticole *v* vinicole *f*
borászati [~t] œnologique; ~ *kutatóállomás* station œnologique *f*
borax [~ok, ~ot, ~a] 1. *ásv:* tincal *m;* 2. borax *m*

borbálafű barbarée *f*
borbély [~ok, ~t, ~a] coiffeur *m*
borbélyüzlet salon *m* v boutique *f* de coiffeur
borbolya [-ák, -át, -ája] crépinière *f;* berbéris *m*
borda [-ák, -át, -ája] **1.** côte *f; (borjú~, sertés~)* côtelette; entrecôte *f;* betöri vkinek a -áját rompre les côtes à q; **2.** *ép, műsz:* nervure *f; ép, könyvk:* nerf *m;* **3.** *haj:* couple *m;* **4.** *műsz:* ailette *f;* **5.** *tex:* peigne *m;* **6.** *növ; (levélen)* projecture; nervure *f*
bordal chanson *f v* air *m* à boire; chanson bachique
bordás 1. côtelé, -e; **2.** *orv:* costifère; **3.** *növ, áll:* nerveux, -euse; **4.** ~ *boltozat* voûte *f* d'arête; **5.** ~ *hűtő* nervure *v* ailette *f* de refroidissement
bordásfal *sp:* mur *m* d'escalade *v* d'assaut
bordaszelet côtelette *f*
bordázat 1. *műsz:* nervure, striure *f;* **2.** *haj:* membrure *f;* **3.** *könyvk:* nervure *f*
bordeaux-i [~ak, ~t] bordelais, -e; *ld. még:* **bordói**
bordély(ház) bordel; lupanar *m;* maison *f* de tolérance
bordó *(vörös)* rouge bordeaux *m*
bordói *bor* bordeaux *m;* ~ *lé* bouillie bordelaise *v* cuprique
borecet vinaigre *m* de vin
borfokoló œnométrique; ~ *készülék* œnoscope *m*
borgőzös vineux, -euse; ~ *állapot* les fumées de l'ivresse
borissza buveur de vin
borít [~ottam, ~ott, ~son] **1.** *(vmivel)* (re)couvrir *v* garnir de qc; envelopper dans qc; *(haj a fejét)* garnir; *(deszkával)* garnir de planches; *(falat)* revêtir de qc; *(utat)* paver de qc; recouvrir de qc; *hó ~ja a síkságot* la neige recouvre la plaine; **2.** *(földet, szétszórt tárgyak)* joncher; **3.** *fátylat* ~ *vmire* jeter le voile sur qc; **4.** *(vmibe)* verser
borítás recouvrement *m;* garniture; couverture *f; (falé, úté)* revêtement *m*

boríték [~ok, ~ot, ~a] **1.** enveloppe *f;* levélpapír ~ban une pochette de papier à lettres; zárt ~ban sous pli fermé; **2.** *(füzeté, könyvé)* couverture *f*
borítólap 1. feuille de placage; plaque *f;* **2.** *könyvk:* jaquette *f*
borítólemez plaque *f* de recouvrement
borízű 1. vineux, -euse; ~ *alma* pomme acidulée; **2.** ~ *hang* voix *f* de rogomme
borjas 1. ~ *tehén (ellés előtt)* vache vélière *v* amouillante; **2.** *(ellés után)* vache avec son veau
borjú [~k *v* borjak, ~t *v* borjat, a tehén borja, a gazda borjúja] **1.** veau *m; (őzé, szarvasé)* faon *m; azt se tudni, ki fia borja* je ne le connais ni d'Ève ni d'Adam; **2.** *kat kb:* sac *m* de vache rousse
borjúbecsinált blanquette *f v* blond *m* de veau
borjúbőr veau *m; (kikészített)* vélin *m*
borjúcomb noix *f* de veau
borjúcsülök *konyh:* pied *m* de veau
borjúfóka *áll:* veau marin *v* de mer
borjúhús viande *f* de veau; veau *m*
borjúkaraj côtelette *f v* carré *m* de veau
borjúmirigy ris *m* de veau
borjúsült rôti *m* de veau; veau rôti
borjúszelet escalope *f v* carré *m* de veau
borjúvese rognon *m* de veau
borkereskedő négociant en vins; marchand *m* de vin(s)
borkimérés débit *m* de vin
borkő tartre *m;* crème *f* de tartre
borlap carte *f* des vins
borneói [~t] bornéen, -enne
borogatás compresse; application *f;* száraz ~ application sèche; *vizes* ~ compresse humide
boróka [-ák -át, -ája] *növ:* junipère *f;* genévrier *m*
borona [-ák, -át, -ája] herse *f*
boronál [~tam, ~t, ~jon] herser
borongó(s) 1. *(ég)* sombre; blafard, -e; *egy* ~ *reggelen* un matin indécis; **2.** *átv:* assombri, -e; sombre; mélancolique
boros [~ak, ~at; ~an] **1.** *konyh:* au vin; **2.** ~ *víz* vin coupé; **3.** *(szagú,*

boroshordó 116 **borvörös**

izű) sentant le vin; vineux, -euse; 4. *(emberről)* aviné, -e; ~ *állapotban* en état d'ivresse
boroshordó tonneau (à vin); fût *m;* futaille; pièce *f* de vin
borospince cave *f;* cellier *m*
borospohár verre *m* à vin
borostás *áll* menton non rasé *v* mal rasé
borostyán [~ok, ~t, ~ja] 1. *vad* ~ lierre *m;* 2. *(~fa)* laurier *m*
borostyánkő *ásv*: ambre jaune *m*
borostyánszőlő vigne vierge *f;* ampélopsis *m*
borosüveg bouteille *f* à vin
borotva [-ák, -át, -ája] rasoir *m;* éles, *mint a* ~ tranchant *v* coupant comme un rasoir
borotvaecset brosse *f* à barbe
borotvaél fil *v* taillant *m* du rasoir; *~en táncol* danser sur la corde raide
borotvaéles *(ész)* acéré; affiné; perçant, -e
borotvakés rasoir *m;* lame *f* de rasoir
borotvál [~tam, ~t, ~jon] faire la barbe à q; raser; *frissen ~t* rasé de frais
borotválkozik [~tam, ~ott, ~zék *v* ~zon] se (faire) faire la barbe; se (faire) raser
borotvált *képű* v *arcú* glabre
borotvapenge lame *f* à rasoir
borotvaszappan savon *m* à barbe *v* pour la barbe
borozgat; borozik [~tam, ~ott, ~zék *v* ~zon] boire du vin; boire un coup; boire son litre; *(koccingatva)* trinquer
borpárlat eau *f* v esprit *m* de vin
borravaló [~k, ~t, ~ja] pourboire *m*
bors [~ot, ~a] 1. poivre *m; fehér, fekete* ~ poivre blanc, noir; *~ot tör* piler du poivre; *(átv:* vkinek *orra alá)* faire *v* mener la vie dure à q; 2. *növ:* poivrier *m*
bórsav acide borique *m*
borsó [~k, ~t, ~ja] 1. *növ:* pois *m;* 2. *konyh:* zöld ~ petits pois; pois verts; *sárga* ~ pois secs; ~ *héja* cosse *f* de pois; *átv: ez mind csak falra hányt* ~ c'est s'enrouer inutile-

ment; c'est battre l'eau avec un bâton
borsó(d)zik [~tam, ~ott, -dzzék *v* -dzzon] ~ *a háta* il a le froid dans le dos; *ettől* ~ *az embernek a háta* cela vous donne la chair de poule
borsóka [-ák, -át, -ája] (graine de) ladrerie *f*
borsos [~ak, ~at; ~an] 1. poivré, -e; 2. *átv: (beszédről)* poivré; gaulois, -e; ~ *tréfa* gros sel; 3. *(árról)* cher comme poivre; prix salé; ~ *számla* note corsée; *(szállodában, vendéglőben)* coup *m* de fusil
borsózöld vert pois
borsózsizsik charançon *m* du pois
Borspart (côte *f* de) Malabar *m*
borszagú 1. *(edény)* enviné, -e; vineux, -euse; 2. *(ember)* puer le vin
borszesz 1. alcool (de vin); esprit *m* de vin; 2. *vegy* alcool éthylique; éthanol *m*
borszeszlámpa lampe *f* à alcool *v* à esprit de vin
borszőlő 1. *növ* vigne *f* à vin; 2. *(termés)* raisin *m* de cuve *v* de vendange
bortermelés viticulture *f*
bortermelő I. *(mn)* œnicole; *ld. még:* **bortermő;** ~ *ország* pays producteur de vin; II. *(fn)* viticulteur *m*
bortermő vinifère; vincole
ború [~t, ~ja] mélancolie; tristesse *f*
borul [~tam, ~t, ~jon] I. *(szmt i)* le temps *v* le ciel se couvre; II. *(tgyl i)* 1. *homályba* ~ plonger dans l'obscurité; *ködbe* ~ se couvrir *v* s'envelopper de brouillard; *könnybe* ~ se remplir de larmes; *lángba* ~ s'enflammer; prendre feu; *szeme vérbe* ~ ses yeux s'injectent (de sang); 2. *arcra* ~ se prosterner (devant q); *földre* ~ se jeter à terre; *lábai elé* ~ se jeter aux pieds de q; *nyakába* ~ se jeter au cou de q
borús [~ak, ~at] 1. *(ég, idő)* couvert; gris, -e; bouché, -e; bas, basse; 2. *(arc)* assombri, -e; sombre
borúsan mélancoliquement; ~ *lát* juger avec pessimisme
bórvíz eau boriquée
borvörös lie de vin

borz [~ok, ~ot, ~a] *áll:* blaireau *m*
borzad [~tam, ~t, ~jon] 1. *(hidegtől)* frissonner; 2. *átv:* frémir *v* frissonner d'horreur; *(arra a gondolatra, hogy* à l'idée que); 3. ~ *vmitől* avoir horreur de qc; avoir qc en horreur
borzadály *ld:* **borzalom**
borzalmas [~ak, ~at] horrible; épouvantable; affreux, -euse; ~ *bűntény* crime monstrueux; ~ *látvány* vision *f* d'horreur; ~ *tett* atrocité *f*
borzalom [-lmak, -lmat, -lma] frisson *m* d'horreur *v* d'épouvante; horreur; épouvante *f;* ~ *futott végig rajta* il sentit un frisson lui courir à fleur de chair; *a háború -lmai* les horreurs de la guerre; ~*mal tölt el* donner le frisson à q; remplir d'horreur
borzas [~ak, ~at; ~an] ébouriffé; décoiffé; échevelé, -e
borzasztó [~k, ~t] I. *(mn) ld:* **borzalmas;** II. *(hat)* ~ *csúnya* elle est laide à faire trembler
borzeb basset, -ette *n*
borzong [~tam, ~ott, ~jon] frissonner; avoir le frisson *v* des frissons
bosnyák [~ok, ~ot; ~ul] bosniaque; bosnien, -enne
Bosznia-Hercegovina la Bosnie-Herzégovine
boszorkány [~ok, ~t, ~a] 1. sorcière; ensorceleuse; *f* 2. *csúnya* ~ la fée Carabosse; *vén* ~*!* vieille sorcière *v* chipie
boszorkánykonyha 1. cuisine *f* de sabbat; 2. *átv:* officine empoisonnée; *a politika -ája* la pot-bouille politique
boszorkánymester (maître) sorcier; jeteur de sort; magicien *m*
boszorkányos [~ak, ~at] endiablé; infernal; ensorcelant, -e; ~ *módon* d'une manière qui tient de la magie; ~ *ügyességgel dolgozik* avoir des doigts de fée
boszorkányság sorcellerie; *f* magie noire; *nem nagy* ~ ce n'est pas sorcier
boszorkányszombat sabbat *m*
Boszporusz [~t] le Bosphore
bosszankodik [~tam, ~ott, ~jék *v* ~jon] *(vmin v vmiért)* être contrarié(e) *v* fâché(e) *v* vexé(e) *v* dépité(e) (à cause) de qc
bosszankodó [~k, ~t] ~ *arc* air ennuyé
bosszant [~ottam, ~ott, ~son] ennuyer; vexer; intriguer; embêter; taquiner; enquiquiner *arg;* vérig ~ en faire voir de toutes les couleurs à q
bosszantó [~k, ~t] contrariant, -e; ennuyeux; fâcheux, -euse; agaçant; vexant; embêtant, -e
bosszú [~k, ~t, ~ja] vengeance *f;* *(megtorlás)* représailles *f pl;* ütött *a* ~ *órája* l'heure de la revanche a sonné; ~*ból* par (esprit de) vengeance; ~*t áll (vmi miatt vkin)* se venger de qc *v* de *v* sur q; tirer vengeance de qc *v* de q; ~*t forral* méditer vengeance; ~*t liheg* exhaler *v* vomir des menaces; ~*ját tölti vkin* tirer *v* prendre vengeance de q
bosszúálló vindicatif, -ive; vengeur, vengeresse *(n)*
bosszulatlan impuni; invengé, -e
bosszús ennuyé; rechigné; contrarié; agacé; fâché, -e; ~ *arc* visage renfrogné
bosszúság 1. *(érzés)* ennui; dépit; agacement *m;* humeur *f;* embêtement *m biz;* 2. *(ami bosszant)* ennui *m;* contrariété *f;* déboire *m;* embêtement *m biz;* mennyi ~*!* quel ennui! *sok* ~ *érte* il est accablé d'ennuis; *vkinek* ~*ot okoz* causer du déplaisir à q
bosszúszomj; bosszúvágy ressentiment; esprit *m* de vengeance
bosszúvágyó vindicatif, -ive
bot [~ok, ~ot, ~ja] bâton *m;* *(sétá*~*)* canne *f;* *(hosszú)* perche; gaule *f;* *(görcsös)* matraque *f;* gourdin *m;* *(bunkós* ~*)* massue *f;* ~*tal elver vkit* donner des coups de bâton à q; ~*tal jár* marcher avec un bâton; *ütheted* ~*tal a nyomát* tu peux toujours courir après; ni vu, ni connu
botanika [-ák, -át, -ája] botanique *f*
botanikus botaniste *n*
botfülű dépourvu(e) de tout sens musical
botlás 1. faux-pas; bronchement; achoppement *m;* 2. *átv* faux-pas; bévue *f*

botlik [~ottam, ~ott, botoljék v botoljon] trébucher sur qc; broncher; *kőbe* ~ buter contre une pierre; *a ló is* ~, *pedig négy lába van* il n'est si bon cheval qui ne bronche
botorkál [~tam, ~t, ~jon] tâtonner *(a sötétben:* dans l'obscurité); marcher à tâtons
botoz [~tam, ~ott, ~zon] *(tgy i)* bâtonner; fustiger; administrer une raclée à q
botozás bastonnade *f*
botrány [~ok, ~t, ~a] scandale *m; kis* ~ petit esclandre; ~ *lesz* il y aura du gâchis; *nagy* ~ *volt* ce fut un beau tumulte; ~*t csap* faire du scandale; ~*t kell* déchaîner le scandale
botránykrónika chronique scandaleuse
botrányos [~ak, ~at] scandaleux, -euse; ~ *jelenetek zavarták meg az ülést* des incidents ont marqué la réunion
botszék canne-siège *f*
botütés coup *m* de bâton *v* de canne
bourboni [~ak, ~t] bourbonien, -enne
Bourbon-liliom fleur *f* de lis
bozontos [~ak, ~at; ~an] 1. embroussaillé, -e; en broussaille; touffu, -e; broussailleux, -euse; ~ *szakáll* barbe *f* de capucin; 2. *vastag* ~ *farok* queue fournie
bozót [~ok, ~ot, ~ja] broussailles *f pl;* fourré *m; (Afrikában)* brousse *f; sűrű* ~ hallier *m*
bő [bővek, bővet, bővebb] I. *(mn)* 1. large; ample; vaste; 2. *átv:* bő *(szabású)* vague; flottant; 3. *(gazdag)* abondant, -e; copieux; plantureux, -euse; riche; foisonnant, -e; *bő esztendő* année *f* d'abondance; II. *(fn)* bővebbet *a kiadóhivatalban* pour plus ample renseignement s'adresser aux bureaux du journal
bőbeszédű verbeux, -euse; loquace; volubile; parleur, -euse; exubérant -e; *(stílus)* prolixe
bödön [~ök, ~t, ~e] boîte *f;* barriquet *m*
böfög [~tem, ~ött, ~jön] avoir des renvois; roter; éructer

bőg [~tem, ~ött, ~jön] 1. mugir; rugir; hurler; *(marha)* beugler; *(elefánt)* baréter; barrir; *(szarvas)* bramer; *az oroszlán* ~ le lion rugit; 2. *(gyermek)* pleurer bruyamment
bőgés 1. mugissement; rugissement; hurlement *m; (marháé)* beuglement *m; (elefánté)* barissement *m; (szarvasé)* bramement *m;* 2. *(gyermeké)* cris accompagnés de larmes
bőgő [~t; bőgve] I. *(mn)* 1. mugissant; rugissant, -e; 2. *(gyerek)* pleurant bruyamment; hurlant; II. *(fn) (nagy~)* contrebasse *f*
bögöly [~ök, ~t, ~e] taon; œstre *m*
bőgőmajom (singe) hurleur; alouate *m*
bőgős [~ök, ~t, ~e] contrebasse *f*
bögre [-ék, -ét, -éje] petit pot; bol *m*
böjt [~ök, ~öt, ~je] *egyh:* jeûne *m;* abstinence *f; (nagy)* carême *m*
böjti [~ek, ~t] *egyh:* de jeûne; de carême; ~ *étel* plat maigre *m*
böjtöl [~tem, ~t, ~jön] *egyh:* jeûner; observer le carême; *(nem eszik húst)* faire maigre
bökdös [~tem, ~ött, ~sön] 1. szarvával ~ frapper des cornes; distribuer des coups de corne; 2. piquer de temps en temps; *(ösztökélve)* aiguillonner; *(csőrrel)* picoter; becqueter
bökés piqûre *f;* coup *m* de corne
bőkezű [~ek, ~t] munificent, -e; généreux, -euse; libéral, -e; ~ *adomány* largesses; libéralités *f pl*
bökkenő [~k, ~t, ~je] difficulté; pierre *f* d'achoppement; *ez itt a* ~ voilà le hic
bökvers épigramme *f;* ~*eket ír* épigrammatiser
bölcs [~ek, ~et] I. *(mn)* sage; savant; ~ *mondás* belle sentence; adage *m;* ~ *szavak* ce sont paroles de sage; ~ *tanácsok* conseils éclairés; II. *(fn)* 1. sage; philosophe; savant *m; a hét* ~ les sept sages; 2. *a* ~*ek köve* la pierre philosophale
bölcselet philosophie *f*
bölcselkedik [~tem, ~ett; ~jék *v* ~jen philosopher; raisonner; méditer *gúny:* philosophailler
bölcselő [~k, ~t, ~je] philosophe *m*

bölcsesség sagesse; philosophie; science f; savoir m
bölcsességfog dent f de sagesse
bölcsész [~ek, ~t, ~e] étudiant ès v en v de lettres; (mat, fiz) étudiant ès sciences; (nyelv- és irodalomtud. karon) étudiant en grammaire et en philosophie
bölcsészdoktor (franciáknál) docteur m ès lettres v ès sciences; (külföldi) docteur m de l'Université
bölcsészet philosophie f
bölcsészeti [~ek, ~t] philosophique; de philosophie; ~ kar faculté f des lettres v des sciences
bölcső [~k, ~t, ~je v -cseje] berceau m
bölcsődal berceuse f
bölcsőde [-ék, -ét, -éje] pouponnière; crèche f
bölény [~ek, ~t, ~e] bison; aurochs m
böllér [~ek, ~t, ~e] abbatteur v saigneur m de porcs
bölömbika [-ák, -át, -ája] butor; taureau m des étangs
bömböl [~tem, ~t, ~jön] 1. hurler; mugir; rugir; vociférer; 2. átv: beugler; bramer
böngész(ik) [~tem, ~ett, -ésszen] glaner; szőlőt ~ grappiller un vignoble; könyvek között ~ fouiller v fureter parmi les livres; bouquiner
bőr [~ök, ~t, ~e] 1. peau f; 2. (nyúzott, feldolgozott) cuir m; peau; kikészített ~ peau préparée; nyers ~ peau brute; 3. (bőráru) peausserie f; (finom) maroquinerie f; 4. (folyadékon) pellicule f; 5. (héj) peau; pelure f; 6. (szalonnáé) couennée f; 7. (szólásokban) nincs ~ a képén il a un culot formidable; a ~e alatt is pénz van il remue les écus à la pelle; nem fér a ~ébe il ne tient pas dans sa peau; nem szeretnék a ~ében lenni je ne voudrais pas être dans sa peau; rossz ~ben van être mal en point; filer un mauvais coton; ~ig ázik se faire tremper jusqu'aux moelles; ép ~rel menekül l'échapper belle; félti a ~ét craindre v avoir peur pour sa peau; ménager sa peau; otthagyja a ~ét y laisser ses os

bőrápolás hygiène f v soins m pl de la peau
bőráru maroquinerie; peausserie f; cuirs m pl
bőrbaj maladie v affection cutanée; dermatose f
bőrcserzés tannerie f; travail m à la jusée
bőrdíszműáru (article de) maroquinerie f
bőregér chauve-souris f
bőrfarkas orv: lupus m; (mélybehatoló) vorax m
bőrfeldolgozás le travail du cuir
bőrfeldolgozó ipar industrie f du cuir
bőrfelület la surface de la peau; épiderme m
bőrgyártás tannerie; mégisserie; corroirie; maroquinerie f
bőrgyógyász dermatologiste; dermatologue; peaucier m
bőrgyógyászat dermatologie; dermathérapie f
bőripar industrie f des cuirs et peaux
bőripari cikk article de cuir; peausserie f; (finom) maroquinerie f
bőrkeményedés callosité f; (kisebb) durillon m
bőrkereskedő négociant v commercant m en cuir
bőrkesztyű gant(s) m (pl) de peau
bőrkiütés éruption cutanée; exanthème m
bőrkötény tablier m de cuir; (csak cipészé) plastron m
bőrkötés reliure f en peau v en cuir; (de inkább megnevezve: szattyán [en] maroquin v borjú [en] veau); teljes ~ reliure en pleine peau
bőrmunkás ouvrier tanneur v peaussier; tanneur; maroquinier; mégissier m
bőrönd [~ök, ~öt, ~je] valise f; (nagy) malle f; (kicsi) mallette f
bőröndös [~ök, ~t, ~e] 1. faiseur de malles; mallier; marchand f m de valises; 2. (üzletcímben) maroquinerie f
bőrös [~ek, ~t, ~en] I. (mn) 1. muni(e) de peau; à peau; 2. pelliculé, -e; (kávé, tej) avec de la peau; II. (fn) ld: bőrkereskedő
bőrpárna 1. coussin m de cuir; 2. (széken) rond m de cuir

bőrpótlás *orv:* greffe cutanée
bőrszalag lanière *f*
bőrszemölcs papille *f* du derme
bőrszerű dermatoïde
bőrszín 1. couleur *f* du cuir; 2. *(mint szín)* couleur cuir; 3. *(emberi)* carnation *f; (arcon)* teint *m*
bőrszövet *növ:* épiderme *m;* tissu peaucier
bőrtalp semelle (en) cuir *f*
börtön [~ök, ~t, ~e] prison *f;* cachot *m;* geôle *f; ~be dug* v *zár* fourrer dans un cachot; mettre sous les verrous; *~be vet* jeter dans un cachot; mettre en prison; incarcérer; *~nel büntet* punir de prison
börtönbüntetés (peine de) réclusion; détention *f; ~ét tölti* purger une peine de prison
börtöncella cellule; geôle *f*
börtönigazgatás régime *m* des prisons
börtönőr garde de prison; geôlier *m*
börtönrendszer régime *m* des prisons
börtöntöltelék gibier *m* de correctionnelle
börtönügy régime pénitentiaire *m*
börtönügyi pénitentiaire; ~ *igazgatás* service pénitentiaire *m*
börtönviselt repris *m* de justice
bőrviszketegség prurit *m;* démangeaison *f*
bőség 1. *(vmiben)* abondance (en qc); surabondance; profusion (de qc); pléthore de qc; richesse *f* (en qc); *~ben* à foison; 2. *~ben él* vivre dans l'opulence; être au large; 3. *(ruháé)* ampleur; largeur *f; (varrásnál)* tour *m; egy kalap ~e* l'entrée *f* d'un chapeau
bőséges [~ek, ~et] copieux, -euse; abondant, -e; riche; plantureux, -euse; nourri, -e; ~ *anyagot szolgáltat* offrir une ample matière; ~ *ebéd* déjeuner solide *m;* ~ *étkezés* repas substantiel *v* plantureux, ~ *harmat* une forte rosée
bőségszaru corne *f* d'abondance *v* d'Amalthée
bősz [~ek, ~et] enragé, -e; furieux, -euse; furibond, -e

bőszen avec furie *v* rage; furieusement
bővebben à fond; d'une manière détaillée; plus amplement
bővében *van* cela surabonde; ~ *van vminek* abonder en *v* de qc; avoir abondance de qc; regorger de qc; foisonner en qc
bővelkedés abondance *f; (javakban:* de biens)
bőven copieusement; (sur)abondamment; richement; ~ *mér (árut)* faire bon poids; ~ *ömlik* couler à flots; *van ~ il y-* en a à foison; il y en a pléthore; foisonner; regorger
bővít [~ettem, ~ett, ~sen] 1. élargir; agrandir; augmenter; développer; 2. *(történetet)* broder sur qc; 3. *nyelv:* ajouter un complément
bővített [~ek, ~et; ~en] 1. ~ *kiadás* édition augmentée; 2. *nyelv:* complexe; ~ *mondat* phrase amplifiée *v* élargie; 3. *zen:* ~ *hangköz* intervalle augmenté
bővítmény complément *m*
bővizű abondant, -e; à gros débit
bővül [~tem, ~t, ~jön] *(vmivel)* s'élargir (de qc); augmenter (de qc); s'agrandir (de qc)
brácsa [-ák, -át, -ája] alto *m*
Braille-írás braille *f*
bravúr [~ok, ~t, ~ja] bravoure *f;* tour *m* de force
brazil [~ok, ~t, ~ja] brésilien, -enne
Brazília [-át] le Brésil
brekeg [~tem, ~ett, ~jen] coasser
bretagne-i [~ak, ~t] breton, -onne; *a ~ félsziget* la presqu'île Armoricaine
bricsesz [~ek, ~t, ~e] culotte *f* de cheval *v* de chasse
bridzs [~ek, ~et, ~e] bridge *m*
bridzskártya cartes françaises; un jeu *v* paquet de cartes
brigád [~ok, ~ot, ~ja] équipe *f;* brigade *f*
brigádverseny émulation *f* de brigades
brikett [~ek, ~et, ~je] (combustible) aggloméré *m;* briquette *f*
briliáns [~at] I. *(mn)* brillant, -e; II. *(fn)* brillant *m*
briliánsgyűrű bague *f* en brillant
brillantin [~ok, ~t, ~ja] brillantine *f*
brillíroz [~tam, ~ott, ~zon] briller

briós [~ok, ~t, ~a] brioche *f*
brit [~ek, ~et, ~je] britannique
Britannia [-át] la Grande-Bretagne
brizáns [~t] brisant, -e, ~ *lőpor* explosif brisant
brokát [~ok, ~ot, ~ja] brocart *m*
bróm [~ok, ~ot, ~ja] 1. brome *m*; 2. *gyógy*: bromure *m*
brómezüst bromure *m* d'argent
bronchitisz [~ek, ~t, ~e] bronchite *f*
bronchoszkópia bronchoscopie *f*
bronz [~ok, ~ot] bronze *m*; ~*ot önt* couler du bronze; ~*zal bevon* bronzer
bronzfigura statuette *f v (órán)* sujet *m* en bronze
bronzlégy mouche verte
bronzszínű bronzé, -e; couleur de bronze
bronzszobor statue *f* de bronze; *(kisebb így is:)* bronze *m*
bronztárgy bronze *m*
brosúra [-ák, -át, -ája] brochure; plaquette *f*
brutális [~ak, ~t] brutal, -e
brutálisan brutalement; ~ *bánik vkivel* brutaliser q
bruttó [~t] I. *(mn)* ~ *bevétel* v *hozam* produit brut; ~ *súly* poids brut *v* fort; *(az átlagos göngyölegsúly levonásával)* net légal; II. *hat* brut; au brut
bruttósúly poids fort
Brüsszel [~t] Bruxelles *f*
I. **bú** [~t, ~ja] chagrin *m*; tristesse; affliction; mélancolie *f*; *búvában* dans son chagrin; *gúny: búval bélelt* à la triste figure
II. **bú** *(bőgés)* meuh !
búb [~ok, ~ot, ~ja] 1. *(madár fején)* huppe *f*; toupet; bonnet *m*; 2. *feje ~ja* sommet *m* de la tête
bubifrizura coiffure *f* à la garçonne
buborék [~ok, ~ot, ~a] bulle *f* d'air; *(forró vízben)* bouillon *m*
búbos [~ak, ~at; ~an] *áll*: huppé; cristé, -e; ~ *banka* huppe *f*
bucka butte *f*; tertre; tas *m*; *(tengerparti)* dune *f*
I. **búcsú** [~k, ~t, ~ja] *(távozáskor)* adieu(x) *m (pl)*; ~*t int* faire un signe d'adieux; ~*t mond* faire ses adieux à q

II. **búcsú** *egyh*: fête patronale *f; (rakodóvásár)* foire *f* aux pains d'épice
III. **búcsú** *egyh: (bocsánat)* indulgence *f*
búcsúbeszéd discours *m* d'adieu
búcsúelőadás représentation *f* d'adieux
búcsújárás pèlerinage *m*
búcsúlátogatás visite *f* d'adieux
búcsúlevél lettre *f* d'adieu
búcsúzás adieux *m pl*; ~*kor* au moment des adieux
búcsúzik [~tam, ~ott, ~zék *v* ~zon] faire ses adieux; prendre congé de q
búcsúzó [~k, ~t; ~an] I. *(mn)* 1. *(utas)* partant, -e; qui fait ses adieux; 2. *(miniszter, kormány)* démissionnaire; II. *(fn)* 1. partant *m*; voyageur qui prend congé; 2. ~*ra*, ~*ul* en guise d'adieux
búcsúztat *(vkit)* dire un dernier adieu à q
búcsúztató [~k, ~t] 1. ~ *(beszéd)* discours *m* d'adieu; 2. oraison funèbre *f*
Buda [-át] Bude; Buda *f; nem oda* ~! halte-là ! holà ! pas si vite
buddhista [-át] I. *(mn)* bouddhique; II. *(fn)* bouddhiste *n*
búg [~tam, ~ott, ~jon] 1. ronronner; ronfler; vrombir; chanter; 2. *(galamb)* roucouler
buga [-ák, -át, -ája] 1. *koh*: lingot *m*; 2. *növ*: panicule *f*; corymbe *m*
búgás 1. ronron; ronflement; bourdonnement; vrombissement *m*; *a szirénák* ~*a* le hululement *v* l'appel strident des sirènes; 2. *(galambé stb.)* roucoulement *m*
búgócsiga toupie ronflante *v* allemande; *(ostorral hajtott)* sabot *m*
bugyborékol [~tam, ~t, ~jon] gargouiller; bouillonner; *(kortyog)* glouglouter
buggyan [~t, ~jon] 1. jaillir; gicler; 2. *(tej)* monter
buggyos [~ak, ~at, ~an] bouffant, -e
bugyog [~ott, ~jon] jaillir; bouillonner; gargoter
buja [-ák, -át] I. *(mn)* 1. lubrique; lascif, -ive; libidineux; luxurieux, -euse; paillard, -e; *vall*: concupiscent, -e; ~ *tánc* danse lascive; 2

(növényzet) luxuriant; exubérant, -e; riche; II. *(fn)* fornicateur, -trice *n; vall:* consupiscent, -e *n*
bujálkodik [~tam, ~ott, ~jék *v* ~jon] forniquer; paillarder
bujaság 1. luxure; lubricité; lascivité *f;* 2. *vall:* concupiscence *f;* péché *m* de chair; fornication *f;* 3. *(növényzeté)* exubérance; luxuriance *f*
bujdosás 1. vie errante *v* de fugitif; 2. *(száműzetés)* prescription *f;* bannissement; exil *m*
bujdosik [~tam, ~ott, ~son] errer sans feu ni lieu; courir les chemins; aller par voies et par chemins
bujdosó [~k, ~t] fugitif, -ive; réfugié; exilé; proscrit, -e
bújik [~tam, ~t, ~jék *v* ~jon] I. *(tgyl i)* 1. se cacher; se terrer; se nicher; *föld alá ~* rentrer sous terre; 2. *(vmin át)* se glisser; II. *(tgy i) a könyveket bújja* pâlir sur les livres
bujkál [~tam, ~t, ~jon] 1. se cacher; *(tettes)* se dérober aux recherches (de q); *(katona)* s'embusquer; 2. *(kódorogva) a ház körül ~* il rôde autour de la maison; 3. *(vmi elől)* se dérober à qc
bujócskát *játszik* jouer à cache-cache
bujt [~ottam, ~ott, ~son] 1. *kert* provigner; 2. *(vmire) ld:* **bujtogat**
bujtás provignage; provignement; marcottage *m*
bújtat 1. *kert, ld:* **bujt** 1.; 2. *(rejt)* cacher; *(gonosztevőt)* recéler; 3. *(ruhába)* habiller de qc; 4. *(vmit vmibe)* introduire; glisser; passer
bujtogat inciter *v* provoquer *v* exciter à qc; monter la tête à q; ameuter q
bujtogatás excitation à qc; agitation *f*
bujtogató [~k, ~t] I. *(mn)* provocateur, -trice; II. *(fn)* agitateur, -trice *n;* boutefeu *m; fő ~* chef *m* de file; meneur, -euse *n*
bujtvány *kert:* marcotte *f;* provin *m*
bukás 1. *(esés)* chute *f; (víz alá)* plongeon *m;* 2. *átv:* chute; 3. *(tervé)* échec; écroulement *m* (de qc); 4. *(vizsgai)* échec; 5. *(választáson)* blackboulage *m;* 6. *szính:* four *m;* 7. *kártya:* chute; 8. *(er-*

kölcsi romlás) déchéance; ruine *f;* 9. *ker:* faillite; banqueroute; ruine *f; a ~ szélén áll* être sur le bord de l'abîme; *~át bejelenti* déposer son bilan; se déclarer en faillite
bukdácsol [~tam, ~t, ~jon] 1. *(vízben)* faire *v* exécuter des plongeons; 2. *(~va jár)* marcher *v* avancer en trébuchant; *(jármű)* ballotter
bukfenc [~ek, ~et, ~e] 1. culbute; tête *f* à queue; *~et hány v vet* faire la culbute; 2. *aut:* culbute *f;* capotage *m;* 3. *rep:* boucle *f*
bukik [~tam, ~ott, ~jék *v* ~jon] 1. tomber; 2. *víz alá ~* plonger; 3. *átv:* tomber; s'écrouler; 4. *(erkölcsileg)* échouer; 5. *(vizsgán, színházban, kereskedő) ld:* **megbukik**
bukkan [~tam, ~t, ~jon] *(vmire)* tomber sur qc; mettre la main sur qc
bukófélben *levő* acculé à la faillite; *(rendszer)* caduc, caduque; menaçant ruine
bukolikus bucolique; *~ költő* bucoliaste *m*
bukórepülés *rep:* piquage *m*
bukósisak serre-tête; casque *m*
bukott [~ak, ~at, ~an] 1. déchu, -e; 2. *~ jelölt* candidat refusé; 3. *(terv)* échoué, -e; 4. *(választásnál)* blackboulé, -e; éliminé -e; 5. *~ kereskedő* commerçant déclaré en faillite; failli *m;* 6. *~ leány* une fille qui a failli *v* qui a fait un faux pas
buktat 1. *(tartályt)* basculer; renverser; 2. *víz alá ~* plonger; 3. *kormányt ~* renverser *v* tomber le gouvernement; 4. *(vizsgán)* refuser (un candidat)
buktatócsille benne *f* à bascule
Bulgária [-át] la Bulgarie
bulla [-ák, -át, -ája] bulle *f*
bulvársajtó la presse du boulevard
bulvárszellem l'esprit boulevardier
bumm! pan! vlan! v'lan! crac! patatras! boum!
bunda [-ák, -át, -ája] 1. pelisse *f;* manteau *m* (de fourrure); *alszik mint a ~* dormir comme un loir; 2. *(állaté)* fourrure; livrée *f*
bundacipő chaussure fourrée

bundanadrág | 123 | butaság

bundanadrág culotte fourrée
bundapálinka tord-boyau; fil-en-quatre *m*
bunkó [~k, ~t, ~ja] 1. massue *f;* casse-tête *m;* 2. *(mint alakulat)* renflement *m*
bunkósbot massue *f;* gourdin *m;* matraque *f*
Bunsen-láng bec Bunsen; brûleur Bunsen *m*
bura [-ák, -át, -ája] 1. cloche *f;* 2. *(lámpán)* globe *m*
burgonya [-ák, -át, -ája] pomme *f* de terre
burgonyabogár doryphore *m*
burgonyakeményítő fécule *f* de pomme de terre
burgonyaszedés récolte *f* des pommes de terre
burgundi [~t] I. *(mn)* 1. *tört* burgonde; burgunde; 2. *(burgundiai)* de Bourgogne; bourguignon, -onne; II. *(fn)* 1. *(nép)* Burgonde; Burgunde *n;* 2. *(bor)* bourgogne *m*
burjánzik [~ott, -nozzék *v* -nozzon] 1. *(növény)* foisonner; venir; 2. *(állat, visszaélés)* pulluler; 3. *orv:* bourgeonner
burkol [~tam, ~t, ~jon] 1. *(vmibe)* envelopper dans *v* de qc; 2. *(vmit)* revêtir; tapisser; *(fával szobát)* boiser; lambrisser; *(csempével)* carreler; *(nagy kőlapokkal)* daller; *acéllal* ~ blinder; 3. *(letakarva)* (re)couvrir de qc; *(bútort)* garnir de qc; 4. *(utcát)* paver de qc; 5. *átv:* cacher; *(hogy észre ne vegyék)* camoufler
burkolat 1. couverture; chemise *f;* 2. enveloppe *f;* 3. *(gyógyszeré, ételé)* enrobage *m;* 4. *(falé)* revêtement *m; (külső falé stb.)* enduit *m; (nagy kövekkel)* pavement *m; (lapok, műfa)* lambris *m; (padlóé)* parquet(age) *m; (padlóé, kőből)* pavage *m; (acél)* blindage *m; (puskagolyóé)* chemise; *(úté)* dallage; pavage *m; (országút)* revêtement; 5. *(ajtóé)* garnissage *m*
burkolóanyag *(utcáé)* matériel *m* de pavage *v* dallage; *(falé)* matériel de revêtement

burkoló(d)zik [~tam, ~ott, ~zék *v* ~zon] s'envelopper dans qc; se couvrir de qc; *hallgatásba* ~ s'enfermer *v* s'envelopper dans le silence
burkolómunkás *(kő)* carreleur *m; (fa)* poseur de parquet; *(utcai)* paveur *m*
burkolt [~ak, ~at] voilé; masqué, -e; ~ *célzás* allusion détournée *v* discrète; ~ *formában* dans une forme enveloppée
burleszk [~ek, ~et] burlesque; bouffe
Burma [-át] la Birmanie
burmai [~ak, ~t] birman, -e
burnót [~ok, ~ot, ~ja] tabac *m* à priser
burnusz [~ok, ~t, ~a] burnous *m*
burok [burkok, burkot, burka] 1. (gaine d')enveloppe *f;* 2. *(testben)* sac *m;* poche; enveloppe *f; (szülészetben)* membranes *f pl; ~ban született* il est né coiffé; 3. *(magé)* robe *f*
burzsoá [~t] bourgeois *m*
burzsoázia [-ák, -át, -ája] bourgeoisie *f*
bús [~ak, ~at] triste; affligé; chagrin, -e
busás [~at; ~an] riche; gros, grosse; copieux, -euse; ~ *haszon* gros bénéfice
busásan grassement; richement; ~ *jövedelmez v hoz* rendre à plein; rapporter avec usure
búskomor mélancolique *(n)*
búskomorság mélancolie; tristesse morne *f*
búsul [~tam, ~t, ~jon] être plongé(e) dans le chagrin; s'affliger de qc; s'attrister de qc; être accablé(e) de chagrin
buta [-ák, -át] I. *(mn)* sot, sotte; stupide; bête; ignorant; abruti; bouché, -e; ~, *mint az éjszaka* il est sot *v* bête comme la lune; il est bête à pleurer; ~, *mint a liba* bête comme une oie; ~, *mint a tök* bête comme un pot; II. *(fn)* 1. sot, sotte; ignorant, -e *n;* abruti *m;* 2. *-ákat beszél v mond* dire des sottises *v* des inepties
butaság 1. sottise; bêtise; stupidité *f; az emberi ~ra alapoz* caver sur la bêtise humaine; 2. *(beszéd)* ineptie; insanité; sottise *f*

butít [~ottam, ~ott, ~son] abêtir; abrutir; bêtifier
butító [~k, ~t; ~an] abrutissant; abêtissant; hébétant, -e; *az alkohol ~ hatása* l'action hébétante de l'alcool
bútor [~ok, ~t, ~a] meuble; mobilier; ameublement *m*
bútorasztalos ébéniste; menuisier *m* en meubles
bútorfényesítő encaustique *f*
bútorhuzat housse *f*
bútoripar industrie *f* du meuble
bútoroz [~tam, ~ott, ~zon] meubler
bútorozatlan *lakás* appartement dégarni
bútorozott [~ak, ~at] meublé, -e; *~ szoba* chambre meublée *v* garnie; garni; meublé *m*
bútorraktár dépôt *m* de meubles; *(állami, beraktározásra)* garde-meuble *m*
bútorszállító I. *(mn) ~* kocsi fourgon *m* de déménagement; tapissière *f;* II. *(fn)* transporteur (de meubles); déménageur *m*
bútorszövet tissu *m* pour *v* d'ameublement
bútorzat mobilier; ameublement *m*
butul [~tam, ~t, ~jon] s'abrutir; s'abêtir; devenir stupide
búvár [~ok, ~t, ~ja] 1. plongeur *m; (búvárruhában)* scaphandrier *m; (csak oxigéntáplálóval)* homme-grenouille *m;* 2. *ld:* **búvármadár;** 3. *(kutató)* chercheur; amateur *m;* spécialiste *n*
búvárfelszerelés scaphandre; équipement *m* de plongeur
búvárharang cloche *f* à *v* de plongeur
búvárkodás investigations; recherches *f pl* (sur qc)
búvárkodik [~tam, ~ott, ~jék *v* ~jon] *~ vmiben* explorer; étudier; dépouiller *(mind:* qc); *(iratok közt, levéltárban)* compulser qc
búvármadár plongeon; oiseau plongeur
búvárszekrény caisson *m*
búvóhely cachette; retraite *f;* refuge *m; (rablóé, vadállaté)* repaire *m*
búza [-ák, -át, -ája] froment; blé *m; ~ szeme* grain *m* de blé
búzadara semoule *f* de froment; *(legfinomabb)* gruau *m*

búzaföld terre *f* à froment *v* à blé; champ *m* de froment *v* de blé
búzakalász épi *m* (de froment)
búzakenyér pain *m* de froment; *fehér ~* pain de gruau
búzaliszt farine *f* de froment; *finom ~* fleur *f* de farine
búzaszem grain *m* de blé *v* de froment
búzatábla pièce *f* de blé
búzatermelés culture *v* production *f* du blé
búzatermelő *ország* pays producteur de blé
búzavirág bleuet *m*
búzavirágkék bleu barbeau
buzdít [~ottam, ~ott, ~son] *~ vmire v arra, hogy* encourager; stimuler (à *és inf)* (r)animer; aiguillonner; exciter à *(inf) v* à qc; provoquer à qc; pousser à *(inf); (beszéddel)* haranguer; *harcra ~* exhorter à la lutte
buzdító [~k, ~t] encourageant; stimulant; -e, animateur, -trice
buzér [~ok, ~t, ~ja] 1. *növ:* garance *f;* 2. *(festék)* garance; alizarine *f*
buzérvörös garance
buzgalom [-lmak, -lmat, -lma] zèle; empressement *m;* diligence; ferveur *f;* dévouement *m; nagy ~* ardeur *f*
buzgó [~k, ~t] 1. zélé; diligent; empressé; appliqué; dévoué; fervent, -e; 2. *vall:* dévot; fervent, -e
buzgólkodik [~tam, ~ott, ~jék *v* ~jon] témoigner du zèle pour qc; s'affairer; s'activer; faire du zèle *biz*
buzgóság 1. *ld:* **buzgalom;** 2. *vall:* dévotion fervante; zèle religieux; ferveur *f*
buzog [~tam, buzgott, ~jon] bouillonner; jaillir; bouillir
buzogány 1. massue *f;* casse-tête *m;* 2. *sp:* massue *f;* mil *m*
bűbájos [~ok, ~at; ~an] I. *(mn)* 1. *(varázsló)* magique; enchanté, -e; maléfique; 2. *átv:* charmant, -e; charmeur, charmeresse; enchanteur, enchanteresse; fascinant, -e; II. *(fn)* jeteur *m* de sort
bűbájosság 1. *(varázslat)* maléfice; sortilège *m;* magie *f;* enchantement *m;*

2. *átv*: fascination *f;* charme (fascinant)
büdös [~ek, ~et; ~en] 1. puant, -e; fétide; infect, -e; ~ *hús* viande pourrie; *(vad)* gibier avancé; *itt ~ van* il sent mauvais ici; 2. ~ *vmitől* puer *v* empester qc; 3. *ez a ~ autóbusz* ce sacré bus
büdösség puanteur; odeur fétide *f;* relent *m*
büfé [~k, ~t, ~je] 1. buffet; bar *m;* *(kaszárnyában stb.)* cantine *f;* 2. *(bútor)* dressoir *m*
büfékocsi wagon-buffet *m;* voiture buffet *f*
bükk [~ök, ~öt, ~je] hêtre *m*
bükkerdő hêtraie *f*
bükkfa 1. hêtre; fayard; foyard *m;* 2. *(anyag)* bois *m* de hêtre
bükköny [~ök, ~t, ~e] vesce *f;* vesceron; vescereux *m; szagos ~* pois *m* de senteur
bűn [~ök, ~t, ~e] 1. *(büntett)* crime; délit, forfait *m;* *(bűnös szenvedély)* vice *m;* ~*be esik* tomber en faute; faillir; ~*re visz* pousser au crime; ~*re csábít* tenter q; séduire; ~*ét beismeri* avouer son crime; 2. *ált:* faute *f;* tort(s) *m (pl);* méfait *m;* 3. *vall:* péché *m;* iniquité; offense *f; kisebb ~* peccadille *f; a ~ök bocsánata* la rémission des péchés; ~*be esik* succomber au péché; *a ~be esett ember* l'homme déchu; ~*re csábít* inciter; induire en tentation
bűnbak bouc émissaire; souffre-douleur *m;* lampiste *m biz*
bűnbánat 1. *vall:* pénitence; repentance *f;* 2. *ált:* repentir *m*
bűnbánó [~k, ~t] repentant; pénitent; repenti, -e; ~ *arccal* d'un air contrit; ~ *Magdolna* la Madeleine repentante
bűnbarlang antre du vice; tripot; bouge *m*
bűnbeesés chute *f* (dans le péché)
bűnbocsánat 1. indulgence; grâce; amnistie; *f* 2. *vall:* rémission des péchés; absolution *f*
bűncselekmény délit; crime; acte criminel; infraction *f;* ~ *kísérlete* tentative *f;* ~*t elkövet* commettre un délit
bűnhalmazat *jog:* cumul; concours *m* d'infractions
bűnhődés expiation *f*
bűnhődik [~tem, ~ött, ~jék *v* ~jön] 1. ~ *vmiért* expier qc; 2. *vall:* racheter ses péchés
bűnjel pièce *f* à *v* de conviction; corps *m* du délit
bűnös [~ök, ~et] I. *(mn)* 1. *(dolog)* criminel, -elle; délictueux, -euse; ~ *cselekedet* méfait *m;* faute; action répréhensible *f;* ~ *élet* vie dépravée *v* crapuleuse; ~ *hajlam* la pente du vice; ~ *kéz* main criminelle; ~ *szándék* intention criminelle; 2. *(ember)* coupable; criminel, -elle; *ki a ~?* à qui la faute? *nem vagyok benne ~* je n'y suis pour rien; ~*nek talál* établir la culpabilité de q; ~*nek vallja magát* avouer sa culpabilité; *(de enyhítő körülményekkel)* plaider coupable; 3. *vall:* ~ *állapotban* en état de péché; ~ *lélek* âme pécheresse; II. *(fn)* 1. coupable *n;* criminel, -elle *n; a ~ök emelt fővel járnak* le crime va tête levée; 2. *vall:* pécheur; pécheresse
bűnösség culpabilité *f*
bűnözés délinquance; criminalité *f*
bűnöző [~k, ~t; ~en] I. *(mn)* criminel, -elle; délictueux, -euse; ~ *gyermek* enfant dévoyé; ~ *hajlam* propension *f* au vice; ~ *kiskorúak* la minorité pénale; II. *(fn)* criminel, -elle *n;* repris de justice; délinquant, -e
bűnpalástolás; bűnpártolás recel *m* du coupable; connivence; complicité *f*
bűnper procès criminel; instance criminelle; action pénale
bűnrészes complice *n*
bűnrészesség complicité *f*
bűnszövetkezet association *v* bande de malfaiteurs; maffia *f*
bűntárs complice *n;* co-accusé, -e *n*
büntelen innocent, -e
bűntény crime; délit; fait délictueux
büntet [~tem, ~ett, ~essen] 1. punir *(vmiért:* de *v* pour qc, pour *és* inf);

büntetendő châtier q; *(gyermeket)* corriger; **2.** *(tettest)* frapper d'une peine; condamner à *(inf)*; *halállal* ~ punir de mort; **3.** ~ *vmivel* infliger à q la peine de *(inf)*; **4.** *sp:* pénaliser
büntetendő [~k, ~t] punissable; répréhensible; *halállal* ~ passible de la peine de mort; *jog:* ~ *cselekmény* fait délictueux
büntetés 1. punition *f;* châtiment *m;* sanction *f; elnyerte* ~*ét* payer sa dette à la société; **2.** *(bírói)* peine *f; (birság)* amende *f; a* ~ *átváltoztatása* la commutation d'une peine; *a* ~ *felfüggesztése* sursis *m* (à l'exécution de la peine); ~ *terhe alatt* sous peine de poursuites; *egy* ~*t elenged* remettre une peine; ~*t enyhít* atténuer la peine; ~*ét letölti* purger sa peine; ~*sel sújt vkit* infliger une peine à q; frapper d'une peine; **3.** *(iskolai)* correction; punition *f; (írásbeli)* pensum *m;* **4.** *sp, ját:* pénalisation; pénalité *f*
büntetéspénz amende *f*
büntetett [~ek, ~et; ~en] *(többszörösen)* ~ *előéletű egyén* repris *m* de justice; titulaire de plusieurs condamnations
büntethető punissable; *nem* ~ impunissable
büntetlen impuni, -e
büntető [~k, ~t] punissant, -e; punitif, -ive; *sp:* ~ *dobás* v *rúgás* coup franc; ~ *expedíció* expédition punitive; ~ *határozat* sanction *f;* ~ *intézet* pénitencier *m;* ~ *ítélet* sentence condamnatoire *f;* ~ *parancs* arrêt *m* de simple police; ~ *perrendtartás* procédure criminelle; ~ *rendelkezés* mesure répressive; sanction (d'ordre pénal); pénalité *f; kat:* ~ *század* compagnie disciplinaire *f;* ~ *tábor* camp *m* de représailles; ~ *telep* colonie pénitentiaire *f;* ~ *törvénykönyv* code pénal
büntetőbíróság tribunal correctionnel; correctionnelle *f*
büntetőhatalom pouvoir judiciaire *m*
büntetőítélet condamnation pénale; sentence condamnatoire *f*

büntetőjog droit pénal *v* criminel; *(mint tudomány)* jurisprudence criminelle
büntetőjogi de droit pénal; ~ *felelősség* responsabilité pénale
büntetőrúgás *sp:* coup franc; penalty *f*
büntetőtörvény loi pénale *v* criminelle
büntetőtörvényszék tribunal correctionnel; correctionnelle *f; (esküdtszék)* Cour *f* d'assises
büntetőügy matière criminelle; ~*ben en matière criminelle *v* pénale
bűntett [~ek, ~et, ~e] crime; délit *m;* fait délictueux; *a* ~ *színhelye* le théâtre du crime; *politikai* ~ crime *v* délit politique
bűntettes auteur *m* du crime *v* du délit; délinquant, -e; coupable *n;* criminel, -elle *n*
bűntudat la conscience de sa culpabilité; remords *m pl*
bűnügy affaire criminelle; ~*be kever vkit* impliquer q dans une affaire criminelle
bűnügyi [~ek, ~t] pénal, -e; criminel, -elle; ~ *nyilvántartó (hivatal)* l'identité judiciaire *f; (egyéni)* casier judiciaire *m;* ~ *statisztika* statistique *f* de la criminalité; ~ *zárlat* séquestre judiciaire *m*
bűnvádi [~ak, ~t] criminel, -elle; criminatoire; ~ *eljárás* poursuite correctionnelle *v* judiciaire; procédure pénale; ~ *eljárás megszüntetése* classement *m* sans suite
bürokrácia [-ák, -át, -ája] bureaucratie *f;* fonctionnarisme *m*
bürokrata [-ák, -át, -ája] bureaucrate *(n)*
bürök [~ök, ~öt, ~je] (grande) ciguë *f*
büszke [-ék, -ét] **1.** fier, fière; hautain, -e; altier, -ière; ~ *vmire* être fier *v* jaloux de qc; tirer vanité de qc; **2.** *(önérzetes, daliás)* fier, fière, cavalier, -ière; fringant, -e; ~ *jellem* caractère entier; ~ *tekintet* regard fier
büszkélkedik [~tem, ~ettel, ~jen] **1.** se rengorger; se pavaner; **2.** ~ *vmivel* tirer vanité *v* fierté de qc
büszkeség 1. fierté; hauteur *f;* **2.** *vminek* ~*e* l'orgueil de qc; *ez az ő*

bütykös | 127 | bűzös

legfőbb ~e c'est son principal motif de fierté
bütykös [~ek, ~t; ~en] 1. calleux; noduleux, -euse; ~ *ujjak* doigts noueux; 2. *növ:* genouilleux, -euse; 3. *műsz:* à cames
bütyök [bütykök, bütyköt, bütyke] 1. durillon *m*, callosité *f;* 2. *orv:* nodus *m; (lábon)* cor *m;* 3. *növ:* genou *m;* loupe *f;* 4. *műsz:* came *f;* 5. *áll:* bosse *f*
bűvész [~ek, ~t, ~e] 1. illusionniste *n;* prestidigitateur, -trice *n;* escamoteur *m;* 2. *(varázsló)* magicien *m*
bűvészinas apprenti sorcier
bűvészkedik [~tem, ~ett, ~jék *v* ~jen] 1. escamoter; faire des tours; bateler; 2. *(vmivel)* jongler avec qc; 3. faire de la magie
bűvészkönyv livre de magie; grimoire *m*

bűvészmutatvány jonglerie *f;* tour *m* de prestidigitateur *v* d'adresse
bűvkör cercle magique *m;* attraction magique *f;* ~*ébe von* attirer dans son sillage
bűvölet [~ek, ~et, ~e] sortilège; charme *m;* fascination *f*
bűvös [~ek, ~et; ~en] *(hatású)* magique; enchanteur, -teresse; ensorcelant, -e; *(csak tárgyról)* fée; *(elbűvölt)* enchanté, -e
bűz [~ök, ~t, ~e] puanteur *f;* relent *m;* odeur fétide *f*
bűzbomba boule puante *v* pestilentielle
bűzlik [-öttem, -ött, -zöljék *v* -zöljön] puer; sentir fort *v* mauvais; répandre une odeur fétide *v* infecte; infecter; empoisonner
bűzös [~ek, ~et; ~en] 1. méphitique; infect, -e; fétide; 2. *orv:* ozéneux, -euse

C

c [cék, cét, céje] 1. *(betű)* c *m;* 2. *(házszám után)* ter; *8/c szám* numéro *8ter m;* 3. *zen:* ut; do *m; kivágja a magas cé-t* pousser l'*ut* de poitrine; 4. *C-vitamin* vitamine C *f*
Caesar [~t] César *m*
cafat 1. loque *f;* lambeau; chiffon *m;* guenille *f;* haillon *m;* 2. *(rossz nő)* gourgandine *f*
cáfol [~tam, ~t, ~jon] 1. démentir; donner *v* infliger *v* opposer un démenti à q *v* à qc; *legerélyesebben ~ja* opposer à qc le démenti le plus formel; 2. *(érvekkel)* réfuter qc; argumenter contre qc
cáfolat; cáfolás réfutation *f* de qc; démenti (infligé *v* opposé *v* apporté) à qc
cáfolhatatlan irréfutable; irréplicable; irréfragable
cafrang [~ok, ~ot, ~ja] frange *f*
cakk [~ot, ~ok, ~ja] 1. dent *f;* 2. *div:* cran *m;* languette *f*
cammog [~tam, ~ott, ~jon] marcher d'un pas lourd; *utána ~* suivre q d'un pas traînant *v* lent
Canossa [-át] Canosse *f; -át jár* aller à Canosse
Canterbury Cantorbéry
cápa [-ák, -át, -ája] requin; squale *m*
cár [~ok, ~t, ~ja] *tört:* tsar; tzar; czar *m;* le Tzar
cári [~ak, ~t] *tört:* tsariste; tsarien; czarien, -enne
cárné; cárnő *tört:* tzarine; tsarine
Cato [-ót] Caton *m; a bölcs ~* Caton l'Ancien *v* le Censeur
Catullus Catulle *m*
cecelégy *(mouche)* tsé-tsé *v* tsétsé; glossine *f*
Cecilia [-ák, -át, -ája] Cécile *f*
cécó [~k, ~t, ~ja] 1. ripaille; bombance *f;* 2. *(hűhó)* tralala *m*
céda [-ák, -át, -ája] *~ nő* garce; gourgandine *f*

cédrus(fa) cèdre; pin *m* du Liban
cédula [-ák, -át, -ája] 1. fiche *f;* bout *m* de papier; 2. *(ragasztott)* étiquette *f;* 3. *(irott)* billet *m;* 4. *(reklám)* prospectus *m;* 5. *(szavazó)* bulletin *m; üres ~* bulletin blanc
cédulakatalógus catalogue *m* par *v* sur fiches
cédulaszekrény fichier; classeur *m* de fiches
céduláz [~tam, ~ott, ~zon] I. *(tgyl i)* faire des fiches; II. *(tgy i)* dépouiller; mettre en fiches
cefre [-ék, -ét, -éje] 1. *(gyümölcsé)* marc *m;* 2. *(söré)* moût *m*
cég [~ek, ~et, ~e] firme; raison *f* (de commerce); nom commercial; raison sociale; *nagy ~* grande marque; *a ~et bejegyzi* enregistrer la raison; *a ~et jegyzi* signer pour la raison; *~ székhelye* siège social
cégaláírás signature *f;* *(bélyegzővel)* griffe *f*
cégbejegyzés immatriculation *f v* enregistrement *m* du nom commercial
cégér [~ek, ~t, ~e] enseigne *f; (kocsmáé)* bouchon *m*
cégéres [~ek, ~et] *~ gazember* coquin fieffé *v* achevé
cégjegyzék registre *m* du commerce
cégjegyzés signature (sociale); procuration *f*
cégjelzés marque *m* (de commerce *v* de fabrique); griffe *f*
cégszerű *aláírás* signature *f* en règle
cégtábla enseigne *f*
cégvezető fondé de pouvoirs; gérant *m*
céh [~ek, ~et, ~e] 1. corporation; guilde *f;* corps *m* de métier; 2. *(segédeké)* compagnonnage *m*
céhbeli [~ek, ~t] 1. affilié(e) à une corporation; 2. *átv:* homme du métier
céhmester maître *m*
céhrendszer régime *m* des corporations

céhszellem esprit corporatif, esprit de corps
cékla [-ák, -át, -ája] **1.** betterave rouge *f;* **2.** *(saláta)* salade *f* de betteraves
cél [~ok, ~t, ~ja] **1.** *(tábla)* cible *f;* **2.** *(lövés célpontja)* objectif; but *m;* ~*ba lő* tirer à la cible *v* au blanc; faire du tir; ~*ba talál* porter juste; *(céllövő)* faire mouche; ~*ba vesz* mettre *v* coucher en joue; **3.** *(versenyben)* but; poteau *m* d'arrivée; *a* ~*nál* à la ligne; **4.** *átv:* but; objectif *m;* visée *f;* fin(s) *f (pl); (rendeltetés)* destination *f;* ~ *nélkül* à l'aventure; ~*ba vesz* tenter; *(állást)* briguer; *a célból, hogy* pour que *(subj);* afin de *(inf);* afin que *(subj)* ; pour *(inf); e célból* dans ce but; à *v* pour cet effet; *szakvélemény* ~*jából* aux fins d'expertise; *a* ~*hoz ér* atteindre au but; *a* ~*nak megfelelő* approprié(e); *túllő a* ~*on* dépasser le but; ~*ra vezet* diriger *v* acheminer vers le but; faire aboutir qc; *eléri* ~*ját* arriver à ses fins; ~*t ér* gagner son procès; toucher au but; ~*t téveszt* manquer le but; ~*ját téveszti* frapper à faux; ~*ul tűzi ki magának se proposer v* prendre pour but de *(inf);* prendre qc pour but
célbíró juge *m*
célfelderítés détectage *m* de l'objectif
célgömb 1. *(puskán)* bouton *m* de mire; **2.** *(nézőke)* cran de mire; guidon *m*
célhatározó *nyelv:* complément (circonstanciel) de but
célhitel crédit affecté à une destination spéciale
célkitűzés programme; objectif *m*
cella [-ák, -át, -ája] **1.** cellule *f; (őrülteké)* cabanon *m;* **2.** *rád:* élément *m*
cel(l)ofán [~ok, ~t, ~ja] cellophane; pellicule cellulosique *f*
céllövész tireur *m* (à la cible)
celluloid [~ok, ~ot, ~ja] celluloid *m*
cellulóz [~ok, ~t, ~a] cellulose; pâte *f* de bois
céloz [~tam, -zott, ~zon] **I.** *(tgyl i)* **1.** *(vmire)* ~ viser qc; coucher qc en joue; ajuster qc; viser au but; *(vállhoz emelve)* épauler; **2.** *átv:* faire allusion à qc; avoir qc en vue; insinuer qc; **II.** *(tgy i)* viser; avoir en vue
célpont 1. point de mire *v* de visée *v* à viser; objectif; visuel *m;* **2.** *átv:* cible *f;* point de mire; *vminek* ~*ul szolgál* être en butte à qc
célravezető pratique; utile; indiqué, -e
Celsius *szerint* au thermomètre centigrade
célszalag ruban *m* d'arrivée
célszerű pratique; commode; opportun, -e; convenable; judicieux, -euse
célszerűtlen inopportun, -e; inutile; peu pratique; inexpédient, -e
céltábla cible *f; a gúny* -*ájául szolgál* servir de cible
céltalan inutile; frivole; sans but *v* objet; inopportun, -e; ~ *vitatkozás* discussion stérile *f*
céltárgy objectif *m*
céltévesztett [~ek, ~et; ~en] manqué, -e; *(átv. így is:)* dévoyé, -e
céltudatos [~ak, ~at] résolu; décidé; déterminé, -e
céltudatosság détermination; résolution *f*
célzás *f.* visée *f; (beállítás)* pointage *m;* **2.** *átv:* allusion *f;* sous-entendu *m;* insinuation *f*
célzat [~ok, ~ot, ~a] tendance; intention *f;* message *m*
célzatos [~ak, ~at] tendancieux, -euse; allusif, -ive; ~ *híresztelés* bruit tendancieux
célzónyílás cran de mire; guidon *m*
cembalo [-ók, -ót, -ója] *zen:* clavecin *m*
cement [~ek, ~et, ~je] ciment *m*
cementgyár cimenterie; fabrique *f* de ciment
cementkád cuve *f* en ciment
cementkeverő 1. *(ember)* cimentier *m;* **2.** *(gép)* bassin mélangeur
centenárium [~ok, ~ot, ~a] centenaire *m*
centercsatár centre-avant; avant centre *m*
centiméter centimètre *m*
centrálé [~k, ~t, ~ja] centrale *f;* centre *m* d'énergie

9 Magyar–Francia kézi

centralista [-ák, -át, -ája] centraliste; concentriste; unitaire *(n); tört:* doctrinaire *m*
centralizáció centralisation *f;* concentrisme *m*
centrifuga [-ák, -át, -ája] centrifugeur, -euse *n;* centrifuge *m*
centrifugális [~ak, ~at; ~an] centrifuge; ~ *gyorsulás* accélération centrifuge *f*
centripetális [~ak, ~at; ~an] centripète; ~ *gyorsulás* accélération centripète *f*
centrizmus *pol:* centrisme *m*
cenzor [~ok, ~t, ~a] censeur *m*
cenzori [~t] censorial, -e
cenzúra [-ák, -át, -ája] censure *f;* ~ *alá esik* tomber sous le coup de la censure
cenzus cens *m*
cenzusos [~ak, ~at; ~an] censitaire; ~ *szavazati jog* suffrage censitaire *m*
Cerberus Cerbère *m*
ceremónia [-ák, -át, -ája] cérémonie *f;* protocole *m*
cerkóf(majom) cercopithèque *m;* guenon *f*
cérna [-ák, -át, -ája] fil *m; vékony* ~ petit fil; *vastag* ~ gros fil; *a* ~ *elszakad* le fil casse
cérnagomb bouton *m* en fil
cérnagyár retorderie *f*
cérnahang voix grêle *f*
cérnaszál brin *m* de fil; *vékony mint egy* ~ maigre comme un (cent de) clou(s)
cérnáz [~tam, ~ott, ~zon] *tex:* retordre
cérnázott retors; mouliné, -e; ~ *selyemfonal* soie moulinée
ceruza [-ák, -át, -ája] crayon *m; (bele)* mine *f;* -*át hegyez* tailler un crayon
ceruzabél mine *f* de plomb; graphite *m*
ceruzahegy pointe *f* du crayon
ceruzahegyező taille-crayon *m*
ceruzarajz dessin au crayon; crayon *m*
ceruzavédő protège-pointe; protège-mine *f*
cet [~ek, ~et, ~je] baleine *f;* cétacé *m*
cethal baleine *f*
Ceylon [~t] Ceylan *m*

ceyloni [~ak, ~t] cingalais; cinghalais; chingalais, -e
cézár [~ok, ~t, ~a] césar *m*
cezarománia mégalomanie *f;* esprit *m* de domination
Charybdis [~ek, ~t] Charybde *f*
choreográfia [-ák, -át, -ája] chorégraphie *f*
cián [~ok, ~t, ~ja] cyanure *m*
ciángáz cyanogène *m*
ciángyártás *(ipari)* cyanuration *f*
ciánkáli cyanure *m* de potassium
ciánoz [~tam, ~ott, ~zon] désinfecter au cyanure; détruire la vermine avec du cyanure
ciánsav acide cyanique *m*
cibál [~tam, ~t, ~jon] tirailler; secouer; agiter; *haját* ~*ja vkinek* tirer les cheveux à q
cibórium [~ok, ~ot, ~ja] *egyh:* ciboire *m*
cica [-ák, -át, -ája] chat *m;* chatte *f; kis* ~ minette *f*
cicázik [~tam, ~ott, ~zon] 1. *(leánynyal)* lutiner *v* taquiner q; *(egymással)* se faire des chatteries; 2. *pej:* ~ *velem* il me tape sur les nerfs; il m'enquiquine *arg*
Cicero [-ót] Cicéron *m*
cickány [~ok, ~t, ~a] musaraigne *f*
cicoma [-ák, -át, -ája] 1. *(tárgy)* parure *f;* colifichet *m;* 2. *átv:* ajustement; pompon *m*
cicomáz [~tam, ~ott, ~zon] pomponner; attifer; parer
cifra [-ák, -át] I. *(mn) (jó ért.)* luxueusement *v* richement orné *v* paré; historié, -e; *(rossz ért.)* paré *v* orné avec trop de luxe; bigarré; tarabiscoté, -e; ~ *dolog!* c'est du propre! ~ *nyomorúság* misère dorée; II. *(fn)* -*ákat káromkodik* lancer des jurons formidables
cifraság 1. *(tárgy)* parure *f;* 2. *(művészi)* ornement *m;* ornementation *f;* 3. *pej:* ornement superflu; enjolivure *f;* colifichet *m*
cifráz [~tam, ~ott, ~zon] 1. surcharger d'ornements; enjoliver; 2. *(stílust)* tarabiscoter; tourmenter; enjoliver

cigány [~ok, ~t, ~a] I. *(mn)* tzigane;
II. *(fn)* Tzigane; Bohémien; Romanichel; Gitan *m (kis betűvel is)*
cigánybanda orchestre tzigane *m*
cigányprímás chef *m* (d'orchestre) tzigane
cigányútra *megy* avaler de travers
cigányzene musique tzigane *f*
cigaretta [-ák, -át, -ája] cigarette *f;*
-ára gyújt allumer une cigarette
cigarettapapír papier *m* à cigarettes
cigarettaszipka fume-cigarette *m*
cigarettaszopóka bout *m* de carton
cigarettatárca étui à cigarettes; porte-cigarettes *m*
cigarettázik [~tam, ~ott, ~zék *v* ~zon] fumer une *v* sa cigarette
cikázik [~tam, ~ott, ~zék *v* ~zon] zigzaguer; fuser; sillonner
cikcakk [~ok, ~ot, ~ja] zigzag *m;* zébrure *f*
cikk [~ek, ~et, ~je] 1. *(vmiből egy rész)* tranche *f; (hagyma~)* gousse *f;* 2. *mat: (síkban)* segment *m;* 3. *(írásmű)* article *m;* copie *f;* ~*et ír* rédiger un article; *(tudományos, rövid)* notice *f;* 4. *(áru)* article *m*
cikkecske [-ék, -ét, -éje] articulet *m*
cikkely [~ék, ~t, ~e] 1. *(narancs, alma)* tranche *f;* quartier *m;* 2. *mat:* segment *m;* 3. *(törvény)* article *m*
cikksorozat série d'articles; enquête *f;* ~*ot kezd vmiről* commencer une enquête sur qc
ciklámen(színű) cyclamen *(m)*
ciklikus 1. cyclique; 2. *mat:* ~ *csoport* groupe cyclique *m:* ~ *permutáció* permutation circulaire *f;* 3. *orv:* circulaire
cikloid [~ok, ~ot, ~ja] cycloïde *f*
ciklon [~ok, ~t, ~ja] cyclone *m; a* ~ *magja* l'œil du cyclone
ciklotim *orv:* cyclothyme *(n);* cyclothymique
ciklotron [~ok, ~t, ~ja] cyclotron *m*
ciklus cycle *m*
cikória [-ák, -át, -ája] chicorée *f*
cikornya [-ák, -át, -ája] 1. ornement entrelacé; entrelacs *m;* 2. *ált:* enjolivure *f;* 3. *(aláíráson)* paraphe; parafe *m*

9*

cikornyás 1. contourné; entrelacé; entortillé, -e; 2. *(stílus)* tarabiscoté; tourmenté; maniéré; recherché, -e
cilícium [~ok, ~ot, ~a] *egyh:* cilice *m;* haire *f*
cilinder [~ek, ~t, ~e] 1. chapeau de soie; (chapeau) haut de forme; 2. *(lámpaüveg)* verre cylindrique *m;* 3. *(gépben)* cylindre *m*
cím [~ek, ~et, ~e] 1. *(fejezeté, könyvé)* titre; intitulé *m; (rovaté)* rubrique *f; (költségvetésben)* chapitre *m;* 2. *(állás, rang)* titre *m;* qualité *f;* ~ *és jelleg* titre et qualité; 3. *(lakásé)* adresse *f;* ~ *nélküli* ne portant pas d'adresse; *X. Y.* ~*én* chez X; *aux bons soins de* X.; 4. *átv:* mi ~*en?* à quel titre? *azon a* ~*en, hogy sous prétexte* *v* sous couleur de *(inf);* vminek ~*én* à titre de ...; *du chef de* ...; *vkinek a* ~*ére (intéz stb.)* à l'intention de q
cimbalom [-lmok, -lmot, -lma] cymbalum; czimbalum *f*
címbitorlás usurpation *f* de titre
cimbora [-ák, -át, -ája] 1. copain; camarade *m;* 2. *(bűnözőé)* complice; suppôt *m; jó* ~ bon compagnon; *jó -ák* être copain-copain avec q; *ördög -ája* suppôt de Satan
cimborál [~tam, ~t, ~jon] fraterniser; pactiser
cimboraság camaraderie *f*
címer [~ek, ~t, ~e] 1. armoiries; armes *f pl;* blason *m; (pajzs)* écu; écusson *m;* 2. *(szarvasé)* bois *m pl;* 3. *(lapockarész)* cimier *m;* 4. *(kukoricáé)* panicule *f*
címeres [~ek, ~t; ~en] 1. armorié; blasonné, -e; 2. ~ *gazember* coquin fieffé; ~ *ökör* maître sot; bœuf superbe
címerpajzs *her:* blason; écusson *f* écu *m*
címerpalást *her:* manteau (armoyé); mantelet *m*
címerpólya *her:* fasce *f*
címertan (science) héraldique *f*
címez [~tem, ~ett, ~zen] 1. *(vminek)* qualifier; 2. *(könyvet)* intituler; 3. *(levelet)* mettre l'adresse sur qc

címfej 1. *(levélen, stb.)* en-tête *m;* 2. *újs:* manchette *f*
címfestés peinture *f* d'enseignes
címfestő peintre *f* d'enseignes
címjegyzék annuaire *m; cím- és lakásjegyzék* bottin *m*
címke [-ék, -ét, -éje] étiquette; vignette; griffe *f; (tárgyra erősített)* fiche *f*
címlap titre *m;* page *f* (de) titre; *képes* ~ frontispice *m*
címlet titre *m; (értékpapíroknál, részvényeknél stb.)* coupure *f*
cimpa [-ák, -át, -ája] 1. *(fülé)* lobe *m;* 2. *(orré)* aile *f*
címszerep rôle principal; premier rôle
címszó mot-rubrique; mot-souche *m; (szótárban)* mot-centre *m;* vedette *f*
címzés suscription; adresse *f*
címzetes [~ek, ~et; ~en] honoraire
címzett [~ek, ~et; ~en] 1. *(mn) vkinek* ~ à l'adresse de q; *a Kék Csillaghoz* ~ *vendéglő* le restaurant de l'Étoile Bleue; II. *(fn) a* ~ destinataire
cin [~ek, ~t, ~je] étain *m;* ~ *tartalmú* étannifère; stanneux, -euse
cincér [~ek, ~t, ~e] capricorne; cérambyx; longicorne *m*
cincog [~tam, ~ott, ~jon] 1. *(egér)* crier; guiorer; 2. *(hegedű)* grincer
cinege [-ék, -ét, -éje] *áll:* mésange *f*
cingár [~t; ~an] maigrichon, -onne; maigrelet, -ette
cinikus cynique *(n)*
cink [~ek, ~et, ~je] zinc *m*
cinkez [~tem, ~ett, ~zen] zinguer; galvaniser
cinkfehér blanc *m* de zinc *v* de neige
cinkkenőcs pâte *f* de Canquoin
cinkográfia [-ák, -át, -ája] zincographie; zincogravure *f*
cinkos [~ok, ~t, ~a] complice *n;* affidé, -e *n;* acolyte; compère; suppôt *m*
cinkosság complicité; connivence *f*
cinóber [~ok, ~t, ~e] cinabre; vermillon *m*
cintányér 1. assiette *f v* plat *m* d'étain; 2. *zen:* cymbale *f*
cionista [-ák, -át, -ája] sioniste *(n)*

cipel [~tem, ~t, ~jen] 1. porter *v* transporter avec peine; *(csak fejen)* coltiner; 2. *(húzva)* traîner; entraîner; *magával* ~ traîner avec soi
cipész [~ek, ~t, ~e] cordonnier; bottier; chausseur *m; (foltozó)* savetier *m*
cipó [~k, ~t, ~ja] miche *f* (de pain); pain rond
cipő [~k, ~t, ~je] *áll:* chaussure(s) *f (pl);* croquenot(s); *(félcipő)* soulier *m; (magas szárú)* bottine *f; (posztóból v kötött)* chausson *m; 38-as* ~*t hord v visel* chausser du 38; *leveszi a* ~*jét se* déchausser; *(másnak)* déchausser q
cipőfelsőbőr empeigne *f*
cipőfűző lacet; cordon *m* de soulier
cipőhúzó 1. *(kanál)* chausse-pied *m;* 2. *(fül)* tirant *m*
cipőipari dolgozók les travailleurs de la chaussure
cipőkefe brosse *f* à souliers
cipőkenőcs; cipőkrém cirage *m;* crème *f* pour chaussures
cipőnyelv languette; patte *f*
cipősámfa forme *f*
cipősarok 1. *(talp végén)* talon *m; (felső része)* bon-bout *m;* 2. *(cipőtesten)* contrefort *m*
cipőszeg clou *m* de cordonnier; *(fa)* cheville *f* (en bois)
cipőtalp semelle *f*
cipőtalpalás pose de la semelle; carrelure *f*
cipőtisztító cireur *m* de bottines *v* de bottes
ciprus cyprès *m*
Ciprus [~t] (l'île de) Chypre *f*
ciprusfenyő pin parasol *m;* sabine *f*
cipzár [~ak, ~t, ~a] fermeture instantanée *v* éclair *v* à glissière
cirbolyafenyő pin cembre *v* cembro *m*
circulus vitiosus cercle vitieux; pétition *f* de principe
cirill cyrillique; cyrillien
ciripel [~tem, ~t, ~jen] *(tücsök)* chanter; crisser
cirkál [~tam, ~t, ~jon] 1. faire la ronde; patrouiller; 2. *(hajó)* croiser
cirkáló [~k, ~t, ~ja] croiseur *m*

cirkusz [~ok, ~t, ~a] cirque *m; (lovasmutatványok számára)* hippodrome *m; a ~ porondján* sur la piste du cirque
cirkuszi [~ak, ~t] de cirque; ~ *bohóc* clown; auguste *m* de cirque; ~ *mutatvány* acrobatie *f*
cirkuszkocsi roulotte; voiture foraine
cirmos [~ok, ~t] gris; au pelage pommelé; ~ *(cica)* chat gris
cirógat [~tam, ~ott, -gasson] caresser; flatter; câliner
cirok [~ot *v* cirkot, ~ja] sorgho; millet *m* à épis
cisz [~ek, ~t, ~e] *zen: ut* v *do* dièse *m*
ciszisz *zen: ut* double dièse *m*
ciszterna [-ák, -át, -ája] citerne *f*
citera [-ák, -át, -ája] cithare *f*
citoplazma [-ák, -át, -ája] *él:* cytoplasme *m*
citrom [~ok, ~ot, ~ja] citron *m; savanyú* ~ limon *m; ~ot hámoz* écorcer *v* zester un citron
citromfa citronnier; cédratier *m*
citromhéj écorce *f v* zeste *m* de citron
citromízű citronné, -e
citromlé jus *m* de citron; un filet de citron
citromsárga (jaune) citron; citrin, -e
citromsármány bréant *v* bruant jaune *m*
citromszelet tranche *f v* quartier *m* de citron
citromszörp citronnade *f*
civakodás altercation; querelle; dispute; âpre discussion; brouillerie *f*
civakodik [~tam, ~ott, ~jék *v* ~jon] *vkivel* ~ se quereller avec q; quereller q; se chamailler avec q
civil [~t] I. *(mn)* civil, -e; II. *(fn)* civil *m;* pékin *m kat, arg*
civilizáció [~k, ~t, ~ja] civilisation *f*
civilizál [~tam, ~t, ~jon] civiliser; policer; polir
civillista liste civile *f*
civilruha vêtement civil; *-ában* en civil
cizelál [~tam, ~t, ~jon] ciseler
Claudius Claude *m*
clavicembalo *zen:* clavecin *m*
coboly [~ok, ~t, ~a] (martre) zibeline *f*

cókmók [~ok, ~ot, ~ja] bagage(s) *m (pl);* frusques; hardes; nippes *f pl;* fourbi *m; összeszedi a ~ját* prendre ses cliques et ses claques
collstok [~ok, ~ot, ~ja] mètre pliant *v* flexible
Colosseum [~ot] *a* ~ le Colisée
comb [~ok, ~ot, ~ja] cuisse; jambe *f*
combcsont fémur; l'os *m* de la cuisse
combnyak col fémoral *v* du fémur
combütőér artère crurale
contralto [~k, ~t, ~ja] contralto *m*
copf [~ok, ~ot, ~ja] 1. natte *f;* 2. *átv:* chinoiserie *f*
Coriolanus [~t] Coriolan *m*
cosecans [~ok, ~ot, ~a] *mat:* cosécante *f*
cosinus *mat:* cosinus *m*
cosinus-tétel le théorème de cosinus
cölöp [~ök, ~öt, ~je] 1. poteau; pieu *m; (vízépítményben)* pilot *m; (gát, töltés készítésére)* pal *m; (vízben)* ~*ök* pilotis *m;* 2. *(mérésnél)* piquet; jalon *m*
cölöpépítmény palafitte *m;* cité lacustre *f*
cölöpöz [~tem, ~ött, ~zön] 1. piloter; 2. *(kerítést)* palissader
cövek [~ek, ~et, ~je] piquet *m;* fiche *f;* pal *m; (egyenesen) áll mint a* ~ il est droit comme un piquet
cudar [~ok, ~t] I. *(mn)* infâme; ignoble; ~ *élet* vie *f* de chien; II. *(fn)* gredin, -e; fripouille *f*
cúgoscipő bottine *f* à élastiques
cukor [cukrok, cukrot, cukra] 1. sucre *m; ~ba eltesz* confire; ensucrer; *~ral bevon* glacer; 2. bonbon *m;* sucreries *f pl*
cukorbaj diabète (sucré)
cukorbajos; cukorbeteg diabétique *(n)*
cukorbevonat glace *f* au *v* de sucre
cukorborsó petits pois
cukorfinomító 1. raffinerie; sucrerie *f;* 2. *(munkás)* affineur, -euse *n*
cukorfok 1. taux *m* du sucre; 2.*(boré)* générosité *f*
cukorgyár raffinerie; sucrerie *f*
cukorka [-ák, -át, -ája] bonbon *m;* sucreries *f pl; (papírba csavarva)* papillote *f*

cukorkabolt confiserie *f*
cukormáz glace *f* (de sucre)
cukornád *növ*: canne *f* à sucre; roseau sucré
cukorrépa betterave *f* (à sucre v sucrière)
cukorspárga 1. asperge *f*; 2. ficelle *f* d'emballage
cukortartalom rendement *m* en sucre; teneur *f* en sucre; taux *m* du sucre
cukortartó 1. sucrier *m*; 2. *(cukorkának)* bonbonnière *f*
cukortermelés production sucrière
cukorvérszint *orv*: (taux *m* de la) glycémie *f*

cukrász [~ok, ~t, ~a] pâtissier; pâtissier-confiseur *m*
cukrászda [-ák, -át, -ája] pâtisserie; confiserie *f*
cukrászsütemény pâtisserie *f*; gâteau *m*; confiserie *f*
cukros [~ak, ~at; ~an] 1. sucré, -e; 2. *(bevont)* glacé, -e; 3. *vegy*: sacchareux, -euse; 4. *(gyerek, stb.)* charmant, -e; mignon, -onne
cukroz [~tam, ~ott ~zon] 1. sucrer; additionner de sucre; 2. *(hintve)* saupoudrer de sucre
cumi [~k, ~t, ~ja] sucette *f*
Curiatius Curiace *m*
cvikker [~ek, ~t, ~e] pince-nez; lorgnon *m*

Cs

csáb [~ok, ~ot, ~ja] attrait *m;* séduction(s) *f (pl)*
csábít [~ottam, ~ott, ~son] 1. *(ember)* séduire; 2. *(dolog)* tenter; amorcer; affrioler; affriander; attirer; donner envie; *arra ~ja, hogy* induire à qc *v* à *(inf); bűnre ~* induire au mal; suborner; *nem nagyon ~* cela ne me tente guère; *a nyereség ~otta le gain* l'a affriandé
csábítás 1. séduction(s) *f (pl);* enjôlement *m;* tentation *f;* 2. *(dologé)* attrait *m;* amorces *f pl* (de qc); séduction *f*
csábító [~k, ~t; ~an] I. *(mn)* séduisant; tentant; attrayant; attirant; aguichant, -e; *~ ajánlat* offre tentante; *~ pillantás* œillade *f;* II. *(fn)* séducteur, -trice *n;* suborneur *m;* enjôleur; débaucheur, -euse *n*
csacsi [~k, ~t, ~ja] ânon; bourricot *m; átv:* bête *f; kis ~* petit serin!
csacsiság faribole; sornette *f;* enfantillage *m; egy ~ért* pour une bêtise
csacska [-ák, -át; -án] bavard; babillard, -e; *(nő)* tête *f* de linotte; *~ beszéd* langage indiscret; sornettes *f pl*
csacsog [~tam, ~ott, ~jon] 1. *(madár)* piailler; jacasser; 2. *(ember)* jaser; babiller; bavarder
Csád-tó le lac de Tchad
csahol [~tam, ~t, ~jon] japper; *(róka, kiskutya)* glapir
csajka [-ák, -át, -ája] gamelle *f*
csak 1. *(korlátozó)* ne... que...; seul; seulement; rien que...; *~ őt látom* je ne vois que lui; *~ akkor vette észre, hogy* alors seulement il s'aperçut que; *~ abban az esetben nem, ha* sauf pour le cas où...; *ha ~ látja az ember* rien qu'à le voir; *~ én* moi seul; *~ ennyi a)* pas plus que cela; voilà tout; *b)* ne...que cela; *~ azért, hogy* rien que pour *(inf);* uniquement pour *(inf); ~ úgy mint* non moins que; 2. *(igét korlátozva)* ...ne fait que; *~ bámulni lehet nagy tudását* on ne peut qu'admirer son érudition; 3. *(ellentétes) hasonlít magához, ~ nagyobb* il vous ressemble, si ce n'est qu'il est plus grand; *~, hogy ellentmondjon* histoire de contredire; 4. *(időre) ~ míg belejövök* le temps de m'y faire; 5. *(általánosító) aki ~...* quiconque...; 6. *(biztató) menjen ~* allez seulement! *mondd ~* dis donc; 7. *(reménykedő, méltatlankodó) ezt ~ tudod?* tu sais cela, au moins? 8. *(óhajtó) ~ aztán* pourvu que *(subj); ~ aztán eljöjjön!* pourvu qu'il vienne! 9. *(következtető) hogy ~ úgy* si bien que; à tel point que; 10. *(dacosan) Miért tetted? Csak.* Pourquoi l'as-tufait? Pour rien; *~ azért is* exprès
csákány 1. *(bányászó)* pic; levier *m;* 2. *(földmunkásé)* pioche *f;* pic *m;* 3. *(hegymászóé)* piolet *m*
csakhamar aussitôt; bientôt; peu après
csakhogy 1. seulement; seulement voilà; 2. *(felkiáltásban) ~ elment!* il est parti, enfin!
csáklya [-ák, -át, -ája] 1. *haj:* gaffe *f;* grap(p)in; *(harci)* hache *f* d'abordage; *kikötő ~* harpeau; harpin *m;* 2. *műsz:* tige *f* à crochet
csaknem 1. presque; quasi; à peu près; 2. *(igével)* être sur le point de *(inf);* il a failli *(inf); ~ meghalt bánatában* il pensait mourir de chagrin; *~ őrjöngött* il était comme fou
csakúgy de même que; aussi bien que
csakugyan en effet; vraiment; en vérité; de fait; bien; bel et bien; *csakugyan?* est-ce vrai? tiens! vous trouvez?
csal [~tam, ~t, ~jon] I. *(tgy i)* 1 *(vkit)* tromper; abuser; duper

család

donner le change à q; 2. *(csaló)* escroquer q; 3. *egymást ~ják* se tromper l'un l'autre; 4. *~ja magát* se leurrer de qc; II. *(tgyl i)* 1. *(áruval)* frauder sur qc; 2. *(játékban)* tricher v flouer (au jeu); corriger le hasard v la fortune; 3. *(dologról)* tromper; *ha szemem nem ~* si mes yeux ne m'abusent; 4. *(vhova)* attirer; *tőrbe, lépre, kelepcébe ~ ld: tőr, lép, kelepce*
család [~ok, ~ot, ~ja] 1. famille *f*; les siens; un ménage; *~ja körében* au milieu de sa famille; *~ja van* avoir charge de famille; *~jának él* vivre en famille; *~ot alapít* fonder une famille; 2. *(származásban összetartozó)* famille; lignée *f*; 3. *az emberiség nagy ~ja* la grande famille humaine
családapa père *m* de famille
családfa arbre généalogique *m*; lignée *f*
családfenntartó soutien *m* de famille
családfő chef *m* de famille
családi [~ak, ~t] de famille; familial, -e; *~ állapot* état personnel; *~ dráma* drame conjugal; *harmonikus ~ életet élnek* ils font un ménage bien assorti; *~ érzés* amour *m* de la famille; *(összetartási)* esprit *m* de famille; *~ gondok* soucis *m pl* de famille; *~ ház* maison familiale v particulière; *~ kör* intérieur; foyer; chez-soi *m*; *~ körben* en famille; *szűk ~ körben* dans l'intimité; *~ örökség* patrimoine *m*; *~ pótlék* majoration v indemnité pour charge de famille; allocation familiale; *~ tanács* conseil *m* de famille
családias [~ak, ~at; ~an] familial, -e; intime
családnév nom de famille v patronymique *m*
családtag membre *m* de la famille
csalafinta [-ák, -át; -án] fin (renard); finaud; subtil, -e; malin, maligne
csalán [~ok, ~t, ~ja] ortie *f*; *~ba nem üt a mennykő* graine folle ne périt point
csalánkiütés urticaire; éruption urticarienne

csalóka

csalárd [~ok, ~ot] 1. *(bűnözés)* frauduleux, -euse; 2. *átv*: fallacieux; artificieux; trompeur, -euse; abusif, -ive
csalárdul frauduleusement; par fraude; fallacieusement
csalás 1. *(bűntett)* escroquerie *f*; abus *m* de confiance; 2. dol *m*; fraude *f*; 3. *(játékban)* tricherie; filouterie *f*; 4. *ált*: tromperie; supercherie; imposture; duperie *f*
csalétek 1. appât *m*; amorce *f*; 2. *átv*: leurre *m*
csalfa [-ák, -át; -án] perfide; faux, fausse; trompeur, -euse; *~ remény* espérance chimérique *f*
csalhatatlan infaillible; indéfectible
csali [~k, ~t, ~ja] amorce; mouche *f*
csalit [~ok, ~ot, ~ja] bosquet; bocage; hailler *m*
csalmatok jusquiame *f*
csaló [~k, ~t, ~ja] 1. *(hivatásos)* escroc; filou *m*; *(tiltott nyereséghez jutó)* fricoteur *m*; 2. *ált*: imposteur *m*; mystificateur, -trice *n*; 3. *(játékban)* tricheur, -euse; filou *m*
csalódás 1. *(érzéki)* illusion *f*; mirage *m*; 2. *(érzelmi)* déception *f*; déboire *m*; désillusion *f*; mécompte; désenchantement *m*; *a ~ig hű* c'est à s'y méprendre; *nagy ~t kellett il a vivement déçu
csalódik [~tam, ~ott, ~jék v ~jon] se tromper; s'abuser; se leurrer; se faire illusion; *keservesen ~* tomber des nues
csalódott [~ak, ~at; ~an] désenchanté; déçu; détrompé, -e; *reményeiben ~* revenu(e) de ses illusions
csalogány rossignol *m*
csalogat 1. allécher; amorcer; attirer (par des promesses); aguicher; affriander; 2. *(vkit vhova)* attirer; entraîner; 3. *(halat)* amorcer; *(madarat)* appeler; piper
csalogatás 1. séductions *f pl*; allèchement; attrait *m*; 2. *(halé)* amorçage *m*; *(madáré)* appel *m*
csalóka trompeur, -euse; illusoire; décevant, -e; *~ remény* espoir trompeur v chimérique

csámpás 1. chétif, -ive; malingre; 2. *(láb)* cagneux, -euse I. *(ige)* **csap** [~tam, ~ott, ~jon] I. *(tgy i)* 1. *(üt)* frapper; *földhöz ~ (vkit)* terrasser q; 2. *átv:* nagy *lakomát ~* donner v offrir un splendide festin; *zajt ~* faire du bruit; 3. *(dob)* jeter; lancer; II. *(tgyl i)* 1. *vmire ~* frapper qc sur qc; *homlokára ~* se frapper le front; 2. *(eső, jég)* battre contre qc II. *(fn)* **csap** [~ok, ~ot, ~ja] 1. robinet *m;* *(öntöző, tüzcsap)* bouche; prise *f* d'eau; 2. *(hordón)* cannelle *f;* *hordót ~ra ver* mettre un tonneau en perce; *iszik, mint a ~* boire comme un trou; 3. *műsz:* cheville *f;* goujon *m;* *(forgó)* pivot *m;* 4. *ács:* cheville; fiche *f*
csáp [~ok, ~ot, ~ja] 1. antenne; corne; palpe *f;* 2. *átv:* tentacule *m*
csapadék [~ok, ~ot, ~a] 1. *met:* condensations atmosphériques *f pl;* 2. *vegy:* précipité; résidu *m*
csapágy *műsz:* palier; coussinet *m;* *(forgócsapé)* crapaudine *f*
csapágybélés; csapágycsésze coussinet *m*
csapás 1. *(ütés)* coup *m;* tape *f;* *egy ~ra* d'un seul coup; d'emblée; *nagy ~t mér vkire (átv is)* allonger v porter un grand coup à q; 2. *sp:* frappe *f;* 3. *(állattól jövő)* coup de patte; 4. *(természeti)* cataclysme *m;* calamité *f;* fléau *m* (de la nature); *a tíz egyiptomi ~* les dix plaies d'Égypte; 5. *(egy embert érő)* malheur *m;* adversité *f;* désastre *m;* 6. *(állaté)* passée; piste; trace *f;* 7. *bány:* allure *f;* chassage *m*
csapat 1. troupe *f;* groupe *m;* *pej:* ramassis *m;* bande *f;* 2. *(munkás)* équipe; brigade *f;* poste *m;* 3. *kat:* troupe; unité *f;* *(szakasz)* escouade *f;* peloton *m;* *(lovassági)* escadron *m;* nemzetközi ~ok contingents internationaux; ~ok gyülekeznek des troupes se massent; 4. *sp:* équipe; formation *f;* 5. *(madár)* un vol de *(pl:* perdrix); *(állat)* un train de *(pl:* chevaux)
csapatkapitány *sp:* capitaine *m* d'équipe

csapatosan par bandes; en masse; en foule; par légions
csapatösszeállítás *sp:* composition *f* de l'équipe
csapatösszevonás *kat:* concentration *v* réunion *f* de troupes
csapatparancsnok 1. chef *m* de troupe; 2. *sp:* capitaine *n*
csapatszellem 1. *kat:* le moral des troupes; 2. *sp:* esprit *m* d'équipe
csapattest *kat:* corps *m* de troupes; *bevonul ~éhez* rejoindre son unité
csapda [-ák, -át, -ája] 1. *(állatnak)* piège; traquenard *m;* attrape *f;* *(egérnek)* souricière *f;* 2. *(embernek)* piège *m;* trappe *f;* traquenard *m;* embûche; souricière *f;* *(gonosztevőktől megszervezett)* guet-apens *m;* 3. *kat:* embuscade *f;* *beleesik a -ába* tomber dans l'embuscade; *(gonosztevőkébe)* tomber dans un guet-apens
csapdos [~tam, ~ott, ~son] 1. battre; frapper; *vaktában ~* frapper à l'aveuglette; *szárnyával ~* battre des ailes; 2. lancer; 3. *(eső)* battre; cingler
csapkodás 1. fouettement *m;* 2. *(szárnnyal)* battement *m* (d'ailes); 3. *(ütések)* coups distribués au hasard; 4. *(partoldalé víztől)* batillement *m*
csapláros [~ok, ~t, ~a]; **-né** cabaretier, -ière; aubergiste *n*
csapnivaló détestable; exécrable; piètre
csapóajtó porte *f* aller et retour; tapecul *m;* *(lefelé)* porte-trappe *f*
csapodár [~ok, ~t; ~an] volage; inconstant; libertin, -e; coureur, -euse
csapódik [~tam, ~ott, ~jék *v* ~jon] 1. *(vmihez)* battre *v* se jeter contre qc; *(hullám)* battre qc; déferler sur q; 2. *(vmire)* retomber sur q
csapol [~tam, ~t, ~jon] 1. mettre en perce; *(sört így is)* détonneler; 2. *koh:* faire couler; 3. *orv:* ponctionner
csapolás 1. *(hordóé)* mise *f* en perce; 2. *koh:* coulée *f;* 3. *orv:* ponction *f;* drainage *m;* *(mellé)* thoracenthèse *f;* 4. *ács:* mortaisage *m*

csapolt sör bière *f* à la pression *v* en tonneau
csapong [~tam, ~ott, ~jon] voleter; voltiger; errer ça et là; vagabonder
csapongó [~k, ~t; ~an] voltigeant; papillonnant, -e; *(csak átv:)* divagant, -e; ~ *képzelet* imagination divagatrice
csapos [~ok, ~t, ~a] garçon de comptoir *v* de brasserie; standardiste *m*
csapott [~ak, ~at; ~an] avalé, -e; *(mérték)* radé, -e; ~ *áll menton* fuyant
csapoz [~tam, ~ott, ~zon] *ács:* tenonner; mortaiser; affourcher
csappanó [~k, ~t, ~ja] battant *m;* *(zárban)* gâche; clenche *f*
csappantó [~k, ~t, ~ja] 1. *műsz:* cliquet; déclic *m;* 2. *(fegyverben)* percuteur *m*
csappantyú [~k, ~t, ~ja] 1. *műsz:* clapet; battant *m;* 2. *(fegyverben)* capsule *f*
csapszeg cheville *f;* boulon *m; füles* ~ piton *m*
csapszék [~ek, ~et, ~e] guinguette *f;* bistrot *m;* gargote *f;* estaminet *m*
csárda [-ák, -át, -ája] auberge; tcharda; czarda *f*
csarnok [~ok, ~ot, ~a] 1. hall *m;* 2. *(vásár~)* halle *f;* 3. *(oszlopos)* portique *m*
csarnoki [~ak, ~t] ~ *elárusítónő v kofa* dame *v* femme de halle; ~ *hordár* fort de la halle; débardeur *m*
császár [~ok, ~t, ~a *v* ~ja] empereur; césar *m*
császári [~ak, ~t] impérial, -e; ~ *rendelet (leirat)* rescrit impérial; *(ókori)* ~ *helytartó* procurateur *m*
császárkabát redingote *f*
császárkörte duchesse *f;* beurre Diel *m*
császármadár gelinotte *v* gélinotte *v* poule *f* des bois
császármetszés *orv:* (opération) césarienne *f*
császárné; császárnő impératrice *f*
császárság 1. empire *m;* 2. titre *m v* dignité *f* d'empereur
császárszakáll royale *f*

császárzsemlye pain impérial; (petit) pain empereur
csat [~ok, ~ot, ~ja] boucle; agrafe *f;* fermoir *m*
csata [-ák, -át, -ája] combat *m;* bataille; rencontre *f;* engagement *m; vesztett* ~ bataille désastreuse; *nyílt -ában* en bataille rangée; *-át vív vkivel* livrer bataille à q
csatahajó vaisseau de ligne; croiseur *m* de bataille
csatak [~ok, ~ot, ~ja] boue *f;* bourbier *m;* ~*ban jár* patauger
csataló cheval de bataille; destrier *m; vén* ~ cheval de trompette; *átv, gúny:* vieille carne
csatamező champ *m* de bataille
csatangol [~tam, ~t, ~jon] aller le nez au vent; flâner; errer; vagabonder; errer à l'aventure; ~ *az utcákon* battre le pavé
csatangolás flânerie *f;* vagabondage *m*
csatár [~ok, ~t, ~(j)a] 1. *kat:* troupier; soldat de ligne *m;* 2. *sp:* avant *m*
csatarend ordre *v* front *m* de bataille; ~*ben* en bataille
csatárlánc formation *f* en tirailleurs
csatározás accrochage *m;* escarmouches *f pl; előőrsi* ~*ra került a sor* il y eut une rencontre d'avant-gardes
csatársor 1. *kat:* ligne *f* des tirailleurs; 2. *sp:* ligne des avants; attaque *f*
csatasor 1. ligne *f* de bataille; 2. *haj:* ligne *f* de file
csatatér champ *m* de bataille; ~*en hal meg* mourir au champ d'honneur
csataraj le tumulte des armes
csatlakozás 1. *(embereké)* rattachement; ralliement *m;* accession; adhésion; affiliation *f (mind:* à qc); *(csapaté)* jonction *f;* ralliement; 2. *(vasúti)* correspondance *f;* 3. *(síneké, vágányé)* raccordement *m;* 4. *(vonalé, vezetéké)* raccordement; raccord *m*
csatlakozik [~tam, ~ott, ~zék *v* ~zon] 1. *(vkihez, vmihez)* se rallier au parti de q; rallier le parti de q; s'associer à qc; se ranger du parti de q; *egy véleményhez* ~ épouser l'opinion

de q; 2. *kat:* opérer *v* faire sa jonction avec qc; rejoindre qc; 3. *ált:* s'ajouter; 4. *(vonal, vezeték)* se raccorder; s'embrancher; se nouer à qc; 5. *(vonatok)* correspondre; *(vonathoz)* correspondre avec qc
csatlakozó [~k, ~t; ~an] adhésif, -ive; *(párthoz)* rallié; adhérant, -e; ~ *állomás* station *f* de correspondance
csatlós [~ok, ~t, ~a] 1. *rég:* valet *m* d'armes; 2. *átv:* homme de main; acolyte; affidé *m*
csatlósállam État satellite *m*
csatol [~tam, ~t, ~jon] 1. *(kocsit)* accrocher; atteler; 2. *(tárgyat)* attacher à qc; *(össze)* boucler; coupler; 3. *(vmihez)* annexer *v* joindre à qc; 4. *(területet)* attribuer; annexer; 5. *műsz:* *(utat, vezetéket)* raccorder; embrancher; 6. *vill* coupler
csatolás 1. *(kocsié)* accrochage; accouplage *m;* 2. *(csattal)* bouclage *m;* 3. *vill, rád:* couplage *m;* 4. *(területé)* rattachement *m;* annexion *f;* 5. *(iraté)* (ad)jonction *f*
csatolt [~ak, ~at; ~an] *a mellékelve* ~ ci-joint; ci-inclus, -e
csatorna [-ák, -át, -ája] 1. canal *m; a la Manche* ~ La Manche; le Channel; le Détroit; 2. *(szennyvízé)* égout *m;* 3. *(eresz)* gouttière *f;* chénau *m; az ég -ái* les cataractes du ciel; 4. *(levezető cső)* tuyau *m* de descente; 5. *(útszéli)* ruisseau *m; (országút mellett)* caniveau *m;* 6. *(öntöző)* rigole *f;* 7. *(alagcső)* drain *m;* 8. *orv:* canal *m*
csatornahálózat réseau *m* de canaux; canalisation *f;* *(szennyvíz)* égout *m* *(tb is)*
csatornarendszer 1. canalisation *f;* 2. *(öntöző)* système *m* d'irrigation; 3. *(utcai)* système d'égouts
csatornatisztító égoutier *m*
csatornáz [~tam, ~ott, ~zon] 1. canaliser; 2. *(földeket)* drainer
csattan [~t, ~jon] claquer; faire un bruit sec; *(villám, bomba)* éclater
csattanás claquement (sec); détonation *f;* éclat *m* (d'une bombe); *(záré)* déclic *m*

csattanó [~k, ~t; ~an] I. *(mn)* claquant; éclatant, -e; II. *(fn) átv:* pointe *f; a dolog ~ja* le piquant de la chose
csattanós [~ak, ~at] piquant; frappant; imprévu; inattendu, -e; ~ *fordulat* coup *m* de théâtre; ~ *pofon* claque retentissante; ~ *válasz* répartie mordante
csattog [~tam, ~ott, ~jon] 1. claquer; flicflaquer; 2. *(villám)* tomber avec fracas; 3. *(madár)* triller
csattogtat *(ostort, ujját)* faire claquer; claqueter
csáva [-ák, -át, -ája] 1. bain *m* de jusée *v* de tan; 2. *átv:* -*ába kerül* tomber dans la nasse; *benn van a -ában* être dans une mauvaise passe; *kimászik a -ából* se tirer d'affaire
I. *('ge)* **csavar** [~tam, ~t, ~jon] tordre; tourner; tortiller; ujja *köré ~ (vkit)* tourneviver
II. *(fn)* csavar [~ok, ~t, ~ja] 1. vis *f; (fejes, csapos)* boulon *m; (füles)* piton *m* (à vis); *meghúz egy ~t* serrer une vis; 2. *rep, haj:* hélice *f;* ~ *alakú* hélicoïdal; spiral, -e
csavaralátét rondelle *f*
csavaranya écrou *m*
csavarás torsion *f;* tour *m* (de vis); *(csavarral)* vissage *m*
csavarfúró tour *m* à fileter; taraudeuse *f*
csavargás vagabondage *m*
csavargó [~k, ~t, ~ja] errant, -e; nomade; vagabond, -e; rôdeur, -euse; clochard, *-e;* trimardeur, -euse *n;* chemineau *m*
csavarhúzó tournevis *m;* desserroir *m*
csavarirón porte-mine *m* à vis
csavarkulcs clef à écrou *v* à levier *v* à vis; clef anglaise
csavarmenet pas *m* de vis; spirale *f*
csavarmetszés filetage *m* de vis
csavarmetsző taraud *m;* tarière à vis; filière *f*
csavarodás torsion *f;* tortillement *m;* *(font dolognál)* torsade *f*
csavarodik [~tam, ~ott, ~jék *v* ~jon] 1. se replier; se (re)courber; se tordre; 2. *vmi köré, vmire* ~ s'enrouler autour de qc

csavarog [~tam, -rgott, ~jon] vagabonder; rôder; ~ *a világban* rouler dans le monde
csáváz [~tam, ~ott, ~zon] 1. macérer; mordancer; 2. *(bőrt)* tanner; *(finom bőrt)* confire; *(mészben)* chauler; 3. *mez: (magot)* macérer
csecs [~ek, ~et, ~e] sein *m;* mamelle *f*
csecsebecse [-ék, -ét, -éje] bibelot; objet de fantaisie; colifichet *m; (óraláncon)* breloque *f*
csecsemő [~k, ~t, ~je] enfant *n* à la mamelle; nourrisson; bébé *m*
csecsemőgondozás assistance aux nourrissons; puériculture *f*
csecsemőhalandóság mortalité infantile *f*
csecsemőkelengye layette *f;* trousseau *m* pour bébé
csecsemőotthon crèche; pouponnière; nourricerie *f;* centre *m* d'élevage
csecsemőtej lait *m* pour nourrissons
csecsemővédelem protection infantile
csecsszopó enfant *n* à la mamelle
cseh [~ek, ~et] I. *(mn)* tchèque; *rég:* bohémien, -enne; II. *(fn)* Tchèque *m*
Csehország *tört:* la Bohême
csehszlovák tchécoslovaque
Csehszlovákia [-át] la Tchécoslovaquie
csehül *áll* être mal en point
csekély [~ek, ~et; ~en] 1. peu de...; peu nombreux (-euse); médiocre; mince; petit; faible, -e; *(összeg)* modique; *igen ~ megerőltetéssel* avec un minimum d'effort; *~ átmérőjű* de faible section; *egy ~ összegért* pour une somme exiguë; *~ számú* peu nombreux (-euse); en nombre réduit; 2. *~ebb* moindre; *a leg~ebb* le moindre (petit) ...; *a leg~ebb mértékben is* si peu que ce soit; 3. *gúny: ez a ruha ~ százezer frankba került* cette robe a coûté la bagatelle de cent mille francs
csekélyke minime
csekélység 1. bagatelle *f;* un rien; une bêtise; 2. *(vmié)* futilité; petitesse *f:* 3. *(összegé)* modicité *f;* 4. *gúny: csekélység!* excusez du peu! une paille! 5. *~em* mon humble personne; 6. *(szólásokban:) egy ~ért* pour un morceau de pain; pour une bagatelle; *minden ~ért* pour des misères; à propos de rien
csekk [~ek, ~et, ~je] chèque *m; rendeletre* v *bemutatóra szóló ~* chèque *à ordre* v *au porteur; a ~ kiállítója* le tireur du chèque; *egy ~et kiállít* émettre *v* libeller *v* tirer un chèque; *(vki nevére)* tirer un chèque sur q
csekkcsalás émission *f* de chèque sans provision
csekk-könyv chéquier; carnet *m* de chèques
csekklap formule *f* de chèque
csekkszámla compte chèques (postaux); compte *m* de chèques; *a 21 234 sz.-án* par chèque bancaire n° 21.234
csel [~ek, ~t, ~e] 1. ruse *f;* artifice *m; ~hez folyamodik* recourir à la ruse; *~t sző* ourdir *v* brasser une intrigue; 2. *(vívás)* feinte *f;* 3. *sakk:* gambit *m*
cseléd [~ek, ~et, ~je] *(polgári államokban)* 1. *(férfi)* domestique; serviteur; valet *m;* 2. *(nő)* bonne; servante; domestique *f;* 3. *(gazdasági)* valet *v* garçon *m* de ferme; domestique *n* de cuiture; fille de basse-cour
cselédközvetítő I. *(mn) ~ iroda* agence *f v* bureau *m* de placement; II. *(fn)* placeur, -euse *n*
cselekedet 1. action *f;* acte; geste *m; bátor ~* action d'éclat; 2. *vall: a ~ek* les œuvres *f pl*
cselekmény 1. *irod:* action; intrigue *f;* sujet *m; a ~ lényege* v *terve* donnée *f;* 2. *jog:* acte *m*
cselekszik [cselekedtem, cselekedett, cselekedjék *v* cselekedjen] I. *(tgyl i)* agir; II. *(tgy i)* faire
cselekvés action *f;* acte *m; a ~ embere* homme *m* d'action; *~t jelölő ige* verbe *m* d'action
cselekvő [~k, ~t] agissant, -e; actif, -ive; *~ részt vesz* prendre une part active à qc; *~ alak* actif *m; ~ ige* verbe actif; *~ mód* actif *m*
cselekvőképesség capacité *f*
cselekvőképtelen incapable

cselez [~tem, ~ett, ~zen] 1. *futb:* tromper q par une feinte; dribbler; 2. *(vívásban)* faire une feinte
cselfogás tour *m;* ruse *f;* artifice; stratagème *m;* ~*sal él* user d'un stratagème
cselló [~k, ~t, ~ja] violoncelle *m*
csellózik [~tam, ~ott, ~zék *v* ~zon] faire *v* jouer du violoncelle
cselszövény [~ek, ~t, ~e] intrigue; cabale; machination; manigance; manœuvre *f;* ~*t sző* ourdir une intrigue
csemege [-ék, -ét, -éje] 1. *(fogás)* dessert *m;* 2. *(édesség)* douceurs *f pl;* friandise *f;* 3. *átv:* pièce *f* de résistance
csemegekereskedés magasin *m* de comestibles
csemegeszőlő raisin *m* de table
csemete [-ék, -ét, -éje] 1. jeune plante; nouveau plant; *(vad)* sauvageon *m;* *(beoltandó)* sujet *m;* 2. *(gyerek)* progéniture *f;* rejeton *m*
csemeteoltványok plants greffés
csempe [-ék, -ét, -éje] carreau *m v* brique *f* de faïence
csempekályha poêle *m* de faïence
csemperakó carreleur; carrelier *m*
csempész [~ek, ~t, ~e] contrebandier, -ière; fraudeur, -euse *n;* *(kábítószereké)* trafiquant, -e *n*
csempészet [~ek, ~et, ~e] contrebande; fraude *f*
csempész(ik) [~tem, ~ett, -ésszék *v* -ésszen] faire la contrebande; se livrer à la contrebande; introduire *v* passer en contrebande
csen [~tem, ~t, ~jen] escamoter; subtiliser; chaparder; faire main basse sur qc
csend [~et, ~je] 1. silence *m;* tranquillité *f; csend (legyen)!* silence! paix (donc)! ~*ben* en silence; sans bruit; à petit bruit; *(halkan)* en *v* à la sourdine; ~*ben marad a)* rester tranquille; *b)* rester silencieux; *szép* ~*ben odébb áll* filer en douce; ~*et kér* demander du *v* le silence; ~*et kérek!* je demande le silence; 2. calme *m; az országban* ~ *van* le calme *v* l'ordre règne dans le pays
csendélet nature morte; *gúny:* idylle *f*
csendes [~ek, ~et] 1. silencieux, -euse; tranquille; calme; paisible; *(csak ember)* pacifique; discret, -ète; ~ *eső esik* il tombe une pluie douce; ~ *őrült* fou inoffensif *v* doux; ~ *társ* commanditaire *n;* 2. *vall:* ~ *ima* prière mentale; ~ *mise* messe basse
csendesen 1. *(viselkedésről)* tranquillement; avec calme; *csak* ~! sage! 2. *(hangról)* tout bas; silencieusement; *csendesen!* point de bruit! motus!
Csendes-óceán l'océan Pacifique; le grand Océan
csendőr gendarme *m;* pandore *m biz*
csendőrállam régime policier
csendőrőrs poste *m* de gendarmerie; brigade *f*
csendőrség gendarmerie; maréchaussée *f*
csendül résonner; sonner; retentir
csenevész [~ek, ~t; ~en] chétif, -ive; malingre; rabougri; dégénéré, -e
cseng [~ett, ~jen] 1. sonner; tinter; résonner; 2. ~ *a fülem* les oreilles me cornent
csengés [~ek, ~t, ~e] 1. sonorité *f;* tintement *m;* résonance *f;* 2. *(hangé)* éclat; timbre *m; tiszta* ~ timbre clair
csenget 1. sonner; 2. *(tárgy)* sonner; tinter; tintiller
csengettyűke *növ:* campanule; clochette *f*
csengő [~k, ~t; ~en] I. *(mn)* 1. sonore; retentissant, -e; ~ *hang* voix claire; ~ *rím* rime riche *f;* 2. *(hang)* timbré, -e; II. *(fn)* 1. sonnette; cloche *f; megnyomja a* ~ *gombját* appuyer sur le bouton de la sonnette; *megrázza a* ~*t* agiter la clochette; 2. *(kerékpáron)* timbre *m;* clochette *f;* 3. *(állaton)* sonnaille; clochette *f*
csengőtábla *(szobajelző)* tableau *m* d'appel *v* indicateur
csenkesz [~ek, ~t, ~e] *növ:* fétuque *f*
csép [~ek, ~et, ~je] 1. fléau *m;* 2. *tex: (szövőszéken)* camperche *f*

csepeg [~tem, ~ett, ~jen] dégoutter; tomber goutte à goutte
csépel [~tem, ~t, ~jen] 1. battre (le blé); 2. *(vkit)* déchirer (à belles dents)
cséphadaró batte *f:* fléau *m*
cséplés battage *m;* battaison *f;* égrenage *m*
cséplő [~k, ~t] batteur, -euse *n*
cséplődob batteur *m*
cséplőgép batteuse *f;* ~*et etet* présenter la récolte; engrener
csepp [~ek, ~et, ~je] 1. goutte *f;* *kis* ~ gouttelette *f; egy* ~ *a tengerben* une goutte d'eau dans la mer; *utolsó* ~ *vérig* jusqu'à la dernière goutte de son sang; 2. *egy* ~; *egy* ~*nyi* un tantinet de...; une idée de...; *egy* ~ *(bor, kávé stb.)* une larme (de vin, de café); *egy* ~ *citrom* un filet de citron; *egy* ~ *ecet, fokhagyma* une pointe de vinaigre, d'ail; *egy* ~ *likőr* un soupçon de liqueur; *egy* ~ *tej (kávéba, teába)* un nuage de lait; *egy* ~ *esze sincs* il n'a pas un grain d'esprit; *egy* ~ *sincs belőle* il n'y en a pas un brin; *egy* ~ *sem* (ne...) pas du tout; (ne...) point du tout; *egy* ~*et sem búsul miatta* il ne s'en fait pas une miette
cseppen [~tem, ~t, ~jen] 1. dégoutter; tomber; 2. *mintha az égből* ~*t volna* on dirait qu'il tombe du ciel
cseppenként au compte-gouttes; goutte à goutte
cseppent [~ettem, ~ett, ~sen] 1. verser par gouttes; 2. *orv:* instiller
cseppfolyós liquide; fluide; ~ *(halmaz)állapot* état liquide *m*
cseppkő calcaire concrétionné; *(csüngő)* stalactite *f; (felfelé álló)* stalagmite *f*
csepű [~k, ~t, ~je] étoupe; filasse *f;* ~*vel eltöm* étouper; *(rést hajón)* calfater
csepül [~tem, ~t, ~jön] 1. *(ver)* rosser; battre comme plâtre; 2. *átv:* dénigrer; malmener; déchirer (à belles dents)
csér [~ek, ~t, ~je] *áll:* sterne; hirondelle de mer *f*

cserbenhagy laisser en plan *v* en panne; planter là; faire faux bond à q; plaquer *biz; emlékezete* ~*ta* sa mémoire lui a joué un vilain tour
csere [-ék, -ét, -éje] 1. échange; troc; change *m; -ébe(n)* en échange (de qc); en revanche; 2. *sp:* changement *m*
cserebogár hanneton *m*
cserebogárszínű fromenté, -e
cserediák étudiant(e) d'échange
csereegyezmény 1. *(kulturális)* traité *m* d'échanges culturels; 2. *(cserebere)* accord *m* de troc
csereforgalom (le volume des) échanges *m pl*
cserekereskedelem 1. commerce d'échange; troc *m;* 2. *rég: (bennszülöttekkel)* troque; traite *f*
cserél [~tem, ~t, ~jen] échanger; changer contre *v* pout qc; troquer; *gazdát* ~ changer de maître; *helyet* ~ changer de place; *ruhát* ~ changer de vêtement
cserép [cserepek, cserepet, cserepe] 1. *(tetőn)* tuile *f:* 2. *(virág)* pot *m* (de fleur)
cserépáru poterie *f*
cserépedény poterie *f;* pot de terre; vase *m*
cserepesedik [~ett, ~jék *v* ~jen] (se) gercer; *a szárazságtól* ~ *a föld* la sécheresse fendille la terre
cserepez [~tem, ~ett, ~zék *v* ~zen] 1. couvrir de tuiles; 2. poser les tuiles
cserépfedél couverture *f* de tuiles; toit *m* de *v* en tuile
cserépfedő couvreur *m*
cserépgyártás tuilerie *f*
cserépkályha poêle *m* de faïence *v* de construction
cseréppipa pipe *f* en terre
cseréptál terrine *f;* plat *m* de faïence
cseréptető toit *m* de *v* en tuiles
cseresznye [-ék, -ét, -éje] cerise *f*
cseresznyefa cerisier *m*
cseresznyepálinka kirsch(-wasser) *m;* cerisette *f;* cherry; cherry-brandy *m*
cseresznyeszár queue *f* de cerise
cseresznyeszín cerise *m*

cseresznyézik [~tem, ~ett, ~zék v ~zen] cueillir des cerises
cseretanár professeur *m* d'échange
csereüzlet; csereügylet 1. échange *m;* 2. affaire *f* de troc; compensation privée
csereviszony relations *f pl v* rapport *m* d'échange
cserez [~tem, cserzett, ~zen] tanner; corroyer
cserfa chêne chevelu; bois *m* de chêne
cserfaerdő chênaie *f*
cserje [-ék, -ét, -éje] arbrisseau; buisson; arbuste *m*
cserjés I. *(mn)* buissonneux, -euse; II. *(fn)* taillis *m;* broussaille *f*
cserkel [~tem, ~t, ~jen] chasser dans les tirés
cserkész [~ek, ~t, ~e] scout; éclaireur; boy scout *m*
cserkészik [~tem, ~ett, -ésszék v -ésszen] 1. *(vad)* randonner; faire le bois; *(kutya)* braconner; 2. *(vadász)* giboyer; faire le bois
cserlé jusée *f;* bain *m* de tanin
csersav acide tannique; tanin *m*
cserzés tannage; affaîtage; affaîtement *m*
cserzett [~ek, ~et, ~en] 1. tanné, -e; 2. *átv:* ~ bőrű à la peau tannée
cserzőipar mégisserie; tannerie *f*
cserzővarga tanneur; corroyeur *m*
csésze [-ék, -ét, -éje] 1. tasse *f; (fületlen)* bol *m; kis* ~ demi-tasse *f; egy* ~ *kávé* une tasse de café; 2. *(virágé)* calice *m;* 3. *(makké, mogyoróé)* cupule *f*
csészealj soucoupe *f*
csészelevél *növ:* sépale *m*
csetepaté [~k, ~t, ~ja] 1. *kat:* escarmouche *f;* engagement; accrochage *m;* 2. *(veszekedés)* échauffourée; altercation *f*
cséve [-ék, -ét, -éje] 1. *tex:* bobine *f;* espolin *m;* 2. *rád:* self *m;* bobine
cseveg [~tem, ~ett, ~jen] causer; faire la causette; bavarder; papoter
csevegés causerie *f ; (ártatlan, tréfás)* badinage *m*
csibe [-ék, -ét, -éje] poussin; poulet *m*
csibehúr *növ:* spergule; spergoule *f*

csibész [~ek, ~t, ~e] 1. gamin *m;* 2. *ld;* **csirkefogó**
csibor [~ok, ~t, ~a] *áll:* hydrophile *m*
csicsereg [~tem, -rgett, ~jen] 1. gazouiller; ramager; pépier; 2. *átv: kedvesen* ~ gazouiller
csicsóka [-ák, -át, -ája] topinambour *m;* poire *f* de terre
csiga [-ák, -át, -ája] 1. *áll:* escargot; limaçon; colimaçon *m;* hélice *f; meztelen* ~ limace *f; nagy éti* ~ hélice vigneronne; 2. ~ *alakban en spirale; en colimaçon;* ~ *alakú* spiral; 3. *(fülben)* limaçon *m;* 4. ~*ákban leomló* annelé, -e; 5. *(oszlopfőn)* volute *f;* œil *m;* 6. *(gép)* poulie *f;* palan *m;* 7. *(görgő)* roulette *f;* 8. *műsz:* vis tangente *v* sans fin; 9. *(játék)* toupie *f:* sabot *m;* 10. *(kínzás)* estrapade *f*
csigadísz volute *f*
csigafélék limacidés *m pl*
csigaház 1. *áll:* coquille *f;* 2. *műsz:* chape *f*
csigalépcső escalier *m* en colimaçon *v* limaçon
csigasor *műsz:* système *m* à poulies; moufle *f*
csigaszarv tentacule *m*
csigolya [-ák, -át, -ája] vertèbre *f*
csigolyagyulladás inflammation vertébrale; spondylite *f*
csigolyatörés fracture *f* des vertèbres
csihol [~tam, ~t, ~jon] *tüzet* ~ battre du feu
csík [~ok, ~ot, ~ja] 1. *(sáv)* raie; strie; traînée *f;* 2. *(asztalkendőn)* liteau *m;* 3. *(vágott)* lanière *f;* 4. *ép:* plate-bande *f; (párkányon, bolthajtáson)* fasce *f*
csikarás déchirement d'entrailles; tiraillement *m* d'estomac
csiklandós [~ak, ~t; ~an] 1. chatouilleux, -euse; 2. *átv:* susceptible; chatouilleux, -euse; 3. *(történet)* scabreux, -euse, piquant; grivois, -e
csiklandoz [~tam, ~ott, ~zon] chatouiller; titiller; *(kellemetlenül)* mordre
csikó [~k, ~t, ~ja *v* csikaja] poulain *m; (nőstény)* pouliche *f*

csikorgás grincement; cri *m;* *(fogé)* crissement *m;* *(emelőgépé)* hiement *m*
csikorgó [~k, ~t; ~an] 1. grinçant; strident, -e; 2. ~ *hideg* froid mordant *v* pénétrant
csikorog [-rgott, ~jon] 1. grincer; hier; 2. *(hó, fog)* crisser; craquer sous les pas; 3. *(kerék, sajtó)* gémir
csíkos [~ak, ~at; ~an] rayé *(pl:* de bleu); strié; zébré, -e
csíkoz [~tam, ~ott, ~zon] rayer; strier; zébrer; tigrer
csilingel [~t; ~jen] 1. sonner *v* tinter (doucement); tintinnabuler; 2. *(jármű, telefon)* sonner
csillag [~ok, ~ot, ~a] 1. étoile *f;* astre *m;* *a* ~*ok fénye* la lueur des étoiles; ~*ok közötti* interstellaire; intersidéral, -e; ~ *alakú* astroïde; stellaire; étoilé, -e; 2. *(szólásokban:)* jó ~ *alatt született* être né(e) sous un astre favorable; ~*a halványodni kezd* son étoile commence à pâlir; ~*om!* mon bijou; étoile de mes jours; *úgy nyakon teremtem, hogy* ~*okat lát* je lui ferai voir des étoiles en plein midi; 3. *(tiszti, kitüntetés)* étoile; *(nagyobb méretű)* plaque *f;* 4. *szính, film:* étoilé; vedette *f;* star *m;* 5. *sp:* as *m*
csillagász [~ok, ~t, ~a] astronome *n*
csillagászat astronomie *f*
csillagászati astronomique; sidéral, -e; ~ *atlasz* atlas stellaire *m*
csillaghullás 1. pluie d'étoiles filantes; 2. *átv:* pluie *v* cascade *f* de décorations
csillaghúr *növ:* stellaire *f;* mouron *m* des oiseaux
csillagjós astrologue *m;* astrosophe *n*
csillagjóslás astrologie (judiciaire); horoscopie *f;* *(születésről)* nativité *f*
csillagkép constellation *f;* *az Orion* ~*e* la constellation d'Orion
csillagköd nuage nébuleux; nébuleuse (galactique) *f;* *(a Tejúton kívül:)* galaxie *f*
csillagközi interplanétaire; intersidéral, -e; ~ *utazás* voyage interplanétaire *m*
csillagmotor *műsz:* moteur *m* en étoile
csillagos [~ak, ~at; ~an] 1. *(éj)* étoilé; constellé, -e; ~ *ég(bolt)*

ciel étoilé; firmament *m;* ~ *éj van* il fait clair d'étoiles; 2. *(ruha)* orné d'étoiles; ~ *zászló* drapeau étoilé; 3. *(jegyzet)* marqué d'un astérisque; 4. *(jegy) isk:* ~ *egyes* zéro pointé
csillagpálya orbite *f*
csillagpor poussières cosmiques *f pl*
csillagrend grandeur; magnitude *f*
csillagtúra; csillagverseny *sp:* rallye (automobile) *m*
csillagvizsgáló 1. observatoire *m;* 2. astronome *n*
csillagzat constellation *f;* *jó* ~ *alatt születik* naître sous une heureuse étoile *v* constellation
csillám [~ok, ~ot, ~a] 1. mica *m;* ~ *tartalmú* micacique; 2. *(ruhán)* paillette *f*
csillámlik [~ott, -moljék, *v* -moljon] luire; scintiller; chatoyer
csillapít [~ottam, ~ott, ~son] 1. apaiser; calmer, tranquilliser; (essayer de) ramener au calme; adoucir; 2. ~*ja éhségét* assouvir *v* rassasier sa faim; ~*ja szomját* étancher sa soif; 3. ~*ott hullám* onde amortie
csillapíthatatlan 1. *(éhség)* insatiable; 2. *(szomj)* inextinguible; inapaisable; 3. *ált:* indomptable
csillapító [~k, ~t; ~an] 1. calmant; adoucissant, -e; 2. *orv:* sédatif; lénitif, -ive; ~ *szer* calmant; sédatif *m;* 3. *fiz:* ~ *készülék (stabilizátor)* équilibreur dynamique *m;* *vill:* ~ *tekercselés* amortisseur *m*
csillapodik [~tam, ~ott, ~jék *v* ~jon] 1. se calmer; s'apaiser; se soulager; 2. *(.szél)* s'abattre; tomber; *(szél, tenger)* calmer; mollir; 3. *fiz:* s'amortir
csillár [~ok, ~t, ~a] lustre *m*
csillaszőrök cils vibratiles *m*
csille [-ék, -ét, -éje] benne; berline *f;* wagonnet *m*
csillés *bány:* hercheur; étireur; moulineur *m*
csillog [~tam, ~ott, ~jon] briller; étinceler; scintiller; miroiter; (re-)luire; rutiler; *(drágakő, selyem stb.)* chatoyer; *könny* ~ *a szemében* une larme brille dans ses yeux

csillogás

csillogás 1. brillant; scintillement; miroitement; chatoiement *m; (vakító)* ~ papillotement *m;* **2.** *(pompa)* luxe *m;* pompe *f;* üres ~ c'est du (faux) clinquant
csillogó [~ok, ~t; ~an] luisant; brillant; scintillant; papillotant; miroitant, -e; *(selyem stb.)* chatoyant, -e; *(hamisan)* clinquant
csillogtat faire briller *v* scintiller; *(vki előtt)* faire miroiter aux yeux de q; ~*ja tudását* faire parade de son savoir
csillószőrök cils vibratiles *m pl*
csimpánz [~ok, ~t, ~a] chimpanzé *m*
csimpaszkodik [~tam, ~ott, ~jék *v* ~jon] *(vmibe)* se cramponner *v* s'accrocher à qc; *vkinek a nyakába* ~ se pendre au cou de q
csín [~t, ~ja] élégance; joliesse *f*
csinál [~ok, ~t, ~jon] faire; fabriquer; ficher *biz;* construire; *créer; préparer; mit* ~ *a barátja?* que devient *v* qu'est devenu votre ami? *mit* ~ *maga itt?* qu'est-ce que vous faites *v (biz)* fichez-là? *hát mit* ~*jon az ember?* que voulez-vous que je fasse? *azt* ~ *vele, amit akar* il fait de lui tout ce qu'il veut; il le mène comme il veut; *nem* ~ *az ég világán semmit* il n'en fiche pas un clou *biz*
csináltat faire faire; faire construire; ~ *magának* se faire faire qc; se faire préparer qc
csináltatás façon *f*
csínján *bánik vmivel* manier *v* traiter qc avec précaution; ~ *bánik vele* faire patte de velours
csinos [~ak, ~at] **1.** joli, -e; gentil, -ille; bien; coquet, -ette) *nagyon* ~ jolie comme un cœur; **2.** ~*abb* plus joli(e); mieux; **3.** ~ *(kis) összeg* somme assez coquette
csinosít [~ottam, ~ott, ~son] enjoliver; embellir; ~*ja magát* se parer; s'attifer
csinosság joliesse; gentilesse *f;* charmes *m pl*
csintalan espiègle; polisson, -onne; folâtre; folichon, -onne
csintalanság espièglerie; niche; malice; polissonnerie *f*

10 Magyar–Francia kézi

csipkelődik

csíny [~ek, ~t, ~e] farce *f;* tour *m;* malice; équipée; escapade *f; (gyereké így is:)* niche; gaminerie *f; gonosz* ~ mauvaise farce
csíp [~tem, ~ett, ~jen] **1.** *(ujjal stb.)* pincer; **2.** *(rovar, kigyó)* piquer; mordre; *(erős íz)* brûler; *(csalán)* brûler; piquer; **3.** *(bőrt, a hó stb.)* cingler; *(hideg)* pincer dur; piquer; mordre; **4.** *nyakon* ~ saisir au collet; *(bűnözőt)* pincer
csipa [-ák, -át, -ája] chassie *f*
csipdes [~tem, ~ett, ~sen] **1.** *(ujjával)* pinçoter; **2.** *(csőrrel)* picoter; becqueter; **3.** *(szóval)* agacer; taquiner
csipeget [~tem, ~ett, -gessen] **1.** *(madár)* (venir) becqueter qc; picorer; **2.** *csak* ~ *belőle* il mange comme un moineau
csiperke [-ék, -ét, -éje] champignon de couche; agaric *f;* psalliote *m*
csípés 1. *(ujjal)* pinçade *f;* pincement *m;* ~ *helye* pinçon *m;* **2.** *(rovaré)* morsure; piqûre *f; (nyoma)* picoture *f; (madáré)* picoture; **3.** *(csaláné)* brûlure; piqûre; **4.** *(érzés)* picotement *m*
csipesz [~ek, ~t, ~e] pincettes *f pl; (sebészé)* pince *f*
csipet pincée *f; egy* ~*nyi* une pincée (de); un rien (de)
csipke [-ék, -ét, -éje] **1.** dentelle; guipure *f;* dentellerie *f; valódi* ~ dentelle à la main; *gyári* ~ dentelle mécanique; dentelle d'imitation; -*ét ver* faire *v* crocheter *v* tricoter de la dentelle; **2.** *(öltési mód)* point *m;* **3.** *ép:* dentelure *f; (egy fog:)* languette *f*
csipkebogyó gratte-cul; fruit *m* d'églantier
csipkebokor églantier *m;* épine *f*
csipkefodor volant *m* de dentelle; *(ingen)* guimpe *f; (szoknya alján)* balayeuse *f*
csipkelődés épigrammes *f pl;* persiflage *m;* brocards *m pl;* agacerie; taquinerie *f*
csipkelődik [~tem, ~ött, ~jék *v* ~jön] ~ *vkivel* taquiner *v* agacer *v* brocarder q; lancer des épigrammes à q

csipkelődő [~k, ~t; ~en] I. *(mn)* taquin, -e; moqueur; égratigneur, -euse; II. *(fn)* diseur *m* d'épigrammes; égratigneur, -euse *n*
csipkeminta toilage *m*
csipkerózsa églantier; rosier sauvage *m*
Csipkerózsika [-át] la Belle-au-bois-dormant
csipkés 1. orné(e) *v* garni(e) de dentelles; 2. *(dísz)* dentelé, -e; ~ *szélű a)* dentelé, -e; *b) műsz:* déchiqueté, -e; 3. *növ: (levél)* denté; crénelé, -e; 4. *(porcelán)* réticulé, -e
csipkeverő dentellier *m*
csipkézett [~ek, ~et; ~en] 1. dentelé; crénelé; chantourné, -e; *(hegygerinc)* découpé en aiguilles; 2. *növ: (levél)* crénelé; déchiqueté, -e; 3. *ép:* ~ *párkány* corniche denticulée; 4. *műsz:* denté, -e
csipog [~tam, ~ott, ~jon] pépier; piauler
I. *(mn)* **csípő** [~t; ~en] 1. *(rovar)* piquant; mordant, -e; 2. *(növény)* piquant; brûlant, -e; 3. *(füst)* picotant, -e; 4. *átv:* mordant; piquant, -e
II. *(fn)* **csípő** [~k, ~t, ~je] hanche *f;* ~*re tett kézzel* les mains aux hanches
csípőbőség tour *m* des hanches *v* de taille
csípőcsont *orv:* os iliaque *v* coxal
csípőficam luxation (congénitale) de la hanche; déhanchement *m*
csípőfogó pince coupante *v* à couper; bec-de-corbeau *m*
csípős [~ek, ~et] 1. âcre; acerbe; pimenté; piquant; relevé, -e; ~ *íz* saveur mordicante; goût piquant; 2. *(csalán)* brûlant; urticant, -e; 3. *(hideg)* piquant; mordant; cuisant, -e; ~ *levegő* air glacé et pointu; ~ *szél* vent mordant; 4. *(hang)* aigrelet, -ette; aigre; acerbe; acrimonieux, -euse; 5. *(válasz)* piquant, -e; caustique; mordant, -e; ~ *megjegyzés* mot piquant; ~ *megjegyzést tesz* envoyer une épigramme; *(vkire)* lâcher une épigramme contre q; ~ *szellem* esprit mordicant; 6. *(tör-*

ténet) pimenté, -e; croustilleux' -euse; corsé, -e
csípőszorító gaine *f*
csíptető [~k, ~t, ~je] 1. pincettes; brucelles *f pl;* 2. *(kerékpárosé)* pince *f* de cycliste; *(ruhaszárításhoz)* pince à linge; *(asztalterítőé)* fixe-nappe *m; (iratokhoz)* pince-notes *m;* 3. *(sebészé)* pince; 4. *(cvikker)* lorgnon; pince-nez *m*
csíra [-ák, -át, -ája] 1. germe *m; él:* blaste *m;* 2. *átv:* germe; embryon; levain *m;* -*ájában* en germe; au berceau; -*ájában elfojt* écraser dans son œuf; -*ájában levő* (à l'état) embryonnaire *v* embryonique; *vminek -áját hordja magában* couver qc
csírahártya *él:* blastoderme; entoderme *m*
csíraképesség faculté germinative
csíralevél *növ:* feuille germinative; protophylle *f*
csíramentes *orv:* aseptique
csíraölő *(szer)* germicide *(m)*
csírátlanít [~ottam, ~ott, ~son] 1. *mez:* dégermer; 2. *orv:* aseptiser; stériliser
csírázás 1. germination *f;* 2. *(mikroba)* bourgeonnement *m*
csírázik [~ott, ~zék *v* ~zon] 1. germer; 2. *(baktérium)* bourgeonner
csiripel [~t, ~jen] piailler; pépier; gazouiller
csiríz [~ek, ~t, ~e] colle (forte); colle de farine
csirke [-ék, -ét, -éje] 1. poulet *m;* poulette *f; kis* ~ poussin *m; (rántani való)* poulet nouveau; *(sütni való)* poulet reine; 2. *nem mai* ~ *elle n'est plus de prime jeunesse*
csirkefogó canaille *f;* filou; voyou *m*
csirkehús poulet *m;* viande *f* de poulet
csirkeól poulailler *m*
csirkeudvar basse-cour *f*
csiszol [~tam, ~t, ~jon] 1. polir; fourbir; roder; *(fémet így is:)* brunir; adoucir; *(tükröt, márványt)* polir; dresser; *(csövet, furatot belül)* aléser; *(gyémántot)* tailler; dégrossir; *(követ)* doucir; 2. *(költeményt)* limer; polir; ~*ja a stílusát*

| csiszolás | 147 | csókol |

travailler son style; 3. *(vkit)* polir; dégrossir; styler
csiszolás polissage; fourbissage *m;* polissure; fourbissure *f;* brunissage *m*
csiszolatlan 1. brut, -e; non poli(e); à l'état brut; ~ *arany* v *ezüst* or *v* argent mat; ~ *gyémánt* diamant brut; 2. *(ember)* mal dégrossi(e); fruste; 3. *(stílus)* barbare
csiszológép polisseuse; planeuse *f; (finomszemű)* meule *f* à grains fins
csiszolókorong disque à polir *v* polisseur; *(fogászé)* disque à l'émeri
csiszolópapír papier *m* de verre *v* d'émeri; papier-émeri
csiszolópor poudre *f* à polir; tripoli *m*
csiszolóvászon toile à l'émeri *v* abrasive
csiszolt [~ak, ~at; ~an] 1. poli; bruni; adouci, -e; ~ *tükör* glace *f* à chanfreins polis; ~ *üveg* cristal *m;* verre poli; 2. *gondosan* ~ *mondat* phrase perlée; ~ *stílus* style travaillé; 3. *(ember)* dégrossi, -e
csitít(gat) faire taire; apaiser; calmer
csitt! chut! silence! du calme! motus!
csíz [~ek, ~t, ~e] tarin *m*
csizma -[ák, -át, -ája] botte(s) *f (pl); felhúzza a -áját (vkinek)* botter q; *(magának)* mettre ses bottes; se botter; *-áját lehúzza* ôter *v* enlever ses bottes; se débotter; *(vkinek)* ôter *v* enlever les bottes à q
csizmadia [-ák, -át, -ája] bottier *m*
csizmahúzó tire-botte(s); crochet *m* de botte
csizmanadrág culotte *f* de cheval
csizmaszár tige *f* de la botte
csobog [~ott, ~jon] gargouiller; gazouiller; clapoter
csobogás gargouillis; gargouillement; clapotis *m; a patak* ~*a* bruit *m* de l'eau
csoda [-ák, -át, -ája] miracle; prodige *m;* merveille *f;* phénomène *m; nem* ~! ce n'est pas étonnant; cela ne m'étonne pas; ~, *hogy* c'est miracle que *(subj);* ~ *történt* un miracle s'est produit; *a világ hét -ája* les sept merveilles du monde; *hisz a -ákban* admettre le miracle; *-ájára járnak* on crie (au) miracle;

-át művel accomplir *v* opérer un miracle; *(dolog)* enfanter des prodiges; *-ával határos* cela tient du miracle
csodabogár 1. idée saugrenue; bizarrerie *f;* 2. *(nyomdai, írói)* perle *f*
csodagyerek enfant prodige *n*
csodajel *vall:* prodige *m*
csodál [~tam, ~t, ~jon] *(vmit)* admirer; être émerveillé(e) de qc; tomber en admiration devant qc; *(vkit)* admirer; ~*om* cela m'étonne; ~*om, hogy* je m'étonne que *(subj)*
csodálat admiration *f;* émerveillement *m;* ~*ba ejt* émerveiller; ~*ra méltó* digne d'admiration; admirable; ~*ot kelt* exciter l'admiration
csodálatos [~ak, ~at] 1. miraculeux; merveilleux, -euse; 2. admirable; étonnant, -e; *gúny:* mirifique; pharamineux, -euse; 3. *(különös)* bizarre; extravagant, -e; singulier, -ière; ~ *módon* (comme) par miracle
csodálkozás étonnement; émerveillement *m;* stupéfaction *f;* ahurissement *m*
csodálkozik [~tam, ~ott, ~zék *v* ~zon] *(vmin)* s'étonner *v* s'émerveiller de qc; être étonné(e) *v* émerveillé(e) de qc *(vagy:* que *és subj)*
csodarabbi rabbin miraculeux
csodaszép (d'une beauté) incomparable *v* merveilleuse; beau comme un dieu; belle comme une déesse
csodaszer drogue-miracle *f; mindent gyógyító* ~ panacée *f;* remède universel
csodaszörny monstre *m*
csodatevő miraculeux, -euse; thaumaturge
csók [~ok, ~ot, ~ja] baiser *m;* accolade *f; sok* ~*kal Jánosod* mille baisers *v* tendresses de ton Jean; *arcára* ~*ot nyom* baiser q à la joue; embrasser q sur la joue; ~*okat szór* envoyer des baisers
csóka [-ák, -át, -ája] *áll:* choucas *m;* chouchette *f*
csókol [~tam, ~t, ~jon] 1. *(vkit)* embrasser q; donner un baiser à q; *arcon* ~ embrasser sur la joue; 2.

10*

(vmit) baiser; appliquer un baiser à qc; *sokszor ~ja* Affectueux baisers de votre...
csokoládé [~k, ~t, ~ja] chocolat *m*
csokoládébarna (couleur) chocolat; brun chocolat
csokoládégyurma chocolat *m* à tartiner *v* à glacer
csokoládéipar industrie chocolatière
csokoládépor chocolat *m* en poudre
csokoládés chocolaté, -e
csokoládétorta gâteau *v* pavé *m* au chocolat
csókoló(d)zik [~tam, ~ott, ~zék *v* ~zon] s'embrasser; se bécoter; se donner *v* échanger des baisers
csokor [csokrok, csokrot, csokra] **1.** *(virág)* bouquet *m;* *(nagy)* gerbe *f;* *csokrot köt* faire *v* lier un bouquet; **2.** *(szalagokból)* nœud *m*
csokornyakkendő cravate *f v* nœud *m* papillon; *kész* ~ nœud droit tout fait
csomag [~ok, ~ot, ~ja] **1.** paquet; colis *m; felad egy ~ot* faire enregistrer un bagage; **2.** *(köteg)* balle *f;* ballot *m;* **3.** *(irat)* liasse *f;* *(levéltári)* layette; *f;* **4.** *egy ~ kártya* un jeu de cartes
csomagkézbesítés livraison *f* à domicile
csomagkiadás retrait *m* de bagages
csomagol [~tam, ~t, ~jon] **I.** *tgy i* **1.** *(árut)* emballer; *(ládába)* encaisser; *(papírba stb.)* empaqueter; **2.** *átv:* ~ *vmibe* entourer de qc; **II.** *(tgyl i)* **1.** faire un paquet; **2.** *ker:* présenter; **3.** *(útra)* faire son paquet
csomagolás 1. emballage; (em)paquetage *m;* *(eladásra kerülő árué)* présentation (commerciale); *hiányos* ~ emballage défectueux; ~ *módja* la nature de l'emballage; **2.** préparatifs *m pl* de voyage *v* de déménagement
csomagolópapír papier *m* d'emballage *v* de grande consommation
csomó [~k, ~t, ~ja] **I.** *(fn)* **1.** *(bog)* nœud *m;* *(kötélen így is:)* boucle *f;* *egy ~t kiold* délier *v* dénouer *v* défaire un nœud; *~t köt vmire* faire un nœud à qc; **2.** *haj:* nœud; **3.** *(szőnyegben)* bouclette *f;* **4.** *(haj, fű)* touffe *f;* **5.** *(zöldség, növény, virág)* botte *f;* **6.** *(növényen)* nodosité *f;* **7.** *(irat, bankjegy stb.)* liasse *f;* **8.** *(áru stb.)* lot *m;* **9.** *(alvadt)* grumeau *m;* *egy* ~ *túró* une motte de fromage blanc; **10.** *orv:* nodus *m;* nodosité *f;* **11.** *ált:* tas; amas; lot; paquet *m;* *egy ~ban* en un tas; **12.** tudok egy *~t, aki* j'en sais une douzaine qui; **II.** *(mn)* *egy* ~... quantité de; *un tas de; egy* ~ *barát* une flotte d'amis; *egy* ~ *ember* une foule de gens
csomópont 1. nœud *m;* **2.** *mat, fiz:* point nodal; **3.** *(utaké, vonalaké)* point *m* de jonction
csomós [~ak, ~at; ~an] **1.** noduleux; noueux, -euse; **2.** *(folyadék stb.)* grumeleux, -euse; **3.** *(anyag)* granuleux, -euse; **4.** *(fa)* raboteux, -euse; **5.** *orv:* conglobé, -e
csomóz [~tam, ~ott, ~zon] boucler; *(szőnyeget)* nouer
csónak [~ok, ~ot, ~ja] canot *m;* embarcation; barque *f;* *(hajón)* canot de bord; *~ba ül* embarquer sur un canot
csónakázás canotage *m*
csónakázik [~tam, ~ott, ~zék *v* ~zon] canoter; faire du canotage
csónakház garage *m* pour les canots; boat-house *m*
csonk [~ok, ~ot, ~ja] **1.** moignon *m;* **2.** *(fogé, ágé)* chicot *m;* **3.** *mat:* frustrum *m*
csonka [-ák, -át; -án] **1.** mutilé, tronqué, -e; **2.** *(mű)* inachevé, -e; **3.** *(szerviz, többkötetes mű)* dépareillé, -e; **4.** ~ *gúla* tronc *m* de pyramide; ~ *hasáb* prisme tronqué
csonkít [~ottam, ~ott, ~son] **1.** mutiler; tronquer; amputer; **2.** *(műemléket)* dégrader
csont [~ok, ~ot, ~ja] **1.** os *m;* *vkinek a ~jai* les ossements de q; *csupa* ~ *és bőr* les os lui percent la peau; *minden ~ja fáj* être courbaturé(e); *~ig hatol* aller jusqu'à l'os; **2.** *rossz v*

gonosz ~ petit vaurien v scélérat; a ~ja velejéig jusque dans la mœlle des os; ~tá fagy être complètement gelé(e)
csontállomány matière osseuse
csontátültetés orv: ostéoplastie; greffe f
csontdaganat orv: ostéome m
csontenyv colle animale v d'os; colle forte des os
csonthalmaz ossuaire; amas m d'ossements
csonthártya périoste m
csonthéjas növ: drupacé, -e; à noyau; ~ (húsos) gyümölcs drupe f; fruit drupacé
csonthiány insuffisance osseuse; (törés folytán) brèche osseuse
csontképződés orv: ossification f; développement charpentier; formation f des os
csontleves bouillon (préparé avec des os)
csontliszt noir animal; poudre f d'os
csontos [~ak, ~at; ~an] 1. osseux, -euse; 2. (ember) bien charpenté(e); ~ arc figure anguleuse; ~ pofa massif facial
csontszén noir v charbon animal; spode f
csontszínű ivoirin, -e; éburnéen, -enne
csontszövet orv: tissu osseux
csontszú carie f des os
csonttollú madár cotinga m
csonttörés orv: fracture f de l'os; tengelyeltéréssel járó ~ parallaxe f
csontváz squelette m; charpente humaine; carcasse; ossature f
csontvelő moelle osseuse
csoport [~ok, ~ot, ~ja] 1. groupe; groupement m; 2. (munkásokból) équipe f; 3. pol: fraction f; 4. (tőzsdei papíroké) groupe; compartiment m; 5. (szólásokban:) ~ba oszt diviser en tranches; (vkit) embrigader; (tömeget) former des groupements; egy ~ban en bloc; egyes ~okban par v en groupes
csoportos [~ak, ~at] 1. collectif, -ive; ~ utlevél passeport collectif; 2. növ: agrégé, -e
csoportosan 1. par masses; en masse; 2. (gyárt) en série

csoportosít [~ottam, ~ott, ~son] 1. (embereket, tárgyakat) grouper; masser; (részecskéket) agréger; agglomérer; összeillően ~ assortir; 2. (adatokat, tényeket) grouper, combiner; classer; 3. (kérdéseket) sérier
csoportosul [~t, ~jon] se grouper; s'attrouper; s'assembler; s'agréger; se combiner; faire bloc
csoportosulás 1. assemblement m; agglomération f; 2. fiz: agrégation; agglomération f; 3. (utcai) attroupement; rassemblement m
csoportvezető chef m d'équipe
csorba [~ák, -át; -án] I. (mn) 1. ébréché; échancré, -e; ~ szélű ébréché, -e; 2. (ember) brèche-dent; édenté, -e; II. (fn) 1. (pengén) brèche f; (késen) dent f; (késen, kardon) hoche f; 2. átt: échancrure f; 3. (ember) brèche-dent n; 4. átv: accroc m (à qc); a becsületen nem esett ~ l'honneur est sauf; a -át kiköszörüli réparer son honneur
csorbítás 1. compromission v diminution (de qc); atteinte f (à qc); 2. jog: dérogation f; érdekeinek ~a spoliation f de q; vki jogainak ~a anticipation f sur les droits de q
csorda [-ák, -át, -ája] 1. troupeau f de bœufs v de vaches; bande f; 2. pej: (emberek) horde f
csordaösztön instinct grégaire m
csordultig 1. jusqu'au bord; ~ tele à pleins bords; 2. átv: ~ tele comble; ~ tele a pohár la mesure est comble; szíve ~ tele il a le cœur gros de soupirs
csorgás écoulement; ruissellement m
csorog [csorgott, ~jon] couler; découler; ruisseler; ~ a veríték a homlokáról la sueur lui découle du front
csoroszlya [-ák, -át, -ája] 1. coutre m; 2. átv: vén ~ vieille langue de vipère; vieille chipie
csoszog [~tam, ~ott, ~jon] marcher d'un pas traînant; traîner les pieds
csótány blatte f; cancrelat m
csóva [-ák, -át, -ája] 1. (fönt) torche f (de paille); (üszök) brandon m;

a **háború** -*ája* le flambeau de la guerre; 2. *(üstökösé)* queue *f*
csóvál [~tam, ~t, ~jon] 1. brandir; agiter; balancer; *farkát ~ja* frétiller de la queue; 2. *(fejet)* secouer; branler; hocher
cső [csövek, csövet, csöve] 1. tuyau; tube *m; (vékonyabb)* conduit *m; (vászon-, bőr-, gumi-)* boyau *m; csöveket fektet* poser des tuyaux; ~ *alakú* tubulaire; tubulé, -e; 2. *(testben)* canal *m;* 3. *(fegyveré)* canon *m; (ágyúé)* bouche *f;* 4. *konyh:* four *m;* 5. *rád:* tube *m;* 6. *(kukoricáé)* épi *m;* 7. *biz: behúz a ~be* rouler; dindonner
csöbör [csöbrök, csöbröt, csöbre] seau; baquet *m; ~ből vödörbe* changer son cheval borgne contre un aveugle
csőbútor mobilier *m* en tube (métallique)
csőcselék [~et, ~e] canaille; plèbe; racaille; crapule; pègre *f*
csőd [~ök, ~öt, ~je] 1. faillite; banqueroute; déconfiture *f; ~be jut* faire faillite; *~be jutott* en faillite; failli, -e *(n); ~öt kér* v *bejelent* déposer son bilan; 2. *átv: ~öt mond* échouer; avorter; rater
csődör [~ök, ~t, ~e] cheval entier; étalon *m*
csődörszamár âne étalon *m*
csődtömeg masse *f* de la faillite
csődtömeggondnok syndic *m* de la faillite
csődtörvény code *m* de faillite
csődül [~t, ~jön] *(vhová)* affluer; envahir qc; se porter en masse...
csődület 1. *(utcai)* rassemblement; attroupement; (grand) concours *m* de peuple; *zajos ~* tumulte *m;* 2. *(házon belül)* affluence *f; emberek ~e* confusion *f* de monde
csődvagyon actif *m* de faillite *v* du failli
csőfurat *(lőfegyveré)* âme *f; sima ~* âme lisse; *vont ~* âme rayée
csőgyár tuyauterie *f*
csőhálózat 1. *(gépé)* tuyauterie *f;* 2. *(vízvezetéki)* réseau *m* de canalisation; conduites *f pl* d'eau; 3. *(villany, gáz)* canalisation *f*

csökevény [~ek, ~t, ~e] 1. *él:* rudiment; organe rudimentaire *m;* 2. *átv:* survivance *f*
csőkígyó serpentin *m*
csökken [~t, ~jen] 1. diminuer; aller diminuant; décroître; être en baisse; baisser; *a láz ~t* la fièvre a diminué *v* baissé; 2. *(ár)* fléchir; baisser; diminuer; *(érték, szám)* être en régression; *értékben ~* se déprécier; 3. *(erő)* faiblir; diminuer; décliner
csökkenés 1. diminution *f;* amoindrissement *m;* baisse; régression *f;* décroissement; déclin(ement) *m; a hőmérséklet ~e* abaissement *v* baisse de la température; 2. *(áré, értéké)* fléchissement *m;* baisse; *(túlságos)* avilissement *m;* 3. *orv:* időleges ~ rémittence *f*
csökkenő [~ek, ~t; ~en] 1. décroissant, -e; dégressif, -ive; ~ *irányzat* tendance *f* à la baisse; ~ *láz* fièvre tombante; ~ *tendenciát mutat* être en régression; *(ár)* être en baisse; 2. *mat: ~ haladvány* progression décroissante *v* descendante; 3. *orv: időközönként ~ láz* fièvre rémittente
csökkent [~ettem, ~ett, ~sen] I. *(ige)* 1. diminuer; amoindrir; minorer; *(állítás értékét)* infirmer; *(terhet)* alléger; *(árat)* faire baisser; (r)abaisser; *(költségvetést)* comprimer; *(fizetést)* abattre; réduire; rogner; *(egy mennyiségre)* réduire *v* ramener à...; *~i a béreket* diminuer *v* abattre les salaires; *~i kiadásait* réduire ses dépenses; *~i a lázat* tempérer la fièvre; *aut: ~i a sebességet* réduire les gaz; 2. *rád:* amortir; II. *(mn)* diminué, -e; ~ *ellenállóképesség* état *m* de moindre résistance; ~ *munkaképességű* d'une capacité de travail diminuée
csökkentértékűség infériorité *f;* ~ *érzése* le complexe de l'infériorité
csökkentés diminution; réduction; restriction *f; (kiadásoké)* compression *f*
csökkentett [~ek, ~et; ~en] ~ *munkaidő* travail *m* à régime réduit; ~ *számban* en nombre réduit

csökönyös [~ek, ~et] 1. opiniâtre; buté; têtu; entêté; obstiné; récalcitrant, -e; ~ *mint egy szamár* entêté(e) *v* têtu(e) comme un âne *v* un mulet; 2. *(ló)* rétif, -ive; cabochard, -e
csökönyösen obstinément; opiniâtrément; opiniâtrement; ~ *kitart vmi mellett* se buter sur qc; ~ *ragaszkodik vmihez* être entiché(e) de qc; ~ *ragaszkodik véleményéhez* soutenir mordicus une opinion
csömör [~ök, ~t, ~je] nausée *f;* dégoût (pour qc); écœurement *m*
csőnadrág pantalon (à) fuseaux *m*
csőnyílás orifice *m* du tuyau
csőposta poste pneumatique *f;* tube *m*
csöppség mioche; petit gosse; marmot; petit bonhomme *m biz*
csőr [~ök, ~t, ~e] bec; rostre *m; tud:* ~ *alakú* rostré, -e; rostriforme; *befogtam a* ~*ét* je lui ai cloué le bec
csőrepedés fuite; crevaison *f* de tuyau
csörgedez [~ett, ~zen] 1. ruisseler; 2. *(patak)* gazouiller; couler doucement; murmurer; 3. *(érben a vér)* couler; circuler
csörgés 1. *(fegyveré, láncé)* cliquetis *m;* 2. *(pénzé stb.)* bruit; son *m*
csörgő [~k, ~t, ~je] 1. *(sipkán, dobon)* grelot *m;* 2. *ját:* hochet *m*
csörgőkacsa sarcelle *f* d'hiver
csörgőkígyó serpent à sonnettes; crotale *m*
csörgősipka bonnet à grelots; bonnet *m* de fou
csörlő [~k, ~t, ~je] 1. *tex:* enrouloire *f;* 2. *(emelő)* treuil; vérin *m* à vis; 3. *haj:* cabestan; vindas *m*
csörög [~tem, csörgött, ~jön] 1. *(fegyver)* cliqueter; sonner; *(lánc, kulcs)* grincer; 2. *(pénz)* sonner; tinter; 3. *(szarka)* jacasser; jaser
csörömpöl [~tem, ~t, ~jön] 1. cliqueter; 2. *(törés zaja)* faire entendre un bruit de casse
csörte [-ék, -ét, -éje] *(vívás)* assaut *m*
csörtet 1. *kardot* ~ faire sonner son sabre; 2. ~ *a bozótban* avancer avec fracas dans la broussaille

csőstül tant et plus; plus qu'à foison; *a baj* ~ *jön* un malheur ne vient jamais seul
csősz [~ök, ~t, ~e] garde (particulier); *(községi)* garde-champêtre *m*
csőszáj 1. *műsz:* tubulure *f;* 2. *(fegyveré)* bouche *f* (à feu)
csőszkunyhó cabane *v* hutte *f* de garde-champêtre
csőtészta macaroni *m pl*
csöves [~ek, ~et; ~en] 1. en (forme de) tuyau; en tube; tubulé, -e; tubulaire; 2. *áll, növ:* canaliculé, -e; *növ:* tubifère; ~ *kukorica* maïs *m* en épi
csúcs [~ok, ~ot, ~a] 1. pointe; aiguille *f;* ~*ban végződik* se terminer *v* finir en pointe; 2. *(hegy~)* pic *m;* cime *f;* *feljut a* ~*ra* gravir le sommet; 3. *(házé)* faîtage *m;* 4. *(árbocé, lándzsáé)* flèche *f;* 5. *mat: (görbéé)* point *m* de rebroussement; 6. *növ:* désinence *f;* 7. *(fáé)* sommet; cime; houppe *f;* 8. *átv:* sommet; faîte; comble *m;* 9. *sp:* record *m;* ~*ot beállít* fixer un record; ~*ot dönt* battre un record; ~*ot felállít* établir un record; ~*ot javít* battre un record
csúcsértekezlet conférence *f* au sommet
csúcsforgalmi *idő(szak)* heure de pointe
csúcsforgalom période *f v* heures *f pl* de pointe; coup *m* de feu
csúcsgerenda faîtage *m*
csúcsíves ogival, -e; ~ *ablak* croisée *f* d'ogive(s); ~ *stílus* style gothique *v* ogival
csúcsmagasság plafond *m*
csúcsorít(ja száját) faire la moue
csúcsos [~ak, ~at; ~an] en pointe; pointu, -e; aigu, -ë
csúcspont 1. point culminant *v* zénithal; sommet *m;* 2. *átv. így is:* comble; apogée *m;* *(áraké)* plafond *m;* dicsősége ~*ján áll* être à l'apogée de sa gloire; ~*ján van* être au zénith; *eléri a* ~*ját* culminer; 3. *mat:* sommet *m; a görbe* ~*ja* l'apogée de la courbe; 4. *orv:* *(betegségé)* acmé *m*
csúcssebesség vitesse maximum *v* maxima *f*

csúcsszerv(ezet) organisation clef *f*
csúcsszög 1. *mat:* angle opposé au sommet; 2. *műsz:* angle *m* de pointe
csúcsteljesítmény 1. performance *f* de record; rendement maximum *m;* 2. *vill:* puissance *f* de crête
csúcstermelés production record *f;* rendement maximum
csúf I. *(mn) ld:* **csúnya;** II. *(fn)* 1. világ ~ja lesz belőle devenir un objet de dérision; 2. *a* világ ~jára en s'exposant à la risée publique; 3. ~fá tesz confondre; *(nevetségessé)* tourner en dérision; bafouer; ~ot űz *vkiből* tourner q en dérision; *(vmiből)* insulter à qc; faire de q un objet de raillerie
csúfnév sobriquet; surnom *m*
csúfol [~tam, ~t, ~jon] 1. railler; se moquer de q; bafouer; narguer; persifler; *gyerm: a Jancsi mindig ~* Jean me dit toujours des noms; 2. *vminek ~* donner à q le sobriquet de...
csúfolkodás; csúfolódás persiflage *m;* quolibets *m pl;* épigrammes; moqueries; railleries *f pl;* lazzi *m pl*
csúfolkodó; csúfolódó moqueur; railleur; persifleur; gouailleur, -euse *(n);* narquois; goguenard; taquin, -e
csúfos [~ak, ~at] pitoyable; piteux; honteux, -euse; lamentable; ~ *bukás* échec déshonorant; *~ vereséget szenved* subir une défaite sanglante
csúfosan pitoyablement; piteusement; *~ kikap* essuyer *v* subir un échec lamentable; *~ végződik* finir en queue de poisson
csúfság 1. *ld:* **csúnyaság;** 2. *(csúnya nő)* laideron *f* v *m;* horreur *f;* 3. *(szégyen) milyen ~!* quelle dérision! *nagy ~ esett rajta* essuyer un affront sanglant
csuha [-ák, -át, -ája] froc *m;* soutane *f*
csuk [~tam, ~ott, ~jon] 1. fermer; 2. enfermer
csuka [-ák, -át, -ája] brochet; ésoce *m*
csukamájolaj huile *f* de (foie de) morue
csuklás hoquet *m*
csuklik [~ottam, ~ott, csukoljék *v* csukoljon] avoir le hoquet; hoqueter

csukló [~k, ~t, ~ja] 1. poignet *m;* attache *f; felvágja ~ján az ereket* se taillader les poignets; 2. *orv:* articulation *f;* 3. *áll:* jointure *f;* 4. *(gépben)* articulation; 5. *műsz:* charnière *f; (ablakon)* fiche *f; (ajtón)* penture *f;* valet *m*
csuklócsont *orv:* carpe *m; tb:* os carpiens
csuklógyakorlatok exercices *m pl* d'assouplissement
csuklya [-ák, -át, -ája] capuchon *m;* cagoule *f*
csukódik [~ott, ~jék *v* ~jon] (se) fermer; *az ajtó rosszul ~ la* porte ferme mal
csúnya [-ák, -át] 1. laid, -e; disgracieux, -euse; mal fait, -e; vilain; déplaisant, -e; 2. *(erkölcsi értelemben)* ignoble; abominable; mufle; ~ *bukás* échec cuisant; ~ *idő* mauvais temps; *vkivel ~ tréfát űz* jouer un vilain tour à q; *~ ügy* une sale affaire; *~ mint az éjszaka* laid(e) comme le péché *v* les sept péchés capitaux; *~ szája van* c'est une méchante langue
csúnyán 1. laidement; sans agrément; 2. vilainement; honteusement; *(szid)* vertement; *~ megverte* il l'a rossé de la belle manière; *~ rászed vkit* jouer un sale tour à q; *~ viselkedett* il s'est conduit honteusement
csúnyaság 1. laideur; disgrâce physique *f;* 2. *átv:* ignominie; abomination *f*
csupa 1. pur, -e; sans mélange; 2. tout(e) en...; 3. ne... rien que; 4. *(szólásokban:) ~ élet* il est la vivacité même; *~ fül vagyok* je suis tout oreille; *~ rosszindulatból* par pure malice; *~ szem* être tout yeux; *~ víz vagyok* je suis tout(e) trempé(e)
csupán simplement; uniquement
csupasz [~ok, ~t] 1. nu; dénudé, -e; ~ *falak (nincsenek képek)* murailles nues; *csak a ~ falak maradtak* il n'en est resté que les quatre murs; 2. *(arc, áll)* glabre; 3. *a ~ földön hál* coucher sur la dure; 4. *növ: ~ levél* feuille glabre *f*

csupaszon à nu; découvert; tout(e) nu(e)
csurran [~t, ~jon] jaillir; dégoutter
csúszás 1. glissement m; glissade f; 2. tud, kat: reptation f; 3. bány: glissement; 4. aut: dérapage m
csúszda [-ák, -át, -ája] 1. műsz: glissoir m; estacade f de déversement; 2. (szén-, fa-) chantier; dépôt m de charbon; 3. (játszótéren) glissoire; glissade f; toboggan m
csúszik [~tam, ~ott, csússzék v csúszszon] 1. glisser; (csúszós) être glissant; sínen ~ coulisser; 2. aut: déraper; 3. műsz: patiner; 4. se glisser; 5. (mászva) ramper; se glisser; 6. ez a borocska jól ~ ce petit vin se boit facilement
csúszkál [~tam, ~t, ~jon] glisser
csúszó-mászó rampant, -e
csúszómászó (fn) áll: reptile m
csúszós [~ak, ~at; ~an] glissant; filant, -e; (fagytól, dértől) verglacé, -e; ~ kövezet pavé gras; ~ lejtő pente glissante
csúszótalp 1. traverse f; 2. rep: patin m d'atterrissage
csutak [~ok, ~ot, ~ja] bouchon m (de paille); torche f
csutakol [~tam, ~t, ~jon] bouchonner
csutka (almáé, káposztáé) trognon; cœur m; (kukoricáé) tige f; (szőlőé) raffe; rafle; râpe f
csutora [-ák, -át, -ája] 1. gourde f; 2. (pipáé) bout m
csúz [~ok, ~t, ~a] rhumatisme m
csücsök [csülcske] coin m

csüd [~ök, ~öt, ~je] 1. tarse; astragale m; sp: cou m du pied; 2. (lóé) paturon m
csügged [~tem, ~t, ~jen] se décourager; perdre courage; nem ~ il tient bon
csüggedés découragement; abattement m; erőt vesz rajta a ~ céder au découragement
csüggedő [~k, ~t; ~en]; **csüggedt** [~ek, ~et; ~en] découragé; abattu; démoralisé; décontenancé; déprimé; déconfit, -e; ~ arc visage abattu
csülök [csülkök, csülköt, csülke] 1. sabot; pied m; 2. konyh: (disznóé) jambonneau m; 3. ~re mennek en venir aux mains
csüng [~tem, ~ött, ~jön] 1. vmin ~ pendre à qc; être suspendu(e) à qc; 2. ~ az eszmén caresser une idée
csüngőlámpa suspension f
csűr [~ök, ~t, ~e v ~je] grange f; grenier m à blé
csűr-csavar tergiverser; tortillonner; biaiser; détorquer qc; chicaner (vkivel szemben: q)
csűrés-csavarás arguties f pl; ergotage m; chicanerie f; chicanes f pl; ambages m pl
csűrhe [-ék, -ét, -éje] 1. (disznócsürhe) troupeau m de cochons v de porcs; 2. átv: canaille; vile tourbe; bande; horde f
csütörtök [~ök, ~öt, ~e] 1. jeudi m; ~ön jeudi; 2. átv: ~öt mond rater; faire un raté; ~öt mondott puska fusil enrayé

D

d 1. *(betű, hang)* d *m;* 2. *zen:* ré *m*
dac [~ok, ~ot, ~a] obstination; mutinerie *f;* ~*ból* par bravade
dacára au mépris de qc; malgré qc; en dépit de qc; *hiv:* nonobstant qc; ~, *hogy* bien que *(subj)*
dacol [~tam, ~t, ~jon] *(vkivel)* braver *v* affronter *v* bouder *v* défier *v* narguer q; ~ *a sorssal* narguer le sort; ~ *a támadással* faire front à l'attaque
dacos [~ák, ~at; ~an] fier, fière; obstiné; buté; mutin, -e; boudeur, -euse
dada [-ák, -át, -ája] nourrice *f;* *(nem szoptató)* bonne *f* d'enfant
dadog [~tam, ~ott, ~jon] bégayer; balbutier; *zavartan* ~ bafouiller; bredouiller
dadogás bégaiement; balbutiement *m;* *zavart* ~ bafouillage; bredouillement *m*
dadogó [~k, ~t] bègue *(n)*
Daedalus Dédale *m*
dagad [~tam, ~t, ~jon] 1. se gonfler; s'enfler; renfler; 2. *(testrész)* s'enfler; être enflé(e); se bouffir; se tuméfier; 3. *(ár, tenger)* monter; grossir; se soulever; 4. *(hold)* croître; 5. *(kenyér, ruha)* bouffer
dagadtság 1. enflure *f;* gonflement *m;* boursouflure; bouffissure *f;* 2. *orv:* tumescence *f*
dagály [~ok, ~t, ~a] 1. flux *m;* marée montante *v* haute; ~ *van* la mer est pleine *v* bat son plein; *a* ~ *ideje* l'heure *f* du flot; ~*kor* à la mer haute; 2. *irod:* enflure; bouffissure; emphase; grandiloquence *f;* pathos *m*
dagályos [~ak, ~at] enflé; guindé; boursouflé; bouffi, -e
daganat 1. enflure; bouffissure *f;* *(ütéstől)* bosse *f;* 2. *orv:* tumeur *f;* néoplasme *m;* *jóindulatú, rosszindulatú* ~ tumeur bénigne, maligne

dagaszt [~ottam, ~ott, dagasszon] 1. *(vitorlát, szívet)* enfler; gonfler; 2. *(kenyeret)* pétrir; travailler la pâte
dajka [-ák, -át, -ája] nourrice *f;* *(száraz)* bonne *f* (d'enfant)
dajkál [~tam, ~t, ~jon] 1. pouponner; dodeliner; dorloter; 2. *átv:* *(tervet)* couver; caresser
dajkamese conte *m* de nourrice *v* de bonne
dajkaság nourricerie *f*
dákó [~k, ~t, ~ja] queue *f* (de billard)
dákóromán dacoroumain, -e
dakszli [~k, ~t, ~ja] (chien) basset *m*
daktiloszkópia [-ák, -át] dactyloscopie *f;* empreinte digitale
daktilus dactyle *m*
dal [~ok, ~t, ~a] chanson *f;* air; chant *m;* *(romantikus)* romance *f;* lied *m;* *Schubert* ~*ai* les lieder de Schubert
dalia [-ák, -át, -ája] beau *v* vaillant guerrier; preux; héros *m*
dália [-ák, -át, -ája] *növ:* dahlia *m*
daliás 1. *(termet)* bien pris; imposant; 2. *(katona)* magnifique; superbe; fringant
daljáték vaudeville *m;* opérette *f*
dallam [~ok, ~ot, ~a] air *m* (de musique); mélodie *f;* chant; refrain *m* chantant, -e; ~ *hang* voix modulée
dalmáciai [~ak, ~at] dalmate
dalmű opéra (comique); drame lyrique *m*
dalol [~tam, ~t, ~jon] chanter; moduler
dalszerző auteur *v* compositeur de chansons; chansonnier *m*
dalszínház opéra; théâtre *m v* scène *f* lyrique
dalszövegíró parolier *m* de chanson
dáma [-ák, -át, -ája] 1. (grande) dame; 2. *ját:* jeu *m* de dames; 3. *kárty:* dame

Damaszkusz [~t] Damas *m*
damaszkuszi [~ak, ~t] damascène *(n)*
damaszt [~ok, ~ot, ~ja] damas; damassé *m*
dámszarvas; dámvad daim *m;* daine *f*
dán [~ok, ~t] danois, -e
dandár [~ok, ~t, ~a] brigade *f*
dandártábornok général *m* de brigade
Dánia [-át] le Danemark
dankasirály goéland rieur
dara [-ák, -át, -ája] 1. semoule *f;* gruau *m;* 2. *(eső)* grésil; petit grêlon
darab [~ok, ~ot, ~ja] I. *(fn)* 1. morceau *m;* pièce *f;* tronçon *m; ~ja tíz frank* dix francs pièce *v* la pièce; *egy ~ban* d'un seul tenant; en bloc; *~okra szaggat* déchiqueter; écharper; *~okra tör* mettre en pièces; broyer; *~okra törik* voler en éclats; 2. *(préselt masszából)* pain *m;* 3. *(összeg része)* tranche *f;* 4. *(költemény)* pièce; morceau *m;* 5. *zen:* morceau *m v* un air de musique; 6. *(állatról)* tête *f;* exemplaire *m;* 7. *egy ~ig* pendant quelque temps; *egy ~ig vele ment* il fit avec lui un bout de chemin; II. *(jelzőként)* 1. *egy ~ élet* une tranche de vie; *egy ~ föld* un lopin de terre; *egy ~ hús* un morceau de viande; *egy ~ kenyér* une miche de pain; *egy ~ madzag* un bout de ficelle; 2. *egy ~ szappan* un pain de savon; 3. *egy ~ edény* une pièce de vaisselle; 4. *száz ~ marha* cent têtes de bétail; 5. *jó ~ idő múlva* après un bon bout de temps; 6. *nagy ~ asszony* une grande bringue de femme
darabáru 1. marchandise vendue à la pièce; 2. *(vasúti)* petite marchandise; colis *m* de détail
darabbér salaire *m* aux pièces *v* à la pièce
darabbéres; darabbérmunkás ouvrier aux pièces; tâcheron, -onne
darabka un (tout) petit morceau de...; un bout de...; parcelle *f;* tronçon; brin *m*
darabol [~tam, ~t, ~jon] 1. découper; morceler; parceller; mettre en morceaux; 2. *konyh: (húst)* mincer

darabos [~ak, ~at; ~an] 1. *(anyag)* grossier, -ière; cassé, -e; grumeleux, -euse; *~ szén* charbon en morceaux; gros; 2. *(ember)* fruste; rude; 3. *(stílus)* rude
darabosság rudesse; grossièreté *f*
daraérc mineral bocardé
darál [~tam, ~t, ~jon] 1. moudre; granuler; 2. *(gabonafélét)* moudre grossièrement; gruauter; 3. *húst ~* hacher de la viande; 4. *(ércet)* bocarder; 5. *(leckét)* réciter avec volubilité
daraliszt farine de gruau; semoule *f*
daráló [~k, ~t, ~ja] 1. concasseur *m;* 2. *mez:* broyeur *m;* 3. *(kávéhoz)* moulin *m* (à café)
daraszén *bány:* charbon menu; braisette *f*
darázs [darazsak, darazsat, darazsa] guêpe *f;* frelon *m*
darázsderék taille *f* de guêpe
darázsfészek guêpier *m; ~be nyúl* se fourrer *v* mettre le pied dans un guêpier
dárda [-ák, -át, -ája] lance *f;* javelot *m*
Dardanellák [~at] les Dardanelles *f pl*
dáridó [~k, ~t, ~ja] grand *v* joyeux festin; orgie; bacchanale; noce *f*
daróc [~ok, ~ot, ~a] bure *f;* gros drap
I. daru [darvak, ~t, ~ja] *áll:* grue *f*
II. daru [~k, ~t, ~ja] *(gép)* grue *f*
darucsapat vol *m* de grues
daruhíd pont *v* treuil roulant
darukar; darugém *műsz:* flèche *f*
darukezelő grutier; manœuvrier *m* de grue
daruszőrű poivre et sel; gris, -e
darwinista [-ák, -át, -ája] darwiniste *n*
dativus *nyelv:* *~ ethicus* datif sympathétique
datolya [-ák, -át, -ája] datte *f*
datolyafa datier *m*
datolyapálma palmier dattier; phœnix; phénix *m*
dátum [~ok, ~ot, ~a] date *f; ez a nap fontos ~ életében* ce jour date dans sa vie; *~ szerint* par ordre chronologique
Dávid [~ok, ~ot, ~ja] David *m*
DDT didicide *m*

I. de 1. mais; cependant; toutefois; *de bizony* mais si; *de hát akkor* mais alors; *de hiszen...* mais puisque...; *elment, de magában morgolódott* il partit tout en bougonnant; 2. *de! de igen!* si; mais si; si fait II. de...! *de szép!* qu'il est beau! ce qu'il est beau!
deák [~ok, ~ot, ~ja] 1. *ld:* diák; ~ *nyelv* le latin; 2. *(középkori)* clerc *m*; 3. *(író~)* scribe *m*
december [~ek, ~t, ~e] décembre *m*
deci [~k, ~t, ~je] décilitre *m*
decimálás classification décimale
dédanya arrière-grand-mère; bisaïeule *f*
dédapa arrière-grand-père; bisaïeul *m*
dédelget choyer; bichonner; bouchonner
dedukció [~k, ~t, ~ja] déduction *f*
deduktív [~ak, ~at] déductif, -ive
dédunoka arrière-petit-enfant *n*
defekt [~ek, ~et, ~je] 1. panne *f*; ~*et kap* rester en panne; avoir une panne; *az autógumi ~et kapott* le pneu a crevé; 2. *sp:* accident *m*
defektus défectuosité; tare *f*
defenzíva [-ák, -át, -ája] défensive *f*
deficit déficit *m*; moins-value *f*; *súlyos ~et mutat fel* supporter un lourd déficit; ~*tel zárul* se solder par un déficit
deficites [~ek, ~et] déficitaire; en déficit
definíció [~k, ~t, ~ja] définition *f*
degenerálódás dégénérescence *f*
degresszív [~ek, ~et] dégressif, -ive
dehidrál [~tam, ~t, ~jon] déshydrater
dehogy mais non; mais pas du tout; point du tout
deka [-ák, -át, -ája] décagramme *m*; *huszonöt ~* une demi-livre
dekád [~ok, ~ot, ~ja] décade *f*
dékán [~ok, ~t, ~ja] doyen *m*
dékáni [~ak, ~t] décanal, -e; ~ *hivatal* décanat *m*
dekatlon [~ok, ~t, ~ja] décathlon *m*
deklamál [~tam, ~t, ~jon] déclamer
deklaráció [~k, ~t, ~ja] déclaration *f*
deklináció [~k, ~t, ~ja] *nyelv, csill:* déclinaison *f*
dekolonizáció décolonisation *f*

dekoltázs [~ok, ~t, ~a] 1. *(nőé)* décolleté *m*; 2. *(ruháé)* décolletage *m*
dekonjunktúra période *f* de crise
dekoráció [~k, ~t, ~ja] décoration *f*
dekorációs [~ak, ~at; ~an] de décoration; décoratif, -ive
dekoratív [~ak, ~at; ~an] décoratif, -ive
dél [delet, dele] 1. *(táj)* sud *m*; *(vidék)* Sud; midi *m*; ~*en* dans le Sud; *dans le Midi*; ~ *felé* vers le sud; au sud; *vmitől ~re* au midi de qc; ~*ről fúj a szél* le vent est sud; 2. *(idő)* midi *m*; ~ *felé* vers (le) midi; *pont ~ (van)* il est midi précis; *már elmúlt ~* midi est sonné; ~*ben* à midi; *sur le coup de midi;* ~*ig* jusqu'à midi; 3. *élte delén* dans toute la force de l'âge
Dél-Afrika l'Afrique australe; l'Afrique du Sud
dél-afrikai sud-africain, -e
Dél-Amerika l'Amérique du Sud
dél-amerikai sud-américain, -e
dél-ázsiai sud-asiatique; austro-asiatique
délceg [~ek, ~et] superbe; élégant, -e; de belle prestance; *(termet)* bien pris; droit, -e
dél-délkelet(i) sud-sud-est *(m)*
dél-délnyugat(i) sud-sud-ouest *(m)*
delegáció [~k, ~t, ~ja] délégation *f*
delegátus délégué, -e *n*
delejes [~ek, ~et; ~en] magnétique; ~ *álom* sommeil hypnotique *m*; état second; ~ *álomba merít* magnétiser
delejez [~tem, ~ett, ~zen] magnétiser
delejtű boussole; aiguille aimantée
delel [~tem, ~t, ~jen] 1. *csill:* culminer; 2. *(ember, állat)* faire la sieste; siester
délelőtt [~ök, ~öt, ~je] I. *(hat) (a)* ~ *(folyamán)* dans la matinée; le matin; avant midi; ~ *11 órakor* à 11 heures du matin; *előző nap ~* la veille au matin; II. *(fn)* matinée *f*; matin *m*
délelőttös [~ök, ~t, ~e] être de service dans la matinée
delfin [~ek, ~t, ~je] *áll:* dauphin; souffleur; roi *m* de la mer

déli 157 **derék**

déli [~ek, ~t] **I.** *(mn)* **1.** *(du)* sud; du midi; méridional; austral, -e; ~ *félgömb* hémisphère sud *v* méridional; ~ *oldal* côté midi *v* méridional; ~ *sark* pôle sud *v* antarctique *m*; ~ *sarkkör* cercle polaire du Sud *m*; ~ *sarkvidék* l'Antarctique *m*; ~ *szél* vent *m* du sud; ~ *szélesség* latitude sud *v* australe; **2.** de midi; ~ *harangszó* sonnerie *f* de cloche du midi; ~ *munkaszünet* pause *f* de midi; *a* ~ *órákban* vers midi; **II.** *(fn)* Méridional, -e *n*
délibáb mirage *m*; *(átv. így is)* chimère *f*; ~*ot kerget* poursuivre un mirage
déligyümölcs fruits du midi; agrumes *m pl*
deliktum [~ot, ~a] délit *m*
delirál *orv*: délirer
Déli-sark pôle antarctique *v* Sud *v* austral
dél-kelet sud-est *m*
Délkelet-Ázsia Sud-Est asiatique *m*
Délkelet-Európa l'Europe sud-orientale
délkeleti sud-oriental, -e; *(du)* sud-est
délkelet-kelet(i) est-sud-est *(m)*
délkör méridienne *f*; méridien *m*
délnyugat sud-ouest *m*
délnyugati du sud-ouest; sud-ouest; sud-occidental, -e
delphi [~ek, ~t] delphien, -enne; *a* ~ *jóshely* l'oracle de Delphes
délszaki tropical, -e; exotique; ~ *gyümölcsök* fruits *m pl* des tropiques
délszláv sud-slave; *(politikai ért.)* yougoslave
deltoid [~ot] deltoïde *m*
délután [~ok, ~t] **I.** *(hat)* après-midi; *késő* ~ (en) fin d'après-midi; **II.** *(fn)* après-midi
délutáni [~ak, ~t] de l'après-midi; du soir; ~ *lap* journal *m* du soir; ~ *ruha* robe *f* de cocktail; ~ *táncösszejövetel* matinée dansante
délutános [~ok, ~t, ~a] être de service dans l'après-midi
demagóg [~ok, ~ot; ~an] **I.** *(mn)* démagogique; **II.** *(fn)* démagogue *n*
demarkációs *vonal* ligne *f* de démarcation
demilitarizálás démilitarisation *f*
deminutivum *nyelv*: diminutif *m*

demizson [~ok, ~t, ~a] dame-jeanne *f*
Demjén [~ek, ~t, ~je] Damien *m*
demográfia [-ák, -át, -ája] démographie *f*
demokrácia [-ák, -át, -ája] démocratie *f*
demokrata [-ák, -át, -ája] démocrate *n*
demokratikus démocratique; ~ *egységkormány* gouvernement *m* d'union démocratique
Démokritosz [~t] Démocrite *m*
démon [~ok, ~t, ~ja] **1.** démon *m*; **2.** *(nő)* femme fatale
demonstrál [~tam, ~t, ~jon] **1.** faire sa démonstration; **2.** manifester; organiser une démonstration
Démoszthenész [~t] Démosthène *m*
dénár denier *m*
Dénes [~ek, ~t, ~e] Denis *m*
denevér [~ek, ~t, ~e] chauve-souris *f*
denominális [~ak, ~at; ~an] *nyelv*: dénominatif, -ive; ~ *képző* morphème secondaire *m*
dentális [~ak, ~at; ~an] *nyelv*: dental, -e
dentolabiális [~ak, ~t; ~an] *nyelv*: dento-labial, -e
dentopalatális *nyelv*: palato-dental, -e
denunciál [~tam, ~t, ~jon] dénoncer; moucharder; rapporter
deponens *nyelv*: déponent; ~ *ige* verbe déponent
deportálás **1.** déportation; relégation; transportation *f*; **2.** déportation par mesure administrative; éloignement *m*
depresszió [~k, ~t, ~ja] dépression *f*
depressziós [~ak, ~at; ~an] **1.** *met*: dépressionnaire; **2.** *orv*: ~ *állapot* état *m* de dépression
dér [derek, deret, dere] gelée blanche; blanc gel; frimas *m*
dereglye [-ék, -ét, -éje] barque; chaloupe; barcasse *f*
I. *(mn)* **derék** **1.** *(vitéz)* vaillant, -e; brave; **2.** *(termet)* bien pris; imposant, -e; **3.** *(becsületes)* brave; loyal, -e; honnête; comme il faut; **4.** *gúny*: excellent, -e
II. *(fn)* **derék** [derekak, derekat, dereka] **1.** taille; ceinture *f*; reins *m pl*; *fáj a dereka* avoir mal aux reins; ~*ba szabott* serré(e) à la taille; ~*ig* jusqu'à mi-corps; ~*ig ér* aller *v*

descendre jusqu'à la ceinture; ~*on fog* prendre par la taille; ~*on kap attraper v* saisir par la taille; *(birkózó, rendőr)* ceinturer; *beadja a derekát* plier *v* ployer l'échine; capituler; *letöröm a derekát* je vais lui frotter l'échine; **2.** *(ruha)* corsage *m;* **3.** *(fáé)* tronc *m;* **4.** *(oszlopé)* fût *m;* **5.** ~*ban ketté tör* briser *v* casser en deux; **6.** *(a nyár) derekán* au plus fort *v* au gros (de l'été)
derekasan 1. bravement; vaillamment; **2.** abondamment; largement; rudement; ~ *kiveszi a részét vmiből* participer largement à qc
derékbőség tour *m* de taille
derékhad le gros de l'armée; les troupes *f pl* d'élite
derékhossz hauteur *f* de taille
deréköv; derékszíj 1. ceinture *f;* **2.** *kat:* ceinturon *m*
derékszög 1. (angle) droit *m;* ~*be állít* mettre d'équerre; ~*ben en potence; mat:* orthogonalement; ~*et alkot* faire l'équerre; *(vmivel)* faire un angle droit avec qc; **2.** *műsz:* cheville ouvrière
derékszögű rectangulaire; rectangle; orthogonal, -e; ~ *háromszög* triangle rectangle *m;* ~ *négyszög* carré long
derelyemetsző roulette; molette *f*
dereng [~ett, ~jen] **1.** l'aube *v* le jour point *v* commence à paraître *v* à poindre; **2.** *valami* ~ *az agyában* il se le rapelle vaguement
derengés crépuscule *m* (du matin); jour naissant; le point du jour
deres [~ek, ~et; ~en] **I.** *(mn)* **1.** *(háztető)* couvert(e) de gelée blanche; **2.** *(szakáll)* grisonnant, -e; poivre et sel; **3.** *(ló)* poivre et sel; **II.** *(fn) kb.* banc *m* de supplice
derít [~ettem, ~ett, ~sen] **1.** clarifier; décanter; *(cukrot)* purifier; *(likőrt)* dépurer; *(fémet)* purger; *bort* ~ tirer du vin au clair; **2.** *fényt* ~ *vmire* jeter de la lumière sur qc; *jó kedvre* ~ mettre de bonne humeur; dérider

derivált [~ak, ~at; ~an] **I.** *(mn)* **1.** *nyelv:* dérivatif, -ive; dérivé, -e; **2.** *mat:* ~ *alak* forme dérivée; ~ *függvény* fonction dérivée; **II.** *(fn) mat:* *függvény* ~*ja* dérivée *f* d'une fonction; *m-ed rendű* ~ dérivée d'ordre m
dermedési *fiz:* ~ *hő* recalescence *f;* *vegy:* ~ *pont* point *m* de solidification
dermedt [~ek, ~et] **1.** engourdi; raidi; glacé, -e (de froid); **2.** *orv:* cataleptique
dermedtség 1. engourdissement *m;* léthargie *f;* **2.** *orv:* catalepsie *f*
dermesztő [~ek, ~t; ~en] **1.** *(hideg)* glacial; pénétrant, -e; boréale; **2.** *(hír)* pétrifiant, -e
dérrel-dúrral; *nagy* ~ à grand fracas
derű [~t, ~je] **1.** *ld:* derült *idő;* **2.** sérénité *f;* enjouement *m*
derülátó optimiste *(m)*
derült [~ek, ~t; ~en] **1.** clair; serein, -e; beau, belle; rasséréné, -e; ~ *ég* ciel serein; ~ *időben* par temps clair; *mint a* ~ *égből lecsapó villám, jött halálának a híre* la nouvelle de sa mort fit l'effet d'une bombe; **2.** *átv:* serein; rasséréné, -e; ~ *arc* visage limpide *m*
derültség hilarité; gaieté *f;* ~ *fogadta* on l'accueillit avec des rires
derűs [~ek, ~et; ~en] **1.** *(ég, idő)* clair; serein; **2.** *átv:* serein, rasséréné; enjoué; gai, -e; ~ *arccal* d'un air enjoué; ~ *látvány* spectacle riant; ~ *szín* couleur gaie
despota [-ák, -át, -ája] **I.** *(mn)* despotique; **II.** *(fn)* despote *n*
destruál [~tam, ~t, ~jon] démoraliser; miner; saper les fondements de qc
destrukció [~k, ~t, ~a] subversion *f*
deszka [-ák, -át, -ája] **1.** planche *f;* ais *m;* *(járdának)* passerelle *f;* **2.** *szính: a -ák* le plateau; les palches
deszkapalló passerelle *f*
deszkáz [~tam, ~ott, ~zon] planchéier; garnir de planches
desztillál [~tam, ~t, ~jon] distiller
desztillált [~ak, ~at; ~an] distillé, -e; ~ *víz* eau distillée

detektív [~ek, ~et, ~e] agent *v* inspecteur de la sûreté; détective *m*
detektívfilm film policier
detektívregény roman policier *v* détective
detektor [~ok, ~t, ~a] détectrice *f*; détecteur *m* (à galène)
determináció [~k, ~t, ~ja] *mat*: détermination *f*
determináns [~ok, ~t, ~a] *mat*: determinant *m*
deus ex machina dieu machine *m;* machine *f*
dévaj [~ok, ~t; ~ul] 1. fripon, -onne; 2. gaillard; égrillard, -e; 3. *(enyhébben)* folichon, -onne; folâtre
dévajkodás 1. privautés *f pl;* gaillardise *f;* 2. *(enyhébben)* folâtrie; folichonnerie *f*
dévajság coquetterie; espièglerie *f*
devalváció [~k, ~t, ~ja] dévaluation *f;* conversion *f* des monnaies
deverbális [~ak, ~t; ~an] *nyelv*: déverbal, -e; déverbatif, -ive; ~ *képző* morphème primaire *m*
dévérkeszeg *hal*: brème *f*
deviza [-ák, -át, -ája] devise *f;* change *m*
devizaár(folyam) cote *f v* cours *m* des changes
devizaeszköz instrument *m* de change
devizahatóság service *m* des changes
devizaspekuláció cambisme *m;* spéculation *f* sur les devises
devizaügylet opération *f* de change
dézsa [-ák, -át, -ája] baquet *m; (mosó)* cuvier *m; (nagy)* cuve *f; esik, mintha -ából öntenék* la pluie tombe à plein seau
dézsma [-ák, -át, -ája] dîme *f*
dézsmál [~tam, ~t, ~jon] 1. *tört:* dîmer; 2. *átv:* rapiner qc *v* dans qc; mettre à contribution
dézsmálás 1. *tört:* levée *f* de la dîme; 2. *átv:* mise *f* à contribution; rapines *f pl* (dans qc); maraudage *m; (közvagyoné)* dilapidation (de qc); gabegie *f*
Dezső [~k, ~t, ~je] Didier; Désiré *m*
diabétesz *orv:* diabète *m*
diadal [~ok, ~t, ~a] triomphe *m;* victoire *f; ~ra juttat* faire triompher; mener à bien; ~*ra segít* assurer la victoire de q; ~*ra vezet* conduire *v* mener au triomphe; *fényes* ~*t arat* remporter un triomphe éclatant (sur q)
diadalív; diadalkapu arc de triomphe *v* triomphal
diadalmas [~ak, ~t] triomphant, -e; victorieux, -euse; triomphal, -e; ~ *arc* un air conquérant
diadalmaskodik [~tam, ~ott, ~jék *v* ~jon] 1. prévaloir; *az ő véleménye* ~*ott* son opinion a prévalu; 2. *(vkin)* triompher de q
diadalmenet marche triomphale; triomphe *m*
diadém [~ok, ~ot, ~ja] diadème *m*
diafragma [-ák, -át, -ája] *fényk:* diaphragme (iris) *m;* ~*val ellát* diaphragmer
diagnosztizál [~tam, ~t, ~jon] diagnostiquer; dépister une maladie
diagnózis [~ok, ~t, ~a] diagnostic; dépistage *m* de la maladie
diagramma [-ák, -át, -ája] épure *f;* graphique; diagramme *m*
diák [~ok, ~ot, ~ja] 1. *(iskolás)* écolier; lycéen *m; (bennlakó)* collégien *m;* 2. *(egyetemi)* étudiant *m;* 3. *rég: (író)* scribe *m*
diák- estudiantin, -e
diákegyesület association *f* d'étudiants; groupement estudiantin
diákévek années *f pl* d'études
diákigazolvány carte *f* d'étudiant
diáklány écolière; lycéenne *f; (felsőiskolás)* étudiante *f*
diáknegyed quartier *m* des étudiants; *(Párizsban)* le Quartier Latin
diáknyomor misère estudiantine
diakonissza [-ák, -át, -ája] *egyh:* ~ *(nővér)* diaconesse *f*
diákotthon foyer *m v* maison *f* des étudiants
diakritikus *jel* signe diacritique *m*
diákság jeunesse estudiantine *v* universitaire; les étudiants; la jeunesse des écoles
diákszövetség association générale des étudiants; Union Fédérale des Étudiants
dialektika dialectique *f*

dialektikus dialectique; ~ *materializmus* matérialisme dialectique *m*
dialektus dialecte; patois *m*
dialógus dialogue *m;* ~*t folytat* dialoguer
diaszpóra [-ák, -át, -ája] *tört:* la diaspora; dispersion *f*
diasztolé *orv:* diastole *f*
diatermiás *orv:* diathermique; ~ *gyógymód* v *kezelés* diathermie *f*
diatonikus *zén:* diatonique; ~ *hangsor (gregoriánban)* déduction *f;* ~ *skála* gamme diatonique *f*
diavetítő [~k, ~t, ~je] diascope *m*
dicsekszik [-kedtem, -kedett, -kedjék v -kedjen] **1.** se vanter; se piquer d'honneur; *nagyhangúan* ~ fanfaronner; **2.** *(vmivel)* se vanter; se glorifier; tirer vanité v gloire; se piquer *(mind:* de qc); *azzal* ~, *hogy* se flatter de *(inf);* mettre sa gloire à *(inf); tudatlanságával* ~ il fait profession d'ignorance
dicsekvés vanterie; vantardise; jactance *f; (hencegő)* forfanterie *f*
dicsekvő [~k, ~t] vantard, -e; glorieux; hâbleur, -euse; fanfaron, -onne *(n)*
dicsér [~tem, ~t, ~jen] **1.** louer; faire l'éloge de q; glorifier; vanter; exalter; **2.** ~ *vkit vmiért* louer q de qc; **3.** *önmagát* ~*i* il s'approuve; il se glorifie; **4.** *(szólásokban:)* ~*em az eszemet* je m'en loue; je m'en félicite; *nem győzi* ~*ni* il ne tarit pas en éloges sur qc; **5.** *vall:* louer; glorifier
dicséret **1.** louange *f;* éloge *m;* glorification *f; (áruról, túlzott)* boniment *m;* ~*ére mondom* je le dis à sa gloire; ~*ére válik családjának* faire honneur à sa famille; ~*re méltó* louable; **2.** *vall:* *(ének)* cantique *m;* **3.** *irod:* éloge *m; (verses)* panégyrique *m*
dicséretes [~ek, ~et v ~t] **1.** louable; digne d'éloge; méritoire; **2.** *isk, kb:* mention bien
dicsérő [~k, ~t] élogieux; louangeur, -euse; ~ *oklevél* diplôme *m* d'honneur v honorifique

dicsfény auréole *f* (de gloire); nimbe *m;* gloire *f*
dicshimnusz **1.** hymne; panégyrique *m;* ~*t zeng vkiről* entonner les louanges de q; **2.** *egyh:* ~*t énekel* chanter un gloria
dicső [~k, ~t] glorieux, -euse; magnifique; héroïque; mémorable; éclatant, -e; *nem valami* ~ ce n'est pas brillant
dicsőít [~ettem, ~ett, ~sen] glorifier; exalter; célébrer
dicsőség gloire *f;* honneur *m* (de qc); *fejébe száll a* ~ se monter le bourrichon; ~*re vágyó* avide v affamé(e) de gloire; ambitieux, -euse; ~*ére válik vkinek* faire honneur à q; *gúny: hamar megunta a* ~*et* il fut vite dégoûté
dicstelen peu reluisant, -e; piètre; piteux, -euse
didaxis [~ok, ~t, ~a] enseignement *m;* instruction *f*
didereg [~tem, -rgett, ~jen] grelotter; trembloter; geler
didergés tremblement; frissonnement *m*
dielektromos diélectrique; ~ *állandó* constante diélectrique *f*
Diesel-motor diesel; moteur Diesel
dieselmotoros diesel
Diesel-olaj huile Diesel *f;* gas-oil *m*
diéta [-ák, -át, -ája] **1.** *(étkezési)* régime *m;* diète *f; -án van; -át tart* faire diète; suivre un régime; **2.** *tört:* diète *f*
diétás diététique
differenciál I. *(fn)* [~ok, ~t, ~ja] **1.** *mat:* différentielle *f;* **2.** *aut:* différentiel *m;* **II.** *(ige)* [~tam, ~t, ~jon] *mat:* différentier; différencier; ~*t alak* forme dérivée
differenciálás **1.** *mat:* différentiation; différenciation *f;* **2.** *nyelv:* divergence *f*
differenciálhányados *mat:* différentielle *f; parciális* ~ différentielle partielle; ~ *integrálása* intégration *f* d'une différentielle; ~*ok másodfokú alakja* forme quadratique *f* de différentielles
differenciálszámítás *mat:* calcul différenciel v infinitésimal; le calcul des

| diftéria | 161 | dirigál |

infiniments petits; *differenciál- és integrálszámítás* analyse transcendante *v* infinitésimale
diftéria [-ák, -át, -ája] *orv:* diphtérie; angine couenneuse *v* membraneuse
diftériás diphtérique; diphtéritique *(n)*
díj [~ak, ~at, ~a] **1.** prix *m;* récompense *f;* ~*at nyer el* gagner *v* remporter le prix; ~*at kitűz* proposer *v* fonder *v* offrir un prix; **2.** salaire *m;* honoraires *m pl; írói v szerzői* ~ droit(s) *m (pl)* d'auteur; **3.** *(illeték)* taxe *f;* port *m;* **4.** *(ügynöki)* commission *f;* **5.** *(költség)* coût *m;* frais *m pl;* **6.** *(biztosítási)* prime *f*
-díjas lauréat *n; Kossuth-díjas* lauréat(e) du prix Kossuth
díjaz [~tam, ~ott, ~zon] **1.** rétribuer; rémunérer; salarier; **2.** primer
díjbirkózó lutteur professionnel
díjmegállapítás taxation *f* (des frais)
díjmentes exempt(e) de frais; franc(he) de port *v* de taxe; gratuit, -e; ~ *küldemény* envoi postal en franchise
díjnok [~ok, ~ot, ~a] expéditionnaire; commis (greffier); copiste *m*
díjnyertes **1.** lauréat; couronné, -e; **2.** *(állat)* primé; médaillé, -e; ~ *munka* ouvrage couronné
díjszabás tarif; barème *m*
díjtalan [~ok, ~t] gratuit, -e; exempt(e) de frais; franc(he) *v* franco de port *v* de taxe; ~ *gyakornok* surnuméraire non salarié
dikics [~ek, ~et, ~e] tranchet *m;* gouge *f*
diktafon [~ok, ~t, ~ja] dictaphone *m*
diktál [~tam, ~t, ~jon] **1.** dicter; **2.** dicter; commander
diktátor [~ok, ~t, ~a] dictateur *m*
diktatúra [-ák, -át, -ája] dictature *f*
dilemma [-ák, -át, -ája] dilemme *m;* ~ *elé állítja* enfermer dans un dilemme
dilettáns [~ok, ~t] amateur; dilettante *m*
dimenzió [~k, ~t, ~ja] dimension *f*
din [~ek, ~t, ~je] *fiz:* dyne *f*
dinamika dynamique *f*
dinamit [~ot, ~ja] dynamite *f*
dinamó [~k, ~t, ~ja] dynamo *f;* générateur *m*

dinasztia [-ák, -át, -ája] dynastie *f*
dinosaurus *pal:* dinosaurien *m*
dinnye [-ék, -ét, -éje] *(sárga)* melon *m; (görög)* pastèque *f;* melon *m* d'eau
dinnyehéj écorce *f* de melon
dió [~k, ~t, ~ja] **1.** noix *f; héjas* ~ noix en coques; *papírhéjú* ~ noix à coque tendre; *tisztított* ~ noix écalées; *kiszedi a* ~ *belét* cerner des noix; ~*t tisztít v hánt* écaler *v* ébrouer des noix; ~*t tör* écacher des noix; **2.** ~*nyi vajadag* une noix de beurre; **3.** *átv: ez kemény* ~ c'est un rude travail
dióbél noix écalée *v* décortiquée
Diocletianus Dioclétien *m*
diófa noyer *m*
Diogenész [~t, ~e] Diogène *m;* ~ *lámpája, hordója* la lanterne, le tonneau de Diogène
dióhéj **1.** coquille *v* coque *f* de noix; *(zöld)* brou *m;* **2.** *átv:* ~*ban* en abrégé
Dionizosz [~t, ~a] Dionysos *m*
dióolaj huile *f* de noix
diópác brou *m* de noix
diószén tête-de-moineau *f;* braises *f pl;* noix *f*
diótörő **1.** casse-noix *m;* **2.** *(személy)* écaleux, -use *n*
diploma [-ák, -át, -ája] **1.** diplôme *m;* charte *f;* **2.** *(bizonyítvány)* diplôme; brevet *m*
diplomácia [-ák, -át, -ája] diplomatie *f*
diplomáciai [~ak, ~t] diplomatique; ~ *kar, testület* corps diplomatique *m;* ~ *képviselet* mission diplomatique *f;* ~ *pályára lép* entrer dans la diplomatie; embrasser la carrière
diplomata [-ák, -át, -ája] diplomate *n; tb:* la diplomatie
direkt [~ek, ~et] **I.** *(mn)* direct, -e; ~ *vonat* train direct; **II.** *hat, biz:* expressément; exprès; **III.** *(fn)* **1.** *(sebesség)* (vitesse) directe *f;* **2.** *aut:* prise directe
direkttermő *fajta* (hybride) producteur direct
dirigál [~tam, ~t, ~jon] **1.** diriger; conduire; régenter; **2.** *zen:* diriger

11 Magyar-Francia kézi

disz [~ek, ~t] *(hang)* ré dièse *m*
dísz [~ek, ~t, ~e] 1. ornement; agrément *m; (tárgyon rajz stb.)* décor *m; (ruhán)* garniture *f;* 2. *(ékesség)* parure *f;* atours *m pl;* 3. *(pompa)* pompe *f;* apparat *m;* 4. *(ruha)* tenue *f* de gala *v* d'apparat; 5. *(szólásokban:)* vminek ~e le fleuron *v* l'honneur *v* la gloire de qc; *csak* ~*nek van ott* il n'est là que pour le décorum; ~*ére válik vkinek* faire honneur à q
díszbeszéd discours *m* d'apparat
díszcserje arbuste *m* d'ornement
díszdoktor docteur *honoris causa m*
díszebéd gala; déjeuner *m* d'apparat
díszelnök président *m* d'honneur
díszes [~ek, ~et] somptueux; luxueux; pompeux, -euse; orné; paré, -e; *(rajzú)* historié, -e; *nem valami* ~ il ne paye pas de mine
díszfelvonulás parade *f;* défilé *m* de gala
diszharmónia *zen:* désharmonie; disharmonie; dissonance *f*
díszhely place *f* d'honneur
díszít [~ettem, ~ett, ~sen] parer; décorer; ajuster; faire la toilette de qc; *(rajzban, ételt)* historier; ~ *vmivel* ornementer; orner; agrémenter *(mind:* de qc*);* konyh: *szarvasgombával* ~ historier aux truffes; *tálat* ~ garnir un plat
díszítés 1. ornement *m;* ornementation; décoration *f;* décor *m;* 2. *(ruhán)* garniture; parure *f;* 3. *(tárgyon)* décor *m;* 4. *(cselekvés)* garnissage; garnissement *m*
díszítmény ornement *m;* ornementation; décoration *f;* motif *m*
díszítő [~t; ~en] décoratif, -ive; d'ornement; ~ *elem* motif ornemental; *(alakos)* décoration figurale; ~ *jelző* épithète *f* d'ornement
díszkert jardin *m* d'agrément
díszkiadás édition *f* d'art *v* de luxe
díszkíséret garde *f* d'honneur
diszkont(ó) [~k, ~t, ~ja] *ker:* escompte *m*
diszkosz [~ok, ~t, ~a] disque *m*
díszkötés reliure *f* de luxe *v* (d')amateur

diszkréció [~k, ~t, ~ja] discrétion *f*
diszkrecionális [~ak, ~at; ~an] discrétionnaire
diszkrét [~ek, ~et] 1. discret, -ète; 2. *(ízlésű tárgy)* sobre; ~ *szín* couleur discrète
díszlépés pas *m* de parade; *(merev lábbal)* pas de l'oie
díszlet [~ek, ~et, ~e] décor *m*
díszlettervező (architecte-)décorateur *m*
díszletváltozás changement *m* de décor
díszlövés salve *f* d'honneur
díszmenet défilé; cortège *m;* procession (solennelle)
díszműáru article *v* objet *m* de fantaisie *v* de Paris
díszműárukereskedés magasin *m* d'articles de fantaisie
disznó [~k, ~t, -naja] I. *(fn)* 1. cochon; porc *m;* ~*t hizlal* engraisser un cochon; ~*t öl* tuer un cochon; saigner un porc; 2. *(emberről)* cochon; salaud; saligaud; porc *m; (nő)* salope *f;* 3. *kárty:* as *m;* 4. chance; veine *f; disznaja van ah,* le veinard! II. *(mn)* 1. cochon, -onne; ~ *viccek* plaisanteries cochonnes; 2. ~ *egy idő* temps de chien; 3. ~ *módon* salement
disznóbőr peau *f* de porc
disznóhús viande *f* de porc; porc *m*
disznókaraj; disznókarmonádli côtelette *f* de porc
disznóól porcherie; étable à porcs; loge du cochon *f*
disznóparéj amarante (blanche)
disznóság *(tett és beszéd)* cochonnerie; saloperie *f; (beszéd)* obscénité *f*
disznósajt fromage *m* de porc
disznóserte soie *f*
disznószőr soie *f*
disznózsír graisse *f* de porc; saindoux *m*
disznövény (plante) ornementale *f*
díszőrség garde *f* d'honneur; ~*et áll* monter la *v* une garde d'honneur
díszpáholy tribune *f* d'honneur
díszpéldány beau spécimen; bel exemplaire
diszponál [~tam, ~t, ~jon] 1. ~ *vmi felett* disposer de qc; 2. *jól van* ~*va* être en bonne disposition

díszruha 1. toilette *v* robe *f v* habit *m* de gala; **2.** *kat:* grande tenue; **3.** *(inasoké)* grande livrée
díszsortűz salve *f* d'honneur
díszszemle *kat:* prise d'armes; parade *f*
disszidál passer à la dissidence; émigrer clandestinement
disszidáló [~k, ~t]; **disszidens** [~ek, ~et] *pol:* émigré clandestin
disszimiláció [~k, ~t, ~ja] **1.** *nyelv:* dissimilation *f;* **2.** *él:* désassimilation *f;* catabolisme *m*
disszonáns [~ak, ~at; ~an] dissonant, -e; *zen:* ~ *akkord* accord imparfait; *átv:* ~ *hangot üt meg* faire entendre un son de cloche discordant
dísztag membre *m* d'honneur
dísztárgy objet décoratif; objet de fantaisie; article *m* de Paris
dísztelen 1. déparé, -e; sans ornement; *(természet)* dénudé, -e; *(épület, fal)* austère; nu, -e; **2.** *(ízlésű)* simple; puritain, -e
dísztér *kat:* place *f* d'armes
díszterem salle d'honneur; salle *f* des fêtes *v* des cérémonies
disztichon [~ok, ~t, ~a] *irod:* distique *m*
dívány [~ok, ~t, ~a] sofa; divan; canapé *m;* *kis* ~ causeuse *f*
divat [~ok, ~ot, ~ja] mode; vogue *f; ez a legnagyobb* ~ c'est le grand chic; cela est du dernier chic *v* cri; *már nem* ~ cela ne se fait plus; *legújabb* ~ le dernier cri; ~*ba hoz* mettre en vogue; mettre à la mode; lancer; ~*ba jön* devenir à la mode; faire fureur; ~*ban van, hogy* il est de mode que *(subj);* a *rövid ruhák vannak* ~*ban* c'est la mode des robes courtes; ~*ból kimegy* passer de mode; se démoder; ~*ot teremt* donner le ton; faire *v* lancer *v* dicter la mode
divatáru article *m* de mode; nouveautés *f pl*
divatárukereskedés 1. *(foglalkozás)* nouveauté; mode *f;* **2.** *(bolt)* maison *f v* magasin *m* de nouveautés
divatárukereskedő marchand *m* de nouveautés *v* de modes *v* de frivolités
divatbemutató revue *f* de mode

divatcég masion *f* de couture; *előkelő* ~ maison de haute couture
divatcikk nouveautés *f pl;* article *m* de mode
divatlap journal *m v* feuille *f* de modes
divatos [~ak, ~at; ~an] (à la) mode; en vogue; dernier cri; du dernier bateau; *(elmélet így is):* courant, -e; ~ *író* écrivain *m* en vogue; ~ *sláger* scie *f* à la mode
divatozó [~t; ~an] répandu, -e; en vogue; en honneur; à la mode; usuel, -elle; en usage; d'usage
divatszalon maison *f* de couture
divattervező créateur *m* de modèles; modéliste *n*
divergencia *mat, fiz:* divergence *f*
diverzáns [~ok, ~t; ~an] déviationniste; diversionniste *(n)*
I. (fn) dob [~ok, ~ot, ~ja] **1.** tambour *m;* caisse *f; a* ~ *pereg* le tambour bat; **2.** *(szólások):* ~*ra kerül* passer sous le marteau; ~*ra ver vendre* à l'encan; *(hírt)* tambouriner; **3.** *mez:* tambour; **4.** *(gépben)* tambour; trommel *m*
II. (ige) dob [~tam, ~ott, ~jon] **1.** jeter; lancer; projeter; *(mélybe)* précipiter; *a magasba* ~ jeter en l'air; *tűzbe* ~ jeter au feu; *követ* ~ *vkire* jeter une pierre à q; **2.** *(levelet)* mettre *v* glisser; **3.** *sp: 40 m-t* ~ il lance 40 m; *(labdát stb.)* envoyer; **4.** *(kockát)* lancer; jeter
dobál [~tam, ~t, ~jon] **1.** jeter; lancer; projeter; ~*ja a pénzt* jeter l'argent par la fenêtre; **2.** ~ *vmivel* bombarder de qc; **3.** *ide-oda* ~ ballotter; cahoter
dobálás 1. jet *m;* **2.** *(ide-oda)* ballottement *m*
dobban [~t, ~jon] **1.** *(föld)* résonner; trembler; **2.** *(szív)* battre; palpiter
dobhártya tympan *m;* membrane tympanique *f*
dobog [~tam, ~ott, ~jon] **1.** *(lábával)* trépigner; piétiner; battre *v* taper du pied; **2.** *(szív)* palpiter; battre
dobogó [~k, ~t, ~ja] estrade *f*

dobol [~tam, ~t, ~jon] battre du *v* le tambour; tambouriner; *(ünnepélyesen)* battre le ban
dobos [~ok, ~t, ~a] tambour *m*
doboz [~ok, ~t,~a] boîte *f;* carton; coffret *m; (készlet)* écrin *m; (rádióé)* ébénisterie *f*
dobozol [~tam, ~t, ~jon] mettre en boîtes
dobpergés roulement *m* de tambour(s); *(hirdetés előtt* v *után)* ban *m*
dobüreg *orv:* caisse *f* du tympan
dobverő 1. baguette *f* de tambour; 2. *(libarész)* pilon *m*
docens [~ek, ~t, ~e] *kb:* 1. (professeur) chargé de cours; 2. *(régebben)* privatdocent; privat-docent *m*
dogma [-ák, -át, -ája] dogme *m*
dogmatikus I. *(mn)* dogmatique; ~ *szellem* esprit dogmatique *m;* II. *(fn)* dogmatiste *m*
doh [~ot, ~a] odeur *f* de renfermé; relent *m*
dohány [~ok, ~t, ~a] 1. tabac *m; gyönge* ~ tabac blond; 2. *arg: (pénz)* pèze; pognon *m;* galette *f*
dohányáruda bureau *v* débit *m* de tabac
dohánybarna tabac; havane
dohányegyedáruság le monopole du tabac
dohánygyár manufacture *f* de tabacs; tabacs *m pl*
dohányjövedék régie *f* des tabacs; la Régie; le Monopole
dohánylé *kert:* jus *m* de tabac; bouillie nicotinée; praiss *m*
dohánymérgezés nicotinisme; tabagisme *m*
dohányos [~ok, ~t, ~a] fumeur *m; erős* ~ gros *v* grand fumeur
dohánypajta séchoir *m* à tabac
dohányszínű tabac; havane
dohánytermés récolte *f* de tabac
dohánytőzsde débit *v* bureau *m* de tabacs
dohányzacskó blague *f* (à tabac)
dohányzás la jouissance *v* l'usage du tabac; *tilos a* ~ Défense de fumer
dohányzó [~k, ~t] I. *(mn)* ~ *készlet* service *m* à *v* pour fumeurs; ~ *szakasz* compartiment *m* pour fumeurs; II. *(fn)* 1. fumeur, -euse *n;* 2. *(helyiség)* fumoir *m*
dohos [~ak, ~at; ~an] moisi, -e; sentant le renfermé; ~ *szag* odeur *f* de renfermé
dokk [~ok, ~ot, ~ja] dock *m*
dokkmunkás docker *m*
doktor [~ok, ~t, ~a] docteur *m; (mint előcím csak orvosoknál)* le docteur X....; *az irodalomtudomány* ~*a* docteur ès lettres; ~*rá avat* recevoir docteur
doktorátus doctorat *m;* soutenance *f* (de thèse)
doktori [~t] doctoral, -e; de docteur; ~ *cím* v *fokozat* doctorat; grade de docteur; ~ *értekezés* thèse *f* de docteur *v* de doctorat
doktrinér [~ek, ~t; ~en] doctrinaire *(n)*
dokumentációs *központ* centre *m* de documentation; ~ *szolgálat* service *m* de documentation
dokumentfilm documentaire *m*
dolgos [~ak, ~at; ~an] laborieux; industrieux; travailleur, -euse *(n)*
dolgozat 1. devoir *m;* copie *f; (anyanyelven)* composition *f;* 2. *(tudományos)* mémoire *m;* étude *f*
dolgozatfüzet cahier *m* de devoir *v* de textes
dolgozik [~tam, ~ott, ~zék *v* ~zon] 1. travailler; opérer; agir; fonctionner; être à son travail; *(hogyan?)* vmi *alapján* ~ opérer sur qc; *jól* ~ travailler bien; *keményen* ~ s'appliquer au travail; *(tanuló)* bûcher *biz;* ~, *mint egy állat* travailler comme un bœuf; *(mennyit?) keveset* ~ travailler peu; *(hol? min?) egy épületen* ~ travailler à un batiment; *a gyáriparban* ~ être *v* travailler dans l'industrie; *(inf) szeret* ~*ni* il aime travailler; *nem szeret* ~*ni* il aime la besogne faite; 2. *átv:* ~ *vminek érdekében* il travaille daнs l'intérêt de q; *az idő javunkra* ~ le temps travaille pour nous
dolgozó [~k, ~t] I. *(mn)* 1. travailleur, -euse; *a* ~ *osztály* la classe travailleuse; *a* ~ *parasztság* la paysannerie

laborieuse; **2.** travaillant, -e; ~ hangya fourmi ouvrière v neutre; ~ méh ouvrière butineuse; **II.** *(fn)* **1.** travailleur, -euse *n; a ~k* population laborieuse; *a ~k állama* l'État *m* des travailleurs; **2.** *ált: (sokszor)* bras *m;* **3.** *(helyiség)* salle *f v* bureau *m* de travail; atelier *m*
dolgozóasztal table *f* de travail
dolgozólámpa lampe *f* de bureau
dolgozószoba cabinet *v* bureau de travail; studio *m*
dollárhiány déficit-dollar *m*
dollárkölcsön emprunt *m* en dollars
dolog [dolgok, dolgot, dolga] **1.** *(munka)* travail *m;* besogne *f;* ouvrage *m;* **2.** *(tárgy, ügy)* chose; affaire *f;* fait *m;* circonstance; histoire *f; ami nem kis* ~ ce qui n'est pas rien; *ez nagy* ~*!* c'est une grosse affaire; *nem nagy* ~ ce n'est pas la mer à boire; j'en ai vu (bien) d'autres; *szép* ~*!* la belle histoire! *mi(csoda)* ~ *ez?* qu'est-ce que c'est que cette histoire? *a* ~ *úgy áll, hogy* la chose est que; *dolgom van* j'ai à faire; *sok a dolgom* j'ai fort à faire *v* beaucoup à faire; je suis débordé *v* encombré *v* bousculé; *az az orvosok dolga, (hogy)* c'est affaire aux médecins (de *és inf); izlés dolga* c'est affaire de goût; *de jó dolga van!* vous n'êtes pas à plaindre! *dolga után lát* faire ses affaires; vaquer à ses affaires; *dolga akad vkivel* avoir affaire à q; *(ellenséges)* avoir maille à partir avec q; *majd meglátja kivel van dolga* il verra à qui il a affaire; *minthogy nem volt más dolga* n'ayant rien de mieux à faire; *ez az én dolgom* c'est mon affaire; cela me regarde; *ne ártsa magát a mások dolgába* ne vous mêlez pas de ce qui ne vous regarde pas; *pénz dolgában* en fait d'argent; en matière de finances; *biztos a dolgában* être sûr(e) de son fait; ~*hoz lát* mettre la main à la besogne; se mettre au travail; *a dolgára megy* aller à sa besogne; *menjen a dolgára!* passer *v* allez votre chemin! *a* ~*ra tér* venir au fait; aller droit au fait;

maga ugyan szép dolgot művelt! vous avez fait là une belle histoire! *a dolgát elvégzi* achever sa besogne; **3.** *dolgára megy (W. C.-re)* aller quelque part; faire ses affaires
dologház pénitencier *m;* maison *f* de travail
dologi [~ak, ~t] matériel; réel, -elle; ~ *jog* droit réel; ~ *kiadások* dépenses *f pl* de matériel
dologidő heures *f pl* de travail
dologkerülő désœuvré; fainéant, -e
dologtalanság; oisiveté *f;* désœuvrement *m*
dóm [~ok, ~ot, ~ja] cathédrale; basilique *f*
domb [~ok, ~ot, ~ja] colline *f;* monticule; coteau; tertre *m*
domboldal penchant *v* versant *m v* pente *f* de la colline; *a* ~*on* à mihauteur
domborít [~ottam, ~ott, ~son] **1.** donner du relief à qc; **2.** *(fémet részleteiben)* repousser; relever en bosse; **3.** *(hajlítva)* emboutir
dombormű relief *m;* bosse *f; (kerek)* médaillon *m; (egész)* (ouvrage *m* de) haut relief; *lapított* ~ bas-relief *m*
dombornyomás impression *f* en relief
domborodás bombement *m;* saillie *f;* relief *m;* bosse *f*
domborodik [~tam, ~ott, ~jék *v* ~jon] bomber; faire saillie; se relever; s'arrondir
domború [~ak, ~t; ~an] convexe; bombé; rebondi, -e; *műv:* en relief; en bosse; ~ *homlok* front bombé *v* proéminent
domborzat relief *m*
dombos [~ak, ~at; ~an] couvert(e) de collines *v* de bosses; montueux, -euse; accidenté, -e
dombtető faîte *v* sommet *m* de la colline
dombvidék pays *m* de collines
dombvonulat chaîne *f* de collines
dominál [~tam, ~t, ~jon] *(vmi fölött)* prédominer (qc); dominer (sur qc); primer (sur qc)
dominium [~ok, ~ot, ~a] **1.** domaine *m;* **2.** *(brit államközösség tagja)* dominion *m*

dominó [~k, ~t, ~ja] **1.** *ját:* jeu *m* de domino; dominos *m pl;* **2.** *(ruha)* domino *m*
donga [-ák, -át, -ája] douve; longaille *f*
dongó [~k, ~t, ~ja] mouche *f* à viande
donjuan; donzsuán [~ok, ~t, ~ja] Don Juan; bourreau *m* des cœurs
donjuani; donzsuáni [~ak, ~t] donjuanesque; donjuanique
dór [~ok, ~t; ~ul] *(mn)* dorique; dorien, -enne; ~ *oszlop* v *stílus* l'ordre dorique *m*
dorbézol *ld:* **dőzsöl**
dorgál [~tam, ~t, ~jon] gronder; rabrouer; réprimander; gourmander
dorgálás gronderie; réprimande; remontrance; correction; admonestation *f;* rappel *m* à l'ordre; *(hivatalos)* censure *f* avec réprimande; *kemény* ~ sévère admonestation; ~*ban részesít vkit* infliger une réprimande à q
dorombol [~tam, ~t, ~jon] **1.** zen: jouer de la guimbarde; **2.** *(macska)* ronronner
dorong [~ok, ~ot, ~ja] **1.** gourdin; gros bâton; **2.** *(fa)* rondin *m*
dorongvas fer rond
dosszié [~k, ~t, ~je;] **1.** dossier *m;* **2.** *(boríték)* chemise *f;* carton *m* pour papiers
Dover [~t] Douvres *m*
dózis [~ok, ~t, ~a] dose; *f; orv:* dose médicamenteuse
döbbenet consternation; stupeur *f;* affolement *m*
döbbenetes [~ek, ~et] ahurissant; stupéfiant, -e
döcög [~tem, ~ött, ~jön] s'avancer avec des cahots v cahin-caha
döcögő [~k, ~t] **1.** cahotant; bringuebalant, -e; **2.** *átv, ld:* **döcögős**
döcögős [~ök, ~t] **1.** *(út)* cahoteux, -euse; accidenté, -e; **2.** ~ *sor* vers boiteux v dur; ~ *stílus* style heurté
döf [~tem, ~ött, ~jön] **I.** *(tgyl i)* *(szarvával)* donner un coup de corne; **II.** *(tgy i)* enfoncer; plonger; *tőrt* ~*ött szívébe* il plongea son poignard dans son cœur; *átv: ezzel tőrt* ~*ött*

szívébe ces paroles furent pour lui un coup de poignard dans le cœur
döfés coup *m* (de couteau, d'épée, de cornes *stb.)*
dög [~ök, ~öt, ~e] **1.** charogne; bête crevée; *büdös mint a* ~ puer la charogne; **2.** *te* ~*!* charogne! saleté! carogne! *ez a* ~ *(nőről)* cette vieille charogne
dögfáradt crever de fatigue
döghalál peste (noire)
dögkeselyű vautour néophron; percnoptère *m*
döglégy mouche *f* à viande
dögleletes *ld:* **dögletes**
dögletes méphitique; pestilentiel, -elle; infect, -e; ~ *levegő* air pestifère *m*
döglik [~eni v dögölni, ~öttem, ~ött, dögöljék v dögöljön] **1.** crever; périr; mourir; **2.** *átv: tudja mitől* ~ *a légy* il connaît la musique v la chanson; **3.** *(lustálkodik)* faire la grasse matinée
döglött [~ek, ~et; ~en] crevé; mort; tué, -e
dögvész peste *f;* *(állatoké)* typhus *m*
dől [~tem, ~t, ~jön] **1.** tomber; s'écouler; se renverser; chanceler; *egymás karjaiba* ~*nek* se jeter dans les bras l'un de l'autre; **2.** pencher; *egy kicsit* ~ il y a du guingois; *(ferde fal)* déverser; *(vmi fölé)* surplomber qc; **3.** *vminek* ~ s'appuyer contre v sur qc; **4.** *(ömlik)* affluer; tomber dru; *(eső)* tomber à verse v à torrents; ~*t belőle a sok beszéd* c'était un flux de paroles; *csak úgy* ~ *belőle a borszag* puer le vin à pleine bouche
dőlés 1. pente; inclinaison *f;* déversement *m;* **2.** *(csatornáé)* dévoiement *m;* **3.** *(hajóé)* bande; gîte *f;* **4.** *geol, bány:* pente; inclinaison *f; (telepé)* plongée *f*
dőlt [~ek, ~et; ~en] **1.** penché; incliné; versé, -e; oblique; **2.** ~ *(betűs) írás* écriture couchée
dölyfös [~ek, ~et] orgueilleux, -euse; arrogant; hautain, -e; présomptueux, -euse
dömpingáru marchandise *f* en dumping

döng [~ött, ~jön] résonner; vibrer; trembler; s'ébranler
dönget cogner; frapper; heurter; porter des coups violents *v* vigoureux à qc
döngöl [~tem, ~t, ~jön] 1. *(földet)* damer; tasser; *(falépítésnél)* piser; 2. *(cölöpöt, követ)* hier
dönt [~öttem, ~ött, ~sön] I. *(tgy i)* 1. *(falat stb.)* jeter à bas; faire écrouler; démolir; *(fát)* abattre; 2. *(felfordítva)* renverser; culbuter; *árokba* ~ verser dans le fossé; 3. *nyomorba* ~ plonger dans la misère; II. *(tgyl i)* 1. trancher la question; *(hatóság)* rendre une décision; statuer; *(vitában)* prononcer la sentence; *végső fokon* ~ décider en dernier ressort; 2. ~ *vmiről* décider de qc; statuer sur qc; 3. *vmi mellett* ~ se décider pour qc; opter pour qc
döntés 1. *(felfordítva)* culbutage *m;* *(fáé)* abat(t)age *m;* 2. *átv:* décision; sentence *f;* arrêt *m;* *(esküdtszéki)* verdict; *m;* *(választott bíróságé)* arbitrage *m;* *egyhangú* ~ délibération unanime *f;* *meghozza* ~*ét* rendre son arrêt *v* sa décision; *a zsűri meghozta* ~*ét (bűnügyben)* le jury a rendu son verdict
döntetlen [~ek, ~t] I. *(mn)* 1. sans décision; 2. *ját:* nul, nulle; remis, -e; II. *(fn)* 1. *sp:* match nul; 2. *sakk:* partie remise *v* nulle
döntő [~k *v* ~ek, ~t] I. *(mn)* décisif, -ive; péremptoire; déterminant; concluant, -e; conclusif, -ive; ~ *bizonyíték* preuve décisive; ~ *csapást mér ellenfelére* frapper un coup décisif; ~ *fázis* tournant décisif; ~ *fontosságú* capital, -e; ~ *körülmény* fait concluant; ~ *súllyal esik a latba* faire pencher la balance; ~ *szavazat* voix prépondérante; ~ *vereség* défaite écrasante; II. *(fn) sp:* finale *f;* ~*be jut* être classé(e) *v* qualifié(e) pour la finale
döntvény arrêt *m*
dördül [~t, ~jön] détoner
dőre [-ék, -ét] 1. absurde; chimérique; illusoire; 2. fou, folle; sot, sotte

dörej [~ek, ~t, ~e] détonation *f; az ágyúk* ~*e* le grondement des canons
dörgedelmes [~ek, ~et; ~en] fulminant, -e
dörgés 1. *(égi)* (coup de) tonnerre *m;* 2. *(fegyveré)* détonation *f;* grondement *m;* 3. *átv: érti a* ~*t* il entend les écritures; *ismeri a* ~*t* il sait de quoi il retourne
dörgő [~t; ~en] *(hang)* tonitruant; tonnant, -e; ~ *hang* voix tonitruante *v* de Stentor
dörgölő(d)zik [~tem, ~ött, ~zék *v* ~zön] 1. *(vkihez)* se frotter à q; 2. *(vmihez)* se frotter contre qc
dörmög [~tem, ~ött, ~jön] 1. *(állat)* grogner; gronder; grondailler; 2. *(ember)* grommeler; grogner; grognonner; ronchonner; bougonner
dörög [dörgött, ~jön] I. *(tgyl i)* 1. tonner; gronder; rouler; 2. *(ágyú)* tonner; ronfler; gronder; 3. ~ *vmi ellen* déclamer *v* fulminer contre qc; II. *(szmt i)* il tonne
dörömböl [~tem, ~t, ~jön] 1. *(zaj)* rouler (avec fracas); 2. *(vki)* faire du tapage (à la porte); heurter *v* cogner rudement (à la porte)
dörren [~t, ~jen] détoner
dörzsöl [~tem, ~t, ~jön] 1. frotter (avec *v* de qc); ~*i a kezét, szemét* se frotter les mains, les yeux; 2. *orv:* frictionner (de qc); *kenőccsel* ~ frictionner d'onguent
dörzsölés frottement *m;* friction *f*
dörzsölt *arg:* ~ *fickó* fameux lapin; fine pièce
dörzspapír papier de verre; papier-émeri *m*
dőzsöl [~tem, ~t, ~jön] 1. faire ripaille *v* bombance; se livrer à la débauche; faire la noce *v* la bombe; 2. *(vmiben)* faire (une) débauche de...

drága [-ák, -át] I. *(mn)* 1. cher, chère; *(igével:)* coûter cher *v* bon; *ez egy kicsit* ~ c'est un peu salé; ~ *áron* à prix d'or; 2. *(becses)* précieux, -euse; de prix; riche; ~ *pénzen au poids de l'or; az élet egyre* -*ább lett* la vie ne cessait de renchérir; II.

drágagyöngy *(fn) drágám* ma belle; (mon) chéri, (ma) chérie; mon chou
drágagyöngy perle fine
drágakő pierre précieuse *v (fél:)* fine; pierreries *f pl; csiszolatlan* ~ cabochon *m; hamis* ~ pierre fausse; *-kövek csillogása* ruissellement *m* de pierreries; *-kövekkel ékesített* orné(e) de pierreries; gemmé, -e
drágakőfoglalás empierrage *m; (módja)* sertissure *f*
drágakőkereskedő lapidaire *m*
drágakőköszörülés taillerie *f*
drágán 1. cher; chèrement; à grands frais; ~ *adja el* vendre cher; **2.** *átv:* ~ *adja az életét* vendre chèrement sa vie; *ezt még* ~ *fizeti meg!* il le payera plus cher qu'au marché!
drágaság 1. *(vmié)* cherté *f;* **2.** *(drága élet)* vie chère; **3.** *(kincs)* trésor; joyau; objet *m* de prix; ~*om!* mon petit bijou!
drágasági *hullám* poussée *f* de hausse; ~ *index* indice économique; coût *m* de la vie; ~ *pótlék v segély* indemnité *f* de vie chère
drágít [~ottam, ~ott, ~son] faire enchérir; renchérir; élever *v* relever le prix de qc
drágítás (r)enchérissement *m;* hausse *f*
dragonyos [~ok, ~t, ~a] dragon; lancier *m*
drágul [~t, ~jon] (r)enchérir; être en hausse; monter en prix; devenir (plus) cher *v* chère; *a szén* ~*t* le charbon montait
drákói [~ak, ~t; ~an] draconien, -enne
dráma [-ák, -át, -ája] **1.** drame *m;* **2.** *átv: a* ~ *színhelye* le décor du drame
drámai [ak, ~t; ~an] **1.** dramatique; **2.** *átv:* dramatique; pathétique; spectaculaire; ~ *fordulat* coup *m* de théâtre; ~ *költemény* poème dramatique *m;* ~ *színész(nő)* artiste dramatique *n*
drámaíró auteur dramatique; auteur *v* écrivain *m* de théâtre
dramaturg [ok, ~ot, ~ja] **1.** critique *m* de théâtre; **2.** *kb:* lecteur au théâtre

drapéria [-ák, -át, -ája] draperie *f*
drapp [~ok, ~ot] bis, -e; beige; *világos* ~ chamois
drasztikus 1. *(tréfa)* groisser, -ière; corsé, -e; salasse; gros, grosse; **2.** *(modor)* brutal, -e; brusque; **3.** *(eszköz)* brutal, -e; draconien, -enne; **4.** *gyógy:* violent, -e; héroïque; *(hajtószer)* drastique
Dráva [-át] la Drave
dressz [~ek, ~et, ~e] **1.** vêtement sportif; maillot *m:* **2.** *(lóversenyen)* les couleurs
drezina [-ák, -át, -ája] draisine *f*
Drinápoly [~t] Andrinopie *f*
drinápolyi [~ak, ~t] andrinopolitain, -e
drogéria [-ák, -át, -ája] parfumerie *f;* magasin *m* de parfumerie et d'hygiène
droguista [-ák, -át, -ája] droguiste; parfumeur *m*
dromedár [~ok, ~t, ~ja] dromadaire; chameau *m* à une bosse
drót [~ok, ~ot, ~ja] fil (de fer); fil métallique *m; (vékony)* filet *m;* ~*ot húz* tréfiler
drótakadály barbelés *m pl*
drótféreg ver de fil (de fer); taupin *m*
drótfogó bec-de-corbeau *m:* pince à fil de fer
drótfonat tissu métallique; treillis *m*
drótgyár tréfilerie *f*
dróthaló treillis; réseau métallique *m; (finom)* toile *f v* tissu *m* métallique
drótkefe goupillon *m*
drótkerítés grillage *m;* clôture *f* en grillage *v (tüskés dróttal)* en ronces artificielles
drótkötél câble *m* métallique *v* en fil d'acier
drótkötélpálya téléférique *f* (chemin de fer) funiculaire *m*
drótnélküli sans fil; ~ *sürgöny* radiotélégramme *m;* ~ *távírás, távíró* télégraphie sans fil *f;* la T. S. F.
drótos(tót) rétameur ambulant
drótozás 1. revêtement *m* en fil de fer; **2.** rassemblage *m v* fixation *f* avec du fil de fer
drótsövény (réseau de) fils de fer barbelés; *(háborús)* barbelés *m pl*
drótszita tamis *m* à grillage de fil

drótszőrű I. *(mn)* à poil cordé *v* dur; **II.** *(fn)* poil dur
drótvágó *olló* coupe-fil; coupe-net *m*
drótválasz filréponse *m;* ~*t kérünk* filrépondez
drótváz carcasse *f* (en fil de fer)
drukker [~ek, ~t, ~e] *sp:* supporter *m*
drusza [-ák, -át, -ája] 1. *kb:* homonyme *m;* 2. copain *m*
dualisztikus dualiste; dualistique
dublőz [~ök, ~t, ~e] *szính:* doublure *f*
dúc [~ok, ~ot, ~a] 1. *(galamb~)* pigeonnier *m;* 2. *orv:* ganglion *m;* 3. *(oszlop, fa)* étai; étançon; poteau *m*
dúcol [~tam, ~t, ~jon] 1. étayer; étançonner; 2. *bány:* boiser
dúcolás 1. étayage; étayement *m;* 2. *bány:* boisage *m*
duda [-ák, -át, -ája] 1. *zen;* cornemuse *f;* biniou *m;* 2. *aut:* klaxon *m;* 3. *(gyári, hajó~)* sirène *f*
dudál [~tam, ~t, ~jon] 1. *zen:* jouer de la cornemuse; 2. *aut:* klaxonner; 3. *(sziréna)* mugir; 4. *majd megtanítom én kesztyűbe* ~*ni* je lui en ferai voir de belles
dudás [ok, ~t, ~a] cornemuseur *m*
dúdol [~tam, ~t, ~jon] chantonner; fredonner
dudorodás protubérance; bosse; proéminence *f*
dudva [-ák, -át] 1. herbe folle; mauvaise herbe; 2. *növ:* plante herbacée
duett [~ek, ~et, ~je] *zen:* duo *m*
dug [~tam, ~ott, ~jon] 1. *(rejt)* cacher; 2. *(vmibe)* fourrer; *(fiókba, szekrénybe stb.)* serrer; *zsebre* ~ empocher; *kezét egyik zsebébe* ~*ja* plonger la main dans une de ses poches; 3. *(illeszt)* introduire; *egymásba* ~ emboîter
dugába *dől* s'écrouler; avorter; échouer
dugáru marchandise de contrebande; contrebande *f*
dugasz [~ok, ~t, ~a] 1. tampon; bouchon *m;* 2. *vill:* fiche *f*
dugaszol [~tam, ~t, ~jon] boucher
dugattyú [~k, ~t, ~ja] piston *m;* cornue *f*
dugattyúhenger cylindre *m* du piston
dugattyúlöket levée *f v* coup *m* de piston

dugattyúrúd tige *f* de piston
dugdos [~tam, ~ott, ~son] 1. cacher (à q); fourrer; 2. *vkinek* ~ mettre de côté pour q
dughagyma plants d'oignons; petits oignons
dugít [~ott, ~son] resserrer; constiper
dugó [~k, ~t, ~ja] 1. bouchon *m; kihúzza a* ~*t* faire sortir le bouchon; *kihúzza a* ~*t a palackból* déboucher une bouteille; 2. *(hordón)* bonde *f;* 3. *(mosdóban)* bonde; 4. *vill:* fiche *f;* 5. *ált:* tampon *m;* 6. *(közlekedési)* embouteillage *m*
dugóhúzó 1. tire-bouchon *m;* ~ csavarja mèche *f;* 2. *rep:* vrille *f*
dugós *vill:* ~ *csatlakozó* prise mâle *f*
dugsegély prime clandestine
dugulás 1. oblitération *f;* engorgement *m;* 2. *orv* obstruction *f;* 3. *(bélben)* constipation *f*
dugva en cachette; à la dérobée
dugvány bouture; crossette *f*
duhaj [~ok, ~t] intempérant, -e; sauvage; turbulent, -e
duhajkodás turbulence; intempérance; débauche tapageuse
duhajkodik [~tam, ~ott, ~jék *v* ~jon] faire le casseur d'assiettes; faire des siennes
dúl [~tam, ~t, ~jon] 1. sévir; faire rage; *polgárháború* ~*t az országban* la guerre civile déchirait le pays; 2. ravager qc; dévaster qc; saccager qc; 3. *(érzés vkiben)* agiter q
dulakodik [~tam, ~ott, ~jék *v* ~jon] 1. être aux prises avec q; *(többen)* se bousculer; 2. *sp:* se mêler
dúl-fúl [dúltam-fúltam, dúlt-fúlt, dúljon-fúljon] *(dühében)* suffoquer *v* frémir *v* bouillir *v* bouffer de colère *v* de rage
dúlt *arc v ábrázat* visage décomposé *v* défait *v* bouleversé
duma [-ák, -át, -ája] 1. *tört:* douma *f;* 2. *arg:* *(bőbeszédűség)* bagout; jus *m;* 3. *arg:* *(beszéd)* laïus *m*
Duna [-át] le Danube
Duna-Bizottság la Commission danubienne
Duna-medence bassin danubien

Dunántúl [~t] *a* ~ le «Dunántúl»; la Transdanubie
Duna-szakasz section *f* de Danube
dunnalúd eider *m*
dunnaréce canard *m* à duvet
dunyha [-ák, -át, -ája] édredon; couvre-pieds *m*
dupla [-ák, -át] I. *(mn)* 1. double; ~ *vagy semmi* (jouer) quitte ou double; ~ *ablak* fenêtre *f* d'hiver; ~ *adag* double ration *f;* ~ *fekete kb:* un grand filtre; 2. *(virág)* doublé, -e; 3. ~ *sarok* talon renforcé; 4. *(ital)* grand, -e; 5. *ját:* ~ *egyes* double-as *m;* II. *(fn)* 1. le double; 2. *(kávé) (kb:)* un grand filtre
duplán doublement; au double
dúr [~ok, ~t, ~ja] *zen:* majeur *m; C-dúr ut* majeur; *ut ~ban* en mode majeur
durcás [~ok, ~t] boudeur, -euse; mutin; rechigné, -e
durr! pan! ran! rran! vlan!
durranás détonation; pétarade *f*
durranó [~k, ~t] détonant; fulminant, -e; ~ *anyag* matière explosible *f;* ~ *elegy* fulminante *m;* ~ *gáz* gaz fulminant
durrant [~ottam, ~ott, ~son] pétarader; détoner; claquer; *(ostorral)* faire claquer son fouet
durrogás pétarade *f;* crépitement; claquement *m;* détonation *f*
dúr-skála gamme majeure
duruzsol [~tam, ~t, ~jon] 1. grommeler; ronchonner; *(kedvesen)* ronronner; 2. *konyh:* mijoter; bouillir
durva [-ák, -át] I. *(mn)* 1. *(tárgy)* grossier; -ière; rude; *(tapintású)* âpre au toucher; rêche; ~ *só* gros sel; 2. *átv:* grossier, -ière; brutal, -e; ~ *bánásmód* sévices *m pl;* ~ *beszéd* langage rustre *v* grossier; ~ *hang (fizikailag)* voix rude *f;* *(kifejezésben)* ton grossier; ~ *lélek* cœur barbare *m;* ~ *modor* manières grossières; ~ *munka* ouvrage grossier; *(fáradságos)* le(s) gros ouvrage(s); la rude besonge; *kissé* ~ *színek* couleurs un peu fortes; ~ *tréfa* plaisanterie grossière; ~ *vonások*
traits grossiers; II. *(fn)* a *-ája* le plus gros
durván 1. ~ *bánik vkivel* rudoyer q; ~ *bántalmaz* brutaliser; malmener; ~ *beszél* parler rustiquement; ~ *megsért* insulter grossièrement; ~ *viselkedik* tomber dans le trivial; 2. ~ *készített v faragott* rustique; 3. *(nagyjából)* grosso modo
durvaság 1. grossièreté; rudesse *f;* *(modorbeli így is:)* brusquerie *f;* 2. *(beszéd)* gros mots
dús [~ak, ~at] riche; (sur)abondant; exubérant; foisonnant; étoffé, -e; plantureux, -euse; pléthorique; ~ *aratás* riche moisson *f;* ~ *ér* riche filon *m;* ~ *lombú* feuillu, -e
dúskál [~tam, ~t, ~jon] *(vmiben)* avoir qc en abondance; regorger de qc; se gorger de qc; ~ *a pénzben* brasser l'or
dutyi [~k, ~t, ~ja] *nép:* tôle; taule *f;* bloc *m;* *(őrszoba)* violon *m*
dúvad animal nuisible *m; átv:* fauve *m*
duzzad [~tam, ~t, ~jon] s'enfler; (se) gonfler; rebondir; *(anyag)* augmenter de volume; *(betegesen)* se tuméfier; enfler; *az egészségtől* ~ respirer la santé
duzzadás 1. gonflement *m;* 2. *(talajé)* rebondissement *m;* tuméfaction *f;* 3. *(daganat)* fluxion; bouffissure; enflure; tumeur *f*
duzzasztó [~k, ~t] I. *(mn)* ~ *gát* barrage (hydraulique); ~ *medence* bassin *m* de retenue; ~ *mű* barrages *m pl;* II. *(fn)* barrage *m*
duzzog [~tam, ~ott, ~jon] *(vki ellen)* bouder (q *v* contre q); faire la tête (à q); rechigner
duzzogó [~k, ~t; ~an] boudeur; -euse *(n);* mutin, -e
döbörgés roulement *m;* grondement; tonnerre *m*
dübörög [~tem, -rgött, ~jön] rouler; gronder
düh [~öt, ~e] fureur, rage; furie *f;* ~*be hoz* faire bondir; mettre en colère; ~*be jön* entrer en fureur; se mettre en colère; *tajtékzik* ~*ében*

écumer de rage; *kitölti* ~*ét vkin* assouvir sa rage sur q
dühít [~ettem, ~ett, ~sen] mettre en fureur; faire bondir; faire enrager
dühkitörés crise *f v* accès *m* de fureur
dühöng [~tem, ~ött, ~jön] **1.** être transporté(e) de fureur; être en furie; se démener; *(szitkozódva)* râler *nép;* ~ *vki ellen* se déchaîner contre q; *magában* ~ ronger son frein; **2.** *(idő)* sévir; faire rage; *(szél)* se déchaîner avec furie; **3.** *(betegség)* sévir
dühöngő [~k, ~t; ~en] **I.** *(mn)* en furie; furibond, -e; **II.** *(fn)* énergumène; furibond; forcené, -e *n*
dühös [~ök, ~et; ~en] **1.** furieux, -euse; colère; enragé; emporté, -e; **2.** *(vkire)* être fâché(e) *v* monté(e) contre q; ~ *képet vág* faire une tête
dühroham accès *m* de fureur; crise *f* de rage; ~*ot kap* piquer une (crise de) colère

düledez(ik) [~tem, ~ett, ~zék *v* ~zen] menacer ruine; être délabré(e)
dűlő [~k, ~t, ~je] **1.** sentier *m* au bord du champ; lisière *f* du champ; **2.** lieudit *m;* **3.** ~*re jut a dolog* l'affaire va être décidée; ~*re viszi a dolgot* il va provoquer une décision
dülöngél [tem, ~t, ~jen] tituber; chanceler
dűlőút routin; sentier *m*
dünnyög [~tem, ~ött, ~jön] marmotter; marmonner; chantonner; *(elégedetlenül)* grommeler; *magában* ~ gronder entre les dents
dzsem [~ek, ~et, ~je] confiture *f*
dzsentri [~k, ~t, ~je] gentry *f*
dzsida -[ák, -át, -ája] pique; lance *f*
Dzsingisz-kán Gengis Khan *m*
dzsiu-dzsicu [~t, ~ja] jiu-jitsu; judo *m*
dzsungel [~ek, ~e] **1.** jungle; brousse *f;* **2.** *átv: a pereskedés* ~*e* le maquis procédurier *v* de la procédure

E, É

e 1. *(betű)* a) e; b) e muet; **2.** *zen:* mi *m*
eb [~ek, ~et, ~e] chien *m;* *ld. még:* **kutya**
ebadó impôt *m* sur les chiens
ebbe I. *(mn)* ~ *a fiókba* dans ce tiroir; **II.** *(hat)* ici dedans; là-dedans
ebben I. *(nm)* **1.** dans ce *v* cette...; ~ *a városban* dans cette ville; **2.** ~ *meg ebben a fejezetben* au chapitre tant et tant; **II.** *(hat)* là; là-dedans; dans celui-ci; en ceci, en cela; y; c'est en quoi...; ~ *nincs semmi* il n'y a rien; *(kifogásolható)* il n'y a rien à redire à cela
ebből I. *(nm)* de ce *v* de cette...; **II.** *(hat)* de ceci; de celui-ci; de là; par cela; ~ *látjuk* on voit par cela; ~ *következik, hogy* de là il découle que
ebéd [~ek, ~et, ~je] déjeuner; repas *m* (de midi); ~ *közben* au cours du repas; au déjeuner; ~ *után* après déjeuner; ~*re meghív* inviter à déjeuner; ~*et ad* donner *v* offrir un déjeuner
ebédel [~tem, ~t, ~jen] déjeuner
ebédjegy bon de repas; cachet *m*
ebédlő [~k, ~t, ~je] salle *f* à manger; *(intézeti, zárdai)* réfectoire *m*
ebédszünet pause *f* de midi
ében(fa) ébénier; (bois d')ébène *m*
ébenfaszínű ébène
éber [~ek, ~et] vigilant; éveillé, -e
éberség vigilance *f;* esprit *m* de vigilance; *fokozza az* ~*ét* redoubler de vigilance
ebihal têtard *m*
ébred [~tem, ~t, ~jen] **1.** se réveiller; s'éveiller; *álmából* ~ sortir du sommeil; **2.** *új életre* ~ renaître à une vie nouvelle
ébredés réveil *m*
ébren en état de veille; éveillé, -e; ~ *álmodik* rêver tout éveillé(e);

~ *alszik* dormir tout éveillé(e); avoir le sommeil léger
ébrenlét état *m* de veille
ébreszt [~ettem, ~ett, -sszen] **1.** (r)éveiller; ranimer; **2.** *átv:* donner l'éveil; *gyanút* ~ éveiller des soupçons
ébresztőóra réveille-matin; réveil *m*
ebzárlat interdiction *f* de laisser courir les chiens sur la voie publique
ecet [~et, ~e *v* ~je] vinaigre *m;* *uborkát* ~*be rak* confire des cornichons dans du vinaigre; ~*ben eltett* mariné(e) dans le vinaigre
ecetágy mère *f* à *v* de vinaigre
ecetes [~ek, ~et] **1.** vinaigré, -e; **2.** *vegy:* acété, -e; acéteux, -euse; **3.** *konyh:* à la vinaigrette; mariné, -e
ecetesedik [~ett, ~jék *v* ~jen] **1.** tourner (à l'acide); **2.** *vegy:* s'acétifier
ecetesüveg vinaigrier *v*
ecetfa vinaigrier; sumac *m*
ecetsav acide acétique *v* acétylacétique *m*
Ecuador [~t] l'Équateur *m*
ecset [~ek, ~et, ~je] pinceau *m;* *(nagy)* brosse *f;* *(borotva)* blaireau *m*
ecsetel [~tem, ~t, ~jen] **1.** dépeindre; esquisser; mettre sous les yeux; faire le *v* brosser un tableau de qc; **2.** *orv:* badigeonner
ecsetvonás trait *v* coup *m* de pinceau *v* de brosse
eddig *(mn)* **1.** *(hely)* jusqu'ici; jusque-là; **2.** *(idő)* jusqu'ici; jusqu'à présent
Ede [-ék, -ét, -éje] Édouard *m*
Éden [~ek, ~t, ~e]; *Édenkert* l'Éden *m*
edény [~ek, ~t, ~e] **1.** vase; récipient; pot *m;* *(konyhai együtt)* vaisselle *f;* *(cserépedény)* poterie *f;* ~*t mos* laver la vaisselle; **2.** *(műszeren)* cuvette *f*
edényfül anse *f*

edénygyár quincaillerie; vaissellerie; faïencerie *f*
edénymosó plongeur; laveur *m* de vaisselle
édes [~ek, ~et; ~en] I. *(mn)* 1. sucré, -e; doux, douce; nem ~ bor vin sec; ~ *szőlő* raisin *m* de table; 2. *átv*: doux, douce; suave; ~ *álom* doux sommeil; ~ *illat* odeur suave *f;* ~ *semmittevés* molle oisiveté; 3. ~ *apja* son (propre) père; 4. ~ *(jó) apám* (mon) cher père *v* papa; ~ *öregem* mon vieux; II. *(fn)* édesem, édeském mon chéri; *(nő)* chérie; (ma) chère
édesanya mère *f;* -*ám* chère Maman
édesapa père *m*
édesbús suave et plaintif (-ive)
édesget attirer *v* allécher (par des promesses)
édesipar confiserie; bonbonnerie *f*
édesít [~ettem, ~ett, ~sen] adoucir; dulcifier; édulcorer; sucrer
édesítőszer édulcorant *m*
édeskáposzta chou braisé
édeskés doucereux, -euse; douceâtre; édulcoré, -e; *(csak átv:)* mignardé, -e
édeskevés [-veset] si peu que rien
édeskömény fenouil sucré
édesség 1. sucrerie *f;* douceurs *f pl;* 2. *átv*: suavité; douceur *f*
édestej lait frais
édestestvér frère germain; sœur germaine
édesvízi d'eau douce; *(állat)* dulçaquicole; limnicole; ~ *hal* poisson *m* de rivière
edz [~ettem, ~ett, eddzen] 1. *(vasat)* aciérer; acérer; tremper; 2. *tex:* mordancer; 3. *(embert)* endurcir; retremper; rompre à qc; 4. *sp:* s'entraîner
edző [~k, ~t] I. *(mn) sp:* ~ *gyakorlatok* exercices *m pl* d'assouplissement; II. *(fn)* 1. trempeur *m;* 2. *sp:* entraîneur *m*
edzőmérkőzés *sp:* match *m* d'entraînement
efelé par ici; de ce côté-ci
efelett 1. là-dessus; à ce sujet; 2. en plus; en outre

efelől 1. de ce côté-là; de ce côté-ci; 2. sous ce rapport; à ce sujet
efemer [~ek, ~t] éphémère
efféle [-ék, -ét] I. *(mn)* pareil, -eille; similaire; semblable; ... de cette nature; II. *(fn) vmi* ~ quelque chose dans ce goût-là; *az -ék* ces histoires
I. *(fn)* ég [egek, eget, ege] 1. ciel; firmament *m; az ég alja* l'horizon *m; az ég csatornái* les cataractes du ciel; *az ég felé* au ciel; vers le ciel; *szabad ég alatt* à ciel ouvert; en plein air; à la belle étoile; *ég és föld között* entre ciel et terre; *égbe kiált* crier vengeance au ciel; *égig emel* élever q jusqu'au ciel; porter aux nues; *égig ér* menacer le ciel; *égnek áll a haja* les cheveux se dressent sur sa tête; *az égnek emeli szemét* faire les yeux blancs; *égre-földre esküdözik* prendre le ciel à témoin de qc; jurer ses grands dieux; *kiforgatja az eget sarkaiból* bouleverser l'univers; *eget-földet ígér* promettre monts et merveilles; *eget-földet megmozgat* remuer ciel et terre; 2. *vall:* az ég le ciel; *az ég szerelmére* pour l'amour du Ciel; *az ég adná, hogy* plût au ciel que *(subj);* az ég *áldjon meg!* que le Ciel vous bénisse! II. *(ige)* ég [égtem, égett, égjen] brûler; flamber; *átv:* brûler; *(gyomor, arc)* être en feu; *ég a föld a talpa alatt* le pavé lui brûle les pieds; *ég a kezében a munka* abattre de la besogne; *porrá ég* être calciné(e); *ég a vágytól, hogy* brûler d'envie *v* du désir de *(inf)*
égalj 1. climat *m; más* ~ *alatt* sous d'autres cieux; 2. horizon *m*
égbekiáltó criant; révoltant, -e
égbolt(ozat) voûte céleste *v* azurée; firmament *m*
egér [egerek, egeret, egere] souris *f*
egerészölyv buse commune; cossard *m*
égerfa au(l)ne *m;* bergue *f*
egérfogó souricière; trappe *f* à souris
égérirtó *(szer)* mort *f* aux rats
egérlyuk trou *m* de souris
egérszínű; egérszürke gris souris

egérút moyen évasif; ~*utat nyer* prendre de l'avance
égés 1. *(folyamat)* combustion; ignition *f;* **2.** *(épületé stb.)* embrasement; incendie *m;* **3.** *orv:* brûlure *f;* **4.** *(érzés)* cuisson *f*
égési *gázok* les gaz dégagés par l'ignition; *első, másodfoku* ~ *seb* brûlure du premier, du deuxième degré
egész [~et] **I.** *(mn)* tout, -e; entier, -ère; complet, -ète; intégral; total, -e; ~ *Párizs* tout Paris; ~ *Európa* toute l'Europe; ~ *délelőtt* toute la franche matinée; *egy* ~ *élet* une vie tout entière; *az* ~ *falu* le village au complet; *az* ~ *hallgatóság* l'ensemble *m* des auditeurs; ~ *idő alatt* pendant tout ce temps; (tout) du long; ~ *jegy* billet *m* à plein tarif; *az* ~ *öszszeg* la somme totale *v* entière *v* globale *v* intégrale; ~ *szám* nombre entier *v* total; *az* ~ *világ* le monde entier; tout l'univers; *(az emberek)* tout le monde; **II.** *(hat)* ~ *kicsi* tout(e) petit(e); ~ *komolyan* tout de bon; sérieusement; *ld. még:* **egészen;** **III.** *(fn) az* ~ le tout; l'ensemble; le total; la totalité; *ennyi az* ~ voilà tout (le mystère)! *(hát csak) ez az* ~? n'est-ce que cela? pas plus que ça? ~*ben* en bloc; ~*ben véve* à tout prendre; pris ensemble; *a maga (teljes)* ~*ében* dans son intégrité; dans son ensemble
egészen 1. tout à fait; entièrement; totalement; intégralement; *nem* ~ *ne*... pas entièrement; *majdnem* ~ presque entièrement; ~ *kevés* si peu que rien; ~ *másképp* bien autrement; ~ *tele* à plein; ~ *olyan mint* être tout comme...; *ez* ~ *más* c'est une autre histoire; *a víz* ~ *elborítja* il a de l'eau jusque par-dessus la tête; ~ *elzárja a csapot* fermer le robinet à bloc; **2.** tout, toute; tout *(nőn. mellett is, ha magánhangzó előtt áll);* ~ *kétségbe van esve miatta* elle en est toute désespérée; ~ *a kötelességének él* elle est tout à son devoir; **3.** ~ *(a)* ... *ig* jusque sur *v* dans

egészség hygiène; santé *f; maga az* ~ *il respire la santé; jó* ~*nek örvend* jouir d'une bonne *v* parfaite santé; ~*ére! (tüsszentéskor)* à vos souhaits! *(ivásnál)* à votre santé! *(válasz:)* à la (bonne) vôtre! ~*ükre!* à la bonne leur! *vkinek az* ~*ére iszik* boire à la santé de q *v* à q; *jó* ~*et és boldogságot kíván* présenter ses vœux de santé et de bonheur; *veszélyezteti* ~*ét* compromettre sa santé; *duzzad az* ~*től* avoir le visage brillant de santé; crever de santé
egészséges [~ek, ~et] **I.** *(mn)* **1.** *(emberről)* bien portant(e); sain, -e; *(sértetlen)* sain et sauf *v* saine et sauve; *nem* ~ mal portant(e); ~ *mint a makk* il se porte comme un charme; **2.** *(dologról)* salubre; sain, -e; *(hatására nézve)* hygiénique; *(testrész)* valide; *nem* ~ malsain, -e; ~ *arcszín* teint coloré; ~ *gyümölcs* fruit sain; ~ *táplálkozás* hygiène alimentaire *f;* **II.** *(fn) az* ~*ek* les bien portants
egészségház centre médical
egészségi [~ek, ~t] hygiénique; sanitaire; de santé; ~ *állapot* état *m* de santé *v* sanitaire; ~ *okokból* pour raison de santé; ~ *viszonyok* conditions hygiéniques *f pl*
egészségtan hygiène *f*
egészségtelen malsain, -e; insalubre; antihygiénique
egészségügy hygiène publique; police sanitaire *f*
egészségügyi sanitaire; hygiénique; d'hygiène; ~ *anyag* matériel sanitaire *m;* ~ *berendezés* équipement *m* sanitaire; ~ *cikk* article *m* d'hygiène; ~ *csapat* troupe sanitaire *f;* ~ *határzár* cordon de quarantaine protecteur; ~ *katona* brancardier; sanitaire *m;* ~ *séta* promenade hygiénique *f;* ~ *viszonyok* conditions hygiéniques *f pl;* ~ *vonat* train sanitaire *v* d'ambulance *m*
éget 1. brûler; ~*i a villanyt* brûler l'électricité; *hamuvá* ~ incinérer; réduire en cendres; *szénné* ~ calciner; *átv: lelkébe* ~*i* imprimer

égetés 175 **egyágyas**

dans son âme; 2. *(pusztítva)* incendier; 3. *orv*: cautériser; 4. *(marva)* corroder; mordre; 5. *(anyagot)* soumettre à l'action du feu; cuire; *meszet, téglát* ~ cuire de la chaux, de la brique; 6. *(égésérzésről)* brûler; *(csalán)* piquer
égetés 1. brûlage *m;* combustion *f;* 2. *orv:* cautère *m;* cautérisation *f;* 3. *(halotté)* crémation; incinération *f;* 4. *(ipari)* cuisson *f*
égetett [~ek, ~et; ~en] *(edény)* (re-)cuit, -e; ~ *agyagedény* terre cuite *f;* ~ *cukor* caramel *m;* ~ *szesz* spiritueux *m pl*
égető [~k, ~t] 1. brûlant; cuisant, -e; 2. *orv:* adurent, -e; 3. *a leg-~bb bajon segít* parer au plus pressé; ~ *hatás* causticité *f;* ~ *hőség* chaleur brûlante *v* torride; ~ *kérdés* question brûlante; ~ *szomjúság* soif ardente
égetően *sürgős* très urgent(e); d'une urgence pressante; ~ *szükséges* absolument indispensable
égetőkemence four à cuire; fourneau *m*
égetőtű 1. *orv:* galvanocautère; pyrocautère *m;* 2. *műv:* pyrocrayon *m*
égett [~ek, ~et; ~en] brûlé; roussi, -e; ~ *íz* le goût de cuit; ~ *szag van* cela sent le brûlé *v* le roussi
egetverő colossal, -e; gigantesque
éggömb sphère céleste *f*
éghajlat climat *m;* *zord* ~ *alatt* sous un ciel inclément
éghajlati [~ak, ~t] climatique; climatérique; ~ *viszonyok* conditions climatiques *v* atmosphériques *f pl*
égi [~ek, ~t] I. *(mn)* 1. céleste; éthéré, -e; 2. *vall:* céleste; d'en haut; *az* ~ *hatalmak* les puissances célestes; II. *(fn) vall: az* ~*ek* 1. les dieux; 2. *(keresztény)* les anges; les bienheureux
égiháború orage *m;* tempête *f*
égitest astre; corps *v* globe céleste *m*
egoizmus égoïsme *m*
égő [~k, ~t; ~en *v* ~n] I. *(mn)* brûlant; enflammé; embrasé, -e; en feu; ~ *áldozat* holocauste *m;* ~ *csipkebokor bibl:* buisson ardent; *aut:* ~ *lámpákkal* tous feux allumés; II. *(fn)* 1. *vill:* ampoule; lampe *f;* 2. *(hevítésre)* brûleur *m*
égővörös rouge ardent *v* éclatant
egres [~ek, ~t, ~e] groseiller épineux *v* à maquereau
égszínkék bleu de ciel *v* céleste *v* céruléen
égtáj 1. climat *m;* 2. point cardinal; région *f* du ciel
egzisztencia [-ák, -át, -ája] 1. existence; subsistance *f;* 2. moyens *m pl* d'existence; 3. *kétes* ~ personnage douteux *v* équivoque
egzotikum [~ok, ~ot, ~a] l'exotique *m*
egzotikus exotique; ~ *madár* oiseau *m* des îles
egy I. 1. *(számnév)* un, une; *egy, kettő! egy, kettő!* une, deux! une, deux! *sp: egy-egyre állnak* ils sont à un but partout; *egy akarattal* d'une commune voix; unanimement; *egy időben* en même temps; simultanément; *egy időben lefolyó* simultané, -e; synchronique· *egy napon (született)* (né[e]) le même jour; *egy emberként* comme un seul homme; *egy a sok közül* un entre cent; *egy és ugyanaz* c'est le même; 2. *nem egy* plus d'un; 3. *egy sem (több közül)* aucun (d'eux); pas un; *egy sincs* il n'y en a plus (aucun); 4. *(ragos szólások:)* egyek *vmiben* être d'accord sur qc; *csak egyre kér* il ne se demande qu'une chose; *egyre megy* c'est tout comme; cela revient au même; *egytől egyig* tous; du premier au dernier; 5. *egyet* un coup; *gondolt egyet és...* il s'avisa de *(inf); járjunk egyet* faisons un petit tour; II. 1. *(névelő)* un, une; *egy barátom* un de mes amis; un ami à moi; un mien ami; *egy ideig* jusqu'à nouvel ordre; *egy idő óta* depuis quelque temps; *egy időre* pour quelque temps; *egy (szép) napon v nap* un (beau) jour; *egy s másban* en *v* sur plusieurs points; 2. *(bizonyos)* (un) certain...; je ne sais quel...; *egy alak* un quidam; III. *(fn)* une heure; *egyet ütött az óra* l'horloge a sonné une heure
egyágyas *szoba* chambre *f* avec un lit

egyáltalá(ba)n (mais) au fond; ~ *nem absolument non v* pas; pas du tout; point du tout; (ne ...) nullement; (ne....) aucunement
egyaránt également; dans une proportion égale; *apa és fiú* ~ le père comme le fils
egybe en un bloc; ensemble; globalement
egybeesés 1. coïncidence *f;* 2. *mat:* incidence *f*
egybefog(lal) 1. réunir; mettre ensemble; intégrer; englober; 2. *(iratba)* comprendre
egybefolyik confluer
egybeforr fusionner; se fondre en un seul
egybegyűjt rallier; rassembler; réunir; *(információkat)* réceptionner
egybehangol accorder; mettre d'accord; *(törekvéseket)* coordonner; *időben* ~ synchroniser
egybehangzó 1. consonant; concordant, -e; 2. *átv:* unanime
egyben 1. *(egy darabban)* d'un seul tenant *v* morceau; 2. *(egyúttal)* en même temps; à la fois
egybeolvad fusionner; se fondre ensemble *v* dans qc; faire corps avec qc
egybevágó 1. concordant, -e; unanime; 2. *mat:* coïncident; -e; superposable
egybevet rapprocher; conférer; *(két írást, okmányt)* collationner; *a tanúvallomásokat* ~*i* recouper les témoignages; *mindent* ~*ve* au bout du compte
egyből du coup; tout de suite
egyéb [egyebek, egyebet] I. *(mn)* autre; *nincs* ~ *dolgom* je n'ai rien d'autre à faire; II. *(fn)* autre chose; *semmi* ~ rien de plus; *és „egyéb" (pontatlan elszámolásban)* et le reste en moutarde *biz; nincs egyebe, mint* avoir pour tout bagage; *egyebek közt* entre autres (choses); *egyebet sem tesz, mint kiabál* il ne fait que criailler; ~*ről sem beszél* il en a plein la bouche
egyébiránt; egyébként d'ailleurs; par ailleurs; du reste

egyebütt ailleurs; autre part
egyed [~ek, ~et, ~e] individu; sujet *m*
egyedáruság monopole *m;* vente *f* en exclusivité
egyedi [ek, ~t] individuel, -elle
egyeduralkodó monarque *m*
egyedül 1. seul, -e; *egészen* ~ tout seul, toute seule; ~ *is* à lui seul; ~ *ő tudja, hogy* il est seul à savoir que; ~ *marad (vkivel)* rester en tête-à-tête (avec q); *(kerülik)* le vide s'est fait autour de lui; 2. seulement
egyedülálló 1. isolé, -e; solitaire; 2. *(páratlan)* unique; hors de pair
egyedüli [~ek, ~t] unique, seul, -e; en exclusivité
egyedüllét solitude *f;* abandon *m*
egy-egy [egyet-egyet] 1. chaque...; chacun des...; *mindenkinek egyet-egyet* un à chacun; 2. un, une; *néha érkezik* ~ *hír* quelquefois une nouvelle arrive; 3. certains...; quelques...
egyelőre pour le moment *v* l'instant *v* jusqu'à nouvel ordre
egyemeletes à un (seul) étage
egyén [~ek, ~t, ~e] 1. individu; sujet *m;* personne *f;* 2. *pej;* sieur; individu *m;* un quidam
egyenérték équivalent *m;* contre-valeur; équivalence *f*
egyenértékű équivalent, -e; adéquat, -e à qc
egyenes [~ek, ~et *v* ~t] I. *(mn)* 1. droit, -e; ~ *mint a nádszál* droit comme un jonc; ~ *irányban megy* aller *v* marcher droit; ~ *pálya* voie droite; ~ *út* chemin droit; ~ *úton jár* suivre la ligne droite; *az* ~ *útról letér* biaiser; *átv* s'écarter du (bon) chemin; 2. *mat:* direct, -e; *(geometriában)* droit, -e; *fiz:* rectiligne; ~ *arány* raison directe; ~ *henger* cylindre droit; ~ *kúp* cône droit; ~ *oldalú sokszög* polygone rectiligne *m;* 3. *sp:* ~ *ülés* coup direct; 4. *(talaj)* plat; uni, -e; 5. *(közvetlen)* direct, -e; ~ *adó* contribution directe; ~ *ág* ligne directe; *vkinek* ~ *parancsára* sur l'ordre for-

mel de q; 6. *nyelv:* ~ *beszéd* langage *v* mode direct; ~ *kérdés* interrogation directe; 7. *(ember, beszéd)* franc, franche; droit; rond; loyal, -e; II. *(fn)* [~ek, ~t] 1. *mat:* droite *f;* 2. *sp: (futásnál)* ligne *f* de fond; *az* ~*ben* sur le fond

egyenesen 1. en ligne droite; directement; tout droit; *(felfelé)* debout; *(származásról)* en ligne directe; *(közvetítő nélkül)* de première main; ~ *áll* être *v* se tenir d'aplomb *v* droit; ~ *beleszalad a csapdába* donner en plein dans le panneau; ~ *a városba megy* aller *v* venir droit à la ville; ~ *rátér a tárgyra* aller droit au but; **2.** *(beszél, cselekszik)* loyalement; franchement; droitement; ~ *megmondja* dire carrément; **3.** expressément; exprès; ~ *megtiltja* défendre expressément; **4.** *(fokozó ért.)* tout simplement
egyenesség *(jellembeli)* droiture; rectitude *f*
egyenetlen 1. inégal; accidenté, -e; rude; ~ *talaj* sol *v* terrain accidenté; **2.** *(erkölcsileg)* désuni; divisé, -e
egyenetlenkedés désunion; division; discorde *f*
egyenetlenség 1. inégalité; aspérité; irrégularité *f; (talajban így is:)* anfractuosité *f;* **2.** *átv:* dissension; division; mésentente *f;* ~*et kelt* semer la discorde
egyenget [~tem, ~ett, -gessen] **1.** *(talajt)* aplanir; niveler; *(fémet)* planer; dégauchir; *(vasat)* dresser; **2.** ~*i a nehézségeket* aplanir les difficultés; *vkinek útját* ~*i* frayer le chemin à q
egyéni [~ek, ~t] individuel; personnel, -elle; subjectif, -ive; ~ *érdek* intérêt personnel; ~ *felelősség* responsabilité personnelle; ~ *gazdaság* parcelle individuelle; ~ *hang* note personelle; ~ *kezdeményezés* initiative individuelle; ~ *oktatás* enseignement individuel; ~ *parasztgazdaság* économie paysanne individuelle
egyéniség individualité; personnalité *f; határozott* ~ individualité bien marquée

egyénít individualiser
egyenjogú (être) à égalité de droits; équivalent, -e
egyenjogúság; egyenjogúsítás égalité des droits *v* en droit; parité *f* de droit; ~ *alapján* sur un pied d'égalité; *(nőké)* émancipation *f*
egyenként un par un; un à un; séparément; ~ *véve* distributivement
egyenleg [~ek, ~et, ~e] solde *m; (könyvelésben:)* pour solde; balance *f; (az összeg)* appoint *m*
egyenlet [~ek, ~et, ~e] équation *f; első-, másod-, harmadfokú* ~ équation du premier, du second, du troisième degré; *az* ~ *felállítása* la formation de l'équation
egyenletes [~ek, ~et] uniforme; homogène; soutenu, -e
egyenletesen uniformément; proportionnellement; symétriquement
egyenletesség égalité; uniformité *f*
egyenlítő [~t, ~je] l'équateur *m;* la Ligne
egyenlítői [~ek, ~t] équatorial, -e
egyenlő [~k *v* ~ek, ~t] égal, -e (à qc); identique (à *v* avec qc); analogue (à qc); $a = b$ *a* est égal à *b; a* égale *b; minden ember* ~ tous les hommes sont égaux; *az* ~ *elbánás* v *elbírálás elve* le principe du traitement sur le pied de parité *v* de l'égalité de traitement; ~ *értékű* de valeur égale; ~ *esélyekkel* à chances égales; *ját:* but à but; ~ *feltételek mellett* toutes choses égales d'ailleurs; ~ *hangzás (szavaké)* homonymie *f;* ~ *korú* du même âge; égal(e) en âge; ~ *nagyok* être de grandeur égale; ~ *nagyra tart* mettre au même rang; ~ *nyomás* équipression *f; mat:* ~ *oldalú* équilatéral; équifacial, -e; ~ *potenciálú* équipotentiel, -elle; *mat:* ~ *szárú* isocèle; ~ *széles* de même largeur; de largeur égale; *mat:* ~ *szögű* équiangle; isogone; *mat:* ~ *távolság* équidistance *f;* ~*vé teszi a földdel* raser
egyenlően également; à proportion égale; pour *v* par *v* à part(s) égale(s); au même titre

12 Magyar-Francia kézi

egyenlőség [~et] égalité; parité *f*
egyenlőségjel *mat:* signe d'égalité; le signe = (égal)
egyenlősítés égalisation *f;* nivellement *m;* uniformisation; assimilation; péréquation *f*
egyenlőtlen inégal, -e; disparate; dénivelé, -e; ~ *elbánás* différence *f* de traitement; *dipl:* discrimination *f;* ~ *értékű* de valeur inégale; inadéquat, -e; *mat:* ~ *oldalú (háromszög)* barlong, -gue
egyenlőtlenség inégalité; disparité *f*
egyenrangú *(vele)* de son rang; du *v* de même rang; ~ *félként* à égalité
egyenruha 1. uniforme *m;* tenue *f; -ában* en tenue; en uniforme; 2. *(lakájé)* livrée *f*
egyensapka casquette *f v* képi *m* réglementaire
egyensúly équilibre *m;* pondération *f; az erők* ~*a* la balance des pouvoirs; ~*ba hoz* équilibrer; mettre en équilibre; balancer; compenser; ~*át vesztett (lelkileg)* déséquilibré; désaxé, -e
egyensúlyi *állapot* état *m* d'équilibre; *az* ~ *helyzet felbomlik* l'équilibre est rompu; *közömbös* ~ *helyzetű* astatique
egyensúlyoz [~tam, ~ott, ~zon] équilibrer; faire équilibre à qc; (contre-) balancer; compenser
egyensúlypont point *m* d'équilibre
egyértékű 1. équivalent(e) à qc; 2. *mat:* univoque; homologue; 3. *vegy:* univalent; monovalent, -e; homologue
egyértelmű 1. concordant, -e; identique à qc; univoque à qc; 2. *nyelv: (szó)* synonymique; univoque (à qc); 3. *mat;* univoque; 4. *(határozat stb.)* unanime; 5. *(vmivel)* synonyme (de qc); *ez* ~ *azzal, hogy* cela revient à dire que
egyes [~ek, ~t] I. *(mn)* 1. particulier, -ière; isolé, -e; ~ *szám ára* prix *m* de numéro; *kat:* ~ *tüz* feu *v* tir *m* à volonté; ~ *zárka* cellule; geôle *f;* 2. *nyelv:* ~ *szám* (nombre) singulier *m;* 3. *az* ~ *számú (versenyző stb.)* le numéro un; 4. *(némely)*

certain, -e; ~ *darabok* telle de ces pièces; ~ *esetekben* en certains cas; ~ *különeges esetekben* dans les cas d'espèce; ~ *helyeken* à certains endroits; 5. *az egyes...* respectif, -ive; *az* ~ *hadseregek ereje* la force respective des armées; II. *(fn)* 1. *mat:* le un; le chiffre un; 2. *(osztályzat)* mauvaise note; 3. *(zárka)* cellule *f;* 4. *tenisz:* simple; single *m;* 5. *sp: (evezős)* rameur *m* à la pointe; 6. *egyesek* certains; d'aucuns; quelques-uns, quelques-unes; *egyesek..., mások...* les uns..., les autres...; *divers...,* divers...; 7. ~*ével* un par un; un à un
egyes-egyedül tout (à fait) seul, toute seule; ~ *azért* à seule fin de *(inf)*
egyesít [~ettem, ~ett, ~sen] 1. unir; réunir; unifier; intégrer; fusionner; mettre en commun; *az erélyt a jósággal* ~*i* allier l'énergie à la bonté; *magában* ~ réunir; 2. *(törekvést, stb.)* coordonner; unir; associer; assimiler à qc
egyesítés 1. unification; union; fusion; assimilation à qc; alliance *f;* 2. *műsz:* synthèse *f; (egy tömbben)* blocage *m*
egyesül [~tem, ~t, ~jön] 1. s'unir (à qc); fusionner; se coaliser; s'associer *v* se joindre *v* se rallier à qc; 2. *kat:* opérer sa jonction avec...; 3. *(vmi érzésben)* communier (dans qc); 4. *(dologról)* se réunir; se combiner; s'allier; s'agréger; s'assimiler à qc; 5. *vegy:* se combiner *v* s'incorporer à qc; 6. *mat, fiz:* converger
egyesülés 1. union; réunion; combinaison; association; fusion; alliance *f;* 2. *(pártoké)* coalition *f;* bloc *m;* fusion *f;* 3. *(társadalmi)* collectivité *f;* 4. *vegy:* combinaison *f;* 5. *mat, fiz:* convergence *f;* 6. *él:* fusion; conjugaison *f;* 7. *(házasságban)* union; 8. *két folyó* ~*e* jonction de deux rivières
egyesület [~ek, ~et, ~e] association; société *f;* groupement *m*

egyesült [~ek, ~et; ~en] 1. réuni; uni; combiné; associé, -e; ~ erővel à forces unies; ~ erőfeszítések efforts conjugués; 2. egyh: uniate; 3. az Egyesült Államok les États-Unis; az Egyesült Nemzetek les Nations Unies; Egyesült Nemzetek Szervezete (E. N. Sz.); Organisation des Nations Unies (O. N. U.)
egyetem [~ek, ~et, ~e] I. (fn) 1. université f; (egy kar) faculté f; 2. vminek az ~e l'universalité de qc; II. hat: vmivel ~ben ld: együtt
egyetemes [~ek, ~et] 1. universel, -elle; général, -e; ~ történet histoire universelle; 2. egyh: œcuménique; catholique; ~ zsinat concile œcuménique m; 3. commun; ~ célok les buts communs; 4. műsz: ~ csukló joint brisé v universel
egyetemi [~ek, ~t] universitairte; d'université; de l'université; ~ előadás cours d'enseignement supérieur v universitaire m; ~ fokozatok grades universitaires m pl; ~ hallgató étudiant m (à v de l'université de...); ~ hallgatónő étudiante f; ~ index livret m d'étudiant; ~ képzettség grades universitaires m pl; diplôme universitaire m; az ~ oktatás szabadsága les libertés universitaires; ~ tanár professeur à l'université v d'université
egyetemleges [~ek, ~et] solidaire; collectif, -ive; ~ felelősség obligation solidaire; responsabilité conjointe
egyetért être d'accord v en accord; s'entendre avec q sur qc; s'accorder avec q sur qc; ~ek azzal, hogy je tombe d'accord que
egyetértés bonne entente v intelligence; concorde; communauté v unité f de vues
egyetlen seul, -e; unique; ~ a maga nemében il est unique de son espèce; ~ gondom c'est ma seule et unique crainte; ~ öröme toute sa joie; ~ szóra sur une simple parole
egyéves 1. d'un an; d'une année; 2. jog: anal, -e

12*

egyévi 1. d'un an, d'une année; annuel, -elle; 2. jog: annal, -e
egyezés 1. concordance f; accord m; coïncidence f; nézeteik ~e la conformité de leurs vues; 2. nyelv: accord m; idők ~e accord v concordance des temps
egyezik [~tem, ~ett, ~zék v ~zen] 1. (vmivel) s'accorder avec qc; être conforme à qc; concorder avec qc; cadrer à v avec qc; 2. nyelv: s'accorder (avec qc); 3. vkivel ~ s'entendre avec q
egyezkedés négociation(s) f (pl); transaction f
egyezkedik [~tem, ~jék v ~jen] négocier; traiter; composer; transiger
egyezmény 1. accord m; convention f; pacte; arrangement m; ~t köt passer v conclure v établir une convention; 2. pol: accord; pacte m; convention; létesített ~ accords intervenus
egyezményes [~ek, ~t; ~en] 1. conventionnel, -elle; 2. fil: éclectique
egyező [~(e)k, ~t] vmivel ~ conforme à qc; s'accordant avec qc; égal(e) à qc; (egymással) égal(e); concordant, -e; conforme; teljesen ~ parfaitement identique; a szabványnyal ~ conforme au standard v au type; eredetivel ~ másolat copie conforme à l'original
egyezség 1. (szerződés) accord; règlement m; convention f; arrangement m; 2. (csődben) concordat m; (bírói) conciliation f; 3. (béke) accord; union; concorde f
egyeztet 1. mettre d'accord; accorder; concerter; (feleket) concilier; (két írást, okmányt) collationner; (adatokat, vallomásokat) recouper; (ellenőrizve) vérifier; 2. nyelv: (faire) accorder
egyeztetés 1. (feleké) conciliation f; (szövegeké) collationnement m; (adatoké) recoupement m; (ellenőrzés) vérification f; 2. nyelv: accord m
egyféle I. (mn) 1. de la même sorte v espèce; 2. une sorte; une espèce;

II. *(jelző)* **1.** une sorte *v* une espèce de...; **2.** de la même sorte *v* espèce
egyfelől 1. de la même *v* d'une seule direction; **2.** *(míg)* ~..., *(addig) másfelől* d'une part..., d'autre part
egyfolytában (tout) d'une suite; dans une suite ininterrompue; sans interruption; sans arrêt; (tout) d'une traite; *5 óra hosszat* ~ 5 heures d'affilée; *négy napig* ~ quatre jours consécutifs; *tíz évig* ~ dix années de suite
egyforma uniforme; égal(e) (à qc); même; identique (à *v* avec qc); analogue (à qc); *ld. még:* **egyenlő**
egyhamar; *nem* ~ (ne...) pas de sitôt; *nem* ~ *fogja (inf)* il n'est pas près de *(inf); nem* ~ *lesz meg* ce n'est pas pour demain
egyhangú [~ak, ~t] **1.** *(unalmas)* monotone; fastidieux; -euse; ~ *élet* vie uniforme *f;* **2.** *(szavazás stb.)* unanime; ~ *határozat* motion *f* d'unanimité; **3.** *zen:* monocorde
egyhangúlag à l'unanimité; unanimement; *majdnem* ~ à la quasi-unanimité
egyharmad un tiers
egyhavi mensuel, -elle; d'un mois
egyház [~ak, ~at, ~a] l'Église *f; (protestáns)* l'assemblée *f* des fidèles
egyházfi sacristain; bedeau *m*
egyházi [~ak, ~t] ecclésiastique; de l'Église; canonique; presbytéral, -e; ~ *adó* le denier du culte; impôt ecclésiastique *m* ; ~ *átok* excommunication *f;* interdit *m;* ~ *átokkal sújt* frapper d'anathème *v* mettre en interdit; *feloldja az* ~ *átkot* lever l'interdit; ~ *birtok* domaine *m* d'Église; biens *m pl* de l'Église; ~ *ember* ecclésiastique *m;* ~ *ének* chant d'Église *v* liturgique; cantique *m;* ~ *esketés* bénédiction nuptiale; ~ *esküvő, házasság* mariage religieux; ~ *javadalom* prébende *f;* ~ *rend a)* ordres (sacrés); ordination *f; b) (papság)* clergé *m; az* ~ *rendet felveszi* recevoir les ordres; ~ *temetés* sépulture ecclésiastique *f;*

~ *tilalom* interdiction *f;* ~ *tulajdon államosítása* sécularisation *f*
egyházjog droit canon(ique) *m*
egyházkerület *prot:* province *f;* district ecclésiastique *m*
egyházközség *ld:* **hitközség**
egyházmegye diocèse *m*
egyházművészet art sacré *v* religieux *v* liturgique
egyháztanács consistoire *m; prot:* conseil presbytéral
egyháztörténet histoire ecclésiastique *v* de l'Église *f*
Egyházügyi; *Állami Egyházügyi Hivatal kb*· Office national des affaires du culte
egyhetes; egyheti de huit jours; d'une semaine; hebdomadaire
egyhónapi *ld:* **egyhavi**
egyidejű simultané, -e; parallèle; synchronique (de qc); *nem* ~ asynchrone
egyidejűleg simultanément; en même temps; au même moment; concurremment
egyidejűség simultanéité *f;* synchronisme *m;* coïncidence; contemporanéité *f*
egyik I. *(mn)* l'un (de); un, une; ~ *barátom* un de mes amis; ~ *rokona* quelqu'un de ses parents; ~ *napról a másikra* du jour au lendemain; **II.** *(fn)* **1.** *az* ~ l'un *v* l'une (d'entre eux); ~*ünk* un de nous; quelqu'un de nous; ~*ük* (l')un d'eux; l'un d'entre eux; **2.** *egyik... másik...*, qui... qui...; les uns... les autres; **3.** *egyik a másikat* l'un l'autre; ~ *megeszi a másikat (dolgokról)* ceci tuera cela; ~ *olyan, mint a másik* l'un vaut l'autre; ils sont tout pareils; **4.** ~ *sem* ni l'un ni l'autre
egyik-másik [egyiket-másikat] quelques-uns (de vous); certains; d'aucuns
Egyiptom [~ot] l'Égypte *f*
egyirányú *közlekedés* le sens unique
egyívású de même âge; de même condition
egyjegyű *szám* nombre *m* à un seul chiffre
egykarú 1. manchot, -e; **2.** *fiz:* ~ *emelő* levier *m* du premier genre

egykedvű indifférent, -e; apathique; impassible; flegmatique; blasé, -e
egykerendszer le système *v* le principe de l'enfant unique
egy-két quelques; un ou deux; quelques rares ...
egy-kettőre en deux temps; à bref délai; en cinq sec
egykor 1. *(múltban)* jadis; autrefois; naguère; 2. *(jövőben)* un jour; dans un temps à venir
egykori 1. d'autrefois; du temps jadis; 2. futur, -e
egykorú 1. contemporain, -e; de l'époque; d'époque; synchronique; 2. *(egyidős)* du *v* de même âge
egykorúság contemporanéité *f*
egylaki *növ:* monoïque; monœcique
egylényegű coessentiel, -elle; *vall:* consubstantiel, -elle
egylet société; association *f;* club; cercle *m*
egymaga; egymagában à lui (tout) seul; à elle (toute) seule; tout seul, toute seule; *-ában is a)* à lui seul, à elle seule; *b)* en soi-même
egymás 1. *(birtokos szerk.)* l'un de l'autre; 2. *(névutókkal:)* ~ *alatt* au-dessous l'un de l'autre; ~ *alatti* superposé(s); ~ *elé fogás* attelage en file *v* en tandem; ~ *közé* v *között a)* entre eux (deux); *b)* les uns parmi les autres; ~ *közt* entre eux; ensemble; ~ *közti viszony* relation réciproque *v* personnelle; ~ *mellé* à côté l'un de l'autre; côte à côte; dos à dos; ~ *mellé rendeltség* coordination *f;* ~ *mellett* à côté l'un de l'autre; l'un contre l'autre; *közvetlen* ~ *mellett* contre-à-contre; ~ *mellett (szorosan)* bout à bout; ~ *mellett fekvő* adjacent, -e; ~ *mellett élés* coexistence *f;* ~ *mellett megy* marcher de front; ~ *melletti* voisins, -ines; juxtaposés, -ées; ~ *után* l'un après l'autre; les uns après les autres; à la file; l'un derrière l'autre; l'un à la suite de l'autre; queue à queue; *(sokan)* à l'envi; *(fokonként)* de proche en proche; *(sorban)* chacun à son tour; tour à tour; *(időben)* coup sur coup; successivement; consécutivement; *több nap* ~ *után* plusieurs jours de suite; ~ *után következik* se succéder; 3. *(ragokkal:) egymásba* l'un dans l'autre; ~*ba fogódzkodik* se tenir par la main; s'enlacer; ~*ba folyik* confluer; ~*ba fonódik* s'entrelacer; s'enlacer; ~*ba nyílik* communiquer entre eux *v* ensemble; correspondre; *(szobák)* se commander; ~*ba rohannak* se tamponner; *egymásból* l'un de l'autre; les uns des autres; *egymásért* l'un pour l'autre; les uns pour les autres; *egymáshoz* l'un à l'autre; les uns aux autres; ~*hoz ér* se toucher; ~*hoz hasonlít* se ressembler; ~*hoz illenek* se convenir; ~*hoz simul* se serrer l'un contre l'autre; ~*hoz tartozik* aller ensemble; aller de pair; ~*hoz tartozás* interdépendance *f;* ~*hoz valók* se convenir; *egymáson* l'un sur l'autre; les uns sur les autres; *egymásnak a)* se ...; (se ...) l'un à l'autre; les uns aux autres; *b)* l'un contre l'autre; *kezet adnak* ~*nak* ils se donnent la main; *egymásra* l'un sur l'autre; les uns sur les autres; ~*ra borulnak* tomber l'un sur l'autre; *(tárgyak)* s'imbriquer; ~*ra hat* interagir; interférer; ~*ra hatás ld:* **kölcsönhatás;** ~*ra következő* successif; consécutif, -ive; ~*ra rak* superposer; empiler; entasser les uns sur les autres; ~*ra vannak utalva* ils se voient obligés de recourir l'un à l'autre (dans le besoin); ~*ra utalt* solidaires l'un de l'autre; *egymásról* l'un de l'autre; les uns des autres; *egymást* se ...; se ... l'un l'autre *v* les uns les autres; réciproquement; *nézik* ~*t* ils se regardent (l'un l'autre *v* les uns les autres); ils se dévisagent; ~*t keresztezik* se croiser; ~*t követik* se suivre; *egymástól* l'un à l'autre; les uns des autres; *egymással* l'un avec l'autre; les uns avec les autres ensemble; entre eux; ~*sal szemben* en face l'un de l'autre; vis-à-vis l'un de l'autre; face à face

egymásután; *vminek az* ~*ja* l'ordre de succession de qc; *gyors* ~*ban* coup sur coup

egynapi 1. d'un jour; de vingt-quatre heures; ~ *út* une journée; **2.** diurne; *a föld* ~ *mozgása* le mouvement diurne de la terre

egynéhány 1. *ld:* néhány; **2.** *húsz* ~ vingt et quelques

egynejű monogame

egynemű 1. de même sexe; unisexuel, -elle; unisexué, -e; **2.** *átv:* homogène; du *v* de même genre; de la même espèce; *mat:* ~ *mennyiségek* quantités *f pl* de même espece

egynyári *növény* plante annuelle

egyoldalú 1. *(ember, nézet)* partial, -e; trop exclusif, -ive; prévenu, -e (contre q); **2.** *jog, növ:* unilatéral, -e; **3.** *(viszonzatlan)* sans retour

egyöntetű [~ek, ~t] d'un seul jet; uniforme; *(párt)* monolithique

egypár quelques; un certain nombre de...

egypúpú *teve* dromadaire; chameau *m* à une bosse

egyre 1. ~ *(csak)* sans arrêt; sans cesse; **2.** *egyre ... -bban* de plus en plus; *a tűz* ~ *jobban terjed* le feu gagne de proche en proche; ~ *kevesebbet* de moins en moins; ~ *roszszabbul* de pis en pis

egyrészt d'une part; d'un côté; *egyrészt..., márészt...* d'une part..., d'autre part

egység 1. union *f; (különféle elemből)* complexe *m; az* ~ *felbomlik* l'unité se dissoud *v* se rompt; ~*be foglalja a tényeket* synthétiser les faits; ~*et alkot* former un bloc; **2.** *(embereké)* union; bonne entente; *a munkásosztály* ~*e (meglevő)* l'unité *f v (létesítendő)* l'union de la classe ouvrière; **3.** *kat, mat, fiz:* unité

egységes [~ek, ~et] **1.** un, une; unifié, -e; uniforme; unitaire; homogène; global, -e; ~ *akció* action unie; ~ *fellépés* unité *f* d'action; ~ *front* front unique *m;* ~ *párt* parti unitaire *m;* **2.** unanime; ~ *akarat* volonté unanime *f*

egységesen unanimement; en bloc; globalement

egységesít [~ettem, ~ett, ~sen] unifier

egységesítés unification; intégration *f*

egységfront front unique *m*

egysejtű monocellulaire; unicellulaire

egyszarvú I. *(mn)* à une corne; unicorne; **II.** *(fn) (mesebeli)* licorne *f*

egyszer 1. une fois; ~ *egy az egy* une fois un fait un; ~ *egy évben* une fois l'an *v* par an; *egyetlen* ~ une seule (et unique) fois; *még* ~ encore une fois; *(halljuk)!* bis! encore! *nem* ~ mainte(s) fois; à maintes reprises; **2.** *az* ~*; ez* ~ (pour) cette fois; *pour une fois;* à cette fois; **3.** *(szólásokban:) csak* ~ une seule fois; *ha* ~ *a)* si une fois; si jamais; *b)* puisque; dès que; *c)* une fois que; lorsqu'une fois; ~ *csak* tout d'un coup; tout à coup; **4.** ~ *s mindenkorra* une (bonne) fois pour toutes; **5.** *(múltban)* l'autre jour; *(régen)* naguère; autrefois; **6.** *(jövőben)* un de ces jours; un jour; quelque jour

egyszeregy table *f* de multiplication; éléments *m pl* de l'arithmétique

egyszerre 1. *(egy ízben)* en une (seule) fois; en une seule poussée; tout d'une traite; *nem* ~ par étapes; **2.** *(egy alkalomra)* pour cette fois; **3.** *(több dolgot egyszerre)* (tout) à la fois; tout d'un temps; **4.** *(csak)* tout à coup; tout d'un coup; soudain(ement); subitement

egyszersmind en même temps; à la fois; tout ensemble

egyszerű [~ek, ~t] **1.** simple; sobre; modeste; *(falusiasan)* agreste; rustique; *(étkezés)* frugal, -e; *(lélek)* fruste; simple; ~ *életet él* avoir des mœurs simples; ~ *szótöbbséggel* à la majorité simple; *mat:* ~ *tört* fraction simple *f;* ~ *vegyület* composé simple *m;* ~ *viszonyok közt él* vivre dans des conditions modestes; *ennek* ~ *a magyarázata* cela s'explique naturellement; *túlságosan* ~ simpliste; *azon* ~ *oknál fogva, hogy* par la (bonne) raison que; **2.** *nyelv:* ~

mondat proposition *v* phrase indépendante
egyszerűen 1. simplement; sobrement; modestement; ~ *megmondta neki* il le lui a dit carrément *v* sans phrase; **2.** *(egész)* ~ purement et simplement; ~ *azért, mert* tout bonnement parce que
egyszerűség simplicité; sobriété *f;* *(étkezésről)* frugalité *f;* *(művészetben)* austérité *f*
egyszerűsít [~ettem, ~ett, ~sen] **1.** simplifier; **2.** *mat:* *(a kijelölt műveletek elvégzésével)* développer un calcul; *egyenletet, törtet* ~ réduire une équation, une fraction
egyszínű 1. tout d'une couleur; unicolore; monochrome; *(különféle árnyalatokkal)* ton sur ton; **2.** *(jelzős szerkezetekben:)* ~ *anyag* étoffe unie; *csak* ~ *ruhákat hord* elle ne porte que de l'uni; ~ *szalag* ruban uni
egyszóval en un mot; (en) bref; pour tout dire (en un mot)
egytagú 1. *nyelv:* monosyllabique; ~ *mondat* phrase monorème; **2.** *mat:* monômial, -e; ~ *kifejezés, szám* monôme *m*
egyúttal en même temps; du même coup
együgyű [~ek, ~t] **I.** *(mn)* simple; naïf, naïve; innocent, -e; simpliste; **II.** *(fn) játssza v adja az* ~*t* faire le simple
együtt *(vkivel)* ensemble (avec q); tout ensemble; de compagnie *v* de conserve (avec q); en compagnie de q; de pair avec q; *az egész* ~ *au total;* en bloc; *családjával* ~ *de* même que sa famille; *kíséretével* ~ avec sa suite; *a költségekkel* ~ frais compris; *szállítással* ~ frais de transport compris; ~ *és külön* séparément et conjointement; ~ *érez (vkivel)* être de cœur avec q; partager les sentiments de q; ~ *érzünk a fájdalomban* nous communions par la douleur; ~ *halad vkivel* marquer le pas avec q; *a háborúval* ~ *járó inség* les misères que la guerre traîne après elle

együttélés 1. coexistence *f; az* ~ *politikája* une politique de coexistence; **2.** *él:* symbiose *f;* **3.** *(férjié és nőé)* cohabitation *f;* *(házastársak között)* vie commune
együttes [~ek, ~t] **I.** *(mn)* collectif, -ive; d'ensemble; réuni; conjugué; concerté, -e; solidaire; ~ *felelősség* *(üzleti)* solidarité; responsabilité collective; ~ *fellépés* action concertée; ~ *ülés* séance plénière; **II.** *(fn)* **1.** *műv:* ensemble *m; Magyar Állami Népi Együttes* Ballet folklorique national de la République Populaire Hongroise; **2.** *sp:* formation *f;* team *m*
együttható coefficient *m*
együttlét 1. vie *f* en commun; **2.** rendezvous; entretien *m;* *bizalmas* ~ tête-à-tête *m;* intimité *f*
együttműködés coopération; collaboration *f*
együttvéve ensemble; dans l'ensemble; pris(e) ensemble; *(mennyiségről)* au total
egyveleg [~ek, ~et, ~e] **1.** mélange; composé *m;* mixture *f;* pot-pourri *m;* **2.** *(zűrzavaros)* pêle-mêle; fatras; méli-mélo *m;* macédoine *f;* **3.** *zen:* sélection *f* (sur qc)
éhbér salaire de famine *v* de misère; salaire dérisoire *m*
ehelyett à sa place; en revanche; à défaut
éhen *hal v vesz* mourir d'inanition; mourir *v* crever de faim; ~ *marad* rester sur sa faim
éhenhalás mort *f* par inanition
éhenkórász crève-la-faim; meurt-de-faim; pauvre diable; croquant *m*
éhes [~ek, ~et] **1.** affamé, -e; famélique; *(igével:)* avoir faim; ~ *vagyok* j'ai faim; ~ *marad* rester sur sa faim; ~, *mint a farkas* avoir une faim canine; **2.** *átv: vmire* ~ en quête *v* en mal de qc; affamé de qc; friand(e) de qc; *szenzációra* ~ en mal de sensations
éhesség la sensation de la faim
ehetetlen [~ek, ~t] immangeable; indigeste

ehető comestible
éhezik [~tem, ~ett, ~zék v ~zen] 1. souffrir de la faim; être affamé(e); mourir de faim; 2. ~ *vmire ld:* **éhes** 2.
éhező [~k, ~t] I. *(mn)* famélique; affamé, -e; II. *(fn)* nécessiteux; indigent *m*
éheztet laisser mourir de faim; priver de nourriture
éhgyomorra à jeun
éhhez 1. pour cela; à cela; ~ *képest* dès lors; en conséquence; 2. *(hasonlításnál)* auprès de celui-ci; en comparaison (de celui-ci); 3. ~ *menj!* va chez celui-ci; 4. *mit szólsz* ~? qu'en dis-tu?
éhínség famine; disette *f*
éhség faim; l'envie *f* de manger; *kínzó* ~ faim cruelle; ~*ét elveri* tromper sa faim; *(étel)* couper la faim
éj [~ek, ~t, ~e] nuit *f; (ébren töltött)* veillée *f; az éj folyamán* dans la soirée; au cours de la nuit; *az éj leple alatt* à la faveur de la nuit; *éjnek idején* à la nuit noire; en pleine nuit
éjfél [~ek, ~t, ~je] minuit *m;* ~ *tájban* sur le minuit; ~*t üt az óra* minuit sonne
éjjel [~ek, ~t, ~e] I. *(hat)* (à) la nuit; dans la nuit; *holnap* ~ la nuit de demain; *ez* v *ma* ~ cette nuit; *keddről szerdára virradó* ~ la nuit du mardi au mercredi; *két óráig* jusqu'à deux heures de la nuit; *késő* ~*(ig)* bien avant dans la nuit; *sötét* ~ à la nuit noire v close; II. *(fn)* nuit; soirée; nuitée *f; (ébren töltött)* veille *f; beáll az* ~ la nuit tombe; *se* ~*e, se nappala* il n'a de repos ni jour ni nuit; ~*re* pour la nuit
éjjeles [~ek, ~t] être de nuit
éjjeli [~ek, ~t] I. *(mn)* de nuit; nocturne; *m járat* service *m* de nuit; ~ *lepke* papillon *m* nocturne *v* de nuit; phalène; noctuelle *f;* ~ *munka* travail *m* de nuit; ~ *műszak* équipe *f* de nuit; ~ *nyugalomra tér*

chercher le repos; se livrer aux bras du sommeil; ~ *őr* gardien *v* garde *m* de nuit; ~ *szállás* coucher; gîte *m;* ~ *szekrény* table *f* de chevet *v* de nuit; ~ *szél* vent *m* de montagne; ~ *zene* sérénade *f;* II. *(fn)* vase de nuit; pot *m* de chambre
éjnye! 1. tiens! voyons, voyons! 2. ~ *de sajnálom* oh, comme je regrette
ejt [~ettem, ~ett, ~sen] 1. laisser tomber; *földre* ~ laisser tomber à terre *v* par terre; *aggodalomba* ~ remplir d'angoisse; *foglyul* ~ faire q prisonnier; *hibát* ~ faire une faute; *módját v szerét* ~*i, hogy* trouver (le) moyen de *(inf); bámulatba* ~ plonger dans l'étonnement; *teherbe* ~ rendre enceinte; engrosser *nép; tőrbe*~ faire tomber dans un piège; 2. *(vadat)* abattre; tuer; 3. *(hangot)* prononcer; articuler
ejtőernyő parachute *m*
ejtőernyős parachutiste *n;* paras *m biz*
ék [~ek, ~et, ~e] 1. coin *m; (támasztó)* cale *f;* 2. *átv: éket ver* ... *közé* désunir qc; 3. *ék alakú* en forme de coin; cunéiforme
ekcéma [-ák, -át, -ája] eczéma *m*
eke [-ék, -ét, -éje] charrue *f; (két vasú)* bissoc; *(több vasú)* polysoc *m; átv: megfogja az* ~ *szarvát* mettre la main à la pâte
ekefej sep *m*
ekegerendely age *m v* flèche *f* de charrue
ekekormány versoir *m*
ékes [~ek, ~et] 1. paré; orné; ornementé, -e; *nem valami* ~ assez pauvre; peu reluisant(e); 2. ~ *beszéd* langage choisi
ékesség parure *f;* ornement *m;* atours *m pl; legfőbb* ~*e* la plus belle plume de son chapeau
ékesszólás éloquence *f;* l'art *m* de bien dire; diction; élocution *f*
ékesszóló éloquent; bien-disant; disert, -e
ékevas soc; fer *m* de la charrue
ékezet *(írásban)* accent *m; dőlt* ~ accent grave; *éles* ~ accent aigu; *hajlott* v *kúpos* ~ accent circonflexe
ékírás écriture cunéiforme *f*

ékítmény ornement; décor *m*
ekként; ekképp ainsi; de cette manière *v* façon; de la sorte
ekkor 1. alors; en ce temps(-là); à cette époque; ~ *és ekkor* à telle date; 2. *(erre rá)* après quoi; sur quoi
ekkora 1. *(hat)* aussi grand que cela; II. *(mn)* un tel...; un aussi *v* si grand
eklektikus éclectique
eklézsia [-ák, -ája] *nép*: paroisse *f*; *prot*: communauté *f* des fidèles
ekloga [-ák, -át, -ája] églogue *f*
ekrazit [~ok, ~ot, ~ja] crésylite *f*
ékszer [~ek, ~t, ~e] bijou *m;* bijouterie *f;* joyau *m*
ékszerész [~ek, ~t, ~e] bijoutier; joaillier *m*
ékszerészbolt bijouterie *f;* magasin *m* de joaillerie
éktelen 1. *(külső)* disgracieux, -euse; difforme; repoussant; banal, -e; 2. *(lárma)* infernal, -e; sauvage; ~ *haragra gerjed* entrer dans une violente colère; ~ *zajt csap* faire un vacarme de tous les diables
ekvivalencia [-ák, -át, -ája] équivalence *f*
el 1. ailleurs; 2. *el innen!* hors d'ici! allez-vous en! détalez!
I. *(fn)* él [~ek, ~t, ~e] 1. fil; tranchant; coupant *m;* 2. *(két lap metszése)* arête *f; élére állítja a garast* couper un liard en quatre; 3. *kat: oszlop éle* tête *f* de colonne; *élen jár* marcher en tête; être en flèche; *élére áll vminek* prendre la tête de qc; *élére állítja a dolgot* brusquer les choses; 4. *éle van vki ellen* avoir une pointe contre q; *hogy az élét elvegye a dolognak* pour prévenir un éclat; *némi éllel* non sans ironie
II. *(ige)* él [~tem, ~t, ~jen] I. *(tgyl i)* 1. vivre; respirer (le jour); subsister; *(állat, vhol)* habiter (qc *v* qpart); *élnek a szülei?* avez-vous vos parents? *már nem él* il n'est plus; *hát maga hol él?* d'où *v* de quel pays venez-vous? *ha addig élek is* et quand je devrais y laisser ma peau; *amíg élek* pour la vie; *amióta (csak) élek*

depuis que je respire; *éljen!* bravo! chic! 2. *él vmiből* vivre de qc; se nourrir de qc; 3. *(hogyan?) falun él* vivre à la campagne; *kenyéren és húson él* il se nourrit de pain et de viande; 4. *vminek él* s'adonner à qc; 5. *vmivel él* se servir de qc; user de qc; *él az alkalommal* profiter de l'occasion; saisir l'occassion; II. *(így i)* 1. *tíz évet él* vivre dix ans; 2. *nyugodt életet él* mener une vie paisible; *éli világát* mener joyeuse vie; faire bonne vie; se la couler douce
elad 1. vendre; débiter; mettre en vente; écouler; placer; négocier; *(árverésen)* adjuger; 2. ~*ja magát* se vendre
eladás 1. vente *f;* débit *m;* mise *f* en vente; 2. *ker:*. négociation *f;* ~ *nagyban és kicsinyben* vente en gros et en détail; ~*ra bocsát* mettre en vente; ~*ra kínál* offrir en vente; *az* ~*ra kerülő tárgyak* les objets destinés à être vendus
eladási *ár* prix *m* de vente *v* d'aliénation
eladó [~k, ~t] I. *(mn)* 1. à vendre; *pej:* vénal, -e; 2. ~ *leány* (jeune) file à marier *v* nubile; II. *(fn)* vendeur, -euse *n*
eladósodik [~tam, ~ott, ~jék *v* ~jon] s'endetter
elágazás 1. ramification *f;* *(kétfelé)* (em)branchement *m;* bifurcation *f;* 2. *földr:* *(folyóé)* dérivation *f;* 3. *vill:* dérivation *f;* 4. *vasúti* ~ branchement d'une voie ferrée; 5. *(ügynek)* ~*ai vannak* avoir des ramifications; pousser des pointes
elágazó 1. fourchu; ramifié, -e 2. *(vonal, sugár)* divergent, -e; 3. *(jelzős szerkezetekben)* ~ *állomás* station *f* de bifurcation; ~ *doboz v szekrény* boîte *f* de distribution
elaggás sénilité; décrépitude *f*
elajándékoz faire don *v* cadeau de qc; donner *v* offrir en présent
elájul s'évanouir; être pris(e) de syncope; tomber sans connaissance *v* en faiblesse *v* en syncope

elakad 1. s'arrêter; achopper; *(kocsi, autó)* rester *v* demeurer en route; *(gép)* être *v* rester en panne; **2.** *(elmerülve)* s'enfoncer; *(homokban)* s'enliser; *(sárban)* s'embourber; **3.** *(vonat stb. hóban)* être bloqué(e) (par les neiges); **4.** *(fegyver)* s'enrayer; **5.** *(munka)* subir un temps d'arrêt; **6.** *(beszédben)* rester *v* demeurer court(e)

elakaszt 1. arrêter; **2.** entraver; **3.** ~ja a lélegzetet couper la respiration

elaljasodik [~tam, ~ott, ~jék *v* ~jon] s'avilir; s'abaisser; tomber dans l'abjection

eláll I. *(tgyl i)* **1.** *(ruha a testtől)* flotter; s'écarter; **2.** *(megszűnik)* cesser; s'arrêter; s'interrompre; se susprendre; *az eső* ~ la pluie cesse; ~ *a lélegzete* il pâlit d'étonnement; ~ *a szél* le vent s'abat; ~ *szeme-szája* s'ébahir; s'ébaubir; **3.** *(étel)* se conserver bien; **4.** *(vmitől)* se désister de qc; ~ *szándékától* abandonner son dessein; **II.** *(tgy i)* vmit bloquer qc; ~ták a kijáratokat ils barraient les sorties; ~ja az utat embarrasser la rue; ~ja az útját vkinek barrer le chemin *v* la route à q

elállás 1. div: évasement; flottement *m*; **2.** *(megszűnés)* arrêt *m*; **3.** *(étele)* la bonne conservation; **4.** *(vmitől)* désistement *m* de qc; renonciation *f* (à qc)

elállatiasodik [~tam; ~ott, ~jék *v* ~jon] se bestialiser; s'abrutir; devenir une brute

elállít 1. faire cesser; arrêter; interrompre; ~ja a vérzést arrêter *v* étancher le sang; **2.** *(kijárást)* barricader; condamner; bloquer

elálmélkodik *(vmin)* rester *v* être ahuri(e) *v* ébahi(e) *v* ébaubi(e) de qc

elálmosodik [~tam, ~ott, ~jék *v* ~jon] être pris(e) de sommeil

elalszik 1. s'endormir *v* s'assoupir *(vmitől:* sous l'effet de qc); **2.** *(ügy)* entrer en sommeil; **3.** *(láb)* s'engourdir; **4.** *(lámpa, tűz)* s'éteindre; languir

elaltat 1. endormir; assoupir; *bánatát* ~ja bercer son chagrin; **2.** *orv:* anesthésier; narcotiser

elámít mystifier; aveugler; éblouir; duper; abuser; enjôler

elandalít enchanter; charmer

elannyira, *hogy* à telle(s) enseigne(s) que

elapad 1. tarir; se dessécher; **2.** *átv:* s'épuiser; tarir

elapróz 1. *(földet)* morceler; fragmenter; **2.** *(tehetséget)* gaspiller; **3.** ~za se perdre dans les détails

eláraszt 1. *(víz, folyadék, járvány stb.)* inonder; noyer; submerger; envahir; déferler dans qc; *(tűzvész)* déborder; **2.** *(öntözve)* irriguer par submersion; **3.** *(tömeg)* se répandre; *(állatokról)* infester; envahir; **4.** *(piacot)* encombrer; congestionner; **5.** *(jóval)* combler de qc; prodiguer qc à q; ~ja tanácsaival prodiguer des conseils à q; *vall:* kegyelmével ~ infuser ses grâces à q; **6.** *(roszszal)* accabler *v* gorger de qc; *folyamodványokkal* ~ submerger *v* bombarder de requêtes; *sértések özönével árasztja el* abreuver d'outrages

elárul 1. trahir; vendre; dénoncer; **2.** *(felfed)* révéler; découvrir; **3.** ~ja magát se déceler; se trahir; **4.** ~ja gondolatát laisser voir sa pensée; **5.** *(vmit vmi)* dire; révéler; dénoncer

elárulás révélation; dénonciation *f*

elárusít vendre; mettre en vente; débiter; aliéner

elárusító débiteur, -trice; vendeur, -euse *n*

elárverez vendre aux enchères *v* à l'enchère *v* à l'encan; *(kényszerből)* vendre par autorité de justice

elárvul [~tam, ~t, ~jon] **1.** devenir orphelin(e); rester seul(e); **2.** *átv:* être livré(e) à l'abandon; *(vidék)* être déserté

elás enfouir; enterrer

elátkoz donner sa malédiction à q; maudire

elavul tomber en (complète) désuétude; vieillir; être périmé(e)

elavult périmé, -e; désuet, -ète; surrané, -e
elázik 1. se mouiller; être trempé(e); se faire rincer; **2.** *(részeg)* il est complètement soûl; il est noir *v* plein
elbabrál bricoler; tatillonner; *(semmiségekkel)* musarder
elbájol charmer; enchanter; ravir
elbánás 1. traitement *m;* azonos ~*ban részesül* être traité(e) sur un pied d'égalité; *kedvező* ~*ban részesül* bénéficier d'un traitement de faveur; **2.** *jog:* régime *m*
elbánik *(vkivel)* venir à bout de q *(vmivel:* de qc); mettre q à la raison; *alaposan* ~ *velük* il n'y va pas de main morte; *csúnyán* ~ *vkivel* faire un mauvais parti à q; *majd elbánok vele* je lui en ferai voir
elbeszél raconter; conter; narrer; rapporter; relater; faire un récit (fidèle *v* piquant) de qc
elbeszélés 1. récit *m;* relation; narration *f;* **2.** *(műfaj)* conte *m;* nouvelle *f*
elbeszélő I. *(mn)* **1.** narratif, -ive; **2.** *irod:* épique; **3.** *nyelv:* ~ *múlt a)* imparfait *m; b)* passé défini *v* simple; **II.** *(fn)* **1.** narrateur, -trice; conteur, -euse *n;* **2.** *(író)* conteur *m*
elbír 1. *(súlyt)* (pouvoir) porter; supporter; **2.** *(bajt)* supporter; souffrir; subir; endurer
elbírálás appréciation; qualification; évaluation *f*
elbirtoklás *jog:* prescription acquisitive; usucapion *f*
elbizakodik trop présumer de son talent *v* de ses forces; s'infatuer de sa personne; s'enfler de présomption
elbizakodott [~ak, ~at] suffisant, -e; avantageux, -euse; outrecuidant, -e; présomptueux, -euse
elbizakodottság outrecuidance; présomption; suffisance; belle assurance
elbocsát 1. *(magától)* laisser partir; donner congé à q; **2.** *(foglyot)* libérer; relâcher; élargir; *(madarat)* lâcher; **3.** *(munkást)* licencier; **4.** *kat:* *(csapatokat)* licencier; *(betegség miatt* v *büntetésből)* réformer; *(tisztet)* rayer des cadres; *korosztályt* ~ libérer une classe; *(alkalmazottat)* révoquer; renvoyer; congédier
elbocsátás 1. renvoi; congé; congédiement *m;* *(büntetésből)* révocation; destitution *f;* **2.** *(fogolyé)* libération; mise *f* en liberté; **3.** *kat:* réforme *f;* *(csapatoké, munkásoké)* licenciement *m*
elbolondít 1. duper; mystifier; **2.** *(nő)* tourner la tête à q; enjôler
elborít couvrir; envahir
elborul 1. *az idő* v *az ég* ~ le ciel *v* le temps se couvre; **2.** *(tekintet)* se voiler; s'assombrir; **3.** *(elme)* sombrer; se troubler
elborzad éprouver *v* ressentir de l'horreur en face de q devant qc
elbúcsúzik prendre congé de q; faire ses adieux; dire adieu à q
elbújik 1. se cacher *(vki elől:* de q); se dissimuler; *(zugban:)* se terrer; se tapir; **2.** ~ *vmi elől* se dérober à *v* devant qc
elbukik 1. tomber; faire une chute; **2.** *(vizsgán)* échouer; **3.** *átt:* succomber; échouer
elbúsít affliger; attrister
elbúsúlja *magát* se laisser aller à son chagrin
elbutít abrutir; hébéter; abêtir
elbűvöl ensorceler; fasciner; envoûter; *(átv. így is:)* enchanter; charmer
élc [~ek, ~et, ~e] (bon) mot; trait *m* d'esprit
elcsábít 1. attirer par des artifices; séduire; enjôler; **2.** *(ártatlant)* surprendre l'innocence de q; *(kiskorút)* détourner; débaucher; *(leányt)* séduire; suborner; **3.** *(munkásokat stb.)* débaucher
elcsábítás 1. séduction *f;* **2.** *(kiskorúé)* détournement *m* (de mineurs)
elcsap 1. chasser; renvoyer; mettre à la porte; destituer; révoquer; **2.** ~*ta a hasát* il s'est dérangé le ventre
élcsapat détachement *m* d'avant-garde

elcsattan 1. s'abattre; se déclencher; **2.** (fegyver) détoner; éclater; **3.** (csók, pofon stb.) claquer
elcsavar 1. donner un tour à qc; **2.** tordre; distordre; **3.** contourner; **4.** ~ja vminek az értelmét faire violence à qc; détourner le sens de qc; ~ja vkinek a fejét tourner la tête à q
elcsen escamoter; subtiliser; soustraire; chiper (mind: vkitől à q)
elcsendesít 1. apaiser; calmer; adoucir; (vidéket) pacifier; **2.** (fájást) calmer; endormir
elcsépel 1. finir de battre le blé; **2.** átv: rebattre; rabâcher; user; banaliser; trivialiser
elcsépelt rebattu; rabâché; usé; ressasé, -e; ~ dolog banalité f; ~ frázis cliché m; ~ gondolat pensée triviale; ~ nóta rengaine; scie f
elcserél 1. troquer; (vmiért) échanger contre qc; **2.** (összetéveszt); confondre
elcsigáz [~tam, ~ott, ~zon] harasser; éreinter; échiner; mettre sur les dents; surmener
elcsíp 1. ~ vmiből retenir sur qc; (jogtalanul) gratter; **2.** (állást stb.) décrocher; ~i vkinek orra elől enlever qc à la barbe de q; **3.** (vkit) attraper; pincer; cueillir gúny; (tetten ér) prendre sur le fait; **4.** (vmit) ~tem a tíz órás vonatot j'ai attrapé le train de 10ʰ
elcsodálkozik être frappé(e) d'admiration (devant qc); s'étonner de qc
elcsúfít enlaidir; défigurer; déparer
elcsúszik 1. (ember) glisser; le pied lui a manqué v glissé; faire un faux pas; (kerékpáros, autó) déraper; **2.** (tárgy) couler; **3.** átt: se déplacer; **4.** ez is ~ a többivel cela peut passer dans le tas
elcsügged s'abattre; se laisser abattre; tomber dans le découragement
éldegél [~tem, ~t, ~jen] vivoter; végéter; vivre tranquillement
eldob 1. (re)jeter; envoyer promener; **2.** (nem használ) mettre au rancart; jeter au rebut; **3.** sp: lancer
eldől 1. se renverser; **2.** (ügy) se décider; être résolu(e)

eldönt décider; résoudre; (tárgy nélkül) conclure; a kérdést ~i trancher v vider une question; ~i vkinek a sorsát décider le sort de q
eldöntés 1. (ügyé) décision f; **2.** (kérdésé) solution f
eldöntetlen 1. (kérdés) pendant, -e; **2.** sp: ~ mérkőzés match nul; ~ játszma (c'est) partie nulle v remise
eldördül (lövés) partir
eldug cacher (vki elől: à q); dissimuler; (fiókba) serrer; (lopott holmit, tolvajt) recéler
eldugott caché; dissimulé, -e; (tiltottan) recélé; ~ zug a) coin caché v retiré; b) endroit perdu
eldugul 1. s'engorger; s'obstruer; **2.** (bél) se constiper
eldurvul 1. devenir grossier (-ière); s'encanailler; devenir un rustre; **2.** (kéz) s'alourdir; se durcir; **3.** (stílus) tomber dans le vulgaire
eldurvulás encanaillement m; az erkölcsök ~a le relâchement des mœurs
elé 1. (sorban) devant; à l'avant de qc; (időben) avant qc; **2.** (tesz stb.) sous les yeux de q; elém, eléd, eléje stb. devant moi, toi, lui stb.; **3.** (elébe) au-devant de q; à la rencontre de q
elébe 1. (tesz stb.) sous les yeux de q; devant q; en avant de q; **2.** (megy stb.) au-devant de q; à la rencontre de qc; elébe! passez devant lui! átv: ~ áll vkinek barrer la route v le chemin à q; akadályt gördít ~ faire naître un obstacle devant q; vmit ~ helyez préférer à qc; ~ kerül vkinek (megelőz) passer devant q; couper le chemin à q; (szeme elé) se présenter devant q; (tárgy) tomber sous les yeux v sous la main de q; szép jövőnek néz ~ promettre un bel avenir; ~ siet vkinek se hâter à la rencontre de qc; ~ tár exposer; ~ terjeszt vkinek vmit présenter; proposer; ~ vág (vminek) (rossznak) couper court à qc; (vkinek) gagner q de vitesse; de ne vágjunk ~ az eseményeknek mais n'anticipons pas

éled [~tem, ~t, ~jen] reprendre vie; revivre; renaître (à la vie)
eledel [~ek, ~t, ~e] nourriture *f;* aliment *m;* pitance *f; (állaté)* pitance; pâture; ration *f*
elefánt [~ok, ~ot, ~ja] éléphant *m; az* ~ *bőg* l'éléphant barrit *v* barète
elefántcsont ivoire *m; nyers* ~ morfil *m*
elefántcsontszínű ivoirin, -e; ivoire
I. *(hat)* **elég** [eleget, elege] **I. 1.** *(önállóan)* assez; suffisant; *eleget* assez; suffisamment; *ez* ~ suffit; cela suffit; *most már elég!* en voilà assez! *mára* ~ *ennyi* j'en resterai là pour aujourd'hui; ~ *a beszédből!* trêve de paroles! **2.** *(igei alakkal)* suffire; *nem* ~ *(inf)* c'est peu (que) de *(inf); (összeg vmire)* subvenir à qc; *vmire* ~ suffire à *v* pour qc; ~ *az hozzá, hogy* toujours est-il que; *ez eleget mond* cela en dit long sur cette question; *eleget tesz vminek* satisfaire à qc; s'acquitter de qc; donner suite à qc; *eleget tesz kötelezettségeinek* faire face *v* honneur à ses engagements;
II. *(jelző, hat)* assez; suffisamment; plutôt; ~ *baj* c'est assez malheureux; ~ *közelről* d'assez près; ~ *ügyesen* non sans adresse
II. *(ige)* **elég** brûler; se consumer; se carboniser
elegáns [~ak, ~at] élégant, -e; chic; mis(e) avec goût; ~ *szabás* coupe élégante
elégedetlen mécontent; insatisfait, -e
elégedetlenség mécontentement; désappointement; déplaisir *m*
elégedett [~ek, ~et] content; satisfait, -e
elégedettség contentement *m;* satisfaction *f*
elégés combustion; ignition *f*
eléget 1. brûler; livrer au feu; mettre au feu; faire du feu de qc; *(porrá)* calciner; *(embert)* brûler, carboniser; *(tetemet)* incinérer; **2.** *konyh:* carboniser
elégetés combustion; incinération *f*
eléggé assez; suffisamment; passablement; *nem* ~ insuffisamment; *nem lehet* ~ *ismételni* on ne saurait le répéter trop souvent; *ld. még:* **I. elég II.**

elégia [-ák, -át, -ája] élégie *f*
elégikus élégiaque
elégséges [~ek, ~et *v* ~t] **I.** *(mn)* suffisant, -e; **II.** *(fn) isk:* médiocre; (mention) passable *m*
elégtelen I. *(mn)* insuffisant, -e; ~ *táplálkozás* sous-nutrition; nourriture insuffisante; **II.** *(fn) isk:* zéro *m;* mauvaise note
elégtelenül insuffisamment; ~ *fejlődött* sous-développé, -e; *orv:* ~ *táplált* sous-alimenté, -e
elégtétel 1. satisfaction; réparation *f;* ~*t ad* donner satisfaction; *(ünnepélyesen)* faire amende honorable; ~*t kap* obtenir satisfaction; ~*t szerez magának (vmiért)* tirer satisfaction de qc; **2.** *(összeg)* indemnité *f*
elégületlen insatisfait, -e
elegy [~ek, ~et, ~e] **1.** mélange; composé *m; (fém)* alliage *m;* **2.** *koh:* charge *f*, chargement *m;* lit *m* de fusion
elegyedik [~tem, ~ett, ~jék *v* ~jen] **1.** se mêler *v* se mélanger avec qc; **2.** *átv:* se mêler à qc; *beszédbe* ~ engager une conversation; *a vitába* ~ se mêler à la discussion
elegyenget niveler; aplanir; égaliser; régaler
elegyfázis phase mixte *f*
elegyít [~ettem, ~ett, ~sen] **1.** mêler; mélanger; **2.** *műsz:* mixtionner
elegysúly poids brut
eleinte (tout) d'abord; de premier *v* de prime abord; au début; au commencement
eleje [-ét] **1.** *(része)* partie antérieure; partie avant; *(kocsié, négylábú állaté)* avant-train *m; (könyvé, beszédé)* début; commencement *m; (ruháé)* devant; *egy csónak* ~ l'avant d'un canot; *az erdő* ~ la tête du bois; *div:* ~ *hossza* longueur *f* du devant; **2.** *január -én* au commencement de janvier; *a század -én* dès le début *v* dès le commencement du siècle; *a negyvenes évek -én* dans *v* vers les années quarante; *mindjárt az -én* dès le début; de prime abord; *a lap -én* au chef *v* en haut de la page;

elejt *(újságról)* en première page; *-étől fogva (időben)* dès le début; *(kezdetétől)* du commencement; *-étől végig* d'un bout à l'autre; 3. *-ét veszi vminek* couper court à qc; conjurer (un péril) **elejt** 1. laisser tomber; 2. *(vadat)* tuer; abattre; 3. *(szót)* laisser échapper; lâcher; 4. *(ügyet)* laisser tomber; abandonner; 5. *(vádat)* abandonner; *(indítványt)* retirer; abandonner
elektród électrode *f*
elektrodinamika(i) électrodynamique *(f)*
elektrokardiogram *orv:* électrocardiogramme *m*
elektrolit, [~ok, ~ot, ~ja] électrolyte *m*
elektromágnes électro(-aimant) *m;* magnéto; électromagnète *f*
elektromérnök ingénieur électricien
elektrometallurgia électrométallurgie *f*
elektromos [~ok, ~at] électrique; ~ *művek* société *f* d'électricité; *Elektromos Művek* Compagnie Générale de distribution électrique; *(francia, állami)* Électricité de France; ~ *tér* champ électrique *m;* ~ *ütést kap* être électrocuté(e); *(halálosat)* être foudroyé(e); ~ *ütéssel való gyógyítás* électrochoc *m*
elektromosság électricité *f*
elektron [~ok, ~t, ~ja] *(atomfiz)* électron
elektronbefogás capture *f* d'électrons
elektronbombázás bombardement électronique *m*
elektroncsapda piège électronique *v* à électrons *m*
elektroncső tube électronique *v* à vide *m;* lampe triode *f;* audion *m*
elektroneloszlás distribution électronique *f*
elektronemisszió emission *f* d'électrons
elektronfelhő nuage électronique *m*
elektronfizika (physique) électronique *f*
elektrongyorsító accélérateur *m* d'électrons
elektronhéj couche électronique *f*
elektronikus électronique; ~ *mikroszkóp ld:* **elektronmikroszkóp;** ~ *számológép v számláló* calculateur électronique *m;* ~ *szem* œil électronique *m*

elektronmikroszkóp microscope électronique *m*
elektronpálya orbite *v* trajectoire électronique *f*
elektronsűrűség densité électronique *f*
elektronvolt électron-volt *m;* eV
elektrosztatikus électrostatique; électro-statique
elektrotechnika électrotechnique; électrotechnie *f*
elektrotechnikus électrotechnicien, -enne *n*
elektroterápia *orv:* électrothérapie; électrothérapeutique *f*
elektrotermikus électrothermique
elél *(vmiből)* subsister de qc; se sustenter avec qc; vivre sur *v* de qc
élelem [-lmek, -lmet, -lme] provisions *f pl* (de bouche); vivres *m pl;* nourriture *f;* aliment *m;* approvisionnements *m pl;* *(állaté)* pâture *f;* *(háziállaté)* mangeaille *f*
élelemtartósítás conservation *f*
élelmes [~et, ~en] débrouillard, -e; inventif, -ive; avisé, -e; pratique; dégourdi, -e
élelmez [~tem, ~ett, ~zen] approvisionner; ravitailler
élelmezés 1. approvisionnement; ravitaillement *m;* alimentation; subsistance *f;* 2. *kat:* manutention *f*
élelmezéstudomány diététique *f*
élelmi [~ek, ~t] alimentaire
élelmiszer provisions *f pl* (de bouche); vivres *m pl;* comestible *m;* victuailles *f pl;* objet *m* de consommation
élelmiszeradag ration alimentaire *f*
élelmiszercsomag colis alimentaire *v* de ravitaillement *m*
élelmiszerellátás ravitaillement *v* régime alimentaire *m*
élelmiszerhalmozás accaparement *m* de vivres
élelmiszerhamisítás fraude alimentaire; falsification *f* des denrées (alimentaires)
élelmiszeripar industrie alimentaire *v* vivrière
élelmiszerjegy carte alimentaire *v* de rationnement *f;* ticket *m*

élelmiszerkészlet réserve f de provisions; stock m de vivres
élelmiszerraktár magasin v dépôt m de vivres; *kat:* quartier m des vivres
élelmiszerutánpótlás ravitaillement; approvisionnement m
élelmiszerüzlet magasin m de comestibles
elem [~ek, ~et, ~e] **1.** élément; principe m; ~*ében van* être sur son terrain v dans son élément; *nincs* ~*ében* être hors de son élément; ~*eire bomlik* se décomposer en ses éléments; **2.** *az elemek (vihar stb.)* les éléments; **3.** ~*ek (alapismeretek)* éléments; rudiments m pl; premières notions; **4.** *vegy:* corps simple; élément m; **5.** *vill:* pile; batterie f de piles; *(galvánoszlopban)* couple m; **6.** *a jobb* ~*eket összeszedi* réunir de v quelques bons éléments
elemel 1. enlever; déplacer; **2.** *(ellop)* faire main basse sur qc
elementáris [~ak, ~at] élémentaire; ~ *erő* force élémentaire f
elemészt 1. consumer; ~*i a bú* se consumer de chagrin; **2.** supprimer; mettre à mort; ~*i magát* se détruire
elemez [~tem, -zett, ~zen] **1.** analyser; disséquer; **2.** *irod:* analyser
elemezhető analysable; *tovább nem* ~ irréductible
elemi [~ek, ~t] **I.** *(mn)* **1.** élémentaire; rudimentaire; ~ *fogalmak* notions élémentaires f pl; ~ *ismeretek* rudiments m pl; premières notions; abc m; *leg*~*bb követelmény* revendication f d'élémentaire justice; ~ *ösztön* instinct primordial; **2.** ~ *fok* cycle primaire m; ~ *fokon* au degré élémentaire f; ~ *iskola* école primaire (élémentaire) f; ~ *iskolás* v *iskolai tanuló* écolier, -ière; ~ *oktatás* instruction v enseignement primaire; **3.** *kat:* ~ *lőtér* pas m de tir; **4.** ~ *csapás* sinistre; fléau m de la nature; *(emberről)* la plaie de qc; ~ *erővel* avec une force élémentaire; **II.** *(fn)* [~k] l'école primaire la primaire; *az* ~*ben* en primaire
elemzés 1. analyse f; *(aprólékos)* anatomie f; **2.** *a mondat nyelvtani* ~*e* analyse grammaticale; **3.** explication de texte
elenged 1. *(amit tart)* lâcher; ~*i a füle mellett* faire la sourde oreille; **2.** *(állatot)* lâcher; **3.** *(vkit)* laisser partir v courir; **4.** *(vhová)* permettre d'aller qpart; **5.** *(foglyot)* relâcher; relaxer; libérer; **6.** *(tartozást, büntetést)* remettre; ~*i a büntetését* il fait remise de sa peine; **7.** ~ *vmit vkinek* dispenser v quitter q de qc
elengedhetetlen indispensable; *(feltétel)* sine qua non
élenjáró d'avant-garde; ~ *technika* technique f d'avant-garde
élénk [~ek, ~et] *(kedély, ember)* vif, vive; alerte; *túl* ~ pétulant, -e; impulsif, -ive; ~ *beszélgetés* conversation piquante; ~ *érdeklődést kelt* provoquer un vif intérêt; ~ *ész* esprit vif v dégourdi v dispos; ~ *forgalom (utcai)* circulation animée; *(ker:)* trafic animé; ~ *részt vesz vmiben* prendre une part active à qc; ~ *szine (arc)* l'éclat du teint; ~ *színek* couleurs hautes v vives; ~ *színű* aux couleurs éclatantes; haut(e) en couleurs; ~ *vita* débat serré
élénkkék bleu (de) roi v (de) France
élénkpiros rouge vif
élénkség vivacité; animation; agilité f; *szellemi* ~ activité f de l'esprit
élénkül [~tem, ~t, ~jön] s'animer; se ranimer; se raviver; se vivifier
élénkvörös rouge vif; rutilant, -e
élénkzöld vert d'émeraude
elenyészik 1. s'effacer; s'éteindre; s'éclipser; disparaître; se perdre; **2.** *(hang)* mourir; expirer
elenyésző insignifiant; infiniment petit(e); infime; ~ *csekélység* quantité f infime f
eleped dépérir; mourir (de langueur); se consumer (de chagrin)
elér I. *(tgy i)* **1.** *(kezével)* atteindre (de sa main); **2.** *(támadás)* porter sur qc; **3.** *(vkit, vmit) (térben)* rejoindre; joindre; attraper; ~*i a várost* atteindre v gagner la ville; **4.** *ált:* atteindre; *(nálánál nagyobbat)* égaler qc; *hatást* ~ opérer un effet; *sikere-*

elérés 192 élesztő

ket ér el obtenir du succès; *~i célját* atteindre son but; arriver à ses fins; *magas kort ér el* atteindre un grand âge; **5.** *sp:* réaliser; **6.** *(mennyiség)* se monter *v* s'élever *v* s'équilibrer à ...; **7.** *(megkap)* obtenir; parvenir à qc; **II.** *(igy i)* **1.** *(eljutva vmeddig)* atteindre qc; gagner qc; **2.** *ameddig ~ (a keze)* à portée de la main
elérés obtention; réalisation *f*
elérhetetlen 1. *(térben)* hors de prise *v* d'atteinte; *(helyben)* inaccessible; **2.** *átv:* inégalé, -e; inaccessible
elernyed relâcher; s'épuiser; se débiliter; défaillir
elerőtlenedik 1. s'épuiser; perdre ses forces; s'exténuer; s'affaiblir; **2.** *orv:* tomber en langueur *v* en marasme
I. *(mn)* **elért** [~ek, ~et] égalé; atteint, -e; ~ *eredmény* résultat acquis
II. *(ige)* **elért** [~ettem, ~ett, ~sen] entendre *v* comprendre à demi-mot
elértéktelenedik [~ett, ~jék *v* ~jen] se déprécier; perdre sa valeur; s'avilir; *(pénz)* se dévaloriser
elérzékenyül [~tem, ~t, ~jön] s'attendrir; s'émouvoir; ~*t pillantás* regard mouillé d'affection
éles [~ek, ~et] **I.** *(mn)* **1.** (bien) tranchant; affilé; acéré; aiguisé, -e; *átv:* ~ *nyelve van* elle a la langue bien affilée; **2.** *(fény)* vif, vive; cru, -e; **3.** *(hang)* aigu, -ë; cassant, -e; caustique; acerbe; ~ *hangon válaszol* répliquer avec aigreur; **4.** ~ *hallás* l'oreille *v* l'ouïe fine; ~ *szaglása van* avoir l'odorat vif; **5.** ~ *sarok* angle vif; ~ *szögben* en angle aigu; ~ *kanyar* virage brusque *m; (folyón)* sinuosité aiguë; **6.** *(vonás)* net, nette; marquant; prononcé, -e; **7.** *(tekintet)* perçant, -e; ~ *látás a)* vue forte; *b)* vue percante *v* subtile; ~ *szemű* pénétrant; clairvoyant, -e; lucide; **8.** *(kép)* net, nette; précis, -e; **9.** *(lövés)* coup *m* de feu tiré à balle; **10.** ~ *ékezet* accent aigu; **11.** *(ész)* pénétrant; acéré, -e; aigu, -ë; ~ *elméjű* d'une esprit pénétrant; subtil, -e; **12.** *(támadóan)* acerbe;

cinglant; mordant, -e; ~ *birálat* critique incisive; **13.** ~ *ellenmondásra ad alkalmat* prêter à de vives répliques; ~ *ellentét* contradiction éclatante; ~ *fájdalom* douleur vive *v* aiguë; ~ *szél* vent mordant; **II.** *(fn)* ~*re tölt* charger à balle
élesedik [~ett, ~jék *v* ~jen] **1.** s'aiguiser; **2.** *(helyzet)* s'aggraver; *(viszony)* se tendre; s'envenimer; *(vita)* tourner à l'aigre; s'envenimer
eleség vivres *m pl;* provisions (de bouche); victuailles *f pl; (állaté)* mangeaille; pitance *f*
éleselméjűség pénétration; finesse (d'esprit) *f*
élesen 1. nettement; avec netteté *v* précision; **2.** *(válaszol stb.)* d'un ton coupant; vertement; avec aigreur
elesett [~ek, ~et; ~en] **I.** *(mn)* **1.** *(háborúban)* tué *v* tombé à l'ennemi; **2.** *(nő)* tombée; perdue; **II.** *(fn)* tué *m*
elesik 1. tomber (à terre); s'abattre; **2.** *(harctéren)* tomber (à l'ennemi); être tué; mourir au champ d'honneur; **3.** *(vár)* capituler; **4.** *(számításban)* s'éliminer; être éliminé *v* retranché; *(érv)* tomber; **5.** *(vmitől)* se voir enlever de qc
élesít [~ettem, ~ett, ~sen] affûter; aiguiser; (re)passer; affiler
éléskamra office *m;* dépense *f; (ahol a bort is tartják)* cellier *m; Magyarország volt Ausztria -ája* la Hongrie était le grenier de l'Autriche
éleslátás perspicacité; clairvoyance *f*
élesség 1. *(kése)* mordant; coupant; fil *m;* **2.** *a látás* ~*e* l'acuité visuelle; **3.** *(vonalaké)* netteté; précision *f;* **4.** *(kifejezésbeli)* aigreur; acrimonie *f;* **5.** *a stílus* ~*e* l'âcreté *f* du style; **6.** *(elmebeli)* subtilité; finesse; pénétration *f*
éleszt [~ettem, ~ett, élesszen] **1.** ranimer; rappeler à la vie; **2.** *átv:* (r)aviver; vivifier; **3.** *(tüzet)* ranimer; (r)attiser; **4.** *(viszályt)* nourrir
élesztő [~k, ~t; ~en] **I.** *(mn)* animateur, -trice; **II.** *(fn)* **1.** animateur, -trice *n;* **2.** *(zavaroké)* fomentateur, -trice *n;* **3.** *konyh:* levain *m*

élet 1. vie *f;* les jours de q; *hosszú ~ longévité f; az ~ fonala* le fil de la vie; *az ~ iskolája* l'école *f* du malheur; *járja az ~ iskoláját* faire son apprentissage de la vie; *az ~ útján* dans la vie; *az ~ végén, alkonyán* sur le tard; *~ és halál ura* avoir droit de vie et de mort; *élete* v *élte virágjában* à la fleur de l'âge; *ha kedves az ~ed* si tu tiens à la vie *v* à ta peau; *~e fogytáig* pour la vie; *~be lép* entrer en vigueur; *~ébe kerül* coûter la vie à q; *~ben hagy vkit* accorder *v* laisser la vie à q; *~ben marad (katasztrófa után)* survivre (à qc); *az én ~emben* (de) toute ma vie; ma vie durant; *egy ~en át* toute une vie; *egész ~ére* pour la vie; *vmit ~re hív* donner jour à qc; *~re tér* retourner *v* revenir à la vie; *~re térít* ranimer; *~ére tör en* vouloir à la vie de q; *~et ad vkinek* v *vminek* donner la vie *v* le jour à q *v* à qc; *új ~et kezd* refaire sa vie; dépouiller le vieil homme; *~ét kioltja* v *elveszi* ravir le jour à q; *~ét kockáztatja* hasarder *v* risquer sa tête *v (biz)* sa peau; *megkíméli ~ét* épargner la vie de q; *megmentette ~ét* il a eu la vie sauve; *(mását)* il l'a sauvé; *új ~et önt bele* redonner *v* rendre la vie à q; animer qc; *~et önt a márványba* donner de l'âme au marbre; *~ét veszti* perdre la vie; se tuer; *duzzad az ~től* être plein(e) de vie; *~ével fizet* payer de la vie; **2.** *a méhek ~e* les mœurs *v* la vie des abeilles; **3.** *(megélhetés)* vie; le coût de la vie; **4.** *(lendület)* entrain *m;* animation; activité *f;* **5.** *~ után fest* peindre d'après nature
életadó vivificateur, -trice
életbelépés mise en vigueur *v* en application; entrée *f* en pratique
életbevágó *fontosságú* de première nécessité
életbiztosítás assurance sur la vie; assurance-vie *f*
életbölcsesség philosophie pratique; sagesse *f*
életcél but *m* de l'existence; mission; vocation *f*

életelv ligne *f* de conduite; principe *m;* maxime *f*
életérdek intérêt vital
életerő forces vives; vitalité *f;* force vital
életerős valide; d'une robuste santé
életfeltétel condition vitale; *az ~ek javítása* l'amélioration *f* des moyens de vie
életfogytiglani 1. *(pénz)* viager, -ère; *~ járadék* rente viagère; **2.** *jog:* perpétuel, -elle; *~ börtön* prison *f* à vie; *~ fegyház* travaux forcés à perpétuité
életforma style *v* mode *m v* forme *f* de vie
élet-halál *között* être entre la vie et la mort; *~ ura* détenir le droit de vie et de mort; *ez a harc életre-halálra* c'est la lutte sans merci
élethalálharc combat *m* à outrance *v* sans merci *v* à mort
élethű pris *v* croqué sur le vif; fidèle; réaliste
életjáradék rente viagère *v* à fonds perdu; *~ fejében elad* vendre en viager
életjel signe *m* de vie
életképes (né) viable
életképesség 1. viabilité *f;* **2.** *orv:* capacité vitale
életkérdés question vitale; problème vital
életkor âge *m; (hosszú)* longévité *f*
életközösség 1. vie commune; communauté *f* de vie; **2.** *él:* symbiose *f*
életlehetőség chance de vie; possibilité *f* d'existence
életmentő sauveteur *m*
életmód train *v* mode *m* de vie *v* d'existence; *mértékletes ~* habitudes *f pl* de tempérance
életmű 1. *(művészé, zenészé)* œuvre *m;* **2.** *(más alkotóé)* l'ensemble des créations; le bilan de la vie
életnagyság grandeur nature *f*
életpálya carrière *v;* vie; existence *f*
életrajz biographie *f; (rövid)* notice biographique *f*
életrajzíró biographe *n*
életrend régime *m* (de vie); diète *f*
életrevaló 1. (né) viable; **2.** *(ügyes)* débrouillard, -e; pratique; *~ gondolat* pensée *v* idée ingénieuse

13 Magyar-Francia kézi

életszemlélet conception *f* de (la) vie
életszínvonal niveau de vie; standard *m* de vie *v* d'existence
életszükséglet besoin vital *v* à satisfaire; besoins *m pl*
élettan physiologie; biologie; biognose *f*
élettapasztalat l'usage *m* de la vie *v* du monde; l'expérience (de la vie); acquis *m; van ~a* il a de l'acquis
élettárs *(férfi)* époux *m; (nő)* compagne; épouse *f*
élettartam 1. durée *f* de (la) vie; 2. *(anyagé)* endurance *f*
élettelen 1. inanimé, -e; inerte; 2. *átv:* anémique; engourdi, -e; atone
életunt I. *(mn)* las *v* lasse de la vie; II. *(fn) (öngyilkos)* désespéré, -e *n*
életveszély danger *m* de mort; *~be sodor* mettre en danger de mort
életveszélyes 1. périlleux, -euse; *sebesülése nem ~* ses jours ne sont pas en danger; 2. *jog: ~ fenyegetés* menaces *f pl* de mort sous condition; 3. *az átjárás ~ és tilos* Passage Interdit — Danger de Mort
eleve *(hat) a priori;* d'avance; dès le début; *~ elutas't* récuser d'office
eleven [~ek, ~e *v* ~je, ~t] I. *(mn)* 1. vivant, -e; *~ fa* bois vert; *~ mása* sosie *m;* 2. *~ erő* force vive; 3. *(élénk)* agile; dégourdi, animé, -e; allègre; *~ ész* esprit éveillé; *~ észjárás* prestesse *f* de l'esprit; *~ képzelet* imagination mobile *f;* 4. *(ritmus stb.)* animé; mouvementé; endiablé, -e; II. *(fn)* 1. vivant *m; gúny: ítélkezik ~ek és holtak felett* il fait la pluie et le beau temps; 2. *~ébe vág* couper dans le vif; *~ (j)ére tapint* toucher au *v* le point sensible
elevenen 1. vivant, -e; *~ elás* enfouir tout vivant; *~ megég* périr brûlé vif; 2. *(élénken)* allègrement; prestement
elevenség vitalité; vivacité; pétulance *f;* brio *m;* csupa *~* être plein(e) d'entrain
elévül [~t, ~jön] 1. tomber en désuétude; être périmé(e); être frappé(e) de caducité; 2. *jog:* se prescrire; s'abolir
elévülés 1. vieillissement *m;* 2. *jog:* péremption; extinction *f; az ~ félbeszakad* la péremption se couvre; *az ~ félbeszakadása* interruption *f* de la prescription
elévült [~et; ~en] 1. périmé; suranné, -e; 2. *jog:* prescrit, -e; frappé(e) de prescription
elfajul 1. dégénérer (en abus); s'abâtardir; se dénaturer; 2. *(vmivé)* tourner au...
elfajulás dégénérescence; dégénération *f;* abâtardissement *m*
elfajult dégradé; dégénéré; abâtardi; dénaturé, -e
elfárad 1. se fatiguer *v* se lasser de qc; 2. *mez:* s'épuiser
elfásul se blaser sur *v* de qc
elfásult blasé, -e; apathique
elfecsérel 1. *(pénzt)* gaspiller; prodiguer; dissiper; 2. *(tehetséget)* gaspiller; faire une grande dépense de...; *~i a tehetségét* éparpiller son talent
elfed 1. couvrir; recouvrir; voiler; 2. *(szem elől)* masquer; offusquer; cacher; 3. *(hibát)* dissimuler
elfehéredik blanchir; *(arcban)* blêmir
elfeketedik noircir
elfelejt oublier (de *és inf);* perdre la mémoire de qc; *(megtanult dolgot)* désapprendre; *nem felejti el neki* il lui en tiendra compte; *felejtsünk el mindent!* sans rancune!
elfér tenir; trouver place; entrer
elferdít 1. dévier; *(tárgyat)* gauchir; fausser; 2. *(termetet)* dévier; contourner; 3. *átv:* détourner (de son sens); déformer; altérer
elfog 1. *(kézzel)* agripper; prendre au corps; 2. *(keresve)* (r)attraper; 3. *(szabadságától megfosztva)* faire prisonnier; capturer; 4. *(hatóság)* arrêter; appréhender; 5. *(állctot)* capturer; 6. *(levelet stb.)* intercepter; 7. *fiz: (hullámot)* capter; intercepter; 8. *futb: ~ja a labdát* cueillir *v* intercepter la balle; 9. *~ja a kilátást* masquer la vue; 10. *(érzés)* s'emparer de q; se saisir de q; pren-

elfogad

dre; *szánalom fogja el vmi fölött* pitié lui prend de qc
elfogad 1. accepter; retenir; **2.** *(bíró, tanút)* nem *fogad el* récuser; **3.** *(szokást)* recevoir; adopter; **4.** *(vkit)* agréer; accueillir; recevoir; **5.** *(kérést, véleményt)* souscrire à qc; adopter; admettre; accepter; ~*ja vkinek a felfogását, nézetét* entrer dans les sentiments, dans les vues de q; *egy véleményt* ~ se ranger à une opinion *v* à un avis; **6.** *(testületileg)* adopter
elfogadhatatlan inacceptable; inadmissible
elfogadható 1. acceptable; recevable; admissible; ~ *mentség* excuse plausible; *honnête* excuse *f;* minden ~ *ok nélkül* sans raison appréciable; **2.** *(érv)* recevable; plausible; **3.** *(minőség)* sortable; **4.** ~ *ár* prix accessible *v* raisonnable; *minden* ~ *áron eladó* à vendre à prix raisonnable
elfogatás arrestation; capture; prise *f* de corps
elfoglal 1. *(várat stb.)* s'emparer de qc; prendre; occuper; prendre possession de qc; se saisir de qc; **2.** *(helyet)* occuper; tenir; remplir; **3.** *(területet vmi tárgy)* couvrir; déborder sur qc; **4.** ~*ja az őt megillető helyet* occuper la place qui lui revient; **5.** *(hivatalt)* occuper (un emploi); **6.** *egészen* ~*ja* tenir *v* préoccuper q
elfoglalás occupation; prise *f* (de qc); *kat:* mainmise *f* (sur qc)
elfoglaltság occupation(s) *f (pl);* emploi *m; egész napos* ~ emploi à temps complet
elfogódott saisi(e) de crainte *v* de respect; gêné; ému; intimidé, -e; perplexe
elfogulatlan impartial, -e; sans parti pris *v* préjugé
elfogult [~ak, ~at] prévenu(e) contre q; partial, -e; imbu(e) de préjugés
elfogultság prévention; partialité *f;* parti pris; préjugé *m; (vakbuzgó)* sectarisme *m; minden* ~*tól mentesen* libre de toute prévention; en toute objectivité

13*

elfullad

elfogy 1. faire défaut; s'épuiser; manquer; ~ *a türelme* il est à bout de patience; **2.** *(áru)* se placer; se vendre; **3.** *(étel, ital)* se consommer; être consomme(e); *(étlapon)* ~*ott* n'est plus servi; **4.** *(pénzről)* se dépenser; s'écouler; (se) fondre; **5.** *(ereje)* diminuer; baisser; **6.** *(gyertya)* se consumer
elfogyaszt 1. *(táplálékot)* ingérer; absorber; consommer; *(italt)* consommer; **2.** *(készletet)* épuiser
elfojt 1. étouffer; *a gaz* ~*ja a búzát* les mauvaises herbes étouffent le blé; **2.** ~*ja az ásitását* étouffer un bâillement; ~*ja a lázadást* étouffer *v* réprimer la révolte; éteindre le foyer de la rébellion; ~*ja a parazsat* étouffer le charbon; **3.** *átv:* étouffer; enterrer; éteindre; ~ *egy botrányt* étouffer un scandale; **4.** *(lelkileg)* refouler; ~*ja fájdalmát* contenir *v* comprimer sa douleur; ~*ja szenvedélyeit* mortifier ses passions
elfojtott étouffé; rentré; réprimé, -e
elfolyik 1. s'écouler; découler; fuir; **2.** *vmi mellett folyik el* baigner les murs *v* le pied de qc
elfonnyad se faner; se flétrir
elfordít 1. détourner; dévier; **2.** *(lapot)* tourner; **3.** *(kormányt)* retourner; **4.** *(veszélyt)* conjurer
elfordul 1. se détourner; tourner; faire demi-tour; ~ *vmitől* se déprendre de qc; *(vkitől)* tourner le dos à q; **2.** *(dolog)* dévier; *(iránytű)* décliner
elforgácsol gaspiller; éparpiller; émietter
elföldel 1. *(embert)* enterrer; inhumer; **2.** *(tárgyat)* enfouir; **3.** *rád:* mettre à terre
elföldelés inhumation *f;* enterrement *m*
elfúj 1. souffler dessus pour chasser qc; **2.** *(szél)* emporter; *(felhőt)* dissiper; chasser; **3.** *(lámpát, tüzet)* souffler; éteindre; **4.** *(nótát, takaródót)* jouer; sonner; *(énekelve)*, chanter; **5.** ~*ja a nótáját* il y va de sa petite chanson
elfullad suffoquer; s'étrangler; étouffer

elfuló *hang* voix mourante *v* éteinte *v* étouffée
elfuserál *biz:* gâcher; massacrer; saboter; bousiller; cochonner
elfut I. *(tgyl i)* 1. ~ *vmi előtt* passer dans sa course devant qc; 2. *(ember, állat)* prendre sa course; partir au galop; 3. *(menekülve)* se sauver (en courant *v* à toutes jambes); lâcher pied; s'enfuir; détaler; filer; 4. *(vki elől)* fuir (devant) q; II. *(tgy i)* ~*ja az arcát a vér* son visage s'empourpre; se fâcher tout rouge; ~*ja a méreg* devenir bleu(e) de colère
elfűrészel 1. scier (en deux); couper à la scie; 2. *átv:* ~*i a fát vki alatt* couper l'herbe sous le pied à q; 3. *biz:* ~ *vkit* débiner q
elgáncsol 1. donner un croc-en-jambe à q; 2. *átv:* traverser; contrecarrer; déjouer
elgázol écraser; passer sur le corps à q; renverser
elgázosít 1. gazéifier; 2. *kat:* gazer; 3. *(pusztítás céljából)* détruire par le gaz
elgennyed; elgennyesedik suppurer
elgondol (s')imaginer; considérer; penser; concevoir; *ha* ~*om* quand *v* si je pense
elgondolt 1. *jól* ~ *terv* plan soigneusement calculé; 2. imaginé, -e; d'imagination
elgörbít fausser; tordre; contourner; courber
elgörbül se (re)courber; gauchir; se fausser; se dévier
elgurít (faire) rouler
elgyengít affaiblir; débiliter; exténuer
elgyengülés 1. affaiblissement; épuisement *m;* 2. *orv:* asthénie *f; (öregkori)* marasme (sénile) *m*
elhagy 1. *(vkit)* quitter; abandonner; lâcher; fausser compagnie à q; *(szerető)* lâcher; plaquer *biz;* 2. ~*ja a bátorsága* son courage l'abandonne; 3. *(tárgyat feledésből)* laisser; oublier; 4. *(végképp)* ~*ja házát, hazáját* abandonner sa maison, son pays; 5. *(maga mögött)* distancer; surpasser; devancer; *sp:* lâcher; ~*ja ellen-*

feleit semer ses concurrents; 6. *(vonat)* ~*ja az állomást* sortir de la gare; 7. ~*ja helyét (tárgy)* se déplacer; *(személy)* abandonner *v* quitter son poste; 8. ~*ja hitét* abjurer sa foi; 9. *(hibáját)* se défaire de qc; se corriger de qc; 10. *(szokást, állásfoglalást)* se défaire de qc; ~*ta a dohányzást* il a renoncé au tabac; 11. omettre; retrancher; éliminer; 12. *nyelv: (hangot)* élider; 13. ~*ja magát* se laisser aller; se négliger
elhagyás 1. abandon; délaissement *m;* 2. *(szövegben, listán)* omission; suppression *f*
elhagyatott [~ak, ~at] laissé(e) à l'abandon; abandonné; délaissé, -e; *(fekvésű)* isolé, -e; ~ *utca* rue peu fréquentée
elhagyatottság abandon *m;* délaissement; dépaysement *m*
elhajít 1. *(nem tartja meg)* rejeter; jeter; 2. *(célba)* jeter; lancer; 3. *(labdát)* envoyer
elhajlás 1. infléchissement *m;* inflexion *f;* 2. *ép: a függőlegestől való* ~ surplomb(ement) *m;* 3. *geol:* déversement *m;* 4. *(csillagé, mágnesé)* déclinaison *f;* 5. *(fényé)* diffraction; déflexion *f;* 6. *(úté)* déviation *f;* 7. *mat:* egy sík ~*a* la pente d'un plan; 8. *átv:* hétérodoxie *f; pol:* déviation *f*
elhajlít 1. fléchir; infléchir; ployer; recourber; tordre; faire dévier; 2. *fiz:* diffracter
elhajol 1. s'écarter; dévier; gauchir; incliner; 2. *fiz:* décliner; 3. *(út)* obliquer; 4. *átv:* sortir de la bonne voie; 5. *pol:* dévier (à gauche, à droite); se rendre coupable de déviationnisme
elhajt I. *(tgyl i) (kocsival)* passer en voiture à côté de qc; II. *(tgy i)* 1. chasser; 2. *(állatot)* chasser; conduire; *(vkinek a marháját)* faire main basse sur qc; *magzatot* ~ se faire avorter
elhal 1. *(ember)* mourir; décéder; 2. *orv: (testrész)* se nécroser; *(szö-*

elhalálozás 197 elhatároz

vet) se mortifier; 3. *(növény)* dépérir; s'étioler; 4. *átv:* s'atrophier; dépérir; 5. *(zaj)* ... vient mourir
elhalálozás décès *m;* disparition *f*
elhalás 1. *(testrészé)* nécrose *f; (szövété)* mortification *f; (csonté így is)* carie *f;* 2. *(növényé)* dépérissement; étiolement *m;* 3. *(hangé)* extinction *f*
elhalaszt 1. ajourner; différer, remettre; *(időpontot)* reculer; *bizonytalan időre* ~ ajourner *sine die;* 2. *jog:* egy *héttel* ~ remettre à huitaine
elhalasztás ajournement *m; (büntetése)* sursis *m* (à qc)
elhallatszik retentir *v* s'entendre *v* se faire entendre jusque dans *v* jusque sur *v* jusqu'à
elhallgat I. *(tgyl i)* 1. *(beszédben)* se taire; faire silence; 2. *(zaj)* cesser; II. *(tgy i)* 1. *(vmit)* passer sous silence; taire; *(ügyesen)* escamoter; ~ *vki előtt* cacher à q; 2. ~*nám akár holnapig is* je l'écouterais jusqu'à demain
elhallgattat 1. faire taire; réduire au silence; *(megfélemlítve)* bâillonner; 2. *kat:* egy üteget ~ *(tüzeléssel)* démonter *v* faire taire une batterie
elhalmoz *vmivel* combler *v* accabler de qc; · *a természet* ~*ta áldásaival* la nature lui a prodigué ses dons; *minden jóval* ~ gorger de biens; ~*za kérdésekkel* presser de questions
elhalványít 1. flétrir; pâlir; décolorer; ternir; 2. *átv:* éclipser
elhalványul 1. *(elsápad)* pâlir; changer de couleur; blêmir; 2. *(szín)* se dégrader; déteindre; se décolorer; 3. *átv: (hírnév stb.)* subir une éclipse; 4. *(emlék)* s'enfuir; s'affaiblir
elhamarkodott [~ak, ~at] inconsidéré; irréfléchi; brusqué, -e; *kissé* ~ *állítás* c'est aller un peu vite; ~ *általánosítás* généralisation hâtive; ~ *döntés* décision prématurée
elhamvaszt 1. réduire *v* mettre en cendres; 2. *(holttestet)* incinérer
elhangzik résonner; retentir; *messzire* ~ ... s'entend au loin
elhantol inhumer; ensevelir; enterrer

elhány 1. *(földet)* déblayer; enlever; 2. ~*ja az agancsát* jeter sa tête *v* son bois; 3. *(elveszít)* égarer; perdre
elhanyagol [~tam, ~t, ~jon] négliger; livrer *v* laisser à l'abandon; prendre peu soin de qc; *(beteget, gyermeket)* lais ser sans soins
elhanyagolt [~at; ~an] négligé, -e; peu entretenu(e); livré(e) à l'abandon; ~ *állapot* délabrement *m*
elharácsol accaparer; faire main basse sur qc
elharap casser avec les dents; ~*ja a szót* manger *v* avaler les mots
elharapó(d)zik [~ott, ~zék *v* ~zon] se propager; s'étendre; se disséminer; se généraliser; prendre de l'extension
élharcos homme de file
elhárít 1. écarter qc; parer à qc; *az akadályokat* ~*ja* aplanir les obstacles; déblayer le terrain; ~*ja a kísértést* repousser la tentation; *a veszélyt* ~*ja* conjurer le danger; 2. *a felelősséget* ~*ja magáról* décliner toute responsabilité; 3. ~ *magától vmit* refuser d'envisager qc; esquiver *v* élider qc
elháríthatatlan 1. *(akadály)* insurmontable; inévitable; 2. *(esemény, baj)* inévitable; inéluctable; fatal, -e
elhasal 1. tomber à plat ventre; 2. *biz: (vizsgán)* être recalé(e); se faire coller
elhasít 1. déchirer; 2. fendre
elhasznál user; utiliser; employer; faire des dépenses de ...
elhasználás 1. usure *f;* 2. usage; emploi *m;* utilisation *f*
elhasználódik 1. se consumer; s'épuiser; 2. s'user; être rongé(e) par l'usage
elhat *(vhová)* pénétrer dans qc; parvenir jusqu'à ...
elhatárol 1. délimiter; limiter; circonscrire; 2. *(kövekkel)* (a)borner qc; 3. ~*ja magát (vmilyen kérdésben)* se désolidariser
elhatároz 1. décider; résoudre; retenir; ~*za (magában), hogy* résoudre de *(inf);* 2. ~*za magát* prendre une décision; ~*za magát arra, hogy* se

elhatározás décider à; se résoudre à; se promettre de *(mind: inf)*
elhatározás résolution; décision; détermination *f; szabad ~ából* de son ein gré; de son propre mouvement *v* gré; *arra az ~ra jut* prendre la résolution *v* la décision de *(inf)*
elhatározott décidé; résolu; arrêté, -e; ~ *dolog, hogy* c'est une chose décidée que; c'est un fait acquis que
elhelyez 1. placer; mettre; disposer; ranger; poser; installer; mettre en place; *(vmiben)* loger; *(földrajzilag)* situer; localiser; 2. *(nyilást vmiben)* pratiquer sur *v* dans qc; 3. *(kémet, gyilkost)* (a)poster; *(csapatot)* poster; camper; 4. *(sérültet, beteget)* hospitaliser; abriter; 5. *(árut)* écouler; placer; 6. *(pénzt)* placer; employer; 7. *(képzeletben, környezetben)* situer; 8. *(éjszakára utast)* loger; gîter; 9. *(állásba)* caser; *(foglalkozást adva, kiházasítva)* établir; *jól ~i gyermekeit* bien pourvoir ses enfants; 10. *(áthelyezve)* transférer; déplacer
elhelyezés 1. mise en place; installation; pose *f;* 2. *(árué)* écoulement *m;* 3. *(pénzé)* placement; emploi *m;* 4. *(állásba)* établissement *m;* 5. *(áthelyezés)* déplacement *m; (csapatoké)* cantonnement *m; rossz ~ (tömeges)* casernement *m*
elhelyezkedés 1. *(vkié)* position (prise par ...); *(állásba)* placement; emploi *m;* 2. *(vmié)* disposition *f;* aménagement *m*
elhelyezkedik 1. se placer; se poser; prendre place; prendre position; prendre rang; se ranger; 2. *(állásban)* s'établir; se caser
elhervad se faner; se flétrir; mourir
élhetetlen incapable; peu débrouillard(e)
elhibáz 1. faire une faute; s'y prendre mal; faire erreur; 2. *(lövést)* manquer *v* rater qc
elhibázott *lépés* gaffe *f;* faux pas
elhidegülés; elhidegedés le refroidissement *v* l'attiédissement (de leurs relations *v* de leur amitié)

elhint 1. répandre; semer; disséminer; *(folyadékot)* répandre; *(virágot a földre)* joncher *v* parsemer (la terre de fleurs); 2. *~i a rágalom mérgét* distiller le venin de la calomnie; *~i a viszály magvát* semer la discorde
elhíresztel 1. divulguer; ébruiter; 2. *(vminek)* faire passer pour qc
elhisz 1. *vmit ~* croire qc *(vkiről:* de q); prêter *v* ajouter foi à qc; en croire qc; *~em* d'accord; je vous crois; *higgye el, hogy* croyez bien que; 2. *vkinek ~* (en) croire q; croire au rapport de q
elhitet faire croire qc à q; en donner à croire; faire accroire qc à q
elhívat faire venir; appeler
elhízás 1. *orv:* obésité; adiposité *f;* 2. *(kisebb)* embonpoint; engraissement *m*
elhízott obèse; adipeux, -euse; ventru, -e; replet, -ète; *(vonások)* empâté, -e
elhomályosodik 1. se ternir; s'obscurcir; s'assombrir; 2. *(szem, tekintet)* se troubler; 3. *(dicsőség, égitest)* pâlir; s'éclipser
elhord 1. enlever; transporter; emporter; *(folyó)* emporter; entraîner; 2. *(falat)* démolir; 3. *(földet)* déblayer; 4. *(ruhát)* user
elhoz 1. *(tárgyat)* apporter; 2. *(személyt, lábon v kerekeken járó dolgot)* amener
elhull *(állat)* mourir; succomber; périr; *(gyümölcs, virág)* tomber
elhullat 1. *(levelét, szőrét)* perdre; 2. *(levelet, szirmot)* s'effeuiller
elhuny décéder; s'éteindre (doucement); passer
elhunyt [~ak, ~at] I. *(mn)* défunt; décédé; trépassé; disparu, -e; II. *(fn) az ~ le* disparu, la disparue
elhurcol enlever; ravir
elhurcolás *(emberé)* enlèvement; rapt *m*
elhúz 1. *(tárgyat)* remorquer; tirer après soi; 2. *(harangszót)* sonner; 3. *~za a száját* faire son petit bec; 4. *(ügyet)* traîner (en longueur); 5. *(mondatot)* laisser traîner; *(hangot)* allonger; 6. *(nótát)* jouer; exécuter;

átv: ~*om a nótáját* je lui apprendrai son métier
elhúzódik 1. *(terület)* s'étendre; s'allonger; 2. *(zivatar)* s'éloigner; 3. ~ *vkitől* s'écarter de q; 4. *(ügy)* traîner (en longueur)
elhűl 1. *(étel)* (se) refroidir; ~*t a vér ereiben* son sang se figea dans ses veines; 2. *(ember)* être sidéré(e) v médusé(e); tomber de son haut
elidegenedés détachement *n*, aliénation *f*
elidegenít [~ettem, ~ett, ~sen] 1. *(tárgyat)* aliéner; 2. *(érzelmileg)* aliéner; éloigner
elidegenítés aliénation *f*; *jog*: abaliénation *f*
eligazít 1. *(vkit)* mettre dans le chemin; montrer le chemin à q; 2. *(vmit)* arranger; accommoder; mettre ordre à qc
eligazodás orientation *f*
elijeszt rebuter; intimider; décourager; effaroucher; effrayer; inspirer la peur à q
elillan 1. se volatiliser; se vaporiser; 2. *átv:* détaler; filer; s'esquiver
elindít 1. mettre en mouvement *v* en branle; 2. *(vmi felé)* acheminer; 3. *(vonatot)* donner le signal du départ; *(mozdonyvezető)* mettre en marche; 4. *aut:* mettre en marche; 5. ~*ja a tábort* faire lever le camp; 6. *(embert, csomagot)* expédier; 7. *(mozgalmat, támadást)* déclencher
elindul 1. se mettre en marche *v* en route; 2. *(hajó)* partir; prendre la mer; 3. *(autó, hajó, gép)* démarrer; 4. *rep:* décoller; 5. *(sereg)* se mettre en campagne; *(tömeg, hadsereg)* s'ébranler; 6. *vmi felé* ~ s'acheminer; se diriger *(mind:* vers qc)
elindulás départ *m*
elintéz 1. *(ügyet)* régler; arranger; accommoder; liquider; *a vitát* ~*i vider* la querelle; 2. *(ellenfele érveit)* faire justice de qc; 3. *(vkit)* régler le sort de q; ~*ték alaposan* on lui a réglé son compte
elintézés règlement; arrangement *m*; expédition *f*; *az ügy* ~ *alatt van* l'affaire est en cours de règlement

elintézett [~ek, ~et; ~en] réglé; arrangé; classé, -e; *ez már* ~ *dolog* c'est une affaire réglée
elírás faute *f* de copie *v* du copiste
elismer 1. *(vmit)* reconnaître; admettre qc; ~*em* j'en conviens; ~*i hibáját* avouer *v* reconnaître sa faute; 2. *(gyermeket)* reconnaître; 3. *(hivatalosan)* reconnaître; ratifier; 4. *sp:* hivatalosan ~ *(csúcsot)* homologuer; 5. *ker:* vminek vételét ~*i* accuser réception de qc; 6. *(vminek)* reconnaître pour qc *(igaznak:* pour vrai); 7. *nem ismer el* désavouer; méconnaître; *nem ismeri el (döntésnél)* récuser
elismerés 1. reconnaissance *f*; 2. *(államé, kormányé, gyermeké)* reconnaissance; 3. *(követelésé)* reconnaissance; admission *f*; 4. appréciation; approbation *f*; témoignage *m* de satisfaction; ~*re méltó* méritoire; louable; *szolgálatai* ~*éül kitüntetést kapott* il a été décoré en récompense *v* en reconnaissance de ses services; ~*sel adózik vminek* rendre hommage *v* honneur à qc
elismert reconnu, -e; *(vmiben)* passer maître en qc; *(vminek)* reconnu(e) pour qc; ~ *dolog, hogy* il est acquis que
elismervény récépissé; reçu; acquit *m*; ~ *ellenében* contre reçu
eliszaposodik s'envaser; être envasé(e)
elítél 1. *(bűnöst)* condamner; *(fegyelmileg a testületben)* censurer; 2. *ált:* blâmer; répouver; déplorer; condamner
elítélés 1. condamnation *f*, sentence (condamnatoire) *f*; jugement *m*; 2. *(erkölcsi)* réprobation; repréhension *f*; blâme *m*
elíziumi [~t] *mit:* élyséen, -enne; *az* ~ *mezők* les champs Élysées *m pl*
eljár 1. *(vkihez)* fréquenter (chez) q; hanter q; 2. *(vmiben)* faire des démarches; 3. ~ *vki ellen* agir contre q; faire des poursuites contre q; 4. *(hatóság, stb.)* procéder; opérer; agir; 5. *(bánik vkivel)* en agir avec q; *aljasan járt el velem szemben* il en

a agi ignoblement avec moi; 6. ~t a szája il a jasé v bavardé
eljárás 1. *(vhová)* fréquentation *f* de qc; **2.** *átv:* procédé *m;* façon *v* manière *f* d'agir *(vkivel szemben:* envers q); **3.** *(dolgokban)* technique; pratique *f;* **4.** *vegy:* mode opératoire *m; nedves ~sal* par voie humide; **5.** *(hivatali, ügyvédi)* gestion; démarche *f;* **6.** *(bírósági)* poursuites *f* contre q; *bünvádi ~* action criminelle; *fegyelmi ~* action disciplinaire; *~ megszüntetése* non-lieu *m; az ~t felfüggeszti* arrêter *v* suspendre les poursuites; *~t indít* procéder dans la voie légale; *(bünvádi ügyben)* commencer les poursuites; *(vki ellen)* poursuivre q; *(polgári ügyben)* engager l'affaire; *(bünügyben)* instruire l'affaire
eljátszik 1. *szính:* exécuter; jouer; **2.** *zen:* jouer; exécuter; **3.** *(pénzt)* perdre au jeu; **4.** *eljátszotta a becsületét* perdre l'honneur; *a bűntettet a helyszínen eljátssza* reconstituer un crime
eljegyez 1. *(maga vkit)* se fiancer avec q; **2.** *(mást)* fiancer à q
eljegyzés fiançailles *f pl*
éljenez [~tem, -nzett, ~zen] **I.** *(tgyl i)* pousser des vivats; **II.** *(tgy i)* acclamer; faire une ovation à q
éljenzés acclamation(s) *f (pl);* ovation *f;* cris *m pl* de bravo
eljön 1. venir; accourir; arriver; **2.** *(idő)* venir; arriver
eljövendő à venir; futur; prochain, -e
eljut 1. *(vhová)* parvenir; arriver; atteindre qc; **2.** *(vmeddig)* pousser *v* pénétrer jusqu'à ...
elkábít 1. étourdir; tourner la tête à q; *(zaj így is)* abasourdir; assourdir; **2.** *(szer)* stupéfier; **3.** *orv:* anesthésier; narcotiser; **4.** *orv:* griser; étourdir; éblouir; enivrer
elkalandozás 1. *(a tárgytól)* digressions longues et inutiles; divagations *f pl;* **2.** *(vmibe)* incursion *f* (dans qc)
elkallódik s'égarer; se perdre
elkanyarodik faire un détour; s'infléchir (vers ...)

elkap 1. attraper; saisir (au vol); **2.** *(mentében)* agripper *v* empoigner *biz;* **3.** *(gép)* accrocher; happer; **4.** *aut:* accrocher; **5.** *(kutya)* happer; **6.** *(bekap)* gober; **7.** *(érzés)* s'emparer de q; se rendre maître de q; **8.** *(betegséget)* attraper; contracter
elkápráztat 1. éblouir; éberluer; **2.** *átv:* éblouir; donner dans la vue à q
elkárhozott [~at; ~an] *vall:* damné; réprouvé, -e; maudit, -e
elkedvetlenedés désappointement; découragement *m*
elkedvetlenedik [~tem, ~ett, ~jék *v ~*jen] se désappointer; se décourager
elkedvetlenít [~ettem, ~ett, ~sen] décourager; désappointer; indisposer
elkel *(áru)* se vendre; s'écouler; se placer; *minden jegy ~t* bureaux fermés; tout est loué *v* pris
elken 1. *(kenőcsöt)* étaler; **2.** *(ügyet)* étouffer; *~i a dolgot* noyer le poisson *biz*
elkényeztet gâter
elképedés ahurissement; ébahissement *m;* stupéfaction *f*
elképeszt [~ettem, ~ett, -esszen] sidérer; ahurir; stupéfier; hébéter; suffoquer; rendre perplexe; confondre; plonger dans la stupeur
elképesztő [~ek, ~ek, ~t] ahurissant; stupéfiant; effarant; phénoménal, -e; *~ látvány* spectacle ahurissant
elképzel 1. (s')imaginer; se figurer; se représenter; réaliser; concevoir; *képzelje el* vous vous rendez compte; *képzelje el meglepetésemet* jugez de ma surprise; **2.** *vmiről ~ vmit* se faire des idées sur qc
elképzelés idée; conception; fantaisie; imagination *f; ~e szerint* dans son esprit
elképzelt fictif, -ive; *~ módon* fictivement
elkerget chasser (de sa présence); mettre en fuite; envoyer promener; *(akaratlanul)* faire sauver
elkerül I. *(tgyl i)* **1.** *(vhová)* parvenir; arriver; **2.** *(vhonnan)* quitter qc; **II.** *(tgy i)* **1.** *(vmit)* fuir; éviter;

elkerülhetetlen — elkönyvel

déserter qc; *a benzin használata ~endő* l'usage de la benzine est à proscrire; **2.** *(bajt)* éviter; manquer; *nem tudta ~ni, hogy meg ne lássák és meg ne hallják* il n'a pu échapper à être vu et entendu

elkerülhetetlen inévitable; inéluctable; immanquable; fatal, -e; *ez ~ volt* c'était fatal

elkeseredés aigreur; exaspération; indignation *f;* dépit *m*

elkeseredett [~en; ~en] **1.** *(ember)* exaspéré; aigri, -e; *~ ellenség* ennemi acharné; **2.** *(harc)* acharné, -e; âpre; *~ vita* une âpre discussion

elkeseredik [~tem, ~ett, ~jék *v* ~jen] s'exaspérer; s'aigrir; être poussé(e) à bout

elkeserít ~ettem, ~ett, ~sen] exaspérer; aigrir; envenimer l'esprit de q; *~i életét* empoisonner la vie de q

elkésett [~ek, ~et] tardif, -ive; (arrivé) en retard; *~ utas* voyageur arrivé en retard *v* qui a manqué *v (biz)* raté le train

elkésik 1. arriver en retard; **2.** *(vmiről)* manquer *v* rater qc

elkészít 1. exécuter; fabriquer; achever; façonner; mettre en état; **2.** *(ruhát)* confectionner; **3.** *(kéziratot)* exécuter; *vminek szövegét ~i* rédiger le texte de qc; libeller qc; **4.** *(ételt, italt)* préparer; accommoder; apprêter; **5.** *(számadást, jegyzéket, mérleget)* établir; *(jegyzéket)* dresser

elkészítés 1. achèvement *m;* confection; mise *f* en état; **2.** *(munkáé)* exécution; réfection; finition *f;* **3.** *(ruháé)* confectionnement *m;* façon *f;* **4.** *(ételé, italé)* préparation *f;* accommodage *m;* **5.** *(számadásé, jegyzéké)* établissement *m;* **6.** *(szövegé)* rédaction *f;* libellé *m*

elkészül 1. *(vmi)* s'achever; se terminer; être fini(e) *v* prêt(e); **2.** *(vmivel)* finir *v* achever *v* terminer qc; **3.** *(vmire)* se préparer à qc *v* à *(inf);* s'apprêter à *(inf)* v à qc; s'attendre à qc; *nem voltam rá ~ve* je ne m'y attendais pas

elkezd se mettre à; commencer à; se prendre à *(mind: inf)*

elkezdődik commencer

elkezel *(pénzt)* dilapider; détourner; barboter; passer à gauche; *~i a pénzt* manger la grenouille

elkínaiasít siniser

elkísér accompagner; reconduire; escorter; *(többen)* faire escorte *v* cortège à q

elkoboz [~tam, -b(o)zott, ~zon] **1.** confisquer (qc sur q); capturer; **2.** *jog:* saisir; frapper de saisie

elkomolyodik (re)devenir sérieux; reprendre son sérieux

elkomorodik [~tam, ~ott, ~jék *v* ~jon] s'assombrir

elkopik 1. s'user; se détériorer par l'usage; *(ruha)* s'élimer; montrer la corde; **2.** *átv:* vieillir

elkoptat 1. user; ronger; détériorer; limer; *(ruhát)* élimer; user; **2.** *átv:* abuser de qc; user jusqu'à la corde; *egy igazságot ~* trivialiser une vérité

elkoptatott 1. usé(e) (jusqu'à la corde); élimé, -e; **2.** *átv:* usé(e) jusqu'à la corde; rebattu; vieilli, -e; *~ nóta v sláger* scie; rengaine *f; ~ szólam* cliché *m; ~ vicc* plaisanterie usée

elkorcsosul dégénérer; s'abâtardir; se dégrader; *(növény)* se rabougrir

elkorhad 1. pourrir; tomber en pourriture; **2.** *(féregtől)* se vermouler

elkotródik décamper; déguerpir; filer

elködösít 1. embrumer; **2.** *kat:* camoufler par brouillard artificiel; **3.** *átv:* obnubiler; *(hibákat)* pallier

elkölt 1. dépenser; épuiser; *(pazarolva)* dissiper; *könnyelműen ~* flamber *biz;* **2.** *(ételt)* ingérer; consommer

elköltöz(köd)ik 1. déménager; changer de domicile *v* de logement; *~ az élők sorából* disparaître du nombre des vivants; **2.** *(nép)* transmigrer; **3.** *(madár)* émigrer

elkönyvel 1. *ker:* inscrire (sur les livres); porter sur un livre; passer écriture de qc; **2.** *átv:* mettre sur le compte de qc; prendre (bonne) note de qc;

elkötelez 202 ellenállás

reuma gyanánt könyvel el étiqueter rhumatisme
elkötelez 1. engager; **2.** ~i magát s'engager (à és inf)
elkövet 1. (rosszat) commettre; perpétrer (un crime); se livrer à qc; bűnt követ el se rendre coupable d'un crime; hibát követ el commettre une faute; **2.** mindent ~, hogy faire tout son possible pour (inf)
elkövetkezendő [~k, ~t] à venir; prochain, -e
elküld 1. (vmit) envoyer; expédier; adresser; (árut) livrer; **2.** (vkit) envoyer; faire partir; dépêcher; **3.** (alkalmazottat) congédier; renvoyer; **4.** (kellemetlenkedőt) éconduire; mettre dehors
elküldés 1. envoi m; expédition f; (árué) livraison f; **2.** (alkalmazotté) renvoi; licenciement m
elkülönít [~ettem, ~ett, ~sen] **1.** séparer; mettre à part; isoler; (fajilag) ségréger; egy beteget ~ isoler un malade; **2.** ~i magát s'isoler
ellágyul 1. s'amollir; mollir; **2.** átv: s'attendrir; mollir; fléchir; se radoucir
ellágyulás amollissement; attendrissement m
ellangyosít attiédir
ellankad s'alanguir; défaillir; s'épuiser; s'affaiblir
ellanyhulás 1. (áraké, piacé) fléchissement m; **2.** (üzletvilágé) marasme m; **3.** (támadásé, hévé) affaiblissement m
ellaposodik 1. s'aplatir; **2.** átv: (stílus, mű stb.) devenir plat(e) v insipide; languir
ellát I. (tgyl i) (vhová, vmeddig) voir; la vue s'étend jusqu'à...; ahonnan ~ni d'où l'on découvre...; ameddig a szem ~ à perte de vue; à la portée des yeux; **II.** (tgy i) **1.** vkit ~ pourvoir q du nécessaire; **2.** ~ja magát a) il se pourvoit du nécessaire; b) il gagne son pain; **3.** (beteget) soigner; donner des soins à q; **4.** (elhelyezve) caser; établir; **5.** ~ vmit, ~ja vminek gondját prendre v avoir

soin de qc; ~ja hivatalát s'acquitter d'une charge; ~ja vkinek szükségleteit pourvoir v fournir aux besoins de q; **6.** majd ~om a baját v dolgát je lui servirai un plat de mon métier; **7.** vmivel ~ pourvoir; munir; garnir; fournir (mind: de qc); aláírásával ~ revêtir de sa signature; élelemmel ~ approvisionner; ravitailler; pénzzel ~ pourvoir d'argent; (vállalatot) commanditer qc; vmit pecséttel ~ apposer le timbre à qc; vízzel ~ alimenter d'eau; **8.** ~ja magát vmivel se pourvoir; se garnir; se nantir (mind: de qc)
ellátás 1. (eltartás) entretien m; pension f; teljes ~ logement et nourriture; **2.** jog: (eltartás) pension alimentaire; aliments m pl; **3.** (vmivel) l'approvisionnement m (vízzel, gázzal: en eau, en gaz); (élelmiszerrel) ravitaillement m; **4.** pénzügyi ~ financement m; **5.** service m
ellátatlan sans subsistance; sans ressources; ~ családtag enfant m v personne f à (la) charge
ellatinosít latiniser
ellátogat vkihez aller visiter v voir q
ellátszik 1. s'imposer au regard du spectateur; se découvrir; **2.** (vhova, vhonnan) être visible à ...
ellehet vmi nélkül pouvoir se passer de
ellen 1. contre; à l'encontre de ...; ez ~ nem tehetünk semmit il n'y a rien à faire à cela; orv: rák ~ kezelteti magát se faire traiter du cancer; **2.** sp: győz 10 ponttal kettő ~ battre q v remporter à q par 10 points contre deux
ellenáll résister; s'opposer; faire résistance; opposer de la résistance (mind: à qc); keményen ~ tenir bon v ferme
ellenállás 1. résistance; opposition f; a (leg)kisebb ~ irányában dans la ligne de (la) moindre résistance; ~t fejt ki faire résistance; ~t tanúsít opposer une résistance à q; **2.** pol: la résistance v Résistance; le Maquis; **3.** a test ~a endurance physique f; **4.** fiz: obstacle m; **5.** vill: résis-

ellenállhatatlan   203   ellenőriz

tance; *(a készülék)* résistance; résistor *m*
ellenállhatatlan irrésistible; ~ *nevetés* fou rire; crise *f* de rire
ellenálló I. *(mn)* **1.** *(anyag)* résistant, -e; tenace; *(vminek)* rebelle à qc; réfractaire à qc; ~ *közeg* milieu résistant; **2.** *(előítélet)* vivace; **3.** *vegy:* stable; **II.** *(fn)* résistant, -e *n*
ellenállóképesség 1. résistance; endurance *f;* **2.** *(emberé)* endurance *f*
ellenben par contre; au contraire; en revanche; en retour
ellene [~m, ~d, ~ünk, ~etek, ~ük] contre lui *v* elle; à son encontre; *(dologról)* là-contre; à l'encontre; ~ *beszél* contredire à q *v* à qc; ~ *szavaz* voter contre; *nem tehetek semmit* ~ je ne peux rien là-contre
ellenében contre qc; en retour *v* en échange de qc; *készpénz* ~ moyennant finance
ellenére; *az ő* ~ contre son gré *v* sa volonté; malgré lui *v* elle; à son corps défendant; *vkinek* ~ à l'encontre de q; *vminek* ~ en dépit de qc; *akarata* ~ contre son gré; *a figyelmeztetések* ~ nonobstant les remontrances; *mindenek* ~, *hogy* encore que; bien que; malgré que *(mind: subj)*
ellenérték contre-valeur *f;* équivalent *m;* contrepartie *f*
ellenérzés aversion; répulsion *f;* éloignement *m* (pour *v* de)
ellenez [~tem, -nzett, ~zen] ~ *vmit* s'opposer à qc; contrarier qc; apporter *v* faire de l'opposition à qc
ellenfél 1. adversaire; antagoniste *n; kemény* ~ rude adversaire; *méltó ~re talál* trouver son maître; **2.** *(perben)* partie adverse *v* opposée; **3.** *sp:* adversaire *n*
ellenforradalom contre-révolution *f*
ellengőz contre-vapeur *f;* ~*t ad* faire machine arrière
ellenhatás réaction *f;* contre-coup *m*
ellenindítvány contre-proposition *f*
ellenintézkedés mesure préventive; contre-mesure *f*

ellenirány sens inverse; contre-fil *m;* ~*ban* en sens inverse
ellenjegyez contresigner; *(kézjeggyel)* parapher
ellenjelölt candidat adverse; contre-candidat *m*
ellenkezés opposition; résistance *f*
ellenkezik [~tem, ~ett, ~zék *v* ~zen] **1.** opposer de la résistance; **2.** ~ *vmivel (vki, vmi)* s'opposer à q; rechigner *v* regimber *v* rebiffer *v* se gendarmer contre qc; *ez* ~ *a törvénnyel* cela contrevient à la loi; ~ *a józan ésszel* être contraire au bon sens; insulter à la raison; *ez* ~ *a nyilvánvaló tényekkel* cela va contre l'évidence
ellenkező [~k, ~t] **I.** *(mn)* **1.** *(dolog)* opposé, -e (à qc); contraire (à qc); ~ *bizonyíték hiányában* jusqu'à preuve du contraire; ~ *előjelű* de signe *v* de nom contraire; *ha* ~ *értesítés nem jön (tőle)* sauf avis contraire (de sa part); ~ *esetben* dans le cas contraire; ~ *hatást fejt ki* agir par une action inverse; ~ *irányból* du sens opposé; en sens inverse; *mat:* ~ *oldal* côté opposé; *ha* ~ *vélemény nem merül fel* sauf avis contraire; **2.** *(ellenállva)* contrariant; récalcitrant, -e; rebelle (à qc); opposant, -e; **II.** *(fn)* **1.** *vminek az ~je* l'inverse *m* de qc; le contraire de qc; *míg az ~je nincs bebizonyítva* jusqu'à preuve du contraire; **2.** *az ~k* les récalcitrants *f*
ellenkezőleg 1. inversement; *és* ~ et inversement; et *vice versa;* **2.** (bien *v* tout) au contraire; loin de là; *sőt* ~ bien plus; qui mieux est
ellenlábas 1. *földr:* antipode *m;* **2.** *átv:* antagoniste; adversaire *n*
ellenméreg 1. *gyógy:* contrepoison; antidote *m;* **2.** *(hatóanyag)* antitoxine *f;* anticorps *m*
ellennyugta contre-quittance *f;* contre-reçu *m*
ellenőr contrôleur; surveillant; vérificateur *m*
ellenőriz contrôler; surveiller; *(számítást)* vérifier; reviser; *(rovancsol)* apurer; *(vallomást mással)* recouper

ellenőrzés contrôle *m;* surveillance *f;* *(más adatokkal)* recoupement *m;* *(számadatoké)* vérification; revision *f*
ellenőrző I. *(mn)* pointeur, -euse; vérificatif, -ive; témoin; ~ *állat, növény* *(kísérleteknél)* animal, plante témoin; ~ *bizottság* commission *f* de contrôle; ~ *könyv* bulletin *v* carnet *m* de correspondance; ~ *körút* tournée *f* de vérification *v* de contrôle *v* d'inspection; ~ *lámpa* lampe-témoin *f; orv:* ~ *lap* fiche *f;* ~ *óra* horloge contrôleuse *v* pointeuse; ~ *szakértő* contre-expert *m;* ~ *szelvény* talon *v* feuillet *m* de contrôle; ~ *szemle* revue *f* d'appel; **II.** *(fn)* 1. vérificateur *m;* 2. *(üzemekben)* pointeau *m;* pointeur, -euse *n*
ellenpárt parti opposé; opposition *f*
ellenpont *zen:* contrepoint *m*
ellenpróba contre-épreuve *f; kísérleti* ~ contre-essai *m*
ellenreformáció contre-réformation *f*
ellenrendszabály mesure préventive
ellenség 1. *(harcoló)* ennemi *m;* 2. *(személyes)* ennemi, -e; antagoniste; adversaire *n; legnagyobb* ~*e* c'est son pire ennemi; ~*eket szerez magának* se faire *v* s'attirer *v* susciter des ennemis
ellenséges [~ek, ~et] 1. ennemi, -e; ~ *cselekedet* acte *m* d'hostilité; 2. *(személye ellen)* hostile; antagonique; ~ *érzület* aversion; antipathie; animosité *f;* ~ *indulattal van vki iránt* ressentir de l'animosité pour q; ~ *viszony* rapports *v* relations hostiles; 3. *sp, ját:* adverse
ellenségeskedés 1. *kat:* hostilités *f pl; az* ~ *megkezdése* l'ouverture *f* des hostilités; *az* ~ *megszüntetése* la suspension des hostilités; 2. *átv:* hostilité; animosité; animadversion *f*
ellensúly contrepoids *m (átv. is)*
ellensúlyoz [~tam, ~ott, ~zon] (contre-)balancer; compenser; faire équilibre *v* contrepoids *v* pièce à qc; neutraliser; tenir en échec
ellenszegül [~tem, ~t, ~jön] ~ *vminek* s'opposer *v* opposer de la résistance *v* tenir tête *v* résister à qc; s'insurger contre qc
ellenszenv [~ek, ~et, ~e] *(vkivel szemben)* antipathie (pour *v* contre q); aversion *f* (pour q); *erős* ~ répulsion (pour qc); répugnance *f* (pour *v* à qc); ~*et érez* éprouver de la répugnance
ellenszenves antipathique; répugnant, -e (à q); ~ *természet* caractère disgracieux
ellenszer antidote; remède *m*
ellenszolgáltatás contrepartie; compensation *f; fejében* à charge de revanche; moyennant contrepartie
ellentámadás 1. contre-attaque; contre-offensive *f;* 2. *sp:* retour *m*
ellentét [~ek, ~et, ~e] 1. contraire; contraste; opposé; contre-pied *m;* ~*ben vmivel* à l'opposé *v* à l'inverse de qc; contrairement à qc; 2. *nyelv, fil:* antithèse; antinomie *f;* 3. *(érzelmi, nézetbeli)* antagonisme; différend *m; (általános)* divorce *m*
ellentétes [~ek, ~et] 1. opposé, -e; contraire; inverse; contrasté, -e; disparate; antithétique; ~ *álláspontra helyezkedik* prendre le contre-pied de qc; 2. *nyelv:* adversatif, -ive; *(szó)* antinomique; ~ *értelem* antonymie *f*
ellentmond contredire; ~ *vminek* contredire qc; *(tiltakozva)* s'opposer à qc; protester *v* se gendarmer contre qc; ~ *önmagának* se contredire; se démentir
ellentmondás 1. contradiction *f;* désaccord *m;* 2. *jog:* opposition *f;* 3. *fil:* antinomie; antilogie *f;* 4. *(szólásokban) ebben* ~ *van* cela implique contradiction; *súlyos* ~ importante contradiction; ~*ba keveredik* s'embrouiller dans des contradictions; se couper; ~*t nem tűrő hangon* sur un ton décisif *v* autoritaire *v* péremptoire; 5. protestation *f*
ellentmondó [~k, ~t] **I.** *(mn)* 1. contradictoire (à qc); discordant, -e; 2. porté(e) à contredire; opposant, -e; protestataire; **II.** *(fn)* contradicteur *m; (gyűlésen)* interrupteur *m*

ellenvélemény 1. contravis; contreavis *m;* opinion *f v* avis *m* contraire; **2.** *(gyűlésben)* motion contraire *f*
ellenvetés objection *f;* grief *m*
ellenvonat train correspondant
ellenzék [~ek, ~et, ~e] opposition *f;* ~*be megy* passer à l'opposition
ellenzéki [~ek, ~t; ~en] **I.** *(mn)* de l'opposition; d'opposition; oppositionnel, -elle; ~ *párt* parti d'opposition *v* opposant; ~ *politika* politique *f* d'opposition; **II.** *(fn)* opposant *m*
ellenzés opposition; contradiction *f;* *határozott* ~ opposition formelle; *titkos* ~ sourde opposition
I. ellenző [~t] **I.** *(mn)* opposant, -e; **II.** *(fn)* adversaire *m;* opposant, -e *n*
II. ellenző 1. *(szobában felállított)* paravent *m;* **2.** *(kályháé, fények:)* écran *m;* **3.** *(sapkán)* visière *f;* **4.** *(szemen)* garde-vue *m;* *(ernyő) (hegesztőé)* masque *m;* blinde *f;* *(lóé; látni nem akaró v tudó emberé)* œillère *f;* **5.** *(lámpán)* abat-jour *m*
ellep 1. envahir; inonder; **2.** *(rovar, patkány)* infester
elleplez pallier, masquer; déguiser; étouffer
elles attraper qc; emprunter qc à q; *az életből* ~ prendre sur le vif; ~*i vkinek a gondolatát* deviner la pensée de qc; ~*i vkinek a titkát* surprendre *v* percer le secret de q
ellik [~ett, ~jék *v* ~jen] mettre bas; faire de petits; *(juh)* agneler; *(kecske)* biqueter; *(ló)* pouliner; *(tehén)* vêler; *(szarvas, őz, dámvad stb.)* faonner
ellipszis [~ek, ~t, ~e] ellipse *f;* ~ *(egyik) gyűjtópontja* le centre d'une ellipse
ellop voler; dérober; subtiliser; filouter; faire main basse sur qc; *(csak összeget)* soustraire
ellő 1. *(nyilat)* tirer; *(lőfegyvert)* décharger qc; faire feu de qc; **2.** *(vmi testrészt)* emporter; abattre
ellök 1. *(embert)* bousculer; repousser; **2.** *(tárgyat)* repousser; rejeter; **3.** ~*i magát* se lancer; s'élancer

ellustul devenir paresseux (-euse); s'acagnarder
elmakacsol [~tam, ~t, ~jon] *jog:* condamner par défaut *v* par contumace
elmállik se désagréger; s'effriter; se pulvériser
elmarad 1. rester *v* demeurer en arrière (de q); rester derrière q; **2.** *sp:* *(versenyző csoportból)* décoller; **3.** *átv:* rester *v* demeurer en arrière; **4.** ~ *vmiben* être en arrière pour qc; **5.** ~ *a fizetéssel* être en retard dans le paiement; s'arriérer; **6.** *(kihagyták)* être omis(e) *v* supprimé(e); faire défaut; **7.** ~ *vmiről* manquer qc *v* à qc; **8.** *nyelv:* s'élider; **9.** *(nem történt meg)* ne pas avoir lieu; ne pas être tenu(e) *(tünet)* ne plus se reproduire; **10.** *soká* ~*t* il se faisait attendre
elmaradás 1. absence; cessation *f;* retrait; manque; défaut *m;* **2.** *(előadásoké)* suppression *f;* **3.** *(vhonnan)* absence; ~*át kimenti* se faire excuser; **4.** *(pénzösszegé, segítségé)* carance; absence *f;* **5.** *orv:* *(fejlődésbeli)* arriération *f;* **6.** *sp:* *(versenyzőé)* indisponibilité *f;* **7.** retard *m*
elmaradhatatlan obligatoire; immanquable; inévitable
elmaradottság 1. *(állapot)* état arriéré *v* primitif; vétusté; primitivité *f;* **2.** *(műveltségben)* manque *m* de culture; *(haladással szemben)* esprit de routine; obscurantisme *m;* **3.** retard *m*
elmaradt [~ak, ~at; ~an] **1.** resté(e) en arrière; **2.** *(haladásban)* arriéré(e); en retard sur q; **3.** *(fejlődésben)* retardé; attardé, -e; **4.** arriéré; manqué; absent, -e
elmaszatol; elmázol salir; barbouiller; tacher
elme [-ék, -ét, -éje] raison *f;* esprit; sens; entendement; intellect *m;* intelligence *f;* éles ~ esprit tranchant; *-éjébe vési* graver dans sa mémoire; *(másnak)* inculquer à l'esprit de q
elmeállapot état mental *v* célébral

elmebeli [~ek, ~t] intellectuel, -elle; mental, -e; ~ *fogyatékos* diminué(e) mental(e); ~ *képesség* facultés mentales
elmebeteg aliéné, -e *(n)*; psychopathe *(m)*; *közveszélyes* ~ aliéné dangereux pour l'ordre public
elmebetegség aliénation *v* maladie *v* affection *v* morbidité mentale; psychose; psychopathie *f*
elmefuttatás causerie (à bâtons rompus); chronique *f*
elmegy 1. partir; s'en aller; *elmehet!* vous pouvez disposer *v* vous retirer; **2.** *(alkalmazott)* quitter son emploi; **3.** *(vhonnan)* s'en aller; partir; s'en retourner; **4.** *vmeddig* ~ aller *v* pousser jusqu'à...; **5.** ~ *vmi mellett* longer qc; passer à côté de qc; **6.** *(vhová)* aller; se rendre à...; **7.** ~ *vkihez* passer chez q; aller voir q; **8.** *vkiért* ~ aller chercher *v* prendre q; **9.** *a pénz hihetetlen gyorsasággal megy el* l'argent part avec une rapidité incroyable; ~ *az esze* s'en aller de la tête; **10.** ~ *katonának* s'engager; **11.** *ez még* ~ *cela peut* passer; **12.** *ezen nem lehet elmenni* il n'y a rien à en tirer
elmegyengeség insanité; débilité *v* faiblesse mentale
elmegyógyász psychiatre; (médecin) aliéniste *n*
elmegyógyászat psychiatrie; médecine mentale
elmegyógyintézet maison *f* de santé; asile *v* hospice *m* d'aliénés
elméjű [~ek, ~t; ~en] *gyenge* ~ faible *v* simple d'esprit; arriéré, -e
elmekórtan psychiatrie *f*
elmélet théorie; doctrine; thèse; conception; hypothèse *f;* ~*ben* dans la *v* en théorie; théoriquement
elméleti [~ek, ~t] théorique; doctrinal, -e; spéculatif, -ive; ~ *jelentőségű határozmány* résolution platonique *f;* ~ *mechanika* mécanique rationnelle; ~ *terhelés* charge supposée; ~ *tudomány* science spéculative
elmélkedés méditation; contemplation; réflexion; considération *f*

elmélkedik [~tem, ~ett, ~jék *v* ~jen] réfléchir; méditer; contempler
elmélyed se plonger; s'enfoncer; s'absorber; *önmagában* ~ se replier sur soi-même
elmenekül [~tem, ~t, ~jön] **1.** se sauver; s'enfuir; s'échapper; prendre la fuite; **2.** ~ *vki elől* fuir (devant) q; ~ *vmi elől* fuir qc; **3.** *kat:* décrocher; **4.** *(vhová)* se réfugier; s'abriter
elmenőben au départ; en partant; sur le point de partir; ~ *van* être sur le point de partir
élmény 1. *(átélt dolog)* expérience *f;* le vécu; chose vécue; **2.** *(kaland)* un événement de sa vie
elmeosztály service *m* des aliénés
elmérgesedett [~et; ~en] **1.** *(seb)* envenimé, -e; *(betegség)* exaspéré; exacerbé, -e; **2.** *átv:* empoisonné; envenimé, -e
elmerít immerger; plonger; submerger; noyer
elmerül 1. couler (bas *v* à fond); s'engloutir; s'engouffrer; s'abîmer; sombrer; plonger; se noyer, être submergé(e); *(tárgy)* s'immerger; **2.** *átv:* se plonger; s'absorber; ~ *a részletekben* se noyer dans les détails; **3.** *(erkölcsileg stb.)* s'enliser
elmés [~ek, ~t] **1.** spirituel, -elle; fin; subtil, -e; **2.** ingénieux, -euse; ~ *szerkezet* dispositif ingénieux
elmesél (ra)conter; narrer; faire le récit de qc
elmésség 1. sagacité *f;* esprit *m;* subtilité (d'esprit); finesse *f;* **2.** trait *m* d'esprit; saillie *f*
elmeszesedés 1. calcification *f;* **2.** *orv:* sclérose *f*
elmetsz trancher; sectionner; couper; tailler
elmezavar déséquilibre *v* trouble mental *v* cérébral *v* psychique; confusion *v* aliénation mentale; démence *f*
elmond 1. raconter; dire; conter; faire le récit de qc; narrer; relater; rapporter; *(bizalmasan)* confier qc à q; *(verset)* réciter; *újra meg újra* ~ dire et redire; **2.** *vminek* ~ traiter

… # elmondás 207 elnéz

v qualifier de qc; *mindennek ~ta il lui a donné tous les noms possibles et impossibles*
elmondás 1. narration *f;* récit *m;* **2.** *(leckéé, versé, imáé stb.)* récitation *f;* **3.** *(módja)* débit *m*
elmondhatatlan 1. *(titkos)* inavouable; irracontable; **2.** *(nincs rá szó)* indicible; ineffable
elmos 1. *(edényt)* laver; nettoyer; **2.** *(partot)* emporter; ronger; affouiller; *(hegyoldalt)* raviner; **3.** *(vonalat, betűt)* estomper; effacer; *~sa a körvonalakat* noyer les contours; **4.** *(emléket)* effacer; estomper
elmosódik s'effacer; s'oblitérer; s'estomper; être délavé(e)
elmosódó [~k v ~ak, ~t] **1.** fuyant, -e; *~ emlék* souvenir fuyant; **2.** *műv:* vaporeux, -euse; flou, -e
elmosódott [~ak, ~at; ~an] **1.** diffus; délavé, -e; *~ emlék* souvenir effacé v fruste; **2.** *(írás)* effacé, -e; **3.** *(emlék)* diffus; effacé, -e; **4.** *fest:* flou, -e
elmozdít 1. *(vmit)* déplacer; remuer; **2.** *(állásából)* déplacer; révoquer
elmozdul se déplacer; bouger; *nem mozdul el* s'immobiliser
elmúlás 1. *(időé)* écoulement *m;* *(határidőé)* achèvement *m;* **2.** *(fájdalomé stb.)* cessation; disparition *f;* **3.** *az ♣ gondolata* l'idée *f* de la mort
elmulaszt 1. *(megszüntet)* faire cesser v passer v disparaître; supprimer; arrêter; **2.** *(alkalmat stb.)* manquer v laisser échapper; manquer v omettre de *(inf); ~ja a határidőt* laisser passer le délai; *~ egy találkát* rater un rendez-vous; *nem mulaszthatom el, hogy ne* je ne peux m'empêcher de *(inf)*
elmulasztás 1. *(megszüntetés)* suppression *f;* retranchement *m;* **2.** *(intézkedésé stb.)* inobservation; omission; négligence *f;* le défaut de *(inf)*
elmúlhatatlan indéfectible; impérissable; indélébile
elmúlik 1. passer; cesser; *a fogfájása ~t* son mal de dent est passé; **2.**

orv: (kelés, kiütés) rentrer; **3.** *(idő)* s'écouler; passer; *gyorsan ~* fuir; *ezek az idők ~tak* ces temps sont révolus; *~ az alkalom* l'occasion s'envole v échappe
elmúlt I. *(mn)* passé; révolu, -e; *az ~ év* l'an révolu *v* passé; *az ~ napokban* dans ces derniers jours; **II.** *(fn) ezen idő ~ával* passé ce temps *v* ce délai
élmunkás ouvrier *v* homme *m* d'avantgarde; ouvrier de choc
elnagyol bâcler; massacrer; faire à la diable *v* à la va-vite; sabrer; saboter
elnapol [~tam, ~t, ~jon] *(tárgyalást)* ajourner; atermoyer; renvoyer (à ...)
elnémetesít [~ettem, ~ett, ~sen] germaniser
elnémít [~ottam, ~ott, ~son] faire taire; réduire au silence; fermer la bouche à q; *(sajtót)* museler; bâillonner
elnémul [~tam, ~t, ~jon] **1.** *orv:* perdre la parole; **2.** *átv:* se taire; fermer la bouche; *(vmitől)* rester muet de qc
elnéptelenedés dépopulation *f;* dépeuplement *m*
elnéptelenedik [~ett, ~jék v ~jen] se dépeupler
elnevet 1. manger en riant; *a felét ~te* il a mangé en riant la moitié de son récit; **2.** *~i magát* éclater de rire
elnevez 1. *(vmit)* nommer; dénommer; surnommer; *egyh: Szent Jakabról ~ett templom* une église sous le vocable de saint Jacques; **2.** *(vkit)* surnommer; attacher à q le surnom *v* le sobriquet de...
elnevezés 1. attribution *f* d'un nom; **2.** dénomination; appellation *f;* surnom *m;* *(gúnynévvel)* sobriquet *m;* *közös ~* nom générique *m*
elnéz I. *(tgyl i)* **1.** *~ a feje fölött* faire semblant de ne pas le voir; **2.** *(félre)* détourner son regard; **3.** *(vhová)* passer *v* faire un saut chez q; **II.** *(tgy i)* **1.** *(hosszasan)* fixer; regarder longuement; **2.** *(téved)* se tromper; faire erreur; se méprendre

(à qc); 3. *(hibát)* passer qc à q; pardonner qc à q; *ez egyszer ~em je vous le passe pour cette fois;* 4. *~tem* cela m'a échappé
elnézés 1. indulgence *f; (túlzott, bűnös)* complaisance *f; szíves ~ét kérem* je vous en fais toutes mes excuses; *~ét kérem, hogy veuillez* m'excuser de ce que; 2. méprise; erreur *f; ~ből* par mégarde
elnéző 1. indulgent, -e; 2. *vall, fil, pol:* tolérant, -e; 3. *túlságosan ~* complaisant, -e
elnök [~ök, ~öt, ~e] président *m; (gyűlésen)* président de séance
elnöki [~ek, ~t] présidentiel, -elle; *az ~ osztály vezetője* directeur de cabinet du ministre; *~ tanács* présidium *m*
elnöklés; elnökség présidence *f*
elnyel 1. *(szájon át)* avaler; dévorer; engloutir; 2. *(tenger, űr)* engloutir; engouffrer; 3. *(pénzt)* engloutir; 4. absorber; 5. *~i a szavakat* manger ses mots
elnyelőképesség pouvoir absorbant; absorptivité *f*
elnyer 1. gagner; obtenir; enlever; décrocher; acquérir; 2. *~ vkitől vmit* gagner qc sur *v* à q; 3. *(versenyen)* remporter; s'adjuger; *~i a szavazatokat* gagner les suffrages; 4. *ját: mindent ~* faire rafle; faire tapis net; 5. *~i vkinek barátságát* conquérir l'amitié de q
elnyom 1. *(népet)* opprimer; asservir; assujettir; subjuguer; *~ja a szabadságot* opprimer la liberté; 2. *(mozgalmat)* réprimer; *~ja a sajtót* museler *v* bâillonner la presse; 3. *(álom)* prendre; gagner; 4. *~ja az ásítást* étouffer un bâillement; 5. *~ja a hangot* étouffer la voix; 6. *átv:* refouler; réprimer; contenir; dominer
elnyomás; elnyomatás oppression *f;* despotisme *m; ~ban él* vivre dans la sujétion
elnyújt 1. allonger; prolonger; étendre; 2. *(hangot)* allonger; appuyer sur qc; 3. *(pert, stb.)* tirer *v* traîner en longueur; faire durer; *~ az örökkévalóságig* éterniser
elnyúlik 1. *(lemez)* se laminer; 2. *(ember)* s'étendre (de tout son long); tomber de son long; *~ az asztal alatt (részegen)* rester sous la table; *~ holtan* tomber raide mort; 3. *(vmeddig)* s'étendre *v* s'allonger jusqu'à...; 4. *(időben)* traîner en longueur
elnyű [elnyűvi, elnyűjjük, elnyűvik; ~ttem, ~tt, ~jjön] 1. *(ruhát)* user; élimer; 2. *átv:* user; trivialiser
elodáz [~tam, ~ott, ~zon] atermoyer; différer
elold délier (la corde de); détacher; lâcher; défaire les liens de q; *~ja vkinek láncait* déchaîner; défaire q de ses chaînes
elolt éteindre; étouffer
elolvad 1. (se) fondre; se liquéfier; se dissoudre; 2. *átv:* fondre; venir à rien
elolvas 1. lire (d'un bout à l'autre); achever; 2. *(kibetűz)* déchiffrer; 3. *(felolvasva) ~ vmit* faire *v* faire la lecture de qc
elolvasás 1. lecture *f;* 2. déchiffrement *m*
eloroszosít [~ott, ~son] russifier
eloszlat 1. *~ egy daganatot* résoudre *v* faire rentrer *v* fondre une tumeur; 2. *átv:* dissiper; balayer; *~ja félelmét* ôter toute crainte à q; *~ja a kételyeket* lever *v* ôter les doutes *v* les scrupules; 3. *(tömeget)* dissiper; disperser
eloszlik 1. *fiz:* se diffuser; 2. *orv: (daganat)* se résoudre; fondre; 3. se dissiper; *(nehézség)* s'aplanir; *(illúzió)* tomber; 4. *(részekre)* se diviser; se décomposer; 5. *(vmi között)* se répartir; 6. *(tömeg)* s'écouler; se disperser; 7. *több évre ~* s'échelonner sur plusieurs années
eloszt 1. *(egészet)* diviser; partager; portionner; *(arányosan)* répartir; *(egymás közt)* se répartir; *(beosztva)* classer; *(fokozatosan)* échelonner; *(több tárgyat)* distribuer; 2. *mat:* diviser; 3. *(időben)* espacer; 4. *(ösz-*

elosztás

szeget, költségvetésben) étaler; *(különböző címekre)* ventiler
elosztás 1. *(részekre)* partage *m;* division *f;* *(arányos)* répartition *f;* *méltányos* ~ *(adóé, teheré)* péréquation *f;* **2.** *(több tárgyé)* distribution *f;* *(osztályozva)* classification *f;* **3.** *post:* tri *m;* distribution *f;* **4.** *(vezetéké)* branchement *m;* **5.** *(fokozatos, időbeli)* échelonnement *m*
élő [~k, ~t] **I.** *(mn)* vivant, -e; ~ *állat* bête *f* sur pied; *(szárnyas)* volaille vivante; *(mint áru)* viande *f* sur pied; *az* ~ *beszéd* la langue parlée; ~ *felszerelés* cheptel vif; ~ *húsba vág* tailler dans le vif; ~ *nyelv* langue vivante; ~ *szóban* v *szóval* de vive voix; *nem találtam egy* ~ *lelket sem* je n'y ai trouvé âme qui vive; **II.** *(fn)* **1.** *az* ~*k les vivants;* **2.** *él: az* ~ *le vivant*
előad 1. *(felmutat)* exhiber; produire; **2.** *(eseményeket)* raconter; relater; faire un rapport de qc; rapporter; débiter; **3.** *(okot, ügyet)* exposer; rapporter; indiquer; signaler; **4.** *(véleményt)* formuler; exposer; présenter; **5.** *szính:* représenter; jouer; **6.** *film:* először ~ présenter; *másodszor* ~ donner en seconde vision; **7.** *szerepet ad elő* jouer *v* débiter un rôle; **8.** *(zenét stb.)* interpréter; exécuter; **9.** *(vmiről)* professer qc; faire un cours sur qc
előadás 1. *(rejtett tárgyé)* production *f;* **2.** *(eseményeké)* récit *m:* relation; narration *f;* **3.** *(okoké stb.)* exposé *m;* **4.** *szính:* représentation *f;* spectacle *m;* **5.** *film:* séance; matinée *f;* *(bemutató)* présentation *f;* **6.** *zen:* audition; exécution; interprétation *f;* **7.** *rád:* passage *m;* **8.** *(módja)* débit *m;* diction *f;* **9.** *(vmiről)* conférence; causerie *f* (sur qc); *(tudományos)* communication *f;* **10.** *isk:* leçon; classe *f;* **11.** *(felsőoktatásban)* cours *m;* ~*okra jár* suivre des cours
előadó I. *(mn)* ~ *művész* exécutant, -e; artiste *n;* **II.** *(fn)* **1.** *(referens)* rapporteur *m;* **2.** conférencier, -ière *n*

14 Magyar-Francia kézi

előbb-utóbb

előadóterem salle *f* de cours *v* de conférences
előadvány rapport; exposé; compte rendu *m*
előáll 1. *(kiáll)* se présenter; sortir du rang; *a kocsi* ~*t* la voiture est avancée; **2.** *(vmi tárggyal)* sortir; produire; exhiber (qc); **3.** *(érvvel, gondolattal)* sortir; avancer; **4.** *(vmiből)* se produire; se préparer; **5.** *átv:* se produire; s'enfanter
előállít 1. *(készít)* obtenir; extraire; gagner; produire; fabriquer; *(új dolgot)* mettre au point; **2.** *kat:* *(kenyeret, dohányt)* manutentionner; **3.** *(rendőrség)* amener; conduire sous escorte; *(tanút)* produire
előállítás 1. production; obtention; extraction; préparation; fabrication *f;* *(új dologé)* mise *f* au point; **2.** contrainte par corps; arrestation *f*
előállítási *ár* prix *m* de revient; ~ *költség* frais *m pl* de production; ~ *mód* procédé *m* de fabrication; ~ *parancs* mandat *m* d'amener
Elő-Ázsia l'Asie Antérieure; la Proche-Asie
előbb 1. *(azelőtt)* auparavant; avant; plus tôt; antérieurement (à q); *egy nappal* ~ la veille; *két nappal* ~ l'avant-veille; *sokkal* ~, *hogy* bien avant de *(inf);* ~ *említett* mentionné(e) ci-dessus *v* précédemment; **2.** *(cimben, foglalkozásról)* ld. *azelőtt;* **3.** *(először)* d'abord; **4.** *minél* ~ le plus tôt possible; **5.** *az* ~ *(imént)* tout à l'heure; **6.** *(inkább)* plutôt
előbbi; előbbeni [~ek, ~t] **I.** *(mn)* **1.** précédent; antérieur, -e (à qc); **2.** *(imént)* de tantôt; de tout à l'heure; *que vous venez d'entendre v* de voir; **II.** *(fn)* **1.** *az* ~ le premier, la première; *az* ~*ek (színdarabban)* les mêmes; **2.** *az* ~*(ek)* ce qui précède
előbbre plus avant; en avance; ~ *enged* laisser approcher; *ezzel nem jutunk* ~ avec cela nous n'irons pas plus loin; ~ *keltez* antidater
előbb-utóbb un jour ou l'autre; tôt ou tard

élőboncolás 210 előkelő

élőboncolás vivisection *f*
előbukkan 1. surgir; apparaître; **2.** *(felszínen)* affleurer; remonter à la surface; émerger (à la surface); **3.** *(földből)* pointer; **4.** *(forrás)* sourdre; jaillir
előcsarnok 1. hall; vestibule; porche *m*; *(oszlopos)* portique *m*; **2.** *(templomé)* porche; *(külső)* parvis *m*
előd [~ök, ~öt, ~je] **1.** ancêtre *m*; aïeux *m pl*; **2.** *átv:* prédécesseur *m*; devancier, -ière *n*; précurseur *m*; **3.** hivatali ~ ancien *m*
elődöntő I. *(mn)* ~ verseny course *v* épreuve mi-finale; **II.** *(fn)* sp: (de)mi-finale, semi-finale *f*
előélet 1. vie antérieure; **2.** jog: casier judiciaire *m*; antécédents judiciaires *m pl*
előérzet 1. pressentiment *m*; intuition *f*; **2.** orv: *(betegségé)* aura *f*
előest la veille (de...)
előétel hors-d'œuvre *m*; entrée *f*
előfa bois *m* sur pied
előfeltétel conditions (requises); condition première; prémisse *f*
előfizet 1. *(másnak)* abonner q à qc; *(magának)* s'abonner à qc; prendre *v* souscrire un abonnement à qc; **2.** *(könyvre)* souscrire à qc
előfizetés 1. abonnement *m*; **2.** *(könyvre)* souscription *f*
előfordul 1. se produire; se rencontrer; arriver; avoir lieu; se passer; gyakran ~ se répéter; *ez még egyszer elő ne forduljon!* et que cela ne se renouvelle plus! **2.** *(szó, kifejezés)* être attesté(e); figurer; **3.** növ, áll: habiter qc; vivre; se rencontrer; *(növ. igy is:)* pousser; sűrűn ~ abonder
előfordulás 1. production; présence *f*; **2.** növ: habitat *m*; ásv: production
előfutár précurseur; avant-coureur *m*
előgyártott [~ak, ~at; ~an] ~ elemek, alkatrészek éléments préfabriqués
előhad troupes *f pl* d'avant-garde; avant-garde *f*
előhal poisson vivant
előhírnök précurseur; avant-coureur; courrier; présage *m*

előhí(v) 1. appeler; **2.** fényk: développer
előhoz 1. *(tárgyat)* apporter; exhiber; **2.** *(szóban)* rappeler; mentionner; sortir; avancer; *nem is hozta elő il n'en a même pas fait mention*
előidéz 1. déterminer; amener; provoquer; occasionner; susciter; engendrer; faire naître; *fordulatot idéz elő* opérer un revirement; **2.** *(nagy dolgot)* déclencher; déchaîner; *súlyos válságot idéz elő* être l'occasion d'une crise grave
előír 1. prescrire; ordonner; **2.** ~ vkinek prescrire *v* imposer à q
előirányoz prévoir; allouer (une somme) à qc
előirányzat prévision(s) *f (pl)*; budget *m* de prévision
előírás 1. prescription *f*; règlement *m*; **2.** *(szabvány)* norme *f*; standard *m*
előírásos 1. réglementaire; **2.** dipl: protocolaire
előírt [~ak, ~at] **1.** prescrit, -e; réglementaire; protocolaire; statutaire; **2.** *(életkor stb.)* requis, -e; *(sorozásnál)* ~ magasság taille militaire *f*; **3.** jog: voulu, -e; ~ alakiságok formes voulues
előítélet préjugé *m*; prévention *f*; idée toute faite
előjáték 1. szính: prologue *m*; **2.** zen: prélude *m*; ouverture *f*; **3.** átv: prélude; prodrome *m*
előjegyez 1. prendre (bonne) note de qc; **2.** *(könyvet)* souscrire à...
előjegyzési naptár agenda; carnet *m* de notices
előjel 1. prodrome; signe annonciateur *v* précurseur *v* avant-coureur; symptôme; présage *m*; *jó* ~ heureux augure; *a tavasz ~e* l'annonce du printemps; **2.** mat: signe; nom *m*; *ellenkező* ~ nom *v* signe contraire
előjog prérogative *f*; privilège *m*; *(elsőbbszülöttségi)* aînesse *f*
előjön 1. paraître; se présenter; se montrer; sortir; **2.** ~ *vmivel* sortir qc
előkelő [~ek *v* ~k, ~t] **I.** *(mn)* **1.** *(születésre, a feudál-kapitalista világ-*

előkelőség 211 **előmenetel**

ban) distingué, -e; de haute naissance; de distinction; ~ *ember* homme *m* d'imporiance *v* de condition; ~ *esküvő* grand mariage; ~ *név* nom illustre *m;* ~ *származású* d'illustre naissance; de haute naissance; **2.** *(kiváló, magasrangú)* haut placé(e); de marque; illustre; *(megjelenésre)* distingué, -e; ~ *állás* position brillante; ~ *modor* grandes manières; ~ *nevelés* éducation distinguée; ~ *szálloda* palace *m;* ~ *szellem* une âme haute; ~ *személy* personnage de distinction; ~ *vendég* invité *v* hôte *m* de marque; **3.** *(stílus, beszéd)* soutenu; élégant, -e; **II.** *(fn)* aristocrate *m;* patricien, -enne *n*
előkelőség 1. *(tulajdonság)* distinction; élégance *f;* **2.** *(személy)* notable *m;* notabilité *f;* haute personnalité
előkép tableau vivant
előkeres aller chercher *v* trouver; exhumer; déterrer
előkerít 1. *(vmit)* découvrir; trouver; dénicher; **2.** *(vkit)* (r)amener; faire venir
előkert jardin *m* de devant
előkészít 1. *(vmire)* préparer; disposer; apprêter *(mind:* à qc *v* à *és inf);* *(titokban)* couver; mijoter; *jól* ~ *(ügyet)* monter bien; ~*i fegyvereit* apprêter ses armes; ~ *a halálra* préparer *v* disposer à mourir; ~*i a lelkeket* préparer les esprits; ~*i vminek útját* frayer le chemin à qc; **2.** ~ *egy diákot a vizsgára* préparer un élève à l'examen; **3.** *műsz:* parer; **4.** *konyh:* *(szárnyast, vadat sütésre)* habiller; *(kötözve)* brider
előkészítés préparation *f;* ~ *alatt van* être en chantier *(főleg tb);*
előkészül se préparer à qc *v* à *(inf);* se mettre en devoir de *(inf)*
előkészület apprêts *m pl;* ~ *nélkül beszél* parler d'abondance *v* sans préparation *v* à livre ouvert; ~*ben van* être en élaboration; *(könyv)* être en préparation
I. *(ige)* **elöl 1.** tuer; étouffer; **2.** *orv:* *(baktériumot)* tuer; stériliser

II. *(hat)* **elöl** en avant; à l'avant; par devant; sur le devant; devant; au premier plan; *nyelv:* ~ *képzett magánhangzó* voyelle antérieure; ~ *jár* aller de l'avant; aller devant; marcher en tête de qc; *jó példával jár* ~ prêcher d'exemple; donner l'exemple
elől; *vki* ~ de devant q; *elviszi* ~*e il le lui enlève v* ôte *v* souffle
előleg [~ek, ~et, ~e] **1.** avance (de fonds); avance *f* à valoir (sur qc); **2.** *(foglalóképpen)* arrhes *f pl;* **3.** *(részletként vásárlásnál)* acompte *m;* **4.** *(előirányzott összegből)* prélèvement *m*
előlegez [~tem, ~ett, ~zen] **1.** avancer qc; **2.** *átv:* ~*i bizalmát vkinek* faire crédit à q; donner *v* accorder sa confiance à q; **3.** *átv:* anticiper sur qc
élőlény être (vivant); créature animée
előlép 1. *(sorból)* quitter les rangs; sortir du rang *v* de la foule; avancer; **2.** *(hivatalban)* obtenir *v* recevoir de l'avancement; monter en grade; **3.** ~ *vmivé* être promu(e) qc; passer qc
előlépés avancement *m;* promotion *f*
elől-hátul par-devant et par derrière; devant et derrière
elöljáró I. *(mn)* ~ *beszéd* discours préliminaire *m;* *(írott)* avant-propos *m;* **II.** *(fn)* **1.** supérieur *m;* **2.** *(városi)* maire *m* (d'arrondissement); **3.** *nyelv:* préposition *f;* **4.** ~*ban* avant tout(e chose); en guise de préambule
elöljáróság mairie *f* (d'arrondissement)
elölnézet vue *f* de front *v* de face
elölről 1. *(nézve)* (vu) de face *v* de front; de devant; **2.** *(kezdve)* en commençant par le premier; *v* ~ *végig* du commencement à la fin; **3.** ~ *kezd* recommencer; commencer *v* reprendre par le commencement
élőmarha bête *f* sur pied
előmelegítés préchauffage; chauffage préalable *m*
előmenetel [~ek, ~t] **1.** *(hivatali)* avancement *m:* promotion *f;* **2.** *(iskolai)* progrès *m (pl)*

14*

elömlik se déverser; déferler; se répandre; déborder qc
előmozdít favoriser; encourager; faciliter; seconder; (faire) avancer; stimuler; ~*ja a termelést* encourager la culture v la production
előmozdítás encouragement; avancement *m*
előmunkálatok travaux préparatoires v préliminaires; préparatifs; préliminaires *m pl*
előmutat exhiber; produire
élőnövényzet végétation *f*
elönt 1. inonder; envahir; déborder sur qc; submerger; noyer; 2. ~*i a harag* la colère le prend v le saisit; *a pirosság* ~*i az arcát* le rouge lui monte au visage
előny [~ök, ~t, ~e] 1. *(mással szemben)* avantage *m;* a dolognak számos ~*e van* l'affaire offre v présente de nombreux avantages; *egy órai* ~*e van* avoir une avance d'une heure; ~*ben részesít vkit* avantager; accorder la préférence à q; *behozza az* ~*t* rattraper l'avance; ~*ökkel jár* comporter v présenter des avantages; 2. *(haszon)* avantage; bénéfice; profit; acquêt *m;* 3. *sp:* avance *f;* avantage m
előnyom *(kézimunkát)* imprimer; *(hímzéshez)* tracer
előnyomul 1. (s')avancer (sur qc); gagner du terrain; aller de l'avant; 2. *(szűk helyből)* déboucher
előnyomulás 1. avance; progression *f;* 2. *kat:* mouvement *m* en avant
előnyös [~ek, ~et] avantageux, -euse; profitable; ~ *volna, ha* on aurait intérêt à *(inf);* ~ *elbánásban részesít vkit* accorder à q un régime de faveur; ~ *külsejű* d'une physionomie heureuse; ~ *üzlet* affaire intéressante
előnytelen [~ek, ~t] désavantageux, -euse; ingrat, -e
előőrs avant-poste *m;* sentinelle (avancée); poste *m;* vedette *f*
előrag *nyelv:* préfixe *m*
előránt 1. tirer v sortir d'un geste prompt; ressortir; ~*ja a kést*

jouer du couteau; 2. *átv:* sortir; mettre en avant; repêcher
előre 1. *(helyben)* avant (les autres); en avant; par-devant; sur le devant; *előre!* en avant! allez-y! 2. *(időben)* d'avance; par avance; à l'avance; au préalable; ~ *elkészít* préformer; ~ *érez* pressentir; ~ *értesít* prévenir; ~ *gyárt* préfabriquer; ~ *jelez* annoncer; ~ *kialakított vélemény* idée v opinion préconçue; ~ *kifizet* payer d'avance; ~ *köszön* saluer le premier; ~ *küld* se faire précéder de q; ~ *lát* prévoir; présumer; ~ *nem látott* imprévu, -e; accidentel, -elle; ~ *nem látott eset* événement imprévu v fortuit; ~ *nem látott kiadások* faux frais; frais accessoires; imprévus *m pl;* ~ *megállapított terv szerint* suivant un plan concerté; ~ *megfontol* préméditer; ~ *megfontolt szándékkal* avec préméditation; avec intention préméditée; ~ *meghatározott időben* gyülnek össze se réunir à heure fixe; ~ *megjósol* prédire; présager; pronostiquer; ~ *megmondom* je vous le dis à l'avance; ~ *megy* partir devant; passer v marcher devant; ~ *mutat* indiquer la direction; *átv:* indiquer le chemin de l'avenir v du progrès; ~ *örül vminek* se faire une fête de qc; ~ *számít vmire* escompter qc; ~ *tekint* prévoir l'avenir; ~ *tud* avoir la prescience de qc; préconnaître; ~ *veti árnyékát* projeter son ombre
előreálló saillant; proéminent, -e
előrebocsát 1. faire v laisser passer en avant v avant v devant; 2. *(beszédben)* observer préalablement; dire au préalable
előregedés vieillissement *m;* sénilité *f*
előregszik parvenir à la vieillesse; vieillir; *pej:* tomber dans la décrépitude v la sénilité
előregyártott *ld:* **előgyártott**
előrehajlik; előrehajol 1. se courber v se pencher en avant; 2. *(szikla, hegy vmi fölé)* surplomber qc

előrehalad 1. avancer; aller de l'avant; *gyorsan halad előre* avancer rapidement; 2. *átv:* avancer; faire du progrès; progresser; *jelentékenyen ~t marquer un progrès appréciable* **előrehaladt** 1. avancé, -e; *a koncentráció ~ állapotban van* la concentration est poussée; 2. civilisé, -e; à économie développée
előrehatol avancer; aller de l'avant; pénétrer dans qc
előre-hátra d'avant en arrière et d'arrière en avant; *~ mozgás* va-et-vient *m*
előrehúzás 1. protraction *f;* 2. *műsz:* ravancement *m*
előrejut avancer; cheminer; progresser; *(versenyben)* prendre la tête
előrekeltez antidater
előrelátás prévision; prévoyance *f*
előrelátható 1. prévisible; présumé, -e; *ez ~ c'est* facile a prévoir; 2. présomptif, -ive
előrelátó prévoyant; avisé; circonspect, -e
előremegy 1. partir en avant; aller de l'avant; 2. passer le premier *v* la première; 3. *(hivatalban)* avancer
előresiet courir en avant
előrész 1. devant *m;* partie antérieure; 2. *(állaté, szekéré)* avant-train *m*
előretart I. *(tgyl i)* aller de l'avant; avancer; II. *(tgy i)* ramener en avant; tendre en avant
előretesz 1. poser *v* ranger en avant; 2. *nyelv:* placer devant; antéposer
előretol avancer; pousser en avant; faire passer au *v* en premier plan
előretör 1. *kat:* s'avancer; se porter vers...; 2. *(versenyben)* pousser une pointe; prendre de l'avance; se sauver; s'échapper
előreugró en saillie; en surplomb; surescarpé, -e; *~ áll* menton *m* en galoche
élősdi [~ek, ~t, ~je] I. *(mn)* parasite; parasitaire; parasitique; II. *(fn)* 1. parasite *m;* állati, növényi *~* parasite animal, végétal; *(bacilus)* saprophyte *m;* 2. *(ember) ld:* **élősködő**

elősegít 1. favoriser; faciliter; encourager; prêter aide *v* assistance à q; 2. *(betegséget)* prédisposer à qc
elősiet accourir
élősködik [~tem, ~ött, ~jön] 1. vivre en parasite; *~ vmin* parasiter qc; 2. *(ember)* vivre en parasite; faire le parasite; *~ vkin* gruger q; vivre aux crochets de q
élősködő [~t] I. *(mn) ld:* **élősdi;** II. *(fn)* 1. *ld:* **élősdi;** 2. *(ember)* parasite *m;* écornifleur, -euse *n*
élősövény haie vive *v* de défense
élősúly poids vif *v* vivant; *kilogrammonkénti ~* kilogramme vif
előszeretet prédilection; préférence *f; ~tel* de préférence
előszezon demi-saison *f*
előszó préface *f;* avant-propos; avis *v* avertissement *m* au lecteur
élőszó expression orale *v* verbale; *~ban* de vive voix
előszoba vestibule *m;* *(nagy)* antichambre *f*
először 1. une première fois; (pour) la première fois; d'abord; au premier abord; 2. *(elsorolásnál:)* primo; premièrement; une fois; 3. *~ is* d'abord; tout d'abord
előtag 1. *mat:* *(arányé)* antécédent *m;* *(egyenleté)* premier terme; 2. *nyelv:* *(összetételé)* premier terme; *(képző)* préfixe *m*
előtér 1. *(lépcsőházban)* palier *m;* *(lakásban)* vestibule *m;* 2. *(épület előtt)* esplanade *f;* 3. *átv: ~be helyez v tol* mettre en vedette; *~be lép v nyomul* passer *v* avancer au premier plan
előterjeszt 1. présenter; exposer; soumettre à q; 2. *(javaslatot)* déposer; 3. *(jelentésben)* rapporter; référer; 4. *(vki elé)* porter devant q; saisir q de qc
előtol avencer; amener
előtör 1. *kat:* pousser jusqu'à...; avancer; 2. *~ a tömegből* surgir de la foule; 3. *(folyadék stb.)* jaillir
előtt [~em, ~ed, ~e, ~ünk, ~etek, ~ük] 1. *(térben)* devant qc; en avant de qc; à l'avant de qc; en présence de q; *vki ~ jár, megy*

előtti 214 **elpártol**

marcher v passer devant q; *átv:* devancer v précéder q; ~*e* audevant; devant lui; *mindig ~em van* je n'ai cessé de l'avoir présent(e) à l'esprit; *képe mindig ~em van* v *lebeg* son image ne me quitte pas; 2. *(sorrendben)* avant; 3. *(időben)* avant q v qc; à la veille de qc; *vmi ~ áll, ~e áll vminek* être à la veille de qc; *határidő ~ teljesíti a tervet* réaliser le plan avant terme; 4. *nyelv:* avant; devant; *az ige ~* avant le verbe; *a névszó ~* devant le nom; 5. *hiv:* par devant q; par-devers q; *a bíró ~* par-devers le juge
előtti [~t] 1. *(térben)* placé(e) v posté(e) v situé(e) devant qc; 2. *(időben)* antérieur, -e; d'avant...; d'il y a...; 3. pré-; ante-; *vízözön ~* antédiluvien, -enne
előtűnik (ap)paraître; surgir; se faire voir
előváros banlieue *f*
elővesz 1. sortir; (re)tirer; 2. *(kérdést)* mettre sur le tapis; aborder; 3. *~i minden tudását, erejét* déployer tout son savoir, toutes ses énergies; 4. *(vkit, hogy megpirongassa stb.)* prendre à partie; 5. *újra ~ (büntettet bíróság)* évoquer; 6. *(betegség)* compromettre v ébranler la santé de q
elővétel 1. *jog:* préemption *f;* 2. *szính:* location *f*
elővételi 1. *jog:* ~ *jog* droit *m* de préemption; 2. *szính:* ~ *pénztár* guichet v bureau *m* (de) location
elővezet 1. amener; 2. *(börtönből)* extraire
elővezetés arrestation; contrainte *f* par corps
elővigyázatlan imprudent; imprévoyant, -e
elővigyázatos [~ak, ~at] prudent; circonspect, -e; précautionneux, -euse
elővigyázatosság précaution; prudence; circonspection; vigilance *f*
előz [~tem, ~ött, ~zön] *(jármű)* doubler; dépasser

előzékeny [~ek, ~et] prévenant (à l'égard de v pour v envers q); obligeant, -e; serviable; complaisant; accommodant, -e; *üzleti életben ~* coulant(e) en affaires
előzékenység prévenance(s) *f (pl);* obligeance; complaisance *f;* ~*ével elhalmoz* combler de prévenances
előzetes [~ek, ~et] I. *(mn)* 1. préalable; préliminaire; préventif, -ive; provisoire; anticipé, -e; *~ becslés* évaluation préalable *f;* ~ *cenzúra* censure préalable *f;* ~ *értesítés* préavis *m;* ~ *figyelmeztetés* avertissement *m;* ~ *letartóztatás* détention préventive; ~ *letartóztatásba helyez* mettre en prévention; 2. *jog:* préjudiciel, -elle; ~ *javaslat (parlamenti)* motion préjudicielle; ~ *kérdés* question préjudicielle; II. *(fn) film:* bandeannonce *f*
előzmény [~ek, ~t, ~e] 1. antécédent(s) *m (pl);* prémisse *f;* 2. précédent *m*
előző [~k, ~t] I. *(mn)* précédent; antérieur, -e; d'auparavant; d'avant; antécédent, -e; ~ *este* la veille au soir; II. *(fn) az ~kben* dans v en ce qui précède
előzőleg; előzően préalablement; au préalable; précédemment; antérieurement; auparavant
elözönli(k) [-nlötte, -nölje] envahir v inonder qc; déborder v déferler (sur)
elpáhol rouer v charger v bourrer de coups; faire un mauvais parti à q; accoutrer; arranger; *alaposan ~* rosser v dauber d'importance
elpalástol pallier; masquer; voiler
elpanaszol raconter; confier; ~*ja baját* défiler son chapelet; ~*ja, hogy* se plaindre que *(inf* v *subj)* v de ce que *(ind)*
elpárolog 1. s'évaporer; se volatiliser; se vaporiser; s'en aller; 2. *minden illúziója ~* il voit s'évanouir toutes ses illusions; 3. *gúny: (ember)* se volatiliser; s'éclipser
elpártol *(vkitől)* faire défection à q; se détourner de q; déserter (le camp de q)

elpatkol nép: passer l'arme à gauche; plier bagage
elpattan 1. (buborék, ér) crever; éclater; (üveg) se fêler; se fendre; **2.** (húr) casser; se rompre
elpazarol gaspiller; dissiper; dilapider; erejét ~ja user ses forces; ~ja vagyonát gaspiller v manger v dévorer sa fortune
elpihen se reposer; se donner un peu de repos
elpirul 1. rougir; devenir cramoisi v rouge; **2.** (arc) s'empourprer; se colorer
elporlad; elporlik tomber en poussière; se pulvériser
elposványosodik [~ott, ~jék v ~jon] **1.** (út) devenir gâcheux v bourbeux v (vidék:) marécageux; **2.** (ügy) finir en queue de poisson v de rat
elpuhult [~ak, ~at; ~an] amolli; aveuli; avachi, -e; douillet, -ette; ~ élet vie molle et béate
elpusztít 1. détruire; dévaster; ravager; désoler; saccager; ruiner; anéantir; (tűz) consumer; **2.** (embereket) exterminer; massacrer
elpusztítás 1. destruction f; anéantissement m; dévastation f; **2.** (embereké) extermination f; massacre m
elpusztul 1. être ruiné v dévasté v saccagé v détruit v anéanti, -e; tomber en ruine; **2.** (élőlény) périr; mourir; crever
elpusztult [~ak, ~at; ~an] **1.** (hajó) perdu(e) corps et biens; naufragé, -e; (város) tombé(e) en ruine; (ország) dévasté; ravagé, -e; (épület) sinistré, -e; **2.** (élőlény) mort, -e; **3.** (nép) disparu, -e; **4.** (vagyon) englouti(e) dans qc
elrablás 1. rapt; ravissement; enlèvement m; **2.** (tárgyé) vol m (à main armée)
elrabol 1. (vkit) enlever; ravir; **2.** (vmit) voler; dérober
elragad 1. (erővel) emporter; entraîner; (ár) emporter à la dérive; **2.** átv: emporter; entraîner; **3.** (érzelmileg) ravir; empoigner; saisir; transporter (d'aise); **4.** (vmitől) ravir v enlever v arracher à q; **5.** (halál) faucher; ravir; ~ az élők sorából emporter
elragadó [~k v ~ak, ~t] ravissant; charmant; saisissant, -e; ~ nő femme délicieuse
elragadtatás extase f; transport; ravissement m; ~ba ejt extasier; ~ba esik tomber dans l'extase; ~sal beszél vmiről s'extasier devant qc; ~sal hallgat vkit écouter q avec transport
elrak 1. ranger; serrer; remettre en place; **2.** (későbbre) mettre de côté; **3.** konyh: mettre en conserve
elraktározás entreposage; emmagasinage; stockage m; mise f en stock
elrejt 1. (tárgyat) cacher; celer; (bűnöst, lopott holmit) receler; recéler; cacher; **2.** (vmi mögé) cacher derrière...; dissimuler; **3.** (hadállást stb.) camoufler; **4.** átv: dissimuler; cacher; pallier; masquer; camoufler; ~i szégyenét enfermer sa honte; ~i terveit dissimuler ses projets
elrejtés 1. dissimulation f; (földbe) enfouissement m; **2.** (lopott holmié v üldözötté) recel m; **3.** (hadállásé stb.) camouflage m
elrejtőzik se cacher; s'embusquer; se dissimuler; se dérober aux recherches
elrekeszt 1. (fallal) cloisonner; compartimenter; **2.** (folyót) endiguer; **3.** (térséget) parquer; **4.** (utat) bloquer; barrer; **5.** egymástól ~ isoler (les uns des autres)
elrémít consterner; effarer; terrifier; épouvanter; remplir d'effroi v de terreur
elrémítés intimidation f
elrendel ordonner; décréter; prescrire; enjoindre; a bíróság ~te, hogy le tribunal a statué que
elrendez 1. ranger; arranger; ordonner; mettre v disposer (en ordre); mettre de l'ordre dans qc; mettre en place; aménager; **2.** (ügyeket) régler; mettre ordre à qc; arranger
elrendezés 1. disposition f; aménagement; ajustement; agencement m;

ügyes ~ habile coordination *f;* 2. *(ügyé)* règlement; arrangement *m*
elrepül 1. s'envoler; prendre son vol *v* son essor; 2. *átv:* *(idő, boldogság stb.)* s'enfuir
elreteszel 1. verrouiller; fermer au verrou; 2. *kat:* *az ellenséges betörést* ~*i* colmater l'enfoncement, *v* une brèche
elrettent inspirer de la terreur *v* de l'effroi à q; décourager; terrifier
elrettentő *példa* exemple effrayant; ~ *például* pour faire un exemple
elriaszt effaroucher; mettre en fuite; faire fuir
elriasztó 1. effarouchant, -e; 2. *átv:* rébarbatif, -ive; répugnant, -e
elrohan 1. partir en coup de vent; s'élancer; ~ *vkihez* sauter *v* bondir chez q; 2. ~ *(mellette)* passer en trombe *v* en coup de vent
elromlik 1. *(szerkezet)* se détériorer; se détraquer; se déranger; 2. *(szem)* s'abîmer; 3. *ált:* se gâter; 4. *(élelem, egészség)* s'altérer
elrongyolódik 1. *(ruha)* être *v* s'en aller en lambeaux; *(széle)* s'effranger; 2. *(papiros)* se déchirer; se friper
elront 1. gâter; détruire; 2. *(szerkezetet)* détraquer; déranger; dérégler; 3. *(munkát)* gâcher; massacrer; bousiller; 4. *(egészséget)* compromettre; altérer; ruiner; ~*otta a gyomrát* il s'est dérangé l'estomac; il a une indigestion; 5. *(ételt)* altérer; *(levegőt)* vicier; 6. *(embert)* gâter; *(erkölcsileg)* dépraver; pervertir; corrompre; 7. *(ügyet)* gâcher; galvauder; manquer; 8. *(összhangot)* détruire; 9. ~*ja a hatást* tuer l'effet
elrothad pourrir; se putréfier
elrozsdásodik rouiller; s'enrouiller; être rongé(e) *v* mangé(e) par la rouille
elrúg 1. pousser avec le pied; ~*ja magától* repousser d'un coup de pied; 2. *futb:* ~*ja a labdát* envoyer le ballon
elsajátít faire sien(ne); assimiler; apprendre; acquérir

elsajátítás conquête; acquisition; assimilation *f;* *az eszközök* ~*a* la conquête des moyens
elsáncol 1. retrancher; fortifier; 2. *kat:* ~*ja magát* se retrancher; se fortifier; *(egy állásban)* se loger dans (une position)
elsápad pâlir; blêmir; changer de couleur; *félelmében* ~ blêmir de peur
elsárgul 1. jaunir; 2. *(növény)* s'étioler
elsatnyul 1. dépérir; dégénérer; péricliter; s'étioler; 2. *(szerv)* s'atrophier; 3. *növ:* se rabougrir; s'étioler; 4. *átv:* se rabougrir; dégénérer; tomber en déchéance
elsekélyesedik s'enliser; perdre son intérêt
elseper balayer; *elspri a szemetet* balayer l'ordure; *-prő győzelem* victoire complète
elsietett brusqué; précipité; anticipé, -e; hâtif, -ive
elsikkad [~t, ~jon] s'égarer; se perdre; se volatiliser
elsikkaszt 1. détourner; soustraire; distraire; divertir; 2. *átv:* escamoter
elsiklik 1. *(vki előtt)* filer *v* glisser *v* passer sous les yeux de q; 2. ~ *vmi felett* glisser *v* couler sur qc; passer par-dessus; *(átv:)* passer qc sous silence
elsimít 1. lisser; aplanir; 2. *(területet)* aplanir; régaler; 3. *ép:* *(falat)* ragréer; ravaler; 4. *(ráncot)* effacer; 5. *(ügyet)* accommoder; arranger; ajuster; *(nehézséget)* aplanir
elsimul 1. s'aplanir; se lisser; *(tenger)* mollir; 2. *(ránc)* s'effacer; *a ráncok* ~*tak* homlokán son front s'est déridé; 3. *(ügy)* s'arranger; s'apaiser
elsír 1. ~*ja baját* soupirer ses peines; ~*ja panaszát* exhaler sa douleur; 2. ~*ja magát* fondre en larmes
elsodor emporter (à la dérive); entraîner; *(átv. így is:)* déborder q
elsorol 1. énumérer; 2. *(érdemeket stb.)* spécifier; mettre en avant
elsorvad 1. *(szerv)* s'atrophier; 2. *növ:* se rabougrir; 3. *átv:* se consumer; dépérir; s'étioler

elsóz 1. saler trop; **2.** *biz:* *(rossz árut stb.)* refiler
első [~k, ~t, elseje] **I.** *(mn)* **1.** premier, -ière; *I. (első) Ferenc* François Ier (premier); *az ~ alkalommal* à la première occasion; *~ csapásra* du premier coup; *~ dolga volt, hogy* son premier soin fut de *(inf);* *az ~ felvonás* le premier acte; *~ fokon* en premier ressort; *~ forrásból eredő* de première main; *~ hallásra* à première écoute; *~ helyen* en premier lieu; *~ helyen áll* oc uper la première place; *az ~ időben* d'abord; dans les premiers temps; *~ ízben* (pour) la première fois; *~ kézből* de première main; *~ kiadás* première édition; *az ~ lapon* à la *v* en première page; *~ látásra* à première vue; *~ osztály (elemiben, ált. iskolában)* première *f;* *(vasúton)* première (classe); *nyelv: ~ személyben* à la première personne; *~ tekintetre* à première vue; *~ vázlat* un premier jet; **2.** *(legnagyobb)* suprême; **3.** *(elülső)* avant; *~ kerék* roue avant *v* directrice; **II.** *(fn)* **1.** *az ~* le premier, la première; *(időben)* le premier en date; *ő volt az ~, aki* ce fut *v* c'était lui le premier qui; il était le premier à *(inf);* *(az) ~ a biztonság* sécurité d'abord; *~nek érkezik* arriver le premier; *az ~től az utolsóig* depuis le premier jusqu'au dernier; **2.** *március elsején* le premier mars
elsőbbség 1. *(időben, sorban)* priorité; préséance; préférence; antériorité *f;* **2.** *(fölény)* primauté; prééminence *f (mind:* sur q); suprématie *f*
elsődleges [~ek, ~et] primaire
elsőfokú 1. *~ bíráskodás* juridiction *f* du premier degré; *~ bíróság* tribunal *m* de première instance; **2.** *mat: ~ alak* forme linéaire *f;* *~ egyenlet* équation *f* linéaire *v* du 1er degré
elsőkerékmeghajtás traction avant *f*
elsőosztályú de première catégorie; *(kocsi)* de première; *~ bajnokság* championnat *m* de division
elsöpör *ld:* **elseper**

elsőrendű [~ek, ~t; ~en]; **elsőrangú** de premier ordre *v* rang; de première qualité; (de) premier choix; de (haute *v* grande) classe; extra-fin, -e; extra; *~ bor* vin extra *m;* *~ életszükségleti tárgy* chose *f* de première nécessité; *~ érdek* intérêt primordial; *~ fontosságú* d'importance primordiale; de premier plan; *~ műút* route *f* de première classe; *~ szükségletek* besoins *m pl* de première nécessité
elsősegély premiers soins; premier pensement; secours *m* (d'urgence)
elsősegélyhely poste *m* de (premier) secours
elsősegélynyújtó secouriste *n;* *(hely)* poste *m* première urgence
elsősorban en priorité; au premier chef; en premier lieu; d'abord
elsőszülött aîné, -e; premier-né, première-née
elsötétít 1. assombrir; obscurcir; enténébrer; **2.** *kat:* occulter
elsötétítés 1. assombrissement; obscurcissement *m;* **2.** *kat:* occultation *f* (des lumières); black-out *m*
élsportoló as *m;* vedette *f* de sport
elsuhan passer (comme une ombre); glisser; *a falak mellett ~* raser les murs
I. elsül 1. *(lőfegyver)* partir; se décharger; *nem sül el* s'enrayer; *(lövés)* rater; **2.** *átv:* rosszul sül el tourner mal; faire long feu; tomber à côté; *a dolog visszafelé sült el* la chose s'est retournée contre lui
II. elsül 1. *(étel)* se carboniser; **2.** *(vetés)* griller
elsüllyed 1. *(vízi jármű)* couler (à fond *v* à pic); sombrer; s'abîmer *v* s'engloutir (dans les flots); aller par le fond; **2.** *(vmibe)* s'enfoncer; **3.** *átv:* *szeretne ~ni* il voudrait rentrer sous terre; *majd ~ szégyenében* mourir de honte
elsüllyeszt 1. couler à fond; *(fúrással)* saborder; **2.** *(vmit a vízbe)* descendre; submerger; noyer; *(aknát)* mouiller; **3.** *(iratot)* enterrer; *(ügyet)* étouffer

elsüt 1. décharger; faire partir; *egy puskát, ágyút* ~ lâcher un coup de fusil, de canon; **2.** *(árut)* écouler; faire écouler; *(pénzt)* refiler
elszab couper mal; manquer la coupe de qc
elszabadul se déchaîner; rompre ses liens *v* sa chaîne; s'échapper
elszabadult [~ak, ~at; ~an] **1.** *(állat)* échappé; déchaîné; emballé, -e; **2.** *(hajó)* à la dérive; **3.** ~ *szenvedély* passion déchaînée
elszaggat déchirer; mettre en lambeaux
elszakad 1. *(szál, kötél)* se rompre; casser; céder; **2.** *(papír, ruha stb.)* se déchirer; **3.** *(rész)* se détacher; se disjoindre; **4.** *kat*: (se) décrocher; **5.** *pol*: faire sécession; **6.** *sp*: décramponner; se détacher; **7.** ~ *vmitől v vkitől* se détacher *v* se déprendre de qc *v* de q
elszakadás 1. *(tárgyé)* rupture; déchirure *f*; **2.** *(vmitől)* détachement *m*; *az elmélet és a gyakorlat egymástól való* ~*a* le divorce entre la théorie et la pratique; **3.** *(vkitől)* séparation *f*; **4.** *(csoporttól)* dissidence; défection; désertion *f*; *(államé, népcsoporté)* sécession *f*; **5.** *kat*: *(taktikai)* ~ décrochage *m*
elszakít 1. *(szálat, kötelet)* rompre; casser; **2.** *(papírt, szövetet)* déchirer; **3.** *(vmitől, vkitől)* détacher; *(vkitől)* arracher à q
elszalaszt laisser échapper; manquer; rater
elszállásol 1. loger; installer; héberger; *(éjszakára utast)* gîter; **2.** *(katonákat)* cantonner
elszállít 1. *(dolgot)* transporter; *(járművön)* véhiculer; voiturer; *(teherautón)* camionner; *(szekéren)* charroyer; charrier; **2.** *(árut)* expédier; transporter; livrer (à domicile); **3.** *(kényszerrel)* faire partir; évacuer; ~*ják a sebesülteket* évacuer les blessés
elszámítja magát **1.** se tromper *v* faire une erreur dans son calcul; **2.** *átv*: être loin de son compte; compter sans son hôte

elszámol I. *(tgyl i)* faire *v* présenter ses comptes; régler *v* régulariser son compte; **II.** *(tgy i)* **1.** passer *v* mettre en compte; *(tételt könyvben)* chiffrer; comptabiliser; **2.** *(egyenlegszerűen)* solder
elszámolás arrêté *m* de comptes; règlement *m* de(s) compte(s); reddition *f* de compte; comptabilité *f*; ~ *helybenhagyása* apurement *m*; *végleges* ~ liquidation définitive; ~*át kéri (eddigi gazdájától)* demander son compte
elszánt [~ak, ~at] déterminé; résolu; décidé, -e; intrépide; *(rosszra)* résigné, -e; ~ *kép* mine hardie
elszántság (esprit de) résolution; détermination; intrépidité; décision *f*; ~*ot tanúsít* faire preuve de détermination
elszaporodik se répandre; se propager; (se) multiplier; pulluler; proliférer
elszárad se dessécher
elszed 1. ~ *vkitől* enlever *v* prendre *v* ôter à q; confisquer; **2.** *(jegyeket)* ramasser
elszédít 1. donner le vertige à q; étourdir; **2.** *átv*: étourdir par ses paroles *v* ses promesses
elszédül avoir *v* éprouver le vertige
elszegényedés appauvrissement *m*; *általános* ~ paupérisme *m*
elszegényít appauvrir
elszéled se disperser; s'égailler; *(tömeg)* s'écouler
elszenved souffrir; endurer; subir
elszerződik s'engager
elszigetel 1. isoler; *(másoktól)* chambrer; confiner; **2.** ~*i magát* s'isoler; s'abstraire; **3.** *(tüzet)* circonscrire; **4.** *(válságot, járványt)* localiser
elszigetelés isolement *m*; *(foglyoké)* confinement *m*
elszíneződés 1. *vegy*: virage *m*; *műsz*: changement *m* de teinte; **2.** *orv*: dyschromie *f*
elszíneződik passer *(kékre*: au bleu); *vegy*: virer *(kékre*: au bleu)
elszíntelenedik se décolorer; s'étioler
elszí(v) 1. fumer; achever (son cigare); **2.** aspirer; *(forrást stb.)* capter; **3.** ~*ja életerejét* absorber ses énergies

elszivárog 1. *(talajba)* s'infiltrer; **2.** *(edényből)* fuir
elszokik *(vmitől)* perdre l'habitude de qc; se défaire de son habitude de *(inf)*; se déshabituer
elszólja *magát* commettre *v* faire une gaffe; faire un écart de langage; ~*ta magát* le mot lui a échappé; il a gaffé; *(vallatáskor)* il s'est livré; il s'est coupé
elszólás écart de langage; *lapsus* *(linguae)* m
elszomorít affliger; accabler; chagriner; désoler; attrister
elszór 1. disséminer; éparpiller; disperser; répandre; **2.** *(elveszt)* perdre en chemin
elszóródva (en ordre) dispersé; sporadiquement
elszórt sporadique; dispersé; clairsemé; épars, -e
elszorul 1. se serrer; se presser; ~ *a szíve* avoir le cœur serré; ~ *a torka* sa gorge se noue; **2.** *orv:* lélegzete ~ avoir *v* éprouver de l'oppression
elszökik 1. s'enfuir; fuir; s'échapper; **2.** *sp:* se dégager
elszöktetés enlèvement *m*
elszörnyed être terrifié(e) *v* consterné(e); s'épouvanter; être saisi(e) d'horreur
elszűkít rétrécir
eltagad 1. nier; désavouer; **2.** *(amije van)* cacher; dissimuler
eltakar 1. couvrir; masquer; faire écran; *(vmivel)* voiler de qc; *(szövettel)* draper; ~*ja az eget* barrer *v* boucher le ciel; **2.** *csill:* occulter; éclipser; **3.** ~ *vmit vki előtt* dissimuler qc à q; ~*ja a hibákat* pallier les fautes
eltakarít 1. *(szemetet stb.)* enlever; **2.** *(omladékot)* déblayer; enlever
eltakarítási *munkálatok* travaux de déblaiement
eltalál I. *(tgyl i) vhová* ~ trouver le chemin de qc; **II.** *(tgy i)* **1.** *(fegyverrel)* atteindre; toucher; *nem találta el* il l'a manqué *v* raté; **2.** *sp:* *(vívásban)* toucher juste; **3.** *(kitalál)* deviner; ~*ta!* vous êtes tombé(e) juste; vous y êtes! *nem találta el!* vous n'y êtes pas! **4.** *(hasonlóságot)* attraper; trouver; ~*ja a hangot* attraper le ton
eltanul apprendre (qc de q); attraper; *ld. még:* **elles;** ~*ja a rosszat* s'acoquiner
eltapos piétiner; fouler aux pieds; écraser
eltart I. *(tgyl i)* **1.** *(időben)* durer; se prolonger; **2.** *(anyag, készlet)* durer; suffire; **II.** *(tgy i)* **1.** *(ételt)* garder; conserver; **2.** *(vkit)* entretenir; nourrir; soutenir; alimenter; **3.** *jog:* fournir des aliments à q; **4.** *(intézményt)* entretenir; faire les frais de q
eltartás 1. *(időé)* durée *f*; **2.** *(ételé)* conservation *f*; **3.** *(személyé, intézményé)* entretien *m*; **4.** *jog:* aliments *m pl*; fourniture *f* d'aliments; *egy házat ráhagy* ~ *fejében* laisser une maison en viager
eltartási *jog:* alimentaire
eltartott [~ak, ~at; ~an] **1.** *(intézmény)* donataire *m;* **2.** *jog:* celui qui reçoit des aliments; **3.** ~ *személy* personne *f* à charge
eltaszít 1. *(tárgyat)* déplacer; déranger; *(részecskét)* repousser; **2.** *(személyt)* repousser; **3.** *(feleséget)* répudier; **4.** *(érzelmileg)* repousser; répugner
eltávolít 1. éloigner; écarter; *(kellemetlen embert)* éconduire; **2.** *(tisztviselőt)* évincer; congédier; **3.** *(tartózkodási helyéről)* reléguer; bannir; exiler; **4.** *(érzelmileg)* éloigner; détacher; **5.** *(vmit)* supprimer; retrancher; ôter; *(foltot)* enlever; ~ *egy akadályt* lever un obstacle; **6.** *orv:* pratiquer l'ablation de qc
eltávolodik s'éloigner; s'écarter
eltávozik 1. partir; s'en aller; s'éloigner; se retirer; gagner *v* prendre la porte; *(ideiglenesen)* s'absenter; **2.** *(víz, gáz, füst stb.)* s'échapper
eltekint *(vmitől)* faire abstraction de qc
eltekintve; *vmitől* ~ sans compter le ... ; abstraction faite de qc; sauf qc; *ettől* ~ à part cela; cela dit, ... ; à cela près

eltékozol dissiper; dilapider; gaspiller; ~*ja erejét* dépenser sa force
eltelik 1. *(vmivel)* se gorger de qc; **2.** *(érzéssel)* se remplir de qc; déborder de qc; **3.** ~ *vmiben* se passer en qc; **4.** *(idő)* se passer; s'écouler; *(határidő)* expirer
eltemet 1. enterrer; ensevelir; inhumer; mettre *v* porter en terre; *(tárgyat)* enfouir; **2.** *átv*: enterrer; submerger
eltemetés 1. enterrement *m;* inhumation *f;* *(tárgyé)* enfouissement *m;* **2.** *földr*: ennoyage *m;* **3.** *átv*: enterrement
eltengődik vivoter; arriver à joindre les deux bouts
eltér 1. dévier; ~ *eredeti irányától* s'écarter de sa direction première; **2.** *(ember)* dévier; aberrer; ~ *a tárgyától* s'écarter *v* s'éloigner de son sujet; faire une digression; **3.** *mat*: *egymástól* ~*nek* diverger; être divergent(e)s; *ált*: varier; **4.** *(különbözik)* différer de qc
elterel 1. *(nyájat)* chasser; *(tömeget)* éloigner; écarter; *(vmilyen irányba)* canaliser; **2.** ~*i útjából* (faire) dévier de son chemin; **3.** ~ *vmitől* détourner de qc; ~*i a beszédet* détourner *v* faire dévier la conversation
eltérés 1. *(iránytól)* déviation *f;* **2.** *mat, fiz*: déviation; **3.** *(távolsága, mennyisége)* écart; décalage *m;* **4.** ~ *a szabálytól* dérogation *v* infraction *f* à la règle; *a tárgytól való* ~ excursion *f* hors du sujet; **5.** *(különbség)* divergence; différence *f;* *(normálistól)* anomalie *f;* ~*eket mutat (szöveg)* offrir quelques variantes
eltérít 1. (faire) dévier; détourner; **2.** *fiz*: ~ *(irányától)* dévier; **3.** *átv*: détourner
elterjed 1. se répandre; se propager; prendre de l'extension; gagner; **2.** *(vélemény)* se faire jour; s'accréditer; se propager; **3.** *(szó, kifejezés)* faire fortune
elterjedés 1. expansion; propagation; diffusion; extension *f;* *(csak rossz dologé)* invasion *f;* **2.** *orv*: *betegség* ~*e* l'extension *v* la transmission *v* l'invasion de la maladie
elterjeszt 1. répandre; propager; populariser; **2.** *(hírt, ismeretet)* divulguer; colporter; accréditer; ébruiter
elterül 1. *(a földön)* tomber de tout son long; s'abattre; s'étendre à plat (sur le dos); s'étaler; **2.** *(dolog)* s'étendre; **3.** *(terület)* s'étendre; être situé(e)
eltesz 1. *(félre)* mettre de côté; ôter; enlever; *láb alól* ~ envoyer *ad patres;* mettre à mort;́ supprimer; **2.** *(helyére)* ranger; remettre en place; *(fiókba)* serrer; **3.** *(későbbre)* réserver; **4.** *konyh*: *(ételt)* conserver
éltet 1. acclamer; faire une ovation à q; **2.** *(pohárral kezében)* lever le verre à la santé de q; porter un toast à la santé de q
éltető [~*k v* ~*ek,* ~*t;* ~*en*] **I.** *(mn)* vivifiant, -e; animateur, -trice; ~ *elem* c'est son élément *v* son nœud vital; **II.** *(fn)* animateur, -trice *n*
eltéved s'égarer; perdre son chemin; faire fausse route; se perdre; se fourvoyer; se tromper de chemin
eltévedt [~*ek,* ~*et;* ~*en*] égaré; perdu; dévoyé, -e
eltévelyedés 1. faute; erreur *f;* dévoiement; fourvoiement *m;* *(súlyos erkölcsi)* perversion *f;* **2.** *(hit- v gondolkodásbeli)* hétérodoxie; hérésie *f*
eltéveszt 1. *(vmit)* manquer; rater; perdre; **2.** ~*ette (beszédben)* il a fait une faute; **3.** *(két dolgot)* confondre
eltilt 1. interdire; défendre; *(törvényileg)* prohiber; *(rabszolgakereskedést)* abolir; **2.** ~ *vkit vmitől* défendre qc à q; interdire qc à q; *hivatásának gyakorlásától* ~ *vkit* interdire q de sa profession
eltiltás interdiction de qc; défense *f* de *(inf);* *(hivatalos)* prohibition *f*
eltitkol 1. dissimuler; faire un mystère de qc; tenir secret; ~*ja szándékát* cacher son jeu; **2.** ~ *vmit vki előtt* cacher *v* dissimuler qc à q
eltitkolás dissimulation *f;* *(fegyverkezésé)* camouflage *m*

eltolódik 1. se déplacer; *(középponttal)* se décentrer; **2.** *(spektrumban)* se déplacer; **3.** *(időpont)* subir un décalage; se trouver décalé(e); être reporté(e) à...
eltompul 1. s'émousser; devenir obtus(e); s'épointer; **2.** *(szellemileg)* s'engourdir; se blaser
eltorlaszol 1. *(ember)* barricader; barrer; **2.** *(tárgyak kijáratot)* encombrer; obstruer; ~*ja az utat vmi előtt* bloquer qc
eltorzít 1. *(testben)* déformer; atrophier; distordre; **2.** *(arcban)* défigurer; *(vonásokat)* contracter; *a harag ~ja az arcot* la colère enlaidit le visage; **3.** *(értelmet)* travestir; détourner de son sens; *egy tényt ~* dénaturer un fait
eltorzult [~ak, ~at; ~an] déformé; défiguré, -e; *(arc)* contrefait; décomposé, -e; *rémülettől ~ arc* visage convulsé par la terreur
eltökél [~tem, ~t, ~jen] *(magában)* se proposer de; se promettre de; se décider à *(mind: inf)*
eltökélt [~ek, ~et] *(ember)* décidé; résolu, -e; ~ *szándék* intention bien *v* nettement arrêtée
eltölt 1. *(vmivel)* remplir (de qc); pénétrer q de qc; **2.** *(időt)* passer
eltöm 1. *(vki)* boucher; tamponner; obturer; **2.** *(vmi)* engorger; oblitérer
eltör casser; briser; mettre en morceaux; *(két részre)* rompre
eltörlés 1. *(írásé stb.)* radiation *f;* effacement *m;* **2.** *(intézményes)* abolition; suppression; abrogation *f*
eltörölhetetlen ineffaçable; indélébile
eltörpül [~ök, ~t, ~jön] **1.** se rapetisser; **2.** ~ *vmi mellett* paraître dérisoire; pâlir auprès de qc
eltulajdonít s'approprier; s'adjuger; faire main basse sur qc
eltussol [~tam, ~t, ~jon] étouffer
eltűnés disparition *f;* évanouissement *m*
eltűnik 1. disparaître; s'évanouir; ~ *mint a kámfor* se volatiliser; **2.** *(írás)* s'effacer; *(folt)* s'enlever; **3.** *(idő,*

emlék stb.) fuir; s'enfuir; **4.** *(személy)* disparaître; *tűnjön el! a)* allons, filez! *b)* ne m'encombrez pas de votre présence
eltűnt [~ek, ~et] **I.** *(mn)* **1.** disparu; évanoui, -e; **2.** ~ *népek* peuples éteints; **II.** *(fn)* *(háborúban)* manquant; disparu *m;* *az ~ek közt van* être porté disparu
eltűntet faire disparaître *v* évanouir; escamoter
eltűr supporter; souffrir; endurer; tolérer; ~*i a sérelmet* avaler des couleuvres
eltüzel *(tüzelőt, puskaport)* brûler; *(lőszert)* épuiser
elun *vmit* **1.** être las(se) de qc; **2.** ~*ja magát* être rongé(e) d'ennui
elúszik 1. *(vki)* s'éloigner à la nage; **2.** *(tárgy)* aller à la dérive; **3.** *(vagyon)* s'engloutir; **4.** *(terv)* s'en aller à vau-l'eau
elutasít 1. *(vmit)* repousser; refuser; rejeter; ~*ja vkinek ajánlatát* repousser l'offre de q; **2.** *(vkit)* éconduire; donner un refus à q; *(gorombán)* rebuffer; *(keményen)* rebuter; **3.** *jog:* ~*ja a fellebbezést* rejeter l'appel
elutasítás rejet; refus *m;* fin *f* de non-recevoir
elutazás départ *m* (en voyage)
elutazik partir (pour...); être en voyage; partir en voyage; s'absenter
elül 1. *(madár)* se jucher; (se) percher; **2.** *(zaj)* cesser; s'éteindre; **3.** *(szél)* s'abattre; tomber; *(zivatar)* s'éloigner
elülső [~k, ~t] antérieur, -e; de devant; avant; ~ *nézet* vue avant *f*
elültet 1. *(máshová)* faire changer de place; **2.** *(növényt)* planter
elüszkösödik se gangrener; nécroser; se mortifier
elüt I. *(tgyl i)* *(vmitől)* trancher sur qc *v* avec qc; jurer avec qc; contraster avec qc; ~*nek egymástól* diverger; **II.** *(tgy i)* **1.** *(labdát)* envoyer; lancer; **2.** *(járművel)* renverser; heurter; accrocher; happer; **3.** *(óra)* sonner; **4.** *kárty:* couper; prendre; *(aduval)* monter; **5.** *(haszontól)* faire

perdre qc à q; frustrer de qc; ~ *vmit vkinek a kezéről* arracher *v* enlever qc des mains de q; *tréfával üti el a dolgot* tourner la chose en plaisanterie
elütő 1. disparate; dissemblable; **2.** *(szín)* tranché, -e; **3.** *(hang)* discordant, -e
elűz chasser; mettre en fuite; exiler; *(szellemet)* conjurer
elüzem entreprise *v* usine *f* d'élite *v* d'avant garde
elv [~ek, ~et, ~e] principe *m (mat, fiz is);* maxime *f; az ~ek feladása* déviation *f* de principes; *~ben* en principe; *~ből* par principe; *~ül állítja fel* poser en principe
elvadul 1. revenir à l'état sauvage; s'ensauvager; **2.** *(erkölcsök)* se dépraver
elvadult [~ak, ~at; ~an] **1.** revenu(e) à l'état sauvage; assauvagi, -e; ~ *növényzet* végétation sauvage *f;* **2.** ~ *erkölcsök* mœurs relâchées
elvág 1. couper; trancher; sectionner; **2.** *orv:* sectionner; **3.** *(darabokra)* découper; déchiqueter; **4.** *kat: ~ja az utakat, átjárókat, hidakat* rompre les chemins, les passages, les ponts; **5.** *~ta a szavát* il lui a coupé le filet
elvakít 1. *(fény)* aveugler; éblouir; **2.** *átv:* éblouir; aveugler; fasciner
elvakultság aveuglement; fanatisme *m*
elválás 1. *(részeké)* disjonction; séparation *f;* détachement *m;* **2.** *(embereké)* séparation *f;* adieux *m pl; (házasoké)* divorce *m*
elválaszt 1. *(részeket)* disjoindre; disloquer; désarticuler; *(a többitől)* détacher; isoler; *(ragasztott dolgot)* décoller; **2.** *vegy:* isoler; dissocier; **3.** *(vkit)* séparer; détacher; disjoindre; désunir; **4.** *(házastársakat)* séparer; prononcer le divorce entre ... et ...; *ágytól és asztaltól* ~ séparer de corps et de table; **5.** *(csecsemőt)* sevrer; **6.** *(szót)* couper; **7.** *~ja egymástól a jót és a rosszat* faire le départ du bien et du mal

elválasztó 1. séparatif, -ive; **2.** *nyelv:* disjonctif, -ive; *~jel* trait *m* d'union; ~ *vonal* ligne séparative *v* de séparation
elválik 1. *(vkitől, vmitől)* quitter q *v* qc; se séparer *v* se détacher de q *v* de qc; **2.** *elválnak egymástól* se quitter; se séparer; **3.** *(házasok)* divorcer; se séparer; *ágytól és asztaltól ~nak* se séparer de corps et de biens; **4.** *(részeiben)* se dissocier; **5.** *majd ~* on verra bien; cela se verra
elvállal 1. entreprendre qc *v* de *(inf);* se charger de qc; ~ *egy feladatot* assumer une tâche; **2.** *(vkit)* se charger de q
elváltozik s'altérer; changer
elváltoztat 1. *(szándékosan)* déguiser; **2.** *(fájdalom, izgalom)* altérer; *(arcot így is:)* bouleverser; décomposer; contrefaire
elvámol dédouaner; déclarer
elvan 1. *(vmi nélkül)* (pouvoir) se passer de qc; **2.** ~ *csendesen* vivoter tranquillement; **3.** *(vhol)* être sorti(e)
elvándorol transmigrer; émigrer
elvár 1. ~ *ő akár egy óráig is* il a le temps *v* la patience d'attendre même une heure s'il le faut; **2.** attendre qc de q; s'attendre à qc de la part de q; exiger de q
elvarázsol 1. enchanter; envoûter; **2.** faire évanouir; subtiliser
elvarr finir
élveboncolás vivisection *f*
elvégez terminer; achever; finir; mener à bonne fin *v* à bien; *elvégzi dolgait* expédier ses affaires
elvégre *(is)* car enfin; mais enfin; après tout; somme toute
elver 1. battre; bourrer *v* rouer de coups; mettre à mal; corriger; *alaposan* ~ casser les reins à q; rosser; **2.** *(jég)* détruire; hacher; **3.** *(szél hajót part felé)* drosser; **4.** *(óra)* sonner; **5.** *(vagyont)* gaspiller; dilapider; dissiper; **6.** *~i éhségét* tromper sa faim
elvermel ensiler *v* ensiloter
elvérzés mort *f* par hémorragie; décès dû à l'hémorragie

elvérzik 1. mourir à la suite d'une hémorragie; succomber à une hémorragie; **2.** *átv:* rester sur le carreau
elvesz 1. *(vmit vkitől)* prendre; retirer; enlever; ôter; confisquer *(mind: qc à q)*; ~*i az időmet* cela me fait perdre du temps; *ez elvette a kedvét a további kísérletezésektől* cela lui a enlevé le goût *v* l'envie de recommencer; **2.** *(vmiből)* prélever *v* prendre *v* récupérer sur qc; **3.** *rep:* ~*i a gázt* abaisser le gaz; **4.** *mat:* ôter; retrancher; **5.** *(vmit vhonnan)* s'emparer de qc; prendre *v* saisir sur qc *v* dans qc; **6.** *(feleségül)* épouser q; prendre en mariage; **7.** *(elfogad)* accepter; prendre
elvész [elvesztem, elveszett, elvesszen] **1.** perdre; être perdu(e) *v* égaré(e); s'égarer; *elvesztünk* nous sommes perdus; *minden elveszett* tout est perdu; *végleg* ~ être perdu(e) sans rémission; ~ *a tömegben* se perdre dans la foule; ~ *a részletekben* se noyer dans les détails; **2.** *(elpusztul)* périr; se perdre; sombrer
elveszít; elveszt 1. perdre; égarer; ~*i az eszét* perdre la tête; s'affoler; ~*ette hatalmát* l'autorité lui échappe; ~*i a kedvét* perdre courage; ~*i színét* déteindre; se décolorer; ~*i a talajt a lába alól* perdre pied; perdre fond; *átv:* dérailler; **2.** *(vesztére törve)* perdre q; jurer la perte de q; *(megölve)* faire mourir; mettre à mort
elveszteget gaspiller; perdre; *(árut)* vendre à vil prix; ~*i az idejét* perdre son temps
elvesztés; elvesztés perte *f;* *a látás* ~*e* la perte *v* la privation de la vue; *egy levél* ~*e* l'égarement d'une lettre
elvet 1. *ld:* **eldob;** *átv:* ~*i a sulykot* il exagère; **2.** *(magot)* semer; **3.** rejeter; repousser; *(tant így is:)* réprouver
elvetél [~t, ~jen] avorter
elvetélés avortement *m*
elvetemült [~ek, ~et] dépravé; pervers, -e; infâme; abject, -e
elvetemültség dépravation; infamie; abjection *f*

elvétve 1. sporadiquement; par endroit; **2.** de temps à autre
élvez [~tem, ~ett, ~zen] **I.** *(így i)* **1.** jouir de qc; se délecter à qc; goûter; prendre du plaisir à *(inf)* *v* à qc; *a legtöbb ember meghal, anélkül, hogy* ~*te volna az életet* la plupart des hommes meurent sans avoir vécu; **2.** *(ízlelve)* savourer; goûter; **3.** *(jövedelmet, stb.)* avoir le bénéfice de qc; jouir de qc; **II.** *(tgyl i)* se faire du bon sang; jouir
élvezet 1. *(vhonnan)* emmener; **2.** *(vhová)* amener; **3.** *(a test más részébe)* dériver; révulser; **4.** *(kormányoz)* gouverner; diriger; **5.** *(áramot)* dériver vers qc; **6.** *(vizet)* envoyer; déverser; *(szenny- és esővizet)* évacuer
élvezet jouissance *f;* plaisir; délice *m;* délices *f pl;* *vminek túlzott* ~*e* l'abus de qc
élvezetes [~ek, ~et] délicieux; savoureux, -euse; exquis, -e; délectable
élvezhető 1. consommable; digérable; **2.** *átv:* délectable; potable
elvi [~ek, ~t] de principe; virtuel, -elle; doctrinal, -e; ~ *álláspont* position *f* de principe; ~ *jelentősége van* avoir une portée de principe; ~ *kérdés* question *f* de principe; ~ *megegyezés* accord *m* de principe *v* sur les principes; ~ *szempontból* au point de vue doctrinal
elvileg en principe; virtuellement
elvirágzik; elvirít; elvirul 1. *(fa)* perdre ses fleurs; défleurir; *(virág)* se faner; **2.** *(nő)* se faner; *(szépség)* se flétrir; s'altérer
elvisel 1. *(ruhát)* user; **2.** *(rosszat)* endurer; supporter; tolérer; subir; *ezt nehéz* ~*ni* cela est dur à digérer
elviselhetetlen insupportable; intolérable
elvisz 1. *(tárgyat, embert stb. hordozva)* emporter; enlever; *(beteget, foglyot)* transporter; *átv: ezt nem viszi el szárazon* vous ne l'emporterez pas en paradis; **2.** ~ *magával vmit* prendre avec soi; **3.** *(büntetőtelepre stb.)* déporter; **4.** *(díjat versenyben)* s'ad-

juger; 5. *(erőszakkal)* rafler; **6.** *(vásárlásnál)* prendre pour; **7.** ~i *a pálmát* remporter la palme; **8.** *(lábon járó lényt, járművet)* emmener; reconduire
elvitathatatlan incontestable; indiscutable
elvon 1. *(csapatot)* retirer; **2.** ~ *vmitől* distraire de qc; **3.** ~ja *vkinek a figyelmét* détourner l'attention de q; **4.** *(vkitől vmit)* retirer qc à q; priver q de qc; soustraire qc à q; arracher qc à q; **5.** *(vmiből)* prendre sur qc; **6.** *(fogalmat)* abstraire; opérer une abstraction
elvonatkozás abstraction *f*
elvont [~ak, ~at] abstrait, -e; métaphysique; *pej:* académique; ~ *értelemben* au sens abstrait; au figuré; *mat:* ~ *szám* nombre abstrait
elvontság abstraction *f*
elvonul 1. *(távolodik)* passer; s'éloigner; **2.** *(vki előtt)* défiler; passer; *amerre* ~ *sur v à son passage;* ~ *a világtól* se retirer du monde
elvonultság solitude; retraite *f;* isolement *m;* réclusion *f;* ~ban *él* vivre à l'écart
elvörösödik rougir; devenir pourpre; *(arc)* s'empourprer
elvtárs camarade *m*
elvtársi [~ak, ~t] de camarade; de camaraderie; ~ *segítség* l'aide fraternelle des camarades
elvtelen sans principe
elzálogosít 1. mettre *v* donner en gage; **2.** *(ingatlant)* grever d'hypothèque; hypothéquer
elzálogosítás 1. mise *f* en gage; engagement *m;* **2.** *(ingatlané)* hypothèque *f* sur qc
elzár 1. *(vmit, vhová)* fermer; serrer; enfermer; mettre *v* enfermer sous clef; ~va *tart* tenir sous clef; **2.** *(vkit)* enfermer; *(szigorúan)* claustrer; *(börtönbe)* incarcérer; écrouer; **3.** *(lakattal)* cadenasser; *(retesszel)* verrouiller; *(rúddal)* barrer; **4.** *(kijáratot)* encombrer; *(torlaszolva)* barricader; *(forgalmat)* embouteiller; **5.** *(csappt)* serrer; **6.** *(nyílást)* obturer; obstruer; **7.** ~ja *a kilátást* boucher *v* borner la vue
elzárás 1. *(tárgyé)* mise sous clef; fermeture *f;* **2.** *(szobájába)* confinement *m;* *(büntettese)* emprisonnement *m;* **3.** *(ajtóé)* fermeture *f;* *(úté)* barrage *m;* *(átjárásé)* interdiction *f;* **4.** *(határé)* fermeture; clôture *f;* **5.** *(nyilásé)* obstruction *f*
elzárkózik 1. s'enfermer; se confiner (dans sa chambre); se cantonner; **2.** *(vmi elől)* se refuser à *(inf);* éluder qc; se dérober à qc; **3.** *(vmi mögé)* se retrancher derrière qc
elzártság isolement *m*
Elzász [~t] l'Alsace *f*
elzászi [~ak, ~t] **1.** alsacien, -enne; **2.** alsatique
Elzász-Lotaringia l'Alsace-Lorraine *f*
elzüllik mal tourner; tomber dans la crapule *v* dans l'avilissement *v* dans l'abjection *v* dans la déchéance; ~ *a bűnben* sombrer dans le vice
elzsibbad s'assoupir; engourdir
elzsongít assoupir; engourdir
emanáció [~k, ~t, ~ja] émanation *f*
ember [~ek, ~t, ~e] I. *(fn)* **1.** *antr:* az ~ l'homme *(tb:* les hommes); **2.** *ált:* homme *(tb:* hommes *v* gens); personne *f; az emberek* les hommes; les mortels; les humains;
Kifejezések ragtalan alakokkal: *érdemes, értékes* ~ une personne de mérite, de qualité; *jó* ~ bon *v* brave homme; *jó* ~ek de bonnes gens; *rossz* ~ek hommes *v* gents méchants; *hé,* ~ek! hé *v* holà, quelqu'un! *sok* ~ bien des gens; *(tömeg)* beaucoup de monde; *ki ez az* ~? quelle est cette personne? *minden* ~ tout le monde; *mint egy* ~ comme un seul homme; ~ *a talpán* c'est un homme (entier); ~ *ember ellen* corps à corps; *nem olyan* ~, *aki* il n'est pas d'homme à *(inf);*
Ragos szólások: *ez az én* ~em! voilà mon homme; ~e *válogatja* cela dépend des têtes; *nem* ~hez *méltó* cela est au-dessous de la dignité humaine; ~ére *akadt* il a trouvé son

maître; *ismeri az ~eket* se connaître en gens; *~ré lesz* se faire homme; 3. *(vmilyen párté, katonák stb.)* créature *f;* homme; 4. *(vkinek fizetett, mindenre kész ~e)* homme de main; II. *(nm) az ~* on, l'on; vous; *az ~t, az ~nek* vous; *az ~ magára gondol* on pense à soi-même; *nem hinné az ~* on ne dirait pas; *maga tréfát űz az ~ből* vous vous moquez du monde; *fájdalmat okoz az ~nek* cela vous fait mal; III. *(mn) ~ alakú* v *formájú* ressemblant à une forme humaine; *tud:* anthropomorphe; *~ arcú* à figure d'homme; *~ számba megy* passer *v* compter pour un homme
emberáradat marée humaine; afflux humain
emberbarát philanthrope; altruiste; humanitaire *n*
emberélet vie humaine; *~ben nem esett kár* il n'y a pas eu de morts
emberemlékezet *óta* de mémoire d'homme
embererővel à bras; à bras *v* à main *v* à force d'homme
emberevő anthropophage *(n);* cannibale *n*
emberfaj 1. l'espèce humaine; 2. la race humaine
emberfeletti [~ek, ~t] surhumain, -e
embergyűlölő I. *(mn)* misanthropique; anthropophobe; androphobe; II. *(fn)* misanthrope *m;* anthropophobe; androphobe *n*
emberhajsza chasse *f* à l'homme
emberhalál mort *f* d'homme; *itt ~ lesz* le sang va couler
emberi [~ek, ~t] humain, -e; d'homme; *~vé tesz* humaniser; *~ alakban* sous figure humaine; *~ dokumentum* document humain; *~ előrelátás szerint* humainement parlant; *az ~ jogok* les droits de l'homme; *nincs ~ képe* il n'a pas figure humaine; *~ méltóság* la dignité humaine; *~ mivoltából kivetkőzik* v *kivetkőztet* dépouiller toute humanité; *az ~ műveltség* la civilisation humaine; *~ számí-*

tás szerint selon toutes prévisions; sauf erreur de calcul; *nem látta ~ szem* jamais l'œil d'un mortel ne l'a vu; *az ~ természet* l'humanité
emberies [~ek, ~et] humanitaire; humain, -e; *~ bánásmódban részesít* traiter avec humanité
emberiesség humanité *f;* humanitarisme *m*
emberileg humainement (parlant); sur le plan humain; *~ lehetetlen* chose physiquement impossible
emberiség humanité *f*
emberismeret connaissance des hommes; expérience (humaine); l'esprit *m* du monde
emberke [-ék, -ét, -éje] petit homme *v* bonhomme; *(furcsa)* nabot *m*
emberkerülő misanthrope
embernagyságú de grandeur humaine *v* d'homme
emberölés homicide *m;* *szándékos ~* homicide volontaire
emberöltő [~k, ~t, ~je] âge *m* d'homme; génération *f*
emberpár couple *m;* *vall: az első ~* nos premiers parents
emberség 1. humanité *f;* urbanité *f* des mœurs; 2. *a maga ~éből* par ses seuls moyens; 3. savoir-vivre *m;* *megtanít ~re* remettre en place; mettre au pas
emberséges humanitaire; humain, -e; *(bánásmód)* convenable; humain
emberszabású [~ak, ~t] anthropoïde; anthropomorphe; *~ majom* (singe) anthropoïde; anthropoïde *m*
emberszeretet philanthropie *f;* philanthropisme *m*
embertan anthropologie *f*
embertárs prochain *m;* *~aink* nos semblables
embertelen inhumain, -e; barbare; monstrueux, -euse
embertelenség monstruosité; inhumanité; barbarie *f*
embertömeg foule *f*
embervédelem protection *f* de la condition humaine
embólia embolie *f*
embrió [~k, ~t, ~ja] embryon *m*

15 Magyar–Francia kézi

embrionális [~at; ~an] embryonnaire; *még csak ~ állapotban van* n'être encore qu'en embryon *v* que dans l'embryon
emel [~tem, ~t, ~jen] 1. *(vmit)* lever; soulever; *a csészét ajkához ~i* porter la tasse à ses lèvres; *~em poharam je lève mon verre;* 2. *sp: (súlyt)* lever; *(szakítással)* arracher; 3. *kárty:* couper; 4. *zen: félhanggal ~* diéser; 5. *(épületet, falat)* (faire) construire *v* élever; *(szobrot)* ériger; *(oltárt)* dresser; 6. *(magasságban)* (ex)hausser; rehausser; surhausser; 7. *hatalomra ~* élever au pouvoir; *rangra ~* élever à une dignité; 8. *az adókat, a terheket ~i* augmenter *v* hausser *v* aggraver les impôts, les charges; *~i a normát* hausser la norme; *az árat ~i* augmenter *v* (faire) hausser *v* majorer le prix; *vminek az értékét ~i* rehausser la valeur de qc; 9. *(fizetést)* augmenter; *~i vkinek a bérét v fizetését* augmenter q; 10. *~i a munka termelékenységét* relever le rendement du travail; *~i a termelést* intensifier la production; 11. *átv: vmi felé ~* élever vers qc; 12. *hírnevét ~i* donner de l'éclat à son nom; 13. *panaszt ~* porter plainte auprès de q; *szót ~ vki érdekében* élever la voix en faveur de q
emelés 1. *(súlyé)* soulèvement; levage *m;* 2. *sp:* lever *m;* 3. *fiz és ált:* élévation *f; egy épület ~e* construction *v* élévation d'un bâtiment; *(szoboré, emlékműé)* érection *f;* 4. *(magasságban falé)* exhaussement *m;* 5. *kárty:* coupe *f;* 6. *(fizetésé)* augmentation; promotion *f;* 7. *(rangra)* élévation; promotion *f;* 8. *(áré)* hausse *f;* relèvement *m*
emelet étage *m*
emelkedés 1. ascension *f; rep:* montée *f; (madáré)* essor; envol *m;* 2. *fiz:* élévation *f;* 3. *csill:* szemhatár fölé *~* ascendance *f;* 4. *(vízé)* crue *f;* 5. *a tej ~e (forralásnál)* le montage *v* la montée du lait; 6. *a hőmérséklet ~e* la hausse du thermomètre; 7. *(felületi, domborzati)* élévation (de terrain); éminence *f;* 8. *(hegyé)* raidillon *m;* 9. *(béré, áraké)* augmentation; hausse *f;* 10. *(fejlődés)* développement *m;* progrès *m pl; határozott ~t mutat* accuser une nette progression *(vmihez képest:* sur qc); 11. *(méltóságban)* élévation; 12. *(szenvedélyé, túlzott)* exaltation *f;* 13. *(erkölcsi)* élévation; essor; 14. *mat: (haladványban)* ascendance *f;* 15. *(verstan)* arsis *m*
emelkedik [~tem, ~ett, ~jék *v* ~jen] 1. s'élever; monter; *(a földről stb.)* se lever; 2. *rep: (repülés közben)* prendre de la hauteur; 3. *(madár)* prendre son vol *v* son essor; 4. *(folyóvíz)* monter; augmenter; 5. *ettől a ponttól kezdve a talaj hirtelen ~* à partir de ce point, le terrain se relève brusquement; 6. *(magas tárgy)* se dresser; *a város fölött ~* surplomber la ville; 7. *(erőlködve)* se hisser; 8. *kat: rangban ~* monter en grade; 9. *(erkölcsileg)* grandir; 10. *(szám)* s'élever; se monter; 11. *(árak)* hausser; augmenter; *öt százalékkal ~* être en progrès de 5 p. c.; 12. *(fejlődik)* être en progrès
emelkedő [~k, ~t; ~en] I. *(mn)* 1. *(árak, hőmérséklet)* en hausse; *~ irányzat* tendance *f* à la hausse; *~ mouvement m* de reprise; 3. *földr: ~ part* côte *f* d'émersion; 4. *(mennyiség, fejlődés)* croissant; grossissant; augmentant, -e; *~ termelés* production croissante; 5. *nyelv: ~ diftongus* diphtongue ascendante; II. *(fn)* 1. rampe *f;* raidillon *m;* 2. *~ben van* être en période ascendante
emellett 1. en outre; en plus; au surplus; 2. *(ellentétes értelemben)* par ailleurs
emelő [~t, ~en] I. *(mn) (készülék)* élévatoire; II. *(fn)* 1. *fiz:* levier *m;* 2. *műsz:* levier d'essieu; 3. *(gép v szerkezet)* élévateur *m; haj:* guindal *m*
emelődaru grue *f* (de levage)

emelőkar bras *m* de levier; *(írógépen)* levier *m* de déplacement
emelőrúd barre *f* (de levage *v* de levée); levier *m*
emelővas barre *f* (de levage)
emelvény estrade; tribune *f;* échafaud *m*
émelyeg [~tem, émelygett, ~jen] *(a gyomra)* avoir des nausées *v* la nausée; avoir mal au cœur
émelygés nausée *f;* haut-le-cœur; écœurement *m;* ~*t okoz* donner la nausée
émelygős [~et; ~en] fade; écœurant, -e
emészt [~ettem, ~ett, emésszen] 1. digérer; 2. *(rozsda, féreg)* manger; 3. *átv: (belülről)* ronger; dévorer; consumer; *láz ~i* la fièvre le mine; *a polgárháború ~i (országot)* la guerre civile déchire ses entrailles; 4. ~*i magát* se faire du mauvais sang
emésztés digestion *f*
emészthetetlen indigeste; inassimilable
emésztőgödör puisard; puits absorbant *v* boitout
emésztőkészülék tube *v* appareil digestif
emiatt pour cette raison; pour cela; à cause de cela
emigráns [~ok, ~t, ~a] émigré, -e *(n); az ~ok* l'émigration
emleget 1. évoquer; raviver le souvenir de qc; *példaként ~* citer en exemple; 2. *(társaságban)* parler de q
emlék [~ek, ~et, ~e] 1. souvenir; ressouvenir *m;* réminiscence; ressouvenance *f;* rappel *m;* mémoire *f; a múlt ~ei* les souvenirs du passé; *(tárgyiak)* monuments *m pl; ~e örökké élni fog* son souvenir vivra toujours; *még ~e se marad fenn* mourir tout entier; *vkinek ~ébe idézi* appeler au souvenir de q; *~ébe vés* graver dans sa mémoire; *~ében tart* garder en mémoire *v* en souvenir; *hálás ~ében tartja őt* il lui conserve un souvenir reconnaissant; *vminek ~ére* en mémoire *v* en souvenir *v* en commémoration de qc; *Bartók Béla ~ére (ünnepi szám v kötet)* Hommage à Béla Bartók; *egy ~et felidéz* évoquer *v* rappeler un souvenir; *~ül (tárgyon)* souvenir; *(könyvajánlásokban)* souvenir affectueux *v* amical; *vminek ~éül* en souvenir de qc; 2. *~eit írja* écrire ses souvenirs *v* ses mémoires; 3. *(emlékmű, tört. emlék)* monument *m*
emlékezés 1. mémoire; faculté mémorative; réminiscence *f;* 2. *~ek* mémoires *m pl;* 3. *(alkalmi)* éloge *m;* nécrologie *f*
emlékezet 1. la mémoire *v* le souvenir de qc; *(tehetség)* la mémoire; *~em szerint* à ma souvenance; *ha ~em nem csal* si j'ai bonne mémoire; *rövid az ~e* avoir courte mémoire; *~ében tart* retenir; *~ből* de mémoire; *vminek ~ére* en mémoire *v* en souvenir de qc; 2. *orv: ~ kiesése* amnésie *f*
emlékezetes [~ek, ~et; ~en] mémorable; *~sé tesz* marquer
emlékezik [~tem, ~ett, ~zék *v* ~zen] 1. recueillir *v* rappeler ses souvenirs; 2. *vmire v vmiről ~* se souvenir de qc; se rappeler qc; rappeler la mémoire de qc; *pontosan ~ vmire* avoir un souvenir précis *v* net de qc; *~em rá* je m'en souviens; je me le rappelle; *nem ~ rá* cela échappe à son souvenir; *nem emlékezem, hogy* je ne me souviens pas que *(subj);* 3. *(felismer)* remettre q; *nem ~ rám?* vous ne me remettez pas?
emlékezőtehetség mémoire; faculté mémorative; *jó ~e van* avoir une bonne mémoire; être doué(e) d'une bonne mémoire; *gyenge ~* mémoire infidèle *v* débile
emlékeztet 1. *(vmire)* rappeler *v* remémorer qc; évoquer qc; *nagyon ~ vmire* rappeler qc de très près; 2. avertir; prévenir
emlékirat 1. mémoires *m pl;* mémorial *m;* 2. *dipl:* mémorandum; aide-mémoire *m*
emlékkönyv 1. album *m;* 2. *(tudományos)* recueil *m* de mélanges
emlékmű monument *m*
emléknap journée commémorative; anniversaire *m*
emléktárgy objet souvenir *m*
említ [~ettem, ~ett, ~sen] 1. mentionner; faire mention de qc; rappeler; *hogy csak futólag ~sem* cela soit dit

15*

említés 228 engedelmeskedik

en passant; 2. *(felhoz)* alléguer; mettre en avant
említés 1. mention; allégation; citation *f; ~t tesz* faire mention de qc;
2. *~re méltó* notable; digne d'être mentionné(e)
emlő [~k, ~t, ~je] mamelle *f;* sein *m; (állaté)* mamelle; tétine *f*
emlőgyulladás mammite; inflammation *f* de sein
emlős [~ök, ~t, ~e] I. *(mn)* mamelé, -e; mammifère; II. *(fn)* mammifère *m*
emse [-ék, -ét, -éje] truie; coche *f*
emu [~k, ~t, ~ja] *áll:* émeu; émou *m*
én I. *(szem. nm) (igével)* je; *(önállóan)* moi; *én vagyok* je suis; *(hangsúlyos alannyal)* c'est moi; *én magam* moi-même; moi (tout) seul; II. *(fn) az én* le moi; *az énje* son moi; *második énje* son alter ego; III. *(birt. nm)* mon ma, mes; *az én anyám* ma mère; *(hangsúlyozva)* ma mère à moi
enciklopédia [-ák, -át, -ája] 1. encyclopédie *f;* 2. dictionnaire encyclopédique *m*
endémikus *orv:* endémique; ~ *betegség* maladie endémique; endémie *f*
endliz [~tem, ~ett, ~zen] *div:* surjeter; coudre par surjet
endokrin *orv:* ~ *mirigyek* glandes endocrines
Endre [-ék, -ét, -éje] André *m*
ének [~ek, ~et, ~e] 1. le chant; la musique vocale; 2. *(dal)* chant *m;* chanson *f;* air *m*
énekbetét partie chantée; couplets *m pl*
énekel [~tem, ~t, ~jen] chanter; *(madár)* chanter; gazouiller; s'égosiller; *hamisan* ~ chanter faux; *jól (pontosan)* ~ chanter juste
énekes [~ek, ~t] I. *(mn)* 1. chanteur, -euse; ~ *madár* oiseau chanteur; 2. chanté, -e; II. *(fn)* 1. chanteur *m;* 2. *(költő)* chantre; chansonnier *m*
énekeskönyv livre *m* de chant; *(gyűjtemény)* recueil *m* de chants; *(egyházi)* livre de cantiques
énekesnő chanteuse *f*

énekhang 1. chant *m;* 2. voix *f;* ~*ra írt zene* musique vocale
énekkar cœur *m;* chorale *f; (mint egylet)* société chorale; *(egyházi)* maîtrise; chapelle *f*
énekkari [~ak, ~t; ~lag] choral, -e; orphéonique; ~ *darab* morceau *m* d'ensemble
énekpróba *(felvételi)* audition *f*
énekszó chant *m; hangos ~val* en chantant à tue-tête
énekszólam *(kotta)* partition *f* de chant; *(szöveg)* partie chantée
energia [-át, -ája] énergie; puissance *f;* ~ *megmaradásának elve* le principe de la conservation de l'énergie
energiaellátás alimentation *f* en énergie
energiaforrás ressource énergétique *f*
energiatermelés production énergétique *v* d'énergie
energiaveszteség déperdition *f* d'énergie
energikus énergique
enged [~tem, ~ett, ~jen] I. *(tgy i)* 1. *(hagy)* laisser *(inf);* permettre (de *és inf); nem ~i, hogy* il se refuse à *(inf);* ha *az idő ~i* si le temps le permet; *ez arra* ~ *következtetni* cela donne à penser que; 2. *(bocsát)* admettre; *maga elé* ~ admettre en sa présence; II. *(tgyl i)* 1. *(ellenállásból)* se laisser fléchir; transiger; *semmit sem* ~ il ne fléchit pas; *nem* ~ rester sur ses positions; 2. ~ *vkinek, vminek* céder à q *v* à qc; déférer à qc; ~ *az erőszaknak* obéir à la force; ~ *vki kérésének* se rendre aux prières de q; ~ *a túlerőnek* céder au nombre; 3. *(idő)* s'adoucir
engedékeny [~ek, ~t] 1. déférent; accommodant, -e; d'humeur facile; 2. *(elnéző)* indulgent; complaisant, -e
engedékenység déférence *f;* esprit *m* de conciliation; *az* ~ *politikája* politique *f* de concessions
engedelem [-lmet, -lme] 1. permission; licence *f;* 2. *-lmet kér* demander pardon
engedelmes [~ek, ~et] obéissant; soumis, -e; docile
engedelmeskedik [~tem, ~ett, ~jék *v* ~jen] 1. obéir; s'exécuter; obtem-

pérer; *nem* ~ désobéir; 2. ~ *vkinek* obéir à q; *egy parancsnak* ~ obéir à un ordre

engedelmesség 1. obéissance; soumission; docilité *f;* ~*re kényszerít* réduire à l'obéissance; 2. *egyh: feljebbvaló iránti* ~ obédience *f*

engedély [~ek, ~t, ~e] 1. permission *f;* permis *m;* autorisation *f; külön* ~ *alapján* sur permis spécial; ~*t ad vkinek arra, hogy* autoriser q à *(inf); az* ~*t kiadja* délivrer le permis; 2. *(hatósági, állami) ipar, ker:* concession *f;* 3. *(ipari, ker. foglalkozáshoz)* licence *f; (képesítési)* brevet *m; (díj)* patente *f;* ~*hez kötött* soumis(e) à une licence; ~ *nélküli* clandestin, -e; *ipar* ~ *nélküli űzése* marronnage *m*

engedélyez [~tem, ~ett, ~zen] 1. autoriser; accorder; permettre; *(kedvezmény-* v *kegyképpen)* octroyer; 2. *vkinek vmit* accorder *v* consentir qc à q; 3. *(összeget)* allouer; consentir

engedély(ok)irat licence *f;* patente *f;* brevet; acte *m* de concession

engedetlen indocile; désobéissant; mutin, -e

engedetlenség désobéissance; indocilité; insoumission; mutinerie; insubordination *f*

engedmény 1. *(vitában)* concession *f; vkitől* ~*t csikar ki* arracher une concession à q; 2. *(árban)* remise; réduction *f;* rabais *m; (fizetésnél)* escompte *m; ker:* délégation *f;* 3. *(követelésé)* cession *f;* 4. *jog:* cession

engem; engemet *(ige mellett)* me; m'; *(parancsoló alakkal)* -moi; *(önállóan)* moi

engesztelés 1. *vall:* expiation *f;* 2. *átt:* expiation; réparation *f;* ~*ként* à titre de réparation; 3. *haragjának* ~*ére* pour l'apaisement de sa colère

engesztelhetetlen 1. *(vétek)* inexpiable; irrémissible; 2. *(érzés)* implacable; *(ember)* inexorable

engesztelő [~t; ~en] 1. *vall:* propitiatoire; de propitiation; propitiateur, -trice; expiatoire; ~ *áldozat* sacrifice propitiatoire *m; (égő)* holocauste *m;* ~ *szentmiseáldozat* service funèbre *m;* 2. *átt:* expiatoire

ennek 1. de cela; de ceci; de celui-ci; de celui-là; *(ige mellett)* en; ~ *nem látom a célját* je n'en vois pas la raison; ~ *folytán* de ce chef; ~ *okáért* en conséquence de quoi; par conséquent; 2. à cela; à ceci; à celui-ci, à celui-là

ennél à ceci, à cela; chez celui-ci

ennélfogva dès lors; par conséquent; par suite; de ce fait; partant

ennivaló [~k, ~t] I. *(mn)* bon à manger; mangeable; comestible; II. *(fn)* 1. provisions (de bouche); victuailles *f pl;* vivres *m pl;* 2. pâture; nourriture *f*

ENSZ (Egyesült Nemzetek Szervezete) O. N. U. *f;* (Organisation des Nations Unies)

ENSZ-i onusien, -enne

éntudat *fil:* autoscopie; identité personnelle

enzim *vegy:* enzyme *m*

enyeleg [~tem, enyelgett, ~jen] plaisanter; batifoler; badiner; folichonner; *(növel)* lutiner q

enyém [~ek, ~et] c'est à moi; il est à moi; *az* ~ le mien, la mienne

enyhe [-ék, -ét; -én] doux, douce; tiède; suave; tempéré; modéré, -e; *(forma, befolyás, betegség)* bénin, bénigne; ~ *büntetés* châtiment doux; *jog:* peine légère; ~ *csalódás* mince déconvenue *f;* ~ *éghajlat alatt* sous un ciel clément; ~ *érdeklődést tanúsít vmi iránt* porter un intérêt tiède à qc; ~ *hőmérséklet* température clémente; ~ *idő* temps doux; ~ *lejtő* pente douce; versant émoussé *v* couché; ~ *megítélésben részesül* bénéficier de l'indulgence; -ébb *húrokat penget* mettre de l'eau dans son vin

enyhít [~ettem, ~ett, ~sen] I. *(tgy i)* 1. (r)adoucir; tempérer; atténuer; modérer; *(ütést, lökést)* amortir; ~*i a bánatot* alléger le chagrin; ~*i a büntetést* réduire *v* mitiger la peine; 2. *(fájdalmat)* soulager; alléger; calmer; apaiser; ~*i a lázat* calmer la fièvre; 3. ~*i a színeket* éteindre *v* adoucir des couleurs; 4. *jog:* egy

büntetést ~ réduire une peine; 5. *(izt)* corriger; II. *(tgyl i)* 1. ~ *vmin* apporter des tempéraments à qc; servir de correctif à qc; ~ *vkinek a nyomorán* soulager la misère de q; 2. ~ *a szövegen* édulcorer le texte
enyhítő [~t; ~en] 1. correctif; mitigatif, -ive; 2. *orv:* tempérant, -e; lénitif, -ive; lénifiant, -e; 3. *nyelv:* euphémique; 4. ~ *körülmény* circonstance atténuante; *jog: az* ~ *körülmények* les atténuants
enyhül s'alléger; s'adoucir; se modérer; s'apaiser; se calmer
enyhülés 1. apaisement *m;* modération; détente *f;* soulagement *m;* 2. *pol:* dégel *m;* détente *f;* ~*t hoz* amener une détente
ennyi; ennyit I. *(hat)* 1. autant; cette quantité; ~ *az egész?* est-ce tout? pas plus que cela? *(válasz) ennyi!* c'est tout; ~*ben maradunk* nous en restons là; *maradjunk* ~*ben* demeurons-en là; ~*ben nincs igaza* en cela il a tort; 2. ~ *meg ennyi* tant; *métere* ~ *(meg ennyi)* à tant le mètre; II. *(mn)* tant de; une si grande quantité de; ~ *ember* tant de monde; ~ *ideig* si longtemps
ennyien tout ce monde; tant (de gens)
ennyire 1. aussi loin (que cela); à cette distance; 2. *átv:* jusque-là; là; si loin; à ce point; tant; ~ *még nem jutottunk* nous n'en sommes pas encore là
enyv [~ek, ~et, ~e] 1. colle (forte); colle gomme; gomme *f; (vízzel kevert lisztből)* colle de pâte; 2. *(madárfogó)* glu *f*
enyvez [~tem, ~ett, ~zen] 1. coller; gommer; *(papírt, szövetet, falat, könyvhátat)* encoller; 2. *(madárléppel)* engluer
Eötvös-féle *inga* balance *f* de torsion
ép [épek, épet] I. *(mn)* 1. intact, -e; entier, -ière; intégral, -e; d'une parfaite conservation; ~ *bőrrel* sain et sauf *v* saine et sauve; ~ *bútor* meuble bien conditionné; 2. *(ember)* bien conformé, -e; valide; II. *(fn)*

az épek és a rokkantak les valides et les invalides
epe [-ék, -ét, -éje] bile *f;* fiel *m; epébe mártott toll* une plume enfiellée; *kiönti epéjét* décharger sa bile; *(vkire)* décharger son fiel sur q
epebaj affection biliaire *f*
eped [~tem, ~t, ~jen] languir (après *v* de q); se consumer; soupirer pour q
epehólyag 1. vésicule biliaire; cholécyste *f;* 2. *áll:* amer *m*
epekő calcul biliaire *v* du foie *v* cystique *m*
épelméjű sain(e) d'esprit; bien équilibré(e); en possession de toutes ses facultés
épen 1. *(tárgyról)* dans un état de parfaite conservation; intégralement; *(sír)* inviolé, -e; 2. *(személyről)* sain et sauf *v* saine et sauve
epeömlés poussée *f* d'ictère
eper [eprek, epret, epre] 1. fraise *f; (földi)* fraise des bois; 2. *(faeper)* mûre *f;* 3. *(a növény)* fraisier *m*
eperbokor touffe *f* de fraisier
eperfa mûrier *m*
epés *(ember)* bilieux, -euse; atrabilaire; acrimonieux; fielleux; venimeux, -euse; ~ *megjegyzés* observation fielleuse; ~ *természet* nature bilieuse; tempérament colérique *m*
epeszt [~ettem, ~ett, -esszen] 1. consumer; ronger; dévorer; 2. ~*i magát* se consumer (de chagrin)
epevezeték canal biliaire; canal *v* conduit cholédoque *m*
epicentrum [~ot] épicentre *m*
epidémia [-ák, -át] épidémie *f*
epidermisz [~t, ~e] épiderme *m*
epigon [~ok, ~t, ~ja] épigone *m*
epigramma [-ák, -át, -ája] épigramme *f;* -*át ír* faire *v* tourner une épigramme
epika genre épique *m*
epikai [~ak, ~t] épique; héroïque
Epiktétosz [~t, ~a] Épictète *m*
epikureista [-ák, -át, -ája]; **epikureus** épicurien, -enne *(n)*
Epikúrosz [~t, ~a] Épicure *m*
epikus I. *(mn)* épique; II. *(fn)* poète épique

epilepszia [-át, -ája] épilepsie *f;* mal caduc *v* comitial; haut mal
epilepsziás *roham* attaque *v* crise *f* d'épilepsie
epilógus épilogue *m*
Epírusz [~t] l'Épire *f*
épít [~ettem, ~ett, ~sen] 1. construire; bâtir; édifier; élever; *kőből, tégláből* ~ maçonner; *egybe van* ~*ve* faire corps avec qc; 2. *vmibe* ~ ménager; pratiquer; 3. *vmire* ~ construire *v* asseoir sur qc; 4. *(gépet)* construire; *(készüléket)* monter; 5. *átv*: *vmire* ~ tabler *v* fonder *v* faire fond(ement) sur qc; échafauder sur qc; *az emberi butaságra* ~ tabler sur la bêtise humaine
építés 1. construction; édification *f;* 2. *(építési munka)* travaux de construction; ~ *alatt* en construction; 3. *(gépé)* construction; *(készüléké)* montage *m;* 4. *(hajóé)* mise *f* en chantier; 5. *a szocializmus* ~*e* l'édification socialiste
építésfelügyelőség inspection *f* des travaux de construction
építésfelvigyázó piqueur *m*
építésvezetőség direction *f* de la construction
építész [~ek, ~t, ~e] architecte *m*
építészet architecture *f*
építészeti [~ek, ~t] architectural, -e; architectonique; ~ *vállalkozó* entrepreneur *m* en bâtiments
építészmérnök ingénieur architecte *m*
építkezés 1. *ált:* la construction; 2. *(folyó)* travaux *m pl* de construction; *az* ~ *helyén* à pied d'œuvre
építmény 1. maçonnerie *f;* édifice; bâtiment *m;* 2. *(nem ház)* ouvrage *m*
építőanyag matériau *m* (de construction)
építőipar industrie *f* du bâtiment; le bâtiment
építőipari *dolgozó* travailleur (-euse) du bâtiment; *az* ~ *dolgozók* le bâtiment; ~ *szakszervezet* syndicat *m* du bâtiment; ~ *vállalat* entreprise *f* de bâtiment
építőkocka jeu *m* de cubes
építőmester constructeur; architecte *m*
építőmunka 1. travaux *m pl* de construction; 2. *átv:* travail *m* de réorganisation; (ré)édification *f*
építővállalat entreprise *v* société *f* de construction
epizód [~ok, ~ot, ~ja] incident; épisode *m*
epizódszerep rôle *m* de composition
eposz [~ok, ~t, ~a] épopée *f;* poème héroïque *m;* ~*ba illő* épique
éppen 1. précisément; justement; juste; ... même; *ez* ~ *elég* c'est juste assez; c'est précisément ce qu'il faut; ~ *ebédkor* juste à l'heure du dîner; ~ *a felügyelő mondta nekem* c'est l'inspecteur même qui me l'a dit; ~ *ma* pas plus tard qu'aujourd'hui; 2. *(igével jövőre nézve)* être près de; être sur le point de; il allait *(mind: inf);* ~ *el akart menni* il allait sortir *v* partir; 3. *(határozószókkal, mellèknevekkel)* csak ~ *addig él, míg* il vit juste le temps nécessaire pour *(inf);* ~ *akkor kezdődött* il commençait tout juste; ~ *annyi időnk maradt, hogy* nous avions juste le temps de *(inf);* ~ *az* cela même; csak ~, *hogy!* mais d'extrême justesse; csak ~, *hogy* ... tout juste; de justesse; ~, *hogy belefér* cela entre juste, ~, *hogy elkerüli* éviter de justesse; ~ *csak, hogy elkerülte a halált* il a échappé de peu à la mort; ~ *erről van szó* c'est de quoi il s'agit; ~ *ezen a helyen* à cet endroit précis; ~ *ezért* par cela même; ~ *ezt akartam mondani* j'allais (vous) le dire; ~ *jókor* (bien) ~ à propos; juste à point; *a)* ~ *most* ... *(jelenre)* être en train de *(inf);* ~ *most eszik* il est en train de manger; *b) (múltra nézve)* ~ *most,* ~ *akkor* venir de; sortir de; revenir de *(mind: inf);* ~ *most ment el* il vient de sortir; ~ *nem* que non! pas *v* point du tout; aucunement; à beaucoup près; *nem* ~ pas précisément; ~ *olyan* ... *mint* tout aussi ... que; ~ *olyan kevéssé, mint* aussi peu que; ~ *úgy mint* de même que; comme
épség 1. *(testi)* (bonne) santé; bonne conformation *f;* ~*ben* en bonne

épül 232 **érdekelt**

santé; 2. *(dologé)* intégrité *f;* état *m* de conservation; ~*ben tart* entretenir (en bon état)
épül [~tem, ~t, ~jön] 1. être construit(e); être en construction; 2. *átv:* être édifié(e) de qc; s'édifier de *v* sur qc *(gúny. is)*
épület bâtiment; édifice *m;* construction *f; az* ~ *hátsó része* arrière-corps *m*
épületanyag matériau(x) *m (pl)* de construction
épületasztalos menuisier *m* (de *v* en bâtiment)
épületbádogos plombier *m*
épületes [~ek, ~et; ~en] édifiant, -e
épületfa bois *m* de construction *v* d'œuvre *v* de charpente
épületfestő peintre *m* en bâtiment
épületkő pierre *f* de construction *v* à bâtir *v* de taille; mœllon *m*
épületlakatos serrurier *m* de *v* en bâtiment
épületrajz levé de construction; dessin technique *v* d'architecture *m*
épületszárny aile *f* de bâtiment; pavillon *m*
épületszerelés installation *f*
épülettömb îlot *v* pâté *m* de maisons
épülő; épülőfélben *levő* en construction
I. *(fn)* **ér** [erek, eret, ere] 1. vaisseau (sanguin); *(ütőér)* artère *f; (ált. és visszér)* veine *f; eret vág* pratiquer une saignée; *eret vág vkin* saigner q; *felvágta ereit* s'ouvrir une veine; 2. *(levélen)* nervure *f;* 3. *(márványban)* veine; *(vékony)* filandre *f;* 4. *(érc)* filon; filet *m; (szén)* veine
II. *(fn)* **ér** (petit) ruisseau
III. *(ige)* **ér** [~tem, ~t, ~jen] I. *(tgyl i)* 1. *(vhová)* arriver à ...; atteindre qc; parvenir à ...; 2. *(vmeddig)* s'étendre *v* aller (jusqu'à ...); *(felfelé)* s'élever à (la) hauteur de ...; *(lefelé)* tomber *v* descendre jusqu'à; *a vállamig ér* il me vient à l'épaule; 3. *(vmihez)* toucher qc *v* à qc; *egymáshoz érnek* se toucher l'un l'autre;
II. *(tgy i)* 1. *(vkit, vmit)* toucher; atteindre; affecter; rencontrer; 2. *átv:* atteindre; *ilyet még nem értem* rien de pareil ne m'est encore arrivé;

3. *(csapás, betegség vkit)* frapper; arriver à q *(öröm is);* affecter; *baleset érte* il lui est arrivé un accident; 4. *(vmin)* surprendre; attraper; *tetten ér* prendre q sur le fait; 5. *(utólér)* atteindre; surprendre
IV. *(ige)* **ér** *(értékben)* 1. valoir; *nem sokat ér* il ne vaut pas cher; *mit ér az emberi élet!* ce que c'est que de nous; 2. *nem ér vele semmit* cela ne lui servira de *v* à rien
éra [-ák, -át, -ája] ère *f;* régime *m*
Erazmus [~t, ~a] Érasme *m*
érc [~ek, ~et, ~e] 1. minerai; métal brut *v* vierge; ~*et mos* débourber du minerai; 2. *(fém)* métal; airain; bronze *m;* ~*be önt* couler en bronze
érces [~ek, ~et; ~en] métallique; ~ *hang* voix métallique *v* sonore *f*
ércfedezet couverture métallique *f; (bankjegyeké)* encaisse métallique *f*
érckohászat métallurgie *f*
ércolvasztó haut fourneau
ércöntöde fonderie *f*
ércpénz monnaie métallique; espèces sonnantes; numéraire *m; (réz)* billon *m*
ércszobor statue *f* de bronze *v* d'airain
érczúzó bocard *m*
erdei [~ek, ~t] sylvestre; de la forêt; du bois; forestier, -ière; sylvicole; *áll, növ :* sylvatique; némoral, -e; ~ *állat* animal *m* des forêts; ~ *fanem* essence forestière; ~ *növények* plantes némorales
érdek [~ek, ~et, ~e] intérêt(s) *m (pl);* ~ *nélkül* gratuitement; *magasabb* ~*ek* un intérêt majeur; ~*ében* à sa faveur; *az ügy* ~*ében* pour les besoins de la cause; *szól vkinek* ~*ében* intervenir en faveur de q; ~*ből* par intérêt
érdekcsoport groupe *m* d'intéressés; *pej: helyi* ~ coterie locale
érdekel [~tem, ~t, ~jen] 1. intéresser; attacher; toucher; *ez engem nem* ~ cela ne me regarde pas; 2. ~*ve van egy vállalatban* être intéressé *v* avoir des intérêts dans une entreprise
érdekelt [~ek, ~et] I. *(mn)* 1. intéressé, -e; 2. *(károsult)* lésé, -e; 3. *(vm i*

érdekeltség 233 **erdőrészlet**

jóban) bénéficiaire; **4.** *áll:* visé, -e; **~** *fél* partie intéressée; **II.** *(fn)* intéressé, -e *m;* bénéficiaire *n*
érdekeltség 1. *ker:* participation *f;* **2.** *áll:* intérêts engagés; **3.** groupe *m* d'intéressés *v* de commanditaires; **4.** intéressement matériel
érdekes [~ek, ~et] intéressant; attachant, -e; curieux, -euse; captivant, -e; *rendkívül* ~ passionnant, -e; *ld. még:* **érdekfeszítő**; *igen* ~ *volna* il serait de plus haut intérêt de *(inf)*
érdekfeszítő palpitant, -e; d'un intérêt palpitant *v* poignant; fascinant; passionnant, -e
érdekhajhász âme mercenaire *f*
érdekképviselet représentation *f* des intérêts
érdekközösség communauté d'intérêts; solidarité *f*
érdeklődés intérêt *m;* curiosité *f;* ~ *hiánya miatt* à cause du manque d'intérêt du public; *vkinek* ~*ét felkelti* éveiller *v* exciter *v* piquer la curiosité de q; *fokozza az* ~*t* renforcer l'intérêt; ~*t tanúsít vki iránt* porter de l'intérêt à q; ~*sel várjuk az eredményt* notre attention se fixe sur le résultat
érdeklődik [~tem, ~ött, ~jék *v* ~jön] **1.** venir aux nouvelles; **2.** ~ *vkinél* se renseigner auprès de q; **3.** ~ *vmi iránt* s'intéresser à qc; prendre intérêt à qc; porter de l'intérêt à qc; ~ *vkinek egészsége iránt* s'enquérir de la santé de q
érdeknélküliség désintéressement *m;* gratuité *f*
érdekszféra sphère d'intérêts; orbite *f*
érdektelen 1. désintéressé, -e; *(tett)* gratuit, -e; **2.** *(nem érdekes)* dénué(e) d'intérêt; sans intérêt
Erdély [~t] la Transylvanie
erdélyi [~ek, ~t; ~esen] **I.** *(mn)* transylvain, -e; transylvanien, -enne; **II.** *(fn)* Transylvain, -e *n*
érdem [~ek, ~et, ~e] **1.** mérite *m;* ~*ének tud be vmit* faire un mérite à q de qc; *vkinek* ~*eit elismeri* rendre pleine justice à q; **2.** *a dolog* ~*e l'essentiel v* le fond de l'affaire;

a kérdés ~*e* le vif du sujet; **3.** *jog:* fond *m;* ~*ben* sur le fond
érdemel [~tem, ~t, ~jen] mériter qc; avoir droit à qc
érdemes [~ek, ~et; ~en] **1.** *(ember)* méritant, -e; *(szakmájában régóta közismerten)* émérite; ~ *művész (mint cím, kb:)* artiste émérite *n;* **2.** *(tevékenység stb.)* méritoire; **3.** *(vmire)* digne de qc; **4.** valoir la peine de *(inf);* valoir de *(inf);* nem nagyon ~ *(inf)* ce n'est guère la peine de *(inf)*
érdemleges [~ek, ~et] **1.** *(eredmény stb.)* méritoire; notable; **2.** *jog:* egy per ~ *tárgya* le fond d'un procès
érdemrend décoration; médaille *f*
érdemtelen sans mérite; immérité, -e; indigne; ~*né válik* démériter
érdes [~ek, ~et] **1.** rugueux, -euse; rude; rêche; raboteux, -euse; âpre; **2.** ~ *hang* voix éraillée; **3.** *(stílus)* abrupt, -e; rude
erdész [~ek, ~t, ~e] **1.** conservateur *m* des forêts; **2.** *(kerülő)* garde forestier
erdészet 1. *(művelés)* sylviculture *f;* **2.** *(jog)* régime forestier
erdő [~k, ~t, erdeje] forêt *f;* les bois *m pl;* ~ *(kisebb)* bois *m;* fiatal ~ taillis *m;* az ~ *sürüje* fourré *m;* az ~ *közepén* en plein bois; *az* ~*ben* sous bois; *mélyen az* ~*ben* en plein bois; ~*t irt* abattre *v* couper *v* raser une forêt; ~*t ültet* planter *v* peupler un bois
erdőgazdálkodás économie forestière; aménagement *m;* *(állami)* régime forestier
erdőgazdaság exploitation forestière; sylviculture *f*
erdőirtás défrichement; défrichage; déboisement; abattage *m;* coupe *f*
erdőkerülő garde forestier; garde-chasse; garde-bois *m*
erdőkitermelés exploitation *v* gestion forestière *v* des forêts; *tervszerü* ~ coupe réglée
erdőmérnök ingénieur des forêts *v* forestier
erdőrészlet *(festmény)* sous-bois *m*

erdős [~ek, ~et; ~en] boisé, -e; couvert(e) (de bois); ~ *hegyoldal* versant forestier
erdősáv bande forestière
erdőség (grande) forêt; région forestière
erdősítés reboisement; boisement; repeuplement *m*
erdőtalaj sol forestier
erdőüzem exploitation forestière
erdővédelem régime forestier
ered [~tem, ~t, ~jen] **1.** *(víz)* prendre naissance *v* sa source; prendre (son) cours *(mind:* dans qc); **2.** *átv:* tirer son origine; provenir; procéder; émaner; venir; dériver *(mind:* de qc); **3.** *vmitől* ~ tirer sa naissance de...; **4.** *(időből)* dater de...; remonter à...; **5.** *eredj! ld:* **külön!**
útnak ~ se mettre en chemin *v* en route
eredendő [~ek *v* ~k, ~t; ~en] ~ *bűn* péché originel *v* héréditaire
eredet origine; provenance *f*
eredeti [~ek, ~t] **I.** *(mn)* **1.** *(amilyen volt)* primitif, -ive; originaire; initial, -e; *nyelv:* ~ *értelemben használt szó* terme propre *m; nyelv:* ~ *jelentés* sens primitif *v* propre; ~ *rendeltetésétől elvon* détourner de sa destination; ~ *szín* ton initial; *az* ~ *terv* le projet primitif; **2.** *(valódi)* original, -e; authentique; *nem* ~ inauthentique; ~ *csomagolás* emballage *m* d'origine; ~ *írásmű, festmény* original *m;* ~ *példány* original *m; jog: (okiraté)* minute *f;* **3.** *(sajátos)* original, -e; pittoresque; **II.** *(fn)* original *m; az* ~*ben* en original; ~*ben olvas* lire dans le texte
eredetileg originairement; dans l'origine; primitivement
eredetiség originalité *f*
eredj! va! va-t-en! pars! ~ *be* rentre! ~ *ki!* sors! *ugyan* ~ *(már)!* allons, va!
eredmény 1. résultat; effet; succès; aboutissement *m;* ~ *nélkül* sans résultat; ~*re vezet* donner des résultats; aboutir; produire *v* faire son effet; *nem vezet* ~*re* ne donner aucun résultat; -*nnyel* avec fruit; -*nnyel kecsegtet* s'annoncer plein(e) de promesses; **2.** acquisition; réalisation *f;* **3.** *(termelésé)* rendement *m;* **4.** *mat:* résultat; **5.** *sp:* résultat; *(egyéni így is:)* performance *f*
eredményes [~et] fructueux; heureux, -euse; utile; fécond, -e; efficace; *(kísérlet)* concluant, -e
eredményez [~tem, ~ett, ~zen] **1.** amener; avoir pour résultat; *ami azt* ~*i, hogy* ce qui fait que; **2.** *fiz:* composer
eredménytábla *sp:* tableau *m* de marque *v* des résultats; *(lóversenyen)* indicateur *m*
eredménytelen infructeux, -euse; inutile; sans résultat; ~ *kísérlet a)* vaine tentative; *b)* expérience sans succès; ~ *munka* travail infructueux; ~ *marad* rester sans résultat
eredő [~k *v* ~ek, ~t; ~en] **I.** *(mn)* **1.** provenant (de); originaire (de); imputable (à); dérivant, -e; **2.** *fiz:* ~ *erő* (force) résultante *f;* **II.** *(fn) erők* ~*je* résultante des forces
ereklye [-ék, -ét, -éje] relique *f*
érelmeszesedés artériosclérose *f*
erélyes [~et] énergique; *(módszer stb.)* radical, -e; ~ *kézzel* la main haute
erélytelen mou, molle; avachi, -e; veule; passif, -ive
érem [érmek, érmet, érme] médaille *f;* médaillon *m; (pénz)* monnaie *f; ez az* ~ *másik oldala* c'est le revers de la médaille
éremgyűjtő numismate *n;* médailliste *m*
éremmetsző graveur médailliste; médailleur *m*
éremtan numismatique; histoire métallique *f*
éremtár cabinet *m v* collection *f* des médailles
erény 1. vertu *f; az* ~ *leplébe burkolódzik* se draper dans sa vertu; **2.** *(női)* chasteté *f*
erényes [~ek, ~et] vertueux, -euse; ~ *cselekedet* acte *m* de vertu; ~ *életet él* pratiquer la vertu
érés maturation *f;* mûrissement; aoûtement *m*

eresz [~ek, ~t, ~e] 1. *(tetőrész)* corniche; couronne; gouttière *f;* az ~ alá áll s'abriter sous la gouttière; 2. chéneau *m; (bádog)* gouttière
ereszkedik 1. *(alá)* descendre; *(repülő madár)* descendre; *(hegy)* être *v* aller en pente; 2. *(felület)* s'abaisser; baisser; *(talaj)* s'affaisser; 3. *(lazul)* se relâcher; 4. *(vitába, alkuba stb.)* s'engager dans qc
ereszt [~ettem, ~ett, eresszen] I. *(tgyl i)* 1. *(edény, hordó)* perdre; pisser; 2. *(termény)* donner; II. *(tgy i)* 1. *(vhova)* laisser partir *v* aller; vízre ~ *(tutajt)* dériver; 2. szabadon ~ mettre en liberté; relâcher; 3. *(folyadékot vhova)* laisser *v* faire écouler; levet ~ donner *v* perdre son jus; 4. hasat ~ prendre du ventre; 5. hajtásokat ~ pousser des rameaux
éretlen 1. vert, -e; pas mûr; à peine mûr, -e; verdaud, -e; 2. *(ember)* jeunet, -ette; étourdi; irréfléchi, -e; ~ megjegyzés réflexion puérile *f*
eretnek [~ek, ~et, ~e] vall: I. *(mn)* hérétique; hétérodoxe; II. *(fn)* hérétique *n;* hérésiarque *m;* sectaire *n*
érett [~ek, ~et] 1. mûr, -e; venu(e) à maturité; *(túlérett)* avancé, -e; egészen ~ être (mûr) à point; 2. *(ember)* mûr, -e; elég ~ ahhoz, hogy être d'âge à *(inf);* ~ kor âge mûr; âge de raison; 3. jelesen, jól, elégségesen ~ (être) reçu (au baccalauréat) avec la mention très bien, (assez) bien, passable
érettségi I. *(mn)* de baccalauréat; ~ vizsga baccalauréat *m;* bachot *m* biz; II. *(fn) ld:* érettségi vizsga; átmegy az ~n être reçu(e) au bac biz
érez [érzem, érzi, ~tem, érzett, ~zen] 1. éprouver; sentir; ressentir; szeretetet ~ vki iránt éprouver de l'affection pour q; szükségét érzi, hogy éprouver le *v* un besoin de *(inf);* 2. vminek következményeit érzi se ressentir de qc; 3. *(szagolva)* sentir, flairer; percevoir; 4. vesztesnek érzi magát se tenir pour battu; úgy érzi, hogy elveszett s'estimer perdu(e); 5. *(vmiben vmit)* deviner *v* démêler qc dans qc; 6. *(előre)* pressentir; 7. jól érzi magát se porter *v* se trouver bien; nem érzem jól magamat je ne me sens pas bien; hogy érzi magát? comment allez-vous? 8. jól érzi magát *(vhol)* être (bien) à son aise; se sentir à son aise
erezet 1. növ, áll: nervures *f pl;* nervation *f; (finomabb)* veine *f;* 2. *(márványé)* veines *f pl;* 3. *(fában)* ronce *f;* 4. ép: vékony ~ *(kőben)* fil *m;* 5. *(díszítés)* marbrure *f;* ép: nervure *f*
érezhető [~k, ~t] sensible; perceptible; appréciable; ~ javulás *(betegnél)* un mieux sensible; ~vé válik *v* lesz se faire sentir
érfal *(ütőéré)* tunique *f; (visszéré)* paroi *v* membrane *f* de la veine
érgörcs angiospasme *m*
érik [~tem, ~t, ~jék *v* ~jen] 1. mûrir; venir *v* arriver à maturité; *(bor)* vieillir; 2. *(sajt)* s'affiner; 3. *(kelés)* mûrir
Erinniszek; az ~ les Érinnyes *f pl*
érint [~ettem, ~ett, ~sen] 1. toucher qc *v* à qc *(átv is); könnyedén* ~ *(átv is)* effleurer; *(inkább átv:)* friser; côtoyer; affecter; jouer sur qc; éppen csak ~i toucher du (bout du) doigt *(átv. is);* 2. felületesen ~ egy kérdést effleurer une question; nem ~i a kérdést passer à côté de la question; a kérdések, melyek ~ve vannak a tervezetben les problèmes abordés dans le projet; 3. mat: être tangent(e) à qc; 4. toucher
érintés 1. attouchement; contact; affleurement *m;* a vezeték ~e l'attouchement de la ligne; ~re au toucher 2. *(vívásban)* touche *f;* 3. mat: contact *m;* tangence *f*
érintetlen 1. intact, -e; jog: ~ marad rester entier; 2. *(leány)* vierge; 3. ~ terület terrain vierge *m*
érintkezés 1. *(vmivel)* le contact de qc; la communication avec qc; 2. müsz, vill: contact; 3. *(vkivel)* le

commerce v la fréquentation de q;
~be kerül vkivel faire la connaissance
de q; ~be lép se mettre en communication; kat: felveszi az ~t établir
le contact; contacter q; ~t létesít
établir un point de contact; ~t tart
fenn avoir des relations
érintkezik 1. [~tem, ~ett, ~zék v ~zen]
(vmi) se toucher; être v rester
en contact; communiquer avec
qc v entre eux; 2. (vkivel) avoir
commerce avec q; frayer avec
q; fréquenter q v chez q; (futólag)
coudoyer q; 3. ~nek egymással ils
correspondent entre eux; vill: se
toucher
érintkező [~ek v ~k, ~t; ~en] I.
(mn) contigu; -ë (à qc); en contact
avec qc; II. (fn) vill: contact;
contacteur m
érintő [~t, ~k, ~je] (fn) mat: tangente
f; körhöz húzott ~ ligne tangente à
un cercle
Erisz Éris f; ~ almája la pomme de
discorde
erjed [~t, ~jen] fermenter (átv. is);
(kádban) cuver
erjedés fermentation f (átv. is)
erjedéstechnika zymotechnie f
erjesztés fermentation; mise f en levain; levurage m
erjesztő [~ek, ~t; ~en] fermentatif,
-ive; ~ anyag ferment; levain m;
levure f; ~ kád cuve f (de fermentation)
erkély [~ek, ~t, ~e] 1. balcon m;
2. szính: amphithéâtre; balcon m
érkezés arrivée; venue f
érkezési [~t] d'arrivée; ~ állomás
gare f d'arrivée; ~ oldal côté d'arrivée m; (pályaudvaron, kikötőben)
quai m d'arrivée
érkezik [~tem, ~ett, ~zék v ~zen]
arriver; éppen jókor ~ vous tombez
bien
erkölcs [~ök, ~öt, ~e] az ~ la morale;
la moralité; ~ nélküli amoral, -e;
az ~ök les mœurs; a jó ~ les (bonnes) mœurs; ~ökbe ütköző illicite;
jó ~be ütköző contraire aux bonnes
mœurs

erkölcsbíró censeur des mœurs
erkölcscsősz dragon m de vertu
erkölcsi [~ek, ~t] moral, -e; de morale; éthique; ~ bizonyítvány certificat de bonne vie et mœurs; ~
érték moralité f; ~ érzés v érzék sens
moral; moralité f; ~ érzék hiánya
amoralité; absence f de tout sens
moral; ~ halál mort civile; ~ hulla
un homme fini; ~ követelmény précepte (moral) ; ~ öntudat conscience
morale; ~ prédikáció leçons f pl; semonce; admonestation f; ~ prédikációt tart vkinek faire un cours de
morale v la morale à q; irod : ~ siker
succès m d'estime; ~ súly prestige
m; autorité morale; ~ szabályok
les règles de la morale; ~ tanulság
leçon (de) morale; moralité; morale f; (meséé) affabulation f; ~
tanulságban részesít édifier; ~ törvény loi morale; principe moral;
~ züllés le libertinage; la dépravation
erkölcsileg moralement; ~ fogyatékos
déséquilibré du sens moral; ~ megront démoraliser; dépraver; pervertir
erkölcsös [~ek, ~et] avoir des mœurs;
éthique; vertueux, -euse; ~ élet
vie sage f
erkölcsrajz tableau m de mœurs
erkölcsrendészet police v brigade f des
mœurs
erkölcstan morale; éthique f
erkölcstelen 1. immoral; amoral, -e;
n'avoir pas de mœurs; 2. licencieux;
vicieux, -euse; perverti, -e; (kép,
stb.) obscène; pornographique; ~
élet inconduite f
erkölcstelenség 1. immoralité; amoralité f; 2. (viselkedés) dérèglement
des mœurs; libertinage m
érlel 1. (faire) mûrir; (bort) vieillir;
(sajtot) affiner; 2. átv: mûrir
érme [-ék, -ét, -éje] 1. (pénz) monnaie; pièce f; (réz) billon m; 2.
(bedobó) jeton m
érmelegítő manchette (tricotée)
Ernő [~k, ~t, ~je] Ernest m
ernyedetlen assidu, -e; sans relâche;
infatigable

ernyedt [~ek, ~et; ~en] 1. énervé, -e; flasque; 2. *átv:* démoralisé; énervé, -e
ernyő 1. *(napernyő)* ombrelle *f;* parasol *m; (esernyő)* parapluie *m;* 2. *(ablaké, kirakaté)* store *m; (terasz felett)* velum *m; (lámpán)* abat-jour *m;* 3. *(vetítő, védő)* écran *m;* 4. *(autóé, kocsié)* capote *f; (ponyvából)* bâche *f;* 5. *növ:* ombelle *f*
ernyősvirágú ombellifère *(f)*
erotika érotisme *m*
erotikus érotique; ~ *költő* érotique *m*
erózió [~k, ~t, ~ja] érosion *f;* ravinement *m;* ~*tól letarolt* labouré(e) par l'érosion
erő [~k, ~t, ereje] I. *(fn)* 1. force *(tb. is);* vigueur; énergie; robustesse *f;* dynamisme *m; nincs benne* ~ il n'y a pas *v* il manque de ressort *v* de fermeté; *az* ~*k szabad érvényesülése* le libre jeu des forces; *ereje fogytáig* jusqu'au bout; *ereje elhagyja* ses forces l'abandonnent; *jó* ~*ben levő* ingambe; frais et dispos; *korához képest jó* ~*ben van* porter bien son âge; *minden erejéből azon lesz, hogy* il s'emploiera de son mieux à *(inf); saját erejéből* par ses propres moyens; *teljes* ~*ből* à tour de bras; *erejéhez mért munka* travail proportionné à ses forces; *erején felül költ* vivre au-dessus de son état; *erején felül van* surpasser ses forces; ~*nek erejével* à tout prix; qu'on le veuille ou non; *erejénél van* être d'attaque; *(új)* ~*re kap* reprendre *v* réparer ses forces; *a beteg kezd* ~*re kapni* le malade commence à reprendre; ~*t önt vkibe* réconforter; retremper; ranimer q; ~*t adó* corroboratif, -ive; ~*t gyűjt* se refaire; se restaurer; recueillir ses forces; ~*t kifejt* déployer une force; *kíméli erejét* ménager *v* économiser ses forces; *minden erejét latba veti* user de toute sa force; ~*t merít vmiből* puiser la force nécessaire dans qc pour *(inf);* ~ *vesz vkin* s'emparer de q; posséder q; ~*t vesz magán se contenir;* ~*t vesz vmin* surmonter qc;

~*től duzzadó* débordant(e) de vie *v* de force; plein(e) de vigueur; de (vive) force; *teljes* ~*vel rohan* filer à toute allure; 2. *fiz, mat:* force *f;* principe *m;* ~*t fejt ki* exercer une force; 3. *(hangé, fényé, áramé)* intensité *f;* 4. *(elektromosságé, gépé, szóé, természeti)* puissance *f;* 5. *(ható)* agent *m;* 6. *kat:* ~*k* forces *f pl;* éléments *m pl;* 7. *(boré)* sève *f;* 8. *konyh: kimegy az ereje* perdre son parfum; ~*t ad vminek* corser qc; 9. *(költői)* souffle *m;* II. *(hat) 10 000 frank erejéig* jusqu'à concurrence de 10 000 francs; *vminek erejénél fogva* en vertu de qc
erőátvitel 1. transport *m* d'énergie; 2. transmission *f*
erőd [~ök, ~öt, ~je] forteresse *f;* fort; ouvrage *m* de défense
erődítmény ouvrage fortifié; fortification *f;* ouvrages militaires *m pl*
erőfeszítés dépense *f* de force *v* d'énergie; grand effort; *(lelki)* contention *f* (d'esprit); *nagy* ~ tour de force
erőforrás source d'énergie; ressource *f*
erőgép machine motrice *v* productrice d'énergie
erőhatalom *jog:* force majeure *f*
erőleves consommé; bouillon *m*
erőlködés effort *m*
erőlködik [~tem, ~ött, ~jék *v* ~jön] s'efforcer de; se donner du mal pour; se dépenser pour *(mind: inf); hasztalan* ~ se consumer en efforts inutiles
erőltet 1. *(vmit)* vouloir à toute force; imposer à q; brusquer; *(értelmezést, stb.)* faire violence à qc; *(stílust)* tourmenter; *(hangot, stb.)* forcer; ~*i az agyát v eszét* se creuser *v* se torturer l'esprit; ~*i a dolgot* brusquer les choses; 2. *(vkire vmit)* forcer de *v* à *(inf);* contraindre à *(inf);* 3. *(színlel)* affecter; *magára* ~ *vmit* s'imposer qc; *a jó kedvet nem lehet* ~*ni* la bonne humeur ne se commande pas
erőltetett [~ek, ~et] 1. forcé; affecté; contraint, -e; *(érv)* spécieux, -euse; 2. *(stílus)* tourmenté; guindé, -e;

laborieux, -euse; 3. *(színlelt)* étudié, -e; d'emprunt; ~ *nevetés* rire appris v jaune
erőmű(telep) *vill:* usine de force hydraulique v électrique; centrale; station centrale
erőnlét *sp:* condition (physique) *f*
erőpár *fiz:* couple *m* (de forces)
erőparalelogramma polygone *m* des forces
erőpolitika politique *f* de puissance v de force
erőpróba épreuve *f* (de force)
erős [~ek, ~et] I. *(mn)* 1. fort, -e; vigoureux, -euse; robuste; solide; nerveux, -euse; ~, *mint a barom* c'est un cheval de charrue; ~ *legény* v *fickó* un solide v robuste gaillard; 2. *(ellenálló anyag)* résistant; fort, -e; solide; *igen* ~ extra-fort, -e; 3. *(hang, fény, stb.)* intense; puissant; fort, -e; vif, -ive; ~ *hideg* un froid pénétrant; un froid d'attaque; ~ *tűzön* à feu vif; 4. *vill:* ~ *áram* courant *m* de force; 5. *(fűszer, étel)* fort; corsé; épicé, -e; ~ *cukor* pastille *f* de menthe; 6. *(dolgokról) mint ~ebb fél tárgyal* traiter de sa position de force; ~ *láz* fièvre violente v intense; ~ *levegő* air vif v piquant; ~ *méreg* toxique v poison violent; ~ *szél* vent vif; grand vert; 7. *(gyógyszer)* ~ *(hatású)* héroïque; énergique; 8. *(erkölcsileg)* fort; ferme; *legyen* ~ *(rossz hír közlésekor)* soyez brave; allons, courage! ~ *akaratú ember* un homme à poigne; ~ *hajlama van vmi iránt* avoir un goût prononcé pour qc; *az* ~ *kéz politikája* la manière forte; ~ *lélek* âme *f* v cœur *m* ferme; ~ *lelkű* courageux, -euse; brave; vaillant, -e; 9. *(átv. dolgokról)* fort; appuyé; marqué, -e; ~*ebb lesz* s'accentuer; ~ *szavakban* en termes vifs v violents; *ez egy kicsit* ~ c'est plutôt rude; c'est un peu fort, tout de même; *vkinek* ~ *oldala* le fort de q; 10. *(tréfa)* cru; risqué; corsé, -e; 11. *nagyon* ~ *vmiben* être fort(e) en qc v sur le chapitre de...; *isk:* calé, -e (en qc);

II. *(fn)* mindig az ~nek van igaza la force prime le droit; *az ~ebb jogán* du fait du prince v du maître
erősen 1. vigoureusement; solidement; fortement; activement; ~ *állít* soutenir ferme v mordicus; ~ *gyanúsítják* il est véhémentement soupçonné; ~ *hisz vmit* croire une chose comme l'Évangile; ~ *hiszi* croire dur comme fer; ~ *kér* prier v demander avec instance; ~ *keresik* on le recherche activement; *(árut)* on se l'arrache; il est très demandé; 2. *mind erősebben* de plus fort en plus fort
erősít [~ettem, ~ett, ~sen] 1. renforcer; consolider; raffermir; fortifier; 2. *(fényképet, sereget)* renforcer; 3. *(erőt adva)* retremper q; *(izmokat)* développer; *(vigasztalva)* réconforter; 4. *színt* ~ renforcer v aviver une couleur; 5. *(ételt)* corser; relever; 6. *(fényt)* intensifier; 7. *orv:* tonifier; corroborer; *(beteget)* fortifier; 8. *(várost)* fortifier; 9. *vmire, vmibe* ~ fixer à qc; ajuster v établir v sceller sur v dans qc; 10. *(állást)* soutenir; affirmer; *esküvel* ~ affirmer sous la foi du serment
erősítés 1. renforcement; raffermissement *m*; consolidation *f* *(átv. így is:)* accentuation *f*; 2. *(városé)* fortification *f*; 3. *fényk:* renforçage *m*; 4. *orv:* confortation *f*; 5. *kat:* renfort *m* (de troupes); 6. *nyelv:* surdétermination *f*; 7. *fiz:* intensification *f*; *(hangé)* amplification *f*; 8. *rád:* gain *m*; 9. *(vmihez, vmire)* ajustement *m*; fixation *f*; *(falba)* scellement *m*
erőskődik [~tem, ~ött, ~jék v ~jen] insister sur qc; ~, *hogy* se vanter v se targuer de *(inf)*; *(jövőre nézve)* ~, *hogy* se faire fort(e) de *(inf)*; *(múltra nézve)* soutenir ferme que
erősödik [~tem, ~ött, ~jék v ~jön] 1. gagner en force v en vigueur; *(csak testileg)* profiter; *(beteg)* reprendre ses forces; 2. *(hang, fény)* devenir plus intense; s'intensifier; 3. *(szél)* renforcer; fraîchir; 4. *(növény)* ga-

erősség 239 érték

gner; profiter; (bor) acquérir; 5. átv: se renforcer; se raffermir; se consolider; ez idővel ~ cela s'accentue avec le temps; (mozgalom, veszély stb.) prendre de l'extension v de la force; 6. ~ vmiben se fortifier dans qc
erősség 1. (vár) forteresse f; fort m; citadelle f; 2. átv: force; vigueur f; dynamisme m; 3. stabilité; fermeté f; 4. (hangé, fényé, hőé stb.) intensité f; (távolsági hatásban) portée f; 5. (érv) argument m
erőszak [~ot] 1. force; violence; la poigne; l'action directe; contrainte f; szelíd ~ douce violence; ~ igénybevétele recours m à la force; ~hoz nyúl en venir à la force; ~ot alkalmaz recourir à la force v aux grands moyens; (vkivel szemben) faire violence à q; ~kal par force; de (vive) force; 2. (nő ellen) viol m; 3. ~ot követ el (szövegen stb.) faire violence à qc
erőszakos [~ak, ~at] 1. violent, -e; autoritaire; oppressif, -ive; ~ halál mort accidentelle v violente; 2. forcé, -e
erőszakosság abus m de force; violence; voie de fait; brutalité f
erőtakarmány mez:, provende f; fourrage concentré
erőtan dynamique f; elméleti ~ dynamologie f
erőteljes [~ek, ~et] 1. vigoureux, -euse; robuste; intense; 2. műv: plein(e) de force; 3. írod: ~ stílus style ferme v nourri
erőtlen sans force; sans vigueur v nerf; débilé; faible
erőveszteség perte v déperdition f de force v d'énergie
erővonal 1. direction f d'une force; 2. ligne f de force; 3. vill: ligne de flux
erre I. (nm) 1. (rá) sur cela; 2. átv: à cela; (igével:) y; ~ el lehet készülve az ember voilà à quoi on peut s'attendre; II. (hat) 1. (irány) par ici; ici; de ce côté(-ci v -là); ki ~, ki arra qui (de) çà qui (de) là; 2. ~ (aztán)

là-dessus; alors; sur ce; 3. ~ nézve sur ce point; à cet égard
erre-arra par-ci par-là; deçà, delà
érsek [~ek, ~et, ~e] archevêque m
erszény [~ek, ~t, ~e] bourse f; kövér ~ bourse bien garnie; üres ~ bourse plate
erszényes [~ek, ~et] (mn) áll: marsupial, -e
érszorító pince f à forcipressure
érszűkület angiosténose f
ért [~ettem, ~ett, ~sen] I. (tgy i) 1. (fülével) entendre; 2. (eszével) comprendre; saisir; hogy ~i ezt? qu'entendez-vous par là? ~i a tréfát se prêter à la plaisanterie; nem ~em je ne comprends pas; cela m'échappe; magam sem ~em! je me le demande! nem egészen ~em, mit kell gondolnom je conçois mal ce qu'il faut que je pense; 3. (vmin) entendre par qc; mit ~ ezen? qu'entendez-vous par là? 4. (vmire) faire allusion à qc; magára ~ vmit prendre qc pour soi; 5. (egyetértőleg, megbocsátólag) comprendre; concevoir; entendre; 6. ~i a dolgát il entend bien son métier; kezdi ~eni il commence à y mordre; II. (tgyl̦ i) 1. ~ a szóból il entend le français; kevés szóból is ~ entendre à demi-mot; 2. ~ vmihez s'entendre en v à qc; se conaître en v à qc; ~ a dologhoz être ferré(e) à glace en qc v sur qc; ~ az üzlethez avoir l'habitude des affaires; mindenhez ~ il sait tout; il a des clartés en tout; ehhez ~eni kell il faut s'y connaître
érte 1. pour lui v elle; à cause de lui v d'elle; felmegy ~ monter le chercher; ~ megy aller le prendre; 2. (ige előtt v után) en; többet ad ~ il en donne davantage
érték [~ek, ~et, ~e] 1. valeur f; prix m; legfőbb ~ az ember l'homme est le capital le plus précieux; ~ szerint fizet payer ad valorem; ~e van il est de valeur; nincs ~e ne pas avoir de valeur; mai ~ben en valeur actuelle; ~ben csökken baisser de valeur; ~ében növekszik augmenter de prix v de valeur; vminek

értékcsökkenés   240   **értelmi**

nagy ~et tulajdonít attacher beaucoup de prix à qc; *megmutatja vminek az igazi ~ét* réduire à sa plus simple valeur; *~ét veszti* se déprécier; perdre sa valeur; *(pénz) étre déprécié(e) v* démonétisé(e) *v* dévalorisé(e); **2.** *(kiváló ember) ~eink* nos valeurs; **3.** *mai, zen:* valeur; **4.** *kap: (tőzsdei)* valeur (mobilière); titre *m* de bourse; **5.** *post:* valeur déclarée
értékcsökkenés moins-value; dépréciation; dévaluation; baisse (du prix) *f*
értékel [~tem, ~t, ~jen] **1.** *(felbecsül)* évaluer à...; estimer (200 francs *v* à 200 francs); coter; **2.** *(megbecsül)* apprécier; faire état de qc
értékelmélet théorie *f* de la valeur
értékes [~ek, ~et] précieux, -euse; ... *de prix;* ... *de valeur; nagyon ~ de hauté v* grande valeur
értékesít [~ettem, ~ett, ~sen] **1.** utiliser; faire valoir; *~i a tehetségét* exploiter son talent; **2.** *(elad)* réaliser; placer; écouler
értékesítés 1. mise en valeur; utilisation *f;* **2.** *(eladás)* placement *m;* réalisation; vente *f;* écoulement *m;* *(tőzsdei)* négociation *f*
értekezés mémoire *m;* dissertation *f;* traité *m;* communication *f*
értekezlet conférence *f;* conseil *m;* *titkos ~* conciliabule *m*
értékhatár limite *f;* chiffre limite *m*
értékküldemény chargement *m* avec valeur déclarée
értéklevél lettre avec valeur déclarée; lettre *f* de valeur
értékmérő étalon *m* (de valeurs); échelle *f* des valeurs
értékpapír titre *m* (de bourse); valeur (mobilière); papier; effet *m*
értéktárgy objet *m* de valeur
értéktelen sans valeur; dénué(e) de toute valeur; *~ dolog* non-valeur *f*
értéktelenség 1. *(dologé)* absence *f* de valeur; **2.** *(cselekedeté)* nullité; futilité *f;* **3.** *(embereké)* nullité *f*
értéktöbblet plus-value; survaleur *f*
értéktőzsde bourse *f* des valeurs mobilières

értelem [-lmet, -me] **1.** *(ész)* intelligence; raison *f;* entendement; intellect; bon sens; *az emberi ~ la raison* humaine; *~től sugárzó arc* physionomie spirituelle; **2.** *(tetté, dologé)* signification; portée *f;* ennek *nincs -lme* cela n'a pas de sens; *jó ~ben vesz* prendre en bien *v* en bonne part; *rossz ~ben* en mauvaise part; dans le mal; **3.** *(szóé stb.)* sens *m;* signification; acception *f;* *eredeti ~ben v -lmében* au (sens) propre; au sens primitif; *szoros (-abb) ~ben* dans un sens plus restreint; dans la stricte acception du mot; *a szó szoros -lmében* littéralement; à la lettre; *a szó legszorosabb -lmében* dans le sens le plus strict du mot; *tág ~ben* dans une large acception; **4.** *minek -lmében* en conséquence de quoi; en vertu de quoi; *vminek -lmében* aux termes de qc; conformément à qc
értelmes [~ek, ~et] **1.** *(ember)* intelligent, -e; raisonnable; sensé, -e; *nem ~* inintelligent, -e; *ez ~ beszéd* c'est parler raison; *~ ember* hommé sensé; **2.** *(dolog)* intelligible; raisonnable
értelmetlen 1. vide de sens; dépourvu(e) de bon sens; inintelligible; déraisonnable; **2.** *(ember)* inintelligent; ignorant, -e; **3.** *(tett)* insense, -e; irraisonnable; *~ beszéd* baragouin; baragouinage *m;* *~ dolog* non-sens *m*
értelmetlenség 1. non-sens *m;* *~eket beszél* dire des contresens; **2.** *(embereké)* manque *m* d'intelligence
értelmez [~tem, ~ett, ~zen] interpréter; donner *v* prêter un sens à qc
értelmezés 1. interprétation; explication *f;* **2.** *(szóé)* acception *f;* sens *m*
értelmi intellectuel, -elle; de l'intelligence; intellectif, -ive; *~ fogyatékos* déficient mental; *~ képesség* faculté *v* puissance intellectuelle; entendement *m;* capacité *f* de l'esprit; *~ szerző* auteur moral; *(büné)* instigateur *m*

értelmiség classe(s) intellectuelle(s); les intellectuels
értesít [~ettem, ~ett, ~sen] 1. informer; aviser; apprendre qc à q; instruire q sur qc; communiquer *v* rapporter *v* indiquer qc à q; 2. *(előre)* ~ prévenir; avertir; donner avis *v* avertissement à q; 3. *(hivatalosan)* notifier *v* signifier qc à q; 4. *(rendőrséget, tűzoltóságot)* alerter; ~*i a rendőrséget* prévenir la police
értesítés 1. communication; information *f;* avis *m;* 2. *(előzetes)* avertissement; avis (préalable); préavis *m;* 3. *(gyászról, házasságról stb.)* billet de faire part; faire-part *m; minden külön* ~ *helyett* le présent avis tient lieu d'invitation *v* de faire-part; 4. *(hatósági)* notification; signification *f;* 5. *ker:* lettre *f* d'avis *v* d'envoi
értesítő [~k, ~t, ~je] 1. *(hivatalos)* avis *m;* 2. *(folyóirat)* bulletin *m;* 3. *(iskolai)* cahier *v* livret de notes; carnet scolaire *m*
értesül [~tem, ~t, ~jön] *(vmiről)* apprendre qc; être avisé(e) *v* informé(e) *v* prévenu(e) de qc; être renseigné(e) sur qc
értesülés 1. information *f;* renseignement *m (vkiről:* sur q); *pontos* ~*ek* renseignements précis *v* exacts; ~*eket szerez* recevoir *v* prendre des renseignements; recueillir des informations; 2. *(hír)* nouvelles *f pl (vkiről:* sur q)
értetlenség incompréhension *f*
értetődik [~ött, ~jék *v* ~jön] s'entendre; *magától* ~ cela s'entend; cela va de soi; cela se comprend; *magától* ~, *hogy* il est bien entendu que; il va de soi que
érthetetlen 1. incompréhensible; impénétrable; *(erkölcsileg)* injustifiable; ~ *viselkedés* conduite inexplicable *f;* 2. *(beszéd, írásmű)* inintelligible; confus, -e; *ez számomra* ~ c'est du latin pour moi
érthető 1. compréhensible; concevable; *ez* ~ cela se conçoit; cela se comprend; ~ *okokból* pour des raisons faciles à comprendre; 2. intelligible; *mindenki számára* ~ à la portée de tout le monde; ~ *nyelven* en langage clair; *nehezen* ~ de sens difficile; 3. *(kiejtés)* distinct, -e; net, nette
érv [~ek, ~et, ~e] 1. argument *m;* preuve; raison *f; erős* ~ argument tranchant *v* massue; *logikus* ~ argument en forme; ~*eket hoz fel vminek támogatására* apporter *v* fournir des arguments à l'appui de qc; 2. *jog:* moyens *m pl*
érvel [~tem, ~t, ~jen] 1. argumenter; raisonner; *csavarosan* ~ ergoter; ratiociner; 2. *vmivel* ~ prendre argument de qc
érvény 1. *(törvényé)* vigueur *f;* ~*be lép* entrer en vigueur; jouer; ~*ben levő* en vigueur; ~*ben marad* subsister; ~*en kívül helyez (egy tilalmat)* lever (une interdiction); *(jogot)* supprimer; annuler; *(törvényt)* abroger; abolir; 2. *(érvényesség)* validité *f;* 3. *átv:* ~*re jut* se faire valoir; prévaloir; *(formákat)* mouler; accuser; ~*t szerez* faire prévaloir qc
érvényes [~ek, ~et] 1. valable; *általánosan* ~ *(szokásról)* généralement reçu; 2. *(utalvány stb.)* bon pour qc; 3. *(törvény)* en vigueur; jouer *(vkire:* sur q); ~*sé tesz* légitimer; 4. *(okmány)* valide; ~*nek nyilvánít* valider; 5. *(pénz)* ayant cours; légal, -e; 6. ~ *(vmire)* applicable à qc; admissible
érvényesít [~ettem, ~ett, ~sen] 1. faire valoir; utiliser; mettre en œuvre; 2. *(jogilag)* valider; déclarer valable
érvényesség valabilité *f;* validité *f;* authenticité *f*
érvényesül [~tem, ~t, ~jön] 1. *(vmi)* prévaloir; se faire valoir; entrer en jeu; jouer; 2. *(vki)* se faire jour dans le monde; percer
érvényes 1. nul, nulle; annulé; inopérant, -e; invalide; non valable; 2. *jog:* invalide; nul, nulle; entaché de vice; *(adomány, örökség)* caduc, caduque; ~ *ügylet* acte

16 Magyar–Francia kézi

invalide m; ~né tesz frapper de caducité; 3. ját, sp: nul; 4. (pénz) déprécié, -e
érvénytelenít [~ettem, ~ett, ~sen] 1. invalider; annuler; déclarer nul v inopérant; (bélyeget) oblitérer (áthúzással: au moyen d'une barre); 2. jog: rendre nul; rescinder; dirimer; (végrendeletet, választást) invalider
érvénytelenítő [~k, ~t; ~en v ~leg] jog: rescindant, -e; abrogatif, -ive; dirimant, -e
érverés pouls m; (egy) pulsation f; gyors ~ pouls fréquent; az ~ gyorsasága la fréquence du pouls
érzék [~ek, ~et, ~e] 1. sens; organe m; az öt ~ les cinq sens; ~ fölötti suprasensible; métapsychique; erkölcsi ~ sens moral; ~eink alá esik il tombe sous nos sens; 2. (tehetség vmihez) le sens de qc; le goût de qc
érzékel [~tem, ~t, ~jen] percevoir; ~ni képes sensitif, -ive
érzék(e)lés perception; sensation f
érzékeny [~ek, ~et] 1. sensible; ~ lelke van avoir l'âme tendre v délicate; ~ pont point douloureux v névralgique; 2. (lelkileg) sensible; délicat, -e; impressionable; subtil; vibrant, -e; 3. (sértődő) susceptible; chatouilleux, -euse; ~ lélek esprit chatouilleux; ~ természet nature affective
érzékenység 1. (érzéki) sensibilité f; 2. orv: kóros ~ (anyaggal szemben) anaphylaxie f; 3. susceptibilité; sensibilité; délicatesse; émotivité; affectivité f; 4. fiz: susceptibilité f
érzéketlen 1. (vmivel szemben) insensible (à qc); impassible; engourdi, -e; apathique; blasé, -e (de v sur qc); ~ hús chair morte; 2. orv: (fájdalom iránt) ~ beteg analgésique; analgique m
érzéki [~ek, ~t] 1. (érzékhez tartozó) serisoriel, -elle; sensitif, -ive; physiologique; ~ csalódás illusion v erreur des sens; hallucination f; ~ zavar trouble sensitif; 2. (buja) sensuel, -elle; lascif, -ive; charnel,

-elle; concupiscent, -e; lubrique; ~ szerelem amour charnel v sensuel; ~ vágy le désir de la chair; l'aguillon m de la chair
érzékiség sensualité; libidinosité; salacité f
érzékszerv organe; sens m
érzelem [-lmek, -lmet, -lme] sentiment m (pour v envers q); émotion f
érzelgős [~ek, ~et] (d'un sentimentalisme) fade; affecté, -e; mièvre
érzelmes [~ek, ~t] rempli(e) v plein(e) de sentiment; sentimental, -e; sensible
érzelmi [~ek, ~t] sentimental, -e; affectif, -ive; ~ állapot état affectif; ~ élet vie sentimentale v affective; ~ hatás pouvoir émotif; ~ jelleg affectivité f; ~ kapcsolat liens m pl du cœur; ~ közösség communauté f de sentiments
érzés 1. (testi) sensation f; 2. (lelki) sentiment m; affection f; ~sel ad elő jouer avec sentiment v avec âme; 3. (megérzés) sentiment; impression f; az az ~em, hogy ez meg fog történni j'ai le pressentiment que cela arrivera
érzéstelen 1. insensible; impassible; 2. orv: (teljesen) anesthésique; (fájdalommal szemben) analgésique
érzéstelenít [~ettem, ~ett, ~sen] orv: anesthésier; insensibiliser
érzéstelenítés orv: anesthésie f; narcotisme m
érzet sensation; impression f
érzetküszöb seuil m de perception
érzik [~zett, érezzék v érezzen] ~ rajta vmi il sent qc; messziről ~ rajta vmi puer qc
érző [~k v ~ek, ~t; ~en] 1. sensible; sensitif, -ive; 2. perceptif, -ive; ~ lény être sentant
érzület dispositions f pl; disposition d'esprit; âme f; sentiments m pl
Erzsébet [~ek, ~et, ~e] Élisabeth f
és et; (sans után sokszor:) ni; és így tovább et ainsi de suite; és a többi; et caetera, etc.; és aztán? et alors?
esedékes [~ek, ~et; ~en] 1. (dátum szerint) échéant, -e; payable; (jövőben) venant à échéance; (lejárt)

échu, -e; ~sé válik venir v arriver à l'échéance; (határidőről) courir; 2. actuel, -elle
esedezés imploration; supplication; adjuration *f*; (bocsánatért) déprécation *f*
esély [~ek, ~t, ~e] chance *f*; kevés ~*e van* il a peu de chances
esemény événement *m*; (változatos) incident; épisode *m*; napi ~*ek* actualités *f pl*
esernyő [~k, ~t, ~je] parapluie *m*; női ~ parapluie pour dames
esés 1. chute *f*; saut *m*; 2. *fiz*: a testek ~*e* la chute des corps; 3. (árnyéké) projection *f*; 4. *div*: aplomb *m*; 5. (lejtőé) inclinaison; déclivité *f*; (hegyé) pente *f*; (pályáé) rampe *f*; (vizé) différence *f* de niveau; 6. (értéké) baisse; chute *f*; 7. (versláb) thesis; thésis *f*; 8. (fejlődés ellentéte) recul *m*
eset cas *m*; (kellemetlen) incident *m*; aventure *f*; ez nehéz ~ c'est toute une affaire; mindennapos ~ cas courant; a második ~*ben* dans la deuxième hypothèse; tíz ~*ben* egyszer une fois sur dix; abban az ~*ben*, ha dans le cas où; au cas où; pour le cas où; ebben az ~*ben* dans cette hypothèse; sur ce pied-là; en l'espèce; az előbbi ~*ben* dans la première hypothèse; a legjobb ~*ben* dans le meilleur des cas; (a) legrosszabb ~*ben* au pis aller; à la rigueur; minden ~*ben* en tout état de cause; en tout cas; minden egyes ~*ben* pour chaque cas particulier; mindkét ~*ben* dans l'une et l'autre hypothèse; vminek ~*én* v ~*ére* en cas de...; dans l'hypothèse de...; ~*ről esetre* à chaque fois
esetleges [~ek, ~et] éventuel; accidentel; occasionnel, -elle
esetlen gauche; lourd; balourd; gourd, ~ ember lourdaud, -e (n); malotru *m*; ~ járás marche pesante
eshetőség éventualité; chance; incidence *f*; minden ~*re* pour toutes fins utiles

16*

esik [~tem, ~ett, ~sék v ~sen] I. (tgyl i) 1. tomber; faire une chute; 2. *átv*: nagyon esett megbecsülésemben il a déchu v diminué dans mon estime; vkinek kezébe ~ tomber sous la main de q; 3. (részvény, ár) baisser; fléchir; 4. (vmibe tévedve) verser v donner dans qc; formalizmusba ~ il donne dans le formalisme; 5. ~ az eső il pleut; il tombe de l'eau; 6. (időpontról) tomber; ez január másodikára ~ cela tombe au 2 janvier; 7. (helyről) közel ~ être tout près de qc; 8. *jog*: büntetés alá ~ être passible d'une peine; a törvény hatálya alá ~ tomber sous le coup (des dispositions) de la loi; 9. vkire ~ être échu(e) à q; a választás Péterre esett le choix s'est porté sur Pierre; 10. *jól* ~ faire (un grand) plaisir à q; 11. *úgy esett a dolog, hogy* il se trouva que; II. (szmt i) (eső) pleuvoir; il pleut
eskü [~k, ~t, ~je] serment *m*; la foi jurée; ~ *alatt tett nyilatkozat* déclaration *f* sous serment; ~ *köt bennünket* un serment nous engage; felold ~*je alól* délier de son serment; ~*re bocsát* recevoir à serment; az ~*t kivesz* faire prêter serment à q; megszegi az ~*t* violer v trahir le serment; ~*t tesz* prêter serment (sur qc); ~*t mernék tenni rá* j'en jurerais; ~*t tett* assermenté, -e; ~*vel fogad* s'engager *v* se lier par serment à (*inf*)
esküdözik [~tem, ~ött, ~zék v ~zön] jurer (de) (*inf*)
esküdt [~ek, ~et] I. (mn) ~ *ellenségem* il est mon ennemi juré v acharné; II. (fn) (bíróságban) juré; membre *m* du jury
esküdtszék jury (criminel); (a bírókkal együtt) la cour d'assises; les assises *f pl*
esküszik [esküdtem, esküdött, esküdjék v esküdjön] 1. jurer sur v par qc de (*inf*); faire le serment de (*inf*); 2. *ő csak tanárára* ~ (annyira hisz benne) il ne jure que par son maître v sur la parole du maître; 3. (háza-

sodik) célébrer son mariage; se márier; *egyh:* örök hűséget ~ *vkinek* mener q à l'autel
esküvő [~k, ~t, ~je] 1. noce(s) *f (pl);* mariage *m;* 2. *egyh:* cérémonie *f;* bénédiction nuptiale
eső I. *(mn)* [~k, ~t] 1. tombant, -e; 2. descendant, -e; en pente; 3. *vmi alá* ~ tombant sous le coup de qc; assujetti(e) à qc; 4. *vkire* ~ échu(e) *v* dévolu(e) *v* afférent(e) à q; II. *(fn)* [~k, ~t, ~je] pluie *f;* sűrű ~ grosse pluie; pluie drue; *szitáló* ~ pluie fine; *zuhogó* ~ pluie torrentielle; *esik az* ~ il pleut; *a szakadó ~ben* sous la pluie battante
esőcsepp goutte *f* de pluie
esőköpeny trench-coat; (manteau) imperméable *m;. (viaszos vászonból)* ciré *m*
esős [~ek, ~et; ~en] pluvieux, -euse; ~ *időben* par temps de pluie
esőzés chute(s) *f (pl)* de pluie; régime *m* des pluies
éspedig et cela; et ce...; à savoir; savoir
esperes [~ek, ~t, ~e] *egyh:* doyen; archidiacre *m*
est [~ek, ~et, ~je] 1. soir *m;* soirée *f; az* ~ *folyamán* au cours de la soirée; ~*ig* jusqu'au soir; 2. *(koncert)* festival *m; (egy előadó művésze)* récital *m;* 3. *(egyéb művészi)* séance *f*
este [-ék, -ét, -éje] I. *(fn)* 1. soir *m;* soirée *f;* 2. *az élet -éje* le déclin de la vie; II. *(hat)* le soir; le soir venu; *az* ~ dans la soirée; ~ *hat órakor* à 6ʰ du soir; *ma* ~ ce soir
esteledik [~ett, ~jék *v* ~jen] le jour tombe *v* commence à tomber; il se fait nuit
estély [~ek, ~t, ~e] soirée; fête *f*
estélyi [~ek, ~t] de soirée; ~ *ruha* toilette *v* robe de soirée; tenue *f* de soirée
esti [~ek, ~t] du soir; vespéral, -e; crépusculaire; ~ *iskola* école *v* étude *f* du soir; ~ *lap* journal *m* du soir; *futb:* ~ *mérkőzés* nocturne *f; az* ~ *órákban* aux heures du soir; ~ *szürkület* crépuscule *m* du soir;

brune *f;* ~ *tanfolyam* cours *m* d'adultes *v* du soir
esz [esz-ek, eszt] *zen:* mi-bémol *m*
ész [~t, esze] 1. raison; intelligence *f;* esprit *m;* ~ *nélkül menekül* fuir éperdument; *van esze il a de l'intelligence; legyen már eszed!* sois raisonnable! *eszem ágában sincs* ah non, par exemple! y pensez-vous! jamais de la vie! *elment az esze il a perdu la raison v* l'esprit; *elment az esze?* avez-vous perdu le sens? *hol jár az esze?* d'où sortez-vous? à quoi pensez-vous? *megáll az ember esze* les bras m'en tombent; *megvan a magához való esze* il est moins sot qu'il n'en a l'air; *eszébe jut* se rappeler qc; se souvenir de qc; *eszébe juttat* rappeler qc à q; *nem jut eszembe a neve* son nom m'échappe; *eszébe sem jut* il est à cent lieues de supposer; *eszembe jutott* cela m'est tombé dans l'esprit *v* dans la tête; *eszébe jut, hogy* la fantaisie le prend de *(inf); ~be kap* se ressaisir; se raviser; *eszében tart* garder à l'esprit; retenir; *van eszemben!* y penses-tu! *kiveri az eszéből* chasser de son esprit; *eszén van* jouir de toutes ses facultés; *eszének teljes birtokában van* être dans son bon sens; ~*nél van (betegről)* il a encore toute sa tête; ~*re tér* revenir à la raison; venir à raison; ~*re térít* mettre à la raison; faire entendre raison à q; *majd* ~*re térítem* je le ferai bien chanter sur un autre ton; *mióta eszemet bírom* depuis que je me souviens; *dicsérem az eszét* je l'en félicite; *eszét veszti* perdre la raison *v* le sens; *s'affoler; ezt nem lehet ésszel felérni* cela dépasse mon entendement; *többet ésszel, mint erővel* plus fait douceur que violence; on prend plus de mouches avec le miel qu'avec le vinaigre; 2. *vminek esze* la forte tête de qc
észak [~ot] nord; Nord; septentrion *m;* ~ *felől* du Nord; du côté nord; ~*on* au nord; ~*ra* vers le nord

Észak-Afrika l'Afrique du Nord *v* Mineure *v* Septentrionale
Észak-Amerika l'Amérique *f* du Nord
Észak-Ázsia le Nord de l'Asie; l'Asie septentrionale
észak-északkelet nord-nord-est *m*
észak-északnyugat nord-nord-ouest *m*
északi [~ak, ~t] du nord; nord; septentrional; boréal, -e; ~ *mérsékelt égöv* zone tempérée boréale; ~ *félgömb* hémisphère nord *v* septentrional *v* boréal; ~ *fény* aurore boréale; ~ *oldal* côté nord *m*; ~ *szél* vent *m* du nord; bise *f*; ~ *szélesség* latitude nord *v* boréale
Északi-sark pôle Nord *v* arctique
északi-sarkkör cercle polaire du Nord *v* arctique *m*
északkelet nord-est *m*
északnyugat nord-ouest *m*
észbeli mental, -e; intellectuel, -elle; ~ *képesség* faculté mentale
eszelős [~ek, ~t] simple d'esprit; maniaque; avoir l'esprit dérangé
eszerint ainsi; alors; par conséquent
eszes [~ek, ~t] intelligent; fin, -e; ~ *lény* être *m* de raison
eszeveszett [~ek, ~et] furieux, -euse; éperdu; affolé, -e; frénétique; *mint egy* ~ comme un possédé
eszik [ettem, ettél, evett; egyem, egyél, egyék *v* egyen; enni] 1. manger; se nourrir de qc; *(állat)* manger; dévorer; *úgy* ~, *mint egy farkas* manger comme un ogre; *annyit* ~, *mint egy madár* manger comme un moineau; 2. *konyh:* *enni való körte* poire *f* à couteau; 3. *(szólások:) gúny: ebből nem* ~ cela vous passera devant le bec; *eszi a méreg* il se fait du mauvais sang; 4. ronger; dévorer
észjárás tournure *f v* habitudes *f pl* d'esprit; mentalité *f*
eszkaláció escalade *f*
eszkimó [~k, ~t, ~ja] *(mn)* esquimau, -aude; *(fn)* Esquimau, -aude *n*
eszköz [~ök, ~t, ~e] 1. instrument; engin *m;* 2. *(szerszám)* ustensile; outil *m;* 3. *átv:* moyen (d'action); instrument; élément (de...) *m;*

vak ~ instrument aveugle; *minden* ~*t felhasznál* se servir de tous les moyens; faire flèche de tout bois; *semmiféle* ~*től nem riad vissza* faire arme de tout; 4. *(anyagi)* ~*ök* moyens matériels; les ressources *f pl*
eszközhatározó *nyelv:* instrumental *m*
eszközöl [~tem, ~t, ~jön] effectuer; opérer; réaliser
észlel [~tem, ~t, ~jen] 1. observer; remarquer; 2. *fil:* percevoir; 3. *(hideget, meleget stb.)* enregistrer
észlelés; észlelet observation *f;* *(adatoké)* enregistrement *m*
eszme [-ék, -ét, -éje] idée *f*
eszmei [~ek, ~t] idéal, -e; idéologique; ~ *közösség* communauté *f* d'idées; ~ *tartalom* le fond de qc
eszmekör ordre d'idées; le plan des idées
eszmélet connaissance; conscience *f; közvetlen* ~ intuition; introspection *f;* ~*re tér* reprendre connaissance; *(ájulásból)* reprendre des esprits; ~*ét veszti* perdre connaissance; *(kómás)* tomber *v* entrer dans le coma
eszméletlen sans connaissance; inanimé, -e
eszmény idéal *m*
eszményi [~ek, ~t]; **eszményies** [~ek, ~t] idéal, -e; ~ *szépség* beauté idéale
eszményít [~ettem, ~ett, ~sen] idéaliser
eszmetársítás; eszmetársulás association *f* des *v* d'idées
eszpresszó [~k, ~t, ~ja] bar *m*
észrevehetetlen imperceptible; insensible; inappréciable; inapercevable
észrevesz 1. *(szemmel)* apercevoir; 2. *ált:* s'apercevoir de qc; remarquer; observer
észrevétel observation; remarque *f;* aperçu *m;* *(ellentétes)* objection *f;* grief *m*
észrevétlen inaperçu, -e; invisible; ~ *marad* échapper aux sens; rester inaperçu(e)
észrevétlenül invisiblement; imperceptiblement; furtivement
esszé [~k, ~t, ~je] essai *m*

ésszerű raisonnable; rationnel, -elle; logique; fondé(e) en raison
ésszerűsítés rationalisation *f*
észt [~et; ~ül] estonien, -enne
esztelen insensé, -e; déraisonnable; absurde; contraire à la raison *v* au bon sens
esztelenség déraison; absurdité; insanité *f;* **ez ~** c'est un défi au bon sens
esztendő [~k, ~t, -deje] année *f*
Eszter [~ek, ~t, ~e] Esther *f*
eszterga [-ák, -át, -ája] tour *m*
esztergályos [~ok, ~t, ~a] tourneur *m*
esztergályoz [~tam, ~ott, ~zon] tourner
esztergapad table *f* du tour; banc *m* du tour
esztétika 1. esthétique; doctrine *f* d'art; **2.** traité *m* d'esthétique
észvesztő affolant, -e; **~** *szépség* beauté affolante
étel [~ek, ~t, ~e] **1.** *(táplálék)* nourriture; pâture *f;* aliment *m;* pitance *f;* **2.** *(ennivaló)* provisions *f pl* (de bouche); vivres *m pl;* **3.** *(tálalt)* plat; mets; service *m; (vendéglőben sokszor:)* consommation *f;* **4.** *(állaté)* ration; pâtée; pitance *f*
ételhordó *(edény)* porte-aliments; porte-manger *m*
ételízesítő *(asztali)* condiment *m; (konyhai)* assaisonnement *m*
ételmaradék restes d'aliments; reliefs *m pl* (de table *v* d'aliments)
éter [~t] éther *m*
éteri [~ek, ~t] éthéré, -e
etet 1. donner à manger (à); faire manger; nourrir; *(állatot)* donner la pitance *v* la pâture (à); pacager; *(takarmánnyal)* donner du fourrage (à); af(f)ourager; *(szárnyast)* appâter; **2.** *(gépet)* alimenter
étet 1. *(anyagot)* amorcer; (a)mordancer; **2.** empoisonner
etetés 1. alimentation; nutrition *f;* **2.** *(állaté)* distribution; alimentation *f*
etető 1. *(állatoké)* soigneur *m;* **2.** *műsz:* débiteur *m; (cséplőgépé)* engreneur *m*

éti [~ek, ~t] comestible; de table; **~ csiga** escargot *m*
etika éthique *f*
etikett [~et, ~je] étiquette *f;* cérémonial *m; dipl:* protocole *m*
etil éthyle *m*
etilalkohol alcool éthylique *m*
etimológia [-ák, -át, -ája] étymologie *f*
etimologizál [~tam, ~t, ~jon] rechercher *v* faire des étymologies
étkezde [-ék, -ét, -éje] crémerie; buvette *f;* bouillon; petit restaurant
étkezés réfection *f;* repas *m; diétás* **~** régime alimentaire *m; könnyű* **~** repas léger
étkezik [~tem, ~ett, ~zék *v* ~zen] prendre ses repas; manger
étkező [~k, ~t, ~je] **1.** buvette; crémerie *f;* **2.** *(intézményben)* cantine; buvette *f;* **3.** *(terem)* réfectoire *m*
étkezőkocsi wagon-restaurant *m*
étlap *(vendéglőben)* carte *f; (fogadáskor)* menu *m;* összeállítja az **~ot** dresser le menu
étlen-szomjan sans manger ni boire; sans vivres ni eaux
etnikai [~ak, ~t] ethnique
etnikum [~ot, ~a] caractères ethniques *m pl;* ethnie *f*
etnográfia [-át, -ája] ethnographie *f*
étolaj huile *f* de table *v* alimentaire
étosz [~t, ~a] moralité; morale *f*
étrend menu *m; előírt* **~** régime (alimentaire) *m*
etruszk [~ok, ~ot] étrusque
étszolgálati *kocsi* wagon-buffet *m*
étterem salle *m* à manger
ettől I. *(hat)* **1.** de cela; en; **2.** de celui-ci, de celle-ci; **3.** **~** *fogva* désormais; depuis lors; à partir de là; **II.** *(jelző)* ettől a... **1.** de ce; **2.** à partir de ce
étvágy appétit *m;* kínzó **~** fringale *f;* jó **~a van** avoir grand appétit; jouir d'un excellent appétit; **~at** *kelt* exciter *v* aiguiser l'appétit de qc; *elveszi az* **~át** couper *v* ôter *v* enlever l'appétit à q; *(átv:)* casser bras et jambes à q; *evés közben jön meg az* **~** l'appétit vient en mangeant

étvágygerjesztő appétissant; ragoûtant, -e; *(szeszes ital)* apéritif, -ive; *(ital)* apéritif *m*
étvágytalanság manque *m* d'appétit; inappétence *f*
eufemisztikus *nyelv:* euphémique
Eufrátesz [~t] *az* ~ l' Euphrate *m*
eugenetika eugénisme *m;* eugénie; eugénique *f*
eukaliptuszfa eucalyptus *f*
Euklidész [~t] Euclide *m*
euklidészi [~ek, ~t] euclidien, -enne; ~ *geometria* géométrie euclidienne
eunuch [~ok, ~ot, ~ja] eunuque *m*
Euripidész [~t] Euripide *m*
Európa [-át] l'Europe *f;* -*ában* en Europe
európai [~ak, ~t] I. *(mn)* européen, -enne; d'Europe; II. *(fn)* Européen, -enne *f*
Eurüdiké [~t, ~je] Eurydice *f*
Eustach-kürt *orv:* trompe *f* d'Eustache
eutanázia *orv:* euthanasie; mort secourable *f*
év [~ek, ~et, ~e] an *m;* année *f;* *(könyvön)* millésime *m;* *a jövő év* l'an prochain; *a múlt év(ben)* l'an dernier; *l'an passé; száraz év* année de sécheresse; *az év elején* au commencement *v* au début de l'année; *az év folyamán* dans le courant de l'année; *év közben* en cours d'année; *két év múlva* au bout de *v* deux ans; *év végén* en fin d'année; en fin d'exercice; *az 1799. évben* en l'an mil sept cent quatre-vingt-dix-neuf; *már a tizenkettedik évében van* il est déjà dans sa douzième (année); *ötvenedik évéhez közeledik* approcher de la cinquantaine; *egy évig tartó* qui a duré un an *v* toute une année; annuel, -elle; *két éven belül* dans deux ans; *egyik évről a másikra* d'une année à l'autre; *évről-évre* d'année en année; *az évek súlya* l'outrage des ans; *évekig* pendant *v* durant des années; *évekkel ezelőtt* il y a des années; il y a belle lurette
Éva [-ák, -át, ~ja] Éve *f;* ~ *anyánk* notre première mère
évad [~ok, ~ot, ~ja] saison *f*
evangélikus luthérien, -enne *(n)*
evangélium [~ok, ~ot, ~a] *vall:* l'Évangile *m;* *la bonne parole; az* ~ *la Bonne Nouvelle*
evégből; evégett à cette fin; à ces fins; à cet effet
évelő [~t; ~en] *növ:* vivace; plurannuel, -elle
évenként; évenkint annuellement; par an; an pour an; an par an; ~ *fizet* payer à l'année
evés 1. *(folyamata)* *(igével is)* manducation *f tud;* *(legelve)* pâture *f;* 2. *(alkalom)* repas *m;* consommation *f;* ~ *közben* (tout) en mangeant; pendant le repas; ~ *után* après le repas
éves [~ek, ~et; ~en] 1. âgé(e) de... ans; *(dolog)* vieux *v* vieille de... ans; *20* ~ *il a* 20 ans; *hány* ~? quel âge a-t-il? 2. annuel, -elle
evez [~tem, ~ett, ~zen] 1. ramer; être à la rame; tirer à la rame; 2. *haj:* nager; 3. *sp:* faire de l'aviron
evező [~k, ~t, ~je] rame *f;* aviron *m;* ~ *lapátja* pelle; pale *f*
evezőnyél manche *v* bras *m* d'aviron
evezőpad siège *v* banc *m* de rameur
evezős [~ök, ~t] rameur *m*
evezősport aviron *m;* ~*ot üz* faire de l'aviron
évezred millénaire *m*
évfolyam *(folyóiraté)* année *f;* *(iskolai)* année *f;* promotion *f;* *kat:* classe *f*
évfolyamtárs camarade *m* de promotion
évforduló anniversaire *m;* commémoration *f*
évi [~ek, ~t] 1. *(évenkénti)* annuel, -elle; par an; ~ *átlagban* bon an, mal an; ~ *bérlet* location annale; ~ *csapadék* chute annuelle; ~ *fizetés* traitement annuel; ~ *törlesztés* *v járulék* annuité *f;* *három* ~ *szolgálatom van* j'ai trois ans de service; 2. *az 1890.* ~ *de* (l'année) 1890; *az 1960.* ~ *árak* les prix pratiqués en 1960
evidens [~ek; ~et] évident, -e

evilági *vall:* mondain, -e; terrestre
évkönyv almanach; annuaire *m*
évközi interannuel; semestriel; trimestriel, -elle
évnegyed trimestre *m*
evolució [~k, ~t, ~ja] 1. évolution *f;* 2. *mat:* développement *m*
évődik [~tem, ~ött, ~jék *v* ~jön] 1. *(vkivel)* badiner *v* folâtrer avec q; taquiner q; 2. *(emésztődik)* se manger *v* ronger les sangs
evőeszköz couvert *m* (à manger); ustensile *m* de table
evőkanál cuiller *v* cuillère *f* à soupe *v* à bouche; ~*nyi* une cuillerée
evőkés couteau *m* de table
évszak saison *f*
évszám date *f; (ezres)* millésime *m*
évszázad siècle *m*
évszázados séculaire
évtárs camarade *n* de classe *v* de promotion
évtized décade *f;* dix ans; décennie *f*
évvégi [~ek, ~t] de fin d'année; de fin d'exercice
evvel I. *(hat)* avec cela; par là; par cela; II. *(mn) evvel a*... avec ce...; par ce...; *ld. még:* ezzel
excentricitás excentricité *f*
exegézis [~ek, ~t, ~e] exégèse *f*
exhumál [~tam, ~t, ~jon] exhumer
exkavátor [~ok, ~t, ~a] excavateur *m;* pelle mécanique *f*
exogén *orv:* exogène
expedició [~k, ~t, ~ja] expédition *f*
explózió [~k, ~t, ~ja] explosion *f*
exponál [~tam, ~t, ~jon] 1. *fényk:* exposer (à la lumière); *két másodpercre ~* poser deux secondes; 2. ~*ja magát vkiért* prendre fait et cause pour q
export [~ok, ~ot, ~ja] 1. exportation *f; ld. még:* kivitel; 2. *(mennyiség)* exportations *f pl*
exportáló [~k, ~t, ~ja] exportateur *(m); ld. még:* kiviteli
exportárú marchandise *f* d'exportation
exportforgalom exportations *f pl*
exportpiac débouché; marché *m* pour l'exportation

expressz [~ek, ~et] I. *(mn) (levélen)* exprès; ~ *díjtétel* taux *m* en grande vitesse; ~ *levél* lettre expresse; II. *(fn) (vonat)* rapide *m;* III. *(hat)* ~ *ad fel (árut)* expédier en grande vitesse
expresszáru marchandise *f* en grande vitesse
expresszküldemény exprès *m*
expresszlevél lettre exprès *f*
expresszvonat (train) rapide *m*
extenzív [~ek, ~et] ~ *gazdálkodás* culture extensive; grande culture
exterritoriális [~at; ~an] exterritorial, -e
extraprofit *kap:* surprofit; superbénéfice *m*
ez I. *(nm)* 1. *(önállóan, általában)* cela, ça *biz;* ceci; voilà ce qui...; c'est ce qui...; c'est; *ez az* c'est (bien) cela; *(feleletképpen:)* parfaitement; précisément; *ez különös* voilà qui est singulier; *(hangsúlyozva)* cela *v* ça, c'est bien étrange; *ez megmagyarázza a dolgot* ceci explique cela; *ez volt az értelme* tel en était le sens; *ez már mégis sok!* elle est forte, celle-là; 2. *(önállóan, határozott személyről v dologról)* celui-ci, celle-ci; celui-là, celle-là; ce dernier, cette dernière; II. *(mn)* 1. *ez a*... ce, cet, cette; ce... -là; ce... -ci; ... que voilà; *(mellékelt)* ci-joint, -e; *ez idáig, ez ideig* jusqu'à présent; *ez idei* de cette année; *ez idő szerint* à l'heure qu'il est; *az ez idő szerinti* de l'heure; 2. *ez vagy az* tel...; tel ou tel
ezalatt en attendant; entre temps; pendant ce temps
ezáltal par là; (en) ce faisant; en quoi faisant
ezek I. *(nm)* 1. *(önállóan)* ceux-ci, celles-ci; ceux-là, celles-là; ces derniers (-ières); ~ *után* après cela; *cela v ceci dit*...; cela bien posé; 2. *ezek meg ezek* tels et tels; II. *(mn) ezek a*... ces; *ld. még:* ez
ezelőtt 1. auparavant; précédemment; naguère; 2. ex- *(kissé pej.);* 3. *ker:* anciennement; ancienne maison

I. ezen I. *(hat)* 1. *(rajta)* là-dessus; dessus; sur celui-ci; 2. en; ~ *nem kell nevetni* il ne faut pas en rire; **II.** *(mn)* sur ce...; ~ *a házon sur cette maison*; ~ *a nyáron* cet été
II. ezen *(nm)* ce, cet, cette; ces (-ci és -là *képzővel is*)
ezenfelül en dehors de cela; en outre; outre cela; en plus; en sus
ezenkívül en dehors de cela; en outre; outre cela
ezenközben sur ces entrefaites; cependant
ezennel 1. *(írásban)* par la présente; 2. *(szóban)* formellement
ezentúl désormais; à l'avenir; dorénavant
ezer [ezrek *v* ezerek, ezret; ezre *v* ezere] 1. mille; *(évszámokban)* mil; *három~* trois mille; ~ *meg ezer* mille et mille; ~ *módon* de mille manières *v* façons; ~ *és egy módja van* il y en a trente-six moyens; *ezrével* par *v* à millier; 2. *ezrek* des milliers de florins; 3. *ezrek* des milliers de gens *v* de personnes
ezerarcú protéiforme
ezeregyéjszaka *regéi* les contes *m pl* des mille et une nuits
ezeresztendős; ezeréves millénaire
ezermester homme universel
ezerszer mille fois
ezért I. *(hat)* 1. *(önállóan, válaszban)* c'est pour cela *v* à cause de cela; 2. *(mondat élén:)* c'est pourquoi...; par conséquent...; ~ *volt a kétségbeesés d'où son désespoir*; ~ *még boszszút áll* il s'en vengera; 3. *(e célból)* à cet effet; à cette fin; *(mondatban is:)* pour cette raison; pour cela; **II.** *(mn)* *ezért a...*; pour ce...; à cause de ce...
Ezópus [~t, ~a] Ésope *m*
ezópusi ésopique
ezóta depuis ce moment *v* ce temps; depuis lors
I. ezred [~ek, ~et, ~e] *(rész)* millième *m*
II. ezred *kat*: régiment *m*
ezredes [~ek, ~t, ~e] colonel *m*
ezredév millénaire *m*
ezredik [~et] millième

ezredorvos chirurgien-major; médecin-major *m*
ezrelék [~ek, ~et, ~e] pour mille
ezres [~ek, ~t, ~e] **I.** *(mn)* ~ *csoport* groupe *m* de mille; **II.** *(fn)* 1. mille *m*; 2. *(bankjegy)* billet *m* de mille
ezt 1. cela; ça *biz;* ceci; 2. *(mondat élén:)* c'est ce que; voici *v* voilà ce que; ~ *mondta:* voici ce qu'il a dit; 3. *ezt is, azt is* ceci, cela; tout-ci, tout-ça; ~ *vagy azt* ci ou ça
ezután 1. à l'avenir; désormais; dorénavant; 2. *(múltban, jövőben)* après cela; passé ce délai; ensuite; 3. *(könyvben)* ci-dessous; *infra*
ezúton 1. de cette manière *v* façon; 2. par la présente
ezúttal pour le coup; cette fois-ci; pour une fois
ezüst [~ök, ~öt, ~je] **I.** *(mn)* d'argent; ~ *tartalmú* argentifère; **II.** *(fn)* 1. argent *m;* 2. *(ezüstnemű)* argenterie *f*
ezüstfenyő sapin argenté *v* pectiné
ezüstkészlet 1. *(banké)* encaisse *f* (d')argent; 2. *(házban)* argenterie; vaisselle plate
ezüstlemez 1. *(bevonásra)* argent plaqué; 2. feuille *f* d'argent
ezüstműves orfèvre *m*
ezüstnyárfa peuplier *m* blanc; ypréau *m*
ezüstös [~ek, ~et; ~en] argenté, -e; *a harangok* ~ *csengése* la voix argentine des cloches; ~ *hang* voix argentée; *(tárgyé)* son argenté
ezüstpénz 1. monnaie d'argent *v* blanche; 2. *bibl:* *a harminc* ~ *les trente deniers d'argent*
ezüstróka renard argenté
ezüstszínű couleur d'argent; argentin, -e
ezüstszürke gris argenté *v* perle
ezüsttálca plateau *m* d'argent
ezüsttartalom *(ércé)* teneur *f* en argent; *(tárgyé)* titre *m*
ezzel 1. *(hat)* 1. avec ceci; avec celui-ci; 2. *átv:* par là; par ce moyen; 3. *(időben) (s)* ~ là-dessus; sur quoi; après quoi; **II.** *(mn)* ~ *a*... avec ce...
Ézsaiás [~t, ~a] Isaïe *m*
Ézsau [~t, ~ja] Esaü *m*

F

f [~ek, ~et, ~je] 1. *(betű)* f m v f; 2. *(zen)* fa m
fa [fák, fát, fája] 1. *(egész, ágakkal)* arbre m; *élő fa* bois vif; *fában élő lignicole;* xylophage; *fán növő lignicole;* épixyle; *fán lakó* arboricole; *fával borított* boisé, -e; *fa alakú* dendroïde; dentritique; *ásv:* ligniforme; 2. *(anyag* v *aprított)* bois m; *kemény fa* bois dur; *száraz fa* bois mort; *fát aprít* débiter v couper du bois; 3. *(nem)* essence f; 4. *(szólásokban:) az ember nincs fából* on n'est pas de bois; *más fából van faragva* v *gyúrva* être d'une autre essence; *rossz fát tett a tűzre* il a fait un mauvais coup; *akár fát vághatnak a hátán* il se laisse manger la laine sur le dos; *nem látja a fától az erdőt* cela lui crève les yeux
faág branche f d'arbre; *(kisebb)* rameau m
faállomány bois (et forêts) m pl; *(vágott)* coupes f pl; stock m de bois
fabáb(u) quille f
faborítás boisage m
faburkolat; faburkolás 1. revêtement m de v en bois; boiserie f; *(alul)* lambris m; 2. *(épületen)* platelage m; 3. *(utcai)* pavage en bois; pavé m en bois
fácán [~ok, ~t, ~ja] faisan m
fácánkakas coq faisan m
fácántyúk (poule) faisane v faisande
facipő sabot m
facsar [~tam, ~t, ~jon] 1. tordre; *(citromot)* presser; 2. *~ja az orromat* cela me prend au nez; 3. *a szívet ~ja* crever le cœur
facsavar vis f à bois
facsoport bouquet v groupe m d'arbres; *(sűrű)* massif m (d'arbres)
fadarab morceau m v pièce f de bois
faesztergályos tourneur m sur bois
fafaragás sculpture f en bois
fafényezés brunissure f
fafúvós zen: bois m
fafűrész scie f à bois
fafűtéses [~ek, ~et; ~en] chauffé(e) au bois; *~ kályha* poêle chauffé au bois
faggat presser v harceler v fatiguer de questions; tourner et retourner q; *(rendőrök)* cuisiner *biz; erősen ~ják* être sur la sellette
fagott [~ok, ~ot, ~ja] zen: basson m
fagy [~ok, ~ot, ~a] I. *(fn)* gel m; *(tavaszi stb.)* gelée; prise f; *az első ~* les premiers froids; *ha a ~ felenged* si le dégel arrive; II. *(ige)* [~tam, ~ott, ~jon] 1. geler; 2. *(szmt i)* il gèle; 3. *ajkára ~ott a mosoly* le sourire se figea sur ses lèvres; 4. *gúny: majd ha ~!* bernique! des nèfles! 5. *vegy:* se solidifier
fagyal [~ok, ~t, ~ja] *növ:* troène m
fagyálló résistant(e) à la gelée v aux froids; antigel
fagyanta résine f
fagyapot fibre v laine v frisure f de bois
fagyás 1. *(jelenség)* gel m; prise f; 2. *(fagyasztással)* congélation f; 3. *orv: (testen, felületi)* engelure f
fagyáspont point m de congélation
fagyaszt [~ottam, ~ott, -sszon] congeler; glacer; frigorifier
fagyasztás congélation; frigorification f; *konyh:* glaçage m
fagyasztókamra chambre f de réfrigération; frigorifère m
fagyasztott [~ak, ~at; ~an] congelé; géifié, -e; *~ hús* viande congelée v frigorifiée
faggyú [~t] suif m; stéarine f
faggyúgyertya chandelle f
faggyúmirigy glande sébacée
fagyhullám vague f de froid
fagykár ravages m pl v morsures f pl de la gelée; *mez:* brouissure f
fagylalt [~ok, ~ot, ~ja] glace; crème f à la glace; *kávé ~* glace au café

fagylaltgép machine à glace; (glacière-) sorbétière; glacière *f*
fagylaltipar glacerie *f*
fagylalttölcsér cornet *m*
fagyos [~ak, ~at] **1.** glacé, -e; *(fázós)* frileux, -euse; *(kéz)* glacé, -e; ~ *levegő* air glacé et pointu; ~ *időben* par temps de gel; **2.** *(arc)* glacial, -e; ~ *csend* silence glacé; ~ *fogadtatás* accueil glacial; ~ *mosoly* sourire figé
fagyöngy gui; vide-pommier *m*
fagypont point *v* degré de congélation; zéro *m*
fagyrepedés gélivure *f*
fagyűrű cerne *m*
fahang voix blanche *v* sans timbre
fahasáb bûche *f*
faház habitation *v* maison *f* en bois; *(svájci v tiroli típusú)* chalet *m*
fahéj 1. écorce *f;* **2.** *(fűszer)* cannelle *f*
faipar industrie *f* du bois; *a ~ban dolgozik* travailler dans le bois
faiskola pépinière *f; (oltott fákból)* bâtardière *f*
faj [~ok, ~t, ~a] **1.** *(állat. ember)* race *f; fehér* ~ race blanche; **2.** *(beosztásnál ált.:)* espèce *f; (fa)* essence *f*
fáj [~t, ~jon] **1.** *(testileg)* faire mal à q; faire souffrir q; *hol ~?* d'où souffrez-vous? *mindenütt* ~ je souffre de partout; ~ *a feje* avoir mal à la tête; ~ *minden tagom* je suis tout courbaturé; tout le corps me fait mal; **2.** *(szólásokban)* ~ *a foga rá* il le convoite *v* le guigne; ~ *a foga vmire* en pincer pour qc; **3.** *(lelkileg)* faire de la peine à q; faire mal à q; ~, *hogy* cela me fait mal de *(inf);* je suis désolé *v* navré que *(subj)*
fajankó [~k, ~t, ~ja] sot personnage; gros bêta; nigaud *m*
fajansz [~ok, ~ot, ~ja] faïence *f*
fájás 1. mal *m;* douleur *f;* **2.** *(szülésnél)* douleurs; travail *m*
fajbor grand cru; vin généreux; grand vin
fájdalmas [~ak *v* ~ok, ~at] **1.** douloureux, -euse; endolori, -e; **2.** *orv: (csontról)* ostéodynique; **3.** souffre-teux, -euse; souffrant; désolé, -e **4.** *(látvány)* douloureux, -euse; déchirant; poignant, -e
fájdalom [-lmak, -lmat, -lma] **1.** douleur *f;* mal *m;* souffrance *f; bizonytalan* ~ douleur profuse; *-lmak lépnek föl* des douleurs se déclarent; *csillapítja a -lmat* calmer *v* apaiser la douleur; *-lmat érez* éprouver une douleur; *megszünteti a -lmat* supprimer la douleur; *majd megőrül a ~tól* devenir fou de douleur; **2.** *(lelki)* douleur; déchirement *m;* peine; souffrance; oppression *f; erőt vesz -lmán* maîtriser sa douleur; *levele nagy -lmat okozott nekem* votre lettre m'a causé un vif chagrin; *~tól megtört szívvel jelentik...* ont la douleur de vous annoncer *v* de vous faire part de...
fájdalomcsillapító *(szer)* analgésique; antalgique *(m)*
fájdalomdíj fiche *v* prime *f* de consolation
fajdkakas coq de bruyère; tétras *m*
fajelmélet doctrine raciale; racisme *m*
fajfenntartás la conservation de l'espèce; *a* ~ *ösztöne* l'instinct *m* (de la conservation) de l'espèce
fajhő *fiz:* chaleur spécifique *f*
faji [~ak, ~t] racial, -e; générique; ~ *adottság* constitution raciale; facteur racial; ~ *megkülönböztetés* discrimination raciale
fajkeresztezés; fajkeveredés métissage *m*
fajkutya chien *m* de race
fajlagos [~ak, ~at] *fiz, orv:* spécifique; *nem* ~ non-spécifique; ~ *ellenállás* résistance spécifique; résistivité *f;* ~ *nyomás* pression *f* par unité de surface
fájlal [~tam, ~t, ~jon] **1.** se plaindre d'avoir mal (à...); *~ja a fejét* il dit avoir mal à la tête; *(ürügyként)* prétexter un mal de tête; **2.** *átv:* déplorer; regretter
fajnemesítés eugénique *f;* eugénisme *m*
fájó(s) [~ak, *v* ~k, ~t] **1.** douloureux, -euse; *(tag)* endolori, -e; **2.** *(érzés)* douloureux, -euse; cuisant, -e; ~ *pont* point douloureux; ~ *szívvel* le cœur navré *v* serré

fajsúly *fiz:* poids *m v* pesanteur *f* spécifique
fajta [-ák, -át, -ája] **1.** *él:* espèce; race *f;* type *m;* pej: engeance *f; (fa)* essence *f; (szőlő)* cépage *m; szép* ~ beau sang; **2.** *átv:* az ilyen ~ emberek les gens de cet *v* de son acabit; az ő -ája ses pareils; **3.** *(dolog)* sorte *f;* genre *m;* variété; espèce *f;* type *m;* ker: modèle *m;* **4.** *(szivaré stb.)* marque *f*
fajtalan obscène; lubrique
fajtalanság luxure; fornication *f*
fajtiszta racé, -e; de race (pure)
fajul [~tam, ~t, ~jon] vmivé ~ tourner à qc; dégénérer en qc
fajvédő raciste *(n)*
fajzat *pej:* engeance *f;* gonosz ~ mauvaise engeance
fakad [~t, ~jon] **1.** *ld:* ered; **2.** *(bimbó, rügy, csira)* s'ouvrir; éclore; bourgeonner; **3.** *átv:* procéder; provenir; partir; **4.** *sírva* ~ fondre en larmes; káromkodásra ~ lâcher un juron
fakadás éclosion *f;* bourgeonnement *m*
fakalapács maillet *m; (kőfaragóé)* tampon *m*
fakaszt [~ottam, ~ott, fakasszon] **1.** faire jaillir; **2.** *(rügyet)* faire éclore; *(csírát)* faire germer; **3.** könnyekre *v* sírásra ~ arracher des larmes à q; **4.** *(daganatot)* crever
faképnél hagy *(vkit)* planter là; laisser en plan *biz;* fausser compagnie à q; plaquer *nép*
fakéreg écorce *f*
fakereskedő marchand(e) de bois
fakitermelés exploitation forestière
fáklya [-ák, -át, -ája] flambeau *m;* torche *f;* égő ~ torche ardente
fáklyásmenet retraite *f* aux flambeaux
fakó [~t] **1.** terne; déteint; décoloré, -e; **2.** *(szín)* pâle; fané, -e; terne; mat, -e; **3.** *(arcszín)* blême; hâve; blafard, -e; ~ *fény* lumière vague *f;* ~ hang voix blanche *v* sourde; **4.** *(ló)* cheval aubère *v* aubert; (cheval) isabelle *m*
fakorlát 1. garde-fou *m* en bois; **2.** *(úton, téren)* barrière *f*

fakorona couronne de l'arbre; ramure *f*
fakósárga jaune terne; *(ló)* alezan clair
faköpönyeg guérite *f*
fakszimile [-ék, -ét, -éje] fac-similé *m;* ~ *kiadás* reproduction *v* édition fac-similé *f*
fakul [~tam, ~t, ~jon] déteindre; se dégrader; se faner
I. *(fn)* **fal** [~ak, ~at, ~a] **1.** mur *m;* muraille *f; (közfal)* cloison; paroi *f;* ~*ba illeszt* sceller dans la maçonnerie; **2.** egy város ~ai les murs *v* murailles d'une ville; **3.** *(szólásokban:)* a ~ba veri a fejét se casser la tête contre la muraille; ~hoz állít *(és főbe lövet)* mettre q au mur; *átv:* acculer au pied du mur; fejjel megy a ~nak donner de la tête contre le mur; akár a ~nak beszélnék autant parler à un mur; **4.** *(véredényé)* paroi
II. *(ige)* **fal** [~tam, ~at, ~jon] **I.** *(tgy i)* dévorer; ingurgiter; **II.** *(tgyl i)* dévorer; manger goulûment *v* gloutonnement
falánk [~ok, ~ot] **1.** vorace; gourmand, -e; glouton, -onne; **2.** *átv:* avide
falánkság voracité; gourmandise; gloutonnerie *f*
falanx [~ok, ~ot, ~a] *tört:* phalange *f*
falat [~ok, ~ot, ~ja] **1.** morceau *m;* bouchée *f;* sovány ~ maigre provende *f;* bekap egy ~ot casser une croûte; **2.** *(szólásokban:)* olyan, mint egy ~ kenyér c'est une bonne *v* excellente pâte d'homme; nincs egy betévő ~ja il n'a rien à se mettre sous la dent; *egy ~nyi* une poignée de ...; a ~ot is megvonja a szájától s'ôter les morceaux de la bouche (pour q)
falatozó [~k, ~t, ~ja] **1.** *(hely)* buvette *f;* bar *m;* **2.** mangeur, -euse *n*
falborítás revêtement; lambris
falevél feuille *f;* kis ~ feuillet *m*
falfehér blanc(he) comme le mur
falfesték badigeon *m*
falfestmény fresque *f;* peinture murale *v* de muraille
fali [~ak, ~t] **1.** mural; pariétal, -e; **2.** *(falra akasztható)* applique

falikar vill: patère f; bras m; (díszesebb) applique f
falióra (nagy) horloge f; œil-de-bœuf m; (ingával) régulateur m; pendule murale
faliszekrény placard m
faliszőnyeg tapis mural; tapisserie f; gobelin m
falitábla tableau noir
faliújság journal mural; gazette murale
falka [-ák, -át, -ája] 1. (kutya) meute f; 2. (vadállat) bande f
falmélyedés ép: niche f
faló cheval m de bois; a trójai ~ le cheval de Troie
falpárkány corniche f
falrafuttatás (gyümölcsé) culture f en espalier; (szőlőé) culture en treille
falragasz affiche; pancarte f; placard m; ~on való közzététel affichage m
falrész pan m (de mur)
faltörő kos bélier m
falu [falvak, ~t, ~ja] village m; bourgade f; commune rurale; nagy ~ bourg m; a ~ végén au bout du village; ~n à la campagne; falvak közötti vicinal, -e
falusi [~ak, ~t] I. (mn) villageois; campagnard, -e; de campagne; rural, -e; agreste; rustique; champêtre; ~ ember villageois; homme m des champs; ~ ház a) maison v habitation rurale; b) maison de campagne; II. (fn) a ~ak les villageois; les gens du village; les campagnards
faluszínház théâtre m de campagne
fáma [-át] la rumeur publique; a ~ szerint; a ~ azt regéli d'après la rumeur
famegmunkálás façonnage du bois; menuisage m
famentes (papír) (garanti) pur chiffon
fametszés 1. gravure sur bois; xylographie f; 2. kert: taille f des arbres
famunka menuiserie; boiserie f
fanatikus [~ok, ~t, ~a] fanatique (n); sectaire; zélateur, -trice (n)
fanatizmus fanatisme; sectarisme; zélotisme m
fanem essence f
fanemű ligneux, -euse

fánk [~ok, ~ot, ~ja] chou; krapfen viennois
fantaszta [-át] esprit chimérique; songecreux m
fantasztikus rocambolesque; fantastique; fantaisiste
fantázia [-át, -ája] 1. imagination f; (költői) verve f; 2. zen: fantaisie f
fanyalog [~tam, -lgott, ~jon] faire grise mine; faire le renchéri; ~va à contre-cœur
fanyar [~ok, ~t] 1. âpre (au goût); âcre; acerbe; 2. átv: ~ humor, jellem, tréfa humeur f, caractère m, plaisanterie acerbe f; ~ természet caractère âcre m
fanyarság (átv. is) âpreté; aigreur; âcreté; rudesse f; átv: acrimonie f; (gyümölcsé) verdeur f
far [~ok, ~t, ~a] 1. derrière; postérieur m; croupe f; 2. (állaté) croupe f; 3. haj: poupe f; cul m
farács grille f de bois; (fürdőkád előtt) claie f; (fonott) treillis m
fárad [~tam, ~t, ~jon] 1. se fatiguer; 2. se donner du mal
fáradás 1. fatigue; peine f; 2. (tárgyé) fatigue
fáradhatatlan infatigable; inlassable
fáradozás peines f pl; efforts m pl; dérangement m
fáradozik [~tam, ~ott, ~zék v ~zon] (vmin) s'employer à qc; s'appliquer à (inf)
fáradság peine(s) f (pl); labeur m; köszönöm a ~át merci pour le v du dérangement; nem éri meg a ~ot cela ne v n'en vaut pas la peine; le jeu ne v n'en vaut pas la chandelle; nem kíméli a ~ot, hogy ne rien épargner pour (inf)
fáradt [~ak, ~at] 1. fatigué; exténué, -e (de fatigue); las, lasse (de qc); accablé, -e (de fatigue); éreinté; harassé, -e; ~ az arca avoir les traits tirés; 2. ~ gőz vapeur détendue v d'échappement
fáradtság [~ot, ~a] fatigue; lassitude f; épuisement; accablement m; exténuation f; majd összeesik a ~tól tomber de fatigue

farag [~tam, ~ott, ~jon] 1. tailler; façonner; 2. *(szobrász)* sculpter; 3. *(követ)* tailler; 4. *átv*: fabriquer; *emberi ~ott belőle* il en a fait un brave homme; *jó fából van ~va* être d'une bonne *v* solide trempe
faragatlan 1. *(kő)* brut, -e; 2. *átv*: fruste; malappris; mal dégrossi; rustaud; balourd, -e
faragott [~ak, ~at; ~an] sculpté; taillé; charpenté, -e
farakás tas *v* amas *m* de bois; pile *f* de bois
fáraszt [~ottam, ~ott, -asszon] 1. fatiguer; épuiser; lasser; ennuyer; 2. *kat*: harceler; 3. *(vhova)* déranger pour faire venir *v* aller
fárasztó [~ak, *v* ~k, ~t] fatigant, -e; laborieux, -euse; pénible; accablant, -e
farizeus pharisien *m*
farizeuskodás pharisaïsme *m*
farkas 1. loup *m*; *(nőstény)* louve *f*; *fiatal ~* louveteau *m*; 2. *éhes, mint a ~* avoir une faim de loup *v* d'ogre
farkascseresznye belladone; belle-dame *f*
farkaskutya berger allemand; chien-loup *m*
farkasordító *hideg* froid *m* de loup; *~ hideg van* il fait un froid de canard
farkastorok *orv*: gueule-de-loup; division palatine
farkasüvöltés hurlement *m* de loup
farkasvakság héméralopie *f*
farkasverem 1. fosse *m* à *v* aux loups; 2. *kat*: trou *m* de loup
farkatlan écaudé, -e; *(fajta)* anoure
farkcsigolya coccyx *m*
farkcsóválás frétillement *m* de la queue
farkos [~at; ~an] 1. à queue; 2. *áll*: caudifère; caudigère *tud*
farmer [~ek, ~t, ~e] farmer; fermier *m*
farmotor *haj*: moteur hors bord; moteur-arrière *m*
farok [farkok, farkot, farka] queue *f*; *hosszú ~* queu en balai; *farkát csóválja* remuer *v* agiter la queue; *fréttiller* de la queue; *behúzza a farkát* serrer la queue entre les pattes; *behúzott ~kal* queue basse

farol [~tam, ~t, ~jon] (se) reculer; faire marche arrière
farost fibre *f* de bois
farönk grume *f*; bois *m* de grume
farsang [~ok, ~ot, ~ja] carnaval *m*; *~ utója* mardi gras
fartő culotte *f* (de bœuf); sous-noix *m*
fás 1. boisé, -e; planté(e) d'arbres; boiseux, -euse; 2. *(növény)* ligneux, -euse
fasiszta [-ák, -át] fasciste *(n)*
fasisztabarát profasciste
fásít [~ottam, ~ott, ~son] (re)boiser; planter d'arbres
fáskamra hangar à bois; bûcher *m*
fasor rangée *f* d'arbres; rang *m v* ligne *f* d'arbres
fásult [~ak, ~at] apathique *(n)*; blasé *(m)*; indifférent, -e *(n)*; *~érzékek* sens blasés *v* émoussés
fásultság apathie; indifférence *f*; *a közvélemény ~a* le marasme de l'opinion publique
faszeg cheville; pointe de bois; broche *f*
faszén charbon *m* de bois; *(begyújtásra)* braise
faszobrász sculpteur *m* sur bois
fatábla 1. planche *f*; 2. *(ablakon belső)* volet *m*; *(külső)* contrevent *m*; 3. *műv*: *(festmény)* panneau *m*
fatális [~ak, ~at] fatal, -e; fatidique; malencontreux, -euse
fatelep dépôt *m* de bois; scierie *f*; chantier *m*
fatermelő I. *(mn)* producteur de bois; II. *(fn)* arboriculteur *m*
fatönk quille; souche *f*; billot *m*; culée *f*
fatörzs tronc *m* d'arbre; *(magas)* fût *n*
fátum [~ot, ~a] fatalité *f*; destin *m*
fátyol [fátylak, fátylat *v* fátyolt, fátyla] 1. voile *m*; *felhajtja a ~t* relever le voile; *leereszti a ~t* baisser le voile; 2. *átv*: *vmire ~t borít* jeter un voile *v* tirer le rideau sur qc
fátyolos [~ak, ~at] 1. voilé, -e; 2. *~ hang* voix voilée *v* blanche *v* mourante *v (zen)* sombrée
fátyolosan confusément; vaguement

fattyaz [~tam, ~ott, ~zon] élaguer; épamprer
fattyú [~k, ~t, ~ja v fattyak, fattyat, fattya] bâtard, -e *n;* enfant naturel
fattyúhajtás *(tőről)* sauvageon *m; (ágról)* branche gourmande *v* sauvageonne
faun [~ok, ~t, ~ja] faune *m*
fauna [-ák, -ája] faune *f*
faültetés; faültetvény plantation *f* d'arbres
favágás 1. *(erdőn)* coupe *f* (de bois); abat(t)age *m;* 2. *(apróra)* débitage *m* du bois
favágó bûcheron; abatteur d'arbre *v* de bois
fázás sensation *f* de froid; le froid; frisson *m*
fazék [fazekak, fazekat, fazeka] pot *m;* marmite *f; (együtt)* poterie *f*
fazekas [~ok, ~t, ~a] potier *m*
fazekasmesterség poterie *f*
fázékony [~ak, ~at] frileux, -euse; sensible au froid
fázik [~tam, ~ott, ~zék v ~zon] 1. avoir froid; geler; *fázom* j'ai froid; ~ *a kezem* j'ai froid aux mains; 2. *(vmitől)* répugner à qc
fázis [~ok, ~t, ~a] 1. phase *f;* stade *m;* période; étape *f;* 2. *vill:* phase
fazon [~ok, ~t, ~ja] 1. façon *f;* style *m;* 2. revers *m*
február [~ok, ~t, ~ja] février *m*
fecseg [~tem, ~ett, ~jen] bavarder; rabâcher; babiller; papoter; jaser; *(öreg ember)* radoter
fecsegés bavardage; babillage; papotage; verbiage; verbalisme *m; (öreges)* radotage *m; ostoba* ~ ragot (stupide) *m*
fecsegő [~k, ~t; ~(e)n] bavard, -e *(n);* jaseur, -euse *(n);* babillard, -e *(n);* indiscret, -ète
fecske [-ék, -ét, -éje] hirondelle *f; füsti* ~ griffet *m;* hirondelle rustique *v* de cheminée; *parti* ~ mottereau *m; egy* ~ *nem csinál tavaszt* une hirondelle ne fait pas le printemps
fecskendez [~tem, ~ett, ~zen] 1. *(be)* injecter; seringuer, 2. *(szét, rá)* asperger; arroser qc; 3. *(ki)* rejeter

fecskendő [~k, ~t, ~je] 1. tuyau *m* de projection; 2. *(tüzi)* lance; pompe *f* (à feu *v* à incendie); 3. *orv:* seringue à injection; canule *f;* injecteur *m*
fed [~tem, ~ett, ~jen] 1. couvrir; recouvrir; 2. ~*i egymást* se recouvrir; *(vélemény, vallomás)* ils sont conformes *v* concordants; *mat:* ils sont superposables; coïncider; 3. *csill:* éclipser; 4. *átv:* (re)couvrir; masquer
fedd [~tem, ~ett, ~jen] réprimander; blâmer; reprendre; admonester; gronder; censurer
feddhetetlen irréprochable; irrépréhensible; impeccable; immaculé, -e; ~ *jellem* caractère intègre *m*
feddhetetlenség intégrité; probité *f*
fedél [fedelek, fedelet, fedele] 1. couverture *f;* toit *m;* toiture *f;* ~ *alá húzódik* chercher un abri; 2. *(dobozé, edényé)* couvercle *m;* 3. *áll, növ: (nyílásé)* opercule *m;* 4. *(irkáé, könyvé)* couverture
fedélköz *haj:* entrepont *m*
fedélszerkezet charpente; ferme; charpenterie *f*
fedélzet [~ek, ~et] pont; bord *m*
fedetlen nu; découvert, -e; ~ *fővel* la tête découverte; nu-tête
fedett [~ek, ~et; ~en] 1. (re)couvert, -e; 2. *kat:* ~ *állás* position couverte *v* défilée
fedez [~tem, ~ett, ~zen] 1. *kat:* couvrir; ~*i magát* se couvrir; 2. *testével* ~*i* couvrir de son corps; 3. *(összegről)* couvrir la dépense *v* les frais; *a bevételek* ~*ik a kiadásokat* les recettes balancent les dépenses; 4. *(vki a költségeket)* subvenir *v* fournir à la dépense *v* aux frais; 5. *(bünt)* couvrir; 6. ~*i alárendeltjét* couvrir un subordonné; 7. *(torna)* s'aligner
fedezék [~ek, ~et, ~e] abri; retranchement *m*
fedezet 1. *kat:* couverture *f;* 2. *(kíséret)* escorte *f; erős* ~*tel* sous bonne escorte; 3. *futb:* demi *m;* 4. *ker: (csekké, váltóé)* provision *f*

fedezetlenül à découvert; *(csekk, váltó)* sans provision
fedő [~k; ~en] I. *(mn)* 1. *áll:* tecteur, -trice; 2. *növ:* operculaire; II. *(fn)* 1. couvercle *m;* 2. *ált:* calotte *f;* 3. *növ:* opercule *m*
fedőfesték couleur opaque *f*
fedőnév nom de plume *v* de guerre; pseudonyme *m*
fedőszerv organisme *m* prête-nom *v* de couverture
fegyelem [-lmet, -lme] discipline; subordination *f;* ~*hez szoktat* plier à une discipline; discipliner; *biztosítja a -lmet* assurer la discipline; *-lmet tart* maintenir la subordination
fegyelmezetlen manquer de discipline; ~ *tanuló* élève insubordonné(e)
fegyelmi [~ek, ~t] disciplinaire; ~ *büntetés* peine disciplinaire *f;* ~ *büntetéssel sújt* censurer; sanctionner; ~ *szabályzat* statut disciplinaire *m;* ~ *úton* par mesure disciplinaire; ~ *vizsgálat* enquête disciplinaire *f*
fegyenc [~ek, ~et, ~e] forçat; bagnard *m*
fegyenctelep bagne *m;* chiourme; colonie pénitentiaire *f*
fegyház maison de force *v* de réclusion *f;* pénitencier *m*
fegyőr gardien *m* de prison; *(fegyenctelepen)* garde-chiourme; argousin *m*
fegyver [~ek, ~t, ~e] arme *f;* ~*ek döntik el* on fait parler la poudre; ~*be hí* appeler sous les armes; ~*be! portez arme!* ~*re!* aux armes! *a* ~*ekre bízza a döntést* trancher une question par la voie des armes; ~*t fog* v *ragad* courir aux armes; ~*t fog vkire* porter les armes contre q; ~*ét használja* faire usage de son arme; *lerakja* v *leteszi a* ~*t* rendre *v* mettre bas *v* déposer *v* poser les armes; ~*eket tisztogat, fényesít* fourbir des armes; ~*t visel* porter les armes; ~*rel a kezében* les armes à la main
fegyvercsörgés cliquetis *m* des armes
fegyveres [~ek, ~et] I. *(mn)* armé, -e; en armes; ~ *akció* action armée; ~ *elégtétel* réparation *f* par les armes; ~ *ellenállás* résistance *f* à main armée;

a ~ *erőt veszi igénybe* faire appel à la force; ~ *felkelés* insurrection armée; ~ *konfliktus* conflit armé; ~ *semlegesség* neutralité armée; ~ *szolgálat* service armé; ~ *szolgálatra alkalmas* bon pour le service armé; II. *(fn)* homme d'armes *v* armé
fegyverfogás maniement *m* d'armes
fegyvergyakorlat manœuvres *f pl;* période *f* d'exercices *v* d'instruction militaire
fegyvergyár manufacture *v* fabrique d'armes; armurerie *f*
fegyvergyáros armurier *m*
fegyverhasználat usage *m* des armes; *jogos* ~ usage légitime des armes
fegyverkezés armements *m pl;* réarmement *m*
fegyverkezési *ipar* industrie *f* de l'armement; ~ *verseny* course *f* aux armements
fegyverkezik [~tem, ~ett, ~zék *v* ~zen] (s')armer
fegyverletétel reddition d'armes; capitulation *f*
fegyvernem arme; catégorie *f* d'arme
fegyverraktár dépôt d'armes; arsenal *m*
fegyverrejtegetés recel *m* d'armes
fegyverszünet armistice *m;* *(tűzszünet)* suspension *f* d'armes; cessez-le-feu *m;* *ált:* trêve *f* *(átv is)*
fegyvertár depôt *m* d'armes; arsenal *m (átv is)*
fegyvertartási *engedély* permis *m* de port d'armes
fegyvertelen désarmé, -e; sans armes; ~ *behatolás* pénétration pacifique *f*
fegyverzet 1. armement *m;* 2. *vill:* armature *f;* 3. *átv:* attirail *m*
fehér [~ek, ~et, ~(j)e] I. *(mn)* blanc, blanche; ~ *bor* vin blanc; ~ *bőrű* à la *v* de peau blanche; *(európai)* blanc *m;* ~ *egér* souris blanche; ~ *festék* blanc *m;* ~ *hajú* aux cheveux blancs; ~ *hús* viande blanche; ~ *izzásig hevít* chauffer à blanc; ~ *kenyér* pain blanc; ~ *ruhában volt* elle était en blanc; ~ *szőlő* raisin blanc; ~ *lett mint a fal* il est devenu blanc comme le linge; ~ *mint a hó* blanc comme (la) neige; ~*re mos*

blanchir *(átv is)*; II. *(fn)* a szem ~*je* le blanc de l'œil; *tojás* ~*je* le blanc d'œuf
fehéredik [~tem, ~ett, ~jék *v* ~jen] blanchir; se décolorer
fehérje [-ék, -ét, -éje] protéine *f*; protide *m*; albumine *f*
fehérnemű [~ek *v* ~k, ~t, ~je] linge *m*; lingerie *f*; blanc *m*; *(mosdóban)* linge de toilette; *(a ruha alatt)* les dessous; linge *m* de corps; *tiszta* ~ linge blanc; ~*t vált* changer de linge; ~*t vásárol* se monter en linge
fehérneműkereskedés 1. lingerie *f*; magasin *m v* maison *f* de blanc; *(férfi)* chemiserie *f*; 2. *ált:* bonneterie *f*
fehérrépa navet blanc
fehérség blancheur; albescence *f*
fehérvérsejt leucocyte; globule blanc
fehérvérűség leucémie; leucocythémie *f*
I. *(fn)* **fej** [~ek, ~et, ~e] I. *(fn)* 1. tête *f*; *(régiesen:)* chef *m*; *nép:* caboche *f*; *szegény* ~*e* le *v* la pauvre ! *fáj a* ~*e* avoir mal à la tête; *nehéz a* ~*e* avoir la tête lourde *v* pesante; *azt se tudja hol áll a* ~*e* il ne sait où donner de la tête; *a* ~*e forog kockán* il y va de sa tête; *a* ~*e teteje* le sommet de la tête; ~*e tetején áll* se tenir la tête en bas; *(dolog)* être sens dessus dessous; *a maga* ~*e után indul v megy* il (n')en fait (qu')à sa tête; ~*be vág v ver vkit* allonger un coup sur la tête de q; frapper q sur la tête; ~*ébe ver* imprimer dans l'esprit de q; inculquer à q; ~*be lő vkit* brûler la cervelle à q; ~*ébe kerül* il lui en coûtera la tête; ~*ébe száll* porter à la tête; ~*be vág* frapper à la tête; ~*ébe vesz vmit* se mettre qc dans le crâne *v* en tête *v* dans l'esprit; être entiché(e) de qc; ~*ében forgat* remuer dans sa tête *v* son esprit; ~*ből* de tête; de mémoire; mentalement; ~*éhez vág v dob vmit* flanquer *v* jeter qc à la tête de q; ~*én* à la tête; sur sa tête; ~*én találja a szöget* mettre le doigt dessus; frapper juste; ~*ére száll a vére* son sang retombe sur vous; *elveszti a* ~*ét* perdre la tête *v (biz:)* le nord; s'affoler;

~*et hajt* s'incliner; ~*et hajt előtte* courber le front *v* la tête devant q; ~*ét lehajtja* baisser la tête; *nincs hová* ~*ét lehajtania* il n'a pas une pierre où reposer la tête; ~*ét rázza* hocher *v* branler la tête; ~*ét töri* se creuser la tête *v* l'esprit *v* la cervelle; ~*től* de la tête; *fel a* ~*jel!* (du) courage ! *beszél a* ~*ével* faire la leçon à q; *majd beszélek én a* ~*ével* je lui ferai entendre raison; ~*ével játszik* jouer sa tête; ~*jel megy a falnak* donner de la tête contre le mur; 2. *(zöldségé)* pomme *f*; *(mint egység)* egy ~ *saláta* une tête de laitue; 3. *(tűé, szegé)* tête; 4. *(pénzen)* effigie *f*; *(pénz oldala)* avers *m*; tête; face *f*; 5. *újs:* chapeau *m*; *(néha)* front *m*; 6. *(vezető)* chef *m*; II. *(hat)* ~*ében* à titre de; *annak* ~*ében* en retour; *ennek* ~*ében* par contre; en revanche; *(ellenében)* moyennant qc
II. *(ige)* **fej** [~tem, ~t, ~jen] traire; tirer du lait
fejadag ration *f* par tête
fejbőr cuir chevelu
fejbőség tour *m* de tête; entrée *f* de tête
fejedelem [-lmek, -lmet, -lme] prince *m*; *(király)* souverain *m*
fejedelmi [~ek, ~t] princier, -ière; ~ *falat* un morceau de roi; ~ *módon* princièrement; impérialement
fejel [~tem, ~t, ~jen] I. *(tgy i)* 1. *(lábbelit)* remonter; *(harisnyát)* rempiéter; renter; 2. *mez:* décolleter; 3. *futb:* *gólt* ~ marquer un but d'un coup de tête; II. *(tgyl i) sp:* reprendre de la tête
fejelágya fontanelle *f*
fejenként par tête (d'habitant)
fejes [~ek, ~t] I. *(mn)* 1. têtu; entêté; mutin, -e; 2. ~ *vonalzó* té *m*; 3. ~ *káposzta* chou pommé; II. *(fn)* 1. *biz:* *(előkelőség)* grosse légume; Grand Manitou; 2. *sp:* plongeon *m* par la tête; 3. *futb:* coup *m* de tête; tête *f*
fejetlenség confusion; anarchie *f*; désarroi; désordre; gâchis *m*

17 Magyar-Francia kézi

fejezet 1. chapitre *m;* section *f;* 2. *(törvényben, békeszerződésben)* titre *m;* 3. ~ek a hídépítéstan köréből *(cím)* Études sur la construction des ponts
fejfa croix *v* stèle *f* de bois
fejfájás mal *m* de tête; migraine *f*
fejhang fausset *m*
fejkendő fichu (noué sous le menton)
fejkötő bonnet *m* (de femme); coiffe *f*
fejlemény suites *f pl;* conséquence *f;* résultat *m*
fejleszt [~ettem, ~ett, -sszen] 1. donner de l'extension *v* plus d'extension à qc; développer; encourager; favoriser; 2. *vmivé* ~ changer *v* transformer en qc; 3. *(gázt, gőzt)* dégager; *(mást)* produire
fejlesztés 1. développement; encouragement *m;* 2. *vmivé* ~ transformation *f v* changement *m* en qc; 3. *(gázé, gőzé)* dégagement *m;* *(másé)* production *f*
fejletlen peu *v* insuffisamment développé(e); sous-développé(e); rudimentaire
fejlett [~ek, ~et; ~en] poussé; développé, -e; adulte; mûr; avancé, -e; *jól* ~ bien constitué(e) *v* formé(e)
fejlődés 1. développement *m;* évolution; croissance; formation *f;* ~ *közben* en pleine croissance; ~*en megy át* subir une évolution; 2. *átv:* développement *m;* extension *f;* essor *m;* évolution *f;* progrès *m (pl);* ~*nek indul* prendre son essor *v* du développement *v* une extension; *nagy* ~*nek indít* faire fleurir
fejlődéselmélet théorie *f* de l'évolution; évolutionnisme *m*
fejlődési [~t; ~leg] 1. ~ *fok* v *fázis* étape *v* phase *f v* degré *m* d'évolution *v* du développement; 2. génétique; évolutif, -ive
fejlődéstan 1. génétique *f;* 2. évolutionnisme *m*
fejlődik [~tem, ~ött, ~jék *v* ~jön] 1. se développer; évoluer; progresser; prendre de l'extension; *nem* ~ rester *v* demeurer stationnaire; *ha a dolgok így* ~*nek* si les choses continuent de ce train-là; 2. *nézetei* ~*tek* ses opinions ont évolué; 3. *(tanuló)* faire des progrès; 4. *vmivé* ~ se développer en qc; *(események)* aboutir à qc; 5. *(növény)* venir
fejlődő [~k *v* ~ek, ~t; ~en] 1. en (voie de) développement; croissant, -e; en croissance; *erősen* ~ en plein développement; 2. *(növény)* en végétation; croissant, -e; *szépen, jól* ~ bien venant(e); 3. *vegy:* naissant, -e; 4. *pol: a* ~ *országok* pays en développement
fejlövés coup *m* de feu à la tête
fejőasszony trayeuse *f*
fejőstehén 1. vache à lait; (vache) laitière *f;* 2. *átv, gúny:* vache à lait; poule *f* aux œufs d'or
fejpárna oreiller *m*
fejsajt hure *f* de porc
fejszámolás calcul mental *v* de tête
fejsze [-ék, -ét, -éje] hache; cognée *f;* *(kicsi)* hachette *f;* *nagy fába vágja a -éjét* s'atteler à une tâche énorme *v* ardue
fejszecsapás coup *m* de hache
fejt [~ettem, ~ett, ~sen] 1. *(követ, ércet)* tirer; extraire; 2. *bány:* abattre; exploiter; 3. *(bort)* soutirer; 4. *(babot, borsót)* écosser; 5. *(varrást stb.)* défaire; 6. *rejtvényt* ~ s'occuper à déchiffrer une énigme
fejteget expliquer; exposer; analyser; commenter; disserter sur qc
fejtörés cassement *m* de tête; méditation attentive; *sok* ~*t okoz (vkinek vki)* mener la vie dure à q; donner du fil à retordre
fejvesztés peine capitale; ~ *terhe alatt* sous peine de mort
fejvesztett affolé; désemparé, -e; ~ *menekülés* débandade *f*
fék [~ek, ~et, ~e] 1. *(lószerszám)* bride *f;* 2. *(járművön, gépen)* frein *m;* 3. ~*en tart* maîtriser; tenir en bride
fekbér droit *m* de stationnement; prime *f v* frais *m pl* de magasin
fekély [~t, ~e] 1. ulcère; abcès *m;* 2. *átv:* gangrène; plaie *f*
fekete [-ék, -ét] I. *(mn)* 1. noir, -e; ~ *gyémánt a)* diamant savoyard;

b) houille f; ~ haj cheveux noirs v d'ébène; ~ kenyér pain bis; pain noir; ~ lelkű âme noire; dépravé, -e; ~ szemű aux yeux noirs; aux yeux de jais; ~ szemüveg lunettes fumées v noires; ~ szén houille noire; ~ tábla tableau noir; ~ mint a korom v az ördög noir(e) comme la suie v le charbon v une taupe; nem olyan ~, mint amilyenre festik il n'est pas si diable qu'il est noir; -ére fest peindre en noir; 2. (ló) noir, -e; moreau, -elle; II. (fn) 1. (ember) noir(e) (n); négro m biz; 2. café nature; café (noir); 3. -ébe öltözik se mettre en noir; 4. a szem -éje pupille f
feketeárfolyam cours clandestin
feketebors poivre m
feketehimlő variole noire v hémorragique
feketekávé café (nature); café noir; (café) filtre; moka m
feketén 1. en noir; mindent ~ lát voir tout en noir; 2. (ad, vesz) au marché noir
feketepiac marché noir v parallèle; le circuit B
feketerigó (turde) merle m
feketézik [~tem, ~ett, ~zék v ~zen] 1. prendre un v son café; 2. agioter; trafiquer
fékez [~tem, ~ett, ~zen] 1. freiner; serrer (à bloc); 2. (kereket) enrayer; 3. átv: refréner; mettre en veilleuse; ~i haragját modérer sa colère; 4. ~i magát se refréner; se modérer
fékidő (motoré) temps m d'arrêt
fékpróba essai m au frein
fekszik [feküdni, feküdtem, feküdt, feküdjék v feküdjön] 1. être couché(e) v étendu(e); hason ~ être couché(e) sur le ventre; a hullák a földön feküdtek les cadavres gisaient sur le sol; 2. (le~) se coucher; 3. (vhová) se coucher; s'étendre; s'allonger; 4. (ágyban) être au lit v (betegen) alité(e); 5. (ruha) se coucher; coller; 6. (halott) reposer; être enterré(e); itt ~ ci-gît; 7. (dolog) se trouver; être situé(e); (ingatlan így is:)

être sis(e); 8. (vagyon vmiben) être placé(e) v consister en qc
féktáv distance f de freinage
féktelen déchaîné; effréné; débridé, -e; ~ beszéd intempérance f de langue; ~ szenvedély passion effrénée; ~ viselkedés conduite déréglée
féktelenkedik [~tem, ~ett, ~jék v ~jen] faire v commettre des excès
féktelenség immodération; pétulance f; déchaînement m
fektet 1. coucher; étendre; poser; mettre; 2. mat: (vonalat) mener; 3. (pénzt vmibe) placer; investir
fékút longueur f d'arrêt
fekű [~k, ~t, ~je] 1. bány: sole f; 2. geol: soubassement m
fekvés 1. coucher m; position couchée; 2. orv: (születendő gyereké v állaté) présentation f; 3. (vidéké) situation; position f; site m; 4. (tárgyé) position; assiette; situation f; 5. zen: registre m; (hegedűn stb.) position
fekvő [~k, ~t] 1. (élő lény) couché; étendu, -e; au repos; betegen ~ alité, -e; 2. (tárgy) couché; gisant; horizontal, -e; 3. (föld, vár stb.) situé, -e; assis sur qc; 4. hiv: (ingatlan) sis, -e
fekvőhely 1. couchette f; 2. ált: gîte m
fel I. (hat) en haut; là-haut; vers le haut; fel-le de haut en bas et de en haut; ~ s alá jár faire les cent pas; II. (isz) fel! en route! debout!
I. (ige) **fél** [~tem, ~t, ~jen] 1. (önállóan) avoir peur; être apeuré(e); 2. (~ vmitől) avoir peur de qc; craindre qc; avoir crainte de qc; (állandóan) être hanté(e) par qc; avoir la hantise de qc; (tart vmitől) redouter v appréhender qc; (attól) ~ek, hogy je crains v j'ai peur que (subj és ne); ~ek, hogy már késő j'appréhende v je tremble qu'il ne soit trop tard; nem ~ek, hogy megbánja je ne crains pas qu'il s'en repente; ~ a haláltól la mort lui fait peur; il craint la mort
II. (fn) **fél** [felek, felet, fele] 1. (üzleti, hivatali) client, -e n; 2. (orvosé, ügyvédé) client; consultant, -e n; 3. (bíróságon) partie f; justiciable m;

(*a magánvádló* v *ügyvédje*) la partie civile
III. *(mn)* **fél** [felek, felet, fele] **1.** demi; la moitié de... ; *beutazta ~ Európát* il parcourut presque toute l'Europe; *~ kiló (kenyér)* une livre de (pain); *~ nyugdíj* demi-pension *f;* **2.** *(időközök jelölésénél:) ~ év* six mois; *~ évszázad* demi-siècle *m;* **3.** *(óra) ~ egy* midi et demie; midi trente; **4.** *(testrész előtt:) ~ fogára sem elég* il n'en fera qu'une bouchée; *~ kesztyű* un gant; *~ kéz* une main; *~ szem* un œil; **5.** *(vminek a fele)* la moitié; la demie; la mi-part de qc; *több mint a fele* plus de la moitié; *a hó második felében* dans la deuxième quinzaine du mois; **6.** *bal fele* le côté gauche; **7.** *(órán)* demie *f*
felad 1. *(alulról)* tendre; remettre; *~ja a kabátját* aider à passer son paletôt à q; **2.** *egyh: (szentséget)* administrer; **3.** *(árut)* expédier; envoyer; *(poggyászt)* faire enregistrer; *(levelet, táviratot)* mettre *v* porter à la poste; **4.** *(leckét)* donner; **5.** *(talányt)* proposer; donner à deviner; **6.** *(küzdelmet, játékot, versenyt)* abandonner; *sakk: világos ~ja* les blancs abandonnent; **7.** *(váratot)* rendre; livrer à l'ennemi; *~ja a várat* capituler; **8.** *(feljelent)* dénoncer; signaler; *isk: (vkit)* cafarder q
feladás 1. *post:* dépôt *m; (árué)* expédition *f; (poggyászé)* enregistrement *m;* **2.** *(küzdelemé, véleményé)* abandon *m;* **3.** *(váré)* reddition *f*
feladat 1. tâche; besogne; mission; œuvre *f; ~a, hogy* il a mission *v* charge de *(inf);* a *bíróság ~ához tartozik* rentrer dans la mission du tribunal; **2.** *(iskolai)* devoir; exercice *m;* (matematikai) problème *m*
feladó [*~*k, *~*t, *~*ja] expéditeur,-trice *n*
feladóvevény récépissé *m; (poggyászról)* bulletin *m* d'expédition
felajánl [*~*tam, *~*t, *~*jon] **1.** offrir; faire hommage de qc; *~ja, hogy* offrir de *(inf);* **2.** *vall:* vouer; consacrer; offrir

felajánlás 1. offre *f;* hommage *m;* **2.** *vall:* consécration; oblation *f*
felajánlási *mozgalom* mouvement *m* d'offre de travail
felakaszt 1. (sus)pendre *v* accrocher (à qc); *képet ~* accrocher un tableau; **2.** *(embert)* pendre (à qc); *ott helyben ~ (az első fára)* pendre haut et court
felakasztás 1. suspension *f;* accrochage *m;* **2.** *(emberé)* pendaison *f*
feláldoz sacrifier; immoler; *~za életét* faire le sacrifice de sa vie
feláll 1. se (re)lever; se (re)mettre debout; **2.** *(vhol)* se poster; **3.** *(sereg)* prendre position; **4.** *(sorba)* se mettre sur le *v* en rang; s'aligner
felállít 1. *(ültéből)* faire se relever; **2.** *(vmit)* (re)mettre debout; dresser; **3.** *(bábukat)* ranger; **4.** *(vmire)* placer; poser; **5.** *(hadsereget)* former; créer; mettre sur pied; **6.** *(figyelőt)* poster; **7.** *pej: (kémet, gyilkost)* aposter; **8.** *(gépet)* monter; installer; **9.** *(ágyút)* mettre en position; **10.** *(emléket)* ériger; dresser; **11.** *(intézményt)* établir; fonder; instituer; **12.** *(tételt)* poser; formuler
felállítás 1. mise *f* debout; dressage *f;* redressement *m;* **2.** *(bizonyos távolságra)* espacement *m;* rangement *m biz;* (sorba, vonalba) alignement *m;* **3.** *(gépé, tárgyé)* montage *m;* mise en place; installation *f;* **4.** *(seregé)* mise sur pied; formation *f;* **5.** *(emléké)* érection *f;* **6.** *(intézményé)* établissement *m*
félálom somnolence *f;* assoupissement; demi-sommeil *m*
félannyi moitié si grand(e); moitié autant
felapróz parceller; morceler; fragmenter
felár supplément *m* de prix; majoration; prime *f;* prix supplémentaire *m*
feláron à moitié prix; à moitié frais; *(utazik)* à demi-tarif
felás bêcher; remuer; labourer à la bêche
félátmérő demi-diamètre; rayon *m*
félautomata semi-automatique *m*

felavat 1. *(épületet, szobrot)* inaugurer; 2. *(embert)* recevoir; initier; 3. *egyh*: *(pap)* bénir
felbátorít enhardir; mettre en confiance; donner *v* inspirer du courage à q
felbátorodik [~tam, ~ott, ~jék *v* ~jon] être mis(e) en confiance; s'enhardir
félbe en deux
felbecsül *(vmire)* évaluer (à...); estimer (à *v* acc.); apprécier
felbecsülhetetlen inestimable; inappréciable
félbehagy interrompre; cesser; suspendre
felbérel soudoyer; stipendier; payer
félbeszakad s'interrompre; se rompre; être interrompu(e)
félbeszakít interrompre; rompre; suspendre
felbiztat 1. *(vmire)* exciter *v* pousser (à *és inf v* à qc); 2. *(rosszra)* inciter (à *inf v* à qc)
felbomlik 1. se désorganiser; se désagréger; se désintégrer; se dissoudre; 2. *vegy:* se décomposer
felbont 1. désintégrer; dissocier; désagréger; dissoudre; désorganiser; 2. *vegy:* décomposer; dissocier; 3. *(csomagot)* défaire; ouvrir; *(madzagosat)* déficeler; 4. *(levelet)* ouvrir; décacheter; 5. *konyh:* vider; étriper; 6. *(házasságot)* rompre; dissoudre; 7. *(köteléket)* rompre; dénouer; 8. *jog:* résoudre; dénoncer; 9. *mat, fiz:* décomposer
felbontás 1. désintégration; désarticulation; décomposition; dissociation *f;* 2. *vegy:* décomposition; *(alkotóelemekre)* analyse *f;* 3. *konyh:* vidage; étripage *m;* 4. *(levélé, végrendeleté)* ouverture *f; a posta ~a* le dépouillement du courrier; 5. *(szerződésé)* résiliation *f*
felbonthatatlan 1. indissoluble; indissociable; 2. *(anyag)* irréductible; 3. *(házasság)* indissoluble; 4. *(szerződés)* irrésiliable
felborít 1. renverser; jeter par terre; culbuter; 2. *(vízi járművet)* faire chavirer; 3. *rep, aut:* faire capoter

felborul 1. se renverser; culbuter; 2. *(vízi jármű)* chavirer; 3. *(kocsi)* verser; se retourner; 4. *rep, aut:* capoter
felborzol hérisser; rebrousser
felbosszant irriter; agacer; énerver
félbőr demi-veau; semi-cuir; demi-chagrin
felbujt *(vmire)* inciter *v* provoquer *v* exciter (à qc); *(vkit)* suborner
felbujtás provocation (à qc); excitation *v* incitation *f* au crime
felbujtó [~k, ~t] 1. instigateur *m* du crime; 2. meneur, -euse *n*
felbukkan 1. faire (son) apparition; émerger; surgir; apparaître; ~ *a sötétből* sortir de l'ombre; 2. *(vízben)* revenir à la surface de l'eau; *(vizen, rétegszinten)* affleurer; 3. *(tengeralattjáró)* faire surface
felbuzdul [~tam, ~t, ~jon] prendre feu; se piquer au jeu; s'enflammer
felcicomáz pomponner; endimancher; *(ízléstelenül)* fagoter; accoutrer; attifer
félcipő soulier; soulier bas
felcsatol attacher; boucler; *(kardot)* ceindre
felcsavar 1. *(vmire)* enrouler (autour de qc); *tex:* *(orsóra)* embobiner; 2. *(felgyújt)* ~*ja a villanyt* allumer l'électricité; tourner l'interrupteur
felcser [~ek, ~t, ~e] médecin-ambulancier *m; pej:* médicastre; charlatan *m*
felcserél 1. intervertir; échanger; interchanger; 2. *(tévedésből)* s'induire en erreur; confondre
felcsigáz [~tam, ~ta, ~za] monter la tête *v* l'imagination à q; ~*za vkinek az érdeklődését* piquer la curiosité de q; intriguer q
feldagad se tuméfier; (s')enfler
feldarabol 1. (dé)couper en morceaux; tailler en pièces; dépecer; démembrer; 2. *(földet)* morceler; lotir; parceller
felderít 1. *(vkit)* rasséréner; mettre *v* jeter la bonne humeur dans qc; 2. découvrir; détecter; 3. *kat:* reconnaître; repérer; 4. *(titkot)* révéler; éventer; mettre au jour

felderítés 1. *(arcé)* épanouissement *m;* **2.** *kat:* reconnaissance *f;* repérage *m;* *(radarral)* détection *f;* ~*t hajt végre* pousser une reconnaissance; **3.** *(rejtett dologé)* révélation; détection
felderül *(arc)* se rasséréner; s'illuminer (de joie); s'épanouir
feldolgoz 1. *(iparban)* mettre en œuvre; ouvrer; œuvrer; transformer; façonner; préparer; élaborer; travailler; usiner; **2.** *(fát)* façonner; **3.** *él:* assimiler; *(gyomor)* élaborer; **4.** *irod:* traiter; *filmre* ~ adapter à l'écran; *színpadra* ~ arranger pour la scène; **5.** *(adatokat)* dépouiller; utiliser
feldolgozás 1. *(iparban)* traitement *m;* préparation; transformation *f;* usinage *m;* **2.** *(fáé)* débitage *m;* **3.** *(gyomorról)* élaboration; assimilation *f;* **4.** *irod, műv:* exposé; mise *f* en œuvre; *(színpadra stb.)* adaptation *f* (à qc); **5.** *(adatoké)* dépouillement *m*
féldombormű bas-relief *m;* basse-taille; demi-bosse *f*
feldől se renverser; s'écrouler; *ld még:* **felborul**
feldönt 1. jeter par terre; renverser; **2.** *átv:* faire crouler
feldörzsöl; feldörgöl écorcher; blesser; froisser
feldúl 1. saccager; dévaster; ravager; mettre à sac *v* en ruine; ~ *egy sírt* piller *v* éventrer une tombe; **2.** *(lelkileg)* bouleverser qc
feldúlt 1. ~ *ország v vidék* pays désolé; région dévastée; **2.** *(arc)* décomposé; révulsé; défait, -e
felduzzad 1. s'enfler; se boursoufler; *(levegőtől)* se gonfler; **2.** *(víz)* s'engorger; **3.** *(piac, forgalom)* se congestionner
fele arányban de moitié; de compte à demi; moitié-moitié; ~ *költséggel* à moitié frais; ~ *úton ld:* **félúton**
felé [~m, ~d, ~je, ~nk, ~tek, ~jük] **1.** vers; du côté de; dans la direction *v* en direction de; à destination de; *észak* ~ du côté nord; **2.** ~*m*

vers moi; sur moi; dans ma direction; **3.** *(idő)* vers; sur; aux environs de; *10 óra* ~ vers *v* sur les dix heures; *karácsony* ~ aux environs de Noël
felebarát többnyire *vall:* prochain; frères *m;* ~*aink* nos semblables
felebaráti *szeretet* l'amour *m* du prochain
felébred se réveiller; s'éveiller; *mikor* ~ *au réveil*
felébreszt 1. réveiller; éveiller; **2.** *(érzelmet, szenvedélyt)* réveiller; ranimer; tisonner
feledékeny [~ek, ~et] oublieux, -euse; avoir une cervelle de lièvre
feledés oubli *m;* ~ *homálya* un oubli profond; ~*be merül* tomber dans l'oubli
feledhetetlen inoubliable
feléget incendier; livrer aux flammes; brûler; mettre le feu à qc
felejt [~ettem, ~ett, ~sen] oublier; *nyitva* ~ laisser ouvert(e); *otthon* ~ laisser à la maison *v* chez lui; *szemeit rajta* ~*i vmin* attacher ses regards sur qc
felékesít orner
felekezet culte *m;* confession; secte *f;* ~ *nélküli* sans confession *v* religion
felekezeti confessionnel; cultuel, -elle; ~ *iskola* école confessionnelle; *(franciáknál)* école libre; ~ *különbség nélkül* sans distinction de religion
felel [~tem, ~t, ~jen] **I.** *(tgyl i)* **1.** répondre; *(vkinek:* à q; *vmire:* à qc); repartir; répliquer; riposter; *(iskolában)* répondre; **2.** *vkiért, vmiért* ~ répondre de q, de qc; cautionner la probité de q; **II.** *(tgy i)* répondre
feléled 1. reprendre vie; se ranimer; revivre; **2.** *átv:* renaître à une vie nouvelle
feléledés 1. retour *m* à la vie; **2.** *átv:* résurrection; renaissance *f*
félelem [-lmet, -lme] peur; crainte; appréhension *f (mind:* de qc); *beteges* ~ peur maladive; phobie *f* (de qc); *szorongó* ~ angoisse; hantise *f;* les affres *f pl* de ... ; ~ *fogta el* il était saisi *v* pénétré de crainte; *félelmében* dans sa crainte; *attól való*

félelmében, hogy de crainte de *(inf);* de peur de *(inf); magához tér félelméből* se remettre de sa frayeur; *félelmet kelt vkiben* inspirer de la peur à q; remplir q de frayeur; *leküzdi félelmét* surmonter ses craintes; ~*mel tölt el* inspirer des craintes à q
felélénkül se ranimer; reprendre vie; se raviver
feléleszt 1. ranimer; raviver; ressusciter; **2.** *(tüzet)* ranimer; raviver; **3.** *(gazdaságilag)* donner de l'essor à qc; **4.** *(kapcsolatot)* renouveler
felelet réponse; réplique; riposte; repartie *f*
felelevenít [~ettem, ~ett, elevenítsen fel] ranimer; ressusciter; donner de la vie à qc; raviver; *(ügyet)* désenterrer
félelmes; félelmetes [~ek, ~et] redoutable; redouté; imposant; effrayant, -e
felelős [~t] **I.** *(mn)* responsable (de qc); avoir la responsabilité de qc; ~ *állás* poste important; ~ *szerkesztő* gérant *m* (de journal); ~ *kiadó* v *szerkesztő* éditeur responsable *m; saját személyében* ~ tenu(e) personnellement (responsable); *vagyonával* ~ répondre pécuniairement; ~*sé tesz* mettre en cause; rendre responsable; **II.** *(fn)* **1.** responsable *n;* **2.** *tisztasági* ~ responsable de la propreté
felelősség responsabilité *f;* ~ *nélkül a)* sans responsabilité; *b)* sans (aucune) garantie; *a* ~ *mértéke* la limite de la responsabilité; *vkinek a* ~*ére* aux risques et périls de q; ~*re von vkit* demander raison *v* compte à q; prendre q à partie; ~*et elhárítja magáról* dégager sa responsabilité; *minden* ~*et elhárít* décliner toute responsabilité; ~*et vállal* prendre *v* assumer la responsabilité *v* la charge (devant q)
felelőtlen irresponsable; inconscient, -e; ~ *elemek* des éléments turbulents
felemás 1. d'une autre paire; dépareillé, -e; dissemblable; disparate; **2.** *növ, ásv :* hétéromorphe; **3.** *átv :* équivoque; ambigu, -ë; ~ *állapot* v *helyzet* fausse situation

felemel 1. soulever; lever; mettre qc debout; relever; **2.** *(tárgyat földről)* ramasser; enlever de terre; **3.** *(magasra)* hisser; **4.** *(szoknyát)* retrousser; **5.** *(falat, gátat)* exhausser; surélever; **6.** ~*i a hangját* hausser *v* élever la voix; **7.** *átv:* agrandir; exalter; **8.** *(társadalmilag)* relever; **9.** *(intézményt)* relever; **10.** *(adót, árat)* majorer; augmenter
félemelet entresol *m;* mezzanine *f*
felemelkedik 1. se relever; se lever; se hausser; *(felegyenesedik)* se dresser (devant qc); **2.** *(madár)* prendre son vol *v* son essor; **3.** *(ballon)* s'enlever; *(repülőgép)* décoller; **4.** *(társadalomban)* monter
felemelő *(látvány)* émouvant; imposant; touchant, -e
felemészt consumer; engloutir; dévorer
felenged 1. *(idő)* s'adoucir; se dégeler; **2.** *(harag)* se calmer; s'apaiser; *(feszült helyzet)* se détendre
félénk [~ek, ~et] timide; peureux, -euse; craintif, -ive; *(állat)* farouche
félénkség timidité *f*
felépít 1. construire; bâtir; édifier; *(kőből, téglából)* maçonner; **2.** *(gépet)* monter; **3.** *(tetőt)* charpenter; **4.** *irod:* charpenter; composer
felépítmény superstructure *f (átv. is)*
felépül 1. être construit(e) *v* édifié(e); **2.** *(beteg)* se rétablir; guérir
felér 1. *(vhová)* arriver; atteindre qc; **2.** *(kezével)* atteindre avec sa main; **3.** *(vmivel, vkivel)* valoir (bien) qc; être l'égal de qc; compenser qc; **4.** ~ *ésszel* saisir; comprendre; *nem érem fel ésszel* cela me passe
felerősít 1. renforcer; **2.** *rád, fiz:* amplifier; intensifier; **3.** *(bort)* remonter; **4.** *(vmihez)* fixer (sur qc); attacher (à qc)
felértékel réévaluer
feles [~ek, ~et] mi-parti, -e; *mez:* ~ *bérlet* bail à mi-fruit; colonage partiaire *m;* ~ *bérlő* v *gazda* métayer, -ère *n*
felesben de compte à demi; de moitié avec q

feleség la femme de q; épouse; conjointe *f;* ~*ül kér vkit* demander q en mariage; ~*ül megy vkihez* se marier avec q; épouser q; ~*ül vesz* épouser q **felesel** [~tem, ~t, ~jen] répondre; raisonner
felesleg [~ek, ~et, ~e] I. *(mn)* en excès; en plus; en surplus; II. *(fn)* 1. superflu *m;* 2. *(többlet)* excédent; surplus; surabondant *m;* 3. *(folyadék)* trop-plein *m*
felesleges [~ek, ~et] 1. *(többlet)* superflu, -e; en excédent; 2. *(hiábavaló)* superflu, -e; inutile; gratuit, -e; *én itt* ~ *vagyok* je suis ici de trop; ~ *erőltetni* inutile d'insister; *szinte* ~ *hangsúlyozni* il est à peine besoin d'insister
feleszmél 1. *(ájulásból)* revenir à soi; 2. *átv:* se raviser
féleszű innocent; timbré; toqué, -e; simple (d'esprit)
felett 1. au-dessus de qc; par-dessus qc; 2. *rep:* à l'aplomb de qc; 3. *a gyümölcsös a kert* ~ *terült el* le verger s'étalait en contre-haut du jardin; 4. *(folyó mellett)* en amont de qc; 5. *(vmin át)* par-dessus qc
felette [~m, ~d, felettünk, ~tek, felettük] dessus; là-dessus; au-dessus; *vminek* ~ *áll a)* passer avant qc; être supérieur(e) à qc; *(vkinek)* avoir le pas sur q; dominer q; précéder q; *b)* *(gyanúnak, civakodásnak)* être au-dessus de qc
felettes [~ek, ~t, ~e] I. *(mn)* hiérarchique; supérieur, -e; II. *(fn)* supérieur *v* chef hiérarchique *m;* supérieur
félév six mois; *(iskolai, bér)* semestre *m*
felez [~tem, ~ett, ~zen] 1. diviser *v* partager en deux parties égales; couper en deux; 2. *mat:* ~ *(szöget, vonalat)* bissecter
félezer cinq cents
felfakad 1. s'ouvrir; crever; percer; 2. *(forrás)* jaillir; sourdre
felfal dévorer
felfed 1. *(letakart dolgot)* découvrir; dévoiler; 2. *átv:* dévoiler; révéler; ~*i a lapját (átv. is)* découvrir son jeu; *egy összeesküvést* ~ éventer un complot; ~*i a titkot* percer le mystère
felfedez 1. découvrir; mettre la main sur qc; 2. *(találmányt)* inventer; imaginer; 3. *(rejtett dolgot, helyet)* repérer
felfedezés 1. découverte *f; Amerika* ~*e la* découverte de l'Amérique; 2. *(találmánye)* invention *f*
felfedező [~t] I. *(mn)* ~ *út* expédition *f;* voyage *m* d'exploration; II. *(fn) (földrajzi)* découvreur, -euse; explorateur, -trice *n*
felfegyverkezik 1. *(vmivel)* s'armer (de qc); *tetőtől talpig* ~*ve* armé de toutes pièces; 2. *(ország)* armer; réarmer
felfejt défaire; découdre
felfelé en haut; par en haut; en l'air; par là-haut; *(menve)* en montant; *(vizen)* en amont; ~ *áll v mered* se dresser; *(haj)* se hérisser; ~ *ível* monter en arc; *átv:* être en ascension; ~ *megy* monter; *(vizen)* remonter le cours (d'une rivière); ~ *tör* monter de plus en plus haut; *(csak átv:)* s'élever; percer
felfeszít forcer; ouvrir de force; *(zárat)* faire sauter
felfog 1. *(eső dolgot)* recevoir dans ses bras; attraper (au vol); 2. *(vágást, ütést)* parer; amortir; 3. *(fényt)* intercepter; 4. *rád:* capter; 5. *(fényt, hangot)* amortir; 6. *(szelet, légmotor)* capter; 7. *(ésszel)* comprendre; saisir; concevoir; pénétrer (le sens de) qc; *mindent tragikusan fog fel* il tourne tout au tragique
felfogad prendre *v* attacher à son service; engager (comme)
félfogadás réception; consultation *f*
felfogás 1. *(eső tárgyé)* rattrapage *m;* 2. *(vizeké)* captation *f;* captage *m;* 3. *rád, fiz:* captage; interception; détection *f;* 4. *(ésszel)* compréhension; intelligence; appréhension *f; könnyű* ~*a van* avoir la compréhension aisée; *nehéz* ~*a van* être d'une compréhension lente; 5. conception; manière *f* de voir; idées *f pl* (sur qc); ~ *dolga* c'est affaire d'opinion

felfoghatatlan inconcevable; incompréhensible; insaisissable
felfokoz 1. intensifier; augmenter; renforcer; 2. *(hangot)* amplifier; 3. *(érzéseket)* exalter; exaspérer
felfordít 1. renverser; mettre à l'envers; culbuter; retourner; 2. bouleverser; mettre sens dessus dessous
felfordul 1. se renverser; se retourner; culbuter; *(vízi jármű)* chavirer; *aut, rep*: capoter; *(kocsi)* renverser; 2. *(ember)* s'affaisser; *(állat)* s'abattre; crever; 3. ~ *a gyomrom* j'ai le cœur qui chavire; 4. *(helyzet, stb.)* être mis(e) sens dessus dessous
felforgat 1. bouleverser; mettre sens dessus dessous; mettre la confusion dans qc; révolutionner; 2. intervertir; retourner
felforral bouillir; amener à ébullition
felföld haut pays; pays haut; pays de montagne
felfrissít 1. rafraîchir; délasser; 2. *(színt)* (r)aviver; 3. *átv*: ~*i vkinek az emlékezetét* rafraîchir la mémoire à q; 4. *(szellemileg)* récréer; rajeunir
felfúj 1. gonfler; renfler; enfler; 2. *(ügyet)* mener grand tapage autour de qc; grossir démesurément (l'importance de) qc; ~*ja az esetet* grossir l'incident
felfuvalkodás rengorgement *m;* arrogance; morgue *f*
felfuvalkodott [~at; ~an] gonflé(e) *v* bouffi(e) d'orgueil *v* de vanité; hautain, -e
felfúvódás 1. gonflement; enflement *m;* 2. *(állaté, takarmánytól)* météorisation *f;* météorisme *m*
felfüggeszt 1. accrocher; suspendre; 2. *(hivatalától)* suspendre *v* relever (de ses fonctions); *(gyakorlatától)* interdire q; 3. *(büntetés végrehajtását)* surseoir à qc; 4. ~*i a munkálatokat* suspendre les travaux
felfülel dresser l'oreille (à qc)
félfülke coupé *m*
felfűz *(gyöngyöt)* enfiler; *(mást)* mettre en guirlande
felgerjed 1. *(tűz)* se ranimer; se rallumer; 2. *(vágy)* s'éveiller; s'allumer; 3. *(vki)* s'échauffer; *(érzékileg)* être excité(e)
félgömb hémisphère *m;* demi-sphère *f; déli* ~ hémisphère austral
felgöngyölít 1. (en)rouler; replier; 2. *kat*: ~*i az ellenséges frontot* forcer l'ennemi à se replier
félgyártmány produit mi-fini *v* semifini; demi-produit *m*
felgyógyul se rétablir; guérir; relever de maladie
felgyújt 1. *(ember)* mettre le feu à qc; incendier; livrer aux flammes; 2. *(tüz, vmit)* mettre le feu à qc; enflammer; 3. *(lámpát, lázadás tüzét)* allumer
felgyűr 1. *(ruhát)* retrousser; *(gallért)* relever; 2. *(szélét vminek)* replier
felháborít indigner; révolter; exaspérer
felháborító [~k *v* ~ak, ~t] révoltant, -e
felháborodás indignation; exaspération *f;* emportement *m*
felháborodik [~tam, ~ott, ~jék *v* ~jon] se révolter; se soulever; ~ *vmin* s'indigner de qc; s'émouvoir de qc
felhagy *(vmivel)* cesser de *(inf);* finir de *(inf);* renoncer à qc *v* à *(inf);* se désister de qc *v* de *(inf)*
felhajt 1. *(takarót)* soulever; 2. *(szélét)* retrousser; replier; 3. *(poharat)* vider; 4. *(vadat)* relancer; rabattre; 5. *(vkit)* relancer; *(vevőket)* rabattre; *(pénzt)* découvrir; 6. ~*ja az árakat* faire monter *v* pousser les prix
felhalmoz 1. accumuler; entasser; amonceler; amasser; empiler; 2. *(árut)* stocker; *(raktárban)* emmagasiner; *(nyerészkedve)* accaparer; 3. *(pénzt)* thésauriser
felhalmozás 1. accumulation *f;* entassement; amoncellement *m;* kapitalista ~ accumulation capitaliste *f;* 2. *(árué)* stockage *m; (nyerészkedő)* accaparement *m;* 3. *(pénzé)* thésaurisation *f*
felhám 1. *(külső)* épiderme *m;* cuticule *f;* 2. *(képződmény)* épithélium *m*
félhang 1. *zen*: demi-ton *m;* ~*gal emel* diéser; ~*gal leszállít* bémoliser; 2. ~*on* à mi-voix

felhangol 1. *(hangszert)* accorder; mettre dans le *v* au ton; **2.** *átv:* ranimer; ragaillardir
felhánytorgat jeter à la figure *v* à la tête de q; faire un reproche de qc à q
félharisnya chaussette *f;* (de)mi-bas *m*
felhasad se fendre; s'ouvrir; crever
felhasít crever; éventrer; déchirer; ~*ja vkinek a koponyáját* ouvrir *v* défoncer le crâne de q
felhasznál utiliser; employer; faire usage *v* emploi de qc; tirer parti de qc; mettre à profit *v* à contribution; *vmit vmire* ~ affecter à qc; ~*ják* s'employer; *(összeget)* employer à *(inf);* affecter à qc; ~*ja az alkalmat, hogy* profiter de l'occasion pour *(inf)*
felhasználás I. *(fn)* **1.** utilisation *f;* emploi *m;* application *f;* **2.** *(összegé)* emploi; affectation (donnée) à qc; **II.** *(hat)* *vminek* ~*ával* à coups de...; *fenyegetések* ~*ával* à coups de menaces
felhatalmaz [~tam, ~ott, ~zon] autoriser q (à faire qc); habiliter à *(inf); fel van hatalmazva* être fondé(e) de pouvoir *v* habilité(e) à *(inf)*
felhatalmazás 1. autorisation *f;* **2.** *ker:* délégation *f*
félhavi 1. de quinze jours; **2.** ~ *folyóirat* (revue) bimensuelle *f*
felhevít 1. chauffer; échauffer; **2.** *átv:* échauffer; enflammer
felhevült [~ek, ~et; ~en] **1.** échauffé, -e; **2.** *(lelkileg)* enflammé; enfiévré, -e
felhív 1. *(vhova)* faire monter; appeler (vers le haut); **2.** *átv:* inviter *v* engager à *(inf); (erélyesen v hivatalosan)* ~ sommer *v* mettre en demeure de *(inf);* **3.** ~*ja magára a figyelmet* attirer *v* appeler l'attention *v* le regard; **4.** *(telefonon)* ~ appeler (au téléphone); demander *v* chercher au téléphone
felhívás 1. appel; avis *m;* invitation *f;* **2.** *átv:* invite *f;* **3.** *(erélyes v hivatalos)* sommation; mise en demeure; intimation *f*

félhivatalos officieux, -euse; quasi officiel, -elle
félhold croissant *m*
félholt demi-mort, -e; à moitié mort(e); ~*ra ver* assommer (de coups)
félhomály pénombre *f;* demi-jour *m*
félhónap quinze jours; quinzaine *f*
felhorzsol 1. écorcher; érafler; froisser; **2.** *orv:* excorier
felhoz 1. *(tárgyat)* apporter (avec soi); monter; **2.** *(embert)* amener; **3.** *(érvet, esetet stb.)* alléguer; invoquer; citer; *(okmányt, tanúságot)* produire; invoquer; *(ürügyként)* prétexter; alléguer; faire état de qc; ~ *érveket, okokat* apporter des raisons; *jóhiszeműségét hozza fel* exciper de sa bonne foi
felhozatal [~ok, ~t, ~a] **1.** transport *m;* **2.** *(piacra)* arrivage *m*
felhő [~k, ~t, ~je] nuage *m; a* ~*kben jár* être dans les nuages *v* des nues
felhőkarcoló gratte-ciel; building *m*
felhördül 1. pousser un cri rauque; **2.** *átv:* se récrier
felhőréteg étage *m v* couche *f* de nuages
felhős [~et; ~en] nuageux, -euse; *met:* couvert; voilé, -e; *(alacsonyan szálló felhőkkel)* bas, basse
felhőtlen sans nuage; serein, -e; ~ *ég* ciel découvert
felhőzet 1. ciel *m;* nuages *m pl;* **2.** plafond(s) *m (pl)*
felhúz 1. hisser; monter; remonter; élever; porter en haut; ~*za a rugót* bander le ressort; ~*za a szemöldökét* hausser *v* lever les sourcils; **2.** ~*za magát* se hisser; se guinder; **3.** *(vmiből)* retirer; **4.** *(órát, szerkezetet)* monter; remonter; **5.** *(ruhát)* mettre; passer; *(lábra)* mettre; chausser; *(kabátot)* endosser; *(nadrágot, papucsot)* mettre; enfiler; *(harisnyát, cipőt)* se réchausser; **6.** ~*za az ágyat* changer les draps; **7.** *átv: fel van húzva* il est remonté; **8.** ~*za az orrát* prendre la mouche; faire la moue
felidéz 1. *(szellemet)* évoquer; *átv:* ~*i vminek a rémét* agiter e spectre de

felidézés qc; 2. *(emléket)* évoquer; 3. *(okoz)* susciter; provoquer
felidézés 1. *(szellemeké)* évocation *f;* 2. *(múlté)* évocation; 3. *(bajé)* déclenchement *m;* production *f*
félidő mi-temps *f; második ~ben* en seconde mi-temps
félig 1. à moitié; à demi; *~ holtan feküdt ott* il était là comme mort; *több mint ~* plus qu'à demi; 2. *félig ... félig ...* pour (la) moitié ... pour (la) moitié ...; moitié ... moitié ...; *~ vörös, ~ kék* moitié rouge, moitié bleu; *~ szipogva, félig sírva* mi-reniflant, mi-pleurant
félig-meddig à peu près; tant soit peu; un peu; tant bien que mal
felindul *(vmin)* s'émouvoir de qc; s'indigner de qc; s'emporter; se fâcher (tout rouge); s'exaspérer
felindulás émotion *f;* émoi *m; a ~ hevében* sous le coup de l'émotion; *jog: erős ~ban elkövet* accomplir *v* commettre sous l'effet d'une violente émotion
felindultság emportement *m;* émotion; agitation; poussée *f* de colère
felingerel 1. irriter; aigrir; exaspérer; affoler; 2. *(vki ellen)* monter *v* indisposer contre q; exciter contre q
felingerül s'irriter; s'animer; s'énerver; s'agacer de qc
felír 1. écrire; mettre (sur qc); 2. *mat: ~ja a számokat (végrehajtandó művelethez)* poser les chiffres; 3. *(feljegyez)* noter; 4. *számlára* porter au compte; 5. *(hivatal)* requérir de *(inf);* 6. *(rendőr, vadőr)* dresser contravention à q; verbaliser contre q
felírás 1. inscription; suscription *f;* 2. *(szöveg)* mention; légende *f; (érmen, bélyegen)* légende; *(kövön)* inscription *f*
felismer 1. reconnaître; remarquer; retrouver; *hangjáról ismeri fel* reconnaître à sa voix; *tehetségét nem ismerték fel* on a méconnu ses talents; 2. *(holttestet)* identifier; 3. *(vmit vmiben)* discerner; démêler; 4. *(betegséget)* diagnostiquer *(átv is)*

felismerés 1. reconnaissance *f;* discernement *m;* 2. *(halotté)* identification *f;* 3. *(betegségé)* diagnostic *m*
felismerhetetlen méconnaissable; indiscernable
felismert reconnu, -e; *fel nem ismert* méconnu, -e
félisten demi-dieu *m; (néha:)* héros *m*
feliszik 1. boire; 2. *(anyagról)* boire; absorber
felizgat exciter; énerver; remuer; monter la tête à q; mettre en émoi; *módfelett ~* mettre *v* jeter dans tous ses états; *~ja az érzékeket* agiter *v* émouvoir les sens
felizgul s'exciter; se monter la tête; se mettre dans tous les états; s'énerver
feljajdul pousser un cri de douleur
feljárat accès *m; (feljáró)* rampe *f* d'accès
feljavít 1. améliorer; 2. *mez: (talajt)* rabonnir; (r)amender; bonifier; 3. *(ételt)* corser; 4. *(bort)* rabonnir; bonifier
feljebb plus haut; plus loin; au-dessus; *lásd ~* voir plus haut *v* ci-dessus
feljebbvaló [~k, ~t, ~ja] supérieur (hiérarchique); chef *m*
féljegy billet *m* à demi-tarif *v* de demi-place
feljegyez 1. prendre (bonne) note de qc; noter; 2. *(hivatalosan)* porter sur *v* au ...; inscrire; enregistrer; tenir registre de qc; 3. *(árakat tőzsdén)* enregistrer
feljegyzés 1. *(jegyzet)* note; mention *f;* 2. *(vminek a feljegyzése)* inscription *f;* enregistrement *m;* 3. *dipl:* aide-mémoire; mémorandum *m;* 4. *(könyvelésben)* écriture *f*
feljelent dénoncer; signaler (à la police); déposer une plainte; *(hatóságilag)* référer
feljelentés 1. *(rendőri)* dénonciation; délation; indication *f;* 2. *(panasz)* plainte *f; ~t tesz* porter plainte
feljogosít autoriser à qc *v* à *(inf);* donner autorisation à qc; *~ arra*

feljön *hogy* habiliter à *(inf)*; *fel van jogosítva vmire* avoir qualité pour *(inf)*
feljön 1. venir; monter; passer (chez q); **2.** *(hold)* se lever
felkap 1. *(tárgyat)* saisir; s'emparer de qc; *(földről)* ramasser; **2.** *(hírt)* s'emparer de qc; **3.** *(divatos dolgot)* s'engouer de qc; **4.** ~*ja a fejét* sursauter
felkapaszkodik 1. se hisser; se hausser; se guinder; grimper; **2.** *pej:* se pousser; jouer des coudes
felkar bras *m*
felkarcol érafler; érailler; égratigner
felkarol prendre *v* avoir soin de q; embrasser les intérêts de q
félkarú manchot, -e
felkavar 1. remuer; agiter; brasser; **2.** *(vizet)* troubler; **3.** *(szél a port)* faire voler; **4.** ~*ja a gyomrot* écœurer; **5.** *(ügyet)* faire rebondir; **6.** *(lelkileg)* bouleverser; remuer
felkel 1. *(ágyból)* se lever; sortir *v* sauter du lit; **2.** *asztaltól* ~ sortir *v* se lever de table; **3.** *(nap, hold)* se lever; poindre; **4.** *(nép)* se soulever; s'insurger; **5.** ~ *vmi ellen* s'élever *v* se dresser contre qc
felkelés 1. *(ágyból)* lever *m;* **2.** *(népé)* soulèvement *m;* insurrection *f*
felkelő [~k, ~t] I. *(mn)* **1.** *csill:* levant, -e; **2.** rebelle; émeutier, -ière; séditieux, -euse; insurgé, -e; II. *(fn)* insurgé; rebelle *m*
felkelt 1. réveiller; éveiller; ~ *álmából* tirer du sommeil; **2.** *(érzést)* faire naître; éveiller; déchaîner
felkér *vmire* engager à qc; inviter à qc; ~ *arra, hogy* engager *v* inviter à *(inf);* ~*i egy táncra* inviter (à un tour)
felkeres aller visiter; rendre visite à q; aller voir; aller trouver
félkész demi-ouvré, non-fini; mi-fabriqué; brut, -e; ~ *áru* produit semi-manufacturé *v* demi-fini *v* semi-fini
felkészül 1. *(vmi ellen)* se (pré)munir de qc contre qc; **2.** *(vmire)* se préparer à *(inf)* *v* à qc; s'apprêter à qc
félkezű manchot, -e *(n)*

fellebbez
felkiált s'écrier; s'exclamer; pousser un cri
felkiáltójel point *v* signe *m* d'exclamation
felkínálkozás avances *f pl;* offre *f* de sa personne
felkínálkozik s'offrir pour *(inf);* faire des ouvertures *v* des avances
felkoncol massacrer; passer au fil de l'épée *v* par les armes
félkör demi-cercle *m;* *(térség)* hémicycle *m;* ~*ben* en demi-cercle
félkörív arc à *v* de plein cintre
felköt 1. attacher; *(kardot)* ceindre *v* mettre (son épée); *(kötényt)* mettre *v* nouer (son tablier); **2.** *(embert)* pendre; brancher; **3.** ~*ött karral* le bras en écharpe
felkúszik grimper; se hisser
felkutat 1. *(vidéket)* explorer; **2.** *(egy dolgot)* exhumer; déterrer; dénicher; **3.** *(helyet)* repérer; découvrir; dépister
felkutatás 1. *(vidéké)* exploration *f* (de la contrée); **2.** *(tárgyé, emberé)* découverte *f;* fouilles organisées pour retrouver . . .; dépistage *m;* **3.** *(helyé)* repérage *m*
féllábú [~ak, ~t, ~ja] unijambiste *(n)*
fellángol 1. s'enflammer; flamber; s'allumer; s'embraser; **2.** *átv:* s'enflammer; *az egész országban* ~*t a harc* la conflagration s'étendit à tout le pays; *újra* ~ *(harc)* reprendre avec violence
fellázad 1. se révolter; se rebeller; se mutiner; se soulever; **2.** *átv:* se rebeller; se révolter; se gendarmer (contre)
fellázít 1. soulever; ameuter; séditionner; révolutionner; **2.** *(vkit)* échauffer la tête à q
fellázítás soulèvement; ameutement *m;* excitation *f* à la révolte
fellebbent [~ettem, ~ett, ~sen] ~*i a fátylat* soulever *v* ôter le voile *v* un coin du voile
fellebbez [~tem, ~ett, ~zen] aller en appel; se rendre *v* se porter appelant; *(vmihez v vkihez vmi ellen)* en appeler de qc devant qc; faire *v* interjeter appel de qc

fellebbezés 1. appel; pourvoi; recours m; 2. *(okmány)* acte m d'appel; ~ alatt álló en instance; ~ kizárásával sans appel; ~re tekintet nélkül nonobstant appel; ~re tekintet nélkül végrehajt exécuter par provision; a ~t elutasítja rejeter l'appel
fellebbező [~k, ~t, ~je] appelant, -e *(n)*
fellegvár citadelle f; château-fort m
fellel découvrir; dépister; dénicher; retrouver
fellelkesít exalter; enthousiasmer; animer; enflammer; électriser; galvaniser
fellendít donner un essor v un éclat v de l'élan v de l'entrain à qc; faire fleurir; relancer
fellendül connaître une période de prospérité; fleurir; prospérer
fellendülés essor; développement m; éclosion f; *(hirtelen)* sursaut m; *(gazdasági)* reprise f
fellengző [~k, ~t] ampoulé; boursouflé, -e; redondant, -e; emphatique
fellép 1. *(vmire)* mettre le pied sur qc; 2. *szính:* jouer; 3. *(vminek)* se porter; *jelöltként* ~ se porter candidat; *pej:* se poser en ...; 4. *jog:* *(perben)* se présenter; se constituer *(pl:* partie civile); 5. *(viselkedve)* se conduire; *erélyesen lép fel* prendre des mesures énergiques; 6. *(vmi ellen)* s'opposer à qc; rompre en visière à qc; 7. *(beleszól)* se mettre de la partie; intervenir; 8. *(betegség)* faire son apparition; se déclarer; 9. *(baj)* survenir; 10. *(körülmény)* entrer en action v en jeu
fellépés 1. *szính:* apparition f sur le plateau; le concours de; 2. *(jelölté)* candidature; compétition f; 3. *(modor)* attitude f; manières f pl; *higgadt* ~ air posé; *biztos* ~ aplomb m; *jó ~e van* il sait se présenter; 4. *(ügyben)* action; intervention f; 5. *(bajé, betegségé)* apparition f
fellobban 1. *(tűz)* se rallumer; se ranimer; flamber; 2. *(harc)* éclater; reprendre avec violence; 3. *átv:* s'enflammer

felloval monter la tête à q; exalter; exciter
fellök renverser; projeter à terre; heurter; bousculer
felmagasztal exalter; glorifier; porter aux nues
felmagasztalás exaltation; glorification f
felmarkol 1. saisir qc; s'emparer de qc; empoigner; 2. ~ *vmiből* puiser (à pleines mains) dans qc
felmászik 1. *(kúszva)* grimper sur qc; 2. *(vmire)* se hisser sur qc; *(falra)* escalader qc; 3. *(hegyre)* monter sur qc
felmegy 1. *(vhová)* monter; *(vmin)* gravir qc; *(vmire)* monter sur qc; gravir qc; ~ *Pestre* il (s'en) va à Budapest; 2. *(ár)* monter; augmenter; hausser; 3. *(összeg)* se monter à ...; revenir à ...; totaliser à ...
felmelegedik; **felmelegszik** 1. s'échauffer; *(tűznél)* se réchauffer; 2. *(lelkileg)* s'échauffer; s'animer
felmelegít 1. *(vmit)* (ré)chauffer; *(hőfokra)* porter à ...; 2. *(vkit)* dégeler; déglacer; 3. *(ügyet)* déterrer
felmenő 1. montant, -e *(n)*; 2. *(rokonról)* ascendant, -e *(n)*; ~ *ágbeli rokonság* ligne ascendante
felment 1. *(vmi alól)* dispenser; déclarer quitte; tenir quitte; libérer; relever *(mind:* de qc); *(adó, illeték fizetése alól)* exonérer; affranchir; ~ *esküi alól* délier v relever de son serment; *vkit* ~ *ígérete alól* dégager q de sa promesse; ~*i megbízatása alól* déposer de sa charge; ~ *a katonai szolgálat alól* dispenser du service militaire; réformer; 2. *állásától* ~ renvoyer; révoquer; 3. *(vádlottat)* acquitter
felmentés 1. exemption; libération f; *(adó, illeték alól)* exonération; exemption f; affranchissement m; 2. *(katonai szolgálat alól)* dispense; réforme f; 3. *(vádlotté)* acquittement m
felmentő *ítélet* jugement m d'acquittement; sentence absolutoire f; ~ *sereg* armée f de secours

felmér 1. *(földet)* arpenter; 2. *(telekkönyvileg)* cadastrer; 3. *(méterrel)* métrer; *(lánccal)* chaîner; 4. ~i *feladatait* mesurer l'étendue de ses devoirs; ~i *vminek a következményeit* peser les conséquences; 5. *(eredményt)* établir le bilan de qc
felmérgesít faire enrager; chauffer la tête *v* le tempérament à q
felmérhetetlen incommensurable
felmerül (re)monter *v* reparaître à la surface; revenir sur l'eau; ~ *a kérdés* la question se pose; ~ *benne a gondolat, hogy* l'idée lui vient de *(inf)*
felmetsz 1. *(orvos)* inciser; percer; ouvrir; 2. trancher; ouvrir
felmond 1. ~*ja a leckét* réciter *v* dire sa leçon; 2. *(alkalmazottnak)* licencier q; congédier q; 3. *(alkalmazott)* demander son compte; 4. *(szerződést, hitelt)* dénoncer; 5. ~*ja a lakást* donner congé d'un bail; 6. ~*ja a szolgálatot* refuser le service à q; *(gép)* refuser de fonctionner
felmondás 1. *(leckéé)* récitation *f;* 2. *(alkalmazottnak)* licenciement; congédiement *m;* 3. *(bérleté)* congé *m;* résiliation *f* du bail; 4. *(szerződésé)* dénonciation *f;* 5. *(kölcsöné)* dénonciation; *(hitelé)* retrait *m*
félmúlt *nyelv:* 1. imparfait *m;* 2. passé défini *v* simple
felmutat 1. exhiber; présenter; 2. *jog:* produire; fournir; 3. *(eredményt)* accuser; produire; totaliser
félművelt quasi-illettré; demi-lettré; demi-cultivé; ignorant, -e; frotté(e) de science
félnapos 1. d'un demi-jour; 2. semidiurne
felnevel 1. élever; éduquer; 2. *(állatot)* élever; *(fát)* élever; *(növényt)* cultiver
felnevet éclater de rire; se mettre à rire
felnő 1. *(ember)* parvenir à l'âge adulte; grandir; 2. *(növény)* croître; venir; monter
felnőtt [~ek, ~et] I. *(mn)* 1. *(ember, állat)* adulte; 2. *(növény)* adulte;

bien développé, -e; II. *(fn)* adulte *n;* grande personne; ~*ek számára* pour les grands
felnyergel équiper; harnacher; seller
felnyílik 1. s'ouvrir; *(levél így is:)* se décacheter; ~ *a szeme* ses yeux s'ouvrent; 2. *(csomag)* se défaire; 3. *(virág)* éclore
felnyit 1. ouvrir; *egy kissé* ~ *(ajtót)* entrouvrir; 2. *(csomagot)* défaire; *(palackot)* déboucher
felold 1. délier; défaire; dénouer; 2. ~ *az eskü alól* délier du serment; ~*ja ígérete alól* rendre sa parole à q; 3. *(bíróilag)* lever le séquestre *v* les scellés; 4. *egyh:* ~ *bűnei alól* absoudre de ses péchés; 5. *(folyadékban)* dissoudre
féloldali *orv:* ~ *fejfájás* migraine *f;* ~ *gutaütés* attaque *f* d'hémiplégie
feloldás 1. dégagement; dénouement; déliement *m;* 2. *(vmi alól)* décharge; dispense *f;* 3. *egyh:* absolution *f;* 4. *(folyadékban)* dissolution *f;* 5. *(bírói)* mainlevée *f; (ítéleté)* renvoi *m;* annulation *f; (szerződésé)* résiliation *f;* 6. *zen:* bécarre *m; (disszonanciáé)* résolution *f;* 7. *sakk:* déclouage *m*
feloldódik 1. se desserrer; se défaire; se délier; se dénouer; 2. *(folyadékban)* se dissoudre; être soluble dans qc; 3. *átv:* se résoudre en qc
feloldoz *egyh:* absoudre; donner l'absolution à q
feloldozás *egyh:* absolution; rémission *f* des péchés
felolvad 1. (se) fondre; (se) dégeler; se liquéfier; 2. *(kedélyileg)* se détendre; se dégeler
felolvas I. *(tgy i)* lire; donner lecture *v* faire la lecture de qc; II. *(tgyl i)* faire une communication
felolvasás 1. lecture *f;* 2. *(előadás)* exposé *m;* communication *f;* ~*t tart* tenir une conférence
felolvasó ülés séance de travail; conférence *f*
felordít pousser un hurlement *(fájdalmában:* de douleur)

feloszlat 1. dissoudre; **2.** *(tömeget)* disloquer; *(csapatokat)* licencier; **3.** *(üzletet)* liquider
feloszlatás 1. dissolution *f;* **2.** *(tömegé)* dislocation; dispersion *f;* **3.** *(csapaté)* licenciement *m;* **4.** *(üzleté)* liquidation *f*
feloszlik 1. se dissoudre; se diviser; se décomposer (en); **2.** *(társaság)* se dissoudre; **3.** se séparer; **4.** *(tömeg)* se disloquer; se disperser; **5.** *(üzlet)* être liquidé(e); **6.** *(hulla)* se décomposer; se putréfier
feloszt 1. diviser (en ...); **2.** *(többek közt)* partager; distribuer; *(arányosan)* répartir; *egyenlő részekre ~* diviser *v* répartir en parties égales; **3.** *(országot)* démembrer; partager; **4.** *(földet)* partager; *(parcellákra)* lotir; **5.** *(rendszerben)* classer
felosztás 1. division *f* (en ...); **2.** *(többek közt)* partage *m;* *(arányosan)* répartition *f;* **3.** *(országé)* partage; démembrement *m;* **4.** *(földeké)* partage; morcellement *m;* *(parcellázásra)* lotissement *m;* **5.** *(áruszállításé, teheré)* contingentement *m;* **6.** *(birtoké)* partage *m;* **7.** *(rendszerben)* classification *f*
felől [~em, ~ed, ~e, ~ünk, ~etek, ~ük] **1.** *(irány)* du côté de ...; *észak ~ du* Nord; **2.** *vki ~* au sujet de q; *~em* sur mon compte; sur moi; **3.** *~em (miattam ugyan)* pour moi; quant à moi
felölt 1. *(ruhát)* mettre; passer; endosser; revêtir; **2.** *átv:* revêtir ...; *ábrázatot ~* prendre *v* affecter un air ...
felöltő [~k, ~t, ~je] pardessus; paletot *m*
felöltözik; felöltözködik 1. s'habiller; se rhabiller; passer ses vêtements; **2.** *~ vminek* se costumer *v* se déguiser en ...
felőröl 1. moudre; **2.** *(vkit)* user; *(egészséget)* miner; compromettre
félős [~ek, ~t] **1.** *(ember)* timide; craintif, -ive; **2.** *~, hogy* il est à craindre que *(subj)*
felötlik se faire remarquer; frapper (les yeux)

felparcelláz allotir; parceller; mettre en lotissement
felpattan 1. *(zár)* s'ouvrir avec un bruit *v* claquement sec; **2.** *(hólyag)* crever; éclater; **3.** *(mérgesen)* sursauter *v* bondir (de colère); **4.** *(lóra)* enfourcher qc
felperes *jog:* demandeur *m;* demanderesse *f*
felperzsel brûler; incendier
felpillant lever les yeux; lever *v* poser son regard (sur q)
felpiszkál 1. *(tüzet)* tisonner; attiser; **2.** *(elfelejtett ügyet)* déterrer; exhumer; faire rebondir
felpofoz gifler; souffleter
felpróbál essayer; *újra ~* ressayer
felpuffad bouffir; enfler ; *(has)* se ballonner
felragaszt coller; *(hirdetést)* apposer; afficher
felragyog resplendir; *arca ~ott* son visage s'épanouit
felrak 1. *(tárgyat vmire)* poser; mettre; disposer; **2.** *(terhet)* charger; **3.** *(halomba)* entasser; empiler; **4.** *(falra akasztva)* apposer (au mur); **5.** *a színeket ~ja* appliquer *v* poser les couleurs; **6.** *~ja az ékezeteket* mettre les accents
felrakás 1. *(tárgyé)* pose *f;* **2.** *(teheré)* chargement *m;* **3.** *(halomba)* empilement; entassement *m;* **4.** *(folté)* pose *f;* **5.** *műv:* színek *~a* touche *f*
felránt 1. *(ablakot, ajtót)* ouvrir d'un geste brusque; pousser (la porte)
felráz 1. secouer; agiter; remouer; *használat előtt ~andó* agiter avant de s'en servir; *~ álmából* tirer q de son sommeil; **2.** *(lelkileg)* secouer; galvaniser; électriser
félre *(hat)* **1.** de côté; à part; à côté; à l'écart; **2.** *isz:* *~ innen!* loin de moi! *~ az útból* ôtez-vous de mon passage! **3.** *(színpadi utasításban:)* *(A part.)*
félreáll 1. *~ (az útból)* se ranger; se garer; s'écarter du chemin de q; *(közéletben)* se retirer; s'effacer; **2.** *átv:* tirer son épingle du jeu; **3.** *(testrész)* être déjeté(e)

félrebeszél battre la campagne; délirer; divaguer
félreért comprendre *v* entendre de travers; mal comprendre; se méprendre sur le sens de qc
félreértés malentendu *m*; méprise *f*; quiproquo *m*; ~*re ad okot* prêter à équivoque
félreérthetetlen sans équivoque
félreeső perdu; écarté, -e; ~ *helyen lakik* demeurer à l'écart *v* loin du monde; ~ *hely a)* lieu écarté *v* a l'écart; coin perdu; *b)* buen-retiro *m*; lieux *m pl* d'aisance
félrefogás 1. fausse manœuvre; **2.** *átv*: gaffe *f*; impair *m*
félrefordít détourner; tourner
félrehajol 1. *(tárgy)* gauchir; **2.** *(ember)* s'écarter
félrehív(v) prendre à part; tirer *v* prendre *v* mener à l'écart
félrehúzódik 1. se tordre; se dévier; **2.** *átv*: se ranger; s'écarter; se mettre à l'écart; **3.** *(közéletben)* se retirer; s'effacer
félreismer méconnaître; se méprendre sur qc
félrelép 1. se ranger; se mettre à l'écart; **2.** *(rosszul lép)* faire un faux pas; **3.** *(hibáz)* faillir; faire un faux pas
félrelépés faux pas; défaillance *f*
félrelök *(vkit)* bousculer
félremagyaráz se méprendre sur le sens de qc; interpréter qc à faux; donner un faux sens à qc; détourner le sens de qc
félreped 1. crever; se rouvrir; **2.** *(ruha)* craquer; se déchirer; **3.** *(cső, szerv)* se rompre; éclater
félrepedezik 1. se crevasser; **2.** *(bőr)* gercer; **3.** *(festék stb.)* se craqueler
félrepít 1. projeter dans les airs; *(vmire)* faire voler (sur qc); **2.** *(rakétát, súlyt stb.)* lancer; **3.** *(repülőgépet)* catapulter
félrepül 1. s'envoler; prendre son vol *v* son essor; **2.** *(repülő)* prendre l'air; monter en avion; *(repülőgép)* décoller
félretesz 1. mettre en réserve *v* de côté *v* à part; tenir en réserve; **2.** *(kár-* *tyát, embert)* écarter; **3.** *(elhagy)* omettre; négliger; écarter; **4.** *átv*: abdiquer qc; résigner qc; **5.** *(ügyet, aktát)* classer; caser; **6.** *(munkáját)* cesser; suspendre
félretol 1. écarter; repousser; **2.** *(vkit)* évincer; écarter; mettre de côté
félreverés; *a harangok* ~*e* le tocsin
félrevezet 1. induire en erreur; surprendre l'innocence *v* la bonne foi de q; donner *v* faire prendre le change à q; abuser *v* tromper la confiance de q; **2.** *(üldözőt)* dérouter; dépister; égarer
félrevezetés promesses fallacieuses; *hatóság* ~*e miatt* pour outrage à magistrats
félrevonul se retirer; se mettre à l'écart
felrezzen [~tem, ~t, rezzenjen fel];
felriad [~tam, ~t, riadjon fel] avoir un sursaut; prendre l'alarme; s'alarmer
felró 1. *(rovással)* cocher; **2.** *átv*: imputer; prêter; *bűnéül* ~ imputer à *v* pour crime à q
felrobban 1. *(robbanóanyag)* faire explosion; exploser; détoner; déflagrer; fulminer; *(bomba)* éclater; **2.** *(tárgy)* sauter (en l'air)
felrobbant 1. faire éclater; mettre à feu; ~*ja az aknát* faire jouer *v* éclater une mine; **2.** *(tárgyat)* faire sauter (en l'air)
felrúg 1. renverser d'un coup de pied; **2.** *sp*: *(labdát)* envoyer; **3.** ~ *minden illemet* se moquer de toute convenance
felruház 1. habiller; *(katonákat)* équiper; **2.** *átv*: investir; revêtir; nantir; douer *(mind*: de qc)
felsál gîte *m* à la noix; tranche; culotte *f*
felsebez blesser; meurtrir; écorcher *(átv. is)*
felség majesté *f*; *Felség!* Sire; ~*ed* Votre Majesté
felséges [~ek, ~et] **1.** souverain, -e; **2.** *(rangban)* auguste; **3.** *(viselkedésben)* majestueux, -euse; sublime; **4.** *(nagyszerű)* superbe; sublime; exquis, -e

felsegít 1. aider à monter; 2. *(kabátot)* (aider à) passer qc à q; 3. *(anyagilag)* protéger; assister
felségjog 1. *tört:* droit royal; 2. *pol:* droit souverain; (droit de) souveraineté *f*
felségsértés 1. *(királyságban)* crime *m* de lèse-majesté; 2. *(francia jogban)* offense *f* envers la personne du souverain
felségterület obédience; souveraineté *f; (légi)* air territorial
felserdül grandir; parvenir à l'âge adulte
felsikolt pousser *v* jeter un cri aigu *v* déchirant
felsorakozik 1. *(többen)* s'aligner; former les rangs; ~ *vki körül* se ranger autour de q; 2. *(egy ember)* prendre la file; 3. *(dolgok)* s'échelonner
felsorol 1. énumérer; spécifier; dénombrer; 2. *jog:* pontonként ~ articuler
felsorolás énumération; spécification *f;* dénombrement *m*
felső [~k, ~t] I. *(mn)* 1. supérieur, -e; de dessus; d'en haut; ~ *bíróság* juridiction *v* instance supérieure; *fil:* ~ *fogalom* terme majeur; ~ *folyás* cours supérieur; ~ *kar* le haut du bras; ~ *matematika* haute mathématique; *isk:* a ~ *osztályok* les hautes classes; a ~ *rész (benne)* la partie supérieure; 2. *földr:* haut, -e; *(folyón)* d'amont; amont; ~ *szakasz* haut secteur; II. *(fn) kárty:* dame *f*
felsőbb [~ek, ~et] supérieur, -e; *(vidék)* haut, -e; ~ *érdek* intérêt majeur *v* instance supérieure; ~ *helyen* en haut lieu; ~ *matematika* les hautes mathématiques; ~ *osztály* classe supérieure; ~ *parancsra* par ordre supérieur
felsőbbrendűség supériorité (sur q); autorité supérieure; maîtrise *f*
felsőbbség supériorité (sur q); autorité supérieure; maîtrise; primauté *f* (sur qc)
felsőbőr *(cipőn)* empeigne *f*
Felső-Duna le Haut-Danube
felsőfok 1. *jog:* instance supérieure; 2. *nyelv:* superlatif *m*

felsőház chambre haute; *(köztársaságban)* le Sénat; le Conseil de la République
felsőkabát pardessus; manteau *m*
felsőkar le bras; le haut du bras
felsőoktatás enseignement supérieur; haut enseignement
felsőruha vêtement *m* de dessus; *sp:* *(melegítő)* survêtement *m*
felsőtest torse; buste; haut de corps *m*
felsrófol 1. -remonter; 2. *átv:* monter trop haut; ~*ja az árakat* pousser les prix
felsül faire (un) four; se mettre *v* se fourrer le doigt dans l'œil; se brûler les doigts; tomber sur un bec (de gaz)
felsülés déconvenue *f;* four; fiasco *m*
felszabadít 1. délivrer; affranchir; libérer; émanciper; 2. ~*ja magát vmi alól* se libérer de qc; s'émanciper de qc; s'affranchir de qc; 3. *(árrnegállapítás alól teljesen)* mettre en liberté totale; ~*ja a béreket, a követeléseket* débloquer les salaires, les crédits; *a lakásokat* ~*ja* rendre aux propriétaires *v* aux locataires la libre disposition des logements; *zár alól* ~ lever le séquestre; 4. *átv:* ~*ja gondolkozását* débarrasser son esprit; 5. *sp:* libérer; dégager; 6. *(gázt, gőzt, szagot)* dégager; 7. *(hőt)* libérer; 8. *(szenvedélyt, elemeket)* déchaîner; 9. *(munkaerőt)* rendre disponible
felszabadítás 1. affranchissement *m;* délivrance; libération; émancipation *f; a nők* ~*a* l'émancipation des femmes; 2. *az ország* ~*a* la libération *v* la délivrance du pays *v* du territoire; 3. *a forgalom* ~*a* le dégorgement *v* le désencombrement de la circulation; *a rögzített árak* ~*a* la mise en liberté des prix; *a zárolt követelések, korlátozott munkaerőek* ~*a* le déblocage des crédits, des salaires
felszabadító libérateur, -trice; libératif, -ive; émancipateur, -trice; ~ *hadsereg* armée *f* de libération
felszabadul 1. s'affranchir; se délivrer; se libérer; s'émanciper; 2. *(elemek, szenvedély)* se déchaîner

18 Magyar–Francia kézi

felszabadulás libération; délivrance *f;* affranchissement *m;* a ~ után après la Libération
felszakad 1. se déchirer; se fendre; 2. *(seb)* se rouvrir; 3. *(köd)* se dissiper
felszalad 1. courir; monter en courant; ~ *a járdára (jármű)* monter sur le trottoir; 2. *(hőmérő)* monter avec rapidité
felszáll 1. *(madár, lepke, lélek)* s'envoler; prendre son vol *v* sa volée *v* son essor; 2. *(vmire)* se poser sur qc; 3. *a köd kezd ~ni* le brouillard se lève; 4. *(repülő)* prendre l'air; *(repülőgép)* s'enlever; décoller; *(léggömb)* monter en l'air; 5. *(járműre)* monter *v* prendre place *v* s'installer dans qc; *(vonatra)* monter (en voiture); *(hajóra, repülőgépre)* s'embarquer sur qc
felszállás 1. *(madáré stb.)* envol *m;* envolée *f;* 2. *(vonatra)* entrée *f v* accès *m* des voitures; 3. *(hajóra)* embarquement *m;* 4. *(léggömbé)* ascension *f;* 5. *(gépé)* décollage *m*
felszállít monter; transporter
felszámít porter *v* mettre *v* passer au compte *v* sur le compte *v* en compte
felszámol liquider; être en liquidation
felszámolás liquidation *f*
felszánt labourer; rompre
felszántás labourage *m;* másodszori ~ binage *m*
felszaporodás accroissement *m;* accumulation; multiplication *f*
félszázad demi-siècle *m*
felszed 1. *(földről)* ramasser; 2. *(padlót, kövezetet stb.)* enlever; *átv:* ~*i a sátorfáját* plier bagage; 3. *szemet* ~ remmailler; 4. ~*i a horgonyt* appareiller; lever l'ancre; 5. *(betegséget)* attraper; 6. *(pénzt)* toucher
felszeg 1. *div:* ourler; 2. ~*i a fejét* renverser la tête
félszeg [~ek, ~et] 1. gauche; maladroit, -e; 2. ~ *helyzet* fausse position
félszegség gaucherie *f;* travers *m*
felszel(etel) découper; couper en tranches; détailler

félszem un œil; ~*ére d'un œil;* ~*ére vak* borgne; *csak* ~*mel alszik il ne dort que d'un œil*
félszemű borgne *(m)*
felszentel 1. *vall:* consacrer; bénir; 2. *egyh:* *(püspököt)* introniser; *pappá* ~ ordonner prêtre; 3. *(tárgyat első használattal)* étrenner
felszentelés 1. *vall:* consécration; bénédiction *f;* *(templomé)* décicace *f;* 2. *egyh:* *(püspöké)* intronisation *f;* *(papé)* ordination *f*
felszerel 1. outiller q; munir d'outils; ~ *vmivel* armer *v* équiper *v* garnir de qc; 2. *(gépet)* monter; mettre en place; installer; *a falra* ~ appliquer au mur; 3. *(hajót)* fréter; gréer; agréer; armer; équiper; 4. *(házát stb.)* aménager; monter; 5. *árukkal* ~ *egy üzletet* assortir un magasin; 6. *(sereget)* équiper; mettre sur pied; 7. *(kérvényt)* accompagner d'annexes; 8. *vkit vmi ellen* ~ prémunir q contre qc; 9. ~*i magát* se monter en...; s'armer *v* s'équiper de qc
felszerelés 1. *(vminek a felszerelése)* outillage; équipement; aménagement *m;* 2. *(gépé)* mise en place; pose *f;* montage *m;* installation *f;* 3. *(hajóé)* équipement; gréement; frètement *m;* 4. *(seregé)* équipement *m;* mise sur pied *v* en état; 5. *(felszerelési tárgyak, eszközök)* outillage; matériel (mécanique) *m;* fourniture *f;* attirail; armement *m;* 6. *(összetartozó dolgokból)* garniture *f;* nécessaire *m;* trousse *f;* 7. *(katonáé)* fourniment; équipement *m;* 8. *(hajóé, léggömbé)* agrès *m* pl; 9. *konyhai* ~ batterie *f* de cuisine
felszerszámoz *(lovat)* (en)harnacher
félsziget presqu'île; péninsule *f*
felszín 1. surface; superficie *f;* relief *m; a föld, a víz, a tenger ~e* la face de la terre, des eaux, de la mer; *a föld* ~*én* à fleur de sol; à même le sol; 2. *bány:* carreau *m;* ~*en au jour;* 3. *mat:* aire *f;* 4. *átv:* ~*en maradó* superficiel, -elle; ~*re hoz* amener au jour; déterrer

felszínes superficiel, -elle; ~ *latin tudás* une teinture de latin
felszít 1. *(tüzet)* attiser; tisonner; aviver; ranimer; 2. *~ja a gyűlöletet* attiser les haines
felszí(v) 1. aspirer; humer; absorber; pomper; 2. *átv:* *(pénzt, munkátlanokat)* éponger; pomper; absorber
felszívás 1. aspiration; absorption; succion *f;* 2. *átv:* absorption; résorption *f*
felszólal 1. intervenir; prendre la parole; 2. *(vitában)* intervenir; 3. ~ *vmi ellen* élever la voix contre qc; 4. ~ *vmi mellett* élever la voix pour qc; intervenir en faveur de qc
felszólalás prise *f* de parole; *(vitában)* intervention *f*
felszólaló [~k, ~t, ~ja] orateur *m;* opinant, -e *n;* *(ellene)* contradicteur *m*
felszólamlás 1. réclamation; protestation *f;* 2. *jog:* proteste *f;* *(perben)* opposition *f;* *utólagos* ~ contestation ultérieure
felszólít 1. adresser une sommation à q; ~ *arra, hogy* sommer de; mettre en demeure de *(mind: inf);* 2. *jog:* *(hatóság)* faire sommation à q; 3. *(iskolában)* interroger
felszólító *mód* impératif; optatif prescriptif
felszökik 1. bondir; 2. *(víz)* jaillir; rejaillir; 3. *(ár)* monter en flèche
felszúr 1. (faire) crever avec une pointe; piquer; percer; 2. *(villájával)* piquer; 3. *(tűvel)* épingler
félt [~ettem, ~ett, ~sen] 1. avoir peur *v* craindre pour qc *v* q; ~*i a bőrét* avoir peur *v* craindre pour sa peau; 2. *(szerelmes)* être jaloux *v* jalouse de q
feltalál 1. *(meglevőt)* découvrir; déterrer; 2. *(újat)* inventer; découvrir; 3. *(vkit)* retrouver; 4. *~ja magát* se débrouiller
feltalálás 1. *(meglevőé)* découverte *f;* 2. *(újé)* invention *f*
feltaláló [~k, ~t, ~ja] inventeur; l'auteur d'une invention; *(gépé sokszor)* constructeur *m*

feltámad 1. ressusciter; revivre; revenir à la vie; 2. ~ *(vki ellen)* se soulever; se lever; se révolter (contre q)
feltámadás résurrection *f*
I. **feltámaszt** 1. ressusciter; rappeler à la vie; ranimer; *halottaiból* ~ ressusciter *v* rappeler d'entre les morts; 2. *(emlékeket)* évoquer
II. **feltámaszt** *(dűlő dolgot)* étayer de qc
feltár 1. *(bányát)* ouvrir; exploiter; découvrir; 2. *(kutató)* mettre à jour *v* à découvert *v* à nu; 3. *~ja az ablakokat* ouvrir les fenêtres toutes grandes; 4. *orv:* *egy sebet* ~ débrider une plaie; 5. *átv:* représenter; mettre à nu; *(csak rosszat)* dénoncer; dévoiler; *~ja a helyzetet vki előtt* mettre q au courant; *~ja szívét* ouvrir *v* laisser s'épancher son cœur
feltart 1. ~ *(levegőben)* tenir *v* hisser à bout de bras; soulever; tenir en l'air; 2. *(eső tárgyat)* soutenir; empêcher de tomber; 3. *(vkit)* déranger; retenir; 4. *(meggátol)* arrêter; enrayer; endiguer; *(hogy ne csináljon vmit)* contenir
feltartóztathatatlanul inévitablement; inéluctablement; irrésistiblement
feltehető supposable; présumable; conjectural, -e; présomptif, -ive
féltékeny [~ek, ~et] jaloux *v* jalouse (de q *v* de qc)
féltékenység jalousie *f*
felteker enrouler; (em)bobiner
feltép 1. arracher; déchirer; 2. *egy sebet* ~ rouvrir *v* déchirer *v* mettre à vif une blessure *v* une plaie
felterjeszt 1. *(iratot)* transmettre; 2. *(vkit)* proposer; présenter
féltestvér demi-frère *m;* demi-sœur *f*
feltesz 1. *(vmit vhová)* poser; mettre; placer; hisser; 2. *(kalapot)* rer; se coiffer de qc; *~i a kalapját* mettre son chapeau; 3. *(ételt)* mettre sur le feu; 4. *ját:* mettre; miser; 5. *(kérdést)* poser; proposer; 6. *(feltételez)* supposer (qc de q); conjecturer; admettre; présumer (de q); *~i magában, hogy* se pro-

18*

feltétel mettre de; se proposer de *(mind: inf)*
feltétel condition *f;* minden ~ nélkül sans condition; ~ nélkül megadja magát se rendre sans conditions; ~ nélküli inconditionnel, -elle; ~hez köt lier à une condition; ~(ek)hez kötött conditionné, -e; ~t szab imposer une condition; ~eket szab faire v établir des conditions; ~t teljesít remplir une condition; azzal a ~lel, hogy à condition que *(subj* v *conditionnel);* à la condition que *(fut* v *subj* v *cond)*
feltételes [~ek, ~et] 1. conditionnel, -elle; hypothétique; conjectural, -e; suppositif, -ive; ~ szabadlábra helyezés liberté provisoire *f;* 2. *él:* ~ *inger* excitant conditionnel; ~ *reflex* réflexe conditionnel v conditionné; 3. *nyelv:* ~ *mód* voix conditionnelle; conditionnel
feltételesen sous condition; conditionnellement
feltétlen inconditionnel, -elle; sans condition; absolu; inconditionné, -e; ~ *bizonyosság* certitude absolue; *fil:* ~ *itélet* jugement catégorique *m;* ~ *ura vminek* souverain maître de qc
feltett [~ek, ~et] 1. ~ *kalappal* le chapeau sur la tête; 2. hypothétique; 3. ~ *szándékkal* exprès; ~ *szándéka, hogy* il est fermement résolu de *(inf)*
feltéve *ld:* azzal a **feltétel**lel
feltevés 1. *(tárgyé vhová)* mise *f;* 2. *(folté)* pose *f;* 3. supposition; hypothèse; conjecture; présomption *f;* ~ *alapján* par conjecture; ~ekbe bocsátkozik se lancer dans des hypothèses; *abban a ~ben, hogy* en croyant entendu que
feltorlódik 1. s'entasser; s'amonceler; s'amasser; s'accumuler; 2. *(forgalom)* s'engorger; s'embouteiller
feltölt 1. *(edényt)* remplir (jusqu'aux bords); 2. *(árkot)* (re)combler; *(szintet)* remblayer; 3. *mez, kert:* (növényt) butter; rechausser; 4. *(akkumulátort)* charger

feltöltés 1. *(edényé)* remplissage *m;* 2. *(ároké)* comblement *m;* *(szinté, földdel)* remblai; remblayage *m;* *(úté)* rechargement *m;* 3. *(kert, mez:)* buttage; rechaussement *m;* 4. *vill:* *(akkumulátoré)* charge *f*
I. *(tgy i)* **feltör** 1. *(magot)* casser; *(diót)* casser; écacher; 2. *(erőszakkal)* forcer; fracturer; ~*i a pecsétet* rompre v faire sauter le cachet; briser un sceau; 3. *(földet)* labourer; rompre; 4. ~*i a lábát* blesser v écorcher v meurtrir le pied de q
II. *(tgyl i)* **feltör** *(víz)* jaillir; sourdre; surgir
I. **feltörés** 1. *(magé)* cassement *m;* *(dióé)* écachement *m;* 2. *(záré)* fracture *f;* forcement *m;* 3. *(pecsété)* rupture *f;* 4. *(kézé, lábé)* écorchure; blessure *f;* 5. *(földé)* labour *m*
II. **feltörés** *(vízé)* jaillissement *m*
feltűnés 1. *(felbukkanás)* apparition *f;* 2. *átv:* sensation *f;* éclat *m;* ~*t kelt* faire sensation; *kínos* ~*t kelt* faire une impression pénible
feltűnik 1. paraître; apparaître; 2. *(megkap)* se faire remarquer; frapper la vue v les yeux; 3. *(vkinek)* intriguer; surprendre; frapper q; 4. *nekem úgy tűnik fel, hogy* il me semble v me paraît que
feltűnő 1. *(amit jól látni)* visible; apparent, -e; *erősen* ~ voyant, -e; 2. frappant, -e; sensationnel, -elle; remarquable; *(zajosan)* bruyant, -e; *(különbség)* sensible; *(keresetten)* ostensible; *(különös)* étrange; singulier, -ière; *(ruha, szín stb.)* tapageur, -euse; voyant, -e
feltűnően 1. de manière éclatante; avec éclat; ostensiblement; ~ *viselkedik* se singulariser; avoir des allures excentriques; 2. *(melléknév előtt)* remarquablement; singulièrement; ~ *értelmes* remarquablement intelligent(e)
feltüntet 1. *(vmit)* indiquer; mettre en évidence; faire ressortir; 2. *ép:* *(tervrajzban)* développer; 3. ~ *vminek v vhogyan* faire appaître v

figurer comme...; présenter comme...; **~i magát vkinek** se poser en q; se faire passer pour q; **szereti úgy ~ni (a dolgot)** il se plaît à dire
feltüntetés 1. mise *f* en évidence; **2. (számlán)** indication *f*
feltűr retrousser; relever; remonter
feltűz 1. fixer; attacher; *(tűvel)* épingler; *(jelvényt)* arborer; **2. (zászlót)** planter; hisser; arborer
feltüzel 1. *(vmit)* brûler; jeter au feu; **2. (vkit)** enflammer; exciter; exalter
feltüzesedik s'échauffer; s'exciter; s'allumer
felugrik 1. bondir; s'élancer; sursauter; **2. ~ egy pillanatra vkihez** faire un saut chez q
felújít 1. renouveler; rénover; rajeunir; rafraîchir; **2. szính:** reprendre
felújítás 1. renouvellement *m;* rénovation *f;* rajeunissement *m;* modernisation *f;* **2. szính:** reprise *f*
felújulás renouveau; renouvellement; rajeunissement *m;* renaissance *f;* *(szenvedéseké)* revif *m* de souffrance; *(bajoké stb.)* recrudescence *f*
félúton à mi-chemin; à mi-route; **elakad ~** s'arrêter en beau chemin
felüdít 1. délasser; recréer; rafraîchir; **2. (étellel, itallal)** restaurer
felügyel 1. *(vkire, vmire)* surveiller q *v* qc; inspecter q *v* qc; **2.** veiller *v* présider à qc
felügyelet surveillance; inspection *f;* contrôle *m;* **a gyermekei feletti ~ la garde** de ses enfants; **~ alá helyez** placer sous la surveillance de q; **(rendőri) ~ alatt áll** être sous (la) surveillance (de la police); **~et gyakorol** exercer une surveillance sur qc *v* le contrôle de qc
felügyelő surveillant *(n);* inspecteur, -trice *n*
I. (hat) felül I. 1. au-dessus; dessus; par-dessus; **2. (sík mentén fenn)** en haut; dans le haut; en dessus; **II. (névutó) 1. (helyhat)** au-dessus de qc; **ő az ilyesmin ~ áll** v *van* il est au-dessus de tout cela; **minden kétségen ~ áll** cela ne fait pas l'ombre d'un doute; **2. (mennyiségről)** en

sus de qc; au-dessus de qc; au-delà de qc; outre qc; en plus de qc; **várakozáson ~** au-delà de toutes espérances
II. (ige) felül 1. *(vhová)* se jucher *v* être juché(e) sur qc; monter sur qc; **~ a nyeregbe** se mettre en selle; **2. (lóra)** enfourcher qc; monter sur qc; **3. (madár)** se percher; **4. ~ ágyában** se mettre *v* se dresser sur son séant; **5. biz: ~ vkinek** être la dupe de q; se laisser attraper par q
felülemelkedik 1. (vmin és legyőzi) surmonter qc; s'élever *v* être au-dessus de qc; **2. (vmin gondolatban)** transcender qc; **3. (lenézi)** faire peu de cas de qc
felület 1. superficie; surface; face *f;* **2. ép:** *(falé, épületkőé)* parement *m;* **3. mat:** aire *f*
felületes [~ek, ~et] **1. (ember)** superficiel, -elle; léger, légère; **2. (dolog)** superficiel, -elle; à fleur de peau; **~ tudás** connaissances superficielles; demi-savoir *m*
felületesen superficiellement; à fleur de peau; **csak ~ érint** ne faire qu'effleurer; **~ tud vmit** être frotté(e) de... *(pl:* de latin)
felülkerekedik (re)prendre *v* gagner le dessus (sur...); prévaloir *v* l'emporter sur qc
felülmúl 1. dépasser; devancer; surpasser; primer; surclasser; **önmagát ~ja** se dépasser soi-même; se surpasser; **~ minden várakozást** être au-delà de toute prévision; **surpasser l'attente; ~ tehetségben** surpasser en talent; **2. (összeget)** excéder
felülmúlhatatlan inégalable
felülnézet 1. vue d'en haut *v* de dessus; vue plongeante; **2. mat, fiz:** plan *m*
felültet 1. (lóra) aider à monter (sur le cheval); **2. (vmire)** hisser sur qc; **3. (becsap)** mystifier; donner le change à q; poser un lapin à q *biz*
felülvizsgál 1. contrôler; vérifier; examiner; **2. (számadást)** vérifier; contrôler; **3. (ítéletet)** reviser; réviser

felülvizsgálat 1. examen *m;* vérification *f;* contrôle *m;* **2.** *(számláé)* vérification *f;* apurement *m;* **3.** *(ítéleté)* cassation; révision *f;* **4.** *orv:* contre-visite médicale
felüt 1. *(labdát)* lancer en l'air; **2.** *vkinek az állát ~i* lever le menton à q; **3.** *(tojást)* casser; **4.** *(könyvet)* ouvrir (au hasard); **5.** *egy kártyát ~* retourner une carte; **6.** *~i sátorfáját* v *sátrát* dresser *v* monter *v* planter sa tente; **7.** *~i a fejét (viszály)* lever la tête; *(betegség)* se déclarer
félvad semi-barbare
felvág I. *(így i)* **1.** découper; *(könyvet)* couper; **2.** *orv:* inciser; ouvrir; *~ja a nyelvét (állatnak)* couper le filet (à une bête); *jól ~ták a nyelvét* on lui a bien coupé le filet; **3.** *(felhasít)* éventrer; ouvrir; **4.** *(fát)* débiter *v* couper du bois; **II.** *(tgyl i) biz:* bluffer; conter des balançoires
felvágás 1. découpage *m;* **2.** *(fáé)* débitage *m;* **3.** *orv:* *(daganaté)* incision; ouverture *f;* percement *m;* **4.** *átv, biz:* bluff *m;* épate *f*
felvágott charcuterie *f; vegyes ~* assiette anglaise
félváll 1. une épaule; **2.** *átv:* *~ról bánik vkivel* traiter q de haut en bas
felvált 1. *(munkájában)* relayer; relever; **2.** *(helyébe lép)* succéder à qc; alterner avec qc; *~ják egymást* se succéder; *egymást ~ó* alternatif, -ive; **3.** *(őrséget)* relever; **4.** *(apróra)* faire de la monnaie; changer (un billet de dix francs) en monnaie
felváltva tour à tour; alternativement; à tour de rôle
felvázol dessiner au trait; esquisser; ébaucher; *egy munkát ~* donner la première façon à un ouvrage
félve 1. timidement; craintivement; **2.** *attól ~, hogy* de peur de *(inf);* de crainte de *(inf);* crainte de *(inf);* de peur que *(subj);* de crainte que *(subj)*
felver 1. *(talpat)* poser; *(patkót)* mettre; **2.** *konyh:* fouetter; battre; **3.** *~ álmából* réveiller brusquement;

tirer de son sommeil; *jajgatásával ~i a házat* remplir la maison de ses cris
felvértez cuirasser; barder de fer; *~i magát vmi ellen* s'armer contre qc
felvesz 1. *(földről)* ramasser; **2.** *(vhonnan)* saisir;. prendre (sur qc); **3.** *(utast sofőr)* prendre en charge; charger; **4.** *(vonatra, repülőgépre)* prendre; **5.** *(hajóra)* prendre, recevoir à bord; *(bajban levőt)* recueillir; **6.** *(ruhát)* mettre; endosser; passer sur soi; *(nadrágot)* enfiler; *nincs egy rongy, amit felvegyek* je n'ai rien à me mettre; **7.** *(készülék)* recevoir; capter; **8.** photographier; prendre (une photo de) qc; **9.** *(lemezre* [*magnetofonszalagra*]*)* enregistrer [sur bande]; **10.** *rád:* *(hullámokat)* capter; **11.** *(folyó a másik vizét)* recevoir (les eaux de) ...; **12.** *(csecsemőt)* prendre au bras; **13.** *(munkást)* embaucher; engager; **14.** *(testületbe)* admettre; recevoir; affilier; agréger; **15.** *(iskolába)* admettre; **16.** *(ügyvédi kamarába)* inscrire (au barreau); **17.** *(választói jegyzékbe)* inscrire; **18.** *(vmi közé vmit)* comprendre; **19.** *(kapcsolatot)* dipl, ker : entrer en relation; *(újra)* reprendre *v* renouer *v* renouveler les relations; **20.** *(vallást)* embrasser; **21.** *(pénzt)* toucher; percevoir; *(betétet)* retirer; *(kölcsönt)* contracter; *köszönettel felvettem* pour acquit; **22.** *(leltárba)* inventorier; **23.** *(mérnökileg)* lever (le plan de) qc; **24.** *(szokásokat, hibát)* prendre; adopter; **25.** *magába ~* s'approprier; **26.** *(szagot stb.)* s'imprégner de qc; **27.** *(postán, vasúton)* accepter; enregistrer; **28.** *(fogad vmit)* recevoir; accueillir; *fel sem veszi* il s'en moque; **29.** *kárty:* tirer; **30.** *(szólások:) ~i az adatokat* noter *v* enregistrer les noms et qualité de q; *~i a harcot* accepter la bataille; *jegyzékbe ~* porter sur la liste; *jegyzőkönyvbe ~* porter au procès-verbal; *a költségvetésbe ~* inscrire au budget; *~ a kimutatásba*

coucher v mettre sur l'état; *a programba ~* inscrire dans le programme; *~i a versenyt vkivel* il peut se mesure avec q **felvet 1.** lancer en l'air; *(vmire)* jeter; **2.** *~ egy kártyát* retourner une carte; **3.** *tex: (szövőszékre szálat)* empeigner; **4.** *majd ~i a gőg* être gonflé(e) v pétri(e) d'orgueil; *majd ~i a sok pénz* rouler sur l'or; **5.** *~ egy gondolatot* émettre v suggérer une idée; *~ egy kérdést* agiter v soulever une question
felvétel 1. *(ruháé)* mise *f;* **2.** *(munkásoké)* embauchage *m;* embauche *f;* **3.** *(hivatalba)* emploi; recrutement *m; (testületbe)* admission *f; (választói jegyzékbe)* inscription *f; a ~ megtagadása* inadmission *f; ~ét kéri* faire acte de candidature; **4.** *(szervezet által)* ingestion; absorption *f;* **5.** *rád:* émission *f;* **6.** *(lemez, magnetofon)* enregistrement *m;* **7.** *fiz: egy elektron ~e* la capture d'un électron; **8.** *post:* dépôt *m;* acceptation *f; (vasúton)* enregistrement *m;* **9.** *(mérnöki)* lever; cadastrage; relevé *m;* **10.** *fényk:* prise (de vues); photo *f; ~t készít* v *csinál* prendre une photo; **11.** *(készleté)* inventaire *m;* **12.** *(szokásé)* adoption *f;* **13.** *(tárgyalásoké)* reprise; prise *f* de contact; **14.** *(összegé)* perception *f; (kölcsöné)* contraction *f; (betété)* retrait *m*
felvételi *vizsga* examen v concours *m* d'admission v d'entrée
felvetődik se poser; être (mis, -e) sur le tapis; être soulevé(e)
felvevőképesség pouvoir *m* v capacité *f* d'absorption; réceptivité *f*
felvevőkészülék *film, tv* appareil *m* de v à prise; camera *f*
felvevőpiac débouché *m*
félvezető semi-conducteur *m; p-típusú~* semi-conducteur par défaut
felvidék; *a ~* le haut pays; *tört: a Felvidék* la Haute Hongrie
felvigyáz *(vmire)* veiller à qc; surveiller qc
félvilági demi-mondain, -e

felvilágosít *(vkit vmiről, vmi felől)* éclairer q sur qc; informer de q; mettre au courant v au fait de qc
felvilágosítás éclaircissement *m;* information *f;* lumière(s) *f (pl); ~t nyújt vkinek vmiről* renseigner q sur qc; *~t kér vmiről vkitől* demander à q v exiger de q des éclaircissements sur qc
felvilágosodás *tört:* les lumières; la philosophie; *a ~ százada* le siècle des lumières
felvilágosodott; felvilágosult [~k, ~at; ~an] éclairé, -e; libre de préjugés; avisé; averti; avancé, -e
felvillanyoz électriser; galvaniser; émoustiller
felvirágoztat faire fleurir; *(országot)* mettre en valeur
felvirágzás prospérité *f;* épanouissement *m*
felvirágzik prendre un essor v l'essor; connaître une période de prospérité
felvisz I. *(tgy i)* **1.** *(tárgyat)* monter; porter en haut; *(járművet, állatot)* conduire; **2.** *~i a hangot* monter v hausser la voix; **3.** *~i őseit Ádámig* il fait remonter l'origine de sa famille jusqu'à Adam; **4.** *felvitte Isten a dolgát* il a fait son chemin; **II.** *(tgyl i) (vmire, vmeddig)* atteindre qc; parvenir à qc; réussir à *(inf)*
felvizez délayer; *(bort)* mouiller; noyer
felvon 1. *(zászlót)* hisser; *(függönyt)* lever; *(kötelet)* haler; *a horgonyt ~ja* hisser v lever l'ancre; **2.** *~ja a szemöldökét* froncer les sourcils
felvonás 1. levage; haussement *m;* **2.** *szính:* acte *m*
felvonó ascenseur *m*
felvonul 1. défiler; s'avancer au pas; *(tüntetni)* descendre dans la rue; **2.** *(vhová)* se rendre en cortège v en foule à...; **3.** *kat:* évoluer; se déployer; **4.** *(őrség)* monter
felvonulás 1. *(tömegé)* défilé; cortège *m; (kegyeletes)* procession *f;* **2.** *kat:* évolution *f*
felzaklat bouleverser; agiter
felzavar 1. troubler; brouiller; agiter; remuer; **2.** *(állatot)* faire lever;

dégîter; 3. ~ja álmából troubler dans son sommeil
felzúdul se soulever; se révolter
fém [~ek, ~et, ~je] métal m; ~ tartalmú métallifère
fémes [~ek, ~et; ~en] métallique; métallin, -e
fémesztergályos tourneur sur métaux; (marós) fraiseur m
fémfeldolgozás usinage m des métaux
fémgyártás métallurgie f
feminista [-ák, -át] féministe (n); (angol) suffragette f rég
fémipar industrie des métaux; métallurgie f
fémipari métallurgique; ~ munkás (ouvrier) métallurgiste; métallo m biz
fémjelzés 1. poinçon m; 2. (a munka) poinçonnage; poinçonnement m
fémkohászat métallurgie f
fémtermelés production f des métaux
fémváz 1. (ágyé, gépé) châssis m; 2. ép: charpente métallique f
fen [~tem, ~t, ~jen] 1. affiler; affûter; repasser; aiguiser; 2. átv: ~i a fogát vmire convoiter qc
fene [-ék, -ét] I. (mn) 1. (állat) féroce; enragé, -e; 2. (düh) furieux, -euse; fou, folle; 3. ez a ~ ember ce diable d'homme; 4. nagy ~ dolog une grande machine; II. (hat) bougrement; bigrement; fichtrement; diablement; III. (fn) mind egy ~ c'est le même tabac; ~ bánja! hé bien, tant pis ! a ~ se ismerné ki magát bien malin qui s'y reconnaîtrait; a ~ egye meg! ah, nom d'un chien ! zut! hogy a ~ vigye ezt az embert que le diable emporte cet individu; menjen a -ébe allez vous coucher ! fichez v (köz) foutez le camp ! IV. (isz) 1. (csodálkozva) a fenébe is! a fenét! bougre! peste! 2. (elutasítva) fenét, fenéket! peau de balle!
fenék [feneket, feneke] 1. (edényé, vízé, ároké) fond m; (hordóé) enfonçure f; a tenger fenekén au fond de la mer; a dolognak fenekére lát voir au fond de l'affaire; fenekestől felforgat renverser de fond en comble; 2. biz:
nagy feneket kerít a dolognak il en fait tout une histoire; 3. (ülep) derrière; postérieur; siège m; fesses f pl; 4. (nadrágé) fond m
feneketlen 1. sans fond; 2. átv: sans borne; effréné, -e; ~ butaság ignorance crasse; ~ gyűlölet haine foncière
fenevad 1. bête féroce f; grand fauve; 2. (emberről) brute f
fennakad 1. (beleakad) rester v demeurer suspendu(e) v accroché(e) à qc; 2. (közlekedés) s'arrêter; s'encombrer; s'embouteiller; 3. (jármű) avoir une panne; 4. (beszédben, gondolatban) s'arrêter (en beau chemin); s'interrompre; 5. ~ vmin trouver à redire à qc
fennáll 1. exister; 2. (titok stb.) rester entier v entière; 3. (érv) tenir debout; nem állhat fenn... ne tient pas debout; 4. (rendelkezés) être v demeurer en vigueur
fennállás 1. existence f; (további) subsistance f; 2. (törvényé stb.) validité f
fennálló subsistant; existant, -e; a ~ esetben en l'espèce; en l'occurrence; ~ rend l'ordre établi
fennforog il y a; exister; se produire
fennhangon à voix haute; à haute voix
fennhatóság autorité supérieure; juridiction; hégémonie f; (királyé, más uralkodók felett) suzeraineté f; (terület felett) protectorat m; souveraineté f
fennkölt [~ek, ~et] sublime; généreux, -euse; auguste
fennmarad 1. (víz színén) surnager; 2. (nem fekszik le) veiller; 3. átv: survivre à qc; subsister
fennsík plateau m; magas ~ haute plaine
fenntart 1. ~ja a kabátját garder son manteau sur soi; 2. ~ja magát (a vízen) se soutenir (sur l'eau); 3. (szerkezetben) maintenir; soutenir; 4. ált: entretenir; (időben) faire durer; conserver; örökre ~ perpétuer; 5. (embert, családot) entretenir; sustenter; 6. ~ja magát suffire; vivre de ses propres res-

fenntartás 281 **fényesség**

sources; 7. *(helyet)* retenir; réserver; arrêter; 8. *(kiköt)* réserver; stipuler; *minden jog ~va* tous droits réservés; *~ja magának, hogy se réserver de (inf);* 9. *(állítást)* soutenir; maintenir; *~ja állítását* persister dans ses déclarations
fenntartás 1. entretien *m;* conservation *f;* 2. *műsz:* sustension *f;* 3. *bány:* soutènement; boisage *m;* 4. *(emberé)* entretien *m;* sustentation *f;* 5. *a régi árak ~a* la reconduction des anciens prix; 6. réserve; réservation *f; (szerződésben)* clause *f* de sauvegarde; *(minden) ~ nélkül* sans réserve(s); *azzal a ~sal, hogy* sous la réserve de *(inf); ~sal él vmivel szemben* formuler une réserve contre qc; *ezt a hírt ~sal közöljük* nous publions cette information avec les réserves d'usage; 7. *(állításé)* maintien *m*
fenőkő pierre à aiguiser *f;* fusil *m*
fenőszíj cuir *m* à rasoir
fenség 1. *(sajátság)* majesté; sublimité *f;* 2. *Fenség* Altesse *f*
fenséges [~ek, ~et] I. *(mn)* 1. sublime; majestueux, -euse; 2. *a Fenséges úr* son Altesse Sérénissime; II. *(fn) a ~* le sublime
fensó(bb)ség hégémonie; maîtrise; supériorité *f*
fent 1. en haut; au-dessus; là-haut; *(keresztül)* par le haut; *(magasban)* sur les hauteurs; 2. *~ áll a hegytetőn* se tenir debout sur le sommet; 3. *~ van* être debout *v* réveillé(e); veiller; *átv:* dominer; 4. *~ említett* v *idézett* v *nevezett* mentionné(e) ci-dessus; susdit(e); *mint ~* ce que dessus
fentebb *(szövegben, beszédben)* plus loin; plus haut; ci-dessus; ci-avant; *ld ~* voir ci-dessus
fény 1. lumière; clarté *f;* jour *m; (halvány, villanó)* lueur *f; a ~ áttör vmin* la lumière se fait jour à travers qc; *vminek a ~énél* à la clarté de qc; *~t áraszt vmire* répandre *v* verser de la lumière sur qc; 2. *(hajó, autó, világítótorony lámpájáé)* feu(x) *m*

(pl); 3. *(ragyogás)* éclat; brillant *m;* splendeur *f;* 4. *(tárgyé)* lustre; poli; glacé *m; (szöveté)* luisant; reflet *m; (kelméé)* lissé *m; ~ét veszi vminek* ternir *v* délustrer qc; *(szövetnek)* délustrer; décatir; 5. *(fémé, ásványé)* éclat; 6. *(drágakőé)* feu; *(selyemé, drágakőé)* œil *m; (gyöngyé)* eau *f;* orient *m;* 7. *fest: (színeké)* éclat; *~ és árnyék* les ombres et les clairs; 8. *(pompa)* éclat; luxe; faste *m;* splendeur *f; teljes ~ében* dans toute sa splendeur; 9. *átv: a dicsőség ~e* l'éclat de la gloire; *kedvező ~ben tűnik fel* se présenter *v* s'offrir sous un jour favorable; *~t derít vmire* faire le jour sur qc; *emeli vminek a ~ét* relever l'éclat de qc; *~ét veszti* perdre son éclat; *nem jó ~t vet vmíre* faire apparaître sous un mauvais jour
fénycső tube luminescent *v* fluorescent
fenyeget menacer *(vmivel:* de qc); *azzal ~, hogy* menacer de *(inf)*
fenyegetés 1. menace *f;* üres *~* menaces en l'air; 2. *jog:* violence *f*
fenyegető [~k *v* ~ek, ~t] menaçant, -e; lourd(e) de menaces; *jog, hiv:* comminatoire; *(veszély)* imminent, -e
fenyegető(d)zik [~tem, ~ött, ~zék *v* ~zön]* proférer *v* faire des menaces
fényerő 1. intensité lumineuse; 2. *fényk:* luminosité *f*
fényes [~ek, ~et] 1. luisant; reluisant; resplendissant; brillant, -e; 2. *(belülről fénylő)* lumineux, -euse; 3. *(fényűzéssel)* splendide; somptueux, -euse; 4. *(tett stb.)* éclatant, -e; 5. *(adomány)* riche; magnifique; superbe; 6. *(eredmény, vizsga, felelet)* brillant, -e; 7. *(szólásokban:) ~ cselekedet* action *f* d'éclat; *~ elme* esprit lumineux; *~ lakoma* repas somptueux; *~ nappal* en plein jour
fényesít [~ettem, ~ett, ~sen] 1. polir; donner du poli à qc; *(fémet)* astiquer; fourbir; 2. *(bőrt, szövetet)* lustrer; 3. *(papírt)* glacer
fényesség 1. *(tárgyé)* luminosité; luminescence; brillance *f; (bizonytalan*

fény) lueur; clarté *f;* 2. *átv:* éclat *m;* gloire; splendeur *f*
fényez [~tem, ~ett, ~zen] 1. lustrer; glacer; 2. *(fát)* vernir; 3. *(szövetet)* (é)catir
fenyít [~ettem, ~ett, ~sen] châtier; corriger
fenyíték [~ek, ~et]; **fenyítés** correction; punition *f;* châtiment *m*
fenyítő [~k, ~t; ~en] 1. pénal, -e; 2. *kat:* disciplinaire; ~ század compagnie *f* de discipline
fénykép photographie; photo; vue *f*
fényképész [~ek, ~t, ~e] photographe *n*
fényképez [~tem, ~ett, ~zen] photographier; prendre une photo(graphie) de qc; prendre des vues de qc
fényképezőgép appareil photo(graphique) *m;* caméra; camera *f*
fénykerülő 1. *áll:* lucifuge; 2. *orv:* photophobe
fénykisugárzás irradiation lumineuse; photoluminescence *f*
fénykor âge *m* d'or; grande époque; période de gloire; époque glorieuse
fénykoszorú nimbe *m;* auréole; gloire *f*
fénylik [~ettem, ~ett, -eljék, -eljen] reluire; luire; briller; resplendir
fénymásolat photocopie *f*
fénymáz vernis; laque *m*
fenyő [~k, ~t, ~je] 1. *(erdei)* pin commun *v* sylvestre; 2. *(jegenye~)* sapin; abies *m;* vörös ~ mélèze *m;* 3. *(anyaga)* (bois *m* de) sapin; bois blanc
fenyőgyanta résine; gemme *f* (du pin)
fenyőmag genièvre *m;* baie *f* de genévrier
fenyőpálinka *(boróka)* genièvre *m*
fenyőrigó grive *f*
fenyőtoboz pomme *f v* cône *m* de pin
fénypont 1. *(előadásé, stb.)* l'attraction principale; le clou; 2. *(könyvé, történeté)* la plus belle page
fényreklám publicité *v* réclame lumineuse
fénysugár 1. rayon *m* de lumière; 2. *átv:* rayon lumineux; trait *m* de lumière; lueur *f*
fényszóró 1. projecteur; réflecteur *m;* 2. *aut* phare *m*

fénytan optique; photologie *f*
fénytelen 1. sans lumière *v* éclat; 2. *mat:* dépoli, -e; terne; 3. *(szövet)* décati; délustré, -e; 4. *(tekintet)* atone; terne; ~ *hang* son mat; 5. *(arcszín)* mat; plombé, -e
fénytörés ·réfraction (de la lumière); diffraction *f*
fényűzés luxe; faste *m;* somptuosité; opulence *f*
fényűzési de luxe; ~ *adó* taxe de luxe *f*
fényűző [~k *v* ~ek, ~t] somptueux; luxueux, -euse; ~ *életet él* vivre dans le luxe
fér [~tem, ~t, ~jen] 1. tenir; entrer; *nem ~ a bőrébe* il ne tient pas dans sa peau *v* en place; *nem ~ a fejembe* cela me dépasse; 2. *rám ~* j'en ai grand besoin
férc [~et, ~e] fil de bâti *v* de coton à bâtir; faufil *m;* *(maga a varrás)* bâti *m*
fércmunka travail bâclé
ferde [-ét] 1. oblique; de travers; déjeté, -e; ~ *irányban megy* obliquer; ~ *száj* bouche tordue *v* torte; ~ *metszésű szem* les yeux bridés en amande; ~ *pillantást vet vkire* jeter un coup d'œil en biais sur q; 2. *(felület)* incliné, -e; 3. *mat:* ~ *egyenes* oblique *f;* ~ *gúla* pyramide renversée; 4. *(hibás)* faux, fausse; ~ *helyzetben van* trouver dans une fausse position; 5. *(esetlen)* gauche; 6. *átv:* ~ *észjárás v irány* travers *m;* ~ *okoskodás* raisonnement tortu; ~ *szemmel néz* regarder d'un œil torve
ferdeség 1. obliquité *f;* biais *f;* gauchissement *m;* 2. *(nézeteké)* fausseté *f*
ferdeszög angle oblique *m*
ferdeszögű obliquangle
féreg [férgek, férget, férge] 1. ver *m;* 2. *(élősdi, rovar)* parasite *m;* vermine *f (átv. is); férget irt* désinsectiser
féregirtó *(anyag)* parasiticide; vermicide; insecticide *m*
féregnyúlvány *orv:* appendice *m*
Ferenc [~ek, ~et, ~e] François *m*

férfi [~ak, ~t, ~ja] I. (mn) 1. ~ nemi jelleg virilité f; a ~ nép les hommes; 2. sp: ~ bajnokság championnat m des messieurs; II. (fn) 1. homme m; kész ~ c'est un homme fait; legyen ~ montrez-vous un homme; 2. monsieur m; ~ak számára pour Messieurs
férfias [~ak, ~at; ~an] viril; mâle; ~ lélek âme virile
férfiasság virilité; masculinité f
férfiatlan efféminé; veule; émasculé
férfidivat mode masculine
férfikor âge adulte v viril; virilité f; érett ~ban en pleine maturité
férfiszabó tailleur m pour hommes v pour messieurs
férfiúi [~ak, ~t] d'homme; viril; de mâle
férges [~ek, ~et, ~e] 1. véreux, -euse; piqué(e) de ver; 2. (hús, sajt) pourri; parasité, -e; 3. orv: vermineux, -euse
fergeteg [~ek, ~et, ~e] ouragan m; tempête; trombe f (du vent); orage m; tourmente f (átv. is)
férj [~ek, ~et, ~e] mari; époux m; jog: conjoint m; az ön ~e Monsieur votre mari; ~hez ad vkihez marier q à q v avec q; ~hez megy se marier; prendre un mari; ~hez megy (vkihez) épouser q; se marier avec q; nem megy ~hez rester demoiselle; ~nél van elle est mariée
férjes [~ek, ~et] mariée
férji [~ek, ~t] marital, -e; de mari
férőhely place couchée
ferromágneses ferromagnétique
ferromangán ferro-manganèse m
fertő [~k, ~t, ~je] átv: bourbier m; boue; fange f; cloaque m; ~ben él vivre dans la fange; a bűn ~je la boue de vice
fertőtlenít [~ettem, ~ett, ~sen] (folyadékot, sebet) désinfecter; antiseptiser; aseptiser; (főzéssel) stériliser
fertőtlenítés désinfection f; (főzéssel) stérilisation f
fertőtlenítő [~t] antiseptique; désinfectant, -e; ~ intézet institut m de désinfection; ~ szer désinfectant; antiseptique m

fertőz [~tem, ~ött, ~zön] contaminer; infecter
fertőzés contagion; infection; contamination f; ~ állatok útján transmission par les animaux; ~ útja mode m de contage; ~ útján par contagion
fertőzéses [~ek, ~t] infectieux, -euse; contaminé; contagionné, -e
fertőző [~k, ~t; ~en] infectieux; contagieux, -euse; infectant; virulent, -e; ~ beteg contagieux, -euse n; ~ betegség maladie infectieuse v microbienne
feslés 1. décousure f; 2. növ: déhiscence f
feslett [~ek, ~et; ~en] 1. décousu; défait, -e; 2. átv: dissolu; dévergondé; déréglé; relâché; libertin, -e; ~ életet él vivre dans le désordre; ~ (életű) nő gourgandine; femme f de mœurs légères
feslettség dévergondage m; désordres m pl; dérèglement m; inconduite f
fess [~ek, ~et] chic (nőn. is)
fest [~ettem, ~ett, fessen] I. (tgy i) 1. peindre; colorer; teinter; (falat, szobát) peindre; badigeonner; (festményt) peindre; brosser; (vízfestékkel) laver; tarkán, sok színre ~ barioler; 2. átv: peindre; dépeindre; 3. iniciálékat ~ (egy kódexbe) enluminer (un manuscrit); 4. (vegyi anyag) colorer; 5. (ruhát) teindre; 6. (arcot) maquiller; farder; grimer; 7. ~i magát se farder; mettre du fard; II. (tgyl i) avoir l'air de qc
festék [~ek, ~et, ~e] 1. couleur f; colorant m; ~et felken, felrak appliquer v étendre v étaler les couleurs; (műv) coucher; ~et vízzel kever délayer des couleurs; 2. (falfesték) badigeon m; 3. nyomd, bélyegző encre f; 4. (ruhafesték) teinture f; 5. (arcfesték) fard; rouge m; 6. (bőrben, hajban) pigment m
festékanyag matière v substance colorante; colorant m
festékdoboz boîte f de peinture v aux couleurs v de couleurs

festékipar industrie *f* des colorants *v* des matières colorantes
festékpárna tampon *m;* nyomd: balle *f*
festékszalag *(írógépen)* ruban encreur *m*
festés 1. peinture *f;* **2.** *(ruháé)* teinture *f;* elsőrendű ~ grand-teint *m;* **3.** *(falé)* badigeonnage *m;* *(falon)* peinture; badigeon *m;* **4.** *(arcé)* maquillage *m*
festészet peinture *f;* l'art *m* de peindre
festett [~ek, ~et; ~en] **1.** peint; coloré, -e; **2.** *(ruha)* teint, -e; **3.** ~ arc visage fardé *v* maquillé
festmény peinture; toile *f*
festő [~k, ~t, ~je] **1.** peintre *m;* **2.** *(mázoló)* peintre (en bâtiment); *(ruhafestő)* teinturier, -ière *n*
festői [~ek, ~t] **1.** pittoresque; évocateur, -trice; **2.** *(festészet)* pictural, -e
festőkönyv *(gyerekeknek)* album *m* de coloriage
festőművész artiste peintre; peintre *m*
festőpárna tampon *m;* boîte *f* à tampon
fésű [~k, ~t, ~je] **1.** peigne *m;* **2.** tex: *(szövőszéken)* ros; rot *m;* *(kártoló)* carde; peigne *f*
fésül [~tem, ~t, ~jön] **1.** peigner; donner un coup de peigne à q; *(hajviseletre)* coiffer; **2.** tex: peigner
fésülködik [~tem, ~ött, ~jék *v* ~jön] se coiffer; se peigner; se donner un coup de peigne
fésűsfonógyár filature *f* de peigné
feszeget 1. *(zárat)* essayer de forcer *v* de faire sauter; **2.** *(kérdést)* insister sur qc
fészek [fészkek, fészket, fészke] **1.** nid *m;* *(ragadozóé)* aire *f;* **2.** *(rablóké)* repaire *m;* **3.** kis ~ *(városka)* trou; patelin *m* nép; **4.** *(mozgalomé)* foyer; noyau *m;* **5.** *a baj (betegség) fészke* le siège du mal
fészekrakás nidification *f*
feszélyez [~tem, ~ett, ~zen] gêner; nem ~i magát il ne se gêne pas
feszélyezettség contrainte; (sentiment de) gêne *f*
fészer [~ek, ~t, ~e] *(nyitott)* appentis *m;* *(csukott)* remise *f;* hangar *m;* resserre *f*

feszes [~ek, ~et] **1.** tendu, -e; **2.** *(ruha)* collant; étroit; moulant, -e; juste; *(nyakon, gallér)* engoncé, -e; **3.** *(tartás)* raide; roide; **4.** *(ember, modor)* gourmé; compassé, engoncé; guindé; empesé, -e
feszesség 1. tension *f;* **2.** raideur; roideur *f*
feszít [~ettem, ~ett, ~sen] **I.** *(így i)* **1.** tendre; bander; tirer; étendre; distendre; *ép:* ~*ett szerkezet* structure précontrainte; **2.** *vmi közé* ~ serrer dans qc; **3.** *vminek* ~ caler *v* arc-bouter contre qc; **II.** *(tgyl i)* **1.** *(rugó)* repousser; **2.** *(ruha)* gêner; **3.** *(henceg)* plastronner
feszítőrúd levier *m*
feszítőrugó ressort tendeur; ressort de traction
feszítővas ciseau à froid; anspect *m;* *(betörőé)* pince monseigneur *f*
fészkel [~tem, ~t, ~jen] faire son nid; nidifier; nicher
fészkelődik [~tem, ~ött, ~jék *v* ~jön] s'agiter *(széken:* sur son siège)
fesztáv(olság) 1. portée *f;* entre-pilastre; empan *m;* *(hidaknál)* ouverture *f;* **2.** *rep:* envergure *f*
fesztelen sans gêne; sans façon *v* contrainte; désinvolte
fesztelenség sans-gêne; sans-façon *m;* désinvolture *f;* abandon *m;* aisance *f*
feszül [~tem, ~t, ~jön] **1.** se tendre; tirer; **2.** *(vitorla)* se gonfler; **3.** *(ruha)* tirer; coller; ~ rajta a ruha ses vêtements moulent sa taille
feszült [~ek, ~et] **1.** tendu; distendu, -e; **2.** ~ figyelem *v lelkiállapot* tension *f* d'esprit; ~ figyelemmel kísér suivre avec une attention extrême; ~ várakozás attente impatiente
feszültség 1. tension *f;* műsz: contrainte *f;* **2.** *ép:* effort *m;* **3.** *vill:* tension *f;* kis, nagy, gyenge, erős ~ basse, haute, faible, forte tension; **4.** *(lelki)* ~ tension (d'esprit); a ~ enyhülése la détente
feszültségerősítés amplification *f*
feszültségesés chute *v* baisse *f* de tension
feszültségkülönbözet différence *f* de potentiel *v* le tension

feszültségmérő 1. voltmètre m; 2. indicateur m de pression
feszültségnövekedés survoltage m
fetreng [~tem, ~ett, ~jen] 1. se vautrer; se rouler; 2. (tócsában) se vautrer; patrouiller; bűnben ~ se vautrer dans le vice
feudális [~ok, ~at; ~an] féodal, -e
feudalizmus féodalisme m; féodalité f; régime féodal
feudálkapitalizmus capitalisme féodal
fez [~ek, ~t, ~e] fez; chéchia m
fiadzik [~ott, ~zék v ~zon] mettre bas; faire des petits; se multiplier
fiastyúk csill: Fiastyúk les Pléiades f; la Poussinière
fiatal [~ok, ~t] I. (mn) 1. jeune; de fraîche date; (ifjú) jeune; adolescent, -e; juvénile: (korai) précoce; (leendő) en herbe; ~ házas jeune v nouveau marié; jeune v nouvelle mariée; ~ koromban du v au temps de ma jeunesse; ~ leány jeune personne; jeune fille; ~ növény jeune plante f; 2. ~abb plus jeune; cadet, -ette; puîné, -e; két évvel ~abb, mint én il est mon cadet de deux ans; 3. legfiatalabb ld: külön; II. (fn) a ~ok la jeunesse; les jeunes
fiatalít [~ottam, ~ott, ~son] 1. rajeunir; 2. (ruha) faire jeune; 3. ~ja magát se rajeunir
fiatalkorú [~ak, ~at] I. (mn) de jeune âge; mineur; ~ bűnözés délinquence juvénile f; II. (fn) mineur(e) n; ~ak bírósága v törvényszéke tribunal m pour enfants et adolescents
fiatalodik [~tam, ~ott, ~jék v ~jon] rajeunir
fiatalos [~ak, ~at] juvénile; jeune; adolescent; pimpant, -e
fiatalság jeunesse; verdeur f; ~ában dans sa jeunesse; kora ~ában dans sa toute jeunesse; en sa prime jeunesse
ficam(odás) [~ok, ~ot, ~a] orv: déboîtement m; luxation f
ficánkol [~tam, ~t, ~jon] 1. (küszködve) se débattre; se tortiller; 2. (hal stb.) frétiller; 3. (vígan) frétiller; gambader; (ló) caracoler

fickó [~k, ~t, ~ja] gars; gaillard m; (fiatal) gamin; galopin m; bátor ~ un fier v fameux gars v cadet
ficsúr [~ok, ~t, ~a] dameret; damoiseau; jeune beau
fifikus 1. fin, -e; malin, -igne; finet, -ette; politique; ~ ember finaud m; 2. (okoskodás) spécieux, -euse
figura [-ák, -át, -ája] 1. ret: figure f; 2. (ábrázoláson) sujet (artistique) m; 3. pej: oiseau m biz; fantoche m; 4. sakk: pièce f; (dáma) pion m; 5. sp, tánc: figure f; 6. biz: truc m; van ilyen ~ ça existe
figyel [~tem, ~t, ~jen] I. (tgyl i) 1. prêter attention; suivre; ~ vmire prêter une oreille attentive v l'oreille à qc; faire attention à qc; nem ~ avoir de la dissipation; être distrait(e); ~j ide! tiens! 2. (ügyelve) ouvrir l'œil; être v se tenir en éveil; (vmire) veiller à qc; faire attention à qc; surveiller qc; (vkire) veiller sur une personne; II. (tgy i) 1. (vmit) fixer; observer; surveiller; avoir l'œil sur q v à qc; (kémlelve) épier; 2. (rendőr) filer; 3. önmagát ~i se surveiller
figyelem [-lmet, -lme] 1. attention f; feszült ~ contention f (d'esprit); figyelem! attention! a ~ középpontjába kerül être l'objet de l'attention générale; A közönség -lmébe! Avis au public; ~be jön entrer en ligne de compte; considérer; faire état de qc; nem vesz ~be vmit passer outre à qc; laisser passer; ~be véve (vmit) en considération de qc; eu égard à qc; -lmen kívül hagy laisser de côté; négliger; passer sous silence; ~re méltat prêter v vouer son attention à qc; ~re méltó digne d'attention v de considération; considérable; a -lmet ébren tartja maintenir v soutenir l'attention; elkerüli vkinek a -lmét échapper à (l'attention de) q; passer inaperçu(e) de v à q; vkire a -lmet felhívja donner cours à q; -lmet vmire irányítja reporter l'attention vers q; leköti vkinek a -lmét

figyelmes 286 **filológus**

capter *v* captiver l'attention; *minden -lmét megérdemli* mériter toute son attention; *-lmét megfeszíti* appliquer toute son attention à qc; bander son esprit; *megkettőzi -lmét* redoubler d'attention; *-lmet tanúsít vki iránt* avoir *v* témoigner des égards pour q; *magára tereli a -lmet* attirer *v* piquer l'attention; *nagy ~mel* avec une profonde attention; avec beaucoup de soin; *~mel hallgat* prêter une oreille attentive à qc; *nagy ~mel vizsgál* se pencher sur qc; 2. *(figyelmesség)* attentions *f pl;* marque *f* d'attention; égards *m pl* (pour q); *elhalmozza -lme jeleivel* combler d'attentions (et de prévenances); 3. *(tekintet vmire)* égard à qc; considération de qc; *hálás vagyok a ~ért* je suis très sensible à cette marque d'attention
figyelmes [~ek, ~et] 1. *(aki figyel)* attentif, -ive; 2. *(előzékeny)* prévenant (envers); plein(e) d'attention (pour q)
figyelmetlen 1. inattentif, -ive; *(tanuló)* dissipé, -e; 2. *(vki iránt)* manquer d'égards pour q
figyelmetlenség 1. inattention; inadvertance; inconsidération *f;* *(iskolai)* dissipation *f;* 2. *(vki iránt)* manque *m* d'égard
figyelmeztet 1. *(értesít)* avertir q (de qc); prévenir q (de qc); aviser q (de qc); 2. *(felhívja a figyelmet)* faire remarquer qc à q; rappeler qc à q; signaler qc à q; 3. *(óva int)* mettre en garde (contre qc); *(fenyegetően)* sommer q de *(inf)*
figyelmeztetés 1. avertissement; avis; préavis *m;* 2. *(intő)* mise en garde; recommandation *f;* *(hivatalos)* mise en demeure; sommation *f; minden ~ nélkül* sans crier gare
figyelmeztető [~k *v* ~ek, ~t; ~en] I. *(mn)* indicatif, -ive; *~ jelzés* signal avertisseur; *~ lövést ad le* lâcher un coup de semonce; *~ tábla* tableau indicateur; *aut:* poteau *m* de signalisation; II. *(fn)* avertisseur *m*

figyelő [~k, ~t] I. *(mn)* attentif, -ive; II. *(fn)* 1. observateur; spectateur, -trice *(n);* 2. *kat:* guetteur *m*
fikció [~k, ~t, ~ja] fiction *f*
filc [~ek, ~et, ~e] feutre *m*
filharmonikus I. *(mn)* philharmonique; orphéonique; II. *(fn)* philharmonique *m*
fillér [~ek, ~t, ~e] filler *m; nincs egy ~em se* je n'ai pas le sou *v* un rouge liard
film [~ek, ~et, ~je] 1. *fényk:* pellicule *f;* 2. *(mozi)* film *m;* bande *f; ~re alkalmaz* réaliser; mettre à l'écran; *~re átdolgoz* adapter à l'écran; *~re felvesz* filmer; *~et forgat, felvesz* tourner *v* réaliser un film
filmcsillag vedette *v* star *f* de cinéma
filmez [~tem, ~ett, ~zen] I. *(tgy i)* filmer; produire; tourner; II. *(tgyl i) (színész)* tourner
filmfelvétel prise *f* de vue (cinématographique); tournage *m*
filmfelvevőgép caméra *f;* appareil *m* de prises de vue
filmhíradó actualités *f pl;* film d'actualité; éclair-journal *m*
filmipar industrie *f* du film *v* cinématographique
filmkocka image(-film) *f*
filmkölcsönző distributeur *m*
filmművészet art cinématographique; le septième art; cinématographie *f*
filmoperatőr opérateur (de film); caméraman *m*
filmregény roman-ciné *m*
filmrendező réalisateur, -trice *n;* cinéaste *n*
filmszalag bande *f* de pellicule
filmszerű filmique; cinématographique
filmszínész acteur *m* de cinéma; *híres ~* vedette *v* star *f* de cinéma
filmszínház cinéma; ciné; théâtre filmé *v* cinématographique; salle *f*
filmszövegíró scénariste *n*
filmsztár vedette *v* star *f* de cinéma
filmtéma sujet *m* pour un film
filmváltozat adaptation (cinématographique) *f*
filológia [-át, -ája] philologie *f*
filológus philologue *n*

filoxéra [-ák, -át, -ája] phylloxéra *m*
filozófia [-ák, -át, -ája] philosophie *f*
filozófiai [~ak, ~t] philosophique
filozófus philosophe *m*
finálé [~k, ~t, ~ja] finale *m*
finn [~ek, ~t; ~ül] I. *(mn)* finnois; finlandais, -e; II. *(fn)* Finlandais; Finnois, -e *n*
finnugor finno-ougrien, -enne
finom [~ak, ~at] 1. *(minőségben)* fin, -e; délicieux, -euse; exquis, -e; délectable; *(gyártmány így is)* de (grande) marque; 2. *(vonal)* fin; délié, -e; 3. *(ízlés)* exquis; délicat; raffiné, -e; 4. *(elme)* délié; subtil, -e; 5. *(modor)* distingué, -e; 6. *irod:* ~ *stílus* style soutenu; 7. *tex:* ~*abbra sodor (fonalat)* surfiler; 8. *a leg*~*abb (drágakő)* de la première *v* de la plus belle eau; ~ *beállítás* mise *f* au point; réglage précis; ~ *bor* vin fin; *(ízes)* vin fruité; ~ *bőr* peau délicate; ~ *célzás* allusion délicate; ~ *eltérés* nuance *f*; ~ *falat* morceau délicat; ~ *hallása van* avoir l'oreille délicate; ~ *megkülönböztetés* différenciation *v* discrimination subtile; ~ *megmunkálás* travail *m* de précision; ~ *mosoly* fin sourire; ~ *orra van* avoir le nez fin
finomít [~ottam, ~ott, ~son] 1. *(cukrot, papírt, kőolajat)* raffiner; 2. *(gyapjút, fémet)* affiner; 3. *(alkoholt)* rectifier; 4. *(bőrt)* corroyer; 5. *vegy:* subtiliser
finomítás 1. *(cukoré, papíré, kőolajé)* raffinage *m*; raffinerie *f*; 2. *(fémé, gyapjúé)* affinement; affinage *m*; 3. *(alkoholé)* rectification *f*; 4. *(bőré)* corroyage *m*; 5. *vegy:* subtilisation *f*
finomító [~k, ~t, ~ja] 1. *(gyár)* raffinerie *f*; 2. *(fémfinomító)* affinerie *f*; 3. *(munkás)* raffineur; finisseur, -euse *n*
finomkodó [~k, ~t; ~an] raffiné; recherché; affecté; maniéré, -e
finomliszt fine fleur de farine
finommechanika mécanique *f* de précision
finomság 1. *(anyagé)* finesse *f*; 2. *(fonalé, huzalé)* ténuité *f*; 3. *(aranyé,* *stb.)* titre (légal); aloi *m*; 4. *(papíré)* grain *m* (du papier); 5. *(csipkéé, hímzésé)* délicatesse; légèreté *f*; 6. *(illaté, ételé, színé)* délicatesse; 7. *átv:* délicatesse; raffinement *m*; *(elméé)* subtilité *f*
fintorgat; fintorít *(~ja az arcát* v *orrát)* faire une grimace *v* des grimaces *v* des simagrées; faire la moue; *arcát ~ja* grimacer
finnyás [~ak, ~at; ~an] délicat, -e; difficile; douillet, -ette
finnyáskodik [~tam, ~ott, ~jék *v* ~jon] faire le délicat *v* le difficile *v* le renchéri
finnyásság délicatesse; préciosité *f*
fiók [~ok, ~ot, ~ja] 1. *(bútorfiók)* tiroir *m*; 2. *(rekesz)* casier *m*; 3. *ker:* succursale; filiale *f*; comptoir *m*
fióka [-ák, -át, -ája] petit *m*
fiókpénztár caisse de quartier; succursale *f* de la caisse
Firer.ze [-ét] Florence *f*
firenzei [~ek, ~t] florentin, -e
firkál [~tam, ~t, ~jon] 1. griffonner; gribouiller; 2. *összevissza* ~ *(rossz dolgokat)* écrivailler; noircir du papier *gúny*
firkálás 1. griffonnage; gribouillage *m*; 2. *(sok haszontalan)* paperasse(rie) *f*
firma [-ák, -át, -ája] 1. firme; maison *f*; 2. *gúny: jó* ~ un bel oiseau
firtat approfondir qc; s'appesantir sur qc; insister sur qc
fiskus fisc *m*
fisz [~ek, ~t] *zen: fa* dièse *m*
fisztula [-ák, -át, -ája] *orv:* fistule *f*
fitogtat *(~va mutat)* étaler; faire montre *v* étalage *v* parade *v* ostentation de qc; afficher; exhiber
fitos [~ak, ~at; ~an] *(orrú)* au nez mutin *v* retroussé
fitying [~et, ~je] fifrelin *m*; *egy (árva) ~je sincs* n'avoir pas un rouge liard
fitymál [~tam, ~t, ~jon] *(vmit)* faire fi de qc; faire peu de cas de qc; *~va* du bout des lèvres
fittyet *hány vkinek, vminek* narguer q; rire de qc

fiú [~k, ~t, fiam, fia, fiunk, fiatok, fiuk, fiaim, fiaink, fiaik] 1. garçon; jeune homme *m*; 2. *(szülőkkel viszonylatban)* fils *m*; *fiaink* nos fils; *(messzebb utódok)* nos petits-neveux **fiúcska** bambin; garçonnet; petit garçon; gamin *m* **fiúi** [~ak, ~t] filial, -e **fivér** [~ek, ~t, ~e] frère *m* **fix** [~et] I. *(mn)* 1. fixe; ~ *fizetés* (traitement) fixe; 2. *(szerkezetről)* dormant, -e; inamovible; fixe; 3. *átv*: cadre fixe *m*; 4. *ker*: ferme; II. *(fn)* fixe *m*; III. *(hat) ker*: *fix* v *fixre* ferme; ~*re vesz* acheter ferme **fixa idea** idée fixe; idée-force *f* **fixíroz** [~tam, ~ott, ~zon] regarder avec insistance; fixer **fizet** I. *(tgy i)* 1. payer; débourser; verser; *(leszámolva)* compter; *többet* ~ *(vmiért)* surpayer qc; *mennyit* ~*tél érte?* combien l'as-tu payé? 2. *(számlát, tartozást így is:)* solder; régler; 3. *(vállalkozást)* financer; *(társ)* commanditer; *a kamatot* ~*i* payer *v* servir l'intérêt; 4. *(szolgálatot)* rétribuer; rémunérer; 5. *(ételt, italt, helyet, stb. másnak)* offrir; 6. *(vkit)* appointer; rétribuer; 7. *(kémet, lapokat)* solder; soudoyer; II. *(tgyl i)* 1. payer, casquer *biz*; 2. *(vmiért)* payer; *biz: ő* ~*i a cechet* c'est lui qui va payer les violons; 3. *(jövedelmez)* donner; faire **fizetés** 1. *(összegé)* paiement; payement; versement; remboursement *m*; ~ *ellenében* contre paiement *v* remboursement; *nem* ~ non-payement *m*; 2. *(számláé)* payement; *(tartozásé)* acquittement; règlement *m*; 3. *(a fizetés ténye)* paiement; prestation *f*; 4. *(szolgálaté, emberé)* rémunération; rétribution *f*; 5. *(javadalom)* traitement *m*; appointements *m pl*; *(munkásé)* salaire *m*; paye *f*; *(alkalmazotté)* salaire; gages *m pl*; *(katonáé)* solde *f*; ~*ét emeli vkinek* augmenter q; ~*t felvesz* v *húz* toucher des appointements; *(vkitől)* être appointé(e) par q; *(költségvetésben, lajstromon)* émarger

fizetéscsökkentés abattement *m*; diminution *f* du traitement **fizetésemelés** augmentation *f* (de traitement); (r)ajustement *v* relèvement *m* des traitements **fizetési** de paiement; rémunératoire; ~ *eszköz* instrument *m* de paiement; ~ *felszólítás* rappel *m* de compte; sommation *f* de payer; ~ *halasztás* atermoiement *m*; *(törvényes)* moratoire *m*; ~ *jegyzék* v *ív* bulletin *m* de paye; *(állami alkalmazotté)* feuille *f* d'émargement; ~ *meghagyás* sommation *f* de paiement; ordonnance *f*; *(megbízás)* mandat *m* de paiement; ~ *mérleg* balance *f* de paiements; *(egyes országok között)* balance des comptes; solde *f* des payements; ~ *módozatok* modalités *f pl* de paiement; ~ *nap (béré)* jour de paie; *(váltóé)* terme *m*; ~ *osztály* classe *f* de traitement; ~ *pótlék* supplément *m* de traitement **fizetésképtelen** insolvable **fizetésletiltás** suspension *f* de traitement **fizetésnélküli** *szabadság* congé *m* sans salaire *v* traitement *v* *(kat:)* solde *f* **fizetésrendezés** réajustement *v* rajustement *m* des traitements **fizetetlen** impayé; non payé; non rétribué, -e **fizetett** [~ek, ~et] *(számla)* payé; soldé; acquitté, -e; *(ember)* salarié; rétribué; -e; *pej*: stipendié; soudoyé, -e; ~ *szabadságra utazik* partir en congés payés **fizetőeszköz** instrument monétaire *m* **fizetőhely** *(nem ingyenes)* place payante **fizetővendég** hôte payant **fizetve** *(számlán)* pour acquit; dont quittance **fizika** physique *f* **fizikai** physique; ~ *dolgozó* v *munkás* (travailleur) manuel *m*; ~ *lehetetlenség, hogy* il est matériellement impossible que *(subj)* **fizika-kémiai** chimico-physique; physico-chimique **fizikum** [~ok, ~ot, ~a] physique *m*; constitution *f* **fizikus** physicien, -enne *n*

fiziológia [-át] physiologie *f*
flamand [~ok, ~ot; ~ul] flamand, -e
flamingó [~k, ~t, ~ja] flamant *m*
flanell [~ek, ~t, ~je] flanelle *f*
flastrom [~ok, ~ot; ~ja] 1. cataplasme; emplâtre *m;* 2. *átv: (vigasztaló)* fiche *f* de consolation
flegma [-át] flegme *m*
flegmatikus flegmatique
flitter [~ek, ~t, ~e] paillette *f;* clinquant *m*
flór [~ok, ~t] 1. (tissu de) fil *m;* 2. crêpe *m* de deuil
flóra [-át, -ája] flore *f*
flotta [-ák, -át, -ája] flotte *f; kereskedelmi* ~ flotte *v* marine marchande
flört [~ök, ~öt, ~je] flirt(age) *m*
fluor fluor *m;* ~ *tartalmú* flourifique
fluoreszkálás fluorescence *f*
fóbia *orv:* phobie *f;* phobisme *m*
fodor [fodrok, fodrot, fodra] 1. *(ruhán)* volant *m;* 2. *(ingmellen stb.)* jabot *m;* 3. *(haj)* boucle; frisette *f*
fodorít ~[ottam, ~ott, ~son] 1. *(hajat)* friser; mettre en boucles; crêper; 2. *(anyagot)* crêper; fraiser
fodormenta [-ák, -át] menthe crépue *v* frisée
fodrász [~ok, ~t, ~a] 1. coiffeur *m;* 2. *szính, film:* perruquier *m*
fodros [~at] 1. frisé; crépu; bouclé; annelé, -e; 2. *(ruha)* à volants; à ruches
I. *(ige)* **fog** [~tam, ~ott, ~jon] I. *(tgy i)* 1. *(kezében)* tenir; *(megragadva)* saisir; prendre; ~*d, nesze* tiens, prends; *a kezében* ~ tenir entre *v* dans ses mains; 2. *(halat, vadat, stb.)* prendre; capturer; attraper; 3. *(ellenséget)* capturer; faire prisonnier; 4. *(kocsi elé)* atteler *v* attacher à qc; 5. *munkára* ~ atteler à une besogne; 6. *zen: tisztán* ~*ja a hangot* il attaque bien la note *v* la corde; 7. *rád:* capter; prendre; 8. *fegyvert* ~ *vkire* braquer son arme sur q *v* contre q; 9. ~*ja magát* prendre son courage à deux mains; 10. *nem* ~*ja a golyó* être invulnérable; 11. *jog: perbe* ~ actionner; *ld még:*

19 Magyar–Francia kézi

per; 12. *szaván* ~ prendre au mot; II. *(tgyl i)* 1. *(vmihez, vmibe)* se mettre à *(inf) v* à qc; *nem tudom, hogyan* ~*jak hozzá* je ne sais comment *v* par quel bout m'y prendre; 2. *(szerszám, csavar, kés)* mordre; avoir du mordant; *átv: jól* ~ *az esze* avoir une vive compréhension; 3. *(maró anyag)* mordre à qc; 4. *(ceruza, kréta)* marquer; *(törlőgumi)* mordre; frotter; 5. *(ragasztó)* (se) coller; adhérer; tenir; 6. *(kelméről mosásban stb.)* décharger (sa couleur); déteindre; 7. *(vkin)* avoir prise sur q; *rajtam nem* ~ *az ilyesmi* avec moi, cela ne prend pas II. *(segédige)* **fog** *fog (és inf.)* = *jövő idő;* meg ~*ja érteni* il comprendra III. *(fn)* **fog** [~ak, ~at, ~a] 1. dent *f; alsó* ~ dent du bas; *elülső* ~ dent de devant; *ép* ~ dent saine *v* entière; *felső* ~ dent du haut; *hátulsó* ~ dent de derrière; *hamis* ~ fausse dent; *romlott* ~ dent cariée; *fáj a* ~*a* avoir mal aux dents; *mozog a* ~*am* j'ai une dent qui branle *v* qui se déchausse; ~*at húz* extraire *v* arracher une dent à q; ~*at piszkálja* se curer les dents; ~*at töm* combler *v* obturer une dent; 2. *(szólásokban) fáj v vásik a* ~*a vmire* en vouloir à qc; lorgner *v* convoiter qc; *kimutatja a* ~*a fehérét* montrer ses *v* les dents; ~*ához veri a garast* couper un liard en quatre; *mintha a* ~*át húznák* il semble qu'on lui arrache une dent; *a* ~*át feni vkire* avoir *v* garder une dent contre q; *otthagyja a* ~*át* mordre la poussière; 3. *(keréken, szerszámon)* cran *m;* dent (d'engrenage)
fogad [~tam, ~ott, ~jon] I. *(tgy i)* 1. *(vendéget)* recevoir; accueillir; *jól* ~ *vkit* bien accueillir; *köszönettel* ~ *vkitől vmit* accepter qc de q avec reconnaissance; *szívesen* ~ *vkit* faire bonne réception à q; *nem* ~ *vkit* refuser *v* condamner *v* consigner sa porte à q; *általános nevetés* ~*ta* il fut accueilli par un rire universel; 2. *(levélformulákban:)* ~*ja a legmé-*

fogadalom

lyebb tiszteletem kifejezését veuillez *v* daignez agréer mes hommages les plus respectueux; 3. *fiává* ~ adopter (pour fils); 4. *(munkást)* embaucher; *(bérel)* louer; *(alkalmazottat)* engager; prendre à gages; 5. *(elfogad)* accepter; 6. *(esküvel)* jurer (de és *inf)*; II. *(tgyl i)* 1. voir; voir *v* recevoir du monde; 2. *(orvos)* avoir des consultations; *az ügyvéd naponta* ~ l'avocat consulte tous les jours; 3. *(pénzbe)* parier; gager *(vkire:* pour q; *vmire:* sur qc); *mibe ~junk?* parions! *~ok bármibe* je vous le donne en mille; *~ni mernék, hogy* il y a gros à parier que
fogadalom [-lmak, -lmat, -lma] 1. *vall:* vœu *m;* -*lmat tesz (, hogy)* faire un vœu; faire vœu de *(inf);* -*lmat tett* profès *m;* professe *f;* 2. *jog:* *(esküpótló)* affirmation *f*
I. **fogadás** 1. réception *f;* 2. *(fogadtatás)* accueil *m:* réception
II. **fogadás** *(vmire)* pari *m;* gageure *f*
I. **fogadó** [~k, ~t, ~ja] auberge *f;* hôtel *m;* hôtellerie *f*
II. **fogadó** parieur; gageur, -euse *n*
fogadónap 1. jour *m* de réception *v* de visite; jour (fixe); 2. *(orvosé)* jour *m* de consultation
fogadós [~ok, ~t, ~a] aubergiste; hôtelier *m*
fogadott [~ak, ~at] adoptif, -ive
fogadtatás réception *f;* accueil; traitement *m*
fogalmaz [~tam, ~ott, ~zon] 1. rédiger; composer; *(futólag)* ébaucher; 2. *(szöveget)* libeller; dresser; formuler
fogalmazás 1. rédaction; composition *f;* *(futólagos)* ébauche; esquisse *f;* 2. *(szövegé)* formulation *f:* libellé *m;* 3. *isk:* composition *f*
fogalmazó [~k, ~t, ~ja] rédacteur; commis *m* (aux écritures)
fogalmazvány 1. brouillon *m;* 2. *(okmányé)* minute *f*
fogalom [-lmak, -lmat, -lma] 1. idée; notion *f;* 2. *fil:* concept *m;* 3. *(szólásokban:)* van *némi* -*lma vmiről* avoir une teinture *v* une notion

fogaskerekű

vague de qc; -*lmam sincs róla* je n'en ai pas *v* aucune *v* nulle idée
fogalomkör champ notionnel; extension *f*
fogalomzavar confusion *f* (d'idées); malentendu; quiproquo *m*
fogamzás conception *f*
fogamzásgátló anticonceptionnel, -elle; contraceptif, -ive
foganat [~a *v* ~ja] effet; succès *m;* vigueur *f;* nincs ~*ja* rester sans effet
foganatosít [~ottan, ~ott, ~son] opérer; effectuer; exécuter; pratiquer
fogantyú [~k, ~t, ~ja] 1. *(nyél)* manche *m;* poignée; queue; prise *f;* 2. *(boté)* pommeau *m;* 3. *(ládán)* portant *m;* anse *f;* 4. *(szerkezeten, gépen)* manivelle; manette *f;* 5. *(húzó)* tirette *f*
I. *(mn)* **fogas** [~ok, ~t, ~a] 1. *(lény)* ayant une dentition; muni de dents; 2. *(tárgy)* denté, -e; 3. ~ *kérdés* question captieuse *v* épineuse
II. *(fn)* **fogas** porte-manteau; portementeau *m;* *(előszobában)* vestiaire *m;* *(egyágú)* patère *f*
III. *(fn)* **fogas** *hal:* fogache *m;* sandre *f*
fogás 1. *(megragadás)* préhension *f;* prise *f;* maniement *m;* 2. *(torna, birkózás)* prise *f;* *kat:* *(fegyveré gyakorlatnál)* temps *m;* *(vívásban)* coup *m;* 3. *haj:* *(vitorlakurtításra)* ris *m;* 4. *bány:* kis ~*okkal* par passes; 5. *(esztergán)* profondeur *f* de passe; 6. *(vadé)* capture *f;* *(halé)* pêche *f;* *(hálóval)* coup *m* de filet; 7. *mez:* lot *m;* 8. *ált:* prise *f;* egy ~*ra* d'un seul coup; *első* ~*ra* au premier coup; 9. *(ügyes)* tour (de main); tour d'adresse; truc *m;* *(ravasz)* tour *m;* manœuvre; pratique; ruse *f;* 10. *(étel)* plat; mets; service *m;* három ~ trois plats
fogaskerék roue dentée *v* endentée
fogaskerékáttétel démultiplication *f* par engrenages
fogaskerekű *vasút* chemin *m* de fer à crémaillère

fogász [~ok, ~t, ~a] dentiste; stomatologiste *n*
fogászat médecine dentaire; stomatologie; odontologie *f*
fogászati *orv:* odontologique; stomatologique; ~ *rendelő* cabinet dentaire *m*
fogat attelage *m;* négyes~ attelage à quatre
fogatlan édenté, -e
fogaz [~tam, ~ott, ~zon] endenter; denteler
fogazás dentelure *f (bélyegen is);* denture *f*
fogazat 1. dentition; denture *f;* 2. *(bélyegé)* dentelure *f*
fogbél pulpe dentaire *f*
fogcsikorgatva 1. en grinçant des dents; 2. *átv:* à son corps défendant; à contre-cœur
fogda [-ák, -át, -ája] 1. *ld:* **fogház**; 2. *kat:* locaux disciplinaires *m pl;* salle *f* de police
fogdos [~tam, ~ott, ~son] 1. *pej: (összetapogatva)* tripoter; friper; manier; manipuler; *(nőt)* peloter; 2. *(vadász)* faire la chasse à qc; 3. *(embereket)* racoler
fogékony [~ak, ~at; ~an] 1. *(vmivel szemben)* réceptif, -ive (à qc); ouvert, -e à qc; 2. *(betegségre)* prédisposé(e) à qc; enclin(e) à qc; 3. *ált:* susceptible de qc; enclin(e) à qc; porté(e) à qc; *nem ~ (vmire)* insusceptible
fogfájás mal *m v* rage *f* de dents
foggyökér 1. racine *f v* bulbe *m* de dent; 2. *(odvas)* chicot *m*
fogható 1. préhensible; 2. *(vmihez)* assimilable à qc; comparable à qc; *hozzá* ~ de son envergure; de son calibre; *nincs hozzá* ~ il n'a pas son pareil
fogház prison; maison *f* d'arrêt *v* de détention *v* de correction; *rendőrségi* ~ dépôt *m*
fogházbüntetés prison *f;* emprisonnement *m*
foghíjas [~at; ~an] édenté, -e; brèche-dent *(n)*
foghús gencive *f*

foghúzás extraction *f* (de dent)
fogíny gencive *f*
fogkefe brosse *f* à dents
fogkő tartre dentaire *m*
fogkrém (pâte) dentifrice *f*
foglal [~tam, ~t, ~jon] I. *(tgy i)* 1. *állást, helyet, széket* ~ *ld:* **állás, hely, szék;** 2. *(követ)* sertir; monter; 3. *(cikket stb.)* insérer dans qc; 4. *magában* ~ renfermer; contenir; 5. *(erővel)* occuper; conquérir; 6. *(végrehajtó)* saisir; frapper de saisie; II. *(tgyl i)* procéder à une saisie
foglalás 1. *(hódítás)* occupation; conquête *f;* 2. *(kőé)* monture *f;* 3. *(szobáé)* réservation *f;* 4. *(bírói)* saisie; saisie-arrêt *f*
foglalat garniture *f;* châssis *m;* monture *f; (izzólámpáé)* douille *f; fényk: az objektív* ~*a* monture *f; vill: fali* ~ prise *f* de courant
foglalkozás 1. occupation; besogne *f;* 2. *(állandó)* métier *m;* occupation; profession *f;* emploi *m;* ~ *nélküli sans occupation v* profession; chômeur, -euse *(n); mi a* ~*a?* quelle est votre profession? ~*t keres, talál* chercher, trouver de l'emploi; ~*t hivatásszerűen űz* exercer habituellement une profession
foglalkozási professionnel, -elle; *orv:* ~ *betegség* maladie professionnelle; ~ *átképzés (balesetet szenvedetteké)* rééducation professionnelle
foglalkozik [~tam, ~ott, ~zék *v* ~zon] 1. *(vmivel)* s'occuper de qc *v* de *(inf);* être occupé(e) à *(inf);* s'employer à *(inf);* 2. *(foglalkozásszerűen) azzal* ~, *hogy* faire métier *v* profession de *(inf);* 3. *(főleg kárhoztatandó dologgal)* se livrer à qc; 4. *(hatóság, üggyel)* être saisi(e) de qc; 5. *(könyv, fejezet)* porter sur qc
foglalkoztatás occupation *f;* emploi *m*
foglalkoztatottság emploi *m; teljes* ~ régime *m* de plein emploi
foglaló arrhes *f pl;* acompte *m*
foglalt [~ak, ~at] occupé, -e; *(telefon)* pas libre; ~ *a vonal* la ligne est encombrée *v* prise

fogó [~k, ~t, ~ja] 1. *(szerszám)* pince *f; (nagy fogó)* tenailles *f pl;* 2. *(gépen)* bras; levier *m;* 3. *(foghúzó)* davier *m;* 4. *(szülészé)* forceps *m;* 5. *(játékban)* chat *m*
fogó(d)zik [~tam, ~ott, ~zék *v* ~zon] 1. *(vmibe)* se cramponner *v* s'accrocher à qc; 2. *(kerekek)* (s')engrener
I. **fogoly** [foglyok, foglyot, foglya; foglyul] I. *(mn)* 1. prisonnier, -ière; *foglyul esik* tomber en captivité; 2. *(letartóztatott)* détenu, -e; II. *(fn)* 1. prisonnier, -ière *n;* 2. *(letartóztatott)* détenu, -e *n*
II. **fogoly** *(madár)* perdrix *f*
fogolytábor camp *m* de prisonniers
fogorvos (chirurgien) dentiste *m*
fogpaszta; fogpép pâte dentifrice *f*
fogpiszkáló cure-dent *m*
fogság captivité; détention *f;* ~*ba esik* être fait *v* devenir prisonnier; tomber en captivité
fogságbüntetés réclusion *f;* emprisonnement *m*
fogsor 1. rangée de dents; denture; arcade dentaire *f;* 2. *(hamis)* dentier; râtelier *m;* prothèse *f* de l'arcade
fogtechnikus mécanicien(ne) dentiste *n*
fogtömés obturation *f v* plombage *m* (de dent)
fogüreg alvéole (dentaire) *m*
I. **fogva** 1. *vminél* ~ en tenant *v* en prenant par qc; 2. ~ *tart* détenir (en prison)
II. *(hat)* **fogva** 1. *(idő)* à partir de; depuis; dès; à dater de; *mától* ~ à partir d'aujourd'hui; 2. *(ok)* à cause de; pour; en raison de; eu égard à; en vertu de; *annál* ~, *hogy* étant donné que; vu que; 3. par; *a végénél* ~ par le bout
fogvájó cure-dent *m*
fogzás pousse *v* poussée *f* des dents
fogzik [~ottam, ~ott] faire *v* percer *v* mettre *v* pousser ses dents; les dents lui poussent
fogzománc émail *m* (de la dent)
fogy [~tam, ~ott, ~jon] 1. diminuer; être en diminution; décroître; *(használat folytán)* s'épuiser; manquer;

(készlet, szám) se réduire; *a hold* ~ la lune décroît; *ereje* ~ *(beteg)* ses forces déclinent; *(kimerült)* il est à bout; *a könyv jól* ~ le livre se vend bien *v* s'écoule bien; 2. *(testileg)* maigrir; (s')amaigrir
fogyás 1. *(mennyiségi)* diminution; décroissance *f;* 2. *(holdé)* décroissement; décours *m;* 3. *(testi)* amaigrissement *m*
fogyaszt [~ottam, ~ott, -asszon] 1. *(mennyiségileg)* diminuer; amoindrir; 2. *(hasznos anyagot)* consommer; *ételeket* ~ consommer des aliments; 3. *(nyilv.* étteremben*)* consommer; *(italt)* prendre; absorber; 4. *(testileg)* faire maigrir; ~*ja magát (nő)* se faire maigrir; 5. *(kötésnél)* diminuer
fogyasztás 1. *(mennyiségben)* diminution *f;* amoindrissement *m;* réduction *f;* 2. *ált:* consommation *f;* 3. *(nyilv.* éttermi*)* consommation; 4. *(testi)* amaigrissement (artificiel); 5. *(kötésen, horgoláson)* diminution
fogyasztási *adó* impôt *m* sur la consommation; ~ *alap* fonds *m* de consommation; ~ *cikk* article *v* moyen *m* de consommation; bien *m* de consommation; ~ *képesség* capacité *f* d'absorption; ~ *szövetkezet* (société) coopérative *f* de consommation
fogyasztó [~k, ~t, ~ja] I. *(mn)* 1. consommateur, -trice; 2. *(testileg)* amaigrissant, -e; II. *(fn)* 1. consommateur, -trice; 2. *(közüzemi)* usager *m;* 3. *(vendéglői)* consommateur, -trice
fogyasztópiac débouché *m; (élelmiszeré)* marché *m* de consommation
fogyasztóterület débouché *m*
fogyatékos [~ak, ~at] I. *(mn)* 1. défectueux, -euse; déficient, -e; insuffisant, -e; ~ *ismeretek* connaissance incomplète; 2. *orv:* déficient, -e; vicié, -e; II. *(fn) orv:* déficient, -e *n*
fogyatékosság 1. imperfection; insuffisance; défience; tare *f;* 2. *(testi)* infirmité *f; (lelki)* tare; déficience *f*
fogyatkozás *(égitesté)* éclipse *f*

fogyó *hold* lune décroissante; ~ *készletek* stocks v provisions qui vont s'épuiser
fogyta épuisement *m; élete -áig* à vie; jusqu'à sa *v* la mort; *-án van* être sur le point de s'épuiser; s'épuiser; *-án van a pénze* être à court d'argent
fohász [~ok, ~t, ~a] *vall:* prière; oraison *f*
fojt [~ottam, ~ott, ~son] étouffer
fojtás *(töltényben)* bourre *f*
fojtó [~k, ~t; ~an] 1. *(füst, szag)* acre; étouffant, -e; 2. *(levegő)* irrespirable; suffocant, -e; *(gáz)* asphyxiant, -e
fojtogat 1. *vkit* ~ serrer le cou à q; 2. *(szag, füst)* prendre à la gorge; oppresser; 3. *(érzés)* étreindre; *a düh ~ja* il suffoque de colère
fojtógáz suffocant; gaz asphyxiant
fok [~ok, ~ot, ~a] 1. *(hegy)* cap; promontoire *m;* 2. *(lépcsőé)* degré *m;* marche *f;* 3. *(beakasztható)* cran; crochet *m;* 4. *kalapács ~a* panne *f; a kés ~a* le dos du couteau; *a tü ~a chas m;* 5. *(beosztásban)* degré; échelon *m;* 6. *(hőmérőn)* degré *m; 20 ~ot mutat* marquer 20 degrés; *10 ~ hidegben* par 10 degrés de froid; *egy ~kal süllyed* baisser *v* descendre d'un degré; *egy ~kal emelkedik* monter d'un degré; 7. *müsz:* étage; taux *m;* 8. *fiz, vegy:* état *m;* 9. *(szeszé)* titre *m;* 10. *mat: egy egyenlet ~a* le degré d'une équation; 11. *(nemességi)* quartier *m* (de noblesse); 12. *kat:* grade *m;* 13. *átv:* degré; échelon; cran; stade *m; rokonság ~* degré de parenté; *az iparosítás ~a* le degré d'industrialisation; *dipl: a legmagasabb ~on folyó tárgyalások* pourparlers à l'échelon le plus élevé; *~ról ~ra* d'échelon en échelon; de marche en marche; successivement; 14. *(hatósági, bírósági)* instance *f;* degré; *első ~on* en premier ressort
fóka [-ák, -át, -ája] 1. phoque *m;* 2. *átv: vén tengeri ~* loup *m* de mer
fokhagyma ail *m; egy fej ~* une tête d'ail; *egy cikk, gerezd ~* gousse *f* d'ail

fokoz [~tam, ~ott, ~zon] 1. intensifier; activer; accroître; augmenter; *~za a nehézségeket* multiplier les difficultés; *~za a termelést* intensifier *v* accélérer *v* augmenter la production; 2. *(érzést)* exalter; exaspérer; *a végsőkig ~* pousser au paroxysme; 3. *fiz:* élever; 4. *~za a sebességet* accélérer le mouvement; 5. *nyelv:* former le comparatif et le superlatif de qc
fokozat 1. degré *m;* étape; phase; échelle *f;* échelon; stade *m;* 2. *(fizetési)* échelon; 3. *kat, egyetemi:* grade *m;* 4. *fiz, vegy:* état *m*
fokozatos [~ak, ~at] graduel, -elle; progressif; successif, -ive; proportionnel, -elle; ~ *csökkenés* diminution graduelle, ~ *emelkedés* augmentation graduelle
fokozatosság 1. gradation; échelle *f;* 2. *(adóé)* progressivité *f*
fokozódás 1. accroissement *m;* augmentation; propagation *f;* 2. *fiz: (feszültségé)* élévation *f*
fokozódik [~ott, ~jék *v* ~jon] 1. grandir; augmenter; s'accroître; 2. *(érzelem)* être exalté(e); s'exalter; s'exaspérer
fokozott [~ak, ~at] 1. accru; redoublé; intensifié, -e; ~ *figyelemmel kíséri* suivre avec une attention soutenue; ~ *mértékben* dans une plus grande *v* large mesure; 2. *(érzés)* exalté; exaspéré, -e
fókusz [~ok, ~t, ~a] 1. foyer *m;* 2. *mat:* point focal
fólïáns [~ok, ~t, ~a] in-folio *m*
folklór folklore *m*
folklorista [-ák, -át, -ája] folkloriste *n*
folt [~ok, ~ot, ~ja] 1. *(ruhára, edényre tett)* pièce *f;* 2. *(piszok)* tache; souillure *f; ~ot ejt vmin* entacher *v* tacher qc; *~ot kivesz vmiből* détacher qc; ôter *v* enlever une tache de qc; 3. *(gyümölcsön)* meutrissure *f;* 4. *átv:* tache *f; ~ot ejt becsületén* entacher son honneur
foltos [~at; ~an] 1. taché; tacheté; maculé; souillé, -e; lépreux, -euse; 2. *(gyümölcs)* tavelé, meutri, -e;

3. *(drágakő)* gendarmeur; glaceux; jardineux, -euse; 4. *(kő, márvány)* terrasseux, -euse; 5. ~ *fénymázú (cserépedény)* ponctué, -e; 6. *orv:* couvert(e) de taches; maculé, -e; *(himlőhelyes, ragyás)* grêlé, -e
foltoz [~tam, ~ott, ~zon] rapiécer; rapiéceter; ravauder; rafistoler; raccommoder; *cipőt* ~ mettre une pièce à une chaussure; *(fehérneműt)* raccommoder; ravauder; *(stoppolva)* repriser
folttisztítás détachage; dégraissage *m*
folttisztítószer produit *m* à détacher
folyadék [~ok ~ot, ~ja] liquide *m;* liqueur *f; (gázok és folyadékok)* fluide *m*
folyam [~ok, ~ot, ~a] 1. fleuve *m; földr:* ligne *f* d'eau; 2. *(folyamat)* cours *m; vminek ~án* au cours de qc; dans la suite *v* le cours de qc; *(csak időről)* dans le courant de qc; *a délután ~án* dans l'après-midi; *az idők ~án* au cours des temps
folyamág branche *f* du fleuve
folyamat 1. le cours *v* le train de qc; processus; procès; déroulement *m; lelki* ~ processus psychologique *v* psychique; *~ba tesz* mettre en train; engager; *~ban van* être en cours *v* en train; suivre son cours; *elintézi a ~ban levő ügyeket* expédier les affaires courantes; 2. *nyelv:* procès
folyamatos [~ak, ~at] courant; continu, -e; continuel, -elle; ~ *beszéd* langage courant; ~ *gyártási eljárás* procédé continu
folyami [~ak, ~t] fluvial, -e; ~ *hajózás* navigation fluviale; batellerie *f;* ~ *hal* poisson d'eau douce *v* de rivière; ~ *homok* sable fluviatile *m*
folyammeder lit *m* du fleuve
folyamodik [~tam, ~ott, ~jék *v* ~jon] 1. *(vmihez)* recourir à qc;. avoir recours à qc; faire appel à qc; 2. ~ *vmiért* postuler (pour) qc; solliciter *v* requérir qc
folyamodó [~k, ~t] sollicitant, -euse; postulant; pétitionnaire *(n);* aspirant, -e *(n)*

folyamodvány 1. demande; requête; pétition *f;* 2. *(kegyet, kegyelmet kérő)* supplique *f*
folyamőr garde fluvial
folyamparti [~ak, ~t] *(lakos)* riverain, -e *(n)*
folyamszakasz secteur fluvial *v* d'un fleuve
folyamtorkolat embouchure *f;* les bouches *f pl* de...; *(öbölszerű)* estuaire *f*
folyamvidék bassin fluvial *v* d'un fleuve
folyás 1. cours; coulage; écoulement; coulement *m;* 2. *(csapról)* débit; écoulement *m;* 3. *(folyó útja)* parcours *m; (vízmennyiségé)* régime; débit *m; a ~ irányában* au fil de l'eau; *(lejjebb)* en aval; 4. *az élet ~a* le fleuve de la vie; *az események ~a* la suite *v* le cours des événements; *a világ ~a* le train du monde; *szabad ~t enged vminek* donner (libre) cours à qc
folyékony [~ak, ~at] 1. liquide; (bien) coulant(e); fluide; ~ *(halmaz)állapot* état liquide *m;* ~ *levegő* air liquide *m; a ~ testek* mechanikája la mécanique des fluides; *-nnyá tesz* liquéfier; fluidifier; 2. *orv:* ~ *táplálék* liquide *m;* 3. *(beszéd, írás)* courant, -e
folyékonyan fluidement; *(beszél, ír)* couramment; ~ *beszél (könnyedén)* parler avec abondance
folyik [~tam, ~t, ~jék *v* ~jon] 1. *(folyadék)* couler; *(vmiből)* découler; s'écouler; 2. *(folyó)* courir; prendre son cours *v* sa course; rouler ses eaux; *(vmin keresztül)* traverser qc; *(vmi mellett)* passer près de qc; 3. *(beleömlik)* se jeter *v* se déverser (dans qc); 4. *(edény, csap)* fuir; pisser; couler; *(gáz, víz)* s'échapper; 5. *orv:* couler; 6. ~ *belőle a szó* parler avec abondance; 7. *(tart)* être en cours *v* en train *v* en pleine activité; *a tárgyalás ~ (bíróságon)* les débats sont en cours; *a tanítás francia nyelven* ~ l'enseignement se donne en français; *hogy ~ a dolga?* comment sont ses affaires? 8. *(tárgya-*

folyó 295 **fonák**

lás v *beszélgetés vmiről)* porter sur qc; rouler sur qc; 9. *(vmiből)* résulter v suivre de qc; *ebből*, ~ *hogy il s'ensuit (de là) que; ezek egymásból* ~*nak* ils s'appellent les uns les autres
folyó [~k, ~t] I. *(mn)* 1. ~ *vizek* eaux fluentes; les cours d'eau; 2. *a most* ~ en cours (d'exécution); 3. ~ *hó* le mois courant; 4. ~ *kiadások* dépenses courantes; *üzemi* ~ *kiadások* frais vifs d'exploitation; II. *(fn)* rivière *f;* (*tengerbe ömlő*) fleuve *m;* ~*n lefelé* à vau-l'eau
folyóbeszéd langage courant v usuel
folyóhálózat réseau v ramier fluvial
folyóirat périodique *m;* revue *f;* bulletin *m;* feuille périodique *f*
folyókanyarulat boucle *f*
folyomány conséquence *f;* effet *m;* suite *f;* *(betegségé, rossz dologé)* séquelle *f*
folyományaképpen comme suite v conséquence de qc; *annak* ~ par contre-coup
folyómeder lit *m* de rivière
folyóméter mètre courant
folyópart rive *f;* bord *m;* *(kiépített)* quai *m*
folyós [~ak, ~at; ~an] liquide; liquéfié, -e; fluide; coulant, -e; *(képlékeny)* plastique
folyósít [~ottam, ~ott, ~son] 1. fluidifier; liquéfier; 2. *(összeget)* mandater; ordonnancer; mobiliser
folyosó [~k, ~t, ~ja] 1. couloir; corridor; passage *m;* *(hosszú, fedett)* galerie *f;* 2. *bány:* galerie *f;* boyau *m*
folyószakasz secteur fluvial v d'un fleuve
folyószám cote *f;* numéro *m* (de registre v de matricule v d'ordre)
folyószámla compte en banque; compte courant v ouvert; *-ára befizet* verser en v au compte courant; *-ára ír (javára)* créditer q en compte courant de qc
folyószámlakövetelés crédit *m* en compte courant
folyóvíz 1. eau de rivière; eau fluviale; 2. *(szobában)* eau courante v sous pression

folytán; *vminek* ~ à la suite v par suite de qc; grâce à qc; en conséquence de qc; en fonction de qc
folytat 1. continuer *(megszakítás nélkül: de és inf; alkalmi megszakításokkal; à és inf);* poursuivre; faire suite à qc; *(jövő számunkban)* ~*juk* à suivre; la suite au prochain numéro; *s aztán így* ~*ta* puis il poursuivit v reprit *(e szavakkal:* en ces termes); ~*ja tanulmányait* continuer ses études; 2. *vmivel* ~ continuer par qc; enchaîner avec qc; 3. *(szövegmondást)* enchaîner; 4. *(hosszabbít)* prolonger; allonger; 5. *(szokást)* pratiquer; 6. *(szólásokban:)* *(nyugodt) életet* ~ mener une vie v une existence (tranquille); *háborút* ~ *vki ellen* faire la guerre à q v contre q
folytatás 1. suite; continuation *f;* 2. ~ *a következő oldalon* suite à la prochaine page; ~*a következik* à suivre; 3. *(szokásé)* pratique *f;* 4. *(mesterségé)* exercice *m;* 5. *(ügyé, peré, vizsgálaté)* poursuite *f*
folytatódik [~ott, ~jék v ~jon] se poursuivre; se continuer *(vmiben:* avec qc); reprendre; se perpétuer; aller son train; continuer
folytatólagos [~ak, ~at] consécutif; successif, -ive; continu, -e; ~ *előadás* représentation permanente; *film:* séance permanente
folyton 1. sans cesse; continuellement; 2. *(mindunialan)* à tout bout de champ; tout le temps *biz;* à tout moment; 3. *(igével:)* il n'en finit pas de v il ne cesse (pas) de v il n'arrête pas de *(inf)*
folytonos [~ak, ~at] continu, -e; continuel, -elle; ininterrompu, -e; ~ *üzem* service continu; usine *f* en marche continue
folytonosság 1. continuité; permanence; durée *f; a* ~ *megszakadása* la discontinuité; 2. *(eseményeké)* cours *m*
fon [~tam, ~t, ~jon] 1. *tex:* filer; 2. *(hajat)* tresser; natter; 3. *átl:* entrelacer
fonák [~ok, ~ot, ~ja] I. *(mn)* absurde paradoxal, -e; bizarre; équivoque;

~ *helyzet* fausse position *v* situation;
II. *(fn)* envers; rebours; revers *m*
fonákság travers *m;* extravagance; bizarrerie; absurdité *f*
fonal; fonál [fonalak, fonalat, fonala]
1. fil *m; (szövésnél)* fil de trame; filé *m;* ~*at gombolyít (orsóra)* bobiner le fil; **2.** *(kőművesé, ácsé stb.)* ligne *f;* **3.** *haj:* brasse *f;* **4.** *(rovaroknál)* style *m;* **5.** *átv:* a *beszéd* ~*a* le fil de son propos *v* de son discours; *életének* ~*a* le fil *v* la trame de sa vie; *újra felveszi a tárgyalás* ~*át* reprendre le fil *v* le cours des négociations
fonalférgek némathelminthes; nématodes *m pl*
fonalgyár filature *f*
fonálkereszt croisée *f* de réticule *v* de fils; réticule *m*
fonás 1. *(fonalé)* filage *m; (gyári)* filature *f; (kötélé)* câblage *m;* **2.** *(egyéb)* tressage; nattage *m*
fonat 1. tresse; natte *f;* **2.** écheveau *m*
foncsor [~ok, ~t, ~a] tain; amalgame *m*
foncsoroz [~tam, ~ott, ~zon] étamer; amalgamer; *tükröket* ~ platiniser des miroirs
fondorkodik [~tam, ~ott, ~jék *v* ~jon] intriguer; cabaler; comploter
fondorlat 1. intrigue; machination *f;* pratiques *f pl;* manigance *f;* **2.** *jog:* dol *m*
fondorlatos [~ak, ~at] **1.** fallacieux; captieux; insidieux, -euse; **2.** *jog:* dolosif, -ive
fonetika phonétique *f*
fonetikai phonétique; ~ *írásmód* graphie phonétique *f*
fonoda [-ák, -át, -ája] filature *f*
fonográf [~ok, ~ot, ~ja] phonographe; phono *m*
fonógyár filature; filerie *f*
fonógyári *munkás(nő)* filateur, -trice *n*
fonószemölcs *(póké, hernyóé)* filière *f*
fonott [~ak, ~at; ~an] tressé; natté; torsadé, -e; ~ *bútor* meuble *m* en vannerie; ~ *drótkerítés* clôture *f* en treillis; ~ *kosár* panier *m* en osier

font [~ok, ~ot, ~ja] **1.** *(½ kiló)* livre; *f* **2.** *angol* ~ livre anglaise; ~ *sterling* livre sterling
fontolgat *(magában)* envisager; délibérer
fontolgatás délibération *f;* réflexion(s) *f (pl); hosszas* ~ *után* après mûre réflexion *v* délibération
fontolóra *vesz* balancer; peser; ~ *veszi az esélyeket* peser le pour et le contre; mettre le tout dans ia balance
fontos [~ak, ~at] important; intéressant, -e; d'importance; de conséquence; *nagyon* ~ très important(e); capital, -e; *rendkívül* ~ de la plus haute importance; *nem* ~ peu important(e); sans portée; ~*abb vminél* l'emporter sur gc; *nagyon* ~*nak tart vmit* attacher un grand poids à qc; ~ *szerep* rôle capital
fontoskodás airs importants; air capable; *(tudákos)* pédanterie *f*
fontoskodik [~tam, ~ott, ~jék *v* ~jon] prendre un air capable; faire le capable *v* l'important; faire l'entendu
fontosság importance; portée; gravité *f;* intérêt *m; nagy* ~*ot tulajdonít vminek* attacher *v* mettre de l'importance à qc
fonnyad [~tam, ~t, ~jon] se faner; se flétrir; s'étioler
fonnyadás flétrissure *f*
fonnyadt [~at; ~an] flétri; étiolé; fané, -e
forda [-át] *erd:* révolution *f*
fordít [~ani, ~ott, ~son] **1.** *(el)* tourner; détourner; inverser; *fordíts!* tournez, s. v. p.; voir verso; *hátat* ~ faire (un) demi-tour; *(vkinek)* tourner le dos à q; **2.** *átv:* tourner; polariser; *rosszra* ~ tourner en mal; *figyelmét* ~*ja vmire* porter *v* diriger son attention sur qc; **3.** *(vmire)* consacrer *v* employer *v* à qc *v* à *(inf); (csak összeget)* affecter; appliquer; *saját hasznára* ~ tourner à son avantage; **4.** *(más nyelvre)* traduire; translater
fordítás 1. *(vmi irányában)* retournement *m;* tour donné à qc; **2.** *(ösz-*

fordító 297 **forgalom**

szegé vmire) affectation; application f; 3. (nyelvi) traduction f
fordító [~k, ~t, ~ja] traducteur, -trice n
fordítóiroda office v bureau m de traduction
fordított [~ak, ~at] I. (mn) 1. renversé, -e; à l'envers; à rebours; inverse; ~ arány raison v rapport inverse; ~ arányban áll v van vmivel être inversement proportionnel(le) à qc; ~ szórend inversion f; 2. vmire ~ consacré(e) à qc; termelésre ~ munka travail dépensé dans la production; II. (fn) vminek ~ja l'inverse m de qc
fordítva 1. à l'envers; à contresens; inversement; mindent ~ csinál faire tout à rebours; 2. (hátulsót előre) sens devant derrière; 3. (visszájára) à rebrousse-poil; à contre-fil; 4. (fejjel lefelé) la tête en bas; à rebours
fordul [~tam, ~t, ~jon] 1. tourner; 2. (ember) se tourner (vers...); (megfordul) se tourner; 3. (szél) tourner; 4. aut: virer; 5. (kerékpáros) prendre la courbe; 6. (repülő) piquer (vers); 7. haj: mettre le cap sur qc; 8. kat: más irányba ~ effectuer une conversion; 9. ~ok egyet je vais faire un tour; 10. átv: az érdeklődés vmi felé ~ la curiosité v l'intérêt va à qc; jóra ~ s'arranger; tourner en bien; másképp ~ changer d'aspect v de face; 11. esősre ~ az idő le temps se met v se tourne à la pluie; 12. (vkihez) s'adresser à q; consulter q; recourir à q; orvoshoz ~ consulter le médecin; 13. ~ vmihez recourir v avoir recours v faire appel à qc; 14. vki ellen ~ (se) tourner contre q
fordulat [~ok, ~ot, ~a] 1. (keréké) tour m (de roue); révolution f; 2. mouvement tournant; retournement m; (tengely körüli) rotation f; 3. kat: conversion f; 4. átv: tournure f; revirement; tour; tournant m; ~ot jelent marquer un tournant; 5. (nyelvi) tour m; tournure; locution f

forduló [~k, ~t, ~ja] I. (fn) 1. (utcasarkon) tournant m (de qc); 2. aut, rep: virage; tournant m; 3. (választáson, versenyen) tour m; 4. átv: tournant; II. (mn) tournant, -e; magától ~ autovireur
fordulópont tournant m; ~hoz ér arriver à un tournant décisif
forgács [~ok, ~ot, ~a] copeau m; műsz: (fém v fa) planure f; (csomagoló) fibre f de bois
forgácsol ouvrer par enlèvement de copeau v de métal
forgalmas [~ak, ~at] fréquenté; animé, -e
forgalmi [~ak, ~t] 1. ~ adó taxe f v impôt m sur le chiffre d'affaires; ~ érték valeur marchande v vénale; 2. ~ akadály obstacle à la circulation; encombrement m; ~ csomópont v gócpont centre m de circulation; 3. (vasút) de mouvement; ~ akadály empêchement m au mouvement; ~ főnökség service m d'exploitation; ~ iroda bureau m du trafic; ~ korlátozások restrictions f pl de la circulation; ~ tiszt agent m de conduite
forgalmista [-ák, -át, -ája] agent de conduite; régulateur m
forgalom [-lmak, -lmat, -lma] 1. (vasúti, úti) mouvement; trafic m; (utcai) circulation f; ~ba állít (autóbuszt stb.) mettre en service; a ~nak átad ouvrir au trafic; a -lmat lebonyolítja vhol (vonat, jármű) faire le service de ...; desservir qc; 2. (post, telefon) service; régime m; 3. (hivatalos, pénzé, bélyegé) circulation; ~ba hoz mettre en circulation; ~ban van avoir cours; nincs ~ban ne pas avoir cours; ne pas passer; 4. (piac, üzletmenet) commerce; marché; trafic m; (üzleti) chiffre m d'affaires; (tőkéé) mouvement de fonds, -e; egy gyártmányt ~ba hoz mettre dans le commerce v lancer un produit; egy értékpapírt ~ba hoz négocier un titre; ~ba hozható commerçable; négociable; ~ba kerülő (áru)... marchand

forgalombahozatal mise en circulation; mise *f* en vente; lancement *m*
forgalomképes commerçable
forgalomképesség *(papíré)* négociabilité *f*
forgalomkorlátozás réduction *f* de service
forgandó [~k, ~t] inconstant, -e; *a* ~ *szerencse* la fortune inconstante
forgás 1. tournoiement *m;* tour(s) *m (pl);* 2. *(keréké)* tour (de roue); roulement *m;* révolution *f;* 3. *(tengely körüli)* rotation; giration *f;* 4. *(égitesté)* révolution *f*
forgási [~ak, ~t, ~ja] de rotation; de révolution; rotatoire; ~ *felület* surface *f* de révolution; *csill:* ~ *idő* révolution (sidérale); ~ *nyomaték* couple rotatif; ~ *sebesség* vitesse *f* de rotation; *(pénzé)* vitesse de circulation
forgástengely axe *m* de rotation
forgástest *mat:* corps *m* de révolution
forgat 1. tourner; retourner; faire tourner; 2. *(felhányva)* tourner et retourner; 3. ~*ja a földet* retourner les sol; remuer la terre; 4. *az ételt* ~*ja* retourner le plat; 5. *kezében* ~*ja a kalapját* tortiller son chapeau; 6. ~*ja a szemét* rouler les yeux; *(álszentesen)* papelarder; 7. *(táncban)* faire virer *v* tourner; 8. ~*ja a kardot* brandir le sabre; 9. *könyvet* ~ feuilleter un livre; tourner les pages d'un livre; 10. *film:* tourner; 11. ~*ja a pénzét* faire circuler son argent; 12. *agyában* v *elméjében* v *fejében* ~ rouler dans son esprit; ruminer dans sa tête
forgatmányoz [~tam, ~ott, ~zon] opérer un virement; endosser à q)
forgató rotatoire; *vegy: balra* ~ lévogyre
forgatóképesség *vegy* pouvoir *m* de rotation; *optikai* ~ activité optique *f*
forgatókönyv *film:* scénario *m*
forgatókönyvíró *film:* scénariste *n*
forgatónyomaték *fiz:* couple *m* de rotation; *(emelőé)* moment de couple
forgattyú [~k, ~t, ~ja] manivelle *f*
forgó [~k, ~t] I. *(mn)* 1. *(tárgy)* tournant, -e; en rotation; *(forgási)*

rotatoire; rotatif; révolutif, -ive; *együtt* ~ synchronique; ~ *antenna* antenne orientable *f;* ~ *mozgás* mouvement rotatoire *v* rotatif; 2. *ker:* ~ *alapok* fonds *m* de roulement; II. *(fn)* 1. *orv:* *(könyök, térd)* trochlée *f;* 2. *(folyóban)* tourbillon; remous *m;* 3. *mez:* assolement *m;* 4. *(disz)* panache; plumet *m;* aigrette *f*
forgóajtó porte-tambour *f;* tambour *m*
forgóeszköz *közg:* instrument *m* d'échange
forgókereszt *vasút* tourniquet *m*
forgókondezátor condensateur réglable
forgókorong disque *v* plateau tournant
forgólemez plaque tournante
forgolódik [~tam, ~ott, ~jék *v* ~jon] 1. tournailler; virevolter; *nyugtalanul* ~ s'agiter; 2. ~ *vki körül* tourner autour de q
forgópisztoly revolver *m* à barillet
forgórész *vill* rotor; roteur *m;* *(motoroké)* induit *m;* armature *f;* *(műszeré)* équipage mobile *m*
forgószék chaise pivotante
forgószél tourbillon *m;* trombe *f;* cyclone *m*
forgószínpad scène tournante
forgótőke fonds de roulement; capital (-fonds); capital circulant *v* d'exploitation
forint [~ok, ~ot, ~ja] florin *m*
forma [-ák, -át, -ája] 1. *(öntőforma, rotaforma stb.)* moule *m;* forme *f;* *konyh: (szaggató)* coupe-pâte *m;* -*ába önt* jeter dans le *v* en moule; 2. *(alak)* forme; allure; façon *f;* *kihozza a -ájából* déformer qc; 3. *átv: a* ~ *kedvéért* pour la forme; ~ *szerint* pour la forme; en forme; *kellő -ában* en bonne (et due) forme; 4. *(jó) -ában van* être en forme *v* en veine; *sp:* être en bonne performance; 5. *(testé)* plastique; anatomie; silhouette *f;* *(szép vonalú)* galbe *m;* 6. *(hajóé)* gabarit *m;* 7. *-ákat pontosan másoló (művész)* formiste *(n);* 8. *a formák* les for-

formahiba 299 forrás

mes; *megtartja a -ákat* observer les formes; *a kellő -ák között* dans les formes; *a -ák mellőzésével* sans cérémonie
formahiba vice *m* de forme
formai [~ak, ~t] formel, -elle; de forme
formál [~tam, ~t, ~jon] 1. former; façonner; modeler; 2. *(fémet)* mouler, malléer
formálható formable; façonnable; plastique
formális [~ok, ~at] 1. *fil:* ~ *logika* logique formelle; 2. *mat:* formal, -e; 3. *(szabályos, teljes)* en règle; réglé; -e, 4. *(nem lényeges)* formel, -elle
formalista [-ák, -át]; **formalisztikus** [~ok, ~t *v* ~at] formaliste; systématique
formalizmus formalisme *m*
formaruha uniforme *m*
formás [~ak, ~at] *(alak)* bien découpé(e) *v* formé(e) *v* tourné(e) *v* pris(e)
formaság formalité *f;* mindez csak ~ tout cela n'est que pour ia forme; *egy ~ot elintéz* remplir *v* observer une formalité; *~okat mellőzi* supprimer les formalités
formaszerű formel, -elle; en forme
formátlan [~ok, ~t] sans forme; mal fait(e); déformé, -e
formátum [~ok, ~ot, ~a] format *m*
formáz [~tam, ~ott, ~zon] former; mouler; façonner; *(fazekaskorongon)* tournas(s)er
Formóza [-át] la Formose; *(újabban csak:)* Taïwan *m* v *f*
formula [-ák, -át, -ája] formule; formulation *f*
forog [~tam, -rgott, ~jon] 1. tourner *(vmi körül:* autour de qc); 2. *(körbe-körbe)* tournoyer; 3. *(gördülve)* rouler; 4. *(tengelyen* v *csapon)* pivoter; 5. ~ *a feje* la tête lui tourne; 6. *(hír, könyv stb.)* circuler; être en circulation; 7. ~ *vmi társalgás* rouler sur qc *v* q; *(tárgyalás)* porter sur qc; 8. *(vki körül)* graviter *v* tourner autour de q; 9. *(színpadon)* évoluer; 10. *(vkinek társaságában)*

fréquenter *v* voir q; frayer avec q; avoir commerce avec q; *gúny:* se frotter à q; 11. *jól* ~ *a nyelve* avoir la langue bien pendue
forr [~t *v* ~ott, ~jon] 1. bouillir; entrer en ébullition; 2. *(bor, sör)* fermenter; 3. *(vegyi anyagok keverésénél)* entrer en effervescence; 4. *átv:* se cuver; mijoter; *(terv)* mûrir; se mitonner
forradalmár [~ok, ~t, ~ja] révolutionnaire *m*
forradalmasít [~ottam, ~ott, ~son] 1. révolutionner; 2. *átv:* révolutionner; bouleverser
forradalmi [~ak, ~t; ~an] révolutionnaire; insurrectionnel, -elle; ~ *eszmék* idées révolutionnaires *f pl;* ~ *jogrend* ordre révolutionnaire *m;* ~ *mozgalom* mouvement révolutionnaire *m;* ~ *szelek fújnak* le vent est à la révolution
forradalom [-lmak, -lmat, -lma] 1. révolution; insurrection *f; a* ~ *vívmányai* les conquêtes de la révolution; ~ *tör ki* une révolution éclate *v* se produit *v* a lieu; 2. *átv (így is:)* bouleversement *m;* -lmat idéz elő amenerune révolution
forradás [~ok, ~t, ~a] 1. *(csonté)* soudure *f;* 2. *(sebé)* cicatrice *f;* stigmate *m; (arcon)* balafre; couture *f*
forradásos *(arc)* balafré, -e
forral [~tam, ~t, ~jon] 1. faire bouillir; bouillir; *tejet* ~ (faire) bouillir du lait; 2. *átv: vmit* ~ *(vki ellen)* manigancer *v* méditer *v* cuisiner qc (contre q); *bosszút* ~ méditer (une) vengeance; tramer *v* ourdir *v* ruminer une vengeance; *vmi rosszat* ~ méditer quelque mauvais dessein *v* coup \
forralt [~ak, ~at; ~an] bouilli, -e; ~ *bor* vin chaud
forrás 1. *(víz)* source *f;* point *m* d'eau; 2. source; provenance; origine *f;* principe *m;* 3. *(pénz)* ressource *f;* 4. *(híré)* moyen *m* d'information; informateur, -trice *n; jó ~ból eredő* puisé(e) à bonne source; *jó ~ból*

tudja a hírt tenir une nouvelle de bonne source; **hitelt érdemlő ~ból értesülünk** on apprend de bonne source v de source digne de foi; 5. *(történelmi)* source; *(együtt)* documentation f; 6. *irod:* source f
forráskutatás *(irodalmi)* recherche des sources; crénologie f *ritk*
forráspont point m v température f d'ébullition
forraszt [~ottam, ~ott, -asszon] souder; *(idegen fémmel)* braser
forrasztás soudure f; soudage m; *(idegen fémmel)* brasure f; brasage m
forrasztófém métal m d'apport
forrasztólámpa lampe (à souder v à braser)
forrasztóón soudure grasse v d'étain
forrasztópáka fer à souder; soudoir m
forráz [~tam, ~ott, ~zon] ébouillanter; échauder
forró [~k, ~t] 1. (très) chaud; bien chaud; brûlant, -e; *(kályha)* surchauffé, -e; 2. *(víz)* bouillant, -e; 3. *vegy:* en effervescence; 4. *(must)* en fermentation; 5. *(levegő)* embrasé, -e; torride; ~ nap une chaude journée; ~ nyár été brûlant v ardent v torride v embrasé; ~ égöv zone torride v tropicale; ~ fej tête brûlante; 6. *átv:* ardent; fervent, -e; ~ könynyeket hullat pleurer à chaudes larmes; ~ vágya, hogy il est animé du désir ardent de *(inf)*
forrófejű bouillant, -e; ~ ember tête chaude; cerveau brûlé
forrong [~tam, ~ott, ~jon] être en effervescence v en ébullition; s'agiter; fermenter
forrongás effervescence; ébullition f; bouillonnement m; agitation; émeute; fermentation f
forrongó [~k, ~t] effervescent; enfiévré,-e; ~fiatalság jeunesse bouillante
forróság 1. *(hőmérséklet)* chaleur torride v brûlante; 2. *(testi)* chaleur
forszíroz [~tam, ~ott, ~zon] insister (sur qc)
forte *zen:* forte m
fortély [~ok, ~t, ~a] 1. finesse; ruse f; artifice m; 2. *(vminek a ~a)* finesse; truc m biz

fortissimo [~k, ~t, ~ja] *zen:* fortissimo m
fórum [~ok, ~ot, ~a] 1. *(római)* forum m; 2. *az első ~on* en première instance
foszfát [~ot, ~ja] 1. phosphate m; 2. *(trágya)* engrais phosphaté
foszfor [~ok, ~t, ~a] phosphore m; *sárga ~* phosphore blanc
foszforeszkálás phosphorescence f
foszladozik [~ott, ~zon] s'effilocher; *átv:* se déchirer; se dissiper
foszlány lambeau m; *(átv. sokszor)* bribe f
foszlás effilochement m
foszlik [~ott, foszoljék v foszoljon] 1. s'effiler; s'effilocher; 2. partir en lambeaux
foszlós [~ak, ~at; ~an] 1. qui s'effiloche; qui va partir en lambeaux; 2. *konyh:* tendre
fosszilia fossile m
fosszilis [~ak, ~at] fossile
foszt [~ottam, ~ott, fosszon] 1. *(tollat)* ébarber; 2. *(tengerit)* décortiquer; enlever la panouille
fosztogat 1. *(vhol)* piller; marauder; butiner; mettre qc à sac; 2. *(vmit)* piller; dépréder; saccager; rafler; 3. *(vkit)* rançonner; *(apránként)* gruger
fosztogatás rapinerie f; pillage m; maraudage m; razzia f
fosztogató [~k, ~t] pillard, -e; pilleur, -euse *(n)*
fotocella *vill:* cellule photoélectrique f
fotoelektromos photoélectrique
fotofóbia *orv:* photophobie f
fotokópia photocopie f; copie photostatique f; photostat m
fotométer photomètre; lumenmètre m
fotoművész artiste n de la photographie
foton [~ok, ~t, ~ja] *fiz:* photon; quanta m de lumière
fotoszféra *csill:* photosphère f
foxi *(kutya)* fox(hound) m
fő I. *(fn)* [~k, ~t, ~je] 1. tête f; *főbe lő* tuer d'une balle dans la tête; fusiller q; *főbe lövi magát* se faire sauter v se brûler la cervelle; *emelt fővel* la tête haute v relevée;

2. *egy fő káposzta* une tête ce chou;
3. *homme m; personne f; egy 100 főből álló csoport* un groupe de 100 personnes
II. *(mn) fő* [~k]; **főbb** [~ek, ~et, ~je] principal; important; capital; cardinal; majeur, -e; *(összetételekben) sokszor:)* en chef; *fő akadály* obstacle majeur; *a főbb kérdések* les problèmes importants; *fő feladat* tâche fondamentale *v* principale; devoir primordial; *fő feltétel* maîtresse condition; *fő forrás* source principale; *fő gondolat* idée maîtresse *v* mère; *fő iparág* industrie-clé; industrie clef; industrie *f* de base; *fő v főbb irány* direction principale; *átv:* courant général; *fő ismertetőjel* marque particulière; *fő jellemvonás* caractère marquant *v* dominant; *fő kérdés* problème essentiel; *fő különbség* la principale différence; *a város főbb pontjai* les points centraux de la ville; *fő szórakozás* amusement principal; *a főbb vonások* les lignes dominantes; *a fő az, hogy* l'important *v* l'essentiel *v* le principal (c'est de *(inf) v* que *(ind v subj); ld. még:* **födolog**
III. *(ige) fő* [főttem, főtt, főjön] 1. *(étel)* cuire; *(csak vízben)* bouillir; 2. *fő a feje* la tête *v* la cervelle lui bout; sa tête travaille; avoir martel en tête
főág 1. *(fáé)* branche mère *v* maîtresse; 2. *(folyóé)* artère principale
főagronómus agronome *m* en chef
főalkatrész organe principal
főállamügyész procureur *m* de la République
főatrakció le clou du spectacle
főbejárat 1. entrée d'honneur *v* principale; 2. *(templomé)* portail *m*
főbelövés *(kivégzés)* fusillade; mort *f* par fusillade
főbenjáró *bűn* crime capital; ~ *bűnös* grand criminel
főbérlő locataire principal(e)
főbűnös le principal coupable; le fauteur principal
főbüntetés peine principale

főcím 1. *újs:* (titre en) manchette *f;* 2. *film:* titre principal
födelegátus délégué générale *v* principal; premier délégué
födém [~ek, ~et, ~e] plafond *m;* *(két emelet között)* plancher *m*
födémlemez *ép:* panneau *m* de plancher
föderáció [~k, ~t, ~ja] fédération *f*
föderatív [~ak, ~at] fédératif, -ive; ~ *köztársaság* république fédérale
födolog l'important; l'essentiel
föelőadó conseiller référendaire *m*
föember dirigeant *m;* notabilité *f;* *a város ~ei* les principaux d'une ville
föér principale artère; aorte *f*
föérdem principal *v* grand mérite
föerény vertu cardinale
föétel principale nourriture; *(étkezésen)* pièce *f* de résistance; *(vendéglőben)* plat *m* du jour
föfelügyelet haute surveillance; *a ~et gyakorolja* avoir la haute surveillance *v* la tutelle de qc
föfelügyelő 1. inspecteur *v* directeur (général); 2. *(vasúti)* chef *m* de service
főfoglalkozás activité principale
főhadiszállás 1. grand quartier général (G.Q.G.); 2. poste de commandement; P.C. *m*
főhadnagy lieutenant *m*
főhatalom pouvoir suprême *m;* souveraineté *f*
főhely place principale; première place; *az asztal ~e* le haut bout (de la table)
főherceg archiduc *m*
főhős protagoniste; héros *m*
főhősnő héroine *f*
főigazgató 1. directeur général; 2. *isk:* inspecteur *m* d'académie
főintézőség surintendance *f*
főiskola école supérieure; haute *v* grande école; académie *f;* -át végez faire des études supérieures
főiskolai d'école supérieure; universitaire; ~ *ifjúság* jeunesse estudiantine; ~ *világbajnokság* championnat *m* du Monde Universitaire
főjavítás *műsz:* revision *v* révision (générale)
főkapitány préfet *m* de police

főként; főképpen notamment; principalement; surtout; particulièrement
főkolompos *pej:* principal meneur; chef de file; coryphée *m*
főkonzul consul général
főkönyv grand livre
főkönyvelő chef-comptable *m*
főkönyvelőség service *m* de comptabilité
főkötő [~k, ~t, ~je] *(asszonyé)* coiffe *f;* (*babáé*) bonnet *m*
I. **föl** *és összetételei ld:* **fel**
II. *(fn)* **föl** [~e] crème *f*
föld [~ek, ~et, ~je] **1.** *(anyag)* terre *f;* **2.** *(talaj)* terre; sol *m; a ~ alatt* sous (la) terre; dans le sol; *ég a ~ a talpa alatt* brûler de partir; *~ alatti* souterrain, -e; du sous-sol; *du fond;* ~ *alatti bányász* mineur *m* de fond; ~ *feletti* superficiel, -elle; *a ~ színén* au ras de sol; à fleur du sol; **3.** *földr:* ~ *alatt folyó (völgyben)* phréatique; **4.** *növ:* ~ *alatt maradó* hypogée; ~ *felett fejlődő* épigée; **5.** *a* **Föld** la Terre; le globe; *a ~ arca* la face de la terre; *a ~ belseje* les entrailles *f pl* de la terre; *a ~ belsejében rejlő kincsek* les richesses du sous-sol; *a ~ mélye* le sein de la terre; ~ *körüli utazás* voyage *m* autour du monde; le tour de la terre; *a ~ melege* la chaleur de la terre; *a ~ minden részében* sur tous les points de la terre; *eltűnik a ~ színéről* disparaître de la surface du globe; *a Föld tömege* la masse terrestre; **6.** *(földtulajdon, művelt föld)* pièce *f* de terre; terre; fonds *m* de terre; *(kukoricaföld, búzaföld stb.)* champ *m; megművelt ~ culture f; a magyar ~ termékei* les produits du sol hongrois; ~ *nélküli* sans terre; **7.** *rád:* (prise de) terre *f;*
Ragos szólásokban: *földbe ereszti gyökerét* s'enraciner; ~*be gyökerezett a lába* il était médusé; *a földben* dans le sol; en terre; *földből kitépett* déraciné, -e; *alig látszott ki a ~ből* il est à peine sorti du chou; *földhöz csap* v *vág* terrasser; renverser *v* jeter à *v* par terre; flanquer par terre *biz;* ~*höz szegez* clouer au sol;

földig à ras *v* à rez de terre; ~*ig ér* descendre jusqu'à terre; ~*ig leég* brûler de fond en comble; ~*ig lerombol* raser; *a földön* à terre; par terre; à ras de sol; *(a Földön)* sur (la) Terre; *az egész* ~*ön* par toute la terre; *itt a* ~*ön* en ce bas monde; ici-bas; *a puszta* ~*ön* sur la dure; à même le sol; ~*ön csúszva* à plat ventre; ~*ön heverő fa* bois gisant; *a* ~*ön húzódik* traîner (à terre); ~*ön kívüli* extra-terrestre; ~*ön túli* supraterrestre; *a földre* à terre; par terre; ~*re borul* se prosterner; ~*re dob* jeter à *v* par terre; ~*re ér (jármű)* atterrir; *(lelógó dolog)* traîner; ~*re esik* tomber à *v* par terre; *a* ~*re néz v szegzi a szemét* fixer le sol; ~*re sújt* terrasser; *a* ~*re terít v teper* terrasser; étaler; *(holtan)* étendre un homme sur le carreau; ~*re tesz* poser à *v* par terre; *biz:* majd *a* ~*re ült (meglepetésében)* il en était assis; ~*re veti magát* se plaquer au sol; ~*re zuhan* s'abattre; *(repülő)* s'écraser sur le sol; *a földről felemelkedik* s'élever du sol; *(levegőbe)* quitter le sol; *(repülő)* décoller; *földet ér* prendre terre; *a* ~*et sepri* traîner; *a* ~*et súroló* rasant, -e; *földdel kevert* terreux, -euse; *a* ~*del egy síkban* au ras de sol; à fleur du sol
föld- tellurien-, enne; tellurique
földadó contribution foncière
földalatti *pol:* ~ *mozgalom* mouvement clandestin; ~ *szervezkedés* organisation souterraine; ~ *(vasút)* chemin de fer souterrain; *(párizsi)* métropolitain; métro *m*
földbérlet bail rural; fermage *m*
földbérlő fermier, -ière *m;* preneur *m* du bail
földbirtok **1.** propriété foncière *v* terrienne; bien rural; domaine *m;* **2.** la propriété de la terre
földbirtokos propriétaire foncier *v* terrien
földbirtokreform réforme foncière *v* agraire
földbirtokrendszer système foncier
földcsuszamlás glissement *m* de terrain *v* de couches

földel [~tem, ~t, ~jen] *rád, vill* terrer; mettre à la terre
földelés 1. *rád:* vill prise de terre; terre; 2. fiche de terre; 3. *vill:* circuit *m* de terre
földes [~ek, ~et; ~en] 1. *(anyag)* terreux, -euse; 2. *(kő, márvány)* terrasseux, -euse; 3. *(ruha)* souillé(e) *v* taché(e) de boue
földesúr seigneur terrien *v* foncier
földfelszín 1. superficie *f* de la terre; 2. relief *m* du sol
földgáz gaz naturel *v* souterrain *v* bitumineux
földgolyó globe terrestre *m*
földgömb 1. globe terrestre *m;* 2. *(tanszer)* globe
földhözjuttatott [~ak, ~at] bénéficiaire *n* de la réforme agraire
földhözragadt 1. *(gondolkodás)* terre à terre; 2. ~ *szegény* dénué de tout; miséreux, -euse
földi [~ek, ~t] I. *(mn)* 1. terrestre; *geol, fiz:* tellurien, -enne; ~ *lény* créature *f v* être *m* terrestre; 2. *vall:* mondain, -e; *a* ~ *dolgok* les choses temporelles; ~ *hüvely* dépouille mortelle; ~ *igazságszolgáltatás* la justice humaine; ~ *javak* les biens de la terre; biens temporels; ~ *maradványok* restes mortels; II. *(fn)* 1. *a* ~*ek* les habitants de la Terre; 2. *(vkinek földije)* pays *m;* payse *f;* compatriote *n*
földieper 1. fraisier fressant *v* des bois; 2. *(gyümölcs)* fraise *f* des bois
földikutya rat-taupe; spalax *m*
földimogyoró arachide; pistache *f* de terre
földjáradék rente foncière; fruits naturels
földkábel *vill:* câble souterrain
földkéreg écorce terrestre; croûte (terrestre) *f*
földkerekség; *az egész* ~*en* aux quatre coins du monde
Földközi-tenger la Méditerrannée
földközi-tengeri méditerranéen, -enne
földlökés séisme *m;* secousse sismique *f*
földmágnesség magnétisme terrestre; géomagnétisme *m*

földmérés 1. géodésie; géodésimétrie *f;* 2. arpentage *m*
földmérnök ingénieur-agronome *m*
földmunkás terrassier; homme *m* de terre
földművelés agriculture *f;* labourage *m*
földművelési agricole; cultural; agricultural, -e; agraire
földművelésügy agriculture *f*
földművelésügyi de l'agriculture; agricole; agraire
földműves; földművelő I. *(mn)* agricole;, agraire; II. *(fn)* cultivateur; agriculteur, -trice *n*
földművesszövetkezet coopérative agricole *f*
földnyelv langue *f* de terre
földosztás partage *m* des terres
földönfutó sans feu ni lieu; sans patrie *m;* ~*vá lesz* il est réduit à la mendicité
földpálya orbite *f* de la Terre *v* terrestre
földrajz géographie *f*
földrajzi géographique; ~ *hosszúság* longitude (géographique) *f;* ~ *szélesség* latitude (géographique *v* terrestre) *f;* ~ *szélességi kör* parallèle *m*
földreform réforme foncière *v* agraire
földrengés tremblement de terre; séisme *m; a* ~ *középpontja* épicentre (sismique) *m;* le foyer du tremblement de terre
földrengészet s(é)ismologie *f*
földrengető *kacaj* une explosion de rire; ~ *taps* un tonnerre d'applaudissements
földrész continent *m;* ~*ek közötti* intercontinental, -e
földréteg couche de terrain *f; (termékeny)* couche arable; humus *m*
földszint [~ek, ~et, ~je] 1. rez-de-chaussée *m;* 2. *(színházban)* parterre *m*
földszoros isthme; bras *m* de terre
földtan géologie *f*
földtávol(ság) apogée *m*
földteke globe terrestre *m; a -én* en ce bas monde
földterület territoire *m; (kisebb)* terrain *m*
földtömeg masse *f* de terre
földtulajdon 1. bien *m* de terre; 2. propriété *f* du sol

földvezeték *rád:* prise de terre; terre *f*
földvonzás attraction terrestre *f*
földzárlat *vill:* court-circuit *m* par terre
fölé I. *(névutó) vmi* ~ sur qc; au-dessus de qc; *vki* ~ *tesz* v *helyez vkit* placer v mettre q au-dessus de q; *(értékben)* mettre q au-dessus de q; **II.** *(hat)* là-dessus; dessus; par-dessus; *tegye* ~ mettez-le dessus
fölébe *ld:* **fölé II.**; ~ *kerekedik vminek* surmonter qc; *egy érzésnek* ~ *kerekedik* se rendre maître d'un sentiment; ~ *kerül vkinek vmiben* l'emporter sur q dans qc
főleg surtout; principalement
fölény [~ek, ~t, ~e] 1. supériorité; suprématie; maîtrise *f;* *számbeli* ~ force numérique *f;* ~*be kerül* prendre le dessus sur q; *(versenyen)* prendre l'avantage; ~*ben van vki felett* avoir le dessus sur q; *(erőben, számban)* être en nombre; *sp:* dominer; *nagy -nnyel nyer* gagner haut la main; surclasser q; 2. *(modorbeli)* détachement *m;* désinvolture *f*
fölényes [~ek, ~et] supérieur; méprisant, -e; dédaigneux, -euse; hautain -e; ~ *hang* ton hautain *v* doctoral
fölényeskedik [~tem, ~ett, ~jék *v* ~jen] prendre sur un ton bien haut; faire le capable
fölös *számban* en surnombre; ~ *számban van* surabonder; excéder
főmegbízott haut commissaire; commissaire général; *(delegátus)* premier délégué
főméltóság grande dignité; grand dignitaire
főmérnök ingénieur *m* (en chef)
főmondat *nyelv:* (proposition) principale *f*
főmotívum leitmotiv *m*
főmű œuvre maîtresse *v* capitale
főműhely groupe d'usines central
főnemes grand seigneur; grand; aristocrate *m;* *(magyar)* magnat *m*
főnév *nyelv:* substantif; nom *m*
főnévi substantif, -ive; ~ *igenév* infinitif *m;* ~ *igenévi mellékmondat* subordonnée infinitive
főnévragozás déclinaison *f*

föníciai [~ak, ~t] phénicien, -enne
főnök [~ök, ~öt, ~e] 1. chef *m;* 2. directeur *m* du service; 3. *(vállalati)* chef; patron *m*
főnökhelyettes sous-chef *m*
főnöknő 1. *(gazda)* patronne *f;* 2. *(hivatali)* chef *m* de bureau; directrice *f;* 3. *egyh:* mère prieure; supérieure
főnővér infirmière en chef *v* supérieure
főnyeremény gros lot
főnyi [~ek, ~t] *1000* ~ *sereg* une armée (forte) de mille hommes
fők cause principale; principal motif
főorvos 1. médecin (en) chef; 2. *kat:* *(tábornok)* médecin général; *(ezredes)* médecin colonel
főosztály division *f*
főosztályvezető *(minisztériumi)* directeur (général)
főpályaudvar gare principale *v* terminus
főpap 1. *(pogány)* grand-prêtre; 2. *(zsidó)* souverain *v* grand sacrificateur; 3. *(katolikus)* prélat; pontife *m*
főpapi *egyh:* pontifical; sacerdotal, -e; ~ *ornátus* ornements pontificaux
főpapság haut clergé; prélature *f*
főparancsnok commandant en chef; généralissime *m*
főparancsnokság haut commandement; commandement en chef
főpásztor *egyh:* *(pápa)* souverain pontife; *(püspök)* pontife *m*
főpénztáros trésorier *m;* *(városi)* receveur municipal; *(bankban stb.)* caissier principal
főpincér *kb:* premier garçon; *(szállóban, étteremben)* maître *m* d'hôtel
főposta poste centrale; grande poste; grand-poste
főpróba (répétition) générale *f*
főrangú 1. aristocratique; aristocrate; 2. *(tisztviselő)* haut, -e
förtelem [-lmet, -lme] horreur; ignominie; abjection; turpitude; monstruosité *f*
förtelmes [~ek, ~et] ignoble; ignomineux, -euse; abject; répugnant, -e; exécrable
fősebész chirurgien en chef

fösvény I. *(mn)* avare; avaricieux, -euse; chiche; ladre; **II.** *(fn)* avare *n;* fesse-mathieu; rat *m*
fösvénység avarice; ladrerie; pingrerie *f*
főszakács chef (cuisinier *v* de cuisine)
főszerep rôle capital *v* principale; *szính:* (grand) premier rôle; *a ~et játssza* avoir la vedette; *átv:* dominer
főszereplő *szính:* premier rôle; vedette *f*
főszerkesztő directeur (de journal); rédacteur *m* en chef
főtantárgy matière principale
főtáplálék aliment *m* de base
főtáplálkozási *cikk* aliment *m* de première nécessité
főtárgy *(vizsgai)* matière *v* spécialité principale
főtárgyalás *(bírósági)* audience *f*
főte [-ék, -ét, -éje] *bány:* toit; ciel *m*
főtéma motif *v* thème principal; leitmotiv *m*
főtengely axe central
főtér grande place
főtermék produit principal
főtétel thèse principale; proposition capitale; *(logika)* majeure *f*
főtisztelendő *egyh:* révérendissime
főtisztviselő 1. employé supérieur; 2. *(állami)* haut fonctionnaire
főtitkár 1. secrétaire-administrateur; secrétaire général; 2. *(akadémiai)* secrétaire perpétuel
főtitkárság 1. dignité *f v* titre *m* de secrétaire général; 2. secrétariat *m*
főtt [~ek, ~et; ~en] cuit, -e; *(hús)* bouilli, -e; *rosszul ~* mal cuit, incuit, -e; *~ marhahús* bœuf bouilli; bœuf nature; *~ sonka* jambon cuit; *~ tészta* pâte alimentaire; pâte *f* d'Italie
főúr (haut) baron; magnat; aristocrate *m*
főúri seigneurial, -e
főút *(városban)* rue principale; *(országút)* grand-route *f*
főútvonal 1. grande artère; artère principale; 2. *(vasúti)* grande ligne; ligne collective
főügyész procureur général
főügyészség 1. ministère public; 2. le parquet

fővádlott principal accusé *v* inculpé; inculpé au premier chef
fővámhivatal direction générale des Douanes
főváros capitale; métropole *f; ~ környéke* grande banlieue
fővédnök président *m* du comité de patronage
föveny [~ek, ~t, ~e] plage *f;* sable *m*
fővesztés peine capitale
fővezér 1. chef suprême *m;* 2. *kat:* commandant *v* général en chef
fővonal *(vasúti)* grande ligne; ligne principale
fővonás trait saillant; grande ligne; *~okban* à grands traits
főz [~tem, ~ött, ~zön] **I.** *(tgyl i)* faire la cuisine; cuisiner; *tud ~ni* savoir faire la cuisine; *~ni tanul* apprendre la cuisine; **II.** *(tgy i)* 1. *(tüzön)* (faire) cuire; *lassan ~* (faire) mijoter *v* mitonner; *(főzeléket, tojást, sonkát)* cuire; faire cuire; *(húst)* faire bouillir; 2. *(ételt, kávét)* préparer; faire; 3. *pálinkát ~* distiller *v* fabriquer de l'eau-de-vie
főzelék [~ek, ~et, ~e] légume *m;* plante potagère; plat *m* de légume
főzés 1. cuisine *f;* travaux de cuisine; 2. *(vminek ~e)* cuisson *f;* 3. *(főzeté)* (dé)coction *f;* 4. *(pálinkáé)* distillation *f*
főzőedény cuiseur *m;* bouilloire *f*
főzőkanál mouvette; cuiller (de bois) *f*
főzőlap plaque de chauffage *v* chauffante
frakció [~k, ~t, ~ja] 1. *pol:* fraction *f;* groupe *m;* 2. *pej:* faction *f;* 3. *vegy:* fraction
frakciózás activité fractionnelle; travail fractionnel
frakk [~ok, ~ot, ~ja] habit; frac *m*
frakking chemise *f* de soirée
francia [-ák, -át] **I.** *(mn)* français, -e; de France; *~ állampolgár (mn)* de nationalité française; *(fn)* citoyen français; *~ baba a)* poupée de fabrication française; *b)* poupée de joliment habillée; *a ~ elnök* le président de la République française; *a Nagy ~ forradalom (1789)* la Révolution (française); *~ állampolgár* sujet français;

20 Magyar–Francia kézi

citoyen(ne) français(e); *a ~ kormány* le gouvernement de la République (française); *a ~ köztársaság* la République française (R. F.); *~ lecke* leçon *f* de français; *~ módra* à la française; *~ műveltség* culture française; *~ nő* Française *f*; *a ~ nyelv* la langue française; le français; *~ nyelven* en français; *~ óra* leçon *f* de français; *(egyetemen)* cours *m* pl de français; *a ~ polgár a)* le citoyen français; *b)* le bourgeois français; *~ saláta* salade *f* de légumes; *~ szakos* spécialiste *n* de français; *a ~ szellem* le génie français; *~ szellemesség* l'esprit français; *a ~ történelem* l'histoire *f* de France; *a Francia Unió* v *Államszövetség* l'Union Française (U. F.); *ilyet ~ ember nem tesz* ce v cela n'est pas français; **II.** *(fn)* **1.** *(ember)* Français *m*; *Franciák!* Françaises et Français! **2.** *(a nyelv)* le français; *a -ában* en français; *töri a -át* écorcher le français
franciabarát francophile
franciaimádat gallomanie *f*
franciakulcs clef anglaise
francianégyes quadrille français
Franciaország la France; la République Française
franciaországi de France
franciás à la française; *~ kifejezés* gallicisme *m*
franciaság le français; *az irodalmi ~* le français littéraire; *helyes ~gal* en bon français
Francia-Svájc la Suisse romande *v* française
franciátlan **1.** ce n'est pas français; vicieux, -euse; barbare; **2.** contraire à l'esprit français
franciául en français; *~ beszél* il parle (en) français; *~ helyesen* en bon français
I. frank [~ok, ~ot] franc, franque; franconien, -enne; *a ~ birodalom* l'empire des Francs
II. frank *(pénz)* franc *m* (F *v* FF *v* frs)
fráter [~ek, ~t, ~e] **1.** *(pap)* frère *m*; **2.** *pej:* *ez a ~* ce coquin; *ostoba ~* espèce *f* d'animal
frázis [~ok, ~t, ~a] phrase *f*; *mindez csak ~ tout* cela n'est que de la rhétorique; *~okat puffogtat* phraser
frekvencia [-ák, -át] fréquence *f*
freskó [~k, ~t, ~ja] fresque *f*
freskófestés fresque; peinture *f* à fresque
fricska **1.** chiquenaude *f*; coup *m* d'ongle; **2.** *(orrára)* pichenette; nasarde *f*
frigy [~ek, ~et, ~e] union *f*; hyménée *m*; *~re lép* contracter une union avec q; s'unir q
friss [~ek, ~et] **1.** frais, fraîche; *~ főzelék* légumes frais; *~ kenyér* pain frais; *~ vágás* viande fraîche *v* fraîchement tuée; **2.** *~ idő* temps frais *v* gaillard; *a ~ levegő* le grand air; **3.** *~ gőz* vapeur vive; **4.** *(testileg)* ingambe; alerte; dispos; agile; *(mozdulat)* aisé, -e; alerte; **5.** *(tánc)* animé, -e; leste; **6.** *(hír, könyv, stb.)* récent, -e; *~ hír* une nouvelle toute chaude; *leg~ebb hír* dernière nouvelle
frissen **1.** fraîchement; (tout) frais; **2.** *~ csapolt bor* vin frais percé; *~ készült ételek (étlapon)* plats *m* pl à la minute; *~ sült hús* grillade *f* à la minute; **3.** *(beretválva, festve)* de frais; *vigyázat, ~ mázolva!* prenez garde à la peinture! **4.** *(járásról, mozdulatról)* lestement; agilement
frissítő [~k, ~t] *(ital)* rafraîchissement *m*
frizura [-ák, -át, -ája] coiffure; frisure *f*
front [~ok, ~ot, ~ja] **1.** front *m*; lignes *f* pl; *a ~on van* être sur le front; **2.** *bány:* taille *f*; **3.** *átv:* *~ot változtat* virer de bord; *~ot csinál vki ellen* faire front à q
frontáttörés percée *f* v l'enfoncement *m* du front
frontátvonulás *met:* passage *m* d'un front
fronthajtás *aut:* traction avant *f*
frontharcos (ancien) combattant
frontszolgálat service *m* de l'avant *v* au front
fröccs [~ök, ~öt, ~e] *kb:* verre *m* de vin coupé d'eau de Seltz

fröccsen [~t, ~jen] 1. gicler; 2. *(vmire)* rejaillir sur qc; éclabousser qc
fröcsköl [~tem, ~t, ~jön] *(tgy i)* arroser; asperger
fuccs fichu, -e; bonsoir
I. fúga [-ák, -át, -ája] *zen*: fuge *f*
II. fúga *ép*: joint *m*
fúj [~tam, ~t, ~jon] I. *(tgyl i)* 1. souffler *(vmibe*: dans qc); ~ *a szél* il fait du vent; *hevesen* ~ souffler avec violence; *szembe* ~ *a szél* le vent donne en pleine figure; 2. *átv*: *tudja merről* ~ *a szél* il connaît de quel côté le vent souffle; 3. *(ló)* ronfler; *(macskafélékről)* feuler; 4. *dühében* ~ suffoquer de colère; *biz*: *azóta* ~ *rám* depuis ce temps il m'en veut à mort; 5. *(hangszeren)* sonner; *kürtjébe* ~ sonner du cor; *rohamra* ~ sonner l'attaque *v* la charge; II. *(tgy i)* 1. ~ *vmit vmibe* insuffler qc dans qc; 2. *orrot* ~ se moucher; 3. *takarodót* ~ sonner la retraite; *(este*: le couvre-feu); 4. *(nótát)* chanter; entonner; *átv*: *mindig ugyanazt a nótát* ~*ja* chanter toujours la même chanson
fújtat souffler *(orgonát*: l'orgue)
fújtató [~k, ~t, ~ja] 1. soufflet *m*; soufflante *f*; 2. *(orgonában)* soufflerie *f*
fukar [~ok, ~t] I. *(mn)* avare; avaricieux; parcimonieux; crasseux, -euse; II. *(fn)* avare *n*; grippe-sou; harpagon; rat *m*
fukarkodik [~tam, ~ott, ~jék *v* ~jon] lésiner; liarder; *nem* ~ *a bókokkal* ne pas marchander les compliments
fuldoklás 1. étouffements *m pl*; suffocation *f*; 2. *orv*: dyspnée *f*
fuldoklik [-koltam *v* -lottam, -kolt *v* -lott, -koljék *v* -koljon] 1. *(vízben)* se noyer; 2. *(nem kap levegőt)* étouffer; suffoquer
fuldokló [~k, ~t; ~an] I. *(mn)* suffocant, étouffé, -e; II. *(fn)* *(vízben)* noyé, -e *n*
fulladás [~ok, ~t, ~a] 1. *(vízbe)* noyade *f*; 2. *ált*: asphyxie *f*; ~ *okozta halál* mort par asphyxie; 3. *(fulladozás)* étouffements *m pl*

fulladozik [~tam, ~ott, ~zék *v* ~zon] étouffer; suffoquer; s'essoufler
fullánk [~ok, ~ot, ~ja] aiguillon; dard *m*
fullasztó [~k, ~t; ~an] étouffant; suffocant, -e; ~ *hőség* chaleur étouffante
funkció [~t, ~k, ~ja] 1. fonction *f*; 2. *közg*: attribution *f*
funkcionárius 1. fonctionnaire *n*; *(nemcsak állami)* agent *m*; 2. *pol*: *(függetlenített párt~)* permanent *m*
fúr [~tam, ~t, ~jon] I. *(tgy i)* 1. forer; percer; tarauder; 2. *vmibe* ~*ja magát* se fixer *v* s'introduire dans qc; 3. *kutat* ~ forer *v* creuser un puits; 4. ~*ja oldalát a kíváncsiság* il est dévoré de curiosité; 5. *biz*: *(vkit)* débiner; couler (dans l'estime de q); II. *(tgyl i)* *(kutatva)* pratiquer des forages *v* des sondages
fúrás 1. forage; perçage *m*; térébration *f*; 2. *geol*: forage; sondage *m*; ~*okat végez* pratiquer des sondages; 3. *(kúté)* forage; fonçage *m*; 4. *(alagúté, járaté)* creusement *m*
furat 1. forure *f*; 2. *(motornál)* alésage *m*; 3. *(földben)* trou *m* de sonde; 4. *ágyú, puska* ~*a* l'âme du canon, du fusil
furcsa [-ák, -át] I. *(mn)* 1. bizarre; singulier, -ière; étrange; fantasque; *(ember így is:)* falot, -e; *furcsa!* c'est drôle; c'est étrange; 2. *(eset, körülmény)* troublant, -e; 3. *(mulatságos)* amusant, -e; drôle; 4. *(külső, modor)* baroque; extravagant; original, -e; bizarre; 5. *(okoskodás)* bizarre; biscornu, -e; ~ *egy alak* drôle d'oiseau *v* de paroissien; ~ *gondolat* c'est une drôle d'idée; une idée baroque; ~ *kérdés* question saugrenue; ~ *módon* d'une manière étrange; ~ *ötlet* une drôle d'idée; *ejnye, de* ~ *(kellemetlen meglepetés)* voilà qui est fort; *ami a legfurcsább a dologban az az, hogy* ce qu'il y a de plus fort, c'est que; II. *(fn)* 1. le bizarre; le singulier; 2. *de -ákat beszél!* il en dit de bonnes, celui-là!
furcsaság 1. bizarrerie; singularité; extravagance *f*; 2. *(történet)* his-

furdal 308 futkároz

toire amusante v drôle; 3. *(mondás)* extravagance *f; (elszólás)* perle *f*
furdal [~t, ~jon] hanter; tarauder; *(kíváncsiságát)* intriguer q; ~*ja a lelkiismeret* avoir du v des remords
furdalás les remords *m;* la hantise de qc
furfang [~ok, ~ot, ~ja] ruse *f;* tour *m* (d'adresse); finesse; astuce *f*
furfangos [~ak, ~at] rusé; roué; fin; finaud, -e; malin, maligne
furfangosság finesse; astuce; subtilité; malice; rouerie *f*
fúria [-ák, -át] furie *f*
furkó [~k, ~t, ~ja]; **furkósbot** matraque *f;* gourdin *m*
furnér [~ok, ~t, ~ja] feuille de placage; plaque *f* en bois
furnérlemez (bois de) placage *m;* feuille *f* de placage
furnéroz [~tam, ~ott, ~zon] plaquer
fúró [~k, ~t, ~ja] I. *(mn)* 1. perforateur, -trice; perceur, -euse; 2. *(állat)* térébrant, -e; II. *(fn)* 1. foret *m;* perce *f;* perçoir *m; (kézi)* vrille *f; (nagy)* tarière; *(fogászati)* fraise *f;* 2. *gúny:* lime sourde
fúródik [~ott, ~jék v ~jon] *(vmibe)* s'enfoncer; se planter
fúrógép 1. perforatrice; perceuse; foreuse; machine *f* à percer; 2. *(fogorvosé)* tour *m* à fraiser; fraise *f*
fúró-maró gép aléseuse-fraiseuse *f*
furulya [-ák, -át, -ája] chalumeau *m;* flûte champêtre *f*
furulyázik [~tam, ~ott, ~zék v ~zon] jouer de la flûte champêtre; sonner v jouer du chalumeau
furunkulus furoncle; clou *m*
fuser [~ek, ~t, ~a] *biz:* gâcheur; bousilleur, -euse *n;* charcutier *m*
fuserál [~tam, ~t, ~jon] *biz:* gâcher; bousiller; saboter; massacrer
fut [~ottam, ~ott, fusson] I. *(tgyl i)* 1. courir; aller plus vite que le pas; filer *biz: (járműről)* filer; courir; *úgy ~ mint a nyúl* avoir des jambes de cerf; courir v filer comme un zèbre; 2. *(menekülve)* se sauver; ~ *amerre lát* filer; se sauver par les marais; ~, *ahogy a lába bírja* courir à toutes jambes; ~*ni hagy* laisser courir;

donner la clef des champs à q; 3. *vki elől* ~ fuir q v devant q; *vmi után* ~ donner v faire la chasse à qc; ~ *utána* courir après; 4. *haj:* fuir; naviguer; 5. ~ *a tej* le lait se sauve v va au feu; 6. *sp:* ~ *a száz méteresben* courir les cent mètres; II. *(tgy i)* 1. courir; faire; *(aut. így is:)* couvrir; *(gépről) 40 kilométert* ~ *óránként* elle couvre 40 km par heure; 2. ~*ja* suffire; *bőven* ~*ja nála* il a de quoi
futam [~ok, ~ot, ~a] 1. *zen:* passage *m;* 2. *sp:* manche *f; (lóversenyben)* course; monte *f*
futár [~ok, ~t, ~ja] 1. *dipl:* courrier *m* de cabinet; 2. *kat:* estafette *f;* 3. *sakk:* fou *m;* ~ *és ló* pièces mineures
futárcsomag valise (diplomatique) *f*
futárposta courrier *m* v valise *f* diplomatique
futárszolgálat service *m* de courriers
futás 1. course *f;* ~*ban megelőz* distancer v dépasser à la course; ~*nak ered* prendre la course; *szégyen a* ~, *de hasznos* il vaut mieux être lâche une fois que mort toute sa vie; 2. *(menekülés)* fuite *f; a* ~*ban keres menedéket* chercher son salut dans la fuite; ~*nak ered* prendre la fuite; 3. *az idő* ~*a* la course du temps; la fuite des années; 4. *sp:* course à pied
futball [~ok, ~t, ~ja] football (association) *m*
futballbelső vessie *f*
futballbíró arbitre *m* de football
futballcsapat équipe *f* de football
futballista [-ák, -át, -ája]; **futballjátékos** *sp:* footballeur; joueur *m* de football
futballkapu but; goal *m*
futballkapus gardien *m* de but
futballkülső sphère *f* de cuir
futballozik [~tam, ~ott, ~zék v ~zon] jouer au football v à l'association
futballpálya terrain *m* de football
futballszövetség fédération *f* de football
futkároz [~tam, ~ott, ~zon]; **futkos** [~tam, ~ott, ~son] *(ide-oda)* ~

futó courir de-ci de-là; aller et venir; *vigan* ~ s'ébattre joyeusement
futó [~k, ~t] I. *(mn)* 1. courant, -e; 2. *(menekülő)* en fuite; fuyant; fuyard, -e; fugitif, -ive; 3. *(tárgy)* en marche; 4. *növ*: grimpant, -e; volubile; 5. *(időben)* fugitif, -ive; fuyant, -e; épisodique; passager, -ère; ~ *érzés* sentiment fugitif; ~ *eső* pluie intermittente; ~ *siker* succès passager; ~ *viszony* passade *f;* ~ *zápor* averse; ondée *f* (d'orage); II. *(fn)* 1. coureur *m;* 2. *sp:* coureur de vitesse; 3. *sakk:* fou *m;* 4. *(menekülő)* fuyard, -e; fugitif, -ive *n*
futóárok 1. tranchée *f;* 2. *kat:* tranchée (de circulation); boyau *m*
futóbab haricot *m* à rames
futócipő *sp:* chaussure(s) *f (pl)* de course
futófelület 1. *(gumiabroncsé)* surface *f* de roulement; 2. *(gépen)* bande *f* de roulement; 3. *(sítalpé)* plat *m* du ski; 4. *(műúté)* surface *f* de roulement
futóhomok le(s) sable(s) mouvant(s); sable boulant; *a ~ot megköti* fixer le sable mouvant
futólag en passant; hâtivement; à la hâte; par manière d'acquit; passagèrement; *(említ)* incidemment; ~ *érint* frôler en passant
futólagos [~ak, ~at] éphémère; épisodique; ~ *átnézés* v *vizsgálat* examen hâtif *v* rapide; ~ *megjegyzés* observation rapide *f; (írott)* notation cursive
futóléc *sp:* ski *m* de fond
futólépés pas *m* de course; *ritmikus ~ben* au pas gymnastique
futómadár oiseau coureur
futónövény plante grimpante
futópálya 1. *sp:* piste *f;* 2. *rep:* piste de roulage *v* principale
futószalag 1. chaîne *f* (de montage) *~on dolgozik* travailler à la chaîne; 2. *szállító és emelő ~ok* bandes transporteuses et élévatrices
futószőnyeg passage; chemin *m* (de vestibule)

futótűz feu *m* de broussailles; *mint a ~ terjedt el a híre* la nouvelle s'est répandue telle *v* comme une traînée de poudre
futóvendég hôte *m* de passage
futóverseny course (à pied); match *m* de course; *(sízés)* course *f* de fond
futrinka *áll:* carabe *m*
futtában 1. *(futás közben)* pendant *v* dans sa course; en courant; 2. *(gyorsan)* en toute hâte; en hâte; à la hâte
futurizmus futurisme *m*
fuvalom [-lmat, -lma] bouffée *f* (de vent); zéphyre *m*
fuvar [~ok, ~t, ~ja] 1. transport *m; (személyautón)* course *f;* 2. *(rakomány)* charge *f;* chargement *m; (hajón)* fret *m;* cargaison *f*
fuvardíj prix *m* v frais *m pl* de transport; port *m;* prix de voiture; *(hajón)* fret; nolis *m*
fuvarlevél lettre *f* de voiture; bulletin *m* d'expédition; *haj:* liste *f* de fret
fuvaros [~ok, ~t, ~a] voiturier;
fuvaroz [~tam, ~ott, ~zon] transporter; camionner; voiturer; véhiculer
fuvarozás transport; roulage; camionnage; voiturage; charriage *m; (hajón)* frètement *m*
fuvarozási *vállalkozó* entrepreneur *m* de roulage
fuvarozó [~k, ~t] I. *(mn)* ~ *vállalat* entreprise de transports; messagerie *f;* II. *(fn)* voiturier; camionneur; entrepreneur de transports *v* de camionnage; transporteur *m*
fuvarszámla facture *f* d'expédition
fúvócső 1. chalumeau *m;* 2. *üveggy*: canne *f;* 3. *(játék, fegyver)* sarbacane *f*
fúvóka 1. *zen:* embouchure *f;* bec *m;* 2. *műsz:* embouchure; *(motoron)* gicleur *m*
fuvola [-ák, -át, -ája] flûte *f;* fifre; flageolet *m*
fuvolaszó les sons d'une flûte
fuvolázik [~tam, ~ott, ~zék *v* ~zon] jouer de la flûte

fuvolázó *hang* voix flûtée
fúvós [~ok, ~t] *zen:* **I.** *(mn)* à vent; **II.** *(fn)* a ~*ok* les instruments à vent
fúzió [~k, ~t, ~ja] fusion *f*
fű [füvek, füvet, füve] **1.** herbe *f;* herbage; gazon *m; (fűféle)* graminée *f;* gramen *m; füvek* plantes herbacées; **2.** *fübe harap* mordre la poussière; rester sur le carreau; *kapkod fűhöz-fához* se raccrocher à tout; *elmondja fűnek-fának* raconter à tout venant *v* à qui veut l'entendre
fűféle plante herbacée; graminée *f;* gramen *m*
füge [-ék, -ét, -éje] figue *f;* -*ét mutat vkinek* faire la figue à q
fügefa figuier *m*
fügefalevél *átv:* feuille *f* de vigne
függ [~tem, ~ött, ~jön] **1.** *ld:* csüng; **2.** *(vkitől, vmitől)* dépendre de q *v* de qc; relever de q *v* de qc; *csak öntől* ~, *hogy* libre à vous de *(inf); vous êtes maître de (inf); egy hajszálon* ~ *il* ne tient qu'à un cheveu; *az attól* ~*!* cela dépend
függelék [~ek, ~et, ~e] **1.** *(intézményé stb.)* dépendance; annexe *f;* **2.** *(könyvben stb.)* appendice *m*
függelemsértés (cas d')insubordination *f*
függés [~ek, ~t, ~e] dépendance (de qc); subordination *f;* egymástól *való* ~ interdépendance *f; szellemi* ~ sujétion *f*
független [~ek, ~t, ~e] indépendant, -e; disponible; *nyelv:* absolu, -e
függetlenség indépendance *f; fil: (akaraté stb.)* autonomie *f*
függetlenségi *harc* guerre *f* de l'indépendance
függő [~k, ~t] **I.** *(mn)* **1.** pendant; suspendu, -e; **2.** *vmitől* ~ dépendant de qc; subordonné(e) à qc; ~ *viszony* subordination *f; (erkölcsi)* sujétion *f; (kölcsönös)* interdépendance; interférence *f;* **3.** *(ügy)* pendant, -e; en suspens; **4.** *(kölcsön, adósság)* flottant, -e; **5.** *mat:* ~ *mennyiség* quantité dépendante; **6.** *nyelv:* ~ *beszéd* langage *v* style indirect; **II.** *(fn) (ékszer)* **1.** bou-
cle(s) *f (pl)* d'oreilles; **2.** ~*ben hagy* laisser en suspens; ~*vé tesz vmitől* subordonner qc à qc; faire dépendre de qc
függőágy hamac; lit suspendu
függően; *vmitől*~ en subordination de qc; en rapport avec qc
függőjátszma *sakk:* partie ajournée
függőkert jardins suspendus; jardin aérien
függőleges [~ek, ~et] **I.** *(mn)* vertical, -e; ~ *állás* verticalité *f;* aplomb *m;* ~ *egyenes* v *irány* verticale *f; mat:* ~ *vetület* projection orthographique *v* orthogonale; **II.** *(fn)* verticale *f*
függöny [~ök, ~t, ~e] **1.** rideau *m; (könnyű anyagból)* vitrage *m; a* ~*t félrehúzza* écarter le rideau; **2.** *szính: függöny!* Au rideau! *a* ~ *felmegy* le rideau se lève; *a* ~ *legördül* le rideau se baisse
függönyrúd monture de rideaux; tringle *f* pour rideaux
függönyszárny un double rideau
függőólom; függőón sonde *f;* perpendiculaire; niveau *m* de maçon
függőség dépendance; sujétion; inféodation *f;* vasselage *m*
függvény **1.** *mat:* fonction *f;* ~ *függvénye* fonction composée; **2.** *vminek a* ~*e* être en fonction de qc; **3.** *átv: (pl: ország)* annexe *f; pej:* dépendance *f*
fül [~ek, ~et, ~e] **1.** oreille *f; fáj a* ~*e* l'oreille lui fait mal; *a* ~*em zúg* les oreilles me cornent; *hegyezi a* ~*ét átv:* dresser l'oreille; **2.** *(szólásokban:) csupa* ~ *vagyok* je suis tout oreilles; *ennek se füle se farka* cela n'a ni rime ni raison; *a* ~*e botját sem mozdítja* il ne donne pas signe de vie; ~*e hallatára* en sa présence; ~*e van a falnak* les murs ont des oreilles; *jó* ~*e van* avoir l'oreille fine; *fülébe* à l'oreille; ~*ébe jut* parvenir à q; *fülében cseng* tinter à l'oreille de q; *fülig* jusqu'aux oreilles; par dessus les oreilles; ~*ig van benne* il y est jusqu'au cou; ~*ig van a munkában* avoir de la besogne par-dessus les oreilles; *egyik fülén be, a másikon ki*

fülbemászó 311 **fürkészik**

cela entre par une oreille et sort par l'autre; *tolvajt ~ön fog* saisir *v* prendre au collet un voleur; *~ét rágják vmivel* avoir les oreilles battues de qc; *saját fülemmel hallottam* je l'ai entendu de mes propres oreilles; 3. *(edényé, kosáré)* anse *f; (gombé, ostoré stb. fonott dologé)* boucle *f; (akasztófül)* attache *f; (cipőn)* tirant *m;* 4. *műsz:* œil *m;* douille *f;* 5. *(zseben)* patte rabat *f*
fülbemászó I. *(mn) (dallam)* caressant; chantant, -e; qui s'insinue; II. *(fn) áll:* perce-oreilles *m*
fülbevaló boucle *f v* pendant *m* d'oreilles
fülcimpa lobe *m v* aile *f* de l'oreille; auricule *f*
fülel [~tem, ~t, ~jen] pointer *v* dresser l'oreille
fülemüle [-ék, -ét, -éje] rossignol *m*
füles à anses; ansé, -e; à œil
fülesbagoly (grand) duc; hibou *m;* moyen duc
fülész [~ek, ~t, ~e] auriste; auriculiste *n*
fülészet *orv:* otologie *f*
fülfájás otalgie *f;* mal *m* d'oreilles
fülfolyás suppuration *f* de l'oreille; écoulement *m* d'oreilles
fülhasogató assourdissant; étourdissant, -e
fülik [~t, ~jék *v* ~jön] 1. chauffer; 2. *nem ~ a foga a munkához* renâcler à la besogne
fülkagyló pavillon *m*
fülke 1. *(falban)* niche *f;* 2. *(hajón)* cabine *f; (vasúti)* compartiment *m;* 3. *(választási)* isoloir *m;* 4. *(telefon)* cabine (téléphonique); 5. *(szobában)* alcôve *f;* 6. *(vendéglőben)* box *m;* 7. *(kiállításon)* stand *m*
fülledt [~ek, ~et; ~en] lourd; étouffant; accablant; suffocant, -e
füllent ~[ettem, ~ett, ~sen] mentir; conter *v* raconter des couleurs; *(hozzátoldva)* broder
fülmirigy ganglions *m pl* de l'oreille
fül-orr-gégészet oto-rhino-laryngologie *f*
fülorvos auriste; auriculiste *n*
Fülöp-szigetek les Philippines *f*

fülsiketítő assourdissant, -e; à fendre l'oreille *v* la tête
fültanú témoin auriculaire *m*
fültőmirigy glandes salivaires *f pl*
fülvédő couvre-oreilles *m; (sapkán)* oreillette *f*
fűnyíró *(gép)* tondeuse *f* à gazon
fürdet baigner
fürdik [fürödtem, fürödt, fürödjék *v* fürödjön] 1. se baigner; prendre un bain; 2. *(tárgy)* baigner; noyer
fürdő [~k, ~t, ~je] 1. *(fürdés)* bain *m;* 2. *(hely) (folyóban)* baignoir *m;* 3. *(intézmény)* bain; établissement *m* de bains
fürdőcipő sandales *f pl* de bain
fürdőidény saison balnéaire *f*
fürdőkád baignoire *f; a ~at megtölti, kiüríti* remplir, vider le bain
fürdőköpeny sortie *v* cape *f* de bain; baigneuse *f*
fürdőlepedő drap *m* de bain
fürdőmedence piscine *f;* bassin *m* de natation
fürdőnadrág caleçon *m* de bain
fürdőruha costume de bain; maillot *m* de bain
fürdőszoba salle *f* de bain; cabinet *m* de toilette
fürdőszobakályha chauffe-bain *m*
fürdőtrikó maillot *m* de bain
fürdőügyi balnéaire; *~ szakember* balnéologue *m*
fürdővendég 1. baigneur, -euse *n; (nyári)* estivant, -e *n;* 2. *(gyógyfürdőn)* curiste; client, -e *n*
fürdővíz eau *f* du bain
fűrész [~ek, ~t, ~e] scie *f*
fűrészbak chevalet *m* de scieur de bois
fűrészelőgép scie mécanique *f*
fűrészgép scie *f* à commande (par courroie)
fűrészkeret châssis *m;* monture *f*
fűrészlap lame *f* de scie
fűrészpor sciure *f;* bran *m* de scie
fűrésztelep; fűrészüzem scierie *f*
fürge [-ék, -ét] agile; leste; alerte; preste
fürj [~ek, ~et, ~e] caille *f*
fürkészdarázs mouche vibrante
fürkészik [~tem, ~ett, -sszen] fouiner; scruter; fureter

fürkésző [~k, ~t] **1.** *vad: (kutya)* quêteur, -euse; **2.** *átv:* scrutateur, -trice; fureteur; sondeur; fouineur, -euse; ~ *tekintet* ragard inquisitorial *v* inquisiteur
füröszt [~öttem, ~ött, -összön] baigner; *tejbe-vajba* ~ tenir dans du coton
fürt [~ök, ~öt, ~je] **1.** *(szőlő)* grappe *f; egy* ~ *banán, datolya* un régime de bananes, de dattes; **2.** *(hajfürt)* boucle *f*
füst [~ök, ~öt, ~je] **1.** fumée *f;* **2.** *(fémlemez)* feuille mince *f;* **3.** *(szólásokban:) egy* ~ *alatt* du *v* d'un même coup; ~*be megy* s'en aller en fumée *v* en eau de boudin; ~*be ment remény* espérance évanouie
füstcső 1. *műsz:* tube *m* à *v* de fumée; **2.** *(kályháé)* tuyau *m* de poêle
füstfejlesztő fumigène
füstfelhő nuage *v* écran *v* rideau *m* de fumée
füstoszlop panache *m* de fumée
füstöl [~tem, ~t, ~jön] **I.** *(tgyl i)* **1.** *(vmi)* fumer; **2.** *(lámpa)* filer; **3.** *(dohányos)* fumer; **II.** *(tgy i)* **1.** *(vmit)* fumer, **2.** *(befüstöl, kifüstöl)* enfumer
füstölgő [~k, ~t] fumant, -e
füstölt [~ek, ~et; ~en] fumé, -e; ~ *hering* hareng fumé *v* saur; ~ *szalonna* lard fumé
füstös [~ek, ~et] fumeux, -euse; enfumé, -e
füstszínű enfumé, -e
fűszál brin *m* d'herbe
fűszer [~ek, ~t, ~e] épice *f;* condiment *m*
fűszeráru épicerie *f*
fűszeres [~ek, ~et] **I.** *(mn) (étel)* épicé, -e; condimenteux, -euse; relevé; assaisonné, -e; ~ *növények* fines herbes; **II.** *(fn)* épicier, -ière *(n)*
fűszeresbolt épicerie; boutique *f* d'épicier
fűszerez [~tem, ~ett, ~zen] **1.** épicer; assaisonner de qc; *(ízesítő dologgal)* relever; **2.** *átv:* agrémenter de qc; poivrer; *sikamlósan* ~ pimenter
fűszínű vert pré
fűt [~öttem, ~ött, ~sön] **I.** *(tgyl i)* chauffer; se chauffer; **II.** *(tgy i)* **1.** chauffer; *(gépet így is:)* alimenter; **2.** *átv:* brûler
fűtés 1. *(lakásé)* chauffage *m;* **2.** *(ipari, gépé)* chauffe *f*
fűtetlen non chauffé(e); sans chauffage
fűtő [~k, ~t] **I.** *(mn)* ~ *csőkígyó* serpentin réchauffeur; **II.** *(fn)* chauffeur *m*
fűtőanyag combustible *m*
fűtőberendezés installation *f v* dispositif *m* de chauffage; équipement *m* de chauffe
fűtőelem pile thermo-électrique *f*
fűtőérték valeur *v* puissance calorifique *f*
fűtőház *(vasúti)* dépôt *m;* remise *f* à locomotive
fűtőképesség rendement calorique *m*
fűtőolaj huile combustible *f;* fuel oil *m*
fűtőtekercs enroulement *m* de chauffage
fűtőtelep *rád:* batterie *f* de chauffage
fűtőtest corps de chauffe; radiateur; calorifère *m*
fütykös [~ök, ~t, ~e] matraque; trique *f;* gourdin *m*
fütyörészik [~tem, ~ett, -sszék *v* -sszen] siffloter
fütty [~ök, ~öt, ~e] coup de sifflet; sifflement *m*
füttyent [~ettem, ~ett, ~sen] siffler
fütyül [~tem, ~t, ~jön] **1.** siffler; **2.** *(madár)* chanter; s'égosiller; siffler; **3.** ~*ök rá* je m'en moque; je m'en fiche; ~ *rá* il n'en a cure
fütyülő [~k, ~t] **I.** *(mn)* sifflant, -e **II.** *(fn)* **1.** *(ember)* siffleur, -euse *n;* **2.** *(síp)* sifflet *m*
füves [~ek, ~et; ~en] herbeux, -euse; herbu; gazonné, -e; ~ *legelő* herbier *m*
füvész [~ek, ~t, ~e] **1.** *(kereskedő)* herboriste; floriste *n;* **2.** *(tudós)* botaniste *m*
fűz [~tem, ~ött, ~zön] **1.** tresser; entrelacer; **2.** *(fonálra, tűbe)* enfiler; *(nyílásba)* faire passer; **3.** *(cipőt)* lacer; **4.** *könyvk: (géppel)* brocher; agrafer; *(kézzel)* coudre (à la main); **5.** *vmihez* ~ accoler à qc; **6.** *átv: vmihez* ~ *vmit* attacher *v* enchaîner qc à qc; *megjegyzést* ~ *vmihez* ajouter (une remarque) à qc; faire une observation sur qc; commenter qc

füzér [~ek, ~t, ~e] **1.** guirlande *f;* **2.** *egy ~ paprika* un chapelet de poivres
füzet 1. *(irka)* cahier; carnet *m;* **2.** *(füzetes műé)* fascicule *m;* livraison *f;* **3.** *(kis nyomtatott mű)* brochure *f*
fűzfa saule *m*
fűzfakosár corbeille *f* d'osier
fűzfapoéta poétastre; poétereau *m*
fűzfapoézis vers *m pl* de mirliton
fűző [~k, ~t, ~je] **1.** *(női)* corset *m;* gaine *f;* **2.** *(cipőé)* lacet; cordon *m*

fűződik [~tem, ~ött, ~jék *v* ~jön] *(vmihez)* se rattacher à qc; avoir trait à qc
fűzöld vert pré; vert comme pré
fűzős *cipő* bottine *f v* soulier *m* à lacets
fűzött [~ek, ~et; ~en] *könyvk:* broché, -e
fűzőzsinór 1. *(cipőbe)* lacet *m* (de soulier); **2.** *(fűzőbe)* lacet de corset; **3.** *könyvk:* fil *m* de couture; ficelle *f*
fűzve *könyvk:* broché, -e

G

g [~k, ~t, ~je] 1. *(betű)* g m; 2. *zen* sol; *g-dúr* sol majeur; *g-húr* corde de sol; la grosse corde; *g-kulcs* clef f de sol 3. *fiz* gravitáció
gabalyodás mêlée f; brouillamini m
gabalyodik [~tam, ~ott, ~jék v ~jon] 1. se compliquer; 2. *átv:* vmibe ~ s'enticher de qc; *vkibe* ~ se coiffer de q
gabona [-át, -ája] blé m; grains m pl; céréale(s) f *(pl); (termés)* a ~ la récolte; ~ *szára, szalmája* chaume m; *-át arat* couper les blés; *-ával brevet* ensemencer en blé; emblaver
gabonaasztag meule f
gabonabegyűjtés collecte f du blé
gabonabehordás rentrage m
gabonakereskedő marchand de blé v de grains; négociant m en blés
gabonakereszt meulette f; dizeau m
gabonakéve gerbe f de blé
gabonaraktár entrepôt de blé v de grains; magasin m à blé
gabonarosta tarare m
gabonarozsda rouille f v noir m des céréales
gabonaszár tige f de blé; brin m de paille
gabonaszem grain m (de céréale)
gabonatermelés culture du blé; production f du v en blé
gabonatermelő producteur (-trice) de ~ blé *(n);* céréaliste m
gabonatermés récolte f de blé
gabonaüszög charbon m (du blé, des graminées)
Gábor [~ok, ~t, ~ja] Gabriel m
Gabriella [-ák, -át, -ája] Gabrielle f
gácsér [~ok, ~t, ~ja] malart; malard m
gágog [~tam, ~ott, ~jon] crier; criailler; cacarder
gagyog [~tam, ~ott, ~jon] balbutier; babiller; gazouiller
galád [~ok, ~ot] infâme; perfide; odieux, -euse; abominable; abject, -e

galádság infamie; perfidie; abjection f
galagonya [-ák, -át] aubépine f
galaj [~t, ~a] gaillet m
galaktika *csill:* galaxie f
galamb [~ok, ~ot, ~ja] 1. pigeon m; pigeonne f; 2. *(szólásokban:)* galambom ma colombe; ma tourterelle; ma biche; *azt várja, hogy a sült* ~ *a szájába repüljön* il attend que les alouettes lui tombent toutes rôties dans le bec
galambbegyszínű colombin, -e
galambbúgás roucoulement m
galambdúc pigeonnier; colombier m
galambfióka pigeonneau m
galambgomba russule f
galambősz bris; blanc
galambszín(ű) gorge-de-pigeon
galambszívű au cœur doux v angélique
galambszürke gorge-de-pigeon; gris de ramier
galambtenyésztés colombiculture; colombophilie f
galambtojás œuf m de pigeon
galandféreg ténia; taenia; ver rubané v solitaire m
gáláns [~ak, ~at] galant, -e
galiba [-ák, -át] gâchis m; histoire f
gálic [~ok, ~ot, ~a] sulfate m
gálickő sulfate m de cuivre; couperose bleue
gall [~ok, ~t] gallique; gaulois, -e
gallér [~ok, ~t, ~ja] 1. *(ruha* v *ingnyakra)* col m; *(felcsatolható)* faux-col m; 2. *(ruhára lehajtott)* collet m; ~on *fogja* v *elcsípi* saisir v appréhender au collet; 3. *(köpeny)* collet; pèlerine; gabardine f
gallérbőség encolure f
Gallia [-át] la Gaule
gallicizmus gallicisme m
galóca [-ák, -át, -ája] *(gomba)* amanite; oronge f; *légyölő* ~ amanite tue-mouches
galopp [~ot, ~ja] galop m *(tánc is)*

galoppozik [~tam, ~ott, ~zék v ~zon]
galoper
galuska gnocchi *m pl*
galvánáram courant galvanique *m*
galvánelem *vill:* couple voltaïque *m;* pile électrique *f*
galvánfürdő bain galvanoplastique *m*
galvanizálás galvanisation; métallisation *f*
gálya [-ák, -át, -ája] galère; galiote; galéasse *f*
gályarab galérien; forçat; bagnard *m*
gályarabság galères *f pl;* bagne *m*
gally [~ak, ~at, ~a] branche *f;* rameau *m*
gallyaz [~tam, ~ott, ~zon] élaguer
gallyfa mort-bois *m*
gamba [-ák, -át] *zen:* viole *f* de gambe
gaméta [-ák, -át] gamète; génocyte *m*
gammasugár rayon gamma *m*
ganaj [~ok, ~t, ~a] fumier *m*
ganajlé purin *m*
ganajtúró(bogár) bousier; stercoraire; escarbot *m*
gáncs [~ok, ~ot, ~a] blâme; reproche *m;* censure critique *f; félelem és ~ nélküli lovag* chevalier sans peur et sans reproche
gáncsol [~tam, ~t, ~jon] 1. *(akadályozva)* mettre *v* jeter des bâtons dans les roues; 2. *(szóban)* blâmer; réprouver
gáncsoskodás chicanerie; critique *f;* ergotage *m*
garancia [-át, -ája] 1. garantie; caution *f; -át vállal* se porter *v* se rendre garant(e) de *v* pour qc; 2. *jog:* sauvegarde *f*
garantál [~tam, ~t, ~jon] 1. garantir; donner pour bon; 2. *ezt ~om* je vous en réponds
garas [~ok, ~t, ~a] 1. *(francia)* sou *m;* 2. *(szólásokban:) nincs egy ~a* il n'a pas le sou; *nincs egy lyukas v árva ~a* il n'a pas un rouge liard; *fogához veri a ~t* couper un liard en quatre
garat 1. pharynx *m;* arrière-bouche *f;* 2. *(malomgarat)* trémie *f;* 3. *felöntött a ~ra* il a bien levé le coude
garathurut pharyngite *f*

garatmandula amygdale pharyngée (adénoïde)
garázda [-ák, -át] casse-cou; tapageur, -euse; turbulent, -e; ~ *katonák* la soldatesque; ~ *sofőr* chauffard *m*
garázdálkodás; garázdaság ravages; excès; débordements *m pl*
garázdálkodik [~tam, ~ott, ~jék v ~jon] 1. sévir; faire des ravages; 2. *(katona)* fourrager; brigander; marauder; 3. *(gonosztevő)* opérer
garázs [~ok, ~t, ~a] garage; dépôt *m*
gárda [-ák, -át, -ája] 1. garde *f;* corps *m* de garde; 2. *átv: (vki körül)* état-major *m;* 3. *(művészeké stb.)* phalange; équipe *f*
gargarizál [~tam, ~t, ~jon] faire des gargarismes
garmada [-ák, -át] 1. cas; amas *m; -ába rak* empiler; 2. *bány: (szén)* tas *m* de charbon; 3. *átv: -ával van* les rues en sont pavées
garnitúra [-ák, -át, -ája] 1. *(bútor)* ensemble *m;* 2. *(készlet)* jeu *m;* garniture *f*
garral; *nagy ~* à grand bruit *v* tapage
garszonlakás garçonnière *f*
gasztronómia [át-, -ája] gastronomie *f*
gasztrula *él:* gastrula *f*
gát [~ak, ~at, ~ja] 1. digue *f;* barrage *m;* ~*ak közé szorít* endiguer; *egy ~at átvág* couper une digue; ~*at épít* établir un barrage sur un cours d'eau; 2. *földr:* barrière *f;* 3. *orv:* périnée *m;* 4. *(versenyben)* haie *f;* obstacle *m;* 5. *átv:* borne; limite *f* (à qc); ~*at emel* v *vet vminek* opposer *v* élever une digue à qc; endiguer qc; ~*at vet a szenvedélyeknek* opposer des digues aux passions; ~*at vet a járvány továbbterjedésének* enrayer une epidémie; 6. *ő legény a ~on* il est un peu là
gátfutás course *f* de haies
gátlás inhibition *f;* refoulement *m*
gátlástalan intempérant; immodéré, -e
gátló [~k, ~t; ~lag] 1. inhibitif, -ive; inhibiteur, -trice; 2. gênant; embarrassant, -e; 3. *(intézkedés)* prohibitif, -ive

gátol [~tam, ~t, ~jon] 1. *műsz:* diguer; 2. *átv:* gêner; empêcher; entraver
gátőr garde fluvial; barragiste *m*
gátszakadás rupture *f* de la digue
gatya [-ák, -át, -ája] caleçon *m*
gatyástyúk poule pattue
gavallér [~ok, ~t, ~ja] I. *(mn)* 1. *(nőkkel szemben)* chevaleresque; galant; 2. *(nem kicsinyes)* généreux, -euse; large; II. *(fn)* 1. cavalier; galant; 2. *(ember)* gentleman
I. **gaz** [~ok, ~t, ~a] herbe folle; mauvaise herbe
II. **gaz** [~ok, ~t] I. *(mn)* infâme; abominable; misérable; fourbe; scélérat, -e; II. *(fn)* scélérat, -e; fourbe; misérable *n;* canaille *f*
gáz [~ok, ~t] gaz *m;* ~ *fejlődik* un gaz se dégage; *szivárog a* ~ *(vezetékben)* le gaz fuit; ~*t ad* mettre les gaz; accélérer; ~*zá alakít* gazéifier; ~*zal megöl* v *mérgez* gazer
gázálarc masque *m* à gaz *v* contre les gaz *v* antigaz
gázállapot état gazeux
gázcsap robinet *m* du *v* à gaz
gázcső tuyau de *v* à gaz; *(lakásban)* plomberie *f*
gazda [-ák, -át, -ája] 1. *(tárgyé)* propriétaire *n;* -*át cserél* changer de mains; 2. *(házé)* maître *m;* 3. *(intézeti)* économe; intendant *m;* 4. *(vendéglátó)* hôte *m;* 5. *(élősdié)* hôte *m;* 6. *(alkalmazotté)* patron; maître *m;* 7. *(földesgazda)* agriculteur; cultivateur, -trice *n*
gazdag [~ok, ~ot, ~ja] 1. *(vagyonilag)* riche; opulent; cossu, -e; 2. *ált:* riche; somptueux; plantureux, -euse; *(stílus)* abondant, -e; ~ *aratás* riche *v* ample moisson; *tettekben* ~ *élet* vie remplie; ~ *fantáziájú* imaginatif, -ive
gazdagít [~ottam, ~ott, ~son] 1. ~ *vmivel* enrchir de qc; 2. *pej:* engraisser; 3. *átv: (olykor)* nourrir
gazdagság 1. richesse; opulence *f;* les biens de la fortune; abondance *f;* *(kivitelben sokszor)* luxe *m;* 2. *átv:* richesse; ampleur *f;* 3. *(stílusé)* luxuriance; richesse; ampleur *f*
gazdalegény fils *m* de terrien *v* de cultivateur
gazdálkodás 1. économie; gestion *f;* 2. travaux agricoles; agriculture; exploitation *f;* 3. *(háztartásban)* ménage *m*
gazdálkodó [~k, ~t] agriculteur *m;* cultivateur, -trice; fermier, -ière *n*
gazdaság 1. exploitation agricole; ferme *f;* 2. *ált:* agriculture *f;* 3. économie *f*
gazdasági 1. économique; ~ *és politikai* économico-politique; ~ *bajok* crise économique *f;* ~ *elmaradottság* sous-développement *m;* ~ *földrajz* géographie économique *f;* ~ *pangás* stagnation économique *f;* ~ *válság* crise économique *f;* 2. agricole; rural, -e; d'agriculture; agronomique; ~ *akadémia* institut agronomique *m;* ~ *kísérleti állomás* station agricole *f;* ~ *főiskola* institut agricole *m;* ~ *iskola* école *f* d'agriculture *v* agronomique; ~ *munkás* ouvrier agricole; ~ *udvar* cour *f* de ferme *v* d'exploitation agricole; ~ *vasút* (chemin de fer) decauville *m;* 3. *kat:* ~ *hivatal* intendance *f;* administration *f* des vivres
gazdaságilag elmaradott ország pays sous-développé
gazdaságos [~ak, ~at] économique; profitant, -e; ~ *kihasználás* bonne utilisation
gazdaságpolitika économie politique *f*
gazdaságpolitikai d'économie politique
gazdaságtan 1. économie domestique *f;* 2. agronomie *f*
gazdaságtörténet histoire *f* d'économie politique
gazdász [~ok, ~t, ~a] ingénieur agricole *v* agronome *m*
gazdatiszt 1. intendant; régisseur *m;* 2. *(képzett)* ingénieur agricole *m*
gazdátlan livré(e) *v* laissé(e) à l'abandon; ~ *eb* chien errant *v* vagabond; ~ *tárgy* objet laissé à l'abandon
gázégő bec *m* à *v* de gaz
gazella [-ák, -át, -ája] gazella *f*

gázellátás distribution *f* de gaz; approvisionnement *m* en gaz
gazember coquin; misérable; filou; fripon; scélérat; voyou *m*; *cimeres* ~ archifripon *(m)*; *vén* ~ vieille canaille
gázfejlesztés production *f* de gaz
gázfogyasztó usager *m* du gaz
gázgenerátor gazogène *m*
gázgyár compagnie du gaz; fabrique de gaz *f*; le Gaz
gázgyári gazier, -ière
gázháború guerre des gaz *v* chimique *f*
gázhalmazállapot état gazeux
gázharc combat *m* au gaz
gázkamra chambre *f* à gaz; *-ában elpusztított (ember)* gazé, -e *(n)*
gázkeverék gaz mixte; mélange *v* air carburé
gázkitörés 1. éruption *f* de gaz; 2. *bány:* dégagement instantané de gaz
gázkoksz coke *m* de gaz
gázközpont centrale gazière
gázlámpa lampe *f* à gaz; *(utcai)* bec de gaz; réverbère *m*
gázló [~k, ~t, ~ja] gué *m*
gázlómadár échassier *m*
gázmérgezés asphyxie; intoxication *f* par les gaz; *~ben meghalt* mort par asphyxie
gázmérő 1. compteur *m* à gaz; 2. *(személy)* contrôleur *m* du gaz
gázművek compagnie de *v* du gaz; usine à gaz *f*; le Gaz
gáznemű gazeux, -euse
gázol [~tam, ~t, ~jon] I. *(tgyl i) (vízben)* marcher; *a sárban* patauger dans la boue; *vérben* ~ se baigner dans le sang; ~ *vkinek a becsületében* flétrir *v* piétiner l'honneur de q; II. *(tgy i)* écraser; piétiner
gázolaj gas-oil; carburant *m* de Diesel
gázolás accident de circulation; écrasement *m*
gázóra compteur *m* à gaz
gazos [~ak, ~at; ~an] envahi(e) par les mauvaises herbes
gázömlés fuite *f* *v* dégagement *m* de *v* du gaz
gázpalack bouteille à gaz; bonbonne *f*

gázpedál *aut:* accélérateur; champignon *m*; *rátapos a ~ra* écraser le champignon
gazság turpitude; infamie; coquinerie; rouerie; fourberie; traîtrise *f*
gázsugárhajtású *motor* moteur à réaction
gázszolgáltatás service *m* *v* distribution *f* du gaz
gázszűrő filtre *m* à gaz
gáztámadás attaque *f* aux *v* par les gaz
gáztartály *(szolgáltatáshoz)* gazomètre; réservoir *m* à gaz
gaztett forfait *m*; scélératesse *f*; crime odieux
gáztűzhely cusinière *f* *v* fourneau *v* réchaud-four *m* à gaz
gázvédelmi antigaz
gázvezeték 1. conduite *f* *v* conduit *m* de gaz; feeder *m* de gaz; 2. canal *m* pour le gaz
gázvilágítás éclairage *m* au gaz
gebe [-ék, -ét, -éje] haridelle; rosse; rossinante *f*
gébics [~ek, ~et, ~e] pie-grièche; calousse; ageasse *f*
gége [-ék, -ét, -éje] gosier; larynx *m*
gégecső trachée(-artère) *f*
gégehurut; gégelob laryngite *f*
gégemetszés trachéotomie; laryngotomie *f*
gégész [~ek, ~t, ~e] laryngologue; laryngologiste *n*
gejzír [~ek, ~t, ~e] geyser; geiser *m*
gél [~t] gel *m*; gelée *f*
gém [~ek, ~et, ~je] héron *m*; *szürke* ~ héron cendré; *vörös* ~ héron pourpré
gémberedik [~tem, ~ett, ~jék *v* ~jen] s'engourdir; être engourdi(e) *v* transi(e)
gémeskút puits *m* à bascule *v* à balancier
gemma [-ák, -át, -ája] gemme *f*
gén [~ek, ~t, ~je] *él:* gène *m*
genealógia [-át, -ája] généalogie *f*
generátor [~ok, ~t, ~a] 1. *vill:* générateur *m* (d'éléctricité); génératrice *f*; 2. *(gázgyárban)* gazogène; générateur *m*
genetika génétique *f*
genetikus généticien, -enne *n*

Genf [~et] Genève *f*
genfi [~ek, ~t] genevois, -e
gengszter [~ek, ~t, ~e] gangster; racketer *m*
genitivusz [~ok, ~t, ~a] génitif *m*
géniusz [~ok, ~t, ~a] génie *m;* a francia ~ le génie français
genocita *él:* génocyte *m*
Genovéva [-ák, -át, -ája] Geneviève *f*
Gent [~et] Gand *m*
Génua [-át] Gênes *f*
genny [~et, ~e] pus *m;* matière (purulente)
gennycsatorna fusée *f*
gennyed; gennyesedik [~tem, ~ett, ~jék *v* ~jen] suppurer
gennyes [~ek, ~et; ~en] purulent; suppurant, -e; ~ *mellhártyagyulladás* pleurésie purulente
gennygóc foyer purulent *v* de suppuration
gennyhólyag abcès *m*
gennyzacskó poche purulente *v* de pus
geodéziai [~ak, ~t] géodésique; ~ *pont* station *f* d'altimétrie
geofizika géophysique *f*
geográfia [-ák, -át] géographie *f*
geológia [-ák, -át] géologie *f*
geológiai [~ak, ~t] géologique; ~ *korszak* système géologique *m;* ère géologique *f*
geológus géologue; prospecteur *m*
geometria [-át] géométrie *f*
geometriai [~ak, ~t] ~ *sor* v *sorozat* suite géométrique *f*
geopolitika géopolitique *f*
gép [~ek, ~et, ~e] 1. machine *f;* appareil *m;* mécanique *f;* engin *m;* ~*et felszerel, leszerel* monter, démonter une machine; *egy* ~*et szerkeszt* v *összeállít* construire *v* bâtir une machine; ~*pel (készítve* v *végrehajtva)* mécaniquement; 2. *fényk:* appareil *m;* 3. ~*pel ír* dactylographier; 4. *rep:* appareil; 5. *aut:* voiture *f;* 6. *átv:* ~*pé süllyeszt* machiniser; mécaniser
gépalkatrész organe *m;* pièce détachée
gépállomány machinerie *f*
gépállomás station *f* de machines agricoles

gepárd [~ok, ~ot, ~ja] *áll:* guépard *m*
gépegység unité *f*
gépel [~tem, ~t, ~jen] 1. *(írógépen)* dactylographier; 2. *(varrógépen)* travailler à la machine (à coudre)
gépelem élément *v* organe *m* de *v* d'une machine
gépember (homme) robot; automate *m*
géperő force motrice; ~*vel* par la voie mécanique
gépesít [~ettem, ~ett, ~sen] motoriser; mécaniser; machiniser; automatiser
gépesítés motorisation; mécanisation; macinisation; automatisation; automation *f;* a *bányászat* ~*e* la mécanisation de l'extraction
gépesített [~ek, ~et; ~en] motorisé; mécanisé; machinisé; automatisé, -e; *kat:* ~ *erők* des éléments motorisés
gépész [~ek, ~t, ~e] machiniste; mécanicien, -enne *n*
gépészmérnök ingénieur mécanicien (diplômé)
gépezet 1. mécanique *f;* mécanisme; dispositif; engin *m;* 2. *átv:* les rouages de qc; automatisme; mécanisme
gépfelszerelés machinerie *f;* outillage; équipement *m*
gépgyár atelier(s) *v* chantier(s) *m (pl)* de construction (mécanique)
gépgyártás constructions *v* industries mécaniques *f pl*
gépház 1. hall *m* aux machines; salle *f* des machines; 2. *(hajón)* machinerie *f;* 3. *(vasúti)* dépôt *m* (des machines)
géphiba panne *v* avarie *f v* accident *m* de machine
gépi [~ek, ~t] mécanique; automatique; *a* ~ *berendezés termelékenysége* la productivité de la machine; ~ *erővel elvégzett munka* travail exécuté mécaniquement; ~ *nagyipar* grosse industrie mécanisée; ~ *vontatás* traction mécanique *f*
gépies [~ek, ~te] machinal, -e; mécanique; automatique
gépipar industrie mécanique *v* des machines *f*

gépírás dactylographie *f; gép- és gyorsírás* sténodactylographie *f*
gépjárművezető chauffeur, -euse *n*
gépkávé café filtre *m*
gépkezelő machiniste; manipuleur, -euse *n*
gépkocsi automobile; voiture; auto *f; ld. még:* auto
gépkocsijavító *műhely* station-service *f*
gépkocsioszlop convoi automobile *m*
gépkocsizó automobiliste *(n); kat:* ~ *hadosztály* division motorisée
gépkönyvelés comptabilité mécanique *f*
géplakatos ajusteur-monteur *m*
gépmester 1. *nyomd:* pressier *m;* 2. *szính:* machiniste *m*
gépolaj huile *f* à machine; lubrifiant *m*
géppark parc *m*
géppisztoly mitraillette *f*
géppuska mitrailleuse *f*
géppuskafészek nid *m* de mitrailleuse
géppuskaropogás crépitement *m* de(s) mitrailleuse(s)
gépprés organe *m* de machine
gépselyem soie à coudre *v* tordue
gépszedés composition linotypique *v* monotypique; linotypie; monotypie *f*
gépszerkesztés construction(s) mécanique(s) *f (pl)*
gépszerűség automatisme *m*
gépszíj courroie *f* d'entraînement
gépszín salle *f* des machines
géptan mécanique *f*
gépterem salle *f v* hall *m* des machines
gépvarrás couture *f* à la machine
gépvontatású [~ak, ~t] tracté, -e
gépzene musique mécanique *v* automatique *v* enregistrée
gépzsír lubrifiant *m;* graisse *f* pour machines
gereblye [-ék, -ét, -éje] râteau *m*
gereblyéz [~tem, ~ett, ~zen] ratisser; râteler; racler *kert*
gerely [~ek, ~t, ~e] 1. javelot *m (sp. is);* 2. *orv:* lancette *f*
gerenda [-ák, -át, -ája] poutre; solive *f*
gerendafödém plancher *m* de solives
gerendázat charpente *f;* poutrage; solivage *m*
gerezd [~ek, ~et, ~je] 1. *(gyümölcsé)* tranche *f;* quartier *m;* 2.

(dinnyéé) côte *f* (de melon); 3. *(szőlőé)* grappe *f;* 4. *(hagymáé)* gousse *f*
gerezna [-át, -ája] fourrure; pelleterie *f*
gerillaharc la petite guerre; guerre de patrisans; guerilla *f;* ~*ok* opérations *f pl* de guerilla
gerinc [~et, ~e] 1. échine *f; orv:* colonne vertébrale; 2. *(nyúlé)* râble *m;* 3. *könyvk:* dos *m;* 4. *(hegyé)* arête; crête *f;* 5. *átv:* la charpente; la substance; l'essentiel
gerinces [~et; ~en] I. *(mn)* 1. vertébré, -e; 2. *átv:* tout d'une pièce; II. *(fn) áll: a* ~*ek* les vertébrés
gerincesség fermeté *f* de caractère
gerinchúr corde dorsale
gerincoszlop colonne vertébrale; épine dorsale
gerincsorvadás tabès *m*
gerinctelenség souplesse d'échine, paillasserie *f*
gerincvelő moelle épinière; cordon médullaire *m*
gerjed [~tem, ~ett, ~jen]; **gerjedez** [~tem, ~ett, ~zen] 1. *(tűz)* s'animer; s'allumer; se ranimer; 2. *(áram)* naître; s'induire; 3. *átv: nagy haragra* ~ partir d'une grande colère; s'emporter; se fâcher (tout rouge)
gerjeszt [~ettem, ~ett, -sszen] 1. *(tüzet)* attiser; ranimer; allumer; 2. *vill:* faire naître; induire; 3. *átv:* susciter; allumer
gerjesztés 1. *(tüzé)* attisement *m;* 2. *vill:* excitation; induction *f;* 3. *átv:* incitation; excitation (à) *f*
gerle; gerlice [-ék, -ét, -éje] tourterelle *f*
germán [~ok, ~t] I. *(mn)* germanique; germain, -e; II. *(fn)* Germain, -e *e*
gers(t)li [~t, ~je] orge mondé
gerundium [~ok, ~ot, ~a] *nyelv:* gérondif *m*
gesz [~ek, ~t, ~e] *zen: sol* bémol *m*
geszt [~et, ~je] bois de cœur *v* parfait; duramen *m*
gesztenye [-ék, -ét, -éje] châtaigne *f;* marron *m; -ét süt* griller des châtaignes; *átv: kikaparja másnak a -ét* tirer les marrons du feu

gesztenyebarna marron; châtain(-marron); *sötét* ~ tête-de-nègre
gesztenyefa 1. châtaignier *m;* 2. *(vad)* marronnier *m* (d'Inde)
gesztenyepüré purée *f* de marrons
gesztenyeszín marron *m;* couleur marron *f*
gesztus [~ok, ~t, ~a] geste *m*
gettó [~k, ~t, ~ja] ghetto *m*
géz [~ek, ~t] gaze; tarlatane *f;* ~*zel átkötés* gazage *m*
gézengúz [~ok, ~t, ~a] vaurien; chenapan; sacripant *m*
giccs [~ek, ~et, ~e] croûte *f;* navet *m;* ficelle *f;* chiqué *m; ez* ~ c'est du pompier
giccses [~et] pompier
gida [-ák, -át, -ája] 1. *(kecske)* chevreau; biquet *m;* 2. *(őzé, szarvasé)* faon *m*
gigászi [~t, ~an] gigantesque; immense; colossal, -e
gikszer [~ek, ~t, ~e] 1. *zen:* couac; canard *m;* 2. *szính:* crapaud *m;* 3. *ált:* gaffe; bévue *f*
giliszta [-ák, -át, -ája] 1. *földi* ~ ver *m* de terre *v* des pêcheurs; lombric *m;* 2. *(bélben)* ver intestinal; lombric; ascaride *m*
gilisztahajtó *orv:* vermifuge; ténifuge *(m)*
gimnazista [-ák, -át, -ája] lycéen; collégien, -enne *(n)*
gimnázium [~ok, ~ot, ~a] lycée; le grand lycée; *(internátussal:)* collège *m*
gimnáziumi [~ak, ~t] de lycée *v* du lycée; ~ *oktatás* l'enseignement secondaire *v* donné dans les lycées; ~ *tanár(nő) kb:* professeur *m* de lycée
gímszarvas cerf *m*
gipsz [~et, ~e] 1. plâtre *m;* pierre *f* à plâtre; *kikevert* ~ plâtre gâché; *sürü* ~ plâtre serré; ~*be (ki)jönt* mouler en plâtre; ~*et kever* gâcher du plâtre; *-sszel bevakol* lambrisser; 2. *ásv:* gypse *m;* sélénite *f;* 3. *(betegeken)* appareil plâtré; ~*be tesz* mettre dans un appareil *v* dans le plâtre
gipszel [~tem, ~t, ~jen] plâtrer; *(falat)* crépir de plâtre

gipszes [~ek, ~et] plâtré, -e; plâtreux; gypseux, -euse
gipszkötés appareil plâtré
gipszlenyomat moulage *m*
gipszminta 1. plâtre *m;* 2. moulage *m* (de plâtre); 3. *(terv)* maquette *f*
gipszszobor plâtre *m;* statue *f* de plâtre
girbegörbe *(út, vonal)* tortueux, -euse; *(tárgy)* tortu; tordu, -e
girhes [~ek, ~et; ~en] 1. *(ember)* malingre; chétif, -ive; 2. *(ló)* étique; efflanqué, -e
girondista [-ák, -át] *tört:* Girondin
gisz [~ek, ~t, ~e] *zen: sol* dièse *m*
gitár [~ok, ~t, ~ja] guitare *f*
gitározás jeu *m* de guitare
gitt [~et, ~je] mastic *m* (de vitrier)
gittel [~tem, ~t, ~jen] mastiquer
Gizella [-ák, -át, -ája] Gisèle *f*
glaciális [~ok, ~t] *geol:* glaciaire
gladiátor [~ok, ~t, ~a] gladiateur *m*
gladiolusz [~ok, ~t, ~a] *növ:* glaïeul *m*
glaukóma *orv:* glaucome *m;* cataracte verte
glazúr [~ok, ~t, ~ja] 1. *müsz:* glaçure *f;* 2. *konyh:* glace *f;* sucre glace *m*
gleccser [~ek, ~t, ~e] glacier; appareil glaciaire *m*
gleccserfolyam glacier *m* d'écoulement
gleccserhasadék crevasse *f* de glacier
gleccsermező mer *f* de glace
gleccservíz eaux *f pl* de fonte
gledicsia [-ák, -át, -ája] févier; gleditschia *m*
glicerin [~ek, ~t] glycérine *f;* glycérol *m*
glikogén glycogène *m*
globálisan globalement; en bloc
globulin [~ok, ~t, ~ja] *orv:* globuline *f*
glóbus [~ok, ~t, ~a] sphère *f*
glória [-át, -ája] 1. *(fény)* auréole *f;* nimbe *m;* 2. *átv:* gloire *f*
glóriás auréolé; nimbé, -e
glossza [-ák, -át, -ája] glose *f;* -*ákat fűz egy szöveghez* gloser sur un texte
gneisz [~ek, ~t] *geol:* gneiss *m*
gnóm [~ok, ~ot, ~ja] gnome *m;* *(női)* gnomide *f*
gnóma [-ák, -át, -ája] gnome *f*
gnosztikus *vall:* gnostique *(n)*
gnu [~k, ~t] *áll:* gnou *m*

gobelin 321 gombolyít

gobelin [~ek, ~t, ~je] gobelin *m;* ~ **szőnyeg** tapisserie *f* des Gobelins
gobelinöltés point *m* de Venise; gros point; *(szitaanyagon)* petit point
góc [~ok, ~ot, ~a] foyer *m;* betegség ~*a* noyau *m*
gócpont foyer; centre *m;* ipari ~ centre industriel; agglomération industrielle; *vasúti* ~ centre ferroviaire
gojzer [~ek, ~t] áll: courlis *m*
gól [~ok, ~t, ~ja] but *m; gól!* et le but est marqué! *a döntő* ~ le but décisif; ~*t lő* marquer (un but)
gólarány score *m*
Golf-áramlat le Gulf-Stream; le courant du Golfe
golfnadrág culotte *f* de golf; knickerbockers *m pl*
golfütő canne *f v* club *m v* crosse *f* de golf
Góliát [~ot] Goliath *m*
gólkülönbség écart *m* des buts
gólya [-ák, -át, -ája] 1. cigogne *f;* 2. *(gyermekáldás) a* ~ *hozza a gyermeket* on trouve les enfants dans les choux *v* dans les roses
gólyafi(óka) cicognat; cigogneau; ciconneau *m*
gólyahír *növ:* populage; calthe; giron *m*
gólyaláb *(szer)* échasses *f pl*
golyó [~k, ~t, ~ja] 1. boule *f;* globe *m;* sphérule *f;* 2. műsz: *(súrlódáscsökkentő)* bille *f;* 3. *(lövedék)* balle *f;* ~ *általi halál* exécution *f* par les armes à feu; ~ *általi halálra ítélt* condamné(e) à être fusillé(e); ~*t kap* être touché(e) par une balle; ~*t röpít az agyába* se loger une balle dans la tête, se faire sauter *v* se brûler la cervelle
golyófogó *kat:* pare-balles; paraballes; blindage *m*
golyóscsapágy *műsz:* roulement à billes *v* à boulets; coussinet *m* à billes *v* à globes
golyóstoll stylo *m* à billes
golyószóró fusil(-)mitrailleur *m;* mitreilleuse *f*
golyóváltás échange *m* de balles
golyózápor grêle *v* pluie *f* de balles
golyózik [~tam, ~ott, ~zék *v* ~zon] jouer aux billes *v* gobilles

21 Magyar–Francia kézi

golyva [-ák, -át, -ája] goitre *m;* strume *f*
golyvás *orv:* goitreux; strumeux, -euse
gomb [~ok, ~ot, ~ja] 1. *(ruhán)* bouton *m;* ~ *füle* queue *f* du bouton; *rávarrja a* ~*ot* mettre *v* attacher le bouton; 2. *(tárgyon)* pomme *f; (kard markolatán)* pommeau *m; (tőr, kard hegyére)* ~*ot tesz* moucheter; 3. *(csengőé)* bouton; *megnyomja a* ~*ot* presser le bouton (de la sonnette)
gomba [-ák, -át, -ája] 1. champignon; fongus; fungus *m;* ehető ~ champignon comestible; *mérges* ~ champignon vénéneux; 2. ~ *alakú* fongiforme; *nő mint a* ~ pousser comme un champignon; ~ *módra nő* champignonner
gombaisme mycologie *f*
gombamérgezés empoisonnement *m* par les champignons
gombaölő fongicide; anticryptogamique
gombásodik [~tam, ~ott, ~jék *v* ~jon] être attaqué(e) par les champignons; pourrir
gombaspóra spore *de* champignon; ascospore *f*
gombász [~ok, ~t]; **gombaszakértő** mycologiste; mycologue; fongologiste *m*
gombatelep champignonnière *f*
gombatenyésztés végétation fongique *f*
gombatermelés *v* -tenyésztés culture *f* des champignons
gombfesték pastille *f* de couleur
gombkereskedés boutonnerie *f*
gombkötő passementier; boutonnier *m*
gomblyuk boutonnière *f; (huroköltésekből)* bride *f*
gomblyukaz [~tam, ~ott, ~zon] faire les boutonnières
gombnyomásra működő presse-bouton; *háború* ~ guerre presse-bouton *f*
gombóc [~ok, ~ot, ~a] 1. boule; boulette; quenelle *f;* 2. *(hízlalásra v mérgezésre)* boulette; gobe *f*
gombol [~tam, ~t, ~jon] boutonner
gombolyag [~ok, ~ot, ~ja] pelote *f;* rouleau; tourniquet *m; egy* ~ *cérna* une pelote de fil
gombolyít [~ottam, ~ott, ~son] peloter; pelotonner; travouiller

gombostű | 322 | gondolat

gombostű épingle *f*
gombostűfej tête *f* d'épingle
gomolya [-ák, -át, -ája] fromage *m* de brebis
gomolyag [~ok, ~ot, ~ja] bouffée *f*
gomolyfelhő cumulus; nuage *m* en monceau
gomolygó [~k, ~t; ~an] tourbillonnant; bouillonnant, -e
gomolyog [-lygott, ~jon] tourbillonner; bouillonner; se pelotonner
gond [~ok, ~ot, ~ja] 1. souci; ennui; tracas *m*; *a* ~ *emészti* être rongé(e) de soucis; ~ *nélkül* sans souci; ~*ja van* avoir des soucis *v* du souci; *kisebb* ~*ja is nagyobb annál* c'est (là) le moindre *v* le cadet *v* le plus petit de ses soucis; *lesz* ~*om rá* j'en fais mon affaire; *mi* ~*ja van rá?* de quoi se mêle-t-il? *vkinek* ~*ot ad v okoz* causer du souci à q; ~*ot okoz magának* se faire des chagrins; 2. *(törődés)* soin *m*; préoccupation; précaution; prudence *f*; *(szerető)* sollicitude *f*; *a háztartás* ~*ja* le soin du ménage; ~*jába vesz vkit* assumer le soin de q; *vkinek* ~*jára bíz* confier au.*:* soins de q; ~*ot fordít vmire* mettre du soin à qc; *nagy* ~*ot fordít vmire* apporter (une) grande attention à qc; ~*ját viseli vminek* prendre *v* avoir soin de qc; *nagy* ~*dal kezel, ápol vkit* prodiguer ses soins à q; 3. ~*ja van vmire* voir à qc; veiller à qc; prendre soin *v* souci de qc; *lesz* ~*om rá, hogy* je tiendrai la main à ce que; je veillerai à ce que *(subj)*; 4. *műv:* propreté *f*; soin *m*
gondatlan 1. sans souci; insoucieux, -euse; libre *v* exempt(e) de souci; 2. *(külsőleg)* sans soin; négligé, -e; 3. *(cselekedetben)* négligent; imprévoyant; imprudent, -e
gondatlanság 1. imprudence; imprévoyance; négligence; insouciance *f*; *(hivatali)* incurie *f*; *súlyos* ~*ot követ el* faire *v* commettre une grave imprudence; 2. *jog:* durva ~ faute lourde; ~*ból okozott emberölés* homicide par imprudence *v* involontaire *m*
gondnok [~ok, ~ot, ~a] 1. curateur

(-trice) de q *v* à q (à qc *v* de qc); 2. *(intézeté, iskoláé)* économe *n*; 3. *(csődben)* syndic *m*
gondnoki hivatal economat *m*
gondnokság 1. *(hivatal)* curatelle *f*; 2. *(a szenvedő fél szemp.)* interdiction *f*; interdit *m*; ~ *alá helyez* interdire q; frapper d'interdiction
gondol [~tam, ~t, ~jon] I. *(tgyl i)* 1. *(múltra, tényre, meglevőre)* penser à qc; *(elképzelt dologra)* songer à qc; *(vminél) nem* ~ *vmire* compter sans qc; négliger qc; ~*jon a jövőre* songez à l'avenir; *rosszra* ~ penser *v* songer à mal; *hova* ~*?* y pensezvous! y songez-vous! 2. ~ *vkivel, vmivel (vmire)* avoir soin de q *v* de qc; se soucier de qc; penser à qc; *nem* ~ *vmivel* n'avoir cure de qc; II. *(tgy i)* 1. penser; ~*ja (magában)* se dire; *én is azt* ~*om* je le pense aussi; *(kételkedve)* je me le demande; *úgy* ~*om, hogy* je pense que; il me semble que; *mit* ~*nak majd rólam?* que va-t-on croire de moi? *mindig* ~*tam* je m'en suis toujours douté; *mindjárt* ~*tam* je me le disais aussi; *mit* ~*?* qu'en pensez-vous? ~*hatja* vous vous rendez compte; 2. *vegye a másikat;* azt ~*om, amelyik az asztalon van* prenez l'autre, j'entends celui qui est sur la table; 3. *vminek* ~ croire *v* penser q qc; prendre pour qc; 4. *vmiből* ~ conclure de qc
gondolat pensée; idée *f*; *(jövőre irányuló)* préoccupation; *f rossz* ~*ok* idées noires; *a* ~ *szabadsága* la liberté de penser; *már maga (az) a* ~*, hogy* la pensée seule que; *az a* ~*a támadt, hogy* il eut l'idée de *(inf)*; *követi* ~*ai fonalát* suivre le fil de ses idées; ~*aiba merül* se livrer à ses réflections; être plongé(e) dans des réflexions; ~*okba merülve* absorbé(e) dans ses pensées; préoccupé, -e; ~*ban* par la pensée; mentalement; *(szándék szerint)* en pensée; en intention; *arra a* ~*ra jut* s'aviser de qc; *eltalálja a* ~*át* lire *v* pénétrer dans la pensée de q; ~*okat kelt v ébreszt* remuer des idées; ~*ait össze-*

szedi se recueillir; recueillir ses pensées
gondolatátvitel transmission des pensées; suggestion *f*
gondolatébresztő suggestif, -ive
gondolati intellectuel, -elle; spéculatif, -ive; mental, -e; conceptuel; idéel, -elle
gondolatjel *(vonás)* tiret; trait suspensif
gondolatkapcsolás association *f* (des idées)
gondolatkör 1. ordre *n* d'idées; *ebben a ~ben* dans cet ordre d'idées; 2. *(vkié)* sphère d'idées
gondolatmenet succession *f* d'idées; raisonnement *m;* *~ét követi* suivre *v* épouser la pensée de q
gondolatszabadság liberté *f* de penser
gondolattársítás association *f* (des idées)
gondolatvilág pensée *f;* univers *v* monde intellectuel
gondolkodás 1. *(művelet)* le penser; réflexion *f;* 2. *(vkié) ld:* **gondolkodásmód;** 3. *(meggondolás)* réflexion; délibération *f*
gondolkodási *idő* temps pour réfléchir
gondolkodásmód tour *m v* tournure *f* d'esprit *v* de pensée
gondolkodik [~tam, ~ott, ~jék *v* ~jon] 1. penser (à); songer (à); se demander; 2. *(hosszasan)* réfléchir sur qc; méditer qc *v* sur qc; 3. *(vhogyan)* raisonner; *hogy ~ol erről?* qu'en penses-tu? *helyesen ~* raisonner juste; *majd ~om róla* j'y réfléchirai; j'y songerai; j'aviserai
gondolkodó [~k, ~t] I. *(mn)* pensant, -e; méditatif, -ive; réfléchi, -e; II. *(fn)* 1. penseur *m;* 2. *ez ~ba ejt* cela donne à penser *v* à réfléchir (à q)
gondos [~ak, ~at] 1. soigneux, -euse; attentif, -ive; précautionneux, -euse; *~ anya* mère soigneuse; *~ kutatás* recherche scrupuleuse; 2. *(dologról)* soigné, -e
gondoskodás soins *m pl;* sollicitude *f*
gondoskodik [~tam, ~ott, ~jék *v* ~jon] 1. *(vmiről, vkiről)* prendre *v* avoir soin de qc *v* de q; se préoccuper de qc; 2. *(vkiről)* nous aurons *v* prendrons soin de lui
gondosság soin *m;* attention; précaution; prudence; sollicitude; diligence; *f a kellő ~ hiánya* incurie *f*
gondoz [~tam, ~ott, ~zon] soigner; entretenir
gondozás 1. soin; soins (à donner à); entretien *m;* garde; conservation *f;* 2. *(ügyeké)* gestion *f;* 3. *(birtoké)* administration; intendance *f*
gondozónő; *szociális ~* assistante sociale
gondtalanság absence *f* de soucis
gondtalanul sans souci; insoucieusement
gondterhes 1. *(arc)* soucieux, -euse; 2. *(élet)* accablé(e) *v* chargé(e) de soucis
gondviselés la Providence
gondviselő 1. protecteur; tuteur, -trice *n;* 2. la providence de q
gonorrea *orv:* gonorrhée; blennorragie *f*
gonosz [~ok, ~t] I. *(mn)* méchant; mauvais, -e; malin, maligne; scélérat, -e; *~ apa* père dénaturé; *~ mostoha* marâtre dénaturée; *~ nyelv* mauvaise bête *v* langue; *~ szándék* malice ; malveillance *f;* *~ szándéka van* méditer un noir dessein; *vall: a ~ szellem* l'esprit malfaisant; le mauvais (esprit); *~ szelleme vkinek* le mauvais ange *v* esprit de q; l'âme damnée de q; *~ terv* projet sinistre *m;* II. *(fn)* 1. *a ~ok* les méchants; 2. *vall: a ~* l'esprit malin; le malin
gonoszság 1. méchanceté; malice; malignité *f;* 2. *(tett)* mauvais coup
gonosztett forfait; mauvais coup; méfait; crime *m*
gonosztevő [~k, ~t] malfaiteur, -trice; criminel, -elle; scélérat, -e *n*
górcső microscope *m*
gordonka violoncelle *m*
gordonkázik [~tam, ~ott, ~zék *v* ~zon] jouer du violoncelle
gorilla [-ák, -át, -ája] gorille *m*
goromba [-ák, -át, -ája] 1. *(ember)* grossier, -ière; malappris; *~ fickó* rustre; rustaud *m;* *~, mint a pokróc*

grossier comme un pain d'orge; 2. *(anyag)* rude; grossier, -ière
gorombáskodik [~tam, ~ott, ~jék v ~jon] *(vkivel)* dire des grossièretés v des sottises à q; brutaliser q
gót [~ok, ~ot; ~ul] 1. *tört:* goth; gothique; 2. *műv:* ~ *stílus* style gothique v ogival; le gothique; 3. ~ *betű* caractère gothique m
gótika l'art v style gothique v ogival; le gothique
gótikus gothique; ogival, -e
gödény [~ek, ~t, ~e] *áll:* pélican; grand-gosier m; *iszik, mint egy* ~ boire comme un trou
gödölye [-ék, -ét, -éje] chevreau m; chevrette f
gödör [gödrök, gödröt, gödre] fosse; excavation f
gőg [~öt, ~je] orgueil m; arrogance; superbe; hauteur; morgue; fierté f
gőgicsél [~tem, ~t, ~jen] gazouiller; babiller
gőgös [~ek, ~et] orgueilleux, -euse; arrogant; hautain, -e
gömb [~ök, ~öt, ~je] globe m; sphère; boule f; ~ *alakú* sphérique
gömbcikk onglet sphérique m
gömbfelszín surface sphérique f
gömbfelület aire f de la sphère
gömbhéj *mat:* calotte sphérique f
gömböc [~ök, ~öt, ~e] I. *(mn)* rondelet; grassouillet, -ette; boulot, -otte; II. *(fn)* rondouillard, -e; boulot,-otte; pot à tabac; patapouf m; *(nőről)* boule de suif; petite boulotte
gömbölyded [~et; ~en] arrondi, -e; globuleux, -euse; sphérique; globulaire; rondelet, -ette
gömbölyű [~k v ~ek; ~en] rond, -e; sphérique; globuleux, -euse; pommé, -e; *(arc)* rond, -e; ~, *mint egy alma* rond(e) comme une pomme; ~ *arc* visage rond
gömbokszög *mat:* polygone sphérique m
gömbszektor *mat:* secteur sphérique m
gömbszelet segment sphérique; fuseau m
gömbvas *műsz:* fer rond; rond rz
Göncölszekér *csill:* la Grande Ourse; le (grand) Chariot

göndör [~ök, ~t; ~en] *(haj)* frisé; frisant; crêpu; moutonné, -e
göndörödik [~tem, ~ött, ~jék v ~jön] friser; boucler; frisotter; se crêper
göngyöleg [~et, ~e] 1. *(csomag)* balle f; ballot m; 2. *(begöngyölt) dolog* rouleau m; 3. *(csomagolásnál)* emballage m
göngyölegsúly tare f
göngyölget; göngyölít [~ettem, ~ett, ~sen] enrouler; rouler; envelopper
görbe [-ék, -ét] I. *(mn)* 1. courbe; recourbé; courbé; replié, -e; *(befelé)* infléchi, -e; *(elgörbített)* faussé; gauchi, -e; *(ferde)* de travers; *(ívelten)* cintré; arqué, -e; *(út)* tortueux, -euse; 2. *(testrész)* dévié; tortu, -e; *(hát)* voûté; cambré, -e; ~· *felület* surface incurvée; ~ *hátú* au dos voûté; *csinálunk egy* ~ *napot* nous allons faire la bombe v la noce *biz;* ~ *szemmel néz* regarder de travers; *elvei miatt* ~ *szemmel néznek rá* il est mal vu à cause de ses opinions; ~ *tükör* miroir courbe v déformant; ~ *út* chemin tortueux; *átv:* ~ *utak* voies tortueuses; II. *(fn)* courbe f; ~ *csúcspontja* le sommet d'une courbe
görbeség 1. courbure f; courbement m; 2. *átv:* tortuosité f
görbület courbure; recourbure; inflexion f; curvation f; *(egy görbület)* repli m; *(földterületen)* dépression f; pli m; *(úté)* courbe f; virage; coude m
görbületi *mat:* ~ *sugár* rayon de courbure v infléchi
görcs [~ök, ~öt, ~e] 1. nœud m; 2. *(testben)* crampe f; spasme m; convulsion f; *(fájás)* colique; morsure f
görcsös [~ek, ~et] 1. noueux, -euse; nodulaire; -e. *(fáról)* noueux; raboteux, -euse; 3. *orv:* spasmodique; convulsif, -ive; spastique; ~ *nevetés* rire convulsif
görcsösen convulsivement; ~ *ragaszkodik vmihez* ne pas démordre de qc

gördít [~ettem, ~ett, ~sen] 1. (faire) rouler; 2. *akadályokat* ~ *vki elé* susciter des obstacles à q
gördül [~tem, ~t, ~jön] rouler; *(csúszva vmin)* coulisser
gördülékeny [~et; ~en] *(nyelv)* aisé, -e; facile; coulant, -e
gördülőanyag *(vasúti)* matériel roulant
görény [~ek, ~t] putois; punaisot *m*
görget 1. rouler; couler; 2. *(folyóvíz)* charrier
görgő [~k, ~t, ~je] műsz rouleau *m;* roulette; boule *f;* galet *m*
görgőcsapágy *műsz:* coussinet *v* palier *v* roulement *m* à rouleaux
görkorcsolya patins *m pl* à roulettes; roulette *f*
görkorcsolyázik skatiner
görnyed(ez) [~tem, ~ett, ~jen] ployer; plier; courber; être écrasé(e); fléchir (sous le poids de qc); *könyvei felett* ~ se courber *v* pâlir sur ses livres; ~ *a teher súlya alatt* être courbé(e) sous le poids de la charge; *az évek súlya alatt* ~ être affaissé(e) sous le poids des années
görög [~ök, ~öt, ~je] I. *(mn)* 1. grec, grecque; hellénique; ~ *filológus* helléniste *n; a* ~ *nyelv* le grec; la langue grecque; 2. *vall: a* ~ *egyház tagja,* hive grec, grecque *n;* ~ *(keleti) egyház* l'Église grecque *v* orthodoxe; II. *(fn)* Grec; Hellène *m*
görög- gréco
görögdinnye pastèque *f;* melon *m* d'eau
Görögország la Grèce
görögség grécité *f;* le monde grec *v* hellénique; les Grecs; hellénisme *m*
görögtűz 1. feu *m* de Bengale *v* d'artifice; 2. *(hadiszer)* feu grégeois
göröngy [~ök, ~öt] motte (de terre); glèbe *f*
göröngyös [~ek, ~et; ~en] 1. *(terep, út)* raboteux, -euse; accidenté, -e; 2. *ált:* rude
gőte [-ék, -ét] *áll:* triton *m*
gőz [~ök, ~t, ~e] vapeur *f; (pára)* buée *f; teljes ~zel* à toute vapeur; *átv: teljes ~zel* le grand jeu ! *teljes ~zel dolgozik* travailler à plein collier
gőzdaru grue *f* à vapeur
gőzeke 1. charrue automobile; laboureuse *f;* 2. charrue à traction vapeur
gőzerő force *f* de la vapeur; *~vel à la vapeur; átv: ~vel dolgozik* travailler à toute vapeur
gőzfázis *vegy:* phase vapeur *f*
gőzfecskendő pompe *f* à vapeur
gőzfejlesztő I. *(mn)* ~ *készülék* appareil vaporifère *m;* II. *műsz:* générateur *m*
gőzfürdő bain de vapeur; bain turc
gőzfűrész scie mécanique *f*
gőzfűtés chauffage *m* à vapeur
gőzgép machine *f* à vapeur
gőzhajó bateau à vapeur; vapeur *m; (nagy)* steam-boat; steamer *m; (tengerjáró)* paquebot; transatlantique *m*
gőzhenger *(úthenger)* rouleau compresseur a vapeur
gőzkalapács marteau *m* à vapeur *v* de forge
gőzmalom minoterie *f v* moulin *m* à vapeur
gőzmozdony locomotive *f* (à vapeur)
gőznyomás tension *v* pression *f* de vapeur
gőzoszlop colonne *f* de vapeur
gőzöl [~tem, ~t, ~jön] I. *(igyl i) orv:* prendre une fumigation; II. *(igy i)* 1. exposer à la vapeur; 2. *konyh:* mettre à l'étuve; *(húst)* endauber
gőzölgés émission *f* de vapeurs; émanations *f pl*
gőzölgő *leves* potage fumant
gőzös 1. train *m;* locomotive; *f;* 2. *(hajó)* vapeur *m*
Grácia [-ák, -át, -ája] Grâce *f; a három* ~ les trois Grâces
grafika art graphique *m;* œuvre graphique *f*
grafikon [~ok, ~t, ~ja] graphique; diagramme *m*
grafikus I. *(mn)* graphique; II. *(fn)* artiste en desseins décoratifs; artiste graphique *n*
grafit [~ok, ~ot] 1. plombagine *f;* graphite *m;* 2. *(ceruzában)* mine *f* de plomb
grafitceruza crayon *m* (de) graphite
grafológus graphologue *n*

gramm [~ok, ~ot, ~ja] gramme *m*
grammkalória calorie-gramme *f*; petite calorie
gramofon [~ok, ~t, ~ja] phonographe; phono *m*
gramofonlemez disque *m* (de phonographe); *feltesz egy ~t* passer un disque
I. **gránát** [~ok, ~ot, ~ja] *(kő)* grenat *m*
II. **gránát** 1. *(kézi és rég:)* grenade *f*; 2. *(lövedék)* obus (explosif)
gránátalma grenade *f*
gránátos [~ok, ~t, ~a] grenadier *m*
gránátszilánk éclat *m* de grenade *v* d'obus
gránáttölcsét trou d'obus; entonnoir *m*
gránátvörös grenat
gránit [~ok, ~ot, ~ja] granit *m*
gránitkő pierre granitique *f*
grape-fruit [~ok, ~ot, ~ja] pamplemousse *f*
grasszál [~tam, ~t, ~jon] 1. faire des siennes; 2. sévir
grátisz *gratis;* gratuitement; à titre gratuit *v* gracieux
gratuláció [~k, ~t, ~ja] félicitation *f*; congratulations *f pl*; compliment *m*
gratulál [~tam, ~t, ~jon] *vkinek vmihez ~* féliciter q de qc; faire compliment à q de qc; *~ok!* je vous en félicite !
gravitáció [~t, ~ja] gravitation *f*; *a ~ törvénye* la loi de l'attraction *v* de la gravitation universelle
gregorián *zen:* grégorien, -enne
grimász [~ok, ~t, ~a] grimace; contorsion *f*; *(ideges)* tic *m*; *~okat vág v csinál* faire des grimaces
gróf [~ok, ~ot, ~ja] comte *m*
grófné; grófnő comtesse *f*
groteszk [~ek, ~et] I. *(mn)* grotesque; vaudevillesque; II. *(fn)* 1. *irod:* *a ~ (műfaj)* le grotesque; 2. *zen:* grotesque *f*
grúz [~ok, ~t] géorgien, -enne
guánó [~t, ~ja] guano *m*
guas [~t] *(festék, festmény)* gouache *f*
gubacs [~ok, ~ot, ~a] galle; cécidie; noix *f* de galle
gubbaszkodik [~tam, ~ott, ~jék *v* ~jon]; **gubbaszt** [~ottam, ~ott,

-asszon] se blottir; se tapir; *(ágon, rudon)* percher
gubó [~k, ~t, ~ja] cocon *m*; coque *f*
guggol [~tam, ~t, ~jon] s'accroupir ; *~va* accroupi, -e; à croupetons
gúla [-ák, -át] *mat:* pyramide *f*; *egyenes ~* pyramide droite; *~ alakú* pyramidal, -e; *-ába rak (fegyvert)* former les faisceaux
gulya [-ák, -át, -ája] troupeau *m* de bœuf *v* de vaches
gulyás 1. bouvier; vacher *m*; 2. *konyh:* goulache; goulasch; gulyas *f*
gumi [~k, ~t, ~ja] 1. *(ruganyos)* caoutchouc; élastique *m*; 2. *(kerék en)* pneu; pneumatique *m*; *belső ~ chambre f* à air; 3. *(enyv)* gomme *f*; 4. *(törlő)* gomme (à effacer)
gumiabroncs pneu; pneumatique *m*; *(csak külső)* enveloppe *f*
gumibélyegző timbre *m* en caoutchouc
gumibot matraque *f* (de caoutchouc)
gumicipő 1. chaussure *f* de *v* en caoutchouc; 2. *(sárcipő)* caoutchoucs *m pl*; galoches *f pl*
gumidefekt éclatement *m v* crevaison *f* du pneu
gumielasztikum gomme élastique *f*
gumifa *növ:* gommier; caoutchoutier *m*
gumifix chaussette *f* à élastique
gumigyár fabrique *f* de caoutchouc
gumiharisnya bas *m* à varices; bas élastique *m*
gumikábel câble *m* sous caoutchouc
gumikesztyű gant(s) *m (pl)* de caoutchouc
gumiköpeny 1. imperméable; caoutchouc *m*; 2. *aut:* pneumatique; pneu *m*; enveloppe *f*
gumilabda balle en caoutchouc *v* élastique *f*
gumilepedő drap *m* d'hôpital; alaise *f*
guminadrág culotte *f* de caoutchouc
gumiöv *(úszni tanulóknak)* nageoire *f* toile caoutchoutée
gumipitypang *növ:* kok-saghyz *m*
gumipuska fronde *f*; lance-pierre *m*
gumiragasztó dissolution *f*; colle *f* pour le caoutchouc

gumisarok talon *m* v talonnette *f* de v en caoutchouc
gumitalp semelle de v en caoutchouc; semelle extensible *f*
gumitej *növ*: latex *m*
gumiültetvény plantation *f* de caoutchouc
gumivászon toile caoutchoutée
gumizás gommement *m*
gumizsinór élastique *m*
gumó [~k, ~t, ~ja] 1. tubercule *m;* 2. *geol*: dentrite *f*
gumós [~at] 1. tuberculé, -e; tuberculeux, -euse; 2. *növ*: tubéreux, -euse; 3. *orv*: bulbeux, -euse
gumóstakarmány rhizocarpées *f pl*
gunár [~ok, ~t, ~a] jars *m*
gúny [~t, ~a] ironie *f;* raillerie; moquerie; gouaille; risée; *f; erős ~* sarcasme *m; a ~ nyilai* les traits *m* de la satire; *szellemes ~* sel attique *m*
gúnya [-ák, -át, -ája] manteau *m;* veste *f*
gúnykacaj risée; huée *f;* éclat *m* de rire
gúnynév sobriquet *m*
gunnyaszt 1. se blottir; 2. sommeiller
gúnyol [~tam, ~t, ~jon] railler; se moquer de qc; bafouer; persifler; satiriser; brocarder
gúnyolódás moquerie(s); raillerie(s) *f (pl); persiflage m; a ~ céltáblája* servir de cible aux railleries

gúnyolódik [~tam, ~ott, ~jék v ~jon] 1. se moquer; ironiser; satiriser; 2. *vmin, vkin ~* se moquer de qc v de q; railler q v qc; se railler de q
gúnyos [~at] ironique; satirique; sarcastique; railleur; moqueur, -euse; narquois, -e; *~ arcot ölt* prendre un air narquois; *~ hang* ton moqueur; *~ megjegyzés* épigramme *f; ~ megjegyzést tesz vkire* décocher une épigramme à q
gurít [~ottam, ~ott, ~son] rouler
gurul [~tam, ~t, ~jon] rouler
gusztus goût; appétit *m; ~ dolga* chacun son goût *v* ses goûts; *~a van rá* il est en goût *v* en appétit
gusztusos [~at, ~an] ragoûtant; affriolant; engageant; appétissant, -e
gusztustalan dégoûtant; peu ragoûtant, -e
guta [-át, -ája] apoplexie *f; megüti a ~* être frappé(e) d'apoplexie
gutaütés coup *m* de sang; attaque d'apoplexie; congestion cérébrale
gutturális [~at; ~an] guttural, -e
gúzs [~t] lien *m* d'osier; hart *f; ~ba köt* garrotter; ligoter *(átv is)*
gümőkór tuberculose *f*
gümőkórellenes antituberculeux, -euse
gümőkóros tuberculotique *(n)*
güzü [~k, ~t] *áll*: campagnol *m*

gyakori [~ak, ~t] 1. fréquent; réitéré, -e; multiple; *(igével)* abonder; 2. ~ **vkinél** familier à q; ~ *vendég* hôte assidu
gyakoriság fréquence *f*
gyakorító [~k, ~t; ~an] *nyelv:* ~ *ige* (verbe) fréquentatif *v* itératif *m*
gyakorlás exercice; entraînement *m*
gyakorlat 1. *(elmélet ellentéte)* pratique *f*; *bírói* ~ jurisprudence *f*; ~*ba* visz át mettre en pratique; traduire dans les actes; *a* ~*ban* dans la *v* en pratique; 2. *(jártasság)* routine; pratique *f*; usage *m*; ~*ból tudja ezt* il sait cela par routine; ~ *teszi a mestert* expérience passe science; à force de forger on devient forgeron; ~*ot szerez vmiben* se rompre à qc; 3. *(gyakorlati idő)* stage *m*; 4. *vminek a* ~*a* l'exercice *v* la pratique de qc; 5. *vminek szabad* ~*a* le libre exercice de qc; ~*ot folytat (ügyvéd, orvos)* faire de la clientèle; 6. *(a végzett gyakorlat)* exercice *m*; *(katonai)* exercice; entraînement *m*; manœuvre *f*; *zen*: étude *f*; 7. *isk*: ~*ok* exercices pratiques
gyakorlati [~ak, ~t] ~ *alkalmazás* mise *f* en pratique; *a* ~ *ember* l'homme de la pratique; ~ *érzék* sens pratique *m*
gyakorlatlanság inexpérience *f*; manque *m* de pratique
gyakorlatozás 1. exercices *m pl*; 2. *kat*: exercice *m*; manœuvres *f pl*
gyakorló [~t; ~an] 1. exerçant; pratiquant, -e; 2. *(jelölt)* stagiaire *m*
gyakorlótér terrain d'exercices; camp *m* d'instruction
gyakorlott [~ak, ~at; ~an] (bien) entraîné; exercé; compétent, -e; rompu(e) aux affaires; *(vmiben)* versé dans qc
gyakorlottság routine; compétence; expérience; pratique *f*

gyakornok [~ok, ~ot, ~a] 1. (employé) surnuméraire *m*; 2. *(egyetemi)* assistant, -e
gyakorol [~tam, ~t, ~jon] I. *(tgy i)* exercer; pratiquer; *(mesterséget)* professer; *felügyeletet* ~ exercer la surveillance (sur q); *hatást* ~ exercer une influence; produire un effet sur q; *jogot* ~ exercer un droit; user d'un droit; ~*ja magát vmiben* s'exercer à qc *v* à *(inf)*; II. *(tgyl i)* 1. *(orvos)* exercer; pratiquer; 2. *(jelölt)* faire un stage *v* son stage; 3. *zen*: s'exercer
gyakran souvent; fréquemment
gyaláz [~tam, ~ott, ~zon] diffamer; outrager; insulter à q
gyalázás outrage *m* (à qc); insulte *f* (à qc)
gyalázat infamie *f*; déshonneur; opprobre *m*; ignominie *f*; ~*ba süllyed* tomber dans l'ignominie
gyalázatos [~ak, ~at] infâme; ignoble; abject, -e; ignominieux; honteux, -euse
gyalázkodás diffamation *f*; invectives *f pl*
gyalázkodó [~t; ~an] diffamatoire
gyalog I. *(hat)* à pied; pédestrement; II. *(mn)* pédestre; III. *(fn)* sakk: pion *m*
gyalogbab haricot nain
gyalogezred régiment *m* d'infanterie
gyaloghíd passerelle *f*
gyaloghintó chaise (à porteurs); litière *f*
gyalogjáró 1. *(útrész)* trottoir *m*; 2. *(ember)* piéton(ne) *n*
gyaloglás marche *f* (à pied)
gyalogol [~tam, ~t, ~jon] aller à pied; marcher; faire de la marche
gyalogos [~ok, ~t] I. *(mn)* 1. ~ *ember* piéton *m*; 2. *kat:* ~ *csapatok* troupes *f pl* à pied; II. *(fn)* 1. piéton, -onne *n*; 2. *kat:* fantassin; soldat d'infanterie

gyalogösvény sentier piéton v pour piétons m
gyalogság infanterie f
gyalogséta promenade v excursion pédestre v à pied f
gyalogút 1. (városban) trottoir m; (erdőben) sentier v chemin piéton m; 2. marche f à pied
gyalu [~k, ~t, ~ja] 1. rabot m; 2. konyh: coupe-légumes m
gyalul [~tam, ~t, ~jon] 1. raboter; dresser; allégir; 2. konyh: couper
gyalupad étabIi; bidet m de menuisier
gyám [~ok, ~ot, ~ja] 1. tuteur, -trice n; 2. műsz: console f
gyámhatóság kb: autorité tutélaire f; (franciáknál) tribunal civil
gyámkodik [~tam, ~ott, ~jék v ~jon] ~ vki felett exercer une tutelle sur qc
gyámolatlan sans soutien v appui
gyámolít [~ottam, ~ott, ~son] prêter assistance à q; assister; aider
gyámoltalan 1. sans défense; impuissant; désemparé, -e; 2. (tehetetlen) impuissant, -e; 3. (ügyetlen) démuni, -e; gauche
gyámoltalanság maladresse; gaucherie; incapacité f
gyámpénztár caisse tutélaire f
gyámság tutelle f; ~ alá helyez mettre en tutelle; ~ alá helyezés interdiction f
gyanakodás; gyanakvás soupçon m; suspicion; méfiance f
gyanakodik [~tam, ~ott, ~jék v ~jon] ~ vkire v vmire suopçonner v suspecter qc
gyanakvó [~t; ~an] soupçonneux; ombrageux, -euse
gyanánt à titre de; au titre de; pour; en guise de
gyanít [~ottam, ~ott, ~son] 1. soupçonner; supposer; 2. (feltesz vkiről) présumer
gyanta [-ák, -át, -ája] résine f; (fán) gomme f; (hegedűgyanta) colophane f
gyantázás frottement m (avec de la colophane)
gyanú [~k, ~t, ~ja] soupçon m; suspicion f; jog: prévention; présomption f; alapos ~ soupçon fondé;

vkire ~ja van avoir des suspicions contre q; douter de q; ~ba fog v vesz fixer v porter ses soupçons sur q; ~ban áll être en suspicion; nem áll ~ban il est hors de cause; egyszerű ~ra sur un simple soupçon; ~t ébreszt exciter v éveiller les soupcons; egy ~t eloszlat dissiper v éclaircir un soupçon; ~t táplál vkivel szemben concevoir de l'ombrage contre q
gyanús [~ak, ~at] I. (mn) suspect, -e; louche; (dologról) sujet(te) à caution; (helyről) borgne; (társaságról) louche; ~ alak individu suspect; ~ foglalkozások professions équivoques f pl; ~ üzelmek tripotage; micmac m; II. (fn) 1. suspect m; 2. vmi ~at érez subodorer v flairer qc de louche
gyanúsít [~ottam, ~ott, ~son] soupçonner (vmivel: de qc); jog: prévenir; rablógyilkossággal ~ soupçonner d'un crime crapuleux
gyanúsítás suspicion; insinuation; imputation f
gyanúsított [~at, ~an] I. (mn) (vmivel) prévenu, -e; II. (fn) prévenu(e) n; l'auteur présumé du crime
gyanútlanság innocence; candeur; naïveté f
gyapjas [~ok, ~at, ~an] laineux, -euse; à toison; ~ állat bête f à laine
gyapjú [~t, ~ja] laine; toison f
gyapjúárukereskedő lainier, -ière n
gyapjúfonal fil v filé m de laine; finom tarka ~ laine zéphire f
gyapjúfonoda; gyapjúfonógyár filature f de laine
gyapjúharisnya bas m de laine
gyapjúipar industrie lainière
gyapjúruha (női) robe f de v en laine; (tiszta gyapjúból) robe pure laine
gyapjútakaró couverture f de laine
gyapjútisztítás épuration f de laine
gyapot [~ok, ~ot, ~ja] coton m
gyapotcserje cotonnier herbacé
gyapotfonal fil m de coton; coton filé
gyapotfonógyár filature f de coton
gyapotipar industrie cotonnière
gyapotszövöde filature f de coton

gyapottermelés 1. culture *f* du coton; 2. production cotonnière
gyapottermés récolte *f* de coton
gyapotültetvény plantation *f* de coton
gyár [~ak, ~at, ~a] *(kisebb)* fabrique *f; (nagyobb)* manufacture *f; (nehézipari)* usine *f;* chantier *m*
gyarapít [~ottam, ~ott, ~son] augmenter; accroître; grossir; enrichir; agrandir
gyarapodás 1. accroissement; agrandissement *m; (gyűjteményé)* enrichissement *m; (levéltári iratanyagé)* versement *m;* 2. *(maga az új darab)* nouvelle acquisition
gyarapodik [~tam, ~ott, ~jék *v* ~jon] 1. s'accroître; croître; augmenter (de volume); s'enrichir (de qc); profiter; 2. *(testileg)* prendre du poids; *(növény, állat)* se plaire; profiter
gyárépület bâtiment d'usine *v* de l'usine; immeuble industriel
gyári [~ak, ~t] de fabrique; manufacturé, -e; manufacturier; usinier, -ière; ~ *ár* prix *m* de fabrique *v* de facture; ~ *felszerelés, berendezés* outillage *m* d'usine; ~ *munkás* ouvrier manufacturier *v* de fabrique *v* d'usine; ~ *munkásnő* ouvrière d'usine; ~ *negyed* quartier industriel; ~ *termék* produit manufacturé *v* industriel; ~ *védjegy* marque *f* de fabrique
gyárigazgató chef *v* directeur *m* d'usine
gyáripar industrie manufacturière *v* usinière
gyáriparos industriel (fabricant); manufacturier
gyárkémény cheminée *f* d'usine *v* de l'usine
gyarló [~k, ~t] 1. *(ember)* faillible; défaillant, -e; faible; fragile; 2. *(dolog)* médiocre; piètre
gyarlóság 1. *(emberé)* faiblesse; fragilité; défectibilité *f;* 2. *(dologé)* médiocrité; insuffisance; fragilité; faiblesse *f*
gyarmat colonie; possession (coloniale)
gyarmatáru denrée *v* marchandise coloniale

gyarmatbirodalom empire colonial
gyarmati colonial, -e; ~ *csapatok* troupes coloniales; ~ *terjeszkedés* expansion coloniale
gyarmatosít [~ottam, ~ott, ~son] coloniser
gyárnegyed quartier industriel *v* usinier
gyáros [~ok, ~t, ~a] fabricant; manufacturier; industriel *m*
gyárt [~ottam, ~ott, ~son] 1. fabriquer; manufacturer; produire; usiner; 2. *(hamis okmányt, híreket, szót)* forger
gyártás 1. fabrication; préparation; production *f; műsz:* usinage *m;* 2. *(vmiből vegyileg)* extraction *f*
gyártási *eljárás* procédé *m* de fabrication; ~ *hiba* vice *v* défaut *m* de fabrication; ~ *menet* marche *f* de la fabrication; ~ *mód* mode *v* procédé *m* de production
gyártelep les établissements de la manufacture; ateliers; chantiers *m pl*
gyártmány produit *m; (gyári)* produit manufacturé *v* fabriqué; *magyar* ~ produit hongrois
gyárváros ville manufacturière *v* industrielle; ville-usine *f*
gyász [~t, ~a] deuil *m; ~ba borul* s'endeuiller; être plongé(e) dans le deuil; *~ban van* être en deuil; *~tól sújtott család* famille endolorie
gyászfátyol *(férfikalapon)* crêpe; ruban noir; *(női)* voile *m* de *v* pour deuil
gyászhintó corbillard *m*
gyászjelentés lettre *f* de faire-part
gyászkeret cadre noir
gyászlobogó drapeau noir
gyászmise *egyh:* service funèbre *v* mortuaire; office *m* des morts; messe de Requiem *v* funèbre *f*
gyászol [~tam, ~t, ~jon] *(vkit)* porter *v* prendre le deuil de q
gyászos [~ak, ~at] 1. funèbre; funeste; néfaste; fatal, -e; lugubre; 2. *(szegényes)* lamentable; piteux; honteux, -euse; ~ *tévedés* erreur fatale; ~ *vége lett (embernek)* faire une triste fin
gyászpompa pompes funèbres *f pl*

gyászruha habits v vêtements m pl de deuil
gyászvitéz poltron; jean-foutre m nép
gyatra [-ák, -át] médiocre; piètre; pitoyable; lamentable; ~ kivitel exécution lamentable
gyáva [-át] lâche; poltron, -onne; couard; *(ember)* pleutre m; ~ *kutya* capon; poltron m
gyávaság 1. lâcheté; poltronnerie; couardise f; 2. *(alattomos)* traîtrise; lâcheté f
gyékény [~ek, ~t, ~e] 1. *növ:* jonc m; 2. *(mint anyag)* jonc; raphia m; 3. *(fonat)* natte (de jonc v de paille) f; 4. *(lábtörlő, növényíakaró)* paillasson m; *(palackbevonó)* clisse f; 5. egy ~en árulnak ils s'entendent comme larrons en foire
gyémánt [~ok, ~ot, ~ja] diamant m; *(csiszolt)* brillant m; *hamis* ~ faux brillant; *tiszta* ~ diamant pur v d'une belle eau
gyémántcsiszolás polissage m du diamant
gyémántgyűrű bague f de diamants
gyémántkeménységű diamantin; adamantin, -e
gyémántköszörülés taille du diamant; taillerie f
gyémántlakodalom noces f pl de diamant
gyémántpor poussière v poudre f de diamant
gyenge [-ék, -ét] I. *(mn)* 1. faible; peu solide; inconsistant, -e; 2. *(szervezetileg)* faible; débile; délicat, -e; frêle; 3. *(étel)* léger, -ére; tendre; *(hús)* tendre; 4. *(növény)* jeune; tendre; frêle; 5. *(szer)* anodin, -e; faible; 6. *(erkölcsileg)* faible; *(puha)* veule; 7. *(vmiben)* pécher par qc; être faible en . . .; ~ *alkat* complexion v constitution faible f; ~ *egészség* santé délicate v fragile; ~ *elméjű* faible v simple d'esprit; déficient, -e; ~ *emlékezőtehetség* faiblesse f de mémoire; ~ *hang* son faible v affaibli v amorti; ~ *idegzetű* névrosé, -e; névropathe *(n)*; ~ *jellemű* faible de caractère; a ~ v *gyengébb nem* le sexe faible;

~*oldala* le (côté) faible v la partie faible v le point faible de q; ~ *pillanata van* avoir un moment v un instant de faiblesse; ~ *pont* point faible m; *(csak átv:)* défaut m de la cuirasse; ~ *szellő* faible brise f; ~ *tehetségű* débile mental(e) n; retardé; arriéré, -e; ~ *világosság* v *világítás* clarté v lumière douteuse; *igen* ~ être d'une grande faiblesse v d'une faiblesse extrême; ~ *a kísértéssel szemben* faible devant la tentation; ~, *mint a harmat* tendre comme (la) rosée v comme le mimosa; ~ *a szeme* avoir les yeux faibles v la vue faible; *görögben* ~ faible en grec; *-ének érzi magát* se sentir faible; se sentir tout en coton; II. *(fn)* 1. *a gyengék (társadalmilag)* les faibles; *(testileg)* les personnes faibles; 2. *-ébbek kedvéért* pour plus de clarté; 3. *-éje* le faible v le point faible v la partie faible de q; *elárulja a -éjét* prêter le flanc
gyengéd [~et, ~en] tendre; délicat, -e; affectueux, -euse; *(vkivel szemben)* être tendre envers v pour q; ~ *kötelékek* tendres liens
gyengédség tendresse(s) f *(pl);* délicatesse f; tact m; affectuosité f
gyengeelméjűség débilité mentale; imbécillité f
gyengélkedés indisposition f
gyengélkedik [~tem, ~ett, ~jék v ~jen] être indisposé(e) v souffrant(e)
gyengeség 1. faiblesse; insolidité f; 2. *(szervezeti)* débilité f; *(egészségé)* fragilité; délicatesse f; 3. *(erkölcsi)* faiblesse; mollesse f; *(hatósági)* carence f; *az emberi* ~ la faiblesse humaine; *leküzdi -ét* surmonter ses faiblesses; 4. *(elme-* v *tudásbeli)* insuffisance f; 5. *(húsé stb.)* tendresse f; 6. *(hiány, silányság) a* termés ~e l'insuffisance de la récolte
gyengül [~tem, ~ni, ~jön] 1. faiblir; s'affaiblir; *a szél ereje* ~ le vent tombe v s'abat v se calme; *(minőségileg)* s'affaiblir; 2. *(testileg)* se débiliter; décliner, défaillir; *(érzékek)* s'émousser
gyengülő [~k, ~t; ~en] 1. faiblissant; baissant, -e; ~ *irányzat (áraké)* ten-

dance *f* à la baisse; 2. *(erő)* défaillant, -e
gyep [~ek, ~et, ~je] 1. gazon *m;* pelouse *f;* 2. *sp:* turf *m;* piste *f*
gyepes [~ek, ~et; ~en] gazonné, -e; gazonneux, -euse; ~ *terület* gazonnée *f*
gyeplabda; gyephoki *sp:* hockey *m* (sur gazon)
gyeplő [~k, ~t, ~je] 1. *(befogott lóé)* guides *f pl;* rêne(s) *f (pl);* 2. *(lovasé)* rêne(s); *átv:* kezében tartja *a ~t* tenir les leviers de commande; tenir les rênes de qc
gyeplőszár bride *f;* rêne(s) *f (pl)*
gyepmester équarrisseur; écorcheur *m*
gyepnyíró (gép) coup-gazon *m;* tondeuse *f* de gazon
gyepszőnyeg tapis gazonné *v* de verdure
gyér [~ek, ~et] rare; clairsemé, -e; *(fény)* diffus, -e
gyere! viens! arrive ici!
gyerek [~ek, ~et, ~e] enfant; gamin, -e *n;* gosse *n biz; pej:* garnement; galopin *m; már nem ~* sortir de l'enfance; *akárhogy nevezzük is a ~et* que ce soit pois ou fève; *ld. még:* **gyermek**
gyerekes [~ek, ~et] enfantin; puéril, -e; ~ *beszéd* v *tett* enfantillage *m*
gyerekeskedik [~tem, ~ett, ~jék *v* jen] faire l'enfant; se conduire comme un enfant
gyerekesség puérilité *f;* enfantillage *m*
gyerekjáték 1. *ez ~* c'est un jeu d'enfant; *ez nem ~ ce* n'est pas jeu d'enfant *v* un jeu pour rire; 2. *ld:* **gyermekjáték**
gyermek [~ek, ~et, ~e] enfant *n;* ~*évé fogad* adopter
gyermekágy *orv:* 1. *(szülőnőé)* couches *f pl;* ~*ban fekszik* être en couches; 2. *(gyermeké)* lit *m* d'enfant; couchette *f*
gyermekágyi puerpéral, -e; ~ *láz* fièvre puerpérale
gyermekápolás puériculture *f;* soins à donner *v* donnés aux enfants
gyermekbénulás *orv:* polyomyélite; paralysie infantile *v* cérébro-spinale; polyo *f*

gyermekbetegség maladie infantile; maladie *f* des enfants *v* de l'enfance
gyermekbíró juge *m* des enfants *v* d'enfants
gyermekbíróság tribunal *m* pour enfants *v* pour mineurs
gyermekcipő 1. soulier *m v* chaussure *f* d'enfant; 2. *átv: még ~ben jár* en être à ses premiers pas
gyermekcsíny tour *m* d'enfant; gaminerie *f*
gyermekded [~ek; ~en] 1. puéril; enfantin, -e; 2. *(arc)* enfantin; poupin, -e
gyermekes [~ek, ~et] 1. *ld:* **gyerekes;** 2. ~ *apa* v *szülő* parent chargé d'enfant; père *m* de famille; *öt~ család* famille de cinq enfants
gyermekfejkötő béguin *m*
gyermekgondozás 1. puériculture *f;* soins donnés aux enfants; 2. assistance *f* à l'enfance
gyermekgondozónő gardeuse *f* d'enfants; *(alkalmazott)* bonne d'enfant; nurse *f*
gyermekgyilkos(ság) infanticide *m*
gyermekgyógyász (médecin) pédiatre *m*
gyermekhad 1. bande *f* de gamins *v* de gars; 2. *(egy család)* kyrielle d'enfants; marmaille *f*
gyermekhalandóság mortalité infantile *f*
gyermeki [~ek, ~t] 1. enfantin; puéril, -e; ~ *kedély* candeur, puérilité; ingénuité *f;* 2. filial, -e; ~ *szeretet* amour filial; tendresse filiale
gyermekjáték 1. jeu enfantine *v* d'enfant; 2. jouet (d'enfants); bimbelot *m*
gyermekjátszótér emplacement de jeu pour enfant; parc *m* d'enfants
gyermekkar chorale enfantine; chœur *m* d'enfants
gyermekkertésznő jardinière d'enfants; institutrice *f* d'école maternelle
gyermekkocsi voiture *f* d'enfant; *(kicsi)* pousse-pousse *m;* poussette *f; mély ~* landau *m*
gyermekkor enfance *f;* premier *v* bas âge; ~*a óta* depuis son *v* l'enfance; dès son enfance; *kikerül a ~ból* sortir du maillot
gyermekkori infantile; d'enfance; ~ *bűnözés* criminalité infantile *f;* ~

pajtás camarade de jeu *v* de classe
gyermekkórtan pédiatrie; médecine *f* des enfants
gyermekkönyv livre *m* pour les enfants
gyermekkötény tablier *m* d'écolier
gyermekláncfű *növ:* pissenlit *m*
gyermekmenhely asile *m* (d'enfants); *állami* ~ (Hospice *m* des) Enfants Assistés
gyermekmérleg pèse-bébé *m*
gyermekműsor programme *m* pour enfants
gyermeknap journée *f* de l'enfance
gyermeknevelés éducation *v* pédagogie des enfants; puériculture *f*
gyermeknyelv langage enfantin *v* des enfants
gyermekotthon *(állami)* asile *m v* maison *f* d'enfants; *(magán)* jardin *m* d'enfants; garderie *f*
gyermekruha costume *m* d'enfants; *kis* ~ costume baby *m*
gyermeksapka bonnette *f*
gyermeksereg le petit monde; la marmaille *biz*
gyermekszerető aimant les enfants; qui aime les enfants
gyermekszoba chambre d'enfants; nursery; *f; átv:* *van -ája* il a été élevé comme il faut
gyermektartás aliments *m pl* (d'enfant)
gyermektelen sans enfant(s); stérile
gyermekvasút train jouet *m*
gyermekvédelem protection *v* préservation de l'enfance *v* de l'enfant; protection infantile
gyermekvédő *egyesület* société *f* pour la protection de l'enfance
gyertya [-ák, -át, -ája] 1. bougie; chandelle *f;* *(templomi)* cierge *m;* *elfújja a -át* éteindre la lumière; 2. *aut:* bougie *f* (d'allumage)
gyertyafény lueur *f* de(s) chandelle(s)
gyertyafényerejű; *50* ~ *lámpa* lampe de 50 bougies
gyertyán [~ok, ~t, ~ja] **gyertyánfa** *növ:* charme *m*
gyertyaöntés chandellerie *f*
gyertyaszál chandelle; bougie *f;* cierge *m*

gyertyatartó bougeoir *m;* *(kicsi)* brûletout; martinet *m;* *karos* ~ chandelier (à bras); candélabre *m*
gyérül [~t; ~jön] se faire rare; se raréfier
gyík [~ok, ~ot, ~ja] lézard; saurien *m*
gyíkbőr peau *f* de lézard; lézard *m*
gyíkleső rapière *f;* espadon *m;* *kirántja a ~ját* mettre flamberge au vent
gyilkol [~tam, ~t, ~jon] assassiner; égorger; massacrer; tuer; *~ják egymást* s'entr'égorger
gyilkos [~ok, ~t, ~a] I. *(mn)* meurtrier, -ière; assassin, -e; homicide; *(szó stb.)* cinglant, -e; ~ *fegyver* arme meurtrière; ~ *kedvében van* être d'(une) humeur massacrante; II. *(fn)* 1. meurtrier, -ière; assassin, -e; égorgeur; jugulateur *m;* assommeur; -euse; *segítség, gyilkos!* à l'assassin ! 2. *átv:* bourreau *m*
gyilkosság assassinat; meurtre; homicide *m*
gyilkossági *kísérlet* tentative *f* d'assassinat; ~ *szándék* dessein homicide *m*
gyógyászat thérapeutique *f*
gyógyeljárás thérapeutique *f;* procédé thérapeutique; traitement *m*
gyógyerejű médicamenteux; -euse; curatif, -ive
gyógyforrás source minérale *v* thermale
gyógyfű simple *m* *(inkább tb.);* herbe médicinale
gyógyfürdő 1. bain médicamenteux; bains médicinaux; bain thermique; 2. *(hely)* ville *f* d'eaux
gyógyhatás effet curatif *v* thérapeutique
gyógyintézet maison *f* de cure; sanatorium *m;* *(idegbetegeké)* maison de santé
gyógyír baume; onguent *m*
gyógyít [~ottam, ~ott, ~son] guérir
gyógyíthatatlan inguérissable; incurable; ~ *betegség* maladie incurable *v* implacable *f*
gyógyító [~k, ~t] curatif, -ive; thérapeutique; ~ *nevelés* médico-pédagogie; éducation spéciale; rééducation *f*
gyógykezel soigner; traiter

gyógykezelés traitement (curatif); médication; cure *f;* soins médicaux; thérapeutique *f;* ~ *alatt áll* suivre un traitement
gyógymód cure; méthode curative *v* thérapeutique
gyógynövény plante *v* herbe médicinale
gyógypedagógia médico-pédagogie; rééducation *f*
gyógypedagógiai médico-pédagogique; rééducateur, -trice; spécial; spécialisé, -e; ~ *nevelőintézet* maison *f* d'éducation spéciale
gyógyszálló hôtel *m* de station thermale *v* climatique
gyógyszer 1. médicament; produit pharmaceutique *m;* drogue *f;* remède *m; asztma elleni* ~ antiasthmatique *m;* ~*rel töm* droguer; 2. *átv:* remède à qc
gyógyszerész ~[ek, ~t, ~e] pharmacien *m*
gyógyszergyár usine *f* de produits pharmaceutiques
gyógyszerhamisítás adultération *f* de médicament
gyógyszeripar industrie pharmaceutique *f*
gyógyszerisme pharmacologie *f*
gyógyszerkészítmény préparation *f v* produit *m* pharmaceutique
gyógyszerkeverék mixture *f*
gyógyszertár pharmacie; officine (pharmaceutique) *f*
gyógytapasz emplâtre curatif
gyógytea thé médicamenteux; tisane *f*
gyógytorna gymnastique thérapeutique *v* médicale
gyógyul [~tam, ~t, ~jon] 1. *(ember)* (se) guérir; se rétablir; se remettre; 2. *(seb stb.)* (se) guérir
gyógyulás guérison; convalescence *f;* ~ *útjára lép* entrer en convalescence; *mielőbbi* ~*t kívánok* je vous souhaite un prompt rétablissement
gyógyvíz eau thermale *v* minérale
gyolcs [~ot, ~a] toile *f;* linge *m; (halotti)* linceul *m*
gyom [~ok, ~ot, ~a] mauvaise herbe; herbe folle; ivraie *f*
gyomkapa sarcloir; sarclet *m;* sarclette; serfouette *f*

gyomlál [~tam, ~t, ~jon] désherber; sarcler; arracher les mauvaises herbes
gyomnövény plante adventice *f*
gyomor [-mrok, -mrot, -mra] 1. estomac *m;* boyau *m biz; beteg a -mrom* mon estomac travaille; *fáj a -mra* avoir mal à l'estomac; *elrontja a -mrát* se déranger *v* se gâter l'estomac; *nyomja a -mrát* peser sur l'estomac (à q); *szereti a -mrát* aimer la table; 2. *átv:* nem *veszi be a -mrom* je ne peux pas l'avaler; *a föld -mra le sein de la terre*
gyomorbaj affection stomacale; maladie *f* de l'estomac
gyomorbeteg gastropathe; malade de l'estomac *(n)*
gyomorégés pyrose *f;* pyrosis *m;* aigreurs *f pl*
gyomorerősítő cordial, -e; tonique; stomachique
gyomorfájás douleurs gastriques *f pl;* mal *v* maux d'estomac
gyomorfal paroi(s) *f (pl)* de l'estomac
gyomorfekély ulcère stomacal *v* de l'estomac *v* peptique; ulcus *m*
gyomorfelfúvódás flatuosité *f*
gyomorgörcs crampe *f* d'estomac; gastrospasme *m*
gyomorhurut gastrite *f*
gyomoridegesség dyspepsie nerveuse
gyomorkapu pylore *m*
gyomormérgezés empoisonnement stomacal
gyomormosás lavage *m* d'estomac
gyomornedv suc gastrique *v* digestif *v* stomacal
gyomorrontás indigestion *f;* dérèglement *m*
gyomorsav suc gastrique *m;* acidité *f*
gyomorsavcsökkenés; **gyomorsavhiány** hypochlorhydrie; insuffisance *f* de suc gastrique
gyomorsavtúltengés hyperchlorhydrie; hyperacidité gastrique *f*
gyomorszáj cardia *m*
gyomortáji épigastrique; ~ *fájdalom* épigastralgie *f*
gyomorvérzés hémorragie stomacale; *(vérhányás)* hématémèse *f*
gyónás *egyh:* confession *f*

gyónási *titok* secret *m* de la confession
gyónik [~tam, ~t, ~jék *v* ~jon] *vall*: I. *(tgyl i)* se confesser; faire sa confession; II. *(tgy i)* confesser; accuser (un péché)
gyóntat *vall*: confesser
gyóntató [~k, ~t, ~ja] *vall*: confesseur *m*
gyóntatószék confessionnal *m*
gyors [~ak, ~at] I. *(mn)* rapide; accéléré, -e; vite; leste; *(elsietett, sietős)* hâtif, -ive; *(fürge, mozgékony)* prompt, -e; preste; alerte; diligent, -e; ingambe; *(hatású)* expéditif, -ive; *(hirtelen)* soudain; subit, -e; ~ *cselekvés* promptitude *f*; ~ *észjárás v felfogás* vivacité d'esprit; promptitude; *f*; ~ *hatású* d'un effet prompt *v* rapide; *(gyógyszer)* drastique; héroïque; ~ *léptekkel* à pas rapides; ~ *menetben* par marche rapide; ~ *munka* travail hâtif *v* bâclé; ~, *mint a villám* rapide comme l'éclair; II. *(fn)* rapide *m*; *ld még*: **gyorsvonat**
gyorsan vite; vitement; rapidement; promptement; ~ *dolgozik* aller vite en besogne; ~ *elintéz egy munkát* dépêcher un travail; ~ *eltűnő* fugitif, -ive; fugace; *de* ~! et en vitesse!
gyorsáru marchandise expédiée par grande vitesse
gyorsaság vitesse; rapidité; célérité; promptitude; prestesse *f*
gyorsborotvakrém crème *f* à raser
gyorsfényképész photographe ambulant
gyorsforraló bouilloire *f*; *kis* ~ poêlon *m*
gyorsfőző 1. réchaud *m*; 2. autoclave *m*
gyorsfutás course *f* de vitesse; sprint *m*
gyorshajtás excès *m* de vitesse
gyorsírás sténographie; tachygraphie *f*
gyorsíró sténographe; sténo *n*
gyorsít ~[ottam, ~ott, ~son] activer; hâter; presser; accélérer
gyorsító [~k, ~t, ~ja] accélérateur *m*
gyorsított [~at; ~an] accéléré, -e; ~ *eljárás* procédure (criminelle) sommaire; justice sommaire *f*; ~ *személyvonat* train accéléré *v* semi-direct; semi-express *m*
gyorskorcsolyázás patinage *m* de vitesse
gyorsmenet *kat*: marche forcée

gyorsnaszád vedette (rapide) *f*
gyorssegély allocation *f* d'urgence
gyorstalpaló *tanfolyam gúny*: cours *m pl* de rééducation rapide
gyorsulás accélération *f*: vitesse accélérée
gyorsuló [~k, ~t; ~an] accéléré, -e; *(egyenletesen)* ~ *mozgás* mouvement (uniformément) accéléré
gyorsúszás nage libre *f*; crawl *m*
gyorsvonat (train) express; rapide *m*
gyök [~ök, ~öt, ~e] 1. *nyelv*: racine *f*; radical *m*; 2. *mat*: racine; ~*öt von* extraire une racine *v* la racine de qc; 3. *vegy*: radical; groupe *m*
gyökér [gyökerek, gyökeret, gyökere] 1. racine *f*; *gyökerestől ld* **külön**! *gyökeret ereszt* prendre racine; s'enraciner; *gyökeret ver* prendre racine; raciner; 2. *(műfa)* ronce (de noyer) *f*; 3. *átv*: racine; assise *f*; *a baj gyökeréig nyúl* aller à la racine du mal; *gyökeret ver vmiben* plonger des racines dans qc; *átv*: *gyökeret ver* s'affirmer; s'acclimater; s'instituer; *(család)* faire souche; *(vélemény)* s'accréditer
gyökérdugvány bouture *f* par racine
gyökeres [~ek, ~et] 1. *növ*: à racine; radiculaire; 2. *átv*: radical, -e
gyökerestől 1. avec la racine; ~ *kitép* extirper; 2. *átv*: dans *v* avec la racine; radicalement; ~ *kiirt v kitép* déraciner; extirper; exterminer
gyökérkefe brosse *f* à *v* de chiendent
gyökérpipa pipe *f* en racine *v* de bruyère
gyökértelen 1. *(növény)* sans racine; arrhize *tud*; 2. *átv*: sans racine véritable; déraciné; dépaysé, -e
gyökérzet radication; racine(s) *f (pl)*
gyökkitevő *mat*: exposant *v* indice *v* degré *m* de la *v* d'une racine
gyökvonás extraction *f* de racine
gyömbér [~t, ~e] *növ*: gingembre *m*
gyöngy [~ök, ~öt, ~e] perle *f*; ~ *fénye, színjátéka* orient *m*
gyöngybetű 1. *nyomd*: parisienne *f*; 2. ~*kkel ír* écrire fin
gyöngyélet la belle vie; vie de délices
gyöngyfényű perlé; nacré, -e; perlaire
gyöngyfüzér collier de perles; rang *m* de perles

gyöngyfűzés enfilage *m* des perles
gyöngyhalász pêcheur *m* de perles
gyöngyház nacre *m*
gyöngykagyló huître perlière; méléagrine *f*
gyöngyözik [~tem, ~ött, ~zék *v* ~zön] 1. perler; ~ *róla az izzadság* la sueur perle de son front; 2. *(bor)* pétiller; mousser
gyöngyszínű gris perle; nacré, -e
gyöngyszürke gris (de) perle
gyöngytyúk pintade; pintadine *f*
gyöngyvirág muguet *m;* convallaire *f*
gyönyör [~ök, ~t, ~e] 1. *(érzéki)* plaisir *m* des sens; volupté *f;* 2. *ált: ld:* **gyönyörűség**
gyönyörködik [~tem, ~ött, ~jék *v* ~jön] se laisser prendre; *(vmiben)* contempler *v* goûter qc avec délices; se délecter à qc; savourer qc
gyönyörű [~ek, ~t] de toute beauté; délicieux, -euse; charmant; exquis, -e; superbe; magnifique; splendide; ravissant, -e; adorable; *(emberről)* être bien fait(e); être fait(e) à ravir; *gyönyörű! (mondhatom)* c'est du propre
gyönyörűség plaisir; délice *m;* délices *f pl;* délectation; félicité *f;* charmes *m pl;* réjouissance *f;* ez *a gyerek anyjának ~e* cet enfant fait les délices de sa mère; *~ét leli vmiben* trouver un agrément *v* des agréments dans qc; *abban leli ~ét, hogy* il prend plaisir à *(inf);* magánkívül van a *~től* être ravi(e) *v* être transporté(e) d'aise; *~gel tölt el* remplir d'aise
György [~ök, ~öt, ~e] Georges *m*
gyötör [gyötrök, ~tem *v* gyötröttem, gyötrött *v* ~t, ~jön] martyriser; tourmenter; harceler; torturer; faire souffrir; malmener; *(belsőleg)* déchirer; peiner; travailler; faire souffrir; *(éhség)* tenailler; dévorer; *(gondolat)* obséder; *(kíváncsiság, stb.)* dévorer; *gyötri a féltékenység* la jalousie le mord *v* le dévore; *a láz gyötri* la fièvre le travaille; *gyötri magát* se tuer à *(inf)*
gyötrelem [-lmek, -lmet, -lme] supplice; tourment *m;* souffrance *f;* tracas; martyre *m;* tracasserie *f; halálos ~ de mortels ennuis; lelki ~* brisement *m* de cœur
gyötrelmes [~ek, ~et; ~en] pénible; tourmenté, -e; atroce; ~ *életet él* mener une vie d'enfer
gyötrődik [~tem, ~ött, ~jék *v* ~jön] se donner le tourment *v* la torture; se tourmenter; se torturer l'esprit *v* le cœur; se ronger (les sangs *v* le cœur)
győz [~tem, ~ött, ~zön] I. *(tgyl i)* 1. vaincre (q *v* qc); triompher (de q *v* de qc); l'emporter (sur q); avoir gain de cause; 2. *(vitás ügyben)* obtenir *v* avoir gain de cause; 3. *(versenyben, játékban)* gagner; remporter le titre *v* la palme; II. *(tgy i) (vmit)* être assez fort(e) pour qc; être capable *v* à même de *(inf);* alig *~öm (inf)* j'ai peine à *(inf); anyagilag nem ~i; nem ~i pénzzel* il n'arrive pas à joindre les deux bouts
győzelem [-lmek, -lmet, -lme] victoire *f;* triomphe *m; ~re juttat* faire triompher; *győzelmet arat* obtenir le triomphe; *győzelmet arat vkin* remporter la victoire sur q
győzelmes [~ek, ~et] victorieux, -euse; triomphant, -e
győzelmi [~ek, ~t] de triomphe; triomphal, -e; ~ *induló* marche triomphale; ~ *jel* trophée *m*
győzhetetlen invincible
győztes [~ek, ~t] I. *(mn)* victorieux, -euse; triomphant, -e; vainqueur; *a ~ államok* les États vainqueurs; ~ *marad* rester maître du terrain; II. *(fn)* vainqueur *m;* triomphateur, -trice *n*
gyufa [-ák, -át, -ája] allumette *f*
gyufagyár fabrique d'allumettes; société allumettière
gyufaskatulya boîte *f* d'allumettes; ~ *gyújtó oldala* le frottoir d'une boîte d'allumettes
gyufaszál allumette *f*
gyújt [~ottam, ~ott, ~son] allumer; mettre le feu à qc; enflammer; incendier; *cigarettára ~* allumer une cigarette; *nótára ~* entonner une

gyújtás 337 gyülekezik

chanson; *tüzet* ~ allumer *v* faire du feu
gyújtás allumage *m;* inflammation *f; vill:* amorçage *m; (robbanó)* déflagration *f*
gyújtó [~k, ~t] I. *(mn)* 1. inflammateur, -trice; déflagrant, -e; 2. *átv:* ~ *(hatású)* enflammé, -e; incendiaire; II. *(fn)* 1. *ld:* **gyufa;** 2. *(gyújtókészülék)* amorce *f; kat:* fusée *f; (lövedékben, aknában)* étoupille *f*
gyújtóbomba *rep:* bombe incendiaire *f; (tüzérségi)* obus incendiaire *m*
gyújtogatás incendie criminel *v* dû à la malveillance *v* volontaire
gyújtogató [~k, ~t, ~ja] incendiaire *(n)*
gyújtólap plaquette incendiaire *f*
gyújtólencse verre ardent; loupe *f*
gyújtópont *mat:* point focal; foyer *m*
gyújtós [~ok, ~t, ~a] allume-feu; bois *m* d'allumage; bûchettes *f pl*
gyújtószeg 1. percuteur *m;* 2. concuteur *m*
gyújtószikra étincelle *f* d'allumage
gyújtótáv(olság) distance *v* longueur focale *v* du foyer
gyújtótükör miroir ardent
gyújtózsinór mèche (détonante); cordon fusant
Gyula [-ák, -át, -ája] Jules *m*
gyúlékony [~ak, ~t; ~an] inflammable; combustible
gyullad [~tam, ~t, ~jon] s'allumer; s'enflammer; prendre feu; *haragra* ~ s'enflammer de colère
gyulladás 1. inflammation; inflagration *f;* 2. *orv:* inflammation
gyúr [~tam, ~t, ~jon] 1. pétrir; manipuler; 2. *konyh:* pétrir; fraiser; 3. *vegy, gyógy:* malaxer; 4. *sp:* masser
gyúrás 1. pétrissage *m;* 2. *sp:* massage *m*
gyurma [-ák, -át, -ája] 1. matière plastique *f;* 2. pâte *f*
gyúró [~k, ~t] 1. pétrisseur, -euse *n;* 2. *sp:* masseur, -euse *n*
gyúródeszka tour *m* (à pâte); pâtissoire; planche *f*
gyutacs [~ok, ~ot, ~a] *(puskában)* capsule *f; (robbantó)* (cartouche-) amorce *f*

gyűjt [~öttem, ~ött, ~sön] 1. *(tárgyakat)* recueillir; ramasser; 2. *(hulladékot, selejtet, eldobott fegyvereket)* récupérer; 3. *(gyűjteménybe)* collectionner; faire collection de qc; 4. *(pénzt vki számára)* quêter; faire la quête; 5. *(magának)* amasser; économiser; réunir; 6. *(eszméket, anyagot)* rassembler; collecter; *erőt* ~ réunir ses forces; *híreket* ~ recueillir des nouvelles *v* des bruits; aller aux nouvelles; 7. *(embereket)* rassembler; réunir
gyűjtemény 1. collection *f;* cabinet *m;* 2. *átv:* récolte *f*
gyűjtés 1. *(terményé)* récolte; cueillette *f; (anyagoké, tárgyaké)* ramassage; collectage *m; (hulladéké, elhagyott tárgyaké)* récupération *f;* 2. *(gyűjteménybe)* collectionnement *m;* 3. *(pénzé vmi célra)* souscription; quête; collecte *f;* ~*t indít vki javára* organiser *v* faire une collecte; 4. *(tudományos)* enquête *f* (sur)
gyűjtő [~k, ~t] 1. ramasseur, -euse *n (árué is); (személyé)* collecteur *m;* 2. *(gyűjteménybe)* collectionneur, -euse *n;* 3. *(jótékony célra)* quêteur, -euse *n;* 4. *(tudományos)* enquêteur, -euse *n*
gyűjtőfogház Dépôt (Central)
gyűjtőív liste *f* de souscription
gyűjtőlencse 1. condenseur *m;* 2. lentille convergente
gyűjtőnév (nom) collectif; *m;* terme collectif
gyűjtőpersely urne; boîte *f* à quêter
gyűjtőtábor 1. camp *m* pour personnes déplacées; 2. camp de concentration *v* d'internement
gyülekezés 1. rassemblement *m;* concentration *f;* raillement *m;* 2. *kat:* assemblée *f*
gyülekezési *szabadság* liberté *f* de réunion; ~ *és egyesülési jog* droit *m* de réunion et d'association
gyülekezet 1. assemblée *f;* assistance *f;* 2. *vall:* assemblée
gyülekezik [~tem, ~ett, ~zék *v* ~zen] se rassembler; se réunir; se grouper; se concentrer

22 Magyar–Francia kézi

gyűlés 1. rassemblement *m;* assemblée; réunion *f; ld. még:* **ülés;** 2. *orv:* abcès *m*
gyűlöl [~tem, ~t, ~jön] haïr; détester; abhorrer; exécrer; avoir en haine; *szívből* ~ haïr de tout son cœur; ~*öm, mint a bűnömet* je le hais comme la peste *v* la gale
gyűlölet haine; animosité; animadversion; aversion; phobie *f;* ~*et érez vki iránt* ressentir *v* éprouver de la haine contre *v* pour q; ~*et táplál vki iránt* nourrir de la haine contre *v* pour q
-gyűlölő -phobe *(pl. németgyűlölő* germanophobe)
gyümölcs [~ök, ~öt, ~e] fruit *m; friss* ~ fruit frais; *nemes* ~ fruit de table
gyümölcsfa arbre fruiter *v* à fruits
gyümölcsfakertész fructiculteur *m*
gyümölcsfatenyésztés arboriculture fruitière; culture *f* d'arbres fruitiers
gyümölcsfaültetvény plant d'arbres fruitiers; complant *m*
gyümölcshéj peau *v (hámozott)* pelure *f* de fruit
gyümölcshús pulpe *f; növ:* mésocarpe *m*
gyümölcsíz 1. confiture (de fruits); marmelade *f;* 2. goût *m* de *v* du fruit
gyümölcskereskedő marchand(e) de fruits; fruitier, -ière *n*
gyümölcskertész arboriculteur; pomiculteur *m*
gyümölcskocsonya gelée *f*
gyümölcskonzerv conserves *f pl* de fruits
gyümölcskoszt régime fruitarien
gyümölcslé sirop; jus *v* suc *m* de fruits
gyümölcsmag *(húsos gyömölcsé)* pépin *m; (csonthéjas)* noyau *m;* drupe *f*
gyümölcsös [~ök, ~t] I. *(mn)* à fruits; fruitier, -ière; II. *(fn) ld:* **gyümölcscsöskert**
gyümölcsöskert verger; jardin fruitier
gyümölcsözik [~tem, ~ött, ~zék *v* ~zön] fructifier; porter fruit; *(tőke)* fructifier; profiter
gyümölcsöző [~k, ~t] 1. fructifère; frugifère; 2. *átv:* fructueux, -euse; profitable; productif, -ive; ~ *befektetés* dépense productive

gyümölcsöztet faire fructifier *v* profiter
gyümölcspálinka; gyümölcspárlat liqueur *v* eau-de-vie *f* de fruits
gyümölcspiac marché *m* aux fruits
gyümölcssaláta macédoine *f*
gyümölcstermelés 1. production fruitière; 2. arboriculture fruitière
gyümölcstermés récolte *v* cueillette des fruits; production *f* de fruits
gyümölcstermő fructifère; frugifère
gyümölcsvelő pulpe *f*
gyűr [~tem, ~t, ~jön] 1. froisser; fripper; chiffonner; *(vmibe)* fourrer; 2. *átv: a földre* ~ terrasser; tomber
gyűrhetetlen *tex:* infroissable
gyűrődés [~ek, ~t, ~e] 1. pli; repliement *m;* froissure *f;* 2. *geol:* plissement; pli; ridement *m*
gyűrődik [~tem, ~ött, ~jék *v* ~jön] se chiffonner; se friper; se froisser
gyűrött [~ek, ~et; ~en] chiffonné; froissé; fripé, -e
gyűrű [~k, ~t, ~je] 1. anneau *m;* bague *f;* ~*be foglal* chatonner; 2. *(ellenőrző)* bague; 3. *(szobrászé)* mirette *f;* 4. *(gyűrű alakú dolog)* anneau; *a Szaturnusz* ~*i* les anneaux de Saturne; 5. *növ, áll:* (~ *alakú sáv)* zone *f;* 6. *(fában)* cerne *m;* 7. *(pombán)* anneau; collet *m;* 8. *(kígyóé)* nœud; repli *m;* 9. *sp:* anneaux *m pl;* 10. *műsz:* rond *m;* rondelle *f;* 11. *vegy:* chaîne fermée; 12. *(város körül)* ceinture; enceinte *f;* 13. *(ellenségé)* cercle; encerclement *m; áttör a* ~*n* rompre le cercle *v* l'encerclement
gyűrűhinta anneaux *m pl*
gyűrűs [~ek, ~et] 1. *(kéz, stb)* orné(e) de bagues; bagué, -e; 2. *(alakú)* annulaire; 3. ~ *férgek* annélides; annelés *m pl*
gyűrűsujj doigt annulaire
gyűrűváltás échange *m* d'anneaux; fiançailles *f pl*
gyűszű [~k, ~t, ~je] 1. dé *m* (à coudre); 2. *(bot, esernyő végén)* embout *m*
gyűszűnyi une goutte de . . . ; une larme de . . . ; un filet de . . . ; un doigt de . .
gyűszűvirág digitale; gantelée *f*

H

h [h-k, h-t, h-ja] 1. *(betű)* h *m* v *f* *(átírva:* ache, l'H); 2. *zen:* si *m;* *h-moll* si mineur

ha 1. si; quand; une fois *(és part. passé);* lorsque; *és ha (úgy volna)?* et si c'était? *ha ideadná* s'il me le cédait; *ha maga nem lett volna, nem sikerült volna nekem* sans vous, je n'aurais pas réussi; *ha a polgármester nyolc napon belül nem intézkedik* à défaut par le maire de statuer dans le délai de huit jours; 2. *(érzelmi többlettel) ha; ha egyszer; (de) ha már* puisque; du moment que; dès l'instant que; dès lors que; *ha maga akarja* puisque vous le voulez; *de ha mondom!* mais puisque *v* du moment que je vous le dis! *ha csak látom* rien qu'à le voir; *ha csak rágondolok* rien que d'y penser; 3. *(valaha)* si un jour; si jamais; *ha egyszer meglátom* si jamais je le vois; 4. *(megengedő ért.) ha; ha ugyan* si; *ha ugyan igaz, hogy* si tant est que *(ind); ha ugyan nem ő* sinon lui; 5. *ha ... is* quand (bien) même; si ... ne ... pas; *ha nem hiszi is el* quand bien même il ne le croit pas; *ha nem is mindjárt* sinon tout de suite; 6. *ha már* une fois *(és part. passé);* dès que

hab [~ok, ~ot, ~ja] 1. *a ~ok* les flots; les eaux; les vagues; 2. *(vizen, levesen)* écume *f;* 3. *(italon)* mousse *f; (sörön)* faux col; panache *m;* 4. *(tejszínből)* crème fouettée; *(tojásból)* neige *f;* ~*ot ver a)* fouetter de la crème; *b)* battre des œufs en neige; 5. *(szájon)* écume; bave *f*

habar [~tam, ~t, ~jon] 1. mélanger; brasser; 2. *(maltert)* gâcher; 3. *(festéket, színeket)* panacher; 4. *(ételbe)* additionner

habarcs [~ok, ~ot, ~a] mortier; gâchis *m;* liaison *f*

habarcskanál gâche *f*

habarcsláda auge (à mortier); coulotte *f*

habcsók meringue *f*

habfehér blanc(he) comme neige

habitus 1. aspect *m;* manières *f pl;* 2. *orv:* habitude *f;* habitus *m*

habkő (pierre) ponce; pumicite *f*

habkönnyű léger *v* légère comme une plume

hableány 1. ondine; naïade; néréide *f;* 2. *áll:* sirène; femme marine

habmerő kanál écumoire *f*

háborgás 1. agitation *f;* trouble; tumulte *m;* 2. *(elemeké)* furie *f;* déchaînement *m*

háborgat 1. incommoder; déranger; troubler; vexer; molester; 2. *jog:* inquiéter

háborgó [~t; ~an] tumultueux, -euse; en furie; déchaîné; turbulent, -e; ~ *tenger* mer démontée; mauvaise mer

háborog [~tam, -gott, ~jon] 1. *(tenger)* s'agiter; grossir; 2. *(elemek)* se déchaîner; gronder; 3. *(tömeg)* s'agiter; gronder

háború [~k, ~t, ~ja] guerre; conflagration *f;* ~ *előtti* d'avant-guerre; *a* ~ *előtti időszak* l'avant-guerre *m;* ~ *utáni* d'après-guerre; de l'après-guerre; ~ *idején* en temps de guerre; *a* ~ *kitörése* le commencement de la guerre; l'ouverture des hostilités; ~*ba indul* v *vonul* partir à la *v* en guerre; ~*ban* en (temps de) guerre; ~*t folytat* soutenir une guerre; ~*t indít* faire parler la poudre; ~*t visel vki ellen* faire la guerre à *v* contre q

háborús 1. de guerre; ~ *állapot* état *m* de guerre; ~ *bűn(tett)* crime *m* de guerre; ~ *előkészület* préparatifs *m pl* de guerre; ~ *gazdálkodás* régime *m* de temps de guerre; économie *f* (du temps) de guerre; ~ *gépezet* ma-

chine *f* de guerre; ~ *készenlétbe helyez* mettre sur le pied de guerre; ~ *termelésre állít* mettre sur pied de guerre; ~ *tüzfészek* foyer *m* d'agression *v* de guerre; ~ *uszítás* excitation *f* à la guerre; bellicisme *m;* ~ *uszító* fomentateur, -trice *n;* ~ *veszély* danger(s) *m (pl)* de guerre; 2. *(érzés)* belliqueux, -euse; ~ *hangulat* dispositions belliqueuses
háborúskodik [~tam, ~ott, ~jék *v* ~jon] 1. guerroyer; 2. ~ *vkivel* faire la guerre à q
habos [~ak, ~at; ~an] écumeux; mousseux; spumeux, -euse; *(könnyű)* vaporeux, -euse; ~ *kávé* café crème panaché
habostorta gâteau *m* à la crème Chantilly
habozás hésitation; fluctuation; indécision *f;* minden ~ *nélkül* sans le moindre scrupule
habozik [~tam, ~ott, ~zék *v* ~zon] hésiter à *(inf);* balancer
habverő fouet *m* (à œufs *v* à crème)
habzik [~ott, habozzék *v* habozzon] écumer; mousser; bouillonner; ~ *a szája* il écume *(dühtől:* de rage)
habzó [~k, ~t; ~an] ~ *bor* vin mousseux
habzsol [~tam, ~t, ~jon] 1. engloutir; dévorer; ingurgiter; gober; 2. *átv:* boire; *(pezsgőt)* sabler
hacsak 1. ~ *lehet* si possible; dès que possible; 2. ~ *nem* à moins que *(subj és* ne); à moins que *(inf);* hors que; ~ *erre ellenkező határozat nincs* sauf décision contraire
had [~ak, ~at, ~a] 1. armée *f;* 2. *ld:* **háború;** ~*ba megy* v *száll;* ~*ra kel* partir à la guerre; se mettre en campagne; ~*ban álló* belligérant, -e; ~*at indít* entrer en guerre; ~*at üzen* déclarer la guerre à q; 3. *a gratulálók* ~*a (esküvőn stb.)* la foule des invités; *a hitelezők* ~*a* la meute des créanciers
hadakozik [~tam, ~ott, ~zék *v* ~zon] 1. guerroyer; batailler; 2. frapper au hasard; ~ *vmivel* s'escrimer de qc; 3. ~ *vmi ellen* s'escrimer contre qc
hadállás position *f; erős* ~ forte position

hadar [~tam, ~t, ~jon] 1. parler avec précipitation *v* volubilité; 2. *(értelmetlenül)* bredouiller
hadászat l'art *m* de la guerre; stratégie *f*
hadbalépés entrée *f* en guerre
hadbíróság 1. conseil de guerre; tribunal militaire *m;* 2. justice militaire *f*
hadd *beszéljek önnel* souffrez que je vous parle; *de* ~ *mondjam el* mais que je vous raconte; ~ *fecsegjenek az ostobák!* laissez dire les sots! ~ *lássam v lám* faites *v* fais voir; voyons (un peu)
haderő forces (militaires) *f pl;* force armée
hadfelszerelés 1. matériel *m* de guerre; 2. équipage *m* de guerre
hadgyakorlat manœuvre; manœuvres militaires; période *f* d'instruction; ~*ra bevonul* faire une période
hadiállapot 1. état *m* de guerre; 2. loi martiale; *kihirdeti a* ~*ot* proclamer la loi martiale
hadianyag matériel *m v* provision *f* de guerre
hadianyagraktár parc; arsenal; station magasin *m*
hadiárva orphelin(e) de guerre
hadicsel stratagème *m;* ruse *f* de guerre
hadiév année *f* de guerre *v* de campagne
hadifelkészültség appareil militaire *m*
hadifogoly prisonnier *m* de guerre *(röv: P. G.)*
hadifogolytábor camp *m* de prisonniers
hadifogság captivité *f;* ~*ba esik* être fait prisonnier de guerre; tomber en captivité
hadigazdálkodás; hadigazdaság économie *f* (du temps) de guerre
hadigépezet machine *f* de guerre
hadigondozott mutilé *v* réformé de guerre en traitement
hadihajó navire *v* bâtiment de guerre
hadihitel crédit de guerre; crédit militaire *m*
hadiiskola école *f* de guerre; *felső* ~ école supérieure de guerre
hadijáték jeu *m* de guerre

hadijelentés 341 hadügy

hadijelentés bulletin *m* (de l'armée); le Communiqué
hadijog droit *m* de la guerre; la loi de la guerre
hadikárosult sinistré(e) de guerre
hadikárpótlás indemnité *f v* dommages *m pl* de guerre; réparation *f*
hadikölcsön emprunt *m* de guerre *v* de la défense nationale
hadilábon sur (le) pied de guerre; ~ *áll vmivel* être sur le pied de guerre avec qc; ~ *áll a nyelvtannal* il est brouillé avec la grammaire
hadilétszám effectif *m* de guerre; ~*on van* être sur le pied de guerre
hadilobogó 1. drapeau *m* de guerre; 2. *haj:* pavillon *m* de guerre
hadiözvegy veuve *f* de guerre
hadipotenciál potentiel de guerre *v* militaire *m*
hadirokkant invalide; invalide *v* infirme *v* mutilé *v* blessé *m* de guerre; *(mérges gáztól)* gazé *m* de guerre; *100 százalékos* ~ grand blessé *v* mutilé de guerre
hadisarc contribution *v* indemnité de guerre; rançon *f;* ~*ot vet ki vkire* rançonner q
hadisegély secours *m* de guerre *v* à la famille du rappelé; allocation militaire *f*
hadiszállás quartiers *m pl; (parancsnokságé, vezérkaré)* quartier général (Q.G.)
hadiszállító fournisseur de guerre; munitionnaire *m*
hadiszemle revue *f; -ét tart csapatai fölött* passer ses troupes en revue
hadiszolgálat 1. service *m* en campagne; 2. service militaire *v* armé
haditechnika technique militaire *f*
haditengerészet marine *f* de guerre *v* militaire
haditérkép carte *f* des opérations
haditerv 1. plan *m* d'opération *v* des opérations; 2. *átv:* tactique *f;* stratagème *m*
haditörvényszék tribunal *m* des forces armées; cour martiale
haditudósító correspondant *m* de guerre *v* militaire

hadiüzem usine *f* de guerre *v* d'armements
hadizsákmány 1. butin *m; (tengeri)* prise *f;* 2. *átv:* trophée *m*
hadjárat campagne; expédition militaire *f*
hadkiegészítő *parancsnokság* dépôt militaire *m;* dépôt du régiment
hadköteles porté sur les tableaux *v* les cadres de recensement
hadkötelezettség obligation *f* du *v* au service militaire; *általános* ~ service militaire obligatoire *m*
hadmentesség exemption *f* de service d'armes
hadmérnök ingénieur militaire; officier *m* du génie
hadmozdulat mouvement *m;* opération (militaire) *f*
hadművelet opération (militaire); action *f* (de guerre); manœuvres *f pl* de guerre
hadműveleti *térkép* plan directeur
hadnagy [~ok, ~ot, ~a] sous-lieutenant *m*
hadonászik [~tam, ~ott, -ásszék *v* -ásszon] gesticuler; se démener; *kézzel-lábbal* ~ se débattre
hadosztály division *f*
hadparancs ordre du jour de l'armée; bulletin *m*
hadsereg armée *f;* ~*et szervez* lever *v* constituer *v* former *v* recruter une armée
hadseregfőparancsnok généralissime; commandant *m* en chef de l'armée
hadseregfőparancsnokság grand quartier général (G. Q. G.)
hadseregszállító fournisseur militaire de l'armée *m*
hadszíntér champ d'opérations militaires; théâtre *m* de la guerre *v* d'opération
hadtáp service *m* des subsistances
hadtápvonal base *f* d'approvisionnement; *elvágja* ~*ától* couper de ses bases
hadtest corps *m* d'armée
hadtörténet histoire militaire *v* de la guerre *f*
hadtudomány science des armes *v* militaire *f;* l'art militaire *v* de la guerre *m;* stratégie *f*
hadügy la défense nationale

hadügyminisztérium ministère de la guerre *v* de la défense nationale
hadüzenet déclaration *f* de guerre
hadvezér chef d'armée *v* de guerre; général *m*
hadvezetés stratégie *f;* commandement *m*
hadviselés 1. stratégie *f;* art militaire *m;* 2. guerre; belligérance *f*
hadviselő [~k, ~t, ~je] belligérant, -e *(n);* *nem* ~ non-belligérant, -e; ~ *felek* les parties belligérantes
hág [~tam, ~ott, ~jon] 1. mettre *v* poser le pied sur qc; monter; marcher; *a lábamra* ~*ott* il m'a marché sur le pied *v* dessus; *nyakára* ~ *vminek* manger *v* dévorer qc; 2. *vmibe* ~ marcher dans qc
Hága [-át] la Haye
hágcsó [~k, ~t, ~ja] échelle *f;* *(kocsin)* marchepied *m*
hágó [~k, ~t, ~ja] col; passage; point *m* de passage
hagy [~tam, ~ott, ~jon] 1. *(vmit, vkit)* laisser; *maga mögött* ~ laisser derrière soi *v* loin de soi; *magára* ~*;* *egyedül* ~ laisser seul(e); abandonner; quitter; *foltot* ~ tacher; entacher; *időt* ~ donner du temps; 2. *(felszólító alakokban)* ~*ja!* laissez-le faire! *ne* ~*d magad! (verekedésnél)* tiens bon! tiens ferme! ~*ja már!* finissez! 3. ~*ja magát* se laisser faire; 4. *hagyja (inf)* v *hogy* laisser *(inf);* ~*ja, hogy becsapják* se laisser tromper; 5. ~ *(maga után)* laisser; *hosszú fénysávot* ~ *maga után* il laisse après son passage une longue trace de lumière; 6. *(vkire)* léguer *v* laisser à q; transmettre à q; 7. *(máskorra)* réserver; ménager; *másnapra* ~ réserver pour le lendemain
hagyaték [~ok, ~ot, ~a] 1. succession *f;* legs *m;* ~ *megnyílta* ouverture *f* de succession; ~ *összege* montant total de la succession; 2. *átv:* legs; *Voltaire irodalmi* ~*a* l'héritage de Voltaire
hagyatéki [~ak, ~t; ~lag] successoral; successorial, -e; ~ *eljárás* procédure successorale; ~ *gondnok* curateur *m* à la succession *v* au cadavre; ~ *illeték* droit *m* de succession; ~ *terhek* charges *f pl* de la succession
hagyma -[ák, -át, -ája] 1. *növ:* *(nem)* ail *m;* *(vöröshagyma)* oignon *m;* *(fokhagyma)* ail; 2. *(mint termés, növ)* bulbe *m;* *ált:* oignon
hagymafej tête *f* d'oignon *v* d'ail
hagymagerezd gousse *f* d'ail
hagymakupola oignon *m;* coupole bulbeuse
hagymás 1. *(íz, szag)* alliacé, -e; *(fokhagymás)* à l'ail; 2. *(növény)* bulbeux, -euse
hagyomány 1. tradition *f;* ~*ok* les us et coutumes; ~ *szerint* traditionnellement; 2. *(hagyaték)* legs
hagyományos [~ak, ~at] I. *(mn)* traditionnel, -elle; classique; rituel, -elle; ~ *szokás* coutume ancienne *v* invétérée; II. *(fn) jog:* héritier, -ière *n;* légataire particulier, -ière
hagyományoz [~tam, ~ott, ~zon] léguer; transmettre
hagyományozó [~k, ~t, ~ja] testateur, -trice *(n);* *(jogban így is:)* de cujus *m*
hahota [-ák, -át, -ája]; **hahotázás** risée *f;* de grands éclats de rire; -*ára fakad* éclater de rire
Haiti [~ak, ~t] le Haïti
haj [~at, ~a] 1. cheveux *m pl;* chevelure *f;* *egy szál* ~ un cheveu; *ritka* ~ cheveux rares; *égnek mered v áll a* ~*a* les cheveux se dressent sur sa tête; ~*ba kapnak* se prendre *v* s'attraper aux cheveux; *(asszonyokról)* se crêper le chignon; ~*ánál fogva előrángat* tirer par les cheveux; ~*at nyír vkinek* faire les cheveux à q; ~*át tépi* s'arracher les cheveux *(kétségbeesésében:* de désespoir); 2. *ld: héj*
háj [~ak, ~at, ~a] 1. panne *f;* 2. *(kövérség)* graisse *f;* *minden* ~*jal meg van kenve* il a de la malice jusqu'au bout des ongles; il en sait long; *mintha* ~*jal kenegetnék* il boit du lait
hajadon [~ok, ~t] jeune fille; pucelle; vierge *f;* *hiv:* célibataire
hajadonfővel (la) tête nue; nu-tête

hajápolás 343 hajlított

hajápolás hygiène f de la chevelure
hájas [~ok, ~t; ~an] graisseux, -euse; *(csak ember:)* adipeux, -euse; obèse
hajasbaba poupée f avec cheveux bouclés
hajbókol 1. faire des courbettes; **2.** *átv:* faire de grands compliments
hajcsár [~ok, ~t, ~ja] **1.** toucheur m (de bestiaux); **2.** *gúny:* garde-chiourme m
hajcsat barrette; attache f
hajcsöves capillaire
hajdan(ában) jadis; autrefois; à l'époque; naguère
hajdani [~ak, ~t] d'antan; de jadis v naguère; d'autrefois
hajdina [-át, -ája] (blé) sarrasin; blé v millet noir
hajdú [~k, ~t, ~ja] haïdouk; heïduque; heyduque m; *annyit ért hozzá, mint a ~ a harangöntéshez* il s'y entend comme à ramer des choux
hajfestés teinture f des cheveux
hajfodorítás ondulation; frisure; annelure f
hajfonat tresse; natte f; *hamis ~ allonge f*
hajfürt mèche v boucle f de cheveux; *(halántékon)* crochet m
hajgyökér racine f du cheveu
hajhász [~tam, ~ott, -sszon] courir après qc; pourchasser; poursuivre
hajít [~ottam, ~ott, ~son] lancer; jeter; projeter; envoyer
hajítás 1. jet; lancement m; projection f; **2.** *sp:* lancer m
hajkefe brosse f à cheveux
hajkenőcs pommade; brillantine f
hajladozik [~tam, ~ott, ~zék v ~zon] **1.** (se) balancer; (se) pencher; s'incliner; **2.** plier; fléchir
hajlam [~ok, ~ot, ~a] **1.** penchant m (à qc); inclination f (à v pour qc); goût m (pour qc); (bonnes v heureuses) dispositions (pour qc); *(vonzalom)* affection v inclination f pour q; *~a van vmire* avoir de la vocation pour qc; *~ a bűnözésre* aptitude f au crime; *~a van a festészethez* elle a du goût pour la peinture; **2.** *(betegségre)* réceptivité; prédisposition f
hajlamos [~ak, ~at; ~an] **1.** disposé(e) v enclin(e) v sujet(te) à qc; porté(e) à v sur qc; **2.** *(betegségre)* prédisposé, -e; réceptif, -ive; *nem ~* insusceptible
hajlandó [~k v ~ak, ~t; ~an] prêt(e) à *(inf)*; disposé(e) à qc; enclin(e) à qc; tenté(e) de *(inf)*; *~ volnék azt hinni* je serais porté à croire; *nem ~ (inf)* se refuser à *(inf)*
hajlás 1. courbure; courbe; inflexion; cambrure f; *(vonalé)* courbure; cambrure f; *(könyökszerű)* coude m; **2.** *(meghajlás)* fléchissement m; flexion f; **3.** *(felületé)* inclinaison; déclivité f
hajlásszög *mat:* angle m d'inclinaison
hajlék [~ok, ~ot, ~ja] abri; asile; gîte; réduit; logis m
hajlékony [~at] **1.** souple; flexible; pliant; ployant, -e; *nem ~* inflexueux, -euse; **2.** *átv:* souple; maniable; *~ jellem* caractère maniable v malléable m
hajléktalan I. *(mn)* sans logis v abri v asile v domicile; *~ok menháza* asile v refuge (de nuit); **II.** *(fn)* sans-abri m
hajlik [~ottam, ~ott, hajoljék v hajoljon] **1.** se courber; plier; se pencher; *(teher alatt)* ployer; fléchir; **2.** *(fal)* pencher; incliner; déverser; **3.** *átv:* se plier (à qc); se ployer (à qc); *~ a részegeskedésre, restségre* il est enclin à l'ivrognerie, à la paresse; *~ a jó szóra* obéir v céder aux bonnes paroles
hajlít [~ottam, ~ott, ~son] **1.** courber; recourber; plier; ployer; **2.** *(felületet)* incliner; faire pencher; **3.** *(testrészt)* fléchir; **4.** *hidegen ~* courber à froid; **5.** *(vki felé)* faire pencher du côté de qc
hajlíthatatlan 1. inflexible; imployable; **2.** *átv:* inflexible; intraitable; intransigeant, -e
hajlított [~ak, ~at; ~an] recourbé; coudé, -e; *~ bútor* meubles courbes v en bois courbé; *~ cső* tuyau coudé; coude m

hajlong [~tam, ~ott, ~jon] 1. *(előrehátra)* se balancer (d'arrière en avant); osciller; 2. *(udvariasságból)* faire des révérences
hajlongás révérences; courbettes *f pl*
hajmeresztő [~ek, ~t] hallucinant, -e; monstrueux, -euse; glaçant; horripilant, -e
hajmosás lavage *m* de(s) cheveux; shampooing *m*
hajnal [~ok, ~t, ~a] aube *f;* le petit jour *v* matin; ~ *előtt* avant le (lever du) jour; ~*ban* au petit jour *v* matin; au point du jour; ~*ig* jusqu'au jour; *az atomkorszak* ~*án* à l'aube *v* à l'orée de l'ère atomique
hajnali [~t] matinal; matutinal, -e; ~ *szürkület* crépuscule *m* du matin; ~ *4 órakor* à 4 heures du matin
hajnalodik [~ott, ~jék *v* ~jon] le jour paraît *v* blanchit *v* naît *v* vient *v* commence à poindre
hajnövesztő *szer* lotion capillaire *v* philocapillaire *f*
hajnyírás taille; coupe *f* des cheveux
hajó [~k, ~t, ~ja] 1. bateau; navire; bâtiment; vaisseau *m; (nagy tengerjáró)* paquebot; transatlantique *m; a* ~ *legénysége* les hommes du bord; équipage *m; a* ~ *okmányai, iratai* les documents *m pl* de bord; *a* ~ *oldala* bord *m;* ~*ba rakás* chargement; embarquement *m;* ~*ból kirak* débarquer; ~*ból kiszáll* débarquer; ~*n par* bateau; *a* ~*n* à bord; ~*n szállítás v fuvarozás* batellerie *f; a* ~*ra* à bord; ~*ra száll* aller *v* monter à bord; s'embarquer; 2. *ép: (templomi)* nef *f*
hajóablak hublot *m*
hajóállomás *(folyami)* station fluviale
hajóbér fret; nolis *m*
hajóbérlő affréteur, -euse *n;* noliseur; nolisateur *m*
hajócsavar turbine; hélice (marine)
hajóépítés construction navale; bâtiment *m*
hajóépítő constructeur *m* (de navire); *(vállalkozó)* armateur *m;* ~ *ipar* (industrie de l')armement *m;* ~ *mérnök* ingénieur *m* des constructions navales; ~ *telep* chantier de construction(s) navale(s)
hajófar poupe; arcasse *f*
hajófedél(zet) pont *m*
hajófenék cale *f;* fond d'un navire; plafond *m*
hajófuvar chargement *m;* cargaison *f;* fret *m*
hajófuvardíj fret; nolis *m*
hajófuvarlevél police *f* de cargaison
hajófülke cabine *f;* logement; poste *m*
hajógyár chantier naval; chantier de construction navale *v* maritime
hajóhad flotte *f; (kisebb)* flotille *f*
hajóhíd pont de bateaux; ponton; pont levant
hajóhinta nacelle; balançoire *f* (en forme de bateau)
hajójárat service (de bateau); cours *m*
hajókalauz pilote (de navire); pilote (lamaneur) *m*
hajókár avarie *f*
hajókaraván convoi *m*
hajókázik [~tam, ~ott, ~zék *v* ~zon] faire une partie de bateau; voguer (vers...)
hajókirándulás promenade *f* en bateau
hajókormány gouvernail *m;* barre *f*
hajókormányos timonier; homme *m* du gouvernail
hajókötél amarre *f;* câble; filin *m*
hajókürt sifflet *m* (à vapeur); sirène *f* (à air comprimé)
hajolaj huile capillaire *f*
hajólajstromozás immatriculation *f* des navires *v* des bâtiments
hajólámpa feu *m* de bord; *(a hajó farán)* falot *m*
hajólegénység équipage *m* (d'un navire)
hajónapló livre *m* de bord *v* de loch
hajóoldal bord; flanc *m* du bateau; *(kiálló rész)* accastillage *m; (merülő rész)* carène *f*
hajóorr proue; pointe *f;* bec; nez; cap *m;* arch: rostre *m*
hajópadló planche *f* à planchéier *v* de planchéiage
hajópark tonnage; parc maritime *v* de bateau *m; (folyami)* batellerie *f*
hajóraj flotte *f;* escadre; force navale; *(kisebb)* flotille; escadrille *f*

hajórakomány cargaison *f;* fret *m*
hajóroncs épave *f;* bris *m pl*
hajós [~ok, ~t, ~a] I. *(mn)* nautique; de navigation; II. *(fn)* navigateur; marin; homme d'équipage; *a ~ok* les gens de mer
hajósinas apprenti marin; mousse *m*
hajóskapitány capitaine *m* de vaisseau
hajóstársaság compagnie de navigation; messagerie maritime *f*
hajószakács (maître) coq *m*
hajószemélyzet gens *m pl* d'équipage; personnel navigant
hajótér tonnage *m*
hajótest coque *f;* corps *m* de bâtiment *v* d'un navire
hajótő(ke) quille *f*
hajótörés 1. naufrage *m; ~ből megmenekült* rescapé, -e *(n);* 2. *átv:* échec *m*
hajótörött [~ek, ~et] naufragé, -e *(n)*
hajóűr tonnage *m; ~ mérése* jaugeage *m*
hajóvontatás remorquage; tirage *m; (parti)* halage; touage *m*
hajózás navigation *f; (belvízi)* batellerie *f; parti ~* cabotage *m*
hajózási nautique; de navigation; *~ útvonal* ligne *f* de navigation; *~ ügynök* courtier maritime
hajózászló pavillon *m*
hajózhatatlan innavigable
hajózható navigable; *~ csatorna* canal *m* de navigation; *(folyóban)* chenal (navigable) *m; ~vá tesz* canaliser
hajózik [~tam, ~ott, ~zék *v* ~zon] naviguer; faire voile pour ...; mettre le cap sur...; cingler
hajpor poudre *f* (de riz)
hajrá! I. *(isz)* 1. allez-y! vas-y! hardi! 2. *és akkor ~!* et vogue la galère! II. *(fn)* 1. *sp:* finish; rush; sprint *m;* 2. *kap:* cadence infernale
hajsza [-ák, -át, -ája] chasse; poursuite *f; (fáradság)* tracas *m; ~ a tolvaj után* la chasse au voleur
hajszál cheveu *m; (csak) ~ hija* il s'en faut de l'épaisseur d'un cheveu; *csak egy ~ tartja* ne tenir qu'à un bouton; *egy ~a sem fog meggörbülni* on ne lui touchera pas à un cheveu;

~on függ az élete être à deux doigts de sa perte
hajszálcsövesség capillarité; attraction capillaire *f*
hajszálirtás épilation *f;* épilage *m*
hajszálkereszt *fényk:* réticule *m*
hajszálnyi [~ak, ~t] un brin de...; *~ pontossággal* au compas; par compas
hajszálrugó spiral; ressort *m* à *v* en spiral
hajszárító (gép) sèche-cheveux; séchoir *m* à cheveux électrique
hajszesz lotion capillaire *v* pour cheveux *f*
hajszol [~tam, ~t, ~jon] 1. *(embert, állatot)* faire *v* donner la chasse à q; traquer q; 2. *(munkában)* mettre sur les dents; tracasser; 3. *(munkát)* actionner; faire aller grand train; 4. *(elérni igyekezve)* courir après qc
hajt [~ottam, ~ott, ~son] I. *(tgy i)* 1. *(üzve)* chasser; traquer; poursuivre; 2. *(állatot)* mener; conduire; 3. *(kézzel, készülékcet stb.)* manœuvrer; faire marcher; 4. *(gépet, vmi)* faire aller *v* marcher; actionner; *(előre)* propulser; 5. *(járművet)* conduire; piloter; 6. *(szél, hajót)* drosser; 7. *(munkát)* presser; pousser; activer; 8. *(embereket)* mettre sur les dents; *ld. még:* **hajszol;** 9. *(ösztönöz)* pousser; éperonner; solliciter; *kétségbeesésbe ~* pousser *v* conduire au désespoir; *~ja az éhség* il est éperonné par la faim; *vmitől ~va* poussé(e) *v* mû (mue) par qc; 10. *(hajlít)* plier; replier; courber; *fejet ~* baisser *v* courber *v* incliner la tête; *térdet ~* fléchir le genou; 11. *hasznot ~* profiter à qc; rapporter; 12. *(növény)* pousser; jeter; II. *(tgyl i)* 1. *(kocsis, sofőr)* conduire; *lassan ~s!* ralentir; *balra ~s!* prenez à gauche; 2. *(autó)* rouler; filer; *gyors iramban ~* filer à toute vitesse; 3. *(ügetőversenyben)* driver; *(kerékpáros)* rouler; 4. *(étel, gyógyszer)* relâcher (le ventre de) q; purger; 5. *(növény)* pousser; bouter; *(gyökér)* piquer; 6. *~ vkire* écouter q; suivre les conseils de q

hajtás 1. *vad:* battue; traque *f;* **2.** *(gépé, szerkezeté)* actionnement *m;* **3.** *(járműé)* conduite *f;* **4.** *sp:* *(kerékpáré)* roulement *m;* **5.** *(növényi)* pousse *f;* rejeton *m;* **6.** *(ruhán)* pli; repli *m;* **7.** *(könyv ívlapjaié)* pliure *f;* pliage; ployage *m;* **8.** *(gyógyszeré)* effet purgatif *v* laxatif; **9.** *egy ~ra kiürít* boire (tout) d'un trait
hajtási *aut:* ~ *igazolvány* autorisation *f v* permis *m* de conduire; carte grise
hajthatatlan inflexible; intraitable; intransigeant, -e; inébranlable
hajthatatlanság caractère inflexible *m;* intransigeance; opiniâtreté; rigidité *f*
hajtható pliant, -e; pliable
hajtincs toupet *m;* touffe *f* de cheveux; *hamis* ~ crépon *m*
hajtóanyag carburant; fuel *m*
hajtóerő 1. force motrice *v* compulsive; **2.** *átv:* moteur; nerf *m*
hajtogat 1. *(gyűrve)* plier; replier; **2.** *(poharakat)* vider; ingurgiter; *(pezsgőt)* sabler; **3.** *(igét)* conjuguer; **4.** *átv:* rebattre; *mindig ugyanazt ~ja* c'est toujours le même refrain
hajtóka 1. revers; retroussis *m;* **2.** *kat:* écusson *m;* **3.** *(zseben)* rabat *m*
hajtólánc chaîne *f* de commande
hajtómű appareil *v* mécanisme moteur; machine motrice; engrenage *m*
hajtószár rêne *f*
hajtószer purgatif; laxatif *m*
hajtószíj courroie *f* sans fin *v* de transmission
hajtótengely arbre *v* essieu moteur
hajtóvadászat battue *f;* rabattage *m;* *(lovas)* chasse *f* à courre
hajtű épingle *f* à cheveux
hajtűkanyar virage *m* en épingle à cheveux
hajvágás taille *v* coupe *f* de(s) cheveux
I. *(fn)* **hal** [~ak, ~at, ~a] poisson *m;* *kis* ~ (menu) fretin; *nagy* ~ gros poisson; *~ban bő(velkedő), gazdag* poissonneux, -euse; *él, mint ~ a vízben* vivre *v* être heureux comme un poisson dans l'eau

II. *(ige)* **hal** [~tam, ~t, ~jon] mourir; décéder; trépasser; *szörnyű halállal* ~ mourir d'une mort terrible
hál [~tam, ~t, ~jon] **1.** passer la nuit; coucher; *~ni jár bele a lélek* il n'a plus que le souffle; il file un mauvais coton; **2.** · ~ *vkivel* vivre maritalement avec q
hála [-át, -ája] **1.** reconnaissance; gratitude *f; a* ~ *jeléül* en hommage de reconnaissance; *-ája jeléül* en témoignage de sa reconnaissance; *-ából* par reconnaissance; *-ára kötelez vkit* créer des titres précieux à la reconnaissance de q; *-át ad vmiért* rendre grâce à q de qc; *-ával adózik* payer un tribut de reconnaissance; *nevét -ával emlegeti* bénir le nom de q; **2.** ~ *az ő fáradozásainak* grâce à ses efforts; *hál' Istennek!* Dieu merci! à la bonne heure! Ouf!
halad [~tam, ~t, ~jon] **1.** passer son chemin; marcher; avancer; *vmi felé* ~ s'acheminer *v* se diriger vers qc; **2.** *(járműi)* faire route; rouler; filer; *a vonat óránként 100 km-es sebességgel ~t* le train roulait à 100 km à l'heure; **3.** *vmi mellett* ~ longer qc; **4.** *haj:* naviguer; avancer; *a kikötő felé* ~ cingler vers le port; **5.** *kat:* avancer; gagner du terrain; **6.** ~ *az idő* le temps passe *v* s'écoule; **7.** procéder; *az egyszerűtől az összetett felé* ~ procéder du simple au complexe; **8.** *átv:* avancer; faire des progrès; progresser; *az ügy jól* ~ l'affaire marche bien; *jó úton* ~ être en bonne voie; *nehezen* ~ marcher sur des noix; **9.** *(nép, ember, gondolatban, műveltségben stb.)* progresser; *nem* ~ *a korral* il est en arrière de son siècle
haladás 1. progression; marche; avance *f;* **2.** *átv:* progrès *m;* marche progressive; ascension *f; a* ~ *ellensége* obscurantin, -e *n; a ~t ellenző* esprit rétrograde *m; ~t jelent (vmihez képest)* marquer un progrès (sur qc)
haladásellenesség immobilisme; obscurantisme *m*

haladék [~ok, ~ot, ~a] **1.** délai; répit *m;* rémission; remise *f;* ~*ot ad* donner *v* consentir *v* accorder un délai; ~*ot kap* obtenir un délai; **2.** *(fizetési)* délai; atermoiement; moratorium *m;* **3.** *(büntetési)* sursis *m;* **4.** *(mulasztás)* retard *m;* ~ *nélkül* sans délai
haladéktalan immédiat, -e; sans retard
haladó [~ak, ~t; ~an] **I.** *(mn)* **1.** *(mozogva)* filant (à toute allure) vers...; ~ *mozgás* mouvement *m* de progression; translation *f;* **2.** progressif, -ive; progressionnel, -elle; *a* ~ *fejlődés törvénye* la loi du mouvement progressif; **3.** *isk:* ~ *fok* cours supérieur; **4.** *(szellemű)* progressiste *(n);* avancé, -e; *(műv, irod:)* d'avant-garde; ~ *értelmiség* intellectuels progressistes; ~ *hagyomány* tradition progressiste *f;* ~ *nézetek* opinions avancées; **II.** *(fn)* partisan(e) du progrès; progressiste *n;* (homme) avancé
haladvány *mat:* progression *f*
hálaének hymne *v* chant *m* de reconnaissance
hálaérzet sentiment *m* de reconnaissance *v* gratitude
halál [~ok, ~t, ~a] mort *f;* décès *m;* *a Halál* la Mort; la camarde; ~ *reá!* à mort! *a* ~ *órája* l'heure fatale; *a* ~ *torkában* entre les griffes de la mort; ~*a óráján* à l'heure de sa mort; ~*ba küld* envoyer à la mort; ~*ba rohan* courir à la mort; *a biztos* ~*ba rohan* courir à une mort certaine; *a* ~*ban egyesültek* la mort les a réunis; ~*ához közeledő* sur le point de mourir; *(inkább átv:)* finissant, -e; ~*án van* il est à la mort *v* à l'article de la mort; il se meurt; ~*ra bosszant* faire mourir à petit feu; ~*ra dolgozza magát* se tuer au travail *v* à (force de) travailler; ~*ra fáraszt* tuer de fatigue; *(túlozva)* éreinter; ~*ra gyötör* v *kínoz* torturer à mort *v* jusqu' à ce que mort s'ensuive; *(túlozva)* faire mourir à petit feu; ~*ra ijeszt* faire mourir de peur *v* de frayeur; ~*ra ítél* condamner à (la peine de) mort *v* à la peine capitale; ~*ra neveti magát* se pâmer de rire; ~*ra sebez* blesser *v* frapper à mort; ~*ra üldöz* acculer à la mort; ~*ra vált arccal* blême de frayeur; ~*t érdemel* mériter la peine de mort *v* l'échafaud; ~*át leli* se faire tuer; *a harcokban lelte* ~*át* il a trouvé la mort dans les combats; ~*t okoz* occasionner *v* déterminer *v* causer *v* amener la mort; ~*t okozó* entraînant la mort; *él:* léthal, -e; ~*lal bűnhődik* être puni(e) de mort; *szép* ~*lal hal meg* faire une belle fin; *a* ~*lal játszik* risquer la mort
halálbüntetés peine de mort; peine capitale; ~ *alá esik*... est passible de la peine capitale; ~ *terhe alatt* sous peine de vie *v* de mort; ~*t szab vkire* infliger la peine capitale à q; *a* ~*t életfogytiglani börtönbüntetésre változtatták* la peine capitale a été commuée en prison à vie *v* perpétuelle; *a* ~*t végrehajtották* justice est faite
haláleset cas de mort *v* de décès; décès *m;* ~ *miati zárva* fermé pour cause de décès
halálfej tête *f* de mort
halálfélelem la frayeur *v* l'horreur de la mort; les affres *v* les transes *f pl* de la mort
halálharang glas *m;* cloche *f* des trépassés; *átv:* *megkondítja a* ~*ot vmi fölött* sonner le glas pour qc
halálhír nouvelle *f v* message *m* de mort
halálhörgés râle *m* (de moribond)
hálálkodás remerciements (confus)
halálmadár **1.** chevêche; hulotte *f;* **2.** *átv:* oiseau funèbre *m*
halálok cause *f* de décès
halálos [~at] **1.** mortel, -elle; fatal, -e; **2.** *orv:* léthifère; léthal, -e; **3.** *(fegyver)* meurtrier, -ière; ~ *aggodalom* angoisse mortelle; ~ *ágy* lit *m* de mort; ~ *baleset* accident mortel *v* tragique; ~ *beteg* malade à la mort; ~ *bűn* péché mortel; ~ *csapás* coup mortel; ~ *fenyegetés* menaces *f pl v* promesse *f* de mort; ~ *ítélet* condamnation *f* à mort; ~ *seb* blessure mortelle; ~ *sértés* injure mortelle; af-

front sanglant; ~ veríték sueurs *f pl* de l'agonie; ~ *veszély* v *veszedelem* danger *m* de mort; ~ *veszedelemben forog* v *van* être en péril de mort; ~ *vétek* péché mortel
halálosan mortellement; ~ *beleszeret vkibe* tomber éperdument amoureux de q; ~ *beteg* être à l'article de la mort *v* à la mort; ~ *fáradt* être sur les dents; ~ *megsebesít* frapper *v* blesser à mort; ~ *untat* assassiner
halálosztó *fegyverek* armes meurtrières
halálozás décès *m;* mort *f*
halálozási de mortalité; ~ *arány* mortalité *f; orv:* léthalité *f;* ~ *arányszám* quotient *v* chiffre de la mortalité; taux *m* des décès; ~ *statisztika* statistique *f* de mortalité
halálsápadt blême; livide; blanc(he) comme la mort
halálsejtelem pressentiment *m* de la mort
haláltábor camp *m* d'extermination
haláltánc danse macabre *v* danse des morts *f*
halandó [~k, ~t] I. *(mn)* mortel, -elle; sujet(te) à la mort; *minden ember* ~ tout homme est tributaire de la mort; II. *(fn)* mortel *m*
halandóság mortalité *f; orv:* léthalité *f*
halandzsa [-ák, -át, -ája] *biz:* baratin; boniment; galimatias double; blablabla *m*
halandzsázik [~tam, ~ott, ~zék *v* ~zon] baratiner; faire ses boniments
halánték [~ok, ~ot, ~a] tempe; région temporale
halárus poissonnier; marchand *m* de poisson
hálás [~ak, ~at] 1. *vkinek vmiért* reconnaissant(e) à *v* envers q de qc; redevable à q de qc; savoir gré *v* beaucoup de gré *v* bon gré à q de qc; *nagyon* ~ *vagyok neki* je lui sais un gré infini; *nagyon* ~ *lennék, ha szíves volna (inf)* je vous serai très reconnaissant de bien vouloir *(inf);* ~ *emlékezetében tart vkit* conserver un souvenir reconnaissant à q; *fogadja* ~ *köszönetemet* agréez *v* recevez mes sincères remerciements *v* l'expression de ma reconnaissance; 2. *(kiadós)* qui donne; fertile; abondant, -e; riche; ~ *szerep* rôle avantageux; 3. *(növény, virág stb.)* donner bien
hálásan avec (une vive) reconnaissance *v* gratitude
halaskofa harengère; poissarde; poissonnière *f*
halastó étang (poissonneux); carpier *m*
halász [~ok, ~t, ~a] pêcheur *m*
halászat 1. pêche; pêcherie *f;* 2. *(telep)* pêcheries *f pl;* 3. *(mint ismeret)* ichtyologie *f*
halászati *engedély* permis *m* de pêche
halászbárka barque *f* de pêche *v* de pêcheur; chalutier *m* (à voile)
halászcsónak canot *v* bateau *m* de pêche
halászfelszerelés attirail *v* équipement *m* de pêcheur
halászhajó bateau pêcheur; bateau *v* navire *m* de pêche; *(hálóvivő)* chalutier *m (gőzös:* à vapeur)
halászháló filet *m* de pêche
halászik [~tam, ~ott, -ásszék *v* -ásszon] pêcher
halászlé *kb:* soupe au poisson *v* bouillabaisse *f* à la hongroise
halászmester maître pêcheur
halásznadrág pantalon corsaire *v* pirate *m*
halaszt [~ottam, ~ott, -asszon] *ld: elhalaszt; későbbre* ~ reporter à une date ultérieure; *máskorra* ~ ajourner
halasztás 1. délai *m;* remise *f;* ajournement *m;* ˋatermoiement *m; fizetési* ~ délai *v* sursis de paiement; *(katonai szolgálati)* sursis *m;* ~*t ad* consentir *v* accorder *v* donner un délai; ~*t adó* moratoire; ~*t szenved* subir un retard; ~*t nem tűr...* ne souffre aucun retard; 2. *jog:* provision *f;* 3. *(büntetés kitöltésére)* sursis
halaszthatatlan impossible à remettre; qui ne souffre aucun retard; très urgent(e)
halasztó [~k, ~t] ~ *hatály* effet dilatoire *v* suspensif
hálátlan I. *(mn)* ingrat, -e (envers q); peu reconnaissant(e); ~ *feladat* tâche ingrate; II. *(fn)* ingrat *m*

hálátlanság ingratitude *f;* ~*gal fizet* payer d'ingratitude
halcsont baleine *f;* busc; fanon *m;* planchette *f*
haldoklás agonie *f*
haldoklik [-koltam *v* -klottam, -kolt *v* -klott, -koljék *v* -koljon] être mourant; se mourir; agoniser; être à l'agonie
haldokló [~k, ~t] mourant; moribond; agonisant; expirant, -e *(n)*
halfark queue *f* de poisson; ~ *vége* bat *m*
halfej tête de poisson; ~ *szájrésze* museau *m*
halfogás 1. pêche *f;* 2. *(eredmény)* capture; prise; proie *f*
halfüstölés boucanage *m*
halgazdaság 1. établissement piscicole *m;* 2. économie *v* industrie piscicole *f*
halhatatlan immortel, -elle; *(dologról így is:)* impérissable; ~ *érdemeket szerzett vmi körül* s'acquérir des titres impérissables pour qc *v* à la gratitude de q
halhatatlanság immortalité; survie *f*
halhólyag vessie *f* de poisson
halhús chair *f* de poisson
halivadék *(egy)* alevin; nourrain *m; (összessége)* frai *m*
halívás frai *m;* ~ *ideje* fraie; fraieson *f*
halk doux, douce; sourd; amorti; étouffé, -e; silencieux, -euse; ~ *hang* son doux; *(emberi)* voix douce *v* sourde; ~ *hangon* à voix basse; bas; *zen:* ~ *játék* piano *m;* ~ *léptek* pas sourds; ~ *léptei* ses pas feutrés; ~ *zaj* bruit étouffé
halkan doucement; (tout) bas; à voix basse; en sourdine; *zen:* piano; doucement; ~ *jár* marcher à pas feutrés; ~ *kopogjon* frappez doucement
halkereskedelem commerce *m* de poissons
halkul [~tam, ~t, ~jon] mourir; s'éteindre; s'amortir; s'affaiblir; faiblir; ~ *a hangja* sa voix baisse *v* faiblit
halkulás diminution *f;* évanouissement; faiblissement *m*

I. *(ige)* hall [~ottam, ~ott, ~jon]
I. *(tgyl i)* 1. entendre; 2. *(vkiről) v vmiről)* avoir des nouvelles de q *v* de qc; *(vkiről)* j'ai entendu parler de lui; *semmiről sem akar* ~*ani il ne veut rien entendre;* II. *(így i)* 1. *(hangot, beszédet)* entendre; *(zajt)* percevoir; *(meghallgat)* écouter; *nem akarja* ~*ani* il fait la sourde oreille; ~*om, hogy v amint jön* je l'entends venir; ~*ja csak!* écoutez donc ! ~*ja kérem!* dites-donc ! écoutez, cher Monsieur; ~*juk!* parlez! faites silence ! nous vous écoutons! on vous écoute ! *mintha most is* ~*anám* il me semble encore l'entendre; *na* ~*od!* non ! — ça, par exemple ! *az ember nem* ~*ja a saját szavát* on ne s'entend même pas parler; 2. *(hírt)* apprendre; *mit* ~*ok?* qu'est-ce que j'entends? *kitől* ~*otta?* de qui le tenez-vous? *most* ~*om először* (c'est la) première nouvelle! *szép dolgot* ~*ottam magáról!* j'en ai appris de belles sur votre compte!
II. *(fn)* hall [~ok, ~t, ~ja] 1. hall; vestibule *m;* 2. living room *m;* salle *f* de séjour
hallás 1. *(képesség)* ouïe *f;* 2. *(mint fiziológiai tény)* audition *f;* la perception de qc; *jó* ~*a van* avoir l'ouïe *v* l'oreille fine; 3. *zen: jó* ~*a van* avoir l'oreille musicale *v* juste
hallat *magáról* donner de ses nouvelles; ~*ja hangját* faire entendre *v* retentir *v* résonner sa voix
hallatára; *fülem* ~ en ma présence; *e szavak* ~ en entendant ces paroles
hallatlan inouï, -e; sans précédent; *(dicsérve)* incomparable
hallatszik [~ott, hallassék *v* hallasson] 1. s'entendre; se faire entendre; retentir; 2. *úgy* ~, *hogy* le bruit court que; on dit que *(ind)*
hallgat I. *(tgyl i)* 1. garder *v* observer le silence; se taire; ne pas souffler mot; ~, *mint a sír* être muet(te) comme la tombe *v* secret (-ète) comme un tombeau; *a szöveg ezen a ponton* ~ le texte est muet sur ce point; ~*ni tudó nő* femme discrète; *hall-*

gass! tais-toi! *nem ~sz mindjárt?* veux-tu bien te taire? 2. *(vmiről)* faire (le) silence sur qc; faire le mystère sur qc; *sok mindenről ~ott* il s'est montré très réticent; 3. *(vkire)* écouter q; écouter *v* suivre les conseils de q; *(vmire)* prêter l'oreille à qc; *ha rám ~* si vous m'en croyez; si vous m'écoutez; *~ rá a főnöke* il a l'oreille de son chef; *~ a pletykákra* écouter les médisances; *~ a jó szóra* entendre raison; *nem ~ senkire* il n'entend ni rime ni raison; 4. *ide hallgasson!* écoutez! tenez! II. *(igy i)* 1. *(vkit)* écouter q; écouter parler q; 2. *(egyetemen)* fréquenter *v* suivre les cours de q; 3. *(vmit)* écouter qc; 4. *rádiót ~* être à l'écoute
hallgatag [~ot; ~on] taciturne; silencieux, -euse
hallgatás 1. *(nem beszélés)* silence; mutisme *m;* discrétion *f; ~ba burkolódzik* se confiner *v* se renfermer dans le silence; *kilép a ~ból* sortir de sa réserve; *~sal mellőz* passer sous silence; 2. *(elhallgatás)* réticence *f;* 3. *(vminek a ~a)* audition *f; rád:* écoute *f;* 4. *(egyetemen)* fréquentation *f* des cours de...
hallgató [~k, ~t] I. *(mn)* écoutant, -e; II. *(fn)* 1. auditeur *m; tisztelt ~im!* Mesdames, Messieurs; *rád:* Chers Auditeurs; 2. *isk:* étudiant, -e; élève *n;* 3. *(készülék, telefon)* écouteur; récepteur (téléphonique) *m*
hallgató(d)zik [~tam, ~ott, hallgató(d)zzék *v* hallgató(d)zzon] être *v* demeurer aux écoutes; écouter aux portes
hallgatólagos [~ak, ~at] tacite; *~ beleegyezés* consentement tacite *m*
hallgatóság auditoire *m;* audience; assistance *f*
hallható perceptible; audible; intelligible; *nem ~* inaudible
halló! *(isz)* 1. *(telefonban)* allô! 2. *(hívás)* hé! ohé! hô!
hallócső tube *v* cornet acoustique *m*
hallójárat *orv:* conduit *v* méat auditif
hallókészülék 1. *(fülben)* appareil percepteur; 2. *(süketé)* appareil contre la surdité; aide-ouïe *m*
hallótávolság la portée de la voix; *~ra* à portée de voix; à perte d'ouïe
hallucinál [~tam, ~t, ~jon] avoir une hallucination *v* des hallucinations; s'halluciner
halmaz [~ok, ~t, ~a] 1. amas; ramassis; entassement; tas *m;* 2. *ásv:* agrégat; aggloméra *m;* 3. *átv:* érvek *~a* entassement *m* d'arguments; 4. *mat:* multitude *f;* ensemble *m*
halmazállapot 1. *fiz:* forme *f;* 2. état *m* (de l'agrégat); consistance *f*
halmazat 1. *ásv:* agrégation *f;* agrégat *m;* 2. *jog:* cumul *m*
halmoz [~tam, ~ott, ~zon] 1. *(egy rakásra)* accumuler; amasser; *állást ~* cumuler; 2. *(pénzt)* thésauriser; 3. *(árut)* accaparer; *(raktárra)* stocker
halmozott 1. *ásv:* agrégé, -e; 2. cumulatif, -ive
I. **háló** [~k, ~t, ~ja] 1. *hal:* filet *m;* *(madár v apróvadfogó)* réseau *m;* *(halász, madarász, vadász stb.)* rets *m;* *~ szeme* la maille d'un filet; *egy ~t kivet* jeter un filet; 2. *tenisz:* filet; 3. *(póké)* toile *f;* 4. *átv:* filet; réseau *m; ~jába kerít* attirer *v* prendre dans ses rets; ensorceler; *kiveti ~ját* tendre ses lacs; *(vkire)* jeter son dévolu sur q
II. **háló** *ld:* **hálószoba**
halódik [~tam, ~ott, ~jék *v* ~jon] languir; être aux abois; dépérir
hálófülke *(vonaton)* coupé(-lit) *m;* couchette *f; (hajón)* cabine *f; (lakásban)* alcôve *f*
halogat temporiser; atermoyer; tergiverser; différer; remettre; tarder à *(inf); húzza ~ja* tirer en longueur
halogatás atermoiements *m pl;* temporisation *f;* retards *m pl*
hálóhelyiség dortoir *m*
hálóing chemise *f* de nuit; *(hosszú)* robe *f* de nuit
hálókabát manteau *m* de nuit *v* de lit
hálókocsi wagon-lit *m;* voiture-lit *f*
halolaj thran *m*

halom [halmok, halmot, halma] **1.** *földr:* monticule; tertre; mamelon *m;* butte; colline *f;* **2.** *ált:* monceau; amas; tas *m; egy* ~... une masse *v* une profusion *v* une moisson de...; *~ba rak* mettre en tas *v* en pile; entasser; *~ra dönt* renverser (de fond en comble); démolir; culbuter; *~ra gyűjt (pénzt)* thésauriser; *~ra öl* massacrer
hálóruha linge *m* de nuit
hálósapka bonnet *m v* calotte *v* coiffe *f* de nuit
hálószoba chambre *f* à coucher
hálóterem dortoir *m;* chambre-dortoire *f*
halott [~ak, ~at] **I.** *(mn)* mort, -e; *(elhunyt)* décédé; défunt, -e; *~nak nyilvánít* déclarer décédé(e); ~ *ügy* c'est une affaire tombée à l'eau; **II.** *(fn)* **1.** mort, -e *n; Halottak Napja* le jours des Morts; *~ak névjegyzéke* registre obituaire *m;* **2.** *(csatában)* tué; mort *m; a ~ak és sebesültek száma* le nombre des tués et des blessés
halottaságy lit *m* de mort; couche funèbre *f*
halottaskamra salle *f v* dépôt *m* mortuaire; *nyilvános* ~ *(ismeretlen embereké)* morgue *f*
halottaskocsi corbillard; char funèbre *m*
halotthalvány d'une pâleur mortelle; blême; livide
halotthamvasztás incinération; crémation *f*
halotti [~ak, ~t; ~an] funéraire; funèbre; mortuaire; ~ *anyakönyv* registre obituaire *v* mortuaire *m;* ~ *anyakönyvi kivonat* acte *m* de décès
halottkém médecin *m* des morts *v* de l'état civil
hálózat 1. *(kém-, vasúti stb.)* réseau *m;* chaîne *f;* **2.** *vill:* secteur *m;* **3.** *(fonal-, kötél-, drót-, ér-, ideg- stb.)* lacis *m;* **4.** *műsz:* maille *f;* **5.** *mat: (mértani teste)* développement *m;* **6.** *(rajzhoz)* graticule *m*
hálózati [~ak, ~t; ~lag] ~ *készülék* poste secteur *m*
hálózsák sac *m* de couchage

halőr garde-pèche; garde de pêche; garde-canal *m*
halpikkely écaille *f* de poisson; *(együtt)* écaillure *f*
halszag odeur de poisson *v* de la marée
halszálka arête *f*
haltenyésztés économie piscicole; pisciculture *f*
haluszony nageoire *f*
halvány [~ak, ~at] **1.** *(szín)* pâle; mourant, -e; tendre; ~ *fény* faible clarté *f;* **2.** *(arc, arcú)* pâle; livide; blême; **3.** *(fogalmak)* vague; peu clair(e); *a szomorúság* ~ *emléke* un parfum de tristesse; *a dologról valami* ~ *fogalma v sejtelme van* avoir une vague idée de la chose; ~ *remény* une lueur d'espoir
halványkék bleu pâle *(m)*
halványodik [~tam, ~ott, ~jék *v* ~jon] pâlir; déteindre; se dégrader
halványpiros rouge fané; vermillon pâle *(m)*
halványrózsaszín rose clair *v* pâle *v* tendre *v* fané
halványság pâleur; lividité *f*
halványsárga jaune pâle *v* tendre
halványszürke gris pâle *(m)*
halványzöld vert pâle *v* tendre *v* d'eau *(m)*
halvaszületett 1. mort-né, -e; ~ *gyermek* (enfant) mort-né, -e *n;* **2.** *(átv:)* avorté; mort-né, -e; mort(e) en naissant
hályog [~ok, ~ot, ~ja] **1.** *ált. és fehér* ~ *taie f;* taie de la cornée; *szürke* ~ cataracte *f; zöld* ~ glaucome *m;* **2.** *átv:* ~ *van a szemén* avoir une taie sur les yeux; *lehullott szeméről a* ~ les écailles lui sont tombées des yeux
hám [~ok, ~ot, ~ja] **1.** *(lószerszám)* trait; harnais *m;* **2.** *átv: kirúg a ~ból* faire des folies *v* des siennes
hamar 1. vite; à la hâte; hâtivement; **2.** de bonne heure; tôt
hamarjában *csak úgy* ~ à la va-vite; au petit bonheur
hamarosan dans *v* sous peu; sans tarder
hamis [~ak, ~at *v* ~t] **I.** *(mn)* **1.** *(nem igazi)* faux, fausse; faussé; fal-

sifié, -e; ~ *fog* fausse dent; ~ *haj* cheveux postiches *m pl;* 2. *(áru)* falsifié, -e; faux, fausse; adultéré, -e; *(élelmiszer, ital)* frelaté; falsifié; sophistiqué, -e; ~ *(drága)kő* pierre fausse *v* artificielle; ~ *pénz* fausse monnaie; pièce fausse; 3. ~ *boltos v kufár* faux vendeur; ~ *bukás* banqueroute frauduleuse; ~ *mérleg* bilan truqué; 4. *(irat)* faux, fausse; apocryphe; inauthentique; ~ *név* nom supposé; ~ *okmányok* faux papiers *v* documents; 5. ~ *hang* note fausse; fausse note; *(gikszer)* couac; canard *m;* 6. *(téves)* faux, fausse; fallacieux, -euse; ~ *nyom* fausse piste; ~ *próféta* prophète menteur; ~ *színben tüntet fel* masquer; défigurer; ~*nak bizonyul* être reconnu(e) faux (fausse); 7. *(erk. ért.)* fallacieux; artificieux, -euse; faux, fausse; traître, -esse; ~ *bukás* faillite frauduleuse; ~ *eskü* faux serment; parjure *m;* ~ *játék* tricherie; tromperie *f* au jeu; ~ *kártya* fausse carte; cartes maquillées; ~ *lelkű* perfide; faux, fausse; ~ *tanú* faux témoin; ~ *ürügy* faux prétexte; 8. *(kacér)* mutin, -e; coquet, -ette; finaud, -e; II. *(fn)* 1. le faux; *megkülönbözteti a* ~*t a valóditól* discerner le faux d'avec le vrai; 2. *a kis* ~*!* la petite friponne! la fine mouche! *(fiúról)* le petit drôle !
hamisít [~ottam, ~ott, ~son] fausser; falsifier; adultérer; *(elváltoztatva)* truquer; maquiller; *(utánozva)* contrefaire; *aláírást* ~ contrefaire la signature; *okmányt* ~ falsifier un acte; *pénzt* ~ fabriquer de la fausse monnaie
hamisítás falsification; adultération; altération *f;* *(elváltoztatva)* maquillage; truquage; trucage *m;* *(fogyasztási cikké)* frelatage; frelatement *m;* *(utánozva)* contrefaçon *f;* *(okmányé)* faux *m* en écriture; *(pénzé, bankjegyé stb.)* contrefaçon; contrefaction *f;* ~*t követ el* faire *v* commettre un faux

hamisítatlan le plus pur; vrai; original, -e; authentique; ~ *bor* vin naturel
hamisítvány faux *m;* pièce fausse; fausse pièce; *(utánzat)* contrefaçon *f; közönséges* ~ un vulgaire faux
hamiskártyás tricheur, -euse *n;* grec *m*
hamiskás narquois; taquin; mutin, -e; coquet, -ette
hamisság 1. fausseté; perfidie; déloyauté; fourberie; noirceur; duplicité *f;* 2. *(játékos)* espièglerie malice *f;* 3. *(dologé)* inauthenticité *f*
hámlik 1. *(bőr)* s'en aller par écailles *v* par plaques; s'écailler; se desquamer; peler; 2. *(kő, vakolat, festés)* s'écailler
hámló [~t; ~an] écailleux; squameux, -euse
hámoz [~tam, ~ott, ~zon] peler; *konyh:* tourner; dérober; *(zöldséget, burgonyát)* éplucher; *(fát)* écorcer; décortiquer; *(diót, mandulát)* écaler; décortiquer; *(gyümölcsöt)* peler; éplucher
hámréteg 1. couche *f* de l'épithélium; 2. *növ:* cuticule *f*
hamu [~k *v* hamvak, ~t, ~ja *v* hamva] 1. cendre *f;* ~*t hint a fejére* répandre de la cendre sur sa tête; 2. *hamvak ld:* **külön**
hamulúg lessive; charrée *f*
hamupipőke [-ék, -ét, -éje] Cendrillon *f*
hamuszínű; hamuszürke gris cendre; cendré, -e; cendreux, -euse; ~ *arc* teint livide *v* poussiéreux *v* plombé
hamutálca; hamutartó cendrier *m*
hamuzsír potasse (carbonatée); carbonate potassique *m*
hamva *(gyümölcsé)* pruine; pruinosité *f*
hamvak [hamvai] cendres *f pl;* restes *m pl;* dépouille (mortelle); béke *hamvaira!* paix à ses cendres !
hamvas [~ak, ~at, ~an] 1. *(gyümölcs)* pruiné; velouté; duveté, -e; 2. *növ:* pulvérulent; pulvérescent, -e; *átv:* ~ *arcbőr* une peau de pêche; 3. *(szín)* cendré; velouté; plombé, -e
hamvasság velouté *m;* pruinosité *f;* duveté *m*
hamvasszőke blond cendré

hamvasszürke gris (de) perle
hamvazószerda mercredi *m* des Cendres
hamvveder urne (funéraire) *f;* cinéraire *m*
háncs [~ok, ~ot, ~a] liber; livret *m;* teille; tille; écorce *f* à tille
handabandázik [~tam, ~ott, ~zék v ~zon] 1. gesticuler; s'agiter; 2. bluffer
hanem 1. *(ellentétes ért.)* mais; mais bien; mais ... au contraire; 2. *(mondat élén)* mais; ~ annyi bizonyos, hogy mais ce qui est vrai, c'est que
hang [~ok, ~ot, ~ja] 1. son *m;* ~ot ad *(tárgy)* rendre *v* émettre un son; 2. *(emberi)* voix *f;* *(sokszor)* accent *m;* más ~on beszél changer de ton *v* de note; egy ~ot sem ejt vkiről ne sonner mot de q; felemeli a ~ját grossir *v* enfler la voix; egy ~ot se többet! pas un mot de plus! 3. *(állaté)* cri *m;* *(madáré, sokszor)* chant *m;* 4. *(tárgyé)* bruit *m;* 5. zen: ton *m;* note *f;* *(sokszor)* accent *m;* a Marseillaise ~jainál aux accents de la Marseillaise; megadja a ~ot donner la note; két ~gal feljebb (de) deux tons plus haut; 6. nyelv: phonème *m;* 7. *(hangnem, modor)* ton *m;* note *f;* *(vélemény)* note *f;* a kellő ~ot használja rester dans la note
hangadó I. *(mn)* de premier plan; influent, -e; II. *(fn)* personnage influent; bonze *m* gúny
hangár [~ok, ~t, ~ja] rep: hangar; hall *m*
hangárnyalat nuance de la voix; inflexion *f* de voix
hangerő zen: volume *m;* rád: intensité sonore *f;* ld. még: **hangerősség**
hangerősítő amplificateur *m* (de sons)
hangerősség 1. intensité du son; puissance *f;* 2. rád: puissance *f* d'écoute; *nyelv:* intensité *f*
hangfelvétel film, rád: prise *f* de son; enregistrement *m* sonore *v* du son; film: mise *f* en onde; rád: ~ről közvetít transmettre en différé
hangfestés harmonie imitative; onomatopée *f*

23 Magyar-Francia kézi

hanghatár rep: barrière sonique *f;* mur *m* de *v* du son
hanghordozás 1. accent *m;* inflexion *f* de voix; modulation *f;* intonations *f pl;* 2. nyelv: intonation *f*
hanghullám fiz: onde sonore *f*
hangjáték pièce radiophonique *f;* sketch *m*
hangjegy 1. note *f* (de musique); 2. *(kotta)* cahier *m* de musique; partition *f*
hangjegykulcs clé *f*
hangjelölés 1. notation phonétique; graphie *f;* 2. zen: notation musicale
hangköz zen: intervalle; degré *m;* bővített ~ intervalle augmenté
hanglemez disque *m* (de gramophone *v* de phonographe *v* de phono); ~ek *(pl: rádióműsorban)* musique enregistrée
hangmagasság hauteur *f* du son; *(zen. így is:)* hauteur de la note; rád: note *f*
hangmérnök film: ingénieur *m* du son
hangnem 1. zen: ton *m;* tonalité; modalité *f;* *(előírás)* armature *f;* lágy v moll ~ ton v mode mineur; kemény v dur ~ ton v mode majeur; 2. átv: ton; más ~ben sur un autre ton
hangol [~tam, ~t, ~jon] 1. accorder; mettre au ton *v* dans le ton; feljebb ~ hausser (un instrument); 2. átv: orchestrer
hangoló [~k, ~t] I. *(mn)* ~ kalapács v kulcs clef *f* d'accord *v* d'accordeur; accordir; marteau *m;* rád: ~ kör circuit *m* d'accord; II. *(fn)* accordeur *m*
hangos [~ak, ~at] 1. sonore; bruyant, -e; a társalgás egyre ~abb lett la conversation s'anima; ~ beszéd langage parlé; ~ jókedvében mis(e) en gaieté; ~ nevetés risée *f;* gros rire; 2. ~ híradó journal sonore *n;* 3. film: ~ felvétel enregistrement direct; 4. *(hangzatos)* ronflant, -e; 5. *(átv)* bruyant; retentissant; éclatant, -e
hangosfilm film parlant *v* parlé *v* sonore; cinéma parlant; le sonore
hangoskodás ton bruyant; tapage *m*

hangoztat affirmer hautement; clamer; proclamer (hautement); accentuer; souligner; *veszedelmes elveket* ~ mettre en avant des principes dangereux
hangsebesség vitesse *v* célérité *f* du son; vitesse sonique; ~ *alatti* subsonique; ~ *feletti;* ~*en felüli;* ~*et meghaladó* supersonique; hypersonique; *(repülőgép, lövedék) átlépi a* ~ *határát* franchir le mur du son
hangsor 1. *zen:* mode *m;* échelle *f; (hangszeren)* registre *m;* 2. *nyelv:* série (phonétique) *f*
hangsúly accent *m;* insistance *f*
hangsúlyoz [~tam, ~ott, ~zon] 1. *nyelv:* accentuer; marquer; appuyer sur qc; mettre l'accent sur qc; *élesen* ~ *(szavakat, hangot)* marteler; *(zen. és szavalás)* scander; *jól* ~ mettre bien l'accent; 2. *átv:* souligner; insister sur qc; mettre en avant *v* en relief
hangsúlytalan atone; inaccentué, -e
hangszalag 1. *orv:* cordes vocales; rubans de la glotte *v* vocaux; muscle vocal; 2. *(mcgnetofon)* bande sonore *f*
hangszer instrument *m* (de musique)
hangszerelés instrumentation; orchestration *f; gazdag* ~ instrumentation opulente
hangszeres [~ek, ~et] instrumental, -e; ~ *zene* musique instrumentale
hangszerkereskedés magasin *m* d'instruments de musique; lutherie *f*
hangszerkészítés fabrication d'instruments de musique; lutherie *f*
hangszertörténész organographe *m*
hangszigetelés isolation *f v* isolement *m* phonique; insonorisation *f*
hangszín 1. timbre *m* (de la voix); tonalité *f;* 2. *zen:* la couleur du son; 3. *nyelv:* qualité *f;* 4. *műv, és átv:* note *f*
hangszóró haut-parleur (diffuseur); diffuseur; mégaphone *m*
hangtalan muet, -ette; silencieux, -euse; *(hangját vesztett)* aphone
hangtan 1. *fiz:* acoustique *f;* 2. *nyelv:* phonétique *f*

hangterjedelem *(énekesé)* volume *m;* étendue *f; ált:* registre *m (pl:* du soprano)
hangtompító 1. *zen, rád:* sourdine *f; zen:* étouffeur *m* de bruit; *(zongorán)* étouffoir *m;* 2. *műsz:* absorbant de bruit; amortisseur *m;* 3. *aut:* pot d'échappement; silencieux *m; (fegyveren is, pl:* revolver à silencieux)
hangulat 1. *(lelki)* état d'âme *v* d'esprit; état moral; moral *m;* disposition d'esprit; assiette *f; (jó, rossz stb.)* humeur; disposition *f; a csapatok* ~*a lelkes* le moral de la troupe est excellent; *jó* ~*ban van* être de bonne humeur; *nincs* ~*ban* n'être pas dans son assiette; 2. *(környezetben)* atmosphère; ambiance *f;* climat *m;* acoustique *f;* barátságos ~*ban* dans une atmosphère de cordialité; *a piac* ~*a* la tenue du marché; 3. *(közhangulat)* état *m* des esprits; opinion *f;* 4. *(tájé, helyé, időé)* atmosphère; impression *f;* 5. *(szóé)* valeur affective *v* expressive; nuance *f*
hangulatember un homme impressionnable
hangulatkeltés mise *f* en train; *(politikai)* bourrage *m* de crâne *gúny*
hangulatos [~ak, ~at] 1. impressionnant, -e; suggestif, -ive; pittoresque; *(bútor, tapéta)* meublant, -e; 2. *(vers)* plein(e) de sentiment
hangulatvilágítás éclairage décoratif
hangutánzás harmonie imitative; onomatopée *f*
hangverseny 1. concert *m; (énekes)* concert vocal; *(egy művészé)* récital *m;* 2. *(zenei műfaj)* concerto *m*
hangversenyénekes chanteur *m* de concert
hangversenyez donner *v* offrir un concert *v* un récital
hangversenyiroda agence de concerts *v* lyrique *f;* bureau *m* de concerts
hangversenykalauz 1. guide musical; manuel *m* de musique symphonique; 2. *(heti)* programme musical de la semaine
hangversenymester violon solo *m*

hangversenyterem salle *f* (de concert); auditorium musical
hangversenyzenekar orchestre symphonique *v* philharmonique *m*
hangvilla diapason *m*
hangzás 1. résonance; sonorité *f*; timbre *m*; ~ *nélküli* insonore; 2. consonance; harmonie *f*; 3. *(ritmusbeli)* cadence *f*; 4. *(beszédé)* accent *m*; *(beszédmodoré)* ton *m*
hangzat accord *m*; harmonie *f*; *hármas* ~ accord parfait; *tört* ~ accord arpégé
hangzatos [~ak, ~at] sonore; ronflant, -e; prétentieux, -euse
hangzavar cacophonie *f*; bruit confus; brouhaha; tintamarre *m*
hangzik [~ott, hangozzék *v* hangozzon] 1. résonner; sonner; retentir; *ez a betű nem* ~ cette lettre ne sonne pas; *ez a mondat jól* ~ cette période a du nombre; *nem, ~ott a válasz* non, me fut-il répondu; 2. *(szöveg)* porter; *a szöveg így* ~ *le* texte porte ces mots *v* et conçu en ces termes
hangzóilleszkedés assimilation *f*; *(magyarban)* harmonie vocalique *f*
hangya [-ák, -át, -ája] fourmi *f*
hangyasav acide formique *m*
hangyász [~ok, ~t, ~a] *dolmányos* ~ tamandua *m*; *sörényes* ~ tamanoir; myrmécophage *m*
hangyatojás œuf *m* de fourmi
hant [~ok, ~ot, ~ja] 1. tertre funéraire *m*; 2. motte (de terre); glèbe *f*
hánt [~ottam, ~ott, ~son] décortiquer; écorcer; peler
hántolatlan *rizs* riz vêtu; rizon; paddy *m*
hántolt [~ak, ~at; ~an] ~ *borsó* pois écorcé; ~ *fa* bois écorcé *v* pelard *v* équarri; ~ *rizs* riz cargo; riz décortiqué
I. *(ige)* hány [~tam, ~t, ~jon] 1. *(okád)* vomir; dégorger; rendre gorge; *az ember ~ni tudna, ha ilyet lát* c'est à faire vomir; cela fait vomir; 2. *átv*: cracher; vomir; 3. *(dob)* jeter; lancer; projeter; *szemére* ~ reprocher; faire reproche à q de qc

23*

II. *(mn)* hány? 1. combien de...? ~ *személy van?* combien y a-t-il de personnes? ~ *éves quel âge a-t-il?* 2. *(felkiáltásban)* que de...! *és ~at!* et combien !
hányad [~ok, ~ot, ~a] 1. *mat*: sous-multiple *m*; fraction *f*; 2. *ált*: *egy jelentékeny ~a* une partie notable *v* importante de...; 3. *(fizetendő)* quotité; quote-part *f*
hányadán *vagyunk?* où en sommes-nous (restés)? *nem tudja* ~ *van être au bout de son rouleau*
hányadik? le combien? quel est son rang? ~*a van ma?* quel jour (du mois) sommes-nous?
hányados [~ok, ~t, ~a] sous-multiple *m*; (partie) aliquote; fraction *f*; *(osztásnál)* quotient *m*
hanyag [~ok, ~ot] 1. *(ember)* négligent; indolent, -e; ~ *öltözet* tenue *v* mise incorrecte; débraillé *m*; 2. nonchalant, -e; ~ *mozdulat* geste nonchalant; 3. inappliqué, -e; ~ *tanuló* élève inappliqué(e)
hanyagság 1. négligence; nonchalance; indolence *f*; 2. *(tanulóé)* inapplication; inassiduité *f*; 3. *(hatóságé)* incurie; carence *f*; 4. *(kivitelezésben)* malfaçon *f*
hányas? du combien? de combien? quel numéro? ~ *maga?* quel est votre numéro? ~ *cipőt hord?* du combien vous chaussez-vous?
hányás vomissement *m*
hanyatlás 1. décadence *f*; déclin *m*; *erkölcsi* ~ affaissement moral; *a testi erő ~a* l'extinction *f* des forces; *~nak indul* être *v* tomber en décadence; 2. *(árfolyamé)* baisse *f*
hanyatlik [~ottam, ~ott] 1. péricliter; décliner; dépérir; être en décadence *v* en perte de vitesse; *a beteg ereje* ~ *le malade baisse;* 2. *(tanuló)* se relâcher; perdre; 3. *az árak ~anak* les prix baissent *v* s'affaissent
hányatott [~ak, ~at; ~an] ~ *élet* vie accidentée *v* mouvementée
hanyatt 1. *(fekve)* couché(e) *v* étendu(e) sur le dos; 2. ~ *esik v vágódik* se renverser (sur le dos *v* en arrière);

majd ~ esik a meglepetéstől tomber de son haut v de sa hauteur v d'étonnement
hanyatt-homlok précipitamment; daredare; à la débandade
hányaveti [~ek, ~t] arrogant, -e; dedaigneux, -euse; ~ módon d'un air supérieur
hányféle combien de sortes v d'espèces? combien (de...)?
hányinger envie de vomir; nausée f; haut-le-cœur m
hánykolódik [~tam, ~ott, ~jék v ~jon] 1. ide-oda ~ ballotter; flotter; 2. tourner et retourner (dans son lit)
hányszor combien de fois? que de fois; ~, de hányszor mainte et mainte fois
hánytató [~k, ~t; ~an] émétique; vomitif m
hápog [~ott, ~jon] 1. (kacsa) caqueter; cancaner; canqueter; 2. (ember zavarában) bredouiller v balbutier confusément
harácsol [~tam, ~t, ~jon] 1. (tárgyat) réquisitionner; 2. (pénzt) rançonner; rapiner; (fösvény) accaparer
harag [~ok, ~ot, ~ja] 1. (indulat) colère f; courroux m; irritation; animosité f; ~jában dans un accès de colère; reszket ~jában frémir v trembler de colère; ~ra gerjed v lobban se mettre v entrer en colère; felkelti vkinek a ~ját allumer v provoquer v soulever la colère de q; kitölti ~ját vkin décharger sa colère v déverser sa bile sur q; lecsillapítja vkinek a ~ját calmer v apaiser la colère de q; magára vonja vkinek a ~ját s'attirer l'animosité de q; 2. (vmi miatt) rancune f; ressentiment m; rancœur f; 3. (összezördülés) fâcherie; brouille f; ~ban van vkivel être en brouille avec q
haragít [~ottam, ~ott, ~son] magára ~ vkit indisposer q contre soi; s'attirer la colère de q
haragos [~at] I. (mn) 1. coléreux, -euse; colérique; 2. (haragvó) courroucé, -e; ~ felhők nuages menaçants; ~ tekintet regard irrité v flamboyant; II. (fn) ennemi m

haragospiros rouge drapeau v foncé v criard v bœuf
haragoszöld vert foncé; vert pré; vert cru
haragszik [-gudtam, -gudott, -gudjék v -gudjon] 1. être fâché(e) v se fâcher; être en colère; se piquer; ne haragudjék vous ne m'en voudrez pas? 2. (vkire) être monté(e) contre q; en vouloir v en avoir à q (pour qc); être fâché(e) contre q (de qc); ezért ~ rám il m'en garde rancune; il m'en veut; ne haragudjék rám ne m'en veuillez pas
haragtartó rancunier, -ière; rancuneux, -euse
haramia [-ák, -át, -ája] bandit; brigand; malandrin m
háramlik [~ott, -moljék v -moljon] 1. (jog, hatalom) être dévolu(e) à q; 2. (vkire teher, kötelesség) incomber à q; revenir à q; 3. (haszon stb.) revenir à q; résulter; 4. (baj) retomber sur q
harang [~ok, ~ot, ~ja] cloche f; (falióráé) timbre m; a ~ szavára au son de cloche; a ~ok zúgnak les cloches sonnent; ~ot önt fondre une cloche; meghúzta a ~ot vmi fölött sonner le glas pour qc
harangjáték zen: jeu de clochettes; carillon m
harangláb chaise v cage f de clocher
harangnyelv battant m de la cloche
harangoz [~tam, ~ott, ~zon] sonner v tinter v brimbaler une cloche; carillonner; hallott vmit ~ni il en sait quelque chose, mais il n'y est pas tout à fait
harangszó sonnerie f de cloche; carillon m
harangvirág campanule f
haránt de travers; transversalement; diagonalement
harántvonal ligne transversale
harap [~tam, ~ott, ~jon] (tgy és tgyl i:) mordre; véresre ~ mordre jusqu'au sang; fűbe ~ mordre la poussière
harapás 1. morsure f; coup m de dent; 2. (falat) bouchée f; morceau m

harapnivaló provisions *f pl* (de bouche)
harapófogó pince (coupante); tenailles *f pl*
harapós [~at, ~an] **1.** mordeur, -euse; méchant, -e; ~ *kutya!* chien méchant! **2.** *átv:* mordant, -e; acrimonieux; hargneux, -euse, caustique; ~ *kedvében van* il est d'une humeur de dogue
haraszt [~ok, ~ot, ~ja]**1.** *növ:* fougère *f;* **2.** *(bozót)* broussaille *f;* **3.** *(erdőalja)* fane *f;* sous-bois *m*
harc [~ok, ~ot, ~a] combat *m;* bataille; lutte; action; mêlée *f; átv:* lutte; bataille; *a* ~ *hevében* dans l'ardeur *v* la chaleur du combat; *a* ~ *kellős közepén* au (plus) fort *v* dans le fort de la bataille; ~ *nélkül* sans combat; sans coup férir; ~*ba rohan* voler au combat; ~*ba száll vkivel* partir en guerre contre q; *nyílt* ~*ban* en bataille rangée; ~*ra hív* provoquer au combat; ~*ra kel vkivel* affronter *v* braver q; livrer un combat contre q; *feladja a* ~*ot* s'avouer battu(e); *felveszi a* ~*ot* accepter *v* affronter la bataille; ~*ot folytat* v *vív* soutenir une lutte; *elkeseredett* ~*ot vív* livrer un combat acharné
harcászat tactique *f*
harcedzett aguerri, -e; ~ *katona* soldat aguerri
harceszköz matériel *v* engin *m* de guerre
harci [~ak, ~t; ~lag] **1.** de combat; de guerre; de campagne; ~ *gáz* gaz *m* de combat *v* de guerre; ~ *játék* jeu *m* de la guerre; ~ *jelszó* cri *m* de guerre; ~ *kedv* ardeurs belliqueuses; élan guerrier; volonté *f* de lutte; ~ *készség* mordant; cran; élan *m;* **2.** *(érzelmi vonatkozásban)* belliqueux, -euse
harcias [~ak, ~at] belliqueux, -euse; combatif, -ive; batailleur, -euse; agressif, -ive; martial, -e
harcképtelen (être) hors de combat; ~*né tesz* mettre hors de combat
harckocsi char (d'assaut); char de combat; tank; (char) blindé
harckocsi-elhárítás défense antichar *f*

harcmező champ *m* de bataille *v* d'honneur
harcmodor tactique; façon *v* manière *f* de combattre
harcmozdulat mouvement *m;* évolutions *f pl*
harcol [~tam, ~t, ~jon] **1.** *(csatában)* se battre (contre q); combattre (q); **2.** *(szellemileg vkivel)* lutter (contre qc); combattre (q *v* qc); être aux prises avec q *v* qc; *a szocializmus érdekében* ~ militer pour le socialisme; ~ *a visszaélések ellen* faire la guerre aux abus
harcos [~ak, ~at; ~an] **I.** *(mn)* **1.** batailleur, -euse; combatif, -ive; guerrier, -ière; ~ *szellem* esprit combatif; **2.** *pol:* militant, -e; ~ *szellem* militance *f;* **II.** *(fn)* **1.** combattant *m;* **2.** *pol:* militant, -e *n*
harcszellem le moral des troupes
harctér champ *m* de bataille *v* d'honneur; ~*en elesett* tué sur un théâtre d'opération de guerre; tué à l'ennemi
harctéri *szolgálat* service *m* de *v* en campagne
harcsa [-ák, -át, -ája] *(lesõ)* ~ silure (-chat) *m; törpe* ~ poisson-chat *m*
harcsabajusz moustache tombante
hárem [~ek, ~et, ~e] harem; sérail *m*
haris [~ok, ~t] *áll:* roi des cailles; râle *m* de genêts
harisnya [-ák, -át, -ja] bas *m (pl);* une paire de bas; *(rövid)* chaussette(s) *f (pl);* -*át foltoz, stoppol* raccommoder, repriser des bas; -*át köt* tricoter des bas; *(gáz*~*)* manchon *m*
harisnyakötő I. *(mn)* ~ *gép* tricoteuse *f;* **II.** *(fn)* **1.** *(szalag)* jarretière *f;* **2.** *(kapcsolható)* jarretelle *f;* **3.** *(rövid harisnyán)* fixe-chaussettes *m*
hárít [~ottam, ~ott, ~son] **1.** *vmit vkire* ~ rejeter qc sur q; endosser qc à q; *hibát vkire* ~ rejeter une faute sur q; **2.** *(tisztességet, kötelességet)* référer qc à q; reporter qc sur q
harkály [~ok, ~t, ~ja] pic *m;* grand pic noir; *zöld* ~ pivert; pic-vert *m*
harmad [~ok, ~ot, ~a] **I.** *(mn)* ~ *áron* au tiers du prix; **II.** *(fn)* tiers *m;* un troisième

harmadfokú 1. du v au troisième degré; ~ *egyenlet* équation *f* du troisième degré; **2.** *orv:* tertiaire
harmadik [~at] **I.** *(mn)* troisième; tiers, tierce; *III.* Béla Béla III *(olv:* trois); **II.** *(fn)* **1.** ~*on utazik* voyager en troisième; *január 3-án* le 3 janvier *(olv:* trois); **2.** ~*ként* en tiers
harmadrangú de qualité inférieure; insignifiant, -e; peu reluisant(e)
harmadrész tiers *m;* un troisième; ~*ben* pour un tiers
hárman trois; à trois; *tíz közül* ~ trois sur dix
hármas [~ak, ~at] **I.** *(mn)* triple; ternaire; triparti(t)e; ~ *osztályzat* mention passable; *mez:* ~ *vetésforgó* rotation triennale; **II.** *(fn)* **1.** *(csoport:* ember, zenész, gonosztevő *stb.)* trio *m;* **2.** *(osztályzat)* passable *m;* **3.** *(számjegy)* le trois; le numéro *v* le chiffre trois
hármashangzat *zen:* accord parfait
hármasszabály règle de trois; règle conjointe
harmat [~ok, ~ot, ~a] rosée *f; (esti)* serein *m; (gyenge) mint a* ~ tendre comme la rosée
harmatos [~ak, ~at; ~an] couvert(e) *v* humide de rosée; frais *v* fraîche de rosée
harmatpont *met:* point *m* de rosée *v* de condensation
harminc trente
harmincad [~ok, ~ot, ~ja] le trentième; *ebek* ~*jára jut* devenir la proie du premier venu
harmónia [-ák, -át, -ája] harmonie; consonance *f*
harmonika [-ák, -át, -ája] **1.** accordéon; piano *m* à bretelles; **2.** *div, fényk:* soufflet *m;* **3.** *(vasúti kocsik között)* soufflet; accordéon *m*
harmonikás accordéoniste *m*
harmonikus 1. harmonieux, -euse; eurythmique; ~ *színek* couleurs amies; **2.** *zen, fiz, mat:* harmonique; **3.** *átv:* ~ *házasság* ménage uni -e; ~ *concerté,*
harmónium [~ok, ~ot, ~a] harmonium *m*

három [hármam, hármad, hárma, hármunk, hármatok, hármuk] trois; ~ *hónap* trimestre; quartier *m;* ~ *ízben* à trois reprises; ~ *részre osztott* triparti, -e; tripartite
háromdimenziós tridimensionnel, -elle
háromemeletes *épület* bâtiment *m* à triple étage *v* à trois étages
háromértékű trivalent, -e
hároméves 1. (âge) de trois ans; **2.** *(időközről)* triennal, -e; ~ *terv* plan triennal
háromhavi de trois mois; trimestriel, -elle
háromhetes; háromheti de trois semaines
háromkerekű *bicikli* tricycle *m; (kézbesítő)* triporteur *m*
háromlábú tripode
háromlépcsős *rakéta* fusée *f* à *v* de trois étages
hárommotoros trimoteur; tri-moteur; ~ *(repülő)gép* (avion) trimoteur *m*
háromnegyed [~ek, ~et] trois quarts; ~ *részben* aux trois quarts; ~ *tízkor* à dix heures moins le quart
háromoldalú à trois côtés; trilatéral, -e; triface
háromrészes triparti, -e; tripartite
háromsarkú tricorne
háromszáz trois cents
háromszázötvenöt trois cent cinquante-cinq
háromszínű 1. tricolore; ~ *zászló* v *lobogó* drapeau tricolore; **2.** *(nyomás, fénykép)* trichrome
háromszor trois fois; par trois fois; ~ *annyi* trois fois autant
háromszoros [~ak, ~at] triple *(n)*
háromszótagú tris(s)yllabique
háromszög 1. triangle *m; a* ~ *alapja, csúcsa, oldalai, magassága* la base, le sommet, les côtés, la hauteur du triangle; **2.** *(rajzolóé)* équerre *f*
háromszögelés triangulation; géodésie *f*
háromszögelési *pont* cote *f;* repère *m* de nivellement
háromüléses à trois places; triplace; ~ *autó, repülőgép* triplace *m*
hárpia [-ák, -át] **1.** *mit:* harpie; harpye *f;* **2.** *áll:* harpie; **3.** *való-*

ságos ~ c'est une mégère *v* un dragon *v* une chipie

hárs [~ak, ~at, ~a] 1. *(kötöző)* tille; fibre *f* de tilleul; 2. *ld:* **hársfa**

harsan [~t, ~jon] sonner; retentir; éclater

harsány strident; retentissant; claironnant; bruyant; cuivré, -e

hársfa tilleul *m*

hársfatea infusion *f* de tilleul

hársméz miel *m* de tilleul

harsog [~tam, ~ott, ~jon] 1. *(hang)* retentir; résonner; vibrer; 2. *(trombita)* claironner

harsona [-ák, -át, -ája] 1. fanfare *f; az utolsó ítélet -ája* la trompette du jugement dernier; 2. *(hangszer)* trombone *m; (egyenes trombita)* tuba *f*

hártya [-ák, -át, -ája] 1. membrane; pellicule *f;* 2. *növ:* tunique; cuticule *f; (gombákon)* volva; volve *f;* 3. *orv:* tunique; cuticule *f*

hártyapapír 1. papier pelure *v* bible *m;* 2. papier parchemin *m*

hártyavékony membrané, -e; ~ *rézlemez* cuivre pelliculaire *m*

hárul [~tam, ~t, ~jon] 1. *ld:* **háramlik;** 2. *(vkire)* retomber

has [~ak, ~at, ~a] ventre; abdomen *m tud; fáj a ~a* avoir mal au ventre; *megy a ~a* avoir le ventre lâche; *üres a ~a* avoir le ventre plat; *nagy ~a van* avoir du ventre; ~*ba rúg* donner un coup de pied dans le ventre; ~*on csúszva* à plat ventre; ~*on fekve* couché(e) *v* allongé(e) à plat sur le ventre; ~*ra esik a nagyok előtt* ramper à plat ventre devant les grands; *a ~át fogja nevettében* se tenir les côtes (de rire)

hasáb [~ok, ~ot, ~ja] 1. bûche *f;* 2. *mat:* prisme *m; négyszögletes* ~ parallélépipède *m;* 3. *(papíron)* colonne; rubrique *f;* 4. *nyomd:* placard *m*

hasábfa bois en quartiers *v* refendu

hasad [~tam, ~t, ~jon] 1. se fendre; se fêler; se fissurer; 2. *(felhasad)* s'ouvrir; 3. *(hajszálról, szőrről)* fourcher; 4. *(jég)* se rompre; 5. *(kőzet,*

kristály) se déliter; *(kristály)* se cliver; 6. *ép:* *(falról)* boucler; 7. *(szövet)* se déchirer; crever; 8. ~ *a hajnal* l'aube commence à naître *v* à poindre

hasadás 1. *(tárgyon)* déchirure; fêlure *f; (fagytól)* gélivure *f;* 2. *(kristályé, kőzeté)* clivage *m;* fissilité *f;* 3. *(sejté)* division *f;* ~ *útján való szaporodás* scissiparité *f;* 4. *(csonton orv.)* fracture longitudinale; fêlure *f;* 5. *(csoporté)* scission *f;* 6. *átv:* *lelki* ~ perte *f* de l'équilibre moral; schizophrénie *f;* 7. *a hajnal* ~*a* la pointe *v* le point du jour

hasadási *energia vegy:* énergie *f* de fission

hasadék [~ok, ~ot, ~a] 1. *(tárgyon)* fente; fissure *f;* 2. *(falon)* lézarde *f;* 3. *(csövön)* fuite *f;* 4. *(hegyben, falban, szakadék)* crevasse *f*

hasadó [~k, ~t; ~an] *atomfiz:* ~ *anyag* matière fissile *v* fissible *f;* ~ *uránium* uranium fissile *m*

hasadóanyag matière fissile *f*

hasal [~tam, ~t, ~jon] 1. *(vhol)* être (couché) à plat ventre; 2. *(vhová)* se coucher *v* se mettre à plat ventre; 3. *biz:* juter; en remettre; vasouiller

hasas [~ok, ~t; ~an] 1. *(ember)* ventru; pansu, -e; 2. *(tárgy)* renflé; galbé, -e; *(üveg stb.)* pansu, -e; 3. *(állat)* grosse; pleine

hasbeszélés ventriloquie *f;* ventriloquisme *m*

hasbeszélő ventriloque *n*

hascsikarás déchirement *m* d'entrailles; coliques *f pl*

hasfájás mal *m* au *v* de ventre; coliques *f pl*

hasfal paroi(s) abdominale(s)

hasgörcs crampe *f* au ventre; coliques *f pl*

hashajtó purgatif; laxatif *m;* purge *f*

hashártya péritoine *m*

hasít [~ottam, ~ott, ~son] 1. fendre; crevasser; *(szövetet, papírt)* déchirer; *(atomot)* fissionner; *fát* ~ débiter *v* fendre du bois; 2. ~*ja a levegőt* fendre l'air *v* les espaces

hasított [~ak, ~at; ~an] **1.** fendu, -e; **2.** ~ *körmű* v *patájú állat* animal *m* à sabot fendu; ~ *láb* pied fourchu **hasmánt** couché(e) sur le ventre; à plat ventre **hasmenés** diarrhée *f;* relâchement *m* (du ventre); ~*e van* avoir une diarrhée **hasnyálmirigy** pancréas *m* **hasogat 1.** *(tárgyat)* fendre; fendiller; **2.** *(fájdalom)* avoir des déchirements *v* une sensation de déchirement; *fülét* ~*ja* déchirer *v* écorcher les oreilles de q **hasonlat** comparaison; similitude *f;* ~*okban beszél* parler par comparaison **hasonlít** [~ottam, ~ott, ~son] **I.** *(tgyl i)* **1.** *(vkihez* v *vkire)* ressembler à q; **2.** *(vmihez* v *vmire)* ressembler à qc; avoir l'air de qc; s'apparenter à qc; ~ *magához* il vous ressemble; *rendkívül* ~ c'est à s'y tromper; *nem* ~ manquer de ressemblance; *apjára* ~ il tient de son père; *nagyon* ~ *magához* il a beaucoup de votre air; ~*anak mint egyik tojás a másikhoz* ils se ressemblent comme deux gouttes; **II.** *(tgy i)* comparer (à); rapporter (à); assimiler (à); *vmihez* ~*va* en comparaison de qc; en regard de qc; par rapport à qc **hasonló** [~ak, ~t] **I.** *(mn)* **1.** semblable (à); pareil(le) (à); analogue (à); similaire; de même genre; du même ordre; *(arckép stb.)* ressemblant, -e; ~ *esetben* en pareil cas; en pareille occurrence; en l'occurrence; ~ *korú* de même âge; *a csalódásig* ~ il lui ressemble à s'y tromper *v* s'y méprendre; **2.** *mat:* similaire; **3.** *(efféle)* semblable; pareil, -eille; de ce genre; **II.** *(fn) vmi ehhez* ~ quelque chose de pareil; *nincs hozzá* ~ il n'a pas son pareil; *a hozzá* ~*t* son semblable; *ő és a hozzá* ~*k* lui et ses pareils **hasonlóan** de même; également (à); semblablement (à); pareillement (à) **hasonlóság** [~ok, ~ot, ~a] **1.** ressemblance; analogie; similitude; conformité *f;* *családi* ~ un air de famille; ~*on alapuló következtetés* analogisme *m;* ~*ot mutat* participer de qc; *(egymás közt)* se toucher; **2.** *mat:* similitude *f;* **3.** *nyelv, fil:* similarité *f*
hasonmás 1. *(kép)* portrait *m;* image *f;* *élő* ~ sosie *m;* **2.** *(rajzé* v *írásé)* fac-similé *m*
hasonnemű homogène; de même genre
hasonszőrű I. *(mn)* du même *v* de son acabit; **II.** *(fn)* ~*ek* ses congénères *n pl;* ses pareils
hasonulás *nyelv:* assimilation *f*
hastáj région abdominale *v* ventrale
hastífusz typhus abdominal; (fièvre) typhoïde *f*
használ [~tam, ~t, ~jon] **I.** *(tgy i)* **1.** se servir de qc *v* de q; employer qc pour qc; employer q à qc *v* à *(inf);* *(módszert, eljárást)* employer; appliquer; pratiquer; mettre à profit; *(szót, kifejezést)* se servir de qc; employer qc; *(utat)* pratiquer; fréquenter; *(tárgyat)* on s'en sert pour *(inf);* il sert à *(inf);* *a balkarját nem tudja* ~*ni* il est impotent du bras gauche; *e szót nem* ~*ják* ce mot ne s'emploie pas; **2.** *mit* ~*, ha* à quoi sert de; à quoi bon *(inf);* **II.** *(tgyl i)* **1.** *(vkinek)* servir *v* profiter à q; ~*ni fog neki* cela lui fera du bien; **2.** produire son effet *v* de l'effet; *ez* ~*t* cela a porté
használat; használás usage; emploi *m;* affectation *f;* *(üzleti)* exploitation *f;* *(jogé, előnyé)* jouissance *f;* *nem* ~ non-usage *m;* *helytelen* ~ abus *m;* ~ *előtt felrázandó* à agiter avant de s'en servir; ~ *fejében* à titre rémunératoire; ~*ba helyez* mettre en service; ~*ba vesz* mettre en usage; *a* ~*ban* à l'épreuve; dans l'usage; ~*ban levő* en usage; *(gép)* en service; *(pénz, bélyeg)* en cours; ~*on kívül helyez* mettre hors d'usage; *(épületet, temetőt)* désaffecter; *saját* ~*ára* pour son usage personnel
használati *utasítás* mode *m* d'emploi; *(csatolt)* note explicative (jointe à ...)
használhatatlan inutilisable; impropre à qc; *(út, eljárás)* impraticable

használt [~ak, ~at] 1. *(állandóan)* usité, -e; *(tárgy)* en service; en usage; *nem* ~ hors d'usage; non utilisé(e); ~ *állapotban* usagé, -e; 2. *(bélyeg)* oblitéré, -e; 3. *(út)* fréquenté, -e; 4. *(módszer)* pratiqué, -e; 5. *(szó)* usuel, -elle; usité, -e; employé(e) couramment
hasznos [~ak, ~at *v* ~t] utile; avantageux, -euse; profitable; intéressant, -e; fructueux, -euse; ~ *lóerő* cheval effectif; ~ *munka* travail fructueux; *fiz:* effet utile *m;* ~ *teher* poids *m v* charge *f* utile; ~ *tér* surface utile *f;* ~ *lenne, ha* on aurait intérêt à; ~*nak bizonyul* faire ses preuves; ~*sá teszi magát* se rendre utile; *összeköti a* ~*t a kellemessel* joindre *v* mêler l'utile à l'agréable
hasznosít [~ottam, ~ott, ~son] mettre à profit; utiliser; exploiter; mettre en exploitaticn
hasznossági utilitaire; ~ *elv* utilitarisme *m;* ~ *szempontok v tekintetek* considérations *f pl* d'utilité
haszon [hasznot, haszna] 1. *(hasznosság, előny)* utilité *f;* avantage; intérêt *m;* mi *haszna?* à quoi bon? 2. *(nyereség)* profit; gain; bénéfice; acquêt *m; kis* ~*ra* à petits bénéfices; *nagy* ~*ra* à gros bénéfice; *hasznára van* profiter à q; servir à q; *hasznot hajt v hoz* rapporter; profiter; *hasznot hajt (vkinek)* profiter (à q); fructifier; procurer *v* rapporter *v* donner du bénéfice à q; *hasznot hajtó v hozó* profitable; lucratif; productif, -ive; fructueux, -euse; *hasznot húz vmiből* tirer parti *v* profit *v* bénéfice de qc; *a kis hasznot sem szabad megvetni* autant de pris sur l'ennemi; ~*nal* avec profit *v* fruit ~*nal forgat* lire avec profit *v* fruit
haszonállat bête *f* de rapport *v* de rente; animal de ferme; *(szárnyas)* volaille productive
haszonbér bail (à ferme); fermage *m;* ~*be ad* donner à ferme *v* à bail; affermer; ~*be vesz* prendre à bail *v* à ferme
haszonbérlő preneur (à ferme); fermier *m*

haszonélvez avoir l'usufruit *v* la jouissance de qc
haszonélvezet usufruit *m;* jouissance *f*
haszonélvezeti *jog:* usufructuaire; ~ *jog* usage; droit *m* d'usage
haszonélvező usufruitier, -ière; bénéficiaire *(n);* jouissant, -e; fructuaire *n*
haszonérték valeur locative
haszonhajtó profitable; lucratif; productif, -ive; fructueux, -euse
haszonkulcs marge bénéficiaire *f*
haszonlesés esprit *m* de lucre; âpreté *f* (au gain)
haszonnövény plante cultivée
haszontalan inutile; stérile; vain, -e; infructueux; oiseux, -euse; *idejét* ~ *dolgokkal tölti* passer son temps à des riens; musarder; ~ *ember* propre à rien; vaurien *m;* ~ *kölyök* mauvais *v* vilain garnement; ~ *munkát végez* faire un travail inutile; travailler pour le roi de Prusse; ~ *teher* poids mort; *az én* ~ *fiam* mon vaurien de fils
haszontalankodik [~tam, ~ott, ~jék *v* ~jon] se conduire *v* se tenir mal; polissonner
haszontalanság 1. *(vmié)* inutilité; vanité; frivolité *f;* 2. *(dolog)* bagatelle *f;* riens *m pl;* ~*okat beszél* conter des fariboles; ~*okkal bíbelődik, tölti idejét* baguenauder; 3. *(tárgy)* bibelot; brimborion *m;* frivolité *f*
haszonteher charge utile *f*
hasztalan I. *(hat)* en vain; inutilement; vainement; pour rien; ~ *beszél* il a beau dire; II. *(mn)* superflu, -e; inutile; vain, -e; ~ *bánkódás* regret superflu
I. *(ige)* **hat** [~ottam, ~ott, hasson] 1. *(vkire, vmire)* influer sur ...; influencer qc *v* q; exercer une influence sur...; agir sur q *v* qc; ~ *vmire* avoir prise sur qc; *fájdalma a szívemig* ~ sa douleur me pénètre le cœur; *nagyon jól* ~ c'est très décoratif; 2. *az ilyesmi nem* ~ cela ne prend pas *(rám:* avec moi); *ez a hír kínosan v fájdalmasan* ~*ott*

rám j'ai été péniblement affecté par cette nouvelle; **3.** *orv:* opérer; agir; **4.** *vegy:* agir; impressionner
II. *(szn)* **hat** [~ot, ~ja] six; ~ *helyett eszik* manger comme quatre v pour deux
I. *(fn)* **hát** [~ak, ~at, ~a] dos *m (könyvé, késé is); (lóé)* dos; croupe *f; a kéz háta* le revers *v* le dos *v* le dessus de la main; *a szék ~a* dos *v* dossier *m* de la chaise; ~*a mögött* derrière lui; en arrière (de...); *vkinek a ~a mögött* dans le dos de q; en cachette de q; ~*a mögött hagy* gagner de vitesse; *hátba szúr* frapper d'un coup de couteau dans le dos; ~*ba támad* attaquer à revers; attaquer par derrière; *átv:* tirer dans le dos; ~*ba vág vkit* frapper q dans le dos; *háton fekve alszik* dormir sur le dos; *hátára* au dos; sur le dos; *hátat fordít* tourner le dos à q; brûler la politesse à q; *háttal egymásnak* dos à dos; ~*tal áll vkinek* avoir le dos tourné à q
II. *(hat)* **hát** alors; eh bien; hé bien; donc; voyons; enfin; ma foi *v* par ma foi *v* sur ma foi...; voilà...; ~ *akkor?* alors? eh bien alors? ~ *aztán?* eh bien, après? ~ *igen* bien, oui; hé sans doute; ~ *még a szomszédok!* et les voisins, ah, là, là; *de* ~ *mi a baj?* qu'y a-t-il donc?
hatalmas [~ok, ~at] **I.** *(mn)* puissant; colossal, -e; massif, -ive; monumental, -e; immense; énorme; ~ *elme* esprit *m* d'une vaste étendue; ~ *erőfeszítések* de violents efforts; ~ *pofon* une gifle formidable; ~ *vagyon* fortune colossale; **II.** *(fn) a ~ok* les puissants (de ce monde); les maîtres de l'heure
hatalmaskodás abus de pouvoir *v* d'autorité; excès *m* de pouvoir
hatalmaskodó [~k, ~t; ~an] violent, -e; oppressif, -ive; autoritaire
hatalmi [~ak, ~t] ~ *egyensúly* l'équilibre *m* des pouvoirs; ~ *kérdés* question de force *v* de puissance; ~ *szó* décision souveraine; arrêt *m* sans appel; ~ *túlsúly* suprématie; prédomination *f*
hatalom [-lmak, -lmat, -lma] **1.** pouvoir *m;* autorité; suprématie; domination *f;* empire *m;* emprise *f (mind:* sur qc); *a* ~ *csúcsán* à l'apogée *m* du pouvoir; *a* ~ *gyakorlása* l'exercice *m* du pouvoir; *a szépség -lma* l'empire *m v* la tyrannie de la beauté; *vkinek a -lmába esik* se jeter entre les mains de q; *-lmába kerít vmit* s'assurer *v* prendre le contrôle de qc; *-lmába kerít (vkit lelkileg)* enjôler; ensorceler; soumettre à sa puissance; *vkinek -lmába kerül* tomber au pouvoir de q; *(lelkileg)* tomber sous la puissance de q; *ez nem áll -lmában* cela n'est pas en son pouvoir; cela passe son pouvoir; ~*ra emelkedik v jut* accéder *v* arriver *v* parvenir au pouvoir; ~*ra tör* aspirer au pouvoir; *hivatalos ~mal bír* être en autorité; **2.** *(állam)* puissance *f*
hatalomvágy soif de domination; ambition *f*
hatály [~t, ~a] vigueur *f;* effet *m; validité *f; jogi* ~ effet juridique *m; jog: a törvény* ~*a alá esik* tomber sous le coup de la loi; ~*ba lép* entrer en vigueur; produire son effet; ~*ban levő* valide; en vigueur; ~*on kívül helyez* invalider; annuler; abroger; ~*át veszti* perdre sa vigueur; devenir caduc *v* caduque
hatályos [~ak, ~at; ~an] efficace; *(igével:)* opérer; *nem* ~ inopérant, -e
hatályosul sortir ses effets; jouer
hatálytalan inopérant, -e; invalide; dénué(e) d'effet
hatálytalanít [~ottam, ~ott, ~son] **1.** *jog:* invalider; abroger; annuler; dirimer; **2.** *vegy:* inactiver
határ [~ok, ~t, ~a] **I.** *(fn)* **1.** frontière; limite *f;* bornes *f pl; (bizonytalanabb ért.)* confins *m pl; természetes* ~ barrières naturelles; *a* ~*on* à la frontière; sur la frontière; *Európa* ~*án* sur les confins de l'Europe; *a falu* ~*án* à la limite du village;

határállomás   363   **határozott**

átlépi a ~t passer *v* franchir la frontière; **2.** *(községi határvidék)* finage *m* (de la commune); *(nagyváros határvidéke)* banlieue *f;* *(falué, városé)* territoire *m;* **3.** *atv:* *~ok közé szorít* réduire *v* circonscrire (entre des limites); *kellő ~ok közé szorít* renfermer dans les justes bornes; *mindennek megvan a maga ~a* il y a limite à tout; *vminek a ~án à v* sur la périphérie de qc; *vminek ~án jár v mozog* voisiner avec q; friser *v* côtoyer qc; *túlmegy a ~on* sortir des bornes; passer *v* outrepasser les limites; passer l'ordinaire; *nem ismer ~t* il ne connaît pas de bornes; *~t szab vminek* fixer *v* assigner une limite à qc; *~t von vmi körül* tracer une limite autour de qc; **II.** *(jelzőként) egy ~ ...* un tas de...; une montagne de...
határállomás station *v* gare frontière *f*
határátlépés passage *m* de la frontière
határátlépési *engedély* autorisation *f* de franchir la frontière; *~ igazolvány* carte frontalière *v* de frontière
határbiztosító *csapatok* troupes *f pl* de couverture
határcölöp poteau frontière *m*
határérték 1. valeur limite *v* maximum *f;* **2.** *mat:* limite; valeur bordée; extrême *m*
határforgalom trafic frontière *v* frontalier
határidő terme *m;* délai *m;* date limite *f;* *~ előtti* avant terme; *~höz kötött* assujetti à un délai; *a kikötött ~n belül* dans le délai convenu; *~re* à terme; *rövid ~re* à bref délai; à brève échéance; *~t ad* accorder un délai
határidőnapló échéancier *m;* éphéméride *f*
határidőüzlet *v* -**ügylet** opération *f v* marché *m* à terme
határincidens incident de frontière *v* frontalier
határjelzés démarcation *f*
határjelző *(tárgy)* borne (démarcative)
határkiigazítás rectification *f* de frontière

határmenti frontière; des frontières
határnap terme *m;* *(fizetési)* échéance *f*
határol [~tam, ~t, ~jon] délimiter; limiter; borner
határos [~ak, ~at; ~an] **1.** limitrophe (de qc); confinant à qc; *(telek)* contigu, -ë; adjacent, -e; *a ~ országok* les pays limitrophes; **2.** *csodával ~* cela tient du prodige *v* du miracle; *az őrülettel ~* approcher de la folie; friser la folie
határoz [~tam, ~ott, ~zon] **I.** *(tgyl i)* **1.** prendre *v* former une résolution *v* une décision; **2.** *(hatóság)* statuer (sur qc); **II.** *(tgy i)* **1.** décider; conclure; **2.** *(növényt stb.)* rechercher *v* établir le nom *v* le classement de qc; **3.** *ez nem ~ (semmit)* cela ne compte pas
határozat résolution; décision; délibération *f;* *(bírói)* arrêt *m;* *(közigazgatási)* décret; arrêté *m;* *(kívánságot tartalmazó)* vœu *m;* *~ot hoz* prendre *v* former une résolution; *(kívánságot kifejező)* émettre un vœu
határozathozatal délibération; décision; résolution *f*
határozati *javaslat* proposition *f v* projet *m* de résolution
határozatképesség quorum *m;* *~ hiányában* faute du quorum nécessaire
határozatképtelen n'ayant pas le quorum
határozatlan 1. irrésolu; indéterminé; indécis; inconsistant, -e; **2.** *(dologról)* imprécis; indéfini, -e; vague; flou; fuyant, -e; *~ fogalom* notion fuyante *v* vague; *~ kifejezés* expression vague *f;* *~ mozdulatot tesz* esquisser un geste; **3.** *~ időközökben* un nombre de fois indéterminé; *~ időre* à durée illimitée; **4.** *nyelv:* *~ névelő* article indéfini
határozó circonstanciel *m;* complément adverbial
határozói [~ak, ~t] circonstanciel, -elle; adverbial, -e
határozószó adverbe; (mot) modificatif *m*
határozott [~ak, ~at] **1.** *(jellemileg)* décidé; déterminé; résolu, -e; *~*

ember un homme de résolution; **2.** *(válasz, beszéd)* décisif, -ive; catégorique; ferme; net, nette; précis, -e; explicite; *(fellépés, járás)* assuré, -e; ~ *ellenzés* opposition formelle; ~ *hangon* d'un ton ferme; ~ *jellem* caractère décidé *v* prononcé; ~ *politika* politique *f* de fermeté; ~ *szándék* volonté arrêtée *v* expresse; ~ *válasz* réponse nette *v* catégorique; **3.** *mat:* ~ *alak* forme définie; **4.** *(körvonal, forma stb.)* précis, -e; net, nette; accusé, -e; ~ *arcvonások* traits accusés; **5.** *ált:* formel, -elle; exprès, expresse; **6.** ~ *cáfolat* démenti formel; ~ *előny* un clair *v* net avantage; *vkinek a* ~ *kérésére* sur la demande formelle *v* expresse de q
határozottság 1. résolution *f;* esprit *m* de décision; détermination; fermeté *f;* **2.** *(fellépésben)* aplomb *m;* assurance *f;* **3.** *(dologról)* netteté; précision *f*
határőr garde-frontière *m*
határőrség troupes affectées à la garde des frontières; troupes de couverture
határsáv zone frontalière *v* frontière
határsértés violation *f* de la frontière
határszéli limitrophe; frontalier, -ière; *kis* ~ *forgalom* petit trafic frontalier
határtalan sans bornes; illimité; démesuré; infini, -e; ~ *boldogság* bonheur indicible *m*
határtalanul 1. infiniment; **2.** démesurément; énormément; **3.** *(érzelemről)* éperdument; follement (amoureux)
határvidék zone *v* région frontière *v* frontalière; confins *m pl*
határvonal 1. tracé *m* de(s) frontière(s); ligne *f* de démarcation *v* de frontière; *a* ~*ak megvonása* le tracement des frontières; **2.** *a betegség és egészség* ~*a* les confins de la maladie et de la santé
határzár 1. fermeture *f* de la frontière; **2.** blocus *m*
határzóna rayon frontière *m;* zone frontière *f*
hatás 1. influence *f;* effet *m;* incidence; puissance *f; (szellemi)* influence *f;* ascendant *m* (sur qc); *meglesz a* ~*a* cela portera (son plein) effet; *vkinek a* ~*a alá kerül* subir l'influence de q; *vminek* ~*a alatt* sous l'action de qc; sous l'empire de qc; ~*t gyakorol vkire* exercer de l'influence *v* son autorité *v* un (grand) ascendant *v* une magistrature sur q; ~*t kelt* produire *v* faire de l'effet; *rossz* ~*t kelt* faire *v* produire mauvais effet; *jó* ~*sal van* faire du bien; **2.** *a* ~ *kedvéért* (jouer *v* poser) pour la galerie; ~*ra vadászik* rechercher les effets; **3.** *fiz:* action; activité; impression *f; vegyi* ~ action chimique; *a tűz* ~*a* l'activité du feu; *a hideg levegő* ~*a* l'impression de l'air froid
hatásfok 1. efficacité *f;* effet *m;* **2.** *műsz:* rendement *m*
hatáskör 1. sphère *f* (d'activité); rayon *m;* orbite; obédience *f;* **2.** *fiz és ált:* champ *m* d'action; **3.** *(hivatali)* attributions *f pl;* pouvoirs *m pl;* compétence *f;* ressort *m; (bírói)* juridiction *f;* ~ *hiánya* incompétence à raison de la matière; ~ *terjedelme* l'étendue *f* d'un ressort; ~*ébe esik v tartozik* être du ressort *v* de la compétence de q; ressortir à q; *túllépi* ~*ét* outrapasser *v* excéder ses pouvoirs
hatásló cheval *m* de selle; monture *f*
hatásos [~*ak,* ~*at*] **1.** *(anyag, gyógyszer)* actif, -ive; efficace; *(eszköz)* efficace; **2.** *(megjelenésével)* impressionnant, -e; riche d'effet; plein(e) d'art; décoratif, -ive; **3.** *(érzelmileg)* captivant; prenant; entraînant, -e
hatástalan 1. inopérant, -e; inefficace; sans effet; nul, nulle; ~ *vkire* inactif *v* inactive sur q; ~*ná teszi vminek az erejét* neutraliser l'effet de qc; **2.** ~*ná tesz (lövedéket)* désamorcer; **3.** *vegy:* ~*ná tesz* neutraliser
hatásterület portée *f*
hatásvadászat pose *f;* la recherche *v* l'amour *m* de l'effet; la ficelle *biz*
hátborzongató [~*k,* ~*t;* ~*an*] hallucinant; horrifiant; horripilant, -e; qui fait frémir

hatékony [~at; ~an] efficace; agissant, -e; actif, -ive; ~ gyógyszer remède bienfaisant; ld. még: hatásos; hathatós
hátgerinc colonne vertébrale; épine dorsale; échine f
hátha? qui sait si... (ne... pas)...? ~ még et si; et qu'est-ce que ce serait si
hathatós [~ak, ~at] efficace; énergique; radical, -e; ~ védelemben részesít accorder une protection efficace à qc
hátizsák 1. sac à dos; sac de montagne; rucksack m; 2. kat: havresac; sac (au dos)
hátlap 1. fond m; 2. (pénzé) revers m; 3. (lapé) verso m; (könyvlapé) dos m; (kártyáé) dos
hatlapú mat: hexaèdre; hectoédrique
ható [~k, ~t; ~an] actif, -ive; agissant; efficient, -e; gyorsan ~ méreg poison foudroyant
hatóanyag agent m
hatod [~ok, ~ot, ~a] sixième m; une sixième partie
hatodik [~ok, ~at] sixième; ~ érzék intuition; clairvoyance f
hatóerő 1. puissance; force d'action; efficacité f; 2. fiz: principe actif; force génératrice; (gyógyszeré, méregé) action; vertu f
hatókör orbite f
hatol [~tam, ~t, ~jon] 1. (vhová) pénétrer dans qc; traverser v envahir qc; a városig ~ pousser jusqu'à la ville; 2. a dolgok mélyére ~ aller au fond des choses
hátország arrière-pays; arrière; hinterland m
hatos [~ok, ~t] 1. six m; 2. zen: sextolet; 3. irod sixain m
hatóság 1. autorité f; service m; a ~ok les pouvoirs publics; ~ elleni erőszak violence f à la force publique; outrage m à agents v à magistrat; az illetékes ~ok les services compétents; 2. (hatáskör) juridiction f
hatósági administratif, -ive; ~ ár prix taxé v imposé v homologué; ~ bizonyítvány certificat de l'autorité compétente; ~ engedély (működéshez) approbation f de l'autorité; (gyártásokra v forgalmazásra) licence f; ~ értesítés notification; signification; sommation f; (bírói) exploit m; ~ közeg agent m de l'autorité
hatósugár rayon m d'action; (rep. igy is:) distance franchissable; indépendance f de vol
hatökör triple idiot; âne bâté v fieffé; butor m
hátra 1. en arrière; derrière; hátra! arrière; ~ arc! demi-tour; 2. ~ van (a munkában) il est en retard (pour v dans son travail); 3. ~ van rester; ~ van, hogy (il) reste à (inf); még ~ van a java en voici d'une autre
hátrább plus en arrière; plus au fond; au second plan; kissé ~ un peu en retrait; ~ az agarakkal! (à) bas les pattes! halte-là!
hátrabukik tomber v culbuter en arrière
hátradől 1. se renverser (en arrière); 2. basculer v pencher en arrière
hátraesik tomber en arrière v à la renverse v sur le dos
hátrafelé 1. (hová?) en arrière; en reculant; (menve) à reculons; ~ megy (gép) faire marche v marcher (en) arrière; 2. (hol?) au fond; vers le fond
hátrafordul se retourner; faire demi-tour; faire volte-face; se retourner sur soi
hátrahagy 1. (másokat) laisser en arrière; distancer; 2. (utat) faire; parcourir; 3. (halál után) laisser; léguer
hátrahőköl reculer de surprise; sursauter; renâcler devant qc
hátrahúz tirer v traîner en arrière; faire reculer
hátrahúzódik 1. reculer; se retirer; 2. kat: se replier; battre en retraite
hátrakötöt ligoter v lier derrière le dos; ~ött kezekkel les mains liées v ligotées derrière le dos
hátrál [~tam, ~t, ~jon] 1. (ember) reculer; lâcher pied; se reculer; 2. (sereg) battre en retraite; perdre du terrain; se replier; 3. sp: lâcher

pied; 4. *(ár, hullám, tömeg)* se retirer; refouler; 5. *(gép)* faire marche v machine (en) arrière; 6. *(ijedtében)* reculer; flancher *biz*
hátralék [~ok, ~ot, ~a] arriéré(s) *m (pl);* restant; reste; reliquat *m;* ~*ban* levő arriéré, -e; ~*ban van* avoir de l'arriéré
hátralép reculer; faire un pas en arrière
hátralevő qui (lui) reste; restant, -e; de reste; ~ *élete* le reste de sa vie *v* de son existence
hátralök pousser *v* jeter *v* lancer en arrière; repousser (avec violence); rejeter
hátráltat 1. faire reculer; 2. *átv:* retarder, empêcher; entraver
hátramarad 1. *(elmarad)* rester *v* demeurer en arrière; être distancé(e); 2. nem marad más hátra, mint hogy il ne reste plus que; 3. *(vki után)* rester après q *(vkiből:* de q); 4. *(vmiből)* rester; être en *v* de reste
hátramaradott [~ak, ~at] 1. ~*ak (menekültek)* les survivants; 2. la famille *v* les ayants du défunt *v (balesetnél)* des victimes
hátramegy 1. aller au fond; se retirer dans le fond; 2. *szính:* remonter (la scène)
hátranéz regarder derrière soi *v* en arrière *v* derrière; jeter un coup d'œil en arrière
hátrány désavantage; préjudice; inconvénient; handicap *m; az a* ~*a van, hogy* offrir l'inconvénient de *(inf); vkinek* ~*ára* au désavantage *v* aux dépens *v* au préjudice *v* aux torts *v* au détriment de q; ~*t okoz vminek* porter préjudice *v* préjudicier à qc
hátrányos [~ak, ~at] désavantageux, -euse (pour); préjudiciable (à); dommageable à q; ~ *helyzet* position désavantageuse; ~ *helyzetbe kerül* être désavantagé(e)
hátraszorít refouler; repousser
hátratámaszkodik s'appuyer en arrière contre qc
hátratántorodik reculer en titubant

hátratekint jeter un coup d'œil en arrière
hátratesz mettre au fond; reculer; *-tett karral* les bras au dos
hátravet 1. *(haladásban)* faire reculer (de...); faire rétrograder; 2. *(munkában)* retarder
hátsó [~ak *v* ~k, ~t] 1. *(rész)* postérieur, -e; de derrière; dorsal, -e; 2.*(hátullevő)* (d')arrière; de fond; de l'arrière; ~ *ajtó* porte *f* de fond; ~ *bejárat* entrée *f* de service; ~ *kerekek* les roues arrière *f;* ~ *láb* pied *m* de derrière; *(állaté)* patte *f* de derrière; *aut:* ~ *lámpa* feu arrière *m;* ~ *nézet* vue arrière *f;* arrière *m;* ~ *rész* partie postérieure *v* arrière; arrière *m;* *(állaté)* arrière-train *m;* ~ *ülés* siège *m* du fond
Hátsó-India les Indes Orientales; l'Inde ultérieure
hátszél vent arrière *v* en poupe *v* largue; largue *m*
hátszín aloyau (de bœuf); faux-filet *m*
hatszög hexagone *m*
háttér 1. fond (de décor); arrière-plan; second plan *m;* 2. *(képé)* fond *m* de décor; 3. *szính:* fond; toile *f* de fond; 4. *átv:* toile de fond; décor *m; (ügyé)* les dessous *m pl* de qc; ~*be szorít* pousser à l'arrière-plan; reléguer au second *v* au troisième *v* au dernier plan; ~*be vonul* rentrer dans la coulisse; *a* ~*ben áll v dolgozik* se tenir dans la coulisse; tirer les ficelles *gúny;* ~*ben marad* rester dans l'ombre
hátul au fond; en arrière; en queue; *kissé* ~ un peu en retrait; ~ *áll* se tenir au fond; ~ *kullog* être à la traîne; ~ *marad* rester *v* demeurer en arrière
hátulja [-át] 1. *(far)* derrière; postérieur *m; -ára esik* tomber sur le postérieur *v* son séant; 2. *(állaté)* arrière-train *m; ld. még:* hátsó *rész*
hátulról de derrière; par derrière; ~ *előre* d'arrière en avant; ~ *kezd vmit* prendre qc à revers; ~ *ledöf vmit* poignarder dans le dos
hátúszás nage *f* sur le dos

hatvan [~at] soixante
hatvanéves de soixante ans; *akar szerint)* âgé(e) de soixante ans; *ember, asszony)* sexagénaire *n*
hatvány [~ok, ~t, ~a] puissance *f;* *egy számot második, harmadik ~ra emel* élever un nombre à la seconde, à la troisième puissance
hatványkitevő exposant (d'une puissance); indice *m* d'une puissance
hatványoz [~tam, ~ott, ~zon] 1. élever à une puissance; 2. *átv:* multiplier; augmenter; accroître; intensifier; renforcer
hatványozottan dans une proportion accrue; à plus forte raison
hátvéd 1. derrières *m pl;* arrière-garde *f;* 2. *sp:* arrière *m*
hattyú [~k, ~t, ~ja] cygne *m*
hattyúdal chant *m* du cygne
havas [~ok, ~t; ~at] I. *(mn)* neigeux, -euse; couvert(e) de neige; enneigé; neigé, -e; ~ *eső* v *zápor* giboulée *f;* neige et pluie mêlées; II. *(fn)* haute montagne; les Alpes *f pl*
havazik [~ott, ~zék *v* ~zon] il neige; il tombe de la neige; la neige tombe
havi [~ak, ~t] mensuel, -elle; ~ *bérlet* location *f* au mois; ~ *díj* mensualité *f;* ~ *fizetés* traitement mensuel; ~ *folyóirat* revue mensuelle; périodique mensuel; ~ *jelentés* rapport mensuel
havibaj *orv:* menstruation; ménorrhée *f;* règles *f pl*
havibéres mensuel *m*
havidíjas surnuméraire payé au mois; gagiste *m*
havonként; havonta mensuellement; par mois; tous les mois
ház [~ak, ~at, ~a] 1. maison *f;* immeuble; édifice *m; (mint lakóhely)* habitation; demeure *f; a* ~ *ura* le maître *v* l'hôte *m* de la maison; *akkorát hazudott, mint egy* ~ il a menti impudemment *v* par la gorge; „*jó"* ~*ból való* de bonne maison; ~*hoz* à domicile; ~*hoz szállít* v *kézbesít* distribuer *v* livrer à domicile; ~*hoz szállítás* livraison *v* remise *f* à domicile; ~*on kívül van* il est en ville; ~*ról* ~*ra de maison en maison;* ~*ról* ~*ra jár* aller de porte en porte; ~*tól* ~*ig* de porte à porte; 2. *(képviselő~)* la Chambre; *a Ház asztalára* sur le bureau de l'assemblée; 3. *(uralkodóé)* maison; 4. *(csigáé)* coquille; maison *f*
I. *(fn)* **haza** [-ák, -át, -ája] 1. patrie *f* (d'origine); pays *m* (d'origine); *szűkebb -ája* sa petite patrie; 2. *(állaté, fajé, ősi)* habitat *m*
II. *(hat)* **haza** chez lui; à la maison
hazaárulás (crime *m* de) haute trahison
hazaáruló traître *m* (à la patrie)
házadó impôt foncier *v* contribution foncière des propriétés bâties
hazaenged 1. laisser regagner son domicile; 2. *isk:* donner congé à q; renvoyer à la maison; 3. *(katonát, foglyot)* libérer
hazafelé en route vers la maison; ~ *indul* prendre la route du retour
hazafi [~ak, ~t, ~ja] patriote *n*
hazafias [~ak, ~at] patriotique; patriote; *Hazafias Népfront* Front Populaire Patriotique *m*
hazafiatlan antipatriotique; incivique
hazafiság patriotisme; civisme *m*
hazahív rappeler
hazai [~ak, ~t] du pays; national, -e; autochtone; indigène; natal, -e; *(termék)* indigène; ~ *ipar* industrie nationale; ~ *növény* plante indigène *v* aborigène *f*
hazajáró *lélek* revenant *m;* âme *f* en peine
hazajön revenir chez soi; rentrer
hazakísér raccompagner; (re)conduire à la maison *v* chez lui
házal [~tam, ~t, ~jon] se livrer au colportage; colporter
házaló [~k, ~t] 1. *(eladó)* colporteur, -euse *n;* 2. *(ószeres)* marchand *m* de bric-à-brac
hazamegy 1. rentrer (chez soi *v* à la maison); rentrer au quartier; 2. *isk:* sortir
házas [~ok, ~t] I. *(mn)* marié, -e; II. *(fn) a* ~*ok* les conjoints; les époux
házasélet vie conjugale; ménage *m*

házasfél conjoint *m;* a ~*felek* les époux; les conjoints *m*
házasodik [~ott, ~jék *v* ~jon] se marier; contracter mariage; *gazdagon* ~ faire un riche mariage
házaspár époux *m pl;* ménage; couple *m*
házasság mariage; hymen *m;* alliance; union *f;* ménage *m;* ~ *előtti orvosi vizsgálat* examen prénuptial; *kitűnő* ~ mariage parfait; ~ *balkézre* mariage de la main gauche *v* derrière la mairie; *a* ~ *megkötése* la célébration du mariage; ~ *megszüntetése* la dissolution du mariage; *második* ~*ban feleségül vesz* épouser en secondes noces; ~*ban* matrimonialement; *(törvényes)* ~*ból született* né(e) dans le *v* en mariage; ~*on kívül született* né(e) hors (du) mariage; adultérin, -e; ~*on kívül született gyermek* enfant *n* naturel(le); ~*on kívüli* extra-conjugal, -e; ~*ra lép* contracter une union *v* un mariage; ~*ot felbont* casser *v* dissoudre *v* annuler un mariage; ~*ot ígér* promettre le mariage à q
házassági matrimonial; conjugal, -e; ~ *ajánlatot tesz* faire des propositions de mariage; ~ *életközösség* communauté matrimoniale; ~ *jog* droit matrimonial *v* de mariage; ~ *kötelék* les liens conjugaux *v* du mariage; *kéri a* ~ *kötelék felbontását* faire la demande en séparation de corps; ~ *közösség megszüntetése* séparation *f* de corps; ~ *vagyonközösség* régime *m* de communauté
házasságközvetítés 1. négociation *f* d'un mariage; 2. *(üzletszerű)* courtage matrimonial
házasságlevél bulletin *v* acte *v* certificat *m* de mariage
házasságszédelgés escroquerie *f* au mariage
házasságtörés adultère *m*
házasságtörő adultère; ~ *asszony v nő* femme adultère; ~ *férfi* (homme) adultère *m*
házastárs conjoint, -e *n; tb:* les conjoints; les époux; *leendő* ~*ak* les futurs (époux)
házastársi conjugal, -e

hazaszállít 1. ramener; rapatrier; 2. faire transporter à la maison; 3. *ker:* livrer à domicile
hazaszeretet amour de la patrie; patriotisme *m*
hazatelepít rapatrier
hazatér retourner *v* rentrer *v* revenir à la maison *v* chez soi; regagner ses foyers
hazatérés retour *m;* rentrée *f*
hazátlan sans patrie; errant, -e; en exil; ~ *ember* sans patrie *m;* apatride *(n)*
hazátlanság 1. dépaysement *m;* absence *f v* manque *m* de patrie; 2. *jog:* apatridie *f;* heimatlosat *m*
házavatás 1. inauguration *f* d'une maison; 2. ~*ra van meghíva* aller pendre la crémaillère
hazavisz 1. *(tárgyat)* porter *v* (r)emporter chez soi; 2. *(személyt)* ramener *v* reconduire à la maison *v* chez lui
hazazsuppol refouler
házbér loyer *m* (d'habitation); *(negyedévi)* terme *m*
házbérnegyed terme *m*
házbirtok propriété immobilière
házbizalmi *kb:* responsable *m* (des locataires) de l'immeuble
házfelügyelő concierge *m;* pipelet *m tréf*
házgondnok gérant *m* d'un immeuble
házhely terrain *v* lot *m* à bâtir *v* à construire
házi [~ak, ~t] domestique; familial, -e; de ménage; *(készítése vminek)* de ménage; préparé(e) à la maison; ~ *agitáció* porte-à-porte *m;* ~ *bál* bal intime *v* privé *v* de société; *átv:* ~ *bútor* familier *m* de la maison; ~ *eszköz* ustensile *m;* ~ *feladat* devoir *m; mat:* problème *m;* ~ *gondnok* soucis *m* de famille; ~ *kenyér* pain de ménage; gros pain; ~ *kezelés* exploitation *f* en régie; ~ *koszt* cuisine de ménage *v* bourgeoise; ~ *munka* travaux *m pl* de ménage; ~ *ruha,* vêtement *m* d'intérieur; *(női)* robe *f* d'intérieur; négligé *m;* ~ *tanár v tanító* répétiteur; préparateur; maître particulier; ~ *telefon* téléphone intérieur *v* privé

háziállat animal domestique; animal *m* de maison *v* de ferme
házias [~ok, ~t *v* ~at] bonne ménagère; économe; ~ *nő v asszony* femme d'intérieur
háziasszony 1. *(háztartásban)* ménagère *f;* **2.** *(vendégségben)* maîtresse *v* hôtesse de (la) maison
házigazda maître de (la) maison; hôte; patron *m*
háziipar industrie domestique *v* à domicile *v* familiale
házikabát veston *m* d'intérieur; *(reggeli)* matinée *f*
házikisasszony demoiselle *v* fille *f* de la maison
házikó [~k, ~t, ~ja] maisonnette; cassine *f*
házingatlan immeuble *m;* propriété bâtie
házinyúl lapin *m* (domestique) *v* de choux
háziorvos médecin *m* de (la) famille *v* de la maison
háziőrizet résidence surveillée; ~be *vesz* garder à vue à son domicile
házirend règlement intérieur
házisárkány dragon *m;* mégère *f*
háziszárnyasok volaille *f* de basse-cour
háziszőttes toile de ménage *v* tissée main
háziúr propriétaire *m* (de la maison)
házivarrónő couturière *f* à la journée
házkezelő gérant(e) d'un immeuble; ~ *bizottság* comité *m* de gestion
házkezelőség bureau *m* de gestion de l'immeuble
házkutatás perquisition *v* visite domiciliaire; descente *f* de justice
házmegbízott *kb:* responsable *n* (des locataires) de l'immeuble
házmester concierge *m;* pipelet *m biz*
házőrző *eb* chien *m* de garde *v* d'attache *v* de défense
házsor rangée *f* de maison
házszabályok status *m pl v* règlement *m* de la Chambre
házszám numéro *m* de maison
háztáji *gazdaság* exploitation propre (du kolkhozien) *v* personnelle

24. Magyar–Francia kézi

háztartás 1. ménage; train de maison; état *m* de maison; économie ménagère; *közös* ~*ban él vkivel (nővel)* vivre maritalement avec q; ~*t vezet* gouverner *v* diriger *v* mener le ménage; ~*t visz* tenir ménage; **2.** *(állámé, szervezeté)* économie *f*
háztartásbeli *hiv:* sans profession
háztartási *alkalmazott(ak)* employé *m v* gens *m pl* de maison; ~ *bolt* droguerie *f;* ~ *eszköz* objet d'usage domestique; ustensile *m;* ~ *munka* travail *v* service ménager; service domestique *m;* ~ *szén* charbon domestique *m;* ~ *villamos készülék* appareil électro-ménager
háztelek lot *v* terrain à bâtir; emplacement *m* à bâtir
háztető toit *m*
háztömb 1. pâté de maison; îlot *m* de maisons; **2.** *hiv:* bloc *m* d'habitation
háztömbmegbízott îlotier, -ière *n*
háztulajdonos propriétaire *n* (d'immeuble)
hazudik [~tam, ~ott, ~jék *v* ~jon] I. *(tgyl i)* mentir; dire des mensonges; *nagyokat* ~ mentir serré *v* gros; ~*, ahogy a száján kifér* il ment comme il respire; ~*, mintha (könyvből)* olvasná il est menteur comme une épitaphe; II. *(tgy i)* ~ *vkinek vmit* dire un mensonge à q; s'en tirer avec un mensonge
hazug [~ok, ~ot] I. *(mn)* mensonger, -ère; menteur, -euse; ~ *béke* paix fourrée; ~ *kutya!* sale menteur! menteuse crapule! II. *(fn)* menteur, -euse *n*
hazugság 1. mensonge *m;* menterie; bourde; blague *f; nagy* ~ mensonge insigne; **2.** *(vminek a* ~*a)* fausseté; absurdité *f*
hazulról 1. de chez soi; de la maison; *elmegy* ~ sortir; descendre; **2.** du pays; de son pays; **3.** ~ *gazdag* il est né riche
házvezetőnő gouvernante; femme de charge
házsártos [~ak, ~at; ~an] acariâtre; batailleur, -euse

hé! hé! hé, là-bas!
hebeg [~tem, ~ett, ~jen] **1.** bégayer;
2. *(zavartan)* bafouiller; bredouiller; balbutier
hébe-hóba de fois à autre; de loin en loin; de temps à autre
hebehurgya [-ák, -át] étourdi; écervelé; évaporé; inconsidéré; malavisé, -e
héber [~ek, ~t; ~ül] **I.** *(mn)* hébraïque; hébreu; *a ~ nyelv* l'hébreu; **II.** *(fn)* Hébreu *m*
hederít [~ettem, ~ett, ~sen] *rá sem ~ se* moquer de qc; faire peu de cas de qc; il s'en fiche *v (erősebb kifejezéssel)* s'en fout; il s'en moque (pas mal)
heg [~ek, ~et, ~e] cicatrice; croûte *f*
heged [~t, ~jen] se cicatriser; se fermer; *a seb ~ni kezd* la plaie commence à se fermer
hegedés cicatrisation *f*
hegedű [~k, ~t, ~je] violon *m; első ~* premier violon
hegedűhúr corde *f* de violon
hegedűkészítés lutherie *f*
hegedül [~tem, ~t, ~jön] **I.** *(tgyl i)* jouer *v* faire du violon; **II.** *(tgy i)* jouer *v* exécuter sur le violon *v* au violon
hegedűs [~ök, ~t, ~e] violon *m;* violoniste *n*
hegedűtok boîte *f v* étui *m* à violon
hegedűverseny **1.** *(előadás)* récital *m* de violon; **2.** *(darab)* concerto *m* pour violon
hegedűvonó archet *m; ~ vesszője v fája* fût *m*
hegemónia [-ák, -át, -ája] hégémonie; suprématie; prépondérance *f (mind:* sur qc)
hegeszt [~ettem, ~ett, -esszen] **1.** *(sebet)* cicatriser; refermer; **2.** *(fémet)* souder; *(vasat kalapálva)* corroyer
hegesztő [~k, ~t] **I.** *(mn)* soudant, -e; *~ áram* courant *m* de soudage; **II.** *(fn)* soudeur *m*
I. hegy [~ek, ~et, ~e] **1.** point *f;* **2.** *(tollé, fújtatóé)* bec; bout *m;* **3.** *mat:* *(görbéé)* point *m* de rebroussement; **4.** *(szívé, szervé)* sommet; apex *m;* **5.** *a fül ~e* le bout de l'oreille; *a láb ~e* la pointe *v* le bout du pied
II. hegy [~ek, ~et, ~e] **1.** montagne *f; (névvel együtt sokszor:)* le mont...; *a ~ lába* la base *v* le pied de la montagne; *a ~ oldalában* à mi-côte; sur la côte; *a ~ek között* en pleine montagne; *a ~ekben* dans la *v* en montagne; *~nek fel* à la montée; en montant; *~nek le* en descendant; à la descente; **2.** *(nagy tömeg vmiből)* montagne; grand tas; pile *f*
hegycsoport massif *m*
hegycsúcs cime *f;* sommet; pic *m; (igen csúcsos)* aiguille *f*
hegyébe par-dessus le marché; mieux; pour y mettre le comble
hegyen-völgyön *át* par monts et par vaux
I. hegyes [~ek, ~et] **1.** *(tárgy)* pointu, -e; aigu, -ë; aiguisé; affilé; effilé, -e; *~re* en pointe; *~re farag* tailler en pointe; **2.** *növ:* cuspidé, -e; **3.** *(jelzős szerkezetben:) ~ fejű* à la tête allongée *v* en pain de sucre; *~ kés* outil pointu; *~ nyelv* langue effilée *v* acérée *v* bien pendue
II. hegyes montagneux, -euse
hegyesszög angle aigu; *~et képző* acutangulaire
hegyes-völgyes accidenté, -e; montueux, -euse; vallonné, -e
hegyez [~tem, ~ett, ~zen] **1.** appointer; tailler en pointe; *(ceruzát)* tailler; **2.** *~i a fülét* dresser *v* pointer les oreilles
hegyező [~k, ~t, ~je] pointeur; appointeur, -euse *n*
hegyfok cap; promontoire *m*
hegygerinc crête de montagne; arête *v* croupe *f v* dos *m* de montagne
hegyi [~ek, ~t] **1.** de montagne; *~ legelő* haut pâturage; *~ legelőre hajt* transhumer; *~ levegő* l'air de la montagne; *~ növényzet* flore alpestre *v* des montagnes *f; ~ patak* torrent *m;* ravine *f; ~ túra* excursion *f* dans la montagne; *~ tüzérség* artillerie *f* de montagne; **2.** *(lakókra vonatkoztatva)* montagnard, -e

hegykatlan cirque *m*
hegyképződés orogénèse *f;* soulèvement montagneux
hegykoszorú cirque *m* de montagnes; *a Kárpátok ~ja* l'arc karpathique *m*
hegylánc chaîne *f* de montagnes
hegymászás alpinisme *m;* ascension *f*
hegyoldal flanc *m* de la montagne; côte *f*
hegyrajzi orographique; *hegy- és vízrajzi* orohydrographique; *Franciaország hegy- és vízrajzi térképe* la France physique
hegység montagne *f;* massif *m; (néha:)* les monts...; *a Mont-Blanc ~* le massif du Mont-Blanc
hegyszoros; hegyszorulat défilé *m;* gorge *f;* passage *m;* passe *f*
hegytető sommet *m v* cime *f v* faîte *m* de la montagne
hegyvidék le haut pays; pays de montagnes
hehezet aspiration *f; erős* v *kemény ~* esprit dur; *(franciában) h* aspiré
héj [~ak, ~at, ~a] 1. enveloppe *f;* 2. *(hámozott)* épluchure; pelure *f;* 3. *(babé, hagymáé)* robe *f; (borsóé, kukoricáé)* cosse *f; (citromé, narancsé)* zeste *m;* écorce; pelure *f; (zöld dióé)* brou *m; (száraz gyümölcsé)* écale; coque *f;* 4. *(fáé)* écorce *f; erd: (a levágott fan)* grume *f;* 5. *(kagylóé stb.)* coquille; coque *f;* 6. *(magé)* tégument *m;* 7. *(kenyéré, süteményé)* croûte *f*
héja [-ák, -át, -ája] autour *m*
hektár [~ok, ~t, ~ja] hectare *m; ~onként* à l'hectare
hektó [~k, ~t, ~ja] hecto *m*
hektoliter hectolitre *m*
hekus *arg:* flic; flicard *m;* vache *f*
helikopter [~ek, ~t, ~je] hélicoptère *m; ~en szállít* héliporter
hélium hélium *m*
Hellász [~t] l'Hellade *f*
hellászi [~ak, ~t] helladique
hellén [~ek, ~t; ~ül] I. *(mn)* hellène; hellénique; II. *(fn)* Hellène *n*
hellenista [-ák, -át, -ája] helléni- ~ sant(e); helléniste *n*
hellenizmus hellénisme *m*

helóta [-ák, -át, -ája] ilote; hilote *n*
helvét [~ek, ~et; ~ül] helvétique; helvétien, -enne; helvète; *~ hitvallás* confession helvétique *f; Helvét Államszövetség* Confédération Helvétique (C. H.) *f*
hely [~ek, ~et *v ~t, ~e*] 1. place *f;* lieu; endroit; emplacement; siège *m;* position *f; orv: (szervezetben, testben)* région *f;* il y a place pour tous *v* pour chacun; *~ és év (megjelölése) nélkül* sans lieu ni date; *a betegség ~e* le siège de la maladie; *az egykori Bastille ~e* l'emplacement de la Bastille; *ennek nincs itt a ~e* ce n'est pas le lieu *v* le moment *v* l'endroit; *a tiltakozásnak ~e van* il y a lieu de protester; *vkinek ~ébe képzeli magát* se mettre à la place de q; *vkinek a ~ébe lép* succéder à q; prendre la place de q; *~ben* sur place; dans le même lieu; *(levélen)* en ville; *ott ~ben* séance tenante; sur place; *egy ~ben* au même endroit; sur place; *egy ~ben forog* tourner sur place; *(jármű kereke)* patiner; faire patin; *(nyomozás stb.)* piétiner sur place; *már ~ben vagyunk* nous y voilà; nous y sommes; *vki ~ében* à la place de q; *az ő ~ében* à sa place; *ha az ön ~ében volnék* (si j'étais) à votre place; si j'étais (que) de vous; *nem mozdul ~éből* ne pas bouger de sa place; *~hez köt* localiser; fixer; *~hez kötött* sédentaire; *egy ~en* dans *v* en un endroit; *egyes ~eken* par places; par endroit; *más ~en* d'autre part; en un autre endroit; *több ~en* sur plusieurs points; *a maga ~én* en son lieu et place; en temps et lieu; *nincs ~én (megjegyzés stb.)* être déplacé(e); *~én van a szíve* avoir le cœur haut *v* bien placé; *elmegy egy ~re* se rendre en un lieu; *~ére tesz* remettre à sa place *v* en place; *elmozdít a ~éről* déplacer; *~t ad vminek* accueillir qc; donner *v* faire droit à qc; admettre qc; donner suite à qc; *~t ad a kérésnek* faire droit à la demande; *~et cserél*

helyár changer de place; *sok ~et elfoglaló (csomag)* encombrant, -e; *~et fenntart* retenir *v* réserver une place; *~et foglal* s'asseoir, prendre place; *tessék ~et foglalni! foglaljon ~et!* veuillez vous asseoir *v* prendre place; asseyez-vous (Monsieur, Madame *stb.)! ~et (kérek)!* faites place! *~et változtat* changer de place *v* de lieu; se déplacer; *megállja a ~ét* se montrer à la hauteur de sa tâche; *nem találja ~ét* se sentir dépaysé(e) *v* mal à son aise; *hellyel megkínál* offrir une place à q; 2. *(lakóhely)* localité *f;* endroit; 3. *(állás)* poste *m;* place *f;* 4. *szính:* place, fauteuil *m;* stalle *f;* 5. *(könyvben, írásban)* endroit; passage *m;* page *f; több ~en:* passim
helyár pris *m* de location *v* des places
helybeli local, -e; de la localité
helybenhagy 1. approuver; consentir (à qc); adopter; 2. *(alaposan* v *csúnyán* v *derekasan) ~* battre comme plâtre; corriger d'importance
helybenhagyás approbation *f;* consentement *m;* confirmation *f*
helybenlakás résidence *f*
helycsere échange *m* de place
helyenként de place en place; par places, de loin en loin; par-ci par-là; *passim*
helyénvaló pertinent, -e; bien *v* fort à propos; *ez ~* c'est tout indiqué; *nem ~* déplacé, -e
helyes [~ek, ~et] 1. juste; exact, -e; convenable; en règle; pertinent, -e; *~ arányokban* v *mértékben* dans de justes proportions; *~ értelem* sens précis *v* vrai; vrai sens; sens légitime; *~ érzék* un sentiment juste; *~ fogalmat alkot magának vmiről* se faire une idée juste de qc; *a ~ nyomra rávezet* indiquer à q la bonne piste; mettre sur la voie; *~ úton jár* être dans le vrai; *~nek talál* juger *v* trouver bon de *(inf);* juger à propos de *(inf);* 2. *helyes!* (c'est) entendu! d'accord! à la bonne heure! bien! parfait! *(feleletképpen)* parfaitement; 3. *(ejtés, kifejezés)* correct, -e; 4. *(csinos)* joli, -e; gentil, -ille; bien; mignon, -onne
helyesbít [~ettem, ~ett, ~sen] 1. corriger; mettre au point; apporter un correctif à qc; 2. *(módosítva)* amender
helyesbítés rectification; mise *f* au point
helyesel [~tem, ~t, ~jen] *(vmit)* approuver; souscrire à qc; applaudir à qc; *nem ~* désapprouver
helyesen 1. d'une manière juste; justement; avec justesse; *nagyon ~ comme de raison; ~ beszél és ír franciául* il parle et écrit le français correctement; *~ gondolkodik* penser juste; *mint ahogy ~ megjegyezte* comme vous avez fort bien remarqué; *~ tette* il a bien fait; 2. *nem ~* improprement; à tort; 3. *vagy ~; vagy helyesebben* ou plutôt; pour mieux dire; plus précisément; *~ szólva* en bonne doctrine
helyesírás orthographe *f; hibás* v *rossz ~* orthographe vicieuse *v* incorrecte
helyeslés 1. approbation; marque *f* v signe *m* d'approbation; 2. *(gyűlésben)* mouvement *m* d'approbation
helyesség 1. justesse; exactitude *f;* bien-fondé *m;* 2. *(szövegé)* correction *f*
helyett [~em, ~ed, ~e, ~ünk, ~etek, ~ük] au lieu de; à la place de; pour; en place de; *apám volt apám ~* il m'a servi de père; *maga ~* à sa place
helyettes [~ek, ~t] I. *(mn)* suppléant, adjoint, -e; *~ igazgató* directeur adjoint; II. *(fn)* suppléant; remplaçant, -e *n*
helyettesít [~ettem, ~ett, ~sen] remplacer; supplanter; suppléer; faire fonction à qc; *(minisztert stb.)* assurer l'intérim de q
helyettesként intérimairement; p. i. (par intérim)
helyez [~tem, ~ett, ~zen] 1. *(tárgyat)* placer; poser; mettre; installe; *(területre, földrajzilag)* situer; localiser; 2. *(pénzt)* placer; 3. *(vkit)*

helyezés mettre; placer; installer; poster; *(hivatalba)* affecter à...; **4.** *sp:* classer; *harmadiknak* ~ classer troisième
helyezés 1. *(tárgyé)* pose; installation *f;* *(elméletben vhová)* localisation *f;* **2.** *(hivatalhoz)* affectation *f;* **3.** *(versenyvizsgán)* place *f;* **4.** *sp:* classement; placement *m;* place; **5.** *sp: (labdáé)* placement *m*
helyhatározó circonstanciel *v* complément *m* de lieu
helyhatározószó adverbe *m* de lieu
helyhatósági municipal; communal, -e; ~ *bizonyítvány* attestation *f*
helyi [~ek, ~t] local, -e; ~ *bántalom* affection locale; *mat:* ~ *érték* valeur *f* de position; ~ *érzéstelenítés* anesthésie locale *v* régionale; ~ *forgalom* service local; *(telefon)* service urbain; ~ *idő* heure locale *v* du lieu; ~ *ismeretek* connaissance *f* des lieux; ~ *jelleg* caractère local; topicité *f;* ~ *szokás* usage local *v* des lieux *v* du lieu; ~ *szokásjog* droit coutumier particulier
helyiség local *m;* *(lakásban)* pièce *f*
helyismeret connaissance *f* des lieux
helyjegy *(vasúti)* billet de place *v* de réservation; ticket garde-place *m*
hellyel-közzel de loin en loin; de distance en distance; par endroit
helymeghatározás 1. localisation *f;* **2.** *földr:* repérage *m*
helynév nom *m* de lieu; *nyelv:* toponyme *m*
helynök [~ök, ~öt, ~e] **1.** substitut *m;* **2.** *püspöki* ~ grand vicaire; vicaire général
helyőrség garnison; place *f*
helypénz 1. droit de place; étalage *m;* **2.** *(vásárcsarnokban)* hallage *m*
helyrajz 1. carte topographique; topographie *f;* **2.** état *m* des lieux; **3.** *(mérnöki)* lever; cadastre *m*
helyreáll se rétablir; se redresser; se remettre; se restituer; *(erkölcsileg)* se relever (moralement); *a forgalom* ~*t* la circulation a repris son cours normal; *a nyugalom* ~ *le calme reparaît*

helyreállít rétablir; redresser; restaurer; régénérer; reconstituer; ~*ja a biztonságot, a békét* ramener la sécurité, la paix; *egészségét* ~*ja* remettre q; restaurer *v* rétablir la santé de q; *a királyságot, a köztársaságot* ~*ja* restaurer la monarchie, la république; *a pénzügyeket* ~*ja* redresser les finances; *a rendet* ~*ja* ramener le calme
helyreállítás rétablissement; redressement *m;* régénération; restauration *f;* *egy emlékmű* ~*a* la restauration d'un monument; *a pénzügyek* ~*a* le redressement financier
helyrehoz réparer; *egy hibát* ~ réparer une faute
helyrehozhatatlan irréparable; irrémédiable
helyreigazít 1. *(tárgyat)* rectifier la position de qc; rajuster; **2.** *átv:* rectifier; mettre au point
helyreigazítás 1. *(tárgyé)* rajustement; redressement *m;* **2.** *átv:* rectification; mise *f* au point; *(szövegszerű)* rectificatif *m;* ~*ra szorul* appeler des précisions
helyreigazító *nyilatkozat* mise *f* au point; rectificatif *m*
helyretesz remettre en place; replacer
helység 1. *(község)* commune; localité *f;* *(lakott hely)* agglomération *f;* **2.** *ld:* helyiség
helyszerző 1. placeur, -euse *n;* **2.** *(iroda)* bureau *m* de placeur
helyszín les lieux; *a* ~*en* sur place; sur les lieux; *a* ~*re megy* aller *v* se rendre sur place *v* sur les lieux; aller sur le terrain
helyszíni *közvetítés* radioreportage *m* *ʳahonnan:* de *v* depuis); retransmission *v* diffusion *f* en direct; ~ *szemle* descente *f* (sur les lieux)
helytáll 1. tenir bon *v* ferme *v* debout *v* jusqu'au bout; faire preuve (de fermeté); tenir le pied; **2.** ~ *(vmiért)* répondre de qc; se porter garant(e) de qc; **3.** *(okoskodás, érv)* tenir (debout); valoir; être valable

helytálló solide; plausible; valable; judicieux, -euse; juste; exact, -e; *nem ~* inexact, -e
helytartó 1. *tört:* gouverneur; lieutenant général; **2.** *(gyarmaton)* résident; gouverneur *m*
helytelen 1. *(erkölcsileg)* déplacé, -e; injuste; incorrect, -e; fautif, -ive; *~ hangot használ* employer une fausse note; *~ megjegyzés* observation déplacée; *ez ~* c'est mal; **2.** *(téves)* inexact, -e; faux, fausse; erroné, -e; *~ következtetés* faux raisonnement; conclusion illégitime *f*; *~ oldalról nézi a dolgokat* prendre les choses à l'envers; **3.** *(rossz időben tett)* inopportun, -e; **4.** *nyelv:* impropre; incorrect, -e; vicieux, -euse; *~ kifejezés* tournure *v* expression incorrecte; solécisme; barbarisme *m*
helytelenít [~ettem, ~ett, ~sen] désapprouver; blâmer; trouver mauvais; désavouer
helytelenkedés inconduite *f*; incongruités *f pl*
helytelenség 1. *(erkölcsi)* incorrection; malséance *f*; torts *m pl*; incongruités *f pl* ; **2.** *(tévesség)* injustice; fausseté; inexactitude *f*; *(állítása)* le mal fondé de qc; **3.** *(időben)* inopportunité; *f*; **4.** *nyelv:* impropriété; incorrection *f*
helyváltoztatás déplacement *m*
helyzet 1. *(tárgyé)* position *f*; emplacement *m*; assiette *f*; **2.** *(házé, teleké, városé)* situation *f*; **3.** *ép: (kőé)* lit *m*; **4.** *haj, rep;* position *f*; **5.** *(testé)* attitude; position; station *f*; *álló ~* station debout; *ülő ~* position assise; **6.** *(társadalmi)* condition; situation *f*; état *m*; **7.** *ált:* situation; conjoncture *f*; état *m* de choses; *(néha)* la scène; *a ~ magaslatán áll* se montrer *v* être à la hauteur des circonstances *v* de la situation; *a ~ ura* le maître de l'heure *v* de la situation; *képzelje magát az én ~embe* mettez-vous à ma place; *ebben a ~ben* en la circonstance (présente); *nincs abban a ~ben, hogy* être hors d'état de *(inf)*;

a jelenlegi politikai ~ben dans le climat actuel; *a ~hez illően* en conséquence; *meg van elégedve a ~ével* se contenter de sa condition
helyzeti *energia* énergie potentielle
helyzetjelentés rapport sur la situation; état *m* de situation
helyzetváltoztatás locomotion *f*
hemoglobin *orv:* hémoglobine *f*
hempereg [~tem, -rgett, ~jen] **1.** se rouler; **2.** *(földön, pocsolyában, fertőben)* se vautrer
hemperget rouler
hemzseg [~tem, ~ett, ~jen] fourmiller; pulluler; foisonner; *~ a tévedésektől* fourmiller de contresens
henceg [~tem, ~ett, ~jen] **1.** se vanter; prendre des airs; poser; **2.** *~ vmivel* se vanter *v* se targuer de qc
henger [~ek, ~t, ~e] **1.** *mat:* cylindre *m*; *a ~ átmérője* le diamètre du cylindre; **2.** *műsz:* cylindre; rouleau; tambour *m*; **3.** *mez:* rouleau; plombeur *m*
hengerde [-ék, -ét, -éje] laminoir *m*
hengerel [~tem, ~t, ~jen] **1.** cylindrer; **2.** *mez:* rouler; **3.** *(fémet)* laminer
hengerelt [~ek, ~et; ~en] *~ acél* acier laminé; *~ áru* laminé *m*
hengerész [~ek, ~t, ~e] **1.** cylindreur, -euse *n*; **2.** lamineur *m*
hengerít [~ettem, ~ett, ~sen] rouler; faire rouler
hengermalom minoterie *f v* moulin *m* à cylindre
hengermű laminoir *m*; laminerie *f*; train *m* de laminage *v* de laminoirs
hengerpalást *mat:* aire (latérale) du cylindre
hengertérfogat volume *m* du cylindre
hennabokor; hennagyökér *növ:* henné *m*
hentes [~ek, ~t, ~e] charcutier *m*
hentesáru charcuterie *f*; produit *m* de charcuterie
hentesbolt charcuterie *f*
hentesmester charcutier *m*
henye [-ék, -ét] **1.** paresseux, -euse; **2.** *(mozdulat stb.)* négligé; nonchalant; indolent, -e
henyél [~tem, ~t, ~jen] fainéanter; faire le paresseux *v* le fainéant

hepciás [~ok v ~ak, ~at; ~an] arrogant; provocant, -e; provocateur, -trice
hepciáskodik parler avec arrogance
hepehupás vallonné; accidenté; inégal; bosselé; bossu, -e; montueux, -euse
heraldika héraldique; science *f* du blason; le blason
herbatea tisane (pectorale); *vegyes ~* tisane des quatre fleurs
herborizál [~tam, ~t, ~jon] botaniser
herceg [~ek, ~et, ~e] prince; duc *m; él, mint egy ~* vivre en prince
hercegi [~t; ~en] princier, -ière; ducal, -e
hercegnő princesse; duchesse *f*
hercegprímás prince *v* archevêque primat *m*
hercegség principauté *f;* duché *m*
hercehurca [-ák, -át] tintouin *m;* tracasserie *f;* tracas *m*
herdál [~tam, ~t, ~jon] gaspiller; dilapider
herdálás gaspillage *m;* *(közpénzeké)* dilapidation; gabegie *f*
I. **here** [-ék, -ét, -éje] *növ:* trèfle *m; ld. még:* **lóhere**
II. **here** 1. *(méh)* abeille mâle *f;* (faux) bourdon; abeillaud *m;* 2. *(emberről)* fainéant; parasite; écornifleur *m*
III. **here** *(testrész)* testicule *m*
herél [~tem, ~t, ~jen] châtrer; castrer; émasculer; stériliser; *(állatot)* couper; *~t ló* cheval hongre
hering [~ek, ~et, ~je] *közönséges ~* hareng *m; úgy szoronganak mint a ~ek* se serrer comme des harengs en caque
heringsaláta harengs *m pl* en salade
heringtej laitance *f* de hareng
Herkules [~ek, ~t, ~e] Hercule *m; ~ hőstettei* les travaux d'Hercule
herma [-ák, -ák, -ája] *műv:* buste *m* en hermes
hermafrodita [-ák, -át] hermaphrodite *(m)*
hermelin [~ek, ~t, ~je] hermine *f*
hermetikus hermétique; hermétiste
hernyó [~k, ~t, ~ja] chenille *f*
hernyóbáb chrysalide *f*
hernyólánc chenille *f;* caterpillar *m*

hernyóselyem soie naturelle
hernyótalpas I. *(mn)* chenillé, -e; *~ autó* autochenille *f;* II. *(fn)* véhicule chenillé
hernyóz [~tam, ~ott, ~zon] écheniller
Heródes [~t] Hérode *m*
heroikus héroïque
heroin *vegy:* héroïne *f*
herold [~ok, ~ot, ~ja] héraut *m*
hervad [~tam, ~t, ~jon] se flétrir; se faner; s'étoiler; sécher sur pied; dépérir
hervadás flétrissure *f;* étiolement *m*
hervadhatatlan immortel, -elle; impérissable
hervadó [~ak v ~k, ~t] fané; flétri; étiolé, -e
hervadt [~ak, ~at; ~an] flétri; étiolé, -e
hervadtság flétrissure *f;* marcescence *f*
hess! *(madárnak)* pcht! *(gyerekeknek)* oust!
hesseget 1. chasser; 2. *(embereket)* évincer; écarter
I. *(szn)* **hét** [hetet] sept
II. *(fn)* **hét** [hetek, hetet, hete] semaine *f;* huit jours; huitaine *f; egy ~ alatt* en une semaine; en moins de huit jours; *e ~ folyamán* dans le courant de cette semaine; *egy ~ múlva* dans *v* en huit jours; *(bírósági nyelven)* à huitaine; *két ~* quinze jours; *~ vége* week-end *m;* semaine anglaise; *ezen a ~en* cette semaine(-ci); *hétfőhöz egy ~re* de lundi en huit
heted [~ek, ~et] un septième; la septième partie
hetedik [~et] septième
hetenként par semaine; chaque semaine; hebdomadairement
heterogén [~ek, ~t, ~ül] hétérogène
heteromorf [~ok, ~ot] *ásv:* hétéromorphe
hetes [~t] I. *(mn)* 1. *két ~* (âgé *v* vieux) de quinze jours; 2. *(számrendszer)* septénaire; II. *(fn)* 1. *(szám)* un sept; 2. *zen:* septour *m*
hetet-havat *igér* promettre monts et merveilles; *~ összehord* parler à tort et à travers; conter des lanternes

hétfő [~k, ~t, ~je] lundi *m*
heti [~ek, ~t] **1.** de la semaine; **2.** par semaine; **3.** hebdomadaire; ~ *jelentés* bulletin *v* rapport de la semaine *v* hebdomadaire *m*
hetijegy; hetikártya carte *f* d'abonnement hebdomadaire
hetilap (journal) hebdomadaire *m*
hetivásár marché hebdomadaire *m*
hétköznap I. *(fn)* jour ouvrable *v* ouvrier; jour de semaine; **II.** *(hat)* pendant la semaine; en semaine
hétköznapi 1. de (la) semaine; **2.** *pej:* banal; trivial, -e; ordinaire; ~ *életet él* mener une vie prosaïque
hétrét *görnyed* **1.** ployer *v* (se) plier en deux; **2.** *(vki előtt)* s'aplatir; courber l'échine
hétszögű heptagonal, -e
hettita [-ák, -át] hittite; hét(h)éen, -enne
hétvég fin *f* de semaine; week-end *m*
hetven [~et] soixante-dix
hetvenéves de soixante-dix ans; âgé(e) de soixante-dix ans; ~ *(ember, asszony)* septuagénaire *(n)*
hetvenkedik [~tem, ~ett, ~jén *v* ~jen] se vanter (de); se targuer (de); se regorger
hetvenkedő [~t; ~en] présomptueux, -euse; outrecuidant, -e
hetyke 1. crâne; crâneur, -euse *n;* **2.** *(daliás)* pimpant; fier
hév [hevet, heve] **1.** chaleur; ardeur *f; a nap heve* l'ardeur du soleil; **2.** *átv:* ardeur *f;* zèle *m;* fougue; véhémence; animation *f; elfogta a* ~ l'animation s'empara de lui; *a harc hevében* dans la chaleur du combat; *a vita hevében* dans le feu de la discussion *v* du débat; ~*vel* avec animation; pathétiquement; *nagy* ~*vel beszél* parler avec fouge *v* feu
heveder [~ek, ~t, ~e] **1.** sangle; bretelle *f;* **2.** *ép:* bande *f;* **3.** *műsz:* couvre-joint *m;* **4.** *(lovon) alsó* ~ ventrière *f; felső* ~ surfaix *m*
heveny [~ek, ~t; ~en] *orv:* aigu, -ë
hevenyében en toute hâte; dare-dare; à la va-vite

hevenyészett [~ek, ~et; ~en] de fortune; improvisé, -e; ~ *eszköz* ficelle *f;* ~ *megoldás* solution *f* de fortune
hever [~tem, ~t, ~jen] **1.** *(ember)* être étendue(e) *v* couché(e); se coucher; *a földön* ~*t* il gisait par terre; **2.** *(tárgy)* reposer; *földön* ~ être (couché) à terre; *(elszórtan)* joncher le sol; **3.** *hagyja* ~*ni a pénzét* laisser son argent oisif
heves [~ek, ~et] **1.** *(beszéd)* violent; véhément; animé, -e; **2.** *(betegség)* violent; virulent, -e; aigu, -ë; *(fájdalom)* vif, vive; violent, -e; **3.** *(természet)* fougueux, -euse; bouillant; emporté, -e; impétueux, -euse; **4.** *(a ló)* avoir de l'action *(műszó);* **5.** *(jelzős szerkezetek:)* ~ *ágyútűz* vive canonnade; ~ *harc* violent *v* âpre *v* rude combat; ~ *jelenet* scène *f* de violence; ~ *küzdelem* lutte âpre *v* violente; ~ *láz* grosse fièvre; ~ *szemrehányás* vif reproche; ~ *természet* tempérament vif *v* violent; humeur âpre *v* violent *v* orageuse; ~ *tiltakozás* protestations véhémentes; ~ *vágy* vif désir
hevesen violemment; avec violence *v* véhémence; âprement; fougueusement
heveskedés emportement(s) *m (pl);* humeur prompte
hevesség 1. *(beszélőé, beszédé)* violence; véhémence; animation; fougue *f;* entrain *m;* **2.** *(betegségé)* violence; virulence *f;* **3.** *(fájdalomé)* intensité; violence; acuité *f;* **4.** *(harcé)* violence; ardeur; âpreté *f;* **5.** *(szélé)* violence; âpreté *f; (tűzé)* violence; **6.** *(természeté, emberé)* impétuosité; ardeur; fougue *f*
hevít [~ettem, ~ett, ~sen] **1.** *(vmit)* chauffer; échauffer; soumettre à l'action de feu; *100 fokra* ~ porter à (la température dë) 100 degrés; **2.** *(vkit)* échauffer; **3.** *(lelkesít)* exalter; animer
hévíz 1. source thermale; **2.** station thermale

hevül [~tem, ~t, ~jön] 1. *(anyag)* s'échauffer; 2. *(ember)* s'animer; s'enflammer; s'échauffer; se passionner pour qc
hevület ardeur; ferveur; exaltation; animation *f*
hexaméter [~ek, ~t, ~e] hexamètre; le vers héroïque
hexaméteres [~ek, ~et; ~en] hexamètre; en hexamètres
hézag [~ok, ~ot, ~ja] 1. *(nyílás)* fente; crevasse *f;* trou *m;* 2. *(alkatrészek közt)* jeu *m;* 3. *ép:* joint; abreuvoir *m;* 4. *átv:* lacune *f;* vide; trou; creux *m; (szövegben, színdarabban)* loup *m*
hézagos [~ak, ~at] 1. disjoint, -e; 2. *átv:* défectueux, -euse; incomplet, -ète
hiába 1. en vain; vainement; inutilement; en pure perte; ~ *beszél* il a beau dire *v* parler; ~ *dolgoztam* j'ai travaillé pour rien *v* pour le roi de Prusse; ~ *fárad* battre l'eau *v* l'air; ~ *minden!* (il n'y a) rien à faire! c'est en vain! 2. *nem* ~ ce n'est pas en vain *v* pour rien
hiábavaló [~k, ~t] 1. inutile; vain, -e; stérile; oiseux, -euse; *az egész* ~ c'est peine perdue; ~ *intézkedés* démarche inutile *f;* 2. *nem volt* ~ ce n'était pas en vain
hiábavalóság 1. inutilité; vanité; inanité; futilité *f;* 2. *(dolog)* bagatelle; futilité *f*
hiány [~ok, ~t, ~a] I. *(fn)* 1. lacune *f;* trou; manque; déficit *m; vminek tökéletes* ~*a* l'inexistence *f* de qc; *vmiben való* ~*;* *vminek* ~*a* le pénurie de ... ; le manque de ... ; *vannak* ~*ai* avoir des défauts; présenter des lacunes; *állandóan érzem az ön* ~*át* vous me manquez; ~*t érez vmiben* manquer de qc; *semmiben sem szenved* ~*t* il ne manque de rien; 2. *(hordószállításnál)* coulage *m;* 3. *ker; (szállításnál)* manquant(s) *m (pl); (pénzben, áruban könyveléssel szemben)* découvert *m; (pénztárban)* déficit *m; (vmiben)* ~*t szenvedő ország* un pays déficitaire (en qc);

4. *(elégtelenség)* vice *m;* défectuosité; insuffisance; déficience *f; (mulasztás)* carence *f;* II. *(hat) vminek* ~*ában* faute de qc; manque de qc; *bizonyítékok* ~*ában felment* acquitter pour défaut de preuves; *vagy ennek* ~*ában* ou à défaut. ; ...
hiánycikk article manquant
hiányjel apostrophe *f*
hiányol [~tam, ~t, ~jon] relever *v* reprocher l'absence *v* le manque de qc
hiányos [~ak, ~at] 1. défectueux, -euse; incomplet, -ète; insuffisant; imparfait, -e; déficient, -e; rudimentaire; ~ *cím* adresse vicieuse; ~ *csomagolás* paquetage défectueux; ~ *ismeretek* connaissances insuffisantes; *orv:* ~ *működés* insuffisance *f;* ~ *műveltség* manque *m* d'instruction; ~ *öltözet* costume sommaire *m;* ~ *táplálkozás* nourriture insuffisante; malnutrition *f;* 2. *(költségvetés, mérleg)* déficitaire; 3. *(szövés)* lacunaire; 4. ~ *értelem* intelligence déficiente; ~ *képességű* déficient, -e *(n);* 5. ~ *nyelv:* ~ *ige* verbe défectif
hiánytalan intégral, -e; sans défaut; entier, -ière; complet, -ète
hiányzás 1. absence *f;* manque *m;* manque à l'appel; 2. *jog:* carence *f*
hiányzik [hiányoztam, hiányzott, -nyozzék *v* -nyozzon] 1. *(vki)* être manquant(e) *v* absent(e); manquer; faire une absence; 2. *jog:* faire carence; 3. *(vmi)* manquer à q; faire défaut; faire besoin; ~ *belőle* il (s')en manque; *100 frank* ~ il y a 100 francs de moins; ~ *a pénze* l'argent lui manque; *még csak az* ~*!* il ne manquerait plus que cela! *nem sok* ~ *hozzá* peu s'en faut
hiányzó [~k, ~t] I. *(mn)* absent; manquant, -e; *(tanú stb. bíróság előtt)* défaillant, -e; ~ *fog* dent absente; ~ *összeg* déficit *m;* différence *f* à charge; II. *(fn)* absent; manquant, -e *n*
hiba [-ák, -át, -ája] 1. *(dologban)* défaut *m;* insuffisance; imperfection; déficience *f;* vice; manque *m;* min-

denben -át talál il aime à redire sur tout; **2.** *(elszámolásban)* erreur *f;* **3.** *(gépkezelésben)* fausse manœuvre; **4.** *(ipari munkában)* malfaçon; imperfection; bavure *f;* *(szerkezetben)* vice *m* de construction; **5.** *(feldolgozandó anyagban)* loup *m;* **6.** *(romlás következtében)* avarie; tare *f;* **7.** *(alaki, tartalmi)* défectuosité; tache; bavure *f;* ~ *nélküli* sans tache; **8.** *(testi)* vice *m* de conformation; malformation; infirmité *f;* **9.** *(írásban, nyelvben)* faute; incorrection; erreur *f;* contresens *m;* -*át ejt* faire une faute; **10.** *abban sincs* ~ *(hiány)* ce n'est pas ce qui lui manque *v* lui fait défaut; **11.** *(emberi)* faute *f;* tort(s) *m (pl);* erreur *f;* manquement *m;* *(baklövés)* gaffe *f;* súlyos ~ bévue énorme; faute grave *f; ki(nek a) hibája?* à qui la faute? *egy társadalom -ái* les vices *v* les verrues d'une société; *hibába esik* tomber en faute; faillir; *vkinek hibájából* par la faute de q; *vkinek -ájából mondja ki a válást* prononcer le divorce aux torts (et griefs) de q; *hiboján kívül* sans qu'il y ait de sa faute; *beismeri hibáját* reconnaître ses torts; avouer *v* confesser sa faute; *-át követ el* commettre une faute; *elnéz egy -át* laisser passer *v* omettre *v* oublier une faute; *(szándékosan)* passer une faute à q; *-át eltussol v eltüntet* pallier une faute; *-át hibára halmoz* accumuler faute(s) sur faute(s); *hibául tudja be* imputer à *v* comme faute à q
hibabejelentő *(állomás)* poste *m* de réclamation
hibaforrás source *v* chance *v* cause *f* d'erreur; causes *f pl* de déficience
hibahatár limite *f* d'erreur; *megengedett* ~ *limite admise*
hibajegyzék errata *m*
hibamentes exempt(e) d'erreurs
hibapont point *m* (de) pénalisation; pénalisation *f*
hibás [~ak, ~at] **1.** *(dologról)* défectueux, -euse; fautif, -ive; affecté(e) de vices; *(áru)* taré, -e; *(tárgy)*

détérioré; endommagé, -e; ~ *munka* ouvrage mal fait *v* défectueux; **2.** *(testileg)* contrefait, -e; mal formé(e); *egy szeme, keze* ~ il est infirme d'un œil, d'une main; **3.** *(téves)* erroné, -e; faux, fausse; boiteux, -euse; ~ *eredmény* résultat défectueux; ~ *értelmezés* contresens *m;* ~ *kezelés v mozdulat (gépen)* fausse manœuvre; ~ *számítás* calcul fautif *v* erroné; **4.** *sp:* *(tenisz)* ~ *adogatás* faute *f* de service; **5.** *(nyelvileg)* rempli(e) *v* plein(e) de fautes; incorrect, -e; vicieux, -euse; ~ *kifejezés* locution vicieuse; expression *v* tournure incorrecte; solécisme *m;* **6.** *(erkölcsileg)* fautif, -ive; *ki a* ~? à qui la faute? *én vagyok a* ~ c'est ma faute
hibásság 1. défectuosité *f;* caractère défectueux; **2.** incorrection *f*
hibátlan 1. *(tárgy)* sans défaut; intact, -e; entier, -ière; parfait, -e; *nem* ~ laisser à désirer; **2.** *(dolgozat)* sans faute; **3.** *(nyelvileg)* correct, -e; **4.** *(ember)* impeccable; parfait, -e
hibáz(ik) [~tam, ~ott, ~zék *v* ~zon] **1.** *(erkölcsileg)* être *v* se trouver en faute; faillir; tomber en faute; ~ *vkivel szemben* manquer à q; **2.** *(téved)* se tromper; s'abuser; être dans l'erreur
hibáztat *(vmit)* désapprouver; blâmer; critiquer; censurer
hibernál hiverner
hibiszkusz [~ok, ~t] hibiscus *m*
híd [hidak, hidat, ~ja] pont *m;* *(keskeny)* passerelle *f; a* ~*on át* en passant le pont *v* par le pont; *hidat ver v épít* jeter *v* établir un pont (sur); *átv: felégeti a hidat maga mögött* brûler ses vaisseaux
hidász [~ok, ~t, ~a] sapeur pontonnier
hideg [~ek, ~et] **I.** *(mn)* froid, -e; ~ *állapotban* froid, -e; *(oldat stb.)* à l'état froid; ~ *bánásmód* froideur(s) *f (pl);* ~ *égöv v földöv* zone glaciale; ~ *felvágott* charcuterie *f;* ~ *idő* temps froid; froidure *f;* température froide; ~ *szépség* une belle image; ~ *verejték v veríték* sueur froide;

hidegen

~ *zuhany (forró után)* douche écossaise; *átv:* *kaptam egy ~ zuhanyt* j'ai reçu une douche; ~, *mint a jég* être de glace; *átv:* être froid(e) comme glace; *se ~, se meleg ni chaud ni froid;* moitié figue moitié raisin; *~re fordul az idő* le temps se met au froid; le temps se resserre; **II.** *(fn)* froid *m;* froidure *f; átjárja a ~ (embert)* être transi(e) v morfondu(e) de froid; *(ki)rázza a ~* avoir v éprouver des frissons; *végigfut rajta a ~* il a la petite mort dans le dos; *ettől ~ fut végig az ember hátán* cela fait froid dans le dos; *~re tesz (ételt)* mettre v garder au froid; *(embert)* mettre à l'ombre

hidegen 1. *(tárgyról)* à froid; froid, -e; ~ *tálal* servir froid; **2.** *átv:* froidement; glacialement; ~ *beszél vkivel* parler sec à q; ~ *fogad vkit* faire un accueil glacial v très froid à q; ~ *hagy* laisser froid v de bois

hidegérzet sensation *f* de froid

hideghullám 1. *met.* vague *f* de froid; **2.** *(hajban)* permanente *f* à froid

hideglelés 1. frisson *m* (de la fièvre); **2.** fièvre paludéenne; paludisme *m*

hidegség 1. froid *m;* froidure; frigidité *f;* **2.** *átv:* froideur *f*

hidegszik [-gedtem, -gedett, -gedjék v -gedjen] **1.** (se) refroidir; **2.** *(idő)* le temps se met au froid

hidegvágó *műsz:* fer à découper; découpoir *m*

hidegvér sang-froid; flegme *m;* *~rel* de sang-froid; *~rel lelő* abattre de sang-froid

hidegvérű 1. *(állat)* à sang froid; **2.** *(ember)* flegmatique; être de sang-froid

hidegvizes glacé, -e; ~ *borogatás* enveloppement froid

hidegvízkúra cure hydrothérapique v à l'eau froide

hídépítés construction *f* des ponts v du pont

hídfő tête *f* de pont

hídkorlát garde-fou; parapet *m*

hídláb pile *f* de pont

hídmérleg; hídmázsa pont-bascule *m;* balance *f* (à) bascule

hidra [-ák, -át, -ája] hydre *f*

hidrogén [~ek, ~t] **I.** hydrogène *m;* **2.** *(hajfestésre)* eau oxygénée

hidrogénbomba bombe I hydrogène v thermonucléaire; bombe H *f*

hidroplán hydravion; hydroplane; avion marin

hiedelem croyance *f; abban a ~ben él, hogy* vivre dans l'idée v la croyance que

hiéna [-ák, -át, -ája] hyène *f*

hieroglif [~ek, ~ét, ~je]; **hieroglifa** [-ák, -át, -ája] hiérogliphe *m*

híg [~ak, ~at] dilué; délayé; raréfié; clair, -e; *konyh:* court; allongé, -e; ~ *állapotban* à l'état liquide v fluide

higany [~ok, ~t, ~a] mercure; vif-argent *m*

higanykenőcs onguent mercurial v napolitain; mercure *m*

higanyoszlop colonne *f* de mercure

higgadt [~ak, ~at] pondéré; réfléchi; posé, -e; flegmatique; rassis, -e; ~ *fejjel* à tête reposée; ~ *megfontolás* considération sereine

higgadtság pondération *f;* sang-froid; flegme *m;* assurance; sagesse; placidité *f*

higiénia [-át, -ája] hygiène *f;* salubrité *f*

hígít [~ottam, ~ott, ~son] **1.** diluer v délayer dans qc; liquéfier; **2.** *vegy:* atténuer; **3.** *(ételt)* mouiller; allonger

hígítószer *vegy:* diluant *m*

hihetetlen incroyable; *(történet így is:)* rocambolesque; ~ *fényűzés* luxe fantastique *m*

hihető [~k, ~t] croyable; plausible; probable; *ez könnyen ~* c'est facile à croire

híja; *száz frank (a) ~* il manque cent francs; *kevés (a) ~* il s'en faut v il s'en manque de peu; *kis ~, hogy nem* peu s'en faut que *(subj és* ne); *kis ~, hogy ott nem veszett* v *hogy meg nem halt* il l'a manqué belle; il a échappé à la mort de justesse;

kis ~, hogy meg nem haltam j'étais
à deux doigts de la mort
híján I. kis ~ de peu; nincs minden
erőltetettség ~ il n'est pas exempt
d'affectation; II. (hat) vminek ~...
à court de; faute de; jobb ~ faute
de mieux; minek ~ faute de quoi
hílus orv: hile m
hím [~ek, ~et, ~je] mâle (m)
himbál [~tam, ~t, ~jon] balayer;
faire osciller; brimbaler
himbálás balancement; brimbalement;
brandillement m; (járás közben)
dandinement m
himbálódzik [~tam, ~ott, -ddzék v
-ddzon] (se) balancer; brimbaler;
(se) brandiller; se dodiner
hímes [~ek, ~et; ~en] brodé, -e;
orné(e) de broderie; constellé, -e;
úgy bánnak vele, mint a ~ tojással
on le tient dans du coton
hímez [~tem, ~zett, ~zen] broder;
faire de la broderie v de la tapisserie
hímezés-hámozás tergiversation f
hímez-hámoz [~tem-~tam, ~ett-~ott,
~zen-~zon] tergiverser; louvoyer;
tourner autour du pot
himlő [~k, ~t, ~je] (enyhe lefolyású)
varioloïde f; (fekete) variole; petite
vérole
himlőhely grain m de petite vérole;
marque f de la petite vérole
himlőhelyes au visage grêlé; variolé,
-e; ~ ábrázat moule m à gaufres
hímnem (sexe) masculin m; ~be tesz
mettre au masculin
hímnemű 1. masculin; mâle; 2. nyelv:
masculin; ~ szó masculin m
hímnős hermaphrodite; növ: bissexué,
-e; (virágú) androgyne
himnusz [~ok, ~t, ~a] hymne; cantique m
himpellér [~ek, ~t, ~e] chenapan;
faquin; vaurien; gredin m
hímpor 1. növ: pollen m; poussière
fécondante; 2. (lepkén) écaille f;
3. átv: az ártatlanság ~a la fleur de
l'innocence
hímzés broderie f; travail m de tapisserie
hímződob, hímzőráma métier tambour m

hímzőfonal fil m à broder
hínár [~ok, ~t, ~ja] 1. potamot m;
2. (tengeri) varech; goémon; fil
m de mer; 3. ált: algue f; 4. átv:
kiránt a ~ból tirer du pétrin
hindu [~k, ~t, ~ja] I. (mn) hindou,
-e; indien, -enne; ~ nyelv le hindou;
le hindi; II. (fn) Hindou, -e
hint [~ettem, ~ett, ~sen] 1. semer;
répandre; 2. (folyadékot) répendre;
verser; 3. (vmivel) saupoudrer; (folyadékkal) arroser de qc; asperger de
qc
hinta [-ák, -át, -ája] 1. (deszka)
balançoire; bascule f; 2. (köteleken
lógó) escarpolette f; (cirkuszi) trapèze m; 3. (gyűrű) anneaux m pl
hintaló cheval m à bascule
hintaszék rocking-chair; fauteuil berceur m
hintázik [~tam, ~ott, ~zék v ~zon] 1.
se balancer; ~ a széken se brandiller
sur sa chaise; 2. jouer à là balancoire
hintó [~k, ~t, ~ja] (XVIII. századig)
carrosse m; (újabb) berline f; landau
m; calèche f
hintőpor 1. poudre f de talc; talc m;
2. poudre de riz
hióbhír message m de malheur; nouvelle funeste v désastreuse
hiperbola [-ák, -át, -ája] hyperbole f
hipermangán permanganate m (de potasse)
hipermodern ultra-moderne
hiperoxidos oldat (hajfestésre) eau oxygénée
hipertónia [-át] orv: hypertonie f
hipnotikus hypnotique; magnétique;
~ álom hypnotisme; sommeil hypnotique m
hipnotizál [~tam, ~t, ~jon] hypnotiser; magnétiser
hipnózis [~t, ~a] hypnose f
hipochonder [~ek, ~t, ~e] hypocondriaque; hypocondre (n)
hipofízis [~ek, ~t, ~e] orv: hypophyse; glande pituitaire f
hipokrita [-ák, -át] hypocrite (n);
tartufe m; ~ módon hypocritement;
avec hypocrisie

hipotézis [~ek, ~t, ~e] hypothèse; supposition *f;* **merő ~** hypothèse gratuite; **~t állít fel** formuler *v* émettre une hypothèse
hipotónia *orv:* hypotonie *f*
hír [~ek, ~t, ~e] 1. *(újság)* nouvelle *f;* bruit *m;* rumeur; information; nouveauté *f; az a ~ járja, hogy* le bruit court que; *az a ~ szivárgott ki* le bruit transpire que; *a legfrissebb v legutolsó v legújabb ~ek szerint* aux dernières nouvelles; *rossz ~ek keringenek felőle* il court de mauvais bruits sur son compte; *az ellenségnek se ~e, se hamva* de l'ennemi pas plus que sur la main; nulle trace *v* pas de trace de l'ennemi; *hírből tudja* savoir par ouï-dire; *elküldi ~ekért* envoyer aux nouvelles; *vminek ~ére* au bruit de *v* à la nouvelle de qc; *hírt ad magáról* donner de ses nouvelles; **~t hoz** (r)apporter une nouvelle; **~eket terjeszt** semer *v* faire courir des bruits *v* des nouvelles; *rosszindulatú ~eket terjeszt* faire courir de mauvais bruits; **~ét viszi** répandre *v* propager la nouvelle de ... ; *hírül ad* annoncer *v* apprendre qc à q; informer q de qc; 2. *újs:* faits divers; informations; 3. *(üzenetszerű)* message *m;* 4. *(tudomás)* **~em nélkül** à mon insu; sans que je le sache; 5. *(hírnév)* renommée *f;* renom *m;* réputation *f; jó ~* bonne renommée *v* réputation; *rossz ~* mauvaise réputation; *az a hire, hogy* il passe pour qc *v (inf); vkinek jó hírébe gázol* prendre q de réputation; *(rossz)* **~be hoz** compromettre (la réputation de) q; discréditer; *abban a hírben áll, hogy* passer pour qc *v* pour; il est censé *(inf); hírből ismer* connaître de nom *v* de renommée; *jó hírnek örvend* jouir d'une bonne réputation; *elveszti jó hírét* perdre sa renommée; **~ül ad** annoncer; informer; prévenir
híradás 1. information *f;* message; reportage *m;* 2. *kat:* transmission *f*
híradástechnika télécommunications *f pl*

híradó I. *(mn)* 1. **~ mozi** cinéma d'actualités; cinéac *m;* 2. *kat:* **~ szolgálat** service *m* de transmission; **II.** *(fn)* 1. *(újság)* courrier *m;* 2. *film:* actualités *f pl*
hirdet [~tem, ~ett, -essen] 1. *(tant)* professer; prêcher; 2. *(igazságot)* proclamer; 3. *(bejelent)* annoncer; 4. *újs, ker:* annoncer qc; insérer une réclame *v* une annonce; *(falragaszon)* afficher; 5. *(dicsérve)* préconiser; *(mérsékletet)* prêcher
hirdetés 1. *(tané)* enseignement *m;* profession *f;* prédication *f;* 2. *(igazságé)* proclamation *f;* 3. *(hivatalos helyen, bejelentés)* publication; annonce *f; (plakátokon)* affichage *m; (újságban)* annonce; insertion publicitaire *f;* 4. *ker, ált:* publicité; réclame *f;* 5. *(plakát)* affiche *f;* placard; panneau *m;* **~t közzétesz** insérer *v* mettre une annonce
hirdetési publicitaire; **~ kampány** campagne *f* d'annonces; **~ oldal** page publicitaire *f;* **~ ügynök** courtier *m* en publicité; **~ ügynökség** *v* **vállalat** agence *f* de publicité
hirdetmény affiche (officielle, administrative); avis *m* (au public); *hivatalos ~* annonce légale
hirdető [~k, ~t, ~je] publicitaire; **~ oszlop** colonne-affiches; *(Párizsban)* colonne Morris *f;* **~ tábla** tableau *m* d'affichage *v* de publicité; *(választási)* panneau électoral; **~ vállalat** agence *f* de publicité *v* d'affichage
híres [~ek, ~et] 1. célèbre *(vmiről:* par *v* pour qc); renommé(e) (pour qc); réputé(e) (pour qc); notoire; **~ név** nom célèbre *v* fameux; **~sé válik** se faire connaître; 2. *gúny: nem valami ~* peu reluisant(e); 3. *na te ~!* va donc, bonne pièce!
híresztel [~tem, ~t, ~jen] divulguer; proclamer; colporter la nouvelle de qc; *fűnek-fának ~i* annoncer à son de trompe
hírforrás source *f* de renseignements; moyen *m* d'information
hírhedt; *hírhedett* [~et; ~en] mal famé(e); malfamé, -e; fameux,

-euse; notoire; ~ *kocsma* cabaret *v* cabot 'ot borgne; coupe-gorge; bouiboui *m*
hírközlés 'ormation; communication *f*; *a* ~ *abadsága* liberté *f* d'information
hírlap journal *m;* gazette *f;* quotidien *m*
hírlapíró journaliste *(n)*
hírlapterjesztő entrepreneur de diffusion des journaux; ~ *vállalat* agence *f* de diffusion des journaux
hírlaptudósító correspondant(e) *n*
hírmagyarázat commentaire *m* (des nouvelles)
hírnév 1. gloire; notoriété; célébrité *f;* l'éclat *m* du nom; 2. renom *m;* renommée; réputation *f;* *jó* ~*nek örvend* jouir d'une bonne renommée *v* réputation; *(árucikk)* être en réputation; *elveszti jó -nevét* tomber dans la déconsidération *v* dans le discrédit
hírneves illustre; réputé; renommé, -e; fameux, -euse; en renom; notable
hírnök [~ök, ~öt, ~e] messager; courrier; porteur *m* de nouvelles
hírszerzés *kat*: reconnaissance *f*
hírszerző *szolgálat* service *m* des renseignements; ~ *tiszt* officier de renseignements
hirtelen I. *(mn)* 1. *(gyors)* subit; soudain, -e; brusque; prompt; précipité, -e; ~ *fordulat* volte-face *f;* *tour* brusqué; ~ *halál* mort subite *v* foudroyante; ~ *hangulatváltozás* saute *f* d'humeur; ~ *mozdulattal* d'un mouvement sec *v* soudain; *a közvélemény* ~ *változása* le revirement de l'opinion publique; 2. *(ember, természet)* impétueux, -euse; impulsif, -ive; pétulant, -e; ~ *harag* humeur prompte; ~ *kezű* avoir la main leste; ~ *természet* nature impulsive; II. *(hat)* tout d'un coup; tout à coup; soudain; soudainement; ~ *bekövetkező* instantané, -e; ~ *megáll* s'arrêter court; ~ *megfordul* faire volte-face; ~ *sült hús* viande sautée

hirtelenség 1. *(eseményeké)* soudaineté; précipitation *f;* 2. *(természeté)* impétuosité; pétulance *f*
hirtelenszőke (d'un) blond vif *v* violent
hírű [~ek, ~t; ~en] *európai* ~ d'une célébrité européenne; *rossz* ~ *hely* endroit malfamé
hírügynökség agence *f* de nouvelles *v* de presse
hírvágy soif de gloire; ambition *f*
hírverés propagande; réclame; publicité *f*
hírzárlat black-out *m* sur les informations
história [-ák, -át, -ája] 1. histoire; anecdote *f;* 2. *gúny:* *ez csinos kis* ~ c'est une jolie affaire
hisz [hittem, hitt, higgyen] I. *(tgy i)* 1. croire; *azt* ~*em il v* ce me semble; *azt* ~*i?* vous trouvez? *azt* ~*em, igen* je crois que oui; *azt* ~*i magáról, hogy ő zseni* il se croit du génie *v* un génie; *azt* ~*ik róla, hogy ismeri a diplomácia összes titkait* il est censé connaître tous les secrets de la diplomatie; *alig* ~*em, hogy eljön* je doute qu'il ne vienne; *akár* ~*ik, akár nem, de* me croira qui voudra, mais; 2. *nem* ~*em* j'en crois rien; je ne crois pas; *nem* ~*em, hogy eljön* je ne crois pas qu'il viendra *v* qu'il vienne; *nem* ~*i, hogy őszintén beszélek?* doutez-vous que je sois sincère? 3. *higgye, aki akarja!* ~*i a piszi!* vous en croirez ce qu'il vous plaira; *ne higgye!* méfiez-vous! détrompez-vous! 4. *ki hinné? qui dirait? qui aurait dit? ki hitte volna?* qui aurait dit *v* pensé *v* cru? 5. *magát vminek, vkinek* ~*i* se croire qc, q; II. *(tgyl i)* 1. *vall*: croire (à *vagy* ritkábban: en); ~ *a jó csillagzatában* croire en son étoile; 2. ~ *vkiben* avoir foi en q; faire confiance à q; croire en q; 3. *(hisz vkinek, vminek)* en croire *a v* qc; croire q; faire confiance à q; *(vminek)* être crédule à qc; *higgy nekem* crois-m'en; *ne higgy neki* ne l'en crois pas; méfie-toi de lui; *ha hinni lehet az egyik szemtanúnak* à (en) croire un des témoins; *mindig* ~ *a hamis híreknek* être crédu-

le aux fausses rumeurs; *nem akar v mer hinni a szemének* il ne veut v n'ose pas en croire ses yeux
hiszekegy *vall:* credo m
hiszékeny [~ek, ~t] crédule; candide; badaud, -e; godichon, -onne *biz* **hiszékenység** crédulité; candeur; jobarderie *f*
hiszen 1. *(magyarázó)* puisque; mais puisque; pourtant; *mert* ~ puisque; 2. *(csodálkozó)* mais; 3. *(fenyegető)* ~ *csak nyissa ki a száját* qu'il ouvre seulement la bouche; 4. *(óhajtó)* ~ *bár* pourvu que; 5. *na* ~*!* ça, alors!
hisztéria [-át, -ája] hystérie *f*
hisztériás hystérique *(n)*
hisztiz [~(ik), ~tem, ~ett] *arg:* piquer une crise; faire des scènes; s'en faire
hit [~ek, ~et, ~e] 1. *(hivés)* foi *f (vmiben:* en *v* dans qc); croyance *f* à qc; *erős* ~ foi ferme *v* robuste; ~*em szerint* à ce que je crois; à mon avis; *teljes* ~*em és meggyőződésem szerint* en mon âme et conscience; 2. *(vallás)* confession; religion *f*; *református hitre tér* se convertir au calvinisme; *elhagyja v megtagadja* ~*ét* renier sa foi; apostasier; 3. *(hiedelem)* croyance; ~*et érdemel* mériter toute créance *v* croyance; ~*et érdemlő* digne de foi; 4. *(eskü)* serment *m*; ~ *alatt vall* dire *v* témoigner sous la foi du serment; ~*emre!* ma foi; par ma foi; sur ma foi
hitbizomány *tört:* majorat; latifundium; fidéicommis *m*
hitbuzgalom dévotion; piété *f*
hitbuzgó dévot, -e; pieux, -euse
hitcikkely article *m* de foi
hiteget 1. payer q de promesses *v* de (belles) paroles; 2. *(vmivel)* amorcer *v* allécher par qc; 3. ~*i magát* s'illusionner; se nourrir d'illusions
hitehagyott [~ak, ~at; ~an] apostat; apostasié; déserteur *m*
hitel [~ek, ~t, ~e] 1. *ker:* crédit *m*; avance *f*; *állami* ~ avance de l'État; ~ *nincs!* cette maison ne fait pas de crédit; crédit est mort! (les mauvais payeurs l'ont tué) *nép*; ~*be ad* donner *v* vendre à crédit; ~*re* à crédit; ~*t folyósít* ouvrir *v* affecter un crédit; *leállítja v zárolja a* ~*t* bloquer le crédit; *a* ~*t túllépi* dépasser *v* excéder le crédit; 2. *(hihetőség, elhívés)* créance; crédibilité *f;* *(tanúsága)* vérité *f;* ~*e van vkinél* avoir audience auprès de q; ~*t ad vminek* ajouter foi à qc; ~*t érdemel* mériter créance *v* confiance; ~*t érdemlő* digne de foi; *nem érdemel* ~*t* être sujet(te) à caution; ~*ét vesztett* discrédité, -e; *ennek* v *(a)minek hiteléül* en foi de quoi
hitelbank banque *f* de crédit
hitelélet vie financière; opérations *f pl* de crédit
hiteles [~ek, ~et] 1. authentique; digne de foi *v* de créance; *nem* ~ inauthentique; ~ *forrás* source digne de foi; ~ *okmány* document authentique *m;* 2. *(hitelesített)* certifié conforme; légalisé; notarié, -e; *(mértékről)* légal; étalonné; vérifié, -e; ~ *kiadvány* expédition authentique *f;* *(ítéleté)* grosse *f;* ~ *másolat* copie authentique *f*
hitelesít [~ettem, ~ett, ~sen] 1. authentiquer; légaliser; authentifier; 2. *(mértéket)* étalonner; vérifier; calibrer; 3. *(közjegyző)* notarier; 4. *sp:* *egy csúcsot* ~ homologuer un record
hitelesítő [~k, ~t] ~ *záradék* clause *f* de légitimation
hitelesség 1. *(tárgyé, történeté)* authenticité *f;* caractère *m* d'authenticité; *vminek a* ~*ét kétségbe vonja* contester l'authenticité de qc; 2. *(forrásé)* autorité; véracité; crédibilité; sincérité *f;* 3. *(mértéké)* exactitude *f*
hitélet vie religieuse
hitelez [~tem, ~ett, ~zen] I. *(tgyl i)* faire *v* accorder *v* octroyer *v* ouvrir un crédit à q; II. *(tgy i) (vmit)* faire crédit à q de qc
hitelező [~k, ~t, ~je] créancier, -ière *n;* créditeur *m*
hitelintézet établissement *v* institut *m* de crédit
hitelképes solide; sérieux, -euse
hitellevél lettre *f* de crédit; accréditif *m*

hitelpolitika la politique de crédit *v* des crédits
hitelrontás concurrence déloyale; atteinte *f* au crédit
hitelszövetkezet (société) coopérative *f* de crédit
hitelv article de foi; dogme *m;* doctrine *f* de foi
hites [~ek, ~et] 1. assermenté; juré, -e; ~ *szakértő* expert légal *v* assermenté; ~ *tolmács* interprète juré; 2. *(feleség)* légitime
hitetlen I. *(mn)* 1. *(kételkedő)* incrédule; sceptique; 2. *vall:* incroyant, -e; incrédule; mécréant, -e; II. *(fn) vall:* infidèle; mécréant *m;* impie *n*
hitetlenség 1. incrédulité *f;* 2. *vall:* impiété *f;* manque *m* de foi
hitfelekezet confession *f*
hitfelekezeti confessionnel, -elle
hithű 1. fidèle à sa foi; 2. orthodoxe
hitközösség communion *f*
hitközség communauté (religieuse); association cultuelle
hitlerista [-ák, -át] hitlérien, -enne; nazi, -e *(n)*
hitoktatás instruction religieuse; enseignement religieux *v* catéchistique; *(elemi)* le catéchisme *m*
hitoktató catéchiste; maître *m* de religion
hitszegés parjure *m;* manque *m v* rupture *f* de foi
hittan religion; instruction religieuse; *(biblia)* histoire sainte; *(elemi)* catéchisme *m*
hittérítés propagande religieuse; mission; évangélisation *f*
hittérítő missionnaire *n;* prédicateur; évangélisateur (de) *m*
hittétel dogme *m* (de la foi); article *m v* doctrine *f* de foi
hittudomány théologie *f*
hitújítás 1. réforme (religieuse); 2. *a* ~ la Réforme; la Réformation
hitvallás 1. *(zsinati)* symbole; credo *m; az apostoli* ~ le symbole des apôtres; 2. *(felekezet)* confession *f; az ágostai* ~ la confession d'Augsbourg; 3. *(megnyilatkozás)* credo; profession *f* de foi; ~*t tesz* faire acte de foi

hitvány [~ak, ~t *v* ~at] 1. *(minőségre)* médiocre; de qualité inférieure; vil, -e; misérable; piètre; 2. *(eredmény)* piètre; médiocre; 3. *(növésben)* chétif, -ive; malingre; 4. *(fém)* vil, -e; 5. *(erkölcsileg)* infâme; méprisable; indigne; abject; vil; vilain, -e; exécrable; ~ *gazember* gredin *m*, canaille; crapule *f*
hitványság 1. infamie; abjection; canaillerie; lâcheté *f;* 2. *(hitvány tárgy)* ordure; saleté *f;* 3. *(vminek a* ~*a)* la petitesse *v* le néant de qc
hitvédelem apologétique *f*
hitves [~ek, ~t, ~e] 1. épouse; femme; conjointe *f;* 2. ~*ek* époux; conjoints *m pl*
hiú [~k, ~t] 1. *(törekvés, remény)* vain, -e; ~ *ábránd* vaine rêverie; leurre *m;* ~ *remény* espoir chimérique; 2. vaniteux, -euse; plein(e) de vanité; glorieux, -euse; ~ *ember* fat; (homme) vaniteux; esprit glorieux; *vmire* ~ tirer vanité de qc
hiúság 1. vanité *f;* amour-propre *m; kicsinyes* ~ infatuation; coquetterie *f;* ~ *gloriole f;* 2. *(vminek* ~*a)* la vanité *v* le néant de qc
hiúz [~ok, ~t, ~a] lynx; loup-cervier *m*
hív [hívok, hív, hívunk, hívott, hívjon] I. *(tgy i)* 1. *(mozdulattal)* faire signe à q (de venir); appeler d'un geste; 2. *ált:* appeler; demander; faire venir q; *(telefonhoz)* appeler q (au téléphone); demander; *(kocsit, autót)* héler; *(kutyát)* siffler; appeler; *vacsorára* ~ convier *v* inviter *v* prier à dîner; *orvost* ~ faire venir *v* appeler *v* mander un médecin; 3. *magára* ~ *minden tekintetet* appeler tous les regards; 4. *kárty:* [jouer; demander; 5. *(nevez)* appeler; nommer; dénommer; *(ált. alannyal)* s'appeler; se nommer; *hogy* ~*nak?* comment t'appelles-tu? |II. *(tgyl i) kárty:* jouer
hivalkodás 1. *(vmivel)* ostentation *f* de qc; étalage *m* de qc; 2. *(pompában stb.)* faste; luxe éhonté
hivalkodik [~tam, ~ott, ~jék *v* ~jon] 1. *(vmivel)* tirer vanité de qc; faire

hívás 385 **hivatott**

parade de qc; 2. *(pompával stb)*. parader; paraître
hívás 1. appel *m;* invitation *f;* *(hangos)* cri *m* d'appel; ~*ra megjelenik* répondre à l'appel; 2. *(telefonon)* appel; 3. *kárty:* demande *f*
hívat convoquer; (faire) appeler; faire venir; *magához* ~ prier *v* mander auprès de soi; faire appeler
hivatal [~ok, ~t, ~ja] 1. bureau; office; service *m;* section *f;* *(különösen ahol az állami pecsétet kezelik* v *alkalmazzák)* chancellerie *f;* 2. *(iroda)* bureau *m;* ~*ba jár* aller au bureau; 3. *az egész* ~ *ott volt* tout le personnel du bureau était présent; 4. *(állás)* emploi; poste *m;* fonction(s) *f (pl);* charge *f;* ~*ba lép* entrer en charge *v* en fonction; ~*ban levő* en exercice; en emploi; ~*ból* d'office; à titre d'office; ~*ból eljár* agir d'autorité *v* d'office; ~*ból portómentes* franchise postale; ~*ból üldözendő* poursuivi d'office; ~*ánál fogva* à titre officiel; *lemond* ~*áról* se démettre de ses fonctions; *átveszi a* ~*t* entrer en exercice; ~*átólfelment* relever de ses fonctions
hivatali [~ak, ~t] professionnel; officiel, -elle; administratif, -ive; ~*főnök* chef de bureau *v* de service; *(vkié)* chef (hiérarchique) *m;* ~ *hatalommal üzött visszaélés* prévarication *f;* ~ *hatalommal való visszaélés* abus d'autorité *v* de pouvoir; excès *m* de pouvoir; ~ *jelleg* v *minőség* caractère *m;* ~ *munkaidő* heures *f pl* de bureau; ~ *sikkasztás* concussion; malversation *f;* péculat *m;* *(magánhivatalban)* abus *m* de confiance; ~ *szabályzat* règlements administratifs; ~ *titok* secret professionnel; ~ *titoktartásra köteles* tenu(e) au secret professionnel; ~ *út* voie administrative; administratif *m*
hivatalnok [~ok, ~ot, ~ja] employé(e) (de bureau); agent; commis *m;* *(köz~)* fonctionnaire *n*
hivatalos [~ak, ~at] officiel, -elle; administratif, -ive; *(jogosult)* attitré -e; ~ *ár* taux *m;* taxe *f;* ~ *árfolyam*

cote officielle; ~ *helyen* dans les milieux compétents; ~ *irat* pièce officielle;, ~ *jelentés* communiqué officiel; ~ *kiadmány* expédition *f;* ~ *közeg* agent *m* de l'autorité; ~ *közlöny* v *lap* journal officiel; ~ *órák* heures *f pl* de *v* du bureau *v* de service *v* de présence ; ~ *papír* papier marqué; ~ *pecsét* timbre officiel; *a* ~ *sikon* sur le plan officiel; ~ *személy* personnalité officielle; ~ *titok* secret professionnel; ~ *ügy* affaire professionnelle; affaire courante
hivatalsegéd garçon *v* gardien de bureau; sous-agent *m*
hivatalvesztés perte *f v* retrait *m* d'emploi; révocation; destitution *f;* *(bíróságilag kimondott)* dégradation civique
hivatalvezető préposé(e) (à un emploi); chef *m* de bureau
hivatás 1. *(hivatal)* mission *f;* ministère *m;* fonction(s) *f (pl);* ~*ának teljesítése közben* dans l'exercice de ses fonctions; 2. *(hivatottság)* vocation (pour qc); aptitude *f* (à qc); 3. *(elhívás)* convocation *f*
hivatásérzet le· sentiment de la vocation
hivatásos [~ak, ~at; ~an] professionnel, -elle; de métier; de carrière; ~ *bűnöző* délinquant professionnel; ~ *katona* militaire de carrière; ~ *sportoló* professionnel *m* (du sport)
hivatkozás *(vmire)* référence *f v* renvoi *m* à qc; citation *v* allégation *f* de qc
hivatkozik [~tam, ~ott, ~zék *v* ~zon] 1. *(vmire)* s'en rapporter *v* se reporter à qc; *egy tanúságra* ~ invoquer un témoignage; *a hivatali titoktartásra* ~ opposer le secret professionnel; 2. *jog:* exciper de qc; alléguer qc; 3. *vkire* se réclamer de q; ~*nak rá* il fait autorité
hivatlan indésirable; intrus, -e
hivatott [~ak, ~at; ~an] compétent; qualifié; expérimenté; expert, -e; ~ *arra, hogy* être appelé(e) *v* prédestiné(e) à *v* avoir qualité pour *(inf);* *ő egyedül* ~ *arra, hogy* il est seul habilité à *(inf); jog: az eljárásra* ~ *bírák* juges naturels

25 Magyar–Francia kézi

híve [~k, ~t] 1. *(vkinek)* partisan, -e; fidèle *n;* 2. *(párté, irányzaté, tanításé)* adhérent, -e; adepte; 3. ~*ink* les nôtres; 4. *igaz* v *kész* ~ *(levél végén)* Votre (tout) dévoué ...; 5. *egyh:* a ~*k* les fidèles; 6. *(foglalkozásnak)* les fervents de qc; amateur *m* de qc
híven 1. fidèlement; loyalement; 2. *szokásához* ~ fidèle à ses habitudes
hívő [~k, ~t] croyant, -e *(n)*
hízás engraissement; engraissage *m;* obésité *f*
hízeleg [~tem, -lgett, ~jen] *(vkinek)* flatter; cajoler; câliner q; faire la cour à q; *aljasul* ~ *vkinek* flagorner q; lécher les bottes de q
hízelgés flatterie; cajolerie; câlinerie *f*
hízelgő [~k, ~t] flatteur, -euse *(n)*
hízik [~tam, ~ott, ~zék *v* ~zon] (s')engraisser; prendre du ventre *v* de l'embonpoint *v* de la graisse
hizlal [~tam, ~t, ~jon] engraisser; *(szárnyast így is:)* empâter; appâter
hizlalás engraissage; engraissement *m;* *(istállóban, ólban)* engraissement à couvert
hízó [~k, ~t, ~ja] I. *(mn)* ~ *állat* animal *(istállóban)* engraissé à couvert *v (legelőn)* mis à l'engrais; II. *(fn)* porc gras *v* engraissé *v* à engrais
hízókúra cure *f* d'engraissement
I. **hó** [havak, havat, hava] neige *f;* les neiges; *hull* v *esik a hó* il neige; il tombe de la neige; *de hol van a tavalyi hó?* mais où sont les neiges d'antan?
II. **hó** *(hónap)* mois *m; január hó* v *hava* le mois de janvier; *a hó elsején* le premier du mois; *ld. még:* **hónap**
hóbort [~ok, ~ot, ~ja] lubie *f;* caprice *m;* extravagance; toquade; marotte; manie *f*
hóbortos [~ak, ~at] extravagant, -e; maniaque; lunatique; détraqué, -e; ~ *gondolat* v *ötlet* idée saugrenue *v* extravagante *v* baroque
hócipő couvre-chaussures *(magas: montants);* snowboots *m pl*
hód [~ok, ~ot, ~ja] castor *m*
hódít [~ottam, ~ott, ~son] I. *(tgy i)* 1. *(népet)* assujettir; soumettre; subjuguer; asservir; 2. *(földet)* conquérir; II. *(tgyl i)* 1. *(nő, férfi)* faire des conquêtes; 2. *(eszme)* faire des prosélytes; se propager
hódító [~k, ~t; ~an] 1. conquérant, -e; ~ *politika* politique de conquête *v* annexionniste *f;* 2. fascinant, -e; ensorceleur, -euse
hódol [~tam, ~t, ~jon] 1. *(nép)* se soumettre à q; 2. ~ *vminek* s'asservir à qc; s'inféoder à qc; ~ *a divatnak* sacrifier à la mode
hódolat 1. *(népé)* soumission *f;* 2. *átv:* hommage; dévouement *m;* ~*a jeléül* en hommage
hódolatteljes respectueux, -euse; plein(e) de respect; révérencieux, -euse
hóeke chasse-neige *m;* charrue *f* à neige
hóeltakarítás déneigement *m; (közutakon)* enlèvement *m* des neiges
hóember bonhomme *v* homme de neige
hóesés chute de neige *v* neigeuse; neiges *f pl*
hófehér blanc(he) comme neige; ~ *arc* teint *m* de lis
hófúvás tourbillon de neige; blizzard *m; (síneken, utakon)* enneigement *m*
hógolyó boule *f* de neige
I. **hogy** 1. que; 2. *azt állítja,* ~ *látta* il affirme l'avoir vu; 3. *(vajon)* si; *nem tudom,* ~ *eljön-e* je ne sais pas s'il vient; 4. *(más kötőszavak helyett:)* *nem múlik el egy óra,* ~ *ne érdeklődjék maga után* il ne se passe pas une heure qu'elle ne vienne demander de vos nouvelles; 5. *(célhat:)* afin que *(subj);* pour que *(subj);* afin de *(inf);* pour *(inf);* 6. *(okhat:)* que
II. **hogy** *(módhat. ksz.)* comment; ~ *s mint* comment
III. **hogy**...! que... ! comme ... ! combien ... ! ~ *megnőtt* comme il a grandi ! *de még* ~ *!* et comment ! et pour cause !
IV. **hogy?** 1. *(önállóan kérdezve:)* quoi? hein? 2. *(mondat élén:)* comment? ~ *vagy?* comment vas-tu? comment ça va? ~ *kerül ide!* comment ! vous voilà?
hogyan? 1. *(ismétlést várva, önálló kérdésben:)* plaît-il? vous disiez? s'il vous plaît? comment? 2. *(a mód*

hogylét 387 holttest

kérdezve:) comment (cela)? de quelle manière?
hogylét (état de) santé *f;* état *m; érdeklődik ~e felől* (faire) prendre *v* demander des nouvelles de q
hogyne mais oui! oui certes; parfaitement; pourquoi pas?
hogysem plutôt que
hóhér [~ok, ~t, ~a] bourreau; exécuteur *v* maître *m* des hautes œuvres
hókuszpókusz 1. *(mozdulat)* tours *m pl* de passe-passe; **2.** *átv:* boniments *m pl;* baratin *m; nagy ~t csinál belőle* il en fait un grand mystère
hol; *hol*...*hol*...tantôt...tantôt...; ici...là...; *~ itt, ~ ott* tantôt par-ci, tantôt par-là
hol? où ? où cela?
hólánc chaîne à neige *v* antidérapante
hólapát pelle *f* à neige
I. hold [~ak, ~at, ~ja] **1.** lune *f; csill:* la Lune; *a ~ negyedei* les phases *v* les quartiers de la lune; *a ~ felkel* la lune se lève; *fogy a ~* la lune décroît; *a ~ lenyugszik* la lune se couche; *nő a ~* la lune croît; *a ~ süt v ragyog* il fait clair de lune; **2.** *palotái a ~ban vannak* ses palais sont dans la lune; *a ~ból jön?* de quel pays venez-vous? **3.** *(bolygóé)* satellite *m;* lune; lunule *f*
II. hold *(mérték)* arpent *m*
holdfény clair *m* de (la) lune; clarté *f* de la lune
holdfogyatkozás éclipse *f* de lune
holdhónap mois lunaire *m;* lunaison *f*
holdkóros lunatique; somnambule; noctambule *(n)*
holdnegyed phase *f v* quartier *m* de la lune
holdsarló croissant *m* (de lune)
holdtölte pleine lune; la lune dans son plein; *~ van* la lune est pleine; *~kor* à la pleine lune
hólé neige fondue; eaux *f pl* de neige
holland [~ok, ~ot] **I.** *(mn)* hollandais; néerlandais, -e; *~ papíron* sur (papier) hollande; **II.** *(fn)* Hollandais; Néerlandais *m*
hollét demeure; présence *f*

25*

holló [~k, ~t, ~ja] corbeau *m; ritka mint a fehér ~* c'est aussi rare que le merle blanc
I. (mn) holmi ces ...; quelconque; *~ jöttmentekkel nem állok szóba* je n'adresse pas la parole au premier venu
II. (fn) holmi [~k, ~t, ~ja] affaires *f pl;* effets *m pl;* bagage *m*
holnap I. *(mn)* demain; *~, április 2-án* demain, (le) 2 avril; *~ este* demain soir *v* dans la soirée; *de mi lesz ~?* quoi de demain? *~ra* pour demain; *~tól fogva* à partir de demain; **II.** *(fn)* **1.** demain; *várjuk meg a ~ot* attendons demain; **2.** *(a jövő)* le lendemain; *a ~ra gondol* songer au lendemain
holnapután après-demain
holott alors que *(ind);* bien que; quoique; encore que *(mind: subj)*
holt [~ak, ~at] **I.** *(mn)* mort, -e; *~ ág a) (fáé)* branche morte; *b) (vízé)* bras mort; faux bras; *~ ág vize* eau morte; *~ anyag* matière inanimée; masse morte; *~ betű marad* demeurer lettre morte; *a ~ évad* la morte saison; *~ felszerelés (birtokon)* cheptel mort; *műsz: ~ játék (csavaré, illesztéseké stb.)* jeu inutile *m; ~ra fárad* mourir de fatigue; *~ra fáraszt* harasser; éreinter; *~ra ijed* mourir de frayeur; *~ra ver* assommer; tuer de coups; **II.** *(fn)* **1.** *a ~ak* les morts; *a ~ak világa* le sombre royaume; *~tá nyilvánít* déclarer la présomption de décès de q; **2.** *~a után* après sa mort; posthumement; *~ig* jusqu'à la *v* sa mort
holtan mort, -e; *~ esik össze* tomber (raide) mort
holtjárat *műsz:* mouvement perdu
holtkéz *tört:* mainmorte *f;* bien *m* de mainmorte
holtpont point mort; *átv: ~ra jut* arriver au point mort; repartir à zéro
holtrészeg ivre mort(e); saoul(e) comme une grive
holtsúly 1. poids mort; **2.** *haj:* tonne *f de* portée en lourd; **3.** *haj:* lest *m; haj, rep:* ballast *m*
Holt-tenger la Mer morte
holttest corps; cadavre *m;* restes mort s

holtvágány voie *f* de garage
holtverseny *sp*: match nul
hólyag [~ok, ~ot, ~ja] **1.** *(szerv)* vessie *f;* *(kisebb)* vésicule *f;* **2.** *(bőrön)* vésicule; papule; enlevure *f;* *(vízhólyag, tenyéren stb.)* ampoule; cloche *f;* **3.** *ját:* vessie; **4.** *(vizen)* bulle *f;* **5.** *(buta ~)* nœud couillon; empoté *m; buta ~!* eh, enflé!
hólyaghurut catarrhe vésical; cystite *f*
hólyaghúzó vésicant; vésicatoir *(m)*
hólyagpapír parchemin végétal
homály [~ok, ~t, ~a] **1.** obscurité *f;* ténèbres *f pl;* pénombre *f;* demi-jour *m;* **2.** *átv:* obscurité *f;* manque *m* de clarté; *sűrű ~ fedi* être recouvert(e) d'un voile épais; *a halott kilétét ~ fedi* l'identité du mort reste enveloppée de mystère; *az éj ~a* les ombres de la nuit; *a sír ~a* la nuit du tombeau; *~ba borít* obscurcir; *átv:* obscurcir; embrouiller; *ez a költő valamennyi kortársát ~ba borította* ce poète a effacé tous ses contemporains; *~ba borul* être plongé(e) dans l'obscurité; *~ban marad* rester dans l'ombre; *áttöri a ~t* percer l'obscurité; **3.** *(tükrön)* ternissure *f;* ternissement *m*
homályos [~ak, ~at] **1.** obscur, -e; ténébreux, -euse; sombre; *(át nem látszó)* opaque; **2.** *(üveg)* dépoli, -e; *~ körvonalak* contours vagues *v* flous; *~ látás* vue trouble *f;* *~ üveg* verre dépoli *v* mat; **3.** *átv:* obscur, -e; nébuleux; fuligineux, -euse; *~ emlék* souvenir confus; *~ fogalom* idée vague; *csak ~ képe van róla* il n'en a qu'une vue indistincte; **4.** *(költő, tudós)* obscur, -e; ésotérique; métaphysique
homályosság 1. obscurité *f;* **2.** *átv:* obscurité; manque *m* de clarté; imprécision *f;* **3.** *(tané, költészeté)* hermétisme; ésotérisme *m*
homár [~ok, ~t, ~ja] *áll:* homard *m*
hombár [~ok, ~t, ~ja] **1.** grenier *m* à blé; **2.** hangar *m*
Homérosz [~t] Homère *m*
homlok [~ok, ~ot, ~a] front *m; magas ~* front dégagé; *~on talál* atteindre *v* frapper au front; *~ára van írva a fenség* la majesté est empreinte sur son front; *~ára üt* se frapper le front; *törölgeti a ~át* s'éponger *v* s'essuyer le front
homlok- frontal, -e
homlokfal façade *f;* frontispice; mur frontal
homloknézet vue de *v* en face *v* frontale
homloküreggyulladás sinusite *f*
homlokzat façade *f; ép:* face *f*
homogén [~ek, ~t] homogène; *~ volta (vminek)* homogénéité *f*
homok [~ot, ~ja] sable *m; (parti)* plage *f; ~ba süllyed* s'ensabler; *~ba süpped* s'enliser; *~ra épít* fonder sur le *v* du sable; *~ot bányászik* tirer *v* extraire du sable; *~kal felhint* ensabler; *~ba dugja a fejét* enfouir sa tête dans le sable
homokbánya carrière de sable; sablière *f*
homokdomb colline *v* butte *f v* monticule *m* de sable
homokfutó *(kocsi)* cabriolet; tapecul *m*
homokkotró drague *f*
homokkő grès *m*
homokminta *műsz:* moule *m* de sable; *koh: (öntőminta befogására)* gueuse *f; -ába önt* jeter en sable
homokóra sablier *m;* horloge *f* à sable
homokos [~t, ~an] sablonneux; sableux, -euse; sablé, -e; *~ part* plage; marine sableuse
homokoz [~tam, ~ott, ~zon] sabler
homokpad 1. banc *m* de sable; **2.** lit *m* de sable; **3.** *haj:* plateau *m*
homokrosta crible *v* tamis à sable; tamis *m* de passage
homoksivatag désert *m* de sable
homokszem grain *m* de sable
homoktorta *ját:* pâté *m* de sable; *-át süt* jouer aux pâtés
homokzátony banc *m v* barre *f* de sable; *~ra fut* échouer sur un banc de sable
homokzsák 1. sac *m* de sable; **2.** *(ballaszt)* lest *m*
homorít [~ottam, ~ott, ~son] **I.** *(így i)* rendre concave; évaser; **II.** *(így l) (testtel)* rentrer *v* caver le corps
homorú [~ak, ~at] concave; courbé(e) vers l'intérieur

homorulat; homorúság concavité *f;* concave; creux *m*
homoszexuális homosexuel, -elle *(n);* *orv:* uraniste *m*
hómunkás pelleteur *v* déblayeur (-euse) de neige
hóna aisselle *f;* ~ *alatt* v *alá* sous le bras; sous l'aisselle; *átv: vkinek* ~ *alá nyúl* donner un coup d'épaule à q
hónalj 1. le creux de l'aisselle; 2. *(ruhán)* entournure(s) *f (pl)*
hónalji axillaire
hónaljmirigy ganglion lymphatique *m* de l'aisselle
hónap mois *m;* *a* ~ *eleje* le début *v* l'entrée *f* du mois; *május* ~*ban* au mois de mai; en mai; *az ötödik* ~*ban 'van* elle est enceinte de cinq mois
hónapos *szoba* chambre garnie au mois
honfitárs compatriote; concitoyen; national *m*
honfoglalás la conquête du pays *v* de la patrie hongroise; la conquête arpadienne
honfoglaló [~k, ~t, ~ja] I. *(mn)* occupant le pays actuel; conquérant(e); *a* ~ *magyarok* les Hongrois (du temps) de la conquête arpadienne; II. *(fn)* 1. conquérant hongrois; 2. conquérant du pays
honi [~ak, ~t] 1. natal, -e; du pays; 2. *(eredetű)* national, -e; ~ *ipar* industrie nationale; 3. domestique
honnan 1. d'où? de quel côté? ~ *tudja? a)* où prenez-vous cela? *b) (nem tudhatja)* qu'en savez-vous? ~ *tudjam?* est-ce que je sais, moi? ~ *van az, hogy* ....? comment se fait-il que ....? 2. *(függő kérdésben) (hogy)* ~ d'où; où
honol [~tam, ~t, ~jon] régner
honorárium [~ok, ~ot, ~a] honoraires *m pl; (írói)* droits *m pl* d'auteur; *(órádért, fellépésért)* cachet *m*
honos [~t] I. *(mn) (növény, állat)* indigène; aborigène; commun, -e; autochtone; II. *(fn)* ressortissant *m;* sujet naturel
honosít [~ottam, ~ott, ~son] 1. naturaliser; 2. *(oklevelet)* admettre *v* reconnaître l'équivalence de qc; 3. *(növényt)* acclimater

honosság 1. indigénat *m;* nationalité; citoyenneté *f; a* ~ *elvesztése* dénaturalisation *f;* 2. droit *m* de cité
honpolgári *kötelességek* devoirs civiques *m pl*
hontalan [~ok, ~t, ~a *v* ~ja] I. *(mn)* sans patrie; sans nationalité; exilé; dépaysé, -e; *jog:* apatride; II. *(fn)* déraciné, -e *n;* exilé; proscrit *m; jog:* heimatlos *m*
honvágy nostalgie *f;* mal *m* du pays
honvédelem défense nationale
hóolvadás la fonte des neiges
hópehely flocon *m* de neige
hoppon *marad* en être pour ses frais *v* pour sa courte honte; *(leány)* être laissée pour compte; coiffer sainte Catherine
Horatius [~t] Horace *m*
hord [~tam *v* ~ottam, ~ott, ~jon] 1. porter; *hátán* ~ porter sur son dos; *házhoz* ~ porter *v* livrer à domicile; *magánál* ~ porter sur soi; 2. *(vmi)* emporter; transporter; *(folyó)* charrier; 3. *(visel)* porter; mettre; *(lábon így is:)* chausser; *(fejen így is:)* coiffer qc; 4. *átv: vminek a jellegét* v *bélyegét* ~*ja magán* dénoter qc; porter l'empreinte de qc; 5. *(lőfegyver)* porter
hordágy *(betegnek)* civière *f;* brancard *m*
hordalék [~ok, ~ot, ~ja] I. *(mn)* ~ *talaj* sol *m* de transport; II. *(fn)* dépôts; apports *m pl;* alluvions *f pl*
hordár [~ok, ~t, ~ja] porteur; facteur; commissionnaire *m;* ~*t fogad* prendre un porteur
hordás 1. port *m (ruháé is);* 2. *kat:* corvée *f;* 3. *(termésé)* rentrage *m*
horderejű; *nagy* ~ *ügy* affaire d'une haute importance
hordképesség 1. force *v* puissance portative; 2. *(vagoné)* limite *f* de charge; 3. *rep:* capacité *f* de charge; 4. *ép:* charge maximum *f*
hordó [~k, ~t, ~ja] tonneau *m;* fût *m; (lőpornak, heringnek stb.)* baril *m; (száraz áruknak)* boucaut *m; (a hordók együtt)* futaille *f;* barillage *m; ez a* ~ *3 hektós* ce tonneau cube

3 hectolitres; ~ *hasa* surface *f* du tonneau; ~ *szádja* bondon *m;* ~*ba tölt* v *önt* entonner
hordódonga douve *f*
hordófenék douve *f* de fond; fond *m* du tonneau
hordókészítés tonnellerie *f;* barillage *m*
hordószónok orateur de bornes; orateur populaire; démagogue *m*
hordoz [~tam, ~ott, ~zon] porter; colporter; véhiculer
hordozható portatif, -ive; transportable; portable; *rád:* ~ *adó* poste roulant; station mobile *f;* ~ *vevő* poste portatif; transistor *m*
hordozó [~k, ~t] 1. véhicule; vecteur *m;* 2. *(űrrakétáé)* fusée porteuse (interplanétaire); 3. support *m;* a *főhatalom* ~*ja* le tenant de la souveraineté
hóréteg couche *f* de neige
horgany [~ok, ~t, ~a] zinc *m;* ~ *tartalmú* zincifère
horganylemez lame *f* de zinc; zinc laminé
horganyoz [~tam, ~ott, ~zon] zinguer; galvaniser au zinc
horgas [~ok v ~ak, ~at; ~an] crochu, -e; ~ *orr* nez crochu v busqué
horgász [~ok, ~t, ~a] pêcheur à la ligne; amateur *m* de pêche
horgászás pêche *f* à la ligne; ~ *eleven hallal* pêche à tendre le vif
horgászbot canne *f* (à pêche); gaule *f*
horgászfelszerelés attirail *m* de pêche v de pêcheur (à la ligne)
horgászfonál margotin *m*
horgászik [~tam, ~ott, -ásszék v -ásszon] pêcher à la ligne
horgol [~tam, ~t, ~jon] faire du crochet
horgolás travail au crochet; le crochet
horgolótű crochet *m*
horgony [~ok, ~t, ~a] ancre *f; felszedi* v *felvonja a* ~*t* lever l'ancre; désancrer; *(útra készül)* appareiller; ~*t vet* jeter v mouiller l'ancre
horgonykötél *haj:* câble *m* de l'ancre
horgonylánc câble-chaîne *m*

horgonyoz [~tam, -nyzott, ~zon] mouiller; être *v* se tenir à l'ancre
hórihorgas [~ak, ~at; ~an] haut enjambé(e); long(ue) comme une perche
horizont [~ok, ~ot, ~ja] horizon *m*
horkol [~tam, ~t, ~jon] ronfler
hormon [~ok, ~t, ~ja] hormone *f*
hormonális [~ak, ~at] hormonal, -e; ~ *zavar* trouble *v* déséquilibre hormonal
horog [horgok, horgot, horga] 1. *(halász*~*)* hameçon *m;* ~*ra kerül* mordre à l'hameçon; *ált:* tomber dans le filet; 2. *(kampó)* croc; crochet *m;* agrafe *f;* crampon *m*
horogütés *sp:* crochet; hook *m*
horony [hornyok, hornyot, hornya] 1. feuillure; rainure; coulisse *f;* 2. *ép:* *(oszlopon)* canal *m;* strie *f*
horoszkóp [~ok, ~ot, ~ja] horoscope *m;* ~*ot csinál vkinek* tirer *v* faire *v* dresser l'horoscope de q
horpadás 1. bosselure *f;* 2. *(talajban)* affaissement *m;* dépression *f;* 3. *ált:* (r)enfoncement *m*
horpadt [~ak, ~at] 1. *(tárgy)* cabossé; bossué; enfoncé, -e; 2. *(talaj)* défoncé; déprimé; affaissé, -e; ~ *mellű* à la poitrine étriquée
horribilis [~ok, ~at; ~an] ~ *ár* prix exorbitant
horvát [~ok, ~ot] I. *(mn)* croate; II. *(fn)* Croate *n*
horzsol [~tam, ~t, ~jon] érafler; effleurer; frôler; ~*va* à fleur de peau; *(golyó)* blesser en séton
horzsolás 1. écorchure; éraflure; égratignure *f;* 2. *orv:* attrition *f; (golyósebnél)* blessure *f* en séton
hóseprő balayeur (-euse) de neige; *(villamos)* ~ *gép* balayeuse (électrique) *f*
hószemüveg lunettes de glacier *v* d'alpiniste; lunettes protectrices
I. hossz [~ok, ~at, ~a] 1. longueur *f (sp. is);* 2. *(varrásnál)* hauteur *f*
II. hossz [~ok, ~t, ~a] *(tőzsdei)* hausse *f;* ~*ra játszik* jouer à la hausse; spéculer à la hausse
hosszában 1. en longueur; dans le sens de la longueur; longitudinale-

ment; en long; *egész* ~ *végigvágódik a földön* tomber de (tout) son long; 2. *vminek* ~ le long de qc
hosszabb [~ak, ~at] 1. plus long(ue); 2. ~ *időre* pour un certain temps
hosszabbítás 1. allongement; rallongement *m;* 2. *(toldalék)* rallonge; allonge *f;* 3. *([határ]időé)* prolongement *m*
hosszadalmas [~ak, ~at] long, longue; prolixe; diffus, -e; qui n'en finit pas; ~ *tárgyalások* négociations prolongées
hosszanti [~ak, ~t] longitudinal, -e; ~ *profil* profil *m* en long
hosszas [~ak, ~at] 1. *(arc stb.)* allongé, -e; 2. *ld:* **hosszadalmas;** ~ *gondolkodás után* après mûre réflexion
hosszat; *egy egész óra* ~ toute une heure
hosszirány sens de la longueur *v* longitudinal; ~*ban* en longueur; longitudinalement
hosszméret mesure de longueur; longueur *f*
hosszmérték mesure de longueur *v* linéaire *f*
hosszmetszet coupe *v* section longitudinale; profil *m* en long
hossztengely axe longitudinal
hosszú [~ak, ~t] 1. long, longue; allongé, -e; 2. ~ *élet* longévité; longue vie; ~ *film* (film de) long métrage; ~ *hullám* ondes longues; *grandes ondes;* ~ *idő óta* depuis de longues années; depuis longtemps; ~ *ideig* pendant longtemps; un long temps; ~ *időre* pour longtemps; ~ *időt szán arra, hogy* mettre longtemps à *(inf);* ~ *keze van* avoir les mains longues *v* le bras long *(átv. is);* ~ *lábú* haut(e) des jambes *v* sur jambes; ~ *lejáratú* à long terme; ~ *lére ereszt vmit* délayer qc; s'étaler longuement sur qc; ~ *lépés* pas allongé; ~ *nadrág* long pantalon; ~ *nyak* cou *m* de girafe; ~ *orral távozott* s'en aller avec un pied de nez; ~ *sor* longue série; théorie *f; évek* ~ *sora* de longues années; ~ *szárú* à longue tige; ~ *szárú csizma* bottes montantes; ~ *szőrű* à long(s) poil(s); ~ *táv* longue distance; *sp:* course *f* de fond; ~ *termetű* de haute taille; ~ *(unalmas) történet* une histoire à dormir debout; *ennek* ~ *története van* c'est une longue histoire; ~ *út* randonnée *f;* ~ *zongora* piano *m* à queue; 3. *(kifejezésekben:) 5 méter* ~ long de 5 mètres; ~ *volna azt elmesélni* c'est toute une histoire; ~*nak érzi az időt* le temps lui dure *v* paraît long; ~*ra nyúlik* se prolonger; s'éterniser; traîner (en long)
hosszúkás de forme allongée; oblong, -gue
hosszúlépés *kb:* un doigt de vin mêlé d'eau de Seltz
hosszúság 1. longueur *f;* 2. *földr:* longitude *f; keleti* ~ longitude est *v* orientale
hosszúsági *fok* degré *m* de longitude
hótakaró couverture *f* de neige; manteau neigeux
hótalp raquette *f* à neige; ski *m*
hotel [~ek, ~t, ~je] *ld:* **szálloda**
hótorlasz amoncellement *m* des neiges; muraille *f* de neige; banc *m* de neige
hova? hová? où? *(függő mondatban is);* à quel endroit; ~ *gondol?* y pensezvous? *nem tud* ~ *lenni a meglepetéstől* il n'en revient pas; *azt sem tudja,* ~ *legyen (szégyenében, zavarában)* il ne sait où se mettre; ~ *lettek a cipőim?* que sont devenus mes souliers?
hovafordítás *(összegé)* emploi *m;* affectation *f*
hovatartozás; hovatartozandóság appartenance *f*
hovatovább 1. peu à peu; un de ces jours; 2. de plus en plus
hóvihar tornade *v* rafale *v* tempête *f* de neige
hóvirág perce-neige *f*
hoz [~tam, ~ott, ~zon] 1. *(tárgyat)* apporter; être porteur *v* porteuse de qc; *sok bajt* ~ entraîner beaucoup d'inconvénients; 2. *(járművön, lábon járó lényt és átv)* amener; ramener; *(támogatásul)* se faire assister par q; 3. *(anyagot vhonnan vmihez)* tirer de qc; 4. *(folyó)* charrier; véhiculer;

5. *(jövedelmez)* rendre; rapporter; ~ *a házhoz* rapporter; *nem hoz (mesterség)* il ne donne pas; *(növény) kitűnően* ~ être en plein rapport
hozadék; hozam [~ok, ~ot, ~a] **1.** rendement; produit; rapport; apport *m;* **2.** *(folyóvízé)* régime; débit *m;* **3.** *(pénzbeli)* rentabilité *f;* gain *m*
hozat faire venir; envoyer chercher
hozomány [~ok, ~t, ~a] **1.** dot *f;* apport(s) *m (pl);* ~*ba ad* donner en dot *v* comme dot; ~*t ad vkinek* constituer *v* fournir une dot à q; doter q; **2.** *átv:* apanage *m*
hozományvadász pourchasseur *v* coureur *m* de dot
hozomra à crédit
hozott [~ak, ~at] ~ *anyagból készít* travailler à façon
hozzá 1. *(személyhez)* chez lui *v* elle; à lui *v* elle; ~*d beszélek!* c'est à toi que je m'adresse! **2.** *(tárgyhoz)* y; à cela; **3.** *és még* ~ de plus; et pour comble; **4.** ~ *hasonlítva* v *képest* son égal; ~ *hasonló* semblable (à); pareil (à); de son acabit; **5.** ~ *nem értés, értő ld:* **hozzáértés** *stb.; nincs* ~ *hasonló* il n'a pas son pareil
hozzáad 1. ajouter *v* joindre à qc; additionner qc de qc; *(ételhez, keverésnél)* ajouter; additionner qc de qc; **2.** *mat:* ajouter à qc; **3.** *(nőül)* marier à q; donner en mariage
hozzáalakít adapter
hozzácsatol 1. joindre; annexer; inclure; **2.** *(odaerősítve)* rattacher; fixer à qc
hozzáépít ajouter à qc; adosser à *v* contre qc
hozzáér *(vmihez)* toucher à qc; *(súrolva)* effleurer *v* frôler qc
hozzáértés compétence; connaissance *v* pratique *f* de qc; *(nagy)* maestria *f; hozzá nem értés* incompétence *f; (a kellő)* ~*sel* avec la compétence voulue; pertinemment
hozzáértő I. *(mn)* compétent, -e; **II.** *(fn)* connaisseur *m;* expert(e) *n;* amateur *m*
hozzáfér 1. *(vkihez)* approcher q; avoir accès auprès de q; **2.** *(vmihez)* accéder à qc; avoir accès à qc

hozzáférhetetlen 1. inaccessible; *(sziget, part)* inabordable; **2.** *(ember)* inaccessible; inabordable; impénétrable
hozzáférhető accessible; (être) à portée de la main; *(átv. is)* approchable; ~ *áron* à un prix raisonnable; *mindenki számára* ~*vé tesz* rendre commun(e) à tous
hozzáférkőzik réussir à se rapprocher de *v* à s'approcher de *v* à approcher q
hozzáfog 1. s'y prendre; s'y mettre; mettre la main à l'œuvre; y aller; *derekasan fog hozzá* y aller franchement; *óvatosan fog hozzá* y aller doucement; **2.** *vmihez* ~ se prendre à qc; se mettre à qc *v* à *(inf);* ~ *a munkához* se mettre au travail; ~ *a kérdés tárgyalásához* attaquer la question
hozzáfordul *vkihez* faire appel à q; avoir recours aux lumières de q; recourir à q
hozzáfűz 1. accoler; ajouter *v* joindre à qc; **2.** *átv:* ajouter *v* rattacher à qc
hozzágondol ajouter en pensée *v* mentalement
hozzáhasonul s'assimiler à qc
hozzáidomul s'assouplir; s'adapter
hozzáigazít *(vmihez)* ajuster *v* adapter à qc; se modeler sur qc
hozzáilleszkedik s'adapter à qc; s'assouplir
hozzáillik 1. *(vmihez)* s'accorder avec qc; convenir à qc; **2.** *(vkihez)* convenir à q
hozzáillő I. *(mn)* **1.** *(szín, tárgy)* correspondant, -e; harmonieux, -euse; **2.** *(vkihez)* convenable à q; **II.** *(fn) a* ~*k* ses pareil(le)s
hozzájárul 1. *(részvétellel)* contribuer à qc; concourir à qc; avoir part à qc; ~ *vminek az eltartásához* subvenir à l'entretien de qc; **2.** *vmivel* ~ *vmihez* apporter qc à qc; contribuer de qc à qc; **3.** *(vmihez vmi)* contribuer à qc; s'ajouter à qc; concourir à qc; **4.** *(beleegyezve)* approuver qc; adhérer à qc; accéder à qc; consentir à qc *v* qc; *hallgatólag* ~ approuver tacitement; *(javaslathoz)* se rallier

hozzájárulás 393 **hőenergia**

à qc; *(egyezményhez)* adhérer à qc; 5. *jog*: consentir qc
hozzájárulás 1. contribution *f* à qc; concours *m* à qc; participation *f* à qc; *(pénzbeli)* contribution; cotisation *f*; 2. *(társascégben)* apport social *v* de fonds; 3. *(beleegyező)* adhésion *f* à qc; consentement *m* à qc; ~*a nélkül* sans l'avis conforme de q; sans le consentement de q
hozzájut 1. *(álláshoz)* parvenir à qc; obtenir qc; 2. *(vmihez)* arriver à *(inf)*; trouver le moyen de voir *v* d'étudier qc; 3. *(vkihez)* trouver le moyen de parler à q
hozzákapcsolódik 1. se rattacher; se joindre; 2. *átv*: se ramener à qc; se rattacher à qc
hozzáköt lier *v* attacher à qc
hozzálát *ld*: hozzáfog; *lássunk hozzá, hogy* ψoyons à *(inf)*
hozzámegy 1. *(odamegy)* s'approcher de q; 2. *(feleségül)* épouser q
hozzáragaszt coller *v* fixer sur *v* à qc
hozzásimul 1. *(vkihez)* se blottir *v* se serrer contre q; 2. *(vmihez)* prendre le pli de qc; *(ruhárél)* mouler qc
hozzászámít I. *(tgy i)* ajouter (au compte; porter au compte; *(költségeket)* imputer (des charges); ~*va* (y) compris; *mindent* ~*va* tout bien compté;
II. *(tgyl i)* faire nombre; s'ajouter
hozzászokik *vmihez* s'accoutumer à qc; s'habituer à qc; se familiariser avec qc; ~*ott* il en a pris l'habitude; *túlságosan* ~ s'acoquiner; *ehhez a méreghez könnyű* ~*ni* ce poison donne l'accoutumance
hozzászól 1. donner *v* dire son avis sur qc; formuler son opinion sur qc; *mit szól hozzá?* que vous en semble? qu'en dites-vous? 2. *(gyűlésben)* intervenir; prendre la parole sur qc
hozzászólás *(gyűlésben)* intervention *f*
hozzászóló [~k, ~t] contradicteur *m*; opinant, -e *(n)*; *(előadáshoz, felkért* ~) rapporteur *m*
hozzátartozik *vmihez* 1. faire partie de qc; 2. dépendre de qc; appartenir à qc

hozzátartozó I. *(mn)* y attenant; qui en dépend; annexe; y relatif (-ive);
II. *(fn)* parent; allié; proche (parent) *m*
hozzátesz 1. *(vmihez)* ajouter à qc; joindre à qc; *(ételhez)* ajouter; additionner de qc *(pl:* d'eau); 2. *(szóban)* ajouter; enchaîner; *mellesleg* ~*i* ouvrir une parenthèse; 3. *(füllent)* y mettre du sien; ajouter; broder
hozzátold 1. ajouter une pièce; 2. *(füllentve)* broder; y mettre du sien; 3. *(szöveg értelméhez)* aider à la lettre
hozzáütődik se heurter à *v* contre qc; se cogner à qc
hozzávág I. *(tgyl i) (karddal)* allonger *v* porter une botte à q; II. *(tgy i)* lancer *v* jeter *v* envoyer qc à la tête de q *v* contre qc
hozzávaló I. *(mn)* 1. convenable *v* assorti(e) à qc; 2. annexe; 3. *(személy)* fait(e) pour q; II. *(fn)* 1. *(kellék)* accessoire(s) *m (pl);* fourniture; garniture *f*; 2. *(ruhához)* fourniture(s) *(pl);* 3. *(ételhez)* ingrédient *m* de qc
hozzávegyít ajouter; additionner *m* de qc
hozzávetőleg approximativement; par approximation; par à peu près
hozzávetőleges [~ek, ~et] approximatif, -ive; ~ *számítás* calcul approximatif; approximation; supputation *f*
hő [hőt, hője *v* heve] I. *(mn)* ardent; fervent, -e; *hő vágy* désir ardent; II. *(fn)* 1. chaleur *f;* calorique *m;* 2. *átv*: ardeur *f;* feu *m*
hő- thermique; thermo-
hőálló calorifuge; athermane; thermorésistant, -e
hőátadás transmission *f v* passage *m* de chaleur
hőátbocsátó diathermane; ~ *képesség* diathermanéité *f*
hőelektromos thermo-électrique; électrothermique
hőemelkedés 1. *(testben)* élévation thermique *v* de (la) température *f;* 2. *(légköri)* hausse *f* de température
hőenergia énergie thermique *v* calorifique *v* calorique *f*

hőerőmű centrale thermique; thermocentrale f
hőérték valeur calorique f; pouvoir calorifique m
hőfejlesztés thermogénèse; production f de (la) chaleur
hőfejlesztő thermogénétique; thermogène; calorigène
hőfok degré m de chaleur; température f
hőforrás 1. source de chaleur v chaude; **2.** (víz) source thermale
hőguta coup m de chaleur; syncope thermique f
hőhatás action thermique v calorifiante
hőhatásfok rendement thermique m
hőhullám vague f de chaleur
hőlégsugármotor turbo-réacteur m
hölgy [~ek, ~et, ~e] dame f
hölgyfodrász coiffeur m pour dames
hölgyközönség public de dames; public v monde féminin
hölgymenyét hermine f
hölgyválasz tánc: série bleue
hőmérés thermométrie; calorimétrie f
hőmérő thermomètre m
hőmérséklet température f; magas ~ température élevée; a ~ az árnyékban la température à l'ombre
hőmérsékleti thermique
hőmérsékletváltozás 1. variation f de température; écart m de température; **2.** met: (napi, havi, évi) marche f de température
hömpölyget [~tem, ~ett, -essen] rouler; charrier
hömpölyög [~tem, -lygött, ~jön] rouler ses vagues v ses eaux; ondoyer; (elárasztva) déferler
hőpalack bouteille isolante; thermos m
hörcsög [~ök, ~öt, ~e] áll: hamster; cricet m
hörgés râle; râlement m
hörghurut bronchite f; idült ~ bronchorrée f
hörgő [~k, ~t] bronche f; kis ~k petites bronches
hörög [~tem, -rgött, ~jön] râler; pousser des râles
hörpint [~ettem, ~ett, ~sen] humer; lamper; nagyot ~ belőle il en boit un bon coup

hős [~ök, ~t, ~e] **I.** (mn) héroïque; brave; de brave; vaillant, -e; valeureux, -euse; **II.** (fn) **1.** héros; brave m; rég: preux m; a nap ~e l'homme du jour; **2.** (regényben, darabban) protagoniste (n); héros; principal acteur
hőscincér (grand) capricorne (du chêne)
hőség grande v forte chaleur; ardeur f
hősi héroïque; vaillant, -e; épique; brave; ~ emlék(mű) monument m aux Morts; ~ halál mort f au v sur le champ d'honneur; ~ halált hal mourir en héros; tomber v mourir au champ; ~ halott mort glorieux
hősies [~ek, ~t] héroïque; courageux, -euse; brave; valeureux, -euse
hősiesség; hősiség héroïsme m; vaillance f
hősködik [~tem, ~ött, ~jék v ~jön] faire le brave v le fendant; fanfaronner
hősköltemény épopée f; poème héroïque m
hősnő 1. héroïne f; **2.** irod: principale actrice
hősszerelmes szính: jeune premier
hősszínész tragédien; acteur tragique m
hősszínésznő tragédienne f
hőstett 1. exploit m; action f d'éclat; **2.** gúny: exploit; prouesse f
hősugárzó (lámpa) radiateur parabolique m v de chaleur; (infravörös) radiateur infrarouge
hősüllyedés baisse v régression f de (la) température; hirtelen ~ chute f de température
hőszigetelés isolement thermique; calorifugeage m
hőszigetelő I. (mn) calorifuge; athermane; **II.** (fn) isolant thermique m
hőtároló műsz: accumulateur m d'eau chaude
hőterápia orv: thermothérapie f
hőtermelés dégagement de chaleur; rendement thermique m
hőváltozás variation f de température
hőveszteség perte(s) f (pl) de chaleur; déperdition f de chaleur
hővezetés fiz: conduction; thermoconvection f

hővezető conducteur (-trice) de la chaleur; *jó* ~ bon conducteur de la chaleur
húg [~ok, ~ot, ~a] la jeune sœur; sœurette *f*
húgy [~ok, ~ot, ~a] urine *f*
hugy- uréique; urinaire
húgycső urètre; uretère *m*
húgyhólyag vessie *f*
huhog [~tam, ~ott, ~jon] chuinter; (h)ululer
hulligán [~ok, ~t, ~ja] 1. hooligan *m*; 2. *(vkinek az emberei)* janissaire; homme de main
hull [~ottam *v* ~tam, ~ott, ~jon] 1. tomber; 2. *(égből)* pleuvoir; tomber; 3. *(folyadék)* couler; ~*ott a vére* son sang a coulé; 4. *(emberek)* mourir; être fauché(e); *(állatok)* tomber; périr
hulla [-ák, -át, -ája] cadavre; corps *m*
hulladék [~ok, ~ot, ~a] 1. déchet(s) *m (pl)*; débris *m pl*; rebut *m*; 2. *(konyhai)* épluchure *f*; *(rothadó)* détritus *m pl*
hulladékfeldolgozó récupérateur *m*
hulladéktelep dépôt *m* de récupération *f*
hullaégetés crémation; incinération *f* des cadavres
hullafolt lividité cadavérique *f*
hullaház chapelle mortuaire *f*; obitoire *m*; *(kórházban)* pavillon mortuaire *m*
hullám [~ok, ~ot, ~a] 1. vague; houle; onde *f*; *(nagy)* lame *f*; vague de fond; *a* ~ *megtörik* la mer se brise; *a* ~*ok elsimulnak* la mer tombe; *eltűnt a* ~*okban* il disparut dans les flots; ~*okat kelt* soulever les flots; *(szél)* soulever des vagues; 2. *fiz:* onde *f*; 3. *átv:* *(kavarodás)* remous *m*; *nagy* ~*okat ver fel* avoir un grand retentissement; *mind nagyobb* ~*okat ver* prendre de l'ampleur; 4. [~ja] *(hajé stb.)* onde *f*; repli(s) onduleux; *(tartós)* indéfrisable *m*
hullámbádog tôle ondulée
hullaméreg virus cadavérique *m*; ptomaïne *f*
hullamerevség raideur *v* rigidité cadavérique *f*
hullámfürdő bain *m* de vagues artificielles

hullámhossz *rád:* 1. longueur *f* d'onde; 2. *(egyesített)* chaîne *f*
hullámmozgás mouvement ondulatoire *m*
hullámos [~ak, ~at] 1. *(tenger)* agité, -e; houleux; moutonneux, -euse; 2. *ált:* onduleux, -euse; ondoyant, -e; 3. *(mesterségesen)* ondulé, -e; 4. *(rajzban)* ondé, -e; 5. *fiz:* ondulatoire
hullámpapír papier *v* carton ondulé
hullámrezgés oscillation *f*
hullámtörés déferlage *m*; *(dagályé)* ressac *m*
hullámváltó *rád:* combinateur; commutateur *m* des longueurs d'ondes
hullámvasút montagnes russes *f pl*; panorama des Alpes
hullámvölgy 1. *(tengeren)* le creux de(s) lame(s); 2. *fiz:* onde dilatée
hullámzás 1. ondulation *f*; ondoiement; moutonnement *m*; *(erős)* agitation; houle *f*; 2. *(pl: menetelő katonaságé)* flottement *m*; 3. *átv:* fluctuation; oscillation *f*; remous *m pl*; *a tömeg* ~*a* le flux et le reflux de la foule; le déferlement de la foule
hullámzik [~ott, -ozzék *v* -ozzon] 1. *(erősen)* être agité(e) *v* démonté(e) *v* houleux (-euse); rouler (des vagues); 2. *átv:* fluctuer
hullanéző morgue *f*
hullaszag odeur de cadavre *v* cadavérique *f*
hullat; *könnyeket* ~ répandre *v* verser des larmes; *leveleit* ~*ja* s'effeuiller
hullócsillag étoile filante *v* tombante
humanista [-ák, -át, -ája] humaniste *(n)*
humanitárius humanitaire
humanizmus humanisme *m*
humánum [~ok, ~a] l'humain; l'élément humain
humánus humain, -e; humanitaire; *nem* ~ antihumain, -e
humor [~ok, ~t, ~a] humour *m*; bonhomie; fantaisie *f*
humorista [-ák, -át, -ája] humoriste; écrivain humoristique *m*
humorizál [~tam, ~t, ~jon] faire de l'humour; plaisanter

humoros [~ak, ~at] **1.** humoristique; amusant, -e; ~ *karcolat* croquis fantaisiste *m*; **2.** *(kép; tekintet; akit mulattat vmi)* amusé, -e
humusz ~[ok, ~t, ~a] humus *m*; terre végétale
hun [~ok, ~t; ~ul] **I.** *(mn)* hunnique; des Huns; **II.** *(fn)* Hun *m*
huncut [~ok, ~ot; ~ul] **I.** *(mn)* **1.** malin, maligne; astucieux; malicieux, -euse; espiègle; mutin, -e; *(gyerek)* taquin, -e; **2.** *(malackodó)* égrillard, -e; guilleret, -ette; leste; **II.** *(fn)* (gros) malin; (fin) lapin *(biz);* kis ~ le petit coquin !
huncutkodik [~tam, ~ott, ~jék *v* ~jon] **1.** *(gyerek)* faire des malices *v* des espiègleries; **2.** dire des malices; taquiner q
huncutság 1. espièglerie; mutinerie *f;* **2.** *pej:* coquinerie; friponnerie; rouerie *f*
hunyorgat clignoter *v* cligner des yeux; papilloter
hunyorít [~ottam, ~ott, ~son] *(szemével, szemhéjával)* ciller les yeux, les paupières; cligner de l'œil
húr [~ok, ~t, ~ja] **1.** *zen:* corde *f;* boyau *m; az E-húr* la corde de *mi;* la chanterelle; *elszakadt egy* ~ une corde a cassé *v* sauté; *pengeti a* ~*okat* faire vibrer *v* pincer les cordes; **2.** *(teniszütőn)* boyau; **3.** *átv; egy* ~*on pendülnek* ils s'entendent commes larrons en foire; *szelídebb* ~*okat penget* baisser le ton; filer doux; **4.** *mat:* corde
hurcol [~tam, ~t, ~jon] traîner; porter
hurcolkodás déménagement *m*
hurcolkodik [~tam, ~ott, ~jék *v* ~jon] déménager
hurka [-ák, -át, -ája] andouille; andouillette *f; (véres)* boudin *m*
hurkatöltő boudinière *f*
hurkol [~tam, ~t, ~jon] **1.** nouer; faire un nœud à qc; **2.** enlacer; entrelacer; **3.** festonner; faire un point de feston; **4.** tricoter à la machine
hurok [hurkok, hurkot, hurka] **1.** *(madzagon stb.)* nœud *m; (kötélen)* nœud

(coulant); boucle *f;* **2.** *rep:* boucle; **3.** *(vadászé)* collet; lacet; lacs *m;* **4.** *átv:* ~*ra kerül* tomber dans les filets; *hurkot vet vkinek* dresser un piège à q
hurokvágány voie *f* en boucle
húros *hangszer* instrument *m* à cordes; ~ *hangszerek* les cordes *f pl;* la lutherie
hurut [~ok, ~ot, ~ja] catarrhe; flux catarrhal
hús [~ok, ~t, ~a] **1.** *(eleven)* chair *f; jó* ~*ban van* être bien en chair; **2.** *(étel)* viande; viande de boucherie; chair *f;* ~ *kövér(j)e* gras *m; nem eszik* ~*t* être végétarien(ne); *(böjtöl)* faire maigre; **3.** *(gyümölcsé)* pulpe; chair *f;* **4.** *átv; se* ~, *se hal (ember)* ni chair, ni poisson; moitié figue, moitié raisin; ~*ba vág* trancher dans le vif
husáng [~ok, ~ot, ~ja] **1.** gourdin *m;* trique *f;* **2.** *növ:* férule *f*
húsáru produit *m* de boucherie *v* de charcuterie
húsárugyár charcuterie; fabrique *f* de viande en conserve
húsdaráló hachoir à viande *v* mécanique *m*
húsétel plat *m* de viande; ~*t elkészít* apprêter *v* préparer une viande
húsevő 1. *(ember)* consommateur de viande; **2.** *áll:* carnivore; carnassier, -ière; zoophage
húshagyó *kedd* le Mardi gras
húsipar industrie de la viande; boucherie *f*
húskivonat extrait *m* de viande
húsleves consommé; bouillon (gras)
húsliszt farine *f* de viande
húsmérgezés botulisme *m;* intoxication *f* par les viandes avariées
húsos [~ak, ~at; ~an] **1.** carné, -e; **2.** *(ajkak stb.)* charnu, -e; **3.** *(kövér)* bien en chair; potelé, -e; **4.** *(gyümölcs)* pulpeux, -euse; **5.** *(gomba)* sarcomycète; **6.** *növ:* ~ *növény* plante grasse
húsosfazék 1. marmite *f;* pot(-au-feu) *m;* **2.** *gúny:* l'assiette *f* au beurre
húspor poudre *f* de viande; pemmican *m*

húspótló succédané *m* de viande
hússertés porc *m* à viande
hússzalonna lard *m* de table
hússzék 1. étal *m* (de boucherie); 2. boucherie *f*
hússzínű carné, -e; couleur chair
húsvágó *bárd* hachoir *m*; ~ *deszka* planche *f* à hacher; *tailloir m*
húsvét [~ok, ~ot, ~ja] *vall*: Pâques *m*
húsvéthétfő lundi *m* de Pâques
húsvéti [~ak, ~t] *vall*: pascal, -e; de Pâques; ~ *bárány* agneau pascal; ~ *tojás* œuf *m* de Pâques
húsvétvasárnap dimanche *m* de Pâques
húsvörös couleur (de) chair; incarnadin; incarnat
húsz [~at] vingt
huszár [~ok, ~t, ~ja] hussard; housard; houssard *m*
huszárvágás coup *m* de maître
húszas I. *(mn)* a ~ *években* dans les années vingt; II. *(fn) (szám)* le vingt
huszita [-ák, -át] hussite *(m)*
huta [-ák, -át, -ája] 1. usine; fonderie; forge; fournerie *f*; 2. *(üveg* ~*)* verrerie
húz [~tam, ~ott, ~zon] I. *(így i)* 1. tirer; amener; *(földön)* traîner; *felfelé* ~ tirer en haut; *maga felé* ~ ramener; *maga után* ~ traîner après *v* derrière soi; *magára* v *magához* ~ tirer *v* amener à soi; *szemébe* ~*za a kalapját* rabattre son chapeau sur ses yeux; *alig* ~*za magát* se traîner avec peine; pouvoir à peine se traîner; 2. *műsz;* entraîner; 3. *(vontatva)* haler; 4. *(számot)* tirer; sortir; *sorsot* ~ tirer (qc) au sort; 5. *fogat* ~ extraire une dent; 6. *gyűrűt* ~ *az ujjára* passer une bague au doigt; 7. *harangot* ~ (faire) sonner une cloche; 8. *(drótot)* tréfiler; 9. *árkot* ~ creuser un fossé; 10. *mat*: mener; *átlót* ~ mener une diagonale; 11. *falat* ~ élever *v* construire un mur; 12. *nótát* ~ jouer *v* exécuter un air; 13. *(ruhadarabokat)* mettre; passer; enfiler; *(fejére)* coiffer de qc; *(harisnyát, lábbelit)* chausser; *(kabátot így is:)* endosser; 14. *bort* ~ tirer du vin; 15. *nagyot* ~ *(a borból)* boire un grand coup *v* une lampée; 16. ~*za a beszédet* c'est un discours à perte de vue; ~*za az időt* faire durer *v* traîner les choses; ~*za az igát* traîner sa chaîne *v* sa misère; ~*za az orrát* faire le difficile; 17. *nagy jövedelmet* ~ toucher un gros revenu; 18. *átv:* *magához* ~ attirer à soi; 19. *nem sokáig* ~*za már* il n'en a pas pour longtemps; 20. *hajnalig* ~*ták* ils ont joué jusqu'à la pointe du jour; 21. *(bosszant) biz:* charrier; asticoter; II. *(tgyl i)* 1. tirer; *ki jobbra* ~*, ki balra* l'un tire à hue l'autre à dia; 2. *(szivattyú)* s'amorcer; 3. ~ *az üvegből* boire au goulot; 4. *div: (ruha)* froncer; 5. *(sakk, dáma)* jouer (un coup); *ki* ~? à qui de jouer? 6. *(kályha, kémény)* tirer; 7. *vmi felé* ~ graviter autour de qc; 8. *(vkihez)* se sentir attiré(e) vers q
huzagolás *(lőfegyveren)* rayure *f*
huzal [~ok, ~t, ~ja] fil (métallique); filament *m*
huzalgyár tréfilerie *f*
huzamos(abb) [~ak, ~at] de longue durée; prolongé, -e; durable; ~ *időre* à demeure
húzás 1. tirage; trait *m;* *(ruganyos tárgyé)* tension *f*; 2. *(földön)* traînage *m; (vontatva)* halement *m;* 3. *(lefelé)* pesée *f;* 4. *(járművel)* traction *f;* 5. *(vonóval:)* coup *m* d'archet; 6. *(számé)* tirage *m;* sortie *f;* 7. *sakk:* coup *m; (első)* trait; 8. *(női ruhán, ingen)* froncis; froncé *m:* 9. *(madaraké)* passage *m;* passée *f;* 10. *hal:* egy ~ un coup de traîne; 11. *(fogé)* extraction *f;* 12. *egy* ~*ra kiissza* boire d'un (seul) trait; 13. *szính:* coupure *f;* 14. *mat; (vonalé)* description *f;* 15. *átv: (magához)* attraction *f;* 16. *(bosszantás) biz:* ld: **ugratás**
huzat 1. *(légvonat)* courant *m* d'air; 2. *(kályhában stb.)* appel d'air; tirage *m;* 3. *(bútoré)* étoffe *f;* capitonnage *m; (védő)* housse *f; (matracé)* coutil *m; (párnáé)* taie *f* (d'oreiller)
húzat 1. faire tirer *v* traîner; 2. *egy nótát* ~ faire jouer un air; 3. *fogat*

huzatos   398   **hűtlenség**

~ se faire extraire v arracher une dent
huzatos [~at; ~an] traversé(e) par les courants d'air
huzavona [-ák, -át, -ája] tirage; tiraillement m; tracasserie f
húzódás (tagban) tiraillement; élancement m
húzódik [~tam, ~ott, ~jék v ~jon] 1. (anyag) s'étirer; s'allonger; 2. (szövet) prêter; s'allonger; 3. (csapat) passer (en troupe); défiler; 4. a felhők dél felől ~nak les nuages chassent du sud; 5. vmeddig ~ s'avancer jusqu'à...; 6. földr: s'allonger; s'étendre; a hegység a part mentén ~ la chaîne longe la côte; 7. a sarokba ~ se retirer (dans un coin); 8. az ügy ~ l'affaire traîne (en longueur) v languit; 9. ~ vkihez avoir de l'attachement pour q
húzódozás répugnance; aversion f (pour v contre qc)
húzódozik [~tam, ~ott, ~zék v ~zon] (vmitől) répugner à (inf); se méfier de qc; ~ a munkától il rechigne devant le travail; ~va à contre-cœur; à son corps défendant
húzó-halasztó temporisateur, -trice (n)
húzókötél 1. fil v câble m de traction v de communication; 2. (vontató) câble de remorque
hű [hűek v hívek; hűbb v hívebb] 1. (erkölcsileg) fidèle (à q); attaché (à q); dévoué (à q) 2. (tárgyilag) fidèle; nagyon hű arckép portrait m d'une grande vérité; ~ kép image fidèle
hűbér [~ek, ~t, ~e] fief m
hűbérállam État féodal
hűbérbirtok fief m; tenure f
hűbéres [~ek, ~t] I. (mn) féodal, -e; ~ állapot vassalité f; II. (fn) vassal; feudataire
hűbéri [~ek, ~t] féodal; hommagial, -e; vassalique; ~ korszak période féodale; ~ kötelezettség obligation féodale; ~ törvénykezés la haute justice; la justice seigneuriale; ~ viszony vassalité f; régime m de féodalité m

hűbériség féodalité f; régime féodal; féodalisme m
hűbérrendszer système v régime féodal; féodalité f; féodalisme m
hűbérúr seigneur (féodal); (seigneur) suzerain
hűhó [~t, ~ja] tapage m; boniments m pl; miért ez a nagy ~? pourquoi tant d'histoires? nagy ~t csap faire du tapage; (méltatlankodva) faire un pétard de tous les diables; (vmivel) faire grand apparat de qc; nagy ~val à cor et à cri; avec grand apparat
hüledezik [~tem, ~ett, ~zék v ~zen] il n'en revient pas; être v rester ahuri(e) v ébahi(e)
hűlés coup d'air; refroidissement; rhume m; (influenzás) grippe f
hüllő [~k, ~t] reptile m
hűlt refroidi, -e; csak ~ helyét találják on trouve v on fait buisson creux
hülye [-ék, -ét] I. (mn) idiot, -e; imbécile; niais; abruti, -e; II. (fn) idiot(e) n; crétin m; imbécile; faible d'esprit n
hülyeség 1. idiotie f; crétinisme m; imbécillité f; 2. orv: crétinisme; 3. (dolog, beszéd) idiotie; ineptie f
hűség fidélité (à); loyauté f (envers); dévouement (à); loyalisme m; ~et eskütni vkinek jurer fidélité à q; egyh: (házasságban) conduire à l'autel
hűséges [~ek, ~et] fidèle (à); attaché (à); loyal, -e; ~ barát ami à toute épreuve
hűsítő [~k, ~t] rafraîchissant, -e; réfrigératif, -ive; ~ ital rafraîchissement m
hűsöl [~tem, ~t, ~jön] prendre le frais; (délben) siester; faire la sieste
hűt [~öttem, ~ött, ~sön] refroidir; réfrigérer; (ételt) mettre (à) rafraîchir
hűtlen infidèle; perfide; traître; déloyal, -e; félon, -onne; ~ elhagyás abandon m; ~ kezelés indélicatesse; malversation; déprédation f; (államvagyoné így is:) concussion f; péculat m; ~ lélek âme traîtresse
hűtlenség 1. infidélité; déloyauté f; manque m de foi; perfidie; traîtrise f; 2. (házassági) infidélité (conjugale)

fugue *f;* **3.** *(pénzkezelésnél)* indélicatesse *f;* **4.** *(politikai)* défection *f;* ~ *büne* incivisme *m;* (crime de) haute trahison; crime *m* d'infidélité; ~*gel vádol* noter d'infidélité
hűtlenségi *per* procès *m* de haute trahison
hűtő [~k, ~t] **I.** *(mn)* **1.** réfrigérant, -e; *(étel hűtésére)* frigorifique; **2.** *(ital)* rafraîchissant, -e; **II.** *(fn)* **1.** *(gépben)* réfrigérant *m;* **2.** *aut:* radiateur *m;* **3.** *vegy:* condenseur *m;* **4.** *(ételek számára)* frigorifique *m;* chambre froide
hűtőgép machine frigorifique *f;* cryostat *m*
hűtőház magasin *v* entrepôt frigorifique *m*
hűtőházi *tojás* œuf conservé en frigorifique
hűtőipari industrie *f* du froid
hűtőkamra chambre froide
hűtőkészülék **1.** réfrigérateur; frigorifique *m;* **2.** *műsz:* refroidisseur *m*
hűtőkocsi wagon frigorifique *v* isotherme *m*

hüvely [~ek, ~t, ~e] **1.** gaine *f;* étui *m;* **2.** *(kardé)* gaine *f;* fourreau *m;* **3.** *műsz:* manchon *m;* bague; chemise *f;* **4.** *ép:* coque *f;* **5.** *(töltényé)* douille; cartouche *f;* **6.** *növ:* gousse; cosse; tunique *f; (becő)* légume *m; (gaíonán)* bourre *f;* **7.** *orv:* vagin *m;* vulve *f*
hüvelyes légumineuse *f*
hüvelyk [~ek, ~et, ~e] **1.** *(ujj)* pouce *m;* **2.** *(hosszmérték)* pouce; *Hüvelyk Matyi* Petit-Poucet
hüvelykujj *ld:* hüvelyk
hűvös [~ek, ~et] **I.** *(mn)* **1.** frais, fraîche; froid, -e; ~ *este* soir frais; ~ *helyen tartja* tenir au frais; ~ *szél* vent frais *v* frisquet; ~ *van* il fait frais; **2.** *(ember)* distant; glacial, -e; ~ *fogadtatás* accueil froid *v* glacé; **II.** *(fn)* **1.** *sétál a* ~*ben* prendre le frais; ~*re fordul az idő* le temps se rafraîchit *v* se refroidit; **2.** *gúny: a* ~*ön* à l'ombre; au frais; ~*re tesz (bünözőt)* mettre à l'ombre

iá *(szamárordítás)* hihan!
ibériai ibérien, -enne; ibérique
ibolya [-ák, -át, -ája] **1.** *növ:* violette *f;* **2.** *(szín)* violet *m*
ibolyakék violet, -ette; hyacinthe ~ *szem* yeux bleu foncé
ibolyántúli [~ak, ~t] ultra-violet, -ette
ibolyaszínű violet, -ette
icipici; icurka-picurka minuscule; lilliputien, -enne; un tout petit...
ide ici; par ici; là; dans notre direction; de ce côté(-ci); ~ *hozzám!* à moi! *csak* ~ *vele!* passez-le-moi!
idead donner (en cadeau); céder; *add ide!* donne-le-moi!
ideál [~ok, ~t, ~ja] idéal *m; (női)* la dame de ses pensées *v* de ses rêves
ideális [~ak, ~at] idéal, -e; platonique; *fiz:* ~ *gáz* gaz parfait
idealizmus idéalisme *m*
ideát de ce côté-ci; en deçà
idebe; idebenn; idebent ici dedans; là-dedans
idecsatolt; idecsatolva ci-annexé; ci-joint; ci-inclus; inclus, -e; *(levélben)* sous ce pli
ideg [~ek, ~et, ~e] **1.** *(íjon)* corde *f;* **2.** *orv:* nerfs *m; uralkodik* ~*ein* rester maître de ses nerfs; *vkinek az* ~*eire megy* porter *v* donner sur les nerfs à q; *orv:* ~*ekre ható* névrotique; neurotique; ~*et öl egy fogban* dévitaliser une dent
idegbaj affection *v* maladie nerveuse; névrose *f*
idegbajos névrosé, -e; névropathe; neurasthénique *(mind: fn is)*
idegbénulás aneurose; aneurie *f*
idegbeteg malade nerveux; *ld. még:* **idegbajos**
idegcsillapító sédatif du système nerveux; calmant *m*
idegen [~ek, ~t, ~e] **I.** *(mn)* étranger, -ère; ~ *ajkú* de langue étrangère; ~ *állampolgár* étranger, -ère *n;* citoyen étranger; *az* ~ *állampolgárok jogállása* la condition des étrangers; ~ *kézre jut* être aliéné(e); passer en des mains étrangères; ~ *nyelv* langue étrangère; ~ *nyelvre fordít* traduire dans une langue étrangère; *(isk:)* faire un thème; ~ *származású* d'origine étrangère; allochtone *(n);* ~ *személy* un tiers; une tierce personne; ~ *test a szervezetben* corps étranger dans l'organisme; ~ *tollakkal ékeskedik* se parer aes plumes du paon; ~ *valuta* valeur de change; devise *f;* **II.** *(fn)* **1.** étranger, -ère *n; pej:* métèque *m;* ~*eknek tilos a bemenet* entrée interdite au public; *az* ~*eket gyűlölő* xénophobe *(n);* **2.** ~*be küld* envoyer à l'étranger; dépayser
idegenforgalmi de tourisme; touristique; ~ *hivatal v iroda* syndicat *m* d'initiative; la maison du tourisme
idegenforgalom tourisme *m;* affluence *f* des étrangers
idegengyűlölet xénophobie *f*
idegenkedés éloignement *m* (pour); aversion (pour); antipathie *f* (pour *v* contre)
idegenkedik [~tem, ~ett, ~jék *v* ~jen] *(vkitől, vmitől)* avoir *v* éprouver de la répugnance à *v* pour q *v* qc
idegenlégió légion étrangère
idegenvezető guide; cicérone *m*
ideges [~ek, ~(e)t] nerveux, -euse; énervé, -e; ~ *depresszió* dépression nerveuse; ~ *ember* nerveux *m;* agité, -e *n*
idegesít [~ettem, ~ett, ~sen] énerver; agacer; donner *v* porter sur les nerfs; exaspérer
idegesítő [~k, ~t; ~en] énervant; exaspérant; crispant, -e
idegesség **1.** nervosité *f;* énervement *m;* **2.** affection nerveuse
idegfájás; idegfájdalom névralgie; douleur névralgique *f*

idegfeszítő [~k v ~ek, ~t] 1. énervant, -e; qui tend les nerfs; 2. *(látvány)* poignant; palpitant, -e
ideggóc ganglion *m*
ideggyenge nerveux, -euse; faible des nerfs
ideggyógyász neurologiste; neurologue *n*
ideggyógyászat neurologie *f*
ideggyulladás nérvite *f*
idegizgalom excitation nerveuse; exaltation *f*
idegkimerülés; idegkimerültség épuisement nerveux
idegkórtan neuropathologie; névropathologie *f*
idegközpont centre nerveux
llegláz 1. fièvre chaude; 2. *(gócokban)* fièvre ganglionnaire
idegméreg neurotoxine *f*
idegmunka travail exténuant *v* épuisant
idegműködés fonctionnement *m v* activité *f* du système nerveux
idegnyugtató calmant *(m)*
idegölő I. *(mn)* *(foglalkozás)* tuant; abrutissant; -e; II. *(fn)* *(szer)* tuenerf *m*
idegösszeomlás; idegösszeroppanás écroulement du système nerveux
idegrángás; idegrángatódzás convulsion *f;* tressaillement *m* de nerfs; *(arcon)* tic *m*
idegroham attaque de nerfs; crise nerveuse; ~*ot kap* piquer une crise de nerfs
idegsebész neuro-chirurgien, -enne *n*
idegsejt neurone *m;* cellule nerveuse
idegszál filet nerveux; nerf *m;. minden* ~*ával ragaszkodik vmihez* tenir à qc avec toutes ses fibres
idegtépő hallucinant; poignant, -e
idegzetű [~ek, ~t] *gyenge* ~ faible des nerfs
idehaza (ici) à la maison; chez nous; *nincs* ~ il est sorti
idei [~ek, ~t] de cette année; de l'année; *(termés)* nouveau, nouvel, nouvelle
ideiglenes 1. provisoire; temporaire; intérimaire; ~ *állapot* intérim; provisoire *m;* ~ *ügyvivő* chargé *m* d'affaires a. i. *v* p. i. (ad interim *v* par

intérim); chargé d'affaires à pied; 2. *(rögtönzött)* de fortune
ideig-óráig (pour) un temps; pour un laps de temps; ~ *tartó* passager, -ère
ideillő convenable; qui convient ici; *nem* ~ déplacé, -e
idejében; idejekorán 1. en temps utile *v voulu v* opportun; à temps; à l'heure; ~ *cselekszik* agir à point nommé; 2. *vkinek idejében ld:* idő
idejemúlt; idejétmúlt démodé; dépassé, -e; passé(e) de mode
idejövet chemin faisant; en venant ici
idejut 1. venir jusque-là *v* jusqu'ici; 2. ~*ott a szerencsétlen* il en est là, le malheureux
ideki; idekinn; idekint (ici) dehors
idén (dans) cette année; au cours de cette année; ~ *tavasszal* ce printemps
idény saison *f;* ~*hez kötött* saisonnier, -ière
idénymunka travail saisonnier
ide-oda de çà (et) delà; çà et là; de part et d'autre; de côté et d'autre; ~ *bolyong* errer *v* vaguer çà et là; ~ *jár v megy v mozog* il va et vient; *(két hely között)* faire la navette; ~ *támolyog* zigzaguer
ideológia [-ák -át, -ája] idéologie *f*
idetartozik 1. faire partie de ce qui est ici; appartenir à ce qui est ici; 2. entrer *v* rentrer dans cette catégorie; 3. *(hozzánk)* cela est de notre ressort; *(emberről)* il est de la maison; *ez nem tartozik ide* c'est sans rapport
idétlen 1. *(alakra)* difforme; informe; 2. *(gondolat)* inepte; *(arckifejezés stb.)* imbécile; 3. *(tréfa)* insipide; fade; ~ *viselkedés* conduite stupide *f*
ideváló 1. du pays; (natif) d'ici; 2. être à sa place (ici)
idevonatkozó s'y rattachant; s'y rapportant; respectif, -ive; y relatif (-ive); y afférent(e)
idéz [~tem, ~ett, ~zen] 1. *(szöveget, példát stb.)* citer; alléguer; mettre en avant; invoquer; 2. *(hatóság elé)* citer; assigner; convoquer; 3. *(emlékezetébe)* rappeler; évoquer; 4. *szellemeket* ~ évoquer les esprits

26 Magyar–Francia kézi

idézés 1. *(szövegé)* citation; allégation *f;* **2.** *(hatósági)* assignation; citation; convocation *f;* **3.** *(emléké, szellemeké)* évocation *f*
idézet citation *f*
idézett [~ek, ~et] précité, -e; *az ~ helyen (i. h.)* loco citato *(loc. cit.); ~ mü (id. m.)* opere citato *(op. cit.)*
idézőjel guillemet(s) *m (pl)* ; *~ közé v ~be tesz* mettre entre guillemets
idill [~ek, ~t, ~je] idylle *f*
idom [~ok, ~ot, ~a] **1.** *mat:* figure *f;* **2.** *müsz:* moule *m;* forme *f;* profil *m;* **3.** *(női)* forme; silhouette; anatomie *f*
idomdarab pièce de forme *v* profilée
idomít [~ottam, ~ott, ~son] **1.** *(állatot)* dresser; apprivoiser; *(lovat)* manéger; manier; **2.** *(vmihez)* approprier *v* adapter *v* ajuster à qc; **3.** *müsz;* mouler; profiler
idomító [~k, ~t, ~ja] apprivoiseur; dompteur; dresseur, -euse *n*
idomított [~at; ~an] apprivoisé, -e; *~ kutya* chien savant; *~ ló* cheval *m* de manège
idomszer étalon; comparateur; calibre *m*
idomszerész profileur *m*
idomtalan mal fait(e); mal bâti(e); difforme
idomul [~tam, ~t, ~jon] prendre (une) forme; se former; *(vkihez)* se mettre à l'unisson de q
idő [~k, ~t, ideje] **1.** temps *m; (időpont)* temps; époque *f;* moment *m;* heure *f;* jour *m;* date; saison *f; (tartam)* durée *f; (időköz)* délai *m; (kor)* âge *m;*
középeurópai ~ l'heure de l'Europe occidentale; *~ előtt* avant l'heure *v* son heure; prématurément; *~ múltán* avec le temps; *kis ~ múlva* au bout de quelque temps; *rövid ~ múlva* dans peu de temps; sous peu; *sok ~* bien du temps; beaucoup de temps; *egy ~ óta* depuis peu; *ez csak ~ kérdése* c'est une affaire de temps; *(hogy:* de savoir si ...); *az ~ neki dolgozik* le temps est son allié; *elmúlt már az ~, mikor* le temps n'est plus où *v* est passé où; *a magyarázkodásra nem volt ~* le moment n'était pas aux explications; *múlik az ~* le temps passe *v* fuit *v* s'enfuit; *az ~ sürget* le temps presse; *van még ~* nous avons le temps *v* du temps;
itt az ideje il n'est que temps; *itt az ideje, hogy* il est temps de *(inf); éppen ideje* ce n'est pas trop tôt; *jó ideje annak* il y a beau temps (de cela); *jó ideje már annak, hogy* il y a belle lurette que; *legfőbb ideje* il est grand temps de *(inf); nincs itt az ideje* cela est hors de saison; *van ideje* il a le temps (de *és inf); van bőven ideje, hogy* il a tout le loisir de *(inf); van ideje szombaton?* êtes-vous libre samedi? *sok időbe kerül* demander *v* exiger *v* prendre bien du temps; *abban az időben* en ce temps-là; à cette époque; à l'époque; *egy ~ben (már)* à un moment donné; *ezzel egy ~ben* en même temps; simultanément; *jó ~ben* bien à propos; au moment voulu; *kellő ~ben* en temps utile; *minden ~ben* à tout moment; à toute heure (du jour); *rossz ~ben* mal à propos; à contretemps; *újabb ~ben* à date récente; depuis peu; *vkinek idejében* du temps de ...; *au temps de* ...; à l'époque de ...; *ez időből való v ered* c'est à cette époque que remonte; *időhöz köt* lier à un terme *v* à un délai; *~höz kötött munka* travail *m* à terme fixe; *egy ideig* pendant quelque temps; *csak éppen annyi ideig, hogy* juste le temps nécessaire pour *(inf); rövid időn belül* sous peu; à bref délai; *ez ~n túl* passé ce délai; *időre szóló* à terme; *hosszú ~re* pour longtemps; *kis ~re* pour (un) peu de temps; *rövid ~re* à bref délai; à court terme; *más ~re halaszt* remettre à un autre jour; *az ~re bízza a dolgot* laisser passer *v* couler l'eau sous le pont; *időről időre* de temps en temps; de temps à autre; *időt enged* donner du temps; laisser le temps à q; *szép ~t ért meg* c'est un bel âge; *~t fordít vmire* dépenser du

temps à qc; *nem sok ~t jósolnak neki* on ne lui donne pas longtemps à vivre; *csak, hogy töltse az ~t* histoire de tuer le temps; *ez időtől fogva* depuis ce temps; **2.** *az idők* les temps; *az ~k folyamán* dans la suite des temps; *a mai* v *mostani ~k* le temps présent; l'époque contemporaine; l'heure actuelle v présente; *(új) ~k szele* les souffles nouveaux; *az ~k végezetéig* jusqu'à la fin des siècles; *az ~k változása* la révolution des siècles; *különböző ~kben* à des dates différentes; *a régi ~kben* au temps jadis; *a régi jó ~kben* au bon vieux temps; **3.** *(időjárás)* temps *m;* température *f; milyen ~ van?* quel temps fait-il? *jó* v *szép ~ van* il fait beau (temps); *rossz ~* intempéries *f pl;* le mauvais temps; *rossz ~ esetén* en cas de mauvais temps; *minden ~ben* de v en tout temps; en toute saison; **4.** *nyelv:* temps *m;* a *jövő ~be tesz* mettre au futur; *az ~k egyezése* la concordance des temps
időbeli temporel, -elle; chronologique
időbér salaire *m* au temps
időelőtti anticipé; prématuré, -e; précoce
időhatár terme; dernier délai; échéance *f;* durée limite *f*
időhatározó *nyelv:* complément v circonstanciel *m* de temps
időhatározószó *nyelv:* adverbe *m* de temps
időhúzás temporisation; tergiversation *f*
időjárás le temps (qu'il fait)
időjárási *front* front *m* de système nuageux
időjárásjelentés temps probable; pronostic météorologique *m;* prévisions du temps *f pl*
időjelzés indication *f* de l'heure; signal horaire *m*
időjóslás **1.** *(tudományos)* prévision *f* du temps; prévisions météorologiques **2.** *(tudákos)* pronostic *m*
időkímélés économie *f* de temps
időköz intervalle *m;* période *f;* espace v laps *m* de temps; *hosszú ~ un* grand laps de temps; *bizonyos ~ökben* à intervalles; *milyen ~ökben jár erre az autóbusz?* tous les combien passe l'autobus? *biz*
időközben entre temps; entretemps; entre-temps; sur ces entrefaites
időközi intérimaire; par intérim; *~ választás* élection partielle
időleges temporaire; provisoire; intérimaire
időlopás lanternerie *f; ez ~* c'est perdre son temps
időmértékes [~ek, ~t] *~vers* vers métrique v prosodique
időnként; időnkint de temps à autre; de temps en temps
időnkénti occasionnel, -elle; périodique; intermittent, -e
időnyerés économie *f* v gain *m* de temps; *~ céljából* pour gagner du temps
időpont moment *m;* heure; époque; date *f;* jour *m;* abban az *~ban* à cette date; à l'époque
időrend ordre chronologique *m;* chronologie *f; ~ szerint csoportosít* situer dans le temps
időrendi chrolonogique; *~ táblázat* tableau chronologique *m*
idős [~ek, ~et; ~en] **I.** *(mn)* âgé, -e; sur l'âge; entre deux âges; *mennyi ~ quel âge a-t-il? ~ ember* homme âgé; *igen ~* d'un âge avancé; *az ~ emberek* les gens d'âge; *két évvel ~ebb vagyok nála* je suis son aîné(e) de deux ans; *az ~ebb nemzedék* la génération de nos aînés; *az ~ebb Cato, Plinius* Caton, Pline l'Ancien; *az ~ebb Durand* Durand (l')aîné; *a leg~ebb* le plus âgé; **II.** *(fn) az ~ebbek a)* ses aînés; *b)* les personnes d'un certain âge
idősb [~ek, ~et] *(apa)* père; *(testvér)* aîné, -e
időszak période; époque; saison *f*
időszaki [~ak, ~t] intermittent, -e; périodique; *(idényszerűen)* saisonnier, -ière; *~ munkás* ouvrier saisonnier; *~ sajtó* presse périodique *f*
időszámítás **1.** ère; chronologie; computation *f;* **2.** *(óra)* heure *f; helyi ~* heure locale; *nyári ~* l'heure d'été

időszerű I. *(mn)* actuel, -elle; opportun, -e; égetően ~ d'une actualité brûlante; ~ *esemény* actualité *f;* ~ *lenne, hogy* il est expédient de *(inf);* nem ~ manquer d'opportunité; **II.** *(fn) az* ~ l'actuel *m*
időtartam 1. durée *f;* délai; temps *m;* **2.** *zen, irod:* quantité *f*
időtlen intemporel, -elle
időtöltés passe-temps *m;* distraction *f;* amusement *m*
időváltozás changement *m* de temps; altération météorologique *f*
idővel avec le temps; le temps aidant; à la longue
időzik [~tem, ~ött, ~zék *v* ~zön] **1.** faire un séjour de *(pl:* de 2 jours); **2.** *hosszasan* ~ *vminél (megáll vminél)* s'attarder à qc *v* à *(inf)*
időzítés réglage *m* (à temps)
időzített [~ek, ~et; ~en] réglé(e) à temps; ~ *bomba* bombe *f v* détonateur *m* à retardement
dült [~ek, ~et; ~en] *orv:* chronique
fjabb [~ak, ~at; ~an] **1.** plus jeune; puîné, -e; *leg~ testvér* cadet, -ette *n;* **2.** *(név előtt: ifj.)* cadet, -ette; jeune; junior; *(apával szemben)* fils; *az* ~ *Dumas* Dumas fils
ifjú [ifjak, ~t *v* ifjat] **I.** *(mn)* jeune; adolescent, -e; **II.** *(fn)* jeune homme; adolescent *m*
ifjúkor jeunesse *f;* jeune âge *m;* adolescence *f*
ifjúmunkás jeune travailleur *m*
ifjúság 1. *(kor)* jeunesse *f;* jeune âge *m;* adolescence *f;* **2.** *(az ifjak öszszessége)* la jeunesse; la jeune génération
ifjúsági 1. ~ *előadás* matinée *v* séance *v* représentation *f* pour la jeunesse; ~ *irodalom* litterature *f* pour la jeunesse; ~ *mozgalom* mouvement de jeunesse; ~ *mouvement* estudiantin; **2.** *sp:* junior; cadet, -ette *(n)*
iga [-ák, -át, -ája] joug *m; (egyes)* joug simple; *egy* ~ *ökör* une couple de bœufs; *igába fog v hajt* atteler *v* mettre sous le joug; *igában tart* tenir sous son joug *v* dans la soumission; *húzza az igát* traîner son *v* le boulet; *lerázza az igát* secouer le joug
igásállat bête *f* de travail *v* de labour; porte-bât *m*
igásló cheval de (gros) trait *v* de culture
igavonó *állat v jószág* bête *f* de trait *v* de travail
igaz [~ak, ~at] **I.** *(mn)* **1.** vrai; exact, -e; *igaz?* vrai? est-ce vrai? *ez* ~ c'est vrai; *az* ~, *hogy* il est vrai que; *annyi mindenesetre* ~, *hogy* il reste que; toujours est-il que; *nem* ~ inexact, -e; faux, fausse; *nem* ~? n'est-ce pas? est-ce vrai? *nem* ~, *hogy* il est faux que *(subj); ami* ~,*(az) igaz* la vérité est la vérité; ~, *most jut eszembe, hogy* à propos, il me revient (à l'esprit) que; ~*nak bizonyul* s'avérer; *vminek* ~ *volta* la vérité *v* l'authenticité de qc; ~ *hit* la vraie foi; la vraie religion; ~ *történet* histoire véridique *f;* **2.** *(ember)* juste; ~ *ember* homme juste *m;* **3.** *(érzelmileg)* vrai, sincère; ~ *barátsággal* ... sincèrement à vous . . . ; **II.** *(fn)* **1.** le vrai; la vérité; ~*at ad vkinek* entrer dans les raisons de q; *nem ad* ~*at vkinek* donner tort à q; *megkülönbözteti az* ~*at a hamistól* discerner le faux d'avec le vrai; ~*at mond* dire la vérité; *az* ~*at megvallva* à dire vrai; à vrai dire; à (vous) dire la vérité; **2.** ~*a van* avoir raison; être dans le vrai; *akár* ~*a van, akár nincs* à tort et *v* ou à droit; à tort ou à raison; **3.** *(ember)* le juste; *az* ~*ak álmát alussza* dormir du sommeil des justes; **4.** *az* ~*a* son (bon) droit; ~*at tesz* faire *v* pratiquer le bien
igazán 1. vraiment; en vérité; ~ *nem!* non vraiment; *igazán?* (c'est) vrai? vraiment? **2.** pour de vrai; pour de bon
igazgat 1. gouverner; diriger; régenter; régir; **2.** *(ügyeket)* gérer; administrer; **3.** *(készüléket)* commander; manier
igazgatás direction; administration; gestion *f*
igazgató [~k, ~t, ~ja] **1.** directeur; administrateur *m;* **2.** *(állami gimnáziumi)* proviseur *m*

igazgatónő directrice; gérante; intendante; administratrice *f; (iskolai)* directrice *f*
igazhitű 1. croyant, -e; pieux, -euse; 2. *vall:* orthodoxe
igazi [~ak, ~t] **I.** *(mn)* véritable; vrai, -e; authentique; ~ *alakjában mutatkozik* se montrer *v* paraître en déshabillé; ~ *barát* vrai ami; *a szó* ~ *értelmében* au sens plein du terme; *gúny:* ~ *mese* un conte s'il en fut; ~ *tökfilkó* un sot achevé; ~ *úr* un vrai gentleman; **II.** *(fn) az* ~ le vrai, la vraie
igazít [~ottam, ~ott, ~son] 1. *(beállít)* régler; pointer; ajuster; *(vmilyen irányban)* orienter; 2. *(javít)* réparer; corriger; rectifier; 3. *sakk:* ~*ok!* j'adoube; 4. *(ruháját, haját)* rajuster qc; 5. *(vmihez)* ajuster *v* adapter (à qc); 6. *(vkit vmerre)* orienter (vers qc)
igazmondás véracité; franchise; rondeur *f*
igazmondó véridique; franc, franche
igazodik [~tam, ~ott, ~jék *v* ~jon] 1. *vkihez* se modeler sur q; s'aligner sur q; 2. *(vmihez)* s'adapter à qc; se régler sur qc; *a nap szerint* ~ se diriger sur le soleil; 3. *(sorban)* s'aligner; effacer la poitrine; *igazodj!* serrez les rangs!
igazol [~tam, ~t, ~jon] 1. *(erkölcsileg)* justifier; légitimer; autoriser; *(hibát)* excuser; ~*ja a hozzáfűzött reményeket* justifier les espérances mises en lui; 2. *(okmányilag)* justifier de qc *v* qc *v (inf)*; ~*ja magát* montrer *v* exhiber ses papiers *v* sa carte d'identité; ~*ja magát!* (montrez) vos papiers! *alulírott* ~*ja, hogy* le soussigné certifie que; 3. *sp:* licencier; 4. démontrer; prouver; *az idő* ~*ja őt* le temps lui donne raison
igazolás 1. *(erkölcsi)* justification; disculpation *f;* 2. *(okmányszerű)* justification; vérification; attestation *f;* 3. *(politikai múlté)* épuration *f;* 4. *(rendőri)* vérification *f* d'identité; 5. *(bizonyítás)* preuve *f; (írásbeli)* pièce *f* à l'appui *v* au soutien

igazolatlan 1. non justifié(e); injustifié, -e; 2. ~ *órák száma* nombre *m* des absences non motivées
igazoló [~k, ~t] justificatif, -ive; justificateur, -trice; vérificatif, -ive; ~ *bizottság (politikai:)* comité *m* d'épuration; ~ *eljárás* procédure disciplinaire *f;* ~ *írás* v *okmány* papier *m* de légitimation; pièce *f* d'état civil
igazolt [~at; ~an] justifié; avéré, -e; *nem* ~ *(feltevés* v *állítás)* invérifié, -e; ~ *esetekben* dans les cas justifiés; ~ *sürgősség esetén* en cas d'urgence avérée
igazoltat demander ses papiers à q
igazoltatás vérification *f* d'identité
igazolvány carte *f* d'identité
igazság 1. *(igazságtétel)* justice *f;* ~ *szerint* en toute justice; en bonne justice; ~*ának tudtában* fort de son bon droit; ~*ot szolgáltat vkinek* rendre justice à q; ~*ot tesz* faire justice; 2. *(tény)* vérité; véracité *f; az* ~*hoz hiven* véridiquement; au vrai
igazságérzet sentiment *m* d'équité
igazságos [~ak, ~at] juste; équitable; *az* ~ *béke* la paix dans la justice
igazságosság esprit *m* de justice; justice; équité *f*
igazságszolgáltatás 1. juridiction; justice; l'administration *f* de la justice; 2. acte *m* de justice
igazságtalan 1. *(ember)* injuste; inique; ~ *vkivel szemben* être injuste avec *v* pour *v* envers q; 2. *(dolog)* inique; injuste; faux, fausse
igazságtalanság injustice; iniquité *f;* abus *m;* tort *m*
igazságügyi de (la) justice
igazszívű loyal, -e; franc, franche; de bonne foi
ige [-ék, -ét, -éje] 1. *(szó)* parole *f;* 2. *fil: az Ige* le logos; 3. *vall: az* ~ la parole de Dieu *v* de vie; 4. *nyelv:* verbe *m*
igehirdetés *vall:* propagation de la bonne parole; mission *f*
igeidő *nyelv:* temps *m;* ~*k használata* emploi *m* des temps
igekötő *nyelv:* préfixe verbal; préverbe *m*

I. **igen** I. *(hat)* oui; *igen!* oui! bien entendu! *de* ~ *si;* mais si; si fait; *ez* ~*!* ça oui! II. *(fn)* 1. ~*nel felel* répondre affirmativement *v* par l'affirmative; ~*t mond* dire oui; 2. *(szavazat)* voix «pour» *f;* ~*nel szavaz* voter pour
II. **igen** 1. *(nagyon)* très; bien; fort; fortement; *a kérdés* ~ *érdekes* la question est de plus intéressantes; 2. *(ige mellett:)* beaucoup; ~ *szereti* il l'aime beaucoup; 3. ~ *sok* ... quantité de ...; une foule de ...; 4. *nem* ~ guère; ne ... guère
igenév *nyelv:* participe; nom *v* adjectif verbal
igenis 1. mais oui; 2. *(ellentétes) de* ~ *elmegyek* (mais si,) vous allez voir que j'irai quand même
igenlő [~k, ~t] affirmatif; positif, -ive; ~ *választ ad (vkinek)* répondre par l'affirmative
igen-nagy *műsz:* sur-; super-; ultra
igény 1. exigence *f; nagyok az* ~*ei* être (très) exigeant(e); *a legmagasabb* ~*eknek megfelelő* répondant aux goûts les plus exigeants; 2. prétention; réclamation *f;* ~*ét vmire alapítja* fonder ses prétentions sur qc; ~*t tart vmire* prétendre à qc; former *v* afficher une prétention à qc; réclamer qc; 3. ~*be vesz vmit* faire appel à qc; recourir à qc; utiliser qc; *(erőszakkal, katonailag)* mettre en réquisition; *(fizikailag)* fatiguer; solliciter; *(szellemileg)* occuper; absorber; *(hitelt)* se prévaloir de qc; *három napot vett* ~*be* cela prit trois journées
igénybevétel 1. emploi *m;* utilisation *f;* 2. *(hitelé)* appel *m* à *v* de ...; 3. *(kényszerrel)* réquisition *f;* 4. *műsz:* sollicitation *f;* effort *m* à subir; contrainte *f*
igényel [~tem, ~t, ~jen] 1. revendiquer; exiger; 2. *(állást, kedvezményt)* postuler; 3. *(vmi)* appeler; demander; exiger; *nagy figyelmet* ~ requérir une grande attention *v* des soins délicats
igényes [~ek, ~et; ~en] exigeant, -e; ~*nek eladó* à vendre à client exigeant

igényjogosult titulaire *v* bénéficiaire de qc; ayant droit
igénylő [~k, ~t, ~je] 1. postulant, -e; compétiteur, -trice *(n);* 2. *jog:* revendicateur, -trice *n*
igénytelen 1. *(szerény)* simple; modeste; sans prétention; effacé, -e; 2. *(jelentéktelen)* insignifiant, -e; humble
ígér [~tem, ~t, ~jen] 1. promettre; 2. *ker:* offrir
igeragozás *nyelv:* conjugaison; flexion (verbale)
ígéret [~ek, ~et, ~e] 1. promesse *f;* engagemnt *m; az* ~ *földje* la Terre promise; *üres* ~ vaine promesse; promesse en l'air; *egy* ~*et megtart* tenir *v* accomplir *v* remplir *v* réaliser une promesse; *megszegi* ~*ét* manquer à sa promesse; ~*et tesz* faire une promesse; *visszavonja* ~*ét* revenir sur sa promesse; *hiú* ~*ekkel áltat* bercer de vaines promesses; 2. *ker:* offre *f; (árverésen)* enchère *f*
ígérkezik [~tem, ~ett, ~zék *v* ~zen] 1. *vkihez* ~ promettre de venir chez q; 2. *jónak* ~ s'annocer bien; promettre (beaucoup)
igető *nyelv:* radical *v* thème verbal
igéz [~tem, ~ett, ~zen] fasciner; enchanter; ensorceler
igézet sortilège *m;* fascination *f;* charme *m;* magie *f*
igéző [~k *v* ~ek, ~t] fascinant; charmant; fatal, -e; magique
így 1. *(mutatva)* comme cela; comme ceci; comme ça *biz;* 2. *(elvontabban)* ainsi; de cette manière; de cette façon; *így áll a dolog* voilà l'affaire; *így jár az, aki* ainsi va à tout le monde qui; *ez így van* c'est exact; cela est; *ha így van* s'il en est ainsi; *így történt* ainsi est l'histoire; 3. *így és így* de telle et telle manière; *így vagy úgy* d'une manière ou d'une autre; *hogy így meg úgy et patati et patata*
igyekezet zèle *m;* effot(s) *m (pl);* application; diligence *f; minden* ~ *hiábavaló volt* mais tous les soins furent inutiles; *minden* ~*e ellenére* en dépit de tous ses efforts

igyekezik; igyekszik [-keztem, -kezett, -kezzék] *v* -kezzen] **1.** être appliqué(e); être rempli(e) de zèle; brûler de zèle; **2.** ~ *(inf)* s'efforcer de *(inf)* (à-*val ritka*); tâcher de *(inf); (nagyon* v *erősen)* s'évertuer à *(inf);* ~ *optimista lenni* il s'efforce à l'optimisme; *nem nagyon* ~ *(inf)* il ne se soucie pas de *(inf);* -*kezzünk a felszállással!* dépêchons! **3.** ~ *vmire* tendre à qc; **4.** *(vhová)* se rendre (à); diriger ses pas (vers)
igyekező; igyekvő [~k *v* ~ek, ~t; ~en] appliqué; assidu, -e
ihatatlan imbuvable; *(csak vízről)* non potable
iható [~ak *v* ~k, ~t; ~an] buvable; *(víz)* potable
I. ihlet *(fn)* inspiration; source d'inspiration; veine; verve poétique *f*
II. ihlet *(ige)* inspirer; donner l'inspiration
íj [~ak, ~at, ~a] **1.** arc *m;* **2.** *(nyílpuska)* arbalète *f*
ijedez [~tem, ~ett, ~zen] mourir de peur; prendre peur; trembler de peur
ijedős [~et; ~en] **1.** *(ember)* peureux, -euse; **2.** *(ló)* ombrageux, -euse; farouche
ijedség effarement; affolement *m;* alerte; frayeur; peur *f; első* ~*ében* sous le coup de la première frayeur; *ld. még:* **ijedtség**
ijedt [~ek, ~et; ~en] effaré; apeuré; affolé, -e
ijedtség peur; frayeur; transe *f;* effroi; affolement *m*
ijesztő [~k *v* ~ek, ~t] effrayant; alarmant; effarant; terrifiant; inquiétant, -e; *(külsőről)* monstrueux, -euse; effrayant, -e; macabre; ~ *hír* nouvelle alarmante
iker [ikrek, ikret, ikre] **1.** jumeau *m;* jumelle *f; ikrek* jumeaux *m pl; az ikre* son frère jumeau; *sa sœur jumelle; ikreket szül* mettre au monde des jumeaux; **2.** *csill: az Ikrek* les Gémeaux; **3.** *(telefonnál)* l'(autre) abonné à ligne partagée
ikerhang(zó) *nyelv:* consonne géminée

ikra [-ák, -át, -ája] œuf(s) *m (pl)* de poisson; frai *m*
iktat 1. enregistrer; immatriculer; porter au registre *(egyetemen)* immatriculer; *hivatalba* ~ installer (au pouvoir); **2.** *(illeszt)* insérer; intercaler
iktatás enregistrement *m;* immatriculation *(egyetemen is);* inscription *f*
iktató [~k, ~t, ~ja] **1.** *(személy)* commis *v* greffier chargé de l'enregistrement; **2.** *(hivatal)* bureau *m* de l'enregistrement; *(bírósági)* greffe *m*
iktatókönyv registre *m; (személyi)* matricule *f*
iktatószám numéro *m* de classement *v* d'enregistrement
Iliász; *az* ~ l'Iliade *f*
illan [~t, ~jon] se volatiliser; s'évaporer
illanékony volatil, -e
illat parfum; arôme; arome *m;* senteur; fragance *f; (pecsenyéé)* fumet *m; (boré)* bouquet *m;* ~*ot áraszt* embaumer
illatfoszlány bouffée *f* de parfum(s)
illatos [~at] parfumé; odorant, -e; aromatique; fragrant, -e; ~ *anyag* substance aromatique *f;* ~ *fűszer* aromate *m*
illatozik [~tam, ~ott, ~zék *v* ~zon] embaumer; répandre un parfum *v* une odeur sauve
illatszer parfum; arôme; arome *m;* senteur *f;* ~*ek* parfumerie *f*
illatszergyár parfumerie *f*
illatszertár parfumerie *f*
illedelmes 1. bien élevé(e); sage; respectueux, -euse; poli, -e; ~ *gyermek* enfant sage; **2.** *(beszéd)* décent; congru, -e; convenable
illegális [~ak, ~t] illégal, -e; ~ *mozgalom* clandestinité *f*
illegalitás illégalité; clandestinité *f;* ~*ba megy* passer *v* enter dans l'illégalité
illegeti *magát* se pavaner; parader; se dandiner
illem [~ek, ~et, ~e] politesse; bienséance *f;* savoir vivre; usage *m* du monde; *eleget tesz az* ~*nek* ménager les convenances; *ad az* ~*re* se respecter

illemhely cabinet (d'aisances); W. C. m; ~re megy aller au(x) lavabo(s)
illemkódex le protocole mondain; code m de la politesse
illemszabály règle f du savoir-vivre v de la politesse v de la bienséance; társadalmi ~ le protocole mondain
illemtudó [~k, ~t] poli, -e; bien élevé(e); qui a du savoir-vivre v du maintien
illendő [~k v ~ek, ~t] convenable; décent; bienséant; séant, -e; de bon ton; ~nek tart juger à propos
illeszkedés 1. *(tárgyé)* enboîtement; emboîtage; ajustement m; 2. *(szervé)* accommodation; adaptation f; 3. *(emberé)* adaptation f; a környezethez, az éghajlathoz való ~ accommodation v adaptation au milieu, au climat; 4. *nyelv*: assimilation f; a magánhangzók ~e l'assimilation vocalique
illeszkedik [~tem, ~ett, ~jék v ~jen] 1. *(vmire)* s'emboîter sur qc; s'ajuster à qc; *(alakra)* épouser la forme de qc; *egymásba* ~ emboîter (l'un dans l'autre); *vmi közé* ~ s'intercaler; 2. *(ember)* s'accommoder à qc; se conformer à qc; s'assimiler à qc
illet [~tem, ~ett, illessen] 1. *vkit* ~ *(övé)* revenir à q; appartenir à q; être dû v due à q; *őt csak dicséret* ~i nous n'avons qu'à nous louer de lui; *a szó őt* ~i la parole est à lui; 2. *(vonatkozik)* regarder q; concerner qc v q; *ahhoz, akit* ~ à qui de droit; 3. *ami a . . . -et* ~i quant à . . .; pour v en ce qui concerne le . . .; *ami azt* ~i pour (ce qui est de) cela; *ami engem* ~ quant à moi; en v pour ce qui me concerne; pour moi; pour ma part; *ez őt* ~i cela le regarde; *ami az egészséget* ~i du côté de la santé; *ami a lényeget* ~i pour ce qui touche à l'essentiel; 4. *csúfnévvel* ~ *vkit* affubler q d'un sobriquet; *sértő szavakkal* ~ accabler d'injures
illeték [~ek, ~et, ~e] droit m; taxe; redevance f; *(okmányon)* droit m d'enregistrement v de sceau; *teljes* ~ plein tarif; ~ *alá eső* passible des droits; ~*et kiró vmire* tarifer qc
illetékes [~ek, ~et] compétent, -e; qui de droit; habilité(e) pour *(inf)*; avoir qualité pour *(inf)*; *a rendőrség* ~ cela relève de la police; *nálamnál* ~*ebbek d'autres* plus autorisés que moi; ~ *bíróság* tribunal compétent; ~ *hatóság* autorité compétente; ~ *helyhez* v *személyhez fordul* s'adresser à qui de droit; *ebben a 7. (ügy)osztály* ~ cela est du domaine du bureau 7; ~*nek ismeri el magát* se déclarer compétent(e)
illetékesség compétence f; *(jogkör)* attributions f pl; ressort m; ~ *hiánya* incompétence f; *vkinek* ~*e alá tartozik* ressortir à q; être de la compétence de q; *rentrer dans les attributions de q*
illetékköteles passible des droits; sujet(te) v soumis(e) au timbre
illetékmentes exempt(e) v franc(he) de droit v de taxe
illetéktelen incompétent, -e; illégal, -e; n'ayant pas qualité pour *(inf)*; ~ *befolyás* influence illégitime f
illetéktelenség incompétence f (en qc v à és inf)
illetlen 1. *(viselkedésben)* malhonnête; malséant; incivil, -e; sans conduite; 2. *(szemérmetlen)* indécent; inconvenant; incongru; impertinent, -e; *(tréfa, megjegyzés)* déplacé, -e
illetlenség 1. *(viselkedésben)* manque m de tenue; malhonnêteté f; 2. *(szemérmetlenség)* impertinence; inconvenance; indécence f; ~*et követ el* commettre une inconvenance
illetlenül indécemment; avec indécence; ~ *beszél* parler gras v grassement; ~ *öltözködik* être mis(e) avec indécence
illetmény appointements v émoluments m pl
illető [~k, ~t] I. *(mn)* 1. *(szóban levő)* en question; respectif, -ive; ledit, ladite; *az* ~ *ügyben* dans l'affaire en question; *az* ~ *katona* ledit soldat; *az* ~ *mennyiség* la quantité respective; 2. *vkit* ~ concernant q; relatif à q; 3. *(kijáró) az őt* ~ qui lui est dû v

illetőleg 409 ilyenkor

due; II. *(fn)* ~ l'individu m v la personne en question **illetőleg 1.** *(vmit* ~*)* quant à ...; relativement à...; sous le rapport de...; en v pour ce qui concerne; **2.** *(vagyis)* respectivement; c'est-à-dire; ou plutôt **illetőség** *(vkié) kb:* domicile légal; indigénat; droit m de cité **illetőségi** ressortissant de...; d'indigénat; ~ *bizonyítvány kb:* certificat m d'indigénat; ~ *község* commune f de ressort **illik** [~ett, ~jék v ~jen] **1.** *ez* ~ cela est de mise; *amint* ~ comme il convient; comme il faut; ~, *hogy* il convient de *(inf);* il sied de *(inf);* il est d'usage v décent v de règle v de bon ton de *(inf) (valamennyi :* que *és subj. is) ez nem* ~ cela ne se fait pas; c'est mal vu; *ezt nem* ~ *mondani* cela ne se dit pas; cela ne se raconte pas; *amint* ~ comme il convient; comme il faut; en bonne règle; *tudja mi* ~ il sait vivre; **2.** *(jól)* ~ *vmihez* aller (bien) avec qc; faire très bien avec qc; s'accorder à qc; *nem* ~ *ide* v *hozzá* v *bele* détonner; faire tache; **3.** *vkihez* ~ il va bien à...; il sied (bien) à...; il convient à...; *ez jól* ~ *önhöz* cela vous va (bien); **4.** *nem* ~ *hozzá* cela lui va mal v ne lui sied guère; *(dologról)* jurer avec qc; *nem illenék hozzám, hogy* j'aurais mauvaise grâce à *(inf);* **5.** *egymáshoz illenek* s'assortir; se convenir; **6.** *egymásba illenek* rentrer l'un dans l'autre
illó [~k, ~t] volatil, -e; ~ *olaj* huile volatile v essentielle
illő [~k, v ~ek, ~t] **1.** convenable; sortable; bienséant; pertinent, -e; de bon ton; ~ *formában* dans la forme qui convient; en bonne et due forme; ~ *jutalom* récompense honnête v convenable *f;* ~ *jutalom ellenében* contre récompense; **2.** *nem* ~ antiparlementaire; **3.** *vkihez, vmihez* ~ seyant à...; qui convient à...; *nem kereszténységhez* ~ ce n'est pas d'un chrétien

illően; *rangjához* ~ *él* vivre selon sa condition; ~ *fogad* recevoir avec les honneurs qui lui sont dus
illusztráció [~k, ~t, ~ja] illustration; gravure *f;* (*szövegtől elkülönített*) hors-texte m
illúzió [~k, ~t, ~ja] illusion *f;* mirage m; ~*kba ringat* endormir; entretenir dans une illusion; *-kban ringatja magát* se bercer d'illusions; *elveszti* ~*ját* perdre ses illusions; éprouver une désillusion; ~*t kelt* faire illusion
ilonca *áll:* tordeuse *f*
Ilonka [-ák, -át, -ája] **Ilona** Hélène *f*
ily [~et] **I.** *(mn) Id:* **ilyen;** ~ *módon* de cette manière; **II.** *(fn) ilyet* une pareille chose; *mint ilyet adták el nekem* on me l'a vendu comme tel; *no de ilyet!* (ça,) par exemple! a-t-on jamais vu! *ilyet szeretnék* je voudrais quelque chose dans ce genre v comme cela
ilyen [~ek, ~t] **I.** *(mn)* **1.** pareil, -eille; tel, telle; de ce genre; ~ *esetben* dans un pareil cas; ~ *módon* de telle manière; ~ *tájban* à pareille heure; *hát láttak már* ~ *embert?* a-t-on jamais vu un pareil homme; *én már csak* ~ *vagyok* je suis ainsi fait; *az ember már* ~ l'homme est ainsi bâti; *vagy ha* ~ *nincs* ou à (son) défaut; **2.** *(csak melléknév és határozó előtt)* aussi; tellement; si; ~ *nagy* aussi v si grand; **3.** ~ *vagy olyan* tel ou tel; telle ou telle; *se* ~ *se olyan* il n'est fait ni comme ceci ni comme cela; *(olyan vegyes)* ni figue ni raisin; ni lard, ni cochon; *van* ~ *is, olyan is* il y en a d'un et d'autres; **4.** ~ *meg ilyen;* ~ *és ilyen* tel, telle; ~ *és ilyen úr* Monsieur Untel; **II.** *(fn) az* ~ une pareille chose; *(emberről pej:)* les gens de cette espèce; *az* ~*eket az ember elfelejti* on oublie ces choses-là
ilyenformán 1. de cette manière; à peu près ainsi; **2.** *(ily módon)* en quoi faisant; **3.** *(hát akkor)* sur ce pied-là; en somme
ilyenkor 1. à pareille heure; à pareil jour; *holnap* ~ demain à la même

heure v à pareille heure; 2. en pareil cas; dans ce cas
ilyesmi ces choses; ces affaires; ces histoires; une pareille chose; *valami* ~ quelque chose dans ce genre; *~ben nem ismer tréfát* en pareille matière il ne connaît pas la plaisanterie
ima [-ák, -át, -ája] *vall:* ld: **imádság**
imád [~tam, ~ott, ~jon] 1. adorer; rendre un culte v rendre adoration à q; 2. *ezt az apát ~ják a gyermekei* ce père est adoré de ses enfants; *~ja a könyveket* avoir le culte des livres
imádat adoration *f*
imádkozik [~tam, ~ott, ~zék v ~zon] I. *(tgyl i)* prier; être en prière; faire une v sa prière; II. *(tgy i) egy miatyánkot ~* reciter v dire un pater
imádó [~k, ~t] I. *(mn)* adorateur, -trice; II. *(fn)* 1. adorateur, -trice n; 2. *(szerelmes)* adorateur; soupirant m; *(nő)* adoratrice *f*
imádság *vall:* 1. prière *f; (csendes)* oraison *f; (hála ~)* action *f* de grâces; *meghallgatja ~át* exaucer la prière de q; 2. *csak az ~ tartja benne a lelket* il n'a plus qu'un filet de vie
imaginárius *szám* nombre imaginaire *m*
imaház salle *f* de prière; oratoire *m; (protestáns)* temple *m*
imakönyv livre de prières; livre v manuel de piété
imazsámoly prie-Dieu *m*
imbolygó [~k, ~t; ~an] 1. *(fény)* vacillant; errant, -e; 2. *(járás)* onduleux, -euse; dandinant, -e; *~ léptekkel* à pas chancelants
imbolyog [~tam, -lygott, ~jon] vaciller; errer; chanceler; *(részeg)* zigzaguer
íme voici; voilà; *~ itt van* le voilà
imént tout à l'heure; tantôt; à l'instant; *(legtöbbször)* il vient de *(inf); épp az ~ járt erre* il vient de passer à l'instant
immár dès maintenant; d'ores et déjà; désormais
immel-ámmal à son corps défendant; par manière d'acquit

immunitás 1. *orv:* immunité *f* (à *v* contre qc); *aktív ~* immunité active; 2. *képviselői ~* immunité parlementaire
imperialista [-ák, -át, -ája] impérialiste *(n)*
imperializmus impérialisme *m*
imponál [~tam, ~t, ~jon] ~ *vkinek* (en) imposer à q
import [~ok, ~ot, ~ja] 1. importation, *f;* 2. provenance *f*
importál [~tam, ~t, ~jon] importer; entrer; faire entrer
importcég maison *v* firme *f* d'importation
importőr [~ök, ~t, ~e] (négociant) importateur
imposztor [~ok, ~t, ~ja] coquin *m; (kicsi)* petit coquin
impotens [~ek, ~et; ~en] impotent; impuissant, -e
impozáns [~at; ~an] imposant; impressionnant, -e
impregnál [~tam, ~t, ~jon] imprégner; imperméabiliser
impresszárió [~k, ~t, ~ja] impressario; manager *m*
impresszionista [-ák, -át, -ája] impressionniste *(m)*
improduktivitás improductivité *f*
impulzív [~ok, ~ot] impulsif, -ive
ín [inak, inat, ina] 1. tendon; ligament *m; (húsban)* nerf; tirant *m;* 2. *inába száll a bátorsága* il sent fondre son courage
I. **inas** [~ok, ~at; ~an] *(mn)* tendineux-; -euse
II. **inas** *(fn)* [~ok, ~t, ~a] 1. *(ipari tanuló)* apprenti *m; ~nak ad* mettre en apprentissage; 2. *(belső)* valet (de chambre); groom *m; az ~ok* les gens de livrée
incidens [~ek, ~t, ~e] incident *m; ~t provokal* amener un incident
incselkedés taquinerie; petite coquetterie; *egy kacér nő ~ei* les manèges d'une coquette
incselkedik [~tem, ~ett, ~jék v ~jen] *(vkivel)* faire des agaceries à q; coqueter; taquiner q; *(nővel)* lutiner q

inda sarment; coulant *m;* stolon *m* tud
index [~ek, ~et, ~e] 1. *statisztikai, mat:* indice *m;* 2. *aut:* index *m;* flèche *f* de position; *(villanó)* clignoteur *m;* 3. *(egyetemi)* livret d'étudiant; 4. *(könyveké)* index; ~*re kerül* être mis à l'Index
India [-át] l'Inde *f;* les Indes
indiai [~ak, ~t] de l'Inde; indien, -enne; *Indiai Köztársaság* la République de l'Inde
indián [~ok, ~t, ~ja] I. *(mn)* indien, -enne; ~ *törzs* peuplade indienne; II. *(fn)* Indien, -enne *n*
indifferens [~ek, ~et *v* ~t] I. *(mn)* indifférent, -e; *vegy:* ~ *gáz* gaz inerte *m;* II. *(fn)* indifférentiste *n*
indigó [~k, ~t, ~ja] indigo; anil *m; (papir)* carbone *m*
indirekt [~ek, ~et] indirect, -e
indiszkréció [~k, ~t, ~ja] indiscrétion *f; hivatali* ~ fuite *f;* ~*t követ el* commettre une indiscrétion
indít [~ottam, ~ott, ~son] 1. *(járművet)* mettre en mouvement; mettre en marche; 2. *(gépet)* démarrer; *(vonatot)* donner le signal de départ (à un train); 3. *áramot* ~ induire un courant; *hadat* ~ *vki ellen* faire la guerre à q; 4. *útnak* ~ mettre en chemin *v* en route; 5. *(szellemi mozgalmat)* déclencher; lancer; 6. *neki* ~ donner le branle à qc; mettre qc en branle; 7. *pört* ~ intenter *v* faire un procès à q; 8. *(vmire)* inciter à *(inf);* amener à *(inf); szánalomra* ~ *vkit* exciter la pitié de q
indítás mise *f* en marche *v* en mouvement; démarrage *m; (rep:)* décollage; départ *m*
indítókulcs clé *f* de contact
indítóok mobile; motif *m;* ~*a az, hogy* avoir pour mobile que
indítórakéta fusée *f* de démarrage
indítvány 1. proposition; suggestion *f; (gyűlésben)* motion; proposition *f; (óhaj formájában)* vœu *m;* ~*t terjeszt elő* déposer un ordre du jour; 2. *(ügyészi, ügyvédi)* conclusions *f pl; (sértetté)* proposition *f;* ~*t tesz (ügyvéd, ügyész)* déposer des conclusions
indítványoz [~tam, ~ott, ~zon] proposer; faire la proposition de *(inf);* mettre en avant; suggérer
individuális [~ak, ~at; ~an] individuel, -elle
individualista [-ák, -át] individualiste *(n)*
indoeurópai indo-européen, -enne
indok [~ok, ~ot, ~a] motif; mobile; argument *m; (itéletben) ld:* **indokolás**
indokolás 1. justification *f;* 2. *(szövegszerű)* exposé *m* des motifs; les considérants; les attendus *m pl;* ~ *nélkül* sans indiquer ses motifs
indokolatlan injustifié, -e; injuste; irraisonnable; sans fondement
indokolt [~at; ~an] bien motivé(e); justifié, -e; ~ *esetben* dans un cas bien motivé; *jog:* alapason ~ légitime; ~ *félelem* crainte juste *f;* ~ *kifogás* excuse valable *f; vmit* ~*nak talál, helybenhagy* vérifier le bien-fondé de qc
induktív [~ok, ~ot; ~an] inductif, -ive; ~ *módszerrel* par induction
indul [~tam, ~t, ~jon] 1. partir; se mettre en route; s'ébranler; *indulj!* en avant, marche! *mikor* ~ *a párizsi gyors?* quand part l'express de Paris? *jól* ~ être bien parti(e); prendre bon train; *jól* ~ *a dolog* l'affaire commence bien *v* s'annonce bien; 2. *(vmerre)* se diriger *v* diriger ses pas vers...; se porter vers...; ~ *vki ellen* partir en guerre contre q; ~ *vki után* suivre q; emboîter le pas derrière q; *csak a saját feje után* ~ il n'en fait qu'à sa tête; 3. *sp:* prendre le *v* un départ; concourir; *nem* ~ déclarer forfait; 4. *(autó, kocsi)* démarrer; se mettre en marche; 5. *ját:* jouer le premier *v* la première; 6. *romlásnak* ~ s'altérer; se décomposer; se putréfier
indulás 1. départ *m;* partance *f; indulás!* en avant! ~*ra készen* prêt(e) à partir; 2. *(versenyen)* start; départ *m*
indulat passion *f;* les mouvements de l'âme; émotion *f; (harag)* emporte-

ment *m; ellenséges* ~ animosité *f;*
~*ba hoz* mettre en colère; ~*ba jön*
s'emporter
indulatos [~ak, ~at] colérique; irrascible; violent, -e; *(indulatba jött)*
emporté, -e; ~ *beszéd* propos véhéments; ~ *ember* colérique *m*
indulatszó *nyelv*: interjection *f*
induló [~k, ~t] **1. I.** *(mn)* **1.** partant, -e; *(hajó, vonat)* en partance; **2.** *az* ~ *versenylovak* les chevaux partants; **3.** *oszlásnak* ~ *holttest* cadavre *m* en décomposition; *az ellene* ~ *vizsgálat* l'enquête ouverte contre lui; **II.** *(fn)* **1.** *sp*: *(ló is)* partant *m;* **2.** ~*ban levő* en instance de départ; **3.** marche *f; a Rákóczi-induló* la marche de Rákóczi
infinitivus infinitif *m*
infláció [~k, ~t, ~ja] inflation *f*
in flagranti *rajtakap* surprendre en flagrant délit
influenza [-ák, -át, -ája] grippe *f*
információ [~k, ~t, ~ja] information *f;* renseignement *m*
információelmélet théorie *f* de l'information
informál [~tam, ~t, ~jon] informer de qc; renseigner sur q *v* au sujet de q; *jól* ~*t helyen* dans les milieux bien renseignés
infrahangi infrasonique; subsonique
infravörös infrarouge
I. *(ige)* **ing** [~ott, ~jon] balancer; osciller
II. *(fn)* **ing** [~ek, ~et, ~e] chemise *f; sp*: casaque *f;* maillot *m; az* ~*e is rámegy* cela lui coûte les yeux de la tête; *akinek nem* ~*e, ne vegye magára* qui se sent morveux se mouche; à bon entendeur salut ! ~*ben en* (corps de) chemise; en simple appareil; *egy szál* ~*ben* en bannière *biz*: ~*et vált* changer sa chemise
inga [-ák, -át, -ája] pendule *m*
ingadozás 1. flottement; balancement *m;* oscillation *f;* **2.** *átv*: hésitation(s) *f (pl);* instabilité; indécision *f*
ingadozik [~tam, ~ott, ~zék *v* ~zon] **1.** *ld*: **inog;** **2.** *(lelkileg)* vaciller; balancer; hésiter; *félelem és remény*

közt ~ être partagé(e) entre la crainte et l'espoir; **3.** *(eredmény, szám)* 100 *és* 1000 *között* ~ varier entre 100 et 1000
ingadozó [~ak *v* ~k, ~t] **1.** vacillant, -e; ~ *léptekkel* à pas hésitants; **2.** *átv*: changeant; hésitant; vacillant, -e *(n);* **3.** *(eredmény, szám)* variant entre ... et ...
ingajárat navette *f*
ingalengés oscillation *f*
ingamozgás mouvement oscillatoire *v* pendulaire *m*
ingaóra régulateur *m;* pendule; horloge *f* à balancier
ingat brimbaler
ingatag [~ok, ~ot] inconsistant, -e; labile; instable; précaire; ~ *ember* homme peu consistant; ~ *jellemű* versatile; ~ *talaj* sol mouvant; *átv*: bases inconsistantes
ingatagság 1. manque *m* de solidité; **2.** *(jellemben)* mobilité; irrésolution *f*
ingatlan I. *(mn)* immobilier, -ière; ~ *vagyon* fortune immobilière; **II.** *(fn)* immeuble; bien-fonds *m (főleg pl)*
ingatlancsere mutation; tractation immobilière
ingatlanközvetítő marchand *m* de bien (-fonds)
ingatlantulajdon propriété immobilière
ingatlanügynök agent immobilier; marchand *m* de biens
ingblúz blouse chemisier; chemisette *f*
inger [~ek, ~t, ~e] **1.** excitation *f;* stimulus *m;* ~*t kelt* produire une excitation; **2.** *(vminek az* ~*e)* attrait *m;* amorce *f; a nyereség* ~*e* l'appât *m* du gain; *a test* ~*e* l'aiguillon *m* de la chair; *az újság* ~*e* l'attrait *m* du nouveau
ingerel [~tem, ~t, ~jen] **1.** exciter; stimuler; aiguillonner; aiguiser; *haragra* ~ exciter *v* soulever la colère de q; **2.** *(szándékosan)* exciter; taquiner; agacer
ingerküszöb seuil *m* de la sensibilité
ingerlékeny [~ek, ~et; ~en] excitable; irritable; irascible; susceptible

ingerület excitation *f*
ingerült [~ek, ~et] excité; irrité; agité, -e; nerveux, -euse; ~ *hangulat* humeur massacrante *v* hérissonne
ingerültség irritation; excitation; agitation *f*
inggomb bouton *m* de chemise
ingkabát chemise-veste *f*
ingó [~k, ~t; ~an] I. *(mn)* 1. *(mozgó)* branlant; vacillant; oscillant, -e; *(mozgatható)* basculaire; 2. *(vagyon)* mobilier, -ière; meuble; ~ *javak* effets mobiliers; ~ *vagyon* fortune mobilière; biens meubles *m pl;* effets mobiliers; II. *(fn)* az ingók *ld:* **ingóság**
ingóság effet(s) mobilier(s); mobilier *m;* bien(s) meuble(s)
ingovány terrain marécageux; marécage *m*
ingujj manche *f* de chemise; ~*ban* en bras *v* en manches de chemise; ~*ra vetkőzik* tomber la veste
ingyen I. *(mn)* gratuit, -e; gratis; gracieux, -euse; II. *(fn)* gratuitement; pour rien; gratis; à titre gratuit *v* gracieux; ~ *és bérmentve* franco et gratis; ~ *adom! (olyan olcsó)* c'est pour rien! *ez* ~ *van* c'est donné
ingyenélő vaurien, -enne *n*
ingyenes [~ek, ~t] gratuit, -e; gracieux, -euse; ~ *ápolás* gratuité *f* des soins
ingyenjegy billet gratuit *v* de faveur; *(járművön)* carte *f* de circulation
ínhüvely gaine tendineuse
injekció [~k, ~t, ~ja] piqûre; injection *f;* ~*t ad* faire une piqûre à q
inkább 1. plutôt; de préférence; *(igével:)* préférer *(inf v de és inf); akkor* ~ *mondjunk le* autant renoncer; *akkor* ~ *haljak meg* j'aime autant mourir; autant vaut mourir; 2. ~ *mint* plutôt que; préférablement à...; ~ *buta, mint rossz* il est plus bête que méchant; 3. *annál* ~*!* à plus forte raison; *vagy még* ~ ou, mieux...
inkasszál [~tam, ~t, ~jon] encaisser; faire rentrer

inkognító [~k, ~t, ~ja] incognito *m;* ~*ban utazik* voyager incognito
inkubátor *orv* couveuse *f*
inkvizíció [~k, ~t, ~ja] *az* ~ l'Inquisition *f;* le Saint-Office
innen 1. de là; d'ici; de ce côté-ci; ~ *Párizsig* d'ici à Paris; *menjen* ~*!* allez-vous en! filez! *biz;* 2. ~ *ered v van* de là vient; d'où; 3. *(vmin)* ~ *en deçà de qc;* par deçà; en deçà; ~ *és túl* deçà et delà; ~ *is, onnan is* de droite et de gauche
innivaló boisson *f;* ~*t kér* demander à boire
inog [~tam, ingott, ~jon] 1. *(szerkezet)* chanceler; branler; vaciller; 2. *(járásban)* vaciller sur ses jambes; 3. *(állásban)* branler dans le *v* au manche
ínrándulás foulure; entorse *f*
ínség pénurie; disette; détresse *f; (éh~)* famine *f;* ~*be kerül* tomber dans la misère
inspekció [~k, ~t, ~ja] permanence *f*
inspekciós [~ak, ~at] être de permanence *v* de jour; *ld. még:* **ügyeletes**
instruálás 1. instruction *f;* 2. leçons privées; 3. *mezőgazdasági ingatlan* ~*a* l'aménagement *m* d'une exploitation
ínszalag ligament; tendon *m*
inszcenál [~tam, ~t, ~jon] provoquer; arranger
int [~ettem, ~ett, ~sen] 1. faire (un) signe (de sa main); *feléje* ~ faire un signe à sa direction, *igent, nemet* ~ faire signe que oui, que non; *búcsút* ~ *vkinek* faire un signe d'adieu à q; *titokban* ~ *vkinek* faire à q un signe d'intelligence; 2. *(figyelmeztet)* avertir; admonester; *óva* ~ *vmitől* mettre en garde de *(inf) v* contre qc; 3. *(fizetésre)* sommer de *(inf)*
intarzia [-ák, -át, -ája] marqueterie; incrustation *f*
integet faire des signes à q; *zsebkendővel* ~ agiter un mouchoir
integráció intégration *f*
integrál [~tam, ~t, ~jon] *mat:* I. *(ige)* intégrer; II. *(fn)* intégrale *f*
integrálás *mat:* intégration *f*
integrálszámítás calcul intégral

integráns [~ok, ~at; ~an] intégrant, -e; *vminek* ~ *része* faire partie intégrante de qc
intelem [-lmek, -lmet, -lme] admonestation; remontrance *f;* avertissement *m*
intellektuális [~ok, ~t] intellectuel, -elle; ~ *jelleg* intellectualité *f*
intellektus intellect *m*
intelligencia [-ák, -át, -ája] 1. intelligence; intellectualité *f;* *magas* ~*ájú* d'une intelligence supérieure *v* souveraine; 2. *az* ~ les intellectuels *m pl*
interjú [~k, ~t, ~ja] interview *f*
interkontinentális intercontinental, -e; ~ *(ballisztikus) rakéta* fusée intercontinentale (balistique)
intermezzo [-ók, -ót, -ja] 1. *műv:* intermède *m;* 2. *átv:* intermède; incident *m*
Internacionálé [~k, ~t] *az* ~ l'Internationale *f;* *a harmadik* ~ la troisième Internationale
internacionalizmus internationalisme *m*
internál [~tam, ~t, ~jon] interner; mettre en résidence forcée; *(táborba)* concentrer
internátus internat; pensionnat *m;* pension *f*
interparlamentáris interparlementaire; *az Interparlamentáris Unió* l'Union Interparlementaire
interpelláció [~k, ~t, ~ja] interpellation *f;* ~*t jelent be* déposer une demande d'interpellation
interpretál [~tam, ~t, ~jon] interpréter; *(szöveget így is:)* faire l'interprétation de qc; donner une interprétation de qc
intés 1. signe *m* (de la main *v* de la tête *v* des yeux); *egyetlen* ~*ére engedelmeskednek neki* il est obéi au doigt et à l'œil; 2. *átv:* rappel à l'ordre; avertissement *m;* admonition; réprimande *f; (iskolai)* censure *f; (hivatalos)* mise en demeure; sommation *f; (fizetésre)* sommation
intéz [~tem, ~ett, ~zen] 1. *(vkihez)* adresser à q; *szavait vkihez* ~*i* adresser ses paroles à q; 2. *(ügyeket)* gérer; diriger; expédier; *úgy* ~*i, hogy* il s'arrange de façon à *(inf) v* pour *(inf);* *a sors úgy* ~*te, hogy* le sort a voulu que *(subj)*
intézet [~ek, ~et, ~e] 1. *ált:* établissement *m;* 2. *(tudományos)* laboratoire; institut *m;* 3. *(bennlakó)* pensionnat; internat; collège *m*
intézkedés mesure; disposition *f;* arrangements *m pl;* *további* ~*ig* jusqu'à plus ample informé; jusqu'à nouvel ordre; ~*eket tesz* arrêter des mesures; prendre ses dispositions (pour és *inf);* *megteszi a kellő* ~*eket* prendre les mesures qui s'imposent
intézkedik [~tem, ~ett, ~jék *v* ~jen] 1. prendre des *v* ses dispositions pour *(inf);* ~*ni fogunk* on avisera; 2. *(törvény stb. vmiről)* disposer *v* statuer de qc
intézmény institution *f;* établissement; institut *m;* *(szociális, kulturális)* œuvre *f;* *szociális* ~ œuvre sociale
intéző [~k, ~t, ~je] I. *(mn)* bizottság comité *m* d'action; II. *(fn)* 1. administrateur, -trice *n;* 2. *(gazdaságban)* régisseur; chef *m* de culture; 3. *ált:* dirigeant *m*
intő [~k, ~t; ~en] I. *(mn)* monitoire; avertisseur, -euse; admonitif, -ive; *(fenyegetően)* comminatoire; ~ *példa* exemple édifiant *v* salutaire; II. *(fn)* 1. admoniteur, -trice *n;* 2. *isk:* censure *f*
intrika [-ák, -át, -ája] intrigue; manœuvre *f;* pratiques *f pl;* cabale *f;* -*át sző* filer une intrigue
intuíció [~k, ~t, ~ja] intuition; introspection psychologique *f*
invesztitúra-harc *tört:* la querelle *v* la guerre des investitures
inzulin [~ok, ~t, ~a] insuline *f*
íny [~ek, ~t, ~e] 1. *(fogon)* gencive *f;* 2. *(padlás)* palais *m;* *(lágy)* voile *m;* 3. ~*emre van* cela me convient; cela fait mon affaire; cela me va; *nincs* ~*emre* ce n'est pas mon fait; cela ne me dit rien
ínyenc [~ek, ~t, ~e] I. *(mn)* friand; gourmand, -e; ~ *falat* plat délicat *v* ragoûtant; friandise *f; (konyh:)*

bouchée *f;* II. *(fn)* fine bouche; (fin) gourmet; fin bec
ínyencmesterség gastronomie *f;* art culinaire *m*
ínyesmester (fin) gourmet; gastronome *m*
ínyhús gencive *f*
ínysorvadás déchaussement *m* des dents
ipar [~ok, ~t, ~a] industrie *f;* arts mécaniques *v* usuels; *~t űz* se livrer à une industrie; exercer une industrie *v* un métier
iparág branche *f v* groupe *m* d'industrie
iparcikk produit manufacturé *v* fabriqué
iparengedély licence (d'industrie *v* d'artisanat); patente; concession administrative; *~hez köt* patenter
iparhatóság autorité syndicale; conseil *m* des prud'hommes
ipari [~ak, ~t] industriel, -elle; *(kis~)* artisanal, -e; *~ állam* État industriel; *~ célokra* pour des usages industriels; *~ feldolgozás* transformation industrielle; *~ felhasználás céljára* aux fins d'utilisation industrielle; *~ központ v góc* centre *v* foyer industriel; *~ munkás* ouvrier d'industrie; homme *m* de l'atelier; *~ növény* plante industrielle; *~ só* sel industriel; *~ szakszervezet* syndicat industriel; *~ tanuló* apprenti, -e *n; ~ tanulónak adja* mettre en apprentissage; *~ teljesítmény* rendement industriel; *~ terjeszkedés* expansion industrielle; *~ termék* produit industriel *v (gyári)* manufacturé; *~ termelés* production industrielle; *~ vállalat* entreprise industrielle; *~ vasút* (chemin de fer) decauville *m*
iparigazolvány licence; patente; carte-permis *f*
ipariskola école industrielle *v* professionnelle; école des (arts et) métiers
iparitanuló-otthon maison *f* d'apprentis; foyer *m* des apprentis
iparkamara chambre *f* de commerce et d'industrie; *(francia)* Chambre *f* des Métiers *v* de métier
iparkodás application *f;* zèle *m;* diligence *f*
iparművész artiste décorateur; ouvrier *m* d'art

iparművészet arts décoratifs *v* appliqués
iparművésznő décoratrice *f*
iparoktatás enseignement professionnel
iparos [~ok, ~t, ~a] industriel *m; (kis~)* artisan *m*
iparosít [~ottam, ~ott, ~son] industrialiser
iparosítás industrialisation *f*
iparosság 1. l'industrie *f;* les industriels; 2. *(kis~)* artisanat *m*
ipartelep chantiers; chantiers et ateliers; établissements *m pl*
ipartestület corporation *f v* syndicat *m* des industriels; les corps des métiers
iparűzés exercice *m* d'une industrie
iparvágány decauville; raccordement spécial; voie ferrée de chantier
iparvállalat établissement industriel; entreprise industrielle
iparvasút chemin de fer industriel; (chemin de fer) decauville *m*
iparvidék région industrielle
I. **ír** [~ek, ~t; ~ül] irlandais, -e
II. **ír** [~ek, ~t, ~ja] baume (vulnéraire); vulnéraire; nard *m*
III. *(ige)* **ír** [~tam, ~t, ~jon] I. *(tgy i)* écrire; *zen, irod:* composer; faire; écrire; *(művet)* composer; *(jegyzéket, jegyzőkönyvet, szöveget)* rédiger; *tud írni* savoir écrire; *az arcára van írva az öröm* la joie se peint sur son visage; *hogy írja a nevét?* comment orthographiez-vous votre nom? *ezt nagy betűvel írják* cela s'écrit par une majuscule; *franciául ír* écrire en français; *könnyen ír* avoir la plume facile; *szépen ír* avoir une belle main; *vékonyan ír* écrire fin; *vmibe ír* noter *v* inscrire sur *v* dans qc; *számlára ír* passer en compte; *ír vmiről* écrire de *v* sur qc; *(egy tárgyról:* sur un sujet); *újévre ír* écrire au nouvel an; *tollal ír* écrire à la plume; *géppel ír* taper *v* écrire à la machine; *mit írnak a ma reggeli újságok?* que disent les journaux ce matin? *Britannicus, írta Racine* Britannicus par Racine; II. *(tgyl i) (hírt ad magáról)* donner de ses nouvelles; *nem ír* faire le mort

iram [~ok, ~ot, ~a] allure *f;* rythme *m; ebben az ~ban* à ce train-là; *gyors ~ban* à grande allure; *átv:* sur un rythme accéléré; *őrült ~ban rohan* filer à un train fou *v* à une allure endiablée
iránt; iránti envers; à l'égard de; pour; vis-à-vis de; avec; *~am* envers moi; à mon égard; *érdeklődése a zene ~* son intérêt pour la musique
irány [~ok, ~t, ~a] 1. direction *f;* sens *m; (mozgó testé)* trajectoire *f;* 2. *átv:* sens *m;* direction; tendance *f;* 3. *(kifejezésekben:) a festészet új ~ai* les nouvelles tendances de l'art pictural; *helyes ~ba terel* orienter utilement; *Párizs ~ában* en direction de Paris; sur Paris; *ebben az ~ban* dans cette direction; *ellenkező ~ban* dans le *v* en sens inverse (de qc); *jó ~ban halad* prendre une bonne direction; *~t ad vminek* imprimer une direction à qc; *átv: azonos ~t követ* converger; *~t mutat* donner la ligne de conduite; *~t változtat* changer de direction
irányadó I. *(mn)* compétant, -e; qui fait autorité; directif; normatif, -ive; *~ körök* cercles *v* milieux compétents; *ez nem ~* cela ne s'impose pas; II. *(fn) (elv, szabály)* règle; maxime *f*
irányár prix indicatif *v* de barème
irányelv principe directeur; maxime *f*
irányhatású *rád* directionnel -elle
irányít [~ottam, ~ott, ~son] 1. *(vmerre)* acheminer (vers...); diriger (vers...); *(tömeget)* canaliser; 2. *(vkit, vmit vhová)* diriger q *v* qc sur qc; 3. *(vmire)* aiguiller sur qc; axer vers qc; 4. *(egyen ~)* moduler; 5. *hajót ~* manœuvrer un vaisseau; 6. *(revolvert vkire)* braquer *v* diriger sur q; *ágyút ~* pointer un canon; 7. *(szellemileg)* orienter; aiguiller (vers...); imprimer une direction à qc; *figyelmét vmire ~ja* fixer *v* concentrer *v* diriger *v* porter son attention sur qc; *~ja az ügyeket* mener les choses

irányítás 1. *(vkié)* direction *f* (de); directives *f pl* (pour); 2. *(vmié)* direction à donner à qc; 3. *(szellemi)* direction; aiguillage; dispatching *m; a nemzetgazdaság ~a* la gestion de l'économie *f*
irányított [~ak, ~at; ~an] 1. *vhová ~* à destination de...; 2. *~ antenna* antenne directive; 3. *~ gazdálkodás* dirigisme *m;* économie dirigiste *v* dirigée
irányjelző 1. *aut:* index; signalisateur *m* de direction; 2. *vasút:* indicateur *m* de direction; 3. bras *m* de direction
irányszám chiffre-repère *m*
iránytábla indicateur *m;* plaque indicatrice
iránytű boussole *f* (d'orientation); compas *m*
irányul [~tam, ~t, ~jon] 1. *(vmire, vkire)* se diriger; se porter; se concentrer; s'aiguiller *(mind:* sur qc *v* q); *(tartósan)* se fixer; 2. *vki ellen ~* se diriger contre q; *ő ellene ~* il est visé
irányváltoz(tat)ás 1. changement *m* de direction; 2. *politikai ~* renversement *m* de politique
irányvonal 1. ligne directrice *v* en direction *v* de mire; alignement *m;* 2. ligne de conduite
irányzás pointage *m*
irányzat tendance *f*
irányzatos [~ak, ~at] tendancieux, -euse
irányzék [~ok, ~ot, ~a] *(fegyveren)* hausse *f* (de tir); *(nézőke)* cran *m* de mire; mire *f*
írás 1. écriture; graphie *f;* graphisme *m; (gyorsírással)* prise *f; (játékban)* marque; notation *f; finom ~* écriture fine *v* déliée; *sűrű ~* écriture serrée; *~ba foglal* mettre *v* noter *v* coucher *v* exprimer par écrit; mettre en écrit; *~ban ad* donner *v* consigner par écrit; 2. *(irás- és zeneműé)* composition *f;* 3. *(jegyzéké, szöveg)* rédaction *f;* 4. *vall: az Írás* l'Écriture; 5. *(szöveg)* écrit *m; az ~ok* le dossier; 6. *(pénzdarabon)* pile *f*

írásbeli [~ek, ~t] I. *(mn)* graphique; écrit, -e; ~ *bizonyítékokkal* avec pièces à l'appui; ~ *dolgozat* copie *f*; ~ *vizsga* (examen) écrit *m*; II. *(fn)* az ~ l'écrit *m*
íráshiba erreur d'écriture; faute *f* de copiste *v* de copie
írásjel 1. *(betű)* caractère; signe graphique *m*; 2. *(pont stb.)* signe de ponctuation; signe diacritique
írásmód 1. écriture; graphie *f*; graphisme *m*; 2. *(stílus)* manière *v* façon *f* d'écrire; style *m*
írásszakértő (expert) graphologue; expert *m* en écritures
írástudatlan ne sachant pas écrire; illettré, -e; analphabète
írástudatlanság analphabétisme *m*
irat écrit; papier *m*; *(főleg peres)* pièce *f*; *az* ~*ok* le dossier; *(személyi)* papiers *m pl*
iratállvány classeur *m*
iratcsíptető pince-notes *m*
iratcsomó dossier *m*; liasse *f* de papiers
iratgyűjtemény 1. collection *f* de documents; 2. recueil *m* de documents; *(levéltári sokszor:)* fonds *m*
iratlan non-écrit, e; *(jog)* coutumier, -ière
iratmappa pancarte *f*
iratmásolat transcription; copie *f*
iratrendező classeur; carton *m*
iratszekrény 1. classeur *m*; 2. armoire *f* aux archives
irattár archives *f pl:* ~*ba helyez* classer
irattárnok [~ok, ~ot, ~a] **irattáros** [~ok, ~t, ~a] archiviste *n*
irattáska *(lapos)* serviette *f*; *(füllel)* sacoche *f*; *(cipzárral)* porte-documents *m*
irgalmas [~ak, ~at] miséricordieux, -euse; charitable; *(kegyelmes)* clément, -e; *az* ~ *Isten* Dieu de miséricorde
irgalmatlan I. *(mn)* impitoyable; inclément, -e; sans merci; II. *(hat)* ~ *nagy* colossal, -e; énorme
irgalmatlanul sans pitié *f;* sans rémission; sans merci
irgalmaz [~tam, ~ott, ~zon] 1. *(vkinek)* faire grâce à q; user de clémence envers q; 2. *(harcban)* faire *v* donner quartier à q
irgalom [-lmat, -lma] 1. *(szánalom)* miséricorde; pitié *f;* 2. *(kegyelem)* clémence *f;* pardon *m;* rémission *f;* *nincs* ~*!* point de quartier! ~ *nélkül* sans pitié
irha [-ák, -át, -ája] 1. derme *m;* 2. peau chamoisée *v* à la chamois; 3. *hordd el az -ádat!* détale et au plus vite! fiche le champ!; *elhordja az irháját* débarrasser le plancher; *kiporolja az -áját* tanner le cuir à q
irigy [~ek, ~et] I. *(mn)* envieux, -euse; jaloux, -ouse de qc; ~ *szemmel néz* regarder d'un œil d'envie; II. *(fn)* az ~*ek* les envieux *m pl*
irigyel [~ek *v* irigylek, ~tem, ~t, ~jen] 1. *(vkit)* porter envie à q; envier q; jalouser q; 2. ~ *vmit vkitől* envier *v* reprocher qc à q
irigység envie; jalousie *f*; *eszi a (sárga)* ~ être rongé(e) *v* dévoré(e) d'envie; *majd meghal az* ~*től* sécher *v* brûler d'envie
irisz [~ek, ~t, ~e] 1. *növ:* iris *m*; 2. *(szemben)* iris
irka [-ák, -át, -ája] cahier; carnet *m*
irkál [~talm, ~t, ~jon] 1. griffonner; écrire; 2. *(író)* se mêler d'écrire
írnok [~ok, ~ot, ~a] commis (aux écritures); copiste; rédacteur *m*
I. író I. *(mn)* écrivant, -e; II. *(fn)* 1. écrivain; auteur; homme de lettres; *szellemes* ~ fin lettré; ~*k egyesülete* société *f* d'auteurs; 2. *vminek* ~*ja* l'auteur de qc
II. író [~k, ~t, ~ja] lait de beurre; babeurre *m*
íróasztal bureau *m;* table-pupitre; table *f* de travail
íróasztallámpa lampe liseuse; lampe de bureau *v* de travail
iroda [-ák, -át, -ája] 1. bureau *m;* *(különösen ahol az állam pecsétjét kezelik v alkalmazzák)* chancellerie *f;* 2. *(vállalat)* agence *f;* 3. *(közjegyzői, ügyvédi)* cabinet *m*
irodabútor ameublement *v* mobilier *m* de bureau
irodafőnök chef *m* de bureau

27 Magyar-Francia kézi

irodaház maison aménagée pour les bureaux
irodai [~ak, ~at] de bureau; ~ *munka* travail *m* de bureau
irodakisasszony employée *f* de bureau
irodalmár [~ok, ~t, ~a] littérateur; homme *m* de lettre
irodalmi [~ak, ~t] littéraire; ~ *alkotás* œuvre littéraire *f*; ~ *díj* prix littéraire *m*; ~ *élet* vie littéraire; vie *f* des lettres; ~ *folyóirat* revue *f v* journal *m* littéraire; *az* ~ *körök* le monde lettré; ~ *stílus* style littéraire *m*; ~ *társaság* société littéraire *f*; ~ *világ* le monde *v* *(gúny:)* la gent littéraire
irodalom [-lmak, -lmat, -lma] littérature *f*; lettres *f pl*; *egy kérdés irodalma* la bibliographie d'une question
irodalomtörténész historien littéraire *v* de la littérature *m*
irodasegéd garçon *v* gardien *m* de bureau
irodavezető chef *m* de bureau; *(ügyvédi, közjegyzői)* premier *v* principal *v* maître clerc
írófüzet cahier; carnet *m*
írógárda phalange *v* pléiade *f* d'écrivains
írógép machine *f* à écrire
írógépel dactylographier; écrire à la machine
írói [~ak, ~t] d'écrivain; d'homme de lettres; ~ *álnév* nom *m* de plume; ~ *pálya* carrière *f* des lettres *v* littéraire *v* d'homme de lettres *v* d'écrivain
írókészülék mécanographe *m*
írómappa sous-main *m*
írón [~ok, ~t, ~ja] crayon *m*
irónia [-ák, -át, -ája] ironie *f*; *sel attique m*
írószövetség Union *v* Association *f* des Écrivains
írott [~ak, ~at, ~an] écrit, -e; *kézzel* ~ écrit(e) à la main; manuscrit, -e; ~ *jog* droit écrit *v* positif; ~ *emlék* document écrit; ~ *malaszt marad* cela reste lettre morte
irracionális *mat, fil:* irrationnel, -elle; ~ *mennyiség v nagyság* quantité irrationnelle
irt [~ottam, ~ott, ~son] 1. *(lakosságot, népet)* exterminer; massacrer;

(férget) détruire; 2. *(gyomot)* extirper; détruire; 3. *hajat, szőrt* ~ *(vkin)* épiler q
irtás 1. *(embereké)* extermination *f*; massacre *m*; 2. *(gyomé)* extirpation *f*; *(erdőé)* coupe *f*; *(erdős vidéké)* déboisement *m*; 3. *(féregé)* destruction *f*
irtózat horreur de qc; abomination *f* devant qc; écœurement *m* de qc; répugnance *f* à *v* pour qc; ~ *fogja el* être saisi(e) *v* pénétré(e) d'horreur
irtózatos [~ak, ~at] I. *(mn)* horrible; terrible; abominable; atroce; II. *(hat)* horriblement; terriblement
irtózik [~tam, ~ott, ~zék *v* ~zon] *(vmitől)* avoir horreur de qc; avoir qc en horreur *v* en abomination; exécrer qc
is 1. *(kapcsoló ért.)* aussi; pareillement; également; *ő is* lui aussi; à son tour; 2. *(összehasonlító)* encore; *ez még annál is nagyobb, mint amit választottam* celui-ci est encore plus grand que celui que j'avais choisi; 3. *(megint)* encore; 4. *(következményes) az operáció meg is történt* l'opération eut lieu en effet *v* effectivement; 5. *(kétkedő) nincs is annak semmi alapja* aussi bien tout cela est dénué de tout fondement; *nem is igaz* ce n'est (même) pas vrai; 6. *(firtató)* déjà; *hogy is mondta?* qu'est-ce que vous m'avez dit déjà? 7. *(ellentétes)* même; *akkor is* alors même; *még itt is* même ici; *még a hóhérok is sírtak* les bourreaux eux-mêmes pleuraient; 8. *(megengedő) ha még oly ügyesek is* tout habiles qu'ils sont; 9. ... *is* ... *is et* ... *et* ...; *meglátod a királyt is , a királynét is* tu verras et le roi et la reine
isiász [~ok, ~t, ~a] (goutte) sciatique *f*
iskola [-ák, -át, -ája] 1. école *f*; *(közép~)* collège; lycée *m*; *(magasabb)* académie *f*; *az* ~ *padjait koptatja* être sur les bancs; -*ába megy v jár* aller en classe; aller suivre ses classes; aller à l'école; *hova jár* -*ába?* où va-t-il à l'école? *az* -*ában* en classe; -*áit vhol végzi* faire des

iskolaépület 419 **ismert**

études à l'école de ...; 2. *(mint időtartam)* scolarité *f;* 3. *átv:* apprentissage *m;* école; *a tapasztalat -ája* les leçons de l'expérience; *kemény -án mentem keresztül* j'ai fait un rude apprentissage; 4. *(hangszer)* méthode (élémentaire) *f*
iskolaépület bâtiment scolaire *m;* maison *f* d'école
iskolaév année scolaire *f;* ~ *kezdete* rentrée *f* des classes
iskolai [~ak, ~t] scolaire; classique; d'écolier; ~ *bizonyítvány* certificat scolaire; bulletin *m* de conduite; ~ *mulasztás* absence scolaire *f;* ~ *szünet* vacances (scolaires) *f pl*
iskolaigazgató directeur *m* d'école; *(állami fiúgimnáziumé)* proviseur *m* de lycée
iskolakényszer obligation scolaire; scolarité obligatoire *f*
iskolakerülés l'école buissonnière
iskolaköteles soumis(e) à l'obligation scolaire; scolarisable
iskolakötelezettség scolarité (obligatoire); obligation scolaire *f*
iskolán kívüli postscolaire
iskolapad banc d'école; banc(s) *m* de l'école
iskolapélda exemple classique *v* typique *m*
iskolás 1. ~ *fiú* écolier *m;* ~ *gyerek* écolier *m;* ~ *lány* écolière *f;* 2. pédantesque; scolaire; livresque
iskolaszolga garçon *m* de salle *v* d'internat
iskolaszünet congé *m*
iskolatárs camarade d'école; camarade *v* ami *m* de collège
iskolatáska cartable; sac *m;* serviette; sacoche; musette *f*
iskolaudvar préau (scolaire) *m;* salle *f* de récréation
iskolázás 1. scolarité *f;* 2. *sp:* lutte *f* d'entraînement
iskolázatlan novice; inexercé; indiscipliné; inexpérimenté, -e
iskolázott [~ak, ~at; ~an] stylé; discipliné; assoupli; exercé, -e
ismer [~tem, ~t, ~jen] 1. connaître; être au courant de qc; être familier (-ière) avec qc; *nem* ~ ignorer; *nem* ~ *se Istent, se embert* il ne connaît ni parents ni amis *v* ni Dieu ni diable; *nem* ~ *határokat* ne plus connaître de bornes *v* de limites; *hogy* ~*em-e?* si je le connais! ~*ik mint a rossz pénzt* être connu comme le loup blanc; ~*i mint a tenyerét* il le connaît comme les cinq doigts de la main *v* comme sa poche; *személyesen* ~ connaître personellement; ~*em az ügyet* je parle en connaissance de cause; *már az egyiptomiak* ~*ték* il était connu des Égyptiens; *erről magára* ~*ek* je vous reconnais bien là; 2. ~ *vkit vminek* connaître q pourqc; *bátornak* ~*em* je le sais courageux
ismeret 1. connaissance; notion *f;* 2. *széles* ~*ei vannak* il a de l'acquis
ismeretes connu, -e; notable; notoire; *mindenki előtt* ~ connu de tous; ~, *hogy* l'on sait que; il est notoire que
ismeretlen I. *(mn)* inconnu; ignoré, -e; ~ *helyre távozik* partir pour une destination inconnue; *az* ~ *katona* le soldat inconnu; *mat:* ~ *mennyiség* quantité inconnue; ~ *tettes ellen feljelentést tesz* porter plainte contre X. *v* contre inconnu; II. *(fn)* 1. *az* ~ l'inconnu *m;* 2. *mat:* inconnue *f; egyenlet egy* ~*nel* équation *f* à une inconnue
ismeretlenség 1. obscurité *f;* anonymat *m; az* ~ *homályába burkolódzik* se couvrir de l'obscurité de l'anonymat; 2. inconnu *m*
ismeretség connaissance *f;* liaisons; relations *f pl;* ~*et köt vkivel* lier *v* faire *v* nouer connaissance avec q
ismeretterjesztő vulgarisateur, -trice; ~ *film* (film) documentaire *m*
ismerős [~ök, ~t] I. *(mn)* connu, -e; familier (-ière) à q; ~ *arc* visage connu; figure *f* de connaissance; II. *(fn)* connaissance; personne de connaissance; relation *f; jó v közeli* ~ intime *m; egy* ~*öm* une de mes connaissances
ismert [~ek, ~et; ~en] connu, -e; *az* ~ *nevű* réputé; renommé, -e;

ismertet 420 **istentelen**

notable; *az ~ okból* pour raison à vous connue; *~té tesz* lancer; *~té válik* se faire connaître; *(dolog)* se répandre; se divulguer
ismertet 1. donner connaissance de qc; faire connaître; exposer; expliquer; **2.** *(könyvet)* rendre compte de qc; analyser
ismertetőjegy; ismertetőjel 1. marque (distinctive); signe distinctif *v* caractéristique; *különös ~* signes particuliers; **2.** *fil:* critère; critérium *m*
ismérv [*~ek, ~et, ~e*] critère; indice *m;* marque distinctive; caractéristique *f;* attribut *m*
ismét une fois de plus; encore; de nouveau; à nouveau
ismétel [*~ek v* ismétlek, *~tem, ~t, ~jen*] **1.** répéter; redire; reprendre; *(újra meg újra)* repasser; *ismétlem* j'y reviens; je le répète; **2.** *(tanult anyagot)* réviser; reviser; *(osztályt)* doubler
ismételt [*~ek, ~et*] réitéré, -e; itératif, -ive; *~ felszólítás* sommation itérative
ismétlés 1. répétition; réitération; reprise *f (zen. is); ~ekbe bocsátkozik* se répéter; **2.** *isk: (anyagé)* révision; revision *f*
ismétlőfegyver fusil *m v* arme *f* à répétition
ismétlőiskola cours postscolaires *v* d'adultes *m pl*
ispán [*~ok, ~t, ~ja*] **1.** régisseur *m;* **2.** *tört:* joupan; comte *m*
istálló [*~k, ~t, ~ja*] **1.** *(ló~)* écurie *f;* **2.** *(marha~)* étable *f;* **3.** *(disznó~)* porcherie *f*
isten [*~ek, ~t, ~e*] **1.** *(többistenhivőké)* dieu *m; az ~ek alkonya* le crépuscule des dieux; *a pénz az ő ~e* faire de l'argent son dieu; **2.** *(egyistenhivőké:) Isten* Dieu *m; ~ a tanúm* Dieu m'est témoin; *egy az ~* Dieu est un; *itt az ~ se ismeri ki magát* le diable y perdrait son latin; *ha ~ élteti* si Dieu lui prête vie; *ha ~ is úgy akarja* s'il plaît à Dieu; *~ háta mögött* au bout du monde; *~ kegyelméből* par la grâce de Dieu; *~ ostora* le fléau de Dieu; *~ színe előtt* devant la face de Dieu; *~ szolgája* ministre de Dieu; l'homme de Dieu; *van ~!* il y a un bon Dieu! *hisz ~ben* croire en Dieu; *az ~nek sem csinálja meg* il ne le ferait pour rien au monde; *~nek tetsző életet él* vivre selon Dieu; *az élő ~re* par le Dieu vivant; **3.** *(felkiáltásokban:) nagy ~!* Grand Dieu! Dieu du ciel! *szent ~!* juste Dieu! grand Dieu! *~ önnel* portez-vous bien *biz; ~ bizony!* bien sûr! *~ veled!* adieu; *az ~ szerelmére!* pour l'amour de Dieu! de grâce; *~ adja v adná!* Dieu vous entende! Dieu le veuille! plaise à Dieu! *~ ne adja!* Dieu *v* le Ciel nous en préserve! *~ éltesse (névnapon)* je vous souhaite une très *v* bien bonne fête; *~ hozta* soyez le bienvenu; *~ látja lelkemet* Dieu m'est témoin! *~ fizesse meg!* Dieu vous le rende! *menjen ~ hírével!* passez votre chemin! *~ őrizz!* Dieu garde! Dieu m'en garde *v* m'en préserve! *~ engem úgy segéljen!* ainsi soit-il! ainsi m'aide Dieu! *~emre mondom, hogy nem!* Grands dieux, non!
istenadta *tehetség* talent spontané *v* authentique
istencsapás fléau *m;* plaie *f; valóságos ~ ez az ember* c'est une plaie d'Égypte
istenes [*~ek, ~et*] dévot, -e; pieux, -euse
istenhívő croyant, -e; *fil:* théiste
isteni [*~ek, ~t*] **I.** *(mn)* divin, -e; déifique; **II.** *(hat)* divinement; *~ szép* d'une beauté divine
istenít [*~ettem, ~ett, ~sen*] diviniser; déifier; porter aux nues; apothéoser
istenkáromlás blasphème; sacrilège *m*
istennő déesse *f*
istennyila 1. foudre *f v* feu *m* du Ciel; **2.** *az ~ csapjon bele!* la peste soit de lui!
istentagadó I. *(mn)* athée; athéiste; athéistique; **II.** *(fn)* athée *n*
istentelen I. *(mn)* **1.** *(ember)* impie; mécréant, -e; **2.** *(dologról)* sacrilège; *~ szavak* paroles sacrilèges *f pl;* **II.** *(hat) ~ nagy* colossal, -e; énorme

istentisztelet service *v* office religieux *v* divin
istráng [~ok, ~ot, ~ja] trait *m*
iszákos [~ak, ~at; ~an] I. *(mn)* ivrogne; alcoolique; buveur, -euse; intempérant, -e; II. *(fn)* ivrogne *m;* alcoolique *n*
iszákosság ivrognerie *f;* alcoolisme *m*
iszap [~ok, ~ot, ~ja] vase *f;* limon *m;* boue; bourbe; fange *f*
iszapfürdő bain *m* de boue; eau schlammeuse; illutation *f*
iszapol [~tam, ~t, ~jon] *(ércet)* laver
iszapos [~ak, ~at; ~an] vaseux; fangeux; bourbeux; limoneux, -euse
iszappakolás séance *f* d'application de boues
iszik [inni, ittam, ivott, igyék *v* igyon, igyál, idd] I. *(tgy i)* 1. boire; s'offrir qc; *mit iszol? (most)* que bois-tu? *(vendéglőben:)* qu'est-ce que tu prends? ~ *egyet* boire un coup; *derekasan* ~ boire sec; 2. *átv: ennek issza a levét* il en paye les frais; 3. *(felissza)* absorber; boire; II. *(tgy i)* 1. boire; ~ *vmiből* boire dans qc *v* à qc; *az üvegből* ~ boire à (même) la bouteille; ~ *mint a kefekötő* boire comme un templier *v* comme une éponge; 2. *(iszákos)* il boit; il aime la bouteille; 3. *(állat)* s'abreuver à qc; boire
iszlám I. *(mn)* islamique; II. *(fn) az Iszlám* l'Islam *m*
iszonyat horreur; abomination; épouvante; exécration *f*
iszonyatos [~ak, ~at] hideux; monstrueux, -euse; horrible; affreux, -euse; épouvantable; ~ *erő* force herculéenne; ~ *látvány* spectacle hallucinant; ~ *munka* travail épouvantable *m;* ~ *nagy* énorme; colossal, -e
ital [~ok, ~t, ~a] boisson *f;* breuvage *m; (mint fogyasztás)* consommation *f; az* ~*nak adja magát* s'adonner *v* être adonné(e) à la boisson; *szereti az* ~*t* il caresse la bouteille
italbolt débit *m* de boissons *v* de vins *v* de spiritueux
Itália [-át] l'Italie *f*

italozás libations *f pl*
itat 1. *(állatot)* donner à boire; mener boire; ~*ja magát* se (laisser) boire; 2. *(anyaggal)* imbiber de qc; imprégner de qc
itatós [~ok, ~t, ~a] 1. buvard *m;* 2. *(nyomó)* tampon *m*
itatóspapiros papier buvard
ítél [~tem, ~t, ~jen] 1. juger *(vmiből:* de *v* d'après qc; *vmiről:* sur qc; *vmi után:* par qc); ~ *vki fölött* juger q; *előre* ~ *vmiről* préjuger de qc; *önmagáról* ~ *meg másokat* juger les autres à sa mesure; *beszéde után* ~*ve* à voir comment il parle; *a jelekből* ~*ve* à en juger par les indices qu'on a jusqu'ici; *jónak, hasznosnak* ~ juger nécessaire, utile (de és *inf);* 2. *(bíró)* se prononcer; prononcer *v* rendre son jugement *v* son arrêt *v* son verdict; *egy ügyben* ~ juger une affaire; 3. *(vmire)* condamner à ...; *halálra* ~ condamner à mort; *átv: pusztulásra van* ~*ve* être voué(e) à la destruction; 4. *vkinek* ~ adjuger à q; attribuer à q
ítélet 1. jugement *m;* ~*e szerint* au juger de q; ~*et alkot magának vmiről* se faire une opinion sur qc; ~*et mond vmiről* dire son avis sur qc; *se prononcer sur qc;* 2. *(vélemény)* appréciation *f;* avis *m; (kárhoztató)* réprobation *f;* 3. *(bírósági)* jugement *m;* sentence *f; (felsőbírósági)* arrêt *m; (esküdtszéki)* verdict *m; jó* ~ le bien jugé; ~*et hoz (vki ellen)* rendre une sentence *v* (un) jugement *v* son verdict (contre q); *egy* ~*et megváltoztat* réformer *v* infirmer un jugement; 4. *vall: az* ~ *napja* le jour du jugement (dernier)
ítélethirdetés le prononcé du jugement
ítélethozatal sentence *f;* jugement *m;* ~*ra vonul vissza* se retirer pour délibérer
ítéletidő un temps épouvantable *v* horrible *v* affreux
ítéletnap le jour du jugement; ~*ig* jusqu'à la consommation des siècles; *tréf:* jusqu'à la Saint Glinglin

ítélkezik [~tem, ~ett, ~zék v ~zen] **1.** *(vmi ügyben, hatóság)* connaître de qc; juger qc; rendre un arrêt v, une sentence v *(esküdtszék)* son verdict; **2.** *(vki)* porter un jugement sur qc; *gúny:* ~ *elevenek és holtak felett* il fait la pluie et le beau temps **ítélőképesség** (faculté de) discernement *m;* faculté judiciaire *f;* jugement *m;* capacité *f* de jugement; *helyes* ~ sens droit; esprit droit; *gyenge az* ~*e* manquer de discernement
ítélőszék 1. tribunal *m;* cour *f;* **2.** *vall:* a *legfelsőbb* ~ le juge suprême **itt 1.** ici; là; en v dans cet endroit; *ki van* ~? qui va là? *nincs* ~ il n'est pas là v ici; ~ *fáj (nekem)* je souffre là; *ez a ház* ~ cette maison-ci; **2.** ~ *vagyok* me voici; me voilà; **3.** *itt és itt* à tel (et tel) endroit; **4.** *itt is, ott is* de-ci de-là; ici comme là
ittas [~ak, ~t] pris(e) de boisson v de vin; aviné, -e; ~ *állapotban* en état d'ivresse v d'ébriété; *vértől* ~ ivre de sang
ittasság ivresse; ébriété *f*
itthon chez moi; chez nous; à la maison; *nincs* ~ il est en ville; ~ *van az úr?* Monsieur y est-il? *az úr nincs* ~ Monsieur est sorti v n'est pas chez lui
itt-ott par-ci par-là; par places
ív [~ek, ~et, ~e] **1.** arc *m; ép:* arcade *f; (híd)* arche *f; ív alakú* arqué, -e; **2.** *ált:* courbe *f; ívben en arc;* **3.** *vill: elektromos ív* arc électrique; **4.** *(papíros és könyv íve)* feuille *f*
ivadék [~ok, ~ot, ~a] **1.** *(egy személy)* rejeton; descendant *m;* progéniture *f;* **2.** *(nemzedék)* génération; postérité; descendance *f*
ivari [~ak, ~t] sexuel, -elle
ivaros [~ak, ~at; ~an] sexué, -e
ivartalan asexué, -e; asexuel, -elle
ivás 1. absorption *f; (sokszor csak:)* la boisson; **2.** *(alkoholivás)* la boisson; l'acool *m;* libations *f pl;* ~*ra adja a fejét* s'adonner à la boisson v à l'ivrognerie

ívboltozat cintre *m;* voussure *f;* arceau *m*
ívfény arc voltaïque v électrique *m*
ívhegesztés soudage *m* à arc
ívhúr *mat:* corde *f* de l'arc
ívlámpa lampe *f* à arc
ivó [~k, ~t] **1.** buveur *m;* **2.** *(kocsmarész)* débit *m;* salle *f* à boire
ivócsarnok pavillon *m* de dégustation; *(gyógyfürdőben)* buvette *f*
ivókúra cure *f* d'eaux minérales
ivópohár verre *m* à boire
ivóvíz eau de boisson; eau d'alimentation; eau potable *f*
ívrét in-folio; ~ *alak* v *nagyság* format *m* in-folio
I. íz [~ek, ~t, ~e] **1.** goût *m;* saveur *f;* parfum; ragoût *m; (boré)* bouquet *m; (pecsenyéé)* fumet *m; vmi íze van* avoir un goût; *nincs íze* ne pas avoir de goût; manquer de goût v de saveur; *ennek petróleumíze van* cela sent le pétrole; *a fokhagyma ízét érzem a számban* l'ail me revient; *ízét veszi vminek* affadir; **2.** *átv:* saveur *f;* goût; accent *m*
II. íz 1. *(tagolt rész)* articulation *f;* article *m; (ujjon)* phalange *f;* minden *ízében reszket* trembler de tout son corps; *ízekre szaggat* v *tép* écharper; déchiqueter; **2.** *(családfán)* degré *m* de descendance; *(nemesi)* quartier *m* (de noblesse)
ízben; *egy* ~ une fois; un jour; *három* ~ par trois; *több* ~ plus d'une fois
izé [~k, ~t, ~je] chose; machin; truc *m;* comment dirai-je? mécanique *f; egy* ~ un je ne sais quoi
izeg-mozog [~tem-~tam, izgett-mozgott, ~jen-~jon] se remuer (comme un diable dans un bénitier); tourner et virer sans cesse; frétiller
izelítő [~k, ~t, ~je] spécimen; échantillon *m; ez csak* ~ ce n'est qu'un faible échantillon (de qc); ~*í ad vmiből* offrir la primeur de qc
ízesít [~ettem, ~ett, ~sen] *(vmivel)* relever de qc; assaisonner de qc
ízesítő [~k, ~t, ~je]; **ízesítőszer** [~ek, ~t, ~e] **1.** assaisonnement; condiment *m; (salátába)* fourniture *f;* **2.** *átv:* ragoût *m*

ízetlen 1. sans goût; sans saveur; fade; insipide; 2. *átv:* insipide; fade, déplacé, -e
ízetlenkedik [~tem, ~ett, ~jék *v* ~jen] dire des fadaises; faire des sottises
izgága [-át] querelleur, -euse; turbulent, -e; tracassier; chicanier, -ière; ~ *ember* mauvais coucheur
izgágáskodik [~tam, ~ott, ~jék *v* ~jon] faire la mauvaise tête; ~ *vkivel* chercher noise à q
izgalmas [~ak, ~at] émouvant, -e; dramatique; poignant, -e; sensationnel, -elle; ~ *élet* vie trépidante; ~ *esemény* événement dramatique *m;* ~ *hír* nouvelle sensationnelle; ~ *nap* journée fiévreuse *v* mouvementée; ~ *regény* roman passionnant
izgalmi émotionnel, -elle; ~ *állapot* état *m* d'excitation *v* d'agitation
izgalom [-lmak, -lmat, -lma] 1. émotion *f;* émoi *m;* agitation *f;* saisissement *m;* excitation; animation *f;* affolement *m; kellemes* ~ chatouillement *m;* ~*ba esik* s'exciter; *-lmában* d'émotion; dans son émotion; 2. *(tömegben)* agitation; effervescence *f;* remous *m;* 3. *orv: (szervben)* excitement *m;* 4. *(érzéké)* excitation; irritation *f*
izgat 1. exciter; agiter; remuer; mettre en émoi; 2. *(kellemetlenül:)* énerver; agacer; inquiéter; tracasser; ~*ja magát* se tourmenter; se faire du mauvais sang; 3. *(tömeget)* exciter; animer; 4. ~ *vki ellen* animer *v* monter contre q; 5. *vmire* ~ exciter *v* inciter à *(inf);* provoquer à qc; 6. *(érzéket, testileg)* irriter; exciter; *nemileg* ~ exciter (sexuellement); 7. *(lelkileg)* exalter; stimuler; 8. *(érdekel, foglalkoztat)* intriguer; intéresser; chatouiller; *ez engem nem* ~ ça ne m'intéresse pas; je m'en fiche *biz*
izgatás 1. *orv: (érzéki)* irritation; excitation *f;* 2. *(lelki)* stimulation; exaltation *f;* 3. *vmire* ~ excitation *v* incitation *f* à qc *v* à *(és inf);vkinek az* ~*ára (rossz ért.)* à l'instigation de q; 4. *(tömegé)* agitation; provocation *f; államellenes* ~ excitation *v* menée *f* contre la sûreté de l'État
izgató [~k, ~t] I. *(mn)* 1. *(érdekes) ld:* **izgalmas;** 2. *orv:* irritant; stimulant; excitant, -e; 3. *(beszéd)* incendiaire; séditieux, -euse; II. *(fn)* 1. *(zavarra)* excitateur; agitateur, -trice; 2. *(jóra)* stimulateur; animateur, -trice
izgatottság saisissement *m;* énervement; affolement *m*
izgul [~tam, ~t, ~jon] *(vmi miatt)* se monter la tête; s'agiter; être excité(e) *v* agité(e) *(mind:* à cause de qc)
izig-vérig jusqu'au bout des ongles; jusqu'aux moelles
Izland [~ot] l'Islande *f*
ízlelőszerv l'organe *m* du goût
ízlés 1. *(érzékelés)* goût *m;* gustation *f;* 2. *átv:* goût; ~ *dolga* c'est (une) affaire de goût; *finom* ~ goût délicat *v* exquis *v* fin; *jó* ~ (bon) goût; bon genre; *rossz* ~ mauvais goût; ~*e szerint* à sa fantaisie; *jó* ~*e van* avoir du goût; avoir bon goût; *nincs* ~*e* manquer de goût
ízléses [~ek, ~et] de bon goût; fait(e) avec (bon) goût
ízléstelen sans goût; sans élégance; disgracieux, -euse
ízléstelenség manque *m* de goût; faute de *v* contre le goût; fadeur, insipidité *f*
ízletes savoureux, -euse; délicat, exquis; succulent, -e; ~ *hús* viande délicate *f*
ízletesség saveur; délicatesse; succulence *f*
ízlik [~ett] 1. flatter le goût; plaire *v* être agréable au goût; 2. *átv:* nem ~ déplaire à q; ne pas convenir à q *v* aux goûts de q
izmos [~ak, ~at; ~an] 1. nerveux; musculeux, -euse; robuste; 2. *(izommal ellátott)* musclé, -e; 3. *átv:* vigoureux, -euse
izmosodik [~tam, ~ott, ~jék *v* ~jon] 1. prendre du muscle *v* de la force; 2. *átv:* se consolider; s'affermir; prendre de la vigueur

izobár isobare, isobarique
izom [izmok, izmot, izma] muscle *m*
izomláz fièvre *v* douleur musculaire *f*
izomösszehúzódás contraction *f* du muscle
izomrost fibre musculaire; myofibrille *f*
izotóp isotope *m*
izraelita [-ák, -át] israélite *(n);* ~ *vallás* religion israélite *f*
íztelen fade; insipide; franc(he) de goût
ízű [~ek, ~t; ~en] d'un goût ...; ayant un goût *v* un parfum de ...
ízület articulation; jointure; attache *f*
ízületi [~ek, ~t] articulaire; ~ *baj v bántalom* maladie des articulations; arthropathie *f;* ~ *csúz* rhumatisme articulaire *v* polyarticulaire *m;* ~ *gyulladás* arthrite; polyarthrite *f*
izzad [~tam, ~t, ~jon] I. *(tgyl i)* 1. suer; transpirer; ~ *a lába* transpirer *v* suer des pieds; 2. ~ *vmin* suer sur qc; arroser qc de ses sueurs; 3. *(fal)* suinter; ressuer; II. *(tgy i)* 1. suer; *vért* ~ suer du sang; suer sang et eau; 2. *(váladékot)* sécréter; 3. *(pórusokon)* transsuder
izzadás sueur(s) *f (pl);* sudation; transpiration; suée *f*
izzadmány épanchement; exsudat *m*
izzadság sueur *f; csurog róla az* ~ être en nage; *folyt a homlokáról az* ~ l'eau lui coulait du front
izzadságcsepp goutte *v* perle *f* de sueur
izzé-porrá en miettes; en mille morceaux; ~ *törik* être réduit en miettes; se pulvériser; ~ *zúz* pulvériser
zzik [~ottam, ~ott, ~ék *v* ~on] être chauffé(e) à blanc
izzó [~k, ~t, ~ja] I. *(mn)* 1. porté(e) au rouge (vif); rouge; incandescent, -e; ~ *vas* fer rouge *v* ardent; 2. *átv:* ardent; brûlant, -e; *haragtól* ~ fumant(e) de colère; II. *(fn)* ampoule *f*
izzólámpa lampe *v* lanterne *f* à incandescence; ampoule *f*

J

j 1. **j** *(ejtsd: zsi)* m; 2. *nyelv:* yod m
jacht [~ok, ~ot, ~ja] yacht m
jácint [~ok, ~ot, ~ja] 1. *növ:* jacinthe f; 2. *ásv:* hyacinthe f
jaguár [~ok, ~t, ~ja] jaguar m
jaj! 1. ah! aïe! oh là-là! ô! ouf! ~ *nekem!* malheur de moi! misère de moi! ~ *neked, ha nem teszed meg* gare à toi, si tu ne le fais pas; 2. ~ *csak itt volna!* oh, s'il était là! 3. ~ *de sok*...; ~ *de nagy* ... oh que de ...; mince de...
jajgat hurler (de douleur); jeter v pousser des cris (de douleur)
jajgatás cris m pl (de douleur); hurlement m; *(panaszok)* lamentation f
jámbor [~ok, ~t] I. *(mn)* 1. *(vallásos)* pieux, -euse; dévot, -e; évangélique; 2. *(jó)* de bonne composition; placide; simple; ~ *óhaj* vœu platonique m; ~ *szándékkal* dans un esprit de sagesse; ~*nak teszi magát* faire le bon apôtre; 3. *inkább pej:* naïf, naïve; simple; bonasse; débonnaire; II. *(fn)* 1. *vall:* dévot, -e n; 2. naïf, -ïve n
jámborság 1. *vall:* piété f; 2. *(szelidség)* douceur; candeur; ingénuité; simplicité f (de cœur); 3. *pej:* naïveté; simplesse f
jambus ïambe m
jampec [~ek, ~et, ~e] *arg:* zazou, gigolo m
János [~ok, ~t, ~a] Jean m
január [~ok, ~t, ~ja] janvier m; ~*ban* au mois de janvier; en janvier
Japán [~t] le Japon; Nippon
japán [~ok, ~t] I. *(mn)* japonais, -e; nippon, -onne; ~ *porcelán* v *csésze* japon m; ~ *ujj* manches kimono f pl; II. *(fn)* *(ember)* Japonais; Nippon m
jár [~tam, ~t, ~jon] I. *(tgyl i)* 1. marcher; aller; se promener; cheminer; *bizonytalanul* ~ il a la démarche v l'allure hésitante; *gyalog* ~ aller à pied; *kezén* ~ marcher sur les mains; *lassan* ~*j, tovább érsz:* *festina lente;* qui va lentement, va loin; *(ruhában)* porter ...; s'habiller de ...; *feketében* ~ s'habiller de noir; être en noir; *(gyász miatt)* porter noir; *(járművön)* aller; prendre qc; *vajon merre* ~*?* qui sait où il est v où il se promène? *mindig egy* ~ *a fejében* avoir une pensée toujours présente à l'esprit; *iskolába* ~ aller à l'école; ~ *vkihez* fréquenter (chez) q; voir q; frayer avec q; *vkinél* ~ passer par chez q; *vmi után* ~ courir après qc; *vki után* ~ se mettre v courir après q; *vmi után* ~ s'occuper de qc; s'intéresser à qc; *utána* ~ *vminek* s'informer v se faire informer de qc; 2. *(keze, lába)* se remuer; s'agiter; *csak a szája* ~ il n'y a que sa langue qui parle; 3. *(jármű)* circuler; aller; *aut:* filer; *(gép, szerkezet)* marcher; fonctionner; 4. *(géprész)* marcher; jouer; 5. *kifelé* ~ *(ajtó, ablak)* s'ouvrir en dehors; 6. *átv:* ő *is úgy* ~*t* il était dans le même cas; *jól* ~*t* il a fait une bonne affaire; *(vele)* il s'en est bien trouvé; *rosszul* ~*t* il a fait une mauvaise affaire; *(vele)* il s'en est mal trouvé; *(baj érte)* il a eu un accident (fâcheux); 7. *mennyi* ~ *(ezért)?* c'est combien? combien vous dois-je? 8. *vmivel* ~ entraîner qc; être inhérent(e) à qc; s'accompagner de qc; *azzal* ~, *hogy* courir le risque de *(inf)*; *sok bajjal* ~ cela donne beaucoup de tracas; *nagy költséggel* ~ nécessiter une grande dépense; *ez a betegség lázzal* ~ cette maladie s'accompagne de fièvre; 9. *nyelv: vmivel* ~ gouverner v régir qc; vouloir qc; *ige, mely kötőmóddal* ~ verbe

járadék 426 **járt**

qui régit le subjonctif; 10. *(összegről, kötelezettségről)* être attribué(e) à qc; *jog:* a törvényben előírt büntetés ~ *érte (elkövetett büntettért)* encourir les peines portées par la loi; 11. *(időről) jó idő* ~ nous avons le beau temps; *az idő őszre* ~*t* on était vers l'automne; *hétre* ~ il est près de sept heures; *már 70 felé* ~ *il va v* marche sur ses 70 ans; 12. *ez már a csalás körül* ~ cela frôle l'escroquerie; **II.** *(tgy i)* 1. ~ *vmit (vidéket)* parcourir qc; faire le tour de qc; *a falvakat* ~*ja* il fait les villages; ~ *egyet* faire une promenade; 2. *most az a nóta* ~*ja, hogy* le refrain à la mode est; *az a hír* ~*ja, hogy* le bruit circule que; *nem* ~*ja, hogy* il n'est pas admissible *v* juste que *(subj)*
járadék [~ok, ~ot, ~a] 1. *kap:* rente *f;* állami ~ rente sur l'État; 2. *(fizetésszerű)* allocation *f*
járadékkölcsön constitution de rente; rente constituée; création *f* de rente
járadékkötvény obligation *f v* titre *m* de rente
járadékpapír rente *f;* titre *m* de rente
járandóság allocation; prestation; redevance *f*
járás 1. *(módja)* démarche; allure; marche *f;* pas; train *m; gyors v élénk* ~ allure vive; 2. *(menés)* marche; marcher *m; egy óra* ~*(nyi)ra* à une heure de marche; 3. *(gépé, óráé)* fonctionnement; mouvement *m;* marche; 4. *a csillagok* ~*a* le mouvement des astres; *a szelek* ~*a* le régime des vents; 5. *nem tudja itt a* ~*t* il ignore les aîtres de la maison; 6. *(közigazgatási)* arrondissement *m; (külföldön:)* district *m*
járásbíró juge *m* du tribunal d'arrondissement *v* de première instance
I. *(fn) járat* 1. *(közlekedési)* ligne *f;* service *m; új* ~*ot indít* mettre en service une nouvelle ligne; 2. *post:* courrier *m;* 3. *(földben, fában)* galerie *f;* 4. *mi* ~*ban vagy?* quel sujet *v* qu'est-ce qui t'amène?

II. *(ige) járat* 1. faire aller; *iskolába* ~ mettre à l'école; *rendesen* ~*ja a gyermekeit* elle habille proprement ses enfants; 2. *(gépet)* faire fonctionner; faire travailler; *(órát)* faire marcher; 3. ~*ja a száját* faire aller sa langue; 4. *(újságot)* être abonné(e) à qc; 5. *valamin* ~*ja az eszét* méditer qc
járatlan 1. ~ *út* chemin impratiqué; *átv:* sentier non battu; voie infrayée; 2. inexpérimenté, -e; peu versé(e); inexpert, -e
járatlanság inexpérience *f;* manque *m* d'expérience
járda [-ák, -át, -ája] trottoir *m*
járdasziget refuge *m*
járhatatlan impraticable
járkál [~tam, ~t, ~jon] 1. *(vhol)* se promener; flâner; déambuler; *az utcákon* ~ flâner dans les rues; *fel s alá* ~ faire les cents pas; *(tömeg)* passer et repasser; 2. *vki után* ~ courir après q; être toujours après q; 3. *mezítláb* ~ marcher pied nu
jármű véhicule; moyen *m* de locomotion *v* transport
járó [~k, ~t] 1. marchant, -e; ~ *beteg* malade consultant(e) *v* non alité(e); *jól* ~ *óra* horloge *f* qui marche bien; 2. ~ *mozgás* mouvement ambulatoire *m;* 3. *a január 1-től* ~ *kamatok* les intérêts courus du 1er janvier; 4. *vmivel* ~ inhérent(e) à qc
járóka [-ák, -át, -ája] parc à *v* pour bébé; baby-parc; box *m*
járókelő [~k, ~t] passant *m;* les allants et venants
járom [jármok, jármot, járma] joug *m;* ~*ba hajt* mettre sous le joug; *átv: egy népet jármába hajt* assujettir un peuple
járószalag *bány* lisière *f; átv:* ~*on tart v vezet* tenir en lisière; *vkinek a* ~*ján van* être à la remorque de q
járőr patrouille *f; (egy katona)* patrouilleur *m;* ~*be megy;* ~*ben van* aller en patrouille
járt [~ak, ~at] **I.** *(mn)* pratiqué; fréquenté, -e; ~ *út* chemin battu; *átv:* ~ *úton halad* suivre la voie de

jártas

tout le monde; II. *(fn)* 1. ~*ában* en marchant; 2. *idő* ~*ával* avec le temps

jártas [~ok, ~at; ~an] *(vmiben)* être au fait de qc; s'y connaître dans qc; versé(e) dans qc; *nagyon* ~ *a matematikában* savant(e) en mathématiques; très calé(e) en mathématiques *biz;* ~ *a szakmában* spécialisé(e) dans la partie

jártasság compétence; expérience; la pratique de qc

jártat 1. ~*ja az eszét vmin* ruminer qc; avoir qc en tête; 2. *csak* ~*ja a száját* il n'y a que sa langue qui marche

járul [~tam, ~t, ~jon] *(vmihez)* se joindre à qc; être accompagné(e) de qc; *ehhez* ~ à cela s'ajoute

járulék [~ok, ~ot, ~a] 1. accessoire *m;* séquelle *f;* 2. *(közös kiadásokra)* cotisation; quote-part; contribution *f* à qc

járvány 1. épidémie *f;* *(állatjárvány)* épizootie *f;* 2. *átv:* contagion *f*

járványfészek foyer *m* d'infection *v* de contagion

járványkórház hôpital *m* de contagieux

járványos [~ak, ~at] épidémique; contagieux, -euse; transmissible

jászol [jászlak, jászlat, jászla] 1. mangeoire *f;* râtelier *m;* 2. *bibl:* crèche *f*

jassz [~ok, ~ot, ~a] voyou; apache; escarpe; mauvais garçon

játék [~ok, ~ot, ~a] 1. jeu *m (zen. is);* *rossz* ~ ce n'est pas le jeu; *a* ~ *ördöge* le démon du jeu; ~*ból* par jeu; 2. *átv: ez már nem* ~ le jeu passe la raillerie; *a hullámok* ~*a* le jeu des vagues; 3. *sp:* débat *m;* *(teniszben)* jeu; game *m;* 4. *(játékszer)* jouet; joujou *m*

játékáru bimbeloterie *f*

játékbarlang tripot; brelan *m*

játékfilm film d'action; long métrage

játékgyáros bimbelotier *m*

játékkártya 1. carte *f* à jouer; 2. *(csomag)* jeu *m* (de cartes)

játékmackó ours *m* en peluche

játékmester maître *m* de jeu

játékóra récréation; heure *f* de (la) récréation

játékos [~ak, ~at; ~an] I. *(mn)* *(kedvű)* folâtre; folichon, -onne; ~ *gyermek* un enfant joueur; ~ *kedve van* être d'humeur joueuse; II. *(fn)* joueur, -euse *n;* *(csapatban)* équipier, -ière *n*

játékpénz jeton *m;* marque *f*

játékpisztoly pistolet *m* d'enfant

játékszabály règle *f* du jeu *(a füzet is);* *betartja a* ~*okat* jouer de rigueur

játékszenvedély la passion *v* le démon *v* l'esprit *m* du jeu

játékszer 1. jouet; joujou; bimbelot *m;* 2. *átv:* amusette *f;* jouet

játéktér 1. emplacement *m* pour jeux; 2. *sp:* terrain *v* court *m* de jeu

játéktudás technique *v* science *f* du jeu

játékvasút train jouet *m*

játékvezető 1. meneur de jeu; 2. *(szerencsejátékban)* croupier *m;* 3. *sp:* juge-arbitre *m*

játszik [~ottam, ~ott, játsszék *v* játsszon] 1. jouer *(játékot:* à qc); *bridzset* ~ jouer au bridge; *vkivel* ~ jouer avec q; *vki helyett* ~ tenir le jeu de q; *hamisan* ~ tricher (au jeu); corriger la fortune; *pénz nélkül* ~ jouer pour rien; *pénzben* ~ jouer de l'argent; ~, *mint a macska az egérrel* jouer comme chat avec souris; 2. *(mérkőzést)* disputer; jouer; 3. *(zenét)* jouer *(hangszeren:* de qc); *hegedűn* ~ jouer du violon; *érzéssel* ~ jouer avec sentiment; 4. *(zenekar)* scander; jouer; 5. ~ *a tőzsdén* jouer à la Bourse; *besszre* ~ jouer à la baisse; 6. *(színész)* jouer; *(darabot)* játsszák se jouer; être à l'affiche *v* programmé(e); *mit játszanak ma?* qu'est ce qu'on donne aujourd'hui? 7. *(színlel)* jouer à qc; faire qc; *játssza a parasztot* il joue au paysan; *játssza az urat* trancher du grand seigneur; 8. *(vmely darab)* se jouer; se passer; *a jelenet Rómában* ~ la scène se passe à Rome; 9. *(szín vmibe)* tirer sur le ...; *kékbe* ~ tirer sur le bleu; 10. *(vmivel, átv:)* jouer *v* s'amuser avec qc; ~ *a szavakkal* jouer sur les mots

játszma [-ák, -át, -ája] 1. partie *f;* *(több részből álló)* manche *f;* 2. *egy* ~ *kártya* un jeu de cartes
játszónadrág salopette *f; (gyereké)* barboteuse *f*
játszópajtás; játszótárs camarade *v* compagnon *m* de jeu; *(leány)* compagne *f* de jeu
java [-át] I. *(mn)* ~ *fiatalságában* dans sa belle jeunesse; ~ *része* la meilleure part *v* partie; II. *(fn)* 1. *(emberek között)* l'élite; la fleur; la crème; 2. *vminek a* ~ le meilleur *v* le plus clair *v* la meilleur partie de qc; *(nagyobb része)* le gros de qc; *most jön a* ~ voici qui est mieux; *élete -át* la plus belle *v* grande partie de sa vie; 3. *(üdv) a haza* ~ *le salut v* le bien de la patrie; *én csak a -át akarom* c'est pour son bien
javába(n) en train de *(inf);* à qui mieux mieux; ~ *dolgozik* être à pied-d'œuvre; ~ *folyik* être en cours; battre son plein
javadalmaz [~tam, ~ott, ~zon] doter; *(állást)* rétribuer
javadalom [-lmak, -lmat, -lma] 1. *(fizetés)* allocation *f;* traitement *m;* 2. *(egyházi)* prébende *f*
javak [~at, javai] les biens; la richesse de ...
javára 1. *vkinek v vminek* ~ pour le bien *v* au profit *v* à l'avantage *v* au bénéfice de q *v* de qc; *vkinek a* ~ *dönti el a pert* donner gain de cause à q; *ez csak* ~ *lesz v van* c'est pour son bien; cela lui profitera; 2. *vki* ~ *fizet* payer à la décharge de q; ~ *ír (összeget)* porter à *v* au crédit *v* à l'actif du compte de q; créditer q de qc; *átv:* ~ *ír* mettre sur le compte *v* à l'actif de q
javasasszony rebouteuse; renoueuse; guérisseuse *f*
javaslat proposition *f;* projet *m;* suggestion *f; (ülésben)* motion *f;* ~*ot tesz* déposer une motion; ~*ot tesz vmire* proposer qc
javasol [~tam, ~t, ~jon] proposer; demander; faire la proposition de *(inf);* émettre le vœu que

javít [~ottam, ~ott, ~son] I. *(tgy i)* 1. réparer; améliorer; retaper *biz;* 2. *(gépet, szerkezetet)* réparer; remettre en état; 3. *(ruhát, edényt)* raccommoder; réparer; ravauder; 4. *(dolgozatot)* corriger; *(szöveget)* amender; 5. *(erkölcsileg)* améliorer; corriger; II. *(tgyl i)* 1. ~ *vmin* corriger qc; réparer qc; 2. *(tanuló)* faire des progrès
javítás 1. amélioration *f;* 2. *(tárgyon)* réparation; réfection *f;* 3. *(módszeré, eljárásé)* perfectionnement *m;* 4. *(javaslaton, terven)* amendement *m;* 5. *(szövegen)* correction *f; (isk. dolgozat)* (devoir) corrigé *m;* 6. *(helyreigazítás)* correctif *m;* mise *f* au point; 7. *(erkölcsi)* amélioration *f;* relèvement *m;* éducation *f*
javíthatatlan 1. inaméliorable; irréparable; qui ne peut être réparé(e); 2. *(sérülés)* irréductible; *(betegség)* incurable; 3. *(baj)* irrémédiable; irréparable; 4. *(erkölcsileg)* incurable; incorrigible; 5. *(ember)* incorrigible; impénitent, -e
javító [~k, ~t; ~an] ~ *nevelés (bűnöző stb. gyermekeké)* rééducation *f*
javítóintézet pénitencier *m;* maison *f* de correction
javítóműhely atelier *m* de réparations *v* d'entretien
jávorfa érable *m*
javul [~tam, ~t, ~jon] 1. *(állapot)* s'améliorer; 2. *(egészségileg)* se remettre; se rétablir; *(egészség)* s'améliorer; 3. *sp:* remonter; 4. *(erkölcsileg)* s'amender; se corriger
javulás 1. *(helyzeté, egészségé)* amélioration *f;* semmi ~? aucun mieux? *a* ~ *útján van* être en voie de guérison *v* d'amélioration; être en convalescence; ~*t kívánok* je vous souhaite une meilleure santé; 2. *az idő* ~*a* une évolution favorable du temps; 3. *(erkölcsi)* relèvement; amendement *m*
jázmin [~ok, ~t, ~ja] 1. jasmin *m;* 2. *kerti* ~ syringa *m*
jég [jegek, jeget, jege] 1. glace *f; a* ~ *olvad* la glace fond *v* se dissoud;

~be hűt frapper (de glace); **~be** hűtött pezsgő champagne frappé; **~gé fagy** se glacer; 2. *a ~ ld:* **jégpálya;** 3. *átv: a ~ hátán is megél* c'est un homme de ressource; *megtört a ~* la glace se trouva rompue; *~re visz* attraper; rouler *biz;* 4. *(jégeső)* grêle *f; ~ esik* il tombe de la grêle; il grêle

jégbarlang grotte *f* de glace

jégcsap stalactite (de glace); aiguille *v* chandelle *f* de glace

jegecesedik [~ett, ~jék *v* ~jen] (se) cristalliser; se candir

jegel [~tem, ~t, ~jen] glacer; frapper de glace; *(ételt)* frigorifier

jegenye [-ék, -ét, -éje] *~ (nyárfa)* peuplier (pyramidal *v* d'Italie)

jegenyefenyő sapin *m*

jegenyesor rideau *m v* allée *f* de peupliers

jeges [~ek, ~et; ~en] I. *(mn)* 1. glacé, -e; à la glace; frappé, -e; *~ borogatás* compresse *f* à la glace; *~ gyümöcshab* neige *f; ~ szél* vent glacial *v* glaçant; 2. *~ fogadtatás* accueil glacial *v* glaçant; II. *(fn)* marchand(e) *v* fournisseur de glace

jegeskávé café glacé

jegesmedve ours blanc *v* polaire

jégeső grêle *f;* orage *m* de grêle; chute *f* de grêle

jéggyár usine *f* de *v* à la glace; fabrique *f* de glace

jéghegy iceberg *m;* montagne *f* de glace

jéghideg froid(e) comme la glace; glacé; glaçant, -e

jéghoki hockey *m* sur glace

jégkár les méfaits de la grêle; les dégâts causés par la grêle

jégkéreg couche *v* croûte *f* de glace; *vékony ~* pellicule *f* de glace

jégkocka cube *m* de glace

jégkorongjáték; jégkorongozás hockey *m* (sur glace)

jégkorszak *geol:* époque *v* période glaciaire *f;* âge *m* de glace

jégmadár martin-pêcheur (alcyon); drapier *m*

jégmező 1. mer *f* de glace; 2. *(tengeri)* banquise *f*

jégpálya piste *v* arène de patinage; patinoire *f*

jégpáncél manteau *m* de glace

jégréteg couche *f* de glace; *geol:* banquise *f*

jégszekrény glacière *f;* meuble glacière *m;* armoire-glacière *v* frigorifique *f*

jégtábla glaçon *m; úszó ~* glace flottante; *-ák úsznak a Dunán* le Danube charrie (des glaçons)

jégtorlasz barrage *m v* barricade *f* de glace; embâcle *m*

jégtörő brise-glace *m; (hídon így is)* avant-bec *m*

jégverem glacière *f* (d'emmagasinement); *biz: ez (a szoba) valóságos ~* c'est une glacière

jégvirág fleur d'hiver *v* givrée *v* de givre

jegy [~ek, ~et, ~e] 1. *(jelölő, megkülönböztető)* signe *m;* marque *f;* indice *m; (belesütött)* marque; *jeggyel megjelöl* marquer de qc; *eltörölhetetlen ~et nyomott rá* cela l'a marqué d'une empreinte ineffaçable; *vminek a ~ében áll* être sous le signe de qc; 2. *vall: (szentségeké)* caractère *m;* 3. *(bűné)* stigmate *m;* 4. *(ragasztott)* étiquette *f;* 5. *vegy:* symbole *m;* 6. *(bárca)* billet; ticket *m; (szelvény)* coupon *m; ~ek válthatók* (bureau de) location ...; *felmutatja ~ét* présenter son billet; *a ~eket kérem* vos billets s'il vous plaît; *~et vált* payer sa place; prendre un billet *(Párizsba:* pour Paris); 7. *(pénztári, vásárlási)* bon; ticket *m; ~re vásárol* acheter contre des tickets *v* au marché rationné; 8. *isk:* note *f;* point *m;* 9. *~ben jár vkivel* il va se fiancer avec q

jegybank banque *f v* institut *m* d'émission

jegyelővétel location *f*

jegyes 1. fiancé; promis *m;* 2. *(leány)* fiancée; promise *f*

jegyespár les fiancés

jegyez [~tem, jegy(e)zett, ~zen] 1. prendre des notes; noter *(noteszébe:* sur son calepin *v* agenda); 2. *céget ~*

signer pour la raison; 3. *(kötvényt, részvényt kibocsátáskor)* souscrire qc; *(tőzsdén)* coter
jegygyűrű alliance *f;* anneau *m* de fiançailles *v* de mariage
jegypénztár guichet; bureau *m*
jegyszedő placeur; ouvreur; contrôleur *m*
jegyzék [~ek, ~et, ~e] 1. *(lista)* liste *f;* rôle *m;* 2. *(kimutatás)* bordereau; relevé; état (indicatif); 3. *jog:* description *f;* 4. *(könyvekről, gyűjteményről)* catalogue; répertoire *m;* 5. *(nyilvántartási)* registre *m;* felveszi a ~be porter *v* mettre sur la liste; vmit ~be foglal faire le relevé de qc; szerepel a ~ben être inscrit(e) *v* figurer sur la liste; être sur l'état; ~et ad az átvett tárgyakról donner la liste des objets pris en livraison; ~et készít établir *v* dresser *v* faire la liste de (...); ~et vezet tenir le registre; ~et vezet vmiről tenir registre de qc; 6. *dipl:* note *f; (aláíratlan)* note verbale; ~et intéz vkihez adresser une note à q; ~et vált échanger des notes
jegyzés 1. notation *f;* 2. *(megjegyzés)* note marginale; annotation *f;* 3. *(részvényé, kibocsátáskor)* souscription *f;* 4. *(tőzsdei)* cote *f*
jegyzet 1. note; remarque; observation; annotation; notule *f; (lapszélen v lap alján néha)* apostille *f;* ~ben en note; ~eket fűz a törvényekhez gloser sur les lois; ~eket ír egy könyvhöz annoter *v* commenter un livre; ~ekkel ellát annoter; 2. *(írott)* ~ek notes *f pl; (tanulóé)* cahier *m* de brouillons; sokszorosított ~ cours polycopié
jegyzetblokk bloc-notes; block-notes *m*
jegyzetfüzet *isk:* cahier *m* de notes *v* de brouillons
jegyző [~k, ~t, ~je] 1. *(gyülekezetben)* secrétaire greffier; rédacteur *m* du procès-verbal; *(bírósági)* greffier *m;* 2. *(kölcsöné)* souscripteur *m* (à qc)
jegyzőkönyv 1. procès-verbal *m;* ~be foglal *v* vesz porter au procès-verbal; *(tárgyakat)* dresser un état de qc; ~be vétet vmit demander acte de qc; ~et vesz fel dresser un procès-verbal; 2. *dipl:* protocole *m;* 3. *(feljegyzéseknek)* bloc-notes *m;* 4. mémento; agenda *m*
jegyzőkönyvvezető rédacteur de procès-verbal
jel [~ek, ~et *v* ~t, ~e] 1. signe; indice *m; jó* ~ bon signe; indice favorable; *ez rossz* ~ c'est un signe de mauvais augure; *minden* ~ *arra mutat, hogy* tout indique *v* semble indiquer que; 2. *(érzékelhető)* marque; empreinte *f;* 3. *mat:* signe; symbole *m;* plusz-~ signe plus; 4. *vegy:* symbole *m;* 5. *(irattári, könyvtári)* cote *f;* 6. *vill:* nom *m;* 7. *zen:* accident *m;* 8. *nyelv: (hangé)* signe graphique; *(jelentéstani)* sème *m;* 9. *(betegségé)* symptôme *m;* 10. *(távközlési)* signal; 11. *az első* ~re dès la première alerte; ~t *ad* faire un signal; ~t *ad vmire* donner le signal de qc *v* de *(inf);* 12. *(mozdulat)* geste *m;* 13. *átv:* szeretetének ~e marque d'affection *v* de tendresse; ~ét adja vminek donner une marque *v* des marques de ... *(pl:* d'amitié); vminek ~éül en témoignage de ...; *a gyász* ~éül en signe de deuil
jeladás signal *m;* signalisation *f;* appel *m*
jelbeszéd langage *m* par gestes *v* du geste
jelen [~t] I. *(mn)* 1. présent, -e; actuel, -elle; *jelen!* présent! *a* ~ *esetben* dans le cas présent; en l'espèce; ~ *van vhol* assister à qc; être présent(e) (quelque part); ~ *voltak az ünnepségen* ont assisté à la cérémonie ...; *nincs* ~ être absent(e); 2. *nyelv:* ~ *idő* (temps) présent *m;* II. *(fn)* présent *m; a* ~*ben a)* au présent; *b)* à l'heure actuelle
jelenés 1. *szính:* scène; entrée *f;* 2. apparition; vision *f;* fantôme *m*
jelenet 1. scène *f;* 2. *átv:* ~eket csinál faire des scènes *v* des drames; 3. *irod, film: (darab)* sketch *m;* 4. *film:* séquence *f*

jelenkor 1. temps présent; *a ~ története* l'histoire contemporaine; **2.** *geol:* période quaternaire *f*
jelenkori 1. contemporain, -e; **2.** *geol:* holocène
jelenleg à l'heure actuelle; actuellement; pour le moment
jelenlegi 1. d'à présent; actuel, -elle; *a ~ körülmények között* dans la situation actuelle; **2.** *(hatóságról)* en exercice
jelenlét présence *f; vki ~ében* en présence de...; *(hivatalos)* par-devant q
jelenlevő assistant(e) *n; a ~k* l'assistance *f;* les assistants
jelenség 1. *(tünet)* phénomène; symptôme; événement *m;* **2.** *(ember)* apparition *f;* **3.** *fil:* phénomène
jelent [~ettem, ~ett, ~sen] **1.** *(vkinek)* annoncer; faire connaître; *(hivatalosan)* rapporter; notifier; *(hírt)* annoncer; *(előre)* présager; *(hatóságnak) ~i a bajt* alerter q; *örömmel ~i* il a la joie d'annoncer; *~eni fogom a főnöknek* j'en référerai au chef; **2.** *(vmi)* vouloir dire; signifier; marquer qc; *ez azt ~i, hogy* autant dire que; autant vaut *v* vaudrait *(inf); ez nem ~ semmit* cela ne dit rien; *mit ~sen ez?* qu'est-ce à dire? qu'est-ce que cela veut dire?
jelentékeny [~ek, ~et] **1.** *(nagy)* important, -e; considérable; *~ összeg* somme importante; *~ részt vesz vmiben* prendre une part notable *v* prépondérante à qc; *~ ügy* affaire importante; **2.** *(kiváló)* considérable; insigne; notoire; *ez ~ cela est de conséquence; ~ ember* personne *f* de marque
jelentéktelen [~ek, ~t] insignifiant, -e; futile; peu intéressant(e); sans conséquence; *~ dolog* affaire *f* de rien; *~ okok* raisons futiles *f pl; ~ összeg* somme modique *f; ~ részlet* détail infime *m*
jelentés 1. rapport *m;* relation *f;* compte rendu *m; (hivatalos közlés)* notification *f; (hadi)* communiqué *m; meteorológiai ~* bulletin météorologique *m;* *orvosi ~* bulletin; *~t készít vmiről* établir un rapport sur qc; *~t tesz vmiről* référer de qc; faire un rapport de qc; **2.** *(dologé)* signification *f;* sens *m;* **3.** *(szóé)* signification *f;* sens *m;* acception *f; első ~* acception primordiale; *második ~ (szóé)* signification dérivée; *valódi ~* acception propre
jelentésátvitel *nyelv:* déplacement *m;* métalepse *f*
jelentéstan *nyelv:* sémantique; sémasiologie *f*
jelentésváltozás changement sémantique *m;* métasémie *f*
jelentkezés 1. *(hatóságnál)* présentation *f* de ses papiers; *(de inkább igével:)* se présenter; *(bíróságon)* comparution *f;* nem ~ esetén à défaut de comparution; **2.** *(katonáé, igével:)* se présenter au rapport; **3.** *(tagnak)* adhésion; demande *f* d'admission; **4.** *(igénylőké)* demande; inscription *f; (ajánlattevőké)* offre *f;* **5.** *(jelenségé)* manifestation; apparition *f*
jelentkezik [~tem, ~ett, ~zék *v* ~zen] **1.** *(hatóságnál)* se présenter; *(tettes)* se constituer prisonnier; **2.** *(bíróságon)* comparaître; **3.** *(katona)* se présenter au rapport; **4.** *(jelenség)* se manifester; faire apparition; *(betegség)* se déclarer
jelentős [~ek, ~et] significatif, -ive; important, -e; *rendkívül ~* lourd(e) de signification; *~ haladást tesz* faire des progrès sensibles
jelentőség importance; portée; signification; notabilité *f; ebben van a ~e* c'est là qu'il trouve sa raison d'être; *nincs ~e* ne pas être de conséquence; *a dolgoknak túlzott ~et tulajdonit* exagérer l'importance de qc
jelentőségű [~ek, ~t] *csekély v kisebb ~* de peu d'intérêt; *nagy ~* d'une *v* de haute portée
jeles [~et] **1.** distingué; éminent, -e; remarquable; notable; **2.** *~ előmenetel* mention très bien *f*
jelesen *isk: ~felel* recevoir une bonne note
jelez [~tem, jelzett, ~zen] **1.** signaler *v* indiquer à q; faire signe à; **2.** *(ké-*

szülék) détecter; 3. (előre) présager; annoncer; 4. (vmivel) marquer de qc; (térképen) figurer par qc
jelfogó relais *m*
jelige devise *f*
jeligés levélben küld envoyer sous chiffre
jelkép symbole *m;* figure *f;* emblème; attribut *m;* ~pel ábrázolt figuré, -e
jelképes 1. symbolique; figuré, -e; figuratif, -ive; ~ beszéd langage *m* d'action *v* des signes; 2. vall, mat: figuratif, -ive
jelleg [~ek, ~et, ~e] caratère(s) *m* (pl); qualité *f;* caractéristiques *f* pl.; accent *m;* propriété *f; a folyók* ~e la physionomie des rivières; vmilyen ~et kölcsönöz v ad imprimer *v* conférer un caractère à qc; vminek a ~ét ölti revêtir l'aspect de qc
jellegzetes [~ek, ~et] caractéristique; (nettement) caractérisé(e); marquant; représentatif, -ive; irod: ~ alak personnage bien typé
jellem [~ek, ~et, ~e] caractère; naturel *m;* nature *f;* tempérament *m;* igazi ~ avoir du caractère
jellemábrázolás analyse *v* peinture *f* des caractères
jellemes [~ek, ~et; ~en] probe; de toute probité; intègre
jellemez [~tem, jellemzett, ~zen] 1. (vki) caractériser; analyser; 2. (értékelve) qualifier; 3. (vmi) caractériser; marquer; (kor, környezet szerint) situer; az a könnyedség, amely mindig ~te cette facilité qui a toujours été la sienne
jellemgyengeség faiblesse *f* de caractère
jellemkép portrait *m*
jellemkomikum comique *m* de caractère
jellemrajz analyse *f* du caractère; portrait *m*
jellemtelen 1. sans caractère; indigne; 2. (dologról) dépourvu(e) de (tout) caractère; sans physionomie
jellemvonás trait de caractère; trait caractéristique *v* distinctif; marque *f; legfőbb* ~ le trait majeur
jellemző [~k *v* ~ek, ~t] I. (mn) caractéristique (vkire: de q); repré-sentatif, -ive; symptomatique; typique; révélateur, -trice; *vmire* ~ caractéristique de qc; particulier à qc; *ez* ~ c'est typique; ~ *vonás* trait distinctif *v* caractéristique; II. (fn) trait caractéristique *v* distinctif; caractéristique *f*
jelmagyarázat légende *f;* renvois *m pl*
jelmez [~ek, ~t, ~e] costume; travesti; déguisement *m*
jelmezbál bal costumé *v* travesti
jelmezkölcsönző costumier *m;* loueur (-euse) de costumes
jelmondat 1. devise; épigraphe *f;* 2. (érmen) exergue *m*
jelöl [~tem, ~t, ~jön] 1. (vmit vmivel) désigner *v* représenter qc par qc; (jellel) marquer de *v* par qc; (térképen) figurer par qc; 2. mat: ~ vmivel représenter par qc; plusz-jellel ~ marquer du signe plus; 3. (írásban hangot) noter; transcrire par qc; 4. (vkit) désigner; désigner comme candidat; 5. repérer
jelölés 1. (vmivel való) représentation *f* (par qc); 2. (jellel) marquage *m;* 3. (írásjelekkel) notation *f;* (hangé írásban) transcription *f;* 4. (vminek a ~e) indication *f;* 5. désignation *v* candidature (à qc); nomination *f*
jelölt [~ek, ~et, ~je] candidat; aspirant, -e *n;* ~ként fellép poser sa candidature
jelszó 1. mot d'ordre; consigne *f;* (az őrségé) mot du guet; 2. (jelmondat) devise *f;* slogan *m pej;* üres -szavak phrases (creuses)
jeltelen 1. sans marque; sans indication; 2. anonyme
jelvény insigne *m;* signe distinctif; emblème *m*
jelzálog hypothèque *f;* ~ot töröl purger une hypothèque; ~gal megterhel grever d'hypothèque; hypothéquer
jelzáloghitel crédit foncier hypothécaire
jelzálogkölcsön emprunt hypothécaire *m*
jelzáloglevél titre *v* effet immobilier
jelzálogteher créance hypothécaire *f* (qui pèse sur qc)

jelzés 1. *(tárgyon)* marque *f;* indicatif *m;* **2.** *(arany-, ezüsttárgyon)* poinçon; symbole *m;* **3.** *(helyé)* repère *m;* **4.** *(fehérneműé)* marque; **5.** *(könyvtári)* cote *f;* **6.** *zen: (dinamikai)* nuance *f;* **7.** *(műszerrel)* détection *f;* **8.** *(hang~, fény~)* signal *m;* signalisation *f;* **9.** *(előre)* avertissement *v* préavis (relatif à qc)
jelzett [~et; ~en] **1.** *a* ~ indiqué(e) *v* mentionné(e) ci-dessus; **2.** ~ *ár* prix marqué; *a* ~ *napon* au jour convenu
jelző [~k, ~t, ~je] **1.** *nyelv:* attribut; (adjectif) qualificatif; **2.** signal *m*
jelzőberendezés 1. dispositif *m* de signalisation; **2.** *vasúti* ~ bloc *m;* **3.** *haj, rep:* balisement; dispositif *m* de balisage; *rep:* rampe *f* de balisage; **4.** *vill: (jelfogós)* relais *m*
jelzői *nyelv:* attributif; épithétique
jelzőkürt *aut:* avertisseur; klaxon *m;* trompe *f*
jelzőlámpa 1. lampe-avertisseuse; lampe-signal *f;* *(járművön állandóan égő)* feux *m pl* de position; **2.** *haj, rep:* lampe *f* de balise; **3.** *(kapcsolótáblai)* lampe témoin; *(kicsi)* voyant *m*
jelzőoszlop poteau indicateur *v* de signalisation
jelzőszám index *m;* *(térképészeti)* cote *f*
jelzőtábla plaque indicatrice *v* indicative; *(utat jelző)* poteau indicateur *v* de signalisation (de route)
jelzőtinta encre indélébile *v* à *v* pour marquer le linge; ponce *f*
jelzőzászló fanion (indicateur) *m*
Jenő [~k, ~t, ~je] Eugène *m*
jérce [-ék, -ét, -éje] poulette; poularde *f*
Jézus Jésus; ~ *Krisztus* le Christ; Jésus-Christ
jezsuita [-ák, -át] **I.** *(mn)* des jésuites; jésuite; jésuitique; ignacien, -enne; ~ *módon* jésuitiquement; ~ *modor v simaság* douceur jésuitique *f; a ~rend* la Compagnie de Jésus; **II.** *(fn)* jésuite; ignacien *m*
jó [~k, ~t] **I.** *(mn)* **1.** bon, bonne; *nem jó* cela ne vaut rien; *jó!* c'est bien! bon! *nagyon jó!* (c'est) parfait!

28 Magyar–Francia kézi

hát jó! soit! *se jó, se rossz* tant bon(ne) que mauvais(e); **2.** *jó (inf)* il est bon de *(inf);* *ezt jó tudni* c'est bon à savoir; **3.** *(kifejezésekben:)* **vmiben:** *ebben van valami jó* cela a du bon; *mindenben van valami jó* à quelque chose malheur est bon; **vkihez:** *jó vkihez* être bon(ne) pour q; **vkinek:** *nem jó neki (árt)* cela ne lui vaut rien; *ez jó nekem* cela me va; **vminek:** servir de qc; réussir pour qc; *jó lesz katonának* il fera un bon soldat *v* militaire; **vmire:** servir à; bon(ne) à; propre à; *mire jó ez?* à quoi (est-ce que) cela sert? *(helytelenítve)* à quoi bon? *ez semmire se jó* cela ne sert à rien; cela ne mène à rien; *(mellékmondattal:) jó ha az ember...* c'est une bonne chose que de *(inf); minden jó, ha a vége jó* tout est bien qui finit bien; **4.** *(ragos kifejezésekben:) jónak lát* trouver bon (de *és inf); juger* à propos *v* juger bon de *(inf);* il croit devoir *(inf); amint jónak látja* comme il vous plaira; à votre aise! comme bon vous semble; *tegyen, ahogy jónak látja* faites comme vous l'entendrez; *jónak talál* admettre; *jónak tart* juger à propos; **5.** *(jelzős szerkezetben; többnyire a főnévnél keresendő) jó alak* bon type; *jó barát* ami de cœur; *jó családból való* avoir un *v* du nom; *,,jó családból való fiú"* fils de famille; *jó dolga van* être bien traité(e); vivre comme coq en pâte; *jó éjszakát* bonne nuit! *jó ember* un homme bon; c'est une bonne pâte d'homme; *jó emberek* les bonnes gens; *jó estét!* bonsoir! *jó fiú* bon garçon; bon diable; *jó a hallása* avoir l'oreille juste; *jó lelkek* âmes charitables *f pl; jó modor* l'usage du monde; le bon ton; *jó munkás* bon ouvrier; *jó napot* bonjour (Monsieur)! *jó napot kíván* souhaiter le bonjour; *ennek az embernek vannak jó és rossz tulajdonságai* il y a du bon et du mauvais dans cet homme; *az ügy jó úton van* l'affaire est en (bon) train; **6.** *(szelíd)* sage;

bon, bonne; *jó leszek (gyerek, stb.)* je serai sage; *olyan jó, mint egy falat kenyér* être bon comme du bon pain; **7.** *(jókora) jó darabig vártam* j'ai attendu un bon moment; *jó idő óta* depuis assez longtemps; *egy jó mérföld* une grosse lieue; *egy jó óra* une bonne heure; **II.** *(hat)* très; assez; *jó előre látja a veszélyt* prévoir le danger de loin; *jó sok nehézség* pas mal de difficultés; **III.** *(fn)* **1.** le bien; *nagy jó* un grand bien; *jóban van vkivel* être bien *v* en bons termes avec q; *nincs jóban vkivel* être en délicatesse avec q; *jóból is megárt a sok* en tout, le trop ne vaut rien; *nem sok jóra tanítja* il ne lui apprend rien de bon; *csak jót akart* il croyait bien faire; *minden jót kívánok* je vous souhaite toutes sortes de prospérités; *jót mond vkiről* parler de q en bien *v* en bons termes; *jókat mond* il en dit de bonnes; *jót tesz (vkivel)* faire du bien (à q); faire acte de charité; *sok jót tesz* répandre des bienfaits; *jót tesz vminek* v *vkinek (vmi)* faire du bien à q *v* à qc; *semmi jót nem vár* n'attendre rien de bon; **2.** *a jók és a rosszak* les bons et les méchants
jóakarat bonne volonté; bienveillance *f; megvan benne a ~* il ne manque pas de bonne volonté; *a legnagyobb ~tal* avec la meilleure bonne volonté
I. jobb [~ak, ~at] **I.** *(mn)* **1.** meilleur, -e; de meilleure qualité; mieux; *~ napokat látott* il a connu de meilleurs jours; *~ sors* mieux-être *m; ~ sorsra érdemes* il a bien mérité un meilleur sort; *~ nem is lehetne* il n'y a rien de mieux; *nincs ~* il n'y a rien de tel; *egyre ~ lesz* s'améliorer; **2.** *(összehasonlítva:) nincs ~ (dolog), mint* il n'est rien de tel que (de *és inf); ~ mint tavaly* il est mieux que l'année dernière; *~, ha* il fait meilleur de *(inf);* **3.** *(szembeállítva más melléknévvel:)* plus bon (-ne); *~, mintsem igazságos* il est plus bon que juste; **4.** *(mellékmondattal:) ~, ha nem beszélnek róla* mieux vaut ne pas en parler; *~ volna ha il ferait mieux si v de (inf);* **5.** *(főn. igenévvel:) ~ hallgatni, mint beszélni* il vaut mieux *v* mieux vaut se taire que de parler; **6.** *(egyéb szólások:) ~nak látja (inf)* préférer *(inf);* juger à propos de *(inf); ~nál-jobb* (tous) meilleurs les uns que les autres; *~ra fordul* s'améliorer; *jobb későn, mint soha* mieux vaut tard que jamais; **II.** *(fn)* **1.** *a ~* le mieux; *~ híján* faute de mieux; *~at gondol* se raviser; **2.** *a nemzet ~jai* les meilleurs fils de la nation
II. jobb I. *(mn)* droit, -e; *~ kar* bras droit; *~ kéz* (main) droite *f; átv: ~ keze vkinek* être le bras droit de q; *~ kéz felől* à main droite; *~ra* à droite; à sa droite; *~ra fordul* prendre à droite; *~ra tart* tenir la *v* sa droite *v* à droite; *~ra tér* prendre à droite; *~ról* du côté droit; **II.** *(fn)* droite *f; ~ján* à sa droite; sur sa droite
jobbágy [~ok, ~ot, ~a] serf; manant; vilain *m*
jobbágyfelkelés émeute *v* révolte *f v* soulèvement *m* des paysans
jobbágyföld terre serve
jobbágyi [~ak, ~t] servile; de serf; questal, -e
jobbágyság 1. les serfs; **2.** *(mint állapot)* condition serve; servage *m*
jobban 1. mieux; *még ~* davantage; de plus belle; *mindig ~* de mieux en mieux; *mindent ~ akar tudni* quand on dit blanc, il dit noir; *~ jár, ha* vous ferez mieux de *(inf); ~ mondva* disons mieux; que dis-je? *vagy ~ mondva* ou plus exactement; *~ szeret* préférer; aimer mieux; *~ van* il va *v* se porte mieux; il est mieux; **2.** *annál ~* d'autant mieux *v* plus
jobbfedezet *futb:* demi-droit *m*
jobbhátvéd *futb:* arrière droit
jobbkezes droitier, -ière *(n)*
jobbkor; *soha ~* vous tombez bien; cela tombe à merveille *v* à pic
jobbközép interdroit; centre-droit intermédiaire *m*

jobblétre *szenderül* s'éteindre; expirer
jobboldal côté droit *m;* droite *f*
jobboldali *elhajlás* déviation *f* de droite; *a ~ lapok, pártok* les journaux, les partis de droite
jobbösszekötő *futb:* interdroit; intérieur droit
jobbpart rive droite
jobbrafordulás amélioration *f;* heureux revirement dans qc
jobbszárny aile droite; *egy hadsereg ~a* la droite d'une armée
jód [~ok, ~ot, ~ja] iode *m*
jódtinktúra *orv:* teinture *f* d'iode
jóformán pour ainsi dire; à vrai dire
jog [~ok, ~ot, ~a] 1. droit *m; ~ vmire* droit à qc; faculté *f* de *(inf); ~* qualité *f* pour *(inf); ~ szerint* de droit; de par la loi; *~ szerinti* légitime; juridique; *minden ~ fenntartva* tous droits réservés; *~a van vmihez* avoir droit à qc; avoir qualité pour *(inf); ~ában áll* c'est son (bon) droit; il est dans son droit; il lui est loisible de *(inf); vminek ~án lép fel* agir du chef de qc; *mi* v *minő ~on?* de quel droit? en vertu de quel droit? *fenntartja a ~át* se prévaloir de son droit; *~ot formál vmire* prétendre à qc; formuler un droit à qc; *~ot gyakorol* exercer un droit; *érvényesíti ~ait* faire valoir ses titres; *vkinek ~ait sérti* porter atteinte aux droits de q; *~gal* à bon droit; à juste titre; *~gal vagy jogtalanul* à tort ou à raison; *~gal feltételezhető, hogy* il est permis de croire que; 2. *(tudomány)* droit *m;* jurisprudence *f*
jogalany personne civile *f* v sujet *m* de droit
jogalap fondement juridique; point de droit; titre *m*
jogalkotás législation *f*
jogállás statut juridique *m*
jogar [~ok, ~t, ~a] sceptre *m*
jogász [~ok, ~t, ~a] 1. *(bíró, stb.)* jurisconsulte; homme *m* de loi; 2. *(tudós)* juriste *m;* 3. *(hallgató)* étudiant(e) *n* en droit
jogátruházás transfert v transport *m* de droit

jogbitorlás usurpation *f*
jogbiztonság sécurité légale
jogcím titre (constitutif) *m; vmire ~e van* avoir des titres à qc; *vmi ~en* du chef de qc
jogcselekmény acte juridique; acte *m* de droit
jogegyenlőség égalité *f* en droit *v* des droits
jogellenes illégal, -e; injuste
jogelv principe de droit *v* juridique *m*
jogerő vigueur (légale); *~ hatálya* autorité *f* de la chose jugée; *~re emelkedik* passer en force de chose jugée
jogerős avoir force de chose jugée; définitif, -ive; exécutoire; *~ döntés* décision sans appel
jogérvény validité *f*
jogérzet le sens de la justice *v* du droit
jogeset cas litigieux; litige *m*
jogfeladás renonciation *f;* désistement *m*
jogfenntartás réserve *f;* acte conservatoire *m*
jogfolytonosság continuité juridique *v* légale
jogforrás source *f* de droit
jogfosztás privation de droit; spoliation (juridique) *f*
joggyakorlat jurisprudence *f;* pratique judiciaire
joghatály effet juridique *m;* validité *f*
joghátrány préjudice légal; déchéance juridique *f*
jogi [~ak, ~t] de droit; juridique; *~ cselekvőképesség* capacité juridique *f; ~ cselekvőképtelenség* incapacité (juridique) *f; ~ elv* principe *m* de droit; *~ helyzet* condition juridique *f;* situation légale; régime *m; ~ kar* faculté *f* de droit; *~ képviselet* représentation *f* en justice; ministère *m* (d'un avoué); *~ kérdés* point *m* v question *f* de droit; *~ következmények* les effets de qc; *~ személy* personne civile v morale; *~ szempontból* en droit; *~ természetű* d'ordre juridique; *a ~ ügyek* le contentieux; *~ vélemény* avis *m*
jogkedvezmény bénéfice légal

jogképes capable; habile à *(inf)*
jogképesség capacité juridique *v* d'ester en justice *f*
jogképtelenség incapacité *f*
jogkör juridiction; compétence; sphère *f* de droit; attributions *f pl;* ressort *m*
jogkövetkezmény conséquence juridique *f*
jogorvoslat recours judiciaire *m;* voie *f* de recours
jogos [~ak, ~at] légitime; légal, -e; juste; fondé(e) en droit; *ez* ~ *cela est de droit;* ~ *birtoklás* possession légale; ~ *büszkeség* juste orgueil *m;* ~ *igényt elégít ki* satisfaire un intérêt légitime; ~ *indok* motif légitime *m;* ~ *kérés* demande justifiée; ~ *önvédelem esetén* en cas de légitime défense
jogosít [~ottam, ~ott, ~son] *(vmire)* donner droit à qc; autoriser à qc; habiliter à *(inf)*
jogosítvány autorisation; attribution *f;* titre *m* (à)
jogosulatlan illégitime; illégal; indu; injustifié, -e
jogosult [~ak, ~at; ~an] ayant droit; qualifié, -e; *az arra* ~ *ayant capacité v* habilité(e) à cet effet; *az arra* ~ *személyeknek* à qui de droit; ~ *arra, hogy* ayant qualité pour *(inf)*
jogrend ordre légal; légalité *f*
jogsegély assistance *v* entraide judiciaire
jogsérelem lésion *f* de droit; passedroit *m*
jogsértés violation *f* de droit; excès *m* de pouvoir
jogszabály règle de droit *v* juridique *f*
jogszerű légal, -e; légitime; juste
jogszokás coutume *f; a* ~*ok* les us et coutumes *m pl*
jogszolgáltatás administration de la justice; juridiction *f*
jogtalan abusif, -ive; injuste; illégitime; illégal, -e; ~ *fegyverviselés* port d'arme prohibé; ~ *haszon* bénéfice illégitime *m*
jogtalanság 1. abus; acte illégal; passedroit *m;* injustice *f;* 2. *(vminek a* ~*a)* illégitimité; illégalité *f*
jogtétel principe *m v* maxime *v* règle *f* de droit

jogtörténet histoire *f* du droit; histoire juridique
jogtudomány jurisprudence *f;* droit *m*
jogtudós juriste; jurisconsulte *m*
jogutód continuateur légal; ayant cause; successeur légitime
jogutódlás transmission *f* des droits; succession légale
jogügy droit *m;* jurisprudence *f*
jogügyi juridique; ~ *osztály* (service de) contentieux *m*
jogügylet acte juridique *m*
jogvédelem assistance judiciaire *f*
jogvesztés déchéance *f;* ~ *terhe alatt* à peine de déchéance
jogviszony rapport juridique; régime *m*
jogvita litige *m; (együtt:)* le contentieux
jóhangzás euphonie; harmonie *f*
jóhiszemű 1. de bonne foi; 2. confiant; loyal, -e
jóhiszeműség la bonne foi; ~*ére hivatkozik* protester de sa bonne foi
jóindulat bienveillance *f;* bonnes grâces; bon vouloir; *egy kis* ~ *un peu de charité;* ~*tal* sympathiquement; ~*tal van vki iránt* être bien disposé(e) pour q *v* à l'égard de q
jóindulatú 1. bienveillant; bien-intentionné, -e; bénévole; 2. ~ *betegség* maladie bénigne
jóízlés le bon goût
jóízű [~ek, ~t] d'un goût excellent; savoureux, -euse; exquis, -e
jókedv bonne *v* belle humeur; humeur enjouée; *(társaságban)* entrain *m;* ~*e kerekedik* être mis(e) en bonne humeur; *nincs* ~*ében* il est d'humeur chagrine; ~*re hangol v derít* mettre de *v* en bonne humeur; mettre en train
jóképű présentable; gentil, -ille; ~ *ember* c'est un homme de bonne mine
jókívánság les souhaits; les (meilleurs) vœux; vœux de bonheur; *őszinte* ~ *les vœux les plus sincères;* ~*ait küldi* former ses souhaits; ~*okat küld* envoyer ses meilleurs vœux
jókor 1. *(idejében)* à temps; en temps utile; *éppen* ~ *juste à point;* 2. *(korán)* de bonne heure

jókora gros, grosse; grand, -e; ~ *út* un bon bout de chemin
jól bien; solidement; fortement; *az ügy* ~ *áll* l'affaire est en (bon) train; ~ *álló* seyant, -e; *(lábbeli, harisnya)* chaussant, -e; ~ *ápolt* bien soigné(e); ~ *él* il ne se refuse rien; ~ *értesült* bien informé(e); autorisé; averti, -e *n;* ~ *értesült helyen* en lieu bien informé; ~ *érzi magát* se sentir bien; ~ *esik ld:* **jólesik;** ~ *fest* avoir (une) bonne mine; *(lakásban)* meubler; ~ *fizet* v *jövedelmez* v *hoz* être de grand rapport; ~ *ismert* bien connu(e) v famé(e); *(éppen)* ~ *jön* tomber bien v juste v à pic; ~ *megfőtt hús* viande cuite à point; *minden* ~ *megy* tout se passe au mieux; ~ *menő* prospère; prospérant, -e; ~ *mondja* c'est bien dit; voilà bien parler; ~ *nevelt* bien élevé(e); *(alkalmazott)* stylé; ~ *öltözött* bien habillé(e); élégamment vêtu(e); chic; ~ *teszi, hogy* il fait bien de *(inf);* nem teszi ~, *hogy* il a tort de *(inf);* ~ *vagyok* je me porte v je vais bien
jólelkű généreux, -euse; charitable
jólesik cela me fait (un grand) plaisir; cela me fait du bien; *(hallgatni)* c'est un plaisir de (l'entendre); *ahogy* ~ comme il vous plaira; comme bon vous semble
jólét bien-être *m;* aisance; abondance *f;* ~*ben él* vivre dans l'aisance
jóléti social, -e; ~*intézmény* œuvre sociale
jóllakik manger à sa faim v à son appétit; ~ *vmivel* se rassasier de qc; se gorger de qc; *jóllaktál?* as-tu assez mangé?
jól-rosszul tant bien que mal
jómadár *gúny:* un bel oiseau; une bonne pièce
jómód aisance; opulence; aise *f; nagy* ~*ban él* vivre dans la richesse
jónevű de bonne réputation; en renom; renommé, -e
jórészben; jórészt pour une bonne v large part; pour la plupart
jós [~ok, ~t, ~a] devin; prophète; vaticinateur; clairvoyant *m*
jóság 1. bonté; bonhomie *f;* 2. *(gyártmányé)* excellence; qualité *f*

jóságos [~ak, ~t] plein(e) de bonté; cordial; aimant, -e; doux, douce
jóslás pronostication; divination; prédiction; vaticination *f; (igével:)* dire la bonne aventure
jóslat 1. prophétie *f;* oracle *m;* prédiction *f;* pronostic *m;* 2. *met:* pronostic; prévisions météorologiques *f pl*
jósnő prophétesse; devineresse; pythie; *(mai)* voyante; diseuse de bonne aventure
jósol [~tam, ~t, ~jon] I. *(tgyli)* prophétiser; vaticiner; pronostiquer; *(utcai jós)* dire la bonne aventure; *csillagokból* ~ lire dans les étoiles; II. *(tgy i)* 1. prédire; pronostiquer; présager; *nem nagy jövőt* ~*ok neki* à mon avis, il ne tiendra pas longtemps; 2. *(időt)* ~ promettre qc; pronostiquer
jósszavak paroles prophétiques *f pl;* oracle *m*
jószág [~ok, ~ot, ~a] 1. *(föld, holmi)* bien *m;* propriété *f;* bien-fonds *m;* 2. *(állat)* bétail *m; kis* ~ *(sertés, juh, kecske)* menu bétail; *szegény* ~*!* pauvre bête!
jószágigazgató régisseur; intendant *m*
jószagú fleurant bon; parfumé, -e
jószántából de plein gré; volontairement; *a maga* ~ de son (plein) gré; de son propre mouvement
jószerencse bonne fortune; chance; veine *f*
jószívű de bon cœur; de grand cœur; généreux, -euse; charitable
jótáll 1. *(vkiért)* se porter v se rendre garant de q; ~ *vkiért* se porter fort(e) pour q; *(nem üzleti viszonylatban)* répondre de q; 2. ~ *vkinek* donner v fournir des garanties à q; 3. *(vmiért)* se rendre caution de qc; garantir qc à q
jótállás cautionnement *m;* garantie; assurance *f; egy évi* ~ garanti(e) un an
jótékony [~ak, ~at] 1. *(ember)* bienfaiteur, -trice; charitable; 2. *(dolog)* bienfaisant, -e; salutaire; ~ *hatás* influence bénéfique *f;* ~ *homály* ombre discrète; 3. ~ *célra* pour une

bonne œuvre; ~ *alapítvány* fondation pieuse v charitable
jótékonykodik [~tam, ~ott, ~jék v ~jon] s'adonner aux bonnes œuvres
jótékonyság charité; bienfaisance; philanthropie f; ~*ot gyakorol* pratiquer la charité
jótett bienfait m; bonne action
jótevő I. *(mn)* **1.** agréable; bienfaisant, -e; **2.** charitable; bienfaisant, -e; II. *(fn)* bienfaiteur, -trice n; la providence de...
jóváhagy approuver; *(jogi hatóság)* homologuer; valider; entériner; *láttam és ~om* vu et approuvé
jóváhagyás approbation f; assentiment; agrément m; *(jogi hatóságé, hatalomé)* validation; homologation f; *utólagos ~ reményében* sauf approbation ultérieure
jóváír ker: bonifier
jóval de beaucoup; ~ *ezelőtt* longtemps avant cela; *átv:* ~ *nagyobb* de loin supérieur(e)
jóvátehetetlen irréparable; irrémédiable; inexpiable
jóvátesz réparer; racheter
jóvátétel réparation f; *(háborús)* dommages m pl de guerre; ~ *címén* à titre de réparation
jóvátételi réparatoire; ~ *bizottság* commission f des réparations
jóvoltából; *vkinek a* ~ grâce à q; grâce aux bons offices de q
józan [~ok, ~t] **1.** sensé, -e; sobre; raisonnable; lucide; judicieux, -euse; de bon sens; pondéré, -e; ~ *élet* vie sobre f; ~ *elméjű* sain(e) d'esprit; ~ *ember* un homme de tête; *a* ~ *ész* la saine raison; le bon sens; *minden* ~ *ész ellenére* en dépit du bon sens; *ez ellene mond a* ~ *észnek* cela révolte le bon sens; *elveszti a* ~ *eszét* perdre l'entendement; *ez minden* ~ *ésszel ellenkezik* c'est un défi au bon sens; ~ *fővel* à tête reposée; la tête claire; **2.** *(már nem részeg)* dégrisé, -e; ~ *állapotban* sans avoir bu
józanság bon sens; sobriété; lucidité f (d'esprit)
józanul raisonnablement; sobrement; ~ *beszél* parler raison; ~ *él* faire vie qui dure
József [~ek, ~et, ~e] Joseph m
jön [jövök, jössz, jöttem, jött, jöjj, jöjjön] **1.** venir; arriver; ~ *a tél!* voici venir l'hiver; ~ *és megy* passer et repasser; *jól jött nekem* cela est tombé à point; *jöjjön, aminek jönnie kell* advienne que pourra; *csak jöjjön, ha mer!* venez-y voir un peu! **2.** *ez a hajó nekünk* ~ ce vaisseau arrive sur nous; **3.** *vki után* ~ venir après q; succéder à q; **4.** *vkiért* ~ venir chercher q; **5.** ~ *vkihez (csatlakozik)* venir à q; **6.** ~ *vhonnan (származik)* provenir; venir; *(nyelv. így is:)* dériver; **7.** *mibe* ~? *ld:* **kerül**
jöttment I. *(mn)* quelconque; **II.** *(fn)* un homme de rien; le premier venu; un quidam; *a legelső* ~ le premier chien coiffé
jövedék [~ek, ~et, ~e] **1.** recette f des contributions indirectes; **2.** régie f
jövedelem [-lmek, -lmet, -lme] revenu m; *(haszon)* bénéfice; produit; rapport; rendement m; rentrées f pl; *a nemzeti* ~ *megoszlása* la répartition du revenu national; *-lme arányában* selon la mesure de ses ressources
jövedelemeloszlás répartition f des revenus
jövedelemforrás source f de revenu
jövedelmez [~ett, ~zen] rapporter; rendre; produire
jövedelmező [~k, ~t; ~en] lucratif; productif, -ive; fructueux, -euse; *jól* ~ en plein rapport
jövedelmi *adó* impôt m sur le revenu
jövendő [~k, ~t, ~je] **I.** *(mn)* futur, -e; à venir; en herbe *gúny;* **II.** *(fn)* avenir; futur m; ~*t mond* dire l'avenir; *(utcai jósnő:)* dire la bonne aventure; *(kártyával)* faire les cartes
jövendöl [~tem, ~t, ~jön] prophétiser; faire une prophétie
jövendőmondás divination; pronostication; prophétie; cléromancie f; *(kártyából)* cartomancie f

jövet à son arrivée; à l'arrivée; en venant (par ici)
jövevény nouveau venu, nouvelle venue; étranger, -ère *n*
jövő [~k, ~t, ~je] I. *(mn)* 1. à venir; futur, -e; prochain, -e; *a ~ hónap(ban)* le mois prochain; 2. *nyelv: ~ idő* (temps) futur *m*; II. *(fn)* avenir; futur *m*; *a ~ embere* l'homme de l'avenir; *a ~ reményében* dans l'attente de l'avenir; *nagy ~ áll előtte* un vaste avenir s'ouvre devant lui; *ki tudja mit hoz a ~* qui sait ce que nous réserve l'avenir? *a ~be lát* lire dans l'avenir; pénétrer l'avenir; *~be látó* clairvoyant; voyant, -e *(n)*; *a közeli ~ben* dans un (tout) proche avenir; *a ~re gondol* songer au lendemain; *biztosítja gyermekei ~jét* assurer l'avenir de ses enfants
jubilál [~tam, ~t, ~jon] célébrer *v* fêter son jubilé *v* anniversaire
jugoszláv [~ok, ~ot] yougoslave
juh [~ok, ~ot, ~a] mouton *m*; brebis *f*
juhakol bergerie *f*; parc *m*
juhállomány cheptel ovin
juhar(fa) [~k, ~t, ~a] érable; faux platane
juhász [~ok, ~t, ~a] berger *m*
juhászbojtár jeune berger; bergeret *m*
juhászbunda pelisse *v (köpenyszerű)* houppelande *f* de berger
juhászkutya chien *m* de berger
juhsajt fromage *m* de brebis
juhtenyésztés élevage *m* des moutons
juhtúró fromageon; fromage blanc de brebis
Júlia [-ák, -át, -ája] Julie; Juliette *f*
július juillet *m*; *~ végén* fin juillet
Julius Caesar Jules César *m*
júliusi 1. (du mois) de juillet; 2. *tört: a ~ forradalom* (1830) la révolution de Juillet; *a ~ királyság* la monarchie de Juillet
junior [~ok, ~t, ~ja] junior *m*
juniorcsapat équipe *f* de juniors *v* de cadets
június juin *m*; *~ közepén* à la mi-juin; *~ban* en juin; au mois de juin

junktim réciprocité; jonction *f*; *~ba hoz vmit* établir une réciprocité entre...; faire dépendre qc de qc
Júnó [~t] Junon *f*
júnói junonien, -enne
Jupiter [~t] Jupiter *m*
jut [~ottam, ~ott, jusson] 1. *(vhová bejut, hozzáfér)* avoir accès à qc; *ezen az ajtón lehet a konyhába ~ni* cette porte donne accès à la cuisine; 2. *(vhová eljut)* parvenir (quelque part); atteindre qc; gagner qc; *Párizsig ~ott* il est parvenu jusqu'à Paris; 3. *átv:* parvenir (à); accéder (à); aboutir (à); *hová ~unk?* qu'allons-nous devenir? *hová ~ottál!* tu en es (arrivé) là? 4. *~ vmire* devenir qc; venir à qc; *egyezségre ~* tomber d'accord; *eredményre ~* arriver à un résultat; *rossz sorsra ~* tomber dans l'infortune; 5. *~ vmihez* obtenir qc; trouver qc; *kezéhez ~* parvenir à q; *nem ~ szóhoz* ne pouvoir placer un mot; 6. *~ vkinek* échoir (en partage) à q; revenir à q; *~ is, marad is* tout le monde sera content, et il en restera encore; *bajba, eszébe, kezébe ~ ld:* **baj, ész, kéz**
juta [-ák, -át, -ája] 1. jute; pitt; patt *m*; 2. *növ:* corète capsulaire *f*
jutagyár filature *f* de jute
jutalék [~ok, ~ot, ~a] 1. *(közvetítésért)* commission; ristourne *f*; 2. *(eladó személyzetnek)* prime; guelte *f*; 3. *(társé)* part *f* d'associé; 4. *(igazgatói)* tantième *m*
jutalmaz [~tam, ~ott, ~zon] rémunérer; récompenser; gratifier q de qc; primer
jutalmul en récompense; à titre de gratification
jutalom [-lmak, -lmat, -lma] 1. gratification; prime; récompense; rémunération *f*; *(illő) ~ ellenében* contre récompense; *-lmat tűz ki vki fejére* mettre à prix la tête de q; 2. *(versenyben)* prix *m*; *-lmat elnyer (versenyben)* être couronné(e) *v* primé(e) (à un concours); 3. *átv: vminek a -lma* le salaire *v* le loyer de qc; *az erény -lma* le loyer de la

jutalomjáték 440 **juttatás**

vertu; *elveszi méltó -lmát* recevoir le juste prix de son méfait; *-lmat érdemel* mériter récompense v salaire **jutalomjáték** représentation *f* à bénéfice; bénéfice *m* **jutalomkönyv** prix; livre *m* de prix **jutányos** avantageux, -euse; ~ *árak* prix modérés; ~ *áron* à un prix avantageux **juttat 1.** *(vhová vkit) börtönbe* ~ conduire en prison; *(vki)* faire emprisonner; *szegénységre* ~ réduire à la misère; **2.** *(vmihez)* faire obtenir; procurer *(mind:* qc à q); **3.** *orv: táplálékot* ~ *a gyomorba* ingérer des aliments dans l'estomac; **4.** *(házhelyet, földet)* concéder; attribuer **juttatás 1.** attribution *f;* ingyenes ~ attribution gratuite; **2.** *(pénzbeli)* prime; allocation *f;* **3.** *földhöz* ~ allotissement *m*

K

k *(betű, hang)* k *m*
kába sot, sotte; ahuri, -e; inepte
kabala [-ák, -át, -ája] **1.** *(könyv)* la Cabale; **2.** *(mágia)* cabale *f;* **3.** *(amulett)* mascotte *f;* talisman *m*
kabaré [~k, ~t, ~ja] **1.** cabaret artistique; café chantant; beuglant; café-concert; music-hall *m;* **2.** *(előadás)* programme *m* de variétés; **3.** *biz:* *ez tiszta* ~ c'est une comédie
kabaréműsor programme *m* de café-concert
kabarészínház théâtre *m* de variétés; variétés *f pl*
kabát [~ok, ~ot, ~ja] **1.** *(férfi)* veste *f;* *(zakó)* veston *m ;* *(felső)* pardessus; paletot; manteau *m;* *leveti ~ját* ôter son pardessus; *(ingujjra)* tomber la veste; **2.** *(női, kosztümhöz)* jaquette *f;* *(női felső)* manteau; *(ujjatlan)* mante *f*
kabátujj manche *f*
kábel [~ek, ~t, ~e] câble *m*
kábelez [~tem, ~ett, ~zen] câbler
kábelgyár câblerie *f*
kábelsürgöny; kábeltávirat cablogramme; câble *m*
kábeltudósítás câblogramme *m*
kabin [~ok, ~t, ~ja] cabine *f;* *(pilótáé)* carlingue *f;* cockpit *m*
kabinetkérdés question *f* de confiance; *felveti a ~t* poser la question de confiance
kábít [~ottam, ~ott, ~son] **1.** étourdir; stupéfier; *(fény)* éblouir; **2.** *orv:* narcotiser; stupéfier
kábító [~k *v* ~ak, ~t; ~an] étourdissant; entêtant; assoupissant; assourdissant, -e
kábítószer stupéfiant; narcotique *m;* drogue *f*
kábítószerélvező *orv:* toxicomane *(n)*
kabóca [-ák, -át, -ája] *áll:* *énekes* ~ cigale *f*

kábulat 1. étourdissement; hébétement *m;* torpeur *f;* *(boldog)* euphorie *f;* **2.** *orv:* stupeur *f;* sommeil narcotique *m*
kábult [~ak, ~at; ~an] hébété; étourdi; stupéfait, -e; *(szertől)* stupéfié, -e
kacag [~tam, ~ott, ~jon] rire aux éclats *v* à gorge déployée
kacagás éclat(s) *m pl* de rire; explosion *f* de rires; la fusée de rire; risée *f;* *~ba tör ki* s'esclaffer; éclater *v* exploser de rire
kacat bric-à-brac; bataclan *m*
kacér [~ok, ~t] coquet, -ette; avoir de la coquetterie; ~ *mosoly* sourire provocant; ~ *nő* coquette *f;* ~ *pillantás* lorgnade *f*
kacérkodás coquetterie *f;* les avances de q
kacérkodik [~tam, ~ott, ~jék *v* ~jon] **1.** se mettre en frais de coquetterie; faire la coquette; **2.** *átv:* ~ *azzal a gondolattal, hogy* caresser l'idée de *(inf)*
kacs [~ok, ~ot, ~a] vrille *f;* *növ:* cirre; volvus *m*
kacsa [-ák, -át, -ája] **1.** canard *m;* *(nőstény)* cane *f;* **2.** *(hírlapi)* canard; bobard *m*
kacsapecsenye; kacsasült canard rôti; caneton *m*
kacsázik [~tam, ~ott, ~zék *v* ~zon] **1.** chasser le canard; **2.** marcher comme une cane; se dandiner (comme un canard)
kacsingat [~tam, ~ott, -gasson] lancer des œillades à q; guigner q du coin de l'œil
kacsint [~ottam, ~ott, ~son] **1.** *(vkire)* lancer une œillade à q; **2.** *(vmire)* guigner *v* lorgner qc
kacskaringós [~ak, ~at] **1.** tortueux; sinueux, -euse; entortillé; contourné, -e; ~ *folyás* le cours si-

kacsó 442 kalap

nueux; les méandres; 2. *növ:* flexueux, -euse; 3. *átv:* ~ *utakon jár* suivre des chemins tortueux; 4. *(stílus)* alambiqué; entortillé, -e; ~ *mondatok* de grandes phrases à queues
kacsó [~k, ~t, ~ja] menotte *f*
kád [~ak, ~at, ~ja] 1. *(fürdő)* baignoire *f; (szoba~)* tub *m;* 2. *(taposó, gyári)* cuve *f*
kádár [~ok, ~t, ~ja] tonnelier *m*
káder [~ek, ~t, ~e] 1. *kat:* cadre; depôt *m;* 2. *átv:* cadre; encadrement *m; szakképzett ~ek* cadres de travail qualifiés; *tudományos ~ek* cadres scientifiques
káderes [~ek, ~t, ~e] *kb:* chef *m* du personnel
káderezés enquête *f* sur les aptitudes de q; examen *m* des aptitudes de q
káderjelentés fiche; feuille *f* de notes; dossier *m*
káderlap feuille de notes; fiche *f;* dossier *m*
kádfürdő 1. bain en baignoire; tub *m;* 2. *(fürdőben)* piscine individuelle
kaftán [~ok, ~t, ~ja] caf(e)tan *m*
kagyló [~k, ~t, ~ja] 1. *(állat és héj)* coquillage *m;* ~ *alakú* conchiforme; conchoïde; 2. *konyh:* moules marinières; 3. *(héj)* coquille; valve *f; (héj egyik fele)* écaille *f;* 4. *(telefon)* écouteur; récepteur *m; felveszi a ~t* prendre la communication *v* l'écouteur; *letészi a ~t* couper; *visszaakasztja a ~t* raccrocher
kagylóhéj coquille; écaille; valve *f*
kagylótenyésztés mytiliculture *f*
Káin [~ok, ~t] Caïn *m*
Kairó [~t] le Caire
kajak [~ok, ~ot, ~ja] kayak *m*
kaján [~ok, ~t] malicieux, -euse; malin, maligne
kajánság goguenardise; joie maligne; malignité; malice *f*
kajla [-ák, -át] tordu, -e; de travers
kajszi(n)barack abricot *m*
kaka [-ák, -át -ája] *biz:* caca *m*
káka jonc; scirpe *m; még a kákán is csomót keres* chercher midi à quatorze heures

kakadu [~k, ~t, ~ja] cacatoès; cacatois *m*
kakaó [~k, ~t, ~ja] cacao *m*
kakaóbab cacao *m* en fèves
kakaócserje; kakaófa cacaotier; cacaoyer *m*
kakaóvaj beurre *m* de cacao
kakas [~ok, ~t, ~a] coq *m*
kakaskodik [~tam, ~ott, ~jék *v* ~jon] 1. *(henceg)* faire le fendant; 2. *(lányok körül)* faire le coq
kakaskukorékolás chant du coq; cocorico *m*
kakastaréj crête *f* du coq
kakastoll plume *f* de coq
kakasülő 1. *(ketrecben)* perchoir; juchoir *m; (rúd)* perche *f;* 2. *szính:* poulailler; paradis *m*
kakasviadal combat *m v* joute *f* de coqs
kakiszínű kaki; *(sárgásabb)* couleur caca d'oie; merde d'oie
kaktusz [~ok, ~t, ~a] cactus; cactier *m*
kakukk [~ok, ~ot, ~ja] coucou *m*
kakukkfióka 1. petit *m* du coucou; 2. *átv:* bâtard(e) *n*
kakukkfű thym *m*
kakukkol [~tam, ~t, ~jon] coucouer; coucouler
kakukkóra; kakukkosóra coucou *m;* horloge *f* à coucou
kalács [~ok, ~ot, ~a] 1. *kb:* pain *m* au lait *v* de brioche; 2. *kb:* gâteau roulé *(diós:* à la noix; *mákos:* au pavot)
kaland [~ok, ~ot, ~ja] 1. aventure *f; (tb. így is)* péripéties *f pl; (egyszeri)* escapade *f;* ~*okba bocsátkozik* se lancer dans une aventure; ~*ra indul* courir les aventures; 2. *(szerelmi)* ~ aventure galante; amourette *f*
kalandor [~ok, ~t, ~a] aventurier *m; (nő)* aventurière *f*
kalandos [~ak, ~at] aventureux, -euse; ~ *életű* aventureux, -euse; ~ *utazás* odyssée *f*
kalandvágy esprit d'aventure *v* aventurier; le goût des aventures
kalap [~ok, ~ot, ~ja] 1. chapeau; couvre-chef *m; (puha)* feutre *m; női* ~ chapeau *v* coiffure de dame;

fejébe csapja a ~ját camper son chapeau; *~ot emel vki előtt* tirer son chapeau à q; donner un coup de chapeau à q; *felteszi a ~ját* mettre son chapeau; se couvrir; *fejébe húzza a ~ját* enfoncer son chapeau dans sa tête; *le a ~pal!* chapeau bas! 2. *átv:* *egy ~ alá tartozik* être sous le même bonnet; *egy ~ alá vesz* fourrer dans le même sac
kalapács [~ok, ~ot, ~a] 1. marteau *m*; *~ foka* panne *f*; bouge *m*; 2. *(bányász-, kádár-, szobrász-, kövező kalapács)* masse *f*; 3. *(fa)kalapács* maillet *m*; 4. *(aszfaltbontó)* perforeuse automatique; *(csömöszölő)* dame *f* à air comprimé; 5. *nagy kovácsoló ~ (gép~)* marteau-pilon *m*
kalapácsfej tête *f* du marteau
kalapácsnyél manche *m* de marteau
kalapácsvetés *sp:* (lancement *m* du) marteau
kalapál [~tam, ~t, ~jon] 1. marteler; battre (à coups de marteau); manier le marteau; *(fémet)* malléer; 2. *~ a szívem* c'est le cœur qui me bat
kalapdísz garniture *f* (de chapeau)
kalapdoboz carton *v* étui *m* à chapeau
kalapfátyol voilette *f*
kalapfogas patère *f;* champignon *m*
kalapkarima les bords *v* la coquille du chapeau; rebord *m*
kalaplevéve la tête découverte; chapeau bas; le chapeau à la main
kalapos [~ak, ~at, ~an] I. *(mn)* au chapeau; coiffé(e) d'un feutre; II. *(fn)* chapelier *m*
kalaposnő modiste *f*
kalaposüzlet chapellerie *f; (női)* magasin *m* de modes
kalapszalon maison *f* de modes
kalász [~ok, ~t, ~a] épi *m; ~ba szökik v hajt* monter en épi
kalászfej épi *m*
kalauz [~ok, ~t, ~a] 1. *(vezető)* guide; cicerone *m;* 2. *(villamoson, autóbuszon)* receveur *m; (női)* receveuse *f; (vonatban)* contrôleur, -euse *n;* 3. *haj:* pilote *m;* 4. *(könyv)* guide; itinéraire *m*

kalauzol [~tam, ~t, ~jon] piloter; guider; cicéroner; ciceroner
kalauztáska sacoche *f* de receveur
kálcium [~ok, ~ot, ~a] calcium *m*
kalendárium [~ok, ~ot, ~a] almanach; calendrier *m*
kaliber [~ek, ~t, ~e] 1. calibre; étalon *m;* 2. *(lőfegyveré)* calibrage *m*
kalifa [-ák, -át, -ája] calife *m*
kálilúg potasse caustique; lessive *f* de potasse
kalimpál [~tam, ~t, ~jon] 1. *(lábával)* agiter les jambes; gigoter; 2. *biz: zongorán ~* pianoter
káliszappan savon potassique *m*
kalitka [-ák, -át, -ája] cage *f; kis ~ cagette f; -ába zár* mettre en cage
kálium [~ok, ~ot, ~a] potassium *m*
káliumos potassique; potassico-
kalkuláció [~k, ~t, ~ja]; **kalkulálás** [~ok, ~t, ~a] calcul; essai *m* de calcul
kalkulátor [~ok, ~t, ~a] calculateur, -trice *n*
kallódik [~tam, ~ott, ~jék *v* ~jon] 1. *(tárgy)* traîner; se perdre; s'égarer; 2. *(ember) valahol vidéken ~* s'enrouiller en province
kallómalom moulin à foulon; foulon *m*
kalmárlélek âme mercantile *v* mercenaire *f*
kaloda [-ák, -át, -ája] pince *f* à pied
kalória [-ák, -át, -ája] 1. *(egység)* calorie *f;* 2. *ált:* calorique *m*
kalóriaérték pouvoir calorifique *m*
kalóriaszegény pauvre en calories
kalóriatartalom pouvoir calorifique *m*
kalóriaveszteség déperdition *f* de calories
kalóz [~ok, ~t, ~a] corsaire; écumeur de mer; pirate; forban *m*
kalózkiadás édition subreptice *f*
kalózkodik écumer les mers
kálvária [-ák, -át, -ája] calvaire; chemin *m* de (la) croix; *-át jár* gravir son calvaire
kálvinista [-ák, -át, -ája] calviniste *(n)*
kályha [-ák, -át, -ája] poêle *m*
kályhacserép carreau de poêle *v* céramique *m*
kályhacső tuyau *m* de poêle
kályhás fumiste; poêlier *m*

kamara [-ák, -át, -ája] **1.** *(hivatal)* chambre *f;* **2.** *ld:* **kamra**
kamaraénekes(nő) chanteur (chanteuse) de concert *v* de chorale
kamarakórus (société) chorale *f*
kamarazene musique *f* de chambre
kamarazsilip chambre *f* d'écluse
kamasz [~ok, ~t, ~a] *pej:* **1.** *(nemi ért.)* garçon à l'âge pubère *v* ingrat; **2.** *(kicsinylő ért.)* garnement; gamin; blanc-bec *m; nagy ~* dadais *m*
kamaszkor âge ingrat *v* de puberté
kamat [~ok, ~ot, ~a *v* ~ja] intérêt *m; a fizetendő ~* l'intérêt à servir; *~ra ad* donner à intérêt; *~ot fizet* payer *v* servir les intérêts (de qc); *~ot hoz* porter intérêt
kamatfizetés paiement *v* service *m* des intérêts
kamatláb **1.** taux *m* de l'intérêt; **2.** *(kölcsönpénzé)* loyer *m* de l'argent
kamatmentes sans intérêts; *~ kölcsön* prêt gratuit
kamatoskamat intérêt composé
kamatostul **1.** avec les intérêts; y compris les intérêts; **2.** *átv:* avec usure
kamatozik [~tam, ~ott, ~zék *v* ~zon] produire *v* porter intérêt
kamatozó [~k, ~t; ~an] productif (-ive) d'intérêts; qui rapporte; profitable; *~ papírok* titres *m pl* de rente
kamatpolitika politique *f* du taux d'intérêt
kamatszámítás calcul *m* des intérêts; règle *f* d'intérêt
kamatteher charge *f* d'intérêts; le fardeau des intérêts
kamatuzsora usure *f*
kambium [~ok, ~ot, ~a]; **kambiumgyűrű; kambiumréteg** cambium *m;* assise génératrice
Kamcsatka [-át] le Kamtchatka
kámea [-ák, -át, -ája] camée *m*
kaméleon [~ok, ~t, ~a] caméléon *m*
kaméliás hölgy; *a ~* la Dame aux Camélias
kamera camera, caméra *f*
kámfor [~t, ~ja] camphre *m*
kámforolaj huile camphrée

kamilla [-át, -ája] *növ:* camomille; matricaire camomille *f*
kampó [~k, ~t, ~ja] croc; crochet *m*
kampós [~ok, ~t; ~an] crochu, -e; en forme de croc
kamra [-ák, -át, -ája] **1.** *(élelmiszer~)* office *m;* dépense *f;* **2.** *ált:* hangar *m;* **3.** *(lomtár)* débarras *m* **4.** *jíz* chambre *f*
kámzsa [-ák, -át, -ája] cagoule *f*
kan [~ok, ~t, ~ja] **1.** mâle *m;* **2.** *ld:* **vadkan; 3.** *(disznó)* verrat *m*
Kanada [-át; -ában] le Canada
kanadai [~ak, ~t] canadien, -enne
kanál [kanalak, kanalat, kanala] cuiller, cuillère *f; nagy ~* louche *f*
kanalas *orv: ~ orvosság* potion *f*
kanalasgém *áll:* bec-à-cuiller *m;* spatule *f*
kanalaz [~tam, ~ott, ~zon] manger à la *v* avec une cuiller
kanális [~ok, ~t, ~a] égout *m*
kanárimadár *(sárga)* canari *m; (zöldhátú)* serin *m*
kanász [~ok, ~t, ~a] porcher *m*
kanca [-ák, -át, -ája] jument; cavale *f*
kancellár [~ok, ~t, ~ja] chancelier *m*
kancellária [-ák, -át, -ája] chancellerie *f*
kancsal [~ok, ~t] **1.** louche; bigle; **2.** *orv:* strabique
kancsó [~k, ~t, ~ja] broc; pichet *m;* cruche *f; vizes ~* pot à eau
kandalló [~k, ~t, ~ja] cheminée *f*
kandallórács grille *f* du foyer
kandeláber [~ek, ~t, ~e] candélabre; lampadaire *m; (villamos is)* torchère *f*
kandidátus candidat, -e *(n); a tudományok ~a* candidat ès sciences
kandúr [~ok, ~t, ~ja] matou *m*
kánikula [-ák, -át, -ája] canicule *f;* jours caniculaires *m pl: a -ában* pendant les grandes chaleurs
kankalin [~ok, ~t, ~ja] primevère *f*
kankó [~k, ~t, ~ja] gonorrhée *f*
kankutya chien mâle *m*
kanna [-ák, -át, -ája] **1.** pot; broc *m;* cruche *f; teás ~* théière *f;* **2.** *(öntöző)* arrosoir *m*

kannibál [~ok, ~t, ~ja] cannibale *m*
kanóc [~ok, ~ot, ~a] 1. amorce; mèche *f* (à feu); 2. *(ágyúé)* étoupille *f*
kánon [~ok, ~t, ~ja] canon *m;* négyszólamú ~ canon à quatre voix
kánoni [~ak, ~t] *egyh:* ~ *kor* âge canonique *m*
kánonjog droit canonique *v* canon
kanonok [~ok, ~ot, ~ja] *egyh:* chanoine *m*
kanpulyka dindon *m*
kantár [~ok, ~t, ~ja] 1. bride *f;* 2. *(ruhán)* bretelles *f pl*
kantárszár rêne *f* de bride; *megereszti a ~at* lâcher la bride à un cheval; *(kissé)* rendre la main; *átv: rövidre fogja a ~at* tenir la bride haute à q
kantáta [-ák, -át, -ája] *zen:* cantate *f*
kantin [~ok, ~t, ~ja] cantine; cambuse *f*
kantinosnő cantinière *f*
kántor [~ok, ~t, ~a] chantre; maître *m* de chapelle
kánya [-ák, -át, -ája] milan; busard *m*
kanyar [~ok, ~t, ~ja] 1. virage; crochet *m;* courbe *f; ~ban* en plein virage; 2. *(folyó)* méandre *m*
kanyargó [~k *v* ~ak, ~t; ~an] sinueux, -euse; en lacet; tortueux, -euse; méandrique; ~ *ösvény* sentier tortueux
kanyarít [~ottam ~ott, ~son] 1. *nagyot ~ott belőle* il en a taillé un grand morceau; 2. *(aláírást)* tracer *v* mettre (son paraphe)
kanyaró [~k, ~t, ~ja] rougeole *f*
kanyarodik [~tam, ~ott, ~jon] 1. *(jármű)* prendre le tournant *v* le virage; virer; 2. *(út)* tourner; faire un virage; 3. *(ember)* tourner
kanyarog [~tam, -rgott, ~jon] 1. serpenter; faire des zigzags; 2. *(folyóról)* faire des méandres
kaolin [~ok, ~t, ~ja] kaolin *m;* terre *f* à porcelaine
káosz [~ok, ~t, ~a] chaos; tohu-bohu *m; valóságos ~* c'est la bouteille à l'encre
kap [~tam, ~ott, ~jon] I. *(tgy i)* 1. recevoir; avoir; obtenir; trouver; *állást ~* obtenir *v* trouver un emploi; *mat: a következő eredményt ~juk* on a; on aura; 2. *(pénzt, élelmet)* toucher; recevoir; 3. ~ *belőle* il en aura une part *v* une partie; 4. *vmiért ~* toucher *v* avoir pour qc; *(rosszat)* encaisser *biz;* ~ *érte két évet* cela lui vaudra *v* il encaissera deux ans de prison; 5. ~ *ez még tőlem* qu'est-ce que je vais lui passer ! 6. *ezt nem ~ni sehol* vous ne l'aurez nulle part; 7. *~tam még villamost* j'ai eu encore un tramway; 8. *(betegséget)* contracter; attraper; II. *(tgy i)* 1. *vmi után ~* faire un geste pour attraper qc; 2. *vmibe ~* s'attaquer à qc; se mettre à qc; *ld. még:* **belekap**; *(tűz vmibe)* se communiquer à qc; gagner qc; 3. *(kezével) vmihez ~* porter la main à qc; *fejéhez ~* porter la main à sa tête; 4. ~ *az alkalmon* saisir l'occasion (par les cheveux); 5. *lóra ~* sauter en selle; enfourcher son cheval; *~ja magát és* il prend son courage à deux mains et
kapa [-ák, -át, -ája] houe *f;* hoyau *m*
kapacitás 1. *(tehetség) nagy ~* sommité *f* de qc; 2. *fiz:* capacité; puissance *f;* 3. *közg:* puissance
kapál [~tam, ~t, ~jon] biner; piocher; houer
kapálás binage; houement; piochage *m; harmadik ~* tiercement *m*
kapáló(d)zik [~tam, ~ott, -ddzék *v* -ddzon] s'escrimer des pieds; se débattre; ~ *vmi ellen* regimber *v* protester *v* se cabrer contre qc; *(lelkiismerete)* se gendarmer contre qc
kapar [~tam, ~t, ~jon] 1. gratter; 2. racler
kaparint [~ottam, ~ott, ~son] *kezébe ~ vmit* s'emparer de qc; accaparer qc
kaparó racleur, -euse *n*
I. kapás bineur; houeur *m*
II. kapás *(csak úgy) ~ból* à boule vue; à vue de nez; de volée; *~ból adott válasz* réponse *ex v ab abrupto; ~ból lő* tirer à propos

kapaszkodás 1. *(magasra)* ascension; escalade; grimpée *f;* 2. *(vmibe)* cramponnement *m* à qc
kapaszkodik [~tam, ~ott, ~jék *v* ~jon] 1. ~ *felfelé vmin* grimper sur qc; gravir qc; 2. *vmibe* ~ se (re)tenir; s'accrocher; *a karmával* ~ *vmibe* s'agriffer à qc; *egymásba* ~*nak* se tenir; se donner la main
kapaszkodó [~k, ~t] I. *(mn)* 1. s'accrochant; s'agrippant; 2. *növ:* grimpant, -e; 3. *áll:* grimpeur, -euse; 4. *(tapadva)* adhérent, -e; II. *(fn)* 1. *(út)* raidillon *m;* pente raide; grimpette *f;* 2. *(hegyen)* grimpeur *m (fára állat is);* 3. *pej:* arriviste; ambitieux, -euse *n*
kapca [-ák, -át, -ája] 1. linge *m* de pied; chaussette russe *f;* 2. *szorul a* ~ le sol devient brûlant sous ses pieds; 3. *nép:* mindenki *-ája (nő)* descente de lit
kapcabetyár voyou; sacripant; malandrin *m*
kapcsán; *vminek* ~ à propos de qc; à l'occasion de qc; en connexion avec qc
kapcsol [~tam, ~t, ~jon] I. *(tgy i)* 1. *(kapoccsal)* agrafer; boutonner; *(horoggal)* accrocher; *(szíjjal)* boucler; 2. *(kocsit)* accoupler; ajouter *(mind:* à qc); 3. *(szerelésben)* relier à qc; brancher sur qc; 4. *(párosan)* accoupler; coupler; 5. *vill, rád:* connecter qc; brancher sur qc; 6. *(telefon)* établir la communication avec q; donner; 7. *átl:* rattacher *v* joindre *v* ajouter *v* lier *v* relier à qc; *magához* ~ *vkit* s'attacher *v* s'affilier q; II. *(tgyl i)* 1. *aut:* embrayer; passer (en); 2. *biz: (megért)* faire le raccord; *nem* ~ il ne pige pas
kapcsolás 1. *(kapoccsal)* agrafage *m; (kocsié)* attelage *m; (vezetéké)* raccord *m; (csöveké egymásba)* aboutchement *m;* 2. *(gépé)* embrayage *m;* conjonction *f;* 3. *(szerelésben)* jonction *f;* 4. *(vill, rád, telefon)* branchage, branchement *m; (telefonon beszélőé)* communication; connexion *f; téves* ~ erreur *f* de connexion; 5. *(motoron)* changement *m* de vitesse; 6. *átl:* alliance *f;* raccord *m; pol:* jonction *f; (listáé)* apparentement *m*
kapcsolat 1. *(személyi)* relation *f;* rapport *m;* attaches *f pl ; az egyén* ~*a a társadalommal* adhérence *f* de l'individu à la société; ~*ba hoz vmivel* (chercher à) établir une connexion entre... ; *(szoros)* ~*ba kerül v lép vkivel* se lier avec q; ~*ot tart fenn vkivel* entretenir une correspondance avec q; entretenir *v* pratiquer des intelligences avec q; *szorosabbra fűzi a* ~*okat* resserrer les liens; *megszakítja a* ~*okat* rompre *v* couper *v* desserrer les liens; 2. *(dolgoké)* connexion; liaison *f;* enchaînement; rapport *m; valami* ~ *van a kettő között* il y a quelque rapport *v* liaison quelconque entre les deux choses; *sok mondanivalóm lenne ezzel a javaslattal* ~*ban* j'aurais fort à dire au sujet de cette proposition; ~*ot létesít* établir un contact *v* un rapport; établir un va-et-vient avec qc; 3. *kat:* liaison; jonction *f*
kapcsolatosan corrélativement; incidemment; *ezzel* ~ à ce propos; à ce sujet; à cet égard
kapcsoló [~k, ~t, ~ja] *vill:* interrupteur; commutateur *m; (fali, stb.)* prise *f* de courant
kapcsológomb 1. *(gépen)* bouton de commande; bouton *m* d'appel; 2. *(villanylámpán)* bouton de commutateur électrique
kapcsolópedál *aut:* pédale *f* d'embrayage
kapcsolótábla 1. *műsz:* tableau de commande; 2. *(telefonközp, hangmérnöké)* tableau *m* des cliquets
kapcsolt 1. ~ *részek* pays annexes *m;* 2. ~ *(választási) lista* apparentement *m*
kapható [~k, ~t] 1. on peut l'avoir; il est en vente; se vendre; *már nem* ~ épuisé, -e; *orvosi rendeletre* ~ délivré(e) sur ordonnance du médecin; 2. *mindenre* ~ prêt(e) à toutes les besognes
kapitális [~ak, ~t] capital, -e; ~ *fontosságú tény* fait capital

kapitalista [-ák, -át, -ája] **I.** *(mn)* capitaliste; ~ *rendszer* régime capitaliste *m;* **II.** *(fn)* capitaliste *n*
kapitalizmus capitalisme *m*
kapitány capitaine *m;* ~ *úr!* mon capitaine!
kapitányság 1. *(rang)* capitainat *m;* 2. *(rendőrségi)* commissariat *m*
kapitulál [~tam, ~t, ~jon] 1. capituler; 2. *átv: (így is:)* battre la chamade
kapkod [~tam, ~ott, ~jon] 1. *vmi után* ~ chercher à saisir *v* attraper; *levegő után* ~ être pris(e) de suffocation; 2. *az árukat ~ják* la marchandise se vend comme du pain; 3. *(következetlenül)* agir avec inconséquence; *(zavarában)* s'affoler
kapkodás 1. *(zavart)* désarroi; affolement *m;* 2. *(következetlen)* inconséquence *f*
káplán [~ok, ~t, ~ja] *egyh:* vicaire *m;* *(házi)* chapelain *m*
káplár [~ok, ~t, ~a] caporal *m;* *(lovasságnál)* brigadier *m*
kapocs [kapcsok, kapcsot, kapcsa] 1. crochet *m;* boucle *f;* fermail *m;* *(ruhán)* agrafe *f;* 2. *(forgó)* charnière *f;* 3. *(vaskapocs)* crampon *m;* 4. *(könyvzáró)* fermoir *m;* 5. *orv:* broche *f;* 6. *(szellemi)* lien *m;* attache; relation *f*
kápolna [-ák, -át, -ája] 1. chapelle *f;* 2. *(házi)* oratoire (domestique) *m*
kapor [kaprok, kaprot, ~ja] anet(h) doux; fenouil (bâtard)
kapós [~ak, ~at] recherché; couru, -e; en vogue
káposzta [-ák, -át, -ája] 1. chou *m;* 2. *(savanyított* ~*)* choucroute *f*
káposztafej pomme *v* tête *f* de chou
káposztagyalu coupe-légumes *m*
káposztalevél feuille *f* de chou
kappan [~ok, ~t, ~ja] chapon; cocâtre *m*
kappanhang voix fêlée; voix de perroquet; fausset *m*
káprázat 1. éblouissement *m;* 2. *átv:* prestige *m;* mirage *m;* vision *f*
káprázatos [~ak, ~at] prestigieux, -euse; éblouissant; ébouriffant, -e; splendide

káprázik [~ott, ~zék *v* ~zon] papilloter; ~ *a szeme* avoir les yeux éblouis; avoir la berlue
kaptafa forme *f;* *(sámfa)* conformateur *m;* *ez a* ~, *amit mindenre ráhúznak* c'est la selle à tous chevaux
káptalan *egyh:* chapitre *m*
kaptár [~ok, ~t, ~ja] ruche *f;* *egy* ~ *méh* une ruchée
kapu [~k, ~t, ~ja] 1. porte *f;* *(kocsik részére is)* porte cochère; *(bemélyedő)* portail *m;* *(templomé)* portail *m;* *kiáll a* ~*ba* se mettre dans *v* sous la porte; *a* ~*ban* dans l'embrasure d'une porte; ~*t nyit* ouvrir la porte; *(franciáknál zsinórral)* tirer le cordon; 2. *futb:* but(s) *m (pl);* goal *m;* ~*ba lő* marquer
kapubejárat porte cochère
kapufa *futb:* poteau (de but); les poteaux; -*át lő* tirer sur le montant du but
kapufélfa jambage; montant *m* de la porte
kapukulcs clef *f* de la porte
kapus [~ok, ~t, ~a] 1. portier; concierge *m;* 2. *sp:* gardien de but; goal; goalkeeper *m*
kapuszárny battant de porte; vantail *m*
kapuvonal *sp:* ligne *f* de but
kapzsi [~k, ~t, ~ja] rapace; avide; cupide; âpre au gain
kapzsiság rapacité; avidité; âpreté au gain; cupidité; soif *f* de lucre
I. kar [~ok, ~t, ~ja] 1. bras *m;* *vkinek* ~*jába dől* se jeter *v* tomber dans les bras de q; ~*jában* dans *v* entre *v* sur ses bras; entre les bras; ~*on ülő gyermek* enfant *n* en bas âge; *kitárja* ~*ját* ouvrir ses bras; *összefont* ~*ral* les bras croisés; 2. *(székké, stb.)* bras; 3. *jó* ~*ba helyez v hoz* mettre en état; *jó* ~*ban* en (bon) état; ~*ban tart* tenir en état; maintenir en état
II. kar [~a] 1. *zen:* chœur *m;* chorale *f;* *(egyházi)* maîtrise *f;* 2. *(egyetemen)* faculté *f;* *orvosi* ~ faculté de médecine; 3. *orvosi* ~ l'ordre des mé-

decins; le corps médical; 4. *tört:* ~ok és rendek les ordres; les états *m*
kár [~ok, ~t, ~a] dommage; préjudice; désavantage; tort *m;* (tárgyi) dégât(s) *m (pl);* (üvegfélében) casse *f;* (érdekeké) lésion *f; a* ~ *nagysága* l'importance du dégât; *az okozott* ~ le dégât commis; *(nagy) kár!* c'est (bien *v* grand) dommage! ~ *beszélni róla* il ne vaut pas la peine d'en parler; ~, *hogy* c'est dommage *v* il est dommage que *(subj);* ~ *érte!* il me fait de la peine; ~ *a fáradságért* ce n'est pas la peine; *ezer frank kára van* il déplore *v* a pour mille francs de dégâts; *kárba vész* v *megy* se perdre; s'en aller en eau de boudin; *pénze* ~*ba veszett* il en est pour son argent *v* ses frais; ~*ba veszett* perdu, -e; inutile; *más kárán örvend* éprouver *v* goûter une joie maligne de qc; *vminek* v *vkinek a kárára* au préjudice de...; au détriment de...; ~*ára van vkinek* porter préjudice à q; *kárát látja vminek* souffrir de qc; supporter les conséquences de qc; *a* ~*t megtéríti vkinek* réparer le dommage de q; ~*okat okoz* faire *v* causer *v* occasionner des dégâts; ~*t tesz vkiben (tárgy, dolog)* blesser q; *(szándékosan)* faire un mauvais coup à q; ~*t tesz magában* se nuire à soi-même; *(szándékosan)* attenter à ses jours
karabély [~ok, ~t, ~a] carabine *f;* mousqueton *m*
karácsony [~ok, ~t, ~a] Noël *m;* (ünnepe) la Noël; ~*kor* à (la) Noël; aux étrennes
karácsonyest soirée *v* veillée *v* veille *f v* soir *m* de Noël; ~*ét megüli (francia módra)* réveillonner
karácsonyfa arbre *m* de Noël; *feldíszíti a -át* habiller un arbre de Noël
karácsonyi [~ak, ~t] de Noël; ~ *ajándék* étrennes *f pl;* le petit Noël
karaj [~ok, ~t, ~a] 1. *(kenyér)* quignon *m;* tranche *f;* (megkenve) tartine *f; (más)* morceau *m;* 2. *(hús)* carré *m;* escalope *f*

karakterisztika [-ák, -át, -ája] *mat:* caractéristique *f*
karaktertánc danse *f* de caractère
karalábé [~k, ~t, ~ja] chou-rave; chou-navet; colrave *m*
karám [~ok, ~ot, ~ja] parc *m;* bergerie *f; (ló)* paddock *m*
karambol [~ok, ~t, ~ja] 1. *ját:* carambolage *m;* 2. *(összeütközés)* carambolage; *vasúti* ~ tamponnement; télescopage *m*
karát [~ok, ~ja] carat *m*
karattyol [~tam, ~t, ~jon] jacasser; jaboter
karaván [~ok, ~t, ~ja] caravane *f*
karbantartás entretien *m;* révision *f*
kárbecslés évaluation *v* estimation *f* du dommage
kárbecslő expert *m* d'assurances
karbid [~ok, ~ot, ~ja] carbure (acétylénique) *m*
kárbiztosítás assurance *f* contre les sinistres
karbolsav acide phénique; phénol *m*
karbon [~ok, ~t, ~ja] 1. *vegy:* carbone *m;* 2. *geol:* carbonifère *m*
karbonkor *geol:* carbonifère *m;* période carbonifère *f; felső* ~ houiller productif
karc [~ok, ~ot, ~a] 1. *(ásványé)* touche *f;* 2. *(rajz)* estampe; eauforte *f*
karcinóma *orv:* carcinome *m*
karcol [~tam, ~t, ~jon] gratter; racler; *érafler;* érailler
karcolás 1. *(vmivel)* grattage; raclage *m;* 2. *(nyoma)* éraflure; égratignure; éraillure *f*
karcolat 1. croquis *m;* esquisse *f;* 2. *irod:* entrefilet; croquis *m*
karcos [~ok, ~t, ~a] vin rude *v* âpre *m;* piquette *f*
karcsapás brassée; nagée *f*
karcsat bracelet *m*
karcsont 1. os du bras *v* brachial; *(felső)* humérus *m; (alsó)* cubitus; radius *m*
karcsú [~ak v ~k, ~t; ~an] svelte; élancé, -e; *(kecsesen)* gracile; ~ *derekú* avoir la taille mince
karcsúság gracilité; sveltesse *f*

kard [~ok, ~ot, ~ja] sabre *m (vívó is); (kétélü)* épée *f; (régi kard)* épée; glaive *m; (igazságé, bosszúé stb.)* glaive; *hosszú egyenes* ~ rapière *f; egyenes* ~ *sabre droit; védőgombbal ellátott* ~ épée mouchetée; *a* ~ *lapja* le plat de l'épée; *egy szál ~ra kihí* appeler sur le terrain *v* sur le pré; *felcsatolja ~ját* mettre *v* ceindre son épée; *~ját hüvelybe dugja* rengainer (son sabre); *~ot ránt, kirántja ~ját* mettre (le) sabre au clair; tirer l'épée; *(kissé gúny:)* mettre flamberge au vent; *kat: ~ot ránts!* sabre à la main! *feszes, mintha ~ot nyelt volna* raide comme un bâton; *~dal* à la pointe de l'épée; *~dal tisztelg* présenter l'épée
kardal chœur; choral *m*
kardáncső tube *m* à cardan
kardáncsukló *aut:* cardan *m;* jointure cardanique *f*
kardbajnokság championnat(s) *m (pl)* de sabre
kardbojt dragonne *f;* gland *m* à graine d'épinards
kardcsapás coup *m* d'épée *v* de sabre; ~ *nélkül* sans coup férir
kardcsörtető traîneur de rapière *v* de sabre; sabreur *m*
kardél le fil *v* le tranchant de l'épée; *~re hány* passer au fil de l'épée
kardgomb pommeau *m*
kardhegy pointe *f* de l'épée
kardhüvely fourreau *m*
kardinális [~ok, ~t] I. *(mn)* cardinal, -e; II. *(fn) egyh:* cardinal *m*
kardkosár corbeille *f*
kardlap plat *m* du sabre
kardlapoz frapper à coups de plat de sabre
kardmarkolat poignée *f* d'épée
kardnyelő avaleur *m* de sabres
kardoskodik [~tam, ~ott, ~jék *v* ~jon] 1. *(vmi mellett)* insister sur la nécessité de qc; 2. *(állítva)* soutenir ferme *v* mordicus (que)
kardvágás coup *m* d'épée *v* de sabre; estafilade *f*
kardvas lame *f* de l'épée *v* du sabre
kardvirág glaïeul *m*

kardvívás escrime *f* au sabre; sabre *m*
kardvívó *sp:* sabreur *m*
karéj [~ok, ~t, ~a] 1. *(kenyér)* tranche *f;* quignon *m;* 2. *(levélé, ivé)* lobe *m;* ~*ban* en demi-cercle
karének 1. chant choral; 2. choral *m*
karfa garde-fou; parapet; accoudoir *m; (lépcsőé)* rampe *f;* appui *m* de l'escalier
karfiol [~ok, ~t, ~ja] *növ:* chou-fleur *m*
karhatalmi alakulat formation paramilitaire; milice *f*
karhatalom forces policières; service *m* d'ordre; force publique *v* armée; *~mal manu militari;* à force de bras
kárhozat *vall:* damnation éternelle; perdition *f; ~ba dönt, ~ra juttat v taszít* damner; faire damner; perdre; *~ra jut* se damner; tomber dans la perdition
kárhozatos [~ak, ~(a)t; ~an] damnable; réprouvé, -e
kárhozott [~ak, ~at; ~an] damné, -e *(n)*
kárhoztat 1. blâmer; condamner; réprouver; 2. *(vmire)* réduire à qc
karigazgató dirigeant(e) des chœurs *v* du chœur *v* de la chorale
kárigény droit *m* aux dommages-intérêts
karika [-ák, -át, -ája] 1. *ját:* cerceau *m;* hajtja a -áját pousser *v* faire rouler son cerceau; 2. *(gyűrü alakú)* anneau *m; (füst)* volute *f;* -*ában* en rond; en cercle; 3. *műsz: (gépalkatrészen, szerszámon)* bague *f; (lószerszámon)* passant *m; (abroncs)* frette *f;* cerceau *m;* 4. *(rajz, vízben, céltáblán)* rond *m;* 5. *(szem, seb körül)* cerne *m;* 6. *(fában)* cerne
karikagyűrű alliance *f;* anneau *m* de mariage
karikalábú bancal, -e
karikatúra [-ák, -át, -ája] caricature; charge *f*
karima [-ák, -át, -ája] 1. bord; rebord *m;* 2. *műsz:* couronne; bride *f*
karing *egyh:* surplis *m;* aube *f;* rochet *m*

29 Magyar–Francia kézi

karitász [~ok, ~t; ~a]; **karitászegylet** *egyh:* œuvre d'assistance; entreprise *f* de charité
karitatív [~ok, ~ot] charitable; de bienfaisance
karizom muscle brachial; biceps *m*
karkosár panier *m* à provisions
karkötő bracelet *m*
karkötőóra montre-bracelet *f*
karmantyú [~k, ~t, ~ja] *műsz:* manchon *m*
karmazsin [~ok, ~t] cramoisi, -e
kármegállapítás constatation *v* estimation *v* évaluation *f* du dommage
karmester chef d'orchestre *v* de musique; *(katonai)* tambour-major *m*
karmesteri *pálca* baguette *f* de chef de musique
kármin [~ok, ~t] carminé, -e
karmol [~tam, ~t, ~jon] griffer; égratigner
karmolás coup *m* de griffe
karnagy *egyh:* maître *m* de chapelle
karnevál [~ok, ~t, ~ja] carnaval *m*
karnis [~ok, ~t, ~a] 1. tringle *f* à rideau; 2. *ép:* doucine *f*
karó [~k, ~t, ~ja] 1. pieu; piquet; pal; palis; palot *m; (szőlőhöz)* échalas *m; (futónövényhez)* rame *f;* 2. *~ba húz* empaler; 3. *ugyancsak köti az ebet a ~hoz, hogy* il se fait fort de *(inf)*
káró [~k, ~t, ~ja] *kárty:* carreau *m; a ~ király* le roi de carreau
károg [~tam, ~ott, ~jon] croasser; crailler; corailler; grailler
kárókatona *áll: (nagy)* ~ cormoran; corbat *m*
karol [~tam, ~t, ~jon] *vkibe* ~ donner *v* prendre le bras à q; *egymásba ~nak* se donner le bras
karoling [~ok, ~ot] I. *(mn)* carlovingien; carolingien, -enne; II. *(fn) a ~ok* les Carlovingiens; Carolingiens; la deuxième race
Károly [~ok, ~t, ~a] Charles *m; Nagy* ~ Charlemagne
karom [karmok, karmot, karma] 1. griffe; ongle *f; (ragadozó madáré)* serre *f;* 2. *átv: a félelem karmai les tenailles f pl de la peur; vkinek a karmai közé kerül* tomber sous la patte de q; *karmába kaparint* s'emparer de qc; accaparer qc; *behúzza a karmát* faire patte de velours
káromkodás juron; blasphème *m*
káromkodik [~tam, ~ott, ~jék *v* ~jon] jurer; sacrer; pester; lâcher un juron
káromlás blasphème *m*
karóra montre-bracelet *f*
karórépa (chou-)navet; rutabaga *m*
karos *gyertyatartó* flambeau; candélabre *m;* ~ *szivattyú* pompe *f* à bras
káros nuisible (à); nocif, -ive; malfaisant, -e; pernicieux, -euse (à); ~ *állat* animal nuisible *v* malfaisant; ~ *hatás* malfaisance; nocivité *f;* ~ *következmény* conséquence néfaste *v* funeste *f*
károsodás dommage; endommagement; préjudice *m;* ~ *címén* pour cause de lésion
karosszék fauteuil *m* (à bras); *(nagy)* bergère *f*
karosszéria [-ák, -át, -ája] carrosserie *f*
károsult [~ak, ~at; ~an] I. *(mn)* lésé; endommagé, -e; *(elemi csapástól)* sinistré, -e; II. *(fn)* personne lésée; partie lésée *v* endommagée; *(elemi csapástól)* sinistré *m*
karóz [~tam, ~ott, ~zon] empercher; tuteurer; *(babot, borsót)* ramer; *(szőlőt)* échalasser
karöltve 1. bras dessus bras dessous; 2. *átv: (vkivel)* la main dans la main (avec q); d'accord *v* de concert avec q
káröröm; kárörvendés joie maligne *v* mauvaise
kárörvendő malicieux, -euse; méchant, -e
Kárpát-medence bassin carpathique *v* pannonique
Kárpátok [~at] les Karpathes *v* Carpathes *m pl*
karperec bracelet *m*
kárpit [~ok, ~ot, ~ja] tenture; tapisserie *f; (ajtón)* portière *f*
kárpitos [~ok, ~t, ~a] décorateur; tapissier *m*
kárpitosműhely atelier *m* de tapissier; *(autógyárban)* sellerie *f*

kárpitoz [~tam, ~ott, ~zon] tapisser *v* tendre de qc; *(bútort)* capitonner
kárpitozás capitonnage; tapissage *m;* *(belső kidolgozás)* rembourrage *m;* *(lakásé)* decoration *f*
kárpótlás dédommagement *m;* réparation; indemnisation *f;* *(kiegyenlítő)* compensation *f;* *(pénzbeli)* indemnité *f*
kárpótol [~tam, ~t, ~jon] 1. ~ *vkit vmiért* dédommager *v* indemniser *v* revancher q de qc; 2. ~ *vmit* compenser ; racquitter; 3. ~*ja magát vmiből* se rembourser *v* se rattraper sur qc
karrier [~ek, ~t, ~je] carrière *f;* ~*t csinál* réussir; arriver
karszalag brassard *m*
kartács [~ok, ~ot, ~a] (charge à) mitraille; mitraillade *f;* -*ccsal lő vmit* tirer à mitraille sur qc
kártalanít [~ottam, ~ott, ~son] indemniser; dédommager
kártalanítás indemnisation *f;* pénzbeli *v vagyoni* ~ réparation pécuniaire *f*
kartánc danse *f* en chœur; chœur *m* de danse
kartárs collègue; confrère *m*
kartársnő collègue *f*
kartávolságnyira à portée de bras
kártékony [~ak, ~at] *ld:* **káros**
kartell [~ek, ~t, ~je] cartel *m;* a ~*ek felszámolása* décartellisation *f*
kartempó brassée *f*
kártérítés dommages-intérêts *m pl;* indemnité; réparation *f* du préjudice; ~*t követel* réclamer *v* exiger des dommages-intérêts
kártevő I. *(mn)* nuisible; nocif, -ive; malfaisant, -e; II. *(fn)* 1. l'auteur du dommage; 2. *szándékos* ~ saboteur, -euse *n ;* 3. *állati* ~ parasite animal; *növényi* ~ parasite végétal
kártol [~tam, ~t, ~jon] peigner; carder; briser
kártolt [~ak, ~at; ~an] ~ *gyapjú* laine cardée *v* peignée
karton [~ok, ~t, ~ja] 1. *(papír)* carton *m;* 2. *(rajz)* carton ; 3. *(szövet)* indienne; cretonne *f*

kartondoboz carton *m;* boîte *f* en carton
kartoték [~ok, ~ot, ~a] fichier; cartonnier; classeur *m* de fiches
kartotéklap fiche *f* de classement; *(rendőri)* feuille *v* fiche signalétique *f*
kartő naissance *f* du bras
kartörés fracture *f* du bras
kártya [-ák, -át, -ája] 1. carte *f;* *(a játék)* les cartes; *(amivel játszunk)* un jeu (de cartes); *jó* ~ beau jeu; *egy csomag* ~ un jeu (de cartes); *jó -ája van* avoir un beau jeu; *-ából olvas v jósol* tirer *v* faire les cartes; *mindent egy -ára tesz fel* risquer le tout pour le tout; *keveri a -át* battre *v* mêler *v* brouiller les cartes; *lerakja a -áját* abattre son jeu; *-át oszt* donner *v* faire *v* distribuer les cartes; *-át vet* tirer les cartes; 2. *átv:* a ~ *ördöge* le démon du jeu; *utolsó -ája* sa dernière carte; *belelát a -ájába* voir le dessous des cartes; *nyílt -ával játszik* jouer cartes sur table
kártyaasztal table *f* à jeu
kártyabarlang brelan; tripot *m*
kártyagyár carterie *f*
kártyalap carte *f*
kártyapartner partenaire *n* de jeu
kártyás joueur (enragé *v* passionné); joueur professionnel
kártyaszoba salle *f* de jeu; salon *m* de jeu
kártyatrükk tour *m* de cartes
kártyavár château *m* de cartes
kártyázik [~tam, ~ott, ~zék *v* ~zon] jouer aux cartes
karvaly [~ok, ~t, ~a] autour; épervier *m*
karzat 1. *szính:* poulailler *m;* 2. *(parlamenti)* tribune *f;* 3. *templomi* ~ tribune d'orgues
kas [~ok, ~t, ~a] 1. *méh:* ruche *f;* 2. *(kocsié)* banne; bannette *f;* 3. *bány:* cage *f*
kása [-ák, -át, -ája] *(köles~)* mil(let) *m;* *(árpa~)* orge mondé; *(dara~)* gruau *m*
kásás 1. *(gyümölcs)* farineux; grumeleux, -euse; 2. ~ *étel* bouillie *f*
Kásmír [~t] le Cachemire

Kaspi-tenger la mer Caspienne
kastély [~ok, ~t, ~a] château; manoir; castel *m*
kasza [-ák, -át, -ája] faux *f;* ~ *foka* talon *m* de la faux; *élesíti -áját* affiler sa faux
kaszabol [~tam, ~t, ~jon] sabrer; massacrer
kaszakés serpe *f*
kaszakő pierre *f* à aiguiser; fusil *m* de faucheur
kaszál [~tam, ~t, ~jon] faucher
kaszálás fauchage *m;* fauchaison *f; (szénáé)* fenaison *f*
kaszáló [~k, ~t] 1. faucheur *m;* 2. prairie *f* de fauche; herbage *m*
kaszálógép faucheuse *f*
kaszárnya [-ák, -át, -ája] caserne *f*
kaszás faucheur *m; a nagy Kaszás* la grande Faucheuse; la Camarde
kaszinó [~k, ~t, ~ja] 1. cercle; club *m;* 2. *(fürdőn)* casino (de plage); kursaal *m*
kassza [-ák, -át, -ája] 1. caisse *f; (ablakkal)* guichet *m; (Wertheim)* coffre-fort *m;* 2. *kárty:* banque *f*
kasszafúró perceur *m* de coffre-fort
kasszírnő caissière; dame *f* du comptoir
kaszt [~ok, ~ot, ~ja] caste *f*
kasztrál [~tam, ~t, ~jon] châtrer
kasztrált castrat *m*
kasztrendszer système *v* régime *m* des castes
kasztszellem esprit *m* de caste
katakomba [-ák, -át, -ája] catacombe *f*
Katalin [~ok, ~t, ~ja] Catherine *f*
katalizátor catalyseur *m*
katalógus catalogue *m;* nomenclature *f;* répertoire; rôle *m*
katáng [~ok, ~ot, ~ja] *mezei* ~ chicorée sauvage *f*
kataszter [~ek, ~t, ~e] cadastre; plan parcellaire; livre foncier
kataszteri [~ek, ~t] cadastral, -e; ~ *birtokív* feuille cadastrale; ~ *felmérés* levé *m* du cadastre; ~ *jövedelem* revenu foncier établi au cadastre; ~ *kivonat* extrait *m* du cadastre; ~ *szemle (irat)* désignation cadastrale
katasztrális [~ok, ~t] cadastral, -e

katasztrófa [-ák, -át, -ája] catastrophe *f;* désastre; sinistre *m; (összeomlás)* débâcle *f*
katasztrofális [~ak, ~at] catastrophal, -e; catastrophique
káté [~k, ~t, ~ja] catéchisme *m*
katedra [-ák, -át, -ája] chaire *f; a -áról* du haut de la chaire
katedrális cathédrale *f*
katekizmus catéchisme *m*
Kati [~k, ~t, ~ja]; **Katica** [-ák, -át, -ája] Catherinette; Cate *f*
katicabogár coccinelle; bête *f* à bon Dieu
katlan [~ok, ~t, ~ja] 1. chaudière *f;* 2. *földr:* vallée encaissée; cirque *m*
katód [~ok, ~ot, ~ja] cathode *f*
katolicizmus catholicisme *m;* catholicité *f*
katolikus I. *(mn)* catholique; *jó* ~ *életet él* pratiquer; II. *(fn)* catholique *n; a ~ok* les Latins
katolizál [~tam, ~t, ~jon] I. *(tgy i)* catholiciser; II. *(tgyl i)* se faire catholique
katona [-ák, -át, -ája] 1. *rég:* soldat; homme *m* de guerre; 2. *(ma)* soldat; militaire; troupier; *vitéz* ~ brave soldat *v* militaire; *-ának áll v megy* s'engager
katonabanda musique militaire; clique *f*
katonáék les militaires; ~*nál* dans le militaire
katonaélet vie militaire *v* de garnison *f*
katonaévek années *f pl* de service
katonai [~ak, ~t] militaire; ~ *alakulat* formation (para)militaire *f;* ~ *bíróság v bíráskodás* justice militaire *f;* ~ *célpontokat bombáz* bomb arder des objectifs militaires; ~ *erő* forces *f pl;* ~ *erővel* militairement *;* ~ *kiképzés* instruction *v* formation militaire *f;* ~ *kiürítés* évacuation militaire *f; (területé, városé)* démilitarisation *f;* ~ *kordon* cordon *m* de troupes; ~ *kórház* hôpital militaire; *lazaret m;* ~ *körzet* circonscription militaire *f;* ~ *köszöntés* salut militaire *m;* ~ *pálya* la carrière des armes; état militaire *m;* ~ *pontossággal* heure militaire; ~ *szellem*

esprit militaire *m;* *(túlhajtott)* militarisme *m* ; ~ *szolgálatban visszatart* maintenir sous les armes; ~ *szolgálatból elbocsátott (katona)* libéré *(m);* ~ *szolgálatra alkalmas* apte au service militaire; ~ *szolgálatra alkalmatlan* impropre au service; ~ *szolgálatra kötelezett* astreint au service militaire; ~ *támaszpont* base militaire*f;* ~ *térkép* carte *f* d'état-major; ~ *tiszteletadás* honneurs militaires *m pl;* ~ *üdvözlés* salut militaire *m*
katonaiskola école militaire *f*
katonakabát *(zubbony)* vareuse *f; (díszes)* tunique*f; (köpeny)* capote*f*
katonakenyér pain *m* de munition; boule *f* de son
katonaköpeny capote *f*
katonaköteles astreint au service militaire; obligé de servir
katonakötelezettség obligation *f* du service militaire; *általános* ~ service obligatoire et égal pour tous
katonaláda cantine *f; (tiszti)* cantine d'officier
katonaló cheval *m* de remonte
katonaorvos médecin militaire
katonapolitikai osztály 2e bureau *m*
katonás martial, -e; militaire; *pej:* soldatesque; ~ *megjelenés* tournure militaire *f;* air martial; ~ *rendben felvonuló csapat* troupe qui défile martialement
katonaság 1. l'armée *f;* les soldats; les troupes; 2. *a* ~ les autorités militaires *f*
katonasapka coiffure militaire *f;* képi *m; (ellenző nélkül)* calot *m*
katonásdi jeu *m* de bataille; ~*t játszik* jouer au soldat
katonáskodik [~tam, ~ott, ~jék *v* ~jon] servir (dans l'armée); être soldat; porter les armes *v* l'uniforme
katonaszökevény déserteur; insoumis; transfuge *m*
katonatiszt officier *m*
katonaviselt qui a fait son service; *(háborút viselt)* ancien combattant
katonazene orchestre militaire *m;* musique militaire *f*

kátrány [~ok, ~t, ~a] goudron; coaltar; brai(s) liquide *m*
kátrányfesték couleur *f* d'aniline
kátránypapír(lemez) carton *v* papier bitumé *v* asphalté
kattan [~t, ~jon] faire un bruit sec
kattanás déclic; bruit sec
kattog [~ott, ~jon] faire un bruit sec; faire tac-tac; tactaquer; tictaquer; *(gépfegyver)* crépiter; *(írógép)* cliqueter
kattogás bruit sec; tic-tac; tac-tac *m; (gépfegyveré)* crépitement *m*
kátyú [~k, ~t, ~ja] bourbier *m;* fondrière *f;* ~*ba jut* s'embourber; s'enliser *(átv. is); átv:* rester en panne
kaució [~k, ~t, ~ja] cautionnement *m;* caution *f;* ~*t tesz le* verser *v* fournir une caution *v* un cautionnement
kaucsuk [~ok, ~ja] caoutchouc *m;* gomme élastique *f*
kaucsukfa caoutchoutier; arbre *m* à caoutchouc; hévée *f*
kaucsuktej *növ:* latex; suc laiteux
Kaukázus le Caucase
kauzális causal, -e; ~ *nexus v kapcsolat* rapport *m* de (la) cause à (l')effet
káva [-ák, -át, -ája] margelle *f*
kavar [~tam, ~t, ~jon] 1. remuer; agiter; brasser; mélanger; *(maltert)* gâcher; 2. *koh:* puddler; 3. *átv:* ~*ja a dolgokat* brouiller les cartes
kavargás 1. *(vízé)* tourbillonnement *m; a hullámok* ~*a* le remous des vagues; 2. *átv:* tumulte; remous *m;* confusion *f*
kavargó [~k, ~t] 1. tourbillonnant, -e; agité(e) de remous; ~ *szél* tourbillon *m;* 2. *átv:* tumultueux, -euse; tumultuaire
kavarodás 1. désarroi *m;* bagarre; confusion *f;* 2. *(harci)* mêlée *f*
kavarog [~tam, -rgott, ~jon] tourbillonner; tournoyer; ~ *a gyomra* il est pris de nausée
kavarókanál 1. spatule *f;* 2. *(malterhez)* gâche *f*

kávé [~k, ~t, ~ja] café *m*; *(tejes)* ~ café-crème; café au lait; *tiszta* ~ café nature
kávébab café en grains; grain de café *m*
kávébarna café; couleur de café; café au lait
kávécserje caféier; cafier *m*
kávédaráló 1. moulin *m* à café; 2. *gúny*: *(kisvasut)* tortillard *m*
kávéfőző gép percolateur *m*
kávéház café *m*; *kis* ~ cabaret *m*
kávéháztulajdonos cafetier *m*; limonadier, -ière *n*
kávépörkölő brûloir; torréfacteur *m*
kávéscsésze tasse *f* à café
kávésipar limonade; limonaderie *f*
kávéskanál cuiller *f* à café
kávéskanna cafetière *f*; *(egyenes nyelű)* verseuse *f*
kávéskészlet service *m* à café
kávéültetvény plantation de caféiers; caféière *f*
kaviár [~ok, ~t, ~ja] caviar *m*
kavics [~ok, ~ot, ~a] caillou; silex *m*; *(homokkal kevert)* gravier *m*; *folyami* ~ caillou de rivière
kavicsbánya gravière; tracière *f*
kazal [kazlak, kazlat, kazla] meule (longue); *(kicsi)* moyette *f*
kazamata [-ák, -át, -ája] casemate *f*; souterrain(s) *m (pl)*
kazán [~ok, ~t, ~ja] chaudière *f* (à vapeur); *haj*: chauffe *f*
kazánfűtő chauffeur (chargé de la chaudière)
kazánház salle *v* chambre de chauffe; chaufferie *f*
kazánkovács monteur *m* de chaudière
kazánkő tartre; calcin *m*; incrustation *f* (de chaudières); dépôt *m*
kazánnyomás pression *f* dans la chaudière; timbre *m* de chaudière
kazetta [-ák, -át, -ája] 1. cassette *f*; coffret *m*; 2. *fényk*: châssis mobile *v* à rideau *m*
kebel [keblek, keblet, keble *v* ~e] 1. sein *m*; poitrine; gorge *f*; *keblén melenget* réchauffer dans son sein; 2. *átv*: sein; *az Egyház ~ébe* dans le giron de l'Église; *vminek a ~ében au sein de qc*

kebelbeli [~ek, ~t] faisant parti des cadres
kecsege [-ék, -ét, -éje] sterlet; strelet; esturgeon *m* de Russie
kecsegtet; *vmivel* ~ faire miroiter qc aux yeux de q; *hiú ábrándokkal ~i magát* se repaître de chimères; *azzal ~i magát, hogy* se flatter de *(inf) v* que
kecsegtető [~ek, ~t; ~en] séduisant; tenant; alléchant; aguichant, -e
kecses [~ek, ~et] gracieux, -euse; charmant, -e; *(vékony)* gracile
kecsesség grâce *f*; charme *m*; gentillesse; finesse *f*; *(karcsú)* gracilité *f*
kecske [-ék, -ét, -éje] 1. chèvre; bique *f*; 2. *gúny*: *vén* ~ rocantin; vert galant
kecskebak bouc *m*; *(öreg)* bouquin *m*
kecskebéka grenouille (verte)
kecskebőr peau *f* de chèvre; chevreau; chevrotin *m*
kecskegida chevreau *m*; chevrette *f*; cabri *m*
kecskeláb 1. pied *m* de bouquin; 2. *(bútor)* tréteau; chevalet *m*; *(fafűrészeléshez)* un X
kecskerágó fusain; évonyme *m*
kecskeszakáll barbiche *f*; bouc *m*; *kis* ~ *(III. Napóleon-féle)* (barbe) impériale *f*
kedd [~ek, ~et, ~je] mardi *m*; *minden ~en* tous les mardis; le mardi
kedély [~ek, ~t, ~e] 1. humeur *f*; esprit; tempérament *m*; *lehangolt* ~ abattement *m*; *víg* ~ humeur enjouée; 2. *a ~ek* les esprits; les cœurs; les nerfs; *a ~ek erősen feszültek* les esprits sont tendus; *felizgatja a ~eket* jeter l'alarme dans les cœurs
kedélyállapot moral *m*; disposition d'âme *v* d'esprit; humeur; assiette *f*; *(többeké)* climat moral
kedélybeteg névrosé(e); névropathe; neurasthénique; psychopathe *(n)*
kedélyes [~ek, ~et] jovial, -e; bonhomme; *(arc, tekintet)* amusé, -e; ~ *este* soirée agréable *v* réussie; ~ *mosoly* sourire jovial; ~ *társalgás* conversation familière

kedélyeskedik [~tem, ~ett, ~jék v ~jen] prendre un faux air de bonhomie
kedélyhullámzás saute f d'humeur
kedélytelen fade; morose; morne; maussade
kedv [~et, ~e] **1.** humeur f; entrain m; jó ~ bonne v belle humeur; olyan ~ben van, hogy être d'humeur à (inf); jó ~re derit v hangol mettre en train; jobb ~re hangol remonter le moral de q; **2.** envie; disposition f (d'esprit); entrain; courage; goût m; kedve ellen à contrecœur; ~e szerint à volonté; à sa fantaisie; ki-ki a maga ~e szerint chacun à sa guise; elment a ~e tőle l'envie lui en a passé; ~e jön v kerekedik vmihez prendre goût à qc; ha a ~e tartja si le cœur vous en dit; amint ~e tartja comme il vous plaira; à votre aise; ~e van (inf) avoir envie de (inf); être bien disposé(e) pour (inf); ~e volna arra, hogy être tenté(e) de (inf); semmihez sincs ~e il n'a plus le cœur à rien; kedvében jár vkinek essayer de plaire à q; a maga kedvéért par l'amour de vous; kedvére à son aise; à volonté; selon sa guise; ~ére való à son goût; selon son goût; nincs ~emre cela ne me dit rien; kedvet csinál vkinek faire envie à q; ~et kap vmire v vmihez prendre goût à qc; ~ét tölti se divertir; se délasser; kedvvel avec plaisir v zèle v entrain
kedvel [~tem, ~t, ~jen] goûter; affectionner; aimer; chérir; avoir du goût pour qc; ~ vkit avoir de l'amitié pour q; nem ~ik on ne l'aime pas
kedvelés l'affection f (pour qc); l'attachement m (à qc, pour qc); l'amour m (de qc)
kedvelő [~k, ~t, ~je] **I.** (mn) **1.** amateur de qc; amoureux, -euse de qc; **2.** árnyékot ~ virágok fleurs amies de l'ombre; **II.** (fn) amateur m; a jó konyha ~je amateur de bonne chère
kedvelt [~ek, ~et] en vogue; recherché; demandé, -e

kedvenc [~ek, ~et, ~e] **I.** (mn) préféré, -e; (le plus) cher, chère; chérie, -e; favori, -ite; ~ foglalkozás hobby m; ~ olvasmány livre m de chevet; **II.** (fn) (ember) familier; intime; préféré; favori m; ő a nők ~e il est la coqueluche des femmes
kedves [~ek, ~t, ~e] **I.** (mn) **1.** (bájos) gentil, -ille; charmant, -e; (helyről) agréable; joli; charmant, -e; köszönöm ~ levelét merci pour votre aimable lettre; **2.** (kedvelt, szeretett, szívesen látott, legkedvesebb) cher, chère; chéri; affectionné, -e; nagyon ~ neki il y tient; il lui est attaché; ha ~ az élete si vous tenez à la vie; leg~ebb szórakozása son amusement préféré v favori; leg~ebb fia son fils bien-aimé; **3.** (nyájas) affable; agréable; gentil, -ille; ~ vkihez avoir de la complaisance pour q; ez ~ öntől c'est aimable v gentil à vous; legyen olyan ~! faites-moi ce plaisir; legyen olyan ~ és ayez v voulez-vous avoir l'obligeance de (inf); ~ felesége Madame votre femme; Mme X. (névvel); a ~ nővére votre sœur; Mlle X. (névvel); **II.** (fn) **1.** ~ei les siens; sa famille; ceux qu'il aime; **2.** ~em (férfi) chéri; mon cher; (nő) chérie; ma chère; ma mignonne; **3.** (férfi) bien-aimé m; (szerető) amant m; (nő) bien-aimée f; (szerető) maîtresse; amante f
kedveskedés amabilités; tendresse; gentillesses f pl; cajolerie f
kedveskedik [~tem, ~ett, ~jék v ~jen] **1.** ~ vkinek faire des politesses à q; cajoler q; **2.** ~ vmivel se rendre agréable à q en (part. prés.); (ajándékkal) gratifier q de qc
kedvesség 1. charme m; amabilité; gentillesse f; **2.** (szívesség) complaisance; gentillesse; amabilité; affectuosité f
kedvetlen [~ek, ~t] de mauvaise humeur; découragé; dépité, -e
kedvetlenség désappointement; découragement; dépit m; (mauvaise) humeur

kedvez .[~tem, ~zett, ~zen] ~ *vkinek, vminek* favoriser q *v* qc; avantager q; *a körülmények* ~*tek neki* les circonstances l'ont bien servi; *a sors neki* ~ le sort se montre favorable à lui **kedvezés 1.** faveur(s) *f (pl);* complaisance *f;* préférence(s) *f (pl);* grâce *f;* **2.** tour *v* traitement *m* de faveur; cote *f* d'amour **kedvezmény 1.** avantage *m;* dispense *f;* bénéfice *m;* ~*ben részesít* accorder une faveur; **2.** *(pénzbeli)* prime; gratification; réduction *f;* 5%-*os* ~ une remise *v* un rabais de 5 p. c.; **3.** *dipl: a legtöbb* ~ *biztosítása* traitement *m* de la nation la plus favorisée **kedvezményes** [~ek, ~et] **I.** *(mn)* de faveur; à tarif réduit; *(adó szempontjából)* détaxé, -e; *(vám szempontjából)* préférentiel, -elle; **II.** *(fn)* bénéficiaire *n*
kedvező [~ek *v* ~k, ~t] *(vkinek)* favorable (à); avantageux, -euse (pour); propice (à); bon(ne) (à); ~ *ajánlat* offre avantageuse; ~ *alkalom* occasion favorable *f; felhasználta a* ~ *alkalmat* il s'est prévalu de l'opportunité; ~ *fogadtatásra talál* trouver faveur auprès de q; ~ *idő* ciel bénin; temps favorable *m;* ~ *időpont* le bon moment; le moment psychologique; ~ *megoldás esetén* dans l'hypothèse favorable; ~ *megvilágításban mutat be* présenter sous un jour favorable; ~ *sors* destin ami; ~ *szél* vent favorable *v* propice *v* franc; *mindent* ~ *színben lát* voir tout en blanc; ~ *színben tüntet fel* rhabiller; *igen* ~ *színekkel fest le* peindre sous les plus belles couleurs
kedvezőtlen défavorable (à); désavantageux; malencontreux, -euse; ~ *fordulatot vesz* prendre une tournure malencontreuse; ~ *gazdasági helyzet* mauvaise passe économique; ~ *jel* indice fâcheux
kedvtelés divertissement *m;* distraction *f;* délassement; passe-temps; plaisir *m;* ~*ből* par plaisir
kefe [-ék, -ét, -éje] **1.** brosse *f; (üvegtisztításra)* goupillon *m; (kémény-*

seprőé) hérisson *m; biz: nem ettem -ét* pas si bête.! **2.** *vill:* balai; frotteur *m*
kefekötő brossier *m; iszik, mint egy* ~ boire comme un Polonais *v* comme un trou
kefél [~tem, ~t, ~jen] **1.** brosser; **2.** *(parkettát)* frotter
kefelevonat épreuve *f* (à la brosse)
kefír [~ek, ~t, ~je] kéfir; képhir; galazyme *m*
kegy [~ek, ~et, ~e] faveur *f;* bonnes grâces *f pl;* grâce *f; különös* ~ faveur spéciale; ~*eibe férkőzött* bien établi(e) dans ses faveurs; *nagy* ~*ben áll* être très en faveur; être bien en cour; *(vkinél)* être bien *v* en bonne odeur auprès de q; *kiesik vkinek a* ~*éből* tomber en disgrâce auprès de q; ~*et gyakorol* accorder une faveur; *a szerencse elhalmozza* ~*eivel* la fortune le comble *v* lui sourit
kegydíj pension *f;* ~*at fizet* faire *v* verser une pension
kegyel [~tem, ~t, ~jen] aimer; favoriser; accorder ses faveurs à q
kegyelem [-lmek, -lmet, -lme] **1.** clémence; grâce *f; a* ~ *érzése* miséricorde; pitié *f;* sentiment *m* de pitié; *kegyelem!* pitié! grâce! *nincs* ~*!* point *v* pas de pitié ! pas de quartier ! ~*re megadja magát* se rendre à discrétion *v* à merci; -*lmet ad vkinek* accorder sa grâce à q; *(jog:)* gracier q; amnistier q; -*lmet kér* demander merci à q; *jog:* se pourvoir en grâce; **2.** *vall: isteni* ~ grâce de Dieu *v* divine
kegyelemdöfés coup *m* de grâce; *a* ~*t megadja vkinek* achever q
kegyelet piété *f*
kegyeletes [~ek, ~et] pieux, -euse ~ *piété;* ~ *aktus* cérémonie pieuse *v* touchante
kegyeletsértés profanation *f;* sacrilège *m*
kegyelmez [~tem, ~ett, ~zen] pardonner à q; gracier q; faire grâce à q; *nem* ~ *il* ne pardonne pas; *a halál senkinek sem* ~ la mort n'épargne personne

kegyelmi [~ek, ~t] 1. de grâce; gracieux, -euse; ~ *aktus* mesure *f* de clémence; ~ *idő* délai *m* de grâce; ~ *kérvényt nyújt be* se pourvoir en grâce; ~ *tanáccsá alakul* se retirer pour délibérer sur le recours en grâces; 2. *vall:* ~ *állapot* état *m* de grâce
kegyenc [~ek, ~et, ~e] favori *m*
kegyencnő favorite *f*
kegyes [~ek, ~et] 1. bienveillant, -e; charitable; ~ *alapítvány* fondation pieuse; 2. condescendant, -e; 3. *(vallásos)* pieux, -euse; dévot, -e
kegyeskedik [~tem, ~ett, ~jék *v* ~jen] daigner *(inf); ~jék* faites-moi la faveur de *(inf)*
kegyetlen cruel, -elle; atroce; inhumain, -e; féroce; ~ *apa* père dénaturé; ~ *bánásmód* traitement inhumain *v* brutal; sévices *m pl;* ~ *bosszú* vengeance atroce *f;* ~ *fájdalom* douleur atroce *f;* ~ *sors* destin cruel; ~ *zsarnok* tyran farouche *m*
kegyetlenkedés atrocités *f pl;* cruauté *f; (egy személlyel)* sévices; excès *m pl*
kegyetlenkedik [~tem, ~ett, ~jék *v* ~jen] commettre des atrocités
kegyetlenség cruauté; inhumanité; dureté; atrocité; sauvagerie; brutalité *f*
kegyhely lieu saint
kegyszer objet de piété *v* de culte *v* de sainteté *v* pieux *v* liturgique
kegyúri *egyh:* patronal, -e; ~ *jog* droit *m* de patronage
kegyvesztett être dans la disgrâce; être disgracié(e); ~ *lesz* tomber en disgrâce
kehely [kelyhek, kelyhet, kelyhe] 1. calice; gobelet *m; (áldozó)* calice; 2. *növ:* calice; godet *m*
kehes [~ek, ~et; ~en] 1. poussif, -ive; 2. *(ember)* étique; graillonneur
kéj [~ek, ~t, ~e] volupté *f;* délice *f pl;* jouissance *f*
kéjeleg [~tem, -lgett, ~jen] 1. ~ *vmiben* se délecter à (la vue de) qc; éprouver une délectation à *(inf);* 2. *(nemileg)* forniquer

kéjelgés 1. délectation *f* (à qc); 2. *(nemi)* luxure; lubricité; fornication *f; titkos* ~ prostitution clandestine
kéjenc [~ek, ~et, ~e] débauché; paillard; libertin; libidineux *m;* jouisseur, -euse *n*
kéjes [~ek, ~et] 1. voluptueux, -euse; 2. *(csak nemi értelemben)* lascif, -ive; concupiscent, -e; lubrique
kéjgyilkosság crime sadique *m*
kéjnő fille de joie; femme *v* fille galante
kék [~ek, ~et; ~en] I. *(mn)* bleu; azur; céruléen, -enne; cérulé, -e; *(zöldes)* glauque; ~ *folt* noir *m;* II. *(fn) az ég ~je* le bleu du ciel; l'azur *m*
kékeslila lilas bleu; bleu lilas
kékesszürke gris bleu; gris-bleu
kékeszöld bleu-vert; bleu vert; pers, -e; glauque
kékharisnya bas-bleu *m*
kékít [~ettem, ~ett, ~sen] bleuir; *(fehérneműt)* passer au bleu
kékítő [~k, ~t, ~je] bleu *m; (mosáshoz)* bleu; azur *m*
kékróka renard bleu; isatis *m*
keksz [~ek, ~et, ~e] gâteau sec; cake; biscuit *m*
kékszakáll(ú herceg) la Barbe-Bleue
kékül [~tem, ~t, ~jön] bleuir; ~*zöldül* changer de couleur
I. **kel** [~tem, ~t, ~jen] 1. *(ágyból)* se lever; 2. *(égitest)* se lever; 3. *(tésztáról)* se lever; bouffer; 4. *(növény)* lever; 5. *(áru)* se débiter; se vendre; 6. ~*t Párizsban,* 1966. *szept.* 27-*én* donné à Paris, le 27 septembre 1966
II. **kel** [~ek, ~t, ~je] *ld:* **kelkáposzta**
kelbimbó chou *m* de Bruxelles; cymette *f*
kelendőség débit facile; écoulement; placement *m; rossz* ~ mévente *f*
kelengye [-ék, -ét, -éje] 1. trousseau *m* (de jeune mariée); 2. *(babáé)* layette *f*
kelepce [-ék, -ét, -éje] 1. piège; traquenard *m;* attrape *f; -ébe csal* tendre des panneaux; *-ébe esik* donner dans le traquet; 2. *átv:* piège *m;* embûche *f;* lacets *m pl;* trappe *f; -ébe csal* faire tomber

kelepel 458 **kellemetlen**

dans une embuscade v *(gyilkosok)* dans un guet-apens
kelepel [~t, ~jen] *(gólya)* claqueter; craqueter
kelés 1. *(ágyból; csillagé)* lever *m*; **2.** *(tojásból)* éclosion *f*; *(ideje)* incubation *f*; **3.** *orv*: clou; furoncle; abcès *m*
kelet 1. est; orient *m*; *a Kelet* l'Orient; *le Levant*; ~ *felé* vers l'est; à l'est; ~ *felől*; ~*ről a)* de l'est; du côté est; *b)* de l'Orient; **2.** date *f*; ~ *nélkül(i)* sans date; *korábbra tett* ~*tel* antidate *f*; **3.** *nagy* ~*e van* on se l'arrache
keletbélyegző timbre à date *v* dateur
Kelet-Európa l'Europe orientale
keleti [~ek, ~t] **I.** *(mn)* **1.** *(égtáj)* est; d'est; **2.** *földr*: oriental, -e; d'Orient; du Levant; levant, -e; ~ *államok* États *m pl* de l'Orient; *a* ~ *kérdés* la question d'Orient; ~ *oldal* côté est *m*; ~ *pályaudvar* gare *f* de l'Est; **II.** *(fn)* Oriental, -e *n*
Kelet-India les grandes Indes; les Indes Orientales
Keleti-tenger la (mer) Baltique
keletkezés naissance; origine; formation; génération; production *f*
keletkezik [~tem, ~ett, ~zék *v* ~zen] **1.** se produire; se former; prendre naissance (dans); **2.** ~ *vmiből* résulter *v* provenir de qc; **3.** *(gőz, gáz)* se dégager; **4.** *mat*: être engendré(e)
keletnémet est-allemand, -e
Kelet-Németország l'Allemange orientale; la D. D. R.
kelkáposzta chou *m*; choux blancs
kell [~ettem, ~ett, ~jen] **1.** *(vmi)* il le faut *(inf*: falloir); *mi* ~? qu'est-ce qu'il vous faut? *mennyi* ~ *még?* combien faut-il encore? *úgy* ~ *neki!* c'est bien fait pour lui! *neki sem* ~*ett több* il ne demanda pas son reste; *még csak ez* ~*ett* il ne manquait plus que cela; **2.** *nem* ~ je n'en veux pas; il n'en faut pas; *nem* ~ *se testemnek, se lelkemnek* je m'en passerais bien; **3.** *(főn. igenévvel)* devoir *(inf)*; il faut *(inf)*;

avoir à *(inf)*; avoir besoin de *(inf)*; *át* ~ *néznem ezt a könyvet* j'ai a *v* je dois parcourir ce livre; *engedelmeskedni* ~ *(külső kényszer hatása alatt)* force est d'obéir; *ennek meg* ~ *lenni* cela se doit; il le faut; *hová* ~ *tenni?* où faut-il le mettre? *meg* ~*ett, hogy értse* il doit l'avoir compris; **4.** *(vmi vmihez)* demander; falloir; *ehhez idő* ~ cela demande du temps; **5.** ~ *még hozzá* il s'en manque; **6.** ~ *vminek, hogy* employer; falloir
kellék [~ek, ~et, ~e] **1.** *(tárgy)* accessoire *m*; *tb*: fourniture; garniture *f*; **2.** *szính*: accessoire *m*; **3.** *(ételhez, keverékhez)* ingrédient *m*; **4.** *ált*: attirail *m*; **5.** *(szellemi értelemben)* attribut *m*; qualité *v* formalité requise
kellemes [~ek, ~et] **I.** *(mn)* **1.** agréable; gracieux, -euse; ~ *emlékekkel távozik* emporter un agréable souvenir; ~ *hir* joyeuse nouvelle; ~ *illatú* agréable à l'odorat; ~ *külső* extérieur plaisant; ~ *melegség* chaleur douce; ~ *modor* manières avenantes; **2.** *itt* ~ il fait bon ici; ~ *lenne, ha* il serait agréable de *(inf)*; ~ *nyaralást!* bonnes vacances! **II.** *(fn)* összeköti *a hasznost a* ~*sel* joindre l'utile à l'agréable
kellemetlen [~ek, ~t] désagréable; fâcheux, -euse; déplaisant, -e; *(feladatról stb.)* ingrat, -e; *(emberről így is:)* gênant, -e; *ez* ~ c'est un malheur; *ha önnek nem* ~ si cela ne vous fait rien *v* ne vous gêne; ~ *ember* déplaisant personnage; *(aki útban van)* personnage encombrant; ~ *emlékeket ébreszt* réveiller des souvenirs fâcheux; ~ *fráter* vilain moineau; ~ *helyzetbe hoz v sodor* mettre en fâcheuse posture; *v* en peine; ~ *helyzetben van* être dans une mauvaise passe; ~ *idő* temps morose *m*; ~ *külsejű* repoussant, -e; ~ *meglepetés* surprise fâcheuse; *a dolog* ~ *oldala az, hogy* le fâcheux de l'événement est que; ~ *szag* odeur incommodante; ~ *természetű ember* un

homme difficile à vivre; ~ *zaj* bruit désagréable *m*
kellemetlenkedik [~tem, ~ett, ~jék *v* ~jen] ~ *vkinek* désobliger q; se rendre désagréable à q; vexer q; molester q
kellemetlenség désagrément; ennui *m;* importunité *f; súlyos* ~ grave ennui; cruelle mésaventure; ~*ei voltak* il lui est arrivé des histoires; il a eu des désagréments; ~*ei lehettek volna* il aurait pu être inquiété; ~*et támaszt vkinek* faire une histoire à q
kelleti *magát* faire des avances; faire le coquet *v* la coquette; minauder
kelletlen contrarié, -e; maussade; boudeur, -euse
kelletlenül à contre-cœur; de mauvaise grâce; à son corps défendant
kellő [~ek, ~t] voulu; requis, -e; convenable; approprié, -e; ~ *formában* en bonne et due forme; ~ *időben* en temps opportun; ~ *módon* bien et dûment; ~ *számban* en nombre (voulu)
kelme [-ék, -et, -éje]. étoffe *f;* tissu *m*
kelmefestő teinturier; ouvrier teinturier
I. *(ige)* **kelt** [~ettem, ~ett, ~sen] 1. réveiller; 2. *(érzést)* (r)éveiller; susciter; provoquer; faire naître; inspirer; *nagy hatást* ~ produire de l'effet *v* un grand effet; *undort* ~ *vkiben* donner du dégoût *v* de la nausée à q; 3. *hírt* ~ donner naissance à un bruit; *illúziót* ~ faire illusion
II. *(mn)* **kelt** [~et; ~en] 1. *(tészta)* (pâte) levée; 2. daté(e); fait à ...; donné à ...; ~ *mint fenn* fait comme ci-dessus
kelta [-ák, -át, -ául] celtique; Celte *m*
keltez [~tem, ~ett, ~zen] dater; *előbbre* ~ antidater
keltezés date; datation *f; előbbre* ~ antidate *f*
keltő [~k, ~t; ~en] *feltűnést* ~ sensationnel, -elle; *gyanút* ~ suspect, -e
kelvirág chou-fleur *m*
kém [~ek, ~et, ~e] espion; agent *m; (megvető ért.)* mouchard; limier *m*
kémcső tube *m* à essai *v* d'essais *v* à expérience; éprouvette *f*

kémelhárítás contre-espionnage *m*
kémelhárító *iroda* le deuxième bureau; ~ *szolgálat* service *m* de contre-espionnage
kemence [-ék, -ét, -éje] 1. four *m;* *(olvasztó)* haut fourneau; *-ébe veti a kenyeret* mettre le pain au four; -*éből kivesz* défourner; 2. *ált és átv: nagy* ~ fournaise *f*
kemény 1. dur, -e; ferme; solide; endurci, -e; ~ *gallér* faux-col dur *v* empesé; ~ *hús (élő)* chair ferme *f; (ehetetlen)* viande coriace *f;* ~ *kenyér* pain dur; ~ *öklű* avoir une bonne poigne; ~ *tojás* œuf dur; 2. *orv:* ~ *szék* constipation *f;* 3. *átv:* dur, -e; âpre; rigide; raide; *(szavak)* catégorique; dur, -e; *(vkivel szemben)* dur(e) envers q; ~ *büntetés* châtiment rigoureux; ~ *deviza* devise forte; ~ *dió* .c'est une tâche difficile; ~ *ember* c'est un homme entier *v* en rocher; ~ *feje van* avoir une tête dure; ~ *harcok* sévères combats *m pl;* ~ *kezű* avoir la main dure *v* pesante; ~ *küzdelem* lutte âpre *f;* ~ *legény* gaillard solide; un dur à cuire; ~ *megpróbáltatás* rude épreuve *f;* ~ *munka* labeur acharné; travail dur; ~ *szív* cœur dur *v* endurci *v* de fer; ~ *tél* hiver rigoureux; ~ *vallatás* interrogatoire serré; *a leg~ebb télben* en plein hiver
kémény [~ek, ~t, ~e] cheminée *f*
keménybőrű pachydermique; scléro-dermé, -e
keményen durement; fermement; âprement; vertement; ~ *állít* soutenir ferme *v* mordicus; ~ *bánik vkivel* traiter q avec rudesse; ~ *beszél* parler avec fermeté *v* sévèrement; parler sec à q; ~ *dolgozik* travailler ferme
keményít [~ettem, ~ett, ~sen] 1. durcir; endurcir; 2. *orv:* indurer; 3. *(fehérneműt)* amidonner; empeser; *(kalapot)* apprêter; 4. *koh:* tremper
keményítő amidon; empois *m*
keménykalap (chapeau) melon *m*
keménykötésű trapu, -e; solide; robuste

keménypapír carton *m*
keménység 1. dureté; consistance; fermeté; solidité *f*; *(acélé, üvegé)* trempe *f*; **2.** *műsz*: résistance; rigidité *f*; **3.** *átv*: fermeté; solidité; raideur; âpreté; rigueur *f*
keményseprő ramoneur; fumiste *m*
keményszívű au cœur dur *v* endurci; au cœur de pierre
keményszívűség dureté *f* de cœur; endurcissement *m*
keményvaluta monnaie forte
kémhálózat réseau *m* de renseignements; la cinquième colonne
kémia [-át, -ája] chimie *f*
kémiai [~ak, ~t] chimique
kémkedés espionnage *m*; mouchardage *m biz*
kémked(ik) [~tem, ~ett, ~jék *v* ~jen] se livrer à l'espionnage
kémközpont centre *v* nid *m* d'espionnage
kémlel [~tem, ~t, ~jen] **1.** épier; guetter; *kat*: reconnaître (le terrain *v* les lieux); **2.** *(átv. így is)* scruter
kémlőlyuk; kémlőnyílás 1. judas *m*; **2.** *műsz*: regard; regard-glace *m*
kémlőpapír(os) *vegy*: papier réactif
kémlőpróba essai *m*
kémnő espionne; moucharde *f biz*
kémpör procès *m* d'espionnage
kémszolgálat service *m* d'espionnage
ken [~tem, ~t, ~jen] **1.** enduire de qc; étendre qc sur qc; *zsirral* ~ graisser; *(gépet)* graisser; lubrifier; **2.** ~*i magát* se farder; se maquiller; **3.** *(veszteget)* graisser la patte à q; arroser; **4.** *másra* ~ mettre qc sur le dos d'un autre
kén [~ek, ~t, ~je] soufre *m*; ~ *tartalmú* sulfurifère; *(víz)* sulfuré, -e
kence [-ék, -ét, -éje] vernis *m*
kence-fence *pej*: fard; maquillage *m*
kender [~ek, ~t, ~e] chanvre *m*; ~*t nyű* arracher le chanvre; ~*t tör* tiller
kenderkóc étoupe *f* de chanvre
kendermag chènevis; chenevis *m*
kendertiló macque; machacoire; écangeu *f*
kendő [~k, ~t, ~je] *(fej~)* mouchoir *m*; *(váll~)* fichu *m*; *(nagy)* écharpe *f*; châle *m*; *(nyakba)* foulard; cache-nez *m*
kendőzés 1. maquillage; fard; fardage *m*; **2.** *átv*: camouflage; travestissement *m*
kenés 1. onction *f*; graissage; huilage *m*; **2.** *(gépé)* graissage *m*; lubrification *f*; **3.** *orv*: embrocation *f*; **4.** *gúny*: arrosage; arrosement *m*
kéneső mercure *m*
kenetteljes; kenetes [~ek, ~et] onctueux, -euse
kénez [~tem, ~ett, ~zen] soufrer; sulfater
kenguru [~k, ~t, ~ja] kangourou; kanguroo *m*
kengyel [~ek, ~t, ~e] **1.** étrier *m*; **2.** *(kerékpáron)* cale-pieds *m*; **3.** *orv*: *(fülben)* étrier; stapéal *m*; **4.** *műsz*: agrafe *f*
kénhidrogén hydrogène sulfuré
kénkő soufre *m*
kénköves sulfureux, -euse; de soufre; soufré, -e
kenőanyag matière *f* de graissage; lubrifiant *m*
kenőcs [~ök, ~öt, ~e] **1.** *(embernek)* onguent *m*; crème; pommade *f*; *(folyékony)* liniment *m*; **2.** *(tárgynak)* graisse *f*; *(cipőnek)* cirage *m*; *(parkettának)* cire *f*
kenőkefe *(cipőhöz)* brosse *f* à étendre
kénsárga jaune soufre; soufré, -e
kénsav acide sulfurique *m*
kénsavas sulfaté, -e
kentaur [~ok, ~t, ~ja] centaure *m*; *nőstény* ~ centauresse *f*
kenu [~k, ~t, ~ja] canoë *m*
kénvirág soufre *m* en fleurs; fleur *f* de soufre
kény bon plaisir
kénye-kedve *szerint*; *-ére* à son aise; *ki van szolgáltatva vki -ének* être à la merci de q; *a maga -ére tesz vmit* faire qc à son aise
kényelem [-lmek, -lmet, -lme] commodité *f*; confort *m*; aise(s) *f (pl)*; *modern* ~ confort moderne; ~*ben él* vivre à son aise *v* commodement; *teljes -lmet nyújt* offrir toutes sortes

kényelmes   461   **kényszerjegyzés**

de commodité; *szereti a -lmet* aimer ses aises
kényelmes [~ek, ~et] **1.** *(tárgy)* commode; confortable; *(dolog)* de tout repos; ~ *állás* poste *m* de tout repos; *a* ~*(ebb) megoldás* la solution du moindre effort; **2.** *(ember)* qui aime ses aises *v* son confort
kényelmesen à l'aise; à son aise; confortablement
kényelmetlen inconfortable; incommode; malaisé; incommodant, -e; *(körülmény)* incommode; gênant, -e; ~ *helyzet* situation gênante
kényelmetlenül incommodément; malaisément; ~ *érzi magát* se sentir *v* être mal à l'aise; ~ *ül* être assis(e) incommodément
kenyér [kenyerek, kenyeret, kenyere] **1.** pain *m;* egy egész ~ une miche de pain; *jó, mint egy falat* ~ bon(ne) comme un morceau de pain; *kenyere javát megette* être sur le retour; ~*en és vízen él* être au pain et à l'eau; *kenyerét megosztja* partager son pain; *kenyeret pirít* griller du pain; **2.** *(kereset)* gagne-pain *m;* subsistance *f;* ~ *nélkül marad* rester sans ressource; *a zene nem kenyere* la musique n'est pas son affaire; *a maga kenyerén él* vivre à son compte; *vkinek kenyerét eszi* être au pain *v* manger le pain de q; *kenyeret keres* gagner son pain
kenyerespajtás copain; compère *m*
kenyereszsák panetière *f;* *kat:* musette *f*
kenyérgabona céréale panifiable *v* riche *f*
kenyérgondok soucis de ménage *v* quotidiens
kenyérgyár boulangerie mécanique *v* industrielle
kenyérhéj croûte *f* (de pain)
kenyérhiány disette *f* de pain
kenyérkereső I. *(mn)* ~ *pálya* gagne-pain *m;* II. *(fn)* gagne-pain; soutien *m* de famille
kenyérliszt farine boulangeable *v* panifiable *f*
kenyérmagvak grains panifiables *m pl*
kenyérpirító grille-pain; toaster *m*
kenyérszelet tranche *f* de pain

kenyértörés; *ha* ~*re kerül a dolog* si l'on en vient à une rupture; ~*re viszi a dolgot* brusquer les choses
kenyérvég croûton; grignon *m*
kényes [~ek, ~et] **1.** *(tárgy)* délicat, -e; frêle; gracile; ~ *a bőre* avoir la peau tendre; **2.** *(ember)* difficile; exigeant, -e; pointilleux, -euse; ~ *ízlés* goût difficile *v* raffiné; **3.** *(testileg)* douillet, -ette; flanelle *biz;* **4.** *(ügy, hely stb.)* épineux; scabreux, -euse; ~ *helyzet* situation délicate; ~ *kérdés* question délicate *v* scabreuse; ~ *munka* travail délicat; ~ *pont* l'endroit sensible *m;* **5.** *(tartás)* fier, fière
kényeskedik [~tem, ~ett, ~jék *v* ~jen] **1.** faire des mines *v* des manières; **2.** *(nő)* faire des minauderies; minauder; **3.** *(testileg)* faire le douillet
kényeztet gâter; choyer; manger de caresses; mignoter; dorloter
kényeztetés gâteries *f pl;* mitonnerie *f*
kényszer contrainte; pression; violence; force; coercition; coaction *f;* ~ *hatása alatt* sous l'empire de la nécessité; ~ *nélküli* spontané, -e; ~*ből* par contrainte *v* force; *enged a* ~*nek* céder à la force
kényszerárfolyam cours forcé
kényszeredett [~ek, ~et] forcé, -e; *moitié figue moitié raisin;* ~ *nevetés* rire jaune
kényszeregyezség concordat *m;* liquidation judiciaire *f*
kényszereladás vente forcée
kényszereszköz moyen *m* de pression *v* de contrainte; mesure coercitive
kényszerhelyzet état *m* de nécessité *v* de contrainte; ~*ben* le couteau sur la gorge
kényszerít [~ettem, ~ett, ~sen] **1.** contraindre à *(inf);* forcer à *(inf);* **2.** ~*i magát arra, hogy* se contraindre à *(inf);* se forcer à *(inf)*
kényszerítő [~k *v* ~ek, ~t] coercitif, -ive; impérieux, -euse; ~ *körülmény* force majeure
kényszerjegyzés 1. *(kölcsöné)* souscription forcée; **2.** *(árfolyamé)* cours forcé

kényszerképzet idée force; idée délirante
kényszerkölcsön emprunt forcé
kényszerlakhely résidence forcée; ~ *kijelölése* assignation *f* à résidence
kényszerleszállás *rep*: atterrissage forcé *v* de fortune
kényszermegoldás pis aller *m*
kényszermunka travaux forcés; bagne *m*
kényszermunkás forçat *m*
kényszerű obligatoire; forcé, -e
kényszerűség contrainte; obligation; nécessité *f;* ~*ből* contraint(e) *v* poussé(e) par la nécessité; par nécessité
kényszervágás abattage urgent
kényszerzubbony camisole *f* de force
kénytelen obligé; contraint; forcé, -e (de); *ha* ~ à la rigueur; ~ *arra, hogy* être *v* se voir obligé(e) *v* contraint(e) *v* forcé(e) de *v* réduit(e) à *(inf)*
kénytelenség nécessité; obligation; servitude *f*
kényúr autocrate; despote; potentat *m*
kép [~ek, ~et, ~e] 1. image *f;* ~*et alkot* former l'image; 2. *(festett)* tableau; cadre *m;* toile *f; (arckép)* portrait *m;* ~*et fest* peindre un tableau; 3. *(könyvben)* illustration; gravure; planche *f;* 4. *(bélyegen, pénzen)* effigie *f; (pénzlap a képpel)* face *f;* 5. *(tájé, városé)* vue *f;* 6. *tv:* (analyse totale d')image; 7. *irod:* trope *m;* image; figure (de style); figure *f* de pensée; ~*ekben beszél* parler par métaphores; 8. *szính:* *színdarab 3 felvonásban és 5 képben* pièce en 3 actes et 5 tableaux; 9. *(vmié)* aspect; tableau; air *m;* ~*et ad tehetségéről* donner un échantillon de son talent; *vmiről* ~*et alkot magának* se faire une image de qc; 10. *(jellegzetes, tipikus képe vminek)* type; prototype; modèle *m;* 11. *(arc)* figure *f;* visage *m;* physionomie; mine *f;* air *m;* faciès *m; pej:* *van* ~*e, hogy* avoir le courage *v* le toupet de *(inf);* ~*ébe nevet vkinek* rire au nez et à la barbe de q; *vmit a* ~*ébe vágnak* recevoir qc par la figure; *vkinek* ~*ében sous la* figure *v* sous la forme de q; *jutalmát megkapta egy kövér malac* ~*ében* il a reçu sa récompense sous les espèces d'un pourceau dodu; ~*éből kikelve* le visage bouleversé; exaspéré; hors de soi; *biz:* ~*en teremt* donner sur le mufle à q; *vkinek a* ~*ére v hasonlatosságára* à l'effigie de q; ~*eket vág faire des simagrées; jó* ~*et vág hozzá* faire bonne mine *v* figure à mauvais jeu; *komoly* ~*et ölt* prendre un air sérieux *v* de circonstance
képcsarnok galerie (de tableaux *v* de peinture); pinacothèque *f*
képernyő écran *m*
képellenőrző *tv* moniteur *m*
I. képes [~ek, ~et] 1. orné(e) d'images *v* de planches *v* de gravures; illustré, -e; ~ *folyóirat* magazine *v* périodique illustré; ~ *melléklet* hors-texte *m;* 2. *irod:* imagé, -e; métaphorique; tropologique; ~ *beszéd* langage métaphorique *v* figuré
II. képes [~ek, ~t] 1. *vmire* ~ capable de qc; *mindenre* ~ capable de tout; 2. ~ *arra, hogy* être capable de *(inf);* être à même de *(inf); nem vagyok* ~ *megérteni* je n'arrive pas à comprendre; 3. *jog:* capable de *(inf);* habile à *(inf);* apte à *(inf)*
képesít [~ettem, ~ett, ~sen] *(vmire)* donner qualité à *(inf);* habiliter à *(inf)*
képesítés 1. qualification (pour); capacité *f;* 2. *(tanítási)* brevet (de capacité); diplôme *m;* ~*hez köt* lier à un brevet de capacité; 3. *(vizsga)* examen *m* de capacité; 4. *(jogilag)* habilitation; habilité *f*
képesítő [~k, ~t] ~ *bizonyítvány* certificat *m* d'aptitude (à l'enseignement); *tanítói* ~ *oklevél* brevet de capacité de l'enseignement primaire; ~ *vizsga* examen de capacité *v* de sortie
képeslap journal illustré; magazine *m*
képes levelezőlap carte (postale) illustrée
képesség 1. aptitude (à *v* pour); capacité (de); faculté (de); vertu *f* (de); *sok* ~*e van* avoir beaucoup de dispositions; 2. *jog:* habilité; aptitude

képest *f* (à *és inf)*; 3. *fiz, mez:* elnyelő ~ absorptivité *f*
képest 1. *vmihez* ~ *(összehasonlításnál)* au regard *v* à l'égard de qc; *ahhoz* ~ en comparaison; *hozzám* ~ en comparaison de moi; *ez semmi ahhoz* ~, *ami* ce n'est rien auprès de ce qui; *korához* ~ *nagyra nőtt* il est grand pour son âge; **2.** *(arányában, következményről)* en raison de qc; par rapport à qc; *ahhoz* v *hozzá* ~ en proportion; *erőmhöz* ~ dans la mesure de mes forces; **3.** *ehhez* ~ à cet effet; par conséquent
képez [~tem, ~ett, ~zen] **1.** former; instruire; **2.** ~*i magát* s'instruire; se donner une formation; **3.** *vmivé* ~ *vkit* faire ... de qc; **4.** *nyelv:* former (de qc); tirer (de qc); dériver (de qc); *(hangot stb.)* articuler; **5.** *(kitesz)* constituer; *egy egészet* ~ former *v* constituer un tout
képfelbontás analyse; définition *f*
képgyűjtemény collection *f* de tableaux
képhamisító faussaire *m*
képimádás iconolâtrie *f;* culte *m* des images
képírás écriture figurative *v* hiéroglyphique
képkeret cadre *m*
képkiállítás exposition *f* de tableaux; ~ *megnyitása* vernissage *m*
képkioltás *tv* suppression *f* d'image
képlékeny [~ek, ~et] plastique; *melegen* ~ thermoplastique; ~ *állapot* état plastique *m;* ~ *anyag* matière plastique *f*
képlékenység plasticité
képlet 1. *vegy, mat:* formule (moléculaire) *f;* ~*ben kifejez* formuler; *mat:* ~*e* ... avoir par expression ...; *egy* ~*et levezet* déduire une formule; **2.** *él:* production *f*
képletes [~ek, ~et] figuré, -e; métaphorique; fictif, -ive
képmás 1. portrait *m;* **2.** *(érmen, pénzen, bélyegen stb.)* effigie *f;* **3.** *saját* ~*ára* à son image
képmelléklet cliché *m;* planche; gravure *f; (külön lapon)* hors-texte *m*
képmontázs *fényk:* photomontage *m*

képmutatás 1. hypocrisie; dissimulation *f;* **2.** *(álszent)* cafardise; cafarderie *f*
képmutató I. *(mn)* **1.** hypocrite; dissimulé, -e; **2.** *(álszent)* cafard; cagot, -e; **II.** *(fn)* hypocrite *n;* tartufe *m*
képrejtvény rébus *m*
képrombolás iconoclastie *f*
képsík 1. plan *m* de projection; *mat, fiz:* plan de l'image; **2.** *film:* plan
képszakértő expert *m* en tableaux
képszeg crochet à tableau; crochet X *m*
képszerű 1. imagé, -e; **2.** pictural, -e
képtár galerie *f* de tableaux *v* de peintures
képtávirat bélinogramme; bélino *m*
képtelen [~ek, ~t] **1.** *(dolog)* absurde; inepte; saugrenu, -e; ~ *dolog* nonsens *m;* absurdité *f; (nevelségesen)* ineptie; histoire *f* à dormir debout; **2.** *(ember)* incapable; ineffable; incompétent, -e; ~ *arra, hogy* être dans l'impuissance de *(inf); ~ megérteni* il est dans l'impossibilité de le comprendre; **3.** *jog:* inhabile; incapable
képtelenség 1. *(dologról)* absurdité *f;* **2.** *(beszédről)* ineptie; insanité *f;* ~*eket mond* raconter des inepties; **3.** *(emberről)* incapacité; incompétence *f* (à *és inf);* **4.** *jog:* inhabilité *f*
képvisel 1. représenter; tenir la place de q; **2.** *jog: (bíróság előtt)* occuper (pour un client); postuler
képviselet 1. représentation *f;* **2.** *pol:* egységes ~ collège unique *m;* **3.** *jogi* ~ représentant légalement constitué; **4.** *ker:* représentation; agence *f*
képviseleti représentatif, -ive; ~ *rendszer* système représentatif
képviselő [~k, ~t, ~je] **1.** représentant *m;* **2.** *(országgyűlési)* député *m;* ~*nek jelölteti magát* poser sa candidature; **3.** *dipl:* ministre; agent diplomatique *m; (nemzetközi szervezetben, konferencián)* délégué(e) *n;* **4.** *ker:* représentant *m* de commerce; *kizárólagos* ~ agent exclusif
képviselőház la Chambre (des Députés)

képviselői [~ek, ~t] parlementaire; de député; ~ *beszámoló* compte rendu *m* de mandat; ~ *immunitás* immunité parlementaire *f; a ~ immunitás felfüggesztése* la mainlevée de l'immunité parlementaire
képviselőválasztás élection *f* (d'un député); *(összesen)* élections (législatives *v* représentatives)
képzel [~tem, ~t, ~jen] 1. imaginer; *(magában)* se figurer; s'imaginer; *szebbet ~ni sem lehet* on ne peut rien imaginer de plus beau; *mit ~?* y pensez-vous? y songez-vous? *nem is ~ed* tu n'as pas idée; *~je csak* pensez donc; songez donc; *~je meglepetésemet* jugez de ma surprise; 2. *azt ~i magáról, hogy* avoir la prétention de *(inf); azt ~i magáról, hogy művész* il se croit *v* se veut artiste; *vmi nagyot ~ magáról* se faire des idées; 3. *magát vminek* v *vkinek ~i* se croire *v* se vouloir qc *v* q; *~je magát az ő helyzetébe* mettezvous à sa place
képzeleg [~tem, -lgett, ~jen] se faire des idées; rêvasser; divaguer
képzelet imagination; la folle du logis; *a ~ eltévelyedése* les écarts de l'imagination; *a ~ világába tartozik* être du domaine de la fantaisie; *~ben* en imagination; *~ében jelen van* être présent(e) à son imagination; *felülmúl minden ~et* cela passe l'imagination
képzeletbeli imaginaire; fictif, -ive; chimérique; fantastique
képzelődés 1. chimère; illusion *f*; mirage *m; ez csak ~* c'est pure illusion; 2. *orv: (beteges)* délire; phantasme *m; beteges ~* imaginations maladives
képzelődik [~tem, ~ött, ~jék *v* ~jön] 1. se créer des fantômes; vivre dans les nuages; se nourrir d'illusions; 2. *orv:* délirer
képzelőerő; képzelőtehetség faculté imaginative *v* d'imagination
képzelt [~ek, ~et] imaginaire; fictif, -ive; supposé, -e; chimérique; ~ *beteg* malade imaginaire; hypocondriaque *(n); ~ személy* personnage fictif
képzés 1. formation; instruction *f*; 2. *mat: egy gömb ~e* la formation d'une sphère; 3. *nyelv:* formation; *(továbbképzés)* dérivation *f; (a képzett alak)* dérivé *m; (hangé)* articulation *f*
képzet 1. *fil:* représentation *f;* 2. *ált:* image *f*
képzetlen sans instruction *v* formation; incompétent; ignorant, -e
képzett [~ek, ~et] 1. bien formé; instruit, -e; 2. *(szakmában)* qualifié; spécialisé, -e; ~ *szakmunkás* ouvrier qualifié *v* spécialisé; 3. *nyelv:* ~ *szó* derivé *m;* dérivation *f*
képzettársítás; képzettársulás association *f* des idées *v* d'idées
képzettség 1. *(szellemi)* instruction; culture (intellectuelle); *felszínes ~* un vernis *v* une teinture d'instruction; 2. *(munkásé)* qualification; instruction *f*
képző [~k, ~t] I. *(mn)* 1. *(alkotó)* formateur, -trice; 2. *(szellemileg)* instructif, -ive; édifiant, -e; 3. *nyelv:* formatif, -ive; II. *(fn)* 1. *nyelv:* (élément) formatif; affixe; morphème *m; (szóvégi)* suffixe *m;* 2. école normale
képződés formation; naissance; production *f*
képződmény 1. dérivé; produit *m;* 2. *ásv:* produit; agglomérat *m;* 3. *geol:* formation *f;* 4. *(szerves)* production *f;* 5. *orv:* néoformation *f*
képzőművész artiste *(n)*
képzőművészet beaux-arts; arts majeurs
kér [~tem, ~t, ~jen] 1. *(vmit)* demander; solliciter; requérir; *inni ~* il demande à boire; *~ek még* j'en veux encore; *~jük a közönséget, hogy* on est prié de *(inf);* 2. *mit ~ ezért?* mennyit ~ *érte?* combien *v* que demandez-vous pour ceci? 3. ~ *vmit vkitől* demander *v* solliciter qc à q; 4. *vkit arra ~, hogy* prier q; demander à q; solliciter q; *(mind de és inf); nagyon ~, hogy* prier instamment *v* avec instance (de *és inf); (arra)*

kérem, *várjon türelemmel* je vous engage à prendre patience; 5. *(udvariassági szólásokban) kérem!* s'il vous plaît; *je vous en prie; (tessék)!* faites (donc)! *(máskor is megteszem)* (tout) à votre service! *de ~em* je vous (en) prie; *~em szépen* je vous (en) prie; s'il vous plaît *(röv. s. v. p.)*; 6. *jog:* requérir
kerámia; keramika [-ák, -át, -ája] 1. *(ipar)* céramique; poterie *f;* 2. *(mű)* poterie *f*
keramikus céramiste *n*
keramit [~ok, ~ot, ~ja] grès cérame *m*
kérdés 1. question; demande *f;* le pourquoi; *(probléma)* question; problème *m; ez a ~* c'est la question; *a ~ továbbra is fennáll* la question reste *v* est ouverte *v* entière; *~ vajon; ~, hogy* on ne sait pas si; reste à savoir si; *a ~ feltevése* poser la question; *ez a ~ lényege* voilà le nœud *v* le point de la question; *csak idő ~e* ce n'est qu'une question de temps; *egy ~re válaszol* répondre à une question *v* interrogation; *~t tesz fel* faire *v* poser une question; *~t intéz vkihez* adresser une question à q; interpeller q; *köszönöm ~ét, elég jól* merci, pas trop mal! *tanulmányozza a ~t* se pencher sur le problème; *~ekkel ostromol* harceler *v* accabler *v* presser *v* bourrer de questions; 2. *nyelv:* interrogation; interrogative *f*
kérdez [~tem, ~ett, ~zen] demander à q; questionner q; interroger q; *ezt nem kell ~ni* cela ne se demande pas; *~i, hogy van?* il demande comment il se porte *v* des nouvelles de sa santé
kérdezősködés demande *f* de renseignements; questionnaire *m*
kérdezősködik [~tem, ~ött, ~jék *v* ~jön] aller aux informations *v* aux renseignements; *~ vki v vmi felől* s'informer de q(c) *v* au sujet de q(c)
kérdő [~k *v* ~ek, ~t] I. *(mn)* 1. interrogateur, -trice; questionneur, -euse; *~ pillantást vet vkire* jeter un regard interrogateur à q; 2. *nyelv:*

30 Magyar–Francia kézi

interrogatif, -ive; *~ névmás* pronom *v* adjectif interrogatif; II. *(fn) ~re fog* confesser; tirer les vers du nez; *~re von* demander raison *v* compte à q; prendre à partie
kérdőív questionnaire *m*
kérdőjel point *m* d'interrogation
kerecsen [~ek, ~t, ~je] gerfaut; sacret *m*
kére(d)zkedik [~tem, ~ett, ~jék *v* ~jen] demander à sortir; *(szükségre)* demander à aller
kéreg [kérgek, kérget, kérge] 1. *(növényé)* écorce *f; erd: (levágott fán hagyott)* grume *f;* 2. *átl:* croûte *f; a föld kérge* l'écorce terrestre; 3. *(cipőn)* quartier *m*
kéreget quémander; mendier (son pain)
kéregető [~k, ~t, ~je] I. *(mn)* mendiant, -e; II. *(fn)* 1. solliciteur, -euse *n;* quémandeur *m;* 2. *(gyüjtő)* quêteur, -euse *n*
kerek [~ek, ~et] 1. rond; arrondi, -e; circulaire; *~ domború* pommé; rebondi, -e; *~ arc* visage plein *v* rond; *~ szám* chiffre rond; 2. *(mondat)* bien tourné(e); arrondi, -e; *~ válasz* réponse carrée *v* nette; 3. *~ egész* un tout harmonieux; *~ húsz esztendő* vingt ans accomplis
kerék [kerekek, kereket, kereke] 1. roue *f; (kicsi)* rouelle *f; (a kerekek együtt)* rouage *m; (szerencse~)* tourniquet *m;* 2. *rég:* (supplice de la roue; *~be tör* rompre vif; 3. *átv: rouage m; ~be töri a francia nyelvet* écorcher le français; *kereket old* s'esquiver; s'éclipser; décamper; *hiányzik egy kereke* il lui manque une vis dans la tête
kerékagy moyeu *m*
kerékcsapás ornière *f; a régi ~on halad* suivre les sentiers battus
kerekedik [~tem, ~ett, ~jék *v* ~jen] 1. s'arrondir; 2. *(zivatar, szél)* s'élever; se lever; 3. *nagy botrány ~ett belőle* il en est sorti un gros scandale; *táncra ~* se mettre à danser; 4. *fölébe ~ vkinek* prendre de l'ascendant

kereken 1. rondement; **2.** *(nyíltan)* rondement; carrément; vertement; **3.** *(pénzről)* tout rond; clair et net
kerékgyártó charron; royer *m*
kerekít [~ettem, ~ett, ~sen] **1.** arrondir; *felfelé, lefelé* ~ arrondir au chiffre supérieur, inférieur; **2.** *(vmiből)* fabriquer; façonner
kerékküllő rais; rayon *m*
keréklapát palette; aube *f; (gőzhajóé)* pale *f*
kerékpár [~ok, ~t, ~ja] bicyclette *f;* vélo *m; (mindenféle)* cycle *m*
kerékpárgumi *(külső)* pneumatique; pneu *m; (belső)* chambre *f* à air
kerékpáripar industrie *f* du cycle; le cycle
kerékpárkormány guidon *m*
kerékpáros [~at] **I.** *(mn)* cycliste; ~ *rendőr* agent cycliste *m;* ~ *sport* cyclisme *m;* **II.** *(fn)* cycliste; bicycliste; routier *m;* pédaleur, -euse *n*
kerékpársport cyclisme; sport cycliste *m*
kerékpárülés selle *f*
kerékpárváz cadre *m* de bicyclette
keréktalp jante *f;* műsz: sous-bandage *m*
kerékvágás 1. ornière *f; (mély)* fondrière *f;* **2.** *átv:* routine *f; a mindennapi élet rendes* ~*a* le train-train quotidien de la vie; *visszaesik a régi* ~*ba* retomber dans l'ornière; *visszatér a rendes* ~*ba* reprendre son cours normal
kérelem [-lmek, -lmet, -lme] demande; prière; sollicitation *f;* instances *f pl; (írásbeli)* pétition; demande *f; a* ~*nek helyt ad* faire suite à la demande; *saját -lmére* sur sa demande; *egy -lmet elintéz* expédier une requête; *azzal a* ~*mel fordulok önhöz, hogy* j'ai l'honneur de solliciter de votre haute bienveillance de *(inf); -lmével elutasították* il a été débouté de sa demande
kérelmezési *jog* droit *m* de pétition
keres [~tem, ~ett, ~sen] **I.** *(tgy i)* **1.** chercher; rechercher; *kit* ~*?* qui demandez-vous? *mit* ~ *itt ?* que venez-vous faire ici? *ki* ~*i? (telefonon)* c'est de la part de qui? ~*i a szavakat* chercher ses mots; **2.** *pej :* quêter; **3.** *(árut, alkalmazottat)* demander; chercher; **4.** ~ *van vmit* exiger de q la restitution de qc; réclamer qc à q; **5.** *(pénzt)* gagner (de l'argent); **II.** *(tgyl i)* **1.** chercher; *aki* ~, *az talál* qui cherche trouve; **2.** gagner sa vie; **3.** gagner; profiter; *itt lehet* ~*ni* c'est une bonne affaire
kérés [~ek, ~t, ~e] prière; demande; sollicitation; réquisition *f; egy* ~*nek helyt ad* faire droit à la demande de q; *az első* ~*re* à la première réquisition; *mindenki* ~*ére* à la demande générale; ~*re fogja a dolgot* recourir à la prière; *egy* ~*t jóindulatúan fogad* agréer une demande; *vkinek* ~*ét teljesíti* faire droit à la demande *v* à la requête de q; ~*sel fordul vkihez* adresser *v* faire une prière à q
keresés 1. recherche *f;* investigation(s) *f (pl);* **2.** *a szellemesség* ~*e* la recherche de l'esprit
kereset 1. *(pénz)* salaire; traitement; gain *m;* **2.** *(módja)* gagne-pain *m;* ressource *f;* moyens *m pl* d'existence; **3.** *jog:* demande (en justice); requête; action; instance *f;* ~*et indít vki ellen* intenter une action à *v* contre q; *vkinek* ~*ét elutasítja* débouter q de sa demande; renvoyer q d'instance
keresetforrás ressource *f*
kereseti 1. ~ *adó* impôt cédulaire *v* sur le gain personnel; **2.** *jog:* ~ *jog* droit *m* d'action *f*
keresetképes capable de subvenir à ses besoins; en état de gagner sa vie
keresetképtelen incapable de travailler
keresetképtelenség incapacité *f* de travail
keresetlen simple; sans apprêt; sans affectation
keresetnélküli sans travail; chômeur, -euse *(n)*
keresetszerű à but lucratif; professionnel, -elle
keresett [~ek, ~et] **1.** *a* ~ *könyv* le livre demandé *v* cherché; **2.** *(áru)* demandé; recherché, -e; **3.** ~ *ember* on se l'arrache; il fait prime; **4.**

(látványosság) (très) couru(e); 5. (erőltetett) affecté; affété, -e **keresettség** apprêt m; affectation; afféterie; recherche f **kereskedelem** [-lmet, -lme] commerce; négoce m **kereskedelmi** [~ek, ~t] commercial, -e; de commerce; ~ alkalmazott agent commercial; employé(e) de commerce; ~ bíróság tribunal m de commerce; ~ cég maison (de commerce); firme f; ~ flotta flotte marchande; ~ forgalom échanges m pl; ~ gócpont centre commercial; ~ hajó navire v bateau marchand; ~ hitel crédit commercial; ~ iskola école (pratique) f de commerce; ~ jog droit commercial; ~ kamara chambre f de commerce; ~ képviselő représentant m de commerce; ~ légiforgalom aviation v aéronautique commerciale v marchande; ~ levelezés correspondance commerciale; ~ levelező correspondant v agent commercial; ~ mérleg balance de commerce v commerciale; ~ művelet acte m de commerce; opération mercantile f; ~ pályára lép se mettre dans les affaires; ~ szabadság la liberté du commerce v commerciale; ~ számtan arithmétique commerciale; ~ szokás usages commerciaux; ~ téren en matière de commerce; ~ tevékenység acte m de commerce; ~ utazó commis-voyageur m; ~ ügylet acte m de commerce; ~ ügynök agent commercial v d'affaires; ~ vállalat entreprise commerciale; établissement m v maison f de commerce
kereskedés commerce; trafic; négoce m
kereskedik [~tem, ~ett, ~jék v ~jen] commercer; trafiquer; faire le v du commerce; ~ vmivel exercer v faire le commerce de qc; nagyban, kicsiben ~ trafiquer en gros, en détail
kereskedő [~k, ~t] commerçant(e) n; négociant m
kereskedőcég; **kereskedőház** maison (de commerce); firme f
kereskedőinas apprenti de commerce v commerçant

kereskedősegéd commis m (de magasin v marchand)
kereslet demande; recherche f; nagy ~nek örvend être de bonne vente
kereső [~k, ~t, ~je] I. (mn) 1. chercheur, -euse; állást ~ personne à la recherche d'un emploi; 2. ~ családtag membre de la famille gagnant sa vie; jól ~ gagnant largement sa vie; II. (fn) 1. fényk: viseur m; 2. (teleszkópon) chercheur m
kérész [~ek, ~t, ~e] áll: éphémère m
kereszt [~ek, ~et, ~je] 1. croix f; ~re feszítés crucifiement; crucifiment m; átv: viseli a ~jét traîner son boulet; 2. a ~ jele le signe de la croix; ~et vet (magára) faire le signe de la croix; se signer; 3. ~ alakú en (forme de) croix; croisé, -e; ~be fekszik vmin se mettre en travers de qc; ~be font karok(kal) les bras en croix; ~ben transversalement; vmin ~ben en travers de qc; 4. (gabonából kb:) tas m; moyette f; 5. zen: dièse m
keresztanya marraine f
keresztapa parrain m
keresztcsont orv: os sacré v basilaire; sacrum m
keresztel [~tem, ~t, ~jen] vall: baptiser; donner v administrer v conférer le baptême à q
keresztelés vall: baptême m
keresztény [~ek, ~t, ~e] I. (mn) chrétien, -enne; ~ hit foi chrétienne; ~ időszámítás ère chrétienne; ~ módra hal meg faire une fin chrétienne; II. (fn) chrétien, -enne n
kereszténység 1. christianisme m; 2. (a keresztények összessége) chrétienté f
keresztényszocialista chrétien-social, chrétienne-sociale (n)
keresztes croisé(e) (m)
kereszteshadjárat croisade f; ~ba indul partir en croisade; prendre la croix
keresztespók araignée porte-croix; épeire (diadème) f
keresztez [~tem, ~ett, ~zen] 1. croiser; 2. (gátol) faire échec à qc; contrecarrer; 3. (állatot) croiser; hybrider; (fajokat) métisser

keresztezés 1. croisement *m;* *(többszörös)* entre-croisement *m;* *(utaké)* croisée *f;* *(úté és vonaté)* passage *m* à niveau; 2. *(állatoké)* croisement *m;* hybridation *f*
kereszteződés 1. croisement *m;* chevauchée *f;* 2. métissage *m;* hybridation *f;* 3. mat: intersection *f;* 4. *(sineké)* traversée *f* (de voie)
keresztfa 1. croix *f;* 2. *(összetartó)* traverse *f;* *(ablakon)* croisillon *m;* *(széken)* té *m*
keresztfájás courbature *f*
keresztfiú filleul *m*
keresztgerenda solive; poutre traversière; *(ablaknyílás felett)* poitrail *m*
keresztluillám *fiz:* onde *f* de travers
kereszthúr corde oblique *f*
keresztjel dièse *m*
keresztkérdés; *a ~ek súlya alatt megtört* grâce à un interrogatoire serré *v* habile il entra dans la voie des aveux
keresztkötés *orv:* bandage croisé
keresztlány filleule *f*
keresztlevél extrait *m* de baptême
keresztmetszet 1. profil *m* (en travers); 2. *mat:* section droite
keresztnév prénom; petit nom; nom particulier
keresztrejtvény mots croisés
keresztrúd 1. barre; traverse *f;* *(ajtó, kapu elzárására így is:)* bâcle *f;* 2. *(rácson)* traversine *f*
keresztség *egyh:* baptême *m*
keresztszülők le parrain et la marraine; parents spirituels
kereszttűz feu(x) croisé(s); *~ben van* être entre deux feux
keresztút 1. *(útkereszlezés)* carrefour *m;* la croisée des chemins; 2. *egyh:* le chemin de la croix
keresztutca rue traversière *v* transversale
keresztül 1. *(vmin)* à travers (qc); en travers de qc; *(utazásnál sokszor:)* par qc; via...; 2. *(akadályon)* au travers de qc; par qc; 3. *(testen át)* d'outre en outre; 4. *vkin, vmin ~ (elmond, kifejez stb.)* par le truchement *v* l'intermédiaire de q

keresztüldöf transpercer; percer de part en part *v* d'outre en outre
keresztülfolyik 1. *(vmin)* traverser qc; couler à travers qc; 2. *(vidéken)* arroser qc de ses eaux
keresztülgázol *vmin* 1. *(folyón)* passer à gué; 2. ~ *az akadályokon* traverser à grand-peine les obstacles; *(átv:)* surmonter les obstacles; 3. *~ mindenkin* marcher sur les gens
keresztülhatol *vmin* traverser qc
keresztülhúz 1. biffer; rayer; passer un trait sur qc; 2. *átv:* ~ *vmit* se mettre en travers de qc; *vkinek számításait ~za* traverser *v* contrarier les desseins de q
keresztül-kasul en tous sens; dans tous les sens; *(testen)* de part en part
keresztülmegy *(vmin)* traverser qc
keresztülnéz 1. *vmin* ~ regarder à travers qc; 2. *átv:* ~ *rajta* il fait semblant de ne pas le voir
keresztülszúr embrocher; (trans)percer
keresztvas traverse *f;* croisillon *m;* *(ajtózáró)* barre *f* de porte
keresztvíz *egyh:* eau baptismale *v* de baptême; *átv: leszedi róla a -vizet* il en dit pis que pendre
keret 1. cadre *m;* bordure *f;* encadrement *m;* 2. *(képé)* cadre; encadrement *m;* *(ovális)* médaillon *m;* 3. *(ablaké, ajtóé)* encadrement; châssis; chambranle *m;* 4. *(minden szerkezeté)* châssis; 5. *(szemüvegé)* garniture *f;* 6. *(méheknek)* cadre; 7. *kat, hiv:* cadre(s) *m (pl);* 8. *áiv:* cadre; décor *m;* szük *~ek közé szorít* réduire à d'étroites limites; *a társas élet ~ei* le cadre social; *más ~ek között* dans d'autres conditions; *vminek ~ébe tartozik* rentrer dans le domaine de qc
kéret 1. *(vkit)* demander; prier de venir; *~em faites entrer;* 2. *~i magát* se faire prier
keretes [~ek, ~et] ~ *elbeszélés* conte *m* à tiroir
keretléc baguette *f* pour cadre *v* d'encadrement
keretszerződés traité général *v* de squelette; *(német)* accord contractuel

kerevet sofa *m;* ottomane; chaise longue
kérges [~ek, ~t] ~ *tenyér* main noueuse *v* calleuse
kérgesedés encroûtement *m*
kergeség tournis; avertin *m;* cénurose *f*
kerget poursuivre; (pour)chasser; donner *v* faire la chasse à...; *tervek ~ték egymást fejében* des projets se chevauchaient dans son esprit; *illúziókat ~* poursuivre des chimères
kering [~tem, ~ett, ~jen] 1. tournoyer; décrire des cercles; tourner autour; 2. *(szélben)* tourbillonner; tournoyer; 3. *(égitest, elektron)* tourner *v* graviter autour de qc; 4. *rep:* évoluer; 5. *(csigamódra)* toupiller; 6. *(ált. szokszor)* danser; valser; 7. *(vér, nedv, pénz)* circuler; *az a hír ~, hogy* le bruit court que
keringés 1. mouvement *m v* marche *f* circulaire; 2. *csill:* mouvement orbital; révolution *f;* 3. *(véré, nedvé, pénzé)* circulation *f*
keringő [~k, ~t] valse *f*
kerít [~ettem, ~ett, ~sen] 1. *(szerez)* dénicher; trouver; 2. *ld:* **bekerít;** 3. *(nőket)* prostituer; entremettre
kerítés 1. clôture *f;* *(rácsos, vas)* grille *f;* 2. *(nőkkel)* proxénétisme;
embauchage *m* en vue de la débauche
kerítő [~k, ~t, ~je] prostitueur; proxénète; entremetteur; maquereau *m*
kerítőnő prostitueuse; proxénète; entremetteuse; maquerelle *f*
kérkedik [~tem, ~ett, ~jék *v* ~jen] se vanter; fanfaronner; parler avec jactance
kéricl [~tem, ~t, ~jen] conjurer; adjurer; implorer *(mind:* de *és inf)*
kérlelhetetlen intransigeant, -e; inexorable; ~ *zsarnok* tyran inflexible *m*
kérő [~k, ~t, ~je] 1. solliciteur *m;* pétitionnaire *n;* 2. *jog:* requérant *m;* *(leány~)* prétendant *m*
kérőcédula fiche-demande *f;* bulletin *m* de demande
kérődzés 1. rumination *f;* ruminement *m;* 2. *átv:* remâchage *m*

kert [~ek, ~et, ~je] jardin *m; (gyümölcsös)* verger; jardin fruitier
kertajtó portillon *m v* porte *f* de jardin
kertel [~tem, ~t, ~jen] prendre des détours; tergiverser; louvoyer; biaiser; *nem ~* parler sans détours *v* sans ambages
kertelés tergiversation *f;* louvoiement *m; (minden) ~ nélkül* sans ambages; carrément
kertész [~ek, ~et, ~e] jardinier; horticulteur *m*
kertészet 1. jardinage *m;* horticulture *f;* 2. *(fatenyésztő)* arboriculture *f*
kertészinas apprenti *v* garçon jardinier
kertészkedik [~tem, ~ett, ~jék *v* ~jen] jardiner; faire du jardinage
kertészlegény aide-jardinier *m*
kertészolló sécateur *m;* cisaille(s) *f (pl)*
kerthelyiség jardin(-buvette) *m*
kerti [~ek, ~t, ~je] ~ *bútor* mobilier *v* meuble *m* de jardin; ~ *ünnep(ély)* garden-party *f;* ~ *virág* fleur *f* d'ornement
kerül [~tem, ~t, ~jön] I. *(tgy i)* 1. fuir; éviter; ~*ik egymást* se fuir; ~*i a veszekedést* éviter la querelle; 2. *(amit addig tett v használt)* s'interdire qc; 3. *(nagyot) ~ (uton)* faire un (grand) détour; faire le grand tour; II. *(tgyl i)* 1. *(akad)* se rencontrer; se trouver; 2. *(vki vhová)* parvenir; pénétrer; passer; entrer; *(targy is:)* arriver; *(véletlenül)* échouer; *honnan ~tök ide?* d'où tombez-vous? 3. *vki elé ~* arriver *v* parvenir jusqu'à q; 4. *vmi alá ~* être pris(e) sous qc; 5. *vmi közé ~* être coincé(e) entre...; 6. *(vmire)* en venir à...; *verekedésre ~ a dolog* on en est venu aux mains; 7. *(vmibe)* coûter; revenir à ...; valoir; *ez mennyibe ~?* combien ça vaut? ça vaut combien? *biz; sokba ~* cela coûte cher; *nem ~ sokba* il n'est pas d'un gros entretien; *drágán ~* coûte que coûte; *ez évekbe fog ~ni* cela prendra plusieurs années
kerület 1. *(határvonal)* pourtour; contour; circuit *m;* 2. *mat:* circonférence *f;* périmètre *m;* périphérie *f;*

kerületi 470 **keserves**

3. *(városi)* arrondissement *m;* *(közigazgatási)* circonscription *f*
kerületi [~ek, ~t] **1.** circonférenciel, -elle; ~ *szög* angle inscrit *v* de la circonférence; **2.** de l' *v* d'arrondissement; du *v* de district; ~ *elöljáróság* mairie *f;* ~ *kapitányság* commissariat *m* (de l'arrondissement); **3.** *pol:* sectionnel, -elle; ~ *bizottság* comité *m* de rayon
kerülget *vmit, vkit* tourner autour de q(c); *a lányokat* ~*i* tourner autour des jeunes filles; *ájulás* ~*i* être pris(e) de vertige; ~*i a dolgot* tourner autour du pot; biaiser
kerülő [~k, ~t] **I.** *(mn)* **1.** *a társaságot* ~ *ember* un homme qui fuit le monde; **2.** ~ *út* chemin de détour *v* *(átv:)* chemin indirect; **II.** *(fn)* **1.** *ld:* **kerülő** *út;* ~ *nélkül* à vol d'oiseau; ~*t tesz* prendre *v* faire un détour; **2.** *(szóbeli)* détour; biais *m;* **3.** garde champêtre *m*
kérvény requête; pétition; supplique *f;* *egy* ~*t bead* faire *v* présenter une requête *v* une demande
kérvényezési *jog* droit *m* de pétition
kérvényező [~k, ~t, ~je] **1.** solliciteur, -euse; pétitionnaire *n;* **2.** *jog:* requérant *m*
kés [~ek, ~t, ~e] couteau *m;* *(nagy)* coutelas *m;* *(kicsi)* coutelet *m;* *(beretva)* lame *f;* ~ *foka* le dos du couteau; *a* ~ *lapja* la lame du couteau; ~*re megy vkivel* se couper la gorge avec q; ~*t döf vmibe* plonger *v* enfoncer un couteau dans qc
késedelem retard *m;* ~ *nélkül* sans délai; *-lmet szenved* subir *v* éprouver du retard; souffrir un retard
késedelmes [~ek, ~et] tardif, -ive; retardataire; ~ *fizető* payeur (-euse) retardataire
késedelmi *kamat* indemnité *f* de retard
kései [~ek, ~t] **1.** tardif, -ive; ~ *fejlődés, kibontakozás* tardiveté *f;* ~ *gyümölcs* fruit tardif; **2.** *a* ~ *századok* les siècles à venir; *a* ~ *unokák* nos arrière-petit-fils; **3.** ~ *latinság* basse latinité

késel [~tem, ~t, ~jen] jouer du couteau; tirer le couteau; *(gonosztevő)* *arg:* chouriner
kesely [~ek, ~t, ~e] **I.** *(mn)* **1.** *(lábú)* balzan, -e; **2.** *(sárgás)* isabelle; **II.** *(fn)* *(maga a folt)* balzane *f*
keselyű [~k, ~t, ~je] vautour *m*
keserédes doux-amer, douce-amère
kesereg [~tem, -rgett, ~jen] *(vmi miatt)* se lamenter (sur qc); être affligé(e) (de qc)
kesergés doléance; plainte; lamentation *f*
kesernyés **1.** aigre-doux, -ce; acerbe; **2.** *átv:* amer, -ère; aigre; ~ *szavak* paroles aigres-douces
keserű [~ek, ~t] **I.** *(mn)* **1.** amer, -ère; âcre; ~*vé teszi a szája ízét* donner une bouche amère (à q); *(átv.* így *is:)* laisser un déboire à q; ~ *mint az epe* amer comme le fiel; **2.** *átv:* amer, -ère; aigre; acrimonieux, -euse; ~ *ember* homme aigri; ~ *érzés* aigreur *f;* ~ *fájdalom* douleur amère; ~ *hangon* d'un ton âpre; ~ *humor* humour pincé; ~ *képet vág* plisser une bouche amère; ~ *szemrehányások* reproches amers; *a* ~ *valóság* l'amère réalité; **II.** *(fn)* **1.** *a* ~ l'amer *m;* **2.** *(pálinka)* amer
keserűmandula amande amère
keserűpálinka amer; bitter *m*
keserűség **1.** *(íz)* amertume; âcreté; acerbité *f;* **2.** *átv:* amertume; âcreté; acrimonie; aigreur; acerbité *f;* **3.** *(csalódás)* déboire; mécompte *m;* *nagy* ~ *crève-cœur m;* ~*ében* dans son exaspération; *vkinek nagy* ~*ére* au grand dépit de q; ~*gel tölti el* abreuver d'amertume
keserűsó sulfate *m* de magnésie *v* de magnésium; sel d'Epsom *v* de Sedlitz; sel anglais
keserűvíz eau (minérale) purgative; *Hunyadi János* ~ eau *f* de Janos
keserv [~ek, ~et, ~e] **1.** *(panasz)* doléance; lamentation *f;* **2.** *(kellemetlenség)* déboire; mécompte *m;* ~ *ld. még:* **keserűség**
keserves [~ek, ~et] amer, -ère; pénible; fatigant; déchirant, -e; ~

késés

kenyér pain amer; ~ *mesterség* métier tuant; ~ *munka* travail pénible *m;* corvée *f;* ~ *(szellemi) munka* bûche *f;* ~ *perceket* v *félórát él át* passer un vilain *v* un mauvais quart d'heure; ~ *sírásra fakad* se mettre à verser des larmes amères
késés retard; retardement *m; 10 perc* ~*e van* avoir 10 minutes de retard
késhegy la pointe du couteau; ~*ig menő harc* guerre *f* à outrance
késik [~tem, ~ett, ~sék *v* ~sen] se faire attendre; tarder; être en retard; *a vonat* ~ le train a du retard; *a válasz* ~ la réponse se fait attendre *v* tarde à venir; ~ *a fizetéssel* retarder le payement; *hol* ~*tél ily sokáig?* où t'es-tu attardé si longtemps?
keskeny [~ek, ~et] mince; étroit; resserré, -e; *(völgy)* étranglé, -e; ~ *nyomtáv* voie étroite; ~ *út* chemin étroit; *(átv:)* voie étroite; *(erdőben, parkban)* sentier étroit
keskenyfilm film réduit *v* étroit; format réduit
keskenyvágányú *vasút* chemin de fer à voie étroite; decauville *m*
késlekedés lenteurs *f pl;* manque *m* d'empressement; *nincs idő a* ~*re il* n'y a pas de temps à perdre
késlekedik [~tem, ~ett, ~jék *v* ~jen] tarder (à *és inf);* s'attarder; se faire attendre; temporiser
késleltet retarder; causer *v* apporter du retard à qc; accrocher; *(szándékosan)* temporiser
késműves coutelier *m;* ~ *műhely* v *üzem* coutellerie *f*
késő [~ek, ~k, ~t] I. *(mn)* 1. tardif, -ive; ~ *bánat* regrets tardifs; ~ *tavasz* un printemps tardif; 2. *csak* ~ *éjjel jön haza* il ne rentre que sur le tard; *a* ~ *éjszakába(n)* tard dans la nuit; ~ *este* sur le tard; *a* ~ *esti órákban* à la dernière heure; *a* ~ *öregségében* dans son extrême vieillesse; ~ *ősz* arrière-saison *f;* ~ *reggel* tard dans la matinée; *a* ~ *utókor* la postérité éloignée; II. *(állítmány) (már)* ~ (il est) trop tard ! il n'est plus temps; *amíg nem* ~ pendant qu'il en est encore temps; avant qu'il soit trop tard
később 1. plus tard; dans *v* par la suite; après; ensuite; ultérieurement; *egy nappal* ~ un jour plus tard; *egy nappal* ~, *mint kellett volna* trop tard d'un jour; *valamivel* ~ un peu plus tard; bientôt après; *mi történt* ~? qu'est-il arrivé depuis? 2. ~*re hagy* laisser *v* se réserver pour plus tard; ~*re tesz* v *halaszt* remettre; reporter; ajourner; différer
későbbi *(mn)* ultérieur; postérieur, -e (à qc); subséquent(e) à qc; ~ *hír* nouvelle ultérieure; *egy* ~ *időpontban* à une date postérieure; II. *(fn) a* ~*ek folyamán, a* ~*ben* par la suite
későn (trop) tard; en retard; tardivement; *jó* ~ sur le tard
késpenge lame *f* de couteau
késszúrás coup *m* de couteau; ~*okkal megöl* tuer à coups de couteau
kész [~ek, ~et] I. *(mn)* 1. fini; achevé; préparé; prêt, -e; *teljesen* ~ être au point; être sur pied; *még nem* ~ il n'est pas encore au point; *sose lesz* ~ il n'en finit jamais; ~ *van* c'est fait; j'ai fini; 2. *(segédigével, befejezettség jelölésére)* finir *v* achever de *(inf);* ~ *vagyok az evéssel* j'ai fini de manger; *nemsokára* ~ *leszek* j'aurai bientôt fini; ~ *ember* v *férfi* un homme fait; ~ *hülye* un sot achevé; ~ *komédia volt* c'était une pure comédie; 3. *kész! (járműindításnál)* roulez!... *és kész!* et voilà ! et c'est fini ! ... na! 4. ~*re csinál* habiller; 5. ~ *hive*... votre tout *v* très dévoué; ~ *örömmel* avec (un très) grand plaisir; 6. *fiz: (vége)* il est flambé *v* fait *v* cuit; 7. ~ *(ruha)* tout(e) fait(e); 8. *(vmire)* prêt(e) *v* disposé(e) à *(inf);* ~ *meghalni* il est prêt à, mourir; *mindenre* ~ prêt(e) à tout; II. *(fn) a* ~*ből él; a* ~*hez nyúl* il entame son capital
készakarva; készakarattal exprès; à dessein
készáru 1. produit fini *v* manufacturé; 2. *(tőzsdei)* valeur négociable *f*

keszeg [~ek, ~et, ~e] I. *(mn)* efflanqué; étriqué, -e; II. *(fn) hal:* dévér v *lapos* ~ brème; brême *f*
készen 1. *ld:* **kész;** ~ *áll* être prêt(e) (*à és inf*); ~ *tart* tenir prêt(e); tenir à la disposition de q; 2. ~ *vett öltöny* vêtement confectionné; 3. ~ *arra, hogy* quitte à *v* pour *(inf)*
készenlét 1. permanence *f;* 2. *katonai v hadi* ~ dispositif militaire *m;* ~*be helyez* mettre sur le pied d'alarme
készétel plat préfabriqué
készfizetés paiement *m* (au) comptant
készgyártmány objet *v* produit manufacturé *v* fini; article fabriqué
készít [~ettem, ~ett, ~sen] **1.** préparer; fabriquer; manufacturer; 2. *(szervezet anyagot)* élaborer; 3. *(méh mézet)* distiller; 4. *átt:* préparer; réaliser; *ld. még:* **elkészít**
készítmény produit *m;* préparation *f*
készkiadás débours; déboursés *m pl;* dépenses menues; *megtérítteti* ~*ait* rentrer dans ses frais
készlet 1. *(összetartozó tárgyakból)* jeu; assortiment *m;* garniture *f; (evő)* service *m;* 2. *(áru)* stock *m;* provisions *f pl;* approvisionnements *m pl; ker:* existant *m; míg a* ~ *tart* jusqu'à épuisement du stock; ~*eket gyüjt* (re)constituer des stocks
készletez [~tem, ~ett, ~zen] stocker
készletező vállalat entreprise *f* de stockage
készlethalmozás stockage *m*
keszon [~ok, ~t, ~ja] caisson *m*
keszonmunkás ouvrier des caissons; tubiste; tubard *m*
készpénz 1. argent comptant; numéraire; argent liquide *m;* ~*ben au comptant;* ~*ben fizet* payer (argent) comptant; ~*re való vásárlás* achat *m* à compte ferme; ~*zel bérmentesítve* taxe perçue; 2. *átv:* ~*nek vesz prendre qc pour argent comptant*
készpénzeladás vente *f* au comptant
készpénzfedezet couverture *f* en espèce
készpénzfizetés paiement *m* au comptant; ~ *ellenében* moyennant finance

készpénzforgalom circulation *f* en espèce
készruha costume *m* de confection; vêtement tout fait
készség 1. technique; compétence; disponibilité; pratique *f;* 2. *(szíves)* dévouement *m;* prévenances *f pl; csupa* ~ *vki iránt* être plein(e) de prévenances pour q; ~*gel* de bonne grâce; 3. *(felszerelés)* outillage; attirail *m*
készséges 1. empressé; dévoué, -e; serviable; plein(e) d'empressement; 2. *(levélben)* ~ *híve* je suis tout vôtre; votre (très) dévoué
késztet 1. talonner; stimuler; *vmire* ~ exciter *v* pousser *v* inviter à qc; 2. *orv:* exciter à *(inf)*
kesztyű [~k, ~t, ~je] **1.** gant(s) *m (pl); ujjatlan* ~ moufle *f; női* ~ gant pour dames; *fehér* ~*ben* ganté(e) de blanc; ~*t húz* passer des gants à q; *(magának)* mettre des gants; *hetes számú* ~*t visel* ganter du sept; 2. *átv:* *megtanítom* ~*be dudálni* je lui apprendrai à vivre
kesztyűkereskedés ganterie *f*
kesztyűs [~ök, ~t] I. *(mn)* ganté, -e; ~ *kézzel bánik vele* il le traite avec beaucoup de ménagement; II. *(fn)* gantier, -ière *n;* marchand gantier
készül [~tem, ~t, ~jön] **1.** *(vmi)* se préparer; se faire; s'exécuter; *(ruha)* se confectionner; *(könyv)* s'écrire; *(cselszövény)* se tramer; *valami* ~ il y a quelque chose dans l'air; *zivatar* ~ un orage s'apprête; 2. *isk:* préparer sa leçon; se préparer; 3. *vmire* ~ se préparer; s'apprêter; se disposer *(mind:* à qc *v* à *és inf);* ~*tem írni neki* j'allais *v* je voulais lui écrire; *lemondani* ~*t* il manqua de donner sa démission; 4. *orvosnak, ügyvédnek* ~ se préparer à la médecine, au barreau; 5. *harcra* ~ se préparer au combat; *útra* ~ faire ses préparatifs de départ *v* de voyage; 6. *vkihez* ~ *(vizsgán:)* préparer son examen selon le goût *v* le programme de q; 7. *a városba* ~ vouloir se rendre à la ville

készülék [~ek, ~et, ~e] **1.** appareil; mécanisme; dispositif *m;* **2.** *rád:* poste (appareil)
készületlen mal préparé(e) *v* outillé(e); pris(e) au dépourvu
készületlenség manque *m* de préparation
készülődik [~tem, ~ött, ~jék *v* ~jön] **1.** *(vki)* faire ses préparatifs; *vmire* ~ se préparer; se disposer; s'apprêter *(mind:* à qc *v* à *és inf);* **2.** *(vmi)* être en préparation; se préparer; *ld. még:* **készül**
készültség 1. *(technikai)* outillage *m;* **2.** *(szellemi)* bagage; savoir *m;* **3.** *(riadó)* demi-alerte *f;* service *m* d'ordre; *katonai* ~ troupes consignées; *rendőri* ~ forces policières; **4.** *(a hely)* poste *m*
két 1. deux; ~ *eset lehetséges* de deux choses l'une; ~ *izben is v már* par deux fois; ~ *jómadár* un couple de filous; ~ *kézzel* à deux mains; ~ *kézzel kap rajta* y aller de deux mains; ~ *okból is hálás vagyok neked* je te suis doublement reconnaissant; ~ *példányban* en double exemplaire; *sp:* ~ *vállra dob* tomber; **2.** *(mind) a* ~ *nyelv* l'une et l'autre langue
kétágú fourchu, -e; à deux branches; ~ *villa* fourchet *m*
kétágyas *szoba* chambre *f* à deux lits
kétbalkezes I. *(mn)* gauche; maladroit, -e; **II.** *(fn)* ~ *(ember)* gaffeur, -euse *n biz;* lourdaud, -e *n*
kétcsövű *puska* fusil *m* à deux coups *v* à deux canons
kétdimenziós *fiz:* bi-dimensionnel, -elle
kételkedés 1. doute; scepticisme *m; a* ~ *szelleme, ördöge* l'esprit, le démon de doute; **2.** *fil:* doute sceptique *v* métaphysique
kételkedik [~tem, ~ett, ~jék *v* ~jen] ~ *vmiben* douter de qc; *nagyon* ~*em benne* j'en doute fort; ~*em benne, hogy eljön* je doute qu'il vienne; *nem* ~*em benne, hogy eljön* je ne doute pas qu'il (ne) vienne; ~ *a szavamban* il doute de ma parole
kételkedő [~k, ~t] sceptique *(n);* défiant, -e

kétéltű [~ek, ~t] **I.** *(mn)* amphibie; ~ *harckocsi* char amphibie *m;* **II.** *(fn)* amphibien *m*
kétely [~ek, ~e] doute; scrupule *m;* ~*e van az okmány hitelessége felől* il a un doute sur l'authenticité du document; ~*eket ébreszt* semer le doute; *eloszlatja vkinek a* ~*eit* lever les doutes de q
kétértelmű 1. à double entente; à double sens; équivoque; ambigu, -ë; **2.** *pej:* équivoque; ~ *vicc* plaisanterie équivoque *f*
kétes [~ek, ~et] problématique; douteux, -euse; incertain, -e; précaire; *pej:* douteux, -euse; équivoque; ambigu, -ë; ~ *alak v egyén* individu douteux; louche individu *m;* ~ *egzisztencia* existence problématique *f;* ~ *erkölcsű ember* individu de mœurs douteuses; ~ *értékű vallomás* témoignage suspect; ~ *hírű* louche; borgne; ~ *hírű utca* rue mal famée *v* borgne; ~ *ízlés* goût discutable *v* douteux; ~ *tisztaságú* d'une propreté douteuse
kétéves (âgé) de deux ans; biennal, -e; bisannuel, -elle
kétévi de deux ans *v* années; bisannuel, -elle
kétezer deux mille
kétfejű bicéphale; à deux têtes; ~ *sas* aigle *f* à deux têtes *v* bicéphale; *(osztrák így is:)* aigle impériale
kétfelé 1. *(oszt)* en deux; **2.** *(irányról)* dans deux directions; ~ *biztosítja magát* nager entre deux eaux *v* sous l'eau; ~ *válik* bifurquer; se dédoubler
kétharmad deux tiers; ~ *szótöbbség* majorité *f* des deux tiers
kéthavi de deux mois; bimestriel, -elle
kétkarú à deux bras; *(mérleg)* à deux flèches; ~ *emelő* levier intermobile
kétkezes à deux mains
kétkulacsos [~ak, ~t] duplice; fallacieux, -euse; à double face; ~ *játék* jeu équivoque *m;* ~ *magatartás* attitude ambiguë
kétlaki *növ:* dioïque; ~ *életet él* mener une double existence

kétnegyedes à deux-quatre; *zen:* ~ *ütem* deux-quatre *m*
kétnyári *növ:* bisannuel, -elle
kétnyelvű bilingue
kétnyomásos *gazdálkodás* assolement biennal
kétoldali [~ak, ~t] bilatéral, -e; ~ *egyezmény* accord bilatéral; ~ *tüdőgyulladás* pneumonie double *f*
kétpúpú [~ak, ~t] ~ *teve* chameau *m* à deux bosses
ketrec [~ek, ~t, ~e] cage *f; (kicsi)* cageot *m; (nagy állatnak)* cabane; stalle *f; (vadállatoknak)* loge *f*
kétrészes 1. en deux pièces; ~ *ruha* deux-pièces *m;* 2. ~ *konyhaszekrény* buffet *m* à deux corps
kétrét *görnyed* plier en deux
kétség doute; scrupule *m; ehhez* ~ *nem fér* il n'y a pas *v* point de doute; cela ne fait pas l'ombre d'un doute; ~*ek gyötrik* il est torturé par le doute; ~*ek között ingadozik* flotter dans le doute; ~*ben hagyja vmire nézve* laisser dans le doute en *v* sur qc; ~*en felül áll* être hors de cause; ~*en kívül áll, hogy* il est hors de doute que; *a* ~*et eloszlatja* lever les doutes; *minden* ~*et kizár* il ne fait point de doute
kétségbe ejt désespérer; mettre *v* réduire au désespoir
kétségbeejtő [~ek *v* ~k, ~t] désespérant; désolant, -e; ~ *helyzetben van* être dans une situation désespérée; être aux abois
kétségbeesés désespoir *m;* désolation; désespérance; détresse *f;* ~*be taszít* jeter dans le désespoir; *(végső)* ~*ében* en désespoir de cause
kétségbeesett [~ek, ~et] désespéré; désolé, -e; ~ *düh* la fureur du désespoir; ~ *kísérlet* tentative désespérée; ~ *tett* acte *m* de désespoir
kétségbeesik se désespérer; être *v* tomber dans le désespoir; céder au désespoir; *kétségbeesve* le désespoir au cœur
kétségbe von mettre *v* révoquer en doute; contester; ~*ja, hogy* mettre en doute que

kétségbevonhatatlan incontestable; indiscutable
kétséges [~ek, ~et] douteux, -euse; problématique; *nem* ~ il ne fait pas de doute
kétségkívül sans nul doute; *ez az ember* ~ *bolond* décidément, cet homme est fou
kétségtelen indubitable; incontestable; certain; ~, *hogy* il est constant que; *nul doute que (subj);* ~ *előnyök* avantages positifs
kétségtelenül sans (aucun) doute; indubitablement
kétszárnyú [~ak, ~t] 1. *áll:* diptère; 2. ~ *ablak* fenêtre *f* à deux ouvrants *v* battants; ~ *ajtó* porte *f* à deux battants *v* vantaux
kétszarvú [~ak, ~t] à deux cornes; bicorne
kétszáz deux cents
kétszemélyes *ágy* lit *m* à deux personnes; ~ *autó ld:* **kétüléses**
kétszer 1. deux fois; à deux fois; *v* deux reprises; ~ *kettő az négy* deux fois deux font quatre; 2. *zen:* bis; 3. ~ *akkora* le double (de qc); ~ *annyi* deux fois autant; 4. ~ *is meggondolja* y regarder *v* y réfléchir à deux fois; *hetenként* ~ *megjelenő* bihebdomadaire
kétszeres [~ek, ~et] I. *(mn)* double; ~ *ár* prix double *m;* II. *(fn)* 1. *vminek a* ~*e* le double de qc; ~*ére emel* porter au double; 2. *(gabona)* (blé) méteil *m*
kétszeri [~t] réitéré; redoublé, -e; double
kétszerkettő; *világos mint a* ~ c'est simple comme deux et deux font quatre
kétszersült biscuit *m;* biscotte *f;* zwieback *m*
kétszínű [~ek, ~t] 1. (de) deux couleurs; bicolore; 2. *(álnok)* perfide; à double face; à deux faces; ~ *alak* faux frère *v* bonhomme
kétszínűség duplicité; perfidie; fausseté *f*
kéttagú [~ak, ~t] 1. dissyllabique; binaire; 2. *mat:* à deux termes; binôme

kettéágazás bifurcation *f;* fourchement *m*
ketted [~ek, ~et, ~e] demi *m*
ketteharap trancher d'un coup de dent
ketten deux; à deux; *mi* ~ nous deux; à nous deux
kettéoszlik se dédoubler; se partager *v* se diviser en deux
kettéreped se fendre *v* se scinder en deux; crever
kettes [~ek, ~t] **I.** *(mn)* **1.** *ld:* **kettős; 2.** *a* ~ *szám* le deux; **II.** *(fn)* **1.** deux *m;* **2.** *isk:* mention passable *f;* passable *m*
kettesben tête à tête; en tête-à-tête
kettészakad 1. *(lánc, fonal)* se casser; se rompre; **2.** *(pálya)* être brisé(e); **3.** *pol:* se scinder en deux
kettéválaszt 1. diviser en deux parties; **2.** *(hajat)* séparer; faire une raie
kettő [~t; ketteje, ~nk ,~tök, kettejük] deux; *mind a* ~ tous les deux; tous deux; *a* ~ *együtt* les deux ensemble; ~*be* en deux; *olyan mintha* ~*ig sem tudna számolni* on lui donnerait le bon Dieu sans confession; ~*t lát* voir double
kettős [~ök, ~t] **I.** *(mn)* **1.** double; doublé, -e; **2.** *(ablak, alak stb.)* géminé, -e; **3.** *mat:* binaire; **4.** *nyelv:* double; géminé, -e; **5.** *(élet, játék)* double; en partie double; ~ *adóztatás* double imposition *f;* ~ *betű* lettre double *f;* ~ *házasság* bigamie *f;* ~ *könyvvitel* v *könyvelés* comptabilité *v* tenue *f* des livres en partie double; ~ *kúp* cône double; rhombe solide *m;* ~ *látás* diplopie; vue double *f;* ~ *mássalhangzó* consonne double *v* redoublée *v* géminée; géminée *f;* ~ *rendekben menetel* marcher quatre par quatre; ~ *sorba állít* mettre sur deux rangs; ~ *talp* double semelle *f;* ~ *ünnep* fête double *f;* ~ *vágány* double voie; **II.** *(fn)* **1.** *zen:* duo *m;* **2.** *sp:* az X.-Y. ~ *(pár)* le tandem X-Y
kettőspont les deux-points
kettősség 1. dualité *f;* dualisme; parallélisme *m;* **2.** *pej:* duplicité *f*

kettőzött [~ek, ~et] redoublé, -e; ~ *gonddal ügyel vkire* redoubler de soins envers q
kétüléses [~ek, ~et; ~en] biplace; à deux sièges; ~ *autó* coupé (automobile) *m*
ketyeg [~ett, ~jen] faire tictac; tictaquer
kéve [-ék, -ét, -éje] gerbe *f*
kévekötő I. *(mn)* **1.** ~ *aratógép* moissonneuse-lieuse; **2.** ~ *leány* v *asszony* gerbeuse; lieuse; **II.** *(fn) (munkás)* gerbeur; lieur; botteleur *m*
kevély [~ek, ~et] orgueilleux, -euse; altier, -ière; hautain, -e
kevélység orgueil *m;* superbe; hauteur; morgue; arrogance *f*
kever [~tem, ~t, ~jen] **1.** *(össze)* mélanger; mêler (ensemble); **2.** *(hozzá)* mêler à *v* avec qc; mêler de qc; ajouter à qc; **3.** *(hígítva)* étendre d'eau; **4.** *konyh:* *(bele)* incorporer qc dans qc; ajouter qc à qc; **5.** *(fémet)* allier à qc; **6.** *(fajt)* croiser; **7.** ~*(i a kártyát)* battre *v* mêler *v* brouiller les cartes; **8.** *átv:* mêler; mélanger; amalgamer; *bajba* ~ mêler *v* empêtrer *v* embarquer q dans une mauvaise affaire; **9.** *(kavar)* remuer; **10.** *(maltert)* gâcher; **11.** *(gyúrva)* malaxer; *kézzel* ~ manipuler
keveredés 1. mélange *m;* confusion *f; átv:* különös ~*e a...-nak* un amalgame de...; **2.** *(faji)* croisement *m;* hybridation *f*
keveredik [~tem, ~ett, ~jék *v* ~jen] **1.** *(egybe)* se mêler (ensemble); se mélanger; **2.** *(fajilag)* se croiser; **3.** *(vmihez, vmiben, vmivel)* se mêler à qc *v* parmi qc; **4.** *rossz társaságba* ~ avoir de mauvaises fréquentations; *(bajba)* tremper *v* s'empêtrer *v* s'embarquer *v* s'engager dans qc; **5.** *(elvész)* s'égarer; se perdre
keveréknép race mélangée; peuple *m* de métis
keveréknyelv langue mixte *f*
keverés 1. mélange; brassage; brassement *m;* **2.** *(boré)* (re)coupage *m;* **3.** *(fémeké)* alliage *m;* **4.** *műsz:*

keverési mixtionnage *m;* **5.** *gyógy:* association *f;* **6.** *(lisztë)* blutage *m;* **7.** *(kártyáé)* battage *m;* **8.** *film:* mixage *m; (hangé)* mélanges *m pl*
keverési *arány* proportions *f pl* d'un mélange; dosage *m*
keverőgép mélangeur; malaxeur; agitateur mécanique *m*
kevert [~ek, ~et] **1.** mélangé, -e; mixte; mêlé, -e; **2.** *(fajilag)* croisé, -e; hybride; mâtiné(e) de ...; *(faj, vér)* impur, -e; **3.** *(stílus)* composite
kevés [kevesek, keveset] **I.** *(mn)* **1.** peu de ...; un petit nombre de ...; *ez* ~ c'est peu *v* peu de chose; ~ *ember* peu d'hommes *v* de gens; ~ *híja ld:* **híja;** ~ *szóból is ért* entendre *v* comprendre à demi-mot; **2.** *egy* ~ ... un peu de ...; une pointe de ...; un brin de ...; **II.** *(fn)* **1.** peu; ~*nek sikerül* peu y réussissent; **2.** *(vmi) az a* ~, *amit róla tudunk* le peu que nous en savons; ~*re becsül* priser peu; traiter de bagatelle; ~*ben múlt, hogy* il s'en fallait peu que *(subj);* ~*ből megél* vivre de peu; ~*en múlik* cela tient à peu de chose; *keveset mondok* ... au bas mot; ~*sel aztán* peu après; à peu de là; ~*sel előbb* un peu avant; **3.** *egy keveset* un peu; un petit peu; quelque peu
kevésbé moins; *ő sem* ~ *bűnös* il n'est guère moins coupable; *minél* ~ *érti, annál jobban kiabál* moins il comprend, (et) plus il crie
kevesebb [~et] moins; une moindre quantité; *mindig* ~ *lesz* leur nombre diminue; il se fait rare; ~*et* (en) moins; *minél* ~*et dolgozott, annál* ~*et keresett* moins il travaillait, moins il gagnait; *minél* ~*et dolgozott, annál szerencsétlenebb lett* moins il travaillait, plus il devenait malheureux; ~*et kaptam 10 frankkal* j'ai reçu 10 frs en moins
kevesell [~tem, ~t, ~jen] trouver insuffisant(e) *v* trop petit(e)
kevesen peu; peu de gens; ~ *vagyunk* nous sommes peu *v* pas assez nombreux

kevéssé peu; *egy* ~ un peu; un petit peu; *igen* ~ très peu; *éppoly* ~ *mint* aussi peu que
kéz [kezek, kezet, keze] main *f; a* ~ *feje* métacarpe *m; a* ~ *háta* le dos *v* le revers *v* le dessus *v* la face dorsale de la main; ~ *alatt* sous main; ~ *alatt vesz* acheter d'occasion; **Ragos alakokban:** *tiszta a keze* avoir les mains nettes *v* propres; *hosszú keze van* avoir le bras long; *szabad keze van* avoir les mains libres; *ügyes keze van* avoir de la main; *benne van a keze a dologban* il y a mis la main; *vki keze által hal meg* mourir de la main de q; *keze közé jut* tomber entre les mains de q; *keze munkájából él* vivre du travail de ses bras *v* de ses mains; *vkinek keze ügyébe akad* tomber sous la main de q; *keze ügyében* à portée de (la) main; *itt a kezem* tope (là)! *csak kerüljön a kezem közé!* qu'il ne me tombe pas entre les mains! *saját kezébe v kezéhez* de la main à la main; *(kézbesítendő)* à remettre en mains propres; *jó kezekbe kerül* tomber en bonnes mains; *kezébe nyom* mettre d'autorité dans la main de q; *kezébe ragadja a hatalmat* s'emparer du pouvoir; *kezébe vesz vmit* prendre en main qc; *jól* ~*be vesz* emmancher solidement; *kézben; kezében* à la main; dans sa main; *revolverrel, karabéllyal a kezében* revolver, mousqueton au poing; *kezében tart vmit* avoir *v* tenir à la main; *átv:* tenir *v* avoir en main; *kezében tartja a hadsereget* avoir la haute main sur l'armée; *az újság* ~*ben van* le journal est en lecture; *azt hiszi, kezében van* il croit le tenir; *első* ~*ből tudom* je le tiens de première source; *szabad* ~*ből* de gré à gré; à l'amiable; ~*ből jósol* pratiquer la chiromancie; lire dans la main; *kicsúszik a kezéből* glisser *v* échapper des mains; *kezéhez áll* être bien à sa main; *jól* ~*hez álló* bien en mains; *vkinek a kezéhez fizet* remettre de la main à la main à q; *kézen fogva járnak* marcher la main dans la main; ~*en fogva tart* tenir par la main;

kézápolás   477   **kezdés**

~en jár marcher sur les mains; *kéznél* sous la main; à portée de (la) main; *a maga kezére* à son (propre) compte; *négy* ~*re* à quatre mains; ~*re ad passer* à mesure; *kezére dolgozik vkinek* seconder q; donner un coup de main à q; *két* ~*re fog* prendre à deux mains; *vkinek kezére játszik* v *juttat vmit* livrer qc à q; faire tomber entre les mains de q; ~*re kerít* retrouver; dénicher; *(elfog)* mettre la main sur q; mettre la main au collet de q; ~*re kerül* être retrouvé(e) v déniché(e); être arrêté(e) v appréhendé(e); ~*ről kézre* de main en main; ~*ről kézre adják (vmit)* se repasser; se passer de main en main; *(vkit)* on se l'arrache; *kezet rá!* touchez-là! tope! topez-là! *(nem disznóláb:* c'est de bon cœur); *kezet ad rá* donner sa parole; *kezét dörzsöli* se frotter les mains; *kezet emel vkire* lever la main sur q; *kezet fog vkivel* serrer v donner la main à q; *kezét leveszi vkiről* retirer sa protection v son appui à q; *megkéri a kezét* demander la main de q; *kezét mossa* se laver les mains; *kezet nyújt* tendre v allonger la main; *kézzel* à la main; à bras; *erős* ~*zel* à la force du poignet; *két* ~*zel* avec v de ses deux mains; *üres* ~*zel* les mains vides; bredouille; ~*zel írt* écrit(e) à la main; autographe; *két* ~*zel kap vmi után* attraper qc avec les deux mains; *két* ~*zel kap az alkalmon* saisir l'occasion par les cheveux; *tele* ~*zel szórja* donner à pleines mains

kézápolás hygiène *f* v soins *m pl* des mains

kézápoló manucure; manicure *(n)*

kézbesít [~ettem, ~ett, ~sen] remettre en mains; *(hatóság)* notifier; signifier

kézbesítés livraison; remise *f;* service *m;* *(hatósági)* notification; signification *f;* *küldönc útján* remise à domicile par porteur

kézbesítetlen en souffrance

kézbesíthetetlen en souffrance; ~ *csomag* colis *m* en souffrance

kézbesítő [~k, ~t, ~je] I. *(mn)* ~ *autó* v *kocsi* voiture *f* de livraison; ~ *postás* facteur *m* des postes; II. *(fn)* 1. (garçon) livreur *m;* 2. *(adóintést)* porteur *m* de contraintes; *(bírósági)* huissier *m;* 3. *post:* facteur *m*

kézbesítőkönyv registre *m* de distribution

kézbilincs menottes *f pl*

kézcsók baisemain *m;* ~*ját küldi* envoyer ses hommages v ses respects v ses amitiés

kézcsukló poignet *m*

kezd [~tem, ~ett, ~jen] I. *(tgy i)* 1. commencer; 2. ~ *(inf)* commencer à v de v se mettre à v se prendre à *(inf);* *pej:* se livrer à qc; *inni* ~ s'adonner v se livrer à la boisson; *ez a divat már* ~ *általánossá válni* cette mode tend à se généraliser; 3. *azzal* ~*i, hogy* commencer par *(inf);* *azzal* ~*te (beszédét), hogy* il commença par dire que; *havi 2 000 frank fizetéssel* ~*i* il débute à 2 000 frs par mois; *ő* ~*te* c'est lui qui a commencé; 4. *zen:* partir; attaquer; 5. *kárty:* avoir la main; *futb:* engager; II. *(tgyl i)* 1. *vmibe* ~ entreprendre qc; se mettre à qc; 2. *(vkivel, vmivel)* entreprendre; faire de qc; *vele semmit sem lehet kezdeni* avec lui rien à faire v on ne peut rien entreprendre; *mit* ~ *vele?* qu'en ferez-vous? *hol is* ~*jem?* par où débuter?

kezdeményez [~tem, ~ett, ~zen] prendre l'initiative de qc; inaugurer qc

kezdeményezés initiative; ouverture *f;* pouvoir *m* d'initiative; *saját* ~*ére* agissant en son nom personnel v de son propre chef

kezdeményező [~k, ~t] initiateur; promoteur; instigateur, -trice *n;* *a* ~ *lépéseket megteszi* prendre l'initiative de l'affaire; *a büntett* ~*je* l'instigateur du crime

kezdés 1. commencement; début; départ *m;* *(beszédben)* attaque *f;* 2. *ját:* entame *f;* 3. *kárty:* la main; 4. *sakk:* le (premier) trait; 5. *sp:* engagement *m;* 6. *zen, nyelv:* attaque

kezdet 1. commencement; début *m;* naissance *f; a ~ kezdetén van* il en est encore à ses débuts; *~ben* dans l'origine; à l'origine; au départ; de prime abord; *már ~ben* originellement; *a ~én* à sa naissance; *egész ~én* tout au début; *a háború ~én* à l'ouverture *v* au commencement de la guerre; *már ~től fogva* dès le principe; **2.** *~ek* origines *f pl; a világ ~e* la naissance du monde; **3.** *(tárgyalásé)* entrée *f* en matière; **4.** *(kezdőpont)* naissance
kezdeti [~ek, ~t] initial, -e; originel, -elle; primitif, -ive; ~ *állapot* état rudimentaire *m; a ~ szakaszban* dans le commencement; ~ *sebesség* vitesse initiale
kezdetleges [~ek, ~et] primitif, -ive; rudimentaire; primaire; ébauché, -e; ~ *stádiumban* à l'état embryonnaire
kezdő [~k, ~t] I. *(mn)* **1.** *(ember)* commençant; débutant, -e; **2.** *(dolog)* initial, -e; *nyelv:* ~ *ige* (verbe) inchoatif *m;* II. *(fn)* **1.** commençant; débutant, -e; *pej:* apprenti, -e *n; nem~* il n'en est pas à son coup d'essai; **2.** *(vminek ~je)* initiateur; promoteur, -trice *n; (rossz dologé)* instigateur, -trice *n;* **3.** *ját:* le premier à jouer
kezdőbetű initiale; capitale *f; nagy ~* lettre capitale
kezdődik [~ött, ~jék *v* ~jön] commencer *(vmivel:* par qc); s'ouvrir sur qc; *(vita)* s'engager; *(határidőről)* courir; *a tüz a pincében ~ött* l'incendie a pris naissance dans les caves
kezdőfok 1. *isk:* cours *m v* classe *f* élémentaire; **2.** étape primitive; *(orv:)* phase initiale
kezdőlépés coup initial; *(dáma)* trait *m*
kezdőpont 1. point initial; **2.** *mat:* premier terme
kezdősebesség vitesse initiale
kezdve 1. *(időben)* depuis; à partir de; *mától* ~ à partir d'aujourd'hui; **2.** *(vmitől, helyben)* depuis; à partir de
kezel [~tem, ~t, ~jen] I. *(igy i)* **1.** *(tárgyat)* manier; manipuler; manœuvrer; **2.** *(árut)* manutentionner; **3.** *(beteget, betegséget, fémet, mustot)* traiter; **4.** *(sebet* v *sebesültet)* panser; ~*t seb* blessure soignée *v* pansée; **5.** *(jegyet)* poinçonner; **6.** *(ügyeket)* gérer; administrer; traiter; **7.** *(pénzt)* manier; II. *(tgyl i)* **1.** ~ *vkivel* échanger une poignée de main avec q; **2.** *jutb:* faire une faute de main
kezelés 1. *(tárgyé)* manœuvre *f;* maniement *m; hibás ~ folytán* à la suite d'une fausse manœuvre; **2.** *(árué)* manutention *f;* **3.** *(vegyiszeré, bombáé)* manipulation *f;* **4.** *(vmivel)* traitement *m* (par qc); **5.** *(ügyeké)* gestion; administration *f;* együttes ~ co-gestion *f; ~be vesz* prendre en charge; *saját ~ébe vesz* prendre en régie; nationaliser; **6.** *(emberé)* traitement; *(orvosnál egy ~)* séance *f; (sebé)* pansement *m;* toilette *f;* ~ *alatt áll* être en traitement; suivre un traitement; *ingyenes orvosi ~* assistance médicale gratuite; **7.** *(pénzé)* maniement *m;* **8.**. *(kézszorítás)* échange *m* de poignées de main
kezelési *költség* frais *m pl* de gestion
kezelhető traitable; maniable
kézelő [~k, ~t, ~je] manchette *f*
kezelőorvos médecin traitant
kézenfekvő *dolog* cela s'impose; ~ *okokból* pour des raisons faciles à deviner
kezes [~ek, ~t, ~e] I. *(mn) olyan mint egy ~ bárány* se faire doux *v* douce comme un agneau; II. *(fn)* **1.** *(jótálló)* caution *f;* garant *m;* **2.** *(váltón)* donneur *m* d'aval; **3.** *(személyében)* répondant *m; (túsz)* otage *m*
kezeskedik [~tem, ~ett, ~jék *v* ~jen] **1.** *(vmiért)* garantir *v* cautionner qc; répondre de qc; *~em érte* j'en réponds; ~, *hogy* il vous est garant que; **2.** ~ *vkiért* répondre de q; se porter fort(e) pour q; **3.** ~ *vkinek* donner *v* fournir des garanties à q
kezeslábas bleu *m* (de travail *v* de chauffe); *(gyereké)* barboteuse *f*
kezesség 1. cautionnement *m;* garantie *f;* garant *m; ~ért szavatol* certifier

kézfogás une caution; ~*et vállal* cautionner qc; *(vkiért)* se porter caution de q v garant(e) pour q; **2.** *(váltón)* aval m; **3.** *ált:* assurance f
kézfogás poignée f de main
kézfogó fiançailles f pl
kézi [~ek, ~t] manuel, -elle; à main; à bras; ~ *fegyver* arme f de main; ~ *kiadás* édition f petit format
kézibeszélő combiné f
kézibőrönd valise f
kézicsengő sonnette f à main
kézidaráló broyeuse f à main
kézierő force f de bras v d'homme; ~*vel* à bras; à force de bras
kézifegyver arme à feu portative; arme individuelle
kézifék frein m à (la) main v à vis
kézigránát grenade à main; raquette f
kézikocsi charrette v voiture f à bras
kézikönyv 1. *(összefoglaló)* manuel; précis de...; traité pratique (de...); memento m; **2.** *(könyvtári)* (livre) usuel; ouvrage m de référence
kézikötésű *holmi* bonneterie f à la main
kézilabda; kézilabdázás sp: handball m
kézimunka 1. travail v ouvrage manuel v à la main; **2.** ouvrage v travail de dames; tapisserie; broderie f
kézimunkakosár corbeille f v panier m à ouvrage
kézimunkázik [~tam, ~ott, ~zék v ~zon] s'occuper de travaux à l'aiguille; faire de la tapisserie
kézinagyító loupe f
kézipéldány exemplaire m à la disposition du public
kézipénztár petite caisse
kézipoggyász bagage(s) m *(pl)* à main; petits bagages
kézírás écriture f; *ez az ő* ~*a* c'est de sa main
kézirat manuscrit m; ~ *gyanánt* hors commerce; ~*ban marad* rester manuscrit(e)
kéziszerszám outil à main; instrument m
kéziszótár dictionnaire usuel v abrégé; dictionnaire
kéziszövés tissage m sur métier à main

kézitáska valise; mallette f; sac m de voyage; *női* ~ sac; réticule; ridicule m
kézitusa corps à corps m; mêlée f; combat m de main v de main à main v d'homme à homme; *kemény* ~ coup de chien; coup dur
kézitükör glace f v miroir m à main
kézizálog gage; nantissement m; assurance f
kézjegy 1. griffe f; **2.** *(aláírás)* paraphe; parafe m
kézlegyintés 1. geste m de la main; **2.** *(lapos ütés)* tape f
kézmosás lavage m des mains
kézmozdulat geste m (de la main)
kézműáru article m d'industrie manufacturière
kézműipar industrie manifacturière f; artisanat m
kézműves artisan m; *a* ~*ek* l'artisanat m
kézszorítás poignée f v serrement m de main
kéztő carpe m
kézügyesség 1. habileté manuelle; tour de main; savoir-faire m; **2.** *zen:* doigté m; technique f
kézzelfogható tangible; palpable; manifeste; évident, -e; *semmi* ~*(t)* rien de concret; ~ *bizonyítékok* preuves tangibles f; ~ *engedmények* concessions tangibles; f ~*vá tesz vki előtt* faire toucher à q du doigt
kézzel-lábbal des pieds et des mains; ~ *hadakozik* v *igyekszik (inf)* s'escrimer des pieds et des mains pour *(inf)*; ~ *tiltakozik* protester comme un beau diable

I. *(nm)* **ki?** [kik, kit] **1.** qui? qui est-ce-qui? *ki az?* qui va là? *kat:* qui vive? *ki ez az ember?* qui v quel est cet homme? *ki mondta?* qui vous l'a dit? **2.** *(vonatkozó nm)* qui; *(olykor)* lequel; *ld. még:* **aki; 3.** *ki ... ki ...* qui ... qui ...
II. *(hat)* **ki 1.** dehors; là-dehors; en dehors; *ki innen!* hors d'ici! sortez! **2.** *biz: ki van* être éreinté(e) v fichu(e)

kiabál [~tam, ~t, ~jon] 1. crier; criailler; donner de la voix; *(hiva)* appeler; *(erősen)* vociférer; *ez szinte* ~ cela crève les yeux; *úgy* ~, *ahogy csak a száján kifér* crier à pleine gorge; 2. *(színről)* être criard(e) *v* voyant(e) *v* tapageur (-euse)

kiabálás cris (répétés); criaillerie; crierie *f*; *(tömegé)* clameur *f*; vociférations *f pl*

kiábrándít [~ottam ~ott, ~son] désillusionner; désabuser

kiábrándító [~k, ~t] décevant, -e; désenchanteur, -teresse

kiábrándul [~tam, ~t, ~jon] se désabuser; se désenchanter; se détromper; perdre ses illusions; ~ *vkiből* être las(se) d'aimer q; son amour pour lui s'est refroidi; *hamar* ~*t* il fut vite détrompé

kiábrándulás déception *f*; désabusement *m*; désillusion *f*

kiad 1. *(az ablakon)* passer *v* tendre *v* donner (par la fenêtre); 2. *(kihány)* rendre; 3. *(foglyot, adatot)* livrer; *(bűnöst)* extrader; 4. *(birtokából vmit)* se dessaisir de q; 5. *(munkát)* distribuer; 6. *(díjat)* accorder; décerner; attribuer; 7. *(okmányt)* délivrer (un acte); 8. *(parancsot)* donner *v* formuler *v* intimer un ordre; *(törvényt)* édicter; *(rendeletet)* rendre; porter; 9. *(nyomtatásban vmit)* éditer; publier; 10. *(új pénzt, bélyeget)* émettre; *(kamatra)* placer (à intérêt); 11. *(elkölt)* dépenser; débourser; 12. *(bérbe, lakást)* louer; *(földet)* affermer; 13. ~*ja lelkét* rendre l'âme *v* l'esprit; *majd a lelkét adja ki, hogy* suer sang et eau pour *(inf)*; ~*ja haragját* v *mérgét* exhaler v épancher sa colère; 14. *kárty:* avoir la main; être premier *v* première à jouer; *kört ad ki* jouer cœur; 15. ~*ja az útját* donner à q son paquet; 16. ~*ja magát vminek* se faire passer pour qc; 17. *tizenkét darab ad ki egy tucatot* douze objets composent une douzaine; 18. *(elég)* suffire

kiadás 1. *(átadás)* délivrance; remise; livraison *f*; 2. *(jutalomé)* décernement *m*; 3. *sp:* ~ *szélre* passe *f* sur l'aile; 4. *(közmunkáé)* attribution; distribution *f*; 5. *(nyomtatásban)* édition; impression; publication *f*; *első* ~ édition princeps; 6. *(új bélyegé, pénzé)* émission *f*; 7. *(rendeleté, törvényé)* promulgation; publication *f*; 8. *(pénzé)* dépense; sortie *f*; *a* ~*ok előirányzata* budget *m* des dépenses; *fedezi a* ~*okat* faire la *v* fournir à la dépense; faire face à la dépense; *vkinek a* ~*ait fedezi* défrayer q

kiadatás extradition; remise *f*

kiadatlan inédit, -e

kiadmány *ld:* **kiadvány** 2.

kiadó I. *(mn)* 1. à louer; *azonnalra* ~ à louer de suite; *májusra* ~ à louer pour mai; 2. à publier; II. *(fn)* 1. *(árut)* livreur; expéditeur *m*; 2. *(tisztviselő)* expéditionnaire *m*; 3. *(segédhivatal)* bureau *m* d'expédition; 4. *(könyv~)* (libraire-)éditeur *m*; 5. *újs:* expédition; administration *f*; *leveleket a* ~*ba kérünk* prière d'adresser les lettres à l'administration

kiadócég maison *f* d'édition

kiadóhivatal *ld:* **kiadó** II. 5.

kiadós [~ak, ~at] substantiel, -elle; étoffé, -e; ~ *ebéd* repas copieux

kiadóvállalat société *v* maison *f* d'éditions

kiadvány 1. publication; édition *f*; 2. *hiteles* ~ expédition authentique *f*; *a* ~ *hiteléül* certifié(e) conforme

kiagyal [~tam, ~t, ~jon] accoucher de qc; s'ingénier à trouver qc; inventer *(néha pej)*; *pej:* fabriquer; controuver

kiakaszt 1. *(hirdetést)* afficher (sur qc); placarder; 2. *(fehérneműt szárításra)* étendre; 3. *kirakatba* ~ mettre à l'étalage; 4. *(vmiből)* décrocher *(ablakot stb.)* démonter

kiaknáz 1. exploiter; 2. *geol:* drainer; 3. *(selejtanyagot)* récupérer

kiaknázatlan inexploité, -e

kialakít former; donner une forme à qc; développer; *egy eszmét* ~ élaborer une idée

kialakul 1. se former; prendre (un) corps; prendre figure; prendre forme;

kialakulatlan se développer; se constituer; *kezd* ~*ni* achever de se préciser; *(ügy)* prendre de la consistance; *(vmiből)* se dégager (de qc); *a helyzet* ~ la situation se précise; 2. *(küzdelem)* s'engager; 3. *(vmivé)* s'affirmer comme...

kialakulatlan 1. informe; 2. *(vélemény)* informulé, -e

kialakult formé; développé; constitué, -e

kialkuszik 1. *(árat)* débattre qc; convenir de qc; 2. *(feltételt)* stipuler

kiáll I. *(tgyl i)* 1. *(vmiből)* déborder qc; dépasser qc; faire saillie; *(hegyes dolog)* pointer; 2. *(vízből)* émerger; 3. *(vmi felett)* surplomber qc; dominer qc; 4. *(vhova)* se mettre; se poster; 5. ~ *a síkra* v *(biz) a placcra* se mettre sur les rangs; ~ *a sorból* sortir des rangs; ~ *vkivel (parbajre.)* croiser le fer avec q; 6. *(motor)* se caler; II. *(lgy i)* 1. *(vmit, vkit)* souffrir; supporter; ~*ja a szenvedéseket* endurer les souffrances; ~*ja a próbát* faire ses preuves; ~*ja a tűzpróbát* résister à l'épreuve des réalités; 2. *ki nem állhatom* je ne peux pas le sentir; c'est ma bête noire; *ki nem állhatja a fecsegőket* détester les bavards; 3. *(fájás)* cesser; s'assoupir; se calmer

kiállás 1. *(tárgyé)* proéminence *f*; 2. *(vízből)* émergement *m*; 3. *(munkából)* débrayage *m*; *(lemondás)* démission *f*; *sp*: abandon *m*; 4. *(fájásé)* cessation *f*; 5. *(megjelenés)* prestance; tenue *f*; *jó* ~*ú* d'une belle prestance

kiállhatatlan 1. *(kín, stb.)* insupportable; intolérable; 2. *átv*: insupportable; assommant, -e

kiállít 1. ~ *a sorból* faire sortir des rangs; 2. *(iskolában tanulót)* mettre au piquet; 3. *sp*: exclure; *(versenyben)* disqualifier; 4. *(kiállításon)* exposer; 5. *(minőségre)* exécuter; façonner; 6. *(okmányt)* dresser; rédiger

kiállítás 1. *isk*: piquet *m*; 2. *sp*: exclusion *f*; *(versenyben)* disqualification *f*; 3. *(mutogatás)* exposition *f*; salon *m*; 4. *(külső)* présentation *f*; 5. *(okmányé)* rédaction; délivrance *f*; *(vízumé, útlevélé stb.)* établissement *m*; *(csekké)* création *f*

kialszik s'éteindre; (se) mourir

kiált [~ottam, ~ott, ~son] crier *(vkinek:* à q); s'écrier; *nagyot* ~ jeter un cri; *tüzet* ~ crier au feu

kiáltás cri; appel *m*

kiáltó [~k, ~t; ~an] 1. *(nyomor, igazságtalanság)* criant, -e; 2. *(ellentét)* flagrant, -e

kiáltvány proclamation *f*; appel *m*

kialussza magát dormir son compte; ~ *mámorát* cuver son vin

kiapad 1. (se) tarir; se desszécher; 2. *átv*: s'épuiser; tarir

kiárad 1. *(folyadék)* s'écouler; s'épancher; 2. *(folyó)* déborder; sortir de son lit; 3. *(gáz)* s'exhaler; se dégager

kiáradás 1. dérivement; débordement (des eaux de...); *(folyóé* v *tengeré)* irruption *f*; 2. *(gázé)* émanation *f*; dégagement *m*; *(gőzé)* échappement *m*; 3. *átv*: expansion; effusion *f*; *az érzelmek* ~*a* l'expansion du cœur

kiárusít I. *(lgy i)* 1. *(leszállított áron)* liquider; solder; 2. ~*va* tout vendu; II. *(tgyl i)* réaliser son fonds

kiárusítás 1. *(árleszállítással)* liquidation *f*; solde(s) *m (pl)*; 2. *teljes* ~ réalisation *v* vente totale

kiás 1. déterrer; désenterrer; *(hullát, csontokat, műemléket)* exhumer; 2. *(földtömeget)* enlever aux fouilles; déblayer; 3. *(árkot, kutat)* creuser; *(tárnát)* foncer; creuser; 4. *(növényt)* arracher; 5. *átv*: désenterrer; déterrer; exhumer; dénicher *biz*

kiátkoz 1. *egyh*: excommunier; frapper d'excommunication; 2. *átv*: donner sa malédiction à q; renier

kiátkozás 1. *egyh*: excommunication *f*; anathème *m*; 2. *(családtagé)* reniement *m*

kiátkozott excommunié, -e; anathème

kiáztat 1. laver *(fényk is)*; 2. *sebet* ~ bassiner une plaie; ~*ja a tyúkszemét* ramollir son cor par macération; 3. *(ruhát)* essanger; 4. *tex, konyh*: dégorger; *(sótól)* faire dessaler

ki-bejár 1. entrer et sortir; **2.** *(tárgy)* exécuter un mouvement de va-et-vient
kibékít 1. *(feleket)* réconcilier; remettre bien ensemble; *jog:* concilier; arranger; **2.** *(vkit)* tranquilliser; pacifier; apaiser
kibékítés 1. réconciliation *f;* raccommodement *m;* **2.** apaisement *m*
kibékíthetetlen 1. irréconciliable; irracommodable; **2.** implacable; inapaisable
kibékül se réconcilier; se raccommoder
kibélel 1. *(vmivel)* tapisser à l'intérieur *v* revêtir intérieurement de qc; **2.** *(ruhát)* fourrer
kibélelés 1. garniture *f;* revêtement *m;* **2.** *(ruháé, anyagé)* doublage *m*
kibérel louer *(vkitől:* à q); prendre en location *v* à bail
kibeszél 1. *(titkot)* divulguer; ébruiter; **2.** ~i *magát* s'expliquer à son aise; **3.** ~i *magát (ravaszul)* s'en tirer par de belles paroles; **4.** ~i *a lelkét* s'égosiller; s'époumoner
kibetűz déchiffrer; épeler
kibetűzhetetlen indéchiffrable
kibic [~ek, ~et, ~e] *biz:* spectateur, -trice *n;* donneur d'avis; *(együtt)* la galerie
kibicsaklik [~ottam, ~ott, -koljék *v* -koljon] **1.** se désarticuler; **2.** ~ *a hangja* faire un couac; canarder; **3.** *-klott elme* esprit *m* à rebours
kibillen basculer; trébucher
kibír 1. endurer; supporter; soutenir; *ezt már nem bírom ki* c'est plus fort que moi; *nem bírja ki az összehasonlítást* ne pas souffrir de comparaison; *sokat* ~ il a la peau dure; *(gúny)* il a bon dos; **2.** ~*ja* tenir le coup; (y) tenir; *nem lehet* ~*ni* c'est à n'y plus tenir; **3.** *(vkit)* supporter; souffrir; **4.** ~*ja (anyagilag)* il est assez riche
kibírhatatlan insupportable; intolérable; *(nem fájdalom így is:)* assommant,-e
kibocsát 1. *(foglyot)* mettre en liberté; relâcher; élargir; **2.** *(szájon)* laisser échapper; **3.** *magából* ~ livrer passage à qc; *(sugarat)* émettre; **4.** *(pénzt, bélyeget)* émettre; mettre en circulation; *(kölcsönt, részvényt)* émettre; **5.** *(váltót)* créer *v* tirer une lettre de change; **6.** *(rendeletet)* émettre; promulguer; *kiáltványt, felhívást bocsát ki* lancer une proclamation, un appel
kibocsátás 1. *(fogolyé)* mise en liberté; délivrance *f;* élargissement *m;* **2.** *(bélyegé, pénzé)* émission *f;* **3.** *(rendeleté)* émission; *(végzés)* délivrance *f;* **4.** *(váltóé)* tirage *m;* **5.** *fiz:* émission
kibogoz démêler; dénouer; défaire; débrouiller
kibogozhatatlan 1. indébrouillable; indévidable; **2.** *(rejtély)* inextricable; hiéroglyphique
kibombázott sinistré(e) des bombardements
kibomlik 1. se défaire; se dénouer; **2.** *(haj)* se défaire; s'échapper; **3.** *(kötél, varrás)* échapper; **4.** *(göngyölt dolog)* se déployer; se dérouler
kibont 1. *(csomót)* défaire; dénouer; **2.** *(göngyöleget)* dérouler; déployer; *(zászlót)* déployer; **3.** *(levelet, csomagot)* ouvrir; défaire; *(ládát)* déclouer; ouvrir; **4.** *(fonatot)* détresser; *(hajat)* dénouer; **5.** *(palackot)* déboucher; **6.** *(befalazott ajtót)* démurer; **7.** *(falat)* percer
kibontakozás 1. déploiement; déploîment *m;* **2.** *(szervé)* développement *m;* **3.** *(bonyodalomé, válságé)* dénouement *m;* **4.** *(virágé és átv:)* éclosion *f;* épanouissement *m*
kibontakozik 1. se dégager; se démêler; **2.** *(rügy, virág)* s'épanouir; éclore; s'ouvrir; **3.** *(vmiből)* se dégager (de qc); ~ *a homályból* se dégager de l'ombre; se profiler dans l'ombre
kibontott *ágy* lit défait; *kat:* ~ *zászlókkal* (à) enseignes déployées
kibonyolódik 1. se démêler; se dénouer; **2.** ~ *vmiből* se dépêtrer *v* se démêler de qc; s'en tirer
kiborít 1. *(edényből)* renverser; **2.** *(formából)* démouler; **3.** *(kocsiból)* projeter; faire verser

kiborotvál raser de près
kibővít 1. agrandir; **2.** élargir; **3.** *átv:* développer; augmenter
kibővítés 1. agrandissement; élargissement *m;* **2.** *átv:* développement *m;* extension; amplification *f*
kibuggyan 1. jaillir; sortir; **2.** *(vér szökve)* gicler
kibújik 1. sortir; s'échapper; se glisser (par); ~ *a ruhájából* sortir de sa robe; ~ *a tojásból* éclore; sortir de l'œuf *v* de la coque; **2.** ~ *a földből* sortir de terre; pousser; pointer; **3.** *(fog)* percer; sortir; **4.** *(tárgy)* émerger; *(szintre)* affleurer; **5.** *majd* ~ *a bőréből örömében* se pâmer de joie; **6.** ~ *vmi alól* se dérober à *v* devant qc; ~ *a felelősség alól* fuir *v* éluder ses responsabilités; *a kérdések alól ki akar bújni* faire une tentative de diversion
kibukkan 1. *(vízből)* surgir; émerger; *(kiállva)* affleurer **2.** *(utcából)* déboucher
kibuktat faire échouer; blackbouler
kibúvó [~k, ~t, ~ja] *(fn)* expédient; subterfuge; faux-fuyant *m;* défaite; issue; fuite *f;* ~*t biztosít magának* se ménager une sortie; *vmilyen* ~*t keres* chercher un expédient
kicifráz 1. ornementer; **2.** *pej:* tarabiscoter;" orner de fioritures; *(festve)* peinturlurer; **3.** *(elbeszélést)* habiller qc; broder sur qc
kicsal 1. *(vkit)* attirer dehors; faire sortir à force de promesses; **2.** *(vkitől vmit)* soutirer qc à q; escroquer q de qc; ~*ja vkinek a beleegyezését* surprendre le consentement de q; ~ *ezer frankot vkitől* escroquer q de mille frs; *egy titkot* ~ surprendre un secret; *(vkiből)* dérober un secret à q; **3.** *hangszerből hangokat csal ki* tirer des sons d'un instrument
kicsap 1. *(víz)* déborder; jaillir; déferler; **2.** *(láng, szikra)* jaillir; s'échapper
kicsapódik 1. *(ajtó stb.)* s'ouvrir de soi-même *v* automatiquement; **2.** *vegy:* se précipiter
kicsapongás(ok) désordres; déportements; excès *m pl*

kicsapongó 1. *(ember)* incontinent, -e; licencieux, -euse; débauché, -e; **2.** *(élet)* désordonné; déréglé, -e; ~ *életet él* se livrer a des excès; mener une vie de patachon *v* de bâtons de chaise
kicsavar 1. *(tagokat)* tordre; contorsionner; ~*ja a nyakát vkinek* tordre le cou à q; *(átv:)* casser les reins à q; ~*ja a kezéből* arracher des mains de q; **2.** *(tárgyat)* dévisser; *tövestől* ~*ja a fákat* arracher *v* déraciner les arbres; **3.** *(ruhát)* tordre; essorer; ~*ja a citromot* presser *v* pressurer le citron; **4.** *(kigöngyöl)* détortiller; **5.** ~*ja a szót értelméből* torturer *v* dénaturer le sens d'un mot
kicsavarás 1. torsion *f;* .**2.** dévissement *m*
kicsavarodik 1. *(tag)* se contorsionner; *(ficamodik)* se démettre; **2.** *(tárgy)* se desserrer; se débouionner
kicsempész (faire) sortir en contrebande; passer en contrebande
kicsempéz carreler
kicsépel battre (des céréales)
kicseppen 1. tomber (en gouttes); **2.** *(vmiből)* être évincé(e)
kicserél 1. échanger; ~*i a hadifoglyokat* échanger les prisonniers; **2.** *egymással* ~ échanger *v* troquer qc pour *v* contre qc; **3.** *(tévedésből)* changer; **4.** *(újjal)* changer; remplacer; substituer; *(titokban)* substituer qc à qc; **5.** *mintha* ~*ték volna* il était changé
kicserélés *(két tárgyé egymással)* échange; troc *m;* *(újjal)* remplacement *m;* *(titokban)* substitution *f*
kicserepesedik se gercer; *a hidegtől az ember keze* ~ le froid crevasse les mains
kicsi [~k, ~t] **I.** *(mn)* **1.** petit; menu, -e; exigu, exiguë; *(összegről)* modique; *gúny: nagyon* ~ *lett* il était dans ses petits souliers; *nagyon* ~ *ahhoz, hogy* il est trop petite personne pour *(inf);* ~ *korában* en bas âge; **2.** *egy* ~ *ld:* **kis; II.** *(fn)* **1.** *a* ~*k, az egészen* ~*k* les tout petits; *kicsim! (nőnek, gyermeknek)* mon petit! **2.** *sok* ~ *sokra megy* les petits ruisseaux

kicsikar font les grandes rivières; 3. ~*be múlt, hogy* peu s'en fallait que *(subj. és ne);* ~*be vesz* dédaigner; ~*ben au petit pied; en* (plus) petit; ~*ben árusít* détailler; ~*re nem néz* il n'y regarde pas de si près; **III.** *(hat) egy* ~*t* un peu; un tantinet; *ha csak egy* ~*t akarná is* pour peu qu'il veuille; *ld. még:* **kicsiny**

kicsikar *(vmit vkitől)* extorquer qc à q; arracher qc à q; *egy vallomást* ~ tirer *v* arracher un aveu à q

kicsinosít décorer; parer; agrémenter; enjoliver; embellir

kicsiny [~ek, ~t] **1.** *ld:* **kicsi; 2.** *a* ~*ek* les tous petits; **3.** *(állaté)* petit *m;* **4.** ~*ben en v au* détail

kicsinyell [~ettem, ~ette, ~jen] **1.** trouver trop petit; **2.** *átv:* faire peu de cas de qc; dédaigner

kicsinyes [~ek, ~t] mesquin, -e; vétilleux; pointilleux; difficultueux, -euse; ~ *természet* esprit pointilleux

kicsinyesség mesquinerie; petitesse; étroitesse *f* d'esprit

kicsinyít [~ettem, ~ett, ~sen] **1.** rapetisser; réduire (en petit); diminuer; **2.** *(erkölcsileg)* rabaisser; diminuer

kicsinyített [~ek, ~et; ~en] **1.** réduit, -e; en petit; rapetissé, -e; *a maga háza a mienknek* ~ *mása* votre maison est le diminutif de la nôtre; *fényk:* ~ *kép* réduction; copie réduite; **2.** *nyelv:* ~ *alak* diminutif *m*

kicsinylés dépréciation *f;* rapetissement *m;* dédain *v* mépris *m* (pour)

kicsinylőén avec mépris; ~ *beszél vmiről* dénigrer qc; déprécier qc

kicsíp 1. saisir à la pincée; **2.** *(hideg)* piquer; **3.** ~ *magának vmit* jeter son dévolu sur qc; **4.** ~*i magát* se mettre en frais de toilette; s'endimancher

kicsírázik germer; lever; ~*ott mag* graine germée

kicsiség 1. petitesse; exiguïté *f; (öszszegé)* modicité *f;* **2.** *átv:* futilité *f;* **3.** *(semmiség)* bagatelle; bêtise *f; ilyen* ~*ért* pour si peu de chose; **4.** *(személyé, erkölcsileg)* infimité *f*

kicsoda? qui? qui est-ce qui . . . ? qui cela? qui donc?

kicsomagol I. *(tgy i)* déballer; dépaqueter; **II.** *(tgyl i)* défaire ses paquets

kicsorbul s'ébrécher

kicsordul 1. déborder; **2.** *(könny)* perler; jaillir; **3.** ~*t a szíve* son cœur débordait

kicsúfol se moquer de q; bafouer; berner; (se) rire de q

kicsúfolás railleries *v* moqueries *f pl* sur qc

kicsúszik 1. glisser dehors; **2.** échapper à qc; ~ *a keze közül* se dérober; ~ *a talaj a lába alól* perdre pied; ~*ott a száján* cela lui a échappé

kiderít 1. *(tényt)* établir; découvrir; *még ki nem derített okokból* pour des raisons non encore élucidées; **2.** *(igazságot)* faire éclater; révéler; ~*i a titkot* éventer le secret

kiderítetlen non élucidé(e); non éclairci(e); resté(e) ouvert(e)

kiderül 1. *(ég)* le temps se (re)met (au beau) *v* s'éclaircit; **2.** *(igazság)* éclater; percer; *(titkos dologról igy is:)* s'éventer; ~*t, hogy* il se trouve que; *ártatlansága* ~*t* son innocence a paru; *minden* ~ tout s'explique; **3.** *vmiből* ~ se dégager de qc; ressortir de qc

kidob 1. flanquer *v* jeter *v* précipiter (dehors); ~*ja a pénzét* jeter son argent par les fenêtres; **2.** *(erő)* projeter (dehors); revomir; *(szerkezet)* éjecter; **3.** *(mint használhatatlant)* rejeter; mettre au rancart *v* au rebut; **4.** *(embert)* précipiter *v* jeter hors de qc; *(az ajtón)* flanquer dehors; éconduire; **5.** *(hivatalból)* mettre à la porte; congédier

kidobol publier au son du tambour

kidolgoz 1. *(tárgyat)* finir; ouvrager; façonner; *nagyjából* ~ dégrossir; **2.** *(varrást)* finir; **3.** *(tésztát)* fraser; fraiser; **4.** *(müvet)* exécuter; achever; mettre au point; *(részleteket)* développer; **5.** *műv:* *részleteiben* ~ pousser; **6.** *(könyvet, dolgozatot)* rédiger; **7.** *(tervet, módszert)* élaborer

kidolgozás 1. *(munkáé)* travail; fini *m;* exécution; finition *f;* **2.** *(tésztáé)*

fraisage *m;* **3.** *(műé)* exécution; mise *f* au point; *(részleteké)* développement *m;* **4.** *(iskolai dolgozaté, könyvé)* rédaction *f;* **5.** *(tervé stb.)* élaboration; mise au point; **6.** *(mód)* façon; facture *f*
kidolgozott [~ak, ~at; ~an] **1.** *(tárgy)* ouvragé; travaillé; fini, -e; **2.** *(szellemi ért.)* jól ~ bien nuancé(e); étudié(e) à fond; fouillé, -e; *előre* ~ *terv alapján* d'après un plan arrêté (d'avance) *v* concerté
kidomborít 1. mettre en relief; donner du relief à qc; relever en bosse; **2.** *átv:* donner du relief à qc; rehausser; faire ressortir; mettre en (plein) relief
kidomborodó bombé; cintré, -e; en relief; saillant, -e
kidől 1. *(edény, kosár)* verser son contenu; **2.** s'abattre; ~ *a sorból (katona)* s'affaisser; **3.** *(versenyen)* abandonner
kidönt renverser; abattre
kidudorodás protubérance *f;* renflement *m*
kidug sortir; mettre dehors; ~*ja a fejét vmin* passer la tête par *v* à travers qc; ~*ja a szarvát (csiga)* sortir ses cornes
kidülled sortir; *(szem)* sortir de la tête *v* des orbites
kidülleszt*i a szemét* il écarquille les yeux; ~*i a mellét* bomber *v* plastronner sa poitrine
kié? 1. à qui est... ? à qui appartient ...? **2.** *(ez?)* à qui est-ce?
kiebrudal [~tam, ~t, ~jon] *biz:* débarquer; flanquer à la porte
kiég 1. achever de brûler *v* de se consumer; **2.** *(égő)* s'user; être grillé(e); *(biztosíték)* sauter; **3.** *(növényzet)* être brûlé(e) *v* roussi(e) *v* torréfié(e); **4.** *átv:* se consumer; *(lélek)* se dessécher
kiegészít 1. compléter; suppléer; apporter des compléments à qc; *(hiányt)* combler; **2.** *(készletet)* réassortir; **3.** *(összeget)* parfaire
kiegészítés 1. complètement; achèvement *m;* **2.** *(készleté)* réassortiment *m;* **3.** *(összegé)* complément *m;* **4.** *a választói névjegyzék* ~*e* adjonctions *f pl* à une liste électorale; **5.** *(a kiegészítő dolog)* complément; supplément *m*
kiegészítő [~t] **I.** *(mn)* **1.** complémentaire; supplémentaire; subsidiaire (à qc); *kat:* ~ *csapatok* troupes supplétives *v* de renfort; ~ *szín* couleur complémentaire *v* binaire *f;* ~ *tanfolyam* cours complémentaire *m;* ~ *tartalékalap (társadalombiztosításnál)* fonds *m* de majoration; ~ *vizsgálat* complément d'enquête; **2.** *mat:* ~ *gúla* pyramide complémentaire *f;* ~ *szög* angle complémentaire; complément *m;* **3.** *nyelv:* complétif; explétif; supplétif, -ive; **II.** *(fn)* **1.** appoint; complément; supplément *m;* **2.** *nyelv:* complément; régime *m*
kiéget 1. brûler; roussir; calciner; **2.** *(iparilag)* soumettre à l'action du feu; *(agyagot)* cuire; recuire; **3.** *(növényt)* brûler; roussir; **4.** *(sebet)* cautériser; **5.** *vill:* griller
kiégett 1. ~ *tűzhányó* volcan éteint; **2.** *vill:* *(égő)* usé, -e; *(készülék)* grillé, -e; **3.** *(lélek)* desséché, -e; aride
kiegyenesít 1. redresser; rectifier; défausser; **2.** *műsz:* dresser; régaler; *(hullámos tárgyat)* dégondoler
kiegyenget 1. *(talajt)* égaliser; régaler; aplanir; niveler; **2.** *(lemezt)* débosseler; **3.** *műsz:* dresser
kiegyenlít I. *(tgy i)* **1.** mettre en équilibre; équilibrer; égaliser; contrebalancer; ~*ik egymást* se compenser; se faire équilibre; se neutraliser; **2.** *(számlát)* solder; régler; acquitter; ~*i adósságait* se libérer; **3.** *vegy:* *(hatást)* tamponner; **4.** *(ellentétet)* arranger; **II.** *(tgyl i) sp:* égaliser
kiegyenlítés 1. *ép:* aplanissement, nivellement *m;* **2.** mise en équilibre; égalisation *f;* **3.** *mat:* rajustement *m;* **4.** *fil:* *(elméleteké)* syncrétisme *m;* **5.** *(tartozásé)* acquittement; solde *m;* *teljes* ~ entière libération; **6.** *(ellentéteké)* arrangement *m*
kiegyenlítődik [~ött, ~jék *v* ~jön] se composer; se neutraliser

kiegyensúlyoz *ld:* **egyensúlyoz**
kiegyensúlyozás équilibration *f;* équilibrage; équilibre; balancement *m*
kiegyensúlyozatlan déséquilibré, -e; non équilibré(e)
kiegyensúlyozott [~at; ~an] équilibré; pondéré, -e; sage; ~ *ember* homme uni *v* pondéré
kiegyezés 1. arrangement; accommodement *m;* transaction *f;* compromis *m; tört: az osztrák—magyar ~ le* compromis austro-hongrois; **2.** *(csődben)* concordat *m*
kiegyezik s'arranger (à l'amiable); s'accommoder; entrer en composition; ~ *vmiben* transiger sur qc
kiéhezett [~ek, ~et; ~en] affamé, -e; famélique
kiéheztet affamer; laisser mourir de faim
kiejt 1. ~ *kezéből* laisser tomber *v* échapper de sa main; lâcher; **2.** *(hangot)* prononcer; articuler; *helyesen ejt ki* prononcer correctement; *rosszul ejt ki egy szót* articuler mal *v* écorcher un mot
kiejtés prononciation; articulation *f;* accent *m; idegenszerű* ~ accent
kiél 1. ~*i az életet* vivre sa vie; **2.** ~*i magát vmiben* passer sa vie à *(inf)*
kielégít [~ettem, ~ett, ~sen] **1.** satisfaire; contenter; *nem elégít ki* mécontenter; **2.** *(munkást)* payer; *(hitelezőt, örököst)* désintéresser; **3.** *(szükségletet)* faire face à qc; rassasier; ~*i a szükségleteket* faire face aux nécessités *v* besoins; **4.** *(bosszúszomját)* assouvir (sa vengeance)
kielégítés 1. satisfaction *f;* contentement *m; (hitelezőé)* désintéressement *m;* **2.** *(munkásé)* payement *m;* **3.** *(szükséglete, vágyé, szenvedélyé)* assouvissement *m*
kielégítetlen inassouvi; insatisfait; irrassasié, -e
kielégítő [~ek *v* ~k, ~t] satisfaisant; suffisant -e; *(eredmény)* concluant, -e
kielemez obtenir par l'analyse; détecter
kiélesedés aggravation; exaspération; exacerbation *f; a helyzet ~e* la tournure critique *v* aiguë que prend la situation
kiélesedik 1. s'aggraver; s'exacerber; **2.** *(vita)* s'envenimer
kiélesít 1. affiler; affûter; **2.** *átv: ld:* **kiélez**
kiélez 1. mettre trop en évidence; **2.** *(ellentétet, helyzetet)* envenimer; tendre; ~*i az osztályharcot* aggraver *v* exacerber la lutte de classes
kiemel 1. (faire) sortir; retirer; tirer; *(bűnös céllal)'* soustraire; **2.** *(ásatva)* mettre au jour; **3.** *(földet)* enlever; déblayer; **4.** *(hajót)* renflouer; remettre à flot; **5.** *átv:* faire ressortir; relever; mettre en vedette *v* en relief; insister sur qc; souligner; mettre en évidence; mettre l'accent sur qc; *a hibákat* ~*i* relever les fautes; *egy pontot külön* ~ insister sur un point; **6.** *(ejtésben)* appuyer sur qc; mettre l'accent sur qc; **7.** *nyelv: (mondatból)* extraire; **8.** *zen: egy hangot* ~ peser sur une note; **9.** *(rajzon, festményen)* rehausser; relever; **10.** *(formákat)* accuser; dessiner; **11.** *vkit helyéről* ~ *(érdemeiért)* donner à q un poste plus avantageux; *(büntetésből)* déloger q de son poste; ~ *a nyomorból* tirer *v* faire sortir de sa détresse
kiemelkedés 1. *(vízből stb.)* émersion *f;* **2.** élévation; surélévation *f;* **3.** *(maga a kiemelkedő dolog)* éminence; proéminence; bosse *f*
kiemelkedik 1. *(vízből)* émerger de qc; **2.** *vmi fölé* ~ surplomber qc; **3.** ~ *a többi közül* s'élever au-dessus des autres; **4.** *(körvonalaival)* se dessiner; **5.** se distinguer; **6.** ~ *vmi által* briller (par qc)
kiemelkedő 1. en élévation; saillant -e; proéminent, -e; *(mindenek fölött)* ~ suréminent, -e; **2.** *átv:* en vue; marquant; éminent; apparent, -e; ~ *esemény* fait saillant
kienged I. *(tgy i)* **1.** laisser sortir; *(foglyot)* relâcher; élargir; libérer; *(madarat)* lâcher; **2.** *(gőzt)* lâcher; *(anyagot)* évacuer; *(vizet)* déverser; **3.** *sp:* lâcher; **4.** *(ruhán)* ressortir;

kiengesztel 487 **kifejező**

II. *(tgyl i)* 1. *(szorított dolog)* se desserrer; se relâcher; 2. *a fagy* ~ il dégèle
kiengesztel 1. *(vkit)* apaiser (la colère de q); 2. *(vmit)* expier; réparer
kiengesztelő *(vmit)* expiatoire; propitiatoire; satisfactoire
kiépítés 1. achèvement; agrandissement *m*; 2. *(parté)* construction *f* de quais; 3. *átv:* extension *f*
kierőszakol emporter de haute lutte; obtenir par la force; ~*ja a döntést* emporter (de vive force) la décision; ~*ja a győzelmet* arracher la victoire à q
kiértékel interpréter; exploiter; dépouiller; apprécier; établir *v* faire le bilan de qc; dégager le sens de qc
kiértékelés interprétation; exploitation *f*; dépouillement *m*; *az eredmény* ~*e* le dépouillement *m v* l'interprétation *f* des résultats
kiérzik 1. *(szag, íz)* sentir qc; 2. *átv:* dénoter qc; transparaître (dans qc); percer dans qc; ~ *belőle a becsületesség* cela dénote l'intégrité morale de l'homme
kiesik 1. tomber dehors; ~ *egy foga* perdre une dent; 2. ~ *vmiből* être évincé(e); rater qc; ~ *a szerepéből* sortir de son rôle; 3. *sp:* être éliminé(e); 4. *nyelv:* *(hang)* tomber; s'amuïr; 5. ~ *az emlékezetéből* perdre la mémoire *v* le souvenir de qc; 6. *ez már* ~ *az én hatáskörömből* cela échappe à ma compétence; 7. ~ *a kegyből vkinél* perdre les faveurs de q; 8. *(idő)* se perdre
kieszel [~tem, ~t, ~jen] inventer; imaginer; forger
kieszközöl 1. *(vmit vkitől)* obtenir qc de q; se procurer qc; 2. *(másnak)* faire obtenir qc à q
kietlen désolé, -e; sauvage; aride
kifacsar 1. *(ruhát)* tordre; essorer; 2. *(citromot)* presser
kifaggat presser de questions; soumettre à un interrogatoire serré
kifakad 1. *(gyülem)* crever; s'ouvrir; 2. *(virág)* éclore; s'ouvrir; 3. *(vki ellen)* éclater en reproches contre q; *hevesen* ~ fulminer

kifakít défraîchir; dégrader; déteindre
kifárad 1. se lasser de qc; être fatigué(e) de qc; sentir la fatigue; 2. se donner *v* prendre la peine de se rendre à...
kifáraszt fatiguer; lasser; épuiser; harasser; *nagyon* ~ exténuer; mettre sur les dents
kifecseg divulguer; redire; *mindent* ~ il rapporte tout
kifecskendez *(magából)* éjaculer
kifej 1. traire; 2. *(nedvet)* exprimer
kifejez 1. exprimer; traduire; énoncer; formuler; symboliser; *(író, művész)* rendre; *(hangsúlyozva érzést)* marquer; *mozdulatokkal, arcjátékkal* ~ mimer; ~*i köszönetét vmiért* exprimer ses remerciements pour qc; ~*i neheztelését* marquer son ressentiment; 2. *mat:* egyenletben ~*i az ismeretlent* dégager l'inconnue; 3. ~*i magát* s'exprimer; s'énoncer
kifejezés 1. *(vminek a* ~*e)* expression *f*; *(érzésé így is:)* manifestation; protestation; marque *f*; *(hangban)* accent *m*; ~*re jut* s'exprimer; se traduire; ~*re juttat* manifester; ~*t ad vminek* marquer qc; ~*t ad óhajának* manifester son désir; *fogadja őszinte tiszteletem* ~*ét* agréez l'assurance *v* l'expression de ma parfaite considération; 2. *(szólás)* expression *f*; terme (technique) *m*; tournure; locution *f*; *franciás* ~ gallicisme *m*; 3. *mat:* formule *f*; terme *m*
kifejezéstelen inexpressif, -ive; atone
kifejezésteljes expressif, -ive; plein(e) d'expression
kifejezett [~ek, ~et] exprès, -esse; formel, -elle; explicite; ~ *kívánságára* à sa demande expresse; ~ *óhaja, hogy* son désir formel est de *(inf)*; *azzal a* ~ *szándékkal, hogy* avoir l'intention marquée de *(inf)*
kifejezetten expressément; formellement; explicitement
kifejezhetetlen inexprimable; ineffable
kifejező [~ek *v* ~k, ~t] expressif, -ive; ~ *erő* vigueur de style; (force) plastique *f*

kifejeződik [~ött, ~jék v ~jön] s'exprimer; se peindre; ~ *vmiben* se traduire par *v* en qc
kifejezőkészség facilité *f* d'expression
kifejleszt développer; favoriser le développement de qc; *(új dolgot)* faire naître; produire
kifejlesztés développement *m;* extension *f;* avancement *m*
kifejlett développé, -e; adulte; évolué; avancé, -e; *korán* ~ précoce
kifejlődés développement; épanouissement *m*
kifejlődik 1. se développer; s'épanouir; *(uj dolog)* naître; se produire; 2. *vmivé* ~ évoluer en qc; devenir qc; *(rossz dologgá)* dégénérer en qc
kifejt 1. *(követ)* extraire; 2. *(varrást)* défaire; *(ruhát)* découdre; 3. *(hüvelyéből)* tirer de sa gaine; dégager; *(babot, borsót)* écosser; éplucher; 4. *(tevékenységet)* déployer; *(erőt)* mettre en usage *v* en pratique; 5. *műv:* *(részleteket)* développer; 6. *(szóban, írásban)* expliquer; exposer; développer; dégager; *a fentebb ~ett okokból* pour les raisons énoncées ci-dessus; *~i terveit* exposer *v* dérouler ses plans; 7. *mat: egyenlet gyökeinek jelentését ~i* interpréter les racines d'une équation; *~ett függvény* fonction explicite *f*
kifelé en dehors; au dehors; *kifelé!* sortez! ~ *áll a rúdja* il branle dans le manche; ~ *fordít* tourner en dehors; ~ *indul* se diriger vers la sortie; ~ *menet* en sortant; ~ *nyílik* s'ouvrir vers l'extérieur; *az ajtó* ~ *nyílik* la porte s'ouvre en dehors
kifelejt; kifeled oublier; omettre (par oubli)
kifényesít 1. polir; repolir; fourbir; 2. *(padlót, bútort, bőrt)* encaustiquer; cirer; 3. *(ruhát)* lustrer
kifest 1. *(szobát)* peindre; badigeonner; repeindre à neuf; 2. *(színezve)* colorier; laver; 3. *(arcot)* grimer; *~i magát* se farder; se mettre du rouge
kifestés 1. *(szobáé)* peinture *f;* badigeonnage *m;* 2. *(rajzé)* coloriage; lavis *m;* 3. *(tarka színekben)* bariolage *m;* 4. *(arcé)* maquillage *m*
kifeszít 1. tendre; étirer; distendre; bander; *ld. még:* **feszít;** *~ett karral* le bras tendu; *~i a mellét* cambrer sa taille; bomber le torse; 2. *~i a zárat,* *az ajtót* forcer la serrure, la porte; 3. *(szárnyat)* déployer; déplier
kificamít [~ottam, ~ott, ~son] luxer; déboîter; disloquer; *~ja a lábát* se démettre *v* se luxer la jambe
kificamodik [~ott, ~jék v ~jon] 1. se démettre; se luxer; se déboîter; 2. ~ *a nyelvem, ha kimondom* cela m'écorche la langue
kifiguráz [~tam, ~ott, ~zon] caricaturer; parodier; bafouer; persifler
kifinomít affiner; raffiner; polir; subtiliser; *~ja értelmét* délier son intelligence
kifinomítás; kifinomodás affinement; raffinement *m;* *az ösztönök ~a* la sublimation des instincts
kifinomultság raffinement *m;* *az erkölcsök ~a* l'urbanité *f* des mœurs
kifizet 1. *(vmit)* payer; régler; solder; *~i az adósságát* payer *v* acquitter *v* régler sa dette; se libérer; *(másét)* libérer q d'une dette; ~ *egy számlát* solder *v* régler un compte; 2. *(vkit)* régler; désintéresser; *(hitelezőt)* rembourser; *gúny: jól ~ték on* l'a payé en monnaie de singe; 3. *~i magát* rapporter bien
kifizetés 1. payement; paiement; versement; acquittement *m;* libération *f;* *ki nem fizetés* non-paiement *m;* *~re bemutat* présenter au paiement; *~re kerül* être versé(e) *v* payé(e); *~t eszközöl v teljesít* effectuer *v* faire un paiement; *felfüggeszti ~eit* arrêter *v* suspendre ses paiements; 2. *(pénztárból)* décaissage; décaissement *m;* 3. change *m;* *párizsi* ~ change de Paris
kifizetetlen impayé, -e; en souffrance
kifizetődik [~ött, ~jék v ~jön] payer; *(üzem)* équilibrer sa gestion; *ez* ~ cela paie
kifizetődő lucratif, -ive; profitable; payant, -e; *nem* ~ *szolgálat* service déficitaire *m*

kifli [~k, ~t, ~je] croissant *m*
kifog I. *(így i)* 1. *(lovakat)* dételer; désatteler; déharnacher; 2. *(halat)* pécher; *(mást)* repécher; ~ *egy hullát* pécher un cadavre; 3. ~*ja a szelet* prendre le dessus du vent; 4. *ezt jól* ~*tam* je suis bien tombé; II. *(így i)* ~ *vkin* être plus fin(e) *v* plus malin (-igne) que
kifogás 1. *(lovaké)* dételage; déharnachement *m*; 2. *(halé)* capture *f*; *(másé)* repêchage *m*; 3. *(ellenvetés)* objection *f*; grief *m*; critique; réclamation *f*; *semmi* ~*om ellene* je n'y vois pas d'inconvénient; ~*t ad elő* former une objection; ~*t emel* formuler *v* soulever des objections; 4. *jog:* *(perben)* exception *f*; déboutement *m*; *(érdembeli)* défense *f*; *(tanú ellen)* reproche *m*; ~*ként felhoz* exciper de qc; ~*t terjeszt elő* proposer une exception; 5. *(ürügy)* prétexte; motif d'excuse; refuge; faux-fuyant *m*; *mindenre talál* ~*t* il trouve excuse à tout
kifogásol [~tam, ~t, ~jon] 1. trouver à redire; incriminer; objecter; censurer; blâmer; critiquer; *mindent* ~ faire des objections à tout; 2. *ker:* ~*ja az áru minőségét* contester (la qualité de) la marchandise; 3. *(jogosságot)* contester; protester contre qc; *(bírót)* récuser
kifogástalan 1. *(tárgy)* impeccable; en bel état; ~ *minőség* qualité irréprochable; 2. *(erkölcsileg)* irréprochable; intègre; impeccable; correct, -e
kifogy 1. (venir à) manquer; s'épuiser; être épuisé(e); *(forrás, kút vize)* tarir; *(olaj lámpából)* se consumer; ~ *a lélegzete* être à bout *v* à court de souffle; ~ *a pénze* être à bout de ressources *v* à bout d'argent; ~ *a türelmem* ma patience est à bout; 2. *(vmiből)* être à court de qc; être à bout de qc; ~ *az időből* le temps commence à lui manquer; *nem fogy ki a szóból* il ne s'arrête pas *v* il n'arrête pas de parler
kifogyhatatlan inépuisable; intarissable
kifoltoz raccommoder; mettre une pièce à qc; rapiécer; ravauder

kifolyik s'écouler; s'épancher; se déverser
kifolyó système *m v* bouche *f* d'écoule ment; *(konyhában)* évier *m*; *(kád--ban)* bec déverseur; *(mosdóban)* clapet *m* de vidage
kifolyólag; *ebből* ~ à la suite de ces faits; en raison de ce fait; en conséquence de quoi
kifordít 1. *(ruhát, kesztyűt)* retourner; 2. *(kocsiból)* verser; 3. ~*ja értelmét ld:* **kiforgat**
kifordul 1. *(vmiből)* tomber; ~ *a szeme* avoir les yeux révulsés; 2. *(ruha ujja)* se retourner; 3. *(kosár, tartály)* se renverser; 4. *(kapun)* sortir; *(utcából)* déboucher; 5. ~ *rendjéből* se pervertir
kiforgat 1. retourner; ~*ja zsebeit* retourner ses poches; 2. *ez a hír egészen* ~*ott önmagából* cette nouvelle m'a révolutionné; 3. *(bérlőt stb.)* évincer; ~*ja mindenéből* dépouiller de toute sa fortune; 4. ~ *eredeti mivoltából, természetéből* altérer; défigurer; dénaturer; 5. ~ *értelméből* détourner de son sens; dénaturer qc
kiforr 1. *(bor)* achever de fermenter; 2. *konyh:* *(vmiből)* s'éliminer dans l'eau bouillante; 3. *átv:* ~*ja magat* parvenir à la maturité; mûrir; se faire
kiforratlan insuffisamment développé(e); mal dégrossi(e)
kiforrott 1. ~ *bor* vin fermenté *v* en sa boîte; 2. *átv:* *műri;* achevé, -e; ~ *elme* esprit mûr; ~ *technika* maîtrise impeccable *f*; art raffiné
kifoszt 1. *(vkit)* dévaliser; détrousser; dépouiller; *(apránként)* gruger; sucer; *(klienseket)* écorcher; rançonner; 2. *(tömeg)* mettre au pillage *v* à sac; piller; ~*ja az országot* razzier *v* rafler le pays
kifosztás 1. détroussement; dépouillement *m*; 2. *(csoport által)* pillage *m*; *(városé)* sac *m*
kiföldel désenterrer; *(hullát)* exhumer
kifőz 1. *konyh:* faire bouillir; soumettre à une cuisson; 2. *(belőle)* éliminer *v* extraire par la cuisson; 3. *(bort)* distiller; 4. *(tárgyat)* faire bouillir; pas-

kifőzés 490 **kígyóvonal**

ser à l'eau bouillante; 5. *(tervet)* mijoter; mitonner
kifőzés *(vendéglő)* crèmerie; gargote *f;* ~*t tart* donner à manger; *rossz* ~*t tart* gargoter
kifőző gargoteur; gargotier *m*
kifúj 1. *(szobából)* faire s'envoler *v* partir; 2. *(csőből)* souffler dans qc pour chasser *v* renvoyer qc; *(vezetéket)* purger; 3. ~*ja magát* reprendre haleine *v* son souffle; respirer; 4. ~*ja az orrát* se moucher; 5. ~*ta a szél az arcát* avoir le visage mordu par le vent
kifullad s'essouffler; être essoufflé(e); perdre haleine; ~ *a lélegzete* avoir la poitrine *v* la gorge oppressée
kifúr 1. vriller; percer; forer; 2. *(belsejét)* évider; vider; 3. *majd* ~*ja az oldalát a kíváncsiság* être dévoré(e) de curiosité
kifut 1. courir dans...; sortir en courant; 2. *a vonat* ~ *az állomásról* le train quitte la gare; *haj:* ~ *a nyílt tengerre* prendre la mer; 3. *(tűzön folyadék)* s'en aller; ~ *a tej* le lait monte; 4. ~*ja formáját* réaliser sa performance; 5. ~*ja cela* suffira *v* couvrira les frais
kifutó 1. garçon de courses; coursier; livreur *m;* *(szállodai)* chasseur *m* (d'hôtel); 2. *mez:* *(tyúknak, nyúlnak)* parcours *m;* 3. *sp:* recul *m*
kifutófiú galopin *m;* *(egyenruhás)* chasseur *m*
kifutóleány livreuse; coursière *f*
kifüggeszt 1. *(hirdetményt)* afficher; placarder; 2. *(zászlót stb.)* hisser; arborer
kifüggesztés affichage *m;* apposition *f*
kifürkész 1. flairer; dépister; déterrer; 2. ~*i a terepet* explorer *v* tâter *v* sonder le terrain; 3. *(szándékot)* scruter; sonder; pénétrer; ~*i érzéseit* tâter le terrain
kifürkészhetetlen insondable; impénétrable; inscrutable
kifüstöl enfumer; chasser par des fumigations
kifűt *(lakást)* obtenir la température voulue (par le chauffage)

kifütyül siffler; accueillir par des coups de sifflet
kifűz 1. délacer; 2. *egy tűt* ~ désenfiler une aiguille
kigázol 1. *(vízből)* sortir (à pied *v* à cheval); 2. *(bajból)* se dépêtrer (de l'affaire); s'en tirer
kigolyóz blackbouler
kigombol déboutonner; dégrafer
kigondol 1. inventer; imaginer; 2. *(hamisít)* controuver; inventer *v* fabriquer de toutes pièces; rêver
kigömbölyödik s'arrondir; bouffir
kigördül 1. sortir (en roulant); 2. *(vonat)* quitter la gare; sortir de la gare
kigőzölgés 1. exhalaison; émanation *f;* *(büzös)* relent *m;* *ártalmas* ~ miasme *m;* 2. *orv:* *(bőrön át)* exhalation *f*
kigyárt finir; produire
kigyászölyv circaète *m;* blanche-queue *f*
kígyó [~k, ~t, ~ja] **1.** serpent *m;* *pápaszemes* ~ serpent à lunettes; *tengeri* ~ serpent marin; ~ *alakú* serpenté, -e; serpentiforme; serpentin, -e 2. *csill:* a *Kígyó* le Serpentaire; 3. ~*t melenget keblén* réchauffer un serpent *v* nourrir une vipère dans son sein; ~*t békát kiált vkire* crier haro sur q; dire pis que pendre de q
kígyóbűvölés l'art de charmer les serpents
kígyócsípés morsure *f* de serpent
kígyóember contorsionniste *n;* *a cirkuszi* ~*ek* les désossés *v* les disloqués du cirque
kígyófű gentiane *f*
kígyógyít guérir; rétablir
kígyógyul guérir; se rétablir; se remettre de qc; revenir à la santé
kígyómarás morsure *f* de serpent; ~ *elleni szérum* sérum antivenimeux
kígyomlál sarcler; détruire; *kert:* esherber; esserber
kígyómozgás mouvement sinueux
kígyószisz [~ek, ~t, ~e] *közönséges v terjőke* ~ herbe aux vipères; vipérine *f*
kígyósziszegés les sifflements d'un serpent
kígyóvonal ligne serpentine

kígyózás serpentement m; tours et retours; méandres m pl
kígyózik [~tam, ~ott, ~zék v ~zon] serpenter; décrire des méandres
kígyózó [~k, ~t; ~an] serpentant, -e; en zigzag; en lacet; serpentin, -e; onduleux, -euse; ~ *folyás* cours sinueux; méandres m pl; ~ *út* chemin m en lacet(s)
kigyullad 1. s'allumer; 2. *(tüzet fog)* prendre feu; s'embraser
kihágás contravention; infraction f à la loi; ld; még: **szabálysértés**
kihagy I. *(tgy i)* 1. passer; omettre; négliger; 2. *(átugorva)* sauter; passer sous silence; 3. *(ami benne volt)* supprimer; retrancher; *(üresen, fehéren)* laisser en blanc; 4. *nyelv: (hangot, betűt)* élider; II. *(tgyl i)* 1. *(kimaradozik)* s'espacer; se faire rare; *emlékezete* ~ sa mémoire est défaillante; ~ *a lélegzete* être essoufflé(e) v à bout de soufle; 2. *(gép)* avoir des ratés v des à-coups
kihagyás 1. omission; élimination; suppression f; 2. *(időbeli)* intermittence f; 3. *(fényé)* éclipse f; 4. *(gépben, motorban)* raté m; 5. *az emlékezet* ~*a* une défaillance de mémoire; 6. *nyelv: (szavaké)* ellipse f; *(betűé)* élision f; *(hangé)* amuïssement m; 7. *(cikkben, könyvben)* retranchement m; suppression f; *(a kihagyott rész)* coupure f
kihajigál 1. jeter (un à un) au dehors; 2. jeter au rebut
kihajol se pencher (au v en dehors); ~*ni veszélyes* ne pas se pencher en dehors
kihajt I. *(tgy i)* 1. replier; ~*ja a gallérját* rabattre son col; 2. chasser; expulser; faire sortir de qc; ~*ja a rossz levegőt* chasser le mauvais air; 3. *(állatot)* (faire) sortir; mener paître; 4. *vegy, bány:* chasser; II. *(tgyl i)* 1. *(növény)* pousser; pointer; 2. *(kocsival)* sortir (en voiture)
kihajtó rebord; revers m
kihal [~t, ~jon] 1. *(család, nép)* s'éteindre; *(állat, növény)* disparaître; 2. *(vidék)* être dépeuplé(e)
kihalás 1. *(családé, népé)* extinction f; 2. *(növényé, állaté)* disparition f; 3. *(vidéké)* dépeuplement m
kihalász repêcher; retirer
kihallatszik se faire entendre; se distinguer
kihallgat 1. *(beszélgetést)* surprendre; être aux écoutes de qc; 2. *orv:* beteg tüdejét, szívét ~*ja* ausculter un malade; 3. *(bíró)* interroger; entendre; faire subir un interrogatoire à q
kihallgatás 1. *kat:* écoute f; 2. *(tettesé)* interrogatoire m; *(tanúké)* audition f; 3. *(hivatalban)* audience f; *(kormányalakításkor)* consultation f; ~*on fogad* recevoir en audience; ~*t tart* tenir audience
kihalt [~ak, ~at] 1. *(család, faj, nép)* éteint, -e; *(állat, növény)* disparu, -e; 2. *(puszta)* désert; dépeuplé, -e
kihámoz énucléer; dégager; ~*za az igazságot* dégager la vérité
kihangsúlyoz faire ressortir; donner de la valeur à qc; rehausser; souligner; mettre l'accent sur qc; *(formákat)* accuser; *(szótagot)* détacher
kihantol exhumer; désenterrer
kihány 1. *(szájon)* (re)vomir; rendre; dégorger; 2. ~*ja mérgét vkire* vomir son venin contre q; 3. *(vhonnan)* jeter (à bas v dehors)
kihasad se fendre; se déchirer; craquer; crever
kihasít 1. *(ruhát)* faire une déchirure v un accroc à qc; 2. *(vmiből vmit)* détacher; *(összeget)* défalquer; prélever
kihasznál 1. utiliser; exploiter; mettre en valeur; mettre à profit; 2. *(sokszor pej:)* exploiter; tirer parti de qc; mettre à profit; ~ *vmit a saját javára* exploiter qc à son profit; ~ *egy sikert* exploiter un succès; ~*ja vkinek szívességét* abuser de q
kihasználatlan inemployé; inutilisé; inexploité, -e
kihat *vmire* affecter qc; avoir v produire de l'effet sur qc; agir sur qc; *amely* ~ dont l'effet se fera sentir
kihatás effet m; influence; conséquence; suite; répercussion; incidence f

kiházasít établir; assurer la dot de q; placer
kihegyez 1. aiguiser; appointer; pointer; *(szerszámot)* rapointir; **2.** *(ceruzát)* tailler
kihelyez 1. placer; envoyer; **2.** *(hivatalnokot)* transférer; *(büntetésből)* reléguer; **3.** *(pénzt)* placer (à l'intérêt)
kiherél châtrer; castrer; émasculer; *(állatot így is:)* affranchir; *(kakast)* chaponner; *(lovat)* hongrer
kihever *vmit* se remettre *v* se relever de qc
kihirdet 1. proclamer; annoncer; *(táblán)* afficher; ~*i a szavazás eredményét* proclamer le résultat du scrutin; **2.** *(ítéletet)* prononcer (une sentence); **3.** *(törvényt)* promulguer; publier; ~*i az ostromállapotot* déclarer l'état de siège; **4.** *egyh: (házasságot)* publier les bans (de mariage)
kihirdetés 1. *(eredményé)* proclamation; publication *f;* '*(táblán)* affichage *m;* *(ostromállapoté)* déclaration *f;* **2.** *(ítéleté)* prononciation *f;* **3.** *(törvényé)* promulgation; publication *f;* **4.** *egyh: (házasságé)* publication des bans (de mariage)
kihív 1. *(vhonnan)* appeler; faire sortir; **2.** *(előadó művészt)* rappeler; **3.** *(harcra)* adresser *v* envoyer *v* lancer un défi à q; *(párbajra)* appeler sur le terrain; **4.** *vkit munkaversenyre* ~ lancer le défi à q; ~*ja az ellenmondást* appeler la contradiction; *ez* ~*ja a józan észt* c'est un défi au bon sens; ~*ja a kritikát* prêter à la critique; ~*ja a sorsot maga ellen* défier les coups du sort contre soi-même; **5.** *(érzést)* provoquer; **6.** *kárty:* avoir la main; *(vmit)* jouer
kihívás 1. *(művészé)* rappel *m;* **2.** *(küzdelemre)* défi *m;* bravade; provocation *f;* *felel a (sértő)* ~*ra* relever l'affront; **3.** *(párbajra)* défi *m* à q; **4.** *kárty:* la main; *(első)* attaque *f*
kihívó I. *(mn)* **1.** provocant, -e; provocateur, -trice; agressif, -ive; *gúnyosan* ~ narquois,-e; ~ *arc* air *m* de défi; ~ *szavak* paroles provocatrices;

~ *viselkedés* allure provocante; **2.** *(nőről)* provoquant; agaçant; aguichant, -e; **II.** *(fn)* provocateur *m*
kihord 1. sortir; porter (au) dehors; ~*ja a szemetet* sortir les poubelles; **2.** *(mélyből)* vider; **3.** *(házhoz)* porter aux pratiques; livrer à domicile; *(postát)* distribuer; **4.** *(gyermeket)* porter à terme
kihordó 1. *(alkalmazott)* garçon livreur; **2.** *(újságé)* livreur de journaux
kihoz 1. *(vhonnan vmit)* sortir; faire sortir; porter *v* tirer au dehors; **2.** *(árut egy országból)* exporter; **3.** *(vkit)* faire sortir en le conduisant à la main; **4.** ~ *vkit a türelméből, a béketűrésből* lasser *v* épuiser *v* mettre à bout la patience de q; **5.** *(eredményképpen)* conclure (de qc); **6.** *(kiemel)* mettre en vue; accuser; ~*za a formákat* mouler *v* accuser la taille
kihozatal 1. exportation; sortie *f;* **2.** *(kitermelve)* débit *m;* *bány:* rendement *m*
kihörpint vider d'un trait; lamper
kihull tomber; ~ *a haja* les cheveux lui tombent
kihurcolkodik déménager; faire place nette; évacuer qc
kihúz 1. *(vmiből)* arracher; tirer; retirer; ~*za a dugót* tirer le bouchon; **2.** *műsz:* *(lyukból)* dépasser; **3.** *orv:* extirper; retirer; *(fogat)* extraire; **4.** *(vízből)* ramener; repêcher; retirer; ~ *a partra* ramener sur la berge; **5.** *(rugalmas dolgot)* (d)étirer; étendre; **6.** *(sorsjátékban)* sortir (au tirage); **7.** ~*za a bajból v a csávából* tirer d'affaire; dépêtrer; **8.** ~*za magát (kiegyenesedik)* cambrer sa taille; se redresser de toute sa taille; **9.** ~*om valahogy addig* je m'arrangerai pour tenir jusque-là; ~*za a telet (betegről)* tirer l'hiver; **10.** *(írásban)* effacer; biffer; supprimer; rayer
kihűl (se) refroidir
kihűt (faire) refroidir; tiédir
kiigazít réparer; corriger; rectifier; mettre au point
kiigazítás réparation; rectification; révision *f*

kiigényel demander la réquisition de qc; (faire) réquisitionner
kiigénylés réquisition *f; (tulajdonos részéről)* droit *m* de reprise
kiindul 1. partir de ...; **2.** *átv:* partir de *v* sur ...; **3.** *(beszédben)* prendre prétexte de qc; préluder par qc
kiindulás 1. point de départ; départ *m;* **2.** *(műben, beszédben)* entrée *f* en matière
kiindulási *ár* prix *m* à débattre; *sp:* ~ *helyzet* position *f* de départ; ~ *pont* point de départ *v* de repère *v* initial; *vminek* ~ *pontját alkotja* donner naissance à qc
kiír 1. *(vhová)* écrire sur qc; mettre sur qc; afficher; **2.** *(időpontra)* fixer la date *v* le jour de qc *v* pour le *v* au ...; **3.** *(vhonnan vmit)* prendre dans qc; copier dans qc; **4.** *(egy helyet, okmányt)* tirer; extraire; **5.** *(plagizálva)* démarquer qc; compiler; **6.** *(betűkkel)* écrire en toutes lettres
kiirt 1. *(népet, fajt)* exterminer; *(mást)* détruire; *(gyökerestől)* extirper; déraciner; *(egy állatot)* abattre; *a férgeket* ~*ja* détruire la vermine; **2.** *orv:* extirper; **3.** *(szövegből)* sabrer; supprimer
kiirtás 1. *(népé, fajé)* extermination *f; (másé)* destruction *f; (egy állaté)* abat(t)age *m;* **2.** *orv:* extirpation *f;* **3.** *átv: a bűnök teljes* ~*a* l'extirpation des vices
kiismer 1. *vmit* ~ apprendre à connaître qc; pénétrer le secret de qc; ~*i egy mesterség fogásait* apprendre les tours *v* les finesses d'un métier; **2.** *vkit* ~ pénétrer *v* déchiffrer q; **3.** ~*i magát vhol vmiben* se reconnaître dans un endroit, dans qc
kiismerhetetlen insondable; impénétrable; indéchiffrable
kiiszik boire; vider; ~ *egy poharat* vider un verre
kiizzad I. *(tgyl i)* être en sueur; se mettre en sueur; être en nage; **II.** *(így i)* **1.** exsuder; sécréter; **2.** *keservesen* ~*ja a pénzt* suer sang et eau *v* se battre les flancs pour trouver'l'argent

kiizzaszt 1. mettre en sueur; **2.** *orv:* faire transpirer *v* suer
kijár I. *(tgyl i)* **1.** *vhová* ~ sortir (pour se rendre qpart); **2.** *(vonat)* dépasser la gare; **3.** *(egy része vminek)* se détacher; ~ *a nyeléből* sortir du manche; **4.** *(vkinek)* être dû *v* due à q; revenir à q; **II.** *(így i)* **1.** ~*ta iskoláit* il a terminé ses études; **2.** *vmit vkinek* ~ obtenir à force de démarches
kijárás 1. sortie *f;* **2.** *(protekcióval)* démarchage *m; (bűnös)* trafic *m* d'influence; affairisme *m*
kijárat 1. sortie; issue *f;* **2.** ~ *a tengerhez* débouché *m v* fenêtre *f* sur la mer
kijátszás *(csalás)* frustration; spoliation *f;* ~*sal* en fraude; subrepticement
kijátszik 1. *(rászedve)* jouer; déjouer; frustrer; surprendre la bonne foi de q; mystifier; *(kötelezettséget)* tourner; -*ssza a törvényeket* frauder les lois; **2.** *(tervet)* éluder; déjouer; contre-mirer; -*ssza vkinek az éberségét* endormir *v* tromper la vigilance de q
kijavít 1. réparer; raccommoder; rajuster; *(épületet)* restaurer; **2.** *(rajzot)* retoucher; **3.** *(gépet, motort)* dépanner qc; **4.** *(írásban, szóban)* corriger; rectifier; **5.** ~*ja magát* se reprendre
kijavítás 1. réparation *f;* réfection *f;* rajustement *m; (épületé)* restauration; reprise *f;* **2.** *(rajzé)* retouche *f;* **3.** *(szerkezeti hibáé)* dépannage *m;* **4.** *(szóban, írásban és erkölcsi)* correction; révision *f*
kijegyez extraire; copier; tirer; prendre en note
kijegyzés extrait *m*
kijelent 1. déclarer; énoncer; annoncer; **2.** *(vkit)* déclarer le changement de domicile *v* de résidence de q
kijelentés 1. déclaration; énonciation *f; vkinek* ~*e szerint* au dire de q; **2.** *vall:* isteni ~ la révélation (divine); **3.** *(rendőrségi)* déclaration de changement de domicile
kijelentő *lap* bulletin *m* de déclaration de changement de domicile; fiche *f*

de sortie; ~ *mondat* phrase déclarative
kijelöl 1. *(cövekkel)* jalonner; *(jellel)* marquer; **2.** *(vkit, vmit)* désigner; indiquer; assigner; *célul* ~ assigner comme but *v* comme objectif; *tartózkodási helyet* ~ assigner une résidénce; ~*i az időpontot* désigner l'heure *v* le jour *v* la date; **3.** *jog:* constituer; *örökösének jelöli ki* constituer q son héritier; **4.** *(időpontot)* fixer; arrêter; assigner
kijelölés 1. *(cövekkel)* jalonnement *m;* *(határvonalé)* démarcation *f;* **2.** désignation; indication *f;* **3.** *jog:* constitution *f;* **4.** *(időponté)* fixation *f*
kijjebb 1. plus avant; plus loin; plus au fond; **2.** en saillie
kijózanít 1. *(részeget)* dégriser; faire passer l'ivresse; **2.** *átv:* dégriser; ramener à la raison; détromper; désillusionner; ~*ó hatással van (vkire)* faire l'effet d'une douche froide
kijózanodás 1. *(részegé)* dégrisement; désenivrement *m;* **2.** *(átv. így is:)* désenchantement *m*
kijön 1. sortir; **2.** *(messzebb vidékre)* venir; **3.** *(beillesztett tárgy)* se détacher; se séparer; sortir *(pl:* de son manche); **4.** ~ *a béketűrésből* perdre patience; *meglátjuk, mi jön ki belőle* on verra ce qui en sortira; *jól jött ki, hogy* il n'était pas sans sel *v* piquant que *(subj);* **5.** *már itt jön ki* j'en ai jusque-là; **6.** *(pecsét stb.)* s'enlever; **7.** *(vmiből vmi)* sortir; résulter; **8.** *(összeg)* s'élever (à); se monter (à); *amiből* ~ *ce qui donne ...; mennyi jön ki?* quel est le résultat? combien est le total *v* la somme *v (kivonásnál)* le reste *v (szorzásnál)* le produit? **9.** *ebből* ~ cela suffira; **10.** ~ *vkivel* s'entendre *v* s'accorder avec q; **11.** ~ *a gyakorlatból* en perdre l'habitude
kijut 1. trouver une issue; s'en tirer; **2.** *(vhová)* déboucher sur ...; accéder à ...; gagner qc; **3.** *(részt kap vmiből)* avoir sa part de qc; *ugyancsak* ~*ott neki a bajból* il en a; il en a dans l'aile *biz*

kikacag accueillir *v* recevoir avec de grands éclats de rire *v* des huées
kikap I. *(így i)* **1.** *(kezével)* saisir *v* prendre *v* choisir (au hasard) *(a tálból:* dans le plat); **2.** *(vki kezéből)* arracher (des mains de q); **3.** *(megkap)* se faire (dé)livrer; obtenir; **4.** *(összeget)* toucher; **II.** *(tgyl i)* **1.** recevoir une leçon; **2.** *(veréssel)* recevoir une raclée; être corrigé(e); **3.** *ját, sp:* être battu(e)
kikapar 1. *(földből)* déterrer *v* tirer (avec ses ongles); *átv:* ~*ja másnak a gesztenyét* tirer les marrons du feu; **2.** *(írásban)* gratter; raturer; **3.** ~*ja a szemét* arracher les yeux à q; **4.** *(vmi irást)* déterrer; exhumer
kikapcsol 1. *(ruhát)* dégrafer; déboutonner; **2.** décrocher; **3.** *(géprészt)* déclencher; **4.** *(áramból)* déconnecter; *(áramot)* couper (le courant); **5.** *(készüléket)* débrancher, débrayer
kikapcsoló *(szerkezet)* interrupteur; déclencheur *m*
kikapcsolódás 1. décrochement *m;* **2.** *(pihenés)* détente; relaxe *f*
kikapcsolódik 1. se dégrafer; se déboucler; **2.** se déclencher; **3.** *(vasúti kocsi)* se désatteler; **4.** *átv:* se relaxer
kikapós *asszony* femme volage *v* aux mœurs dissolues
kikefél donner un coup de brosse à qc; brosser
kikel 1. ~ *az ágyból* sortir du lit; **2.** *(növény)* sortir de terre; lever; pousser; **3.** *(csirke)* éclore; sortir; **4.** *(vmi ellen)* déclamer contre qc; dénoncer qc; ~ *vki ellen* se déchaîner contre *v* sur q; *magából* ~*ve* hors de ses gonds
kikelet renouveau; printemps; retour *m* de la belle saison
kikeményít empeser; amidonner
kikémlel 1. dépister; épier; espionner; **2.** *(területet)* explorer; *kat:* reconnaître
kikémlelés 1. épiement *m;* *(helyzeté, hangulaté)* sondage *m;* **2.** *(területé)* exploration *f; kat:* reconnaissance *f*
kikényszerít *ld:* **kierőszakol;** ~ *egy aláírást* extorquer une signature

kiképez 1. *(vkit)* former; instruire; donner l'instruction à q; **2.** *kat:* instruire; donner l'instruction à …; dresser; **3.** *(vmit)* développer; perfectionner; *(anyagot)* façonner; **4.** exécuter; décorer; **5.** ~*i magát* se perfectionner; se former
kiképzés 1. *(vkié)* formation; éducation; instruction *f;* *(csak szellemi)* culture (intellectuelle); ~*ben részesül* recevoir une formation; **2.** *kat:* instruction *f* v entraînement *m* militaire; **3.** *(vmié)* développement; perfectionnement *m;* **4.** *müv:* exécution; réalisation des détails; décoration *f;* **5.** *(anyagé)* façonnage *m*
kiképzett 1. entraîné; exercé, -e; **2.** *kat:* instruit, -e; bien entraîné(e); **3.** *(szellemileg)* instruit; cultivé, -e
kiképző *tábor* camp *m* d'entraînement; ~ *tiszt* officier instructeur *v* d'instruction
kikér 1. *(vmit)* (re)demander; réclamer; **2.** *(iratokat)* demander *v* prendre communication de qc; **3.** *(jóindulatot)* solliciter; **4.** *(véleményt)* demander; requérir; **5.** *(vkit)* réclamer q; *(bűnöst más országból)* demander l'extradition de q; **6.** ~*i magának* refuser d'admettre; ne pas tolérer; ~*em magamnak!* je proteste !
kikérdez interroger; questionner
kikerekít 1. arrondir; **2.** *egy összeget* ~ arrondir *v* parfaire une somme
kikeres 1. relever; (aller) chercher; choisir; **2.** *(helyet, pontot)* repérer; ~*i a térképen* repérer sur la carte; **3.** *(válogatva)* trier; sélectionner
kikeresztelkedik se convertir au christianisme; se faire baptiser; ~*ett* converti, -e
kikerget chasser; expulser; faire sortir; évincer
kikerül I. *(így i)* échapper à qc; éviter qc; *(megkerülve)* contourner qc; *(ügyesen)* éluder; esquiver; ~*i a figyelmét* cela lui échappe; *ügyesen* ~*i a kérdést* éluder subtilement la question; **II.** *(tgyl i)* **1.** *vhonnan* ~ sortir; ~ *a bajból* se tirer d'affaire; *győztesen kerül ki a küzdelemből* sortir vainqueur de la lutte; **2.** *tagjai a tanárok köréből kerülnek ki* ses membres *v* adhérents se recrutent parmi les universitaires; **3.** *(elég)* suffire pour qc
kikerülhetetlen inévitable; inéluctable
kikészít 1. *(vkinek)* préparer; *(ruhatárban)* tenir prêt(e) *v* mettre de côté pour le client; **2.** *(munkadarabot)* préparer; façonner; travailler; ouvrer; **3.** *(bőrt, szövetet)* apprêter; *(bőrt)* parer; corroyer; *(finom bőrt)* mégir; **4.** *(arcát)* maquiller; grimer; farder; *(külsejét)* ajuster; **5.** *biz:* *(ellenfelet)* attraper; démolir; malmener; *alaposan* ~ faire passer au laminoir
kikészítés 1. *(munkadarabé)* préparation *f;* rachèvement *m;* façon; finition *f;* **2.** *(bőré, szöveté)* apprêtage; apprêt *m;* *(bőröké)* préparation *f;* *(finomabb bőröké)* mégisserie *f;* **3.** *(arcé)* maquillage *m*
kiket que; *ritk:* lesquels
kikézbesít 1. *post:* remettre *v* rendre à destination; **2.** *(végzést)* notifier; *(hivatalosan)* signifier
kikezd 1. *(anyagot)* entamer; attaquer; ronger; **2.** *(erkölcsileg)* entamer; battre en brèche; ~*i vkinek a jóhírét* compromettre la réputation de q; **3.** *(vagyont)* ébrécher; **4.** *(egészséget)* altérer; ébranler; compromettre; **5.** *vkivel* ~ s'attraper avec q; chercher une querelle d'Allemand à q; **6.** *(nő férfival)* faire des coquetteries à q *v* des avances à q ; ~ *egy nővel* flirter avec une femme
kikezdés 1. alinéa *m;* *új* ~ à la ligne; **2.** *(egy nővel)* flirt *m*
ki-ki chacun; respectivement; ~ *magának* chacun pour soi
kikiabál 1. *(vhonnan)* crier dans la rue; **2.** ~*ja a tüdejét* user ses poumons; **3.** *(terjesztve)* divulguer; trompeter
kikiált *vminek* acclamer *v* proclamer qc
kikiáltási *ár* mise *f* à prix
kikiáltó 1. commissaire priseur; **2.** *(mutatványosé)* bonisseur *m*
kikirics [~ek, ~et, ~e] *őszi* ~ colchique *v* narcisse *m* d'automne
kikísér reconduire; accompagner; *egy látogatót* ~ reconduire un visiteur

kikísérletez mettre à l'essai; faire l'expérience de qc
kikosaraz éconduire; évincer; refuser
kikotor 1. nettoyer; 2. ~*ja a hamut enlever la cendre*; 3. ~ *vmit a földből* déterrer en grattant la terre; 4. *(tisztítva)* curer; draguer; ~ *egy árkot* curer un fossé
kikölt couver; incuber; faire éclore
kiköltekezik dépenser tout son argent
kiköltözik; kiköltözködik déménager; faire place nette
kiköltöztet déloger; (faire) déménager
kiköp 1. recracher; cracher; expectorer; 2. *(olyan mint az apja) mintha ~te volna* il est son père tout craché
kiköszörül (r)émoudre; affûter; ~*i a csorbát* réparer sa faute
kiköt I. *(tgy i)* 1. *(vkit)* ligoter *v* attacher à qc; *kat: (büntetésből)* exposer; 2. *(lovat)* attacher (à un arbre); 3. *egy hajót, egy csónakot* ~ amarrer un bâtiment, une embarcation; 4. *(feltételképpen)* stipuler; poser comme condition; **II.** *(tgyl i)* 1. mouiller (l'ancre); amarrer; s'amarrer; accoster; *(útközben)* faire escale; 2. *vmi mellett* ~ fixer son choix sur qc
kikötés 1. ligotage *m*; 2. *rég, kat*: exposition *f*; 3. *(hajóé)* mouillage; ancrage; accostage *m*; 4. *(feltétel)* stipulation; clause; condition; réserve *f*; *ellenkező* ~ *hiányában* sauf clause contraire; *azzal a ~sel, hogy* sous réserve que; sauf à *(inf)*
kikötő [~k, ~t, ~je] 1. port *m*; rade *f*; *közbenső* ~ escale *f*; *befut a ~be* entrer en rade; *(tartózkodás végett)* faire escale dans un port; 2. *rep:* aéroport *m*
kikötőgát jetée *f*
kikötőhíd *(nagyobb)* débarcadère; embarcadère *m*; *(kisebb)* passerelle *f* de débarquement
kikötőoszlop pieu *m* d'amarrage; borne *f* d'amarrage
kikötőpart débarcadère; quai (maritime) *m*
kikötött stipulé; convenu, -e; ~ *bér* salaire dû *v* convenu

kikövez paver; empierrer; *(nagy lapos kövekkel:)* daller; *(konyhát)* carreler
kiközösít [~ettem, ~ett, ~sen] excommunier; rejeter; mettre au ban; *egyh:* ~ *az egyházból* excommunier
kiközösítés 1. excommunication; expulsion *f;* boycottage; boycott *m;* 2. *egyh:* excommunication; ~*sel jár* encourir l'excommunication
kikristályosodik 1. se cristalliser; 2. *(érzés)* cristalliser
kikutat 1. fouiller; sonder; *(elrejtett dolgot)* dépister; 2. *(helyet)* explorer; *(vminek a helyét, pontot)* repérer; détecter; 3. *(adatot)* établir; rechercher
kiküld 1. *(vhonnan)* faire sortir; renvoyer; éloigner; 2. *(külföldre)* envoyer (en mission); 3. *(bizottságba)* déléguer
kiküldetés envoi *m* en mission; mission *f; külön* ~ délégation spéciale
kiküldött 1. envoyé; délégué; mandataire *m;* *(titkos)* émissaire *m;* 2. *átv:* ambassadeur *m*
kikürtöl publier à son de trompe; trompeter; crier *v* publier sur les toits
kiküszöböl 1. *(rossz anyagot)* éliminer; évacuer; 2. *átv:* éliminer; retrancher; supprimer; 3. *mat:* éliminer
kilábol [~tam, ~t, ~jon] 1. ~ *a bajból* se dépêtrer; se tirer d'affaire; 2. *(betegségből)* relever *v* se remettre d'une maladie
kilakoltat (faire) expulser (par autorité de justice de son domicile)
kilakoltatás expulsion *f* (par autorité de justice); ~ *közigazgatási úton* expulsion administrative
kilátás 1. *(tájra)* vue; perspective *f;* *(körben)* panorama *m;* *(keskeny)* échappée *f* de vue; *(mélybe)* plongée *f;* vue plongeante; 2. *(eshetőség)* perspective *f;* prévisions; chances *f pl; erre nincs* ~ pour cela, il n'y a aucune chance; *gúny: szép ~ok!* la belle perspective ! ~*a van vmire* avoir qc en perspective; avoir la perspective de *(inf); sikerre van* ~*a* il a des chances de succès; ~*ba helyez* promettre à q; ~*ban levő* en perspective; ~*okat*

kilátástalan nyújt a jövőre offrir des garanties de durée; kedvező ~ú de bon augure; 3. met: prévisions; probabilités f pl
kilátástalan sans issue; désespéré, -e
kilátó belvédère; point m de vue
kilátótorony 1. belvédère; belvéder m; 2. kat: mirador m
kilátszik 1. être (bien) en évidence; 2. (vmin keresztül) transparaître; être visible sous qc; 3. (hosszabb) dépasser; 4. (szándék) percer; transparaître; alig látszik ki a földből, máris il tient à peine debout et il...
kilégzés expiration f
kilehel 1. exhaler; respirer (l'air); expirer; 2. ~i lelkét expirer; rendre l'âme v l'esprit
kileli a hideg être pris(e) de frissons
kilenc neuf
kilenced [~ek, ~et, ~e] 1. neuvième m; 2. zen: none f; 3. egyh: neuvaine f
kilencedik [~ek, ~et] neuvième
kilences neuf m
kilencszáz neuf cents
kilencven [~et] quatre-vingt-dix
kilengés 1. écart m; a ~ nagysága amplitude; élongation f; 2. (politikai) excès m pl
kilép 1. ~ az ajtón passer la porte; ~ a sorból quitter les rang; 2. jól ~ marcher d'un bon pas; allonger le pas; 3. ~ az életbe débuter dans le monde; 4. (vmiből) sortir de qc; quitter qc; ~ a pártból démissionner de son parti
kilépés 1. sortie f; 2. (vmiből) sortie; démission f; 3. fiz libération f
kilépési engedély permission f de sortir; ~ nyilatkozat déclaration f de sortie; ~ pont (vmely közegből) point m d'émergence; ~ tilalom consigne f
kilépő sortant, -e
kilét; vkinek a ~e l'identité f de q
kilincs [~ek, ~et, ~e] 1. poignée de porte; béquille f; (a szerkezet) loquet m; rázza a ~et agiter la poignée de porte; 2. műsz: (zárószerkezet) enclenchement m
kilincsel [~tem, ~t, ~jen] ~ vkinél frapper à la porte de q; ~ a hatalma-

soknál assiéger la porte des grands; courir les antichambres
kilincsnyelv clenche; clinche f
kiló [~k, ~t, ~ja] kilo; kilog m
kilobban 1. jaillir (átv is:); s'allumer; éclater; 2. s'éteindre avec éclat
kiloccsan jaillir; gicler
kilocsog divulguer sottement
kilóg 1. pendre en dehors; ~ a nyelve la langue lui sortait de la bouche; 2. ~ az alsószoknyája votre jupon dépasse
kilométer kilomètre m
kilométerkő borne kilométrique f
kilométermutató compteur (horo)kilométrique m
kilométeróra 1. (mennyiség) kilomètreheure m; 2. (mérő) odotachymètre m
kilop voler (vhonnan: dans qc); chaparder; ~ a zsebéből filouter à q
kilopódzik sortir furtivement v à pas furtifs
kilós [~ak, ~at] 1. d'un poids de...; ~ mérleg balance f à kilos; 2. ~ ruha linge m de maison
kilovagol I. (tgyl i) (vhonnan) sortir (à cheval); (sétára) se promener à cheval; II. (tgy i) (vmit) arracher
kilő I. (tgyl i) tirer v faire feu au dehors; II. (tgy i) 1. (fegyvert) décharger; (lőszert) tirer; ~tt hüvely douille percutée v tirée; 2. nyomd imposer; 3. egy nyilat ~ décocher une flèche
kilök 1. (vkit) pousser dehors; flanquer v mettre à la porte; évincer; 2. (vmit) projeter; (gőzt stb.) chasser; expulser; 3. (szerkezet) éjecter; 4. ~ magából (tüzhányó) lancer; (organizmus) éliminer; (társadalom) rejeter
kilövell rejeter; lancer; projeter; éjaculer
kilúgoz 1. lessiver; 2. vegy: extraire par la lixiviation; 3. (földet) dégraisser
kilyukad 1. se trouer; se perforer; se percer; 2. (gumikerék) crever; 3. (útközben vhová) parvenir; échouer; 4. átv: en venir v en arriver à...; látom, már hová akar ~ni je vous vois venir de loin

32 Magyar–Francia kézi

kilyukaszt 1. trouer; perforer; percer; **2.** *(gumit)* crever
kimagaslik *(vmi fölött)* émerger; s'élever au-dessus de qc; surplomber qc; *egy fejjel ~ a többi közül* il dépasse les autres de toute la tête
kimagoz épépiner; énoyauter; dénoyauter
kimagyarázás 1. explication; justification *f;* **2.** *pej:* explications embarrassées; raisons spécieuses
kimagyarázkodik s'expliquer; se justifier
kimar 1. ronger; corroder; *(bőrt)* attaquer; **2.** *átv:* *(vhonnan)* écarter *v* chasser à force d'intrigues
kimarad 1. *(vmi)* être omis(e) *v* éliminé(e) *v* négligé(e); **2.** *nyelv:* s'élider; **3.** *(vki)* rester dehors; s'absenter; manquer; *(nem alszik otthon)* découcher; **4.** *~ az iskolából* s'absenter de l'école; *(végleg)* quitter l'école; **5.** *ő ~t a dologból* il a été laissé à l'écart
kimászik sortir en rampant; se glisser; *~ a bajból* se tirer *v* sortir d'un mauvais pas; s'en tirer
kimázol 1. badigeonner; **2.** *~ja magát* se peinturlurer; se badigeonner
kimegy 1. sortir; prendre la porte; partir; *~ az utcára* il descend (dans la rue); il sort; **2.** *(folt ruhából)* s'enlever; se laver; **3.** *(gáz)* s'échapper; **4.** *(kiférve)* tenir; y passer; **5.** *~ a divatból* passer de mode; *~ az eszéből v fejéből* perdre la mémoire de qc; *nem megy ki a fejemből* cela ne veut pas me sortir de la tête; *nem megy ki a fejéből a gondolat, hogy* il est obsédé de l'idée que; *~ a színe* sa couleur passe *v* déteint; *~ a szokásból* cela ne se fait plus
kímél [*~tem, ~t, ~jen*] **1.** ménager; épargner; traiter avec ménagement; soigner; *nem ~ ne* pas épargner q; *(bőven adva)* ne pas marchander; prodiguer; *senkit sem ~* il n'épargne personne; *~i magát* se ménager; ménager sa santé; *nem ~i az életét* ne pas marchander sa vie; *~i erejét* ménager ses forces; *nem ~i a fáradságot* il ne plaint pas sa peine; *nem*
~i a pénzt il ne regarde pas à la dépense; **2.** *vmitől ~ vkit* éviter *v* épargner qc à q
kimelegedik; kimelegszik 1. *(ember)* avoir chaud; *(vmiben)* prendre chaud; **2.** *(az idő)* se réchauffer; *(tavasszal)* les premières chaleurs arrivent
kímélés 1. ménagement *m;* **2.** *(érzése)* respect *m*
kímélet [*~et*] égards *m pl;* ménagement *m; ~tel bánik* ménager; *~tel jár el* user de ménagements envers q
kíméletes [*~ek, ~et*] doux, douce; modéré; indulgent, -e; *~ eljárás* ménagements délicats
kíméleti *vad:* *~ idő* temps prohibé; clôture *f* de la chasse; *hal:* période *f* d'interdiction
kíméletlen impitoyable; sans ménagement; intolérant, inhumain; inclément, -e; *~ eljárás* procédé brutal *v* indélicat; *~ harc* lutte *f* sans merci
kíméletlenül impitoyablement; sans pitié *v* ménagement; *~ bánik vkivel* traiter q sans ménagement; *~ megmond* dire carrément *v* vertement
kimélyít 1. approfondir; creuser; **2.** *átv:* approfondir; aggraver
kimenekül se sauver; *~ a bajból* s'en tirer; se tirer d'affaire; l'échapper belle
kimenési *tilalom ld:* kimenőtilalom
kimenetel [*~t, ~e*] **1.** issue *f;* succès; résultat *m;* **2.** *irod:* dénouement *m*
kimenő I. *(mn)* **1.** *~ ruha* trotteuse *f;* **2.** *műsz:* sortant, -e; **3.** *~ vonat* train descendant; **II.** *(fn)* **1.** *a ~k* les sortants; **2.** sortie *f;* **3.** *kat:* permission *f*
kimenőtilalom 1. couvre-feu *m;* **2.** *kat:* consigne *f*
kiment [*~ettem, ~ett, ~sen*] **1.** *~ az égő házból* sauver en le sortant de la maison en flammes; *egy fuldoklót ~ a vízből* repêcher un noyé; **2.** *vkit zavarából ~* tirer q d'embarras; **3.** *~i vkinek a távollétét* excuser q (auprès de q); *~i magát* s'excuser
kimer 1. épuiser; vider; **2.** *(levest)* servir

kimér 1. mesurer; *(földet)* arpenter; 2. *(súlyban)* peser; 3. *(árut)* débiter v vendre en détail; détailler; 4. *(követ)* tailler; 5. *(büntetést)* infliger **kimered** a szeme écarquiller les yeux; ~i szem yeux de carpe v de merlan frit
kimérés 1. mesurage m; mesure f; 2. *(súlyé)* pesage m; pesée f; *(adagolva)* dosage m; 3. *(itale, árué, húsé)* débit m; 4. *(helyiség)* débit m de boissons v de vins et spiritueux
kimerít 1. *(kutat)* épuiser; *(forrást)* tarir; 2. *(erőt)* épuiser; excéder; 3. *(talajt)* épuiser; appauvrir; fatiguer; 4. *(vkit)* épuiser; excéder; harasser; exténuer; mettre sur les dents; 5. minden forrását ~ette être à bout de ressources
kimerítő [~k, ~t] 1. *(testileg)* excédant, épuisant, -e; ~ munka travail fatigant; 2. *(gazdálkodás)* exhaustif, -ive; 3. *(bőséges)* ample; approfondi, -e; exhaustif, -ive; ~ felsorolás énumération limitative; inventaire m
kimért [~ek, ~et] 1. vendu(e) au détail v au poids; 2. *átv:* compassé; mesuré, -e; ~ hang ton sententieux; ~ hangon sur un ton mesuré; ~ modor manières compassées
kimerül 1. *(kút)* s'épuiser; *(forrás)* tarir; 2. *(termőföld)* s'épuiser; se fatiguer; 3. *(vki)* s'épuiser; être surmené(e); 4. *átv:* ~ vmiben se réduire à qc
kimerülés 1. *(kúté)* épuisement; tarissement m; 2. mez: *(földé)* épuisement; appauvrissement m; 3. *(testi)* épuisement m; exténuation f; harassement m
kimerült 1. *(kút)* épuisé; tari, -e; 2. ~ föld terre fatiguée; 3. *(ember, ló stb.)* épuisé(e) v excédé(e) de fatigue
kimerültség 1. épuisement; harassement m; 2. *orv:* débilité f; 3. *(szellemi)* épuisement; surmenage m
kimeszel 1. blanchir (à la chaux); teindre de chaux; 2. *gúny:* maquiller; ~i magát se farder

kimetsz 1. *(vmiből)* découper (dans qc); 2. *(metsző)* graver; enlever; 3. *orv:* extirper; résectionner
kimond 1. *(szót, hangot)* prononcer; articuler; proférer; 2. *(véleményt stb.)* énoncer; déclarer; dire; formuler; kereken ~ja mettre les points sur les i; dire carrément; 3. *(törvényt)* porter; déclarer; 4. *(törvényt, intézkedést)* édicter; *(bíróilag)* prononcer; 5. ~ja a köztársaságot proclamer la république
kimondhatatlan indicible; ineffable; inénarrable; sans nom
kimos 1. laver; lessiver; nettoyer; *(fehérneműt)* blanchir; 2. *(tartályt, csövet)* dégorger; déboucher; 3. *(vmit vmiből)* enlever v ôter par le lavage; 4. *(sebet)* bassiner; *orv:* absterger; 5. *(víz partot)* éroder; ronger; 6. *átv:* *(vádlottat)* blanchir
kimozdít 1. *(helyéből)* remuer; déplacer; bouger; *(falból)* desceller; 2. *(pályáról)* faire dévier; 3. *(ellenséget)* déloger
kimozdulás 1. *(helyéből)* déplacement m; *(irányról)* déviation f; 2. *(falból)* descellement m
kimúlás 1. décès m; disparition f; 2. *(dologé)* dépérissement m
kimúlik 1. passer; expirer; 2. *(dolog)* dépérir
kimunkál ouvrer; travailler; *(fát)* dresser; *(tárgyat)* élaborer
kimustrál 1. *(állatot)* réformer; 2. *(tárgyat)* mettre au rebut v au rancart
kimutat 1. *(bizonyítva)* démontrer; montrer; prouver; représenter; 2. *(hibát)* dénoncer; ~ja bátorságát signaler son courage; ~ja foga fehérét montrer les dents (à q) v ses griffes; ~ja tehetségét v erejét donner sa mesure; 3. *(feltüntetve)* mettre en évidence; 4. *(vmiben anyagot, betegséget)* déceler; révéler
kimutatás 1. *(bizonyítva)* démonstration f; 2. *(jegyzék)* relevé; état (général); bordereau m; fel van véve a ~ba être sur l'état; *(fizetési jegyzékbe:)* émarger; 3. *(anyagé vmiben)* décèlement m; détection f

32*

kiművel cultiver; former; éduquer; civiliser; polir; dégrossir; *vkinek az ízlését ~i* former le goût de q
kiművelődés progrès *m pl;* civilisation *f*
kín [~ok, ~t, ~ja] supplice *m;* torture; peine *f;* tourment *m; nagy ~ok közötrik* souffrir *v* subir le martyre; *ezer ~t áll ki* souffrir mille morts; *nagy ~nal* avec peine
Kína [-át] la Chine; *a népi ~* la Chine Populaire
kínaezüst argent anglais *v* chinois
kínafa quinquina; kina *m*
kinagyol dégrossir; ébaucher; *(fát)* équarrir; *(fát, követ)* dégauchir
kínai [~ak, ~t; ~ul] I. *(mn)* chinois, -e; *~ faggyú* suif végétal; *a ~ fal* la grande Muraille; *a Kínai Népköztársaság* la République Populaire de Chine; *~ pincsi* pékinois *m;* II. *(fn)* Chinois, -e *n*
kínai- sino-
kínál [~tam, ~t, ~jon] offrir; proposer; *többet ~* surenchérir; *étellel, itallal ~* offrir *v* donner à manger, à boire
kínálat offre *f; a ~ és kereslet törvénye* la loi de l'offre et de la demande
kínálkozik [~tam, ~ott, ~zék *v* ~zon] 1. faire des avances; se proposer; 2. *(alkalom)* s'offrir; se présenter; *önként ~ az a feltevés, hogy* la supposition se présente d'elle-même que
kincs [~ek, ~et, ~e] 1. trésor *m;* richesses *f pl; ~eket gyűjt* amasser *v* entasser des trésors; 2. *(országé)* richesses; ressources *f pl (pl:* minérales); *a föld ~ei* les richesses du sol; 3. *legdrágább ~ az egészség* la santé est le bien le plus précieux; *valóságos ~* un vrai bijou; *~em* mon bijou; mon chéri; mon trésor; *a világ minden ~éért sem* pour rien au monde
kincsesbánya mine *f* de trésor; un *v* le Pérou; *szellemi ~* il renferme des trésors d'érudition
kincseskamra trésor *m; az ország -ája* le grenier du pays
kincstár [~ak, ~t, ~a] 1. *(kincsőrzésre)* trésor *m;* 2. *(hivatal)* trésorerie *f;* 3. *(az állam)* le Trésor; le trésor public; le Fisc; 4. *tudás és műveltség ~a (könyvről)* somme *f* de savoir et de culture
kincstári [~ak, ~t; ~lag] domanial; fiscal, -e; *~ bevételek* recouvrements *m pl; ~ birtok* proprieté domaniale; *(együtt:)* le Domaine public; *~ jegy (francia)* bon du Trésor; *~ jövedék* régie *f; ~ utalvány* traite *f* du trésor; *~ vagyon* domaine (public)
kinek? I. *(kérdő nm)* 1. à qui? 2. *~ a házában?* dans la maison de qui? II. *(von. nm)* 1. duquel; dont; 2. à qui; auquel *v* à laquelle
kinetikai [~ak, ~t] cinétique; *~ energia* énergie cinétique *f*
kinevet *(vkit)* (se) rire de q; se moquer de q; *~ik érte* on lui rit au nez
kinevettet 1. *(vkit)* tourner en dérision; 2. *~i magát* faire rire de soi; *ne nevettesd ki magad* tu deviens ridicule; ne te rends pas ridicule
kinevez 1. nommer; *(véglegesnek:)* tituraliser; 2. *jog:* instituer
kinevezés 1. nomination *f;* 2. *(örökösnek)* institution *f* (comme)
kinéz I. *(tgyl i)* 1. *(vhova)* regarder au dehors; jeter un coup d'œil au dehors; 2. *~ egy kicsit vhova* faire un tour à *v* dans ...; 3. *mi néz ki belőle?* qu'est-ce que cela promet? *semmi jó nem néz ki belőle* cela ne dit rien de bon; 4. *(milyen színben van? milyen?)* avoir l'air ...; avoir une mine ...; *(tárgy)* se présenter; avoir l'aspect ...; *jól néz ki* il a bonne mine; *(tárgy)* il a belle apparence; *gúny: jól néz ki!* le voilà bien arrangé! *gúny: na jól nézünk ki!* nous voilà bien! nous voilà dans de beaux draps! *rosszul néz ki* avoir mauvaise mine; II. *(tgy i)* 1. *~i a szájából a falatot* compter les morceaux à q; 2. *~i magát* examiner *v* observer tout son content; 3. *~ magának vmit* jeter son dévolu sur qc; 4. *(vmit belőle)* trouver *v* juger capable de *(inf) v* de qc; 5. *~ vhonnan* chasser q du regard

kínhalál supplice *m*
kinin [~ek, ~t, ~je] quinine *f*
kínlódás tracas *m pl;* peines; tribulations *f pl*
kínlódik [~tam, ~ott, ~jék *v* ~jon] 1. *(szenved)* souffrir beaucoup; 2. *(fárad)* peiner sur qc; ~ *azzal, hogy se tuer à v* peiner à *(inf)*
kinn; kint; künn dehors; au dehors; à l'extérieur; en dehors; au-dehors; *(messze)* là-bas; ~ *tágasabb* je ne vous retiens pas; ~ *marad* rester dehors; ~ *reked* être coupé(e) de l'intérieur; *a gond* ~ *ül az arcán* son visage trahit les soucis qui le rongent; ~ *van (kórházból, börtönből stb.)* il est sorti
kinnlakó externe *(n)*
kinnlevőség recouvrements *m pl;* dette active; *a ~eket behajtja* opérer les rentrées
kínos [~ak, ~at] I. *(mn)* 1. *(testileg)* douloureux, -euse; 2. *átv:* pénible; navrant; tuant, -e; ~ *aprólékosság* minutie *f;* ~ *gonddal csinál vmit* fignoler; ~ *gonddal ügyel arra, hogy* mettre un soin délicat à *(inf);* ~ *helyzetbe hoz* mettre dans l'embarras *v* en peine; ~ *helyzetben van* se trouver dans une situation pénible; ~ *perceket él át* passer de mauvais quarts d'heure; ~ *ügy* affaire pénible *v* fâcheuse; II. *(hat) nagy* ~ *keservesen* avec toutes les peines du monde
kínoz [~tam, ~ott, ~zon] 1. supplicier; torturer; martyriser; *a nátha ~za* son rhume l'incommode; 2. *(gyötörve)* harceler; crucifier; brimer; 3. *(gondolat)* torturer; obséder; 4. *(éhség)* tenailler; torturer; 5. *(lelkiismeret)* tourmenter; bourreler; 6. *azzal ~za magát, hogy* se tuer à *(inf)*
kinő I. *(tgyl i)* 1. *(növény)* pousser; venir; monter; 2. *(haj, fog)* pousser; venir; 3. ~ *a többi közül* il dépasse les autres (en croissance); 4. ~ *a gyermekkorból* sortir d'enfance; 5. ~*tt már belőle* ce n'est plus de son âge; II. *(tgy i)* 1. *kinövi a ruháit* devenir trop grand(e) pour ses habits;

2. *kinövi magát vmivé* devenir (peu à peu) qc; se faire qc
kínpad 1. chevalet *m* (de torture); 2. *ált:* supplice *m;* question *f; a ~on* à la question
kínszenvedés 1. supplice; tourment *m;* 2. *vall:* *(Krisztusé)* la Passion; 3. ~ *az élete* sa vie n'est qu'un martyre
kintorna 1. orgue *m* de Barbarie; 2. vielle *f*
kínvallatás supplice *m;* torture *f*
kínzás torture *f;* supplice; acte de torture; tourment *m*
kínzó [~k *v* ~ak, ~t; ~an] I. *(mn)* 1. tortionnaire; tourmenteur, -euse; 2. *átv:* torturant, -e; atroce; tourmentant; crucifiant; harcelant, -e; ~ *fájdalom* douleur atroce *v* déchirante; ~ *kétségek* doutes harceleurs; ~ *lelkiismeretfurdalás* remords rongeur; 3. *orv: (fájdalomról)* excruciant, -e; II. *(fn)* 1. tortionnaire *n;* bourreau *m;* 2. *átv:* bourreau; harceleur, -euse *n*
kínzókamra chambre *f* de torture *v* supplices
kinyal 1. lécher; 2. ~*ja magát* se mettre sur son trente et un; s'endimancher
kinyer *műsz:* extraire; récupérer *(vmiből:* à partir de qc)
kinyerés débit; rendement *m;* récupération *f*
kinyilatkoztat révéler; manifester
kinyílik 1. s'ouvrir; se desserrer; *kissé v félig* ~ s'entrouvrir; *(ajtó)* s'entrebâiller; 2. *(szárnyak)* se déployer; 3. *(eldugaszolt dolog)* se déboucher; 4. *(virág)* éclore; s'épanouir; 5. *(csomó)* se défaire; 6. ~*ott a szeme*, ses yeux se sont dessillés
kinyilvánítás manifestation; révélation *f*
kinyit 1. ouvrir; desserrer; ~*ja a száját* ouvrir la bouche; 2. *(palackot)* déboucher; 3. *műsz:* débloquer; 4. *(átjárást)* dégager; 5. *(pártját)* épanouir (ses pétales); 6. *nyissa ki a szemét* ouvrez les yeux
kinyom 1. exprimer; faire dégorger; 2. *(levet)* presser;

kinyomat faire imprimer; publier
kinyomoz dépister; découvrir; *(csak vmit)* détecter; repérer
kinyújt 1. tendre; passer dehors; ~*ja a nyelvét (vkire)* tirer la langue (à q); ~*ott karral* à bras tendu; **2.** *(tárgyat, anyagot)* étendre; allonger; **3.** *konyh:* abaisser
kinyújtózik; kinyújtózkodik s'étirer
kiokád vomir; dégorger
kioktat 1. endoctriner; mettre au courant; **2.** *(nagyképűen)* catéchiser; faire de la morale
kiold; kioldoz 1. délier; dénouer; défaire; déficeler; **2.** *(féket)* desserrer; **3.** *vegy;* éluer; **4.** *vill:* découpler déclencher; **5.** débrayer
kiollózás démarquage; plagiat *m*
kiolt 1. *(tüzet)* éteindre; étouffer; ~*ott lámpákkal* tous feux éteints; **2.** ~*ja vki életét* éteindre la vie de q; **3.** *tv* supprimer
kiolthatatlan 1. inextinguible; **2.** *átv:* inassouvissable
kiolvas 1. *(könyvet)* lire d'un bout à l'autre; achever; **2.** *szeméből* ~*sa* lire dans les yeux de q; **3.** *(ütemet)* compter
kiolvaszt 1. fondre; extraire; **2.** *(zsírt)* faire fondre
kiont *(vért)* verser; répandre; prodiguer
kioszk [~ok, ~ot, ~ja] *kb:* pavillon-restaurant *m*
kioszt 1. distribuer; répartir; dispenser; portionner; **2.** *(földet)* allouer; *(többek közt)* partager; **3.** *(szerepet)* attribuer; **4.** *kárty:* donner; passer
kiöblít rincer; ~*i a ruhát* rincer le linge; ~*i a száját* se rincer la bouche
kiöl 1. détruire; tuer; exterminer; **2.** *átv:* étouffer; tuer; éteindre; ~*i a lelket* dessécher l'âme
kiöltözik se mettre en toilette; s'habiller; *(nevetségesen)* s'accoutrer; s'équiper; *elegánsan* ~*ve* tiré à quatre épingles
kiömlik 1. s'écouler; se répandre; se déverser; *(edényből)* déborder; **2.** *(víz, folyó)* déborder; se décharger; **3.** *orv:* *(vér, epe)* s'épancher

kiönt I. *(tgy i)* **1.** *(folyadékot)* verser; répandre; transvaser; **2.** *(formába)* couler; jeter en moule; **3.** *átv:* ~*i fájdalmát* exhaler sa douleur; ~*i haragját vkire* décharger sa colère sur q; ~*i a lelkét* dire ce qu'on a sur la conscience; *(vkinek)* se livrer à q; ~*i mérgét* décharger sa bile; ~*i szívét* épancher *v* vider *v* décharger son cœur; **II.** *(tgyi i) (folyó)* déborder; sortir de son lit
kiöntő *(konyhai)* évier *m*
kiőrlés extraction *f;* 72%-*os* ~ extraction 72 %
kiőröl bluter
kipalántáz dépiquer
kipárnáz coussiner; matelasser; capitonner
kipárolgás émanation; exhalaison; bouffée *f;* *(növényeké)* exhalation *f;* *a mocsarak mérges* ~*a* le méphitisme des marécages
kipattan 1. *(szikra)* jaillir; **2.** *(titok)* transpirer; *(igazság)* percer
kipécéz [~tem, ~ett, ~zen] **1.** *(cövekkel)* jalonner; marquer de jalons; **2.** *átv:* repérer q; dénoncer qc; monter en épingle qc
kipécézés 1. jalonnement *m;* **2.** *átv:* mise *f* en évidence
kipellengérez 1. mettre *v* clouer au pilori; **2.** *átv: ua. és:* noter d'infamie; dénoncer
kipereg *(mag)* s'égrener
kipihen *(vmit)* se reposer de qc; se remettre de qc; ~*i fáradságát* se remettre *v* se refaire de ses fatigues; ~*i magát* se reposer
kipipál; kipipáz cocher; pointer
kipirosodik; kipirul 1. devenir rouge; ~*(ot)t arccal* le visage pourpre *v* monté en couleur; **2.** *konyh:* se roser
kipiszkál 1. *(tárgyat)* retirer; repêcher; **2.** *(tisztítva)* curer; récurer; **3.** *(ügyet)* déterrer; exhumer
kipisszeg couvrir de huées; conspuer
kipontoz *(vonalat)* marquer au *v* en pointillé; pointiller
kiporol 1. épousseter (en battant); taper; **2.** *átv, biz:* ~ *vkit* épousseter; étriller; ~*ták* on lui a frotté

kipótol l'oreille; ~*ja a nadrágját vkinek* secouer les puces à q
kipótol *ld:* **pótol**
kipreparál 1. *(állatot)* naturaliser; empailler; **2.** *(bűvész)* truquer; **3.** *(szöveget)* préparer l'explication de qc
kiprésel 1. presser; obtenir par pressurage; **2.** *(vkiből)* arracher à q; tirer de q
kipróbál faire l'essai de qc; essayer; mettre à l'épreuve; ~*t mindent* il a tout essayé
kipróbálás essai *m;* épreuve *f;* ~ *végett* à l'essai
kipróbált 1. qui a fait ses preuves; à toute épreuve; ~ *hűség* fidélité éprouvée; **2.** *(jártas)* chevronné, -e; ~ *harcos* vétéran *m*
kipufog *(gőzgép, motor)* échapper
kipufogócső tuyau *m* d'échappement
kipuhatol repérer; dépister; *vkinek érzéseit* ~*ja* sonder *v* tâter q; ~*ja vkinek a szándékát* tâter le pouls à q
kipukkad; kipukkan 1. crever; éclater; se dégonfler; **2.** *(gömb)* se dégonfler; crever; **3.** ~*ok (a sok evéstől)* j'éclate; *majd* ~ *mérgében* crever *v* enrager dans sa peau; *majd* ~ *nevettében* pouffer (de rire)
kipusztít 1. détruire; exterminer; ~*ja a férgeket egy szobában* détruire la vermine dans une chambre; désinsectiser une chambre; **2.** *(visszaéléseket)* détruire; faire cesser; abolir
kipusztul périr; *(faj, nép)* s'éteindre; *(állat, növény, nép)* disparaître; *(féreg)* être détruit(e)
kipusztulás dépérissement *m;* *(fajé, családé, népé)* extinction *f;* *(állaté, növényé, népé)* disparition *f;* *(féregé)* destruction *f*
kirablás 1. *(boltoké stb.)* (mise *f* au) pillage; saccage *m;* *(betöréssel)* cambriolage *m;* *(városé)* sac *m;* **2.** *bány:* décrochement *m*
kirabol mettre au pillage; piller; saccager; *(betörő)* cambrioler; *(embert)* détrousser; *(várost)* mettre à sac
kiradíroz effacer *v* enlever à la gomme; gommer

kirág 1. ronger; percer *v* faire un trou en rongeant; **2.** *(féreg)* piquer; **3.** *(folyadék, rozsda)* corroder; ronger; **4.** *(víz, szél)* éroder
kiragad 1. *(vkit vmiből)* arracher q à qc; enlever q à qc; ~ *vki karjai közül* arracher des bras de q; **2.** *vmit* ~ *vkinek a kezéből* arracher qc à q *v* des mains de q; **3.** *(egy helyet, mondást)* détacher; prendre au hasard
kiragaszt afficher; (ap)poser; coller; *egy hirdetést* ~ apposer une affiche
kirajzik essaimer
kirajzol 1. tracer; faire le tracé de qc; **2.** *(háttérből)* profiler; découper
kirajzolódik se profiler; se dessiner; se découper *(vmin:* sur qc)
kirak 1. *(vhova)* étaler; ranger; poser en évidence; **2.** ~*ja terhét* décharger son fardeau; **3.** *egy szobát* ~ dégarnir *v* démeubler une chambre; **4.** *(szekrényt, fiókot)* vider; **5.** *(csomagolt holmit)* déballer; décharger; *(hajóból)* débarquer; **6.** *(vmivel)* tapisser de qc; revêtir de qc; *(utat)* paver de qc
kirakat 1. étalage *m;* devanture *f;* *(bejáratnál stb.)* montre; vitrine *f;* ~*ba tesz* mettre à l'étalage; *ez csak* ~*ba való* cela n'est bon qu'à servir d'étalage; ~*ot rendez* arranger un étalage; **2.** *kiáll a* ~*ba* s'étaler; *(bájaival, nő)* faire étalage de ses charmes; **3.** *gúny:* façade *f*
kirakatablak glace; vitrine *f*
kirakatbábu mannequin *m*
kirakatpolitika politique spectaculaire *f*
kirakodik 1. faire un déballage; **2.** *(hajó)* décharger; *ld. még:* **kirak**
kirakodóárus déballeur, -euse *n;* marchand *m* en étalage
kirakodóhely quai de débarquement; débarcadère *m*
kirakodómunkás docker; débardeur; déchargeur *m*
kirakodóvásár grand marché; *(mutatványosokkal)* foire *f;* *(ócskásoké)* foire aux puces
kirakójáték puzzle *m*
kirakókocka cube *m*

kirakólap dalle *f* à *v* de carrelage
király [~ok, ~t, ~a] **1.** roi; monarque; souverain *m;* **a** ~ **nevében** de par le roi; **2.** *kárty:* ~ *és dáma (felső) együtt* mariage *m*
királydinnye tribule *m;* herse *f*
királyellenes antiroyaliste
királyfi 1. fils de roi; prince royal; **2.** *(mesében)* fils du roi; prince charmant
királygyilkos(ság) régicide *m*
királyhűség royalisme *m*
királyi [~ak, ~t] royal, -e; auguste; ~ *falat* morceau *m* de roi; ~ *hatalom* autorité *f* de roi; ~ *ház* maison royale; dynastie *f;* ~ *herceg* prince du sang; *tört:* ~ *leirat* lettres *v* ordonnances royaux *f pl; (pecsételetlen)* brevet *m;* ~ *méltóság* dignité royale; royauté *f; (megjelenés)* majesté *f;* ~ *önkény* le bon plaisir royal; ~ *palota* palais royal; ~ *udvar* cour *f* du roi; ~ *vár* château royal
királykisasszony princesse *f*
királyné [~k, ~t, ~ja]; **királynő** [~k, ~t, ~je] **1.** reine; souveraine *f; az özvegy (anya)*~ la reine douairière; **2.** *sakk:* dame *f*
királypárti royaliste
királyság royaume *m;* royauté *f*
királyságellenes antimonarchique
királysas aigle royal *v* impérial
királytigris tigre royal
királyválasztás élection *f* du roi; *szabad* ~ royauté élective
királyvíz eau régale
kirámol *(szobát)* dégarnir; démeubler; *(bútort)* déménager; *(fiókot)* vider
kirándul 1. partir en excursion; faire une excursion; **2.** se fouler qc; disloquer; ~ *a lába* se fouler le pied
kirándulás excursion; randonnée; sortie *f;* ~ *a zöldbe* sortie champêtre
kiránduló [~k, ~t] excursionniste; touriste *n*
kirándulóhajó bateau *m* de plaisance
kirándulóhely 1. lieu fréquenté par les excursionnistes; **2.** station *f* de séjour
kiránt 1. arracher de qc; tirer violemment de qc; ~*ja a kardját* dégainer (son sabre); mettre sabre au clair; **2.** ~ *a bajból* tirer d'embarras *v* d'affaire; **3.** *konyh:* paner et faire sauter; ~*ani való csirke* poulet tendre *m;* ~*ott (borjú) szelet* escalope *f* (de veau) à la viennoise
kiráz 1. secouer pour en faire sortir qc; **2.** ~*za a hideg* être pris(e) d'un frisson; grelotter de fièvre; **3.** ~*za a kisujjából* il le sait sur le bout du doigt
kirekeszt exclure; éliminer
kirendel 1. commander *v* ordonner de se rendre à . . . ; *(fegyveres erőt)* détacher; **2.** *(vkit)* déléguer; détacher; **3.** *jog:* commettre; hivatalból ~ *egy ügyvédet* commettre d'office un avocat
kirendelés 1. envoi *m;* **2.** *a lakosság* ~*e* la réquisition des habitants; **3.** délégation; mission; désignation; *f;* **4.** *jog: (gyámé)* dation *f*
kirendelt [~ek, ~et] délégué; détaché, -e; ~ *gyám* tuteur datif
kirendeltség agence *f;* service; poste *m*
kireped 1. crever; éclater; **2.** *(szövet)* craquer; se déchirer
kirepedezik 1. se fendiller; se craqueler; **2.** *(bőr)* (se) gercer
kirepül s'envoler; prendre son vol; ~ *a fészekből* sortir du nid
kirgíz [~ek, ~t] kirghiz(e)
kiri [~ttam, ~tt, ~jon] *(környezetből)* jurer avec; qc détonner dans qc
kirívó [~ak, ~t; ~an] flagrant; criant; criard; frappant; saillant, -e; ~ *ellentét* contraste flagrant; ~ *különbségek* différences tranchées
kiró 1. *(büntetést vkire)* infliger qc à q; *bírságot* ~ *vkire* infliger une amende à q; **2.** *(adót, terhet)* établir; imposer qc à q; *(tárgyra)* taxer
kirobban 1. *(düh)* éclater; exploser; **2.** *a háború* ~ la guerre éclate *v* s'allume; **3.** *(botrány)* éclater
kirostál 1. passer au crible; *(átv is)* cribler; **2.** *(eltávolítva)* éliminer; séparer
kirovás 1. *(büntetésé)* application *f;* **2.** *(adóé)* établissement *m;* **3.** *kvóta szerinti* ~ cotisation *f*

kiről? I. de qui? au sujet de qui? **II.** de qui; dont; duquel *v* de laquelle
kirúg 1. *(lábbal előre)* porter le pied en avant; *hátrafelé ~ (ló, öszvér)* ruer; allonger une ruade; **2.** *~ a hámból* ruer dans les brancards; faire des siennes; **3.** *sp: ~ja a labdát* dégager
kis 1. petit; menu, -e; mince; *egész v nagyon ~* infime; minime; minuscule; *(helyiség)* exigu, -ë; *(öszszeg)* modeste; modique; **2.** *~ állat a)* animal *v* oiseau *m* de basse-cour; *b)* animalcule *m; ~ részben* pour une faible part; *~ termetű* de taille petite *v* médiocre; **3.** *zen: ~ terc* tierce mineure; **4.** *ez egy ~ Napóleon* c'est un Napoléon au petit pied; **5.** *egy ~ un* peu de...; un rien de...; un soupçon de...; *(folyadék)* une larme de...; une goutte de...; *egy egész ~* ... un tout petit peu de ...; *egy ~ tej (kávéba, teába)* un nuage de lait
kisagy cervelet; parencéphale *m*
kisajátít [*~ottam, ~ott, ~son*] **1.** exproprier; acquérir par expropriation; *közérdekből ~ja vkinek a vagyonát* exproprier q pour cause d'utilité publique; **2.** *egy gondolatot ~* s'approprier une pensée
kisajátítás expropriation; dépossession *f*
kisajtol 1. presser; pressurer; **2.** *~ belőle mindent* presser l'éponge; *pénzt ~ vkiből* faire suer q
kisantant *tört:* la petite Entente
kisárutermelés petite production marchande
kisasszony mademoiselle; *(címben:* Mademoiselle; *röv:* Mlle Horváth)
kisautó petite voiture; voiturette *f*
Kisázsia l'Asie Mineure
kisbaba poupon *m;* pouponne *f;* bébé *m*
kisbetű minuscule *f*
kisbirtok petite propriété; petite ferme
kiscsibe (petit) poussin
kisdedóvó (école) maternelle; *(nagyobbaknak)* école enfantine
kisebb [ek, ~et; ~en] **1.** de petite taille; menu; petit, -e; *~ összegek* de menues *v* de petites sommes; **2.** *(vminél)* plus petit(e); moindre; inférieur(e) à..
kisebbedik [*~tem, ~ett, ~jék v ~jen*] **1.** rapetisser; s'amenuiser; **2.** (se) diminuer; se réduire
kisebbértékűségi *érzés* complexe *m* d'infériorité
kisebbik I. *(mn)* **1.** *ld:* kisebb; **2.** *a ~ fiú, leány* le (fils) cadet, la (fille) cadette; **II.** *(fn)* **1.** le plus petit, la plus petite; **2.** le cadet, la cadette
kisebbít [*~ettem, ~ett, ~sen*] **1.** rapetisser; diminuer; amoindrir; réduire; **2.** *(képet)* réduire (en petit); **3.** *(erkölcsileg)* rabaisser
kisebbítendő *mat:* minuende *f*
kisebbítés 1. réduction; diminution *f;* **2.** *mat, fényk:* réduction; **3.** *(erkölcsi)* dépréciation *f*
kisebbség 1. minorité *f;* l'infériorité *f* du nombre; **2.** minorité ethnique *v* nationale
kisebesedik [*~tem, ~ett, ~jék v ~jen*] s'exulcérer; s'écorcher
kisegít 1. *~ vmiből* aider à sortir de qc; *(autóst)* dépanner; **2.** aider q *v* à q; venir en aide à q; **3.** *pénzzel ~i* aider q de sa bourse
kisegítés aide; assistance *f;* coup *m* d'épaule; *(pénzügyileg)* renflouage *m*
kisegítő I. *(mn)* subsidiaire; auxiliaire; *~ alkalmazott* (employé) auxiliaire, surnuméraire *m; ~ pincér* garçon d'extra; extra *m;* **II.** *(fn)* **1.** aide; auxiliaire *n;* **2.** *(háztartásban)* aide familiale; **3.** *(személyzetben)* extra *m;* **4.** *szính:* utilité, doublure *f*
kiselejtez retrancher; mettre au rebut *v* au rencart
kisember; *a ~* l'homme de la rue; *a francia ~* le Français moyen; *a ~ek* les petites gens; les humbles
kisemmiz [*~tem, ~ett, ~zen*] **1.** *(vmiből)* frustrer; dépouiller; évincer *(mind:* q de qc); **2.** *(vagyonilag)* spolier
kiseper balayer; donner un coup de balai à qc
kiseprűz [*~tem, ~ött, ~zön*] **1.** expulser *v* chasser à coups de balai; **2.** *átv:* balayer

kísér [~tem, ~t, ~jen] **1.** *(járva)* accompagner; suivre; *(többen)* faire cortège *v* escorte à q; *(védve) kat:* escorter; *haj, kat:* convoyer; **2.** *(rendőr, titokban)* filer; prendre en filature; **3.** *(hangszeren)* accompagner; **4.** *zen:* *(szólamot)* soutenir; **5.** *(ritmusban)* scander de qc; *(beszédet)* souligner; marquer *(mind:* de qc); **6.** *(vmi vmit)* accompagner; **7.** *figyelemmel* ~ suivre avec attention
kísérés 1. conduite *f;* **2.** *zen:* accompagnement *m*
kíséret 1. accompagnement *m;* *(több személyből álló)* cortège *m;* escorte; suite *f;* ~*ében van* accompagner q; **2.** *fegyveres* ~ escorte; *két rendőr* ~*ében (vitték)* flanqué(e) *v* encadré(e) *v* escorté(e) de deux agents (de police); **3.** *zen:* accompagnement
kísérlet 1. tentative *f;* essai; coup *m* d'essai; ~*et tesz* faire un essai *v* une expérience *v* une tentative; **2.** *(tudományos)* expérience *f;* *(játék)* tour *m* de physique; ~*eket végez* instituer des expériences
kísérletezés expérimentation *f*
kísérletezik [~tem, ~ett, ~zék *v* ~zen] **1.** expérimenter; faire des essais; **2.** ~ *vmivel* expérimenter qc; *(géppel stb.)* essayer qc; faire l'essai de qc
kísérleti expérimental, -e; ~ *állat* animal *m* en expérience; ~ *állomás a)* station *f v* poste *m* d'expérience; *b)* station d'essai; ~ *eredmény* résultat expérimental; ~ *feltételek* conditions *f pl* de l'expérience; ~ *léggömb* ballon sonde *v* d'essai; aérostat sonde *m;* *átv:* ballon d'essai; ~ *lélektan* psychologie expérimentale; psychotechnique *f;* ~ *nyúl* cobaye *m;* ~ *övezet* zone-témoin *f;* ~ *szakasz* tronçon pilote *m;* ~ *telep* station *f v* poste *m* d'expérience; atelier pilote *m;* ~ *viszonyok* conditions *f pl* de l'expérience
kísérő [~k, ~t] **I.** *(mn)* concomitant, -e; parallèle; ~ *dallam* mélodie *f* d'accompagnement; ~ *hadihajó* bâtiment convoyeur *m;* ~ *jelenség* symptôme concomitant: ~ *műsor* film secondaire *m;* ~ *személyzet* (personnel *m* de) la suite; *zen:* ~ *szólam* contrepartie *f;* ~ *vadászgép* chasseur *m* d'escorte; ~ *zene* musique *f* d'accompagnement; *szính:* musique de scène *v* dramatique *f;* **II.** *(fn)* **1.** *(úti)* compagnon; guide *m v* compagne *f* (de voyage); *(leányé)* chaperon *m;* **2.** *(betegségé stb.)* séquelle *f;* **3.** *(fegyveres)* escorteur *m;* *pej:* satellite *m;* *(szállítmányé)* convoyeur *m;* **4.** *szính:* confident, -e *n;* suivante *f;* **5.** *zen:* accompagnateur *m;* **6.** *(betegé)* garde-malade *n*
kísérőjelenség phénomène satellite *m*
kísért [~ettem, ~ett, ~sen] **1.** *vall:* tenter; **2.** hanter (son esprit); obséder
kísértés tentation *f;* ~*be esik* entrer en tentation; *vall:* ne *vígy minket a* ~*be* ne nous laissez pas succomber à la tentation
kísértet revenant; fantôme; spectre *m;* *a háború* ~*e* le spectre *v* la hantise de la guerre
kísérteties [~ek, ~et] fantomatique; fantômatique; spectral, -e; ~ *látvány* spectacle hallucinant
kísértetjárás apparition *f* de revenants *v* de spectres
kisfejű *orv:* microcéphale
kisfeszültségű de *v* à basse tension
kisfilm court métrage
kisfilmes *gép* appareil *m* à format réduit *v* petit format
kisfiú petit garçon; garçonnet; gamin *m;* gosse *m biz*
kisfogyasztó petit consommateur
kisfokú léger, -ère; peu *v* moins intense *v* grave; anodin, -e
kisfrekvencia basse fréquence (B.F.)
kisgazda petit paysan *v* cultivateur; petit propriétaire
kisgazdaság petite exploitation *v* ferme
Kisgöncöl *csill:* le petit Chariot; la petite Ourse
kisgyerek enfant *n* en bas-âge; petit(e) enfant; bambin *m;* gamin, -e *n;* gosse *n biz*
kishal menu fretin; petit poisson
kishirdetés *ld:* **apróhirdetés**

kishitű pusillanime; défaitiste *(n)*
kishivatalnok petit fonctionnaire; rond-de-cuir *m gúny*
kisiklás 1. *(vonaté)* déraillement *m;* **2.** *átv:* bévue *f;* pas *m* de clerc; gaffe *f; (nyelvbeli)* lapsus *m*
kisiklik 1. *(vonat)* dérailler; sortir de la voie; **2.** ~ *keze közül* glisser *v* échapper des mains de q
kisimít 1. *(felületet)* lisser; aplanir; **2.** *(gyürött dolgot)* défroisser; déplisser; **3.** *(horpadt tárgyat)* débosseler; **4.** *(bőrön redőt)* effacer (les rides par des massages); ~*ja a homlokredőket* défroncer le front
kisipar petite industrie; artisanat *m*
kisipari artisanal, -e; de la petite industrie; ~ *foglalkozás* métier artisanal; ~ *szövetkezet* chambre artisanale; coopérative artisanale; ~ *termék* produit *m* de fabrication artisanale
kisiparos artisan; petit façonnier; petit patron
kisírja *magát* donner un libre cours à ses larmes; ~*t szemek* v *szemmel* les yeux gonflés de larmes
kisisten *gúny:* vice-dieu; manitou *m*
kiskabát veston *m*
kiskapu petite porte; porte basse *v* piétonne
kiskereskedelmi *ár* prix *m* de détail; ~ *árusítás* vente *f* au détail; regrat *m*
kiskereskedő marchand *m* en *v* au *v* de détail; détaillant *m;* débitant, -e;
kiskirály *átv:* potentat; pape *m; helyi* ~*ok* despotes locaux
kiskocsma gargote; guinguette *f;* bistrot *m*
kiskorú I. *(mn)* mineur, -e; en bas âge; en âge mineur; ~ *bűnöző* mineur délinquant; **II.** *(fn)* mineur, -e *n*
kiskorúság minorité *f;* âge mineur
kislány fillette; petite fille; gamine
kisliba oison, -onne *n*
kismacska chaton *m*
kismalac porcelet *m*
kisméretű d'un petit calibre; de petite dimension
kismosás lavage *m;* lavée *f*

kismutató petite aiguille
kisnemes *tört:* petit noble; hobereau; gentilhomme campagnard *v* de province; *gúny:* nobliau *m*
kisomfordál; kisompolyog sortir furtivement; sortir à pas feutrés; s'éclipser
kisorsol 1. tirer au sort; **2.** tirer; sortir (au tirage); **3.** *(tárgyat)* mettre en loterie; **4.** *(kötvényt)* rembourser *(pl:* par 1.000 frs)
kispap séminariste; théologien *m*
kisparaszt petit paysan; paysan parcellaire
kisparasztgazdaság la petite culture des paysans
kispolgár 1. *pol:* petit bourgeois; **2.** *ált:* petit(e) bourgeois(e); philistin, -e
kisportolt [~ak, ~at; ~an] *(ember)* sportif, -ive; athlétique
kisrófol 1. dévisser; détacher en dévissant; **2.** *átv: vkiből* ~ extorquer à q; arracher à q
kissé; *(egy)* ~ un peu; un tout petit peu, un tantinet
kisszámú peu nombreux (-euse); rare; sporadique
kisszerű 1. de petite(s) dimension(s); **2.** *(erk. ért.)* médiocre; mesquin, -e
kistermelés petite production
kistisztviselő employé *v* fonctionnaire subalterne *m*
kistőkés épargnant *m;* petit rentier *v* capitaliste
kisugároz 1. rayonner; irradier; **2.** *(vmit)* émettre
kisugárzás 1. irradiation; radiation *f;* **2.** *(sugaraké)* rayonnement *m;* émanation; émission *f*
kisugárzó irradiant, -e; radiateur', -trice; *orv:* ~ *fájdalom* douleur *f* par résonance
kisujj le petit doigt; (doigt) auriculaire *m; csak a* ~*át kell megmozdítania* il lui suffit de lever le petit doigt (pour *és inf.)*
kisúrol 1. laver à grande eau (et à la brosse); **2.** *(edényt)* récurer
kisül 1. *(étel)* être cuit(e); être à point; **2.** *(növényzet)* griller; être grillé(e) *v* brûlé(e); **3.** *(elektromosság)* se décharger; **4.** *majd* ~ *a szemem (a*

szégyentől) j'en rougis de honte; nem sül ki a szeme? vous n'avez pas honte? 5. *(igazság)* percer; être révélé(e); ~ a .turpisság on a éventé la mèche; ~*t, hogy* il s'est révélé que
kisüstös [~ök, ~t, ~e] bouilleur *m* de cru
kisüt I. *(így i)* 1. cuire; rôtir; hirtelen ~ sauter; 2. *(elsüt)* brûler (une cartouche); *(puskát)* décharger; faire partir; 3. *(sütővassal)* calamistrer; 4. *egy villanyelemet* ~ décharger une pile électrique; *(szikrát)* déclencher; 5. *átv:* établir; découvrir; **II.** *(így i)* ~ *a nap* il se met *v* commence à faire du soleil
kisüzemi *gazdálkodás* petite culture
kisvad menu gibier; ~ *húsa* menue viande
kisvánkos coussinet *m*
kisváros bourg *m;* petite ville
kisvárosi d'une petite ville; de province; provincial, -e
kisvasút chemin de fer vicinal; decauville *m*
kisvendéglő petit restaurant; gargote *f pej*
kisvíz eau peu profonde; *(folyóban)* lit mineur; *(uszodában)* petit bain
kiszab 1. *(ruhát)* couper; tailler; découper; 2. *(feladatot)* prescrire; imposer; attribuer; 3. *egy büntetést* ~ prononcer *v* infliger une peine; 4. *egy határidőt* ~ fixer un délai; 5. *illetéket, adót* ~ asseoir *v* percevoir une taxe, un impôt
kiszabadít 1. délivrer; arracher de *v* à qc; *(állatokat)* lâcher; *(karját, lábát)* dégager; ~*ja magát* se désentraver; 2. *átv:* dépêtrer; 3. ~*ja magát* se dépêtrer; s'affranchir; s'émanciper
kiszabadul 1. *(fogságból)* être mis(e) en liberté; sortir de prison; 2. *(a katonaságtól)* être libéré; 3. ~ *vmiből* échapper de qc
kiszabható 1. *(büntetés)* encouru, -e; applicable; 2. *(illeték)* percevable
kiszabott 1. *(ruha)* coupé, -e; 2. *(büntetés)* prononcé; infligé *v* appliqué, -e (à); 3. *(adó, illeték)* perçu;

imposé, -e; 4. *(határidő)* fixé; accordé, -e; 5. ~ *munka* tâche *f*
kiszakít 1. *(földből)* arracher de qc; 2. *(egy részt)* détacher; 3. ~ *vkit környezetéből* arracher q à son milieu; déraciner q
kiszalad 1. s'élancer; sortir en courant; 2. *sp:* ~ *a kapuból* sortir à la rencontre; 3. *átv:* ~ *lába alól a talaj* le sol s'enfuit sous ses pas
kiszáll 1. *(utas)* descendre; mettre pied à terre; 2. *(hajóból)* débarquer; prendre terre; 3. *rep:* débarquer; 4. *(hatóság)* se transporter sur les lieux; *(rendőrség)* descendre; faire une descente
kiszállás 1. *(vonatból, kocsiból, gépből stb.)* descente *f;* 2. *haj:* débarquement *m;* 3. *(liftből)* sortie *f;* 4. *(hivatalos)* transport *m v* descente *f* sur les lieux; *(bírói)* descente de justice; *(rendőrségi)* descente de police
kiszállítás 1. transport *m;* 2. *(a hely színére)* transport sur place *v* sur les lieux; 3. *(külföldre)* exportation; sortie *f;* 4. *(utasé vhonnan)* descente (forcée); débarquement (forcé)
kiszámít calculer; faire le calcul *v* le compte de qc; *fejben* ~ calculer mentalement
kiszámítás calcul *m;* évaluation; supputation *f*
kiszámíthatatlan 1. incalculable; impossible à calculer; 2. *(ember)* versatile; inconstant, -e
kiszámolás calcul *m;* *(időé)* computation *f*
kiszánt 1. *(vetést)* retourner; 2. *(gazt stb.)* désherber à la charrue
kiszárad 1. se dessécher; sécher; 2. *(forrás)* tarir; être à sec; *(folyóvíz)* se dessécher
kiszáradás desséchement *m;* dessiccation *f*
kiszáradt desséché, -e; sec, sèche; *(forrás)* tari, -e; *(kút)* à sec; tari, -e; *jól* ~ *fa* bois bien sec
kiszárít 1. dessécher; assécher; 2. *(vizet)* mettre à sec; tarir; *(kutat)* épuiser; 3. *(alagcsövezéssel)* drainer

kiszárítás desséchement *m;* dessiccation *f;* séchage *m*
kiszed 1. tirer; retirer; extraire; (faire) sortir; ôter; ~*i a pénzét a bankból* retirer son argent de la banque; 2. *(növényt)* arracher; ~*i a krumplit* arracher les pommes de terre; 3. *(földben levő tárgyat)* déterrer; excaver; 4. *(kemencéből)* défourner; 5. ~*i a leveleket (levélszekrényből)* lever les lettres; 6. ~*i a foltot* enlever la tache; 7. *(idézetet)* extraire; tirer; 8. *(vkiből)* tirer à q; 9. *(magának)* choisir; *(jókat válogatva)* trier; 10. *nyomd:* composer
kiszélesít élargir; évaser; *(kívülről befelé)* ébraser
kiszellőzik être (bien) aéré; ~*i magát (tárgy)* s'éventer
kiszellőztet aérer; changer *v* renouveler l'air de qc; *kissé* ~*i a fejét* (aller) prendre l'air *v* un bol d'air; ~*i a ruhákat* faire prendre de l'air aux vêtements
kiszemel 1. *(vkit)* choisir; avoir q en vue; *őt szemelték ki* le choix est tombé sur lui; 2. *(vmit)* choisir; se réserver; *(pontot, helyet)* repérer
kiszenved rendre le dernier soupir; expirer; trépasser
kiszerel 1. *ker:* conditionner (une marchandise); 2. démonter de qc
kiszerkeszt dénoncer par la presse; mettre dans le journal
kiszikkad de dessécher
kiszimatol avoir vent de qc; flairer; éventer
kiszínez 1. colorier (en bleu); enluminer; 2. *átv:* colorer; enjoliver; broder sur qc
kiszipolyoz exploiter; pressurer; sucer; gruger
kiszív 1. sucer; pomper; ~*ja a színét* défraîchir; déteindre; 2. ~ *egy pipát (barnára)* culotter une pipe; 3. *átv:* *vkinek* ~*ja az erejét* consumer *v* épuiser les forces de q
kiszivárog 1. *(víz)* filtrer; s'infiltrer; 2. *(falon)* suinter; 3. *(hír, igazság)* transpirer; filtrer (dans le public)
kiszívás 1. exsuccion; succion *f;* 2. *(pipáé)* culottage *m*
kiszolgál I. *(tgy i)* 1. *(vendéget, vevőt)* servir; *magát* ~*ja* se servir; 2. *(vkit, vmilyen irányt)* faire le jeu de q; se mettre au service de q; s'inféoder à q; 3. *idejét* ~*ta* il a fait son temps; II. *(tgyl i)* 1. servir la clientèle; 2. *ez a ruha* ~*t* cet habit a fait son temps; 3. *(katona)* faire *v* accomplir son (temps de) service
kiszolgáló 1. personne *f* qui sert les clients; 2. *átv:* *a reakció, a rendszer* ~*i* les piliers *v* les suppôts de la réaction, du régime
kiszolgálónő *(vendéglői)* serveuse *f*
kiszolgált [~at; ~an] 1. émérite; 2. *kat:* libérable; ~ *katona* (soldat) libéré; vétéran *m;* 3. *(tárgy)* hors d'état
kiszolgáltat 1. livrer; délivrer; remettre; 2. *egyh:* *a szentségeket* ~*ja* administrer *v* conférer les sacrements; 3. ~*ja magát* aimer à se faire servir; 4. *(vkit)* livrer; abandonner; *(bűnöst)* extrader; *vminek ki van szolgáltatva* être à la merci *v* en proie à qc; *vkinek ki van szolgáltatva* être à la discrétion de q
kiszolgáltatott [~ak, ~at] assujetti; asservi, -e
kiszolgáltatottság asservissement; assujettissement *m*
kiszop sucer
kiszór 1. répandre; jeter au vent; 2. *(szerteszéjjel)* disperser; disséminer; éparpiller
kiszorít 1. *(vhonnan)* bouter dehors; ~*ja az ellenséget állásából* déloger l'ennemi; 2. *(versenytársat)* écarter; évincer; 3. *(piacon)* faire reculer; supplanter; 4. *(térben, pl:* vizet*)* déplacer; *az általa* ~*ott folyadék súlya* le poids du fluide qu'il déplace; 5. *(vkiből vmit* ~*)* extorquer qc de q
kiszóródik [~tam, ~ott, ~jék *v* ~jon] se répandre; se perdre; *(szerteszéjjel)* se disperser; se disséminer; s'éparpiller
kiszögellés 1. saillie *f;* angle *m;* avance *f;* 2. *ép:* ressaut *m;* avancée *f*

kiszökik 1. s'échapper; prendre la fuite; **2.** sortir en fraude; **3.** *sp:* s'échapper; dégager
kiszúr 1. *(szemét)* crever; **2.** *majd ~ja a szemét* cela crève les yeux; **3.** *ajándékokkal szúrja ki a szemét il l'*amadoue par des cadeaux
kit? I. qui? qui est-ce que? **II.** que...
kitagad 1. *(rokont)* renier; chasser de sa maison; **2.** *átv:* excommunier; **3.** *(örökségből)* déshériter
kitágít 1. *(nyílást)* élargir; évaser; **2.** *(gumit)* détendre; **3.** *(testben)* dilater; **4.** *(látókört)* reculer
kitágítás 1. élargissement *m;* **2.** *(szervé, terjedelemé)* dilatation *f;* *(rugalmas dologé, terjedelemé)* extension *f*
kitágul 1. *(szélességben)* s'élargir; s'évaser; **2.** *(gumi)* se détendre; **3.** *(testi szerv, test)* se dilater
kitágulás 1. élargissement *m;* **2.** extension; dilatation *f*
kitakar 1. découvrir; dénuder; **2.** *(növényt)* découvrir; *(szőlőt így is:)* dérueller
kitakarít I. *(tgy i)* **1.** *(helyiséget, sebet)* nettoyer; balayer; déblayer; **2.** *(tárgyat, erdőt)* curer; *(edényt így is:)* (r)écurer; **II.** *(tgyl i)* faire la chambre; nettoyer les locaux
kitakarodik faire place nette; vider les lieux
kitalál I. *(tgyl i)* *(vhonnan)* trouver la sortie; arriver à en sortir; **II.** *(tgy i)* **1.** *(vmi szerkezetet)* inventer; découvrir; **2.** *(képzeletben vmit)* imaginer; trouver; inventer; **3.** *(nem igazat)* controuver; improviser; **4.** *(eltalál)* deviner; mettre le doigt dessus; *~ja a gondolatát* lire la pensée de q
kitálal 1. *(ételt)* servir; **2.** *átv:* *(fitogtatva)* étaler; faire montre de qc; *~ mindent* vider son sac
kitalált fantaisiste; ~ *hír* nouvelle *v* information fantaisiste *f*
kitámaszt caler; *(gerendával)* étayer; *(redőnyt)* projeter
kitanít 1. *(mesterségre)* apprendre (un métier) à q; **2.** *(modorra stb.)* styler; dégrossir; *(rosszra)* dessaler;

3. ~ *arra, hogy mit mondjon* endoctriner q
kitapint palper
kitapogat 1. tâter; palper; **2.** *orv:* palper; **3.** *átv:* sonder
kitapos 1. ~ *egy utat* marquer un sentier; *~ott út* sentier *v* chemin battu *(átv. is);* **2.** *(cipőt)* éculer; *~ott rossz cipő* v *papucs* savate *f;* **3.** *~sa beleit* étriper; piétiner
kitár [~tam, ~t, ~jon] **1.** étaler; *(ablakot, ajtót)* pousser; *~t karokkal* les bras en croix *v* écartés; **2.** *átv:* offrir en spectacle; *~ja lelkét vki előtt* ouvrir son âme à q; s'ouvrir à q
kitart I. *(tgy i)* **1.** *(egyenesen vmit)* tenir à bout de bras; **2.** supporter; **3.** *zen;* rester sur qc; appuyer sur qc; **4.** *(vkit)* entretenir; **II.** *(tgyl i)* **1.** tenir le coup; résister; persévérer; tenir bon; *erősen* ~ tenir bon *v* ferme; **2.** ~ *vmi mellett* maintenir qc; persister dans qc; ~ *álláspontja mellett* maintenir son point de vue; ~ *tévedése mellett* persister dans son erreur; **3.** *nem tud ~ani ennél a munkánál* il ne dure pas à ce travail; **4.** *(készlet)* suffire; **5.** *ha az idő* ~ si le bon temps persiste
kitartás 1. *(vmiben)* endurance *f* (à *és inf);* résistance; persévérance; fermeté; assiduité *f;* *(kérésben)* insistance *f;* **2.** *(vmi mellett)* soutien *m* de qc; **3.** *zen:* prolongation; tenue *f;* **4.** *(nőé)* entretien *m*
kitartó I. *(mn)* **1.** endurant *(vmiben:* à *és inf);* persévérant; assidu; résistant, -e; tenace; **2.** soutenu, -e; ~ *figyelem* attention soutenue; **II.** *(fn) pej:* entreteneur, -euse *n;* protecteur *m*
kitartott [~ak, ~at] **1.** *zen:* ~ *hang* note tenue; **2.** *(egyén)* entretenu, -e; ~ *férfi* maquereau *m*
kitaszít *átv:* retrancher; déclasser; réprouver; excommunier
kitát *~ja a száját* ouvrir la bouche toute grande; *a csodálkozástól ~ja a száját* béer d'admiration; rester bouche bée

kitataroz restaurer; ravaler; remettre en état
kiteker 1. détordre; détortiller; 2. ~*i a nyakát* tordre le cou (à); *(átv:)* tordre *v* casser le cou *v* casser les reins (à)
kitelel hiverner
kitelepít 1. évacuer; expulser; éloigner; 2. *pol:* déplacer par mesure administrative; interdire la résidence; 3. *(üzemet)* transférer
kitelik 1. *(termete)* se remplir; 2. *(vmiből)* suffire pour qc; 3. *(idő)* expirer; finir; 4. ~ *tőle* il en est fort capable
kiteljesedik 1. se réaliser intégralement; se consommer; 2. *(jellem)* s'affirmer
kitenyészt 1. *(állatot)* obtenir (par l'élevage); 2. *(növényt)* obtenir; 3. *(baktériumot)* isoler
kitép 1. arracher à q *v* à qc; 2. *(földből)* arracher de qc; *(gyökerestől)* déraciner; 3. *(hajat, szőrt)* arracher
kitér 1. *(más jármű elől)* se garer; se ranger; *balra* ~ emprunter la gauche; ~ *irányából* dévier de sa direction; 2. *(az út)* faire un crochet; 3. ~ *vki v vmi elől* éviter q; fuir qc; se mettre à l'abri de qc; *átv:* se dérober *v* se soustraire à qc; ~ *a felelősség elől* se dérober à ses responsabilités; ~ *a kérdés elől* passer à côté de la question; *bőven* ~ *vmire* s'étaler sur qc; 4. *(hitre)* se convertir à...
kitereget 1. *(ruhát)* étendre; 2. *átv:* étaler; exhiber; faire montre de qc; *szennyesét* ~*i a nyilvánosság előtt* laver son linge sale en public
kitérés 1. écart *m;* *haj:* évitage *m; haj, aut:* embardée *f;* 2. *(úté)* détour; crochet *m;* *(vasúti)* évitement *m;* 3. *fiz:* écart *m;* *(ingáé)* amplitude *f* (des oscillations); 4. *csill:* élongation *f;* 5. *(vívóé)* dégagement *m;* *(ökölvívóé)* esquive *f;* 6. *(vmi elől)* fuite de qc; dérobade *f;* 7. *(beszédben)* digression *f;* excursus *m;* 8. *(vallási)* conversion *f*
kiterít 1. étendre à plat; déplier; étaler; 2. *(halottat)* faire la toilette du mort

kitérítés détournement *m;* déviation *f*
kiterjed 1. s'étendre; se déployer; 2. ~ *vmire (előadásban, írásban)* s'étendre sur qc; 3. *vmin át* ~ empiéter sur qc; mordre sur qc; 4. *(térben)* se dilater; 5. *(elterjed, nagyobb lesz)* prendre de l'extension; 6. *vmire* ~ *(benne van)* embrasser qc; comprendre qc; *figyelme mindenre* ~ avoir l'œil à tout
kiterjedés 1. étendue; extension; dimension; amplitude *f;* *szélességi, hosszúsági, mélységi* ~ extension en largeur, en longueur, en profondeur; 2. *(hangé, mozgalomé)* ampleur *f;* 3. *mat:* ~ *nélküli* inétendu, -e; 4. *(a térben növekvő)* dilatation; expansion *f;* 5. *(jelenségé)* aire; amplitude *f*
kiterjedt [~ek, ~et; ~en] étendu, -e; vaste; ample
kiterjeszt 1. étendre; déployer; ~*i karjait* étendre les bras; 2. *(térben)* dilater; 3. *átv:* étendre; développer; donner de l'extension à qc; *hódításait messzire* ~*i* pousser ses conquêtes au loin; ~*i a nyomozást* ouvrir un supplément d'enquête
kiterjesztés 1. agrandissement *m;* 2. *(térben)* dilatation *f;* 3. *átv:* extension donnée à qc
kitermel 1. *(anyagot)* produire; obtenir; *(ásványt)* extraire; *(vegyi anyagot)* obtenir; 3. *él: (szerv)* élaborer; 3. *(bányát, erdőt)* mettre en exploitation
kitérő [~k, ~t] I. *(mn)* 1. ~ *állomás* gare *f* d'évitement; ~ *út* voie détournée; 2. digressif, -ive; 3. évasif, -ive; ~ *válasz* réponse évasive; II. *(fn)* 1. *(vasúti)* voie d'évitement; 2. *(útban)* crochet *m*
kitesz I. *(így i)* 1. *(vhová)* exposer; mettre; 2. *(gyermeket)* exposer; 3. *(falra, ajtóra)* apposer à qc; afficher sur qc; 4. *(rossznak)* exposer à qc; livrer (en proie) à qc; ~*i magát vminek* donner prise à qc; ~*i magát annak (a veszélynek),* hogy il court le risque de *(inf);* 5. *nyelv:* ~*i a pontokat, vesszőket* mettre les points, les virgules; 6. *(vhonnan)* congédier;

chasser; renvoyer; **7.** *(együtt)* constituer qc; composer; **8.** *(összeg)* faire; (se) monter (à); *az már nem teszi ki cela n'y change pas grandchose*; **II.** *(tgyl i)* ~ *magáért se* distinguer; se signaler
kitétel 1. exposition *f;* **2.** *(kifejezés)* tournure; expression; locution *f*
kitevő *mat:* exposant *m*
kitilt 1. *(bűnözőt)* frapper d'une interdiction de séjour; expulser; **2.** *vkit* ~ *a házból* défendre sa porte à q; **3.** *(könyvet)* interdire (la vente de) qc
kitiltás 1. *(egyéné)* expulsion; interdiction *f* de séjour; **2.** *(könyvé)* interdiction (de la vente) de qc
kitisztít 1. nettoyer; curer; récurer; **2.** *(csövet, nyílást)* dégorger; déboucher; **3.** *orv:* faire évacuer; **4.** *(folyadékot)* clarifier
kitisztul 1. *(cső)* se déboucher; se désobstruer; **2.** *(folyadék)* se clarifier; s'éclaircir; **3.** *(idő)* s'éclaircir; se remettre (au beau)
kitódul 1. *(víz)* s'écouler; *(gőz)* s'échapper; **2.** *(láva)* s'épancher (au dehors); **3.** *(tömeg)* s'écouler; sortir en masse compacte
kitol I. *(tgy i)* **1.** pousser dehors *v* hors de qc; **2.** *(gőzt)* évacuer; pousser; **3.** *(vonatot)* pousser; **4.** *egy időpontot* ~ reculer une date; **5.** ~*ja a határokat* reculer les frontières; **6.** ~*ja a szemét vkinek* crever les yeux à q; **II.** *(tgyl i) biz:* ~ *vkivel* rouler q
kitold rallonger; rapporter; ajouter une pièce à qc
kitoloncol refouler; expulser
kitölt 1. *(folyadékot)* verser; **2.** *(kővel, vakolattal)* bloquer; **3.** *(árkot)* remplir; combler; **4.** *(béléssel)* garnir; rembourrer; **5.** *a hézagot* ~*i* combler la lacune; **6.** *(felületet)* couvrir de qc; **7.** *(egy sort)* remplir; **8.** *(űrlapot)* remplir; remplir les blancs de qc; **9.** ~*i büntetését* purger sa peine; subir sa condamnation *v* sa peine; **10.** *(szolgálatot, tanulóidőt)* accomplir; **11.** *szính:* ~*i a két darab közti időt* meubler les baissers de rideau; **12.** ~*i bosszúját vkin* assouvir sa ven-

geance sur q; ~*i rossz kedvét* épancher sa bile
kitöltetlen en blanc; ~ *csekk* chèque *m* en blanc
kitör I. *(tgy i)* **1.** *lábát, karját* ~*i se* casser *v* se fracturer une jambe *v* un bras; ~*te egy fogát* il s'est cassé une dent; ~*i a nyakát* se casser le cou; **2.** *(vmiből)* briser; **II.** *(tgyl i)* **1.** *(tűzhányó)* faire éruption; **2.** éclater; **3.** *(vmi vkiből)* éclater; haragja ~*t* sa colère explosa; **4.** *(botrány, sztrájk)* éclater; **5.** *(háború)* éclater; **6.** *(katasztrófa)* se déclencher; **7.** *(vívó)* se fendre; **8.** *(várból)* faire *v* effectuer une sortie; sortir
kitörés 1. *(lábé, karé)* fracture *f;* **2.** *(tűzhányóé)* éruption *f;* **3.** *(tárgyé)* bris *m;* brisure *f;* **4.** *(érzésé)* éclat *m;* explosion *f; a szenvedélyek* ~*e* le débordement des passions; **5.** *(botránye stb.)* déclenchement *m; a háború* ~*e* l'ouverture *f* des hostilités; *le déclenchement de la guerre;* **6.** *(betegségé)* éclosion; invasion *f;* **7.** *(várból)* sortie *f;* **8.** *(vívóé)* fente *f;* **9.** *sp:* *(lóversenyen)* dérobade *f; (versenyzőé)* échappée *f*
kitörő 1. *(tűzhányó)* en éruption; **2.** ~ *lelkesedés* enthousiasme délirant; ~ *siker* succès éclatant; **3.** *a vihar* ~*ben van* l'orage est prêt à éclater; *(átv:)* la bombe va crever
kitöröl 1. *(tárgyat)* essuyer; torcher; **2.** *átv:* -*rli a szemét vmivel* leurrer q de qc; **3.** *(írást, szöveget)* effacer; rayer; biffer; *(számlán, lajstromon)* radier; **4.** ~*tem az emlékezetemből* je l'ai effacé de mon souvenir
kitörölhetetlenül ineffaçablement; indélébilement
kitudódik [~*ott,* ~*jék v* ~*jon*] s'ébruiter; se divulguer
kitúr 1. *(földből)* déterrer en fouillant; **2.** ~ *vkit vmiből* frustrer *v* spolier *v* évincer q de qc; **3.** *helyéről* ~ supplanter q
kitűnik 1. *(több közül)* se distinguer; (se) marquer; se signaler; **2.** ~ *vmivel* se signaler *v* s'illustrer *v* se faire remarquer par qc; **3.** ~ *vmiben*

triompher v briller dans qc; 4. *(vmiben feltűnve)* (ap)paraître; se manifester; 5. *vmiből* ~ ressortir v résulter v apparaître de qc; *ebből* ~ il apparaît de là que; il s'ensuit que; *(a tény)* ~ *a beadványból* le fait résulte de la demande

kitűnő [~ek v ~k, ~t] I. *(mn)* 1. excellent; supérieur; brillant; réussi, -e; *kitűnő!* parfait! très bien! ~ *egészségnek örvend* jouir d'une brillante santé; ~ *nevelés* éducation relevée; ~ *tulajdonság* perfection f; 2. *(áru)* de qualité supérieure; de marque; de choix; 3. *(étel, ital)* savoureux, -euse; exquis, -e; 4. *(tanulóról)* fort en thème *(sokszor gúny)*; 5. *(mulatságos)* impayable; II. *(fn)* très bien

kitüntet 1. honorer; distinguer; *(rendjellel)* décorer; *(éremmel)* médailler; *(versenyen)* primer; 2. ~i *magát* se distinguer; s'illustrer

kitüntetés 1. distinction honorifique; honneurs m pl; *abban a* ~ben *részesíti, hogy* faire à q l'honneur de *(inf)*; ~nek *veszi* considérer comme un honneur; 2. *(rendjellel)* décoration f; ~ek *adományozása* décernement m de décorations; *vkit* ~ben *részesít* décerner une décoration à q; ~t *kap* recevoir une décoration; ~t *viselő* décoré, -e; 3. ~sel *vizsgázik* passer l'examen avec (la mention) très bien

kitűz 1. *(helyet)* marquer; indiquer; repérer; *(cövekkel)* jalonner; 2. *(varrásnál)* épingler; 3. *(jelvényt)* arborer; mettre; *(ruhára)* se parer de qc; 4. *(zászlót)* arborer; hisser; planter; ~i *a nemzeti lobogót* pavoiser aux couleurs nationales; 5. *(időt)* fixer; retenir; assigner; *határidőt* ~ fixer v impartir un délai; 6. *célul* ~ *magának* s'assigner v se proposer pour but de *(inf)*; 7. *értekezés tárgyát* ~i proposer un sujet à traiter

kitűzés 1. *(vonalé)* jalonnement; tracé m; 2. *ép:* implantation f; piquetage m; 3. *(varrásnál)* épinglage m; 4. hissement; pavoisement m; 5. *(jelvényé)* port m; 6. *(időponté)*

fixation f; 7. *(céloké)* détermination f; 8. *(díjé, jutalomé)* proposition f

kitűzött; *a* ~ *cél* l'objectif désigné; le but fixé; ~ *mennyiség* quota m; *a* ~ *napon* le jour fixé

kiugrás 1. déplacement m hors de sa position; *(csonté)* déboîtement m; *(sínből)* déraillement m; 2. *sp:* échappée f; 3. *(térben)* saillie f; gonflement m; éminence f

kiugrik 1. *(vhonnan)* s'élancer hors de qc; sauter dehors v hors de qc; ~ *az ablakon* sauter par la fenêtre; ~ *az ágyból* sauter à bas du lit; 2. *(ló)* faire un écart; 3. *sp:* percer; s'échapper; 4. *(csont)* se déboîter; 5. *majd* ~ *a bőréből* il ne tient pas dans sa peau; 6. *(vmi a helyéről)* se détacher; sauter; 7. *(kiáll)* faire saillie; faire ressaut

kiugró 1. en saillie; saillant, -e; 2. *ép:* *(emelet, torony)* en encorbellement; en hors-d'œuvre

kiújul 1. se raviver; se renouveler; reprendre; *betegsége* ~ *sa maladie* l'a repris; 2. *(seb)* se rouvrir; se raviver; *(régi betegség)* récidiver

kiút 1. issue f; 2. *átv:* expédient m; issue

kiutal attribuer; assigner; allouer

kiutalás attribution f; bon m d'attribution; allocation f

kiutalójegy bon m

kiutasít 1. *(helyiségből)* expulser; mettre v conduire à la porte; 2. *(országból)* expulser; refouler

kiutasítás expulsion; interdiction f de séjour

kiutazási *vízum* visa m de sortie

kiuzsoráz 1. *(vkit)* saigner à blanc; rançonner; 2. *(földet)* exploiter jusqu'à l'épuisement; épuiser

kiültet 1. mettre en place; déplanter; 2. *(palántát)* repiquer; dépiquer; 3. *(cserépből)* dépoter

kiürít 1. *(vmiből vmit)* vider (qc de qc); vider de son contenu; 2. *(tartályt, medencét)* évacuer; vidanger; 3. *(kocsit, hajót)* décharger; débarquer; 4. *(léggömböt)* désenfler; 5. *orv:* évacuer; faire expulser; 6. *(orszá-*

33 Magyar–Francia kézi

got, helységet) évacuer; vider de ses habitants; **7.** *kat:* évacuer
kiürítés 1. vidange *f;* vidage; videment *m;* **2.** *(tartályé, medencéé)* évacuation *f;* **3.** *(hajóé, kocsié)* déchargement *m;* **4.** *(területé)* évacuation *f;* *(erődé)* démilitarisation *f;* **5.** *orv:* expulsion; évacuation *f; (ürüléké)* excrétion *f*
kiürül se vider
kiüt I. *(tgy i)* **1.** *a kezéből* ~ faire sauter d'un coup *v* faire tomber qc de la main de q; *~i a fogát* casser les dents à q; *vkinek ~i a szemét* crever un œil à q; *majd ~i az ember szemét* cela (ap)paraît comme le nez au milieu du visage; cela crève les yeux; **2.** *(labdát ütővel)* crosser; *(ökölvívásban)* tomber; mettre k. o.; **3.** *sakk:* prendre; **II.** *(tgyl i)* **1.** *műv: (színről)* repousser; **2.** *(tűz)* se déclarer; **3.** *orv:* se déclarer; *~ött rajta a kanyaró* sa rougeole est sortie; **4.** *(forradalom, háború)* éclater; **5.** *(vmiből, vkiből)* percer dans qc *v* en q; se manifester par qc; **6.** *jól üt ki* tourner bien; bien réussir
kiütés 1. *(ökölvívóé)* knock-out *m;* mise *f* hors combat; **2.** *(sakk)* prise *f;* **3.** *(bőrön)* élevure; éruption *f*
kiütéses [~ek, ~et; ~en] *orv:* éruptif, -ive; *(arc)* bourgeonné, -e; ~ *tífusz* typhus épidémique *m*
kiütközik 1. *(gabona, szakáll)* pointer; **2.** *a falakon* ~ *a belső nedvesség* les murailles suintent *v* ressuent; **3.** *átv:* percer; se faire jour; **4.** *(háttérből)* trancher sur (le fond)
kiűz expulser; chasser; bannir
kivág 1. *(ollóval stb.)* découper *(vmiből:* dans qc); **2.** *(ruhát)* décolleter; échancrer; **3.** *(tyúkszemet)* couper; extirper; *(sebész mást)* exciser; pratiquer l'ablation de qc; **4.** *(földet)* excaver; **5.** *műsz:* (belülről) évider; **6.** *(erdőt)* couper; raser; abattre; **7.** *vill:* *~ja a biztosítékot* faire sauter les plombs; **8.** *nép:* *(vkit)* sacquer; ficher à la porte; **9.** *(rögtönöz)* improviser; jeter à q; *~ja a magas C-t* donner l'ut de poitrine; **10.** *~ja magát (karddal)* se dégager (le sabre à la main); *(átv:)* s'en tirer; se dépêtrer
kivágás 1. découpage *m;* découpure *f;* **2.** *(újságból)* coupure *f;* **3.** *(ruhán)* échancrure *f;* décolleté *m;* **4.** *orv:* excision; résection; ablation *f;* **5.** *film:* chutes *f pl;* **6.** *műsz:* vidure *f;* **7.** *bány:* excavation *f;* **8.** *(erdőé)* abat(t)age; abattement *m*
kivágott 1. découpé, -e; taillé(e) à jour; **2.** *(ruha)* échancré, -e; **3.** ~ *fák* arbres abattus
kiváj 1. creuser; caver; **2.** *(keresztül)* perforer; **3.** *(földet)* excaver; **4.** *(víz)* raviner; *(partot)* affouiller
kivájt caverneux, -euse
kivakol récrépir; ragréer
kiválás 1. *(emberé)* démission; dissidence *f;* *(állámé, népcsoporté)* sécession *f;* **2.** *(üzletből, bizottságból)* sortie; retraite *f;* **3.** *(anyagé, dologé)* séparation *f;* *(vegyi)* ségrégation; précipitation *f*
kiválaszt 1. choisir; fixer *v* arrêter son choix sur qc; **2.** *(váladékot)* sécréter; *(rossz anyagot)* évacuer; excréter; **3.** *vegy:* séparer; précipiter
kiválasztás 1. choix *m;* sélection *f;* **2.** *orv:* sécrétion; excrétion *f;* *(rossz anyagé)* évacuation *f;* **3.** *vegy:* précipitation *f;* **4.** *természetes* ~ sélection naturelle
kiválasztódás *él:* sélection *f;* *vegy:* précipitation *f*
kiválasztott 1. *(egyén, nép)* élu, -e; d'élection; **2.** *az általa* ~ de son choix
kiválik 1. *(nedv)* être sécrété(e) par q; s'exsuder; *(rossz anyag)* s'éliminer; s'évacuer; **2.** ~ *a sorból* sortir du rang; **3.** *(háttérben)* se détacher de qc; **4.** *(üzletből)* se retirer; sortir; *(pártból)* quitter qc; **5.** *(vmiben)* se distinguer; se particulariser; **6.** ~ *vki felett* dépasser *v* primer *v* surpasser q
kiváló [~ak, ~t] **1.** distingué, -e; remarquable; excellent; éminent, -e; *egészen* ~ hors de pair; ~ *egyén* un homme de marque; ~ *elme* esprit

kiválogat

m de grande distinction; ~ *érdemeket szerez vmi körül* rendre des services signalés à la cause de qc; ~ *iró* écrivain distingué; ~ *tehetség* talent supérieur; *kat:* ~ *teljesítmény* action *f* d'éclat; *a leg~bb szakemberek* les spécialistes les plus autorisés; 2. *(vmiben)* excellent en *v* à qc; averti, -e; 3. ~ *dolgozó* travailleur (-euse) émérite *v* éminent(e); 4. ~ *tisztelettel* Avec mes salutations distinguées...

kiválogat 1. trier; opérer un triage; choisir; sélectionner; 2. *(csoportba)* assortir; classer

kiválogatás assortiment; triage; tri *m;* sélection *f*

kiválóság 1. supériorité; excellence; perfection *f;* 2. *(személy)* notabilité; haute personnalité; personne *f* de marque; *a modern tudománynak egyik ~a* une des éminences de la science moderne

kivált 1. *(foglyot)* racheter; payer la rançon de q; 2. *(zálogot)* dégager (un nantissement); 3. *(vámházból)* dédouaner; 4. *(postán, vasútnál)* retirer; *ki nem váltott* en souffrance; 5. *(jogosítványt stb.)* se faire délivrer; toucher; 6. *(érzést)* commander; *ellenhatást vált ki* opérer *v* provoquer une réaction; *élénk ellenmondást vált ki* prêter à de vives répliques; 7. *(betegséget)* déchaîner; 8. *vegy:* amorcer

kiváltképpen avant tout; surtout; en premier lieu

kiváltság 1. privilège *m;* prérogative; franchise *f;* 2. *átv:* prérogative *f;* apanage *m*

kiváltságos kiváltságolt; [~ak, ~at; ~an] I. *(mn)* privilégié, -e; d'élection; II. *(fn) az élet ~ai* les privilégiés de la vie

kíván [~tam, ~t, ~jon] 1. *(megkíván)* désirer; avoir soif de qc; *látni* ~ désirer voir; ~*lak!* je te veux! 2. *(sóváran)* convoiter; 3. *(követel, igénybe vesz)* exiger; demander; vouloir; 4. *(dologról)* requérir; appeler; 5. *él:* appéter; 6. désirer; être désireux (-euse) de *(inf); azt ~om tőle, hogy* j'attends de lui que; ~*va, hogy* désireux, -euse de *(inf); mit ~sz tőlem?* que veux-tu de moi? *ha így* ~*ja* si c'est votre plaisir; *sok* ~*ni valót hagy hátra* laisser (beaucoup) à désirer; *ha minden úgy megy, ahogyan* ~*juk* si tout marche à souhait; 7. *(vkinek)* souhaiter; *jót* ~ souhaiter du bien à q; ~*ok minden jót* je vous souhaite toutes sortes de prospérités *v* de bonnes choses; *jó reggelt* v *jó napot* ~ souhaiter *v* donner le bonjour à q

kívánatra sur demande; ~*ra felmutat* présenter à toute(s) réquisition(s)

kívánatos [~ak, ~at] 1. désirable; souhaitable; *ez* ~ cela s'impose; *nem* ~ *elem* v *idegen* indésirable *n;* ~ *lenne, ha* il serait désirable *v* à désirer que *(subj);* 2. *(csak érzékileg)* appétissant; friand, -e; convoitable; ~ *étel* mets appétissant *v* friand

kíváncsi [~ak, ~t] curieux, -euse; indiscret, -ète; ~*vá tesz (dolog)* intriguer

kíváncsiság curiosité; indiscrétion *f; a* ~ *ördöge* le démon de la curiosité; *majd megeszi a* ~ être dévoré(e) de curiosité; *vkinek a* ~*át felkelti* piquer la curiosité de q; intriguer q; ~*át kielégíti* satisfaire *v* assouvir sa curiosité

kivándorlás émigration *f;* *(tömegé így is)* exode *m;* *tömeges* ~ exode massif

kivándorló émigrant; émigré *m*

kivándorol émigrer; s'expatrier

kívánkozik [~tam, ~ott, ~zék *v* ~zon] 1. *(vhova) (ember)* désirer être *v* passer à...; 2. *(tárgy)* cela ferait bien *v* cela devrait figurer dans ...

kívánság 1. désir; souhait; vœu *m; buzgó* ~ désir ardent; *a* ~*a szerint* au gré de ses vœux *v* de son désir; *à souhait;* ~*a teljesedett* son souhait *v* désir s'est accompli; ~*ra* sur demande; *ker:* ~*ra nagyobb méretben is* grandeur supérieure suivant demande; *vkinek a* ~*ait meghallgatja* exaucer *v* couronner les vœux de q;

kivár 516 **kivételes**

vkinek ~át teljesíti accéder *v* aquiescer *v* se rendre au désir de q; *attól a ~tól áthatva* désireux (-euse) de; 2. *(érzéki)* convoitise *f;* désir; *a testi ~ok* l'aiguillon *m* de la chair; 3. *(üdvözlő)* souhait *m; legjobb ~ait* küldi *vkinek* présenter ses meilleurs souhaits à q
kivár laisser venir; voir venir; *~ja az idejét* attendre son temps
kivarr *vmivel* 1. coudre de qc; 2. broder *v* garnir de qc
kivasal 1. repasser; 2. *(vkiből vmit)* extorquer *v* arracher qc à q; *(pumpolva)* taper q de ... *biz*
kivéd 1. *(támadást)* repousser; 2. *a csapást ~i* parer le coup; 3. *futb:* dégager; bloquer
kivégez exécuter; mettre à mort; *(katonát ítélet alapján)* passer par les armes; *(golyóval)* fusiller; *villannyal ~* électrocuter; *kivégző osztag* peloton *m* d'exécution
kivégzés exécution *f;* supplice *m;* mise *f* à mort; *(golyóval)* fusillade *f; (villannyal)* électrocution *f*
kivel? I. avec qui? II. *(ksz)* avec lequel; avec qui
kiver 1. chasser; mettre en fuite; bouter dehors; 2. *(ellenséget így is)* débusquer; culbuter; déloger; 3. *(szőnyeget, ruhát)* battre; *(pipát)* débourrer; 4. *~i a fejéből* ôter *v* chasser de la tête *v* de son esprit; *verje ki a fejéből* ôtez cela de votre esprit; rayez cela de vos papiers; 5. *(vasat)* marteler; battre; *(fémet)* bosseler; *(pénzen)* frapper; *szegekkel ~* clouter; orner de clous; 6. *(kiütés)* envahir; *(ford. szerk.)* se couvrir de qc; *~i a veríték* se mettre en nage; une sueur froide inonde son visage
kivés 1. graver; *műv:* enlever au ciseau *v* au burin; 2. *(fát)* pratiquer une entaille (dans); 3. *(belülről)* évider; 4. *(falat)* percer
kivesz 1. *(vhonnan, vmiből)* sortir; (re)tirer; *~i az iskolából* retirer de l'école; 2. *(polcról, fiókból, dobozból)* décaser; *(beillesztett lapot)* désencarter; 3. *(foltot, szálkát)* enlever; ôter; emporter; 4. *(kivon)* extraire; 5. *(leveleket)* lever; 6. *(szövegből vmit)* extraire; tirer; *(elhagyva)* supprimer; 7. *~ vkiből egy titkot* arracher un secret à q; 8. *(vmi alól)* excepter; mettre à part; 9. *(szemmel, füllel)* percevoir; distinguer; *azt veszem ki ebből, hogy* j'en conclus que; *~i az értelmét* dégager le sens; 10. *(lakást)* arrêter; louer; *(ingatlant)* affermer
kiveszőben *van* être en voie d'extinction
kivet 1. rejeter; revomir; *~i magából* expulser; 2. *(lökés)* projeter; *(szerkezet)* éjecter; 3. *(ellenséget)* déloger; culbuter; 4. *kártyán ~* lire dans les cartes; *~i kockán* jeter au sort; 5. *(hálót)* jeter; *átv: ~i hálóját vmire* jeter son dévolu sur qc *biz;* 6. *az adót ~i* repartir *v* asseoir *v* établir l'impôt; *hadisarcot vet ki vkire* mettre q à rançon; 7. *semmi ~ni valót nem találok benne* je ne trouve rien à y redire
kivétel 1. *(sebészi)* ablation; résection; extraction *f;* 2. *(beillesztett lapé, prospektusé)* désencartage *m;* 3. exception; anomalie; dérogation *f; ez ~ cela fait* exception (à la règle); *a szabály alól több ~ van* cette règle *a v* comporte plusieurs exceptions; *~ nélküli* ne souffrant pas d'exception; absolu, -e; *a ~ erősíti a szabályt* l'exception confirme la règle; *~ nélkül* sans exception; indistinctement; *a törvény néhány ~t engedélyez* la loi souffre quelques exceptions; *~ével ld:* **kivéve;** *ennek ~ével* à part cela
kivételes [~ek, ~et] 1. exceptionnel, -elle; spécial, -e; *~ állapot* état *m* d'urgence *v* d'exception; loi martiale;*~ elbánás* traitement *m* de faveur; *~ elbánásban részesít* soumettre à un régime d'exception; *~ eset* cas *m* d'espèce; *~ hatalommal felruház* investir de pouvoirs extraordinaires; 2. *(kiváló)* exceptionnel, -elle; hors ligne; hors de pair

kivételez [~tem, ~ett, ~zen] faire une exception v des exceptions pour q
kivételezés passe-droit; tour m de faveur
kivetít 1. *(sugarat)* projeter; 2. *átv:* extrapoler; extérioriser
kivetkőzik 1. *(apáca)* déposer le voile; *(szerzetes)* se défroquer; 2. *minden emberi érzésből* ~ dépouiller toute humanité
kivéve *(vmit)* excepté...; à l'exception de...; mis(e) à part; hormis...; sauf...; ~, *amikor* sauf lorsque; ~, *ha* sauf quand v si...; ~, *hogy* sauf que; excepté que; ~ *azokat, akik* hormis ceux qui; *egyet* ~ sauf un
kivezető *ajtó* porte f de dégagement v de sortie; ~ *út* expédient m; issue f
kivihető exécutable; réalisable; praticable; faisable
kivilágítás *(városé)* illumination f
kivillan 1. briller; étinceler; jeter un éclat; 2. *átv:* s'entrevoir; s'apercevoir; percer
kivirágzás 1. éclosion; fleuraison f; 2. *(szépsége)* épanouissement m
kivirágzik 1. *(növény)* se couronner v se couvrir de fleurs; 2. *(virág)* s'épanouir; éclore
kivisz 1. sortir; porter dehors; 2. *(embert)* emmener dehors; 3. *(külföldre, árut)* exporter; 4. *~i, hogy* il réussit à *(inf)*
kivitel 1. *(tárgyé)* sortie f; 2. *(külföldre)* exportation f; 3. *(tervé)* exécution f; accomplissement m; réalisation f; *a ~nél* dans la pratique; 4. *(ipari tárgyé)* exécution f; fini m
kivitelez [~tem, ~ett, ~zen] exécuter
kivitelezés 1. exécution f; fini m; façon f; 2. *(műalkotásé)* la facture; la façon
kiviteli d'exportation; ~ *engedély* licence f d'exportation; ~ *vám* taxe f v droit m de sortie; ~ *ország* pays exportateur; ~ *tilalom* interdiction f d'exportation
kivív [~tam, ~ta, ~ja] remporter; obtenir; (s')acquérir; *~ja a függet-**lenséget* (re)conquérir l'indépendance; *~ja jogait* faire triompher ses droits
kivizsgál instruire sur qc; faire v mener à bien une enquête sur qc
kivizsgálás 1. enquête; investigation f; 2. *orv:* examen médical
kivon I. *(tgy i)* 1. *~ja a kardját* tirer son sabre; mettre flamberge au vent *(gúny is)*; 2. *(csapatot)* évacuer; 3. *(forgalomból)* retirer de la circulation; 4. *(anyagból)* extraire; tirer; 5. *mat:* soustraire; retrancher; *kilencből vonjunk ki kettőt, marad hét* de neuf ôtez deux, reste sept; 6. *~ja magát vmi alól* se soustraire à qc; *~ja magát vminek hatása alól* échapper à l'influence de qc; II. *(tgyl i) mat:* faire une soustraction
kivonandó [~ak v ~k, ~t] terme v nombre soustractif
kivonás 1. *kat: (csapatoké)* retrait m; 2. *(forgalomból)* retrait; 3. *mat:* soustraction f; *~t elvégez* faire une soustraction
kivonat 1. *fényk:* soufflet m; 2. *(anyagból)* extrait; concentré m; 3. *(írásműé)* extrait; résumé m; analyse f; 4. *(irat)* extrait; 5. *(számla)* relevé m de compte
kivonatos [~ak, ~at] abrégé; succinct, -e; par extrait
kivont [~ak, ~at] 1. ~ *kard* épée nue; ~ *karddal* sabre au clair; 2. *(anyag)* extrait, -e
kivonul 1. ~ *az utcára* descendre dans la rue; 2. *(ünnepélyre, szemlére)* défiler; assister à qc; 3. *kat:* défiler; prendre part à une prise d'armes; 4. *(balesetnél)* se rendre v être dirigé(e) sur les lieux; 5. *(vhonnan)* se retirer; sortir; 6. *(katonaság)* évacuer le terrain
kivonulás 1. *(ünnepi)* cortège; défilé m; 2. *kat:* défilé m; prise f d'armes; 3. *(vhonnan)* sortie f; sécession f; retrait m; 4. *kat:* retrait; évacuation f; 5. *(népé)* exode m
kivörösödik *(arc)* s'empourprer; se congestionner; s'enluminer
kívül I. *(hat)* (au) dehors; à l'extérieur; par dehors; II. *(névutó)* 1. *vmin* ~

kizár en dehors de qc; au dehors de qc; hors de qc; *a város falain* ~ hors de l'enceinte de la ville; *házon* ~ *van* il est sorti; il est en ville; ~ *álló* extérieur(e) à qc; étranger (-ère) à qc; une tierce personne; *a* ~ *álló szemlélő* l'observateur impartial; ~ *esik ismereteim körén* cela passe l'étendue de mes connaissances; ~ *marad* rester au dehors *v* exclu; 2. *(azonfelül)* en dehors de qc; outre qc; en outre de qc; en sus de qc; *rajtam* ~ en plus de moi; en dehors de moi
kizár 1. ~*ták* trouver la porte fermée; 2. *(társaságból)* exclure; prononcer l'exclusif; *(munkásokat)* lock-outer; mettre à pied; ~*ja a hadsereg kötelékéből* rayer des cadres; ~ *a pártból* expulser *v* exclure d'un parti; 3. *(vmit)* exclure; écarter; éliminer; *ki van zárva, hogy* il est exclu que; 4. ~*ja magát vmiből* se retrancher de qc
kizárás 1. exclusion *f;* a nyilvánosság ~*ával* à huis clos; 2. *(pártból így is)* exclusif *m;* 3. *(versenyzőé, klubtagé)* disqualification *f;* blackboulage *m;* 4. *(munkásoké)* lock-out *m*
kizárásos *módszert alkalmaz* procéder par élimination
kizárólag exclusivement; en exclusivité (à); uniquement
kizárólagos [~ak, ~at] exclusif, -ive; absolu, -e; ~ *árusítás* v *termelés* monopolisation *f;* ~ *hatalom* pouvoir exclusif; ~ *joggal* de plein droit
kizökken 1. *(géprész)* dévier; sauter; 2. ~ *a kerékvágásból* perdre contenance; sortir de son assiette
kizöldül; kizöldell verdir
kizsákmányol exploiter; tirer profit de qc; rançonner q
kizsákmányolás exploitation *f;* dépouillement; rançonnement *m;* mise *f* à contribution; *az embernek ember által való* ~*a* l'exploitation de l'homme par l'homme
kizsákmányoló [~k, ~t] I. *(mn)* ~ *osztály* classe exploiteuse; ~ *politika* politique *f* d'exploitation; II. *(fn)*

exploiteur, -euse *n; a* ~*k osztálya* classe *f* des exploiteurs
kizsarol 1. extorquer qc à q; faire chanter q; 2. *(vendéget)* rançonner; dévaliser; 3. *(földet)* appauvrir
kk. *(röv: következő lapokon)* ss.; sqq; et suiv.
Klára [-ák, -át, -ája] Claire *f*
Klári Clairette *f*
klarinét [~ek, ~et, ~je] clarinette *f*
klasszika filológia philologie classique *f*
klasszikus classique; ~ *író* (écrivain) classique *m;* ~ *latin* classique *m;* ~ *zene* grande musique
klerikális [~ok, ~t] I. *(mn)* clérical, -e; cléricaliste; *gúny:* calotin, -e; ~ *lap* feuille *f* de sacristie; II. *(fn) a* ~*ok* les cléricaux
klérus clergé *m*
kliens [~ek, ~t *v* ~et, ~e] 1. client *m;* 2. *(boltban)* chaland *m;* 3. *(orvosé)* client; consultant *m*
klikk [~ek, ~et, ~je] clique; coterie *f;* clan *m*
klikkszellem l'esprit *m* de camaraderie
klíma [-át, -ája] climat *m*
klímaberendezés conditionnement *m* d'air; climatisation *f*
klinika clinique *f; bemegy a -ára* entrer en clinique
klinikai clinique; ~ *lelet* tableau clinique *m*
klíring [~et, ~je] clearing *m;* ~*ben vesz* acheter en *v* au clearing
klíringárfolyam cours *m* de compensation
klíringforgalom le mouvement de fonds des clearing
klíringszámla compte *m* des virements internationaux
klór [~ok, ~t, ~ja] chlore *m*
klorid [~ot, ~ja] chlorure *m*
klórmész chlorure *m* de chaux
klorofil [~ok, ~t, ~ja] chlorophylle *f;* vert *m* de feuille
klorofiltest(ecske) disque chlorophyllien
kloroform [~ot, ~ja] chloroforme *m;* ~*mal elkábít* chloroformer
klott [~ok, ~ot, ~ja] silésienne *f*
klozett [~ek, ~et, ~je] cabinet; W. C.; lavabo *m;* toilette *f;* (water-) closet *m; utcai* ~ vespasienne *f*

klozettpapír papier hygiénique; papier-toilette *m*
klub [~ok, ~ot, ~ja] club; cercle *m*
klubház maison *f* de club sportif
klubhelyiség local *m* du club *v* du cercle
koalíció [~k, ~t, ~ja] coalition *f*
kobalt [~ot, ~ja] cobalt *m*
kobaltágyú bombe *f* au cobalt 60
kóbor [~ok, ~t; ~an] **1.** errant; vagabond, -e; nomade; ~ *katona* maraudeur *m;* ~ *lovag* chevalier errant; ~ *nép* tribu nomade *f;* **2.** *(állat)* divagant, -e; ~ *kutya* chien errant *v* vagabond
ĸóborlás 1. vagabondage *m;* flânerie *f;* **2.** *(állaté)* divagation *f*
kóborol [~tam, ~t, ~jon] **1.** errer; vagabonder; vaguer; rôder; **2.** *(sétálva)* flâner; traîner ses guêtres *biz*
kobra [-ák, -át, -ája]; **kobrakígyó** cobra naja *m*
kóc [~ok, ~ot, ~a] étoupe; filasse; bourre *f*
koca [-ák, -át, -ája] truie; coche *f*
kocajátékos joueur *m* à la manque
koccan [~tam, ~t, ~jon] **1.** se heurter contre qc; **2.** *(egymáshoz)* s'entrechoquer; se choquer
koccint [~ottam, ~ott, ~son] *(pohárral)* choquer les verres; trinquer
kocka [-ák, -át, -ája] **1.** *mat:* cube *m;* **2.** *(sajtolt anyagból)* pain; cube; dé *m;* **3.** *(tészta)* losange *m;* **4.** *(kő)* carreau *m;* **5.** *ját:* cube *m;* *(dobó)* dé *m;* *-át vet vmire* jeter le sort sur qc; **6.** *átv: a ~ el van vetve* le dé *v* le sort en est jeté; les dés sont jetés; *fordul a ~* l'affaire prend une tournure nouvelle; *-án forog* être en *v* en jeu; *mindent feltesz egy -ára* jouer le tout pour le tout; *-ára tesz* risquer; exposer; mettre en jeu; *-ára teszi életét* risquer *v* prodiguer *v* exposer sa vie; **7.** *(sík mintában)* carré; carreau *m;* **8.** *film:* image *f*
kockacukor 1. sucre *m* en morceaux; **2.** un morceau de sucre
kockajáték jeu *m* de dés; partie *f* de dés

kockakő *(nagy)* dalle *f;* *(utcai)* pavé *(cubique)* *m;* *ép:* pierre *f* de taille; *(konyhai)* carreau *m*
kockás 1. quadrillé; carrelé, -e; ~ *papír* papier quadrillé; **2.** ~ *mintájú áru* marchandise carrée; carreau *m;* ~ *szövet* étoffe *f* à carreaux
kockázat risques *m pl;* aléa *m;* hasards *m pl;* ~*tal jár* comporter des risques
kockázatos [~ak, ~at] risqué; aventuré, -e; hasardeux, -euse; ~ *kaland* aventure *f;* ~ *üzlet* coup *m* de dés
kockáztat risquer; aventurer; hasarder; ~*ja bőrét* payer de sa personne; ~*ja az egészségét* prodiguer sa santé; *semmit sem* ~ jouer serré; *életét* ~*va* au péril de sa vie
kocog [~tam, ~ott, ~jon] *(ló)* trotter (l'amble)
kócos [~ok, ~t; ~an] **1.** échevelé, -e; hirsute; **2.** *(haj)* hérissé; défait; ébouriffé, -e
kócsag [~ok, ~ot, ~a] aigrette *f;* hérodias *m;* *nemes* ~ aigrette
kocsány 1. pédicelle *m;* **2.** *(szőlőé)* raffe; rafle *f*
kocsi [~k, ~t, ~ja] **1.** voiture *f;* véhicule *m;* *(teherszállító)* camion *m;* *kis* ~ voiturette *f;* ~*n jár* aller *v* rouler en voiture; ~*ra rak* charger sur *v* dans une voiture; **2.** *(mutatványosoké)* roulotte *f;* **3.** *(szekér, gyerek*~*)* chariot *m;* **4.** *(vasúti)* wagon; vagon *m;* **5.** *(írógépen)* chariot *m*
kocsiállomány parc de wagons; matériel roulant
kocsibejárat; kocsibejáró porte cochère *f*
kocsiemelő cric d'auto; lève-voiture; vérin *m;* *(sínből)* rampe *f*
kocsiernyő capote (de voiture); banne *f*
kocsifedél capote *f*
kocsigyártó charron; carrossier *m*
kocsikázik [~tam, ~ott, ~zék *v* ~zon] faire une partie de *v* en voiture; se promener en voiture
kocsikerék roue *f* de voiture *v* de charrette
kocsikísérő convoyeur *m*

kocsirakomány chargement *m; (vasúti)* charge complète; *(mennyiség)* voiturée *f*
kocsirúd *(egyes)* timon *m; (kettős)* brancard *m*
kocsis [~ok, ~t, ~a] cocher; voiturier *m; (teherszállító)* roulier; camionneur *m*
kocsistempó manières *f pl* de mufle
kocsiszakasz compartiment *m*
kocsiszín remise *f;* garage *m; (villamos)* dépôt *m*
kocsitengely essieu *m*
kocsiút chaussée *f;* chemin carrossable *m*
kocsivezető 1. conducteur *m;* 2. *(villamoson)* wattman *m;* 3. *(autóbuszon)* chauffeur *m*
kocsma [-ák, -át, -ája] cabaret *m;* taverne *f; (külvárosi)* guinguette *f; rossz ~* gargote; bastringue *f*
kocsmáros [~ok, ~t, ~a] 1. aubergiste; cabaretier *m;* 2. *(bor-, pálinkamérésben)* débitant; marchand *m* de vins
kocsmatöltelék pilier *m* de cabaret
kocsmázás fréquentation *f* des cabarets *v* des tavernes
kocsonya [-ák, -át, -ája] 1. plat *m* en gelée; 2. *(disznó)* pied *m* de porc à la gelée
kocsonyás gélatineux; glutineux; visqueux, -euse; ~ *hús* gelée *f* de viande
kódex [~ek, ~et, ~e] 1. *(kézirat)* manuscrit *m* (du moyen âge); 2. *(jogi)* code; corps *m* de lois
kodifikál [~tam, ~t, ~jon] codifier
koedukációs *iskola* école géminée
koefficiens [~ek, ~t, ~e] coefficient *m*
koenzime *él* coenzyme *m*
kofa [-ák, -át, -ája] 1. *(nő)* marchande *f; (csarnoki)* dame de la halle; 2. *átv: kis ~* petite peste; *szájas* v *nagy ~* une insupportable commère; une bavarde
koffein [~ek, ~t, ~je] caféine *f*
koffer [~ek, ~t, ~e] valise *f; (nagy)* malle *f; kézi ~* mallette *f*
kohászat métallurgie *f*
kohó [~k, ~t, ~ja] (haut-)fourneau *m*
kohóipar industrie métallurgique *f*

kohol [~tam, ~t, ~jon] controuver; forger; inventer; *hazugságot ~* fabriquer un mensonge
koholmány 1. fait controuvé; invention; fiction *f; ~ az egész!* tout cela, c'est de la pure fabrication! 2. *(irat)* faux *m*
koholt [~ak, ~at; ~an] fictif, -ive; inventé(e) de toutes pièces
kohómunkás ouvrier métallurgique
kohósalak laitier *m* de haut-fourneau
kohósít [~ottam, ~ott, ~son] traiter en haut fourneau
kohóüzem usine (électro-)métallurgique *f*
koincidencia *fiz* coïncidence *f*
koitus coït *m*
kokain [~ok, ~t, ~ja] cocaïne *f;* blanc *m*
kokainista [-ák, -át, -ája] cocaïnomane *n*
kokárda [-ák, -át, -ája] cocarde *f; a -át feltűzi* arborer la cocarde
kokott [~ok, ~ot, ~ja] cocotte; courtisane *f*
koksz [~ok, ~ot, ~a] coke *m; apró ~* coke menu
kokszgáz gaz *m* de cokerie
kokszgyár cokerie *f*
kokszkályha poêle *m* à coke
koktél [~ek, ~t, ~je] cocktail *m; ~t kever* préparer un cocktail
kókuszdió noix *f* de coco; coco *m*
kókuszpálma cocotier *m*
kókuszszőnyeg tapis *m* de coco
kolbász [~ok, ~t, ~a] saucisse *f;* saucisson *m*
kolbászárugyár fabrique *f* de saucisses
kolbászmérgezés botulisme *m*
koldul [~tam, ~t, ~jon] 1. mendier; demander la charité *v* l'aumône; 2. *arról ~ il* l'a payé *v* il le payera cher
kolduló [~k, ~t] 1. mendiant; quêtant, -e; 2. *egyh: ~ rend* ordre quêteur *v* mendiant
koldus [~ok, ~t, ~a] mendiant; gueux *m*
koldusbot bâton *m* de mendiant; *~ra jut* être réduit(e) à mendier *v* à la mendicité
koldustetű *növ:* glouteron; gratteau *m*

kolera [-át, -ája] choléra *m*
kolhoz [~ok, ~t, ~a] kolkhoze; kolkhose *m*
kolhozgazdálkodás régime kolkhozien
kolhozparaszt kolkhozien *m*
kolhozparasztnő kolkhozienne *f*
kólibacilus colibacille *m*
kolibri [~k, ~t, ~je] colibri; oiseau-mouche *m*
kólika [-ák, -át, -ája] colique *f;* tranchées *f pl*
kollaborál [~tam, ~t, ~jon] collaborer; coopérer; prêter son concours
kolléga [-ák, -át, -ája] collègue; confrère *m; kedves ~ úr! (levélben)* Monsieur et cher Confrère
kollegiális [~ok, ~t] de collègue à collègue; ~ *viszony* confraternité *f*
kollégium [~ok, ~ot, ~a] collège; internat *m*
kollektív [~ok *v* ~ek, ~at] collectif, -ive; ~ *gazdaság* v *gazdálkodás* exploitation collective; ~ *megállapodás* convention collective; ~ *munka* travail *m* d'équipe; ~ *szerződés* convention collective *v* contrat collectif (de travail); ~ *vezetés* direction collective
kollektivizál [~tam, ~t, ~jon] collectiviser
kolloid [~ok, ~ot] I. *(mn)* colloïdal, -e; ~ *állapot* état colloïdal; II. *(fn)* colloïde *m*
kollokvium [~ok, ~ot, ~a] examen *m* de fin de semestre
kolomp [~ok, ~ot, ~ja] sonnaille; clarine *f*
kolonc [~ok, ~ot, ~a] 1. *(kutya nyakán)* tribart *m;* 2. *átv:* boulet *m*
kolorádóbogár doryphore *m;* leptinotarse *f*
koloratúra [-ák, -át, -ája] vocalise *f;* l'art *m* de la vocalise
koloratúrénekesnő dugazon; chanteuse *f* de vocalise
kolostor [~ok, ~t, ~a] cloître; couvent; monastère *m;* ~*ba vonul* v *lép* quitter le monde (pour le cloître); entrer au couvent; *(csak nőről)* prendre le voile; ~*ba zár* mettre *v* faire entrer dans un couvent

kolostori [~ak, ~t] claustral, -e; conventuel, -elle; monastique
kolosszális [~ak, ~t] 1. colossal; monumental, -e; 2. *átv:* formidable; épique; *gúny:* ~ *ostobaság* un monument de bêtise; ~ *siker* succès pyramidal
Kolumbusz *Kristóf* Christophe Colomb
koma [-ák, -át, -ája] 1. compère *m;* 2. *átv:* cousin *m; Farkas* ~ Messire Loup; *Róka* ~ compère le renard
komázás 1. fraternisation *f;* 2. *(túlságos)* manières trop familières
kombájn [~ok, ~t, ~ja] combine *f;* combiné *m*
kombinált [~ak, ~at; ~an] combiné, -e; ~ *bútor* meuble-studio *m;* ~ *fogó* pince universelle; ~ *szoba* chambre combinée; ensemble *m* de séjour
kombinát [~ok, ~ot, ~ja] combinat *m; a dunai vasipari* ~ le combinat métallurgique de Danube
kombiné [~k, ~t, ~je] combinaison (-jupon) *f*
komédia [-ák, -át, -ája] 1. comédie; farce *f;* 2. *pej:* comédie; farce; *tiszta* ~ c'est une frime; *vásári* ~ parade *f; vége a -ának* tirez le rideau
komédiás 1. comédien; bouffon *m; rossz* ~ pitre *m;* 2. *átv:* pitre; histrion *m; micsoda* ~! quel polichinelle !
komédiázás cabotinage *m;* pitrerie *f*
komédiázik [~tam, ~ott, ~zék *v* ~zon] 1. faire le bouffon; 2. *átv:* jouer la comédie
komfort [~ok, ~ot, ~ja] confort; confortable *m*
komikum [~ok, ~ot, ~a] comique *m*
komikus I. *(mn)* comique; amusant, -e; bouffon, -onne; ~ *alak* c'est un (vrai) personnage de comédie; c'est un numéro; *szính:* ~ *apa* (père) grime *m;* ~ *eposz* poème héroï-comique *m;* ~ *opera* opéra bouffe *v* comique *m;* II. *(fn)* comique; fantaisiste *m*
komisz [~ak, ~t] 1. *(ember)* méchant, -e; rosse; perfide; ~ *kölyök* petite

peste; méchant garnement; ~ *tanár un cuistre; un professeur vache;* 2. *(tárgy)* détestable; exécrable; méchant, -e
komiszkodás vexations *f pl;* rosserie *f;* vacherie *f biz*
komló [~k, ~t, ~ja] houblon *m;* vigne *f* du Nord
kommentál [~tam, ~t, ~jon] commenter; annoter; gloser
kommentár [~ok, ~t, ~ja] commentaire *m;* annotations *f pl; ehhez nem kell ~!* sans commentaires
kommersz marchand, -e; ~ bor vin courant; ~ *játék* jeu *m* de combinaison
kommód [~ok, ~ot, ~ja] commode *f*
kommunista [-ák, -át, -ája] I. *(mn)* communiste; *Kommunista Ifjúsági Szövetség (KISZ)* Jeunesse Communiste; J. C. *f; a ~ Internacionálé* l'Internationale communiste; ~ *társadalom* société communiste *f;* II. *(fn)* communiste *n*
kommunistaellenes anticommuniste *(n);* antirouge *(n) pej*
kommunizmus le communisme
komoly [~ak, ~at] sérieux, -euse; grave; posé, -e; *ez egészen* ~ c'est du plus sérieux; *különösen* ~ d'une gravité particulière; *nem* ~ sans gravité; ~ *arc* air *m v* mine *f* grave; ~ *hang* ton sérieux; ~ *jelleget ölt* revêtir un caractère sérieux; ~ *sérülés* lésion grave *f;* ~ *szándékkal (udvarol egy nőnek)* (courtiser une femme) pour le bon motif; ~ *veszteségeket okoz* causer des pertes sévères; ~ *zene* musique classique *m*
komolyan sérieusement; gravement; posément; *komolyan?* vraiment? sans blague? *beszéljünk* ~ parlons (d')affaires! ~ *mondom* ... blague à part; ~ *vesz* prendre au sérieux; considérer avec sérieux; *nem vesz* ~ prendre en jeu
komolyság gravité *f;* le sérieux de qc; *a helyzet ~a* la gravité de la situation; *megőrzi ~át* garder *v* tenir son sérieux

komolytalan sans sérieux; frivole; ~ *ember* farceur, -euse *n;* ~ *kísérlet* tentative peu sérieuse
komor [~at] *(ember)* sombre; morose; morne; grincheux, -euse; lugubre; *(szín)* terne; sombre; ~ *arckifejezés* mine lugubre *f;* ~ *gondolatokba mélyed* s'enfoncer dans le noir; ~ *tekintetű* au regard sombre
komorna [-ák, -át, -ája] 1. femme *f* de chambre; 2. *szính:* soubrette; *f* servante *f* de comédie; *(tragédiában)* suivante; confidente *f*
komornyik [~ok, ~ot, ~ja] valet (de chambre *v* de pied); laquais *m*
komp [~ok, ~ot, ~ja] bac *m;* barguette *f;* ~*on átkel* passer le bac
kompendium [~ok, ~ot, ~a] abrégé; manuel; compendium *m*
kompenzáció [~k, ~t, ~ja] compensation *f*
komplex [~ek, ~et; ~en] 1. *mat:* complexe; ~ *szám* nombre complexe *m;* 2. ~ *brigád* équipe combinée
komplexum [~ok, ~ot, ~a] complexe; ensemble *m;* ~*okkal telített* bourré de complexes
komplexus 1. complexe *m;* 2. *orv:* complexus *m*
komplikáció [~k, ~t, ~ja] 1. complication *f;* 2. *orv:* accident *m;* complication
komponens [~ek, ~t, ~e] I. *(mn)* composant, -e; II. *(fn)* 1. *fiz:* composante *f;* 2. *mat:* facteur *m* de composition
komposzttrágya compost *m*
kompót [~ok, ~ot, ~ja] compote *f*
kompozíció [~k, ~t, ~ja] composition *f*
kompromisszum [~ok, ~ot, ~a] compromis *m;* transaction *f;* ~*ra lép* transiger
kompromittál [~tam, ~t, ~jon] compromettre; commettre
Komszomol [~ok, ~t, ~ja] *a* ~ le Komsomol; Jeunesse communiste; *a* ~ *tagja* Komsomol, -e *n*
konc [~ok, ~ot, ~a] 1. part *f* du chien; morceau *m;* 2. *átv:* *(hivatalban)* tour *m* de bâton; curée *f;* ~*ot dob vkinek* jeter un os à q

koncentrációs [~ak, ~at; ~an] ~ *tábor* camp *m* de concentration
koncentrál [~tam, ~t, ~jon] 1. concentrer; saturer; 2. *átv:* concentrer; se recueillir
konceptus brouillon *m;* minute *f; biz: kijöttem a ~ból* j'avais perdu ma tête
koncert [~ek, ~et, ~je] 1. concert *m;* 2. *(egy művészé)* récital *m;* 3. *(zenei műfaj)* concerto *m*
koncerténekes(nő) concertant(e) *n*
koncertezik donner des concerts *v* des récitals
koncertmester violon solo *m*
koncesszió [~k, ~t, ~ja] concession *f*
konda [-ák, -át, -ája] troupeau *m* de porcs
kondenzált [~ak, ~at; ~an] condensé, -e; ~ *tej* lait concentré *v* condensé
kondenzátor [~ok, ~t, ~a] condensateur *m; (gépeken)* condenseur *m*
kondér [~ok, ~t, ~ja] chaudière *f;* chaudron *m*
kondíció [~k, ~t, ~ja] 1. *(állás)* préceptorat; poste *m* de précepteur; 2. *jó ~ban van* être bien en point
kondicionál [~tam, ~t, ~jon] *műsz:* conditionner; *(levegőt így is:)* climatiser
kondol(e)ál [~tam, ~t, ~jon] offrir *v* présenter ses condoléances
kondorkeselyű condor *m*
konfekcióáru confections *f pl*
konfekcionál [~tam, ~t, ~jon] confectionner
konferál [~tam, ~t, ~jon] *(kabaréban)* jouer *v* faire le compère; annoncer
konferencia [-ák, -át, -ája] conférence *f; tanári ~* conseil *m* des professeurs de classe
konfiguráció *fiz* configuration *f*
konfirmáció [~k, ~t, ~ja] *egyh:* confirmation *f*
konfliktus conflit; différend *m*
konflis(kocsi) fiacre; cabriolet *m* de place
konföderáció [~k, ~t, ~ja] confédération *f*
konfúzió [~k, ~t, ~ja] confusion *f;* imbroglio; embrouillement *m*

kong [~ott, ~jon] 1. sonner *v* résonner creux; *(terem)* résonner; 2. *(harang)* tinter
kongat faire sonner; tintinnabuler; ~*ják a harangot* on sonne le tocsin
Kongó [~t] *földr:* le Congo; *a volt Belga* ~ l'ancien Congo Belge; *a volt Francia* ~ l'Afrique Équatoriale Française
kongregáció [~k, ~t, ~ja] congrégation *f*
kongresszus congrès *m;* assises; journées *f pl; nemzetközi gyermekbénuláskutatási* ~ conférence internationale sur la poliomyélite; *részt vesz a ~on* faire partie du congrès
kongrua [-ák, -át, -ája] *egyh:* portion congrue
konjunktivus [~ok, ~t, ~a] conjonctif *m; (francia)* subjonctif *m*
konjunktúra [-ák, -át, -ája] conjoncture *f;* boom *m*
konjunktúrakutatás prospection *v* étude *f* des marchés; recherche *f* sur les trends
konjunktúralovag combinard; affairiste; faiseur *m*
konkáv [~ok, ~ot] concave
konkoly [~ok, ~t, ~a] nielle (des blés); *átv:* ~*t hint* semer la zizanie *v* la discorde
konkordátum [~ok, ~ot, ~a] *egyh:* concordat; pacte concordataire *m*
konkrét [~ok *v* ~ek, ~ot *v* ~et] concret, -ète; positif, -ive; *a* ~ *esetben* dans *v* en l'espèce; dans le cas concret; ~ *javaslatok* propositions positives
konkrétum [~ok, ~ot, ~a] le concret
konkurrencia [-ák, -át, -ája] concurrence *f;* -*át csinál vkinek* concurrencer q
konnektor [~ok, ~t, ~a] *vill:* prise *f* de courant *v* de contact
konok [~ok, ~ot] opiniâtre; obstiné, -e; tenace; entêté, -e; ~ *tagadás* dénégation obstinée *v* persistante; ~, *mint a szamár* têtu comme un mulet
konokság opiniâtreté; obstination *f;* entêtement *m*

konokul *kitart vmi mellett* s'obstiner à *v* dans *v* en qc; ~ *tagad* nier fort et ferme
konstitúció [~k, ~t, ~ja] 1. *(politikai)* constitution *f*; 2. *(testi)* constitution; complexion; nature *f*
konstruktív [~ok, ~ot] 1. constructif, -ive; 2. bien-pensant, -e *(inkább gúny)*
konszern [~ek, ~t, ~je] consortium; groupe *m* d'intéressés
kontaktus 1. *a személyes* ~ le contact personnel; 2. *vill:* a) contact; b) prise *f* de courant
kontár [~ok, ~t, ~ja] I. *(mn)* 1. *(szakképzettség nélkül)* marron, -onne; 2. ignorant, -e; incapable; ~ *munka* ouvrage massacré *v* bousillé; II. *(fn)* bousilleur; gâcheur *m* (de métier)
kontárkodik [~tam, ~ott, ~jék *v* ~jon] marronner; patraquer; bousiller
kontinens [~ek, ~t, ~e] continent *m*
kontinentális [~ak, ~at; ~an] continental, -e
kontingens [~ek, ~t, ~e] contingent *m*
kontó [~k, ~t, ~ja] compte(-courant) *m*
kontra [-ák, -át, -ája] contre *m*
kontralto *zen:* contralto; contralte *m*
kontrás second violon
kontraszelekció l'élimination des individus robustes *v* de qualité; la promotion des incapables
kontraszt [~ok, ~ot, ~ja] contraste; repoussoir *m;* éles ~ contraste violent; ~ot *alkot* faire *v* offrir un contraste
kontráz [~tam, ~ott, ~zon] 1. *kárty:* contrer; 2. *zen:* accompagner au second violon; 3. *átv:* ~ *vkinek* seconder q
kontúr [~ok, ~t, ~ja] contour; délinéament *m*
konty [~ok, ~ot, ~a] chignon *m;* tignon *m biz; egymás* ~*ába kapnak* se crêper le chignon
konvent [~ek, ~et, ~je] *egyh:* convent *m*
Konvent [~et, ~je] *tört: a* ~ la Convention
konvergál [~t, ~jon] converger; concourir

konvertál [~tam, ~t, ~jon] convertir
konvex [~ek, ~et; ~en] convexe
konvoj [~ok, ~t, ~a] convoi *m*
konzekvencia [-ák, -át, -ája] conséquence *f; levonja a -ákat* tirer *v* déduire les conséquences
konzerv [~ek, ~et, ~je] conserve *f*
konzerválás conservation *f*
konzervatív [~ok, ~ot] conservateur *m*
konzervdoboz boîte *f* de conserve
konzervgyümölcs conserve *f* de fruits; fruit conservé
konzervnyitó ouvre-boîte *m* à *v* de conserves
konzervtej lait *m* de conserve
konzílium [~ok, ~ot, ~a] consultation plurale; ~*ra hív* appeler en consultation
konzonáns [~ok, ~t] *nyelv:* consonne *f*
konzul [~ok, ~t, ~ja] 1. *tört:* consul *m;* 2. *dipl:* consul; *tiszteletbeli* ~ consul honoraire
konzulátus consulat *m*
konzuli [~ak, ~t] de consul; consulaire; ~ *bíráskodás* juridiction consulaire *f;* ~ *illeték* droit *m* de chancellerie
konyak [~ok, ~ot, ~ja] cognac *m;* fine; eau-de-vie de Cognac; fine champagne *f*
konyha [-ák, -át, -ája] cuisine *f; popote f biz; a jó* ~ la bonne chère; *la bonne cuisine; rossz* ~ cuisine de gargote; *hoz a -ára* faire bouillir la marmite
konyhaajtó porte *f* de (la) cuisine
konyhaberendezés aménagement *m* de cuisine; *(felszerelés)* outillage *m* de cuisine
konyhabútor mobilier *m* de cuisine
konyhaedény ustensile *m* de ménage *v* de cuisine; *(együtt mind:)* batterie *f* de cuisine
konyhafőnök chef *m* de cuisine *v* d'office
konyhai [~ak, ~t] culinaire
konyhakertészet culture maraîchère; maraîchage *m*
konyhakés couteau *m* de cuisine; *(nagy)* coutelas *m*
konyhakredenc armoire *f* de cuisine; buffet *m* (de cuisine)

konyhalány fille de cuisine; plongeuse *f*
konyhaművészet art culinaire *m;* gastronomie *f*
konyhapénz argent *m* de ménage
konyharuha 1. torchon à vaisselle *v* de cuisine; essuie-cuisine *m;* 2. linge *m* de cuisine
konyhasó 1. sel de cuisine; gros sel; 2. *vegy:* chlorure *m* de sodium
konyít [~ottam, ~ott, ~son] *vmihez* ~ se connaître *v* s'entendre un peu à qc; être frotté(e) de *(pl:* de mathématiques)
koordináta [-át, -ák, -ája] coordonnée *f*
kopár [~ak, ~t; ~an] nu, nue; désertique; aride; stérile; ~ *vidék* pays nu *v* désolé
kopárság désolation; aridité; stérilité *f;* caractère désertique *m;* nudité *f*
kopasz [~ak, ~t; ~on] 1. chauve; dégarni(e) *v* dépourvu(e) de cheveux; 2. *(nyírott)* rasé; tondu, -e; ~ *fa* arbre dénudé; ~ *fej* front dégarni; ~*ra nyír* couper ras; tondre
kopaszodás 1. calvitie; chute *f* de cheveux; 2. *(fáé)* effeuillement *m*
kopaszodik [~tam, ~ott, ~jék *v* ~jon] être atteint(e) de calvitie; perdre les cheveux
kopaszt [~ottam, ~ott, -asszon] 1. (dé)plumer; 2. *(bőrt)* peler des peaux *v* des cuirs; 3. *(vendégeket)* plumer; rançonner
kopasztás 1. *(madáré)* plumaison; plumée *f;* 2. *(vendégeké)* rançonnement; coup *m* de fusil
kópé [~k, ~t, ~ja] *biz:* fripon, -onne *n; (leányról)* petite friponne; *te kis* ~*!* ah, petite masque! *nagy* ~ c'est un malin!
kópéság 1. malice *f;* 2. *(sikamlós beszéd)* gaillardise *f*
kopik [~tam, ~ott, ~jék *v* ~jon] s'user; se manger; s'élimer
kopja [-ák, -át, -ája] lance; pique *f;* épieu *m*
koplal [~tam, ~t, ~jon] 1. souffrir *v* endurer la faim; mourir de faim; 2. *(szándékosan)* jeûner
koplalás 1. privations *f pl;* famine *f;* 2. *(szándékos)* jeûne *m*

kopó [~k, ~t, ~ja] 1. chien d'arrêt *v* couchant; limier *m;* 2. *átv:* limier *m*
kopog [~tam, ~ott, ~jon] 1. frapper; cogner; *az ajtón* ~ frapper *v* cogner *v* taquer à une porte; 2. *(írógép)* pianoter
kopogás 1. coups frappés à la porte; 2. tac(-)tac *m;* 3. *orv:* bruit *m* de craquement
kopogtatás 1. *ld:* kopogás; 2. *orv:* percussion; auscultation *f* par résonance
kopoltyú [~k, ~t, ~ja] ouïes; branchies *f pl*
koponya [-ák, -át, -ája] crâne *m;* boîte cranienne *v* crânienne
koponyaalapi *törés* fracture *f* de la base crânienne
koponyalékelés trépanation; perforation *f* du crâne
koponyatörés fracture *f* de la boîte crânienne
koponyavarrat suture (cranienne)
koporsó [~k, ~t, ~ja] cercueil *m;* bière *f*
koporsófedél couvercle *m* (du cercueil *v* de la bière)
koporsólepel poêle; drap funéraire *m*
kopott [~ak, ~at; ~an] 1. usé; élimé; râpé; fatigué, -e; ~ *külsejű* d'un aspect minable; ~ *ruhák* vêtements usés (jusqu'à la corde); 2. *(írás)* défraîchi, -e
koppan [~tam, ~t, ~jon] cogner contre qc; *nagyot* ~ se heurter violemment à qc
koppint [~ottam, ~ott, ~son] 1. *körmére* ~ donner à q sur les ongles; 2. *fejére* ~ *(tenyérrel)* donner une calotte à q
kopra [-ák, -át, -ája] coprah; copra *m; vegy:* copre *m*
koptat 1. user; élimer; limer; râper; 2. *hiába* ~*ja a nyelvét* vous parlez pour ne rien dire
kor [~ok, ~t, ~a] 1. *(idő)* époque *f;* âge *m;* période *f;* siècle *m; a* ~ *erkölcsei* les mœurs du siècle; *e* ~*ban* à cette époque; en ce temps(-là); ~*ában* du temps de; au temps de; à l'époque de; *képviselő* ~*omban*

quand j'étais député; 2. *(élet~)* âge; *~unk* notre temps; *a legszebb ~ le bel* âge; *magas ~* grand âge; *~ szerint* par rang d'âge; *az ő ~ában* de son âge; *~ához képest* pour son âge; *húsz éves ~ára* pour ses vingt ans
kór [~ok, ~t, ~ja] maladie *f;* mal *m* **kora** *fiatalsága óta* dès son plus jeune âge; *~ reggel* de bon matin; très matin; *~ tavasz* avant-printemps *m; ld. még:* **korán**
korábban 1. plus tôt; de meilleure heure; 2. *(azelőtt)* auparavant; avant cette date; précédemment; antérieurement
korabeli *bútor* meuble *m* d'époque *v* de l'époque
koraérett précoce; prématuré, -e; hâtif, -ive
korai [~ak, ~t] 1. *a ~ fekvés* l'habitude de se coucher de bonne heure; 2. *hlt:* prématuré, -e; *~ halál* mort précoce *v* prématurée; *~ volna (inf)* il serait prématuré de *(inf);* 3. *(növény, gyümölcs)* précoce; prématuré, -e; hâtif, -ive
korall; koráll [~ok, ~t, ~ja] corail *m* **korallsziget** a(t)toll *m;* île corallienne **korán** 1. de bonne heure; tôt; *~ fekszik* se coucher de bonne heure; 2. *(reggel)* très matin; *~ kel* se lever matin; 3. *túl ~* avant le temps; avant l'heure; *~ kelő* tôt levé(e); matinal, -e; *~ meghal* mourir avant l'âge; *~ örül* crier trop tôt victoire **Korán** le Coran
korántsem à beaucoup près; nullement; aucunement
koraszülés accouchement prématuré *v* avant terme
koraszülött [~ek, ~et; ~en] 1. né(e) avant terme; prématuré, -e; 2. *átv:* avorté, -e
koravén vieillot, -otte; vieilli(e) avant l'âge
korbács [~ok, ~ot, ~a] cravache *f;* fouet; martinet *m*
kórboncolás; kórbonctan anatomo-pathologie; anatomie pathologique *f* **korcs** [~ok, ~ot] I. *(mn)* bâtard; impur, -e; *(elfajzott)* dégénéré, -e;

(kutya) mâtiné, -e; *~ faj* race *v* espèce bâtarde; II. *(fn)* bâtard; hybride *m; él:* chimère *f* **korcsolya** [-ák, -át, -ája] 1. patin *m;* 2. *(hordóleeresztő)* poulain *m* **korcsolyapálya** patinoire *f; (műjég)* patinoire artificielle
korcsolyázik [~tam, ~ott, ~zék *v* ~zon] patiner
kordában *tart* mener à la baguette; mener tambour battant
kordbársony velours à côtes *v* côtelé *v* épinglé
kordé [~k, ~t, ~ja]; **kordély** [~ok, ~t, ~a] charrette *f;* chariot *m; (kétkerekű)* tombereau *m* **kordon** [~ok, ~t, ~ja] 1. *többkarú ~* cordon *m* à plusieurs bras; 2. barrage *m* de police; *a tömeg áttörte a ~t* le service d'ordre fut débordé **Korea** [-át] la Corée
korelnök président *v* doyen *m* d'âge **korengedély** dispense *f* d'âge; bénéfice *m* d'âge
koreszme l'idée maîtresse de l'époque; les grands courants (spirituels)
korforduló tournant *m* de l'histoire **korgó** [~k, ~t] grouillant, -e; *~ gyomor* estomac creux
korhad [~t, ~jon] tomber *v* entrer en pourriture
korhadt [~ak, ~at; ~an] pourri; vermoulu, -e
korhatár limite *f* d'âge; *a ~t eléri* il est atteint par la limite d'âge
kórház [~ak, ~at, ~a] hôpital; hospice *m; (intézményben)* infirmerie *f; ~ba szállítják* être admis(e) à l'hôpital; *~ba utalás* hospitalisation *f*
kórházi [~ak, ~t] hospitalier, -ière; *~ ágy* lit *m* d'hôpital *v* d'hospitalisation; *~ ápolás* hospitalisation *f;* soin des malades (hospitalisés); *~ ápolási költségek* frais *m pl* d'hospitalisation; *~ beutalás* billet *m* d'entrée à l'hôpital; *~ orvos* médecin des hôpitaux *v* hospitalier; *~ osztály* service d'hôpital *v* hospitalier
kórházvonat train d'ambulance *v* sanitaire *m*

korhely [~ek, ~t] fêtard; viveur; noceur; bambocheur; ivrogne *m;* ivrognesse *f*
korhelykedik [~tem, ~ett, ~jék *v* ~jen] mener une vie de pantin; faire ses farces; s'adonner à la débauche
korhol [~tam, ~t, ~jon] rabrouer; morigéner; reprendre; réprimander
korhű de l'époque; conforme à l'époque; ~ *környezetrajz* couleur locale
kórista [-ák, -át, -ája] choriste *m*
kóristanő choriste *f*
kórkép 1. aspect clinique; syndrome *m;* **2.** *átv:* symptômes maladifs *v* caractéristiques
korkülönbség différence *v* distance *f* d'âge
korlát [~ok, ~ot, ~ja] **1.** barre (d'appui); barrière; rampe *f;* **2.** *(hídon)* garde-fou; parapet *m;* **3.** *(lépcsőn)* main courante *v* coulante; **4.** *haj:* bastingage; garde-corps *m;* **5.** *(torna)* barres parallèles *f pl;* **6.** *átv:* bornes *f pl;* limite; entrave *f;* ~*ok közé tesz* renfermer qc dans ses justes limites; *szűk* ~*ok közé szorít* resserrer dans d'étroites limites; *vminek* ~*ot szab* mettre des barrières à qc
korlátlan illimité, -e; sans bornes; absolu, -e; ~ *felhatalmazás* blancseing; blanc seing; ~ *hatalom* pouvoir absolu
korlátolt [~ak, ~at; ~an] **1.** *(együgyű)* borné; étroit; bouché, -e; ~ *elme* esprit rétréci; **2.** *(mennyiség)* limité; restreint, -e; ~ *felelősségű társaság* société *f* à responsabilité limitée
korlátoltság 1. étroitesse *v* pauvreté *v* petitesse d'esprit; simplicité *f* (d'esprit); **2.** carcatère limité; exiguïté *f*
korlátoz [~tam, ~ta, ~za] limiter (à); restreindre (à); borner (à); ~*za magát* se limiter à qc; ~*za kiadásait* se restreindre
korlátozás 1. limitation; restriction; réduction *f (mind:* à qc); *minden* ~ *nélkül* sans restriction; **2.** *ker:* entrave *f*
korlátozódik [~ott, ~jék *v* ~jon] *vmire* ~ se borner à qc; se limiter à qc

kormány 1. *haj:* gouvernail *m; (rúdja)* barre *f;* **2.** *aut:* volant *m;* direction *f; (kerékpáron)* guidon *m; rep:* commandes *f pl;* leviers *m pl* de commande; *(rúdja)* manche *m* à balai; **3.** *átv:* gouvernail; barre; les leviers de commande; **4.** *(politikai)* gouvernement; cabinet; ministère *m; a* ~ *felelőssége* la responsabilité gouvernementale; ~*ok közötti* intergouvernemental, -e; ~*on van* être en gouvernement; ~*t alakít* former *v* constituer le cabinet
kormánybiztos commissaire de gouvernement; haut-commissaire *m*
kormánybuktatás renversement *m* du cabinet
kormányelnök président du Conseil; chef *m* du cabinet
kormányférfi homme d'État
kormányforma forme *f v* mode *m* de gouvernement; régime (gouvernemental)
kormányfő chef *m* de gouvernement; le premier (ministre)
kormányhű loyaliste; ~ *csapatok* troupes *v* forces gouvernementales
kormánykerék 1. *haj:* roue *f* du gouvernail; **2.** *aut:* volant *m; a* ~*hez ül* se mettre au volant
kormánylap journal subventionné
kormánylapát gouvernail; aviron *m* de gouverne
kormányos [~ok, ~t, ~a] pilote; timonier; homme *m* du gouvernail; *(csónakon, kisebb hajón)* barreur *m*
kormányoz [~tam, ~ott, ~zon] I. *(tgy i)* **1.** gouverner; barrer; **2.** *rep:* piloter; **3.** *átv:* gouverner; régenter; commander; II. *(tgyl i)* tenir la barre; être à la barre
kormánypálca sceptre *m*
kormánypárt parti *m* de gouvernement
kormányzás 1. direction *f;* pilotage *m;* **2.** *(politikai)* gouvernement *m*
kormányzat régime; gouvernement *m;* administration *f*
kormányzó [~k, ~t, ~ja] **1.** gouverneur; intendant; régisseur *m;* **2.** *(államé)* gouverneur *m;* régent, -e *n*

kormeghatározás datation; chronologie *f*
kormos [~ok, ~t; ~an] 1. couvert(e) *v* souillé(e) de suie; 2. *(színű)* fuligineux, -euse; 3. ~ *üveg* verre fumé
kornyikál [~tam, ~t, ~jon] *(hegedűn)* racler du *v* gratter au violon; *a fülébe* ~ fatiguer *v* casser les oreilles à *v* de q
kóró [~k, ~t, ~ja] 1. plante, herbacée à tige forte; 2. mauvaise herbe
korog [korgott, ~jon] gargouiller; ~ *a gyomrom* j'ai le ventre qui grouille
kórokozó [~k, ~t, ~ja] I. *(mn)* pathogène; morbifique; II. *(fn)* agent spécifique *v* pathogène *m*
korom [kormok, kormot, korma] suie *f*; noir *m* de fumée
koromfekete noir(e) comme de la suie *v* comme une taupe *v* comme poix; noir(e) de jais; *(haj)* noir d'ébéne *v* de corbeau; *(éjjel)* noir d'encre
koromsötét *éjjel* nuit d'encre *v* opaque *f*; ~ *van* il fait noir comme dans un trou
koromszem grain *m* de suie
korona [-ák, -át, -ája] 1. *(fejék és pénz)* couronne; *f* *(hercegi stb.)* ~ *ága* fleuron *m*; *-ájának legszebb gyöngye v éke* un des plus beaux fleurons de sa couronne; 2. *(fáé)* tête; cime *f*; haut *m*; *(erd:)* cimier *m*; 3. *orv:* couronne (d'une dent); 4. *(napfogyatkozáskor)* couronne solaire; 5. *zen:* point *m* d'arrêt; 6. *gúny: vminek a -ája* le bouquet *v* le comble de qc
koronaőr 1. garde *m* de la Couronne; 2. gardien *m* de la Couronne
koronás I. *(mn)* couronné, -e; II. *(fn)* *(pénz)* couronne *f*
koronatanú principal témoin à charge
koronáz [~tam, ~ott, ~zon] 1. couronner; sacrer; 2. *siker ~za igyekezetét* le succès couronne ses efforts
koronázási du couronnement; ~ *eskü* serment *m* du sacre; ~ *hitlevél* diplôme inaugural; ~ *jelvény* embléme royal

korong [~ok, ~ot, ~ja] 1. disque *m;* ~ *alakú* disciforme; discoïde; circulaire; 2. *műsz:* rondeau *m;* disque; 3. *(jéghoki)* palet; puck *m*
koronként d'âge en âge; de temps à autre; de temps en temps
koros [~ak, ~at; ~an] âgé, -e; *(* sur le retour; d'un certain âge; entre deux âges
kóros [~at; ~an] pathologique; morbide; ~ *jelenség* symptôme maladif
korosztály classe *f* (d'âge); *(egyetemi)* promotion *f*
korpa [-ák, -át, -ája] 1. son *m;* ki *a ~ közé keveredik, azt megeszik a disznók* qui se couche avec les chiens, se lève avec les puces; 2. *(fejen)* pellicule *f*
korpakenyér pain de son *v* complet *v* de recoupe
korpás 1. mêlé(e) de son; ~ *kenyér* pain complet; ~ *liszt* farine basse; ~ *moslék* confit *m;* 2. *(haj)* pelliculeux, -euse
korporáció corporation *f*
korpótlék supplément *m* d'âge
korrajz tableau *m* (de l'époque); peinture *f* de mœurs d'une époque
korrektúra [-ák, -át, -ája] 1. *(iv)* épreuve(s) *f* *(pl)* d'imprimerie; 2. correction *f* des épreuves
korrepetál [~tam, ~t, ~jon] donner des répétitions; tapiriser *diák*
korrupt [~ak, ~at, ~ja] corrompu, -e
korsó [~k, ~t, ~ja] cruche *f; (mosdóban)* pot *m* à eau; *(pléh v fa)* broc *m; egy ~ sör* un demi de bière; *egy ~ víz* un pot d'eau; *addig jár a ~ a kútra, míg el nem törik* tant va la cruche à l'eau, qu'à la fin elle se brise
korszak période; époque; ère *f;* ~*ot alkot* faire époque; faire date; *új ~ot nyit* inaugurer une ère nouvelle
korszakalkotó *ötlet* idée magistrale *v* sensationnelle
korszellem l'esprit *n* du siècle *v* du temps
korszerű conforme à l'époque *v* à l'esprit du temps; moderne; actuel, -elle; ~ *átalakítás* modernisation *f*

korszerűség conformité à l'esprit du temps; modernité; actualité *f*; *(intézkedése)* opportunité *f*
korszerűtlen qui avance *v* retarde sur son temps; dépourvu(e) d'actualité; anachronique; inopportun, -e; inactuel, -elle; vétuste; démodé; périmé, -e
kórtan pathologie; nosologie *f*
kortárs contemporain(e) *n*
kórterem salle d'hôpital *v* des malades; chambrée *f*
kortes [~ek, ~et, ~e] agent *v* courtier électoral
kortörténet histoire *f* de l'époque
kórtörténet pathogénie; histoire *f* de la maladie
kortörténeti historique; ~ *adat* donnée historique *f*
korty [~ok, ~ot, ~a] 1. gorgée *f*; 2. *(mennyiség) egy* ~ un doigt de...; *egy* ~ *bor* un doigt *v* un soupçon de vin
kortyol [~tam, ~t, ~jon] buvoter; lamper
kórus 1. chœur *m*; 2. *(emeleti)* tribune *f* d'orgue; 3. *(kar)* cœur *m*; *(templomi)* maîtrise *f*; ~*ban kiált* crier avec ensemble
kórusművek chœurs *m pl*
kórusművészet art chorique *m*
kórustag choriste *n*
Korzika [-át] la Corse
korzikai [~ak, ~t] corse; de Corse; *(ember)* Corse *n*
kos [~ok, ~t, ~a] bélier *m*
kosár [-arak, -arat, -ara] 1. panier *m*; corbeille *f*; *(gyümölcsös, zöldséges)* banne; manne *f*; *(háti)* hotte *f*; *-arat fon* vanner; 2. *(kardon, törön)* coquille *f*; 3. *(elutasítás)* refus *m*; *-arat ad* repousser l'offre; *-arat kap* essuyer un refus
kosárfonás vannerie; osiériculture *f*
kosárlabda *sp*: basket(-ball) *m*
kosbor [~ok, ~t, ~a] *növ*: orchis; testicule *m* de chien
kóser [~ek, ~t; ~en] *vall*: cawcher; kawcher; casher, -ère; *átv*: *ez nem* ~ ce n'est pas très catholique

kóstol [~tam, ~t, ~jon] 1. goûter; tâter à *v* de qc; 2. *(italt)* déguster
kóstoló [~k, ~t, ~ja] 1. *(hivatásos)* dégustateur; gourmet *m*; 2. *(próba)* échantillon *m*
kosz [~ok, ~t, ~a] 1. teigne (tondante); rogne *f*; 2. teigne favique *f*; 3. *állatorv*: tac *m*; 4. *átv*: crasse *f*
kósza [-ák, -át; -án] vagabond; errant, -e; ~ *hir* bruit en l'air
kószál [~tam, ~t, ~jon] flâner; errer; battre le pavé
koszekáns [~ok, ~t, ~a] cosécante *f*
koszinusz cosinus *m*
koszorú [~k, ~t, ~ja] 1. couronne *f*; ~*k mellőzése kéretik* (prière de n'envoyer) ni fleurs ni couronne; ~*t köt* tresser *v* monter une couronne; 2. *egy* ~ *kolbász, hagyma* un chapelet de saucisses, d'oignons
koszorúpárkány *ép*: corniche *f*
koszorúslány demoiselle *f* d'honneur
koszos [~ak, ~at; ~an] teigneux; rogneux, -euse; *(tárgyról)* pisseux, -euse; *(emberről átv.)* miteux, -euse; *biz*: *egy-két* ~ quatre pelés et un tondu
koszt [~ok, ~ot, ~ja] 1. cuisine; nourriture *f*; *(mindennapi)* ordinaire; régime *m*; *gyalázatos* ~ nourriture infecte; *vkinél* ~*ban van* vivre *v* être en pension chez q; ~*ot ad* donner à manger; ~*ot és kvártélyt ad* tenir une pension; 2. ~*ra ad kölcsön* prêter à la petite semaine *v* au jour le jour
kosztos [~ok, ~t, ~a] pensionnaire *n*
kosztüm [~ök, ~je] 1. costume; ensemble *m*; 2. *(álarcosbáli)* costume; travesti *m*
kosztümkabát jaquette tailleur *f*
kosztümszoknya jupe tailleur *f*
kotkodácsol [~t, ~jon] glousser; faire cotcodac; claqueter
kotlás couvaison *f*; couvage *m*; couverie *f*
kotlik [~ottam, ~ott, kotoljék *v* kotoljon] 1. couver qc; 2. *átv*: ne pas bouger de sa place; ~ *vmin* couver qc

34 Magyar–Francia kézi

kotlós [~ok, ~t, ~a] mère-poule *f*
kotnyeles [~ek, ~t; ~en] indiscret, -ète; touche-à-tout *m*
kotnyeleskedik [~tem, ~ett, ~jék *v* ~jen] se mêler de tout; toucher à tout
kotor [~tam, ~t, ~jon] 1. gratter; racler; 2. *(tisztítva)* curer; excaver
kotrógép 1. excavateur; bulldozer *m;* 2. *(vízen)* dragueur; bagger; waterman *m*
kotta [-ák, -át, -ája] 1. *(hangjegy)* note (musicale); croche *f;* 2. *(hangjegyfüzet)* cahier *v* livre *m* de musique; partition *f; -ából játszik* jouer à cahier *v* à livre ouvert
kottaállvány 1. pupitre *m* (de musicien); 2. casier *m* à musique
kottafej tête *f*
kottapapír; kótapapíros papier à musique; papier réglé
kótyagos [~ot, ~t] cerveau fêlé; esprit détraqué; timbré, -e
kotyog [~tam, ~ott, ~jon] 1. *(folyadék a palacban)* glouglouter; glougloter; 2. *(tyúk)* glousser; 3. *(ember)* babiller; caqueter
kotyvalék [~ok, ~ot, ~a] ratatouille *f;* ragoût (infect *v* fade)
kotyvaszt [~ottam, ~ott, -asszon] fricasser; fricoter; patouiller
kova [-ák, -át, -ája] silex *m*
kovács [~ok, ~ot, ~a] 1. forgeron *m;* *(patkoló)* maréchal (ferrant); 2. *átv:* artisan *m; a maga szerencséjének a ~a* être l'ouvrier de sa fortune
kovácsfújtató soufflet *m* de forge
kovácsinas apprenti forgeron
kovácslegény ouvrier *v* garçon forgeron
kovácsműhely forge *f; (gyárban)* atelier *m* de forge
kovácsol [~tam, ~t, ~jon] 1. *(vasat)* battre le fer; *(műsz:)* corrompre le fer; forger; 2. *(tervet)* forger; manigancer
kovácsolt [~ak, ~at; ~an] ~ öntvény fonte malléable; *f* ~ *vas* fer forgé
kovácstűzhely foyer *m* de (la) forge
kovakő silice *f;* quartz; silex *m;* pierre *f* à fusil

kóvályog [~tam, -lygott, ~jon] tournoyer; décrire *v* faire des cercles; ~ *a gyomra* il est pris d'une nausée
kovász [~ok, ~t, ~a] levain *m*
kovászos [~ak, ~at; ~an] fermenté; levé, -e
kozák [~ok, ~ot, ~ja] cosaque
kozmás qui sent le brûlé *v* le roussi; brûlé; roussi, -e
kozmetika [-ák, -át, -ája] cosmétique *f*
kozmetikai [~ak, ~t] cosmétique; ~ *intézet* institut *m* de beauté
kozmetikus dermatologiste; esthéticien, -enne *n*
kozmikus cosmique; ~ *év* année cosmique *f;* ~ *por* poussière cosmique *v* interstellaire *f;* ~ *sugárzás* radiation *f v* rayonnement *m* cosmique
kozmopolita [-ák, -át, -ája] cosmopolite *n*
kozmosz [~ok, ~t, ~a] cosmos; l'univers *n*
kő [kövek, követ, köve] 1. pierre *f; (sokszor)* caillou; pavé *m; szép kő* pierre d'un bel œil; *kőbe metszi* graver *v* dans la pierre; *követ fejt* extraire des pierres; 2. *orv:* pierre *f;* calcul *m; köve van* avoir la pierre; 3. *átv: nagy kő esett le a szívemről* vous me retirez un poids (de sur la poitrine); *üsse kő!* que le diable l'emporte! tant pis! *kő kövön nem maradt belőle* il n'en reste plus pierre sur pierre; *majd kővé dermedt* il était médusé *v* pétrifié; *követ dob rá* jeter le blâme sur q; *egy követ fújnak* ils s'entendent comme larrons en foire; *minden követ megmozgat* remuer ciel et terre
köb [~ök, ~öt, ~e] cube *m;* ~ *re emel* faire *v* former le cube de qc; élever au cube
köbgyök racine cubique *f;* ~ *öt von* extraire la racine cubique
köbméter mètre cube *m; (fa)* stère *m*
köbtartalom volume; cubage *m*
kőburkolat 1. *(utcáé)* pavage; pavé *m;* 2. *(falé)* revêtement *m* de pierre
köcsög [~ök, ~öt, ~je] pot *m; tejes ~* pot à *v* au lait

köd [~ök, ~öt, ~e] **1.** brouillard *m;* brume *f; sűrű* v *vastag* ~ brouillard dense; purée *f* de pois; ~ *esik* le brouillard tombe; *a* ~ *leszáll* le bruillard s'abaisse; ~ *van* il fait du brouillard; ~*be borul* se couvrir de brouillard; *sűrű* ~*ben* par un épais brouillard; **2.** ~ *előttem,* ~ *utánam* ni vu ni connu (je t'embrouille)
ködfátyol voile *m* de brume *v* de brouillard
ködfejlesztő fumigène
ködfolt *csill:* nébuleuse *f; csillag* ~*tal* étoile nébuleuse
ködkamra chambre *f* à brouillard
ködkürt *haj:* sirène *f* à vapeur
ködmön [~ök, ~t, ~e] tunique; veste *f*
ködös [~ök, ~et] **1.** brumeux; nébuleux; nuageux, -euse; ~ *eső esik* il bruine; ~ *időben* par temps de brouillard; **2.** *(vonalak, gondolat)* flou, -e; **3.** *(gondolkozás, elmélet)* fumeux; nébuleux, -euse; imprécis, -e; ~ *szín* couleur vague
ködösítés nébulisation; obnubilation *f*
kőedény (vase de) grès *m; (hasas)* jarre *f*
kőedényáru gresserie *f*
kőfal mur *m* v muraille *f* de pierre *v* de maçonnerie
kőfaragás 1. taille *v* coupe *f* de pierres; **2.** *(drágakőé)* lapidairerie *f*
kőfaragó 1. tailleur *m* de pierre; **2.** *(drágakőé)* ouvrier lapidaire *m*
kőfejtés extraction *f* de la pierre
kőfejtő 1. *(munkás)* carrier; pierrier *m;* **2.** *(bánya)* carrière *f* (de pierre)
kőhajítás lacement *m* de pierres; ~*nyira* à un jet de pierre
köhécsel [~tem, ~t, ~jen] toussoter; toussailler
köhécselés toux sèche
köhög [~tem, ~ött, ~jön] tousser
köhögés toux *f;* ~ *elleni* contre la toux; antitoux
köhögési [~ek, ~t] ~ *roham* quinte *f* de toux; accès *m* de toux
kökény [~ek, ~t, ~e] **1.** prunellier; prunier sauvage; prunier épineux; **2.** *(bogyója)* prunelle *f*

kökényszemű aux yeux de jais
kőkori lithique; *(régibb)* paléolithique; *(újabb)* néolithique
kőkorszak âge *m* de (la) pierre
kökörcsin [~ek, ~t, ~je] herbe, au vent; anémone *f*
kőlap dalle *f;* carreau *m*
kölcsön [~ök, ~t, ~e] **I.** *(fn)* **1.** *(vett)* emprunt *m; (adott)* prêt *m; a* ~ *összege* le montant de l'emprunt; ~*t ad* v *nyújt* prêter; accorder *v* consentir un prêt; ~*t vesz fel* appeler des crédits; ~*t kér vkitől* avoir recours à la bourse de q; ~*t kibocsát* émettre *v* ouvrir un emprunt; **2.** *átv:* *visszafizeti* v *visszadja a* ~*t* rendre à q la monnaie de sa pièce; rendre la pareille; **II.** *(hat)* à titre de prêt *v* d'emprunt
kölcsönadó prêteur *m*
kölcsönadott prêté, -e
kölcsönbérlet prêt-bail *m*
kölcsöndíj la taxe du prêt; *(tőzsdei)* déport *m*
kölcsönhatás action réciproque; interaction; influence réciproque; interpénétration *f*
kölcsönkér prier de prêter *v* d'emprunter; emprunter à *v* chez q
kölcsönkibocsátás émission *f* d'un emprunt
kölcsönkönyvtár bibliothèque *f* de prêt; cabinet *m* de lecture
kölcsönkötvény obligation *f*
kölcsönös [~ek, ~et] réciproque; mutuel, -elle; ~ *áthatás* compénétration; interpénétration *f;* ~ *függés* interdépendance *f;* ~ *segélynyújtási egyezmény* pacte *m* d'assistance mutuelle; ~ *segítség* v *segélyezés* entraide *f;* ~ *szerelem* amour partagé; ~ *szerződés* accord bilatéral; ~ *vonzalom* affection mutuelle
kölcsönösség réciprocité; mutualité *f;* ~ *kikötése* condition *f* de réciprocité
kölcsönöz [~tem, -nzött, ~zön] **1.** *(ad)* prêter; donner à crédit; **2.** *(vesz)* emprunter qc à q; demander qc à q; **3.** *(vmilyen jelleget)* conférer qc à q
kölcsönszó (mot *m* d')emprunt *m*

kölcsöntőke principal *m*
kölcsönügylet opération *f* de prêt
köldök [~ök, ~öt, ~e] nombril; ombilic *m*
köldöknézés inertie; impassibilité *f*
köldökzsinór cordon ombilical; mésomphale *m;* a ~ *elkötése* la ligature du cordon
köles [~ek, ~t, ~e] millet; mil; panic *m*
köleskása bouillie de millet; millée *f*
Köln [~t] Cologne *f*
kölnivíz eau *f* de Cologne *v* de toilette
költ [~öttem, ~ött, ~sön] 1. *(madár)* couver; incuber; 2. *(verset)* composer; *(mesét)* fabriquer; 3. *(pénzt)* dépenser; débourser
költekezik [~tem, ~ett, ~zék *v* ~zen] *erősen v pazarul* ~ dissiper *v* gaspiller *v* dilapider son argent; *állásához méltóan* ~ représenter
költemény 1. poésie *f;* vers *m pl;* pièce *f* de vers; *(nagyobb)* poème *m;* 2. *ez a ruha valóságos* ~ cette robe est un poème
költészet poésie *f*
költészetelmélet; költészettan poétique *f;* art poétique *m*
költő [~k, ~t, ~je] poète *m*
költőgép couveuse artificielle; (appareil) incubateur *m*
költői [~ek, ~t] poétique; de poète; ~ *alkotás* composition poétique *f;* ~ *szabadság* licence poétique *f;* ~ *tehetség* talent *m* de poète
költőnő poétesse; femme poète
költőpénz argent *m* de poche *v* à dépenser
költött [~ek, ~et; ~en] 1. d'imagination; inventé(e) (de toutes pièces); fictif; -ive; 2. *(név)* supposé, -e
költözés 1. *(népeké)* migration *f;* *(madaraké)* pérégrination *f;* passage *m;* 2. *(lakásból)* déménagement *m*
költözik [~tem, ~ött, ~zék *v* ~zön] 1. *(vhová)* élire domicile à ...; s'établir à ...; 2. déménager; procéder à un déménagement; 3. *(madár)* émigrer
költöző [~k, ~t] ~ *madár* oiseau migrateur

költség frais *m pl;* dépense *f;* débours; déboursés *m pl; gondoskodik a* ~*ek fedezéséről* pourvoir aux frais; ~*ek megállapítása* déclaration *f* de frais et dépens; ~*ekbe veri magát* se mettre en frais *v* en dépense; *vki* ~*ére* aux frais de q; *saját* ~*ére* à son compte; *à ses frais; saját* ~*ére és veszélyére* à ses risques et périls; ~*et okoz* occasionner des frais; *a* ~*eket közösen viselik* faire bourse commune
költségelőirányzat *(munkánál)* état des frais *v* des dépenses; ~*ot készíttet* faire établir un devis
költségelőleg avance *f*
költséges [~ek, ~et] dispendieux; coûteux; onéreux, -euse
költségjegyzék état *m* de fais; note *f* des dépenses
költségmentes exempt(e) de frais; gratuit, -e
költségszámla compte *m* des frais *v* dépenses; *ker :* note *f* de frais
költségtöbblet excédent *m* de dépenses
költségvetés 1. budget *m;* *a* ~ *elfogadása* l'adoption *f* du budgetet; *a* ~ *tárgyalása* l'examen *m* du budget; 2. *(idő)* exercice *m;* 3. *(nem állami)* devis *m;* évaluation *f v* état *m* des frais ; 4. *átv:* *havi* ~ *(dolgozóké)* budget *m; szerepel a* ~*ben* émarger au budget
költségvetési budgétaire; ~ *egyensúly* équilibre budgétaire *m;* ~ *előirányzat* préliminaire budgétaire *m;* ~ *év* exercice *m;* ~ *maradvány* excédent budgétaire *m;* ~ *tétel* chapitre *m* du budget; ~ *tétel más címre való átvitele* virement *m* de compte; *a* ~ *tételeket elosztja* ventiler les dépenses du budget
kölykezik [~ett, ~zék *v* ~zen] mettre bas; faire ses petits
kölyök [kölykök, kölyköt, kölyke] 1. petit *m;* *(kutya)* chiot *m; (macska)* chaton *m;* 2. *(gyerek)* gamin; moutard; môme; mioche; galopin *m;* *(rossz ért.)* morveux; polisson *m*
kömény cumin noir; nigelle sative *v* romaine

köménymag cumin *m*
kőmetszet lithographie *f*
kőműves [~ek, ~t, ~e] maçon *m*
kőművesinas apprenti maçon
kőműveskalapács marteau *m* de maçon
kőműveskanál truelle *f*
kőművessegéd aide-maçon; ouvrier maçon *m*
köntörfalaz tergiverser; tourner autour du pot; *nem* ~ *y aller rondement*
köntörfalazás tergiversation *f*; ambages *f pl*
köntös [~ök, ~t, ~e] 1. robe *f*; vêtement; manteau *m*; 2. *átv*: livrée; forme *f*
könny [~ek, ~et, ~e] larme *f*; pleurs *m pl*; ~*be lábad a szeme* il fond en larmes; ~*be lábadt szemmel* les yeux embués; ~*ben úszik* être (tout) en pleurs; *a* ~*ekig meghatva* attendri(e) *v* touché(e) jusqu'aux larmes; ~*ekre fakad* fondre en pleurs; ~*eit letörli* essuyer ses pleurs; ~*eket ont* verser *v* répandre des larmes
könnycsepp larme *f*; ~*ek* une rosée de larmes
könnyebb [~ek, ~et] plus facile; plus léger (-ère); plus aisé(e); ~*é tesz* faciliter; ~ *végét fogja a dolognak* il n'en prend qu'à son aise
könnyebbít 1. *(súlyban)* alléger; ~ *vkinek a terhén* soulager q; 2. rendre plus facile
könnyebbség facilités *f pl*; *nagy* ~ *ez nekem* c'est un grand débarras pour moi
könnyed désinvolte; dégagé, -e; léger, -ère; leste; aisé, -e; facile; ~ *stílus* style facile *v* dégagé
könnyedén avec aisance; sans y penser; à la légère; ~ *érint* frôler; toucher à fleur de peau
könnyedség facilité; aisance; légèreté; souplesse *f*
könnyelmű [~ek, ~t] insouciant; irréfléchi, -e; léger, -ère; inconsidéré, -e; ~ *ember* tête légère
könnyelműség légèreté (de caractère); inconsidération; incurie; frivolité *f*
könnyelműsködik [~tem, ~ött, ~jék *v* ~jön] faire des sottises; se conduire en étourdi(e)

könnyen 1. *(nem nehezen)* facilement; aisément; 2. *(öltözve)* légèrement; à la légère; 3. *(nem ellenkezve)* ne pas faire difficulté de *(inf)*; *maga* ~ *beszél!* vous en parlez bien à votre aise *v* à l'aise; ~ *kezelhető jellem* caractère commode *m*; ~ *sebesült* légèrement blessé(e); *olyan* ~ *történhet baj!* un accident est si vite arrivé! ~ *vesz vmit* prendre qc à la légère
könnyes [~ek, ~et; ~en] éploré, -e; ~ *szemek* yeux humides
könnyezik [~tem, ~ett, ~zék *v* ~zen] verser *v* répandre des larmes
könnyfakasztó lacrymogène; ~ *bomba, gáz* gombe *f*, gaz *m* lacrymogène
könnyít [~ettem, ~ett, ~sen] 1. *(terhet)* alléger; *(a hajón, léggömbön)* délester; jeter du lest; 2. *(feladatot)* rendre plus facile; 3. *vkin* ~ soulager q; délester q; *hogy* ~*sen a lelkén* pour l'acquit de sa conscience; ~ *magán* se soulager; ~ *a szívén* soulager son cœur
könnyítés 1. *(súlyban)* allègement *m*; 2. facilités *f pl*; adoucissement *m*
könnyű [~ek, ~t] I. *(mn)* 1. *(súlyban)* léger, -ère; 2. *(megtenni, megérteni)* facile; aisé, -e; *nem* ~ *(inf)* ce n'est pas chose facile que de *(inf)*; *ezt* ~ *mondani* c'est facile à dire; ~ *álma van* avoir le sommeil léger; ~ *bor* vin léger; ~ *büntetés* punition légère; *ez nem olyan* ~ *(dolog)* si tu crois que c'est commode! ~ *dolga van* avoir beau jeu; ~ *erkölcsű* léger, -ère; *legyen neki* ~ *a föld!* que la terre lui soit légère; ~ *gyaloság* infanterie légère; ~ *halál* mort douce; ~ *megoldás* solution *f* de facilité; ~ *szerrel* sans effort; à peu de frais; ~ *szerrel elfoglal* occuper sans coup férir; ~ *szerepe van* jouer sur le velours; ~ *szövet* étoffe légère; ~ *vadászgép* chasseur léger; ~ *zene* musique légère; II. *(fn) vmi* ~*t eszik* prendre un repas léger
könnyűfém métal léger
könnyűipar industrie légère
könnyűvérű *(nő)* de mœurs légères; facile; évaporée

könnyzacskó sac lacrymal; dacryocyste m
kőnyomás; kőnyomat lithographie; typolithographie f
kőnyomda imprimerie lithographique; lithographie f
könyök [~ök, ~öt, ~e] **1.** coude m; ~ével lökdös coudoyer q; jouer des coudes; ~ével meglök vkit pousser q du coude; már a ~ömön jön ki j'en ai jusque-là; **2.** ép: aisselier; jarret m; brisure f
könyökcső tuyau coudé; coude m
könyöklő [~k, ~t, ~je] accoudoir; appui m; (dívanyon) appui-bras m; (fal) mur m d'appui
könyököl [~tem, ~t, ~jön] **1.** s'accouder; mettre les coudes sur qc; **2.** (előretörve) jouer des coudes
könyökvédő fausse manche; gardemanche m
könyöradomány aumône; obole f
könyörgés 1. imploration; supplication; adjuration f; (bocsánatért) déprécation f; vkinek ~ére sur les sollicitations de q; **2.** vall: oraison; prière; invocation f
könyörög [~tem, -rgött, ~jön] **1.** ~ vkinek supplier; implorer; adjurer (mind: q de és inf); insister auprès de q; ~ve kér adjurer; **2.** (vmiért) implorer qc; quêter qc; mendier qc; vall: ~j érettünk! priez pour nous!
könyörtelen impitoyable; implacable; inexorable; ~ ember un tigre
könyörül [~tem, ~t, ~jön] ~ vkin faire grâce v miséricorde à q; avoir pitié de q
könyörületes [~ek, ~et; ~en] pitoyable; miséricordieux, -euse; charitable
könyörületesség miséricorde; charité; pitié; compassion f; ~re indít apitoyer
könyv [~ek, ~et, ~e] **1.** livre; bouquin m biz; ~ek között böngészik bouquiner; megír egy ~et écrire v établir v achever un livre; **2.** ker: ~be bevezet vmit passer écriture de qc; ~et vezet vmiről tenir un journal de qc; tenir une comptabilité de qc; a ~eket megvizsgálja apurer v reviser une comptabilité
könyvalakban en volume; ~ban megjelenik paraître en volume
könyvállvány bibliothèque (étagère)
könyvárusi forgalmon kívül hors commerce
könyvbarát bibliophile n; amateur m de livres
könyvbírálat critique f
könyvel [~tem, ~t, ~jen] I. (tgyl i) tenir les livres v les écritures; II. (tgy i) (tételt) inscrire; porter au crédit v au débit de q
könyvelés tenue des livres; comptabilité f; écritures f pl
könyvelő [~k, ~t, ~je] comptable; teneur m de livres
könyvelőség comptabilité f
könyvespolc étagère (bibliothèque) f; (egy rekesze) rayon m
könyvgyűjtő bibliophile n; amateur m de livres
könyvismertetés compte rendu m
könyvjegyzék catalogue m
könyvjelző liseuse f; (szalag) signet m
könyvkereskedelem le commerce du livre; la librairie
könyvkereskedés librairie f
könyvkereskedő libraire m
könyvkiadás édition f
könyvkiadó éditeur m; ~ vállalat maison d'édition v éditrice; (címlapon) aux éditions (pl: Larousse)
könyvkötés; könyvkötészet reliure f (de livre)
könyvkötő relieur, -euse n
könyvmoly 1. áll: teigne f des livres; œcophore m; **2.** átv: rat de bibliothèque; bibliomane m
könyvnap journée v kermesse f du livre
könyvnyomda imprimerie f
könyvnyomópapír papier m d'édition
könyvnyomtatás imprimerie; typographie f
könyvpiac commerce m de livres; megjelenik a ~on paraître en librairie
könyvszakértő ker: expert-comptable m
könyvszekrény (armoire-)bibliothèque f
könyvtár bibliothèque f

| könyvtári | 535 | körfordulat |

könyvtári de (la) bibliothèque; ~ *kutatás* recherches *f pl* de bibliothèque
könyvtáros [~ok, ~t, ~a] bibliothécaire *n*
könyvtártan bibliotechnie; bibliothéconomie *f*
könyvterjesztés colportage *m* de livres
könyvterjesztő *vállalat* messagerie *f*
könyvvezetés; -vitel tenue des livres; comptabilité *f; kettős* ~ comptabilité en partie double; digraphie *f*
könyvvizsgálat censure *f;* contrôle *m* (de livres); *(üzletben)* examen *m*
könyvvizsgáló censeur *m*
könyvzárlat clôture *v* balance *f* des livres
kőolaj huile *v* essence minérale; pétrole *m*
kőolajfinomítás raffinage *m*
kőolajfinomító raffinerie *f*
kőolajmező gisements *m pl* de pétrole
kőolajtársaság compagnie pétrolière
köp [~tem, ~ött, ~jön] 1. cracher; expectorer; *vért* ~ cracher du *v* le sang; 2. *átv:* ~*i a leckét* dégobiller; 3. *arg:* *(vall)* se mettre à table
köpcös [~ök, ~t; ~en] trapu; bedonnant, -e; rondelet, -ette; replet, -ète; corpulent, -e; ~ *ember* courtaud *m*
köpeny [~ek, ~t, ~e] 1. *ld:* **köpönyeg**; *orvosi* ~ blouse blanche; 2. *(gépé, töltésé, bástyáé stb.)* chemise; gaine; enveloppe *f; (motoré)* capot *m*
köpet crachat *m;* expectoration *f*
köpköd [~tem, ~ött, ~jön] 1. crachoter; cracher; 2. *(motor)* bafouiller; ~*ni tilos!* défense de cracher (sur le plancher) !
kőpor sablon *m; (súroláshoz)* grès *m; (franciáknál inkább:)* tripoli *m*
köpőcsésze crachoir; bassin *m* à cracher
köpöly [~ök, ~t, ~e] ventouse *f*
köpönyeg [~ek, ~et, ~e] 1. paletot; manteau; pardessus; surtout *m; (ujjatlan)* cape *f; (katonai)* capote *f* (de soldat); *(kapucnival)* cape *f;* 2. ~ *alatt* en sous-main; sous le manteau; *eső után* ~ c'est la moutarde après le dîner; ~*et fordít* tourner casaque
köpönyegforgató girouette *f;* polichinelle *m;* protée *m*

köpül [~tem, ~t, ~jön] *(vajat)* baratter; battre du beurre
kör [~ök, ~t, ~e] 1. *mat:* cercle *m;* ~ *alakú* circulaire; ~*be áll* se mettre *v* se ranger en cercle; ~*be írt* inscrit(e) dans un cercle; ~*t rajzol* tracer un cercle *v* un rond; ~*t szerkeszt (három ponton keresztül)* faire passer une circonférence (par trois points); 2. *ált:* rond; tour *m;* ~*be ad* se passer à la ronde; ~*be fog* envelopper; cerner; ~*be jár a)* tourner autour; *b)* passer à la ronde; ~*ben* en cercle; en rond; ~*ben énekelnek* chanter à la ronde; ~*ben mozgó v forgó* révolutif, -ive; giratoire; ~*ben szalad* tourner en rond; ~*t ír vmi körül* encercler; 3. *(környezet)* milieu; monde *m; magasabb* ~*ök* les milieux dirigeants; la haute société; *írói* ~*ökben* dans le monde des lettres; *a minisztériumhoz közel álló* ~*ökben* dans les milieux touchant de près le ministère; *szűk* ~*ben* en petit comité; 4. *(dologé)* sphère *f;* domaine; ressort; cercle *m;* aire *f; az emberi ismeretek* ~*e* le cercle *v* la sphère des connaissances humaines; *ebben a* ~*ben* dans cet ordre d'idées; 5. *(vonzási)* orbite *f;* 6. *(visszatérő átv:)* circuit *m;* ~*ben forgó okoskodás* cercle vicieux; 7. *(mondáké; időszaki jelenségeké)* cycle *m;* 8. *(kapcsolási)* circuit
kör [~ök, ~t, ~je] *kárty:* cœur *m;* ~ *alsó* valet *m* de cœur; ~*t hív v ad* jouer (du) cœur
kőrajz lithographie *f*
köralak forme circulaire; circularité *f*
körbe-körbe à la ronde
körbélyegző tampon rond *v* circulaire
körcikk *mat:* secteur *m*
köré I. autour de qc; *mat:* ~ *írt (sokszög)* circonscrit(e) à qc; II. *ld:* **köréje**
köréje autour de lui *v* d'elle; sous son drapeau
köret garniture *f*
körfal mur *m* d'enceinte *v* de clôture
körfolyamat cycle *m*
körfordulat tour *m;* révolution *f; (lóé v lovascsapaté)* caracole *f*

körforgalom train circulaire *m;* (utcán) sens giratoire *m*
körforgás 1. rotation *f;* mouvement circulaire *v* giratoire *m;* **2.** *csill:* révolution *f;* **3.** *(jelenségeké)* cycle *m;* *(káros)* cercle vicieux
körgallér pèlerine *f;* *(női)* boléro *m*
körhagyó excentrique; centrifuge
körhagyóság excentricité *f*
körhinta 1. carrousel *m;* **2.** *(torna)* pas *m* de géant
körirat 1. circulaire *f;* **2.** *(pénzen)* exergue *m;* légende *f*
kőris [~ek, ~t, ~e] *(magas)* ~ frêne *m*
kőrisbogár (mouche) cantharide *f*
körít [~ettem, ~ett, ~sen] *vmivel* ~ garnir de qc
körítés garniture *f*
körív arc *m* (de cercle)
körívszelő *mat:* corde *f*
körjárat ronde *f;* ~*on van* effectuer une tournée de surveillance
körjegyzék circulaire *f*
körkép tableau panoramique; panorama *m*
körkérdés enquête *f;* *(hírlapi)* referendum *m;* ~*t intéz* organiser une enquête
körkörös [~ek, ~t] circulaire; concentrique
körkötőgép tricoteuse circulaire *f*
körlet 1. rayon *m;* **2.** *kat:* quartiers *m pl*
körlevél (lettre) circulaire *f*
körmenet procession *f; részt vesz a* ~*ben* suivre la procession
körmérkőzés tournoi *m;* poule *f*
körmondat période *f*
körmozgás marche *f v* mouvement *m* circulaire
körmöl [~tem, ~t, ~jön] noircir *v* gratter du papier
körmönfont [~ak, ~at] subtil, -e; spécieux, -euse; retors, -e; artificieux, -euse
környék [~et, ~e] contrée *f;* environs; alentours *m pl;* région; périphérie *f;* *(nagyvárosi)* grande banlieue; les faubourgs *m pl;* *(táj)* la campagne environnante; *a* ~*en* aux environs; *vminek* ~*én* à l'entour de qc

környékez [~tem, ~ett, ~zen] environner; entourner; ceindre *(pl:* de remparts); enceindre *(többnyire szenvedő szerk.);* *a guta* ~*i* il sent l'approche d'un coup de sang
környezet 1. milieu *m;* ambiance; collectivité *f;* meghitt ~ l'intimité *f* (de q); **2.** *pej:* *(alacsony, károsan befolyásoló)* promiscuité *f;* **3.** *átv:* *(lelki)* climat *m;* atmosphère *f;* **4.** *(táj)* elragadó ~ cadre enchanteur
környezettanulmány enquête *f* sur les conditions de vie
környezettényező facteur *m* d'ambiance
környező [~ek, ~t] environnant; adjacent, -e; limitrophe; ambiant, ~e
körorvos médecin *m* d'arrondissement
köröm [körmök, körmöt, körme] **1.** ongle *m;* *(ragadozóé)* griffe *f;* *(marháé)* onglon *m;* ~ *alatti* sous-unguéal, -e; *körmére üt vkinek* taper *v* donner à q sur les ongles; *körmét tisztítja* se faire *v* se curer les ongles; *körmét rágja* se ronger les ongles; **2.** *műsz:* came *f;* **3.** *körmére ég a dolog* le travail se fait urgent *v* pressant; *körmei közé kaparint* mettre la main sur qc; *lekapták a tíz körméről* il a reçu son compte; *majd a körmére nézek* je l'aurai à l'œil
körömápoló manucure *n;* *(lábon)* pédicure *n*
körömcipő escarpin; décolleté *m*
körömkefe brosse *f* à ongles
körömlakk vernis *m* à ongles
körömolló ciseaux *m pl* à ongles
körömpiszkáló lime *f* à ongles
körömráspoly; körömreszelő lime *f* à ongles
körömszakadtáig avec acharnement; jusqu'au bout; ~ *tagad* nier fort et ferme
körös-körül tout autour (de) qc; alentour; à la ronde
köröz [~tem, ~ött, ~zön] **I.** *(tgyl i)* *(rep, sp, madár:)* tourner en cercle; **II.** *(tgy i)* rechercher; lancer un mandat d'arrêt contre q
körözés 1. *rep:* circuit *m* d'attente; **2.** *(vadé)* randonnée *f;* **3.** *(rendőri)* mandat *m* d'arrêt

körözőlevél mandat *m* d'arrêt
körrendelet circulaire *f;* arrêté-circulaire *m*
körséta tour *m*
körsugár *mat:* rayon *m*
körsugárzás émission omnidirectionelle
körszakáll collier *m* de barbe; barbe *f* en collier
körszelet 1. *mat* segment (circulaire *v* cercle) *m;* 2. *(kerek szelet)* rouelle *f*
körtánc ronde *f*
körte [-ék, -ét, -éje] 1. poire *f;* ~ *alakú* en poire; piriforme; 2. *(villany~)* ampoule *f*
körút 1. *(utca)* boulevard *m;* 2. *(utazás)* voyage circulaire *m;* périple *m; (hajóé, repülőé)* croisière *f; (hivatalos, művészi)* tournée *f;* ~*on van* faire une tournée
körül 1. autour de; aux environs de; à l'entour de; au pourtour de; 2. *(körülbelül)* environs; vers; voisin de...; *(korról, összegről így is:)* dans les...; 3. *átv:* au sujet de...; en marge de...
körüláll *vkit* faire cercle autour de q; entourer q
körülárkol 1. entourer de fossée; fossoyer; 2. *kat:* retrancher
körülbelül environ; à peu près; à peu de chose près; quelque chose comme; *(számról így is:)* dans les...; *(szövegről)* en substance; ~ *két éve* il y a bien deux ans; ~ *ezt mondja* il dit en substance; ~ *egyforma* tant plus que moins
körülcsavar enrouler; entortiller
körülépít entourer de constructions *v* d'édifices
körülfalaz circonscrire par des murs; ceindre d'un mur
körülfog 1. cerner; 2. *(ellenséget)* envelopper; *(várat)* investir; 3. *átv:* enserrer; embrasser
körülfon 1. entourer; tisser autour de qc; 2. *(kígyó)* enlacer dans ses replis
körülhajóz faire le tour de qc; circumnaviguer
körülhatárol délimiter; circonscrire
körülhord(oz) 1. promener; exhiber; passer; 2. *(tüntetőleg vkit:)* s'affi-

cher avec q; *diadalmenetben* ~ porter en triomphe; 3. *(italt)* servir
körülír 1. périphraser; indiquer *v* exprimer en périphrase; 2. *mat:* circonscrire à qc
körülírás 1. périphrase; circonlocution *f;* ~*okban beszél, ír* s'exprimer *v* parler en *v* par périphrases; 2. *mat:* circonscription *f*
körülírt 1. périphrastique; 2. *mat:* circonscrit(e) à un cercle
körüljár 1. *(vmit)* tourner autour de qc; faire une ronde; 2. *(pályát)* parcourir qc; faire le tour de qc; 3. *(tárgy)* circuler; *(hír)* passer de bouche en bouche
körülkerít 1. enclore; entourer d'une haie; 2. *(ellenséget) ld:* **körülfog**
körülmény circonstance; condition; modalité *f; (vmi mellett* v *ellen szóló)* préjugé *m;* ~*ek összejátszása* conjoncture *f;* ilyen ~*ek között* dans ces conditions; en l'état; en l'espèce; *minden* ~*ek között* en toute circonstance; *ha a* ~*ek kívánják* s'il y a lieu; *a* ~*ekhez képest* selon les circonstances
körülményes [~ek, ~et] 1. circonstancié, -e; 2. *pej:* compliqué; diffus, -e
körülmetél circoncire
körülnéz promener son regard autour de soi; poser son regard sur l'assistance
körülötte autour de lui; alentour; ~ *sürög-forog* tourner *v* rôder alentour
körülrajong idolâtrer; adorer; ~*ják on se* l'arrache
körülsáncol garnir de remparts; retrancher
körülszaglász flairer
körülszeg garnir à l'aiguille
körülteker enrouler; entortiller; *(kígyó így is):* lover
körültekint 1. *ld:* **körülnéz**; 2. *átv:* faire un tour d'horizon
körültekintés le tour des yeux; circonspection *f; gondos* ~*sel* avec vigilance *v* circonspection
körültekintő [~ek, ~t] circonspect; avisé, -e

körülutaz *vmit* faire le tour de qc
körülvesz 1. *vmivel* ~ environner *v* entourer *v* flanquer de qc; **2.** encercler; embrasser; **3.** *(fallal)* enceindre *v* ceindre de qc; **4.** *(felülről)* coiffer; couronner; **5.** *(dicsőség)* auréoler; **6.** *(vkit)* faire cercle autour de q; entourer q; *két rendőrtől körülvéve* flanqué *v* encadré de deux agents; **7.** *(ellenséget)* cerner; envelopper; *(várat)* investir
körülvezet *(vhol)* faire le tour à q; ~*i a vendégeket* faire les honneurs de la maison
körülvisz *vhol* emmener *v* emporter autour de qc
körülzár 1. *(ellenséget)* envelopper; cerner; *(várat)* investir; bloquer; **2.** *(válságot, járványt)* localiser (une crise, une épidémie); **3.** encaisser; enfermer
körvadászat battue marchante
körvasút chemin de fer *m v* ligne *f* de ceinture
körvonal 1. contour; linéament; pourtour *m;* silhouette *f;* *(emberi teste)* galbe *m;* *(arcé)* coupe *f;* profil *m;* *a hegyek* ~*ai* la silhouette des montagnes; ~*ai kirajzolódnak* se silhouetter; se profiler; ~*aiban megrajzol* profiler; **2.** *mat:* périphérie *f*
körvonalaz 1. dessiner les contours de qc; **2.** *átv:* définir; déterminer; indiquer
körzet 1. *(igazgatási)* circonscription *f;* district *m;* **2.** *(környék)* enceinte; zone *f;* **3.** *vill:* section *f;* **4.** *(pártszervezeti)* section; **5.** *(kerület)* rayon; périmètre *m; tíz mérföldnyi* ~*ben* à dix lieues à la ronde
körzeti sectionnel, -elle; ~ *kezelőorvos* médecin *m* de quartier; ~ *pártbizottság* bureau *v* comité *m* de section
körző [~k, ~t, ~je] compas *m*
körzőnyílás ouverture *f* de compas; *műsz:* bade *f*
körzőszár branche *f* de compas; *műsz:* jambe *f*
kősó sel gemme *m;* pierre de sel; halite *f*
kőszén houille *f;* charbon *m* de terre; *(antracit)* anthracite *m;* ~*ből nyert olajok* huiles *f pl* de houille

kőszénbánya houillère *f;* charbonnage *m*
kőszénmedence bassin houiller
kőszikla; kőszirt rocher; roc *m*
kőszív cœur marmoréen *v* de roche *v* de bronze *v* d'airain
köszön [~tem, ~t, ~jön] **1.** ~ *vkinek* saluer q; dire bonjour à q; **2.** *vmit vkinek* remercier q de qc; ~*öm szépen* merci, Monsieur *(v* Madame *v* Mademoiselle); *előre is* ~*öm* merci d'avance *v* à l'avance; ~*öm, hogy* je vous remercie *v* j'ai à vous remercier de ce que *v* de *(inf);* **3.** *(vkinek köszönheti)* devoir qc à q; être redevable à q de qc; *neki* ~*hetem* je lui en ai l'obligation; *minek* ~*hetem a szerencsét?* qu'est-ce qui me vaut le plaisir *v* l'honneur de votre visite? *az életét* ~*heti vkinek* devoir la vie à q; *romlását saját gondatlanságának* ~*heti* sa ruine est due à sa négligence
köszönés salut *m;* salutation *f;* coup *m* de chapeau
köszönet 1. remerciement; remerciment *m;* gratitude *m;* reconnaissance *f;* *fogadja előre is* ~*emet* veuillez recevoir (avec) mes remerciements anticipés; ~*et mond* exprimer sa gratitude à q; ~*tel felvettem* pour acquit; dont quittance; ~*tel veszem* vous m'obligerez beaucoup; **2.** *(formulákban:)* ~ *vmiért* merci pour de qc; *meleg* ~ remerciements chaleureux; **3.** *megtette, de nincs* ~ *benne* il l'a fait, mais à quel prix *v* mais comment!
köszönőlevél lettre *f* de remerciements
köszönt [~öttem, ~ött, ~sön] **1.** saluer; faire un salut; *(válaszolva)* rendre un salut; ~*se nevemben kedves feleségét* (veuillez présenter) mes compliments à Madame X *.* . ; **2.** *(vmilyen alkalommal)* complimenter; présenter ses compliments à q
köszöntés 1. salut *m;* salutation *f;* **2.** *(üdvözlés)* compliment *m; a szokásos* ~*ek* les compliments d'usage
köszörűgép meule mécanique; affûteuse
köszörűkő pierre *v* meule *f* à affûter

köszörül [~tem, ~t, ~jön] 1. repasser; affûter; 2. *(drágakövet)* tailler; 3. *~i az elmét* ouvrir l'esprit; *~i a torkát* racler sa gorge
köszörülés 1. repassage; affûtage; émoulage *m;* 2. *(drágakőé)* taille *f*
köszörűs [~ök, ~t, ~e] repasseur *m* (de couteaux et ciseaux); *(házaló)* gagne-petit *m*
köszvény goutte *f; orv:* polyarthrite déformante; *(lábon)* podagre *m*
köszvényes [~ek, ~t; ~en] goutteux, -euse *m*
köt [~öttem, ~ött, kössön] I. *(tgy i)* 1. *(tárgyat)* attacher; 2. *(könyvet)* relier; 3. *(kévét, rőzsét, csokrot)* lier; 4. *(kézimunkát)* tricoter; *(hálót)* mailler; 5. *(csokorra, görcsre)* nouer; *(görcsöt stb.)* faire; 6. *(kardot, övet)* mettre; ceindre; 7. *(köveket)* ép: enlier; 8. *(vmihez hozzá, vmire)* lier à qc; attacher à qc; 9. *(úttal)* relier à qc; 10. *(békét, üzletet)* conclure; *(szerződést)* passer; signer; 11. *(erkölcsileg)* lier à qc; engager; rattacher à qc; *~i ígérete* il est lié par sa promesse; *~i a titoktartás* être tenu(e) à la discrétion; *az orvost ~i az orvosi titoktartás* le médecin est tenu au secret professionnel; 12. *magához ~ vkit* s'attacher q; 13. *~ve van vkihez* être rivé(e) *v* attaché(e) à q; *vkinek a beleegyezéséhez ~* subordonner au consentement de q; *a valuta értéke az aranyhoz volt ~ve* la monnaie était gagée sur l'or; *a kanadai dollár az USA dollárhoz van ~ve* le dollar canadien est aligné sur le dollar USA; *engedély bemutatásához van ~ve* être subordonné(e) à la présentation d'une licence; 14. *~i magát vmihez* s'attacher à qc; ne pas démordre de qc; 15. *zen: nem ~ve détaché;* 16. *nem ~ök mindent az orrára* je me garderai bien de le lui dire; *~ni való gazember* pendard; infâme coquin *m;* *ugyancsak ~i az ebet a karóhoz, hogy* il se fait fort de *(inf);* II. *(tgyl i)* 1. *(cementről)* faire prise; 2. *(gyümölcs)* nouer; 3. *(kötőtűvel)* faire du tricot

kötbér pénalité; indemnité *f;* dédit *m*
köteg [~ek, ~et, ~e] faisceau *m;* *(zöldség, virág)* botte *f;* *(rőzse)* fagot *m;* *(papir)* liasse *f*
kötekedik [~tem, ~ett, ~jék *v* ~jen] *~ vkivel* provoquer q; taquiner q; *(nő)* agacer q
kötél [kötelek, kötelet, kötele] 1. corde *f;* câble *m;* attache *f; ha minden ~ szakad* au pis aller; en mettant le pire; *~ általi halál* peine capitale par pendaison; *~en táncol* danser sur la corde; *~re vesz* prendre en remorque; *elszakítja köteleit* rompre ses liens *v* ses attaches; *kötelet érdemel* mériter la corde; 2. *~nek áll* marcher; *nem áll ~nek* il ne marche pas; il ne mord pas à l'hameçon
kötelék [~ek, ~et, ~e] 1. lieu *m;* attache *f (érzelmi is, különösen tb);* 2. *(seben)* bandage *m;* 3. *kat:* unité *f*
kötelem [-lmek, -lmet, -lme] obligation *f;* engagement *m*
köteles [~ek, ~t] I. *(mn)* 1. *(vmire)* obligé, -e; *(de és inf) v (à és inf); jog; ~ gondosság* due diligence *f; ~ példány* dépôt légal *v* d'imprimé; *~ rész (örökösödésnél)* part de réserve; réserve *f; ~ tisztelet* respect dû (à q); tribut *m* d'estime; 2. *(szokásos)* obligatoire; II. *(fn)* cordier *m*
kötelesség devoir *m;* obligation *f (vkivel szemben:* envers q); impératif; office *m; a ~ parancsol* le devoir parle; *a ~ útja* le chemin *v* la ligne du devoir; *az a szomorú ~ vár rá, hogy* avoir le triste devoir de *(inf); az ön ~e* votre devoir vous y oblige; *~ből tesz vmit* faire qc par manière d'acquit; *eleget tesz a jó honpolgár ~einek* remplir les obligations d'un bon citoyen; *figyelmeztet vkit ~ére* appeler son devoir à q; *~ét elhanyagolja* se départir de son devoir; *megteszi ~ét* faire sa tâche; *teljesíti ~ét* accomplir *v* remplir *v* faire son devoir
kötelességérzet le sentiment du devoir; esprit *m* de devoir
kötelességmulasztás 1. manquement *m* à son devoir; incurie; négligence *f;*

2. *(hivatali)* forfaiture; prévarication; carence *f*
kötelességszerű 1. conforme à ses devoirs; loyal, -e; 2. *(sablonos)* obligatoire
kötelességtudás assiduité; probité *f;* dévouement *m*
kötelez [~tem, ~ett, ~zen] *(vkit vmire)* obliger q à qc *v* à *(inf);* engager à qc *v* à; *ez semmire sem* ~ cela n'engage à rien; ~*i magát arra, hogy* s'obliger à *(inf)*
kötelezettség obligation *f;* devoir; engagement *m; személyes* ~ charge personnelle; ~ *megszűnése* l'extinction *f* d'une obligation; ~ *nélkül* sans engagement; ~ *nélküli ajánlat* offre *f* sans engagement; *mentesít a* ~ *alól* dégager de l'obligation; *eleget tesz* ~*einek* faire honneur à sa signature *v* à ses engagements; ~*eit megszegi* manquer à ses engagements; ~*et vállal* contracter une obligation; *(vmire)* prendre l'engagement de *(inf);* ~*et vállal vkivel szemben* s'engager avec q; ~*et vállal vkiért* s'engager pour q; *azzal a* ~*gel, hogy* à charge de *(inf) v* que
kötelező [~ek, ~t] obligatoire; obligé, -e; de rigueur; *nem* ~ facultatif, -ive; *nem* ~ *tantárgy* matière facultative; ~ *beszolgáltatás* livraison obligatoire *f;* ~ *bíráskodás* obligatorium *m;* ~ *biztosítás* assurance automatique *f;* ~ *erő (törvényé)* force coercitive; *a szerződések* ~ *ereje* la foi des traités; ~ *munkaszolgálat* service de travail obligatoire *m;* ~ *katonai szolgálat* service militaire obligatoire; conscription *f;* ~ *orvosi vizsgálat* visite *f* de médecine préventive obligatoire
kötelezvény obligation *f;* effet *m*
kötélgyártó cordier *m*
kötélhágcsó échelle *f* de corde; *haj:* échelle de coupée
kötélhinta trapèze *m*
kötélhúzás *sp:* lutte *f* à la corde *v* de traction de corde
kötélidegzetű aux nerfs solides
kötelmi *jog* droit *m* d'obligation; ~ *viszony* engagement *m*

kötélpálya funiculaire; chemin de fer téléférique *m*
kötéltáncos danseur *m* de corde; fil-de-ferriste; funambule *n;* voltigeur *m*
kötéltáncosmutatvány voltige *f*
kötélvasút funiculaire; chemin de fer *m* à cable *v* téléférique
kötélzet *haj:* cordages *m pl;* gréement; agrès *m*
kötény tablier *m; (bennszülötteké; fürdőben)* pagne *m*
kötés 1. *(két dologé)* liaison; jonction *f;* raccord; raccordement *m;* 2. *műsz:* joint *m;* 3. *vill:* jonction *f;* 4. *(csőé)* jonction; 5. *(ácsé)* assemblage *m;* 6. *(vasúti)* raccordement *m;* 7. *(kőé, tégláé)* appareil *m;* liaison *f;* 8. *ép (cementé:)* prise *f;* 9. *műsz: festék(ek)* ~*e* accrochage *m* de peintures; 10. *(vmihez)* rattachage *m;* 11. *(csomó)* nœud *m; (csomóra)* nouement *m;* 12. *(kézimunka)* tricot; tricotage; point *m* de tricot; 13. *(könyvé)* reliure *f;* 14. *(sebre)* bandage; pansement *m; leveszi a* ~*t* lever l'appareil; 15. *vegy:* liaison; fixation *f;* 16. *vívás:* engagement *m* d'épée; 17. *kert: (időszaka)* nouaison *f;* 18. *(szerződés)* alliance *f;* contrat *m; (meg* ~ *)* conclusion *f;* 19. *(tőzsdei)* opération; transaction *f;* 20. *zen:* liaison
kötet volume; tome *m*
kötetlen non relié(e); ~ *beszéd* prose *f*
kötjegy; kötlevél *(tőzsdei)* bordereau *\ de bourse v* d'agent de change; arrêté *m* du courtier
kötőanyag 1. liaison *f;* lien; liant; agglomérant *m:* 2. *gyógy:* intermède; excipient *m*
kötöde [-ék, -ét, -éje] atelier *m* de tricotage
kötőfék licou *m;* longe *f* (de cheval); bride *f*
kötőgép tricoteuse *f*
kötőhártya conjonctive *f*
kötőjel 1. trait *m* d'union; 2. *zen:* liaison *f*
kötőszó conjonction; particule conjonctive
kötőszövet tissu conjonctif

kötött [~ek, ~et] 1. fait(e) à l'aiguille; tricoté, -e; ~ holmit vásárol acheter de la bonneterie, 2. (könyv) relié, -e; 3. vill: dissimulé, -e; 4. ~ léggömb ballon captif; 5. ~ árrendszer régime m de prix taxés; ~ beszéd vers m; ~ gazdálkodás économie dirigée; ~ hő chaleur latente; zen: ~ játék coulé m; ~ talaj sol compact
kötöttség contrainte f; état m de contrainte
kötőtű aiguille f à tricoter; (vastag) broche f à tricoter
kötöz [~tem, ~ött, ~zön] 1. lier; attacher; ficeler; ~ni való bolond fou v folle à lier; mûr(e) pour le cabanon; 2. (szőlőt) accoler; 3. (sebet) panser
kötözőállomás poste m de secours; ambulance f
kötözőhely poste m de secours
kötözőzsineg ficelle lieuse; (karóhoz) paisselure f
kötszer objet de pansement; bandage; appareil m
kötszerdoboz trousse f de pansement
kötszövő gyár v ipar bonneterie f
kötszövöttáru bonneterie f
kötvény 1. obligation f; bon m; 2. (biztosítási) police f (d'assurance)
kötvénykibocsátás émission f d'obligation
kövér [~ek, ~et] I. (mn) 1. gros, grosse; replet, -ète; dodu, -e; ~ liba oie grasse v hypertrophiée; 2. (zsíros) gras, grasse; ~ esztendő(k) époque de vaches grasses; ~ föld terre grasse v plantureuse; ~ sajt fromage gras; 3. (betű) gros; II. (fn) le gras; szereti a ~jét il aime le gras
kövérség obésité f; embonpoint m; corpulence f
I. (fn) követ [~ek, ~et, ~e] 1. (küldött) messager, -ère; délégué(e); (régen, alsóházi) député m; (fegyverszünetről, békéről stb. tárgyaló) parlementaire m; 2. dipl: ministre m; (nagy~) ambassadeur, -drice n; (pápáé) légat; nonce m
II. (ige) követ 1. (utána menve) suivre; se mettre à la suite de q; rejoindre; nyomon ~ marcher sur la trace de q; 2. (üldözve) poursuivre; (rendőr titokban) filer; prendre en filature; 3. (sorban) succéder à q; 4. (vonal) suivre; longer; 5. (utána igazodva) suivre q; emboîter le pas à q; marcher sur les pas de q; ~i a jó példát s'inspirer des bons exemples
követel [~tem, ~t, ~jen] I. (ige) vmit exiger; prétendre à qc; requérir; (jogot, területet, birtokot) revendiquer; (jogtalanul, hatalmat, jogot stb.) s'arroger; sok gondot ~ exiger v réclamer, beaucoup de soin; tiszteletet ~ commander le respect; II. (fn) (rovat) avoir; crédit m
követelés 1. exigence; revendication; réclamation; f; területi ~ revendication territoriale; ~eket támaszt émettre des exigences; 2. (pénzbeli) créance f; dû m; soldes m pl; (számlán) avoir; crédit m; ~ek felszabadítása déblocage m de soldes; ~ek sorrendje l'ordre de succession; egy ~t behajt opérer la rentrée d'une créance
követelmény 1. exigence; prétention f; desideratum m; 2. (logikai) postulat; postulatum m
követelő(d)zik [~tem, ~ött, követelődzön] avoir des prétentions; se faire pressant(e)
követendő [~ek v ~k, ~t; ~en] à appliquer; à employer; à suivre; ~ példa exemple encourageant v à suivre
következésképpen en conséquence; par conséquent; partant
következetes [~ek, ~et] (ember) conséquent, -e (à v avec qc); logique; (okoskodás) suivi, -e; logique; ~ elme esprit conséquent; nem ~ manquer d'esprit de suite
következetesség esprit de suite v conséquent
következetlen inconséquent, -e; illogique
következik [~tem, ~ett, ~zék v ~zen] 1. (sorrendben) suivre qc; succéder à qc; ~ a trónon succéder au trône; egymás után ~ se succéder; se

suivre; 2. *(vmiből)* résulter; venir; découler; *amiből* v *ebből* ~, *hogy* il s'ensuit de là que; d'où il résulte que; *mi* ~ *ebből* que faut-il en conclure?
következmény conséquence; *f;* suites *f pl;* corollaire *m; (betegségé)* séquelles *f pl; az a* ~*e, hogy* avoir pour conséquence de *(inf); ennek az ügynek súlyos* ~*ei lesznek* cette affaire aura des suites graves; *a* ~*eket levonja* dégager *v* tirer les conséquences; *viseli a* ~*eket* subir *v* accepter les conséquences de qc; ~*ekkel jár* produire des conséquences; *súlyos* ~*ekkel járhat* être *v* apparaître lourd(e) *v* gros(se) de conséquences
következő [~k, ~t] I. *(mn)* 1. *(most következő)* suivant, -e; ci-après; ci-dessous; *(laputalásoknál) köv; kk;* sequens; sequentia *(röv:* sq; sqq; *v* ss); *a* ~ *nap(on)* le lendemain; 2. *(ezutáni időben)* prochain, -e; *a* ~ *alkalommal* la prochaine fois; 3. *vmi után, vmire* ~ subséquent(e) à qc; consécutif (-ive) à qc; 4. *az eredmény a* ~ le résultat est comme suit; 5. *(vmiből)* consécutif (-ive) à qc; II. *(fn)* suivant, -e *n; térjünk a* ~*re!* à l'autre! *kérem a* ~*t* au suivant! *a* ~*kben* dans *v* par ce qui suit; *a* ~*ket mondta nekem* il m'a dit ceci *v* ce qui suit
következően; (a) következőképpen comme ceci; comme suit; ainsi; *a szöveg a* ~ *hangzik* le texte est ainsi conçu
következtében; vminek ~ par suite de qc; en conséquence de qc; grâce à qc; en raison de qc; *annak* ~ *hogy* grâce au fait que; *ennek* ~ de ce fait; *minek* ~ en suite quoi; *baleset* ~ *meghal* mourir des suites d'un accident
következtet conclure de qc; présumer de qc; inférer de qc; induire de qc; déduire de qc; *hasonlóságból* ~ raisonner; *v* juger par analogie; ~ *a jövőre nézve* préjuger pour l'avenir; *a jelekből* ~*ve* à en juger sur les indices
következtetés 1. conclusion; argumentation *f; végső* ~ conclusion; *egy* ~*t* *levon* tirer une conclusion; *a végső* ~*t levonja* aller au bout de son idée; 2. *(logikai)* déduction; induction *f; hibás* ~ sophisme *m*
követő [~k, ~t, ~je] 1. *(vkié)* fidèle; disciple *m;* 2. *(tanításé)* adhérent -e; adepte *n;* 3. *sp: (versenyen)* suiveur *m*
követség 1. députation; ambassade *f;* 2. *dipl:* légation *f*
követségi de légation; ~ *attasé* attaché de légation
kövez [~tem, ~ett, ~zen] paver; *(nagy kövekkel:)* daller; *(szobát)* carreler
kövezet pavé; pavage *m; (nagy kövekkel)* dallage *m; (konyháé)* carrelage *m*
kövezőmunkás paveur; caillouteur *m*
kövirózsa joubarbe *f*
kövület fossile *m;* pétrification *f*
köz [~ök, ~t, ~e] 1. *(hely)* intervalle; entre-deux; espace; espacement *m; (szűk)* interstice *m; nagy* ~*ökben* ⋆ *elhelyezett* espacé, -e; ~*öket hagy* espacer; 2. *ép:* joint *m;* commissure *f;* 3. *nyomd:* espace *m;* approche *f;* 4. *(utcaátjáró)* passage *m;* ruelle *f;* 5. *(közösség)* communauté *f; a* ~ *la chose publique; a* ~ *érdekében* pour le bien public; *a* ~ *haszna* utilité publique; 6. *semmi* ~*öm hozzá a)* cela ne me regarde pas; *b)* il ne m'est rien; *semmi* ~*öm hozzád* tu ne m'es rien; *mi* ~*öm hozzá?* que m'importe? ~*e van hozzá* cela le regarde; *nincs* ~*e vmihez* n'avoir que faire de qc; *ennek semmi* ~*e hozzá* cela n'a aucun rapport; *mi* ~*e hozzá? semmi köze hozzá!* de quoi vous mêlez-vous? vous n'avez rien à y voir
közadakozás souscription nationale; ~*ból* grâce à la générosité publique
közadó impôt public
közalkalmazott fonctionnaire (public, publique); agent *m* de la fonction publique
közállapotok situation générale *v* état général (du pays)
közbecsülés estime *v* considération générale

közbeékel 1. interposer; coincer; incruster; 2. *(szöveget)* interpoler; insérer; 3. *(területet)* enclaver
közbeeső 1. *ld:* **közbenső**; 2. *(időben)* intervallaire; *a ~ idő* l'entre-temps *m;* distance *f*
közbeiktat 1. interpoler; insérer; intercaler; 2. *nyelv* intercaler; 3. *mat, vill:* interpoler
közbejön survenir; *hacsak valami közbe nem jön* à moins d'imprévu; sauf imprévu
közbejött I. *(mn)* ~ *akadályok miatt* à la suite d'empêchements survenus entretemps; II. *(fn)* *vkinek a ~ével* par le ministère de q; grâce à l'intermédiaire *v* à l'intervention de q
közbe-közbe de temps à autre; par intervalles
közbelép intervenir; intercéder
közben I. *(névutó)* 1. pendant; au cours de qc; au milieu de qc; 2. *játék* ~ en jouant; en plein jeu; II. *(hat)* *(időközben)* dans l'intervalle; cependant
közbenjár intercéder; intervenir
közbenjárás 1. intercession; intervention *f;* 2. *dipl:* bons offices; médiation *f*
közbenső [~k, ~t] intermédiaire; interposé, -e
közbeszéd 1. ~ *tárgya* cela défraye toutes les conversations *v* chroniques; 2. *nyelv:* *a ~ le langage* courant *v* usuel
közbeszól 1. *(beszédben)* interrompre q; couper la parole à q; 2. *átv:* se mettre de la partie; intervenir
közbeszólás 1. interruption *f;* 2. *átv:* intervention *f*
közbirtokosság communauté; copossession; copropriété *f*
közbizalom la confiance de ses concitoyens; crédit public
közbiztonság sécurité publique *v* générale
közbotrány scandale public
közcélú d'utilité publique
közé I. *(névutó)* parmi; entre; au milieu de; au rang de; *kettőjük* ~ entre eux deux; *a tömeg* ~ *parmi la* foule; *a tömeg* ~ *lő* tirer dans la foule; ~ *eső* interjacent, -e; *~bük, ~jük* entre eux; *(lő céloz, stb.)* dans le plein; dans le tas; *~jük keveredik* se mêler parmi eux; *a legnagyobb elmék* ~ *tartozik* il est un des plus grands génies; II. *(hat)* au milieu; dans le tas
közeg [~ek, ~et, ~e] 1. *fiz:* milieu *m;* 2. *(személy)* agent; organe *m*
közegészségügy hygiène *v* santé *v* salubrité publique
közegészségügyi d'hygiène (publique); sanitaire; ~ *intézet* institut *m* de l'hygiène publique
közel I. *(hat)* près; à proximité; *egész(en)* ~ tout près; ~ *áll vmihez* toucher de près à qc; ~ *áll a befejezéshez* être proche de l'achèvement; *a kormányhoz* ~ *álló körökben* dans les milieux touchant de près le gouvernement; ~ *eső* voisin, -e; proche; ~ *fekszik v felvő a gondolat, hogy* on serait tenté de croire que; on est porté à croire que; ~ *jár vmihez* (s')approcher de qc; *átv:* friser qc; ~ *jár a célhoz* toucher au port; ~ *jár az igazsághoz* serrer de près la vérité; ~ *jár az ötvenhez* il frise la cinquantaine; *ne jöjjön ~!* tenez-vous à distance; ~ *levő ld:* **közeli**; ~ *van hozzá, hogy* être sur le point de *v* en passe de *(inf);* II. *vmihez* ~ près de qc; à proximité de qc; III. *(mn)* 1. proche; prochain, -e; *~i rokon* proche parent de q; 2. *(mennyiségről)* près de...; ~ *sem annyi* tant s'en faut; IV. *(fn)* *a ~ben, a ~ében* à proximité; à côté; tout près; dans le voisinage; *itt a ~ben* à deux pas d'ici; *a part ~ében* en vue de la côte; *~ből, ~ről* de près
közelebb plus près; *mind* ~ de proche en proche; ~ *áll hozzá* il le touche de plus près; *~ről érint* toucher de près; ~ *hoz* rapprocher; ~ *jön* approcher; se rapprocher; *~ről* de plus près; *~ről megjelöl* préciser
közelebbi [~ek, ~t] I. *(mn)* 1. plus rapproché(e); plus proche; 2. *(részletes)* plus détaillé(e); plus précis(e);

~ **információk** précisions f pl; ~
megjelölés spécialisation f; II. (fn)
~t **megtudhat** a ... pour plus amples v
pour tous renseignements s'adresser
à ... ; **semmi** ~t aucune précision
közeledés 1. (térben) approche; avance
f; 2. átv: (ismerősök között)
rapprochement m; ~ politikája politique de détente
közeledik [~tem, ~ett, ~jék v ~jen]
1. (vmihez, vkihez) (s')approcher
(de ...); se rapprocher (de ...);
(jármű vkihez) arriver sur q; ~ az
óra l'heure approche; ~ a tél voici
venir l'hiver; mikor látta, hogy halála
~ quand il se vit près de mourir;
2. átv: toucher à q; se rapprocher
de q; 3. egymáshoz ~ se rapprocher
(l'un de l'autre)
közélelmezés ravitaillement public
közélet vie publique
közelgő [~ek, ~t; ~en] qui approche;
qui (s')avance; ~ veszély danger
imminent
közelharc corps à corps; combat m
d'homme à homme
közeli [~ek, ~t] 1. proche; rapproché,
voisin, -e; ~ barát ami intime;
egy nagyon ~ időpontban à une date
très rapprochée; ~ rokon proche
parent de q; 2. (különösen rossz
dologról) imminent, -e
közelítés 1. rapprochement m; approche f; 2. mat: approximation f
közelítő becslés évaluation approchée;
~ érték valeur approchée; ~ számítás calcul approché
közeljövő 1. a ~ l'avenir prochain;
a ~ben dans un proche avenir; 2.
nyelv: futur proche v d'imminence m
Közel-Kelet le Proche-Orient
közellátó myope; myopique
közember 1. l'homme de la rue v moyen;
2. tört: roturier m; 3. (katonai)
simple soldat; homme de troupe
közép [közepek, közepet, közepe] I.
(mn) moyen, -enne; du milieu;
II. (fn) 1. milieu; centre; cœur;
noyau m; (céltáblán) mouche f;
közepébe au milieu; (üt stb.) en plein;
(csoportba) dans le plein; vminek a

közepén au milieu de qc; az utca
közepén au beau milieu de la rue;
a ~en au milieu; au centre; (hosszának) à mi-longueur; (át) par le
milieu; 2. sp: centre m; sp: ~re ad
centrer
középpár prix moyen
középarány(os) (quantité) moyenne
középárfolyam cours moyen
középbirtokos propriétaire moyen
középcsatár sp: avant-centre; centre m
középdöntő sp: demi-finale; semifinale; mi-finale f
középérték 1. mat: moyenne; médiane
f; 2. ker: valeur moyenne
közepes [~ek, ~et] 1. moyen, -enne;
~ év v termés une année moyenne;
~ nagyságú de grandeur moyenne;
2. pej: médiocre; quelconque; ~
szellem esprit subalterne m; ~ tanuló élève médiocre; 3. isk: passable; asszezbien
Közép-Európa l'Europe centrale v
moyenne
középfedezet sp: demi-centre m
középfogalom terme moyen
középfokú 1. (iskola) secondaire; ~
oktatás enseignement secondaire; 2.
nyelv: comparatif, -ive
középfolyás cours moyen
középfutam sp: mi-finale; demi-finale;
semi-finale f
középfül oreille moyenne
középfülgyulladás otite moyenne
középhátvéd sp: demi-centre m
középhegység massif central
középiskola école secondaire f
középiskolai oktatás enseignement secondaire m; ~ tanár professeur de l'enseignement secondaire; professeur
agrégé
középítkezés construction f de bâtiments
publics; travaux publics
középkor moyen âge; késő ~ moyen
âge finissant; korai ~ pré-moyen âge m
középkori du moyen âge; médiéval, -e;
moyenâgiste
középkorú d'(un) âge moyen; d'un
certain âge; entre deux âges
középmagas de taille moyenne; de
hauteur moyenne

középmérték moyenne *f;* juste milieu *m*
középminőség qualité loyale *v* marchande
középosztály classe moyenne
középparaszt paysan moyen
középpont centre *m;* ~*ba állít* centrer; *az érdeklődés* ~*jában van* occuper le centre de l'attention
középső [~k, ~t] du milieu; du centre; médial; médian, -e; ~ *rész* partie milieu *f;* ~ *ujj* médius; doigt du milieu; majeur *m*
középszer médiocre *m;* médiocrité *f; arany* ~ médiocrité dorée
középszerű médiocre; moyen, -enne; banal; trivial; rebattu, -e
középút moyen terme; le juste milieu; médium; mezzo-termine *m;* (*pol így is:*) troisième force; *nincs* ~ il n'y a point de milieu; *marad a* ~*on* garder le juste milieu
középutas juste milieu; triforciste; ~ *politika* politique *f* du juste milieu; politique de la troisième force
középület bâtiment *v* édifice public
középüzemi *gazdálkodás* moyenne culture
középvonal 1. *mat:* ligne centrale; 2. (*testen, koponyán*) ligne médiane
közérdek l'intérêt général *v* commun *v* public; ~*ből* pour cause d'utilité publique; ~*ből cselekszik* intervenir dans l'intérêt général
közerkölcs mœurs publiques; ~ *elleni vétség* outrage *m* à la morale publique
közérthető intelligible *v* accessible à tout le monde; à la portée de tout le monde; ~ *nyelven* en langage clair
közérzet ̍moral *m; jó* ~ bien-être *m*
kőzet roche *f*
közétkezés repas commun
kőzettan pétrographie *f*
közfal 1. mur *m* de refend; cloison *f;* 2. (*közös*) mur mitoyen
közfelfogás opinion reçue *v* courante; ~ *szerint* censément
közfelháborodás colère *v* indignation publique *f*
közfelkiáltás acclamation *f;* vote acclamatif; ~*sal megválaszt* élire par acclamation
közfeltűnés sensation *f;* ~*t kelt* faire sensation

közfogyasztás consommation *f*
közgazdaság économie (politique) *f*
közgazdasági économique; d'économie politique; politico-économique
közgazdaságtan économie politique *f*
közgazdász théoricien de l'économie; économiste *m*
közgyűjtemény collection publique
közgyűlés assemblée générale
közhangulat opinion publique; atmosphère *f;* esprit public; la disposition des esprits; le climat; le moral
közhasználat usage courant *v* commun; *a* ~*ba átmegy* (*szó*) passer dans le langage; (*szólás*) passer en proverbe
közhasznú (reconnu) d'utilité publique; ~ *intézkedés* mesure *f* de salut public
közhatalom pouvoir public; autorité publique
közhely lieu commun; vérité banale; lapalissade; trivialité *f;* cliché; slogan *m*
közhiedelem croyance générale *v* bien établie; *a* ~ *szerint* d'après la rumeur publique
közhír notoriété *f;* ~*ré tesz* annocer; proclamer; ~*ré tétetik, hogy* Avis ! — On fair savoir (au public) que
közhivatal fonction publique; office public; magistrature *f*
közhivatalnok fonctionnaire public
közigazgatás administration (publique); services publics
közigazgatási administratif, -ive; ~ *egység* ensemble administratif; ~ *jog* droit administratif; ~ *terület* v *személyzet* corps administratif; ~ *úton* administrativement
közintézmény établissement *v* service public
közíró publiciste *m*
közismert généralement *v* universellement connu(e); notoire; ~ *dolog* c'est une banalité; ~ *dolog*, *hogy* il est de notoriété publique que; ~ *tény* fait notoire *m*
közjáték 1. intermède; interlude *m;* 2. *zen:* entracte *m*
közjegyző notaire *m;* ~ *előtt* par-devant notaire
közjó bien public

35 Magyar—Francia kézi

közjog droit public
közjólét bien-être public
közkatona troupier; simple soldat; homme m de troupe; *(gyalogos)* fantassin m
közkedvelt réputé; renommé; estimé, -e
közkegyelem amnistie; grâce amnistiante
közkincs bien public; *-kinccsé lesz (könyvkiadás)* tomber dans le domaine public
közkívánatra à la demande générale v de tout le monde
közkórház hospice national; hôpital communal
közkönyvtár librairie publique
közlekedés communication f; transports m pl; trafic m; *(közúti)* circulation f; a ~ *biztonsága* la sécurité de la circulation; ~ *rendje* police f de la circulation
közlekedési *baleset* accident m de la circulation v de la route; ~ *csomópont* nœud m de routes v *(vasút)* de voies ferrées; ~ *eszköz* moyen de circulation v de communication; ~ *irány* sens m de circulation; ~ *jogszabályok* code m de la route; ~ *kihágás* contravention f de petite voirie; ~ *rendőr* agent m de la circulation; ~ *sztrájk* grève f des transports
közlekedik [~tem, ~ett, ~jék v ~jen] 1. *(jármű)* circuler; desservir qc v la ligne de...; 2. *(vmin v vmin át)* emprunter qc; 3. *(vkivel)* frayer q; fréquenter q; *(egymás közt)* communiquer
közlekedő [~k, ~t] ~ *edények* vases communicants; ~ *vonalak* lignes f pl de communication
közlékeny [~ek, ~t] communicatif; expansif, -ive
közlemény 1. article; rapport m; rövid ~ *(újságban)* note f; *egy ~t helyreigazít* rectifier une insertion; 2. *(hivatalos)* communiqué; avis m
közlés 1. communication f; renseignement m; information f; *bizalmas* ~ confidence f; 2. *(tudományos)* communication; note f; 3. *(hivata-*

los) communiqué m; 4. *fiz:* communication
közlöny [~ök, ~t, ~e] bulletin m; *(hivatalos)* (journal) officiel; moniteur m
közmegbecsülésben *áll*, ~*nek örvend* jouir de l'estime publique
közmegegyezés consentement général v universel; ~*sel* d'un commun accord
közmegvetés mépris public v des citoyens; ~ *tárgyává tesz* jeter en pâture à la malignité publique
közmondás proverbe; diction f; adage m; ~*sá válik* passer en proverbe
közmunka 1. travaux publics; œuvres communes; 2. *(kényszerű)* prestation f; service civique m; corvée publique
közmunkaügy les travaux publics
közművek services communs v publics; E. G. E. (eau, gaz, électricité); *városi* ~ services municipaux
közművelődés civilisation f; éducation nationale
közművelődési culturel, -elle; d'éducation nationale; ~ *egyesület* association culturelle; ~ *intézmény* œuvre publique de civilisation
köznap jour ouvrable m
köznapi vulgaire; banal, -e; de chaque jour; trivial, -e
köznemes gentilhomme; petit noble
köznév nom commun; appellatif m
köznevelés éducation nationale
köznyelv langue commune v courante v usuelle; *átmegy a* ~*be* entrer dans la langue; ~*en* vulgairement
közóhaj vœu général; a ~*nak engedve* cédant à la pression de l'opinion publique
közokirathamisítás faux m en écriture(s) publique(s)
közoktatás instruction publique f
közöl [~tem, ~t, ~jön] 1. *(vmit vkivel)* communiquer v confier v signifier qc à q; *fontos* ~*ni valóm van* j'ai à faire une communication importante; 2. *(hivatalosan)* notifier v signifier à q; 3. *(nyomtatásban)* publier; *(újságban)* insérer; faire passer; publier; *nem* ~ refuser; *szíveskedjenek* ~*ni avec prière d'insérer*

közömbös [~ek, ~t] 1. *fiz:* indifférent, -e; neutre; ~ *gáz* gaz inerte *m;* 2. *(viselkedésű)* indifférent, -e; impassible; neutre; apathique; *fáradtan* ~ nonchalant, -e; ~ *arcot vág* prendre un air détaché; ~ *dolgokról beszél* parler de choses indifférentes; ~ *hangon* d'une voix neutre; 3. *vall:* tiède; indifférent, -e
közömbösít [~ettem, ~ett, ~sen] neutraliser
közömbösség 1. indifférence; impassibilité; neutralité; apathie; incuriosité *f;* *bűnös* ~ inconscience *f;* 2. *(politikai, vallási)* tiédeur *f;* indifférentisme *m*
közönség 1. public *m;* hallgató ~ auditoire *m;* assistance *f; Tisztelt ~!* Mesdames, (Mesdemoiselles,) Messieurs; 2. *(üzleté)* clientèle *f*
közönséges [~ek, ~t] 1. ordinaire; commun, -e; vulgaire; banal, -e; *nem* ~ peu commun(e); peu banal(e); ~ *bűnözők* les droits communs; *a* ~ *ember* le commun des hommes; le vulgaire; *a* ~ *halandó* le commun des mortels; *a szó* ~ *értelmében* dans le sens commun du mot; ~ *képe van* avoir l'air *v* un air de tout le monde *v* commun; 2. *(aljas)* trivial, -e; ordinaire; commun, -e; grossier, -ière; *(modorában)* mufle; ~ *alak* plat personnage; mufle; goujat *m;* ~ *módon* vulgairement; ~ *modor* manières communes *v* vulgaires; ~ *nő* femme très vulgaire; *(erkölcsileg)* gourgandine *f;* 3. *nyelv:* ~ *kifejezés* locution triviale; ~ *nyelvben* en langage vulgaire
közönségesen 1. communément; ordinairement; généralement; ~ *szólva* communément parlánt; 2. *pej:* vulgairement; trivialement; ~ *viselkedik (nőről)* elle est très ordinaire; 3. vulgairement parlant
közönségszervezés location collective des spectacles
közönségszolgálat service *m* du public
közöny [~ök, ~t, ~e] indifférence; apathie; indolence; nonchalance *f*

közönyös [~ek, ~t] indifférent, -e; impassible; apathique
közös [~ek, ~et] I. *(mn)* commun, -e; collectif, -ive; *(cselekvés)* conjugué, -e; ~ *akarattal* d'un commun accord; ~ *asztal (vendéglőben)* table *f* d'hôte- ~ *birtok(lás)* copropriété; propriété collective; *a* ~ *cél érdekében* dans un but commun; ~ *élet* vie commune; ~ *érdek* liaison *f* d'intérêt; ~ *felelősség* solidarité *f;* ~ *front* front unique *m;* ~ *hadsereg* armée commune; ~ *háztartás* ménage *m* en commun; vie commune; ~ *háztartásban él* vivre en commun; vivre ensemble; ~ *(választási) jelöltlista* liste (électorale) panachée; ~ *konyha* cuisine collective; ~ *költségen* à frais communs; ~ *lónak túros a háta* il n'est pas bon de manger à la même écuelle; *mat: törtek* ~ *nevezőre hozása* réduction *f* de fraction au même dénominateur; ~ *nézetek* communauté *f* de vues; *mat:* ~ *osztó* facteur commun; *mat: legnagyobb* ~ *osztó* le plus grand commun diviseur; ~ *sír* fosse commune; ~ *számlára elad* vendre en compte à demi; ~ *szerzemény* acquisition faite en commun; *(házasságban)* acquêt *m; mat:* ~ *tényező* facteur commun; *mat: legkisebb* ~ *többes* le plus petit des multiples communs; *a termelőeszközök* ~ *tulajdona* collectivité *f* des moyens de production; ~ *vállalkozás* entreprise *f* en participation; II. *(fn) a* ~ le commun; *a* ~*ből él* vivre sur le commun
közösség 1. communauté; chose commune; *a* ~ *érdekében* le bien de l'ensemble; *nem akarok semmi* ~*et vele* je ne veux rien avoir à démêler avec lui; *nem vállal többé* ~*et vkivel* se désolidariser d'avec q; désavouer qc; 2. *vall: kiválik a katolikus hit* ~*éből* se séparer de la communion catholique
közösségi I. *(mn)* communautaire; ~ *ügy* cause publique; II. *(fn) a* ~ le social
közösül [~tem, ~t, ~jön] s'accoupler; coïter

közösülés accouplement; coït, acte vénérien
között entre; *(csak nagyobb mennyiségről)* parmi; au milieu de qc; au sein de qc; *barátok* ~ entre amis; *franciák* ~ parmi les Français; *~ünk entre nous;* parmi nous; *~ünk maradjon* (soit dit) entre nous
közpénzek deniers publics; ~ *elsikkasztása* détournement m de deniers publics; concussion; malversation *f*
központ 1. centre *m;* 2. *(bőr~, cukor~ stb.)* central *m* (de cuirs, du sucre stb.); 3. *(telefon)* bureau central; 4. *átv:* centre; cheville ouvrière
központi central, -e; ~ *fűtés* chauffage central; ~ *közigazgatás* administration centrale
központosít [~ottam, ~ott, ~son] centraliser; concentrer; canaliser; *törekvéseit vmire ~ja* axer ses efforts sur qc
központosítás centralisation; concentration *f*
közpréda la proie de chacun; être en pillage
közraktár magasin général; entrepôts *m pl*
közraktári *ker:* ~ *jegy* warrant *m*
közread; közrebocsát publier; éditer; sortir
közrefog 1. entourer des deux côtés; encadrer; flanquer; 2. *mat:* intercepter
közrehat intervenir; coopérer à qc; avoir une part active à qc
közrejátszik *(vmiben)* y être pour qc; mêler sa pointe à qc; intervenir
közreműködés coopération, collaboration; participation *f; felajánlja ~ét* offrir son concours
közreműködik coopérer; collaborer; concourir; prêter son concours *(vmiben:* à qc)
közrend ordre public *v* établi
közrendészet service *m* de l'ordre public
község commune (rurale); municipalité *f*
községély assistance (publique)
községi communal, -e; ~ *adó* impôt local; ~ *autonómia* autonomie communale; ~ *kezelésbe vétel* communalisation *f;* ~ *tanács* conseil municipal; ~ *tanács végrehajtóbizottsága* comité exécutif du conseil municipal *v* communal
közszabadságok libertés publiques
közszájon *forog* défrayer la conversation *v* la chronique
közszállítás fourniture publique
közszellem esprit public; mœurs *f pl*
közszemle; -*ére állítás (elítélté)* exposition publique; -*ére kitesz* exposer au public
közszerzemény acquêt commun
közszokás les us et coutumes *m pl* (d'un pays)
közszolgálat service public; fonction publique
közszolgáltatás prestation publique
közszükséglet besoins *m pl* de la consommation
köztársaság république *f*
köztársasági républicain, -e; ~ *államforma* État républicain; ~ *csapatok* troupes républicaines; ~ *elnök* président *m* de la république; ~ *párt* parti républicain
köztartozás dette *f* d'une personne morale *v* civile
közteher charge publique
közteherviselés participation égale aux charges publiques; l'égalité *f* devant l'impôt
köztisztaság propreté *f* des voies publiques
köztiszteletben *áll* jouir de la considération générale; ~*ben álló név* nom haut placé
köztisztviselő fonctionnaire *n*
köztudat 1. opinion publique; ~*ba megy át* devenir notoire; *beledob a* ~*ba* lancer; 2. conscience collective
köztudomású [~ak, ~t] notoire; connu(e) de tous; ~*, hogy* il est de notoriété publique que
köztulajdon bien public *v* commun; propriété nationale; ~*ba vétel* nationalisation; socialisation *f*
közúti des voies publiques; ~ *forgalmi szabályzat* Code *m* de la route; ~ *forgalom* circulation *f* sur la voie publi-

közügy 549 **Kreml**

que; ~ *híd* pont-route *nm;* ~ *közlekedés* circulation routière
közügy affaire publique; la chose publique
közül 1. d'entre; de; dans; parmi; *egy ember a sok* ~ un homme parmi tant d'autres; ~*ünk egy* un d'entre nous; *(egy) valaki* ~*ünk* un des nôtres; *kiragadták a lángok* ~ on le retira de milieu des flammes; **2.** *(számmal)* sur; *tíz* ~ *három* trois sur dix
közület office *v* établissement public
közüzem entreprise publique *v* collective; régie *f;* service public
közvád accusation publique
közvagyon propriété nationale; patrimoine *m* d'État
közvégrendelet testament authentique *m*
közvélemény opinion publique; *a* ~ *ítélete* v *döntése* le verdict de l'opinion publique; *a világ* ~*e* l'opinion universelle; ~*t alakít* façonner l'opinion
közvéleménykutatás sondage *m* d'opinion publique
közveszélyes *őrült* fou dangereux, folle dangereuse
közvetett [~ek, ~et] indirect; médiat, -e; ~ *adó* contribution indirecte; ~ *beszéd* discours *v* style indirect; ~ *hatás* incidence *f*
közvetettség incidence *f*
közvetít [~ettem, ~ett, ~sen] **1.** servir d'intermédiaire (entre...); intervenir (dans qc); *házasságot* ~ arranger *v* négocier un mariage; *a levegő* ~*i a hangot* l'air est le véhicule du son; **2.** *rádión* ~ diffuser par T. S. F.; radiodiffuser
közvetítés 1. entremise; intervention *f;* bons offices *m pl;* médiation; négociation *f;* *vkinek* ~*ével* par l'entremise de q; par le canal de q; **2.** *rád:* retransmission; (radio)diffusion *f;.* ~ *a Comédie Française-ből* retransmission depuis la Comédie Française
közvetítő [~k, ~t, ~je] **I.** *(mn)* **1.** intermédiaire; véhiculaire; médiateur, -trice; ~ *indítvány* proposition transactionnelle; ~ *kereskedelem* commerce intermédiaire *m;* ~ *szerv* transmetteur; organe *m* de transmission; **2.** *mozgást* ~ communicateur, -trice; **II.** *(fn)* intermédiaire; médiateur; agent *m* de liaison
közvetítői *díj* commission; provision *f*
közvetlen I. *(mn)* **1.** direct; immédiat, -e; *rád, tv:* ~ *adás* diffusion *f* en direct; ~ *bizonyíték* preuve directe; ~ *érintkezés* rapport direct; ~ *forrásból tud vmit* tenir qc de première main; ~ *kocsi* voiture directe; ~ *közelből* à bout portant; à brûlepourpoint; ~ *meglátás útján* intuitivement; ~ *ok* cause immédiate; ~ *vonat* (train) direct *m;* **2.** *(időben)* immédiat; prochain; imminent, -e; ~ *veszély* danger imminent; péril instant; **3.** *(modor)* franc, franche; cordial; droit; rond, -e; naturel, -elle; **II.** *(hat) ld:* **közvetlenül**
közvetlenül 1. directement; immédiatement; **2.** de la main à la main; **3.** ~ *a földre* à même le sol; **4.** ~ *mellette* tout à côté; tout attenant; **5.** *(időben)* immédiatement; **6.** *(beszél stb).* naturellement; spontanément
közviszonyok situation générale
közvitéz (simple) soldat; militaire *m*
közzétesz livrer au public; publier; éditer; *(újságban)* insérer
közzététel publication *f;* *(hírlapi)* insertion *f*
k. p. *(biz. is)* comptant; ~ *fizet* payer comptant
krajcároskodik [~tam, ~ott, ~jék *v* ~jon] liarder; lésiner
krákog [~tam, ~ott, ~jon] **1.** *(torkát köszörülve)* graillonner; **2.** *(beszélve)* grailler
krampusz [~ok, ~t, ~a] **1.** diable; diablotin *m;* **2.** *(Mikuláskor stb.)* le père Fouettard
kráter [~ek, ~et, ~e] cratère *m*
krém [~ek, ~et, ~je] **1.** crème; crème renversée *v* fouettée; **2.** *(arcápoló)* crème de beauté; **3.** *átv:* la crème; *a társaság* ~*je* le dessus du panier
krematórium [~ok, ~ot, ~a] four crématoire; crématorium *m*
Kreml [~t] *a* ~ le Kremlin

krémszínű 550 **kukac**

krémszínű crème
krepdesin [~ek, ~t, ~je] crêpe *m* de Chine
krepp [~ek, ~et, ~je] crêpe *m*
krepp-papír papier crêpe *m*
kréta [-ák, -át, -ája] 1. craie *f*; 2. *(rajzoló)* crayon *m*
krétafehér pâle *v* blanc(he) comme cire
krétakor période crétacée; le crétacé
krétarajz crayon *m*; vörös ~ sanguine *f*
krinolin [~ok, ~t, ~ja] 1. crinoline *f*; 2. cervelas *m*
kripta [-ák, -át, -ája] caveau *m*; *(templomi)* crypte *f*
kristály [~ok, ~t, ~a] cristal *m*
kristálycukor sucre granulé *v* cristallisé; *finom* ~ sucre semoule *m*
kristálylap facette *f*
kristályos [~ak, ~t; ~an] cristallin, -e
kristályosodás 1. cristallisation *f*; 2. *(cukoré)* candisation *f*
kristálytiszta limpide; cristallin, -e; clair(e) comme de l'eau de source
kristályüveg 1. cristal; verre potassico-plombeux *m*; 2. flacon *m* de cristal
kristályvíz 1. eau gazeuse; 2. *(kristályban)* eau de cristallisation
Krisztus *vall*: le Christ *(protestánsoknál nevelő nélkül)*; ~ *születése előtt (Kr. sz. előtt)* avant l'ère chrétienne; avant Jésus-Christ (av. J.-C.)
kritika critique; censure *f*; *éles -ában részesít vmit* censurer sévèrement qc; *-án aluli* au-dessous de toute critique; *ez az állítás nem bírja el a -át* cette thèse ne supporte pas l'examen; *éles -át gyakorol vmi fölött* émettre de vives critiques contre qc
kritikai *érzék* sens critique *m*; ~ *kiadás* édition critique *f*; ~ *szellem* esprit critique *m*
kritikátlanság défaut de jugement; manque *m* d'esprit critique
kritikus I. *(mn)* critique; *(időszak)* climatérique; ~ *esztendő* année cruciale *v* climatérique *f*; ~ *hőmérséklet* température critique *f*; ~ *kor* âge critique *m*; *(nőknél)* âge climatérique; **II.** *(fn)* critique *n*; censeur *m*; *a ~ok* la critique

kritizál [~tam, ~t, ~jon] critiquer; blâmer; censurer; gloser; épiloguer (sur)
krizantém [~ok, ~ot, ~ja] chrysanthème *m*
krízis [~ek, ~t, ~e] crise *f*; *pej*: malaise *m*
krokett [~ek, ~et, ~je] 1. croquet *m*; 2. *konyh*: croquette *f*
kroki [~k, ~t, ~ja] 1. croquis *m*; *pochade f*; 2. *újs*: chronique *f*
krokodil [~ok, ~t, ~ja] crocodile *m*
króm [~ok, ~ot, ~ja] chrome *m*
krómacél acier au chrome *v* chromé
kromatikus *zen*: chromatique
kromatográfia chromatographie *f*
kromoszóma [-ák, -át] *él*: chromosome *m*
kromoszómaszám nombre chromosomique *m*
krónika [-ák, -át, -ája] chronique *f*; *(napilapban)* courrier; bulletin *m*; *napi* ~ nouvelles *f pl* à la main; *színházi* ~ le courrier des théâtres
krónikus chronique; ~ *állapot* état chronique *m*
kronológiai [~ak, ~t] chronologique; ~ *sorrendben* par ordre *v* dans l'ordre chronologique
kronométer chronomètre *m*
Krőzus Crésus *m*
krumpli [~k, ~t, ~ja] 1. *nép*: patate *f*; 2. *biz*: *(óráról)* oignon *m*
krumplicukor sucre *m* de pomme de terre *v* de la fécule
krumpliorr gros nez
kubikos [~ok, ~t, ~a] terrassier; brouettier *m*
kubizmus cubisme *m*
kuckó [~k, ~t, ~ja] petit coin; gîte *m*
kucsma [-ák, -át, -ája] toque *f* de fourrure
kudarc [~ok, ~ot, ~a] échec *m*; déconfiture; déconvenue *f*; fiasco *m*; ~*ba fullad* avorter; échouer; ~*ot vall* essuyer *v* subir un échec
kufár [~ok, ~t, ~ja] trafiquant; mercanti *m*
kugli [~k, ~t, ~ja] (jeu de) quilles *f pl*
kukac [~ok, ~ot, ~a] ver; vermisseau *m*; larve; mite *f*

kukk! [~ot] I. *(isz)* coucou! II. *(fn)* csitt, egy ~ot sem! motus! silence! egy ~ot sem ért belőle il ne sait ni A ni B; egy ~ot sem szólt il ne soufflait pas mot
kukorékol [~tam, ~t, ~jon] chanter; lancer son cocorico
kukorica [-ák, -át, -ája] maïs; blé de Turquie *v* de l'Inde *m*; *főtt* ~ épis de maïs à la vapeur; *sült* ~ épis de maïs sauté *v* grillé
kukoricacső épi *m* de maïs
kukoricafosztás égrènement du maïs; dépouillement *m* des spathes du maïs
kukoricaliszt farine jaune *f*
kukoricamálé gâteau *m* de maïs
kukoricaszem graine *f* de maïs
kuksol [~tam, ~t, ~jon] se blottir; se tapir
kukta [-ák, -át, -ája] marmiton; garçon *m*
kukucskál [~tam, ~t, ~jon] guigner; risquer un œil dans qc
kulacs [~ok, ~ot, ~a] gourde *f*; *(tábori)* bidon *m*
kulák [~ok, ~ot, ~ja] koulak *m*
kulcs [~ok, ~ot, ~a] 1. clef *f*; *(nem ajtóba többnyire:)* clé *f*; *a* ~ *nyelve v szakálla* le panneton; *a* ~ *tolla* le museau; ~*ra nyíló zár* pêne dormant; ~*ra zár* fermer à clef; *nép: beadja a* ~*ot* casser sa pipe; 2. *(kaszán)* anneaux *m pl*; 3. *(húros hangszer)* cheville *f*; *(kotta)* clé; 4. *(tarifa, statisztikai)* barème *m*; *(adóé)* taux *m*; 5. *átv:* clef; *a helyzet* ~*a* clef la de voûte de la situation
kulcsállás position clef *f*
kulcscsont clavicule *f*
kulcsipar industrie clef; industrie-clé *f*
kulcskarika clavier; porte-clefs; anneau *m* de clefs
kulcslyuk trou *m v* entrée *f v* canon *m* d'une serrure
kulcspozíció position(-)clé *f*; leviers *m pl* de commande
kulcsregény roman *m* à clef
kuli [~k, ~t, ~ja] 1. coolie *m*; 2. *átv:* nègre *m*
kulikabát veste *f*

kulissza [-ák, -át, -ája] 1. coulisse *f*; *a -ák mögött* dans les coulisses; *átv: a -ák mögött marad* se tenir dans la coulisse; 2. *(díszlet)* décor *m*
kulisszatitkok les dessous de qc; *ismeri az ügy -titkait* connanître le dessous des cartes
kullancs [~ok, ~ot, ~a] 1. tique *f*; tiquet *m*; 2. *átv:* crampon *m*; *biz:* colle *f*; poisse *f*
kullog [~tam, ~ott, ~jon] cheminer (lentement); traîner la jambe; *a végén* ~ marcher en queue
kultúra [-ák, -át, -ája] culture; civilisation *f*
kulturálatlan barbare; sauvage; impolicé, -e; rude
kulturális [~ak, ~at; ~an] culturel; intellectuel, -elle; de la civilisation; civilisateur, -trice; ~ *egyezmény* accord intellectuel *v* culturel; ~ *intézmény* institution culturelle
kultúrfelelős *kb:* responsable culturel
kultúrfilm film documentaire *m*
kultúrgárda ensemble *v* groupe *m* artistique *v* dramatique
kultúrház maison de la culture *v* culturelle; *falusi* ~ maison rurale de culture
kultúrműsor programme artistique *m*
kultúrnövény plante cultivée
kultúrpolitika politique culturelle
kultusz [~ok, ~t, ~a] culte *m*; ~*t üz vkiből* rendre un culte à q; vouer un (véritable) culte à q
kun [~ok, ~t, ~ja] Coman, -e; Comanien, -enne
kuncog [~tam, ~ott, ~jon] glousser (de joie); pouffer; rire dans sa barbe
kunkorodik [~ott, ~jék *v* ~jon] s'enrouler; se tordre; se recourber
kunyhó [~k, ~t, ~ja] cabane; chaumière; hutte *f*; *(bennszülötté)* case *f*
kúp [~ok, ~ot, ~ja] 1. cône *m*; ~ *alakú* conique; 2. *orv:* suppositoire *m*
kupa [-ák, -át, -ája] 1. hanap; vidrecome; pot *m*; 2. *sp:* coupe *f*; 3. *nép:* -*án vág vkit* taper sur la bobine à q
kupac [~ok, ~ot, ~a] petit tas; ramas; monceau *m*

kupak [~ok, ~ot, ~ja] 1. capsule *f;* 2. *(töltőtollé)* protège-pointe *m;* 3. *(bot-* v *esernyőnyél végén)* embout *m;* 4. *(termésé)* capsule; 5. *(méhsejté)* opercule *m;* 6. *(makké)* cupule *f;* 7. couvercle *m*
kupaktanács *gúny:* le grand conseil
kupec [~ek, ~et, ~e] maquignon *m*
kupica [-ák, -át, -ája] petit verre
kuplé [~k, ~t, ~ja] 1. chanson *f* (de caf' conc'); 2. *(egy strófa)* couplet *m*
kupola [-ák, -át, -ája] coupole *f;* dôme *m*
kuporgat économiser petit à petit; ramasser sou par sou
kúppalást aire latérale *v* nappe *f* d'un cône
kúpszelet section conique *v* d'un cône *f*
kúra [-ák, -át, -ája] cure *f;* traitement *m; -át tart* suivre un régime *v* un traitement
kuratórium [~ok, ~ot, ~a] curatelle *f*
kúria [-ák, -át, -ája] 1. *(bíróság)* la Cour de Cassation; 2. *nemesi* ~ gentilhommière *f*
kuriózum [~ok, ~ot, ~a] curiosité *f;* raretés *f pl; ~ból* par curiosité
kurjant [~ottam, ~ott, ~son]; **kurjongat** [~tam, ~ott, -gasson] pousser des cris joyeux
kurta [-ák, -át] I. *(mn)* 1. court, -e; ~ *farkú* à queue courte; 2. *átv:* court, -e; sommaire; bref, brève; *(ember)* courtaud, -e; II. *(fn) -ára fog* tenir de court; tenir à q la bride
kurtakocsma bouchon *m;* guinguette; gargote *f*
kurtít [~ottam, ~ott, ~son] écourter
kuruc [~ok, ~ot, ~a] *kb:* kouroutz
kuruckodás bravade; crânerie *f*
kuruttyol [~t, ~jon] coasser
kuruzslás empirisme *m;* charlatanerie *f*
kuruzsló [~k, ~t, ~ja] 1. charlatan; rebouteur; médecin *m* de tous arts; 2. *gúny:* charlatan; médicastre *m*
kuruzsol [-zs(o)lok, ~t, ~jon] I. *(tgy i)* 1. faire le guérisseur *v* le rebouteux; 2. *átv:* faire le charlatan; II. *(tgy i)* médicamenter; droguer
kurzus 1. *(árfolyam)* cours *m;* 2. *(politikában)* régime *m;* 3. *(előadás)* cours *m pl;* 4. *irod:* cursus *m*

kuss! 1. *(kutyának)* couche-toi! 2. *(embernek) köz:* ferme-la! ta gueule!
kusza [-ák, -át] 1. désordonné; enchevêtré; embrouillé; inconhérent, -e; 2. *(stílus)* décousu; confus, -e; ~ *írás* fatras *m*
kúszás 1. rampement *m; kat:* rampage *m; (emberé)* reptation *f;* 2. *sp:* grimper *m*
kúszik [~tam, ~ott, kússzék *v* kússzon] 1. faire du rampage; 2. grimper
kúszónövény plante grimpante
kút [kutak, kutat, ~ja] 1. *(gödrös)* puits *m; (csővel)* fontaine *f; kutat ás* creuser un puits; *kutat fúr* forer un puits; 2. *átv:* ~*ba esik* tomber à l'eau; s'en aller en brouet d'andouille
kutat I. *(tgy i)* 1. se livrer à des recherches sur q; rechercher; explorer; 2. *(talajt)* sonder; 3. *(írások között)* compulser qc; II. *(tgyl i)* 1. *(vmiben)* fouiller dans qc; *(expedíció)* opérer; *(rendőrileg)* perquisitionner; 2. *arch:* faire *v* organiser des fouilles
kutatás 1. recherche(s); investigation(s) *f (pl); gyakorlati és tudományos* ~ recherche scientifico-technique; ~*okat eszközöl* v *végez* faire *v* pratiquer des recherches; 2. *(nyomozás)* perquisition; enquête *f;* 3. *arch:* fouilles *f pl;* 4. *bány:* prospection *f;* fouilles *f pl; (fúrással)* sondage *m*
kutatási *engedély* permis *m* de prospection; ~ *jog* droit *m* de visite; ~ *mód* procédé *m* de recherche; ~ *szabadság* le libre examen
kutató [~k, ~t, ~ja] 1. chercheur; investigateur; explorateur; scrutateur, -trice *n; (nyomozva)* perquisiteur *m;* 2. *bány:* prospecteur *m; (talajt)* sondeur *m*
kutatóállomás station *f*
kutatóhajó bateau de recherches; vaisseau expéditionnaire *m*
kutatóléggömb ballon *m* d'exploration
kútfő 1. source *f;* principe *m;* 2. source historique
kutya [-ák, -át, -ája] I. *(fn)* 1. chien *m; (nőstény)* chienne *f; a* ~ *ugat*

kutyafáját

le chien donne v aboie; 2. *(szólásokban:)* *erigy, te* ~ *va* donc, espèce de vache; *egy* ~ c'est du pareil au même; *úgy élnek, mint a* ~ *meg a macska* vivre v s'accorder comme chien et chat; *kis* ~ *hozzá képest* ce n'est que de la gnognotte auprès de lui; *nagy* ~ vieux malin v finaud; *itt van a* ~ *eltemetve* c'est là le diable; *-ából nem lesz szalonna* en sa peau mourra le renard v le loup; *a -ának sem kell* il n'est pas bon à jeter aux chiens; *-ára bízza a szalonnát* donner la brebis à garder au loup; au plus larron la bourse; II. *(mn)* ~ *baja!* il se porte comme le Pont-Neuf; ~ *dolga van* il est traité comme un chien; ~ *egy élet!* quelle chienne de vie! ~ *hideg van* il fait un froid de loup; ~ *kötelessége* c'est son devoir le plus élémentaire
kutyafáját! *nép:* mince (alors)! bon sang! fichtre!
kutyafuttában en toute hâte; au galop; *(étkezésről)* sur le pouce
kutyagol [~tam, ~t, ~jon] cheminer; marcher
kutyaház niche *f* (du chien)
kutyakomédia pantalonnade; pitrerie *f*
kutyakölyök jeune chien; chiot *m*
kutyanyelv fiche *f*
kutyapecér 1. valet *m* de chiens v de lévriers; 2. *(sintér)* équarrisseur; tourbier *m*
kutyaszorító accul *m;* ~*ba fog* pousser dans un accul; ~*ba kerül* se mettre dans le pétrin
kutyatejfélék euphorbiacées *f pl*
kutyus toutou *m;* le chien-chien à sa mémère; *(gyerekről)* loupiot *m*
kuvik [~ok, ~ot, ~ja] chat-huant *m;* chevêche; noctuelle *f*
kuvikol [~tam, ~t, ~jon] ululer; hululer; chuinter
kübli [~k, ~t, ~je] seau *m* de toilette; *(fogházban stb.)* tinette *f*
külalak présentation *f*
küld [~tem, ~ött, ~jön] envoyer; expédier; transmettre; *orvosért* ~ envoyer chercher un médecin; *vkinek pénzt* ~ faire tenir de l'argent à q

külön

küldemény envoi *m;* livraison; expédition *f;* colis *m;* ~ *utánvéttel* envoi contre remboursement
küldetés mission *f;* apostolat *m*
küldönc [~ök, ~öt, ~e] garçon *m* de courses; coursier, -ière *n; (hordár)* commissionnaire *m; (szállodában)* chasseur *m; kat:* planton *m*
küldött [~ek, ~et, ~e] délégué; envoyé *m*
küldöttség délégation; députation; mission *f*
külföld pays étranger(s); l'extérieur; l'étranger *m; a* ~*ön,* ~*re* à l'étranger; en pays étranger; ~*ön él* vivre à l'étranger; ~*ről jön* venir de l'étranger v du dehors
külföldi I. *(mn)* étranger, -ère; de l'étranger; extérieur, -e; ~ *állam* État étranger; puissance étrangère; ~ *áru* marchandise importée; ~ *kifizetés* devise *f;* ~ *körút* tournée *f* à l'étranger; ~ *követelések* soldes *m pl* à l'étranger; ~ *ösztöndíj* bourse *f* de voyage; ~ *származás* origine étrangère; *(árué)* provenance étrangère; II. *(fn)* étranger, -ère *n; Franciaországban élő* v *utazó* ~ métèque *(n) (megvető ért.); (gyanús, egzotikus)* rastaquouère; rasta *m;* ~*ek ellenőrzése* la police des étrangers; ~*eket ellenőrző hivatal* service *m* des étrangers
külhám épiderme *m*
külképviselet représentation diplomatique *f*
külkereskedelem commerce extérieur v international
külkereskedelmi *hivatal* office *m* du commerce extérieur; ~ *mérleg* balance *f* du commerce extérieur
küllő [~k, ~t, ~je] 1. rais *m;* 2. *mat:* rayon *m*
külön I. *(hat)* séparément; à part; isolément; particulièrement; en particulier; ~ *él* vivre v résider séparément; ~ *ezért jött* il est venu exprès pour cela; ~ *költözik* aller vivre séparément; ~ *megmond* dire expressément; II. *(mn)* séparé, -e; à part; isolé; distinct, -e; particu-

lier, -ière; spécial, -e; ~ *bejáratú szoba* chambre avec entrée particulière; ~ *békeszerződés* traité séparé; ~ *borítékban* sous pli séparé; ~ *díj* supplément *m;* ~ *felhatalmazás* autorisation spéciale; ~ *figyelmet érdemel* mériter une attention toute particulière; ~ *kiadások* frais spéciaux *m pl;* ~ *tál étel (az étrenden felül)* plat *m* d'extra; ~ *utakon jár* faire cavalier seul
különállás autonomie *f;* isolement; particularisme *m; (politikai)* séparatisme *m*
különálló détaché; séparé; isolé, -e; autonome
különb [~ek, ~et] supérieur(e) à qc; meilleur, -e; plus fin(e); *(igével:)* valoir mieux; ~ *dolgokat is megértem én már* j'en ai vu (bien) d'autres
különbejárat entrée séparée
különbéke paix séparée
különben 1. d'ailleurs; du reste; au demeurant; par ailleurs; **2.** *(mert)* ~ autrement; sinon; sans quoi; ~ *nem* sinon; **3.** autrement
különbözet 1. écart *m;* différence *f;* décalage *m;* *megfizeti a ~et* payer la différence; **2.** *mat:* reste *m*
különbözik [~tem, ~ött, ~zék *v* ~zön] *(vmiben)* différer par qc (de qc, en qc); être différent(e) de qc; *(egymástól)* diverger; différer; ~ *vmi által* se caractériser par qc; *egy pontban* ~ différer en un seul point
különböző [~k, ~t] **1.** *(eltérő)* différent; distinct; divers, -e; hétérogène; disparate; *(egymástól)* ~ *hírek* des bruits contradictoires; ~ *nagyságú* de grandeur inégale; **2.** *nyelv:* ~ *nemű* de différent genre; **3.** *növ:* ~ *porzószálú* hétérandre; **4.** *(többféle)* divers(es); différent(e)s; certains; *a szó* ~ *jelentése* les divers sens du mot; ~ *hírek* toutes sortes de bruits; ~ *nehézségek* certaines difficultés
különbség 1. *(minőségi)* différence; dissemblance; disparité; divergence *f;* ~ *nélkül* sans distinction; *van némi* ~*!* il y a une nuance! *nagy* ~ *van a* *között, amit tesz és amit mond* il y a beaucoup d'écart entre ce qu'il fait et ce qu'il dit; *minőségi* ~*ek* contrastes qualitatifs; *eltörli vminek a* ~*ét* niveler qc; *nem tesz* ~*et* ne pas faire de distinction; **2.** *(mennyiségi)* différence *f;* écart *m;* marge; distance *f;* **3.** *mat:* *(kivonásnál)* excès *m;* *(számtani sorban)* raison *f*
különc [~ök, ~öt, ~e] extravagant; original *m*
különcködik [~tem, ~ött, ~jék *v* ~jön] poser à l'original; faire l'original
különélés séparation *f; (válás alatt)* résidence séparée
különítmény détachement *m; (nehéz feladatra kiképzett)* commando *m*
különkiadás édition spéciale
külön-külön un à un; séparément; isolément
különleges [~ek, ~et] spécial, -e; particulier, -ière; à lui; à part; extraordinaire; ~ *bánásmódban részesít vkit* assurer à q un traitement de faveur; ~ *beosztás* affectation spéciale
különlenyomat tirage *v* tiré *m* à part
különmunka travail supplémentaire *m;* heures supplémentaires *f pl*
különnemű hétérogène; de diverses *v* de différentes sortes
különóra leçon particulière; répétition *f;* *-ákat ad* donner des répétitions
különös [~ek, ~et] **1.** singulier, -ière; bizarre; extraordinaire; étrange; *(gondolat)* bizarre; saugrenu, -e; *semmi* ~ rien de particulier; ~ *dolog* étrangeté *f;* ~ *ember* homme à part *v* bizarre *v* excentrique *m;* ~ *fajta* d'un genre particulier; ~ *módon* étrangement; *minden* ~*(ebb) ok nélkül* sans raison spéciale; ~ *ötlet* idée singulière *v* bizarre; ~ *ürügy* prétexte spécieux; **2.** *(megkülönböztetett)* (tout) particulier, -ière; spécial, -e; ~ *kegy* faveur spéciale
különösen *(nagyon)* surtout; en particulier
különszoba 1. *(vendéglőben)* cabinet particulier; salon particulier; **2.** *(klinikán)* chambre séparée à un lit

különtudósító correspondant *v* envoyé spécial
különválás 1. séparation; disjonction; désunion *f*; 2. *(házasoké)* séparation; divorce *m*
különválaszt 1. séparer; mettre à part; détacher; ~*ja a jókat a gonoszaktól* discerner les bons d'avec les méchants; 2. *(megbontva)* disjoindre; désunir
különváltan *él* vivre séparé(e)
különvélemény vote particulier; opinion particulière
külpolitika politique étrangère *v* extérieure
külpolitikai *kapcsolatok* relations extérieures
külső [~k, ~t] I. *(mn)* extérieur, -e; externe; du dehors; extrinsèque; *az állam* ~ *biztonsága elleni büntett* crime *m* contre la sûreté extérieure de l'État; ~ *eredetű* exogène; ~ *hatás következtében* sous une influence extérieure; ~ *kép* aspect; extérieur *m;* vue extérieure; *gyógy:* ~ *használatra* pour l'usage externe; II. *(fn)* extérieur; aspect; dehors *m;* apparence *f; (megjelenés, arc)* physique *m;* mine *f; csinos* ~ belle apparence; *kellemes külsejű* de gentil physique; d'un physique agréable; *szerencsés* ~ *avantages* physiques *m pl; a* ~ *után ítélve* à en juger sur les apparences
külsőleg 1. extérieurement; à l'extérieur; 2. *(megjelenésre)* au physique; 3. *gyógy:* pour l'usage externe
külsőség 1. façade; apparence *f; mindent csak a* ~*ért* pour la façade; 2. formalité *f; ragaszkodik a* ~*ekhez* tenir aux dehors
külszín 1. *bány:* surface *f;* 2. les dehors *m pl;* apparence(s); extétieur(s) *f (pl); csalóka* ~ apparence trompeuse; *hamis* ~ fausse apparence; ~*re* en apparence; *megóvja a* ~*t* sauver les apparences *v* la face
külszolgálat 1. *(szervezet)* services diplomatiques *m pl;* 2. *(hivatás)* diplomatie *f*
kültag 1. *(tudós társaságban)* membre associé; 2. *(banknál)* commanditaire *n;* 3. *(aránylatban)* termes externes *m pl*
külterjes [~ek, ~et] extensif, -ive
külterület écart *m*
külügy affaires étrangères *v* du dehors
külügyi extérieur, -e; des affaires étrangères; ~ *futár* courrier diplomatique *m*
külváros (petite) banlieue; faubourg *m;* enceinte *f*
külzet page extérieure
kürt [~ök, ~öt, ~je] 1. cor *m;* trompe *f;* cornet *m;* 2. *kat:* clairon *m;* 3. *(jelző)* corne *f* d'appel; *(autóé)* klaxon *m*
kürtjel *kat:* sonnerie *f* de trompette *v* de cor
kürtő [~k, ~t, ~je] 1. cheminée *f;* 2. tuyau *m* de cheminée
kürtöl [~tem, ~t, ~jön] 1. corner; claironner; 2. *aut:* klaxonner; 3. *világgá* ~*i* crier sur les toits
kürtös [~ök, ~t, ~e] 1. trompette; cor; corniste *m;* 2. *kat:* clairon *m*
kürtszó sonnerie *f* (de cor *v* de trompette); coup de trompette; appel *m*
küszködik [~tem, ~ött, ~jék *v* ~jön] 1. lutter; peiner; 2. ~ *vmivel* être *v* se trouver aux prises avec qc
küszöb [~ök, ~öt, ~e] 1. seuil; pas *m* de porte; 2. *átv:* seuil; *vminek a* ~*én* à la porte *v* aux portes de qc; *a* ~*ön áll (rossz)* être imminent(e)
küzd [~öttem, ~ött, ~jön] 1. *(harcban)* lutter; se battre; combattre; 2. *(vkivel)* se battre avec q; combattre q; ~ *a kísértésekkel* combattre contre les tentations; *egymással* ~ lutter; 3. *vmi ellen* ~ lutter contre qc; combattre contre qc; 4. *(versenyben)* s'affronter
küzdelem [-lmet, -lmet, -lme] 1. lutte *f;* combat *m; nagy* ~ haute lutte; *a* ~ *hevében* dans la fièvre de la lutte; au plus fort de la lutte; *-lmet vív* livrer un combat à q; 2. *sp:* match; débat *m*
küzdőtér 1. lieu *m* du combat; enceinte; lice *f;* 2. *sp:* piste *f*
kvantumfizika physique quantique *v* des quanta *f*

kvarc [~ok, ~ot, ~a] quartz; *m;* silice *f*
kvarclámpa *orv:* lampe *f* à v de quartz; tube *m* à vapeur de mercure
kvarcol [~tam, ~t, ~jon] appliquer les rayons ultraviolets; traiter par les rayons U. V.
kvarcszűrő filtre *m* à cristal v à quartz
kvart [~ok, ~ot, ~ja] quarte *f*
kvártély [~ok, ~t, ~a] 1. *kat:* logement (militaire) *m;* (*békében*) cantonnement *m;* 2. *(civilé)* logement; gîte *m*
kvartett [~ek, ~et, ~je] quatuor *m*
kvint [~ek, ~et, ~je] quinte *f*
kvintett [~ek, ~et, ~je] quintette *m*
kvóta [-ák, -át, -ája] contingent *m;* quote-part; cote *f; a ~ arányában* selon la quote-part

L

l *(betü, hang)* l *m* v *f*
láb [~ak, ~at, ~a] 1. jambe *f;* pied *m;* 2. *(állaté)* patte *f;* pied; *(ragadozó madáré)* serre *f;* 3. *(hegyé, bútoré stb.)* pied; base *f;* 4. *(betűé)* jambage *m;* 5. *(versmérték)* pied; 6. *zen: (húros hangszeré:)* ponticello *m;* 7. *(szólásokban:)* ~ *alatt van vkinek* être encombrant(e); gêner q; *eltesz* ~ *alól* mettre à mort; supprimer; *eltörik a* ~*a se* fracturer la jambe; *vkinek* ~*a előtt hever* être aux pieds *v* aux genoux de q; *hosszú* ~*a van* être haut(e) sur jambes *v* sur pattes; ~*hoz tett fegyverrel* l'arme au pied; *mind egy lábig* jusqu'au dernier homme; *lábon* sur pied; *alig áll a* ~*án a kimerültségtől* être sur les dents; *gyenge* ~*on áll* être mal en point; *jó* ~*on áll vkivel* être en bons termes avec q; *nagy* ~*on él* vivre sur un grand pied; mener grand train; *a maga* ~*án jár* marcher sans lisière(s); voler de ses propres ailes; *vkinek a lábainál hever* être aux genoux *v* aux pieds de q; ~*ra áll* se relever; *nem tudja, melyik* ~*ára álljon* ne pas *v* ne plus savoir à quel saint se vouer; *egy szokás* ~*ra kap* une coutume s'impatronise; *vkinek a* ~*ára lép* marcher à q sur les pieds; *lábáról levesz* enjôler; entraîner; *alig tette ki a lábát, máris* il avait à peine mis le pied dehors que; ~*át lógatja* agiter ses jambes pendantes; *egész nap csak a* ~*át lógatja* toute la journée il ne fait que tourner les pouces; *megveti a* ~*át* prendre pied; *szedi a* ~*át* détaler; décamper; *két lábbal* à pieds joints; ~*bal tiporja a törvényt* mépriser la loi
lábadozás convalescence; analepsie *f*
lábadozik [~tam, ~ott, ~zék *v* ~zon] être en voie de guérison
lábas [~ok, ~t, ~a] *(nagy fedett)* cocotte *f;* *(tejnek)* pot *m;* *(kicsi)* casserole *f*
lábatlan sans pied; *(áll:)* apode
lábatlankodik [~tam, ~ott, ~jék *v* ~jon] faire l'empressé(e); faire *v* être la mouche du coche
lábazat socle; piédestal *m;* *(falé)* base *f*
lábcsont os du pied *v* de la jambe; fémur; tibia *m*
labda [-ák, -át, -ája] 1. balle *f; a -át eldobja, hajítja* lancer la balle; *üti a -át vhová* envoyer *v* renvoyer la balle; 2. *futb:* ballon *m*
labdabelső vessie *f*
labdakürt trompe à poire; trompette *f*
labdarózsa boule-de-neige; rose de Gueldre *f*
labdarúgás football *m;* association *f*
labdarúgó-csapat équipe *f* de football
labdarúgó-mérkőzés match *m* de football
labdarúgó-pálya terrain *m* de football
labdaverő raquette *f*
labdázás jeu *m* de balle; balle *f*
labdázik [~tam, ~ott, ~zék *v* ~zon] jouer à la balle
lábfej pied *m*
lábfék frein *m* à pédale *v* à pied
lábfürdő bain *m* de pieds
lábhajtás *(gépé)* commande *f* à pédale
lábikra mollet *m;* le gras de la jambe
labirintus labyrinthe; dédale *m*
lábjegyzet note infrapaginale
lábkapcsoló interrupteur *m* à pied
lábközép *orv:* métatarse; avant-pied *m*
lábnyom empreinte *f* de pied *v* de pas; pas *m; emberi* ~ pas d'homme; *a lába nyomába se léphet* il ne lui vient pas à la cheville du pied
laboratórium [~ok, ~ot, ~a] laboratoire *m*

laboratóriumi [~ak, ~t] ~ *vizsgálat* examen microscopique *v* bactériologique *m;* analyse médicale
lábszár jambe *f;* a(z alsó) ~ közepén à mi-jambe
lábszárcsont tibia; os *m* de la jambe
lábszárvédő jambière(s); mollettière(s) *f (pl);* guêtre *f*
lábtörés fracture *f* de la jambe *v* du pied
lábtörlő *(fonott)* essuie-pieds *m; (rostból)* tapis-brosse *m; (vasból)* grille décrottoir *f;* décrottoir *m*
lábujjhegy pointe *f* de pied; ~*en kioson* sortir à pas de loup
láda [-ák, -át, -ája] caisse *f;* coffre *m; (ruhás)* bahut *m*
ladik [~ok, ~ot, ~ja] bachot *m;* barque; chaloupe *f*
lágy [~ak, ~at] 1. mou, mol, molle; tendre; moelleux, -euse; *(bőr)* souple; 2. *(kellemes)* doux, douce; *(ember)* sans consistance; aveuli, -e; 3. ~ *kenyér* pain tendre *v* frais; ~ *magánhangzó* voyelle molle; ~ *mássalhangzó* consonne douce
lágyék [~ok, ~ot, ~a] aine *f;* flanc; faux-du-corps *m*
lágyéki [~ak, ~t] inguinaire; inguinal, -e
lágyít [~ottam, ~ott, ~son] 1. rendre mou; (r)amollir; mollifier; 2. *(ételt)* attendrir; ramollir; 3. *pej:* avachir; 4. *(acélt)* adoucir; faire revenir
lagymatag [~ok, ~ot] tiède; flasque; aveuli, -e
lágytojás œuf *m* à la coque
lágyul [~tam, ~t, ~jon] 1. s'amollir; se remollir; 2. *(étel, hús)* s'attendrir; 3. *(bőr)* s'assouplir; 4. *(vas)* s'adoucir; *(acél)* se détremper; 5. ~ *az idő* le temps est au dégel
lágyvas fer doux
lágyvíz eau douce
laikus I. *(mn)* inexpérimenté, -e; profane; **II.** *(fn)* 1. profane *n; a* ~*ok* le vulgaire; les gens; 2. *(nem egyházi)* laïque; laïc, -que *(mn is)*
Lajos [~ok, ~t, ~a] Louis *m*

lajstrom [~ok, ~ot, ~a] bordereau; relevé; registre *m;* liste *f;* ~ *szerint* szavaz voter par listes; *egy cikket* ~*ba vesz* porter un article sur un registre; ~*ba vétel* immatriculation *f;* ~*ot készít* dresser un état de qc
lakáj [~ok, ~t, ~a] laquais; valet *m* (de pied)
lakályos [~ak, ~at; ~an] confortable; logeable
lakás 1. habitation; demeure *f;* logement *m; egy bizonyos* ~ appartement; logement; *háromszobás* ~ appartement de trois pièces; ~ *és ellátás* la table et le logement; ~*a van* avoir le vivre et le couvert; *szabad* ~*a és mosása van* être logé et blanchi; ~*án* à (son) domicile; ~*án őrzik* être surveillé(e) à domicile; ~*t felmond* donner congé d'un appartement; ~*t kiad* louer *v* mettre en location un appartement; *kivesz egy* ~*t* louer *v* arrêter *v* prendre à bail un logement *v* un appartement; ~*t változtat* changer de domicile; 2. *(állaté)* gîte *m;* demeure *f;* repaire *m*
lakásbejelentő *hivatal* service *m* des déclarations domiciliaires
lakásbérlet location *f;* bail *m* à loyer
lakásbérlő locataire *n;* preneur *m* à bail *v* à loyer
lakáscsere échange *m* de logement *v* d'appartement
lakásépítés construction *f* de logements (à usage locatif)
lakáshiány pénurie *f v* manque *m* de logements
lakáshivatal office *m* de logement(s)
lakásigény(lés) demande *f* de logement
lakáskiutalás attribution *f* de logement
lakásrendelet décret *m* sur les locations
lakásviszonyok conditions locatives *v* de location; l'habitat *m*
lakat cadenas *m; biz:* ~ *alá helyez (börtönbe)* mettre sous les verrous; coffrer; boucler
lakatlan inhabité, -e; vide d'hommes
lakatos [~ok, ~t, ~a] serrurier *m; (műlakatos)* ferronnier *m*

lakatosmester (maître) serrurier; ferronnier *m*
lakatosműhely; lakatosság serrurerie; ferronnerie *f*
lakbér 1. loyer (d'habitation); taux *m* de loyer; 2. *(mint határidő)* terme *m*
lakberendezés ameublement; mobilier *m*
lakberendező ensemblier; artiste décorateur *m*
lakbérhátralék arriéré *m* v arrérages *m pl* du loyer
lakbérnegyed terme *m*
lakbérpótlék allocation-logement; indemnité *f* de logement
lakbizonylat certificat *m* de résidence
lakcím adresse *f;* domicile *m*
lakhatatlan inhabitable; inlogeable
lakhely 1. *ld:* lakóhely; 2. *hiv:* domicile *m;* résidence *f*
lakhelyváltoztatás changement *m* de domicile; migration *f*
lakik [~tam, ~ott, ~jék v ~jon] 1. habiter qc v dans qc; demeurer; 2. *hiv:* être domicilié(e) v établi(e); résider; *a második emeleten* ~ être logé(e) au deuxième étage; *külföldön* ~ resider à l'étranger; 3. *(népről)* habiter; 4. *(állat)* habiter qc
lakk [~ok, ~ot, ~ja] 1. (gomme) laque; gomme d'adragant; 2. *(festéklakk)* vernis *m* (laque) v à l'alcool
lakkcipő (souliers) vernis *m pl;* *kivágott* ~ escarpins *m pl*
lakkoz [~tam, ~ott, ~zon] 1. vernir; vernisser; *(kínai lakkal)* laquer; 2. *(festékkel)* passer v peindre au ripolin; 3. *átv, gúny:* farder
lakmároz(ik) [~tam, ~ott, ~zék v ~zon] 1. faire bonne chère; banqueter; festoyer; 2. ~ *vmiből* se regaler de qc; s'empiffrer de qc
lakmuszkék bleu tournesol
lakmuszpapír papier *m* (de) tournesol
lakó [~k, ~t, ~ja] I. *(mn)* 1. *(vhol)* résidant; domicilié(e) à . . .; 2. *(városrész)* résidentiel, -elle; II. *(fn)* 1. locataire; occupant, -e *n;* 2. *(szigete)* habitant; insulaire *m;* 3. *(intézeté)* pensionnaire *n*

lakodalom [-lmak, -lmat, -lma] noce(s) *f (pl);* repas *m* de noce; *-lmát üli* célébrer ses noces
lakóépület bâtiment *m* d'habitation
lakóház maison *f* v immeuble *m* d'habitation
lakóhely lieu *m* de séjour; demeure; résidence *f;* ~ *szerint illetékes bíróság* tribunal *m* du domicile; *utolsó ismert* ~*e . . .* demeurant en dernier lieu à . . .; ~*et változtat* changer de résidence v d'air
lakójegyzék liste *f* des locataires
lakol [~tam, ~t, ~jon] *(vmiért)* expier qc; pâtir de qc; *életével* ~ *hibájáért* payer sa faute de sa vie; *halállal* ~ *bűnéért* expier son crime par la mort
lakoma [-ák, -át, -ája] festin; banquet; régal *m*
lakónegyed quartier d'habitation v résidentiel
lakonikus [~ok, ~t, ~a] laconique; concis, -e
lakos [~ok, ~t, ~a] I. *(mn)* budapesti ~ domicilié(e) à Budapest; II. *(fn)* habitant, -e *n; külföldi* ~ résident étranger
lakosság population *f;* habitants *m pl*
lakószoba pièce (habitable) *f*
lakosztály appartement *m*
lakótárs 1. *(házban)* colocataire *n;* 2. *(intézetben, kaszárnyában)* camarade *m* de chambrée
lakótelep centre *m* d'habitations; agglomération; colonie *f*
laktanya caserne *f*
lám! 1. n'est-ce pas? voyez-vous; 2. *lám-lám!* tiens, tiens!
láma *áll:* lama *m*
lámpa [-ák, -át, -ája] lampe; lanterne *f; (mozdonyon, hajón, jelző)* fanal *m; (csüngő)* suspension *f; (hajón, autón, kocsin, világítótornyon)* feu *m; eloltja a -át* baisser v éteindre la lumière v la lampe; *-át gyújt* donner de la lumière
lámpaernyő abat-jour *m*
lámpafény lueur *f* d'une lampe; ~*nél* à la lampe
lámpagyújtó allumeur de réverbère(s); lampiste *m*

lámpaláz trac m; ~zal küzd; ~a van avoir le trac
lámpavas lanterne f; ~ra! à la lanterne!
lánc [~ok, ~ot, ~a] 1. chaîne f; kis ~ chaînette f; a ~ szemei les maillons v les anneaux d'une chaîne; kiszabadítja magát ~aiból se déchaîner; ~ra köt attacher v river à la chaîne; (ebet) mettre à l'attache; ~ra ver enchaîner; 2. (mérték) chaîne d'arpenteur; 3. tex, vegy: chaîne; 4. átv: attache f; chaînes f pl; lerázza ~át secouer ses chaînes; 5. átv: ~ot alkot faire la chaîne
lánchíd pont suspendu
lánckereskedés marché en filière; aglotage m
láncol [~tam, ~t, ~jon] I. (tgy i) 1. attacher avec une chaîne; 2. átv: egymáshoz ~ river; II. (tgyl i) ker: agioter
láncolat enchaînement m; liaison; filiation f; szakadatlan ~ suite ininterrompue
láncreakció réaction v désintégration en chaîne; réaction caténaire f
láncszem chaînon m; maille f; maillon m; a döntő ~ le maillon principal
lánctalpas chenillé, -e; ~ autó autochenille f
lándzsa [-ák, -át, -ája] pique; lance f; trait m
láng [~ok, ~ot, ~ja] flamme f; ~ alakú flammé, -e; a szenvedélyek ~ja le brasier des passions; ~ba borít embraser; ~ba borul prendre feu; s'enflammer; a ~okba vész périr dans les flammes; ~okban áll flamber; ~ra gyújt embraser; ~ra lobban s'embraser (de qc)
lángbetűkkel en caractères v en lettres de feu
lángcsóva jet m de flammes
lángelme; lángész homme de génie; génie fulgurant
lánglelkű fougueux et génial
lángol [~tam, ~t, ~jon] 1. flamboyer; flamber; 2. (szív) brûler; être en feu
lángoló [~ak, ~t] 1. embrasé; flambant; flamboyant, -e; 2. átv:

ardent; enflammé; brûlant, -e; ~ arc visage m en flamme; ~ betűkkel ld: lángbetűkkel; ~ szenvedély passion brûlante; ~ szív cœur ardent v brûlant (d'amour)
lángszóró lance-flamme(s) m
lángtenger torrent m de flammes; nappe f de feu
lángvörös rouge ardent v violent
langymeleg tiède
langyos [~ak, ~at] 1. tiède; tépide; 2. (hőmérséklet) tempéré, -e
lanka pente (douce); versant; penchant m
lankad [~tam, ~t, ~jon] 1. languir; s'alanguir; faiblir; décliner; 2. (növény) se flétrir; se faner
lankadatlan infatigable; inlassable
lankadt [~ak, ~at; ~an] faibli; alangui; relâché; languissant, -e
lant [~ok, ~ot, ~ja] lyre f; luth m
lány [~ok, ~t, ~a] jeune fille; (rokoni viszonylatban és fiúval szemben, sokszor jelzővel:) fille f; ~ok után szaladgál courir les filles v le cotillon
lanyha [-ák, -át] 1. languissant, -e; tiède; stagnant, -e; lâche; 2. (tőzsde) flasque
lanyhul [~tam, ~t, ~jon] 1. (idő) se faire tiède; tiédir; s'attiédir; 2. (erő, érték) faiblir; languir; s'affaiblir; (erő) décliner; 3. (helyzet feszültsége) se détendre; s'apaiser
lap [~ok, ~ot, ~ja] 1. plat m; face f; ~jára fektet poser à plat; 2. művi: (testé) méplat m; 3. mat: face; 4. (kristályé, ékkőé) facette f; 5. (fém~) plaque; lame; planche f; (kerek) rondelle f; 6. (márvány~ stb.) table f; (kisebb) tablette f; 7. (éremé) champ m; 8. (asztalosmunkán) panneau m; 9. ép: (lapos felület) aire f; 10. (okmány, űrlap) bulletin m; fiche f; (levelező~) carte f; 11. (újság) feuille f; journal m; 12. (könyvekben) feuille f; (oldal) page f; a ~ alján au bas de la page; a ~ széle marge f; a 21. és köv. ~okon pages 21. et ss. (suivantes); 13. (könyvé v kéziraté) folio m; elülső ~ folio

recto m; hátsó, második ~ folio verso m; 14. de ez más ~ra tartozik mais ceci est une autre histoire v un autre chapitre; 15. zen: ~ról játszik lire la musique; déchiffrer (la musique) 16. (kézben levő kártyák) jeu m; donne f; jó ~ beau jeu; 17. (egy kártya) carte; mindent egy ~ra tesz föl jouer une fortune sur une seule carte
láp [~ok, ~ot, ~ja] marécage m
lapály [~ok, ~t, ~a] plaine f; pays plat; plat pays
lapát [~ok, ~ot, ~ja] 1. pelle f; 2. (evezőé) pale f; (evező) aviron m; 3. (kőművesé) gâche f; 4. (keréké) auget m
lapátol [~tam, ~t, ~jon] remuer à la pelle; enlever à la pelle
lapcím titre m d'un journal
lapít [~ottam, ~ott, ~son] I. (tgy i) 1. aplatir; planer; 2. (lemezzé) laminer; műsz: surfacer; II. (tgyl i) biz: se terrer
lapítás 1. aplatissage; aplatissement; planage m; 2. (lemezé) laminage m
lapka pastille; plaquette f
lapkihordó livreur (-euse) de journal à domicile
lapkivágás coupure f (de journal)
lapocka 1. omoplate f; 2. (marháé, borjúé) épaule f (de bœuf, de veau)
lapockacsont omoplate f
I. lapos [~ak, ~at] 1. plat; aplati, -e; ~ mell gorge plate; ~ orr un nez en pied de marmite v épaté v camus; ~ sarkú cipő souliers plats; ~ tető plate-forme f; toit-plat; terrasse f; 2. (kerékpárról, autógumiról) être à plat; ~ mint a deszka plat(e) comme une planche (à repasser); 3. futb: ~ labda balle f à ras de terre; 4. (élc, szellem) fade; insipide; banal, -e; ~ beszéd platitudes f pl; fadaise f; ~ ízlés goût pompier; ~ stílus style plat v rampant
II. lapos; 50 ~ füzet une brochure de 50 pages
laposság 1. aplatissement; épatement m; 2. műsz: laminage m; 3. átv: platitude; banalité; trivialité f

36 Magyar-Francia kézi

lapostetű áll: morpion; pou m du pubis
lapoz [~tam, ~ott, ~zon] feuilleter; tourner la page v un feuillet
lapozás feuillettement m
lapp [~ok, ~ot; ~ul] lapon, -onne
lappang [~tam, ~ott, ~jon] 1. se cacher; se recéler; être enfoui(e); être latent(e); ~ a hamu alatt couver sous la cendre; 2. orv: couver; ~va en incubation
lappangás 1. latence f; 2. (tűzé, betegségé) incubation f
lappangó [~k, ~t; ~an] 1. latent; caché, -e; ~ állapot état latent; 2. orv: larvé, -e; insidieux, -euse; ~ betegsége van couver une maladie; ~ láz fièvre lente
lapszámozás pagination f
lapszél marge f; ~en feljegyez noter en marge; (listán, számlán) émarger
lapszéli feljegyzés émargement m; ~ jegyzet note marginale; (könyvben) note en marge
lapszemle revue f de la presse
lapszerkesztő directeur d'un journal; rédacteur m
lapterjesztő diffuseur m
laptudósító reporter m; journaliste; correspondant, -e n
lapu [~k, ~t, ~ja] keserű ~ bardane f
lapzárta mise f sous presse; ~kor à l'heure où nous mettons sous presse; ~kor jelentik en dernière heure nous apprenons que
lárifári faribole f; ragots m pl; lárifári! taratata! lantur(e)lu
lárma [-át, -ája] vacarme; tapage; brouhaha m; clameur f; éktelen ~ charivari; boucan (formidable) m; nagy -át üt v csap faire v mener du tapage; faire grand bruit (de qc); (mérgében) tempêter; casser les vitres; tapager biz
lármás bruyant, -e; tapageur, -euse; criard; turbulent, -e; ~ ember tapageur, -euse n
lármázik [~tam, ~ott, ~zék v ~zon] faire du bruit v du tapage
lárva [-ák, -át, -ája] larve f

lásd; *ld:* a *18. lapon* voir p. 18; cf. (conférez) p. 18
lassabban plus lentement
lassacskán 1. doucettement *biz;* tout à la douce; *megvan* ~ il se porte tout doucement; 2. ~ *gazdagodott meg* il a fait sa fortune petit à petit; *ld. még:* **lassanként**
lassan 1. lentement; à pas lents; avec lenteur; modérément; doucement; *zen:* lento; *csak úgy* ~ couci-couci; couci-couça; *csak* ~ *a testtel, barátom!* doucement, mon ami! *szép* ~ *de fil en aiguille;* ~ *fő* cuire à feu doux; mijoter; ~ *járj, tovább érsz* qui va doucement va loin; 2. *ld:* **halkan;** 3. *ld:* **lassanként**
lassanként petit à petit; peu à peu; graduellement; (au fur et) à mesure; *pej:* à petit feu
lassít [~ottam, ~ott, ~son] I. *(tgy i)* ralentir; retarder; modérer; II. *(tgyl i)* 1. ralentir; tourner *v* mettre au ralenti; 2. *aut:* revenir en seconde
lassú [~ak, ~t] lent; modéré, -e; au rythme lent; *(érésről)* tardif, -ive; ~ *beszéd* langage mesuré *v* pondéré; ~ *észjárás* esprit lent *v* lourd; ~ *felfogás* pesanteur *v* paresse *f* d'esprit; ~ *folyású* au cours lent; ~ *ritmusban* à une cadence faible; au rythme lent; ~ *tűz* feu modéré; ~ *tűzön* à feu doux *v* bien réglé; ~ *tűzön éget* faire mourir *v* brûler à petit feu; ~ *víz partot mos* il n'est pire eau que l'eau qui dort
lássuk voyons; laissez voir
lassúság lenteur; longueur *f*
lat 1. *rég:* loth *m;* 2. *átv:* ~*ba vet* mettre dans la balance; *minden eszközét* ~*ba veti* faire jouer tous ses ressorts; ~*ba veti tekintélyét* interposer son autorité; *nyom a* ~*ban* entrer en ligne de compte *v* dans la balance
lát [~tam, ~ott, lásson] I. *(tgyl i)* 1. *(nem vak)* voir; *jól* ~ voir bien; *tisztán* ~ voir clair *v* nettement; *messzire* ~ voir au loin; 2. *(sötét helyen)* y voir; ~ *még?* y voyez-vous encore? *itt nem lehet* ~*ni* on n'y voit pas *v* goutte; 3. *átv:* *messzire* ~ *porter sa vue bien loin; se* ~, *se hall avoir la tête dans un sac;* 4. *vmihez* ~ se mettre à qc; voir à qc; 5. *dolgai után* ~ vaquer à ses affaires; II. *(tgy i)* 1. voir; *alig egy pillanatra* ~ entrevoir; *láttam: (okmányokon)* vu...; *láttam és jóváhagyom, a miniszter helyett* vu et approuvé pour le ministre; *hadd lássuk* laissez voir; faites voir; *sokat* ~*ott, hallott* c'est un homme qui a beaucoup vu, beaucoup entendu; *ki* ~*ott már ilyet?* a-t-on jamais vu (rien de pareil)! *mindennap lehet ilyesmit* ~*ni* cela se voit tous les jours; *(könyvcímben:) Ahogy én Magyarországot* ~*tam* Choses vues en Hongrie; ~*tam én már rosszabbat is* j'en ai vu bien d'autres; *ezt* ~*va azonnal elment* ce que voyant, il partit aussitôt; *szeretném* ~*ni!* je voudrais bien voir cela; 2. *(látogat)* voir; *sokszor* ~*ják egymást* ils se voient souvent; 3. *(belát, kitalál, megért)* voir; se rendre compte; ~*om mit akar* je le vois venir; *látod, látod!* vois-tu? *úgy* ~*om* il me semble; *úgy* ~*om, önnek sikere lesz* j'estime que vous réussirez; *helytelenül* ~*ja a dolgokat* avoir un bandeau sur les yeux; *(nem látva a mellékkörülményeket)* avoir une œillère; *nem* ~*om az okát* la cause m'en échappe; *mint* ~*ni lehet* comme on peut en juger; 4. *vminek* ~ se considérer *v* regarder comme; trouver...; *jónak* ~ trouver bon; 5. *vmiből* ~ voir en qc; conclure *v* déduire de qc; *ebből is* ~*ni, hogy* cela fait voir *v* montre déjà que
látás 1. vue; vision *f;* ~*ból ismer* connaître de vue; *első* ~*ra* à première vue; de prime abord; ~*tól vakulásig* de la pointe du jour jusqu'à la nuit noire; 2. *(szíves)* ~ accueil aimable *v* hospitalier
látási d'optique; visuel, -elle; *rep:* ~ *viszonyok* visibilité *f;* *rossz* ~ *viszonyok* visibilité nulle *v* mauvaise; ~ *zavar* trouble visuel
látásmód manière *f* de voir

látatlanban les yeux fermés
látcső 1. lunette (d'approche); longue-vue *f;* **2.** *szính:* jumelle(s) *f (pl)* (de théâtre); lorgnette *f*
latex [~ek, ~et] latex *m;* ~ *tartalmú* laticifère
láthatár horizon *m;* ~ *vonala* ligne *f* d'horizon; *megjelenik a* ~*on* apparaître *v* surgir à l'horizon
láthatatlan invisible; ~ *tinta* encre sympathique *f*
látható visible; apparent, -e; en vue; observable; *nem* ~ inobservable; *szabad szemmel nem* ~ imperceptible; invisible à l'œil nu; *jól* ~ *(hely, stb.)* bien en vue; *mikroszkóppal* ~ visible au microscope; ~, *hogy* il est visible que; ~ *öröm* plaisir visible *m;* ~ *szorgalom* servitude apparente
latin [~ok, ~t] **I.** *(mn)* latin, -e; ~ *betű* lettre romaine; *a* ~ *népek öszszessége* la latinité; *a* ~ *nyelv* le latin; *a kései* ~ *nyelv* le bas latin; ~ *országok* pays romans; ~ *szakos* latiniste; ~ *tanár* professeur *m* de latin; **II.** *(fn) a* ~ le latin; ~*t tanul* apprendre le latin
latinság latin *m;* latinité *f;* *rossz* ~ latin incorrect
latinul en latin; ~ *el lehet mindent mondani* le latin brave l'honnêteté
látkép vue (panoramique) *f;* panorama *m*
látlelet constat médical
látnivaló 1. curiosité *f;* **2.** *még sok a* ~ il y a encore beaucoup à voir; **3.** ~, *hogy* on voit que; il est évident que
látnoki [~ak, ~t; ~an] prophétique; ~ *tehetség* faculté *f* de clairvoyance
látogat 1. *(vkit)* aller voir; faire *v* rendre une visite à q *v* chez q; fréquenter q; **2.** *(kiállítást, stb.)* visiter; courir qc; **3.** *(előadást)* suivre *v* fréquenter *v* (des cours)
látogatás 1. visite *f;* ~*t tesz* rendre *v* faire une visite à q; **2.** *(színházé, óráké)* fréquentation *f*
látogató [~k, ~t, ~ja] **1.** visiteur, -euse *n;* ~*t várok* j'attends du monde; **2.** *vminek a* ~*ja* familier *v* habitué *m* de qc; **3.** *(tanfolyamé)* élève; auditeur, -trice *n;* **4.** ~*ba jön, megy* venir, aller en visite
látogatójegy carte *f* d'entrée
látókör 1. horizon; panorama *m;* **2.** *széles* ~ largeur *f* de vue; *szűk* ~ étroitesse *f* de vue
latolgat [~tam, ~t, ~jon] peser; mettre en balance
látomás; látomány apparition; vision *f;* fantôme *m*
látómező, látótér champ visuel
lator [latrok, latrot, latra] larron *m*
látótávolság distance *f* de visibilité
latrina [-ák, -át, -ája] latrines *f pl;* fosse *f* d'aisance
látszat [~ok, ~ot, ~a *v* ~ja] apparence(s) *f (pl);* aspect; simulacre *m;* illusion *f;* dehors *m;* façade *f; csalóka* ~ trompe-l'œil *m;* apparence trompeuse; *külső* ~ le paraître; *mindez csak* ~ tout ceci n'est qu'un décor; *más a* ~, *más a valóság* être et paraître sont deux; *a* ~ *csal* il ne faut se fier aux apparences; *minden* ~ *ellenére* contre toute apparence; *a* ~ *szerint* selon les apparences (trompeuses); par manière d'acquit; *ez csak a* ~ *kedvéért van* c'est pour sauver la face; *az igazság* ~*a* les couleurs de la vérité; *ennek az a* ~*a volna, hogy* cela aurait l'air de dire que; *meg is van a* ~*ja* cela se voit bien; ~*ból ítél* juger sur l'apparence; ~*ra* en apparence; *ügyel a* ~*ra* garder *v* respecter le décorum; *vminek a* ~*át kelti* donner l'image de qc; *azt a* ~*ot kelti, hogy* faire l'impression de *(inf)*
látszat- un simulacre de *(pl:* de débarquement)
látszatbéke un simulacre de paix
látszatboldogság un fantôme de bonheur
látszateredmény apparence *f* de résultat
látszatmunka travail *v* ouvrage bâclé *v* saboté
látszer instrument *m* d'optique
látszerész opticien, -ienne *n*
látszik [~ottam, ~ott, lássék *v* lásson] **1.** *(látható)* s'apercevoir; (ap)pa-

raître; se voir; *nem ~ rajta semmi (és mégis...)* il n'a l'air de rien; ~ *rajta* il y paraît; cela se voit; 2. paraître *(inf);* sembler *(inf);* avoir l'air de qc *v* de *(inf); úgy ~* il paraît; à ce qu'il paraît; il me semble; *úgy ~, hogy* il semble que *(subj* v *ind);* il paraît que *(ind);* ~, *hogy* on voit bien que; il y paraît bien que *(ind);* 3. *(vminek)* paraître *v* sembler qc; avoir l'air de qc; *betegnek ~* il a l'air malade; *jónak ~* il a l'air bon; *ötvenévesnek ~* il paraît (avoir) cinquante ans; *nem ~ annyinak* il ne les paraît pas *(ti.* 50 ans); *annyinak ~* il les paraît; il les marque; 4. *látszani akar vminek* poser pour qc; 5. *ebből is ~, hogy* il apparaît de là que
látszólag en apparence; apparemment
látszólagos [~ak, ~at] illusoire; apparent, -e; factice; un simulacre de...
láttamoz [~tam, ~ott, ~zon] viser; apposer le visa à qc
láttamozás visa *m*
láttamoztat faire munir d'un visa; présenter au visa
láttára à son aspect; à ce spectacle; *vminek ~* sur le vu de qc; à la vue de qc; *vkinek ~* au vu de q; à l'aspect de q; *szeme ~* sous ses yeux; *mindenki szeme ~* à la vue de tout le monde
látvány spectacle; tableau *m;* perspective *f*
látványos [~ak, ~at; ~an] à grand spectacle; spectaculaire
láva [-ák, -át, -ája] lave *f*
lávakitörés émissions laviques *f pl*
lavina [-ák, -át, -ája] avalanche *f*
lavíroz [~tam, ~ott, ~zon] *átv:* louvoyer; *ügyesen ~* nager entre deux eaux
láz [~ak, ~at, ~a] 1. fièvre; hyperthermie *f; 40 fokos ~* 40 degrés de fièvre; *a ~ csökken* la fièvre diminue *v* décline *v* tombe; *erős ~* grosse fièvre; *magas ~* fièvre violente; *~a van* avoir la fièvre; *megméri a ~át vkinek* mettre le thermomètre à q; *~tól ég* la fièvre le brûle; 2. *átv:*
fièvre; *csupa ~* il brûle de zèle; *~ba hoz* donner la fièvre à q; enfiévrer; *~ba jön* prendre feu; s'emballer
laza [-ák, -át] 1. peu consistant(e); inconsistant, -e; 2. *(kötés)* lâche; relâché; ~ *norma* norme lâche *f;* 3. ~ *illesztés* ajustement *m* avec jeu; 4. *(homok)* mouvant, -e; 5. *(kőzet)* friable; molle; *(föld, talaj)* meuble; ameubli, -e; ~ *talaj* sol ameubli *v* meuble; 6. *(erkölcs)* relâche; dissolu, -e; 7. *(fogalom)* vague; flottant, -e
lazac [~ok, ~ot, ~a] saumon *m*
lazacszelet une darne de saumon
lazacvörös saumon
lázadás révolte; rébellion; émeute; sédition; mutinerie *f; a ~ fészke* le foyer de la rébellion; *egy ~t elfojt* réprimer *v* éteindre une sédition; *~ra bujtogat* exciter *v* pousser *v* porter à la révolte
lázadó [~k, ~t] séditieux, -euse; révolté, -e; rebelle; mutin, -e; insurgé, -e *(mind h. fn. is);* ~ *szellem* esprit rebelle *m; a ~ok sorai* les rangs rebelles
lázadozik [~tam, ~ott, ~zék *v* ~zon] regimber; se révolter; se cabrer; faire le mutin
lázálom rêve hallucinatoire *v* fiévreux; délire *m*
lázas [~ok, ~t] 1. fiévreux, -euse; fébrile; pris(e) de fièvre; ~ *állapot* fièvre; fébrilité *f;* 2. *átv:* ~ *élet* vie trépidante *v* fiévreuse; ~ *érdeklődés* curiosité fébrile *f;* ~ *igyekezet* zèle *m;* ~ *munka* travail fiévreux; ~ *tevékenység* activité fébrile *f*
lazaság 1. inconsistance *f;* 2. inassiduité *f; az erkölcsök ~a* l'amollissement *m* des mœurs
lázcsillapító *orv:* antifébrile; fébrifuge *(m)*
**lázemelkedés* l'augmentation *v* l'ascension *f* de la fièvre; *(hirtelen)* poussée fébrile *f*
lázít [~ottam, ~ott, ~son] pousser *v* porter *v* exciter à la révolte
lázító [~ak, ~t, ~ja] I. *(mn)* émeutier, -ière; séditieux, -euse; incendiaire;

| lázkiütés | 565 | lebeny |

~ *írás* écrit incendiaire *v* séditieux; ~ *röpirat* tract séditieux; II. *(fn)* émeutier, -ière; agitateur, -trice; agent *m* de sédition; boutefeu *m*
lázkiütés éruptions *f pl* accompagnant la fièvre
lázmérő thermomètre (médical)
lázong [~tam, ~ott, ~jon] s'agiter; être en effervescence
lázongás agitation; mutinerie *f*
lázongó [~k, ~t; ~an] effervescent; enfiévré, -e; ~ *csapatok* troupes mutinées
láztábla feuille *f* de température
lazúrkék bleu(e) d'azur; azur
le à bas; en bas; par en bas; vers le bas; par le bas; *le vmiről* à bas de qc; *felülről le* de haut en bas; *le az árulókkal!* sus aux traîtres! à bas les traîtres! *le a kalappal (előtte)!* chapeau bas (devant lui); *le vele!* à la porte!
lé [levek, levet, leve *v* ~k, ~t, ~je] jus; suc *m; (sülté)* sauce *f; (főtt húsé)* bouillon *m; konyh:* cuisson *f; minden lében kanál* c'est un touche-à-tout; *levet ereszt* juter; *átv: ő issza meg a levét* c'est lui qui payera la casse
lead 1. *(nyújt)* donner; tendre; 2. *(vhol)* remettre; déposer; 3. *(labdát)* renvoyer; 4. *szavazatát ~ja* voter; déposer *v* mettre son bulletin de vote dans l'urne; 5. *(sajtóban)* publier; 6. *rád:* (radio-)diffuser
leadás 1. *(csomagé)* livraison; remise *f;* 2. *(közlés)* publication; insertion *f;* 3. *rád:* audition; émission; radiodiffusion *f*
leakaszt 1. dépendre; 2. décrocher; *~ja a telefonkagylót* décrocher (le téléphone)
lealacsonyít (r)abaisser; déconsidérer; diffamer; dégrader
lealacsonyító avilissant; dégradant; abaissant; humiliant, -e
lealacsonyodik se rabaisser; s'avilir; se dégrader
leálcáz démasquer; enlever son masque à q; dévoiler
lealjasít dépraver; avilir; encanailler
lealjasító dégradant; avilissant, -e

lealjasodik se dépraver; s'encanailler; s'acoquiner; s'avilir
leáll 1. *(gép)* stopper; se bloquer; s'arrêter; 2. *(munkás)* débrayer
leállás 1. *műsz:* arrêt *m* de marche; 2. *(munkásoké)* débrayage *m*
leállít 1. *(gépet)* arrêter; bloquer; débrayer; *(vonatot stb.)* (faire) stopper; 2. *aut:* consigner; *~ja a motort* couper le moteur; 3. *~ja a munkát* débrayer; 4. *átv:* mettre le holà à qc
leány [~ok, ~t, ~a] 1. jeune fille; jeune personne; 2. *(szülőkkel viszonylatban, fiúval ellentétben, néha jelzőkkel is)* fille *f; ~om* ma fille; *a kisebbik ~* la cadette; *a nagyobbik ~* l'aînée
leányálom rêve *m* de jeune fille; *biz: nem ~* ce n'est pas un rêve!
leányiskola école *f* de (jeunes) filles
leánykérés recherche *f* (en mariage)
leánykori *pajtás* camarade *f* de jeunesse
leányvállalat société annexe *f*
learat I. *(így i)* 1. moissonner; couper; faucher; 2. *átv:* récolter qc; être le bénéficiaire de qc; II. *(tgyl i)* moissonner; couper les blés
leárnyékol blinder; écranner
leáztat tremper pour décoller *v* détacher; détremper
lebarnul être bronzé(e)
lebecsül déprécier; ravaler; dénigrer
lebeg [~tem, ~ett, ~jen] 1. flotter; planer; se balancer; 2. *(vmiben)* être tenu(e) en suspension; 3. *(hang)* vibrer; 4. *átv:* bizonytalanság ~ *vmi felett* des incertitudes planent sur qc; *szem előtt ~ vminél* présider à qc; avoir qc en vue
lebegés 1. flottement; balancement *m;* 2. *zen:* battements *m pl*
lebegtet faire flotter; agiter; ~*i zsebkendőjét* agiter son mouchoir
lebélyegez 1. estampiller; timbrer; frapper du timbre; 2. *post:* oblitérer; 3. *(részvényt)* diminuer la valeur nominale d'une action
lebeny [~ek, ~t, ~e] *orv:* lobe *m*

lebernyeg [~ek, ~et, ~e] **1.** *(marháé)* fanon *m;* **2.** *(lovagé)* cape *f;* *(ujjatlan)* macfarlane *m*
lebeszél *(vkit vmiről)* détourner (q de qc); dissuader (q de qc); déconseiller (qc à q); *~i szándékáról* faire revenir sur sa décision
lebetegedés accouchement *m;* couches *f pl*
lebilincsel charmer; captiver; ensorceler
lebilincselő [~ek, ~t; ~en] charmant; captivant; engageant; attachant, -e
lebillent 1. faire tomber; renverser; **2.** *~i a mérleget* faire pencher la balance
lebombáz détruire *v* démolir par bombardement aérien
lebont 1. démolir; abattre; jeter bas; **2.** *él:* désassimiler
lebontás 1. démolition *f;* **2.** *él:* désassimilation *f*
lebonyolít 1. *(ügyet, üzletet)* régler; terminer, liquider; *(tőzsdén)* exécuter; **2.** *a forgalmat ~ja* assurer la communication *v* le trafic; desservir qc
lebonyolítás 1. *(ügyé)* liquidation *f;* règlement *m;* **2.** *(tőzsdei)* exécution *f*
lebonyolódik se régler; s'arranger; se liquider
leborotvál raser; *simára ~* raser de près
leborul *vki előtt* se prosterner devant q
lebuj [~ok, ~t, ~a] bastringue *f;* boui-boui *m*
lebukás chute; éclipse *f*
lebukik 1. dégringoler de...; basculer; **2.** *(nap)* plonger à l'horizon; **3.** *(vízben)* plonger; **4.** *átv, biz:* faire le plongeon; perdre la face; brûler
lebzsel [~tem, ~t, ~jen] *biz:* cagnarder; lambiner; battre le flemme
léc [~ek, ~et, ~e] **1.** latte; lamelle *f* de bois; **2.** *sp:* latte; planche *f;* ski *m*
lecke leçon *f; ez jó ~ volt neked* cela te servira *v* t'auras servi de leçon; *-ét felmond* réciter *v* dire sa leçon; *nem tudja a -ét* ne pas savoir sa leçon
leckekönyv livret *m* d'étudiant
léckerítés palissade *f* (de pieux); treillage *m;* claire-voie *f*

leckéztet faire la leçon à q; réprimander; *(unalmasan)* sermonner
lecsap I. *(tgy i)* **1.** *(deszkát stb.)* abattre; **2.** *(eldobva)* jeter; **3.** *~ja a fejét* faire voler la tête de q; **4.** *~ja a füstöt* rabattre la fumée; **5.** *(gabonát az űrmértékben)* rader; **6.** *vegy:* précipiter; **7.** *tenisz:* smasher; **8.** *(összeget)* déduire; rabattre; **9.** *(vkit)* démettre (de ses fonctions); **II.** *(tgyl i)* **1.** *(vmire, vkire)* foncer (sur); s'abattre (sur); *~ az ellenségre* tomber sur l'ennemi; **2.** *(villám)* tomber (sur)
lecsapódás 1. *(lövedéké)* impact *m;* **2.** *met:* eau *f* de condensation; **3.** *(folyadékban)* précipité *m;* précipitation *f;* **4.** *csill: kozmikus ~ retombée f* de poussière cosmique
lecsapódik 1. *(tárgy)* s'abattre; s'abaisser; **2.** *(pára)* se déposer; tomber; **3.** *vegy:* se précipiter
lecsapol 1. drainer; égoutter; **2.** *(bort)* tirer
lecsatol 1. dégrafer; détacher; ôter; décrocher; **2.** *műsz:* déclencher
lecsavar 1. dévisser; **2.** *~ja a lámpát* éteindre *v* baisser la lampe; *(félig)* mettre en veilleuse
lecsendesedik se calmer; s'apaiser; se radoucir; se tranquilliser
lecsendesít assoupir; apaiser; calmer; tranquilliser; pacifier; ramener au calme
lecsepeg dégoutter; s'égoutter
lecsepegtet (laisser) égoutter
lecsepül vilipender; dénigrer; ravaler; *(vkit)* habiller de toutes pièces; *(írásban)* éreinter
lecsillapít tempérer; modérer; apaiser; calmer; *~ja a kedélyeket* calmer *v* détendre *v* pacifier les esprits; *a kor ~ja a szenvedélyek tüzét* l'âge éteint le feu des passions
lecsillapodás apaisement *m*
lecsillapodik s'apaiser; se calmer; se pacifier
lecsiszol 1. *(anyagot)* polir; aviver; **2.** *(követ)* gratter; **3.** *(modort)* façonner

lecsiszolás 1. polissage; polissement *m;* **2.** *(kőé)* grattage *m;* **3.** *(modoré)* façonnement *m*
lecsordul dégoutter; dégouliner
lecsorgás dégoulinement; écoulement *m*
lecsorgat laisser écouler *v* dégoutter *v* dégouliner
lecsökken diminuer; se réduire
lecsuk 1. fermer; **2.** *(börtönbe)* incarcérer; emprisonner
lecsukódik se fermer; *szeme* ~ ses yeux se ferment
lecsúszás 1. glissement *m* (sur la pente); glissade *f;* **2.** *sp:* descente *f;* **3.** *átv, biz:* ratage *m;* défaite; déconfiture *f*
lecsúszik 1. glisser (en bas; à bas de qc); couler; **2.** *(a gyomorba)* s'avaler; **3.** *átv:* *(lezüllik)* glisser sur la pente; **4.** *átv:* *(nem sikerült)* tomber sur son bec (de gaz) *biz*
lecsüng pendre
ledarál 1. moudre; **2.** *átv:* rabâcher; réciter comme un pensum; psalmodier
ledér [~ek, ~t; ~en] dévergondée; dissolue; luxurieuse; débouchée; libertine
ledob 1. jeter à bas; précipiter à bas *v* en bas; flanquer en l'air; **2.** *rep:* *~ja bombáit* lâcher *v* larguer ses bombes
ledolgoz payer *v* rendre en travail; travailler pour acquitter qc
ledöf abattre d'un coup (d'épée *v* de stylet *stb.);* poignarder
ledől 1. s'écrouler; tomber; s'affaisser; **2.** s'étendre; ~ *egy kicsit* faire un petit somme
ledőlés 1. écroulement; effondrement *m;* ~*sel fenyeget* menacer ruine; **2.** *(fáé)* chute *f*
ledönt renverser; abattre; démolir; *egy fát* ~ abattre un arbre; *egy falat* ~ démolir *v* abattre un mur
ledörzsöl 1. *(vkit)* frictionner; **2.** *(vmit)* ôter *v* enlever en frottant; racler
leég 1. brûler (dans l'incendie); être réduit(e) en cendre; **2.** *konyh:* brûler; **3.** *(gyertya)* se consumer; **4.** *(naptól)* être hâlé(e) *v* bronzé(e) (par le soleil); **5.** *biz:* être decavé(e) *v* fauché(e); *jól* ~*ett* il est tombé sur son bec
leegyszerűsít 1. simplifier; réduire les proportions de qc; ramener à qc; **2.** *mat:* réduire
leejt laisser *v* faire tomber
leéli *életét* passer (le reste de) sa vie
leemel enlever; ôter; descendre; ~*i a bőröndöt* descendre la valise
leendő [~ek, ~t] **1.** futur; prochain, -e; en expectative; **2.** *(művész, repülő stb.)* futur, -e; en herbe
leenged 1. descendre; **2.** ~*i a ruhát* allonger *v* rallonger la robe; **3.** *(árból vmit)* rabattre sur *v* de qc
leépít 1. *(vkit)* mettre à pied; licencier; **2.** *(vmit)* supprimer; réduire
leér 1. *(vki)* aller *v* descendre (jusqu'à...); **2.** *(vmi)* descendre *v* arriver jusqu'à *v* jusque dans...
leereszkedés 1. *(hegyről, gödörbe, levegőből)* descente *f (rep is);* **2.** *sp:* ~ *kötélen (hegymászóé)* descente en rappel; **3.** *átv:* condescendance *f;* air *m* de protecteur
leereszkedik 1. *(alá)* descendre; *(felhő)* s'abaisser; ~ *vmin* se laisser couler sur qc; ~ *a folyón* descendre le fleuve; **2.** *(madár)* se poser; **3.** *rep:* descendre; se poser; atterrir; **4.** *(függöny)* tomber; **5.** *zen:* descendre; **6.** *(vkihez)* s'abaisser jusqu'à q; condescendre à *(inf)*
leereszt I. 1. *(tgy i)* **1.** descendre; abaisser; rabaisser; *(függönyt, húrt, hangot)* baisser; *(vitorlát)* amener; *(zászlót gyász jtléül)* mettre en berne; ~*i fülét farkát* serrer *v* baisser la queue; **2.** *(ruhát)* allonger *v* rallonger (une robe); **3.** *(vizet)* vider (l'eau); **4.** ~*i a húrt* baisser, détendre la corde; ~*i a hangját* baisser la voix; **II.** *(tgyl i) (kerékpár v autógumi)* être à plat
leeresztő *dugó* bouchon *m* de vidange; ~ *nyílás* bonde *f*
leérkezik descendre; arriver
leértékel 1. dévaloriser; dévaluer; rabaisser; **2.** *(árut)* solder

leesik 1. tomber; *(ablakból:* par la fenêtre; *székéből:* de sa chaise); ~ *a földre* tomber à terre; **2.** *arg:* *vmi vkinek* ~ avoir pour aubaine; **3.** *(árban)* tomber (à); être ramené(e) (à); *az árak* ~*tek* les prix sont tombés *v* ont baissé
lefagy geler; ~*ott* congelé, -e
lefarag 1. enlever (au ciseau *v* au couteau); **2.** *(költségből)* rogner sur qc
lefed recouvrir; couvrir
lefegyverez [~tem, ~ett, ~zen] désarmer; réduire à l'impuissance; *-rző mosollyal* avec un sourire engageant
lefegyver(e)zés désarmement *m;* démilitarisation *f*
lefej tirer
lefejez [~tem, ~ett, ~zen] décapiter; décoller; guillotiner
lefejlik [~ett] **1.** se détacher; se défaire; **2.** *mat:* se développer
lefejt 1. enlever; ôter (l'enveloppe de qc); détacher; **2.** *(ruhán)* découdre; **3.** *(vminek a bőrét)* dépouiller qc; *(héját)* tourner; **4.** *(bort)* soutirer; tirer (au clair); décuver; *(palackba)* mettre en bouteilles; **5.** *(szálat)* dévider; **6.** *mat:* développer
lefékez 1. freiner; faire jouer les freins; bloquer *v* serrer le(s) frein(s); **2.** *(rúddal, lánccal, sarufékkel)* enrayer; bloquer; **3.** *átv:* maîtriser; freiner; refréner
lefekszik 1. se coucher; s'éteindre; **2.** *(ágyba)* se coucher; se mettre au lit; *(betegség miatt)* prendre le lit
lefektet 1. coucher; étendre; **2.** *(gyereket)* mettre au lit; coucher au lit; coucher; **3.** *(vezetéket)* poser; **4.** ~ *egy szabályt* formuler une règle; *vmiben le van fektetve* se trouve consigné(e) *v* établi(e) dans qc
lefekvés coucher; couchage *m;* *(betegé)* alitement *m*
lefelé 1. vers le bas; par le bas; en bas; à bas; par en bas; **2.** *(vizen)* en aval; à vau-l'eau; ~ *úszik* nager avec le courant; *(tárgy)* dériver; aller à la dérive; **3.** ~ *fordít* pencher; ~ *megy (dicsősége, napja)* être à son déclin

lefényképez photographier; prendre une photo de qc
lefest 1. peindre; représenter; faire le portrait de q; **2.** *átv:* peindre; dépeindre; détailler
lefizet 1. payer; verser; faire un versement de...; *(tartozást)* rembourser; acquitter; ~ *egy összeget* faire *v* effectuer *v* opérer un versement; **2.** *pej:* *(vkit)* graisser la patte à q
lefog 1. *(vkit)* maintenir; garder solidement; ~*va tart* immobiliser; **2.** *(bűnöst)* empoigner; appréhender; **3.** ~*ja szemeit vkinek* fermer les paupières à q; **4.** *(fizetésből)* retenir (sur qc)
lefoglal 1. *(hatóságilag)* saisir; frapper de saisie; *(lepecsételve holmit)* mettre sous scellés; **2.** *(közcélra)* réquisitionner; **3.** *(helyet)* arrêter; (se) réserver; retenir; **4.** *(munka vkit)* absorber; accaparer
lefoglalás 1. saisie; saisie-arrêt *f;* **2.** *jog:* mainmise *f* (sur qc); *(fizetése)* opposition *f;* ~ *alól felold* donner mainlevée de qc; **3.** *(közcélra)* réquisition *f*
lefoglalóz [~tam, ~ott, ~zon] *(vmit)* donner des arrhes pour qc
lefoglalt 1. frappé(e) de saisie; saisi, -e; **2.** *(igénybe vett)* réquisitionné, -e; **3.** *(hely)* réservé; retenu, -e
lefogy maigrir; se décharner; devenir à rien; *(testrész)* s'atrophier
lefogyaszt maigrir; amaigrir; décharner; *(testrészt)* atrophier
lefojt 1. étouffer; **2.** étrangler; *aut* caler
lefokoz 1. *kat:* casser; dégrader; *(hivatalban)* rétrograder; **2.** *(hatást)* amortir; estomper; ~*za igényeit* réduire ses exigences
lefolyás 1. *(vízé)* écoulement *m;* dégorgement *m;* **2.** *fiz:* évolution *f;* **3.** *orv:* évolution, allure *f;* *enyhe* ~*ú à* évolution bénigne; **4.** *(eseményeké)* cours *m;* suite *f;* allure *f; szerencsés* ~ solution heureuse
lefolyik 1. *(víz, idő)* s'écouler; **2.** *(esemény)* se dérouler; se passer; **3.** *(verseny, mérkőzés)* se disputer; être disputé(e)

lefolyó *(tóé)* déversoir; émissaire *m;* *(konyhában)* évier; siphon-panier *m;* ~ *dugója* bonde *f*
lefolyócső voie *f v* tuyau *v* conduit *v* tube d'écoulement; tuyau *m* d'évacuation
lefolytat mener à bonne fin; *az eljárást ~ja* terminer l'enquête; *egy vizsgálatot ~* mener à bien une enquête
leforgás; *egy óra ~a alatt* en moins d'une heure; dans l'espace d'une heure
leforráz 1. échauder; ébouillanter; 2. *(teát)* infuser dans l'eau bouillante; 3. *átv:* *egészen le volt forrázva* il avait l'oreille basse
lefoszlik 1. tomber en lambeaux; 2. se dégarnir
lefölöz 1. écrémer; débeurrer; *~ött tej* lait écrémé; 2. *átv:* écrémer
lefőz 1. détacher par la cuisson; 2. *biz: (vkit)* enfoncer q; avoir raison de q
lefúj 1. *(port)* souffler; 2. *(kalapot szél)* emporter; 3. *kat: (gyakorlatot)* sonner la fin de qc; 4. *sp: (bíró)* arrêter le jeu; 5. *(vmit)* décommander
lefülel *biz:* empoigner; mettre la main sur q
lefűrészel scier; enlever à la scie
leg- le plus...; la plus...; les plus...; des plus...
lég [~et, lege] l'air *m;* les airs; atmosphère *f;* *~be röpít* faire sauter (en l'air); *~ből kapott* controuvé, -e; fantaisiste; monté(e) de toutes pièces
legalább 1. au moins; du moins; tout au moins; *ez ~ egy órát vesz igénybe* cela mettra au moins une heure; 2. *(mennyiségről)* au bas mot; petitement; de bon compte; ~ *százan voltunk* nous étions cent personnes au bas mot; 3. *csak ~ ebben a dologban engedne* encore s'il voulait faire cette concession; *ha ~ itt hagyta volna a címét* si seulement il avait laissé son adresse
legalábbis pour le moins; à tout le moins; *vagy ~* ou tout au moins; ou du moins
legális [~ak, ~t] légal, -e

legalja 1. *a ~* la partie la plus basse; le bas fond; 2. *(áruból)* rebut *m;* *a társadalom ~* les bas-fonds *v* la lie de la société
legalsó le plus bas; le plus profond; le dernier au-dessous
legalul tout en bas; tout au fond
legallyaz émonder
légáram 1. écoulement *m* d'air; 2. *rep:* sillage *m*
légáramlat 1. circulation *f* d'air; courant *v* appel *m* d'air; chasse *f* d'air; 2. *(szabadban)* courant atmosphérique *v* aérien
legázol 1. écraser; faucher; 2. *(lábbal)* piétiner; 3. *átv:* passer sur le corps *v* sur le ventre de q
legbelső 1. le *v* la plus interne; 2. situé(e) le plus au fond; 3. *átv:* le *v* la plus intime
légcsavar hélice (aérienne)
légcső trachée (artère) *f;* voies aériennes
légcső- *orv:* trachéal, -e
légcsőhurut bronchite; trachéite *f*
legel [~tem, ~t, ~jen] paître; brouter; pâturer
legeleje 1. *vminek ~* la partie (la plus) avancée de qc; le côté antérieur; 2. le début *v* le commencement de qc; *már a -én* dès le début; au premier abord
légelhárítás la D. C. A. (défense contre avion)
légelhárító antiaérien, -enne
legelő [~k, ~t, ~je] pâturage *m;* herbage (pâturé); pacage; gagnage *m;* *~re kihajt* mettre en pâture
legelől en tête; *~ áll* se placer *v* être en tête; *(vmiben)* venir en tête
legelőször tout d'abord; au premier abord; avant tout; *~ is* et tout d'abord
legelső le (tout) premier, la (toute) première; *a ~ alkalommal* à la première occasion
legeltet faire paître; mener paître; pacager
legeltetés pacage; pâturage *m*
legenda [-ák, -át, -ája] légende (hagiographique); vie *f* de saint

legendás légendaire; fabuleux, -euse; mythique
legény 1. garçon; gars; jeune homme *m;* **kemény** ~ gars solide; **szép** ~ beau gars; ~ *a talpán* il est ferré à glace; **2.** aide; ouvrier *m;* **3.** *(céhekben:)* compagnon *m* (de métier) **legénybúcsú***t tart* enterrer sa vie de garçon
legénykedés 1. crânerie; bravade *f;* **2.** *pej:* fanfaronnade; bravade *f* **legénykedik** [~tem, ~ett, ~jék *v* ~jen] **1.** faire le brave *v* le jeune homme; **2.** fanfaronner; faire le fendant
legénylakás garçonnière *f;* logement *m* de célibataire
legénység 1. hommes (de troupe); troupiers *m pl;* **2.** *haj:* équipage *m*
legépel dactylographier; taper (à la machine)
legesleg- tout ce qu'il y a de plus...; on ne peut plus...; le plus possible; *a* ~*bölcsebb* sage entre tous; *a* ~*első években* dans les toutes premières années; ~ *jobban* tout ce qu'il y a mieux; le mieux possible; ~ *kisebb*... le moindre petit...
légfék frein à air (comprimé) *v* pneumatique
legfeljebb 1. au plus; tout au plus; à la rigueur; au maximum; **2.** ~ *nem lesz semmi belőle* tout ce qui peut arriver c'est qu'il n'en sera rien
legfelső(bb) 1. le plus haut, la plus haute; le plus élevé, la plus élevée; supérieur, -e; **2.** *(átv. így is:)* suprême; souverain, -e; ~ *ellenőrzés* supervision *f; a* ~ *fokon* au suprême degré; *dipl:* à l'échelon le plus élevé; ~ *hatalom* droit *m* de souveraineté; ~ *határ* plafond *m;* **3.** ~ *ár; árak* ~ *határa* prix(-)plafond *m*
legfiatalabb; *a* ~ *köztük* benjamin, -e *n;* le *v* la plus jeune d'entre eux
legfinomabb extra-fin, -e; extra *n*
legfontosabb principal, -e; le plus important, la plus importante
legfőbb I. *(mn)* principal, -e; de premier ordre; primordial, -e; suprême; souverain, -e; ~ *érdeke* son intérêt suprême; ~ *hatalom* pouvoir suprême *m;* la souveraineté; ~ *gondolata* sa pensée dominante; ~ *ideje* il est grand temps; *a* ~ *jó* le souverain bien; ~ *ok* cause suprême *f;* **II.** *(fn)* le principal; l'essentiel
léggömb ballon (aérostatique *v* sphérique); sphérique); aérostat *m; (játék)* ballon de baudruche
leggyakrabban le plus souvent
léggyökér racine aérienne; crampon *m*
léghajó aérostat; aéronef; ballon aérostatique *v* sphérique *m; (kormányozható)* dirigeable
léghajós aéronaute; aérostier; aérostatier; aviateur *m*
léghajózás aéronautique; aérostation; navigation aérienne *f*
léghajtásos 1. pneumatique; **2.** *biz:* à réaction
leghátul le plus au fond; tout au fond; ~ *van* être en queue
léghuzat courant *m* d'air; *(kéményben stb.)* appel d'air; tirage *m*
léghűtés refroidissement *m* à (l')air
légi [~ek, ~t] **1.** aérien, -enne; ~ *energia* énergie éolienne; **2.** *rep:* (trans)aérien, -enne; ~ *bemutató* démonstration *f* en vol; ~ *felderítés* reconnaissance aérienne; ~ *felségtér* air territorial; ~ *folyosó* couloir aérien; ~*(forgalmi)* aérien, -enne; ~*(forgalmi) hálózat* réseau aérien; ~*(forgalmi)vállalat* société *f* des transports aériens; ~ *forgalom* trafic *v* service aérien; ~ *fuvarozás* transport *m* par air; ~ *háború* guerre aérienne; ~ *haderő* forces aériennes; armée *f* de l'air; ~ *híd* pont aérien; ~ *kikötő* aéroport *m;* gare aérienne; ~ *közlekedés v forgalom* trafic aérien; navigation *v* locomotion aérienne; ~ *megfigyelés* observation aérienne; ~ *összeköttetés* liaison aérienne; ~ *posta* poste aérienne *v* par avion; malle aérienne; ~ *postalevél* lettre-avion *f;* pli *m* d'avion; ~ *riadó* alerte (anti)aérienne *v* de défense passive; ~ *támaszpont* base aérienne; *a* ~ *uralom* le contrôle de l'air; la maîtrise du ciel; ~ *utas* voyageur *m* des airs; ~ *úton* par

légiakna

avion; par la voie de airs; ~ *úton szállított* aéroporté, -e
légiakna mine aérienne
légierő force aérienne; l'arme aérienne; l'Armée *f* de l'Air
légierőd forteresse volante; superforteresse *f*
légiforgalmi aérien, -enne; *ld:* **légi**
légies [~ek, ~et] aérien, -enne; léger (-ère) comme l'air; éthéré, -e; ~ *körvonalak* contours légers *v* flous
légiflotta flotte aérienne
leginkább la plupart de temps; surtout; de préférence; avant tout
légitámadás incursion *v* attaque *v* offensive aérienne; raid aérien (sur...)
legitimista [-ák, -át, -ája] légitimiste *n*
legjava 1. *vminek* ~ la fleur de qc; la crème de qc; 2. *(legtöbbje)* la plupart
legjobb I. *(mn)* le meilleur, la meilleure; ~ *minőség* la meilleure qualité; surchoix *m*; ~ *minőségű* de premier choix; *ez a* ~ *módja annak, hogy* rien de tel pour *(inf)*; ~ *tehetségem szerint* de mon mieux; *a* ~ *úton van ahhoz, hogy* être en passe de *(inf)*; *a* ~ *viszonyban van vkivel* être au mieux *v* du dernier bien avec q; II. *(fn)* le meilleur; *a* ~ *amit tehet, az, ha* ce qu'il y a de mieux à faire c'est de *(inf)*; *a* ~ *lenne, ha* le mieux serait de *(inf)*
legjobbkor *a* ~ à propos; à point nommé; opportunément
légkalapács marteau pneumatique *m*
legkésőbb le plus tard; ~ *ma este* ce soir au plus tard
legkevésbé le moins; ~ *is* le moins du monde; ~ *sem* pas le moins du monde; ne... point
legkevesebb le moins (de...); le minimum (de...); le *v* la moindre; *ez a* ~ c'est la moindre des choses; *a* ~ *az, hogy fizessen* c'est bien le moins qu'il paye
legkisebb 1. le plus petit, la plus petite; le *v* la moindre; un minimum de...; *a* ~ *darab kenyérért* pour le moindre petit morceau de pain; *a* ~ *gyermek* le dernier des enfants; ~ *mennyiség*

une quantité minimum *v* minima; 2. *átv:* *(személy)* infime; *a* ~ *baja sem esett* il n'a pas eu le moindre mal; *a* ~ *dologért* pour un rien; *ez az ő* ~ *gondja* c'est là son moindre souci
légkondicionálás conditionnement *m* d'air
légköbméter cube *m* d'air
légkör 1. atmosphère; aérosphère *f*; 2. *átv:* ambiance *f*; climat *m*; acoustique *f*; *kedvező* ~ climat favorable
légköri atmosphérique; météorique; ~ *sugárzási szennyeződés* retombées radioactives; ~ *változások* variations atmosphériques *f pl*; ~ *villamosság* électricité atmosphérique *f*; ~ *viszonyok* conditions atmosphériques *f pl*; ~ *zavarok* perturbations atmosphériques *f pl*
legközelebb 1. *(van)* le plus près; le plus proche; 2. *(nemsokára)* prochainement; la prochaine fois
legközelebbi le *v* la plus proche; le plus rapproché, la plus rapprochée; ~ *alkalommal* à la prochaine occasion; *a* ~ *napokban* un de ces (quatre) matins
léglökéses [~ek, ~et; ~en] biz à réaction; *kétmotoros* ~ *repülőgép* biréacteur *m*
legmagasabb le plus haut, la plus haute; le plus élevé, la plus élevée; culminant, -e; ~ *felügyelet* supervision *f*; ~ *fokra emeli* porter au premier degré de perfection; *a* ~ *helyen* en haut lieu; ~ *pont* le point culminant *v* le plus élevé; sommité *f*
legmélye *vminek a* ~ le plus profond de qc; *vminek a* -*én* au plus profond de qc; *Afrika* -*én* au fin fond de l'Afrique; *lelke* -*én* au plus intime de son âme; *a kérdés* -*ére hatol* pénétrer le plus avant dans le problème
légmentes hermétique; vide d'air; étanche à l'air
legnagyobb 1. le plus grand, la plus grande; *(mennyiségről)* *így is:)* maximum; le maximum de...; 2. *átv:* suprême; dernier, -ière;

3. a ~ baj le plus grand des maux; ~ élvezet plaisir suprême m; a ~ hevességgel avec la dernière violence; a ~ hozam le plein rapport; a ~ mértékben au suprême degré; au dernier point; a ~ munkában en plein travail; a ~ nyugalommal en toute tranquillité; ~ terhelés charge limite f
légnemű gazeux, -euse; gazéiforme; aériforme; ~ halmazállapotban à l'état gazeux
légnyomás pression atmosphérique f
légoltalmi de défense passive; ~ óvóhely abri passif
légoltalom protection civile; défense passive
legombolyít dévider; dérouler; débobiner
legörbül se (re)courber
legöregebb l'aîné(e); le plus âgé, la plus âgée; a ~ (testületben) le plus âgé; le doyen des...
légörvény remous; vortex m
légpárna coussin pneumatique v à air m
légpuska carabine pneumatique v à air comprimé f
légrakéta fusée stratosphérique f
légrés 1. évent m; 2. vill: (álló-forgórész közt) entrefer m
légréteg couche atmosphérique f
legrosszabb; a ~ le v la pire (de tout); le pis; a ~, hogy le pis est que; le pire c'est que; ~ esetben au pis aller; a ~tól tart craindre le pire
légsúlymérő baromètre m; a ~ jó időt jelez le baromètre est au beau
légsűrítő compresseur m
legszebb le plus beau, la plus belle; ~ férfikorában dans toute la vigueur de l'âge
legszélső extrême; dernier, -ière
légszivattyú pompe f à air v à vide
légtartály réservoir m à air
legtávolabb le plus loin; a ~ eső le plus éloigné, la plus éloignée; a ~ról sem ni de près ni de loin
légtelenít faire le vide; désaérer
légtér 1. met: couche atmosphérique f; 2. rep: espace aérien; 3. jog: air territorial

légtornász trapéziste; acrobate n
legtöbb I. (mn) 1. le plus (de...); le maximum de...; maximum; maxima; 2. la plupart des...; la majorité de...; II. (fn) le plus
legtöbben la plupart; la majorité
legtöbbnyire la plupart du temps; le plus souvent; d'ordinaire
légtölcsér trombe f d'air
légtömeg masse f d'air
légturbina turbine à air v atmosphérique v aérienne
leguggol s'accroupir; être à croupetons
legújabb le plus nouveau, la plus nouvelle; le plus récent, la plus récente; ~ divatú dernier modèle; dernier genre; dernier cri; a ~ kor története l'histoire contemporaine
legurul rouler de haut en bas v en bas de qc; dégringoler (de qc v qc); dévaler (de) qc
legutóbbi récent, -e; le dernier, la dernière; a ~ napokban ces jours derniers
légügyi de l'Air; de l'aéronautique; aéronautique; ~ attasé attaché m de l'air; ~ felügyelőség direction f de l'aéronautique
légűr vide m
légüres vide (d'air); ~ tér vide; ~ teret előállít faire le vide dans qc
légvár projet en l'air v chimérique m; utopie f
légvédelem défense contre-avions (D. C. A.); défense (anti)aérienne
légvédelmi de défense aérienne; antiaérien, -enne; ~ gyakorlat exercice m de défense aérienne; ~ óvóhely abri actif; ~ tüzérség artillerie de la D. C. A. v contre avions
legvégső extrême; tout dernier, toute dernière; a ~ ár le dernier prix; ~ határ l'extrême limite
légvonal ligne directe; ~ban en ligne droite
légzési respiratoire; ~ gyakorlat exercice respiratoire m
légzőutak voies respiratoires v aériennes; conduits aériens; a ~ megbetegedései maladies f pl de l'appareil respiratoire

légy [legyek, legyet, legye] **1.** mouche *f;* *még a ~nek sem vét* il ne ferait pas de mal à une mouche; *két legyet egy csapásra* faire d'une pierre deux coups; **2.** *(puskán)* (point *m* de) mire *f;* guidon *m*
légyálca larve *f* de mouche; asticot *m*
legyalul enlever au rabot; raboter
légycsapó chasse-mouches; émouchoir *m*
legyen 1. soit; qu'il soit; qu'il y ait...; *hát ~!* soit! *~ hát tíz* va pour dix; *~ világosság* que la lumière soit! *úgy ~* ainsi soit-il; **2.** soyez! *~ itt holnap* trouvez-vous ici demain
legyengül être défait(e) *v* affaibli(e) *v* exténué(e); s'exténuer; se débiliter
legyengülés 1. exténuation *f;* affaiblissement *m;* **2.** *orv: erős ~* inanition *f*
legyeskedik [~tem, ~ett, ~jék *v* ~jen] *(vki körül)* conter fleurette à q; faire l'empressé autour de q
legyez [~tem, ~ett, ~zen] éventer; *~i magát* s'éventer; jouer de l'éventail
legyező [~k, ~t, ~je] éventail *m; ~ alakban* en éventail
légyfogó I. *(mn) ~ papír* papier tue-mouches; tue-mouche *m;* **II.** *(fn)* attrape-mouches; gobe-mouches *m*
legyilkol égorger; massacrer; tuer; assassiner; *~ják egymást* s'entr'égorger
legyint [~ettem, ~ett, ~sen] **I.** *(tgyl i) kezével ~ (megvetően)* avoir *v* faire un geste de dédain; **II.** *(tgy i)* frôler; effleurer
légyott [~ok, ~ot, ~ja] rendez-vous (galant)
legyőz 1. vaincre; triompher de q; soumettre; **2.** *sp:* battre; surclasser; disposer de q; **3.** *(vmit)* vaincre; surmonter; l'emporter sur qc; *~i az akadályokat* surmonter les difficultés; *~i ellenszenvét* faire taire son ressentiment; *~i szenvedélyeit* dompter ses passions
legyőzhetetlen 1. invincible; **2.** *(akadály)* insurmontable; infranchissable
legyőzött [~ek, ~et, ~en] vaincu, -e; *jaj a ~eknek* malheur aus vaincus!
legyűr 1. *(inguljjat stb.)* rabattre; **2.**

(vkit) avoir raison de q; terrasser; abattre
léha [-ák, -át] frivole; débauché; déréglé; dissolu, -e; *~ kor* époque *f* de frivolité
lehajlik 1. se pencher; s'incliner; se courber; **2.** *(mérleg)* trébucher
lehajol se baisser; s'incliner; se pencher; *~ vmiért* se baisser pour ramasser qc
lehajt I. *(tgy i)* **1.** *(végét)* courber; recourber; *(szélét)* retrousser; **2.** rabattre; *~ott gallér* (faux) col rabattu; **3.** *~ja fejét* baisser *v* incliner *v* pencher la tête; *~ott fővel jár* marcher la tête basse; **4.** *~ja fejét vmire* reposer sa tête sur qc; **II.** *(tgyl i) ~ egy pohárral* boire un verre
lehalkít 1. amortir; assourdir; *~ja hangját* baisser la voix; **2.** *átv:* estomper
lehallgat 1. brancher un système d'écoute sur qc; **2.** *rád:* capter
lehámlik s'écailler; se desquamer; s'écorcer
lehangolódott; lehangolt [~ak, ~at; ~an] **1.** *zen:* désaccordé; discordant, -e; **2.** *átv:* désappointé; déprimé; dérouté, -e
lehangoltság (état de) dépression *f;* abattement; découragement *m;* désappointement *m;* dépression nerveuse
lehanyatlás 1. chute *f;* **2.** *átv:* déclin *m;* décadence *f*
léhaság frivolité *f;* dissipation *f;* dérèglement *m*
lehel souffler; *az utolsókat v a végsőt ~i* il n'a plus que le souffle; *lelket ~ vkibe* insuffler de la vie à q; *(bátorítva)* remonter le moral de q
lehelet *m; az utolsó ~ig* jusqu'au dernier souffle; **2.** haleine *f; egy ~nyi* une teinte de...; un soupçon de...; une nuance de...
lehengerel 1. cylindrer; aplanir avec le cylindre; **2.** *átv:* écraser; aplatir; pulvériser
lehet 1. *(önállóan)* cela peut être; cela se peut; (c'est) possible; il se pourrait; *(vmi rossz)* c'est à craindre; *ha ~* si (c'est) possible; *~, hogy*

lehetetlen il se peut que; il est possible que *(mind: subj)*; ahol csak ~ partout où c'est possible; amennyire ~ autant que faire se peut *v* se pourrait; mihelyt ~ dès que possible; 2. vkinek ~ *(inf)* pouvoir *(inf)*; devoir *(inf)*; nem ~ *(állítani)* on ne saurait (affirmer); 3. én nem ~ek mindenhol je ne puis fournir à tout; mi ~ ez? qu'est-ce que cela peut bien être? ebből még ~ valami cela promet; erről nem ~ szó il ne saurait être question de cela; 4. igaza ~ vouz devez avoir raison; ~ett 2—300 főnyi közönség il pouvait y avoir deux ou trois cents personnes **lehetetlen I.** *(mn)* 1. impossible; 2. *(önállóan) (ez) lehetetlen!* (c'est) impossible! pas possible! ~, hogy il est impossible de *(inf)* v que *(subj)*; ~ elhitetni vele, hogy il est impossible de lui faire croire que; 3. ~nek látszó akadályokat elhárít surmonter des impossibilités; ~nek tart tenir pour impossible; 4. absurde; impossible; grotesque; ~ dolog non-sens *m;* impossibilité *f;* ~ ember un homme impossible; ~ eszme idée grotesque *f;* ~ helyzet situation *f* sans issue; ~ helyzetbe hoz mettre en porte-à-faux; II. *(fn)* a ~ l'impossible; ~t akar vouloir l'impossible; megkísérli a ~t tenter l'impossible **lehetetlenség** impossible *m;* impossibilité *f;* non-sens *m;* absurdité *f* **lehető I.** *(mn)* possible; virtuel, -elle; ~vé teszi vkinek, hogy permettre à q de *(inf);* mettre q à même de *v* en état de *(inf);* II. *(fn) megtesz minden ~t* faire (tout) son possible; faire l'impossible pour *(inf);* III. *(hat)* ... on ne peut plus ...; le plus ... possible; s'il en fut; a ~ leghelyesebben cselekszik agir au mieux; a ~ legjobb viszonyban van vkivel être le mieux du monde avec q; a ~ legmodernebb le plus moderne qui soit; a ~ legszebb tout ce qu'il y a de (plus) beau; ~ a legtöbb le plus possible **lehetőleg** autant que possible; si possible; dans la mesure du possible

lehetőség possibilité; virtualité *f;* l'éventuel *m;* ez még csak ~ ce n'est encore qu'une virtualité; a ~ határai les bornes du possible; a ~ szerint dans la mesure du possible *v* des possibilités; ha ~ kínálkozik si l'occasion se présente; a ~ keretei között dans le cadre du possible; élhet a ~gel bénéficier de la procédure; nagy ~ekkel kecsegtet ouvrir des horizons très vastes **lehetséges** [~ek, ~et] 1. *ld:* lehet 1.; két dolog ~: vagy... vagy... de deux choses l'une: ou... ou...; 2. *(jelző)* possible; virtuel, -elle; ~nek tartja tenir pour possible **lehiggad** 1. s'apaiser; se calmer; 2. *(ember)* se calmer; se remettre **lehord** 1. descendre; 2. *(épületet)* démolir; abattre; *(földet)* déblayer; 3. *átv:* gourmander; chanter pouilles à q; gronder **lehordás** 1. *(épületé)* démolition *f;* 2. *(terepé)* abaissement *m;* 3. réprimande; lessive *f* nép **lehorgaszt** [~ottam, ~ott, -asszon] ~ja fejét incliner *v* baisser la tête **lehorgonyoz** mouiller *v* laisser tomber l'ancre; ancrer **lehorzsol** érafler; écorcher; égratiner **lehull** tomber (à terre) **lehullás** chute *f;* a levelek ~a la chute *v* la tombée des feuilles **lehuny** [~tam, ~t, ~ja] ~ja a szemét fermer les yeux *v* les paupières **lehurrog** [~tam, ~ott, ~jon] conspuer; huer **lehúz** 1. *(húzva)* (re)tirer; tirer en bas *v* à bas; 2. *(függönyt stb.)* baisser; 3. *(bőrt)* dépouiller (un animal); 4. *(vkiről ruhát)* ôter à q; *(erőszakkal)* arracher qc à q; ~za cipőjét *(magának)* ôter sa chaussure; *(másnak)* déchausser q; 5. *biz: (kritikus)* éreinter **lehűl** 1. (se) refroidir; (se) rafraîchir; a levegő ~t l'air s'est rafraîchi; 2. *(vki)* se rafraîchir; 3. *átv:* se refroidir; se rafraîchir **lehűt** 1. rafraîchir; refroidir; *(bort, pezsgőt)* frapper; 2. *(lelkesedést)* jeter

un froid sur q; *ez ~ötte lelkesedését* cela ralentit son zèle
léhűtő fainéant; lambin; vaurien *m*
leigáz [~tam, ~ott, ~zon] assujétir; subjuguer; asservir
leigázás assujettissement; asservissement *m;* subjugation; oppression *f*
leigazoltat *(vkit)* demander ses papiers à q
leigázott [~ak, ~at; ~an] opprimé, -e; sujet, -ette
leír I. *(tgyl i)* 1. *(másolva)* copier; transcrire; *(mondott dolgot)* mettre par écrit; *(írógépen)* taper; 2. *(részletezve)* décrire; 3. *mat:* engendrer; 4. *a folyó meandereket ír le* le fleuve dessine des méandres; 5. *(összeget)* déduire; décompter; *(vagyonmérlegben)* amortir; **II.** *(tgyl i) (hatóság) vkihez* adresser une demande à q; réquérir q
leírás 1. *(másolás)* copie *f;* 2. *(részletező)* description *f;* *(körözött egyéné)* signalement *m;* 3. *mat: (maradéké)* rétention *f;* 4. *(összegé)* déduction; mise *f* en décompte; *(könyvelésnél)* amortissement *m*
leírhatatlan indescriptible; indicible; *ez leírhatatlan!* cela dépasse toute expression
leíró I. *(mn)* descriptif, -ive; ~ *állattani* zoographique; ~ *költészet* poésie descriptive; ~ *nyelvtan* grammaire synchronique *f;* **II.** *(fn)* 1. copiste *n;* 2. *irod:* descripteur *m*
leiszik *(tgy i) leissza magát* se saouler; se soûler; s'enivrer
lejár I. *(tgyl i)* 1. *(vhová)* se rendre *v* descendre de temps en temps; 2. *(tárgy része)* être mobile *v* détachable; 3. *~t az óra* l'horloge s'est arrêtée; 4. *(lejár) (lemez)* être à bout de course; 5. *(időköz)* tirer à sa fin; prendre fin; expirer; *(váltó)* échoir; *(jegy)* la validité en expire; *az idő ~* le temps passe; *a határidő ~t* le terme est expiré; **II.** *(tgy i)* 1. *kezétlábát ~ja vmiért* se démener pour une affaire; 2. *~ta magát* il a fait son temps
lejárat I. *(ige) átv:* ruiner *v* compromettre *v* user l'autorité *v* le prestige de qc; perdre de réputation; *~ja magát* user son prestige; se compromettre; **II.** *(fn)* 1. *ld:* **lejáró;** 2. *(határidő)* expiration *f;* *(váltóé, kötvényé, kölcsöné)* échéance *f;* ~ *előtt* à mi-terme
lejáró 1. *(vhonnan)* descente *f;* 2. *(vhová vezető)* l'accès *m* à qc; l'entrée *f* de qc
lejárt 1. périmé, -e; 2. ~ *bérlet* bail expiré; 3. ~ *mandátumú képviselő* député sortant; 4. *(váltó)* échu, -e; ~ *értékpapír* titre amorti; ~ *tartozás* dette liquide *f*
lejátszik 1. jouer; exécuter; 2. *(lemezen)* lire
lejátszódik se dérouler; se jouer
lejátszófej tête *f* de lecture
lejegyez 1. noter; prendre des notes; 2. *(gyorsírással)* prendre en sténo
lejjebb plus bas; plus loin; en contrebas; *átv:* plus bas; plus loin; ci-dessous; ci-après; *ld. még:* **alább;** ~ *adja* baisser le ton; *három házzal* ~ *lakik* il demeure trois maisons plus bas; ~ *megy* descendre (plus bas); *(ár)* tomber; baisser
lejön 1. descendre; *(utazva)* venir; 2. *(leválva)* se détacher; s'en aller; 3. *(összegből)* sont à déduire *v* à défalquer . . .
lejt [~ettem, ~ett, ~sen] 1. aller en pente; 2. *táncot* ~ exécuter une danse
lejtés déclivité; inclinaison; pente; chute *f; a talaj ~e* l'inclinaison du terrain; *erős ~ű* à forte pente
lejtmenet descente *f*
lejtő [~k, ~t, ~je] 1. pente; inclinaison; descente *f;* versant *m; a ~ oldalában* v *félmagasságában* à mi-côte; à mi-flanc; 2. *földr:* déclivité *f;* 3. *(töltésé)* talus *m;* 4. *fiz:* plan incliné; 5. *átv: lefelé zuhan a ~n* être entraîné(e) sur une pente funeste
lék [~ek, ~et, ~e] 1. trou *m;* ouverture *f;* 2. *(hajón)* voie *f* d'eau; *~et kap* faire eau
lekap 1. *(vmit vhonnan)* ôter rapidement; 2. *~ták a tíz körméről* donner *v* administrer une raclée; 3. *fényk:* prendre; prendre en photo à l'im-

proviste; 4. *konyh:* brûler; 5. *(leszidva)* rabrouer; enguirlander *nép*
lekapar 1. gratter; racler; ratisser; 2. *(falat)* regratter
lekapcsol 1. déboucler; dégrafer; *(vasút)* débrancher; 2. *vill:* déconnecter; découpler; 3. *(gépet)* déclencher; 4. *(területet)* (dés)annexer; 5. *arg: (vkit)* boucler; coffrer
lekaszabol sabrer; faucher; passer au fil de l'épée
lekaszál faucher; couper
lekefél donner un coup de brosse à qc; brosser
lekenyerez [~tem, ~ett, ~zen] obliger; *pej:* soudoyer; acheter
lekésik arriver en retard; venir trop tard; ~ *a dologról* manquer le coche
lekicsinyel déprécier; sous-estimer; sous-évaluer
lekicsinylés dépréciation *f;* dénigrement *m*
lekonyul s'incliner *v* (se) pencher flétri(e); ~ *az orra* baisser l'oreille
lekopaszt 1. plumer; 2. *átv:* dénuder; raser; 3. *(vkit)* déplumer; dépouiller; *(apránként)* gruger; *(teljesen)* saigner à blanc
lekopik 1. s'user; s'enlever; 2. *(írás)* s'effacer; se défraîchir; 3. *(festék, szőr)* partir; 4. *(hegye)* s'émousser; 5. *(ruha)* s'élimer; 6. *nyelv: (hang)* s'amuïr *v* s'amuïr
lekopogtat 1. *(gépen)* taper; 2. *(babonából)* toucher du bois
lekottáz noter
leköszön 1. démissionner; donner sa démission; 2. ~ *vmiről* se démettre de qc
leköszönés démission *f; (uralkodóé)* abdication *f*
leköt 1. fixer (sur); attacher; assujettir; 2. *(vkit kötéllel)* attacher; lier; garrotter; 3. ~*i a szemét vkinek* bander les yeux à q; 4. *orv:* lier; ligaturer; *(tagot)* immobiliser; 5. *(oltott ágat)* ligaturer; 6. *(vegyi anyagot egy másik)* fixer; 7. *(zálogba)* engager pour qc; 8. *(árut)* passer une commande de qc; 9. *írásban* ~ retenir par écrit; ~*i magát vki érdekében* engager sa parole en faveur de q *v* sa foi pour q; 10. *(lelki kötelékekkel)* enraciner; clouer *(sakk is);* absorber; ~*i a figyelmet* captiver *v* absorber *v* arrêter *v* retenir *v* forcer l'attention; *figyelmét, lelkét teljesen* ~*i* préoccuper; 11. *(munka vkit)* absorber; attacher; captiver q; 12. *(tőkét)* immobiliser; 13. *nagyon* ~ *(foglalkozás)* être d'une grande sujétion
leköteiez obliger; *nagyon* ~*ett* je suis votre obligé(e); *nagyon* ~*ne,* ha vous m'obligeriez beaucoup si *v* de *(inf);* ~*i magát* s'obliger; s'engager
lekötelező obligeant, -e
lekötöttség occupations absorbantes *v* nombreuses; sujétion *f*
lekötöz 1. attacher; lier; ligoter; 2. *(csomagot)* ficeler; attacher; 3. *haj:* amarrer
leközöl publier; insérer
lektor [~ok, ~t, ~a] 1. lecteur, -trice *n; (kritikai)* réviseur *m; (kritikai)* censeur *m;* 2. *(egyetemi)* lecteur, -trice *n*
lektorál [~tam, ~t, ~jon] censurer; réviser
leküld envoyer; expédier; faire descendre
leküzd avoir raison de qc; maîtriser; faire échec à qc; vaincre; combattre; ~ *egy akadályt* surmonter un obstacle; ~*i ellenszenvét* mettre de côté ses répugnances; ~*i előítéleteit* dépouiller ses préjugés; ~*i érzelmeit* se déprendre de ses affections; ~*i félelmét* surmonter ses craintes; ~*i haragját* dompter sa colère; ~ *egy járványt* enrayer une épidémie; *hamar* ~*ötte zavarát* il se reprit très vite
leküzdhetetlen invincible; insurmontable
lekvár [~ok, ~t, ~ja] marmelade; confiture *f*
lel [~tem, ~t, ~jen] 1. trouver; *(itt is, ott is)* glaner; 2. *abban* ~*i örömét, hogy* mettre son plaisir à *(inf);* nem ~*i helyét* ne pas demeurer en place; 3. *mi* ~*te?* qu'est-ce qui le tient *v* le prend? quelle mouche l'a piqué? 4. *hideg* ~*i* être pris(e) de frissons

leláncol enchaîner; river à sa chaîne
lelapít déprimer; aplatir; *(fémet)* laminer
lelassít ralentir; freiner
lelát voir; dominer; découvrir; *ahonnan ~ni a partra* depuis lequel on domine la rive
lelátó *sp:* tribune *f;* *(lóversenyen)* stand *m*
lelegel brouter; pâturer
lelegelés pâturage *m*
lélegzés respiration *f;* acte respiratoire; souffle *m; mesterséges ~* tractions rythmiques *f pl* de la langue; respiration artificielle; *nehéz ~* respiration embarrassée *v* oppressée
lélegzet 1. respiration *f;* souffle *m;* haleine *f; elállt tőle a ~e* il en est resté pantois; *úgy fut, hogy kiáll a ~e* courir à perte d'haleine; *kihagy a ~e* manquer de respiration; *~et vesz* (re)prendre haleine; respirer; *nagy ~et vesz* respirer large; *visszafojtja a ~ét* retenir sa respiration *v* son souffle; *nagy ~et vesz* prendre une bonne bouffée d'air; 2. *átv: ~hez juthat* avoir le loisir *v* le temps de reprendre haleine; *egy ~re* tout d'une haleine
lélegzik [lélegeztem *v* -zettem, lélegzett *v* ~ett, lélegezzék *v* lélegezzen] respirer
lélek [lelkek, lelket, lelke] 1. âme *f;* esprit *m; (sokszor)* moral *m;* conscience *f;* 2. *(hegedűé)* âme; 3. *(lelkesítő)* animateur, -trice *n;* bouteen-train *m; (vmié)* suc *m;* l'essence *f;* nerf *m;*
Ragtalan szólások: *1000 ~ 1000* âmes; *nem visz rá a ~* je n'ai pas le cœur *v* l'estomac à cela; *hű ~* âme dévouée; cœur fidèle *m; jó ~* une bonne pâte d'homme; *~ nélküli* sans âme; inanimable; *nem volt ott egy árva ~ sem* il n'y avait pas un chat;
Ragos szólások: *lelkem! (fölényesen)* ma petite dame! mon cher Monsieur! *(kedveskedve)* m'amour! m'amie! *az ő lelke rajta* cela retombera *v* rejaillira sur sa tête; *(nem bánom)* il n'aura qu'à s'en prendre à lui-même; *lelke mélyéből* du plus profond de son être; *lelke mélyéig* jusqu'au fond de l'âme; *lelke mélyén* au fond de lui-même; dans son for intérieur; *lélekbe markol* fendre *v* percer *v* faire vibrer l'âme; *~be markoló* poignant, -e; *lélekben* en esprit; mentalement; *~ben együtt van vkivel* s'unir avec q en esprit; *~ben távol* absent, -e; *teljes lélekből* de toute son âme; *könnyít a lelkén* acquitter sa conscience; *a maga lelkén szárad* vous aurez cela sur la conscience; *lelkére beszél vkinek* faire entendre raison à q; *lelkére köt vkinek* bien recommander à q; *lelkemre!* sur mon âme! sur ma foi!
lelket lehel belé insuffler une âme *v* de la vie à qc; *kileheli lelkét* rendre l'âme; *megzavarja a lelkeket* troubler les consciences; *nyomja a lelkét* peser sur sa conscience; *lelket önt* v *ver vkibe* inspirer *v* donner du courage à q; *nyugodt* v *jó ~kel* en (bonne) conscience; *egy ~kel sem találkoztam* je n'ai pas rencontré âme qui vive
lélekelemzés analyse psychologique *f; freudi ~* psychanalyse *f*
lélekerő force *f* d'âme *v* d'esprit
lélekharang le glas (pour q); la cloche des morts; *a ~ot meghúzzák* sonner le glas
lélekjelenlét présence *f* d'esprit; *elveszti a ~ét* s'affoler
lélekmardosás remords *m;* le ver rongeur
lélekölő abrutissant, -e
lélekromboló dépravant, -e; démoralisateur, -trice
lélekszakadva tout essoufflé(e); hors d'haleine; *~ fut* courir à perdre haleine
lélekszám le nombre des habitants; le chiffre de la population
lélektan psychologie *f*
lélektani psychologique; de psychologie; *~ pillanat* le moment psychologique
lélektelen sans âme; dépourvu(e) de chaleur; *~ tekintet* regard inanimé

lélekvándorlás transmigration des âmes; métempsyc(h)ose *f*
lélekvesztő bachot *m;* yole; coquille *f* de noix
leleményes [~ek, ~et] 1. inventif, -ive; fertile en inventions; ~ *ember* homme de ressource; débrouillard; 2. *(dolog)* ingénieux, -euse
leleményesség ingéniosité; sagacité *f; (ravasz)* subtilité; astuce *f*
lelenc [~ek, ~et, ~e] enfant trouvé
lelép 1. ~ *vmire* mettre le pied sur qc; ~ *a járdáról* quitter le trottoir; 2. *kat: ~ni!* rompez! 3. *(hivatalról)* se retirer de qc; 4. *biz:* filer; décamper
lelépés 1. *(vmiről)* cession *f;* abandon *m;* 2. *(lakásért)* reprise *f; (üzletért)* pas-de-porte *m*
leleplez 1. *(szobrot)* inaugurer; 2. *(vkit)* démasquer; brûler *biz;* mettre en défaut; *nyilvánosan* ~ dénoncer; 3. *(vmit)* dévoiler; dénoncer; révéler; ~*i magát (óvatatlanul)* se vendre
leleplezés 1. *(szoboré)* inauguration *f;* dévoilement *m;* 2. *(titkolt dologé)* révélation *f; egy összeesküvés* ~*e* le décèlement d'un complot
lelépő [~k, ~t] *(képviselő)* sortant, -e; *(kormány)* démissionnaire
lelet 1. trouvaille *f;* 2. *orv:* analyse *f; (boncolási)* constatations médicales
lelkendezik [~tem, ~ett, ~zék *v* ~zen] être transporté(e); être plein(e) d'enthousiasme
lelkes [~ek, ~et] 1. *(lény)* animé, -e; ~ *lény v teremtmény* créature animée; 2. zélé, -e; enthousiaste; transporté(e) d'admiration; ~ *beszéd* discours enflammé; ~ *híve* (fidèle) enthousiaste; partisan zélé; ~ *kiáltások* cris *m pl* d'enthousiasme; ~ *üdvözlés* ovation *f*
lelkesedés enthousiasme *m;* exaltation *f;* transport *m;* extase *f; a* ~ *tüze* l'ardeur de l'enthousiasme; *nagy* ~*t kelt* susciter une flambée d'enthousiasme; ~*t merít vmiből* s'inspirer de qc; ~*sel fogad* accueillir avec enthousiasme

lelkesedik [~tem, ~ett, ~jék *v* ~jen] s'enthousiasmer; s'enflammer; s'exalter; vibrer; ~ *vkiért* être emballé(e) de q *biz*
lelkesít [~ettem, ~ett, ~sen] animer; enthousiasmer; enflammer; exalter
lelkesült [~ek, ~et] extasié; vibrant, -e
lelkész [~ek, ~t, ~e] 1. desservant *v* ministre *m* d'un culte; prêtre *m;* 2. *(protestáns)* ministre; pasteur *m*
lelketlen 1. *(lény)* inanimé, -e; 2. *(kegyetlen)* inhumain, -e; barbare; dénaturé, -e; ~ *anya* mère dénaturée; ~ *kufár* odieux trafiquant
lelketlenség inhumanité; barbarie; brutalité *f*
lelki [~ek, ~t] I. *(mn)* 1. spirituel, -elle; psychique; d'ordre psychique; psychologique; mental; moral, -e; ~ *alkat* mentalité (de fond) *f;* naturel *m;* ~ *állapot* moral; état mental; disposition *f* d'esprit; *szomorú* ~ *állapot* détresse *f;* ~ *betegség* maladie mentale; aliénation mentale; ~ *egyensúly* équilibre mental; l'équilibre de l'âme; ~ *élet* vie morale *v* intérieure; ~ *finomság* délicatesse *f* de sentiment; ~ *folyamat* mouvement de l'âme; processus psychique *m; biz:* ~ *fröccs* lessive *f;* ~ *nagyság* grandeur *f* d'âme; ~ *nemesség* noblesse *f* d'âme; ~ *nyugalom* égalité d'âme; humeur égale; sérénité *f;* ~ *összeroppanás* effondrement *m;* ~ *tusa* combat intérieur; lutte morale *v* de conscience; 2. *fil:* animique; 3. *vall:* spirituel, -elle; ~ *atya* père spirituel; ~ *élet* vie spirituelle; ~ *gyakorlatok* exercices spirituels; *bibl:* ~ *szegény* pauvre *n* d'esprit; *bibl, (gúny is) Boldogok a* ~ *szegények.*-Heureux les pauvres en esprit; ~ *üdvösség* salut *m* (de son âme); *gondoljon* ~ *üdvösségére* songez à votre salut; ~ *vezető* directeur de conscience; ~ *vigasz* consolation *f; (halál előtt:)* dernière consolation: II. *(fn) vall: a* ~*ek* le spirituel; ~*ekben* dans l'ordre spirituel; *pour le spirituel*

lelkierő fermeté de caractère *v* d'âme; force *f* d'âme *v* morale; courage *m;* *a megpróbáltatásokat nagy ~vel viseli el* supporter les épreuves avec vaillance
lelkifurdalás remords; retour *m* de conscience
lelkiismeret conscience *f;* *a ~ szava* la voix de la conscience *v* de l'âme; *legjobb ~em szerint* en bonne conscience; *hiv:* en mon âme et conscience; *az én ~em tiszta* je n'ai rien à me reprocher (sur qc); *tiszta a ~e* avoir les mains nettes; *~e fellázad ellene* sa conscience se gendarme contre lui; *~e szerint ítélkezik* juger en conscience; *~én könnyít* libérer sa conscience; *vkinek ~én szárad* rester sur la conscience de q; *a maga ~én fog száradni!* vous l'aurez sur la conscience; *~ének megnyugtatására* par acquit de conscience; *~ét elaltatja* faire taire sa conscience; *hogy megnyugtassa ~ét* par manière d'acquit; *~ét megvizsgálja* faire son examen de conscience; *terheli vkinek a ~ét* peser sur la conscience de q; *nyugodt ~tel* en toute tranquillité de conscience
lelkiismeretbeli de conscience; *~ aggály* scrupule *m;* *~ kérdést csinál vmiből* se faire un cas de conscience de qc
lelkiismeretes [~ek, ~t] **1.** *(ember)* consciencieux; scrupuleux, -euse; **2.** *(munka)* fait(e) en conscience
lelkiismeretesség probité; application scrupuleuse; *maga a ~ il* est l'exactitude même
lelkiismeretlen 1. *(ember)* sans conscience; sans scrupule; **2.** *(munka)* galvaudé, -e; hâtif, -ive; massacré, -e
lelkiismeretlenség 1. manque *m* de scrupules; **2.** *(gondatlan)* incurie; inconsciance coupable; indélicatesse *f*
lelkileg au moral; moralement; spirituellement
lelkivilág psychologie *f;* psychisme *m*
lelkület psychisme *m;* complexion *f;* tempérament; naturel *m;* *aljas ~* âme abjecte
lelocsol arroser; asperger
lelóg pendre; tomber; descendre

lelohad se dégonfler; désenfler; s'effacer
lelopódzik se glisser en bas; descendre furtivement
lelő tuer *v* abattre (d'un coup de fusil); descendre *nép; (repülőgépet)* abattre
lelőhely 1. *(ásványé)* lieu de production; gîte *m;* **2.** *(növényé, állaté)* habitat *m;* **3.** *(régiségé)* site *m;* **4.** *ált:* lieu *m* de découverte
lelök précipiter *v* jeter *v* pousser en bas de qc
lelövöldöz canarder
leltár inventaire *m;* *(bérlemény állapotáról)* état *m* des lieux; *~ba vesz* comprendre dans *v* porter sur l'inventaire; *~at felvesz vmiről* procéder à l'inventaire de qc
leltároz [~tam, ~ott, ~zon] inventorier; établir *v* dresser l'inventaire de qc
leltározás opérations *f pl* d'inventaire; inventaire *m*
lemágnesezés désaimantation *f*
lemarad 1. rester en route; **2.** se laisser dépasser; **3.** *vmiről ~* manquer qc; *innen is ~tam* encore une occasion de manquée
lemaradás 1. retard *m;* **2.** arrivée *f* en retard
lemásol 1. copier; prendre (la) copie de qc; **2.** *(másolópapíron át)* décalquer; **3.** *(okiratot)* grossoyer; **4.** *műv, irod:* démarquer; copier
lemázsál mesurer; peser
lemegy 1. descendre; *~ a lépcsőn* descendre *v* dévaler l'escalier; *~ a pincébe* descendre à la cave; **2.** *(utazva)* partir pour...; **3.** *(gyomorba)* passer par la gorge; s'avaler; **4.** *(nap)* se coucher; décliner; descendre à l'horizon; **5.** *(piszok)* disparaître; s'enlever; **6.** *(ár, hőmérséklet)* baisser; tomber
lemenő descendant, -e; *~ ág* ligne directe descendante
lemér 1. peser; mesurer; **2.** *átv:* mettre en balance; évaluer
lemérhetetlen immesurable; impondérable
lemerít plonger

lemerülés plongement *m* dans l'eau; *(víz alá)* plongeon *m*
lemészárol [~tam, ~t, ~jon] massacrer; passer au fil de l'épée; égorger
lemetsz; lemetél couper; détacher; trancher; *(ágat)* couper
lemez [~ek, ~t, ~e] **1.** plaque *(fényk. is)*; lame *f*; ~*zel borít* plaquer; **2.** *(bádog, acél)* tôle *f*; **3.** *(gramofon)* disque *m*; ~*re felvesz* enregistrer sur disque
lemezborítás; lemezburkolat 1. *(bádog)* tôlage *m*; *(acéllal)* blindage *m*; cuirasse *f*; **2.** *(fával)* placage *m*; **3.** *(falé)* revêtement *m*; **4.** *(padlóé)* carrelage *m*; **5.** *(hajóé)* bordé *m*
lemezjátszó tourne-disques *m*
lemeztányér *(gramofonon)* plateau *m*
lemeztár discothèque *f*
lemeztelenít [~ettem, ~ett, ~sen] dénuder; déshabiller
leminősít ranger dans une classe inférieure; déclasser
leminősítés déclassement *m*
lemintáz modeler; mouler
lemond I. *(tgyl i)* **1.** quitter la partie; démissionner; **2.** *(hivatalban)* résigner ses fonctions; donner sa démission (de qc); *(kormány)* être démissionnaire; *(miniszter)* déposer *v* rendre son portefeuille; *(igényről, jelöltségről)* se désister (de qc); **3.** *(vmiről)* renoncer à qc; abdiquer qc; *(megbízásról)* remettre qc; ~ *arról, hogy* désespérer de *(inf)*; ~ *jogairól* se dessaisir de ses droits; ~ *a trónról* abdiquer; *(igényeiről)* renoncer au trône; ~ *vmiről vkinek a javára* résigner qc à q; **4.** *már rég* ~*tam róla* il y a longtemps que j'en ai fait mon deuil *v* que j'ai fait ma croix dessus; **5.** *(orvos, betegről)* abandonner *v* condamner q; *egy betegről* ~ désespérer d'un malade; **6.** *(szereplő)* renoncer; **7.** *sp*: déclarer forfait; **II.** *(tgy i)* décommander; contremander; *a meghívást* ~*ja* se décommander; s'excuser
lemondás 1. *(hivatalról)* démission *f*; résignation *f* de qc (en faveur de qc); **2.** *(kormányé)* démission; *(igény-lőé, képviselőjelölté)* désistement *m*; *(uralkodóé)* abdication *f*; **3.** *(jogról)* renonciation *f* à qc; **4.** *(rendelésé)* décommandement; contre-ordre *m*; **5.** *(meghívásé)* mot *m* *v* lettre *f* d'excuse; **6.** *(szereplőé)* carence *f*; **7.** *(áldozatképpen)* renoncement *m*; abnégation *f*; *(hangban)* résignation
lemorzsol 1. égrener; égrainer; **2.** *átv:* débiter machinalement
lemorzsolódik 1. s'émietter; s'effriter; **2.** *(dologról)* s'amenuiser; **3.** *(ár)* s'effriter
lemos 1. laver; éponger; *magát* ~*sa se laver*; **2.** *orv:* lotionner; laver; **3.** *(edényt)* laver; *(öblítve)* rincer; **4.** *átv:* ~*sa a gyalázatot* laver l'opprobre
len [~ek, ~t, ~je] *növ:* lin *m*
len- linier, -ière
lenagyol dégrossir; ébaucher
lenáru tissu *m* de lin
lencse [-ék, -ét, -éje] **1.** *növ:* lentille *f*; **2.** *(üveg)* lentille; **3.** *(bőrön)* grain *m* de beauté; **4.** *(szemben)* cristallin *m*
lencsefoglalat monture *f* de loupe
lencsenyílás *fiz:* ouverture *f*
lendít [~ettem, ~ett, ~sen] **I.** *(tgy i)* lancer; **II.** *(tgyl i)* *(vmin)* donner l'impulsion à qc; faire faire un grand pas à qc
lendítőkar balancier; bras *m*
lendítőkerék volant *m*; roue volante
lendül [~tem, ~t, ~jön] **1.** prendre de l'élan; s'élancer; **2.** recevoir une impulsion
lendület 1. impulsion *f*; élan *m*; poussée; vitesse acquise; **2.** *(érzelmi)* entrain; transport; élan; essor *m*; *az életerő* ~*e* l'élan vital; ~*be jön* prendre son essor; **3.** *(költői)* lyrisme; souffle; rythme *m*; *kitörő* ~ jet *m* de verve; *az ihlet* ~*e* le jet de l'inspiration; ~*tel* rondement; **4.** *(csapaté)* cran; élan *m*; **5.** *(iparé, kereskedelemé)* essor; épanouissement *m*
lenéz I. *(tgyl i)* *(vhová)* plonger son regard (sur *v* dans); jeter un coup d'œil sur qc; **II.** *(tgy i)* *(vkit, vmit)* mépriser; dédaigner; mésestimer; dépriser; ravaler

lenéző méprisant, -e; dédaigneux, -euse
lenfonoda 1. *(gyári)* filature *f;* 2. *(kisipari)* atelier *m* de fileur (-euse)
leng [~tem *v* ~ettem, ~ett, ~jen] 1. se balancer; (se) brandiller; 2. *(inga)* osciller; 3. *(lobogó)* flotter
lenge [-ék, -ét] léger, -ère; flottant, -e; aérien, -enne; *tréf:* ~ *magyarban* en bannière
lengés 1. balancement; branlement; flattement *m;* 2. *fiz:* oscillation *f*
lengésgátló antivibratoire
lengéshossz amplitude *f* des oscillations
lenget 1. balancer; 2. ~*i a zsebkendőjét* agiter son mouchoir; 3. *(zászlót)* agiter; brandir; *(szél)* faire flotter
lengőmozgás mouvement alternatif
lengyel [~ek, ~t] I. *(mn)* polonais, -e; *Lengyel Népköztársaság* la République Populaire de Pologne; II. *(fn)* Polonais *m*
Lengyelország la Pologne; *tört:* ~ *felosztása* le partage de la Pologne
lenhaj cheveux *m pl* de lin
lenini [~ek, ~t] léninien, -enne; léniniste
leninista [-ák, -át] léniniste *n*
lenipar industrie linière
lenmagolaj huile *f* de lin
lenn en bas; par le bas; dessous; *à sa base; ott* ~ là-bas; *itt* ~ *(a földön)* ici-bas
lenni être; se trouver; se tenir; ~ *vagy nem lenni* être ou ne pas être
lenolaj huile *f* de lin
lenszőke (aux cheveux) blond filasse, aux cheveux de lin
lenszövőipar industrie linière
lenvászon toile *f* de lin; lin *m*
lény [~ek, ~et, ~e] être *m;* créature *f*
lenyakaz décapiter; décoller; *(nyaktilón)* guillotiner
lényeg [~ek, ~et, ~e] substance *f;* fond *m;* essence *f;* essentiel; principe *m; ez a* ~ voilà le fait majeur *v* le point; *a dolog* ~*e* l'essentiel; *gondolatának* ~*e* le fond de sa pensée; *a nemzetgazdaságtan* ~*e* la somme de l'économie politique; *a tudomány* ~*e* le suc de la science; ~*e szerint;* ~*énél fogva* essentiellement; substantiellement; par essence; ~*ében* en substance; *a* ~*ben megegyezik* s'accorder sur l'essentiel; *a* ~*re szorítkozik* se borner à l'essentiel; *a* ~*re tér* en venir au fait; *a* ~*et érinti* porter sur le fond; *kiveszi a* ~*et* extraire la moelle de l'os; *megállapítja a* ~*ét vminek* dégager les caractères essentiels de qc
lényegbevágó; lényeges [~ek, ~et, ~e] essentiel; substantiel, -elle; important; vital, -e; *nem* ~ cela ne tire pas à conséquence; ~ *feltétel* condition essentielle; ~ *alaki kellék* forme décisoire *f;* ~ *kérdés* problème *m* de fond; *a leg*~*ebb pont* le point crucial; ~ *része vminek* être inhérent(e) à qc; *vminek a leg*~*ebb része, pontja* le fin fond de qc
lényegtelen insignifiant, -e; sans importance; de peu d'importance; futile
lényegtelenség futilité; insignifiance *f*
lenyel 1. avaler; déglutir; *(harapás nélkül)* gober; *mohón* ~ *(italt)* ingurgiter; 2. *átv:* avaler; ~*i a békát* avaler des couleuvres; encaisser le coup; ~*i a keserű pilulát* avaler la pilule; ~*te a szidalmakat* empocher les injures; ~*i, amit mondani akar* avaler *v* se mordre la langue
lenyes tailler; retrancher; ébrancher
lenyír tondre; *(bajuszt)* couper; *(hajat)* tailler; couper; *fülét, farkát* ~*ja (kutyának, lónak)* couper les oreilles, la queue (au chien, au cheval)
lenyom 1. appuyer sur qc; déprimer; 2. ~*ja vminek az árát* avilir qc; faire baisser le prix de qc
lenyomat 1. empreinte *f;* 2. *nyomd:* tirage *m;* impression *f*
lenyugszik 1. *(nap)* se coucher; décliner; 2. *(ember)* aller se reposer *v* se coucher
lenyúlik s'étendre (jusqu'à ...); descendre *v* tomber jusqu'à ...
lenyúz écorcher; dépouiller; dénuder; *(vágott állatot)* abattre (les cuirs)
lenyűgöz [~tem, ~ött, ~zön] attacher; captiver; empoigner

lenyűgöző [~ek, ~t; ~en] captivant; attachant; fascinant, -e; ~ *hatás* effet magique *m*; ~ *olvasmány* lecture palpitante
leold 1. détacher; délier; **2.** *(övet)* dénouer; **3.** *(köteleket)* défaire; desserrer
leólmoz plomber; *(vámtiszt árut)* douaner
leolt éteindre
leolvad 1. fondre; **2.** *átv:* diminuer
leolvas 1. lire; déchiffrer; **2.** *(mérőt, műszert)* lire; faire la lecture de qc; *(számot)* relever
leomlik s'écrouler; s'effondrer; s'abattre
leopárd [~ok, ~ot, ~ja] léopard *m*
leoperál pratiquer l'ablation de qc; opérer
leöl 1. tuer; égorger; *(több embert)* massacrer; **2.** *(szárnyast)* tuer; *(marhát stb.)* abattre; *(kisebb állatot)* saigner
leönt 1. *(vmivel, vmit)* arroser *v* asperger qc de qc; **2.** *(vmiről)* verser
I. *(ige)* **lép** [~tem, ~ett, ~jen] **I.** *(tgy i) egyet* ~ faire un pas; *nagyokat* ~ marcher à grands pas; **II.** *(tgyl i)* **1.** marcher; faire un pas; *rosszul* ~ faire un faux pas; **2.** *(vhová)* entrer; **3.** *vmire* ~ mettre le pied sur *v* dans qc; **4.** *sakk: ő* ~ *először* il a le (premier) trait; **5.** *átv:* entrer; *most* ~ *az ötödik évébe* il entre dans sa cinquième année
II. *(fn)* **lép** [~ek, ~et, ~e] **1.** *(szerv)* rate *f*; **2.** *méh:* rayon *m* de miel; **3.** *(enyv)* glu *f*; ~*re csal (madarat)* engluer; prendre à la glu; *átv:* engluer; tendre un piège à q; enjôler; tendre un panneau à q; ~*re megy* se (laisser) prendre à la glu; *átv:* se laisser attraper; mordre à l'hameçon
lepárló [~k, ~t, ~ja] distillateur *m*; *(másodszorra)* rectificateur *m*
lepárol distiller; alambiquer; chasser par distillation
lepattan 1. *(zománc, szilánk)* éclater; s'écailler; ~*t szilánk* éclat *m* de pierre; *műsz:* épaufrure *f*; **2.**

(gomb) sauter; **3.** *(lóról)* sauter à bas de...; **4.** *(vmiről)* rejaillir; rebondir
lepattogzik 1. s'écailler; tomber en écailles; ~*ott vakolatú fal* mur lépreux; **2.** *lemezekben* ~ s'exfolier
lépcső [~k, ~t, ~je] **1.** escalier *m*; *(külső, kő-)* perron *m*; *felmegy, lemegy a* ~*n* monter, descendre (les degrés de) l'escalier; **2.** *földr:* redan *m*; **3.** *kat:* échelon *m*; **4.** étage *m*
lépcsőfok 1. marche *f v* degré *m* de l'escalier; **2.** *átv:* échelon; gradin *m*
lépcsőház cage *f* de l'escalier
lépcsőzetesen par *v* en échelons; en gradins; en cascade; progressivement; ~ *elhelyezkedik* s'échelonner; ~ *eloszt* échelonner; étager; *átv:* graduer
lepecsétel 1. cacheter; sceller; **2.** *(iratot)* apposer un cachet à qc; **3.** *(bélyeget)* oblitérer; **4.** *(hivatalosan)* mettre sous scellés
lepedék [~ek, ~et, ~e] *orv:* fausse membrane; couenne *f*; *(nyelven, gyomorban)* saburre *f*
lepedő [~k, ~t, ~je] **1.** drap *m* (de lit); **2.** *(moziban)* écran *m*
lepel [leplek, leplet, leple] **1.** voile *m*; *(gyászlepel)* poêle *m*; **2.** *a barátság leple alatt* sous le voile de l'amitié; *az éj leple alatt* à la faveur de la nuit; *a szelídség leple alatt* sous un dehors de douceur; *lerántja a leplet* soulever *v* lever le voile; *lerántja a leplet vmiről* démasquer qc
lepény 1. galette *f*; **2.** tarte *f*; **3.** *(töltött)* chausson *m*
lepereg dégouliner; *(jelenet, film)* se dérouler
lépés 1. pas *m*; enjambée *f*; ~*ben au pas; à pas;* ~*ről lépésre* pas à pas; *egy* ~*t hátrál* rompre la semelle *(átv is);* ~*t tart* être au pas; marcher au *v* en pas; ~*t vált* changer de *v* le pas; **2.** *sp: (futóé)* foulée *f*; **3.** *sakk:* coup *m*; *a király* ~*e* la marche du roi; *matt két* ~*ben* mat *m* en deux coups; **4.** *átv:* démarche *f*; pas; manœuvre *f*; *így jön ki a* ~ ainsi l'exige le programme; *megteszi az*

első ~**eket** faire les (premiers) frais; ~**t tart** se mettre *v* être *v* se tenir au courant; *(vkivel)* emboîter le pas derrière q; ~**eket tesz** faire des pas; *(kérés folytán)* donner suite à une demande; **5.** *zen*: degré *m*; **6.** *hivatalba* ~ entrée *f* en fonctions; *ld. még*: **léptek**
lépesméz rayon *m* de miel; gaufre *f v* gâteau *m* de miel
lépfene 1. charbon bactéridien; **2.** *állatorv*: fièvre charbonneuse
lepihen (aller) se reposer; prendre son repos
lepiszkol 1. salir; souiller; **2.** *átv*: vilipender; traîner dans la boue
lepke [-ék, -ét, -éje] papillon *m*; *-ét fog* faire la chasse aux papillons
lépked [~tem, ~ett, ~jen] marcher; *(menetben)* défiler
lepkeháló filet *m* à papillons
leplez [~tem, ~ett, ~zen] **1.** dissimuler; masquer; voiler; **2.** *kat*: *(álcázva)* camoufler; **3.** *átv*: dissimuler; voiler; camoufler; ~*i érzelmeit* déguiser ses sentiments; ~*i szándékait* voiler ses desseins
leplezetlen non dissimulé(e) *v* déguisé(e); mal déguisé(e)
leplezetlenül 1. à (visage) découvert; sans masque; **2.** *(megmond)* franchement; sans ambages
leporelló dépliant *m*
leporol épousseter; dépoussiérer; *(toll v magyalseprűvel)* housser
lepra [-át, -ája] lèpre *f*
leprésel mettre sous presse; serrer (entre)
léprigó turde *m v* grive *f* viscivore
léptek [~et, léptei] le pas; les pas; *meggyorsítja* **v** *sietteti lépteit* forcer *v* presser le pas; *könnyű* ~*kel jár* marcher d'un pied léger
lépték [~et, ~e] échelle (de proportion); règle graduée
lepusztulás 1. dénudation *f*; **2.** *földr*: érosion *f*; **3.** dégradation *f*; **4.** *kert*: *(földé)* déchaussement *f*
lépvessző gluau; pipeau *m*
lerág ronger; *(állat növényt)* brouter
leragad 1. *(vmihez)* adhérer; rester collé(e) à qc; **2.** *(sárban)* s'embourber; *(homokban)* s'enliser; **3.** *(szem)* s'appesantir
leragaszt 1. coller; **2.** ~ *egy levelet* fermer une lettre
lerajzol 1. dessiner; figurer; fixer par le dessin; **2.** *(másolva)* copier; **3.** *(írásban)* tracer; décrire; peindre; brosser
lerak 1. déposer; décharger; débarquer; **2.** *(árut)* décharger; **3.** *(rendben)* ranger; classer; **4.** ~*ja vminek az alapját* poser le fondement de qc
lerakat dépôt *m*
lerakódás 1. résidu; dépôt; sédiment *m*; **2.** *orv*: surcharge; concrétion *f*; **3.** *geol*: sédiment *m*; *(tengeri)* alluvion *f*
lerakodóhely débarcadère; lieu *m* de décharge
leránt 1. ôter d'un geste brusque *v* brutal; arracher qc à q; ~*ja az álarcot* ôter *v* arracher son masque à q; **2.** *biz*: *(vkit)* esquinter; éreinter; démolir
leráz 1. secouer; *(fáról)* hocher; **2.** ~*za az igát* secouer *v* briser le joug; **3.** *(vmit)* se défaire de qc; se débarrasser de qc; **4.** *vkit* ~ *(a nyakáról)* se débarrasser de q; brûler la politesse à q; semer q *biz*
lerendel contremander; décommander
lerepül 1. *(madár)* se poser (à terre *v* sur qc); **2.** *(kalap stb.)* s'envoler; **3.** *(leesve)* dégringoler; rouler
lerészegedik [~tem, ~ett, ~jék *v* ~jen]; **lerészegszik** s'enivrer; se griser; se saouler
lerí [~tt, ~jjon] ~ *róla vmi* suer qc; respirer qc; ~ *róla a képmutatás* suinter l'hypocrisie
lerő *(tartozást)* s'acquitter de qc; acquitter qc
lerobbant bány abattre aux explosifs
lerombol 1. démolir; abattre; jeter *v* mettre (à) bas; *földig* ~ raser; **2.** *átv*: détruire; mettre en ruine
leromlás 1. délabrement; état délabré; **2.** *orv*: marasme (sénile) *m*
leromlik 1. la maladie le défait; sa santé est compromise *v* se délabre; ~*ott ló* cheval défait; **2.** *(pénz ér-*

téke) s'avilir; s'effriter; **3. sp:**
perdre sa forme
lerongyolódik *(ruha)* tomber en loques
leroskad s'effondrer; s'affaisser; s'affaler; ~ *vminek a súlya alatt* plier sous le fardeau de qc
lerovás 1. acquittement; payement; remboursement *m;* **2.** *a hála, a kegyelet ~a* le tribut de la reconnaissance, de la piété
lerögzít 1. immobiliser; fixer; attacher; **2.** *(kijelentést)* prendre qc en note
les [~ek, ~t, ~e] **I.** *(fn)* **1.** affût; guet *m;* **2.** *vad:* chasse *f* à l'affût *v* en se postant; **3.** *kat:* embuscade *f; (gyilkosé, rablóé stb.)* guet-apens *m;* ~*be áll* se tenir à l'affût; s'embusquer derrière qc; ~*be állít* embusquer; *pej:* aposter; ~*ben áll* être à l'affût; se tenir aux aguets; **4.** *sp:* hors jeu *m;* **II.** *(ige)* [~tem, ~ett, lessen] **I.** *(tgyl i)* **1.** être aux aguets *v* à l'affût; **2.** guigner de l'œil; **II.** *(tgy i)* **1.** guetter (au passage); épier (les faits et gestes de) q; **2.** ~*i a kedvező alkalmat (hogy megtámadja)* attendre q au tournant; ~*i a kedvező pillanatot* épier le moment favorable; **3.** ~*heted!* tu peux courir; tu peux te fouiller
lesegít 1. aider à descendre; **2.** ~*i a kabátját* aider à retirer son manteau
leselkedik [~tem, ~ett, ~jék *v* ~jen] **1.** se tenir à l'affût; être aux (a-) guets; **2.** ~ *vkire* guetter q; épier q; ~ *vmire* être aux aguets de qc; guetter qc
leshely 1. poste *m* d'observation; **2.** *kat:* *(hallgatózó)* poste d'écoute *v* d'observation; **3.** *(vadászaton)* affût *m*
lesiklik 1. glisser en bas; **2.** *átv:* ~ *róla* cela glisse sur lui comme de l'eau
lesimít 1. lisser *(papírgy. is);* **2.** *(fémdarabot, bolyhos papírlapot)* ébarber; **3.** *(bútort finoman)* replanir; **4.** ~ *egy ráncot* rabattre un pli
lesoványodik maigrir; s'amaigrir; se décharner

lesújt I. *(tgyl i)* *(vkire)* s'abattre sur q; **II.** *(tgy i)* **1.** *(vkit)* abattre; terrasser; foudroyer; **2.** *(lelkileg)* abattre; accabler; *ez a hír teljesen ~otta* cette nouvelle l'a atterré *v* terrassé
lesújtó accablant; navrant; consternant, -e; ~ *eredmény* résultat déconcertant; ~ *hatással van vkire* faire un effet désastreux sur q; ~ *pillantást vet vkire* foudroyer q (d'un regard); ~ *véleménye van vkiről* avoir une très mauvaise opinion sur q
lesül 1. *konyh:* être trop cuit(e); **2.** *(napon)* avoir la peau bronzée par le soleil; être bronzé(e) par le soleil; se basaner
lesüllyed 1. *(talaj)* s'affaisser; **2.** *(vízbe)* plonger; **3.** *átv:* s'avilir; tomber bas; déchoir
lesüpped s'affaisser; se tasser
lesüt 1. *(nap)* bronzer; hâler; **2.** ~*i a szemét* baisser les yeux
lesz [lettem, lett, legyél *v* légy, lennék] **1.** il sera; il se trouvera; ... aura lieu; ... se tiendra; **2.** *(szólások:)* *ott ~ek* j'y serai; *mi ~ vele?* qu'adviendra-t-il de lui? que deviendra-t-il? *mi lett a barátjával?* qu'est devenu votre ami? *hová lett?* que devient-il? ~, *ami lesz;* ~, *ahogy lesz* quoi qu'il advienne; advienne que pourra; *rajta lesz, hogy* il fera de son mieux *v* tout son possible pour *(inf)* *v* pour que *(subj);* **3.** *majd ~ neked!* il t'en cuira! **4.** *vmivé ~* devenir qc; se faire qc; passer qc; *kapitány ~* il passe *v* sera capitaine; *harmadik lett a versenyben* il s'est classé troisième
leszaggat *vmit vkiről* arracher qc à q; *(falragaszt stb.)* lacérer
leszakad 1. se détacher; **2.** *(kötél)* se casser; se rompre; **3.** ~*t egy gomb* un bouton a sauté *v* est parti
leszakít 1. *vkiről vmit* ~ arracher qc à q; **2.** *(perforált szelvényt stb.)* détacher; **3.** *(falragaszt)* décoller; *(tüntetőleg)* lacérer; **4.** *(gyümölcsöt, virágot)* cueillir
leszalad 1. descendre en courant; **2.** *(hőmérő)* tomber; dégringoler; **3.**

leszáll

(szem harisnyán) partir; filer; ~*t szem* maille échappée
leszáll 1. *(madár)* se poser à terre; se poser sur qc; **2. rep:** atterrir; prendre terre; se poser; **3.** *(levegőből)* v *mélybe járműből)* descendre; ~ *a lóról* descendre de cheval; *gúny:* ~ *a magas lóról* baisser le ton; **4.** *(vízbe)* plonger; **5.** *(nap)* décliner; tomber; *(felhő, köd)* s'abaisser; ~ *az éj* la nuit tombe
leszállás 1. descente *f;* **2.** *(vízbe)* plongée *f;* **3. rep:** atterrissage *m;* prise *f* du terrain; *(közbeeső)* escale *f;* ~*ra kényszerít* descendre un avion
leszállít 1. (faire) descendre; **2.** *(vhová)* expédier; **3.** *(árat)* (faire) baisser; abaisser; *(igényt)* modérer; ~*ja az adókat* abaisser les impôts; **4.** *(büntetést)* ramener; **5.** ~*ja a színvonalat* (r)abaisser le niveau; **6.** *egy rendelést* ~ exécuter un ordre; *(árut)* livrer; délivrer; ~*ott áron* à prix réduit; ~*ott árak* soldes *m pl*
leszamaraz traiter d'âne
leszámít 1. faire le décompte de qc; déduire; décompter; défalquer; **2. átv:** faire abstraction de qc; faire la part de qc
eszámítol [~tam, ~t, ~jon] escompter; négocier
leszámítolás escompte *m;* négociation *f*
leszámítolóbank banque *f* d'escompte
leszámítva déduction *v* défalcation faite de...; abstraction faite de...
leszámol 1. compter; **2.** *(elszámolva)* arrêter *v* régler ses comptes; faire la balance; **3.** ~ *vkivel* régler *v* donner son compte à q; *(erőszakosan)* ~ *vkivel* en découdre avec q; régler son compte à q; *most* ~*unk!* à nous deux maintenant! **4.** *(vmivel)* faire justice de qc; *evvel le kell számolni* il faut en finir
leszámolás 1. règlement *m* (de compte *v* des comptes); **2.** *(véres)* règlement de compte; *(vmivel)* lutte *f* à mort contre qc
leszármazás descendance; dérivation *f;* *(egyenes ági)* filiation *f*

leszokik

leszármazott [~ak, ~at, ~ja] *vkitől* v *vmiből* ~ issu(e) de q *v* de qc; *a* ~*ak* la postérité; *egyenes* v *közvetlen* ~*ja vkinek* descendre de q en ligne directe *v* en ligne droite
leszavaz 1. *(leadta szavazatát)* voter; aller aux voix; **2.** *(vki mellett)* voter pour q; **3.** *(vkit)* mettre en minorité; *(javaslatot)* rejeter; repousser
leszboszi lesbien, -enne; lesbique
leszed 1. *(fáról)* cueillir; *(termést)* récolter; faire; lever; **2.** *vmit vmiről* ~ détacher qc de qc; arracher *v* ôter *v* enlever qc à qc; ~*i a habot vmiről* écumer qc; **3.** ~*i az asztalt* desservir *v* débarrasser la table; **4.** *(vkiről vmit)* dépouiller q de qc; **5.** *(kötést)* défaire; **6. átv:** ~*i a javát vminek* écrémer qc
leszegez 1. clouer; **2.** -*gzett fővel* le front baissé; **3.** *(tényt)* constater; prendre acte de qc
leszélez ébarber; *(körül)* rogner
leszerel I. *(tgy i)* **1.** *(gépet)* démonter; **2.** *(lövedéket)* désamorcer; **3.** *(hajót)* dégarnir; déséquiper; *(hadihajót)* désarmer; **4.** *(ellenfelet)* désarmer; **5.** *(katonát)* déséquiper; libérer; **6.** *(támadást)* repousser; intercepter; **7. sp:** mettre en échec; **8. átv:** *(tervet, támadást)* contrecarrer; neutraliser; **II.** *(tgyl i)* **1.** *(ország)* désarmer; démobiliser; **2.** *(katona)* être démobilisé *v* libéré; **3.** *(hajóraj)* désarmer
leszerelés 1. *(gépé)* démontage *m;* **2.** *(erődítményeké, gyáraké)* démantèlement *m;* **3.** *(lövedéké)* désamorçage *m;* **4. kat:** désarmement *m;* *(országé)* démilitarisation *f*
leszerepel jouer son rôle; ~*t* c'est un homme fini
leszerződik signer un engagement; s'engager
leszid gronder; gourmander; rabrouer
leszív aspirer; ~*ja a füstöt* avaler la fumée
leszivárog s'infiltrer; filtrer (à travers)
leszokik *vmiről* perdre l'habitude de qc; se désaccoutumer; ~ *arról, hogy* se déshabituer de *(inf) v* de ce que

leszól dénigrer; ravaler; détracter; médire de qc
leszorít 1. *(lenyomva)* presser; serrer; **2.** *(vkit)* contraindre à descendre; prendre la place de q; **3.** *(költséget)* réduire; **4.** *(árat)* faire baisser de force; réduire
leszúr 1. égorger; percer **2.** *(disznót)* saigner; **3.** *(gépen)* décolleter
leszűkít étrangler; rétrécir *(átv is)*
leszűr 1. passer; filtrer; **2.** *(leöntéssel)* décanter; **3.** *átv: egy tanulságot* ~ *vmiből* dégager *v* tirer une leçon *v* une conclusion de qc
leszűrődik 1. filtrer; se décanter; **2.** *(tanulság)* se dégager
lét [~ek, ~e] **1.** *a* ~ l'existence *f;* l'être *m;* a ~*ért való küzdelem* le struggle for life; la concurrence vitale; ~*re vonatkozó* existentiel, -elle; ~*re hív* créer; établir; **2.** *Párizsban* ~*emkor* pendant *v* au cours de mon séjour à Paris
letagad nier *(inf. passé);* dénier; ~*ja, hogy találkozott vele* il nie l'avoir rencontré; *öt évet* ~ *elle* se rajeunit de cinq ans
letakar 1. recouvrir *(vmivel:* de qc); *(szövettel, gyászfátyollal)* draper; **2.** *kert: (szalmával hideg ellen)* enchausser; *(üvegburával)* clocher; *ld. még:* **betakar**
létalap raison *f* d'être; gagne-pain *m; a rendszer* ~*ja* la base vitale du régime
letapaszt boucher
letapogatás *tv* balayage *m;* exploration; *(soronkénti)* entrelacement *m*
letapos piétiner; écraser
letárgyal 1. discuter; débattre; liquider; *ez* ~*t ügy* c'est une affaire réglée; **2.** *(bíróság)* mettre en état; instruire
letarol [~tam, ~t, ~jon] **1.** raser; saccager; ravager; **2.** *(jég)* ravager; hacher; **3.** *(erdőt)* abattre; **4.** *geol:* dénuder; éroder
letartóztat arrêter; mettre en (état d')arrestation; ramasser q *nép*
letartóztatás arrestation; capture *f; számos* ~ *történt* de nombreuses arrestations ont été opérées; ~*ba helyez* placer sous mandat de dépôt

letartóztatási *parancs* mandat *m* d'arrêt
letaszít culbuter; pousser en bas de qc; bousculer
létbizonytalanság situation précaire *f*
letegez se mettre à tutoyer
letelepedés *(népé, egyéné)* établissement *m; (egyéné)* élection *f* de domicile
letelepedik; letelepszik 1. s'installer; se loger; planter sa tente *v* le piquet; ~ *a tűz mellé* s'asseoir auprès du feu; **2.** *(lepihenve)* s'établir; s'installer; *(asztalnál)* s'attabler
letelik 1. *(idő)* s'écouler; **2.** *(határidő)* prendre fin; expirer; **3.** *(szolgálat)* prendre fin; s'achever
letép 1. *(vmit vkiről)* arracher qc à q; **2.** *(ragasztottat)* décoller; *(plakátot)* lacérer; **3.** *egy virágot* ~ cueillir *v* détacher une fleur; **4.** ~*i láncát* briser ses fers
leteper terrasser; mettre hors de combat
letér 1. *(vmi)* dévier; gauchir; **2.** ~ *az útról* quitter un chemin; s'écarter du chemin; **3.** ~ *az egyenes útról* dévier; quitter le droit chemin; ~ *az igaz v jó útról* se fourvoyer; faire fausse route
letérdel s'agenouiller; se mettre à genoux
leterít 1. *(földre vmit)* étendre *v* mettre par terre; étaler; **2.** *(birkózva)* terrasser; jeter bas; **3.** *sp:* tomber; jeter bas; **4.** *(lőfegyverrel)* abattre (d'un coup de feu); **5.** *(vmivel)* recouvrir (de qc)
létesítés établissement *m;* institution; création *f*
létesítmény 1. établissement *m;* **2.** création; réalisation *f*
letesz I. *(tgy i)* **1.** *(tárgyat)* déposer; poser; placer; ~*i a földre* mettre *v* poser à terre *v* par terre; ~*i a tollat* poser la plume; *(nem ír többé)* quitter la plume; **2.** *(terhet)* se décharger de qc; **3.** *(gyászt)* quitter; **4.** *(ruhát)* ôter; mettre bas; **5.** ~*i a kagylót* raccrocher; déposer l'écouteur; **6.** *(letétbe)* déposer; consigner; **7.** ~*i a vizsgát* passer l'examen; **8.** *(hivatalt)* se démettre de

letét 587 **levág**

qc; déposer; 9. *(hivatalnokot)* déposer; destituer; limoger; 10. *(ócsárol)* dénigrer; rabaisser *biz;* II. *(tgyl i)* *(vmiről)* abandonner qc; renoncer à qc
letét dépôt *m;* *(közhivatalnál)* consignation *f;* ~*be helyez* mettre en dépôt; *(közpénztárnál)* consigner; ~*be vesz* recevoir en dépôt
letétbehelyezés dépôt *m;* *(közpénztárnál)* consignation *f*
letéteményes [~ek, ~t, ~e] dépositaire *n*
letéti *pénztár (állami)* caisse *f* de dépôts et consignations; ~ *számla* compte *m* de dépôt
létezés existence *f;* *nem* ~ inexistence; non-existence *f*
létezik [~tem, ~ett, ~zék *v* ~zen] 1. exister; il est...; il y a...; *ilyen* ~ *cela se trouve*; 2. *biz:* *nem* ~!
ça n'existe pas
létfenntartás entretien *m;* conservation; subsistance *f*
létfontosságú de première nécessité
letipor piétiner; écraser; fouler aux pieds
letisztít 1. nettoyer; essuyer; récurer; 2. *(fémet)* astiquer; nettoyer; 3. *(vmiről vmit)* enlever qc de qc; *(port)* épousseter qc
létjogosultság raison *f* d'être *v* d'exister
létminimum minimum vital *v* nécessaire à l'existence
letorkol rembarrer; river son clou à q; *azzal torkolta le, hogy* il rétorqua que
letör 1. casser; briser; ~*i a derekát vkinek* casser les os *v* les reins à q; 2. *(vkit)* rompre le caractère de q; mater; ~*i vkinek a szarvait* arracher à q une plume de l'aile; 3. *átv:* démoraliser; décourager; *(fájdalom)* accabler
letörés 1. cassement *m;* casse *f;* 2. *átv:* écroulement; effondrement *m;* 3. *sp:* effondrement; déclassement *m*
letörik 1. se casser; se rompre; 2. *átv:* être démoralisé(e); se décourager; 3. *sp:* craquer; être déclassé(e) *v* fini(e)
letörleszt amortir; payer à tempérament

letörlesztés amortissement; paiement *m* à tempérament
letöröl essuyer; torcher; *(edényt)* torchonner; *titokban* ~ *egy könnyet arcáról* écraser furtivement une larme
letört 1. cassé; brisé, -e; 2. *átv:* découragé; démoralisé, -e; léthargique; ~ *ember* homme fini
létra [-ák, -át, -ája] échelle *f;* *(álló)* marchepied *m;* *a* ~ *két oldala* les montants de l'échelle
létrehoz créer; établir; faire naître; instituer; effectuer; opérer; engendrer
létrejön 1. se réaliser; se produire; se former; se constituer; s'opérer; 2. *(egyesség, szerződés)* intervenir
létszám effectif *m;* ~ *felett alkalmazott* surnuméraire *n;* *növeli a* ~*ot* grossir les effectifs
létszámcsökkentés réduction *f* des effectifs
létszámkimutatás état nominatif
letűnik décliner; disparaître; s'évanouir
letűnt révolu, -e; *egy* ~ *világ* un monde révolu
leül I. *(tgyl i)* 1. (aller) s'asseoir; *asztalhoz v ebédhez* ~ se mettre à table; *(meglepetésében)* majd ~*t* être *v* rester assis(e) (de surprise); *üljön le* asseyez-vous; 2. *(madár ágra stb.)* se poser; II. *(tgy i)* ~*i büntetését* faire *v* purger sa peine
leüt 1. *(vkit)* abattre; étendre sur le carreau; assommer (de coups); 2. *(vmit)* abattre; faire voler; briser; casser; 3. faire tomber; 4. *zen:* plaquer; 5. *kárty:* monter; couper
levág 1. couper; trancher; sectionner; *(hajat)* tailler; couper; *(rendesre)* rafraîchir; ~*ja a körmét* se rogner les ongles; 2. *orv:* réséquer; pratiquer l'ablation de qc; 3. *karddal* ~ assommer *v* servir de l'épée; *a kocsi* ~*ta egyik lábát* il eut une jambe sectionnée par le wagon; 4. *(állatot)* abattre; saigner; *(szárnyast)* tuer; 5. *(szelvényt)* couper; détacher; 6. ~ *egy gallyat* couper une branche; 7. ~*ja az asztalra* jeter sur la table

avec un geste furieux; 8. *irod, biz:* éreinter; esquinter; démolir
levágat faire couper; *(hajat)* faire couper les cheveux
leválaszt séparer; disjoindre; désajuster
leválasztás séparation; disjonction; désunion *f*
leválik se détacher; se séparer; se disjoindre; se désunir; *(ragasztott dolog)* se décoller
levált lever; relever *(munkában)* relayer; *~ó őrség* garde montante; *~ott őrség* garde descendante
levasal repasser
levedlik dépouiller
levegő [~t, ~je] 1. air *m;* ~ *után kapkod* avoir la respiration difficile; être suffoqué(e); *ennek a szobának rossz a ~je* cette chambre sent le renfermé; l'air est vicié dans cette chambre; *~be* en l'air; *~be beszél* parler à vide *v* à la légère; *a ~be lő* tirer en l'air; *~be repül* sauter (en l'air); *a ~n* à l'air; en plein air; *a szabad ~n* à l'air libre; en plein air; *szabad ~t szív* respirer un air libre; *nem akar vele egy ~t szívni* il ne veut pas respirer le même air que lui; 2. *(hangulat)* atmosphère; ambiance *f; az a ~ben van* c'est dans l'air
levegőálló étanche à l'air
levegőkenyér pain *m* de gluten
levegőmentes *él:* anaérobie
levegős [~ek, ~et; ~en] 1. bien aéré(e); exposé(e) à l'air; 2. *fest:* à la touche légère
levegősűrűség densité *f* de l'air
levegőtlen sans air; ~ *hely* endroit étouffé
levegőváltozás changement *m* d'air; *~ra van szüksége* il doit changer de climat
levél [levelek, levelet, levele] 1. feuille *f; lehullott száraz ~* feuille morte; 2. *(könyvé)* feuillet *m; (könyvé, kéziraté)* folio *m;* 3. *(tészta)* abaisse; bande *f* de pâte; 4. *(irott)* lettre *f; rövid ~* un billet; ~ *megy* lettre suit; *kedves levele* votre bonne *v* aimable lettre; *~ben* par lettre; par écrit; *megkaptam kedves levelét* j'ai bien reçu votre (bonne *v* aimable) lettre; *vkinek levelet ír* écrire une lettre à q; 5. *egy ~ gomb, patent(gomb)* une carte de boutons pression
levélboríték enveloppe *f*
levélcím adresse *f*
levelenként 1. feuille par feuille; *(könyvben)* feuillet par feuillet; 2. par lettre
leveles [~ek, ~et; ~en] 1. feuillé, -e; feuillagé, -e; ~ *dohány* tabac *m* en feuilles; 2. *(lemezes)* feuilleté; folié, -e; lamellaire; 3. *áll:* ~ *gyomor* omasum *m;* 4. ~ *láda* boîte *f* aux lettres
levelez [~tem, ~ett, ~zen] correspondre *v* être en correspondance *v* en commerce de lettres
levelezés correspondance *f; (feladandó v érkező levelek)* courrier *m; ~be lép* entrer en correspondance; *~ben áll vkivel* être en correspondance
levelező [~k, ~t, ~je] I. *(mn)* ~ *gyorsírás* sténographie commerciale; ~ *oktatás* enseignement *m* par correspondance; II. *(fn)* 1. correspondant, -e *n;. ker:* correspondancier, -ière *n;* 2. *(könyv)* guide épistolaire *m*
levelezőlap carte (postale); carte-correspondance *f*
levélforma forme épistolaire *f*
levélhordó facteur (des postes *v* de lettres); *(női)* factrice
levélhullás chute *f* des feuilles
levelibéka rainette *f* (verte); graisset *m*
levélkézbesítés distribution *f* (des lettres)
levélmérleg pèse-lettre *m*
levélnyél *növ:* pétiole *m;* queue *f*
levélpapír papier *m* à lettre; *(borítékban)* pochette *f*
levélportó taxe *f* de lettres
levélposta 1. courrier *m;* 2. *(vonaton)* poste *f* aux lettres
levélpostautalvány mandat-lettre *m*
levélszekrény boîte *f* aux lettres; *(házi)* boîte à lettres
levéltár archives *f pl;* dépôt *m* des archives
levéltárca portefeuille; porte-lettres; porte-billets *m*

levéltári des archives; archivistique; ~ *gyűjtemény* dépôt *m* d'archives publiques; ~ *kutatások* recherches dans les archives; ~ *okmány, adat* document *m* d'archives
levéltárnok; levéltáros [~ok, ~ot *ill* ~t, ~a] archiviste *m*
levéltávirat télégramme-lettre *m*
levéltetű *áll:* puceron; aphidien; aphididé *m*
levéltitok le secret de la correspondance; *a* ~ *megsértése* violation du secret des lettres
levélváltás échange *m* de lettres *v* de correspondance
levélzet feuillage *m*
lévén 1. étant; 2. ~ *neki* ayant; *nem* ~ *fegyvere* n'ayant pas d'armes
levendula [-ák, -át, -ája] I. *(mn)* ~ *kölni* eau-de-vie *f* de lavande; II. *(fn) növ:* lavande *f*
lever 1. *(földbe)* enfoncer; ficher; planter; 2. ~*i a szeget* rabattre un clou; 3. *műsz:* *(cölöpökkel)* piqueter; 4. *(vmiről vmit)* casser; briser; 5. ~*i a falat* essuyer *v* faire tomber les plâtres; 6. *(versenyben, harcban)* battre; défaire; réduire; soumettre; abattre; 7. *sp:* battre; surclasser; knock-outer; 8. faire tomber; 9. ~*i az ellenállást* briser la résistance
leverő [~ek *v* ~k, ~t; ~en] déconcertant; accablant; affligeant; démoralisant, -e
levert [~ek, ~et] abattu; accablé; consterné; navré; démoralisé; déconfit, -e
levertség abattement; accablement; découragement *m;* démoralisation; dépression *f*
leves [~ek, ~t, ~e] I. *(mn)* juteux, -euse; succulent, -e; II. *(fn)* potage *m;* soupe *f;* bouillon; consommé *m*
levescsont réjouissance *f;* savouret *m*
levesesfazék pot-au-feu *m*
leveseskanál 1. cuiller *f* à soupe *v* à potage; 2. *(merítő)* louche *f*
levesestál soupière *f*
levesestányér assiette creuse *v* à soupe
leveshús 1. bœuf à bouillir; 2. bœuf nature *v* bouilli

leveskivonat bouillon concentré; extrait *m* de viande
levestészta pâte *f* à potage
levezöldség *(csomó)* botte *f* de légumes; *(vékonyra vágott)* chiffonnade *f*
levesz 1. *(tárgyat)* ôter (de dessus qc); enlever; *(sokszor)* prendre; 2. *(akasztott tárgyat)* dépendre; décrocher; 3. *(ruhát)* ôter; 4. *(szerrel, eszközzel vmiről)* dégarnir de qc; enlever; 5. *(piszkot, sarat stb.)* enlever; 6. *(kötést)* lever; 7. *(vmiből)* prélever; ôter; 8. *mat:* ~ *egy számot (osztáskor)* abaisser un chiffre; 9. *fényk:* prendre (la photo de) qc; 10. ~*i a kezét vkiről* retirer sa protection à q; ~ *a lábáról (megnyerve)* s'insinuer dans la confiance de q; *(betegség)* terrasser
levet 1. *(vmit)* jeter à bas *v* par terre; 2. ~*i magát vhonnan* se jeter *v* se précipiter du haut de qc; 3. *(ruhát)* ôter; ~*i cipőjét* se déchausser; *(ruháit)* se déshabiller; 4. *(selyemhernyó, kígyó)* ~*i bőrét* se dépouiller; 5. *(rossz szokást)* se défaire de qc; se corriger de qc
levetkőzik I. *(tgyl i)* se déshabiller; se dépouiller de ses vêtements; II. *(tgy i)* dépouiller; abandonner; quitter
levezekel expier; *hibáit* ~*i* expier ses fautes
levezet 1. *(vkit)* conduire *v* mener en bas; 2. *(vizet)* (faire) déverser; amener; *(alagcsővel)* drainer; 3. *(rosszat)* canaliser; 4. *nyelv:* *(szót)* dériver de qc; 5. *mat, fil:* déduire; tirer; 6. *orv: a szülést* ~*i* accoucher q
levisz 1. *(tárgyat)* descendre; *(sodorva)* emporter; charrier; 2. *(személyt)* emmener (en bas); 3. *(piszkot)* enlever
levizsgázik 1. passer son examen *v* l'examen; 2. *gúny: alaposan* ~*ott!* il a fait preuve d'une incapacité totale; il s'est fourré le doigt dans l'œil
levon 1. *(mennyiséget)* soustraire; défalquer; *(összeget)* défalquer; déduire; *(előre)* prélever; *(számlán)* faire le décompte de qc; *egy összegből*

levonás ~ retrancher d'une somme; ~*ja költségeit* déduire ses frais; 2. *(fizetésből)* retenir qc sur qc; *(munkabérből)* abattre; 3. *nem von le semmit az értékéből* cela n'enlève rien à sa valeur; 4. ~*ja vmiből a következményeket* déduire les conséquences de qc; ~ *egy tanulságot vmiből* tirer un enseignement de qc

levonás 1. *nyomd, fényk:* tirage *m;* 2. *(összegből)* déduction; défalcation; réduction *f; (előzetes)* prélèvement *m; vminek a ~ával* après distraction de qc; déduction faite de qc; 3. *(fizetésből)* retenue *f; (munkabérből)* abattement *m*

levonat tirage *m; nyomd:* épreuve *f*

levő [~t] 1. étant; se trouvant; séjournant à...; 2. *(ingatlan)* sis(e) à...; *(terület)* situé, -e; 3. *vmiben* ~ contenu(e) dans qc; *az ott* ~ qui s'y trouve; *az otthon* ~*k* les siens

lexikális [~ak, ~at; ~an] 1. lexical, -e; 2. encyclopédique

lexikon [~ok, ~t, ~ja] encyclopédie *f;* dictionnaire (encyclopédique *v* raisonné)

lezajlik 1. se dérouler; s'effectuer; 2. se terminer; s'achever

lezár 1. *(kulccsal)* fermer (à clef); 2. *(üveget)* boucher; fermer; 3. *(levelet)* fermer; cacheter; 4. ~*ja a határt* fermer la frontière; 5. ~ *egy fejlődést* marquer l'achèvement d'une phase *v* d'une étape; 6. *(vitát)* clore; *(ülésszakot)* clôturer; 7. ~ *egy számlát* arrêter *v* balancer *v* clore un compte

lezárul 1. se fermer; 2. se clore; se terminer (par qc); *(ülésszak)* se clôturer

lézeng [~tem, ~ett, ~jen] 1. rôder; errer; battre le pavé; 2. *alig* ~ *végéter*; traîner une misérable existence

lezuhan 1. *(vki)* faire une (lourde) chute; culbuter; 2. *rep:* s'abattre; s'écraser sur le sol *v* au sol

lezüllés déchéance; chute morale; dégradation *f*

lezüllik 1. tomber dans la dégradation; s'avilir; se dépraver; 2. *(intézmény)* être livré(e) à l'abandon; *(erkölcsök)* se relâcher

liba [-ák, -át, -ája] 1. oie *f;* 2. *gúny:* dinde *f;* oie; *ostoba* ~*!* quelle sotte pécore!

libaaprólék abat(t)is *m* d'oie

libabőrös [~ek, ~et; ~en] avoir la chair de poule

libamáj foie gras *v* d'oie

libamájpástétom pâté *m* de foie gras

libasorban à la *v* en file indienne; à la queue leu leu

libatop *növ:* chénopode *m;* patte d'oie *f*

libben [~tem, ~t, ~jen] 1. s'envoler; danser; voltiger; 2. *(szoknya)* se soulever un instant; 3. *(táncos)* voltiger; évoluer

libeg [~tem, ~ett, ~jen] 1. voltiger; pendiller; *(szélben)* voleter; *(szalag)* badiner; 2. *(madár, gép)* planer; 3. vaciller

liberális [~ak, ~t] I. *(mn)* libéral, -e; libéraliste; ~ *felfogás* idées larges *f pl;* ~ *szellem* esprit large *m;* II. *(fn)* libéral, -e; libéraliste *n*

librettó [~k, ~t, ~ja] livret; libretto; scénario *m*

líceum [~ok, ~ot, ~a] lycée *m*

licitál [~tam, ~t, ~jon] 1. enchérir; 2. *kárty:* surenchérir

lidérc [~ek, ~et, ~e] 1. feu *v* esprit follet; 2. *(esprit)* incube; succube; vampire *m*

lidércnyomás 1. cauchemar *m;* 2. *átv:* cauchemar *m;* hantise; obsession *f*

lift [~ek, ~et, ~je] ascenseur *m*

liftfülke cabine *f* de l'ascenseur

liget bois; bosquet; bocage *m*

lignit [~ek, ~et, ~e] *ásv:* lignite *m*

liheg [~tem, ~ett, ~jen] 1. haleter; panteler; *orv:* anhéler; *(állat)* battre des flancs; *(ló)* ronfler; 2. *bosszút* ~ respirer la vengeance

lihegés halètement; essoufflement *m*

likacsos [~ak, ~at; ~an] 1. poreux, -euse; ~ *talaj* sol spongieux; 2. *(rovarrágta)* piqué, -e

likőr [~ök, ~t, ~je] liqueur *f*

likőrgyár distillerie *f*

lila [-ák, -át; -án] lilas; violet, -ette; *(rózsás)* mauve

liláskék bleu violet; bleu nattier
lilásvörös purpurin, -e; pourpre
liliom [~ok, ~ot, ~a] **1.** *növ*: lis; lys *m*; *kék* ~ iris *m* d'Allemagne; *sárga* ~ lis jaune; **2.** *(címerben, jelvény)* fleur *f* de lis
liliomarc teint *m* de lis
liliomfehér teint de lis; lilial, -e; blanc(he) comme un lis
liliomtipró satyre *m*
limiter *tv* étage *v* circuit limiteur
limlom [~ok, ~ot, ~ja] bric-à-brac *m;* camelote *f;* *ócska* ~ vieux fatras
limonádé [~k, ~t, ~ja] **1.** citronnade; limonade *f;* **2.** *gúny:* lecture fade *v* à l'eau de rose *f*
lincselés lynchage *m;* la loi de Lynch
lineáris [~ak, ~at] *mat:* linéaire
linóleum [~ok, ~ot, ~a] linoléum; lino *m biz*
liptai *túró kb:* fromage blanc de brebis
líra 1. *zen:* lyre *f;* **2.** *irod:* lyre; **3.** *irod:* poésie lyrique *f;* lyrique *m*
lírai [~ak, ~t] lyrique; mélique; ~ *műfaj* genre lyrique *m*
lista [-ák, -át, -ája] liste *f;* relevé; registre *m;* nomenclature *f;* rôle *m;* *panaszok hosszú -ája* une kyrielle de lamentations; *közös -án indulnak* s'apparenter
listakapcsolás apparentement *m*
liszt [~ek, ~et, ~je] farine *f*
lisztbogár ténébrion; escarbot *m*
liszteshída huche *f*
lisztharmat *növ:* oïdium *m*
lisztkereskedő marchand de farine
lisztláng (fine) fleur de farine
lisztmoly teigne *f* de la farine
liszttartalom force boulangère
litánia [-ák, -át, -ája] **1.** *egyh:* *(ima)* litanies *f pl;* **2.** *(szertartás)* salut *m;* **3.** *átv:* *az örökös* ~ la même antienne
liter [~ek, ~t, ~je] litre *m;* ~*enként* par litre
litium [~ok, ~ot] *vegy:* lithium *m*
litográfia [-ák, -át, -ája] litographie *f*
litván [~ok, ~t; ~ul] lit(h)uanien, -enne
Livius [~t] *(Titus)* ~ Tite-Live *m*

ló [lovak, lovat, lova] **1.** cheval *m;* *ló járása* allure *f;* *(műlovaglásban)* air *m* de manège; *a ló tartása* l'aplomb *m* du cheval; *ahol nincs ló, a szamár is jó* faute de grives on mange des merles; *lovon jár* aller à cheval; *(de) felült a lóra!* il est monté sur ses grands cheveaux; *lóra kap v pattan* enfourcher un cheval; *lóra ül* monter (à cheval); *leszáll a lóról* descendre de cheval; *ezzel csak lovat adott alája* par là il a fourni une arme à son adversaire; *lovat vált* changer de cheval; relayer; *lóvá tesz* mystifier; duper; leurrer; **2.** *sakk:* cavalier *m;* **3.** *torn:* cheval *m* de bois
lóállás 1. *(istállóban)* box *m;* loge *v* stalle *f* d'écurie; **2.** *(patkoló)* travail *m*
lóállomány cheptel chevalin; *(országos)* population chevaline
lob [~ok, ~ot, ~ja] inflammation *f;* ~*ot vet* s'enflammer; flamber
lóbál [~tam, ~t, ~jon] **1.** *(vmit)* balancer; brimbaler; *(fegyvert)* brandir; **2.** *(kezét, lábát)* agiter; *(lábát)* brandiller
lobbanékony [~ak, ~at; ~an] irascible; inflammable; colérique; impulsif, -ive
lobbant [~ottam, ~ott, ~son] haragra ~ mettre en colère; *lángra* ~ enflammer; *szemére* ~ reprocher à q
lobog [~tam, ~ott, ~jon] **1.** flamboyer; flamber; **2.** *(zászló)* flotter; claquer *v* brandiller *v* battre au vent
lobogó [~ak, ~t; ~an] I. *(mn)* **1.** flamboyant; flambant, -e; *(reszketően)* vacillant; ~ *fény* lumière tremblotante; ~ *lánggal ég* flamber; ~ *tüz* feu clair; **2.** *(érzés)* ardent; brûlant, -e; **3.** *(szélben)* flottant *v* claquant, -e; *(ruha)* flottant, -e; ~ *hajjal* les cheveux en coup de vent; II. *(fn)* drapeau; étendard *m;* flamme *f;* *haj:* enseigne *f;* pavillon *m;* *kibontja a ~t* déployer le drapeau
lobogtat agiter; faire flotter; *(rázva)* brandir

lóca [-ák, -át, -ája] banc *m;* bancelle *f*
locativus [~ok, ~t, ~a] *nyelv:* (cas) locatif *m*
loccsan [~tam, ~t, ~jon] faire jaillir l'eau); faire flac
lócsiszár maquignon *m*
locsog [~tam, ~ott, ~jon] 1. *(víz)* clapoter; 2. *(ember)* jacasser; jaser; *ostobán* ~ déraisonner; *(öregesen)* radoter
locsogás 1. *(vízé)* clapotage; clapotement *m;* 2. *(emberi)* verbiage; caquet *m; ostoba* ~ faribole *f; (öreges)* radotage *m*
locsol [~tam, ~t, ~jon] arroser *(vízzel:* à l'eau); asperger *(borral:* de vin; *vízzel:* d'eau)
lódarázs frelon; crabron *m* (de cheval)
lódenköpeny manteau-loden *m*
lódít [~ottam, ~ott, ~son] I. *(tgy i)* ~ *egyet vmin* donner un coup d'épaule à qc; II. *(tgy i) biz:* blaguer; charrier *v* cherrer dans les bégonias *arg;* en remettre
lódobogás piétinement *m* de chevaux
lóerő cheval(-vapeur) *m; műsz:* cheval vapeur (CV)
lófark queue *f* de cheval
lófogatú hippomobile; à traction par chevaux
lóg [~tam, ~ott, ~jon] 1. pendre; être suspendu(e); *a falon* ~ pendre au mur; *még* ~*ni fog* il ne mourra pas dans son lit; ~ *a nyelve (fáradtságtól)* être sur les dents; 2. descendre; s'avaler; flotter; 3. *(kötélen, hegymászó)* penduler; 4. *(vmiben)* branler; *(patkó)* locher; 5. *átv: (a levegőben)* ~ rester en l'air; 6. *biz:* resquiller; tirer au flanc *v* au cul
logaritmikus *függvény* fonction logarithmique *f*
logaritmus logarithme *m*
logaritmustábla tables *f pl* de logarithmes
logarléc *műsz:* règle *f* à calculer *v* à calcul *v* aux logarithmes
lógás 1. suspension *f;* 2. resquille *f*
lógat laisser pendre; suspendre; ~*ja*

a fejét marcher la tête basse; *átv:* porter bas; ~*ja az orrát* baisser les oreilles
loggia [-ák, -át, -ája] *ép:* loggia; loge *f*
logika logique *f; a* ~ *szabályai szerint* en toute logique; en bonne logique; *az események -ája* la logique des événements; *kérlelhetetlen -ával gondolkozó* logicien impitoyable
logikátlanság 1. illogisme; contresens *m;* 2. *(vmié)* incohérence; illogicité *f*
logikus *(mn)* logique; suivi, -e
lohad [~t, ~jon] 1. se dégonfler; 2. *átv:* s'attiédir
lóhalálában; lóhalálban en toute hâte; sans bride ni mors; *pej:* à la vavite; ~ *nyargal v száguld* courir à franc étrier *v* à bride abattue; aller un train d'enfer
lóháton (dos de) cheval; *nagyon* ~*ról beszél* monter sur ses grands chevaux
lóhere trèfle *m*
lohol [~tam, ~t, ~jon] se hâter; trottiner; trotter
lóhossz *sp:* longueur *f*
lóhús viande de cheval *v* chevaline
lóhússzék boucherie chevaline *v* hippophagique
lóidomítás manège *m;* équitation *f*
lóismeret hippologie *f*
lóistálló écurie *f*
lojális [~ak, ~at] loyal, -e; *gúny:* bien pensant
lojalitás loyalisme *m;* loyauté *f*
lokalizál [~tam, ~t, ~jon] localiser; *(tüzet)* circonscrire
lokálpatriotizmus patriotisme du terroir *v* de clocher; esprit *m* de clocher
lokátor (appareil) radar *m*
lókereskedő marchand de chevaux; maquignon *m*
lokomotív [~ok, ~ot, ~a] locomotive *f*
lókötő 1. voleur *m* de chevaux; 2. *átv:* chenapan; coquin *m*
lókupec marchand *m* de chevaux; maquignon, -onne *n*
lóláb 1. pied *m* de cheval; 2. *orv:* pied équin *m;* 3. *átv: kilóg a* ~ *il montre v* laisse percer le bout de l'oreille; je vous entends *v* je vous vois venir avec vos gros sabots

lomb [~ok, ~ot, ~j^1] feuillage *m;* frondaison; feuillée *f; a ~ok alatt* sous la feuillée
lombardkölcsön prêt *m v* avance *f* sur gage
lombfa bois d'essences feuillues; bois feuillu *v* vif
lombfakadás feuillaison; frondaison *f*
lombfűrész scie *f* à chantourner
lombhullás chute des feuilles; défeuillaison *f*
lombik [~ok, ~ot, ~ja] alambic; ballon *m*
lombos [~ak, ~at; ~an] feuillagé; feuillu, -e
lombsátor *(természetes)* toit *v* dais de feuillages; *(mesterséges)* hutte *v* cabane de branchages
lombtalan effeuillé, -e
lomha [-ák, -át] 1. lourd, -e; paresseux; -euse, 2. engourdi; lourd; endormi, -e; ~ *ész* esprit engourdi
lompos [~ak, ~at] 1. *(eb)* mal tenu(e); 2. *(ember)* négligé; débraillé, -e; 3. ~ *járású* avoir la démarche pesante
lomtár 1. chapharnaüm *m;* 2. *(helyiség)* débarras; fourre-tout *m*
London [~t] Londres *f*
lop [~tam, ~ott, ~jon] 1. voler; dérober; subtiliser; faire main basse sur qc; ~ *mint a szarka* voler comme une pie; 2. *más könyveiből* ~ fourrager dans les livres d'autrui; 3. ~*ja a napot* ne pas faire œuvre de ses dix doigts
lopakodik [~tam, ~ott, ~jék *v* ~jon] s'insinuer; se glisser furtivement
lopás 1. vol *m;* volerie *f;* ~*ból él* pratiquer le vol; ~*on ér* surprendre en flagrant délit de vol; 2. *irod:* pillage; larcin *m*
lópatkó fer *m* à cheval
lópióca hémopis *f*
lopkod [~tam, ~ott, ~jon] I. *(tgyl i)* 1. commettre de vols *v* des larcins; pratiquer le vol; *(mezőn, kertben)* marauder; 2. *(író)* picorer; piller les autres; II. *(tgy i)* mettre au pillage *v* à contribution
lopótök *növ:* calebasse *f;* coui *m;* gourde *f*

loppal; lopva à la dérobée; furtivement; subrepticement; en tapinois; ~ *rápillant vkire* jeter un regard furtif sur q
lornyett [~ek, ~et, ~je] face-à-main *m*
lornyon [~ok, ~t, ~ja] lorgnette *f;* ~*nal néz* lorgner
lósport sport hippique; hippisme *m*
lószerszám harnais; harnachement *m*
lószőr 1. *(az állaton)* poil *m* de cheval; 2. *(matracban)* crin de cheval *v* animal
lótenyésztés élevage *m v* élève *f* de chevaux
lótetű courtilière; taupe-grillon *f*
lót-fut 1. courir çà et là; 2. *(sürögve)* se prodiguer; se trémousser; *(oda és vissza)* faire la navette; *hiába* ~, *hogy* se battre les flancs pour *(inf)*
lottó [~k, ~t, ~ja] (jeu de) loto *m*
lottószám boule *f* de loto
lótusz [~ok, ~t, ~a] nénuphar; lotus; lotos *m*
lotyog [~tam, ~ott, ~jon] 1. glouglouter; 2. *(part, csónak stb. mellett)* clapoter
lottyadt [~ak, ~at; ~an] gâcheux, -euse; tapé, -e
lóugrás 1. *sp:* saut *m* au cheval; 2. *sakk:* marche *f* du cavalier; ~*ban gondolkodik* n'aller que par sauts et par bonds
lovag [~ok, ~ot, ~ja] 1. chevalier *m; átv:* *egy nagy eszme* ~*jául szegődött* il s'est fait le chevalier d'une grande idée; 2. *tört: (cím)* chevalier; 3. *(hölgyé)* cavalier; *(szerelmes)* soupirant; amant de cœur; galant *m*
lovagi [~ak, ~t] de chevalerie; du chevalier; courtois, -e; ~ *költészet* poésie courtoise; ~ *torna* tournoi; combat *m* de chevaliers en champ clos
lovagias [~ak, ~at] 1. chevaleresque; courtois, -e; ~ *ember* galant homme *m;* ~ *nemzet* peuple chevalier; ~ *szellem* esprit chevaleresque *m;* 2. ~ *elégtétel* réparation par les armes; satisfaction *f;* ~ *elégtételt ad vkinek* donner satisfaction à q; ~ *útra terel* en faire une affaire d'honneur; ~ *ügy* affaire *f* d'honneur

38 Magyar–Francia kézi

lovagiasság sentiments chevaleresques *m pl;* galanterie; courtoisie *f*
lovaglás équitation; monte *f;* (*mű~*) manège *m*
lovaglóiskola académie *f* d'équitation; manège *m*
lovaglónadrág culotte *f* de cheval *v* de cavalier
lovaglóostor cravache *f*
lovaglópálca stick *m;* houssine; badine *f*
lovaglóruha costume *m* de cavalier; *női* ~ amazone *f*
lovaglósport équitation *f*
lovaglóülésben à cheval; à califourchon (sur)
lovagol [~tam, ~t, ~jon] **1.** monter (à cheval); *sp:* faire du cheval; *arra* ~ passer à cheval; **2.** (*vmin*) monter qc; enfourcher qc; **3.** *gúny:* être à cheval *v* à califourchon sur qc; ~ *egy gondolaton* enfourcher une idée
lovagvár manoir; château *m*
lovall [~tam, ~t, ~jon] exciter; *kiabálással egymást ~ják* s'exciter de la voix
lovarda [-ák, -át, -ája] académie *v* école *f* d'équitation; manège *m*
lovas [~ok, ~t, ~a] **I.** (*mn*) à cheval; monté(e) à cheval; ~ *alak* figure équestre *f;* ~ *bemutató* cavalcade *f;* ~ *csapat* troupe *f* de cavaliers; *kat:* troupe *f* de cavalerie; ~ *katona* soldat de cavalerie; ~ *kocsi* attelage *m;* ~ *nemzet* *v* *nép* peuple cavalier; ~ *nő* amazone; cavalière *f;* ~ *pálya* piste *f;* ~ *póló* polo *m;* ~ *roham* charge *f* de cavalerie; ~ *szobor* statue équestre *f;* **II.** (*fn*) **1.** cavalier; homme *m* de cheval; *sp:* rider *m;* **2.** *kat:* száz ~*ból álló csapat* une troupe de cent chevaux
lovasezred régiment *m* de cavalerie
lovasjárőr patrouille montée
lovasrendőr agent *v* policier monté
lovasrendőrség police montée
lovasság cavalerie *f;* *könnyű* ~ cavalerie légère; *nehéz* ~ grosse *v* lourde cavalerie
lovassági de cavalerie; ~ *kard* sabre *m* de cavalerie; ~ *roham* charge *f* de cavalerie

lovasszázad escadron *m*
lovastestőrség garde *f* à cheval
lovastiszt officier de cavalerie *v* monté
lovastüzér artilleur à cheval; flambant *arg*
lóvasút tram(way) *m* à chevaux
lovász [~ok, ~t, ~a] palefrenier; garçon *m* d'écurie
lovászmester écuyer *m*
lóverseny **1.** course *f* (de chevaux); course à cheval; **2.** *ját:* petits chevaux
lóversenyfogadás pari mutuel
lóversenyiroda agence *f* de courses
lóversenypálya; lóversenytér champ *m* de course
lóvontatás traction animale
lő [lőttem, lőtt, lőjjön] **I.** (*tgyl i*) **1.** tirer; faire feu (sur q); *jól lő* il a le tir juste; **2.** *biz:* *és akkor ennek is lőttek!* et alors, bonjour! *neki is lőttek már!* son compte est bon! **3.** *futb:* tirer; shooter; **II.** (*tgy i*) **1.** tirer; *egyet lő* tirer un coup; *fejbe lő vkit* loger une balle dans la tête de q; *főbe lövi magát* se brûler la cervelle; **2.** décocher; lancer; darder; tirer; **3.** (*vadat*) tuer; tirer; abattre; **4.** *futb:* tirer; *gólt lő* marquer un but
lőcs [~ök, ~öt, ~e] ranchet *m;* affranche *f*
lőcslábú bancal, -e; bancroche
lődörög [~tem, -gött, ~jön] rôder; flâner; musarder; battre le pavé
lőfegyver arme *f* à feu; *kézi* ~ arme à feu portative
lök [~tem, ~ött, ~jön] **1.** (*dob*) jeter; lancer; **2.** (*rugó*) repousser; **3.** (*vkit*) pousser; repousser; choquer
lökés **1.** poussée *f;* jet *m;* propulsion; impulsion *f;* (*ütődés folytán*) choc *m;* (*embert meglökve*) bourrade *f;* *a dolognak ~t ad* pousser à la roue; **2.** (*szívé*) pulsation *f*
lökésgátló amortisseur *m*
lökésszerű *indulás* à-coup *m*
löket (*gépben*) coup *m* *v* levée *v* volée *v* course *f* (du piston)
lökettérfogat cylindrée *f*
lökhajtás *biz* propulsion *f* à réaction
lökhárító amortisseur, pare-chocs *m*

lökőerő puissance *v* force propulsive
lőmester *bány:* boutefeu *m*
löncs [~ök, ~öt, ~e] lunch *m*
lőpor poudre *f* (à feu); *füst nélküli* ~ poudre *f* sans fumée
lőporgyártás fabrication *f* des poudres
lőporkamra; lőporraktár magasin *m* de *v* à poudre
lőre [-ék, -ét, -éje] 1. râpé *m;* 2. *(gyenge bor)* piquette *f;* 3. *pej:* lavasse; vinasse *f*
lőrés 1. meurtrière; barbacane *f;* 2. *(ágyúnak)* canonnière *f*
Lőrinc [~ek, ~et, ~e] Laurent *m*
lösz [~t, ~e] lœss *m;* terre jaune *f*
lőszer munitions *f pl; ~rel ellát* (a-) munitionner
lőszergyár fabrique *f* de munitions
lőszerraktár dépôt *v* entrepôt *m* de munitions
lösztalaj sol lœssique *m*
lőtávol portée de fusil; distance *f* de tir; *~ban* à portée de fusil; *~on kívül* hors de la portée du canon *v* de portée de fusil
lötyög [~tem, ~ött, ~jön] 1. ballotter; branler; *müsz:* jouer; *(járműben)* dansotter; *(patkó)* locher; 2. *(ruha)* pendre; 3. *(folyadék)* faire glouglou; glouglouter
lötty [~ök, ~öt, ~e] lavasse; lavure *f*
lövedék [~ek, ~et, ~e] projectile *m*
lövedékbecsapódás impact *m*
lövedékköpeny *(puskalövedéké)* étui *m; (ágyúhoz)* enveloppe *f*
lövedékmozgástan balistique *f*
lövedékpálya trajectoire *f*
löveg [~ek, ~et, ~e] pièce (d'artillerie); bouche *f* à feu; canon *m*
lövegalj affût *m*
lövegállás rampe; batterie *f; (rakéták kilövéséhez)* rampe de lancement de fusées
lövegtalp affût *f;* essieu *m* d'affût
lövell [~tem, ~t, ~jen] 1. projeter; lancer; *(sugarait)* darder; 2. *(folyadékot)* faire jaillir; épancher; 3. *(üregbe)* injecter
lövés 1. *(többszöri)* tir *m; (egy)* coup *m* de feu; *~re emeli a puskát* mettre le fusil en joue; *~t ad le vkire* tirer un coup de feu sur q; 2. *bány:* tir; coup *m* de mine; 3. *sp:* tir; shoot *m*
lövéssorozat rafale *f* de balles
lövész [~ek, ~t, ~e] 1. tireur *m;* 2. *kat:* carabinier; chasseur; fusilier *m*
lövészárok tranchée *f;* boyau *m*
lövészegylet société *f* de tir
lövet I. *(ige)* faire bombarder; ouvrir le feu sur qc; II. *(fn)* coup *m* de feu; coup de canon
lövölde [-ék, -ét, -éje] stand; tir *m*
lövöldöz [~tem, ~ött, ~zön] tirailler; tirer des coups de feu; *lesből ~ vkire* canarder q
lövöldözés fusillade; tiraillerie; mousquetade *f*
lubickol [~tam, ~t, ~jon] barboter *v* frétiller *v* s'agiter dans l'eau; *(madár)* barboter (dans l'eau); s'ébrouer
lucerna [-át, -ája] luzerne *f*
lucfenyő 1. sapin blanc *v* argenté; 2. épicéa *m*
lucskos [~ak, ~at; ~an] crotté, - e bourbeux, -euse; trempé, -e
lucsok [lucskot, lucska] bourbe; boue; fange *f; csupa ~* il est tout trempé *v* crotté
lúd [ludak, ludat, ~ja] oie *f*
lúdbőrös avoir la chair de poule
lúdláb patte *f* d'oie
lúdtalp pied plat; aplatissement *m* des voûtes plantaires
lúdtalpbetét cambrure (support) *f*
lúg [~ot, ~ja] 1. lessive; *f* 2. *vegy:* alcali *m;* base *f*
lugas [~ok, ~t, ~a] charmille; tonnelle *f*
lúgkő potasse *f* du commerce *v* à la chaux
lúgos [~ak, ~at; ~an] 1. lixiviel, -elle; 2. *vegy:* alcalin; alcalescent, -e; *~ közeg* milieu alcalin
lúgoz [~tam, ~ott, ~zon] 1. lessiver; couler la lessive; 2. *vegy:* lixivier; extraire par la lixiviation
lúgozás lessivage *m;* lixiviation *f; (fehérneműé)* coulage *m*
Lujza [-ák, -át, -ája] Louise *f*
Lukiánosz [~ok, ~t] Lucien *m*
lukulluszi *lakoma* festin *m* de Lucullus

lúmen [~ek, ~t, ~e] 1. *fiz:* lumen *m;* 2. *nem nagy* ~ il ne casse rien; ce n'est pas un aigle
lump [~ok, ~ot, ~ja] fêtard; bambocheur *m*
lumpol [~tam, ~t, ~jon] faire la fête, s'amuser; faire bombance
lumpoló en goguette
lurkó [~k, ~t, ~ja] luron; petit malin; gamin; finaud *m*
lusta [-ák, -át] paresseux, -euse; indolent; engourdi, -e; oisif, -ive
lustálkodik [~tam, ~ott, ~jék *v* ~jon] paresser; fainéanter; lambiner
lustaság paresse; indolence; fainéantise; oisiveté *f*
luteránus luthérien, -enne; ~ *vallás* confession luthérienne; luthéranisme *m*
lutri [~k, ~t, ~ja] *nép:* loterie *f; gúny: kihúzta a* ~*t* il a son compte; son compte est bon

lutria [-ák, -át, -ja] *áll:* loutre *f*
luxemburgi [~ak, ~t] luxembourgeois, -e; *a* ~ *nagyhercegség* le grand-duché de Luxembourg
luxusautó voiture de grande marque; limousine *f*
luxuscikk article *v* objet *m* de luxe
luxushajó navire *m* de grand luxe; *(kirándulásra)* bateau *m* de plaisance
luxuskenyér pain *m* de luxe *v* de fantaisie
luxuskivitelben façon grand luxe
luxuslakás appartement somptueux
luxusos luxueux, -euse
luxusszálló palace *m*
lüktet battre; *(szív)* palpiter; battre
lüktetés pulsation *f; (szívé így is:)* palpitation *f; rád* ondulation *f*
lüktető [~ek, ~t; ~en] 1. pulsateur, -trice; pulsant, -e; 2. *orv:* pulsatoire; pulsatile; 3. *átv:* ~ *élet* vie trépidante

Ly

lyuk [~ak, ~at; ~a] 1. trou; orifice; vide *m; (fúrt)* forure *f*; ~*at fúr a falba* faire *v* pratiquer *v* creuser *v* percer un trou dans le mur; 2. *(szerszámnyélnek)* douille *f; a kalapács* ~*a* l'œil du marteau; 3. *(rovarokozta)* piqûre *f;* 4. *(szíjon csatolásra)* cran *m;* 5. *(kenyérben, sajtban)* œil *m* (yeux); trou; 6. *(csövön támadt)* fuite *f;* 7. *(rókáé, nyúlé stb.)* terrier *m;* 8. *(rossz lakás)* bouge *m;* bagnole *f* arg; 9. *fiz* trou, lacune *f;* électron *m* en défaut
lyukacsos poreux, -euse; ~ *bőr* cuir picoté de trous
lyukacsosság porosité *f*
lyukas [~ak, ~t; ~an] troué; percé, -e; ~ *harisnya* bas troué; *isk:* ~ *óra* trou *m; a könyökén* ~ *ruha* un habit percé au coude; ~, *mint a szita* être troué(é) comme une écumoire; *nincs egy* ~ *garasa (sem)* il est sans un; n'avoir pas un pétard
lyukaszt [~ottam, ~ott, -asszon] trouer; perforer; percer (à jour); *(jegyet)* pointer
lyukasztás percement *m;* perforation; perce *f*
lyukasztó [~k, ~t, ~ja] pointe *f;* pointeau; poinçon *m; (kalauzé)* pince *f* à contrôler
lyukasztóvas poinçon *m;* étampe; chasse *f* à parer
lyuksimítás alésage *m*
lyukvezetés conduction *f* par défaut

M

m [~ek, ~et, ~je] *(betű* v *hang)* m *(m* v *f)*
ma I. *(hat)* aujourd'hui; à présent; *ma reggel* ce matin; *ma estig* jusqu'à ce soir; *d'ici ce soir; ma egész nap* tout aujourd'hui; *már ma; még ma* dès aujourd'hui; *ma szedett (friss) gyümölcs* ces fruits sont du jour; *máról holnapra él* gagner sa vie au jour la journée; *mától fogva* d'aujourd'hui, dès aujourd'hui; II. *(fn) a ma* le (temps) présent; *csak a mának él* il vit dans le présent
macesz [~ek, ~t, ~e] pain azyme; cracker m de pain azyme
mackó [~k, ~t, ~ja] 1. ourson; ours Martin m; 2. *ját:* ours en peluche; teddy m
mackónadrág culotte *f* (à pieds)
mackóruha esquimau deux-pieds m
maccs [~ot; ~ul] I. *(fn)* capot m; II. *(mn)* défait, -e; chose
macska 1. chat m; *(nőstény)* chatte *f* 2. chariot m
macskaasztal la petite table à part (des enfants)
macskabarát félinophile *(n)*
macskagyökér valériane *f*
macskakaparás écriture *f* de chat; griffonnage m
macskaköröm guillemets m *pl; -körmök közé teszi* mettre en guillemets
macskazene musique *f* de chats; charivari m; *~ét rendez* v *ad* donner v faire un charivari
madár [madarak, madarat, madara] oiseau m; *(nőstény)* oiselle *f; szabad mint a* ~ libre comme l'air; *hol jársz itt, ahol a ~ se jár?* que viens-tu chercher dans ce coin perdu? *madarat lehetne vele fogatni* on le ferait grimper aux arbres
madarászsíp appeau; pipeau m
madárcsapat un vol de ...; une volée de ...

madárcseresznye 1. merise *f;* 2. *(fa)* merisier m
madárcsicsergés; madárcsiripelés gazouillis; gazouillement; babillage m
madárdal chant des oiseaux; ramage m
madáreledel 1. nourriture *f* pour les oiseaux; 2. mouron m
madárfauna faune aviaire *f*
madárfészek nid m d'oiseaux
madárfióka petit (de l'oiseau); petit oiseau
madárijesztő 1. épouvantail; effaroucheur m à oiseaux; 2. *átv:* épouvantail; croque-mitaine m; *igazi* ~ c'est un vrai repoussoir
madárjós augure; aruspice; auspice m
madárkalitka cage *f* (d'oiseau); *(nagy)* volière *f*
madárkereskedés oisellerie *f*
madárlép glu *f; (vessző)* gluau m
madársaláta salade *f* de mâche v de moine
madártan ornithologie *f*
madártani ornithologique
madártávlat vue *f* (à vol) d'oiseau
madártenyésztés aviculture; oisellerie *f*
madártojás œuf n d'oiseau
madártoll plume *f* d'oiseau
madártrágya fiente *f* d'oiseaux v de volaille
madárvédelem protection *f* des oiseaux
madárvilág la faune ailée
madeira [-ák, -át] 1. *(himzés)* broderie anglaise v de Madère; 2. *(bor)* madère m
madonna [-ák, -át, -ája] Madone *f*
madrigál [~ok, ~t, ~ja] madrigal m
madzag [~ok, ~ot, ~ja] ficelle *f; ~gal átköt* entourer d'un croisé de ficelles
mafla [-ák, -át; -án] I. *(mn)* niais; balourd, -e; II. *(fn)* nigaud m; gourde *f;* lourdaud; dadais m; *te ~!* espèce d'andouille!

mafláskodik [~tam, ~ott, ~jék *v* ~jon] faire l'idiot; nigauder

mag [~ok, ~ot, ~ja *v* ~vak, ~va] **1.** semence; graine *f; (csontos)* noyau *m; (almáé, körtéé, citromé, narancsé, szőlőé, bogyóé)* pépin *m; ~nak hagyja* laisser monter en graine; *~ba szökik* monter en graine; *~ról* par semis; *~ról termeszt* faire venir de graine; *elveti a magot* jeter les semences en terre; **2.** *(emberi)* grain; *~va szakad* mourir sans postérité; **3.** *fiz, él:* nucléus; noyau; *m;* **4.** *átv:* semence *f;* noyau; *ez a dolog ~va* voilà l'essentiel; *a gyűlölet ~va* un levain de haine; *a háború ~va* la semence de guerre; *a viszály ~va* un germe de querelle

I. maga 1. *a) (én) magam; (te) magad; (ő) maga; (mi) magunk; (ti) magatok; (ők) maguk* moi-même; toi-même; soi-même *v* lui-même *v* elle-même; nous-mêmes; vous-mêmes; eux-mêmes *v* elles-mêmes; *b) (egyedül)* (à) moi seul; *~ a király* le roi (lui-) même; *~ a király sem* pas même le roi; *ő ~ a fösvénység* il est l'avarice en personne;

Névutókkal: *(saját) maga alatt vágja a fát* travailler à sa propre perte; *-unk közt* entre nous; en famille; *~ mögött hagy* laisser bien derrière soi; *vkit ~ mögött vonszol* traîner q derrière soi; *jó emléket hagyott ~ után* il a laissé un bon souvenir après lui; *~ után vonszol* traîner après soi;

Ragokkal: *magába a kőbe* à même la pierre; *-ába fogad (tárgyról)* recevoir; *átv:* comprendre; *-ába foglal* impliquer; comprendre; *-ába fojtja bánatát* enfermer son chargin; *-ába mélyed v merül v zárkózik* se concentrer; se renfermer en soi-même; se recueillir; *-ába zár* enfermer; *-ába száll* faire un retour sur soi-même; se recueillir; *magában (véve)* en lui-même; en soi-même; *(egyedül)* seul, -e; séparément; isolément; *(lelke legbensejében)* à part lui; en silence; *magunkban a)* en nous-mêmes; *b)* à nous seuls; *(ketten)* seul(e) à seul(e); *-ában is v véve* (pris) en soi-même; en lui-même *v* en elle-même; *-ában áll* être isolé(e); être unique en son genre; *-ában beszél* parler tout seul; *-ában él* vivre solitairement; *gondolja -ában* se dire; *-ában nem mond semmit* cela ne dit rien en soi-même; *-ában nevet* rire sous cape; rire dans sa barbe; *-ában rejt* recéler; *magából* de lui-même *v* d'elle-même; *a magamé, a magadé, a magáé, a magunké, a magatoké, a maguké* le mien, la mienne; le tien, la tienne; le sien, la sienne; le *v* la nôtre; le *v* la vôtre; le *v* la leur; *csak a -áéból merít* tirer tout de son fonds; *megmondja a -áét (igazát) vkinek* dire à q son fait; *ld. még:* **megmond;** *megteszi a -áét* faire son devoir; *-áévá tesz* faire sien (-ne); adopter; s'approprier; *(vkit)* prendre; *-áévá tesz egy véleményt* épouser *v* embrasser une opinion; *-ához húz* tirer à soi; *-ához köt* s'attacher; *-ához tér* reprendre (l'usage de) ses sens; reprendre connaissance; *-ához tér az ijedtségből* revenir d'une frayeur; *-ához tér zavarából* reprendre ses esprits; *-ához vesz* prendre avec soi-même; *(ételt, italt)* consommer; absorber; *(vkit)* admettre *v* accueillir dans sa famille *v* dans sa maison; adopter; *magán* sur lui-même; sur elle-même; à même qc; *-án a sziklán* à même le rocher *~mon kívül vagyok* je suis hors de moi; *-án kívül ld:* **magánkívül;** *magának; -uknak* se; pour soi; à soi; *-ának él, termel* replier sur soi; *-ának vesz* acheter pour son compte; se payer qc; *magánál* chez lui *v* elle; *-ánál tart* garder sur *v* par devers soi; *-ánál van (betegről)* il a encore toute sa tête; *nem vagyok ~mnál* je n'ai pas l'esprit bien à moi; *magára* à lui-même *v* elle-même; *-ára a keretre erősít* fixer à même le cadre; *-ára hagy* délaisser; déserter; *-ára ismer vkiben* se reconnaître en q; *-ára marad* rester seul(e); *-ára vállal vmit* se charger de qc; *(bajt)* prendre qc sur soi; *-ára von* attirer; rappeler à soi; solliciter; *-ára vonja vkinek a haragját* encourir la colère de q; *-ára vonatkoztat* rapporter à soi; *magáról beszél* se

raconter; *magát;* *magukat* se; *nézi -át* il se regarde; *felakasztotta -át* il s'est pendu; *magától* de soi-même; de lui-même; d'elle-même; *(külső beavatkozás nélkül)* de lui-même; de son propre mouvement; *-ától csukódó, indító stb.* automatique; *-ától értetődik* cela va de soi; cela s'entend; *-ától jár* marcher de soi-même; *-ától járó* automobile; *magával* avec soi-même; avec lui-même *v* ellemême; *-ával hord* porter sur soi *v* avec soi; *-ával hoz* apporter; rapporter; *(vkit)* amener; *-ával ragad* entraîner dans son sillage; *-ával ragadó* entraînant; véhément, -e; *-ával visz* emporter; *ötödmagával* lui *v* elle et quatre autres; **2.** *(birtokos) a* ~... son propre...; *a* ~ *baja* son propre malheur; *a* ~ *helyén* à propos; *a* ~ *jószántából* de lui-même *v* d'elle même; de son propre chef; *a* ~ *ura* être libre de sa personne; **3.** *(egyedül)* lui seul, elle seule; à lui seul; seul, -e
II. maga; maguk *(ön, önök)* vous; ~ *mondja;* je ne vous le fais pas dire; *-ánál, -ához* chez vous; *-át* vous
magabíró *(testileg)* robuste; solide
magabízó [~ak, ~t; ~an] suffisant, -e; avantageux, -euse
magabiztos ferme; assuré, -e
magamfajta comme moi; de mon espèce; de mon envergure; de ma trempe
magán- privé, -e; particulier, -ière
magánautó voiture particulière
magándetektív détective privé
magánélet vie privée; *a* ~*ben* dans le privé
magánember particulier; homme privé
magánemberként privément; ~ *tesz vmit* faire qc de son autorité privée
magánénekes soliste *n*
magánépület bâtiment *v* édifice privé
magánfél 1. client *m;* **2.** *jog:* partie civile
magánforgalom marché privé; ~*ban* sur le marché privé

magánhangzó voyelle *f;* *hosszú* ~ (voyelle) longue *f;* *rövid* ~ (voyelle) brève *f*
magánhivatalnok employé(e) *v* agent d'une entreprise privée
magánjellegű personnel, -elle; à titre privé; ~ *beszélgetés* conversation personnelle
magánjog 1. droit privé; **2.** droit civil
magánjogi civil, -e; de droit privé; de droit civil; ~ *cselekvőképesség felfüggesztése* interdiction *f* à temps de capacité; ~ *felelősség* responsabilité civile; ~ *igény* intérêt civil; ~ *kötelem* engagement civil
magánkézben *levő* particulier, -ière; privé, -e
magánkezdeményezés initiative privée
magánkívül éperdu; affolé; exaspéré, -e; hors de lui *v* d'elle; ~ *ordítoz* hurler comme un forcené; ~ *van* ne plus se connaître; sortir de ses gonds; ~ *van dühében* être outré(e) de colère; ~ *van örömében* v *az örömtől* il ne se possède pas *v* il ne se sent pas de joie
magánközlemények correspondance *f;* *(újságban)* insertion *f*
magánlakás domicile civil; appartement privé
magánlaksértés violation *f* de domicile
magánlecke leçon particulière
magánokirat acte sous seing privé; sous-seing *m*
magánokirathamisítás faux *m* (en écriture privée)
magánóra leçon particulière *v* privée
magános I. *(mn)* *ld;* **magányos; II.** *(fn)* particulier, -ière *n;* personne privée
magánszektor 1. secteur privé; **2.** commerçant privé
magánszemély particulier, -ière *n;* personne privée; tiers *m*
magánszorgalomból de son initiative privée; de son propre chef
magántanár; *egyetemi* ~ privatdocent; privat-docent *m*
magántánc pas seul; solo *m*
magántáncos danseur *v* danseuse soliste *n*

magántanulás 1. instruction *f* dans la famille; 2. autodidaxie*f*
magántulajdon propriété privée
magánügy affaire personnelle *v* privée
magánüzem entreprise privée
magánvád accusation *v* plainte privée; *a ~at átveszi; ~at emel* se constituer partie civile
magánvádló accusateur privé; partie civile
magánvagyon 1. fortune personnelle; 2. bien privé
magánvizsga examen *m* des élèves libres
magánzárka cellule *f*; secret *m*
magánzó [~k, ~t, ~ja] sans profession; rentier *m*
magány solitude *m*; retraite *f*; isolement *m*
magányos [~ak, ~at] solitaire; isolé, -e; seul, -e; *(csak helyről)* écarté, -e; ~ *ember* solitaire; homme enterré; ~ *ház* maison isolée
magas [~ak, ~at] I. *(mn) (tárgy)* haut; grand; élevé, -e; *(magasan levő)* haut placé(e); *(ember)* de haute taille; *(személyiség)* auguste; haut placé(e); *száz méter* ~ haut(e) de cent mètres; *ez nagyon* ~ *nekem* c'est de l'hébreu *v* du chinois *v* l'algèbre pour moi; ~ *állást tölt be* occuper un poste éminent; ~ *áron* au prix fort; à un prix élevé; ~ *fernsík* plateau élevé *v* de montagne; ~ *fizetés* appointements élevés; fort salaire; ~ *fokú* supérieur, -e; intense; ~ *gallér (ruhán)* collet *v* col montant; *(ingen)* faux col haut *v* droit; *(női)* col officier; ~ *hang* (son) aigu *m*; *(beszédben)* voix haute; ~ *helyen* v *körökben* en haut lieu; ~ *homlokú* au front haut *v* élevé; ~ *kamat* gros intérêt; ~ *kor* grand âge; âge avancé; ~ *korú* d'un âge avancé; ~ *láz* fièvre élevée; ~ *nívójú* de haut niveau; ~ *nyak (ruhán)* col(let) montant; ~ *rang* haut rang; rang élevé; ~ *rangú személyiség* de haute volée; ~ *rangú tisztviselő* dignitaire *m*; *az állam* ~ *rangú tisztviselői* les hauts dignitaires de l'État; ~ *rendű* d'ordre supérieur; ~ *sarok* talon haut; ~ *szárú cipő* bottines montantes; ~ *termetű* de haute taille; *orv:* ~ *vérnyomás* hypertension *f*; II. *(fn)* *a* ~*ba* dans les hauteurs; en l'air; ~*ba emel* élever *v* lever haut; *átv:* élever; ~*ba emelkedik* s'élever; *(fal, épület:)* se dresser; s'élever; ~*ba nyúló* audacieux, -euse; altier, -ière; ~*ba tör* s'élever d'un coup d'aile dans les hauteurs; aspirer aux hauteurs; *a magasban* dans les hauteurs; *a magasból; magasra* haut; en haut; à hauteur; ~*ra emel* tenir levé(e); hisser; soulever; *átv:* relever; donner un essor à qc; ~*ra emeli a szabadság zászlaját* (re)lever l'étendard *v* le drapeau de la liberté; ~*ra néz* porter ses vues bien haut; *hirtelen* ~*ra nő* s'élancer; ~*ra tart* v *becsül* tenir en grande estime; estimer hautement; *(árat)* mettre trop haut; ~*ra tör* porter haut ses prétentions; ~*ra tör(ekv)ő* ambitieux, -euse
magasabb [~ak, ~at, ~ja] I. *(mn)* plus haut(e) *v* élevé(e) *v* grand(e); *(mennyiségben, minőségben)* supérieur, -e (à qc); ~ *bér* haute paye; ~ *érdek* intérêt majeur; ~ *képesítés biztosítása* relèvement *m* de la qualification; ~ *matematika* mathématiques spéciales; *a* ~ *régiók* les hautes régions; ~ *rendű* d'un ordre supérieur; transcendant, -e; *a* ~ *társadalmi osztályok* les hautes classes; II. *(fn)* *egy képet* ~*ra akaszt* monter un tableau; ~*ra nyúlik* dépasser; ~*ra tesz* monter; *átv:* estimer davantage *v* plus haut
magasan haut; ~ *áll* vmi *fölött* dépasser qc de beaucoup; surclasser qc; ~ *hordja a fejét* porter haut la tête; ~ *hordja az orrát* porter le nez au vent
magasépítő *vállalat* entreprise *f* de construction en surface
magasföldszint entresol *m*
magasiskola haute école
magasít [~ottam, ~ott, ~son] (re)hausser; relever; surélever
magaslat 1. hauteur *f*; plateau *m*; élévation de terrain; butte; éminence *f*; 2. *átv:* piédestal *m*; *a hatalom* ~*án van* être au summum du pouvoir; *a helyzet* ~*án van* être *v* se tenir à la hauteur de la situation

magaslati d'altitude; ~ *gyógyhely* station climatérique *f*; ~ *(üdülő-) hely* station d'altitude *v* alpestre *f*; ~ *levegő* air *m* de montagne; ~ *pont* cote *f* de niveau *v* d'altitude
magaslik [~ottam, ~ott] *(vmi fölött)* dominer qc; surplomber qc
magasság hauteur; altitude; élévation *f*; *a köriv* ~*a* la flèche de l'arc; *a* ~*ban* dans les hauteurs; en plein ciel; *vminek a* ~*ában* à la hauteurs de qc; au niveau de qc; *(tengeren)* au large de qc; *rep:* à plomb de qc
magassági d'altitude; altitudinal, -e; ~ *csúcs* record *m* d'altitude; ~ *kormány* gouvernail *m* d'altitude *v* de profondeur; ~ *pont* cote *f* d'altitude *v* de niveau
magasugrás saut *m* en hauteur; hauteur *f*
magasztal [~tam, ~t, ~jon] exalter; glorifier; faire l'éloge de qc; magnifier; faire le panégyrique *v* l'apothéose de qc; *égig* ~ *vkit* faire l'apothéose *v* l'alléluia de q
magasztalás exaltation; glorification *f*; éloge *m*; *(túlzott, árúé)* boniment *m*
magasztos [~ak, ~at] auguste; sublime; élevé, -e; ~ *gondolat* pensée relevée; ~ *lélek* âme élevée
magatartás conduite; tenue; attitude; allure *f*; *külső* ~ façon *f*; *öntudatos v merész* ~ aplomb *m*; *nyugodt* ~ *air posé*; *tiszteletteljes* ~*t tanúsít* garder une contenance respecteuse
magatehetetlen impuissant; impotent, -e
magaunt dégoûté(e) de soi
magaviselet 1. conduite; tenue *f*; allures *f pl*; 2. *isk:* conduite; note de conduite (bonne, mauvaise)
magfizika physique nucléaire *f*
maghasadás fission nucléaire *f*
magház 1. ovaire *m*; *(tok)* capsule *f*; *(hártya)* caprelle *f*; *(almában)* cœur *m*; 2. *él:* germen *m*
mágia [-ák, -át, -ája] magie *f*; *-ár űz* pratiquer la magie
magkereskedés commerce *m* des grains
magkereskedő grènetier; grainier *m*
máglya [-ák, -át, -ája] bûcher; autodafé *m*

mágnás magnat *m*
mágnesdob tambour magnétique *m*
magnemesítés sélectionnement *m* des graines
mágnes [~ek, ~t, ~e] aimant *m*
mágneses [~ek, ~et; ~en] 1. aimanté, -e; magnétique; ~*sé tesz* aimanter; ~ *áram* courant magnétique *m*; ~ *áramlás* flux magnétique *m*; ~ *elhajlás* déclinaison *v* inclinaison magnétique *f*; ~ *hangfelvevő* enregisteur magnétique; magnétophone *m*; ~ *kapcsoló* embrayage électrique *m*; ~ *mező* champ magnétique *m*; ~ *sarok* pôle magnétique *m*; ~ *tér* champ magnétique *m*; *vill:* ~ *vezetőképesség* perméance *f*; ~ *vonzás* attraction magnétique *f*; 2. *vill:* magnétomoteur, -trice
mágnesgyújtó *aut* magnéto *m*
mágnespatkó aimant *m* en fer à cheval
mágnesség magnétisme *m*; ~ *megszüntetése* désaimantation *f*; *(szalagon)* effacement *m*
mágnestekercs bobine *f* de l'électro-aimant
mágnestű aiguille d'une boussole *v* aimantée
magnetofon [~ok, ~t, ~ja] magnétophone; enregisteur magnétique *m*
magnezit [~ek, ~et] magnésite *f*
magnézium [~ot, ~a] magnésium *m*
magnéziumfény éclair *m* de magnésium; lumière magnésique *f*; flash *m*
magnéziumlámpa lampe *f v* pistolet *m* pour magnésium
magol [~tam, ~t, ~jon] *biz:* potasser; bûcher
magreakció réaction nucléaire *f*
magszakadás extinction *f* de la famille
magtalan 1. *(állat, ember)* stérile; 2. *növ:* asperme; *(gyümölcs)* apyrène
magtalanít [~ottam, ~ott, ~son] 1. stériliser; *(hímet)* châtrer; 2. *(gyapotot)* égrener
magtár grènerie *f*; grainier; grenier; silo *m* à grains
mágus magicien; mage *m*
magvas [~ak, ~at; ~an] 1. *(gyümölcs)* à pépins; à noyau; à grains; 2. *átv:* concis, -e; substantiel, -elle; lapidaire

magvaváló se détachant du noyau; ~ őszibarack pêche f à noyau libre
magvető semeur, -euse
magzat 1. rejeton; enfant m; progéniture f; 2. orv: fœtus; embryon m; elhajtja ~át se faire avorter
magzatburok délivre m
magzatelhajtás manœuvres abortives; fœticide m; ~t követ el se faire avorter
magzatelhajtó I. (mn) abortif, -ive; fœticide; II. (fn) avorteuse f; faiseur m v faiseuse f d'anges
magzatfekvés présentation f
magzati fœtal, -e
magzatlepény placenta m
magzatvíz orv: liquide amniotique m
magzik [~ott, magozzék v magozzon] monter en graine
magyalfa houx commun; ilex m
magyar [~ok, ~t, ~ja] I. (mn) 1. hongrois; magyar, -e; de (la) Hongrie; ~ ajkú de langue hongroise; ~ áru fabrication hongroise; ~ asszony Hongroise; femme hongroise; ~ dolgozat devoir m de hongrois; a Magyar Népköztársaság la République Populaire Hongroise; ~ nő femme hongroise; a ~ nyelv la langue hongroise; le hongrois; ~ történelem histoire f de Hongrie; Magyar Tudományos Akadémia l'Académie Hongroise des Sciences; a ~ ügy la cause hongroise; 2. (más nemzetnevekkel összetéve) hungaro-; magyaro-; hongrois; hongro-; ~—francia hungaro-français; franco-hongrois, -e; ~-francia egyezmény convention hungaro-française; II. (fn) 1. Hongrois; Magyar; 2. ~t a magyarnak achetez hongrois!
magyarán vertement; carrément; sans ambages; en bon français; (jó) ~ megmondja neki parler français à q
magyaráz [~tam, ~ott, ~zon] I. (tgyl i) (tanár) expliquer; annoter; commenter; hosszasan ~ (vmit) épiloguer longuement sur qc; jóra ~ prendre en bonne part; rosszra ~ interpréter en mal; úgy ~za, hogy il l'explique en disant que v par le fait que; Voltaire Cor-

neille-t ~ta Voltaire annota Cornaille; II. (tgy i) (tanár) faire une explication
magyarázat explication; interprétation f; ez ~ra szorul cela demande une explication; ez nem szorul ~ra cela se passe de commentaire; ~ot ad vmire donner l'explication de qc; ~ot szolgáltat apporter l'explication; ~okkal lát el accompagner d'explications; (szöveget) illustrer de notes
magyarázkodás explications f pl
magyarbarát magyarophile; hungarophile
magyarellenes; magyarfaló; magyargyűlölő antihongrois; antimagyar, -e; hungarophobe (n)
Magyarország la Hongrie; ~on en Hongrie
magyaros [~ak, ~t] très hongrois(e); qui sent son Magyar
magyarosít [~ottam, ~ott, ~son] magyariser
magyarság 1. les Hongrois; le peuple hongrois; 2. (nyelvezet) le hongrois; jó ~gal en bon hogrois
magyartalan non-magyar; non-hongrois, -e; barbare
magyartalanság barbarisme m; faute f de hongrois
magyarul en hongrois; beszéljünk ~ (őszintén) parlons français v franc; beszéljen ~ parlez clair et net; (fenyegetve) nem értesz ~? tu ne comprends pas le français?
mahagóni [~k, ~t, ~ja] acajou m
maholnap tôt ou tard; aujourd'hui ou demain
mai [~ak, ~t] d'aujourd'hui; du jour; de nos jours; moderne; contemporain, -e; a ~ ember l'homme moderne; a ~ Franciaország la France contemporaine v d'aujourd'hui; nem ~ gyerek il n'est pas d'hier; a ~ helyzet la situation actuelle; a ~ nap le jour où nous sommes; a ~ napig jusqu'(à) aujourd'hui; a ~ sajtó la presse d'aujourd'hui; a ~ világ le monde d'à-présent
máj [~ak, ~at, ~a] 1. foie m; 2. átv: hízott a ~a il buvait du lait v son petit

lait; *hamis a ~a* être malin *v* maligne comme un singe
majális [~ok, ~t, ~a] bal champêtre; pique-nique *m*
majd 1. un jour; ~ *ahogy lehet* alors comme alors; 2. *(legtöbbször egyszerű jövő idővel:)* ~ elmegyek j'irai; ~ *adok én neked!* tu auras de mes nouvelles! ~ *meglátom* je verrai; 3. ~ *ha* quand; lorsque; après que; 4. *majd... majd... tantôt... tantôt...;* 5. *(szólásokban:) gúny:* ~ *bizony!* ~ *ha fagy!* des nèfles! des clous! quand les poules pisseront! 6. presque; ~ *meghalt az éhségtől* il a failli mourir de faim; ~ *meghalt örömében* il pensait mourir de joie
majdnem 1. presque; quasi; quasiment; ~ *egyhangúlag* à la presque unanimité; ~ *semmi* si peu que rien; 2. *(igével:)* il a failli *(inf);* être sur le point de *(inf); már* ~ être sur le point de *(inf);* être près de *(inf);* 3. *(mennyiségben, időben)* près de...
májelégtelenség insuffisance hépatique *f*
májfolt tache *v* éphélide hépatique *f*
májgyulladás hépatite *f*
méjmétely *áll:* grande douve; douve du foie
majmol [~tam, ~t, ~jon] singer; être singe; contrefaire; pasticher
majolika majolique; maïolique *f*
majom [majmok, majmot, majma] 1. singe *m; (nőstény)* guenon *f;* 2. *emberről gúny:* singe; magot; macaque; sapajou *m; (gyerekről) kis* ~ petit babouin; *csúf* ~ guenon *f;* 3. *(divatbáb)* singe; bellâtre; gandin *m*
majomember 1. homme-singe *m;* 2. *pal:* pitécanthrope *m*
majomszeretet amour aveugle *v* presque animal pour ses enfants
majomszerű simiesque; simien, -enne
majonéz [~ek, ~t, ~e]; **majonézmártás** (sauce) mayonnaise *f; homár ~zel* mayonnaise de homard
major [~ok, ~t, ~ja] ferme; métairie *f;* hameau *m*
majoránna [-át] 1. marjolaine *f;* 2. *tréf: gyenge* ~ fleur frêle; mauviette *f*

majoros [~ok, ~t, ~a] fermier; métayer; bordier *m*
majorság 1. ferme; métairie *f;* 2. volaille *f* (de basse-cour)
májpástétom pâté *m* de foie
majszol [~tam, ~t, ~jon] mâchonner; grignoter
május mai *m;* ~ *közepén* à la mi-mai; *~ban* en mai
mák [~ot, ~ja] *növ:* pavot *m;* œillette *f*
makacs [~ok, ~ot] 1. obstiné, -e; tenace; têtu; entêté, -e; opinâtre; 2. *orv:* ~ *betegség* maladie rebelle *f;* ~ *eset* cas rebelle *m*
makacskodik [~tam, ~ott, ~jék *v* ~jon] faire la tête; s'obstiner
makacsul obstinément; opiniâtrément; opinâtrement; tenancement; ~ *állítja* soutenir mordicus; ~ *kitart amellett, hogy* il s'obstine à affirmer que; ~ *tagad* il persiste à nier; ~ *tartja magát (hír)* courir avec persistance
makadám [~ok, ~ot, ~ja] macadam *m*
makadámút macadam *m;* chaussée macadamisée
makaróni [~k, ~t, ~ja] macaroni *m (pl)*
mákfej; mákgubó tête *v* capsule *f* de pavot
makk [~ok, ~ot, ~ja] 1. gland *m;* ~ *alakú* glandiforme; *a* ~ *kupakja* cupule *f; egészséges mint a* ~ se porter comme un charme; 2. *kárty:* trèfle *m*
makog [~tam, ~ott, ~jon] 1. *(nyúl)* clapir; glapir; 2. *(ember)* bredouiller; bafouiller
makrahal maquereau; scombre *m*
makrancos [~ak, ~at; ~an] 1. récalcitrant, -e; boudeur, -euse; mutin, -e; 2. *(ló)* hors la main
makrancoskodik [~tam, ~ott, ~jék *v* ~jon] se rebiffer; se mutiner
makulátlan immaculé, -e; exempt(e) de défaillances; vierge; ~ *hírnév* réputation vierge *f*
makulatúra [-ák, -át, -ája] maculature *f;* bouillon *m*
mákvirág 1. fleur *f* de pavot; 2. *átv:* aigrefin; chenapan *m*

malac [~ok, ~ot, ~a] 1. cochonnet; porcelet; goret *m;* 2. *átv:* polisson *m;* petit cochon
malacbanda orchestre *m* de quatre sous
malackodás 1. liberté *f* de langage; 2. *(tettel)* polissonnerie *f*
malaclopó pèlerine; cape *f*
malacpecsenye porcelet rôti
maláji [~ak, ~t; ~ul] malais, -e; malayen, -enne
malária [-át, -ája] fièvre paludéenne; malaria *f;* paludisme *m*
malaszt [~ot, ~ja] 1. *vall:* grâce *f;* 2. *gúny: irott* ~ du papier perdu; de la lettre morte
maláta [-át, -ája] malt *m*
malátakávé café *m* de malt
Malaysia Malaysia *f*
málészájú empoté; lourdaud; niais; balourd; dadais *m*
málha [-ák, -át, -ája] 1. bagage *m;* 2. *(koffer)* malle *f*
málhakocsi fourgon *m* (à bagages)
málhanyereg bât *m*
maligánfok degré alcoolique *m*
mállad [~tam, ~t, ~jon]; **málladozik** [~tam, ~ott, ~zék *v* ~zon] s'effriter
mállás effritement *m;* désagrégation *f*
mállik [~ott, ~jék *v* ~jon] 1. s'effriter; *(rétegesen)* se déliter; 2. *(fa)* se piquer
málna [-ák, -át, -ája] 1. framboise *f;* 2. *(növény)* framboisier *m*
málnaszörp sirop *m* de framboise
malom [malmok, malmot, malma] 1. moulin *m; (nagy)* minoterie *f;* 2. *ját:* marelle *f;* 3. *két ~ban őrölnek* ils sont victimes d'un quiproquo; *ellenségei malmára hajtja a vizet* faire le jeu de ses adversaires
malomgarat trémie *f*
malomipar industrie minotière; meunerie *f*
malomkő meule *f; (nagy)* meulard *m; átv: két ~ közé kerül* être entre deux feux; mettre le doigt entre l'arbre et l'écorce
malomüzem minoterie *f*
malter [~ek, ~t, ~e] mortier; gâchis *m*
malteroskanál truelle *f*

malterosláda auge *f* à mortier *v* de maçon
mályva [-ák, -át, -ája] mauve *f*
mályvarózsa rose trémière *v* d'outremer; mauve rose; primerose *f*
mályvaszínű mauve
mama [-ák, -át, -ája] maman; Maman *f*
mamlasz [~ok, ~t; ~ul] nigaud; paloquet; nicodème *m;* andouille *f nép*
mammut [~ok, ~ot, ~ja] mammouth *m*
mammutjövedelmek revenus *m pl* monstre
mámor [~ok, ~t, ~a] ivresse; griserie *f;* vertige; enivrement *m;* ébriété *f; a dicsőség ~a* la fumée de la gloire; *~át kialussza* cuver son vin
mámoros [~ak, ~at] 1. ivre; enivré, -e; pris(e) de vertige; *~ állapotban* en état d'ébriété; 2. *(lelkesedéstől)* délirant, -e
manapság par le temps qui court; à l'heure qu'il est; de nos jours
mancs [~ok, ~ot, ~a] patte *f*
mandátum [~ok, ~ot, ~a] 1. mandat; siège *m; ~ot betölt* pourvoir à un siège 2. *tört:* ~ *alatt álló ország* pays mandaté
mandátumigazoló *bizottság* bureau *m* de validation
mandolin [~ok, ~t, ~ja] mandoline *f*
mandula [-ák, -át, -ája] 1. *növ:* amande *f;* égetett ~ amande grillée; praline *f; -át tisztít* monder des amandes; 2. *(szerv)* amygdale; tonsille *f; -át kivesz* pratiquer l'ablation des amygdales
mandulafa amandier *m*
mandulagyulladás amygdalite; angine; tonsillité *f*
mandulaolaj huile *f* d'amandes (douces)
mandulaszappan savon d'amandes *v* amygdalin
mandulaszemű aux yeux (fendus) en amande
mandulatej orgeat; lait amandé; lait d'amande
mandzsetta [-ák, -át, -ája] manchette *f*
mandzsu [~k, ~t; ~ul] mandchou, -e

Mandzsúria [-át] la Mandchourie
mangán [~ok, ~t, ~ja] manganèse *m*
mángorló [~k, ~t, ~ja] calandre *f;* rouleau; rouloir *m*
mángorol [~tam, ~t, ~jon] calandrer
mánia [-ák, -át, -ája] manie; *f* hobby; cheval *m* de bataille; *ez a -ája* c'est son califourchon
manikűrdoboz écrin manucure *m*
manikűrolló ciseaux *m pl* à ongles
manikűröz [~tem, ~ött, ~zön] manucurer; faire les ongles à q
manipulál [~tam, ~t, ~jon] *pej :* manipuler; manigancer; *(vmivel)* trafiquer
manipulátor robot; manipulateur *m*
mankó [~k, ~t, ~ja] béquille *f*
manna [-át] manne *f*
mannafenyő pin *m* de Californie
manó [~k, ~t, ~ja] lutin; farfadet; esprit follet; gnome *m; mi a manó!* bigre! peste!
mappa [-ák, -át, -ája] 1. carte *f;* atlas *m;* 2. *(irodai)* sous-main; cartable *m*
I. *(ige)* **mar** [~tam, ~t, ~jon] 1. mordre; *(kígyó így is:)* piquer; 2. *(anyag:)* ronger; 3. *műsz: (marással megmunkál)* fraiser
II. *(fn)* **mar** [~ok, ~t,' ~ja] 1. *(lóé, kané stb.)* garrot *m;* 2. *(marháé)* surlonge *f*
már 1. déjà; enfin; ~ *akkor* alors déjà; *(inkább)* eh bien, alors (je préfère...); ~ *megyek* j'y vais! 2. *(időben)* dès; ~ ... *előtt* dès avant; ~ *ma* pas plus tard qu'aujourd'hui; 3. ~ *ha, ha* ~ puisque; *ha* ~ *muszáj* puisqu'il le faut; 4. *ez* ~ *igen* pour cela oui; *látott* ~ *ilyet?* avez-vous jamais vu cela? *ez* ~ *mégis sok!* pour le coup c'est trop fort! 5. ~... *is* ne fût-ce que pour *(inf);* 6. ~ *nem* ne ... plus; *(magában)* plus! ~ *nem a régi* il n'est guère plus le même homme; ~ *én sem* moi pas non plus; *azt* ~ *nem!* ah ça non! des flûtes! 7. *(igével:)* ~ *nem ír* il a cessé d'écrire; 8. ~ *megint* une fois encore
marabu [~k, ~t, ~ja] marabout *m*
marad [~tam, ~t, ~jon] 1. rester; demeurer; *ez nem ~hat ennyiben* cela ne peut pas rester comme cela; *köztünk ~jon* soit dit entre nous; *ez magunk közt ~jon* gardez cela pour vous; 2. *vki mögött* ~ *ld:* **elmarad;** *messze ön mögött ~t* il est resté bien en deçà de vous; 3. *vmi nélkül* ~ être privé(e) de qc; 4. *vele* ~ tenir *v* faire compagnie à q; 5. *(levélzáradékban)* ~*ok tisztelettel* Croyez à mes sentiments tout dévoués; 6. *vminél* ~ s'en tenir à qc; 7. *vkire* ~ échoir à q; être échu(e) *v* dévolu(e) à q; 8. *mat: (összeadva)* ~ *öt* je retiens cinq; *leírom a hetet,* ~ *kettő* je pose sept et retiens deux
maradandó [~ak, ~t; ~an] I. *(mn)* stable; durable; constant, -e; ~ *emlék* souvenir impérissable *m;* II. *(fn)* le statique; ce qui est durable
maradék [~ok, ~ot] I. *(mn)* résiduaire; restant, -e; II. *(fn)* 1. reste; résidu *m;* bribes *f pl;* 2. *(hulladék)* résidu; détritus; déchet *m; (szabásnál)* chutes *f pl; (áru)* coupon; solde *m;* 3. *(étel)* reliefs *m pl;* rogaton *m;* 4. *(számlán)* solde; 5. *geol:* survivance *f;* 6. *(ivadék)* rejeton; descendant *m;* 7. *(összeg)* résidu; reliquat; restant *m;* 8. *(ásszeadásnál)* retenue *f; (kivonásnál)* reste *m*
maradékárusítás solde *m*
maradi [~ak, ~t; ~an] I. *(mn)* immobiliste; stabiliste; arriéré, -e; fossile; ~ *ember* esprit rétrograde *m;* II. *(fn)* 1. tête *f* à perruque; obscurantiste *n;* 2. *(ízlésben)* pompier
maradiság (esprit de) routine *f;* obscurantisme *m*
maradvány 1. restes; débris *m pl;* 2. *(egyedül fennmaradó)* survivance *f;* 3. *(elszámolás után)* revanant-bon *m;* 4. *földi ~ai* restes; dépouille (mortelle)
marakodás échange *m* de coups de dent; rixe *f*
marakodik [~tam, ~ott, ~jék *v* ~jon] 1. se mordre; s'entr'égorger; 2. *átv:* se déchirer (entre eux)
marás 1. fraisage *m;* 2. décapage *m*
marasztal [~tam, ~t, ~jon] (essayer de) retenir; prier de rester

marasztaló [~ak, ~t; ~an] 1. engageant, -e; 2. ~ *ítélet* jugement *m* de condamnation
marcangol [~tam, ~t, ~jon] déchirer; lacérer; *(csak átv:)* miner
marcipán [~ok, ~t, ~ja] massepain *m*
március mars *m;* ~*ban* en mars; ~ *végén* fin mars
marcona [-át, -át; -án] martial, -e; à l'air martial
Marcus Aurelius [~t] Marc-Aurèle *m*
mardos [~tam, ~ott, ~son] ronger; consumer; bourreler
mardosó [~ak, ~t; ~an] rongeur, -euse; rongeant; torturant, -e; ~ *tudat* la hantise de qc
marék [~ok, ~ot, ~ja] poignée *f; egy* ~*nyi* une poignée de...
márga [-ák, -át] *ásv:* marne *f*
margaréta [-ák, -át; -ája] reine-marguerite; marguerite des prés *f*
margarin [~ok, ~t, ~ja] margarine *f*
Margit [~ok, ~ot, ~ja] Marguerite *f*
Margitka Margot *f*
margó [~k, ~t, ~ja] marge *f; kimegy a* ~*ra* empiéter sur la marge
marha [-ák, -át, -ája] 1. bœuf; bovin; *m;* 2. *(élő jószág)* bétail *m (tb:* bestiaux); 3. *(te) marha!* animal! espèce d'animal!
marhaállomány 1. bétail *m;* 2. *(országé stb.)* cheptel (bovin)
marhacsorda troupeau *m* de bœufs
marhaerős fort comme un bœuf; ~ *ember* bœuf
marhafaggyú suif *m* de bœuf *v* de boucher
marhafartő culotte *f*
marhahús viande *f* de bœuf; bœuf *m*
marhahúsleves bouillon (de bœuf); pot-au-feu *m*
marhaistálló étable (à bœufs); bouverie *f*
marhakereskedő marchand *m* de bœufs *v* de bestiaux
marhakocsi wagon *m* à bestiaux
marhapásztor bouvier *m*
marhapecsenye rôti *m* de bœuf; tournedos *m*
marhaság bêtise; sottise; stupidité; ineptie *f*
marhasült rôti de bœuf; bifteck; tournedos *m*
marhaszegy devant *m* de bœuf; plate côte
marhaszelet filet de bœuf; tournedos *m*
marhatakarmány fourrage *m*
marhatartás; marhatenyésztés élève *f* des bestiaux
marhavagon wagon *m* à bestiaux
marhavész peste bovine
Mária [-ák, -át, -ája] Marie *f;* ~ *Antónia* Marie-Antoniette; ~ *Lujza* Marie-Louise; ~ *Magdolna* Marie-Madeleine
máriaüveg *ásv:* muscovite *f;* mica *m*
máris 1. dès maintenant; d'ores et déjà; 2. déjà; aussitôt
I. márka 1. *(bélyeg, cég)* marque *f;* 2. *(árufajta)* modèle *m*
II. márka 1. *(pénz)* mark *m;* 2. *középk: (súly is)* marc *m*
markáns [~ak, ~at; ~an] marquant; accentué; accusé; -e; ~ *arcvonások* traits accusés; ~ *egyéniség* personnage marquant
márkás *áru* v *gyártmány* un produit de marque; ~ *bor* grand vin
markol [~tam, ~t, ~jon] saisir *v* prendre à pleine main; empoigner; *ki sokat* ~, *keveset fog* qui trop embrasse mal étreint; *szívbe* ~ il vous prend aux entrailles; il va droit au cœur
markolat poignée *f;* ~*ig bedöfi* enfoncer jusqu'à la garde
markolatkosár garde *f* en coquille
markos [~ak, ~at] vigoureux, -euse; robuste
markotányosnő vivandière; cantinière *f*
már-már il était sur le point de *(inf);* il allait *(inf);* ~ *elhitte* il était sur le point de le croire
mármint c'est-à-dire; en l'espèce; ~ *én?* qui? moi?
márna [-ák, -át, -ája] *közönséges* v *rózsás* ~ barbeau; barbet *m*
maró [~ak *v* ~k, ~t] 1. *(folyadék, anyag)* corrosif, -ive; corrodant, -e; ~ *hatás* corrosiveté; causticité *f;* ~ *sav* acide mordant; 2. *orv:* amyctique; 3. ~ *gúny* ironie mordante; sarcasme *m;* *beszédeinek* ~ *gúnyossága* la virulence de ses discours

marok [markok, markot, marka] **1.** creux de la main; poing *m;* **markába** *nevet* rire dans sa barbe; **~ra** à poignée; **~ra fog** empoigner;*köpi a markát, hogy* il se fait fort de *(inf);* szük **~kal** mér mesurer chichement; **2.** *(gabona)* javelle *f:* **3.** *(kender)* bottillon *m;* **4.** *átv: vkit markában tart* tenir en main q; **5.** *(lómérték)* paume; paumée *f*
Marokkó [~t] le Maroc
marokkói marocain, -e
marós [~ak, ~at] fraiseur, -euse *n*
márpedig 1. *(következtetésben)* or ...; **2. ~** *ez igy lesz* en bien, ça se passera comme je veux
Mars [~ot] *(bolygó, isten)* Mars *m*
marsall [~ok, ~t, ~ja] maréchal *m*
marslakó martien, -enne
márt [~ottam, ~ott, ~son] **1.** tremper; plonger; **2.** *(tőrt, kardot)* plonger; enfoncer
martalék [~ok, ~ot, ~ja] proie *f;* butin *m; vminek* **~ául** *esik* devenir la proie de qc
martalóc [~ok, ~a] maraudeur; fourrageur *m*
mártás 1. *(vmibe)* immersion; trempée *f;* **2.** *konyh;* sauce *f*
Martialis [~ok, ~t, ~a] Martial *m*
martinacél acier martin *m*
martinász [~ok, ~t, ~a] travailleur au four Martin
mártír [~ok, ~t, ~ja] martyr *m*
mártírhalál martyre *m*
Márton [~ok, ~t, ~ja] Martin *m*
márvány marbre *m*
márványlap plaque *v* dalle *v* tranche *v* table *f* de marbre
márványszerű marmorin, -e; marmoréen, -enne; marbré, -e
Márvány-tenger la mer de Marmara
marxi marxiste
marxi—lenini marxiste-léniniste
marxista [-ák, -át] marxiste *(n)*
marxizmus marxisme
marxizmus—leninizmus marxisme-léninisme *m*
más [~ok, ~t, ~a] **I.** *(mn)* **1.** autre; différent, -e; *az* **~** c'est (une) autre affaire; c'est différent; *ez már* **~!**

cela change; *ez egészen* **~** *(valami)* c'est tout autre; cela change; *bárki* **~** tout autre; *ki lehetne* **~?** qui d'autre voulez-vous que ce soit? **2.** *(jelzős szerkezetben:) egy* **~** *alkalommal* une autre fois; **~** *államokkal* avec les pays tiers; **~** *belátásra jut* se raviser; **~** *ember* homme changé; **~** *helyütt* ailleurs; *ez* **~** *lapra tartozik* c'est un autre discours; **~** *néven* autrement dit; *alias gúny;* **~** *szavakkal* en d'autres termes; **~** *vallású* d'une autre confession; **3. ~** *dolog beszélni és* **~** *cselekedni* c'est tout autre chose de parler et d'agir; *más idők,* **~** *emberek* autres temps, autres mœurs; **II.** *(fn)* **1. ~** *(valami)* quelque chose d'autre; autre chose; *ha* **~ért** *nem, hát azért, hogy* et quand ce ne serait que pour *(inf);* **~nak** à autrui; **~on** *jár az esze* être *v* se perdre dans les espaces; **~ról** *kezd beszélni* rompre les chiens; **~sal** *beszél (telefon)* (n'est) pas libre! **~t** *határoz* se raviser; **2. ~** *(valaki)* un autre; une autre personne; un tiers; *a* **~é** le bien d'un autre; **~nak** à un autre; **3.** *mások* d'autres; les autres; **~ok** *azt mondják, hogy* d'autres disent que; **4.** *(vkinek a* **~a***) alter ego;* sosie *m; (vminek* **~a***)* réplique; copie *f; nincs* **~a** n'avoir pas son pareil *v* sa pareille
másállapot état intéressant; position intéressante; grossesse *f;* **~ba** *kerül* tomber enceinte
másfél un et demi; *(mint szám)* une et demi
másfelől d'autre part; par ailleurs
máshol ailleurs; autre part; *egészen* **~** tout autre part; **~** *jár az esze* être ailleurs
máshonnan d'ailleurs; d'un autre côté
máshová dans une autre direction; ailleurs
másik [~at] *(mn)* **1.** autre; de rechange; **2.** *egyik a* **~** *után* l'un après l'autre; l'un sur l'autre
maskara [-ák, -át, -ája] **1.** travesti; déguisement; masque *m;* **-át öll** *se masquer;* se déguiser; **2.** *igazi farsangi* **~** c'est un vrai carnaval

másként; másképp(en) 1. autrement; différemment; ~ *beszél* changer de ton; *a dolog egész(en)* ~ *áll* il en va tout autrement; **2.** *(névről:) vagy* ~ : alias
máskor une autre fois; en une autre occasion
máskorra pour une autre fois; ~ *hagy* réserver pour une autre fois
máskülönben sinon; faute de quoi
más-más autre; différent, -e
másnap le lendemain; le jour (d')après
másnapos 1. de la veille; **2.** *(ivás után)* avoir la gueule de bois; avoir mal aux cheveux
másnemű d'un autre genre; d'un genre différent; hétérogène
másodfokú 1. ~ *égési seb* brûlure *f* au second degré; **2.** *(rokon)* au deuxième degré; **3.** *mat*: quadrique; ~ *függvény* fonction quadratique *f*
második [~at, ~a] **I.** *(mn)* **1.** second, -e; *jó* ~ *bon* second; ~ *házasságból született gyermek* enfant du second lit; *zen*: ~ *hegedű* second *m;* ~ *helyen en seconde place;* **2.** ~ *énje* un autre lui-même; **II.** *(fn)* **1.** le *v* la deuxième; le second, la seconde; **2.** *(emelet)* le second; le deuxième; **3.** *(osztály)* la seconde; la deuxième
másodkézből de seconde main
másodlagos [~ak, ~at] secondaire; accidentel, -elle
másodnap I. *(hat) minden* ~ tous les deux jours; **II.** *(fn) vminek* ~*ja* le lendemain de qc
másodpéldány 1. double; duplicata *m;* copie *f;* **2.** *műv;* réplique; répétition *f*
másodperc seconde *f*
másodpercmutató aiguille à secondes *v* des secondes; trotteuse *f*
másodrangú de qualité inférieure; secondaire; ~ *szerep* rôle secondaire *v* subalterne *m*
másodsorban en second lieu; subsidiairement
másodszor deuxièmement; secondement; secundo
másodszori 1. deuxième; second, -e; **2.** répété, -e

másodszülött [~ek, ~et, ~je] puîné, -e
másodvirágzás 1. refleurissement *m;* **2.** regain *v* retour *m* de jeunesse
másol [~tam, ~t, ~jon] **1.** copier; faire la copie de qc; *(másolópapíron)* calquer; *fényk*: tirer une épreuve; **2.** *(szolgai módon)* calquer; *(utánozva)* pasticher
másolat 1. copie *f;* duplicata; double *m;* réplique *f;* *(nem eredeti)* apographe *m;* **2.** *(utánnyomásban)* facsimilé *m;* reproduction *f;* **3.** *(okmányé)* ampliation; copie; grosse *f;* ~*ot egybevet az eredetivel* collationner une copie sur l'original; **4.** *(műtárgyé)* copie *f;* **5.** *fényk;* épreuve *f* sur papier
másolati *példány* expédition; grosse *f*
másolópapír 1. *(átlátszó)* papier (à) calque *v* à calquer; *(kék, fekete)* papier carbone *m;* **2.** *fényk*: papier photographique *m*
másrészt par ailleurs; d'un autre côté
mássalhangzó consonne *f;* *kemény* ~ consonne dure; *lágy* ~ consonne douce
másvalaki quelqu'un d'autre
másvalami quelque chose d'autre *v* de différent
másvilág *vall*: le monde de l'au-delà; l'au-delà; *a* ~*on* dans l'autre monde *v* l'au-delà; *a* ~*ra költözik* aller *v* passer dans l'autre monde; *a* ~*ra küld* envoyer *v* dépêcher dans l'autre monde; emvoyer *ad patres*
mászás 1. grimpade *f;* *(kötélen)* corde *f;* *(falon stb.)* escalade *f;* **2.** *(hegyen)* ascension *f*
maszatos [~ak, ~at] barbouillé, -e; crasseux, -euse; ~ *kéz* mains poisseuses
maszek [~ek, ~et] *biz*: **I.** *(mn)* privé, -e; **II.** *(fn)* entrepreneur privé; secteur privé
mászik [~tam, ~ott, másszék *v* mászszon] **I.** *(tgyl i)* **1.** *(laposan)* ramper; se traîner; **2.** *(vmire)* grimper sur qc; *(át vmin)* escalader qc; **II.** *(tgy i)* *(hegyet)* gravir; *lépcsőt* ~ monter les escaliers

39 Magyar–Francia kézi

maszlag [~ok, ~ot, ~ja] **1.** *növ:* datura *m;* **2.** *átv:* (*butító*) bourrage *m* de crâne; boniments *m pl*
mászórúd mât *m*
mászóvas crampon *m*
massza [-ák, -át, -ája] pâte *f;* magma *m*
masszázs [~ok, ~a] massage *m*
masszíroz [~tam, ~ott, ~zon] masser
masszív [~ak, ~at] massif, -ive; solide
matematika les mathématiques *f;* ~ *és fizika* les sciences exactes
matematikai mathématique
matematikus mathématicien, -enne *n*
matiné [~k, ~t, ~ja] **1.** matinée *f;* (*szólóhangverseny*) récital *m;* **2.** (*iskolai*) tête scolaire *f*
mátka fiancée; promise; accordée *f*
matrac [~ok, ~ot, ~a] matelas *m;* (*ruganyos* ~) sommier *m*
matrix *mat* matrice *f*
matróz [~ok, ~t, ~a] matelot; marin; gars *m* de la marine; (*folyón*) marinier *m*
matrózgallér col marin
matrózkalap chapeau *m* à la matelote
matrózruha 1. (*tengerészé*) tenue *f* de matelot; **2.** (*gyereké*) costume marin
matrózsapka béret à la matelote
matrózúszás nage marinière
I. (*fn*) **matt** [~ok, ~ot, ~ja] mat *m;* ~*ot kapott* il est mat; *két lépésben* ~*ot ad* faire mat en deux coups
II. (*mn*) **matt** [~ok, ~ot] (*szín*) mat; dégradé; dépoli, -e
maximál [~tam, ~t, ~jon] maximer; taxer; (*árat felfelé*) taxer en hausse
maximális [~ak, ~at] maximum; (*nőn. és tb néha:*) maxima; le maximum de... ; limite; maximal, -e; ~ *ár* prix maximum *v* plafond; ~ *díjtétel* tarif légal *v* limite; ~ *érték* valeur maximum; ~ *megterhelés* maximum *m* de charge; ~ *sebesség* vitesse limite *f*
máz [~ak, ~at, ~a] **1.** enduit; vernis *m;* glaçure *f;* ~*zal bevon* vernisser; **2.** *átv:* *külső* ~ (simple) vernis *m;* teinture *f;* badigeon *m*
mázli [~k, ~t, ~ja] *arg:* *ilyen* ~ *la veine!*

mázol [~tam, ~t, ~jon] **I.** (*így i*) **1.** (*festékkel*) peindre; badigeonner; *tark(abark)ára* ~ peinturlurer; *vigyázat! frissen* ~*va!* attention à la peinture! **2.** *pej:* barbouiller; **II.** (*tgyl i*) barbouiller; gribouiller
mázolmány croûte *f;* navet *m*
mázoló [~k, ~t, ~ja] **1.** peintre *m* en bâtiment ; **2.** (*festő*) barbouilleur *m;* gribouilleur, -euse *n*
mázos [~ak, ~at; ~an] vernissé; émaillé; glacé, -e; ~ *cserép* faïence *f*
mazurka mazurka; mazourka *f*
mazut [~ok, ~ot] *vegy:* mazout *m*
mázsa [-ák, -át, -ája] quintal *m*
mázsál [~tam, ~t, ~jon] peser
mázsás *átv:* formidable; écrasant, -e; ~ *teherként nehezedik vkire* écraser q de son poids
mazsola [-ák, -át, -ája]; **mazsolaszőlő** raisin(s) sec(s); raisin *m* de Corinthe
mecénás mécène *m*
mechanika mécanique *f;* ~*i* mécanique
mechanizmus mécanisme *m;* *az új gazdaságí* ~ la nouvelle direction de l'économie; *az emberi test* ~*a* la mécanique du corps humain
mécs [~ek, ~et, ~e] veilleuse *f*
meccs [~ek, ~et, ~e] match *m*
medalion médaillon *m*
meddig? **1.** (*hely*) jusqu'où? à quelle distance? **2.** (*idő*) combien de temps? jusqu'à quand?
meddő [~ek *v* ~k, ~t] **I.** (*mn*) **1.** stérile; aride; inféconde, -e; (*föld*) stérile; ~ *téma* sujet stérile *m;* **3.** (*állat*) bréhaigne; stérile; **3.** *átv:* stérile; infructueux, -euse; ~ *célokra használ fel* consommer improductivement; **II.** (*fn*) *bány:* refus; déchet; éboulis *m*
meddőhányó terril, parc *m* à déchet
meddőn improductivement; infructueusement
meddőség stérilité; aridité; infécondité *f*
medence [-ék, -ét, -éje] **1.** bassin *m;* **2.** (*úszó*) piscine; salle *f* de natation; **3.** (*kúté*) vasque *f;* **4.** *orv:* bassin; pelvis *m;* *kis* ~ petit bassin; *nagy* ~ grand bassin

medencecsont bassin *m*
meder [medrek, medret, medre] 1.
(folyóé) lit *m* (d'une rivière); 2. átv:
rendes ~ben folyik suivre son cours
normal
Medici [~k, ~t] Médicis *m;* ~ Lőrinc
Laurent le Magnifique
medúza [-ák, -át, -ája] áll: méduse *f*
medve [-ék, -ét, -éje] 1. ours *m;* (nőstény) ourse *f;* ne alkudj előre a ~
bőrére il ne faut pas vendre la peau
de l'ours avant qu'on l'ait pris *v* mis
par terre; 2. (emberről) ours (mal léché)
medvebocs ourson *m*
Mefisztó [~k, ~t, ~ja] Méphistophélès *m*
meg 1. et; én ~ te moi et toi; 2. én ~
elmegyek moi, alors je m'en vais
még 1. encore; kérek ~ donnez m'en
encore! encore! 2. encore plus;
encore davantage; ~ egyszer encore
une fois; ~ az egyszer une fois encore;
~ egyszer annyi le double; 3. ~ csak
ez kellene! il ferait beau voir; il ne
manquerait plus que ça; ~ ha encore
si; ~ hozzá par-dessus le marché; en
plus; en outre; ~ ma dans la journée; dès aujourd'hui; ~ mit nem?
et quoi encore? ~ nem pas encore;
~ többet encore plus; encore davantage; 4. ~ ... is lui-même;
même; jusqu'à ...; ~ az ellenségeit
is szereti il aime jusqu'à ses ennemis;
~ akkor is même alors; ~ akkor is,
ha au risque de (inf); quitte à (inf);
quand bien même; ~ ha akarná is
quand bien même il le voudrait;
~ ha belehalok is quand bien même
j'en mourrais; ~ ha igaza volna is
et quand ce serait vrai; ~ ha kisebb
mértékben is fût-ce même à un degré
inférieur; ha ~ olyan ügyesek is
tout habiles qu'ils sont *v* qu'ils soient;
~ ... se pas même; ~ a fia se
pas même son fils; ~ annyit se pas
même autant; 5. és én ~ kértem,
hogy ne kopogjon! et moi qui le suppliais de ne pas frapper!
megacéloz 1. műsz: acérer; aciériser;
2. átv: tremper
megad 1. (kívánt dolgot) accorder;
consentir; donner; (odaítélve) adju-

ger; (fizetést, nyugdíjat) allouer;
sp: a bíró nem adta meg a gólt l'arbitre
refusa le but; ~ja a hangot donner le
ton (átv is); ~ja a módját faire comme
il convient; 2. ezt meg kell (neki) adni
c'est une justice à lui rendre; 3. megadatik s'accorder; (tehetség) être
départi(e) à q; 4. (visszaadja) rendre;
restituer; (pénzt) rembourser; 5. ~ta
az árát il l'a payé son prix; pej: il l'a
payé cher; minden pénzt ~nak érte
cela se vend au poids de l'or; 6.
(adatot) indiquer; (feladatot) imposer qc à q; 7. neki ugyan jól ~ta il
l'a bien accommodé; attrapé! 8.
~ja magát (harcban) se rendre; capituler; baisser pavillon; (csak kat:)
mettre la crosse en l'air; (dobpergéssel jelezve) battre la chamade; 9.
~ja magát vminek se soumettre à qc;
~ja magát sorsának
se résigner à son sort; (szív) battre
la chamade
megadás 1. (kívánt dologé) concession
f; 2. (adaté) indication *f;* 3. (harcban) capitulation; reddition *f;* ~ra
bír amener à reddition *v* à composition; 4. (összegé, fizetésé) allocation *f;* (hitelé) ouverture *f;* 5.
(tűrés) résignation *f;* ~sal tűr(i
baját) prendre son mal en patience
megadott [~ak, ~at] 1. accordé, -e;
2. indiqué, -e
megadóztat imposer; taxer; frapper
d'une taxe
megafon [~ok, ~t, ~ja] mégaphone;
haut parleur *m*
megágyaz faire les lits; préparer *v* faire
le lit
megajándékoz 1. (vkit vmivel) faire *v*
offrir *v* envoyer un cadeau à q; faire
don *v* présent à q de qc; 2. (ég, sors)
douer q de qc
megajánl (nemzetgyűlés) voter
megakad 1. s'arrêter; s'immobiliser; (folyamatról) subir un coup d'arrêt; ~ a beszédben demeurer *v* tourner court; s'arrêter net; ~ a szeme
vmin ses yeux s'arrêtent *v* se fixent *v*
se posent sur qc; 2. (vki) être au
bout de son rouleau; 3. (vmibe) res-

megakadályoz 612 **megállapít**

ter *v* demeurer suspendu(e) *v* accroché(e) à qc; 4. *(vhol)* se loger; 5. *(forgalom)* s'embouteiller; se congestionner
megakadályoz mettre obstacle à qc; prévenir; empêcher; entraver; ~*za, hogy* empêcher de *(inf)*
megakaszt 1. accrocher; enrayer; arrêter; 2. *(forgalmat)* interrompre; arrêter; embouteiller; 3. ~ *a beszédben* couper (la parole à) q
megalakít former; constituer; établir; créer; instruer
megalakítás; megalakulás formation; constitution; création *f;* établissement *m*
megalakul se constituer; se former
megalapít fonder; établir; instaurer
megalapítás fondation *f;* établissement *m*
megalapoz 1. poser *v* jeter *v* asseoir *v* établir les fondements *v* les bases de qc; asseoir (sur); 2. *átv:* instaurer; consolider; fournir d'arguments; établir; asseoir
megalapozás 1. fondation; instauration *f;* 2. *(épületé, úté)* fondation; plate-forme *f;* 3. *átv:* instauration; consolidation *f*
megalapozottság 1. *ép:* massiveté *f;* 2. *átv:* fondement *m;* préparation *f*
megaláz 1. humilier; abaisser; mortifier; infliger une humiliation à q; *(emberi méltóságban)* avilir; dégrader; 2. ~*za magát ld:* **megalázkodik**
megalázás humiliation *f;* (r)abaissement *m*
megalázkodik s'humilier; s'abaisser; se rabaisser; ~ *vki előtt* courber l'épine devant q
megaláztatás avanie; humiliation; mortification; brimade; tribulation *f*
megáld 1. donner sa bénédiction à q; bénir; 2. *(az ég vmivel)* douer *v* pourvoir de q
megalkot créer; constituer; ~ *egy elméletet, rendszert* édifier une théorie, un système
megalkuszik 1. *(vkivel, ügyben árban)* s'arranger; s'entendre; tomber d'accord; 2. *(helyzetben)* transiger;

composer; *pej:* pactiser; 3. *(vmivel)* composer *v* transiger avec qc; ~ *a helyzettel* il en prend son parti
megalkuvás compromis; opportunisme *m;* composition *f; meg nem alkuvás* intransigeance *f; a* ~ *politikája* une politique des compromis
megáll I. *(tgyl i)* 1. *(menés közben)* s'arrêter; faire halte; s'immobiliser; ~ *vki előtt (kihívóan)* se camper devant q; *hirtelen* ~ s'arrêter pile; *megállj!* halte-(là)! arrête! 2. *(gép)* s'arrêter; s'immobiliser; 3. *(jármű vel)* arrêter; s'arrêter; *(autóval így is:)* stopper; 4. *(munkában)* arrêter; s'arrêter; 5. *(munka, tárgyalás stb.)* ~ *egy időre* éprouver *v* subir *v* avoir un temps d'arrêt; *itt* ~ *az ember esze* je donne ma langue aux chats; 6. *(beszédben, zavartan)* s'arrêter *v* rester *v* demeurer court(e); 7. *(nem megy tovább vmiben)* s'en tenir à qc; s'y cantonner; 8. *(nem halad)* rester *v* être en souffrance; rester stationnaire; 9. *megálljon csak! (fenyegetve)* attendez un peu! 10. *(nem esik le)* tenir debout *v* solidement; *okoskodása nem áll meg* son raisonnement ne tient pas (debout); 11. ~ *a maga lábán* se suffire; **II.** *(tgy i)* 1. ~*ja a helyét* v *a sarat* affirmer sa valeur; tenir sa partie; donner sa mesure; 2. ~*ja a helyét (érvről)* être pertinent(e); *nem állja meg a helyét* il ne résiste pas à l'examen; 3. ~*ja a vadat (kutya)* arrêter; 4. *alig birja* ~*ni, hogy ne* il se tient à quatre pour ne pas *(inf); nem állhatja meg szó nélkül* ne pouvoir s'empêcher de protester
megállapít 1. déterminer; constater; établir; vérifier; *(eredményt)* enregistrer; *(helyet)* repérer; *(időpontot)* indiquer; *(főleg jelentésben)* conclure à qc; 2. *(feltételt)* arrêter; fixer; stipuler; *(szöveget)* établir; constituer; libeller; 3. *jog:* reconnaître; 4. *(betegséget)* diagnostiquer; ~*ja vminek árát* v *összegét* taxer qc; fixer le prix de qc; *(árszabály alapján)* tarifer; *a felelősséget* ~*ja* situer les

responsabilités; a tényállást ~ja constater les faits
megállapítás 1. determination *f;* établissement *m;* constatation; vérification; *f (feltételeké)* stipulation *f;* **2.** *(áré)* fixation; taxation *f;* **3.** *(határé)* tracé *m;* **4.** *(szövegé)* constitution *f;* **5.** *(eredményé)* enregistrement *m;* **6.** *az összeg ~a* la calcul du montant
megállapodás 1. *ld:* **megállás. 2.** *(szerződésszerű)* accord *m;* convention *f; a ~ létrejön* la convention est conclue; l'accord se fait (sur qc); *a ~ szerint* d'après *v* selon l'accord; *~ra jut* aboutir à un accomodement; **3.** *(hirdetésben): ár ~ szerint* prix à débattre; **4.** *(vminek a ~a)* consolidation *f*
megállapodik [~tam, ~ott, ~jék *v* ~jon] **1.** se fixer; se stabiliser; **2.** *(hírnév)* être consacré(e); **3.** *(ár)* s'étaler; **4.** *(vmiről)* s'entendre au sujet de qc; **5.** *(vmiben)* en demeurer *v* en rester là; **6.** *vkivel időben* v *napban ~* prendre date *v* jour *v* heure avec q
megállás 1. stationnement *m;* station *f;* **2.** *(gépé, járműé)* arrêt; stoppage *m; (kikötőben)* escale *f;* **3.** arrêt *m;* interruption *f; ~ nélkül* sans arrêt
megállít 1. arrêter; immobiliser; interrompre; *(meggátolva)* enrayer; endiguer; **2.** *(megszólítva)* aborder; **3.** *(gépet)* enrayer; arrêter; stopper; *(fékkel)* bloquer
megállóhely *(villamos stb.)* arrêt *m; vasúti ~* station; halte *f*
megalszik 1. *(vér)* se cailler; se coaguler; **2.** *(tej)* se cailler
megalvad se cailler; se coaguler; se figer; *(csomósan)* se grumeler
megannyi autant de...
megárt 1. *(vkinek)* nuire à (la santé de) q; faire tort à q; **2.** *(vminek)* porter atteinte à qc; faire (grand) tort à qc; *(árunak)* détériorer qc
megátalkodott [~ak, ~at; ~an] **1.** endurci; invétéré, -e; **2.** *vall:* impénitent, -e

megátalkodottság 1. l'obstination *f* au mal; endurcissement *m;* **2.** *vall:* impénitence *f*
megátkoz donner sa malédiction à q; maudire
megázik être trempé(e); se mouiller
megbabonáz ensorceler; envoûter; jeter un (mauvais) sort *v* maléfice à q *v* sur qc
megbán *(vmit)* ~*ja azt, hogy)* se repentir de qc *v* de *(inf);* déplorer; regretter; *majd ~ja* il s'en ressentira; *ezt még ~ja!* je vous en ferai bien repentir *! ~ja bűneit* faire pénitence; *~ja tettét* il regrette son acte
megbánás repentir *m*
megbánt froisser; offenser; blesser; mortifier; heurter
megbarátkozik 1. *(vkivel)* se lier (d'amitié) avec q; *(állat)* s'apprivoiser avec q; **2.** *(vmivel)* se familiariser avec qc; s'habituer à qc
megbarnít 1. brunir; **2.** bronzer; roussir
megbecstelenít [~ettem, ~ett, ~sen] **1.** *(leányt)* déshonorer; flétrir; *(nőt)* violer; **2.** *átv:* déshonorer; diffamer; ternir l'honneur de q
megbecsül 1. tenir en estime; apprécier à sa valeur; honorer; respecter; *~ik* il est très coté; **2.** *~i magát* répondre à l'attente; se montrer digne de la confiance de q
megbecsülés estime *f*
megbékél [~tem, ~t, ~jen] **1.** s'apaiser; se pacifier; **2.** *~ vkivel ld:* **megbékül**
megbékül 1. se calmer; s'apaiser; **2.** *(vmivel)* s'accommoder de qc; **3.** *(vkivel)* se réconcilier avec q; faire la paix avec q
megbélyegez 1. *(tüzes vassal)* marquer au fer (rouge); stigmatiser; **2.** *átv: nyilvánosan ~* noter d'infamie; flétrir
megbélyegzés 1. marque d'infamie; **2.** *átv:* stigmatisation *f*
megbénít 1. paralyser; ankyloser; immobiliser; **2.** *átv:* paralyser; frapper d'inertie; immobiliser
megbénul 1. se paralyser; être frappé(e) de paralysie; **2.** *átv:* se trouver paralysé(e)

megbeszél 1. discuter qc; s'entretenir avec q au sujet de qc; 2. *(előre)* concerter qc; convenir avec q de qc
megbeszélés 1. pourparler *m;* conversation; conférence; entrevue; *f; (titkos)* conciliabule *m;* ~t *folytat vkivel* êtres en pourparlers avec q; 2. *(vmié)* la discussion de qc
megbetegedés maladie *f; (könnyű)* indisposition *f*
megbetegedik; megbetegszik [-gedtem, -gedett, -gedjék *v* -gedjen] tomber malade; s'aliter; être souffrant(e)
megbicsaklik tourner; ~*ott a lábam* le pied m'a tourné; ~*ott a nyelve* la langue lui a fourché
megbillen 1. basculer; 2. *(mérleg)* trébucher
megbíz 1. *(vkit vmivel)* charger q de qc; commettre qc à q; ~ *azzal, hogy* charger q de *(inf);* donner la mission *v* (le) mandat de *(inf);* 2. *(képviselettel)* ~ mandater de qc; 3. *(hatóságot)* ~ *az ügy elintézésével* saisir de l'affaire; 4. *jog:* commettre
megbízás 1. commission *f; (képviseleti)* mandat *m;* délégation *f;* ~*ból cselekszik* agir par délégation; ~*t ad vkinek, hogy* donner commission *v* charge à q de *(inf);* 2. *ker:* commande *f; (tőzsdei)* ordre *m*
megbízatás 1. charge; mission *f;* 2. *jog:* délégation *f*
megbízhatatlan 1. incertain, -e; peu sûr(e); *(adat)* sujet(te) à caution; 2. *(ember)* versatile; inconsistant, -e
megbízható digne de confiance *v* de foi; à toute épreuve; sûr, -e; ~ *cég* maison *f* de confiance; ~ *forrásból értesülünk* selon nos informations puisées à bonne source
megbízhatóság 1. *(erkölcsi)* probité; honorabilité; loyauté *f;* 2. *(forrásé)* valeur documentaire *f;* 3. *rád* fiabilité *f;* 4. *műsz* sécurité *f*
megbízólevél 1. commission *f;* 2. *(képviselőé)* mandat *m;* 3. *dipl:* lettres *f pl* de créance
megbocsát pardonner; remettre (les fautes *v* les péchés de q); excuser q; ~ *(ön)magának* s'absoudre

megbocsáthatatlan impardonnable; irrémissible; inexpiable
megbokrosodik s'emballer
megboldogult [~ak, ~at] I. *(mn)* feu; défunt, -e; ~ *barátunk* notre regretté ami (et confrère); II. *(fn) a* ~ le défunt, la défunte
megbolondít rendre fou *v* folle; affoler; faire perdre l'esprit *v* la raison à q
megbolondul 1. devenir fou *v* folle; perdre la raison; tomber en démence; 2. *az ember szinte* ~ il y a de quoi devenir fou; 3. *majd* ~ *ezért az asszonyért* il s'est affolé *v (biz)* il est toqué de cette femme
megbont déranger; désorganiser; disloquer; désarticuler; dissocier; ~*ja a békét köztük* cela trouble la paix entre eux; ~*ja az egyensúlyt* rompre l'équilibre; ~*ja a közrendet* perturber l'ordre public
megborzad être saisi(e) *v* pénétré(e) d'horreur
megborzong 1. le frisson le prend *v* saisit; 2. en avoir le frisson
megbosszul 1. *(vmit)* venger qc; prendre *v* tirer vengeance de qc; 2. ~*ja magát* se venger; prendre *v* avoir sa revanche (sur); *az ilyesmi* ~*ja magát* cela peut entraîner des conséquences fâcheuses
megbotlik faire un faux pas; trébucher; *megbotlott a nyelve* la langue lui a tourné *v* fourché; *átv:* il a commis *v* fait une bévue *v* une gaffe
megbotránkozik *vmin* se scandaliser de qc; s'indigner de qc
megbukik 1. *(vki)* échouer sur qc; subir un échec; 2. *(vizsgán)* échouer à l'examen; 3. *(választáson)* être blackboulé(e); 4. *(versenyen)* finir dans les derniers; 5. *(kormány, hatalom)* être renversé(e); tomber; 6. *(kereskedő)* faire faillite; 7. *(terv)* échouer; *(vmin)* avorter (sur qc); 8. *szính:* tomber; faire four
megbuktat 1. *(vkit)* provoquer la chute *v* la disgrâce de q; 2. *(kormányt)* provoquer la chute de qc; 3. *(vizsgán)* refuser; éliminer; 4. *(vmit)* faire échouer; faire échec à qc

megbűnhődik *vmiért* expier qc; être puni(e) de qc; ~ *bűnéért* expier son crime
megbüntet 1. punir; donner sur les doigts à q; 2. *(intézményesen)* sanctionner
megbűvöl ensorceler; jeter un sort à q
megcáfol 1. *(vkit)* démentir; convaincre d'erreur; 2. *(vmit)* démentir; réfuter
megcáfolhatatlan irréfutable; irréplicable
megcéloz viser
megcukroz sucrer; saupoudrer de sucre
megcsal 1. tromper; donner le change à q; mettre dedans; mystifier; 2. *(férjet)* bafouer; tromper
megcsap 1. *(szél)* cingler *v* fouetter le visage; ~*ta az orrát* cela l'a saisi aux narines; 2. fouetter; fustiger
megcsapol 1. *bor*: mettre en perce; 2. *orv*: drainer; ponctionner
megcsappan fondre; se réduire; diminuer; ~*t érdeklődés mellett* au milieu d'un intérêt affaibli
megcsavar tourner; tordre; donner un tour à qc
megcsendesedik se calmer; s'apaiser
megcsendül retentir
megcserél 1. *(vminek helyét cserélve)* intervertir (l'ordre de) qc; 2. *(egymásét)* échanger; 3. *(összetévesztve)* prendre l'un pour l'autre; confondre
megcsiklandoz chatouiller
megcsikordul grincer
megcsillan jeter un éclat; briller; scintiller; ~ *a remény* l'espoir luit
megcsinál 1. faire; achever; finir; fabriquer; *(ruhát)* confectionner; *(ételt, orvosságot)* préparer; 2. *(végrehajtva)* exécuter; réaliser; réussir qc; mener à bien
megcsíp 1. *(ujjával)* pincer; 2. *(állat)* piquer; mordre; 3. *(fagy)* attaquer; brûler; 4. *(rajtakap)* prendre sur le fait; 5. *(bűnöst)* mettre à q la main au collet; pincer
megcsodál admirer; contempler avec émerveillement
megcsókol 1. *(vkit)* embrasser; *(testrészen)* baiser; *szájon* ~ embrasser *v* baiser sur la bouche; 2. *(vmit)* baiser
megcsonkít mutiler; tronquer
megcsontosodik 1. s'ossifier; 2. *átv*: s'encroûter; se fossiliser
megcsömörlik [~ött,-röljék *v* -röljön] être pris(e) de nausées; avoir la nausée
megcsúfol bafouer; berner; se moquer de q; tourner en dérision
megcsúnyul (s')enlaidir; devenir laid(e)
megcsúszik glisser; patiner; faire une glissade; *(hegymászó)* déraper; *(jármű kereke)* déraper
megdagad 1. (se) gonfler; s'enfler; 2. *(testrész)* s'enfler; bouffir; 3. *(folyó, ár)* croître; grossir
megdarál 1. moudre; 2. *(húst)* hacher
megdermed 1. (se) raidir; (se) roidir; 2. ~ *a hidegtől* se glacer; être glacé(e) *v* transi(e) de froid; 3. ~ *az ijedségtől* se glacer d'effroi; être paralysé(e) par la frayeur
megdermeszt 1. raidir; roidir; engourdir; glacer; 2. *átv*: pétrifier; méduser
megdézsmál *átv*: saccager; piller
megdicsőül être glorifié(e)
megdicsőülés glorification; apothéose *f*
megdob(ál); *kővel* ~ recevoir à coups de pierres; lapider; lancer *v* jeter des pierres à (la tête de) q
megdobban *(szív)* palpiter
megdolgoz *(vkit)* travailler; *(rendőrség)* cuisiner
megdolgozik *(vmiért)* bien mériter qc
megdolgoztat faire travailler; suer *biz*
megdorgál réprimander; semoncer; tancer
megdöbben [~tem, ~t, ~jen] être consterné(e) *v* frappé(e) d'étonnement; demeurer tout interdit(e); ~*ve* saisi, -e; perplexe; ~*ve megáll* s'arrêter interdit(e)
megdöbbenés consternation *f*; étonnement, ahurissement *m*; stupéfaction *f*; *nagy* ~*ére* à sa grande stupéfaction; *ez a baleset mély* ~*t keltett* v *okozott* cet accident a causé une profonde surprise

megdöbbent étonner; consterner; remplir *v* frapper d'étonnement
megdöbbentő [~ek, ~t; ~en] saisissant; stupéfiant; étonnant; affolant; bouleversant, -e; ~ *hatás* effet foudroyant; ~ *hír* nouvelle affolante
megdöglik crever; claquer; mourir
megdől 1. se renverser; 2. *(fal)* déverser; 3. *(gabona)* verser; 4. *(állítás, tétel stb.)* s'écrouler; s'ébranler; ne pas tenir debout; 5. *(kormányzat, birodalom)* être renversé(e) *v* détruit(e)
megdönt 1. renverser; incliner; 2. *(épületet)* faire crouler; 3. *(gabonát)* verser; 4. *(hatalmat)* renverser; faire tomber; 5. *(tételt, állítást)* détruire; faire **justice** de qc; ruiner; 6. *(reményt, tervet, szándékot)* renverser; 7. *sp:* *(csúcsot)* démolir
megdördül détoner; tonner; retentir
megdupláz doubler
megduzzad (se) gonfler; renfler; bouffir
megebédel finir *v* achever son déjeuner; déjeuner
megédesít 1. adoucir; dulcifier; sucrer; *(gyógy:)* édulcorer; 2. *átv:*. adoucir; sucrer (de qc)
megedz 1. tremper; acérer; 2. *átv:* (re)tremper; endurcir; rompre à la fatigue
megég 1. *(vki)* brûler; périr carbonisé(e); 2. *(tárgy)* brûler; être carbonisé(e)
megéget 1. *(vkit)* (faire) brûler; envoyer au bûcher; ~*i a kezét* se brûler à la main; *átv:* ~*te az ujját* il s'est brûlé (les doigts); 2. *(vmit)* brûler; *(ételt)* carboniser
megegyezés 1. accord *m;* convention *f;* arrangement; pacte *m;* entente *f;* *közös* ~ *alapján* de gré à gré; *barátságos* ~ *útján* à l'amiable; ~ *szerinti* conventionnel, -elle; *jog:* ~*en alapuló* consensuel, -elle; ~*re jut* entrer en accommodement; 2. conformité *f;* 3. *mat* congruance *f*
megegyezik 1. *(vkivel vmire nézve* v *vmiben)* s'accorder; se mettre *v* tomber *v* demeurer *v* se (re)trouver d'accord; se concerter *(mind:* avec q sur qc *v* pour *és inf);* ~*tek abban, hogy* il a été entendu que; *ebben* ~*tünk* c'est convenu; 2. être conforme à qc; conson(n)er; ~ *egymással* concorder ensemble; 3. *nyelv:* s'accorder
megéhezik sentir la faim; avoir faim
megejt 1. *(megigézve)* ensorceler; enjôler; 2. *(leányt)* séduire; abuser de q; 3. ~*i a számadást* faire le décompte; ~*i a választást* procéder au scrutin
megél I. *(tgyl i)* 1. subsister; faire sa vie; ~ *valahogy* vivoter; végéter; 2. *(vmiből)* vivre de *v* sur qc; tirer sa subsistance de qc; 3. *(növény vhol)* réussir; *(állat)* vivre; s'étendre jusqu'à...; II. *(tgy i) (vmit)* vivre assez longtemps pour *(inf);* voir (encore)
megelégedés satisfaction *f;* contentement *m;* *általános* ~*re* à la satisfaction générale
megelégedik; megelégszik [-gedtem, -gedett, -gedjék *v* -gedjen] 1. *(vmivel)* se contenter de qc; être content(e) *v* satisfait(e) de qc; 2. *(vmire szorítkozva)* s'en tenir à qc; se borner à qc
megelégel [~tem, ~t, ~jen] en avoir assez *v* son content; se lasser de qc
megélesít affiler; (r)affûter
megelevenedik 1. *(halott, múlt)* revivre; ressusciter (devant q); 2. *(holt dolog)* s'animer; (re)prendre vie
megelevenítés 1. vivification *f;* *(költői)* personnification *f;* 2. *(múlté)* évocation *f*
megélhetés existence; subsistance *f;* conditions *f pl* d'existence; *(áraktól függő)* le coût de la vie; ~*ét biztosítja* chercher sa vie
megellik mettre bas; faire des petits
megelőz 1. *(útban)* dépasser; prendre *v* gagner *v* battre de vitesse; *futásban* ~ dépasser à la course; *(járművet)* doubler; 2. *(vkit) (sorban)* précéder; devancer; *rangban* ~ avoir le pas sur q; 3. *átv:* dépasser; surpasser; distancer; ~*i korát* être en avance sur son temps; 4. *(bajt)* prévenir qc; parer à qc; anticiper sur qc
megelőzés 1. *(kocsiké, autóké)* dépassement *m;* 2. mesure préventive; pré-

megemel 617 **megerőltetés**

servatif m; 3. orv: prévention; prophylaxie f; 4. (időbeli) antériorité; précédence f
megemel 1. soulever; relever; ~i a kalapját lever v ôter son chapeau; 2. rehausser
megemészt 1. digérer; assimiler; 2. (tűz) consumer; dévorer; 3. (pénzt) engloutir
megemleget; ezt még ~i il me la payera; il le payera cher
megemlékezés commémoration f
megemlékezik 1. (vkiről, vmiről) raviver le souvenir de qc v de q; remémorer qc; 2. (levélben) donner des nouvelles de q; rappeler qc; 3. egy eseményről ~ faire mention d'un événement
megemlít mentionner; faire mention de qc
megenged 1. permettre qc; passer qc à q; ~i azt, hogy permettre à (inf); admettre v autoriser à (inf); engedje meg, hogy trouvez bon que (subj); permettez que (subj); 2. ~ magának vmit se permettre qc; sokat enged meg magának exagérer; prendre trop de liberté; (vkivel szemben) prendre v se donner des libertés avec q; ~i magának azt a luxust, hogy se passer la fantaisie de (inf) v de qc; 3. (állítást elfogadva) admettre; ne faire aucune difficulté pour reconnaître; (dolog) comporter
megengedett [~ek, ~et] 1. licite; loisible; légal, -e; légitime; toléré, -e; ez ~ dolog c'est chose permise; ~ eltérés v hiba (észlelésnél) tolérance f; ~ haszon gain illicite m; ~ megterhelés charge limite f; 2. meg nem engedett illicite; illégal, -e; illégitime; meg nem engedett módon subrepticement
megenyhül s'attiédir; se radoucir (idő is); se calmer
megépít 1. édifier; construire; élever; 2. (gépet) monter; construire
megér 1. (az életben) vivre assez pour voir qc v pour assister au spectacle de qc; ~i a telet atteindre l'hiver; mit meg nem ér az ember! on aura tout vu! 2. (értékben) valoir; ~i (a pénzét) il vaut son prix v son argent; gúny: ő is ~i a pénzét il vaut son pesant d'or; ~i a fáradságot cela vaut la peine
megérdemel mériter qc; se rendre digne de qc; ~te il l'a bien gagné v mérité; pej: c'est justice; c'est pain bénit (pour lui)
megered 1. (növény) prendre (racine); s'enraciner; 2. ~ az eső la pluie commence à tomber; ~nek könnyei fondre en larmes; ~ az orra vére saigner du nez; 3. (nyelve) se délier
megérés 1. maturation f; mûrissement; aoûtement m; 2. átv: maturité f
megereszkedik 1. (fa) se déjeter; se gondoler; travailler; 2. (rugalmas tárgy) se relâcher; (rugó) lâcher; 3. (csavar) se desserrer
megereszt 1. (rugalmas tárgyat) relâcher; détendre; (szíjat) lâcher; 2. (csapot) ouvrir; 3. ~i a gyeplőt rendre v lâcher la main à un cheval
megérez 1. (szaglással) sentir; flairer; 2. (előre) pressentir; avoir vent de qc; 3. (vmiben vmit) démêler qc dans qc; (vkiben vmit) pressentir qc en q; 4. (rossz hatását) se ressentir de qc
megérik 1. venir v arriver à maturité; mûrir; nem érik meg avorter; 2. orv: aboutir; 3. átv: être dans v en sa maturité
megérint toucher qc v à qc; effleurer (könyökével: du coude; kezével: de la main)
megérkezik arriver (à destination); se ramener biz; szerencsésen ~ arriver sain et sauf (saine et sauve)
megerőltet 1. surmener; fatiguer à l'excès; forcer; épuiser; 2. ~i magát (fizikailag) se donner de l'effort; 3. ~i magát (szellemileg) se surmener; se mettre en frais (d'imagination)
megerőltetés 1. (különösen hasban) effort m; 2. szellemi ~ tension f d'esprit; surmenage intellectuel

megerősít 1. renforcer (par); (r)affermir; consolider; *(vmivel)* armer de qc; 2. *(vmihez, vmire, bele)* assujettir; assujétir; 3. *(ne mozogjon)* consolider; 4. *(támasztva)* étayer; 5. *(várat)* fortifier; 6. *(világítást, termelést, színt, hatást, áramot)* renforcer; intensifier; 7. *(beteget, sereget)* renforcer; 8. *átv:* confirmer; donner du poids à qc; *(bajban levőt)* réconforter; ~ *elhatározásában* confirmer dans sa résolution; 9. *(hírt)* confirmer; corroborer; 10. *(vallomást)* confirmer; corroborer; 11. *(ítéletet)* confirmer; 12. *(törvényt uralkodó)* sanctionner; *(parlament)* ratifier; 13. *(határozatot, törvényt)* approuver; 14. *(érvényesítve)* valider; *sp: (csúcsot)* homologuer; 15. *(állásában)* approuver *v* agréer la nomination de q **megerősítés** 1. (r)affermissement *m;* consolidation *f; (támasszal)* étayage *m;* 2. *(hozzá vmihez)* assujettissement *m;* fixation *f;* 3. *(váré, városé)* fortification *f; (seregé)* envoi *m* de renforts; 4. *(színé, hangé, hatásé)* intensification *f;* 5. *átv:* enforcement *m;* 6. *(lelki)* réconfort *m;* 7. *(híré)* confirmation; corroboration *f;* hivatalos ~*t* nyer recevoir confirmation officielle; se confirmer; 8. *(uralkodótól)* sanctionnement *m; (parlamentben)* ratification *f*
megerősödés 1. renforcement *m;* consolidation *f;* 2. *(egészségileg)* reprise *f* des forces; 3. *(hangé, mozgalomé stb.)* renforcement *m;* intensification *f*
megerősödik 1. *(testileg)* reprendre *v* recouvrer *v* restaurer *v* réparer ses forces; se refaire; 2. se renforcer; s'affermir; 3. *(lelkileg)* se réconforter de qc
megért 1. comprendre; saisir; discerner; ~*ette?* est-ce compris? ~*ettem* (c'est) compris; *nem érti meg* cela lui échappe; 2. ~*ik egymást* ils s'entendent; il s'entend avec lui; 3. *(méltányolva, megbocsátva)* comprendre *v* concevoir *(que és subj)*
megértés 1. intelligence; compréhension *f;* 2. *fil:* intellection *f;* entendement *m;* 3. *(érzelmi)* compréhension; sympathie; curiosité bienveillante; ~ *hiánya; meg nem értés* inintelligence; incompréhension *f*
megértő bienveillant, -e; sympathique; compréhensif, -ive; indulgent, -e; *meg nem értő* incompréhensif, -ive
megérzés pressentiment *m;* intuition; divination *f*
megesik 1. *(esemény, dolog)* arriver; avoir lieu; ~, *hogy* il arrive que *(subj);* il se trouve que; 2. ~ *a szíve vkin* s'attendrir sur le sort de q; 3. *(leány)* fauter; se perdre (de réputation)
megesküszik 1. *(vkivel)* épouser q; faire bénir son union avec q; *(ketten)* se marier; 2. jurer
megesz(ik) 1. manger; *(mohón)* dévorer; engloutir; 2. *nem esz meg!* il ne te mangera pas; *megeszi a jövőjét* manger son pain blanc le premier; *majd* ~*i a méreg* être dévoré(e) de dépit *v* de rage; ~*ik egymást* ils se mangent *v* se dévorent
megfagy 1. *(anyag)* geler; se glacer; se frigorifier; ~ *a vér ereimben* mon sang se glace dans mes veines *v* se fige; 2. *(étel)* refroidir; se congeler; 3. *(ember)* périr *v* mourir de froid; *(tagja)* geler; *majd* ~ se morfondre
megfájdul s'endolorir; ~*t a fejem* j'ai été pris de maux de tête
megfakul 1. se faner; se décolorer; 2. *(szín, festék)* passer; déteindre; se ternir; 3. *(tükör)* se ternir
megfázik prendre froid; s'enrhumer
megfej 1. traire; 2. *gúny:* tondre; taper q de qc
megfejt résoudre; démêler; trouver la solution de qc; *(szöveget)* déchiffrer
megfejtés 1. explication; solution *f; helyes* ~ bonne solution; 2. *(rejtvényé)* mot *m;* solution
megfeketedik; megfeketül 1. (se) noircir; 2. *(gabona)* biser; 3. *vegy:* virer au noir; 4. *(képről)* tirer *v* pousser au noir
megfékez 1. *(állatot)* dompter; maîtriser; 2. *(embert)* mettre au pas; dompter; maîtriser; 3. *(indulatot)*

mettre un frein à qc; refréner; 4. *(mozgalmat)* enrayer; 5. *(bajt, betegséget)* enrayer; 6. ~*i a tüzet se rendre* maître du feu; circonscrire le sinistre

megfeledkezik *(vmiről)* oublier qc; perdre la mémoire de qc; ~*ett róla cela lui était sorti de la* tête

megfelel 1. *vkinek* ~ *(vitában)* rendre réponse à q sur qc *v* de qc; bien riposter; *(erősen)* renvoyer la balle; *jól* ~*t* c'était bien riposté; **2.** *(vkinek)* convenir à q; aller à q; agréer à q; *nem felel meg neki* il n'entre pas dans ses cordes; **3.** *(vminek)* répondre à qc; être conforme à qc; s'adapter à qc; ~ *a feltételeknek* remplir les conditions; ~ *vki kívánalmainak* correspondre aux désirs de q; ~ *a szabálynak* se plier à la règle; **4.** *(vizsgán)* être admissible; **5.** *(párhuzamosan egyensúlyoz)* correspondre à qc; ~*nek egymásnak* correspondre; *(értékben)* équivaloir (à qc); égaler qc

megfelelő [~k *v* ~ek, ~t] **I.** *(mn)* **1.** *(alkalmas)* convenable; sortable; comme il faut; adéquat; approprié; pertinent, -e; *nem* ~ inconvenable; inadéquat, -e; ~ *ár* le juste prix; ~ *érvek* raisons pertinentes; ~ *helyen* en bonne place; en lieu opportun; ~ *időben* en temps opportun; ~ *intézkedéseket tesz* prendre les mesures appropriées *v* utiles (pour); ~ *módon* dûment; ~ *szó* terme propre *m*; ~ *világításba helyez* mettre en jour; **2.** respectif, -ive; **3.** *(egymás között)* correspondant à qc; corrélatif, -ive; **4.** *(értékben)* équivalent, -e; **5.** *mat*: ~ *szögek* angles correspondants; **II.** *(fn)* **1.** analogue *m*; le pendant de qc; **2.** *nyelv:* équivalent, analogue *m*

megfélemlít [~ettem, ~ett, ~sen] intimider; inspirer de la crainte *v* de la terreur à q

megfélemlítés intimidation *f*; terrorisme *m*

megfelez diviser *v* partager en deux *v* par (la) moitié

megfellebbez *vmit* en appeler de qc; interjeter appel contre qc

megfeneklik [~ettem, ~ett, -keljék *v* -keljen] **1.** *(hajó)* échouer; gîter; **2.** *(jármű)* rester en panne; **3.** *átl:* rester en panne; s'enliser; *(nyomozás)* s'enliser dans la routine

megfenyeget menacer (de *és inf*)

megfenyít corriger; châtier

megfér 1. *(vmiben)* tenir dans qc; **2.** *(vkivel)* s'accorder avec q; être bien avec q

megférgesedik 1. être mangé(e) des vers; se parasiter; **2.** *(gyümölcs)* devenir véreux, (-euse)

megfertőz 1. contaminer; contagionner; *(vizet)* polluer; **2.** *átv:* infecter; gangrener

megfest 1. *(vmilyen színre)* teindre; colorer *(kékre:* en bleu); **2.** *(ábrázolva)* mettre en couleur *v* en peinture; *(képen)* reproduire sur la toile

megfésül 1. peigner; coiffer; **2.** *(könyvet)* retoucher; *(mondatot)* remettre d'aplomb

megfésülködik se peigner; se coiffer

megfeszít 1. tendre; étendre; distendre; *(rugót)* tendre; armer; **2.** *(keresztre)* crucifier; mettre en croix; **3.** *átv:* ~*i elméjét* tendre son esprit; *erejét* ~*i, hogy* s'évertuer à *(inf)*; s'efforcer de *(inf)*

megfeszítés 1. tension; extension *f*; **2.** *(keresztre)* crucifixion *f*; **3.** *a figyelem* ~*e* contention (d'esprit) *v* tension *f* d'esprit

megfeszül 1. se tendre; se bander; tirer; **2.** *(ruha)* coller; se tendre; mouler *v* épouser le corps

megfiatalodik rajeunir

megfigyel 1. *(tényt)* observer; remarquer; noter; **2.** *(vkit)* observer; épier; surveiller; *(gyanús embert)* surveiller; **3.** *(titkosrendőr)* prendre en filature

megfigyelés 1. observation; surveillance *f*; **2.** *(gyanúsé)* surveillance *f*; *(titkosrendőr által)* filature *f*; **3.** *(mint eredmény)* fait *m* d'observation

megfigyelő I. *(mn)* ~ *állomás* station *f* d'observation; *(kat)* observatoire *m*;

megfizet 620 **megfúr**

éles ~ *tehetség* finesse *f* d'observation;
II. *(fn)* 1. observateur, -trice *n;*
2. *kat:* observateur; guetteur *m*
megfizet 1. *(vkit)* payer; salarier; rétribuer; 2. *(vmit)* payer; rembourser; 3. ~*ték a hallgatását* avoir un bœuf sur la langue; 4. *(megbosszulva, kiegyenlítve)* rendre la pareille; *ezért még* ~*sz!* tu le payeras (cher); 5. *(megvesztegetve)* payer; graisser la patte à q; soudoyer q
megfog 1. *(kézzel)* saisir; prendre; empoigner; 2. *sp:* *(birkózásban)* faire *v* prendre une prise; 3. *amit egyszer* ~*ott, nem egykönnyen ereszti el* ce qu'il tient, il le tient bien; *jól* ~ *vmit* prendre qc par le bon bout; ~ *egy ügyet* (bien) emmancher une affaire; 4. *(üldözöttet)* attraper; mettre la main sur q; *fogd meg! (kutyának)* xi, xi! pille! attrape! 5. *(vki ismerőst)* accrocher; 6. *(ami fut)* stopper; 7. *(érzés stb.)* étreindre; 8. *(értelmet)* saisir; 9. *(szerszám)* mordre; prendre
megfogad 1. faire vœu de *(inf);* 2. *(vkit)* engager; prendre à gages; 3. ~*ja a tanácsot* écouter *v* suivre un conseil
megfogalmaz rédiger; brouillonner; *jog:* minuter
megfogan 1. *áll:* retenir; 2. *növ:* prendre
megfoghatatlan inconcevable; incompréhensible
megfogódzik *(vmiben)* se cramponner; se suspendre; s'accrocher *(mind à qc)*
megfogy(atkozik) se faire rare; diminuer; baisser
megfojt *(kötéllel, kézzel)* étrangler
megfojtás étranglement *m*
megfontol 1. peser; considérer; mettre en balance; ~*ja szavait* peser ses mots; ~ *egy tervet* mûrir un projet; 2. *előre* ~ *(büntettet)* préméditer (un forfait)
megfontolás considération; réflexion *f;* ~ *nélkül* à corps perdu
megfontolatlanul sans réfléchir; sans délibération

megfontolt [~ak, ~at] 1. réfléchi; pondéré, -e; 2. *előre* ~ *szándékkal* avec préméditation
megfordít tourner; retourner; renverser; *(lapjával)* tourner à l'envers; *(kicserélve)* invertir
megfordítva à l'envers; dans un sens inverse
megfordul 1. se retourner; faire demi-tour; tourner le visage; ~ *vki után* se retourner sur le passage de q; 2. ~ *maga körül* faire un tour *v* tourner sur soi-même; 3. *(fejjel lefelé)* se renverser; 4. *(visszamenve)* retourner *v* revenir sur ses pas; 5. *(jármű)* tourner; *aut:* hirtelen ~ faire un tête-à-queue; *(szándékosan)* fourner la voiture; 6. *haj:* virer de bord; 7. ~*t az idő* le temps a tourné; 8. *(áram)* s'inverser; 9. ~ *tíz perc alatt* en dix minutes, il sera de retour; 10. *(megjelenik vhol)* faire apparition; *vkinél* ~ passer par chez q; 11. *(szólásokban)* ~*t a kocka* la chance a tourné; ~ *a sírjában* il se retournerait *v* il doit se retourner dans sa tombe; 12. *(véleményében)* virer de bord; tourner casaque; 13. ~*t az eszembe* j'y avais bien songé; 14. *minden ezen fordul meg* tout est là
megfoszt *(vmitől)* priver *v* dépouiller *v* dénuer (de qc); *(főleg jog:)* spolier de qc; ~ *hatalmától* déposséder; ~ *katonai rangjától* casser; dégrader
megfosztás privation *f;* dépouillement *m; (hivataltól)* destitution *f; (hatalomtól)* dépossession *f; (jogoktól)* spoliation *f*
megfosztva privé; dépouillé; dénué; dépourvu, -e *(mind:* de qc)
megfőz 1. cuire à point; 2. *biz: (vkit) (szerelmileg)* coiffer; *(vki érdekében)* chauffer à blanc
megfullad 1. *(folyadékban)* se noyer; 2. *(levegő híján)* mourir d'asphyxie; 3. *(huroktól fojtva)* mourir étranglé(e) *v* par strangulation; 4. *majd* ~ s'étrangler; étouffer
megfúr 1. forer; percer; 2. *(hajót)* saborder; 3. *biz: (vkit)* couler à fond; *(vmit)* torpiller; miner

megfutamít [~ottam, ~ott, ~son] faire fuir; mettre en fuite
megfutamodás 1. fuite; déroute *f;* 2. *(erkölcsi)* dérobade; désertion *f*
megfutamodik [~tam, ~ott, ~jék *v* ~jon] s'enfuir; prendre la fuite
megfürdik se baigner; tremper; *(szobakádban)* prendre son tub
megfűszerez assaisonner; épicer
meggátol entraver; empêcher; enrayer
meggazdagodás enrichissement *m*
meggazdagodik; meggazdagszik s'enrichir; faire fortune
meggémberedett engourdi; transi, -e; ~ *kéz* mains gourdes
meggondol 1. (bien) considérer; réfléchir sur qc; *ezt jól meg kell gondolni* il faut bien réfléchir à cela; *kétszer is* ~*ja* y regarder (à) deux fois; *mindent* ~ faire ses réflexions; *ha jól* ~*om* tout bien considéré; toute(s) réflexion(s) faite(s); 2. *újra* ~ repenser; 3. ~*tam a dolgot* j'en suis revenu; ~*ja magát* se raviser
meggondolás réflexion; délibération; considération *f;* *előzetes* ~*ok* considérations primordiales; ~ *nélkül* sans y regarder à deux fois; ~ *tárgyává teszi* prendre en considération; ~*ra késztet* cela donne à penser; ~*t érdemel* cela mérite réflexion
meggondolatlan irréfléchi; inconsidéré; étourdi; inconscient, -e
meggondolt [~ak, ~at] réfléchi; pondéré; mesuré, -e
meggondoltan posément
meggörbít (re)courber; incurver; ployer
meggörbül se (re)courber; se tordre; se fausser; *(háta)* se voûter; *(súly alatt)* ployer; fléchir
meggörnyed ployer; fléchir; se voûter
meggratulál féliciter de qc; congratuler
meggyaláz 1. déshonorer; diffamer; 2. *(vmit)* profaner; outrager; 3. *(nőt)* déshonorer; souiller; ~ *egy nőt* abuser d'une femme
meggyanúsít 1. *(vkit)* faire peser des soupçons sur q; 2. *(vmivel)* soupçonner de qc *v* de *(inf)*
meggyilkol assassiner; égorger

meggyógyít 1. guérir; amener la guérison de q; 2. *átv:* assainir
meggyógyul guérir; se rétablir; ~ *betegségéből* relever de maladie
meggyorsít accélérer
meggyőz 1. convaincre; emporter *v* forcer *v* entraîner la conviction de q; 2. ~ *vkit vmiről* convaincre q de qc; ~ *arról, hogy* persuader à q de *(inf)*
meggyőzés persuasion *f*
meggyőző convaincant, -e; persuasif, -ive; concluant, -e; *ez nem* ~ cela ne s'impose pas; *érveinek* ~ *ereje* la vertu de ses arguments
meggyőződés conviction; persuasion *f; belső* ~ intime *v* profonde conviction; *legjobb* ~*em szerint* en mon âme et conscience; *jobb* ~*e ellenére* contre son gré; à contre-cœur; *szilárd a* ~*em, hogy* je suis fermement convaincu(e) que
meggyőződik [~tem, ~ött, ~jék *v* ~jön] *(vmiről)* se convaincre de qc; s'assurer de qc; se persuader de qc; *saját szemeivel* ~ se convaincre par ses propres yeux
meggyújt 1. allumer; mettre en feu; 2. *(házat, erdőt stb.)* mettre le feu à qc; incendier
meggyullad allumer; prendre feu
meggyúr 1. malaxer; 2. *(lisztet)* pétrir; *(cukrász)* pâtisser; 3. *biz:* travailler; *(rendőrségen)* cuisiner
meggyűlik 1. se remplir de sérosité *v* de pus; 2. ~ *a baja vkivel* avoir maille à partir avec q; *velem gyűlik meg a baja* c'est à moi qu'il aura affaire
meggyűlöl prendre en haine *v* en dégoût
megháborít troubler *v* déranger la raison de q
megháborodik [~tam, ~ott, ~jék *v* ~jon] perdre la raison; tomber dans la démence
meghagy 1. *(régiben)* laisser tel quel *v* en l'état; conserver; garder; 2. *(ételből)* laisser là; 3. *(utasítva)* charger q de *(inf);* enjoindre à q de *(inf)*
meghagyás injonction *f;* ordre *m; fizetési* ~ sommation *f* de payement

meghajlás 1. *(kis)* ~ une (légère) inflexion du corps; **2.** *(köszöntés)* révérence *f;* mély ~sal révérencieusement; **3.** *(hódolás)* soumission *f;* courbettes *f pl* (devant q) *gúny;* **4.** *(tárgyé)* fléchissement *m*
meghajlik 1. *(teher alatt)* ployer; plier; **2.** se voûter; se courber; **3.** *(fal)* déverser; **4.** *átv:* ~ *vki előtt* s'incliner *v* incliner sa volonté devant q
meghajol 1. pencher; incliner; plier; céder; **2.** *(súly alatt)* ployer; fléchir; **3.** *(deszka)* se gondoler; gauchir; **4.** *(fal)* déverser; **5.** *(vki)* s'incliner; se baisser; *(köszöntve)* faire la révérence; **6.** *átv:* ployer sous le joug; *(vki előtt)* mettre pavillon bas devant q; *(tisztelettel)* faire acte de déférence; ~ *vkinek az akarata előtt* en passer aux arguments de q; ~ *a kívánság előtt* exécuter les désirs de q; ~ *vkinek a véleménye előtt* déférer à l'avis de q
meghajt 1. *(fejét)* incliner; baisser; *átv:* ~*ja a fejét* se soumettre; *(zászlót)* incliner; **2.** plier; replier; **3.** *műsz:* entraîner; attaquer; **4.** *(étel, gyógyszer)* (re)lâcher le ventre à q
meghal 1. mourir; décéder; expirer; succomber (à qc); ~*t!* il vient de mourir; *betegségben* ~ mourir *v* décéder de maladie; *itt haljak meg, ha* je veux mourir si; *meg kell halni* il faut finir; **2.** *(baleset következtében)* être tué(e); se tuer; *azonnal* ~*t* il mourut sur le coup; la mort était foudroyante; **3.** *majd* ~ *bánatában* mourir de chagrin; *majd* ~ *a nagy szerelemtől* expirer d'amour; *majd* ~ *a szomjúságtól* étrangler de soif; ~ *utána* il enrage après elle
meghalad dépasser; surpasser; excéder; *a kiadás* ~*ja a bevételt* la dépense (dé-)passe *v* excède la recette; ~*ja erőmet* cela (dé)passe *v* surpasse *v* excède mes forces; ~ *minden képzeletet* cela dépasse toute croyance; ~*ja a szükségletet* excéder les besoins
meghálál payer de retour *v* de reconnaissance; ~ *vmit* répondre à q; *ezt*

még ~*om egyszer* je vous revaudrai cela
meghall 1. entendre; percevoir; **2.** *(megtud)* apprendre
meghallgat 1. écouter (jusqu'au) bout; entendre; ~ *vkit* écouter; *(jelentést)* recevoir communication de qc; ~*ja a panaszokat* recueillir les plaintes; ~*ja vkinek a véleményét* consulter q; **2.** *(teljesítve)* retenir; *(magas személy)* exaucer
meghallgatás 1. *(énekéstb.)* audition *f;* **2.** *(vkié)* audience; consultation *f;* ~*ra talál* recevoir *v* trouver audience; **3.** *vall:* exaucement *m*
meghamisít 1. falsifier; **2.** truquer; **3.** *személyi adatait* ~*ja* maquiller son état civile; *egy szöveget* ~ altérer *v* sophistiquer un texte
meghamisítás 1. falsification *f;* **2.** sophistication; adultération *f;* truquage *m;* *(okiraté belejavítással)* maquillage *m*
meghámoz peler; *(zöldséget)* éplucher; *(citromot, narancsot így is:)* zester
meghány-vet [meghánytam-vetettem, meghányta-vetette] balancer *v* peser le pour et le contre; ~*ja*-~*i a dolgot* se conseiller
megharagszik 1. se fâcher; entrer *v* se mettre en colère *v* en courroux; s'aigrir; **2.** ~ *vkire* être fâché(e) *v* se fâcher contre q; en vouloir à q
megharap mordre; donner un coup de dent à q
meghasad se fendre; se fêler; crever; ~ *a szíve* cela lui fend *v* crève le cœur
meghasonlás division; discorde; dissension *f;* *belső* ~ rupture *f* d'équilibre intérieur; *(testületben)* division intestine; *politikai* ~ déchirements politiques *m pl;* *elhinti a* ~ *magvát* jeter la semence de la division; ~*t idéz elő* fomenter la discorde
meghasonlik [~ottam, ~ott, -noljék *v* -noljon] **1.** ~ *vkivel* se brouiller *v* entrer en désaccord avec q; **2.** ~*anak egymással* se brouiller; se diviser; **3.** ~ *önmagával* perdre l'équilibre moral

meghat émouvoir; affecter; attendrir; toucher

meghatalmaz [~tam, ~ott, ~zon] donner pouvoir à q; donner procuration *v* mandat à q *(pour és inf)*

meghatalmazás 1. pouvoirs *m pl;* procuration; autorisation *f;* mandat *m; (teljhatalommal)* pleins pouvoirs; ~ból jár el agir par procuration; 2. *(okirat)* lettre *f* de procuration

meghatároz 1. définir; déterminer; fixer; arrêter; 2. *(közelebbről)* spécifier; préciser; 3. *(időt)* indiquer; 4. *áll, növ, ásv:* déterminer; 5. *(mennyiségileg, vegy:)* doser; 6. *(árat)* fixer; spécifier; 7. *(törvényben)* stipuler; spécifier; 8. ~za a hajó v gép helyzetét faire le point; 9. *(betegséget)* diagnostiquer

meghatározás 1. définition; détermination *f;* *(közelebbi)* spécification *f;* 2. *vegy:* dosimétrie *f;* dosage *m;* 3. *áll, növ, ásv:* détermination; 4. *a hajó v gép helyzetének ~a* pointage *m;* 5. *(áré)* fixation *f;* 6. *mat: egy háromszög ismeretlen szögének ~a* la résolution d'un triangle

meghatározott déterminé; bien défini(e); fixe; ~ idő alatt en temps utile; ~ időben à un moment donné; *a ~ időre* à l'heure indiquée; ~ *időre* à temps; à terme fixe *v* fixé; ~ *napon* à jour fixe

meghatódik [~tam, ~ott, ~jék *v* ~jon] s'émouvoir; s'affecter

meghátrál battre en retraite; lâcher pied; reculer; renverser la vapeur

megházasodik se marier; prendre femme; *újra* ~ se remarier

meghazudtol [~tam, ~t, ~jon] 1. *(vkit)* opposer *v* infliger un démenti à q; démentir q; 2. *(vmit)* démentir qc

meghengerel cylindrer

meghengerget rouler

meghibásodik [~ott, ~jék *v* ~jon] se détraquer; avoir une panne

meghibban [~tam, ~t, ~jon] perdre la raison *v* l'esprit; tomber en démence

meghidegül [~tem, ~t, ~jön] *(viszony)* s'attiédir; se refroidir

meghiggad 1. *(folyadék)* se reposer; se clarifier; 2. *(ember)* se remettre; s'apaiser

meghint 1. *mez:* poudrer; *vmivel* ~ saupoudrer de qc; 2. *(folyadékkal)* arroser *v* asperger de qc

meghirdet *(pályázatot)* mettre au concours

meghitelez ouvrir un crédit à q; accréditer

meghitt [~ek, ~et] intime; familier, -ière; ~ *barátságban* en amitié profonde *v* étroite; ~ *együttlét* tête-à-tête intime *m;* ~ *embere* son familier; son affidé; ~ *fészek* un bon nid; ~ *légkör* atmosphère *f* de confiance

meghiúsít [~ottam, ~ott, ~son] 1. déjouer; faire échec à qc; *(vállalkozást)* faire avorter; *vkinek a terveit ~ja* déjouer les plans de q; 2. *(jelöltséget)* écarter

meghiúsul échouer; avorter; rater

meghív 1. inviter à *(inf) v* à qc; convier à qc; prier (à *és inf); (többeket)* réunir; ~ *az asztalához* recevoir à sa table; ~*ja esküvőjére* prier à ses noces; 2. *(ülésre)* convoquer

meghívás 1. invitation *f;* carte *f v* mot *m v* lettre *f* d'invitation; *elfogadja vkinek a ~át* répondre à l'invitation de q; *elutasít egy ~t* décliner *v* refuser une invitation; 2. *(állásra)* nomination *f v* appel *m* (à qc); 3. *(telefon)* préavis; avis *m* d'appel

meghívó 1. invitation *f;* carte *v* lettre *f* d'invitation; 2. *(ülésre)* convocation *f;* 3. *(személy)* inviteur, -euse *n*

meghízik engraisser; prendre de la graisse

meghódít 1. *(területet)* conquérir; annexer; occuper; 2. *(népet)* asservir; assujettir; assujétir; 3. *(vkit)* conquérir; faire le siège de q; séduire; *(elv, eszme) gyorsan* ~ *vkit* prendre q de vitesse

meghódítás 1. *(területé)* conquête; annexion; occupation *f; (váré)* prise *f;* 2. *(népé)* asservissement *m;* soumission *f;* 3. *(vkié)* conquête *f*

meghódol faire sa soumission; faire acte de soumission

meghonosít 1. acclimater; naturaliser; 2. *átv:* acclimater; introduire; implanter; *egy divatot* ~ implanter *v* amener une mode
meghonosodik [~tam, ~ott, ~jék *v* ~jon]; **meghonosul** [~tam, ~t, ~jon] 1. s'acclimater; se naturaliser; 2. *(átv)* s'acclimater; s'introduire; se vulgariser
meghosszabbít 1. allonger; rallonger; *(útját)* continuer; 2. *(időben)* prolonger; *(hitelt, szerződést, megbízást, határidőt)* proroger
meghosszabbítás 1. (r)allongement; prolongement *m;* 2. *(időbeli)* allongement; prolongement *m; (hitelé, szerződése, megbízásé, mandátumé, váltó lejárataé)* prorogation *f*
meghoz 1. (r)apporter; (r)amener; 2. ~za *a gyümölcsét* porter ses fruits; fructifier; ~za *a hatását* porter coup; ~za *itéletét* rendre son jugement
meghökken [~tem, ~t, ~jen] I. *(ige)* demeurer interdit(e); s'émouvoir (de qc); s'alarmer; II. *(mn)* ~t perplexe; interdit; ahuri, -e
meghökkent interdire; interloquer; décontenancer
meghunyászkodás aplatissement; abaissement *m*
meghunyászkodik [~tam, ~ott, ~jék *v* ~jon] s'apprivoiser; se laisser faire; se faire tout(e) petit(e); s'aplatir devant q
meghurcol 1. *rég: (kinozva)* traîner sur la claie; 2. *átv:* traîner dans le ruisseau *v* dans la boue; malmener
meghúz 1. *(kötelet stb.)* tirer qc *v* sur qc; ~za *a harangot* sonner la cloche; 2. *haj:* souquer (sur qc); embraquer; 3. *(csavart, kötést)* serrer; resserrer; donner un coup de vis à qc; 4. ~za *a lépést* presser le pas *v* la marche; 5. *(vonalat)* mener *v* tirer *v* tracer (une ligne); 6. *újs: (cikket)* biffer certaines parties dans qc; 7. *(betegség)* défaire; 8. ~za *magát* se faire tout(e) petit(e); ~za *magát valahol* s'abriter; ~za *magát egy sarokban* se blottir dans un coin

meghúzódik se tapir; se blottir; se cacher; *(csak állat)* gîter; se terrer
meghűl 1. *(vmi)* se refroidir; ~t *a vér az ereiben* cela lui a glacé le sang; 2. *(vki)* s'enrhumer; prendre froid
meghűlés coup de froid; refroidissement; rhume *m; (léghuzattól)* coup *m* d'air
meghülyül être atteint(e) d'idiotie *v* de stupidité
meghűvösödik fraîchir; se rafraîchir; ~ *az idő* le temps se met au frais
megidéz 1. assigner; citer; 2. *(tanút)* convoquer; citer
megidézés 1. citation; assignation *f;* 2. convocation *f*
megifjodik [~tam, ~ott, ~jék *v* ~jon]; **megifjul** [~tam, ~t, ~jon] rajeunir; faire peau neuve
megigazít ajuster; rajuster; rectifier; corriger; ~*ja a haját* rajuster sa coiffure; ~*ja az óráját* remettre la montre à l'heure
megígér promettre; ~*i* s'obliger envers q; ~*i?* j'ai votre parole? ~*i, hogy* promettre de *(inf);* s'engager à *(inf)*
megigéz fasciner; enchanter; ensorceler; charmer
megihlet inspirer; plonger *v* jeter dans l'extase
megijed prendre peur; avoir peur; s'effrayer; *nem ijed meg az árnyékától* ne pas avoir froid aux yeux
megijeszt faire peur à q; effrayer; alarmer
megillet revenir à q; être dû *v* due à q; *(örökség)* être déféré(e) *v* dévolu(e) à q; *annak, akit* ~ à qui de droit
megillető; *az őt* ~ qui lui est dû *v* due; *az őt* ~ *helyre* à sa vraie place; *az őt* ~ *rész* dû *m;* part afférente
megilletődik [~tem, ~ött, ~jék *v* ~jön] être ému(e) *v* touché(e) de qc
megindít 1. mettre en mouvement *v* en marche; *(gépet)* démarrer; actionner *(is);* 2. *(támadást, bajt, bomlást, háborút, katasztrófát)* déclencher; déchaîner; ~*ja a háborút* déclarer la guerre à q; 3. engager; commencer; amorcer; ~*ja*

a vitát engager la discussion; 4. fiz, vegy: amorcer; 5. (fellendítve) donner l'essor à qc; 6. ~otta seregét Róma ellen il dirigea son armée sur Rome; 7. ~ja a nyomozást ouvrir une enquête; enquêter; 8. (vállalatot, újságot) lancer; commencer; 9. (meghatva) émouvoir; toucher; attendrir; mélyen ~ remuer profondément
megindítás mise f en mouvement v en branle; amorçage; déclenchement m
megindokol motiver; exposer les motifs de qc
megindul 1. (vki) partir; se mettre en marche; 2. (vmi) démarrer (főleg autó és motor); s'ébranler; a jég ~ la rivière charrie ses glaces; a vonat ~ le train s'ébranle v se met en marche; 3. (baj, háború, vész) se déclencher; 4. (munka) commencer; démarrer; 5. (küzdelem, tárgyalás) s'engager; 6. a vizsgálat ~t l'enquête est ouverte; 7. ~ a szíve vmin s'émouvoir à la vue de qc; ~ egy boldogtalan ember sorsán s'apitoyer sur le sort d'un malheureux; nem indul meg il ne fléchit pas; 8. (elérzékenyedve) s'attendrir; s'amollir
megindult [~ak, ~at] 1. mis(e) en marche; 2. átv: ému; remué; touché; attendri, -e; ~ szavakkal ecsetel exprimer en termes émus
megindultság émotion f; saisissement m
megingat ébranler; compromettre; ~ vkit elhatározásában ébranler la résolution de q
meginog être ébranlé(e) v compromis(e); menacer ruine
I. (hat) **megint** encore; encore une fois; une fois de plus; de nouveau; derechef; mi van már ~? qu'est-ce encore? hát már ~! encore ! már ~ itt van? c'est encore vous?
II. (ige) **megint** donner un avertissement à q; faire des représentations à q; admonester; semoncer
meginterjúvol interviewer; prendre une interview avec q
megír 1. (vkinek vmit) écrire qc à q; prévenir q de qc; így volt ~va c'était écrit; 2. (darabot) écrire; composer; terminer; finir; 3. (okmányt, szöveget) rédiger; libeller
mégis 1. quand même; tout de même; toutefois; néanmoins; pourtant; ez ~ különös voilà qui est assez étrange; és ~ et cependant; et avec ·cela; n'empêche que; 2. de ~! mais n'empêche; mais encore ! de ha ~ si toutefois
megismer 1. (vkit) reconnaître; (vmiről: à qc); ~i önmagát se pénétrer; 2. (vmit) connaître; apprendre à connaître; ~te a nyomort il connut la misère
megismerés 1. (felismerve) reconnaissance f; 2. (ismeretet kötve) le contact de q; 3. (vmié) l'expérience de qc; 4. fil: connaissance; cognition; gnosie f; a ~ határa la portée de la connaissance
megismerkedik 1. (vkivel) faire la connaissance de q; se lier (d'amitié) avec q; ~nek egymással ils font connaissance; 2. (vmivel) faire connaissance avec qc; prendre connaissance de qc; se familiariser avec qc
megismertet 1. (vmit vkivel) faire connaître qc à q; montrer qc à q; initier q aux secrets de qc; 2. (vkit vkivel) présenter q à q; mettre q en rapport v en contact avec q
megismétel répéter; reprendre; réitérer; (előadó művész) bisser; (dalt) rechanter; reprendre
megismételt répété; réitéré; repris, -e; ~ felszólítás second appel; réappel m; deuxième sommation f
megismétlés répétition; réitération; reprise f
megismétlődés 1. retour m; reproduction f; 2. (betegségé) récidive; reprise; recrudescence f
megiszik 1. boire; (mohón) engloutir; déglutir; 2. megissza szívesen a pálinkát il n'est pas ennemi des petits verres; 3. átv: megissza a levét payer les frais; ő issza meg a levét c'est lui qui paye les pots cassés
megítél 1. (vkit) juger; condamner; rosszul ítéli meg mal juger; maga

után *itél meg* mesurer à sa toise; 2. *(vmit)* juger; apprécier; *(helytelenítve)* faire le procès de qc; *helyesen ítéli meg* apprécier avec justesse; 3. *(bíróság)* allouer; attribuer

megítélés 1. *(vmié)* appréciation *f;* *vkinek a ~ére bízza* s'abandonner à la discrétion de q; *jog: szabad ~ére bízott* discrétionnaire; 2. *(bíróság által)* allocation; attribution *f*

megízlel goûter qc *v* de *v* à qc; tâter de *v* à qc; déguster qc

megizmosodik 1. prendre des muscles *v* du muscle; 2. *átv:* prendre de la vigueur *v* de la force; gagner en force

megizzad transpirer; suer; être tout en eau

megizzaszt mettre en sueur *v* en eau; *(szerrel)* provoquer la sudation

megjár 1. *(vmit)* faire un tour (dans *v* à qc); faire le voyage *(pl:* de France); 2. *majd ~ja (kárára)* i! lui en cuira; *~ta* mal lui en a pris; *jól ~ta!* attrapé! *majd ~tam* je l'ai échappé belle; 3. *~ja (tűrhető)* c'est passable; cela peut passer

megjátszik 1. *(szerepet)* jouer *v* créer (un rôle); 2. *átv: megjátssza az ártatlant* faire l'innocent; *~ott kétségbeesés* désespoir factice

megjavít 1. *(vkit)* améliorer; 2. *(bort)* rabonnir; *(földet)* amender; 3. *(elromlottat)* réparer; 4. *(ruhát)* raccommoder; 5. *átt:* améliorer; perfectionner

megjavul 1. *(vki)* s'améliorer; s'amender; se réformer; 2. *(minőségileg)* s'améliorer; (s')abonnir; 3. *(föld)* se bonifier; 4. *(bor)* se faire; acquérir; *az idő ~ le temps se* rétablit

megjegyez 1. *(jelölve)* marquer; 2. *~ magának* prendre acte de qc; prendre (bonne) note de qc; *(hogy bosszút álljon)* marquer à l'encre rouge; *jegyezze meg, hogy* remarquer (bien) que; notez (bien) que; *jegyezze meg magának* tenez-vous pour averti; *ezt ~zük!* dont acte! 3. *(észrevéve)* observer; remarquer; 4. *(szóval, írásban)* observer; faire remarquer; *meg kell jegyeznünk, hogy* il y a lieu de remarquer que

megjegyzés observation; remarque; note *f;* *(szellemes)* aperçu *m;* *(iratban)* mention *f;* *nem hagyhatja ~ nélkül* ne pouvoir laisser sans observation; *gúny: ~ nélkül közlöm* sans commentaire; *van néhány ~em erre nézve* j'ai quelques remarques à formuler ici; *~re méltó* remarquable; *~t tesz vmire* faire *v* énoncer une remarque sur qc; *bizonyos ~eket tesz* se livrer à certaines réflexions

megjelenés 1. *(egyéné, jelenségé)* apparition *f;* *(híresebb vendégé)* présence *f;* *(jelenségé)* fréquence *f;* 2. *(könyvé)* parution; publication; apparition *f;* *(napilapé)* tirage *m;* 3. *(bíróság előtt)* comparution *f* (devant le tribunal *v* en justice); *meg nem jelenés* carence *f;* 4. *(külső)* aspect *m;* présentation *f; jó ~* bonne tenue; *rossz a ~e* avoir l'air mauvais

megjelenik [*~tem, ~t, ~jék v ~jen*] 1. *(feltűnve)* (ap)paraître; faire entrée; *ekkor megjelent N. N.* survint X...; *újra ~* reparaître; réapparaître; 2. *(vhol)* être présent(e); assister à qc; 3. *(váratlanul)* surgir; 4. *(könyv)* paraître; être publié(e); *ez az újság egy millió példányban jelenik meg* ce journal tire à un million d'exemplaires; 5. *(bíróság előtt)* comparaître; *nem jelenik meg az idézésre* faire défaut

megjelöl 1. *(jellel)* marquer (d'un signe); faire une marque à qc; *(helyet)* repérer; *(egy állatot)* faire une marque à qc; 2. *(hamiskártyás) kártyát ~* piper une carte; 3. *(kijelölve)* désigner; indiquer; définir; *közelebbről ~* préciser; spécifier

megjelölés 1. *(jellel)* désignation; notation *f;* *(ponttal)* pointage *m;* 2. *(árué)* marquage *m;* 3. *(kijelölés)* indication; désignation *f*

megjósol 1. prédire; annoncer; présager; augurer; 2. *(időt)* pronostiquer

megjön arriver; venir; être de retour; *egy órán belül ~* il viendra dans une

heure; ~ *az esze* jeter sa gourme; ~ *annak is az ideje* l'heure viendra; *megjött a tél* (et) voici l'hiver!
megjutalmaz 1. récompenser; rémunérer; **2.** ~ *vmivel* récompenser *v* gratifier de qc
megkap 1. *(kezébe ragadva)* se saisir de qc; **2.** *(küldeményt)* recevoir; ~*tam levelét* j'ai bien reçu votre lettre; *értesítem, hogy* ~*tam* j'accuse réception (de qc); **3.** *(kért v keresett dolgot)* obtenir; avoir; trouver; **4.** *a kocka térfogatát* ~*juk* le volume du cube s'obtient...; **5.** ~*ja a magáét* recevoir son dû *(gúny. ˛is)*; ~*tad!* tu es servi! **6.** *(betegséget)* attraper; contracter; s'attraper; **7.** *(labdát)* attraper; **8.** *(visszakapva)* recouvrer; **9.** *(elérve)* attraper; **10.** *(elcsípve)* pincer; **11.** *(érzésben)* empoigner; impressionner; captiver
megkaparint [~ottam, ~ott, ~son] accaparer; mettre la main sur qc; s'emparer de qc
megkapaszkodik *vmibe* s'accrocher à qc; s'agripper à qc; se retenir à qc
megkapó [~ak, ~t] prenant; saisissant; poignant; émouvant, -e
megkarcol 1. égratigner; érafler; érailler; **2.** *(jelölve)* cocher d'un coup d'ongle
megkarmol griffer; égratigner
megkárosít léser; causer du dommage à q; porter préjudice à q
megkárosodik subir un préjudice *v* un dommage; être lésé(e)
megkavar retourner; remuer
megkedvel 1. *(vkit)* se prendre d'affection pour q; **2.** *(vmit)* s'affectionner à qc
megkedveltet 1. *(vkit)* lancer; mettre en vogue; acquérir pour q la sympathie générale; ~*i magát* se rendre populaire; gagner l'affection générale; **2.** *(vmit)* communiquer à q le goût de qc
megkefél 1. brosser; donner un coup de brosse à q; **2.** *biz, gúny:* étriller
megkegyelmez *vkinek* accorder à q sa grâce; faire grâce à q; ~ *életének* accorder *v* laisser la vie sauve à q
megkel lever; bouffer; bouler

megkeményedés 1. durcissement; racornissement; affermissement *m;* *(gipszé)* prise *f;* **2.** *átv:* raidissement; durcissement *m*
megkeményedik 1. (se) durcir; s'endurcir; se solidifier; *(gipsz, habarcs, beton)* faire prise; *(talaj)* se raffermir; **2.** *átv:* s'endurcir; durcir; se raidir
megkeményít 1. durcir; **2.** *(fehérneműt)* empeser; amidonner; **3.** *átv:* raffermir; rendurcir; *pej:* ossifier
megken 1. *vmivel* ~ enduire de qc; ~*i vajjal a kenyeret* étendre du beurre sur le pain; ~*t (szelet) kenyér* tartine *f;* **2.** *(gépet)* enduire de graisse; graisser; *(olajjal)* huiler; lubrifier; **3.** *biz:* ~*(i a markát)* arroser q; graisser la patte à q
megkér 1. prier q de *(inf);* demander à q de *(inf);* **2.** *jól* ~*i az árát* y mettre le prix; **3.** *(leányt)* demander en mariage
megkérdez *(vkit v vkitől vmit)* demander qc à q; consulter q
megkeres 1. chercher; aller trouver *v* chercher; **2.** *(pénzt)* gagner; **3.** *(hatóságot)* requérir
megkeresés réquisition; demande *f*
megkeresztel 1. *vall:* baptiser; donner *v* conférer le baptême à q; **2.** *(bort)* baptiser
megkérgesedik 1. *(fa)* prendre de l'écorce; **2.** *(bőr)* devenir calleux *v* noueux (-euse); **3.** *átv:* se durcir; s'endurcir; se bronzer
megkerget faire courir; donner la chasse à q; pourchasser q
megkergül 1. *(birka)* avoir le tournis; **2.** *(vki)* devenir fou *v* folle
megkerít retrouver; ramener q; rapporter qc
I. *(tgyl i)* **megkerül** *(elveszett)* se retrouver; être retrouvé(e)
II. *(tgy i)* **megkerül 1.** faire le tour de qc; contourner qc; **2.** *(ellenséget)* tourner la position de q; **3.** *(nehézséget)* éluder; tourner; escamoter
megkésel donner un coup de couteau; blesser *v* larder d'un coup de couteau; zigouiller *arg*

megkeserít 1. rendre amer *v* amère;
2. ~*i* vkinek az életét mener la vie
dure à q; *az irigység* ~*i az életet*
l'envie enfielle la vie
megkétszerez [~tem, ~te, ~zen] redoubler; ~*i erőfeszítéseit* redoubler
d'efforts
megkétszereződik [~ött, ~jék *v* ~jön]
doubler
megkever 1. remuer; mélanger; 2. ~*i*
a kártyát battre *v* mêler les cartes
megkezd 1. commencer; entamer; se
prendre à qc; ~*i a beszélgetést* engager
v entamer la conversation; ~*i az ellenségeskedést* ouvrir les hostilités;
~*i a játszmát* engager la partie; ~*i
munkáját* se mettre au travail; ~*i a
vitát* engager la discussion; 2. *(ételt)*
entamer; attaquer
megkezdés commencement *m;* ouverture *f; az iskolaév* ~*e* la rentrée (des
classes)
megkezdődik commencer par qc; s'ouvrir sur qc; *(vita, harc)* s'engager
megkímél 1. *(vmit, vkit)* ménager;
épargner; 2. *(vkit vmitől)* épargner
qc à q; éviter qc à q; ~*em magát a
részletektől* je vous épargne les détails
megkínál *(vmivel)* offrir qc
megkínoz 1. mettre à la torture *v* au
supplice; torturer; martyriser; *(régen)* mettre à la question; 2. *átv:*
supplicier; torturer; martyriser
megkínzott torturé; martyr, -e
megkisebbít 1. rapetisser; amoindrir;
2. *(kárt okozva)* porter préjudice à q;
léser
megkísérel tenter (l'affaire *v* l'aventure
v l'entreprise); essayer; entreprendre;
~*i, hogy* tenter de *(inf);* essayer
de *(inf); mindent* ~ employer le
vert et le sec
megkíván 1. convoiter; être avide de
qc; appéter; 2. ~ *egy nőt* avoir
envie d'une femme; 3. *átv:* exiger;
appeler; demander; nécessiter
megkívánt [~at] 1. appétitif, -ive;
2. requis, -e; ~ *formalitások* formalités *f pl* de rigueur
megkockáztat 1. risquer; hasarder;
2. *(véleményt)* avancer

megkomolyodik [~tam, ~ott, ~jék *v*
~jon] devenir sérieux (-euse); s'assagir
megkondul tinter; retentir; sonner;
résonner
megkongatja *a harangot* (faire) sonner le
tocsin
megkopaszodik être atteint(e) de calvitie; se dégarnir (de cheveux)
megkopaszt 1. (dé)plumer; 2. *átv:*
(dé)plumer; tondre
megkopik s'user; s'élimer; *(csak ruháról)* montrer la corde
megkoronáz 1. couronner; mettre *v*
poser la couronne sur la tête de q;
2. *átv:* couronner
megkóstol 1. goûter (à) qc; déguster;
2. *átv:* goûter de qc; tâter de qc
megkoszorúz 1. *(vkit)* couronner (de
fleurs *v* de feuillages); ceindre d'une
couronne la tête de q; 2. *(vmit)*
déposer une couronne sur qc
megkotor 1. gratter; remuer; 2. *(tüzet)* attiser
megkönnyebbedik 1. devenir plus léger
(-ère); 2. *(testileg, lelkileg)* se soulager
megkönnyebbül 1. s'alléger (de qc);
se délester (de qc); 2. *(testben, lélekben)* se soulager; *(árnyékszéken)* se
soulager
megkönnyebbülés 1. allègement; *.* lestement *m;* 2. soulagement; allègemen¹ de cœur; décharge *f*
megkönnyít 1. *(súlyban)* alléger; délester; 2. *átv:* faciliter; rendre
(plus) facile
megkönyörül 1. *(vkin)* avoir pitié de q;
être ému(e) *v* pris(e) *v* touché(e) de
compassion (pour); 2. *(vmin)* compatir à qc; s'apitoyer sur qc
megkönyörülés compassion *f*
megkörnyékez cerner; circonvenir
megköszön *(vkinek vmit)* remercier q
de qc; dire merci à q
megköszörül aiguiser; affiler; affûter
megköt 1. *(tgy i)* 1. attacher; lier;
(hogy ne mozogjon) immobiliser;
(spárgával) ficeler; *(cipőt)* nouer;
(kutyát) attacher; *meg van kötve a
keze* avoir les mains liées; 2. *(nyak*

megkötés 629 **meglazul**

kendőt, szalagot) nouer; 3. *(kereket)* enrayer; 4. *(cement, habarcs)* lier; cohésionner; *ép: (köveket)* enlier; 5. *vegy:* fixer; *(növény nitrogént)* capter; 6. ~*i magát (turista)* assurer; 7. *átv:* ~*i magát* s'obstiner; s'entêter; ne pas démordre; 8. *(alkut, barátságot, békét, egyezményt, házasságot, üzletet)* conclure; *(szerződést)* passer; **II.** *(tgyl i)* **1.** *növ:* (se) nouer; 2. *(gipsz, beton)* prendre **megkötés 1.** rattachage *m; (hogy ne mozogjon)* immobilisation *f; (spárgával)* ficelage *m; (görcsbe)* nouage *m;* 2. *müsz: (habarccsal stb.)* liaison *f;* 3. *vegy:* fixation *f;* 4. *(gipszé, cementé)* prise *f;* 5. *(békéé, egyezményé, házasságé, szerződésé, üzleté)* conclusion *f; (szerződésé, üzleté)* passation *f;* 6. *a házasság ünnepélyes* ~*e* la célébration du mariage **megkötöttség** contrainte *f;* état *m* de contrainte
megkötöz 1. lier; attacher; *(madzaggal)* ficeler; 2. *(foglyot)* ligoter; *(szorosan)* garrotter
megkövesedik [~tem, ~ett, ~jék *v* ~jen] **1.** se lapidifier; se pétrifier; 2. *átv:* s'enrouliner; se fossiliser
megkövet *(vkit)* présenter *v* faire ses excuses à q; *ünnepélyesen* ~*te* il a fait amende honorable; ~*em (közbevetőleg)* sauf votre révérence
megkövetel 1. *(vki)* exiger; imposer qc à q; ordonner qc à q; *ezt* ~*em!* je vous l'ordonne! 2. *(vmi)* exiger; appeler; nécessiter
megkövez lapider
megkövülten *nézte* il le regardait pétrifié *v* médusé
megközelít 1. *(vkit)* approcher q; avoir accès auprès de q; 2. *(vmit)* accéder à qc; approcher de qc; *(partot)* accoster qc; 3. ~*i az ezret* il approche (les) mille
megközelíthetetlen inaccessible; inabordable; inapprochable
megközelítő [~ek, ~t] approximatif, -ive; approchant, -e; *kat:* ~ *menet* marche *f* d'approche; ~ *becslés* estimation approximative

megkurtít raccourcir; abréger; réduire
megkülönböztet distinguer (qc de *v* avec qc); discerner (qc de qc, qc d'avec qc); ~*i az aranyat az ezüsttől* distinguer l'or avec l'argent; *az igazat* ~*i a hamistól* démêler le vrai d'avec le faux; ~*i a jót a rossztól* distinguer le bien et le mal
megkülönböztetés différenciation; distinction; discrimination *f; (finom, ravasz)* distinguo *m*
megkülönnőztetett distingué, -e; préférentiel, -elle; ~ *elbánás* traitement préférentiel; ~ *módon* à titre particulier; ~ *tisztelettel* ... Veuillez agréer, Monsieur, mes salutations les plus distinguées; *(nőnek)* Veuillez agréer, Madame, mes hommages respectueux
megkülönböztető [~ek, ~t] distinctif, -ive; discriminant, -e; discriminatoire; ~ *jel* marque distinctive
megküzd 1. ~ *vkivel* se mesurer avec *v* à q; 2. *(vmivel)* affronter qc; lutter contre qc; 3. *(vmiért)* se battre pour qc
meglágyul 1. s'amollir; se ramollir; 2. *(vki)* se laisser fléchir; s'amadouer
meglakol payer; expier; *(gyerek)* recevoir une correction; *ezért* ~*!* il me le payera
meglapul 1. *(lapos lesz)* s'aplatir; 2. *(elbújva)* se blottir; se tapir; 3. *átv:* se faire tout(e) petit(e)
meglát 1. *(megpillantva)* apercevoir; aviser; entrevoir; découvrir; 2. *mindjárt* ~*od* tu vas voir; *majd* ~*ja, kivel van dolga!* je vous ferai voir *v* vous verrez de quel bois je me chauffe; 3. ~*ja magát vmiben* se voir *v* se mirer dans qc
meglátás 1. vue; vision; reconnaissance; découverte *f;* 2. *(ösztönös)* intuition *f*
meglátogat aller voir; visiter
meglátszik se voir; apparaître; s'apercevoir; *meg se látszik rajta* il n'y paraît rien
meglazul 1. se détendre; se distendre; se desserrer; 2. *(csavar)* se débou-

lonner; se desserrer; 3. *(falban)* se desceller; 4. *(kötés, csomó)* se dénouer
meglebbent [~ettem, ~ett, ~sen] soulever; faire flotter
megleckéztet administrer une correction à q; faire la leçon *v* (de) la morale à q; chapitrer
meglegyint 1. *(vmivel)* frôler *v* effleurer (de sa main); **2.** *(büntetve)* taper; **3.** *(guta)* effleurer; frôler
meglehet (c'est) possible; cela se peut; *könnyen* ~ il y a des chances
meglehetősen passablement; assez; plutôt; *(hogy vagy? kérdésre válaszképpen)* ça va; comme ci comme ça
meglékel 1. faire un trou à qc; **2.** *orv:* trépaner; **3.** *(hajót)* saborder
meglékelés 1. ouverture carrée; **2.** *orv:* trépanation *f;* **3.** *(hajóé)* sabordement; sabordage *m*
meglel retrouver; trouver; découvrir
meglendít 1. ébranler; mettre en branle; **2.** déplacer
meglep 1. surprendre; prendre au dépourvu; dérouter; *hirtelen* ~ prendre à l'improviste; ~, *hogy* je suis surpris que *(subj);* ~*te az éjjel* la nuit l'a surpris; ~*te a vihar* l'orage l'a pris en route; **2.** *vmivel* ~ surprendre par qc; **3.** *súlyos baj lepte meg* une maladie très grave le terrassa; il fut affecté d'une très grave maladie; **4.** *(gomba, rovar stb.)* envahir
meglép *biz:* filer; détaler; se débiner; *(köszönés nélkül)* filer *v* pisser à l'anglaise
meglepetés surprise *f;* étonnement; ahurissement *m;* *(emberről)* révélation *f;* *(kellemetlen)* tuile *f biz;* ~*ében* pris(e) de court; dans sa surprise; ~*t kelt* soulever une surprise; *nem tud hová lenni a* ~*től* il ne revient pas de sa surprise
meglepő [~ek, ~t] surprenant; étonnant; ahurissant, -e; ~, *hogy* on demeure surpris que *(subj);* il est étonnant *v* surprenant que *(subj)*
meglepődik [~tem, ~ött, ~jék *v* ~jön] être surpris(e); rester *v* demeurer étonné(e)

megles guetter; attendre *v* guetter au passage; épier; espionner
meglesz 1. cela sera; **2.** on le trouvera; **3.** ~ *nélküle (is)* il s'en passera bien
meglett [~ek, ~et; ~en] adulte; ~ *ember* homme fait *v* mûr
meglincsel lyncher
meglóbál balancer; brandir
meglobogtat agiter
meglocsol arroser; asperger
meglóg *biz:* filer; détaler; se trotter *v* débiner *arg*
meglop voler; filouter
meglő blesser d'un coup de feu; ~*ttek!* je suis touché!
meglök heurter; pousser; bousculer; ~*ik egymást (könyökükkel)* se coudoyer
megmagyaráz expliquer; démontrer; mettre au courant de qc; *mindjárt* ~*om* je m'explique
megmagyarázhatatlan inexplicable; indémontrable; ~ *rejtély* mystère insondable *m*
megmagyarosít magyariser
megmámorosodik s'enivrer; se griser
megmar mordre *(lábán:* à la jambe); *(kígyó így is:)* piquer
megmarad 1. *(vmi)* rester; subsister; exister encore; se maintenir; *napjainkig* ~*tak* ils sont venus jusqu'à nous; *nem marad meg benne az étel* il ne supporte *v* il ne garde rien; **2.** *(szerencsétlenségből, ütközetből)* rester en vie; survivre (à qc); **3.** ~ *a helyén* rester *v* se tenir à sa place; **4.** *(vminek)* demeurer; rester; **5.** ~ *vmi mellett* persister dans qc; ~ *amellett, hogy* il persiste à dire *v* affirmer que; ~ *állítása mellett* rester sur ses positions; *elhatározásánál* ~ persister dans sa résolution; **6.** ~ *hitében (vallás)* rester fidèle à sa foi; ~ *abban a hitében, hogy* demeurer *v* rester convaincu(e) que
megmarkol empoigner; *jól* ~ saisir à pleine main
megmárt tremper
megmásít modifier; changer
megmásíthatatlan *(elhatározás)* irrévocable; inébranlable

megmászás 1. *kat:* escalade *f;* **2.** *(hegyé)* ascension; *f* escalade
megmászik 1. *(hegyet)* gravir; faire l'ascension de qc; *(falat)* escalader; **2.** *(bogyót, rovar)* passer sur qc
megmasszíroz masser
megmázsál peser
meg-megáll s'arrêter de temps à autre; ~*t a kirakatok előtt* il s'attardait devant les étalages
megmelegedés échauffement; réchauffement *m*
megmelegszik se réchauffer; chauffer
megmenekül 1. avoir la vie sauve; sortir de danger; *éppen hogy ~t* il l'a manqué belle; **2.** *(vmitől)* échapper à qc; réchapper de qc
megment 1. sauver; tirer d'affaire; *(hajót)* renflouer; ~*i életét* avoir la vie sauve; *(mását)* sauver la vie de q v à q; **2.** *(vmitől)* préserver de qc; épargner qc à q
megmentés 1. sauvetage *m;* **2.** *(zátonyra került hajóé)* renflouement *m;* **3.** *(anyagé a pusztulásból)* récupération *f;* **4.** *átv:* préservation; délivrance *f; (tönkremenéstől)* renflouement
megmér mesurer; *(súlyban)* peser; *jól ~* faire bon poids
megmerevedés raidissement *m;* rigidité *f*
megmerevedik 1. (se) raidir; (se) roidir; devenir rigide; **2.** *(hidegtől)* se glacer; s'engourdir; **3.** *átv:* se raidir; se scléroser; se figer; se pétrifier
megmérgez 1. empoisonner; *(dolog)* intoxiquer; **2.** ~*i magát* s'empoisonner; *(gázzal)* s'asphyxier
megmérgezés empoisonnement *m; (gáztól stb.)* intoxication; asphyxie *f*
megmerít 1. *(alá)* plonger; immerger; **2.** *(tele)* remplir (en plongeant)
megmérkőzik 1. ~ *vkivel* se mesurer avec q; **2.** *sp:* ~ *vkivel* affronter v rencontrer q
megmerül plonger; s'immerger
megmételyez dépraver; contaminer; infecter; pervertir; corrompre; vicier
megmintáz modeler

megmoccan bouger; broncher; *meg se moccan* ne remuer ni pied ni patte
megmond 1. dire; ~*jam?* faut-il le dire? *nem ~tam?* quand je le disais; ~*ja az igazat* dire la vérité; *ki tudná ~ani?* je vous le demande! ~*ja a nevét (és foglalkozását)* décliner ses noms (et qualités); **2.** *kereken* ~*ja* dire carrément v crûment; ~*om nyíltan* je ne vous le mâche pas; *(jól* v *magyarán)* ~*ja (a magáét)* vkinek dire à q ses (quatre) vérités; river son clou à q; *ezt jól ~ta!* c'est envoyé; *őszintén* ~*ja* dire sans artifice; **3.** ~*ja vkinek, mit kell csinálnia* faire la leçon à q
megmos 1. laver; ablutionner; *többször ~ (gyümölcsöt)* laver à plusieurs eaux; **2.** *(tárgyat is:)* nettoyer; décrasser; ~*sa a kezét* se laver les mains; **3.** *biz:* ~*sa a fejét (szidva)* passer un savon à q; lessiver la tête à q
megmosakodik se débarbouiller; se laver
megmotoz fouiller; passer à la fouille
megmozdít 1. mouvoir; déplacer; remuer; ébranler; **2.** *(vkit a maga érdekében)* mettre en campagne; *eget, földet ~* remuer ciel et terre; faire flèche de tout bois
megmozdul bouger; se remuer; se mettre en marche v en mouvement; *meg se mozdul ld:* **megmoccan;** ~ *benne a lelkiismeret* il entend la voix v les cris de sa conscience
megmozdulás 1. mouvement *m;* **2.** *átv:* action *f*
megmunkál 1. *(földet)* cultiver; exploiter; mettre en valeur; **2.** *(anyagot)* façonner; ouvrer; travailler; usiner
megmunkálás 1. *(földé)* façon (culturale); exploitation *f;* **2.** *(anyagé)* façon; façonnement; travail *m; (gyári)* usinage *m; nagyjából való ~* dégrossissage *m*
megmutat 1. présenter; montrer; faire v laisser voir; exhiber; **2.** ~*ja magát* se faire voir; **3.** *átv:* indiquer; désigner; montrer; ~*ja barátságát* affirmer son amitié; **4.** *majd*

~om neki, hogy kivel van dolga je lui ferai bien voir à qui il a affaire
megmutatkozik se manifester; paraître; se révéler; *a hatás* ~ l'effet éclate
megművel labourer; défricher; cultiver; mettre en valeur
megművelés défrichement *m;* culture *f*
megnagyít 1. agrandir; **2.** *(képet)* grandir; grossir; **3.** *(nagyzolva)* grossir
megnagyobbodik 1. s'agrandir; augmenter; **2.** *betegesen* ~ s'hypertrophier
megnedvesedik s'humecter; s'humidifier; se mouiller
megnedvesít humecter; humidifier
megnehezedik 1. *(súlyban)* s'alourdir; s'appesantir; **2.** *(cselekvésben)* devenir difficile
megneheztel *(vmiért)* se froisser de qc; être froissé(e) de qc; prendre mouche de qc; ~ *vkire* prendre q en grippe; *(vmiért vkire)* tenir rigueur à q de qc
megnemesedik s'ennoblir
megnémul [~tam, ~t, ~jon] **1.** perdre (l'usage de) la parole; devenir muet(te); **2.** *átv:* se taire; demeurer muet(te)
megneszel [~tem, ~t, ~je] avoir vent de qc; pressentir; flairer
megnevel 1. (re)dresser; éduquer; former; **2.** *(társasági életre)* décrasser
megnevettet faire rire; désopiler (la rate de) q
megnevez 1. désigner; nommer; dénommer; ~*i a tettest* citer l'auteur; ~*i ügyvédjét* constituer son avoué; **2.** ~*i magát* se nommer; décliner son identité *v* son nom
megnéz 1. regarder; aller voir; *(vizsgálva)* inspecter; examiner; *erősen* ~ regarder avec insistance; *közelebbről* ~ examiner de près; **2.** *no nézze meg az ember!* voyez-vous cette insolence! **3.** ~*i egy könyvben* consulter un livre; **4.** ~*i hány óra* regarder l'heure à sa montre; **5.** *(látogatva)* visiter; **6.** *(ellenőrizve)* vérifier
megnő 1. *(vki)* grandir; devenir grand(e); ~*tt* il s'est fait homme; elle est devenue femme; *hogy* ~*tt!* com-

me il a *v* est grandi *v* grand! **2.** *(fa)* grandir; pousser; **3.** *(fü, haj)* pousser; **4.** *(megterem)* réussir; venir; **5.** *(vmi)* s'accroître; augmenter
megnyal lécher; passer le bout de sa langue sur qc; ~*ja a szája szélét* se pourlécher
megnyer 1. *(vmit)* gagner; ~*i a játszmát* gagner la partie; ~*i perét* gagner son procès; obtenir gain de cause; **2.** *(versenyen)* enlever; remporter; *(versenyt)* remporter; **3.** *átv:* se concilier; s'attirer; concilier qc à q; ~*i vkinek a szeretetét* gagner l'affection de q; **4.** *(vkit)* mettre dans ses intérêts; gagner à ses vues; *(érzelmileg)* sa faire bien vouloir de q; s'attacher q; ~ *magának* s'acquérir
megnyergel 1. seller; **2.** *átv, biz:* *(vkit)* circonvenir; endoctriner
megnyerő prévenant; engageant; avenant, -e; affable; ~ *arc* mine *v* physionomie prévenante
megnyes *(fát)* élaguer; émonder; *(gyümölcsfát)* tailler
megnyilatkozás 1. *(vmié)* manifestation *f;* **2.** *(vkié)* révélation *f*
megnyilatkozik 1. *(vmi)* se manifester *(vmiben:* par qc); *szabadon* ~ se donner libre cours; **2.** *(vki)* se prononcer; s'ouvrir
megnyílik 1. s'ouvrir; *kissé* ~ s'entrouvrir; **2.** *(üzlet)* ouvrir; **3.** *az évad* ~ la saison commence; **4.** *(vasútvonal stb.)* être mis(e) en service; **5.** *idő előtt* ~*t az esze* la raison lui est venue avant l'âge
megnyilvánul se déclarer; se manifester; se révéler; *határozottan* ~ s'affirmer
megnyilvánulás manifestation; révélation; extériorisation *f*
megnyír 1. tondre; **2.** *(haját)* couper *v* rafraîchir les cheveux à q
megnyiratkozik se faire couper *v* rafraîchir les cheveux
megnyirbál 1. rogner; amputer; **2.** *(irodalmi művet)* écourter; ~*ja vkinek a fizetését* rogner le traitement de q
megnyit 1. ouvrir; rouvrir; **2.** *(kiállítást)* inaugurer; **3.** ~ *egy ver-*

senyt ouvrir une compétition; *az ülést ~ja* déclarer la séance ouverte; 4. *~ja a sort* ouvrir le rang
megnyitás 1. ouverture *f*; 2. *(szính)* ouverture; reprise *f*; 3. *(kiállításé)* inauguration *f*
megnyitó I. *(mn)* inaugural, -e; *~ beszéd* discours inaugural; II. *(fn)* inaugurateur, -trice *n*
megnyom 1. presser (dessus); appuyer sur qc; *~ja szavait* mettre de l'accent dans son langage; 2. *(összenyomva)* comprimer
megnyomorít [~ottam, ~ott, ~son] 1. *(nyomorékká)* estropier; défigurer; 2. gâter; massacrer; 3. *(kereskedelmet stb.)* paralyser; accabler
megnyugszik 1. se remettre; se rassurer; s'apaiser; se calmer; *a kedélyek megnyugodtak* il y a une détente dans les esprits; 2. *(vmiben)* prendre son parti de qc; accepter de *(inf)*; *az ítéletben ~* acquiescer au jugement
megnyugtat rassurer; reposer; tranquilliser; apaiser; ramener au calme; *(ijedt embert)* remettre de sa frayeur; *~ja a kedélyeket* remettre les esprits
megnyugtatás apaisement *m;* pacification *f*
megnyugvás 1. détente *f;* 2. *(vmiben)* acceptation *f* (de qc); *(ítéletben)* acquiescement *m*
megnyúlik 1. s'allonger; s'étendre; *~ a képe* sa mine, sa figure s'allonge; 2. *(szövet)* se détirer; 3. *(növésben)* hirtelen *~* s'élancer
megnyúz 1. écorcher; dépouiller; *(sintér)* équarrir; 2. *(átv)* écorcher; estamper
megokol motiver; expliquer; justifier
megokolás 1. justification; argumentation *f;* 2. *(ítéleté)* l'exposé *m* des motifs; les considérants
megokosodik 1. *(gyermek)* parvenir à l'âge de raison; 2. gagner en sagesse; s'assagir
megold 1. *(kötést)* délier; défaire; dénouer; 2. *(kérdést)* résoudre; donner la solution de qc; *~ja feladatát* s'acquitter d'une tâche; *~ja vkinek a nyelvét* délier la langue à q; 3. *mat: (egyenletet)* résoudre
megoldás 1. *(kötélé, csomóé)* déliement; dénouement *m;* 2. *(kérdésé)* solution *f;* *(bonyodalomé)* dénouement; conclusion *f;* *(rejtvényé)* le mot de l'énigme; solution; *a leggyorsabb ~* le plus court expédient; *más ~* solution de rechange; *vmilyen ~t keres* chercher un expédient; 3. *mat: (egyenleté)* résolution *f*
megolvad 1. fondre; se liquéfier; entrer en fusion; 2. *(befagyott)* (se) dégeler; *(hó, jég)* fondre
megolvadás 1. fusion; liquéfaction *f;* 2. *(befagyotté)* dégel *m;* *(hóé, jégé)* fonte *f*
megoperál opérer q de qc; faire l'opération de qc; *egy daganatot ~* opérer une tumeur
megorrol *vkire* prendre q en grippe (pour qc)
megorront [~ottam, ~ott, ~jon] flairer qc
megostromol 1. assiéger; mettre le siège sous *v* devant...; 2. *~ vkit* assiéger q
megoszlik 1. se répartir; se diviser; *a szavazatok egyenlően oszlottak meg* il y a eu partage (de voix); 2. *(túlságosan)* se fractionner; se fragmenter
megoszt 1. répartir; partager; *(elaprózva)* fractionner; *~ja vkivel lakását* offrir à q la moitié de son logement; 2. *(ellenségesen)* partager; diviser
megóv 1. protéger; préserver; prémunir; sauvegarder; 2. *(őrizve)* conserver; maintenir; 3. *sp:* déposer une réclamation
megöl 1. tuer; mettre à mort; faire mourir; donner la mort à q; supprimer; égorger; achever; *azonnal ~ (méreg, villám, villany stb.)* foudroyer; *~ik egymást* se tuer l'un l'autre; s'entre-tuer; 2. *(gáz)* asphyxier; 3. *~i magát* se suicider; se tuer; *(bűntettes)* se faire justice; 4. *(állatot)* tuer; abattre; détruire
megölel serrer dans ses bras; accoler; embrasser; *(erősen szorítva)* étreindre

megölés 1. mise à mort; supression; immolation *f;* **2.** *(gyilkolva)* meurtre; assassinat; égorgement *m;* **3.** *(állaté)* abattage *m*

megöntöz *(vmivel)* arroser; asperger (de qc)

megöregedik; megöregszik vieillir; avancer en âge; parvenir à un âge avancé; ~ *belé (érzéstől)* cela le vieillit; *becsülettel* ~, *mesterségében* blanchir sous le harnais

megőriz 1. garder; conserver; maintenir; retenir; *vmit* ~ *emlékében* garder *v* conserver le souvenir de qc; *megőrzi hidegvérét* garder *v* conserver son sang-froid; **2.** ~ *vmitől* préserver de qc; prémunir contre qc; protéger contre qc

megőrjít rendre fou *v* folle; faire perdre l'esprit

megörökít [~ettem, ~ett, ~sen] perpétuer; éterniser

megőröl 1. broyer; triturer; *(gabonát)* moudre; **2.** *(szú stb. fát)* mouliner; **3.** *-őrli idegeit* user les nerfs de q

megörül 1. être dans la joie *v* en joie; **2.** *vminek* ~ se réjouir de qc; être content(e) *v* charmé(e) *v* ravi(e) *v* enchanté(e) de qc; ~ *annak, hogy* éprouver *v* ressentir de la joie à *(inf);* **3.** *vkinek*~ avoir du plaisir *v* éprouver du plaisir à voir *v* à rencontrer q

megőrül devenir fou *v* folle; perdre la raison *v* l'esprit; *félnek, hogy* ~ on craint pour sa raison; *maga* ~*t?* mais vous êtes (devenu) fou *v* folle!

megőszül blanchir

megpályáz [~tam, ~ta, ~za] **1.** *(állást)* solliciter; **2.** *(pályázatot)* concourir (pour un prix)

megparancsol commander; ordonner; prescrire; *vkinek* ~*ja, hogy* donner l'ordre de *(inf);* ordonner de *(inf) v* que; enjoindre à q de *(inf)*

megpatkol ferrer; mettre un fer à ...

megpattan éclater; se fêler; se fendre

megpecsétel sceller; ~*i vkinek a barátságát* cimenter l'amitié de q; ~*i sorsát* sceller *v* achever la ruine de q

mégpedig et cela; et ce; notamment; nommément; ~ *a következőképpen* et voici comment

megpendít 1. *(húrt)* faire vibrer; *átv:* *bizonyos húrokat* ~ faire vibrer certaines cordes; **2.** *(eszmét)* lancer; avancer; suggérer à q; *(kérdést)* soulever

megperzsel roussir; roussiller; griller

megpihen 1. faire (une) halte; se reposer; **2.** *(aludni megy)* prendre son repos

megpillant apercevoir; aviser; remarquer; découvrir; *éppen, hogy csak* ~ entrevoir

megpirongat rabrouer; réprimander; gronder

megpirul se colorer; prendre couleur; être doré(e)

megpiszkál 1. *(tüzet)* attiser; **2.** *(ügyet)* remuer; agiter

megpofoz souffleter; gifler; envoyer un soufflet à q

megposhad croupir; s'altérer

megpödör; megpödörint tordre; retordre; tortiller; *megpödri bajuszát* caresser *v* tortiller *v* relever sa moustache

megpörköl 1. griller; **2.** *(ételt)* roussir; *(húst)* flamber; **3.** *(kávét)* torréfier; **4.** *(ruhát)* roussir

megpróbál 1. essayer; tenter; faire l'essai de qc; ~*ja, hogy* essayer de *(inf);* s'essayer à *(inf);* tenter de *(inf);* **2.** *próbálja meg!* *(ha meri)* je vous en défie; *próbáld meg!* essaye voir! chiche! *biz*

megpróbálkozik 1. *vmivel* ~ tâter de qc; risquer; s'essayer à qc; *(merészen)* ~ *vmivel* se risquer dans qc; **2.** jeter un coup de sonde; **3.** *vkinél* ~ faire une tentative auprès de q

megpróbáltatás épreuve *f;* les vicissitudes *f pl v* les revers *m pl* de la fortune; *sok* ~*on megy keresztül* subir de dures épreuves

megpuhít 1. (r)amollir; *(kemény tárgyat)* dédurcir; *(bőrt)* assouplir; **2.** *(fémet)* adoucir; **3.** *(húst)* attendrir; **4.** *(vkit)* ramadouer; **5.** *biz:* *(hogy valljon)* cuisiner

megpuhul 1. s'amollir; se ramollir; 2. *műsz:* se détremper; *(fém)* s'adoucir; 3. *(hús)* s'attendrir; 4. *(alma, körte)* blettir; 5. *átv:* s'adoucir; s'amadouer; *pej:* s'avachir
megpukkad 1. crever; 2. *átv:* faire explosion; ~*ok (haragtól, nevetéstől)* j'éclate; *majd* ~ *mérgében* bouillir *v* fumer de colère
megrág 1. ronger; 2. *(ételt)* mâcher; mastiquer; 3. *átv: jól* ~ *vmit* sasser et resasser; ruminer
megragad I. *(tgy i)* 1. saisir; attraper; empoigner; *(karmával)* agriffer; 2. *jól* ~ *(ügyet)* prendre bien en mains; emmancher (une affaire); ~*om az alkalmat, hogy* je saisis l'occasion pour *(inf);* 3. *(érzelmileg)* saisir; empoigner; ~*ja a figyelmet* frapper l'attention; II. *(tgyl i)* 1. *(ragadós dolog)* adhérer; 2. ~ *az emlékezetében* rester gravé(e) dans la mémoire de q
megrágalmaz calomnier; médire de q
megragaszt recoller; coller
megrajzol dessiner; tracer; *néhány vonással* ~ ébaucher en quelques traits; esquisser
megrak 1. *(vmivel)* charger de qc; *túlságosan* ~ surcharger; 2. garnir; *katonasággal* ~ garnir de troupes; 3. ~*ja a tüzet* entretenir le feu; 4. *biz:* rosser; malmener
megrakás 1. chargement *m;* 2. *biz:* raclée; rincée *f*
megrakodik *(vmivel)* se charger de qc; *(haj, rep, így is:)* prendre cargaison
megrándít 1. tirer sur qc; 2. ~*ja egy tagját* se faire *v* se donner une entorse; se luxer un membre
megrándul 1. se contracter; ~ *az arca* tiquer; 2. ~ *a lába* se fouler le pied
megráz 1. secouer; remuer; agiter; *(fegyverét)* brandir; 2. *(lelkileg)* secouer; remuer; bouleverser
megrázkódtatás secousse *f;* choc *m;* commotion *f;* bouleversement *m;* *(belső)* soubresaut *m;* ~ *érte* il a reçu un choc
megrázó [~ak, ~t; ~an] bouleversant; poignant; émouvant; déchirant, -e

megreccsen [~t, ~jen] craquer; faire entendre un craquement
megreggelizik prendre *v* achever son petit déjeuner
megreked 1. *(cső, csatorna)* s'obstruer; se boucher; 2. *(jármű)* rester en panne; *(sárban)* s'embourber; *(homokban)* s'enliser; *(hóban, jégben)* être bloqué(e) (par qc); 3. *(ügy)* s'arrêter en beau chemin
megremeg 1. tressaillir; 2. *(belé)* être ébranlé(e); frémir
megrémít épouvanter; terrifier; effarer
megrémül s'épouvanter; s'effarer; s'effrayer; être consterné(e); être pris(e) d'épouvante
megrendel 1. commander qc à q *v* chez q; passer commande à q de qc; 2. *(könyvet, előre)* souscrire à qc
megrendelés 1. commande *f;* ordre *m;* ~*kor fizetendő* payable à la commande; ~*re készült* exécuté(e) *v* fait(e) sur commande; 2. *(könyvé, előre)* souscription *f*
megrendelő le client qui fait *v* passe la commande
megrendez arranger; mettre en scène; organiser; *pej:* monter de toutes pièces
megrendít [~ettem, ~ett, ~sen] 1. ébranler; 2. *(hír)* consterner; affecter
megrendítő [~ek, ~et; ~en] hallucinant; empoignant; déchirant, -e
megrendült [~ek, ~et; ~en] 1. ébranlé, -e; ~ *egészség* santé ébranlée *v* compromise; ~ *idegállapot* ébranlement nerveux; 2. *(lelkileg)* accablé, -e; affecté par qc
megreped 1. *(kemény tárgy)* se fendre; se fêler; 2. *(vezeték)* éclater; 3. *(puha anyag)* crever; se déchirer; 4. ~ *a szíve* avoir le cœur fendu de douleur
megrepedezik 1. *(föld, festés)* se craqueler; 2. se lézarder
megrészegedik; megrészegszik [-gedtem, -gedett, -gedjék *v* -gedjen] s'enivrer; se griser
megretten s'effrayer; s'alarmer; s'épouvanter

megrezzen tressaillir; frémir; avoir un sursaut
megriad s'effaroucher; s'affoler; s'alarmer
megríkat faire pleurer (à chaudes larmes); tirer des larmes à q
megritkít 1. raréfier *(levegőt is);* 2. *(növényzetet)* éclaircir
megró blâmer; censurer; infliger un blâme à q
megrohamoz charger; se ruer sur qc
megrohamozás assaut *m;* ruée *f* (sur qc)
megrohan 1. *(vmit)* prendre d'assaut; assaillir; 2. *(vkit)* tomber sur q; se ruer sur q
megrokkan [~tam, ~t, ~jon] 1. devenir infirme *v* invalide; s'écloper; *(öregségtől)* être décrépit(e); 2. *(ló)* claquer; 3. *(alkotmány)* s'effondrer
megromlik 1. gâter; s'altérer; se détériorer; *látása* ~ sa vue baisse; 2. *(fog)* se carier; 3. *(szerves dolog)* se décomposer; *(étel, ital)* s'altérer; *(különösen hús:)* se piquer; 4. *(levegő)* se vicier; 5. *(erkölcsileg)* se dépraver; se corrompre; se pervertir; 6. *(viszony)* se gâter
megront 1. *(elrontva)* gâter; abîmer; avilir; 2. *(szerves dolgot)* gâter; 3. *(levegőt)* vicier; *(szagával)* empester; 4. *orv: (szervezetet)* tarer; 5. *(érzést)* dénaturer; 6. *(varázslással)* jeter un sort sur *v* à q; *(vmit)* jeter un maléfice sur qc; 7. *(erkölcsileg)* corrompre; débaucher; pervertir; 8. *(leányt)* flétrir; souiller; 9. ~*ja vkinek az életét* empoisonner l'existence *v* la vie de q; ~*ja a katonaság szellemét* saper le moral de l'armée
megrontás 1. *(levegőé)* viciation *f;* 2. *(egészségé)* altération; *f* 3. *(varázsló)* maléfice; sortilège *m;* 4. *(erkölcsi)* dépravation; perversion *f;* 5. *(leányé)* défloration *f*
megrostál passer au crible; trier; ~*ja a híranyagot* filtrer les nouvelles
megrovás 1. réprimande; correction; mercuriale *f;* 2. *(hivatalos)* (la peine de la) censure; 3. *(hivatali)* note *f* de service

megrozsdásodik se rouiller
megrögzít 1. assujettir; immobiliser; fixer; 2. *átv:* arrêter; fixer; graver; incruster
megrögződött [~ek, ~et; ~en] enraciné, -e; *(rossz)* invétéré, -e
megrögzött [~ek, ~et; ~en] 1. impénitent; invétéré; enraciné, -e; à tous crins; 2. *(bűnben, gyűlöletben)* endurci, -e; ~ *bűnöző* repris de justice; ~ *dohányos* fumeur incorrigible *m;* ~ *hazudozó* menteur fieffé; *ez már* ~ *tulajdonság v szokás* il en a pris le pli
megrökönyödik [~tem, ~ött, ~jék *v* ~jön] être ahuri(e) *v* stupéfait(e) *v* perplexe
megröntgenez radioscoper; passer aux rayons X
megrövidít 1. (r)accourcir; 2. *(időben, írásban)* abréger; écourter; 3. *(írásművet)* écourter; resserrer; 4. *(károsít)* frustrer; spolier
megrövidítés 1. raccourcissement; abrègement *m;* 2. *(károsítás)* frustration; spoliation *f*
megrövidül 1. (se) raccourcir; s'abréger (de qc); 2. *(károsodik)* être frustré(e) *v* spolié(e)
megrúg 1. *(vkit)* donner un coup de pied à q; 2. *(vmit)* pousser avec le pied
megrútul enlaidir
megrühesedik être atteint(e) de gale; devenir galeux (-euse)
megsajnál avoir *v* prendre pitié de q; s'apitoyer sur le sort de q
megsántul [~tam, ~t, ~jon] devenir boîteux *v* boîteuse
megsarcol mettre à contribution *v* à rançon
megsárgul; megsárgít jaunir; dorer
megsavanyodik (s')aigrir; tourner (à l'acide *v* à l'aigre); surir
megsebesít [~ettem, ~ett, ~sen] blesser; toucher; *(golyó)* blesser
megsebesül [~tem, ~t, ~jön] recevoir une blessure; être blessé(e); *(balesetnél)* se blesser
megsegít aider; venir en aide à q; venir au secours *v* à l'aide de q; secourir

megsegítés assistance (à q); protection (de q); aide *f* (à q)
megsejt; megsejdít pressentir; se douter de qc; flairer
mégsem ne... tout de même pas; quand même...; ne pas; ne... pourtant pas; ~ *hitte el* il ne voulait pas m'en croire davantage
megsemmisít [~ettem, ~ett, ~sen] **1.** anéantir; supprimer; détruire; réduire à rien; exterminer; **2.** *(ellenséget)* anéantir; écraser; **3.** *(könyvet)* envoyer *v* mettre au pilon; **4.** *(hivatalosan)* annuler; annihiler; **5.** *(értékpapírt)* amortir; **6.** *(házasságot)* casser; **7.** *(ítéletet)* casser; infirmer; **8.** *(szerződést)* invalider; résilier; **9.** *(választást)* invalider; annuler; **10.** *az ellenállást ~i* annihiler *v* broyer la résistance; *~i az ellenséget* pulvériser l'ennemi; **11.** *egymást semmisítik meg* s'anéantir
megsemmisítés 1. anéantissement *m;* destruction; abolition; suppression; pulvérisation *f;* **2.** *(könyvé)* mise *f* au pilon; **3.** *(ellenségé)* écrasement *m;* **4.** *(hivatalos)* annulation *f;* **5.** *(ítélete)* cassation *f;* **6.** *(szerződése)* invalidation; résiliation *f;* **7.** *(választása)* invalidation
megsemmisítő [~ek *v* ~k, ~t] **1.** écrasant; foudroyant, -e; **2.** *jog:* annulatif, -ive; ~ *tábor* camp *m* d'extermination; *kat:* ~ *túlerő* forces écrasantes; ~ *vereséget szenved* souffrir un désastre
megsemmisül [~tem, ~t, ~jön] **1.** s'anéantir; se consumer; **2.** *(érzelmileg)* se sentir écrasé(e)
megsért 1. *(testileg)* blesser; halálosan *~i* blesser mortellement; **2.** *orv:* traumatiser; **3.** *(bőrt)* écorcher; entamer; **4.** *(becsületében, érzelmében)* offenser; insulter; *~ették* il a reçu *v* essuyé *v* subi un affront; **5.** *(vkinek a jogát)* léser; **6.** *(szabályt)* violer; transgresser; enfreindre; *~i vkinek az érdekeit* porter atteinte *v* préjudice aux intérêts de q
megsértés 1. *(vkié)* insulte *f* (à *v* contre q); **2.** *orv:* lésion *f;* *(műtétnél)* vulnération *f;* **3.** *(vmié)* insulte *f* (à qc); **4.** *(szabályé)* violation; transgression *f;* **5.** *(érdeké)* atteinte *f* à qc; **6.** *(vkinek anyagi érdekéé)* endommagement *m* de q
megsértődik se froisser; s'offenser; se blesser
megsérül [~tem, ~t, ~jön] **1.** *(ember)* se blesser; **2.** *(tárgy)* s'endommager; s'avarier
megsiketül [~tem, ~t, ~jön] **1.** devenir sourd(e); **2.** *szinte* ~ s'assourdir
megsimogat caresser; flatter
megsirat pleurer; déplorer (la perte de) qc *v* q
megsokall trouver excessif (-ive)
megsokszoroz multiplier; centupler
megsóz saler
megstoppol raccommoder
megsúg chuchoter *v* souffler à l'oreille
megsül 1. être cuit(e); cuire; rôtir; *jól* ~ être (cuit *v* cuite) à point; **2.** *átv:* *majd* ~ *a tűz mellett* il se grille devant le feu
megsürget faire une demarche pour presser
megsürgetés réclamation *v* recommandation pressante
megsűrűsödik s'épaissir; prendre de la consistance; se coaguler; *(mártás)* se réduire
megsüt cuire; faire cuire; rôtir
megszab 1. prescrire; stipuler; fixer; *vminek árát ~ja* taxer qc; *~ja vkinek a hatáskörét* délimiter le pouvoir de q; **2.** *(büntetést)* prévoir; édicter; **3.** *(fizetést)* allouer; **4.** *(határidőt)* accorder *v* impartir *v* fixer (un délai)
megszabadít 1. *vkitől* ~ débarrasser de q; **2.** *vmitől* ~ délivrer *v* affranchir de qc; *(fájdalomtól)* soulager de qc
megszabadul 1. *(vmitől)* se débarrasser; se défaire; être quitte de qc *(vmi árán:* pour qc); **2.** *(vkitől)* se débarrasser de q
megszabadulás délivrance *f;* affranchissement *m*
megszabott 1. *(költség)* fixé; établi, -e; **2.** *(feltétel)* arrêté; stipulé, -e;

3. *(határidő)* fixé; prévu, -e; 4. *(előírt)* prescrit, -e
megszagol flairer; appliquer son odorat à qc; renifler
megszakad 1. rompre; se disjoindre; 2. *(in)* être déchiré(e); *majd ~t hevettében* crever v pouffer de rire; mourir de rire; 3. *(folyamat)* s'interrompre; *a telefonösszeköttetés ~t la communication téléphonique a été interrompue*
megszakít 1. rompre; interrompre; déchirer; *hirtelen ~ vmit* couper court à qc; *vkivel minden érintkezést ~* briser avec q; 2. *(áramot)* couper
megszakítás 1. rupture; interruption; suspension *f;* arrêt *m;* 2. *~ nélkül* sans interruption; sans arrêt; sans à-coup; *~ nélküli* ininterrompu, -e; *~okkal* par à-coups; par saccades; à différentes reprises
megszakító *vill* disjoncteur *m*
megszalaszt 1. mettre en fuite; 2. *(étel)* faire courir
megszáll I. *(tgy i)* 1. *(katonaság)* envahir; occuper (militairement); 2. *(ördög)* entrer en q; posséder q; 3. *(érzés)* envahir; s'emparer de (l'âme de) q; II. *(tgyl i) (vhol)* descendre; prendre logement v pension
megszállás 1. occupation *f;* 2. *(lakás)* logement *m*
megszálló 1. *(mn) kat:* occupant, -e; *~ hadsereg* armée *f* d'occupation; II. *(fn)* envahisseur; occupant *m (főleg pl)*
megszállottság 1. possession; hantise *f;* 2. *orv:* obsession *f*
megszámlál dénombrer; compter; *a szavazatokat ~ja* dépouiller le scrutin v les votes; *a lakosságot ~ja* recenser la population
megszámoz numéroter; chiffrer
megszánt labourer
megszárad se sécher; se dessécher; se ressuyer
megszárít (faire) sécher; dessécher; ressuyer
megszavaz voter; *(politikát választáson)* voter pour qc; exprimer; adopter; *(összeget)* allouer; *(kölcsönt)* consentir; *(az egész lakosság)* plébisciter
megszed 1. récolter; cueillir; 2. *~i magát* s'engraisser; faire ses foins
megszédít donner le vertige à q; éblouir
megszédül être pris(e) v saisi(e) de vertige
megszeg 1. *(kenyeret)* entamer; 2. *(szabályt, törvényt)* violer; enfreindre; *~i esküjét* violer son serment; *~i fogadalmát* rompre ses vœux; *~i a házastársi hűséget* violer la foi conjugale; *~te kötelességét* il a manqué v forfait à ses devoirs; *~i szavát* manquer à sa parole
megszegés 1. *(kenyéré)* entame *f;* 2. *(előírásé)* infraction (à); contravention *f* (à); 3. *(kötelességé)* manquement *m* (à qc); 4. *(esküé)* violation *f;* 5. *(törvényé)* infraction *f* à qc
megszégyenít [~ettem, ~ett, ~sen] mortifier; humilier; confondre
megszégyenítés humiliation; confusion *f;* abaissement *m;* avanie *f*
megszelídít 1. *(vadállatot)* dompter; apprivoiser; 2. *(vadon élő állatot)* domestiquer; 3. *átv:* radoucir; assagir; 4. *(kifejezést)* atténuer
megszelídül 1. s'apprivoiser; 2. se domestiquer; 3. se radoucir; s'adoucir; *(csak ember)* mettre de l'eau dans son vin
megszemélyesít [~ettem, ~ett, ~sen] 1. personnifier; 2. *(színész)* incarner
megszenesedik se carboniser
megszentel *vall:* *(lelkileg)* sanctifier; *(tárgyat, személyt)* bénir; consacrer
megszentségtelenít [~ettem, ~ett, ~sen] profaner; violer; polluer
megszenved 1. *(azért, amit tett)* expier qc; 2. *~ett érte* il l'a bien mérité
megszépít embellir; enjoliver; *(csak szóban, gondolatban)* poétiser; *pej:* farder; maquiller
megszeppen [~tem, ~t, ~jen] avoir peur; être pris(e) de peur v de frayeur
megszeret 1. *(vkit)* prendre en affection; se prendre d'affection pour q; *(leányt)* s'éprendre de q; *~ik egymást* s'aimer mutuellement; 2. *(v-*

mit) préndre goût à qc; *(helyet)* se plaire à ...
megszerez 1. *(magának)* (s')acquérir; se procurer; *(jogtalanul)* usurper sur qc; *(ügyesen)* escamoter; **2.** *(vkit)* s'attacher q; **3.** ~ *vmivel* augmenter de qc; ajouter qc
megszerkeszt 1. *(szöveget)* rédiger; libeller; **2.** *(gépet)* construire; monter; **3.** *irod:* composer
megszervez 1. organiser; constituer; *gúny:* orchestrer; **2.** *(munkásokat)* syndiquer
megszerzés acquisition; obtention *f;* az állampolgárság ~e l'acquisition de la nationalité
megszigorít 1. rendre plus sévère; **2.** *(büntetést)* aggraver; **3.** ~ *egy rendelkezést* renforcer une mesure
megszilárdítás consolidation *f;* (r)affermissement *m;* stabilisation *f;* a munkafegyelem ~a le renforcement de la discipline de travail
megszilárdul 1. se consolider; se raffermir; **2.** *(cseppfolyós test)* se solidifier; **3.** *átv:* se concrétionner; **4.** *átv:* se consolider; s'affermir
megszimatol éventer; flairer; subodorer
megszínesedik se colorer
megszínez teinter
megszívlel [~tem, ~t, ~jen] prendre en considération; suivre; écouter; bien retenir
megszívlelés prise *f* en considération
megszokás 1. accoutumance; habitude; acclimatation *f;* **2.** *orv:* accoutumance *f*
megszokik [~tam, ~ott, ~jék *v* ~jon] **I.** *(tgy i)* *(vmit)* s'accoutumer à q; s'habituer à qc; se familiariser avec qc; ~*ta* il avait l'habitude; *mint* ~*ta* comme d'habitude; **II.** *(tgyl i)* prendre le pli; *vagy* ~, *vagy megszökik* il faut passer par là ou par la fenêtre
megszokott I. *(mn)* accoutumé, -e; habituel, -elle; *ami* ~ ce qui est de tous les jours; ~ *ügyességgel* avec l'adresse qu'on lui connaît; ~ *eljárások* procédés routiniers; *a* ~ *kerékvágás* à l'heure normale; *a* ~ *kerékvágás* la routine; le train-train; **II.** *(fn)*

a ~*hoz ragaszkodó* un vieux routinier
gúny
megszoktat accoutumer *v* habituer à qc; familiariser avec qc
megszól *(vkit)* médire de q; mordre *v* taper sur q; *alaposan* ~ *vkit* habiller q de toutes pièces
megszólal 1. se mettre à parler; ouvrir la bouche; *(vmi)* se faire entendre; *mintha* ~*na* il ne lui manque que la parole; **2.** *(csengő, harang)* tinter; sonner; **3.** *(relé)* répondre
megszólalás 1. attaque *f;* *(némáé)* le dénouement de la parole; *(megnémulté)* le recouvrement (de l'usage) de la parole; ~*ig hű* criant(e) de vérité; **2.** *(reléé)* réponse *f*
megszolgál 1. bien gagner; bien mériter; **2.** ~*om* je vous en serai bien reconnaissant(e)
megszólít aborder; accoster; adresser la parole à q
megszólítás 1. interpellation; apostrophe *f (költ. is);* **2.** *(levélben)* terme *m* d'adresse
megszomorít affliger; faire le désespoir de q; attrister; chagriner
megszoptat 1. donner le sein; allaiter; **2.** *(viszi szopásra)* faire téter
megszór *vmivel* saupoudrer de qc
megszorít 1. presser; serrer; ~*ja a kezét vkinek* serrer la main à q; **2.** *(kiadásokat stb.)* réduire; comprimer; **3.** *(vkit)* acculer; serrer de près
megszorítás 1. resserrement *m;* pression *f;* *(csavaré)* serrage; coup *m* de vis; **2.** *(kijáraté, vezetéké)* étranglement *m;* **3.** *(kiadásoké stb.)* réduction *f*
megszorul 1. *(vmi tárgy)* être trop serré(e); **2.** *(levegő)* stagner; **3.** *(szem)* être échaudé(e); **4.** *(pénzben)* se trouver dans l'embarras *v* la gêne
megszökik 1. (s')échapper; prendre la fuite; filer; se sauver; **2.** ~ *vmi elől* se dérober à qc; échapper à qc; **3.** ~ *vhonnan* déserter qc; échapper de qc; ~ *a börtönből* s'évader; **4.** *kat:* déserter (l'armée)

megszöktet 1. *(leányt)* enlever; **2.** *(foglyot)* faire évader; faire échapper de prison
megszövegez 1. rédiger; libeller; **2.** *(problémát)* énoncer; **3.** *egy hivatalos iratot, ítéletet* ~ formuler un acte, un jugement
megszúr 1. *(fegyverrel)* piquer; blesser; *(kardheggyel)* pointer; **2.** *(rovar)* piquer
megszűkül se rétrécir; s'étrangler; s'étrécir
megszül 1. accoucher de...; mettre au monde; **2.** *átv:* faire naître; pondre qc *gúny*
megszületés naissance *f*
megszületik 1. naître; voir le jour; venir au monde; **2.** *átv:* s'enfanter
megszűnés 1. cessation *f;* **2.** *egy adósság* ~*e (ki-* v *megfizetés által)* l'extinction *f* d'une dette; **3.** *(fizetésé)* cessation; suspension *f;* **4.** *(peré)* extinction; **5.** *(szerződésé)* expiration *f;* **6.** *(cégé)* cessation de commerce; liquidation *f*
megszűnik 1. cesser; s'arrêter; prendre fin; **2.** *(láz, szél)* s'abattre; **3.** *(forrás)* tarir; **4.** *(felszívódva)* se résorber; **5.** *(újság)* cesser de paraître; **6.** *(per)* s'éteindre; *(szerződés)* expirer; **7.** *(fizetés)* être suspendu(e); cesser; **8.** *(jogok stb.)* s'abolir; se supprimer; **9.** ~ *(inf)* cesser *v* arrêter *v* s'arrêter de *(inf)*
megszüntet 1. (faire) cesser; arrêter; interrompre; *(fájdalmat)* calmer; apaiser; ~ *minden kapcsolatot vkivel* rompre toute relation avec q; ~*i a nagy munkanélküliséget* résorber le chômage massif; **2.** *(fizetést)* suspendre; cesser; **3.** *(forgalmat)* suspendre; arrêter; **4.** *(intézkedést, intézményt)* abolir; abroger; **5.** *az eljárást* ~*i* arrêter *v* cesser les poursuites; ~*i a pert* éteindre l'instance; **6.** *(üzletet)* faire cesser; liquider
megszüntetés 1. arrêt *m;* cessation; suppression *f; az írástudatlanság* ~*e* la liquidation de l'analphabétisme; **2.** *(fájdalomé)* suppression; apaisement *m;* **3.** *(fizetésé)* cessation; suspension *f;* **4.** *(forgalomé)* arrêt; interruption *f;* **5.** *(ostromé)* levée *f;* **6.** *(intézményé)* abolition *f;* **7.** *(törvényé, rendeleté)* abrogation *f;* **8.** *(peré)* l'extinction *f* d'une instance; **9.** *(üzleté)* cessation; **10.** *(összeköttetése)* rupture *f*
megszűr 1. passer (au filtre); filtrer; **2.** *(fényt)* filtrer; tamiser
megszürkül 1. devenir gris(e) *v* grisâtre; **2.** *(haj)* grisonner
megtagad 1. *(vmit)* désavouer qc; se refuser à qc; *meggyőződését, lelkiismeretét* ~*ja* mentir à sa conviction, à sa conscience; ~*ja a munkát* faire la grève; **2.** ~ *vkitől vmit* refuser *v* dénier qc à q; **3.** ~ *magától vmit* se refuser qc; s'interdire qc; **4.** *(vkit)* renier; désavouer; **5.** ~*ja önmagát* se renoncer
megtagadás 1. refus; désaveu *m;* répudiation *f;* **2.** *jog:* déni *m; peres ügy elintézésének* ~*a* déni de justice; **3.** *(vkié)* reniement; désaveu *m;* **4.** *(hité)* abjuration *f*
megtágítás; megtágulás 1. *(térben)* élargissement *m;* dilatation *f;* **2.** *(szorosé)* desserrage *m;* *(feszesé)* extension *f;* relâchement *m;* détente *f*
megtágul 1. s'élargir; s'agrandir; *(öblösödve)* s'évaser; **2.** *(szoros)* se desserrer; *(feszes)* se relâcher
megtakarít économiser; épargner
megtalál 1. (re)trouver; découvrir; *(rejtett* v *lopott holmit)* récupérer; **2.** *(helyet)* repérer; **3.** *ha megtalál(na) (inf)* s'il vient *v* s'il venait à *(inf)*
megtalpal ressemeler
megtámad 1. attaquer; assaillir; *(csak vkit)* se jeter sur q; *(csak vmit)* battre en brèche; **2.** *kat:* attaquer; *(egyik hatalom a másikat)* agresser; *(kutya)* attaquer; **3.** *(szóban, írásban)* attaquer; donner un coup de griffe à q; *(vmi miatt)* entreprendre (sur qc); **4.** ~*ják egymást* s'attaquer; **5.** *(betegség)* attaquer; affecter; toucher; **6.** *(nap a színeket)* mordre; dégrader; *(sav)* mordre
megtámadott [~ak, ~at] **I.** *(mn)* **1.** attaqué, -e; **2.** *(beteg testrész)* af-

fecté; touché, -e; II. *(fn)* victime *f* de l'agression
megtámaszt 1. étayer; assurer; soutenir; appuyer par qc; *(gerendával)* béquiller; 2. *ép:* *(falat)* contrebuter; 3. *bány:* trésillonner
megtáncoltat faire danser; faire valser; *gúny:* faire danser; mener à la baguette; *majd ~om* je le ferai danser sans violon
megtanít 1. *(vkit vmire)* apprendre qc à q v q à *(inf);* ~ *illemre* styler; policer; ~ *móresre* mettre au pas; 2. *majd ~om én (emberségre)!* je le ferai chanter sur un autre ton!
megtántorodik [~tam, ~ott, ~jék v ~jon] 1. chanceler; tituber; 2. *átv:* faillir
megtanul I. *(tgy i)* apprendre à *(inf)* v qc; II. *(tgyl i)* ~ *franciául* apprendre le français
megtapad adhérer; prendre; *(festék)* mordre
megtapint tâter; palper; manier
megtapsol applaudir; couvrir v saluer d'applaudissements
megtárgyal 1. discuter; débattre; 2. *(vmit vkivel)* discuter avec q sur qc; *(közös tervet)* concerter (un plan)
megtart 1. garder; conserver; maintenir; retenir; *állásban* ~ maintenir en place; ~ *emlékében* retenir; garder le souvenir de qc; 2. *sp: ~ja a labdát* avoir le contrôle du ballon; 3. ~ *(magának)* garder pour v par devers soi; retenir; 4. *~ja az utat, az irányt* tenir une route, un alignement; 5. *(törvényt, szabályt)* observer; respecter; *~ja az ígéretét* tenir sa promesse; 6. *(előadást, leckét)* donner v faire v tenir son cours; 7. *szính: az előadást ~ották* la représentation eut lieu; 8. *(esküvőt, ünnepélyt)* célébrer; 9. *sp: (versenyt)* disputer; 10. *a gyűlést a nagy teremben tartják meg* la réunion se tiendra dans la grande salle
megtartás 1. *(megőrizve)* conservation *f;* maintien *m;* 2. *(szabályé)* observation *f;* respect *m;* *(egyh, parancsé)* observance *f;* *meg nem tartás* inobservation *f;* 3. *(választásé stb.)* organisation *f;* 4. *(esküvőé, ünnepélyé)* célébration *f*
megtartóztatás *egyh:* abstinence *f;* maigre *m*
megtébolyodik [~tam, ~ott, ~jék v ~jon] perdre la raison; devenir fou v folle
megtekint inspecter; faire l'inspection de qc
megtekintés inspection *f;* examen *m;* visite; vue *f;* ~ *céljából* aux fins d'examen
megtelefonál téléphoner; transmettre par téléphone
megtelepedés 1. établissement *m;* installation *f;* 2. élection *f* de domicile; 3. *(szabadban)* campement *m;* *(sátorral)* camping *m*
megtelepedik; megtelepszik; megtelepül 1. s'établir; élire domicile; s'installer; 2. *áll:* faire son habitation dans qc; s'installer
megtelik 1. se remplir (de qc); s'emplir; 2. *(villamossággal)* se charger de qc; 3. *(vérrel)* s'injecter; se congestionner; 4. *(emberekkel, terem)* s'emplir de...; *zsúfolásig* ~ être comble; *megtelt!* complet, 5. *(lelkileg)* se remplir de qc
megtépáz 1. décheveler; *(nőt)* crêper le chignon à q; 2. *(megverve)* secouer; malmener; 3. *(kritikus)* malmener; éreinter *biz;* 4. *(hírnevét)* porter atteinte à qc; ternir
megtér 1. retourner; 2. *átv:* ~ *őseihez* aller *ad patres;* 3. *vall:* se (laisser) convertir (à); 4. *vall:* *(bűnös)* faire pénitence
megterem I. *(tgyl i)* venir; réussir; croître; II. *(tgy i)* produire
megterhel 1. charger de qc; *(ballaszttal)* lester; *túlságosan* ~ surcharger; 2. *(gyomrot)* peser sur l'estomac; 3. *sp:* *(lóversenyen)* handicaper; 4. *átv:* imposer un fardeau v une charge à q; *nem akarom őt ezzel ~ni* je ne veux pas l'importuner davantage; 5. *(pénz) vmivel* ~ grever de qc
megterhelés 1. charge *f;* *túlságos* ~ surcharge; 2. *(ingatlanon)* charge

41 Magyar–Francia kézi

(hypothécaire); *(számlán)* report *m* au débit; 3. *átv:* fardeau *m;* súlyos ~ surmenage *m*
megtérít 1. *(összeget)* rembourser; restituer; 2. *jog:* compenser; 3. ~*i az okozott kárt* indemniser le dégât causé; 4. *(jó útra)* ramener au bien; 5. *vall:* convertir (à qc)
megtérítés 1. remboursement *m;* restitution *f;* ~ *ellenében* à charge de remboursement; 2. *jog:* rétablissement *m;* 3. *(rabatté)* bonification; ristourne *f; (vámé)* détaxe *f;* 4. *vall:* conversion *f*
megtermékenyít 1. *(állatot)* féconder; *mesterségesen* ~ inséminer; 2. *(földet)* fertiliser
megtermékenyül 1. être fécondé(e); *(virág)* (se) nouer; 2. *(föld)* se fertiliser
megtermett [~ek, ~et] *jól* ~ bien bâti(e); solide; robuste; de belle stature
megtérül être amorti(e) *v* retrouvé(e); *a kár biztosítás útján* ~ les pertes sont compensées par les assurances
megtervez faire *v* établir *v* préparer le plan de qc
megtestesít [~ettem, ~ett, ~sen] incarner; matérialiser; personnifier
megtestesül [~tem, ~t, ~jön] s'incarner; prendre corps
megtestesült [~ek, ~et, ~en] 1. incarné, -e; 2. *a* ~ ... en personne; *maga a* ~ *ártatlanság* il est l'innocence personnifiée; *maga a* ~ *bátorság* c'est la personnification du courage; *maga a* ~ *ördög* c'est le diable incarné
megtesz 1. faire; accomplir; réaliser; *képes megtenni azt, hogy* il est capable de *(inf); tegye meg nekem!* pour l'amour de moi, faites cela! *megteheti, hogy* libre *v* permis à vous de *(inf);* 2. ~*i a magáét* il fait ce qu'il peut; il fait de son mieux; ~*i hatását* produire son effet; 3. *mindent* ~ *vkiért* tout faire pour q; *mindent* ~, *hogy* il met tout en œuvre pour *(inf);* 4. *(távolságot)* parcourir; couvrir; *(sp:)*effectuer; accomplir; ~ *egy távolságot* franchir une distance;

5. *ját:* miser *(egy lapra:* sur une carte); ponter; *(egy kártyát)* couvrir; *(lovat)* jouer (sur) qc; *egy számot* ~ mettre sur un numéro; 6. ~ *vminek* faire qc; 7. ~*i magát vminek* se faire qc; *(jogtalanul)* s'arroger le titre de ... ; 8. *ez is* ~*i cela* peut passer
megtetszik *(vkinek)* plaire; flatter le goût de q
megtetvesedik [~tem, ~ett, ~jék *v* ~jen] devenir pouilleux (-euse); être envahi(e) par la vermine
megtéved 1. s'égarer; se dévoyer; faillir; 2. *(nő)* faire une faute
megtéveszt induire en erreur *v* à erreur; abuser; égarer; tromper; désorienter
megtévesztés désorientation; mise en défaut; mystification; attrape *f; a* ~*ig* à s'y méprendre
megtilt défendre; interdire; *törvénnyel* ~ prohiber; ~*ja, hogy* interdire à q de *(inf);* défendre à q de *(inf)*
megtisztel 1. *vkit, vmit* ~ faire *v* rendre honneur à q, à qc; ~ *vmivel* ~ honorer de qc; gratifier de qc; ~*i bizalmával* investir de sa confiance
megtiszteltetés honneur *m;* marque *f* d'honneur; *abban a* ~*ben volt része, hogy* l'honneur lui échut de *(inf)*
megtisztít 1. nettoyer; décrotter; débarbouiller; *(folttól)* détacher; 2. *(edényt)* récurer; écurer; 3. *(fémet)* nettoyer; fourbir; astiquer; 4. *(állatot)* vider; étriper; *(kopasztva)* plumer; 5. *(zöldséget, gyümölcsöt)* éplucher; nettoyer; 6. *(folyadékot)* éclaircir; clarifier; épurer; 7. *(levegőt)* purifier; *(gázt)* épurer; 8. *(romoktól, omladéktól)* déblayer; 9. *(szerveket)* dégager; *(beleket)* purger (de qc); *(sebet)* absterger; 10. *(hangot)* éclaircir; 11. *(utcát, átjárást)* dégager; 12. *nem kívánatos elemektől* ~ épurer; 13. *(erkölcsileg, ízlésben)* épurer; purifier
megtisztítás 1. nettoyage; décrottage *m; (folttól)* détachage *m;* 2. *(edényé)* récurage *m;* 3. *(fémet)* nettoyage; fourbissage; asticage; *m;* 4.

vidage; étripage m; (pikkelyeké) écaillage m; (zöldségé) épluchage m; 5. (folyadéké) clarification; épuration f; 6. (levegőé) purification f; (gázé) épuration f; 7. (omladéké) déblaiement m; 8. (szerveké) dégagement m; (beleké) purgation f; (sebé) nettoyage; 9. (hangé) éclaircissement m; 10. (utcáé, átjárásé) dégagement; 11. (dolgozaté, hibáktól) épluchage; 12. (erkölcsi) purification
megtisztul 1. se nettoyer; 2. (vezeték) se dégorger; 3. (folyadék) s'épurer; 4. (levegő) se purifier; 5. (erkölcsileg) se purifier
megtizedel décimer
megtold 1. (r)allonger (vmivel: de qc); 2. (falat) surélever
megtollasodik 1. se garnir de plumes; 2. átv: s'emplumer
megtompul s'émousser
megtorlás répression f; représailles f pl; rétorsion; revanche f; véres ~ vengeance sanglante
megtorló [~k, ~t] vengeur, vengeresse n; ~ intézkedés représailles f pl; ~ igazságszolgáltatás justice vindicative
megtorol [~tam, ~t, ~jon] châtier; punir; se venger de qc
megtorpan [~tam, ~t, ~jon] (ember) avoir un haut-le-corps v un sursaut; se cabrer devant qc (átv is)
megtölt 1. ~ vmivel remplir v emplir de qc; 2. (nem folyékonnyal) garnir; (töltelékkel) farcir; 3. (üreget) combler; 4. (tartályt) faire le plein de qc; 5. (puskát, pipát) charger; 6. vill: charger; 7. (felfújva) gonfler
megtöltés 1. remplissage m; 2. garnissage m; 3. (fegyveré) chargement m
megtöm 1. (vmivel embert) gaver v gorger de qc; 2. (állatot) gaver; 3. (zsebet) remplir de qc; 4. (koffert) bonder; 5. (kóccal stb.) bourrer; ~i a pipáját (dohánnyal) charger sa pipe (de tabac)
megtör 1. (anyagot) casser; broyer; (ércet) concasser; 2. (csontokat, kenye-

41*

ret, víz sodrát stb.) rompre; 3. (fényt) réfracter; 4. átv: ~i a jeget rompre v fondre la glace; 5. (reményt, pályát, jövőt, szivet) briser; ~i vkinek ellenállását réduire v briser la résistance v l'opposition de q; 6. (bánat, csapás) accabler; abattre; (gőgöt) rabaisser
megtörik 1. se briser; 2. fiz: (fény) se réfracter; ~ a szeme l'éclat de ses yeux s'éteint v se ternit; 3. (vki) se laisser abattre; s'affaisser; (bűnös) s'effondrer; 4. ~ vkinek az ellenállásán se briser contre la résistance de q
megtöröl essuyer; torcher; ~i a kezét s'essuyer les mains
megtört 1. (ember) cassé; fini, -e; (bánattól) accablé, -e; 2. ~ hang voix cassée v brisée; 3. szemének ~ fénye l'éclat terni de son regard; 4. ~ szív cœur brisé
megtörténik 1. arriver; se faire; avoir lieu; ~het, hogy il peut arriver que (subj); il arrive que (ind); megtörtént (végbement) cela est fait; c'est fait; megtörtént! ça y est! ~t, vége! c'en est fait; ez ~t c'est historique; 2. ~ vkivel arriver à q; échapper à q
megtörtént [~ek, ~et] I. (mn) révolu; vécu, -e; meg nem történtnek tekinti considérer v réputer comme (nul et) non-avenu; II. (fn) a dolog ~e után cela fait,... ; après ces événements...
megtréfál faire pièce à q; faire un tour à q
megtud apprendre; prendre v avoir connaissance de qc; connaître; tudja meg, hogy apprenez que; sachez que
megtudakol s'informer de qc; s'enquérir de qc; ~ja vkinek a címét se procurer l'adresse de q
megtűr 1. vmit ~ se montrer indulgent(e) pour qc; tolérer; supporter avec indulgence; 2. vkit ~ tolérer v supporter la présence de q
megtűzdel konyh: (vmivel) truffer de qc; larder v entrelarder de qc

megugrik *biz:* lever le pied; s'éclipser; s'esquiver; ~ *a pénzzel* manger la grenouille
megújít 1. renouveler; rénover; innover; *(átalakítva)* régénérer; **2.** ~*ja vkivel a baráti kapcsolatokat* renouer avec q; **3.** *(szerződést stb.)* reconduire
megújul 1. se régénérer; se renouveler; **2.** *(feléledve)* se raviver; s'aviver
megújulás 1. régénérescence; renaissance *f;* **2.** *(tavaszi)* renouveau *m;* **3.** *(bajé)* recrudescence *f*
megun 1. *vmit* ~ se lasser de qc; **2.** *vkit* ~ s'ennuyer de q
megundorodik *(vmitől)* se dégoûter de qc; prendre qc en dégoût
megúszik *(vmit)* réchapper de qc; l'échapper belle; *olcsón ússza meg* il s'en tire à bon compte; *nem uszná meg szárazon* il ne s'y frotterait pas
megutál prendre en dégoût *v* en aversion *v* en horreur
megül 1. ~*i a lovat* monter (à cheval *v* un cheval); **2.** *(ünnepet)* célébrer
megülepedik se déposer
megünnepel fêter; célébrer (la fête de) q
megünneplés célébration; commémoration *f*
megüresedik 1. se vider; **2.** *átv:* devenir vacant(e)
megürül 1. *(edény)* se vider; **2.** *(terem)* se dégarnir; **3.** *(állás)* devenir vacant(e)
megüt 1. frapper; cogner; **2.** *(tárgy)* heurter; percuter; **3.** ~*i a fejét vmibe* heurter qc de la tête; ~*i fülét (hang)* frapper l'oreille de q; **4.** ~*i magát* se faire mal; **5.** *(labdát)* frapper; **6.** ~*i a billentyűt* frapper une touche; *átv:* *erősebb hangot üt meg* le prendre d'un ton plus fort; **7.** *vill:* *(ford. szerk.)* recevoir une décharge; *(halálra)* foudroyer; électrocuter; **8.** ~*i a mértéket* avoir la taille voulue; *átv:* être à la hauteur; ~*ötte a szél* il a été frappé d'apoplexie; **9.** *kárty:* surcouper
megütközés étonnement *m;* stupéfaction *f*

megütközik 1. en venir aux mains; livrer bataille; **2.** *vkivel* ~ accrocher q; **3.** *vmin* ~ se contrarier de qc; s'étonner de qc
megüzen faire savoir; faire dire; annoncer; ~*i a háborút* déclarer la guerre
megvacsorál; megvacsorázik dîner
megvádol 1. porter *v* intenter une accusation contre q; **2.** *vmivel* ~ accuser de qc
megvadul 1. s'ensauvager; **2.** devenir furieux (-euse); **3.** *(ijedségtől)* s'effaroucher
megvág 1. *(karddal)* assener un coup d'épée à q; ~*ja magát* se couper; **2.** *biz:* saigner
megvakít 1. *(erőszakkal)* aveugler; crever les yeux à q; **2.** *(betegség)* rendre aveugle; **3.** *átv:* aveugler
megvakul devenir aveugle; être frappé(e) de cécité
megválaszt 1. élire; procéder à l'élection de q; **2.** choisir
megválasztás 1. élection *f;* **2.** choix *m*
megválik 1. *vkitől* ~ se séparer de q; **2.** *vmitől* ~ se séparer de qc; **3.** *majd* ~ on verra (bien)
megvall 1. *(meggyőződést)* professer; **2.** *(be~)* avouer; ~*ja bűnét a)* confesser; *b)* entrer dans la voie des aveux
megválogat bien choisir; *nem válogatja meg szavait* il ne ménage pas ses termes; *válogassa meg a szavait!* choisissez vos expressions!
megvalósít [~ottam, ~ott, ~son] réaliser; mener à bonne fin
megvalósul [~t, ~jon] se réaliser; s'accomplir
megvalósulás réalisation; mise *f* en pratique
megvált 1. *vall:* sauver; **2.** ~ *bajaitól* délivrer de ses maux; **3.** *(kölcsönt)* amortir; **4.** ~*ja magát (pénzzel)* se racheter; **5.** *(jegyet)* prendre; acheter
megváltás 1. *vall:* rédemption; salvation *f;* **2.** *valóságos* ~ *volt neki* c'était pour lui une véritable délivrance; **3.** *(kölcsöné, birtoké)* amortissement *m;* **4.** *(jegyé)* achat *m; (előre)* abonnement *m;* location *f*

megváltozik 1. changer; se modifier; 2. *pej*: se dénaturer; s'altérer; 3. *(helyzet)* prendre une autre face; changer d'aspect *v* de face

megváltoztat 1. changer; modifier; transformer; ~*ja a hangját (vmi)* fausser la voix de q; 2. *(ítéletet)* apporter; réformer; 3. ~*ja véleményét* v *nézetét* changer d'opinion *v* d'avis

megvan 1. exister; subsister; figurer; 2. *és most* ~ *a baj* et maintenant ça y est; 3. *mind* ~ *ebben a könyvben* vous les trouverez tous réunis dans ce livre; 4. *megvan (kész)* c'est fait; 5. *elviszem és* ~*!* je l'emporte na! *v* et voilà! 6. *mat*: être contenu(s); *ötször van meg* il y est *v* il y va cinq fois; 7. ~ *vmi nélkül* pouvoir se passer de qc; 8. ~ *valahogy* il se tire d'affaires; *(hogy vagy?* *kérdésre)* *megvagyok* ça va; ça marche; 9. ~*nak egymással* ils s'entendent bien; 10. ~ *neki* il l'a; il le possède; 11. ~ *vagy 70 éves* il est dans les soixante-dix; 12. *megvan (amit kerestünk)* on l'a retrouvé; ça y est; *minden* ~ rien n'y manque; 13. *minden okom* ~ et pour cause!

megvár attendre; laisser venir; *csak várjuk meg a végét* voyons *v* attendons la suite

megvárakoztat; **megvárat** faire attendre; faire tirer la langue à q

megvarr 1. recoudre; 2. *(ruhát)* coudre; assembler; 3. *(készre)* confectionner

megvasal 1. armer de fer; 2. *(kereket)* fretter; 3. *(lovat)* ferrer; 4. *(vkit)* mettre aux fers

megvásárol 1. acheter; faire l'acquisition de qc; 2. *átv*: ~ *vkit* acheter q

megvéd 1. défendre; prémunir; protéger; 2. *(széltől, esőtől)* abriter; protéger; 3. *(bajnokságot)* défendre; 4. ~ *vmi ellen* défendre de qc

megvendégel [~tem, ~t, ~jen] 1. donner *v* offrir l'hospitalité à q; 2. régaler

megvénül vieillir; décrépir

megver 1. battre; rouer *v* briser de coups; *alaposan* ~ corriger d'importance; *(rendőrségen)* passer à tabac *nép;* 2. *(vall*: *Isten)* châtier; *verjen meg az Isten!* le bon Dieu te punisse! 3. *(ellenséget)* battre; 4. *sp:* battre; 5. ~ *szemmel* jeter un sort à q

megvesz acheter; faire l'acquisition de qc; acquérir

megvész [megveszek, megvesztem, megveszett, megvesszen] 1. être atteint(e) de rage; 2. *majd* ~ *vmiért* s'affoler de qc; enrager après q

megveszteget corrompre; suborner; acheter q; graisser la patte à q; ~*i a tanúkat* suborner *v* gagner les témoins

megvet 1. ~*i vminek az alapját* jeter *v* poser *v* asseoir les fondements de qc; 2. *erősen* ~*i a lábát (földön)* s'arc-bouter *v* se caler sur ses jambes; *átv*: s'ancrer (chez *v* auprès de q; dans qc); 3. *az ágyat* ~*i* faire *v* préparer le lit; 4. *(lenézve)* mépriser; dédaigner; faire fi de qc

megvetés mépris; dédain *m;* mésestime *f;* ~ *tárgya lesz* tomber dans le mépris; ~*re méltó* méprisable

megvétóz mettre son veto à qc

megvigasztal consoler; réconforter

megvilágít 1. éclairer; jeter de la clarté sur qc; illuminer; 2. *fényk:* exposer (à la lumière); 3. *átv:* éclaircir; mettre en lumière; *kellően* ~ mettre sous son vrai jour

megvilágítás 1. éclairement; éclairage *m;* 2. *fényk:* exposition; pose *f;* 3. *átv:* jour *m;* *(kérdése, ügye)* éclaircissement *m;* *hamis* ~ faux jour

megvilágosít 1. illuminer; éclairer; 2. *(kérdést)* éclaircir; élucider

megvilágul 1. apparaître en un éclair; 2. ~*t agyában* il eut un trait de lumière

megvisel éprouver; *(dolgot)* fatiguer; *(gyomrot, egészséget)* délabrer; *az idő* ~*i szépségét* le temps efface sa beauté

megvitat discuter; débattre

megvizesedik se mouiller; s'humecter; se tremper

megvizsgál 1. examiner; inspecter; *(vitatva)* discuter; alaposan ~ examiner à fond; approfondir; *ha ~juk à l'examen; egy számadást* ~ dépouiller *v* vérifier un compte; **2.** *orv:* explorer; examiner
megvizsgálás examen *m;* vérification; visite; enquête *f* (sur qc); *(megvitatva)* discussion *f*
megvon 1. *(vonalat)* tracer; **2.** *(vkitől)* retirer *v* supprimer qc à q; *~ja szájától a falatot* s'ôter *v* s'enlever le pain de la bouche; **3.** ~ *magától vmit* se retrancher qc; s'interdire qc
megvonás 1. *(vonalé)* traçage; tracé *m;* **2.** *mat:* description *f;* **3.** *(elvonva)* retranchement *m;* privation *f*
megzavar 1. *(folyadékot)* troubler; **2.** *ált:* troubler; brouiller; **3.** *rád: (adást)* brouiller; **4.** *(rendet)* déranger; troubler; *vkinek ~ja a fejét* tourner la tête à q; **5.** *vkit munkájában* ~ déranger q (dans son travail); **6.** *(zavarba hoz)* mettre dans l'embarras; confondre; déconcerter
megzavarodik [~tam, ~ott, ~jék *v* ~jon] **1.** *(folyadék)* se troubler; **2.** *(vki)* se confondre; se troubler; **3.** perdre l'esprit; *lelki egyensúlya* ~ se déséquilibrer; **4.** *(szerkezet működése)* se dérégler
megzenésít [~ettem, ~ett, ~sen] mettre en musique
megzörget*i az ablakot* frapper à la fenêtre
megzsarol faire chanter; escroquer de . . . ; pressurer
megzsíroz graisser; *(gépet, így is:)* lubrifier
megy [mentem, ment, menjen] **1.** *(jár)* marcher; **2.** *(el, valahová)* aller; se rendre à . . . ; *(vmeddig)* pousser jusqu'à . . . ; *vkiért, vmiért* ~ aller chercher q, qc; **3.** *(utazva)* partir pour; *autón* ~ aller en auto; **4.** *(lefelé vmin)* descendre qc; **5.** *(felfelé vmin)* remonter qc; **6.** *menjen (innen)!* allez-vous-en! *menj az ördögbe!* va-t'en au diable! *nem mész innen?* file et plus vite que ça! **7.** *(szólások)* ~ *a maga útján* aller son chemin *v* son train; *ez magától* ~ cela coule de source; *ha minden jól megy* si tout va bien *v* se passe bien; *nem ~ a dolog* cela ne va *v* ne marche pas; **8.** *(egészségről, állapotról) hogy ~ a sora?* comment vont les affaires? *jól ~ neki* il prospère; *rosszul ~ neki* il mange de la vache enragée; *nem ~ semmire* il n'arrive à rien; **9.** *szính:* on joue . . . ; être joué(e); être à l'affiche; **10.** *jól ~ (áru)* être d'un débit facile; **11.** *ez még mehet v ~ cela* peut passer; **12.** *hányszor ~ az 5 a 40-ben?* en 40 combien de fois 5? *8-szor ~ il* y va *v* il y est 8 fois; **13.** *annyira ~, hogy* il en set arrivé à *(inf);* **14.** *vmibe ~ (behatoló)* entrer dans qc; pénétrer dans qc; **15.** ~ *vmihez ld:* **illik; 16.** *vminek ~* se faire . . . ; se mettre . . . ; *mérnöknek ~* se faire ingénieur
megye [-ék, -ét, -éje] **1.** *(magyar)* comitat *m;* **2.** *(francia)* département *m*
megyefőnök préfet *m*
megyeháza hôtel préfectoral; préfecture *f*
megyei [~ek, ~t] **1.** du comitat; **2.** départemental, -e; *~ közigazgatás* administration départementale; *~ székhely* chef-lieu *m* de département *v* de comitat; *~ tanács* conseil départemental; **3.** *(párt)* fédéral, -e; *~ pártbizottság* comité fédéral
megyéspüspök évêque résidentiel *v* diocésain
megyeszékhely préfecture *f*
meggy [~ek, ~et, ~e] griotte; cerise *f* de Montmorency
meggypiros; meggyszínű cerise; écarlate
I. méh [~ek, ~et, ~e] abeille *f; a ~ek társadalma* la république des abeilles; *szorgalmas mint a ~* industrieux *v* laborieux comme l'abeille
II. méh [~ek, ~et, ~e] **1.** *orv:* utérus *m;* matrice *f; ~en kívüli terhesség* grossesse extra-utérine; **2.** *~ébe fogad* concevoir; *a gyermek, melyet ~ében hord* l'enfant que vous portez dans vos flancs

méhcsalád colonie *f* d'abeilles
méhes [~ek, ~t, ~e] rucher; abeill(i)er; apier *m*
méhész [~ek, ~t, ~e] apiculteur, éleveur *n*
méhészet 1. apiculture *f;* 2. exploitation apicole *f*
méhészkedés apiculture *f;* ~ *helyben, méhesben* apiculture sédentaire
méhfiasítás couvain *m*
méhfullánk aiguillon *m* d'abeille
méhkaparás curet(t)age; curetage utérin
méhkas ruche *f;* panier *m; (egyes)* ~*okat kiszed* châtrer les ruches
méhkirálynő reine (abeille); abeille femelle
méhkürt trompe *f* (de Fallope)
méhlepény placenta; gâteau placentaire *m*
méhmagzat 1. fœtus, embryon *m;* 2. *jog:* part *m*
méhnyak col utérin *v* de l'utérus
méhpempő gelée royale
méhpete couvain *m*
méhraj colonie *f v* essaim *m* d'abeilles
méhsejt cellule *f* d'abeille; alvéole *m*
méhsör hydromel *m*
méhviasz cire *f* d'abeille
méhzsongás bourdonnement *m* des abeilles
mekeg [~tem, ~ett, ~jen] chevroter *(beszédről is)*
Mekka [-át] la Mecque
mekkora [-ák, -át] 1. combien grand *v* long *v* large *v* haut? de quelle grandeur? 2. ~ *orcátlanság!* quelle impertinence!
méla [-ák, -át] rêveur, -euse; mélancolique
mélabús mélancolique; langoureux, -euse
melankólia [-ák, -át, -ája] mélancolie; humeur noire
melasz [~ok, ~t, ~a] mélasse *f*
meleg [~ek, ~et] I. *(mn)* 1. chaud, -e; ~ *étel* plat chaud; ~ *hang* voix chaude; ton chaleureux; ~ *nap* journée chaude; ~ *ruha* vêtements chauds; ~ *szín* couleur chaude; 2. *átv:* chaud, -e; chaleureux, -euse; ~ *fogadtatás* accueil chaleureux; II. *(fn)* 1. chaleur *f;* le chaud; ~*em van* j'ai (très) chaud; *a* ~*ben* à la chaleur; 2. *átv:* érzésének ~*e* la chaleur de son affection; *szívem egész* ~*ével* de tout mon cœur; 3. *azon melegében* sur place
melegágy 1. couche *f* (de forçage); serre chaude; 2. *átv:* terrain *m* de prédilection *v* d'élection; *valóságos* ~*a vminek* c'est un véritable foyer pour
melegedik; melegszik [-gedtem, -gedett, -gedjék *v* -gedjen] se réchauffer; chauffer; *(ember tűznél)* se chauffer (au feu)
melegforrás source thermale
melegfront *met* aire cyclonale
melegház serre chaude
melegházi forcé, -e; de serre chaude
meleghengerlés laminage *m* à chaud
melegít [~ettem, ~ett, ~sen] chauffer; réchauffer
melegítő [~k, ~t, ~je] 1. chaufferette *f;* 2. *(lap)* réchaud *m;* 3. *sp:* sweater; survêtement; chandail *m*
melegség chaleur *f; költői* ~ lyrisme *m*
melegvízcsap distributeur d'eau chaude
melegvízforrás source thermale
mell [~ek, ~et, ~e] 1. poitrine *f; gyenge a* ~*e* avoir la poitrine délicate; ~*ben bő* trop large de poitrine; ~*ének szegezi a tőrt* mettre à q le poignard sur la gorge; ~*re szív* aspirer; *arg:* s'en faire; *kitárt* ~*el* la poitrine nue; 2. *(női)* sein *m;* gorge; poitrine *f;* 3. *konyh: (szárnyasé)* les blancs
mellbajos malade *(n)* de la poitrine; poitrinaire *n*
mellbimbó le bout du sein; mamelon; tétin; tetin *m*
mellbőség 1. périmètre *m v* ampliation thoracique *f;* 2. *(méret után)* tour *m* de poitrine
mellcsont 1. sternum *m;* 2. *(madáré)* bréchet *m*
mellé [~m, ~d, ~je] 1. à côté de; près de; ~*je ad* adjoindre; ~*je üt* frapper à faux; 2. ~ *még* par-dessus le marché

melléáll 1. se mettre à côté de q; **2.** se joindre à q
mellébeszél parler v répondre à côté; biaiser
melléfog trouver à côté; gaffer
melléfogás impair; pas m de clerc; gaffe; bévue f
mellehúsa [-át] *(csirkéé)* blanc m de poulet; *szárnyas* ~ filet mignon v de volaille
mellék [~ek, ~et] région f; a Duna ~e la région danubienne
mellékág 1. *(fán)* rameau m; **2.** *(folyóé)* bras m; branche f; **3.** *(családfán)* ligne collatérale
mellékajtó porte latérale
mellékalak figure épisodique f; comparse n
mellékbüntetés peine accessoire v complémentaire f
mellékel [~tem, ~t, ~jen] annexer (à qc); joindre (à qc); *a periratokhoz* ~ verser aux débats; ~*ve* ci-inclus; sous (ce) pli
mellékelt [~ek, ~et] ci-joint; ci-inclus; ci-annexé, -e; *(másik lapon)* ci-contre
melléképület 1. dépendance f; bâtiment annexe m; **2.** ~*ek (gazdaságban)* les communs
mellékes [~ek, ~et] **I.** *(mn)* accessoire; secondaire; épisodique; ez ~! cela n'a pas d'importance; c'est un détail; ~ *jövedelem* revenant-bon m; ~ *körülmény* à côté m; **II.** *(fn)* **1.** a ~ l'accessoire; **2.** *(jövedelem)* éventuel; casuel m; *(munkásé)* extra m
mellékesen en passant; incidemment; ~ *legyen mondva* (cela) soit dit en passant
mellékfoglalkozás emploi supplémentaire m; activité accessoire f
mellékfolyó affluent m
mellékgondolat 1. arrière-pensée f; **2.** idée secondaire f
mellékhajó bas côté; collatéral m
mellékhelyiség commodité; dépendance f
mellékíz 1. arrière-goût; faux goût; déboire m; *(kellemes)* parfum m; **2.**

átv; *(dologé, ügyé)* faux goût; déboire m
mellékjövedelem revenus accessoires m pl; ld. még: **mellékes II.**
mellékkiadások faux frais; frais accessoires m pl
mellékkörülmény circonstance secondaire f; à-côté, accident m
melléklépcső escalier de service
melléklet 1. *(aktában)* annexe; pièce f à l'appui; **2.** *(könyvben, kép)* hors-texte; **3.** *(szöveg)* supplément m; *(újságé)* annexe f
mellékmondat (proposition) subordonnée v complétive f
melléknév 1. surnom m; **2.** *nyelv:* (nom) adjectif m
melléknévi adjectif, -ive; ~ *használat* emploi adjectif; ~ *igenév* participe adjectif verbal; *jelen idejű* ~ *igenév* participe présent; *múlt idejű* ~ *igenév* participe passé
mellékszerep rôle secondaire v subalterne
mellékszoba cabinet voisin v attenant
melléktéma second thème
melléktermék dérivé; sous-produit m
mellékút chemin de traverse; détour; biais m
mellékutca rue adjacente v secondaire; ruelle f
mellékvágány 1. voie f de garage; **2.** ~*ra terel (ügyet)* faire dérailler
mellékvese (glande) surrénale
mellékzönge 1. son harmonique m; **2.** *(ügyé)* à-côté m; répercussion f
mellény gilet m
mellényzseb poche(tte) f de gilet; gousset m
mellérendel 1. adjoindre; **2.** *nyelv:* juxtaposer
mellérendelő coordonnant, -e; ~ *kötőszó* conjonction f de coordination
mellétesz 1. mettre auprès v à côté; **2.** juxtaposer
mellett 1. à côté de; aux côtés de; près de; auprès de; au ras de; en bordure de; *a kert a folyó* ~ *terül el* le jardin longe la rivière; *a fal* ~ *megy* longer le mur; *vki* ~ *harcol* se battre aux côtés de q; *az ő háza az enyém* ~ *van* sa maison est contre

la mienne; 2. *(folyó mellett hosszában)* sur; (tout) le long de; *a Baleári szigetek* ~ *(a tengeren)* au large des Baléares; 3. *hiv:* près qc; 4. *(hasonlításnál)* auprès de; à côté de; en comparaison de; 5. *(vmin kívül)* en outre de; en plus de; 6. *vki* ~ *állást foglal* v *kitart* être pour q; 7. *öt százalék* ~ à cinq pour cent; *kedvező feltételek* ~ à des conditions favorables; 8. *az ő irányítása* ~ sous sa direction; 9. *nagy elfoglaltsága* ~ *is* malgré ses occupations nombreuses
mellette [~m, ~d] à côté (de lui v d'elle); auprès (de lui v d'elle); tout contre; en regard; *közvetlen* ~ attenant; ~ *lenn* en contre-bas; ~ *fekvő* adjacent, -e; limitrophe; voisin, -e; *(folyónál)* (situé[e]) sur ... ; ~ *szól* v *tanúskodik* plaider pour lui; militer en faveur de lui; ~ *van* être tout contre qc v̇ tout à côté de qc; *(vki)* assister q; *(pártján)* se déclarer pour q
melletti [~k, ~t] voisin de; limitrophe de
melléüt 1. frapper à vide v à côté; 2. frapper faux
mellhang voix *f* de poitrine
mellhártya plèvre *f*
mellhártyagyulladás pleurésie *f*
mellkas cage thoracique *f;* thorax; torse *m*
mellkép (portrait en) buste *m*
mellől d'auprès de q; d'à côté de; *(folyón)* des bords de; des rives de
mellőz [~tem, ~ött, ~zön] 1. négliger; laisser de côté; omettre; *hallgatással* ~ passer sous silence; 2. *(előlépésnél)* évincer; traiter par prétérition; *vkit jogtalanul* ~ faire un passe-droit à q; 3. *jog:* *(bírót)* récuser; *(tanút)* reprocher
mellőzés 1. mise à l'écart; omission *f;* 2. *(szabályoké)* inobservation *f;* 3. *(óvatosságé)* manque *m;* 4. *(hivatali)* passe-droit; évincement *m;* 5. *(bíróé)* récusation *f;* *(tanúé)* reproche *m*
mellső [~k, ~t] antérieur, -e; de devant; avant; ~ *rész (állaté)* avant-train *m*

mellszélesség carrure *f* du devant
mellszobor 1. buste *m;* 2. *(tanulmány)* buste de caractère
melltartó soutien-gorge *m;* gaine *f*
mellúszás brasse (française); nage *f* à la brasse
mellüreg cage thoracique *f*
mellvéd 1. *(folyón, kat:)* parapet *m;* 2. *ép:* balustrade *f;* appui *m*
mellvért 1. cuirasse *f;* plastron *m;* 2. *müsz:* conscience *f*
mellzseb *div:* poche poitrine *f*
meló [~k, ~t, ~ja] *arg:* boulot *m*
melódia [-ák, -át, -ája] mélodie *f*
melodráma 1. *(drámai műfaj)* mélodrame *m;* 2. *(zenés szavalat)* monologue accompagné de musique
melós [~ok, ~t, ~a] 1. *arg:* turbineur, -euse *n;* 2. travailleur, -euse *n*
melózik [~tam, ~ott, ~zék v ~zon] *arg:* turbiner; bûcher; trimer
méltán à bonne v juste raison; justement; à juste titre; à bon droit
méltánylás appréciation; reconnaissance *f*
méltányos [~ak, ~at] 1. *(ember)* plein(e) d'équité; équitable; 2. *(dolog)* équitable; juste; ~, *hogy* il est de toute vérité v de toute justice que *(subj);* il est légitime de *(inf)* v que *(subj);* ~ *ár* prix raisonnable *m;* ~ *kártérítés* dédommagement proportionné
méltányosság équité *f;* ~ *szerint* selon l'équité
méltánytalan inique; inéquitable; injuste
méltánytalanság iniquité; injustice *f*
méltat 1. faire l'éloge de qc; exalter; préconiser; 2. *irod:* analyser; 3. *(vmire)* juger v estimer v trouver q digne de *(inf); arra sem* ~*ta, hogy megemlítse* il ne lui a même pas fait l'honneur d'une mention
méltatlan indigne (de)
méltatlankodás indignation; protestation *f*
méltatlankodik [~tam, ~ott, ~jék v ~jon] *(vmi miatt)* s'indigner v se formaliser de qc

méltó [~(a)k, ~t] 1. *(vmire)* digne de qc; être à la hauteur de qc; *jutalomra* ~ digne de récompense; 2. *(vmihez)* digne de qc; convenable à qc **méltóság** 1. *(erkölcsi)* dignité *f;* minden emberi ~*ából kivetkőzik* perdre toute dignité; ~*án alulinak tartja,* hogy ne pas croire de sa dignité de *(inf)*; 2. *(külső)* dignité; 3. *nagy* ~*okra emelkedik* faire (sa) fortune; parvenir aux dignités *v* aux honneurs; 4. *(személy)* dignitaire *m* **méltóságteljes** plein(e) de dignité; digne; solennel, -elle; cérémonieux, -euse; ~ *külső* prestance *f* **mely** [~ek, ~et] 1. *ld:* amely; ~ *esetben* auquel cas; 2. *ld:* milyen? **mély** [~ek, ~et] I. *(mn)* 1. profond, -e; *5 méter* ~ profond de 5 m; d'une profondeur de 5 m; ~ *a víz* les eaux sont hautes; ~ *benyomást tesz rá* laisser des traces profondes en lui; ~ *érzésü* aux sentiments profonds; ~ *seb* plaie pénétrante; ~ *víz* grande eau; ~*re süllyed (erkölcsileg)* tomber bien bas; *egyre* ~*ebbre* d'abîme en abîme; 2. *(vésés, stb.)* en creux; 3. *(hang)* bas, basse; grave; profond, -e; 4. *zen:* ~ *hang* son *m v* note *f* grave; *(emberi)* voix grave *f;* ~ *húr* grosse corde; 5. *nyelv:* ~ *magánhangzó v hang* voyelle grave *v* sombre *f;* II. *(fn)* *(vminek* ~*e)* fond *m;* a *mélyb̃e(n)* dans l'abîme; *lenn a* ~*ben* dans les profondeurs; *szíve* ~*éből* du plus profond du cœur; *a lelkem* ~*én* au tréfonds de moi; ~*ére hatol vminek* aller au fond (des choses); approfondir qc; *a kérdés* ~*ére hatol* entrer dans le vif de la question; ~*et lélegzik* respirer profondément **mélyedés** 1. dépression *f;* bas-fond; creux *m;* 2. *(ablaké:)* embrasure *f;* 3. *földr:* dépression **mélyen** 1. profondément; bien avant; foncièrement; ~ *behatoltunk az erdőbe* nous allions bien avant dans le bois; ~ *beledöf* enfoncer bien avant *v* profondément; ~ *elszomorított v* *lesújtott...* je suis profondément attristé par...; ~ *érez* sentir vivement *v* profondément; ~ *fekvő* situé(e) plus bas; profond, e; ~ *lát a dolgokba* avoir des vues profondes; ~ *járó v szántó* profond; approfondi; poussé, -e; *igen* ~ *járó megfigyelés* observation très poussée; ~ *meggyőződve vmiről* intimement persuadé(e) de qc; ~ *meg van hatva* être vivement touché(e); ~ *ülő szemek* yeux enfoncés (dans l'orbite); 2. ~ *tisztelt Uram!* Monsieur **mélyépítés** constructions souterraines *v* en sous-sol **mélyfúrás** sondage *m* en profondeur **mélyhegedű** alto *m* **mélyhúzás** emboutissage *m* **mélyhűtés** frigorification *f;* froid industriel *v* artificiel; congélation *f* à basse température **mélyhűtött** conservé(e) par congélation rapide **melyik?** [~et] lequel? laquelle? (de...); ~ *megoldás?* quelle solution? laquelle des solutions? ~*nek?* auquel? à laquelle? **mélynyomás** impression *f* en héliogravure *v* en creux **mélypont** 1. point *m* (de) minimum; 2. *(folyóvízé, pénzügyeké)* étiage *m;* 3. *átv:* le point le plus bas **mélyreható** 1. profond, -e; ~ *válság* crise profonde; 2. *(tanulmány)* approfondi; poussé; fouillé, -e; 3. *(elme)* pénétrant, -e **mélyrepülés** vol rasant; rase-motte *m* **mélység** 1. profondeur *f;* fond *m;* ~*ben* en profondeur; *kétezer méter* ~*ben* par deux mille mètres de fond; 2. *(vízé)* profondeur; hauteur *f;* 3. abîme; gouffre; précipice *m;* le vide; ~*be zuhan* tomber dans le vide **mélységes** [~ek, ~et] profond, -e; un abîme de...; ~ *csend* tranquillité profonde **mélyszántás** labour profond; défonce *f* **mélytányér** assiette creuse **mélytenger** abysse *m;* eaux profondes **mélyvíz** 1. eau profonde; fosse *f;* 2. *(uszodában)* grand bain

mélyvízi bathydrique; ~ *állat* animal *m* de fond
membrán [~ok, ~t, ~ja] membrane *f*; diaphragme *m*
mén [~ek, ~t, ~je] étalon *m*; *harci* ~ destrier *m*
mendemonda bruit en l'air; racontar *m*
menedék [~et, ~ek, ~e] **1.** *(hely)* abri; refuge; asile *m*; **2.** *átv:* refuge; recours; salut; port *m*; *végső* v *utolsó* ~ dernière chance de salut; *~et keres (vmi elől)* se mettre à l'abri de qc; *a viharban egy fa alatt keres ~et* s'abriter sous un arbre pendant l'orage
menedékház 1. refuge *m*; cabane *f*; **2.** *sp:* *(hegységben)* chalet-refuge *m*
menedékhely lieu *m* d'asile *v* de franchise; franchise *f*; *éjjeli* ~ asile *m* de nuit
menedékjog droit *v* privilège *m* d'asile; franchise *f*
menedéklevél sauf-conduit *m*
menekül [~tem, ~t, ~jön] **1.** fuir; s'enfuir; prendre la fuite; se sauver; *~jön, aki tud* sauve qui peut! *külföldre* ~ se réfugier à l'étranger; **2.** *vmi elől* ~ fuir (devant) qc; prendre la fuite devant qc; **3.** *(vmiről)* échapper à qc; se préserver de qc; s'en tirer *(vmi árán :* avec qc); **4.** *(vkitől)* fuir q
menekülés 1. fuite *f*; **2.** *(szökés)* évasion; fugue *f*; **3.** *(menekvés)* salut *m*
menekült réfugié(e) *n*; *(katasztrófából)* rescapé(e) *n*
ménes [~ek, ~t, ~e] troupeau *m* de chevaux; *(méntelep)* haras *m*
meneszt [~ettem, ~ett, -esszen] **1.** *(küld)* envoyer; expédier; **2.** *(állásból)* renvoyer; mettre à pied
menet [~ek, ~et, ~e] **I.** *(fn)* **1.** *(tömeg)* cortège *m*; *a ~ élén megy* ouvrir la marche; **2.** *(lefolyás)* marche; allure *f*; *a tanítás ~e* la méthode (à suivre *v* suivie); **3.** ~ *közben (változtat)* (changer) en cours de route; **4.** *(állatcsinálta)* galerie *f*; **5.** *műsz:* passage *m*; *(csavarban)* filet *m*; **6.** *sp:* tour *m*; *(ökölvívás)* round *m*; *(vívásban)* assaut *m*; **7.** *ját:* manche *f*; **8.** *zen:* suite (d'accords); **II.** *(hat)* à l'aller; *iskolába* ~ sur le chemin de l'école
menetdíj prix *m* du transport; frais *m pl* de transport
menetel 1. marcher; s'avancer au pas; **2.** *kat:* aller en (ordre de) marche
menetes [~ek, ~et; ~en] *(csavar)* fileté, -e
menetgyakorlat *kat:* promenade militaire *f*
menetidő durée *f* du trajet *v* du voyage; temps *m* de parcours
menetirány 1. sens *m* de la marche *v* du vol; **2.** *kat:* direction *f* de marche
menetjegy billet *m*
menetjegyiroda agence *f* v bureau *m* de voyages
menet-jövet à l'aller et au retour; un aller et retour
menetközben en allant; en passant; en route; en voyage
menetlevél 1. *(vasúti)* feuille *f* de marche (du train); **2.** *kat:* feuille de route; **3.** *haj:* passeport *m*; **4.** *(személy* v *áru számára)* laissez-passer *m*
menetoszlop colonne mobile *f*
menetrend 1. *(kifüggesztett)* *(szolgálati, munka~)* tableau *m* de service; **2.** *(vonaté)* la marche d'un train; **3.** *(vasúti stb.)* ~ (livret-)horaire; indicateur *m* de chemin de fer
menetrendszerű conforme à l'horaire; ~ *indulás* départ réglementaire *m*; ~ *vonat* train régulier
menház hospice; asile *m*; *aggok ~a* asile de vieillards
menhely 1. asile; refuge; centre *m* d'accueil; **2.** *a* ~ l'Assistance
menlevél sauvegarde *f*; sauf-conduit *m*
menő [~ek, ~t] allant; *jól* ~ prospérant, -e; *az örületig* ~ frisant la folie
menstruáció [~k, ~t, ~ja] *orv:* règles *f pl*; menstruation *f*; menstrues *f pl*; *~ja van (szabályosan)* elle est réglée; *megjött a ~ja* elle a ses règles *v* jours critiques; elle est souffrante
ment [~ettem, ~ett, ~sen] **I.** *(ige)* **1.** *(veszélyben)* sauver; **2.** *vmitől* ~ gar-

menta 652 **mennydörgés**

der v préserver de qc; *Isten ~s!* jamais de la vie! 3. *(szóban, írásban)* excuser; justifier; expliquer; *~i a külszínt* sauver la face; *ittas állapota nem ~heti* son état d'ivresse ne saurait l'excuser; 4. *vmivel ~* prétexter qc; **II.** *(mn) ld:* **mentes**
menta [-ák, -át, -ája] *illatos ~* menthe *f*
menteget excuser; innocenter; disculper; *~i magát* chercher à se disculper *v* à se justifier
mentegető(d)zés excuses; explications (embarrassées)
mentegető(d)zik [~tem, ~ött, -ddzék *v* -ddzön] faire des excuses; se justifier; s'excuser de qc
mentelmi [~ek, ~t] de l'immunité; *~ jog* immunité (parlementaire) *f*
mentén 1. *vminek ~* (tout) le long de qc; sur qc; *vmi ~ halad v megy* côtoyer qc; *a folyó ~ halad* longer la rivière; 2. *a víz ~ (a vizen)* au fil de l'eau
mentes [~ek, ~t] 1. *(vmitől)* exempt; préservé, -e; libre *(mind:* de qc); 2. déchargé; libéré; dispensé, -e *(mind:* de qc); 3. *orv:* immunisé, -e (contre)
mentesít [~ettem, ~ett, ~sen] 1. *(betegségtől, rossztól)* préserver de qc; garantir de qc; immuniser contre qc; 2. *(vmitől, vmi alól)* décharger; exonérer; libérer *(mind:* de qc); *kötelezettség alól ~* décharger *v* acquitter d'une obligation; 3. *jog:* couvrir; 4. *az adótól ~* affranchir des impôts; 5. *a katonai szolgálat alól ~* dispenser *v* exempter du service militaire; 6. *~i magát vmi alól* s'exempter *v* s'affranchir de qc
mentesség exemption; franchise *f; (betegségtől)* immunité *f* (à *v* contre qc)
mentesül [~tem, ~t, ~jön] *(vmi alól)* être libéré(e) *v* dispensé(e) de qc; *~ a felelősség alól* être déchargé(e) de la responsabilité
menthetetlen 1. *(beteg)* perdu; condamné; désespéré, -e; 2. inexcusable

mentő [~k, ~t] **I.** *(mn)* 1. de sauvetage; 2˙ *átv:* sauveur, salvatrice; 3. *(vád esetén)* justificateur, -trice; *~ körülmény* circonstance atténuante; *~ tanú* témoin *m* à décharge; **II.** *(fn)* 1. sauveteur *m;* secouriste *n;* 2. *(városi)* ambulancier, -ière *n; telefonál a ~kért (Párizsban)* appeler police-secours
mentőállomás 1. poste *m* de secours; 2. *(városi)* ambulance urbaine
mentőautó auto-ambulance; ambulance-automobile *f*
mentőcsapat équipe *f* de sauveteurs *v* de secours
mentőcsónak canot *m* de sauvetage
mentődeszka *átv:* planche *f* de salut
mentőláda caisse *f* de premier secours
mentőlétra échelle *f* de sauvetage
mentőöv ceinture *v* bouée de sauvetage; ceinture *f* de sécurité
mentőponyva *(tűzoltóé)* toile *f* de saut
mentség excuse; justification; échappatoire *f; üres v hiú ~* faux-fuyant; subterfuge *m; erre nincs ~* il n'y a pas d'excuse *v* de prétexte à cela; *~ére; ~ül* à son excuse; *~ül szolgál* servir d'excuse
mentsvár refuge *m;* citadelle *f;* utolsó *~* dernière chance de salut
menü [~k, ~t, ~je] 1. menu *m;* 2. *~t eszik* manger à prix fixe
menza [-ák, -át, -ája] restaurant universitaire *m*
meny [~ek, ~et, ~e] belle-fille; bru *f*
menyasszony fiancée; promise
menyasszonyi de mariée; *~ koszorú* couronne *f* de mariée
menyecske jeune femme; jeune mariée
menyegző [~k, ~t, ~je] noces *f pl;* noce *f;* *(sokszor:)* cérémonie (nuptiale)
menyét [~ek, ~et, ~je] martre; marte *f*
menny [~ek, ~et, ~e] *vall:* ciel *m; a ~ek* les cieux; *a ~ dörög* le tonnerre *v* le ciel gronde; il tonne; *a ~ekben* là-haut; dans les cieux
mennybolt(ozat) firmament *m;* voûte céleste *f*
mennydörgés tonnerre; bruit *m* du tonnerre

mennydörgő tonnant; tonitruant, -e;
~ *hang* voix tonitruante
mennyei [~ek, ~t; ~en] *vall:* céleste;
du ciel; des cieux; paradisiaque;
~ *boldogság* béatitude (éternelle);
~ *hang* voix céleste *f;* ~ *seregek*
la milice céleste
mennyezet 1. plafond *m;* 2. *(ágyé)*
ciel-de-lit *m;* 3. *(szószék fölött)* abatvoix *m; (oltár, trón felett) (hordozható)* dais *m*
mennyezetégő plafonnier *m*
mennyi? 1. combien? (de); ~ *kétszer kettő?* combien font deux fois deux?
2. *mennyi!...* que de...! combien de...! ~ *ember!* quel monde!
mennyibe *kerül?* cela fait *v* vaut combien? ~ *került?* combien l'avez-vous payé?
mennyiben? en quoi?
mennyiért? pour combien?
mennyire? 1. combien? combien loin?
2. *mennyire...!* combien...! ce que...! *biz; de még ~!* et comment!
3. *meglátjuk,* ~ *megy vele* on verra comment il s'arrangera avec lui; ~ *van?* où en êtes-vous?
mennyiség 1. quantité *f; (gyógyszeré, anyagé keverékben)* dose *f; kis v csekély* ~ une quantité faible; *kis ~ben* sous une *v* en petite quantité; *à* petite dose; *nagy ~ben* en (grande) quantité; à dose massive; 2. *fiz:* grandeur *f;* 3. *(szállításnál)* tonnage *m*
mennyiségtan mathématiques *f pl*
mennyit? 1. combien? ~ *fizetett ezért a könyvért?* combien avez-vous payé ce livre? 2. *mennyit!* combien! ce que...!
mennyivel? 1. avec combien? 2. *(hasonlításnál)* de combien? combien? 3. ~ *finomabb ez a szó!* combien plus fin est ce mot!
mennykő I. *(fn)* 1. pierre de tonnerre *v* de foudre; 2. *mi a ~!* tonnerre de Dieu! II. *hat:* ~ *nagy* immense; colossal, -e
mennyország 1. *vall:* ciel; paradis *m;*
2. *átv: ~ban képzeli magát* il croit être en paradis; il est aux anges

I. **mer** [~tem, ~t, ~jen] *(folyadékot)* puiser
II. **mer** [~tem, ~t, ~jen] 1. oser; *sokat* ~ se permettre beaucoup; *meg ~i mondani a véleményét* avoir le courage de son opinion; 2. *pej: (merészel)* oser; avoir le front de *(inf);* s'aviser de *(inf);* avoir le toupet de *(inf); azt ~te nekem mondani* il s'est avisé de me dire
mér [~tem, ~t, ~jen] 1. mesurer; prendre la mesure de qc; *(sulyt)* peser; *(földet)* arpenter; *(méterrel)* métrer; *(mércével)* toiser; *(köbmértékkel)* cuber; *(hajót)* jauger; *vegy: (alkatrészt)* doser; *(folyadékot eladásnál)* débiter; *szemmértékre* ~ mesurer des yeux; 2. *~i magát (súlyát)* se peser; 3. *sp: ~i az időt* chronométrer le temps; 4. *vmihez* ~ proportionner à qc; ajuster à qc;
5. *csapást* ~ *vkire* frapper q d'un coup (de *stb.);* porter *v* allonger un coup à q
mérce [-ék, -ét, -éje] 1. mesure *f;* 2. *(magasságmérő)* toise *f;* 3. échelle (graduée); 4. *müsz:* calibre *m;* 5. étalon *m*
mered [~tem, ~t, ~jen] 1. pointer; *égnek* ~ se dresser; 2. *kővé* ~ être pétrifié(e); 3. *egymásra ~nek* se fixer
meredek [~ek, ~et] I. *(mn)* escarpé; abrupt, -e; raide; ~ *lejtő* pente raide; ~ *oldal* versant abrupt; ~ *ösvény* sentier ardu; II. *(fn)* escarpement; à pic *m*
meredt [~ek, ~et; ~en] 1. *(tagok)* engourdi; raidi, -e; 2. *(szem, tekintet)* fixe
méreg [mérgek, mérget, mérge] 1. poison *m; (állati)* venin *m; orv:* toxine *f; erős* ~ poison violent; *lassú* ~ poison lent *v* subtil; *mérget ad vkinek* donner du poison à q; *keveri a mérget* préparer le poison; 2. *(fertőző anyag, baktériumé)* toxine *f;* 3. *a* ~ *majd megeszi* crever de dépit; *mennyi ~!* quel empoisonnement! *biz; nagy ~!* c'est empoisonnant; *~be hoz* allumer la colère de q; échauffer la bile à q; *~be jön*

s'emporter; *keveri a mérget semer la discorde; kiadja mérgét* jeter tout son venin; *kitölti mérgét rajta* décharger sa bile sur q; *erre mérget vehet* vous pouvez en mettre la main au feu
méregdrága salé, -e; cher comme le poivre
méreget toiser; mesurer; arpenter; ~*ik egymást* se mesurer des yeux
méregfog dent venimeuse; *kihúzza a dolog ~át* neutraliser l'effet de la chose
méregpohár coupe empoisonnée; calice empoisonné
méregszakértő toxicologue *m*
méregszenvedély toxicomanie *f*
méregtan toxicologie; toxicographie *f*
méregzöld vert chasseur; vert-de-gris
mereng [~tem, ~ett, ~jen] rester pensif (-ive) *v* rêveur (-euse); rêver
merengés rêverie; contemplation *f*
merénylet 1. attentat *m* (à la vie de q *v* contre q); ~ *az állam biztonsága ellen* attentat à la sûreté de l'État; ~*et követ el vki (élete) ellen* attenter à la vie de q; **2.** ~*et követ el vkin* attenter à la pudeur de q; ~*et követ el vmi ellen* attenter a *v* contre qc
merénylő [~k, ~t, ~je] l'auteur *m* de l'attentat
mérés mesurage *m*; mesure *f*; *(súlyé)* pesage *m*; *(űrtartalomé)* cubage *m*; *(hajóé)* jaugeage *m*; *(területé)* arpentage *m*; *(méterrel)* métré *m*
merész [~ek, ~et] **1.** audacieux, -euse; hardi; osé, -e; téméraire; crâne; *(vállalkozás így is:)* risqué, -e; ~ *lépés* démarche hardie; ~ *volna tagadni* bien hardi qui le nierait; **2.** ~ *lendület* libre élan; **3.** ~ *szavak (szemérmetlen)* propos libres *v* gaillards
merészel [~tem, ~t, ~jen] **1.** oser; s'arroger le droit de *(inf)*; **2.** *(járatlanról)* se mêler de *(inf)*; s'aviser de *(inf)*
merészség audace; hardiesse; témérité; crânerie; liberté *f*

mereszt [~ettem, ~ett, -esszen] *szemét ~i vmire* avoir les yeux fixés sur qc; *nagy szemeket ~* rouler de grands yeux
méret 1. mesure; dimension *f*; **2.** *(ruhához, testi)* mesure; pointure *f*; **3.** *(csőé)* calibre *m*; **4.** *(rajzban, műsz:)* les cotes *f pl*; **5.** *átv:* échelle *f*; proportions *f pl*; *ipari ~ekben* à l'échelle industrielle; *óriási ~eket ölt* prendre des proportions inouïes
merev [~ek, ~et] **1.** rigide; raide; roide; **2.** *(fém)* inductile; **3.** *(nem mozgó)* fixe; **4.** *orv:* *(tag)* ankylosé, -e; **5.** *(hang)* cassant, -e; **6.** *(tekintet)* fixe; atone; **7.** *(magatartásról)* rigide; ~ *viasszutasításra talál* se heurter à un refus catégorique
merevgörcs tétanos; spasme tonique *m*; tétanie *f*
merevít [~ettem, ~ett, ~sen] **1.** raidir; enraidir; **2.** *műsz:* renforcer
merevség 1. ri idité; raideur; roideur *f*; **2.** *(fémé)* inductilité *f*; **3.** *(tekinteté)* fixité *f*; *(körvonalaké)* dureté *f*; **4.** *a tudományos elmélet ~e* immobilité *f* de la doctrine; **5.** raideur; rigidité *f*; air pincé
mérföld lieu *f*; mille *m*; *tengeri ~* lieue marine
mérgelődik [~tem, ~ött, ~jék *v* ~jön] (en)rager; se faire de la bile; se faire du mauvais sang
mérges [~ek, ~t] **1.** *(állat)* venimeux, -euse; ~ *kígyó* serpent venimeux; **2.** *(növény)* vénéneux; vireux, -euse; **3.** *(anyag)* toxique; toxifère; *nem ~* atoxique; ~ *gáz* gaz toxique *v* asphyxiant; **4.** *(seb)* envenimé, -e; ~ *daganat* tumeur maligne; **5.** *(ember)* rageur, -euse; colérique; coléreux, -euse; atrabilaire; irascible; ~ *vkire* avoir de l'humeur contre q; être fâché(e) contre q; ~ *arc(kifejezés)* air grognard; ~ *arcot vág* avoir un air rechigné; **6.** *(válasz, kritika)* aigre; acerbe; virulent, -e
mérgezés empoisonnement *m*; intoxication *f*
mérgező [~k, ~t; ~en] empoisonnant; intoxicant, -e; toxique; ~

anyag substance toxique *f;* *(baktériumé)* Toxine *f*
mérhetetlen incommensurable; incalculable; immense; ~ *kár* dégât irréparable *m*
merino *gyapjú* laine mérinos *f;* ~ *juh* mérinos *m*
merít [~ettem, ~ett, ~sen] 1. puiser; *vizet* ~ *a kútból* puiser de l'eau au puits; *(a patakból:* dans le ruisseau); 2. *átv:* *vhonnan* ~ puiser à qc; *bátorságot* ~ puiser du courage; *reményt* ~ concevoir des espérances; 3. *(folyadékba)* plonger; enfoncer
merítőháló carrelet *m*
merítőkanál 1. louche *f;* 2. puisoir *m*
merítőlapát écope; escope *f;* *(rövid nyelű kicsi)* écopette *f*
merítőzsák *hal:* épuisette; coulette *f*
mérkőzés 1. *sp:* match *m;* rencontre *f;* 2. *tenisz, sakk:* tournoi *m*
mérkőzik [~tem, ~ött, ~zék *v* ~zön] *(vkivel)* se mesurer avec q; rencontrer q; *(csak sp:)* matcher; ~ *vkivel vmiért* disputer qc à q
Merkúr [~ok, ~t, ~ja] Mercure *m*
mérleg [~ek, ~et, ~e] 1. balance *f;* *pontos* ~ balance juste; *rossz* ~ balance folle; *a* ~ *karja* le bras du fléau; *a* ~ *nyelve* l'aiguille *f* de la balance; *a* ~ *serpenyője* le plateau de la balance; *a* ~ *tányérja* le plat de la balance; *a* ~ *teherbírása* la portée de la balance; ~*re tesz* mettre en balance; *átv:* *a* ~*et vminek a javára billenti* faire pencher la balance en faveur de qc; 2. *csill:* *(csillagkép)* la Balance; 3. *ker:* balance *f;* bilan *m;* ~*et készít* arrêter *v* dresser *v* établir le bilan; 4. *megállapítja vminek a* ~*ét* faire le point de qc
mérlegel [~tem, ~t, ~jen] 1. *(emelgetve)* soupeser; 2. *átv:* balancer; peser; mettre en balance; ~*i az esélyeket* peser le pour et le contre; ~*i a helyzetet* faire le point; ~*i az indokokat* peser les raisons; ~*i szavait* peser *v* mesures ses termes
mérlegelés 1. appréciation; prise *f* de considération; 2. *jog:* appréciation *f;* *szabad* ~ appréciation libre

mérlegképes solvable
mérlegsúly tare *f*
mérnök [~ök, ~öt, ~e] ingénieur *m*
mérnöki [~ek, ~t] 1. d'ingénieur; 2. technique
mérnökkar génie *m*
meroving [~ek, ~et] mérovingien, -enne; *Meroving-ház* la dynastie mérovingienne
merő 1. pur, -e; ~ *hazugság* c'est du pur mensonge *v* une menterie; 2. ~ *figyelem volt* il était tout attention
merőben foncièrement; absolument
mérőlánc chaîne *f* d'arpenteur *v* à maillons
mérőléc 1. *(állított)* jalon(-mire) *m;* 2. latte *f* de nivellement
merőleges [~ek, ~et] I. *(mn)* perpendiculaire (sur qc); ~ *egyenes* (droite) perpendiculaire *f;* *érintősikra* ~ normal(e) à qc; II. *(fn)* perpendiculaire *f;* *egy* ~*t húz a tengelyre* mener une normale à l'axe
mérőóra compteur *m*
mérőrúd mètre *m* en bois; potence *f*
mérőszalag ruban métrique *m;* *(acél)* ruban d'acier
mérőzsinór 1. fil *m* à plomb; 2. *(földmérőé)* cordon *m* d'arpenteur
merre? 1. *(megy, repül stb.)* par où? de quel côté? 2. *(van)* où? de quel côté?
merről? d'où? de quel côté? de quelle direction? par où?
mérsékel [~tem, ~t, ~jen] 1. modérer; tempérer; borner; mesurer; ~*i a hideget* atténuer le froid; 2. ~*i magát* se modérer; se tempérer; 3. adoucir; infléchir; abattre; 4. *(árat, költséget)* réduire
mérsékelt [~ek, ~et] 1. *(égöv, hő)* tempéré, -e; 2. atténué; modéré mitigé, -e; 3. *(ember)* modéré; tempérant; retenu, -e; 4. ~ *politika* politique modérée *v* modérantiste; 5. *(ár)* modique; réduit, -e; raisonnable
mérséklés 1. *(áré, igényé)* modération; réduction *f;* 2. *(büntetésé)* atténuation *f*

mérséklet modération; tempérance *f;* retenue *f;* ~*et tanúsít* faire preuve de modération
mérséklődik [~tem, ~ött, ~jék v ~jön] se modérer; se tempérer; *a hideg* ~ *le froid se* modère
mersz [~et, ~e] *van* ~*e* avoir du cran; *hadd jöjjön, ha van* ~*e* je l'en défie
mert 1. parce que; car; 2. ~ *akkor;* ~ *különben;* ~ *ha nem* sinon; faute de quoi; 3. ~ *hiszen* puisque; 4. ~ *úgyis* aussi bien *(egyenes és ford. szórenddel)*
mértan géométrie *f*
mértani géométrique; ~ *arány* rapport géométrique *v* par quotient *m;* ~ *haladvány* progression géométrique *f;* ~ *középarányos* moyenne proportionnelle *v* géométrique; ~ *rajz* dessin géométrique *v* linéaire *m*
mérték [~ek, ~et, ~e] 1. mesure *f; (térképen, terven)* échelle *f; átv:* taux *m;* 2. *(mérce)* toise *f; nem üti meg a* ~*et* il n'a pas la taille; 3. ~ *után* sur mesure; ~*re készült ruha* vêtement *m* sur mesure; ~*et vesz róla* prendre mesure; 4. *(verstan)* mètre *m;* mesure *f;* 5. *(szólásokban) a* ~ *betelt* la mesure est comble; *abban a* ~*ben, ahogy* v *amely* ~*ben ... úgy* dans la mesure où; à mesure que; au fur et à mesure que; *kisebb* ~*ben* dans une faible mesure; *nagy* ~*ben* sur une grande échelle; *nagy* ~*ben hozzájárul vmihez* contribuer à qc dans une large mesure; *a legcsekélyebb* ~*ben is* pour si peu que ce soit; *a legnagyobb* ~*ben* au plus haut point; au premier chef; ~*en felül* outre mesure; *megüti a* ~*et* répondre aux conditions voulues; ~*et tart* savoir se borner; se contenir; *nem tart* ~*et* ne garder aucune mesure; manquer de mesure; *kisebb* ~*ű* de faible dimension; de faible amplitude; ~*ül vesz* prendre pour mesure; ~*kel* avec modération; *csak* ~*kel!* usez, n'abusez pas! *kétféle* ~*kel mér* avoir deux poids et deux mesures; *a maga* ~*ével mér* mesurer à sa toise;

juger tout à son aune; emberi ~*kel mérve* à l'échelle humaine
mértékegység unité *f* de mesure
mértékhitelesítés vérification *f* des poids et mesures; étalonnage *m*
mértékletes [~ek, ~et] 1. tempérant, -e; sobre; 2. *(étkezés)* frugal, -e
mértékletesség 1. tempérance; sobriété *f;* 2. *(étkezésé)* frugalité *f*
mértékrendszer système *m* de(s) mesure(s)
mértéktartás modération; mesure *f*
mértéktelen 1. excessif, -ive; outré; exorbitant, -e; 2. intempérant; immodéré; intempéré, -e
merül [~tem, ~t, ~jön] 1. *(alá)* plonger; s'enfoncer; 2. *haj:* 10 m-nyire ~ tirer 10 m d'eau; 3. *átv:* se plonger; verser; *gondolataiba* ~ s'absorber dans ses pensées
mérvadó de premier plan; compétent, -e; *ez nem* ~ ce n'est pas une raison; *feltétlenül* ~ *szabály* règle absolument formelle
mese [-ék, -ét, -éje] 1. conte *m; (példa-mese és ált:)* fable *f; (példázat)* apologue *m; -ébe illik* cela tient du conte de fée; *-ébe illő* fabuleux, -euse; 2. *(irod, műé)* sujet *m;* attribulation; intrigue *f;* 3. *(kitalált, hazug)* conte en l'air; mythe *m;* légende *f; ez* ~ c'est une légende; *a -ék világába tartozik* être du domaine de la (haute) fantaisie; ~ *az egész!* fables *v* histoire que tout cela! 4. *biz:* *itt nincs* ~*!* pas d'histoires!
mesebeli [~ek, ~t] de la fable; des contes; fabuleux, -euse; *a* ~ *királyfi* le Prince Charmant
mesefilm dessins animés; film féerie *m*
mesél [~tem, ~t, ~jen] 1. dire des contes; conter des fables; 2. *(elbeszélve)* conter; raconter; débiter; 3. *(hazug módon)* en conter; ~*je ezt másnak!* à d'autres!
meseország pays *m* des contes *v* fables
meséskönyv livre *v* recueil *m* de contes
meseszép beau *v* belle comme un rêve
Messiás [~ok, ~t, ~a] le Messie
mester [~ek, ~t, ~e] 1. maître *m;* *gúny:* matador *m; (zen. így is:)*

maestro m; mester! maître! kedves ~ Monsieur et cher Maître; ~ére talál trouver son maître; 2. (munkásokkal való viszonyban) le patron; le bourgeois biz; 3. (tanító) maître; 4. nagy ~ ő kelme c'est un vieux renard
mesterdalnok maître-chanteur m
mesterfogás coup de maître; tour m d'adresse
mestergerenda solive; poutre maîtresse; sous-poutre f
mesterkedés manigances f pl; machination(s) f (pl); politikai ~ la mécanique politique; intrigues politiques; les ficelles de la politique
mesterkedik [~tem, ~ett, ~jék v ~jen] (vmiben) machiner qc; manigancer qc; abban ~, hogy il s'ingénie à (inf); il s'évertue à (inf)
mesterkéletlen sans artifice v affectation; naturel, -elle; spontané, -e
mesterkélt [~ek, ~et] 1. affecté; apprêté, -e; artificiel, -elle; ~ modor manières affétées; 2. (festmény, rajz) fignolé, -e
mesterkéltség 1. affectation; afféterie f; artifice; apprêt m; 2. (faragáson) tarabiscotage m; (festményen, rajzon) fignolage m; 3. irod: la ficelle
mesterlevél lettre f v diplôme m de maîtrise
mestermű 1. chef-d'œuvre m; œuvre magistrale; 2. coup m de maître
mesterség 1. métier m; profession f; état; art m; a ~ek les arts mécaniques; les métiers; mi a ~e? qu'est-ce qu'il est de son état? 2. átv: nem nagy ~ ce n'est pas la mer à boire
mesterséges artificiel, -elle; factice; (haj, orr) postiche; (gyártmány) artificiel, -elle; synthétique; ~ bolygó satellite artificiel; ~ légzés respiration artificielle; ~ megtermékenyítés insémination artificielle; ~ táplálás alimentation artificielle; ~ úton artificiellement
mész [meszet, mesze] 1. chaux f; meszet olt éteindre la chaux; mésszé éget calciner; 2. biz: nem ettem meszet! pas si bête!

mészárlás boucherie f; massacre m; tuerie f; carnage m
mészáros [~ok, ~t, ~a] boucher m; (vágóhídi) tueur de bœufs
mészárosbolt boucherie f
mészárosinas apprenti boucher m
mészároslegény garçon boucher m
mészárszék 1. boucherie f; 2. átv: charnier m; ~re visz mener à la boucherie
mészégető I. (mn) ~ kemence four à chaux; II. (fn) chaufournier; chaulier m
meszel [~tem, ~t, ~jen] teindre v crépir à la chaux; blanchir (à la chaux)
meszes [~ek, ~et,' ~en] I. (mn) 1. calcaire; calcique; 2. (beteg) scléreux, -euse; sclérosé, -e; 3. (ruha) taché(e) v souillé(e) de chaux; II. (fn) bőrgy: plain; pelin m
meszesedik [~tem, ~ett, ~jék v ~jen] 1. se calcifier; 2. orv: se scléroser
mészkő pierre f à chaux; calcaire m
messze I. (hat) loin; au loin; vmitől ~ loin de qc; nem ~ à peu de distance; amilyen ~ csak ellát az ember v a szem à perte de vue; ~ ható ayant une répercussion lointaine; átv: ~ jár tőle il en est à cent lieues; ~ maga mögött hagy vkit avoir beaucoup d'avance sur q; (átv: így is) dépasser de cent coudées; ~ hangzó sonore; átv: avant un grand retentissement; ~ lát voir de loin; átv: avoir la vue longue; befolyása ~ terjed avoir les mains longues; ~ van ide Párizs? y a-t-il loin d'ici à Paris? ~ vezetne, ha cela nous mènerait loin si; II. (mn) éloigné; lointain, -e; ~ földről jöttek hozzá on venait le consulter de pays lointains
messzebb plus loin; en delà; au-delà
messzelátás 1. clairvoyance f; 2. orv: presbytie f
messzelátó 1. (távcső) longue-vue f; kézi ~ lorgnette f; (csillagászati) télescope m; 2. orv: presbyte n
messzemenő 1. (következtetés) des plus éloignés; extrême; 2. (ígéret stb.) qui va loin; généreux, -euse; 3.

42 Magyar–Francia kézi

large; considérable; ~ *engedmény* large concession *f*
messzeség lointain *m;* a ~*ben* dans le lointain
messziről de loin; à distance
mesztic [~ek, ~et] métis, -isse *n*
metafizika métaphysique *f*
metafora [-ák, -át, -ája] métaphore *f*
metallurgia [-át] métallurgie *f*
metán [~t, ~ja] (gaz) méthane; gaz *m* de marais
metél [~tem, ~t, ~jen] 1. tailler (en fines lanières); 2. *(hagymát)* découper
metélődeszka planche *f* à hacher
metélt [~ek, ~et] *(tészta)* nouilles *f pl*
métely [~ek, ~t, ~e] 1. douve *f;* distome *m;* 2. *(betegség)* cachexie aqueuse; distomatose *f;* 3. *átv:* contamination; contagion *f;* virus *m*
meteor [~ok, ~t, ~a] 1. *csill:* aérolithe; bolide *m;* 2. *átv:* météore *m*
meteorkő météorite (pierreuse); aérolithe *m*
meteorológia [-át] météorologie *f*
meteorológiai [~ak, ~t] météorologique; ~ *állomás* station météo(rologique) *f;* ~ *hírszolgálat* service *m* de renseignements météorologiques; *Országos Meteorológiai Intézet* Office national de Météorologie; ~ *intézet jelentése* bulletin *m* de météo; météo *f biz;* ~ *szolgálat* la météo
méter [~ek, ~t, ~e] 1. mètre *m;* 2. *(fa)* stère *m*
méterkilogramm kilogrammètre *m*
métermázsa quintal *m* (métrique)
méterrúd mètre *m*
metilalkohol alcool méthylique; méthylène *m*
metiléter éther méthylique *m*
metodista [-ák, -át, -ája] *vall:* méthodiste *(n)*
metonímia [-ák, -át, -ája] métonymie *f*
metsz [~ettem, ~ett, metsszen *v* messen] 1. couper; sectionner; *(vonalak, utak)* s'entrecouper; 2. *(fát)* tailler; 3. *(rézre stb.)* graver; buriner; 4. *orv:* exciser; 5. *(tükröt)* biseauter; 6. *egymást* ~*i* se couper
metszés 1. section; coupe *f;* 2. *(fáé)* taille *f;* 3. *műsz:* taillage *m;* 4.

(metszőtűvel) coup *m* de burin; 5. *(művészet)* gravure *f;* 6. *orv:* incision *f;* 7. *mat:* intersection *f;* concours *m; két vonal* ~*e* concours de deux lignes
metszési sectionnel, -elle; d'intersection; ~ *pont* point *m* d'intersection *v* de section
metszet 1. coupe *f; függőleges* ~*ben* en coupe verticale; 2. *(kivágott rész)* tranche *f;* 3. *(szövettani)* coupe *f;* 4. *ép, geol, mat:* section *f;* 5. *műv: (rajz)* gravure; estampe *f;* *(könyvben)* planche *f;* 6. *(sormetszet)* césure *f*
metszetszoba cabinet *m* d'estampes
metsző [~ek *v* ~k, ~t] I. *(mn)* 1. *mat:* sectionnel, -elle; sécant, -e; 2. *(fájdalom)* perçant; térébrant, -e; aigu, -ë; 3. *(hideg, füst igével:)* pincer; 4. *átv:* incisif, -ive; mordant, -e; acide; aigre; âpre; ~ *él* aigreur; pointe *f;* II. *(fn)* 1. *műv:* graveur *m;* 2. *(rituális)* circonciseur *m;* *(állatokat)* châtreur *m;* 3. *mat:* sécante *f*
metszőfog incisive *f;* *(növényevőé, kutyáé)* pince *f*
metszőkés *(kerti)* couteau-greffoir *m;* serpe; serpette *f*
metszőolló *kert:* sécateur *m*
metszősík plan sécant *v* coupant
metszővéső burin *m;* pointe sèche
mettől meddig? 1. *(helyről)* d'où et (jusqu')à quel endroit? 2. *(időről)* à partir de quelle date, jusqu'à quelle date?
méz [~et, ~e] miel *m; elsőrendű csurgatott* ~ miel vierge *v* surfin; *gúny: csupa* ~ *volt* il était tout miel tout sucre; ~*et gyűjt* butiner
mezei [~ek, ~t] champêtre; campagnard, -e; rustique; agreste; rural, -e; *(növény, állat)* des champs; ~ *bokréta* bouquet *m* des champs; ~ *munka* travail champêtre; travaux *m pl* des champs; ~ *munkás* ouvrier agricole *v* des campagnes; *sp:* ~ *terep* terrain *m* de cross; ~ *virág* la fleur des champs
mezeiegér; mezeipocok rat *m* des champs

mézelés mellification *f*
mézelő [~k, ~t] *(állat, növény)* mellifère; mellifique
mézes [~ek, ~t] mielleux, -euse *(átv is)*; miellé, -e
mézeshetek lune *f* de miel
mézeskalács pain *m* d'épices
mézeskalácsos [~ok, ~t, ~a] marchand *v* fabricant de pain d'épices; paindépicier *m*
mézesmadzag attrape-nigaud; attrape-niais *m*
mézesmázos [~ak, ~at] mielleux, -euse; sucré, -e; doucereux, -euse
mézga [-ák, -át] 1. gomme; gomme adragante; 2. *(szilvafáé)* gomme; bran *m* d'agace; *növényi* ~ mucilage *m*
mézgás gommeux; mucilagineux, -euse
mézharmat miélat; miellat *m*
mezítláb nu-pieds; pieds nus; nu-jambes
mező [~k, ~t, mezeje] 1. champ(s) *m (pl)*; pré *m*; 2. *(várossal ellentétben)* campagne *f*; 3. *fiz:* champ; *mágneses* ~ champ magnétique; 4. *(falrész)* panneau *m*; 5. *átv:* champ; domaine *m*
mezőgazda agriculteur *m*
mezőgazdaság agriculture; économie rurale *f*; *virágzó* ~ agriculture riche
mezőgazdasági agricole; agraire; agricultural, -e; ~ *állam* État agraire *m*; ~ *dolgozó* travailleur *m* de la terre; ~ *gép* machine agricole *f*; ~ *gépesítés* machinisme agricole *m*; ~ *gépgyártás* constructions mécaniques agricoles *f pl*; ~ *ipar* industrie agricole *f*; ~ *kísérleti állomás* v *telep* station expérimentale agricole; ~ *munka* travail aux champs; ~ *munkabér* (salaire de) la main-d'œuvre rurale; ~ *munkás* ouvrier agricole *v* de culture; ~ *népesség* population agricole *f*; ~ *szövetkezet* (société) coopérative agricole; ~ *technika* agrotechnique *f*; ~ *termék* v *termény* produit agricole *m*; ~ *termelőszövetkezet* coopérative agricole *f* de production; ~ *üzem* exploitation agricole *f*; ~ *üzemi szakember* agronome *m*

mezőgazdaságtan agronomie; agrotechnie *f*
mezőgazdász agriculteur *m*; agronome *n*
mezőny [~ök, ~t, ~e] 1. *sakk:* case *f*; 2. *(lóversenyen)* piste *f*; 3. *orv:* *(röntgen)* champ *m*
mezőőr 1. garde champêtre *m*; 2. garde agricole *m*
mezőség prairie; lande *f*; pâtis *m*
mezőváros bourgade *f*; (gros) bourg
meztelen nu; déshabillé, -e; dans le plus simple appareil *tréf*; ~*re vetkőzik* se déshabiller complètement; se mettre nu(e) *v (nép:)* à poil; *a* ~ *bőrön* à cru; ~ *igazság* vérité toute nue; ~ *kard* l'épée nue
mezsgye [-ék, -ét, -éje] 1. lisière; limite *f* du champ; 2. borne *f*; 3. *a történelem és a legendák -éjén* à mi-chemin entre l'histoire et la légende
I. *(nm)* **mi** [minket, bennünket] 1. *(személyes nm)* nous; *(néha)* nous autres; 2. *(birtokos nm)* notre; nos
II. mi? [mik, mit, mije] I. 1. *(kérdő nm)* qu'est-ce qui? que? qu'est-ce que? *mi lesz belőle?* que devient-il? *mi az?* qu'est-ce? qu'y a-t-il? *(újra kérdezve)* hein? quoi? *mi ez?* qu'est-ce? qu'est ceci? *mi (a) baj?* qu'y a-t-il? qu'est-ce qu'il y a? *mi történt?* qu'y a-t-il? qu'est-ce que s'est passé? *mi van a zsebedben?* qu'est-ce que tu as dans la poche? 2. *mije fáj?* qu'est-ce qui lui fait mal? 3. *(önállóan) mi?* quoi? hein? *ez tetszik, mi?* cela vous plaît, hein? 4. *(felkiáltásban) mi az ördög!* que diable! II. *(függő kérdésben)* ce qui; ce que; III. *(nm) mi célból?* dans quel but? à quelle fin? *mi címen?* à quel titre? IV. *(semmi) mintha mi sem történt volna* comme si de rien n'était
mialatt pendant que; tandis que
miáltal par quoi; par où; moyennant quoi
miatt en raison de...; à cause de...; pour...; grâce à...; *haláleset* ~ *zárva* fermé pour cause de décès
miatta 1. sur son compte; à cause de lui; 2. en

miatyánk [~ot, ~ja] *vall:* pater *m;* patenôtre *f*
mibe? dans quoi? en quoi? ~ *kerül* qu'est-ce que cela coûte?
mibenlét essence; substance *f*
miből? 1. de quoi? d'où? 2. ~ *az következik* d'où *v* de quoi il résulte *v* il s'ensuit; 3. ~ *készült v van ez?* en quoi est-il fait *v* est-ce fait?
micisapka casquette *f* de cycliste
micsoda? [-át] 1. *(önállóan)* quoi? quoi donc? ~ *ember!* quel homme! 2. *attól függ ki* ~? c'est selon; ~ *János?* Jean quoi? Jean comment? ~ *kérdés!* en voilà une question!
midőn lorsque; quand; au moment où
mieink; *a* ~ les nôtres; nos gens
mielőbb au *v* le plus tôt possible
mielőbbi prochain, -e; *a* ~ *viszontlátásra (még aznap)* à tantôt! *(máskor)* à bientôt!
mielőtt avant que *(subj)* v *(subj és nc)*; avant de *(inf);* à la veille de *(inf); menjetek haza* ~ *beállna a teljes sötétség* rentrez avant qu'il (ne) fasse nuit noire
mienk; miénk [~et, mieinket] *a* ~ le *v* la nôtre
miért? [~je] *(mn)* 1. *(önállóan)* pourquoi (faire)? pour quelle raison? à quel propos? 2. ~ *ne?* pourquoi pas? ~ *nem ir?* que veut-il dire de ne pas écrire? 3. *(függő kérdésben)* pourquoi; pour quelle raison; *nem tudni* ~ *on ne sait pourquoi;* 4. ~ *is* à cause de quoi; ce pourquoi; ~, *miért nem...* Dieu sait pourquoi...
miféle? 1. quel? quelle sorte de...? ~ *beszéd ez?* qu'est-ce que c'est que ce langage; 2. ~ *János?* C'est Jean comment?
míg 1. pendant (tout le temps) que; cependant que; tandis que; 2. *(ellentétes ért:)* alors que; au lieu que; 3. *addig... míg* tant que
mígnem tant que; jusqu'à ce que *(ind* v *subj)*
mignon [~ok, ~t, ~ja] petit gâteau (glacé)
migrén [~ek, ~t, ~je] migraine *f;* ~*je van* avoir la migraine

mihelyt 1. une fois que; aussitôt que; dès que; sitôt que; ~ *észrevette* du plus loin qu'il l'eut aperçu; 2. *(egyéb francia igétlen szerkezetek;)* ~ *lehet* dès que possible; ~ *kihajnalodik* aussitôt le jour; ~ *megvacsoráztak* aussitôt le dîner; ~ *megfogták, felkötötték* sitôt pris, sitôt pendu; ~ *az utcára ért* une fois dans la rue...
mihez? à quoi?
miheztartás *végett* à toutes fins utiles; ~ *végett közlöm* je vous dis cela pour votre gouverne
Miklós [~ok, ~t, ~a] Nicolas *m*
mikor? 1. quand? à quel moment? 2. *(függő kérdésben)* quand; à quel moment; à quelle date; 3. *(időhat. mellékm. élén)* lorsque; quand; au moment de *(inf);* ~ *aztán* dès lors que; 4. ~ *az utcára ért* une fois dans la rue
miközben pendant (tout le temps) que; cependant que
mikroba [-ák, -át] microbe *m*
mikrobarázda microsillon *m*
mikrobarázdás *lemez* disque microsillon *m*
mikrobiológia microbiologie *f*
mikrofon [~ok, ~t, ~ja] microphone; micro *m; a* ~*nál* devant le *v* au micro
mikron [~ok, ~t, ~ja] micron; micromillimètre *m*
mikroszkóp [~ok, ~ot, ~ja] microscope *m; a* ~ *nagyítása* le grossissement du microscope
Miksa [-ák, -át, -ája] Maximilien *m*
Mikulás *(bácsi)* saint Nicolas; *(franciáknál az ajándékozó alak karácsonykor:)* Père Noël
miliméter millimètre *m;* ~*nyi pontossággal* au millimètre
millió [~k, ~t, ~ja] million *m;* ~*kra rúg* se chiffrer par million; *ezer* ~ milliard, billion *m*
milliomos [~ok, ~t, ~a] millionnaire *(n);* sokszoros *v többszörös* ~ multimillionnaire *n*
millszekundos *robbantás bány:* tir *m v* amorces *f pl* à microretard
Miltiadész [~t] Miltiade *m*

milyen I. *(mn)* 1. *(önmagában)* comment est-il (fait)? 2. *(mn)* quel ...? quelle espèce de...? ~ *célból?* dans quel but? ~ *címen?* à quel titre? *(családnévre)* ~ *János?* Jean quoi *v* comment? 3. nem tudom ~ *lesz* je ne sais pas comment il sera fait; 4. *(felkiáltásban)* quel...! ce que; ~ *semmi az élet!* ce que c'est que de nous *biz;* ~ *szerencse!* quel bonheur! II. *(hat)* 1. ~ *nagy?* combien grand(e)? comment est-il grand *v* gros? 2. ~ *nagy!* comme il est grand! ~ *buta!* ce qu'il est bête!
mímel [~tem, ~t, ~jen] contrefaire; mimer; poser au... *v* à la...
min? sur quoi? *átv:* à quoi?
minap(ában) l'autre jour; naguère; tout récemment
I. **mind** [~et] 1. tous; les uns et les autres; ~ *egy szálig* tous *v* toutes sans exception; jusqu'au dernier homme; 2. ~ *a kettő* tous (les) deux; les deux; 3. *mind... mind...* et... et...; ainsi que...; tout comme...; tant... que
II. **mind** 1. de plus en plus; ~ *nagyobb lesz* grandir de plus en plus; 2. ~ *ez ideig* jusqu'à présent *v* à l'heure actuelle
mindaddig 1. jusqu'alors; jusqu'à ce moment-là; 2. ~, *amíg* jusqu'au moment où; tant que
mindamellett cependant; néanmoins; toutefois
mindaz I. *(mn)* tout cela; ~, *ami* tout ce qui; ~, *amiről* tout ce dont; ~, *amit* tout ce que; II. *(mn)* tout ce, toute cette; tous ces, toutes ces
mindeddig jusqu'à présent; jusqu'en ce moment; jusqu'ici
mindegy c'est égal; c'est pareil; c'est la même chose; *most már* ~ (eh bien), tant pis! *nekem egészen* ~ cela m'est (bien) égal; *ha önnek* ~ si cela ne vous fait rien
mindegyik I. *(nm)* chacun; chaque *biz;* ~ *a párjával* chacun avec sa partenaire; *melyek* ~*e* dont chacun (est); II. *(mn)* chaque; chacun des...

mindegyre sans arrêt; sans cesse; à tout propos
minden [~ek, ~t, ~e] I. *(nm)* 1. tout; chaque chose; *ez* ~? c'est tout? rien que cela? ~ *jól megy* tout va bien; *ezzel* ~ *meg van mondva* c'est tout dire; *ez* ~*e* c'est son unique trésor; *ő* ~*em* il est tout pour moi; ~*be beletörődik* se plier à tout; ~*ben* en tout (et partout); en tous points; ~*ből nagy dolgot csinál* il grossit tout; ~*hez alkalmazkodik* s'accommoder de tout; ~*nel foglalkozik* il fait de tout; ~*nél jobban* plus *v* mieux que tout; ~*re használható* omnibus; ~*re kapható ember* risque-tout *m;* ~*t együttvéve* tout en gros; ~*t elvisz* faire place nette; ~*t a maga idején* chaque chose à sa place et à son heure; ~*t megértettem* j'ai tout compris; *megtesz* ~*t, ami tőle telik* faire tout son possible; ~*ét odaadja* se saigner à blanc; ~*t összevéve* somme toute; en fin de compte; ~*t nagyon a szívére vesz* s'embarrasser de tout; *már* ~*t tudok* je sais tout; ~*t vagy semmit* tout ou rien; 2. *mi* ~*t nem mondottak róla!* que n'a-t-on pas raconté sur lui! II. *(mn)* 1. tous les...; tous ...; ~ *célra* à toutes fins; ~ *egyes alkalommal* en toute occasion; ~ *ember* tout le monde; ~ *erejét latba veti* mettre tout en œuvre; ~ *esetre;* ~ *eshetőségre* à toutes fins; à tout hasard; ~ *eszközzel* à toute force; *nem* ~ *fáradság nélkül* non sans peine; ~ *időben* en tout temps; à toutes les heures; ~ *irányban* en tous sens; dans tous les sens; ~ *módon* de toutes les manières; de toute manière; ~ *segítség nélkül* sans aucune aide; ~ *tekintetben* à tous égards; de tout point; ~ *további nélkül* sans plus; 2. ~ *(egyes)* chaque; chacun des...; ~ *oldalon* à chaque page
mindenáron à tout prix; coûte que coûte
mindenekelőtt 1. tout d'abord; avant tout; 2. *(igével:)* commencer par *(inf)*

mindenekfelett entre tous *v* toutes; par-dessus tout
mindenesetre 1. en tous cas; dans tous les cas; **2.** *(legalább)* à tout le moins; toujours; *annyi* ~ *bizonyos, hogy* toujours est-il que; **3.** *(ellentétes)* bien
mindenes(lány) bonne à tout faire; house-maid *f*
mindenestül avec tout ce qu'il avait; armes et bagage; *haj:* ~ *elpusztul v elveszett* périr *v* être perdu(e) corps et bien
mindenevő *áll:* omnivore; polyphage; pantophage
mindenféle I. *(mn)* **1.** de toute espèce; de tous genres; de tout genre; de toute sorte; toute(s) sorte(s) de ...; ~ *földben megnő* ... vient en tous terrains; **2.** ~ *emberrel nem állok szóba* je n'adresse pas la parole au premier venu; **II.** *(fn)* toute(s) sorte(s) de choses; le diable et son train
mindenható tout-puissant, toute-puissante; omnipotent, -e
mindenhol partout; en tous lieux
mindenhonnan de partout; de toute(s) part(s)
mindenhová partout; en tous lieux
mindenképp(en) de toutes les manières; de toute manière
mindenki 1. tout le monde; tous; toute la terre; ~ *egyenlő a törvény előtt* on est tous égaux devant la loi; ~ *ellenére* envers et contre tous; *ezt* ~ *tudja* c'est couru; c'est tout vu; *ki* ~ *volt ott?* qu'y avait-il comme monde? ~*vel szemben* envers et contre tous; **2.** *(egyenként)* chacun; **3.** ~, *aki* quiconque; tout ce qui
mindenkor 1. de tous temps; **2.** toutes les fois; **3.** à jamais; pour jamais
mindenkori 1. *(hivatalról)* en fonction; **2.** *(más és más)* de chaque fois
mindennap tous les jours; chaque jour
mindennapi 1. de chaque jour; quotidien, -enne; *a* ~ *élet* la vie quotidienne; *a* ~ *kenyér* le pain du jour; ~ *pihenő* repos diurnal; ~ *szükség-*

letek besoins journaliers; **2.** *(közönséges)* banal; trivial, -e; ~ *dolog* c'est chose ordinaire; ~ *történet* une tranche de vie
mindennapos 1. quotidien, -enne; journalier, -ière; *a* ~ *beszédben használt francia nyelv* le français de tous les jours; *ez* ~ *dolog* c'est monnaie courante; **2.** ~ *nálunk* il nous vient voir tous les jours; **3.** banal, -e; ~ *esemény* cas banal
mindenség univers *m*
mindenszentek le Toussaint
mindentudó omniscient, -e
mindenünnen 1. de toute(s) part(s); **2.** *gúny:* de bric et de broc
mindenütt partout; en tous lieux; en tout lieu; *majd* ~ presque *v* un peu partout; ~ *jelenlevő v jelenvaló* ubiquitaire *(m);* omniprésent, -e; ~ *keres vkit* chercher q par mer et par terre
mindez 1. *(nm)* tout cela; tout ça *biz;* *mindebből következik, hogy* de là vient que; **2.** ~*ek a)* toutes ces choses; *b)* tous ceux-ci, toutes celles-ci; ~*ek után* ceci dit ...
mindhalálig jusqu'à la mort; jusqu'au dernier soupir
mindhiába peine perdue; (c'est) en vain
mindig 1. toujours; de tout temps; depuis toujours; **2.** *(folyton)* tout le temps; toujours; *majdnem* ~ la plupart du temps; **3.** ~ *csak (+ ige)* ne faire que *(inf);* **4.** ~ *jobban* de plus en plus
mindjárt 1. tout de suite; de suite; aussitôt; **2.** *(most mindjárt)* tout à l'heure; ~ *jövök!* on y va! **3.** *(igével)* aller *(inf);* **4.** *(egy szinten)* de plain-pied
mindkét l'un et l'autres des...; chacun des deux...; ~ *esetben* dans les deux cas; ~ *nembeli* des deux sexes; ~ *részről* de part et d'autre; ~ *szemére vak* complètement aveugle
mindnyájan tout *v* toutes; les uns et les autres
mindnyájunk chacun de nous
mindörökké pour toujours; à (tout) jamais

mindörökre à (tout) jamais; à vie; pour toujours
mindössze en tout (et pour tout)
minduntalan 1. à tout propos; à tout instant; 2. sans cesse; continuellement
minek? I. 1. contre quoi? à quoi? ~ *ment neki?* à *v* contre quoi s'est-il heurté? 2. pourquoi? à quoi bon? 3. ~ *a teteje látszik ide?* de quoi voit-on le toit d'ici? 4. ~ *nézed? (embert)* pour qui le prends-tu? *(tárgyat)* pour quoi le prends-tu? II. *(vonatkozó nm:)* ~ *árán* moyennant quoi; ~ *folytán* pour raison de quoi; ~ *hiteléül* en foi de quoi
minél 1. ~ *előbb* le plus tôt possible; 2. *minél... annál...* plus... et davantage...; plus... (et) plus...; ~ *előbb, annál jobb* le plus tôt sera le mieux
minélfogva en conséquence *v* en raison de quoi
Minerva [-át, -ája] Minerve *f*
minimális [~ak, ~at] minimum *(nőn: ua. de így is:* minima); minimant, -e; le minimum de; ~ *ár* prix plancher *m; aut: a* ~ *díj* prise *f* en charge
minimum [~ok, ~ot, ~a] I. *(fn)* minimum *m*; valeur minimum *f*; ~*ra szorít* faire réduire au minimum; *a* ~*ra szorítkozik* être réduit(e) à sa plus simple expression; II. *(hat)* au minimum
ministráns [~ok, ~t, ~a] *egyh:* servant *m*
ministránsgyermek *egyh* enfant de chœur; clergeon *m*
mini(szoknya) mini(-jupe) *f*
miniszter [~ek, ~t, ~e] ministre *m*
miniszterelnök président du conseil; premier ministre
miniszterhelyettes ministre-adjoint; vice-ministre *m*
miniszteri [~ek, ~t] ministériel, -elle; du ministère; du cabinet; ~ *biztos* délégué *m* du ministère; ~ *fogalmazó* rédacteur *m* au ministère; ~ *rendelet* arrêté ministériel; ~ *tanácsos* chef *m* de section au ministère; ~ *tárca* portefeuille ministériel

minisztérium [~ok, ~ot, ~a] 1. *a* ~ le cabinet; 2. *(egy tárca)* ministère; cabinet *m*
miniszterpapír papier ministre *m*
minisztertanács conseil *m* de(s) ministre(s) *v* de cabinet
minőség 1. qualité *f;* acabit *m;* nature *f;* caractéristiques *f pl; jó* ~ (bonne *v* belle) qualité; *igen jó* ~*ben* en très grande qualité; 2. *sakk:* qualité; 3. *milyen* ~*ben?* à quel titre? en quelle qualité? *férji* ~ état *m* d'époux; *tanú* ~*ben* en qualité de témoin
minőségi [~ek, ~t] qualitatif, -ive; de (première) qualite; *(áruról)* de choix; *vegy:* ~ *elemzés* analyse qualitative
minőségromlás *ker:* tare *f*
minősít [~ettem, ~ett, ~sen] 1. qualifier; *(árut)* classer; 2. *(hivatalnokot)* noter; coter; 3. *(dolgozatot)* coter
minősítés 1. qualification *f; (árué)* classement *m;* 2. *(hivatali)* notes *f pl; egyéni* ~ note *v* fiche individuelle; 3. *(iskolai)* note; cote *f*
minősített [~ek, ~et] qualifié, -e; *jog:* ~ *lopás* vol qualifié
minősíthetetlen inqualifiable; sans nom
mint 1. *(hasonlítva)* comme; tout comme; ainsi que; tel, telle; ~ *amilyen* tel que; ~ *mikor* ainsi quand; tel; ~ *például* tel, telle; ~ *egy dühös oroszlán* tel un lion furieux; 2. *(alapfokon:)* olyan nagy ~ *én* il est grand comme moi *v* aussi grand que moi; 3. *(középfokon):* que; *nagyobb* ~ *én* il est plus grand que moi; 4. *ital nem volt más,* ~ *a mocsár vize* comme boisson il n'y avait que l'eau du marécage; 5. *mint ...* úgy ainsi que... de même *v* ainsi; 6. *(minőségben)* en (sa) qualité de; à titre de; comme; en tant que; ~ *férj* en sa qualité de mari; ~ *embert becsülöm* je l'estime comme homme; *Petőfi,* ~ *elbeszélő költő* Petőfi, poète épique
minta [-ák, -át, -ája] 1. modèle; patron; prototype; type; spécimen *m; (vázlatos)* schéma *m;* ~ *után*

sur *v* d'après un modèle; *vkinek v vminek -ájára* à l'instar de...; d'après le modèle de ...; *-ául szolgál* servir de modèle *v* de règle; 2. *(gipsz)* bosse *f*; 3. *(szoboré, épületé kicsiben)* maquette *f*; 4. *(ruhán, tapétán stb.)* dessin *m*; 5. *(okmányé)* formule *f*; 6. *(öntési)* moule *m*; matrice *f*; *-ába önt* couler dans le moule; 7. *(árué)* échantillon *m*; ~ *érték nélkül* échantillon sans valeur 8. *(vizsgálat céljaira)* échantillon; prélèvement *m (pl:* de lait); *(gyártás közben vett)* tâte *f*; *-át vesz vmiből* prélever (un échantillon de) qc
minta- 1. prototypique; 2. pilote
mintadarab échantillon-type *m*; marchandise-type *f*
mintafeleség, -férj la perle des femmes, des maris
mintagazdaság ferme *v* exploitation modèle *v* pilote
mintakép modèle; exemple; prototype; parangon *m*; ~*nek állít oda* proposer pour modèle; ~*ül szolgál* servir de modèle
mintarajz dessin *m*
mintás 1. *(anyag)* fantaisie; ouvré; chiné, -e; 2. *műv: (kelme, bőr, kerámia)* figuré, -e; à décor
mintaszerű exemplaire; modéle
mintaszerűség perfection exemplaire *f*
mintatervező dessinateur (-trice) de modèles; modéliste; modelliste *n*
mintáz [~tam, ~ott, ~zon] 1. façonner; modeler; *agyagot* ~ modeler de la terre; 2. *(préselve)* gaufrer; 3. *átv:* ~ *vmit* être exemplaire de qc
mintázat *(anyagé)* dessin; décor *m*
mintegy 1. pour ainsi dire; quasi; quasiment; ~ *véletlenül* comme par hasard; 2. ~ *ötven ember* une cinquantaine d'hommes
mintha 1. comme si; 2. *olyan* ~ *on dirait...* (c'est) comme qui dirait... *biz*; 3. *úgy tesz,* ~ il fait mine de *(inf)*; il fait semblant de *(inf)*; 4. *nem* ~ non pas que *(subj)*; ce n'est pas que *(subj); nem* ~ *nem* ce n'est pas que *(subj és* ne)

minthogy 1. comme; étant donné que; du moment que; 2. *hiv:* attendu que; vu que; 3. ~ *nem ...* faute de *(inf v fn)*; ~ *nincs pénze* faute d'argent
mintsem *(hogy)* plutôt que; plus... que... ne; *betegebb,* ~ *(hogy) hiszik* il est plus malade qu'on ne le pense
mínusz [~ok, ~t, ~a] 1. *(hat)* moins; ~ *öt fok van* il est moins cinq; a *mínusz* b *a* moins *b*; II. *(f)* 1. *mat:* moins *m*; 2. *(számadásban)* moins-value *f*; déficit *m*; 3. *(összeg behajtásánál)* somme perçue en moins
mióta? 1. depuis quand? depuis quel temps? 2. *ld:* **amióta**
mire? 1. sur quoi? 2. *átv:* à quoi? *ez* ~ *jó?* cela sert à quio? ~ *való?* à quoi bon (de *és inf)?* à quoi rime...? 3. *nem tudom,* ~ *megy vele* je ne sais pas ce que vous voulez en faire; 4. après quoi; sur quoi; sur ce; 5. quand; lorsque
mirha [-át, -ája] myrrhe *f*; myrrhide *f*; myrrhie *m*
mirigy [~ek, ~et, ~e] 1. glande *f*; *(kisebb)* glandule *f*; *belső kiválasztó* ~*ek* glandes endocrines *v* à sécrétion interne; 2. ganglions lymphatiques *m pl*
miről? de quoi? ~ *beszélnek?* de quoi parlez-vous?
mirtusz myrte *m*
mise [-ék, -ét, -éje] *egyh:* messe *f*; *-ét mond* célébrer *v* dire *v* lire *v* officier la messe; *-ét mondat* faire dire une messe *(vkiért:* à l'intention de q; *vkinek a lelki üdvéért:* pour le repos de l'âme de q)
misekönyv *egyh:* missel; livre *m* de messe
miseruha *egyh:* chasuble *f*; *-ák* ornements *m pl* de la messe
misézik [~tem, ~ett, ~zék *v* ~zen] *egyh:* officier; dire *v* célébrer la messe
miszerint d'après quoi; comme quoi *biz*
misszió [~k, ~t, ~ja] 1. mission *f*; 2. *vall:* apostolat *m*; mission
misszionárius missionnaire *n*

missziós [~ak, ~at] *egyh*: de mission; d'apostolat; ~ *tevékenység* œuvre *f* d'apostolat; missionnariat; apostolat *m*
misztérium [~ok, ~ot, ~a] mystère *m*
misztika mystique *f*
misztikus mystique *(n)*
mit? 1. *(önállóan)* quoi? *(újra kérdezve) mit?* quoi? hein? *biz;* 2. que...? qu'est-ce que...? 3. *(függő kérdésben)* ce que; quoi; 4. *nincs mit (köszönni)* il n'y a pas de quoi (remercier); 5. *eh mit!* mais bah! ah, bah! 6. *mit sem* rien; *mit sem sejt* ne rien pressentir; 7. pourquoi? *mit beszél annyit?* pourquoi est-ce qu'il parle tant?
mitevő *legyen?* que faire? que devenir? *nem tudta* ~ *legyen* il ne savait que *v* quoi faire; il ne savait sur quel pied danser
mitológia [-át, -ája] mythologie *f;* la Fable; *a* ~ *istenei* les dieux de la fable
mítosz [~ok, ~t, ~a] mythe *m*
mítoszi [~ak, ~t] mythique; fabuleux, -euse
mitől? de quoi?
miután 1. *(idő)* après que; après être *v* après avoir *(part. pass.);* 2. *(ok)* puisque; étant donné que; comme
I. **mivel?** avec quoi? comment? par quels moyens?
II. **mivel; mivelhogy** 1. *(mondat élén)* comme; dès lors que; du moment que; étant donné que; 2. *(főmondat után)* car; parce que; par la raison que; puisque
mivolta [-át] 1. *vminek* ~ l'essence *f* de qc; *kiforgatja (igazi)* -*ából* détourner de son sens; 2. qualité *f*
moccan [~tam, ~t, ~jon] broncher; bouger (de sa place); *ne* ~*jon!* ne bougez pas!
mocsár [mocsarak, mocsarat, mocsara] 1. marais; marécage *m;* 2. *(erkölcsi)* ~ bourbier *m;* boue; fange; bourbe *f*
mocsaras [~ak, ~at] marécageux; bourbeux, -euse

mocsárláz fièvre des marais *v* paludéenne; paludisme *m*
mócsing [~ot, ~ja] tirant; tendon *m*
mocskol [~tam, ~t, ~jon] 1. souiller; 2. *átv:* insulter; vilipender
mocskos [~ak, ~at, ~an] 1. sale; sordide; crasseux, -euse; 2. *átv:* ordurier, -ière; éhonté, -e; obscène; leste; ~ *beszéd* propos graveleux *v* orduriers
mocsok [mocskok, mocskot, mocska] 1. souillure; fange *f;* 2. *átv:* tare; souillure *f;* ~*ban él* vivre dans l'impureté *v* la crasse
mód [~ot, ~ja] 1. manière; façon; pratique *f;* mode *m; mindennek megvan a maga* ~*ja* il y a la manière; ...~*on* de manière...; d'une manière...; *ellenkező* ~*on* de façon contraire; *ily* ~*on* à ce compte(-là); *mi* ~*on?* de quelle manière *v* façon? *a maga* ~*ján* à sa manière *v* façon *v* mode; *a maga* ~*ján él* vivre à sa manière *v* à sa guise; *oly* ~*on, hogy* de manière (à ce) que; de façon que; *semmi* ~*on* en aucune manière *v* façon; *magyar* ~*ra* à la hongroise; *megadja a* ~*ját* faire comme il faut *v* comme il convient; ~*ját ejti, hogy* chercher *v* trouver l'occasion de *(inf);* ~*jával* avec mesure *v* modération *v* discrétion; 2. *jó* ~ aisance *f; jó* ~*ban él* vivre dans l'aisance; 3. *az egyetlen* ~ *vmire* la seule ressource pour *(inf); nincs rá* ~*, hogy* (il n'y a) pas moyen de *(inf);* ~*jában áll* v *van, hogy* être en mesure de *(inf);* être à même de *(inf); ez nem áll* ~*jában* cela n'est pas en son pouvoir; *nincs* ~*omban, hogy* il n'est pas en moi de *(inf);* il n'est pas en mon pouvoir de *(inf);* 4. *nyelv:* mode *m*
modell [~ek, ~t, ~je] 1. modèle *m; aut: (így is)* prototype *m; legújabb* ~ dernier cri *v* modèle; *1967-es* ~ modèle 1967; 2. *műv:* ~*t áll* v *ül egy képhez* poser pour un tableau; 3. maquette *f*
modern [~ek, ~et] 1. moderne; moderniste; à la page; dernier cri; dernier bateau; dernier modèle;

~ *szellem* v *ízlés* modernisme *m;* 2. *műv, irod:* moderne; d'avantgarde; 3. *(kor, stb.)* contemporain, -e; moderne; ~*nyelv* langue moderne v vivante
modernizálás modernisation; rénovation *f*
módfelett extrêmement; outre mesure; excessivement; à l'excès
módhatározó complément *m* de manière
modor [~ok, ~t, ~a] 1. manières *f pl;* allure(s) *f (pl);* façons *f pl;* tenue *f;* genre *m; jó* v *finom* ~ les belles manières; le bon ton; *kiállhatatlan* ~*a van* avoir des façons insupportables; *nincs* ~*a* manquer de tenue; 2. *műv:* style *m;* manière *f;* genre *m*
modoros [~ak, ~at] étudié; maniéré; compassé; guindé; affecté, -e
modorosság affectation; afféterie *f;* manières affectées; maniérisme *m*
modortalan sans manières v usage; mufle
módos [~ak, ~at; ~an] aisé, -e; vivant dans l'aisance; *(paraszt)* cossu, -e
módosít [~ottam, ~ott, ~son] 1. modifier; rectifier; 2. *(javaslatot)* amender; modifier; 3. *(szöveget)* remanier; corriger; mettre au point
módosítás 1. modification; rectification *f;* remaniement *m;* 2. *(javaslaton)* amendement; texte *m* d'amendement; ~*t terjeszt elő* déposer un amendement; 3. *(szövegen)* remaniement *m;* retouche *f*
módosító [~ak, ~t; ~an] ~ *indítványt tesz* proposer un amendement
módosul [~t, ~jon] se modifier; changer de face v d'aspect
módozat modalité *f*
módszer méthode *f;* système *m;* technique; pratique *f;* mode *m*
módszeres [~ek, ~t] méthodique
módszertan méthodologie *f*
mogorva [-ák, -át] morose; bourru, -e; grincheux, -euse; revêche; maussade; rechigné, -e; ~ *hallgatás* silence farouche *m*
mogorvaság morosité; humeur revêche v bourrue; maussaderie; hargne *f*

mogyoró [~k, ~t, ~ja] 1. noisette *f;* 2. *amerikai* ~ arachide *f;* 3. *földi* ~ gland de terre; orobe tubéreux; gesse tubéreuse
mogyoróbarna noisette
mogyoróbokor noisetier *m*
moha [-ák, -át, -ája] mousse *f*
Mohamed [~et] Mahomet *m*
mohamedán [~ok, ~t] mahométan; musulman, -e *(n)*
mohó [~k, ~t] 1. avide; âpre; âpre au gain; convoiteux, -euse; cupide; 2. *(evésben)* glouton, -onne; goulu, -e
mohón 1. avidement; âprement; cupidement; ~ *lesi szavait* écouter q d'une oreille avide; ~ *néz* regarder avec envie; 2. *(csak evésről)* gloutonnement; goulûment; ~ *felfal, elnyel* engouffrer qc; empiffrer
mohos [~ak, ~at; ~an] moussu, -e; couvert(e) de mousse
mohóság 1. avidité; âpreté; cupidité *f;* 2. *(evésnél)* gloutonnerie *f*
móka plaisanterie; folâtrerie; bouffonnerie; facétie; farce *f*
mokány crâne; mauvaise tête; tête carrée
mókás folâtre; facétieux, -euse; bouffon, -onne; farceur, -euse
mokka moka *m*
mókus écureuil *m*
molekula [-ák, -át, -ája] molécule *f;* -ákra *bont* moléculariser; *egy -át felbont* dissocier une molécule
molekuláris [~ak, ~t] moléculaire ; molaire; ~ *biológia* biologie moléculaire *f;* ~ *koncentráció* molarité *f*
molesztál [~tam, ~t, ~jon] tracasser; vexer; *(tettleg)* molester
molett [~ek, ~et; ~en] *(nőről)* grassouillette; rondelette
moll [~ok, ~t, ~ja] mineur *m;* ~*ban* sur le mode mineur; f-~*ban* en fa mineur
molnár [~ok, ~t, ~ja] meunier *m*
molnármester maître meunier
molnármesterség meunerie *f*
móló [~k, ~t, ~ja] jetée *f;* môle *m*
moly [~ok, ~t, ~a] *(ruha~)* mite *f;* artison *n;* teigne *f; belemegy a* ~

se miter; *ezt a kabátot eszi a ~ ce manteau se pique; a ~ eszi a ruhát les mites mangent les vêtements*
molyette [-ék, -ét] rongé(e) *f* mangé(e) de teignes *v* de mites; artisonné; mité, -e; piqué(e) des vers
molyhos [~ak, ~at; ~an] **1.** cotonneux, -euse; cotonné, -e; duveteux, -euse; **2.** *növ;* bourru, -e; ~ *szörözet* coton *m*
molyhosság duvet *m*
molyirtó anti-mites; ~ *szer* (produit) anti-mites *m*
molyrágás trou *m v* piqûre *f* de ver
molyrágta [-ák, -át] rongé(e) de mites; artisonné; mité, -e
molyzsák housse anti-mites *f*
momentum [~ok, ~ot, ~a] **1.** élément *m;* donnée *f;* facteur *m;* circonstance *f;* **2.** *vill:* moment *m*
Monakó [~t] le Monaco; ~*ban* au Monaco
monakói [~ak, ~t] monégasque
Mona Lisa la Joconde
monarchia [-át, -ája] monarchie *f; tört:* a *Monarchia* la Monarchie austro-hongroise
monarchikus monarchique
monarchista [-ák, -át] monarchiste *n*
mond [~tam *v* ~ottam, ~ott, ~jon] **1.** dire; *igent* ~ dire oui; *nemet* ~ dire non; *igen,* ~*otta* oui, dit-il *v* fit-il;
szólásokban: mond; ~ *valamit!* il y a du vrai dans ce qu'il dit; *mit* ~? que dites-vous là? *mit nem* ~! que me dites-vous là? *ez nem* ~ *semmit* cela ne dit rien;
mondok, mondom, mondanom, mondhatom, mondtam; *nem* ~*ok többet* vous ne m'en ferez pas dire plus; *de ha* ~*om!* quand *v* si je vous le dis! *ezt csak úgy* ~*om* c'est pour dire; *nem* ~*om, erős fickó* il n'y a pas à dire *v (biz:)* y a pas, c'est un gars robuste; ~*anom sem kell, hogy* inutile de vous dire que; ~*anék valamit* j'ai un mot à dire; *mondhatom!* ..., je dois dire! *szép kis alak,* ~*hatom!* un bel oiseau *v* un joli coco, ma foi; *na mit* ~*tam?* qu'est-ce que je vous disais? *ezt soha-sem* ~*tam* je n'ai jamais tenu pareil propos;
mondja, mondhatja, mondják, mondták *ezt csak úgy* ~*ja* cela vous plaît à dire; *nekem* ~*ja?* à qui le dites-vous? *mint* ~*ják* comme on dit; à ce qu'il paraît; dit-on; *(azt) mondják* ce dit-on; *azt* ~*ják, gazdag* on le fait riche; *azt* ~*ják, hogy a miniszter hazaérkezett* le ministre serait de retour; *azt* ~*ják róla, hogy ezt tette* il passe pour avoir fait cela; *azt ne* ~*ja senki, hogy* il ne sera pas dit que; *éppen annyi joggal* ~*hatná az ember, hogy* autant dire que; *amint mondta, úgy is lett* aussitôt dit, aussitôt fait;
mondani: *így is lehet* ~*ani* autrement dit; *nincs mit* ~*ani* il n'y a rien à dire; *mit akar ezzel* ~*ani?* qu'entendez-vous par là?
mondjak, mondd, mondja stb. *mit* ~*jak?* que vous dirai-je? que voulez-vous que je dise? *hogy is* ~*jam csak?* comment dirais-je? *ne mondd! (csak nem?)* non! c'est vrai? *ugyan, ne mondd!* tu parles! *biz;* ~*ja csak* dites donc; ~*ja ezt másnak* à d'autres! ~*juk, hogy* mettons que;
2. ~*ják (kifejezést, szót)* se dire; *ezt nem* ~*ják* cela ne se dit pas; **3.** *ját: kárót* ~ annoncer carreau; **4.** *(vkit vminek)* appeler q qc; qualifier q de qc; *feleségének* ~*ja* il la fait passer *v* la donne pour sa femme; *ostobának* ~*ja* il le traite *v* qualifie de sot; **5.** *(vmit vminek)* qualifier qc de qc; taxer qc de qc; *betegebbnek* ~*ja (mutatja) magát, mint amilyen* il se fait plus malade qu'il ne l'est
monda légende *f;* mythe *m; a* ~ *szerint* au dire de la légende
mondás 1. propos; mot *m;* parole *f; hires* ~ mot célèbre; **2.** *(szólásmondás)* dicton; adage *m;* **3.** *nyelv:* locution; tournure *f*
mondat proposition; phrase *f; egyszerű* ~ phrase simple; ~ *élén* en tête de proposition
mondatfordulat tour *m* de phrase
mondatrész membre de phrase; terme *m*
mondatszerkesztés syntaxe *f*

mondattan syntaxe *f*
mondattani syntaxique; syntactique
mondóka [csak: -ám, -ád, -ája stb.] petit récit; *(beszéd)* allocution *f; elmondja a -áját* défiler son chapelet
mongol [~ok, ~t; ~ul] I. *(mn)* mongol, -e; mongolique; II. *(fn)* Mongol, -e *n*
monográfia [-ák, -át, -ája] monographie *f*
monogram chiffre *m;* initiales *f pl; (összefont betűkből)* monogramme *m*
monokli [~k, ~t, ~ja] 1. monocle *m;* 2. *átv:* (*ütés a szemen)* pochon *m*
monológ [~ok, ~ot, ~ja] soliloque; monologue; récit monologique *m*
monologizál [~tam, ~t, ~jon] monologuer; soliloquer
monopolhelyzet position monopolisée
monopolisztikus monopolisé, -e
monopólium [~ok, ~ot, ~a] monopole *m*
monopolkapitalista monopoleur *m*
monopolkapitalizmus capitalisme monopoleur *v* de monopoles
monopoltőkés monopoleur *m*
monostor [~ok, ~t, ~a] monastère *m*
monoteista [-ák, -át] monothéiste *(n)*
monoton [~ok, ~t] 1. zen: monotone; monocorde; 2. *átv:* monotone
monstrum [~ok, ~ot, ~a] monstre; colosse *m*
Montenegro [~ót] *tört:* le Monténégro
montenegrói [~ak, ~t] monténégrin, -e
mór [~ok, ~t, ~ja] I. *(mn)* maure; mauresque; II. *(fn)* Maure *m*
moraj(lás) grondement; bourdonnement; murmure *m;* rumeur confuse; *(tömegé)* brouhaha *m*
morajlik [~ott] gronder; bourdonner; murmurer
moratórium [~ok, ~ot, ~a] moratoire; moratorium *m;* ~ *alá eső* moratorié, -e
morcos [~ok, ~at; ~an] maussade; renfrogné; rechigné; bourru, -e; ~ *arc* v *kép* figure renfrognée
móres; *megtanítja* ~*re* mettre au pas; apprendre à danser *v* à vivre
morfinista [-ák, -át] morphinomane *(n)*
morfium [~ot, ~a] morphine *f*

morfondíroz [~tam, ~ott, ~zon] *(magában)* ~ ruminer la chose; parler dans sa barbe; *(dohogva)* ronchonner
morganatikus morganatique
morgás 1. grondement; murmure *m;* 2. *(állati, emberi)* grommellement; grognement *m*
morgolódik [~tam, ~ott, ~jék *v* ~jon] murmurer; grogner
mórikál [~tam, ~t, ~jon] 1. cajoler; dorloter; 2. ~*ja magát* faire des mines; minauder
mormog [~tam, ~ott, ~jon] murmurer; grommeler; gronder
mormogás 1. murmure; bruissement; ronron *m;* 2. *(elégedetlen)* murmure; grognement *m;* 3. *(gépé)* ronflement *m*
mormol [~tam, ~t, ~jon] I. *(tgy i)* marmotter; marmonner; II. *(tgyl i) (patak stb.)* murmurer
mormota [-ák, -át] marmotte (commune *v* des Alpes), rat *m* des Alpes
morog [morgok, ~tam, morgott, ~jon] 1. *(föld, víz)* gronder; murmurer; 2. *(állat)* gronder; grogner; 3. *(emberről)* bougonner; grogner; grommeler
Morus Tamás Thomas More
morva [-ák, -át] morave
morze [~ék, ~ét, ~éja] le morse; le Morse
morzejel signal Morse *m;* ~*eket ad* faire des signaux Morse
morzsa [-ák, -át, -ája] 1. miette *f;* 2. *(panírozáshoz)* panure; chapelure *f;* 3. *átv:* miette; bribes *f pl*
morzsálódik [~ott, ~jék *v* ~jon] s'émietter; s'effriter
morzsányi [~ak, ~t] une miette de...; un tout petit morceau de...; une once de...
morzsol [~tam, ~t, ~jon] 1. émietter; broyer; concasser; 2. *kukoricát* ~ égrener le maïs
morzsolódik [~ott, ~jék *v* ~jon] s'effriter; s'émietter
mos [~tam, ~ott, ~son] I. *(tgy i)* 1. laver; *újra* ~ relaver; *szappannal* ~ laver au savon; ~*sa a lábát* se laver les pieds; ~*om kezeimet!* je

mosakodás 669 **mostani**

m'en lave les mains; ~*sa a száját* se rincer la bouche ; **2.** *(fehérneműt)* blanchir; *(más ruhát)* laver; savonner; **3.** *(edényt)* laver; rincer; récurer; **4.** *(folyó partot)* baigner; *(kimosva)* affouiller; **5.** *átv:* ~*sa magát* se blanchir; se disculper; **II.** *(tgyl i)* blanchir; *jól* ~ *elle blanchit bien;* ~ *vkire* blanchir q
mosakodás 1. toilette *f;* **2.** *átv:* explications; excuses embarrassées
mosakodik [~tam, ~ott, ~jék *v* ~jon] **1.** se laver; faire sa toilette; **2.** *(állat)* se lustrer; *(madár)* prendre son bain; **3.** *átv:* se laver de qc; chercher des explications; se disculper
mosás 1. lavage; lavement *m;* **2.** *(fehérneműt)* blanchissage; lessivage *m;* lessive *f;* ~*ba ad* donner à blanchir; **3.** *(gyomoré, toroké)* lavage
mosásálló lavable; lessivable
mosdat faire la toilette de q; laver; baigner
mosdatlan 1. sale; crasseux, -euse; **2.** *átv;* ~ *szájú* au langage ordurier; polisson, -onne; ~ *szája van* parler gras
mosdó [~k, ~t, ~ja] **1.** *(helyiség)* cabinet *m* de toilette; *közös* ~ lavabo *m;* **2.** *(falba erősített)* lave-mains; lavabo
mosdókagyló cuvette *f*
mosdókesztyű gant *m* de toilette *v* à friction; lanière *f* à friction
mosdószappan savon *m* de toilette; *(illatos)* savonette *f*
mosdószivacs 1. *áll:* éponge *f;* **2.** éponge de toilette
mosdótál cuvette *f*
mosdóvíz eau servant aux ablutions *v* à la toilette; *(használt)* eau sale
mosható lavable; grand *v* bon teint; *garantáltan* ~ garanti lavable
moslék [~ok, ~ot, ~ja] **1.** eaux grasses; détritus *m pl* de cuisine; **2.** *gúny:* lavure; saloperie *f*
mosóanyag *tex:* indienne *f;* tissu indienné
mosoda [-ák, -át, -ája] laverie; blanchisserie; buanderie *f*

mosódézsa cuvier; baquet *m*
mosogat I. *(tgy i)* **1.** laver; **2.** *(poharakat)* rincer; **II.** *(tgyl i)* faire la vaisselle; *(sikálva)* récurer
mosogatóedény bassine à vaisselle; bassine-lessiveuse *f*
mosogatófiú *(vendéglői)* plongeur *m*
mosogatólány laveuse *v* écureuse *f* de vaisselle
mosogatólé 1. eau de vaisselle; lavure; rinçure *f;* **2.** *gúny:* lavasse; lavure; eau *f* de vaisselle
mosogatórongy torchon *m*
mosógép 1. manchine à laver; lessiveuse *f;* **2.** *(gyapjúmosó)* dégraisseur *m*
mosókonyha buanderie *f*
mosoly [~ok, ~t, ~a] sourire *m; üres* ~ sourire stéréotypé; *széles* ~ *ült az arcán* il arborait un large sourire; ~*ra húzza száját* il s'efforce de sourire; ~*ra késztet vkit* arracher un sourire à q
mosolyog [-lygok, ~tam, -lygott, ~jon] sourire; avoir le sourire; ~ *rá a szerencse* la fortune lui sourit
mosómedve chien *m* des bois *v* crabier
mosóné; mosónő blanchisseuse; buandière; lavandière *f*
mosópor poudre *f* à lessive *v* à laver *v* lessive
mosószappan savon *m* de ménage
mosószóda soude *f* (du commerce)
mosóteknő cuve; sapine *f*
most 1. maintenant; à l'heure actuelle; à présent; actuellement; présentement; **2.** *(imént)* tout à l'heure; il vient de *(inf);* **3.** ~ *szerdán* ce mercredi-ci; **4.** *és* ~ voici que; voilà que; **5.** ~ *az egyszer* pour cette fois; **6.** ~ *már* pour le coup; à ce coup; ~ *rögtön v nyomban* dès maintenant; dès à présent; **7.** ~ *vagy soha* c'est le cas ou jamais; **8.** *(következtetve:) már* ~ or; d'ores et déjà; **9.** *(időt hangsúlyozva) már* ~ dès maintenant
mostanában 1. *(minap)* ces jours-ci; tout récemment; tout dernièrement; **2.** *(manapság)* à l'heure qu'il est; par le temps qui court
mostani [~ak, ~t] actuel, -elle; d'à présent

mostanig jusqu'à l'heure actuelle; jusqu'à présent; jusqu'ici
mostoha [-ák, -át] **I.** *(mn)* marâtre; inique; injuste; ~ *esztendő* mauvaise année; *a* ~ *idők* les temps durs; ~ *körülmények* circonstances défavorables *f pl;* ~ *mértékkel mér* mesurer chichement; ~ *sors* infortune *f; a* ~ *természet* la nature marâtre; **II.** *(fn)* belle-mère; *gonosz* ~ marâtre *f*
mostohaanya belle-mère; belle-maman *f biz*
mostohaapa beau-père
mostohafiú beau-fils
mostohagyer(m)ek 1. enfant *n* d'un autre *v* du premier lit; beau-fils, belle-fille; **2.** *(akivel rosszul bánnak)* souffre-douleur *m;* **3.** *átv:* déshérité *m; az élet* ~*ei* les déshérités de la vie
mostohán *bánik vkivel* maltraiter q; *(természet)* traiter en marâtre; *az élet nagyon* ~ *bánt vele* la vie lui fut dure
mosuszpatkány (rat) zibéthin *m*
moszat 1. algue *f;* **2.** *tengeri* ~ varech *m*
moszkitó [~k, ~t, ~ja] *áll:* maringouin *m;* simulie *f*
Moszkva [-át] Moscou *m*
moszkvai [~ak, ~t] moscovite *m*
motor [~ok, ~t, ~ja] moteur *m;* moulin *m biz; a* ~ *berreg* le moteur ronfle; *a* ~ *jár* le moteur tourne
motoralkatrész accessoire *m* de moteur
motorcsónak motocanot; canot automobile *v* à moteur *m*
motorhiba panne de moteur *v* mécanique *f*
motorikus moteur, -trice
motorizált [~ak, ~at, ~an] motorisé, -e; *kat:* ~ *egységek* éléments motomécanisés
motorkerékpár motocyclette; moto *f; (motorral ellátott kerékpár: „Dongó")* cyclomoteur *m*
motorkerékpáros moto(-)cycliste; cyclomotoriste *(n);* motard *m biz*
motorkocsi 1. voiture à moteur; (voiture) motrice *f;* **2.** autorail; auto-rail *m*
motorolaj huile *f* pour moteurs

motoros [~ok, ~at; ~an] à moteur; motorisé, -e; automoteur, -trice; ~ *bárka* embarcation à moteur; vedette *f;* ~ *kocsi* traction (avant) *f;* ~ *vonat* automotrice *f*
motorroller (moto-)scooter *m*
motorvonat train à autorails; autotrain *m*
motoszkál [~tam, ~t, ~jon] **1.** fourgonner; fouiller; **2.** *vmi* ~ *a fejében* avoir qc dans la tête
motoz [~tam, ~ott, ~zon] fouiller
motozás fouille; visite corporelle
mottó [~k, ~t, ~ja] devise; épigraphe *f*
motyó [~k, ~t, ~ja] **1.** frusques; hardes *f pl;* **2.** baluchon *m*
motyog [~tam, ~ott, ~jon] répondre par des monosyllabes; *érthetetlenül* ~ mâchonner ses mots
mozaik [~ok, ~ot, ~ja] mosaïque *f (tv is)*
mozdít [~ottam, ~ott, ~son] **I.** *(tgy i)* remuer; bouger; déplacer; **II.** *(tgyl i)* ~ *vmin* faire avancer *v* progresser qc
mozdony [~ok, ~t, ~a] locomotive; machine *f*
mozdonyvezető mécanicien; conducteur *m* de locomotive; mécano *m nép*
mozdul [~tam, ~ott, ~jon] bouger; se remuer; se mouvoir; broncher; *nem* ~ s'immobiliser
mozdulat 1. mouvement; geste *m; (tánc, torna) első, második* ~ premier, deuxième temps; **2.** *(géppel)* manœuvre *f*
mozdulatlan immobile; fixe; inerte; stationnaire; *műsz: (szerkezetrész)* dormant, -e; ~ *állapot* état stationnaire *m;* ~ *test* corps inerte *m*
Mózes [~ek, ~t, ~e] Moïse *m;* ~ *4. könyve* Les Nombres *v* Le livre des Nombres; ~ *5. könyve* deutéronome *m;* ~ *öt könyve* le Pentateuque
mózesi [~ek, ~t] mosaïque; moïsiaque; ~ *könyvek* livres moïsiaques *m pl;* ~ *törvény* la loi ancienne *v* de Moïse *v* mosaïque
Mózes-kosár moïse *m*

mozgalmas [~ak, ~at; ~an] agité; mouvementé; accidenté; animé, -e; ~ *nap* journée chargée
mozgalmi [~ak, ~at; ~lag] *pol:* ~ *aktíva* militant, -e *n;* ~ *induló* chant ouvrier
mozgalom [-lmak, -lmat, -lma] mouvement *m;* agitation; action, campagne *f;* -*lmat indít vmi ellen* entreprendre une campagne contre qc
mozgás 1. mouvement *m;* marche *f;* remuement *m; mozgás!* preste! allez, oust! *(tömegnek, rendőr)* circulez! ~*ba hoz* mettre en mouvement; ~*ba jön* se mettre en mouvement; *(jármű)* démarrer; ~*t átvisz vmire* imprimer un mouvement à qc; 2. *(géprészé)* jeu; mouvement; 3. *(tovább)* mouvement de translation; 4. *(játékban figuráké)* marche *f*
mozgási cinématique; cinétique; locomotif, -ive; ~ *energia* énergie cinétique *f;* ~ *inger* excitation kinesthésique *f;* ~ *képesség* motilité *f* (volontaire); locomotivité *f;* ~ *lehetőség* marge *f; (gépben)* jeu *m;* ~ *pálya* trajectoire *f;* ~ *szabadság* liberté *f* de mouvements
mozgásképtelen 1. immobilisé, -e; 2. *orv:* ataxique
mozgásművészet orchestique *f*
mozgat 1. remuer; mouvoir; mettre en mouvement; 2. *(hajtva)* actionner
mozgató [~k, ~t, ~ja] I. *(mn)* moteur, -trice; mouvant, -e; *(hajtva)* locomotif; propulsif; -ive, ~ *erő* force motrice *v* mouvante; *átv:* mobile; ressort; agent; levier *m;* ~ *ideg* nerf moteur *v* excito-moteur; ~ *izom* (muscle) moteur; muscle locomoteur; II. *(fn)* 1. agent; mobile *m; az ember cselekedeteinek gyakran az érdek a* ~*ja* l'intérêt est bien souvent le mobile des actions de l'homme; 2. *(emberről)* promoteur; animateur, -trice *n*
mozgékony [~ak, ~at; ~an] mobile; remuant, -e; agile; preste; leste
mozgékonyság agilité; mobilité *f*

mozgó [~k, ~t] I. *(mn)* 1. en mouvement; mouvant, -e; *(mozgatható)* mobile; *magától* ~ automobile; ~ *bérskála v vámtarifa* échelle mobile *f;* ~ *csiga* poulie folle *v* mobile; ~ *híd* pont mobile *m;* ~ *pont pályája* ligne trajectoire *f;* 2. *(foglalkozás)* ambulant; itinérant, -e; ~ *árus* marchand(e) ambulant(e); ~ *reklám* publicité itinérante; homme sandwich; 3. *jog:* ambulatoire; 4. allant de... jusqu'à ...; II. *(fn)* ciné *m*
mozgófényképészet cinématographie *f*
mozgókonyha cuisine roulante; voiture-fourneau *f*
mozgólépcső escalier roulant *v* mécanique
mozgolódás remuement; remûment *m*
mozgolódik [~tam, ~ott, ~jék *v* ~jon] se remuer
mozgóposta bureau (de poste) ambulant; (bureaux) ambulants *m pl*
mozgósít [~ottam, ~ott, ~son] 1. mobiliser; 2. *átv:* mobiliser; mettre en jeu *v* en œuvre
mozgósítás mobilisation *f*
mozgótőke capital roulant; disponibilités *f pl*
mozi [~k, ~t, ~ja] cinéma; ciné *m biz;* salle *f*
mozicsillag vedette de l'écran; étoile de cinéma
mozidarab film *m*
mozielőadás séance *f* de cinéma
mozifelvétel prise *f* de vue de cinéma *v* cinématographique
mozifelvevő opérateur; cameraman *m*
mozifelvevőgép appareil *m* de prise de vues; caméra *f*
mozigép *(vetítő)* appareil *m* de projection
mozirendező metteur en scène
mozis [~ok, ~t, ~a] cinéaste *m*
moziszínész acteur de cinéma; artiste cinéaste *m; a nagy* ~*ek* les vedettes du cinéma
moziszínésznő actrice de cinéma; artiste cinéaste *f*
mozivászon écran récepteur
mozog [~tam, mozgott, ~jon] 1. se mouvoir; bouger; se remuer; se déplacer; ~*nak a fogai* les dents lu

branlent; 2. *(csapat; hajó; színpadon; asztalok között stb.)* évoluer; 3. *sakk:* marcher; 4. *(szerkezet)* marcher; *(könnyen)* jouer; 5. *(dolog, ügy)* marcher; 6. *(mennyiségek között)* s'échelonner de ... à; aller *v* courir de ... à; 7. *(sürögve)* s'agiter; se remuer; 8. *ügyesen ~* avoir de l'aisance *v* de l'entregent
mozzanat phase; péripétie *f;* incident; élément *m*
mozsár [mozsarak, mozsarat, mozsara] 1. *(ágyú)* mortier *m;* bombarde *f;* 2. *konyh:* mortier de cuisine; *~ban megtör* piler
mögé [~m, ~d, ~je, ~nk, ~tek, ~jük] derrière q(c); en arrière de q(c); après q(c); *~je tesz* mettre après q(c); postposer
mögött derrière qc; en arrière de qc; après qc; à l'abri de qc; par derrière qc; à la suite de qc; *vmi ~ áll* être derrière qc; *e ~ van valami!* il y a quelque chose là-dessous; *maga ~ hagy* laisser derrière soi; devancer; distancer
mögötte [~m, ~d, -tünk, -tetek, -tük] derrière lui; en arrière de lui; après lui; *~ marad vkinek vmiben* être inférieur à q (en qc)
mögöttes [~ek, ~t] des arrières; *~ terület* arrière-pays *m*
mögül [~em, ~ed, ~e stb.] de derrière q; par derrière qc
muhar [~ok, ~t, ~a] *növ:* sétaire *f*
mukk [~ot] *egy ~ot sem!* pas un mot! silence! *(barátságosabban)* motus!
mulandó [~ak, ~t; ~n] périssable; passager, -ère; éphémère; caduc, -uque; fragile; *minden ~* tout passe
mulandóság nature périssable *f;* caractère éphémère *m;* fragilité; caducité; fugacité *f*
mulaszt [~ottam, ~ott, mulasszon] 1. *(fájdalmat)* faire passer; 2. *ált:* manquer qc; être en défaut; 3. *isk: tíz órát ~ott* il a dix heures d'absence
mulasztás 1. négligence; faute; défaillance *f;* manquement *m* (à qc); omission *f; ~t követett el ebben az esetben* vous avez failli en cette occasion; 2. *(hatósági)* carence *f;* 3. *(hivatali)* manquement *m* au devoir; faute professionnelle; forfaiture; défaillance *f;* 4. *jog: ~ból elkövetett vétség* faute *f;* délit *m* d'omission; 5. *(iskolai)* absence; heure manquée; 6. *(fizetése)* défaut *m* de payement
mulat 1. *(lakmározva)* s'amuser; faire la fête; festoyer; *(erősebb szóval)* faire ripaille; ripailler; faire la noce *v* la bombe; 2. *(szórakozva)* se distraire; se donner de l'agrément; 3. *(nevetve)* se tordre; être en gaieté; rigoler *biz;* 4. *~ vkin* s'amuser de q; faire des gorges chaudes de q; *rajta ~nak* il est le dindon de la farce; 5. *~ vmivel* s'amuser à *(inf);* prendre plaisir à *(inf v* à qc)
mulatás 1. divertissement *m;* distraction *f; jó ~t!* amusez-vous bien! 2. partie de plaisir; noce; ripaille *f*
mulató [~k, ~t, ~ja] 1. fêtard *m;* banqueteur; soupeur, -euse *n;* 2. *(helyiség)* lieu *m* de divertissement; 3. *(orfeum)* music-hall; café-concert *m; éjjeli ~* établissement *m* de nuit; boîte *f* de nuit *biz*
mulatság 1. *(élvezet)* agrément; plaisir *m; ~ból* pour le plaisir; histoire de rire; 2. *(időtöltés)* amusement; divertissement; passe-temps *m;* 3. réjouissance; partie *f* de plaisir; 4. *a tömeg nagy ~ára* sous l'œil amusé de la foule
mulatságos [~ak, ~at] réjouissant; amusant; plaisant, -e; drôle; *szörnyen ~* tordant; crevant, -e; *~ félreértés* méprise divertissante
mulatt [~ok, ~ot, ~ja] mulâtre *m; ~ nő* mulâtresse *f;* une mulâtre
mulattat amuser; réjouir; divertir; distraire
mulattató *(fn)* amuseur, -euse *n;* boute-en-train; loustic *m*
múlékony [~ak, ~at; ~an] passager, -ère; éphémère; *~ rosszullét* un léger malaise
múlhatatlan 1. infaillible; immanquable; 2. impérissable
múlik [~t, ~jon] I. *(tgyl i)* 1. *(idő)* passer; rouler; *~ az idő* le temps

múló 673 munkabér

s'avance *v* passe; *hat óra ~t* il est six heures passées; *húsz (éves) múlt* il a vingt ans passés; 2. *(baj)* passer; cesser; quitter q; 3. *(vmin)* dépendre de qc; tenir à qc; *minden ezen ~* tout roule là-dessus; *azon nem ~* s'il ne tient qu'à cela; qu'à cela ne tienne! *nem rajta ~t, hogy* il ne tenait pas à lui que *(subj); kevésen ~t, hogy* peu s'en est fallu que *(subj)*; II. *(így i) divatját ~ta* il a passé de mode
múló [~ak, ~t] passager, -ère; fugace; éphémère; fugitif, -ive; périssable; *~ árnyék* ombre fuyante; *~ emlék* souvenir fugace *m*
múlt [~ak, ~at, ~ja] I. *(mn)* 1. passé, -e; dernier, -ière; écoulé, -e; *(előző)* de la veille; *~ alkalommal* l'autre jour; 2. *~ éjjel* la nuit dernière; l'autre nuit; *~ évben* l'année dernière *v* passée; 3. *nyelv: ~ idejű melléknévi igenév* participe passé; II. *(fn)* 1. passé *m; a ~ban* les fois passées; *nyelv:* au passé; 2. *~ja van (férfiről)* il a un passé chargé; *(nőről)* elle a un passé orageux
múltán au bout de...; après...; *évek ~* avec les années; *idő ~* avec le temps
múltbeli du passé; passé, -e
múltkor l'autre jour; naguère; dernièrement; *~ este* l'autre soir
múlva au bout de...; après; *tíz perc ~* dix minutes après; *néhány nap ~ (rá)* à quelques jours de là
mulya [-ák, -át] niais, -e; gauche; ahuri, -e *(n)*
múmia [-ák, -át, -ája] momie *f*
mumus croque-mitaine; épouvantail; loup-garou *m*
munka [-ák, -át, -ája] 1. travail; ouvrage *m;* besogne *f; (nehéz)* labeur *m;* 2. *kat:* corvée *f;* 3. *(kidolgozás)* façon; exécution *f;* 4. *(mű)* ouvrage *m;* œuvre *f; (művészé együtt:)* œuvre *m; Petőfi -ái* les œuvres de Petőfi
Jelzőkkel: *apró ~ (rosszul fizetett)* bricole *f; jó ~* c'est du bon travail; *öt évi ~ után az üzemben* après cinq ans de présence dans l'entreprise; *sok ~* beaucoup de travail; *szép ~* c'est un bel ouvrage;
Rag nélküli szólások: *a munka szabadsága* la liberté du travail; *a ~ törvénykönyve* le Code du travail; *ég a ~ a keze alatt* c'est un bourreau de travail; *~ nélkül* en chômage; *sans travail; ~ nélküli jövedelem* revenu *m* sans travail;
Ragos szólások: *nincs -ája a)* chômer; *b)* il n'a rien à faire; *élete -ája* l'œuvre de toute sa vie; *az évek lassú -ája (rombolása, pusztítása)* le lent travail des ans; *a Vöröskereszt -ája* l'action de la Croix Rouge; *a Caritas -ája* l'œuvre de la Caritas; *munkába ad* mettre en mains; s'engager; *újra -ába állás* reprise *f* du travail; *(sztrájk után)* embrayage *m;* -*ába fog* se mettre au travail *v* à l'ouvrage; *sok -ába kerül* exiger *v* demander beaucoup de travail; *-ába siet* se presser vers son travail; *-ába vesz* mettre en ouvrage *v* en œuvre; *(rendőrség vkit)* cuisiner; *munkában* en action; *-ában van (tárgy)* être au travail; *(vki)* être à l'ouvrage; *(tüzoltóság)* être à pied-d'œuvre; *munkához lát* se mettre à l'ouvrage *v* à l'œuvre; *a -ához való jog* droit *m* au travail; *munkára!* à l'œuvre! *jó munkát!* bon courage! *-át elvégez (gép)* fournir du travail; effectuer un travail; *-át keres* chercher de l'ouvrage *v* du travail *v* de l'embauche; *kerüli a -át* fuir le travail *v* la besogne; aimer besogne faite; *-át talál* trouver du travail; *-át vállal* s'engager; s'embaucher; *jó -át végez* faire du bon travail; *nem fél a munkától* ne pas bouder devant le travail; *tele van -ával* être accablé de travail *v* d'affaires
munkaalkalom possibilité *f* de travail *v* d'embauche; *-lmat ad* créer du travail; *-lmat keres vhol* solliciter le placement dans qc
munkabér salaire *m;* main-d'œuvre; paye; paie *f*

43 Magyar—Francia kézi

munkabéralap fonds *m* de salaires
munkabéregység heure *f* de salaire
munkabéremelés augmentation *f* de salaires
munkabeszüntetés débrayage; arrêt *v* refus *m* de travail
munkabíró apte *v* dur(e) au travail; vigoureux, -euse; robuste
munkabrigád équipe ouvrière *v* du service
munkadarab pièce *f* d'ouvrage *v* à usiner *v* à travailler
munkadíj salaire *m;* honoraires *m pl*
munkaegészségügy hygiène *f* du travail
munkaegység unité *f* de travail; *(termelőszövetkezetben)* journée *f* de travail; jour-travail *m*
munkaerkölcs zèle au travail; entrain; moral *m*
munkaerő 1. capacité *v* force *f* de travail; *teljes -erejének birtokában van* avoir une pleine capacité productive; **2.** *(ember)* main-d'œuvre *f; ~ben van hiány* il y a manque de bras; **3.** *(gépé)* puissance *f* (de travail)
munkaerőfölösleg excédent *m* de main-d'œuvre
munkaerőhiány pénurie *v* crise *f* de main-d'œuvre
munkaerőhullámzás roulement *m* de la main-d'œuvre
munkaerőszükséglet besoin *m* en main-d'œuvre
munkaerőtartalék réserve *f* de main-d'œuvre
munkafegyelem discipline *f* de service *v* au *v* de travail
munkafelajánlás engagement-cadeau *m; ~t tesz* prendre un engagement
munkafeltételek conditions *f pl* de travail
munkafelügyelő contremaître; inspecteur *m* du travail
munkafolyamat procès *m* du travail
munkagép machine (productrice de travail)
munkahely 1. lieu *v* chantier *m* de travail; **2.** *bány:* chantier souterrain; lieu; quartier *m*
munkahét semaine *f* de travail; *negyvenórás ~* semaine anglaise

munkahiány chômage; manque *m* de travail
munkaidő durée *f* du travail; heures *f pl* de service *v* de travail; *(napi)* journée *f* de travail; *csökkenti a ~t* réduire les horaires du travail
munkaigazolvány carte professionnelle
munkaigényes exigeant, -e
munkajog droit au travail *v* de travail; droit ouvrier
munkakedv goût *m* du travail; assiduité au travail; diligence *f*
munkakényszer travail obligatoire *m*
munkaképes apte au travail; valide
munkaképtelen incapable de travailler; invalide; infirme
munkakereső chercheur de travail; chômeur *m* en quête de travail
munkakerülés désœuvrement; vagabondage *m*
munkakerülő vagabond; fainéant; désœuvré, -e *(n)*
munkakönyv livret *m* de travail *v* d'ouvrier; carte professionnelle
munkaköpeny blouse *f* (de travail)
munkakör attributions *f pl;* champ *m v* sphère *f* d'activité
munkaköteles astreint(e) au travail *v* à travailler
munkaközösség collectivité *f* de travail
munkaközvetítés placement *m* (des travailleurs)
munkálatok travaux *m pl;* opérations *f pl; folynak a ~* les travaux sont en train; *mentési ~* opérations de sauvetage
munkálkodik [~tam, ~ott, ~jék *v* ~jon] être à l'œuvre; s'adonner au travail; *~ vmin* besogner; s'employer à qc
munkáltatás emploi *m;* embauche *f*
munkáltató employeur, -euse *n;* patron; dispensateur *m* de travail; *a ~k és a munkavállalók* le patronat et le salariat
munkamegosztás division *f* du *v* de travail
munkamenet 1. course *f* de travail; rythme *m* du travail; **2.** *(gépé)* mode opératoire *m*

munkamódszer 1. méthode *v* habitude *f* de travail; **~ét átadja** transmettre *v* vulgariser sa méthode de travail; **2.** *(művészé)* le faire; la manière
munkamorál zèle au travail; entrain; moral *m*
munkanadrág pantalon *m* de travail; cotte; salopette *f*
munkanap 1. journée de travail; journée-travail *f;* **2.** *(hétköznap)* jour ouvrable *v* ouvrier
munkanélküli I. *(mn)* sans travail; chômeur, -euse; sans emploi; ~ *segélypénztár* caisse *f* de chômage; **II.** *(fn)* chômeur, -euse *n;* sans-travail *m; részleges* ~ chômeur partiel; *teljes* ~ chômeur complet; **~vé válik** tomber en chômage
munkanélküliség chômage *m;* inoccupation *f;* ~ *elleni biztosítás* assurance-chômage *f*
munkanélküli-segély allocation *f v* secours *m v* indemnité *f* de chômage
munkanorma norme *f* de travail
munkaóra heure ouvrière *v* de travail; *fizetett -ák* nombre *m* d'heures indemnisées
munkapad table *f* de travail; *műsz:* chevalet *m*
munkarend plan *m* de travail; l'organisation *f* du travail; *(gyárban)* règlement *m* de l'atelier
munkaruha vêtement *v* costume *m* de travail; *(kék)* bleu *m* (de travail)
munkás I. *(mn)* travailleur; laborieux; studieux, -euse; appliqué, -e; ~ *élet* vie laborieuse *v* studieuse; vie remplie; **II.** *(fn)* travailleur, -euse; ouvrier, -ière; salarié, -e *n;* main-d'œuvre *f; a ~ok bére, fizetése* la paye des ouvriers; *a ~ok jogai* les droits ouvriers; ~*okat felvesz* embaucher
munkásáruló traître à la cause des ouvriers; jaune *m*
munkásasszony ouvrière *f*
munkásbalesetbiztosítás assurance *f* contre les accidents du travail
munkásbalesetbiztosító caisse *f* d'assurances

munkásbrigád équipe d'ouvriers; brigade *f*
munkásegylet association ouvrière *v* des ouvriers
munkásegység unité ouvrière; *a* ~ *hive* unioniste; unitaire *n*
munkáselbocsátás lock-out; licenciement *m* des ouvriers
munkásgyűlés meeting *m* (d'ouvriers)
munkáshatalom le pouvoir des ouvriers
munkásképzés formation *f* des ouvriers; *(szakmunkásé)* formation professionnelle
munkáskéz bras *m pl*
munkásküldött délégué(e) des ouvriers
munkáslakás logis ouvrier; habitation ouvrière
munkáslakótelep cité *v* colonie ouvrière; îlot *m* d'habitations ouvrières
munkáslétszám effectif ouvrier *v* de main-d'œuvre
munkásmozgalom mouvement ouvrier
munkásnegyed cité ouvrière
munkásnyúzó négrier; tourmenteur *m* des ouvriers
munkásosztály classe ouvrière *v* laborieuse *v* salariée *v* travailleuse
munkásotthon foyer ouvrier
munkásőrség piquet *m* d'ouvriers
munkás-paraszt szövetség l'alliance ouvriers-paysans *f*
munkáspárt 1. parti ouvrier; **2.** *(angol)* le Labour Party
munkásság 1. les travailleurs; les ouvriers; la classe *v* la population ouvrière; **2.** *(vkié)* activité *f;* travail *m;* œuvre *f*
munkássajtó presse ouvrière
munkásszakszervezet syndicat (ouvrier *v* professionnel)
munkásszállás logement ouvrier
munkásszálló centre *m* d'hébergement
munkásszervezet organisation ouvrière *v* de travailleurs
munkásszövetkezet (société) coopérative ouvrière
munkástanács conseil *m* des ouvriers; *Munkás és Katonatanács* le Conseil des Ouvriers et des Soldats
munkástoborzás embauchage *v* recrutement *m* d'ouvriers

munkástüntetés manifestation ouvrière
munkásújító novateur, -trice *n*
munkásüdülő maison *f v* centre *m* de repos pour ouvriers
munkásüdültetés *kb*: l'organisation *f* du congé payé; service *m* des vacances ouvrières
munkásvándorlás nomadisme *m;* migration *f* de la main-d'œuvre
munkásvonat train d'ouvriers *v* ouvrier
munkászubbony blouse *f;* bourgeron; bleu *m* de travail
munkaszak équipe *f*
munkaszervezés l'organisation *f* du travail
munkaszerződés contrat de travail; louage de service; contrat *m* de louage; feuille *f* d'engagement
munkaszolgálat service *m* de *v* du travail
munkaszolgálatos requis(e) de *v* du travail; ouvrier requis
munkaszünet jour chômable *v* chômé; jour *m* de repos
munkatábor camp *m* de travail
munkatárs 1. collaborateur, -trice *n;* 2. *újs:* *(belső)* rédacteur, -trice *n*
munkateljesítmény 1. rendement *m;* performance; production *f;* 2. *(gépé)* puissance *f*
munkaterem 1. salle *f* de travail; 2. *(gyári)* atelier *m*
munkatermelékenység productivité *f* du travail
munkaterület 1. sphère *f v* domaine *m* d'activité (de travail); 2. *(vállalatéi)* champ *m* d'exploitation
munkaterv plan *m* de travail *v* de travaux
munkatöbblet surcroît *v* excédent *m* de travail
munkaügy le régime du travail
munkaügyi relatif au travail; du Travail; *nemzetközi* ~ *egyezmény* convention internationale du Travail; *Nemzetközi* ~ *hivatal* Bureau international du Travail (B. I. T.); ~ *minisztérium* ministère *m* du Travail; ~ *szervezet* organisation *f* du travail
munkaütem cadence *f* (de travail); cadences *f pl*

munkavállalás louage *m* de services; embauche *f*
munkavállalási *engedély* carte *v* licence de travail; autorisation *f* d'emploi
munkavállaló [~k, ~t, ~ja] salarié, -e *(n)*
munkavédelem la protection du travail
munkaverseny émulation *f* (par le travail); concours *m* d'émulation;~*re kel (vkivel)* entrer en émulation (avec q); ~*re kihív* défier
munkaversenyfelhívás appel *m* à l'émulation
munkaversenymozgalom mouvement *m* d'émulation
munkaveszteség *fiz:* dépense énergétique *v* d'énergie; déperdition *f*
munkavezető chef de(s) travaux *v* d'équipe; contremaître *m*
munkaviszály conflit *m* de travail
munkaviszony(ok) 1. conditions *f pl* de travail *v* de labeur; 2. *(gépé)* conditions de fonctionnement
murokrépa carotte *f*
muskátli [~k, ~t, ~ja] géranium; pélargonium *m*
muskotály [~ok, ~t, ~a] (vin) muscat *m*
muskotályszőlő (raisin) muscat *m*
muslinca [-ák, -át, -ája] moucheron *m;* mouche *f* des celliers
must [~ok, ~ot, ~ja] moût *m;* vin doux
mustár [~t, ~ja] 1. moutarde *f;* 2. *növ:* *kerti* ~ *v* *angol* ~ moutarde blanche
mustárgáz *vegy:* gaz moutarde *m;* yperite *f*
mustrál [~tam, ~t, ~jon] *biz:* passer en revue; lorgner
muszáj I. *(szmt i)* il le faut; *(inf előtt)* il faut *(inf);* II. *(fn)* ~*ból* par nécessité; par contrainte
mutál [~tam, ~t, ~jon] 1. *(hang)* muer; 2. *él:* muter
mutálás 1. *(hangé)* mue *f;* 2. *él:* mutation *f*
mutat [~tam, ~ott, mutassa] I. *(tgy i)* 1. montrer; présenter; faire voir; indiquer; *(feltűnően)* exhiber; arborer; *(mutató)* marquer; *mutassa!* faites voir! *mint neve is* ~*ja* son

nom le dit assez; *a hőmérő 25 fokot ~* le thermomètre marque 25°; *~ja az órát* v *az időt* marquer l'heure; *ujjal ~* montrer au doigt; *utat ~* montrer v indiquer le chemin; 2. *~ja magát* se faire voir; s'exhiber; s'afficher *(vkivel:* avec q); 3. mettre en lumière; *passzívumot ~* accuser un passif; 4. *(érzést, tulajdonságot)* montrer; marquer; manifester; témoigner; *(feltűnően)* afficher; *barátságot ~* donner des marques de son amitié; 5. *(színlel)* feindre (de *és inf);* faire semblant de *(inf);* 6. *(bizonyít)* montrer; démontrer; *ez ~ja, hogy* cela (dé)montre que; 7. *jót ~* cela promet (beaucoup); *nem sokat ~* il ne paye pas de mine; II. *(tgyl i)* 1. *(vkire, vmire rá~)* montrer q (au doigt); désigner q; 2. *(vmire)* indiquer qc; laisser supposer que; *(jel)* renvoyer qc; *minden arra ~, hogy* tout porte à croire que; 3. *(vmire vkinél)* dénoter; révéler; *pej:* déceler; 4. *hogy ~?* comment est-il? comment fait-il dans l'ensemble? *jól ~* avoir bel aspect
mutatkozik [~tam, ~ott, ~zék v ~zon] 1. *(vki, vhol)* se montrer; faire apparition; 2. *a szőlő szépen ~* la vigne promet; 3. *(nem érzéki dolog)* se manifester; percer; se révéler; 4. *(vminek)* se révéler qc; se montrer qc; apparaître comme ...
mutató [~k, ~t, ~ja] 1. *(készülék, mérő, könyv)* indicateur *m;* 2. *(óráé)* aiguille *f;* 3. *(névmutató)* index; registre *m;* 4. *(szám, mennyiség, jelző)* indice *m;* cote *f;* 5. *~ba küld* envoyer à titre d'échantillon
mutatós [~ak, ~at; ~an] d'un bel effet; décoratif, -ive; *(berendezési tárgyról)* meublant, -e
mutatószám 1. indice *m;* cote *f;* 2. *mat:* coefficient *m*
mutatószó démonstratif *m*
mutatvány 1. *(vmiből)* échantillon; morceau *m;* *(termékből)* prémices *f pl;* 2. *(közönség előtt)* tour *m* (d'adresse) v de force); exhibition *f*

mutogat 1. montrer v faire voir (à qui veut); *(feltűnően)* exhiber; afficher; 2. *pej:* étaler; faire montre de qc; 3. *~ja magát* se donner en spectacle; s'afficher; 4. *~ni kellene* il est à mettre sous verre
muzeális [~ak, ~at] de musée; *~ értéke van* c'est une pièce qui pourrait figurer dans un musée
múzeum [~ok, ~ot, ~a] musée *m*
múzsa [-ák, -át, -ája] muse *f;* *a kilenc ~* les neuf Sœurs v Muses
muzsika musique *f*
muzsikál [~tam, ~t, ~jon] faire v jouer de la musique
muzsikaszó musique *f;* *~ mellett* aux sons de la musique
mű [művek, művet, műve] 1. ouvrage *m;* œuvre *f;* produit *m;* 2. *irod:* ouvrage *m;* œuvre *f;* *(művészeké együtt)* œuvre *m;* *Corneille összes művei* œuvres complètes de Corneille; 3. *műsz:* ouvrage; 4. ...-*művek* les établissements; *(állami:)* la régie...; 5. *az Elektromos Művek* l'usine *f* d'électricité; l'Électricité
műalkotás œuvre *f* (d'art); monument *m*
műanyag matière plastique v synthétique *f*
műasztalos ébéniste (d'art); menuisier *m* d'art
műbarát amateur (d'œuvres d'art v d'art); amateur de tableaux; mécène; dilettante *m*
műbeszövő stoppeur, -euse *n*
műbírálat critique *f* d'art
műbolygó satellite artificiel
műbőr cuir synthétique v factice; simili-cuir *m*
műbútor mobilier v meuble de luxe
műcsarnok galerie *f* d'art v de tableaux
műdal chanson *f* (non populaire)
műegyetem école polytechnique; l'X *f arg*
műélvezet plaisir *m* v jouissance *f* artistique
műemlék monument historique; monument *m* d'art v artistique; *(köztereken)* monument public
műépítés; műépítészet architecture *f;* art architectural

műépítész ingénieur architecte *m;* *okleveles* ~ architecte diplômé
műérték valeur *f* de curiosité
műértő connaisseur, -euse *n;* amateur *m* (d'art)
műesztergályos tabletier, -ière *n*
műfa bois d'œuvre *v* fin *v* d'ébénisterie
műfaj genre *m;* *magasabb* ~ grand genre
műfog dent artificielle
műfogsor râtelier; dentier *m*
műfonal fil synthétique
műfordítás traduction; transposition *f*
müge [-ék, -ét] *szagos* ~ aspérule (odorante); petit muguet; reine *f* des bois
műgond soin; art *m;* propreté *f;* *nagy* ~*dal készült* fait(e) avec soin
műgumi caoutchouc synthétique *m*
műgyanta résine synthétique *f*
műgyapjú laine artificielle
műgyűjtemény collection *f* d'objets d'art
műgyűjtő amateur *v* collectionneur *m* d'objets d'art
műhaj cheveux postiches
műhely atelier *m;* *(szabad ég alatti)* chantier *m*
műhelybizottság comité *m* d'atelier
műhelykocsi *aut:* camion-atelier *m*
műhiba impéritie *v* faute professionnelle
műhímzés broderie *f* d'art
műhold satellite artificiel; fusée satellite; ~ *anyarakétája* fusée porteuse *(háromlépcsős:* à trois étages)
műiparos ouvrier *m* d'art
műízlés goût *m* (artistique)
műjég glace artificielle *v* fabriquée
műjég(pálya) patinoire *f* de glace artificielle
műkaucsuk caoutchouc synthétique *m*
műkedvelő [~k, ~t, ~je] dilettante *n;* amateur *m*
műkereskedelem commerce *m* d'objets d'art *v* des antiquités
műkereskedés 1. *ld:* műkereskedelem; 2. magasin *m* d'objets d'art; maison *f* d'antiquités
műkertész jardinier, -ière *n;* horticulteur *m*
műkéz main (artificielle) de travail

műkifejezés terme technique *m*
műkincs monument artistique *v* d'art *m*
műkorcsolyázás patinage artistique *m*
működés 1. fonctionnement; ordre *m* de marche; opération *f;* mode opératoire *m;* 2. *(gépezeté)* jeu; le jeu des commandes; mécanisme *m;* ~*be hoz* actionner; faire aller; ~*ben van* être en action *v* activité; être en parfait ordre de marche; 3. *(szervezeté)* fonctionnement; jeu; mécanisme *m;* 4. *(emberé)* activité; action; œuvre; opération *f; az értelem* ~*e* l'opération de l'entendement; 5. *(vállalaté)* exploitation *f;* trafic *m;* 6. *egy egyezményt* ~*be léptet* faire jouer un accord
működési 1. de service; ~ engedély autorisation *f* à exercer; *(kormányhatóságé)* agrément *m;* *(konzul részére)* exequatur *m;* ~ *év* exercice *m;* ~ *feltételek* conditions *f* pl de service; ~ *szabadság* latitude *f;* ~ *tér* champ *m* d'opération; 2. fonctionnel, -elle; ~ *mód* mode opératoire *m;* *(gépé)* mode de fonctionnement; ~ *zavar* trouble fonctionnel
működik [~tem, ~ött, ~jék *v* ~jön] 1. fonctionner; agir; 2. *(gép)* marcher; fonctionner; *nem* ~ *(hiba folytán)* avoir une panne; s'enrayer; 3. *(hivatalnok)* être en fonctions; exercer ses fonctions; 4. *(vállalat)* être en (pleine) exploitation; tourner; 5. *(szervezetben anyag)* opérer; agir
műkritika critique *f* d'art
műláb 1. jambe artificielle *v* mécanique; 2. *(bot alakú)* pilon *m;* jambe *f* de bois
műlakatos serrurier *v* forgeron d'art; ferronnier *m*
műleírás description technique *f*
műsiklás *sp:* slalom *m*
műlovaglás équitation savante; la haute école
műlovar écuyer *m*
műlovarnő écuyère; amazone *f*
műméz miel fantaisie *m*
műnyelv 1. langage technique *m;* 2. langue universelle

műpártoló mécène m; protecteur (-trice) des arts
műremek chef-d'œuvre m; œuvre classique v maîtresse
műrepülés voltige aérienne; vol acrobatique v d'art m
műrost fibre synthétique v artificielle
műselyem rayonne; soie artificielle; textile brillant
műsor 1. programme m; a heti ~ le programme de la semaine; ~on van figurer au v sur le programme; ~ra tűz vmit mettre au programme; ~ral egybekötött táncmulatság bal et soirée artistique; 2. szính: (állandóan játszott darabok) répertoire m; állandóan ~on van tenir l'affiche; ~ra tűz; ~on tart programmer; levesz a ~ról retirer de l'affiche
műsoros est soirée de gala v récréative; gala m
műsorszám numéro m
műstoppolás stoppage m; rentraiture f; rentrayage m; reprise perdue
műstoppoló stoppeur; rentrayeur, -euse n
műszak 1. service; roulement m; éjjeli ~ service m de nuit; három ~ban en trois roulements; 2. bány: poste; shift m; termelő ~ poste productif; 3. (a munkások) équipe; reléve f; két ~ban par le jeu de deux équipes
műszaki [~ak, ~t] technique; ~ adatok données techniques f pl; ~ alapismeretek minimum technique m; ~ csapatok v csapattest le corps du génie; le génie; ~ fegyelem discipline technique f; ~ igazgató v vezető directeur (-trice) technique; ~ iskola école professionnelle; ~ leírás description technique f; ~ nyelv langage technique m; ~ oktatás enseignement professionnel; ~ osztály exploitation technique f; service technique m; ~ rajz dessin technique v industriel v de fabrique; ~ rajzoló dessinateur industriel; dessinatrice industrielle; ~ szótár dictionnaire v répertoire technique m; ~ terv (kék papíron) bleu m; ~ zár barbelés et mines
műszakváltás 1. relève f; 2. changement m de poste
műszál fil artificiel
műszem œil artificiel
műszer 1. instrument; outil; appareil; appareil v instrument m de précision; 2. haj, rep: instruments m pl de bord
műszerész [~ek, ~t, ~e] (ouvrier) ajusteur; mécanicien; fabricant m d'instruments de précision
műszerkereskedő marchand m d'instruments de précision
műszerkészlet appareillage m
műszerlap tableau m
műszertáska (sebészi, orvosi, állatorvosi) trousse f (de chirurgien, de médecin, de vétérinaire)
műszó terme technique v de l'art m
műszótár lexique de terminologie; dictionnaire de termes techniques; dictionnaire spécial
műtag appareil prothétique m
műtárgy 1. pièce f d'art; objet m d'art v de curiosité; 2. műsz: ouvrage m d'art
műterem 1. studio; atelier m; 2. fényk: atelier m de pose; 3. film: plateau m
műteremfelvétel film: tournage m en studio
műtét (sebészi) opération (chirurgicale); ~ előtti préopératoire; ~ utáni postopératoire; ~et elvégez faire une opération
műtéti orv: opératoire; ~ beavatkozás intervention chirurgicale; ~ sokk choc (post)opératoire m
műtorna gymnastique f; (cirkuszi) acrobatie f
műtő [~k, ~t, ~je] salle f de chirurgie v d'opération
műtőasztal table f v tableau m d'opération
műtömés ld: műstoppolás
műtő(s)nő infirmière f de salle d'opération
műtrágya engrais chimique v artificiel; compost m

mütyürke chichi *m biz;* colifichet *m*
műugrás plongeon *m*
műút chaussée *f; (autópálya)* autostrade; autoroute *f*
művégtag appareil de prothèse *v* prothétique
művel [~tem, ~t, ~jen] 1. *(földet)* cultiver, labourer; 2. *bány:* exploiter; 3. *tudományt* ~ cultiver une science; 4. *(vkit)* former; polir; dégrossir; 5. *(tesz)* faire; opérer; fabriquer; *mit* ~? que faites-vous là? *vajon mit* ~ *most?* qu'est-ce qu'il peut bien faire maintenant? *csodát* ~ faire *v* opérer *v* accomplir un miracle
művelés 1. *(földé)* culture; façon culturale; mise *f* en valeur; 2. *bány:* exploitation *f;* 3. *(tudományé, irodalomé stb.)* culture; pratique *f;* 4. *(szellemi)* formation; éducation *f;* 5. *(csodáé stb.)* opération *f;* accomplissement *m*
művelési *ág* sorte *f* de culture
művelet 1. opération; pratique *f; (gépé)* manœuvre *f;* 2. *kat:* opération; manœuvre; 3. *ker:* opération; transaction *f;* 4. *mat:* opération *f;* 5. *műsz, vegy:* procédé *m*
műveletlen 1. *(föld)* inculte; incultivé, -e; en friche; brut, -e; 2. *(ember)* inculte; illettré, -e; barbare; brut, -e; rustique
műveletlenség 1. *(földé)* état inculte *m;* 2. manque *m* d'éducation *v* d'instruction
művelődés civilisation; culture *f;* progrès *m*

művelődéstörténet histoire *f* de la civilisation
művelődik [~tem, ~ött, ~jék *v* ~jön] cultiver son esprit; se cultiver
művelt [~ek, ~et; ~en] 1. *(föld)* cultivé, -e; 2. *bány:* exploité, -e; 3. *átv:* cultivé; lettré; civilisé, -e; *a* ~ *világ* le monde civilisé
műveltető [~k, ~t; ~en *v* ~leg] *nyelv:* causatif; factitif, -ive
műveltség 1. civilisation; culture *f;* 2. *(egyéni)* instruction *f;* formation intellectuelle; culture
művész [~ek, ~et, ~e] artiste *n*
művészet 1. art *m;* beaux-arts *m pl;* 2. *(előadásban)* art *m;* maestria *f; nagy* ~*tel* avec un art souverain
művészetkedvelő amateur *m* d'art
művészi [~ek, ~t] artistique; d'art; artiste; *(irod:)* de bonne facture; ~ *alkotás* œuvre *f* d'art; ~ *kivitelű* d'un fini artistique; fouillé, -e; ~ *könyv* livre *m* d'art; ~ *tökéletesség* virtuosité *f*
művészkedés 1. effets recherchés; art prétentieux; 2. amateurisme *m*
művészlemez disque sélectionné; disque de chant *v* de musique classique
művésznő artiste *f*
művésznövendék élève *n* du Conservatoire *v* de l'école des Beaux-Arts
művésztelep colonie *f* de peintres
művezető agent de maîtrise; contremaître *m*
művi *orv:* chirurgical, -e; ~ *beavatkozás* intervention chirurgicale
művirág fleur artificielle
műzsír graisse végétale *v* ménagère

N

n 1. *(betü* v *hang)* n m v *f;* **2.** *mat:* *N-edik* ennième; **3.** *N. N. (egy bizonyos egyén)* Monsieur Untel; Monsieur X...
na! voyons! bon! allons, bon! dis donc! *(kész van)* eh bien, c'est fait; *(bosszúsan)* tout de même! *na, na!* hé! hé! tutt, tutt! *na de ilyet!* ça alors! ça par exemple!
náci [~k, ~t, ~ja] nazi, -e
nácibarát pro-nazi, -e; naziste *(n)*
náciellenes antinazi, -e
nacionálé [~k, ~t, ~ja] signalement *m;* identité *f;* noms et adresse
nacionalista nationaliste
nacionalizál [~tam, ~t, ~jon] nationaliser
nacionalizmus nationalisme *m*
nád [~ak, ~at, ~ja] roseau *m;* canne; phragmite *f*
nadálytő *növ:* consoude *f*
nádas [~ok, ~t, ~a] marais roselier; roseaux *m pl;* jonchaie *f*
nadír [~ok, ~t, ~ja] nadir *m*
nádirigó fauvette *f* des roseaux
nádiveréb moineau sauvage *v* friquet *m*
nádméz sucre *m* de canne
nádor [~ok, ~t, ~a] *tört:* palatin *m*
nádpálca canne (de jonc); canne *f* en rotin
nadrág [~ok, ~ot, ~ja] **1.** *(rövid)* culotte *f;* **2.** *(hosszú)* pantalon *m;* **3.** *(női)* pantalon; culotte; **4.** ~ *hátulja* v *feneke* fond *m* de culotte *v* de pantalon; *~ot húz se* culotter; *mettre* son pantalon
nadrágcsíptető pince-pantalon *m*
nadrágél pli *m* du pantalon
nadrággomb bouton *m* de pantalon *v* de culotte
nadrágszíj ceinture *f;* ceinturon *m;* *összébb húzza a ~at* se serrer le ventre *v* la ceinture
nadrágtartó bretelles *f pl*

nadragulya [-ák, -át] belladone; belledame; atrope *f*
nadrágzseb poche *f* de pantalon
nádszál roseau *m; egyenes, mint a ~* droit(e) comme un jonc; *vékony, mint egy ~* maigre comme un clou
nádszék chaise cannée *v* empaillée
nádtető toit *m* de roseaux
nádtetős au toit de chaume
nafta [-át] naphte; bitume *m*
naftalin [~ok, ~t] naphtaline *f*
nagy I. *(mn)* **1.** grand, -e; *(mennyiségre)* grand, -e; gros, grosse; important, -e; *elég ~* appréciable; *ebben ~* il excelle en cela; *naggyá tesz* (a)grandir; ~ *dolog* tour *m* de force; *nem ~ dolog* ce n'est pas grand-chose; ce n'est pas la mer à boire; *(vétekről)* il n'y a pas de quoi fouetter un chat; ~ *ember (termetre)* homme grand; *(érdemre)* grand homme; *(felnőtt)* un homme fait; ~ *hideg* grand froid; ~ *hőség* une forte chaleur; ~ *különbség* une forte différence; ~ *lány* grande (jeune) fille; ~ *összeg* une somme importante; ~ *utat tesz meg* faire un long chemin; ~ *vagyon* grande *v* grosse fortune; **2.** ~ *alvó* grand dormeur; ~ *dohányos* grand fumeur; **3.** ~ *gazember ld:* gazember; ~ *hülye* un fameux imbécile; **II.** *(hat)* ~ *bátran* avec (un grand) courage; hardiment; ~ *bölcsen* très sagement; *(gúny)* sottement; ~ *későn* bien tard; ~ *könnyen* à la légère; ~ *nehezen* à grand-peine; de justesse; ~ *nehezen sikerült neki csak (inf)* il eut de la peine à *(inf);* ~ *nevetve* en riant; ~ *ritkán* très rarement; ~ *sietve* en toute hâte; **III.** *(fn)* **1.** *a ~ok (a gyerekekkel szemben)* les grands; **2.** *(hatalmon levők) a ~ok* les maîtres du moment *v* du jour; **3.** *az ország ~jai* les hauts dignitaires du pays; *van ebben vmi ~* il y a du grand dans

tout cela; ~*ban* notablement; *ker:*
en gros; *(erővel)* à tour de bras;
~*ban folyik* donner à plein; battre
son plein; ~*ban készülődik vmire* se
préparer activement à qc; *nagy-jában és egészében* somme toute; à
tout prendre; en somme; ~*jából* sur
les grandes lignes; *grosso modo;*
vaguement; ~*ra becsül* v *tart* estimer
hautement *v* fort *v* beaucoup; faire
cas de qc; considérer; priser; ~*ra
lát* v *tör* porter ses vues bien haut;
ugyan ~*ra megy vele!* avec cela il
n'ira pas loin; ~*ra nő* grandir; ~*ra
tartja magát* s'en faire accroire; ~*ra
törő* ambitieux; prétentieux, -euse;
~*ot* un grand coup; beaucoup; *vmi*
~*ot akar* il voit grand; il veut faire
qc de grand; ~*ot hall* entendre dur;
~*ot kiált* pousser un grand cri; ~*ot
lélegzik* respirer profondément; ~*okat
mond* en conter; en conter de belles;
~*ot nő a szemében* grandir de cent
coudées aux yeux de q; ~*okat üt*
frapper de grands coups;
Figyelem! *nagy alakú, nagy erejű,
nagy szemű* stb, **alakú, erejű, szemű**
stb. *alatt keresendők!*
nagyanya grand-mère; grand'mère *f*
nagyapa grand-père; aïeul *m*
nagyarányú [~ak, ~t] de grande *v* de
quelque envergure; vaste; important, -e; monstre
nagybácsi oncle *m*
nagybetű (lettre) majuscule *f;* gros
caractère; capitale *f*
nagybirtok grande propriété (terrienne);
latifundium *m*
nagybirtokos I. *(mn)* terrien, -enne; **II.**
(fn) propriétaire foncier
nagybirtokrendszer le régime des grandes
propriétés *v* de latifundiums
nagybőgő contrebasse *f*
nagydíj grand prix *m*
nagyenergiájú de haute énergie; pénétrant, dur, -e
nagyérdekű de haut intérêt; du plus
haut intérêt
nagyérdemű de *v* d'un grand mérite; de
haut mérite; ~ *közönség* Mesdames,
(Mesdemoiselles), Messieurs

nagyétkű; nagyétű [~ek, ~t] beau
v grand *v* gros mangeur; fin bec,
goulu, -e
nagyfeszültségű à *v* de haute tension
nagyfokú 1. intense; marqué; prononcé,
-e;   **2.**   *(betegség)*   avancé,   -e;
aigu, -ë
nagygyűlés 1. assemblée générale; **2.**
grand meeting
nagyhangú grandiloquent; ronflant;
bruyant, -e; ~ *ember* casseur d'assiettes; ~ *ígéretek* promesses ronflantes
nagyharang bourdon *m;* grosse cloche;
fizesse meg a ~*!* je le payerai à la
Saint-Glinglin
nagyhatalom 1. *(állam)* grande puissance; **2.** *(ember)* potentat *m;* grand
manitou *gúny*
nagyherceg grand-duc
nagyhét *egyh:* la Semaine sainte
nagyhírű [~ek, ~t] célèbre; réputé, -e;
illustre; *pej, gúny:* fameux, -euse
nagyipar grande industrie; *(gépi)* grosse
industrie mécanisée
nagyiparos (grand) industriel
nagyít [~ottam, ~ott, ~son] **1.** agrandir; **2.** *(optikailag)* grossir; amplifier; **3.** *átv:* ajouter; inventer;
broder (sur qc)
nagyítás 1. agrandissement *m;* **2.** *(optikai)* grossissement *m;* **3.** *(túlzás)*
exagération; gasconnade; hâblerie *f*
nagyító [~k, ~t] **1.** agrandissant, -e;
fények: ~ *készülék* amplificateur; a-grandisseur *m;* **2.** *(optikai)* grossissant; ~ *lencse* lentille grossissante;
~ *üveg* verre grossissant *v* amplifiant;
loupe *f*
nagyjavítás réparation générale
nagykapitalista grand *v* gros capitaliste
nagyképű [~ek, ~t] infatué, -e; prétentieux, -euse; arrogant; doctoral, -e; ~ *alak* poseur, -euse *n;* ~
tekintély grand manitou; grosse
légume; bonze; pontife *m*
nagyképűség; nagyképűsködés air
prétentieux *v* arrogant
nagykereskedelem commerce de *v* en
gros; le haut commerce
nagykereskedő commerçant *v* marchand
v négociant en gros; grossiste *m*

nagykereszt grand-croix; plaque *f*; *(szalagja)* grand-cordon *m*
nagykorú majeur, -e
nagykorúság majorité *f*
nagykörút grand boulevard
nagykövet ambassadeur *m*
nagykövetség ambassade *f*
nagyközönség grand public
nagylelkű [~ek, ~t] généreux, -euse; magnanime; ~ *ember* homme large *m*
nagylelkűség générosité; magnanimité; grandeur *f* d'âme
nagymama grand-maman; bonne-maman *f*
nagymértékű [~ek, ~t; ~en] considérable; notable; important; intéressant, -e
nagymosás grande lessive
nagynéha de loin en loin; bien rarement
nagynéni tante *f*
nagyobb [~ak, ~at] 1. *(hasonlítva)* plus grand(e); plus important(e); supérieur(e) à qc; ~ *vminél* surpasser qc; *a ~ rész* la majeure partie; *a ~ szám* le nombre plus fort; 2. majeur, -e; un peu grand(e); assez important(e); ~ *arányú* d'envergure; important, -e; ~ *engedmény* concession majeure
nagyobbára la plupart du temps; pour la plupart; pour la majorité; en majeure partie
nagyobbodik [~tam, ~ott, ~jék *v* ~jon] grandir; grossir; s'agrandir (de qc)
nagyol [~tam, ~t, ~jon] dégrossir; ébaucher
nagyolvasztó haut-fourneau
nagyon 1. *(mn előtt)* très; bien; fort; fortement; grandement; au dernier point; tellement; combien; plutôt *biz;* royalement *biz;* rudement *biz;* ~ *kevés* très peu (de ...); minime; ~ *kicsi* très petit(e); bien petit(e); minuscule; minime; ~ *nagy* très grand(e); bien grand(e); énorme; immense; ~ *sok* ... beaucoup (de...); une masse de ...; un tas de ...; *(túlságosan)* trop (de); 2. *(igével:)* beaucoup; bien; fort; fortement; ~ *esik* il pleut fort; ~ *szeretem* je l'aime bien *v* beaucoup; 3. *(egyéb fordulatok:) ha~ akarja* si vous y tenez; ~ *félek* j'ai très peur *biz;* 4. *akkor ~ de ~ megharagszom* alors je me fâcherai tout *v* pour de bon; 5. ~ *is* par trop; *(önállóan:)* et comment! ~ *is igaz* ce n'est que trop vrai; 6. *nem ~ ne* ... pas bien; *ne* ... pas très; *ne* ... pas trop; *ne* ... guère; *(önállóan)* pas trop beaucoup; guère
nagyothalló dur(e) d'oreille; sourd(e) *n*
nagypapa grand-papa; bon-papa
Nagypéntek *egyh:* le Vendredi saint
nagypolgár grand *v* gros bourgeois
nagypolgárság la haute *v* la grosse *v* la grande bourgeoisie
nagypolimer haut polymère
nagyrabecsülés considération; vénération; estime; haute opinion; *fogadja* ~*em jeléül* veuillez accepter *v* recevoir en témoignage *v* en signe de ma considération; *fogadja* ~*em kifejezését* agréez l'expression de ma considération distinguée
nagyralátó ambitieux, -euse
nagyravágyás ambition *f;* ~ *fűti* il brûle d'ambition
nagyrészt pour la plupart; la plupart du temps; en majeure partie
nagyság 1. grandeur; ampleur; grosseur *f; (minden irányú)* amplitude *f;* ~ *szerint* par ordre de grandeur; par rang de taille; *a katasztrófa teljes* ~*a* toute l'étendue de la catastrophe; 2. *csill:* grandeur; magnitude; grosseur *f;* 3. *(összegé)* l'importance de ..; le montant de ...; 4. *a földi* ~*ok* les grands de la terre
nagyságrend ordre *m* de grandeur; échelle *f*
nagystílű [~ek, ~t] de grand style; grandiose; d'envergure; grand genre; ~ *szélhámos* un escroc de haut vol
nagyszálló grand hôtel; palace *m*
nagyszámú nombreux, -euse; un nombre élevé de ...
nagyszerű magnifique; grandiose; superbe; splendide; sublime; parfait; exquis, -e; *(mulatságosan)* impayable; *nagyszerű!* c'est splendide!
Nagyszombat *egyh:* le Samedi saint
nagyszülők grands-parents; aïeuls *m pl*

nagytakarítás nettoyage en grand; grand nettoyage; ménage *m* à fond
nagyterem grande salle; salle plénière
nagytőke le grand capital; la haute finance
nagytőkés I. *(mn)* ploutocratique; **II.** *(fn)* grand *v* gros capitaliste *v* financier
nagyujj gros doigt; le doigt du milieu; médius *m*
nagyúri seigneurial, -e; ~ *módon* en grand seigneur
nagyüzem grande exploitation; exploitation en grand; grosse entreprise
nagyüzemi usinier, -ière; ~ *gazdálkodás* grande culture
nagyvad gros gibier
nagyvákuum vide élevé *v* poussé *v* profond
nagyvállalkozó grand entrepreneur; *a ~k* le grand patronat
nagyvárosi des grandes villes
nagyvásártelep marché-gare *m;* halles centrales
nagyvilág 1. le vaste *v* grand monde; **2.** le beau monde; la haute société
nagyvilági mondain, -e; parisien, -enne
nagyvonalú [~ak, ~t] **1.** grandiose; *(kivitel, stílus)* large; **2.** *műv:* (bien) enlevé; **3.** *pej:* superficiel, -elle
nagyvonalúság 1. largeur *f* (de vues); **2.** *(cselekedetben)* envergure *f* (d'esprit)
nagyzási *hóbort* folie des grandeurs; mégalomanie; césaromanie *f*
nagyzol [~tam, ~t, ~jon] amplifier; bluffer; prendre de grands airs
nahát en bien! hé bien! alors; enfin; *nahát!* bon! ~, *ezt sem hittem volna!* ah ça, par exemple, jamais je n'aurais cru!
naiv [~ak, ~at] **1.** naïf, naïve; simpliste; candide; innocent; ingénu, -e; ~ *hit* foi *f* de charbonnier; *és én ~!* et moi, imbécile; **2.** ~ *eposz* épopée populaire *f*
naiva [-ák, -át, -ája] ingénue; jeune première
naivitás; naivság naïveté *f;* le naïf de...; candeur; ingénuité; innocence; simplicité *f*

nála [~m, ~d, náluk, ~tok, náluk] **1.** chez lui *v* elle; auprès de lui *v* d'elle; **2.** *nem számítottam ilyesmire* ~ je n'attendais pas cela de lui *v* d'elle; **3.** *(zsebében)* sur lui *v* elle; **4.** ~ *jobban* mieux que lui *v* qu'elle; plus que lui *v* qu'elle
I. nap [~ok, ~ot, ~ja] **1.** soleil *m;* *süt a* ~ il fait du soleil; *a ~ melege* les ardeurs *v* la chaleur du soleil; *kitesz a ~ra* exposer au soleil; *a ~pal szemben* à contre-jour; **2.** *csill:* a *Nap* le Soleil
II. nap I. *(fn)* jour *m;* journée *f;* *milyen ~ van ma?* quel jour est-ce *v* sommes-nous aujourd'hui? *a* ~ *bármely szakában* n'importe quand dans la journée; *egy* ~ *alatt* en un jour; *semmi sem új a* ~ *alatt* rien de nouveau sous le soleil; *a* ~ *hőse* l'homme du jour; *anyák, fák, madarak ~ja* la journée des mères, des arbres, des oiseaux; *nincs jó ~ja* être dans son mauvais jour; *~jai meg vannak számlálva* ses jours sont comptés; *a ~okban* ces jours derniers; *tout récemment;* *~jainkban* de nos jours; *kétszer ~jában* deux fois par jour; *két ~ig távol volt* il est resté absent deux jours; *~nál világosabb* c'est clair comme le jour; *azon a ~pon, amikor* le jour où; le jour que; *egy ~on* certain jour; un jour; *e ~on* ce jour-là; *~okon keresztül* plusieurs jours de suite; *két ~ra* (pour) deux jours; *öreg ~jaimra* sur mes vieux ans *v* jours; *egyik ~ról a másikra* du jour au lendemain; d'un jour à l'autre; *(tervszerütlenül)* au jour le jour; *~ról napra* jour pour jour; de jour en jour; *lopja a ~ot* se croiser les bras; croupir dans l'inaction; tourner ses pouces; *jobb ~okat látott* il a connu de meilleurs jours; *e ~tól fogva* dès ce jour; *egy ~pal előbb* la veille; *két ~pal azelőtt* l'avant-veille; *egy ~pal azután, hogy* le lendemain du jour où; **II.** *(hat)* *egy* ~ certain jour; un jour; *egy szép* ~ au premier jour; un beau jour
napa [-ák, -át, -ája] belle-mère
napalmbomba bombe *f* au napalm

napbarnított [~ak, ~at; ~an] hâlé; bronzé, basané, -e
napéjegyen(lőség) équinoxe *f*
napellenző garde-vue; brise-soleil *m;* *(sapkán)* visière *f; (kirakat fölött)* store *m*
napernyő ombrelle *f;* parasol *m*
napfelkelte un lever de soleil; le lever du soleil; ~ *előtt* avant le jour *v* l'aube
napfény lumière du soleil *v* solaire *f;* jour *m;* ~*nél* à la lumière du jour; ~*re hoz* livrer à la clarté; mettre au jour; *(feledésből)* exhumer; ~*re jut* v *kerül* percer; *az igazság* ~*re kerül* la vérité se fait jour
napfogyatkozás éclipse solaire *v* de soleil *f*
napfolt tache solaire; macule *f*
napfoltkitörés protubérance *f*
napfolttevékenység activité des taches *v* solaire *f*
napforduló solstice *m; téli* ~ solstice d'hiver
napfürdő bain *m* de soleil; *(hely)* solarium *m*
naphal môle *f;* poisson lune *m*
naphosszat le long de la journée; tout le long du jour; toute la journée
napi [~ak, ~t] du jour; diurne; journalier, -ière; ~ *adag* la ration du jour; ~ *átlag* moyenne quotidienne *v* diurne; ~ *bevétel* recette journalière; *a* ~ *események* les événements du jour; *három* ~ *haladék* un délai de trois jours; *egy* ~ *járás* une journée de marche; ~ *jelentés* rapport du jour *v* quotidien; *a* ~ *koszt* l'ordinaire *m;* la pitance; ~ *termelés* production journalière
napibér journée *f*
napidíj 1. journée *f;* 2. *(rendes fizetésen kívül)* vacation *f; (utazási)* indemnité *f* de déplacement
napidíjas copiste *m*
naphír fait divers; nouvelle *f* du jour
napilap (journal) quotidien *m;* feuille quotidienne
napiparancs ordre du jour; *megemlékezés* ~*ban* citation *f* à l'ordre du jour

napirend 1. ordre *m* du jour; ~*jébe felvesz* inscrire à son ordre du jour; ~*en van* être à l'ordre du jour; ~*re kerül* être mis(e) *v* inscrit(e) à l'ordre du jour; ~*re tér* passer à l'ordre du jour; *(hiba fölött)* passer condamnation sur qc; 2. *jog:* ~*en tart* garder en instance
napisajtó la presse (quotidienne)
napkeleti d'orient; oriental, -e; ~ *bölcsek* les trois mages
napkelte [-ék, -ét] le lever du soleil
napközi *otthon* garderie (d'enfants); crèche *f*
naplemente [-ék, -ét] coucher *m* de soleil; ~*kor* au coucher du soleil
napló [~k, ~t, ~ja] 1. journal; mémorial *m;* 2. *ker:* journal
naplopó fainéant, -e *n;* flemmard; cagnard, -e *n biz*
napnyugat l'Occident *m*
Nápoly [~t] Naples *f*
nápolyi [~ak, ~t] napolitain, -e
naponként journellement; par jour; quotidiennement
napos [~ak, ~t; ~an] 1. *(napsütötte)* ensoleillé, -e; ~ *lejtő* pente ensoleillée; 2. de jour; de faction; ~ *katona* l'homme de faction; *ld. még:* **ügyeletes**
napozik [~tam, ~ott, ~zék *v* ~zon] prendre des bains de soleil
nappal [~ok, ~t, ~a] I. *(hat)* de jour; pendant *v* durant le jour; *fényes* ~ au grand jour; II. *(fn)* le (grand) jour; ~ *van* il fait clair *v* jour
napraforgó I. *(mn)* héliotrope; II. *(fn)* tournesol; hélianthe annuel
napraforgóolaj huile *f* de tournesol
naprendszer système solaire *m;* ~*en kívüli* extra-solaire
napsugár rayon du *v* de soleil *v* solaire *m*
napsugaras ensoleillé, -e; radieux, -euse
napsütés soleil; ensoleillement *m;* insolation *f*
napsütötte 1. ensoleillé, -e; 2. *(arc)* hâlé; bronzé; basané, -e
napszak division *f* de la journée
napszám 1. journée *f;* salaire journalier; ~*ba jár* travailler à la journée; 2; *gúny:* ~*ban* à longueur de journée.

gúny: ~ban dolgozik sabrer de la besogne
napszámos [~ok, ~t, ~a] journalier; manouvrier; manœuvre *m*
napszemüveg lunettes de soleil *v* solaires *f pl*
napszúrás coup *m* de soleil; insolation *f*
naptár [~ak, ~t, ~ja] 1. calendrier *m;* *(könyvformában)* almanach *m;* 2. *régi v ó* ~ calandrier julien; *(szerint)* vieux style
naptári [~ak, ~t] ~ *év* année civile
napvilág 1. la lumière (du jour); le jour; ~*nál* à la clarté du jour; 2. ~*ra hoz* livrer à la clarté; mettre au jour; ~*ra kerül* voir le jour; ~*ot lát* voir la lumière
narancs [~ok, ~ot, ~a] orange; pomme d'or; valence *f;* ~ *héja* zeste *m*
narancsfa oranger *m*
narancsgerezd tranche *f v* quartier *m* d'orange
narancshéj zeste *m v* écorce *v* pelure *f* d'orange; *egy* ~*on elcsúszott* pour un *v* faute d'un point Martin perdit son âne
narancsíz confiture *f* d'orange
narancsolaj essence *f* de petit-grain
narancssárga orangé, -e
narancsszörp orangeade; limonade orangée
nárcisz [~ok, ~t, ~a] narcisse *m; fehér* ~ narcisse des poètes; *sárga* ~ faux narcisse
narkotikum [~ok, ~ot, ~a] narcotique *m*
narkotikus narcotique; ~ *állapot* narcose *f*
narkotizál [~tam, ~t, ~jon] narcotiser; anesthésier
naspolya [-ák, -át, -ája] nèfle *f*
nász [~ok, ~t, ~a] 1. noces *f pl;* hymen *m;* 2. les parents de la mariée
naszád [~ok, ~ot, ~ja] 1. *(vitorlás)* corvette *f;* 2. *(ágyú~)* canonnière *f*
nászajándék cadeau *m* de noces; corbeille *f* de mariage
nászinduló marche nuptiale
násznagy garçon *m* d'honneur
násznép les gens *m pl* de la noce

nászutas jeune marié(e) en voyage de noce; ~*ok* couple *m* en voyage de noces
nátha [-ák, -át, -ája] coryza; rhume de cerveau; gros rhume; *erős* ~ grippe *f;* -*át kap* attraper un rhume; s'enrhumer
náthás 1. enrhumé, -e; 2. *(hang)* enchiffrené, -e
nátrium [~ok, ~ot, ~a] sodium *m*
nátronlúg soude caustique *f*
nátronpapír papier kraft *m*
naturalista [-ák, -át, -ája] 1. naturaliste *(m);* 2. *zen:* pianiste *v* musicien(ne) autodidacte *n*
ne ne... pas; ne... point; *(néha:)* ne; *nem mulik el nap, hogy ne mondaná* il ne se passe pas de jour qu'il ne dise; *(eddig és) ne tovább!* halte-là!
-**né** [~k, ~t] 1. Madame...; 2. *hiv:* Gerendyné la dame Gerendy
nedv [~ek, ~t, ~je] 1. suc *m;* humeur *f;* 2. *(belső, növényi)* ~ sève; lymphe *f;* 3. *él:* sérosité *f*
nedvdús succulent, -e; gras, grasse; *(gyümölcs)* juteux, -euse
nedves [~ek, ~et] humide; mouillé, -e; *(fal)* humide; suintant, -e; ~ *folt* mouillure *f; (könyvön)* piqûre *f*
nedvesség 1. humidité; moiteur; mouillure *f; (vasút:)* ~*től óvandó!* Craint l'humidité; 2. *met:* a levegő ~*e* l'état hygrométrique de l'air
nefelejcs [~ek, ~et, ~e] myosotis; *ne m'oublie(z) pas m*
negatív [~ok, ~ot; ~an] I. *(mn)* négatif, -ive; ~ *állásponton marad* se tenir sur la négative; ~ *elektromosság* électricité négative; ~ *előjel* signe moins *m;* ~ *szám* nombre négatif; II. *(fn) fény:* négatif *m;* épreuve négative
negédes affecté, -e; minaudier, -ière; mièvre
negédesség afféterie; affectation; minauderie; mièvrerie *f*
néger [~ek, ~t, ~e] I. *(mn)* nègre; nigritique; II. *(fn)* 1. nègre; Nègre; Noir; 2. *biz:* nègre
négerbarna brun noir

neglizsé [~k, ~t, ~je] *(női)* déshabillé; négligé *m;* ~*ben* en déshabillé; *(férfi)* en debraillé
négy [~et] quatre; ~ *fal között* entre quatre murs *v* murailles; ~ *izben* à quatre reprises
negyed [~ek, ~et, ~e] **I.** *(mn)* **1.** un quart de...; ~ *kiló* demi-livre *f;* **2.** ~ *egy a)* midi et quart; midi quinze; *b)* minuit et quart; **II.** *(fn)* **1.** quart *m;* **2.** *(gyümölcs)* quartier *m;* *a hold* ~*e* la phase *v* le quartier de la lune; **3.** *(évi fizetése)* quartier; **4.** *(lakbér)* terme *m;* **5.** *(városrész)* quartier; l'enceinte des...
negyedév trois mois; trimestre; quartier *m*
negyednapos de quatre jours; ~ *láz* v *hideglelés* fièvre quarte *v* quartaine *f*
negyedóra un.quart d'heure; quinze minutes
negyedszázad quart *m* de siècle
negyedszer pour la quatrième fois; *(felsorolásban)* quatrièmement; quarto
négyen quatre
négyes [~ek, ~t] **I.** *(mn)* quaternaire; quadriparti, -e *v* -ite; ~ *ikrek* quadruplés; quadruplettes; **II.** *(fn)* **1.** *(szám)* un quatre; **2.** *(evezős)* le quatre; **3.** *isk:* bien; **4.** *tánc:* quadrille *m;* **5.** *zen:* quatuor *m;* **6.** *(együttesről)* quatuor; tétrade *f*
négyesfogat attelage de quatre chevaux *v* à quatre *m*
négyéves 1. (âgé) de quatre ans; **2.** *(időtartam)* quadriennal, -e
négyhatalmi quadriparti, -e *v* -ite
négykezes 1. jeu *m* à quatre mains; **2.** morceau *m* à quatre mains
négykézláb sur les mains et les genoux; à quatre pattes
négylábú *(állat)* quadrupède; tétrapode
négylevelű quadrifolié; quaternifolié, -e; ~ *lóhere* trèfle *m* à quatre feuilles
négymotoros quadrimoteur
négypólus quadripôle *m*
négyrét *hajt* plier en quatre
négyszáz quatre cents

négyszemközt entre quatre yeux; seul à seul; seul(e) à seule; de vous à moi; ~ *akarok önnel beszélni* je veux vous parler sans témoin
négyszeres [~ek, ~et] quadruple
négyszög 1. quadrilatère; tétragone *m;* *(derékszögű)* rectangle *m;* **2.** *kis* ~ carreau *m;* **3.** *kat:* *(gyalogsági)* bataillon *m;* ~*ben áll fel* se disposer en carré
négyszögű *(lap)* carré, -e; quadrilatère; quadrilatéral, -e; *(test)* carré, -e
negyven [~et] quarante
negyvenéves avoir quarante ans *v* la quarantaine; ~ *ember* v *asszony* quadragénaire *n*
négyzet carré *m;* ~ *alakú* carré, -e; ~*re emel* élever au carré
négyzetes [~ek, ~et] **1.** *mat:* quadratique; **2.** *mez:* en carré
négyzetgyök racine carrée; ~*öt von* tirer la racine carrée
négyzetgyökvonás extraction *f* d'une racine carrée
négyzetkilométer kilomètre carré
négyzetméter mètre carré
néha parfois; quelquefois; de temps à autre
néhai [~ak, ~t] décédé; feu, -e
néhány quelques; un certain nombre de...; ~ *lépésre* à quatre pas; ~ *sor (írás)* un petit mot; ~ *szóval* en quelques mots; en raccourci
nehéz [nehezek, nehezet] **I.** *(mn)* **1.** *(súlyra)* lourd; pesant, -e; *ez a csomag 20 kiló* ~ ce paquet est de 20 kg *v* pèse 20 kg; ~ *a feje* avoir la tête lourde *v* pesante; ~ *a szíve* avoir le cœur gros (de chagrin); ~ *álom* sommeil *m* de plomb; ~ *étel* aliment lourd; plat difficile à digérer; ~ *léptekkel* à pas appuyés *v* lourds; ~ *pénzeket fizet vmiért* payer qc d'un prix fort *v* exorbitant; ~ *szívvel* à contrecœur; le cœur gros; **2.** *(kivitelben)* difficile; ardu, -e; laborieux, -euse; ~ *(inf)* cela lui coûte de *(inf);* il est difficile de *(inf);* **3.** *(jelzős szerkezetben:) nagyon* ~ *megcsinálni;* ~ *dolog* c'est tout une histoire; ~ *dolga lesz vele* il aura fort à faire avec lui;

nehezedik 688 **nehogy**

~ *élete van* il mène une vie dure; ~ *ember* c'est un homme difficile *v* coriace; ~ *felfogása van* avoir l'intelligence dure; ~ *felfogású v gondolkodású* d'une compréhension lente; ~ *helyzetbe hoz* mettre en posture difficile *v* délicate; mettre dans le vent; ~ *idők* temps durs *v* rudes; ~ *kenyér (kereset)* pain dur; ~ *kérdés* problème ardu *v* difficile; ~ *munka* travail rude *m;* ~ *szellemi munka* travail qui demande une grande application; ~ *nap* journée rude *f;* a ~ *napokban* aux jours de malheur; ~ *sorban él* mener une vie dure; ~ *szülés* couches laborieuses; ~ *testi munka* travail exigeant un grand effort physique; ~ *testi munkás* travailleur *m* de force; **4.** *(egyéb szólások:) túl ~nek képzel valamit* se faire un monde de qc; ~*zé teszi az életét vkinek* rendre la vie dure à q; **II.** *(fn) a dolog neheze* le gros d'une affaire; *a nehezén túl vagyunk* nous avons doublé le cap; *nehezére esik, hogy* il lui (en) coûte de *(inf);* il a de la peine à *(inf)*
nehezedik [~tem, ~ett, ~jék *v* ~jen] **1.** *(teher)* porter sur qc; peser sur qc; appuyer sur qc; *keze a vállamra* ~*ett* sa main s'appesantit sur mon épaule; **2.** *főbenjáró vád* ~ *rája* être sous le coup d'une accusation capitale; *minden az ő vállára* ~ tout retombe sur lui; **3.** *(vki vmire)* s'appesantir sur qc
nehezék [~ek, ~et, ~je] **1.** *(mérlegen)* contrepoids *m;* **2.** *(halászhálón, léggömbön, hajón)* lest *m*
nehezell [~tem, ~ett, ~jen] trouver trop lourd(e) *v* difficile
nehezen difficilement; avec difficulté; malaisément; laborieusement; avec peine; *(igével:)* avoir de la peine à *(inf);* avoir du mal à *(inf);* ~ *él* mener une existence difficile; ~ *szánja el magát* être long(ue) à se décider; ~ *érthető, hihető* difficile à comprendre, à croire; ~ *forog v jár az esze* son esprit s'épaissit; ~ *kezelhető* dur(e) à manier; ~ *kezelhető ter-*

mészet humeur difficile *f;* ~ *tudnám megmondani* je serais bien en peine de le dire
nehézfejű stupide; à l'esprit obtus; bouché; borné, -e
nehézipar industrie lourde
nehézkedés *fiz:* gravitation; attraction gravitique *f; a* ~ *törvényei* les lois physiques de la pesanteur
nehézkes [~ek, ~et] **1.** lourd; pesant, -e; *(tárgy)* encombrant, -e; incommode; ~*sé tesz* alourdir; appesantir; **2.** *(ember)* difficile; difficultueux, -euse; balourd, -e *(n);* ~ *személy* difficultueuse; **3.** *(izlésü)* manquer de chic; **4.** *(terhes)* enceinte
nehezményez [~tem, ~ett, ~zen] faire grief à q de qc; reprendre; objecter
nehézolaj huile lourde
nehézség 1. *(súlyban)* pesanteur *f;* **2.** *átv: (akadály)* difficulté *f;* accroc *m;* peine; complication *f;* incorvénient *m;* pierre d'achoppement; traverse *f;* ~*ei* vannak éprouver des difficultés; ~ *nélkül* sans peine *v* difficulté *v* accroc; *ez nem minden* ~ *nélkül ment végbe* ce n'a pas été sans mal; *a legnagyobb* ~*ekbe ütközik* se heurter aux pires difficultés; *a* ~*et elhárítja* trancher la difficulté; *nem ismer* ~*et* braver toutes les difficultés; *nem látok benne semmi* ~*et* je n'y vois aucune difficulté; *a* ~*eket leküzdi* surmonter les difficultés; *a* ~*et megkerüli* tourner *v* éluder la difficulté; *sok* ~*et okoz vkinek* donner du fil à retordre à q; *nagy (pénzügyi)* ~*ekkel küzd* se trouver au milieu de graves embarras
nehézségi *fiz: a* ~ *erő* la force de la pesanteur; la gravitation
nehézsúlyú poids lourd
neheztel [~tem, ~t, ~jen] ~ *vkire vmiért* tenir rigueur à q de qc; garder rancune à q de qc; ~ *önmagára* s'en vouloir
neheztelés rancune *f;* ressentiment *m*
nehéztüzérség artillerie lourde
nehézvíz eau lourde
nehogy I. *(hat)* ~ *megfogd!* surtout n'y touche pas! ~ *azt higgye, hogy* n'allez

pas croire que; ~ *azt képzelje, hogy* n'allez pas vous figurer que; **II.** *(ksz)* de peur de *(inf)*; de peur que *(subj és* ne); de crainte que *(subj és* ne); ~ *baleset érje* crainte d'accident

néhol par endroit; par places; par-ci par-là

neje [-ét] sa femme; *Lapeyre János doktor és* ~ le docteur et Mme Jean Lapeyre

neked 1. à toi; pour toi; *ne v nesze* ~! tiens; attrape! **2.** *(ige előtt)* te; ~ *adom* je te le donne

nekem 1. à moi; pour moi; **2.** *(ige előtt)* me; **3.** ~ *mondja?* à qui le dites-vous? **4.** ~ *jön* il se jette sur moi

neki 1. à lui, à elle; pour lui, pour elle; pour son compte; **2.** *(ige előtt)* lui; ~ *való* qui lui convient; **3.** *neki!* sus! hardi! vas-y! allez-y!

nekiáll *(inf)* se mettre en devoir de *(inf)*; se mettre à *(inf)*

nekibátorodik [~tam, ~ott, ~jék *v* ~jon] s'enhardir; prendre son courage à deux mains

nekibuzdul prendre son élan

nekiereszt 1. *(kutyát vkinek)* lâcher contre *v* sur q; **2.** ~*i a hangját* enfler la voix

nekiesik 1. *vminek* se jeter *v* tomber *v* donner contre qc; **2.** *(szándékosan)* tomber sur q; se jeter sur q

nekifekszik *vminek* s'attaquer à qc; s'adonner à qc

nekifeszül *vminek* se presser contre qc; *(ember)* donner un coup de reins

nekifohászkodik prendre son courage à deux mains

nekifut prendre son élan

nekigyürkőzik [~tem, ~ött, ~zék *v* ~zön] **1.** retrousser *v* relever ses manches; **2.** *átv:* s'atteler à la tâche

nekihevül s'échauffer (en parlant); se laisser emporter par son transport

nekiindul 1. se mettre en marche *v* en route; **2.** *aut:* démarrer; **3.** *rep:* décoller

nekik 1. à eux, à elles; pour eux, pour elles; **2.** *(ige előtt)* leur

nekimegy 1. *(ütközve vkinek, vminek)* heurter qc *v* q; jeter *v* (se) buter contre qc; *(egy jármű a másiknak)* tamponner qc; *(egymásba szaladva)* se télescoper; **2.** *(vki)* se cogner à qc; *egyenest* ~ *vminek* venir *v* aller donner en plein sur qc; ~ *a falnak* donner contre le mur; **3.** *vakon* ~ *(vminek)* donner tête baissée (dans qc); **4.** *(támadóan)* courir sus à q; tomber (à bras raccourcis) sur q; se jeter sur q; *(rendőrség, katonaság)* charger q; **5.** *(szellemi fegyverekkel)* s'attaquer à q; prendre q à partie; y aller à brûle-pourpoint; **6.** ~ *a vizsgának* affronter l'examen

nekiront *vkinek* **1.** tomber sur q; se jeter sur q; charger q; **2.** *átv:* se déchaîner contre *v* sur q

nekiszegez; *(fegyvert)* *vminek* ~ appuyer contre qc; *szuronyt, kardja hegyét szegezi neki* présenter la baïonnette contre sa poitrine; *(revolvert)* braquer sur q

nekitámaszkodik *vminek* s'appuyer à qc; *(háttal)* s'adosser à qc

nekivág I. *(tgy i)* lancer (à *v* contre *v* sur); **II.** *(tgy i)* **1.** franchir le pas; emmancher l'affaire; **2.** *vminek* ~ donner tête baissée dans qc

nekrológ [~ok, ~ot] nécrologie *f*; *(hírlapban)* article *m v* notice *f* nécrologique

nektár [~ok, ~t, ~ja] nectar *m*

nektek 1. à vous; pour vous; pour votre compte; **2.** *(ige előtt)* vous

nekünk 1. à nous; pour nous; pour notre compte; **2.** *(ige előtt)* nous

nélkül sans; *minden* ~ sans rien; *minden költség* ~ quitte de tous frais; *válogatás* ~ sans choix

nélküle [~m, ~d, ~, nélkülünk, nélkületek, nélkülük] sans lui *v* elle; sans son intervention

nélkülöz I. *(tgyl i)* vivre dans les privations *v* dans la gêne; **II.** *(tgy i)* **1.** être privé(e) de qc; **2.** *nagyon* ~*öm (a társaságát)* il me manque beaucoup

nélkülözés privation; gêne *f*

nélkülözhetetlen indispensable

44 Magyar–Francia kézi

I. nem [~ek, ~et, ~e] *(fn)* 1. sexe *m;* az erősebb ~ le sexe fort; *a gyöngébb ~ le sexe faible; a szép ~ le beau sexe;* 2. *(fajta)* genre *m;* sorte; catégorie *f; páratlan a maga ~ében* unique *v* incomparable dans son genre; 3. *nyelv:* genre; *~ben és számban egyezik* s'accorder en genre et en nombre
II. **nem I.** *(hat)* 1. *(önállóan)* non; non pas; pas *biz;* 2. *(egy szót tagadva)* pas; non pas; non; *~ ezt* pas celui-là; *ez ~ jó* ce n'est pas bon *v* bien (comme ça); *~ te* pas toi; *~ éppen* pas précisément; 3. *(igével:)* ne ... pas; ne ... point; *szeretnék ~ elutazni* je voudrais ne pas partir; *~ hiszem* je ne crois pas; *(hát) ~ megmondtam?* quand je le disais! 4. *(írott nyelvben* pouvoir, *és olykor* savoir, oser, cesser *mellett; a si mondataiban, az óta utáni mellékmondatban; a ni párjaként:)* ne; *ha ~ mondta volna* s'il ne me l'avait dit; *ha ~ csalódom* si je ne me trompe; *~ szeretem és nem is becsülöm* je ne l'aime ni ne l'estime; *~ mertek beszélni* ils n'osaient ouvrir la bouche; 5. *azt nem!* ah, non! ça non! *azt már nem!* des nèfles! va te faire fiche! *biz; egyáltalán ~* point du tout; du tout; 6. *~ beszél senki* personne ne prend la parole; 7. *~ egy* plus d'un, maint; 8. *~ mintha ld:* mintha; 9. *~ nagyon ld:* **nemigen; II.** *(fn)* 1 non *m; ~mel válaszol* répondre par un non *v* négativement; *~et mond* dire non; *határozattan ~et mond* répondre par un non catégorique; 2. *(szavazat)* voix «contre» *f*
néma [-ák, -át] **I.** *(mn)* 1. muet, muette; *születése óta ~* muet(te) de naissance; *~, mint a sír* il est muet comme la tombe; 2. *szính: ~ jelenet* scène muette *v* mimée; 3. *nyelv: ~ betű v hang* muette *f;* **II.** *(fn)* muet, muette *n*
némafilm film muet
némajáték pantomime *f*
némaság 1. mutisme *m;* mutité *f;* 2. *átv:* silence *m; teljes ~ba burkolódzik* se réfugier dans un mutisme complet
némber [~ek, ~t, ~e] maritorne; mégère; péronnelle; femelle *f*
nemcsak n'être pas seul(e) à *(inf);* ne ... pas que; ne ... point que; *~... hanem ne* ... pas seulement, mais (encore); non seulement... mais (encore); *~ hogy nem ld:* **nemhogy**
nemdohányzó non-fumeur *m*
némely [~ek, ~et] **I.** *(mn)* certain, -e; tel, telle; quelques *(tb);* quelques-uns des...; **II.** *(szn) ~ek* quelques-uns, quelques-une (des...); quelques personnes; d'aucuns; *~ek szerint* d'après certains auteurs
némelyik [~et, ~e] **I.** *(mn)* certain, -e; tel, telle; **II.** *(szn)* l'un ou l'autre; quelques-unes
némelykor de temps à autre; quelquefois; parfois
nemes [~ek, ~et] **I.** *(mn)* 1. noble; *(igével:)* avoir de la naissance; *nem ~* non-noble; roturier, -ière; 2. *(fajta)* racé, -e; *(állat)* de (grande) race; 3. *(gyümölcs)* de haute qualité; 4. *~ bor* vin classé; vin de marque; 5. *~ fa* bois précieux *v* rare; 6. *nem ~ fém* vil métal; métal commun; *~ gáz* gaz rare *m; ~ kő* pierre riche; *(ékkő)* pierre précieuse; *(félnemes:)* pierre fine; *~ valuta* monnaie forte; 7. *átv:* généreux, -euse; noble; magnanime; beau, belle; *~ ellenfél* adversaire loyal; *~ érzelmek* de beaux sentiments; *~ gesztus* un beau geste; *~ lélek* belle âme; âme noble; **II.** *(fn)* noble; gentilhomme *m; nem ~* roturier *m*
nemesfém métal (précieux *v* noble)
nemesi [~ek, ~t] feud: 1. nobiliaire; de noblesse; seigneurial, -e; *~ címer* armoiries *f pl;* blason *m;* armes (parlantes); *~ felkelés* le ban et l'arrière-ban de la noblesse; levée en masse de la noblesse; *(elrendel:)* lever; *~ levél* titre *m v* lettre *f* de noblesse; 2. *nem ~* roturier, -ière
nemesít [~ettem, ~ett, ~sen] 1. *(rangban)* anoblir; 2. *(fajt)* améliorer; 3. *(növényt)* sélectionner; 4. *(fémet)*

tremper et revenir; 5. *(erkölcsileg)* ennoblir
nemesítés 1. *(rangban)* anoblissement m; 2. *(fajé)* amélioration f; 3. *(növényé)* sélection f; 4. *(jelleme)* ennoblissement m; moralisation f
nemeslelkű généreux, -euse; noble; ~ asszony femme f de cœur
nemeslelkűség générosité; noblesse f de sentiment v de cœur
nemesség 1. *(együtt)* noblesse f; les gens de qualité; 2. *(rang)* noblesse; qualité f; 3. *(erkölcsi)* générosité; noblesse f
német [~ek, ~et] I. *(mn)* allemand, -e; d'Allemagne; germanique; *pej*: teuton, -onne; boche; ~ márka deutsche-mark m; ~ nyelv l'allemand; la langue allemande; ~ szellem esprit germanique m; ~— francia háború guerre franco-allemande; II. *(fn)* 1. Allemand m; 2. *(megvető ért.)* Teuton; Boche; (1940— 1945) vert-de-gris; (s)chleuh; les doryphores
Németalföld les Pays-Bas; la Hollande
németbarát germanophile; pro-allemand; pro-germain, -e
németellenes antiallemand, -e; antigermanique; germanophobe
nemez [~ek, ~t, ~e] feutre m
nemezcipő chaussons m pl
nemezkalap (chapeau de) feutre m
nemhogy au lieu de *(inf)*; non content(e) de *(inf)*; bien loin de *(inf)*
nemi [~ek, ~t] 1. sexuel, -elle; génital, -e; vénérien, -enne; générique; ~ aktus acte sexuel v vénérien; *egyh*: acte m de chair; ~ beteg vénérien, -enne *(n)*; ~ baj v betegség maladie vénérienne; ~ élet vie sexuelle; sexualité f; ~ eltévelyedés aberration sexuelle; inversion f; ~ érettség maturité sexuelle; puberté f; ~ érintkezés rapprochement intime; ~ felvilágosítás éducation v initiation sexuelle; ~ hidegség frigidité f; ~ hormon hormone sexuelle; ~ jelleg nélküli asexué, -e; asexuel, -elle; ~ különbség nélkül sans distinction de sexe; ~ ösztön instinct sexuel v génital; impulsion sexuelle; libido f; ~ szerv organes génitaux; génitoires m pl; ~ tehetetlenség impuissance; froideur f; ~ vágy désir sexuel v vénérien v charnel; libido f; *(állatoknál)* folie f; rut m; 2. *nyelv*: différence de genre

némi quelque; un certain; je ne sais quoi de *(mn)*; non sans *(fn)*; un brin de . . .; ~ büszkeséggel non sans fierté; *hogy* ~ *fogalmat adjak róla* pour vous donner une légère idée; ~ keserűséggel non sans amertume; ~ kétely un léger doute; ~ remény un reste d'espoir
nemibeteggondozó *intézet* dispensaire m pour maladies vénériennes
nemigen 1. *(önállóan)* guère; pas trop; 2. *(igével:)* ne ... guère; ne ... pas trop v autrement
nemkívánatos *elem* indésirable m
nemleges [~ek, ~t; ~en] négatif, -ive
nemlét(ezés) non-existence f; non-être m
nemrég; nemrégen; nemrégiben il n'y a pas longtemps; depuis peu; naguère; (tout) récemment
nemsokára 1. *(jelen viszonylatban)* bientôt; sous peu; tout à l'heure; 2. *(igével:)* ne pas tarder à *(inf)*; aller *(inf)*; ~ *meghal* il va mourir; 3. ~ *(rá)* bientôt; peu v bientôt après
nemtelen 1. non-noble; roturier, -ière; 2. *(aljas)* ignoble; ignominieux, -euse; 3. asexué, -e; asexuel, -elle
nemtörődömség 1. indolence f; laisser-aller m; nonchalance f; 2. *(hatóságé)* carence; incurie f
nemzedék [~ek, ~et, ~e] génération; progéniture; lignée f
nemzés génération; procréation f
nemzésképtelenség *orv*: anaphrodisie; impotence; impuissance f
nemzet nation; gent f *gúny*; ~*(ek)* feletti supranational, -e
nemzetellenes antinational, -e
nemzetgazdaság économie nationale v politique
nemzetgazdaságtan économie politique f
nemzetgazdász économiste m
nemzetgyilkosság génocide m

nemzetgyűlés Assemblée Nationale
nemzeti national, -e; ~ *állam* État national; ~ *bank* banque nationale; ~ *dal* chant v hymne national; ~' *érdek* intérêt m à l'échelle nationale; ~ *hovatartozás* nationalité f; ~ *lobogó* le drapeau (national); tricolore m; ~ *tulajdonba vesz* nationaliser; ~ *ünnep* fête nationale; ~ *vagyon* la richesse publique v nationale; ~ *vállalat* enterprise nationale; *(Franciaországban)* régie nationale
nemzetiség nationalité; minorité nationale; population allogène
nemzetiségi nationalitaire; national, -e; minoritaire; allogène; ethnique; ~ *állam* État multinational; ~ *kérdés* le problème v la question des nationalités v des minorités nationales
nemzetközi [~ek, ~t] 1. international; mondial; intergouvernemental, -e; ~ *bíróság* cour f de justice internationale; *(1945-től)* Cour internationale de justice; *Nemzetközi Demokratikus Nőszövetség* Fédération Démocratique Internationale des Femmes; ~ *forgalomban* dans le régime international; ~ *jog* droit international; droit des gens; ~ *kereskedelem* échanges internationaux; commerce international; ~ *magánjog* conflit m des lois; *Nemzetközi Munkaügyi Egyezmények* les Conventions du Travail; *Nemzetközi Munkaügyi Hivatal* Bureau International du Travail (B.I.T.); *Nemzetközi Nevelésügyi Iroda* Bureau International d'Éducation; *Nemzetközi Nőnap* Journée internationale de la Femme; ~ *rendőrség* interpolice f *(röv:* Interpol); ~ *szokásjog* règle coutumière du droit international; *a* ~ *udvariasság szabályai* la courtoisie internationale; ~ *válaszbélyegutalvány* bon m de poste international; ~ *vásár* foire f; ~ *viszály* différend international; *(súlyos)* conflit international; ~ *viszonylatban* en matière de relations internationales; 2. *sp:* ~ *válogatott (játékos)* international m
nemzetköziség internationalisme m; internationalité f

nemzetőr garde national
nemzetőrség garde civique v nationale v mobile f; milice bourgeoise
nemzetség clan; lignage m
nemzetvédelem défense nationale
nemző [~k, ~t] I. *(mn)* générateur, -trice; génératif, -ive; ~ *erő* v *képesség* v *tehetség* vertu générative; force v faculté génératrice; virilité; puissance f; II. *(fn)* procréateur; engendreur
néni [~k, ~t, ~je] 1. tante f; 2. *(idősebb)* sa sœur (aînée); petite mère f; 3. *nénje* sa sœur (aînée)
neoklasszicizmus style Empire; académisme m
neon [~ok, ~t, ~ja] néon m
neoncső tube fluorescent v au néon
neonfény néon m; -*nnyel világított* incendié(e) de néon
nép [~ek, ~et, ~e] peuple m; *a* ~ *le vulgaire;* le petit v bas peuple; la plèbe; *a* ~ *(egyszerű) embere* l'homme du peuple; le vulgaire; l'homme de la rue; *a* ~ *fia* fils du peuple; *a* ~ *közé megy* aller au peuple; *él a* ~ *száján* vivre dans la tradition populaire
népakarat volonté populaire f
népámítás démagogie f; bourrage m de crâne
népballada romance populaire f
népbíró magistrat populaire; juge m du peuple
népbíróság tribunal populaire m; cour populaire f
népbiztos commissaire m du peuple
népbolt magasin rural
népbüfé buvette populaire f
népcsoport groupe ethnique m; peuplade f
népdal chanson populaire v folklorique f
népellenes antipopulaire; antidémocratique
népelnyomó oppresseur m du peuple
népes [~ek, ~t; ~en] 1. populeux, -euse; 2. *(gyülekezet)* nombreux, -euse; ~ *utca* rue très passante v fréquentée
népesedés 1. natalité f; 2. *(be~)* peuplement m

népesedési démographique; ~ *arány* natalité *f;* ~ *statisztika* statistique démographique *f; (mint tudomány)* démographie *f*
népesség population *f*
népességcsere transfert *m* de population
népességstatisztika démographie *f;* -*át készít vmiről* démographier qc
népességtömörülés agglomération *f*
népfaj race; ethnie *f*
népfelkelés 1. soulèvement *m v* insurrection *f* populaire; **2.** *kat:* levée *f* en masse
népfelkelő territorial *m*
népfelség la souveraineté du peuple
népfront le Front populaire
népgazdaság économie nationale *v* populaire *f*
népgondozás assistance sociale
népgyilkosság génocide *m*
népgyűlés réunion publique *f;* meeting (populaire) *m*
néphadsereg armée populaire *f*
népi [~ek, ~t] **1.** populaire; ~ *származású* d'origine populaire; **2.** *(falusi)* rustique; ~ *együttes* groupe *m v* troupe *f* folklorique; ~ *jelleg* ethnie *f;* ~ *tánc* danse populaire *v* folklorique *f;* **3.** populiste; *irod:* ~ *irány* tendance populiste *f;* **4.** *(beszédről stb. így is:)* peuple; **5.** ethnique; **6.** *pol:* ~ *állam* État populaire *m;* ~ *demokrácia* démocratie populaire *f; a ~demokratikus Magyarország* la Hongrie démocratique populaire; ~ *hatalom* pouvoir populaire *m;* ~ *rendszer* régime populaire
népies [~ek, ~et] populaire; rustique; de style rustique; terrien, -enne; *irod:* populiste; ~ *beszéd* langage populaire *v* rustique; ~ *ízlésű* (d'un goût) populaire *v* rustique; ~ *szólás* locution populaire *f;* ~ *viselet* costume populaire *m*
népiesség 1. caractère populaire *m;* rusticité *f;* **2.** *(irány)* tendance populaire *f; irod. így is:* populisme *m*
népirtás génocide *m*
népiskola école primaire *v* élémentaire *f*
népjólét bien-être social; protection sociale

népjóléti d'assistance nationale; ~ *minisztérium* ministère *m* de la prévoyance sociale
népképviselet représentation (nationale); ~*en alapuló kormányzat* gouvernement représentatif
népkert jardin public
népkonyha cantine *v* soupe populaire *f*
népköltészet poésie populaire *f*
népkönyvtár bibliothèque populaire *f*
népközösség communauté ethnique; collectivité *f*
népköztársaság 1. république populaire *f;* **2.** *tört:* république démocratique
néplélektan psychologie ethnique *v* des peuples *f*
népliget bois public
népmese conte populaire *v* du terroir *m*
népmozgalom mouvement de la population *v* démographique
népművelés culture populaire; éducation populaire *v* nationale
népművész artiste *n* du peuple
népművészet art populaire *v* rustique *v* paysan *v* folklorique
népnevelés 1. éducation nationale; **2.** *pol:* agitation *f*
népnyelv langage *m v* langue *f* populaire *v* vulgaire
népnyúzó tyran; despote; exploiteur *m*
népoktatás instruction populaire *f;* enseignement populaire *m;* felsőbb ~ enseignement primaire supérieur
néposztály classe sociale
néprajz ethnographie *f*
népréteg couche sociale *v* populaire *f*
népség 1. peuple *m;* peuplade *f;* **2.** *pej:* racaille; populace *f;* **3.** *szính:* ~ *és katonaság* Soldats. Gens du peuple
népsűrűség densité démographique *v* de la population; *a kilométerenkénti* ~ la densité kilométrique
népszámlálás recensement *m* (de la population)
népszaporodás l'accroissement *m* de la population; progression démographique *f*
népszavazás consultation (nationale *v* populaire); plébiscite; referendum *m*
népszerű 1. populaire; *(igével:)* être accrédité(e); *(sajtóban)* avoir bonne

népszerűség 694 **névbitorlás**

presse; *a gondolat hamar ~ lett* l'idée a fait son chemin; *~vé válik* se rendre populaire; se populariser; **2.** populaire; adapté(e) aux besoins du grand public; *~ kiadás* édition populaire *f*
népszerűség popularité *f;* succès *m* de popularité; vogue *f*
népszerűsít [~ettem, ~ett, ~sen] vulgariser; populariser
népszerűtlen impopulaire; *~né teszi magát* s'aliéner les sympathies
népszínház théâtre populaire *m*
népszokás tradition *v* coutume populaire *v* régionale; usage populaire *m*
népszónok tribun; orateur populaire *m*
néptelen dépeuplé; désert; impeuplé, -e
néptömeg foule *f; a széles ~ek* les grandes masses populaires
néptörzs peuplade; tribu *f*
népügyész *kb:* procureur *m* du peuple
népünnepély fête *v* réjouissance populaire *f; tánccal egybekötött ~* bal populaire *m*
népvagyon bien *m* du peuple
népvándorlás 1. *tört:* invasion des Barbares; migration *f* des peuples; **2.** *ált:* exode *m*
népvezér chef populaire *m; pej:* démagogue *m*
népviselet costume populaire *v* régional *v* national
népzene musique populaire *v* folklorique *f*
népzenész 1. musicien populaire *m;* **2.** musicien tzigane
nerc [~ek, ~et, ~e] vison *m*
nesz [~ek, ~t, ~e] bruit *m; ~ét veszi vminek* avoir vent de qc; flairer qc
nesze! tiens! (ie) voici!
nesztelen sans bruit; *~ léptekkel* à pas muets *v* feutrés *v* furtifs; à pas de velours
netalán; netán; *ha ~* si par impossible; si par malheur; s'il vient à *(inf);* si, par hypothèse...; *hogy ~ ne* de crainte de *(inf)*
netovábbja; *vminek a ~ le nec plus ultra* de qc; *vágyainak ~* le comble de ses vœux
nettó I. *(mn)* net, nette; *~ ár* prix net; **II.** *(hat)* net

neuralgia [-ák, -át, -ája] *orv:* névralgie *f*
neuraszténia [-ák, -át, -ája] neurasthénie *f*
neurológus *orv:* neurologiste; neurologue *m*
neuropata [-ák, -át] *orv:* névropathe *(n)*
neurózis [ok, ~t, ~a] *orv:* névrose *f*
neutrális [~ak, ~at] neutre
neutrino *fiz* neutrino *m*
neutron [~ok, ~t, ~ja] *fiz:* neutron *m*
név [nevek, nevet, neve] **1.** nom *m;* appelation *f; ~ nélküli* anonyme; *~ szerint* nommément; de nom; *csak ~ szerint az* il ne l'est que de nom; *~ szerinti szavazás* vote nominal; *neve János* il s'appelle *v* il se nomme Jean;... *nevében* au nom de ...; pour le compte de...; pour...; *a mi és gyermekeink nevében* au nom de nous et de nos enfants; *saját nevében* en son nom personnel; *a törvény nevében* au nom de la loi; *igazi nevén* de son vrai nom; *nevén szólít* appeler par son nom; *a dolgokat nevükön nevezi* appeler *v* nommer les choses par leur nom; *nevén nevezem a gyermeket* j'appelle un chat un chat; *~re szól* être au porteur; être personnel; *~re szóló* nominatif, -ive; personnel, -elle; *~re szóló kötvény* action nominative; *névről ismer* connaître de nom; *nevet ad vminek* donner *v* imposer un nom à qc; *megmondja a nevét* décliner son nom; *névvel ellát* signer de son nom; **2.** nom; renom *m;* renommée *f; dicső ~* beau nom; nom glorieux *v* illustre; **3.** *jó ~en vesz* prendre en bonne part; *(vmit vkitől)* savoir (bon) gré à q de qc; *rossz ~en vesz* prendre en mal *v* en mauvaise part; *(vmit vkitől)* savoir mauvais gré à q de qc; *ne vegye rossz ~en, ha* trouvez bon que *(subj);* ne prenez pas en mauvaise part si; *nem veszem rossz ~en* vous êtes tout excusé
névaláírás signature *f; ~ával ellát* signer de son nom; parapher
névbélyegző griffe *f*
névbitorlás usurpation *f* de nom; usage abusif du nom

névcsere — névjegyzék

névcsere 1. confusion *f* de noms; **2.** changement *m* de noms
nevel [~tem, ~t, ~jen] **1.** élever; éduquer; faire l'éducation de q; *jól ~ bien élever;* **2.** *(állatot)* élever
nevelés éducation; pédagogie; instruction *f*
nevelési éducatif, -ive; éducationnel, -elle; pédagogique
neveléstan; neveléstudomány pédagogie *f*
nevelésügy enseignement *m*
neveletlen 1. mal élevé(e); sans usage; malappris, -e; **2.** *(még fiatal)* en bas âge
neveletlenség 1. manque *m* d'usage; incivilité; goujaterie; cuistrerie *f;* **2.** acte *m* de mauvaise éducation; muflerie; inconvenance *f*
nevelő [~k, ~t; ~en] **I.** *(mn)* éducateur, -trice; éducatif, -ive; *~ irodalom* littérature éducative; *~ jellegű* d'un caractère éducatif; **II.** *(fn)* éducateur *m*
névelő [~k, ~t, ~je] article *m*
nevelőanya mère adoptive; *(átv is)* (mère) nourricière *f*
nevelőapa père adoptif; (père) nourricier *m*
nevelőintézet maison *f v* établissement *m* d'éduction
nevelőmunkatábor camp *m v* colonie *f* de redressement *v* de rééducation (par le travail)
névérték 1. valeur faciale *v* nominale; *~en* au pair; **2.** *a részvények ~e* le nominal des actions
neves [~ek, ~et] illustré; renommé, -e; notable; célèbre
nevet 1. rire; rigoler *biz; gúnyosan ~* ricaner; *magában ~* rire en soi-même; *vkinek az arcába v szemébe ~* rire à la barbe de q; *markába ~* rire dans sa barbe; *~nem kell!* laissez-moi rire! **2.** *(vmin)* rire de qc; *(megvetéssel)* se rire de qc; *~ vkin* rire (aux dépens) de q; *mindenki ~ rajta* être la risée de tout le monde
nevetés rire *m;* rigolade *f nép; ~be tör ki* éclater (de rire); *nagy ~be tör ki* éclater (de rire); *hangos ~re fakad* pouffer
nevetgél [~tem, ~t, ~jen] rire; rioter
nevetgélő [~k, ~t] rieur; rioteur, -euse *n*
nevetőgörcs rire convulsif *v* spasmodique
nevetség; *általános ~ tárgya* être la risée de tous; *kész ~* laissez-moi rire! *~et kelt* donner la comédie
nevetséges I. *(mn)* ridicule; risible; comique; burlesque; baroque; rigolo, -ote *nép;* marrant, -e *nép;* tordant, -e *biz; nevetséges!* laissez-moi rire! *ez egyáltalán nem ~ il n'y a pas là de quoi rire; ~ alak* type ridicule *v* rigolo *biz;* drôle de paroissien; *~ ár, összeg* prix, somme dérisoire; *~ oldala vminek* le ridicule de qc; *~sé lesz v válik* tomber *v* donner dans le ridicule; **II.** *(fn) a ~ le* comique; *a ~be fúl* sombrer dans le ridicule
nevettében; *majd megpukkad ~* mourir de rire; pouffer; *hasát tartja ~* se tenir les côtes; (se) gondoler
nevez [~tem, ~ett, ~zen] **1.** *vminek ~* nommer; appeler; dénommer; *Jánosnak ~ik* il s'appelle Jean; **2.** *sp:* s'engager; s'inscrire
nevezés *sp:* engagement *m;* inscription *f;* *visszavonja ~ét* déclarer forfait
nevezetes [~ek, ~et] notable; illustre; considérable; important, -e; *~ esemény* événement marquant; *~ nap* journée mémorable *f*
nevezetesen à savoir; savoir; notamment
nevezett [~ek, ~et; ~en] **1.** appelé; nommé; dénommé, -e; *X. Y.-nak ~ egyén* le (dé)nommé Untel; *fent ~* susnommé; susdit; précité, -e; **2.** *mat: ~ szám* nombre concret *v* nombré *v* dénommé
nevező [~k, ~t, ~je] *mat:* dénominateur *m; a legkisebb közös ~* le plus petit dénominateur commun; *közös ~re hoz* réduire au même dénominateur; *átv:* mettre d'accord
névházasság mariage *m* à l'anglaise
névjegy carte *f* (de visite)
névjegyzék liste de(s) noms *v* nominative; état nominatif; rôle *m;* nomen-

clature f; ~be felvesz coucher sur la liste
névleg de nom; nominalement
névleges [~ek, ~et] nominal, -e; ~ *érték* valeur f de fiction; ~ *teljesítmény* puissance nominale
névmás *nyelv*: pronom m
névmutató index (des noms v nominatif)
névnap fête; fête onomastique v patronale; ~*jára gratulál vkinek* souhaiter sa fête à q
névsorolvasás appel nominal; ~*nál hiányzik* manquer à l'appel
névszó *nyelv*: nom m
névtábla plaque f (de la porte [avec le nom du locataire])
névtelen anonyme; innominé; innommé, -e; ~ *levél* lettre anonyme
névtelenség anonymat; anonyme m; obscurité f; a ~ *leple alatt* sous le couvert de l'anonymat
névtelenül anonymement; sous l'anonymat; sans nom
névutó *nyelv*: postposition f
névváltozás; **névváltoztatás** changement m de nom
néz [~tem, ~ett, ~zen] I. *(tgyl i)* 1. regarder; ~*ik egymást* se regarder (l'un l'autre); *feltűnően* ~ fixer; lorgner; 2. *(hosszasan)* contempler; examiner; *erősen (figyelve)* ~ regarder avec insistance; 3. ~*d csak...* dis donc; 4. ~*ze csak!* regardez! tenez! voyez seulement! 5. *(számba véve)* tenir compte de qc; avoir en vue; *csak a maga hasznát* ~ *il* ne regarde que son intérêt; *ha nem* ~*ném idős korát* si je ne considérais pas son âge; 6. ~*i, hogy* tâcher de *(inf)*; prendre garde v voir à ce que *(subj)*; II. *(tgyl i)* 1. ~ *vkire, vmire* jeter un regard sur v à q, sur qc; *csúnyán* ~ *vkire* regarder q d'un mauvais œil v d'un œil méchant; 2. ~*zen csak jobbfelé* donnez un coup d'œil à votre droite; *kat: jobbra* ~*z!* tête (à) droite! 3. *maga elé* ~ regarder devant soi; 4. *vki után* ~ suivre q du regard; 5. *a dolga után* ~ vaquer à ses affaires; 6. *(tekintetbe véve)* considérer; prendre en considération; *kicsire nem* ~ il ne regarde pas de si près; 7. *(ablak, ajtó, ház, vhová)* donner sur qc; voir v regarder qc; *a ház délre* ~ la maison regarde le midi; 8. *(örökség vkire néz)* ... sera dévolu à q; attendre q; *(feladat)* incomber à q; 9. *(vminek)* prendre pour qc; considérer v regarder comme qc; *minek* ~ *maga engem?* pour qui me prenez-vous? *bolondnak* ~*ték on le crut fou*
nézés 1. *(pillantás)* regard m; 2. *(megtekintés)* vue; inspection f
nézet 1. vue; opinion f de voir; avis m; thèse; opinion f; sentiment m; ~ *dolga* c'est affaire d'opinion; *általános* ~, *hogy* il est admis que; *sokak* ~*e szerint* au sentiment de beaucoup de gens; *csatlakozik vkinek a* ~*éhez* sa ranger à l'avis v à l'opinion de q; *egy* ~*en van* être du même avis; *én az ellenkező* ~*en vagyok* je suis de l'avis contraire; *megváltoztatja* ~*ét* changer d'opinion v d'avis; 2. *(látási szög)* vue; 3. *ép*: élévation f
nézeteltérés divergence f d'opinion v de vue v d'appréciation; différend; désaccord m
néző [~k, ~t, ~je] spectateur, -trice; assistant, -e n; a ~k les curieux; la galerie *(bámészkodó)* les badauds; *szính*: les spectateurs; le public
nézőközönség public m
nézőtér salle f (de spectacle)
nézve 1. *vmire* ~ au sujet de qc; au point de vue de qc; sous le rapport de qc; *erre* ~ à ce sujet; 2. *rám* ~ *nagy csapás* pour moi, c'est une catastrophe; *külsejére* ~ pour v par son extérieur
nihilista [-ák, -át] nihiliste *(n)*
nikkel [~ek, ~t, ~e] nickel m; ~ *tartalmú* nickelifère
nikomachoszi; a ~ *etika* l'Éthique f à Nicomaque
nikotex dénicotinisé, -e
nikotin [~t, ~ja] nicotine f; ~ *tartalmú* nicotineux, -euse; *kiveszi a* ~*t vmiből* dénicotiniser qc
nikotinlé *(permetező)* jus m de tabac
nikotinmérgezés tabagisme; nicotinisme m

Nílus [~t] *a* ~ le Nil
nílusi [~ak, ~ok, ~t, ~a] nilotique
nimbusz [~ok, ~t, ~a] 1. nimbe *m;* auréole *f;* 2. *(felhő)* nimbus *m;* 3. *(tekintély)* prestige *m;* a tisztelet ~*a veszi körül* il est entouré d'un halo de respect
nimfa nymphe *f*
nincs; nincsen 1. il n'y en a pas; il n'existe pas; ~ *többé éjjeli vacsora* finis les soupers; ~ *benne il v* cela y manque; *ez* ~ *benne a feltételekben* cela est en dehors des conditions; *olyan* ~! ça n'existe pas! *ahol* ~, *ott ne keress* là où il n'y a rien, le roi perd ses droits; 2. *(vki)* ~ *itt* il n'est pas là; *ha* ~ *tanú* à défaut de témoin; *senki* ~ *itt* il n'y a personne; ~ *többé (meghalt)* il n'est plus; 3. *(főnévi kiegészítővel)* il n'y a pas *v* point de; ~ *baj* il n'y a pas de mal; ~ *benne kitartás* il manque de fermeté; 4. ~ *megindokolva* il n'est pas motivé; 5. ~ *neki* il n'en a pas *v* point; manquer de qc; ~ *pénze* il n'a pas d'argent; 6. *(mellékmondattal)* ~ *egy, aki* il n'y a personne qui *(subj);* il n'y en a pas un *v* aucun qui *(subj);* (*«köszönöm»-re válasz:)* ~ *miért?* De rien. Il n'y a pas de quoi; ~ *ostobább mint* il n'y a pas plus bête que
nincstelen indigent; sans-moyen *m; hiv: a* ~*ek* les économiquement faibles
nitrát [~ok, ~ot, ~ja] azotate *m;* matière azotée
nitrogén [~t, ~je] azote *m; szabad* ~ azote libre *m;* ~ *tartalmú* azoté, -e; azoteux, -euse; nitraté, -e
nitrogénműtrágya engrais azoté
nittel [~tem, ~t, ~jen] *műsz:* river; riveter
nívó [~k, ~t, ~ja] niveau; palier *m;* ~*n marad (vki)* se montrer à la page; *egy* ~*n van vele* être du même niveau
nívótlan de mauvaise qualité; de qualité inférieure; faible; médiocre
no! 1. *(biztatóan)* eh bien! allez-y! 2. *no de* oui, mais; *no hát* eh bien alors; *(rosszallóan) no, no!* voyons, voyons! 3. *no, mi az?* eh bien, quoi?

Noé [~t] Noé *m;* ~ *bárkája* l'arche *f* de Noé
nógat 1. talonner; pousser (à *és inf);* 2. ~*ja a lovat* houper son cheval
noha quoique; bien que; encore que *(mind: subj);* alors que *(ind)*
nomád [~ok, ~ot] nomad *m*
norma [-ák, -át, -ája] 1. norme; règle *f;* 2. *(munkás)* norme; ~ *szerinti* conforme à la norme; *teljesíti a -át* accomplir *v* remplir la norme
normacsalás inobservation *v* inexécution frauduleuse de la norme
normalazítás relâchement *m* des normes *v* de la norme
normális [~ak, ~t] I. *(mn)* 1. normal, -e; *nem* ~ déséquilibré; détraqué; désaxé, -e; *(dolog)* anormal, -e; ~ *körülmények között* en des conditions normales; en régime normal; 2. *orv:* ~ *állapot* normalité *f;* état normal; II. *(fn) mat:* normale *f*
normarendezés consolidation *f* des normes; rajustement *m* des normes
norvég [~ok, ~ot] norvégien, -enne
nos? 1. eh bien (quoi)? ~ *aztán?* eh bien, alors? 2. *(nem kérdő alakban)* eh bien
nosztrifikáció [~k, ~t, ~ja] transformation *f* en diplôme d'État
nóta [-ák, -át, -ája] 1. chanson; mélodie *f;* air; refrain *m;* 2. *(aminek a -ájára éneklik)* timbre *m;* 3. *átv: (mindig) a régi* ~! c'est toujours la même tirade *v* rengaine; c'est le refrain de la balade; *ismerem már ezt a -át* je connais la chanson *v* les paroles de cet air-là
nótáskönyv chansonnier *m*
notesz [~ek, ~t, ~e] calepin; agenda; bloc-notes; carnet *m* de poche
novella [-ák, -át, -ája] 1. nouvelle *f;* conte *m;* 2. *(törvény)* loi complémentaire *v* dérogatoire *f*
november [~ek, ~t, ~e] novembre *m;* ~ *végén* fin novembre
I. *(ige)* **nő** [nőttem, nőtt, nőjjön] 1. *(ember)* grandir; croître; profiter; *úgy nő, mint a dudva (gyermekekről)* venir comme un potiron; 2. *(növény)* croître; pousser; végéter;

venir; 3. *(haj, köröm)* croître; pousser; 4. *(folyó)* grossir; croître; hausser; *nő a víz* l'eau monte; 5. *(vmi dolog)* croître; s'accroître; augmenter; être en augmentation *(amennyivel:* de qc); *számuk ~ leur nombre grossit;* 6. *(szag, süketség)* s'exagérer; *nő a hold* la lune croît; *a láz nő* la fièvre croît

II. *(fn)* nő [~k, ~t, ~je] femme; dame *f; az örök nő* l'Éternel féminin; *NŐK (illemhelyen felírás:)* DAMES; *a nők bolondja* coureur *m* (de cotillons *v* de jupes); *nőül vesz* épouser
nőág ligne féminine; ~*on* en ligne féminine; ~*ra száll* tomber en quenouille
nőalak 1. forme *v* silhouette féminine; 2. *(darabban)* femme
nőcsábász homme à bonnes fortunes; trousseur de cotillons; casse-cœur *m*
nőegylet association de dames (patronesses); l'œuvre *f* des dames
nőgyógyász gynécologue; gynécologiste *n*
női [~t] féminin, -e; de femme; *(ruha, cipő stb.)* de dame; de femme; pour dames; ~ *becsület* l'honneur de la femme *v* féminin; ~ *betegség* maladie de femme; gynécopathie *f;* ~ *cipő* souliers *m pl* de femme; ~ *divat* mode féminine; *(ipar)* la haute couture; ~ *dolgozó* travailleur féminin; travailleuse; ~ *erény* vertu; chasteté *f;* vertu féminine; ~ *fodrász* coiffeur (-euse) pour dames *v* femmes; ~ *hang* voix féminine; ~ *kiszolgálás* service assuré par des femmes; ~ *lap* magazine féminin; ~ *munka* travail féminin *v* de femme; ~ *munkaerő* main-d'œuvre féminine; ~ *munkás* ouvrière; travailleuse; ~ *nadrág (fehérnemű)* pantalon *m;* ~ *ruha* vêtement *m* de femme *v* de dame; robe *f;* ~ *szabó* tailleur *m* pour dames; ~ *szakasz* compartiment *m* pour dames (seules); ~ *táska* réticule *m*
nőies [~ek, ~et] 1. féminin, -e; femme; ~ *báj* grâce féminine; *nem eléggé ~ il* lui manque la grâce féminine; 2. *pej:* efféminé, -e

nőiesség grâce féminine; caractère féminin; féminéité *f;* féminin; féminisme *m (bájé, testalkaté)*
nőietlen dépourvu(e) de grâce féminine
nőikalapüzlet magasin *m* de modiste
nőiruhaszalon maison *f* de couture
nőismeretség relations *f pl* dans le monde féminin; relations féminines
nőközönség monde féminin; public *m* de femmes
nőlovar écuyère *f*
nőlovas amazone *f*
nőnem *nyelv:* le (genre) féminin; ~*be tesz* faire féminin; mettre au féminin
nőnemű 1. féminin, -e; *(áll:)* femelle; 2. *nyelv:* féminin, -e
nőrablás enlèvement *v* rapt *m* des femmes
nörsz [~ök, ~öt, ~e] nurse *f*
nős [~ök, ~t] marié, -e
nőstény femelle *(f)*
nőstényállat femelle *f*
nőstényfarkas louve *f*
nősténykutya chienne *f*
nősténymadár oiseau femelle
nőstényszarvas biche *f*
nősténytigris tigresse *f*
nősül [~tem, ~t, ~jön] se marier; prendre femme
nősülés mariage *m*
nőszemély 1. une particulière; 2. *pej:* personne *f;* bougresse *f nép;* gonzesse *f arg;* 3. *(rosszéletű)* créature; donzelle; gourgandine; garce *f*
nőszirom *növ:* iris *m*
nőszövetség union *v* fédération *f* des femmes *v* de femme
nőtársaság la compagnie des dames; la société féminine; ~*ban látták on l'a vu* en galante compagnie
nőtartás *jog:* pension alimentaire
nőtestvér sœur *f*
nőtlen célibataire; non marié
nőttön-nő [nőttön-nőtt] aller (en) croissant *v* s'amplifiant *v* en augmentant; s'étendre de proche en proche; *a járvány ~* l'épidémie va en augmentant *v* s'étend de proche en proche; *a méltatlankodás ~* l'indignation s'amplifie

nőuralom le règne v la domination des femmes; gynecocratie f
nővédelem protection des femmes; répression f de la traite des blanches
növekedés 1. *(emberé, állaté)* croissance f; accroissement m; a ~sel együtt járó bajok incidents m pl v crise f de croissance; 2. *(növényé)* croissance; accroissement; végétation; venue f; 3. *(magasságban)* grandissement m; 4. ált: accroissement m; augmentation f; a nyomor, a hideg ~e l'aggravation de la misère, du froid; 5. *(számbeli)* majoration f; újabb ~ surcroît m; 6. fiz: élévation f; 7. él, ásv: accrétion f; 8. *(mennyisége)* cru m; *(fizetése)* augmentation; *(betételé, deficité)* accroissement
növekvő [~ek, ~t] 1. croissant, grossissant; grandissant, -e; ~ aggodalommal nézi regarder qc avec une angoisse croissante; ~ tömeg foule grossissante; ~ben van il augmente; il va croissant; 2. mat: ~ haladvány progression ascendante
növel [~tem, ~t, ~jen] 1. accroître; augmenter; (a)grandir; amplifier; renforcer; redoubler; ~i vminek érdekességét corser l'intérêt de qc; ~i a forgalmat multiplier les échanges; ~i az állam hatalmát agrandir la puissance de l'État; ~i az igényeit hausser ses prétentions; az áldozatok számát ~i grossir la liste des sinistrés; 2. *(összeget)* majorer; 3. *(bajt)* aggraver
növelés augmentation f
növendék [~ek, ~et, ~e] 1. élève n; 2. *(intézetben)* pensionnaire n
növendékállat élève m
növendékerdő taillis m
növény plante f; végétal m; ~t gyűjt herboriser; botaniser; *(csak)* ~ekkel táplálkozó végétalien, -enne *(n)*
növényegészségügyi phytosanitaire; ~ állomás station f d'avertissements agricoles
növényélettan phytobiologie f
növényélősdi végétal biogène m
növényenyv colle végétale

növényevés 1. phytophagie f; 2. orv: consommation f de végétaux; *(kizárólagos)* végétarisme m
növényevő herbivore; phytophage
növényfaj espèce f de plante
növénygyűjtemény herbier; jardin sec
növénygyűjtő herboriseur; herborisateur; botaniste m; botanophile n
növényhatározó catalogue de plantes; herbier m
növényi végétal, -e; ~ méreg poison végétal; ~ nedv sève nutricière; ~ táplálék nourriture végétale; ~ zsiradékok graisses végétales
növényi-állati végéto-animal, -e
növényi-ásványi végéto-minéral, -e
növénykísérleti állomás jardin m d'essai
növénykórtan phytopathologie f
növénynemesítés sélection f des plantes
növényrost fibre végétale; cellulose f
növényszerű phytoïde
növénytan botanique; phytologie f
növénytársulás association végétale
növénytermelés production végétale
növényvédelem protection f des végétaux
növényvédelmi szolgálat v hivatal service m de la protection des végétaux
növényvilág règne végétal; nature végétale; flore f
nővér [~ek, ~t, ~e] sœur f; egyh: kedves ~ ma sœur; la bonne sœur
növés 1. croissance f; accroissement m; formation f; *(rügyé, hajé, fogé stb.)* pousse f; ~ében elmaradt gyermek enfant arriéré(e); 2. *(növényé)* croissance; végétation; venue f; jó ~ű fa de bonne venue; 3. *(mennyiségé)* cru m; ld. még: **növekedés**
növeszt [~ettem, ~ett, -esszen] faire croître; faire (re)pousser
nudizmus nudisme; naturisme m
nukleinsav acide nucléique m
nulla [-ák, -át, -ája] 1. zéro m; az összeg csaknem a -ával egyenlő la somme se monte à si peu que rien; ~ alatt au-dessous de zéro; 2. mat: nombre nul; 3. átv: az egy nagy ~ c'est un zéro (en chiffre)
nullásliszt fleur (de farine); farine première
nullkörző compas m à balustre

numizmatika numismatique *f*
nuncius; *pápai* ~ nonce apostolique *v*
du pape *m*
nutria [-ák, -át, -ája] loutre *f*

nylon [~ok, ~t, ~ja] **I.** *(mn)* ~ *harisnya* bas (de) nylon; bas nylons *m pl;* ~ *kabát* cape transparente; pelure *f;* **II.** *(fn)* nylon *m*

Ny

ny 1. *(hang)* gn; **2.** *nyelv:* n mouillé
nyafka pleurnicheur; pleureur, -euse; pleurard, -e
nyafog [~tam, ~ott, ~jon] piailler; criailler; pleurnicher; glapir
nyaggat harceler (de questions *v* de demandes); importuner avec qc; molester avec qc
nyáj [~ak, ~at, ~a] **1.** troupeau *m;* **2.** *áll:* ~*ba gyűlt* congrégé, -e
nyájas [~ak, ~at] affable; avenant; complaisant, -e; affectueux, -euse; amène; ~ *modor* affabilité *f;* ~ *olvasó* lecteur bénévole
nyájaskodik [~tam, ~ott, ~jék *v* ~jon] se montrer affable avec *v* complaisant pour q
nyájasság affabilité; aménité *f*
nyájösztön 1. instinct grégaire *m;* grégarisme *m (átv is);* **2.** *gúny:* instinct moutonnier
nyak [~ak, at, ~a] **1.** cou *m;* *(hátrésze)* nuque *f;* ~*ába akasztja a kötelet* passer la corde au cou de q; ~*ába borul vkinek* se jeter au cou de q; ~*ába kapja a lábát* prendre ses jambes à son cou; ~*amba szakadt a gondja* cela me tombe dessus; ~*ába sóz v varr* se décharger du soin de qc sur q; refiler *v* colloquer qc à q *biz;* ~*ába varrja magát* se coller à q; se cramponner à q; ~*ába veszi a várost* parcourir la ville dans toutes les directions; ~*ába veszi a világot* voir du pays; ~*ig* jusqu'au cou; jusqu'aux yeux; ~*ig belemászik egy csúnya ügybe* se fourrer jusqu'au cou dans une mauvaise affaire; ~*ig ül v van az adósságban* avoir des dettes par-dessus la tête; ~*ig van a munkában v ül a dologban* avoir de la besogne *v* du travail par-dessus les oreilles; ~*ig vagyok vele* j'en ai jusque-là; j'en ai plein le dos; *mások* ~*án* aux crochets des autres; ~*án a kötél* il a la corde au cou; ~*on csíp* gripper; empoigner; *(csak bűnözőt)* cueillir; pincer *biz; mások* ~*án él* vivre aux crochets *v* sur la poche des autres; ~*on fog* prendre q à la cravate; *vki* ~*án lóg* se mettre après q; cramponner q; ~*án marad* rester pour compte à q; *(vki)* rester à la charge de q; *egy óráig ült a* ~*amon* il m'a tenu la jambe une heure entière; ~*on üt* souffleter; donner un soufflet *v* une claque à q; ~*án (van) a kés* être sous le couteau; ~*ára hág vminek* faire bon marché de qc; ~*ára jár vkinek* importuner q de ses visites; scier le dos à q; ~*ára küld* lâcher sur q; ~*áról leráz vkit* semer q; se débarrasser de q; *behúzza a* ~*át* rentrer sa tête dans les épaules; *elvágja a* ~*át vkinek* couper le cou à q; *kitekeri vkinek a* ~*át* tordre le cou à qc; *a* ~*amat teszem rá* j'y mettrais ma tête à couper; ~*át szegi vkinek* casser le cou à q; *szorítja vkinek a* ~*át* serrer le cou à q; *(átv:)* serrer la vis à q; ~*át töri v szegi* se rompre le cou; **2.** *(ruháé)* col *m;* ~*ban bő* large au col; **3.** *(edényé)* goulot; col *m*
nyakal [~tam, ~t, ~jon] engloutir; lamper
nyakas [~ak, ~at] dur(e) à la détente; têtu; obstiné, -e
nyakaskodik [~tam, ~ott, ~jék *v* ~jon] faire la forte tête; se rebiffer; s'obstiner
nyakatekert [~ek, ~et] entortillé, -e; tortueux, -euse; tortu, -e; spécieux, -euse; sophistique
nyakbőség encolure *f;* tour *m* de cou
nyakcsigolya vertèbre cervicale
nyakék; nyakdísz collier; tour *m* de cou
nyakigláb haut perché(e) sur ses jambes; ~ *ember* grand escogriffe;

nyakkendő 702 **nyárs**

échalas *m*; ~ *nő* haquenée; grande bique
nyakkendő cravate *f*; *(nagy csokorban)* lavallière *f*; *hosszú ~ (kötött) (cravate)* régate *f*; nœud régate *m*; ~*t köt* nouer *v* attacher sa cravate
nyaklánc collier; tour *m* de cou; *(csüngő)* sautoir *m*
nyakleves soufflet *m*; claque; gifle *f*
nyakló [~k, ~t, ~ja] 1. collier; surcol; surcou *m*; 2. *(hajlás)* articulation *f*; 3. *átv:* ~ *nélkül* à tour de bras
nyakra-főre à tout instant; sans cesse; à tout bout de champ
nyakszirt occiput *m*; nuque *f*
nyaktáj région cervicale
nyaktiló [~k, ~t, ~ja] guillotine *f*
nyaktörés fracture *f* du cou
nyaktörő périlleux, -euse; ~ *játék* c'est un jeu à se rompre le cou; ~ *vállalkozás* entreprise périleuse
nyal [~tam, ~t, ~jon] 1. lécher; 2. *biz:* ~ *vkinek* piquer la lèche *v* faire de la lèche à q; ~*ja a talpát* lècher les pieds à q
nyál [~at, ~a] 1. salive *f*; *csorog a* ~*a utána* l'eau lui en vient à la bouche; *folyik a* ~*a baver*; 2. *(mérges)* bave *f*
nyaláb [~ok, ~ot, ~ja] 1. faisceau *m*; *(irat)* liasse *f*; 2. *(virág stb.)* botte; brassée *f*; *egy* ~ *rőzse* fagot *m*
nyalábolás focalisation, concentration
nyalakodik [~tam, ~ott, ~jék *v* ~jon] 1. lécher les plates *v* les pots; 2. *(szerelmesek)* se bécoter
nyalánk [~ok, ~ot; ~an] gourmand, friand, -e *(n)*
nyalánkság 1. *(hiba)* gourmandise *f*; 2. *(cukor stb.)* gâteries; douceurs; friandises *f pl*
nyaldos [~tam, ~ott, ~son] 1. lécher; pourlécher *biz;* 2. *a Szajna* ~*sa Párizs partjait* la Seine baigne les rives de Paris
nyalka fier, fière; fringant, -e; beau, belle; superbe
nyálka 1. mucosité *f*; muqueux; mucus *m*; 2. *(állaté)* bave *f*; *ld. még:* nyál

nyálkahártya (membranes) muqueuses *f pl*
nyálkamirigy glande muqueuse
nyálkás 1. visqueux, -euse; gluant, -e; saliveux, -euse; muqueux, -euse; 2. *(gennyes)* glaireux; -euse; 3. *(állati mérges)* baveux, -euse
nyálképződés sécrétion salivaire; salivation *f*
nyálmirigy glande salivaire *f*
nyalogat lécher; pourlécher *biz;* ~*ja a szájaszélét* se pourlécher
nyápic [~ok, ~ot] I. *(mn)* chétif, -ive; malingre; II. *(fn)* gringalet, -ette *n*; ~ *legény* foutriquet *m*
nyár [nyarak, nyarat, nyara] été *m*; la belle saison; *a* ~ *derekán v közepén* au plus fort de l'été; *(a)* ~*on* l'été; *pendant* l'été
nyaral [~tam, ~t, ~jon] être en vacances; passer les vacances
nyaralás vacances *f pl* d'été; séjour *m* en été; *(falun)* villégiature *f*
nyaraló 1. estivant, -e estiveur, -euse *n*; 2. *(épület)* maison *f* de plaisance; cottage *m*
nyaralóvendég estivant, -e; villégiateur, -trice *n*
nyaraltatás vacances *f pl* d'été; *(dolgozóké)* congé d'été; congé payé
nyárfa *növ:* peuplier *m*; grisaille *f*; *ezüstlevelű* ~ peuplier argenté; *kanadai* ~ peuplier de Canada; *rezgő* ~ peuplier tremble *m*
nyárfalevél feuille *f* de tremble; *reszket mint a* ~ trembler comme la feuille
nyargal [~tam, ~t, ~jon] 1. galoper; courir à fond de train; 2. *átv:* hogy ~ *az idő!* c'est fou ce que le temps cavale! *mindig ezen* ~ c'est son cheval de bataille *v* son dada
nyári [~ak, ~t] d'été; estival, -e; ~ *egyetem* cours *m* de vacances; ~ *idő(számítás)* heure *f* d'été; ~ *ruha* habit *v* vêtement *m* d'été; *robe f* d'été
nyárilak villa d'été; maison *f* de campagne; *(alpesi stílusú)* chalet *m*
nyárs [~ak, ~at] broche *f*; ~*on sült* à la brochette; ~*ra húz* embrocher; *(embert)* empaler; *mintha* ~*at nyelt*

nyársonsült *volna* avoir l'air d'avoir avalé sa canne
nyársonsült rôti *m* à la broche
nyárspolgár philistin; bourgeois *m*
nyárspolgári *gondolkozás* esprit bourgeois
nyavalya [-ák, -át, -ája] 1. infirmité; maladie *f;* 2. *a* ~ *töri* être frappé(e) du mal caduc; *majd kitörte a* ~, *mikor* il était sidéré *v* foudroyé quand; 3. misère *f; mal m*
nyavalyás *nép:* I. *(mn)* 1. souffreteux, -euse; malingre; 2. *(sajnálkozó ért.)* misérable; souffreteux; malheureux, -euse; 3. *(megvető ért.)* misérable; miteux, -euse *nép;* ~ *alak* patraque *f biz;* II. *(fn)* 1. *(részvéttel)* meurt-de-faim; pauvre hère *m;* 2. *(megvető ért.)* le misérable; le gredin; miteux *m nép*
nyavalyatörés épilepsie *f;* haut mal; mal caduc
nyávog [~tam, ~ott, ~jon] miauler
nyegle [-ék, -ét; -én] arrogant; impertinent; infatué, -e
nyegleség arrogance; impertinence; infatuation *f*
nyekeg [~tem, ~ett, ~jen]; **nyekereg** [~tem, -rgett, ~jen] crier; grincer
nyel [~tem, ~t, ~jen] 1. avaler; déglutir; *(mohón)* ingurgiter; ~ *egyet; nagyot* ~ ravaler sa salive; *csak úgy* ~*ik szavait* on boit ses paroles; *sokat kell* ~*nie* on lui fait avaler bien des couleuvres; 2. *aut:* ~*i a kilométereket* dévorer les kilomètres
nyél [nyelek, nyelet, nyele] 1. *(tárgyé)* manche *m; (serpenyőé)* queue *f;* ~*be illeszt* emmancher; 2. *átv:* ~*be üt* faire aboutir; mener à bonne fin; 3. *növ:* queue *f;* pétiole; pédoncule *m*
nyélbeütés *átv:* conclusion *f;* arrangement *m*
nyelőcső œsophage *m*
nyelv [~ek, ~et, ~e] 1. *(szerv)* langue *f; (kicsi)* languette *f; gúny:* filet *m; a rossz* ~*ek* les mauvaises langues*éles* v *hegyes a* ~*e* avoir la langue acérée *v* pointure *v* bien affilée; *mindig jár a* ~*e* la langue lui va toujours;

c'est un moulin à paroles; *lóg a* ~*e* tirer la langue; *(munkától)* être sur les dents; *a* ~*emen van* je l'ai sur le bout *v* au bout de la langue *v* sur le bord des lèvres; *helyén van a* ~*e* il n'a pas la langue dans sa poche; *vigyázz a* ~*edre!* tiens ta langue! *felvágja a* ~*ét vkinek* couper le filet à q; ~*ét ölti* v *kinyújtja vkire* tirer la langue à q; 2. *(mérlegé)* languette; aiguille *f;* 3. *gombolható* ~ *(ruhán, pénztárcán stb.)* patte *f;* 4. *(záré)* pêne *m;* 5. *(sípé)* anche *f;* 6. *(harangé)* battant *m;* 7. *(beszélt)* langue *f;* idiome *m; (beszéd, szokásos nyelv)* langage *m; (csoporté)* argot; jargon *m; (írásműé)* style *m;* diction *f; a francia* ~ la langue française; le français; *egy* ~ *szerkezete* structure linguistique *v* grammaticale d'une langue; *a* ~ *használata* v *szerkezete* le mécanisme du langage; *francia* ~*en* en (bon) français; en langue française; *beszél egy* ~*en* parler *v* connaître une langue; *műszaki* ~*en szólva* techniquement parlant; en langage technique; *töri a* ~*et* écorcher une langue
nyelvbotlás écart *m* de langage; gaffe *f; lapsus (linguae) m*
nyelvcsalád famille *f* de langue
nyelvel [~tem, ~t, ~jen] répondre avec insolence
nyelvérzék sens *v* sentiment linguistique *m;* conscience linguistique *f*
nyelvész [~ek, ~t, ~e] linguiste *n*
nyelvészet linguistique; philologie *f*
nyelvhang linguale *f*
nyelvhasonlítás linguistique *v* grammaire comparée *v* comparative
nyelvhasználat (le bon) usage
nyelvhelyesség correction; orthologie *f*
nyelvhiba 1. *(beszédben)* vice de la parole; défaut *m* de langage; *orv:* dyslalie *f;* 2. *nyelv:* faute grammaticale; barbarisme *m*
nyelvi [~ek, ~t] 1. *(szervre vonatkozólag)* lingual, -e; *orv:* glossien, -enne; 2. *(beszélt nyelvre)* de langue; linguistique; grammatical, -e; ~ *sajátosság* idiotisme *m*

nyelvjárás dialecte; patois; parler; idiome *m;* ~*t beszél* parler un dialecte
nylevjárási dialectal; patois, -e; idiomatique
nyelvkészség 1. le don des langues; 2. *(anyanyelvben)* facilité *f* d'élocution
nyelvkincs l'ensemble *m* des moyens d'expression (d'une langue)
nyelvkönyv grammaire *f;* livre *m* de grammaire
nyelvmirigy papille *f*
nyelvóra leçon *f v* cours *m* de langue
nyelvrokonság parenté linguistique *v* de langues *f*
nyelvsajátság idiotisme *m; (francia)* gallicisme *m*
nyelvsíp *zen:* anche *f*
nyelvszemölcs papille linguale
nyelvtan grammaire *f*
nyelvtanár professeur *v* maître *m* de langue
nyelvtanfolyam cours *m* de langue
nyelvtani grammatical, -e; ~ *elemzés* analyse grammaticale; ~ *gyakorlat* exercice *m* de grammaire; ~ *hiba* faute grammaticale *v* de grammaire; ~ *szabály* règle *v* loi grammaticale *v* de la grammaire
nyelvtanítás enseignement *m* des langues
nyelvtehetség; *van* ~*e* avoir le don des langues
nyelvterület aire linguistique *f;* territoire linguistique *m*
nyelvtisztaság la pureté de la langue; purisme *m;* ~ *ra törekvő* puriste *(n)*
nyelvtudás connaissance *f* de la langue
nyelvtudomány linguistique *f*
nyelvtudományi *intézet* institut *m* de recherches linguistiques; ~ *társaság* société *f* de linguistique
nyelvtudós linguiste *n*
nyelvújítás réforme *v* rénovation de la langue; néologie *f*
nyelvű [~ek, ~t] 1. de langue...; 2. *francia* ~ *(nép)* d'expression française; francophone; *(szöveg)* de langue française; en français; 3. *rossz* ~ mauvaise *v* méchante langue
nyelvvizsga examen *m* de langue étrangère

nyer [~tem, ~t, ~jen] 1. *(nyereséget)* gagner *(vkitől:* à q; *vkivel szemben:* sur q; *vkinek:* pour q); profiter *(vmiből:* de qc); *díjat* ~ *egy versenyen* gagner un prix à un concours; *időt* ~ gagner du temps; *tért* ~ gagner du terrain; ~ *az üzleten* gagner sur le marché; *nem* ~*ek rajta semmit* je n'y gagne pas; *mit* ~ *vele?* à quoi bon? 2. *sp:* *két pontot* ~ enlever deux points; 3. *ját:* marquer un point *(átv is);* 4. *(elnyer)* obtenir; 5. *(anyagot)* extraire; obtenir; tirer
nyérc [~ek, ~et, ~e] *európai* ~ vison *m*
nyereg [nyergek, nyerget, nyerge] 1. selle *f (kerékpáron is:); jól ül a* ~*ben* être bien en selle; *kipottyan a* ~*ből* vider les arçons; tomber de selle; *kiüt a* ~*ből* désarçonner; 2. *átv:* ~*ben érzi magát* enfoncer son chapeau; *kiüt a* ~*ből (nőnél)* évincer; supplanter; 3. *műsz* ponpée *f*
nyeregtakaró housse *f*
nyeremény lot *m; (kötvényé)* prime *f* de remboursement
nyereményadó impôt *m* sur les lots gagnants
nyereményjegyzék liste *f* des numéros gagnats (de la loterie *v* des obligations à lot)
nyereményösszeg le montant du lot
nyereménytárgy lot *m* (en nature)
nyerés 1. gain *m;* 2. *vegy:* extraction *f*
nyereség gain; profit; bénéfice; acquêt *m; tiszta* ~ produit *v* bénéfice net; ~*ben való részesedés* part *f* de bénéfice *v* du profit; *a mérleg* ~*et mutat ki* le bilan accuse un bénéfice; ~*gel zárt üzletév* exercice bénéficiaire *m;* ~*gel záruló mérleg* bilan excédentaire *m*
nyereséghajhászás chasse *f* au profit; ~*ból* par esprit de lucre
nyereségrészesedés part bénéficiaire *v* aux bénéfices *f; termelőszövetkezeti tagok* ~*e* guelte *f* des sociétaires de la coopérative
nyereségszámla compte *m* de profits
nyereségtöbblet excédent *m* des bénéfices; boni *m*

nyereségvágy l'amour du lucre; l'appât *m* du gain; *mohó* ~ l'âpreté *f* au gain *v* au lucre; *~ból elkövetett bűncselekmény* crime ayant pour mobile la cupidité
nyerészkedés spéculation; âpreté au gain; avidité *f* du gain
nyerészkedési *célból* dans un esprit *v* but de lucre; ~ *szándék* intention *f* de lucre
nyerészkedik [~tem, ~ett, ~jék *v* ~jen] spéculer (sur qc); trafiquer (sur qc); agioter (sur qc)
nyergel [~tem, ~t, ~jen] seller
nyerít [~ett, ~sen] hennir
nyers [~ek, ~et] 1. *(tapintásra)* âpre; rêche; rude (au toucher); 2. *(anyag)* brut, -e; ~ *faggyú* suif *m* en branche; ~ *gáz* gaz brut; 3. *(étel)* cru, -e; ~ *gyümölcs* fruit cru; ~ *hús* viande crue; *(élő emtere)* chair vive; ~ *kávé* café vert; ~ *sonka* jambon cru; 4. *(fa)* vert, -e; 5. ~ *súly* poids brut; ~ *szín* couleur *v* touche crue; ~ *vázlat* ébauche grossière; esquisse rapide; 6. *átv:* âpre; brutal, -e; brusque; bourru, -e; rêche; rude; fruste; agreste; ~ *bánásmód* rudoiement; traitement rude *m;* ~ *beszéd* langage cru; ~ *erő* force brute; ~ *erőszak* force brutale *v* ouverte; ~ *erőszakot alkalmaz* employer la force ouverte; ~ *hang* ton bref; ~ *hangon* d'un ton cassant; *ez a* ~ *igazság* voilà la vérité toute crue
nyersacél acier brut *v* naturel
nyersanyag 1. matière(s) première(s) *v* brute(s); matériaux bruts; 2. *(írásműhöz)* documentation; matière *f*
nyersarany or brut *v* natif
nyersbevétel recette brute; produit brut
nyersbőr cuir brut; peau brute *v* crue *v* verte
nyersen 1. cru; à l'état cru; tout venant; ~ *adják fel* être servi cru; 2. *átv:* crûment; rudement; vertement; ~ *bánik vkivel* rudoyer q; ~ *megmondom* je vous le dis tout cru
nyersérc minerai cru *v* tout-venant *m*
nyerserő la force (brutale)

45 Magyar–Francia kézi

nyerseség 1. *(érintésre)* âpreté; rudesse *f;* 2. *(fáé)* verdeur *f;* 3. *(étele)* crudité *f;* 4. *(emberé)* rudesse; brusquerie; brutalité *f*
nyersfém métal vierge *m*
nyersfordítás traduction faite à la hâte; brouillon *m*
nyersgumi caoutchouc brut
nyershozam produit brut
nyersjövedelem revenu global; produit *v* bénéfice brut
nyerskoszt régime cru; alimentation naturiste
nyersolaj huile brute; pétrole brut; essence minérale
nyersolajmotor moteur *m* à huile lourde *v* à pétrole
nyersselyem soie grège *v* écrue *v* brute *v* crue
nyerstermék produit brut *v* naturel
nyersvas fonte brute *v* crue
nyert *ügyünk van* nous avons gain de cause
nyes [~tem, ~ett, ~sen] 1. rogner; 2. *(fát)* tailler; élaguer
nyesőkés serpe; serpette *f;* émondoir *m*
nyesőolló sécateur; pinceur *m*
nyest [~ek, ~et, ~je] fouine *f*
nyikorgás grincement; cri *m*
nyikorog [-rgott, ~jon] grincer; crier; *(kerék, sajtó)* gémir
nyíl [nyilak, nyilat, nyila] 1. flèche *f; trait m; repül mint a* ~ partir comme un trait; *nyilat röpít* tirer *v* lancer *v* décocher *v* darder ses flèches; 2. *a rágalom nyila* les traits de la calomnie; *a szerelem nyilai* les traits de l'amour
nyilallás 1. douleur lancinante; élancement *m;* 2. *átv:* morsure *f*
nyilas [~ok, ~t, ~a] I. *(mn)* 1. armé(e) *v* muni(e) d'une flèche; 2. fléché, -e; II. *(fn)* 1. archer *m;* 2. *csill: a Nyilas* le Sagittaire; 3. *pol:* croix fléchée *m*
nyílás 1. ouverture; trouée; entrée *f; keskeny* ~ interstice *m;* 2. *(csőé, szervé)* orifice *m; a* ~ *széle (seben)* lèvre *f;* 3. *(ágyúé, kemencéé, kanálisé)* bouche *f;* 4. *(világító)* lucarne *f;* 5. *(kinyitott ajtóé)* entrebâillement

nyilatkozat 706 **nyilvános**

m; 6. *(ajkake)* commissure *f;* 7. *(ruhán)* fente *f*
nyilatkozat déclaration *f;* *(hivatalos)* communiqué *m;* ~*ot tesz* faire une déclaration
nyilatkozik [~tam, ~ott, ~zék *v* ~zon] 1. se déclarer; faire une déclaration; se pronocer sur qc; *vmiről* ~ s'exprimer sur qc *v* au sujet de qc; 2. *vki mellett* ~ se déclarer pour *v* en faveur de q; 3. *vkinek* ~ s'ouvrir à q; communiquer à q
nyílegyenesen à vol d'oiseau; en ligne droite
nyílik [~tam, ~ott *v* ~t, ~jék *v* ~jon] 1. s'ouvrir; *(pénztár, színház, hivatal)* ouvrir; *(kissé)* s'entrouvrir; s'entrebâiller; *befelé* ~ (s')ouvrir vers le dedans; 2. *(virág)* s'ouvrir; éclore; 3. *(vmire, vhová)* ouvrir sur qc; donner sur qc *v* dans qc; 4. *ha alkalom* ~ si *v* quand l'occasion se présente
nyíló [~ak, ~t; ~an] 1. *kifelé v befelé* ~ ouvrant extérieurement *v* intérieurement; 2. ~ *virág* fleur entrouverte *v* à peine éclose
nyílt [~ak, ~at] ouvert, -e; *(nem fedett)* découvert, -e; ~ *ajtókat dönget* enfoncer des portes ouvertes; ~ *alakulat* formation ouverte; ~ *beszéd* franc-parler *m;* ~ *ellenség* ennemi déclaré; ~ *erőszak* force ouverte; ~ *ész* esprit éveillé; ~ *eszű* à l'esprit ouvert; ~ *harc* combat ouvert; guerre ouverte; ~ *harcban* en bataille rangée; ~ *házat tart v visz* tenir table *v* maison ouverte; ~ *hitel* crédit ouvert; *(fedezetlen)* crédit (à) découvert; ~ *játszma* le franc jeu; ~ *kaput dönget* enfoncer une porte ouverte; prêcher un converti; ~ *kártyákkal játszik* jouer cartes sur table; ~ *kérdés* question ouverte *v* en suspens; ~ *láng* feu nu; flamme nue; ~ *lázadásba tör ki* être en révolte ouverte; se révolter; ~ *lélek* une âme franche; ~ *levél* lettre ouverte; ~ *pályán* en rase *v* en pleine campagne; ~ *sisakkal harcol* combattre à visage découvert; ~ *szavazás* vote (à bulletin) ouvert; scrutin ouvert; ~ *színen* en public; *coram populo; (szính:)* en scène; *nyelv:* ~ *szótag* syllabe ouverte; *nyelv:* ~ *szótagban* ne position libre; *dipl:* ~ *távirat* dépêche *f* en clair; ~ *tenger* pleine *v* haute mer; *a* ~ *tengeren* au large; ne pleine mer; ~ *természetű* être franc(he) (comme l'osier); ~ *titok* le secret de Polichinelle *v* de comédie; *orv:* ~ *törés* fracture ouverte; ~ *utca* voie publique; *a* ~ *utcán* en pleine rue; ~ *ülés* séance publique; ~ *várossá nyilvánít* déclarer ville ouverte; ~ *virág* fleur ouverte *v* éclose
nyíltan ouvertement; hautement; franchement; sans déguisement; apertement; carrément; ~ *beszél* parler à cœur ouvert *v* tout franc; *beszéljünk* ~ parlons français! parlons à cœur ouvert; *vki mellé* ~ *kiáll* se déclarer hautement pour q; ~ *kimondom* je ne me cache pas de le dire
nyíltság 1. franchise; droiture *f;* *teljes* ~*gal beszél ld:* **nyíltan;** 2. *nyelv:* ouverture *f*
nyíltszívű franc, franche; loyal; cordial; droit, -e
nyíltter *újs:* tribune libre *f*
nyilván 1. manifestement; apparemment; évidemment; explicitement; 2. sans doute
nyilvánít [~ottam, ~ott, ~son] 1. *hiv:* déclarer; 2. *hazugnak* ~ *vkit* délivrer à q un brevet de menteur *gúny; szemtelenségnek* ~ taxer d'arrogance; 3. *(érzést, gondolatot)* exprimer; manifester; témoigner (de) qc; *véleményt* ~ émettre *v* avancer *v* donner un avis
nyilvánítás 1. manifestation *f;* témoignange *m; fogadja mély köszönetem* ~*át* veuillez agréer *v* recevoir l'expression de ma profonde gratitude; 2. *halottá* ~ jugement déclaratif de décès
nyilvános [~ak, ~at] public, -que; ~ *árverés* vente publique; ~ *bocsánatkérés* amende honorable *f; ne csináljunk* ~ *botrányt* il ne faut

pas donner de scène publique; ~ *főpróba* répétition générale à guichets ouverts; ~ *ház* maison de tolérance *v* close; ~ *helyen* en public; au grand jour; ~ *rendes egyetemi tanár* professeur titulaire (de la chaire de...); professeur à l'université; ~ *rendkívüli egyetemi tanár* (professeur) chargé de cours à l'université; ~ *számadásra kötelezett vállalat* entreprise astreinte à des comptes publics; ~ *szavazás* scrutin public; ~ *tárgyalás* audience publique; ~ *telefon állomás* poste téléphonique public; ~ *ülés* séance publique
nyilvánosság public *m;* publicité *f; a* ~ *elé visz v tár* livrer à la publicité; *a* ~ *előtt* en public; *a* ~ *kizárását kéri* demander le huis clos; *a teljes* ~ *le* grand jour; ~*ra hoz* publier; mettre *v* exposer au (grand) jour; divulguer; ~*ra jut* se divulguer; *nem bírja el a* ~*ot*... ne supporte pas la publicité
nyilvántart 1. tenir en évidence *v* à jour; **2.** *(nőt)* mettre en carte
nyilvántartás 1. tenue *f* des registres; enregistrement *m;* **2.** *(jegyzék)* registre *m* d'ordre *v* d'inscription; *rendőrségi* ~ les registres de la police; *(egy emberé)* le casier judiciaire de q; **3.** *(cédulákon)* fichier *m*
nyilvántartó I. *(mn)* ~ *hivatal* bureau *m* de contrôle *v* des registres; *(bírósági)* greffe *m;* ~ *karton* fiche *f;* ~ *könyv* registre *m* de contrôle *v* d'inscription; **II.** *(fn)* préposé *m* aux registres *v* au fichier
nyilvánvaló évident, -e; manifeste; apparent; flagrant; patent, -e; ostensible; de toute évidence; *ez egészen* ~*!* c'est l'évidence même! *mindenki előtt* ~ cela n'échappe à personne; ~, *hogy* il est évident *v* manifeste que; ~*vá lesz* devenir patent(e) *v* manifeste
nyilvessző flèche *f*
nyír [~tam, ~t, ~jon] **1.** *(gyapjat, szövetet)* tondre; **2.** *hajat* ~ tailler *v* couper les cheveux; *(igazítás)* rafraîchir; *(tövig)* raser de près

45*

nyirbál [~tam, ~t, ~jon] rogner
nyíres boulaie *f*
nyírfa *növ:* bouleau *m*
nyírfajd coq de bruyère; petit tétras
nyirkos [~ak, ~at; ~an] **1.** moite; humide; **2.** *(fal)* suintant, -e; humide; ~ *idő* temps bruineux
nyirok [nyirkot, nyirka] lymphe *f*
nyirokedény; nyirokér 1. vaisseau lymphatique; lymphatique *m;* **2.** *(bélben)* vaisseau chilifère *m*
nyirokedényrendszer système lymphatique *m*
nyirokmirigy glande lymphatique *f*
nyiszál [~tam, ~t, ~jon] couper *v* tailler (avec le couteau)
nyiszlett [~ek, ~et; ~en] chétif, -ive; malingre; rabougri, -e; ~ *alak* patraque *f;* foutriquet *m*
nyit [~ottam, ~ott, nyisson] ouvrir; *újra* ~ rouvrir; *ajtót* ~ *a visszaéléseknek* ouvrir la porte aux abus; *pékműhelyt* ~ ouvrir une boulangerie; ~*ja a sort* ouvrir le rang *v* les rangs *v* la marche; *üzletet* ~ ouvrir un magasin
nyitány ouverture *f*
nyitja [-át] *vminek a* ~ la clef de qc; *rájön (vminek) a -ára* attraper le coup; *gúny:* découvrir le pot aux roses; *ismeri egy cselszövés -át* tenir le fil de l'intrigue; *megleli a dolog -át* trouver la clef du mystère; *tudja vminek a -át* savoir le dernier mot de qc
nyitott [~ak, ~at; ~an] ouvert, -e; *(fedetlen)* découvert, -e; ~ *ablakoknál* aux fenêtres grandes ouvertes; ~ *szemmel alszik* dormir les yeux ouverts; ~ *szemmel jár* avoir l'œil aux aguets
nyitva ouvert, -e; *(ajtó olykor)* béant, -e; *egész éjjel* ~ ouvert la nuit; ~ *hagyja a kérdést* laisser la question en suspens; ~ *tartja a szemet* tenir les yeux ouverts
nyolc [~at] huit; *körülbelül* ~ une huitaine (de...)
nyolcad [~ok, ~ot, ~a] **1.** huitième *(m);* **2.** *zen:* croche *f*
nyolcadik [~at, ~a] huitième

nyolcórás *munkanap* la journée de huit heures
nyolcvan [~at] quatre-vingts
nyolcvanas [~ak, ~t] **1.** le chiffre quatre-vingts; le numéro 80; **2.** *(férfi, nő)* octogénaire *(n)*
I. *(fn)* **nyom** [~ok, ~ot, ~a] **1.** *(lábé)* trace *f* de pas; pas *m;* *(keréké, kézé, lábé)* empreinte *f;* *(állaté így is):* marche *f;* **2.** *vad:* voie; allure; traînée *f;* ~*on van* dresser la voie; rencontrer; *elveszti a* ~*ot* se dérouter; **3.** *(nyomozásnál)* piste *f;* élément *m* de recherche; *jog:* indice *m; a* ~ *hamisnak bizonyul* la piste s'effondre; ~*ában (üldözve)* aux trousses de q; ~*ában van* v *jár vminek* serrer q de près; ~*on követ (tolvajt, állatot)* suivre à la piste; *(titokban)* prendre en filature; *egy bűnösnek* ~*ára bukkan* dépister un criminel; *vkinek a* ~*ára vezet* mettre sur la voie *v* la trace de q; **4.** *(vminek a nyoma)* marque; empreinte; trace *f;* sillage *m;* ~ *nélkül* sans laisser de traces *v* d'empreintes; *sebesülés* ~*a* la marque d'une blessure; *semmi* ~*a nem marad,* ~*a sincs* il ne reste aucun vestige *v* aucune trace; ~*ot hagy* laisser une marque *v* une empreinte (sur qc); stigmatiser; **5.** *müsz:* ~*ot kitüz, megállapít* faire la trace; **6.** *átv:* trace *f;* vestige; indice *m;* frange *f;* ~*a sincs a...- nak* il n'y a pas l'ombre de...; *a kétségnek* ~*a sem maradt meg benne* il ne resta pas l'ombre d'un doute dans son esprit; ~*ába lép vkinek* suivre la trace *v* les traces de q; emboîter le pas à q; ~*ába sem léphet* v *hághat* il n'en approche même pas; *vki* ~*ába szegődik* suivre les pas de q; *a háborúnak temérdek baj jár a* ~*ában* la guerre entraîne après *v* avec elle bien des maux; *vminek, vkinek* ~*án* à la suite de qc, de q; *irod:* Shakespeare ~*án írta* Kiss János d'après la pièce de Sh. par Jean Kiss; ~*on követ* suivre q à la trace; ~*ára bukkan egy betegségnek* dépister une maladie;

~*ára jön vminek* découvrir (les traces de) qc; éventer qc; *mély* ~*okat hagy vki lelkében* v *vkiben* laisser des traces profondes dans l'esprit de q
II. *(ige)* **nyom** [~tam, ~ott, ~jon] **1.** *(szorítva)* presser; peser sur qc; *a cipő* ~*ja a lábamat* les chaussures me serrent trop les pieds; *a kezébe* ~ *vmit* mettre qc dans la main de q; ~*ja az ágyat* rester couché(e); être alité(e); **2.** *(taposva)* fouler; **3.** *(súlyban)* peser; *5 kilót* ~ cela pèse 5 kilogs; *átv:* keveset ~ *a latban* peser peu; tomber d'un faible poids dans la balance; **4.** ~*ja a gyomrom* cela me pèse sur l'estomac; **5.** *átv:* ~*ja a lelkét* peser à q; **6.** *nyomd:* imprimer; *(példányt)* tirer
nyomás 1. poussée; pression; compression; étreinte *f; a víz* ~*a* la poussée des eaux; *enged a* ~*nak* céder à une pression; céder sous la poussée; **2.** *ép:* effort *m;* contrainte *f* (is); ~*t gyakorol* pousser; ~*t gyakorol vmire* peser sur qc; **3.** *fiz:* pression; *alacsony* ~ basse pression; **4.** *(ásóval)* coup *m* de bêche; **5.** *műsz:* charge; pression *f;* pressage *m; (fémé)* emboutissage *m;* **6.** *egy ládát egy* ~*ra felfeszít* forcer un coffre d'une seule pesée; **7.** *orv:* ~*nak ellenálló* rénitent, -e; ~*t érez a mellében* avoir la poitrine *v* la gorge oppressée; **8.** *(súlyemelésnél)* développé *m;* **9.** *(hivatali)* pression; **10.** *(könyvé)* impression *f; (levonat)* tirage *m; 5 színű* ~ tirage en 5 couleurs; ~ *alatt (levő)* sous presse
nyomáscsökkenés; nyomáscsökkentés décompression; détente; distension *f; (csőben)* perte *f* de charge
nyomásmérő manomètre *m*
nyomasztó [~ak, ~t] angoissant, -e; dépressif, -ive; déprimant; accablant; pesant; oppressant, -e; ~ *álom* sommeil pesant; ~ *csend* lourd silence; ~ *emlék* souvenir obsédant; ~ *érzés* émotion dépressive; ~ *helyzet* situation pénible *v* embarrassante;

~ hőség chaleur incommode v accablante; **~ teher** charge accablante v écrasante; *vminek a* **~ volta** la lourdeur de qc
nyomasztóan *hat vkire* déprimer (le moral de) q; oppresser q
nyomaték [~ok, ~ot, ~a] **1.** insistance; accentuation *f;* accent *m;* *kellő* **~kal** *hangsúlyoz* souligner dûment; **~kal** *rámutat* s'appesantir sur qc; **2.** *fiz:* moment *m;* **3.** *vill:* couple *m;* **4.** *nyelv:* accent d'insistance *v* dynamique *m;* intensité *f*
nyomatékosan énergiquement; en termes énergiques; avec insistance *v* vigueur; **~** *kijelenti, hogy* déclarer hautement
nyomban sur le coup; sans délai; sans tarder; sur-le-champ; *ott* **~** séance tenante; *illico;* *a halál* **~** *beállott* la mort était foudroyante; *ld. még:* **azonnal**
nyombélfekély ulcère *m* du duodénum
nyomda [-ák, -át, -ája] imprimerie *f; -ába ad* mettre sous presse
nyomdafesték encre noire *v* d'imprimerie; *nem bírja el a* **~et** cela ne supporte pas l'impression; **~kel** *beken* encrer; *(cenzor)* caviarder
nyomdahiba erreur *f* d'impression *v* typographique
nyomdai [~ak, ~t] typographique; **~** *dolgozó* ouvrier (-ière) typographe; typo *m;* **~** *költség* frais *m pl* d'impression; **~** *úton* typographiquement; **~** *vállalat* entreprise graphique *f*
nyomdaipar industrie typographique *f* *v* du livre
nyomdakész bon à tirer; imprimable
nyomdász [~ok, ~t, ~a] imprimeur; typographe; ouvrier imprimeur; typo *m*
nyomdatermék imprimé *m;* produit d'imprimerie *v* typographique *m*
nyomdok [~ok, ~ot, ~a] **~aiba** *v* **~ába** *lép* marcher *v* aller sur les pas *v* brisées de q; suivre les traces de q; emboîter le pas à q; *vki* **~ait** *követi* suivre les vestiges de q
nyomható imprimable; *(jelzés)* bon à tirer

nyomjelző *golyó* balle traçante; **~** *lövedék* obus traceur; **~** *rúd* jalon (-mire) *m*
nyomkitűzés tracement; jalonnement *m*
nyomkod [~tam, ~ott, ~jon] **1.** malaxer; pétrir; **2.** *(lábbal* v *tömítve)* fouler; **3.** *(levet)* pressurer
nyomócső tuyau *v* conduit *m* de refoulement
nyomógomb bouton (-poussoir) *m;* touche
nyomókút pompe à main *v* à levier
nyomólemez *nyomd:* cliché *m;* planche *f;* zinc *m*
nyomópapír papier *m* d'impression *v* pour impression
nyomóprés presse *f*
nyomor [~t, ~a] misère; indigence *f;* dénuement *m;* gêne *f;* besoin *m;* détresse; (extrême) nécessité *f; sötét* **~** misère noire; *a* **~** *bélyegét hordja magán* porter la livrée de la misère; **~ba** *jut* v *süllyed* tomber dans la misère *v* l'indigence; *nagy* **~ba** *jut* toucher le fond; **~ba** *dönt* v *taszít* mettre sur le pavé; **~ban** *hal meg* mourir sur la paille; **~ban** *tengődik* v *sínylődik* croupir *v* pourrir dans la misère; **~ban** *él* mener une vie de chien; être comme Job sur son fumier; **~ban** *van* être dans la misère
nyomorék [~ok, ~ot; ~an *v* ~ul] **I.** *(mn)* infirme; estropié; contrefait, -e; **II.** *(fn)* estropié, -e; infirme *n;* **~nak** *született ember* un homme déshérité de la nature; **~ká** *tesz* estropier; écloper
nyomorgat tourmenter; harceler; tracasser
nyomorlakás taudis *m*
nyomornegyed bidonville; quartier *m* des miséreux
nyomorog [~tam, -rgott, ~jon] vivre dans la misère *v* l'indigence; croupir dans la misère; traîner sa misère
nyomorult [~ak, ~at] **I.** *(mn)* **1.** *(szegény)* misérable; miséreux, -euse; **2.** *(sajnálkozás tárgya)* misérable; pauvre; *(megvetve)* miteux, -euse *nép;* **3.** *(hitvány)* misérable; **~** *porfészek* trou *m;* **II.** *(fn)* **1.** *(sze-*

gény) misérable; gueux *m;* 2. *a* ~!
le misérable! le gueux!
nyomorúságos misérable; pitoyable;
~ *állapot* misère *f;* ~ *ebéd* dîner
chétif; ~ *élet* vie *f* de galérien *v*
de chien; ~ *helyiség* trou *m;* ~
lakás bouge; galetas *m*
nyomós [~ak, ~at; ~an] de poids;
capital, -e; ~ *érv* argument *m* de
poids; ~ *okok* des raisons fortes
nyomott [~ak, ~at; ~an] 1. *(össze~)*
tassé, -e; ~ *orr* nez écrasé; 2. *nyomd,
tex:* imprimé, -e; 3. ~ *hangulat*
v *kedélyállapot* dépression *f;* malaise *m;* cafard *m biz;* ~ *hangulatban (levő)* déprimé, -e; *az ipar*
~ *helyzcte* le malaise de l'industrie
nyomoz [~tam, ~ott, ~zon] 1. enquéter; faire une enquête; mener une
enquête; 2. *jog:* rechercher
nyomozás enquête; instruction; information *f;* investigations *f pl;*
(vkinél) perquisition *f; a* ~ *adatai*
les éléments de l'enquête; *a* ~*t elrendeli* ordonner une enquête; *a* ~*t
megindítja* procéder à une enquête;
ouvrir une enquête
nyomozó [~k, ~t] I. *(mn)* ~ *hatóság*
le magistrat instructeur; ~ *szerv*
organe *m* d'information; II. *(fn)*
enquêteur *m;* investigateur, -trice
n; rendőrségi ~ enquêteur de la
sûreté nationale
nyomtalanul sans laisser de traces
nyomtatás 1. *(könyvé)* impression *f;*
(példányé) tirage *m;* 2. *(gabonáé)*
dépiquage; dépicage *m*
nyomtatott [~ak, ~at; ~an] imprimé,
-e; ~ *betű* caractère imprimé
nyomtatvány imprimé *m;* impression *f*
nyomtáv(olság) écartement; entre-rail
m; voie *f*
nyomul [~tam, ~t, ~jon] se presser;
se diriger; *vmi felé* ~ se porter *v*
se diriger vers *v* sur qc
nyög [~tem, ~ött, ~jön] 1. gémir;
geindre; 2. *átv: a bánat, az adók
terhe alatt* ~ être écrasé(e) sous le
poids du chagrin *v* des impôts
nyöszörög [~tem, -rgött, ~jön] gémir;
geindre; vagir; piauler

nyugágy lit de repos; transatlantique
m; chaise longue pliante
nyugállomány retraite *f;* ~*ba helyez*
mettre à la retraite d'office
nyugalmas [~ak, ~at] 1. tranquille;
paisible; calme; ~ *élet* vie paisible
v douce; 2. *(jellem)* placide; paisible; calme
nyugalmazott [~ak, ~at; ~an] retraité,
-e; mis(e) en *v* à la retraite
nyugalmi [~t; ~lag] ~ *állapot* état
m de repos; *fiz:* repos *m;* ~ *helyzet* position *f* au repos; équilibre *m*
nyugalom [-lmat, -lma] 1. repos; calme
m; tranquillité *f; (vihar utáni)*
accalmie *f; csak* ~! du calme! *a* ~
helyreállt le calme s'est rétabli; *jól
megérdemelt* ~ juste repos; *nincs
-lma* il n'a aucun repos; *elveszti
-lmát* perdre sa tranquillité; *(kitör)*
sortir de son calme; *megőrzi -lmát*
conserver son calme; 2. *lelki* ~
tranquillité d'âme *v* d'esprit; *a lelkiismeret -lma* le repos de la conscience;
nagy lelki ~*mal* avec un sang-froid
imperturbable
nyugat ouest; occident *m; (néha)* le
couchant; ~ *felé halad* faire l'ouest;
~ *felől* de côté ouest; de l'Occident;
~*on* à l'ouest; dans l'ouest; *a Nyugaton* en Occident
Nyugat-Európa l'Europe occidentale
nyugat-európai ouest-européen, -enne;
~ *idő* heure de l'Europe occidentale
nyugati I. *(mn)* de l'ouest; (d')ouest;
occidental, -e; ~ *műveltség* civilisation occidentale; ~ *pályaudvar* gare
f de l'Ouest; II. *(fn)* occidental *m*
nyugatnémet ouest-allemand, -e
nyugbéres ouvrier retraité
nyugdíj pension *f* (de retraite *v* de
retraité); ~*ba küld* v *tesz* mettre à
la retraite *v* en retraite; admettre
(à faire valoir ses droits) à la retraite;
(büntetésből) fendre l'oreille à q
nyugdíjalap fonds *m* de retraite *v* de
pension
nyugdíjas retraité(e) *n*
nyugdíjaz [~tam, ~ott, ~zon] retraiter; *hivatalból* ~ mettre d'office à
la retraite; *ld. még:* **nyugdíj***(ba küld)*

nyugdíjegyesület société mutuelle de retraite; mutuelle-retraite *f*
nyugdíjfizetés versement *m* de pension
nyugdíjjogosult admis(e) à faire valoir ses droits à la retraite
nyugdíjpénztár caisse des pensions; caisse artisanale de retraite
nyugdíjtörvény loi *f* sur les retraites
nyugdíjügy régime *m* des pensions
nyugellátás régime *m* des pensions (civiles *stb.*); *(dolgozóé)* retraite ouvrière
nyughatatlan remuant, -e; inquiet, -iète; agité, -e
nyughely tombe *f;* lieu *m* de repos; *(többéké)* champ *m* de repos
nyugodt [~ak, ~at] 1. tranquille; calme; paisible; *(csak emberről)* posé, -e; placide; *legyen* ~ soyez tranquille; rassurez-vous; *igyekszik* ~ *maradni* s'efforcer au calme; ~ *éjjel* nuit paisible *v* tranquille; ~ *fővel* la tête reposée; ~ *hang* voix posée; ~ *légkör* atmosphère *f* d'apaisement; *nincs egy* ~ *perce* il n'a pas un moment de tranquillité *v* de repos; ~ *természet* caractère égal; 2. ~ *vmi felől* être tranquille sur (le sort de) qc; ~ *lehetsz afelől, hogy* tu peux être tout à fait tranquille que
nyugodtság 1. tranquillité *f;* 2. placidité *f*
nyugszék fauteuil pliant; chaise-longue pliante; transatlantique *m*
nyugszik [nyugodtam, nyugodott, nyugodjék *v* nyugodjon] 1. *(állandóan)* reposer; *itt* ~ ... ici repose...; ci-gît...; *nyugodjék békével!* Que Dieu fasse paix à son âme! Qu'il repose en paix! *az ügy most* ~ l'affaire est mise en veilleuse; 2. *(pihen)* se reposer; *emléke nem hagy nyugodni* son souvenir ne me quitte pas; *ez a gondolat nem hagyja nyugodni* cette idée le hante; 3. *(vmin)* reposer *v* poser sur qc; 4. *mat: vmi* ~ *rajta (húrról)* sous-tendre qc; 5. ~ *a nap* le soleil se couche *v* décline; 6. *nem* ~ il ne désarme pas; *nem* ~, *míg nem* il n'a de cesse qu'il ne *(subj);* *addig nem nyugodott, míg* il a fait tant (et si bien) que

I. **nyugta** [nyugtom, nyugtod, nyugtunk, nyugtát] *nincs* ~ n'avoir pas de repos; *nincs* ~, *míg* il n'a de cesse qu'il ne *(subj)*
II. **nyugta** [-ák, -át, -ája] quittance *f;* acquit; reçu *m; (átvételről)* récépissé *m;* ~ *ellentétben* contre reçu; ~ *nélkül* de la main à la main; *-át ad vmiről* donner quittance de qc
nyugtalan 1. inquiet, -iète; agité; alarmé, -e; ~ *voltam miattad* j'ai été inquiet à ton sujet; ~ *álom* sommeil agité; ~ *lelkiismeret* conscience troublée; 2. remuant, -e; ~ *ember* homme remuant
nyugtalanít [~ottam, ~ott, ~son] 1. inquiéter; alarmer; donner *v* causer de l'inquiétude à q; 2. *(ellenség)* harceler
nyugtalankodik [~tam, ~ott, ~jék *v* ~jon] *(vmi miatt)* s'inquiéter (de qc *v* de q); s'alarmer (de qc); s'agiter; *erősen* ~ *vki miatt* éprouver de vives inquiétudes au sujet de q
nyugtalanság inquiétude; angoisse; agitation *f;* alarme(s) *f (pl);* malaise; inapaisement *m;* ~ *fogja el* l'inquiétude le prend *v* gagne; *állandó* ~*ban él* vivre dans de alarmes continuelles; ~*ra ad okot* inspirer de vives inquiétudes à q; ~*ot kelt vkiben* jeter l'alarme dans q
nyugtatószer *orv:* calmant; adoucissant; lénifiant *m*
nyugtáz [~tam, ~ott, ~zon] donner décharge *v* quittance de qc; acquitter qc; *(levélben)* accuser réception de qc
nyugtázás 1. délivrance *f* du reçu; 2. *(átvételé)* accusé *m* de réception
nyugvó [~k, ~t] 1. au repos; immobilisé, -e; ~ *állapotban* en état de repos; *vmin* ~ reposant *v* assis(e) sur qc
nyugvópont moment *v* temps *m* d'arrêt; ~*ra jut* finir par se calmer; arriver au point mort
nyújt [~ottam, ~ott, ~son] 1. tendre; présenter; passer; *kezet* ~ tendre la main à q; 2. *átv:* fournir; donner; offrir; assurer; présenter; 3. *(megnyújtva)* étendre; allonger; *nyakát*

~ja allonger le cou; 4. *(hangot)* allonger; 5. *(ügyet)* traîner (en longueur)
nyújtó *torn*: barre fixe *f*
nyújtózkodik [~tam, ~ott, ~jék *v* ~jon] s'étirer; ~ *egyet* étendre le bras, la jambe
I. *(fn)* **nyúl** [~ak, ~at, ~a] 1. *(mezei)* lièvre *m;* ~*ra vadászik* courir le lièvre; 2. *házi* v *tengeri* v *üregi* ~ lapin domestique *m;* 3. *fut mint a* ~ courir comme un lièvre *v* un lapin *v* un zèbre *v* un dératé
II. *(ige)* **nyúl** [~tam, ~t, ~jon] 1. *(vmibe)* mettre *v* plonger la main dans qc; *zsebébe* ~ plonger la main dans sa poche; 2. *(vmihez)* porter la main à qc; toucher à qc; *olyan eszközökhöz* ~, *melyek* recourir *v* avoir recours à des moyens qui; *idegen pénzhez* ~ commettre une indélicatesse; *a pénzhez még nem* ~*t senki* la somme est encore intacte; *ne* ~*jon hozzám!* ne me touchez pas! à bas les pattes! *biz*
nyúlajak bec-de-lièvre *m;* orv: lagostome *m*
nyúlánk [~ok, ~ot; ~an] élancé, -e; svelte; effilé, -e; ~ *alak* svelte envolée du corps
nyúlás étirement *m;* *(fémeknél)* dilatation *f*
nyúlbőr peau *f* de lièvre; *(házinyúlé)* peau de lapin
nyúlgát barrage improvisé *v* hâtif *v* de secours; jetée *f* de fascinage
nyúlik [~tam, ~t, ~jék *v* ~jon] 1. s'étendre; s'allonger; 2. *(vmeddig)* s'étendre *v* arriver *v* monter *v* descendre jusqu'à...; 3. *(szövet)* prêter; s'étirer; 4. *(vmibe)* mordre sur qc; empiéter sur qc; 5. *(időben)* se prolonger dans qc; *hosszúra* ~ traîner (en longueur)
nyúlketrec lapinière; cabane *f* à lapins
nyúlláb patte *f* de lièvre
nyúlós [~ak, ~at; ~an] 1. filant; gluant, -e; glaireux; glutineux; visqueux, -euse; 2. *(beszéd)* filandreux, -euse

nyúlpecsenye lièvre *v* lapin rôti; rôti de lièvre *m*
nyúlprém (fourrure *f* de) lapin *m*
nyúlszáj bec-de-lièvre *m*
nyúlszívű timoré, -e; peureux, -euse; poule mouillée
nyúltagy orv: bulbe (rachidien)
nyúltenyésztés élevage *m* du lapin; cuniculiculture *f*
nyúlvány 1. prolongement; appendice *m;* 2. *orv:* *(agyi)* processus; *(bél)* appendice *m;* 3. *(etnikai, nyelvi)* enclave *f*
nyurga [-ák, -át; -án] haut enjambé(e); efflanqué, -e; ~ *fickó* grand gaillard; (grand) escogriffe *m*
nyuszi [~k, ~t, ~ja]; **nyuszika** [-ák, -át, -ája] petit lapin; levrau(l)t; lapereau *m*
nyuszt [~ok, ~ot, ~ja] *áll:* mart(r)e *f*
nyúz [~tam, ~ott, ~zon] 1. écorcher; dépouiller; 2. *átv:* *(vendéglős)* écorcher; *itt valósággal* ~*zák az embert* c'est le coup de fusil; *ordít, mint akit* ~*nak* brailler comme un écorché vif
I. *(fn)* **nyű** [nyüvek, nyüvet, nyüve] ver *m;* larve *f;* asticot *m*
II.*(ige)* **nyű** [nyüvök, nyűsz, nyűttem, nyütt, nyűjön] 1. *(kendert)* arracher; 2. *(ruhát)* user
nyűg [~öt, ~e] 1. *(béklyó)* entrave *f;* 2. *átv:* valóságos ~ *rajtam* c'est un vrai fardeau; c'est ma croix
nyűgös [~ek, ~et; ~en] 1. *(gyerek)* geignard; piaulant; taquin, -e; 2. *(öreg, beteg)* ronchonnant, -e; grincheux, -euse
nyüst [~ök, ~öt, ~je] *tex:* portée; lice; lisse *f*
nyüszít [~ett, ~sen] glapir; clapir; *(kutya)* clatir
nyűtt [~ek, ~et; ~en] usé, -e
nyüzsgés grouillement; fourmillement *m*
nyüzsgő [~k, ~t] grouillant; fourmillant, -e
nyüzsög [~tem, -zsgött, ~jön] 1. grouiller; fourmiller; pulluler; 2. *biz:* *(vki)* se trémousser; s'agiter; se déhancher

O, Ó

ó! ô! oh! *ó jaj!* hélas! malheureux que je suis!
oázis [~ok, ~t, ~a] oasis *f*
óbégat se lamenter; criailler; geindre; hurler; *(vénasszony)* glapir
objektív [~ek, ~et; ~en] I. *(mn)* objectif, -ive; impartial; désintéressé, -e; II. *(fn)* objectif *m*
objektum [~ok, ~ot, ~a] 1. *műsz:* ouvrage *m;* 2. *eladó nagy* ~ grand immeuble à vendre
oboa [-ák, -át, -ja] hautbois *m*
obskúrus suspect, -e; louche
obszcén [~ek, ~t] obscène
obszervatórium [~ok, ~ot, ~a] observatoire *m*
óceán [~ok, ~t, ~ja] océan *m; az* ~*on tul(ra)* outre-mer
óceánjáró transatlantique (bateau); paquebot *m*
ócsárlás dénigrement *m;* médisance *f;* blâme *m*
ócsárol [~tam, ~t, ~jon] dénigrer; médire de qc; blâmer; décrier; déprécier
ócska vieux, vieil, vieille; antique; usé, -e; vétuste; *(ember)* vieux style; ~ *batár* patache *f;* ~ *holmi* friperie; brocante *f;* ~ *ruha* vieux habits; vêtement usagé *v* fripé
ócskapiac 1. marché *m* de vieux; 2. *(vásáruké)* foire *f* à la ferraille; 3. *(ruhás)* foire aux puces; friperie *f*
ócskaság 1. *(tárgy)* vieillerie; antiquaille *f;* 2. *átv:* *(vmié)* antiquité; vétusté *f;* 3. *(történet)* vieillerie *f;* vieille histoire; *(dallam)* scie; rengaine *f*
ócskavas vieille ferraille; riblon *m;* mitraille *f;* ~*nak elad* vendre *v* mettre à la ferraille
ocsmány [~ok, ~t] 1. d'une laideur repoussante; laid(e) à faire peur; repoussant, -e; 2. *(vicc, viselkedés)* sale; obscène; ordurier, -ière; puant, -e

ocsmányság horreur; ordure; saloperie *f*
ocsú [~t, ~ja] petit blé; grenaille *f*
oda 1. *(önállóan)* là; là-bas; *állj oda!* mets-toi là! ~ *és vissza* aller et retour; 2. *(ige előtt)* y; ~ *tette il* l'y a mis; 3. ~, *ahol* là où; ~ *ahonnan* d'où; 4. ~ *se neki! a)* il n'en a cure, *b)* ne t'en fais pas; ne vous en faites pas; 5. ~ *a pénzem* mon argent est perdu *v (biz)* fichu
óda [-ák, -át, -ája] ode *f*
odaad 1. passer; donner; remettre; 2. *(birtokába)* donner; céder; laisser; accorder; ~*ja a lányát* accorder sa fille; 3. ~*ja magát (nő)* se donner; se livrer; 4. ~*ja magát vkinek* se prêter à qc; prêter ses mains à qc
odaadás 1. remise; cession *f;* 2. *egy nő teljes* ~*a* les dernières faveurs d'une femme; 3. *(érzés)* dévouement *m* (pour q); abnégation; ferveur *f*
odaadó [~k, ~t] dévoué, -e; *vkinek* ~ *hive* être dévoué(e) *v* acquis(e) à q; partisan dévoué *v* fervent
odaáll 1. *vhová* ~ s'installer; se placer; se mettre; *(támaszkodva)* se coller à qc; 2. *haj: (hajóhoz, rakpartooz)* accoster
odaállít 1. *(vkit)* poster; mettre; placer; planter; *(rossz szándékkal)* aposter; 2. *(vmit)* mettre; flanquer; 3. *átv:* feltételként ~ poser comme condition
odaát de *v* à l'autre côté; là-bas; en face
odább 1. plus loin; ci-après; 2. ~ *áll* s'éclipser; déguerpir
odabenn, odabent à l'intérieur; là-dedans
odaborul *vkinek a vállára* pencher sa tête sur l'épaule de q; *vkinek a lába elé* ~ se jeter *v* aller se prosterner aux pieds de q

odabújik *vkihez* se blottir contre q
odacsalogat attirer; affriander; allécher; *(csalétekkel és átv:)* affrioler
odadob jeter à q; jeter en proie à q; *(vkit)* flanquer dans les pattes de q
odaenged 1. *(vmihez)* admettre dans qc *v* à *(inf)*; 2. *ld: átenged*
odaerősít 1. fixer; attacher; assujettir; 2. *(csavarral)* visser
odafagy se fixer; *v* adhérer à ...par l'effet du gel
odafenn; odafent là-haut
odafigyel dresser l'oreille; ~ *vmire* prêter son attention à qc
odafut accourir
odahallatszik s'entendre (jusque-là)
odahat, *hogy* agir *v* faire en sorte que *(subj)*; felszólítja a hatóságot, hasson oda, *hogy* il invite les autorités à tenir la main à ce que *(subj)*
odahaza chez moi; chez toi *stb.*; à la maison
odahelyez 1. *(vmit)* placer; poser; 2. *(vkit)* transférer; affecter
odahív 1. appeler; faire un signe d'invite à q; 2. *(taxit, kocsit)* héler
odahoz 1. *(vmit)* apporter; 2. *(vkit és járművet)* amener
odahúz I. *(tgy i)* attirer; ramener; II. *(tgyl i)* ~, *ahol* se laisser entraîner *v* pencher du côté de...
ódai [~ak, ~t] lyrique; d'ode
odáig *ld:* **addig;** ~ *jutott* il en est venu là; il en est là; ~ *jut, hogy* en arriver à *(inf)*; ~ *megy, hogy* s'avancer jusqu'à *(inf)*; *ne engedje* ~ *fejlődni a dolgot* vous ne devez pas laisser venir l'affaire à ce point
odaígér promettre
odaillő assorti, -e; convenable; *(érv)* pertinent, -e; *nem* ~ impropre; *oda nem illő* inconvenable
odaír ajouter; mettre
odairányít diriger vers...
odairányul, *hogy* tendre à...
odaítél adjuger *v* attribuer (à q); *egy díjat* ~ décerner *v* adjuger un prix
odajut 1. parvenir; arriver; accéder (à); 2. ~, *hogy* il en arrive à *(inf)*; il en vient à *(inf)*

odakap *vmihez* porter la main à qc; ~ *a fejéhez* prendre sa tête à deux mains
odakerül se trouver (placé *v* transporté) dans...
odakiált *vkinek* crier *v* lancer *v* jeter à q
odakinn; odakint là-dehors; dehors; au dehors
ódaköltő poète lyrique; auteur *m* d'odes
odaköltözik 1. se transporter; emménager dans...; s'installer dans...; 2. *(vkihez)* aller demeurer avec q
odaköszön *vkinek* envoyer *v* lancer un salut à q
odaköt 1. attacher; 2. *a helyhez* ~ enraciner q
odamarad tarder à venir; rester sans revenir
odamegy 1. *(vmi helyre)* aller (à); se rendre (à); 2. *(vmihez)* s'avancer vers qc; s'approcher de qc; 3. ~ *hozzá* il s'approche de lui
odamenekül se réfugier
odamond; *jól* ~*(ja)* neki dire à q ses quatre vérités; chanter sa gamme à q
odanéz regarder q; jeter un coup d'œil sur q; *odanézz!* regarde!
odanő *vmihez* adhérer à qc
odanyújt passer; tendre; *a törülközőt* ~*ja* présenter la serviette
odapillant jeter un regard (sur...)
odaragad *vmihez* rester collé(e) à qc; (se) coller à qc
odaragaszt coller (à qc); agglutiner
odarak poser; placer
odarendel convoquer; faire venir *v* mander
odasiet accourir
odasimul 1. *vkihez* ~ se blottir contre qc; 2. *(ruha)* mouler la taille; coller
odaszalad accourir
odaszállít transporter
odaszegez 1. clouer; *(szegeccsel)* river; 2. *átv:* *a földhöz* ~ clouer au sol
odaszólít appeler; héler
odaszorít presser contre qc
odatalál trouver le chemin (de qc *v* qui conduit à...)

odatapad adhérer à qc; se coller à qc; ~ *a testhez* se coller au corps; *(szükre szabott)* mouler les formes
odatartozik appartenir *v* ressortir à qc
odatesz poser (en évidence); placer; mettre
odatol approcher (de qc); *karosszékef* ~ pousser un fauteuil
odavág I. *(tgy i)* **1.** *(asztalra)* jeter; **2.** *(fejéhez)* jeter *v* lancer (à la tête de q); **II.** *(tgyl i) jól* ~ porter *v* allonger une botte à q
odavaló 1. être du pays; **2.** convenable; qui convient; sortable; conforme; *gúny:* ~ *közéjük* ils peuvent se donner la main; *nem* ~ déplacé, -e
odavan 1. *(nincs itthon)* être parti(e) *v* absent(e) *v* sorti(e); **2.** *(levert)* il est (tout) consterné; il est fini; *odavagyok* je suis chose; *egészen* ~ *a bánattól* mourir de chagrin; **3.** *(dologról)* c'en est fait; c'est perdu; **4.** ~ *vkiért, vmiért* être engoué(e) *v* *(biz)* entiché(e) de q, de qc
odavarr coudre; rattacher par un point de couture
odavesz prendre chez soi; ~ *szolgálónak* prendre à son service
odavész; odavesz 1. perdre; périr; **2.** *haj:* périr corps et biens
odavet 1. jeter; lancer; **2.** *(szóban)* laisser tomber; **3.** *(rajzoló)* torchonner; torcher; esquisser rapidement; camper
odavezet I. *(tgy i)* amener; **II.** *(tgyl i)* conduire; *(utca térre)* déboucher dans . . .
odavezető 1. *(utca)* adjacent, -e; **2.** *az* ~ *út* les abords *m pl;* l'accès *m* (à qc)
odavisz I. *(tgy i)* **1.** *(vkit)* amener; **2.** apporter; transporter; **II.** *(tgyl i)* conduire
oda-vissza aller (et) retour
ódivátú démodé, -e; passé de mode
odor étampe, matrice *f* à forger
odú [~k, ~t *v* odvat, ~ja *v* odva] **1.** *(fában)* creux *m* (d'un arbre); **2.** *(vadé)* quartier; terrier *m;* **3.** *átv: (lakás)* trou; bouge; réduit; nid *m* à rat

Odüsszeia [-át, -ája] *irod:* l'Odyssée *f*
Odüsszeüsz [~t, ~a] Ulysse *m*
odvas [~ak, ~at; ~an] **1.** *(fa)* creux, creuse; **2.** *(fog)* creuse; cariée; carieuse
offenzíva [-ák, -át, -ája] offensive; *-ába kezd* déclencher une offensive
ófrancia vieux français; *az* ~ *nyelv* l'ancien français
ofszet *nyomd, tv* offset *m*
oh! oh! ô! ah! *oh igen* oh, oui
óhajt [~ottam, ~ott, ~son] désirer; être désireux (-euse) de *(inf);* *forrón* ~ ambitionner; *beszélni* ~ *önnel* il désirerait vous parler; *hangsúlyozni ~om,* *hogy* je tiens à souligner que
óhajtás 1. vœu(x) *m (pl);* désir; souhait; desideratum *m;* ~*ának eleget tesz* combler les vœux de q; *teljesíti az* ~*át* remplir les vœux de q; **2.** *nyelv:* formule optative
óhajtó *nyelv:* optatif, -ive; ~ *mód* optatif; désidératif *m*
óhítű *egyh:* orthodoxe
ohó! holà! halte-là!
Oidipúsz Œdipe *m;* ~ *király* Œdipe roi
ok [~ok, ~ot, ~a] **1.** *(eredő ok)* cause *f;* principe; motif; sujet *m; ok és okozat* la cause et l'effet; *ok nélkül* à tort; sans (aucune) raison;, sans cause; gratuitement; mal à propos; *ok nélkül megharagszik* se fâcher sans motif; *nem ok nélkül* non sans cause; et pour cause; *ok nélküli* gratuit, -e; *ok nélküli gonoszság* méchanceté gratuite; *ez nem ok arra, hogy* ce n'est pas une raison que *(subj) v* pour *(inf); oka vminek* être (la) cause de qc; *ki az oka?* à qui la faute? *ennek oka, hogy* la cause en est que; *mindennek megvan az oka* tout s'explique; tout a ses raisons; *van okom rá, hogy* j'ai mes raisons pour *(inf); van okunk hinni, hogy* il y a lieu de croire que; *nyomorának csak ő maga az oka* sa misère n'est imputable qu'à lui seul; *ez okból* pour cette raison; à cause de cela; *mi okból?* pour quelle raison? à quel titre? *vminek okáért* pour qc; à cause de qc; *bizonyos okoknál fogva* pour certaines raisons;

okot ad vmire déterminer qc; provoquer qc; *vminek okát adja* motiver qc; *vkinek okot ad v szolgáltat arra, hogy* donner à q sujet de *(inf)*; *panaszra ad okot* donner lieu à des plaintes; *szemrehányásra ad okot* donner prise aux reproches; *okul felhoz* alléguer *v* assigner pour cause; *okul szolgál* motiver; *egy okkal több (arra)* raison de plus; *okkal vagy ok nélkül* à tort ou à raison; raison ou pas *biz;* 2. *(érv)* raison *f; jog:* moyens *m pl*
okád [~tam, ~ott, ~jon] vomir; dégueuler *nép;* dégobiller
okádék [~ot, ~a] vomissure *f;* vomi *m;* déjection *f*
okbeli causal, -e
okfejtés argumentation *f;* raisonnement *m*
okirat 1. acte; document *m;* pièce *f;* 2. *jog:* titre *m; (szerződési)* acte; *eredeti ~ok* titres authentiques; *~ot hamisít* commettre *v* faire un faux
okirathamisítás faux *m* (en écriture); falsification *f* de document
okirati documentaire; ~ *bizonyíték* pièce justificative
okkersárga jaune d'ocre; ocre; *halvány* ~ ochracé, -e
oklevél 1. *középk:* charte *f;* diplôme *m;* 2. *(iskolai)* diplôme *m; (tanítói)* brevet *m; (tanulmányi)* diplôme de fin d'études; *(ipari)* brevet
okleveles 1. documentaire; 2. diplômé; breveté, -e
oklevéltan diplomatique *f; (sokszor:)* paléographie *f*
okmány acte; document *m;* pièce *f;* diplôme *m; (személyiek)* papiers *m pl;* *~okkal bizonyít* démontrer preuves *v* pièces en main
okmánybélyeg timbre de quittance *v* fiscal
oknyomozó pragmatique; ~ *történelem* histoire pragmatique *f*
okol [~tam, ~t, ~jon] inculper; incriminer; imputer qc à q; *csak önmagát ~hatja azért, ami történt* il n'a qu'à s'en prendre à lui-même de ce qui est arrivé

ókor antiquité *f;* âge ancien; *az* ~ *vége* la basse antiquité
ókori 1. antique; ancien, -enne; ~ *műveltség* la civilisation antique; ~ *szobor (görög-római)* antique *f;* 2. *geol:* primaire
okos [~ak, ~at] I. *(mn)* 1. intelligent, -e; sage; fin; sensé, -e; raisonnable; prudent, -e; *nem* ~ manquer de jugement; *legyen* ~ ne faites pas l'enfant; *hallgat az* ~ *szóra* entendre raison; *ettől nem lettem ~abb* cela ne m'a pas appris grand-chose; *~abb, ha il fait meilleur de (inf);* 2. *(jelzős főnevekkel:)* ~ *beszéd* discours raisonnable *m; az ember* ~ *lény* l'homme est un être doué de raison; ~ *megjegyzés* observation judicieuse; II. *(fn) a leg~abb, amit tehet, az hogy* ce qu'il a de mieux à faire; c'est de *(inf)*
okosan intelligemment; avec intelligence; raisonnablement; *beszéljünk* ~ parlons raison; ~ *jár el* jouer un jeu serré; ~ *tette, hogy* il a eu raison de *(inf)*
okoskodás 1. raisonnement *m;* argumentation *f;* spéculation *f;* 2. *pej:* raisonnements à perte de vue; arguties *f pl;* ergotage *m*
okoskodik [~tam, ~ott, ~jék *v* ~jon] 1. raisonner; argumenter *(vmin:)* sur qc); 2. *pej:* ergoter sur qc; chicaner; arguer; *csavarosan* ~ ratiociner sur qc; *helyesen* ~ raisonner juste; *ne ~jál!* ne fais pas tant de façons *v* manières !
okosság intelligence; ingéniosité; finesse; pénétration; prudence *f*
okoz [~tam, ~ott, ~zon] causer; déterminer; produire; occasionner; *gondot* ~ donner du souci; *nehézségeket* ~ créer des difficultés
okozat effet *m;* conséquence *f*
okozati causal, -e; ~ *összefüggés v viszony* rapport *m v* relation *f* de cause à effet; causalité *f*
okozó [~k, ~t, ~ja] auteur; promoteur; artisan *m*
okszerű conforme à la raison; raisonnable; rationnel, -elle

okszerűtlen irrationnel, -elle; irraisonnable; inopportun, -e; non motivé(e)
oktaéder [~ek, ~t, ~e] *mat*: octaèdre *m*
oktalan 1. sans raison; ~ *állat* animal privé de raison; **2.** déraisonnable; inintelligent; imprudent, -e; mal avisé; **3.** *(dolog)* irraisonnable; absurde
oktalanság déraison; inintelligence; imprudence; absurdité; insanité *f*
oktat I. *(tgy i)* enseigner; instruire; endoctriner; *jóra* ~ enseigner le bien; **II.** *(tgyl i)* **1.** enseigner; **2.** distribuer de bonnes paroles; *(unalmasan)* prôner
oktatás 1. enseignement *m;* instruction *f;* service scolaire *m;* **2.** leçon *f;* cours *m*
oktatásügy enseignement *m*
oktató [~ak, ~t] **I.** *(mn)* **1.** didactique; **2.** ~ *hang* ton magistral *v* pédagogue *v* doctoral; **II.** *(fn)* **1.** instructeur; précepteur *m;* **2.** *(torn, tánc, kat stb).* moniteur *m*
oktatófilm film éducatif *v* d'enseignement; documentaire *m*
oktatómese apologue *m*
oktáv [~ok, ~ot, ~ja] *zen*: octave *f*
oktett [~ek, ~et, ~je] *zen*: octuor *m*
október [~ek, ~t, ~e] octobre *m;* ~ *végén* fin octobre
okul [~tam, ~t, ~jon] *(vmin)* être instruit(e) *v* édifié(e) par qc; s'instruire par qc; profiter de qc; tirer la leçon de qc; ~*t rajta* il en a profité; *vkinek a példáján* ~ être instruit(e) par l'exemple de q
okvetetlenkedés 1. tours *m pl* de polisson; **2.** chicanes; tracasseries *f pl;* vétillerie *f*
okvetetlenkedik [~tem, ~ett, ~jék *v* ~jen] faire la forte tête *v* l'important *v* le nécessaire
okvetetlenkedő [~k, ~t; ~en] tracassier, -ière; récalcitrant, -e *(n)*
okvetlen(ül) sans faute; infailliblement; immanquablement; absolument; ~ *meg kell csinálnod* cela s'impose; ~ *megteszem* je n'y manquerai pas
ól [~ak, ~t, ~ja] **1.** *(disznóé)* étable *f* à porcs; **2.** *(kutyáé)* niche; loge *f;* **3.** *(baromfié)* poulailler *m*

ó-lábú aux jambes arquées; bancal, -e *(n)*
olaj [~ok, ~at, ~a] **1.** huile (végétale); ~ *tartalmú* oléifère; oléagineux, -euse; *ez csak* ~ *a tűzre* c'est jeter de l'huile sur le feu; ~*at nyer v sajtol* extraire de l'huile; **2.** *egyh*: le saint chrême; **3.** pétrole *m;* huile (minérale)
olajbarna olivâtre
olajbogyó olive *f*
olajfa *növ*: olivier *m;* *bibl*: *Olajfák hegye* le Mont des Oliviers
olajfesték couleur *f* à l'huile
olajfestmény peinture *f v* tableau *m* à l'huile; toile; huile *f*
olajfinomítás épuration *f* des huiles; raffinage *m*
olajfinomító raffinerie *f*
olajfolt tache *f* d'huile
olajforrás gisement pétrolifère; puits *m* de pétrole
olajfúrás sondage *m*
olajfúrótorony derrick; tour *m* de forage
olajfűtés chauffage *m* à l'huile
olajkút puits *m* à huile
olajkutatás prospection *f* de gisements pétroliers
olajlámpa 1. lampe *f* à huile; **2.** *bány*: rave *f*
olajlen lin *m* d'huile
olajmag graine oléagineuse
olajnyom 1. *műsz*: trace *f* d'huile; **2.** *geol*: indices *m pl* de pétrole
olajnyomat chromo; chromolithographie *f*
olajos [~ak, ~at; ~an] **1.** *(minőségű)* huileux; onctueux, -euse; **2.** *(tartalmú)* oléagineux, -euse; **3.** *(foltos)* taché(e) d'huile; graisseux, -euse; **4.** *orv*: unguineux, -euse
olajoshordó tonneau *m* d'huile
olajoskanna bidon *m* (à huile)
olajosmagvak graines oléagineuses; oléagineux; émulsifs *m pl*
olajoz [~tam, ~ott, ~zon] **1.** *(gépet)* graisser, huiler; lubrifier; **2.** *(ételt)* assaisonner à l'huile
olajozókanna *(kicsi)* burette *f* à huile
olajpálma palmiste épineux
olajpogácsa tourteau *m* (de graines oléagineuses); gâteau *m* de marc d'olives

olajsajtó *(gép)* pressoir *m* à huile;
huileuse *f*; *(üzem)* huilerie *f*
olajszínű olive
olajszűrő filtre *m* à huile
olajtermelés production *f* d'huile
olajtüzelés chauffage *m* à l'huile lourde
olajütés extraction *f* de l'huile
olajütő presse *f* à huile
olajvezeték 1. conduite *v* canalisation *f* d'huile; 2. oléoduc; pipe-line *m*; 3. *aut:* alimentation *f* d'huile
olajzöld vert-olive; olive; olivacé, -e
ólálkodik [~tam, ~ott, ~jék *v* ~jon]
1. rôder *v* tourner (autour de....);
2. s'empresser (autour de...)
olasz [~ok, ~t] I. *(mn)* italien, -enne; d'Italie; ~ *nő* Italienne; II. *(fn)* Italien *m*
olcsó [~k, ~t] 1. bon marché; de bas prix; économique; *hihetetlen ~ d'un bon marché incroyable v* sans précédent; ~ *helyek (sportpályákon stb.)* populaires *f pl*; ~ *ruha* une robe de quatre sous; 2. *pej:* bon marché; vulgaire; bas, basse; ~ *hatást ér el* produire un effet bon marché
olcsóbb [~at] meilleur marché; moins cher *v* chère; plus économique
olcsóbban à moindre coût *v* prix; à meilleur compte; (à) meilleur marché; (à) moins cher; *majd adja még* ~ *is!* il en rabattra; *a leg~ él* vivre le meilleur marché; ~ *termel* produire à meilleur compte; *a leg~ számítva* calculé au plus bas
olcsóbbodás la baisse (du prix) de qc; l'avilissement *m v* la modération des prix
olcsóbbodik [~ott, ~jék *v* ~jon] baisser (en prix); devenir meilleur marché
olcsón (à) bon marché; à vil prix; à bas prix; à bon compte; *ilyen* ~ à si bon compte; *nagyon* ~ pour un très bas prix; ~ *megúszta* il en est quitté à bon marché; ~ *szabadul meg* s'en tirer à bon compte
olcsóvásár vente *f* au rabais
old [~ottam, ~ott, ~jon] 1. *(kötést)* délier; défaire; 2. *vegy:* dissoudre; 3. *(köhögést)* calmer
oldal [~ak, ~t, ~a] 1. côté; flanc *m*;

gyönge oldala son côté faible *v* nul; son faible; *a jó ~a* le bon côté; *a rossz ~a* le revers de qc; *mindennek megvan a jó és rossz ~a* chaque chose a son bon et son mauvais côté; *két ~a van* avoir deux faces; *vkinek az oldalán* aux côtés de q; *ezen az ~on* en deçà; de ce côté-ci; *mindkét ~on* des deux côtés; *az út két ~án* de part et l'autre de la chaussée; *vkinek ~ára áll* se ranger du côté de q; *az utca másik ~ára megy* passer de l'autre côté de la rue; traverser la rue; *oldalról* de côté; *minden ~ról* de tous côtés; *(átv:)* sous tous ses *v* les aspects; *erről az ~áról nem ismeri* il ne le connaît pas sous ce jour; *~ról nézve* vu(e) de profil; *apai ~ról rokonok* ils sont parents du côté paternel; *ezt a kérdést a pénzügyi ~áról közelítjük meg* nous approchons ce problème par le biais financier; *minden ~áról megvizsgál* retourner; *~ávai felfelé* de chant; de champ; 2. *(emberé, állaté)* côté; flanc *m*; *~ba lök v bök* pousser du coude pour l'avertir; *karddal ~án* l'épée au côté; *~ára fekszik* se coucher sur le flanc; *az oldalát fogja nevettében* se tenir les côtes; 3. *orv:* région lombaire *f*; *belső ~ (szervé)* face interne *f*; 4. *(hegyé)* versant; flanc *m*; côte *f*; *a domb ~ában* à flanc de coteau; *a hegy ~ában* à mi-côte de la montagne; 5. *ép:* északi, déli ~ la façade du nord, du midi; 6. *kat:* flanc; *~ba támad* attaquer de flanc; *~ról tüzel* tirer en écharpe; *fedezi ~át* couvrir ses flancs; 7. *(hajóé)* flanc; côté; bord; travers *m*; 8. *(szöveté)* sens *m*; *a jó ~án* à l'endroit; du bon sens; 9. *mat:* *(idomé)* côté *m*; *(testé)* face *f*; 10. *(falon, szekrényen)* pan *m*; 11. *(gramofonlemezen)* face *f*; 12. *geol:* lèvre *f*; 13. *(könyvben)* page *f*; *a 20. ~on* à la page 20; page 20; 14. *ját:* camp *m*
oldalág 1. branche latérale; 2. *(folyóé)* bras (latéral); 3. *átv:* ligne *v* branche collatérale

oldalági collatéral, -e; ~ *rokon* parent collatéral
oldalas [~ak, ~t] côte *f* de porc; *füstölt* ~ petit salé
oldalbiztosítás *kat*: flanc-garde *f*; ~*t ellát* flanc-garder
oldalborda 1. côte *f*; 2. *tréf*: sa chère moitié
oldalfájás points *m pl* de côté; lumbago *m*
oldalfal 1. *(edényé, kúté)* paroi *f*; 2. *(épületé)* face latérale; *(szobában)* pan *m*; 3. *műsz*: jumelles *f pl*
oldalfegyver sabre-baïonnette *m*
oldalfény éclairage oblique *m*
oldalfordulat 1. mouvement latéral; 2. *kat*: mouvement de flanc
oldalhajó *ép*: bas-côté *m*; nef latérale
oldalkocsi side-car *m*
oldallap 1. face *f*; *(kici)* facette *f*; 2. *(bútoron)* pan *m*; 3. *(különféle eszközökön, tárgyakon)* joue *f*; 4. *(hegedűé)* éclisse *f*; 5. *(ágyútalpé, fújtatóé, gépállványzaté)* flasque *m*
oldalnézet 1. vue latérale *v* de côté; profil *m*; ~ *balról* vue *f* de gauche; ~*ben* vue de profil; 2. *mat*: élévation *f*
oldalpillantás regard de côté; coup *m* d'œil furtif; *szerelmes* ~ regard *m* en coulisse
oldalszakáll favoris *m pl*; côtelette *f*
oldalszalonna quartier *m* de lard; flèche *f*
oldalt sur le côté; à côté; de profil; latéralement; *három* ~ *de* trois côtés; ~ *kisiklik a kérdés alól* s'échapper par la tangente; ~ *úszik* nager à la marinière
oldaltámadás attaque de flanc; charge *f* en flanc
oldaltarisznya besace *f*; bissac *m*; *(vadászé)* carnier *m*
oldaltűz tir *m* de flanquement; enfilade *f*; ~ *alá vesz*, ~ *alatt tart* tirer en flanquement
oldaluszony *hal*: nageoire pectorale
oldalvágás 1. coup *m* de flanc; 2. *sp*: flanconade *f*; 3. *átv*: coup détourné
oldalvonal 1. ligne latérale; 2. *futb*: ligne de touche; *tenisz*: ligne de côté

oldalzseb poche *f* de côté
oldás *vegy*: solution; dissolution; dilution *f*
oldat solution *f*; *gyógy*: soluté *m*
oldatlan non dissous *v* dissoute
oldhatóság solubilité *f*
oldó [~k, ~t] dissolvant, -e; dissolutif, -ive
oldódik [~ott, ~jék *v* ~jon] se dissoudre; être soluble; se solubiliser
oldódó [~k, ~t] soluble
oldószer 1. dissolvant; dissolutif *m*; 2. *orv*: résolutif; résolvant *m*; *(köhögés ellen)* calmant *m*
oldoz [~tam, ~ott, ~zon] défaire; délier; dénouer; délacer
oleander [~ek, ~t, ~e] *növ*: laurier-rose; nérion *m*
olein [~ek, ~t] *vegy*: oléine *f*
olimpia [-ák, -át, -ája] *sp*: les Jeux Olympiques *m*
olimpiai [~ak, ~t] ~ *bajnok* champion olympique *m*; ~ *csapat* équipe olympique *f*; ~ *játékok* jeux olympiques *m pl*
olimpikon [~ok, ~t, ~a] 1. *arch*: olympionique *m*; 2. vainqueur *v* champion(ne) olympique; 3. participant *v* représentant *m* aux Olympiades
olivaolaj huile *f* d'olive
olló [~k, ~t, ~ja] 1. ciseaux *m pl*; une paire de ciseaux; 2. *(ráké)* pinces *f pl*
ollószár branche *f* d'une paire de ciseaux
ollóz [~tam, ~ott, ~zon] *irod*: plagier; démarquer
ólmos [~ak, ~at; ~an] 1. plombé, -e; plombeux, -euse; 2. plombier, -ière; 3. ~ *eső* verglas *m*
ólmosbot casse-tête *m*; (canne) plombée *f*; assommoir *m*
ólom [ólmot, ólma] plomb *m*; *(záró)* plombs *m pl*; *forró* ~ plomb fondu
ólombélyeg plomb *m* (*pl is*)
ólombetű caractère *m* d'imprimerie
ólomecet 1. sous-acétate *m* de plomb; 2. eau blanche
ólomfakó plombé, -e; ~ *arcszín* teint plombé
ólomfehér 1. *ásv*: cérusite *f*; 2. céruse *f*; blanc *m* de plomb

ólomfesték couleur *f* de plomb
ólomkábel câble *m* sous plomb
ólomkatona soldat *m* de plomb
ólomköpeny chape *f* de plomb
ólomkristályüveg cristal *m*
ólomlábon jár avancer à pas de tortue
ólommérgezés saturnisme *m;* intoxication saturnine
ólomöntés 1. *(ipar)* plomberie *f;* **2.** *(szilveszterkor)* fonte *f* de plomb
ólomszínű blafard, -e; livide; ~ *arc* teint plombé; ~*re válik* se plomber
ólomszürke livide; blafard; plombé, -e; ~ *ég* un ciel de plomb
ólomüveg verre plombeux; flintglass *m*
ólomzár plombs *m pl;* marque *f* de plomb
olt [~ottam, ~ott, ~son] **1.** *(tüzet, meszet)* éteindre; *(meszet)* détremper; **2.** *(tejet)* cailler; **3.** *orv:* vacciner; *(fecskendezve)* pratiquer des injections *(vkibe)* inoculer à q; **4.** *kert:* greffer; enter; *(szemet)* écussonner; *a szilvát vadócra ~ják* le prunier s'ente sur sauvageon; **5.** *átv:* *(tanítva)* inculquer à q
oltalmaz [~tam, ~ott, ~zon] protéger (contre, de); préserver (contre, de)
oltalmazó [~k, ~t, ~ja] protecteur, -trice *n;* sauvegarde; égide *f*
oltalom [-lmat, -lma] sauvegarde; protection *f;* abri; asile; palladium *m; vkinek -lma alatt* sous l'égide *v* sous les auspices de q; *az éj -lma alatt* à la faveur de la nuit; *-lmába ajánl* vouer; dédier
oltár [~ok, ~t, ~ja] autel *m;* sainte table; ~ *hoz vezet* conduire à l'autel; *a haza ~án* sur l'autel de la patrie
oltáriszentség *vall:* l'Eucharistie *f;* le Saint Sacrement
oltárkép *egyh:* tableau *m* d'autel; *hármas ~ szárnyai* les vantaux d'un triptyque
oltárszekrény *egyh:* tabernacle *m*
oltárterítő *egyh:* nappe *f* d'autel; parement *m* d'autel
oltás 1. *(tüzé)* extinction *f;* **2.** *(tejé)* caillage *m;* **3.** *orv:* vaccination *f; (emberi)* vaccination humaine; **4.** *kert:* greffe *f;* greffage *m;* ente *f*

oltatlan 1. ~ *mész* chaux vive; **2.** *kert:* franc, franche; **3.** *(érzés)* inassouvi, -e
olthatatlan inextinguible; inassouvi, -e; ~ *bosszú* vengeance patiente; ~ *gyűlöletet táplál vki iránt* nourrir une haine immortelle contre q
oltó [~k, ~t] *(gyomor)* caillette *f;* abomasum *m*
oltó- *orv:* vaccinal, -e
oltóág *kert:* scion; greffon *m;* greffe; ente *f*
oltóalany *kert:* sujet *m*
oltóanyag 1. *(tűzhöz)* matière extinctrice; **2.** *orv:* vaccin; sérum *m*
oltószem *kert:* œil; écusson *m*
oltott [~ak, ~at] **1.** ~ *mész* chaux éteinte; **2.** *kert:* szilvával ~ birsalma cognassier enté sur prunier
oltóvessző *kert:* greffon; scion *m*
oltvány sujet; sauvageon; greffon; porte-greffe *m*
olvad [~t, ~jon] **I.** *(tgyl i)* **1.** se fondre; fuser; *(jég, hó)* fondre; ~*ni kezd* entrer en fusion; **2.** *(cukor vízben)* se dissoudre; se fondre; **II.** *(szmt i) (időről)* il dégèle
olvadás 1. *(fémé)* fusion *f;* **2.** *(hóé)* fonte *f; (jégé)* dégel *m; (ideje)* dégel; dégèlement *m*
olvadáspont point *m* de fusion
olvadóbetét *vill:* bouchon *m v* cartouche *f* fusible
olvas [~tam, ~ott, ~son] **1.** lire; *görög szöveget ~* lire du grec; *Liviusban ~tam* j'ai vu dans Tite-Live; ~*ni tanítja* apprendre *v* montrer *v* enseigner à lire; **2.** *(pénzt)* compter; *mintha tízig se tudna ~ni* on lui donnerait le bon dieu sans confesser
olvasás lecture *f;* ~ *közben* en lisant
olvashatatlan illisible; *(könyv így is:)* insipide; *(írás)* indéchiffrable
olvasható 1. lisible; *(írás igy is:)* déchiffrable; **2.** *melyen az ~ sur lequel on lit v sur lequel figure l'inscription suivante*
olvasmány lecture *f;* morceau *m*
olvasó [~k, ~t] **1.** lecteur, -trice *n; az ~hoz!* avis *v* avertissement *m* au lecteur; **2.** *vall:* chapelet; rosaire *m*

olvasójel 1. *(szalag formájú)* signet *m;* 2. *(papírvágó)* liseuse *f*
olvasókör cercle-bibliothéque *m*
olvasólámpa lampe *f* de chevet
olvasótábor audience *f*
olvasottság fonds *m* de lecture; lecture *f; nagy ~a van* avoir un bagage considérable
olvaszt [~ottam, ~ott, -asszon] 1. (faire) fondre; liquéfier; 2. *(havat)* faire fondre; *(jeget)* dégeler; 3. *(kátrányt)* couler; 4. *magába ~* s'associer *v* s'incorporer qc
olvasztár [~ok, ~t, ~ja] fondeur; boqueur *m*
olvasztás fonte; fusion; liquéfaction *f*
olvasztókemence four *m* de fusion *v* à cure; *(kicsi)* fourneau *m* de fonderie
olvasztóműhely fonderie *m*
olvasztótégely creuset *m;* coupelle *f;* pot *m* à fondre
olyan [~ok, ~t] I. *(mn)* 1. tel, telle; tel(le) que; (un) pareil, (une) pareille; *van ~, aki azt mondja* tel dit que; il y en a qui; *biz: ~ nincs!* pas de ca, Lisette! *~ módon, hogy* de manière que; 2. *~ mint* ... il est comme ...; il est pareil à ...; *~, mint egy angyal* on dirait *v* on croirait un ange; *~ mint egy szent* on dirait d'un saint; *~, mint* tel *v* telle que; *egyik ~, mint a másik* l'un vaut l'autre; *az ~(féle) emberek, mint ő* les gens de son espèce; 3. *ez ~, mintha* ça me fait l'effet de *(inf); ~ mintha papír volna* on dirait du papier; 4. *olyan, amilyen* tel qu'il est; *~ vagyok, amilyen vagyok* je suis comme je suis; *~nak látom, amilyen* je le vois tel qu'il est; II. *(hat)* 1. si; tellement; aussi; *~ nagy, mint én* il est grand comme moi; *nem ~ pas si* ...; pas tellement ...; moins ...; *~ nagyon* tant (et tant); *(összegről) ~ nagy, hogy* si grand(e) que; tant que; *~ sokáig, hogy* tant que; 2. *~ nagy!* il est si grand! *~ boldog vagyok* je suis tellement *v* si content!
lyanféle; olyasféle pareil, -eille; semblable; *~ mint te* de ta sorte; *valami ~ quelque chose de ce genre; -ét hallottam, hogy* il me revient que
olyat pareil, pareille; semblable; *~ csinál, ami* il fait quelque chose qui; *~ mondott, hogy* il a dit quelque chose qui
olykor(-olykor) quelquefois; parfois; de temps à autre
ómama grand-maman
ómen [~ek, ~t, ~e] *rossz ~* mauvais présage
omladék [~ok, ~ot, ~a] éboulis *m;* débri *m ,pl*
omladékos [~ak, ~at] ébouleux, -euse; *(talaj, part)* affouillable
omladozik [~ott, ~zék *v* ~zon] crouler; se détruire; menacer ruine
omlett [~ek, ~et, ~je] omelette *f; gombás ~* omelette aux champignons
omlik [~ottam, ~ott, omoljék *v* omoljon] 1. s'ébouler; s'écrouler; 2. *vállára ~ a haja* ses cheveux lui tombent sur les épaules; 3. *elébe ~* se jeter aux pieds de q; *egymás karjába -anak* ils tombent dans les bras l'un de l'autre
omnibusz [~ok, ~t, ~a] voiture publique; omnibus *m*
ón [~ok, ~t, ~ja] étain *m; ón tartalmú* stanneux, -euse
ondó [~t, ~ja] sperme *m;* semence *f*
ondolálás ondulation; mise *f* en pli; *tartós ~* ondulation permanente; indéfrisable *f*
ondósejt sperme *m;* spermatocyte *f*
ondószál spermatozoïde; spermatule *m*
ónix [~ok, ~ot, ~a] onyx *m*
onnan; onnét 1. de là; de ce côté-là; 2. *(ige előtt)* en; *~ jön* il en vient
ónos [~ak, ~t; ~an] 1. stannique; stannifère; 2. *~ eső* verglas *m*
óntöde atelier *m* de potier d'étain
ont [~ottam, ~ott, ~son] 1. verser à flots; déverser; faire refluer vers ...; déverser un flot de ...; *könnyeket ~* verser des larmes; *igazságos ügyért ~ja vérét* répandre son sang pour une cause juste; *~ja a világosságot* verser la lumière; 2. *(terméket, ország)* fournir en abondance; 3. *csakúgy ~ja* il ne tarit pas

46 Magyar–Francia kézi

opál [~ok, ~t, ~ja] opale *f*
opálfényű [~ek, ~t; ~en] opalin; opalescent; opalisé, -e
opálszínű opale; opalin, -e
opció [~k, ~t, ~ja] droit *m* de préemption; option *f*
opera [-ák, -át, -ája] 1. *(műfaj)* opéra; l'art lyrique *m;* 2. *(hely)* Opéra *m;* scène lyrique *f*
operabalett opéra ballet *m*
operáció [~k, ~t, ~ja] opération *f*
operaénekes chanteur dramatique *v* d'opéra; artiste lyrique *m*
operaénekesnő cantatrice; chanteuse d'opéra; artiste lyrique *f*
operál [~tam, ~t, ~jon] 1. *orv:* opérer; faire une opération; 2. *átt:* manœuvrer
operaszöveg paroles *f pl v* livret *m* d'un opéra; libretto *m*
operaszövegkönyv livret *m* d'opéra
operett [~ek, ~et, ~je] opérette *f*
operettszínház théâtre lyrique; vaudeville *m*
ópium [~ok, ~ot, ~a] opium *m;* ~ *tartalmú* opiacé, -e; thébaïque
ópiumbarlang fumerie *f* d'opium
oposszum [~ok, ~ot, ~ja] *áll:* opossum *m*
opponens [~ek, ~et] opposant; argumentant *m*
opportunista [-ák, -át] opportuniste; conformiste *(n);* ni chair ni poisson
optál [~tam, ~t, ~jon] opter (pour ...)
optika optique *f*
optikai d'optique; ~ *cikk* article *m* de lunetterie; ~ *csalódás* illusion *f* d'optique; ~ *tünemémy* phénomène *m* d'optique
optikus [~ak, ~t] opticien; *(*marchand) lunetier *m*
optimista [-ák, -át; -án] optimiste *(n); (igével)* voir tout en bleu *v* en rose
óra [-ák, -át, -ája] 1. *(zseb~)* montre *f;* chronomètre *m; (utcai)* horloge *f; (inga~)* pendule *f; az ~ tizet ütött* dix heures viennent de sonner; *az én órám jól jár* ma montre va bien; *az órám nem jár pontosan* ma montre n'est pas à l'heure; *egy órát felhúz* remonter une montre *stb.; megnézi az óráját* consulter sa montre; 2. *(gáz~, villany~)* compteur *m;* 3. *(idő)* heure *f; egy ~* un tour d'horloge; *hány ~?* quelle heure est-il? *hány ~ van (a maga óráján)?* quelle heure avez-vous? *két ~ felé járt* il était environ deux heures; *egy ~ alatt* en une heure; *7 és 8 ~ között* entre 7 h et 8 h; *ütött az utolsó ~* l'heure dernière *v* fatale *v* suprême est arrivée; *ütött az órája* son heure est venue; *az esti órákban* aux heures du soir; *jó órában legyen mondva* touchons du bois; *szabad óráiban* dans ses loisirs; *ugyanebben az órában* à la même heure; *(más napon)* à pareille heure; *óráikig* pendant des heures entières; *hány órakor?* à quelle heure? *egy órán belül* dans *v* en moins d'une heure; *órára* à l'heure; *óráról órára* d'heure en heure; 4. *(tanulási)* classe; leçon *f; (egyetemi)* cours *m; az ~ alatt* pendant la classe; *hetenként 4 órában* à la cadence de 4 heures par semaine; *órát ad* faire *v* donner des leçons (de)
óraadás enseignement privé; répétition *f*
óraadó chargé *m* d'enseignement *v* de cours; ~ *tanár* (professeur suppléant) chargé *m* de cours; *(egyetemen)* maître *m* de conférence
órabér salaire *v* paiement à l'heure *v* horaire *m;* ~*ben dolgozik* travailler à l'heure
órabéres I. *(mn)* travaillant à l'heure; II. *(fn)* ouvrier payé à l'heure
óradíj cachet *m*
óragyár horlogerie; fabrique *f* de montres
órai [~ak, ~t] 1. *a tíz ~ vonat* le train de dix heures; 2. *nyolc ~ munka* la journée de huit heures
óraipar industrie horlogère
óralap cadran *m*
óramutató aiguille d'horloge *v* de montre *v* de pendule; aiguille *f* des heures; ~ *járásával egyező (ellentétes) irányú* dans le sens (inverse) des aiguilles d'une montre
óramű (mécanisme *m* d')horloger*ie f*
orangután [~ok, ~t, ~ja] *áll:* orang-outan(g) *m*

óránként 1. à l'heure; 2. de l'heure; par heure; ~ fizetik être payé(e) à l'heure
óránkénti [~ek, ~t] à l'heure; horaire
órarend emploi m de v du temps
órás horloger; rhabilleur m de montres
órásipar horlogerie; industrie horlogère
órásmester horloger m
óraszám(ra) 1. ~ fizet payer à l'heure; 2. des heures durant
óraszerkezet mouvement v mécanisme m d'horlogerie; horlogerie f
óraszíj bracelet m
óratok caisse f d'horlogerie; (zsebóráé, kisebb óráé) boîtier m; boîte f de montre; (kisebb óráé) cage f
óraüveg verre m de montre
órazseb poche f tickets
orbánc [~ok, ~ot, ~a] érysipèle; érésipèle m
orchidea [-ák, -át, -ája] növ: orchidée f
ordas [~ok, ~t, ~a] I. (mn) rayé (de brun); II. (fn) loup m
ordít [~ottam, ~ott, ~son] hurler; vociférer; s'égosiller; (szamár) braire; (elefánt, orrszarvú) barrir; (oroszlán, tigris) rugir; (tigris) rauquer; ~ a fájdalomtól hurler de douleur; ~ mint egy sakál crier comme un sourd
ordítás cri déchirant v perçant; hurlement m; (szamáré) braiment m; (oroszláné, tigrisé) rugissement m; (tigrisé) rauquement m; (elefánté) barrissement m
orfeum [~ok, ~ot, ~a] spectacle-concert; music-hall; café chantant; pej: beuglant m
orfeumcsillag étoile f de music-hall
Orfeusz [~t] Orphée m; ~ az alvilágban Orphée aux enfers
orfeuszi [~ak, ~t] orphique
organikus organique; ~ vegyület composé organique m
organizáció [~k, ~t, ~ja] organisation f
organizmus organisme m
organtin [~ok, ~t, ~ja] organdi m; mousseline f à patron
orgánum [~ok, ~ot, ~a] 1. zen: (énekesé) organe; compositum m; 2. (szónoké) voix f
orgazda receleur; recéleur, -euse n

orgia [-ák, -át, -ája] orgie; débauche orgiaque f
I. orgona [-ák, -át, -ája] növ: lilas m
II. orgona zen: orgue m (tb: f); az ~ zugása, búgása le ronflement de l'orgue
orgonabokor lilas (poussé en arbuste)
orgonaillat parfum m de lilas
orgonál [~tam, ~t, ~jon] jouer v toucher de l'orgue
orgonasíp tuyau d'orgue; tube sonore m; (csoportban együtt) jeux m pl d'orgue
organszó voix f des grandes orgues
orgonavirág fleur f de lilas
orgyilkos assassin; coupe-jarret m; (felbérelt) sicaire; bravo; nervi m
óriás I. (mn) géant, -e; II. (fn) géant; colosse m
óriási I. (mn) 1. gigantesque; géant; colossal, -e; monstre; ~ arányú de proportion gigantesque; ~ léptekkel à pas de géant; ~ léptekkel halad marcher à pas de géant; ~ tüntetés manifestation monstre f; ~ vagyon fortune monstrueuse; 2. biz: énorme; pyramidal, -e; bœuf; ~ butaság bêtise monumentale; ~ hatást kell produire un effet monstre; ~ siker un succès bœuf v colossal; ~ szótöbbséggel à une majorité écrasante; II. (hat) ~ nagy énorme; colossal, -e; monstre
óriáskígyó 1. (serpent) devin; boa constrictor; 2. python m
óriáslajhár all: mylodonte m
óriásnő géante; femme géante v colosse
orientáció [~k, ~t, ~ja] orientation f; a nyugati ~ politique sympathisant avec l'ouest
orja [-ák, -át] échine f de porc
orkán [~ok, ~t, ~ja] tornade f; ouragan; cyclone m
orkesztika orchestique f.
orleáni [~ak, ~t] az ~ Szűz la Pucelle d'Orléans; la Pucelle; Jeanne d'Arc
ormány trompe; proboscide f
ormányosbogár charançon m
ormótlan difforme; énorme
ornitológia [-át] ornithologie f

orom [ormok, ormot, orma] 1. *(hegyé)* faîte; sommet *m;* 2. *(házé)* faîte; *(falaké)* sommet *m;* 3. *mez:* endos *m*
oromfal 1. mur frontal; *(hegyes)* mur (de) pignon; 2. *ép:* cloison *f* pare-feu
orompárkány corniche *f*
oromszarufa faîtage *m*
orosz [~ok, ~t] I. *(mn)* russe; de Russie; *az* ~ *nép* le peuple russe; ~ *nő* Russe *f;* II. *(fn)* Russe *m*
oroszhal filets *m* de hareng marinés
oroszlán [~ok, ~t, ~ja] lion *m; nőstény* ~ lionne *f*
oroszlánbarlang l'antre *m v* le repaire du lion
oroszlánkölyök lionceau *m*
oroszlánköröm griffe *f* du lion
oroszlánszáj *növ:* muflier; mufleau *m*
oroz [~tam, ~ott, ~zon] 1. dérober; voler; 2. braconner; 3. *átv:* ~*va* lâchement; traîtreusement
orr [~ok, ~ot, ~a] 1. nez *m; nagy* ~ pif *m biz; (szaglás)* flair *m;* csöpög *az* ~*a* avoir la goutte au nez;' *az* ~*a alá dörgöl* jeter au nez; *vkinek az* ~*a elől elvesz* enlever à la barbe de q; *ott van az* ~*a előtt* vous avez le nez dessus; *az* ~*a előtt becsapja az ajtót* fermer la porte au nez; *menj az* ~*od után* va tout droit; *hosszú lett az* ~*a* son nez s'est allongée; *jó* ~*a van* il a du flair; *jó* ~*om volt* on a eu du nez! *nem lát tovább az* ~*a hegyénél* il ne voit pas plus loin que le bout de son nez; *vérzik az* ~*a* saigner du nez; ~*án át beszél* parler du nez; nasiller; ~*on üt v vág* porter un coup au nez; *orránál fogva vezet* mener par le nez; mener en laisse; *nem lát messzebb az* ~*ánál* ne voir pas plus clair qu'une taupe; *nem kötöm senki* ~*ára* c'est mon secret; ~*ára koppint vkinek* donner sur le nez à q; *beledugja az* ~*át vmibe* mettre *v* fourrer son nez dans qc; *betöri az orrát* se casser le nez; *felhúzza az* ~*át* faire le nez; prendre la mouche; ~*át fintorgatja* faire le nez *v* la grimace; *fújja az* ~*át* se moucher; moucher son nez; ~*ot kap* recevoir une nasarde; *hosszú* ~*ot mutat vkinek* faire le pied de nez à q; 2. *(állaté)* nez; mufle; museau *m; (disznóé)* groin *m; (vaddisznóé)* boutoir *m; (madáré)* bec *m;* 3. *(edényé, készüléké)* bec; 4. *(hajóé)* proue *f;* 5. *(hidropláné)* étrave *f;* 6. *(cipőé)* bout rapporté
orrfacsaró *bűz* odeur pénétrante *v* piquante; puanteur fétide *f*
orr-fül-gégész oto-rhino-laryngologiste *n*
orrhang 1. voix nasillarde; 2. *nyelv:* nasale *f*
orrhossz nez *m; sp: egy* ~*al lemarad a második helyről* manquer d'un nez la place de second
orrhurut *orv:* rhinite *f*
orrlyuk narine *f; (marháé, lóé)* museau *n*
orrnyereg dos *m* du nez
orrocska petit nez; *(néha:)* museau *m biz*
orrol [~tam, ~t, ~jon] faire la tête; ~ *vmiért* garder rancune de qc
orrplasztika *orv:* rhinoplastie *f*
orrpolip *orv:* polype nasal
orrsövény cloison *f* (du nez *v* des fosses nasales)
orrsövényferdülés déviation *f* de la cloison
orrszarvú *áll:* rhinocéros *m*
orrtő racine *v* attache *f* du nez; *(csont)* ethmoïde *m*
orrüreg fosses nasales; narine *f*
orrvérzés saignement *m* de nez; hémorragie nasale
orsó [~k, ~t, ~ja] 1. fuseau *m; (gyári)* broche *f; (spulni)* bobine *f;* 2. *egy* ~ *cérna* une bobine de fil; *(varrógépben)* canette *f;* 3. *műsz* broche
ország [~ok, ~ot, ~a] 1. pays; royaume *m; dipl:* puissance *f;* 2. *(vmié)* état; règne *m*
országcímer armoiries nationales; armes *f pl* du pays
országgyűlés parlement *m;* assemblée législative; les Chambres *f pl*
országgyűlési parlementaire; ~ *képviselő* député (à la Chambre); parlementaire; représentant *m* (du peuple)
országhatár frontière *f* (du pays)
országos [~ak, ~at] national, -e; du pays; de l'État; ~ *átlag* moyenne

országrész 725 **ostobaság**

générale; ~ *érdek, hogy* il est dans l'intérêt de la nation que; ~ *eső pluie* générale; ~ *gyász* deuil national; ~ *hírű* jouissant d'une grande renommée dans le pays entier; *Országos Levéltár* Archives Nationales; *Országos Tervhivatal* Office national de planification; ~ *verseny* course nationale; ~ *viszonylatban* à l'échelle nationale
országrész région; province *f*
országszerte dans le pays entier; aux quatre coins de l'univers
országút (route) nationale *f;* chemin *m* de grande communication; *átv: öreg, mint az* ~ vieux comme le Pont-Neuf
ország-világ tout le monde; le monde entier
ortodox [~ok, ~ot] orthodoxe
ortológus grammairien puriste
ortopéd [~ek, ~et] orthopédique; ~ *cipész* cordonnier orthopédiste *m*
orvhalászat braconnage *m*
orvlövész franc-tireur
orvos [~ok, ~t, ~a] médecin; docteur; praticien; homme *m* de l'art; *legjobb ~ az idő* le temps est un grand maître *v* guérisseur; ~*ért küld* faire venir le docteur; ~*ért megy* (aller) chercher le médecin; ~*hoz fordul* voir *v* consulter un médecin; ~*t hivat* appeler *v* faire mander un médecin
orvosi [~ak, ~t] 1. médical; ~ *ápolás* soins médicaux; ~ *bizonyítvány* certificat médical; ~ *ellenőrzés alatt áll* être en observation; ~ *előírás* prescription médicale; ordonnance *f;* ~ *etika* morale médicale; ~ *felszerelés (táskában)* trousse *f;* ~ *felülvizsgálat* contre-visite médicale; ~ *gyakorlatot folytat* exercer (la médecine); ~ *jelentés* bulletin médical *v* de santé; ~ *kar (egyetemen)* faculté *f* de médecine; *(az orvosok együtt)* le corps médical; la Faculté; ~ *költség* frais médicaux; ~ *látogatás* visite *f;* ~ *recept* formule magistrale; ~ *rendelés* consultation (médicale); *(amit előír)* ordonnance; prescription *f* du médecin; ~ *rendelésre* sur indication du médecin; *csak ~ rendeletre (adható ki)* (n'est délivré que) sur prescription médicale; ~ *rendelő* cabinet *m* (de docteur); ~ *titoktartás* secret professionnel; ~ *vény* recette; formule magistrale; 2. *növ:* officinal; médicinal, -e
orvoskar faculté *f* de médecine
orvoslás 1. *(betegségé)* médication *f;* traitement *m;* 2. *(bajoké)* remède *m* à qc
orvosnövendék étudiant(e) en médecine
orvosol [~tam, ~t, ~jon] *átv:* ~ *vmit* remédier à qc; porter du remède à qc; ~*ja a panaszokat* redresser les griefs
orvosság 1. remède; médicament *m;* ~ *szaga van* cela sent la médecine; ~*ot bead* administrer un remède; ~*ot vesz be* prendre une médecine; 2. *átv: mindenre van ~* il y a un remède à tout
orvosságosüveg fiole *f;* flacon pharmaceutique
orvosszakértő expert *m* en médecine
orvostan médecine *f*
orvostudomány médecine *f;* science médicale; l'Art *m*
orvtámadás 1. agression lâche *f;* 2. *átv:* coup de poignard dans le dos; coup *m* de Jarnac
orvvadász braconnier *m*
ósdi [~ak, ~t; ~an] vieux, vieil, vieille; antique; suranné, -e; vétuste; *(ízlésben stb.)* rococo; vieux jeu; baroque; ~ *divat* mode fossile *f;* ~ *ember* fossile *m*
ostoba [-ák, -át] I. *(mn)* sot, sotte; stupide; bête; inepte; balourd, -e; nigaud, -e; imbécile; *ne légy oly* ~! n'allez pas faire la bête! ~ *alak* sot personnage; ~ *beszéd* v *dolog* stupidité *f;* ~ *felelet* réponse inepte *f;* ~ *képet vág* avoir l'air d'une tomate *nép;* ~ *liba* dinde; une belle sotte; bécasse *f;* II. *(fn)* 1. sot; nigaud; imbécile; jobard; butor *m;* 2. -*ákat beszél* dire des inepties *v* des sottises
ostobaság 1. sottise; bêtise; niaiserie; stupidité; balourdise *f;* 2. *(beszéd-*

ről) ineptie; fadaise; insanité; sottise *f;* 3. *(dologról)* sornette(s) *f pl;* billevesée; baliverne *f;* nagy ~ franche sottise; *elköveti azt az* ~*ot, hogy faire la bêtise de (inf);* ~*okat fecseg össze* conter des lanternes
ostor [~ok, ~t, ~a] fouet *m; (lovagló)* cravache *f; Isten* ~*a* le fléau de Dieu
ostorcsapás coup de fouet; cinglon *m*
ostorhegyes cheval *m* de volée
ostornyél manche *m v* verge *f* de fouet
ostoroz [~tam, ~ott, ~zon] 1. donner du fouet à q; fouetter; 2. *átv:* flétrir; cingler; fouailler
ostrom [~ok, ~ot, ~a] siège; assaut *m; abbahagyja az* ~*ot* lever le siège; *megkezdi vminek az* ~*át* mettre le siège devant qc
ostromállapot état *m* de siège; ~*ba helyez* mettre en état de défense; *az* ~*ot kihirdeti* proclamer *v* promulguer la loi martiale *v* l'état de siège
ostromol [~tam, ~t, ~jon] 1. assiéger (de qc); mettre le siège devant qc; faire le siège de qc; 2. *átv:* ~ *vmivel* assiéger *v* obséder *v* importuner *v* harceler de qc; ~ *kérdésekkel* presser *v* bombarder *v* assaillir de questions; 3. *(nőt)* faire le siège *v* un siège réglé de q; *(hevesen)* serrer de près; 4. *(előjogot stb.)* battre en brèche
ostromzár investissement; blocus *m;* ~ *alá vesz* investir; bloquer
ostya [-ák, -át, -ája] 1. *orv:* cachet *m;* -*ában veszi be* prendre en cachet; 2. *(levélragasztó)* pain *m* à cacheter; 3. *vall:* hostie *f;* pain à chanter; 4. *konyh:* gaufre *f;* 5. *(tölcsér alakú)* oublie *f; (göngyölt)* plaisir *m*
ostyasütő marchand *m* d'oublies *v* de plaisirs
oszcillátor oscillateur, générateur *m* d'oscillations
ószeres [~ek, ~t, ~e] 1. *(ruhás)* fripier; marchand *m* d'habits; 2. *(más)* marchand de bric-à-brac; brocanteur *m*
oszlás 1. *(részekre)* division; décomposition *f;* 2. *(testé)* décomposition; ~*ban levő* en état de décomposition; ~*nak indult* putrescent, -e; 3. *él:*

~ *útján történő (sejt)szaporodás* prolifération; multiplication *f* par division; 4. *(tömegé)* dispersion *f*
oszlik [~ott, oszoljek *v* oszoljon] 1. *(részekre)* se désagréger; se décomposer; *(egység)* se disloquer; 2. *(homály, köd)* se dissiper; 3. *(tömeg)* se disperser; *kat: oszolj!* rompez (les rangs)! *(dobszó, mely ezt jelzi)* battre la breloque; *(rendőr, tömegnek)* circulez! 4. *átv: (vmire)* se repartir *v* se partager *v* se diviser en . . .
oszlop [~ok, ~ot, ~a] 1. *ép:* colonne *f;* fût de colonne; pilier *m;* 2. *műv:* ordre *m; dór* ~ ordre dorique *m;* 3. poteau; pilier *m; (vasszerkezetű)* pylône *m;* 4. *ált:* pile *f;* 5. *átv: (vminek* ~*a)* pilier *m;* 6. *kat:* colonne *f; (hajók, járművek)* convoi *m;* 7. *ásv:* prisme *m*
oszlopcsarnok portique *m;* arcades *f pl*
oszlopfő chapiteau; dé *m* de colonne
oszloppárkány corniche *f*
oszlopsor colonnade; rangée *f* de colonnes; péristyle *m; (körülfutó)* péridrome *m*
oszlopszent stylite *m*
oszloptalp socle *m;* plinthe; base *f* de colonne
oszloptő base *f* de colonne
oszloptörzs fût de colonne; le tronc d'une colonne
oszmán-török osmanli, -e
ószövetség l'ancienne alliance; l'Ancien Testament
oszt [~ottam, ~ott, osszon] I. *(tgy i)* 1. *(széjjel)* distribuer; dispenser; partager; *(töredékekre)* diviser; fragmenter; *pénzt* ~ distribuer de l'argent; *négyfelé* ~ partager en quatre parts; 2. *parancsokat* ~ donner ses ordres; 3. *vkinek a nézetét* ~*ja* partager l'opinion *v* l'avis de q; abonder dans le sens de q; 4. *mat:* diviser; 5. *kárty:* servir; distribuer; II. *(tgyl i) kárty:* donner; *ki* ~? à qui la donne? *rosszul* ~ faire fausse donne
osztag [~ok, ~ot, ~a] détachement; piquet *m*

osztalék — 727 — osztószám

osztalék [~ok, ~ot, ~a] dividende *m;* part *f* de bénéfice; *nagy* ~ gros dividende
osztály [~ok, ~t, ~a] 1. classe; section; catégorie; division; rubrique *f;* ~*ba sorol* classer; 2. *(hivatali)* service *m* pl; section *f;* *(akadémiai)* section; 3. *(múzeumi, könyvtári)* département *m;* 4. *(áruházi)* rayon; comptoir *m;* 5. *(kórházi)* service *m;* 6. *(sorsjátékban)* tranche *f;* 7. *bány:* compartiment *m;* 8. *sp:* *(első* ~) (première) division; 9. *(társadalmi)* classe (sociale); ~ *nélküli társadalom* société *f* sans classes; *uralkodó* ~ classe dirigeante; ~*ából kiszakít* déclasser; ~*hoz tartozás* appartenance *f* de classe; 10. *(iskolai)* classe; 11. *(osztozkodás)* partage *m;* *(örökösödési)* ~*ra bocsátás* rapport *m* à la masse
osztályalap base *f* de classe
osztályáruló traître *m* à sa classe
osztályellenség ennemi *v* adversaire *m* de classe
osztályelső permier (-ère) en classe *v* de la classe; *gúny:* fort-en-thème *m*
osztályértekezlet conférence *f* de la section
osztályfőnök 1. chef *m* de division; 2. *isk. kb:* professeur principal
osztálygyűlölet la haine de(s) classe(s)
osztályharc lutte *f* de *v* des classes; *az* ~ *kiélesedése* l'aggravation *f* de la lutte des classes
osztályhelyzet; osztályhoztartozás appartenance *f* de classe
osztályhű fidèle à sa classe
osztályidegen hors-classe *n;* ~ *elemek* éléments socialement étrangers
osztályjelleg caractère *m* de classe; *felderíti vkinek társadalmi* ~*ét* élucider la physionomie de classe sociale de q
osztálykönyv *kb:* carnet *m* de notes des professeurs *v* de la classe
osztálykülönbség distinction *v* différence *f* de classe; ~ *nélkül* sans distinction de classe
osztályoz [~tam, ~ott, ~zon] 1. classer; classifier; ranger; nomenclaturer; 2. *műsz:* calibrer; 3. *bány:* cribler; passer au crible; 4. *(minőség szerint)* trier; 5. *isk:* noter
osztály(ön)tudat conscience *f* de classe
osztályper action *f* en partage
osztályrész 1. part *f* (de succession); lot *m;* quote-part *f;* 2. *átv:* apanage *m;* ~*ül ad* donner en apanage; ~*ül jut vkinek* échoir en partage *v* en lot
osztályrétegeződés stratification sociale
osztálysorsjáték loterie nationale
osztálysorsjegy billet *m* de loterie nationale
osztályszellem esprit *m* de classe *v* de caste
osztálytagozódás structure *v* stratification *f* de la classe
osztálytárs *isk:* camarade *v* compagnon *m* de classe
osztálytársadalom société *f* de classes
osztálytartalom essence *f v* contenu *m* de classe
osztályterem salle *f* de classe
osztályvezető chef *m* de service
osztályviszonyok conditions *f* pl des classes
osztályzat note *f;* point *m;* *(vizsgán)* mention *f*
osztandó [~k, ~t] *(fn)* dividende *m*
osztás 1. division *f;* partage *m;* distribution *f;* *töredékekre* ~ fragmentation *f;* *két részre* ~ division en deux parts; 2. *mat:* division; 3. *kárty:* donne; taille *f*
osztási *jel* signe de division; signe divisé par
osztatlan 1. indivisé, -e; *(jog:)* indivis, -e; ~ *birtoklás* indivision *f;* 2. *átv:* général; incontesté, -e; unanime; ~ *örömet kelt* causer une joie unanime
oszthatatlan indivisible; impartageable
osztó [~k, ~t] *mat:* diviseur; sous-multiple *m;* *a legnagyobb közös* ~ le plus grand commun diviseur
osztódás 1. *(sejté)* division *f;* 2. *(véglénye)* scissiparité; fissiparité *f;* ~*sal való szaporodás* reproduction *f* par division
osztogat distribuer
osztószám nombre diviseur

osztozik [~tam, ~ott, ~zék v ~zon]
1. faire un v le partage; procéder au partage; **2.** *vmiben vkivel* ~ partager qc avec q; ~ *vkivel bánatában* entrer dans les peines de q; *osztozom örömében* je participe à votre joie
osztrák [~ok, ~ot] autrichien, -enne; ~—*magyar* austro-hongrois, -e
osztriga [-ák, -át. -ája] huitre (comestible) *f*
osztrigahéj coquille *f* d'huître
osztrigatelep parc *m* à huîtres; clayère *f*
osztrigatenyésztés; osztrigatermelés ostréiculture *f; (medencében)* parcage *m*
óta depuis; à partir de; dès; voici; il y a
otromba [-ák, -át] **1.** *(tárgy)* difforme; affreux, -euse; **2.** *átv:* déplorable; stupide; grossier, -ière; ~ *tréfa* farce v plaisanterie stupide *f*
ott 1. là; là-bas; **2.** *(ige előtt)* y; *ott benn* là-dedans; *ott kinn* là-dehors; *ott fönn* là-haut; *ott lenn* là-bas; *ott jön* le voilà qui vient; *ott levő* qui y était; présent, -e; *ismét ott van* le revoilà; *ott voltam a balesetnél* j'ai assisté à l'accident; *ott, ahol* là où
ottfelejt oublier; laisser
otthagy 1. *(szándékosan)* laisser là; planter là; fausser compagnie à q; *(útközben)* laisser q en route; *(megrendelt munkát, árut)* laisser pour compte; ~*ja az egészet* quitter la partie; ~*ja még a bőrét is* y laisser ses plumes; ~*ja a fogát* y laisser sa peau v ses os; rester sur le carreau; ~*ja a színpadot* quitter le théâtre; *szó nélkül* ~*ja* brûler la politesse à q; **2.** *(felejtve)* laisser; oublier
otthon [~ok, ~t, ~a] I. *(hat)* **1.** chez soi; en famille; dans sa famille; à la maison; *jobb* ~ il fait meilleur chez nous; ~ *dolgozik* travailler à domicile; ~ *dolgozó nő (házi munkát) femme f* de foyer; *minden jót az* ~ *levőknek* bien des choses chez vous v à toute la famille v maison; ~ *marad (betegség miatt)* tenir la chambre; *szeret* ~ *ülni* avoir les habitudes casanières; ~ *van* il est à la maison; *min-*
denütt ~ *van* il est partout à son aise; *nincs* ~ il est sorti; **2.** *ő* ~ *van ebben* il parle en connaissance de cause; **II.** *(fn)* **1.** foyer; intérieur; le chez soi; home *m;* bevezeti ~*ába* admettre dans son intérieur; *visszatér* ~*ába* retourner à son foyer; ~*ában* dans son domestique; ~*t nyújt vkinek* abriter q; offrir un asile à q; **2.** *(idegeneknek)* home; foyer; centre *m* d'accueil; *(menedékház)* asile *m;* **3.** ~*ról hoz vmit magával* trouver qc au berceau
otthoni [~ak, ~t] I. *(mn)* **1.** natal, -e; de son pays; **2.** de ménage; d'intérieur; familial, -e; ~ *kényelem* confort familial; ~ *ruha* vêtement *m* d'intérieur; **3.** ~ *kezelés* traitement médical à domicile; **4.** ~ *munka (ipar)* industrie *f* dans la famille; **II.** *(fn) az* ~*ak* ceux de chez moi
otthonos [~ak, ~at] **1.** *(növény, állat)* indigène; autochtone; endémique; **2.** *(vmiben)* familiarisé(e) avec qc; versé(e) dans qc; **3.** familier, -ière
otthonülő casanier, -ière; sédentaire
ottlét présence; résidence *f;* séjour *m*
ottmarad rester là; *jó sokáig* ~ *(vendég)* s'éterniser
ottreked rester bloqué(e)
ótvar [~ok, ~t, ~a] **1.** teigne (tondante v tonsurante); croûtes *f pl* de lait; impétigo *m;* **2.** *(fakérgen)* teigne
óv [óvtam, óvott, óvjon, óvjad, óvd] **1.** préserver de qc; protéger contre qc; *széltől is óv* élever dans du coton; *az ég óvjon attól!* m'en préserve le ciel; **2.** *óva int vmitől* mettre en garde contre qc
óvadék [~ok, ~ot, ~a] cautionnement *m;* caution *f;* ~*ot ad* fournir un cautionnement
óvadékcsaló escroc *m* au cautionnement
óvakodik [~tam, ~ott, ~jék v ~jon] **1.** être sur ses gardes; être v se tenir sur le qui-vive; **2.** ~ *vmitől* se défier v se méfier de qc; **3.** ~ *vkitől* se méfier v se défier de q; ~*junk a tolvajoktól!* gare aux voleurs! ~*junk az utánzatoktól* se méfier des contrefaçons
ovális [~ak, ~at; ~an] ovale; ovalaire

óvás 1. protestation; réclamation *f;* ~*t emel vmi ellen* former opposition contre *v* à qc; **2.** *sp:* réclamation *f;* ~*t emel* déposer une réclamation; **3.** *(váltójog)* protêt *m*
óvatos [~ak, ~at] prudent, -e; précautionneux, -euse; réservé; vigilant; circonspect; averti, -e; ~ *beszéd* langage réservé; ~ *válasz* réponse prudente; *legyünk* ~*ak* redoublons de prudence
óvatosság prudence; précaution; réserve; vigilance; sagesse *f; a legnagyobb* ~ *ajánlatos* la plus grande réserve s'impose
overall [~ok, ~t, ~ja] **1.** *sp:* survêtement *m;* **2.** *(szerelőé)* bleu *m* (de travail)
Ovidius [~t] Ovide *m*
óvintézkedés précautions *f pl;* mesure préventive *v* de précaution; *(járvány ellen)* mesure prophylactique *f; megteszi a kellő* ~*eket* prendre ses précautions
óvoda [-ák, -át, -ája] école maternelle *v* enfantine
óvóhely abri; bunker *m*
óvónő maîtresse (d'école) enfantine; institutrice *f* d'école maternelle
óvszer 1. préservatif; moyen préservateur; **2.** *(nemi érintkezésnél)* préservatif; condom *m*
oxálsav acide oxalique *m*
oxid [~ok, ~ot, ~ja] oxyde *m*
oxidáció [~k, ~t, ~ja] oxydation *f*
oxigén [~ek, ~t, ~je] oxygène *m*
oxigénpalack ballon *m v* bonbonne *f* d'oxygène
ozmium [~ok, ~ot] osmium *m*
ozmózis [~ok, ~t] osmose *f*
ózon [~t] ozone *m*

# Ö, Ő

ő [ők, őt, őket] I. *(nm)* 1. lui, elle; *(igével)* il, elle; *(megvetéssel)* sa petite *v* précieuse personne; *ez ő!* c'est bien lui! 2. *ő maga* lui-même; elle-même; II. *(mn) az ő ...-a v -ei; az ő ...-uk* son, sa, ses; leur; *az ő házai* ses maisons; *az ő házuk* leur maison
öblít [~ettem, ~ett, ~sen] 1. rincer; 2. *orv:* irriguer; 3. *aut* balayer
öblítő 1. *(nyilvános mosodában)* rincoir *m;* 2. *(W. C.-ben)* chasse *f* d'eau
öblöget 1. rincer; aiguayer; 2. *száját ~i se* rincer la bouche; *torkát ~i se* gargariser
öblös [~ek, ~et; ~en] 1. évasé; échancré, -e; concave; *(hasas)* ventru; pansu, -e; 2. ~ *hang* voix creuse *v* pleine; creux *m*
öblösség 1. évasement *m;* échancrure *f;* 2. bombement *m;* convexité *f;* 3. *(hangé)* résonance creuse
öböl [öblök, öblöt, öble] 1. *földr:* golfe *m; (közepes)* baie *f; (kicsi)* anse; crique *f;* 2. *(tárgyaké)* gueule *f; (kürté, trombitáé, műszeré stb.)* pavillon *m; (pipáé)* foyer *m*
öcs [öccsei, öccsét, öccse] jeune *v* petit frère; cadet *m; jog:* frère puîné
ödéma [-ák, -át] œdème *m*
őérte; őértük pour lui *v* elle; pour eux *v* elles
őfelsége; őfensége Sa Majesté
őgyeleg [~tem, -lgett, ~jen] flâner; traîner; traînasser
ők eux, elles; *(igével)* ils, elles
öklel [~tem, ~t, ~jen] donner *v* distribuer des coups de corne; *(kos)* cosser
öklendezik [~tem, ~zett, ~zék *v* ~zen] avoir un haut-le-cœur; hoqueter
ököl [öklök, öklöt, ökle] poing *m; ~be szorítja a kezét* serrer les poings; *~re megy* en venir aux mains; *öklével arcába sújtott* il abattit son poing sur son visage

ökölcsapás coup *m* de poing; gourmade *f*
ököljog la loi de la jungle; le droit *v* la loi du plus fort
ökölvívás boxe *f;* pugilat *m*
ökölvívó boxeur; pugiliste *m*
ökör [ökrök, ökröt, ökre] 1. bœuf *m;* 2. *te ~!* abruti, va! butor!
ökörcsorda troupeau *m* de bœufs
ökörfarkkóró *növ:* molène *f;* bouillon blanc; cierge *m* de Notre-Dame
ökörfogat chariot attelé de bœufs
ökörhajcsár toucheur *m;* bouvier, -ière *n*
ököristálló étable *m* à bœufs; bouverie *f*
ökörnyál fil *m* Notre-Dame *v* de la Vierge
ökörpásztor bouvier *m*
ökörszarv corne *f* de bœuf *v* de bovidé
ökörszem *áll:* troglodyte (mignon); roitelet *m*
ökrösszekér attelage *m* de bœufs
I. *(ige)* **öl** [~tem, ~t, ~jön] 1. tuer; égorger; faire mourir; *(állatot)* tuer; abattre; *(szárnyast, disznót)* saigner; *rakásra öl* massacrer; *vízbe öl* noyer; *vízbe öli magát* se jeter à l'eau; 2. *vmibe öli a pénzét* dépenser *v* gaspiller son argent à qc
II. *(fn)* **öl** [~ek, ~t, ~e] *(testrész)* giron *m; (de többnyire)* bras *m pl;* genoux *m pl;* sein *m; ölébe hull* il tombe dans ses mains comme un fruit mûr; *ölbe teszi a kezeit* croiser les bras; *ölbe tett kézzel ül (nem csinál semmit)* (se) tourner les pouces; *ölébe ül vkinek* s'asseoir sur les genoux de q; *anyja ölében* sur les genoux *v* au sein de sa mère; *a természet ölén* dans le sein de la nature; *ölre mentek* en venir *v* en être aux mains
III. *(fn)* **öl** [~ek, ~t, ~c] *(mérték)* toise; brasse *f; (famérték)* corde *f;* stère *m*
öldöklés massacre *m;* tuerie *f;* carnage *m*
öleb chien *m* d'agrément *v* de compagnie

ölel [~tem, ~t, ~jen] prendre v serrer dans ses bras; étreindre
öles [~ek, ~t] 1. d'une toise; ~ *termetű* de taille herculéenne; 2. ~ *betűkkel* en caractères de vedette
ölt [~öttem, ~ött, ~sön] 1. *(varr)* faire un point; 2. *nyelvét ~i* tirer sa langue; 3. *magára ~* passer; endosser; 4. *(ábrázatot)* affecter v prendre un air...; *erény külső színét ~i magára* se parer des dehors de la vertu
öltés 1. point *m* (de couture); 2. *orv:* point de suture
öltöny [~ök, ~t, ~e] 1. *(férfi)* complet *m;* (női) (costume) tailleur *m;* 2. *ált:* habits *m pl*
öltözék [~ek, ~et, ~e] 1. habits *m pl;* habillement; ajustement *m;* toilette; mise, tenue; robe *f; furcsa ~* accoutrement *m; hanyag ~ben* en débraillé; 2. *estélyi ~ben* en tenue de soirée
öltözködés 1. toilette *f;* habillement *m;* 2. mise; tenue *f; egyszerű, ízléses ~* ajustement simple, de bon goût *m*
öltözködik [~tem, ~ött, ~jék v ~jön] 1. *(most)* faire sa toilette; être à sa toilette; s'habiller; 2. *ált:* s'habiller; se vêtir; *divatosan ~* se mettre à la mode; *melegen ~* se vêtir chaudement; 3. *(furcsán)* s'accoutrer v s'affubler (de qc)
öltöző [~k, ~t, ~je] 1. *(helyiség)* cabinet de toilette; lavabo *m;* 2. *szính:* loge *f*
öltözőasztal toilette *f;* table *f* de toilette
öltöztet 1. habiller; ajuster; vêtir; costumer; 2. *(furcsán)* nipper; accoutrer de ...; 3. *(vminek)* habiller v déguiser v costumer en ...; 4. *a hazugságot az igazság színébe ~i* revêtir le mensonge des apparences de la vérité
ölyv [~ek, ~et, ~e] *egerésző ~* buse *f; gatyás ~* busaigle *f*
ömlengés tirade; effusion *f;* épanchements *m pl* de cœur
ömleszt [~ettem, ~ett, -esszen] *ker:* charger en vrac; *~ve szállít* transporter en vrac

ömlik [~ött, ömöljék v ömöljön] 1. déverser; couler (à grands flots); s'épancher; 2. *vmibe ~* dégorger; déverser; s'écouler; 3. *folyó vhová)* se jeter; déboucher *mind:* dans qc); 4. *(gáz, víz)* s'échapper; ~ *az eső* le ciel se fond en eau; 5. *(pénz, ajánlat stb.)* affluer; 6. *csak úgy ~ belőle a szó* c'est un moulin à paroles
ön [~ök, ~t, ~é] I. *(nm)* vous; II. *(mn) az ön* ...; *az önök* ... votre; vos
önálló 1. indépendant, -e; autonome; ~ *életet él* mener une existence indépendante; 2. *nem elég ~* manquer d'aplomb; 3. *vasút:* ~ *küldemény* envoi isolé; 4. *nyelv:* absolu, -e
önállóság 1. autonomie; indépendance *f;* 2. *pol:* indépendance; autonomie *f*
önállósít [~ottam, ~ott, ~son] 1. rendre indépendant(e) v autonome; émanciper; 2. *~ja magát* s'émanciper; *(iparos)* s'établir à son compte
önállótlan 1. *(ember)* indécis; flottant, -e; 2. *(szellemileg)* dénué(e) d'originalité; peu original(e)
önarckép portrait de l'artiste par lui-même; autoportrait *m*
önbecsülés estime *f v* le respect de soi (-même)
önbeismerés aveu spontané
önbetörés cambriolage simulé
önbíráskodás justice arbitraire *f; (kivégzéssel)* lynchage *m*
önbizalom confiance *f* en soi v en sa force; aplomb *m;* assurance *f; túlságos ~* belle assurance
önborotva *(készülék)* rasoir mécanique v de sûreté *m*
öncélú [~ak, ~t; ~an] autonome; ayant sa fin en soi-même; indépendant, -e; ~ *művészet,* art gratuit
öncéluság autonomie; indépendance; gratuité *f; a művészet ~a* l'art pour l'art *m*
öncsalás tromperie volontaire; autosuggestion; illusion *f*
öndicséret éloge *m* de soi-même; vantardise; vanterie *f*

őneki 1. à lui, à elle; *(ige előtt:)* lui;
2. *őnekik* à eux, à elles; *(ige előtt:)*
leur
önelégült content(e) de soi *v* de sa
(petite) personne; suffisant, -e; infatué(e) de soi-même
önelégültség suffisance; fatuité; infatuation; complaisance; autosatisfaction *f*
önéletírás; önéletrajz autobiographie *f*
önellátás autarcie *f; (élelmiszerrel)* autoconsommation *f*
önellátó 1. qui se suffit à lui-même; 2.
~ *gazdaság* exploitation *f* de subsistance
önelvű autonome
önérdek intérêt personnel; égoïsme; intérêt particulier
önerejéből par ses propres moyens;
~ *küzdötte fel magát* il est fils de ses
œuvres
önérzet amour-propre *m;* (le sentiment de) la dignité
önérzetes [~ek, ~et] fier, fière; digne
önfegyelem; önfegyelmezés la maîtrise de soi; l'empire *m* sur soi-même;
volonté *f* de discipline; *van benne* ~
il se possède; il se domine
önfejű têtu; entêté; mutin, -e; opiniâtre
önfejűség entêtement *m;* opiniâtreté *f*
önfeláldozás sacrifice de soi-même;
(esprit de) dévouement *m*
önfeláldozó dévoué, -e; ~ *tett* acte *m*
de dévouement
önfeledtség abandon *m;* oubli *m* de soi-même; extase *f;* transport *m*
önfenntartási *ösztön* instinct *m* de conservation
öngerjesztés auto-excitation *f*
öngól but *m* contre son camp; ~*t lő*
marquer contre son camp
öngúny raillerie faite aux dépens de soi-même; la satire de soi-même
öngyilkos suicidé; désespéré, -e *(n)*
öngyilkosság suicide *m;* ~*ba kerget*
acculer *v* pousser au suicide; ~*ot követ el* se donner la mort; se suicider;
(rossz tett után) se faire justice; ~*ot kísérel meg* attenter à ses jours
öngyújtó briquet *m*

önhajtás autopropulsion *f*
önhatalmú [~ak, ~t] arbitraire
önhibáján *kívül* sans qu'il y ait de sa faute; par des revers qui ne sont pas de sa faute
önhitt [~ek, ~et; ~en] présomptueux, -euse; suffisant; outrecuidant; arrogant, -e; ~ *fráter* fat *m*
önhittség suffisance; infatuation (de soi-même); outrecuidance *f*
önimádat adoration *f* de soi-même; narcissisme *m*
önjelölt candidat bénévole *m*
önként 1. *(vkiről)* de soi-même; de son gré; volontairement; spontanément; de son chef; *kat:* ~ *jelentkező* engagé volontaire *m; (feladat végrehajtására)* volontaire *m; (ált:)* amateur *m;* 2. *(dologról)* de soi-même; *az* ~ *adódik* cela s'impose *v* s'entend; cela va de soi
önkéntelen involontaire; spontané, -e; instinctif, -ive
önkéntes [~ek, ~t] volontaire; bénévole; spontané, -e; librement consenti(e); ~ *adakozás* contribution gracieuse *v* spontanée; ~ *hallgató* auditeur bénévole *m;* ~ *mentőegyesület* service *m* des ambulances urbaines
önkény bon plaisir; arbitraire; le fait du prince; le régime *v* le temps du bon plaisir; *hatalmi* ~ despotisme *m*
önkényes [~ek, ~t] 1. arbitraire; despotique; 2. *(kitalálás)* gratuit
önkényuralom despotisme; absolutisme *m; (legújabb korban)* totalitarisme *m*
önképzés instruction par soi-même; autodidaxie *f*
önképzőkör *isk:* société d'émulation; académie *f*
önkínzás la torture de soi-même
önkioldó; önkiváltó *fényk:* déclencheur automatique *m*
önkiszolgáló self-service; ~ *bolt* magasin *m* (d'alimentation) de self-service
önkívület 1. extase *f;* transport *m;* ivresse *f; (spiritizmusban)* transe *f;* 2. perte *f* du sentiment *v* de la connaissance; ~*be esik* tomber en

syncope; *magához tér ~éből* reprendre ses sens
önkívületi 1. extatique; **2.** comateux, -euse
önkormányzat autonomie *f*
önköltség les frais de production; le coût de la production; le prix de revient
önköltségcsökkentés diminution *f* des frais de production; abaissement *m* du prix de revient
önkritika critique de soi-même; autocritique *f*; *-át gyakorol* se livrer à une autocritique
önmaga 1. lui-même, elle-même, soi-même; *-ába mélyed* se replier sur soi-même; *-ába visszatér (vonal)* revenir à son point de départ; *-ában (véve)* en lui-même *v* elle-même; de soi; en soi; *-át ismétli* se répéter; *-átol* de soi; de lui-même *v* d'elle-même; spontanément; de son chef; **2.** *(egyedül)* tout(e) seul(e); à lui seul, à elle seule; *a Svájccal való forgalom -ában véve is* rien que pour le trafic avec la Suisse
önmegtagadás renoncement *m* de *v* à soi-même; abnégation *f*
önmegtartóztatás continence; abstinence; contenance *f*
önmérséklet modération *f*; empire *m* sur soi; *bölcs ~* sage réserve
önműködő mécanique; automatique
önnön *akaratából* de son propre chef *v* mouvement; *~ erejéből* de ses propres moyens
önrendelkezési *jog* droit à disposer de lui-même; droit *m* d'autodétermination
önsegély acte *m* de justice personnelle
önsegélyezés mutualité libre; prévoyance mutuelle
önt [*~öttem, ~ött, ~sön*] **1.** verser; épancher; répandre; **2.** *~ magából* dégorger; vomir; **3.** *(fémet)* couler; fondre; jeter (en moule); **4.** *átv*: infuser qc à q; inoculer qc à q; *szavakba ~* formuler; *formába ~* donner une forme à qc
öntelt suffisant, -e; infatué(e) de soi-même; présomptueux, -euse

öntés 1. versage *m*; **2.** *(fémé)* coulage *m*; fonte *f*; *(formába)* moulage; jet *m*
öntevékeny autonome; avoir de l'initiative
öntevékenység activité spontanée
öntő [*~k, ~t, ~je*] **1.** *(fémé)* fondeur *m*; **2.** *(folyadék~)* verseur *m*
öntőcsarnok hall *m* de coulée
öntöde [-ék, -ét, -éje] fonderie; moulerie *f*
öntőforma moule; châssis *m* de moulage; *(kokilla)* coquille *f*
öntőformaszekrény châssis *m* de moulage
öntőminta moule *m*; *(nyersvas ~)* gueuse *f*
öntött [*~ek, ~et*] fondu, -e; *~ beton* béton coulé; *~ vas* fonte *f*
öntöz [*~tem, ~ött, ~zön*] arroser; asperger; *(csatornákkal)* irriguer
öntözés arrosage; arrosement *m*; *(csatornákkal)* irrigation *f*
öntözőautó arroseuse(-balayeuse) automobile
öntözőgazdálkodás culture irriguée
öntözőkanna arrosoir *m*; *~ rózsája* pomme *f* d'arrosoir
öntözőkocsi (voiture-)arroseuse
öntudat 1. conscience *f*; *~ra ébred* prendre conscience de soi-même; **2.** *fil*: conscience de soi; **3.** conscience; les sens; *elveszti ~át* perdre connaissance *v* conscience; *visszanyeri ~át* reprendre ses sens
öntudathasadás *orv*: schizophrénie *f*
öntudatlanság inconscience; ignorance *f*
öntudatos conscient(e) de sa valeur *v* de ses devoirs; *~ dolgozó* travailleur conscient
öntvény 1. fonte; pièce *f* de fonte; **2.** *(gipsz)* moulage *m*
önuralom le contrôle *v* la maîtrise *v* la possession de soi
önvád 1. accusation *f* contre soi-même; **2.** *(belső)* remords *m*; *~ak emésztik* se consumer en regrets
önvallomás confession *f*; aveu spontané
önvédelem 1. la défense de soi-même; *jogos ~* légitime défense *f*; **2.** autodéfense *f*; **3.** *sp*: défense naturelle
önzés égoïsme *m*; personnalité *f*; *nagyfokú ~* égocentrisme *m*

önzetlen désintéressé, -e; dénué(e) d'égoïsme
önzetlenség désintéressement *m*
önző [~ek, ~t] égoïste; intéressé, -e; personnel, -elle
őr [~ök, ~t, ~e] 1. gardien, garde; homme *m* de garde; 2. *kat*: sentinelle *f*; factionnaire; planton *m*; 3. *pej*: *(személy körüli)* satellite *m*; 4. *(múzeumi, könyvtári)* conservateur, -trice *n*; 5. *átv*: *vminek őre* le gardien *v* le conservateur de qc; *őrt áll* monter la garde; *őröket állít* poser *v* placer des sentinelles
őrangyal *vall*: ange gardien *v* tutélaire
őrbódé guérite *f*; abrivent *m*
ördög [~ök, ~öt, ~e] diable; démon; mauvais ange; l'esprit malin; *átv*: *ez egy kis ~ (gyerekről)* c'est un petit démon; *~ cimborája* suppôt *m* de Satan *v* du diable; *az ~ nem alszik* le diable est bien fin; *~ és pokol!* enfer et malédiction! *szegény ~* pauvre diable; pauvre hère; *mi az ~!* (que) diable! diantre! *mi az ~ lelte (hogy ...)?* quelle mouche l'a pique? *(pour és inf)*; *veri az ~ a feleségét (süt a nap és esik az eső)* le diable bat sa femme et marie sa fille; *vigye el az ~!* que le diable l'emporte! *az ~ sem ismeri ki magát benne* le diable n'y verrait goutte; *~e van!* *(hogy eltalálta)* il faut être un diable pour deviner cela! *az ~be!* au diable! *az ~be is!* diable! *hogy az ~be ...?* comment diable ...? *az ~be küld* envoyer paître; *hol az ~ben ...?* où diable ...? *nem kell az ~öt a falra festeni* il ne faut jamais parler du diable *v* évoquer le diable; *mi az ~öt csinált?* que diable avez-vous fait? *az ~gel szövetkezik* faire un pacte avec le diable
ördögfajzat engeance diabolique *f*
ördögi [~ek, ~t] diabolique; démoniaque; satanique; *~ lelemény* invention diabolique *f*; *~ mű* œuvre infernale; *~ sugallat* suggestions *f pl* d'enfer
ördögszekér *növ*: panicaut; chardon roulant

ördögűzés *vall*: exorcisme *m*; exorcisation *f*
öreg [~ek, ~et] I. *(mn)* 1. *(személy)* vieux, vieil, vieille; âgé, -e; d'un grand âge; *biz*: *~ csont* vieux troupier; *~ napjaiban* dans ses vieux jours; *~ napjaira* sur ses vieux jours *v* ans; *~ róka* vieux routier; 2. *~ebb* plus vieux; plus âgé; 3. *(tárgy)* vieux, vieil, vieille; ancien, -enne; 4. grand, -e; II. *(fn)* 1. vieillard *m*; barbon *m* gúny; 2. *biz*: *az ~ le patron*; *~em!* mon vieux! mon brave! ma vieille branche!
öreganyó grand-mère; bonne vieille
öregapó vieux père
öregbít [~ettem, ~ett, ~sen] accroître; agrandir
öregedés 1. vieillissement; retour *m* d'âge; 2. *él*: sénescence *f*
öregít [~ettem, ~ett, ~sen] vieillir
öregkor vieillesse *f*; âge avancé; le vieil âge
öregség 1. vieillesse; sénilité *f*; âge caduc; *~ében* dans sa vieillesse; *támasza v gyámola ~ében* son bâton de vieillesse; 2. *(tárgyé)* vétusté; ancienneté *f*
öregségi *biztosítás* assurance-vieillesse *f*; *~ ellátás* retraite *f* pour la vieillesse; *~ járadék* allocation *f* aux vieux
öregszik [-gedtem, -gedett, -gedjék *v* -gedjen] vieillir; devenir *v* se faire vieux
őrgébics pie-grièche (grise); pie cruelle
őrgróf margrave *m*
őrhajó vedette *f*; bâtiment *m* de garde
őrház 1. pavillon *m* de gardien; 2. *(vámőré)* poste *m*; 3. *(vasúti)* maisonnette *f* de garde-barrière
őrhely 1. poste *m* (d'observation *v* de garde); *meghal az ~én* mourir à son poste; 2. *haj*: vigie *f*
őriz [~tem, őrzött, ~zen] 1. garder; conserver; veiller à qc *v* sur qc; *~ vmit az emberből* garder toujours une empreinte d'humanité; 2. *(múzeum)* conserver; 3. *vkit ~* veiller sur q; 4. *vmitől ~* préserver de qc

őrizet garde; escorte *f;* **erős ~ mellett** sous bonne garde; **~be vesz** garder à vue
őrizkedik [~tem, ~ett, ~jék *v* ~jen] *(vmitől)* se donner (bien) garde de *(inf);* n'avoir garde de *(inf)*
őrjárat patrouille *f;* **tour** *m* **de guet**
őrjítő [~ek, ~t] affolant, -e
őrjöng [~tem, ~ött, ~jön] être atteint(e) de folie furieuse *v* de frénésie; se démener comme un forcené
őrjöngő [~k, ~t; ~en] I. *(mn)* 1. furibond, -e; frénétique; 2. *(tömeg)* déchaîné; affolé, -e; II. *(fn)* forcené, -e; furibond, -e *n*
őrködik [~tem, ~ött, ~jék *v* ~jön] *vmi felett, vmin ~* veiller sur qc *v* à qc
őrlemény mouture *f;* produit *m* de meunerie
őrlés mouture *f*
őrlődik [~tem, ~ött, ~jék *v* ~jön] 1. se moudre; 2. *átv:* être broyé(e); s'user; se consumer
őrlőfog molaire *f*
örmény arménien, -enne
őrmester 1. adjudant; adjudant-chef *m;* 2. *(lovassági)* maréchal *m* des logis; 3. *(tengerész)* premier-maître *m*
őrnagy 1. commandant *m;* 2. *(különleges szolgálatban)* major *m;* 3. *(lovassági)* chef *m* d'escadron
őrnaszád *haj:* vedette *f*
örök [~öt] I. *(mn)* éternel; perpétuel, -elle; *~ áron elad* vendre à perpétuité; céder en toute propriété; *vall: ~ boldogság* la béatitude éternelle; *~ hó* neiges éternelles; neige persistante; *~ időkre* pour toujours; pour l'éternité; à (tout) jamais; *~ időktől fogva* de toute éternité; *~ kár, hogy* c'est un dommage irréparable que *(subj); vall: az ~ kárhozat* la damnation éternelle; *az ~ női* l'éternel féminin; *... fogjuk ~ nyugalomra helyezni* l'inhumation aura lieu ...; *~ nyugalmát alussza* dormir son sommeil éternel *v* des justes; *vall: ~ tűz* feu éternel; les flammes éternelles; *vall: az ~ üdvösség* le salut éternel; *vall: ~ világosság* lumière éternelle; II. *(hat)* *~től fogva* de toute éternité; III. *(fn)* 1. *~be hagy* léguer; *~ébe lép* prendre la succession de q; 2. *~be fogad* adopter
örökbefogadás adoption *f*
örökbefogadott [~ak, ~at] adoptif, -ive; adopte, -e
örökhagyó testateur, -trice *n; jog: de cujus n*
örökifjú éternellement jeune; toujours vert
örökjáradék rente perpétuelle; rente constituée en perpétuel
örökjog droit successoral
örökké 1. pour la vie; à (tout) jamais; pour toujours; 2. *(folyton)* toujours; sans cesse; tout le temps
örökkévalóság 1. éternité; pérennité *f; egy ~ óta nem láttam* il y a une éternité que je ne l'ai vu; 2. *(érzelmeké)* indéfectibilité *f*
örökiakás *kb:* appartement *m* dans une maison en copropriété
öröklékeny [~ek, ~t] transmissible; héréditaire
öröklékenység nature *f v* caractère *m* héréditaire; hérédité *f*
öröklés hérédité; succession *f; ~ útján* par voie de succession
öröklési 1. successoral, -e; *~ jog* droit *m* de succession; 2, *él:* génétique
öröklődik [~ött, ~jék *v* ~jön] 1. se transmettre par succession; 2. *él:* se transmettre
örököl [öröklök, ~t, ~jön] I. *(tgy i)* 1. hériter; recevoir en héritage; *~ vmit vkitől* hériter qc de q; *~ vki után* succéder à q; 2. *átv: ~ vmit* hériter de qc; 3. *(hajlamot)* tenir qc de q; II. *(tgyl i)* faire un héritage; recueillir une succession
örökölt [~ek, ~et; ~en] 1. hérité, -e; venu(e) d'héritage; 2. *(tehetség)* hérité, -e; héréditaire; 3. *él, orv:* héréditaire; *~ fertőzés* hérédo-infection *f; ~ hajlam* penchant héréditaire *m*
örökös [~ök, ~t, ~e] I. *(mn)* 1. perpétuel; continuel, -elle; incessant, -e; *(állandóan hangoztatott)* sempiternel, -elle; *~ panasz* plainte éternelle;

~ *siránkozás* jérémiades sempiternelles; ~ *szemrehányások* d'éternelles récriminations; 2. ~ *elnök* président *m* à vie; ~ *tag* membre honoraire *m*; 3. ~ *király* roi héréditaire *m*; II. *(fn)* héritier, -ière *n*; successeur *m*; *általános* ~ héritier *v* légataire universel; *törvényes* ~ héritier légitime
örökösödés succession *f*; ~ *útján* par voie de succession
örökösödési successoral, -e; ~ *adó v illeték* droit de succession; droit *m* de mutation par décès; ~ *eljárás* procédure successorale; *tört:* ~ *háború* guerre *f* de dévolution; ~ *rend* ordre *m* de succession; ~ *törvény* loi de succession *v* successorale
örököstárs cohéritier, -ière; colégataire *n*
örökre à (tout) jamais; pour la vie; pour jamais; pour toujours; ~ *búcsút mondtak egymásnak* ils se dirent un éternel adieu
örökrész part *v* portion héréditaire *v* d'héritage *f*; apanage *m*
örökség [~ek, ~et, ~e] 1. héritage; patrimoine *m*; succession *f*; *jog:* ~ *felosztása* division *f* d'un héritage; ~ *visszautasítása* répudiation *f* de succession; ~*ből kizárás* déshéritement *m*; ~*re jogosult* successible; héritier légitime *m*; ~*ről való lemondás* renonciation *f* à la succession; désistement *m* de succession; ~*ül hagy* laisser en héritage; ~*ül kap* recevoir en héritage; *ld. még:* **hagyaték**; 2. *(születési)* hérédité *f*
örökváltság rachat *m* des biens féodaux
örökzöld I. *(mn)* à feuilles persistantes; toujours vert(e); *erd.:* ~ *fák* arbres verts; II. *(fn)* bergère *f*
őröl [~tem, ~t, ~jön] 1. moudre; 2. *(ásványt)* broyer; 3. *(féreg)* ronger; 4. *(egészséget stb.)* miner; user
öröm [~ök, ~et *v* ~öt, ~e] plaisir *m*; allégresse; satisfaction *f*; *milyen* ~ *quel bonhеur! az az* ~ *éri, hogy* avoir la joie de *(inf)*; ~ *látni* cela fait plaisir à voir; *úgy hízik, hogy öröm nézni* il engraisse que c'est une bénédiction; *megvan az az* ~*e, hogy* avoir la joie *v* le bonheur de *(inf)*; *az élet* ~*ei* les plaisirs de la vie; *a világ* ~*ei* les joies de ce monde; ~*ében* dans son transport de joie; *nem tud mit csinálni* ~*ében* mourir de joie; *sír* ~*ében* pleurer de joie; *legnagyobb* ~*ére* pour sa plus grande joie; ~*re hangol* transporter de joie; ~*ére szolgál vkinek* combler q de joie; *őszinte* ~*ömre szolgál, hogy* je me fais un plaisir de *(inf)*; ~*öt érez* éprouver *v* ressentir de la joie; ~*ét leli vmiben* trouver un agrément *v* des agréments dans qc; ~*öt szerez vkinek* donner de la joie à q; faire (un vif) plaisir à q; *alig tud hová lenni az* ~*től* être transporté d'aise *v* de joie; ne pas se posséder de joie; *majd meghal az* ~*től* il mourait de joie; ~*től ragyog* rayonner de joie; ~*től sugárzó arccal* (d'un air) rayonnant; ~*mel* non sans joie; *kész* ~*mel jelenik meg (meghívásra)* il se fera un plaisir de s'y rendre; ~*mel látjuk vacsorára* faitesnous le plaisir de venir dîner avec nous; ~*mel tölti el* combler de plaisir; ~*mel tudatja, hogy* il a le plaisir de faire part de *(fn)*; ~*mel vesz* agréer
örömanya la mère de la mariée
örömapa le père de la mariée
örömhír heureuse *v* bonne nouvelle
örömkönny larme *f* de joie
örömlány fille *f* de joie
örömmámor transport *m* d'allégresse *v* de joie; ~*ban úszik* nager dans la joie
örömszülők les parents de la mariée
örömtanya maison *f* de joie *v* de tolérance
örömujjongás joie délirante; cris *m pl* d'allégresse
őrs [~ök, ~öt, ~e] poste *m*
őrség 1. poste *m* de garde; faction *f*; piquet *m* (de service *v* de garde); garde *f*; *(járőr)* patrouille *f*; ~*en áll* garnir le poste; être de *v* en faction; ~*et állít vkinek az ajtaja elé* mettre *v* placer un homme de faction devant la porte de q; *felváltja az* ~*et* relever un poste; **2.**

(*városi*) guet *m*; 3. *haj*: quart *m*; (*hadihajón*) bordée *f*
őrségváltás relève *f* de la poste
őrsparancsnok chef *m* de poste
őrszem 1. factionnaire *m*; sentinelle *f*; (*lovas*) vedette *f*; 2. (*hajón*) vigie *f*
őrszoba corps *m* de garde; (*rendőrségi*) poste *m*; clou *m* biz
őrszolgálat 1. faction *f*; 2. *haj*: quart *m*
őrtorony 1. tour *f* de guet; mirador *m*; 2. (*régi váron*) échauguette *f*; (*nagy, külön épített*) donjon *m*; (*városházán*) beffroi *m*
őrtűz feu *m* de bivouac
örül [~tem, ~t, ~jön] 1. (*vminek*) se réjouir; être content(e) *v* ravi(e) *v* enchanté(e) *v* bien aise (*mind*: de qc); *nagyon* ~*tem kedves levelének* votre bonne lettre m'a fait beaucoup de plaisir; *nagyon* ~ *se réjouir vivement*; avoir un vif plaisir à (*inf*); *csak* ~*het neki* il ne peut que s'en louer; 2. ~, *hogy* se réjouir; être content(e) *v* ravi(e) *v* enchanté(e); être bien aise; s'applaudir; se louer (*mind*: de *és inf; vagy* que *és subj; vagy* de ce que *és inf* v *subj*); *igazán* ~*ök annak, hogy* je me fais un plaisir de (*inf*) *v* c'est un plaisir (que) de (*inf*); ~*ök, hogy láthatom* cela me fait plaisir de vous voir; ~*ök, hogy megismerhetem* je suis heureux de faire votre connaissance; ~*hetett, hogy ily olcsón szabadult* il était trop heureux de s'en tirer à si bon compte
őrület folie; démence; aliénation *f*; ~*be esik* tomber en démence
őrült [~ek, ~et] I. (*mn*) fou, fol, folle; dément; aliéné délirant, -e; ~ *cselekedet* acte de démence; ~ *hangzavar* musique infernale; ~ *iramban rohan* v *vágtat* courir à fond de train; *aller un train d'enfer*; ~ *siker* succès fou; ~ *szenvedély* passion furieuse; ~ *szerelem* fol amour; folle passion; II. (*fn*) fou *m*; folle *f*; aliéné; dément, -e; ~*ek háza* maison d'aliénés *v* de fous; maison *f* de santé
őrülten 1. en état de démence; 2. (*nagyon*) follement; à la fureur;

~ *kiabál* crier comme un possédé; ~ *szerelmes vkibe* être amoureux fou *v* folle amoureuse de q
őrültség folie; aliénation (mentale); démence *f*; égarement *m*
örv [~ök, ~öt, ~e] 1. (*kutyáé*) collier *m* de défense; 2. *vminek* ~*e alatt* sous prétexte de qc *v* de (*inf*); sous le couvert de qc
örvend [~tem, ~ett, ~jen] 1. *ld*: **örül**; ~*ek!* (*bemutatkozásnál*) enchanté! 2. *átv*: jouir de qc; *nagy forgalomnak* ~ être très fréquenté(e); avoir une clientèle nombreuse; *nagy népszerűségnek* ~ jouir d'une grande popularité
örvény 1. remous; tournant d'eau; tourbillon *m*; 2. *haj*: gouffre *m*; 3. *átv*: gouffre
örvényáram courants *m pl* de Foucault
örvénylik [~ett, -nyeljék *v* -nyeljen] être agité(e) de remous; tourbillonner; tournoyer
örvénylő [~ek, ~t; ~en] tourbillonnant, -e; ~ *mozgások* mouvements turbulents
örvösgalamb (pigeon) ramier *m*; grand ramier
örvöslúd bernache; bernacle *f*
őrzés 1. conservation; garde; surveillance *f*; 2. (*emberé*) garde; détention; surveillance *f*
ős [~ök, ~t] 1. ancêtre *v* aïeux *m pl*; 2. *átv*: aïeul *m*
ős- 1. primitif, -ive; primordial, -e; 2. *nyelv*: proto-; 3. *geol*: paléo-; fossile
ősállapot état primitif; état de nature
ősállat animal fossile *m*
ősanya aïeule; ancêtre; mère *f*
ősanyag matière primitive
ősapa aïeul; ancêtre *m*; *bibl*: patriarche *m*
ősember l'homme préhistorique *v* fossile
őserdő forêt vierge *f*
ősfoglalkozás manière de vivre ancestrale *v* primitive
ősforrás source primitive *v* première
őshaza patrie *f v* pays *m* d'origine; habitat ancestral

47 Magyar–Francia kéziszótár

őshonos indigène; autochtone; aborigène; ~ *állat, növény* animal, plante indigène
ősi [~ek, ~t] ancestral, -e; primitif, -ive; primordial, -e; atavique; séculaire; ~ *állapot* état primitif; ~ *fészek* repaire ancestral; ~ *hagyomány* héritage ancestral; ~ *szokás* coutume immémoriale
ősidők les temps primitifs; *az* ~ *homálya* la nuit des temps; ~ *óta* depuis les temps les plus reculés; ~*től fogva* de temps immémorial
őskeresztény chrétien primitif; les chrétiens des premiers âges; ~ *kor* antiquité chrétienne
őskereszténység la primitive Église
őskor 1. âge primitif *v* préhistorique; préhistoire *f; a keleti népek* ~*a* l'antiquité orientale; 2. *geol:* terrain primitif; l'archéen *m*
őskori 1. préhistorique; de l'âge primitif; des premiers âges; fossile; ~ *állat* animal fossile *m;* ~ *lelet* objet préhistorique; fossile *m;* ~ *régész* paléontologiste; paléontologue *n;* 2. *geol:* primaire; archéen, -enne
ősköd *csill:* nébuleuse initiale
ősközösség 1. communauté primitive; 2. *tört:* commune primitive
őslakó; őslakos I. *(mn)* autochtone; indigène; aborigène; II. *(fn)* premier habitant; autochtone; aborigène; indigène; naturel *m*
őslény 1. être primitif; 2. *(közelben)* fossile *m*
ősnemzés parthénogénèse; génération équivoque *v* spontanée
ősnyomtatvány incunable *m*
ősok le premier principe; cause première *v* primitive
ősrégi ancestral, -e; séculaire
őstehetség homme de génie perdu dans la foule
őstörténész préhistorien, -enne *m*
őstörténet préhistoire *f;* histoire primitive
ösvény 1. sentier *m;* sente *f; (hegyi)* piste *f* (de mulet); *keskeny erdei* ~ laie *f;* 2. *átv:* chemin; sentier *m*

I. *(mn)* **ősz** [~ek, ~t; ~en] blanc, blanche; blanchi(e) par l'âge; gris, -e; ~*be csavarodott szakáll* barbe *f* poivre et sel
II. *(fn)* **ősz** [~ök, ~t, ~e] automne *m (ritk: f); életének* ~*én* à l'automne de sa vie; *ősszel* en automne
őszi [~ek, ~t] automnal, -e; d'automne; ~ *búza* froment de saison; *blé m* d'hiver; ~ *táj* paysage *m* d'automne
őszibarack pêche *f*
őszibarackfa pêcher *m*
őszinte [-ék, -ét] sincère; franc, franche; loyal, -e; nem ~ insincère; *ha -ék akarunk lenni...* en toute franchise; à parler franc; ~ *arccal* avec un air de vérité *v* de franchise; *ez* ~ *beszéd* c'est parler franc; ~ *ember* homme tout rond; ~ *hive (levélben)* sincèrement à vous ...; ~ *meggyőződés* franchise *f* de conviction; ~ *nyilatkozat* déclaration loyale; ~ *szavak* paroles *f pl* de sincérité; ~ *üdvözlettel* sincères salutations
őszintén sincèrement; franchement; loyalement; *beszéljünk* ~ parlons français (parlons bien); ~ *bevallja hibáit* avouer franchement ses fautes; ~ *megmondja az igazságot* dire nûment la vérité; ~ *szólva* pour parler franchement; à vrai dire
őszinteség sincérité; franchise; loyauté; droiture *f*
őszirózsa reine-marguerite *f;* aster *m*
össz- total, -e; la totalité de ...
összállomány effectif total
összbenyomás impression *f* d'ensemble
összbüntetés l'ensemble' *m* des peines encourues
össze ensemble
összead 1. *mat:* additionner; faire l'addition; totaliser; 2. *(adományt)* offrir; 3. *(összeget)* cotiser; 4. mettre en commun; 5. *(jegyeseket)* marier; unir; *(pap)* bénir l'union de
összeadás 1. *mat:* addition; totalisation *f;* 2. *(pénzösszegé)* réunion *f;* 3. *(jegyeseké)* union *f*

összeakad 1. *(beleakad)* accrocher qc; s'accrocher à qc; **2.** *műsz:* *(hiányos olajozás miatt)* gripper; *(géprészek)* se coincer; **3.** *(vkivel)* se trouver nez à nez avec q; tomber sur q
összeáll 1. *(vkivel)* s'associer à q; associer ses efforts à ceux de...; *pej:* lier partie avec q; **2.** *(vétel, fizetés céljaira)* se cotiser; **3.** *(folyós)* (se) prendre; se coaguler; *(gipsz)* faire prise; *(főzésben)* se réduire; *(mártás)* être lié(e); **4.** *(vadházasok)* se mettre en ménage avec q; **5.** *(tsz.- be)* se mettre en commun
összeállít 1. *(csapatot)* rassembler; former; *(csoportokba)* classer; grouper; **2.** *(darabokat)* (r)assembler; réunir; **3.** *(gépet, szerkezetet)* ajuster; monter; **4.** *(gerendákat, könyvet lapokból)* assembler; **5.** *(választékot)* faire un assortiment de qc; assortir; **6.** composer; *(programot, menüt)* composer; **7.** *(szellemileg)* composer; synthétiser; combiner; *(lapot, versgyűjteményt)* rédiger; *(zenét, darabot)* complier; **8.** ~ja a számlát établir un compte
összeálló consistant, -e; *gyorsan* ~ à prise rapide
összeaprít 1. mettre *v* tailler en pièces; hacher menu; **2.** *(fát)* débiter
összeaszik se dessécher; se sécher; s'étioler; se rabougrir
összebarátkozik *(vkivel)* se lier (d'amitié) avec q
összébb plus étroitement; plus serré(e); plus rapproché(e); ~ *húz* serrer davantage; resserrer; ~ *húzza magát* se serrer (la boucle); ~ *húzza a nadrágszíját* serrer sa ceinture d'un cran
összebeszél 1. *sok mindent v mindenfélét* ~ parler à tort et à travers; bafouiller; *(öregesen)* radoter; **2.** ~ *vkivel* s'aboucher avec q; avoir partie liée avec q; ~*tek!* c'est un coup monté; *a tanúk* ~*tek* les témoins s'étaient concertés
összebombáz détuire par un bombardement
összebonyolódik s'enchevêtrer; s'embrouiller; se compliquer

összeborul 1. *(fák)* se rapprocher en berceau; **2.** *(tárgyak)* se renverser les uns sur les autres; *(emberek)* s'incliner l'un vers l'autre
összeborzad frémir; frissonner
összebújik 1. se serrer *v* se blottir l'un contre l'autre; **2.** rapprocher leurs têtes; se retirer pour causer dans l'intimité
összecsap 1. *(tgy i)* **1.** *(egyesítve)* mettre en commun; **2.** *(anyagot)* mélanger; **3.** ~*ja a kezét (méltatlankodva)* pousser les hauts cris; *(csodálkozva)* lever les mains au ciel; **4.** *(munkát)* bâcler; bousiller; sabrer de la besogne; *(egy cikket)* pisser de l'article; ~*ott* à la va-vite; daredare; à la six-quat' deux; **II.** *(tgyl i)* **1.** *(harcolók)* se précipiter l'un sur l'autre; *(vívók)* croiser le fer; **2.** *sp:* s'empoigner; **3.** *(fegyverek)* s'entrechoquer; **4.** *átv:* ~ *vkivel* avoir une explication avec q; **5.** ~*tak feje felett a hullámok* les vagues le recouvrirent; *(átv:)* il fut débordé; il sombra
összecsapás 1. *kat:* accrochage *m;* *(könnyebb)* escarmouche *f;* **2.** *(vívóké)* assaut *m* d'arme; **3.** *sp:* rencontre *f*
összecsavarodik 1. se replier; se tortiller; *(kötél)* vriller; **2.** *(szárazságtól)* se recroqueviller
összecserél *(tévedésből)* confondre; ~*i a neveket* faire une confusion de noms
összecsókol embrasser sur les deux joues; couvrir *v* manger de baisers
összecsomagol faire son paquet *v* ses bagages
összesődít faire rassembler; attirer; *(vki ellen)* ameuter
összecsukós repliable; pliant, -e; ~ *ágy* lit-cage *m;* ~ *szék* pliant *m*
összedobál jeter le désordre dans qc; mettre qc sens dessus dessous
összedolgozik I. *(tgyl i)* se donner la main; collaborer; **II.** *(tgy i)* sokat ~ travailler beaucoup
összedől s'écrouler; crouler; s'effondrer
összedörgöl; összedörzsöl frotter l'un contre l'autre; froisser

összeég se brûler; être brûlé(e) *v* carbonisé(e)
összeegyeztet 1. (faire) accorder; mettre d'accord; coordonner; *ellentéteket* ~ concilier des choses contraires; *össze nem egyeztetett* incoordonné, -e; **2.** *(időben)* faire cadrer; **3.** *(dolgokat)* ajuster; équilibrer; **4.** *(szöveget)* collationner
összeegyeztethetetlen inconciliable; incompatible
összeenyvez coller ensemble; recoller; conglutiner
összeér 1. se toucher; être contigu(ë); **2.** *(edények)* s'aboucher; **3.** *müsz:* se baiser; **4.** *(síkok)* se raccorder
összeerősít assembler; *(szeggel)* river
összeesés 1. effondrement; affaissement *m;* **2.** *orv: (testi)* collapsus *m; (ájultan)* syncope *f;* **3.** *(időbeli)* coïncidence; collision *f*
összeesik 1. s'effondrer; s'affaiser; s'écrouler; *(dagadt dolog)* se dégonfler; **2.** *(ember)* s'abattre; tomber d'épuisement *v* de fatigue; *ájultan* ~ tomber en syncope; *majd* ~ *a fáradtságtól* tomber de fatigue; **3.** *(korról)* se tasser; **4.** *(étel)* s'affaisser; **5.** *(vmivel)* tomber le même jour *v* la même heure; coïncider avec qc
összeesküszik *vki ellen* conspirer *v* conjurer *v* comploter contre q; jurer la perte de q; tramer *v* ourdir un complot; *minden* ~ *ellene* tout concourt à sa perte; *mintha minden összeesküdött volna, hogy* tout semblait se liguer pour *(inf)*
összeesküvés conjuration; conspiration *f;* complot *m;* ~*t szervez* monter une cabale *v* un complot; ~*t sző v tervez* former *v* machiner *v* ourdir *v* tramer un complot
összeesküvő conjuré *m;* conspirateur, -trice *n*
összefagy 1. se congeler; geler; **2.** *(átfázik)* se morfondre; être morfondu(e)
összefecseg; *mindenfélét* ~ bavarder à tort et à travers; divaguer; *(öregesen)* radoter

összefér 1. être compatible *v* conciliable avec qc; se concilier avec qc; s'accorder (avec qc); **2.** *vkivel* ~ faire bon ménage avec q *(együtt:* ensemble)
összefércel bâtir; faire le bâti de qc
összeférhetetlen 1. insociable; intraitable; peu commode; difficile; **2.** *(vkivel)* incompatible; inconciliable
összeférhetetlenség 1. incompatibilité d'humeur (absolue); insociabilité *f;* **2.** inconciliabilité *f; (állásbeli)* incompatibilité *f*
összeférő [~k, ~t] compatible *v* conciliable avec qc; ~ *természet* compatibilité *f* d'humeur
összefirkál 1. *(rossz dolgokat)* gribouiller; pondre; griffonner; **2.** *(piszkit)* barbouiller *(pl:* au crayon)
összefog I. *(tgy i)* **1.** *(vmit)* empoigner; prendre *v* tenir d'une main; **2.** réunir; apparier; **3.** *(erőket)* rallier; unir; **4.** *tekintetével, gondolatával* ~ embrasser par le regard, par la pensée; **5.** *(tetteseket)* appréhender; mettre la main sur q; **6.** *(fogatba)* atteler ensemble; **II.** *(tgyl i)* **1.** *(vkivel)* associer ses efforts à ceux de...; s'unir à q; **2.** ~*nak egymással* unir leurs efforts; ~ *vki ellen* se liguer contre qc; ~*va* la main dans la main
összefogás ralliement *m;* union *f; az erők* ~*a* la concentration des énergies
összefogdos 1. *(embereket, állatokat)* donner la chasse à...; *(rendőrség)* cueillir; ramasser; **2.** *(kezével)* tripoter; *(ételt)* patouiller
összefoglal résumer; récapituler; préciser; ~*ja az eredményeket* conclure; *röviden* ~*ja az ügyet* donner le précis de l'affaire; ~*va* pour récapituler; ~*va a mondottakat* en conclusion; en dernière analyse
összefoglalás 1. résumé *m;* récapitulation; conclusion *f;* exposé d'ensemble; sommaire *m; rövid* ~ abrégé; précis; mémento *m;* **2.** *gondolatainak* ~*a* rassemblement *m v* coordination *f* de ses idées
összefolyás 1. réunion *f; (nagyobb folyóké)* confluent *m;* jonction *f;*

2. *orv:* *(kiütéseké)* confluence *f;* 3. *(emlékeké)* confusion *f;* 4. *átt:* convergence *f*
összefon 1. entrelacer; enlacer; 2. *(szálat)* tisser ensemble; croiser; 3. ~*ja a karját* croiser les bras
összefonódik [~tam, ~ott, ~jék *v* ~jon] 1. s'enlacer; s'entrelacer; s'épouser; 2. *(szál)* se croiser
összefonnyad s'étioler; se faner; se ratatiner
összeforr 1. se souder; se ressouder; 2. *(seb)* se fermer; se cicatriser; 3. *nagyon* ~*tak* ils sont très unis; *neve* ~*ott alkotásaival* son nom est attaché à ses œuvres
összeforradás 1. soudure *f;* 2. *kert:* soudure cicatricielle; 3. *(csontoké)* consolidation *f;* 4. *él: (szervi)* coalescence; agglutination *f;* 5. *(ásványi)* conglomération *f;* 6. *átv:* cœur-à-cœur *m;* union intime *f*
összeforrott; összeforrt [~ak, ~at] 1. soudé; ressoudé, -e; 2. *növ: (levél, kehely)* gamophylle; 3. *átv:* étroitement uni(e); 4. *(párt)* monolithique
összefuserál *biz:* 1. gâcher; bousiller; 2. replâtrer: fabriquer
összefut 1. *(emberek)* accourir; se rassembler *v* s'attrouper (autour de q); 2. *sp:* se mêler; 3. *(tej)* tourner; se prendre; 4. *mat:* converger; concourir; 5. *átv: a kezében futnak össze a szálak* tenir *v* tirer les ficelles
összefügg 1. ~ *vmivel* se rattacher à qc; être en connexité *v* en rapport *v* en corrélation avec qc; 2. ~*nek egymással* s'enchaîner; se tenir; se commander l'un l'autre *v* les uns les autres; correspondre; *(szobák)* communiquer; 3. *(véredények)* s'anastomoser à qc
összefüggés 1. connexité; connexion *f;* rapport *m;* liaison; cohérence; suite *f;* mécanisme *m;* *az események* ~*e* le jeu des événements; *a gondolatok* ~*e* la suite des idées; ~*be hoz* mettre en rapport; ~*be hoz vmivel* faire dépendre de qc; *ez mind* ~*ben van (egymással)* tout cela se tient;

szoros ~*ben van vmivel* être en rapport étroit avec qc; *megérti az* ~*eket* saisir les enchaînements; 2. *nyelv:* liaison *f;* 3. *(véredényeké)* anastomose *f*
összefüggéstelen incohérent, -e; sans lien entre eux; décousu, -e
összefüggő 1. cohérent; suivi; continu; ininterrompu, -e; *(terület)* contigu, -ë; ~ *egész* un tout; un ensemble parfait; ~ *szöveg* contexte *m;* 2. *vmivel* ~ connexe (à); relatif, -ive; lié(e) (à); *egymással* ~ corrélatif, -ive; *a vele* ~ *kérdések* les problèmes y relatifs
összefűz 1. relier; *köteleket* ~ marier des cordages; 2. *(gyöngyöt)* enfiler; 3. *(lapokat)* brocher; assembler; *(iratokat)* agrafer; 4. *könyvk:* brocher; 5. *átv:* réunir; grouper; allier; *a barátság* ~*i őket* l'amitié les joint
összeg [~ek, ~et, ~e] somme *f;* montant; total; fonds *m;* *(káré)* importance *f;* *(több részletből összegyűlő)* la masse des...; *vmi* ~ *erejéig* jusqu'à concurrence de...; *az* ~ *nagysága* l'importance de la somme; *csinos* ~ somme rondelette; *coquette somme; a jennmaradó* ~ l'excédent; *hiányzó* ~ deficit *m;* *nagy* ~ grosse somme; *teljes* ~ somme totale *v* globale; *egy* ~*ben* en une fois; *en un seul paiement; teljes* ~*ében* dans son intégrité; *egy* ~*et vmire fordít* affecter une somme à qc
összegabalyodik s'enchevêtrer; s'embrouiller
összegez [~tem, ~ett, ~zen] 1. totaliser; faire le total; 2. résumer; conclure
összegombolyodik se peloter; se mettre en pelote
összegömbölyödik se rouler *v* se mettre en boule
összegörnyed se courber
összegszerű numérique
összegyúr malaxer; réunir en pétrissant; pétrir ensemble
összegyűjt 1. *(csapatokat)* (r)assembler; rallier; *egy ponton csapatokat gyűjt*

össze concentrer des troupes en un même point; **2.** *(embereket)* réunir; rassembler; **3.** *(dolgokat)* recueillir; réunir; accumuler; entasser; **4.** *(adatokat)* colliger; assembler; *(bőven)* moissonner; **5.** *(információkat)* recueillir; **6.** *(vizet csatorna)* amener; **7.** *(gyűjteménybe)* recueillir; collectionner
összegyűjtés 1. (r)assemblement *m;* **2.** *(népességé)* agglomération *f;* **3.** *(dolgoké)* collection; réunion *f;* *(adatoké)* réunion; **4.** *(termékeké)* ramassage *m;* récolte *f;* *(kereskedelmi célra)* collecte *f*
összegyűl; összegyülekezik 1. *(emberek)* se rassembler; se réunir; s'attrouper; s'aligner; **2.** *(tárgyak)* s'amasser; se ramasser
összegyűr froisser; chiffonner; friper; ~ve en chiffon; *(egy csomóba)* en tapon
összegyűrődik se froisser; se chiffonner
összehadar; mindenfélét ~ débiter toutes sortes d'inepties
összehajlik se rapprocher; se rejoindre en pliant
összehajt (re)plier; assembler
összehajtható pliant; articulé, -e; ~ *ágy* lit pliant; lit-cage *m;* ~ *asztal* table repliable *f;* ~ *szék* chaise pliante
összehangol 1. accorder; syntoniser; **2.** *a színeket* ~ja marier les couleurs; **3.** *átv:* coordonner; mettre au diapason; accorder
összehangolt [~ak, ~at] **1.** *rád:* syntonisé, -e; **2.** *átv:* ~ *lépés* démarche concertée
összehangzás consonance *f;* accord *m;* harmonie *f*
összeharácsol accaparer; ramasser en rançonnant
összeharapdál mordiller; entamer *v* blesser à coups de dents
összehasogat 1. fendiller; lacérer; déchirer; **2.** *(fát)* débiter; fendre
összehasonlít 1. faire entrer en comparaison (qc à *v* avec qc); comparer à *v* avec qc; mettre en parallèle; assimiler à qc; *nem lehet* ~ni *(a kettőt)* il n'y a pas de comparaison à faire; **2.** *(okmányokat, szövegeket)* collationner; comparer; **3.** *(egyenlő rangra helyezve)* égaler à q
összehasonlítás 1. comparaison *f;* rapprochement; parallèle *m;* *(nyomozási adatoké)* recoupement *m;* ~t *tesz* établir *v* faire la *v* une comparaison (entre...); **2.** *(iratoké)* collationnement *m;* comparaison; **3.** *nyelv:* comparaison
összehasonlító [~k, ~t] **1.** *(tudomány)* comparé, -e; comparatif, -ive; ~ *alany* sujet témoin *m;* ~ *jogtudomány* droit comparé; ~ *táblázat* tableau synoptique *m;* synopse *f;* **2.** *nyelv:* ~ *határozószó* adverbe comparatif
összeházasodik s'allier; se marier
összehív convoquer; assembler; réunir; ~ja *a nemzetgyűlést* convoquer les Chambres
összehívás convocation *f;* assemblement *m*
összehord 1. entasser; ramasser; amonceler; accumuler; **2.** *(könyvből)* compiler; **3.** ~ *hetet-havat* parler à tort et à travers; divaguer
összehoz 1. *(vkit vkivel)* ménager une entrevue *v* une rencontre de q avec q; rapprocher; mettre en présence; ~ *egy házasságot* nouer une partie; **2.** *(összeget)* réunir; rassembler; **3.** *(szavazatokat)* totaliser
összehúz 1. serrer; resserrer; *(kabátot a mellén)* croiser; **2.** *(függönyt, zsinórt)* tirer; serrer; **3.** *(étel, szer)* resserrer; **4.** *(kinyújtott testrészt)* replier; **5.** *nyomd:* *(betűket)* rapprocher; **6.** ~za *magát* se ratatiner; se pelotonner; *(szerénységből)* s'effacer; *(takarékosságból)* se restreindre; se resserrer
összehúzódás 1. resserrement *f;* contraction; astriction *f;* retrait; ramassement; étranglement *m;* **2.** *(felületi)* retrait *m;* **3.** *(görcsös)* crispation *f;* **4.** *(orv)* rétraction *f;* *(szívé)* systole (cardiaque) *f*
összehúzódik 1. se contracter; se resserrer; se ratatiner; se recroquevil-

összeilleszt 743 **összeköt**

ler; 2. *(görcsösen)* se crisper; 3. *ld:* **összehúzza magát**
összeilleszt assembler; ajointer; abouter; joindre *v* mettre à bout; aboucher; emboîter; *(összeillő dolgokat)* assortir; marier
összeillesztés assemblage; ajustage; aboutement; abouchement; emboîtement *m; (összeillő dolgoké)* assortiment *m*
összeillik 1. ~ *vmivel* aller bien avec qc; cadrer avec qc; s'assortir avec qc; convenir à qc; s'harmoniser avec qc; 2. ~ *egymással* aller bien ensemble; s'assortir; se convenir; s'harmoniser entre eux; *gúny: jól* ~*enek* les deux font bien la paire
összeír 1. recenser; 2. *(leltárba)* inventorier; 3. *(adatokat)* recueillir; consigner *v* relever par écrit; 4. *(könyvekből)* compiler; 5. *(katonaköteleseket)* porter *v* inscrire sur le tableau de recensement; 6. *(két szót)* écrire en un mot
összejár I. *(tgyl i)* vkivel ~ se voir; se fréquenter; frayer ensemble; **II.** *(tgy i)* ~*ja a várost* parcourir toute la ville
összejátszás 1. collusion; complicité; connivence *f;* 2. *a körülmények* ~*a* un ensemble de circonstances
összejátszik 1. *(vkivel)* être de connivence *v* d'intelligence avec q; avoir partie liée avec q; ~ *az ellenséggel* avoir des intelligences avec l'ennemi; 2. *jog:* colluder; *minden* ~ *vesztére* tout conspire à sa perte
összejön 1. *(vkivel)* rencontrer q; se rencontrer avec q; *(többször)* voir q; 2. *(többen)* se réunir; 3. *(dolgok)* se réunir
összejövetel réunion; assemblée; rencontre *f; titkos* ~ conciliabule *m*
összekap 1. *(vkivel vmin)* se prendre de querelle avec q au sujet de qc; 2. *egymással* ~*nak* s'attraper; s'empoigner; s'accrocher
összekapcsol 1. *(akasztóval stb.)* attacher; accrocher; agrafer; *(vagont)* atteler; *(csilléket)* accrocher; 2. *(vezetéket)* raccorder; *(végével)* abouter; 3. *(tárgyakat)* réunir; accoler; 4. *(két nevet)* accoler; 5. *(vmit vmihez)* joindre *v* adjoindre *v* relier qc à qc; 6. combiner; coordonner; réunir
összekapcsolódik 1. *(tárgyak)* être mis(e) bout à bout; s'emboîter; *(géprész)* s'enclencher; 2. *(csövek)* être raccordé(e); 3. *(vonalak, fonalak)* s'entrelacer; 4. *(átv)* se combiner; s'enchaîner; être lié(e)
összekarcol égratigner; griffer
összekaszabol sabrer; passer au fil de l'épée
összekavar 1. mélanger; brasser; 2. *(dolgot)* embrouiller; emmêler; 3. *(két dolgot)* confondre
összekavarodik s'embrouiller; s'emmêler
összeken salir; souiller; *(arcát)* barbouiller
összekever 1. mélanger qc à qc; mêler qc avec qc; 2. *(festéket, színeket)* mêler; panacher; 3. *(összetévesztve)* confondre; 4. *(zavart keltve)* emmêler; embrouiller; enchevêtrer; compliuer
összekeveredés 1. mélange *m;* 2. *pej:* entremêlement *m;* confusion *f*
összekoccanás brouillerie *f;* chamaillis *m*
összekócol [~tam, ~t, ~jon] décheveler
összekotyvaszt fricasser
összekovácsol 1. rassembler *v* réunir en forgeant; 2. *(házasságot)* agencer un mariage
összeköt 1. *(kettőt egymáshoz)* attacher (l'un à l'autre); 2. *(átkötve)* ficeler; 3. *(összeköttetést létesítve)* relier; rattacher; 4. *(szeggel)* river; 5. *(gerendákat)* assembler; 6. *ép: (köveket)* enlier; 7. *vill:* connecter; brancher sur...; 8. *(szobákat ajtóval)* faire communiquer; 9. *a betűket* ~*i* lier les lettres; 10. *(házasokat)* unir; 11. *átv:* associer; allier; joindre; réunir; marier *(mind:* à qc); ~*i a hasznot a kellemessel* joindre l'utile à l'agréable; 12. *vmivel van* ~*ve* s'accompagner de qc; entraîner qc

összekötő [~k, ~t] I. *(mn)* de liaison; de communication; ~ *jel* trait *m* d'union; ~ *kapocs* crampon *m*; *(átv:)* trait *m* d'union; ~ *láncszem* chaînon; maillon *m*; II. *(fn)* 1. agent *m* de liaison; 2. *futb:* intérieur *m*; 3. *(szőnyeg)* chemin; passage *m*
összekötöz 1. *(embert)* ligoter; garrotter; 2. *(csomagot)* ficeler; nouer
összeköttetés 1. liaison; communication; jonction *f*; 2. *vill:* interconnection; connexion *f*; 3. *(személyi)* relations *f pl*; rapports *m pl*; accointance *f*; *(ellenséggel)* intelligences *f pl*; *magas* ~*ek* hautes *v* belles relations; ~*be lép* entrer en relation avec q; *(üzleti)* se lier d'affaires avec q; ~*ben áll vmivel* se relier à qc; se rattacher à qc; 4. *kat:* liaison; jonction; communication *f*; 5. *rád:* transmission *f*
összekuporgat amasser sou par sou
összekuporodik s'accroupir; se peloter
összekuszál 1. enchevêtrer; emmêler; *haját* ~*ja vkinek* ébouriffer q; 2. *átv:* enchevêtrer; embrouiller; compliquer; désorganiser
összekuszálódik 1. s'enchevêtrer; s'embrouiller; se compliquer; *(hajról)* s'ébouriffer; 2. *minden* ~ *az emlékezetében* tout se confond dans sa mémoire
összekülönbözik *vkivel* se brouiller avec q
összelapít aplatir; écraser; écrabouiller
összelapul 1. s'aplatir; 2. *(felfújt)* se dégonfler
összelop(kod) rassembler *v* réunir à force de vol
összelyuggat cribler de trous
összemarakodik 1. *(kutyák)* se livrer une bataille à coups de morsure; 2. *átv:* se prendre aux cheveux
összemarcangol déchirer; mettre en pièces
összemegy 1. *(mosásban)* se rétrécir (au lovage); *(szövet)* raccourcir; se rapetisser; 2. *konyh:* (se) réduire; 3. *(tej)* faire prise; *a tej* ~ *le lait tourne*

összemér *(két dolgot)* mesurer l'un à l'autre; rapporter qc à qc; ~*i erejét* mesurer ses forces avec q
összemorzsol broyer
összeműködik collaborer; conjuger leurs efforts
összenéz 1. se consulter du regard; 2. *(iratokat)* collationner
összenövés 1. adhérence; fusion *f*; *(szerveké)* concrescence *f*; *(csonté, sziromleveleké)* soudure *f*; 2. *orv:* adhérence; coalescence; concrétion *f*; 3. *geol:* coalescence; concrétion *f*
összenyom 1. comprimer; écraser; 2. fouler
összeolvad 1. s'amalgamer; s'allier; 2. *átv:* fusionner; s'assimiler à...
összeolvaszt 1. (faire) fondre ensemble; allier; 2. *átv:* faire fusionner; opérer la fusion de qc
összeomlás 1. *(tárgyé)* effondrement; écroulement *m*; 2. *(anyagi, erkölcsi)* effondrement; écroulement *m:* débâcle; ruine *f*; *erkölcsi* ~ affaissement moral; *politikai* ~ cataclysme *m*; 3. *ker:* désastre *m*; déconfiture; débâcle *f*
összeomlik 1. *(tárgy)* s'effondrer; s'écrouler; s'affaisser; tomber en ruines; 2. *(intézmény)* s'effondrer; sombrer; périr; 3. *sp:* succomber; 4. *átv:* s'effondrer
összeölelkezik s'étreindre; se donner l'accolade; s'embrasser
összepárosít apparier; accoupler
összepiszkít; összepiszkol salir; souiller; souillonner
összerág 1. *(ételt)* mâcher; ronger; 2. *(kártevő)* ronger
összeragaszt coller; recoller; faire tenir avec qc; *két dolgot* ~ coller deux choses ensemble
összerak 1. composer; recomposer; 2. *egymás mellé* ~ mettre ensemble; 3. *(illesztve)* mettre bout à bout; ajuster; 4. *ruhát* ~ replier une robe; 5. *(pénzt)* réunir; amasser
összeráncol froncer; rider
összeráz 1. secouer; agiter; remuer; 2. *(járműé)* cahoter
összerezzen tressaillir; sursauter

összerogy s'écrouler; s'abattre; s'affaisser; s'effondrer; succomber; ~ *a teher alatt* rompre sous la charge *v* le poids
összeroncsol abîmer; *(golyó)* fracasser; broyer; *(gázolás)* écrabouiller; broyer
összeroppan s'affaisser; s'effondrer; s'écrouler
összeroppanás *(erkölcsi)* marasme; effondrement *m*
összeröffen [~t, ~jen] s'aboucher
összes [~et] total; intégral; global, -e; entier, -ière; tout le..., toute la...; tous les..., toutes les...; la totalité des...; majdnem az ~.... la presque totalité de qc; ~ *bevétel* recette totale; ~ *jövedelem* revenu global; ~ *követelés* le total des crédits; ~ *művek* œuvres complètes; intégrale *f*; ~ *veszteség* perte totale; le total des pertes
összesároz crotter; couvrir de boue
összesen au total; en tout; en somme; en totalité; globalement
összesereglik s'attrouper
összesít [~ettem, ~ett, ~sen] totaliser; additionner; concentrer
összesítés 1. réunion; concentration *f*; 2. bordereau *m*; statistique *f* d'ensemble; 3. *jog:* büntetések ~e confusion *f* de peines
összesség 1. totalité; somme *f*; ensemble; total *m*; intégralité *f*; *az emberi ismeretek ~e* la masse des connaissances humaines; 2. collectivité *f*
összesűrít condenser; concentrer
összeszabdal taillader; *(teljesen)* déchiqueter à coups de sabre
összeszaggat déchirer; lacérer; dilacérer
összeszalad accourir; s'attrouper; se rassembler
összeszámol 1. compter; faire le compte de qc; 2. *(népességet)* recenser; dénombrer
összeszárad se dessécher; sécher; se ratatiner
összeszed 1. ramasser; recueillir; réunir; *(bőven)* moissonner; ~*i emlékeit* recoudre ses souvenirs; ~*i min-*

den erejét rassembler toutes ses forces; ~*i gondolatait* rasseoir ses idées; se recueillir; 2. **mindenünnen** ~*ett fegyverek* armes *f pl* de récupération de toutes origines; 3. *(csapatokat)* rallier; 4. *(tolvaj, rabló)* rafler; 5. *(betegséget)* attraper; 6. ~*i magát* se ressaisir; prendre son courage à deux mains; ramasser ses forces; *(egészségileg)* se remettre; *(gondolatban)* se recueillir
összeszedelőzködik ramasser ses effets *v* ses bagages
összeszerel assembler; *(tutajt)* coupler
összeszerkeszt 1. *(szerkezetet)* construire; monter; 2. *(írást)* rédiger
összeszid remettre à sa place; gronder; gourmander; rabrouer
összeszokik prendre le pli de q; s'habituer aux manières de q; s'accoutumer l'un à l'autre
összeszólalkozik *(vkivel)* échanger des mots vifs avec q; en venir aux gros mots
összeszorít resserrer; comprimer; serrer; ~*ja ajkát* pincer ses lèvres
összeszorul 1. se resserrer; s'étreindre; se rétrécir; ~ *a torka (izgatottságtól stb.)* avoir un nœud à la gorge; 2. *(egy helyen)* s'entasser; se masser; 3. *(völgy, üveg nyaka)* s'étrangler; se rétrécir
összeszövetkezik s'allier; s'associer; se conjurer; conspirer; lier partie avec q
összeszurkál larder *v* cribler *v* blesser de coups *(pl. de couteau)*
összeszűkül 1. se rétrécir; se resserrer; 2. *(völgy, cső, edény)* s'étrangler; 3. *átv:* gondolatvilága ~ son esprit se rétrécit
összeszűr 1. filtrer *v* passer ensemble; 2. ~*i a levet vkivel* s'entendre *v* pactiser avec q; se donner le mot
összetákol 1. ajuster tant bien que mal; échafauder; 2. *(kijavítva)* rafistoler; rabob(el)iner; replâtrer
összetalálkozás 1. rencontre *f*; 2. coïncidence *f*
összetalálkozik 1. *(vkivel)* se rencontrer avec q; rencontrer q; 2. *(dolgok)* coïncider; se rencontrer

összetapad 1. adhérer à qc; coller à qc; *(egymással)* coller ensemble; **2.** s'agglutiner; s'agglomérer
összetapos piétiner; fouler aux pieds
összetársít associer; allier
összetársul s'associer; s'allier
összetart 1. *(egymás között)* se soutenir; s'entraider; se donner la main; **2.** *(vmit)* maintenir (en position); **3.** *(anyagot)* lier; **4.** *(vonal, szándék)* converger
összetartás 1. solidarité; entraide *f;* *családi* ~ esprit *m* de famille; **2.** *(anyagban)* cohésion; consistance; adhérence *f;* **3.** convergence *f; mat:* *számsor* ~*a* convergence de série
összetartozás 1. connexion; connexité; inhérence *f;* **2.** solidarité *f; az emberi* ~ *érzése* la solidarité humaine
összetartozik 1. ne faire qu'un avec qc; se faire pendant; **2.** être en connexion *v* en connexité
összetartozó connexe; inhérent, -e; homogène; solidaire
összetekeredik 1. s'enrouler; *(kötél, kígyó)* se lover; **2.** se tortiller
összetép 1. déchirer; mettre en pièces; **2.** *(állat)* déchiqueter
összeterel rassembler; ramener (dans)
összetesz 1. réunir; assembler; composer; **2.** *nyelv:* *(szót)* composer; **3.** *(vmit vmivel)* joindre *v* ajouter qc à qc; ~*i a kezét* joindre les mains; ~*ik pénzüket* réunir leurs fonds
összetétel 1. composition; combinaison; alliance; synthèse *f; egy bizottság* ~*e* la structure d'une commission; **2.** *(vegy)* composition; constitution; synthèse; **3.** *nyelv:* composition *f*
összetett 1. composé(e) *(vmiből:* de...); *nem* ~ incomposé, -e; ~ *arány* raison composée; ~ *függvény* fonction composée; *áll:* ~ *szem* œil *m* à facettes; **2.** complexe; ~ *fogalom* idée complexe *f;* ~ *szám* nombre complexe *m;* **3.** *nyelv:* composé, -e; ~ *alany* sujet complexe *m;* ~ *mondat* phrase complexe *f;* ~ *múlt idő* passé composé; **4.** ~ *kézzel kéri* prier à mains jointes
összetéveszt confondre; prendre l'un pour l'autre; ~ *vkit vkivel* prendre q pour un autre; *gúny:* ~*i a filagóriát az allegóriával* confondre autour avec alentour
összetévesztés confusion; erreur *f* en la personne
összetevő [~k, ~t] **1.** composant; facteur *m;* **2.** *fiz:* *(erő)* composante *f*
összetevődik [~ött, ~jék *v* ~jön] ~ *vmiből* se composer de qc; se constituer de qc
összetold assembler; joindre; réunir
összetorlódás 1. amoncellement; engorgement *m;* **2.** *(forgalomé)* embouteillage; embouteillement *m;* **3.** *(jégé)* embâcle *m*
összetorlódik 1. s'amonceler; **2.** *(forgalom)* s'embouteiller; se congestionner de qc
összetömörül 1. se condenser; **2.** se masser; s'agglomérer
összetöpörödik 1. se ratatiner; se recoquiller; **2.** *(gyümölcs)* se recornir
összetör 1. casser; briser; mettre en pièces; *(mozsárban)* piler; ~*öm a csontját!* je lui romprai bras et jambes; **2.** *(gyümölcsöt)* taler; **3.** ~*ve (fáradtságtól)* moulu, -e; rompu(e) de fatigue; fourbu; recru, -e
összetörik se casser; se briser
összetört *(ember)* effondré; fini, -e
összetűz *(vkivel)* se brouiller avec q; avoir maille à partir avec q
összetűzés *(civakodva)* collision; brouillerie; altercation *f; kat:* accrochage *m;* escarmouche *f*
összeül 1. *(tanácskozásra)* se réunir en conseil *v* pour délibérer; **2.** *(a Parlament)* être convoqué(e); **3.** *(vkivel)* se concerter avec q; s'aboucher avec q
összeütközés 1. collision *f;* choc; heurt *m;* **2.** *(vasúti)* tamponnement *m; (járművel)* accrochage *m;* collision *f;* **3.** *(hajóké)* abordage *m;* **4.** *kat:* accrochage *m;* mêlée; rencontre *f;* **5.** *(érdekeké, eszméké)* conflit; choc *m;* collision *f; az érdekek* ~*e le froissement des intérêts*

összeütközik 1. se heurter (contre qc); **2.** *(jármű)* entrer en collision; se jeter sur qc; *(elkapva)* accrocher q; **3.** *(vonat a másikkal)* tamponner qc; se tamponner; *(beleszaladva)* se télescoper; **4.** *haj:* s'aborder; aborder qc; **5.** *(sereg)* se rencontrer
összeütődik 1. *(két tárgy)* se heurter; **2.** *(egyik a másikkal)* heurter qc; choquer qc; **3.** *(hajók)* s'aborder; **4.** *(rongálódva)* se détériorer
összevág I. *(tgy i)* hacher; détailler; *(fát)* débiter; **II.** *(tgyl i)* *(egyezik)* concorder; être concordant(e); cadrer à *v* avec qc
összeválogat 1. assortir; sélectionner; trier; *(párjával)* appareiller; **2.** *(csapatot)* composer
összevarr 1. coudre ensemble; recoudre; assembler; **2.** *orv:* faire un point de suture à q
összevarrás 1. *(ruhadaraboké)* assemblage *m;* **2.** *orv:* couture; suture *f*
összevásárol 1. acheter la totalité de qc; ~ja a tojást ramasser les œufs; **2.** *pej:* rafler; *(üzér)* accaparer
összevegyül s'entremêler; se mêler
összever 1. *(tárgyakat egymással)* heurter; choquer; **2.** ~i a bokáját joindre les talons; **3.** *(vkit)* rouer *v* bourrer *v* briser *v* moudre de coups; *(rendőrségen)* passer à tabac *biz;* irtózatosan ~ assommer
összeverekedik se colleter; se prendre aux cheveux; en venir aux mains
összevész [-vesztem, -veszett, veszszen össze] *(vkivel)* se brouiller avec q; se fâcher avec q
összeveszés brouille; brouillerie; dispute; prise *f* de bec; désunion *f*
összevet 1. faire entrer en comparaison; mettre en parallèle; comparer à *v* avec qc; *vö. (vesd össze) fentebb* cf. (conférez) *supra v* ci-dessus; **2.** *(nyomozási adatokat)* recouper
összevéve; mindent ~ en dernière analyse; en fin de compte; somme toute
összevissza I. *(hat)* **1.** à tort et à travers; sens dessus dessous; pêle-mêle; sans choix; ~ beszél bafouiller; tenir des propos incohérents;

(félrebeszélve) battre la campagne; délirer; *(öregesen)* radoter; ~ dobál mettre sens dessus dessous; ~ forgat tourner et retourner (dans tous les sens); ~ forgatja agyában tourner et retourner dans sa tête; ~ hazudik conter des histoires en l'air; débiter des mensonges; ~ szaladgál courir çà et là *v* dans tous les sens; **2.** *(körülbelül)* l'un portant l'autre; l'un dans l'autre; en somme; *grosso modo;* **II.** *(mn)* ~ beszéd radotage; bafouillage; galimatias; rabâchage *m*
összevisszaság confusion *f;* désordre; désarroi; chaos; tohu-bohu; méli-mélo *m*
összevon 1. *kat:* concentrer; masser; assembler; **2.** *(csökkentve)* réduire; **3.** *(intézményeket)* réunir; fondre ensemble; **4.** *mat:* réduire; **5.** *nyelv:* contracter; **6.** ~ja a szemöldökét froncer les sourcils
összezavar 1. désorganiser; brouiller; embrouiller; **2.** *(két dolgot)* confondre; prendre une chose pour une autre
összezavarodik [~tam, ~ott, ~jék *v* ~jon] **1.** *(dolgok)* se déranger; s'emmêler; **2.** *(vki)* être confondu(e); se démonter; s'affoler
összezúz 1. *(vkit, testrészt)* écraser; fracasser; écrabouiller; **2.** *(anyagot)* concasser; piler; broyer
összezsúfol entasser; masser; encaquer
összezsugorodás 1. racornissement; recroquevillement *m;* **2.** *(testrészé)* contraction; atrophie *f;* **3.** *orv: (idegeké, izmoké)* retirement *m*
összezsugorodik 1. *(ember)* se ratatiner; se rabougrir; *(testrész)* se contracter; **2.** *(tárgy)* se recroqueviller; se racornir; **3.** *átv:* ~ vmivé se réduire à qc
összfogyasztás consommation totale
összhang 1. harmonie *f;* accord *m;* *(színeké)* rapport *m* de tons; **2.** *(lelki)* concorde; unité *v* communauté *f* des vues; ~ban hoz coordonner; *(érdekeket)* concilier; ~ban vmivel en conformité avec qc; à l'unisson de qc; ~ban áll vmivel s'accorder à qc
összhangzás consonance; harmonie *f;* accord *m*

összhangzat harmonie *f;* accord *m*
összhangzattan (théorie *v* science *f* de) l'harmonie *f*
összhatás effet *m v* impression *f* d'ensemble
összhatásfok *müsz:* rendement total
összjáték ensemble *m;* jeu collectif
összjövedelem revenu total
összkomfort grand confort; tout (le) confort (moderne)
összköltség dépense totale
összlétszám effectif complet *v* total
összmunkabér masse globale des salaires
összpontosít centraliser
összteljesítmény rendement total
össztűz décharge; salve *f;* feu *m* de salve
ösztöke aiguillon *m;* (*hajcsáré*) touche *f*
ösztökél [~tem, ~t, ~jen] 1. aiguillonner; 2. *átv:* aiguillonner; stimuler; provoquer
ösztökélés 1. aiguillonnement *m;* 2. *átv:* aiguillon *m;* stimulation *f;* coup *m* d'éperon; *a vágy ~e* l'aiguillon du désir
ösztön [~ök, ~t, ~e] 1. instinct *m;* 2. (*szimat*) flair *m;* instinct
ösztöndíj bourse *f;* (*egyetemi*) allocation *f* d'études
ösztöndíjas boursier, -ière (*n*)
ösztönélet vie des instincts *v* de l'instinct; vie végétative
ösztönös [~ek, ~et] instinctif; intuitif, -ive; ~ *mozdulat* réflexe *m*
ösztönöz [~tem, -nzött, ~zön] 1. aiguillonner; stimuler; convier à (*inf*); 2. (*csak rosszra*) induire à (*inf*) *v* à qc
ösztönszerű instinctif, -ive; spontané, -e
ösztönzés impulsion *f;* aiguillonnement *m;* stimulation *f;* stimulus *m;* instigation *f;* *vkinek ~ére* à l'instigation de q
ösztönző [~ek, ~t; ~en] suggestif, -ive; stimulant, -e; ~ *erő* stimulant; aiguillon *m*
ösztövér [~ek, ~t; ~en] maigre; amaigri; efflanqué, -e
őszül [~tem, ~t, ~jön] blanchir; grisonner
öszvér [~ek, ~t, ~e] mulet *m;* mule *f*

öszvérhajcsár muletier *m*
öszvérkanca jument mulassière; mule *f*
öt [ötöt] cinq
őt 1. lui; c'est lui que; 2. (*ige előtt*) le, la, l'; *láttam őt* je l'ai vu(e)
ötéves de cinq ans; ~ *terv* quinquennat; plan quinquennal
ötlet 1. (*szellemes*) trait *m* (d'esprit); saillie *f;* (bon) mot; boutade *f;* 2. (*hirtelen gondolat*) idée; suggestion; inspiration; *f;* (*szeszélyes*) caprice *m;* foucade *f;* *jó ~e támadt* une bonne idée lui vint; *soha nem fogy ki az ~ekből* il n'est jamais à court d'imagination; 3. (*irod, műfaj*) bluette *f;* *film,* szính: gag *m*
ötletes [~ek, ~et; ~en] 1. (*ember*) plein(e) de saillies *v* plein d'esprit; 2. (*dolog*) ingénieux, -euse; spirituel, -elle
ötlik [~öttem, ~ött, ötöljön] *eszébe* ~ venir à l'esprit de q; *szembe* ~ sauter aux yeux; s'imposer au regard
ótórai de cinq heures; ~ *tea* cinq à sept; five-o'clock *m*
ötöd [~ök, ~öt, ~e] 1. (*rész*) cinquième *m;* 2. (*zene*) quinte *f*
ötödik [~et, ~e] I. (*mn*) 1. cinquième; *az ~ felvonás* l'acte cinquième; *az ~ hadoszlop* la cinquième colonne; ~ *kerék (kocsin)* avant-train tournant; (*átv:*) la cinquième roue; 2. *V. László* Ladislas V (*olvasva:* cinq); II. (*fn*) ~*be jár* il fait sa cinquième
ötöl-hatol [ötölt-hatolt, ötöljön-hatoljon] bredouiller; bafouiller
ötös [~ök, ~t, ~e] I. (*mn*) ~ *ikrek* quintuplées; quintuplettes *f pl;* II. (*fn*) 1. (*szám*) un cinq; le numéro cinq; 2. (*vers*) pentamètre *m;* 3. *zen:* quintette *m;* 4. (*találat*) le gros lot
ötösfogat attelage *m* en arbalète
ötszáz cinq cents
ötszög pentagone *m*
öttusa pentathlon *m*
ötven [~et] cinquante
ötvény alliage *m*
ötvös [~ök, ~t] orfèvre *m*
ötvösjegy poinçon *m*
ötvösmesterség orfèvrerie *f*

ötvösmunka ouvrage *m* v pièce *f* d'orfèvrerie
ötvösműhely atelier *m* d'orfèvre
ötvöz [~tem, ~ött, ~zön] allier
ötvözet alliage *m;* az ~ *finomsága* le titre d'alliage
öv [~ek, ~et, ~e] **1.** ceinture *f; (tüllből, selyemből)* écharpe *f; övében hord* porter à sa ceinture; *megoldja vkinek az övét* dénouer la ceinture de q; **2.** *(terület)* ceinture; zone *f*
övé [~t, ~i] **1.** *az* ~ le sien, la sienne; **2.** *ez az* ~ ceci est à lui v à elle
övéi [~t] *az* ~ *(családja)* les siens; ses proches
övék [~et] **1.** *az* ~ le v la leur; **2.** *ez az* ~ ceci est à eux v à elles
övez [~tem, ~ett, ~zen] **1.** *(terület)* entourer de qc; ceindre de qc; encercler dans qc; **2.** *(nimbusz)* auréoler; cercler; couronner
övezet enceinte; zone *f;* périmètre *m; kat:* secteur *m*
övsömör *orv:* zona (dorso-abdominal); (herpès) zoster *m*
övszalag extra-fort *m*
övszíj ceinturon *m*

őz [~ek, ~et, ~e] chevreuil *m; (tehén)* chevrette *f; kis* ~ faon *m*
őzgerinc selle *f* de chevreuil
őzgida faon *m; (kicsi)* chevrotin *m*
özön [~ök, ~t, ~e] flux; flot *m;* affluence *f; dicséretek* ~*e* un concert d'éloges; *a szitkok* ~*e* une bordée v une averse d'injures; ~*ével érkezik* arriver en abondance
özönlés affluence *f;* déferlement; rush *m*
özönlik [~eni, ~ött, özönöljék v özönöljön] **1.** *(ár)* se déverser; déferler sur qc; **2.** *(emberek)* affluer; déborder
özönvíz déluge *m;* ~ *előtti* antédiluvien, -enne
őzpecsenye chevreuil rôti
őzsuta chevrette *f*
özvegy [~ek, ~et, ~e] *(mn és fn)* veuf, veuve
özvegyi [~ek, ~t] de veuve; ~ *fátyol* voile *m* des veuves; ~ *haszonélvezet* usufruit *m* de l'épouse survivante; ~ *nyugdíj* pension *f* de veuve
özvegység veuvage *m;* viduité *f;* ~*re jut* devenir veuf v veuve

# P

P *(betű, hang)* p m
pá! [~t] au revoir, chéri !
pác [~ot, ~a] **1.** *konyh:* marinade *f;* **2.** *(cserző)* jusée *f;* **3.** *(bútor)* vernis (colorant); **4.** *(festéshez) (diópác)* brou *m;* **5.** *átv:* marmelade *f; benne van a* ~*ban* être dans une mauvaise passe *v* dans le pétrin
pacal [~t] tripes *f pl;* gras-double *m*
páciens [~ek, ~t, ~e] consultant; malade; client, -e *n*
pacifista [-ák, -át] pacifiste *(n)*
packa [-ák, -át] pâte *m;* tache *f* d'encre
packázás bravade *f; a hivatalok* ~*ai* les chinoiseries *f pl* des bureaux
pácol [~tam, ~t, ~jon] **1.** *(ételt)* mariner; **2.** *(bőrt)* macérer; tanner; **3.** *(szövetet)* mordancer; **4.** *(fát)* brunir
pacsirta [-ák, -át, -ája] alouette *f*
pacsirtaszó chant de l'alouette; tirelire; grisollement *m*
pacsuli [~k, ~t, ~ja] patchouli *m*
pad [~ok, ~ot, ~ja] **1.** banc *m;* banquette *f; kerti* ~ banc rustique; *az iskola* ~*jain ismerkedik meg vkivel* se lier avec q dès les bancs du collège *v* sur les bancs de l'école; *a vádlottak* ~*ján* dans le box des accusés; sur la sellette; **2.** *műsz* banc, établi *m*
padlás combles *m pl;* grenier *m*
padlásablak *(kis kerek)* lucarne *f; (ferde)* fenêtre à tabatière
padlásszoba mansarde *f; (hitvány)* galetas *m*
padló [~k, ~t, ~ja] plancher *m; (parkettás)* parquet *m; (kövezett)* carrelage *m*
padlóbeeresztő encaustique *f*
padlófényesítő gép cireuse *f;* ~ *kefe* brosse *f* à parquet
padlógerenda solive *f*
padlóviasz cire *f* à *v* pour parquets
páfrány [~ok, ~t, ~a] fougère *f*

páholy [~ok, ~t, ~a] **1.** loge; *f (földszinti)* baignoire *f;* **2.** *átv:* ~*ból nézi az eseményeket* juger des coups
páholynyitogató nő ouvreuse *f* (de loges)
pajesz [~ok, ~t, ~a] papillote *f;* tire-bouchon *m*
pajkos [~ak, ~at] espiègle; folâtre; lutin; badin; mutin, -e
pajkoskodik [~tam, ~ott, ~jék *v* ~jon] faire des espiègleries; badiner
pajor [~ok, ~t, ~ja] ver blanc; man *m;* mordette *f*
pájsli [~k, ~t, ~ja] mou *m* (de bœuf)
pajta [-ák, -át, -ája] grange; remise *f;* hangar *m*
pajtás **1.** copain *m;* camarade *n;* **2.** *(leány)* copine; amie *f;* **3.** *(úttörő)* pionnier; vaillant; *(leány)* pionnière; vaillante
pajtáskodik [~tam, ~ott, ~jék *v* ~jon] ~ *vkivel* **1.** fraterniser; **2.** *pej:* être familier avec q
pajzán [~ok, ~t] folâtre; lutin; enjoué, -e
pajzánkodik [~tam, ~ott, ~jék *v* ~jon] folâtrer; lutiner
pajzs [~ok, ~ot, ~a] **1.** bouclier; pavois; écu *m;* **2.** *(záron)* entrée *f* de clé; *(fedőlap)* écusson *m;* **3.** *(bogáré)* bouclier
pajzsmirigy corps thyroïde *m;* (glande) thyroïde *f*
pajzsmirigytúltengés hyperthyroïdisme *m;* hypertrophie *f* de la thyroïde
pajzstetű coccidé; gallinsecte *m; kaliforniai* ~ coccidé de Californie
páka [-ák, -át, -ája] fer *m* à souder
pákász [~ok, ~t, ~a] pêcheur *m* des marécages
pakfong [~ok, ~ot, ~ja] pacfung; argentan *m*
pakk [~ok, ~ot, ~ja] paquet; bagage *m*

pakli [~k, ~t, ~ja] 1. bagage; paquet *m;* 2. *kárty:* jeu *m;* 3. *biz, pej:* combine *f*
pakol [~tam, ~t, ~jon] I. *(tgy i)* 1. *(vmibe)* envelopper; emballer; 2. *(fürdőn)* faire un enveloppement; *(iszapba)* envelopper dans de la boue; II. *(tgyl i) (útra)* faire ses malles; boucler sa valise; *de most ~j innen!* et maintenant fiche le camp!
pakolás 1. empaquetage *m;* 2. *(fürdőn)* bain *m* de boue; *nedves ~* enveloppement humide *m;* 3. *műsz:* bourrage; revêtement *m*
paksaméta [-ák, -át, -ája] 1. liasse *f* de papiers; dossier *m;* 2. fourbi; barda *m*
paktál [~tam, ~t, ~jon] pactiser
paktálás tractation; collusion *f*
Pál [~ok, ~t, ~ja] Paul *m; tudja ~, mit kaszál* il ne se mouche pas du pied
pala [-ák, -át] ardoise *f; ásv:* schiste *m*
palack [~ok, ~ot, ~ja] 1. bouteille *f; ~ alja* cul *m* de bouteille; *~ szája* goulot *m;* 2. *(vizes, rumos)* carafe *f; (kicsi)* carafon *m;* 3. *(átfonott, nagy)* tourie; bonbonne *f*
palackbor vin en bouteilles *v* bouché
palackgáz gaz portatif *v* porté *v* à bouteille
palackol [~tam, ~t, ~jon]; **palackoz** [~tam, ~ott, ~zon] mettre en bouteilles
palackolás; palackozás mise *f* en bouteilles; tirage *m* en bouteilles; *(boré, pezsgőé)* embouteillage *m*
palackzöld vert bouteille
palacsinta [-ák, -át, -ája] crêpe *f*
palahegység massif ardoisier
palakék bleu ardoise
palánk [~ok, ~ot, ~ja] 1. palissade *f;* perchis *m;* 2. *haj:* bordage *m;* 3. *(védőmű)* palanque *f*
palánta [-ák, -át, -ája] plant; pied *m*
palántáz [~tam, ~ott, ~zon] repiquer; mettre en place
palást [~ok, ~ot, ~ja] 1. manteau *m; az erény ~jában* sous le manteau de la vertu; 2. *egyh:* chape *f;* 3. *mat:* *(hengeré)* aire *v* surface latérale; nappe *f*
palástol [~tam, ~t, ~jon] pallier; masquer; voiler; déguiser; *~ egy hibát* pallier *v* couvrir une faute
palaszürke ardoisé, -e; gris ardoise; ardoise
palatábla ardoise *f; (tetőfedésre)* ardoise *f* à tablettes
pálca [-ák, -át, -ája] 1. canne; badine; baguette *f;* 2. *(nád)* jonc *m;* 3. *(karmesteri)* baguette; 4. *királyi ~* sceptre *m; -át tör vki felett* jeter la pierre à q
paleolitikum [~ok, ~ot] le paléolithique
paleontológia [-át] paléontologie *f*
palesztinai [~ak, ~t, ~ja] palestin, -e; palestinien, -enne
paletta [-ák, -át, -ája] palette *f*
pali [~k, ~t, ~ja] 1. *biz:* jobard *m;* poire *f;* 2. type *m*
pálinka eau-de-vie; liqueur *f; (borból)* brandevin *m; (ebéd előtt fogyasztva)* apéritif *m; egy pohár ~* un petit verre
pálinkafőző *(ember)* bouilleur; distillateur *m; (hely)* bouillerie; distillerie *f; (bolt)* assommoir *m*
pálinkamérés débit de boissons; bistrot *m nép*
pálinkázik [~tam, ~ott, ~zék *v* ~zon] boire de l'eau-de-vie; prendre des petits verres; *(éhgyomorra)* tuer le ver
Pallas Athéné Pallas Athéna; Athéné *f*
pallér [~ok, ~t, ~ja] maître d'œuvre; piqueur *m*
pallérozatlan impolicé, -e; rude; mal dégrossi(e)
palló [~k, ~t, ~ja] 1. *(deszka)* planche (de chemin) *f;* 2. *(hidacska)* passerelle *f;* 3. *haj:* sablière *f;* 4. *ld: padló*
pallos [~ok, ~t, ~a] glaive *m* (du bourreau)
pálma [-ák, -át, -ája] 1. palmier *m;* 2. *átv:* palme *f; ő vitte el a -át* c'est lui qui a décroché la timbale *gúny*
pálmafa palmier *m*

pálmalevél palme; feuille *f* de palmier
palota [-ák, -át, -ája] palais; hôtel *m*
pálya [-ák, -át, -ája] 1. *(vasúti)* voie *f;* *nyílt -án* en rase campagne; 2. *(bolygóé)* orbite *f;* *(égitesteké)* cours *m;* *befutja -áját* parcourir sa sphère; *-áját leírja* décrire sa révolution; 3. *sp:* piste *f; futb:* terrain *m* de jeu; stade *m;* 4. *(mozgó testé)* trajet *m;* 5. *(életpálya)* carrière; profession *f;* métier *m; vmilyen -ára megy* choisir *v* embrasser une carrière; *ragyogó -át fut meg* fournir une carrière brillante; *-át választ* faire choix d'une carrière
pályadíj prix *m;* ~*at tűz ki* offrir un prix
pályadíjas *mű* ouvrage couronné
pályafenntartás entretien *m* (de la voie)
pályafutás carrière *f*
pályamunkás poseur de la voie; piocheur *m*
pályamű ouvrage *v* travail présenté au concours
pályanyertes lauréat *v* gagnant *m* (d'un concours)
pályaőr garde-voie; garde-ligne *m*
pályaőrbódé guérite *f* de voie; *(sorompónál)* maison *f* du garde-barrière
pályaszakasz section *f;* tronçon *m*
pályatárs collègue; compagnon *m*
pályatest voie *f;* ballast *m*
pályatétel sujet mis au concours; concours *m*
pályaudvar gare *f;* *Keleti* ~ la gare de l'Est
pályaválasztási *tanácsadás* orientation professionnelle; ~ *tanácsadó (állomás, intézet)* office *m* d'orientation professionnelle
pályázat concours *m;* compétition; concurrence *f;* *(munkára)* adjudication *f;* ~*ra írja ki* mettre au concours; ~*ot ír ki (állásra)* publier la vacance d'un emploi; ~*ot ír ki (munkára)* ouvrir une adjudication
pályázati de *v* des concours; ~ *feltételek* règlement *m* des concours; conditions *f pl* du concours; *(közmunkára)* cahier *m* des charges

pályázik [~tam, ~ott, ~zék *v* ~zon] 1. *(vmire)* concourir pour qc; 2. *(állásra)* postuler qc; se mettre sur les rangs; poser sa candidature; 3. *átv:* *(óhajtva)* briguer qc; jeter son dévolu sur qc; viser qc
pamacs [~ok, ~ot, ~a] 1. toupet *m;* touffe *f;* 2. *(ecset)* pinceau *m*
pamlag [~ok, ~ot, ~ja] sofa; sopha; divan *m;* *(kicsi, szalonban)* canapé *m;* causeuse *f*
pamut [~ok, ~ja] coton *m*
pamutcérna fil retors de coton
pamutfonal fil de coton; filé; coton filé *v* joseph
pamutfonoda filature *f* de coton
pamutipar industrie cotonnière
pamutszövet tissu *m* de coton
pamutvászon toile *f* de coton; calicot *m*
panama [-át] tour *m* de bâton; gabegie *f;* tripotage *m*
panamaing chemise *f* en cellular
panamakalap panama; chapeau panama *m*
panamázik [~tam, ~ott, ~zék *v* ~zon] faire des tours de bâton; tripoter
panasz [~ok, ~t, ~a] 1. *(siránkozó)* plainte *f;* gémissement *m;* jérémiade *f;* 2. *áll:* réclamation *f;* ~*om volt rá* j'ai eu à me plaindre du lui; ~*t emel* porter plainte, formuler une plainte; 3. *jog:* action; demande *f;* recours *m; a felperesek ~ának helyt ad* faire droit aux plaignants; ~*t emel lopás miatt* déposer une plainte pour vol
panasziroda bureau *m* des plaintes *v* réclamations
panaszkodás récriminations; lamentations *f pl;* élégie *f*
panaszkodik [~tam, ~ott, ~jék *v* ~jon] 1. faire ses doléances; se plaindre; 2. *vmire* ~ se plaindre de qc; se lamenter sur qc; 3. *éles fájdalmakról* ~ se plaindre de douleurs aiguës; 4. *arról* ~, *hogy* il se plaint que *(subj v ind)* *v* de ce que *(ind)*
panaszkönyv registre *v* livre de réclamations; cahier *m* de doléances
panaszos [~ak, ~at] 1. plaintif, -ive; geigneux, -euse; ~ *hangon* d'une

páncél — papír

voix dolente; 2. ~ **beadvány** réclamation *f;* 3. *jog:* ~ *fél* partie plaignante; plaignant, -e *n*
páncél [~ok, ~t, ~ja] 1. armure *f; (lovon)* barde *f;* 2. *(dragonyosoké, vívó)* cuirasse *f;* 3. *(állaté)* corselet *m;* cuirasse; carapace *f;* 4. *(modern fegyveren)* blindage *m; (hajóé)* cuirasse; 5. *vill* blindage
páncél(gép)kocsi voiture blindée
páncélgránát grenade antichar *f*
páncélhajó cuirassé *m*
páncéllemez plaque *f* de blindage
páncélos [~ak, ~at; ~an] 1. *(mn)* 1. *rég:* bardé(e) (de fer); 2. *kat:* blindé, -e; ~ *autó* auto blindée; blindé *m;* 3. *áll:* testacé, -e; II. *(fn)* 1. blindé *m;* 2. *(hajó)* cuirassé *m;* 3. *(katona)* tankiste *m; a ~ok (alakulatok)* les chars; les unités blindées
páncélszekrény coffre-fort *m*
páncéltorony *haj, kat:* tourelle (blindée *v* cuirassée); *(erdőben)* coupole *f*
páncéltörő *ágyú* canon antichar *m*
páncélvonat train blindé
panel panneau *m;* 2. *vill* plaque *f* de montage
pang [~ott, ~jon] stagner; être dans le marasme; être stagnant(e)
pangás 1. stagnation *f (véré is);* marasme *m;* 2. *orv:* stase *f*
pánik [~ot, ~ja] panique *f;* sauve-p qui-peut *m*
pánikszerű *menekülés* fuite éperdue
anoptikum [~ok, ~ot, ~a] musée *m* de cire
panoráma [-át, -ája] 1. panorama *m;* 2. *film:* panoramique *m*
panoramikus *film* scope *m;* ~ *mozi* cinémascope
pánszláv panslave; panslaviste
pánt [~ok, ~ot, ~ja] 1. *(erősítésre)* bande *f* (de fer); 2. *(ajtón, ablakon stb.)* penture; paumelle; charnière *f;* 3. *átv:* patte *f;* 4. *(könyvön)* fermoir *m; (női cipőn)* barrette *f*
pantalló [~k, ~t, ~ja] pantalon *m*
pántlika ruban *m*
pantomim [~ok, ~ot, ~ja] pantomime *f;* mimodrame *m*

pántos [~ak, ~at; ~an] 1. armé(e) de bandes de fer; 2. *(cipő)* à boucle
pányva [-ák, -át, -ája] licou; lasso *m*
pap [~ok, ~ot, ~ja] *(mindenféle)* prêtre *m; (katolikus)* ecclésiastique; homme d'Église; abbé *m; (protestáns)* ministre; pasteur *m; jó ~ holtig tanul* on apprend toujours; *kinek a ~, kinek a ~né* chacun ses goûts en amour comme en ragoût; *~nak megy* se faire prêtre
papa [-ák, -át, -ája] papa *m*
pápa [-ák, -át, -ája] pape; souverain pontife *m; -ább a -ánál* plus catholique que le pape
papagáj [~ok, ~t, ~a] perroquet; jacquot *m*
papagájkór *orv:* psittacose *f*
pápai [~ak, ~t] papal, -e; du pape; pontifical, -e; apostolique; ~ *áldás* bénédiction apostoloque *f; Pápai Állam* les États pontificaux; *(legújabban)* la Cité du Vatican; ~ *bulla* bulle pontificale; ~ *körlevél* (lettre) encyclique *f;* bref *m;* ~ *követ (nuncius)* nonce apostolique *m;* ~ *követség* nonciature *f;* ~ *testőrség* garde noble *f;* les gardes suisses *m pl*
pápaszem lunettes *f pl;* ~ *szára* branche *f*
pápaszemes 1. portant lunettes; à lunettes; 2. *áll:* lunetté, -e; ~ *kigyó* serpent *m v* vipère *f* à lunettes; naja *m*
papi [~ak, ~t] sacerdotal, -e; hiératique; presbytéral, -e; *(csak katolikus)* ecclésiastique; ~ *civil* habit court; ~ *hivatás* vocation sacerdotale; ~ *jövedelmek* bénéfices presbytéraux; ~ *méltóság* prêtrise *f;* ~ *nevelés* éducation cléricale; ~ *sapka* calotte *f; nem fogadja el a ~ segédletet* refuser toute assistance religieuse; ~ *szellem* cléricalisme *m;* ~ *vagyon* biens ecclésiastiques *m pl;* ~ *vagyon felosztása v elvétele (államról)* sécularisation *f*
papír [~ok, ~t, ~ja] 1. papier *m; olajos ~ (lámpaernyők, lampionok készítésére)* transparent *m; a ~ türelmes* le papier souffre tout;

48 Magyar–Francia kéziszótár

a ~on sur le papier; en théorie; ~ra vet jeter sur le papier; (rajzot) croquer; ébaucher; nem tűri el a ~t la plume se refuse à décrire ...; le papier en rougirait; 2. papier; titre m; biztos ~ valeur f de père de famille; a francia ~ok les rentes françaises; 3. (bankjegy) billet m
papíráru article m de papeterie
papírdoboz carton m; boîte f en carton
papírfigura 1. bonhomme découpé; 2. (céllövésnél) silhouette f
papírforma papier m; -ára megfogad jouer le papier
papírgyár papeterie f
papírhéjú [~ak, ~t] ~ dió noix f à coquille mince; ~ mandula amande f princesse
papírhulladék chute f de papier; (nyesett) rognures f pl de papier
papíripar industrie du papier v papetière; papeterie f
papírkereskedés papeterie f
papírkosár corbeille v bannette f à papiers
papírkötés cartonnage m; ~ben cartonné, -e
papírlap feuille volante; feuille de papier
papírpénz monnaie fiduciaire f; papiermonnaie m; (szükségpénz) bon m de monnaie
papírpép pâte f de v à papier
papírspárga ficelle papier f
papírszagú livresque
papírszalag 1. ruban m de papier; 2. kert: enyves ~ (hernyó ellen) bandepiège engluée
papírszalvéta serviette f en papier de soie
papirusz [~ok, ~t, ~a] papyrus; palimpseste m
papírvágó kés couteau m à papier
papírvatta ouate f de cellulose
papírzacskó sachet; sac m en papier
papjelölt 1. (katolikus) séminariste; théologien m; 2. (protestáns) proposant; théologien m
paplan [~ok, ~ja] couvre-pieds m
paplanipar literie f
papmacska áll: hérissonne; chenille bourrue

papnevelő intézet (katolikus) séminaire m; (protestáns) théologie f; (zsidó) école f des rabbins
papol [~tam, ~t, ~jon] débiter; bavarder; mouliner
papos [~ak, ~t] cérémonieux, -euse; de calotin gúny
paprika piment; paprika; poivre rouge m; édes ~ piment doux
paprikajancsi 1. Polichinelle; Arlequin m; 2. (színház) guignol m
paprikás I. (mn) 1. pimenté, -e; au paprika; (étel) accommodé(e) à la hongroise; 2. ~ hangulatban van être d'une humeur massacrante; II. (fn) ragoût m (de mouton stb.) à la hongroise
papság 1. clergé m; cléricature f; 2. (papi minőség, papok összessége) sacerdoce m
papsapka 1. barrette f; 2. növ: fusain; évonyme m
papszentelés egyh: ordination f
papucs [~ok, ~ot, ~ja] pantoufle; babouche f; ócska ~ savate f
papucshős pantouflard; bonhomme m de mari
pár [~ok, ~t, ~ja] I. (fn) 1. paire f; couple (együtt élő, együtt tartott, szoktatott lények m; esetlegesen párosított lények, dolgok f); egy ~ harisnya une paire de bas; egy ~ ökör un couple v une paire de bœufs; 2. vminek a ~ja la paire; le pendant; nincs ~ja il n'a pas son égal; ~ját ritkítja il n'a pas son pareil; il n'y en a pas deux (comme lui v elle); élete ~ja le compagne de sa vie; tréf: sa (chère) moitié; II. (számn.) quelques; un certain nombre de ...; ~ lépésnyire à quatre pas; ~ sor (írás) un mot; un petit mot; ~ szóval sommairement
pára [-ák, -át] 1. (gőz) vapeur f; kilehelte -áját rendre le dernier souffle; 2. (gőzös) buée f; 3. szegény ~! la pauvre bête! (emberre:) le pauvre hère!
parabola [-ák, -át, -ája] parabole f
parádé [~k, ~t, ~ja] parade f; gala; étalage m; gúny: tralala m

parádésló cheval *m* de carrosse *v* de parade
parádézik [~tam, ~ott, ~zék *v* ~zon] se pavaner; parader; s'étaler
paradicsom [~ok, ~ot, ~a] **1.** *bibl*: paradis *m;* ~*ba jut* gagner le paradis; **2.** *átv*: paradis; eldorado *m;* **3.** *növ*: tomate *f*
paradicsomlé jus *m* de tomate
paradicsommadár *áll*: paradisier; oiseau *m* de paradis
paradicsommártás sauce tomate *f*
paradicsompaprika *növ*: piment tomate *m*
paradox [~ok, ~ot] paradoxal, -e
parafa 1. liège *m;* **2.** *növ*: suber *m*
parafál [~tam, ~t, ~jon] parafer; parapher
parafin [~ok, ~t, ~ja] paraffine *f*
parafinolaj huile de paraffine *v* paraffinée
paragrafus 1. paragraphe *m;* **2.** *(törvényben)* article *m*
paraj [~t, ~a] **1.** *(laboda)* épinard *m; (étel)* épinards *m pl;* **2.** *(gyom)* renouée *f;* **3.** mauvais herbe
paralelepipedon [~ok, ~t] *mat*: parallélépipède *m*
paralelogramma [-ák, -át, -ája] parallélogramme *m*
paralitikus paralytique
paralízis [~ek, ~t, ~e] paralysie; acinésie; acinèse *f*
parancs [~ok, ~ot, ~a] **1.** ordre *m;* injonction; consigne *f;* instructions *f pl;* ~*om van, hogy* j'ai des ordres pour *(inf);* ~*ra* par ordre; *vkinek* ~*ára* par *v* sous les ordres de q; ~*ot ad* donner *v* formuler *v* prononcer un ordre; intimer l'ordre de *(inf);* kiadja a ~ot donner la consigne; *követi a* ~*ot* observer la consigne; ~*ot teljesít* exécuter un ordre; **2.** *kat*: *(napi*~*)* ordre du jour; **3.** *(királyi stb.)* mandement *m rég;* **4.** *(vallási)* commandement *m;* **5.** *(erkölcsi)* précepte (moral)
parancskihirdetés distribution *f* des ordres; appel *m*
parancsnok [~ok, ~ot, ~a] commandant *m; (hajóé és légi járműé)* le commandant du bord

parancsnokság bureau du commandant; commandement; poste *m* de commandement; *átveszi a* ~*ot* prendre le commandement
parancsol [~tam, ~t, ~jon] **I.** *(tgy i)* **1.** commander de *(inf);* ordonner que *v* de *(inf);* enjoindre de *(inf);* donner *v* intimer l'ordre de *(inf); ő csak azt csinálja, amit parancsolnak neki* il n'agit que par ressort; **2.** *parancsol?* vous désirez? Monsieur désire? *ahogy* ~*ja* comme il vous plaira; ~*jon!* je vous en prie; *(kinálásnál)* servez-vous, je vous en prie! ~*jon velem* je suis à vos ordres; **3.** *tiszteletet* ~ commander le respect; **II.** *(tgyl i) (vmi fölött, vminek)* avoir le commandement de qc; *tud* ~*ni* savoir se faire obéir
parancsolat 1. commandement *m;* **2.** *vall: a tíz* ~ les dix commandements de Dieu; le Décalogue
parancsoló [~k, ~t] **I.** *(mn)* **1.** impératif, -ive; impérieux, -euse; *(természet)* autoritaire; volontaire; ~ *arc, tekintet* air *m* de commandement; ~ *hang* ton d'autorité *v* impératif; ~ *szükség* besoin impérieux; **2.** *nyelv*: ~ *mód* (mode) impératif; **II.** *(fn)* **1.** *(vmié)* maître *m;* **2.** *nyelv*: impératif *m*
parancsőrtiszt officier d'ordonnace; aide *m* de camp
parancsszó mot *m* d'ordre
parancsuralom dictature *f*
parány- atomique
parányi [~ak, ~t] minuscule; infime; infinitésimal, -e; microscopique
paránymérő nonius *m*
párás vaporeux, -euse; embué, -e
párásodik dégager de la buée
paraszt [~ok, ~ot, ~ja] **I.** *(mn)* **1.** *(durva)* rustre; rustaud, -e; **2.** *(sértő szóval)* mufle; **II.** *(fn)* **1.** paysan; campagnard; terrien *m;* **2.** *(sértő szóval)* goujat; manant; rustre; beau mufle; **3.** *sakk*: pion *m*
parasztasszony paysanne; campagnarde; cultivatrice *f*
parasztész bon sens campagnard; mentalité rustique *f*

parasztfiú jeune paysan; gars *m*
parasztgazda paysan; campagnard; cultivateur; terrien *m*
parasztgazdaság exploitation paysanne
parasztnajszál; *egy ~on múlik il s'en faut de l'épaisseur d'un cheveu*
parasztház maison paysanne; ferme *v* demeure rustique *f*
paraszti [~ak, ~t; ~an] paysan, -anne; de paysan; rustique; ~ *sorban él* vivre en paysan
parasztlány 1. fille de paysan; 2. jeune paysanne
parasztlázadás révolte *f* de(s) paysans; jacquerie *f*
parasztos [~ak, ~at] paysannesque; rustique; paysan, -anne
parasztság paysannerie *f*; paysannat *m*
parasztsor condition *f* de paysan
parasztszármazású [~ak, ~t] d'extraction *v* d'origine paysanne
paraszttársadalom paysannerie *f*
parasztvezér 1. *tört:* chef d'une insurrection paysanne; 2. *(újkori)* leader paysan
paratífusz (fièvre) paratyphoïde *f*; paratyphus *m*
páratlan I. *(mn)* 1. impair, -e; ~ *oldal (utcán)* côté impair; ~ *szám* (nombre) impair *m*; *(utcaszám)* numéro impair; 2. *(párjavesztett)* dépareillé, -e; 3. hors (de) pair; sans pareil(le); *(a maga nemében)* unique en son genre; *a maga nemében* ~ *ember* homme unique en son espèce; ~ *siker* succès extraordinaire *m*; II. *(fn)* l'impair; ~*ra tesz* jouer l'impair
páratlanság imparité; unicité *f*
parazita [-ák, -át] I. *(mn)* parasite; parasitaire; II. *(fn)* parasite *m*; *(emberről így is:)* écornifleur *m*
parazitagazda parasitifère
parázna [-ák, -át] I. *(mn)* 1. luxurieux, -euse; lubrique; lascif, -ive; licencieux; vicieux, -euse; ~ *tekintet* regard vicieux *v* lubrique *v* lascif; II. *(fn)* fornicateur *m*
paráználkodás; paráznaság luxure *f*; péché *m* de la chair; fornication; lubricité; lasciveté *f*

parázs [parazsak, parazsat, parazsa] I. *(fn)* 1. *(faparázs)* braise *f*; ~*on süti marhahús* bœuf *m* à la braise; 2. *(szénparázs)* charbon (ardent *v* embrasé); 3. *(zsarátnok)* braiser *m*; II. *(mn)* vif, vive; chaud, -e; ~ *vita* discussion âpre *v* violente
parázsfénycsö tube *m* à effluves
párbaj 1. *rég:* duel *m*; 2. *(újkori)* duel; rencontre *f*; ~*ra hív* provoquer en duel
párbajképtelen disqualifié, -e
párbajsegéd second *m*
párbajtőr *sp:* épée *f* (de combat)
párbeszéd dialogue; entretien *m*
párbeszédes dialogué, -e; dialogique
parcella [-ák, -át, -ája] lot *m v* parcelle *f* (de terrain)
parcellázás lotissement (rural); morcellement *m*
párduc [~ok, ~ot, ~a] *áll:* panthère *f*
parfüm [~ök, ~öt, ~je] parfum *m*; parfumerie *f*
párhuzam [~ok, ~ot, ~a] parallèle *f*; rapprochement *m*; ~*ba állít* mettre en parallèle; rapprocher; ~*ot von két személy között* établir un parallèle entre deux personnes
párhuzamos [~ak, ~at] I. *(mn)* parallèle *(vmivel:* à qc); ~ *fordítás* traduction juxtalinéaire *f*; *vill:* ~ *kapcsolás* couplage *m* en parallèle; II. *(fn)* parallèle *f*
paripa [-ák, -át, -ája] coursier; cheval *m*; monture *f*
parittya [-ák, -át, -ája] lance-pierre *m*; fronde *f*
Párizs [~t, ~a] Paris *m*; ~ *környéke* la région parisienne; ~*ban* à Paris; *(bent)* dans Paris
párizsi I. *(mn)* parisien, -enne; II. *(fn)* 1. Parisien *m*; 2. *(felvágott) kb:* mortadelle *f*
park [~ok, ~ot, ~ja] 1. *(magánpark)* parc *m*; 2. *(közpark)* jardin public; *(kisebb, utcai)* square *m*; *(nagy közpark)* parc; 3. *(ágyú-, kocsi- stb)* parc
párka Parque *f*; *a -ák* les Parques
párkány 1. *(kandallóé)* tablette *f*; *(ablaké)* appui *m*; 2. *(tetőé, mennye-*

zeté) corniche *f;* 3. *(védő)* parapet *m;* *(korláté)* rebord *m*
parketta [-ák, -át, -ája]; **parkett** [~ek, ~et, ~je] 1. parquet *m;* 2. *(táncnak fenntartott tér)* piste *f* de danse
parkettkocka frise; feuille *f* de parquet
parkett-táncos danseur mondain
parkol [~tam, ~t, ~jon] garer; parquer
parkolás stationnement *m*
parkőr gardien *m* du jardin *v* du square
parlag [~ot, ~ja] 1. jachère; (terre en) friche *f;* ~*on hagy* laisser en jachère; ~*on hagyott föld* terre inculte *f;* 2. *átv:* ~*on marad* rester en friche
parlagi [~ak, ~at; ~an] ~ *beszéd* langage rustre; ~ *tyúk* poule *f* de ferme hongroise
parlament [~ek, ~et, ~je] parlement *m*
parlamentáris [~ak, ~at] parlementaire; ~ *kormányforma* gouvernement représentatif; ~ *rendszer* régime parlamentaire *m*
parlamenti [~ek, ~t] parlementaire; du parlament; ~ *ülésszak* session *f* du corps législatif
párlat résidu *v* produit *m* de distillation
párna [-ák, -át, -ája] 1. *(ágyban)* oreiller *m;* 2. *(más)* coussin *m*
párnaciha [-ák, -át, -ája] taie *f* d'oreiller
párnafa *(padlóban)* chevêtre *m*
párnafesték encre *f* à marquer
párnahaj; párnahéj; párnahuzat taie *f* (d'oreiller)
párnás 1. rembourré, -e; ~ *ajtó* porte capitonnée; 2. *(ujj)* boudiné, -e
párnatorzítás distorsion en coussinet
párnázott [~ak, ~at; ~an] 1. *(ülés)* rembourré, -e; 2. *(ajtó)* matelassé; capitonné, -e; ~ *karosszék* douillette *f*
paróka perruque *f;* -*át visel* porter (une) perruque
párol [~tam, ~t, ~jon] 1. *(vegyileg)* distiller; alambiquer; 2. *(húst)* braiser; étuver
párolgás 1. évaporation *f;* dégagement *m* de vapeurs; 2. *(testé)* transpiration; suée *f*
párolgó [~ak, ~t; ~an] fumant, -e

párolog [-lgott, ~jon] 1. s'évaporer; se volatiliser; 2. *(étel)* fumer
párolt [~ak, ~at; ~an] *konyh:* braisé, -e; à l'étuvée; à l'étouffée; ~ *alma* compote *f* de pommes; ~ *burgonya* pommes *f pl* de terre à l'étouffée
páros [~ak, ~at] I. *(mn)* 1. *(szám)* pair, -e; ~ *oldal (utcán)* côté pair; ~ *szám* nombre pair; *(házszám, játékban stb.)* numéro pair; 2. jumelé; géminé; gémellé, -e; ~ *élet* la vie à deux; *(áll:)* monogamie *f;* ~ *mérkőzés* double *m;* ~ *tánc* pas *m* de deux; danse *f* par couples; ~ *verseny* match double *m;* II. *(fn)* tenisz: double *m; férfi* ~ double messieurs
párosával par couples; en file par deux; deux à deux; en rangs par deux
párosít [~ottam, ~ott, ~son] 1. accoupler; apparier; 2. *fiz: (páratlan számút)* apparier; 3. *átv:* allier (à qc); conjuger; réunir; marier
párosodás accouplement, appareillement *m;* l'union des sexes; copulation; saillie *f*
párosodik [~tam, ~ott, ~jék *v* ~jon] s'accoupler; s'appareiller; couvrir qc
párosul [~t, ~jon] *(vmivel)* s'accompagner de qc; se conjuger avec qc; ~*va vmivel* conjugé(e) avec qc
párszor quelquefois; une ou deux fois; une fois ou deux
part [~ok, ~ot, ~ja] 1. *(tengeri)* côte; rive *f;* bords *m; a* ~ *mentén halad felfelé* remonter la côte; *a* ~*hoz áll* accoster; ~*ra száll (folyópartra is)* débarquer; descendre à terre; ~*ra szállít* débarquer; ~*ra tesz* débarquer; descendre à terre; ~*ra vet* rejeter sur la plage *v* les côtes; ~*ra vontat* échouer; ~*ot ér* aborder; toucher terre; *eltávolodik a* ~*tól prendre la large;* 2. *(folyóé stb.)* rive; rivage *m;* bords; *(magas folyóé)* berge *f; bal* ~ rive gauche; *a Tisza* ~*ján* sur la rive *v* les rives de la Tisza; ~*ra úszik* gagner la rive à la nage; ~*ot ér* toucher le rivage; 3. *homokos* ~ plage *f;* 4. *magas sziklás* ~ falaise *f;* 5. *(kiépített)* quai *m;*

párt 758 **pártmunka**

berge; 6. *sp*: touche *f*; ~*ra ment* renvoyer en touche
párt [~ok, ~ot, ~ja] 1. *(politikai)* parti *m;* *(parlamenti sokszor)* groupe (parlamentaire) *m;* *pej*: faction *f;* *beáll* ~*ba* s'enrôler dans un parti; *belép egy* ~*ba* adhérer à un parti; *kilép a* ~*ból* quitter le parti; ~*on belüli demokrácia* démocratisme interne *v* intérieur du parti; *két* ~*ra szakad* se diviser en deux camps *v* partis; *a lakosság* ~*okra szakadt* la population est déchirée par les factions; 2. ~*ot üt* s'insurger; se soulever; allumer la guerre civile; 3. *vkinek a* ~*jához csatlakozik* se ranger *v* marcher sous la bannière *v* sous l'étendard de q; *vkinek a* ~*ján van* être du parti de q; *a másik* ~*on van* être de l'autre bord; *vkinek a* ~*jára áll* prendre parti pour q; ~*ját fogja vkinek* prendre *v* embrasser le parti de q
párta [-ák, -át, -ája] 1. *(fejdísz) kb:* bandeau; diadème *m;* -*ában marad* rester fille; 2. *(patán)* couronne *f;* 3. *ép*: larmier *m;* 4. *(virágé)* corolle *f*
pártaktíva 1. activiste *n* (du Parti); 2. réunion *f* de cellule
pártalapszervezet organisation *f* de base (du parti)
pártállás appartenance politique *f*
pártapparátus appareil *m* du parti
pártatlan impartial, -e; neutre
pártatlanság impartialité; neutralité *f;* désintéressement *m*
pártbizalmi responsable de groupe du parti
pártbizottság comité *m* du parti
pártegység l'unité *f* du parti
pártellenes antiparti; ~ *nézetek* vues contraires au parti
pártértekezlet réunion *f* du parti
pártfegyelem discipline *f* du *v* de parti
pártfeladat 1. tâche *f v* objectif *m* du parti; 2. tâche définie par le parti
pártfogás protection *f;* patronage; appui; soutien *m;* *vkinek a* ~*a alatt* sous l'égide de q; ~*ába vesz* prendre sous sa protection; *vkinek* ~*át kéri* demander la protection de q
pártfogol [~tam, ~t, ~jon] protéger; patronner
pártfunkcionárius fonctionnaire *n v* permanent *m* du parti
párthajózás cabotage *m*
párthatározat résolution *f* du parti
pártház centre *m v* maison *f* du parti
párthelyiség locaux *m pl* du parti; siège *m* du parti; permanence *f*
párthíve partisan; adhérent; suivant, -e *n*
parti [~ak, ~t] 1. *(tengeri)* côtier, -ière; de la côte; littoral, -e; ~ *gőzös* vapeur côtier; ~ *hajó* (navire) caboteur *m;* ~ *hajózás* navigation côtière; 2. *(folyó mellett)* riverain, -e; *des rives;* ~ *állam* État riverain; 3. *növ:* amnicole
participium [~ok, ~ot, ~a] *nyelv*: participe *m*
pártigazolvány carte *f* du parti
partikuláris [~ak, ~t; ~an] particulariste
pártirányzat ligne *f* du parti
pártiroda bureau *m* du parti *v* électoral; permanence *f*
partitúra [-ák, -át, -ája] partition; partie *f;* *zenekari* ~ partie d'orchestre
partizán [~ok, ~t, ~ja] *kat:* partisan, -e *n;* *francia* ~ (1940—1945) maquisard, -e *n*
pártjelszó mot *m* d'ordre *v* devise *f* du parti
pártjog droit de rivage; lot *m* de pêche
pártkáder cadre *m* (du parti)
pártkassza fonds *m pl v* caisse *f* du parti
pártkönyv la carte du parti
partkörnyéki circumlittoral, -e
pártközi [~ek, ~t] interpartis; ~ *béke* trêve *f* entre les partis *v* des partis; ~ *értekezlet* conférence interpartis *f*
pártközpont siège central du parti
pártlap organe *m* de *v* du parti
partmellék 1. rivage; littoral *m;* 2. région côtière
partmenti [~ek, ~t] riverain, -e; de la côte; ~ *halászat* pêche littorale
pártmunka travail *m* du parti; -*át végez* militer

pártmunkás

pártmunkás militant, -e; activiste *n*
pártnap réunion *f* du parti
pártoktató propagandiste *n*
pártol [~tam, ~t, ~jon] 1. protéger; appuyer; soutenir; patronner; 2. *(vkihez)* passer dans le parti de q; se rallier à q
pártonkívüli [~ek, ~t] sans-parti; indépendant; non-inscrit, -e
pártos [~ok, ~t; ~an] 1.... de parti; ~ *író* écrivain engagé; ~ *irodalom* littérature *f* de parti; 2. *pej*: partisan, -e
pártosság esprit *m* de parti; *(művészetekben, irodalomban)* engagement *m*; *pej* dirigisme intellectuel
partralépés; partraszállás débarquement *m*; *(ellenséges)* descente *f*
pártsejt cellule *f*
pártszékház siège central du parti
pártszempont considération *f* de parti
pártszerű conforme à l'esprit *v* à la doctrine du parti
pártszerűtlen non conforme à l'esprit du parti
pártszervezet l'appareil *m* du parti; organisation *f* de parti; *üzemi* ~ *(francia)* cellule *f* d'entreprise
párttag membre *m* du parti; adhérent, -e *n*
párttagjelölt stagiaire *n*
párttagság 1. *(állapot)* qualité *f* de membre du parti; 2. *(egység)* les membres du parti
párttisztogatás épuration *f* dans le parti
párttitkár secrétaire *m* de *v* du parti
párttörténet histoire *f* du Parti (Communiste de l'U. R. S. S.)
pártülés réunion de l'organisation de base; *(francia)* réunion *f* de cellule
pártütés rébellion; faction *f*
pártütő rebelle; factieux, -euse *(n)*
partvédelem 1. *kat:* défense *f* des côtes; 2. *(víz ellen)* protection *f* des berges contre les hautes eaux
partvédő 1. de défense côtière; ~ *ágyú* canon *m* de côte; pièce côtière; 2. ~ *burkolat* revêtement *m* des berges
pártvezér chef de parti; leader *m*
pártvezetőség direction *f* du parti

pásztortűz

partvidék *(folyóé)* région riveraine; *(tengeri)* littoral *m*
pártviszály querelle *f* de parti; menées *f pl* des factions
partvonal 1. *földr:* ligne *f* de rivage; 2. *sp:* ligne *f* de touche
párzás accouplement *m*
pást [~ok, ~ot, ~ja] *sp:* planche *f;* champs *m*
pástétom [~ok, ~ot, ~a] pâté *m*
passz 1. *futb:* passe *f;* 2. *vívás:* passe; 3. *kárty:* je passe; je m'y tiens
passzátszél (vent) alizé *m*
passzív [~ak, ~at] passif, -ive; ~ *ellenállás* résistance passive; ~ *ellenállást fejt ki* résister passivement; ~ *képzelet* imagination reproductrice; ~ *természet* tempérament passif; ~ *választójog* voix passive; éligibilité *f*
passzíva [-ák, -át, -ája] passif *m;* masse *v* dette passive
passzol [~tam, ~t, ~jon] 1. passer; 2. *kárty:* passer (parole); 3. *biz:* ~ *vmihez* coller; aller bien à qc
passzus 1. passage; article *m;* 2. passeport *m*
paszta [-ák, -át, -ája] pâte *f*
pásztáz [~tam, ~ott, ~zon] 1. *kat:* enfiler; battre par enfilade; 2. *rád, rep:* balayer
pasztell [~ek, ~t, ~je] pastel *m*
pasztellszín teinte pastellée; ton pastellisé
pasztilla [-ák, -át, -ája] 1. *(cukor)* pastille *f;* 2. *(orvosság)* comprimé; cachet *m*
pásztor [~ok, ~t, ~a] 1. berger; pâtre *m;* 2. *átv:* pasteur; berger *m*
pásztorbot 1. houlette *f;* 2. *egyh: (püspöki)* crosse *f*
pásztorjáték pastorale *f;* drame pastoral
pásztorköltemény poème pastoral; églogue; bucolique; idylle; pastorale *f*
pásztorlány gardeuse (d'oies); bergère *f*
pásztoróra 1. *(időpont)* l'heure *f* du berger; 2. *(találka)* rendez-vous galant
pásztorsíp chalumeau *f;* flûte champêtre *f*
pásztortűz feu *m* de pâtre *v* de berger

paszuly [~ok, ~t, ~a] *ld:* bab
pata [-ák, -át, -ája] sabot; talon *m* (du cheval)
patak [~ok, ~ot, ~ja] ruisseau; petit cours d'eau; ~*okban ömlik* couler à flots
patakzik [~ott, -kozzék *v* -kozzon] couler à flots *v* à torrent; ruisseler; ~*anak a könnyei fondre en larmes*
patália [-ák, -át] *biz:* tapage; boucan; grabuge *m*
patentkapocs bouton *m* à pression; bouton-pression *m*
patetikus pathétique; emphatique
patika pharmacie *f*
patikus apothicaire; pharmacien *m*
patinás 1. couvert(e) de sa patine; patiné, -e; 2. *átv:* patiné(e) par le temps
patkány rat *m*
patkányirtó *(ember, állat)* destructeur *m* de rats
patkánylyuk nid *m* à rats
patkányméreg mort *f* aux rats
patkó [~k, ~t, ~ja] 1. fer *m* (à cheval); ~ *alakú asztal* table *f* en fer à cheval *v* haricot; 2. *(csizmán)* fer *m* de botte
patkol [~tam, ~t, ~jon] ferrer
patkószeg clou *m* à ferrer *v* à cheval
pátosz [~ok, ~t, ~a] pathétique *m;* hamis ~ pathos *m;* emphase *f*
patrícius patricien, -enne
patron [~ok, ~t, ~ja] 1. *(fegyverbe v töltéshez)* cartouche *f;* 2. *(szabás)* patron *m;* 3. *(festőpatron)* patron; pochoir *m*
patronhüvely douille *f* de cartouche
patt [~ok, ~ot, ~ja] *sakk:* pat *m*
pattan [~t, ~jon] 1. éclater avec un bruit sec; *(húr)* sauter; se détendre; *(ostor)* claquer; *(üveg)* éclater 2. *(rugó)* se détendre
pattanás 1. *(hang)* craquement; bruit sec; 2. ~*ig feszült légkör* atmosphère tendue (à l'extrême); 3. *orv:* bouton *m* (d'acné); *(duzzadt)* bourgeon *m;* *(gennyes)* pustule *f*
pattint [~ottam, ~ott, ~son] 1. *(ostort)* faire claquer; 2. *(követ stb.)* éclater

pattog [~tam, ~ott, ~jon] 1. crépiter; pétiller; pétarader; péter; 2. *(ostor)* claquer; 3. *(dohogva)* pester
pattogzik [~ott,-gozzék *v* -gozzon] *(máz, festék)* s'écailler; se craqueler
patyolat batiste *f;* toile fine; linon *m*
patyolatfehér blanc(he) comme (la) neige
pausálé [~k, ~t, ~ja] somme forfaitaire *f*
pauza [-ák, -át, -ája] 1. temps *m* d'arrêt; pause *f;* 2. *zen:* silence *m;* syncope *f*
pauz(áló)papír papier *m* à (dé)calquer *v* calque
páva [-ák, -át, -ája] paon *m;* paonne *f;* a ~ *sátoroz (szétterjeszti farkát)* la paon fait la roue *v* étale sa queue
páváskodik [~tam, ~ott, ~jék *v* ~jon] faire la roue; se pavaner
pávaszem *áll:* paon *m;* éjjeli ~ saturnie *f*
pávián [~ok, ~t, ~ja] babouin *m*
pavilon [~ok, ~t, ~ja] pavillon *m*
pazar [~ok, ~t] luxueux; somptueux, -euse; opulent, -e; ~ *lakoma* repas splendide *m*
pazarlás 1. prodigalité *f;* gaspillage *m;* folle dépense; 2. dilapidation; gabegie *f*
pazarló [~k, ~t] I. *(mn)* prodigue; avec prodigalité; II. *(fn)* gaspilleur, -euse; dissipateur; déprédateur, -trice *n*
pazarol [~tam, ~t, ~jon] gaspiller; dissiper; dilapider; prodiguer *(jó ért. is) sok fáradságot* ~ *vmire* se dépenser à *(inf)*
pázsit [~ok, ~ot, ~ja] gazon *m;* pelouse *f*
pázsitszegély *kert:* cordon *m*
pázsitszőnyeg tapis *m* de verdure *v* de gazon
pecek [peckek, pecket, pecke] 1. bâtonnet *m;* 2. *műsz:* languette *f;* cliquet *m;* 3. *ács, ép:* goujon *m;* 4. *(csapdában)* support *m;* 5. *(szájba rakott)* bâillon *m;* *egyenesen áll, mint a* ~ se tenir droit comme un I
pecér [~ek, ~t, ~e] 1. équarrisseur *m;* 2. *rég:* valet *m* de chiens

pech

pech [~ek, ~et, ~e] guigne *f;* guignon *m;* poisse; déveine; malchance *f;* ~*je van il a de la* déveine
peckes [~ek, ~et; ~en] *(ember)* raide; compassé; empesé, -e
pecsenye [-ék, -ét, -éje] rôti; rôt *m*
pecsenyebőr vin de marque; grand vin
pecsenyeillat fumet *m* de rôti; fumée *f* du rôt
pecsenyelé jus *m* de rôti; sauce *f*
pecsenyesütő 1. rôtisseur, -euse *(n);* 2. *(készülék)* rôtissoire *f*
pecsenyezsír jus *m* de rôti
pecsét [~ek, ~et, ~je] 1. *(levélzáró)* cachet *m;* *feltöri a* ~*et* rompre le cachet; décacheter (la lettre); 2. *(okmányon)* sceau *m;* *(fémből)* bulle *f;* *hét* ~*tel lezárt* scellé(e) de sept sceaux; 3. *(hivatalos záró)* scellé *m;* 4. *(nyomott)* estampille *f;* timbre (humide); *(postai)* oblitération *f;* 5. *átv:* *ráüti a* ~*et* mettre le sceau à qc; 6. *(ruhán)* tache *f;* ~*et kivesz vmiből* détacher qc
pecsétel [~tem, ~t, ~jen] 1. *(levelet)* cacheter; 2. *(okmányt)* sceller; *(bélyegzővel)* estampiller; 3. *post:* oblitérer
pecsétes [~ek, ~et; ~en] 1. *(levél)* (pli) cacheté; 2. à sceau; sigillé, -e; 3. *(ruha)* taché; tacheté, -e
pecsétgyűrű bague *f v* anneau *m* à cachet; chevalière *f*
pecsétnyomó cachet *m*
pecsétőr garde *m* des sceaux
pecséttan sigillographie; sphragistique *f*
pecséttisztító dégraisseur *m*
pecsétvésnök graveur *m* de sceau
pecsétviasz(k) cire *f* à cacheter
pedagógia [-át] pédagogie *f*
pedagógus I. *(mn)* ~ *szakszervezet* syndicat *m* de personnel enseignant; II. *(fn)* pédagogue *n*
pedál [~ok, ~t, ~ja] 1. pédale *f;* 2. *(kerékpáron)* pédale; cale-pied *m;* 3. *(gáz~)* accélérateur *m;* *biz:* champignon *m;* 4. *(orgonán)* pédalier *m*
pedáns [~ok, ~ot *v* ~at; ~an] pédant, -e; pédantesque; méticuleux; minutieux, -euse
pedánsság; pedantéria [-át] 1. cuistrerie *f;* 2. pédantisme *m*

példa

pederaszta [-ák, -át] pédéraste *n*
pedig 1. pourtant; alors que; ~ *nem hiányzott a jóakarat* ce n'est pas manque de bonne volonté; ~ *így volt cela était* cependant; 2. *én* ~ *azt mondom, hogy* et moi je vous dis que
pedigré [~k, ~t, ~je] certificat de saillie; pedigree *m*
pediküröz [~tem, ~ött, ~zön] faire l'hygiène des pieds
pedz [~ettem, ~ett, ~zen] 1. *hal:* mordre; 2. *(futólag említ)* faire allusion à qc; toucher; effleurer; ~*i már il commence à y venir*
pehely [pelyhek, pelyhet, pelyhe] 1. *(hó)* flocon *m;* 2. *(toll)* duvet *m;* 3. *(szőr)* poil follet; 4. *vegy:* flocon; 5. *(szappan stb.)* paillette *f*
pehelypaplan édredon piqué
pehelysúly poids plume *m*
pej [~ek, ~t] bai, -e
pejló cheval bai; jument baie
pejoratív [~ak, ~at] *nyelv:* péjoratif, -ive
pék [~ek, ~et, ~e] boulanger *m*
pékbolt boutique de boulanger; boulangerie *f*
Peking [~et] Pékin *m*
pékség boulangerie; boulange *f*
péksütemény produit de boulangerie *v* boulangé; *ker:* panasserie *f*
példa [-át, -ák, -ája] 1. exemple *m;* 2. *(követett, követendő)* exemple; sillage; précedent *m;* 3. *(minta)* modèle; type; échantillon *m;* 4. *(matematikai, számtani)* problème *m;* 5. *idegen* ~ *után megy* se conformer à des modèles étrangers; ~ *rá* un exemple en est donné par ...; *arra még nem volt* ~, *hogy* il est sans exemple que *(subj);* *példának állítja oda* proposer comme exemple *v* modèle; *-ának idéz* citer à titre d' exemple; *-ának okáért ld:* **például;** *vkinek a példájára* à l'exemple de q; *az ő -ájára* à son imitation; *példát ad* donner l'exemple; *követi vkinek a -áját* s'aligner sur q; *-át mutat* payer d'exemple; *-át statuál* faire un exemple; *-át vesz vkiről* prendre exemple de q; *például: ld.* **külön;** *példákkal bizonyít* appuyer

példabeszéd par des exemples; *-ákkal magyaráz egy gondolatot* illustrer une idée
példabeszéd 1. *bibl:* parabole *f;* **2.** *(közmondás)* proverbe; dicton; adage *m*
példakép modèle; idéal; parangon *m;* *~ül szolgál* passer pour un modèle
példány exemplaire; spécimen; individuum *m;* *(állat)* sujet *m;* *(gyüjteményben)* échantillon *m;* *(lap, folyóirat)* numéro *m; szép ~ une* belle pièce; *két ~ban* en double (expédition)
példányszám 1. *(kinyomott)* tirage *m;* *(eladott)* chiffre *m* de vente; *magas ~* très fort tirage; **2.** *nyomd:* justification *f* de tirage
példás exemplaire; *~ bátorság* un modèle de courage; *~ magatartás.* belle conduite
példátlan sans exemple; sans pareil(le); hors pair; *~ eset* fait *m* sans précédent
például par exemple *(röv:* par ex., p. e.); pour voir; *mint ~ tel v telle...; tel v telle que*
példázat apologue *m;* parabole *f*
pele [-ék, -ét] *alvó ~* loir *m*
pelenka couche *f*
pelenkanadrág couche-culotte *f*
pelikán [~ok, ~t, ~ja] *áll:* pélican; grand gosier *m*
pellagra [-át] pellagre *f*
pellengér [~ek, ~t, ~e] pilori; poteau infamant; carcan *m;* *~re állít* clouer *v* mettre au pilori
pelyhes [~ek, ~et] **1.** duveté, -e; duveteux; cotoneux; floconneux; lanugineux, -euse; *~ állú* imberbe; *(megvetően)* blondin; jeune freluquet *m;* **2.** *vegy:* floculeux, -euse
pelyva [-át] **1.** glume; bal(l)e; vannure *f; annyi a pénze, mint a ~* être cousu(e) d'argent; **2.** *növ:* glume; lépicène *f*
pemete(fű) [-ék, -ét] marrube; pied *m* de loup
pendül [~tem, ~t, ~jön] **1.** résonner; rendre un son; **2.** *egy húron ~ vkivel* être de connivence *v (biz)* de mèche avec q

penész [~ek, ~t, ~e] moisissure *f;* moisi *m*
penészedik [~tem, ~ett, ~jék *v* ~jen] (se) moisir; chancir
penészfolt (tache de) moisissure *f;* *(könyvben)* piqûre *f*
penészgomba moisissure; hyphomycète *m*
penészszag odeur *f* de moisi
penészvirág *(ember)* avorton *m;* maigrichon(ne) *n*
peng [~ett, ~jen] **1.** *(pénz)* tinter; sonner; **2.** *(penge)* résonner; **3.** *(húr)* vibrer; résonner
penge [-ék, -ét, -éje] **1.** lame *f;* **2.** *(önborotváé)* lame de rasoir
penget 1. faire sonner *v* résonner *v* vibrer; **2.** *zen:* pincer *(pl:* de la guitare); **3.** *szelídebb húrokat ~ baisser* le ton
penicillin [~t, ~je] *orv:* pénicilline *f*
péntek [~ek, ~et, ~e] vendredi *m*
pénz [~ek, ~t, ~e] **1.** argent *m;* deniers *m pl;* fonds *m pl;* numéraire *m;* espèces *f pl;* galette *f biz;* **2.** *(összeg)* somme *f;* **3.** *(darab)* pièce; monnaie *f; régi ~ monnaie* historique; médaille *f;* **4.** *(vagyon)* argent *m;* fonds *m pl;* bourse *f; ez nagy ~* c'est une grosse *v* belle somme; *szép ~* c'est une somme coquette; *~ dolgában* en matière d'argent *v* de finances; *~ áll a házhoz* on va toucher de l'argent; *majd felveti a ~* rouler sur l'or; *a ~ nála nem számít* l'argent ne lui coûte guère; *~ üti a markát* palper de l'argent; *van önnél ~?* avez-vous de l'argent sur vous? *(otthon)* avez-vous de l'argent chez vous? *~ beszél, kutya ugat* point d'argent, point de Suisse; *rossz ~ nem vész el* mauvaise herbe croît toujours; graine folle ne périt point; *itt a pénzed!* paie-toi ! *nincs ~e* il manque d'argent; il est à court d'argent; *(nyomorog)* loger le diable dans sa bourse; *van ~e* il a de l'argent; *~e után fut* courir après son argent; *ez pénzbe kerül* c'est coûteux; *anélkül, hogy ~be kerülne* sans bourse délier; *pénzben*

pénzalap *(téríti meg stb.)* en argent; ~*ben* *játszik* jouer pour de l'argent; *saját pénzéből* de ses propres fonds; *pénzért* pour de l'argent; moyennant finances; *jó ~ért* en y mettant le prix; *jó ~ért vette* il l'a acheté à deniers compatants; *pénzhez jut* trouver des fonds; recevoir de l'argent; *~éhez jut* se faire rembourser; *szűkében van a pénznek* être à court d'argent; *pénzre (fel)vált* monnayer; *pénzt vagy életet!* la bourse ou la vie! *~t felvesz* toucher une somme; *~t gyűjt* thésauriser; amasser de l'argent; *(körüljárva)* quêter; faire la quête; *sok ~t keres* gagner beaucoup d'argent; *kidobta ~ét* il en est pour son argent; *minden ~t megad* acheter ferme; *gúny: minden ~t megér* valoir son pesant d'or; *~t ver* battre monnaie; frapper de la monnaie; *pénzzé tehető* réalisable; monnayable; *~zé tesz* réaliser; vendre; convertir en espèces; *mindent ~zé tesz* faire ressource de tout

pénzalap fonds *m pl*

pénzarisztokrácia aristocratie financière; haute finance

pénzátutalás transfert; virement *m; postai ~* virement postal

pénzbefektetés placement *m* d'argent

pénzbefizetés règlement *m* en espèces

pénzbeli en argent; en espèces; financier, -ière; pécuniaire; *~ járadék* rente *f* en espèces; *~ járandóság* émoluments *m pl*

pénzbeszedés enacaissement; recouvrement *m;* recette *f; (adóé)* perception *f*

pénzbeszedő garçon *m* de recette; encaisseur, -euse *n*

pénzbírság amende pécuniaire *f; ~ alá esik* être passible d'une amende

pénzbüntetés sanction *v* condamnation pécuniaire; condamnation *f* à l'amende; *~ átváltoztatása (másféle büntetésre)* conversion *f* des amendes; *~ terhe alatt* sous peine d'amende; *~sel sújt* frapper d'une amende

pénzdarab pièce *f* (de monnaie *v* d'argent)

pénzegység unité monétaire *f*

pénzel [~tem, ~t, ~jen] 1. payer; financer; commanditer; subventionner; 2. *pej:* stipendier; soudoyer; arroser

pénzelértéktelenedés dépréciation *f* de la monnaie

pénzember homme de finance *v* d'argent; financier *m*

pénzérték valeur monétaire *f v* en espèces

pénzeslevél lettre chargée; pli chargé

pénzestáska *(levélhordóé, pénzbeszedőé stb.)* sacoche *f*

pénzesutalvány mandat-poste; mandat postal *v* de versement

pénzforgalom circulation monétaire *v* de l'argent *f; (bankjegyé)* circulation fiduciaire

pénzforrás ressource en argent; source *f* de revenu

pénzgyűjtés 1. *(gazdagodás céljából)* épargne *f;* 2. *(régi pénzeké)* numismatique *f;* 3. *(körüljárva)* collecte; quête *f; (íven)* souscription *f*

pénzhamisítás contrefaçon des monnaies; fabrication *f* de fausse monnaie

pénzhamisító faux monnayeur

pénzhiány pénurie d'argent

pénzhígítás; pénzhígulás inflation *f*

pénzintézet établissement financier *v* de banque; société financière

penzió [~k, ~t, ~ja] 1. *(szálloda)* pension *f;* hôtel *m* de famille; 2. *ld:* **nyugdíj**

pénzjutalom récompense en argent; gratification; prime *f*

pénzkészlet disponibilités monétaires *f pl;* encaisse (métallique) *f*

pénzkezelés gestion financière *v* des fonds *v* des crédits

pénzkiadás dépense *f* (d'argent *v* en argent)

pénzláb monnaie étalon *f;* titre *m* des monnaies

pénzleső avide *v* assoiffé(e) d'argent; cupide; *(fösvény)* grippe-sou *m*

pénzmag pécule; boursicot; magot *m*

pénzművelet transaction *v* opération financière

pénznem monnaie *f; idegen* ~ *átszámítása* réduction *f* d'une monnaie étrangère
pénzösszeg somme *f* d'argent; montant *m*
pénzpiac marché financier *v* monétaire
pénzreform réforme monétaire *f*
pénzromlás dépréciation *f v* avilissement *m* monétaire
pénzsóvár âpre au gain; rapace; cupide
pénzszekrény coffre-fort *m*
pénzszüke [-ét] pénurie *f* d'argent; disette monétaire *f;* malaise *m*
pénztár 1. caisse *f;* guichet *m; kat:* masse *f;* ~*t kezel* tenir la caisse; 2. *szính:* bureau *m* de location
pénztárablak guichet *m*
pénztárca portefeuille (des billets); porte-billets *m; (apró* ~*)* porte-monnaie *m*
pénztári [~ak, ~t] de caisse; ~ *állomány* encaisse *f;* ~ *egyenleg* solde *m* du compte caisse; ~ *elismervény* bon *m* de caisse; ~ *fölösleg (szabályos)* excédent *m* (en caisse); *(szabálytalan)* boni; revenant-bon *m*
pénztárjegy bon *n* (de caisse *v* du Trésor)
pénztárkezelés opérations *f pl* de caisse
pénztárkönyv livre *m* de caisse
pénztárkulcs clef *f* de la caisse
pénztármaradvány reliquat *m*
pénztáros [~ok, ~t, ~a] 1. caissier *m;* 2. *(közigazgatási)* payeur, -euse *n;* 3. *(egyletben)* trésorier *m*
pénztartozás dette *f;* arriérés *m pl*
pénztárvizsgálat revision *f* de la caisse
pénztelen désargenté, -e; léger (-ère) d'argent; dénué(e) de ressources; dans la gêne
pénztőke capital-argent *m*
pénzuralom ploutocratie; plutocratie; bancocratie *f*
pénzügy 1. finances *f pl;* 2. affaire *f* d'argent *v* de finances; *az állam* ~*ei* les finances publiques de l'État
pénzügyi financier, -ière; monétaire; des finances; fiscal, -e; *egyedárúság* monopole fiscal; *a* ~ *élet* la vie financière; ~ *év* exercice fiscal; ~ *hatóság* administration fiscale; ~ *jog*

droit financier *v* fiscal; ~ *művelet* transaction *v* opération financière; ~ *rendszer* système financier; ~ *szakember* homme *m* de finance; ~ *szempontból* financièrement; *az állam* ~ *terhei* la charge fiscale; ~ *talpraállítás* redressement financier
pénzügyigazgatás administration *f* des finances
pénzügyőr (agent) douanier; commis *m* de douanes
pénzügyőrség garde financière; douane *f*
pénzügytan économie financière; science *f* des finances
pénzverde [-ék, -ét, -éje] atelier monétaire *m;* (l'Hôtel de) la Monnaie
pénzverés 1. la frappe (de la monnaie); 2. *(vmiből)* monnayage *m*
pénzveszteség perte *f* d'argent
pénzvilág le monde financier
pénzviszonyok situation financière; marché financier
pénzzavar embarras d'argent *v* financier *v* pécuniaire; gêne (pécuniaire) *f*
peónia [-ák, -át, -ája] *fás* ~ pivoine arborescente *v* en arbre
pép [~ek, ~et, ~je] 1. bouillie *f;* 2. *műsz:* pâte *f;* 3. *gyógy: (növényi)* pulpe; ~*pé dörzsöl* trituration *f*
pepecsel [~tem, ~t, ~jen] bricoler; tatillonner
pepita [-ák, -át, -ája] carrelé, -e
pepszin [~ek, ~t, ~je] pepsine *f*
per [~ek, ~t, ~e] procès *m;* cause ; contestation; affaire; action *f; (kisebb)* litige *m; jog:* matière *f; egy* ~ *megindul* un procès s'élève; *vkit* ~*be fog* entamer *v* engager des poursuites *v* un procès contre *q; francia bíróság előtt* ~*be fog* assigner devant les tribunaux de France; *átv:* ~*be száll vkivel* faire les procès à *q;* entrer *v* s'élever en jugement avec *q;* ~*ben áll* être en procès *v* en cause *v* en litige; ~*en kívül* extrajudiciairement; *elveszti* ~*ét* perdre son procès; ~*t indít vki ellen* engager un procès *v* une action contre *q; lefolytatja a* ~*t* vider *v* instruire le procès; ~*ét megnyeri* gagner son procès; avoir gain de cause

perbeavatkozás intervention *f*
perbehívó demandeur *m*
perbehívott [~ak, ~at] assigné(e) en justice; mis(e) en cause
perbeli *ellenfelek* parties *f pl* en litige
perbeszüntetés péremption *f* d'instance
perbíróság *jog:* le tribunal saisi
perc [~ek, ~et, ~e] 1. minute *f;* 2. *ált:* moment *m; egy ~ múlva* au bout d'une minute; *néhány ~ alatt* dans quelques minutes; *nehéz ~* moment difficile; *világos ~* moment de lucidité; *ebben a ~ben* à cette heure; en ce moment; *abban a ~ben* à l'instant (même); *minden ~ben* à tout moment; *az utolsó ~ben* au dernier moment; à l'heure H; *egy ~ig* (pendant) une minute; *egy jó ~ig* un bon moment; *~ről ~re* à chaque instant; *számolja a ~eket* compter les minutes
perceg [~ett, ~jen] 1. crisser; 2. *(óra)* faire tic tac
percmutató aiguille des minutes; grande aiguille
percnyi [~ek, ~t] *öt ~* de cinq minutes; *egy ~ nyugta sincs* être comme un chien d'attache
perdöntő décisif, -ive; péremptoire
perdül [~tem, ~t, ~jön] pirouetter; *táncra ~* commencer *v* se mettre à danser
pereg [~tem, pergett, ~jen] 1. *(forog)* tourner; *gyorsan ~ a nyelve* il parle avec volubilité; 2. *(könny)* couler; 3. *a dob ~* le tambour bat
perel [perlek *v* ~ek, ~tem, ~t, ~jen] *(vkit)* plaider *v* agir (en justice) contre q
perem [~ek, ~et, ~e] 1. rebord *m;* bords *m pl;* 2. *műsz:* bride; couronne *f*
peremváros cité-satellite *f; (nagyvárosé)* banlieue *f*
pereputty [~ot, ~a] séquelle *f;* cortège *m; az egész ~ le* ban et l'arrièreban; toute la lyre; ses cliques et ses claques
peres [~ek, ~t] 1. litigieux; contentieux, -euse; en litige; 2. processif, -ive; 3. *(személy)* plaidant; litigant, -e; *~ eljárás* procédure (judiciaire); poursuite judiciaire *f; ~ fél, ~ felek* parties plaidantes *v* en cause; *~ kérdés* litige *m; ~ úton* par voie contentieuse; *~ ügyekben* en matière contentieuse
perfektuál [~tam, ~t, ~jon] réaliser; effectuer; conclure
perfektül dans *v* à la perfection
pergamen [~ek, ~t, ~je] parchemin *m;* peau *f* de parchmin; *(borjúbőrből)* vélin *m*
pergamenbőr cuir parcheminé
pergamenkötés reliure *f* (en) parchemin
pergamenpapír papier parchemin *m*
perget 1. (faire) tourner; faire virer; 2. *(mézet)* extraire à la force centrifuge; désoperculer; *~ett méz* miel coulé; 3. *(dobot)* faire rouler
pergő [~k, ~t] tournant; virant; tourbillonnant, -e; giratoire
pergőtűz tir de barrage; feu roulant
periodikus périodique; *nem ~* apériodique; *mat: ~ függvény* fonction périodique *f*
periódus 1. *(mondat)* période *f;* 2. *(korszak, idő)* période *f;* 3. *rád:* cycle *m*
perirat pièce *f* du dossier d'une affaire; acte *m* de procédure
periszkóp [~ok, ~ot, ~ja] périscope *m; lélegző ~* schnorkel; périscope de respiration
perje [-ék, -ét] 1. Iolie *m;* angol *~* fausse ivraie; 2. pâturin; paturin; poa *m;* 3. *francia ~* fétuque *v* avoine élevée; fromental *m*
perjel [~ek, ~t, ~e] *egyh:* prieur *m*
perjog la procédure
perkál [~ok, ~t, ~ja] percale *f*
perképesség capacité *f* d'ester (en justice) *v* de poursuivre une action
perköltségek dépens; frais *m pl* de justice; *~ben elmarasztal* condamner aux (frais et) dépens; *jog: a ~et a vesztes fél fizeti* les dépens sont payés par la partie qui succombe; *a ~et megállapítja* taxer les frais de justice
perlekedés contestation; dispute; altercation; controverse *f;* différend *m*

perlekedik

perlekedik [~tem, ~ett, ~jék v ~jen] disputer; disputailler; se quereller avec q
perlon [~ok, ~t, ~ja] perlon m
permet poussière f d'eau; (vízesésé, hullámé) embrun m
permetez [~tem, ~ett, ~zen] I. (tgy i) 1. vaporiser; (repülő) asperger; 2. (gáliccal) sulfater; (kénnel) soufrer; II. (szmt i) (hideg eső) il bruine
permetező 1. vaporisateur; atomiseur m; 2. kert: pulvérisateur m; háti ~ pulvérisateur à dos
pernye [-ék, -ét] cendre f; tüzes ~ flammèche; escarbille f
peron [~ok, ~t, ~ja] 1. a vasúti ~ le quai (de la gare); (érkezési) debarcadère m; 2. (autóbuszon, villamoson) plate-forme f
peronjegy ticket v billet m de quai
peronoszpóra [-ák, -át] mildiou; peronospora m
perorvoslat jog: (voie de) recours m; voie de réformation; opposition f; ~nak helyt ad entériner la requête; ~tal él former un recours; ~tal megtámad frapper d'appel
perpatvar démêlé; différend m; dispute; chamaille f
perrendtartás procédure f; ordre judiciaire; code m de procédure civile
persely [~ek, ~t, ~e] 1. (templomi) tronc m; 2. (hordozható) bourse à quêter; aumônière f; 3. (otthoni gyűjtő) tirelire f; 4. (utcai) urne f; 5. műsz: chape f; crapaudin m
perspektíva [-ák, -át, -ája] perspective f
persze évidemment; bien entendu; naturellement; bien sûr; parbleu! (mondattal:) cela va da soi; hát ~ mais oui
perszóna [-ák, -át] pej: personne; créature f
pertárgy objet m du litige v de la demande; a ~ értéke valeur f du litige
pertubarátok être à tu et à toi; se tutoyer
Peru [~t] le Pérou
perverzitás perversité f
pervesztes partie succombante; ~ lett succomber dans un procès

petróleumforrás

Perzeüsz Persée m
perzsa [-ák, -át] I. (mn) 1. (ókori) perse; 2. (újkori) persan, -e; ~ juh caracul; karakul m; II. (fn) 1. (ókori) Perse m; 2. (újkori) Persan m; 3. (bunda) astrakan; persianer m; 4. (szőnyeg) ld: perzsaszőnyeg
perzsaszőnyeg 1. tapis m de Perse; 2. tapis
perzsel [~tem, ~t, ~jen] 1. griller; torréfier; brûler; 2. konyh: flamber; 3. tex: griller
perzselő [~k, ~t; ~en] torréfiant; tropical, -e; ~ hőség chaleur v température tropicale; ~ napon sous un soleil ardent v de plomb
pestis [~ek, ~t, ~e] 1. peste (noire); 2. átv: lèpre; peste f
pestisbeteg pestiféré, -e n
pestises [~ek, ~t; ~en] I. (mn) pestilentieux, -euse; pestilentiel, -elle; II. (fn) malade de la peste; pestiféré, -e n
pesszimista [-ák, -át; -án]; pesszimisztikus pessimiste (n)
pesztonka; pesztra jeune gouvernante; bonne f d'enfants
petárda [-ák, -át, -ája] pétard m
pete [-ék, -ét, -éje] 1. (gerinces állaté) ovule m; 2. (rovaré) œuf m; -ét rak pondre (des œufs)
petefészek ovaire; ovariule m
Péter [~ek, ~t, ~e] Pierre m
peterakás pondaison f
péterfillér egyh: denier m de saint Pierre
petesejt ovule; ovocyte; oocyte m
petevezeték orv: oviducte m
pétisó nitrate m de soude synthétique
petrence [-ék, -ét, -éje] meule f; ~ébe rak emmeuler
petrencerúd perche f de meule
petrezselyem [-lymet, -lyme] 1. növ: persil m; 2. -lymet árul (bálban) faire tapisserie
petróleum [~ot, ~a] pétrole; naphte m de commerce; világító ~ pétrole lampant
petróleumfinomító raffinerie v distillerie f de pétrole
petróleumforrás puits m de pétrole

petróleumfőző fourneau *m* à pétrole
petróleumhajó vapeur *v* navire pétrolier; tank; bateau-citerne *m*
petróleumkályha poêle *m* à pétrole
petróleumkanna bidon *m* à pétrole
petróleumlámpa lampe *f* à pétrole
petróleumvezeték pipe-line *m*
petróleumvidék district pétrolifère *m*
pettyhüdt [~ek, ~et; ~en] 1. flasque; mollasse; relâché, -e; 2. *átv*: veule
petty [~ek, ~et, ~e] 1. tache; moucheture *f;* pois *m;* tavelure *f;* 2. *(különösen gyümölcsön)* tache; tacheture; 3. *(madártollon, lepkeszárnyon)* œil *m;* 4. *(szöveten)* mouche *f*
pettyes [~ek, ~et; ~en] moucheté, -e; à pois; tavelé; tacheté; tiqueté, -e; ~ *nyakkendő* cravate *f* à pois
pezsdül [~t, ~jön]; **pezseg** [pezsgett, ~jen] 1. *(ital)* pétiller; mousser; 2. *(utca)* fourmiller
pezsgés 1. pétillement; bouillonnement *m;* 2. *vegy:* effervescence *f;* 3. *átv:* effervescence
pezsgő [~k, ~t; ~n] I. *(mn)* 1. bouillonnant, -e; mousseux, -euse; ~ *bor* vin mousseux; 2. *átv:* fourmillant; grouillant; mouvementé, -e; II. *(fn)* champagne *m*
pezsgőfürdő bain carbo-gazeux
pezsgőzik [-tem, -ött, -zék *v* -zön] boire du champagne
pézsma [-ák, -át] musc *m*
pézsmamacska civette; genette *f*
pézsmaolaj musc végétal
pézsmapocok rat musqué; ondatra *m*
Pfalz [~ot] le Palatinat
pfuj! 1. *(lehurrogva)* hou! hou! 2. *(undorodva)* fi, l'horreur!
pfujozás huées *f pl*
piac [~ok, ~ot, ~a] 1. marché *m; hal~ stb.* marché aux poisson *stb.;* *hetenként kétszer van* ~ il y a marché deux fois par semaine; *elmegy a ~ra* aller faire le marché; 2. *ker:* marché *m;* place *f;* débouché *m; európai közös* ~ marché commun européen; *legfőbb* ~ débouché principal; *~on van* courir sur la place; *~ra dob* jeter sur le marché; *~ra kerül* se négocier; *~ra talál* trouver des acheteurs; *(egy ország árui)* trouver des débouchés
piaci [~ak, ~t] 1. de marché; ~ *ár* prix *v* cours du marché; prix courant; cote *f;* ~ *árjelentés* v árjegyzék l'état *m* du marché; ~ *árus* marchand *m v* marchande *f* au carré des halles; *(vásárban)* (marchand) forain *m;* ~ *bódé* baraque foraine; ~ *forgalom* mouvement *m* des affaires *v* du marché; *a* ~ *kilátások* les perspectives du marché; ~ *kofa* dame *f* de la halle; *ld. még:* **kofa**; 2. *pej:* trivial, -e
piackutatás prospection *f* des marchés
pianínó [~k, ~t, ~ja] piano vertical *v* droit; pianino *m*
pici [~k, ~t] I. *(mn)* minuscule; tout petit *v* toute petite; menu, -e; infime; II. *(hat)* egy *~t* un tantinet; (un) tant soit peu; III. *(fn) gyerm:* fifi *m;* loupiot, -e *n;* bout *m* de chou
pick-up [~ök, ~öt, ~je] pick-up; capteur phonographique *m*
pigmentfolt tache pigmentaire *f*
pigmeus [~ok, ~t, ~a] pygmée *m*
piha! fi! pouah! pouacre! puh!
pihe [-ék, -ét, -éje] 1. duvet; flocon *m; (madárfiókáé)* coton *m;* 2. *(hó)* flocon (de neige)
piheg [~tem, ~ett, ~jen] haleter; respirer (à peine)
pihen [~tem, ~t, ~jen] 1. reposer; se reposer (de qc); se délasser; *(délben)* faire la sieste; ~ *babérjain* se reposer sur ses lauriers; *pihenj!* repos! 2. *(dolog)* chômer
pihenés repos; délassement *m;* ~ *nélkül* sans se reposer
pihenő [~k, ~t] I. *(mn)* au repos; prenant son repos; ~ *helyzet* position *f* de repos; II. *(fn)* 1. *(megállás)* étape; halte *f; (állaté)* gîte *m; déli* ~ sieste *f;* 2. *(munkásé, katonáé)* pause *f;* 3. *ált:* entracte *m;* 4. *(paddal)* banc; abri; refuge *m;* 5. *(emeleten és lépcsőszakaszok között)* palier; repos *m;* 6. lit *m* de repos
pihent [~ek, ~et; ~en] reposé, -e; *gúny:* ~ *eszű* qui avait trop de loisir; trop ingénieux (-euse)

pihentet faire reposer; reposer; laisser reposer
piheszőr duvet *m;* plumule *f*
pihetoll duvet *m*
pikáns [~ak, ~at; ~an] **1.** *(sikamlós)* licencieux, -euse; grivois, -e; libre; scabreux, -euse; égrillard, -e; polisson, -onne; salace; salé, épicé; -e; ~ *regény* roman corsé; ~ *történet* conte gras; **2.** *(mulatságos, csípős)* piquant, -e; ~ *szépség* elle a du chien; **3.** *konyh:* relevé, piquant, -e; ~ *íz (húsé)* haut goût
pikantéria [-ák, -át, -ája] **1.** *(sikamlósság)* gaillardise; grivoiserie *f;* propos licencieux; **2.** *a dolog -ája* le piquant de l'affaire
pikk [~ek, ~et, ~je] *kárty:* pique *m*
pikkely [~ek, ~t, ~e] **1.** écaille *f; vminek ~eit letisztítja* écailler qc; **2.** *orv:* squame *f*
piknik [~ek, ~et, ~je] pique-nique *m*
pikoló [~k, ~t, ~ja] **1.** *(sör)* bock *m;* **2.** *(pincér)* chasseur; jeune garçon
Pilátus (Ponce) Pilate *m*
pilis [~ek, ~t, ~e] *egyh:* tonsure *f*
pilla [-ák, -át, -ája] cil *m*
pillanat instant; moment *m;* seconde; minute *f; a kellő* v *alkalmas* ~ le bon moment; le moment opportun; *világos* ~ moment lucide *v* de lucidité; *egy* ~ *alatt* en un clin d'œil; en un rien de temps; *egy* ~ *műve volt* ce fut l'affaire d'un instant; ~*ok alatt* en un rien de temps; *abban a* ~*ban* à l'instant (même); *abban a* ~*ban, amikor* au moment où; *az első* ~*ban* au premier coup d'œil; *egy gyenge* ~*ában* dans un moment de défaillance; *egy* ~*ig sem kételkedik, hogy* à aucun moment il ne doute, que; *egy* ~*ig tartó* instantané, -e; *egy* ~*ra* un instant; un moment; *Csak egy* ~*ra!* Une seconde!
pillanatnyi [~ak, ~t] momentané; instantané, -e; ~ *elmezavar* moment d'égarement; ~ *türelmet!* (une) minute
pillangó [~k, ~t, ~ja] papillon *m*
pillangós *növ:* ~ *virágok* fleurs vexillaires *f pl*
pillangózás *sp:* brasse papillon

pillant [~ottam, ~ott, ~son] **1.** jeter *v* lancer un regard; **2.** *(pislantva)* cligner les yeux
pillantás 1. *(vmire)* coup d'œil; regard *m;* első ~*ra* au premier coup d'œil *v* regard; de prime abord; *egy* ~*t vet vkire* décocher un regard à q; *gyöngéd* ~ œillade *f;* **2.** *(szemlehunyás)* clin *m* d'œil; *egy* ~ *alatt* en un clin d'œil
pille [-ék, -ét, -éje] papillon *m*
pilledt [~ek, ~et, ~en] épuisé; fatigué; exténué, -e
pillér [~ek, ~t, ~e] **1.** pilier *m;* **2.** *(hídé)* pile *f*
pilóta [-ák, -át, -ája] *rep:* pilote *m;* aviateur, -trice *m*
pilótafülke *rep:* carlingue *f;* cockpit *m*
pimasz [~ok, ~t] **I.** *(mn)* fripon, -onne; impertinent; insolent, -e; *milyen* ~! il a de la santé! quel toupet! **II.** *(fn)* fripon; impertinent; insolent *m*
pimaszkodik [~tam, ~ott, ~jék *v* ~jon] faire le fripon; faire des impertinences
pince [-ék, -ét, -éje] **1.** sous-sol *m;* cave *f;* **2.** *(boros)* cave (à vin); cellier *m;* **3.** *(borozó, söröző)* taverne *f*
pinceajtó entrée *f* de cave; *(vízszintes, felfelé nyíló)* trappon *m*
pincegádor entrée *f* de cave
pincelyuk soupirail *m*
pincér [~ek, ~t, ~e] garçon *m* (de restaurant *v* de café)
pincérlány serveuse; servante de brasserie
pincs [~ek, ~et, ~e] **1.** griffon; (schnauzer-)pinscher *m;* **2.** *(japán)* chien *v* épagneul japonais
pingál [~tam, ~t, ~jon] **1.** peindre; ripoliner; badigeonner; **2.** *pej:* brabouiller; *(tarkára)* peinturlurer; **3.** ~*ja magát* se plâtrer
pingpong [~ok, ~ot, ~ja] ping-pong *m*
pingpongozik [~tam, ~ott, ~zék *v* ~zon] faire du ping-pong
pingpongütő palette *v* raquette *f* de ping-pong
pingvin [~ek, ~t, ~je] pingouin *m*
pintér [~ek, ~t, ~je] tonnelier; foudrier *m*

pinty [~ek, ~et, ~e] 1. pinson; fauchet *m;* 2. *mint a ~!* comme pas un!
pióca [-ák, -át, -ája] *áll:* sangsue *f*
pipa [-ák, -át, -ája] 1. pipe *f; kis ~* pipette *f; (kurta)* brûle-gueule *m; nem ér egy ~ dohányt* cela ne vaut pas les quatre fers d'un chien; *-ára gyújt* allumer sa pipe; 2. *(öntözéshez)* coude; col *m* de cygne; 3. *jó ~* une bonne pièce
pipacs [~ok, ~ot, ~a] coquelicot; ponceau *m*
pipacsvörös (rouge) ponceau
pipakupak couvercle *m* de pipe
pipaszár tuyau *m* (de la) pipe
pipaszárlábak flageolets; manches *m pl* à balai; flûtes *f pl*
pipaszurkáló cure-pipe; débourre-pipe *m*
pipaszutyok culot; culottage *m*
pipázás l'usage *m* de la pipe; la pipe
pipázgat; pipázik [~tam, ~ott, ~zék *v* ~zon] fumer la pipe
pipere [-ék, -ét] *(női)* atours *m pl;* parure *f*
pipereáru article *m* de toilette
piperekészlet garniture de toilette; toilette *f*
pipereszappan savon *m* de toilette
piperevíz eau *f* de toilette
piperkőc [~ök, ~öt] gandin; freluquet; godelureau; damoiseau; joli cœur
pipiske [-ék, -ét] alouette huppée; *parlagi ~* alouette des prés
pipitér [~ek, ~t] camomille; *f* anthémis noble *m*
pipogya [-ák, -át; -án] mou, molle; veule; imbécile
piramis [~ok, ~t, ~a] pyramide *f*
Pireneusok [~at] *a ~* les Pyrénées *f*
pirinyó [~k, ~t] un tout petit; un tout petit peu de ...; minuscule
pirit pyrite *f*
pirít [~ottam, ~ott, ~son] 1. griller; *kenyeret ~* rôtir du pain sur le gril; 2. *(tésztát, sültet)* rissoler; 3. *(hagymát)* faire revenir; 4. *(vajban, zsírban)* faire sauter; 5. *rám ~* vous me faites rougir
pirított [~ak, ~at; ~an] 1. rissolé; rôti, -e; *~ hagyma* oignons frits;

~ kenyér pain grillé; toast *m;* 2. *(vajban, zsírban)* sauté, -e
pirkad [~t, ~jon] l'aube *v* l'aurore vient; le jour commence à poindre
pirkadat aurore; pointe du jour; aube *f; ~kor* petit jour
pirók [~ot] bouvreuil *m;* pyrrhule *f*
pirongat morigéner; réprimander; rabrouer; gronder; gourmander
pironkodás rougeur *f*
piros [~ak, ~at; ~an] I. *(mn)* 1. rouge; vermeil, -eille; rougi, -e; *kissé ~* rubescent, -e; *~, mint a paprika* roue comme un coq *v* une pivoine; *~ ajkak* lèvres vermeilles; *~ betűs ünnep* fête chômée; *~ folt (bőrön v arcon)* rougeur *f; ~ lámpa (tilos jelzés)* feu rouge *m; növ: ~ paprika* piment *v* poivre rouge *m; ~ színű* rouge; de couleur rouge; *~ szőlő* vigne *f* à raisins rouges; *~ra fest* teinter de rouge; *konyh: ~ra süt* roussir; *~ra sütött pecsenye v sült* rôti doré; 2. *(pej:* arc *v orr)* rubicond, -e; 3. *kárty: ~ ász* l'as *m* de cœur; II. *(fn) kárty:* cœur *m*
pirosít [~ottam, ~ott, ~son] 1. rougir; 2. *(arcát)* se mettre du rouge
pirospettyes à pois rouges; feu moucheté
pirospozsgás vemeil, -eille; coloré; joufflu, -e
pirosság 1. rouge *m;* rougeur *f;* pourpre *m;* 2. *(arcé)* l'incarnat de ...
pirul [~tam, ~t, ~jon] 1. rougir; s'empourprer; *fülig ~* rougir jusque dans le blanc des yeux; 2. *(étel)* se colorer; roussir
pirula [-ák, -át, -ája] cachet *m;* comprimé *m;* pilule *f; (apró)* globule *m*
pisil [~tem, ~t, ~jen] pisser; faire pipi
piskóta [-ák, -át, -ája] langue-de-chat *f;* biscuit *m*
piskótatészta pâte *f* à biscuit
pislákol [~tam, ~t, ~jon] clignoter; vaciller; *a tűz már csak ~ le feu se* meurt
pislant [~ottam, ~ott, ~son] cligner; *laposakat ~* cligner de sommeil
pislog [~tam, ~ott, ~jon] 1. clignoter (les yeux); battre des cils; 2. *(lámpa)* clignoter

49 Magyar–Francia kézi

pisze [-ék, -ét] **1.** *(ember)* au nez retroussée; **2.** *(orr)* retroussé; mutin, -e
piszkafa 1. attisoir; attisonnoir *m;* **2.** *gúny:* long(ue) comme un échalas; grand escogriffe
piszkál [~tam, ~t, ~jon] **I.** *(tgy i)* **1.** *(vmit)* remuer; toucher à qc; **2.** *fogát, körmét, orrát ~ja* se curer les dents, les ongles, le nez; **3.** *a tüzet ~ja* attiser *v* remuer le feu; **4.** *(vkit)* agacer; molester; vexer; harceler; taquiner *biz;* **II.** *(tgyl i) vmiben ~ fourgonner v* fouiller dans qc; *csak ~ az ételben* manger du bout des dents
piszkálódás vexation; molestation; taquinerie; agacerie *f*
piszkavas attisoir; fourgon; piquefeu *m*
piszke 1. groseille *f* (à maquereau); **2.** *növ:* groseillier épineux
piszkít [~ottam, ~ott, ~son] **1.** salir; souiller; maculer; tacher; **2.** *(lecsinál)* souiller; faire (dans, sur); **3.** *átv:* éclabousser; salir; noircir
piszkolódás invectives; violences de langage; insultes *f pl*
piszkolódik [~tam, ~ott, ~jék *v* ~jon] **1.** *(tárgy)* se salir; devenir sale *v* crasseux (-euse); **2.** *(ember)* dire des invectives; accabler q de ses invectives; vomir des injures
piszkos [~ak, ~at] **1.** sale; malpropre; sordide; maculé; taché, -e; **2.** *átv:* ordurier, -ière; inavouable; *(könyv)* obscène; infect, -e; ~ *kis adósságok* dettes criardes; ~ *alak* un sale type *v* individu; salaud; saligaud; salopard *m;* ~ *beszéd* langage ordurier; ~ *fehérnemű* linge sale; *gúny:* linge douteux; ~ *fukarság* mesquinerie *f;* ~ *a keze* avoir les mains sales *v* grasses; ~ *lakás* bauge *f;* taudis *m;* ~ *nő* souillon; gaupe *f;* ~ *odú* infâme taudis *m;* ~ *ügy* affaire véreuse *v* louche; ~ *víz* eau impure *v* trouble *v* fangeuse
piszkosság 1. saleté; crasse; salissure; sordidité; malpropreté; souillure; impureté *f;* **2.** *(tettről)* saleté; saloperie *f*
piszkozat brouillon *m*

piszmog [~tam, ~ott, ~jon] **1.** tatillonner; baguenauder; vétiller; lambiner *biz;* **2.** *apró munkákkal ~* bricoler
piszmogás tatillonnage *m;* bricole *f*
piszmogó [~k, ~t; ~an] tatillon, -onne; vétilleux; méticuleux, -euse
piszok [piszkok, piszkot, piszka] **I.** *(fn)* **1.** saleté; crasse; souillure; ordure *f;* **2.** *(ürülék)* ordure; **3.** *(erkölcsi)* boue *f;* saloperie *f biz;* **4.** *te piszok!* ordure! vieille carne! fumier! **II.** *(mn) ~ dolog* saleté *f*
pisszeg [~tem, ~ett, ~jen] chuter q
pisztoly [~ok, ~t, ~a] **1.** pistolet; revolver *m; elsüti a ~t* tirer un coup de pistolet; **2.** *müsz: (hegesztő)* chalumeau *m; (festékszóró)* pistolet pulvérisateur
pisztolytáska fourreau *m v* gaine *f* de pistolet
pisztráng [~ok, ~ot, ~ja] truite *f*
pitvar [~ok, ~t, ~a] **1.** porche *m;* **2.** *(szívé)* oreillette *f*
pityereg [~tem, -rgett, ~jen] pleurnicher; larmoyer
pityókos avoir une pointe de vin; être en goguette; être émeché(e); gris, -e; pompette
pitypalatty [~ok, ~ot, ~(j)a] caille *f*
pitypalattyol [~t, ~jon] courcailler; carcailler
pitypang [~ok, ~ot, ~ja] *pongyola ~* pissenlit *m*
pizsama [-ák, -át, -ája] pyjama *m*
plafon [~ok, ~t, ~ja] **1.** plafond *m;* *dühében a ~ig ugrik* sauter *v* faire un bond au plafond; **2.** *met:* plafond *m*
plágium [~ok, ~ot, ~a] plagiat; démarquage; larcin *m;* piraterie *f;* pillage *m;* ~*mal vádol* accuser de plagiat
plagizál [~tam, ~t, ~jon] plagier; démarquer; pirater
plakát [~ok, ~ot, ~ja] affiche (publicitaire); pancarte *f*
plakáthordozó homme-sandwich *m*
plakátoszlop colonne affiches *f*
plakátragasztó afficheur; placardeur *m*
plakett [~ek, ~et, ~je] plaquette *f*
planíroz [~tam, ~ott, ~zon] aplanir

plankton [~ok, ~t] *él:* plancton *m;* *(mocsári)* telmatoplancton *m*
plántál [~tam, ~t, ~jon] 1. planter; 2. *átv:* szívébe ~ inculquer qc à q
plasztik [~ok, ~ot] plastique *m*
plasztika plastique *f; sebészi* ~ chirurgie esthétique *f*
plasztikai *orv:* plastique; ~ *műtét* opération plastique; ~ *műtéti* anaplastique; ~ *művészetek* arts plastiques *m pl;* ~ *sebész* chirurgien esthétique *m*
plasztikus plastique; ~ *anyag* matière plastique *f;* plastique *m;* ~ *film* film en relief; cinéma à trois dimensions (3-D) *v* stéréoscopique *m*
plasztilin pâte *f* à modeler
plasztron [~ok, ~t, ~ja] 1. plastron *m;* 2. *(betét)* intérieur *m* de robe
platán(fa) platane; platanier *m*
platform [~ok, ~ot, ~ja] plate-forme *f; modus vivendi;* terrain *m* d'entente
platina [-ák, -át, -ája] platine *m;* ~ *tartalmú* platinifère
platinaszőke blond platiné *v* platine; *-ére fest* platiner
Plátó; Platón [~t] Platon *m;* ~ *Állama* la République de Platon
plátói [~ak, ~t] platonique; platonicien, -enne; ~ *szerelem* amour platonique *m*
Plautus Plaute *m*
plazma [-ák, -át] 1. *fiz:* plasme *m;* 2. *él:* plasma *m*
plébánia [-ák, -át, -ája] *egyh:* 1. paroisse; cure *f;* 2. *(hivatal)* cure *f;* presbytère *m*
plébániai [~ak, ~t] *egyh:* paroissien, -enne; paroissial; curial, -e
plébános [~ok, ~t, ~a] *egyh:* curé; desservant *m*
plebejus plébéien *m*
plebs [~et] plèbe *f*
pléd [~ek, ~et, ~je] plaid *m*
pléh [~ek, ~et, ~je] *(vas)* tôle (ondulée); fer battu; fer feuillard; *(ónozott)* fer-blanc *m*
pléháru ferblanterie *f*
pléhpofa figure constipée; air indifférent; tête *f* de bois

plein-air [~ek, ~t, ~je] *fest:* plein-air; plein air *m*
pleisztocén [~ek, ~t] *geol:* pléistocène *m*
plénum [~ok, ~ot, ~a] séance plénière *pletyka* I. *(mn)* cancanier; potinier; -ière; bavard, -e; ~ *ember* bavard; jaseur *m;* ~ *nő* femme bavarde *v* potinière; II. *(fn)* 1. racontar; potin; cancan; commérage *m;* glose *f;* ostoba *v rosszakaratú* ~ ragot *m;* *-ák keringenek vmi felől* qc fait jaser; 2. *(ember, nő)* bavard, -e; jaseur, -euse *n*
pletykahadjárat campagne *f* de ragots
pletykáz(ik) [~tam, ~ott, ~zon] faire des cancans *v* des potins; potiner; cancaner; causer
Plinius Pline *m; a fiatal* ~ Pline le Jeune; *az idősebb* ~ Pline l'Ancien *v* le Naturaliste
plisszé [~k, ~t, ~je] plissé *m*
plisszészoknya jupe plissée
plomba [-ák, -át, -ája] plomb(s) *m pl*
plombál [~tam, ~t, ~jon] plomber
plurális [~ok, ~t, ~a] I. *(mn)* 1. plural, -e; 2. *nyelv:* pluriel, -elle; du pluriel; II. *(fn) nyelv:* pluriel *m;* ~*ban* au pluriel
plusz [~ok, ~t] plus
pluszjel le signe + (plus)
Plutarchosz [~t] Plutarque *m*
Plútó [~t] *mit, csill:* Pluton *m*
plutokrata [-ák, -át] I. *(mn)* ploutocratique; II. *(fn)* ploutocrate *m*
plutónium [~ok, ~ot] *vegy:* plutonium *m*
plutóniumbomba bombe *f* au plutonium
pluviale [-ék, -ét] *egyh:* pluvial *m*
plüss [~ök, ~t, ~e] peluche *f*
pneumatikus pneumatique
poca [-ák, -át, -ája] *biz:* pâté *m* (d'encre); pochon *m*
pocak [~ok, ~ot, ~ja] bedaine *f;* bedon; embonpoint *m*
pocakos [~ak, ~at] bedonnant; ventru, -e; replet, -ète; pansu, -e; obèse; ventripotent, -e *biz*
pocok [pockok, pockot, pocka] 1. rat *m; mezei* ~ rat des champs; *vízi* ~ rat d'eau; 2. *átv: kis pockom* mon

petit rat, ma petite rate; mon loup *v* loupiot

pocsék [~ok, ~ot] **1.** abominable; pitoyable; détestable; exécrable; moche *biz;* *biz:* ~ *alak* type abominable *v* abject; ~ *idő* temps détestable *m;* **2.** ~*ká tesz* enfoncer; ~*ká ver* battre à plate couture

pocsékol [~tam, ~t, ~jon] gaspiller; dilapider; galvauder; dissiper

pocsékolás gaspillage *m;* dilapidation *f*

pocsolya [-ák, -át, -ája] **1.** flaque *f* d'eau; bourbier *m;* *(utszéli)* ruisseau *m;* **2.** *(kis tó)* bourbier *m;* mare *f;* **3.** *átv:* ruisseau; cloaque *m*

podagra [-ák, -át] podagre; goutte *f* aux pieds

pódium [~ok, ~ot, ~a] estrade *f*

poén [~ek, ~t, ~ja] **1.** *(viccé stb.)* pointe *f;* **2.** *ját:* point *m*

pofa [-ák, -át, -ája] **I.** *(fn)* **1.** *(állaté)* gueule *f;* *(hegyes)* museau *m;* *(lóé)* ganache; joue *f;* *(állaté, főleg sertésé, borjúé)* bajoue *f;* *(nagy állaté)* muf(f)le *m;* **2.** *nép:* *(emberi arcról)* gueule; physionomie *f;* *micsoda ~! quelle dégaine! arg:* ~ *be! fogd a -ád!* la ferme! ferme! *-ákat vág* faire sa gueule; **3.** *ehhez aztán* ~ *kell!* ça, c'est du culot! **4.** *nép: egy* ~ *(pl: étel)* gueulée *f;* **5.** *(emberről)* type; individu; oiseau; mec; particulier *m; jó* ~*!* c'est un (drôle de) numéro! **6.** *műsz: (féké stb.)* joue *f;* jumelles *f pl;* **II.** *(mn)* *arg:* **1.** *(emberről) jó* ~ *alak* bon zigue; **2.** *(dologról)* maison; des familles

pofacsont pommette *f;* os malaire *m; tb:* os jugaux

pofástörő broyeur *m* à mâchoires

pofaszakáll favoris *m pl;* côtelettes *f pl*

pofátlan *biz:* impertinent; insolent, -e; ~ *alak* mufle; goujat *m*

pofazacskó abajoue *f;* *(majomé így is:)* salle *f*

pofázik [~tam, ~ott, ~zék *v* ~zon] *nép:* **1.** *(zabálq)* s'empiffrer; bâfrer; **2.** gueuler; faire de l'esbrouffe *v* du foin

pofon [~ok, ~t, ~ja] **I.** *(hat)* ~ *vág v csap v üt* donner *v* administrer *v* flanquer *v* envoyer *v* appliquer un soufflet *v* une gifle *v* une claque à q; souffleter; gifler; **II.** *(fn)* **1.** soufflet *m;* gifle; claque *f;* **2.** *nagy* ~ *ez neki* il a reçu là un rude soufflet

pofoz [~tam, ~ott, ~zék *v* ~zon] souffleter; gifler

pogácsa [-ák, -át, -ája] **1.** *kb:* pogatcha *m;* **2.** *(takarmány)* tourteau *m*

pogány I. *(mn)* païen, -enne; **II.** *(fn)* **1.** païen *m;* **2.** *rég: (törökök stb.)* infidèle; mécréant *m;* **3.** *bibl:* les gentils; les nations

pogrom [~ok, ~ot, ~ja] pogrom *m*

poggyász [~ok, ~t, ~a] bagage(s) *m (pl); kis* ~ menu bagage; *nagy* ~ gros bagage; malle *f; a* ~*t feladja* enregistrer les bagages

poggyászháló filet *m* à bagages

poggyászkocsi *(vasúti)* fourgon *m* à bagages

poggyásztartó I. *(mn)* ~ *háló* filet (porte-bagages) *m;* **II.** *(fn) aut:* porte-bagages *m*

poggyásztöbblet excédent *m* de bagages

poggyászvizsgálat visite *f* des bagages

pohánka blé sarrasin *v* noir *v* rouge

pohár [poharak, poharat, pohara] **1.** verre *m;* lapos ~ coupe *f; egy* ~ *bor* un verre de vin; *vkit megkínál egy* ~ *borral* offrir un verre à q; *egy* ~ *pálinka* v *likőr* un petit verre; *emeli poharát vmire* lever son verre à qc; **2.** *(nem üvegből)* gobelet *m;* timbale *f;* **3.** *átv: a keserű* ~ *le calice* (d'amertume)

poharaz [~tam, ~ott, ~zon] trinquer; buvoter

pohárköszöntő toast; brindisi *m;* ~*t mond (vkire)* porter un toast (à q)

pohárszék crédence *f;* buffet *m*

pojáca [-ák, -át, -ája] **1.** paillasse; pierrot; arlequin *m;* **2.** *átv:* pantin *m; rossz* ~ pitre *m; -át csinál magából* faire le guignol

pók [~ok, ~ot, ~ja] **1.** araignée *f;* **2.** *hal:* carrelet *m;* treille *f;* **3.** *(lovon)* jarde *f;* **4.** *arg:* numéro; type *m*

pókháló toile *f* d'araignée

pókhálóharisnya bas arachnéen

pokla [-át] arrière-faix *m;* secondines *f pl;* délivre *m*
poklos [~ok, ~t] lépreux, -euse
pokol [poklok, poklot, pokla] 1. *vall:* enfer; l'infernal séjour; *a ~ kapui les portes de l'enfer; a ~ kínjai les tourments v les supplices de l'enfer; a ~ kínját állja ki* souffrir mille morts; *a ~ mélységei les abîmes infernaux; a ~ tornáca* purgatoire *m; a ~ tüze* le(s) feu(x) de l'Enfer; feu d'enfer; 2. *átv: ~ba kíván vkit* il voudrait le savoir à tous les diables; *a ~ba küldi* envoyer q au diable; *menj v erigy a ~ba* va-t'en au diable; *menjen a ~ba!* allez-vous coucher! *~ba való gonosz tison m* d'enfer; *valahol a ~ban lakik* habiter au diable
pokolfajzat engeance infernale
pokolgép machine infernale
pokoli [~ak, ~t] 1. infernal, -e; diabolique; *~ éhség* une faim du diable; *~ élete van* il mène une vie d'enfer; *~ iramban rohan* aller *v* mener un train d'enfer; *~ kínokat áll ki* souffrir comme un damné; *~ lárma* bruit infernal; *~ meleg* un feu d'enfer; *~ zajt csap* faire un bruit *v (biz)* tapage infernal; 2. *(mulatságos)* impayable
pokolkő pierre infernale; nitrate *m* d'argent
pokolravaló maudit; damné, -e
pokolvar charbon *m;* pustule maligne; anthrax *m*
pokróc [~ok, ~ot, ~a] 1. *(szőnyeg)* tapis *m;* 2. *(takaródzásra)* couverture (grossière); 3. *goromba ~* mufle; rustre *m*
polarizáció polarisation *f*
polc [~ok, ~ot, ~a] 1. étagère *f; tb:* rayonnage *m;* 2. *(üvegből, mosdó felett)* galerie *f* (avec tablette en verre): 3. *(egy lapja)* tablette *f; (egy deszka)* rayon *m; a könyvszekrény ~ai les* tablettes de la bibliothèque; 4. *(olvasó, zenepolc)* pupitre *m;* 5. *átv: magas ~ra emeli* mettre *v* élever sur un piédestal; *a hatalom ~ára* au faîte du pouvoir
polemizál [~tam, ~t, ~jon] polémiser

polgár [~ok, ~t, ~a] I. *(mn)* bourgeois, -e; II. *(fn)* 1. *(állam~)* citoyen *m; (szemben a hatósággal)* administré *m;* 2. *(mint osztály)* bourgeois *m;* 3. *(nem katona v pap)* civil *m;* 4. *(falusi)* villageois *m*
polgárháború guerre civile
polgári [~ak, ~t] 1. bourgeois, -e; *(rég:)* roturier, -ière; 2. *(állampolgári)* civique; 3. *(nem egyházi v katonai)* civil, -e; *jog: ~ és családi állapot* état civil; *~ csökevény* survivance bourgeoise; *~ demokratikus* démocratique bourgeois(e); *~ élet* vie civile; civil *m; mi a ~ életben?* qu'est-ce que vous faites dans le civil? *~ foglalkozások* professions civiles; *~ házasság* mariage civil; *~ kötelesség* devoir civique *m; kat: a ~ lakosság eltávolítása* évacuation civile; *~ osztály* classe bourgeoise; bourgeoisie *f; jog: ~ per* procès civil; action *v* instance civile; *~ perben en matière civile; jog: ~ pert indít vki ellen* poursuivre q au civil; *jog: ~ peres eljárás* civil *m; jog: ~ perrendtartás* procédure civile; *(törvénykönyve, kódexe)* code *m* de procédure civile; *~ repülés* aviation *v* aéronautique civile; *~ ruha* vêtement civil; *~ ruhás rendőr* policier en civil; agent *m* en bourgeois; *jog: ~ törvénykönyv* code civil *v* de procédure civil
polgárjog indigénat; droit *m* de cité; droits civils *v* civiques *m pl;* citoyenneté *f; ~ok elvesztése* mort civile; déchéance *f* de ses droits civils et politiques; *~ot nyer* acquérir la qualité de citoyen; *(átv:)* acquérir *v* avoir droit de cité; *visszaadja a ~ait vkinek* relever q de l'indignité nationale
polgármester maire; bourgmestre *m; helyettes ~* adjoint *m* au maire
polgárosít [~ottam, ~ott, ~son] 1. civiliser; policer; polir; 2. embourgeoiser
polgárosodik [~tam, ~ott, ~jék *v* ~jon] 1. se civiliser; s'urbaniser; se policer; 2. s'embourgeoiser

polgárosult [~ak, ~at] policé, -e
polgárőrség garde civile v nationale; *tört*: garde civique v nationale
polgárság 1. bourgeoisie *f;* 2. citoyenneté; nationalité *f*
polgártárs 1. concitoyen, -enne *n;* 2. citoyen *m*
polifón [~t; ~ul] *zen*: polyphonique
poligám [~ok, ~ot] 1. polygamique; 2. polygame
polihisztor [~ok, ~t] polygraphe *m*
polimer [~ek, ~t, ~je] *vegy*: polymère *(n)*
póling [~ok, ~ot] *áll*: courlis; turlu(t) *m; nagy* ~ courlis arqué
polip [~ok, ~ot, ~ja] 1. pieuvre *f;* 2. polype; poulpe *m;* 3. *orv*: polype
polipkar tentacule *m*
politechnikum *(mérnök-, tüzér és műszaki tisztképző)* école polytechnique *f*
politechnikus polytechnicien, -enne
politika politique *f*
politikai politique; ~ *és jogi* politicojuridique; ~ *bűncselekmény* délit *v* crime politique *m; a* ~ *élet legnagyobbjai* les sommités de la vie politique; ~ *érettség* maturité politique *f;* ~ *fogoly* détenu(e) *v* prisonnier (-ière) politique *n;* prisonnier d'État; ~ *földrajzi* géographico-politique; ~ *függőség* sujétion politique *f;* ~ *gazdaságtan* économie politique *f; a jelenlegi* ~ *határok* le statut actuel; ~ *internált* interné politique *n;* ~ *intrikák* intrigues politiciennes; ~ *író* publiciste *m;* ~ *jelszó* cri *m* de ralliement; ~ *jog* droit politique *v* civique *m;* ~ *jogok elvesztése* perte *f* des droits politiques; dégradation civique *f;* ~ *nevelő* v *oktató* instructeur politique *m;* ~ *rovat* bulletin politique *m;* ~ *tekintetek* considérations *f pl* de nature *v* d'ordre politique; *(titkos)* ~ *ügynök* v *megbízott* émissaire *m*
politikus I. *(mn)* politique; *ez nem lenne* ~ *dolog* ce ne serait pas de bonne politique; **II.** *(fn)* politique; homme politique; politicien *m*
politizál [~tam, ~t, ~jon] 1. faire de la politique; 2. causer *v* parler *v* discuter politique

politúr [~ok, ~t, ~ja] vernis *m;* brunissure *f*
politúros [~ak, ~at] verni, -e
pollen [~ek, ~t] pollen *m*
pollenzacskó sac pollinique *m*
pólóing chemise-polo *f*
poloska punaise *f;* cimex *m*
poloskairtó cimicifuge; ~ *por* poudre cimicifuge *f;* ~ *szer* cimicifuge; tuepunaises; insecticide *m*
pólus 1. pôle *m;* 2. *műsz*: borne *f*
pólya [-ák, -át, -ája] 1. *(babáé)* maillot *m;* langes *f pl*: 2. *orv: (kötés)* bandage *m; sebkötöző* ~ bande *f* de pansement; 3. *her*: fasce *f*
pólyás(baba) enfant au maillot; bébé; poupard *m*
pólyáz [~tam, ~ott, ~zon] emmailloter; langer
pomádé [~k, ~t, ~ja] pommade *f*
pompa [-át, -ája] pompe *f;* apparat; luxe; faste *m; hiú* ~ faste; pompe vaine; *teljes -ájában* en grand attirail; *szereti a -át* aimer le faste *v* le pompeux; *szereti a katonai -át* aimer le panache; *nagy -ával* en grande pompe; en grand appareil *v* apparat; *nagy -ával fogad* recevoir en grande pompe
pompás 1. *(ruha stb.)* somptueux; fastueux; luxueux, -euse; magnifique; 2. *(kitűnő)* excellent; exquis; brillant, -e; superbe; 3. grandiose
pompázik [~tam, ~ott, ~zék *v* ~zon] briller d'un vif éclat; développer son éclat; étaler sa splendeur
pompázó [~ak, ~t] florissant; pimpant, -e
Pompeius Pompée *m*
Poncius Pilátus Ponce Pilate
pongyola [-ák, -át] I. *(mn)* négligé, -e; lâche; décousu, -e; II. *(fn)* négligé; déshabillé, peignoir *m; (férfi)* robe *f* de chambre; *-ában* en déshabillé
pongyolaság négligé; décousu *m;* incorrection *f*
póni [~k, ~t, ~ja] *(ló)* poney; ponet *m;* ponette *f*
pont [~ok, ~ot, ~ja] I. *(fn)* 1. point *m; (táviratban)* stop; *mat: az a ~ban en a; mat: egy ~on* en un

pontarány 775 **por**

point; *mat:* egy ~*on keresztülmegy* passer en un point; *két* ~ *(magánhangzó felett)* tréma *m;* ~*ot tesz vmire* mettre le point final à qc; ~*ot tesz egy ügy végére* mettre le point final à une affaire; **2.** *(programé)* point; *(szerződésé stb.)* clause *f;* ~*okba foglal* rédiger *v* formuler en un certain nombre de points; *az 1.* ~*ban foglalt szabályok* les règles tracées au titre 1.; *több* ~*ban* sur plusieurs points; ~*ról pontra* point par point; de point en point; *főbb* ~*okban megegyeznek* se mettre d'accord sur les grandes lignes; **3.** *(szakaszé)* paragraphe; article *m;* *(vádiratban)* chef *m;* **4.** *(levél, szöveg)* passage *m;* **5.** *ját:* rossz ~ point négatif; ~*ot szerez* marquer un point *v* un coup; ~*ot veszt* perdre un point; **6.** *sebezhető* ~ talon *m* d'Achille; **7.** ~*ban* précisément; justement; à l'heure précise; **8.** *azon a* ~*on van, hogy* être en passe de *(inf);* être sur le point de *(inf);* **II.** *(hat)* exactement; précisément; justement; ~ *éjfélkor* à minuit précis; minuit sonnant
pontarány *sp:* score *m*
pontatlan inexact; imprécis, -e
pontatlanság inexactitude; imprécision *f; egy történetíró* ~*a* l'infidélité *f* d'un historien
pontelőny *sp:* avance *f* de point
pontforrás source ponctuelle
ponton [~ok, ~t, ~ja] bateau pour pont; support flottant; ponton *m*
pontos [~ak, ~at] **1.** *(műszer)* juste; de précision; ~ *mérleg* balance juste *f;* ~ *műszer* instrument *m* de précision; ~ *óra* montre juste *v* exacte; **2.** ~ *adatok* précisions *f pl;* ~ *adatokkal szolgál* apporter *v* donner des précisions; *egy levél* ~ *értelme* la teneur exacte d'une lettre; ~ *fogalom* notion exacte; ~ *idézet* citation textuelle; ~ *idő* l'heure exacte; ~ *méret* mesure exacte; ~ *utasítás* instruction complète; **3.** *(ember)* précis; exact, -e; ponctuel, -elle; strict(e) en qc; *(igével:)* avoir de l'ordre; *maga* ~ vous êtes à l'heure

pontosan 1. de façon *v* de manière précise; avec exactitude; exactement; précisément; fidèlement; *nagyon* ~ à toute rigueur; **2.** *(időre)* à l'heure sonnante; à l'heure (précise); ~ *eltalálja* frapper juste; ~ *érkezik* arriver à l'heure; ~ *jár (óra)* marcher avec précision; ~ *megfelelő kifejezés* expression adéquate; ~ *megjelöl v megmond* préciser; spécifier; *mondja meg* ~*, mit akar mondani* précisez! ~ *ezt mondta* voici *v* voilà proprement ce qu'il a dit; ~ *ugyanaz* c'est absolument la même chose
pontosság 1. précision; exactitude; justesse; fidélité *f;* **2.** *(emberé)* ponctualité; exactitude *f; magá a* ~ il est l'exactitude même
pontosvessző point-virgule *m*
pontoz [~tam, ~ott, ~zon] *(ponttal megjelölve)* pointer; *(iskolában, versenyen)* marquer des points
pontozás 1. *(versenyen)* pointage *m;* attribution *f* de points; ~*sal győz* vaincre *v* battre aux points; **2.** *(rajzban)* pointillement; pointillage *m*
pontszem *(rovaré)* ocelle *m*
ponty [~ok, ~ot, ~a] carpe *f*
ponyva [-ák, -át, -ája] **1.** banne; bâche *f;* **2.** littérature *f* de pacotille; imprimés vendus dans les foires
ponyvaíró brochurier *m*
ponyvairodalom littérature *f* de colportage
ponyvaregény roman *m* de colportage *v* à quatre sous
pópa [-ák, -át, -ája] pope *m*
popó [~k, ~t, ~ja] *gyerm:* tutu *m*
por [~ok, ~t, ~a] **1.** poussière *f; nagy* ~ *van* il fait de la poussière; ~*ba dől* tomber en poussière; ~*ba dönt* réduire en poussière; ~*rá ég* être la proie des flammes; être réduit(e) en cendres; ~*rá lesz* retourner en poussière; ~*ba sújt* foudroyer; terrasser; ~*ban hever* être en ruine; ~*ig aláz* humilier cruellement; ~*ig sújt* affliger (profondément); atterrer; *elverik rajta a* ~*t* on va le secouer; *nagy* ~*t ver fel (ügy)* faire beaucoup de tapage; ~*t hint vki sze-*

mébe jeter de la poudre aux yeux de q; ~*rá zúz* réduire à poussière; 2. *orv, vegy:* poudre *f;* ha *fáj a feje, vegyen be egy* ~*t* si vous avez mal à la tête, prenez un cachet; ~*rá tör* mettre en poudre; pulvériser; ~*rá zúz* broyer; pulvériser; 3. *vkinek a* ~*ai* les cendres *v* la dépouille mortelle de q
pór [~ok, ~t] manant; serf *m*
póráz [~ok, ~t, ~a] laisse *f;* trait *m;* ~*on tart* tenir en laisse; *(átv:)* tenir en lisière *v* en bride; *kurta* ~*ra fog vkit* serrer le bouton à q
porc [~ok, ~ot, ~a] cartilage *m*
porcelán [~ok, ~t, ~ja] porcelaine *f;* biscuit *m; festett* ~ porcelaine décorée; ~ *edény* porcelaine *f;* ~ *figura* sujet *m* en porcelaine; ~ *tányér* assiette *f* en porcelaine; ~ *váza* vase *m* de porcelaine
porcelánégetés cuisson *f*
porcelánfestő peintre *m* sur porcelaine
porcelánföld terre à porcelaine *f;* kaolin *m*
porcelángyár porcelainerie; fabrique *v* manufacture *f* de porcelaine
porcelánipar industrie porcelainière
porcika parcelle *f; minden -ája remeg il tremble de tous ses membres; minden -ájában* jusqu'au bout des ongles
porcogó [~k, ~t, ~ja] partie cartilagineuse; cartilage *m*
porcukor sucre *m* en poudre
póréhagyma poireau; porreau *m; fiatal* ~ porrette *f*
porfelhő nuage de poussière; tourbillon *m* de poudre
porfesték couleur *f* en poudre
porfészek 1. nid *m* à poussière; 2. *(falu)* patelin *m*
porhanyít [~ottam, ~ott, ~son] 1. *(földet)* ameublir; 2. *(ételt)* attendrir; *(húst igy is:)* mortifier; *(vadhúst)* faisander
porhanyó [~ak, ~t; ~an]; **porhanyós** [~ak, ~at; ~an] 1. *(föld)* friable; meuble; 2. *(étel)* tendre; ~*vá tesz* attendrir

porhintés bourrage *m* de crâne; *ez csak* ~ ce n'est que de la poudre aux yeux
porhó neige folle *v* poudreuse
porhüvely dépouille mortelle; l'argile humaine
pórias [~ak, ~at] rustique; rustre; paysan, -anne
porkoláb [~ok, ~ot, ~ja] guichetier; porte-clefs *m*
porköpeny cache-poussière *m*
porlad [~t, ~jon] 1. tomber en poussière; s'effriter; 2. *átv:* reposer
porlaszt [~ottam, ~ott, -asszon] pulvériser; léviger; atomiser
porlasztás 1. pulvérisation; lévigation *f;* 2. *gyógy:* porphyrisation *f;* 3. *(aut)* carburation *f*
porlasztó [~k, ~t; ~an] *(szer, anyag, erő)* I. *(mn)* désagrégeant; effritant, -e; pulvérisateur, -trice; II. *(fn)* 1. *aut:* carburateur *m;* 2. *műsz:* atomiseur; pulvérisateur *m*
porlepte couvert(e) de poussière
pornográf [~ok, ~ot] 1. *(iró)* pornographe; 2. *(dolog)* libertin, -e; pornographique
porol [~tam, ~t, ~jon] épousseter; battre
poroló [~k, ~t, ~ja] 1. barre *f* aux tapis; 2. *(eszköz)* tapette *f;* bat-tapis; bat-meuble *m*
poroltó extincteur *m* à poudre
porond [~ok, ~ot, ~ja] 1. arène *f;* champ clos; 2. *sp:* *(ökölvívó)* ring *m;* 3. *átv: ottmarad a* ~*on* rester *v* demeurer sur le carreau
poronty [~ok, ~ot, ~a] 1. *(béka)* têtard *m;* 2. *(gyerek)* marmot; bambin *m*
poros [~ak, ~at; ~an] I. poussiéreux; poudreux, -euse; 2. pulvéracé; pulvérescent, -e
porosz [~ok, ~t; ~ul] 1. *(mn)* de Prusse; prussien, -enne; II. *(fn)* Prussien, -enne
poroszkál [~tam, ~t, ~jon] aller l'amble; ambler
poroszló [~k, ~t, ~ja] soldat du guet; homme de pied; hallebardier; pristald *m*

porózus poreux, -euse; perspirable
porréteg couche *f* de poussière
porszén poussier *m* (de houille *v* de charbon *v* de lignite)
porszívó aspirateur *m* (de poussière);
~*val takarít* nettoyer par le vide
porta [-ák, -át, -ája] 1. maison *f*;
a maga -áján dans son propre ménage;
2. loge *f* du concierge; 3. *a Porta*
la Porte (ottomane); la Sublime Porte
portalanít [~ottam, ~ott, ~son] dépoussiérer; dépoudrer
portálé [~k, ~t, ~ja] devanture *f*
portás 1. portier *m*; 2. concierge *m*
portéka marchandise; denrée *f*; article *m; pej : rossz* ~ pacotille *f*
portó [~k, ~t, ~ja] 1. port (de lettres); affranchissement *m*; 2. *(bor)* porto *m*
portóbélyeg *(büntető)* timbre taxe *m*
portóköltség frais *m pl* de port
portóz [~tam, ~ott, ~zon] affranchir
portré [~k, ~t, ~ja] 1. *(festmény, fénykép)* portrait *m*; 2. *(szobor)* buste *m*; 3. *(érem)* effigie *f*
portugál [~ok, ~t; ~ul] portugais, -e
portugál- luso-
Portugália [-át] le Portugal
portya [-át] 1. randonnée; rafle; razzia *f*; 2. *sp:* tournée *f*
portyáz [~tam, ~ott, ~zon] 1. faire des randonées; battre le bois; rafler; 2. *(katonák fosztogatva)* marauder; 3. *(járőr)* patrouiller
pórul *jár* mal lui en prend; il lui en cuit; tomber sur un bec (de gaz); *biz :* ~ *járt (mn)* déconfit, -e
porzik [~ott] poudroyer
porzó [~k, ~t, ~ja] 1. *(homok)* poudre *f* à sécher; 2. *(íráson)* purette *f*; 3. *növ:* étamine *f*
porzós [~ak, ~at] *növ:* staminé, -e; pollinifère; ~ *virág* fleur mâle *f*
porzószál *növ:* filet *m*
porzótlan *növ:* agame
porzótok anthère *f*
poshad [~tam, ~t, ~jon] 1. pourrir; 2. *(gyümölcs)* se gâter; devenir gâcheux; 3. *(víz)* croupir; stagner
poshadt [~ak, ~at; ~an] 1. putride; pourri, -e; 2. *(gyümölcs)* gâcheux, -euse; blet, blette; 3. *(víz)* croupi, -e

posta [-ák, -át, -ája] 1. poste *f; (mint intézmény)* les Postes et Télégraphes; les P.T.T.; *-án* par la poste; *-ára ad* mettre *v* porter à la poste; 2. *(vkié)* courrier *m; a* ~ *feldolgozása* le dépouillement du courrier
postaautó auto(mobile) postale; fourgon *m* de poste
postabélyeg timbre-poste *m*
postabélyegző timbre *v* cachet *m* (de la poste)
postacsekk chèque postal
postacsomag paquet-poste; colis postal
postafiók case postale; *(bérelhető)* boîte postale
postaforgalom opérations postales; régime *m* des correspondances
postagalamb pigeon voyageur
postahajó bateau-poste; paquebot-poste; courrier *m*
postahivatal bureau *m* de poste *v* des P.T.T.
postai [~ak, ~t] postal, -e; ~ *díjszabás* tarif postal; ~ *értékjegy* vignette *f* en usage dans le service postal; ~ *értékküldemény* chargement *m* avec valeur déclarée; ~ *feladás* expédition *f* par la poste; ~ *forgalom* service postal *v* des P.T.T.; ~ *levéldíj* taxe postale; ~ *szállítólevél* bulletin *m* d'expédition; ~ *úton* par la poste; ~ *válaszutalvány* bon *m* de réponse payée; ~ *vevény* récépissé *m*
postakocsi 1. voiture *f* de la poste *v* postale; 2. *(vonaton)* fourgon *m* des postes; 3. *rég:* malle-poste *f; (gyors)* diligence *f*
postakönyv livre *v* registre *m* des expéditions postales
postaláda boîte *f* aux lettres
postamester 1. receveur des postes; 2. *rég:* maître *m* de poste; *(előfogatos)* relayeur *m*
postamunka travail bâclé *v* sabré *v* saboté
postarepülőgép avion-poste; avion postal
postarepülőjárat service *m* de poste aérienne
postás 1. postier *m*; commis *m* des P.T.T.; 2. *(levélhordó)* facteur *m*

postatakarékpénztár caisse d'épargne postale
postautalvány mandat-poste *m*
postaügy régime postal
postaügyi des P.T.T. (Postes, Téléphones et Télégraphes); ~ *szabályzat* régime postal
postáz [~tam, ~ott, ~zon] poster
poste restante poste restante; bureau restant
posvány bourbier *m*; fondrière *f*
poszáta [-ák, -át] *áll:* fauvette; busette *f*
Poszeidón [~t] Poséidon *m*
poszméh *áll:* bourdon *m*
poszthumus [~ok, ~t] posthume
posztó [~k, ~t, ~ja] drap *m*; draperie *f*; *(nemez)* feutre *m*; *(íróasztal burkolására)* bureau *m*; *zöld* ~ tapis vert; *fekete* ~*val bevon* draper; tendre de deuil; *(dobot)* voiler
posztóáru lainage *m*; draperie *f*
posztócipő chausson *m*
posztógyár fabrique *v* manufacture *f* de draps
posztógyártás draperie *f*
posztol [~tam, ~t, ~jon] monter la garde; être en faction
pót- 1. supplémentaire; un supplément de . . .; 2. *(gyártmány)* succédané, -e
pótadag ration supplémentaire *f*
pótadó centimes additionnels; taxe additionnelle; *állami* ~ centimes départementaux; *rendkívüli* ~ centimes destinés à des dépenses extraordinaires
pótalkatrész pièce détachée *v* de rechange *v* de réserve
pótanyag produit *m v* matière *f* de remplacement; surrogat *m*
pótdíj surtaxe; surcharge *f*; supplément *m*; *(biztosításban)* surprime *f*
pótegyezmény convention additionnelle
potenciális [~ak, ~at] potentiel, -elle; ~ *energia* énergie potentielle
pótfüzet supplément *m*; annexe *f*; fascicule *m* de mise au courant
póthitel supplément de crédit; crédit *m* supplémentaire *v* d'appoint
pótkávé succédané *m* de café
pótkerék roue *f* de secours *v* de rechange

pótkocsi 1. *(villamos)* (voiture-)remorque *f*; attelage remorqué; 2. *aut:* remorque; baladeuse *f*
pótkötet volume du supplément; supplément *m*
pótlás 1. addition; substitution *f*; remplacement *m*; 2. *(közlemény)* supplément; ajouté *m*; 3. *(szerződéseken)* avenant *m*; 4. *(összeghez)* appoint *m*; 5. *a csapatok* ~*a* l'envoi *m* de renforts; 6. *(elveszett)* *anyakönyvi okmányok* ~*a* la reconstitution des actes de l'état civil; 7. *vminek* ~*ára* en remplacement de qc; *a hiány* ~*ára* pour combler les vides *v* les lacunes; *(pénzzel)* pour boucher les trous
pótlék [~ok, ~ot, ~a] 1. supplément; complément *m*; 2. *(fizetési)* indemnité; gratification; prime *f*; *családi* ~ allocation familiale; *veszélyességi* ~ prime *f* d'insalubrité *v* de danger 3. *(vmi helyett)* succédané; surrogat; ersatz *m*
pótlólag après coup; plus tard; ultérieurement, ~ *megküld* envoyer ultérieurement *v* après coup
pótol [~tam, ~t, ~jon] 1. remplacer qc par qc; suppléer à qc *v* à q; compléter qc; ~*ja, amit elmulasztott* se rattraper; *hiányt* ~ combler les vides; *egy mulasztást* ~ réparer une omission *v* une négligence; *szükségletet* ~ pourvoir aux besoins de q; 2. *(kárt)* réparer (le dommage); indemniser qc; *(veszteséget)* compenser; 3. *(összeget)* faire l'appoint de qc; 4. *vkivel* ~ *vmit* tenir lieu de qc à q; supplanter
pótolhatatlan 1. irremplaçable; indispensable; 2. *(veszteség)* irréparable; incompensable
potom *ár* prix dérisoire *v* modique *m*
potomság bagatelle *f*
potroh [~ok, ~ot, ~a] 1. bedaine *f*; bedon *m*; panse *f*; ventre *m*; 2. *áll:* abdomen *m*
potrohos [~ak, ~at; ~an] ventru; pansu; bedonnant, -e; obèse
potrohosodik [~tam, ~ott, ~jék *v* ~jon] bedonner; prendre du ventre

pótszakasz article additionnel
pótszavazás scrutin de ballottage; second tour de scrutin
pótszázad compagnie *f* de renfort
pótszék siège supplémentaire *m*
pótszer succédané; produit *m* de remplacement
póttag membre suppléant
póttartalékos réserviste *m*
pótválasztás ballottage; scrutin de ballottage; second tour de scrutin
pótvizsga examen de remplacement; redoublement *m*; session *f* d'automne
pótzászlóalj bataillon *m* de renfort *v* de guerre
potya [-át] *biz*: à l'œil; gratuit, -e
potyán *biz*: à l'œil; *gratis*; ~ *utazik* être (assis) en lapin *nép*
potyautas passager clandestin; lapin *m nép*
potyázik [~tam, ~ott, ~zék *v* ~zon] *biz*: resquiller; se faire rincer
potyog [~tam, ~ott, ~jon] 1. tomber; 2. *(vki)* dégringoler
pottyan [~tam, ~t, ~jon] tomber; *(járművel)* verser; *mintha az égből ~t volna (meglepődve)* tomber de son haut
póz [~ok, ~t, ~a] pose; attitude *f*
pozdorja [-át] 1. chènevotte *f*; 2. *-vá tör v zúz* mettre *v* briser en mille pièces *v* morceaux; *egy hadsereget -ává zúz* tailler en pièces une armée
pozíció [~k, ~t, ~ja] position *f*; *(jó)* ~*ja van* être en place
pozitív [~ok, ~ot] I. *(mn)* positif, -ive; ~ *előjelű* affecté(e) du signe plus; ~ *(fény)kép* épreuve positive; II. *(fn)* 1. *a* ~ le positif; 2. *fényk*: cliché positif
pozitivizmus positivisme *m*; philosophie positive
pózna [-ák, -át, -ája] 1. perche; gaule *f*; 2. *(táviró)* poteau *m*
pózol [~tam, ~t, ~jon] poser; faire de la pose
pöcegödör fosse *f* d'aisance; puisard *m*
pödör [~tem, ~t, ~jön] tordre; *(bajuszt)* tortiller; retrousser
pöfékel [~tem, ~t, ~jen] 1. fumer à grosses bouffées; 2. *(gép)* haleter

pöfeteg [~ek, ~et] *(gomba)* vesse de loup; vesseloup *f*
pöffedt [~ek, ~et; ~en] bouffi, -e
pöffeszkedés morgue; arrogance; suffisance *f*
pöffeszkedik [~tem, ~ett, ~jék *v* ~jen] 1. se donner *v* prendre des airs (de grandeur); être gonflé(e) *v* bouffi(e) d'orgueil); 2. ~ *vmivel* faire parade *v* ostentation de qc
pöfög [~ött, ~jön] *(gép)* haleter; pétarader
pökhendi [~ek, ~t] arrogant; impertinent, -e
pönálé [~k, ~t, ~ja] 1. dédit *m*; 2. *jog*: pénalité *f* de retard; 3. *sp*: forfait *m*
pördül [~tem, ~t, ~jön] pirouetter
pőre [-ék, -ét; -én] nu, -e; *-ére vetkőztet* déshabiller complètement
pőrekocsi wagon-plateau *m*; plateforme *f*
pörgés 1. tournoiement *m*; 2. pirouette *f*; pirouettement *m*
pörget 1. faire tournoyer *v* tourner; 2. *tenisz*: donner de l'effet
pörgettyű [~k, ~t, ~je] 1. toupie *f*; toton; sabot *m*; 2. gyroscope *m*
pörgettyűs [~ek, ~et; ~en] gyroscopique
pörk [~ök, ~öt, ~je] 1. *(seben)* croûte *f*; 2. *(betegség)* escarre; eschare *f*; 3. *koh*: résidu *m* de grillage
pörköl [~tem, ~t, ~jön] 1. *(disznót stb.)* flamber; 2. roussiller; rôtir; 3. *(kávét)* brûler; torréfier; 4. *(parázson)* brasiller; 5. *(ércet)* griller
pörkölt [~ek, ~et; ~en] I. *(mn)* 1. flambé, -e; 2. *(kávé)* torréfié, -e; ~ *kávé* café grillé; II. *(fn) kb*: ragoût *m* à la hongroise
pörög [~tem, pörgött, ~jön] tourner; virer; tournoyer
pöröly [~ök, ~t, ~e] 1. marteau *m*; mailloche *f*; 2. *(vasgyári)* marteau de forge
pörsenés 1. bourgeon; bouton *m*; 2. *orv*: bouton *m* d'acné
pösze [-ék, -ét] blèse; zézayeur *(m)*; dyslalique; ~ *beszéd* clichement *m*; blésité *f*; ~ *ejtés (s és sz hangé)* chuintement *m*

pöszén beszél zézayer; clicher; bléser; *(s és sz hangot)* chuinter
pöszméte [-ék, -ét] groseille *f* à maquereau; agrassol *m*
pöttöm; pöttön [~ök, ~t] haut(e) comme trois pommes *v* comme une pinte; ~ *ember* courte-botte *m;* nabot, -e *n*
pötyög [~tem, ~ött, ~jön] 1. *(gyerek)* balbutier; 2. *(ruha)* faire poche; pocher
praetor préteur *m*
praktika machination; manœuvre; intrigue; cabale *f*
praktikus 1. pratique; ~ *érzék* sens pratique *m;* 2. *(anyag)* faire du profit
praktizál [~tam, ~t, ~jon] 1. pratiquer; 2. *(orvos)* exercer
praliné [~k, ~t, ~ja] praline *f*
pravoszláv orthodoxe *(n)*
praxis [~ok, ~t, ~a] 1. *(nem elmélet)* pratique *f;* 2. clientèle *f*
precedens [~ek, ~t, ~e] précédent (à qc); antécédent *m;* ~*re hivatkozik* alléguer un précédent; ~*t alkot* faire précédent
precíziós [~ak, ~at] de précision; ~ *készülék* appareil *m* de précision; ~ *mérleg* balance *f* de précision; ~ *óra* chronomètre *m*
préda [-át, -ája] I. *(mn)* prodigue; gaspilleur, -euse; déprédateur, -trice; II. *(fn)* proie *f;* butin *m; a szelek -ájaként* au gré des vents; *-ára bocsát vkinek* jeter en proie à q; livrer en pâture à q
prédál [~tam, ~t, ~jon] gaspiller; dilapider; dissiper
prédikáció [~k, ~t, ~ja] 1. *vall:* sermon *m;* conférence *f;* 2. *gúny:* sermon; prédication *f*
prédikál [~tam, ~t, ~jon] 1. prêcher; distribuer de bonnes paroles; 2. *átv:* ~ *vkinek* faire le catéchisme à q; sermonner q
prefektus maître répétiteur *v* d'études
pregnáns [~ak, ~at] marquant, -e; remarquable; précis, -e; caractéristique
prejudikál [~tam, ~ta, ~ja] *vminek* ~ préjuger à qc

prém [~ek, ~et, ~je] fourrure *f;* ~*mel bélel* fourrer
prémállat bête *f* à fourrure
prémes [~ek, ~et] fourré, -e; ~ *állat* animal *m* à fourrure
prémium [~ok, ~ot, ~a] prime; gratification *f;* *(fizetésen felül adott)* surpaye *f;* ~*ot ad vkinek* accorder une prime à q
preparátor [~ok, ~t, ~a] 1. naturaliste *n;* 2. *(laboratóriumi)* préparateur (-trice) de laboratoire
preparátum [~ok, ~ot, ~a] préparation *f*
prépost [~ok, ~ot, ~ja] *egyh:* prévôt *m ritk (franciáknál csak szerzetesrendi);* prélat *m*
prepotens [~ek, ~et] arrogant; impertinent, -e
prepozíció [~k, ~t, ~ja] *nyelv:* préposition *f*
prepozíciós [~ak, ~at] *nyelv:* prépositif, -ive; prépositionnel, -elle
prés presse *f;* *(csak gyümölcshöz:)* pressoir *m; (borhoz)* presse à vin
presbiter [~ek, ~t, ~e] *(protestáns)* ancien *m*
presbiteri presbytérien, -enne; presbytéral, -e
présel [~tem, ~t, ~jen] 1. mettre sous presse; 2. *(sajtolva)* presser; pressurer; 3. *(szűk ruha)* boudiner; 4. *(művirágot)* gaufrer; 5. *műsz:* emboutir; 6. *mintát* ~ *(bőrre, szövetre)* gaufrer; 7. *(vkit)* donner un tour de vis à q
préselődik [~ött, ~jék *v* ~jön] 1. *(áru)* se tasser; 2. *(tömegben)* s'écraser
préselt [~ek, ~et] 1. pressé, -e; 2. *műsz:* embouti; étampé; gaufré, -e; ~ *anyag* matière moulée; ~ *virág* fleur séchée
présház cellier *m* avec pressoir
préslég air comprimé
présműhely atelier *m* d'emboutissage
presszionál [~tam, ~t, ~jon] faire pression sur q
presztízs [~ek, ~t, ~e] prestige *m;* autorité *f*
presztízscsökkenés diminution de prestige; perte *f* de face

prezidium [~ok, ~ot, ~a] présidium; praesidium *m*
pribék [~ek, ~et, ~je] 1. bourreau; tortionnaire *m*; 2. valet de bourreau *m*
priccs [~ek, ~et, ~e] bat-flanc; lit *m* de camp
príma [-ák, -át] de première *v* haute qualité; *(áru) ker:* numéro un; *(ember)* numéro un *biz*
primadonna vedette; étoile; prima donna *f*
primadonnáskodik [~tam, ~ott, ~jék *v* ~jon] 1. faire la difficile; 2. prendre des airs
prímás [~ok, ~t, ~a] 1. *egyh:* primat *m*; 2. chef *v* soliste *m* d'orchestre tzigane
primér [~ek, ~t] primaire
prímhegedűs premier violon; *(hangversenymester)* violon solo *m*
primitív [~ek, ~et] I. *(mn)* 1. primitif, -ive; simpliste; 2. originaire; II. *(fn) műv: az olasz ~ek* les primitifs d'Italie
primula [-ák, -át, -ája] primevère; primula *f*
prioritás priorité *f*; ~*sal* en priorité
priusz [~ok, ~t, ~a] casier judiciaire *m*
privát [~ok, ~ot] I. *(mn)* privé, -e; II. *(fn)* particulier *m*
privilégium [~ok, ~ot, ~a] privilège *m*; prérogative *f*
prizma [-ák, -át, -ája] prisme *m*
próba [-ák, -át, -ája] 1. épreuve *f;* essai *m;* tentative *f;* coup *m* d'essai; ~ *szerencse* qui ne risque rien, n'a rien; *átmegy a -án* subir l'épreuve; *-ára* à l'essai; à l'épreuve; *-ára tesz* mettre à l'essai *v* à l'épreuve; éprouver; *a szüntelen zaj -ára teszi az idegeket* un bruit incessant éprouve les nerfs; *kiállja a -át* subir l'épreuve; *-át tesz* faire un essai; faire l'essai de qc; 2. *(anyagból)* échantillon; prelèvement; contrôle *m; (ellenőrző)* sondage *m; (gyártás közben vett)* tâte *f; -át vesz vmiből* prendre *v* prélever un échantillon; 3. *(ezüsttárgyon)* poinçon *m;* 4. *(kísérleti)* expérience *f;* test *m;* 5. *műsz:* épreuve; essai *f;* 6. *(ruháé)* essayage *m;* 7. *(színdarabé)* répétition *f; a -ák folynak* la pièce est en répétition(s); *-át énekel* auditionner
próbababa mannequin; buste *m*
próbadarab éprouvette *f;* pièce *m* d'essai
próbaév 1. année *f* de stage; *(hivatali)* année d'essai; 2. *egyh: (papnövendéknél)* noviciat *m*
próbafúrás forage de reconnaissance; sondage *m*
próbafülke cabine *f v* cabinet *m* d'essayage
próbaidő 1. stage; temps *v* délai *m* d'essai *v* d'épreuve; ~ *munkavállalásnál* délai *m* de prise à l'essai préalable; ~*re alkalmazás* prise *f* à l'essai; 2. *egyh:* probation *f;* noviciat *m*
próbajárat course *v* marche *f* d'essai
próbajegy contrôle; poinçon *m*
próbakocsi *aut:* voiture *f* d'essai
próbakő pierre *f* de touche
próbál [~tam, ~t, ~jon] I. *(tgy i)* 1. essayer (de *és inf);* tenter (de *és inf); s'essayer à (inf);* 2. *(szerkezetet)* essayer; II. *(ruhát)* essayer; II. *(tgyl i) szính:* répéter
próbaléggömb ballon *m* d'essai *v* de sondage
próbalevonat épreuve *f*
próbálkozás 1. coup *m* d'essai; tentative *f;* 2. *pej:* tâtonnage; tâtonnement *m*
próbaminta échantillon *m*
próbanyomás 1. pression *f* d'épreuve; 2. *nyomd:* épreuve *f*
próbapad banc *m* d'essai
próbapálca barreau-témoin *m*
próbareggeli repas d'épreuve *v* opaque *m*
próbarendőr agent stagiaire *m*
próbaszalon salon *m* d'essayage
próbaszolgálat 1. service *m* à l'essai; 2. stage probatoire *m*
próbaterhelés charge d'épreuve; épreuve *f* de charge
próbaút course *m* d'essai; croisière *f* d'essai; *(autóé)* essai *m* sur route
próbaveret *(pénzé)* pied-fort; piéfort *m*
probléma [-ák, -át, -ája] problème *m*

problémakör; problematika ensemble des problèmes; champ *m* d'investigations
produkál [~tam, ~t, ~jon] produire; donner; ~*ja magát se* produire; *gúny:* se donner en spectacle
profán [~ok, ~t] profane *(n)*
professzionista [-ák, -át] professionnel, -elle *(n); -ává lesz* passer professionnel
professzor [~ok, ~t, ~a] professeur *m*
próféta [-ák, -át, -ája] prophète; vaticinateur *m; (vásári)* diseur *m* de bonne aventure
prófétál [~tam, ~t, ~jon] prédire l'avenir; vaticiner
profil [~ok, ~t, ~ja] 1. profil *m;* 2. *műsz:* galbe; chantournement *m*
profilírozás 1. établissement du profil; 2. *műsz:* profilage *m;* 3. *(termelésé, üzemenként)* répartition *f;* partage *m;* spécialisation *f;* compartimentage *m*
profilvas (fer) profilé *m*
profit [~ok, ~ot, ~ja] profit; gain; bénéfice *m; pej:* lucre *m*
profithajhász chasseur *m* de profit
prognózis [~ok, ~t, ~a] pronostic *m;* prévisions météorologiques *f pl*
program [~ok, ~ot, ~ja] 1. programme *m;* ~*on kívül* hors programme; ~*ra tűz* insérer au programme; 2. *választási* ~ plate-forme électorale
programbeszéd discours-programme *m*
programzene musique *f* à contenu
progresszív [~ek, ~et] progressif, -ive
proklamál [~tam, ~t, ~jon] proclamer
proletár [~ok, ~t, ~ja] I. *(mn)* prolétarien, -enne; ~ *nemzetköziség* internationalisme prolétarien; ~ *tömegek* les masses prolétaires; II. *(fn)* prolétaire *m; világ ~jai egyesüljetek!* prolétaires de tous les pays, unissez-vous!
proletárállam État prolétarien
proletárdiktatúra dictature *f* du prolétariat
proletárhadsereg armée *f* de prolétaires
proletáröntudat conscience prolétarienne
pro memoria memento; aide-mémoire *m*

Prométheüsz Prométhée *m*
propaganda [-ák, -át, -ája] propagande *f; -át csinál vminek* faire de la propagande pour qc; *-át fejt ki* se livrer à une propagande; mener une propagande
propagandaár *ker:* prix *m* de lancement
propagandafelelős responsable *n* de *v* à la propagande
propagandafilm film *m* de propagande
propán [~ok, ~t, ~ja] *vegy:* propane *m*
propedeutika [-át, -ája] propédeutique *f*
propeller [~ek, ~t, ~e *v* ~je] 1. *(csavar)* hélice (propulsive); 2. *(hajó)* bateau *m* à hélice; vedette; mouche *f*
Propertius Properce *m*
propileum [~ok, ~ot] *ép:* propylée *m*
prostituál [~tam, ~t, ~jon] prostituer
prostituálás 1. *(más részéről)* maquerellage; maquereautage *m;* 2. *(önmagát)* prostitution *f*
prostituált [~ak, ~at; ~an] I. *(mn)* prostitué, -e; ~ *nő* femme *f* vénale; prostituée *f;* II. *(fn)* prostituée *f*
prostitúció [~k, ~t] prostitution *f;* amour vénal
prosztata [-ák, -át, -ája] prostate *f*
protegál [~tam, ~t, ~jon] protéger; pistonner *biz*
protein [~ek, ~t, ~je *v* ~ok, ~ja] *vegy:* protéine *f*
protekció [~k, ~t, ~ja] protection(s) *f (pl);* piston *biz;* coup *m* de piston *biz*
protekciós [~ak, ~at; ~an] pistonné, -e *biz;* ~ *gyerek* fils *m* de famille; *(apja révén)* fils à papa
protestáns [~ok, ~t] I. *(mn)* protestant, -e; évangélique; ~ *pap v lelkész* ministre évangélique; prédicant *m;* II. *(fn)* protestant, -e *n*
protézis [~ok, ~t, ~a] *orv:* prothèse *f;* appareil *m* de prothèse
protoplazma [-ák, -át, -ája] protoplasma *m;* protoplasme *m*
prototípus prototype *m*
protozoa [-ák, -át] *áll:* protozoaire *m*
provánszi provençal, -e
provincia [-ák, -át, -ája] province *f*
provízió [~k, ~t, ~ja] commission *f;* remise *f*

provizórikus 783 puhány

provizórikus provisoire
provizórium [~ok, ~ot, ~a] provisoire *m*
provokátor 1. provocateur, -trice *n;* 2. provocateur de guerre; boutefeu *m*
próza [-át, -ája] prose *f*
prózai [~ak, ~t] 1. ~ *írások* écrits *m pl* en prose; *szính:* ~ *(nem énekes) jelenet* scène parlée; 2. *pej:* prosaïque; terre-à-terre; trivial, -e
prózaiság prosaïsme *m*
prozelita [-ák, -át] *vall:* prosélyte *m*
pruszlik [~ok, ~ot, ~ja] camisole; veste *f* de paysanne
prüszköl [~tem, ~t, ~jön] 1. éternuer; 2. *(ló)* s'ébrouer; 3. *(macska, tigris)* feuler; 4. *a motor* ~ le moteur éternue; 5. *nagyon* ~ *emiatt* il en est très fâché
pszichiáter [~ek, ~t, ~e] psychiatre *m*
pszichikum [~ok, ~ot, ~a] *a* ~ le psychique; le psychisme
pszichoanalitikus I. *(mn)* psychanalytique; II. *(fn)* psychanalyste *m*
pszichofizikai psychophysique
pszichológia [-ák, -át] psychologie *f*
pszichoneurózis [~ok, ~t, ~a] *orv:* psychonévrose *f*
pszichopatológia *orv:* psychopathologie; psychologie morbide *f*
pszichoterápia psychothérapie *f*
pszichózis [~ok, ~t, ~a] psychose *f*
pszt 1. chut! pst! pchchtt! 2. *(tessék hallgatni a szónokot!)* écoutez! 3. *(hívásnál)* pst! hé! vous! st!
Pszüché [~t] Psyché *f*
pubertás puberté *f;* ~ *előtti* prépubère; pré-pubère; impubère; ~ *korában levő* pubère *(n)*
pubertáskori pubère
publicista [-ák, -át, -ája] publiciste *n*
publicisztika 1. journalisme *m;* 2. carrière *f v* métier *m* de publiciste
publikáció [~k, ~t, ~ja] publication; édition *f*
publikum [~ot, ~a] public *m*
pucér [~ok, ~t] tout(e) nu(e); *in naturalibus;* à poil *nép*
pucol [~tam, ~t, ~jon] I. *(tgy i)* 1. astiquer; 2. *ép: (falat)* ravaler; II.

(tgyl i) biz: se débiner; *és most* ~*j!* et maintenant fiche *v* fous le camp!
pucolás 1. astiquage; asticage; 2. *ép:* ravalement *m*
puccs [~ok, ~ot, ~a] putsch; coup de force; coup *m* d'État
púder [~ek, ~t, ~ja *v* ~je] poudre *f* (de riz)
púderdoboz poudrier *m;* poudrière *f*
púderes [~ek, ~t]; **púderos** [~at, ~t] poudrerizé
púderpamacs houppe à poudre (de riz) *v* à poudrer; houpette *f*
puding [~ok, ~ot, ~ja] pudding; pouding; soufflé *m*
pudli [~k, ~t, ~ja] caniche; barbet *m*
pudvás 1. *(fa)* pourri; vermoulu, -e; 2. *(retek stb.)* ligneux, -euse
I. **puff** *div:* bouffant *m*
II. **puff** *(bútor)* pouf *m*
puff! pouf! vlan! paf! patatras! *(leesett)* patapouf! *(törés hangja)* fricfrac; *csak úgy* ~*ra* pour rien
puffad [~tam, ~t, ~jon] 1. enfler; bouffir; 2. *(has)* se ballonner; 3. *(ruha)* bouffer
puffadt [~ak, ~at] 1. boursouflé; bouffi, -e; 2. *(has)* ballonné, -e; 3. *(állat)* météorisé, -e
puffan [~tam, ~t, ~jon] 1. faire pouf; faire crac; 2. *(lőszer)* détoner
pufog [~tam, ~ott, ~jon] 1. pétarader; faire des pétarades; péter; 2. *(frázis)* ronfler
pufók [~ok, ~ot] joufflu; poupin, -e
puha [-ák, -át] 1. mou, mol, molle; moelleux, -euse; tendre; ~ *ágy* lit douillet; ~ *ceruza* crayon gras; ~ *föld* sol meuble *m;* ~ *gallér* col mou *v* souple; ~ *kalap* (chapeau) feutre *m;* ~ *kényelemben él* vivre dans la mollesse; ~ *kéz* main douce; ~ *párna* mol oreiller; ~ *pázsit* doux gazon; 2. *pej:* mollasse; sans consistance; 3. *(anyag)* mollet, -ette; moelleux, -euse; souple; 4. *(étel)* tendre; 5. *(ember)* mou, mol, molle; veule; *(ember)* chiffe *f*
puhafa bois tendre *v* blanc
puhány 1. *áll:* mollusque *m;* 2. *gúny:* chiffe *f biz;* flanelle *f biz*

puhaság 1. mollesse *f;* le moelleux de ...; **2.** *(húsé),* gyümölcsé, főzeléké) tendreté *f;* **3.** *műv:* (emberi testről) morbidesse; morbidezza *f;* **4.** *(erkölcsi)* veulerie; mollesse; inconsistance *f*
puhatoló(d)zik [~tam, ~ott, -ddzék *v* -ddzon] **1.** tâter *v* sonder le terrain; **2.** *(vkinél)* sonder q; **3.** *vmi felől* ~ s'enquérir de qc; aller prendre des informations sur q
puhítás 1. amollissement; ramollissement *m;* **2.** mollification *f;* **3.** *(bőré, anyagé)* assouplissement *m; (bőré, húsé)* amortissement *m;* **4.** *(vkié)* radoucissement *m; (bűnözőé)* cuisinage *m biz*
puhul [~tam, ~t, ~jon] **1.** s'amollir; se ramollir; **2.** *(étel)* s'attendrir; *(hús így is:)* se mortifier; **3.** *(vki)* s'amadouer; mollir; *(bűnöző)* se mettre à table *arg*
pukkadoz [~tam, ~ott, ~zon] **1.** *(nevetéstől)* s'esclaffer; **2.** *(dühtől)* enrager; crever de rage
pukkanás détonation *f;* bruit *m* d'une explosion
puli [~k, ~t, ~ja] *(kutya) kb:* pouli *m* (chien de berger hongrois)
pulóver [~ek, ~t, ~je] pull-over *m;* pull *m biz;* chandail *m*
pulpa [-ák, -át, -ája] pulpe *f*
pult [~ok, ~ot, ~ja] comptoir *m; (kocsmáé)* zinc *m*
pulzus pouls *m;* megtapogatja vkinek *a ~át* tâter le pouls à q
pulya [-ák, -át] lâche; poltron, -onne
pulyka dindon *m;* dinde *f*
pulykakakas dindon; coq *m* d'Inde
puma [-ák, -át] *áll:* puma; lion *m* d'Amérique
pumpa [-ák, -át, -ája] pompe *f;* *-át működésbe hoz* amorcer la pompe
pumpál [~tam, ~t, ~jon] pomper
pumpol [~tam, ~t, ~jon] *biz:* taper q (de qc); carotter
pun [~ok, ~t] I. *(mn)* punique; II. *(fn)* Carthaginois *m*
puncs [~ok, ~ot, ~a] punch *m*
púp [~ok, ~ot, ~ja] bosse; gibbosité; gibbe *f*

pupilla [-ák, -át, -ája] pupille *f*
puplin [~ok, ~t, ~ja] *tex:* popeline *f*
púpos [~ak, ~at; ~an] bossu, -e; gibbeux, -euse; cyphotique
púposság 1. gibbosité; bosse *f;* **2.** *orv:* cyphose *f*
púposteve chameau *m;* chamelle *f*
puritán [~ok, ~t] puritain, -e *(n)*
puska [-ák, -át, -ája] **1.** fusil; mousqueton *m;* *-ával célba vesz* coucher un fusil en joue; **2.** *diák:* ficelle *f*
puskaagy crosse *f;* bois *m* de fusil
puskacső canon *m*
puskafogások maniement *m* d'armes
puskalövés coup *m* de fusil
puskapor 1. poudre; poudre *f* de chasse; **2.** *átv: gúny: nem találta fel a ~t* il n'a pas inventé la poudre *v* le fil à couper le beurre
puskaporos 1. ~ *hordó* baril *m* de poudre; *átv:* brûlot *m;* **2.** *átv:* explosif, -ive; ~ *a levegő* l'atmosphère est chargée d'électricité
puskatus crosse *f* (du fusil); bois *m* de fusil; *~sal* à coups de crosse
puskavessző baguette *f* de fusil
puszi [~k, ~t, ~ja] bécot *m;* bise *f*
puszipajtás copain *m;* copine *f; ~ok* être copain-copain; être du dernier bien avec q
puszpáng [~ok, ~ot] *növ:* buis *m*
puszta [-ák, -át, -ája] **I.** *(mn)* désert; nu; désolé, -e; *csak a ~ falak maradtak* il ne reste que les quatre murs; *~ feltevés* pure supposition; *a ~ földön* à même le sol; *a ~ gondolat* la seule idée *v* pensée; *a ~ igazság* la vérité nue; *~ kézzel* à la force du poignet *v* du bras; *~ látszat* simple apparence *f;* ~ *megjelenésével megnyer payer de mine;* ~ *szemmel* à l'œil nu; à la simple vue; *ez* ~ *véletlen* c'est un pur hasard; **II.** *(fn)* **1.** la puszta (hongroise); **2.** pays découvert; steppe *f;* **3.** *átv: a szava -ába kiáltó szó* prêcher dans le désert; **4.** *(tanya)* hameau *m;* ferme; métairie *f*
pusztaság désert; lieu désert
pusztít [~ottam, ~ott, ~son] **I.** *(tgy i)* **1.** dévaster; ravager; détruire; 2 *(élő szervezetet)* détruire; **3.** *(rozsda*

féreg) manger; 4. *(betegség, járvány) afflíger qc*; II. *(tgyl i)* 1. faire *v* causer des ravages dans qc; 2. *(járvány, vihar)* sévir; *(járvány)* régner

pusztítás 1. dévastation *f;* ravage *m;* 2. *(irtva)* destruction *f*

pusztul [~t, ~jon] 1. être détruit(e) *v* ravagé(e); tomber en ruine; se délabrer; 2. *(élő)* dépérir; être en voie de disparaître; 3. *ott* ~ rester sur le carreau; *pusztulj!* rompez! fichemoi le camp!

pusztulás 1. ruine; désolation; destruction *f; (élőé is)* dépérissement *m;* ~ *jár a háború nyomában* la guerre amène la désolation; *a* ~ *szélén áll* être sur le bord du précipice; 2. *(hajóé, gépé)* catastrophe *f*

putri [~k, ~t, ~ja] hutte; cabane *f*

puttony [~ok, ~t, ~a] hotte *f; (szüretelő)* benne; banne *f*

puzón [~ok, ~t, ~ja] *zen:* trombone *m*

püföl [~tem, ~t, ~jön] bourrer *v* rouer de coups; frotter les oreilles à q; gourmer

pünkösd [~öt, ~je] la Pentecôte

püré [~k, ~t, ~je] purée *f*

püspök [~ök, ~öt, ~e] évêque *m*

püspökfalat croupion; sot-l'y-laisse *m*

püspöklila violet-évêque; mauve-évêque

püspöksüveg mitre *f* (d'évêque)

Püthagorasz [~t] Pythagore *m*

Q

q *(betű, hang)* q *m*

quaestor questeur *m*

quaestorság questure *f*

quaker [~ek, ~t, ~e] quaker *m; (nő)* quakeresse *f*

Quijote; *Don* ~ Don Quichotte

quinquœdema œdème *m* d'origine nerveuse

Quintilianus Quintilien *m*

Quintus Curtius Quinte-Curce

50 Magyar–Francia kézi

R

r *(betű, hang)* r *m v f;* **ropogtatja az r-eket** rouler les *r*
rá [rám, rád, rá *v* rája, ránk, rátok, rájuk] 1. là-dessus; dessus; par-dessus; sur lui *v* elle; 2. *átv:* sur lui *v* elle; à lui *v* à elle; **nincs rá időm** je n'(en) ai pas le temps
ráad 1. *(hozzá)* ajouter par-dessus le marché *v* par surcroît; 2. *(ruhát)* passer qc à q; mettre qc à q; 3. ~*ja* **a fejét** y mettre le prix; 4. ~*ja magát vmire* s'acharner à qc; se vouer à qc; *(pej:)* s'adonner à qc; 4. appliquer
ráadás 1. *(vevőnek)* prime; étrenne *f;* 2. *(művészé)* supplément; bis *m;* *(második)* ter *m;* 3. *(cserén)* soulte *f*
ráadásul par surcroît; à titre *v* en guise de prime; par-dessus le marché; ~ *ad* donner en supplément
ráakad *vmire* mettre la main sur qc; découvrir
rááldoz y mettre
rááll 1. y prendre place; s'y poser; 2. *átv:* se prêter à qc; tomber d'accord; consentir à qc
rab [~ok, ~ja] I. *(mn)* captif, -ive *(vminek:* de qc); II. *(fn)* 1. captif; prisonnier *m;* *(fogházban)* détenu, -e *n;* *(fegyházban)* forçat *m;* 2. *átv:* esclave *n;* ~*ul ejt vkit* retenir q prisonner *v* prisonnière; *(szenvedély)* enchaîner à q; captiver
rabbi [~k, ~t, ~ja] rabbin *m*
rabbi- rabbinique
rabbilincs fers *m pl;* chaînes *f pl* de l'esclave; *(kézen)* menottes *f pl*
rábeszél convaincre; persuader; catéchiser; ~*ték* il s'est laissé convaincre; ~ *arra, hogy* persuader à q de *(inf);* ~, *hogy ne* dissuader de *(inf)*
rábeszélés persuasion *f;* encouragements *m pl;* **enged a** ~*nek* céder à la persuasion
rábeszélőképesség don *m* de persuasion
rabiga joug *m;* fers *m pl*

rábír amener à *(inf);* décider à *(inf);* résoudre à *(inf) v* à qc; persuader de *(inf)*
rabitzfal cloison *f*
rábíz 1. *vkire* ~ confier; remettre; commettre; confier à la garde de q; 2. ~*za magát vkire* se reposer sur q; s'en rapporter à q; s'en remettre à q *(de és inf);* **bízza csak rám!** laissez-moi faire!
rablánc fers *m pl;* chaîne *f;* ~*ra fűz* river à la chaîne
rablás 1. (acte de) brigandage; vol *m* (à main armée); rapine *f;* 2. *átv:* brigandage *m;* piraterie *f;* **ez valóságos** ~ *(méregdrága)* c'est du vol
rabló [~k, ~t, ~ja] I. *(mn)* 1. pillard, -e; voleur; maraudeur, -euse; 2. *(rovar)* prédateur, -trice; 3. *mez:* exhaustif, -ive; II. *(fn)* bandit; voleur (de grand chemin); brigand *m;* *(tengeri)* pirate *m*
rablóbanda bande *f* de voleurs *v* de brigands
rablógazdálkodás 1. économie de pillage *v* destructrice; 2. *(erdőkben)* coupes inconsidérées; 3. *átv:* brigandage *m*
rablógyilkosság assassinat; assassinat et vol; crime crapuleux
rablóhadjárat incursions *f pl;* razzia; campagne *f* de dévastation
rablómerénylet agression *f* à main armée
rablótámadás agression *v* attaque *f* à main armée
rablótanya nid *v* repaire *m* de brigands
rablóvezér chef de brigands; capitaine *m* de voleurs
rabol [~tam, ~t, ~jon] I. *(tgyl i)* rapiner; brigander; II. *(igy i)* voler; dérober; rapiner; *(vkit)* piller; détrousser
ráborul 1. ~ *vmire (dolog)* envelopper *v* surplomber qc; 2. *(vki)* se jeter au cou de q

rabruha tenue de prisonnier *v* de prison; casaque *f* de forçat

rabság 1. *(fogolyé)* captivité *f;* ~*ba esik* tomber en esclavage *v* en captivité; *szíve* ~*ba esett* son cœur est pris; **2.** *(rabszolgáé, országé)* esclavage *m;*

rabszállító *kocsi* fourgon cellulaire *m;* panier *m* à salade *biz*

rabszolga esclave *m; a -ák felszabadítása* l'affranchissement *m* des esclaves; *a megszokás -ája* il est esclave de ses habitudes

rabszolgamunka 1. travail *m* d'esclave; **2.** *átv:* travail de nègre

rabszolganő esclave; femme esclave *f*

rabszolgaság esclavage *m; a* ~ *megszüntetésének híve* abolitionniste *n;* ~*ba hajt* réduire en esclavage

rabszolgasorba juttat réduire en esclavage; asservir

rabszolgasors condition *f* d'esclave

rabtárs compagnon de cellule; codétenu *m*

rábukkan *vmire* mettre la main sur qc; tomber sur qc

racionális [~ok, ~t] rationnel, -elle; raisonné, -e

racionalizálás 1. meilleur aménagement; adaptation *f;* **2.** réduction du personnel; suppression *f* d'emplois

racionalizmus rationalisme *m*

rács [~ok, ~ot, ~a] **1.** grille *f; (kerítés)* treillis *m;* grille *f; (lécből)* lattis *m; (ablakon)* grillage *m;* **2.** *(lépcsőn)* balustrade; rampe *f;* **3.** *rád:* grille; **4.** *fiz* réseau *m*

rácsap I. *(tgyl i)* **1.** *vkire* ~ taper q; frapper q; **2.** *a kezére* ~ donner une tape à la main; **3.** ~ *vkire v vmire* foncer sur q *v* qc; **II.** *(tgy i)* rabattre; ~*ja az ajtót vkire* fermer à q la porte au nez

rácsavarodik *vmire* s'enrouler *v* s'entortiller autour de qc

raccsol [~tam, ~t, ~jon] grasseyer

rácskerítés grille de clôture; clôture *f* à claire-voie; treillis *m*

rácsos [~ak, ~at] **1.** grillagé; grillé; treillissé, -e; ~ *ágy* lit *m* à balustres; ~ *kapu* grille (d'entrée); porte *f* à claire-voie; **2.** réticulaire; réticulé, -e

50*

radar [~ok, ~t, ~ja] radar *m*

radikális [~ak *v* ~ok, ~at] radical, -e *(n)*

radikálispárti radical, -e *(n);* du parti radical

rádió [~k, ~t, ~ja] **1.** radio *f;* la T.S.F. *(röv:* télégraphie sans fil); ~ *útján;* ~*n* par sans-fil; par T.S.F.; ~*n közvetít v lead* (radio-)diffuser; ~*ra alkalmazott* adapté(e) pour le micro; **2.** *(készülék)* poste *m* (de T.S.F)

rádióadás radiodiffusion; émission (de T.S.F.); émission radiodiffusée

rádióadó émetteur; poste de radio; poste émetteur de T.S.F.

radioaktív radio-actif *v* radioactif, -ive; ~ *elem* radioélément *m;* ~ *eső* (chute *f* de) pluie *v* retombée radio-active; ~ *felhő* nuage radio-actif

radioaktivitás radio(-)activité *f*

rádióállomás poste *m* d'émission *v* de T.S.F.; station de radio

rádióamatőr sans-filiste; amateur de T.S.F.

rádióantenna 1. antenne *f* de T.S.F.; **2.** *(oszlop)* pylône *v* mât *m* d'antenne

rádióbemondó speaker *m; (nő)* speakerine *f*

rádiócsillagászat radioastronomie *f*

rádióelőadás conférence à la T.S.F.; émission parlée

rádióengedély licence *f* d'un poste de T.S.F.

rádiógram radiogramme; radio *m*

rádióháború la guerre des ondes

rádióhallgatás écoute; audition radiophonique *f*

rádióhír radio-nouvelle *f*

rádióhullám onde radiophonique *f*

rádióirányítás radioguidage *m;* radiotélécommande *f*

rádiójáték sketch *v* jeu radiophonique *m*

radiokémia chimie nucléaire *f*

rádiókészülék poste radio *v* de T.S.F.;

rádióközvetítés radioreportage *m;* diffusion par T.S.F.; retransmission radiophonique *f (ahonnan:* depuis le ...)

rádióleadás émission (de T.S.F.); radiodiffusion *f*

rádióműsor programme de T.S.F.; radio-programme *m*

rádióösszeköttetés liaison radio *f;* contact radio *m*
rádióreklám publicité radiophonique *v* parlée
rádióriport radioreportage *m*
rádiószerelő monteur en T. S. F.; mécanicien téséphiste; radioélectricien *m*
rádiótávírás télégraphie sans fil; radiotélégraphie *f*
rádiótávirat radiogramme; radio *m*
rádiótechnika radio-technique; technique radioélectrique *f*
radioterápia *orv:* radiothérapie *f*
rádióüzenet radio; radiogramme; radiotélégramme *m*
rádióvétel réception radiophonique *f*
rádióvezérlés radioguidage *m*
rádiózavarok parasites *m pl*
rádium [~ot, ~a] radium *m*
rádiusz [~ok, ~t, ~a] *mat:* rayon *m*
ráébred *vmire* s'aviser de qc
ráépít I. *(tgyl i)* surédifier; II. *(tgy i)* ~ *egy emeletet* exhausser qc d'un étage
ráér avoir le loisir; avoir le *v* du temps; ~ *szombaton?* êtes-vous libre samedi?
ráérő *ember* homme *m* de loisir; *van* ~ *ideje* il est de loisir
ráerőltet imposer; contraindre à accepter
ráerősít assujettir à qc; fixer sur qc; river
ráerőszakol forcer d'accepter; forcer de prendre; imposer qc à q
ráesik 1. tomber sur q *v* qc; 2. tomber *v* échoir en partage; revenir à q; 3. ~ *vkire (támadva)* se jeter *v* tomber sur q
ráeső 1. qui tombait sur lui; 2. *(rész)* dévoulu(e) à q; afférent(e) à q; ~ *rész (felveendő)* quote-part *f; (fizetendő)* cotisation; quote-part *f*
ráesteledik la nuit le surprend
ráeszmél s'aviser de qc; avoir conscience de qc
ráfagy geler contre qc; être collé(e) à qc par le gel
ráfekszik 1. se coucher sur qc; s'étendre sur qc; 2. *átv:* peser de tout son poids sur qc
ráfér 1. tenir; 2. ~ *vkire* il en a grand besoin

ráfeszít tendre sur qc
ráfia [-át] *növ:* raphia *m*
ráfizet I. *(tgy i)* payer en sus (de qc); payer un supplément; II. *(tgyl i)* en être pous ses frais; y aller de sa poche; ~ *az üzletre* il a fait là une mauvaise affaire
ráfizetés 1. *(utólagos)* supplément; paiement *m* en sus d'un supplément; 2. *(veszteség)* perte *f;* déficit *m*
ráfizetéses [~ek, ~et] déficitaire
ráfog 1. *(fegyvert)* braquer sur q; 2. *átv:* *(vkire vmit)* mettre qc à tort sur le compte *v* sur le dos de q; imputer qc à q
ráfordít 1. *(kulcsot)* tourner; 2. ~*ott a keresett helyre* il est tombé juste sur le passage cherché; 3. *a beszédet v a szót* ~*ja* amener *v* faire tomber la conversation sur qc; *nagy gondot fordít rá* mettre *v* consacrer beaucoup de soin à qc; ~*ott munka* travail dépensé
ráförmed faire une sortie à q; apostropher *v* interpeller q vivement
rag [~ok, ~ot, ~ja] *nyelv:* élément flexionnel; affixe; morphème *m;* /*(szövégi)* désinence *f*
rág [~tam, ~ott, ~jon] 1. mastiquer; mâcher; 2. *(féreg, szú)* ronger; mouliner; *(egér, moly)* manger; 3. *(anyag)* corroder; 4. *most* ~*ja a körmét* il s'en mord les doigts; ~*ja a fülét vkinek* rebattre les oreilles à q; *mindent a szájába kell* ~*ni* il faut lui mâcher tous les mots *v* toute la besogne
ragacsos [~ak, ~at] 1. poisseux, -euse; gluant, -e; 2. *(kenyérről)* gras-cuit
ragad [~tam, ~t, ~jon] I. *(tgy i)* 1. coller; adhérer; *vmihez* ~ adhérer à qc; 2. *(kellmetlenül)* poisser; gluer; 3. *a rossz példa* ~ le mauvais exemple est contagieux; 4. *ott* ~*t* il s'y est éternisé; II. *(tgy i)* 1. saisir; se saisir de qc; *fegyvert* ~ courir aux armes; *tollat* ~ saisir la plume; *torkon* ~ prendre *v* saisir à la gorge; 2. *égbe* ~ transporter dans le ciel; *levegőbe* ~ enlever; 3. *magához* ~ accaparer; s'emparer de qc; 4. *magával* ~ enlever; entraîner; emporter; *(szónok)* entraîner

ragadó [~k, ~t] collant; adhérent, -e; magához ~ tentaculaire; saisissant, -e ragadós [~ak, ~at; ~an] 1. collant; gluant, -e; 2. (út) pâteux, -euse; 3. (betegség) contagieux, -euse; az ilyesmi ~ cela est contagieux
ragadozó [~k, ~t] I. (mn) (állat) carnassier, -ière; zoophage; ~ állat bête carnassière; ~ madár oiseau de proie v rapace m; II. (fn) 1. (állat) carnassier m; (madár) rapace m; a nagy ~k les grands fauves; 2. (kapzsi tulajdonos) vautour m
rágalmaz [~tam, ~ott, ~zon] calomnier; diffamer; médire de q
rágalmazás calomnie; diffamation f
rágalom [-lmak, -lmat, -lma] calomnie; médisance f; a ~ nyilai les traits de la calomnie
ragály [~ok, ~t] épidémie; maladie épidémique v contagieuse
ragályos [~ak, ~at; ~an] contagieux, -euse; épidémique
ragaszkodás attachement m (à q); affection f (pour)
ragaszkodik [~tam, ~ott, ~jék v ~jon] 1. vkihez ~ s'attacher à q; être attaché(e) à q; avoir de l'attachement pour q; 2. (vmihez) tenir à qc; être très attaché(e) à qc; ~ hozzá hogy il insiste pour (inf); il tient à ce que (subj); nagyon ~ a szabadságához être jaloux v jalouse de sa liberté; ~ a véleményéhez persister dans son opinion
ragaszkodó [~ak, ~t] affectueux, -euse; fidèle
ragaszt [~ottam, ~ott, -asszon] coller à qc; faire adhérer à qc
ragasztó [~k, ~t] 1. colle f; mastic m; (folyékony) gomme arabique liquide f; 2. (munkás, iparos) colleur m
ragasztószalag ruban m de papier collant v de fixage
rágcsál [~tam, ~t, ~jon] mâchonner; mastiquer
rágcsáló [~k, ~t] áll: rongeur m
rágódás remords cuisant; le ver rongeur
rágódik [~tam, ~ott, ~jék v ~jon] 1. (gondolkodva) vmin ~ se creuser la tête; ruminer qc; 2. (bánkódva) se manger v se ronger les sangs (à cause de qc); ~ magában se faire du mauvais sang
rágógumi chewing-gum m; gomme f à macher
rágógyomor rumen m; panse f
rágondol y penser; állandóan ~ y penser toujours; être obsédé(e) de qc; hacsak ~ok rien que d'y penser
rágós [~ak, ~at] coriace; ~ hús viande coriace
ragoz [~tam, ~ott, ~zon] 1. (igét) conjuguer; 2. (főnevet) décliner
ragozás flexion f; (igéé) conjugaison f; (főnévé) déclinaison f
ragozott [~ak, ~at] fléchi, -e; flexionnel, -elle; ~ ige verbe personnel; ~ igealakok modes finis
ragtapasz sparadrap; adhésif; emplâtre m
ragu [~k, ~t, ~ja] ragoût m
ragyás 1. au visage grêle; ~ arc visage grêlé; 2. ~ föld sol bourgeonnant
ragyog [~tam, ~ott, ~jon] 1. briller; (re)luire; resplendir; rayonner; (erősen) fulgurer; rutiler; a nap ~ le soleil resplendit; 2. (csillogva) étinceler; scintiller; miroiter; (átmenő fényben) chatoyer; ~ a tisztaságtól être propre comme un sou neuf; 3. (arc) être illuminé(e); rayonner
ragyogás 1. le brillant de...; rayonnement m; splendeur f; éclat m; luminosité; luisance f; (csillogó) scintillement; miroitement m; (átmenő, selymes, sok színben) chatoiement m; 2. (gyémánté, gyöngyé) eau f; orient m; (selyemé, drágakőé) œil m; 3. átv: splendeur f; faste m
ragyogó [~ak, ~t] 1. brillant; luisant; reluisant; rutilant; rayonnant; resplendissant, -e; ~ nap a) soleil resplendissant; b) journée splendide; 2. (csillogva) étincelant; scintillant; miroitant, -e; (selymesen) chatoyant, -e; 3. műv: ~ tónusú színek couleurs fleuries; 4. átv: ~ játék jeu brillant v étincelant; ~ okfejtés raisonnement lumineux; ~

rágyújt 790 **rajta**

ötlet idée lumineuse; ~ *szépség* beauté éclatante; ~ *tett* action *f* d'éclat; *ez nem valami* ~ ce n'est pas très reluisant; **5.** *egészségtől* ~ resplendissant(e) de santé; *(örömtől)* ~ *arc* visage épanoui
rágyújt 1. *(dohányzó)* allumer une cigarette; **2.** ~ *egy nótára* entonner gaiement une chanson
ráhagy 1. *(örökséget)* léguer à q; laisser à q en héritage; **2.** ~*ta a)* il ne le détrompa point; *b)* il acquiesça
ráhagyás 1. *müsz:* tolérance *f;* **2.** *div:* souplesse *f*
ráhárít *vkire* mettre sur le dos de q; endosser à q; ~*ja a felelősséget vkire* se décharger sur q de la responsabilité
ráhárul *vkire* incomber à q; tomber sur q
ráhelyez appliquer sur qc; poser sur qc
ráhibáz il tombe juste; c'est un coup de raccroc
ráhúz I. 1. ~ *vmire* tirer *v* ramener sur qc; **2.** passer sur *v* à qc; *(ruhát)* passer à q; **3.** *(szabályt)* appliquer à q(c); **4.** ~ *egy emeletet vmire* exhausser qc d'un étage; **5.** *egyet* ~ *(bottal)* allonger un coup (de bâton) à q; **II.** *(zenész)* attaquer; accrocher une note
ráígér couvrir une enchère; suroffrir
ráijeszt *vkire* effaroucher q; effrayer q; intimider q
ráilleszt 1. appliquer sur qc; ajuster à qc; **2.** *mat:* superposer
ráillik 1. *(tárgy)* s'ajuster à qc; s'adapter à qc; **2.** *(vkire)* aller bien à q; convenir à q; **3.** *(leírás)* correspondre à q; **4.** *ált:* s'appliquer à qc; épouser les contours de qc
ráirányít 1. *(vmire)* aiguiller *v* diriger sur qc; **2.** *(lőfegyvert)* braquer sur q; **3.** *figyelmét vmire* ~*ja* diriger *v* fixer son attention sur qc
ráirányul se diriger sur qc; se concentrer sur qc
ráirat 1. *(feliratot)* faire mettre *v* écrire sur qc; **2.** *(vagyont)* faire transcrire au nom de q

ráismer 1. *(vkire)* reconnaître q; remettre q; **2.** retrouver
raj [~ok, ~t, ~a] **1.** *(méh)* essaim *m;* colonie *f;* **2.** *(sok vmiből)* essaim *m;* nuée; bande *f;* **3.** *(hal)* banc *m;* **4.** *kat:* escouade *f;* peloton *m*
rája [-ák, -át] *hal:* raie altavelle *f; elektromos* ~ tremblante *f; villamos* ~ torpille; dormilleuse *f*
Rajna [-át] Rhin; *-án túli* transrhénan, -e
rajong [~tam, ~ott, ~jon] **1.** s'exalter; brûler d'enthousiasme; **2.** *vmiért* ~ se passionner pour qc; *túlságosan* ~ *vmiért* s'engouer de qc; s'infatuer de qc
rajongás fanatisme; prosélytisme; enthousiasme *m* (pour qc); exaltation *f;* ~ *veszi körül* être à la cote
rajongó [~k, ~t] **I.** *(mn)* enthousiaste; fanatique; passionné; exalté, zélé, -e; **II.** *(fn)* **1.** enthousiaste; fanatique; illuminé(e) *n;* tête exaltée; prosélyte *m;* **2.** *a futball* ~*i* les fervents du ballon rond; *a képek* ~*ja* avoir la passion des tableaux; **3.** *vall:* zélateur, -trice *n;* prosélyte *m*
rájön 1. *vmire* surprendre le secret de qc; découvrir *v* éventer le secret de qc; ~ *az igazságra* apercevoir la vérité; ~ *az ízére* se piquer au jeu; **2.** *majd* ~ vous y viendrez (vous aussi); **3.** *(vmi vkire)* surprendre q; prendre à q; *biz: megint* ~ *(a bolondóra)* ça te reprend
rajt [~ok, ~ot, ~ja] *sp:* départ; start *m;* ~*hoz áll* prendre le départ; s'aligner
rajta [rajtam, rajtad, rajtunk, rajtatok, rajtuk] **I.** *(hat)* **1.** *(vmin, vkin)* sur lui *v* elle; dessus; y; *(de ellenére)* sur son dos; *mit látsz* ~*?* qu'y vois-tu d'extraordinaire *v* de singulier? ~ *tartja a szemét* ne pas le perdre de vue; *mi volt* ~*? (milyen ruha)* comment était-il mis? ~ *van a listán* figurer sur la liste; **2.** ~ *van, hogy (igyekszik)* s'appliquer à *(inf);* s'efforcer de *(inf);* **3.** *most rajtunk a sor!* à nous deux maintenant! **II.**

(isz) rajta! vas-y! allez-y! *csak ~!* qu'il y vienne!
rajtacsíp *biz:* pincer
rajtakap 1. attraper; surprendre; *~ a hazugságon* surprendre en mensonge; *~ egy tolvajt* surprendre un voleur; *~ják se faire pincer;* **2.** *~ja magát* se surprendre
rajtakapás flagrant délit *m*
rajtaüt *vkin* surprendre q; attaquer q à l'improviste; *(rendőrség)* faire une descente dans...
rajtaütés coup de main; raid; coup *v* raid *m* de surprise
rajtaveszt 1. en être pour ses frais; **2.** *(tolvaj)* se faire pincer
rajthely *sp:* ligne *f* de départ
rajtlyuk *sp:* trou *m* de start
rajtpisztoly *sp:* pistolet *m* de départ *v* de starter
rajvezető chef *m* d'escouade
rajvonal ligne *f* (de tirailleurs); *~ba fejlődik* se déployer en tirailleurs
rajz [~ok, ~ot, ~a] **1.** dessin *m; műv: (ceruza v kréta)* crayon *m; műv: (szén~)* fusain *m;* **2.** *átv:* tableau *m;* peinture; description *f;* **3.** *irod:* croquis *m;* **4.** *műsz* plan *m*
rajzeszköz instrument *m* de dessin
rajzfilm dessins animés
rajzfüzet cahier de dessin; album *m*
rajzlap papier à dessin; carton *m*
rajzmásolat calque *m*
rajzol [~tam, ~t, ~jon] **1.** dessiner; tracer; *ceruzával ~* dessiner au crayon; *(képen:) ~ta G.* Doré delineavit G. Doré; **2.** *átv:* retracer
rajzoló [~k, ~t] dessinateur; crayonneur; illustrateur *m*
rajzszeg punaise *f*
rajzszén fusain; crayon fusain
rajztábla planche *f* à dessin *v* à dessiner
rajztömb portefeuille de dessin; carton *m*
rak [~tam, ~ott, ~jon] **I.** *(tgy i)* **1.** *(házat)* construire; **2.** *falat ~* maçonner (un mur); **3.** *egymásra ~* empiler; **4.** *lábát egymásra ~ja* croiser les jambes; **5.** *műsz: félig egymás fölé ~ (pl: tetőcserepet)* imbriquer; **6.** *(vmire árut)* charger (sur qc); *(hajóból ki)* débarder; débarquer; *(hajóba be)* embarquer; **7.** *(tesz)* poser; mettre; loger; *(üvegbe, ládába)* ranger; **8.** *(vmivel díszít)* orner *v* garnir *v* broder de qc; **9.** *ját:* placer; caver; *(lóversenyen)* mettre; **II.** *(tgyl i) ~ a tűzre* entretenir le feu
rák [~ok, ~ot, ~ja] **1.** *áll:* écrevisse *f;* **2.** *ált:* crustacé *m;* **3.** *csill:* le Cancer; **4.** *sp: ~ot fog (evezősről)* perdre la nage; **5.** *orv:* cancer; carcinome; sarcome *m*
rákap se piquer au jeu; *~ a rosszra* s'acoquiner
rákapcsol 1. *(kocsit)* accoupler; **2.** *(készüléknél)* établir la communication avec q; embrayer; **3.** *aut:* mettre en quatrième vitesse; **4.** *átv: ~ a dologra* engrener une affaire
rakás 1. *(vminek a ~a)* pose *f; (teheré)* chargement *m; (hajóba be)* embarquement *m; (hajóból ki)* débarquement *m;* **2.** *(halom)* monceau; tas; amas *m;* **3.** *(halomba)* entassement; amoncellement; tassement *m; egy ~ ember* un tas de gens; *egy ~on* en un tas; *~ra gyűjt* entasser; *~ra hány* jeter pêle-mêle; *~ra hull* tomber comme des mouches; *~ra öl* massacrer; égorger; **4.** *pej:* ramassis; ramas *m*
rákászik [~tam, ~ott, -ásszék *v* -ásszon] pêcher l'écrevisse *v* aux écrevisses
rákbeteg cancéreux, -euse *(n)*
rákellenes anticancéreux, -euse
ráken 1. *(anyagot)* passer qc; **2.** *(másra)* rejeter sur q; mettre sur le dos de q
rákényszerít 1. *vmit vkire ~* imposer qc à q; **2.** *~i akaratát vkire* mener q tambour battant
rákényszerül être contraint(e) *v* forcé(e) *v* obligé(e) de *(inf)*
rákerül *a sor* son tour vient; c'est son tour
rakéta [-ák, -át, -ája] fusée *f; rep:* rocket *m;* többlépcsős *~* fusée à plusieurs étages; *~ hordozója* porteuse; fusée-porteuse

rakétakilövőpálya rampe *f* pour *v* de lancement de fusées
rakétarepülőgép avion-fusée *m*
rákezd 1. commencer (à *v* de *és inf);* se mettre à *(inf);* se prendre à *(inf)* **2.** *(nótát)* entonner; *(zenét)* attaquer
rákfene *átv:* chancre *m;* lèpre *f; ez a dolog -éje* voilà d'où vient tout le mal; *valóságos -éje a társadalomnak* une peste publique
rákhéj carapace *f* d'écrevisse *v* de homard
rákiált crier contre *v* après q; jeter à q
rakjegy bulletin *m* de dépôt; *(közraktári)* warrant *m*
rákkutatás l'étude du cancer; cancérologie *f*
rakodás 1. *(árué) (vmire)* chargement *m; (ki)* déchargement *m; (hajóba be)* embarquement *m; (hajóból ki)* débarquement *m;* **2.** *(rendezés)* rangement *m*
rakodik [~tam, ~ott, ~jék *v* ~jon] **1.** *(áruval) (ki)* décharger; *(hajóból ki)* débarquer; *(be)* embarquer; *(fel)* charger; **2.** ranger ses effets
rakódik [~ott, ~jék *v* ~jon] **1.** *vmire* ~ se déposer sur qc; **2.** *egymásra* ~ se superposer
rakodódaru grue *f v* pont *m* de chargement
rakodómunkás débarqueur; débardeur; docker *m*
rakodópart quai de déchargement *v* d'embarquement; embarcadère *m*
rakodószalag 1. bande *f* de chargement; **2.** *bány:* sauterelle *f*
rákokozó *orv:* cancérigène
rákolló pinces *f pl* de l'écrevisse
rakomány 1. charge *f;* arrivage *m;* **2.** *haj, rep:* cargaison *f;* fret *m;* ~*t vesz fel* prendre du fret
rakománylevél *haj:* connaissement *m*
rakoncátlan intraitable; indocile; insoumis; turbulent, -e; rebelle
rakoncátlankodik [~tam, ~ott, ~jék *v* ~jon] faire la mauvaise tête; se rebeller; *(gyerek)* polissonner
rákos [~ak, ~at] cancéreux; sarcomateux; carcinomateux, -euse; ~ *daganat* tumeur cancéreux; sarcome *m;* ~ *góc* noyau cancéreux
rakott [~ak, ~at] **1.** *(vmivel)* chargé(e) de qc; **2.** ~ *fal* mur maçonné; **3.** ~ *káposzta kb:* choucroute garnie; **4.** ~ *szoknya* jupe *f* à plis couchés
rákönyököl *vmire* s'accouder sur *v* contre *v* à qc
rákövetkezik suivre; venir ensuite *v* après; succéder à qc
rákövetkező suivant; subséquent à qc; *a közvetlen* ~ *idő* le lendemain
rakpart quai; débarcadère; embarcadère *m*
rákseit cellule cancéreuse; néo *m*
rákszűrés *orv:* dépistage cancérologique *f*
raktár 1. magasin (de réserve); dépôt *m;* resserre *f; (nagy)* entrepôt *m;* **2.** *(könyvtárban)* dépôt; **3.** *(készlet)* stock *m;* existence *f* en magasin; ~*on* en stock; ~*on tart* tenir *v* avoir en magasin
raktárdíj droit *m v* prime *f* de magasin; frais *m pl* d'entrepôt
raktárépület 1. magasin *m;* **2.** *(gabona)* silo *m*
raktárfőnök chef magasinier *m*
raktárhelyiség magasin *v* local *m* de réserve
raktári *készlet* stock *m;* l'existence en magasin; ~ *készletkimutatás* fiche *f* de stock
raktárkönyv livre *m* de magasin
raktárnok; raktáros [~ok, ~ot *ill* ~t, ~a] magasinier *m*
raktároz [~tam, ~ott, ~zon] entreposer; emmagasiner; stocker
raktározás entreposage; emmagasinage; stockage *m*
ráktérítő le tropique du Cancer
rákvörös 1. rouge homard *v* écrevisse; **2.** *(ember)* rouge comme une pivoine
rálát découvrir
rálehel souffler sur *v* à qc
rálicitál 1. couvrir une enchère; ~ *vkire* enchérir *v* surenchérir sur q; **2.** *kárty:* relancer
rálő *vkire* faire feu contre q *v* dans la direction de q

ráma [-ák, -át, -ája] 1. cadre; encadrement *m;* 2. *(ablaké, kifeszítésre)* châssis *m;* 3. *(himző)* tambour; métier *m;* 4. *(csizma-, cipőtalpon)* trépointe *f;* 5. *(fürésze)* montants *m pl*
rámegy 1. marcher (sur); 2. *(ruhadarab)* entrer; 3. *(ott vész)* y passer; *rámenf a pénze* son argent y a passé; 4. *(vmi anyaggal)* passer qc sur qc
rámenős [~ek, ~et; ~en] 1. agressif, -ive; martial, -e; 2. *sp:* ardent, -e
rámér *átv:* envoyer; *(csapást)* accabler de qc; infliger à q
rámered *vkire* fixer q (d'un œil étonné); *(tekintet)* se fixer sur q
rámosolyog sourire à q
ramsztek [~ek, ~et, ~je] romsteck; rumsteck *m*
rámutat 1. *vkire* v *vmire* ~ indiquer q v qc; *ujjal mutat rá* désigner v indiquer du doigt; 2. *átv:* montrer qc; prouver qc; signaler qc; *(könyvben)* relever; ~ *vminek a fontosságára* signaler l'intérêt de qc; 3. *(vmi rosszra)* dénoncer; 4. *nyelv:* ~ *vmire* présenter qc
ránc [~ok, ~ot, ~a] 1. *(bőrön)* ride *f;* *(hajlásban)* pli *m;* ~ *a homlokon* barre *f* au front; *kisimulnak a* ~*ai* se dérider; 2. *(ruhán)* pli *m;* fronce *f;* *(rossz szabásnál)* faux pli; godet *m;* ~*ot vet* faire un pli v des (faux) plis; goder
ráncba szed mettre au pas; rembarrer
ráncigál [~tam, ~t, ~jon] tirailler; tirer avec violence
ráncol [~tam, ~t, ~jon] I. *(tgy i)* plisser; faire un pli; froncer; draper; II. *(tgyl i)* avoir un faux pli; pocher; goder
ráncos [~ak, ~at; ~an] 1. ridé, -e; 2. plissé, -e; ~ *lesz* se plisser
rándít [~ottam, ~ott, ~son] *vmin* ~ tirer sur qc; *egyet* ~ *a vállán* hausser les épaules
rándulás *(lábé)* entorse; foulure *f*
ránehezedik 1. *vmire* ~ (s')appuyer sur qc; s'appesantir sur qc; peser sur qc; 2. *átv:* s'appesantir; oppresser qc v q; peser sur qc

ránehezedő 1. s'appesantissant sur lui; 2. *átv: súlyosan* ~ accablant, -e
ránéz *vkire* regarder q; envisager q; *rá sem néz* il ne daigne pas l'honorer d'un regard; *rám se néz* il ne veut plus de moi
rang [~ok, ~ot, ~ja] 1. rang *m;* qualification *f;* ~*ban emelkedik* monter en grade; ~*jához mérten* selon son rang; ~*jához illően házasodik* s'allier en bon lieu; *vmilyen* ~*ra emel* élever au rang v grade de...; ~*jától megfoszt* dégrader; 2. *(katonai, hivatali)* grade *m;* *századosi* ~*ja van* il a rang de capitaine; *egy tisztet* ~*jától megfoszt* casser un officier; 3. *(társadalmi)* condition *f;* ~*ján alul* au-dessous de sa condition; ~*ján alulinak tartja* cela lui déroge
rángás 1. convulsion *f;* *(arcé)* tic *m;* 2. *orv:* clonisme; spasme clonique *m*
rángat 1. *vkit* ~ tirer sur q; tirailler q; 2. *átv:* tirailler; faire pivoter q; 3. *orv:* convulser
rangéhség la soif des honneurs
rangelőny préséance *f*
rangelső premier en grade
rangfokozat échelon de la hiérarchie; grade *m*
rangidős I. *(mn)* le plus haut gradé; II. *(fn)* ancien *m;* doyen, -enne *n*
rangjelzés insigne distinctif; *kat: századosi* ~ insigne v galons de capitaine
rangkülönbség la distinction des rangs; distance *f;* ~ *nélkül* sans distinction de rang
ranglétra échelle hiérarchique *f*
ranglista l'ordre des rangs
rángógörcs convulsions (cloniques) *f pl;* éclampsie *f*
rangosztály classe hiérarchique *f;* grade *m*
rangsor 1. hiérarchie *f;* ordre *m* des rangs; ~ *szerint* par ordre de rang; 2. *(hivatali)* tableau *m* d'avancement; échelle hiérarchique *f;* 3. *(ültetési)* préséance *f;* 4. *(dolgoké)* rang; ordre *m*
rangsorol [~tam, ~t, ~jon] classer *(sp is);* faire prendre rang

rangsorolás 1. hiérarchisation *f;* **2.** *sp:* classement *m*
rangú [~ak, ~t] **1.** d'un rang; *alacsony ~* de bas rang; *magas ~* de haut rang; **2.** *ötöd ~ csillag* étoile de cinquième grandeur; **3.** *harmad ~ v tized ~ szálloda* hôtel *m* de dixième *v* quinzième ordre
ránő adhérer à qc
ránt [~ottam, ~ott, ~son] **1.** *vmin egyet ~* tirer sur qc; *~ egyet a vállán* hausser *v* lever les épaules; **2.** *kardot ~* dégainer (son sabre); mettre au clair son sabre; **3.** *magával ~* entraîner (derrière soi); **4.** *(levest) ld:* **beránt;** *(húst) ld:* **kiránt**
rántás *konyh:* roux *m;* liaison *f* (au roux)
rántott [~ak, ~at; ~an] *konyh:* pané, -e; à la viennoise; *~ borjú* escalope *f* de veau à la viennoise; *~ hal* poisson pané *v* frit
rántotta [-ák, -át, -ája] œufs brouillés *v* battus; omelette *f* (à l'impromptu)
rányom 1. presser contre qc; **2.** *(pecsétet, bélyegzőt)* imprimer; apposer (à); **3.** *(billogot)* marquer de qc; **4.** *nyomd:* mettre en surcharge; **5.** *vmire ~ja a bélyeget* marquer qc de son empreinte
ráönt 1. verser; répandre; épancher; **2.** *(fémet)* couler; **3.** *mintha ~ötték volna!* cela lui va comme un gant *v* un bas (de soie)
ráparancsol *vkire* ordonner; enjoindre; commander *(mind:* de *és inf)*
rápazarol *(vmire vmit)* y employer *v* dépenser tout son...; *~ja szeretetét vkire* prodiguer à q les marques de son affection
raplis [~ok, ~t; ~an] lunatique; maniaque
rapszódia [-ák, -át, -ája] r(h)apsodie *f*
rárak poser; mettre; superposer
rárakódik 1. se déposer; former un dépôt; **2.** se superposer (à qc)
ráró 1. imposer à q; infliger à q; **2.** *a feladat, amelyet ~ttak* la tâche qui lui a été dévolue
ráront courir sus à q; tomber sur q (à bras raccourcis)
ráruház 1. *vkire vmit ~* transférer *v* transmettre *v* transporter qc à q;

jog: *vkire ~za hivatalos hatalmát* déléguer son autorité, ses pouvoirs à q
ráruházás 1. transfert *m;* transmission *f;* **2.** *jog, pénz:* délégation *f*
rásóz *vkire* refiler (à q)
ráspoly [~ok, ~t, ~a] lime (mordante)
rásüt I. *(így i)* **1.** *~i a bélyeget* marquer q *v* qc au fer *v* au feu; *(átv:)* y laisser sa marque; **2.** *(gyalázatát)* flétrir; marquer; **3.** *(fegyvert)* décharger sur q; **II.** *(tgyl i) (nap)* illuminer qc
rászab mesurer à la taille de q; *mintha ~ták volna* cela lui va comme un gant
rászakad 1. s'écrouler sur...; s'effondrer sur...; **2.** *(gond, baj)* être accablé(e) de...
rászáll 1. poser sur...; **2.** *(örökség)* tomber en héritage à q
rászán 1. *(vmire)* consacrer *v* destiner *v* vouer à qc; *(pénzt így is:)* affecter à qc; **2.** *~ja magát (arra, hogy)* y mettre le prix; se résoudre (à)
rászavaz voter pour (...); *~ott* il a voté pour
rászed mystifier; abuser; duper; leurrer; *~ték* on l'a eu
rászegez 1. *(szeggel)* clouer sur qc; **2.** *~i vkire revolverét* braquer son revolver sur q; **3.** *(tekintetét)* attacher; appuyer
rászerel monter; assujettir (à)
rászokik en prendre l'habitude *v* le pli; s'accoutumer à qc
rászoktat accoutumer à qc *v* à *(inf);* faire prendre à q l'habitude de *(inf)*
rászól *vkire* apostropher q; interpeller vivement q; *gorombán ~ vkire* apostropher q en termes grossiers
rászolgál 1. *vmire ~* mériter qc; **2.** *gúny: ~t* il ne l'a pas volé
rászór 1. répandre (sur); *(porszerű dolgot)* saupoudrer qc; **2.** *(dicséretet)* combler de qc
rászorul 1. *(tárgy)* se presser contre qc; **2.** *(hurok)* se serrer; **3.** *átv:* être réduit(e) à qc; avoir besoin de qc
rászorult [~ak, ~at] *az arra ~ak* **1.** les indigents; **2.** ceux qui en ont besoin

ráta [-ák, -át, -ája] acompte *m;* portion *f;* havi ~ mensualité *f;* -*ákban fizet* payer en acomptes
rátalál 1. découvrir q; déterrer qc; **2.** *(okmányra stb.)* mettre la main sur qc
rátámad 1. se jeter sur q; tomber sur q (à bras raccourcis); attaquer q; **2.** *(szóval)* prendre q à partie
rátámaszkodik 1. s'appuyer sur qc; **2.** *átv:* s'appuyer sur *v* de qc
rátapad adhérer á qc; se coller contre *v* sur *v* à qc
rátapint *vmire* tomber sur qc; ~ *a dologra* mettre le doigt sur la plaie
rátarti [~ak, ~t; ~an] renchéri, -e; prétentieux, -euse
rátartiság orgueil *m;* superbe; morgue *f*
ráteker enrouler; embobiner; bobiner
rátér 1. ~ *egy útra* enfiler un chemin; ~ *a helyes útra* prendre la bonne voie; **2.** *(szóban)* *vmire* ~ aborder qc; passer à qc; en venir à parler de qc
rátermett [~ek, ~et; ~en] né; fait; qualifié, -e *(mind:* pour qc); approprié à qc; ~ *arra, hogy* habile à *(inf)*
rátermettség aptitude(s) *f (pl);* habileté *f*
rátesz 1. *(tárgyat)* poser; mettre; placer; superposer; **2.** *(pecsétet)* apposer; **3.** *(színt, festéket)* appliquer (sur); passer (sur); **4.** *(himzést)* appliquer (sur); **5.** *pej:* vmit ~ *(csúnya* v *nevetséges ruhadarabot)* affubler de qc; **6.** *egyh:* kezét ~*i vkire* imposer les mains à q; **7.** *átv:* ~*i a kezét vmire* s'emparer de qc; accaparer qc; **8.** *(hozzá)* ajouter; **9.** *konyh:* garnir de qc; **10.** *kárty:* mettre; fournir; couvrir; **11.** *fejemet teszem rá, hogy* je veux être pendu si... (ne ... pas)
ratifikál [~tam, ~t, ~jon] **1.** ratifier; **2.** déposer l'instrument de ratification
rátör I. *(tgy i)* ~*i az ajtót* forcer la porte de q; **II.** *(tgyl i)* **1.** *(vkire)* foncer sur q; **2.** *(ellenségre)* attaquer par surprise; **3.** *(országra)* envahir qc; faire irruption
ráugrik 1. sauter sur...; **2.** *(támadóan)* bondir *v* se jeter sur...

ráun *vmire* être las(se) de qc; se lasser de qc
ráuszít *vkire* **1.** lancer sur q; **2.** ~*ja a közvéleményt vkire* exciter l'opinion publique contre q
rautal 1. renvoyer à...; **2.** *rá van utalva vmire* ne pouvoir se passer de qc
ráül 1. s'asseoir sur qc; **2.** *(madár)* se poser *(bogár is);* **3.** *biz:* ~ *vkire* s'emparer de l'esprit de q
ráüt I. *(tgyl i)* **1.** *(vmire)* frapper un coup sur qc; **2.** *(vkire)* frapper q *v* sur q; **II.** *(tgy i)* **1.** ~*i a patkót* poser le fer (à); **2.** *(bélyegzőt)* apposer (à); mettre (sur)
rávall 1. *(bűnösre) (vki)* déposer contre q; **2.** *(vmi)* constituer une charge contre q; **3.** *ez* ~ je le reconnais bien là
rávarr coudre; rapporter; monter à qc
rávarrás application *f*
I. *(fn)* ravasz [~ok, ~t] détente; gâchette *f;* *megnyomja* v *meghúzza a* ~*t* appuyer *v* agir sur la détente; presser la gâchette
II. ravasz I. *(mn)* **1.** *(ember)* rusé, -e; malin, maligne; subtil, -e; astucieux, -euse; ~ *dolog* c'est malin; ~ *ember, fickó* malin; fin matois; ~ *fondorlat* manœuvres frauduleuses v dolosives; ~ *furfang* ruse subtile *f;* ~ *kérdés* question insidieuse; ~ *róka* il en sait long; ~ *személy* fine lame; **2.** *(terv, viselkedés)* rusé, -e; artificieux; astucieux, -euse; *(érv, okoskodás)* spécieux, -euse; **3.** *(szerkezet)* astucieux, -euse; **II.** *(fn)* nagy ~ c'est un malin *v* renard
ravaszkodás artifices *m pl;* rouerie *f;* manèges *m pl*
ravaszkodik [~tam, ~ott, ~jék *v* ~jon] faire de fin *v* la fine; faire le malin; *v* ruser
ravaszság ruse; finesse *f;* artifice *m;* malice; astuce *f*
ravatal [~ok, ~t, ~a] lit d'apparat *v* de parade *v* funéraire *m;* *(nagy)* catafalque *m*
ravataloz [~tam, ~ott, ~zon] mettre en bière *v* sur le catafalque
ráver frapper; cogner

rávesz 1. *(ruhát)* passer sur qc; 2. *(vkit vmire)* porter à qc; décider q à *(inf)*; amener q à *(inf)*; 3. ~*i a bűnre* entraîner dans le crime
rávet 1. *(sugarát)* darder; jeter; lancer; 2. ~*i a szemét vkire v vmire* il a des visées sur q v qc; 3. ~*i magát vkire* se jeter v se précipiter sur q; 4. ~*i magát vmire* se ruer sur qc; 5. ~*i magát vmire (tanulva)* se jeter à corps perdu dans (l'étude de) qc; *(jobb hiján)* se rabattre sur qc
rávetít projeter sur q v qc
rávezet 1. *(vkit vmire)* amener q à *(inf)*; 2. *(okmányra)* porter sur qc; *egy összeget vkinek a számlájára* ~ porter une somme au compte de q
ráz [~tam, ~ott, ~zon] 1. secouer; agiter; ébranler; remuer; ~*za a csengőt* agiter la sonnette; ~*za a fejét* hocher v secouer v branler la tête; ~*za a kezét vkinek* secouer la main à q; 2. *(jármű)* ballotter; cahoter; 3. *a hideg* ~*za* il tremble la fièvre
rázendít [~ettem, ~ett, ~sen] 1. *(énekes)* entonner; 2. *(zenész)* attaquer
rázkódás 1. secousse; commotion; vibration *f*; 2. *(lázas)* frisson *m*; agitation *f*
rázkódtatás 1. ébranlement; choc *m*; 2. *(lelki, idegbeli)* commotion *f*; 3. *(társadalmi)* convulsions *f pl*
rázódik [~tam, ~ott, ~jék v ~jon] être secoué(e); s'agiter; trépider; vibrer; *(jármű)* cahoter
rázúdul se déchaîner sur...; s'abattre sur...; tomber en rafale sur...
reagál [~tam, ~t, ~jon] *vmire* réagir à qc v devant qc; répondre à qc
reagálás réaction *f*; réflexe *m*; réponse *f*
reagens [~ek, ~t, ~e] *vegy:* réactif; agent *m*
reakciós [~ak, ~at] I. *(mn)* 1. *pol:* réactionnaire; ~ *gondolkodás* réactionnarisme *m*; 2. *orv, vegy:* réactionnel, -elle; II. *(fn) pol:* réactionnaire
reaktor réacteur *m*
reál *ld:* reáliskola; ~ *tagozat* section moderne *f*
reálbér salaire réel

reális [~ak, ~at] réel, réelle; positif; -ive; sérieux, -euse
reáliskola *rég, kb:* école secondaire *f* d'enseignement moderne
realista [-ák, -át] réaliste *(n)*
realizmus réalisme *m; kritikai* ~ réalisme critique; *szocialista* ~ réalisme socialiste
reálpolitika politique réaliste *f*
reálpolitikus homme des réalités; politicien réaliste
rebarbara [-ák, -át] *növ:* rhubarbe *f*
rebeg [~tem, ~ett, ~jen] marmonner; bégayer; balbutier; *imát* ~ marmonner une prière
rebesget faire courir le bruit; *azt* ~*te hogy* il fit dire que
rece [-ét] filet; réseau *m*
réce [-ék, -ét, -éje] canard *m*
recegyomor bonnet; réseau *m*
recehártya rétine *f*
recenzió [~k, ~t] compte rendu; article *m* d'information
recept [~ek, ~et, ~je] 1. *orv:* recette (médicale); ordonnance *f*; formule *f*; *egy* ~*et elkészít* exécuter une ordonnance; 2. *konyh:* recette (culinaire)
recés 1. réticulé, -e; croisé(e) en réseau; 2. *(fém)* guilloché; jaspé, -e
recésgyomor *ld:* recegyomor
recéz [~tem, ~ett, ~zen] 1. *(varrva)* faire de filet; 2. *(fémet, rajzot)* guillocher; jasper
reciprok [~ok, ~ot] *mat, fil:* réciproque; ~ *érték* valeur réciproque *f*
recitatív [~ok, ~ot, ~ja]; recitativo [-ók, -ót, -ója] *zen:* récitatif *m*; ~*ként énekli* réciter
reccs! crac! cric crac! croc!
reccsen [~t, ~jen] craquer; faire crac
recseg [~ett, ~jen] 1. craquer; ~-*ropog* craquer; menacer ruine; 2. ~ *a hangja* sa voix se fait criarde; 3. *rád:* crisser; produire des fritures
redő [~k, ~t, ~je] 1. pli *m*; *(kicsi)* fronce *f*; ~*be szed* plisser; 2. *geol:* pli; bourrelet; bourlet *m*
redőny [~ök, ~t, ~e] 1. *(eszlingeni)* volet roulant; *(falécekből)* store *m* à lamelles; *(kétfelé tárható)* persienne *f*; 2. *(kirakaton)* store *m*

redőnyzár *fényk:* obturateur *m* à rideau *v* à volet
redős [~ök, ~t] plissé, -e; à plis; *(csak homlok)* ridé, -e
redukál [~tam, ~t, ~jon] réduire *(tud. is);* comprimer
redves [~ek, ~t; ~en] 1. crasseux, -euse; 2. *(fog)* carié, -e; 3. *(fa)* pourri, -e
redvesség 1. crasse *f;* 2. *(fogé)* carie *f;* 3. *(fáé)* pourriture *f*
referál [~tam, ~t, ~jon] référer; faire *v* présenter un rapport sur qc
referátum [~ok, ~ot, ~a] 1. *(tudományos)* rapport *m;* communication *f;* 2. ~ *egy műről* compte rendu d'un ouvrage
referens [~ek, ~et, ~e] rapporteur *m (tudományos is)*
reflektál [~tam, ~t, ~jon] 1. *vmire* ~ *(igénybe véve)* recourir à qc; accepter qc; *nem* ~ *vmire* décliner qc; renoncer à qc; 2. *(sértésre)* relever qc; *nem* ~ *rá* faire la sourde oreille
reflektor [~ok, ~t, ~a] 1. réflecteur; projecteur *m;* 2. *rád* réflecteur; 3. *aut:* phare *m*
reflektorfény 1. lumière *f* du réflecteur; 2. *aut:* phare *m*; feux *m pl*
reflex [~ek, ~et, ~e] I. *(mn)* réflexe; ~ *mozgás* mouvement réflexe *m;* II. *(fn)* réflexe; acte réflexe *m; feltételes* v *kondicionált* ~ réflexe conditionné
reform [~ok, ~ot, ~ja] réforme *f; belső* ~ réforme de structure
reformáció [~k, ~t, ~ja] *vall:* la Réforme; la Réformation
református réformé, -e; calviniste *(n)*
reformer [~ek, ~t, ~e] réformiste; réformateur *m*
reformizmus réformisme *m*
reformkor(szak) l'ère *f* des réformes (nationales)
reformtörekvések tentatives *f pl v* mouvements *m pl* de réforme
refrén [~ek, ~t, ~je] refrain *m;* reprise *f; gúny: mindig ez a* ~ c'est le refrain de la ballade
regálé [~k, ~t, ~ja] *tört:* droit régalien
rege [-ék, -ét, -éje] légende *f;* conte *m*

régebb [~ek, ~et] plus ancien(ne); antérieur(e) à qc; plus antique
régebben 1. (plus) anciennement; auparavant; précédemment; dans le temps; naguère; 2. *már* ~ il y a déjà assez longtemps
régebbi [~ek, ~t] plus ancien(ne); plus antique; plus archaïque; précédent; antérieur, -e (à); *a* ~ *időkben* à une époque, éloignée
regél [~tem, ~t, ~jen] conter; narrer
régen 1. autrefois; à l'époque; jadis; par le passé; dans les temps anciens; à une époque éloignée; 2. ~ *itt van már?* y a-t-il longtemps qu'il est ici? ~ *volt az* il y a longtemps de cela; 3. *már* ~ il y a déjà longtemps *v* quelque temps; 4. *biz: akkor már* ~ *rossz* alors c'est fichu
regenerál [~tam, ~t, ~jon] 1. régénérer; 2. *müsz:* récupérer; ranimer
regenerálódás 1. régénérescence *f;* 2. *él:* récorporation *f*
régenstanács conseil *m* de régence
regény [~ek, ~t, ~e] roman *m; (újságban)* roman-feuilleton *m;* ~*t ír* composer un roman
regényalak personnage *m* de roman; ~*ban* sous forme de roman
regényes [~ek, ~et; ~en] romanesque; romantique; ~ *életrajz* vie romancée
regényesít [~ettem, ~ett, ~sen] romantiser; romancer
regényhős héros *m* de roman
regényhősnő héroïne *f* de roman
regényíró romancier *m*
regényírónő romancière *f*
réges-régen autrefois; au temps jadis; dans la *v* une haute antiquité; *valamikor* ~ *(mesében)* au temps où les bêtes parlaient, les poules avaient des dents
régész [~ek, ~t, ~e] archéologue *n; (őskori)* paléontologiste *m*
régészet archéologie *f*
régészeti archéologique; ~ *ásatások* fouilles archéologiques *f pl*
reggel [~ek, ~t, ~e] I. *(hat)* matin; le matin; au matin; *minden* ~ le

matin; au matin; ~ *és este* matin et soir; *aznap* ~ ce matin-là; le même jour au matin; *holnap* ~ demain matin; *egy szép* ~ un beau matin; ~ *nyíló virág* fleur matinale; **II.** *(fn)* matin *m;* matinée *f; jó* ~*t* bonjour, (Monsieur *v* Madame *stb.);* ~*től estig* du matin au soir
reggeli I. *(mn)* [~ek, ~t] **1.** matinal, -e; du matin; ~ *idő* la matinée; les heures matinales; ~ *lap* journal *m* du matin; **2.** *egyh:* matutinal, -e; ~ *harangszó* l'angélus de l'aube; **II.** *(fn)* [~k, ~t, ~je] petit déjeuner
reggelizik [~tem, ~ett, ~zék *v* ~zen] prendre son *v* le petit déjeuner; déjeuner
régi [~ek, ~t] **I.** *(mn)* **1.** ancien, -enne; vieux, vieil, vieille; antique; archaïque; vétuste; de jadis; *a* ~ *időkben* dans les temps jadis *v* anciens; *ld. még:* **régen;** ~ *idők óta* dès une haute antiquité; depuis bien longtemps; *a leg*~*bb idők óta* dès la plus haute antiquité; *a* ~ *jó idők* les bons temps jadis; ~ *szokás* coutume archaïque *f;* **2.** *(bútor, műtárgy)* ancien, -enne; de l'époque; antique; ~ *pénz* monnaie historique *v* antique; médaille *f:* **3.** *(volt)* ex-; **4.** *oh ez már* ~*!* *(viccről)* c'est vieux jeu, (on n'en rit plus); c'est archiconnu; *~ divatú* vieux jeu; de vieille mode; ~ *dolog* c'est tout vu; *(ez már így van)* c'est une vieille histoire; ~ *kommunista* vétéran communiste; *a* ~ *gárda* la vieille garde; ~ *vágású* de vieille roche; **II.** *(fn)* **1.** *ő még mindig a* ~ il est toujours le même; *ő sem a* ~ *már* il n'est plus le même; **2.** *a* ~*ek* les anciens; **3.** *minden maradt a* ~*ben* tout fut comme devant; tout resta en l'état
régies [~ek, ~et] archaïque
régimódi désuet, -ète; suranné, -e; de vieille mode
régió [~k, ~t, ~ja] région *f*
regionális [~ak, ~at] régional, -e
régiség 1. *(vmié)* ancienneté; antiquité; vétusté *f;* **2.** *(tárgy)* antiquité *f;* objet ancien; ancien *m*

régiséggyűjtemény collection *f* d'antiquités *v* d'antiques
régiséggyűjtő collectionneur d'antiquités *v* d'antiques
régiségkereskedés 1. *(ipar)* commerce des antiquités; brocantage *m;* **2.** *(bolt)* magasin *v* commerce *m* d'antiquités
régiségkereskedő antiquaire; brocanteur *m*
régiségtan archéologie *f*
régiségtár musée *m* d'archéologie
régiségüzlet magasin *v* commerce *m* d'antiquités
regiszter [~ek, ~t, ~e] **1.** *(hangé)* registre *m;* **2.** *(orgonán)* registre (d'orgue); jeu *m* (d'orgue)
regisztertonna *haj:* tonneau *m* de registre *v* de jauge
régóta 1. *(már)* depuis longtemps; de longue date; de vieille date; *igen* ~ de toute antiquité; *nem* ~ depuis peu; **2.** *(igével:)* il y a longtemps que *v* beau temps *v* bel âge que; il y a belle lurette que; ~ *tartó* de longue *v* de vieille dа⁺e; ~ *itt van már?* y a-t-il longtemps qu'il est ici?
reguláris *csapat* troupe régulière
rehabilitáció [~k, ~t, ~ja] réhabilitation *f;* ~*ban részesül* obtenir sa réhabilitation
rejlik [~ett] *(vmiben)* résider; être inhérent(e) à qc; *(nehézség stb.)* siéger; ... gît (dans)
rejt [~ettem, ~ett, ~sen] **1.** cacher; celer; dissimuler; enrober sous qc; **2.** *magában* recéler; receler; renfermer; contenir
rejteget 1. *(vmit)* receler; recéler; dissimuler; **2.** *(vkit)* receler; recéler
rejtegetés 1. dissimulation *f;* **2.** *(lopott tárgy, üldözötté)* recel; recèlement *m*
rejtek [~ek, ~et, ~e] **1.** cachette *f;* refuge *m;* **2.** *az emberi lélek legmélyebb* ~*ei* le fin fond des êtres; *szíve* ~*én* au tréfond se son cœur
rejtekajtó porte dérobée
rejtekhely cachette; cache *f;* *(vadé)* retraite *f*
rejtelem [-lmek, -lmet, -lme] mystère *m*
rejtelmes [~ek, ~et] mystérieux, -euse

rejtély [~ek, ~t, ~e] mystère *m;* énigme *f; a* ~ *nyitja* la solution *v* le mot de l'énigme
rejtélyes [~ek, ~et] mystérieux, -euse; énigmatique; *(szavak így is:)* sibyllin, -e
rejtett [~ek, ~et] 1. dissimulé, -e; secret, -ète; caché; insoupçonné; latent, -e; 2. *div:* masqué, -e; 3. occulte; ésotérique; hermétique; 4. ~ *ajtó* porte dérobée; ~ *beszéd* parole déguisée; ~ *célzás* sous-entente *f;* ~ *gúny* ironie contenue; ~ *hő* chaleur latente; ~ *ok* cause occulte *f; betegség* ~ *oka* la cause occulte d'une maladie; ~ *szándék* intention secrète; ~ *tartalék* réserve latente; ~ *világítás* éclairage indirect
rejtjel chiffre *m*
rejtjeles *sürgöny* télégramme en code *v* chiffré
rejtőzik; rejtőzködik [~tem, ~ött, ~jék *v* ~jön] se cacher *(vki elől:* à q); se recéler; se dérober à qc
rejtvény 1. *(kép)* rébus *m;* 2. *(találós kérdés)* énigme; devinette *f;* 3. *(betű)* charade *f; (kereszt~)* mots croisés
rejtvénypályázat concours *m* d'énigme *v* de devinettes
rejtvényrovat coin *m* des devinettes
rekamié [~k, ~t, ~ja] lit-canapé; lit-divan *m; dupla* ~ divan-lit *m* pour deux personnes
reked [~tem, ~t, ~jen] 1. *(kényszerüség)* se trouver bloqué(e) à ...; 2. *(jószántából) ott~* s'y éterniser; y rester
rekedt [~ek, ~et] 1. *(vhol)* bloqué, -e; 2. *(hangú)* enroué, -e; rauque; ~*re kiabálja magát* s'égosiller
rekedtség enrouement *m*
rekesz [~ek, ~t, ~e] 1. *(hely)* compartiment *m;* division; case; loge *f; (istállóban)* box *m; (páncélszekrényben)* compartiment *m;* 2. *növ: (magházban)* diaphragme *m;* loge *f;* 3. *(tárcában)* poche *f;* 4. *műsz: (gép belsejében)* diaphragme *m;* 5. *(fal)* cloison; séparation *f;*
~*ekbe rak* caser; ~*ekre oszt* compartimenter; 6. *fényk:* obturateur *m*
rekeszizom diaphragme *m*
rekeszt [~ettem, ~ett, -esszen] 1. *(vhová)* clore; enfermer; 2. *(állatot)* parquer
rekettye [-ék, -ét] *növ:* genêt; landier *m*
rekkenő *hőség* chaleur torride *v* accablante; *(napon)* un soleil de plomb; ~ *meleg* ciel inclément
reklám [~ok, ~ot, ~ja] réclame; publicité *f; nagy* ~ tapage *m;* ~*ból* à titre de publicité
reklamáció [~k, ~t, ~ja]; **reklamálás** [~ok, ~t, ~a] réclamation *f*
reklámár *(új fajta árunál)* prix *m* de lancement
reklámcédula prospectus *m;* papillon *m*
reklámhadjárat campagne *f* de publicité
reklámhordozó *(plakáttal mellén és hátán)* homme sandwich *m*
reklámoz [~tam, ~ott, ~zon] faire de la réclame *v* de la publicité pour qc; afficher qc
rekompenzáció [~k, ~t, ~ja] compensation *f;* dédommagement *m*
rekompenzál [~tam, ~t, ~jon] compenser; dédommager
rekonstruál [~tam, ~t, ~jon] 1. rétablir; reconstruire; *egy templomot* ~ rétablir un temple; 2. *a büntettet a helyszínen* ~*ja* reconstituer un crime
rekontra surcontre *m*
rekord [~ok, ~ot, ~ja] record *m; sebességi* ~ record de vitesse; ~*ot csinál v ér el vmiben* établir un record (en qc); *ld. még:* **csúcs** 2.
rekordidő temps record *m;* ~ *alatt* en un temps record
rekordjavítás amélioration *f* du record
rekordtermelés production record *f*
rektifikál rektifier; mettre au point
rektifikáló [~k, ~t] 1. *vegy:* rectificateur, -trice; 2. *mat:* rectifiant, -e; 3. ~ *közlemény* mise *f* au point; ~ *közleményt tesz közzé* insérer une rectification
rektor [~ok, ~t, ~a] recteur *m*
rektori [~ak, ~t] rectoral, -e; ~ *hivatal* rectorat *m*

rekviem [~ek, ~et, ~e] *egyh*: (messe *f* de) requiem *m*
rekvirál [~tam, ~t, ~jon] réquisitionner; mettre en réquisition
relatív [~ak, ~a] relatif, -ive; *minden* ~ *tout est relatif;* ~ *szótöbbség* majorité relative
relativitás relativité *f; fiz: általános* ~ relativité généralisée
relativizmus *fil:* relativisme *m*
relé [~k, ~t, ~je] *vill:* relais *m*
reléállomás; **reléadó** *rád:* station *f* relais *v* de répéteurs; relais *m*
relief [~ek, ~t, ~je] relief *m*
rém [~ek, ~et, ~e] I. *(fn)* 1. spectre; fantôme *m;* 2. *vminek a* ~*e* le spectre *v* la terreur de qc; *a háború* ~*e* le cauchemar de la guerre; 3. *(bizonyos fajta bűnözőkről)* satyre; sadique *m;* II. *(hat) biz:* extrêmement; ~ *buta* être d'une bêtise incroyable; ~ *csúnya* horriblement laid(e); *ez* ~ *sok* c'est vraiment trop; ~ *unalmas* terriblement ennuyeux
rémdráma 1. *(romantikus)* mélodrame *m; érzelgős* ~ mélo *m biz;* 2. *(modern)* drame grand-guignolesque; *-ába illő* rocambolesque; 3. *(megtörtént)* drame atroce *m*
remeg [~tem, ~ett, ~jen] 1. trembler; frémir; frissonner; vibrer; *(türelmetlenségtől, felindultságtól)* trépider; ~ *egész testében* trembler de tout son corps; 2. *(tárgy)* trembler; vibrer; 3. ~ *a hangja (énekléskor)* chevroter
remek [~ek, ~et] I. *(mn)* 1. superbe; magnifique; splendide; merveilleux, -euse; admirable; unique; classique; magistral, -e; 2. *(étel)* exquis, -e; délicieux, -euse; délectable; 3. *nép:* pommé; fumant, -e; 4. *(szólásokban:) ez nem valami* ~ ce n'est pas très fort *v* fameux; *maga* ~ *dolgot mívelt* vous avez fait là un beau chef-d'œuvre; ~ *történet* histoire savoureuse; ~ *vicc* plaisanterie ingénieuse; II. *(fn)* chef-d'œuvre *m;* ~*be készült ld:* **remekmű**
remekel [~tem, ~t, ~jen] 1. faire un chef-d'œuvre; briller; faire merveille; *gúny: megint* ~ servir un plat de sa façon; 2. ~ *vmiben* triompher *v* exceller dans qc
remekíró classique *m*
remekmű chef-d'œuvre *m;* œuvre *v* pièce maîtresse
remekül avec une rare perfection; à la perfection; superbement; brillamment; splendidement; avec virtuosité; ~ *áll neked* il te va à ravir; ~ *beszél* parler d'or; *ez* ~ *jön* cela tombe à pic; ~ *mulat* s'amuser follement
remél [~tem, ~t, ~jen] I. *(tgy i)* 1. *(vmit)* espérer; s'attendre à qc; escompter; ~*jük a legjobbakat* espérons le mieux! *többet* ~ *vkitől* espérer mieux de q; ~*em is!* j'espère bien! 2. ~*em meg van elégedve?* vous êtes content, au moins? ~*em nem érte semmi baj!* pourvu qu'il ne lui soit rien arrivé; 3. ~*i, hogy* il espère que; il espère *(inf);* il a l'espoir de *(inf);* ~*em, hogy nem* j'espère bien que non; *nem* ~*em, hogy eljön* je n'espère pas qu'il vienne; *nem* ~*i, hogy sikert ér el* désespérer de réussir; ~*ve, hogy* dans l'espoir de *(inf) v* que; II. *(tgyl i)* ~ *vkiben* espérer en q
remélhetőleg selon toute apparence; comme on peut espérer
remény espoir *m;* espérance *f; gyenge v halvány* ~ espoir mince; un semblant d'espoir; *a* ~ *szikrája* une lueur d'espérance; *minden* ~ *megvan arra, hogy* il y a tout lieu d'espérer que; *nem sok a* ~, *hogy* on a peu d'espoir de *(inf); végső v utolsó* ~*e* son suprême *v* dernier espoir; sa planche de salut; *vminek reményében* dans l'espoir *v* l'attente de qc; ~*eiben csalódik* trouver du décompte; ~*ében csalódva* frustré(e) de ses espérances; *a reményekből él* se repaître *v* vivre d'espérances; ~*ekben ringatódzik* se bercer d'espérances; *a reményekből él* se repaître *v* vivre d'espérances; *reményekre jogosít* promettre; *leteszek a reményről, hogy sikerül neki* je désespère qu'il réussisse; *minden reményét elveszti* perdre tout espoir; *fel-*

adja a ~t désespérer; **nagy ~eket fűz vmihez** fonder de grands espoirs sur qc; **~ét vkibe helyezi** mettre son espoir *v* son espérance en q; **~t kelt faire** naître (de) l'espoir; relever les espérances de q; **a ~eket összezúzza** briser les espérances; **~t táplál** caresser l'espoir de *(inf) v* que; **a ~t táplálja** nourrir l'espoir; **hiú ~eket táplál** caresser de vaines espérances; **reményétől megfoszt** frustrer de ses espoirs; **jó ~ekkel biztat** être de bon augure
reménycsillag étoile *f* de l'espérance
reményevesztett désespéré; désolé; désemparé, -e
reménykedik [~tem, ~ett, ~jék *v* ~jen] *ld:* remél
reménysugár lueur *f v* rayon *m* d'espoir
reménytelen sans espoir; désespéré, -e; ~ **az állapota** son état est désespéré; **a helyzet ~** la situation est désespérante; **~ eset** cas désespéré; **~ helyzet** situation *f* sans issue; **~ szerelem** amour *m* sans retour; **~ ügy** affaire désespérée *v* flambée
rémes [~ek, ~et] 1. effrayant, -e; effroyable; terrifiant, -e; horrible; terrible; hallucinant, -e; **~ látvány** vision *f* d'horreur; 2. **rémes!** quelle horreur!
remete [-ék, -ét] ermite; anachorète; solitaire *m*
remetei [~ek, ~t] anachorétique; érémitique
remeterák bernarde-l'ermite; poingclos; pagure *m*
remetéskedik [~tem, ~ett, ~jén *v* ~jen] mener une vie solitaire *v* une vie d'anachorète
rémhír nouvelle alarmiste *v* alarmante *v* terrible
rémhírterjesztő alarmiste *n;* propagateur (-trice) de nouvelles alarmistes
rémít [~ettem, ~ett, ~sen] terrifier; alarmer; effrayer; affoler; consterner; effarer; épouvanter
remíz [~ek, ~t, ~e] 1. *(villanyos)* dépôt *m;* 2. dépôt *m* des autobus; *(taxiké)* remise *f;* 3. *aut:* garage; hangar *m*

51 Magyar-Francia kézi

rémkép cauchemar *m;* vision d'horreur *v* d'épouvante; hallucination *f;* **~eket lát** avoir des visions
rémlik [~ett] **úgy ~ előttem, mintha; ~ mintha** il me semble vaguement que; j'ai l'impression que
rémregény roman-feuilleton; roman de colportage; **~be illő** rocambolesque
rémtett crime monstrueux *v* sauvage; atrocité *f*
rémuralom la terreur; terrorisme *m;* le régime de (la) terreur
rémület terreur (panique); panique *f;* effroi *m;* épouvante; alarme; frayeur; consternation *f;* **halálos ~** petite-mort *f;* **a halál ~e** la frayeur *v* les affres de la mort; **~be ejt** frapper de terreur; **~ében** dans son affolement *v* effroi; **~et kelt** jeter l'alarme dans les cœurs
rémült [~ek, ~et; ~en] effrayé; épouvanté; terrorisé; terrifié; effaré, -e; **~ ordítozás** hurlements *m pl* d'effroi
rend [~et, ~je] 1. ordre; le bon ordre; *(sorrend)* ordre; rang *m; (vminek belső rendje)* ordonnance; économie *f; (rendtartás szempontjából)* la police de qc; **a ~ embere** homme d'ordre; **a ~ kedvéért** pour la bonne règle; **vminek rendje és módja** le pourquoi et le comment de qc; **annak ~je és módja szerint** comme il convient; comme il se doit; **... mint annak a rendje!** ... comme tout! **ez a világ ~je** c'est l'ordre du monde; **rendbe állít** aligner; ranger; **~be hoz** remettre en ordre; *(tárgyat)* rhabiller; retaper *biz; ép:* ragréer; *(helyzetet)* régulariser; *(vkit)* arranger q; *(ruháját)* rajuster; *(ruhát)* rafraîchir; **a pénzügyeket ~be hozza** assainir *v* redresser les finances; **~be jön** rentrer dans l'ordre; se redresser; **~be rak** *v* **szed** *v* **tesz** ranger; mettre en ordre; aligner; arranger; *(sereget)* mettre en ligne; **rendben** en ordre; dans l'ordre; **a legnagyobb ~ben** dans un ordre parfait; **példás ~ben** dans une belle *v* parfaite ordonnance; **~ben halad** avancer *v*

rendbehozás

marcher dans l'ordre; *(sorrendben)* procéder par ordre; *minden ~ben lesz* tout ira bien; *~ben tart* tenir en ordre; *~ben van* être en règle; *rendben van!* (nous sommes) d'accord; c'est parfait! *nincs ~ben* c'est mal en ordre; ce n'est pas en ordre; *itt valami nincs ~ben* il y a quelque chose qui ne tourne pas rond *v* qui cloche; *ez rendjén van* c'est dans l'ordre (des choses); *rendre (egymásután)* tour à tour; (chacun) à tour de rôle; *rendre! (gyűlésben)* à l'ordre! *a ~re felügyel* v *vigyáz* faire la police; *a rendet biztosítja* assurer le bon ordre; *~et csinál, teremt* (re-) mettre de l'ordre dans qc; *a ~et helyreállítja* rétablir l'ordre; 2. rang *m;* *~ekbe sorakozz!* en rang! formez les rangs! 3. *(aratásnál, kaszálásnál)* fauchée; fauche *f; (gabona)* javelle *f; (széna)* andain *m;* 4. *áll, növ:* ordre; 5. *fiz, műsz:* gamme *f;* 6. *feud:* ordre; État *m; a harmadik (polgári)~ (1789 előtt)* le tiers *v* Tiers État; *a Rendek* les Ordres; les États; 7. *egyh:* ordre *m;* congrégation *f; kisebb ~ek* les ordres mineurs; 8. *(kitüntetés)* ordre; 9. *egy ~ ruha* un complet
rendbehozás; rendbehozatal 1. *(tárgyé)* réparation *f;* rajustement; raccommodage; rajustage; ajustement *m; (külsőé)* toilette *f;* 2. *átt:* mise *f* en ordre; 3. *(törvényes)* régularisation *f; (állame, intézményé)* redressement *m*
rendbeli 1. *két ~ gyilkosság vádja* l'inculpation *f* d'un double assassinat *v* de deux assassinats; 2. *két ~ megfigyelést lehet tenni* deux ordres de faits apparaissent
rendbírság amende *f*
rendbontás perturbation *f* (de l'ordre public); désordres *m pl*
rendbontó éléments perturbateurs
rendcsinálás opérations *f pl* de police
rendel [~tem, ~t, ~jen] I. *(tgy i)* 1. *ker:* commander; faire venir; faire une commande; *(vkinél)* passer commande à q; 2. *(nyilvános helyen)* commander; *mit ~?* qu'est-ce que vous prenez? 3. *orv:* prescrire; ordonner; *ha az orvos másképp nem ~i* sauf avis contraire du médicin; 4. *vkit vki mellé ~* adjoindre q à q; donner comme escorte à q; *alája ~ vkinek* subordonner à q; 5. *(vkit vhová)* mander q (à); inviter q à se rendre (à); *(csapatokat vhová)* concentrer; masser; 6. *ld:* **elrendel);** 7. *a sors úgy ~te, hogy* le destin *v* la fatalité voulut que *(subj);* 8. *(vmire)* destiner (à); prédestiner (à); appeler (à); *vmely célra ~ (pénzt)* affecter; II. *(tgyl i) orv:* avoir *v* donner ses consultations *(pl:* de 3 à 5 heures)
rendelés 1. *ker:* commande *f;* ordre *m* (d'achat); *~ sztornírozása* v visszavonása contre-ordre *m;* annulation *f* de commande; *~re* par ordre; *~re készült* fait(e) sur commande; *kiadja a ~eket* passer les marchés; *leadja a ~t* passer commande; *a ~t visszavonja* contremander un ordre; 2. *orv:* consultation *f; (recept)* ordonnance *f; ~ szerint* selon la formule; 3. *(törvényé)* disposition *f;* 4. *vall: Isten ~e* décret *v* la volonté de Dieu
rendelet 1. *(miniszteri* v *hatósági)* arrêté *m; (miniszteri)* décret (ministériel); *~ szerint* statutairement; *a miniszter ~éből* pour le ministre; par ordre du Ministre; *~et bocsát ki* v *hoz* rendre *v* prendre un décret; *~tel szabályoz* réglementer par décret; 2. *(bírói)* ordonnance *f;* 3. *(királyi)* ordonnance *f;* édit *m;* 4. *ker:* commande *f; ~re* à ordre; *~re szóló értékpapír* effet *v* papier *m* à ordre
rendeleti *úton* (voie de) décret
rendelkezés 1. *(törvényé)* dispositions *f pl;* prescription *f;* stipulations *f pl;* 2. *(hatósági)* mesure *f;* instructions *f pl;* ordre(s) *m (pl); a ~ek hatálya alá esik* tomber sous le coup des dispositions; *a törvény ~e alá eső* sujet(te) aux dispositions de la loi; 3. *jog: (ítéletben)* chef *m;* 4.

(*szerződésben*) clause *f;* **5.** *ker:* ordre *m;* **6.** ~*ére áll vkinek* être à la disposition de q; se mettre *v* se tenir à la disposition de q; ~*ére állok je suis à vous;* à vos ordres! *kevés idő áll* ~*re* disposer de peu de temps; ~*re állás* disponibilité *f;* ~*re álló* disponible; (*összeg*) liquide; *minden* ~*re álló eszközzel* par tout moyen approprié; ~*ére bocsát* mettre *v* laisser à la disposition de q; (*nem véve át*) laisser pour compte
rendelkezési *alap* fonds secrets; ~ *állomány* disponibilité; position *f* de disponibilité; ~ *jog* droit *m* de disposition
rendelkezik [~tem, ~ett, ~zék *v* ~zen] **1.** ordonner; **2.** (*törvény*) disposer; prescrire; statuer; *a törvény nem* ~ *ebben a kérdésben* la loi est muette sur cette question; **3.** *vmivel* v *vmiről* ~ avoir qc à sa disposition; disposer de qc; ~ *a feltételekkel* réunir les conditions; ~ *munkája eredményével* disposer du fruit de son travail
rendelkező [~ek *v* ~k, ~t] *az ítélet* ~ *része* le dispositif du jugement; ~ *záradék* clause destinatoire *f*
rendellenes 1. anormal, -e; contraire aux règles; **2.** *orv:* ~ *lefolyású betegség* maladie hétéroclite *f*
rendellenesség 1. anomalie *f* (*orv. is*); **2.** (*gépen*) dérèglement *m*
rendelő [~k, ~t, ~je] **1.** *ker:* client; acheteur *m;* **2.** *orv:* cabinet *m* (de consultation)
rendelőintézet dispensaire *m*
rendelőorvos (médecin) consultant; praticien *m*
rendelőszoba cabinet *m* de consultation
rendeltetés 1. affectation; destination; application *f;* ~*étől elvon* désaffecter; *különleges* ~*ű* d'affection spéciale; **2.** (*emberé*) destinée *f;* destin *m;* mission *f*
rendeltetési *állomás* (*emberé*) poste *m;* (*küldeményé*) gare destinataire *f;* ~ *hely* (lieu de) destination *f*
rendelvény 1. (*váltón*) ordre *m;* **2.** (*bírói*) ordonnance *f*

51*

rendes [~ek, ~et] **1.** ordinaire; habituel, -elle; normal, -e; usuel, -elle; régulier, -ière; ~ *ár* prix normal; ~ *bíróság elé tartozik* relever des tribunaux ordinaires; ~ *csapatok* troupes régulières; ~ *díjszabás* tarif normal; ~ *szokás* coutume reçue; ~ *viszonyok között* dans des circonstances *v* des conditions normales; **2.** (*munka, írás, öltözködés*) soigné, -e; honnête; **3.** (*megfelelő*) convenable; raisonnable; **4.** (*ember*) rangé; réglé; exact; ordonné, -e; ~ *élet* vie réglée; ~ *fizető* bon payeur; payeur régulier; **5.** *nyilvános* ~ *egyetemi tanár* professeur titulaire; professeur *m* à l'Université (de...); ~ *hallgató* auditeur régulier; ~ *tag* membre participant; (*Akadémián*) membre titulaire
rendesen 1. d'ordinaire; ordinairement; *mint* ~ comme d'habitude *v* de coutume; **2.** (*gonddal*) avec soin; dans l'ordre; **3.** convenablement; comme il faut
rendészet police *f*
rendetlen 1. désordonnée; désorganisé; décousu; incohérent; déréglé -e; (*pulzus*) irrégulier, -ière; inégal, -e; ~ *élet* vie déréglée; ~ *összevisszaság* chaos; tohu-bohu *m;* pagaille *f biz;* (*tárgyaké*) capharnaüm *m;* **2.** (*külsőre, dolgaiban*) désordonné, -e; sans soin; mal peigné(e)
rendetlenkedés turbulence *f;* désordre *m;* (*iskolai*) mauvaise tenue
rendetlenség désordre *m;* confusion *f;* désarroi *m;* désorganisation; incohérence *f;* (*tárgyaké*) fouillis *m;* *nagy* ~*ben* au milieu d'une grande confusion
rendez [~tem, ~ett, ~zen] **1.** (*dolgokat*) mettre en ordre; ordonner; ranger; classer; disposer; **2.** (*könyvtárat*) ranger; ordonner; reclasser; **3.** (*utat, erdőt, stb.*) aménager; **4.** (*határt*) rectifier; ajuster; **5.** *mat:* ordonner; **6.** (*adósságot*) régler; ajuster; acquitter; (*elszámolást*) arrêter; **7.** (*gondolatokat*) mettre au point; remettre de l'ordre (dans);

8. *(ügyet)* mettre de l'ordre dans qc; régler; *(viszonyt)* régulariser; **9.** *(ünnepélyt)* organiser; ordonner; *(színdarabot)* mettre en scène; *(filmet)* réaliser; **10.** *meglepetést* ~ ménager une surprise; *botrányt* ~ faire un scandale
rendezés 1. *(tárgyaké)* arrangement; rangement *m;* disposition *f; (kirakaté)* arrangement; **2.** *(könyvtáré, iratoké)* arrangement; (re)classement *m;* mise *f* en ordre; **3.** *(úté, városé)* aménagement *m;* **4.** *(vasúi)* triage *m;* **5.** *(adósságé)* règlement; ajustement *m;* **6.** *(gondolatoké, anyagé)* mise au point; ordonnance *f;* **7.** *(intézményé)* aménagement *m;* **8.** *(határé)* rectification *f;* **9.** *(ügyé)* arrangement *m; (viszonyé)* régularisation *f; a* ~ *dollárban történik* le règlement s'effectue en dollars; **10.** *(ünnepségé)* organisation *f;* **11.** *szính:* mise *f* en scène; scénario *m; film:* réalisation *f*
rendezési *alap* base *f* de normalisation
rendezetlen désordonné, -e; en désordre; *(anyag)* non classé(e); *(viszony, folyammeder)* irrégulier, -ière; ~ *adósság* dette non payée; ~ *házasélet* concubinage *m;* ~ *anyagi viszonyok között él* vivre dans des conditions matérielles précaires
rendezett [~ek, ~et; ~en] bien ordonné(e) *v* aménagé(e) *v* agencé(e); normal; réglé, -e; ~ *anyagi viszonyok között él* avoir des moyens d'existence
rendezkedik [~tem, ~ett, ~jék *v* ~jen] procéder à l'aménagement de qc; faire du rangement
rendező [~k, ~t] **I.** *(mn)* ordonnateur, -trice; ~ *elv* principe ordonnateur *v* d'ordre; ~ *pályaudvar* gare de triage *v* régulatrice; ~ *vágány* voie *f* de service *v* de garage; **II.** *(fn)* **1.** ordonnateur; *(ünnepé, banketté, báié)* commissaire *m;* **2.** *szính:* metteur *m* en scène; **3.** *film:* réalisateur, -trice *n;* metteur en scène
rendezvény manifestation; réjouissance *f*

rendfenntartás le maintien de l'ordre; la police de qc
rendfenntartó *erők* forces (du maintien) de l'ordre; ~ *közeg* agent *m* de l'ordre
rendfokozat grade *m;* ~ *nélküli katona* soldat *m* de deuxième classe
rendfőnök *egyh:* supérieur *m*
rendhagyó [~ak, ~t; ~an] *nyelv:* irrégulier, -ière
rendház *egyh:* maison conventuelle
rendi [~ek, ~t] **1.** *feud:* des Ordres; féodal; seigneurial, -e; corporatiste; ~ *állam* État féodal; corporatisme *m;* ~ *országgyűlés* la Diète; **2.** *egyh:* congréganiste; conventuel, -elle
rendiség corporatisme *m*
rendíthetetlen inébranlable; irréductible
rendjel décoration *f;* l'insigne *m* d'une décoration; crachat *m* nép; ~ *füle (szalagnak)* ansette *f;* ~*et adományoz vkinek* conférer une décoration
rendjelszalag ruban *m*
rendkívül extrêmement, à l'extrême; excessivement; extraordinairement; au dernier point; au plus haut point; outre mesure; démesurément; à l'excès; rudement *biz;* salement *biz;* bougrement *biz;* ~ *élénk* il est vif en diable; ~ *eszes* supérieurement intelligent; ~ *fontos* du plus haut intérêt; ~ *nagy* extrêmement grand(e); énorme; *a* ~ *nagy hideg* le froid excessif; l'excès *m* du froid; ~ *olcsó* exceptionnellement bon marché; ~ *tisztességes ember* un homme des plus honnête; ~ *unalmas* souverainement ennuyeux
rendkívüli extraordinaire; hors série; hors ligne; insigne; exceptionnel, -elle; spécial, -e; singulier, -ière; prodigieux, -euse; rude *biz;* à tout casser *biz;* ~ *adó* subside *m;* ~ *állapot* loi martiale; état *m* de siège; ~ *bíróság* tribunal *m* d'exception; ~ *boldogság* bonheur incroyable *m;* ~ *nyilvános* ~ *egyetemi tanár kb:* (professeur) chargé *m* de cours à l'Université; *ha csak valami* ~ *ese-*

mény nem jön közbe à moins d'extraordinaire; ~ felhatalmazás pouvoirs spéciaux; ~ jelentőség importance f hors ligne; ~ hallgató auditeur libre v bénévole; ~ hatalom pouvoirs spéciaux; ~ hitelt szavaz meg voter des crédits extraordinaires; ~ kiadások frais exceptionnels; ~ követ és meghatalmazott miniszter envoyé extraordinaire et ministre plénipotentiaire; ~ mértékben à l'extrême; ~ ülésre összehív convoquer en séance extraordinaire; ~ ülést tart se réunir en session extraordinaire; nem valami ~ ça n'a rien d'extraordinaire v (biz) de fracassant
rendőr agent (de police); policier; gardien m de la paix
rendőrállam régime v État policier
rendőrautó car m de police
rendőrbiztos sergent m de ville
rendőrfelügyelő inspecteur (de police); commissaire m de police
rendőrfőkapitány préfet m de police
rendőrfőnök chef m de la Sûreté
rendőrhatóság police; autorité policière
rendőri policier, -ière; de police; ~ apparátus appareil policier; ~ bejelentő fiche f de police; ~ felügyelet alá helyez placer sous la surveillance de la (haute) police; mettre en régime surveillé; (utcai nőt) mettre en carte; ~ felügyelet alatt áll être sous la surveillance de la police; ~ intézkedés règlement m de police; ordonnance f de police; ~ készenlét v készültség forces policières; service m d'ordre; ~ kirendeltség détachement m de police; ~ nyilvántartó hivatal fichier central de la police; ~ nyomozás enquête policière; ~ őrszoba poste m (de police); clou m nép; ~ ügyeletes szolgálat permanence f de police
rendőrileg tilos défendu(e) v interdit(e) par arrêté de police
rendőrkapitány commissaire m
rendőrkopó gúny: limier m
rendőrkordon barrage de police v policier; cordon m de sécurité
rendőrkutya chien v molosse policier
rendőrnő femme-agent de police
rendőrörs 1. poste m de police; 2. agent m de faction
rendőrőrszoba poste m de police; clou m nép; bekísér v bevisz a -ára emmener au poste
rendőrség 1. police f; forces policières f pl; la rousse arg; a ~ gyűrűje l'étau de la police; értesíti a ~et alerter la police; a ~et hívja (telefonon) appeler police-secours; 2. (hivatal) commissariat m
rendőrségi policier, -ière; de police; ~ autó car m de police; (rabszállító) voiture cellulaire f; panier m à salade biz; ~ besúgó indicateur m (de la police); mouchard, -e n biz
rendőrtanácsos commissaire m de police
rendőrtiszt commissaire (de police)
rendreutasít rappeler à l'ordre; remettre à sa place; ~ották il a reçu une nasarde
rendreutasítás rappel m à l'ordre; remise f de place de q; mercuriale f; (képviselőházi) censure f
rendszabály 1. mesure f (d'ordre); règlement m; 2. (büntető) sanction f
rendszám 1. matricule f; numéro m d'ordre; 2. (mellen viselt) plaque f de poitrine; 3. mat: algebrai görbe ~a ordre m d'une courbe algébrique; 4. aut: numéro(s) d' immatriculation v minéralogique(s) m (pl) 5. charge atomique f
rendszer [~ek, ~t, ~e] 1. système m; ~be éröltet systématiser; ~be foglal v szed réduire v mettre v ériger en système; ~be foglal systématiser; ~ nélküli anomique tud; ~ré válik être érigé(e) en système; 2. (kormányzat) régime m; a ~ ellensége ennemi m du régime; gúny: a ~hez hű bien-pensant (m)
rendszeres [~ek, ~et] systématique; raisonné, -e; méthodique; régulier, -ière; ~ elme esprit méthodique m
rendszeresít [~ettem, ~ett, ~sen] 1. systématiser; 2. (állást) titulariser; 3. (fizetést) hiérarchiser; 4. (összejöveteleket) régulariser

rendszeretet esprit d'ordre; amour *m* de l'ordre
rendszerez [~tem, ~ett, ~zen] systématiser; réduire *v* mettre en système
rendszerező [~k, ~t] ~ *elme* esprit synthétique *m*
rendszerint d'ordinaire; d'habitude; ordinairement; communément
rendszertan systématologie *f;* (természetrajzi) taxonomie *f*
rendszertelen désordonné, confus; décousu, -e
rendtartás statut(s) *m (pl);* règlement *m*
rendű 1. *alacsonyabb* ~ *a)* de condition plus humble; *b)* d'ordre inférieur; 2. *mat:* n-*ed* ~ de l'ordre *n*
rendületlen inébranlable; irréductible; indéfectible
rendzavarás (nyilvános) perturbation *f* de l'ordre public; *éjjeli* ~ tapage nocturne *m*
reneszánsz [~ok, ~ot] I. *(mn)* renaissance; renaissant, -e; ~ *művészet* l'art (de la) Renaissance; ~ *stílusú* Renaissance; II. *(fn)* renaissance *f; a* ~ la Renaissance
reng [~tem, ~ett, ~jen] 1. trembler; s'ébranler; ~*ett a hasa a nevetéstől* un rire secouait son corps; 2. *(inga)* osciller
rengés 1. tremblement; ébranlement *m;* 2. *(föld~)* séisme *m*
renget ébranler; faire trembler
rengeteg I. *(fn)* forêt profonde *v* sauvage; II. *(mn, hat) biz:* ~ *(sok) énormément de...;* des légions de...; *une masse de...;* ~ *sok baj* une infinité de maux; ~ *dolgom van* j'ai fort à faire; ~ *kéregető* une légion de quémandeurs; ~ *látogató* une masse *v* un tas de visiteurs; ~ *pénz* un argent fou; ~ *(sok) pénzbe kerül* cela coûte une somme folle; III. *(fn)* ~*et* énormément
renovál [~tam, ~t, ~jon] restaurer; rénover
rénszarvas renne *m*
renyhe [-ék, -ét; -én] 1. paresseux, -euse; indolent, -e; 2. *orv:* torpide; ~ *emésztés* digestion laborieuse

renyheség paresse; inertie *f*
répa [-ák, -át, -ája] 1. (sárga) carotte *f;* 2. (takarmány) navet *m;* rave; bette *f;* 3. *növ:* rave
répacukor 1. sucre *m* de betterave; 2. *vegy:* saccharose *m*
répaleves potage *m* aux racines
répaszelet cossette *f; kilúgozott* ~*ek* cossettes épuisées
répatermelés production betteravière
repatriál [~tam, ~t, ~jon] I. *(tgy i)* rapatrier; II. *(tgyl i)* se rapatrier
répaverem 1. silo *m* à betteraves; 2. ravier *m*
repce [-ék, -ét] 1. *növ: (nyári v káposzta-)* ~ colza *m;* 2. *növ:* navette *f*
repcebolha *áll:* psylliode *m*
repcemag graine *f* de colza *v* de navette
repceolaj huile de colza *v* rapique *f*
repcsény *növ:* érysimon *m*
repdes [~tem, ~ett, ~sen] voleter; voltiger
reped [~tem, ~t, ~jen] se fendre; se fêler
repedés 1. fêlure; fissure; fente *f;* (gumié) éclatement *m;* crevaison *f;* 2. *(ruháé, papíré)* déchirure *f;* accroc *m;* 3. *műsz:* (acélon, megmunkáláskor) criqûre *f;* 4. *(fában, bőrön)* gerce *f;* (bőrön) gercement *m;* (fában) gerçure *f;* 5. (vezetékben) fuite *f;* 6. (falban) lézarde; crevasse *f;* 7. (képen, zománcon) craquelure *f;* (festményen, cserépen) trésaillure *f;* 8. *geol:* faille *f;* joint *m;* 9. *bány:* (meddőben) coupe *f;* 10. *átv:* faille; fissure *f*
repedezik [~ett, ~zék *v* ~zen] 1. se fissurer; (se) crevasser; se fendiller; se lézarder; 2. *(föld, bőr)* se gercer; 3. *(festék, porcelán)* se craqueler; 4. *műsz:* (máz, zománc) se truiter; 5. (csillag alakban) s'étoiler
repedt [~ek, ~et; ~en] 1. fêlé; fissuré, -e; 2. (hang) cassé; fêlé, -e; 3. *átv:* ~ *sarkú* miteux, -euse
repesz [~ek, ~t, ~e] éclat *m*
repeszbomba bombe *f* à fragmentation

repeszgránát *kat:* obus *m* de rupture
repeszt [~ettem, ~ett, -esszen] 1. faire éclater; *(sziklát)* désagréger; 2. déchirer; crever; craquer
repkény *növ:* 1. lierre *m;* 2. *kerek* ~ gléc(h)ome; faux-lierre; lierre terrestre *m*
reprezentál [~tam, ~t, ~jon] représenter; faire (bonne) figure
reprodukál [~tam, ~t, ~jon] reproduire
reprodukálhatatlan impubliable; *(kifejezés)* impossibile à reproduire; inqualifiable; incivil, -e
repül [~tem, ~t, ~jön] 1. voler; *arra* ~ passer; 2. *rep:* voler; naviguer; 3. *levegőbe* ~ sauter en l'air; 4. ~ *az idő* le temps vole; ~ *a pénz* l'argent s'écoule; 5. *(kidobják)* être mis(e) à pied
repülés 1. vol *m;* 2. *rep:* vol *m;* aviation; navigation aérienne; ~ *közben* en (plein) vol
repülési aéronautique; d'aviation; du vol; aéro-; *ld. még:* **repülő**; ~ *hatótávolság* rayon *m* d'action; *polgári* ~ *hivatal* administration *f* de l'Aéronautique civile; ~ *magasság* altitude *f* de navigation
repüléstan aérostatique; aéronautique; aérotechnique *f*
repülésügy aviation *f*
repülő [~k, ~t, ~je] I. *(mn)* 1. volant, -e; ~ *vad* gibier *m* à plumes; 2. *rep:* aéronautique; ~ *csészealj* soucoupe *v* soupière volante; 3. *(bizottság stb.)* de contrôle mobile; ~ *gárda* détachement mobile *m;* II. *(fn)* 1. aviateur, -trice *n;* homme *m* de l'air; 2. ~*vel* par avion; 3. *ját: (papírból)* fléchette *f; (gép)* avion jouet *m*
repülőbázis base aérienne
repülőbomba bombe d'avion *v* volante
repülőerőd forteresse volante
repülőgép avion; appareil *m; a* ~ *kilökése* catapultage *m;* ~ *okmányai, iratai* documents *m pl* de bord; *a* ~ *törzse* fuselage *m: (vízigépé)* coque *f;* ~*en* en avion; ~*re ül* prendre l'air

repülőgépanyahajó (bateau *v* navire) porte-avions *m*
repülőgépcsavar hélice *f*
repülőgépelhárító *ágyú* canon antiaérien ¡
repülőgépgyár usine aéronautique *f*
repülőgépgyártás constructions aéronautiques *f pl;* fabrication *f* d'avions
repülőgéphangár hall *m* pour avions
repülőgépmotor moteur *m* d'avion
repülőgéppark parc *m* d'aviation; flotte *f*
repülőgépváz *(motor és szárny nélkül)* cellule *f; (törzs)* fuselage *m*
repülőhadosztály division aéroportée
repülőipar industrie aéronautique *f*
repülőjárat ligne de transport aérien; ligne aérienne
repülőkutya roussette *f;* ptéropodidé *m*
repülőmagasság altitude de navigation; altitude *v* hauteur *f* de vol
repülőmutatvány exhibition *v* acrobatie aérienne
repülőműszer instrument *m* de bord
repülőoktatás instruction *f* du pilotage
repülőposta poste aérienne; -*án* par avion
repülőraj escadrille *f* (d'avions)
repülőszárny aile *f* d'avion
repülőszerelő mécanicien de bord; mécano *m*
repülőszerencsétlenség accident *m* d'avion
repülőtámadás attaque aérienne; raid *m* d'avion
repülőtávolság 1. distance *f* par avion; 2. distance *à* vol d'oiseau
repülőtér terrain *v* port d'aviation; aérodrome *m; (nagy forgalmú)* aéroport
repülőtevékenység activité aérienne
repülőtiszt officier d'aviation *v* aviateur
repülőút 1. voyage *m* en avion; 2. route aérienne *v* des airs; ~*on* par la voie *v* la route des airs
repülőutas passager *m* de l'avion
repülőverseny concours *m* d'aviation; compétition aérienne
rés 1. *(váron, sövényen)* brèche *f; a* ~*t betömi* v *eltorlaszolja* refaire *v* reparer *v* colmater la brèche; ~*t vág* v *üt* ouvrir *v* faire une brèche;

résel 808 **részegít**

2. trouée; fente; fissure; excavation *f;* orifice *m;* ~*t üt a falon* éventer une muraille; **3.** *haj: egy* ~*t betöm* étancher une voie d'eau; **4.** *(köz)* interstice *m;* **5.** *(kőzetben)* faille *f;* **6.** *bány:* saignée *f;* **7.** *átv:* ~*en van* v *áll* veiller (au grain); être sur ses gardes; être *v* se tenir sur le qui-vive
résel [~tem, ~t, ~jen] **1.** *bány:* haver; raboter; **2.** *nyomd:* espacer; **3.** *(földet)* excaver
respektál [~tam, ~t, ~jon] **1.** respecter; **2.** *nagyon* ~ *vmit* avoir peur de qc
respektus respect *m;* considération *f*
rest [~ek, ~et] paresseux, -euse; fainéant, -e
restancia [-ák, -át, -ája] arriéré *m*
restauráció [~k, ~t, ~ja] restauration *f*
restaurálási *munkálatok* travaux de restauration *v* de conservation
restaurátor [~ok, ~t, ~a] **1.** restaurateur; réparateur, -trice *n;* **2.** *műv:* réparateur *m* d'objets d'art
restelkedik [~tem, ~ett, ~jék *v* ~jen] éprouver un sentiment de gêne; se gêner; baisser les oreilles; ~ *vmi miatt* avoir honte de qc
restell [~ni *v* ~eni, ~tem, ~t, ~jen] **1.** *(lustaságból)* ~ *elmenni oda* il n'y va pas par paresse; *nem* ~*i a fáradtságot és* ... sans craindre *v* sans redouter la fatigue il...; **2.** *(szégyenből)* avoir honte de qc; *nagyon* ~*em* j'en suis peiné
restség paresse; fainéantise; indolence *f*
rész [~ek, ~t, ~e] **1.** partie; part; portion *f; vminek egy* ~*e* une partie de qc; partie de qc; ~*e vminek* faire partie de qc; *e* ~*ben* sur cet article; *egyes* ~*eiben* par certains côtés; ~*ekre bomlik* v *oszlik* se décomposer; se fractionner; ~*ekre bont* v *oszt* v *tagol* décomposer; *két egyenlő* ~*re oszt* diviser en deux parts égales; *kiveszi a maga* ~*ét a nemzet munkájából* apporter son contingent à l'œuvre nationale; **2.** *(szövegben)* endroit; passage *m; a könyv melyik* ~*ében?* à quel endroit du livre? **3.** *(osztály*~, *hozzájárulás)* quote-part; quotité *f;* contingent *m;* **4.** *ált:* élément *m;* **5.** *(föld)* lot; lopin *m;* parcelle *f;* **6.** *(terület, kerület)* section; région *f;* **7.** *(gépé)* organe *m;* **8.** *átv:* panneau *m;* ~*ekből szabott szoknya* jupe *f* à panneaux; **9.** *vmely ügyben* ~*e van* avoir la main dans une affaire; *nagy* ~*e van benne* y être pour beaucoup; *nincs* ~*em a dologban* je n'y suis pour rien; *az ő* ~*én van* être de son côté; *vki* ~*éről* de la part de q; du côté de q; ~*emről; a magam* ~*éről* pour moi; de mon côté; *apai* ~*ről* du côté paternel; *mindkét* ~*ről* de part et d'autre; *egyik* ~*ről sem* de part ni d'autre; ~*t vesz vmiben* prendre part à qc; participer à qc; *nem vesz* ~*t vmiben* s'abstenir de qc; ~*t veszek fájdalmában* je prends part à votre douleur; ~*t vesz a kormányban* participer au gouvernement; ~*t vehet vmiben* avoir accès à qc
rész- partiel, -elle
részarányos symétrique
részbeli [~ek, ~t] partiel, -elle
részben 1. en partie; pour partie; partiellement; *kétötödrészben* pour les deux cinquièmes; *háromnegyedrészben* aux trois quarts; **2.** *részben*... *részben*... partie... partie; qui...; *qui*...; d'une part... d'autre part
részbirtokos copropriétaire *n*
részecske 1. particule; **2.** parcelle *f*
részecskeszámláló compteur *m* de particules
részeg [~ek, ~et] ivre; saoul, soûl, -e; pris(e) de boisson *v* de vin; aviné, -e; cuit, -e *nép;* ~ *állapotban* en état d'ivresse; ~ *mint a tök* plein comme une outre
részeges [~ek, ~t; ~en] ivrogne *m;* ivrognesse *f;* alcoolique *n*
részegeskedik [~tem, ~ett, ~jék *v* ~jen] s'adonner *v* se livrer à la boisson
részegít [~ettem, ~ett, ~sen] enivrer; griser

részegítő 809 részlet

részegítő [~ek, ~t; ~en] capiteux, -euse; enivrant; grisant, -e
részegség ivresse; ébriété *f;* enivrement *m;* kialussza ~ét cuver son vin
reszekál *orv:* réséquer
reszel [~tem, ~t, ~jen] 1. *(fémet)* limer; 2. *(ételt)* râper; 3. ~i a torkát se râcler la gorge
reszelés 1. limage; coup *m* de lime; 2. *(ételé)* râpage *m*
reszelő [~k, ~t, ~je] 1. *(fém~)* lime *f; (háromszögű)* tiers-point *m; (szögletes)* carrelet *m; (gömbölyű)* queue-de-rat *f; (félgömbölyű)* demi-ronde *f; durva* ~ lime mordante; *finom* ~ lime à fine taille; *simító* ~ lime douce; 2. *(konyhai)* râpe *f*
részelő [~k, ~t] *nyelv:* ~ *eset* partitif *m;* ~ *névelő* article partitif
reszelős [~ek, ~t] râpeux, -euse
részenként par portions; par fragments; pièce à pièce
részeredmények résultats partiels
részes [~ek, ~t] I. *(mn)* 1. *(igével:)* avoir (sa) part à qc; participer à qc; ~ *vmiben* être pour beaucoup dans qc; ~ *benne (vállalkozásban)* en être; 2. *mez:* partiaire; ~ *arató* moissonneur partiaire; ~ *bérlő* colon *v* fermier partiaire *m;* 3. *ker: (társ)* intéressé, -e; II. *(fn)* 1. participant *m* (à); 2. *(bűnben)* complice *n;* 3. ouvrier embauché à la part; 4. *(vállalatban)* sociétaire; commanditaire *n;* 5. ~ *eset* datif *m*
részesedés 1. participation *f;* intéressement *m; a* ~ *szerint* au marc *v* au centime le franc; au prorata de la participation; *anyagi* ~*t vállal vmiben* prendre un intérêt dans qc; 2. *(befizetés)* mise de fonds; quote-part *f;* 3. *(nyert összeg)* part *f;* tantième *m*
részesít [~ettem, ~ett, ~sen] 1. *(vmiben)* faire bénéficier de qc; assurer la part de q; *előnyben* ~ accorder une faveur à q; avantager q; *jövedelemben* ~ intéresser; *támogatásban* ~ prêter son appui à q; 2. *kitüntetésben* ~ *vkit* conférer une distinction honorifique

részesség 1. participation *f* (à); 2. *(büntettben)* complicité *f* (dans)
részesül [~tem, ~t, ~jön] 1. *(vmiben)* avoir sa part de qc; avoir part à qc; bénéficier de qc; 2. *(haszonban)* participer à qc; avoir part à qc; *kitűnő fogadtatásban* ~ rencontrer un accueil parfait *v* splendide; *jó nevelésben* ~ recevoir une bonne éducation
részesüzlet affaire *f* en participation
részfizetés acompte *m;* à valoir sur...
részint 1. en partie; pour partie; 2. *részint... részint... partie... partie...;* d'une part..., d'autre part; *részint, hogy... részint, hogy* autant pour... que pour...
részjegy part *f* de société
részkép *tv* cadre *m,* trame *f*
reszket [~tem, ~ett, ~essen] 1. trembler; frissonner; *(türelmetlenségtől, felindultságtól)* trépider; vibrer; *(fény)* vaciller; trembloter; ~ *a borzalomtól* frémir d'horreur; ~ *a hidegtől* trembler de froid; 2. *(vmiért)* trépigner pour qc; trembler dans l'attente de qc
reszketés tremblement; tremblotement; frisson *m*
reszkető [~k, ~t] tremblant; tremblotant; vibrant, -e; ~ *hang* voix tremblante; ~ *kezek* mains vacillantes
részleg [~ek, ~et, ~e] section; partie *f*
részleges [~ek, ~et] partiel, -elle; ~ *lefizetés* payement partiel; ~ *mozgósítás* mobilisation partielle
részlet [~ek, ~et, ~e] 1. détail *m; a mellékes* ~*ek* les contingences; *elmerül a* ~*ekbe* rentrer dans les détails; ~*ekbe hatol* entrer dans le particulier; ~*ekbe menő* poussé(e) à fond; *a legapróbb* ~*eiben is ismeri* connaître par le menu; *elvész a* ~*ekben* se perdre *v* se noyer dans les détails; *ismeri az ügy minden legaprólékosabb* ~*ét* il connaît les tenants et (les) aboutissants de cette affaire; 2. *(híré)* précisions *f pl;* à-côté *m; újabb* ~*ek* précisions nouvelles; 3. *(rész)* fraction; portion *f;* fragment *m;* 4. *(úté)* étape; section *f;* 5. *(könyv-*

ben stb.) passage; endroit *m*; 6. *(befizetésnél)* acompte; terme *m*; *(kölcsöné)* tranche *f*; ker: ~ *fejében* à valoir; *évi* ~ annuité *f*; *öt* ~*ben* en cinq termes *v* échéances; *több* ~*ben fizet ki* payer en plusieurs versements; ~*ekben fizet (adósságot)* amortir; ~*re* à tempérament; à compte; *eladás* ~*re* vente *f* à tempérament; 7. ~*ekben szállít* livrer par quantités successives
részletes [~ek, ~et] détaillé; circonstancié, -e; minutieux, -euse; précis, -e; ~ *feltételek* détail des conditions; ~ *felvilágosításokat nyújt* fournir toutes précisions; ~ *jelentés* rapport circonstancié; ~ *térkép* carte détaillée
részletesen en son détail; dans le détail; amplement; *igen* ~ avec une grande abondance de détails; ~ *elbeszéli* faire un récit circonstancié; ~ *felsorol* v *megjelöl* spécifier; préciser; ~ *kidolgoz* nuancer; ~ *megmagyaráz* expliquer tout au long
részletezés spécification *f*; détail *m*; *a problémák* ~*e* la division des problèmes; *egy számla* ~*e* les détails d'un compte
részletfizetés paiement fractionné *v* par fractions *v* par acomptes; amortissement *m*; ~*re elad* vendre à tempérament
részletképpen à titre d'acompte; à compte
részletkérdés question de détail; contingence *f*; *ez* ~ c'est un détail
részletterv plan détaillé
részletügylet; részletüzlet vente *f* à tempérament *v* par acomptes
reszort [~ok, ~ot, ~ja] ressort *m*; compétence *f*
részösszeg fraction; quote-part; portion *f*
részrehajlás partialité *f*; parti pris; connivence *f*; ~ *nélkül* impartialement
részrehajló partial, -e; prévenu(e) (en faveur *v* contre...)
részvény 1. action *f*; effet *m*; *a* ~ *110-en áll* l'action cote 110; *első*

kibocsátású ~ action apport *v* de fondation; *névre szóló* ~ action nominative; *vasúti* ~ action de chemin de fer; *a* ~*ek tegnap emelkedtek* les actions ont remonté hier; *emelkedés, esés a* ~*ekben* hausse, baisse dans les actions; ~*t kibocsát* émettre des actions; 2. *átv: a* ~*ei emelkednek* ses actions remontent
részvényárfolyam cours *m* de l'action
részvénycímlet titre *m*
részvényes [~ek, ~t] actionnaire *n*
részvényosztalék dividende *m*
részvénypakett paquet *m* d'actions
részvényszelvény coupon *m* d'action
részvénytársaság société anonyme *v* par actions *f*
részvénytöbbség la majorité des actions
részvénytőke capital-actions *m*; capital social
részvét [~et, ~e] 1. compassion; commisération *f*; ~*tel viseltetik* v *van vki iránt* compatir aux malheurs de q; *(gyász esetén)* condoléance(s) *f (pl)*; ~*ét fejezi ki* v *nyilvánítja* adresser *v* apporter des consolations à q; s'associer au deuil *v* à la douleur de q; présenter ses condoléances à q; *őszinte* ~*ét fejezi ki* exprimer ses sentiments de douloureuse sympathie; *fogadja* ~*emet* mes condoléances! ~*et kell* faire pitié; *köszöni a* ~*et*... vous remercie de la sympathie que vous lui avez témoignée
részvétel participation *f* (à qc); concours *m*
részvétlátogatás visite *f* de condoléances; ~*ok mellőzését kérjük* prière de ne pas faire de visites
részvétlen indifférent, -e
részvétlenség indifférence *f*
részvétnyilatkozat *v* -nyilvánítás témoignage *m* de condoléances; condoléance *f*; *(levélben)* lettre *f* de condoléance
részvevő I. *(mn)* 1. compatissant; apitoyé, -e; 2. *(vmiben)* participant, -e (à); *részt nem vevő* non-participant, -e; **II.** *(fn)* 1. participant, -e *n*; 2. *(bejelentett)* adhérent *m*

rét [~ek, ~et, ~je] 1. prairie *f;* pré; herbage *m;* 2. *(nádas)* pré marécageux
réteg [~ek, ~et, ~e] 1. *műsz: (anyagból)* couche *f; (anyag, festék)* écaille *f;* 2. *(földben)* couche *f;* lit; banc *m;* 3. *geol:* banc *m;* assise; couche (de stratification); 4. *(kő, tégla)* assise *f; (homok~, kavics~)* lit; 5. *él:* stratum *m;* 6. *társadalmi* ~ couche sociale; étage *m* de la société; *a szélesebb ~ek* les couches profondes
réteges [~ek, ~t] stratifié, -e; stratiforme; lamellaire; étagé, -e
rétegezettség *geol:* 1. superposition *f;* 2. stratification *f;* 3. étagement *m;* 4. schistosité *f;* 5. *nyelv:* aire *f;* 6. *(társadalmi)* stratification; différenciation sociale
retek [retkek, retket, retke] *(kerti* v *miveleti)* ~ radis (cultivé); *fehér* ~ radis blanc; *hónapos* ~ radis rose; *egy csomó* ~ une bottelette de radis
rétes [~ek, ~t, ~e] *kb:* galette feuilletée (aux pommes, au chou stb.); mille-feuille *f*
retesz [~ek, ~t, ~e] verrou *m;* targette *f*
réti [~ek, ~t] 1. *növ:* des prés; des champs; 2. au marais
rétihéja busard; circus *m*
retina [-ák, -át] rétine *f*
rétisas aigle de mer; aigle pêcheur; haliastur *m*
retkes [~ek, ~t] crasseux, -euse; sale comme un peigne
retorika rhétorique *f*
retorta [-ák, -át, -ája] cornue *f*
retorzió [~k, ~t, ~ja] rétorsion *f;* représaille(s) *f (pl)*
retteg [~tem, ~ett, ~jen] 1. *(vkitől)* trembler devant q; avoir une peur atroce de q; 2. ~ *attól, hogy* redouter de *(inf);* trembler que *(subj)*
rettegés peur affreuse; terreur *f;* transe(s) *f (pl); a haláltól való* ~ les affres de la mort; *~ben tart* terroriser
rettenetes [~ek, ~et] terrible; affreux, -euse; effroyable; horrible; effrayant; horrifiant, -e; abominable; ~ *botrány* scandale affreux; ~ *csapás!* quel fléau! ~ *látvány* spectacle hallucinant
rettenthetetlen intrépide; à tous crins; impavide
rettentő [~ek, ~t] *ld:* **rettenetes;** ~ *finom* il a une délicatesse du tonnerre de Dieu; ~ *kiadások* dépenses effroyables *f pl;* ~ *nagy* colossal, -e; ~ *nagy türelme van* il a une sacrée patience
retúrjegy billet d'aller et retour; billet *m* de retour
retusál [~tam, ~t, ~jon] *fényk:* retoucher
retyerutya [-át, -ája] *nép:* 1. *(holmi)* hardes *f pl;* 2. *(emberek)* séquelle *f*
reuma [-át, -ája] rhumatisme *m*
rév [~ek, ~et, ~e] 1. port *m;* rade *f; (folyón)* passage *m;* 2. *átv:* havre de salut; port *m; ~be ér* arriver à bon port; *vminek révén ld:* **külön!**
reváns [~ok, ~ot, ~a] revanche *f*
revánsmérkőzés *sp:* match *m* (de) revanche; rencontre-retour *f*
reve écaille, paille, croûte *f*
révedezés rêverie *f*
révén; *vkinek a* ~ par le canal de q; par l'intermédiaire de q; *vminek* ~ moyennant qc; au v par le moyen de qc; à l'aide de qc; à force de *(inf* v *fn)*
reverenda [-ák, -át, -ája] *egyh:* soutane *f;* habit long
révész [~ek, ~t, ~e] passeur; bachoteur; batelier *m; (kikötői)* pilote *m*
réveteg [~ek, ~et; ~en] 1. *(tekintet)* rêveur, -euse; contemplatif, -ive; 2. *(betegesen)* hagard; égaré, -e
révhivatal office *m* v administration *f* du port
revideál [~tam, ~t, ~jon] 1. reviser; réviser; 2. repenser
revízió [~k, ~t, ~ja] 1. révision; revision *f;* ~ *alá vesz* revoir; repenser; 2. *(határé)* revision territoriale v du statut territorial; 3. *nyomd:* révision des feuilles d'épreuve
revizionizmus revisionnisme *m*

revíziós [~ak, ~t] revisionniste; révisionnel, -elle
révkalauz pilote; (pilote) lamaneur; locman *m*
révkapitány capitaine *m* du *v* de port
révkapitányság administration *f* du port
revolver [~ek, ~t, ~e] revolver *m;* ~*t fog vkire* braquer un revolver sur q; ~*rel a kezében* revolver au poing
revolverez [~tem, ~ett, ~zen] *átv:* faire chanter q
revolverpad tour revolver *m*
revű [~k, ~t, ~je] *szính:* revue *f*
révület extase *f;* transport *m;* trance; transe *f*
révült [~ek, ~t; ~en] extatique
réz [rezek, rezet, reze] 1. *(vörös)* cuivre *m; (sárga)* laiton *m;* 2. *nép: kivágta a rezet* il a été un peu là
rézbánya mine *f* de cuivre
rézbőrű [~ek, ~t] *(indián)* Peau-Rouge *n*
rézdrót fil *m* d'archal *v* de cuivre *v* de laiton
rezeda [-ák, -át, -ája] *növ:* réséda *m*
rezeg [~tem, rezgett, ~jen] 1. vibrer; trembler; frémir; *(húrról)* frémir; vibrer; 2. *fiz:* osciller; vibrer
rézérc minerai de cuivre; cuivre natif
rezes [~ek, ~t; ~en] I. *(mn)* 1. *(arc)* couperosé, -e; *(orr)* rubicond; cuivré, -e; 2. *(bőr)* cuivreux, -euse; 3. ~ *hang* voix cuivreuse *v* cuivrée; II. *(fn) zen:* cuivre *m*
rézfúvós *zen:* cuivre *m*
rézgálic 1. *vegy:* sulfate cuivrique *v* de cuivre *m; (permetezéshez)* bouillie cuprique *f;* 2. *ásv:* cyanose *f*
rezgés 1. vibration; oscillation *f;* 2. *fiz:* pulsation; oscillation; *a* ~ *csillapul* l'oscillation s'éteint; ~*eket hoz létre* établir des oscillations
rezgési csomópont nœud *m* d'oscillation *v* de vibration
rezgésidő période *f* des vibrations *v* des oscillations
rezgésíró vibrographe *m*
rezgésszám 1. nombre *m* des vibrations; 2. *vill:* fréquence *f*
rezgésszámú; *nagy* ~ à haute fréquence

rezgő [~k, ~t] *(mn)* 1. oscillant; vibrant; trépidant, -e; 2. *műsz:* oscillatoire; vibratoire; 3. ~ *nyárfa* peuplier tremble *m*
rezgőkör *fiz, rád:* circuit oscillant *v* oscillatoire
rezignált [~ak, ~at] résigné, -e
rezisztens [~ek, ~et] *orv:* résistant, -e
rézkarc cuivre *m;* taille-douce *f; (maratással)* eau-forte *f*
rézlap plaque *f* de cuivre
rézmetszés gravure sur cuivre; chalcographie; taille *f*
rézmetszet cuivre *m;* estempe (au burin *v* à l'eau forte *v* en taille-douce); taille-douce; gravure *f* sur cuivre; ~*ről nyom* imprimer en taille-douce
rézműves chaudronnier; dinandier *m*
reznek [~ek, ~et, ~e] *áll:* petite outarde *f*
rezonancia [-át,] 1. résonance; résonnance *f;* 2. *(ráhangolás)* syntonie *f*
rézoxid oxyde-cuivrique; cuproxyde *m*
rézöntöde fonderie *f* de cuivre
rézpénz billon *m;* monnaie *f* de billon
rézrozsda vert-de gris *m;* rouille verte
rézvörös cuivré, -e; ~ *arcszín* teint cuivré
rezsi(költség) frais généraux *v* accessoires
rezsó [~k, ~t, ~ja] réchaud *m; (füles)* ansette *f*
Rezső [~k, ~t, ~je] Rodolphe *m*
rézsút en travers; de *v* en biais; obliquement
rézsútos [~ak, ~t] oblique
rézsű [~k, ~t, ~je] 1. *(ároké, úté)* accotement *m:* 2. *(útépítésnél)* rideau *m;* 3. *(töltésé)* talus *m;* 4. *(parton)* berge *f*
rhododendron [~ok, ~t, ~a] rhododendron; rosage *m*
riadalom [-lmak, -lmat, -lma] alerte; alarme *f;* émoi *m;* panique *f; nagy* ~ chaude alarme; *nagy volt a* ~ l'alerte a été vive *v* chaude; -*lmat okoz* jeter l'alarme dans qc
riadó [~k, ~t, ~ja] 1. alarme; alerte *f;* 2. *kat:* générale; alarme *f*
riadóautó car *m* de police; voiture-pie *f*
riadójel signal *m* d'alarme

riadókészültség 1. détachement *m* d'alarme; **2.** état *m* v situation *f* d'alerte
riadt [~ak, ~at; ~an] effaré; affolé, -e; ~ *tekintet, arc* œil hagard; mine hagarde
riaszt [~ottam, ~ott, -asszon] **1.** alarmer; alerter; donner l'alarme; **2.** effarer; affoler; effaroucher
riasztás [~ok, ~t, ~a] alarme; alerte *f*
riasztó [~ak, ~t] alarmant; effarant, -e; ~ *berendezés* dispositif *m* d'alerte; ~ *hír* nouvelle alarmante; ~ *pisztoly* pistolet effaroucheur *v* d'alarme
ribanc [~ok, ~ot, ~a] *köz:* gourgandine; putain *f*
ribillió [~k, ~t, ~ja] **1.** tumulte, branle-bas *m;* **2.** vacarme *m*
ribiszke; ribizli groseille(s) *f (pl)* (à grappes); raisin *m* de mars
ribizlibokor groseillier *m*
ricinus *növ:* ricin *m*
ricinusolaj huile *f* de ricin
ricsaj [~ok, ~t, ~a] *biz:* **1.** boucan; potin; bacchanal; tapage *m;* **2.** *(mulatság)* ripaille; bamboche; bringue; godaille; ribouldingue *f*
rideg [~ek, ~et] **1.** insensible; implacable; dur, -e; ~ *arckifejezés* air glacé; **2.** *(fémről)* aigre; **3.** *(színről)* morne
ridegen avec désobligeance; désobligeamment
ridegség 1. insensibilité; rigidité; froideur *f;* **2.** *(beszédről)* sécheresse *f;* **3.** *(dologról)* tristesse *f*
ridikül réticule; ridicule; sac *m* à main
rigó [~k, ~t, ~ja] grive *f;* tourd *m;* tourde; tourdelle *f*
rigófütty sifflement *m* du merle
rigoloz [~tam, ~ott, ~zon] *mez:* rigoler
rigolya [-ák, -át, -ája] lubie; marotte *f;* caprice *m*
rigolyás capricieux, -euse; fantasque
rikácsol [~tam, ~t, ~jon] crier d'une voix de crécelle; criailler; glapir; croasser; *(papagály)* caqueter
rikácsolás criaillement; glapissement *m*
rikít [~ottam, ~ott, ~son] hurler; faire tache

rikító [~ak, ~t] voyant; criard, -e; tapageur, -euse; flamboyant, -e; ~ *ellentét* contraste criant; ~ *színekkel kifest* v *kimázol* peinturlurer; ~ *vörös* d'un rouge violent
rikkancs [~ok, ~ot, ~a] camelot *m*
rikolt [~ottam, ~ott, ~son] pousser un cri aigu *v* perçant
riksa [-ák, -át, -ája] pousse-pousse *m*
rím [~ek, ~et, ~e] rime *f; gazdag* ~ rime riche; ~*eket farag* faire des rimes
rima [-ák, -át, -ája] gourgandine; garce; fille *f*
rimánkodik [~tam, ~ott, ~jék *v* ~jon] *vkihez* v *vkinek* ~ supplier q; adjurer q; implorer q *(mind:* de *és inf)*
rímel [~tem, ~t, ~jen] rimer
rímes [~ek, ~et; ~en] rimé, -e; en vers
ring [~ottam, ~ott, ~jon] **1.** se balancer; se bercer; **2.** *haj:* rouler; **3.** *(kalászok)* onduler
ringat [~ottam, ~ott, ~son] **1.** balancer; bercer; *(hullám) a hajót* ~*ja* bercer un navire, une barque; **2.** *(gyermeket)* bercer; dodeliner; **3.** ~*ja a csípőjét* se dandiner; se déhancher; **4.** *abban a reményben* ~*ja magát* se flatter de *(inf)* v que; *hiú reményekben* ~*ja magát* se bercer d'illusions
ringlispíl [~ek, ~t, ~je] (manège *m* de) chevaux de bois
ringló [~k, ~t, ~ja] reine-claude *f*
ringyó [~k, ~t, ~ja] putain; garce; fille; gourgandine *f*
ripacs [~ok, ~ot, ~a] cabot; cabotin; m'as-tu-vu; pitre *m*
riport [~ok, ~ot, ~ja] reportage *m*
riporter [~ek, ~et, ~e] reporter; échotier *m*
ripők [~ök, ~öt] fripon; goujat; rustre; malappris *m*
ripsz [~et] reps *m*
riszál [~tam, ~t, ~jon] **1.** *(érdes tárgy)* racler; **2.** ~*ja magát* se dandiner; tortiller des hanches
ritka 1. rare; *(gyűjteménybe illő)* ~ *darab* pièce *f* de cabinet; ~ *előfordulás* rareté *f;* ~ *eset, hogy* il est rare de *(inf);* il est que *(subj);*

ritkán 814 **rogy**

~ *mű* ouvrage recherché; ~ *türelem* une sacrée patience; 2. *(mn. jelzőjeként:)* ~ *érdekes* v *értékes* v *tehetséges* rare; ~ *szép* unique; superbe; 3. *(nem sűrű)* clairsemé; clair, -e **ritkán 1.** rarement; *nem* ~ assez souvent; *elég* ~ quelques rares fois; 2. ~ *vet* espacer le semis; semer clair
ritkaság 1. *(tárgy)* rareté; pièce unique *f;* objet *m* de curiosité; 2. *átv:* rareté; subtilité *f*
ritkít [~ottam, ~ott, ~son] **1.** raréfier *(gázt is);* **2.** *(erdőt, vetést)* éclaircir; **3.** *(sorokat)* éclaircir; desserrer; **4.** *(időben)* espacer; **5.** ~*ja a lakosságot* décongestionner la population; *(betegség, háború)* décimer; **6.** *(folyadékot)* éclaircir; diluer; **7.** *párját* ~*ja* il n'a pas son pareil
ritkul [~tam, ~t, ~jon] **1.** devenir rare; **2.** *(erdő, vetés)* s'éclaircir; **3.** *(gáz)* se raréfier; **4.** *(ellenség sorai)* s'éclaircir
ritmika 1. *(versé)* rythmique *f;* **2.** *(tánc)* danse rythmique *f*
ritmikus rythmique; cadencé, -e; ~ *stílus* style nombreux; ~ *tánc* (danse) rythmique *f;* ~ *taps* applaudissements rythmés; *ban m biz:* ~ *torna* rythmique *f*
ritmus rythme *m;* cadence *f; kihangsúlyozza a* ~*t* marquer la cadence
rituális [~ak, ~t; ~an] rituel, -elle; ~ *metsző* circonciseur *m*
rítus rit; rite *m*
rivalda [-ák, -át] plateau *m;* rampe *f*
rivális [~ok, ~t, ~a] rival, -e *(n)*
rizs [~ek, ~t, ~e] riz *m*
rizs- rizier
rizsföld rizière *f*
rizshántolás décorticage *m* du riz
rizskalász riz *m* en paille
rizskása riz *m*
rizsma [-át, -ája] rame *f* de papier
rizsnyák bouillie *v* crème *f* de riz
rizspor poudre *f* (de riz)
rizsültetvény rizière *f*
ró I. *(tgyl i)* faire une coche à qc; **II.** *(tgy i)* **1.** cocher; marquer (qc) d'une coche; **2.** *átv:* *(feladatot,*

terhet) imposer à q; **3.** ~*ja a párizsi aszfaltot* arpenter le pavé parisien
robaj [~ok, ~t, ~a] fracas; grand bruit
robban [~tam, ~t, ~jon] **1.** exploser; faire explosion; **2.** *átv:* *(dühében)* éclater; faire explosion
robbanás explosion; déflagration *f*
robbanékony [~ak, ~t] explosible
robbanó 1. explosible; explosif, -ive; **2.** *vegy:* fulminant, -e
robbanóanyag explosif *m;* matière explosible *f*
robbanógyapot fulmicoton; coton-poudre *m*
robbanókeverék mélange détonant
robbanólég grisou *m*
robbant [~ottam, ~ott, ~son] faire sauter; produire une *v* l'explosion; mettre à feu
robbantás 1. mise *f* à feu; pétardement; *(dinamittal)* dynamitage *m;* **2.** *bány:* tir *m*
robbantózsinór mèche *f* à mine; cordeau (détonant)
robber [~ek, ~t, ~e] *kárty:* robre; rubber *m*
robog [~tam, ~ott, ~jon] **1.** *(jármű)* rouler (à vive allure); filer (à toute vitesse); **2.** *(zaj)* gronder
robogó [~ak, ~t] **I.** *(mn)* Párizs felé ~ à destination de Paris; **II.** *(fn)* scooter; moto-scooter; motovélo *m*
robot [~ot, ~ja] **1.** *rég:* corvée *f;* **2.** *átv:* corvée; collier *m* de misère; **3.** *(gép)* robot *m*
robotember robot *m*
robotol [~tam, ~t, ~jon] **1.** *(paraszt)* travailler à la corvée; **2.** *átv:* trimer; travailler comme un nègre
robusztus robuste
rocska 1. seau *m* de toilette; **2.** *(mosogatóvíznek)* vidoir *m*
ródli [~k, ~t, ~ja] luge *f*
ródlizik [~tam, ~ott, ~zék *v* ~zon] luger
rododendron [~ok, ~t, ~ja] rhododendron; rosage *m*
rogy [~tam, ~ott, ~jon] *földre* ~ s'abattre sur le sol; s'écrouler; s'affaisser; *térdre* ~ tomber à genoux

roham [~ok, ~ot, ~a] 1. charge; attaque *f;* ~*ra ver, fúj* battre, sonner la charge; ~*ra indul* s'avancer *v* aller à l'attaque; *állja a* ~*ot* soutenir l'assaut *v* l'attaque; *visszaveri a* ~*ot* repousser l'assaut; *az első* ~*mal* de prime assaut; ~*mal bevesz* enlever au pas de charge; 2. *átv:* ~*ot intéz vki ellen* exécuter *v* mener *v* pousser une charge contre q; *(vmi ellen)* livrer un assaut contre qc; 3. *(vívásnál)* fente *f;* (ökölvívásnál) forcing *m;* 4. *orv:* attaque; accès *m;* crise (aiguë); poussée *f;* 5. *a fanatizmus* ~*a* une poussée de fanatisme
rohambrigád brigade *v* équipe *f* de choc *v* d'assaut
rohamkülönítmény commando *m*
rohamlépés pas *m* de charge
rohamlöveg canon *m* d'assaut
rohammunka travail *m* de choc
rohammunkás ouvrier *v* travailleur *v* brigadier *m* de choc
rohamos [~ak, ~at] rapide; *az árak* ~ *esése, zuhanása* la chute verticale des prix
rohamosan rapidement; ~ *terjed v fejlődik* se développer rapidement; *(betegség)* faire des progrès rapides
rohamosztag section *f* d'assaut; groupe *m* de choc
rohamsisak 1. casque *m* (de tranchée); 2. *tréf, biz: kellett neked* ~ *kb:* tu avais bien besoin de ça!
rohan [~tam, ~t, ~jon] 1. courir de toutes ses forces *v* à fond de train; 2. *(vkire)* courir sur q; courir sus à q; se ruer sur q; *segítségére* ~ voler au secours de q; 3. *(vkihez)* sauter chez q; faire un saut chez q; 4. *(lovon)* brûler le pavé; 5. *(járművön)* filer (à grande allure); rouler à tombeau ouvert; 6. ~*nak az események* les événements se précipitent
rohanás 1. course (effrénée *v* folle); 2. *(lóé)* galop *m;* 3. *átv:* précipitation *f; az események* ~*a* la ruée des événements; *az idő* ~*a* le vol du temps
rohanó [~k, ~t] 1. *(ember)* courant à toutes jambes; 2. *(jármű)* filant à toute allure; ~ *mozdony, autó stb.* bolide *m;* 3. *(víz)* torrentueux, -euse
rojt [~ok, ~ot, ~ja] frange *f;* effilé; gland *m*
rojtos [~ak, ~at; ~an] 1. frangé, -e; 2. *(kopva)* effrangé; effiloché, -e
róka [-ák, -át, -ája] 1. renard *m; (nőstény)* renarde *f;* ezüst ~ *ld.* **ezüstróka;** kék ~ *ld.* **kékróka;** ~ *koma* maître Renard; *egy -áról két bőrt lehúzni* faire d'une pierre deux coups; 2. *átv: nagy* ~ un grand malin; un fin matois
rókafarm ferme *f* de renard
rókali; rókakölyök renardeau *m*
rókalyuk renardière *f;* terrier *m* de renard
rókaprém renard *m;* fourrure *f* de renard
rókászik [~tam, ~ott, -ásszék *v* -ásszon] chasser au renard
rókavadászat chasse au renard; chasse *f* à courre du renard
rókázik [~tam, ~ott, ~zék *v* ~zon] *nép:* dégobiller; écorcher *v* piquer un renard
rokfort [~ok, ~ot, ~ja] *(sajt)* roquefort *m*
rokka [-ák, -át, -ája] rouet *m* (à filer)
rokkant [~ak, ~at; ~an] I. *(mn)* 1. invalide; infirme; *(öreg)* caduc, -uque; décrépit; cassé, -e; 2. *(munkás)* accidenté, -e; 3. *(katonai)* mutilé de guerre; *(gáztól)* gazé de guerre; II. *(fn)* invalide *m;* 25%*-os* ~ invalide 25 p. c.; *(hadi)* mutilé de guerre; *száz százalékos* ~ grand mutilé (de guerre)
rokkantság 1. invalidité *f;* 2. *(munkásé)* incapacité *f* (de travail); *teljes* ~ incapacité absolue
rokkantsági d'invalidité; ~ *biztosítás* assurance-invalidité *f*
rokokó [~t] I. *(mn)* rococo; Régence; Pompadour; rocaille; ~ *bútor* meuble rococo *m;* ~ *építészet* architecture rocaille *f;* ~ *karosszék* fauteuil Pompadour *m;* ~ *stílus* style Louis XV *v* Régence; II. *(fn) a* ~ le rococo; la rocaille; l'époque Régence *f*

rokon [~ok, ~t, ~a] I. *(mn)* 1. *vkivel* ~ apparenté(e) à q; parent(e) de q; être de parenté avec q; 2. ~ *állatok, növények* animaux, plantes congénères; 3. *(jelenség)* analogue (à); homogène; *(vmivel* ~ *anyag)* de la nature de qc; 4. ~ *érzés* sympathie; affinité *f* des caractères *v* des goûts; ~ *szakma* profession connexe *f*; ~ *szaktudományok* disciplines voisines; 5. *(egymással)* ~ *fajok* espèces voisines (l'une de l'autre); ~ *népek* peuples apparentés; 6. *nyelv:* apparenté(e) à; parent(e) de . . .; 7. *(hasonló)* ~ *alakú* homonyme; paronymique; ~ *értelmű* synonyme; synonymique; II. *(fn)* parent, -e *n;* congénère *n;* ~*a vkinek* être le parent de q; *nem* ~*om* il ne m'est de rien; ~*aink* les nôtres; nos proches; *húz a* ~*aihoz* avoir l'esprit de famille
rokonhad parentaille *f*
rokoni [~ak, ~t] de parenté; ~ *kapcsolat* v *kötelék* lien *m* de parenté; les liens du sang
rokonság 1. *(viszony)* parenté *f;* parentage; apparentage *m;* *(házasodás útján)* alliance *f;* *(vér*~*)* consanguinité *f;* *(vegyi)* affinité *f;* ~*ba jut vkivel* s'apparenter à q; entrer en alliance avec q; 2. *(rokonok)* parenté; cousinage *m;* 3. *(dolgoké)* voisinage *m;* affinité *f*
rokonszenv [~ek, ~et, ~e] sympathie *f; vki iránti* ~*ből* par sympathie pour q; ~*et érez vki iránt* porter *v* ressentir de la sympathie pour q
rokonszenves [~ek, ~et] sympathique
rokonszenvez [~tem, ~ett, ~zen] sympathiser
róla [rólam, rólad, rólunk, rólatok, róluk] 1. de dessus (qc); sur qc; en; 2. *átv:* de lui *v* d'elle; sur son compte; à son sujet
roller [~ek, ~t, ~e] trottinette *f*
rom [~ok, ~ot, ~ja] 1. ruine *f;* débris *m pl;* *(katasztrófa után)* décombres *m pl;* ~*ba dől* tomber en ruine; s'écrouler; ~*ba dőlt* en ruines; écroulé; détruit, -e; ~*ba dönt* ruiner;

jeter bas; démolir; ~*okban hever* être en ruine; 2. *átv:* débris *m pl;* ruines *f pl;* *nagyságának* ~*jai* les restes de sa grandeur; ~*ba dönt* bouleverser
római [~ak, ~t] I. *(mn)* romain, -e; de Rome; *a* ~ *birodalom* l'Empire romain; *(a hanyatlás korában)* le Bas-Empire; ~ *jog* droit romain; ~ *katolikus* catholique romain(e); *a* ~ *pápa* le Pontife Romain; ~ *szám* chiffre romain; II. *(fn)* Romain *m*
román [~ok, ~t] I. *(mn)* 1. *ép:* roman, -e; 2. *nyelv:* roman, -e; romanique; ~ *nyelv* romanique *m;* ~ *nyelvész* romaniste *n;* 3. *(nép és nyelv)* roumain, -e; II. *(fn)* Roumain *m*
románc [~ok, ~ot, ~a] romance *f*
romanista [-ák, -át] romanisant *m*
romanticizmus romantisme *m*
romantika 1. *irod:.* romantisme *m;* 2. *(vmié)* le romanesque de qc
romantikus I. *(mn)* 1. *irod:* romantique; ~ *dráma* drame romantique *m;* 2. romanesque; romantique; 3. *műv:* ~ *táj (templom, rom, piramis stb.)* paysage héroïque *m;* II. *(fn)* romantique *m*
romboéder [~ek, ~t, ~e] *mat:* rhomboèdre *m*
romboid [~ok, ~ot, ~ja] rhomboïde *m*
rombol [~tam, ~t, ~jon] 1. ravager; détruire; jeter bas; 2. *(házat)* démolir; jeter bas; 3. *(árat)* fausser le cours de qc; avilir; 4. *fiz:* *(atomot)* désintégrer; désagréger; 5. *(tekintélyt, stb.)* porter atteinte à qc; ruiner
rombolási *orv:* ~ *hajlam* destructivité *f;* ~ *mánia* folie destructrice
romboló [~ak, ~t] I. *(mn)* 1. destructeur; dévastateur, -trice; désastreux, -euse; ~ *hatás* pouvoir destructif; *az idő, az öregség* ~ *hatása* les outrages du temps, de l'âge; *az idő* ~ *munkája* l'ouvrage *m* du temps; 2. *átv:* subversif, -ive; ~ *irodalom* littérature subversive; II. *(fn)* 1. démolisseur; saboteur *m;* 2. destroyer *m*
rombos *ásv* orthorhombique

rombusz [~ok, ~t; ~a] losange; rhombe *m*
romeltakarítás travaux *m pl* de déblaiement
romhalmaz amas *v* monceau *m* de ruines
romház maison *f* en ruine
romlandó [~ak, ~t; ~an] périssable; altérable; corruptible; putréfiable; *nem* ~ incorruptible; ~ *áru* denrée périssable *v* altérable *f*
romlás 1. ruine *f;* dépérissement *m;* 2. *(szerves anyagé)* altération; corruption; avarie *f;* (*szervetlen anyagé*) dégradation; détérioration; avarie *f;* *(tárgyé)* fatigue *f;* 3. *(levegőé)* viciation *f;* 4. *(erkölcsi)* dépravation; corruption; démoralisation *f;* 5. *(anyagi)* déconfiture; ruine (matérielle); 6. *(pénzé, árfolyamé)* avilissement *m;* 7. *(helyzeté)* aggravation *f;* 8. *(szólások)* ~*ba dönt* v *visz* conduire *v* mener *v* acculer à la *v* à sa ruine; ~*nak indul* commencer à s'avarier *v* à gâter *v* à se corrompre; *(erkölcsben)* se dépraver; *vkinek* ~*ára tör* décider *v* jurer *v* résoudre la perte de q
romlatlan candide; innocent, -e; simple
romlik [~ottam, ~ott, romoljék *v* romoljon] 1. *(étel, ital)* s'altérer; s'avarier; 2. *(szűette fa, rozsdamarta vas)* piquer; 3. *(állapot)* s'empirer; 4. *(erkölcsileg)* se corrompre; se dépraver; s'avilir; 5. *nyelv:* se corrompre; se dégrader; 6. *a helyzet kezd* ~*ani* la situation s'aggrave
romlott [~ak, ~at] 1. *(étel)* avarié; corrompu, -e; ~ *gyümölcs* fruit avancé; ~ *hal* poisson altéré; ~ *hús* viande avariée; 2. *(áru)* avarié; taré, -e; 3. *(levegő)* vicié, -e; irrespirable; méphitique; 4. *(erkölcsileg)* corrompu; perverti, -e; *a veséjéig* ~ pourri(e) *v* pétri(e) de vices; ~ *lény* être pervers; 5. ~ *nyelv* langue corrompue; jargon *m*
romlottság corruption; dépravation; déchéance *f;* határtalan ~ des abîmes *m pl* de perversités; *a bűnözők* ~*a* la perversion des criminels
róna [-ák, -át, -ája] plaine *f*

roncs [~ok, ~ot, ~a] 1. épave *f;* débris; *m;* 2. *(emberről)* épave humaine; 3. *átv:* egy hívnév ~*ai* les débris d'une réputation; *egy vagyon* ~*ai* les épaves *v* les reliefs d'une fortune
roncskiemelés relevage *m* d'épave
roncsol [~tam, ~t, ~jon] 1. détruire; meurtrir; 2. *(maró anyag)* corroder; ronger; 3. *orv:* ronger; provoquer des lésions dans qc; *(csontot golyó)* fracasser
roncsolás 1. ravage *m;* destruction *f;* 2. *(maró anyagé)* corrosion *f;* action corrosive
ronda [-ák, -át; -án] moche *biz;* affreux, -euse; abominable; immonde; ~ *alak* salaud *m*
rondít [~ottam, ~ott, ~son] *(vhová)* souiller qc; faire sur qc
roneógép ronéo *m;* ~*en lehúz* v *sokszorosít* ronéotyper
rongál [~tam, ~t, ~jon]1. détériorer; gâter; délabrer; endommager; *(hajót)* avarier; 2. *(hirdetéseket)* lacérer; 3. *(műemléket)* dégrader; 4. *(gépet, szerkezetet)* détraquer; *(szándékosan)* saboter; 5. *bútorokat* ~ massacrer des meubles; 6. *(ruhát)* user
rongálódás 1. délabrement *m;* détérioration *f;* 2. *(hajóé)* avarie *f*
rongy [~ok, ~ot, ~a] I. *(mn)* ~ *alak* miteux *m;* ~ *ember (gyenge)* pleutre *m;* chiffe *f;* *(erkölcsileg)* chenapan; vulgaire coquin *m;* II. *(fn)* 1. chiffon; lambeau *m* (d'étoffe); *(régi)* haillon *m;* guenille *f;* 2. *(konyhai, stb.)* torchon *m;* 3. *(rongyos ruha)* haillon *m;* loque *f;* ~*okban jár* porter des haillons; 4. *papírgy:* chiffon; *müsz:* pilot *m;* 5. *(rossz szövet)* chiffe *f;* *rázza a* ~*ot* se donner des airs de grande dame
rongykereskedő chiffonnier *m*
rongyos [~ak, ~at; ~an] 1. déchiré; fripé, -e; en lambeaux; haillonneux, -euse; ~ *öltözet* vêtement dépenaillé; ~ *ruha* loque *f;* 2. *(ember)* déguenillé; dépenaillé, -e; 3. ~ *tíz frankért!* pour une misère de dix francs!

rongyszedés cueillette des chiffons; chiffonnerie *f*
rongyszedő chiffonier, -ière *n*
rongyszőnyeg tapis rustique *m*
ront [~ottam, ~ott, ~son] I. *(tgy i)* 1. *(vkit)* corrompre; pervertir; 2. *(vmit)* détraquer; ruiner; délabrer; *(egészséget)* délabrer; 3. ~*ja a levegőt* vicier l'air; 4. *(erkölcsöt)* corrompre; *(tekintélyt)* affaiblir; ~*ja vkinek a hitelét* détruire le crédit de q; II. *(tgyl i)* 1. *(vmin)* gâter qc; gâcher qc; 2. *(vhová)* se précipiter; entrer en coup de vent; 3. *vkire* ~ *foncer v fondre v se jeter sur q*
rontás 1. *(tárgyé)* détérioration *f;* *(szándékos)* sabotage *m;* 2. *(boszorkányos)* maléfice; sortilège *m*
ropog [~tam, ~ott, ~jon] 1. craquer; craqueter; 2. *(tűz, puska)* crépiter; *(tűz)* péter; 3. *(étel szájban)* croquer (sous la dent); croustiller
ropogás 1. craquement; craquètement *m;* 2. *(tűzé, puskáé)* crépitement *m;* pétarade *f*
ropogtat 1. faire craquer; 2. *(ételt)* croquer (à belles dents)
roppant *nagy* énorme; immense; colossal; démesuré, -e; formidable; ~ *erőfeszítések* efforts gigantesques; ~ *hideg* un froid terrible *v* du diable; ~ *magas ár* prix exorbitant; ~ *sok pénz* une somme immense
roskad [~tam, ~t, ~jon] 1. *(talaj)* s'affaisser; 2. *földre* ~ s'effondrer; s'affaler
roskadozás 1. *(vmié)* (état de) délabrement *m;* 2. *(vkié)* accablement *m*
roskadozik [~tam, ~ott, ~zék *v* ~zon] 1. *(vmi)* menacer ruine; crouler; *(saját súlya alatt)* farder; 2. *(vki)* plier; ployer; ~ *a teher súlya alatt* ployer sous le faix
roskatag [~ot; ~on] 1. caduc, -uque; croulant, -e; 2. ~ *járású* à genoux rompus; 3. *(ember)* caduc, -uque; décrépit; cassé, -e; croulant *biz*
rost [~ok, ~ot, ~ja] 1. fibre *f; (rágós húsban)* filandre *f;* 2. *(konyhai)* gril *m;* ~*on süt* faire griller

rosta [-ák, -át, -ája] 1. crible; sas; tamis *m* de passage; 2. *(gabona* ~*)* tarare *m;* 3. *(malomban)* blutoir *m*
rostál [~tam, ~t, ~jon] 1. cribler; passer au crible *v* au sas; 2. *(gabonát a gabonarostán)* cribler au tarare; 3. *(lisztet)* bluter; 4. *müsz: (ércet)* égrapper; 5. *átv:* passer au crible; filtrer
rostély [~ok, ~t, ~a] 1. grille *f;* 2. *(sisakon)* visière; grille *f*
rostélyos [~ok, ~t] (faux) filet; aloyau; contre-filet *m;* entrecôte *f*
rostos [~ak, ~t] fibreux; filandreux; filamenteux; tendineux, -euse
rossz [~ak, ~at] I. *(mn)* 1. *(vki)* méchant; mauvais, -e; ~ *a szeme* avoir mauvaise vue *v* de mauvais yeux; *ez a gyermek* ~ *volt* cet enfant a été méchant; ~ *angyal* mauvais ange; ~ *kölyök* méchant garnement; ~ *tanuló* fruit sec; 2. *(vmi)* mauvais -e; mal fait(e); de mauvais aloi; *(romlott)* vicieux, -euse; ~ *álom* cauchemar *m;* ~ *bánásmód* mauvais traitements; ~ *bőrben van* filer un mauvais coton; ~ *emlékű* d'exécrable mémoire; ~ *értelemben* en mauvaise part; au sens péjoratif; ~ *fát tesz a tűzre* faire un mauvais coup; ~ *hajlam* mauvais penchant; vice *m;* ~ *hatással van rá* exercer une mauvaise influence sur q; ~ *hír* mauvaise réputation; ~ *hírbe keveredik* se compromettre; se diffamer; ~ *hírben áll* être mal noté(e); ~ *hírű* malfamé, -e; mal famé(e); ~ *idő van* il fait mauvais (temps); *a* ~ *idők* les temps durs; ~ *időben* à contre-temps; à contre-mesure; ~ *időben tett lépés* démarche inopportune; ~ *irányba téved* faire fausse route; ~ *ízlés* goût détestable; mauvais goût; ~ *ízű* de mauvais goût; d'un goût détestable; ~ *képet vág a munkához* rechigner devant la besogne; ~ *közérzet* indisposition *f;* malaise *m;* ~ *külsejű* d'aspect peu recommandable; ~ *lábon áll vkivel* être mal avec q; ~ *modora van* avoir de mauvaises manières; ~ *munkás*

mauvais ouvrier; saboteur, -euse *n;* ~ *néven vesz* prendre mal; ~ *néven vesz vkitől vmit* savoir mauvais gré à q de qc; *ne vegye* ~ *néven* soit dit sans vous fâcher; *a* ~ *nyelvek* la médisance; ~ *pénz* fausse monnaie; ~ *pénz nem vész el* la mauvaise graine ne se perd pas; mauvaise herbe croît toujours; *ismerik, mint a* ~ *pénzt* il est connu comme le loup blanc; ~ *szaga van* cela sent mauvais; ~ *szagú* fétide; infect, -e; *minden* ~ *szándék nélkül* sans songer à mal *v* à (la) malice; ~ *szemmel nézik* être mal noté(e); ~ *színben van* avoir mauvaise mine; ~ *szokás* mauvaise habitude; ~ *társaság* mauvaise compagnie; société interlope *f;* ~ *tréfa* mauvaise plaisanterie; ~ *úton jár;* ~ *utra tér v téved* prendre la fausse *v* la mauvaise route; *(csak átv:)* se dévoyer; II. *(fn)* 1. *(ember) a* ~*ak és a jók* les bons et les méchants; 2. *a* ~ le mal; *az a* ~, *hogy* le mal est que; *mi* ~ *van abban, ha* quel mal y a-t-il à *(inf) v* si; ~*ban töri a fejét* avoir *v* nourrir quelque mauvais dessein; méditer un mauvais coup; ~*ban van vkivel* être mal avec q; ~*nak talál* trouver mauvais; ~*ra csábít* induire à mal; ~*ra fordul* tourner en mal; ~*ra gondol* penser *v* songer à mal; ~*ra szoktat* acoquiner; ~*ra tanít vkit* enseigner le mal à q; *nem akart semmi* ~*at (tenni neki)* il ne lui voulait aucun mal; ~*at beszél vkiről* dire du mal de q; médire de q; ~*at forgat a fejében* méditer quelque mauvais coup; ~*at gyanít vmiben* entendre malice à qc; *ez* ~*at jelent* cela ne vaut rien; ~*at kíván vkinek* vouloir *v* souhaiter du mal à q; *vkiről* ~*at mond* médire de q
rosszabb [~ak, ~at] pire; plus mauvais(e); *(sokszor)* pis; *a* ~ *megoldás* la solution la plus mauvaise; *ami még ennél is* ~ qui pis est
rosszabbodás aggravation *f*
rosszabbodik [~tam, ~ott, ~jék *v* ~jon] empirer; s'aggraver; tourner mal
rosszabbul pis; plus mal; inférieurement

rosszakarat malveillance; mauvaise volonté *v* foi; malice *f*
rosszakaró [~k, ~t] malveillant; ennemi; envieux *m*
rosszalkodik [~tam, ~ott, ~jék *v* ~jon] se conduire mal; *(gyerek)* polissonner
rosszall [~tam, ~t, ~jon] blâmer; reprendre; réprouver
rosszallás réprobation; désapprobation *f;* blâme *m;* ~*át fejezi ki* marquer sa désapprobation; *(vmivel v vkivel szemben)* désapprouver qc; réprouver qc
rosszaság 1. *(emberé)* méchanceté; malignité; malice *f;* 2. *(tárgyé)* mauvaise qualité
rosszcsont méchant garnement
rosszhiszemű [~ek, ~t; ~en] de mauvaise foi
rosszindulat malveillance; malice; méchanceté *f; a közvélemény* ~*a* la malignité publique; ~*tal kezeli vkinek az ügyét* traiter une affaire avec malveillance
rosszindulatú [~ak, ~t] 1. malin, maligne; malveillant, -e; rosse; *(hír, magyarázat)* tendancieux, -euse; ~ *vkivel szemben* malveillant pour *v* envers q; *igen* ~ méchant(e) comme la gale; ~ *betegség* maladie maligne *v* insidieuse; 2. *orv:* malin, maligne; ~ *daganat* tumeur maligne
rosszkedv humeur chagrine; mauvaise *v* méchante humeur; ~*re hangol* indisposer
rosszkedvű [~ek, ~t; ~en] de mauvaise *v* de méchante humeur; (d'humeur) maussade; morose; *igen* ~ d'une humeur exécrable *v* massacrante
rosszkor (bien) mal à propos; à contretemps
rosszmájú [~ak, ~t] malicieux, -euse; rosse
rosszul mal; fichument *biz;* ~ *áll (vki)* aller *v* marcher mal; *(ruha)* tomber mal; ... ne lui va *v* sied pas; ~ *áll a szénája* avoir du plomb dans l'aile; *(pénzügyileg)* être près de ses pièces; ~ *dolgozik* bousiller; ~ *érzi magát (vhol)* n'être pas à son aise; *(egészségileg)* se sentir indis-

posé(e); ~ *esik* faire *v* causer de la peine à q; *ez* ~ *hat* cela fait mal; ~ *jár (óra)* marcher mal; *(átv:)* mal lui en prend; *(vminél)* être désavantagé(e); ~ *lesz* avoir une faiblesse; être pris(e) d'un malaise; ~ *megy neki* être à fond de cale; ~ *sikerült* sans lendemain; ~ *számít* se tromper dans son calcul; ~ *táplált* sous-alimenté(e); ~ *teszi, hogy* avoir tort de *(inf)*; *(ajtó, ablak)* ~ *van betéve* bâiller; ~ *végzi a dolgát* mettre la pièce à côté du trou
rosszullét indisposition *f;* malaise *m*
rotációs [~ak, ~at] ~ *gép* (machine) rotative *f;* ~ *papír* papier continu *v* en rouleau
rothad [~tam, ~t, ~jon] pourrir; se putréfier
rothadás putréfaction; pourriture *f*
rothadó [~ak, ~t; ~(a)n] 1. pourrissant, -e; putride; 2. putrescible; putréfiable
rothadt [~ak, ~at; ~an *v* ~ul] pourri; putréfié, -e
rotor rotor; induit *m*
rovancs [~ok, ~ot, ~a] vérification *f* des comptes
rovancsol [~tam, ~t, ~jon] contrôler; faire une visite inopinée (à); apurer une comptabilité
rovar [~ok, ~t, ~a] insecte *m*
rovargyűjtő I. *(mn)* entomophile; II. *(fn)* collectionneur d'insectes; entomophile *n*
rovarirtó insecticide; ~ *porozás* nébulisation *f;* insecticide *m*
rovarölő *(szer)* insecticide *(m)*
rovartani entomologique
rovás 1. *(jegy)* coche; encoche *f;* 2. *(betűk)* runes *f pl;* 3. *(fogyasztóé)* coche; taille; ardoise *f;* 4. *feud:* taille; 5. réprimande *f;* blâme *m;* mercuriale; censure *f;* 6. *átv:* sok *van a ~án* avoir un casier très chargé; *vkinek a ~ára* au détriment de q; *vkinek a ~ára ír* imputer à q
rovásírás *kb:* écriture runique *v* à encoches *f*
rovat 1. *újs:* rubrique *f;* 2. cadre *m;* case *f;* 3. *bevételek, kiadások* ~*a*

chapitre *m* (des) recettes, (des) dépenses
rovátka 1. *(bevésett)* encoche; coche; entaille *f;* 2. *(hornyolt)* cannelure; rainure *f;* *(rajzolt)* degré *m*
rovatvezető rédacteur; chef *m* de rubrique; *(színházi)* courriériste *m;* *(napi krónikát író)* chroniqueur *m*
rovott [~ak, ~at] 1. *(fába)* en entaille; entaillé, -e; 2. *(írásjel)* runique; ~ *multú* repris *m* de justice
rozmár [~ok, ~t, ~ja] *áll:* morse *m*
rozmaring [~ok, ~ot, ~ja] *növ:* romarin *m*
rozoga [-ák, -át; -án]; **rozzant** [~ak, ~at; ~an] délabré, -e; caduc, -uque; détraqué, -e
rozs [~ok, ~t, ~a] seigle *m*
rózsa [-ák, -át, -ája] 1. *növ:* rose *f;* 2. *(fa)* rosier *m;* 3. *(dísz)* rosace *f;* 4. *(öntözőkannán)* pomme *f* d'arrosoir; 5. *nép:* édes -*ám* ma belle; m'amie
rózsabimbó bouton *m* de rose
rózsabokor buisson *m* de roses
rózsafa 1. rosier *m;* 2. *(anyag)* bois de rose *v* marbré
rózsafüzér 1. guirlande *f* de roses; 2. *vall:* rosaire; chapelet *m;* patenôtre *f*
rózsakert roseraie *f;* rosarium *m*
rózsalugas tonnelle *f* de rosier
rózsaolaj essence de rose; huile rosat *f*
rózsapiros rosé, -e
rózsás 1. *(árnyalat)* rosé, -e; rosâtre; 2. *(arc)* rose; poupin, -e; ~ *ajak* lèvre *f* de rose; ~ *arcú* à la figure poupine; *nincs* ~ *helyzetben* il n'est pas sur un lit de roses; *mindent* ~ *színben lát* voir tout en (couleur de) rose
rózsásfehér blanc-rose
rózsaszál rose *f*
rózsaszín rose *m*
rózsaszínű rose; de rose; couleur de rose; rosé, -e; *meleg* ~ cuisse-de-nymphe émue; *piszkos* ~ rosâtre
rózsatő rosier *m*
rózsavíz eau (de) rose *f*
rozsda [-át, -ája] [1]. rouille *f;* 2. *növ:* rouillure; rouille *f;* 3. *vegy:* rouillure *f;* *(rezen)* vert-de-gris *m*

rozsdaálló inoxydable
rozsdabarna feuille morte
rozsdaellenes *szer* antirouille *f*
rozsdamentes inoxydable; antirouille
rozsdás 1. couvert(e) de rouille; rouillé, -e; **2.** *(gabona)* rouillé; bruiné, -e
rozsdásodik [~ott, ~jék *v* ~jon] se rouiller; s'enrouiller
rozsdaszínű feuille-morte; couleur de rouille
rozsdavédő antirouille *(m);* ~ *bevonat* enduit anticorrosif
rozsdavörös roux, rousse; couleur de roux
rozskenyér pain *m* de seigle
rozsláng fleur *f* de farine de seigle
röf(-röf) groin, groin
rőf [~ök, ~öt, ~je] aune; canne *f;* ~*nyi une aunée de...; ~számra* à l'aunée; *nem ~fel mérik az embert* on ne mesure pas les hommes à la toise
röfög [~tem, ~ött, ~jön] grogner; grouiner
rőföskereskedés mercerie *f*
rőföskereskedő mercier, -ière *n*
rög [~ök, ~öt, ~e] **1.** motte (de terre); glèbe *f (főleg átv); ~höz kötött* attaché à la glèbe; **2.** *(fazekasé)* tournassine; tournasine *f;* **3.** *bány:* pépite *f;* **4.** *geol:* massif; voussoir *m*
rögeszme 1. idée fixe; marotte; manie *f;* dada *m;* **2.** *orv:* idée fixe; obsession *f*
rögös [~ek, ~et] **1.** raboteux; anfractueux, -euse; rude; âpre; **2.** *(csonthéj, felület)* rustiqué, -e; ~ *tenyerű* aux mains calleuses
rögtön tout de suite; à l'instant (même); aussitôt; sur l'heure; sur-le-champ; immédiatement; *rögtön!* une minute! un instant! ~ *jövök* j'arrive; je viens; me voilà; *(pincér)* on y va!
rögtönbíráskodás justice sommaire *f*
rögtönítélő *bíróság* tribunal *m* d'exception; cour martiale
rögtönöz [~tem, -nzött, ~zön] improviser; parler d'abondance; ~*ve* à l'impromptu
rögtönzött [~ek, ~et] improvisé; impromptu, -e; ~ *emelvény* tribune *f* de fortune, -e; ~ *ételek* plats *m pl* à la minute

rögzít [~ettem, ~ett, ~sen] **1.** maintenir en place; stabiliser; fixer; **2.** *fényk:* fixer; **3.** *kat: (lövedéket)* ensaboter; **4.** ~*i az árakat* bloquer les prix; **5.** *(lemezen)* enregistrer
rögzítés 1. stabilisation; fixation *f; (szerkezeté)* assujettissement *m; orv: egy végtag ~e* l'immobilisation d'un membre; **2.** *fényk:* fixage *m;* **3.** *(hajóé)* amarrage *m;* **4.** *(hangfelvételé)* enregistrement *m*
rögzített 1. fixe; stable; **2.** *(szerkezetrész) műsz:* dormant, -e; **3.** ~ *ár* prix taxé *v* bloqué; ~ *munkabér* salaire bloqué
rögzítőcsavar vis *f v* écrou *m* de fixation
röhej [~ek, ~t, ~e] rire brutal *v* bruyant; *biz: kész ~!* c'est marrant!
röhög [~tem, ~ött, ~jön] **1.** rire brutalement; **2.** *biz: (nagyon nevet)* s'esclaffer; ricaner; **3.** *(ló)* hennir
römi [~t, ~je] poker *m*
rönk [~ök, ~öt, ~je] bille *f; kérges ~* bois *m* de grume
rönkfa rondin; bois *m* en rondin
röntgen [~ek, ~t, ~e] *orv:* **1.** *(átvilágítás)* radioscopie *f;* **2.** *(felvétel)* radiographie *f;* **3.** *(tudomány)* radiologie *f* **4.** *(egység)* unité *r f*
röntgencső tube *m* à rayons X
röntgenes [~ek, ~t, ~e] radiologue; radiologiste *n*
röntgenfelvétel cliché radiographique *m*
röntgenkép image rœntgenienne
röntgenkészülék *orv:* appareil radiographique *m*
röntgenkezelés *orv:* traitement *m* aux rayons X
röntgenspektográfia spectographie X *f*
röntgensugár rayon X *m*
röntgenszűrővizsgálat *orv:* dépistage radiologique *m* (d'une maladie)
röntgenterápia *orv:* rœntgenthérapie *f*
röpcédula tract; papillon *m*
röpdös [~tem, ~ött, ~sön] voleter; voltiger
röpgyűlés prise de parole; réunion é-clair *f*

röpirat tract; pamphlet *m;* brochure *f;* ~*okat terjeszt* v *szór* distribuer des tracts
röpít [~ettem, ~ett, ~sen] 1. lancer; précipiter; 2. *golyót* ~ *az agyába* se loger une balle dans la tête; 3. *légbe* ~ faire sauter en l'air
röpke fugitif, -ive; rapide; fugace
röpköd [~tem, ~ött, ~jön] voltiger; voler çà et là; *ide-oda* ~ papillonner
röplabda *sp:* volley-ball *m*
röppálya trajectoire; ligne *f* de projection; *atfiz* parcours
röppentyű [~k, ~t, ~je] fusée; roquette *f*
röptében dans sa course; au vol; ~ *elkap* saisir au vol *v* à la volée
rőt [~ek; ~en] roux, rousse; fauve
rövid [~ek, ~et] I. *(mn)* 1. *(térben)* court, -e; ~ *hajú* aux cheveux courts; ~ *harisnya* chaussette *f;* demi-bas *m;* ~ *kabát* veste *f; (bélelt)* canadienne *f;* ~ *lábú* aux jambes courtes; court(e) sur pattes; ~ *leírás* aperçu *m;* ~ *nadrág* culotte *f;* short *m;* ~ *pórázra fog* tenir de court; ~ *szárú csizma* demi-botte *f;* ~ *szoknya* jupe courte; ~ *szőrű kutya* chien *m* à poil ras; ~ *ujjú* à manches courtes; ~ *zongora* piano à queue écourtée; quart-de-queue *m;* 2. *(időben)* court, -e; bref, brève; ~ *az emlékezete* avoir la mémoire courte; ~ *az esze* avoir l'esprit court; *hogy* ~ *legyek* pour le faire court; ~ *leszek* je serai bref *v* court; ~ *élet* vie courte; ~ *életű* éphémère; ~ *életű boldogság* bonheur passager *v* éphémère; ~ *ideig tartózkodik Párizsban* être de passage à Paris; *egész* ~ *idő alatt* en un rien de temps; ~ *idő múlva* au bout de quelque temps; en *v* sous peu de temps; ~ *időn belül* à bref délai; dans peu de temps; sous peu; ~ *időre* pour un temps court; pour une courte durée; ~ *látogatás* une petite visite; ~ *lejáratú* à courte *v* à brève échéance; *nyelv:* ~ *magánhangzó* (voyelle) brève *f; nyelv:* ~ *mássalhangzó* consonne brève; ~ *nemmel válaszolt* il m'a répondu par un non bien sec; ~ *úton* expéditivement; sommairement; ~ *úton fizet* payer en main brève; 3. *(csak átv:)* abrégé; succinct; concis, -e; sommaire; laconique; *(könyvcímben)* abrégé *m* de . . .; ~ *összefoglalás* sommaire; *egy olvasmány* ~ *tartalma* le résumé d'un morceau de lecture; II. *(fn)* 1. *nyelv, irod:* brève *f;* 2. ~*eket alszik* dormir des bouts de somme; ~*re fog vmit* exposer qc succinctement; ~*re fog vkit* tenir la dragée haute à q; *tenir q de court;* ~*re fogja a szót* être bref *v* brève; ~*re nyírja a haját* couper les cheveux court; ~*re zár* établir un court-circuit
rövidáru bonneterie; mercerie *f*
rövidárukereskedés bonneterie; mercerie *f*
rövidebb [~ek, ~et] I. *(mn)* plus court(e); plus bref *v* brève; ~ *út* raccourci *m; a lehető leg*~ *idő alatt* dans un minimum de temps; *a lehető leg*~ *időn belül* dans le plus bref délai; II. *(fn)* ~*re fog* resserrer; *a* ~*et húzza* avoir le dessous; être désavantagé(e)
rövidesen sous peu; avant longtemps; à bref délais; d'ici peu
rövidfilm (film de) court métrage *m*
rövidhullám *fiz:* onde courte *v* centimétrique *f*
rövidít [~ettem, ~ett, ~sen] I. *(tgy i)* 1. raccourcir; abréger; 2. *(utat)* raccourcir; 3. *(szót)* abréger; 4. *mat, nyelv:* réduire; II. *(tgyl i)* 1. ~ *vmin* rendre plus court(e); écourter; *(ruhán)* raccourcir; 2. *(gyaloglót)* couper au court
rövidítés 1. raccourcissement *m;* abréviation *f;* 2. *(szóé írásban)* abréviation; *(ejtésben)* abrègement *m; (betűvel)* sigle *m;* 3. *mat, nyelv: (hangé)* réduction *f*
rövidlátás myopie; vue courte
rövidlátó [~ak, ~t; ~an] myope; *(átv: így is:)* à œillères; ~ *politika* politique *f* à courte vue
rövidség 1. *(térben)* petitesse *f;* 2. *(időé, hangé)* brièveté *f; az idő* ~*e miatt* le temps étant mesuré; vu le

rövidtávfutó 823 ruhakereskedő

temps qui me reste; 3. *nyelv*: brévité *f;* 4. *(stílusban)* concision; brévité *f;* ~ *okáért* pour parler bref; 5. désavantage *m;* ~*et szenved* être désavantagé(e) *v* lésé(e)
rövidtávfutó *sp*: sprinter *m*
rövidül [~tem, ~t, ~jön] 1. (se) raccourcir; diminuer; 2. *(napok)* raccourcir; 3. *(idő)* s'abréger
rövidzárlat court-circuit *m*
rőzse [-ét, -éje] 1. fagot *m;* 2. *műsz, kat*: fascine *f*
rubin [~ok, ~t, ~ja]; **rubinkő** rubis *m*
rubinpiros *v* -**vörös** (couleur de) rubis; ~ *szín* rubis *m*
ruca [-ák, -át, -ája] canard *m;* *(nőstény)* cane *f*
rúd [rudak, rudat, ~ja] 1. barre *f;* *műsz*: tige *f;* bras *m;* 2. *(csak fa)* perche; gaule *f;* 3. *(zászlóé)* hampe *f;* 4. *(arany, ezüst)* lingot *m;* barre *f;* 5. *(kocsié, egy lóra kétágú)* brancard *m;* *(két lóra egyágú)* timon *m;* 6. *(kicsi)* bâton *m;* 7. *gyógy*: crayon *m; egy* ~ *szalámi* un salami; 8. *rájár a* ~ il est marqué pour le malheur; *kifelé áll a szekere* ~*ja* il branle dans le *v* au manche
rúdarany or *m* en barre *v* en lingot
rúdborotvaszappan bâton *m* de savon à barbe
rúdezüst argent *m* en barres *v* en lingot(s)
Rudolf [~ok, ~ot, ~ja] Rodolphe; Raoul *m*
rúdugrás *sp*: saut *m* à la perche; perche *f*
rúg [~tam, ~ott, ~jon] I. *(tgyl i)* 1. *(ló)* lancer un coup de pied; *(hátsó lábaival)* ruer; 2. *(vki)* donner des coups de pied; *(vmiben)* pousser qc du pied; II. *(tgy i)* 1. *(ló)* ~*ott egyet vkin* lâcher *v* lancer une ruade à q; 2. ~*ott egyet rajta (mikor megbukott)* c'est le coup de pied de l'âne; 3. *labdát* ~ *a)* jouer au football; *b)* *(vhová)* envoyer le ballon (dans); 4. *(összeg)* se monter (à); se chiffrer; s'élever (à)
rugalmas [~ak, ~at; ~an] 1. élastique; contractile; souple; 2. *orv, növ*: tissu fongueux *v* élastique; élastique *m;* 3. *átv*: souple; ~ *elme* esprit souple *v* élastique *m;* ~ *magyarázat* explication passe-partout *f*
rugalmasság 1. élasticité; contractilité; souplesse *f;* 2. *átv*: souplesse; elasticité; *nincs benne* ~ manquer de réflexe
rúgás 1. *(lóé)* coup *m* de pied de cheval; *(hátrafelé)* ruade *f;* 2. *(emberé)* coup *m* de pied; 3. *futb*: coup *m*
rugdaló(d)zik [~tam, ~ott, -ddzék *v* -ddzon] 1. s'escrimer des pieds; 2. *átv*: se cabrer; regimber
ruggyanta caoutchouc; élastique *m*
rugó [~k, ~t, ~ja] 1. ressort *m;* *(órában)* spiral *m; egy* ~*t megfeszít* bander un ressort; *egy* ~*t meglazít* lâcher un ressort; 2. *átv*: ressort; mobile *m*
rugós [~ak, ~at] à ressort; élastique; *(játék)* mécanique; ~ *mérleg* balance à ressort; *(kézi)* peson *m*
ruha [-ák, -át, -ája] 1. habits *m pl;* vêtement; habillement *m;* robe; toilette; mise; tenue *f;* *(színházi)* costume *m; férfi* ~ vêtement d'homme; *ruhái* ses effets; *női* ~ robe *v* toilette féminine; ~ *eleje* v *szárnya* pan *m* de robe; *a* ~ *teszi az embert* c'est la plume qui fait l'oiseau; *-áról beszélget* parler toilette; *felvesz egy -át* passer un habit; *-át tisztít* dégraisser des vêtements; *-át varr* confectionner des vêtements; 2. *(fehérnemű)* linge *m;* *-át mos* blanchir (du linge); *(szövetanyagot)* nettoyer; 3. *(konyha~, törlő~)* torchon *m;* 4. *arg*: volée; rossée *f*
ruhaakasztó cintre *(porte-vêtement)*; porte-vêtement; tendeur *m*
ruhaderék corsage *m*
ruhafesték matière colorante (pour la teinture); *(feloldva)* teinture *f*
ruhafestő teinturier, -ière *n*
ruhafodor volant *m*
ruhafogas portemanteau *m;* *(egyes)* patère *f*
ruhagyártás l'industrie de la confection; la confection
ruhakefe brosse *f* à habits *v* à vêtements
ruhakereskedő marchand *m* de confections; *(ócskás)* fripier *m*

ruhamodell modèle *m* de robe; *leg-újabb ~jeink* nos derniers modèles
ruhanemű 1. vêtements; effets *m pl;* 2. *(leányé, intézeti növendéké)* trousseau *m*
ruháskosár panier *m v* corbeille *f* de blanchisseuse; panier *m* à linge
ruhaszalon maison *f* de couture
ruhaszekrény armoire à habits; (armoire-)penderie *f*
ruhaszövet tissu pour vêtements; drap *m*
ruhatár 1. vestiaire *m; kabátját beteszi a ~ba* déposer son manteau au vestiaire; 2. *(vasúti)* consigne *f* (des bagages); 3. *(saját)* garde-robe *f*
ruhatárosnő femme *v* dame *f* du vestiaire
ruhatervező modelliste *n*
ruhatisztító teinturier, -ière; dégraisseur, -euse *n*
ruhaujj manche *f; bő ~* large manche; *felső ~* mancheron *m*
ruházat habillement *m;* toilette *f;* habits; vêtements *m pl*
ruházati vestimentaire; *~ bolt* magasin *m* d'habillement; *~ cikk* article *m* d'habillement *v* de confection; *~ ipar* industrie vestimentaire *f; (készruháké)* l'industrie de la confection
ruházkodás habillement *m;* toilette *f*
ruházkodik [~tam, ~ott, ~jék *v* ~jon] s'habiller; se vêtir
Ruhrvidék; *a ~* la Ruhr
rum [~ot, ~ja] rhum *m*
rumfőző; rumgyártás rhumerie *f*
rusztikus rustique; rustre; *~ ember* rustre *m*

rút [~ak, ~at] I. *(mn)* laid; vilain; repoussant, -e; disgracieux, -euse; difforme; *~ hálátlanság* ingratitude noire; II. *(fn) irod: a ~* le grotesque
rutin [~ok, ~t, ~ja] 1. (esprit de) routine; pratique *f; ~ná válik* prendre figure de routine; 2. rontine; programme *m (számítógépé)*
rutinos [~ak, ~at; ~an] 1. routinier, -ière; 2. *(dicsérő ért)* consommé, -e; *qu'on lui connaît*
rútság laideur; difformité *f*
rúzs [~ok, ~t, ~a] rouge; bâton *m* de rouge
rücskös [~ek, ~et; ~en] rugueux, -euse; âpre; inégal, -e
rügy [~ek, ~et, ~e] bourgeon; bouton; œilleton *m; (fejletlen)* clou *m*
rügyezik [~ett, ~zék *v* ~zen] bourgeonner; pousser des bourgeons
rügyfakadás bourgeonnement *m;* la pousse des feuilles
rügylevél primefeuille *f*
rügypikkely écaille *f* de bourgeon
rüh [~ek, ~et, ~e] 1. gale; rogne *f;* 2. *állatorv:* gale *f;* tac *m*
rühatka acare *v* ciron de la gale; sarcopte *m*
rühell [~(et)tem, ~ett, ~je] *~i a munkát; ~ dolgozni* avoir un *v* du poil dans la main; *~ elmenni a)* il est trop paresseux pour y aller; *b)* il a honte d'y aller
rühes [~ek, ~et] galeux; rogneux, -euse; *(ló, kutya)* rouvieux
rühesség gale; rogne *f; (lóé, kutyáé)* rouvieux; roux-vieux *m; (juhoké)* noir-museau *m*

S

s 1. *(betű)* s f v m; 2. *(hang)* ch
sablon [~ok, ~t, ~ja] 1. *(kivágott)* patron; pochoir; marron m; 2. *(minta)* étalon m; 3. *(mérő)* calibre m; 4. *szűrt* ~ poncif m; 5. *irod:* poncif; cliché m; 6. *ált:* routine f
sablonos [~ak, ~at; ~an] conventionnel, -elle; de convention; routinier, -ière; ~ *gondolkozás* esprit m de routine
sáfárkodik [~tam, ~ott, ~jék v ~jon] 1. *vmivel* ~ gérer qc; 2. *(pénzzel)* manier qc
sáfrány *növ:* safran m
sáfrányszínű safran; couleur safran; safrané, -e
saját [~ot, ~ja] I. *(mn)* propre; ~ *erejére van utalva* il est réduit à ses propres moyens; ~ *ház* maison particulière; ~ *jószántából* de son propre mouvement; ~ *kezébe* en mains propres; *(fizet)* de la main à la main; ~ *kezével* de sa propre main; ~ *kezével írt* autographe; ~ *kezelésben* en faire-valoir direct; en régie directe; *jog:* ~ *kezű végrendelet* restament olographe m; ~ *költségén* v *pénzéből* à ses propres frais; *a* ~ *lábán jár* voler de ses propres ailes; ~ *magától* de soi-même; ~ *nevében* en son nom personnel; ~ *szakállára* de son autorité privée; ~ *szemével: de visu;* ~ *személyében* en sa propre personne; ~ *termésű* de son (propre) cru; de sa récolte; ~ *üzemben* en exploitation v en régie directe; II. *(fn)* 1. *~ja* le sien propre; *~jából* du sien; *~jává teszi* faire sien(ne); s'approprier; 2. *(sajátosság)* le propre de q; 3. *a ~jából (ugyanabból az anyagból) kijavít* réparer avec du même; *~jával bélel* doubler du même
sajátos [~ak, ~at] 1. particulier, -ière; propre; spécifique; spécial; intéressant, -e; ~ *jelleg* particularité;

spécificité f; 2. *(nyelvileg)* idiotique; ~ *kifejezés* expression spécifique f; idiotisme m; 3. *(különös)* singulier, -ière; bizarre; drôle
sajátosság spécificité; spécialité; physionomie; nature f
sajátság propriété; particularité; caractéristique f; *le propre de* ...
sajátságos [~ak, ~at] 1. particulier, -ière; spécial, -e; 2. *(különös)* singulier, -ière; bizarre; orginal, -e
sajka canot m; barquette f
sajnál [~tam, ~t, ~jon] 1. *(vkit)* plaindre q (de qc v de *és inf)*; s'apitoyer sur q; 2. *(elhúnytat, vkinek távollétét)* regretter q; 3. *(vmit)* regretter qc; être désolé(e) de qc; déplorer qc; *nagyon* ~ avoir grand regret de qc; *nagyon ~om* j'en suis désolé v navré v fâché; *~ja, hogy* regretter que *(subj);* être fâché(e) que *(subj); igen ~om, hogy* cela me fait de la peine de *(inf);* je suis désole que *(subj);* 4. *~ja a fáradságot* regretter sa peine; s'épargner; *nem ~ja a költséget* il ne recule devant aucun sacrifice; 5. *(vkitől vmit)* envier qc à q; être jaloux v jalouse de qc; *nem ~ja a dicséreteket* ne pas marchander les louanges
sajnálat regret(s) m *(pl);* déplaisir m; *~ra méltó* regrettable; *(ember)* il est à plaindre; *~át fejezi ki azon, hogy* émettre le regret que *(subj); ~tal hallom, hogy* j'ai appris non sans peine que
sajnálatos [~ak, ~at; ~an] regrettable; déplorable; ~ *tévedés* erreur regrettable f
sajnálkozás regrets m pl; *~át fejezi ki vkinek (sértésért)* présenter v faire ses v des excuses
sajnálkozik [~tam, ~ott, ~zék v ~zon] ~ *vmin* déplorer qc; regretter qc; exprimer ses regrets au sujet de qc

sajnálkozó [~ak, ~t; ~an] 1. de regret; 2. compatissant; apitoyé, -e
sajnos malheureusement; par malheur; hélas
sajog [sajgott, ~jon] 1. causer *v* provoquer une douleur permanente; brûler; 2. *átv:* saigner
sajt [~ok, ~ot, ~ja] fromage *m*
sajtár [~ok, ~t, ~a] seille *f;* seau; baquet *m*
sajthéj croûte *v* couenne *f* de fromage
sajtipar industrie fromagère
sajtkereskedő fromager, -ère *n*
sajtkukac ver *m* de fromage; *izeg-mozog mint egy ~* avoir la bougeotte
sajtó [~k, ~t, ~ja] 1. presse *f;* pressoir *m;* 2. *nyomd:* presse (à imprimer); imprimeuse *f; ~ alá ad* mettre sous presse; *~ alatt levő* sous presse; 3. *könyv:* presse de relieur; 4. *a ~ la presse; a ~ jól fogadja* avoir une bonne presse; *(rosszul:* une mauvaise presse)
sajtóbemutató avant-première *f*
sajtócenzúra censure *f* de la presse
sajtóértekezlet conférence *f* de presse
sajtófogadás réception *f* de presse
sajtófőnök chef *m* du bureau de la presse
sajtóhadjárat campagne *f* de presse
sajtóhiba faute *f* d'impression
sajtóközlemény communiqué *m;* déclaration *f*
sajtol [~tam, ~t, ~jon] 1. presser; pressurer; comprimer; 2. *műsz:* emboutir; estamper; *hidegen ~* filer sous presse à froid
sajtónyilatkozat déclaration à la presse; interview *f*
sajtóorgánum organe *m*
sajtóosztály service *m* de presse
sajtóper procès *m* en matière de presse
sajtórendészet police *f* de presse
sajtószabadság la liberté de presse; *sajtó- és szólásszabadság* la liberté de presse et de parole
sajtószemle revue *f* de la presse
sajtótermék imprimé; produit *m* de la presse
sajtótudósító correspondant, -e; courriériste *n*
sajtóügynök presse-agent *m*

sajtreszelő râpe *f* à fromage
sajtüzem fromagerie *f*
sakál [~ok, ~t, ~ja] chacal *m*
sakk [~ok, ~ot, ~ja] 1. échecs *m pl;* échec (au roi)! *~ és matt!* échec et mat! *~ot ad* faire échec; 2. *~ban tart* tenir en échec *v* en respect
sakkfeladvány problème *m* d'échecs
sakkhúzás 1. coup *m;* 2. *átv: ez ügyes ~ volt* c'était une habile manœuvre
sakk-kör échiquier *m*
sakkozik [~tam, ~ott, ~zék *v* ~zon] jouer aux échecs
sakktábla I. *(mn) ~ kötésminta* damiers *m pl;* **II.** *(fn)* échiquier *m; egy ~ a figurákkal* un jeu d'échecs
sakkverseny tournoi *m* d'échecs
sakter [~ek, ~t, ~e] *(zsidó)* sacrificateur; schohet *m*
sál [~ak, ~t, ~ja] châle *m;* écharpe *f;* foulard *m; (gyapjú)* cache-nez *m*
salak [~ok, ~ot, ~ja] 1. scorie *f;* 2. *(szén~)* mâchefer *m;* 3. *koh:* laitier *m;* scorie *f;* 4. *átv:* lie *f;* rebut *m; a társadalom ~ja* les bas-fonds de la société; 5. *sp: (pálya)* cendrée *f*
salakcement ciment *m* de haut fourneau
saláta [-ák, -át, -ája] 1. salade *f; (fejes)* laitue *f; a ~ borul* la salade se met à pommer; *~ szíve* le cœur de laitue; 2. *átv, biz:* macédoine *f;* méli-mélo *m*
salátaboglárka *növ:* renoncule; petite chélidoine *v* ficaire *f*
salátástál saladier *m*
salétrom [~ot] salpêtre; nitrate *m* de potassium
salétromos [~ak, ~at; ~an] 1. nitreux, -euse; 2. *(fal)* salpêtré, -e; salpêtreux, -euse
salétromsav acide nitrique *v* azotique *m*
sallang [~ok, ~ot, ~ja] 1. frange *f; pej:* fanfreluche *f;* oripeau *m;* 2. *átv:* fioriture *f;* oripeau *m*
sámán [~ok, ~t, ~ja] chaman; chamane *m*
sámfa forme *f;* embauchoir
samott [~ot] argile réfractaire *v* infusible; chamotte *f*
sampon [~ok, ~t] champooing *m*

sánc [~ok, ~ot, ~a] 1. rempart *m;* 2. *átv:* rempart; boulevard *m*
sáncásó *kat:* sapeur *m*
sáncmunka travaux *m pl* de fortification
sanda [-át] louche; bigle; *(tekintetű)* torve; ~ *gyanú* suspicion malveillante; ~ *szemmel néz* regrader d'un œil louche *v* de travers
sandít [~ottam, ~ott, ~son] *(vmire)* lorgner qc; guigner qc
sánta [-ák, -át; -án] boiteux, -euse; claudicant, -e
sántikál [~tam, ~t, ~jon] 1. boitiller; clocher; ~*va* clopin-clopant; 2. *átv: valamiben* ~ rouler qc dans la tête; manigancer qc; *valami rosszban* ~ méditer un mauvais coup
sántít [~ottam, ~ott, ~son] boiter; clocher
sanyargat 1. *(testileg)* mortifier; macérer; crucifier; 2. *(lelkileg)* harceler; martyriser; tourmenter; 3. *(népet)* opprimer; 4. *(szipolyozva)* pressurer; 5. ~ *vmivel* accabler *v* affliger de qc
sanyargatás 1. *(testi)* mortification; macération *f;* 2. *(lelki, anyagi)* harcèlement *m;* vexation; persécution *f;* 3. *(népé)* oppression *f;* 4. *(pénzbeli)* pressurage *m*
sanyarú [~t] 1. calamiteux, -euse; dur, -e; ~ *sors* collier *m* de misère; 2. *(érzés)* pénible; amer, -ère
sáp [~ot] pot-de-vin *m;* gratte *f; leszedi a* ~*ot* faire ses foins
sápadt [~ak, ~at] pâle; hâve; plâtreux, -euse; *(nagyon)* blême; *(fakó)* blafard, -e; ~ *ajkak* lèvres décolorées
sápítozik [~tam, ~ott, ~zék *v* ~zon] glapir; piailler; criailler
sapka 1. bonnet *m; (lapos)* casquette *f; (svájci)* béret (alpin *v* basque); 2. *(katona*~*)* calot (militaire); *(ellenzővel)* képi *m*
sapkaellenző visière *f* (d'une casquette)
sár [sarak, sarat, sara] 1. boue; crotte; bourbe *f; (híg)* fange *f; tapadós* ~ boue tenace *v* visqueuse; 2. *ép:* terre gâchée; pisé; gâchis *m; (szalmával kevert)* torchis *m;* 3. *átv:* boue; fange *f;* bourbier *m;* ~*ba*

ránt traîner dans la boue *v* aux gémonies; *megállja a sarat* tenir le coup
saraboló [~k, ~t, ~ja] 1. *kert:* ~ *(kapa)* ratissoire *f;* 2. *műsz:* racloir *m;* ripe *f*
sarc [~ok, ~ot, ~a] rançon; contribution *f* de guerre; ~*ot vet ki* lever des contributions; *(vkire)* mettre q à contribution
sárcipő caoutchoucs; couvre-chaussures *m pl*
sárfészek *kb:* patelin immonde *v* infect
sárga [-ák, -át] I. *(mn)* 1. jaune; *(vajszínűen)* beurre frais; *a* ~ *faj* la race jaune; *a* ~ *irigység* l'envie noire *v* sombre; ~ *szakszervezetek* syndicats jaunes *m pl; a Sárga tenger* la mer Jaune; *tört: a* ~ *veszedelem* le péril janue ; 2. *(ló)* alezan (doré); 3. *(kalász)* blond, -e; 4. *orv:* ~ *arcszín* teint ictérique *m;* 5. *leissza magát a* ~ *földig* se saouler comme un tonneau; *lehord a* ~ *földig* habiller de toutes pièces; II. *(fn)* 1. -*ák* les jaunes; 2. *a tojás* -*ája* le jaune d'œuf
sárgabarack abricot *m;* pomme *f* d'Arménie
sárgadinnye *növ:* melon; concombre melon *m*
sárgaláz fièvre jaune *f;* mal de Siam; negro *m*
sárgarépa carrotte *f*
sárgaréz laiton; cuivre jaune *m*
sárgarigó loriot; merle *m* d'or; grive dorée
sárgaság *orv:* jaunisse *f;* ictère *m*
sárgásbarna brun-jaune
sárgásfakó jaune pâle
sárgásfehér jonquille
sárgáspiros nacarat
sárgásszürke gris jaunâtre; gris beige
sárgászöld vert jaunâtre; caca d'oie
sárgaviola *növ:* garannier *m*
sárgul [~tam, ~t, ~jon] jaunir; blondir
sárhányó [~k, ~t, ~ja] pare-boue; garde-boue; garde-crotte *m*
sarj [~ak, ~at, ~a] 1. *(növényen)* jeune pousse *f; (fatőből)* rejet *m;* 2. *él:* blaste *m;* 3. *(emberi)* rejeton

sarjad *m;* progéniture *f; (állati)* progéniture *f;* produit *m*
sarjad [~tam, ~t, ~jon] 1. *(növény)* pousser; germer; 2. *(családból)* descendre (de q); 3. *ld:* **sarjadzik**
sarja(d)zás 1. *növ, áll:* gemmation *f;* 2. *(baktériumé)* prolifération *f;* 3. *átv:* az eszmék ~a la germiation des idées
sarja(d)zik [~ott, sarjaddzék *v* sarjazzék, sarjaddzon *v* sarjazzon] 1. *növ, áll:* gemmer; 2. *(baktérium)* proliférer; bourgeonner; 3. *(seb)* devenir granuleux, (-euse)
sarjerdő (bois) taillis; taillis *m* sous futaie
sarjú [~k, ~t] regain; arrière-foin *m*
sark [~ok, ~ot, ~a] 1. pôle *m;* 2. *(lábon, cipőn stb.) ld:* **sarok**
sarkalatos [~ak, ~at] fondamental; cardinal; principal, -e
sarkall 1. *(lovat)* éperonner; 2. *átv:* talonner; stimuler
sarkantyú [~k, ~t, ~ja] 1. éperon *m;* 2. *(madáré)* talon *m; (kakasé)* ergot *m;* 3. *növ: (virágé)* onglet *m;* 4. *(hajón, hídpilléren)* éperon; 5. *ép:* bec *m;* éperon
sarkantyúka *növ:* capucine *f*
sarkantyúz [~tam, ~ott, ~zon] 1. éperonner; 2. *átv:* talonner; aiguillonner
sárkány 1. dragon *m;* hydre *f;* 2. *fiz, ját:* cerf-volant *m;* 3. *(ember, asszony)* dragon
sárkányfajzat engeance *f* de vipère
sarkcsillag étoile polaire *v* immobile
sárkefe brosse à décrotter; décrotteuse *f*
sarki [~ak, ~t] 1. *(földsarki)* polaire; arctique; ~ expedíció expédition au pôle; mission polaire *f;* ~ *fauna* faune holarctique *v* holantarctique *f;* ~ *fény* lumière *v* aurore polaire; aurore boréale; ~ *róka* renard bleu *v* arctique; isatis *m;* 2. *(utcasarki)* du coin; ~ *rendőr* l'agent *m* du coin
sarkigazság axiome *m;* vérité première
sarkítás polarisation *f*
sarkkő 1. *ld:* **sarokkő**; 1. *átv:* pierre angulaire; clef *f* de voûte; pivot *m*
sarkkör cercle polaire *v* arctique *(északi) v* antarctique *(déli)*

sarkkutató explorateur polaire *m*
sarkpont 1. *csill:* pôle *m;* 2. *fiz:* pivot; 3. *kat:* pivot 4. *átv:* cheville ouvrière; pierre angulaire *f;* pivot
saktávolság distance polaire *f*
sarktétel axiome *m*
sarkvidék terres polaires *f pl*
sarkvidéki polaire; *(északi)* arctique; circumboréal, -e; *(déli)* antarctique
sarlatán [~ok, ~t, ~ja] charlatan, -e *n;* empiriste; empirique *m*
sárlik [~ott] être en rut *v* en chasse
sarló [~k, ~t, ~ja] faucille *f;* ~ *és kalapács* la faucille et le marteau
sármány *áll:* bruant; bruyant; bréant *m; kerti* ~ bruant (ortolan) *m*
saroglya [-ák, -át, -ája] 1. *(szekéren)* cul *m* de charrette; 2. *(teherhordásra)* bard *m;* 3. *(betegehordó)* brancard *m*
sarok [sarkok, sarkot, sarka] 1. *(lábé)* talon *m;* 2. *(cipőé)* talon; quartier *m;* 3. *(könyvé, tárgyé)* coin *m; (tárgyé)* angle *m;* 4. *(utcáé, szobáé)* coin; angle; ~*ba állít (vkit)* mettre au coin; *az asztal sarkán* à l'angle de la table; *az utca sarkán* au coin de la rue; 5. *(ajtóé)* gond *m;* 6. *(ajtó, ablak oldalán)* paumelle *f; (mindenféle forgó)* charnière *f; kiemeli a sarkából* enlever de ses gonds; 7. *vill:* pôle *m;* 8. *(szólásokban:)* ~*ba szorít* acculer; pousser dans ses derniers retranchements; *ellenfelét* ~*ba szorítja* coincer son adversaire; *egymás sarkában* botte à botte; *vkinek a sarkában* aux trousses de q; *sarkában van* s'attacher aux pas de q; *(az üldözött mint alany)* avoir q à ses trousses; *az ellenség sarkában van* poursuivre l'ennemi l'épée dans les reins; *a tolvajok sarkában van* suivre les voleurs à la piste; *sarkon fordul* faire demi-tour; *sarkára áll* se dresser sur ses ergots; se cambrer
sarokház maison *f v* bâtiment *m* d'angle
sarokkő 1. borne; pierre d'angle *v* angulaire *f;* 2. *átv: ld:* **sarkkő**
sáros [~ak, ~at; ~an] 1. boueux; fangeux, -euse; 2. *(út)* boueux; gâcheux, -euse; 3. *(sártól piszkos)* marculé(e) de boue

sárszalonka; *kis* ~ bécassin; jaquet *m;* *nagy* ~ bécassine *f*
saru [~k, ~t, ~ja] 1. sandale *f;* 2. *(fékrész)* sabot *m* (d'enrayage); 3. *vili:* cosse *f*
sárvédő garde-boue; garde-crotte; garde-roue *m; aut:* pare-boue *m*
sas [~ok, ~t, ~a] aigle *m; (nőstény)* aigle *f*
sás *növ:* laîche *f*
sasfiók aiglon *m; (nőstény)* aiglonne *f*
sáska sauterelle *f;* criquet *m;* locuste *f*
sáskajárás invasion *f* des sauterelles
sáskarák squille; sauterelle *v* mante *f* de mer
saskeselyű; *szakállas* ~ gypaète *m*
sasorr nez aquilin *v* busqué
sasszeg *műsz:* goupille fendue; clavette *f*
saszla [-ák, -át] chasselas *m*
sátán [~ok, ~t, ~ja] *vall:* Satan *m*
sátáni [~ak, ~t; ~an] satanique; démoniaque; *(sátánhoz méltó)* satané, -e
satnya [-ák, -át; -án] chétif, -ive; rabougri; étoilé, -e; malingre
sátor [sátrak, sátrat, sátra] tente *f;* pavillon *m* (de tente); *(piaci)* éventaire *m; (camping* ~*)* tente de camping
sátorfa poteau *m* de tente; *felszedi a -fáját* lever *v* replier la tente; *átv: szedi a -fáját* lever ses tentes; prendre ses cliques et ses claques
sátorlap toile *f* de tente
sátorvirágzat *növ:* corymbe *m*
satöbbi *et caetera, et caetera;* et tout, et tout
satu [~t, ~ja] étau *m*
sav [~ak, ~at, ~a] acide *m*
sáv [~ok, ~ot, ~ja] 1. raie; rayure; striure; strie *f;* 2. *ép: (párkányon, bolthajtáson)* fasce *f;* 3. *(terület stb.)* bande; zone *f*
savanyít [~ottam, ~ott, ~son] rendre aigre; aigrir; acidifier; *káposztát* ~ fabriquer *v* préparer de la choucroute
savanyított *káposzta* choucrouote *f*
savanykás aigrelet; aigret, -ette; acidulé, -e; ~ *íz* saveur aigrelette

savanyú [~ak, ~t] 1. aigre; acide; *(gyümölcs)* sur, -e; acide; acerbe; ~ *alma* pomme acide *v* sure; ~ *bor* vin vert *v* aigrelet *v* verjuté; verjus *m;* ~ *cukor* bonbon acidulé; ~ *szőlő* raisin vert; *átv:* ~ *a szőlő* autant en dit le renard des mûres; 2. *vegy:* ~ *közeg* milieu acide *m;* 3. *(ember)* grincheux, -euse; acerbe; aigre; ~ *arc* visage renfrogné; figure renfrognée; ~ *arcot vág vmihez* faire mauvais visage à qc; ~ *ember* esprit chagrin; ~ *képű* tirste comme un bonnet de nuit
savas [~ak, ~at] acide; acidifère; acidifié, -e; ~ *anyag* principe acide *m*
sávoly [~ok, ~t, ~a] 1. *tex:* serge *f;* 2. *(szöveten)* grain *m*
savós [~ak, ~at; ~an] séreux, -euse; ~ *mellhártyagyulladás* pleurésie exsudative; ~ *tej* lait séreux
sávos [~ak, ~at; ~an] rayé; strié; tigré; zébré, -e
sávszűrő filtre *m* passe-bande
sávoz [~tam, ~ott, ~zon] 1. rayer; strier; zébrer; 2. *(edényt, süteményt)* schiqueter
savtartalom teneur en acide; acidité *f*
se 1. *ld:* sem; 2. *se apja, se anyja* il n'a ni père ni mère; *se így, se úgy* entre les deux; entre deux; *se jól, se rosszul* comme ci comme ça; 3. *se nem ld:* sem; *se nem . . . se nem* ni . . . ni . . .
seb [~ek, ~et, ~e] 1. blessure; meurtrissure *f; (nyílt)* plaie *f;* hatalmas ~ large blessure; ~ *széle* lèvre *f;* ~*eibe belehal* mourir (à la suite) de sa blessure; succomber à ses blessures; ~*et ejt* faire une blessure à q; ~*et kap* recevoir une blessure; 2. *átv:* ~*et ejt vkinek a becsületén* porter atteinte à l'honneur de q
sebaj! qu'à cela ne tienne ! tant pis !
sebes [~ek, ~et] I. *(mn)* 1. couvert(e) *v* criblé(e) de blessures *v* de plaies; 2. *(gyors)* rapide; prompt; accéléré, -e; II. *(hat)* ~ *vágtatva* au grand galop
sebesség 1. rapidité; vitesse; vélocité; allure *f; legnagyobb* ~ vitesse maxi-

sebességmérő 830 **segélyalap**

mum *v* maxima; ~*e* csökken être en perte de vitesse; *aut:* ~*et vált* passer les vitesses; *teljes* ~*gel* à toute vitesse; en pleine vitesse; *óránként 100 km-es* ~*gel* à une vitesse de 100 km à l'heure; 2. *átv:* promptitude; célérité *f*
sebességmérő tachymètre; tachomètre *m; aut:* compteur *m* de vitesse
sebességváltó 1. changement (de vitesse); 2. régulateur *m* de vitesse
sebesülés blessure *f;* traumatisme *m*
sebesült [~ek, ~et; ~en] I. *(mn)* blessé, -e; II. *(fn)* blessé *m;* súlyos ~ grand blessé
sebesülthordozó brancardier *m* d'ambulance
sebesültszállító *autó* ambulance-automobile *f*
sebész [~ek, ~t, ~e] chirurgien *m*
sebészeti *beavatkozás* intervention chirurgicale; ~ *plasztika* chirurgie réparatrice *v* restauratrice *v* esthétique
sebezhető vulnérable
sebforradás cicatrice; couture; balafre *f*
sebhely cicatrice; la marque d'une blessure; couture *f;* stigmate *m*
sebkötés pansement *m*
sebkötő bandage *m*
sebkötözőcsomag boîte à pansements; trousse *f* de premier secours
sebkötözőhely poste *m* de secours
sebláz fièvre traumatique *v* des blessés *f*
sebtapasz emplâtre; sparadrap; albuplaste *m*
sebtében; sebtiben à la hâte; en toute hâte; hâtivement; au pied levé; à la diable; *(étkezésről)* sur le pouce; *vmit* ~ *csinál* faire qc au pied levé *v* dare-dare; ~ *összeró v összetákol* bâcler tant bien que mal; *(munkát)* ~ *összeüt* brocher (un ouvrage)
sebtömő tampon *m*
sebvezeték *orv:* trajet *m*
sebzett [~ek, ~et] blessé; meurtri; écorché, -e
segéd [~ek, ~et, ~je] 1. aide *m (női: f);* 2. *(bolti)* garçon de comptoir; commis *m;* 3. *(iparban)* premier; aide; ouvrier; *m* 4. *(párbajban)* second; témoin *m*

segédanyag 1. matière auxiliaire *f;* matériaux auxiliaires; 2. *fil:* matière instrumentale
segédcsapatok secours *m pl;* troupes *f pl* de renfort
segédeszköz expédient; adjuvant *m; (könyvről)* instrument *m* de travail
segédforrás ressource *f*
segédhivatal bureau auxiliaire *m;* chancellerie *f*
segédige (verbe) auxiliaire *m*
segédkezés assistance *f* (à)
segédkezik [~tam, ~ett, ~zék *v* ~zen] *(vkinek)* assister q; seconder q
segédkönyv manuel; instrument de travail; ouvrage *m* de référence
segédlet assistance *f; vkinek* ~*ével* par le ministère de q
segédmotor 1. servo-moteur; moteur auxiliaire *m;* 2. *(kerékpáron)* vélomoteur *m; (csónakon)* propulseur *m*
segédmunkás(nő) ouvrier (-ière) auxiliaire; manœuvre *m*
segédorvos 1. médecin auxiliaire *v* assistant; interne *m* (à l'hôpital); 2. *kat:* (médecin) aide-major *m*
segédszolgálat *kat:* services auxiliaires *m pl*
segédtiszt 1. *kat:* aide de camp; officier d'ordonnance; adjudant-chef *m;* 2. *(hivatalban)* rédacteur, -trice; expéditionnaire *n;* 3. *(gazdasági)* sous-intendant dans une propriété
segédtitkár secrétaire adjoint
segédtudomány science auxiliaire *v* complémentaire *v* latérale
segédváltozó paramètre *m*
segély [~ek, ~t, ~e] 1. secours *m; első* ~*(nyújtás)* premiers secours (aux blessés); *első* ~*ben részesít* donner les premiers secours à q; 2. *(fizetésben)* indemnité; allocation *f;* 3. *(megszorultnak)* subside; secours *m; gyors* ~ secours d'extrême urgence; ~*re szoruló* nécessiteux, -euse; ~*t oszt* distribuer des secours; ~*t kér* demander une subvention *v* un secours
segélyakció œuvre *f* de secours
segélyalap caisse *f v* fonds *m* de secours; fonds d'assistance

segélyállomás poste *m* de secours
segélyegyesület; segélyegylet société de prévoyance; association *f* d'avances; *(kölcsönös megsegítésre)* mutuelle; *(francia)* (la) mutualité (française)
segélyez [~tem, ~ett, ~zen] assister q (de sa bourse *v* matériellement); subventionner
segélyforrás ressource *f*
segélyhely poste *m* de secours; ambulance *f*
segélykiáltás appel au secours; appel *v* cri *m* de détresse
segélykocsi *(sárga angyal)* dépanneuse *f*
segélynyújtás assistance *f; első* ~ les premiers secours; *gazdasági* ~ aide économique *f*
segélypénztár caisse *f* d'assistance *v* de secours
segélyvonat train *m* de secours
segít [~ettem, ~ett, ~sen] **1.** *(vkinek, vkin, vkit)* secourir; aider; seconder *(mind:* q); aider; prêter aide; porter secours; donner un coup d'épaule *(mind:* à q); **2.** ~*ik egymást;* ~*nek egymásnak* s'entraider; s'aider (mutuellement); **3.** ~ *magán* s'aider; ~ *magán, ahogy tud* il se débrouille comme il peut; **4.** *(vmi bajon)* remédier à qc; obvier à qc; *itt semmi sem* ~ rien n'y fait; **5.** *(vkit vmihez)* faire obtenir qc à q; aider q à obtenir qc
segítőkészség 1. la volonté d'aider; **2.** bienfaisance; charité *f*
segítőtárs auxiliaire *n; életének* ~*a* son compagnon de vie; sa compagne
segítség 1. secours *m;* aide; assistance *f; segítség!* au secours! ~*ért kiált* crier à l'aide; ~*ért könyörög* implorer son secours; *vkinek* ~*éhez folyamodik* recourir à q; avoir recours à q; ~*re jön* intervenir; ~*ére siet vkinek* se porter *v* (ac)courir *v* se précipiter *v* voler au secours de q; ~*re szorul* avoir besoin de secours; ~*re szoruló* indigent, -e; ~*et kér* réclamer du secours; *(csapatokat)* demander *v* réclamer des renforts; *fegyveres* ~*et kér* requérir la force publique; ~*et nyújt* donner son assistance à q; ~*ül hív* recourir (à); avoir recours (à); *vminek v vkinek* ~*ével* à l'aide de q; avec l'aide de q; *az idő* ~*ével* le temps aidant; **2.** *(kiegészítő, pótló)* appoint *m*

sehogy(an) *(se v sem)* en *v* d'aucune manière; nullement; *(hogylétről)* ni bien ni mal
sehol *(sem)* nulle part; à *v* en aucun endroit
I. *(ige)* **sejt** [~ettem, ~ett, ~sen] se douter de qc; pressentir; soupçonner; prévoir; *rosszat* ~ avoir de mauvais pressentiments; *még csak nem is* ~*i* il ne s'en doute guère *v* même pas; *amennyire* ~*eni lehet* autant qu'on peut préjuger; ~*em* j'en ai le soupçon; *nem is* ~*ettem, hogy maga ilyen természetű* je ne vous soupçonnais pas ce caractère; *biz:* ~*ed, hogy örültem* tu penses *v* tu parles si j'étais content; *mit sem* ~*ve* sans se douter de rien; sans penser à mal; *rosszat* ~*ve* se doutant de qc; soupçonnant qc
II. *(fn)* **sejt** [~ek, ~et, ~je] **1.** *méh:* cellule *f;* alvéole *m;* **2.** *él:* cellule; **3.** *(szervezeti)* cellule *f;* noyau *m*
sejtbomlás *él:* lyse; cytolyse *f*
sejtelem [-lmet, -lme] pressentiment *m;* -lmem sincs róla je n'en ai pas la moindre idée
sejtelmes [~ek, ~et] mystérieux, -euse
sejtet donner à penser; laisser prévoir (à q)
sejtfal paroi cellulaire *f*
sejtmag noyau (cellulaire); nucléus *m*
sejtmagosztódás division cellulaire *f*
sejtnedv suc vacuolaire *m*
sejtoszlás division cellulaire; prolifération *f*
sejtrendszer 1. colonie *f* de cellules; **2.** *átv:* le système des cellules
sejtszerkezet architecture cellulaire *f*
sejtszerű cellulaire; alvéolaire; ~ *üreg* alvéole *m*
sejtszövet tissu cellulaire *v* lamineux *m*
sejttan cytologie *f*
sejtüreg vacuole *f*
sekély [~ek, ~t; ~en] **1.** bas, basse; peu profond(e); ~ *víz (folyóban,*

tengerben) bas-fond *f*; *(fürdésre)* grenouillère *f*; *(uszodában)* petit bain; 2. *átv* superficiel, -elle
sekélyes [~ek, ~et] superficiel, -elle; frivole; futile
sekrestye [-ék, -ét, -éje] sacristie *f*
sekrestyés sacristain; *(parádés, bottal)* suisse *m* d'église
selejt [~ek, ~et, ~je] chute; malfaçon *f*; rebut *m*; produit défectueux
selejtáru camelote; pacotille; marchandise *f* de rebut
selejtes [~ek, ~et] de qualité inférieure *v* médiocre; de rebut
selejtez [~tem, ~ett, ~zen] 1. faire le tri; trier; 2. *sp:* éliminer
selejtező [~k, ~t, ~je] *sp:* ~ döntő poule finale
selejtszázalék pourcentage *v* taux *m* du rebut
sellő [~k, ~t, ~je] 1. ondine; naïade *f*; 2. *(zuhogó)* rapide; torrent *m*
selyem [selymek, selymet, selyem] soie; soierie *f*
selyemfényű d'un éclat soyeux; chatoyant, -e
selyemfestő peintre *m* sur soie
selyemfiú 1. gigolo; greluchon *m*; 2. *(utcai nőé)* souteneur; alphonse *m*
selyemfonal fil *m* de soie
selyemgubó cocon *m*; ~k leforrázása décrûment *m*
selyemgyár manufacture de soie; soierie *f*
selyemharisnya bas *m* de soie
selyemhernyó ver *m* à soie
selyemhernyótenyésztés sériciculture *f*
selyemkendő fichu de soie; foulard *m*; mantille *f*
selyemlepke bombyx du mûrier; séricaire *m*
selyempapír papier de soie *v* mousseline *m*; *(könyvben, metszetek kímélésére)* serpente *f*
selyempincs King Charles; bichon; havanais *m*
selyemsál écharpe *f* de soie; foulard *m*
selyemzsinór cordonnet *m* de soie; *(törököknél)* le fatal lacet
selymes [~ek, ~et; ~en] *(tapintatú, fogású)* soyeux, -euse; *(puhaságú)*

satiné, -e; ~ fényű *(ékkő, selyem stb.)* chatoyant, -e
selypít [~ettem, ~ett, ~sen] zézayer; bléser; susseyer; zozoter
sem 1. non plus (que ...); pas plus que ...; *én* ~ moi non plus; *ő maga* ~ *hiszi, amit mond* il ne croit pas lui-même à ce qu'il dit; *úgy kirúgom, hogy a lába* ~ *éri a földet!* je le flanquerai à la porte et comment! 2. *(tagadó szó után nem fordítandó pl:) sehol* ~ *látom* je ne le vois nulle part; 3. *egy(ik)* ~ *(kettő közül)* ni l'un ni l'autre; *egy(ik)* ~ *(több közül)* aucun (d'eux); 4. *sem...* *sem... ni... ni...;* *(tagadás után) ni...;* ~ *én,* ~ *ő* ni moi, ni lui; *nincs* ~ *barátja,* ~ *ellensége* il n'a ni amis ni ennemis; 5. ~ *azt, hogy* ni que ...; *még...* ~ même pas
séma [-ák, -át, -ája] schéma; schème *m*; épure *f*
sematikus schématique
sematizmus 1. caractère schématique; usage abusif des clichés *v* du poncif; 2. *fil:* schématisme *m*
semerre nulle part; en aucun lieu
semhogy (plutôt); que de *(inf)*
sémi [~ek, ~t] sémitique; sémite
semleges [~ek, ~et] I. *(mn)* 1. neutre; neutraliste; *a* ~ *államok* les puissances neutres; ~ *övezet* zone neutre *v* tampon *f*; 2. ~ *nem* neutre *m*; 3. *vegy, fiz:* indifférent, -e; inactif -ive; II. *(fn)* neutre; neutraliste *m*
semlegesség neutralité *f*
semmi I. *(önállóö nm) (sem)* rien; rien au monde; II. *(fn)* 1. *(semmiség) a* ~ le néant; 2. *(igével:)* ne ... rien; ne ... rien du tout; 3. *mat:* zéró; 4. *az* ~! *ez* ~! ce n'est rien! *(amit mond)* ce que vous dites est rien; ~ *az egész!* la belle affaire! *több(et)* ~ sans plus; *ez is több, mint* ~ cela vaut mieux que rien; *abból nem lesz* ~ il n'en sera rien; *az ügyből nem lett* ~ l'affaire est allée à vau-l'eau; *egyáltalán* v *éppen* ~ rien de rien; *(~ vagy) majdnem* ~ (rien ou) si peu que rien; ~ *sem segít* rien n'y peut *v* n'y fait;

semmije sincs il n'a rien; il manque de tout; il est à sec; *jóformán* ~*be sem került* je l'ai eu pour rien; ~*be se vesz* compter pour rien; faire peu de cas de qc; traiter de bagatelle; ~ *be sem veszi a törvényt* se jouer des lois; *a* ~*ből él; a* ~*ből is megél* vivre de l'air du temps; ~*ért* pour rien; pour néant; pour des prunes *biz;* ~*ért a világon* pas pour un royaume; *a* ~*nél is kevesebb* c'est moins que rien; *ez is többet ér a* ~*nél* cela vaut mieux que rien; ~*re sem jó* il n'est bon à rien; *ez* ~*re se jó* cela ne sert à rien; ~*ről sem tud semmit* il ne sait rien de rien; ~*t sem csinál (henyél)* il ne fait rien; ~*t se csinál* il n'a rien fichu *biz;* ~*t sem értek az egészből* je n'y comprends *v* entends rien; *nem tesz* ~*t!* cela ne fait rien; il n'y a pas de danger; ~*t sem tud* il ignore tout; ~*vé tesz* réduire *v* être réduit(e) à rien *v* à zéro *v* à néant; *(terv stb.)* s'en aller en brouet d'andouille *nép;* ~*vel egyenlő* inexistant, -e; égal à zéro; ~*vel sem törődik* rien ne lui fait; **III.** *(mn)* aucun, -e; nul, nulle; *(igével:)* ne... aucun; ne... nul; *nincs* ~ *gondja* il n'a aucun *v* nul souci; ~ *de!* pas de mais! ~ *áron à aucun* prix; *csak* ~ *beszéd v ellenkezés!* pas d'histoires *v (biz)* de chichi! ~ *esetre (sem)* en aucun cas; jamais de la vie; ~ *esetre se menj el!* surtout n'y va point! ~ *hiba* nul défaut; ~ *kétség* pas de doute; ~ *más(t)?* rien que cela? *nincs ebben* ~ *rossz* il n'y a pas de mal à cela; ~ *több(et)?* rien que cela? ~ *újság?* pas de nouvelles?
semmiféle 1. aucun, -e; nul, nulle; aucun(e)... quel qu'il soit; *nem fogadja el* ~ *formában* il ne l'accepte pas sous quelque forme que ce soit; **2.** *(igével):* ne... aucun
semmikor jamais; à aucun moment
semmis [~ek, ~t] nul (et non avenu), nulle (et non avenue); caduc, -uque; sans effet; ~*nek nyilvánít* annuler; déclarer nul(le) [et non avenu(e)];

53 Magyar–Francia kézi

frapper de nullité; ~*sé válik* devenir caduc (-uque)
semmiség 1. *(csekély dolog)* une bagatelle; un rien; futilité *f; egy* ~ *miatt* pour un oui, pour un non; ~*eken bosszankodik* se fâcher pour des misères; **2.** néant *m;* **3.** *(tárgy)* babiole; rocambole; fanfreluche *f*
semmitmondó insignifiant, -e; vague; inepte; quelconque; anodin, -e
semmittevés désœuvrement *m;* indolence; fainéantise; oisiveté *f; (nem szándékos)* inertie *f; édes* ~ le doux farniente
senki [~k, ~t] **I.** *(mn)* ~ *(se v sem)* **1.** personne (ne...); nul homme; pas un; ~ *sem érti* personne ne le comprend; ~ *sincs, aki ne*... il n'y a celui qui ne *(subj);* ~ *emberfia* personne au monde; *kat, pol:* ~ *földje* zone morte; no man's land *m;* ~ *szigete* île déserte; ~ *más* nul autre; personne d'autre; *először, másodszor,* ~ *többet? harmadszor!* une fois, deux, adjugé! **2.** *(több közül)* aucun (ne...); nul (ne...); **II.** *(fn)* **1.** ~*m sincs* je n'ai (absolument) personne; **2.** *nem vagyok* ~*je* je ne suis rien pour lui; **3.** *pej:* zéro *m* (en chiffre); *egy nagy* ~ il est nul; c'est un homme de rien
senyved [~tem, ~ett, ~jen] **1.** dépérir; languir; **2.** *(növény)* s'étioler
seper [~tem, ~t, ~jen] **1.** balayer; **2.** *(kéményt)* ramoner; **3.** *átv: ruhája sepri a földet* votre robe traîne
seprő [~k, ~t, sepreje *v* ~je] **1.** *(boré)* lie *f;* dépôt *m;* **2.** *átv: az emberiség sepreje* la lie *v* l'écume *f* de l'humanité
seprőpálinka marc *m*
seprű [~k, ~t, ~je] balai *m; új* ~ *jól seper* balais neufs balaient bien
serceg [~tem, ~ett, ~jen] grésiller; crépiter; fuser; *(toll)* crisser
sercegés 1. grésillement *m;* crépitation *f;* **2.** friture *f;* bruit *m* de friture
sercegő [~k, ~t] **1.** crépitant, -e; **2.** *orv:* ~ *üszök* gangrène gazeuse

serdülés 834 sértett

serdülés 1. adolescence *f;* **2.** *(nemi)* puberté *f*
serdületlen 1. innocent; mineur, -e; en bas âge; **2.** *jog:* impubère
serdülő [~k, ~t] adolescent, -e; ~ *kor* adolescence *f*
sereg [~ek, ~et, ~e] **1.** armée *f;* **2.** *(madár)* un vol de...; une volée de...; *(hal)* banc *m* (de poissons); **3.** *(csoport)* troupe; fournée; légion *f;* **4.** *(sok) egy* ~ ... un grand nombre de...; une foule de; *egy* ~ *dolgot nem értettem* il y a un tas de choses que je n'ai pas comprises; *egész* ~ *hibát találtam* j'ai trouvé un tas de fautes
seregély [~ek, ~t, ~e] *áll:* étourneau; sansonnet *m*
seregestül en masse; par paquets; par troupes
sereglik [~ett, seregeljék *v* seregeljen] affluer; se présenter en masse
seregszemle revue *f;* *-ét tart vmi fölött* passer en revue qc
sérelem [-lmek, -lmet, -lme] **1.** *(anyagi)* préjudice; tort *m;* lésion *f;* *-lmet szenved* subir un tort; **2.** *(erkölcsi)* lésion; atteinte; violation *f;* **3.** grief *m;* *tört:* doléance *f;* *előadja -lmeit* exposer ses griefs
sérelmes [~ek, ~et; ~en] préjudiciable; portant atteinte à qc
sérelmez [~tem, ~ett, ~zen] faire grief de qc; incriminer
serény 1. *(ember)* assidu; diligent; empressé, -e; **2.** *(munka)* assidu, -e; intense; suivi, -e
serke lente *f*
serked [~t, ~jen] **1.** jaillir; gicler; **2.** *szakálla kezd ~ni* sa barbe commence à poindre
serkent [~ettem, ~ett, ~sen] pousser; stimuler; encourager; aiguillonner
serleg [~ek, ~et, ~e] **1.** hanap; gobelet *m;* *(görög)* cratère *m;* **2.** *sp:* coup *f;* **3.** *(vizikeréken)* auget; godet *m;* *(kotrón)* cuiller *f*
serpenyő [~k, ~t, ~je] **1.** plat *m* à rôtir *v* à gratin; bassin *m;* *(nyeles)* sauteuse *f;* sautoir *m;* *(mélyebb)* casserole *f;* **2.** *(mérlegé)* plateau *m;*
lenyomja a mérleg ~jét faire pencher la balance; **3.** *müsz:* casse *f*
sért [~ettem, ~ett, ~sen] **1.** *(testileg)* blesser; meurtrir; **2.** *orv:* intéresser; **3.** *(fület, szemet)* blesser; offenser; *a hamis hang ~i a fület* une fausse note blesse l'oreille; **4.** *ált:* choquer; offusquer; **5.** *(érdeket)* blesser; léser; porter atteinte (à); *~i a józan észt* faire outrage à la raison; *~i az erkölcsöt* outrager la morale; *~i vkinek a nézeteit* froisser les opinions de q; **6.** *(érzelmileg)* offenser; blesser; froisser; *vérig ~ blesser au vif*
serte [-ék, -ét, -éje] soie *f* (de porc)
sertés porc *m;* *ld. még:* **disznó**
sértés 1. injure; insulte; offense; invective *f;* *(súlyos)* outrage cruel; *nyilvános ~* affront *m;* *a ~ek özöne* un flot *v* un torrent d'injures; **2.** *testi ~* voie *f* de fait (personnelle); coups et blessures; *jog:* gondatlanságból okozott testi ~ blessures involontaires; *könnyű testi ~* blessures *v* violences légères; *súlyos testi ~* coups et blessures
sertésállomány cheptel porcin
sertésborda côte *v* côtelette *f* de porc
sertéscomb cuisse *f v* cuissot *v* quasi *m* de porc
sertéshizlalás engraissement *m* des porcs
sertéskaraj côtelette *f* de porc
sertéslapocka épaule *v* épaulette *f* de porc
sertésól étable à porcs; loge de truie; porcherie *f*
sertésorja échine *v* échinée *f* de porc
sertéspestis pneumoentérite infectieuse du porc
sertészsír graisse *f* de porc; saindoux *m*
sértetlen [~ek, ~t] intact, -e; entier, -ière; sauf, sauve
sértetlenség bonne conservation; conservation parfaite; intégrité *f*
sértett [~et] **I.** *(mn)* **1.** *(személy)* offensé; insulté, -e; *~ hiúság* blessure *f* d'amour-propre; **2.** *jog:* ~ *fél* personne lésée; partie lésée; *~ félként jelentkezik* se porter *v* se constituer partie civile; **II.** *(fn)* **1.** *(becsü-*

sérthetetlen 835 sikamlós

letügyben) offensé *m;* 2. *jog:* partie civile *v* lésée; *(bűncselekményé)* victime *f*
sérthetetlen inviolable; *(gúny. is:)* sacro-saint, -e
sérthetetlenség inviolabilité *f;* caractère inviolable *m; (képviselőé, diplomatáé)* immunité *f*
sértő [~t] I. *(mn)* 1. blessant; outrageant, -e; injurieux, -euse; offensant; insultant, -e; *(vkire nézve:* pour q); ~ *kifejezés* v *kitétel* propos *v* terme injurieux; 2. *jog:* lésionnaire; II. *(fn)* offenseur *m;* insulteur, -euse *n*
sértődés froissement *m;* pique *v* blessure *f* d'amour-propre
sérülés *(testen)* lésion *f:* traumatisme *m; (bőrön)* dilacération *f; belső* ~ lésion interne
sérült [~ek, ~et; ~en] 1. *(ember)* blessé, -e; 2. *(tárgy)* endommagé; détérioré, -e; 3. *ker: (áru)* taré, -e; 4. *(hajó, gép)* avarié, -e; 5. *sugárzástól* ~ radiolésé, -e
sérv [~ek, ~et, ~e] hernie *f;* ~*et kap* attraper *v* se faire une hernie
sérvkizáródás *orv:* étranglement *m* de hernie
sérvkötő bandage (herniaire) *m;* ceinture hygiénique *f*
seszínű d'une couleur imprécise *v* fade
séta [-ák, -át, -ája] promenade *f; (autón)* course *f; -át tesz* faire quelques pas *v* un tour; *-át tesz a városban* se promener par la ville
sétabot canne *f*
sétahajó bateau-promenade *m*
sétál [~tam, ~t, ~jon] se promener; prendre l'air; *(ballagva)* déambuler; *fel s alá* ~ se promener de long en large; faire les cent pas; ~*ni megy* aller se promener
sétáló [~k, ~t] promeneur; flâneur *m*
sétány promenade *f;* allée *f*
sétapálca canne *f*
sétarepülés vol *m* d'agrément
sétatér promenade *f*
setesuta [-ák, -át; -án] gauche; balourd, -e
settenkedés 1. rôderie *f;* 2. *(vki körül)* assiduités *f pl* autour de q

settenkedik [~tem, ~ett, ~jék *v* ~jen] *vki körül* ~ tourner *v* tournailler autour de q
sezlon [~ok, ~t, ~(j)a] chaise longue; sofa *m*
sí [~k, ~t, ~je] ski *m; sít felköt v felcsatol* chausser des skis; *sível* à ski **sicc!** va-t'en!
síel [~tem, ~t, ~jen] faire du ski *v* une partie de ski
siet [~tem, ~ett, siessen] 1. se hâter; se dépêcher; ~ *hogy;* ~ *(inf)* s'empresser de *(inf);* avoir hâte de *(inf); siessen!* dépêchez! hâtez-vous! faites vite! allez, oust! *nép; ne siessen!* prenez votre temps; *siet?* vous êtes pressé(e)? 2. *(vhová)* se hâter; se presser; *vkinek segítségére* ~ *ld:* **segítség;** 3. *elébe* ~ *vkinek* courir *v* se hâter à la rencontre *v* au-devant de q; *vki után* ~ courir après q; 4. *vmivel* ~ dépêcher qc; 5. *az óra* ~ l'horloge avance
sietős [~ek, ~t] urgent; pressant, -e
sietség hâte *f; nagy* ~ précipitation *f*
siettet hâter; (faire) presser; activer; brusquer
sietve hâtivement; à la hâte; à la diable
sifríroz [~tam, ~ott, ~zon] chiffrer; écrire *v* transmettre en chiffres; coder
siheder [~ek, ~t, ~e] galopin; garnement *m*
sík [~ot, ~ja] I. *(mn)* plan; égal; uni, -e; ~ *felület* surface plane; *a* ~*.mező* la vaste prairie; *a* ~ *pályán* en rase campagne; *a* ~ *tengeren* en haute mer; ~ *vidék* région plate *v* basse; plaine *f;* II. *(fn)* 1. *ld fentebb:* **sík** *vidék;* 2. *mat:* plan *m;* 3. *átv:* plan, échelon *m; értekezlet a legfelső* ~*on* conférence au sommet *v* à l'échelon le plus élevé
sikál [~tam, ~t, ~jon] 1. *(padlót)* brosser à l'eau chaude savonneuse; 2. *(edényt)* récurer
sikamlós [~ak, ~at] 1. glissant, -e; ~ *ösvény* sentier glissant; 2. *átv:* scabreu; licencieux, -euse; égrillard, -e; ~ *beszéd* propos lestes *v* guillerets

53*

sikátor [~ok, ~t, ~a] passage étroit; ruelle (étroite)
siker [~ek, ~t, ~e] (bon) succès; réussite; vogue *f; meleg ~* franc succès; *roppant ~* succès prodigieux; *teljes ~* succès complet; plein succès; *a ~ titka* les moyens de parvenir; *~e van* avoir du succès; *~re vezet* mener loin *v* à bonne fin; *~t arat* obtenir *v* remporter du succès; *a darab ~t aratott* la pièce a réussi; *nem nagy ~t aratott* il a obtenu un succès très relatif; *~rel* utilement; avec succès; efficacement; *~rel jár* réussir; aboutir; être couronné de succès
sikér [~ek, ~t, ~e] gluten *m;* aleurone *f; ~ tartalmú* glutineux, -euse
sikeres [~ek, ~t] réussi, -e; efficace; heureux, -euse
sikertelen sans résultat; vain, -e; infructueux, -euse
sikerül [~t, ~jön] 1. *(vmi)* réussir; aboutir; être mené(e) à bien; *jobban ~t, mint ahogy reméltem* le succès a dépassé mon espérance; *rosszul ~* mal réussir; tourner court; 2. *nem ~* ne pas réussir; échouer; rater; 3. *(vkinek, vmi)* réussir qc *v* à *(inf); ~ neki meggyőzni* il réussit à le convaincre; *nem ~ vmi vkinek* manquer qc; rater qc
siketfajd coq *m* de bruyère
síkfelület *mat:* surface *v* aire plane
síkfutás *sp:* course plate; plat *m*
sikít [~ottam, ~ott, ~son] pousser un cri aigu
sikk [~et] chic *m*
sikkaszt [~ottam, ~ott, -asszon] détourner; soustraire
sikkasztás détournement *m* (de fonds); soustraction *f;* abus *m* de confiance; malversation; indélicatesse *f; (közpénzből)* vol public; gabegie *f; (illetéktelenül behajtott pénzé)* concussion *f*
sikkasztó [~k, ~t] employé indélicat; auteur *m* d'un détournement; déprédateur, -trice *n*
sikkes [~ek, ~t] chic; avoir du chic; *~ nő* une femme chic

siklás 1. glissement *m;* 2. *rep:* glissade *f*
siklik [~ottam, ~ott] 1. glisser; *~ a vízen* glisser sur l'eau; 2. *(szán)* filer
sikló [~k, ~t] I. *(mn)* 1. glissant, -e; 2. *~ mozgás (vájatban, vezetékben stb.)* coulissement *m;* 3. *~ repülés* vol plané; II. *(fn)* 1. *áll:* couleuvre *f; vízi ~* couleuvre à collier *f;* serpent *m* d'eau; 2. *(vasút)* funiculaire *m*
siklórepülés vol plané
siklórepülő amateur *v* champion du vol plané
sikolt [~ottam, ~ott, ~son] pousser un cri (d'effroi *v* déchirant *v* d'alarme)
sikoltás cri déchirant *v* d'effroi
síkos [~ak, ~at; ~an] glissant, -e; *(jégtől)* verglacé, -e
síkraszáll *vkiért* prendre fait et cause pour q; entrer en lice pour q; *(vki ellen)* partir en guerre contre q; *~ vmely javaslat mellett v ellen* se lever pour *v* contre une proposition
síkság plaine *f;* bas-fond *m*
síküveg *ker:* verre plat
silány 1. de qualité inférieure; de mauvaise qualité; 2. *(fémről, anyagról)* vil, -e 3. *(növény)* rabougri, -e; 4. *(bor)* ginguet, -ette; 5. *(eredmény)* médiocre; *~ áru* camelote; marchandise *f* de pacotille; *~ bér* misérable salaire *m; ~ eredmény* médiocre *v* maigre *v* piètre résultat *m; ~ utánzat* toc *m;* contrefaçon grossière
siló [~t, ~ja] *mez, bány:* silo *m*
silóz [~tam, ~ott, ~zon] ensiler; ensiloter
sima [-ák, -át] 1. uni, -e; lisse; poli; égal, -e; *~ kéz* main douce; *~ szőrű* à poil ras; *~ tenger* mer plate; *~ út* chemin égal *v* plat; *(átv:)* chemin de velours; *~ víztükör* eau tranquille *f;* -*ára csiszol* polir; adoucir; -*ára fésült haj* cheveux plats; 2. *(anyag)* uni; non-ouvré, -e; 3. glabre; *~ arc* figure *f v* visage *m* glabre; *~ára borotvál* raser de près; 4. *~ fal* mur plein; *~ liszt* farine de premier jet; 5. *rád: ~ (blank) huzal* fil nu; 6.

simán 837 **siralomház**

(sík) nivelé, -e; 7. ~ *pálya* course plate; 8. *(kötésben)* à l'endroit; 9. ~ *lefolyású* sans incidents; 10. *(modor)* doux; poli; *pej*: doucereux, -euse
simán uniment; souplement; sans secousse; sans anicroche; de plainpied; ~ *elinéz* régler sans difficulté; ~ *folyik* v *gördül (beszéd, mű stb.)* cela coule comme de source; ~ *keresztülvisz vmit* faire qc haut la main; *minden* ~ *folyt le* tout s'est bien passé
simaság 1. le poli de...; le lisse de...; limure *f;* 2. *(földfelülete)* égalité *f;* 3. *(modorbeli)* urbanité; civilité; courtoisie *f*
simít [~ottam, ~ott, ~son] 1. dresser; 2. *(fát, simítókéssel)* aplaner; planer; 3. *(földet)* aplanir; 4. *(fémet)* polir; adoucir; 5. *haját a homlokára* ~*ja* plaquer ses cheveux sur son front; 6. *(falat)* ravaler; 7. *(művet)* retoucher
simító [~k] *(szerszám)* lissoir *m; (festőé)* couteau *m* de peintre; *(széles)* couteau à enduire
simogat caresser; passer *v* faire des caresses à q
simogatás caresse *f;* tendresses *f pl*
simul [~t, ~jon] 1. *(vkihez)* se serrer *v* se blottir contre q; 2. *(vmihez)* épouser *v* emprunter la forme de qc; 3. *(ruháról)* mouler le buste *v* la taille *v* la forme; 4. *átv: (vmihez)* se plier à qc; s'accommoder à qc
simulékony [~ak, ~at; ~an] souple; accommodant; pliant, -e
sín [~ek, ~t, ~je] 1. *(egy)* rail *m;* 2. *a* ~*ek* la voie (ferrée); 3. *(szerkezetben, csúsztató)* glissière *f;* 4. *(kötözéshez)* attelle; éclisse; clisse *f;* ~*be tesz* éclisser
sínautó(busz) autorail *m;* micheline; automotrice *f*
sincs(en) 1. (pas) non plus; *itt* ~ il n'est pas là non plus; 2. *nekem* ~, *neki* ~ je n'en ai point, ni lui non plus; 3. *egy* ~ *(aki)* il n'y en a aucun *v* pas un (qui *és subj.)*
síncsont cubitus *m*

sínpár *(kettős* ~*)* voie (doublée)
síntáv largeur de la voie *f;* écartement *m*
síntér [~ek, ~t, ~je] équarisseur; écorcheur *m*
sínylődik [~tem, ~ött, ~jék *v* ~jön] languir; dépérir; traîner; *nyomorban* ~ traîner une misérable existence
síp [~ok, ~ot, ~ja] 1. *(orgonán)* tuyau *m;* jeux *m pl;* 2. *(hangszer)* fifre; chalumeau *m;* flûte *f;* 3. *(hívó)* sifflet *m; (csalogató)* appeau *m*
sípcsont tibia *m*
sipít [~ottam, ~ott, ~son] glapir; piailler
sípjel coup *m* de sifflet
I. *(ige)* **sír** [~tam, ~t, ~jon] 1. pleurer; verser *v* répandre des larmes; *(csecsemőről)* vagir; ~ *az örömtől* pleurer de joie; ~*va fakad* fondre en larmes; 2. *biz:* se lamenter; gémir; 3. ~ *a hegedüje* son violon chante et soupire
II. *(fn)* **sír** [~ok, ~t, ~ja] tombe *f;* tombeau; sépulcre *m; közös* ~ fosse commune; *a* ~ *szélén áll* être au bord de la tombe; ~*ba száll* descendre au tombeau; ~*ba visz* mettre *v* conduire au tombeau; ~*ba viszi a titkát* emporter son secret dans la tombe; *forog* ~*jában* se retourner dans son tombeau; ~*ban nyugszik* reposer sous une tombe; ~*ig hü* fidèle jusqu'à la tombe; *a* ~*on túl* outre-tombe; ~*t ás* creuser une tombe
siralmas [~ak, ~at] lamentable; piètre; déplorable; piteux, -euse; ~ *állapotban* dans un triste état; ~ *dolog, hogy* c'est une pitié que *(subj);* c'est pitié *a (inf);* ~ *külső* air minable *m;* ~ *látvány* spectacle navrant
siralmasan lamentablement; pitoyablement
siralom [-almak, -almat, -alma] 1. lamentation; plainte; jérémiade *f; a* ~ *völgye* vallée *f* de larmes; 2. *kész* ~ c'est une vraie pitié
siralomház cellule *f* du condamné à mort

sirály [~ok, ~t, ~a] goéland *m;* *(kisebb)* mouette *f*
siránkozás lamentation; jérémiade *f*
sírás pleurs *m pl;* larmes *f pl;* larmoiement *m;* *(csecsemőé)* vagissement *m;* *közel van a ~hoz* être au bord des larmes; *~ra áll v görbül a szája* sa bouche se contracte; *~ra fogja (a dolgot)* recourir *v* avoir recours aux larmes
sírásó fossoyeur *m*
sirat *(vkit)* pleurer (sur) q
sírbolt caveau *m;* chambre sépulcrale; *(templomi)* crypte *f*
síremlék monument funéraire; tombeau *m*
sírgödör fosse *f*
sírhely 1. lieu *m* de sépulture; 2. *(községi temetőben)* concession *f;* *örök ~ concession* à perpétuité
síri [~ak, ~t] sépulcral, -e; funéraire; *~ csend* silence lugubre *m;* *~ hang* voix caverneuse
sírkő pierre tombale *v* funéraire
síró [~k, ~t] pleurant, -e; en pleurs; larmoyant; éploré, -e; *~ hang* ton larmoyant
sírvers épitaphe *f* en vers
sisak [~ok, ~ot, ~ja] 1. casque *m;* 2. *(középkori zárt ~ és címeren)* heaume *m;* 3. *nyílt ~kal veszi fel a küzdelmet* jouer carte sur table
sisakforgó panache; plumet; plumail *m;* aigrette *f*
sisakrostély ventail *m;* visière *f*
sisalkender henequen *m*
sistereg [-rgett, ~jen] grésiller; siffler; crépiter; crier
sitt [~ek, ~et, ~je]; *siti* [~k, ~t, ~je] *arg:* taule *f;* jetard *m;* *~re tesz* mettre au violon
síugrás saut *m* à *v* en skis
síugrósánc tremplin *m*
sivalkodás criaillement; piaillement *m*
sivalkodik [~tam, ~ott, ~jék *v* ~jon] pousser des cris stridents; glapir
sivár [~ak, ~t] 1. *(táj)* désolé, -e; aride; 2. *(lélek)* aride; désséché, -e; 3. *átf:* stérile; vide; morne
sivatag [~ok, ~ot, ~ja] désert *m; a ~ hajója* le vaisseau du désert

sivatagi [~ak, ~t] désertique; aréique
skála [-ák, -át] 1. *(beosztásnál)* échelle *f;* *-ával ellát* graduer ; 2. *(béreké)* l'éventail *m* (des salaires); 3. *(illetéki)* tarif; barème *m;* 4. *zen:* gamme *f;* *dúr-skála* ton majeur; 5. gamme; *műfajok -ája* le clavier des genres; 6. *ő kis -ájú ember* son registre est restreint; 7. *rád* cadran *m*
skálázás 1. *(énekesnőé)* vocalise *f;* 2. *(zongorán)* gammes *f pl*
skálázik [~tam, ~ott, ~zék *v* ~zon] 1. *(énekes)* chanter la gamme; 2. *(más)* faire des gammes
skandináv [~ok, ~ot] scandinave; *a ~ félsziget* la péninsule Scandinave
skarlát [~ok, ~ot, ~ja] I. *(mn) (piros)* écarlate; II. *(fn) orv:* scarlatine *f*
skarlátbeteg scarlatineux, -euse *(n)*
skarlátvörös rouge écarlate
skart [~ok, ~ot] écart *m*
skatulya [-ák, -át, -ája] 1. boîte *f;* carton *m;* *mintha -ából húzták volna ki* il est tiré à quatre épingles; 2. *biz:* *vén ~ (nőről)* vieille rombière
skatulyáz [~tam, ~ott, ~zon] classer; catégoriser
skicc [~ek, ~et, ~e] esquisse *f;* croquis; crayon *m*
Skócia [-át] l'Écosse *f*
skolasztikus scolastique
skontó [~k, ~t, ~ja] *ker:* escompte *m;* bonification *f;* *5% ~t ad* faire l'escompte de 5%
skorbut [~ok, ~ot] scorbut *m;* maladie *f* de Barlow
skorpió [~k, ~t, ~ja] scorpion *m*
skót [~ok, ~ot] I. *(mn)* écossais, -e; *~ duda* bag-pipe *m;* *~ (férfi-) szoknya* kilt *m;* *~ terrier (kutya)* skye-terrier *m;* II. *(fn)* 1. Écossais; 2. *biz:* radin; grippe-sou; lésineur *m*
skrupulus scrupule *m*
sláger [~ek, ~et, ~e] 1. *(előadásban)* attraction *f;* clou *m;* 2. *(divatos) ének)* dernière scie
slepp [~ek, ~et, ~je] 1. traîne *f;* 2. *biz:* suite *f;* 3. péniche *f*
slicc [~ek, ~et, ~je] braguette; brayette *f*

sliccelt [~ek, ~et] *div*: fendu, -e
smaragd [~ok, ~ot, ~ja] émeraude *f*
smaragdzöld (vert d')émeraude
smirgli [~t, ~je] papier-émeri *v* de sable
snapsz [~ok, ~ot, ~ja] *nép*: schnaps *m*
só [~k, ~t, ~ja] 1. sel *m;* corps salin; 2. *vegy*: *a sók kémiája* halochimie *f*
sóbálvány *bibl*: statue *f* de sel; *-nnyá mered* v *változik átv*: se pétrifier; être médusé(e)
sóbánya saline; mine de sel (gemme)
sóder [~t, ~(j)e] 1. sable *m* de rivière; 2. *arg* blablabla *m*
sodor [~tam, ~t, ~jon *v* -drottam, -drott] 1. *(csavarva)* tortiller; torsader; *(szálat)* tordre; *(selyemszálat)* mouliner; 2. *(tésztát)* abaisser *v* éteindre au rouleau; 3. *cigarettát ~* rouler une cigarette; 4. *(víz vmit)* entraîner; emporter; charrier; *a part felé ~ (ár, szél)* drosser; affaler; 5. *kellemetlen ügybe ~* embarquer dans une méchante affaire; *magával ~* entraîner
sodra [-át] 1. *haj*: *dagály ~ lit m* de marée; *a víz ~* le courant (de l'eau); *a víz -ában úszik* suivre le fil de l'eau; 2. *kihoz a -ából* pousser à bout; exaspérer; mettre le comble à son exaspération; dérouter; *kijön a -ából* sortir de ses gonds
sodrás 1. *(fonalé)* tordage; tors; tortillement *m;* 2. *(tésztáé)* abaisse *f;* 3. *(vízé)* courant *m;* *(iszapé)* charriage *m*
sodródik [~tam, ~ott, ~jék *v* ~jon] 1. *(vízen)* aller à la dérive; dériver; 2. *~ az árral* être entraîné(e) *v* se laisser porter par le courant
sodrony [~ok, ~t, ~a] fil *m* de fer; *(réz)* fil d'archal *v* de laiton
sodronymatrac sommier élastique *m*
sodrott [~ak, ~at] torsadé, -e
soför [~ök, ~t, ~je] chauffeur *m*
soförigazolvány permis *m* de conduire
soföriskola auto école *f*
sógor [~ok, ~t, ~a] 1. beau-frère *m;* 2. *ált*: allié *m;* 3. *tréf*: ami *m*
sógornő belle-sœur *f*

sógorság 1. qualité *f* de beau-frère *v* de belle-sœur; 2. *ált*: affinité *f;* 3. parents *m pl* par alliance
soha 1. *(önállóan)* jamais; 2. *(igével:)* ne... jamais; jamais... ne; *~ sincs nyugta* il n'a de repos ni jour ni nuit; 3. *~ de soha* (jamais,) au grand jamais; *~ többé* plus jamais; jamais plus; 4. *~ nem hallott* jamais entendu(e)
sóhaj [~ok, ~t, ~a] soupir *m*
sóhajt [~ottam, ~ott, ~son] soupirer; pousser un soupir
sóhajtozik [~tam, ~ott, ~zék *v* ~zon] 1. pousser *v* jeter des soupirs; 2. *vmi után ~* soupirer après qc
sok [~at] I. *(mn)* beaucoup de...; bien des...; bien du...; quantité de...; *(bon)* nombre de...; *nagyon ~; túlságosan ~* trop de...; *sok, sok...* beaucoup de...; quantité de...; *rengeteg ~* des trésors de...; *~ fáradságomba került* cela m'a coûté bien de l'effort; *~ ideje annak* il y a longtemps de cela; *~ időre* pour longtemps; *~ kifogást emel* soulever de nombreuses objections; *~ minden* bien des choses; *~ naivitás van benne* il a un grand fond de naïveté; *~ pénz* beaucoup d'argent; de fortes sommes; II. *(önálló nm)* beaucoup; un grand nombre; *(túlságosan, nagyon)* trop; *a ~ között* dans le nombre; entre *v* parmi les autres; *ez egy kicsit ~* vous y allez un peu fort; *ez már ~!* c'est un peu fort tout de même; *ez már mégis ~!* cela, c'est un peu fort; *nem ~* pas beaucoup; (ce n'est) pas grand-chose; *nem ~ kell hozzá, hogy elhiggye* pour un peu il le croirait; *sokba kerül* coûter gros *v* cher; *sokban* pour beaucoup; pour une bonne part; *~ban igazat adok neki* sur plus d'un point je lui donne raison; *sokért nem adnám* je ne donnerais pas cela pour beaucoup; *sokra megy fel* cela finit par faire beaucoup *v* par se chiffrer; *ezzel ugyan ~ra megyek!* cela me fait une belle jambe! *~ra becsül* tanir en haute

estime; ~ra tart vkit avoir une haute idée v opinion de q; nem ~ra tartják il n'est pas coté; ~ra viszi monter haut; sokat (tárgyról) beaucoup; bien des choses; ~at ad vmire ld.: ad; nem ~at ne... guère; nem ~at adok érte son affaire est claire v bonne v faite; ~at adnék, ha je donnerais gros si; ~at dolgozik travailler beaucoup; ez ~at elárul cela en dit long; nem ~at ér il ne vaut pas cher; ~at ígérő qui promet (beaucoup); riche de promesses; ~at mondok, ha c'est bien le diable si; ~at nyom a latban peser beaucoup dans la balance; nem ~at törődöm vele je m'en moque; je m'en soucie peu; ~at vitatott si débattu(e); très controversé(e); sokkal ld.: külön!
soká longtemps; pendant longtemps
sokáig longtemps; pendant v durant longtemps; még ~ d'ici longtemps; nem ~ ne... guère; ~ dolgozik veiller tard; ~ él vivre longtemps; ~ eltart mener loin; ~ marad? vous serez longtemps? nem tartott ~ cela n'a pas duré; ~ vár az utcán faire le pied de grue
sokall [~ottam, ~ott, ~jon] 1. trouver excessif (-ive); 2. ~ja a munkát il trouve qu'il y a trop de travail; már ~otta a dolgot il en avait assez
sokan beaucoup (de monde v de gens); quantité de gens; nagyon ~ une foule de personnes; ~ közülük beaucoup d'entre eux; ~ mások bien d'autres
sokára; nagy ~ longtemps après
sokaság 1. multitude; foule f; 2. (tömeg) foule; cohue; tourbe f; (sokféleség) multiplicité; richesse f
sokasodik [~ott, ~jék, ~jon] multiplier; proliférer
sokévi de beaucoup d'années; de longues v de plusieurs années; met: ~ átlag moyen embrassant une longue période
sokfelé à beaucoup d'endroits; un peu partout
sokféle trés varié(e); (igével:) varier beaucoup

sokgyermekes család famille nombreuse
sokk [~ok, ~ot, ~ja] shock; choc m
sokkal 1. de beaucoup; nem ~ ezután à quelque temps de là; peu (de temps) après; 2. (összehasonlításnál) (de) beaucoup plus; bien plus; ~ jobb (de) beaucoup (le) meilleur; bien meilleur; ~ több(et) (de) beaucoup plus; bien davantage
soknejű polygame (m)
soknejűség polygamie f
sokoldalú 1. mat: polygonal, -e; multilatère; 2. átv: multiple; varié, -e; universel, -elle; ~ szellem génie composite m; ~ tehetség talent souple m
sokszínű multicolore; bigarré, -e; ~ festés polychromie f
sokszor souvent; bien des fois; plus d'une fois; oly ~ tant de fois; si souvent
sokszoros [~ak, ~at] multiple; réitéré, -e; ~ bajnok plusieurs fois champion(ne); as m; ~ milliomos multimillionaire
sokszorosít [~ottam, ~ott, ~son] 1. polycopier; 2. reproduire (en plusieurs exemplaires)
sokszorosítás 1. polycopie f; 2. reproduction f; 3. film: multiplication f
sokszorosító gép polygraphe; ronéo; multiplicateur m
sokszög polygone; multilatère m
soktagú 1. (szó) polysyllabique; 2. mat: polynôme; 3. ~ család famille nombreuse
sólya [-ák, -át] haj: dock m de carénage; cale sèche v de lancement
solyom [sólymok, sólymot, sólyma] áll: faucon m
som [~ot, ~ja] cornouille; sanguinelle f
sómentes koszt régime déchloruré
sommás sommaire; compendieux, -euse; ~ elintézési mód moyen expéditif; ~ eljárás procédure sommaire f; ~ kereset action sommaire f; ~ visszahelyezés réintégration f à l'état antérieur
sompolyog [~tam, -lygott, ~jon] se couler; se glisser (furtivement); (ki) s'éloigner v sortir à pas furtifs

sonka jambon *m*
sonkabőr couenne *f*
sonkacsont os *m* du jambon
sonkacsülök jambonneau *m*
sopánkodik [~tam, ~ott, ~jék v ~jon] se lamenter; gémir; geindre
sor [~ok, ~t, ~a] **1.** rang *m;* rangée; ligne *f; egy ~ ember* une file de personnes; un rang d'hommes; *kettős ~ double* rang; *legutolsó ~* dernier rang; *~ba állít* aligner; ranger; mettre en ligne; *két ~ba állít* mettre sur deux rangs; *beáll a ~ba* se mettre sur le rang; *(hátulról)* prendre la queue; *másokkal egy ~ba helyez* mettre au même rang que les autres; *egy ~ban* sur un rang; à la file; *(szobák)* en enfilade; *~ban áll (egymás mellett)* s'aligner; *az első ~okban harcolt* combattre aux premiers rangs; *~ban marad* garder les rangs; *~jában* chacun à son rang; *elköltözik az élők ~ából ld:* **elköltözik;** **2.** *(tárgyaké)* série *f;* rang; *egy ~ fa* un rang *v* une rangée d'arbres; *egy~gombos* droit, -e; *két~gombos* croisé, -e; **3.** *(könyvben, írásban)* ligne; *~ok közé ír* v *nyomtatott* interlinéaire; *a ~ok között olvas* lire entre les lignes; *új ~! (diktálásnál)* à la ligne! **4.** *(versben)* vers *m;* **5.** *(vetésben)* ligne; rayon *m;* **6.** *fiz* gamme *f; nyomd, tv* ligne *f* (d'image); **7.** *(egymásutániság)* suite; succession *f; hosszú ~* une succession de...; *nevek hosszú ~a* une enfilade de noms; *~ba fejt* développer en série; *~ba kapcsol* connecter en série *v* en cascade; *~ba ültetve* planté(e) en allées; *~ban* l'un après l'autre; successivement; **8.** *az évek ~án* avec le temps; *a per ~án* pendant le cours du procès; **9.** *(ácsorgásban)* queue *f; (várakozó embereké)* file *f* d'attente; *a ~ végére áll* prendre la suite; *tessék ~ba állni!* à la queue (comme tout le monde)! *hosszú ~ban* en longue queue; *szép ~ban* à la file; *várjon a ~ára* mettez-vous à la suite; *ki-ki várjon ~ára* chacun à son tour; *~t áll* se mettre à la file;

faire la queue; **10.** *(vkire kerülő ~)* tour *m;* rajtam *a ~!* à mon tour! *ját: magán a ~* (c'est) à vous de jouer; *rákerül a ~* son tour vient *v* arrive; *most rajtunk a ~! (kettőnkön)* à nous deux maintenant! *ha arra kerül a ~* à l'occasion; au cas échéant; *~ban ld: fentebb* **7.;** *~ban jön* venir *v* arriver dans l'ordre *v* à la file; *~jában* à tour de rôle; à la file; *szép ~jában* rangé(e) en belle ordonnance; *nem ő van ~on* ce n'est pas son tour; *~on kívül* avant son tour; par un tour de faveur; *~on kívül megvizsgál* examiner hors tour; *~on kívüli* hors série; *~on kívüli elintézés* tour de faveur; *a ~on levő ügyeletes (orvos)* l'interne de service; *a ~on levő feladat* la tâche immédiate; *~ra járja az üzleteket* faire les boutiques; *~ra jön v kerül* son tour vient; le tour vient de...; *(bíróságon)* passer; *~ra vesz* examiner tour à tour; passer en revue; **11.** *mat:* série; suite *f; (számoszlopban)* tranche *f;* **12.** *(állapot)* condition *f;* état *m; az tiszta ~* c'est clair comme le jour; c'est évident; *jó ~a van* il réussit; ses affaires prospèrent; *rossz ~a van* ses affaires vont mal; *szegény ~ban él* vivre dans la misère; *ez a világ ~a* ainsi va le monde; *gyarmati ~ba kényszerit* réduire à l'état de colonie
sorakozás 1. *(egy sorban)* alignement *m; (zászló körül)* ralliement *m;* **2.** *kat: (egy helyre)* assemblement *m*
sorakozik [~tam, ~ott, ~zék v ~zon] **1.** se ranger; former des rangs; **2.** *(vki mögé)* se rallier derrière q; **3.** *kat:* se rassembler; s'aligner; **4.** *egymás fölé ~* s'étager; *(időben)* succéder
sorfal rangée; haie *f; (rendőröké stb.)* cordon; barrage *m; ~at áll* faire la haie; *(sp, kat:)* faire le mur
sorhajó vaisseau *m* de ligne *v* de rang
sorja bavure *f*
sorjáz ébarber
sorkatonaság troupes *f pl* de ligne
sorköz entre-ligne; entreligne *m*

sormetszet *irod:* césure *f*
sorol [~tam, ~t, ~jon] *(vmi közé)* mettre au rang de qc; compter *v* ranger *v* classer (parmi); *(vmi közé)* être assimilé(e) à qc; *barátai közé ~ compter parmi ses amis; Rembrandtot a legnagyobb festők közé ~ják* R. est classé parmi les plus grands peintres; *osztályokba ~* distribuer par classes; diviser en classes
sorompó [~k, ~t, ~ja] 1. barrière *f;* barrage *m;* 2. *(viadalhoz)* barrière; *sp: ~ba lép* entrer en lice; 3. *átv: ~ba lép vmiért* se faire le champion de qc
soroz [~tam, ~ott, ~zon] 1. *(vhová)* classer; ranger; *vmi közé ~* assimiler à qc; *ld. még:* **sorol;** 2. *kat:* lever des contingents; enrôler
sorozás 1. *(vmibe)* classement *m;* 2. *kat:* revision; levée *f* des recrues *v* de(s) troupes
sorozat 1. série *f;* cycle *m;* suite; succession; collection *f; egy teljes ~ ...* un jeu complet de ... ; *~ban gyárt* mettre en série; *~ban való gyártás* lancement *m* de la série; 2. *mat:* suite; 3. *fiz, műsz:* gamme; rangée *f;* 4. *kat:* rafale *f;* 5. *hazugságok ~a* un tissu de mensonges; *a szerencsétlenségek ~a* une série *v* suite d'accidents; 6. *pej:* séquelle; kyrielle *f;* chapelet *m;* 7. *bomlási ~ famille v* chaîne *f* de désintégration
sorozatgyártás fabrication *f* en série
sorozatkapocs réglette *f* à bornes
sorozatos [~ak, ~at] successif, -ive; suivi, -e
sorozó [~k, ~t] *kat: ~ bizottság* conseil *m* de révision
sorrend ordre *m;* időbeli ~ ordre chronologique; *a művek ~je* la succession des ouvrages; *~ben* dans l'ordre de succession
sors [~ok, ~ot, ~a] sort; destin *m;* destinée; fatalité; fortune *f;* *a jó ~* bonne fortune; *a rossz ~* la fortune adverse; la guigne *biz; a ~ csapásai* les coups du sort; *a ~ iróniája* l'ironie *f* du sort; *a ~ kegyeltje* l'enfant gâté de la fortune;

a ~ rendelései les arrêts du destin; *ugyanaz a ~ vár rá is* il lui en pend autant au nez *biz; az a sorsa* son sort; son destin; *beteljesül a ~a* terminer son destin; *~a beteljesedett sa destinée s'est accomplie; jó ~ban* dans la bonne fortune; *osztozik vki ~ában* partager le sort *v* la fortune de q; *saját ~ának kovácsa* artisan *m* de sa fortune; *bízzuk a ~ra* il faut laisser faire au destin; *jobb ~ra érdemes* il mérite un meilleur sort; *~ára hagy vmit* abandonner qc à son sort; *rossz ~ra jut* tomber dans l'adversité; *~áról dönt* décider du sort de q; *~át betölti* finir sa destinée; *~ot húz* tirer au sort; *kihívja a ~ot* forcer le destin; *rábízza ~át vkire* confier ses destinées à q; *várja ~át* il attend d'être fixé sur son sort; *dacol a ~sal* affronter *v* braver les coups du sort
sorscsapás coup du sort; revers *m* de fortune; infortune *f*
sorsdöntő décisif, -ive; fatal, -e
sorshúzás 1. tirage au sort; *~sal* par le sort; 2. *(sorsjegyzéké)* tirage *m* (de la loterie)
sorsjáték loterie (nationale)
sorsjegy billet *m* de loterie
sorstárs compagnon *m* de fortune
sorszám 1. numéro (d'ordre); numéro matricule *v* d'enregistrement *m;* 2. *mat:* ordinal *m*
sorszámnév *nyelv:* adjectif numéral ordinal
sorszedő I. *(mn) ~ gép* linotype *f;* lino *f biz;* II. *(fn)* 1. *nyomd:* paquetier *m;* 2. linotypiste *m*
sorszélesség 1. longueur *f* de la ligne; 2. *nyomd:* justification *f*
sorszinkronozás *tv* synchronisation horizontale
sort [~ok, ~ot, ~ja] short; chort *m*
sortűz 1. feu roulant *v* de salve *v* de file; décharge; rafale *f;* *-tüzet ad vkire* tirer une salve sur q; 2. *(hajóról)* bordée *f*
sorvad [~tam, ~t, ~jon] 1. s'atrophier; dépérir; 2. *(lelki okokból)* se consumer (de chagrin)

sorvaszt [~ottam, ~ott, -asszon] 1. consumer; faire mourir à petit feu; 2. *(tagot)* atrophier
sorvezető transparent; guide-âne *m*
sorvillogás *tv* papillotement interligue *m*
sós [~ak, ~at] salé; salin, -e; *rendkívül* ~ sursalé, -e; ~ *íz* goût salé
sósav *vegy:* acide chlorhydrique *m;* *hígított* ~ esprit *m* de sel
sósborszesz vinaigre *v* alcool *m* de toilette
sóshering hareng saur *v* pec
sóska *növ:* 1. oseille *f;* 2. *mezei* ~ rumex *m*
sósmandula amandes salées
sósperec bretzel *m;* *(kicsi)* craquelin *m*
sóstó lac *v* étang salé
sótalan 1. *(étel) ld:* sótlan; 2. *(talaj)* dessalé, -e
sótartalom richesse en sel; salinité *f*
sótartó *(asztali)* salière *f;* *(konyhai)* boîte *f* à sel
sótlan sans sel; non salé(e); ~ *koszt v diéta* régime déchloruré
sovány 1. maigre; sec, sèche; ~, *mint az agár* sec *v* sèche comme un coup de trique; ~, *mint a cérnaszál* être comme un fil; ~, *mint a karó* maigre comme un clou; 2. *(hús)* maigre; ~ *falat* mets trop léger; ~ *koszt* régime maigre *m;* ~ *koszton él* faire maigre chère *v* cuisine; ~ *tej* lait écrémé; 3. *geol:* ~ *föld* terre maigre *v* décharnée; 4. ~ *eredmény* résultat médiocre *m;* ~ *vigasz* (maigre) fiche *f* de consolation
soványító [~k, ~t] *kúra* cure *f* d'amaigrissement
soványság 1. maigreur *f;* 2. *(eredménye)* médiocrité *f*
sóvár [~at; ~an] avide; cupide; convoiteux, -euse
sóvárgó [~k *v* ~ak, ~t; ~an] langoureux, -euse; affamé(e) (de qc); *ld:* sóvár
sóvárog [~tam, -rgott, ~jon] 1. *(vmi után)* appeler qc de ses vœux; mourir d'envie de *(inf);* languir après ...; 2. *(hatalomra)* aspirer à qc; 3. *(érzékileg, mohón)* convoiter qc

soviniszta [-ák, -át] I. *(mn)* chauvin, -e; chauviniste; II. *(fn)* chauvin; patriotard, -e *n*
sóz [~tam, ~ott, ~zon] saler; saupoudrer de sel
sömör [~ök, ~t] herpès *m*
sönt shunt *m;* dérivation *f*
söntés 1. débit; comptoir *m* (de marchand de vin); 2. salle *f* de brasserie
söpredék [~ek, ~et, ~e] 1. balayures *f pl;* 2. *átv:* canaille; la lie de la populace
sör [~ök, ~t, ~e] bière *f;* *barna* ~ bière brune; *fehér* ~ pâle ale; aile *f;* *világos* ~ bière blonde; *egy pohár* ~ *(pikkoló)* un bock de bière; *(nagyobb)* un quart de bière; *egy korsó* ~ une chope de bière; ~*t főz* brasser (de la bière)
sörény crinière *f*
sörét [~ek, ~et, ~je] grenaille *f* de plomb; plomb *m* de chasse
sörfőzés brassage *m*
sörgyár brasserie *f*
söröshordó tonneau *v* fût *v* foudre *m* de bière
söröskancsó chope *f;* broc *v* pot *m* à bière
söröskocsi chariot *m* à bière; camion *m* de brasserie
söröz [~tem, ~ött, ~zön] boire de la bière; prendre un bock
söröző [~k, ~t] 1. *(ember)* buveur *v* amateur (de bière); 2. *(helyiség)* brasserie; buvette *f*
sörte [-ék, -ét, -éje] soie (de porc) *f*
sőt 1. (et) de plus; bien plus; et même; il y a plus; ~ *ellenkezőleg* bien au contraire; *sőt* ... *is* voire; ~ *még* jusque; jusqu'à ...; ~ *még* ... *is* voire même; ~ *mi több* qui mieux est; mieux que cela; voire (même); *(rossz értelemben)* et qui pis est; pire que cela; 2. *(önállóan) nem örülök,* ~*!* je ne suis pas content, au contraire
sötét [~ek, ~et] I. *(mn)* 1. obscur, -e; ténébreux, -euse; sombre; ~ *arc* air rembruni; ~ *éjjel* nuit profonde; *(hat)* à la nuit close; au cœur de la nuit; en pleine nuit; ~ *erdő*

forêt sombre *v* obscure; *(hat)* ~ *este* à l'entrée de la nuit; *a leg~ebb külvárosban* en pleine banlieue; ~ *tekintet* œil *v* regard noir *v* sombre; 2. *(szín)* sombre; foncé, -e; ~ *hajú* aux cheveux foncés; ~ *ruhában* en vêtements sombres; *Megjelenés* ~ *ruhában.* — Tenue de ville. — ~ *színű* de couleur *v* de teinte sombre *v* foncée; 3. *átv:* ~ *színben fest le vkit v vmit* peindre q *v* qc sous des couleurs noires; *mindent* ~ *színben lát* il voit tout en noir; broyer du noir; 4. *(erkölcsi)* noir, -e; détestable; sinistre; ténébreux, -euse; ~ *alak* personnage louche *m;* ~ *gazember* une sombre crapule; ~ *hangulat* humeur sombre *f;* ~ *irigység* envie noire; ~ *lelkű* retors, -e; fourbe; dépravé, -e; *az ügy* ~ *pontja* le point noir de l'affaire; ~ *tudatlanság* ignorance crasse; ~ *ügy* affaire louche *f;* II. *(fn)* 1. ~ *van* il fait obscur *v* noir; *a ~ben* dans l'obscurité; *a ~ben tapogatódzik* marcher à tâtons *v* à l'aveuglette; *sötétben minden tehén fekete* la nuit, tous les chats sont gris; 2. *sakk:* les noirs
sötétbarna brun foncé; bistre; nègre
sötétedik [~ett, ~jék *v* ~jen] 1. s'obscurcir; s'assombrir; 2. *(szín)* devenir foncé(e); 3. *(este lesz)* la nuit tombe
sötéten obscurément; sombrement; *(átv)* ténébreusement *(is);* ~ *lát* voir noir; ~ *látó* pessimiste *(n)*
sötétfekete noir jais
sötétjelcsúcs *tv* crête *f* du noir
sötétkamra chambre obscure *v* noire
sötétkék bleu foncé *v* sombre; *(szem)* pers, -e; *(színképen)* indigo; ~ *ruha* robe *f* gros bleu
sötétpiros rouge foncé; vermeil, -eille
sötétség 1. obscurité *f;* ténèbres *f pl; a* ~ *beállta* la presque nuit; *a* ~ *beálltával* à la nuit tombante; 2. *átv: szellemi, lelki* ~ l'obscurité des esprits
sötétszint *tv* niveau *m* du noir
sötétzárka cachot (noir); cellule obscure
sövény haie *f; élő* ~ haie vive; bouchure *f*

spaletta [-ák, -át, -ája] *(külső)* contrevent *m; (belső)* volet *m*
spániel [~ek, ~t] *áll:* épagneul, -e *n;* cocker (spaniel) *m*
spanyol espagnol, -e; hispanique
spanyolviasz; spanyolviaszk cire *f* à cacheter; *ő találta fel a* ~*ot* c'est lui qui a inventé la poudre; il entend l'herbe lever
spárga [-ák, -át, -ája] 1. ficelle *f;* 2. *növ:* asperge *f; (étel)* asperges *f pl;* 3. *tánc:* le grand écart
spárgafej pointe *f* d'asperge
spárgatalp semelle *f* en corde
spatulya [-ák, -át, -ája] *(szobafestőké)* spatule *f; (kőműveseké)* riflard; plâtroir *m*
speciális [~ak, ~at] spécial, -e; particulier, -ière
species [~ek, ~t] espèce *f*
spékel [~tem, ~t, ~jen] larder; entrelarder; piquer de lardons
spékelőtű lardoire; aiguille *f* à larder
spektroszkóp [~ok, ~ot, ~ja] spectroscope *m*
spektrum [~ok, ~ot, ~a] spectre *m*
spekuláció [~k, ~t, ~ja] spéculation *f;* agiotage *m*
spekulál [~tam, ~t, ~jon] 1. *fil:* spéculer; méditer; 2. *ker: (vmivel)* spéculer sur qc; tripoter; agioter
spekuláns [~ok, ~t, ~a] spéculateur; agioteur *m;* affairiste; tripoteur, -euse *n*
spenót [~ot, ~ja] 1. *növ:* épinard *m;* 2. *konyh:* épinards *m pl*
spermacet blanc *m* de baleine; spermaceti *m*
spicc [~ek, ~et, ~e] 1. *áll:* spitz *m;* 2. *(itasság)* pointe *f* (de vin)
spicli [~k, ~t, ~je] *biz:* mouchard, -e *n;* donneur; loulou *m; isk:* rapporteur *m*
spin *atfiz* spin *m*
spirál [~ok, ~t, ~ja] spirale *f*
spirális [~ak, ~t] I. *(mn)* spiral, -e; spirique; hélicoïdal, -e; II. *(fn)* spirale *f; (egy menet)* spire *f*
spiritiszta [-ák, -át] spirite *n*
spiritusz [~t, ~a] alcool à brûler; esprit-de-vin *m*

spirituszégő 845 **start**

spirituszégő brûleur *m* v lampe *f* à alcool
spirituszkocka alcool solidifié; *(fűtőanyag)* métaldéhyde *m* v *f*
spirochéta [-ák, -át] spirochète *m*
spongya [-ák, -át, -ája] éponge *f*
spongyás spongieux, -euse
spóra [-ák, -át, -ája] spore *f*
spóratok sporange *m*
sport [~ok, ~ot, ~ja] sport *m;* ~ot űz pratiquer un sport
sportbajnok champion; crack; as *m*
sportcsapat équipe sportive *v* de sport
sportcsarnok stade couvert; palais *m* de sport
sportegyesület association *v* société sportive
sportember sportif; sportsman; amateur *m* de sports; *(nő)* sportive; sportswoman *f*
sporteszköz agrès *v* appareil sportif
sportfelszerelés équipement sportif
sporthíradó *film:* documentaire sportif
sportkocsi *(babáé)* poussette pliante
sportkör club sportif
sportnadrág caleçon; short *m;* *(rövid)* slip *m* de sport
sportoktató moniteur; maître *v* professeur *m* de sport
sportol [~tam, ~t, ~jon] faire du sport *v* des sports
sportoló [~k, ~t, ~ja] sportsman; sportif *m; fiatal* ~ poulain *m*
sportorvos médecin sportif
sportorvosi médico-sportif, -ive; ~ *vizsgálat* examen médico-physiologique *m*
sportpálya piste sportive; stade *v* terrain sportif
sportrajongó un mordu *v* fana du sport; *(vkié)* supporter *m*
sportrepülő aviateur (-trice) de tourisme
sportrovat rubrique sportive
sportszellem esprit sportif; tenue sportive; sportivité *f*
sportszer agrès *v* appareil sportif; article *m* pour sports
sportszerű 1. *(öltöny)* très sport; 2. *(viselkedés)* d'une parfaite tenue sportive; ~ *játék* le franc jeu
sportszerűség sportivité *f;* le fair play

sportszerűtlen antisportif, -ive; ~ *magatartás* manque *m* de sportivité *(vkivel szemben:* à l'égard de q)
sportsztár star *f;* as *m* (du volant stb.); vedette *f*
sporttanár maître *v* professeur de sport; moniteur *m*
sporttrikó 1. maillot; chandail *m;* 2. *tex: női* ~ golf *m*
sporttudósító chroniqueur *v* correspondant journaliste sportif
sportújság journal sportif
sportuszoda stade nautique *m*
sportügyek les sports; les affaires du sport
sportzseb poche *f* à soufflet
sprint [~et] 1. *(úszás)* coupe *f;* 2. *(futásnál)* sprint *m*
spuri [~k, ~t] *arg:* 1. *spuri!* décampons! fichons le camp! 2. *(megérzés)* flair *m; jó* ~*m volt* j'ai eu bon flair
srác [~ok, ~ot, ~a] *arg:* 1. moutard; poulbot; titi *m;* 2. gars *m*
srapnel [~ek, ~t, ~e] fusant; shrapnel(l) *m*
sróf [~ok, ~ot, ~ja] *ld.* **csavar**
stabil [~ok, ~t; ~an] stable; équilibré, -e
stabilitás stabilité *f;* équilibre *m*
staccato [~k, ~t] *zen:* note détaché *v* piquée
stadion [~ok, ~t, ~ja] stade sportif *v* des sports
stádium [~ot, ~a] 1. *(mérték)* stade *m;* 2. *átv:* phase *f;* stade *m;* étape *f;* 3. *(betegségé)* phase; période *f;* degré *m*
staféta [-ák, -át, -ája] 1. *(küldönc)* estafette *f;* 2. *ld:* **stafétafutás**; *-át fut* faire un relais
stafétafutás; stafétaúszás course relais *f;* relais *m*
stagnál [~tam, ~t, ~jon] 1. *(folyadék, gáz)* stagner; 2. *átv:* être en stagnation; *(egészségi állapot)* être *v* rester stationnaire
standardizálás standardisation *f*
staniol [~t, ~ja] feuille *f* d'étain
start [~ot, ~ok, ~ja] 1. départ; starting; poteau *m;* 2. *rep:* aire *f* de départ

startol [~tam, ~t, ~jon] prendre le départ; partir
startszalag starting-gate *m*
startvonal ligne *f* de départ; scratch *m*
statáriális [~ak, ~at] sommaire; exceptionnel, -elle; ~ *bíráskodás* justice sommaire *f;* ~ *bíróság* cour martiale; ~ *eljárás* procédure sommaire *f*
statárium [~ok, ~ot, ~ja] état *m* de siège *v* d'urgence; loi martiale; *a* ~*ot elrendeli* proclamer la loi martiale
statika 1. *fiz:* statique *f;* 2. *egy épület -ája* la stabilité d'une construction; *ld. még:* **sztatika**
statikai (de) statique
statiszta [-ák, -át, -ája] 1. figurant, -e *n;* 2. *film:* extra *m;* 3. *atv:* comparse *m*
statisztika statistique *f* (de *v* sur); *összefoglaló* ~ statistique *f* d'ensemble; *megcsinálja vminek a -áját* établir *v* dresser la statistique de qc
statisztikai statistique; de statistique; ~ *adatgyűjtés* recueil *m* de données statistiques; *a* ~ *feldolgozás* le travail de statistique; ~ *felvétel* relevé statistique *m;* ~ *hivatal* bureau *m* de statistique
statisztikus statistique; *atfiz* accidentel, -elle
státus 1. *(hivatali)* tableau d'avancement; état *m;* 2. statut *m*
status quo statu quo *m*
stencil [~t, ~je] stencil *m*
steppel [~tem, ~t, ~jen] *kézzel, géppel* ~ piquer à la main, à la machine; ~*t takaró* courtepointe *f*
stereotíp [~ek, ~et] stéréotypé, -e
steril [~ek, ~t; ~en] 1. stérile; 2. *orv:* stérile; aseptique; ~ *vatta* coton hydrophile *m*
sterlingblokk *v* -**övezet** zone sterling *f*
steward [~ok, ~ot, ~ja] steward; garçon *m* de bord
stílbútor meuble *m* d'époque *v* de style
stilisztika stylistique *f;* traité *m* de stylistique
stilizál [~tam, ~t, ~jon] styliser
stílszerű de style; qui reste dans le ton *v* dans la note; harmonieux, -euse; approprié, -e

stílus style *m;* manière *f; (írói igy is:)* plume *f;* genre *m* (de style); diction; écriture *f; (festőé még:)* touche *f; van benne* ~ avoir du style; *az előadás* ~*a* la tenue de la représentation; *Zola* ~*ában ír* pasticher Zola
stílusfogás adresse(s) *f (pl)* de style; *gúny:* la ficelle
stíluskritika analyse *f* de style
stimmel [~tem, ~t, ~jen] 1. *zen: ld:* **hangol;** 2. *(egyezik)* le compte y est; c'est juste; ça colle *biz*
stóla [-ák, -át, -ája] 1. *egyh:* étole *f;* 2. *(díjazás)* casuel *m;* 3. *(női ruhadarab)* étole
stoplámpa; feu *m* d'arrêt *v* de stop; contacteur de signal de freinage
stopperóra montre-chronographe *f;* chronographe *m*
stoppol [~tam, ~t, ~jon] 1. *(harisnyát)* repriser; raccommoder; 2. *(ruhát)* repriser; stopper; ravauder
stoppolófa champignon *v* œuf *m* à repriser
stoppolópamut fil *m* à repriser
stoppolótű aiguille *f* à ravauder *v* à repriser
storníroz [~tam, ~ott, ~zon] *ker:* 1. *(rendelést)* contremander; annuler; 2. *(túlfizetést)* ristourner; ristorner
stráfkocsi fardier; camion *m* (à plateforme)
stramm [~ok, ~ot] costaud, -e *(m)*; crâne
strand [~ok, ~ot, ~ja] plage *f*
strandkosztüm robe *f* bain-de-soleil *v* de plage; costume *v* ensemble *m* de plage
strapabíró solide; résistant, -e
strapacipő chaussures *f pl* de fatigue *v* de marche
straparuha 1. vêtement *m* d'usage *v* de travail; 2. *(női)* robe de tous les jours; trotteuse *f*
stratégia [-ák] stratégie *f*
stréber [~ek, ~t] arriviste *m*
strici [~k, ~t, ~je] *köz:* gigolo; souteneur; maquereau *m;* gentilhomme sous-marin *m biz, tréf*

strófa [-ák, -át, -ája] 1. strophe *f;* 2. *(dalban)* couplet *m*
stróman [~ok, ~t, ~ja] homme de paille; prête-nom *m*
strucc [~ok, ~ot, ~a]; **struccmadár** autruche *f;* autruchon *m*
struccpolitika la politique de l'autruche
strucctoll plume d'autruche; pleureuse *f*
struktúra [-ák, -át, -ája] structure *f*
strukturális [~ak, ~at] structural, -e; ~ *változás* changement *m* de structure
strukturalizmus strukturalisme *m*
strúma [-ák, -át, -ája] *orv:* strume *f*
stúdió [~k, ~t, ~ja] studio *m; rád: a ~ból* depuis le studio
stukatúra [-át]; **stukkó** [~k, ~t, ~ja] stuc *m*
suba [-ák, -át, -ája] houppelande *f* en peaux de moutons; ~ *alatt* sous le manteau; en sous-main
sudár I. *(mn)* [~ak *v* ~ok, ~t; ~an] élancé, -e; altier, -ière; ~ *termet* sveltesse *v* svelte envolée du corps; II. *(fn)* [sudarak, sudárt, sudara *v* sudárja] 1. *(fáé)* tête *f;* haut; sommet *m;* 2. *(gémeskúté) kb.* la perche du seau; 3. *(ostorvége)* mèche *f;* 4. *haj:* perroquet *m*
súg [~tam, ~ott, ~jon] I. *(tgy i)* 1. souffler; dire tout bas (qc à q); chuchoter; *fülébe* ~ chuchoter à l'oreille; 2. *valami azt ~ja nekem, hogy* quelque chose *v* je ne sais quoi me dit que; II. *(tgyl i)* ~ *egy jelöltnek* souffler un candidat; ~ *a színészeknek* souffler les comédiens
sugallat inspiration; suggestion *f; (hirtelen)* illumination *f; egy* ~ *hatása alatt tesz vmit* faire qc sous l'empire d'une suggestion
sugalmaz [~tam, ~ott, ~zon] inspirer; suggérer; dicter; ~*ott cikk* article inspiré
sugár [sugarak, sugarat, sugara *v* sugára] 1. rayon *m; a nap utolsó sugarai* les derniers rayons *v* les adieux du jour; *a dicsőség sugarai.* le rayonnement de la gloire; 2. *mat:* rayon; 3. *(folyadéké, vízé)* jet *m;* veine *f; vékony ~ban* en mince filet
sugárállat radiolaire *m*

sugárártalom *orv:* radiolésion *f*
sugárbiológia radiobiologie *f*
sugárérzékeny radiosensible
sugárérzéketlen radiorésistant, -e
sugárhajtás propulsion *f* par réaction
sugárkéve faisceau *v* jet *m* de lumière
sugárkezelés traitement *m* par irradiation
sugárnyílás ouverture *f* du faisceau
sugároptika optique géométrique *f*
sugároz [~tam, ~ta, ~za] 1. lancer; jeter; 2. *rád:* diffuser; émettre (en ondes); 3. *átv:* dénoter
sugársérülés radiolésion *f*
sugárterápia actinothérapie *f*
sugártörés *fiz:* réfraction; réfringence *f*
sugártöréstan dioptrique *f*
sugártörő réfractif, -ive; réfractant, -e
sugárút avenue *f*
sugárvédelem 1. écran protecteur; blindage *m;* 2. radiophysique médicale et sanitaire
sugárzás 1. rayonnement *m;* radiation; irradiation *f; az ürből jövő kozmikus* ~ radiations (cosmiques) venant de l'espace interstellaire; 2. ~*tól sérült* radiolésé, -e
sugárzási 1. de rayonnement; ~ *hő* chaleur rayonnante; 2. *rád:* ~ *irány* direction *f* d'émission
sugárzáskórtan radiopathologie *f*
sugárzik [~ottam, ~ott, -rozzék *v* -rozzon] 1. rayonner; briller; fuser; irradier; s'irradier; 2. *átv:* rayonner *v* radier de qc; ~ *az (élet)örömtől* respirer la joie de vivre
sugárzó [~k *v* ~ak, ~t; ~an] rayonnant, -e; radieux, -euse; ~ *antenna* antenne *f* d'émission; ~ *arc* visage radieux *v* épanoui; *rád: franciául* ~ émettant en langue française; ~ *szépség* beauté radieuse
súgó [~k, ~t, ~ja] souffleur, -euse *n*
súgókönyv livret *m* de souffleur
súgólyuk trou *m* du souffleur
suhan [~tam, ~t, ~jon] glisser; passer comme une ombre
suhanc [~ok, ~ot, ~a] galopin; gamin; garnement; jouvenceau *m gúny*
suháng [~ok, ~ot, ~ja] trique; baguette *f*

suhint [~ottam, ~ott, ~son] cingler; faire claquer
suhog [~tam, ~ott, ~jon] 1. *(bot, korbács)* siffler; cingler; 2. *(szél)* siffler; mugir; 3. *(selyem)* froufrouter
sújt [~ottam, ~ott, ~son] 1. frapper; *(földre)* renverser à terre; terrasser; *(villám)* foudroyer; 2. *átv: (csapás)* frapper; accabler; toucher; 3. büntetéssel ~ frapper de peine; infliger une peine à q; *bírsággal* ~ frapper d'une amende
sujtás soutache *f;* brandebourg *m*
sújtó [~k, ~t] 1. punisseur, -euse *(n);* ~ *fegyver* arme *f* de choc *v* de coup; 2. *személyiséget* ~ *büntetések* peines afflictives; *a* ~ *igazság* le glaive des lois
sújtólég grisou; mauvais air; *bány:* gaz sec
sújtólégbiztos antigrisou; antigrisouteux, -euse
sújtóléges grisouteux, -euse
sújtólégrobbanás coup *m* de grisou *v* de toit
súly [~ok, ~t, ~a] 1. poids *m;* minden *testnek* ~ *a van* tous les corps pèsent; ~*ban növekszik* augmenter de poids; ~*ban veszít* perdre du poids; *(becsomagolatlan áruról)* discaler *ker;* 2. *(órán)* poids; contrepoids *m;* 3. *(mérték)* poids; 4. *átv: nehéz* ~ poids accablant; *az érvnek* ~ *a volt* l'argument était de poids; *ennek nagy* ~ *a lett volna ügyei szempontjából* cela eût pesé d'un grand poids dans ses affaires; *az érvnek nincs* ~ *a* l'argument ne porte pas; *súlyba!* reposez, arme! ~*t helyez v fektet vmire* tenir à qc; attacher beaucoup d'importance à qc; *nem helyez* ~*t vmire* apporter peu de soin à qc; *a törvény egész* ~*ával* avec toute la rigueur de la loi; *nagy -llyal esik a latba* peser lourd *v* d'un grand poids dans la balance; *kellő súllyal képvisel* représenter avec toute l'autorité voulue
súlybevallás indication *f* de poids
súlycsoport *sp:* catégorie *f* de poids
súlydobás; súlylökés *sp:* lancement *v* lancer *m* du poids; boules *f pl*

súlyemelés 1. lever *m* du poids; 2. *sp:* poids et haltères *m pl;* haltérophilie *f*
súlyhatár limite *f* de poids
sulykol [~tam, ~t, ~jon] battre le linge
sulykolás battage *m* du linge; *műsz:* damage *m*
sulyok [sulykok, sulykot, sulyka] 1. battoir; tapoir *m;* 2. *műsz:* mouton; 3. *(mészárosé)* batte *f;* 4. *elveti a sulykot* exagérer; aller trop loin
sulyom [sulymok, sulymot, sulyma] *növ:* macre; macle; noix *v* châtaigne *f* d'eau
súlyos [~ak, ~at] 1. pesant; lourd, -e; pondéreux, -euse; 2. *átv:* grave; pesant, -e; substantiel, -elle; ~ *bántalmazás* mauvais traitement; *(gyereké)* sévices *m pl;* ~ *beszámítás alá esik* être imputé(e) gravement; ~ *beteg* grand(e) malade; *ez* ~ *dolog* c'est très grave; ~ *érv* argument *m* de poids; ~ *feladat* une lourde tâche *v* besogne; ~ *harc* combat âpre *m;* ~ *hibát követ el* faire une lourde faute; ~ *kérdés* question ardue; ~ *következményekkel járó* lourd(e) *v* gros(se) de conséquences; ~ *kudarc* défaite sérieuse *v* sanglante; ~ *kudarcot vallott* il a été repoussé avec perte; ~ *megpróbáltatás* rude épreuve; ~ *örökség* un lourd héritage; *(névé stb.)* une lourde succession; ~ *pénzbüntetés* grosse amende; ~ *sebet kap* être gravement blessé(e); ~ *sebesült* grand blessé; ~ *sértés* outrage cruel *v* sanglant; ~ *teher* lourd fardeau; ~ *testi sértés* coups et blessures *m pl;* ~ *tévedésbe esik* commettre *v* faire une erreur grave; ~ *vereség* défaite signalée; déconfiture *f;* ~ *veszteség érte a közéletet* une perte douloureuse vient de frapper la vie publique; ~ *viszály* conflit aigu; ~*abb vminél* l'emporter sur qc; ~*abbá válik* s'appesantir sur qc; *(betegség, fájdalom stb.)* ~*ra fordul* s'aggraver
súlyosbít [~ottam, ~ott, ~son] 1. alourdir; 2. aggraver
súlyosbítás aggravation *f;* ~*ért fellebbez* appeler à minima

súlyosbodik [~ott, ~jék v ~jon] 1. *(súlyban)* augmenter de poids; 2. *átv:* s'aggraver; (s')empirer

súlyosság 1. lourdeur; pesanteur; massivité *f;* 2. *átv:* gravité *f*

súlypont 1. *fiz:* centre *m* de gravité; 2. *mat:* rencontre *f* des médianes; 3. *átv:* point principal

súlyponti *kérdés* problème capital

súlytalan 1. impondérable; sans poids; impondéré, -e; 2. *(egyéniség)* insignifiant, -e; nul, nulle

súlyveszteség diminution *v* perte *f* de poids

súlyzó [~k, ~t, ~ja] haltère *m*

sumér; sumir [~ok, ~t] sumérien, -enne

sunyi [~k, ~t] sournois, -e; chafouin, -e *(n)*

súrlódás 1. frottement *m;* friction *f;* 2. *átv:* tiraillements *m pl;* différend *m*

súrlódási de frottement; ~ *felület* surface *f* de frottement *v* de friction; *(átv:)* les points de friction

súrlódik [~tam, ~ott, ~jék *v* ~jon] frotter (contre qc)

súrol [~tam, ~t, ~jon] 1. *(padlót)* laver; 2. *(edényt)* récurer; 3. *fiz: (sugár)* balayer; 4. *(érintve)* frôler; 5. *aut:* accrocher; 6. *átv:* effleurer; côtoyer; *csak ~ja a dolgot* prendre la tangente

súrolás 1. *(padlóé)* lavage *m;* 2. *(edényé)* récurage *m;* 3. frôlement; effleurement *m*

súrolókefe *(nyeles)* brosse *f* à laver; *(edényhez)* brosse à récurer *v* à vaisselle

surran [~tam, ~t, ~jon] se glisser; se couler; *(be~ vhová)* s'introduire à l'improviste

suskus micmac *m;* manigance *f*

susog [~tam, ~ott, ~jon] 1. chuchoter; 2. *(levelek)* bruire; susurrer

sustorog [~tam, -gott, ~jon] 1. siffler; crépiter; 2. *(főzésnél)* mit onner; mijoter; *(zsír)* grésiller

suszter [~ek, ~t, ~e] *biz:* 1. cordonnier *m;* 'gnaf *m nép;* 2. *(kontár)* maçon; gâcheur *m*

54 Magyar-Francia kézi

sut [~ok, ~ot] coin *n;* ~*ba dob* envoyer promener

suttog [~tam, ~ott, ~jon] 1. chuchoter; murmurer; 2. *(természetben)* susurrer; bruire; 3. ~*nak vkiről* parler de q sous le manteau; jaser sur q

suttogó [~k *v* ~ak, ~t; ~an] 1. chuchotant, -e; 2. ~ *hír* bruit *m* de bouche à oreille; ~ *propaganda* propagande chuchotée

suttyomban à petit bruit; subrepticement; furtivement; sous le manteau

sügér [~ek, ~t, ~e] *hal:* perche *f*

süket I. *(mn)* 1. sourd, -e; *kissé* ~ sourdaud, -e; dur(e) d'oreille; ~, *mint az ágyú* sourd comme un pot; 2. *átv:* ~ *füleknek beszél* prêcher dans le désert; 3. *a telefon* ~ l'appareil ne fonctionne pas; II. *(fn)* 1. sourd; sourdaud, -e *n;* 2. *átv:* ~*nek beszél* parler à un sourd; *mintha* ~*nek beszélne az ember* autant vaudrait parler à un sourd

süketnéma sourd-muet, sourde-muette *(n)*

süketnéma-intézet hospice *m* des sourds-muets

süketnémaoktatás démutisation; rééducation *f* du sourd-muet

süketnémaság surdi-mutité *f;* surdi-mutisme *m*

süketség surdité *f*

I. *(ige)* **sül** [~tem, ~t, ~jön] 1. cuire; frire; rôtir; *(sütőben)* être au four; *(nyárson)* griller; *(lassan)* mijoter; 2. *(növényzet)* griller

II. *(fn)* **sül;** *tarajos* ~ porc-épic *m*

süldőleány gamine; jouvencelle *f*

süldőnyúl levraut *m*

sületlen 1. mal cuit; mi-cuit; incuit, -e; 2. *(tréfa)* saugrenu, -e; insipide; fade

sületlenség fadaise; ineptie; insanité; niaiserie *f;* ~*eket mond* dire des fadaises

süllő [~k, ~t, ~je] *hal:* sandre *f*

sült [~ek, ~et, ~en] I. *(mn)* 1. cuit; rôti, -e; *(sütőben)* au four; *(nyárson)* grillé, -e; *rosszul* ~ mal cuit; ~ *hús* viande cuite *v* rôtie; rôti *m;* ~ *kukorica* maïs en épis grillé; ~

tészta pâtisserie *f;* gâteau *m;* **2. várja, hogy a ~ galamb a szájába repüljön** il attend que les alouettes tombent toutes rôties; **3. ~ bolond sonné, -e nép;** il est fou à lier; **II. (fn)** rôti; rôt *m;* (roston) grillade *f;* (parázson) carbonnade *f*
sülve-főve együtt vannak ils sont frère et cochon
süllyed [~tem, ~t, ~jen] **1.** (hajó) couler (bas); sombrer; s'enfoncer; **2.** (vízben vmi) plonger; être submergé(e); **3.** (épület, földfelszín) s'affaisser; **4.** (vízfelszín, vmi a levegőben) baisser; s'abaisser; **5.** rep: a gép ~ l'appareil s'enfonce *v* s'enlise; **6.** (hő, érték) baisser; **7.** orv: (szerv) descendre; **8.** (ár) baisser; être en baisse; (hirtelen) s'effondrer; (vmenynyire) tomber à...; **9.** (erkölcsileg) tomber bien bas; tomber en déchéance; odáig ~, hogy il descend jusqu'à (inf); **10.** (vmibe) être submergé(e) dans qc
süllyedés 1. (hajóé) engloutissement *m;* **2.** (tárgyé, folyadékban) immersion *f;* **3.** (talajé) affaissement *m;* **4.** geol: enfoncement; ennoyage *m;* **5.** (folyadék szintje) baisse *f;* abaissement *m;* **6.** a higanyoszlop ~e egy csőben la dépression du mercure dans un tube; **7.** orv: chute; descente *f;* **8.** (hőé) baisse *f;* **9.** (áraké) baisse; diminution *f;* (hirtelen) effondrement; fléchissement *m;* **10.** (erkölcsi) déchéance (morale)
süllyeszt [~ettem, ~ett, -esszen] **1.** enfoncer; (faire) plonger; **2.** (vizbe) immerger; **3.** (hajót) couler; **4.** rep: ~i a gépet pousser le manche; **5.** műsz: noyer; **6.** (felszínt) affaisser; **7.** zsebébe ~ faire disparaître dans sa poche
süllyesztő [~k, ~t, ~je] **1.** szính: trappe *f;* (régi várakban) trappe avec oubliettes; **2.** (halászhajón) lest *m*
sün [~ök, ~t, ~je] hérisson *m*
süpped [~tem, ~t, ~jen] **1.** (talaj) s'affaisser; **2.** (vki) s'enfoncer; (sárba) s'embourber; (homokba) s'enliser

sürgés-forgás branle-bas *m;* allées et venues *f pl*
sürget 1. presser; activer; hâter; átv: appuyer; tarabuster *biz;* (vmit) insister sur qc; demander *v* solliciter avec empressement *v* avec insistance; ~ egy ügyet presser une affaire; ne sürgesse! n'insistez pas; **2.** (munkát) faire accélérer; **3.** (vkit) presser
sürgetés insistance; pression; sollicitation *f*
sürgölődés empressement; affairement *m;* (vki körül) assiduités *f pl* (auprès de q)
sürgöny [~ök, ~t, ~e] télégramme *m;* dépêche *f;* (kábelen) câblogramme; câble *m;* (rádión) radio(gramme) *m;* (csőposta) un petit bleu
sürgönyblanketta formulaire *m* de télégramme
sürgönycím adresse télégraphique (conventionelle)
sürgönydíj taxe *f* du télégramme; (szavak számítása: compte *m* des mots)
sürgönyileg par dépêche; par voie télégraphique
sürgönyöz [~tem, -nyzött, ~zön] télégraphier; envoyer *v* expédier un télégramme *v* une dépêche; (kábelen) câbler; (csőpostán) envoyer un petit bleu *v* un pneu
sürgönystílus style télégraphique *m*
sürgönyválasz réponse télégraphique *f*
sürgős [~ek, ~et] **1.** pressant; urgent, -e; nem ~ rien ne presse; orv: ~ eset urgence *f;* cas *m* d'urgence; ~ intézkedés mesure *f* d'urgence; ~ szükség besoin pressant *v* urgent; nécessité pressante; ~ szükség van arra, hogy il y a grande urgence à ce que (subj); **2.** nincs ~ebb dolga, mint hogy n'avoir rien de plus pressé *v* chaud que de (inf)
sürgősen d'urgence; en toute diligence
sürgősség urgence *f;* a ~et kimondja adopter la procédure d'urgence
sűrít [~ettem, ~ett, ~sen] **1.** condenser; concentrer; **2.** konyh: réduire; **3.** vegy: rapprocher

sűrített [~ek, ~et; ~en] 1. condensé; concentré, -e; ~ *levegő* air comprimé; 2. ~ *paradicsom* essence *f* de tomates; 3. *átv:* succinct, -e; un abrégé de...
sűrítő [~k, ~t, ~je] 1. *müsz:* condenseur *m;* 2. *(gázhoz)* compresseur *m;* *(gőz* v *világítógáz*é*)* condenseuse *f; vili* condensateur *m*
sürög-forog [sürögtem-forogtam, sürgött-forgott, sürögjön-forogjon] s'agiter; s'activer; tournailler
sűrű [~ek *v* ~k] I. *(mn)* 1. *(anyag)* épais, -aisse; consistant, -e; dense; compact, -e; *(étel)* consistant, -e; 2. *(növényzet)* épais, -aisse; touffu; serré; dru, -e; 3. *(haj)* épais, -aisse; fourni; abondant; touffu, -e; 4. dense; ~ *embertömeg* un flot pressé d'hommes; ~ *lakosság* population dense *f;* 5. *(folyadékról)* épais, -aisse; condensé, -e; pâteux, -euse; ~ *mártás* sauce courte; ~ *olaj* huile concrète; ~ *tinta* encre pâteuse *v* grasse; ~ *eső* pluie serrée *v* abondante *v* drue; ~ *köd* brouillard épais; purée *f* de pois *biz;* ~ *pelyhekben havazik* il neige en gros flocons; 6. *a* ~ *sötétség* l'epaisseur *f* des ténèbres; 7. serré, -e; ~ *betűkkel* en lettres serrées; ~ *sor* rang serré; ~ *szita* tamis fin; 8. *él:* ~ *szövet* tissu fongueux; 9. *(időben)* fréquent, -e; ~ *kapcsolatban áll vkivel* être journellement en contact avec q; 10. ~ *csapásokat oszt* frapper à coups pressés; ~ *egymásutánban* coup sur coup; ~ *tüzelés* tir nourri; fussilade nourrie; II. *(fn)* *az erdő* ~*je* le fourré; *(Afrikában)* la brousse; *elbújik a* ~*ben* s'enfoncer dans le taillis
sűrűség 1. épaisseur *f;* 2. *(erdei)* fourré *m;* 3. *(ételé, anyagé)* consistance *f;* 4. *(lakosságé, anyagé)* densité *f; (anyagé)* compacité *f;* 5. *(szövésé, csomózásé)* serrage *m;* *(selyemé)* denier *m:* 6. *(gyakoriság)* fréquence *f*
sűrűsödés 1. épaississement *m;* 2. condensation; concentration *f;* 3. compression *f*
sűrűsödik [~ött, ~jék *v* ~jön] 1. (s')épaissir; 2. *(étel)* prendre consistance;

prendre; 3. se concentrer; se condenser; 4. *felhők* ~*nek az égen* des nuages s'amoncellent
sűrűvérű 1. de sang épais; 2. sanguin, -e *(n)*
süsü [~k, ~t] I. *(mn) nép:* toqué; maboul; cinglé; tordu, -e; II. *(fn)* coiffure *f;* bonnet; petit béguin
süt [~öttem, ~ött, süssön] I. *(tgy i)* 1. cuire; *(csak húst)* rôtir; *(lábasban)* fricasser; *(serpenyőben)* poêler; *olajban, vajban* ~ cuire dans l'huile, dans le beurre *v* au beurre, à l'huile; *hirtelen* ~ faire sauter *v* revenir; 2. *(kenyeret)* cuire; boulanger; 3. *haját* ~*i* se friser les cheveux; 4. *bélyeget* ~ *vmire* marquer de fer qc; II. *(tgyl i)* ~ *a hold* il fait clair de lune
sütemény 1. pâtisserie *f;* gâteau sec *v* de ménage; *(tea*~*)* petit four; 2. *(péké)* petit pain; croissant *m*
sütkérezik [~tem, ~ett, ~zék *v* ~zen] *(a napon)* se chauffer (le ventre) au soleil
sütnivaló jugeot(t)e; comprenette *f; nincs egy csepp* ~*ja* il n'a pas un sou de bon sens
sütő [~k, ~t] 1. boulanger *m;* 2. *(tüzhelyen)* four *m* (de cuisine)
sütőde [-ék, -ét, -éje] boulangerie *f*
sütőipar industrie boulangère
sütőipari boulanger, -ère
sütőkamra fournil *m*
sütőkemence four *m*
sütőlap plaque *f*
sütőpor poudre gazifère *v* gazogène *f;* baking-powder *m*
sütőszóda soda-powder *m*
sütőteknő pétrin *m*
sütőtepsi poêle *f* à frire *v* à rôtir *v* à gratin; *(tésztának)* moule *m* à tarte; *(pástétomnak)* moule *m* à pâté
sütőtök *növ:* potiron *m*
sütővas fer *m* à friser
süveg [~ek, ~et, ~e] bonnet *m;* toque *f; (püpöké)* mitre *f*
süvegcukor sucre en pain; pain *m* de sucre
süvít [~ettem, ~ett, ~sen] *(szél)* siffler; hurler; *a golyók* ~*enek* les balles miaulent

süvölt [~öttem, ~ött, ~sön] siffler; hurler
sváb [~ok, ~ot; ~ul] I. *(mn)* 1. souabe; 2. *pej:* teuton; tudesque; boche; II. *(fn)* Souabe *m*
svábbogár blatte *f;* cafard; cancrelat; meunier *m*
sváda [-át, -ája] *gúny:* faconde *f;* *jó -ája van* avoir de l'abat(t)age
Svájc [~ot] la Suisse; la Confédération helvétique
svájci I. *(mn)* suisse; helvétique; confédéral, -e; *a* ~ *államszövetség* la Confédération helvétique *v* suisse; ~ *francia* Suisse français *v* romand; ~ *sapka* béret *m; tört:* ~ *testőr* un cent-suisse; *a Svájci Vöröskereszt* la Croix-Rouge suisse; II. *(fn)* Suisse
svalizsér chevau-léger
svéd [~ek, ~et] *(mn)* suédois, -e
svédtorna gymnastique suédoise
svihák [~ok, ~ot; ~ul] 1. canaille *f;* faquin; aigrefin *m;* 2. *(enyhébben)* bluffeur; fumiste *m*
svindliz [~tem, ~ett, ~zen] tricher; blaguer

Sz

sz *(hang)* s f v m
szab [~tam, ~ott, ~jon] **1.** *(ruhát)* couper; **2.** *átv:* fixer; établir; assigner; imposer; *eléje ~ prescrire v* imposer à q; *súlyos feltételeket ~ vkinek* imposer de rudes conditions à q; **3.** *(vmihez)* régler sur qc; proportionner à qc
szabad [~ok; ~ot] **I.** *(mn)* **1.** *(ember)* libre; franc; *csak este 6 órától ~* n'être libre qu'à six heures du soir; *~-e ma este!* votre soirée est-elle libre? *~, mint a madár* libre comme l'air *v* comme un moineau; **2.** *(vmi, átjárás stb.)* libre; *~ az út* le passage est libre; *(átv:)* nous avons le champ libre; *~dá tesz (vkit)* rendre la liberté à q; affranchir; délivrer; *(vmit)* dégager; *(utat)* désencombrer; *(csövet, nyílást)* désengorger; *(hajót)* renflouer; *(ostrom, blokád alól; árut, hitelt)* débloquer; **3.** *vegy:* *~dá lesz* se dégager; **4.** *(birtokról)* allodial, -e *feud;* **5.** *túlságosan ~ (viselkedés, vélemény)* licencieux, -euse; *(könyv)* licencieux, -euse; osé, -e; **6.** *~ szellem* esprit libre *m;* **7.** *(megengedett)* licite; permis; légal, -e; **8.** *szabad! (meg van engedve)* c'est permis; faites! je vous en prie! *(ját:)* trêve! trêve! *(kopogásra)* entrez ! oui! *szabad? (bemenéskor)* je ne vous dérange pas? *(valamit tenni)* vous permettez? *~ egy pillanatra?* pouvez-vous *v* voulez-vous m'accorder un instant? *nem ~* je vous le défends; **9.** *(főnévi igenévvel) ~ kérdeznem melyik?* suis-je indiscret en vous demandant lequel? *~ kérnem?* vous permettez? *(táncra)* voulez-vous m'accorder cette danse? *~jon megjegyeznem* qu'il me soit permis de faire remarquer; *nem ~ (inf)* il n'est pas permis de *(inf); legyen ~ (megjegyeznem)* qu'il me soit permis de (faire remarquer que); *ha ~ mondanom si* j'ose m'exprimer ainsi; *itt nem ~ dohányozni!* défense de fumer; *ennek nem ~ így lenni* c'est inadmissible; *ezt nem lett volna ~ mondanod* tu n'aurais pas dû dire cela; *nem ~ (inf)* ne pas avoir la liberté de *(inf);* **10.** *(tárggyal) mit nem ~?* qu'est-ce qui n'est pas permis? *ezt ~* c'est chose permise; *~ akaratból* de son (plein) gré; *~ akaratú* arbitraire; spontané, -e; *~ állapot* liberté *f; ~ árfolyam* cours variant librement; *~ bemenet* entrée libre *f;* accès libre *m* (à); *a ~ ég alatt* à l'air libre; en plein air; en plein vent; à ciel ouvert; *~ egyesülés* association libre *f; ~ egyesülés joga* liberté *f* d'association; *~ előadás* conférence *f; ~ elvonulás* libre départ *m; ~ elvonulást kap* obtenir les honneurs de la guerre; *~ ember* homme libre *m; (sok ideje van)* homme de loisir; *~ foglalkozások* professions libérales; *~ foglalkozást űz* exercer une profession *v* un métier; *~ folyást enged vminek* laisser libre cours à qc; donner carrière à qc; *~ folyást enged a dolgoknak* laisser les choses suivre leur cours; *~ folyást enged az eseményeknek* laisser marcher les événements; *~ folyást enged haragjának* décharger sa bile; *~ forgalom* la liberté des transactions; *~ forgalomban* sur le marché libre; *~ gondolkozású* d'un esprit large *v* libéral; *vminek ~ gyakorlata* le libre exercice de qc; *~ hely* espace libre; *(járművön)* place libre *f; ~ idő* loisir *m;* moments perdus; *van ~ ideje* avoir le temps libre; *nincs egy percnyi ~ ideje* il ne s'appartient pas; *~ idejében* à ses moments perdus; à ses heures de loisir; *~ idejét eltölti* occuper ses loisirs; *~ játék (gépé,*

eszköze) liberté *f;* jeu *m;* a ~ *kéz politikáját követi* se réserver toute liberté d'action; ~ *keze van* avoir les mains libres *v* carte blanche; ~ *kézből elad* vendre de la main à la main; ~ *kezet ad* v *enged* donner carte blanche *v* plein pouvoir; ~ *kutatás* libre examen; *(földben)* prospection libre *f;* ~ *lakás* logement gratuit; ~ *(rendelkezésű) lakás* appartement libre à la vente; *a* ~ *levegő* le grand *v* le plein air; *(a)* ~ *levegőn* à l'air *v* au vent libre; ~ *mérlegelés tárgya* l'objet de son appréciation souveraine *v* de sa libre appréciation; *ez* ~ *mérlegelés tárgya* ceci est à décider en toute liberté; ~ *munka* travail libre *m;* ~ *művészetek* arts libéraux; ~ *napja van* avoir une journée de liberté *v* de libre; ~ *óra* une heure de libre; ~ *pálya* profession *v* carrière libérale; ~ *polgár* citoyen libre *m;* ~ *rablás* pillerie *f;* ~ *rablást engedélyez egy városban* abandonner *v* livrer *v* mettre une ville au pillage; ~ *szemmel* à l'œil nu; à la simple vue; ~ *szemmel is észrevehető* v *látható* apercevable à l'œil nu; ~ *szemmel alig látható* imperceptible; ~ *szemmel nézve* vu(e) à l'œil nu; ~ *szerelem* union libre *f;* ~ *tere nyílik a gyanúsításnak* le champ est ouvert aux soupçons; ~ *tere van vminek* avoir le champ libre; ~ *teret enged vkinek* laisser libre jeu à q; ~ *természet* grande nature; ~ *választása van* c'est à prendre ou à laisser; avoir un libre choix; ~ *vallásgyakorlat* le libre exercice *v* la liberté des cultes; ~ *véleménynyilvánítás* liberté *f* d'expression; ~ *vers* le vers libre; le vers-librisme; *(egy költemény)* vers libres; *a* ~ *verseny* la libre concurrence; ~ *vízben fürdik* nager en pleine eau; **II.** *(fn) ki a* ~*ba!* au grand air! *a* ~*ban* au grand air; *(falun, városon kívül)* en plein champ
szabadakarat *fil:* libre *v* franc arbitre
szabadállam État libre *m*
szabadalmaz [~tam, ~ott, ~zon] breveter

szabadalmazott [~ak, ~at] breveté, -e
szabadalmi [~ak, ~t] de brevet; ~ *hivatal* office national des brevets d'invention et des marques de fabrique; *(franciáknál)* Office national de la propriété industrielle; ~ *okirat* brevet *m* d'invention
szabadalom [-lmak, -lmat, -lma] brevet (d'invention); privilège *m;* ~ *megsértése* contrefaçon *f* du brevet; *találmányi -lmat bejelent* faire le dépôt d'une demande de brevet d'invention
szabadcsapat corps franc; les francs-tireurs; *(újabban:)* les maquisards
szabadegyetem université populaire; école *f* du soir
szabadelvű [~ek, ~t] libéral, -e
szabadelvűség libéralisme *m*
szabadesés *fiz:* chute libre *f*
szabadfogású birkózás lutte libre *f*
szabadgondolkodó libre penseur; *rég:* libertin; *(nő)* libre penseuse *f*
szabadgondolkozás libre pensée; laïcité *f*
szabadiskola école libre *f*
szabadjára à l'abandon; ~ *enged* v *ereszt* laisser aller; laisser faire; ~ *ereszti fantáziáját* donner libre carrière à son imagination; ~ *ereszti haragját* se laisser aller à la colère
szabadjegy billet *m* de faveur; entrée *f* de faveur; *vasúti* ~ permis *m* de circulation
szabadkereskedelem libre échange *m*
szabadkézi *rajz* dessin *m* (à main levée) *v* d'imitation
szabadkikötő port franc
szabadkozás résistance *f;* refus *m*
szabadkozik [~tam, ~ott, ~zék *v* ~zon] se faire prier; refuser (de és *inf*); se refuser à *(inf)*
szabadkőműves I. *(mn)* maçonnique; franc-maçonnique; **II.** *(fn)* franc-maçon; maçon *m*
szabadlábra *helyez* mettre *v* remettre en liberté; élargir; relâcher; *(rendőri) felügyelet mellett* ~ *helyez* mettre en liberté surveillée
szabadnapos avoir son jour de congé
szabadon 1. librement; en (toute) liberté; en toute indépendance;

~ **beszél** parler en toute liberté; ~ **bocsát** v *ereszt* libérer; mettre en liberté; relâcher; ~ *enged vmit* donner de la liberté à qc; ~ *értékesít* mettre en vente libre; ~ *választhat* être maître v libre de choisir; 2. *(könnyeden)* à l'aise; à son aise; souverainement; lestement; 3. *vegy:* à l'état natif; 4. à ciel ouvert; 5. *műsz: rugót* ~ *enged* donner du jeu à un ressort; 6. *túlságosan* ~ licencieusement; 7. ~ *álló (lakás)* inoccupé, -e; *(ház)* isolé, -e; *(fa)* plein-vent
szabadonbocsátás libération; relaxation *f;* élargissement *m; feltételes* ~ libération conditionnelle
szabadosság 1. *(beszédé)* verdeur *f;* libertinage *m;* licence *m;* 2. *(erkölcsöké)* dérèglement *m*
szabadpiac marché privé
szabadraktár entrepôt *m*
szabadrúgás *futb:* coup (de pied) franc
szabadság 1. liberté *f; jog:* személyes ~ *megsértése közhivatalnok által* attentat *m* à la liberté; *éljen a* ~! vive la liberté! ~*ában áll, hogy* il est autorisé à *(inf);* libre à lui de *(inf);* ~*ára bíz* v *hagy, hogy* laisser à sa discrétion de *(inf);* 2. *(szabadosság)* licence *f;* 3. *feud:* franchise *f;* 4. congé *m; (katonai így is:)* permission *f;* perm v perme *f arg;* ~*on levő* en congé; *(kat:)* en permission; ~*ra megy* se mettre en congé; prendre ses vacances; *(kat:)* aller en permission; *kiveszi a* ~*át* prendre ses vacances
szabadságfok degré *m* de liberté
szabadságharc guerre *f* de l'indépendance; *a 48-as* ~ la lutte pour l'indépendance hongroise de 1848
szabadságjog 1. *feud:* franchise *f;* 2. *(újkori)* ~*ok* libertés publiques
szabadságol [~tam, ~t, ~jon] 1. envoyer v mettre en congé; 2. *(katonát)* mettre en permission; libérer; 3. *(büntetésből)* mettre en disponibilité
szabadságszerető I. *(mn)* épris(e) v assoiffé(e) de liberté; aimant l'indépendance v la liberté; II. *(fn)* indépendant *m*
szabadságvesztés détention; réclusion *f;* ~ *büntetése* peine de réclusion v d'emprisonnement; peine privative de la liberté; ~ *büntetését letölti* accomplir son temps de privation de la liberté; purger sa peine
szabadtéri en plein air; ~ *játék* jeu corporel; ~ *színpad* théâtre *m* de verdure v en plein air v en plein vent
szabadul [~tam, ~t, ~jon] 1. *kat:* être libéré; *fegyházból* ~*t* libéré, -e *(n);* 2. ~ *a fogságból* être libéré(e) (de prison); 3. *(vmitől)* s'affranchir de qc; se défaire de qc; *nem tudok* ~*ni a gondolattól* je ne puis me délivrer de cette obsession; *nagy veszélytől* ~ l'échapper belle; 4. se rendre libre; 5. *(ipari tanuló)* sortir d'apprentissage
szabadulás 1. libération *f;* 2. délivrance *f*
szabály [~ok, ~t, ~a] 1. règle; norme *f; (előírt)* règlement *m;* prescription *f;* ~ *szerint* régulièrement; dans les règles; ~ *betartása, követése* observance *f; a kivétel erősíti a* ~*t* la règle reçoit exception; *megfelel a* ~*oknak* être dans les règles v selon les règles; *a* ~*oknak megfelelő* réglementaire; *megtartja a* ~*okat* se conformer au règlement; observer le règlement; 2. *(szerzetesi)* la règle; les statuts *m pl;* 3. précepte *m;* 4. *(élet*~*)* maxime *f*
szabályellenes 1. contraire v non conforme aux règlements; antiréglementaire; 2. *(rendellenes)* anormal, -e; 3. *nyelv:* incongru, -e
szabályos [~ak, ~at] régulier, -ière; normal; réglé, -e; conforme aux règlements; *kínosan* ~ tiré au cordeau; ~ *időközökben* à des intervalles réguliers; périodiquement; ~ *ismétlődés* retour périodique *m;* ~ *vonások* traits réguliers
szabályosan régulièrement; dans les règles
szabályoz [~tam, ~ott, ~zon] 1. régler; régenter; régulariser; *(jogilag)*

réglementer; 2. *(törvény)* régir; porter règlement de qc; 3. *(folyót)* régulariser *v* aménager (le cours de ...); *(vonalat, utat stb.)* rectifier; 4. *(gépet)* régler; ajuster; *(működésében)* commander; *(hőfok szemp.)* climatiser
szabályozás 1. réglementation *f*; règlement *m*; *(jogi)* statut; régime *m*; 2. *(vízé)* régularisation *f*; 3. *(gépé)* réglage *m*; *(működésében)* commande *f*; 4. *(folyóvízé)* régularisation; rectification *f*; 5. *(levegőé)* conditionnement *m*; climatisation *f*
szabályrendelet règlement d'administration; décret réglementaire *m*
szabálysértés contravention *f*
szabályszerű 1. en règle; conforme aux règles; régulier, -ière; en bonne et due forme; ~ *harc* combat *m* en règle; ~ *nyugta* reçu *m* en règle; 2. normal, -e
szabálytalan 1. irrégulier, -ière; déréglé, -e; *(nem előírásos)* non réglementaire; incorrect, -e; ~ *érverés* pouls déréglé; ~ *lüktetés* arythmie *f*; 2. *mat: (idom)* irrégulier, -ière; 3. anormal; anomal, -e; 4. ~ *(mondattani) fordulat* solécisme *m*; 5. ~ *időben megjelenő (folyóirat)* semipériodique *(m)*
szabálytalanság 1. irrégularité *f*; déréglement *m*; 2. *(előírással szemben)* infraction *v* contravention *f* (à qc); passe-droit *m*; 3. *nyelv*: anomalie *f*; 4. *(pulzusé)* arythmie *f*; 5. *(növésben, testi)* anomalie; 6. ~ *a viselkedésben* irrégularités *f pl*; 7. *ját*: faute *f*
szabályzat règlement *m*; statut(s) *m (pl)*; régime *m*; ~ *megsértése* v *megszegése* infraction *f* aux règlements; *tartja magát a ~hoz* se conformer au règlement; *a Duna nemzetközi ~a* le régime international du Danube
szabás 1. coupe; taille; façon; forme *f*; 2. *(vmihez való)* rajustement *m*; adaptation *f*
szabásminta patron *m*; découpe *f*
szabász [~ok, ~t, ~a] coupeur *m*
szabászműhely atelier *m* de coupe

szabásznő coupeuse; tailleuse *f*; *(nagy szalonban)* première
szabatos [~ak, ~t] précis; concis, -e; net, nette; correct; serré, -e; *nem* ~ impropre; ~ *kifejezés* expression propre *f*; *terme propre v* adéquat; ~ *meghatározás* définition précise
szabdal [~tam, ~t, ~jon] taillader; dépecer; découper; couper *v* tailler en morceaux
szablya [-ák, -át, -ája] sabre *m*
szabó [~k, ~t, ~ja] tailleur *m*; *(női)* couturier *m*; *(konfekciós)* confectionneur *m*; *előkelő* ~ le bon faiseur
szabócég maison *f* de couture; *a nagy (női) ~ek* la haute couture
szabóipar 1. la confection; 2. *(női)* couture *f*; *(előkelőbb)* la haute couture
szabókréta craie *f* (de) tailleur *v* de Briançon
szabólegény garçon tailleur *m*
szabómester maître-tailleur *m*
szabónő couturière; tailleuse *f*; *(konfekciós)* confectionneuse *f*
szabotál [~tam, ~t, ~jon] saboter
szabotálás [~ok, ~t, ~a] sabotage *m*
szabott *ár* prix fixe; taux *m*; ~ *áron* au prix marqué
szabóvászon gros-grain de taille; bougran *m*
szabvány norme *f*; étalon; standard *m*; gabarit commun
szabvány- étalon
szabványos [~ak, ~t] étalonné; normal, -e; standard; d'échantillon
szabványosítás normalisation; standardisation *f*
szabványügyi hivatal office *m* de standardisation
szadista [-ák, -át] sadique *(n)*
szag [~ok, ~ot, ~a] 1. odeur; senteur *f*; 2. *(kellemes)* parfum; arôme *m*; 3. *(büdös)* relent *m*; 4. *(boré)* bouquet *m*; *(sülté, vadé, boré)* fumet *m*; *jó* ~ bonne odeur; parfum; *rossz* ~ mauvaise odeur; odeur forte *v* fétide; *a húsnak ~a van* cette viande sent; *ennek égett ~a van* cela sent le brûlé; *~ot áraszt* dégager une odeur
szagérzet sensation olfactive

szaggat I. *(tgy i)* 1. lacérer; déchirer; 2. *(fájdalom)* lanciner; 3. *zen:* ~va détaché; II. *(tgyl i)* ~ *a lábamban* j'ai des douleurs lancinantes dans la jambe
szaggatott [~ak, ~at] 1. ~ *vonal* pointillé; tireté *m;* ~ *vonallal kirajzol* marquer *v* tracer au pointillé; 2. *földr:* découpé; déchiqueté -e; *a hegyek* ~ *körvonalai* la déchiqueture des montagnes; 3. *növ:* ~ *erezetű (levélről)* abruptinerve; 4. ~ *mozdulat* mouvement saccadé; 5. ~ *színkép* spectre discontinu; 6. *(hangról)* entrecoupé; saccadé, -e; 7. *vill:* ~ *áram* courant intermittent; 8. ~ *mondatokban* par phrases entrecoupées
szaglás 1. odorat; flair *m;* 2. *(képesség)* odoration; olfaction *f*
szaglász [~tam, ~ott, -ásszon] 1. flairer; renifler; *(kutya így is:)* chercher; quêter; 2. *ide-oda* ~ *(vki)* fouiner
szaglik [~ottam, ~ott] sentir (mauvais); dégager une odeur; puer
szaglóideg nerf olfactif
szagol [~tam, ~t, ~jon] sentir; flairer; appliquer son odorat à qc
szágópálma *növ:* sagoutier *m*
szagos [~ak, ~at] 1. odorant; parfumé; aromatisé, -e; *(erős szagú)* d'odeur forte; 2. *(hús)* piqué; avancé, -e; *(vad)* faisandé, -e
szagosbükköny *növ:* pois *m* de senteur
szagtalanít [~ottam, ~ott, ~son] désodoriser
száguld [~ottam, ~ott, ~jon] courir à fond de train *v* à tombeau ouvert; *(lóval)* courir ventre à terre; *(autón)* rouler *v* filer à grande allure *v* à une allure folle; *(vonat)* rouler *v* aller à grande vitesse
Szahara [-át] le Sahara
szaharin [~ok, ~t, ~ja] saccharine *f*
száj [szájak, szájat, szám, szád *v* szájam, szájad, szája] 1. bouche *f; gúny:* bec *m;* gueule *f nép;* 2. *(nagy állaté)* gueule; 3. *(alagúté, barlangé, kemencéé)* bouche; gueule; entrée *f;* 4. *(edényé)* orifice *m;* 5. *(tölcsérszerű)* pavillon *m; ne szólj szám, nem fáj fejem* toutes vérités ne sont pas bonnes à dire; *jó szája van* avoir la langue bien affilée; *jár a* ~*a* parler comme un moulin; ~*a széle* les bords de ses lèvres; *megnyalja a* ~*a szélét* se pourlécher les lèvres; *szájába ad* faire dire à q; ~*ába rágja a leckét vkinek* faire la leçon *v* faire la langue à q; *(tanulásnál)* mâcher *v* seriner qc à q; *saját* ~*ából hallottam* je le tiens *v* je le lui ai entendu dire de sa propre bouche; *kiveszi saját* ~*ából a falatot vkiért* s'ôter les morceaux de la bouche pour q; *kivette a számból (a szót)* j'allais le dire; *szájon üti* donner sur le bec; *a világ szájára adja* jeter en pâture à la médisance; *a világ* ~*ára kerül* faire jaser; *szájról szájra ad* colporter de bouche en bouche; ~*ról szájra jár v száll* voler *v* passer *v* courir de bouche en bouche; *(vkinek a neve)* être dans toutes les bouches; *befogja a száját* fermer la bouche; tenir sa langue; ~*át befogja vkinek* museler q; bâillonner q; fermer la bouche à q; *kinyitja a* ~*át (mer beszélni)* ouvrir la bouche; *ki se nyitja a* ~*át* ne pas ouvrir la bouche; *fogd be a szád!* ta (jolie) bouche! *(durván:)* ta gueule! ferme-la! ta boîte, coco! ~*át tátja (bámészkodva)* bayer aux corneilles; ~*ától vonja meg* prendre sur sa bouche; *tele* ~*jal beszél* parler la bouche pleine; *a* ~*ával mindent megcsinál* en paroles, il sait tout faire
szájápolás hygiène *f* de la bouche
szájas [~ak, ~t] I. *(mn)* au verbe haut; fort(e) en gueule; II. *(fn)* braillard, -e; brailleur, -euse;’ fanfaron, -onne *(n)*
szájaskodik [~tam, ~ott, ~jék *v* ~jon] avoir le verbe haut; brailler
száj- és körömfájás fièvre aphteuse; mal *m* de bouche
szajha [-ák, -át, -ája] gourgandine; garce *f; (durván)* putain; grue; salope; roulure *f*
szájhagyomány tradition orale

szájharmonika harmonica *m* (à bouche)
szájhős beau parleur; diseur de grands mots; fanfaron *m*
szájíz; *jó ~e marad* rester sur la bonne bouche; *keserű a ~e* avoir la bouche amère; *rossz ~t hagy* laisser un mauvais goût; *(átv:)* réserver *v* donner des déboires
szajkó [~k, ~t, ~ja] 1. *áll:* geai *m;* 2. *átv:* serin *m*
szájkosár muselière *f;* -*kosarat köt* v *tesz vkire* museler q; *(átv:)* bâillonner qc
szajkóz [~tam, ~ott, ~zon] répéter comme un perroquet
szájpadlás palais *m;* voûte du palais *v* palatine
szájpenész muguet *m;* stomatite crémeuse
szajré [~k, ~t, ~ja] *arg:* cadet *m*
szájrúzs rouge *m* (à lèvres)
szájsebész chirurgien(ne) dentiste *n*
szájszöglet commissure *f* des lèvres; coin *m* de la bouche
szájtáti [~ak, ~t; ~an] badaud, -e *(n);* jobard *(m)*
szájüreg cavité orale *v* buccale
szájvíz eau dentrifrice *f;* gargarisme *m*
szak [~ok, ~ot, ~ja v ~a] 1. *(idő)* période; phase; étape *f;* 2. *(rész)* section *f;* 3. *(üté)* tronçon *m;* 4. *(vers)* strophe *f;* couplet *m;* 5. spécialité; profession; branche *f; (egyetemen)* spécialité; *(mint kar)* faculté *f; ez nem vág az én ~omba* cela n'est point de ma compétence *v* de mon ressort
szák [~ok, ~ot, ~ja] *hal:* épuisette *f*
szakács [~ok, ~ot, ~a] cuisinier *m; (főszakács mellett)* aide-cuisinier; *(hajón)* maître coq *m*
szakácskönyv livre de cuisine; traité culinaire *m*
szakácsművészet art culinaire *m*
szakácsnő *v* *-né* cuisinière *f*
szakad [~tam, ~t, ~jon] 1. *(ruha, papír)* se déchirer; craquer; 2. *(fonál, kötél, húr)* se rompre; casser; 3. *fejükre ~ az épület* le bâtiment va s'effondrer sur eux; 4. *~ az eső* il pleut à verse *v* à torrents; *~ a*

könnye pleurer à chaudes larmes; 5. *(folyó vhová)* se jeter dans...; 6. *(vki vhová)* échouer; 7. *két ellenséges táborra ~ se* diviser en deux camps ennemis; *pártokra ~ se* scinder en plusieurs parties
szakadár [~ok, ~t] schismatique; scissionnaire *(n)*
szakadás [~ok, ~t, ~a] 1. *(ruháé, papíré)* déchirement *m;* 2. *(ruhán)* déchirure *f;* 3. *(kötélé, gáté, csöé stb.)* rupture *f;* 4. *vall:* schisme *m;* 5. *(pártban)* scission; sécession *f*
szakadatlan ininterrompu; incessant, -e; continu; permanent, -e; ~ *fejlődés* devenir *v* développement ininterrompu
szakadék [~ok, ~ot, ~a] 1. précipice; gouffre; abîme *m; (vizmosta)* ravin *m; a ~ szélén áll* se trouver au bord du précipice; 2. *átv:* coupure *f; politikában széles ~ választja el* őket egymástól en matière politique, un large fossé les sépare
szakadó [~k, ~t] ~ *eső* pluie diluvienne *v* torrentielle
szakajtó [~k, ~t, ~ja]; **szakajtókosár** banneton; panneton *m*
szakáll [~ak, ~t, ~a] 1. barbe *f; hegyes ~* barbe à la Van Dyck *v* à une pointe; *dús ~* barbe de fleuve; *ősz ~* barbe blanche; ~*t növeszt* laisser pousser sa barbe; ~*t visel* porter la barbe *v* toute sa barbe; 2. *átv: saját ~ára* agissant en son nom personnel *v* de son propre chef; 3. *(magon)* aigrette *m;* 4. *(nyílhegyé)* barbillon *m;* 5. *(kulcsé, horogé)* barbe
szakálltalan imberbe; sans barbe
szakasz [~ok, ~t, ~a] 1. *(úté, testé, vonalé)* tronçon; segment *m;* section *f; (villamos~; autóbusz~)* section; ~*okra oszt* segmenter; diviser en sections; 2. *sp:* étape *f;* 3. *földr:* secteur *m;* 4. *(katona)* escouade *f;* peloton *m;* 5. *(írásműben)* alinéa; passage *m;* 6. *(vers)* strophe; stance *f;* 7. *(időbeli)* phase; étape; période *f; (munkánál)* palier *m; egy betegség ~ai* les phases d'une maladie; *döntő ~ába*

lép entrer dans une phase décisive; 8. *(kutatásoké)* campagne *f;* 9. *mat:* période *f;* 10. *(törvényé)* article *m;* 11. *(szerződése)* clause *f*
szakaszonként 1. d'étape en étape; par étapes *v* paliers; 2. d'article en article
szakaszos [~ak, ~t *v* ~at] 1. fractionné, -e; 2. périodique; 3. *mat:* ~ *függvény* fonction périodique *f;* 4. *négy* ~ *vers* poésie *f* de quatre strophes
szakaszparancsnok chef *m* d'escouade
szakasztott *apja* il est le portrait vivant de son père; ~ *egyformák* ils ont été jetés dans le même moule; ~ *olyan* c'est (tout) son portrait
szakaszvezető 1. caporal-chef *m;* 2. *(lovassági)* maréchal *m* des logis
szakavatott [~ak, ~at] 1. compétent; expérimenté; expert, -e (en); 2. *(vezetés)* expert; autorisé, -e
szakelőadó rapporteur technique *m*
szakember spécialiste qualifié; technicien, -enne *n;* expert *m; a* ~*ek* les gens du métier *v* de l'art; ~*ek szerint* selon les auteurs
szakértelem compétence professionnelle; maîtrise; expérience; aptitude (professionnelle); *nagy* ~*mel* savamment
szakértő I. *(mn)* compétent; expert, -e; ~ *bizottság* commission *f* d'experts; II. *(fn)* expert *m;* technicien, -enne *n*
szakfolyóirat revue spécialisée; périodique spécial
szakirodalom la bibliographie (de la question); littérature spéciale
szakít [~ottam, ~ott, ~son] I. *(tgy i)* 1. *(ruhát)* déchirer; 2. *(gyümölcsöt, virágot)* cueillir; 3. *(el, ki*~*)* arracher; 4. *időt* ~ *rá, hogy* trouver le temps de *(inf);* II. *(tgyl i) (vkivel)* rompre *v* briser avec q; ~ *szokásaival* rompre avec ses habitudes; ~*ottak* ils ont rompu
szakítás 1. déchirure *f;* déchiquetage *m;* 2. rupture *f;* 3. *(vkivel)* rupture
szakjelentés rapport technique *m*
szakkáderek cadres qualifiés
szakképesítés brevet *m*
szakképzés éducation *v* formation professionnelle

szakképzett qualifié; spécialisé, -e; professionnel, -elle; ~ *munkás* ouvrier qualifié
szakképzettség aptitude (professionnelle); instruction professionnelle
szakkifejezés terme *m v* expression *f* technique
szakkönyv livre spécial *v* technique
szakkör 1. *(egyetemi)* groupe *m* d'études; 2. ~*ökben* dans les milieux compétents *v* spécialisés
szakkutatás recherche technique; recherche *f* des spécialistes
szakma [-ák, -át, -ája] spécialité; partie; branche *f;* ressort; domaine *m*
szakmai [~ak, ~t] technique; professionnel, -elle; ~ *egyesület* société professionnelle; ~ *folyóiratok* publications professionnelles; ~ *továbbképzés* perfectionnement professionnel
szakmány forfait *m;* ~*ba dolgozik* travailler à forfait *v* à la tâche
szakminiszter ministre compétent
szakmunka travail qualifié; ouvrage *m* de spécialité
szakmunkás ouvrier spécialisé *v* qualifié; O. S. *m;* la main-d'œuvre qualifiée
szaknyelv langue spéciale; terminologie; technologie *f*
szakoktatás enseignement professionnel *v* technique
szakorvos (médecin) spécialiste *m*
szakosít [~ottam, ~ott, ~son] spécialiser
szakosztály service *m;* section; division *f*
szakrajz dessin industriel
szakrendelés consultation spéciale
szakrövidítés abréviation technique *f*
szakszempont point de vue spécial; ~*ból kifogástalan tudományos okfejtés* raisonnement scientifiquement irréprochable
szakszerű professionnel, -elle; technique; de connaisseur
szakszerűség technicité *f*
szakszerűtlen dépourvu(e) de connaissance technique; de dilettante
szakszervezet syndicat (professionnel); chambre syndicale; organisation professionnelle *v* syndicale; *Szak-*

szervezetek Országos Tanácsa (SZOT) Conseil Central des Syndicats; **szakszervezeti** syndical, -e; syndicaliste; *a ~ aktívák* les syndiqués actifs; *~ bizottság* commission syndicale; *(nem termelő üzemnél)* comité *m* d'entreprise; *~ szövetség* union *f* des syndicats; *~ tag* membre *m* de *v* du syndicat; *Szakszervezeti Világszövetség* Fédération Syndicale Mondiale (F. S. M.)
szakszofon [~ok, ~t, ~ja] *zen:* saxophone *m*
szakszókészlet vocabulaire technique *m;* technologie *f*
szaktanács 1. consultation *f; ~ot kér vkitől* consulter q; 2. *ld:* **szakszervezet**
szaktanfolyam cours *m pl* d'éducation *v* d'école professionnelle
szaktárgy spécialité *f*
szaktárs collègue; confrère; camarade *m* de travail
szaktekintély autorité en la matière; capacité *f*
szaktudás habileté professionnelle; connaissances techniques *v* spéciales
szaktudomány spécialité; branche *f* d'études
szaküzlet magasin *v* commerce *m* de spécialités
szakvélemény expertise *f;* rapport technique
szál [~ak, ~at, ~a] I. *(fn)* 1. *(fonál)* fil; filament *m; (kötélben)* brin *m; ~akra bomlik* s'effiler; s'effilocher; *~akra bont* effiler; *~at húz* tirer des fils; 2. *átv: (ügyé)* fil *m;* ramification *f; gyengéd ~ak füzik vkihez* être attaché(e) à q par des liens d'amitié tendre; 3. *(lámpában)* filament *m;* 4. *(rovaroknál)* style *m;* 5. *(fa)* pied *m;* 6. *mind egy ~ig* jusqu'au dernier (homme); jusqu'à la dernière; *ad unum;* II. *(mn)* 1. *egy ~ cérna* un fil; *egy ~ fű* un brin d'herbe; *egy ~ gyertya* une chandelle; *egy ~ haj* un cheveu; *egy ~ ingben* en chemise; en bannière *nép; egy ~ rózsa* une rose; 2. *átv: magas ~ ember* un grand homme bien *v* soli-

dement bâti; *szép ~ leány* un beau brin de fille; *szép ~ legény* gaillard solide *m*
szalad [~tam, ~t, ~jon] 1. courir; *ide ~; oda ~* accourir; *ide-oda ~* courir ça et là; 2. *(vkihez)* courir chez q *v* vers q; 3. *(jármű)* rouler; filer; 4. *(időről)* filer; fuir; 5. *~ egy szem* une maille s'est lâchée
szaladgál [~tam, ~t, ~jon] 1. courir çà et là; 2. faire des courses; *egész nap ~ a városban* il court la ville toute la journée
szalag [~ok, ~ot, ~ja] 1. ruban *m;* bande *f; (kicsi)* bandelette *f; ~ot köt a hajába* mettre un ruban *v* un nœud dans ses cheveux; 2. *(női kalapon, állon át)* brides *f pl;* 3. *(keskeny selyem~)* faveur *f;* 4. *(polgármesteri, anyakönyvvezetői)* écharpe *f;* 5. *(érdemrendé)* cordon *m;* 6. *(feliratos)* banderole *f;* 7. *(ruhára, bútorra)* ganse *f;* 8. *ép:* bandeau *m;* 9. *(bőr~)* lanière *f;* 10. *orv:* ligament *m*
szalagcsokor cocarde; rosette; bouffette *f*
szalagféreg ténia; ver solitaire *m*
szalagfűrész scie *f* à ruban
szalamander [~ek, ~t, ~e]; **szalamandra** [-ák, -át] *áll:* salamandre *f*
szalámi [~k, ~t, ~ja] salami *m*
szálanként 1. fil à fil; brin à *v* par brin; 2. *(szőrről)* poil à *v* par poil; brin à brin
szálas [~(a)t; ~an] 1. filamenteux, -euse; 2. *(fa)* de haute futaie; 3. *~ ember* homme de haute taille
szaldó [~k, ~t, ~ja] solde; reliquat *m*
szálfa futaie *f;* arbre *m* de haute futaie; *(levágott)* bois *m* de grume; *egyenes, mint a ~* droit comme un I
szalicil [~ok, ~t, ~ja] acide salicylique *m*
szálka 1. éclat de bois; picot *m;* 2. *(testben)* écharde *f;* 3. *(halé)* arête *f;* 4. *(kalászé)* barbe; arête *f;* 5. *orv: (csont)* esquille *f;* 6. *mindig ~ voltam a szemében* il m'a toujours eu dans le nez

száll [~tam, ~(ot)t, ~jon] 1. *(repül)* voler; voltiger; *arra* ~ passer; 2. *(vhová)* se poser sur qc; 3. *álom* ~ *a szemére* le sommeil le gagne *v* s'appesantit sur ses paupières; 4. *(hír)* courir; 5. *kocsira* ~ monter (en voiture); *(vonatba)* s'embarquer dans qc; 6. *(vendéglőbe, lakásba)* descendre; se loger; 7. *(vkire) (örökség, hagyomány)* passer à q
szállás 1. logement; logis; abri; gîte *m;* ~*t kér vkitől* demander l'hospitalité à q; 2. quartiers *m pl;* logement militaire; cantonnement *m*
szállásadó logeur *m*
szállásol [~tam, ~t, ~jon] *kat:* loger; *(gyakorlatokon)* cantonner
szállingózik [~tam, ~ott, ~zék *v* ~zon] 1. voltiger; voler ça et là; 2. *(vendégek stb.)* se rassembler par petits groupes; 3. *(hír)* courir; être dans l'air *v* dans l'espace
szállít [~ottam, ~ott, ~son, ~sd *v* ~sad] 1. expédier; envoyer; transporter; effectuer *v* faire la livraison de qc; *(kocsin)* voiturer; *vasúton* ~ transporter par chemin de fer *v* par fer; *hajóra* ~ embarquer; 2. ~ *vkinek vmit* fournir qc à q *v* de qc; 3. *lejjebb* ~ *(árat)* baisser; réduire; abaisser; 4. *(foglyot, beteget)* transférer; 5. *földr:* *(vizet)* drainer
szállítás 1. expédition *f;* transport *m;* *(kocsin)* voiturage *m;* *(tengelyen)* roulage *m;* *(teherautón)* camionnage *m;* *hajón* ~ transport par bateau *v* par eau; *vasúti* ~ transport ferroviaire; 2. *ker:* livraison; délivrance; remise; fourniture; mise *f* en place; *házhoz* ~ livraison à domicile; *(a)* ~*kor (fizetendő)* (payable) à la livraison
szállítási de transport; de livraison; voiturier, -ière; ~ *díj* prix *m v* taxe *f* de transport; camionnage *m;* *(tengeren)* fret *m;* *(levélé)* port *m;* ~ *határidő* délai de livraison *v* de transport *v* d'expédition; ~ *költségek* frais de transport; frais *m pl* de port
szállítmány 1. envoi *m;* expédition *f;* *érkező* ~ arrivage *m;* 2. *(hajón)* cargaison *f;* 3. *(emberekből álló)* transport *m*
szállítmányozás transport(s) *m (pl);* expédition *f*
szállítmányozási *vállalat* société de transport; *(vasúti)* messagerie *f*
szállító [~k, ~t] I. *(mn)* ~ *csiga* poulie *f; bány:* ~ *csillés* hercheur *m;* ~ *daru* grue *f* de transport; *bány:* ~ *kosár* couffe *f;* ~ *repülőgép* avion *m* de transport; ~ *szalag* bande transporteuse; ~ *vállalat* entreprise *v* société *f* de transport; *(házhoz)* factage *m;* II. *(fn)* 1. entrepeneur de transports; commissionnaire *m* de transport; 2. voiturier; camionneur *m;* 3. *(rendszeresen küldő)* fournisseur *m;* approvisionneur, -euse *n; állandó* ~ fournisseur attitré; 4. *(dologról)* véhicule *m ; a járványok* ~*ja* le véhicule des épidémies; 5. *műsz:* chaîne *f;* transporteur *m*
szállítójegy bulletin *m* d'expédition
szállítólevél lettre *f* de voiture; bulletin *m* de livraison; *(post:)* fiche *f* de dépôt
szállítómunkás ouvier de transport; facteur *m*
szálloda [-ák, -át, -ája] hôtel *m;* hôtellerie *f;* *(kisebb)* auberge *f*
szállodai [~ak, ~t] hôtelier; -ière; ~ *alkalmazott* employé(e) d'hôtel; ~ *vendég* client(e) d'hôtel; hôte *m*
szállodaipar industrie hôtelière *v* de l'hôtellerie; hôtellerie *f*
szállóige dicton; adage *m;* -*évé lesz* passer en proverbe
szalma [-ák, -át, -ája] 1. paille *f;* *(fedésre)* chaume *m; Csáky -ája* être à la merci du premier venu; 2. *átv:* -*át csépel* parler pour ne rien dire; 3. *ld:* **szalmaözvegy**
szalmabáb mannequin *m* de paille *v* d'osier
szalmafonat natte de paille; clisse *f;* *(fagy ellen)* paillasson; abrivent *m;* *(betakarásra)* paillassonnage *m*
szalmakalap chapeau *m* de paille; *(lapos)* canotier *m*
szalmakazal meule *f* de paille; chaumier *m;* *(magas)* pailler *m*

szalmaláng 1. feu *m* de paille; *(csak átv:)* passade; foucade; fougade *f;* **2.** *(vkiről) csak ~* c'est un velléitaire **szalmaözvegy** *kb:* mari dont la femme est en voyage; veuf de circonstance **szalmasárga** (jaune) paille **szalmaszál 1.** brin *m* de paille; paille *f;* chalumeau *m;* **2.** *átv: az utolsó ~* dernière chance de salut; planche de salut; dernière cartouche
szalmaszék chaise de paille *v* paillée
szalmaszékfonó rempailleur; pailleur, -euse *n*
szalmavirág immortelle *f;* xéranthème *m*
szalmazsák paillasse *f; (gyermekágyban)* paillot *m*
szalmiák [~ot] sel ammoniac
szalmiákszesz alcali volatil (soluté); ammoniaque *f;* esprit *m* de sel ammoniac
szalon [~ok, ~t, ~ja] **1.** salon *m; (kis női)* boudoir *m;* **2.** *(XVII. sz.)* bureau *m* d'esprit; ruelle *f;* **3.** *(tárlat)* salon; galerie *f* d'art; **4.** *div:* maison *f* de couture
szaloncukor papillote *f*
szalongarnitúra salon *m*
szalonka *áll:* bécasse *f*
szalonkabát redingote *f*
szalonképes 1. *(ember)* fréquentable; présentable; **2.** *(vmi)* de bon ton; *nem ~ kifejezés* terme inconvenant *v* incongru
szalonkocsi voiture-salon *f;* wagon-salon *m*
szalonna [-ák, -át] lard *m; (pecsenye begöngyölítésére)* barde *f; húsos ~* petit lard; *kövér ~* gros lard
szalonnabőr(ke) couenne *f*
szalonnás 1. *(hús)* gras, grasse; *(étel)* lardé, -e; au lard; **2.** *(kenyérről)* gras-cuit
szalonnáz [~tam, ~ott, ~zon] *(hús)* larder; habiller; piquer de lardons
szalonnázik [~tam, ~ott, ~zék *v* ~zon] manger son *v* du lard
szalontüdő mou *m* de porc en ragoût
szalonvicc mot *m v* plaisanterie *f* qu'on peut raconter en bonne compagnie
szalonzene musique *f* de salon; morceau *m* de salon
szalonzenekar orchestre de salon *v* réduit
szalutál [~tam, ~t, ~jon] *ld:* **tiszteleg**
szalvéta [-ák, -át, -ája] serviette *f*
szalvia [-ák, -át, -ája] *növ:* salvia *m*
szám [~ok, ~ot, ~a] **1.** nombre *m;* **2.** *(~jegy)* chiffre *m; az ötös ~ le chiffre 5; ~okat idéz (vitában)* discuter chiffres en main; **3.** *(sort jelölő)* numéro *m;* Deák *F.* utca 20. *~ alatt* 20, rue François Deák; **4.** *(műsorban)* numéro; *(hangversenyen)* morceau *m;* **5.** *(gyűjteményben, könyvtárban)* cote *f;* **6.** *(járműé)* (numéro) matricule *m; (autóé)* numéro d'immatriculation; **7.** *(cipőé, kalapé, kesztyűé)* pointure *f;* **8.** *nyelv:* nombre *m; egyes ~* singulier *m; többes ~* pluriel *m; ~ felett* en surnombre; *~ feletti* excédent, -e; *(hivatalnok)* surnuméraire; *~ szerint* numériquement; *~ szerint húszan au nombre de vingt; a nagy ~ok törvénye* la loi des grands nombres; *a ~ok beszélnek* les chiffres ont leur éloquence; *számba jön* entrer en ligne de compte; *~ba jövő* qui compte; *a ~ba jövő mennyiség* la quantité respectable; *~ba vesz* retenir; tenir compte de qc; *~ba vesz (megszámlálva, mérlegelve)* faire le compte de qc; évaluer; mettre en balance; *mindent ~ba véve* tout bien compté; *tout compte fait; ~ba nem vehető* impondérable; négligeable; *nagy számban* en grand nombre; *~ban erősebb* supérieur(e) en nombre; *amelyet nem lehet ~okban kifejezni* qui ne se chiffre pas; *számon kér vmit vkitől* demander compte à q de qc; *(vmiről)* demander raison de qc; *~on tart* tenir registre de qc; tenir à jour; *~on tartják* être sur les registres de q; *~on tartják* être en évidence; *számra tízen voltak* ils étaient (au nombre de) dix; *darab~ra* à la pièce; au détail; *halom~ra* par monceaux; *hónap~ra* pendant des mois *v* de longs mois; *számot ad vmiről* rendre compte *v* raison de qc; *~ot kell adnia vmiről* devoir compte de qc; *~ot vet vmivel* tenir compte de qc; *~ot vet*

számadás önmagával consulter sa conscience; *nagy számmal* en (grand) nombre
számadás compte(s) *m (pl);* comptabilité *f;* reddition *f* de compte; état; relevé *m* des comptes; ~ *jóváhagyása* arrêté *m* du compte; ~*om van veled* nous avons un compte à régler (ensemble); *nyilvános* ~*ra kötelezett vállalat* entreprise astreinte à des comptes publics; *egy* ~*t átvizsgál* v *rovancsol* apurer un compte; ~*sal tartozik vmi felől* devoir des comptes de qc
számadat chiffre *m;* donnée numérique *f*
szamár [szamarak, szamarat, szamara] I. *(fn)* 1. âne *m;* bête asinée; *(nőstény)* ânesse; bourrique *f; a* ~ *ordít* l'âne brait; ~*on* à dos d'âne; 2. *pej: te* ~*! buta* ~*!* espèce d'âne *v* de brute *v* d'animal! *milyen* ~*!* qu'il est godiche! *nagy* ~ grosse bête; *oh, én* ~*! de* ~ *vagyok!* suis-je assez bête! que je suis bête *v* godiche! *vén* ~ vieille baderne *v* carne; II. *(mn)* ~ *beszéd* ânerie *f*
számára [számomra, számodra, számunkra, számotokra, számukra] pour lui *v* elle; pour son compte; *a maga* ~ pour lui-même; pour soi-même
számarány proportion numérique *f*
számárbogáncs onopordon; onoporde (acanthe); chardon *m* aux ânes
szamárfül oreille *f* d'âne; *(könyvben)* oreille; corne *f;* ~*et mutat vkinek* faire les cornes à q
szamárháton à dos d'âne; monté(e) sur un grison
szamárhurut coqueluche *f*
szamárlétra avancement hiérarchique *m; felfelé a -án* passer à son tour de bête
szamárság bêtise; ânerie *f*
számbavétel prise *f* en considération; recensement *m*
számbeli numérique; ~ *adatok* précisions numériques *f pl;* ~ *fölény* v *túlsúly* supériorité numérique
számfejtés 1. liquidation *f;* calcul *m;* 2. comptabilité *f*
számít [~ottam, ~ott, ~son] I. *(tgy i)* 1. *(vmit)* compter; calculer; *jól* ~ bien calculer; *forintban* ~ compter en forints; *méterekben* ~ compter par mètres; 2. *olcsón* ~ faire des prix modérés; *drágán* ~ surfaire; demander un prix trop élevé; 3. *(vkik közé)* ranger parmi...; mettre au rang de...; II. *(tgyl i)* 1. *jól* ~ bien calculer; *rosszul* ~ se tromper dans son calcul *v* ses calculs; *a dolog nem úgy végződött, ahogy* ~*ották* l'événement a trompé leurs calculs; 2. *ez* ~ cela (se) compte; *(mit)* ~ *az, ha...?* tant pis, si; qu'importe que *(subj); ez nem* ~ cela ne compte pas; *nem sokat* ~ cela ne pèse pas lourd; *minden* ~ tout y fait; *mindent* ~*va* tout compte fait; 3. *(vmire, vkire)* compter *v* miser sur qc *v* sur q; *(előre)* escompter qc; ~*hat rá* vous pouvez tabler là-dessus; *erre ne* ~*son!* n'y comptez pas! ne vous y fiez pas; 4. *(vmi vminek)* passer pour qc; compter parmi...; *duplán* ~ compter double; *halottnak* ~ passer pour mort(e)
számítás 1. compte; calcul *m; (hozzávetőleges)* supputation *f; (időé)* computation *f; téves* v *helytelen* ~ erreur *f* de calcul; faux calcul; ~*om szerint* d'après mes calculs *v* mon compte; à ce que je présume; *súlyosan esik* ~*ba* tomber d'un grand poids sur la balance; *megtalálja a* ~*át* trouver son compte; 2. *ravasz* ~ combine *f nép;* ~*ból cselekszik* agir par calcul *v* par politique
számítódik [~ott, ~jék *v* ~jon] 1. compter; être compris(e) (dans), 2. *(határidőről)* courir *v* prendre cours du...; *(kamat)* courir
számítógép calculateur, ordinateur *m*
számítva 1. en comptant...; *mindent* ~ tout bien compté; 2. *nem* ~ *a ...-t* sans compter le...; sans préjudice de...; *engem nem* ~ sans moi; *ezt nem* ~ à cela près; *ezt a megszorítást nem* ~ à cette restriction près; 3. *vmitől* ~ à compter de qc
számjegy 1. chiffre; numéro *m;* 2. *mat:* figure *f*

számkivetés bannissement; exil *m;* **~sel sújt** condamner q à la peine du bannissement
számla [-ák, -át, -ája] **1.** *(költségről)* facture *f;* mémoire *m;* note *f* (de créancier *v* d'achat); *a ~ összege* le montant de la facture; *-át benyújt* présenter une facture; *-át kiállít* établir *v* dresser *v* faire une facture; *egy -át kifizet* régler *v* solder *v* payer *v* acquitter une facture; **2.** *ker, pénz:* compte *m; (kimutatás)* compte de choses; *saját ~ propre* compte; *a ~ tulajdonosa* le titulaire du compte; *-ája javára -à* son actif; *-ája javára ír* (faire) porter au crédit de son compte; *a ~ terhére ír* inscrire au débit du compte; *vkinek -ájára befizet* verser sur le compte de q; *(részletet)* verser en acompte; *-ára ir* passer en compte; *vkinek -ájára és veszélyére* aux risques et périls de q; *-át nyit vkinek* ouvrir un compte au nom de q; *-át vezet* établir un compte; **3.** *átv:* az *ő -ájára írják, hogy* porter *v* mettre *v* rejeter à son compte que
számlabélyeg timbre-quittance *m*
számlaegyenleg solde *m* de compte
számlakivonat relevé de compte *v* des comptes
számlakövetelés créance *f*
számlálás 1. compte; dénombrement *m;* **2.** *(forgalmi, erd:)* comptage *m*
számláló [~t] **1.** *mat:* numérateur *m; a ~t és a nevezőt* haut et bas; **2.** *fiz:* Geiger *~* compteur *m* GM
számlámpa éclairage *m* de la plaque arrière
számlap 1. *(óráé)* cadran *m;* **2.** *hordár ~ja* médaille *f* de commissionnaire
számláz [~tam, ~ott, ~zon] facturer; passer *v* porter en compte
számlázás facturation *f*
számnév nom de nombre; numéral *m*
szamóca [-ák, -át] fraise *f* des bois
számol [~tam, ~t, ~jon] **I.** *(tgy i)* compter; calculer; *fejben ~* calculer mentalement; *mintha tízig se tudna ~ni* on lui donnerait le bon Dieu sans confession; **II.** *(tgyl i)* **1.** *vmiért ~ rendre* compte *v* raison de qc; **2.**

~ vmivel compter avec qc; *~ egy ügy következményeivel* envisager les suites d'une affaire; **3.** *(vkivel)* régler ses comptes avec q; **4.** *ját, sp:* marquer les points
számolócédula note *f* de restaurant
számológép 1. ordinateur *m;* **2.** machine à calculer *v* comptable *f*
számolókészülék 1. compteur *m;* **2.** *(látogatóké)* tourniquet *m*
számos [~ak, ~at] nombreux, -euse; *de nombreux, un grand nombre de...;* une foule de...; *~ esetben* dans de nombreux cas; *~ helyen* en nombre d'endroits
számosan bien des gens; (un grand) nombre de gens
számottevő notable; appréciable; considérable
számoz [~tam, ~ott, ~zon] numéroter; chiffrer; *(lapot)* paginer; *(ívet)* folioter; *(sorszámmal)* coter
számszerű numérique; exprimé(e) en chiffres
számtalan *(sok)* innombrable; très nombreux *v* nombreuse; un nombre infini (de...)
számtan arithmétique *f; általános ~* arithmologie *f*
számtani arithmétique; *~ alapműveleт* opération *f* d'arithmétique; *~ arány* rapport arithmétique *m; ~ haladvány* progression arithmétique *f*
számtanóra leçon *f* de calcul
számtiszt commis *m* de comptes
számú [~ak, ~t] **1.** *csekély ~* d'un petit nombre; **2.** *a kettes ~ ajtó* la porte numéro 2; **3.** *40-es ~ cipő* chaussures pointure 40
számum [~ok, ~ot] simoun *m*
száműz [~tem, ~ött, ~ze] bannir; exiler; proscrire; faire reléguer
száműzés exil *m;* proscription *f;* bannissement *m*
számvetés 1. arithmétique *f;* l'art *m* du calcul; **2.** *átv:* rendement *m* de compte; mise *f* au point
számvevőség 1. (bureau *m* de) comptabilité *f;* **2.** *(állás)* charge *f* de comptable public
számvitel comptabilité; gestion *f*

számvizsgálat révision *f* de compte; ~*ot tart* reviser *v* apurer un compte 1. *(fn)* szán [~ok, ~t, ~ja] 1. traîneau *m*; 2. *(esztergán)* chariot; support *m*; 3. *műsz:* coulisseau *m* II. *(ige)* szán [~tam, ~t, ~jon] 1. *(vkit)* avoir pitié de q *v* de qc; 2. *(vmit)* s'émouvoir de qc; 3. *(bűnét)* regretter qc; avoir regret de qc; 4. *(vkinek)* réserver pour q; mettre de côté pour q; 5. *(vmire)* destiner à qc; vouer à qc; consacrer à qc; *halálra* ~ vouer à la mort; 6. *(összeget)* consacrer *v* destiner *v* affecter à qc; 7. *fiát asztalosnak* ~*ja* il veut mettre son fils à l'ébénisterie; 8. *vmire* ~*ja magát* se vouer *v* consacrer à qc
szánakozás compassion; pitié; commisération *f*
szanál [~tam, ~t, ~jon] *(pénzügyileg)* assainir; renflouer
szanálás assainissement; renflouement *m*
szánalmas [~ak, ~at] pitoyable; piteux, -euse; lamentable; digne de pitié; *(külső)* minable; ~ *alak* triste sire; piètre personnage *m*; ~ *eredmény* résultat misérable *m*; ~ *szerepe van* jouer un piètre rôle
szánalom [-lmat, -lma] pitié; compassion; commisération *f*; apitoiement *m*; *milyen* ~*!* misère de nous! quelle pitié! ~*ra indít;* -*lmat kelt* faire compassion *v* pitié; ~*ra méltó* digne de pitié *v* de compassion; *(vki)* il est à plaindre
szanaszét; szanaszéjjel de tous côtés; à droite et à gauche
szanatórium [~ok, ~ot, ~a] sanatorium; centre de cure; sana *m*
szandál [~ok, ~t, ~ja] sandale(s) *f (pl)*
szándék [~ok, ~ot, ~a] intention(s) *f (pl)*; dessein *m*; vues *f pl*; visée *f*; fin(s) *f (pl)*; *jó* ~ bon vouloir; bonne volonté; *az a* ~ *vezérli, hogy* être animé(e) de l'intention de *(inf)*; *a legjobb* ~ *vezérli* être animé(e) des meilleures intentions; *eltökélt v feltett* ~*om* c'est mon intention formelle;

~*a ellenére* contre son intention; *megmarad* ~*a mellett* persister dans ses intentions; ~*ai vannak vkivel* avoir des vues sur q; *nincs* ~*omban, hogy* il n'entre pas dans mes vues *v* dans les intentions de *(inf)*; *azzal a* ~*kal, hogy* avec *v* dans le dessein *v* dans l'intention de *(inf)*
szándékolt [~ak, ~at] projeté; voulu; envisagé; visé, -e
szándékos [~ak, ~at] 1. voulu, -e; intentionnel, -elle; *a dolog* ~ c'est fait exprès; c'est voulu; 2. ~ *cselekedet* acte volontaire *m*; ~ *emberölés* homicide volontaire *m*
szándékosan à dessein; exprès; avec intention
szándékozik [~tam, ~ott, ~zék *v* ~zon] se proposer de *(inf)*; avoir l'intention de *(inf)*; compter *(inf)*; entendre *(inf)*
szangvinikus sanguin, -e
szanitéc [~ek, ~et, ~e] *biz:* sanitaire; brancardier *m*
szánkázik [~tam, ~ott, ~zék *v* ~zon] 1. faire une partie de traîneau; 2. luger; 3. *átv:* patiner; glisser
szanszkrit [~ok, ~ot, ~ul] sanscrit, -e; sanscritique; sanskritique
I. *(ige)* szánt [~ottam, ~ott, ~son] labourer; pratiquer *v* effectuer *v* exécuter un labour *v* des labours
II. *(mn)* szánt [~ak, ~at] 1. *vmire* ~ promis(e) à qc; 2. *az erre* ~ *összeg* la somme affectée à cet effet; 3. *vkinek* ~ à l'adresse de q
szántás 1. labour; labourage *m*; 2. *(föld)* labour; labouré *m*
szántatlan en friche
szántható arable; labourable
szántóföld labour; champ *m*; terre labourable *v* arable *f*; *kint a* ~*ön* en pleine terre
szántóterület surface agraire *v* arable *v* cultivée
szántszándékkal intentionnellement; avec intention; ~ *tették* c'est fait exprès
szapora [-ák, -át] 1. *(gyors)* leste; ~ *beszéd* volubilité (de langage); faconde *f*; débit rapide *m*; ~ *érverés*

szaporátlan pouls fréquent; 2. *(állat)* prolifique; fécond, -e; multipare; 3. *(kiadós)* d'un bon rendement; riche **szaporátlan** d'un mauvais rendement **szaporít** [~ottam, ~ott, ~son] I. *(így i)* 1. multiplier; augmenter; 2. *átv:* ~*ja a szót* palabrer; faire des discours; 3. *(ételt)* étoffer; II. *(így i) (kötésnél)* augmenter
szaporodás 1. *(élőlényé)* reproduction; procréation; propagation *f;* 2. *(népé)* accroissement *m;* 3. *túlságos* ~ pullulement *m;* pullulation *f;* foisonnement *m;* 4. *ált:* multiplication; augmentation *f;* accroissement *m*
szaporodik [~tam, ~ott, ~jék *v* ~jon] 1. *(élőlényé)* se reproduire; faire des petits; *(növény)* se reproduire; se multiplier; 2. *(nép)* s'accroître; augmenter (de...); 3. *ált:* se faire plus nombreux (-euse); se multiplier; 4. augmenter de fréquence; 5. *tévedései állandóan* ~*nak* ses erreurs se font de plus en plus nombreuses; 6. *(túlságosan)* pulluler; proliférer
szaporulat 1. accroissement *m;* augmentation *f;* 2. *(munka)* surcroît *m*
szappan [~ok, ~t, ~ja] savon *m; (egy darab)* un pain de savon; ~*t főz* fabriquer *v* faire du savon
szappanbuborék bulle *f* de savon; ~*ot fuj* souffler des bulles de savon
szappangyár savonnerie *f*
szappangyártás industrie savonnière; savonnerie *f*
szappanhab mousse *f* de savon
szappanoz [~tam, ~ott, ~zon] savonner
szappanpehely flocons *m pl* de savon; savon *m* en paillettes; paillettes *f pl*
szappantartó porte-savon; porte-savonnette *f*
szaprofita [-át] I. *(mn)* saprophytique; II. *(fn)* (microbe) saprophyte *m*
szapul [~tam, ~t, ~jon] 1. lessiver; mettre à la lessive; 2. *átv:* déchirer (à belles dents); gloser sur q
szár [~ak, ~at, ~a] 1. *(növényé)* tige *f; (virágé, áll. szervé)* pédoncule; pédicelle *m; (virágé)* hampe *f; (gyümölcsé)* pédoncule; *(virágé, gyümölcsé,*

szárazföldi
levélé) queue *f;* 2. *(gyeplőé)* rêne *f;* 3. *(harisnyáé, csizmáé)* tige; 4. *(pipáé)* tuyau *m;* 5. *(tollé)* tuyau; *(írótollé)* porte-plume *m;* 6. *(szögé)* côte *m* (d'un angle); 7. *(körzőé)* branche *f;* 8. *orv:* jambe *f;* 9. *(betűé)* hampe *f; (sor alá nyúló)* la queue (d'une lettre); *hangjegy* ~*a* la queue d'une note; 10. *müsz:* tige; jambe
szárad [~tam, ~t, ~jon] 1. sécher; se dessécher; 2. *rajta* ~ cela lui restera; *ezt nem hagyom magamon* ~*ni* on ne me fera pas avaler celle-là!
száradt [~ak, ~at] 1. séché, -e; sec, sèche; desséché, -e; 2. *(kút)* desséché; tari, -e
száraz [~ak, ~at, ~a] I. *(mn)* 1. sec, sèche; 2. *(vidék)* aride; 3. *átv:* aride; sec, sèche; ~ *bab* haricots secs *v* blancs; soissons blancs; ~ *borsó* pois secs; ~ *eljárás* procédé siccatif; *a* ~ *évszakban* à la saison sèche; ~ *fa* bois sec; ~ *helyen tartandó* à tenir au sec; «craint l'humidité»; ~ *idő* sec *m;* ~ *és tiszta időben* par temps sec et clair; ~ *kenyér* pain sec *v* rassis *v* dur; ~ *köhögés* toux *f* de renard; *orv:* ~, *makacs köhögés* toux férine; ~ *lábbal* à pied sec; *a* ~ *tények* les faits (positifs); ~ *a torka* avoir la gorge sèche; *orv:* ~ *üszök* gangrène sèche; II. *(fn)* 1. terre (ferme) *f; a* ~*on* sur la *v* en terre ferme; sur terre; ~*on és vizen* sur mer et sur terre; 2. ~*ba tesz (csecsemőt)* changer (de couche); III. *(hat) szárazon ld:* **külön**
szárazdajka nourrice sèche; bonne *v* gardeuse *f* d'enfants
szárazdokk cale couverte *v* sèche; dock *m* de carénage
szárazföld 1. terre ferme *f;* 2. continent *m*
szárazföldi continental, -e; terrestre; de terre; ~ *csapatok* les troupes au sol; *(angol)* armée continentale; ~ *hatalmak* puissances continentales; *biz:* ~ *patkány (nem-tengerész)* terrien *m;* ~ *és vízi hadműveletek* opérations amphibies

szárazon 1. à sec; sèchement; au sec; ~ *tartandó!* craint l'humidité! ~ *tisztít (ruhát)* nettoyer à sec; 2. *átv:* séchement; d'un ton bref v cassant; ~ *felel* répondre sèchement; 3. *ezt nem viszi el* ~ il n'emportera pas cela en paradis
szárazrothadás *növ:* fusarium m
szárazság 1. *(idő)* sécheresse; aridité *f;* 2. *(vmié)* sécheresse; siccité *f; (talajé)* aridité; maigreur *f;* 3. *lelki* ~ sécheresse de cœur v d'esprit; aridité *f* de l'esprit
szárazsütemény gâteau sec; *apró* ~ petits fours
száraztakarmány fourrage sec; ~*ra fog* mettre au sec
száraztészta *(makaroni stb.)* pâtes alimentaires *f pl*
szárcsa [-ák, -át] *áll:* foulque; macroule *f*
szárcsont tibia m
szardella [-ák, -át, -ája] *hal:* anchois m
szardellapaszta anchoyade *f*
szardínia [-ák, -át, -ája] 1. sardine *f;* 2. pilchard m
szardíniásdoboz boîte *f* de sardines
szardonikus sardonique
szárít [~ottam, ~ott, ~son] 1. sécher; dessécher; 2. *(gyümölcsöt)* (faire) sécher; 3. *(vizeket)* dessécher; mettre à sec; 4. *(tímár bőrt)* éventer; 5. *(mosogatás után)* ~*ja az asztali edényeket* égoutter de la vaisselle; 6. *fehérneműt* ~ sécher v essorer le linge v du linge
szárítás 1. séchage *m;* dessiccation *f;* 2. *(edényé)* égouttement *m;* 3. *(fehérneműé)* essorage; séchage *f*
szárítógép machine *f* à sécher; *(fehérneműhöz)* essoreuse *f*
szárított [~ak, ~at; ~an] sec, sèche; séché, -e
szarka 1. pie; agace; agasse; jacasse *f;* 2. *lop mint a* ~ voler comme dans un bois
szarkaláb 1. *növ:* vetési v *mezei* ~ dauphinelle *f;* pied-d'alouette *m;* 2. *(ránc)* patte *f* d'oie; pattes d'araignée
szarkazmus sarcasme m

55*

szarkofág [~ok, ~ot, ~ja] sarcophage m
szarkóma [-ák, -át, -ája] *orv:* sarcome m
szarmata [-ák, -át, -ája]; **szarmát** [~ok, ~ot, ~ja] I. *(mn)* 1. sarmatique; 2. *geol:* sarmatien, -enne; II. *(fn)* Sarmate n
származás 1. provenance; origine *f; (árué így is:)* nationalité *f;* 2. *(szavaké)* dérivation; provenance; origine *f; a fajok* ~*a* l'origine des espèces; 3. *(családi)* ascendance; extraction; naissance *f;* 4. *(faji)* origines raciales; ~*a miatt* en raison de ses origines raciales v sociales
származási généalogique; d'origine; ~ *hely* provenance; origine *f;* ~ *hely megjelölése* appellation d'origine; ~ *könyv* livre généalogique *m; (lovaké)* stud-book *m; (marháké)* herd-book *m;* ~ *tábla* table généalogique *f*
származásrend généalogie; descendance *f*
származástan génétique *f;* ~*nal foglalkozó tudós* généticien, -enne n
származék [~ok, ~ot, ~a] 1. produit *m;* 2. *vegy:* (corps) dérivé *m;* descendant, -e *n;* 3. *(szó)* dérivé *m;* dérivation *f*
származik [~tam, ~ott, ~zék v ~zon] 1. ~ *vmiből* être originaire v tirer son origine v venir de qc; remonter à qc; prendre naissance dans qc; *ez abból* ~, *hogy* cela vient v provient de ce que; *ebből sohasem* ~ *semmi jó* il n'en résulte jamais rien de bon; *jó forrásból* ~ être puisé(e) à bonne source; *ez a középkorból* ~ cela date du moyen âge; *a köztársaságban minden hatalom a néptől* ~ en république tout pouvoir émane du peuple; *ebből sok kellemetlensége* ~*ott* cela lui a valu beaucoup de désagréments; 2. *(születésről)* descendre de q; devoir son origine à q; 3. *nyelv:* dériver de qc; provenir; venir de qc; remonter à qc
származó [~k v ~ak, ~t] 1. originaire (de); provenant (de); émané (de); en provenance (de); remontant à; dérivant, -e (de); *a külföldről* ~ *áruk* les marchandises de provenance étrangère; *jó forrásból* ~ *hír* nouvelle

származtat 868 **szatócsáru**

de bonne source v puisée à bonne source; 2. *(születésben)* descendant; issu; sorti, -e *(mind:* de); 3. *nyelv:* d'origine...; dérivé(e) de...
származtat 1. *(születésről)* faire descendre de q; faire remonter à q; 2. *(szót)* tirer; faire dériver (de); faire remonter (à); rapprocher (de)
szárny [~ak, ~at, ~a] 1. aile *f;* *(kicsi)* aileron *m;* ailette *f;* ~*ra kap* prendre son essor; *kibontja* ~*át* ouvrir *v* étendre *v* déployer ses ailes; 2. *átv:* *(szólásokban) érzi, hogy megnőtt a* ~*a* se sentir pousser les ailes; ~*ra kap (lélek)* prendre l'essor; s'élancer; *(hír)* voler de bouche en bouche; se propager; ~*át szegi vminek* tirer une plume de l'aile à q; 3. *rep:* aile; voilure *f;* 4. *növ:* appendice *m;* 5. *her:* vol *m;* 6. *(ajtóé)* battant; vantail *m;* *(ablaké)* vantail; 7. *(szárnyas oltáré)* volet; ouvrant *m;* 8. *(szalonkabáté, kosztümé)* jupe *f;* *(frakké)* queue *f*
szárnyal [~tam, ~t, ~jon] planer; prendre son essor *v* sa volée; s'élancer
szárnyas [~ak, ~t] I. *(mn)* 1. *áll:* ailé, -e; alifère; ~ *állat* volatile *m;* ~ *haszonállat* volaille productive; 2. *mit:* Hermes v Merkur ~ *cipője* talonnière *f;* ~ *ló* cheval ailé; Pégase *m;* 3. *növ:* *(levél)* penniforme; pinné, -e; 4. ~ *ajtó* porte *f* à deux battants *v* à vantail; 5. ~ *csavar* écrou *m* (à ailettes *v* à oreilles); 6. ~ *blúz* corsage *m* à basques; 7. ~ *bomba* bombe *f* à ailettes; 8. ~ *kép* tableau *m* à fermants; II. *(fn)* volaille *f;* oiseau *m* de basse-cour; *(rovar, madár)* volatile *m*
szárnycsapás coup d'aile; battement d'ailes
szárnycsattogás claquement *m* d'ailes
szárnyépület aile; annexe *f*
szárnyfelület *rep:* surface *f* d'aile
szárnysegéd aide de camp; officier *m* d'ordonnance
szárnyszivattyú pompe *f* à ailettes
szárnytámadás attaque *f* par le flanc
szárnytoll plume *f* d'aile; *(hosszú, erős)* penne *f*

szárnyvasút ligne latérale
szárnyvonal ligne secondaire *f;* embranchement *m*
szaru [~k, ~t, ~ja] 1. corne *f;* 2. *ács:* chevron *m*
szarufa *ács:* chevron *m*
szarufal *(patán)* paroi; muraille *f;* quartier *m* de sabot
szarufésű peigne *m* en corne
szaruhártya *orv:* cornée *f*
szaruülés *ács:* entrait; chevronnage *m*
szarv [~ak, ~at, ~a] 1. corne *f;* 2. *(szólásokban) eltalálta* ~*a közt a tőgyét* mettre la charrue devant les bœufs; *letöri a* ~*át vkinek* mettre q au pas; rabattre le caquet à q
szarvas [~ok, ~t, ~a] I. *(mn)* encorné; cornu; cornard, -e; II. *(fn)* cerf *m;* ~*ra vadászik* courir un cerf
szarvasagancs bois *m pl* de cerf; couronne *f ritk;* *vad:* tête *f*
szarvasbika cerf *m;* *(öreg)* grand *(vieux)* cerf
szarvasbőgés *vad:* bramement *m;* bramée *f*
szarvasbőr peau *f* de chamois *v* de daim
szarvasfaggyú graisse *f* de cerf
szarvasgomba 1. truffe *f;* 2. clavaire; barbe-de-bouc; barbe-de-chèvre *f*
szarvashiba bévue grossière *v* énorme; faute *f* d'écolier; pas *m* de clerc
szarvaskerep lotier corniculé
szarvasmarha bœuf *m;* bête *f* à cornes; bovin *m;* bête bovine
szarvasmarhaféle bovin, -e
szarvasmarhatenyésztés élevage bovin
szarvasnyelv *növ:* langue-de-cerf; scolopendre *f*
szarvasokoskodás raisonnement biscornu
szarvassuta; szarvastehén biche *f;* *(fiatal)* bisette *f*
szarvasünő jeune biche; bisette *f*
szarvatlan sans corne(s); ~ *kecske* chèvre mousse *f*
szász [~ok, ~t; ~ul] saxon, -onne
szatír [~ok, ~t, ~ja] satyre *m (átv is)*
szatíra [-ák, -át, -ája] satire *f; a* ~ *nyilai* les dards de la satire
szatócs [~ok, ~ot, ~a] épicier(-mercier) *m; biz:* margoulin *m*
szatócsáru épicerie *f*

szatócsszellem esprit mercantile; mercantilisme *m*
szatyor [szatyrok, szatyrot, szatyra] 1. cabas *m* (à provisions); 2. *átv:* *vén* ~ vieille carne
szattyán(bőr) maroquin *m*
Szaud-Arábia l'Arabie Séoudite *f*
szavahihető digne de foi; véridique; authentique; ~ *forrás* autorité *f;* ~ *hír* nouvelle positive; ~ *tanú* témoin digne de foi *v* croyable *m*
szaval [~tam, ~t, ~jon] I. *(tgy i)* déclamer; réciter; dire; II. *(tgyl i)* déclamer
szavalás déclamation; récitation; diction *f; egyhangú* ~ ronron *m;* *üres* ~ vaine déclamation
szavaló [~k, ~t] I. *(mn)* 1. ~ *kórus* chœur parlé; 2. ~ *hang* ton déclamatoire; II. *(fn)* récitateur, -trice; déclamateur *m (rossz ért. is)*
szavalóest récital *m* de poésie
szavalóművész diseur; déclamateur *m*
szavanna [-át] *földr:* savane *f*
szavatol [~tam, ~t, ~jon] 1. ~ *vmiért* garantir qc; répondre de *v* pour qc; *az áru minőségét ~juk* qualité garantie; garanti pur; 2. *(vkiért)* se porter fort(e) pour q; se porter garant(e) de q
szavatolás garantie *f*
szavatosság garantie; responsabilité *f*
szavatossági *biztosítás* assurance (contre les risques de) responsabilité *v* à responsabilité civile
szavaz [~tam, ~ott, ~zon] 1. voter; *vkire* ~ voter *v* émettre son vote *v* son suffrage pour q; *(vki ellen :* contre q); *nem* ~ s'abstenir (du vote); bouder les urnes; *titkosan* ~ voter au scrutin (secret); *~hat* être admis(e) au vote; 2. *(vmiről)* voter (sur) qc
szavazás vote; suffrage; scrutin *m; (képviselőkre így is:)* consultation *f; a* ~ *eredményének kihirdetése* la proclamation du scrutin; *a* ~ *lezárása* la clôture du scrutin; *a* ~ *megkezdése* l'ouverture *f* du scrutin; ~ *útján* par voie de suffrage; *~ra bocsát* mettre aux voix; *a ~t megkezdi* passer au vote

szavazat vote; suffrage *m;* voix *f; a* *~ok megoszlanak (egyenlően)* il y a partage; *a ~ok megszámlálása után* après pointage; *a ~ok többsége* la majorité des voix; *felbontja a ~okat* dépouiller le scrutin
szavazati *jog* droit de vote; *általános titkos* ~ *jog* suffrage universel (au vote secret)
szavazatszámlálás le dépouillement du scrutin
szavazatszedő I. *(mn)* ~ *bizottság* bureau *m* de vote; II. *(fn)* scrutateur, -trice *n*
szavazócédula bulletin *m* de vote
szavazófülke isoloir *m*
szavazókerület circonscription (électorale)
szavazókörzet section *f* de vote
szavazólap bulletin *m* de vote; *érvénytelen* ~ billet nul; *üres* ~ bulletin *v* billet blanc
szavazóurna urne *f;* boîtier *m*
száz [~ak, ~at] I. *(mn)* cent; ~ *meg* ~ *des* centaines (de . . .); *körülbelül* ~ *une* centaine (de . . .); *már* ~ *éve, hogy nem láttuk* il y a un siècle qu'on ne vous a vu; ~ *szónak is egy a vége* en un mot comme en mille; tranchons le mot; II. *(fn)* 1. cent *m;* ~ *közül egy is alig* à peine un sur cent; *~at lehetne tenni egy ellen* il y a gros à parier; 2. *~ak látták* des centaines de gens l'ont vu; *~ával* à la centaine
század [~ok, ~ot, ~a] 1. *(rész)* centième *m;* 2. *kat:* compagnie *f; (lovas, trén)* escadron *m;* 3. *(száz év)* siècle *m; a ~ok folyamán* dans la suite des siècles; *még ~ok múlva is* dans des siècles
századforduló 1. centenaire *m;* 2. le tournant du siècle
századik [~at] centième
százados I. *(mn)* [~ak, ~at] 1. séculaire; 2. ~ *beosztású* centésimal, -e; II. *(fn)* [~ok, ~t] 1. capitaine *m;* 2. *(római)* centurion *m*
századparancsnok officier commandant la compagnie; *(lovassági)* chef *m* d'escadron
századparancsnokság le commandement de la compagnie

századvég fin *f* de siècle
százalék [~ok, ~ot, ~a] pour-cent; (pour 100); p. 100); pour cent; %; pourcentage *m;* tíz ~*ban* à (raison de) dix pour cent; öt ~*ra kölcsönzött pénz* argent placé au taux de 5 p. c.
százalékos [~ak, ~t; ~an] *90% alkohol* alcool à 90°; *száz* ~ cent pour cent; intégral, -e; ~ arány pourcentage *m;* 50 ~ *hadirokkant* mutilé *m* de guerre à 50 p. c.; *száz* ~ *hadirokkant* grand mutilé (de guerre)
százalékszámítás pourcentage *m*
százas [~ok, ~t] I. *(mn)* ~ *beosztású* centésimal, -e; ~ *szám* le chiffre cent; II. *(fn)* 1. centaine *f;* 2. *(bankó)* billet *m* de cent
százesztendős; százéves centenaire; de cent ans
százezer cent mille
százlábú I. *(mn)* à cent pieds; II. *(fn)* mille-pattes; mille-pieds *m*
százszorszép *növ:* pâquerette; pâquerolle *f*
szebb [~ek, ~et] plus beau *v* belle; mieux; *gúny: mindig* ~ *lesz!* de mieux en mieux! *nincs* ~ *(dolog), mint...* il n'est rien tel que (de *és* inf); ~*nél szebb* plus beaux les uns que les autres
szebben mieux; ~ *játszik mint Cortot* il joue mieux que Cortot
szecesszió [~k, ~t] *kb:* art-nouveau; art «moderne» *m*
szecska paille hachée; menue paille
szed [~tem, ~ett, ~jen] 1. ramasser; recueillir; récolter; 2. *(gyümölcsöt, virágot)* cueillir; *(kalászt)* glaner; 3. *(anyagot vmi lelőhelyről)* tirer; extraire; recueillir; 4. ~*i a lábát* prendre ses jambes à son cou; détaler; ~*i a sátorfáját* décamper; 5. *(szellemi értelemben)* tirer; trouver; *ezt honnan* ~*ted?* d'où prends-tu cela? *magába* ~ absorber; s'assimiler; 6. *orvosságot* ~ prendre un médicament; 7. *(díjat, vámot)* percevoir; *(adót)* lever; 8. *katonákat* ~ recruter des soldats; 9. *nyomd:* composer
szédeleg [~tem, -lgett, ~jen] être pris(e) *v* saisi(e) de vertige

szédelgés 1. étourdissement; vertige *m;* 2. escroquerie *f*
szédelgő [~k, ~t] escroc; aigrefin; charlatan; banquiste *m; (üzletember)* faiseur *m* (d'affaires)
szeder [szedrek, szedret, szedre] 1. *(bokoré)* mûron *m; (szederfáé)* mûre *f;* 2. *növ: földi* ~ ronce *f*
szederfa *növ:* mûrier *m*
szederjes [~ek, ~t; ~en] violacé, -e
szedés 1. *(terményé)* récolte; cueille *f; (gyümölcsé)* cueillette; récolte *f;* 2. arrachage *m;* 3. *(adóé)* levée; perception *f; (illetéké)* perception; 4. *(katonáké)* levée; recrutement *m;* 5. *(gyógyszeré)* absorption; administration *f;* 6. *nyomd:* composition *f*
szedési *hiba* coquille; faute *f* de composition
szedéstükör dimension(s) *f (pl) v* format *m* de la composition
szedett-vedett [~ek, ~et] 1. *(anyag)* de rebut; de pacotille; 2. ~ *népség* canaille; racaille *f*
szédít [~ettem, ~ett, ~sen] 1. donner le vertige à q; 2. *átv:* étourdir; enjôler *biz*
szédítő [~ek, ~t] vertigineux, -euse; étourdissant, -e
szédő [~k, ~t, ~je] *nyomd:* compositeur (typographe); typographe *m*
szedőgép *mez;* 1. récolteuse; arracheuse *f;* 2. *nyomd:* machine à composer; monotype *f*
szedőszekrény *nyomd:* casier *m* (à composer); ~ *felső része* casse *f;* haut *m* de casse
szedőterem salle *f v* atelier *m* de composition
szedővas *nyomd:* composteur; justifieur *m*
szédül [~tem, ~t, ~jön] être pris(e) d'un étourdissement; avoir un étourdissement *v* un vertige; ~ *a fejem* la tête me tourne
szédülés vertige; étourdissement *m;* ~ *környékezi* il se sent défaillir
szédületes [~ek, ~et] 1. vertigineux, -euse; ~ *lárma* bruit étourdissant; 2. *átv:* vertigineux, -euse; fantastique; pharamineux, -euse *biz*

szédületesen gazdag fabuleusement riche; ~ *marha* bête à manger du foin
széf [~ek, ~et, ~e] coffre; coffre-fort *m*
széffiók case *f* de coffre
i. (fn) szeg [~ek, ~et, ~e] **1.** clou *m;* pointe *f;* ~ *feje* tête *f* de clou; ~ *hegye* la pointe du clou; *a* ~ *helye* clouure *f;* ~*re akaszt* pendre au croc; ~*et bever* enfoncer un clou; ~*eket bever* planter des clous; **2.** *(szólásokban:)* ~*re akasztja elveit* faire bon marché de ses principes; ~*re akasztja lantját* pendre sa lyre au croc; *fején találja a* ~*et* rencontrer juste; *ld. még:* **fej**; *ez a szó* ~*et ütött a fejébe* ce mot n'est pas tombé dans l'oreille d'un sourd; ~*et szeggel* œil pour œil, dent pour dent; prêté rendu
II. (ige) szeg [~tem, ~ett, ~jen] **1.** *vmivel* ~ border de qc; **2.** *(be~)* ourler; **3.** *(kenyeret) ld:* **kenyér**; *nyakát* ~*i ld:* **nyak**; *esküt, hűséget, szavát, szárnyát* ~*i ld:* **eskü, hűség, megszeg, szárny**
szegecs [~ek, ~et, ~e] **1.** *műsz:* rivet *m;* **2.** *(órás, fegyverkovács stb. eszköze)* goupille *f*
szegecsel [~tem, ~t, ~jen] **1.** riveter; **2.** clouter; garnir de clous
szegély [~ek, ~t, ~e] **1.** bord *m;* bordure *f;* rebord; encadrement *m;* lisière *f;* **2.** arrêt *m;* **3.** *(földé, erdőé)* lisière *f;* **4.** *(körülfutó, falon stb.)* frise *f;* **5.** *ép:* plate-bande; bande *f;* **6.** *kert:* bordure; **7.** *(papiron)* liséré *m;* **8.** *(ruhán)* bordure; **9.** *(szöveté)* lisière; **10.** *parti* ~ bande littorale; **11.** *nyomd:* marge *f*
szegélyez [~tem, ~ett, ~zen] **1.** encadrer de qc; border de qc; **2.** *műv:* bordoyer; **3.** *(emberekkel)* encadrer de ...
szegélyfa arbre planté en bordure
szegélykő bordure; pierre *f* de bordure
szegélypárkány corniche *f*
szegény [~ek, ~t, ~e] **I.** *(mn)* **1.** pauvre; indigent, -e; nécessiteux; besogneux, -euse; ~ *mint a templom egere* pauvre comme un rat d'église; ~ *család* famille humble *f;* *az a* ~ *ország (szánalom)* ce pauvre pays; *(anyagilag)* ce pays pauvre; ~ *ördög* un pauvre hère; **2.** *(felkiáltásokban) szegény!* le pauvre! pauvre de lui! *a* ~ *asszony!* oh, la pauvre! ~ *ember!* ~ *feje!* le pauvre (homme)! pauvre type! *biz;* **3.** *vmiben* ~ pauvre en ...; *ásványban* ~ pauvre en minéraux; **4.** *(néhai)* ~ *(boldogult) barátom* mon pauvre ami; **II.** *(fn)* **1.** pauvre; nécessiteux *m;* **2.** *le v* la pauvre
szegényalap caisse *f,* fonds *m* des pauvres
szegényes [~ek, ~et] minable; fruste; pauvre; misérable; piteux, -euse; ~ *gondolat* idée étroite *v* mesquine; ~ *termés* récolte chétive
szegényesség pauvreté *f;* aspect minable *v* fruste
szegénygondozás assistance publique
szegényház asile *m* des pauvres
szegényjog droit *m* à l'assistance judiciaire; ~*on perel* réclamer l'assistance judiciaire; être admis(e) à l'assistance judiciaire
szegénylegény brigand; voleur *m* de grand chemin
szegénynegyed quartier pauvre; bidonville *m*
szegényparaszt paysan pauvre *m*
szegénység 1. pauvreté; indigence *f;* **2.** *(társadalmi szempontból)* le paupérisme; **3.** *(emberek) a* ~ les pauvres gens; **4.** *(vminek a* ~*e)* nudité; stérilité *f*
szegénységi *bizonyítvány* certificat *m* d'indigence
szegénysorsú indigent, -e; nécessiteux, -euse
szegényügy assistance publique
szeges garni de clous; clouté, -e
szegesdrót fil de fer barbelé; barbelé *m;* ronce *f*
szegez [~tem, ~ett, ~zen] **1.** clouer; fixer avec des clous; **2.** *átv:* visser *(pl:* sur sa chaise); *pillantását v tekintetét vmire* ~*i* fixer *v* braquer *v* arrêter ses yeux sur q (sur qc); **3.** *fegyvert* ~ *vkire* braquer son arme sur q; *szuronyt* ~*z!* baïonnette au canon!

szegfű [~k, ~t, ~je] *növ:* œillet; dianthe *m*
szegfűbors *növ: orvosi* ~ piment; clou *m* de girofle *f*
szegfűgomba faux mousseron
szegfűszeg (clou de) girofle *m*
szeghúzó tire-clou(s); ciseau à déballer; pied-de-biche *m;* pince *f*
szegkészítő *(munkás)* pointier *m*
szegkovács cloutier; taillandier grossier
szegnyereg *műsz* poupée mobile *f*
szegődik [~tem, ~ött, ~jék *v* ~jön] 1. *(szolgálatba)* engager ses services; 2. *(párthoz)* se joindre à q; se rallier à qc; 3. *(vki mellé)* faire un bout *v* un pas de conduite à q; tenir compagnie à q
szegy [~ek, ~et] poitrine *f*
szegycsont sternum *m;* os sternal; *(madáré)* bréchet *m*
szégyell [~tem, ~t, ~jen] 1. *(vmit)* avoir honte de qc *v* de *(inf);* être honteux *v* honteuse de qc; 2. ~*i magát* éprouver *v* ressentir *v* avoir de la honte; ~*je magát!* vous n'avez pas honte? *nem* ~*i magát?* si c'est pas une honte! *nép; halálra* ~*ném magamat* je mourrais de honte
szégyen [~ek, ~t, ~e] honte; ignominie *f;* déshonneur *m;* affront *m;* infamie *f;* ~ *gyalázat!* ô honte! quelle honte! *a család* ~*e* être la honte de sa famille; *az emberi nem* ~*e* l'exécration du genre humain; ~*ben marad* se couvrir de honte; ~*ben maradt* il en fut pour sa courte honte; ~*ében zavart(an)* penaud, -e; *vkinek* ~*ére* à la confusion de q; ~*ére válik* tourner à sa honte; ~*t hoz vkire* faire affront à q; ~*t hoz nevére* galvauder son nom; ~*t vall vmivel* recueillir de la honte de qc; *arca ég a* ~*től* rougir de honte
szégyenérzet *v* -érzés pudeur; honte *f*
szégyenkezik [~tem, ~ett, ~zék *v* ~zen] *ld:* **szégyelli** *magát;* -*ve* (tout) honteux, -euse; confus, -e; *(vmi miatt:* de qc); penaud, -e
szégyenletes [~ek, ~t] honteux; piteux; ignominieux, -euse; ~ *halál* mort honteuse *v* infâme

szégyenlős [~ek, ~t; ~en] honteux, -euse; pudibond, -e; timide
szégyenszemre à sa grande confusion; honteusement; penaud, -e
szegyhús poitrine *f*
szeizmikus sismique; séismique
szeizmográf [~ok, ~ot, ~ja] sismographe; séismographe *m*
széjjel 1. en deux; 2. par-ci par-là; 3. de tous côtés; **széjjel** *összetételeit ld:* **szét** *összetételei alatt!*
szék [~ek, ~et, ~e] 1. chaise *f;* siège *m; összehajtható* ~ pliant *m; karos* ~ fauteuil *m; (miniszteri, elnöki)* fauteuil; *(felhajtható v pót*~*)* strapontin *m; (püspöki, fejedelmi)* trône *m; a* ~ *háta* dossier *m; két* ~ *közül a pad alá esik* s'asseoir entre deux chaises (le cul par terre); ~*kel megkínál* offrir un siège *v* une chaise à q; 2. ~*et foglal* prendre séance; 3. *ld:* **mészárszék**; 4. *tört: (székely)* district *m;* 5. *(széklet)* selles *f pl;* garde-robe *f; van* ~*e* avoir le ventre; *volt* ~*e?* êtes-vous allé à la selle? 6. *(salátáé)* cœur *m* de laitue; 7. *(tojásé)* cicatricule; vésicule germinative
szekáns [~ak, ~t] 1. *mat:* sécante *f;* 2. *(emberről)* quinteux, -euse; susceptible
székel [~tem, ~t, ~jen] 1. *(hol?)* résider; siéger; 2. *átv:* siéger; 3. *orv:* évacuer par le bas
székely [~ek, ~t] *(mn)* székely; sicule
székelygulyás *kb:* ragoût *m* de bœuf à la choucroute et à la crème aigre
szekér [szekerek, szekeret, szekere] 1. chariot *m* (à ridelles); voiture *f* (à ridelles); char *m; egy* ~ *fa* une charretée de bois; 2. *vkinek a szekerét tolja* donner un coup d'épaule à q; pousser à la roue; faire le jeu de q
szekerce [-ék, -ét, -éje] hache; hachette *f*
szekérderék corps *m* de voiture *v* de chariot
szekeres [~ek, ~t] roulier; voiturier *m*
szekerész [~ek, ~t, ~e] soldat du train; tringlot *m*

szekérgyártó charron *m*
szekérnyom ornière *f*
szekéroldal ridelle; haussière *f*
szekéroszlop *kat:* convoi *m*
szekérponyva bâche *f*
szekérrúd timon *m*
szekérút chemin carrossable *v* vicinal
székesegyház (église) cathédrale; basilique *f*
székesfőváros capitale et résidence *f*
székeskáptalan chapitre cathédrale *v* métropolitain
székfoglaló *(beszéd)* discours de réception *v* d'entrée
székfű camomille; matricaire *f*
székhát le dos d'une chaise; dossier *m*
székház 1. *(testületé)* siège *m;* 2. *egyh:* maison (conventuelle *v* professe)
székhely 1. siège *m;* résidence *f;* 2. *(választáté)* siège social; 3. *(megyei stb.)* chef-lieu *m;* 4. *átv:* siège
széklab pied *m* de la *v* d'une chaise
széklap fond *m* de siège
szekréciós [~ok, ~t] sécrétoire; *belső* ~ *mirigy* glande à sécrétion interne *v* endocrine
székrekedés constipation; dureté du ventre; obstruction intestinale; ~*t okoz* constiper
szekrény 1. armoire *f;* chiffonnier *m; fali* ~ placard *m; fiókos* ~ commode *f;* tükrös ~ armoire à glace; 2. *(süllyesztő)* caisson *m;* 3. *müsz: (mintázó)* sablonnière *f;* 4. *vill* boîte *f*
szekta [-ák, -át, -ája] secte *f*
szektáns; szektárius [~ok, ~t, ~a] sectaire *(n)*
szektor [~ok, ~t, ~a] 1. secteur *m;* 2. segment *m*
szekund [~ok, ~ot] *zen:* seconde *f*
szel [~tem, ~t, ~jen] 1. trancher; couper; fendre; ~*i a habot* fendre les flots; *kenyeret* ~ couper du pain; ~*i a levegőt* fendre l'air; 2. *mat:* couper; *egymást* ~*i* se couper
I. **szél** [szelek, szelet, szele] 1. vent *m;* ~ *ellen* contre le vent; *szelek prédája v játéka* le jouet *v* la proie des vents; *a* ~ *dühöng* le vent se déchaîne *v* fait rage; *a* ~ *eláll v elül* le vent s'abat; *fúj a* ~ il fait du vent; *a* ~ *északról*

fúj le vent est au nord; ~ *kerekedik v támad* le vent s'élève *v* se lève *v* se soulève; *süvít v tombol v zúg a* ~ le vent siffle *v* hurle; ~*nek kitett* éventé, -e; *szelet csap* faire du vent; *ki szelet vet, vihart arat* qui sème le vent récolte la tempête; 2. *haj:* ~ *irányában fordít* rallier le vent *v* au vent; *jó szele van* avoir bon vent; ~*be áll* prendre le vent; ~*nek ereszti a vitorláit* hisser la voile; ~*nek fordítja (a vitorlákat)* éventer; ~*nek tart* prendre le dessus du vent; *befogja a szelet* rallier *v* serrer le vent; ~*lel vitorlázik* naviguer au plus près; 3. *rep:* ~*lel szemben* face au vent; 4. *vad:* ~ *ellen vadászik* aller au vent; 5. *erd:* ~*ben meghajlott fa* arbre faux venté; ~ *döntötte fák* ventis *m pl;* 6. *növ:* ~*lel való beporzás* pollinisation anémogame *f;* 7. *orv:* (bélben) flatuosité; flatulence *f;* 8. *(bombáé)* souffle *m;* 9. *ld:* **guta;** 10. *úgy beszél, ahogy a* ~ *fúj* parler selon le vent qui souffle; *mi* ~ *hozta erre?* quel bon vent vous amène? *a lázadás szele* un souffle de révolte; *forradalmi szelek fújtak* le vent était à la révolution; ~*nek ereszt* relâcher; *csapja a szelet vkinek* poursuivre q de ses assiduités
II. **szél** *ld:* **szélesség;** *se széle, se hossza* on n'en sort pas
III. **szél** [~ek, ~ét, ~e] 1. *(vmié)* bord; rebord; contour; pourtour *m; egy árok* ~*e* rebord *v* bord *m* d'un fossé; *vminek a* ~*én* au bord de qc; *a meredély* ~*én* au bord de l'abîme; *a sír* ~*én áll* être au bord du tombeau *v* sur le bord de la tombe; *levágja a* ~*ét vminek* rogner qc; 2. *(sakktábláé, biliárdé)* bande *f;* 3. *(lapé)* marge *f; a lap* ~*én* en marge de la page; 4. *(országé)* confins *m pl;* frontière *f;* (*nagyobb területé*) limite; lisière *f;* 5. *(erdőé)* lisière *f;* 6. *(folyóé)* bord; alsó ~ aval *m;* 7. *(hímzésé, anyagé)* bordure *f;* 8. ~*ről v* ~*től a második* la deuxième à partir du coin *v* du bord; 9. *éles* ~ arête (vive)
szélcsend accalmie *f (átv is);* bonace *f;* calme plat

szeleburdi [~ak, ~t] étourdi, -e *n;* hurluberlu *m*
szelektál [~tam, ~t, ~jon] sélectionner; opérer une sélection
szelektív [~ek, ~et] selectif, -ive
szelel [~tem, ~t, ~jen] **I.** *(tgyl i) (húz)* tirer; faire du vent; **II.** *(tgy i)* **1.** vanner; **2.** *(fújtatva)* souffler
szeielőakna puits *m* d'aérage
szelemen [~ek, ~t] *ács:* faîtage; arbalétrier *m*
szelén [~ek, ~t, ~je] sélénium *m*
szelence [-ék, -ét, -éje] **1.** boîte; tabatière *f; Pandora ~éje* la boîte de Pandore; **2.** *műsz:* boîte; douille *f*
szelep [~ek, ~et, ~e] **1.** soupape *f; műsz:* valve *f;* **2.** *(csapó)* clapet *m*
szelepfészek siège *m* de la soupape
szelepszár queue *v* tige *f* de soupape
szeleptányér cuvette *v* tête *f* de soupape
szelepülés siège *m* de soupape
szelepvezeték guide *m* de soupape
szeles [~ek, ~et] **1.** *(hely)* exposé(e) au vent; **2.** *(időszak)* venteux, -euse; **3.** *átv:* étourdi; inconsidéré; éventé, -e
széles [~ek, ~et] **1.** large; vaste; ample; étendu, -e; spacieux, -euse; *5 m ~* avoir 5 mètres de large *v* de largeur; *nagyon ~ a hátban* trop large du dos; *(nyakban:* d'encolure; *derékban:* de taille; *mellben:* de poitrine); *~ a válla* avoir les épaules larges; *~ e világon* dans ce vaste monde; *~ karimájú kalap* chapeau *m* à larges bords; *~ mosoly ült arcára* son visage s'épanouit; *~ mozdulata* l'ampleur *f* de son geste; *~ nyomtávú* à voie large; *~ száj* bouche bien fendue; *~ talpú* pattu, -e; *~ vállú* large d'épaules; *~ vászon* mégascope *m;* *~ vásznú filmen* en scope; **2.** *átv:* *~ ismeretek* connaissances étendues; vastes connaissances; *~ körökben* dans un vaste public; *~ látókör* vaste horizon *m;* *a ~ néprétegek* les larges masses du peuple *v* populaires; *~ rétegekben* dans les couches profondes
szeleskedik [~tem, ~ett, ~jék *v* ~jen] agir avec inconsidération *v* inconsidérément

széleskörű *(ismeret stb.)* étendu, -e; large; ample; *(nyomozás stb.)* de vaste envergure; *(tárgyalások)* à l'échelon le plus élevé; *~ kutatások* recherches poussées
szélessávú à *v* de large bande
szélesség **1.** largeur; ampleur *f;* **2.** *(vállé)* carrure *f;* **3.** *(cipőé, kesztyűé)* pointure *f;* **4.** *(sínpáré)* écartement *m;* **5.** *földr:* latitude *f; északi ~* latitude nord *v* septentrionale; *az északi ~ 30°-ánál* par *v* à 30° (degrés) de latitude Nord
szélességi *földr:* *~ fok* degré *m* de latitude; *az 50° ~ fok* le parallèle 50°
szelet **1.** tranche *f;* quartier *m;* *~ kenyér* quignon *m;* tranche *f* de pain; *(megkenve)* tartine *f; egy ~ sonka* une tranche de jambon; *egy ~ torta* un quartier de gâteau; **2.** *konyh:* *(marha~, borjú~, disznó~)* escalope *f;* filet *m;* **3.** *mat:* segment *m*
szeletel [~tem, ~t, ~jen] couper en tranches; trancher; *sonkát ~* débiter du jambon
szélhámos [~ok, ~t, ~a] escroc; aigrefin; filou; imposteur; fripon *m*
szélhámoskodás escroquerie *f;* abus *m* de confiance; charlatanerie *f*
szélhámoskodik [~tam, ~ott, ~jék *v* ~jon] faire des escroqueries; vivre d'escroqueries
szélhűdés apoplexie; hémorragie cérébrale
szélhűdéses [~ek, ~t] **1.** apoplectique; **2.** *(tag)* paralysé, -e
szelíd [~ek, ~et] **1.** doux, douce; amène; *~ tréfálkozás* douce raillerie; *~, mint egy (kezes) bárány* doux *v* douce comme un agneau; **2.** *(állat)* apprivoisé, -e; **3.** *átv:* *~ lejtő* pente douce; *~ebb húrokat penget* filer doux
szelídít [~ettem, ~ett, ~sen] **1.** (r)adoucir; **2.** *(állatot)* apprivoiser; domestiquer; dompter
szelídítő [~k, ~t] *(vadat)* dompteur, -euse *n*
szelídség douceur; aménité *f*
szelindek [~ek, ~et, ~je] **1.** dogue; molosse *m;* **2.** *ált:* mâtin *m;* grand chien de garde

szélirány 1. direction *f* au vent; **2.** *haj:* aire *f* de vent; **3.** *rep:* lit *m* du vent
széljárás le régime *v* l'allure *f* des vents
széljegyzet note marginale; apostille; annotation *f*
szélkakas 1. girouette *f;* **2.** *átv:* girouette *f;* protée *m;* a politika ~ai les pitres de la politique
szellem [~ek, ~et, ~e] **1.** *(testtel ellentétben)* esprit *m;* **2.** *(nagyobb embercsoporté)* moral *m;* **3.** *(gondolkodásmód)* mentalité *f;* esprit *m;* **4.** *a francia nyelv ~e* le génie de la langue française; *a kor ~e* l'esprit du temps *v* du siècle; **5.** *nagy ~* génie *m;* lumière *f; a nagy ~ek találkoznak* les grands esprits se rencontrent; **6.** *(kísértet)* fantôme; spectre; revenant *m; (mesebeli)* génie *m; Banco ~e* le spectre de Banco; *~eket idéz* invoquer les esprits; *a rossz ~ (ördög)* l'esprit malin; *vkinek jó v rossz ~e* le bon *v* le mauvais génie de q; *rossz ~e* son âme damnée; son Éminence grise; **7.** *(spiritiszta)* esprit; fantasme *m;* **8.** *(szellemesség)* esprit
szellemes [~ek, ~et] **1.** spirituel, -elle; fin, -e; plein(e) d'esprit; ~ *fordulat* tour ingénieux; ~ *megjegyzés* trait *m* d'esprit; saillie; boutade *f;* ~ *megoldás* solution élégante; ~ *okoskodás* raisonnement subtil; ~ *válasz* repartie heureuse; **2.** *(dologról)* ingénieux, -euse
szellemeskedés affectation *f* d'esprit; fadaises *f pl*
szellemeskedik [~tem, ~ett, ~jék *v* ~jen] faire de l'esprit; trancher du bel esprit
szellemesség 1. esprit *m;* finesse *f* (d'esprit); *csupa ~* pétri(e) d'esprit; **2.** *(dologé)* ingéniosité *f;* **3.** *(egy mondás)* trait d'esprit; bon mot
szellemi [~ek, ~t] spirituel; intellectuel, -elle; mental, -e; psychologique; moral; -e; ~ *áramlat* courant d'idées *v* spirituel *v* intellectuel; ~ *arisztokrácia* l'aristocratie *f* du savoir; ~ *befolyás* ascendant *m;* influence morale; domination *f;* ~ *dolgozó* travailleur intellectuel; ~ *fejlődés* évolution intellectuelle; progrès intellectuel; ~ *felkészültség* outillage mental; ~ *fogyatékosság* débilité mentale *v* d'esprit; deficience *f;* ~ *igények* les exigences de l'esprit; ~ *javak* patrimoine intellectuel; ~ *kapcsolat a)* relation intellectuel; *b)* cohésion mentale; *minden ~ képességének birtokában* en pleine jouissance de ses facultés; *túlhaladja ~ képességeit* être au-dessus de la portée de q; ~ *munka* travail intellectuel *v* de tête; ~ *munkás* travailleur intellectuel *v* travailleuse intellectuelle; ~ *nagyság* grandeur morale; hauteur intellectuelle; ~ *proletár* prolétaire *m* en faux-col; *(guny:)* déficient, -e; mentalement débile; ~ *restség* paresse *f* d'esprit; ~ *rokonság* parenté spirituelle *v* d'élection; *affinité f d'esprit;* ~ *szabadság* liberté *f* de la pensée *v* d'esprit; ~ *szolgaság* servage intellectuel; ~ *téren* dans le domaine intellectuel *v* de l'esprit; ~ *termék* ouvrage *v* produit intellectuel *v* de l'esprit; ~ *torna* jeux *m pl* d'esprit; ~ *tulajdon* propriété artistique *v* littéraire *v* intellectuelle; ~ *túlerőltetés* surmenage *m;* ~ *végrendelet* testament spirituel; ~ *világ* monde intellectuel
szellemidézés évocation *f;* magie; nécromancie *f*
szellemóriás génie *m* de haut vol *v* de grande envergure
szellemtelen fade; insipide; de mauvais goût; plat, -e
szellemtörténet histoire *f* des conceptions *v* des idées
szelleműzés exorcisme *m*
szellő [~k, ~t, ~je] brise *f;* souffle *m* (de vent); *lenge ~* zéphyr; zéphire *m*
szellőz(ik) [~tem, ~ött, ~zék *v* ~zön] **1.** s'aérer; **2.** s'éventer; prendre l'air
szellőző ventilateur *m; (nyílás)* prise *f* d'air
szellőztet 1. *(helyiséget)* aérer; ventiler; **2.** *(tárgyat)* éventer; mettre à l'évent;

szélmalom 876 szem

3. *(ügyet)* remuer; mener grand bruit autour de qc
szélmalom moulin à vent *v* éolien
szélmalomharc donquichottisme *m*
szélmentes à l'abri du vent
szélmotor moteur à vent *v* éolien
szélroham rafale; bourrasque *f*
szélrózsa met: rose *f* des vents *v* du compas; *a ~ minden irányában* aux quatre coins du monde
szélsebesen comme le vent; plus vite que le vent; *(madárról)* à tire-d'aile
szélső [~k, ~t] I. *(mn)* 1. *(leg~)* dernier, -ière; périphérique; *a sorban ~ le dernier v la dernière au rang;* 2. *pol, mat:* extrême; *a ~ pártok* les partis extrêmes; 3. *sakk: ~ gyalog* pion *m* de la bande; II. *(fn) futb:* ailier *m*
szélsőség extrême *m;* outrance *f;* mindent *~be visz* porter tout à l'extrême; *egyik ~ből a másikba esik* passer du chaud au froid
szélsőséges [~ek, ~et; ~en] extrémiste; extrême; ultra; *túlzóan ~* outrancier, -ière *(n); a ~ pártok* les partis ultras; *~ vélemény* opinion extrême
szelszin *vill* selsyn *m*
széltében 1. dans le sens de la largeur; en large; 2. *~ beszélik* on le dit; cela se dit partout
szélütés (attaque *f v* coup *m* d')apoplexie *f;* coup de sang
szélvédő contrevent; pare-vent; *aut* pare-brise *m*
szelvény 1. coupon *m;* *(füzetben visszamaradó)* talon *m* (de souche); souche *f;* *(leszakítandó)* bandelette *f;* 2. *áll: (izeltlábúakban)* segment *m;* 3. *műsz:* profil (en travers); galbe *m;* 4. *bány:* section *f;* 5. segment *m*
szelvényez [~tem, ~ett, ~zen] *műsz:* profiler
szelvényfüzet carnet *m* à souches
szelvényrajz profil *m;* coupe *f*
szélvész bourrasque; rafale *f;* ouragan; cyclone; vent tempêtueux; *jön, mint a ~* arriver en trombe
I. **szem** 1. œil *m;* *~ek* les yeux; *~*

fehére le blanc des yeux; *~ bogara* prunelle; pupille *f;* 2. *(bogaraké)* ocelle; stemmate *m;* *összetett ~* œil composé; *apró ~ek* yeux de cochon; *nagy ~* grands *v* gros yeux; *két ~ többet lát* vaut mieux quatre yeux que deux; *~ elé állít* mettre en évidence; *~ elé tár* faire paraître; *~ elől téveszt* perdre de vue; *~ előtt tart* avoir présent(e) à l'esprit; *csupa ~ vagyok* je suis tout yeux et tout oreille;
fáj a szeme il a mal aux yeux *v* à l'œil; *~e gyengül* sa vue baisse; *majd kiesett a ~e* ses yeux semblaient sortir de leurs orbites; *mit látnak ~eim?* que vois-je? *jó ~e van* avoir le coup d'œil juste; *nagyobb a ~e, mint a szája* avoir les yeux plus grands que le ventre; *a ~e fénye* aimer q comme ses yeux; *mint a ~e fényét* comme la prunelle de ses yeux; *vkinek ~e láttára* en présence de q; *(ellentétes ért.)* au su et vu de q; (au nez et) à la barbe de q; *mindenki ~e láttára* au vu et au su de tout le monde; *~e világa* vue *f;* *elveszti ~e világát* perdre la vue; être privé(e) de la vue; *vkinek ~e elé kerül* tomber sous les yeux de q; *(vki)* se présenter à la vue de q; *ne kerülj többé a ~em elé!* que je ne te voie plus! *csak kerüljön a ~em elé!* qu'il ne me tombe pas entre les mains *v (biz)* les pattes! *~ünk elé tárul* s'offrir à la vue; *~e elől eltakarodik* vider les lieux; déguerpir; *vkinek ~e előtt* sous les yeux de q; *~e előtt lebeg* avoir qc présent à l'esprit; *~e közé nevet* rire au nez *v* à la barbe de q; *vkinek (egyenesen) a szemébe mond* dire à q en face *v* en pleine figure; *~ébe néz vkinek* dévisager q; regarder q en face; *(vminek)* affronter qc; envisager qc; *~be süt a nap* avoir le soleil dans les yeux; *vkinek szemében* aux yeux de q; *a szeméből látom* cela se lit *v* je le lis dans ses yeux; *az ő szép szeméért* pour ses beaux yeux; *csak a ~ének hisz* n'en croire qu'au rapport de ses yeux; *az ember nem*

szem 877 **szemben**

hisz a ~ének il me semble rêver; *~ére hány v lobbant v vet* reprocher à q (*de és inf*); *~ére húzza a kalapját* abaisser son chapeau sur ses yeux; *fél ~ére vak* il est borgne; *~ére vet jeter au nez v à !a face de* q; *~ére veti gyávaságát* objecter à q sa lâcheté; *nincs mit egymásnak ~ére vetniök* ils n'ont rien à s'envier les uns aux autres; *~et húny vki hibái fölött* passer sur les défauts d'une personne; *~et huny vmi fölött* fermer les yeux sur qc; *kinyitja a ~ét* ouvrir les yeux *v* l'œil; *vkinek (halottnak) a ~ét lefogja* fermer les yeux de q *v* à q; *nem veszi le róla a ~ét* ne pas le quitter des yeux; *nagy ~eket mereszt* ouvrir *v* rouler *v* faire de grands yeux; *ráveti a ~ét vmire* jeter les yeux *v* un regard sur qc; *(hogy) megszerezze)* jeter son dévolu sur qc; *szemet szemért, fogat fogért* œil pour œil, dent pour dent; *(az elv:)* la loi du talion; *~et szúr vkinek* intriguer q; *~et szúró* très apparent(e); en évidence; *hova tette a ~ét?* où donc avez-vous les yeux? *~et vet vmire* lorgner qc; *(vkire)* lever les yeux sur q; *dühös ~eket vetett rám* il me regardait d'un œil courroucé; *szemtől szembe* nez à nez; face à face; *~től szembe megkérdez* demander à brûle-pourpoint; *irigy szemmel* d'un œil d'envie; *saját ~ével* de ses propres yeux; *követ ~ével* suivre des yeux; *~ével int* faire signe des yeux; *lelki ~ével látja* il le voit avec les yeux de l'esprit; *saját ~ével látja* voir de ses (propres) yeux; *~mel megver vmit* jeter un maléfice sur qc; *vmit jó ~mel néz* voir qc d'un bon œil; *jó ~mel nézik* cela est bien vu; *nem jó ~mel nézik* cela est mal vu; *~mel tart* observer, veiller à qc; *azt az embert ~mel kell tartani* il faut suivre cet homme-là; **3.** *(lepkeszárnyon)* ocelle; grain; miroir *m;* *(madártollon, lepkeszárnyon)* œil; *(pávatollon, rovarszárnyon)* ocelle; *rád, tv:* œil
II. szem 1. grain *m;* *nagy ~* gros grain; **2.** *egy ~et se láttam* je n'en ai pas vu un seul *v* une seule

III. szem *(növényen)* œilleton; bouton; bourgeon *m;* *(oltásnál)* œil; écusson *m;* greffe *f*
IV. szem 1. *(láncban)* chaînon *m;* **2.** *(láncban, fonásban, kötésben)* maille *f;* *(kötésnél)* point *m;* *(horgolásnál)* maille; point; *~et felszed* remmailler
szemafór [~ok, ~t, ~ja] sémaphore *m*
szemárpa grain *m* d'orge
szembaj maladie *v* affection *f* des yeux
szembe en face; en sens opposé *v* inverse
szembeáll *vmivel* faire face à q
szembeállít 1. *(összehasonlítva)* mettre en parallèle *v* en balance; *(ellentétesen)* constraster; opposer (à qc); **2.** *(harcban)* mettre aux prises; opposer
szembeállítás opposition; confrontation *f;* rapprochement *m*
szembefordul 1. *(vmivel)* s'élever contre qc; mettre opposition à qc; **2.** *(vkivel)* se retourner contre q; faire front contre q
szembehelyezkedik 1. *(vkivel)* se mettre en opposition avec q; **2.** *(vmivel)* s'élever contre qc; faire front à qc
szembejön *(vele)* venir à l'encontre *v* à sa rencontre
szembekerül 1. *~ vkivel (véletlenül)* se trouver nez à nez *v* face à face avec q; **2.** *~ vkivel (ellenségesen)* se trouver opposé(e) à q; être mis(e) aux prises *v* en présence; affronter q
szemben I. *(térben)* **1.** en face, vis-à-vis; à l'opposite; à contre-bord); **2.** *(vmivel, vkivel)* en face de qc; face à qc *v* à q; vis-à-vis de qc; *az ellenséggel ~* face à l'ennemi; *az iskolával ~* face à l'école; **3.** *itt ~ (könyvben)* ci-contre; **4.** *~ áll vmivel* faire face à qc; être à l'opposé de qc; *~ álló* en présence; opposé, -e; adverse; *~ fekvő* opposé, -e; *~ levő* en face; opposé, -e; *a ~ levő* celui *v* celle d'en face; *a ~ levő ábra* la figure ci-contre; **II. átv: 1.** *(vkivel, vmivel ellentétben)* contre q *v* qc; au mépris de qc; à l'encontre de q *v* de qc; en regard de qc; *ezzel ~* en revanche; *~ áll vkivel* se trouver en présence de q; affronter q; **2.** *(vki iránt)* à l'égard de q; vis-à-vis de q; *vkivel v vmivel ~* à

l'endroit de q v de qc; 3. *(összehasonlítva)* en regard de qc; en comparaison de qc; auprès de qc
szembenéz 1. *bátran ~ vmivel* affronter qc; *bátran ~ a halállal* envisager la mort avec fermeté; 2. *~ önmagával* s'envisager
szembesít [~ettem, ~ett, ~sen] confronter
szembesítés confrontation *f*
szembeszáll *vkivel (vmivel)* tenir tête à q; faire front à q; braver q; *nyíltan ~ vkivel* engager le fer avec q; *~ minden akadállyal* aller contre vent et marée; *~ minden nehézséggel* faire face à toutes les difficultés
szembeteg malade *(n)* des yeux
szembetűnik frapper les yeux *v* la vue *v* les regards; donner dans l'œil; *ez rögtön ~* cela saute aux yeux
szembetűnő apparent; flagrant; évident, -e; *(ravaszság)* cousu(e) de fil blanc; *~ hiba* défaut saillant
szembiztos indémaillable
szemből de front; *~ néz, fest* voir, peindre en face
szemburok enveloppe, tunique *f*
szemcse [-ék, -ét, -éje] 1. granule; grain *m;* 2. *él:* globule *m;* 3. *orv: (bőrfesték)* pigment *m;* 4. *ásv:* grain
szemcsés granulé, -e; granuleux, -euse; grenu; grené, -e; granuliforme
szemel [~tem, ~t, ~jen] trier
szemellenző 1. garde-vue; écran *m; (lámpán)* abat-jour *m;* 2. *(lóé)* œillère *f*
szemelvény 1. choix; morceau(x) choisi(s); 2. *zen:* ~ek sélection *f*
személy [~ek, ~t, ~e] 1. personne *f;* personnage *m; egy bizonyos ~* un particulier; une particulière; *~ szerint* personnellement; *vkinek ~- ében* en la personne de q; *saját ~ében* en personne; à titre personnel; *~ében felelős érte* répondre d'une chose en son propre et privé nom; *~hez kötött* personnel, -elle; *~re való tekintet nélkül* sans acception de personne; 2. *(darabban)* personnage; 3. *nyelv:* personne
személyautó voiture (automobile) *f*

személyazonosság identité *f;* état civil; *~át igazolja* montrer ses papiers; *~ igazoltatása* vérification *f* d'identité
személyazonossági *igazolvány* carte *v* pièce *f* d'identité
személydíjszabás tarif (des) voyageurs *m*
személyenként par personne; par tête
személyes [~ek, ~t] personnel; individuel, -elle; *~ érdek* intérêt personnel; *~ használatra szolgáló* d'usage personnel; *~ ismeretség* connaissance *f; ~ megjelenés* comparution personnelle; *nyelv: ~ névmás* pronom personnel; *~ szabadság* liberté individuelle
személyesen personnellement; en personne
személyeskedés personnalités *f pl;* personnel *m*
személyfelvonó ascenseur *m*
személyforgalom mouvement *v* trafic *m* des voyageurs
személyi [~ek, ~t] personnel, -elle; de personne; individuel, -elle; *~ adatok* état civil; *~ adatai?* vos nom, qualité, domicile? *~ adatait bemondja* décliner ses noms et qualité *v* son état civil *v* son nom; *~ kultusz* culte *m* de la personnalité; *~ lap* fiche individuelle (d'état civil); *~ okmány* pièce *f v* acte *m* d'état civil; *a ~ szabadság* la liberté de la personne; *~ tulajdon* propriété personnelle; *~ változások* changement *m* de personnes; *(állami kinevezések)* mouvement *m*
személyiség personnalité *f;* personnage *m*
személykocsi wagon *m* de voyageurs
személyleírás signalement; état signalétique *m*
személymérleg bascule automatique *v* pèse-personne *f*
személynév nom *m* de personne
személypályaudvar gare *f* de voyageurs
személypoggyász (gros) bagages
személyszállító bateau *m* de passagers; *~ hajó* bateau de transport pour voyageurs; *(tengerjáró)* paquebot; transatlantique *m; ~ repülőgép* avion *m* de transport (de

personaltelen 879 szemgödör

passagers); ~ *űrhajó* satellite équipé; ~ *vonat* train m de voyageurs
személytelen impersonnel, -elle
személyvonat train m omnibus v de voyageurs
személyzet 1. personnel; effectif m; 2. *haj, rep:* équipage m; 3. *(háze)* domesticité f; les gens de maison
személyzeti de personnel; ~ *bejárat* entrée f de service; ~ *előadó* rapporteur m du mouvement; ~ *osztály* bureau m du mouvement v de cadres
szemenszedett *(hazugság)* effronté; flagrant, -e; ~ *gazember* la fine fleur des bandits; crapule f
szemérem [-rmet, -rme] pudeur; honte; décence f; ~ *elleni bűncselekmény* attentat m aux mœurs; ~ *elleni vétség* outrage m aux mœurs; *minden -rméből kivetkőzik* mettre bas toute honte
szeméremsértő blessant la pudeur; obscène; impudique; indécent, -e; *(kép, könyv)* pornographique; *jog:* ~ *bűncselekmény* outrage m à la pudeur
szeméremtest parties honteuses; sexe m
szemerkél [~t, ~jen] *(az eső)* il bruine, il pleuvine
szemérmes [~ek, ~et] avoir de la pudeur; pudique; décent, -e; chaste; *(leány így is:)* sage
szemérmetlen 1. impudique; indécent, -e; obscène; lascif, -ive; ~ *helyzet* posture indécente; ~ *mozdulat* geste obscène m; ~ *öltözködés* mise indécente ~ *ruházat* tenue immodeste f; 2. *(szemtelen)* sans vergogne; impudent, -e; immodeste; ~ *hazugság* mensonge puant
szemes [~ek, ~t; ~en] 1. en grains; 2. *átv:* éveillé, -e; malin, maligne; fin, -e; inventif, -ive; averti; vigilant, -e; ~*é a világ, vaké az alamizsna* la terre n'est pas au plus fort, elle est au plus habile
szemész [~ek, ~t, ~e] oculiste; ophtalmologiste; ophtalmologue n
szemészet médecine de l'œil; ophtalmologie f
szemét [szemetek, szemetet, szemete] I. *(fn)* 1. ordure(s) f *(pl)*; immondices f pl; déchets m pl; 2. *átv: a szemetje* le rebut; la broutille; ~*be v* ~*re dob* jeter aux ordures; jeter au rancart; II. *(mn)* ~ *alak* canaille; crapule f
szemétakna *(ledobó)* vide-ordures m
szemétdomb 1. fumier m; 2. *átv:* fatras; fumier m
szemetel [~tem, ~t, ~jen] 1. faire des ordures; 2. *(eső)* il bruine; il pleuvine
szemetes [~ek, ~(e)t] boueur; boueux; l'agent m de voirie
szemétgödör fosse f aux ordures v à fumier
szemethunyás complaisance f
szemétkosár panier m aux ordures v aux épluchures
szemétláda boîte f à ordures; *(utcai)* poubelle f
szemez [~tem, ~ett, ~zen] I. *(tgy i)* 1. *babot* ~ écosser les haricots; 2. *(olt)* écussonner; II. *(tgyl i) biz: (vkivel)* faire de l'œil à q
szemfájás mal m aux yeux; ophtalmalgie f
szemfedő linceul; suaire m
szemfehérje le blanc des yeux
szemfelszedés remaillage; remmaillage m
szemfelszedő(nő) remmailleuse f (de bas)
szemfelszedőtű műsz: tournille f
szemfenék fond m de l'œil v d'œil
szemfényvesztés 1. escamotage; tour m de passe-passe; prestidigitation; jonglerie f; 2. *átv:* charlatanisme m; tromperie f; *ez csak afféle* ~ c'est un feu d'artifice
szemfényvesztő 1. prestidigitateur; escamoteur (prestigieux); 2. *átv:* charlatan m
szemfog 1. (dent) canine f; *(állaté)* croc m
szemforgatás tartuferie; cafardise; hypocrisie f
szemfödél linceul m; *(koporsón)* drap mortuaire m; *(díszes)* poêle m
szemfüles averti, -e; malin, maligne; fin; dégourdi, -e
szemgolyó globe de l'œil v oculaire m
szemgödör orbite; cavité oculaire v orbitaire f

szemgyulladás ophtalmie *f*
szemhártya 1. tunique *f* de l'œil;
2. *növ:* épisperme *m*
szemhéj paupière *f*
szemhéjgyulladás inflammation des paupières; blépharite *f*
szemhunyás complaisance *f*
szemhunyorítás clignement (de l'œil); cillement *m* d'yeux
szemhurut conjonctivite *f*
szemideg nerf optique *v* oculaire *m*
szeminárium [~ok, ~ot, ~a] 1. *egyh:* séminaire *m;* 2. *(egyetemi intézet)* institut *m;* 3. *(egyetemi óra)* cours fermé; 4. *(marxista)* cours *v* enseignement idéologique *m*
szemita [-ák, -át] I. *(mn)* sémitique; sémite; II. *(fn)* Sémite *n*
szemkápráztató éblouissant, -e; prestigieux, -euse
szemkötő bandeau *m*
szemközt *ld:* szemben
szemle [-ék, -ét, -éje] 1. inspection; visite *f;* examen *m;* 2. *kat:* revue; prise d'arme *f;* 3. *-ét tart (beszédben)* faire un tour d'horizon; *(vmi fölött)* passer qc en revue; 4. *(folyóirat)* revue *f;* bulletin; périodique *m*
szemlél [~tem, ~t, ~jen] contempler; considérer; examiner
szemléleti 1. ~ *oktatás* enseignement direct (par l'image etc); 2. *fil:* perceptif, -ive; *(belső)* intuitif, -ive; 3. *nyelv:* aspectif, -ive
szemlélő [~k, ~t; ~en] I. *(mn)* de contemplateur; contemplatif, -ive; II. *(fn)* 1. spectateur; observateur, -trice *n;* 2. *kat:* général inspecteur
szemlélődés contemplation; rêverie; méditation *f*
szemléltet rendre visible; représenter; rétracter; démontrer *v* illustrer par des exemples
szemléltető [~k, ~t; ~en] démonstratif, -ive; ~ *módszer* méthode démonstrative; ~ *oktatás* l'enseignement *m* par l'aspect *v* par l'image;
szemlencse 1. cristallin *m;* 2. *(optikában)* oculaire *m*
szemlész [~ek, ~t, ~e] 1. agent douanier; 2. *ld* szemlélő II. 2.

szemleút voyage *m v* tournée *f* d'inspection
szemmellátható 1. visible à l'œil nu; *szemmel nem látható* invisible à l'œil nu; 2. apparent, -e; visible; évident, -e
szemmérték coup *m* d'œil; ~ *szerint* au jugé; à vue d'œil
szemorvos oculiste *n*
szemölcs [~ök, ~öt, ~e] 1. *(kiütés)* verrue *f;* 2. *(ízlelő stb. szerv)* papille *f*
szemöldök [~ök, ~öt, ~e] 1. sourcil *m;* *felhúzza ~ét* hausser les sourcils; *összeráncolja a ~ét* froncer les sourcils; 2. *ép:* linteau *m*
szemöldökfa linteau *m;* sommier *m*
szempár une paire d'yeux
szempilla cils *m pl;* *behunyja -áit* fermer les paupières
szempillantás coup *m* d'œil; *egy* ~ *alatt* en un clin d'œil; en un éclair
szempont point de vue; aspect *m;* vue(s) *f (pl);* considérations *f pl;* *önző* ~*ok* vues intéressées; *bizonyos* ~*okból* sous certains aspects; *ebből a* ~*ból* à ce point de vue; sous ce rapport; *zenei* ~*ból* musicalement; *vminek* ~*jából* en fonction de qc; *elfogadja vkinek a* ~*jait* entrer dans les vues de q
szemrebbenés *nélkül* sans sourciller *v* broncher
szemrehányás reproche *m;* remontrance; semonce *f;* *heves* ~ vive réprimande; *őt nem érheti* ~ il est à l'abri des reproches; ~*t tesz* faire une observation; faire des représentations (à q); ~*okkal illet vkit* adresser des reproches à q
szemrevételez 1. inspecter; 2. *kat:* reconnaître
szemszerkezetvizsgálat granulométrie *f*
szemszög 1. angle visuel *v* de vision; *ebből a* ~*ből (nézve)* (vu *v* vue) sous cet angle; 2. *film:* angle
szemtanú témoin oculaire *m;* spectateur, -trice *n;* *mint* ~ *de visu;* en témoin oculaire
szemtelen I. *(mn)* insolent; impertinent; arrogant; effronté; éhonté, -e; *(igével:)* avoir du culot *nép;*

(érzékileg kihívó) fripon, -onne ; ~ *fráter!* mufle! goujat! ~ *hazugság* mensonges éhontés; *milyen* ~! il ne se gêne pas! **II.** *(fn)* impertinent, -e **szemtelenkedés** impertinences *f pl;* *(nővel)* privautés *f pl* **szemtelenkedik** [~tem, ~ett, ~jék *v* ~jen] faire des impertinences; *(nőkkel)* prendre des libertés vis-à-vis d'une femme **szemtelenség** insolence; impertinence *f* **szemtermés 1.** récolte *f* des céréales; **2.** *növ:* caryopse *m* **szemű** [~ek, ~t] **1.** *fekete* ~ aux yeux noirs; **2.** *nyomd: nagy* ~ *betű* gros œil; **3.** *nagy* ~ *halászháló* macle *f; nagy* ~ *(kötés)* à grandes mailles; **4.** *nagy* ~ *(szőlő, búza)* à gros grains **szemügyre** *vesz* inspecter; examiner; passer en revue **szemüveg** binocle *m; (látásjavító) f* verre correcteur; *(csíptető)* lorgnon *m; (pápaszem)* lunettes *m pl;* une paire de lunettes; *mindenki a maga* ~*én keresztül nézi a világot* chacun voit avec *v* à travers ses lunettes; ~*et tesz fel* mettre *v* prendre des lunettes; ~*et hord* porter des lunettes **szemüvegkeret** monture *f* pour lunettes **szemüvegkészítő** opticien *m;* lunettier, -ière *n* **szemüvegtok** étui *m* à lunettes **szemvédő 1.** *(ernyő)* garde-vue; écran *m;* **2.** *(üveg)* lunettes protectrices; **3.** *(lóé)* œillère *f* **szemveszteség** *mez:* égrenage *m* **szén** [szenek, szenet, szene] **1.** charbon *m; alacsony értékű* ~ charbon pauvre; ~*né ég se* réduire en charbon; *(tűzvészben)* se carboniser; ~*nel fűt* chauffer au charbon; **2.** *(kő*~*)* houille *f;* **3.** *(barna)* lignite *m;* **4.** *(elem)* carbone *m;* **5.** *orv: szenet vesz be* prendre une pastille de charbon; **6.** *(arcfestő)* khôl; rimmel *m;* **7.** *műv:* fusain *m; (vörös)* sanguine *f* **széna** [-át, -ája] **1.** foin *m; (kaszált)* fauche *f; illatos* ~ foin odorant; *(egy)* rend ~ andain *m* (de foin);

-át forgat faner; -át gyüjt récolter du foin; **2.** *rendben van a -ája* il n'a rien à se reprocher; *rosszul áll a -ája* ses actions sont en baisse **szénaboglya** tas *m v* meule *f* de foin **szénacél** acier *m* au carbone **szénaláz** fièvre *f v* asthme *m* de foin **szénapadlás** grenier à foin; fenil *m* **szénásszekér** char *m* à *v* de foin **szenátor** [~ok, ~t, ~a] sénateur *m* **szenátus** sénat *m* **szénbánya** mine *f* de charbon; *(kőszén)* houillère *f* **szénbányász** houilleur; mineur *m; a* ~*ok sztrájkja* la grève du charbon **szénbányászat** production charbonnière *v* houillère; extraction *f* de la houille; charbonnage *m* **széncinke** *v* -*cinege* mésange charbonnière **szende** [-ék, -ét] **I.** *(mn)* douce; chaste; modeste; ingénue; **II.** *(fn)* drámai ~ ingénue *f* **széndioxid** anhydride *v* acide carbonique *m* **szendvics** [~ek, ~et, ~e] sandwich *m* **szénégetés** préparation *f* du charbon de bois; cuisage *m* **szénégető** charbonnier *m* **szenel** [~tem, ~t, ~jen] **1.** *(szenet vesz fel)* charbonner; **2.** *bány:* abattre **szénér** veine *f* de charbon **szenes** [~ek, ~t] **I.** *(mn)* **1.** noir(e) de charbon; **2.** *(belülről is)* carbonisé, charbonné, -e; **II.** *(fn)* marchand *m* de charbon **szeneskocsi 1.** voiture *f* à charbon; **2.** *(vagon)* wagon *m* à houille; *(mozdonyhoz)* tender *m* **szeneskosár** banne; benne *f* **szeneslapát** pelle *f* à charbon **szenespince** cave *f* à charbon; charbonnier *m* **szénfejtés 1.** extraction *f* de la houille *v* du charbon; **2.** *bány:* déhouillage *m* **szénfesték** noir *m* de fumée **szénfűtés** chauffage *m* au charbon **széngáz** oxyde *m* de carbone **szénhidrát** hydrocarbone *v* hydrate *m* de carbone

szénhidrogén hydrocarbure; carbure *m* d'hydrogène
szenilis [~ek, ~(e)t] sénile; gâteux, -euse
szénipar industrie charbonnière
szénkéneg *vegy:* sulfure de carbone; carbosulfure *m*
szénkereskedés charbonnerie *f*
szénkereskedő marchand *m* de charbon
szénmedence bassin houiller *v* minier
szénmonoxid oxyde de carbone; anhydride *v* gaz carbonique *m*
szenna(cserje) *növ:* séné *m*
szénosztályozás calibrage *m*
szénosztályozó 1. *(gép)* trieuse *f* de charbon; 2. *(ember)* trieur *m* de charbon
szénpor poussier (de charbon); charbon pulvérisé *v* pilé
szénrajz fusain; dessin *m* en charbon au fusain; *műv:* charbonnée *f*
szénrúd baguette *f* de charbon
szénsav acide *v* anhydride carbonique *m;* ~*val tölt (vizet)* gazéifier
szénsavas carboniq'ie; carbonaté, -e; carbogazeux, -euse; ~ *ásványvíz* eau gazeuse
szénsavhó neige carbonique *f*
szent [~ek, ~et] I. *(mn)* 1. *(ember)* saint, -e; ~ *István* saint Étienne; *(magyar király)* saint Étienne de Hongrie; 2. *(dolog)* saint; sacré, -e; ~ *és sérthetetlen* sacré et inviolable; 3. *(betűkről)* hiératique; 4. *(szólások; jelzős szerk.) ez* ~*; ez a* ~ *igazság* c'est la pure vérité *v* la vérité toute nue; ~ *a béke!* vive la paix! ~ *ég!* Ciel! ~ *életű* pieux, -euse; saint, -e; ~ *Isten!* bonté divine! bon Jésus! *tört: a* ~ *korona* la couronne angélique; ~ *kötelesség* devoir sacré; *minden* ~ *pillanatban* à chaque minute que Dieu fait; *a haza* ~ *ügye* l'intérêt sacré de la patrie; II. *(hat) ez* ~ *igaz* cela est rigoureusement vrai; III. *(fn)* 1. saint, -e *n; mint egy* ~ saintement; ~*té avat* canoniser; 2. *(dolog)* le sacré; 3. *(szólások:) (drága kis)* ~*em!* mon petit ange! *minden* ~*nek maga felé hajlik a keze* chacun prêche pour son saint; «Vous êtes orfèvre, Monsieur Josse»
szentabletta pastille *f* de charbon
szentatya 1. *egyh:* le Saint Père; le saint père; 2. *a -ák* les pères de l'Église
Szent Bertalan-éj la Saint-Barthélemy
szentbeszéd prône; sermon *m;* conférence *f; (protestáns)* prêche *m*
szentel [~tem, ~t, ~jen] 1. consacrer; bénir; 2. *vmivé* ~ sacrer *(pl.* empereur); *pappá* ~ ordonner prêtre; *püspökké* ~ sacrer évêque; 3. *vmit vminek* ~ vouer *v* consacrer qc à qc; *magát vminek* ~*i* se consacrer à qc; *s'adonner* à qc; *egészen feladatának* ~*i magát* se dédier à sa tâche
széntelenít [~ettem, ~ett, ~sen] décarburer; décarboniser
széntelep 1. *(raktár)* dépôt de charbon; chantier *m*; 2. *(réteg)* gisement houiller
szentelt [~ek, ~et] 1. *egyh:* béni, -e; *a* ~ *kenyér és bor* les saintes Espèces; ~ *víz* eau bénite; *ez csak annyi, mint a* ~ *víz* c'est de l'eau bénite de cour; 2. *vall és átv:* consacré, -e
szentély [~ek, ~t, ~e] 1. sanctuaire *m;* 2. *egyh:* *(templom főrésze)* chœur *m*
szentencia [-ák, -át, -ája] sentence *f*
széntermelés production charbonnière *v* du charbon
szentesít [~ettem, ~ett, ~sen] 1. sanctionner; donner la sanction à qc; 2. *átv:* consacrer; sanctionner; *a szokás* ~*i a jogtalanságot* l'usage consacre l'abus
szentesítés 1. *(törvényé)* sanction *f* (à); 2. *átv:* consécration *f*
szenteskedés pharisaïsme *m;* papelardise; cafarderie; tartuferie *f; (túlbuzgó)* bigotisme *m;* bigoterie *f*
szenteskedő [~k, ~t] I. *(mn)* dévot; papelard, -e; II. *(fn)* faux dévot, fausse dévote; tartufe *m; (túlbuzgó)* bigot; cagot, -e
Szentháromság la (sainte) Trinité
szentírás l'Écriture Sainte; les saintes Écritures; *ez nem* ~ ce n'est pas parole d'évangile; *mindent* ~*nak vesz* il croit tout comme article de foi

szentírásmagyarázat exégèse *f*
Szentivánéji *álom* le Songe d'une nuit d'été
szentkép image sacrée; les saintes images; *(kicsi)* image sainte
Szentlélek *vall:* le Saint-Esprit
szentostya pain *m* de vie
szentség 1. sainteté *f;* caractère sacré; 2. *Ő Szentsége* sa Sainteté (S. S.); 3. *(intézmény)* sacrement *m; (oltári)* le Saint-Sacrement; l'Eucharistie *f;* *a ~ekhez járul* s'approcher des sacrements
szentségtörés sacrilège *m;* *~t követ el* commettre *v* faire un sacrilège
szentszék 1. *(pápai)* le Saint-Siège; officialité *f;* 2. *(az apostoli)* ~ la chaire de saint Pierre; la chaire apostolique
szenved [~tem, ~ett, ~jen] I. *(tgyl i)* ~ *vmitől* souffrir de qc; pâtir de qc; *sokat* ~ *vmi miatt* se tourmenter de qc *v* au sujet de qc; *rákban* ~ souffrir *v* être affligé(e) d'un cancer; II. *(tgy i)* 1. souffrir; *inséget* ~ être *v* vivre dans le besoin; 2. *átv:* subir; *halasztást* ~ subir un retard; 3. *nem ~heti, hogy* il ne souffre pas que *(subj)*
szenvedély [~ek, ~t, ~e] 1. passion *f;* acharnement *m ;* *~einek rabja* être le jouet de ses passions; *~re lobban vki iránt* s'éprendre de q; *a ~eket felszabadítja* déchaîner les passions; *lehűti vkinek a ~ét* refroidir q; *leküzdi ~ét* maîtriser *v* dompter *v* vaincre sa passion; 2. *(lendület)* fougue *f;* brio *m;* 3. *(szokás)* manie; fureur, rage; marotte *f; az a ~e, hogy* avoir la maladie *v* la manie de *(inf)*
szenvedélyes [~ek, ~et] passionné; ardent; exalté; véhément, -e; ~ *ember* homme exalté; ~ *ívó* grand buveur; ~ *játékos* joueur enragé; ~ *szerelem* amour passionné *v* passion
szenvedés souffrance; peine *f;* supplice; martyre *m; hosszas ~ után* après une longue et douloureuse maladie
szenvedő [~k, ~t] 1. souffrant, -e; ~ *arc* air souffrant; *(vmilyen betegségben)* affligé, -e (de qc); 2. *vall:* ~ *lélek* âme *f* en peine; 3. *a ~ fél a)* la partie lésée; *b)* patient, -e *n;* 4. *(nem cselekvő)* passif, -ive; 5. *nyelv:* ~ *mód v alak* voix passive; passif *m*
szenvelgés affectation *f;* airs penchés; simagrées; minauderies *f pl*
szenvtelen apathique; impassible; ~ *arc(kifejezés)* visage de marbre *m;* ~ *arccal* d'un air détaché
szenzáció [~k, ~t, ~ja] sensation *f;* *~t kelt* faire sensation
szenzációs [~ak, ~at] retentissant, -e; sensationnel, -elle; spectaculaire
szenny [~et, ~e] saleté; ordure; crasse; salissure *f;* immondices *f pl*
szennycsatorna égout; cloaque *m*
szennyes [~ek, ~t; ~en] I. *(mn)* souillé, -e; sale; malpropre; ~ *rágalom* calomnie ramassée dans le ruisseau; II. *(fn)* linge sale *m;* lessive *f; kiteregeti ~ét* dévoiler les turpitudes de q; *(magáét)* laver son linge sale en public
szennyesláda coffre *m* à linge
szennyez [~tem, ~ett, ~zen] salir; souiller; maculer
szennyezett [~ek, ~et; ~en] pollué; impur, -e; *atfiz* contaminé, -e
szennyeződés contamination; souillure *f; a levegő ~e* pollution atmosphérique *f; sugárzási* ~ retombées radioactives
szennyfolt 1. tache; souillure *f;* 2. *átv:* éclaboussure *f*
szennygödör puisard *m;* fosse *f* à ordures
szennyirodalom 1. littérature *f* de bas étage; 2. pornographie *f*
szennylap *újs:* torchon *m*
szennyvíz eaux ménagères *v* d'égout; eaux vannes *v* résiduelles; *(ipari)* eaux résiduaires (industrielles)
szép [~ek, ~et] I. *(mn)* 1. beau, bel, belle; bien; 2. *(arcú és alakú)* bien fait(e); 3. *Szép Fülöp* Philippe le Bel; ~ *mint egy angyal* beau comme l'amour; *nagyon* ~ *(nőről)* elle est très belle; *(dolog)* c'est très bien; *nagyon* ~ *öntől* c'est bien *v* gentil à

vous; ~, *hogy eljött* c'est gentil à vous d'être venu; *ez nem* ~ *magától* c'est bien mal à vous; *nem valami* ~ *nő* elle n'est pas jolie; *az a* ~ *a dologban, hogy* le plus beau de l'affaire, c'est que; *gúny: na, ez ugyan* ~ *lesz!* ça fera du joli; ~*nek látja* voir en beau; ~*re fordul az idő* le temps se met au beau; *igen* ~ *asszony* une femme très bien; *maga ugyan* ~ *dolgot csinált!* vous avez fait là un joli coup! *nem* ~ *eljárás* procédé inélégant; ~ *idő* beau temps; ~ *idő van* il fait beau temps; ~ *kort ér el* atteindre un bel âge; *egy* ~ *nap(on)* un beau jour; *a* ~ *nem* le beau sexe; ~ *számú* assez nombreux; ~ *szóval* par *v* avec de bonnes paroles; ~ *vonalú száj* bouche *f* d'un joli dessin; II. *(hat) gúny:* ~ *kis* joli, -e; ~ *kis alak* un joli monsieur! ~ *kis összeg* une jolie somme; une somme assez coquette; ~ *lassan ld:* **szépen** *lassan;* III. *(fn)* 1. *a* ~ le beau; 2. ~*eink* nos belles; 3. *sok* ~*et hallottam róla* j'ai entendu dire beaucoup de bien sur son compte; *teszi a* ~*et* faire le fringant; *teszi a* ~*et vki körül courtiser* q
szépanya bisaïeule; arrière-grand-mère
szépapa bisaïeul; arrière-grand-père
szepeg [~tem, ~ett, ~jen] trembler de peur
szépen I. 1. joliment; (très) bien; avec grâce; *(* ~ *hal meg, bukik meg stb.)* en beauté; *nagyon* ~ *köszönöm* merci bien; ~ *sikerül* bien réussir; 2. tout bonnement; ~ *elmondta mi történt* de fil en aiguille il me conta ce qui s'était passé; *gúny: szépen!* je t'en fiche! des nèfles! ~ *vagyunk* nous sommes frais! II. ~ *lassan* à grand renfort de précaution; tout bonnement
szépérzék goût *m*
szépia [-ák, -át, -ája] *áll:* seiche; sèche; sépia *f*
szépiaszínű sépia
szépírás calligraphie *f*
szépirodalmi littéraire

szépirodalom belles-lettres *f pl;* littérature *f*
szépít [~ettem, ~ett, ~sen] 1. embellir; enjoliver; ~*i magát* se faire beau *v* belle; se farder; se refaire une beauté; 2. *sp:* (*gólarányt*) réduire la marque *v* le score; 3. *(hibát)* couvrir; embellir; pallier; 4. *(történetet)* y mettre du sien; faire des enjolivements; farder
szépítőszer produit de beauté; cosmétique *m*
széplélek bel esprit
szeplő [~k, ~t, ~je] 1. tache *f* de rousseur; son *m;* 2. *átv: (munkán, jellemen)* tache; souillure; macule *f*
szeplős [~ek, ~et; ~en] marqué(e) *v* tacheté(e) de taches de rousseur
szeplőtelen 1. immaculé, -e; sans tache; 2. *vall: a Szeplőtelen Fogantatás* l'Immaculée Conception
szépművészet beaux-arts *m pl*
szépművészeti des beaux-arts; artistique
széppróza prose *f*
szépség beauté *f*
szépségápoló *intézet* institut *m* de beauté
szépséghiba ombre au tableau; tache; imperfection *f*
szépségkirálynő *v* -**nő** reine *f* de beauté *v* des beautés
szépségtapasz mouche *f;* emplâtre *m*
szépségverseny concours *v* tournoi *m* de beauté
szépszerével par la douceur
szepszis [~t, ~e] septicémie *f*
szeptember [~ek, ~t, ~e] septembre *m*
szeptett [~ek , ~et, ~je] *zen:* septuor *m*
szeptim [~ek, ~et, ~je] 1. *zen:* septième *f;* 2. *vívás:* septime *f*
szépunoka *(fiú)* arrière-petit-fils; *(leány)* arrière-petite-fille
szer [~ek, ~t, ~e] 1. *(eszköz)* instrument; outil *m;* 2. *torn:* agrès *m pl;* 3. *(orvosság stb.)* remède *m;* drogue *f;* 4. *fiz, vegy:* produit; agent *m;* 5. *(szólások:) se* ~*i se száma* les rues en sont pavées; ~*ét ejti, hogy* trouver le moyen de *(inf);* ~*t tesz vmire* se procurer qc
szerb [~ek, ~et] serbe

szerda [-ák, -át] mercredi *m*
szerecsen [~ek, ~t] **1.** nègre *m;* **2.** *rég:* Sarrasin *m;* le Maure
szerecsendió (noix de) muscade *f*
szerel [~tem, ~t, ~jen] **1.** monter; installer; ajuster; **2.** *sp:* stopper; bloquer; intercepter
szerelem [-lmet, -lme] **1.** amour *m;* amours *f pl;* passion *f; múló* v *röpke ~* amourette; passade; foucade *f; ~be esik* tomber amoureux *v* amoureuse; *boldog ~ben él vkivel* filer le parfait amour avec q; *~ből par amour; ~re gyullad* v *lobban vki iránt* concevoir de l'amour pour q; s'éprendre de q; *-lmet kelt vkiben* donner *v* inspirer de l'amour à q; *-lmet vall vkinek* déclarer son amour à q; **2.** *(a személy, a dolog)* amour; béguin *m biz*
szerelés 1. montage *m;* installation *f;* **2.** *(huzalé, csőé)* pose *f;* **3.** *sp:* blocage *m*
szerelmes [~ek, ~t] **I.** *(mn)* **1.** amoureux, -euse; tendre; *~ vkibe, vmibe* être amoureux (-euse) *v* épris(e) de q *v* de qc; *gúny és biz:* être entiché(e) *v* coiffé(e) *p* emberlucoqué(e) *v* engoué(e) de qc *v* de q; *~ pillantás* v *tekintet* œillade amoureuse *v* tendre; *~ vers* poésie amoureuse *v* érotique; **2.** *(szerelemre vonatkozó)* galant, -e; *~ történet* histoire galante; **3.** *~ barátom* cher ami; **4.** *(állat)* en chaleur; en rut; **II.** *(fn)* **1.** bienaimé; soupirant *m;* *(nő)* bienaimée *f;* **2.** *(szerető)* amant; galant *m;* amante; maîtresse *f;* **3.** *a ~ek* les amoureux; *ld. még:* **szerelmi**
szerelmeskedik [~tem, ~ett, ~jék v ~jen] **1.** filer le parfait amour; **2.** *(érzékileg)* faire l'amour
szerelmespár couple *m* d'amants; jeune couple
szerelmi [~ek, ~t] d'amour; amoureux, -euse; érotique; galant, -e; *~ bánat* peine *f* de cœur; chagrin *m* d'amour; *~ bánatában akart meghalni* elle a voulu mourir par désespoir d'amour; *~ csalódás* déception sentimentale; *~ dráma* drame *v* crime passionnel; *~ házasság* mariage *m* d'amour *v* d'inclination; *~ kaland* historiette d'amour; aventure galante; *(házasemberrel)* fugue *f; ~ légyott* rendez-vous galant; *~ mámor* ivresse *f* d'amour; *~ ügy* affaire de cœur; intrigue *f; ~ vallomás* déclaration *f* (d'amour); aveu *m; ~ viszony* liaison *f;* amours *f pl;* intrigue (amoureuse); *(múló)* passade; toquade *f; ld. még:* **szerelmes I. 1.**
szerelő [~k, ~t, ~je] **1.** monteur; ajusteur; installateur *m;* **2.** *(vízvezetéki-)* plombier *m;* **3.** *rád:* installateur; **4.** *(mozgó gépnél)* mécanicien; mécano *m*
szerelőcsarnok atelier *v* hall *m* de montage
szerelőipar montage *m*
szerelvény 1. équipement *m;* **2.** *(váz)* armature *f;* **3.** *(szerelék)* accessoire; fitting *m; (együtt)* jeu *m;* **4.** *(vasúti)* rame *f;* convoi *m; üres ~* train *m* haut le pied
szerencse [-ét, -éje] **1.** bonne fortune; chance; veine *f;* **2.** *(jó sors)* bonheur; coup *m* de bonheur; *a ~ forgandósága* les retours de la fortune; *a ~ gyermeke* favori *m* de la fortune; *kedvez neki a ~* avoir de la chance; *a ~ megfordul* la chance *v* la roue tourne; *a ~ forgandó* les armes sont journalières; *ez nagy ~* c'est un grand bonheur (pour moi); *~, hogy* c'est une chance que *(subj); részemről a ~* tout l'honneur est pour moi; *a ~ kedvez neki* la fortune lui sourit; *váratlan ~* bonheur inespéré; *micsoda ~!* la bonne aubaine! *-éje akadt (lánynak)* elle a fait un bon parti; *-éje van* avoir de la chance; *-éje van! (jókor jön)* vous tombez bien; *nincs -éje* ne pas avoir de chance; avoir la guigne; *-éje van, hogy* il peut s'estimer heureux que *(subj);* il a de la chance que *(subj)* v de *(inf); van -ém* bonjour, Monsieur *v* Madame stb.; *(néha:)* j'ai l'honneur de vous saluer; *van -ém bemutatni ...* j'ai l'honneur de vous présenter ...; *legyen -ém*

szerencsecsillag — **886** — **szerepel**

máskor is faites-moi le plaisir de m'honorer plus souvent de votre visite; *örvendek a -ének* je suis enchanté de faire votre connaissance; *-ére* heureusement; *a -ére bízza* confier au sort; *-éjére elhallgatott* il a eu le bon esprit de se taire; *sok v jó -ét!* bonne chance! *-ét hoz* porter bonheur; *-ét hozó személy* v *tárgy* mascotte *f;* *-ét kíván vkinek* souhaiter bonne chance; congratuler q; *(vmihez)* féliciter q de qc v de *(inf); minek köszönhetem a -ét?* qu'est-ce qui me vaut l'honneur de votre visite? *-ét próbál* tenter (la) fortune; courir fortune; *-ét próbál vmivel* tâter de qc; *-ével jár (vmi)* porter bonheur à qc; *(vki)* réussir; *több -ével, mint tudással* par raccroc
szerencsecsillag étoile *f;* ~*a hanyatlóban van* son étoile pâlit
szerencsefia l'enfant gâté de la fortune
szerencsejáték jeu *m* de hasard
szerencsekerék roue *f* de fortune; tourniquet *m*
szerencsekívánat(ok) vœux *v* souhaits *m pl* de bonheur; félicitations *f pl;* vœux; compliments *m pl*
szerencsés I. *(mn)* **1.** heureux, -euse; fortuné, -e; *(sikerült)* heureux, -euse; bien venu(e); ~ *ember* homme heureux; veinard; ~ *fogás* coup heureux; *nem volt* ~ *gondolat tőle* il était mal inspiré; ~ *keze van* avoir la main heureuse; ~ *kifejezés* expression heureuse; *kihasználja a* ~ *pillanatot* profiter de la veine; ~ *szó* mot trouvé; ~ *természet* naturel heureux; ~ *utat!* bon voyage! ~ *rá nézve, hogy* il est heureux pour lui que *(subj);* **2.** *(kedvező)* propice; de bon augure; ~ *nap* journée faste *f;* ~ *órában à* l'heure propice; **II.** *(fn) a* ~*ek* les heureux de ce monde
szerencsésen heureusement; ~ *megmenekült* il l'a échappé belle
szerencsétlen 1. *(ember)* malheureux, -euse; infortuné, -e; *(játékban)* guignard, -e *biz;* ~ *flótás* pauvre bougre *v* hère *m; ó én* ~*!* malheureux que je suis! **2.** *(dolog)* malencontreux; calamiteux; malheureux,

-euse; fatal, -e; néfaste; ~ *nap* journée fatale; ~ *sors* malchance *f; infortunes f pl;* ~ *véget ér* prendre une fin malheureuse
szerencsétlenség 1. malheur *m;* adversité; infortune *f;* **2.** *(baleset, csapás)* accident *m;* catastrophe *f;* sinistre *m; nagy* ~ *érte* un grand malheur vient de le frapper; ~ *áldozata lett* il est victime d'une catastrophe; *a* ~*ek sorozata* la série noire; ~*ből megmenekült* rescapé, -e *(n);* ~*ére pour son malheur;* ~*et hoz vkire* porter malheur à q
szerény *(ember)* modeste; modéré, -e; humble; *(dolog)* modeste; humble; *(összeg)* modique; ~ *étkezés* v *ebéd* repas frugal; *a* ~ *jövedelem* la modicité du revenu; ~ *magatartás* maintien modeste *m;* ~ *nézetem* v *véleményem szerint* selon mon humble avis; ~ *viszonyok közt él* vivre dans des conditions modestes
szerényen modestement; discrètement; ~ *él* vivre avec modestie; ~ *viselkedik* agir *v* se comporter avec modestie
szerénység modestie; modération *f;* effacement *m*
szerénytelen immodeste; exigeant; immodéré, -e
szerénytelenség immodestie *f;* manque *m* de modestie; indiscrétion *f*
szerep [~et, ~ek, ~e] **1.** *szính:* rôle; emploi; personnage *m; a* ~ *alakítója* créateur *v* créatrice du rôle; *Hamlet* ~*ében* dans le rôle d'Hamlet; *kiesik a* ~*ből* sortir de son rôle; *átéli* ~*ét* doubler (le rôle de) q; *megkapóan játssza a* ~*et* réaliser une saisissante création; **2.** *átv:* rôle; *(feladatszerű)* mission *f;* ~*et betölt* remplir un rôle; *fontos* ~*et játszik* v *visz* jouer un rôle important; *ez nem játszik* ~*et* cela ne joue pas; *nagy* ~*et játszik vmiben* jouer un rôle important dans qc; *(vmi)* jouer un rôle important *v* prépondérant *v* un grand rôle dans qc; tenir une large place dans qc
szerepel [~tem, ~t, ~jen] **1.** figurer; faire figure; jouer un rôle; faire office de personnage; *(közrejátszik*

szerepkör *vmiben)* intervenir; *egy ügyben* ~ figurer dans une affaire; **2.** *sp*: *először* ~ *nemzetközi versenyen* faire ses premières armes internationales; *jól* ~*tek* sont bien classé(e)s; **3.** *vmiként* ~ faire fonction de qc; *jótevőként* ~ il fait figure de bienfaiteur **szerepkör 1.** *szính*: emploi *m*; **2.** *(színészé)* répertoire *m*; **3.** *átv*: sphère d'activité; compétence *f* **szereplő** [~k, ~t] **I.** *(mn)* figurant; jouant; **II.** *(fn)* **1.** figurant; personnage; rôle; emploi *m*; *(együtt szính:)* distribution *f*; *(színlapon:) Szereplők*: Personnages; **2.** *film*: ~*k listája* générique *m*
szereposztás la distribution (des rôles); *első* ~*ban játszó* chef *m* d'emploi
szeret 1. *(vkit)* aimer; affectionner; avoir de l'affection pour q; *nagyon* ~ aimer beaucoup; *úgy* ~*i, majd megeszi* aimer q à le manger; *szívből* ~ aimer d'amour; *teljes szívéből* ~ aimer de tout son cœur; ~*i önmagát* aimer sa (petite) personne; *más nőt* ~ il en aime une autre; **2.** *(vkibe) ld*: **beleszeret; 3.** *(vmit)* aimer; affectionner; *szeret (inf)* aimer à *(inf)*; aimer *(inf)*; ~ *dohányozni* il aime fumer; **4.** *(növényről)* vouloir; réussir dans qc; ~ *egy helyet se* plaire dans un lieu; *Tárgyas szólások*: ~*i a képeket* avoir la curiosité des tableaux; *a medve nagyon* ~*i a mézet* l'ours est friand de miel; ~ *egy munkát* se plaire à un travail; *mit* ~? que préférez-vous? *nem megy úgy, ahogy* ~*né* cela ne vas pas à son gré *v* comme il le voudrait;
Főnévi igeneves szólások: **1.** *nem* ~ *gyalog járni* il déteste aller à pied; ~ *tanulni* affectionner l'étude; **2.** ~*ném megvenni* je voudrais l'acheter; *(csak azt)* ~*ném látni!* je voudrais bien voir cela; ~*ném tudni* j'aimerais *v* je voudrais savoir; *nagyon* ~*ne (inf)* mourir d'envie de *(inf)*; *nagyon* ~*ne elmenni* il brûle de partir; *nagyon* ~*ném, ha elmenne* il me tarde qu'il s'en aille; ~*nők hinni* on le voudrait; *nagyon* ~*né tudni, hogy* il meurt de savoir si; ~*tem volna megölni!* je l'aurais tué!
szeretet 1. amour *m*; affection; tendresse *f*; *anyai* ~ affection maternelle; *amour maternel*; *a* ~ *szálai fűzik hozzá* il lui est attaché par les liens de l'affection; *a haza* ~*e* l'amour de la patrie; *a munka* ~*e* l'attachement au travail; ~*ből* par affection; ~*ének jeleivel elhalmozza* prodiguer à q des marques de tendresse; ~*et érez vki iránt* éprouver *v* ressentir de l'affection pour q; ~*tel* affectionnément; *(levélben)* A vous de cœur...; Cordialement à toi...; **2.** *vall*: *(erény)* charité *f*
szeretetadomány don charitable *m*
szeretetcsomag colis pour les sinistrés; colis cadeau *m*
szeretetház établissement *m v* maison *f* de charité; asile *m*
szeretetnyilvánítás tendresses *f pl*
szeretetreméltó aimable; affable; gentil, -ille
szeretett [~ek, ~et] cher, chère; bien-aimé; chéri, -e
szeretkezés coucherie *f*; couchage *m*; caresses *f pl*
szeretkezik [~tem, ~ett, ~zék *v* ~zen] faire l'amour; coucher avec q
szerető [~k, ~t] **I.** *(mn)* **1.** aimant, -e; affectueux, -euse; *(levél végén)* ~ *fia* votre fils qui vous aime; *ölel* ~ *fiad stb*. Je t'embrasse de tout mon cœur, Ton fils affectionné...; ~ *gond* sollicitude (affectueuse); **2.** *a gondolkodni* ~ *olvasó* le lecteur réfléchi; **II.** *(fn)* **1.** amant *m*; amoureux *m nép*; bon ami *nép*; galant *m*; **2.** amante; maîtresse; amoureuse *nép*
szerez [~tem, szerzett, ~zen] **1.** *(magának)* se procurer; acquérir; *(szavazatot)* s'adjuger; **2.** *(vmi vkinek)* susciter; rapporter; **3.** *(vkinek)* trouver pour q; faire obtenir à q; **4.** *(érzést)* causer; produire; **5.** *(verset, zenét)* composer
szerfa bois *m* d'œuvre
szerfelett outre mesure; excessivement

széria [-ák, -át, -ája] série *f; (lövés)* groupement suivi
sériagyártás fabrication *f v* usinage *m* en séries
szerint 1. *(vki)* selon; suivant; d'après; au gré de; *ön ~* d'après *v* selon vous; *~em* selon moi; à mon avis; *(ő) ~e* à l'en croire; 2. *(vmi)* selon; suivant; au gré de; *elgondolásai ~ dans ses* pensées; *elvei ~* dans ses principes; *az a törvény, mely ~* la loi qui veut que *(subj)*
szerkeszt [~ettem, ~ett, -esszen] 1. *(össze, egybe)* construire; combiner; 2. *(iratot, lapot)* rédiger; 3. *(szöveget)* libeller; rédiger; 4. *mat:* mener; construire; *háromszöget ~* construire un triangle
szerkesztés 1. *(szerkezeté)* structure; construction; disposition *f;* 2. *(iraté, lapé)* rédaction;*f;* 3. *(szövegé)* libellé *m;* rédaction; 4. *(könyvé)* composition *f*
szerkesztő [~k, ~t, ~je] I. *(mn) ~ bizottság* commission *f* d'impression; comité *m* de rédaction; II. *(fn)* 1. *(gépé)* constructeur *m;* 2. *(lapé, szövegé)* rédacteur, -trice *n; újs:* administrateur-gérant
szerkesztői [~ek, ~t] rédactionnel, -elle; *~ üzenetek* courrier *m* de la rédaction; boîte *f* aux lettres
szerkezet 1. *(vmié)* structure *f;* mécanisme *m;* 2. *(maga a ~)* dispositif; mécanisme; engin *m; egy óra ~e* le mouvement d'une horloge; 3. *mez, geol:* texture *f; ~ nélküli talaj* sol *m* sans texture; 4. *vegy:* structure; 5. *irod:* composition structure *f;* 6. *átv:* structure; architecture *f; az emberi test ~e* la structure du corps humain; 7. *nyelv:* locution; tournure *f; (mondattanban)* syntagme *m*
szerkezeti 1. de construction; mécanique; structural, -e; *~ elem v egység* organe; élément *m; ~ hiba* vice *v* défaut *m* de construction; 2. *geol:* tectonique; structural, -e; 3. *vegy: ~ képlet* formule *f* de configuration
szerkocsi *(vasúti)* tender *m*

szerpap *egyh:* diacre; prêtre assistant
szerpentin [~ek, ~t, ~je] 1. *ásv* serpentine; ophiolite *f;* 2. *ját:* serpentin *m;* 3. *(út)* (route) serpentine *f*
szerszám [~ok, ~ot, ~ja *v* ~a] 1. outil; instrument *m; (bonyolultabb)* engin *m; (több együtt)* outillage *m;* 2. *(lóé)* harnachement; harnais *m*
szerszámacél acier à outils *v* corroyé
szerszámfa bois dur *v* d'œuvre
szerszámgép machine-outil; machine *f* d'opération
szerszámkészítő (ajusteur-)outilleur *m*
szerszámkészlet *(összetartozó)* jeu *m* d'outils
szerszámkovács (ajusteur-)outilleur; taillandier *m*
szerszámláda boîte *v* d'outils; caisse *f* à outil
szerszámnyél 1. mache *f* d'outil; 2. corps *m* de l'outil
szerszámtáska trousse à *v* d'outils; sacoche *f*
szertár 1. dépôt *m* d'outils; 2. *(katonai)* magasin *m* d'armement; 3. *(iskolai)* cabinet *m*
szertartás 1. cérémonie *f;* 2. *dipl:* protocole *m*
szertartási 1. cérémonial, -e; 2. *egyh:* liturgique; rituel, -elle
szertartásos [~ak, ~t] 1. *egyh:* rituel, -elle; liturgique; 2. cérémonieux, -euse
szertelen immodéré; démesuré, -e; excessif, -ive; *(érzés)* fanatique; *~ nagy* énorme; colossal, démesuré, -e
szertelenkedik [~tem, ~ett, ~jék *v* ~jen] faire *v* commettre des excès; exagérer
szertelenség outrance; immodération; exagération *f;* excès *m pl*
szerteszéjjel de tous côtés; dans tous les coins; *~ az országban* partout dans le pays; dans tout le pays; *~ hever* traîner (dans tous les coins); *~ heverő halottak v hullák* une jonchée de morts *v* de cadavres; *~ hull ld:* szétesik; *~ szalad* se disperser; *~ szórt v szórva* disséminé; dispersé, -e; épars; éparpillé, -e

szertorna exercices aux appareils; agrès *m pl*
szérum [~ok, ~ot, ~a] sérum; vaccin *m*
-szerű [~ek, ~t; ~en] sorte de...; pareil(le) à...
szerv [~ek, ~et, ~e] 1. organe *m;* 2. *átv:* organe; le ministre de qc; a közigazgatás ~ei les rouages de l'administration
szerves [~ek, ~et] organique; organicien, -enne; ~ *anyag* substance organique *f;* ~ *egységet alkot* faire un tout organique; ~ *élet* vie organique *f;* ~ *összefüggés* dépendance mutuelle; interdépendance; liaison étroite; rapport intime *m;* ~ *része vminek* faire partie intégrante de qc; ~ *vegyület* composé organique *m*
szervetlen 1. inorganique; 2. inorganisé, -e
szervez [~tem, ~ett, ~zen] 1. organiser; orchestrer; grouper; former; *tüntetést* ~ organiser une manifestation; 2. *(szakszervezetbe)* syndiquer; 3. *(állást)* créer; 4. *(intézményt)* créer; constituer
szervezés 1. organisation *f;* 2. *(hivatalé)* création *f;* 3. *(intézményé)* création; constitution *f;* 4. *(munkásoké)* organisation ouvrière; *(szakszervezeti)* mouvement syndical; 5. formation *f; (csapatoké)* levée; formation
szervezet 1. organisme *m; emberi* ~ organisme humain; 2. *átv:* organisme; 3. *(intézményé)* mécanisme *m;* administration *f;* 4. *(egyesülés)* syndicat *m*
szervezett [~ek, ~et; ~en] *(munkás)* (ouvrier) syndiqué *m*
szervezkedés 1. organisation *f;* travail *m* d'organisation; 2. *(szakszervezeti)* mouvement syndicaliste *m*
szervező [~k, ~t] I. *(mn)* organisant, -e; organisateur -trice; ~ *bizottság* comité *m* d'organisation; II. *(fn)* organisateur; animateur, -trice *n*
szervi [~ek, ~t] organique; ~ *baj* maladie *v* tare organique *v* constitutionnelle

szervilis [~ek, ~t; ~en] servile; bas, basse; rampant, -e
szervoberendezés servo-mécanisme *m*
szervusz [~ok, ~t, ~a] salut! bonjour, mon ami; *(írásban)* je te serre la pince (bien cordialement)
szerzemény 1. acquisition *f;* 2. *jog: (házasságban) közös* ~ acquêt *m;* 3. *(mű)* composition; œuvre *f*
szerzet 1. *egyh:* ordre (religieux); congrégation *f;* 2. *átv: fura egy* ~ un drôle de paroissien
szerzetes [~ek, ~t, ~e] *egyh:* I. *(mn)* régulier, -ière; II. *(fn)* religieux; moine *m*
szerzetesi [~ek, ~t; ~en] religieux, -euse; monastique; monacal, -e; ~ *fogadalom* vœux monastiques *m pl;* ~ *kötelesség* observance *f*
szerzetesrend ordre monastique *v* religieux; congrégation *f*
szerzett [~ek, ~et] acquis, -e; ~ *jog* droit acquis; *a* ~ *jogok tiszteletbentartása* le respect des droits acquis; ~ *tulajdonságok átadása* transmission *f* de l'acquis
szerző [~k, ~t, ~je] 1. *(okozó)* auteur; artisan *m;* 2. *(szellemi műé)* auteur; *(szính:)* szerző! l'auteur! 3. *(vagyoné)* acquéreur *m*
szerződés 1. *(magán)* contrat *m;* convention *f; egy* ~ *pontjai v pontos szövege v kikötései* les termes *v* les clauses d'un contrat; *a* ~ *felbomlik* le contrat se défait; *egy* ~*t felbont* résilier *v* défaire un contrat; ~*t köt vkivel* passer un contrat avec q; *egy* ~*t megszeg* violer *v* déchirer un contrat; 2. *(állami)* convention *f;* traité; pacte *m; a* ~ *pontjait megvitatja, megállapítja* débattre, arrêter les clauses du traité; ~ *jóváhagyása v elfogadása* l'adoption *f* d'un traité; *egy* ~*t felbont* rompre un pacte, ~*t köt* conclure un pacte *v* un traité avec q; 3. *(szolgálati, művészé)* engagement *m;* 4. *(maga az okmány)* instrument *m*
szerződéses [~ek, ~t; ~en] contractuel; conventionnel, -elle; contracté, -e; ~ *állam a) pol:* État organisé;

b) dipl: puissance signataire *f;* ~ *tisztviselő v dolgozó* contractuel, -elle
szerződéskötés passation *v* signature *f* du contrat
szerződésszegés violation de contrat; rupture *f* du contrat
szerződik [~tem, ~ött, ~jék *v* ~jön] **1.** passer un contrat; **2.** *(munkás)* engager des services; **3.** *(művész)* prendre *v* recevoir un engagement; **4.** *(alkalmazott)* se mettre *v* entrer en condition *v* en place
szerződtet 1. engager; **2.** *(munkást)* engager; embaucher; **3.** *(alkalmazottat)* engager; prendre
szerzői [~ek, ~t] d'auteur; ~ *honorárium* droit *m* d'auteur; ~ *jog védelme* protection *f* du droit d'auteur; ~ *jogot bitorló* contrefacteur *m;* ~ *példány* exemplaire *m* d'auteur; ~ *tulajdonjog* propriété littéraire *f*
szesz [~ek, ~t, ~e] alcool; esprit(-)de(-)vin *m; 23 fokos* ~ alcool titrant 23 degrés
szeszégetés distillerie; distillation *f*
szeszély [~ek, ~t, ~e] caprice *m;* fantaisie; lubie; boutade; folie; foucade; quinte *f; egy kacér nő* ~*ei* les quintes d'une coquette; *a szerencse* ~*ei* les caprices de la fortune; ~*ből* sur un coup de tête; ~*ére hallgat* suivre sa fantaisie; *kielégíti* ~*ét* se payer des fantaisies
szeszélyes [~ek, ~et] capricieux, -euse; fantasque; lunatique; *(igével:)* avoir des lubies; *évszak* saison inconstante; ~ *hangulat* humeur inégale
szeszes [~et, ~en] alcoolique; ~ *ital* boisson alcoolique *f;* spiritueux *m pl*
szeszfinomító 1. *(gyár)* distillerie *f;* **2.** *(készülék)* rectificateur *m*
szeszfogyasztás consommation *f* d'alcool
szeszfok titre *m*
szeszgyár fabrique d'alcool; distillerie *f*
szesztartalom teneur *f* en alcool; titre *m* d'alcool; *80 fokos -lma van* titrer 80°
szesztilalom prohibition *v* interdiction *f* de la vente des boissons
szétágazás ramification *f;* embranchement *m;* divergence *f; a vélemények* ~*a* divergence d'opinions *v* de vues
szétágazik se ramifier; diverger
szétbomlás 1. décomposition; désintégration *f;* **2.** *(csomóé)* relâchement; dénouement *m*
szétbomlik 1. se décomposer; se désintégrer; **2.** *(fonott stb.)* se dénouer; se défaire
szétbont 1. décomposer; désintégrer; dissocier; **2.** *(szerkezetet)* démonter; **3.** *(varrottat)* défaire; *(csomagot)* déficeler
szétcsavarodik se détordre; *haj: (kötél)* foirer
szétdarabol découper; morceler; mettre en morceaux
szétdarabolódik [~ott, ~jék *v* ~jon] tomber en pièces; se disloquer
szétdobál 1. jeter par-ci par-là; éparpiller; **2.** *(rendezett dolgot)* mettre en désordre dans qc
szétdörzsöl écraser; triturer; broyer
szétesés décomposition; désintégration; dissociation *f*
szétesik 1. se décomposer; se désintégrer; tomber en morceaux; **2.** *(szerkezet)* se démonter
szétfejt défaire; découdre; décomposer
szétfeszít faire éclater
szétfolyik 1. se déverser; s'écouler; **2.** *(szín)* fuser; *(tinta, festék)* décharger; **3.** *átv:* offrir peu de consistance
szétfolyó 1. déliquescent, -e; **2.** *(szín)* fusant; délayé, -e; *(rajz)* flou, -e; **3.** *átv: (előadás, nyelv)* diffus, -e; prolixe; ~ *beszéd* discours vaseux
szétfoszlat 1. *(anyagot)* effiler; effilocher; **2.** *(felhőt, illúziót)* dissiper
szétfő être réduit(e) en bouillie
széthajlás *fiz:* divergence *f*
széthajlik s'écarter; *fiz, mat:* diverger
széthány 1. *(földet)* remuer; **2.** *(rendezettet)* déranger; *ld. még:* **szétdobál**
széthasít fendre
széthord distribuer; colporter
széthurcol *(betegséget)* véhiculer; répandre; propager; disséminer

széthúz I. *(tgy i)* 1. écarter; éloigner; 2. *orv:* *(sebet)* divariquer; II. *(tgyl i)* ~nak ils sont divisés *v* en désaccord
széthúzás *átv:* divisions *f pl;* discorde; désunion; mésintelligence *f*
szétkapcsol 1. déconjuguer; *ld. még:* **kikapcsol; lekapcsol;** 2. *(telefont)* couper q
szétkerget disperser; mettre en déroute *v* en fuite
szétküld distribuer; diffuser
szétlapít *(vkit)* écrabouiller; écraser
szétloccsant écraser
szétlő détruire à coups de canon
szétmállik se désagréger; s'effriter
szétmorzsol pulvériser; broyer; émietter; triturer
szétnéz promener son regard sur qc; inspecter qc
szétnyílik 1. s'ouvrir; se rouvrir; écarter; 2. *(kötés)* se défaire; se déplier; 3. *(blúz)* se dégrafer
szétnyit 1. ouvrir; rouvrir; écarter; 2. *(kötést)* défaire; 3. *(blúzt)* dégrafer; 4. *(írást)* déplier
szétnyom écraser
szétolvad se dissoudre; (se) fondre; se liquéfier
szétoszlás 1. dislocation; dissipation *f;* 2. *(tömegé)* écoulement *m*
szétoszlat 1. disloquer; dissiper; 2. *(tömeget)* faire écouler; disperser
szétoszlik 1. *(vmi között)* se répartir; 2. *(tömeg)* s'écouler; se disperser; 3. *(gyülekezet)* se dissoudre; *(sorban állók)* rompre les rangs
szétoszt 1. distribuer; répartir; 2. *(egymás között)* partager; 3. *(röplapokat)* distribuer; diffuser; 4. *(központból)* décentraliser
szétpattan éclater; sauter; péter
szétporlad s'effriter; *(rög)* s'émotter
szétporlaszt pulvériser; réduire en poussière; effriter
szétpukkan péter; peter; *(gumi)* crever; éclater
szétrág 1. ronger; 2. *(szú stb. fát)* mouliner
szétrak 1. étaler; ranger *v* disposer sur qc; 2. distancer; 3. *(válogatva)* trier; 4. *(lábát)* écarter

szétreped 1. crever; se fendre; 2. éclater
szétrobban 1. voler en morceaux *v* éclats; 2. *(bomba)* éclater; 3. *majd* ~ *(dühében)* sauter au plafond; crever de rage
szétroncsol 1. *(lövés)* fracasser; 2. *(összeütközésnél)* pulvériser; 3. ronger; dévorer
szétsrófol dévisser
szétsugárzás *atfiz* annihilation *f*
szétsugárzik s'annihiler
szétszaggat déchiqueter; dilacérer
szétszalaszt mettre en déroute *v* en fuite
szétszed 1. démonter; décomposer; *müsz:* *(gépet)* décomposer; 2. *(vkit)* déchirer à belles dents
szétszór 1. *(vmit)* disperser; répandre; disséminer; ~ja *a fényt* diffuser la lumière; 2. *(csapatot)* disperser; rompre; disloquer
szétszórás 1. dispersion *f;* éparpillement *m;* 2. *mez: (trágyáé)* épandage *m;* 3. *fiz: (fényé)* diffusion *f*
szétszóródik 1. se disperser; se dissiper; se répandre; 2. *(csapatok)* se débander; 3. *fiz: (fény)* se diffuser
szétszórtan sporadiquement
széttagol démembrer
széttapos piétiner; écraser
széttár écarter
széttép 1. *(embert)* dévorer; déchiqueter; 2. *(tárgyat)* déchirer; lacérer; ~i *bilincseit* rompre ses fers
széttérít 1. *(több tárgyat)* étaler; ranger; 2. *(összehajtottat)* dépiler
szétterjedés 1. diffusion *f;* 3. *ált:* propagation *f;* 3. diffluence *f*
szétterjeszt 1. *(karjait)* ouvrir; 2. ~*i szárnyait* déployer ses ailes; 3. répandre; propager; diffluer
széttör 1. briser; rompre; casser; *(héjat)* casser; 2. ~*i bilincseit* rompre *v* briser ses fers *v* ses chaînes
szétüt I. *(tgy i)* mettre en pièces *v* en morceaux; II. *(tgyl i)* ~ *közöttük* frapper dans le tas
szétvág (dé)couper; dépecer; *(ízekre)* désarticuler
szétválás séparation; dislocation; dissociation *f*

szétválaszt séparer; disloquer; dissocier; désunir; *(összetartozó dolgokat)* désassortir; *(társult egyéneket, dolgokat)* désassocier; *(összetapadt dolgokat)* décoller; ~*ja a verekedőket* séparer les combattants
szétválasztás 1. séparation; dissociation; disjonction *f; az államhatalom fő ágainak* ~*a* la distinction des pouvoirs; **2.** *(kiválasztva)* sélection *f;* tri *m;* **3.** *(párosítotté)* désaccouplement *m;* **4.** *(térben)* écartement; éloignement *m*
szétválik 1. se séparer; se disjoindre; **2.** s'écarter; *a tömeg* ~ la foule se fend
szétválogat faire le tri *v* le départ de qc
szétver I. *(tgy i)* **1.** *(tárgyat)* mettre en pièces; casser *v* briser à coups de marteau; **2.** *(sereget)* mettre en déroute; défaire; **3.** *(tömeget)* disperser à coups de matraque; **II.** *(tgyl i)* ~ *közöttük* frapper *v* taper dans le tas
szétvet 1. *(lőpor)* faire sauter; **2.** *(víz, jég)* faire éclater; **3.** *(szerkezetet)* disloquer; **4.** ~*i lábait* écarter *v* écarquiller les jambes
szétvisz 1. répandre; propager; *(betegséget)* véhiculer; propager; **2.** *(hírt)* semer; propager
szétzavar mettre en fuite; disperser
szétzúz 1. broyer; écraser; pilonner; **2.** *átv:* écraser; *(reményt)* détruire; ruiner; briser
szétzülleszt désorganiser
szext [~ek, ~et, ~je] *zen:* sixte *f*
szextett [~ek, ~et, ~je] *zen:* sextuor *m*
szexuális [~ak, ~at] sexuel, -elle; *a* ~ *élet* la vie sexuelle
szezon [~ok, ~t, ~ja] **1.** saison *f;* **2.** *(munkáé)* campagne *f*
szezonáru; szezoncikk article *m* pour la saison
szezonmunka travail saisonnier; main-d'œuvre temporaire *f*
szféra [-ák, -át, -ája] sphère *f; a gondolat magasabb -ai* les hautes régions de la pensée
szferikus sphérique; ~ *geometria* géométrie de la sphère *v* sphérique *f*

Sziám [~ot] le Thaïland(e); la Thaïlande; *rég* le Siam
sziámi [~ak, ~t; ~ul] thaïlandais; siamois, -e; ~ *ikrek* frères siamois; *sœurs siamoises;* ~ *macska* chat royal de Siam
szid [~tam, ~ott, ~jon] **1.** *(vkit)* injurer; gronder; gourmander; réprimander; *(vkit, vmit)* invectiver *v* vitupérer *v* tempêter *v* déblatérer contre q(c); **2.** *(mások előtt)* médire de q *v* de qc; parler mal de q
szidalmak [~at] invectives; réprimandes *f pl;* gronderie *f;* bordée *f v* flot *v* torrent *m* d'injures; ~*kal illet* accabler d'injures
szidalom [-lmak, -lmat, -lma] outrage *m;* -*lmak özöne, zápora* une tempête *v* un chapelet d'injures; -*lmakat szór* proférer des injures; *elhalmoz* -*lmakkal* accabler q d'outrages
szifilisz [~ek, ~t, ~e] syphilis; vérole *f*
szifiliszes [~ek, ~t; ~en] syphilitique *(n)*
sziget 1. île *f; kis* ~ îlot *m;* **2.** *átv: (területen belül)* enclave *f*
szigetcsoport archipel; groupe *m* d'îles
szigetel [~tem, ~t, ~jen] **1.** isoler *v* **2.** mettre à étanche; étancher
szigetelés 1. *vill:* isolement *m; műsz:* gainage *m;* **2.** *ép:* joint étanche *m*
szigetelő [~k, ~t] **I.** *(mn)* isolateur, -trice; isolant, -e; ~ *anyag* matière *v* substance isolante; ~ *szalag* bande isolante; *ruban isolant;* **II.** *(fn)* **1.** *(készülék)* isolateur *m;* **2.** *(közeg, anyag)* isolant *m; jó* ~ bon isolant
szigeti insulaire
szigetlakó insulaire *(n);* îlien, -enne
szigettenger; szigetvilág archipel; monde insulaire *m*
szignatúra signature; marque *f*
szigony [~ok, ~t, ~a] harpon *m*
szigor [~t, ~a] sévérité *f; lesújt a törvény teljes* ~*ával* poursuivre avec la dernière rigueur
szigorít [~ottam, ~ott, ~son] **1.** rendre plus sévère; **2.** *(büntetés)* aggraver
szigorított *fogság* réclusion *f*
szigorlat 1. examen *m;* **2.** *(doktori)* doctorat *m*
szigorló [~k, ~t] candidat, -e *(n)*

szigorú [~ak, ~t] 1. sévère; rigoureux, -euse; austère; inclément; dur, -e; *(vkivel szemben)* être sévère pour *v* envers q; user de rigueur envers q; *a törvény* ~ *alkalmazása* l'application ferme de la loi; ~ *étrend* régime sévère *m;* ~ *felügyelet* surveillance étroite; ~ *hangon* sur un ton autoritaire; *a* ~ *igazság* l'exacte justice; ~ *ízlés* sévérité *f* de goût; ~ *őrizet alá helyez vkit* mettre sous bonne garde; ~ *parancs* ordre impérieux; ~ *tél* hiver rigoureux *v* rude; 2. *(erkölcsileg)* austère; puritain, -e; ~ *erkölcsök* mœurs sévères; vertus austères; 3. *egyh:* d'étroite observance; 4. ~ *kálvinista* calviniste puritain *v* rigide
szigorúan 1. sévèrement; rigoureusement; 2. *(erkölcsileg)* austèrement; 3. strictement; exactement; ~ *bánik vele* traiter q avec la dernière rigueur; ~ *megtartja a szabályokat* observer étroitement les règles; ~ *bizalmas* rigoureusement personnel(le); très confidentiel(le); ~ *büntet* sévir; ~ *tartja magát vmihez* s'en tenir *v* se conformer strictement à qc; ~ *tilos (inf)* défense expresse de *(inf);* ~ *véve* strictement; à la rigueur
szigorúság sévérité; rigueur; austérité; inclémence; dureté *f*
szíj [~ak, ~at, ~a] 1. courroie *f; (hosszú keskeny)* lanière *f;* 2. *(hátizsáké, puttonyé stb.)* brassières; bretelles *f pl; (puskáé)* bretelle *f;* 3. *(heveder)* sangle *f;* 4. *(állatot tartó v kötő)* attache; longe *f;* 5. *(öv)* ceinture *f; (derék~)* ceinturon *m*
szíjgyártó sellier; bourrelier *m*
szíjtárcsa poulie *f* à courroie
szik [~et, ~e] 1. *(föld)* terre sodique *v* trop riche en soude *f;* 2. *növ:* cotylédon *m*
szikár [~ak, ~at] grand et sec; ~ *termet* taille haute et maigre
szikes [~ek, ~t] sodique; salifère; ~ *föld v talaj* terre sodique *f*
szikfű *növ:* matricaire *f;* œil-de-soleil *m*
szikkad [~t *v* ~ott, ~jon] sécher; se dessécher

szikla [-ák, -át, -ája] 1. roc; rocher *m;* 2. *(tengerben)* écueil *m;* brisants; récifs *m pl*
sziklacsúcs 1. pic *m;* piton rocheux; 2. pointe *f* d'un rocher
sziklafal paroi rocheuse; pan *m* de roc(her); *(tengerparti)* falaise *f*
sziklakert jardin de rocailles *v* alpestre *m*
sziklanövényzet végétation rupestre *f*
sziklaomlás éboulement *m* (de pierres)
sziklás rocheux, -euse; couvert(e) de roches; ~ *talaj* sol pierreux
sziklaszilárd ferme comme un roc *v* comme un bloc
sziklaszoros gorge *f*
sziklazátony récifs; brisants *m pl;* écueil *m*
sziklevél cotylédon *m;* feuille séminale
szikra [-ák, -át, -ája] 1. étincelle *f; (kicsi)* petite étincelle; bluette *f; (tüzes)* flammèche *f;* -*át csihol* faire jaillir des étincelles; 2. *átv:* étincelle; éclair *m* de génie; *a reménynek egy -ája* une lueur d'espoir; 3. *egy -át v -ányit sem* pas le moins du monde; *egy -át sem enged* ne pas reculer d'une semelle
szikratávírás télégraphie sans fil; radiotélégraphie *f*
szikratávírász radiotélégraphiste *n*
szikratávirat radiotélégramme; radio; sans-fil *m*
szikrázás étincellement *m;* formation *f* d'étincelles; crachement *m*
szikrázik [~tam, ~ott, ~zék *v* ~zon] 1. étinceler; jeter des étincelles; 2. *szeme* ~ *a dühtől* ses yeux étincellent de fureur
szikvíz eau *f* de Seltz; soda(-water) *m*
szikvizesüveg siphon *m* (d'eau ae Seltz)
szil *ld:* szilfa
szilaj [~ok, ~t] fougueux; impétueux, -euse; violent; emporté, -e; âpre; sauvage; farouche
szilajság fougue; impétuosité *f*
szilánk [~ok, ~ot, ~ja] 1. éclat *m;* 2. *(gránát~)* éclat d'obus; 3. *(csont~)* esquille *f*
szilárd [~ak, ~at] 1. ferme; solide; résistant, -e; ~ *alap* base solide *f;* ~ *anyag* matière solide *v* sèche;

~ *talaj* terrain ferme *m;* 2. *vegy:* ~ *halmazállapot* état solide *v* compact; ~ *test* (corps) solide *m;* 3. *átv:* ferme; constant, -e; *nem* ~ inconsistant, -e; ~ *jellem* caractère bien trempé *v* stable; ~ *meggyőződésem, hogy* j'ai la ferme conviction que; ~ *pont* point fixe *m;* 4. *(tőzsdén)* ~ *irányzat* tendance ferme *f;* ~ *piac* marché soutenu
szilárdan fermement; solidement; d'aplomb; ~ *áll* être d'aplomb; ~ *hisz vmiben* croire fermement à qc; ~ *kitart álláspontja mellett* (se) tenir ferme
szilárdít 1. affermir; consolider; mettre d'aplomb; 2. solidifier
szilárdság 1. fermeté; solidité; fixité; tenue *f;* 2. *(testé)* solidité; dureté; densité *f;* 3. *műsz:* résistance (mécanique) *f*
szilárdságtan 1. statique; stéréostatique *f;* 2. résistance *f* des matériaux
szilfa orme; ulmeau *m*
szilfid [~ek, ~et] sylphide *f*
szilícium [~ok, ~ot] silicium *m*
szilikát [~ok, ~ot] silicate *m*
szillogizmus syllogisme *m; a* ~ *alsó tétele* la (proposition) mineure; *a* ~ *felső tétele* la (proposition) majeure; *a* ~ *záró tétele* conclusion *f*
sziluett [~ek, ~et, ~je] silhouette *f*
szilva [-ák, -át, -ája] prune *f;* *aszalt* ~ pruneau *m*
szilvafa prunier; quetschier *m*
Szilveszter [~ek, ~t, ~e] Sylvestre *m*
Szilveszter-est *kb:* le réveillon de la Saint-Sylvestre; *a -ét tölti* réveillonner
szimat [~ok, ~ot, ~a *v* ~ja] flair *m; vad:* fumet; vent *m; jó* ~*a van* avoir l'odorat fin
szimatol [~tam, ~t, ~jon] 1. flairer; renifler; 2. *átv:* tâter le terrain
szimbolika symbolique *f*
szimbolikus 1. symbolique; figuré, -e; 2. *vall, mat:* figuratif, -ive; ~ *jelentőségét nyer* prendre valeur de symbole
szimbólum [~ok, ~ot, ~a] symbole; emblème *m*
szimfónia [-ák, -át, -ája] symphonie *f*
szimmetria [-át, -ája] symétrie *f*

szimmetrikus *(vmivel)* symétrique (à *v* de *v* par rapport à qc); *(igével:)* faire symétrie; *nem* ~ dissymétrique
szimpatikus sympathique
szimpatizáló [~k, ~t]; **szimpatizáns** [~ok, ~t] sympathisant, -e *(n)*
szimpla [-ák, -át] I. *(mn)* 1. simple; ~ *fekete* un filtre portion simple; ~ *gallér* faux-col droit; 2. *pej:* simple; simpliste; ~ *gondolkodás* intelligence bornée; II. *(fn)* un filtre portion simple
szimptóma [-ák, -át, -ája] symptôme *m*
szimulál [~tam, ~t, ~jon] simuler (la folie *v* une maladie); faire semblant
szimuláns [~ok, ~t] simulateur *n*
szimultán [~ok, ~t] simultané, -e; ~ *tolmácsolás* traduction simultanée
szín [~ek, ~t, ~e] I. *(fn)* 1. couleur; teinte *f;* ton *m;* nuance; tonalité *f; (állaté)* poil; pelage *m;* robe *f; (lóé, boré)* robe; couleur; *műv: teinte; (hangé)* timbre *m;* couleur; *zöldes* ~*be játszik* tirer sur le vert; *a szivárvány minden* ~*ében játszik* passer par toutes les couleurs de l'arc-en-ciel; ~*t elnyel* absorber une couleur; *zöld* ~*t kap* se colorer en vert; ~*eket kever* mélanger des couleurs; 2. *(ruháé)* teint *m; ker:* nyers ~ *(pl: szalma)* naturel, -elle; ~*ét veszi* déteindre; décolorer; *veszti a* ~*ét a mosásban* déteindre au lavage; 3. *kárty:* couleur; ~*t színre tesz* fournir à la couleur (demandée); 4. *(arc) jó* ~*ben van* avoir (une) bonne mine; 5. *(látszat)* aspect *m; kedvező* ~*ben van* aspect favorable; 6. *(hamis látszat)* faux semblant; ~*ből belemegy* v *rááll* faire semblant d'acquiescer; 7. *(szólásokban:) semmi* ~ *alatt* à aucun prix; à aucune condition; ~*ét se láttam* je n'en ai pas vu l'ombre *v* la moindre trace; *más* ~*t ölt* changer de face; ~*t vall* se déclarer; *a világ* ~*e előtt* à la face du monde; *vkinek* ~*e elé járul* se présenter respectueusement devant q; ~*ről színre látja* voir face à face; 8. *egyh:* espèce *f; egy* ~ *alatt áldoz* communier sous une espèce; *a kenyér*

és bor ~e alatt sous les apparences du pain et du vin; 9. *(szövete)* endroit *m;* droit fil; *a szövet ~e* face *f* v côté droit d'un tissu; 10. *(felszín)* superficie; surface *f; a föld ~én* au ras du sol; *(az egész földön)* par toute la terre; *a tenger ~e felett* au-dessus du niveau de la mer; *a víz ~én* à fleur d'eau; 11. *(fészer)* hangar *m;* 12. *szính:* scène *f;* plateau *m; nyílt ~en* en scène; *~re alkalmaz* adapter v accommoder à la scène; *~re hoz* mettre sur la scène; monter; *egy darabot ~re hoz* monter une pièce de théâtre; II. *(mn)* pur, fin, -e; *ásv:* natif, -ive
színálló bon v grand teint
színdarab pièce *f* (de théâtre); drame *m*
színdarabíró auteur dramatique *m*
szindikalista [-ák, -át] syndicaliste *(n)*
szindikátus syndicat *m*
színe-java la (haute) crème (de qc); le meilleur de qc; la (fine) fleur de qc
színeltérésmentes achromatique
színércek métaux vierges *m pl*
színérték *műv:* valeur *f*
színérzék sens v don *m* des couleurs
színes [~ek, ~t] I. *(mn)* 1. de couleur; en couleurs; coloré, -e; *(tarka)* multicolore; bariolé, -e; *(sok színre festett)* polychromé, -e; *~ ceruza* v *irón* crayon *m* de couleur; *(anyag) fehér alapon ~ csíkokkal* rayures tissées couleur sur fond blanc; *~ ember* homme *m* de couleur; *~ fénykép* photo(graphie) *f* en couleurs; *~ film* film *m* en couleurs; *~ filmen* en technicolor; *~ kréta* crayon *m;* *~ nyomás* impression *f* en couleur; 2. *(arc)* coloré, -e; 3. *(stílus)* coloré; nuancé; varié, -e; pittoresque; II. *(fn)* 1. *a ~ek* les hommes de couleur; 2. *a film ~ben készült* le film est en couleur
színesfém métal non ferreux
színesség 1. coloris *m;* 2. *átv:* variété *f;* pittoresque; prestige *m*
színész [~ek, ~t, ~e] comédien; acteur; artiste dramatique *m*
színészet la comédie; l'art du comédien

színészi [~ek, ~t] théâtral, -e; de comédien; *~ pálya* carrière *f* de comédien; *~ pályára lép* se destiner au théâtre
színészkedik [~tem, ~ett, ~jék v ~jen] 1. être comédien(ne) v artiste; 2. *átv:* jouer la comédie
színésznő comédienne; actrice
színez [~tem, ~ett, ~zen] 1. colorer; teindre; 2. *(kifestve)* colorier; enluminer; 3. *átv:* nuancer; *ld. még:* **kiszínez**
színezék colorant *m*
színezés 1. coloration; teinture *f;* 2. *fest:* coloris *m;* 3. *(kifestés)* coloriage *m;* polychromie *f;* 4. *(kódexben, misekönyvben)* enluminure *f;* 5. *fényk:* virage *m;* 6. *(elbeszélésben)* enjolivement *m;* 7. *zen:* nuancement *m*
színezet apparence *f;* aspect; extérieur *m; a dolognak olyan ~e van, mintha* l'affaire a l'air de *(inf)*
színfal décor *m; (szabadon álló)* ferme *f; ~ak mögött* en coulisse
színfolt touche *f*
színház théâtre *m;* salle *f* de spectacle; *(maga az előadás)* spectacle *m;* *~ba megy* aller au théâtre; *gúny: ~at játszik* jouer la comédie
színházi théâtral, -e; de théâtres; *~ cselszövés* intrigue *f* de coulisses; *~ előadás* représentation théâtrale v dramatique; spectacle *m;* *~ pénztár* guichet *m* de théâtre; *~ pletyka* propos *m pl* de coulisse; *~ próba* répétition *f;* *~ rovat* chronique théâtrale; *~ szabó* costumier *m;* *~ szokások* les conventions du théâtre; *~ sztár* vedette; star *f;* *~ tudósító* soiriste *n;* *~ ügynökség* agence *f* de théâtre; *~ vacsora* souper *m;* *~ zene* musique scénique *f*
színházjegy billet *f* de théâtre
színházjegyiroda agence *f* de théâtre; *(jegyé)* bureau *m* de location
színhely 1. *szính:* scène *f;* 2. *(eseményé)* théâtre *m;* le(s) lieu(x) de qc; *vminek (pl: balesetnek) ~ére megy* se transporter sur les lieux
színhús viande *f* sans os

színi [~ek, ~t] 1. chromatique; 2. *szính:* théâtral, -e; de théâtre; scénique; ~ *bíráló* critique théâtral *v* dramatique; ~ *iskola* collège *m* d'art dramatique; ~ *pályára készül* se destiner au théâtre; *ld. még:* **színházi**
színielőadás représentation (théâtrale)
színigazgató(nő) directeur (-trice) de théâtre
színinövendék élève *n* du conservatoire (d'art dramatique)
színjáték 1. spectacle (théâtral); drame *m;* comédie *f;* 2. *(színeké)* effets *m pl* de lumière
színjátszás 1. art dramatique; l'art *m* du comédien; 2. *(színlelés)* comédie *f;* cabotinage *m;* 3. *áll:* mimétisme *m*
színjátszó 1. *(színes)* chatoyant, -e; 2. ~ *csoport* groupe dramatique *m*
színjózan pas ivre pour un sou
színkép spectre *m*
színképelemzés analyse spectrale; spectroscopie *f*
színképsáv bande *f* de spectre
színképvonal raie spectrale *v* de spectre
színkeverék mélange *v* amalgame *m* de couleurs
színkör théâtre *m*
szinkronizál [~tam, ~t, ~jon] 1. synchroniser; 2. *film* doubler *(is)*
színlap programme *m* de la soirée; *(kifüggesztett)* affiche *f* (de théâtre *v* de spectacle)
színleg en apparence; *(igével:)* faire semblant de *(inf)*
színlel [~tem, ~t, ~jen] feindre; simuler; affecter; faire semblant de *(inf);* betegséget ~ simuler une maladie
színlelt; színleges [~ek, ~et] 1. feint; simulé; affecté, -e; ~ *alázatosság* fausse humilité; ~ *barátság* semblant *m* d'amitié; ~ *béke* paix fourrée *v* plâtrée; ~ *betegség* maladie simulée; ~ *könnyek* larmes *f pl* de commande; 2. fictif, -ive; ~ *ügylet* opération fictive
színmagyarázat *(térképen)* légende *f* des couleurs

színméz miel vierge *v* pur
színmű 1. pièce (de théâtre) *f;* 2. *(műfaj)* drame *m;* pièce
színműíró auteur de théâtre *v* dramatique *m;* *(műfaji értelemben)* dramaturge *m*
színművész artiste dramatique; acteur, -trice *n*
színművészet art dramatique *v* théâtral *v* scénique *m*
színművészeti *akadémia* v *főiskola* le Conservatoire
színnyomás 1. *nyomd:* chromotypie; chromotypographie *f;* 2. *tex:* impression *f* des tissus
színnyomat chromo; chromolithographie *f*
színnyomatos *kép* planche *f* en couleurs
szinonima [-ák, -át, -ája] synonyme *m*
színpad scène *f;* plateau *m;* planches *f pl;* a ~ *baloldalán* côté jardin; a ~ *jobboldalán* côté cour; ~ *előtere* avant-scène; face *f;* a ~ *hátfala* mur *m* de fond; a ~ *művészete* l'art scénique *m;* a ~*on* sur *v* à la scène; *az élet* ~*án* sur la scène du monde; ~*ra alkalmaz* mettre *v* adapter à la scène; ~*ra lép* faire son entrée; *(mint pályára)* entrer au théâtre; *(először)* faire ses débuts; ~*ra visz* porter *v* mettre à la scène
színpadi [~ak, ~t] de théâtre; théâtral, -e; scénique; ~ *alak* personnage *m* de théâtre; ~ *cenzúra* censure dramatique *f;* ~ *csillag* vedette *f;* ~ *díszlet* décor *m;* *(együtt:)* la décoration du théâtre; ~ *festő* décoriste *n;* ~ *fogás* truc *v* coup *m* de théâtre; ~ *gépezet* machinerie *f* de théâtre; a ~ *hagyományok* les traditions du théâtre; ~ *hatás* effet de théâtre *v* scénique *m;* ~ *író* écrivain *v* auteur *m* de théâtre; ~ *játék* jeu *m* en scène; ~ *személyzet* équipe *f* (de théâtre); ~ *szerző* auteur dramatique *m;* ~ *utasítás* indication *f* pour la mise en scène; *(játék közben)* jeu *m* de scène; ~ *világítás* éclairage *m* de la scène
színpadiasság le théâtral; geste théâtral; façons *v* manières théâtrales

színpompa féerie *f* v éclat *m* des couleurs; richesse *f* du coloris
színrakás pose *f* des couleurs; coloris *m*
színrealkalmazás adaptation *f*
színrehozatal représentation *f* sur la scène
színszappan savon dur
színszűrő *film*: filtre sélecteur v coloré; écran sélecteur
szint [~ek, ~et, ~je] **1.** niveau; palier *m*; *egy ~en van* être de niveau v au même niveau; être de plain-pied; *(vmivel)* être au niveau de qc; *vminek a ~jén* au niveau de qc; **2.** *geol*: horizon *m*; **3.** *növ*: strate *f*; **4.** *orv*: *(anyagmennyiség, vérben, vizeletben stb.)* taux *m*; **5.** *átv*: échelon *m*; *dipl*: *a legmagasabb ~en folyó tárgyalások* pourparlers à l'échelon le plus élevé
színtársulat troupe *f* (de comédiens)
színtartó bon v grand teint; *fényre ~* solide à la lumière
szinte 1. quasi; quasiment; comme; pour ainsi dire; *(már-már)* être sur le point de *(inf)*; *~ azt lehetne mondani, hogy* on dirait que; *~ hallom őt* je l'entends d'ici; on croirait l'entendre; *~ halott* il est quasi mort; *~ megfagyott* il était quasi gelé; *~ semmi* si peu que rien; **2.** *ld*: **szintén**
színtelen 1. incolore; décoloré, -e; sans couleur; pâle; **2.** *(arc, szem kifejezése stb.)* atone; **3.** *(hangról)* sans timbre; détimbré, -e; *~ hang* voix blanche; **4.** *(lencse)* achromatique; achrome; **5.** *átv*: terne; monotone; *~ beszéd* discours *m* sans saveur
színtelenedik [~tem, ~ett, ~jék v ~jen] se décolorer; blanchir; *(szövet)* déteindre
színtelenség 1. manque *m* de couleur; **2.** *(arcé)* pâleur *f*; **3.** *(kifejezéstelenség)* atonie *f*
szintén 1. aussi; pareillement; de même; à son tour; également; **2.** *ezt ~ nem értette meg* il ne l'a pas compris davantage v non plus
színtér théâtre *m*; lieu(x) *m (pl)*; scène *f*; *szính*: plateau *m*

57 Magyar–Francia kézi

szintetikus synthétique; *(gyógyszer)* de synthèse; *~ anyagok* matières synthétiques *f pl*
színtévesztés *orv*: daltonisme *m*; dyschromatopsie *f*
szintez [~tem, ~ett, ~zen] niveler; mettre de v au niveau
szintézis [~ek, ~t, ~e] synthèse *f*
szintező niveau *m*
színtiszta (absolument) pur(e); *ez a ~ igazság* c'est la stricte vérité
szintkülönbség dénivellation *f*; dénivellement *m*
szintúgy de la même manière v façon; pareillement (que); *~ mint* (tout) aussi bien que
színusz [~ok, ~t, ~a] sinus *m*
színutánzó *áll*: mimétique; mimant, -e
színültig à ras bord; *~ tölt* remplir jusqu'aux bords
színvak daltonien, -enne *(n)*
színvallás aveu *m* (de ses fautes); confession *f*
színváltozás 1. *vegy*: virement *m* de nuance; **2.** *vall*: *Urunk ~a la Transfiguration*; **3.** *szính*: changement *m* de scène; *(nyílt színen)* changement à vue v de tableau; **4.** *gúny*: avatar *m*
színvonal 1. *ld*: **szint**; **2.** *(szellemi)* niveau; hauteur; portée *f*; *a tudomány mai ~án* au niveau actuel de la science; *vminek ~án van* être au niveau v à la hauteur de qc; *eléri az 1938 évi ~at* rejoindre le niveau de 1938
szipirtyó [~k, ~t, ~ja] vieille sorcière v mégère; chipie *f*
szipka fume-cigarettes *f*; fume-cigares; bout *m*
szipog [~tam, ~ott, ~jon] renifler; *(sírva)* pleurnicher
szipolyoz [~tam, ~ott, ~zon] exploiter; sucer; *(lassan)* gruger
sziporka 1. étincelle; flammèche; bluette *f*; **2.** *(szellemi) ~* étincelle (d'esprit); rencontre; saillie *f*
sziporkázó [~ak, ~t] pétillant, sémillant; scintillant, -e
szippant [~ottam, ~ott, ~son] humer; priser

szippantás humage *m;* *(levegő)* gorgée *f* (d'air); *(burnóté)* prise *f;* *(pipáé, szivaré)* bouffée *f*
sziréna [-ák, -át, -ája] sirène *f*
szirénáz [~tam, ~ott, ~zon] 1. appeler *v* alerter au moyen des sirènes; 2. actionner les sirènes
szirom [szirmok, szirmot, szirma] pétale *m*
szirt [~ek, ~et, ~je] 1. rocher; roc *m;* 2. *(tengerben)* écueil *m;* récifs *m pl*
szirtfok pic; sommet *m* du rocher
szirup [~ok, ~ot, ~ja] sirop *m*
sziszeg [~tem, ~ett, ~jen] siffler
szisztematikus systématique
szít [~ottam, ~ott, ~son] I. *(tgy i)* 1. *(tüzet)* attiser; allumer; *(fújással)* souffler le feu; 2. *átv:* fomenter; alimenter; *gyűlöletet* ~ attiser *v* fomenter la haine; *háborút* ~ allumer la guerre; *zavargásokat* ~ fomenter des troubles; II. *(tgyl i) (vkihez)* graviter autour de q; s'attacher à q
szita [-ák, -át, -ája] 1. tamis; sas *m;* *(csak durva)* crible *m;* 2. átláttam *a -án* je l'ai percé; j'avais flairé le piège
szitakötő 1. tamisier, -ière *n;* 2. *áll:* libellule; demoiselle *f*
szitál [~tam, ~t, ~jon] I. *(tgy i)* passer (au tamis *v* au sas *v* au crible); tamiser; cribler; II. *(tgyl i)* ~ *az eső* il bruine; il tombe une pluie fine
szitáló [~k, ~t] ~ *eső* bruine; pluie fine; ~ *köd* brouillard humide *m*
szitaszövet; szitavászon 1. *(szitához)* toile à tamis *v* à sas; étamine *f;* 2. *(ruhában)* tarlatane; grosse mousseline; filoche *f*
szitkozódás invectives *f pl;* jurons; jurement(s) *m (pl)*
szitkozódik [~tam, ~ott, ~jék *v* ~jon] jurer; proférer *v* lancer *v* répandre des injures; *foga között* ~ mâchonner des injures
szitok [szitkok, szitkot, szitka] injure; invective *f;* blasphème *m;* *szitkokat hány vkire* vomir des invectives contre q

szittyó [~k, ~t] *növ:* jonc *m*
I. *(ige)* **szív;** **szí** [szívtam *v* szíttam; szívott *v* szítt; szítta; szívjon *v* szíjon] 1. *(folyadékot)* sucer; *(bort)* tirer *v* soutirer (du vin); 2. *(gázt)* aspirer; respirer; humer; *magába* ~ aspirer; absorber; ~*ja a fogát (sajnálja)* se mordre les doigts; 3. *(dohányt)* fumer; *cigarettát* ~ fumer une cigarette; 4. *átv:* *a szülői házban szítta magába a lázadás szellemét* il a sucé *v* il respirait l'esprit de révolte dans la maison paternelle
II. *(fn)* **szív** [szívek, szívet, szíve] cœur *m;* *a* ~ *rejtekei* les compartiments du cœur; *csupa* ~ il est tout âme; *egy* ~ *egy lélek* n'être qu'un; ne faire qu'un; ~*e alatt hordja gyermekét* porter son enfant dans ses flancs; *van* ~*e* avoir de l'âme *v* bon cœur; *nincs* ~*e* ne pas avoir de cœur; manquer de cœur; *helyén van a* ~*e* avoir le cœur bien accroché; *dobog a* ~*e* son cœur bat; *majd meghasadt a* ~*e* il pensait mourir de chagrin; ~*e bánata* son crève-cœur; ~*e hölgye* la dame de son cœur; sa du!cinée *gúny;* ~*e mélyén* v *mélyéből* du plus profond de son cœur *v* de son être; au fond de son cœur; ~*e szerint* selon son cœur; ~*e szerint való* de son goût; *(ember)* rêvé; *ez volt* ~*e vágya* c'était son désir le plus cher; ~*e választottja* la jeune fille de ses rêves; ~*ébe döfi vkinek* plonger dans le cœur de q; ~*be markol* aller au cœur *v* à l'âme; déchirer les entrailles de q; *ez* ~*be markol* cela serre le cœur ~*be markoló* déchirant; poignant, -e; ~*ébe vés vkinek* inculquer au cœur de q; ~*ébe vésődik* se graver dans le cœur de q; *az ország* ~*ében* v ~*ébe* au cœur du pays; ~*ében hord* porter dans son cœur *v* son sein; ~*ében őrzi* avoir *v* garder sur le cœur; *Afrika* ~*ében* au fin fond de l'Afrique; ~*emből beszélt* il a parlé d'or; ~*ből jövő* cordial, -e; ~*ből szeret* aimer d'amour; ~*ből örülök, hogy* je suis enchanté que *(subj)*; *nagyon a* ~*emhez nőtt*

szivacs 899 **szíves**

ez a gyerek cet enfant m'a pris le cœur; ~*hez szól* parler au cœur *v* à l'âme; ~*hez szóló* émouvant; touchant; vibrant, -e; ~*éhez szorít serrer dans ses bras v contre son cœur v sur sa poitrine; nagyon a* ~*én fekszik vkinek* tenir (fort) au cœur de q; *elmondja, ami a* ~*ét nyomja* il dit ce qu'il a sur le cœur; ~*en lövi magát* se tirer une balle dans le cœur; ~*en talál* blesser au cœur; frapper en plein cœur; *ami a* ~*én, az a száján* avoir le cœur sur la bouche *v* sur la main; *jó* ~*ére hallgat* écouter son bon cœur; *jó* ~*re vall* partir d'un bon naturel; ~*ére veszi* prendre à cœur; *(nagyon) a* ~*ére vette a dolgot* il en a le cœur touché; *kiönti* ~*ét (vkinek)* ouvrir son cœur à q; *nyomja a* ~*ét* peser sur son cœur; avoir qc sur le cœur; ~*et rázó* déchirant; poignant, -e; ~*ét tépi vkinek* arracher l'âme *v* le cœur à q; ~*et tépő* déchirant; poignant; navrant, -e; *bánatos v nehéz* ~*vel* le cœur gros; *vérző* ~*vel* le cœur navré *v* ulcéré; ~*vel énekel* chanter avec âme; *jó* ~*vel van irántad* il est bien disposé à ton égard; *egész* ~*ével vkin csüng* être tout à q
szivacs [~ok, ~ot, ~ja] 1. éponge *f;* 2. *áll: édesvízi* ~ spongille *f*
szivacsos [~ak, ~at] 1. spongieux, -euse; spongoïde; poreux, -euse; 2. *orv: (daganat)* fongueux, -euse; ~ *állomány* substance spongieuse
szivar [~ok, ~t, ~ja] 1. cigare *m;* ~*ra gyújt* allumer un cigare; 2. *arg: a* ~ le mec; le type
szivarcsutka mégot *m*
szivárgás infiltration; filtration *f·* suintement *m*
szivargyár manufacture *f* de cigares
szivarkahüvely tube *m* à cigarette
szivarkapapír papier *m* à cigarette
szivárog [-rgott, ~jon] 1. filtrer; s'infiltrer; 2. *(fal)* suinter; 3. *(edény)* fuir; 4. *(vmibe)* s'infiltrer dans qc; infiltrer qc
szivarozik [~tam, ~ott, ~zék *v* ~zon] fumer son cigare *v* des cigares

szivarszipka fume-cigare; porte-cigare *m*
szivartárca porte-cigares; étui *m* à cigares
szivarvágó coupe-cigares *m*
szivárvány arc-en-ciel *m*
szivárványhártya *orv:* iris *m*
szivárványszín iris *m; tb:* les couleurs de l'arc-en-ciel; ~*be játszik* s'iriser
szivarzseb poche *f* de poitrine
szívás 1. *(szájjal, szervvel)* succion *f;* 2. *(szájon át)* aspiration *f;* 3. *rep:* admission *f;* 4. *(dohányé)* la jouissance de qc; *(szippantás)* prise; bouffée *f; (szivaré)* touche *f*
szivattyú [~k, ~t, ~ja] pompe *f*
szivattyúhúzás coup *m* de pompe
szivattyútelep station de pompage; pomperie *f*
szivattyúz [~tam, ~ott, ~zon] pomper
szívbaj maladie de cœur; affection cardiaque *f*
szívbénulás paralysie *f* du cœur; collapsus cardiaque *m*
szívbeteg cardiaque *(n);* cardiopathe *(n)*
szívbillentyű valvule *f*
szívburok péricarde *m*
szívderítő hilarant; divertissant; égayant, -e
szívdobogás; szívdobbanás battement *m* de cœur; ~*t kaptam tőle* j'en ai des palpitations
szível [~tem, ~t, ~jen] aimer (assez); sympathiser avec q; *nem* ~ ne pas priser; ne pas supporter q
szívélyes [~ek, ~t] cordial, -e; affectueux, -euse; ~ *üdvözletemet küldöm* Recevez, Monsieur, mes salutations empressées.
szíverősítő I. *(mn)* 1. *orv:* tonicardiaque; cardiaque; 2. ~ *bor* vin confortable *m;* **II.** *(fn) orv:* cordial *m;* potion cordiale; cardiaque *m*
szíves [~ek, ~et] 1. *(szívélyes)* aimable; affectueux, -euse; cordial; obligeant; accueillant, -e; ~ *emlékül* souvenir affectueux *v* amical; ~ *engedelmével* avec votre permission; ~ *fogadtatás* accueil bienveillant; ~ *vendéglátás* hospitalité affectueuse; ~ *viszony* relations affectueuses; 2. *(szolgálatkész)* obligeant, -e; géné-

57*

reux, -euse; complaisant, -e; *ön nagyon* ~ vous êtes bien gentil *v* bien bon; **3.** *(levél- és udvariassági formulákban)* ~ *levelét megkaptam* C'est avec plaisir que j'ai pris connaissance de votre lettre...; *legyen* ~ *(inf)* veuillez *(inf);* ayez l'obligeance de *(inf); lenne* ~ vous plaît-il de *(inf); lesz* ~ *közölni a költségeket* veuillez m'indiquer les frais; ~ *szolgálatára* v *üdvözlettel*... *(levélzáradék)* Je suis tout à vous...; Cordialement vôtre...; ~ *üdvözlet* salutations empressées; ~ *válaszát várva* dans l'attente de votre réponse
szívesen 1. *(szívélyesen)* aimablement; affablement; **2.** *(készséggel)* de grand cœur; volontiers; de bonne grâce; **3.** *(kérésre) szívesen!* avec plaisir; je veux bien; mais oui; oui certes; *(elfogadásnál)* ce n'est pas de refus; *(,,köszönöm" után:)* A votre service. — De rien! — Il n'y a pas de quoi. — **4.** *(szólásokban:)* ~ *elfogad* accepter de grand cœur; ~ *fogad* v *lát* faire *(bon)* accueil à q; agréer qc; ~ *ideadja* il veut bien nous le céder; ~ *látják* il se fait bienvenir; il est bien vu; ~ *megteszem* je le ferai avec plaisir; ~ *vesz vmit* savoir *(bon)* gré à q de qc; **5.** *nem* ~ à regret; avec répugnance; à contrecœur; à son corps défendant; *nem* ~ *ad* plaindre; *(mondatban:) nem* ~ *ad* il n'est pas donnant; *nem veszi* ~ *avoir* mauvais gré à q de qc
szíveskedik [~tem, ~ett, ~jék *v* ~jen] vouloir bien *(inf);* avoir la bonté *v* la complaisance de *(inf);* ~*jék (inf)* veuillez *(inf);* ayez la bonté *v* l'obligeance de *(inf);* ~*jék a bíróság (inf)* plaise à la cour de *(inf)*
szívesség 1. *(szívélyesség)* cordialité; gracieuseté *f;* **2.** *(szolgálat)* obligeance; complaisance *f;* service *m; kölcsönös* ~*ek* échange m de bons procédés; ~*ből* par complaisance; à titre gracieux; ~*ét igénybe veszi vkinek* recourir à l'obligeance de q; *tegye meg nekem ezt a* ~*et* faites-moi cette amitié

szívfájdalom 1. peine *f* de cœur; déchirement; crève-cœur *m;* **2.** *(kívánság)* le désir le plus cher
szívgörcs crise cardiaque; cardialgie; sténocardie *f*
szívgyengeség insuffisance cardiaque *f*
szívhallgató stéthoscope *m*
szívhang bruit *m* du cœur
szívizom muscle cardiaque; myocarde *m*
szívkamra cavité cardiaque *f;* ventricule *m* du cœur
szívkoszorúér artère *v* veine coronaire *f*
szívműködés 1. fonctionnement *m* du cœur; **2.** *orv:* szabálytalan ~ arythmie *f*
szívócső 1. *(rovaré)* suçoir *m;* **2.** *(gépben)* tuyau *v* tube *m* d'aspiration
szívókar *áll:* tentacule *m*
szívókorong *áll:* ventouse *f*
szívós [~ak, ~at] **1.** *(hús)* coriace; **2.** *(tészta)* pâteux; visqueux, -euse; **3.** *él:* *(szövet)* fongueux, -euse; **4.** *(élőlény)* résistant; endurant, -e; tenace; opiniâtre; vivace; *(igével:)* avoir la vie dure *v* la peau dure; ~ *ellenállást fejt ki* opposer une résistance opiniâtre *v* obstinée
szívósság 1. *(húsé)* coriacité *f;* **2.** *(ételé)* dureté; viscosité *f;* **3.** *(élőlényé)* endurance; résistance; ténacité *f*
szívpitvar oreillette *f* du cœur
szívroham malaise cardiaque *m;* crise cardiaque *f*
szívszaggató déchirant; poignant, -e
szívszélhűdés affaissement *m v* syncope *f* cardiaque
szívtáj *orv:* région précordiale; la région du cœur
szívtelen sans cœur; dénaturé; inhumain, -e
szívügy 1. affaire *f* de cœur; **2.** ~*ének tart* prendre qc à cœur
szívvel-lélekkel de tout cœur; de tout son cœur et de toute son âme; corps et âme
szívverés les battements *m* du cœur; pulsations cardiaques *f pl*
szkeccs [~ek, ~et, ~e] sketch *m;* pièce radiophonique *f*
szkepszis [~ek, ~t, ~e] scepticisme *m*

szkeptikus 901 szó

szkeptikus sceptique; désabusé, -e
szkíta [-ák, -át] *mn* scythe; scythique
szkrizofrén [~ek, ~t, ~je]; **szkizofréniás** [~ok, ~t, ~a] *orv:* schizophrène *(n)*
szkunk(sz) *áll:* scons(e); skun(k)s *m*
szláv [~ok, ~ot, ~ul] I. *(mn)* slave; II. *(fn) (ember, nő)* Slave *n;* az északi *~ok* les Slaves du Nord
szlavista [-ák, -át, -ája] slavisant, -e; slaviste *n*
szlavisztika l'étude des langues slaves; linguistique slave *f*
szlemm [~ek, ~et, ~je] *kárty:* chelem *m*
szlovák [~ok, ~ot; ~ul] *mn* slovaque
szlovén [~ek, ~t; ~ul] slovène
szmoking [~ok, ~ot, ~ja] smoking *m*
sznob [~ok, ~ot] snob *(m)*
szó [szavak *v* szók, szót, szava] **1.** mot *m; (ejtett)* parole *f;* **2.** *nyelv:* mot; vocable *m; a ~ elején* à l'initiale; *a ~ végén* à la finale; **3.** *szavak (összefüggő beszéd)* mots *m pl;* paroles *f pl;* **4.** *(harangé)* son *m;* **5.** *(madáré)* chant; appel; cri *m;* **6.** *(vkinek hangja, véleménye, szavazata)* voix *f;*
szó nélkül sans dire (un) mot; sans souffler; sans crier gare; *~ nélkül engedelmeskedik* obéir sans résistance; *ezt nem hagyhatom ~ nélkül* je ne peux pas laisser cela sans réplique; *~ szerint a)* mot à mot; textuellement; *b)* littéralement; à la lettre; *~ szerint alkalmaz egy törvényt* appliquer une loi à la rigueur; *~ szerint közöl* reproduire textuellement; *~ szerint vesz vmit* prendre qc à la rigueur *v* à la lettre; *~ szerinti idézet* citation textuelle;
öné a ~ à vous l'honneur de parler; *X. elvtársat illeti a ~* la parole est au camarade X...; *a ~ szoros értelmében* littéralement; au sens *v* dans le sens étroit du mot; *a ~ legtágabb értelmében* dans l'acception la plus large du mot; *~ ami szó, (el kell ismerni, hogy)* à vrai dire, il faut admettre que; *egy ~, mint száz* bref; *egy*
(árva) ~ sem igaz belőle il n'y a pas un mot de vrai là-dedans; *nincs rá ~* n'avoir pas de nom; *~ sincs róla!* jamais de la vie! mais pas du tout! point du tout! *~ sincs róla, hogy* tant s'en faut que *(subj); erről ~ sincsen* cela est hors de cause; *köztünk maradjon a ~* entre nous soit dit; soit dit entre nous; *~ esik vmiről* la conversation tombe sur qc; être évoqué(e); *~ van vmiről* il est question de qc *v* de *(inf); ő róla van ~* il est mis en cause; *miről van ~?* de quoi s'agit-il *v* est-il question? *arról van ~, hogy* il s'agit que; la chose est que; *az életemről van ~* il y va de ma vie; *a maga jövőjéről van itt ~* votre avenir y est intéressé; *csak egy napról van ~* c'est l'affaire d'un jour; *ha csak erről volna ~!* si ce n'était que cela! *arról lehetne éppen ~* on pourrait en causer; *se ~, se beszéd* sans crier gare; *~ szót követ* un mot en amène un autre; *ezek csak szavak* ce sont des mots; *a nagy szavak* les grands mots; *egy szavam volna önnel* j'ai un mot *v* deux mots à vous dire; *szóba áll v ered v elegyedik vkivel* nouer *v* lier conversation avec q; aborder q; *~ba hoz* en venir à parler de qc; aborder; *(kérdést, témát)* agiter; aborder; attaquer; *ez ~ba sem jön* cela échappe à toute discussion; *szóba áll vkivel (üzlet)* causer avec q; être en pourparlers avec q; négocier qc; *~ban forog* être (mis) en cause; *ő ért a szóból* il entend à demi-mot; *ki-ki értsen a ~ból* à bon entendeur salut! *nem tud szóhoz jutni* ne pas pouvoir placer un mot; *(ijedtében)* il ne peut pas débloquer *biz; vkit szaván fog* prendre q au mot; *szavának áll* tenir (sa) parole; *hisz vki szavának* croire à la parole de q; croire q sur parole; *szavánál fogja* prendre au mot; *szóra érdemes* mériter discussion; *nem sem érdemes* qu'à cela ne tienne! ce n'est pas la peine d'en parler; *(hibáról)* il n'y a pas de quoi fouetter un chat; *kérem egy*

~ra un mot *v* deux mots, s'il vous plaît; *az első ~ra au premier mot; szavamra!* ma parole (d'honneur)! *szóról szóra* mot à mot; à la lettre; au pied de la lettre; *~ról szóra elmond* répéter mot pour mot; *egy szót sem!* pas un mot! motus! *szavát adja* donner *v* engager sa foi *v* sa parole; *állja a szavát* faire honneur à sa parole; *a fegyvereknek adja át a ~t* faire parler la poudre; *~t emel vmi ellen* s'élever contre qc; *~t emel vmi mellett* prendre *v* embrasser la défense de qc; embrasser la cause de qc; *vkiért ~t emel* prêter sa voix à q; *~t sem érdemel!* cela ne vaut pas la peine d'en parler; *egy ~t sem értek belőle* je n'y comprends rien; je n'y entends mot; je donne ma langue au chien; j'y perds mon latin; *~t fogad* obéir; *nem fogad ~t* désobéir; se mutiner; *másra fordítja a ~t* rompre les chiens; *szavát intézi vkihez* adresser la parole à q; *~t kér* demander *v* réclamer la parole; *keresi a szavakat* chercher ses mots; *megtartja szavát* tenir (sa) parole; *nem tartja meg a szavát* manquer à sa parole; *egy ~t szól vmiről* dire un mot de qc; *anélkül hogy egy ~t szólt volna bárkinek* sans un mot à personne; *egy ~t sem szólt* il ne dit pas un mot; *szavát veszi vkinek* demander sa parole (d'honneur) à q; faire jurer q de *(inf); szavát vettem* j'ai sa parole; *ő viszi a ~t* diriger la conversation; *visszanyeri szavát* recouvrer (l'usage de) sa parole; *szóvá tesz* faire mention de qc; évoquer; rappeler; *egy kérdést ~vá tesz* mettre une question sur le tapis; *más szóval* en d'autres termes; *e szavakkal* en ces termes; *néhány ~val* en peu de paroles; *jó ~val tart* consoler par de bonnes paroles; *(szép) ~val tart* amuser de belles paroles; *játszik a szavakkal* jouer sur les mots
szóanyag vocabulaire; lexique *m*; *(szótári)* nomenclature *f*
szóáradat flux *v* débordement *v* déluge *m* de paroles; tirade *f*; sauce *f biz*; *(az értelem rovására)* verbalisme *m*

szoba [-ák, -át, -ája] chambre; pièce *f*; *(kisebb:)* cabinet *m*; *(dolgozó~, iroda~)* cabinet; *(laktanyában nagy ~)* chambrée *f*; *egy ~ bútor* le mobilier d'une pièce; *(vagy megnevezve:* chambre à coucher; salle à manger stb.); *-ájába megy* se retirer; *-át kiad* louer une chambre; *a -át kitakarítja* faire la chambre; *~ kiadó (bútorozottan v a nélkül)* chambre à louer nue ou meublée *v* garnie
szobaberendezés ameublement *m*
szobabútor mobilier *m*
szobacica 1. *biz:* femme de chambre pimpante; **2.** *szính:* soubrette *f*
szobafestés peinture murale; peinture des murs et du plafond; badigeonnage *m*
szobafestő peintre en bâtiment *v* décorateur *m*
szobafogság 1. *(intézetben)* privation *f* de sortie; **2.** *kat:* consigne *f*; arrêts *m pl*
szobakonyhás *lakás* pièce *f* avec cuisine
szobalány 1. bonne; femme *f* de chambre; **2.** *szính:* soubrette *f*
szobalevegő air confiné (de la chambre)
szóbanforgó en question; dont il est question; dont il s'agit; *a ~ esetben* en l'espèce; dans l'espèce; en l'occurrence
szobaparancsnok chef *m* de chambrée
szobapincér garçon *m* d'étage
szobatiszta propre; *~ gyerek* enfant net
szóbeli I. *(mn)* oral; verbal, -e; *(vizsgai)* d'oral; *~ eljárás* procédure orale; *~ hagyomány* tradition orale; *dipl:* *~ jegyzék* note verbale; **II.** *(fn)* (examen) oral *m*; *~re bocsáttatik* être admis(e) *v* admissible à l'oral
szóbeszéd paroles en l'air; de belles paroles; bruits en l'air; racontars; ragots *m pl*; *a ~* la rumeur publique; *ez csak ~* ce sont des on-dit
szobor [szobrok, szobrot, szobra] statue; sculpture *f*; morceau *m* de sculpture; *(kisebb)* statuette *f*; *szobrot emel vkinek* élever *v* dresser *v*

ériger une statue à q; *szobrot önt* couler une statue
szoborcsoport groupe *m* (de sculpture)
szoborfülke niche *f*
szóbő prolixe
szóbőség 1. faconde; abondance (de paroles); prolixité; volubilité *f;* 2. *(íróé)* richesse verbale
szobrász [~ok, ~t, ~a] 1. sculpteur *m;* 2. *(kőfaragó)* marbrier *m*
szobrászi [~ak, ~t] sculptural, -e; statuaire
szobrászművészet art sculptural
szociáldemokrata social-démocrate *(n)*
szociális [~ak, ~at] social, -e; ~ *érzék* sens social; ~ *intézmény* institution sociale
szocialista [-ák, -át] I. *(mn)* socialiste; *a ~ állam* l'État socialiste; ~ *államban* en socialisme; *a ~ állam épitése* édification *v* construction *f* de l'État socialiste; ~ *munkaverseny* émulation *f* (de travail) socialiste; *össznépi ~ állam* l'État socialiste du peuple entier; ~ *realizmus* réalisme socialiste *m; a ~ törvényesség* la légalité socialiste; II. *(fn)* socialiste *n*
szocializmus socialisme *m; a ~ épitése* l'édification *f* du socialisme; *a ~ban* en régime socialiste
szociográfus sociographe *n*
szociológus sociologue *n*
szócső 1. porte-voix; tuyau acustique *m;* 2. *átv:* porte-parole; organe *m*
szóda [-ák, -át] 1. soude *f;* 2. *egy üveg ~* siphon *m* (d'eau de Seltz)
szódabikarbóna bicarbonate *m* de soude
szódavíz eau de Seltz; eau gazeuse
szóegyezés 1. homonymie *f;* 2. *(rokonnyelvi)* concordance *f* de vocabulaire
szófecsérlés verbiage *m;* prolixité *f*
szófejtés étymologie *f*
szófejtő étymologique; ~ *szótár* dictionnaire étymologique *m*
szofisztika sophistique *f*
szófogadás obéissance; docilité *f*
szófogadatlan désobéissant, -e; indocile; mutin, -e
szófogadó obéissant, -e; docile
szófukar avare *v* sobre *v* chiche *v* économe de paroles; taciturne

szófukarság taciturnité *f;* laconisme *m*
szógyök(ér) racine *f;* radical *m;* base radicale
szógyűjtés lexique; vocabulaire; recueil *m* de mots
szóhasználat l'emploi du mot; l'usage *m; általános ~ szerint* dans l'usage général; *helytelen ~* impropriété *f;* solécisme *m; mindennapi ~* le parler ordinaire
szója(bab) fève *f v* haricots *m pl* de soja; soja; soya *m*
szójáték calembour; jeu de mots; mot *m*
szójegyzék lexique *m;* nomenclature *f*
szójelentés signification *v* acception *f* du mot; sémème *m*
szókapcsolat 1. alliance *v* union *f* de mots; 2. syntagme *m*
szokás 1. habitude; pratique *f; furcsa ~* habitude bizarre; tic *m; ~ dolga* question *v* affaire d'habitude; *az a ~a, hogy* avoir l'habitude de *(inf);* ~*a ellenére* contre son ordinaire; *nem ~a* ce n'est pas dans sa manière; *~ba megy át* passer en habitude; *~ból* par habitude; *~ához híven* suivant son habitude; *rossz ~áról letesz* quitter *v* perdre une mauvaise habitude; *~átol eltérően* contre son *v* l'ordinaire; *~sá válik* passer *v* tourner en habitude; *felhagy egy rossz ~sal* quitter *v* perdre une mauvaise habitude; 2. *(társas)* coutume *f;* usage *m;* les us et coutumes (d'un pays) *m pl;* mœurs *f pl;* convention *f; kereskedelmi ~ok* pratiques commerciales;*paraszti ~* mœurs paysannes; *ez elterjedt ~* cela se fait couramment; ~, *hogy* il est de règle *v* d'usage que; *nem ~ cela* ne se fait pas; *a ~ok ellenére* au mépris des usages; ~ *szerint* comme d'habitude; d'ordinairement; d'ordinaire; *helyi ~ szerint* selon une tradition locale; *az a ~ terjedt el, hogy* l'habitude s'est établie que; *a ~ hatalma* la force de la coutume; *mint mondani ~* comme on dit; comme dit l'autre *v* la chanson; *~ba jön être* consacré(e) par l'usage; *~ba jön, hogy* l'usage se répand *v* s'intro-

szokásjog

duit *v* s'établit que; *ez ~ban van* c'est l'usage; cela se pratique; *~ban van, hogy* un usage *v* une coutume *v* une vieille tradition veut que *(subj); ~ból kiment* hors d'usage; tombé(e) en désuétude; démodé, -e; *a ~hoz alkalmazkodik* se conformer aux habitudes; *~on alapuló* établi(e) par la coutume; *bevezet egy ~t* instaurer un usage; *megtartja a ~okat* observer les rits en usage; *~tól eltér* déroger à la coutume *v* à son habitude; *~sá lesz* passer en coutume
szokásjog droit coutumier; le coutumier
szokásos [~ak, ~at] **1.** usuel, -elle; en usage; habituel, -elle; *gúny:* classique; rituel, -elle; **2.** *(kifejezés)* courant; usité, -e; **3.** *(vkinél)* être familier *v* familière à q; **4.** *egyh: (bünökről)* habitudinaire; **5.** *ker: (a kereskedelemben) ~* pratiqué(e) dans le commerce; *ez így ~* cela est la règle *v* de règle; *ez már ~ nála!* il est classique, celui-là! *nem ~* hors d'usage; *~ alkalom* circonstance *f* d'usage; *~ kifejezés* expression courante *v* en usage; *~ kivitel* forme d'exécution normale; *~ minőség* qualité loyale et marchande; *a ~ módon* à l'accoutumée; *~ munkamenet* routine *f*
szokatlan insolite; contraire à l'usage *v* à l'habitude; inaccoutumé; inusité, -e; étrange; *~ időben* à une heure indue
szókép figure *f* de mot; trope *m*
szóképzés formation *f* des mots; *(meglevőből)* dérivation; filiation *f*
szókészlet vocabulaire; lexique *m*
szokik [~tam, ~ott, ~jék *v* ~jon] **I.** *(tgyl i)* **1.** *(vmihez)* s'habituer à qc; s'accoutumer à qc; se faire à qc; prendre l'habitude de qc; *mint szoktuk* comme nous avions coutume; **2.** *szokott (inf)* avoir l'habitude de *(inf);* être habitué(e) *v* accoutumé(e) à *(inf); korábban, mint szokott* plus tôt qu'à son accoutumée; **II.** *(tgy i) szokta* être habitué(e) à *(inf v* à qc; *mint szokta* à l'accoutumée

szókimondó sans gêne; rond, -e; *(igével:)* avoir son franc parler
szókincs vocabulaire; lexique *m*
szoknya [-ák, -át, -ája] jupe *f; (női fürdőruhán)* jupette *f; -ák után szaladgál* courir le jupon
szoknyabolond coureur (de jupons)
szoknyaderék corps *m* de jupe
szoknyahős homme à bonnes fortunes; coureur (de cotillons *v* de femmes)
szoknyanadrág jupe-culotte; fausse-jupe *f*
szoknyavadász *ld:* **szoknyahős;** *nagy ~* un chaud lapin *nép*
szokott [~ak, ~at] **I.** *(mn)* **1.** accoutumé; habitué, -e; **2.** *(vmihez)* rompu(e) à qc; fait(e) à qc; habitué(e) à qc; accoutumé(e) de *(inf) v* à qc; *vmihez nem ~* inaccoutumé à qc; *ez nála ~ dolog* il est coutumier du fait; *a ~ időben* à l'heure accoutumée; *meghaladja a ~ mértéket* passer l'ordinaire; *a ~ módon* de (la) façon habituelle; *~ nyugalmával* avec sa tranquillité habituelle; **II.** *(fn) a ~nál kisebb* plus petit(e) que de coutume
Szókratész [~t] Socrate *m*
szoktat 1. *(vmihez) (inf)* accoutumer à *(inf);* faire à qc; rompre à qc; familiariser avec qc; *ld. még:* **nevel; 2.** *(éghajlathoz, környezethez) ~* acclimater
szokvány 1. *(ipari)* norme *f;* standard *m;* **2.** *(fizetési)* usance *f*
szokvány- marchand, -e
szokványos [~ak, ~at] **1.** d'usage; **2.** normalisé; standardisé, -e; **3.** marchand, -e
szokványsúly poids d'usage *v* standard *m*
szól [~tam, ~t, ~jon] **I.** *(tgyl i)* **1.** parler; *szólj!* parle! dis! *csak ~nia kell* vous n'avez qu'à dire; **2.** *(vkinek)* prévenir q; **3.** *vkihez ~* s'adresser à q; parler à q; **4.** *(vmihez)* dire son mot *v* son opinion; *mit ~na egy kis sétához?* que diriez-vous d'une petite promenade? *mit ~ hozzá?* que vous en semble? qu'en dites-vous? **5.** *szívhez, lélekhez ~* parler au cœur,

à l'âme; 6. ~ vmiről vkinek toucher un mot de qc à q; nem ~ok a tévedésekről, melyek je passe sur les erreurs qui; 7. (vkire v vmire) être valable pour...; a kinevezés 3 évre ~ la nomination est faite pour 3 ans; 8. (vmi vmiről) traiter de qc; parler de qc; faire connaître qc; (törvény) porter réglementation de qc; porter sur qc; miről ~ ez a tanulmány? sur quoi porte cette étude? 9. neki ~ être adressé(e) à q; être à l'adresse de q; s'adresser à q; ez neki ~ c'est à son adresse; 10. ellene ~ (vádlott ellen) être à la charge de q; (terv ellen) commander v imposer la réserve contre qc; mellette ~ plaider pour v en faveur de q; 11. (hangszer) chanter; sonner; résonner; (harangról) sonner (en branle); hallom, hogy ~ a telefon j'entends sonner le téléphone; nem ~ cela ne marche pas; II. (tgy i) (vmit) dire; nem ~ semmit, de azért megvan a maga véleménye s'il ne dit mot, il n'en pense pas moins; egy szót sem ~t ld : szó
szólam [~ok, ~ot, ~a] 1. zen: partie f; basszus-~ partie de basse; 2. pej: phrase f; ez csak üres ~ ce ne sont que des phrases creuses
szólás 1. ~ra bírja dénouer la langue à q; 2. övé a ~ joga avoir la parole; ~ra emelkedik se lever pour prendre la parole; 3. nyelvi: locution; tournure; expression f
szólásmondás dicton m
szólásszabadság liberté f de parole
szolga [-ák, -át, -ája] 1. serviteur; domestique m; 2. (inas) valet m (de pied v de chambre); 3. (tiszti) ordonnance f; 4. (társadalmi csoport) serf m; serve f
szolgai [~ak, ~t] servile; ~ hűség (utánzásban) servilité f
szolgál [~tam, ~t, ~jon] I. (tgyl i) 1. (vkinél) être en service v en place chez q; 2. (kutya) faire le beau; 3. (szólásokban:) hogy ~ az egészsége? comment va la (petite) santé? javára ~ servir q; 4. (vmivel) servir qc; régaler q de qc; 5. (a kilátás) ~ vmire donner jour sur qc; donner sur qc; 6. kat: servir; porter les armes; a gyalogságban ~ servir dans l'infanterie; 7. (vmire) servir de qc v pour v à (inf); être destiné(e) à (inf); lakásul ~ cela sert de logement; ~jon ez intésül que cela vous serve de leçon; például ~ servir d'exemple; II. (tgy i) vkinek céljait ~ja servir les desseins de q; dolgozó népet ~juk nous servons la patrie des travailleurs
szolgálat 1. (alkalmazotté) service m; harmincévi ~a van avoir trente ans de service; vkinek ~ába lép se mettre aux gages de q; ~ba lépés entrée f au service v en charge; ~ba lépés napja jour m de l'engagement; vkinek ~ában áll être attaché(e) au service de q v aux gages de q; ~ból való elbocsátás (személyzeté) licenciement m; (büntetésből) mise à pied; destitution f; ~on kívüli en non-activité; ~on kívüli viszonyban hors le service; ~ot keres chercher condition; ~ot teljesítő service; 2. (tárgy haszna) service; ~ot ellátja vhol (jármű) desservir qc; felmondja a ~ot refuser le service; lábai felmondják a ~ot les jambes lui refusent le service; jó ~ot tesz être d'un bon service; 3. (szívesség) service; bon office; ministère m; soins m pl; ~ára! (je suis) à votre service ! miben lehetek ~ára? qu'y a-t-il pour votre service? felajánlja ~ait offrir ses services v son ministère; jó ~ot tesz vkinek rendre un bon office à q; rossz ~ot tesz vkinek rendre un mauvais service à q; 4. kat: service m; ~ alól felment exempter de service; (teljesen) réformer; ~ban van être en service commandé; aktív ~ban van être en activité (de service); visszatartás a katonai ~ban maintien m sous les drapeaux; ~on kívül helyez mettre en non-activité; mettre à la réforme; katonai ~ra alkalmas bon pour le service (actif); ~ra alkalmas bon

szolgálati

pour le service; ~*ra alkalmatlan* réformé, -e; 5. *haj*: manœuvre *f* **szolgálati** [~ak, ~t] de service; affecté(e) au service; ~ *ág* service; département *m*; ~ *beosztás* roulement *m* de service; ~ *bizonyítvány* état *m* de services; *(alkalmazotté)* certificat *m* de travail; ~ *egyenruha* petite tenue; ~ *érdemek* état *m* de services; *(hadi)* titres *m pl* de guerre; ~ *év* année *f* de service; ~ *hely* affectation *f; dipl*: poste *m*; ~ *idő* temps *m v* durée *f* de service; ancienneté *f; (napi)* heures *f pl* de service; ~ *kereszt (érdemrend)* croix *f* de service; ~ *kötelezettség* devoirs attachés à une charge; *(katonai)* obligation *f* du service militaire; ~ *lakás* logement affecté aux fonctions; logement de fonction; ~ *lépcső* escalier *m* de service; ~ *rendtartás* ordres *m pl* de service; ~ *szabályzat* v *rendtartás* règlement *m* de service; *kat*: théorie militaire *f*; ~ *szerződés* contrat *m* de travail; ~ *út a)* tournée réglementaire *f; b)* la voie hiérarchique; ~ *utasítás* note *f* de service; *kat*: consigne *f;* ~ *ügy* affaire *f* touchant le service; ~ *viszony* rapport *m* de service
szolgálatképes en état de servir; *kat*: apte au service
szolgálatképtelen 1. il *v* elle n'est pas en état de servir; 2. *kat*: inapte au service; infirme
szolgálatkész serviable; prévenant; obligeant, -e
szolgálatvezető *kat*: chargé de service de la corvée
szolgalmi *jog* 1. législation *f* des servitudes; 2. servitude (imposée *v* établie sur qc)
szolgáló [~k, ~t, ~ja] I. *(mn)* servant de qc *v* à *(inf);* II. *(fn)* 1. *régebben* ~ ancien *m*; 2. *(leány)* domestique; bonne *f*
szolgalom [-lmat, -lma] *jog*: servitude; sujétion *f*
szolgáltat 1. *(mű)* débiter; 2. *átv*: fournir; administrer; *okot* ~ *vmire* donner lieu à qc

szomjazik

szolgáltatás 1. prestation *f; természetbeni* ~ prestation en nature; 2. *feud*: redevance *f*; 3. *(közművek)* service; débit *m*; 4. *hasonló* ~ *ellenében* à la charge d'autant
szolgaság condition servile; servitude *f*; assujettissement; asservissement *m*; sujétion; vassalité *f*; *(rab~)* esclavage *m*; ~*ba ejt* asservir; assujettir; ~*ba esik* tomber en esclavage; ~*ban él* vivre dans la sujétion; ~*ra jut* tomber en esclavage
szolid [~ak, ~at] 1. *ker*: de (toute) confiance; 2. *(épület)* massif, -ive; solide; 3. *(ember)* de (toute) confiance; correct, -e; raisonnable
szólista [-ák, -át, -ája] soliste *(n)*
szólít [~ottam, ~ott, ~son] 1. appeler; *nem tudom, hogyan* ~*sam* je ne sais comment l'appeler *v (címre)* quel titre lui donner; 2. *ügyei Párizsba* ~*ják* ses affaires le rappellent à Paris; 3. *fegyverbe* ~ appeler sous les drapeaux; 4. *vall*: *az Úr magához* ~*otta* Dieu l'a (r)appelé à lui; 5. *(vminek)* qualifier qc; 6. inviter à *(inf); hazatérésre* ~ inviter à retourner dans son pays
I. *(igenév)* szóló I. *(mn)* 1. *egy személyre* ~ (valable) pour une personne; 2. *vkinek* ~ à l'adresse de q; 3. *vmiről* ~ portant qc; 4. *ker*: *névre* ~ nominatif, -ive; II. *(fn) az előttem* ~ l'orateur qui m'a précédé; le préopinant
II. *(fn)* szóló [~k, ~t] solo *m*; *hegedű*~ violon solo *m*; ~*t énekel* chanter le *v* faire un solo
szólóspárga asperge argenteuil *v* blanche
szombat [~ok, ~ot, ~ja] I. *(fn)* samedi *m*; II. *(hat)* ~ *este* samedi soir; ~*on* samedi
szomjas [~ak, ~t] 1. assoiffé, -e; altéré(e) par qc; *(rendesen igés szólással:)* ~ *vagyok* j'ai soif; *vérre* ~ altéré(e) de sang; 2. *átv*: assoiffé, -e; *dicsőségre* ~ avide *v* assoiffé de gloire
szomjazik [~tam, ~ott, ~zék *v* ~zon] I. *(tgyl i)* 1. avoir soif; souffrir de la soif; 2. *(vmire)* être friand(e) de

szomjúság qc; avoir soif de qc; II. *(tgy i)* ~ *vmit* être altéré(e) *v* avide *v* assoiffé(e) de qc

szomjúság soif; envie *f* de boire; ~*át oltja v csillapítja* se désaltérer; se rafraîchir; se restaurer; boire à sa soif; *ez oltja a* ~*ot* cela fait passer la soif; *majd meghal a* ~*tól* mourir *v* brûler de soif

szomorkodik [~tam, ~ott, ~jék *v* ~jon] 1. être plongé(e) dans le chagrin; 2. *(vmin)* s'affliger de qc; être affligé(e) de qc

szomorú [~ak, ~t] I. *(mn)* 1. triste; affligé; désolé; chagrin; accablé, -e; 2. *(dolog)* triste; affligeant, -e; lamentable; désolant; navrant, -e; *milyen ~ (dolog!)* quelle pitié! ~ *alak v figura* un triste personnage *v* sire; ~ *élet* une vie de tristesse; ~ *gondolatai támadnak* faire de tristes réflexions; ~ *idő* temps chagrin *v* triste; ~ *szerepet játszik* faire triste figure; ~ *vége van* faire une triste fin; ~ *viszonyok közt* dans des conditions déplorables; II. *(fn) a* ~*akat vigasztalnunk kell* il faut consoler les affligés

szomorúfűz saule pleureur *m*

szomorúság 1. tristesse; affliction *f;* chargin *m;* 2. *(dologról)* sujet de tristesse; crève-cœur *m*

szomszéd [~ok, ~ot, ~ja] I. *(mn)* voisin; avoisinant, -e; contigu, -ë; attenant, -e; ~ *ország* pays voisin *v* limitrophe; II. *(fn)* 1. voisin, -e *n;* *közvetlen* ~*ok vagyunk* nous habitons porte à porte; 2. *a* ~*ban* dans le voisinage

szomszédos [~ak, ~at] *(vmivel)* voisin, -e (de qc); avoisinant(e) (qc); attenant(e) à qc; joignant(e) qc *v* à qc; adjacent, -e; contigu, -ë; limitrophe de qc; *vele* ~ y attenant

szomszédság voisinage *m*

szonáta [-ák, -át, -ája] sonate *f*

szónok [~ok, ~ot, ~ja] 1. orateur *m;* 2. *egyh:* prédicateur; sermonnaire *m*

szónoki [~ak, ~t] de rhétorique; oratoire; d'éloquence; ~ *babérokat arat* remporter des succès d'orateur; ~ *fogás* artifice *m* d'éloquence; ~ *készség* moyens oratoires *m pl;* ~ *tehetség* dons *m pl* d'orateur; le don de la parole

szónokol [~tam, ~t, ~jon] parler; débiter *v* prononcer *v* déclamer un discours; *pej:* faire de l'éloquence; *(hévvel vmi ellen)* déclamer contre q; *(vkinek)* haranguer q *(pl:* la foule, l'assemblée); *pej: hosszasan* ~ *vmiről* discourir (à perte de vue) sur qc *v* de qc; pérorer

Szophoklész [~t] Sophocle

szopik [~tam, ~ott, ~jék *v* ~jon] 1. téter; teter; 2. ~*ja az ujját* sucer le doigt

szopóka *(cigarettáé)* 1. bout *m;* 2. *(toldó)* fume-cigarettes *m;* *(pipáé)* tuyau *m;* 3. *(cucli)* tétine; sucette *f*

szopós [~ok, ~t] ~ *malac* cochon de lait; laiton *m*

szopósüveg biberon *m*

szoprán [~ok, ~t, ~ja] 1. *(hang)* soprano; dessus *m;* 2. *(énekes, énekesnő)* soprano *m*

szoptat allaiter; donner *v* présenter le sein à q; nourrir

szoptatás allaitement *m;* tétée; lactation *f*

szoptató [~k, ~t] I. *(mn)* lactaire; *(állat)* nourricière; ~ *anya* mère nourrice; II. *(fn) (dajka)* nourrice *f*

szór [~tam, ~t, ~jon] 1. répandre; disséminer; semer; ~*ja a pénzt* gaspiller *v* jeter l'argent; 2. *(vmire vmit)* saupoudrer qc de qc; 3. *(szikrát stb.)* lancer; jeter

szórakozás récréation; distraction *f;* amusement; passe-temps *m;* kisebb ~*ok* menus plaisirs; ~*ból* pour s'amuser; histoire de rire

szórakozik [~tam, ~ott, ~zék *v* ~zon] se distraire; s'amuser; *(figyelmét elterelve)* se dissiper

szórakozóhely 1. lieu *m* de plaisirs; 2. spectacles *m pl*

szórakozottság distraction; absence *f* (d'esprit); égarement *m;* ~*ból* par distraction

szórás 1. dispersion *f;* éparpillement *m;* 2. *(ételé, finom poré)* saupoudrage

m; 3. *műsz;* *(pisztollyal)* jet *m;* festés ~sal peinture *f* par dispersion; 4. *affiz,* rád diffusion *f;* 5. *(eltérés)* écart *m*
szórási *keresztmetszet* section *f* efficace de diffusion
szórend l'ordre *m* des mots
szorgalmas [~ak, ~at] appliqué; assidu, -e; studieux, -euse; zélé, -e; laborieux; industrieux, -euse; diligent, -e; *nem* ~ inappliqué, -e
szorgalmasan assidûment; avec application; diligemment
szorgalom [-lmat, -lma] application; assiduité; industrie *f;* zèle *m*
szorgos [~ak, ~at; ~an] *(kutatás)* laborieux, -euse; actif, -ive
szorít [~ottam, ~ott, ~son] 1. presser; serrer; étreindre; *magához* ~ serrer dans ses bras *v* contre son cœur; *kezet* ~ *vkivel* serrer la main à q; ~*ja a szívét* serrer le cœur à q; ~*ja a torkát* serrer *v* étreindre la gorge à q; 2. *(vhová)* acculer à qc *v* contre qc; 3. *(ruhát)* pincer; serrer; *(cipő)* écraser; 4. *átv:* presser; 5. *(vmire)* contraindre à *(inf);* forcer à *v* de *(inf);* réduire *(inf) v* à qc; acculer à qc; *munkára* ~ obliger à travailler; 6. *(lecsökkent)* réduire *v* restreindre à qc
szorítkozik [~tam, ~ott, ~zék *v* ~zon] *vmire* ~ se réduire à qc; se borner à qc; *a szükségesre* ~ se borner au nécessaire
szorító [~k, ~t] 1. pince *f;* 2. *sp:* plateau; ring *m*
szorong [~tam, ~ott, ~jon] 1. se presser; se bousculer; se serrer; 2. *(érzés)* attendre avec angoisse; être dans l'angoisse
szorongás 1. *(érzés)* angoisse(s) *f (pl);* anxiété; hantise *f* de qc; 2. *(lelki)* obsession *f;* cauchemar *m;* hantise *f*
szorongat 1. presser; serrer de près; serrer le bouton à q; 2. *átv:* talonner; presser; 3. *(érzés)* étreindre; hanter
szoros [~ak, ~at] I. *(mn)* 1. serré; étroit; étranglé, -e; *(út, völgy)* étranglé, -e; 2. *átv:* étroit; serré,

-e; ~*abbra fűz* resserrer *(pl.* les liens); ~ *életrend* régime strict; ~ *értelemben* dans un sens étroit; strictement; *a szó leg~abb értelmében* dans le plus juste sens du terme; ~ *ismeretség* connaissance intime *f;* ~ *kapcsolat* étroite affinité; ~ *kapcsolatban áll vmivel* être étroitement lié(e) à qc; ~ *norma* norme serrée; ~ *összefüggésben v viszonyban áll vmivel* être en rapport étroit *v* intime avec qc; II. *(fn)* défilé; passage *m;* gorge *f;* *(tengeri)* détroit *m;* *(hajózható)* passe *f;* *(völgy~)* resserrement *m* de la vallée
szorosan 1. étroitement; à l'étroit; ~ *átölelve tartja* tenir serré(e) dans ses bras; 2. *átv:* intimement; étroitement; ~ *egymás mellett* tout attenant; tout près l'un de l'autre; ~ *vett* proprement dit(e); ~ *véve* à proprement parler; 3. strictement; ~ *az utasítás szerint cselekszik* s'en tenir strictement aux ordres
szoroz [~tam, szorzott, ~zon] multiplier *(vmivel:* par); *ez se nem* ~, *se nem oszt* cela ne compte pas
szorul [~tam, ~t, ~jon] 1. se (res)serrer; ~ *a hurok* le nœud se resserre; 2. *(ajtó)* frotter; 3. *(vhová)* être acculé(e) contre qc; 4. *biz:* *(szorítják)* être dans une mauvaise passe; 5. *vmire* ~ être réduit(e) à qc *v* à *(inf);* *nem* ~ *másra* se suffire; *a rendőrség segítségére* ~*t* il dut requérir la police; 6. *(dologról)* appeler; *ez magyarázatra* ~ ceci demande une explication; *ez a szöveg magyarázatra* ~ ce texte appelle un glossaire
szorulás 1. rétrécissement; resserrement *m;* 2. *orv:* resserrement *m;* *(emésztésben)* constipation *f*
szorult [~ak, ~at] ~ *helyzet* gêne *f;* situation difficile *v* embarrassante; ~ *helyzetben levő* dans la gêne; dans l'embarras; aux abois; *haj, rep:* en détresse
szórvány souvenir sporadique; vestige rare *m*
szórványos [~ak, ~t] sporadique; disséminé, -e; rare

szorzandó [~k, ~t] multiplicande *m*
szorzás multiplication *f;* ~*t végez* faire une multiplication
szorzat produit *m* (de qc par qc); *alap és magasság* ~*a* le produit de la base par la hauteur
szorzó [~k, ~t, ~ja] *mat:* multiplicateur *m*
szorzógép machine (à calculer) multiplicatrice *v* à multiplier
szorzójel signe multiplié par; signe de multiplication
szorzószám multiplicateur; coefficient *m*
szószátyár [~ok, ~t] phraseur, -euse; bavard, -e *n*
szószátyárság radotage; bavardage *m;* verbosité *f*
szószedet cahier *m* de vocabulaire
szószegés manque *v* manquement de parole; parjure *m;* ~*t követ el* manquer à sa parole *v* à sa foi; commettre une perfidie
szószegő [~k, ~t] parjure; infidèle à sa parole; perfide
szószék *egyh:* chaire *f*
szószóló [~k, ~t, ~ja] intercesseur *m;* porte-parole *m*
szótag syllabe *f; nyílt* ~ syllabe ouverte; *rövid* ~ (syllabe) brève *f; zárt* ~ syllabe fermée
szótagol [~tam, ~t, ~jon] articuler les syllabes; syllabiser
szótalan taciturne; silencieux, -euse
szótalanul en silence; muet, -ette
szótár 1. dictionnaire; lexique *m;* nomenclature *f;* 2. *(egy íróé, szóanyag)* vocabulaire; lexique *m*
szótároz [~tam, ~ott, ~zon] lexicaliser; enregistrer
szótartó fidèle à sa parole
szótöbbség majorité *f* (des voix); quorum *m*
szótörténet 1. l'histoire *f* du mot; 2. lexicologie *f*
szóval! 1. *(nem írásban)* de vive voix; oralement; 2. *(egy~)* bref; en bref; en un mot
szóváltás altercation; dispute; discussion *f;* ~*ba keveredik vkivel* engager une discussion avec q
szóvirág fleur de rhétorique; fioriture *f*

szóvivő porte-parole *m*
szovjet [~ek, ~et] **I.** *(mn)* soviétique; ~ *rendszer* système *v* régime soviétique *v* des soviets; **II.** *(fn)* soviet *m; a Szovjet* les Soviets
szovjetbarát soviétophile *(n);* prosoviétique
szovjetellenes antisoviétique
szovjethatalom le pouvoir des Soviets *v* soviétique
Szovjetunió l'Union Soviétique; l'URSS *f; a* ~ *Elnöki Tanácsa* le Présidium de l'Union des Républiques Socialistes Soviétiques *v* de l'URSS; *a* ~ *Legfelső Tanácsa* le Soviet Suprême de l'URSS
szózat 1. *(felhívás)* appel; manifeste *m;* proclamation *f;* 2. *(belső)* voix *f*
sző [~ttem, ~tt, ~jön] **1.** tisser; 2. *átv:* tramer; ourdir; *összeesküvést* ~ tramer *v* ourdir *v* machiner un complot; **3.** *átv:* *(vmibe)* entremêler *v* entrelarder qc de qc
szöcske sauterelle; locuste *f*
I. *(fn)* **szög** [~ek, ~et, ~e] *ld:* **szeg**
II. *(fn)* **szög 1.** *mat:* angle *m;* ~ *csúcsa* sommet *m* d'un angle; ~ *szára* le côté d'un angle; *érintő* ~ angle de contact; ~*et képez* former *v* faire l'angle *v* un angle; 2. *ács:* *(két falap közötti)* équarrage *m;* 3. *(folyók között)* bec *m*
szöges [~ek, ~et] *ld:* **szeges;** ~ *ellentétben áll vmivel* être diamétralement opposé(e) à qc
szögfüggvény *mat:* fonction angulaire *v* circulaire *f*
szöglet 1. angle; coin *m;* *(két fal között)* enco(i)gnure *f;* 2. *futb:* corner; coin *m;* *(lövést)* ~*re hárít* mettre en corner
szögletes [~ek, ~t] **1.** *(test)* anguleux, -euse; angulaire; ~ *zárójel* crochets *m pl;* 2. *(mozdulat)* angulaire; heurté, -e; ~ *ember* caractère anguleux
szögletrúgás *futb:* corner; coup *m* de pied de coin
szögmérés goniométrie; mesure d'angle *v* angulaire *f*

szögmérő 1. *(síkban)* rapporteur *m* (d'angles); *(térben)* (demi-)cercle gradué; 2. *(térben)* goniomètre; sextant *m*
szögmértan goniométrie *f*
szögsebesség *fiz:* vitesse angulaire *f*
szőke [-ék, -ét; -én] I. *(mn)* blond; blondin, -e; ~ *nő* une blonde *v* blondine; II. *(fn)* blond; blondin, -e
szökell [~tem, ~t, ~jen] 1. gambader; sautiller; 2. *(víz, le)* cascader; *(fel, ki)* jaillir
szökés 1. fuite; fugue *f;* débinage *m biz;* *(fogságból)* évasion *f;* *(dezertálva)* désertion *f;* ~*ben levő* en fuite; 2. *(ugorva)* bond *m;* *egy* ~*sel* d'un bond; 3. *(lóé)* foulée *f*
szökési 1. ~ *kísérlet* tentative *f* d'évasion *v* de fuite; 2. ~ *sebesség (rakétáé)* vitesse *f* de libération
szökevény I. *(mn)* évadé, -e; en fuite; II. *(fn)* fuyard *m;* évadé, -e *n*
szökik [~tem, ~ött, ~jék *v* ~jön] 1. fuir; s'enfuir; être en fuite; *(vhová)* se réfugier; 2. *(börtönből)* s'évader; 3. *az ellenséghez* ~ passer *v* déserter à l'ennemi; 4. *(szökken)* bondir; *(folyadék)* jaillir
szőkít [~ettem, ~ett, ~sen] blondir *v* platiner les cheveux; teinter en blond; ~*ett haj* cheveux oxygénés
szökőár raz *m* de marée; vives eaux
szökőév année bissextile
szökőkút 1. jet *m* d'eau; 2. *(szobormű)* fontaine *f*
szöktet 1. *(leányt)* enlever; ravir; 2. *(foglyot)* faire évader; 3. *(lovat)* faire sauter; 4. *futb:* dégager
szőlészet viticulture; ampélographie; ampélologie *f*
szőlő [~k, ~t, ~je *v* szőleje] 1. *növ:* vigne *f;* 2. *(termése)* raisin *m; sárga* ~ raisin blanc; *a* ~ *leve* le jus de la treille; *egy szem* ~ un grain de raisin; *egy fürt* ~ une grappe de raisin; 3. *(ültetvény)* vignoble *m;* vigne *f*
szőlőbirtokos vigneron; viticulteur *m*
szőlőcukor glucose *f (vegy: inkább m)*
szőlődugvány kert: chapon *m*
szőlőfajta cépage *m*

szőlőfürt grappe *f* (de raisin)
szőlőgazdaság exploitation viticole *f*
szőlőhegy vignobles *m pl;* coteau planté de vignes
szőlőkacs *növ:* bras *m*
szőlőkaró échalas; paisseau *m* (de vigne)
szőlőlevél feuille *f* de vigne
szőlőlugas treille *f;* berceau *m* de vigne
szőlőmag pépin *m* de raisin
szőlőmetszés taille *f* de la vigne
szőlőmosó bol *m* pour laver le raisin
szőlőművelés viticulture *f*
szőlőnemesítés amélioration *f* de la vigne
szőlőprés pressoir *m;* presse *f* à raisin(s) *v* à vin
szőlőrozsda (black-)rot *m*
szőlősgazda vigneron; viticulteur *m*
szőlőskert clos *m*
szőlőtelepítés encépagement; établissement *m* du vignoble
szőlőtermelés industrie viticole; viticulture *f*
szőlőtő cep; pied de vigne; cépage *m*
szőlővenyige sarment; pampre *m*
szőlővessző sarment; plant *m; (leveles)* pampre *m; amerikai* ~ plant américain
szőnyeg [~ek, ~et, ~e] 1. tapis *m;* carpette *f; (ágy elé)* descente *f* de lit; 2. *(fali)* tapisserie; tenture *f;* gobelin *m;* 3. ~*en forgó kérdés* problème *m* sur le tapis; ~*re kerül* être mis(e) *v* venir sur le tapis; 4. *átv: (virág stb.)* nappe *f;* tapis
szőnyegszövés fabrication *v* industrie *f* des tapis
szőr [~ök, ~t, ~e] 1. poil *m; (szőrzet)* robe *f; (disznóé)* soie *f; (lóé)* crin *m;* ~ *mentén* dans le sens du poil; *átv:* ~*mentén bánik vkivel* traiter *q* avec ménagement; ~*ét hullatja* perdre ses poils; 2. *(kefében)* soie; 3. *(tömésre használt)* bourre *f*
szőrme [-ék, -ét, -éje] fourrure *f*
szőrmebélés doublure fourrée
szőrmekereskedő (marchand) fourreur; pelletier(-fourreur)
szőrmés *állat* bête *f* de *v* à fourrure; *(nemes)* animal classé
szörny [~ek, ~et, ~e] monstre *m*

szörnyen terriblement; affreusement; horriblement; *ez ~ drága* c'est prohibitif; *~ esik* il pleut terriblement; *~ gazdag* énormément *v* puissamment riche; *~ ostoba* d'une bêtise monumentale
szörnyeteg [~ek, ~et, ~e] monstre *m;* *(emberevő)* ogre *m;* *(nő)* ogresse *f*
szörnyű [~ek, ~t] I. *(mn)* affreux, -euse; horrible; terrible; abominable; monstrueux, -euse; atroce; *~ bűntett* crime odieux *v* abominable; *~ fájdalom* douleur horrible *v* atroce *f;* *~ harag* colère folle; *~ halált hal* mourir d'une mort affreuse; *~ látvány* spectacle hallucinant; II. *(hat)* *~ nagy* monstrueux, -euse; colossal, -e
szörnyűlködés consternation *f*
szörnyűlködik [~tem, ~ött, ~jék *v* ~jön] se récrier; jeter les hauts cris; s'indigner
szörnyűség 1. monstruosité; atrocité; horreur *f;* 2. *átv:* énormité; horreur *f*
szőrös [~ek, ~t; ~en] poilu, -e; couvert(e) de poil; poileux, -euse; velu, -e
szőrösszívű coriace
szörp [~ök, ~öt, ~je] sirop *m*
szőrszálhasogatás ratiocination *f;* subtilité excessive; arguties *f pl; ez ~* c'est couper *v* fendre un cheveu en quatre
szőrszálhasogató I. *(mn)* pointilleux; vétilleur, -euse; vétillard, -e; II. *(fn)* chicaneur, -euse *n;* esprit subtil *v* minutieux
szőrtelen sans poils; *(arcú)* imberbe; glabre
szőrtelenítés 1. épilation *f;* épilage *m;* dépilation *f;* 2. *bőrgy:* pelage; pelattage *m*
szőrtelenítő [~k, ~t] épilatoire; dépilatoire; *~ kozmetikus* épileur, -euse *n; ~ szer* épilatoire *m*
szőrtüsző follicule pileux
szőrtüszőgyulladás *orv:* folliculite *f; gennyes ~* porofolliculite *f*
szösz [~ök, ~e] 1. étoupe; bourre *f;* 2. *növ, áll:* duvet *m*
szöszke blondin; blond, -e; *kis ~* petite blondine

szőttes [~ek, ~t, ~e] toile *f;* tissu *m*
szövedék [~ek, ~et, ~e] tissu *m;* contexture *f;* enchevêtrement *m*
szöveg [~ek, ~et, ~e] 1. texte *m;* *teljes ~* texte complet *v* intégral; *(összefüggő) ~* contexte *m; ~ szerinti* textuel, -elle; 2. *(dalé)* paroles *f pl; (baletté, filmé)* scénario *m;* *(operáé)* livret *m;* 3. *(felírás képen)* légende *f;* 4. *vminek pontos ~e* la teneur de qc; 5. *rád:* parlé *m;* 6. *arg: sok a ~!* quel bagout! n'en jetez plus!
szövegez [~tem, ~ett, ~zen] rédiger; libeller
szövegezés rédaction *f;* libellé *m;* formulation *f*
szövegkiadás édition *f* de texte
szövegkönyv libretto; livret *m; film:* scénario *m*
szövegkritika critique *f* de texte *v* de restitution
szövegkritikus philologue *(n);* commentateur
szövegmagyarázat 1. explication *f* de texte; 2. interprétation du texte; exégèse *f (különösen bibl);* 3. glose *f*
szövegrész 1. passage *m;* 2. *(szavalt)* tirade *f*
szövés 1. tissage *m;* 2. tissure *f;* armure; texture *f; laza, sűrű ~* tissure lâche, serrée
szövésminta *tex:* dessin *m* pour tissu
szövet 1. tissu *m;* étoffe *f;* textile *m; (műanyagból)* tissé *m;* 2. *műsz:* structure *f;* 3. *mez, geol:* texture *f;* 4. *orv:* tissu
szövetdarab 1. pièce *f;* 2. *(kiszabott ruhához)* pan *m*
szövetéllettan histobiologie *f*
szövetkezés 1. association; coalition; alliance; entente; union; ligue; fédération *f; a pártok ~e* coalition *f* des partis; 2. *(tömörülés szövetkezetbe)* coopération *f;* 3. *(ellenséges céllal)* complot *m*
szövetkezet (société) coopérative *f; ~be tömörült parasztok* paysans associés
szövetkezeti coopératif, -ive; mutualiste; *~ mozgalom* mouvement coopératif; *~ szektor* secteur coopératif;

~ *tag* coopérateur, -trice *n;* mutualiste *n;* membre *m* d'une (société) coopérative
szövetkezik [~tem, ~ett, ~zék *v* ~zen] 1. *(vkivel)* s'allier; s'associer; se lier; faire un pacte; pactiser; *(egymással)* s'unir; se coaliser; se liguer; ~ *vmire* se concerter pour qc; 2. ~ *vmivel* s'allier *v* s'associer à qc; 3. *(szövetkezetbe)* créer *v* former *v* constituer une coopérative
szövetnyomás impression *f* des étoffes
szövetruha vêtement *m* de drap
szövetség 1. *(alkalmi)* alliance; coalition *f; tört:* a *Szent Szövetség* la Sainte-Alliance; 2. *(egyesület)* association *f;* 3. *(közös nagy ~)* fédération; union; ligue; alliance *f;* ~*et köt* v ~*re lép* conclure *v* contracter *v* nouer une alliance avec q; 4. *(baráti)* amicale *f*
szövetséges [~ek, ~t] I. *(mn)* 1. allié; coalisé; ligué, -e; 2. *(államszövetségben)* fédéré; confédéré, -e; ~ *állam* État allié; *ld. még:* **szövetségi** *állam;* ~ *és társult hatalmak* les puissances alliées et associées; ~ *köztársaság* république fédérée; II. *(fn)* 1. allié; associé, -e; 2. *a* ~*ek* les alliés
szövetségi fédéral, -e *n;* fédératif, -ive; ~ *alkotmány* constitution fédérale; ~ *állam* puissance confédérée; État fédéral; ~ *tanács* conseil fédéral
szövettan histologie *f*
szövevény fouillis *m;* complications *f pl;* imbroglio; enchevêtrement; dédale *m; hazugságok* ~*e* un tissu de mensonges; *az igazságszolgáltatás* ~*e* le maquis de la procédure
szövevényes [~ek, ~et; ~en] enchevêtré; compliqué; embrouillé, -e
szövődik [~ött, ~jék *v* ~jön] 1. *(egymással)* se nouer; s'entrelacer; 2. *(vmivel)* se compliquer de qc; se mêler à qc; *átv:* s'intercaler; 3. *átv: (cselszövény)* ~ se tramer; se machiner
szövődményes [~ek, ~et, ~en] *orv:* compliqué, -e; ~ *influenza* grippe compliquée

szövő-fonóipar industrie textile *f*
szövőgép métier *m* (à tisser) mécanique
szövőgyári *munkás* ouvrier (-ière) du textile
szövőipar tissage *m;* industrie du tissage *v* textile *f*
szövőipari de l'industrie textile
szövőlepke *áll:* ~ *hernyója* 1. chenille fileuse; *fehér* ~ chenille fileuse d'hyphantria; 2. *(selyemhernyóé)* bombyx; bombyce *m*
szövőszék métier *m* (à tisser *v* de tisserand)
sztahanovista [-ák, -át] stakhanoviste *(n);* ~ *rendszer* stakhanovisme *m*
sztahanov-mozgalom le mouvement Stakhanov *v* stakhanoviste
Sztálin [~t] Staline *m*
sztálinista stalinien, -enne *(n)*
sztaniol(papír) feuille *f* d'étain
sztár [~ok, ~t, ~ja] 1. vedette; star; étoile *f;* 2. *sp:* as; ténor *m*
sztatika (mécanique) statique *f; ld. még:* **statika**
sztereotíp [~ek, ~et] 1. *nyomd:* stéréotype; 2. *átv:* stéréotypé, -e
sztetoszkóp [~ok, ~ot, ~ja] *orv:* stéthoscope *m*
Sztoa [-át] *a* ~ le Portique; l'école stoïcienne
sztoicizmus stoïcisme *m*
sztoikus I. *(mn)* 1. *(viselkedés)* stoïque; 2. *(tan)* stoïcien, -enne; ~ *nyugalom* stoïcité *f;* ~ *nyugalommal* stoïquement; imperturbablement; II. *(fn)* stoïcien *m*
sztrájk [~ok, ~ot, ~ja] grève *f;* ~ *miatt* pour faits de grève; *a* ~ *megkezdése* débrayage *m; a marósok* ~*ba léptek a túlhajtott munkaütem miatt* les fraiseurs ont débrayé contre les cadences infernales; ~*ot indít* démarrer une grève; ~*ba lép* v *kezd;* ~*ot kezd* v *indít* être en grève; faire grève; débrayer; *megszünteti a* ~*ot* faire cesser la grève; *megtöri a* ~*ot* briser la grève
sztrájkbíróság comité de conciliation; conseil *m* d'arbitrage
sztrájkbizottság comité *m* de grève
sztrájkhatározat ordre *m* de grève

sztrájkmozgalom mouvement gréviste *v de grève m*
sztrájkol [~tam, ~t, ~jon] faire (la) grève; être en grève
sztrájkőr homme du piquet de grève
sztrájktörő briseur de grève; *gúny:* jaune *m*
sztratoszféra [-át] **1.** stratosphère *f;* **2.** *met:* région advective
sztratoszferikus stratosphérique; ~ *rakéta* fusée stratosphérique *f*
sztrátusz(felhő) stratus *m*
sztreptokokkusz *orv:* streptocoque *m*
sztreptomicin [~t] *orv:* stréptomycine *f*
sztrichnin [~t] strychnine *f*
szú [~k, ~t] perce-bois; artison; ver *m* du bois
szubalpesi; subalpin subalpin, -e
szubjektív [~ek, ~et] subjectif, -ive
szubkontra *ját:* surcontre *m*
szubkritikus sous-critique
szublimát [~ok, ~ot] sublimé (corrosif)
szubminiatűr ultra-miniature
szubrett [~ek, ~et, ~je] *szính:* soubrette *f*
szubszonikus *rep:* subsonique; ~ *sebesség* vitesse subsonique
szubsztancia [-át] **1.** *fil:* substance *f;* **2.** *fil:* substrat *m*
szubsztrátum [~ok, ~ot] *nyelv, vegy:* substrat *m*
szubvenció [~k, ~t, ~ja] subvention *f;* encouragement *m*
szudánfű; *egynyári* ~ sorgho soudanais
szudéta [-ák, -át] sudète
szuezi; *Szuezi-csatorna* le canal de Suez
szuggerál [~tam, ~t, ~jon] suggérer; suggestionner
szuggesztiós [~at]; **szuggesztív** [~ek, ~et] suggestif; impressif, -ive; évocateur, -trice; *a szavak* ~ *ereje* la magie des mots
szuka chienne *f*
szulfamid [~ok, ~ot] *vegy:* sulfamide *m*
szulfát [~ok, ~ot] sulfate *m*
szumér; szumír [~ok, ~t, ~ul] *(mn)* sumérien, -enne *(n)*
szundikál [~tam, ~t, ~jon] sommeiller; s'assoupir
szunnyad [~tam, ~t, ~jon] **1.** sommeiller; s'assoupir; **2.** *átv:* reposer

szunnyadó [~k, ~t] **1.** assoupi, -e; en sommeil; **2.** *átv:* caché; latent, -e
szúnyog [~ok, ~ot, ~ja] moustique; cousin *m;* ~*ból elefántot csinál* faire d'une mouche un éléphant
szúnyogcsípés piqûre *f* de moustique
szúnyogháló moustiquaire *f*
szúnyogzöngés bourdonnement *m* de moustique
szupé [~k, ~t, ~ja] souper *m*
szuperfoszfát *vegy:* superphosphate *m*
szuperszonikus supersonique; ~ *sebesség* vitesse supersonique *f*
szupervevő super(hétérodyne) *m*
szupravezetés supraconductibilité *f*
szuprémácia [-át] suprématie *f*
szúr [~tam, ~t, ~jon] **1.** *(tövis, rovar, tű)* piquer; *szíven* ~ frapper *v* blesser au cœur (d'un coup d'épée *v* de couteau); ~ *a hátam* j'ai un point de côté; **2.** *(vívásban)* donner un coup de pointe à q; ~ *(vhová)* placer son coup; **3.** *(vmit vhová)* enfoncer; ficher; *(tűvel)* épingler; **4.** *(közbe)* intercaler; ajouter; **5.** *átv:* ~*ja a szemet* donner dans les yeux; frapper les yeux
szúrágás piqûre (de vers); vermoulure *f*
szúrás 1. piqûre *f;* *(tűé)* point *m;* **2.** *(nyoma)* picoture *f;* **3.** *(fegyverrel)* blessure perforante; **4.** *(vívásban)* coup *m* de pointe; **5.** *(mellben stb.)* point *m* (de côté); pointe; lancination *f*
szurdék; szurdok [~ok, ~ot, ~a] gorge *f;* ravin; combe *f*
szurkál [~tam, ~t, ~jon] **1.** *(késsel, karddal, tőrrel)* larder de coups de couteau; **2.** *(gúnyosan)* larder d'épigrammes; brocarder
szurkol [~tam, ~t, ~jon] **1.** poisser; empoisser; **2.** *biz:* avoir le trac *v* la trouille; **3.** *sp:* *ő a roueniaknak* ~ c'est un supporter de Rouen
szurkoló [~k, ~t] *sp:* supporter *m*
szúró [~ak, ~t] **1.** piquant, -e; **2.** *áll:* ~ *rovarok* insectes térébrants; **3.** *(fájdalom)* lancinant, (per)térébrant, -e; *(hátban, mellben)* point *m* de côté; **4.** *(tekintet)* perçant; pénétrant, -e

szurok [szurkot, ~ja] 1. poix *f;* goudron; coaltar *m;* 2. *földi ~ bitume m*
szurokfekete noir(e) comme du jais
szurony [~ok, ~t, ~a] baïonnette *f;* ~*t fel!* baïonnette au canon! ~*t szegez* présenter *v* croiser la baïonnette; ~*t szegezve* baïonnette au canon
szuronyroham charge *f* à la baïonnette; ~*mal bevesz* enlever à la pointe de la baïonnette
szúrópróba échantillon pris dans la masse; sondage *m;* -*át csinál* pratiquer un sondage
szúrós [~ak, ~at; ~an] 1. piquant, -e; épineux, -euse; 2. méchant, -e; ~ *szemű* aux yeux percés en vrille; ~ *tekintet* regard perçant *v* pénétrant
szurrogátum [~ok, ~ot, ~a] 1. *(anyag)* succédané; ersatz *m;* 2. *(intézkedés)* expédient *m*
szusz [~t] *biz:* haleine *f;* souffle *m;* egy ~*ra (elmond)* tout d'une haleine
szuszog [~tam, ~ott, ~jon] 1. souffler (bruyamment); renifler; haleter; *még* ~ il respire encore; 2. *sokáig* ~ il prend son temps
szuszogás 1. reniflement; halètement *m;* 2. *(lélegzés)* respiration *f;* 3. *(lassúság)* lenteur(s) *f (pl)*
szutykos [~ak, ~at; ~an] 1. crasseux; poisseux, -euse; ~ *fehérnép* marie-graillon; marie-salope *f;* ~ *személy* souillon *f;* 2. ~ *pipa* pipe culottée
szuverén [~ek, ~t] souverain, -e; ~ *állam* État souverain
szuverénítás souveraineté *f*
szűcs [~ök, ~öt, ~e] pelletier; fourreur *m*
szűcsáru pelleterie *f*
szügy [~ek, ~et, ~je] 1. *(lóé)* poitrail *m ;* 2. *(marháé)* poitrine *f*
szűk [~ek, ~et] I. *(mn)* 1. étroit; resserré; rétréci; étranglé; strangulé, -e; exigu, -ë; *(ruha)* étroit; étriqué, -e; *(trop)* juste; 2. *(hangköz)* diminué, -e; *mellben* ~ trop juste de poitrine; *ez a blúz* ~ ce crosage bride trop *v* est trop juste; ~ *a cipője* être chaussé juste; ~*re szab* étriquer; faire trop étroit; *(átv:)* assigner une limite trop étroite à qc; ~*re szabja az időt* accorder un délai trop court; *átv:* ~*re szabva* compendieusement; ~ *átjáró* passage étranglé *v* étroit; ~ *elme* cerveau étroit; ~ *esztendő* année *f* de stérilité; *a hét* ~ *esztendő* les sept vaches maigres; *sovány, mint a hét* ~ *esztendő* maigre comme un cent de clous; ~ *keresztmetszet* goulot *m* d'étranglement; ~ *korlátok közt* dans d'étroites limites; ~ *körben* dans un cercle restreint; ~ *látókör* étroitesse de vues *v* d'horizon; petitesse *f* d'esprit; ~ *látókörű* à l'esprit étroit; ~ *mellű* à la poitrine étroite *v* étriquée; ~ *nyakú (ruha)* à col étroit; *(edény)* au goulot étroit; ~ *pénzű* désargenté, -e *(n);* ~ *utca* rue *v* ruelle étroite; ~ *vállú* étroit(e) d'épaules; ~ *viszonyok közt él* vivre petitement; être dans la gêne; II. *(fn) vminek* ~*e* manque *m;* pénurie; disette *f; hely* ~*e miatt* faute de place; *pénz* ~*e* pénurie *f v* manque *m* d'argent; ~*ében van vminek* manquer de qc; qc lui fait défaut
szűkebb [~ek, ~et; ~en] plus étroit(e); plus rétréci(e); ~ *bizottság* comité restreint; commission restreinte; ~ *értelemben* dans un sens plus restreint; dans une signification plus restreinte; ~ *értelemben vett* proprement dit(e); ~ *hazája* sa petite patrie; ~ *körben v társaságban* devant ses intimes; en petit comité; ~ *körre szorít* restreindre; limiter (à un domaine plus étroit); ~ *körű ld:*
szűkkörű; ~*re fog* réduire; restreindre; ~*re szabott* restreint, -e; ~*re szorul a hurok vki körül* le filet se resserre autour de q
szűken étroitement; à l'étroit; petitement; ~ *áll pénz dolgában* être à court d'argent; ~ *mér* mesurer chichement; ~ *számítva is* au bas mot; petitement; ~ *van* être mesuré(e)

szűkített [~ek, ~et] *zen:* diminué, -e; ~ *hangköz* intervalle diminué
szűkkeblű mesquin, -e; chiche; à l'esprit étroit
szűkkörű 1. *(társaság)* exclusif, -ive; intime; select; **2.** *(ismeret)* rudimentaire; borné, -e; vague
szűkmarkú ladre; mesquin, -e; chiche; parcimonieux, -euse
szűköl [~tem, ~t, ~jön] hurler; crier; vagir
szűkölködés *(vmiben)* pénurie *f* (de); manque *m* (de); disette (de); indigence; gêne *f*
szűkölködik [~tem, ~ött, ~jék *v* ~jön] *(vmiben* v *vmi nélkül)* manquer de qc; *(fordított szerk.)* faire défaut
szűkölködő [~k, ~t] nécessiteux, -euse; indigent, -e
szűkös [~ek, ~et] exigu, -ë; ~ *helyzet* gêne *f; az akkori* ~ *viszonyok között* étant donné la crise de ce temps-là
szűkösen modiquement; étroitement; ~ *lakik* être logé(e) à l'étroit
szükség [~et, ~e] **1.** besoin *m;* nécessité *f;* ~ *esetén* v *esetére* en cas de besoin; au besoin; au cas échéant; si besoin est; s'il y a lieu; au pis aller; ~ *szerint* selon les besoins; ~ *van vmire* on a besoin de qc; *ha* ~ *van rá* si besoin est; s'il y a nécessité; ~*e van vmire* il a besoin de qc; *nincs* ~ *rá* il n'en est pas besoin; *ha a* ~ *parancsolja* v *kívánja* si la nécessité l'exige; *pénzre van* ~*e* il lui faut de l'argent; *eléggé* v *nagyon* ~*em van rá* j'en ai assez *v* fort besoin; *a földnek esőre van* ~*e* la terre demande de la pluie; *megvan mindene, amire* ~*e van* avoir le nécessaire; *nincs rá* ~*em* je n'en ai pas besoin; je ne sais qu'en faire; ~*ből* par nécessité; poussé(e) par la nécessité; *a* ~*hez képest* suivant les besoins; au fur et à mesure des besoins; ~*ét érzi vminek* éprouver *v* sentir le besoin de qc; ~*ét látja annak, hogy* trouver nécessaire *v* utile de *(inf);* juger à propos de *(inf);* ~*et szenved vmiben* manquer de qc; ~*et szenvedő személy* personne nécessiteuse; **2.** *(szegénység)* besoin *m;* nécessité; indigence; pénurie *f;* dénûment *m;* ~*ben él* vivre dans le besoin *v* la gêne; *nem lát* ~*et* être à l'abri du besoin; **3.** *(testi)* besoins *m pl;* nécessité(s) *f (pl);* ~*re megy* aller faire ses besoins; ~*ét végzi* faire ses besoins
szükségállapot état *m* d'urgence
szükségállvány échafaudage *m* de fortune
szükséges [~ek, ~et, ~e] **I.** *(mn)* nécessaire (à q *v* pour és *inf);* faire besoin; il faut...; *hiv:* requis, -e; *a* ~ *előfeltételek* les conditions requises; *a* ~ *rossz* le mal nécessaire; *ha* v *amennyiben* ~ en tant que besoin; si besoin est; à toutes fins utiles; ~, *hogy* il faut que *(subj);* il est nécessaire de *(inf)* v que *(subj);* il y a lieu de *(inf);* s *ezért* ~ *(inf)* d'où la nécessité de *(inf); feltétlenül* ~ il est de toute nécessité *v* d'une nécessité absolue; *nem* ~ c'est inutile; *nem* ~, *hogy* il est inutile de *(inf);* il n'est pas besoin de *(inf); nem* ~ *mondanom, hogy* inutile de dire que; *egyáltalán nem* ~, *hogy* point n'est besoin de *(inf);* ~*nek lát* v *talál* v *tart* trouver nécessaire *v* utile de *(inf);* juger à propos de *(inf);* ~*nek látszik* s'imposer; paraître *v* sembler nécessaire; ~*sé tesz* imposer; nécessiter qc; *a leg*~*ebb élelmiszerek* aliments *m pl* de première nécessité; **II.** *(fn)* le nécessaire; *a legszükségesebbre szorítkozik* se borner au strict nécessaire; *ellátja magát a legszükségesebbel* se fournir du nécessaire
szükséghelyzet nécessité *f*
szükségintézkedések mesures *f pl* d'urgence *v* d'exception
szükségképp(en) forcément; de plein droit
szükséglakás logement *m* d'urgence *v* de (première) nécessité
szükséglet 1. besoin(s) *m (pl);* exigence *f;* provisions *f pl; első* ~ *premieri besoins; feltétlen* ~ besoin irréductible; *napi* ~ besoins jour-

naliers; *tej~* besoins en lait; *a ~ kb.*
100 kg-ra rúg les besoins sont de l'ordre de 100 kg; *a ~ szerint* suivant le besoin; *~ek kielégítése* satisfaction *v* couverture *f* des besoins; *vki ~eiről gondoskodik* subvenir au besoin de q; 2. *(testi ~)* besoins *m pl;* nécessités *f pl;* affaire *f*
szükségleti; *elsőrendű ~ cikk* objet *m v* chose *f* de première nécessité
szükségmegoldás solution *f* de fortune
szükségmunka travaux publics pour combattre le chômage
szükségpénz 1. monnaie obsidionale; 2. *(pénzt helyettesítő papírfizetőeszköz)* bon *m* de monnaie
szükségrendelet décret-loi *m;* ordonnance *f* de détresse
szükségszerű forcé; fatal, -e; inévitable; *~ következmény* suite nécessaire; conséquence obligée *v* nécessaire
szükségszerűség nécessité (absolue *v* inéluctable); *a dolgok ~e* la fatalité des circonstances
szükségtelen inutile; superfétatoire
szűkszavú 1. *(ember)* taciturne; sobre *v* avare de paroles; 2. *(szöveg, válasz)* laconique; succinct, -e
szűkül [*~tem, ~t, ~jön*] se rétrécir; s'étrangler
szűkület 1. rétrécissement; étranglement *m;* 2. *orv:* rétrécissement
szül [*~tem, ~t, ~jön*] I. *(tgyl i)* 1. accoucher; faire ses couches; être en mal d'enfant *v* en couches; 2. *(állat)* mettre bas; faire ses petits; II. *(tgy i)* 1. accoucher de q; enfanter; mettre au monde; donner jour à q; *fiút ~t* elle est accouché *v* elle a accouché d'un garçon; 2. *(állat)* mettre bas; faire des petits; 3. *átv:* provoquer; produire; susciter; engendrer
szülés 1. accouchement *m;* délivrance *f;* couches *f pl;* enfantement *m;* parturition; maternité *f;* *~ előtti* prénatal, -e; *idő előtti ~* accouchement avant terme; *művi ~* accouchement artificiel; *nehéz ~* couches laborieuses; *~nél segít* accoucher;

egy ~t levezet accoucher; délivrer; 2. *(állaté)* parturition; mise bas *f*
szülési *fájdalmak* douleurs *f pl* (de l'enfantement); mal d'enfant; travail *m;* *~ segély* allocation maternité *f;* *~ szabadság* congé *m* de grossesse *v* de maternité
szülész [*~ek, ~t, ~e*] obstétricien; accoucheur *m; (nő)* accoucheuse *f*
szülészet obstétrique *f;* les accouchements *m*
szülésznő sage-femme; accoucheuse; matrone *f*
születés 1. naissance *f;* *~ előtti* prénatal, -e; *~ utáni* postnatal, -e; *a ~ek (számának) csökkenése* dénatalité *f;* décroissance *f* de la natalité; *a ~ek (számának) emelkedése v növelése* relèvement *m* de la natalité; *~ek korlátozása* la restriction des naissances; *a ~ek szabályozása* le contrôle des naissances; *~e napján* le *v* au jour de sa naissance; *~e óta vak* aveugle de naissance; *~kor* à la naissance; *~ekor* à sa naissance; *~ére nézve magyar* Hongrois de naissance; 2. *vall: Jézus ~e* la Nativité; *Krisztus ~e előtt* avant J.-C.; avant l'ère chrétienne
születési de naissance; *~ anyakönyv* registre *m* des naissances de l'État-Civil; *~ anyakönyvi kivonat* extrait *m* de naissance; *~ arisztokrácia* aristocratie *f* de naissance; *~ bizonyítvány* bulletin *v* acte *v* extrait *m* de naissance; *~ év* année *f* de naissance; *~ hely* lieu *m* de naissance; *~ hiba* vice *m* de conformation; tare originaire *f;* *~ súly* poids *m* de naissance
születésnap 1. jour de naissance *v* natal; 2. *(évforduló)* anniversaire *m* (de la naissance de q)
születésszabályozás le contrôle des naissances
születésű [*~ek, ~t*] 1. originaire de ...; 2. *alacsony ~* de basse extraction
született [*~ek, ~et*] 1. né, -e; natif, (-ive) de ...; *Kiss Jánosné, ~ Nagy Teréz* Mme Jean Kiss, née Thérèse Nagy *ritk;* Mme Thérèse Kiss, née

születik

ellensége vminek ennemi né *v* irréductible de qc; *első házasságából ~ gyerek* enfant *(n)* du *v* d'un premier lit; *~ költő il est né poète;* 2. prédestiné(e) à qc
születik [~tem, ~ett, -essen] 1. naître, venir au monde; *világra ~* naître à la vie; *idő előtt ~* naître *v* venir avant terme; *nyomoréknak ~ett* il est né infirme; *fia ~ett* un fils lui est né; *ettől a férjétől két gyermeke ~ett* de ce mari elle a eu deux enfants; *ebben a városban ~ett Petőfi* Petőfi est né dans cette ville; *ártatlan, mint a ma ~ett bárány* innocent comme l'enfant qui vient de naître; 2. *(vkitől)* devoir le jour à q; 3. *(vmire)* naître pour qc; 4. *vele ~* apporter en naissant
szülő [~k, ~t, ~je, szülei] I. *(mn)* 1. en couches; *(állat)* en parturition; *~ asszony* femme en couches; 2. *~ anyja, ~ oka ld:* **szülőok; II.** *(fn)* un *v* l'un de ses parents; l'un des parents de q; *~k iskolája* école *f* des parents; *szüleim* mes parents
szülőanya mère *f*
szülőföld pays natal; *~jén Magyarországon* dans sa Hongrie natale
szülői [~ek, ~t] 1. des parents; paternel; maternel, -elle; *~ beleegyezés* consentement *m* des parents; *~ értekezlet* consultation *v* réunion *f* de parents d'élèves; *~ munkaközösség* les parents d'élèves; 2. *orv:* parental, -e
szülőnő accouchée; femme *f* en couches
szülőok origine; source; cause (de départ); cause primordiale
Szümposzion; *Platón ~ja* le Banquet de Platon
szünet 1. *(működésben)* arrêt *m;* interruption *f;* relâche *m; ~ nélkül* sans cesse; sans arrêt; sans interruption; *~ nélkül dolgozik* travailler d'arrache-pied; *egy pillanatnyi ~* un moment d'arrêt; *~et tart (vmi)* marquer un temps d'arrêt; 2. *(rövid)* pause *f;* 3. *(harcban)* trêve *f; (események között)* intermède; entracte *m; tíz perc ~* une pause de dix minutes; *~et tart (vki)* faire une pause; 4. *(előadás, koncert keretében)* entracte; *szính: (nincs előadás)* relâche; 5. *(ülésben)* suspension *f* de séance; 6. *(bíráskodási) ~* vacances (judiciaires) *f pl;* 7. *(iskolai)* congé; jour *m* de congé; *(kollégiumban)* jour de sortie; *(órák között)* récréation *f; a ~ben* pendant la récréation; *(hosszabb isk. és ált. nyári ~)* vacances *f pl;* 8. *zen:* silence *m; (egy hangszeré)* tacet *m; (egész taktus)* pause *f; ld. még:* **pauza**
szünetel [~t, ~jen] 1. *(forgalom)* être arrêté(e) *v* interrompu(e); cesser; 2. *(munka, tőzsdei forgalom)* chômer; 3. *(hivatal)* vaquer; être en vacances; 4. *(színház)* faire relâche; 5. *(ügy)* être en suspens; 6. *a határidő ~* le délai cesse de courir
szüneteltet 1. faire cesser; interrompre; suspendre; 2. *(pert)* discontinuer (l'instance)
szünetjel 1. *zen:* silence *m;* pause *f;* 2. *rád:* signal *m*
szünidő jour *m* de congé; *(hosszabb)* vacances *f pl*
szűnik [~t, ~jék *v* ~jön] cesser; tomber; diminuer; *nem ~ continuer*
szünnap jour *m* de congé; *(közéletben)* jour férié
szüntelen(ül) sans cesse; sans arrêt; sans fin ni trêve; perpétuellement
szűr [~tem, ~t, ~jön] 1. filtrer; passer; *~i a levest* passer le bouillon; 2. *~i a bort* presser le vin; 3. *(lerakódásos folyadékot)* décanter; 4. *(fényt)* tamiser
szürcsöl [~tem, ~t, ~jön] boire à petites gorgées, siroter; déguster; humer
szűrés 1. filtrage *m;* filtration; clarification *f;* 2. décantage *m;* 3. *(betegség felfedezésére)* dépistage *m;* 4. *pol:* filtrage; *(rendőrség részéről)* opération *f* de ratissage
szüret 1. vendange(s) *f (pl); jó ~* grande vinée; 2. *(gyümölcsé)* récolte; cueille *f*
szüretel [~tem, ~t, ~jen] 1. vendanger; 2. *(gyümölcsöt)* récolter; cueillir

szüreti des vendanges; vinaire; ~ *mulatság* fête *f* des vendanges; ~ *szokás* coutume *f* de vendanges
szürke I. *(mn)* **1.** gris, -e; ~ *fény* lumière rasante; ~ *haj* cheveux grisonnants *v* gris; *a* ~ *szín* le gris; **2.** *orv:* ~ *kéregállomány* écorce grise; **3.** *a* ~ *piac* le marché «semi-noir»; **4.** effacé, -e; modeste; ~ *élet* vie effacée *v* modeste; ~ *ember* homme insignifiant; **II.** *(fn)* **1.** *-ében jár* porter du gris; **2.** *-ével fest* peindre en grisaille; **3.** *(ló)* le gris; cheval souris *m*
szürkegém héron cendré
szürkehályog *orv:* cataracte (cristalline *v* du cristallin)
szürkemedve grizzli *m*
szürkén *irod:* prosaïquement; ~ *él* vivre dans l'effacement
szürkerigó merle *m*
szürkés grisâtre; *fest:* farineux, -euse
szürkésbarna gris brun; bis, -e
szürkeség 1. grisaille *f;* le gris; **2.** *átv:* effacement *m;* insignifiance *f;* kiemel *a ~ből* faire sortir de l'obscurité
szürkéskék pervenche, d'un bleu plombé
szürkészöld gris vert
szürkül [~t, ~jön] **I.** *(tgyl i)* **1.** devenir gris(e); **2.** *(haj)* grisonner; **II.** *(szmt i) (~ az ég)* le crépuscule arrive *v* tombe *v* vient; c'est la brune
szürkület crépuscule *m*
szűrő [~k, ~t, ~je] **I.** *(mn)* **1.** filtrant, -e; **2.** clarifiant, -e; **II.** *(fn)* **1.** filtre *m;* **2.** *konyh:* passoire *f;* **3.** *vegy:* clarifiant *m;* **4.** *fények, rád:* filtre; **5.** *orv:* *(intézmény)* centre *m* de dépistage; **6.** *átmegy a hivatalos ~n* passer par la filière administrative
szűrődik [~ött, ~jék *v* ~jön] **1.** filtrer *(fény is);* **2.** *(étel)* passer
szűrőkészülék filtre; décanteur *m*
szűrőpapír papier filtre *v* brouillard *m*
szűrőpróba 1. essai *m* de tamisage; **2.** *(embereké)* test *m* de barrage
szűrőszita tamis filtrant
szűrőtábor camp *m* de triage
szűrővizsga épreuves éliminatoires *f pl;* examen éliminatoire *m*
szűrővizsgálat *orv:* dépistage *m*
szürrealista surréaliste *(n)*
szűz [~ek, ~et; ~en] *(fn)* vierge *(mn is);* pucelle *f; vall: Szűz Mária* la sainte Vierge
szűzdohány tabac frais *v* de contrebande
szűzérmék *konyh:* émincés *m pl* de porc
szüzesség virginité *f;* pucelage *m nép;* fleur *f; (főleg férfiaknál)* chasteté *f;* elveszti *~ét* se déflorer; perdre sa fleur *v* sa rose
szüzességi *fogadalom* vœu *m* de chasteté
szűzföld terre nouvelle *v* vierge; soil vierge *m;* ~*ek megmunkálása* le défrichement des terres vierges
szűzhártya *orv:* hymen *m*
szűzi [~ek, ~t; ~en] virginal, -e; chaste; ~ *ártatlanság* candeur virginale; chasteté *f*
szűzies [~ek, ~t] chaste; virginal; inviolé, -e
szűzpecsenye; szűzsült filet *m* de porc rôti
szvit [~ek, ~et, ~je] *zen:* suite *f*

T

t *(betű, hang)* t m
tábla [-ák, -át, -ája] 1. tableau m; *(kisebb)* tablette f; *(kerek)* disque m; *egy ~ csokoládé* une tablette de chocolat; *egy ~ szalonna* une planche de lard; 2. *(régen, írásra használt)* tablettes f pl; 3. *(iskolai)* tableau noir; 4. *(könyvé)* plat m (du livre); 5. *(számoló, logaritmus)* table; *(átnézetes)* tableau; 6. *(társasjátékhoz)* piste f; 7. *(számos)* médaille f; 8. *műv:* (szárnyasképen, oltáron) ouvrant m; 9. *(ajtórész)* panneau m; 10. *(ablak~)* carreau m; 11. *(nagy üveg~)* table f; plateau m; 12. *(emlék~ stb.)* plaque f; 13. *földr:* plate-forme f; 14. *(föld)* pièce f de terre; champ m; 15. *(kertben)* carré m; 16. *a Tábla* la Cour d'appel; 17. *tört:* (rendi) ~ les deux Chambres; les États généraux
táblaolaj huile f de table
táblás *szính:* ~ *ház* salle comble
táblaüveg verre m en table v à vitre
táblázat 1. tableau; dessin schématique; état; relevé m; 2. *(vonalakkal)* graphique; diagramme m; 3. *(beosztással)* barème m
tabletta [-ák, -át, -ája] *orv:* comprimé m
tábor [~ok, ~t, ~a] 1. camp; campement; bivouac m; *a ~t felszedi* lever le camp; *~t üt* asseoir v établir v dresser son camp; 2. *átv:* camp
tábori [~ak, ~t] de campagne; ~ *ágy* lit m de camp; ~ *ágyú* pièce f de campagne; ~ *konyha* cuisine roulante (de campagne); ~ *kórház* ambulance f; ~ *látcső* jumelles f pl de campagne; ~ *pékség* manutention f; ~ *posta* poste (ambulante) militaire; ~ *postaszám* secteur postal; ~ *rögtönbíróság* v *csendőrség* prévôté f; service prévôtal; ~ *sapka* képi; bonnet m de police; ~ *tüzér* artilleur m de campagne; ~ *üteg* batterie f de campagne
tábornagy *rég:* maréchal m de camp; *(magyar, német)* feldmaréchal m
tábornok [~ok, ~ot, ~a] général m
táboroz [~tam, ~ott, ~zon] 1. camper; cantonner; *(rögtönzött éjjeli táborban)* bivouaquer; 2. *sp:* faire du camping
tábortűz 1. feu m (de camp); 2. *kat:* feu m de bivouac
tabu [~k, ~t] I. *(mn)* tabou, -e; II. *(fn)* tabou m
tabulátor [~ok, ~t, ~a] tabulateur m
Tacitus Tacite m
tacskó [~k, ~t, ~ja] 1. *áll:* basset m; 2. *átv:* blanc-bec; béjaune; blondin; godelureau m
tag [~ok, ~ot, ~ja] 1. *(testi)* membre m; *minden ~om fáj* je suis courbatu v tout moulu; *minden ~jában reszket* trembler de tout ses membres; 2. *(szóé)* syllabe f; *(összetett mondaté)* terme m; 3. *mat:* (aránylaté, képleté) terme; *(egyenleté)* membre; *ismert ~ja* membre connu (d'une équation); 4. *második ~om (szórejtvényben)* mon second; 5. *(földről)* parcelle; pièce f de terre; *egy ~ban* en un seul tenant; 6. *(társaságé)* membre; adhérent, -e n; cotisant m; *(aktív harcos)* militant m; *~ja* il en est; il est de la partie; *~ul belép* adhérer à qc; s'affilier à qc; *~ul felvesz* admettre comme membre d'une société; 7. *(kongresszusé)* congressiste *(n)*; 8. *rád* circuit m; 9. *(bandáé, titkos társaságé)* affilié m; 10. *arg:* type; mec; pote; camarade m
tág [~ak, ~at] 1. large; vaste; *~ra mereszti szemét* écarquiller les yeux; *~ra nyitott* ouvert(e) tout en grand; 2. *átv:* extensif, -ive; *~abb értelem* signification extensive; *~abb értelemben* dans un sens plus large; par

tagad 920 **tágul**

extension; *a szónak ~abb értelmében* au sens large du mot; 3. ~ *lelkiismeret* conscience large *v* élastique *f*
tagad [~tam, ~ott, ~jon] 1. *(vádat, ráfogást)* nier *(inf) v* qc; se défendre de *(inf)*; contredire qc; *a vádlott ~ l'accusé* conteste; *nem ~om* je ne m'en défends pas; *nem akarom ~ni* je n'y contredis pas; *~ja vkinek állítását* désavouer q; contredire l'affirmation de q; *~ja, hogy látta volna* il nie l'avoir vu; *~ja, hogy ez így van* il nie que cela soit; *nem ~om, hogy így van* je ne disconviens pas que cela soit ainsi; *nem lehet ~ni, hogy* on ne saurait contester que *(ind)*; 2. *(állítást, tételt)* mettre en doute; combattre; répudier; contester qc
tagadás 1. négation *f*; ~ *szelleme* l'esprit *m* de négation; *mi ~?* à quoi bon le nier? 2. *(vádlotté)* dénégation *f*; désaveu *m*; 3. *(jogé, tételé)* contestation *f*; 4. *nyelv:* négation
tagadhatatlan indiscutable; incontestable; *(bizonyíték)* indéniable; ~, *hogy* il est hors conteste que *(ind)*; on ne saurait nier que *(ind v subj)*
tagadó [~k, ~t] I. *(mn)* 1. négateur, -trice; contradictoire; négatoire; ~ *felelet* réponse négative; ~ *feleletet ad* répondre par la négative; ~ *választ ad* donner une réponse négative; 2. *nyelv:* négatif, -ive; ~ *ige* verbe négatif; ~ *mondat* négation de phrase; proposition négative; II. *(fn) (vminek a ~ja)* 1. contradicteur *m*; 2. négateur, -trice *n*
tagállam 1. pays *v* État membre *m*; 2. membre *m v* puissance *f* signataire du Pacte
tágas [~ak, ~at] spacieux, -euse; vaste; ample
tagbaszakadt [~ak, ~at; ~an] trapu; râblé, -e; robuste
tagdíj cotisation *f*
tagdíjhátralék cotisation arriérée
tagfelvétel admission *f* de nouveaux adhérents *v* membres
taggyűlés 1. assemblée générale; 2. réunion *f* du Parti

tágít [~ottam, ~ott, ~son] I. *(tgy i)* 1. élargir; 2. *(sort, közt)* espacer; 3. *(nyilást)* dilater; 4. *(rugalmas dolgot)* détendre; 5. *(köteléket, kötelet)* relâcher; II. *(tgyl i) nem ~* il ne veut pas en démordre *v* lâcher prise; il ne rompt pas d'une semelle; *nem ~ az oldala mellől* il ne le quitte pas un instant
tagjelölt *pol:* stagiaire *n*
tagkizárás exclusion *f* du Parti
tagkönyv carte *f* d'adhérent
taglal [~tam, ~t, ~jon] 1. analyser; détailler; commenter; *(rosszindulatúan)* épiloguer sur qc; 2. discuter; ventiler
taglalás 1. analyse *f*; commentaire *m*; 2. discussion; ventilation *f*
taglejtés geste(s) *m (pl)*; gesticulation; pantomime *f*
taglétszám nombre *m* des adhérents; effectifs *m pl*; *szavazáshoz szükséges ~* quorum *m*
tagló [~k, ~t, ~ja] maillet; merlin *m*
tagol [~tam, ~t, ~jon] 1. *(ejtésben)* articuler; *élesen ~ (szavakat, szótagot)* marteler; *rosszul ~* mal articuler; 2. *(írásban)* syllabiser; 3. *zen:* phraser
tagolatlan inarticulé, -e; ~ *hangok* sons inarticulés
tagoltság 1. *(szerkezeté)* articulation; charpente *f*; 2. *(parté, hegyé stb.)* configuration *f*
tagosítás remembrement *m* (parcellaire des terres)
tagozat 1. section; classe *f*; 2. *(oktatási) a)* cycle *m* (d'études); *alsó ~ (középiskolai)* premier cycle; *b)* section; *humán ~* section classique; 3. *(pártokban)* section
tagozódik [~ott, ~jék *v* ~jon] se répartir; se diviser
tagság 1. qualité *f* de membre; 2. adhésion (à); participation *f* (à); 3. *a ~* la réunion *v* la totalité des membres; *pol:* section *f*
tagsági *bélyeg* timbre *m* cotisation; ~ *díj* cotisation *f*
tágul [~tam, ~t, ~jon] 1. *(térben)* s'élargir; s'évaser; 2. *(testi szerv)*

táj 921 **takarmány**

se dilater; 3. *(rugalmas dolog)* se détendre; 4. *(kötelék)* se relâcher; 5. *nép: ~j innen!* fous v fiche le camp!
táj [~ak, ~at, ~a] 1. région; contrée *f;* 2. paysage *m; fest:* huvasi ~ paysage de neige; 3. *földr:* forme du terrain; modelé *m* de surface; 4. *(testi)* région; 5. *met:* aire *f; alacsony nyomású ~* aire cyclonale; 6. *dél ~ban* vers midi; *a múlt század közepe ~án* vers le milieu du siècle passé
tájék [~ot, ~a] 1. région *f;* pays *m;* contrée *f; (főleg tengeri)* les parages *m;* 2. *(festői)* site; paysage *m;* 3. *Lyon ~án* aux environs v à proximité de Lyon
tájékozatlan désorienté; dépaysé, -e
tájékozódás orientation; prise *f* de contact; *a ~ megzavarása* désorientation *f*
tájékozódik [~tam, ~ott, ~jék v ~jon] 1. *(vhol)* se reconnaître; s'orienter; 2. *(vmiről)* s'informer de qc; se renseigner v se documenter sur qc
tájékozott [~ak, ~at] 1. expérimenté, -e; 2. (bien) informé, -e; ~ *vmiről* être au courant v au fait de q
tájékoztat *(vmiről)* informer de qc; renseigner v se documenter sur qc; *pontosan ~ vmiről* fixer sur qc
tájékoztatás information *f; ~ul; ~ céljából* à titre documentaire
tájékoztatásügy information *f*
tájékoztató [~k, ~t] I. *(mn)* indicateur, -trice; II. *(fn)* 1. prospectus; programme *m;* 2. *(szoba)* salle *f* de référence
tájfun [~ok, ~t, ~ja] typhon *m*
tájkép 1. paysage; panorama *m;* 2. *fest:* paysage; *(tengeri)* marine *f*
tájol [~tam, ~t, ~jon] orienter
tájolás 1. orientement *m;* 2. *ép:* exposition; la direction v l'ensoleillement *m* d'une maison
tájoló [~k, ~t, ~ja] boussole *f; haj:* compas *m*
tájrajz topographie *f; (általánosabb)* chorographie *f*
tájszólás dialecte; idiome *m; (nem tudományosan:)* patois *m; (komédiákban)* jargon *m; ~sal* v *~t beszél* parler un dialecte
tajték [~ot, ~ja] 1. écume *f;* 2. *(mérges)* bave *f;* 3. *orv:* spume *m*
tajtékpipa pipe *f* en écume de mer
tajtékzik [~ottam, ~ott, -kozzék v -kozzon] 1. écumer; blanchir d'écume; 2. *~ a dühtől* v *dühében* écumer de colère v de rage; 3. *(vmi ellen)* fulminer v écumer contre qc
takács [~ok, ~ot, ~a] tisserand *m*
takácsipar tisseranderie *f*
takácsmester maître tisserand *m*
takar [~tam, ~t, ~jon] 1. couvrir; recouvrir; masquer; 2. *(vmibe)* envelopper dans qc; 3. *(télre szőlőt, fát)* rechausser; 4. *átv:* masquer; maquiller; pallier; déguiser
takarékbetét dépôt *m* de banque
takarékkönyv livret *m* de caisse d'épargne
takarékos [~ak, ~at] 1. épargnant, -e; économe; 2. *(dolog)* économ ique
takarékoskodás économie; épargne *f*
takarékoskodik [~tam, ~ott, ~jék v ~jon] 1. faire des économies; épargner; 2. *~ vmivel* économiser qc; épargner qc; ménager qc; *~ a pénzével* ménager son argent; *nem ~ vmivel* prodiguer qc; *nem ~ semmivel* voir grand; faire tout en grand
takarékpénztár caisse *f* d'épargne
takarékpersely tirelire *f*
takaréktűzhely fourneau *m* (de cuisine)
takargat 1. protéger; envelopper dans qc; 2. *(hibát)* déguiser; pallier; envelopper dans qc; masquer; *ostobaságát ~ja* plâtrer sa sottise
takargatás déguisement *m;* palliation *f;* maquillage *m*
takarít [~ottam, ~ott, ~son] I. *(tgy i)* nettoyer; balayer; II. *(tgyl i) (szobát stb.)* faire la chambre; faire le ménage
takarítónő femme *f* de ménage v de journée v de service; *(kórházi)* fille *f* de salle
takarítóvállalat entreprise *f* de nettoyage
takarmány fourrage *m;* mangeaille; pâture *f*

takarmányborsó pois fourragers v d'été
takarmánybükköny vesce commune
takarmánynövény plante v espèce fourragère
takarmánypogácsa tourteau m
takarmányrépa betterave fourragère; betterave-disette; rutabaga m
takaró [~k, ~t, ~ja] I. *(mn)* 1. couvrant...; recouvrant...; 2. ~ *tollak* plumes tectrices; 3. ~ *ponyva* bâche f; II. *(fn)* 1. couverture f; couvre-pied m; 2. *(bútoron, lovon)* housse f; 3. *(magé stb.)* enveloppe f; tégument m; 4. *(növényi* v *más)* manteau m; 5. *mez: (kaszán)* ramassette f; 6. *geol:* nappe f; 7. *orv:* intégument m; 8. *él:* cuticule f; 9. *átv:* paravent m; vminek ~ja alatt sous le couvert de...
takarodik [~tam, ~ott, ~jék v ~jon] détaler; vider les lieux; *takarodjék!* prenez la porte! sortez! *takarodj!* file! fiche v fous le camp!
takaródó [~k, ~t, ~ja] 1. retraite f; 2. *(esti)* couvre-feu m
takaró(d)zik [~tam, ~ott, -zék v -zon] 1. *(vmivel)* se couvrir de qc; 2. ~ vmibe s'envelopper dans qc; 3. *átv:* ~ vmivel s'abriter derrière qc
takaros [~ak, ~at] pimpant, -e; coquet, -ette
taknyos [~ak, ~t; ~an] morveux, -euse *(n)*
tákolmány 1. échafaudage m; machine f; 2. *(szellemi mű)* mauvaise compilation; rhapsodie f; avorton m; 3. *(okoskodás)* échafaudage
takony [taknyot, taknya] morve; roupie; mouchure f
taksa [-ák, -át, -ája] 1. tarif m; 2. taxe f
taksál [~tam, ~t, ~jon] estimer; priser
taktika tactique f; ravasz ~ manœuvre; tactique rusée; *-át változtat* changer de tactique; changer son fusil d'épaule
taktikus ;1. tacticien m; 2. *átv:* manœuvrier m
taktus mesure f; ~ban, ~ra en mesure;

veri v üti a ~t battre v marquer la mesure
tál [~ak, ~at, ~a] 1. plat m; *tb:* la platerie; *magas (gyümölcsös* v *süteményes)* ~ assiette f à étagère; *nagy, mély* ~ bassin m; *egy* ~... un plat v une platée de...; *egy* ~ *lencse* un plat de lentille; 2. *három* ~ *étel* trois plats; 3. *átv:* beleköp a ~ba mettre les pieds dans le plat
talaj [~ok, ~t, ~a] 1. sol; terrain m; terre f; *jó* ~ bon terrain; *elveszti a* ~*t a lába alól (vízben)* perdre pied *(átv is);* 2. *átv:* nincs ~a manquer d'attaches
talajbiológia biologie des sols; pédobiologie f
talajcsatorna; talajcső drain; tuyau m d'évacuation v d'amenée
talajcsövezés drainage m
talajcsuszamlás v -csúszás glissement de terrain
talajemelkedés élévation f de terrain
talajereszkedés le tassement des terres
talajfelszín superficie f du sol
talajjavítás amélioration f v assainisse; — ment m des terrains
talajkimerülés dégradation v fatigue f des sols
talajkötés fixation f du terrain
talajkutatás prospection f
talajlazítás mez: ameublissement; émottage m
talajmechanika mécanique f des sols
talajmenti [~ek, ~t] ~ *fagy* gelée f au sol; ~ *hőmérséklet* température f au sol
talajművelés mise en culture; culture f (du sol)
talajsüllyedés; talajsüppedés le retrait v la dépression v l'affaissement m du sol
talajszerkezet structure v texture du sol; contextura f du terrain
talajszintezés nivellement m
talajtalan sans attaches; dépaysé, -e
talajtérkép carte f des sols
talajtorna exercices m pl à terre v au sol
talajviszonyok propriétés physiques f pl du sol

talajvíz eaux souterraines *v* de filtration; nappe souterraine

talajvízszint niveau *m* d'eau *v* hydrostatique

talál [~tam, ~t, ~jon] **I.** *(tgy i)* **1.** *(vmit, vkit)* trouver; découvrir; mettre la main sur qc; *(elszórtan)* glaner; *sehol sem ~ják* il demeure introuvable; *senkit sem ~* otthon trouver porte close; *nem ~ja a helyét* il n'est pas à son aise; il se sent déplacé; *nem ~ok szavakat, hogy* les paroles me manquent *v* me font défaut pour *(inf)*; **2.** *(vmilyennek)* trouver qc; *furcsának ~om* je trouve cela bizarre; je lui trouve un air singulier; *jónak ~* approuver; *jónak ~ja, hogy* trouver bon *v* juger à propos de *(inf)*; **3.** *(lövés, ütés vkit)* atteindre; **4.** *(vívó)* toucher; boutonner; **II.** *(tgyl i)* **1.** *(vkire, vmire)* trouver; découvrir; mettre la main sur qc; **2.** *(célba)* atteindre le but; faire mouche; *(vadász)* atteindre le gibier; *(lövés)* porter; porter juste; *(ütés, célzás)* frapper juste; *nem ~ (ember)* manquer le but; *(ütve, vágva)* frapper à vide; *(célzás, vád)* porter à faux; **3.** *a számítás az utolsó fillérig ~* le compte est juste; **III.** *(segédige) ~ (inf)* venir à *(inf)*; il arrive de *(inf)*; *ha esni ~na az eső* s'il vient à pleuvoir; *ha meg ~na halni* s'il venait à mourir; *azt ~tam mondani* il m'est arrivé de dire

tálal [~tam, ~t, ~jon] **1.** servir; **2.** *konyh:* dresser; *~va van!* le dîner est servi!

találat 1. *(lövésnél)* portée efficace; bonne cible; **2.** *(pont, hely)* impact, point *m* de chute; **3.** *vívás:* touche *f*; **4.** *(felfedező)* trouvaille *f*

találékony [~ak, ~at] inventif, -ive; dégourdi; débrouillard, -e; *~ elme* esprit inventif

találgat *(vmit)* chercher *v* s'ingénier à trouver

találgatás conjectures; présomptions *f pl;* prévision *f; ez csak puszta ~* ce n'est que pure supposition; *~okba bocsátkozik* faire des suppositions; se perdre en conjectures sur qc (au sujet de qc)

található trouvable; *(igével)* se trouver; se vendre

találka rendez-vous *m; szerelmi ~* rendez-vous galant; *-át ad* assigner un rendez-vous *v* donner rendez-vous à q; *(egymásnak)* prendre rendez-vous (pour tel jour)

találkahely 1. lieu *m* de rendez-vous; **2.** *pej:* maison *f* de passe *v* de rendez-vous

találkozás 1. rencontre *f; (előkészített)* entrevue *f;* **2.** *(eszmei) ~ alapja* point *m* de ralliement; *szerencsés ~* heureuse coïncidence

találkozik [~tam, ~ott, ~zék *v* ~zon] **I.** *(tgyl i)* **1.** *~ vkivel* rencontrer q; se rencontrer avec q; *sokszor ~om vele* je le vois *v* je le rencontre souvent; **2.** *újra ~ vkivel* se retrouver avec q (dans une société); **3.** *~nak (egymással)* se rencontrer; *(vmiben)* se rejoindre sur qc; **4.** *(vonalak, vasút)* se rencontrer; se joindre; se croiser; **II.** *(szmt i) (akad, előfordul)* se rencontrer; se trouver

találkozó [~k, ~t, ~ja] **1.** rendez-vous *m;* rencontre; entrevue *f; a ~ helyét s idejét megállapítja* fixer le rendez-vous; **2.** *(közös étkezés stb.)* dîner *m (stb.)* d'anciens camarades

találmány invention *f*

találmányi *hivatal* le Service des Inventions

találó [~ak, ~t] **I.** *(mn)* **1.** juste; heureux, -euse; frappant, -e; *~ érvek* arguments congruents; **2.** *~ arckép* portrait ressemblant; **II.** *(fn)* **1.** celui qui le trouve; **2.** *hiv:* inventeur; trouveur *m*

tálaló [~k, ~t] **1.** table *f* de service; **2.** *(helyiség)* office *f*

találomra *(csak úgy) ~* au petit bonheur; à l'aventure

találós *kérdés v mese* devinette; devinaille *f*

talált ~[ak, ~át] *~ gyermek* enfant trouvé(e); *~ tárgy* objet trouvé; *~ tárgyak irodája* bureau *m* des objets perdus

talán peut-être; peut-être que; *(feleletben)* peut-être; cela se peut; possible! ~ *igen* peut-être que oui; ~ *igen,* ~ *nem* peut-être que si, peut — être que non; ~ *beteg?* est-ce qu'il serait malade?
talány énigme; devinette; devinaille *f; a* ~ *megoldása* le mot de l'énigme
talapzat 1. piédestal; socle *m;* 2. *(házé)* soubassement *m*
talár [~ok, ~t, ~ja] robe *f; (birói, papi)* toge *f*
tálca [-ák, -át, -ája] plateau (à servir) *m; átv: -án hoz* offrir sur un plat d'argent
tálcakendő dessus *m* de plateau
talicska brouette *f*
talicskáz [~tam, ~ott, ~zék *v* ~zon] brouetter
taliga [-ák, -át, -ája] 1. *(kétkerekü)* charrette *f;* tombereau *m;* 2. *(ekén)* avant-train *m;* 3. brouette *f*
talizmán [~ok, ~t, ~ja] talisman *m;* amulette; mascotte *f*
tálka [-ák, -át, -ája] 1. cuvette; cuve *f;* 2. *(csészeszerü, ivásra)* bol *m*
tallóz [~tam, ~ott, ~zon] glaner; faire glane
talmi [~ak, ~t] I. *(mn)* 1. postiche; 2. en toc; en simili; II. *(fn)* simili; clinquant; toc *m*
talp [~ak, ~at, ~a] 1. plante *f* du pied *v* des pieds; dessous *m* du pied; 2. *(medvéé)* patte *f;* 3. *(tárgyé)* support *m;* hausse *f;* 4. *(szoboré, oszlopé) ld:* **talapzat;** 5. *(poháré)* pied *m;* 6. *(cipőé)* semelle *f;* 7. *müsz:* semelle; *(siné, korcsolyáé)* patin *m; (keréké)* jante *f;* 8. *(ágyúé)* affût *m;* 9. *bány:* pied; mur *m; talpig becsületes* d'une honnêteté absolue *v* extrême; d'une probité à toute épreuve; ~*ig ember* avoir le cœur bien placé; ~*ig férfi* homme intègre; ~*ig gyászban* en grand deuil; ~*on* debout; *már kora hajnalban* ~*on van* il est debout dès la pointe du jour; ~*ra!* alerte! debout! ~*ra magyar* debout les Hongrois! ~*ra áll* se redresser; *(átv:)* se relever; se ressaisir; *(hosszú betegség után)* reprendre le dessus; se remettre; ~*ra esik (mint a macska)* tomber debout; ~*ra ugrik* se remettre vite sur pied; *vkinek a* ~*át nyalja* lécher les pieds *v* les bottes de q; cirer les bottes à q
talpal [~tam, ~t, ~jon] I. *(tgy i) (cipőt)* ressemeler; II. *(tgyl i) (megy)* trotter; faire de la marche à pied
talpalatnyi [~t] *egy* ~ *földet sem* pas un pan *v* un pouce *v* un pied du territoire
talpfa traverse *f; (müsz:)* bille *f*
talpnyalás flagornerie; adulation; obséquiosité *f*
talpnyaló I. *(mn)* adulateur, -trice; adulatoire; rampant, -e; II. *(fn)* flagorneur, -euse; adulateur, -trice *n*
talppont pied *m*
talpraállás remise *f* d'aplomb; redressement *m; (betegé)* remise debout *f; egy ország* ~*a* le relèvement d'un pays
talpraesett [~ek, ~et] 1. *(ember)* dégourdi; débrouillard, -e; 2. qui tombe à pic; spirituel, -elle; exact, -e; *v válasz* réponse fine *v* adroite
táltos [~ok, ~t, ~a] I. *(mn)* fée; ~ *ló* cheval fée *m;* II. *(fn)* prêtre magicien; chaman *m*
tályog [~ok, ~ot, ~a] abcès *m*
tám [~ok, ~ot, ~ja] 1. étançon *m;* 2. *bány:* étançon; button *m*
támad [~tam, ~ott, ~jon] I. *(tgy i)* 1. attaquer; s'attaquer à qc; battre qc en brèche; *(rohamozva)* charger; assaillir; 2. *(szóban)* apostropher *v* interpeller vivement; 3. *(terjedő tüz, betegség stb.)* atteindre qc; mordre sur qc; II. *(tgyl i)* 1. attaquer; *(rohamozva)* donner; aller à l'assaut; 2. *sp:* partir à l'assaut; engager; 3. *(keletkezik, akad)* surgir; paraître; se produire; *az az érzés* ~*t benne, hogy* il eut le sentiment très net que; *követői* ~*tak* il eut des disciples; il fit école; *az a gondolata v az az ötlete* ~*t* l'idée lui vint de *(inf);* il s'avisa de *(inf); kedve* ~*t, hogy* il lui prit envie de *(inf);* 4. *(szél)* se lever; s'élever; 5. *(tüz)* se décla-

támadás / **támpont**

rer; 6. *(vmiből)* provenir de qc; naître de qc
támadás 1. attaque *f;* *(hirtelen, váratlan)* attaque-surprise *f;* *(bűnös* v *váratlan)* agression *f;* 2. *kat:* offensive; attaque; *(roham)* charge *f;* assaut *m;* *a* ~ *arcvonala* le front d'attaque; ~*ba megy át* passer à l'offensive; ~*ba kezd,* ~*t megkezd* partir à l'attaque (de q); lancer *v* déclencher une attaque contre qc; livrer un assaut; ~*nak kitett* exposé, -e; *megadja a jelt a* ~*ra* donner le signal de l'attaque; *a* ~*t visszaveri* repousser l'attaque *v* l'offensive; 3. *sp:* *(ökölvívás)* charge *f;* 4. *átv:* attaque; atteinte; offensive *f;* ~*ban részesít vmit* instruire le procès de qc; ~*t intéz* mener une attaque *v* une offensive (contre); 5. *(keletkezés)* naissance; production *f;* 6. *új életre* ~ résurgence *f*
támadási d'attaque; *hogy a* ~ *felületet csökkentse* afin d'offrir moins de prise à l'attaque ennemie
támadó [~k, ~t] I. *(mn)* 1. agressif; offensif, -ive; ~ *fegyver* arme offensive *v* agressive; ~ *fél* agresseur *m;* ~ *háború* guerre offensive *v* d'agression; ~ *modor* agressivité; ~ *szellem* esprit *m* d'offensive; 2. *(vmiből)* provenant de qc; II. *(fn)* assaillant; attaquant *m;* *(bűnös szándékkal:)* agresseur *m*
Tamás [~ok, ~t, ~a] Thomas *m*
támasz [~ok, ~t, ~a] 1. appui; soutien; support *m;* 2. *(gerenda)* étai; étançon *m;* 3. *ép:* appui; bâti *m;* 4. *műsz:* support; valet *m;* 5. *(vkié)* appui; soutien *m;* béquille *f;* *öregségének* ~*a* son bâton de vieillesse; *a társadalom* ~*ai* les étais de la société
támaszkodik [~tam, ~ott, ~jék *v* ~jon] 1. *(vmire)* s'appuyer sur qc; prendre appui sur qc; *kezével egy botra* ~ s'appuyer de la main sur une canne; 2. *(vmihez, vminek)* s'appuyer contre qc; s'adosser à *v* contre qc; 3. *átv: vmire* ~ se réclamer *v* s'appuyer de (l'autorité de) q; *téves véleményre* ~ se fonder sur une opinion fausse
támaszpillér contrefort; pilier de soutènement; point *m* d'appui; *(ivvel)* arc-boutant *m*
támaszpont 1. point d'appui *(átv is);* point *m* de repère *átv;* 2. *kat:* base *f*
támaszt [~ottam, ~ott, -asszon] 1. *(vmihez)* appuyer; adosser; caler *(mind:* contre qc); 2. *átv:* faire naître; produire; soulever; provoquer; *nehézségeket* ~ faire naître *v* susciter *v* soulever des difficultés; *viszályt* ~ semer la discorde; 3. *igényt* ~ *vmire* revendiquer qc; prétendre à qc
támfal 1. mur de soutènement; épaulement *m;* 2. *(hídlábé)* butée *f*
támla [-ák, -át, -ája] dossier *m;* *karosszék -ája* le dos d'un fauteuil
támogat 1. *(súlyt)* soutenir; appuyer; 2. *(falat)* étayer; appuyer; 3. *átv:* *(segítve)* soutenir; appuyer; aider; seconder; assister; prêter assistance *v* son concours *v* la main à q; *előrejutásban, felemelkedésben* ~ tenir l'échelle à q; *tanácsaival* ~ aider *v* assister de ses conseils; *vkinek kérését* ~*ja* appuyer la demande *v* la requête de q; 4. *(érvvel)* étayer de qc; motiver par qc; 5. *(pénzzel)* soutenir *v* assister *v* aider de sa bourse; *(ipart, törekvést stb.)* encourager; favoriser; 6. ~*ják egymást* se soutenir; s'entraider
támogatás 1. appui *m;* assistance; aide *f;* concours *m;* *vkinek* ~*át élvezi* être dans la manche de q *biz;* *legmesszebbmenő* ~*át élvezi* jouir de sa plus haute protection; ~*t nyújt vkinek* prêter appui à q; 2. *(anyagi)* encouragement *m* à qc; subvention; prime *f;* *megvonja* ~*át vkitől* couper les vivres à q; 3. *vminek* ~*ára szolgál (érv)* venir à l'appui de qc; militer en faveur de qc
támolyog [~tam, -lygott, ~jon] tituber; chanceler
támpont 1. point *m* d'appui *v* de repère; 2. *kat: ld:* **támaszpont**

tan [~ok, ~t, ~a] 1. *(vkié)* doctrine; thèse; discipline *f;* 2. *(tudományos)* théorie *f;* principe *m*
tán *ld:* **talán**
tanács [~ok, ~ot, ~a] 1. conseil; avis *m;* suggestion; recommandation *f; vkinek ~ára* sur le conseil de q; *~ra szorul* avoir besoin d'être conseillé(e); *~ot ad vkinek* conseiller q; *(hivatásszerűen)* consulter; *jó ~ot ad vkinek* donner un bon avis à q; *hasznos ~okat kap* recevoir d'utiles directions; *~ot kér vkitől* demander conseil à q; prendre avis *v* conseil de q; consulter q; *vkinek a ~át követi* suivre *v* mettre en pratique les conseils de q; *jó -ccsal szolgál* donner un bon conseil à q; 2. *(gyülekezet)* conseil; corps consultatif; 3. *(bíróság)* chambre *f;* 4. *~ot tart* tenir conseil
tanácsadás conseil *m pl; (orvosi, jogi)* consultation *f; ingyen jogi ~* assistance judiciaire (gratuite)
tanácsadó I. *(mn)* consultatif, -ive; *~ mérnök* ingénieur-conseil *m;* II. *(fn)* 1. conseiller, -ère *n;* conseil; mentor *m; a harag rossz ~* la colère est mauvaise conseillère; 2. *(hivatásszerű)* consultant *m*
tanácselnök 1. *pol:* président *m* du Conseil; 2. *(törvényszéki)* président *m* de chambre
tanácshatalom le régime des Conseils
tanácsház 1. siège *m v* maison *f* du Conseil; 2. *(franciáknál)* mairie *f*
tanácskozás délibération(s) *f (pl);* conférence; consultation *f;* conseil *m; ~ tárgyát képezi* se négocier; *~ útján* délibérativement; *a ~ arról folyt, hogy* on délibérait pour savoir si *v* sur qc; *részt vesz a ~on* prendre part *v* assister *v* se trouver à une conférence; *~ra vonul vissza* entrer en délibération
tanácskozik [~tam, ~ott, ~zék *v* ~zon] 1. délibérer; tenir conseil; 2. *~ vmiről* délibérer sur qc *v* sur le parti à prendre; 3. *~ vkivel vmiről* conférer avec q sur de qc; *hosszasan ~ vkivel* avoir une longue conférence

avec q; *ügyvédjével ~* consulter (avec) son avocat
tanácskozó [~k, ~t] réuni(e) en conseil; délibérant, -e; consultatif, -ive
tanácsköztársaság république *f* des Conseils
tanácsnok [~ok, ~ot, ~a] conseiller *m; (fő)városi ~* conseiller municipal
tanácsol [~tam, ~t, ~jon] conseiller qc *v* de *(inf);* engager à *(inf); nem ~ (lebeszélve)* déconseiller qc *v* de *(inf)*
tanácsos [~ok, ~t] I. *(mn)* recommandable; utile; prudent, -e; *nem ~ lépés* démarche peu recommandable; *~nak tartja, hogy* juger à propos de *(inf);* II. *(fn)* conseiller *m*
tanácstag membre du conseil; conseiller *m*
tanácstalan perplexe; embarrassé; interdit, -e; *(kétségbeesetten)* désemparé, -e
tanácsterem 1. salle *f* des délibérations *v* du conseil; 2. *(bírósági)* chambre *f* du conseil
tanácstitkár secrétaire *n* du Conseil
tanácsülés session *v* séance *f* du Conseil; *(bírósági)* chambre *f* du conseil; *~ben* en séance du conseil; *(bírói) ~* en chambre du conseil
tanakodik [~tam, ~ott, ~jék *v* ~jon] 1. *~ vmin* se livrer à des réflexions sur qc; méditer sur qc; réfléchir sur qc; 2. *~ magában* se demander...; méditer en soi-même; 3. *(többen)* délibérer; se consulter
tanár [~ok, ~t, ~a] professeur *m; (tanulóval szemben néha)* maître *m; (középiskolai)* professeur de lycée; *(magánórán)* maître; professeur *m*
tanári [~ak, ~t] de professeur; professoral; magistral, -e; *a ~ kar* le corps enseignant; *~ pálya* la carrière de l'enseignement *v* d'enseignant; *~ pályára lép* entrer dans l'enseignement; *~ oklevél* diplôme *m* d'agrégé de professeur; *~ szak* spécialité *f*
tanárképző *főiskola (francia)* École Normale Supérieure
tanárnő professeur *m;* universitaire; femme professeur *f; (tanulóval szem-*

ben olykor és magánórán) maîtresse *f* (*pl*. de français)
tanársegéd assistant *m*; (órákat adó) professeur adjoint
tánc [~ok, ~ot, ~a] danse *f*; ~*ra perdül* se mettre à danser *v* à tourbillonner; *megnyitja a* ~*ot* ouvrir la danse
táncestély soirée dansante
tánchelyiség salle *f* de bal; *nyilvános* ~ *bal* public
tánciskola école *f* de danse
tánckölteméng poème dansé; ballet *m* d'action
tánclépés pas *m* (de danse)
táncmester maître *m* de danse
táncmulatság bal *m*; (szűkkörű) sauterie *f*
táncművész artiste de la danse *v* chorégraphe *n*
táncművészet l'art de la danse *v* chorégraphique *m*; chorégrapie; orchestique *f*
táncol [~tam, ~t, ~jon] danser (tárgy is); (táncosról, balletről olykor) évoluer; (ló) fringuer; caracoler; *ügyetlenül* ~ dansotter; dansailler; *szeret* ~*ni* aimer la danse; *úgy* ~, *ahogy neki fütyülnek* obéir *v* se laisser mener à la baguette
táncóra leçon *f v* cours *m* de danse
táncrend carnet *m* de bal
tánctanár maître *v* professeur *m* de danse; *tánc- és illemtanár* maître *m* de danse et de maintien
tánczene musique *f* de danse
tandíj taxe scolaire *f*; droits *v* frais *m pl* d'études
tandíjmentes exempt(e) de droit scolaire *v* des frais de scolarité; (intézetben) boursier, -ière (*n*)
tanerőhiány pénurie *f* en personnel enseignant
tanfelügyelő inspecteur (de l'enseignement) primaire *m*
tanfolyam cours *m pl* (d'études *v* d'enseignement); *kétéves* ~ cours qui s'étend sur deux années; *titkár(nő)-képző* ~ cours de secrétariat; ~*ra jár* suivre des cours; ~*ot tart* faire *v* professer *v* donner des cours

tangens [~ek, ~t] *mat*: I. (*mn*) tangentiel, -elle; II. (*fn*) tangente *f*
tangó [~k, ~t, ~ja] tango *m*
tangóharmonika bandonéon *m*; concertina *f*
tanít [~ottam, ~ott, ~son] I. (tgy i) 1. instruire q; enseigner q *v* qc *v* à (inf); *franciát* ~ il enseigne le français; *ezt nem* ~*ják* cela ne s'enseigne pas; *te akarsz engem* ~*ani?* c'est Gros Jean qui en remontre à son curé; 2. *vall*: prêcher à q; enseigner q; 3. (elméletet, tételt) professer; enseigner; 4. (alkalmazottat) styler; former; 5. (állatot) dresser (*pl*: pour la chasse); 6. *jóra* ~ apprendre le bien à q; prêcher le bien; II. (tgyl i) 1. professer; (iskolában) faire la classe (à q); 2. (foglalkozása) être dans l'enseignement
tanítás 1. enseignement *m*; instruction *f*; ~*sal foglalkozik* donner des leçons; courir le cachet; 2. (óra) classe; leçon *f*; 3. (állaté) dressage *m*; 4. (elmélet stb.) enseignement *m*; doctrine; thèse *f*
tanítási *kényszer* obligation scolaire *f*; ~ *mód* méthode *f* d'enseignement
tanító [~k, ~t] I. (*mn*) 1. instructif, -ive; didactique; pédagogique; ~ *költészet* poésie didactique *f*; 2. enseignant, -e; 3. doctrinal; magistral, -e; ~ (oktató) hangon doctoralement; II. (fn) 1. instituteur; maître *m* (d'école); 2. (házi) précepteur *m*; 3. *vminek* ~*ja* l'enseigneur de qc
tanítójelölt élève instituteur; élèvemaître *m*
tanítóképző(*intézet*) école normale (primaire) *f* d'instituteurs
tanítókölteméng poème didactique *m*
tanítómese apologue *m*; fable *f*
tanítónő institutrice; maîtresse *f* (d'école)
tanítótestület personnel enseignant
taníttat donner de l'instruction à q
tanítvány 1. (iskolai) élève *n*; 2 (mesteré) disciple *m*

tank 928 **tanulékonyság**

tank [~ok, ~ot, ~ja] 1. char d'assaut *v* de combat; tank; blindé *m;* 2. *(tartály)* tank; 3. cartouche *f*
tankcsapda piège *m* à char
tankelhárító antichar; ~ *fegyver* arme antichar *f*
tankerület académie *f*
tankol [~tam, ~t, ~jon] se ravitailler; faire de l'essence *v* le plein
tankos [~ok, ~t, ~a] *kat:* tankiste *m*
tankönyv 1. *(iskolai)* livre d'école *v* classique; manuel scolaire *m;* 2. *ld:* **kézikönyv**
tankönyvkiadás librairie classique *f*
tankönyvkiadóvállalat maison d'édition classique
tanköteles scolarisable; soumis(e) à l'instruction obligatoire
tankötelezettség instruction obligatoire
tanmondat *nyelv:* phrase exemple *f*
tanműhely *(ipari)* atelier-école *m*
tanonc [~ok, ~ot, ~a] *(franciáknál és nálunk rég:)* apprenti *m;* ~*nak ad* mettre en apprentissage
tanonciskola école *f* d'apprentissage
tanoncotthon foyer *m* des apprentis
tanrend 1. *(könyv)* programme *m* (d'études); 2. *(időbeosztás)* emploi du temps; horaire *m*
tanszabadság 1. *(eszmei)* liberté *f* de l'enseignement; 2. *(iskolák felállítására)* liberté d'enseigner *v* scolaire
tanszék chaire *f* (d'enseignement); *egyetemi rendes tanári* ~ chaire magistrale; ~*et kap* obtenir une chaire
tanszer fourniture *f* de classe; *(együtt)* mobilier *v* matériel scolaire *m*
tantál [~ok, ~t] *vegy:* tantale *m*
Tantalusz Tantale *m*
tantárgy matière *m* (de l'enseignement); *fő* ~ matière principale
tanterem (salle de) classe *f; (egyetemen)* salle de cours
tanterv programme *m* (d'enseignement)
tantestület personnel enseignant
tantiém [~ek, ~et, ~je] 1. tantième *m;* 2. *(szerzői)* droits *m pl* d'auteur
tántoríthatatlan inébranlable; incorruptible; intransigeant, -e

tántorog [~tam, -rgott, ~jon] vaciller (sur ses jambes *v* ses pieds); tituber; chanceler
tanú [~k, ~t, ~ja] témoin *m; a* ~*k állítása szerint* au dire des témoins; ~*k előtt* en présence de témoins; ~*ja vminek* être témoin de qc; assister à qc; *maga a* ~*m rá, hogy* je vous prends à témoin que; *a gabonapiacon fellendülésnek vagyunk* ~*i* on assiste à un boom sur le marché du blé; ~*nak megidézik* citer comme témoin; ~*kat hoz v állít* produire des témoins; *kihallgatja a* ~*kat* entendre les témoins
tanúbizonyság témoignage *m;* attestation *f*
tanújel témoignage *m;* marque *f;* témoin *m; barátságának* ~*ét adja* donner une marque d'amitié; ~*ét adja értelmességének* faire preuve d'intelligence
tanúkihallgatás l'audition *f* du témoin
tanul [~tam, ~t, ~jon] I. *(tgy i)* 1. étudier *(qc);* apprendre qc *v* à *(inf); úszni* ~ il apprend à nager; 2. *(mesterséget)* faire l'apprentissage de qc; apprendre; 3. *(darabot, jelenetet stb.)* travailler; 4. *jogot* ~ faire son droit; II. *(tgyl i)* 1. étudier; s'instruire; *erősen* ~ bûcher *biz; franciául* ~ apprendre *v* étudier le français; *a budapesti egyetemen* ~ faire ses études à l'université de Budapest; *jól* ~ il apprend bien; *nem akar* ~*ni* il refuse d'apprendre; 2. *(ipart, gyakorlatot)* être en aprentissage; 3. *ettől az embertől mindig lehet vmit* ~*ni* c'est un homme avec qui il y a toujours qc à apprendre; ~*hatnál tőle* tu pourrais le prendre pour exemple; 4. *(vmiből)* profiter de qc; s'éclairer de qc; ~ *a történelemből* tirer des leçons de l'histoire
tanulás étude *f; (mesterségé)* apprentissage *m;* ~*ra adja fejét* se livrer *v* se consacrer *v* s'adonner à l'étude
tanulatlan sans instruction; sans étude; sans culture; illettré, -e
tanulékonyság souplesse d'esprit; docilité; intelligence *f*

tanulmány 1. *(írásmű)* étude *f;* essai; mémoire *m; (kisebb)* note; notice *f; (külön kiadva)* brochure; plaquette *f;* ~*t ir vmiről* faire *v* écrire une étude sur qc; 2. *(rajz, festmény)* études *f pl; (akt)* académie *f;* 3. ~*ok (iskolai)* études *f pl;* 4. *(kutatás)* recherches *f pl* (sur)
tanulmányi *értesítő* carnet *m* de notes; ~ *kirándulás* excursion d'études *v* scientifique *f;* ~ *ösztöndíj* bourse *f* d'études; ~ *szabadságon* en congé d'études
tanulmányoz [~tam, ~ott, ~zon] étudier; mettre à l'étude; *egy kérdést* ~ faire l'étude d'une question
tanulmányozás étude *f;* examen *m;* enquête *f* (sur qc); ~ *alatt van* être à l'étude; ~ *tárgyává tesz vmit* mettre à l'étude
tanuló [~k, ~t, ~ja] 1. *jó* ~ bon sujet; fort en thème *(főleg: gúny);* 2. *(ipari)* apprenti *m*
tanulófiú apprenti *m*
tanulókör groupe *m* d'études
tanulóotthon *(ipari)* foyer (d'apprentis)
tanulság 1. ensignement *m;* leçon *f; az eseményekből levonható* ~ la morale de l'événement; *vmiből levonja a* ~*ot* tirer un enseignement de qc; ~*ot merít* tirer enseignement de qc; 2. *(meséé, történeté)* moralité; morale; affabulation *f*
tanulságos [~ak, ~at] instructif, -ive
tanult [~ak, ~at] 1. instruit; lettré; cultivé, -e; 2. *(iparos)* bien formé; expérimenté; expert, -e; 3. ~ *nyelv* langue *f* d'étude
tanultság culture intellectuelle; *nagy* ~ forte instruction
tanúság témoignage *m;* attestation *f;* ~ *hiányában* faute de pièces; *vkinek v vminek* ~*a alapján* sur la foi de q *v* de qc; *vkinek* ~*a szerint* au rapport de q; *vkinek* ~*ára hivatkozik* prendre l'autorité sur q; ~*ot tesz (szóval)* témoigner; *(vki mellett)* porter témoignage pour q *v* en faveur de q; *(mutatva)* faire preuve de qc; *nagy bátorságról tesz* ~*ot* il fait paraître un grand courage; *hogy szeretetéről tegyen* ~*ot*

pour marquer son affection; *hiv: minek* ~*ául* en foi quoi
tanúsít [~ottam, ~ott, ~son] 1. *(hogy igaz)* donner acte de qc; attester *(pl:* avoir vu); *alulírott* ~*om, hogy* je soussigné certifie que; 2. *(erkölcsileg)* marquer; faire preuve de qc
tanúsítvány attestation *f;* certificat; constat; acte *m* de notoriété
tanúskodik [~tam, ~ott, ~jék *v* ~jon] 1. *(bíró előtt) (vki mellett* v *ellen)* témoigner (en justice) de qc (en faveur de q *v* contre q); déposer (en faveur de q *v* contre q); 2. *átv:* manifester; témoigner de qc
tanúvallomás la déclaration *v* déposition du témoin; ~ *megtagadása* refus *m* de déposer; *hivatkozik vkinek a* ~*ára* en appeler au témoignage de q
tanügyi scolaire; ~ *politika* organisation scolaire *f;* ~ *reformterv* projet universitaire *m*
tanya [-ák, -át, -ája] 1. hameau *m;* métairie; ferme isolée; borde *f;* 2. *átv:* demeure *f;* gîte; refuge; abri *m; (állatoké, gonosztevőké, rablóké)* repaire *m*
tanyázik [~tam, ~ott, ~zék *v* ~zon] camper; s'abriter; s'installer; élire domicile
tányér [~ok, ~t, ~ja] 1. assiette *f (lapos:* plate; *mély:* creuse); *a* ~ *alja* le fond de l'assiette; 2. *egy* ~ *leves* une assiette *v* une assiettée de soupe; 3. *(gépen, készüléken)* disque *m;* palette *f*
tányérnyaló écornifleur; pique-assiette; parasite *m*
tányérsapka casquette plate
táp [~ot] ~*ot ad (tűznek)* alimenter qc; *(rágalomnak)* donner prise à qc
tapad [~tam, ~t, ~jon] 1. adhérer à *v* sur qc; (se) coller à qc; *(festék)* mordre à qc; *(ruháról)* mouler qc; *vér* ~ *a kezéhez* tremper les mains dans le sang; *nyelvhez* ~ coller *v* happer à la langue; 2. *átv:* ~ *az emberre mint a kullancs* il est collant comme la glu
tapadás 1. cohérence; adhérence *f;* 2. *fiz:* adhésion; affinité *f;* 3.

59 Magyar-Francia kézi

nyelv: *(értelemé)* contamination *f*; *(ragé)* agglutination *f*; 4. *orv, növ*: insertion *f*
tapadós [~ak, ~t] 1. *(anyag)* visqueux, -euse; gluant; collant, -e; 2. *(szájban)* pâteux, -euse
tápanyag substance nutritive *v* alimentaire
tápáram courant *m* d'alimentation
tapasz [~ok, ~t, ~a] 1. emplâtre (adhésif); sparadrap *m*; 2. *(betöméshez)* mastic, ciment, lut *m*
tapaszt [~ottam, ~ott, -asszon] 1. *(rést)* boucher; calfeutrer; 2. *(vmihez)* coller à *v* contre qc
tapasztal [~tam, ~t, ~jon] 1. voir; faire l'exprérience de qc; *különbeket is ~t már* il en a vu bien d'autres; *sokat ~t* il a vu tant de choses; 2. *(megfigyelve)* observer; remarquer; trouver
tapasztalat expérience *f*; *a ~ bizonyítja, hogy* l'expérience prouve *v* confirme que; *a ~ tanulságai* les leçons de l'expérience; *van ~a* avoir de l'expérience *v* de l'acquis; *szomorú ~ai vannak e téren* il en a fait la triste expérience; *~ból mondom* je parle d'expérience; *kicserélik ~aikat* mettre en commun leurs expériences
tapasztalatcsere échange *m* d'expériences
tapasztalatlan inexpérimenté; inexpert, -e; novice
tapasztalt [~ak, ~at] 1. expérimenté; aguerri; chevronné, -e; 2. *~ vmiben* versé(e) dans qc; rompu(e) à qc; *~ ember* homme d'expérience
tápérték propriété *v* énergie alimentaire; valeur énergétique *f*
tapéta [-ák, -át] papiers() peint(s); papier d'ameublement *v* (de) tenture; tapisserie *f*
tapint [~ottam, ~ott, ~son] toucher; palper; tâter; *elevenére ~* toucher la corde sensibile; *kézzel ~* toucher de la main
tapintás 1. *(érzék)* le toucher; le tact; 2. *(vmié)* le contact de qc; attouchement *m*; *~ra érdes* âpre *v* rude au toucher; 3. *orv*: palpation *f*
tapintásérzet sensation tactile *f*

tapintat tact; doigté; entregent *m*
tapintatlan indiscret, -ète; indélicat; incorrect, -e
tapintatlanság indiscrétion; indélicatesse; incorrection *f*; manque *m* d'égards
tapintatos [~ak, ~at] discret, -ète; délicat, -e
tapír [~ok, ~t, ~ja] tapir *m*
táplál [~tam, ~t, ~jon] 1. nourrir; alimenter; sustenter; *adagolva ~* doser; 2. *műsz*: nourrir; alimenter; entretenir; 3. *átv*: entretenir
táplálás 1. alimentation; nutrition *f*; 2. *méh*: nourrissement *m*; 3. *geol*: nourrissage *m*; 4. *mesterséges ~ (csecsemőé)* allaitement artificel; 5. *műsz*: fréquence *f* d'alimentation
táplálék [~ok, ~ot, ~a] 1. nourriture *f*; aliment; nutriment *m*; *sovány ~* maigre pitance *f*; *szellemi ~* aliment de l'esprit; *emberi ~ gyanánt használják* être utilisé(e) comme alimentaire; *~ot vesz magához* prendre de la *v* quelque nourriture; 2. *(állaté)* pâture; pâtée *f*
táplálkozás alimentation; nourriture; nutrition *f*; *elégtelen ~* sous-nutrition *f*; *a hiányos ~ következtében meghal* mourir par inanition
táplálkozik [~tam, ~ott, ~zék *v* ~zon] 1. *vmivel ~* se nourrir de qc; se repaître de qc; 2. *biz*: se régaler
tápláló [~ak, ~t] I. *(mn)* 1. nourrissant, -e; nutritif, -ive; *~ anyag* éléments nutritifs; *~ eledel* aliment nutritif; *~ étel* nourriture substantielle; *~ ételek* aliments forts *v* nutritifs *v* nourrissants; 2. *~ csatorna* canal *m* d'amenée; *~ cső* conduite *f* d'alimentation; II. *(fn)* 1. père nourricier; 2. *műsz*: débiteur *m*
tápliszt farine lactée
tapló [~k, ~t, ~ja] amadou *m*
taplógomba polypore *m*
taplós [~ak, ~t] spongieux, -euse
tapodtat; *egy ~ sem!* pas cela! halte-là! *egy ~ sem enged* ne pas rompre d'une semelle; *egy ~ sem halad* marquer le pas; *(egy) ~ sem mozdul* ne pas décoller

tapogat tâter; palper; manier; *pej:* tripoter

tapogató(d)zás tâtonnage; tâtonnement; sondage *m*

tapogató(d)zik [~tam, ~ott, -zzék *v* -zzon; ~tam, ~ott, -ddzék *v* -ddzon] 1.|*(sötétben)* tâtonner (dans l'obscurité) 2. *átv:* chercher son chemin; 3. *(eshetőségekért)* tâter *v* sonder *v* reconnaître le terrain

tapos [~tam, ~ott, ~son] fouler qc (aux pieds); piétiner qc; *lábára ~ vkinek* marcher sur les pieds de q; *lábbal ~* fouler aux pieds

taposómalom *átv:* le train-train journalier

táppénz prestation maladie; indemnité de demi-salaire *f*

taps [~ok, ~ot, ~a] applaudissement(s) *m (pl); lelkes ~* applaudissements nourris

tapsifüles lapin; lièvre *m;* messire Jeannot

tápsó engrais minéraux

tapsol [~tam, ~t, ~jon] applaudir; bottre *v* claquer *v* taper des mains; *ütemesen ~ vki tiszteletére* battre un ban pour q

tápsör bière médicinale

tapsvihar salve *f* d'applaudissements

tápszer aliment concentré; préparation nutritive *v* alimentaire

táptalaj 1. sol nourricier; milieu nutritif; 2. *orv:* milieu *m;* 3. *él:* bouillon *m*

tápvonal 1. feeder *m* 2. guide *m* d'ones

I. *(fn)* **tár** [~ak, ~t, ~a] 1. *(múzeumban)* collection; section *f;* 2. *(puskában)* magasin *m*

II. *(ige)* **tár** [~tam, ~t, ~jon] *elébe v szeme elé ~* étaler aux yeux de q; *(átv):* exposer; représentret à q; *új világot ~ elénk ...* nous ouvre des horizons nouveaux

tára [-ák, -át] 1. *ker:* tare *f;* 2. *(mérlegen)* trait *m*

taraj [~ok, ~t, ~a] crête *f*

tarajosgőte *áll:* triton à crête *v* crêté

tárca [-ák, -át, -ája] 1. portefeuille *m (miniszteri is);* 2. *újs:* feuilleton *m*

tárcaközi interministériel, -elle

tárcarovat *újs:* rez-de-chaussée; feuilleton *m*

tárcsa [-ák, -át, -ája] 1. disque, plateau *m; (csiga)* poulie *f;* 2. *műsz: (kerék)* voile *m;* 3. *(céllövészet)* cartoncible *m;* 4. *(telefon)* cadran *m*

tárcsáz [~tam, ~ott, ~zon] *(telefon)* former *v* composer le numéro (sur le cadran)

targally branche desséchée *v* sèche

targonca [-ák, -át, -ája] brouette *f;* diable; chariot *m*

tárgy [~ak, ~at, ~a] 1. *(holmi)* objet *m;* 2. *(vminek ~a)* sujet; objet; *(törekvése)* objectif *m; a ~ ismeretében* en connaissance de cause; *nevetség, szánalom ~a* être un objet de dérision, de pitié; *egy per ~a* l'objet d'un litige; *ez vita ~a lehet* il y a là matière à discussion; *az a ~a, hogy* avoir pour objet de *(inf); vminek ~ában* au sujet de qc; sur le chapitre de qc; dans l'affaire de qc; *ebben v hasonló ~ban* en pareille matière; *a ~ra tér* entrer dans le vif du sujet; *kényes ~ra tér rá* aborder un chapitre délicat; *más ~ra tér* changer de thèse; *térjük a ~ra* venons au fait; *felszólítja, hogy a ~ra térjen* rappeler à la question; *~át vmiből veszi* prendre son sujet dans qc; tirer son sujet de qc; *nevetség ~ává teszi* ridiculiser; tourner en dérision; 3. *(szellemi műé)* sujet; thème *m;* matière; donnée *f;* 4. *(tanítási)* matière *f;* 5. *nyelv:* objet; complément *m* d'objet; 6. *(iskolai)* matière

tárgyal [~tam, ~t, ~jon] I. *(tgyl i)* 1. *(vkivel vmiről)* entretenir q de qc; conférer avec q de qc; traiter *v* négocier qc avec q; *(titokban)* s'aboucher avec q; *békéről ~* négocier (d')une paix; *az ellenséggel ~* parlementer avec l'ennemi; *ügyvéddel ~* conférer avec un avocat; *üzleti dolgokról ~* parler affaires; 2. *(bíróság)* tenir audience; II. *(tgy i)* 1. *(gyülésben, vitán)* débattre; discuter; 2. *(írásműben)* traiter qc *(pl:* un sujet, une question); *a már ~t esetekben* dans les

tárgyalás 932 **tárna**

cas déjà considérés; 3. *(bíróság)* juger; appeler; plaider; 4. *már mindenütt ~ják (hírt)* on en parle partout **tárgyalás 1.** négociation; conversation(s) *f (pl);* pourparlers *m pl;* entretien *m (sur); (országok között)* dialogue *m; (titkos)* abouchement *m; a ~ felvétele* la prise de contact; *a ~ fonalát megszakítja* rompre les négociations; *~okba kezd* v *bocsátkozik* entamer des négociations; *~okat folytat vkivel* poursuivre des négociations; *~t kezd vkivel* entrer en négociation *v* en conversation; entamer *v* engager une négociation *(mind:* avec, *vmiről:* au sujet de qc); 2. *(gyűlésben)* débats *m pl* sur qc; *egy bizottság ~ai* les travaux d'une commission; 3. *(bírósági)* audience *f;* débats *m pl; egy ügyet ~ alá vesz* se saisir d'une affaire; *~ napja* le jour de l'audience *v* des débats; *a per ~a folyamán* au cours des débats; *a ~on* à l'audience; à la barre; *~ra kerül* se plaider; se juger; *a ~t bezárja* lever l'audience; *megkezdi vminek a ~át* mettre qc en délibération; 4. *(könyvben)* exposé *m; a ~ba fog* entrer en matière
tárgyalási *alap* base *f* de discussion *v* de négociation(s) *v* de référence; *~ jegyzőkönyv* procès-verbal *m* d'audience
tárgyalóterem *(törvényszéki)* salle *f* d'audience
tárgyas [~ak, ~t] *nyelv: ~ alak* forme accusative; accusatif *m; (igei)* forme objective; *~ ige* verbe transitif
tárgyatlan *nyelv:* sans objet; *~ ige* verbe intransitif *v* neutre; *~ ragozás* conjugaison subjective
tárgyeset accusatif; cas direct
tárgyi [~ak, ~t] 1. objectif, -ive; réel, réelle; positif, -ive; matériel, -elle; concret, -ète; *~ alap* fondement réel *v* solide; *~ bizonyíték* preuve authentique *v* concluante; *~ tévedés* erreur matérielle; 2. *nyelv:* objectal, -e
tárgyilagos [~ak, ~at] objectif, -ive; impartial, -e

tárgyilagosság 1. objectivité; impartialité *f;* 2. *műv: ép (sachlichkeit)* chosisme *m*
tárgykör spécialité *f;* sujet *m; ~ szerinti osztályozás* classement méthodique *m; ebben* v *hasonló ~ben* en pareille matière
tárgylencse objectif *m;* lentille *f v* verre *m* de champ
tárgymutató table *f* des matières; index *m*
tárgytalan sans intérêt; irrecevable
tárház 1. magasin; entrepôt; silo *m;* 2. *átv:* un répertoire de qc; un trésor de qc
tarifa [-át, -ája] tarif *m;* teljes *~* plein tarif
tarisznya [-ák, -át, -ája,] musette; panetière *f; (vadászé)* carnier *m;* gibecière *f*
tarja [-át] 1. *(disznóé)* échinée; longe de devant *f;* 2. *(marha)* rôti *v* filet de bœuf paré
tarka 1. bigarré; bariolé, -e; varié(e) de couleurs; multicolore; *rikítóan ~* haut(e) en couleurs; *-ára fest* barioler; *(ízléstelenül)* peinturlurer; 2. *(állat)* à robe variée; *~ ló* cheval pie *m;* 3. *(műtárgy)* polychrome; 4. *(szövet)* fantaisie; *(erősen)* bigarré, -e; 5. *átv:* bariolé, -e; *~ est* variétés *f pl; (rád:)* demi-heure *f* de fantaisie
tarkabab haricots panachés
tarkabarka I. *(mn)* bariolé, -e; II. *(fn) újs:* variétés *f pl*
tarkaság 1. bigarrure *f;* bariolage *m;* 2. *átv:* variété; disparité; bigarrure *f*
tarkít [~ottam, ~ott, ~son] 1. émailler de qc; bigarrer de qc; varier; 2. *átv: (napot, ünnepélyt)* marquer de qc; 3. *~ja vkinek a múltját* jalonner le passé de q
tarkó [~k, ~t, ~ja] nuque *f;* occiput *m*
tárkony [~ok, ~t] *növ:* estragon; draconcule *m*
tárlat exposition *f* (de tableaux); salon *m*
tarló [~k, ~t, ~ja] chaume; champ moissonné
tarlóvirág *növ:* épiaire annuaire *f*
tarlóz [~tam, ~ott, ~zon] 1. chaumer; 2. glaner
tárna [-ák, -át, -ája] galerie; arène *f*

| tárnics | 933 | társaság |

tárnics [~ot] *növ:* gentiane; croisette *f*
tárnokmester *rég:* argentier *m* du roi
tarokk [~ok, ~ot, ~ja] tarot(s) *m (pl)*
tárol [~tam, ~t, ~jon] entreposer; emmagasiner; *(árukészlet)* stocker; *(gazdasági terményt)* mettre en silo; ensiloter; *(tápszert tartályban)* conditionner; *hűvösen ~ni* conservez en lieu frais
társ [~ak, ~at, ~a] 1. compagnon; camarade; partenaire *m;* ~*ul maga mellé vesz* prendre pour compagnon; 2. *(vádban)* coaccusé(e) *n; (letartóztatásban)* codétenu(e) *n;* 3. *(üzletben)* sociétaire associé(e); coassocié(e) *n; csendes ~* commanditaire *m; N. N. és a ~a* v *~ai* X... et Compagnie *v (sokszor gúny:)* et consorts; *~ként* v *~nak felvesz* prendre q pour associé(e)
társadalmi [~ak, ~t] 1. social, -e; *~ alakulat* formation sociale; *~ állapot* condition sociale; *(nős, nőtlen?)* situation *f* de famille; *~ állás* état *m;* condition sociale; *~ beilleszkedés* intégration sociale; *~ béke* paix sociale; *~ bíróság* tribunal *m* des camarades; *~ érintkezés* rapports sociaux; relations sociales; *~ érzés* sentiment social; *~ fejlődés* évolution sociale; *~ felépítmény* édifice social; *(marx:)* superstructure *f; ~ harcok* luttes politiques *v* sociales; *~ helyzet* position *v* condition sociale; *~ kérdés* question sociale; *más ~ körből való* être d'un autre monde; *~ kötelezettség* obligation sociale; *~ közösség* collectivité *f; ~ lény* être social; *~ munka* travail social; *pol: ~ munkát végző aktíva* activiste social; *~ munkamegosztás* division sociale du travail; *~ osztály* classe de la société *v* sociale; *~ osztályát elhagyja se* déclasser; *~ probléma* problème social; *~ rang* le rang dans la hiérarchie sociale; *~ ranglétra* échelle sociale; *~ reform* réforme sociale; *~ regény* roman *m* de mœurs; *~ rend* ordre social; *~ réteg* zone *v* couche *v* région sociale; *~ szektor* segment social; *~ szerződés* contrat social; *~ tulajdon* propriété sociale; *~ veszélyesség* danger social; *(jog:)* nocuité sociale; *~ vígjáték* comédie *f* de mœurs; *~ viszonyok* les conditions sociales; *(vkié)* condition (sociale); 2. *ld:* **társasági**
társadalom [-lmat, -lma] société *f; a ~ egésze* le corps social; *kiszolgáltatja a ~ megtorlásának* désigner *v* livrer à la vindicte publique; *~ra veszélyes* socialement dangereux (-euse)
társadalombiztosítás les Assurances sociales; sécurité sociale
társadalombiztosító sécurité sociale; caisse *f* d'assurances sociales
társadalomtudomány sociologie; science sociale
társalgás conversation; causerie *f;* entretien; colloque *m; felveszi a ~ fonalát* reprendre le fil de la conversation; *témát dob be a ~ba* meubler la conversation; *~ba elegyedik vkivel* lier conversation avec q; *figyelemmel hallgatja a ~t* être à la conversation; *a ~t vmire tereli* faire tomber la conversation sur qc
társalgó [~k, ~t, ~ja] 1. causeur, -euse; 2. *(hely)* parloir; casino *m; (hajón, hotelben)* salon *m; (fürdőhelyen)* kursaal *m;* 3. *(könyv)* manuel *m* de conversation
társalog [~tam, -lgott, ~jon] converser; causer; s'entretenir
társas [~ak, ~t] 1. sociable; social, -e; *áll: (életet élő)* sociétaire; social; *~ érzés* instinct social; *~ lény* être social; *~ ösztön* instinct social; socialité *f; (állatnál így is:)* instinct grégaire *m;* 2. collectif, -ive; en société; *~ cég* société *f* en nom collectif; raison sociale; *~ étkezés* repas *m* en commun; *~ gazdaság* économie collective; *~ összejövetel* réunion *f; ~ tulajdon* copropriété; propriété associative; *~ utazás* voyage en groupe *v* collectif
társaság 1. *(emberek)* société; compagnie; assistance *f; a jó ~* la bonne société *v* compagnie; *rossz ~ba keveredik* s'encanailler; avoir de mauvaises fréquentations; *vkivel egy ~ban* de

társaságbeli — 934 — tart

compagnie avec q; 2. *(vkié)* la société de q; *vkinek ~ában él* vivre en société de q; *a tisztességes emberek ~a* la fréquentation *v* le commerce des honnêtes gens; *vkinek ~ához tartozik* être de la société de q; *szeretem a ~át* je me plais avec lui; 3. *(előkelő osztály)* le monde; le beau monde; *(párizsi)* tout Paris; *bevezet a ~ba* lancer dans le monde; 4. *ker;* société; compagnie *f; a biztosító ~* la compagnie assureuse

társaságbeli *hölgy* (femme) mondaine; élégante; dame *f* du monde

társasági 1. social, -e; *~ vagyon* l'actif de la société *v* social; 2. mondain, -e; du monde; *~ élet* vie mondaine; *~ hírek* chronique mondaine; *(laprovat)* échos mondains

társasház immeuble collectif

társasjáték jeu de société *v* de salon

társaskocsi car (automobile); omnibus *m*

társaskör club; cercle *m*

társbérlet cohabitation *f*

társbérlő *(lakásban, házban)* colocataire *m*

társít [~ottam, ~ott, ~son] 1. *(vkit)* associer à qc; 2. *(dolgokat)* marier; as:ortir; 3. *gondolatokat v képzeteket ~* associer des idées

társpénztár caisse commune *v* collective *v* mutuelle

társszerző co-auteur *m*

társtalan abandonné(e) à lui-même; isolé; esseulé, -e; solitaire

társtettes complice; coaccusé; codétenu *m*

társtulajdonos copropriétaire *(n)*

társul [~tam, ~t, ~jon] s'unir; se rallier; s'associer *(mind:* à qc); *(rossz v titkos társaságba)* s'affilier à qc

társulás 1. union; association; colonie *f;* *(hatalmaké, pártoké)* coalition *f;* 2. *(állatok)* société *f;* 3. socialité *f tud*

társulat 1. société; association; compagnie *f;* 2. *szính:* troupe *f*

társzekér fourgon; camion *m*

tart [~ottam, ~ott, ~son] I. *(tgy i)* 1. tenir; maintenir; *balkezével ~* tenir de la main gauche; *kézben ~* tenir à la main; *kezénél fogva ~* tenir par la main; *nyitva, zárva ~* tenir ouvert(e), fermé(e); *lehúnyva ~* tenir baissé(e); *a reménység ~ja benne a lelket* vivre d'espérance; 2. *(alulról)* soutenir; supporter; 3. *(őrizve)* garder; conserver; *magának ~ se réserver qc; magánál ~* garder chez *v* sur soi; *hűvös és száraz helyen ~andó* à garder à l'abri de la chaleur et de l'humidité; *(telefon) ~sa a vonalat!* ne quittez pas! 4. *(értéket tőzsdén)* soutenir; 5. *(alkalmazottat)* employer; *állatokat ~* élever des animaux; *macskát ~* avoir un chat; 6. *(korlátok között, feltart)* contenir; 7. *fil:* sous-tendre; 8. *(szabályt, szokást)* observer; respecter; 9. *(ünnepélyt, fogadást)* faire; organiser; arranger; 10. *(ülést)* tenir; 11. *(vkit vminek)* croire *v* présumer *v* juger q qc; *ártatlannak ~ják* être réputé(e) innocent(e); *becsületes embernek ~ják* on le regarde comme un honnête homme; *vkit bölcsnek ~* juger q sage; *minek ~ maga engem?* pour qui me prenez-vous? 12. *vmi nek ~ja magát* se prendre pour qc; *képesnek (alkalmasnak) ~ja magát vmire* se juger capable de *(inf);* 13. *(vmit vkiről)* penser qc de q; *mit ~asz róla?* qu'est-ce que tu en penses? *sokat ~ magáról* se croire un aigle; *se croire du génie;* 14. *azt ~om, hogy* je crois que; je suis de l'avis que; *a hiedelem azt ~ja, hogy* une croyance populaire veut que *(subj);* *nem sokra v kevésre ~* estimer peu; faire peu de cas de qc; *nagyra ~* tenir en haute estime; *sokra ~ják* être en honneur; 15. *kárty: ~om* je m'y tiens; 16. *~ja magát (vmi)* se maintenir; se soutenir; *(szokás stb.)* se maintenir en vogue; *(árfolyam)* maintenir ses positions; *(vki)* se tenir *(egyenesen:* droit); *jól ~ja magát (korához képest)* il porte beau; il porte bien son âge; il se défend; 17. *magát vmihez ~ja* s'en tenir à qc; se conformer à qc;

tartalék 935 **tartogat**

II. *(tgyl i)* 1. *(vhol)* *(hajó, vonat)* être; se trouver; arriver; 2. *átv:* en être à...; *hol ~unk(a munkában)* où en sommes-nous (du travail)? *itt ~unk* on en est là; *ha már itt ~unk à tant que faire; már ott ~ok, hogy* j'en suis à *(inf)*; 3. *(vmerre)* s'acheminer *(vers)*; se diriger (sur *v* vers); *(kat:)* marcher sur...; *balra ~* prendre à gauche; *erősen jobbra ~* appuyer sur la droite; *vki felé ~* se diriger sur q *v* du côté de q; *a vége felé ~* aller sur sa fin; *afelé ~, hogy* tendre à *(inf)*; 4. *(vkivel)* tenir avec q; être pour *v* avec q; *(elkísérve)* accompagner q; *vele ~ottak a gyerekei* il avait ses enfants avec lui; *~son velünk* vous êtes des nôtres? 5. *~ magára* se respecter; 6. *(időben)* durer; continuer; régner; *(betegség)* rester stationnaire; *az óra még ~ la* leçon dure encore; *rövid ideig ~* être de peu de durée; *túl soká ~* traîner (en longueur); 7. *(készlet)* durer; *míg a készlet ~* jusqu'à l'épuisement des stocks; 8. *(tárgy)* tenir bon *v* ferme; 9. *(vmitől)* craindre qc; appréhender qc; se méfier de qc; *attól lehet ~ani, hogy* il est à craindre que *(subj)*; *attól ~va, hogy* dans la crainte de *(inf)*; crainte de *(inf)*; de crainte que *(subj)*; *attól ~va, hogy eljön* de crainte qu'il (ne) vienne
tartalék [~ok, ~ot] 1. réserve(s) *f (pl)*; pièce *f* de rechange; *~ba; ~ban* en réserve; *~ba tesz* mettre de côté; 2. *kat:* réserve; *beveti a ~ot* faire donner la réserve; 3. *sp:* renfort *m*; 4. *(szervezetben)* réserves nutritives
tartalék- de réserve; de renfort; de rechange
tartalékol [~tam, ~t, ~jon] mettre en réserve; thésauriser
tartalékos [~ak, ~t] I. *(mn)* ~ *állomány* réserve *f*; ~ *tiszt* officier *m* de réserve; II. *(fn)* réserviste; homme *m* de la réserve
tartaléktőke fonds *m* de réserve
tartalmas [~ak, ~at] 1. instructif, -ive; riche en idées *v* en faits; 2. *(étel)* nourrissant; succulent, -e; 3. *(ember)* remarquable; sérieux, -euse
tartalmatlan vide de sens; nul, nulle; de nulle valeur; insignifiant, -e
tartalmaz [~ott, ~zon] renfermer; contenir; comporter
tartalmú [~ak, ~t] 1. à base de...; contenant du...; 2. *bő v gazdag ~* abondant, -e; riche *(vmiben:* en); 3. *hasonló ~ levél* une lettre d'une teneur identique
tartalom [-lmat, -lma] 1. *(anyagi)* teneur *f* (en qc); *(nemes fémből, alkoholból)* titre *f*; 2. *ált:* contenu *m*; 3. *irod:* sommaire *m*; analyse *f*; 4. *nyelv: a ~ le* signifié; 5. *(okirat, levél stb. tartalma)* teneur; 6. *(mutató)* table *f* des matières
tartalomjegyzék; tartalommutató table *f* des matières; sommaire *m*
tartály [~ok, ~t, ~a] 1. récipient; réservoir *m*; 2. *műsz:* vase; container; tank *m*
tartam [~ok, ~ot, ~a] durée *f*; *vminek a ~a alatt* pendant *v* durant qc
tartás 1. *(alkalmazotté)* emploi; engagement *m*; 2. *(tenyésztés)* élevage *m*; 3. *az árak ~a* la tenue des prix; 4. *(emberé)* tenue; port *m*; *jó ~a van* voir de la tenue *v* de l'aplomb; *rossz ~* attitude vicieuse; 5. *(lóé)* aplomb; *növ, áll:* port *m*; 6. *(anyagé)* apprêt *m*; consistance; résistance; cohésion; 7. *(tárgyalásé)* tenue; 8. *jog:* prestation *f* d'aliments; aliments *m pl*
tartásdíj pension alimentaire *f*; aliments *m pl*; ~*ra van kötelezve* devoir des aliments à q
tarthatatlan indéfendable; intenable; injustifiable; *(csak állításról)* insoutenable
tarthatatlanság 1. *(helyé)* impossibilité de défendre qc; faiblesse *f*; 2. *(állításé)* absurdité; inanité *f*
tartó [~k, ~t, ~ja] I. *(mn)* 1. portant, -e; 2. *három napig ~ várakozás* trois jours d'attente; *rövid ideig ~ de* courte durée; II. *(fn) műsz:* support *m*; *ép:* console *f*
tartogat réserver; garder

tartókötél corde *f;* câble *m (kikötésnél:* d'amarrage; *függesztésnél:* de suspension)
tartomány 1. province; possession *f;* 2. *mat:* région *f;* domaine *m;* 3. *fiz* étendue; gamme; zone; plage *f*
tartományi provincial, -e
tartós [~ak, ~at] 1. *(időben)* durable; prolongé; soutenu, -e; fixe; stable; *nem ~ béke* paix instable *f; ~ figyelem* attention soutenue; *~ használat* usage prolongé; *~ jó idő* beau fixe; temps fixe *m; ~ munka* travail assidu; *~ siker* succès durable *m;* 2. *(anyag)* solide; d'une solidité éprouvée; résistant, -e; d'usage; *(színű)* grand *v* bon teint; *~ szövet* étoffe profitante *biz*
tartóshullám (ondulation) permanente; (ondulation) indéfrisable *f*
tartósít [~ottam, ~ott, ~son] 1. conserver; 2. *(ételt)* mettre en conserve; 3. *(hajat)* permanenter
tartósító *ipar* industrie *f* de la conserve *v* des conserves
tartósság 1. stabilité; persistance; permanence *f;* 2. *(betegségé)* longue durée; opiniâtreté *f*
tartószerkezet 1. charpente; ossature; armature *f;* 2. *ép:* structure portante
I. tartozás 1. dette; redevance *f;* engagement *m;* 2. *(vagyon összességében)* passif *m;* 3. *(könyvelésben)* débit *m* (du compte); *~ és követelés* l'actif et le passif; *a ~ erejéig* à due concurrence; *kifizeti ~ait* payer ses dettes; 4. *átv:* dette; dû *m; ~át lerója* payer son tribut *v* sa dette
II. tartozás *(vmihez)* appartenance *f* (à)
tartozási *oldal* côté du débit; doit *m*
tartozék [~ok, ~ot, ~a] 1. accessoire *m;* annexe; dépendance(s); appartenance(s) *f (pl);* 2. partie intégrante
I. tartozik [~tam, ~ott, ~zék *v* ~zon]
I. *(ige)* 1. *(vmivel)* devoir qc; être redevable à q de qc; *vkinek ~* être en dette avec q; 2. *~ magának azzal, hogy* se devcir de *(inf);* önmagának *~ azzal, hogy* il se doit de *(inf); nem ~ többé vkinek* être quitte envers q;

3. *(vmit tenni)* être tenu(e) de *(inf);* devoir *(inf);* II. *(fn) (könyvelésben)* doit *m*
II. **tartozik** 1. *(vmihez, vkihez)* appartenir à...; ressortir à...; *hivatali hatásköréhez ~* rentrer dans l'exercice de ses fonctions; *hozzánk ~ (vki)* il est des nôtres; 2. *(vmibe)* rentrer dans qc; relever de qc; 3. *(vkire)* relever de q; ressortir à qc; être du ressort de q; *nem rám ~ cela* échappe à ma compétence; 4. *jog:* ressortir à qc
I. **tartózkodás** *(vhol)* séjour; arrêt *m; (közbeeső)* escale *f; (rövid)* station
II. **tartózkodás** 1. *(vmi tesíi dologtól)* abstinence *f;* 2. *(cselekvéstől)* reserve; abstention *f; ~ nélkül* sans réserve; *~t mutat* montrer de la réserve; *(vkivel szemben)* user de réserve avec q; 3. *(modor)* retenue; discrétion *f;* 4. *pol:* absentéisme *m;* 5. *dipl: a ~ politikája* la politique de non-intervention
I. **tartózkodik** [~tam, ~ott, ~jék *v* ~jon] 1. *(vhol)* séjourner; être domicilié(e) à..., *(hivatalnok)* résider; 2. *(megállva vhol)* s'arrêter; 3. *(jármű)* stationner
II. **tartózkodik** *(vmitől)* se retenir de qc *v* de *(inf);* s'abstenir de qc
tárul [~tam, ~t, ~jon] *szeme elé v elébe ~* s'offrir à la vue de q
táska 1. sac *m; (nagy bőr~)* sacoche *f; (kis) utazó ~* sac de voyage; mallette *f; (lapos irat~)* serviette *f;* 2. *női ~* sac à main; réticule *m;* 3. *(vadászé, iskolásé)* gibecière *f;* 4. *(iskolásé)* cartable *m*
táska(író)gép machine portative
táskarádió radio portative
taszít [~ottam, ~ott, ~son] pousser
taszítás 1. poussée *f;* choc *m;* 2. *fiz:* répulsion; impulsion *f*
tatár [~ok, ~t] tartare; *szegény ~!* pauvre bougre !
tataroz [~tam, ~ott, ~zon] réparer; restaurer; remettre à neuf *v* en état
tatarozás réparation *f;* ragré(e)ment *m*
tátika *növ:* antirrhine *f;* muflier *m*

tátong [~ott, ~jon] bâiller; béer; *a kettő között egy nagy űr* ~ *un abîme profond les sépare*
tátongó [~ak, ~t] béant, -e
tátott *szájjal* la bouche (toute) grande ouverte; *csak áll* ~ *szájjal* être *v* rester bouche béante
táv [~ok, ~ot, ~ja] 1. distance *f;* 2. *sp:* parcours *m*
tavaly l'an dernier *v* passé; ~ *ilyenkor* l'année passée à pareille époque
tavalyelőtt il y a deux ans
tavalyi [~ak, ~t] de l'an dernier; *de hol van a* ~ *hó?* mais où sont les neiges d'antan?
tavasz [~ok, ~t, ~a] 1. printemps; renouveau *m;* ~ *van* voici venu le printemps; ~ *volt* on était au printemps; *-sszal* au printemps; aux premiers beaux jours; 2. *átv: élte* ~*án* dans son printemps
tavaszi [~ak, ~t] printanier, -ière; de printemps; ~ *búza* blé *m* de printemps; ~ *díszben pompázik* revêtir sa belle robe de printemps; ~ *ruha* robe *f* de printemps; ~ *vetés* les semis *m v* semailles *f* de printemps
tavaszodik [~ott, ~jék *v* ~jon] le printemps approche *v* vient *v* arrive
távbeszélő I. *(mn)* téléphonique; ~ *forgalom* trafic téléphonique *m,* ~ *fülke* cabine téléphonique *f;* II. *(fn)* téléphone *m*
távbeszélőkagyló récepteur; écouteur *m*
távbeszélőkészülék appareil téléphonique *m*
távbeszélőközpont (bureau) central téléphonique
távbeszélőnévsor annuaire téléphonique *m*
távcső longue-vue;lunette *f* (d'approche); *(csillagászati)* télescope *m;* ~*vel néz* regarder avec *v* à travers une lunette
távfutás course *f* (de vitesse); *hosszú* ~ course de fond; *(középtávon)* demifond *m; rövid* ~ sprint *m*
távfűtés chauffage urbain
távgyaloglás marche; course *f* à pied; footing *m*
tavi [~ak, ~t] lacustre
távirányítás téléguidage *m*

ráirányított *lövedék* projectile *v* engin téléguidé; ~ *rakéta* fusée radioguidée
távirász [~ok, ~t, ~a] télégraphiste *n*
távirat dépêche *f;* télégramme *m; (kábelen)* câblogramme; câble *m; (rádión)* radio; radiogramme *m*
távirati télégraphique; ~ *tudósítás* dépêche *f; (saját)* par fil spécial; ~ *úton* par voie télégraphique; ~ *ügynökség* agence télégraphique *f*
táviratkihordó télégraphiste *n*
táviratozik [~tam, ~ott, ~zék *v* ~zon] télégraphier
táviratűrlap formule *f* de télégramme
távirda [-ák, -át, -ája] bureau télégraphique *m*
táviróhivatal bureau *m* télégraphique *v* du télégraphe
távírópózna poteau *m* de lignes *v* télégraphique
tavirózsa nénuphar; le blanc des étangs
távköz espacement *m*
távközlés télécommunication; télétransmission; transmission *f* à distance
távközlési *hálózat* réseau *m* des télécommunications; ~ *ipar* industrie *f* de télécommunication
távlat 1. *(optikai)* perspective *f;* 2. fuyant *m;* 3. *átv:* optique *f; a színház* ~*a* l'optique du théâtre; *(ítélethez)* recul *m; kellő* ~*ból nézve* avec le recul du temps; *bizonyos* ~*ból néz vkit* prendre distance d'avec q; *két évszázad* ~*ából* après deux siècles passés
távlati perspectif, -ive; ~ *kép* perspective *f*
távlattérkép carte scénographique *f*
távmérő télémètre; télémétreur *m*
távol I. *(mn)* lointain; éloigné, -e; *a* ~ *jövőben* dans un avenir lointain *v* éloigné; II. *(hat)* loin (de ...); éloigné de ...; ~ *áll vmitől* être étranger *v* indifférent (étrangère *v* indifférente) à qc; ~ *áll tőle, hogy* n'avoir garde de *(inf);* ~ *eső* reculé; lointain, -e; ~ *marad (nem jön el)* être absent(e); s'absenter; *(tartózkodik vmitől)* s'abstenir de qc; ~

távolabbi 938 **tea**

tarja magát se tenir à l'écart; s'abstenir; ~ *van* être absent(e); s'absenter; *(vmitől)* être éloigné(e) de qc; ~ *van attól, hogy* être (bien) éloigné(e) de *(inf);* ~ *vagyok attól* v ~ *van tőlem, hogy* je suis bien loin v éloigné(e) de *(inf);* ~ *legyen tőlem!* Dieu m'en préserve! III. *(fn)* 1. lointain *m;* ~*ba (lát stb.)* à distance; ~*ba vész* se prendre v fuir dans le lointain; *a* ~*ban* dans l'éloignement; au loin; *(a)* ~*ból* de loin; à distance; ~*ból irányít* télécommander; téléguider; ~*ról* de loin; à distance; ~*ról emlékezem* je me rappelle vaguement; *rokonok vagyunk, de csak* ~*ról* nous sommes parents, mais de loin; ~*ról sem* à beaucoup près; tant s'en faut; ~*ról sem volt megelégedve* il n'était pas content, tant s'en faut; 2. *(hatásé)* portée *f*
távolabbi [~ak, ~t] plus éloigné(e); plus lointain(e); ~ *kilátások* perspectives ultérieures; *met:* prévisions éloignées
távolajvezeték pipe-line *m*
távolbalátás 1. télévision *f;* 2. *(tehetsége)* voyance; télépathie *f*
távoli [~ak, ~t] lointain; éloigné; reculé, -e; *a* ~ *jövőben* dans l'éloignement v en éloignement; ~ *rokon* oncle v neveu éloigné; arrière-cousin *m;* ~ *útról tér meg* revenir de loin
Távol-Kelet; *a* ~ l'Extrême-Orient *m*
távollátás presbytie *f;* presbytisme *m*
távollét 1. absence *f;* éloignement *m;* séparation *f; az ön* ~*ében* en votre absence; ~*ében* à son défaut; *vagy* ~*ében* ou, à défaut ...; ~*ében elítél* condamner par contumace; ~*ében hozott ítélet* jugement par défaut; défaut *m; (büntettnél)* condamnation *f* par contumace; 2. *(mulasztásból)* carence *f;* 3. *lakóhelyétől való* ~ non-résidence *f*
távolmaradás 1. absence *f;* absentéisme *m;* 2. *(bűnös, saját hibájából)* carence *f;* 3. *sp:* indisponibilité *f*
távolodik [~tam, ~ott, ~jék v ~jon] 1. s'éloigner (de qc); 2. *(távlatban)* fuir

távolság 1. distance *f;* espacement; écartement *m; (elválasztó)* marge *f; bizonyos* ~*ban* à distance; *(egymástól)* de distance en distance; *egyenlő* ~*ban levő* également distant(e); *(mat:)* équidistant, -e; *kellő* ~*ban tartja magától* garder ses distances; *bizonyos* ~*ra ültet egymástól* planter de distance en distance; *egyenlő* ~*ra* à distance égale; *5 km* ~*ra van* être à une distance de 5 km; *nyeli a* ~*ot* dévorer l'espace; ~*ot tart* observer les distances; *(vkivel szemben)* mettre q à distance; 2. *(távoliság)* éloignement *m*
távolsági [~ak, ~t] ~ *beszélgetés* communication interurbaine; ~ *gyors* express *m* de grand parcours
távoltartás *(vkié)* éviction *f*
távolugrás saut *m* en longueur
távozás 1. éloignement; départ *m; gúny: a* ~ *hímes mezejére lép* prendre la clef des champs; 2. *a színházból való* ~*kor* à la sortie du spectacle
távozik [~tam, ~ott, ~zék v ~zon] 1. s'éloigner; s'en aller; partir; 2. *(tömeg)* s'écouler
távrepülés vol *m* à distance v à long parcours
távúszás nage *f* de fond
távvezérel téléguider; radioguider; télécommander
távvezérlés téléguidage *m;* télécommande *f; (rádió útján)* radioguidage *m*
távvezeték ligne *f* de transport d'énergie
taxatív [~ak, ~at] limitatif, -ive; ~ *felsorolás* liste limitative
taxi [~k, ~t, ~ja] taxi *m;* ~*ba ül* prendre un taxi; ~*t hív* héler un taxi
taxiállomás place *f* d'automobiles
taxigépírónő dactylo payée à l'heure
taxisofőr chauffeur *m* de taxi
te I. *(nm)* toi; *(igével)* tu; *te!* écoute! dis donc! *te hülye!* espèce d'idiot! *szamár vagy te!* âne toi-même! **II.** *(birtokos nm)* ton, ta; *a te házad* ta maison (à toi)
tea [-ák, -át, -ája] 1. thé *m; teát iszik* prendre du thé; 2. *(gyógyfűből)* tisane; infusion *f* de thé; 3. *(összejövetel)* thé

teacserje 939 teher

teacserje arbuste à thé; thé; théier *m*
teadélután thé dansant
teafőző(edény) bouilloire *f* à thé
teakonyha cuisinette; kitchenette *f*; coin-cuisine *m*
tealevél feuille *f* de thé
tearózsa *növ*: rose thé *f*
teáscsésze tasse *f* à thé
teáskanna théière *f*; pot *m* à infusion
teáskészlet service *v* cabaret *m* à thé; *(kétszemélyes)* tête-à-tête *m*
teasütemény petits fours; biscuit *m*
teaszalon tea-room *m*
teaszínű thé
teaszűrő passe thé *m*
teatojás œuf garanti frais
teavaj beurre superfin
teázik [~tam, ~ott, ~zék *v* ~zon] prendre le *v* son thé
tébécé T.B.C. *f*
téboly [~ok, ~t, ~a] folie; démence *f;* égarement; délire *m; biz: kész ~!* c'est de la pure folie!
tébolyda [-ák, -át, -ája] maison *f* d'aliénés *v* de fous
tébolyodott [~ak, ~at; ~an] aliéné; dément, -e; fou, folle; ~ *elme* esprit détraqué
technika 1. *(tudomány)* technique *f;* art technique *m;* 2. *(vmié)* technique; 3. *(gépé)* mécanisme *m;* 4. *műv:* facture *f;* 5. *zen;* technique; maîtrise *f;* 6. *(iskola)* école polytechnique *f*
technikai technique; ~ *minimum* minimum technique *m;* ~ *oktatás* enseignement technique *m*
technikolor technicolor *m*
technikum [~ok, ~ot, ~a] ipari ~ école polytechnique; école technique *f*
technikus 1. *(hallgató)*: élève *(n)* de l'école polytechnique; polytechnicien, -enne; 2. *(szekember)* technicien *m*
technológia [-át] 1. technologie *f;* 2. *(iskola)* école d'arts et métiers
technológus technologue; technologiste *n*
teendő [~k, ~t, ~je] I. *(igenév) lássuk, mi a ~* voyons ce qui nous reste à faire; II. *(fn)* 1. affaires *f pl;* occupation; besogne *f; ez a te ~d* cela te regarde; ~*it elvégzi* faire son devoir; 2. *(hivatali)* fonctions *f pl; a ~ket ellátja* s'acquitter de ses fontions
téged te; *(hangsúllyal)* ~ *szeretlek* c'est toi que j'aime
tégely [~ek, ~et, ~e] creuset *m*
I. *(fn)* **tegez** [~ek, ~t, ~e] carquois *m*
II. *(ige)* **tegez** [~tem, ~ett, ~zen] tutoyer
tegeződik [~tem, ~ött, ~jék *v* ~jön] *(vkivel)* se tutoyer
tégla [-ák, -át, -ája] brique *f; -ából épült* (construit) en briques; en maçonnerie; *-át éget* cuire des briques; *-át vet* mouler des briques; *átv:* elhozza *a maga -áját* apporter sa pierre
téglaégető 1. briquetier *m;* 2. *(hely)* briqueterie *f;* ~ *(kemence)* four *m* à briques *v* à cuire
téglaépület construction *f* en briques
téglafal mur *m* de briques
téglagyár briqueterie *f*
téglalap *mat:* rectangle; carré long; ~ *alakú* oblong, -gue
téglaszín(ű) brique
téglavetés moulage *m* des briques
téglavörös vermillon; brique
tegnap I. *(hat)* hier; ~ *délben* hier à midi; ~ *egész nap* tout hier; ~ *reggel* hier matin; *mintha* ~ *történt volna* il me semble que tout cela s'est passé hier; II. *(fn) a* ~ la journée d'hier
tegnapelőtt avant-hier
tehát ainsi; donc; alors; en résumé (donc); pour conclure; *ha* ~ or donc, si . . .
tehén [tehenek, tehenet, tehene] 1. vache *f;* 2. *(nőről) nagy* ~ une vraie vache; une grosse vache; une grande bique; *éjjel minden* ~ *fekete* la nuit tous les chats sont gris
tehénistálló vacherie *f*
tehéntartás élevage *m* d'une vache
tehéntej lait *m* de vache
tehéntőgy(e) pis *m* (de vache)
tehéntúró fromage blanc (de vache)
teher [terhek, terhet, terhe] 1. fardeau *m;* charge *f;* faix; poids *m; (hajóé)* cargaison *f; (járműé)* charge; charge-

teheráru 940 **tej**

ment m; (megterhelés céljából felrakott) lest m; (teherhordó állaton) somme; f; hasznos ~ charge utile; terhet rak vkire charger un fardeau sur les épaules de q; 2. ~be esik devenir enceinte v grosse (vkitől: des œuvres de q); (állat) devenir pleine; ~be ejt rendre enceinte; (állat) féconder; három hónapja ~ben van elle est enceinte de trois mois; 3. átv: fardeau; poids m; görnyed a ~ súlya alatt plier sous le faix; az élet terhe le poids v le fardeau de l'existence; az évek terhe le fardeau v le faix v le poids des ans; terhére van vkinek incommoder q; être à charge à q; importuner q; terhet ró vkire imposer une charge à q; 4. vminek terhe alatt à charge de qc; sous peine de qc; halálbüntetés terhe alatt sous peine de mort v de la vie; 5. (pénzbeli) charge; dette passive; ezen a házon 10 000 ft ~ van cette maison est grevée d'une hypothèque de 10.000 florins; az ön terhére à votre débit; vkinek terhére írja porter au débit de q; débiter q de la somme de...
teheráru marchandise à petite vitesse; grosse marchandise; ~ként par petite vitesse
teherautó auto-camion f: camion fourgon m; (kisebb) camionnette f
teherbírás 1. (megterhelés szempontjából) capacité f de chargement; 2. ép: capacité portante; 3. (hordás szempontjából) charge utile; 4. (gépé) rendement m; 5. (emberé) endurance f
teherfuvarozás 1. transport m de marchandises; 2. (autón) transports v services routiers; (vonaton: ferroviaires)
teherhajó cargo; bateau m de charge
teherhordó I. (mn) (állat) de bât; ~ állat bête f de somme; II. (fn) porteur; portefaix m
teherkocsi 1. camion m; voiture f de fardier; fourgon m; 2. (vasúti) voiture f de marchandises; wagon m à marchandises
tehermentes exempt(e) de charges; non-grevé, -e

tehermentesít 1. műsz, ép: décharger; 2. (adósságtól) exonérer; dégrever; 3. (adózót) décharger; dégrever; 4. jog: ~ vkit vmitől libérer q de qc
teherpályaudvar gare f des v de marchandises; la petite vitesse
teherszállítás le transport des marchandises; factage m; (teherautóval v társzekérrel) camionnage m
teherszállító 1. de transport; de charge; 2. (gépről) transporteur, -euse; ~ repülőgép avion-cargo m
tehertaxi taxi transport m
tehertétel 1. poste m en débit v à charge; 2. (telekkönyvi) inscription; charge f; 3. (tárgy v személy) poids mort; (igével) constituer une charge
tehervonat train v convoi m de marchandises v de messageries
tehetetlen 1. impuissant, -e; incapable; impotent; paralysé; désarmé, -e; ~ düh rage impuissante; ~ öreg vieillard infirme m; 2. orv: impuissant, -e; 3. fiz: (anyag) inerte
tehetetlenség 1. impuissance; infirmité f; 2. orv: impotence f; 3. fiz: inertie f
tehetetlenségi nyomaték moment m d'inertie
tehetős [~ek, ~et] aisé, -e; (igével:) avoir des moyens
tehetség 1. talent m (de qc); aptitudes (pour v à qc); facultés; qualités f pl; van ~e vmihez avoir la bosse de qc; avoir le don v le talent de qc; zenei ~e van il a la bosse v le talent de la musique; ~gel áld meg (mesében) faire un don; 2. (maga az ember) phénomène; génie; talent m; kiváló v fényes ~ une lumière; nagy ~ un as; 3. (vagyonilag) moyens m pl; ki-ki ~e szerint chacun selon ses moyens
tehetséges [~ek, ~et] remarquablement doué(e); plein(e) de talents; talentueux, -euse
tehetségtelen sans talent; inintelligent; insuffisant, -e
tej [~et, ~e] 1. lait; laitage m; megerjedt ~ lait altéré; a (forralt) ~ bőre, föle la peau du lait; a ~ föle a) la

| tejbedara | 941 | tekintély |

crème; *b)* la peau du lait; 2. *(növény)* latex; lait *m;* 3. *hal:* laitance; laite *f;* frai *m;* 4. *(szólások)* van mit a ~be aprítani avoir du pain cuit sur la planche; avoir du foin dans ses bottes; ~*ben-vajban fürdik* être comme un coq en pâte
tejbedara semoule *f v* gruau *m* au lait
tejberizs riz *m* au lait
tejcsarnok 1. *(elárusító)* laiterie; crémerie *f;* 2. *(vendéglőféle)* crémerie
tejelválasztás sevrage *m*
tejes [~ek, ~t; ~en] I. *(mn)* 1. laiteux, -euse; 2. *(növény)* lactescent, -e; 3. *(hal)* laité; œuvé, -e; 4. ~ *étel* plat préparé au lait; II. *(fn)* laitier *m*
tejesfazék pot *m* au lait; bassine *f*
tejeskanna 1. bidon *m* à lait; boîte *f* à lait; 2. *(asztali)* pot à lait; crémier *m*
tejeskávé café crème *v* mélangé; café *m* au lait
tejeskocsi voiture laitière
tejeskofa laitière *f*
tejfog dent *f* de lait
tejföl crème aigre *f*
tejhamisítás mouillage *m* du lait
tejhozam production laitière
tejipar industrie laitière
tejkonzerv lait condensé
tejkúra régime lacté; diète lactée
tejpor lait en poudre *v* desséché
tejsűrű; tejszín crème (de lait); crème double *f*
tejszínhab crème fouettée *v* Chantilly; ~*ot ver* fouetter une crème
tejtermék laitage; produit *m* de laiterie
tejút voie lactée; galaxie *f*
tejüveg verre opalin *v* dépoli
tejvizsgálat galactométrie *f*
teke boule *f*
tekeasztal billard *m*
tekebáb(u) quille *f*
teker [~tem, ~t, ~jen] 1. tordre; 2. *(rá, be)* enrouler; rouler; *(orsóra)* envider; *(kötelet)* lover
tekercs [~ek, ~et, ~e] 1. rouleau *m;* 2. *(henger alakú szál v drót, kötél)* bobine *f;* 3. *(madzag, huzal, kötél)* toron *m;* 4. *(szalmából, szénából)* torche *f;* 5. *vill:* spire *f*

tekercsel [~tem, ~t, ~jen] enrouler; *(fonalat)* embobiner
tekercselés 1. enroulement; enroulage *m;* 2. *műsz:* bobinage *m;* 3. *tex:* espoulinage *m*
tekercsfilm bobine *f* de pellicules; rollfilm *m*
tekeredik [~tem, ~ett, ~jék *v* ~jen] 1. s'enrouler; vrillonner; 2. *(kígyó)* se lover
tekereg [~tem, -rgett, ~jen] 1. *ld:* **tekeredik;** 2. se tortiller; 3. *biz: (sétálva)* rôder; flâner
tekervény spirale *f;* méandre *m*
tekervényes [~ek, ~et; ~en] 1. sinueux; tortueux, -euse; en méandres; 2. *növ: (szár)* flexueux, -euse
teketória [-ák, -át] façon(s) *f (pl);* chinoiserie *f;* minden ~ *nélkül* sans façons; sans ambages; *csak semmi* ~*!* point d'affaire *!*
teketóriázik [~tam, ~ott, ~zék *v* ~zon] faire des façons *v* des chichis; *nem sokat* ~ il n'y vas pas de main morte
tekint [~ettem, ~ett, ~sen] I. *(tgyl i)* 1. jeter un coup d'œil (sur, dans); regarder qc; 2. *(vkire)* porter *v* attacher *v* lever ses regards sur q; *vmire* ~ porter ses regards *v* sa vue sur *v* vers qc; *az égre* ~ lever les yeux au ciel; *messzire* ~ porter sa vue bien loin; 3. *átv: vmire* ~ considérer qc; prendre en considération qc; avoir égard pour qc; II. *(tgy i)* 1. *(számításba véve)* considérer; prendre en considération; *csupán az érdemét* ~*em* c'est son seul mérite que je considère; 2. *(vminek)* regarder *v* considérer comme ...; prendre pour qc; tenir (pour) qc; *ártatlannak* ~*ik* il est présumé innocent; *a dolgot elintézettnek* ~*i* il considère l'affaire comme réglée *v* comme faite; 3. *magát vminek* ~*i* se considérer comme ...; se prendre pour qc; *(jogtalanul)* s'ériger en...; 4. *vmit* ~*ve* sous le rapport de qc; *ezt nem* ~*ve* à part cela; ~*ve ld. még:* **tekintettel**
tekintély [~ek, ~t, ~e] 1. autorité *f (vki fölött:* sur q); réputation *v* renommée *f; nagy* ~*nek örvend* jouir

tekintélyes

d'une grosse autorité personnelle v d'une grande considération; *vki előtt nagy ~e van* avoir du prestige sur q; *~e nő* gagner plus d'autorité; *veszt a ~éből* perdre la face; *~nek örvend* bénéficier du respect; *vki ~én csorbát ejt* discréditer q; *~re emelkedik (vki szemében)* prendre v acquérir de l'autorité (sur q); *elveszti a ~ét* perdre de son autorité; démériter; *~ét latba veti* interposer son autorité; *~t szerez magának* s'accréditer; 2. *(személy)* autorité; personne de respect; capacité *f; a legnagyobb ~* l'autorité suprême; *a legnagyobb tudományos ~ek* les sommités de la science; *~ekre hivatkozik* alléguer des autorités; 3. *(állásánál fogva)* notabilité *f*
tekintélyes [~ek, ~et] 1. *(ember)* très en vue; très estimé(e); notable; considéré, -e; *(igével)* avoir les reins forts; *(szakértelme miatt)* autorisé; distingué, -e; 2. *(nagy)* considérable; important; impressionnant, -e; ~ *pocak* ventre imposant
tekintet 1. regard(s) *m pl: gyűlölködő ~* regard de haine; *~e találkozik vkiével* rencontrer les yeux de q; *első ~re* au premier regard; de premier abord; *~ét vmire szegezi* attacher v fixer v braquer ses regards sur qc; *~ével követ* suivre des yeux; 2. *(külső)* aspect *m;* 3. *(figyelembevétel)* considération *f;* égard(s) *m (pl);* déférence *f* (pour); ~ *nélkül vmire* sans égard à qc; sans considération de qc; *jog:* nonobstant qc; ~ *nélkül arra, hogy* sans considération de ce que; ~ *nélkül korára* sans considération de son âge; *személyre való* ~ *nélkül* sans acception de personne; ~ *nélkül az összeg nagyságára* sans limitation du montant; *~be jön* entrer en ligne de compte; *ez nem jön ~be az összehasonlításnál* cela n'entre pas en comparaison; *~be vesz* tenir compte de qc; faire entrer en ligne de compte *v* en balance; faire état de qc; *~be véve* en raison de qc; en tenant compte de qc; en considération de qc; par égard pour qc; dans la vue de *(inf);* en vue de *(inf); hív:* ~*be véve* eu égard à qc; attendu qc; *ld. még:* tekinte*ttel; vmi ~ében* en matière de qc; sous le rapport de qc; au regard de qc; *bizonyos ~ben* à certains égards; *e ~ben* sous ce rapport; à cet égard; *minden ~ben* sur tous les points; en tous points; *több ~ben* à quelques *v* à divers égards; sous maint rapport; *vki iránt való ~ből* par déférence pour q; *vkire való ~tel* par rapport à q; *a helyzetre való ~tel* étant donné *v* donnée la situation; *~tel arra, hogy* considérant que; attendu que; vu que; *~tel van vmire* avoir égard à qc; prendre qc en considération; *nincs ~tel semmire* il ne regarde à rien
tekintetes [~ek, ~t] honorable
teknő [~k, ~t, ~je] 1. *(mosó) kb:* sapine *f;* 2. *(péké)* pétrin *m;* 3. *(kőművesé)* auge *f;* 4. *műsz:* bac *m;* 5. *bány:* fond *m* de bateau; *geol:* (pli) synclinal; 6. *(béka~)* carapace *f*
teknősbéka *áll:* tortue *f*
tékozlás prodigalité(s) *f (pl);* gaspillage *m;* dépense folle
tékozló [~k, ~t] prodigue; dissipateur, -trice; gaspilleur, -euse *(n); a ~ fiú* le fils *v* l'enfant prodigue
tékozol [~tam, ~t, ~jon] gaspiller; prodiguer
tél [telek, telet, tele] hiver *m; (forró égöv alatt)* hivernage *m;* enyhe ~ hiver doux; ~ *derekán v közepén* en plein hiver; *~en-nyáron* été comme hiver; *átalussza a telet* hiberner
tele 1. *(megtöltött)* comble; rempli(e) jusqu'aux bords; 2. *(vmivel)* plein(e) *v* rempli(e) *v* saturé(e) de qc; 3. *(felületen)* couvert(e) de qc; plein(e) de qc; 4. *(szólásokban:)* nehézségekkel ~ hérissé(e) de difficultés; *zsiványokkal ~ vidék* région infestée de brigands; 5. ~ *van vmivel* déborder de qc; regorger de qc; *(főleg átv:)* être lourd(e) de qc; *már ~ van (füzet)* il est fini; *ez a dolgozat ~ van hibával* ce devoir fourmille de fautes; ~ *van a szívem (bánattal)* j'ai le cœur gonflé;

~ vagyok (jóllaktam) j'ai le ventre plein; 6. (jelzős szerk:) ~ erszény bourse bien garnie; ~ marokkal à pleines mains; ~ pohár verre rempli jusqu'aux bords; (borral) rasade f; ~ szájjal beszél parler la bouche pleine; ~ szájjal nevet rire de toutes ses belles dents; ~ torokkal énekel s'égosiller; chanter à tue-tête; ~ tüdővel lélegzik respirer à pleins poumons
telebeszéli a fejét vkinek (vmivel) rompre les oreilles à q de qc; casser v rompre la tête à q
telebútor meuble m en bois plein
telefon [~ok, ~t, ~ja] téléphone m; (néha) l'appareil m; a ~hoz kérik on vous demande au téléphone; ~on par téléphone; ~on értesít aviser téléphoniquement; ~on felhív vkit appeler q par téléphone; a ~nál à l'appareil; ki van a ~nál? qui est à l'appareil?
telefonál [~tam, ~t, ~jon] donner un coup de téléphone v de fil; téléphoner
telefonállomás poste téléphonique m
telefonautomata appareil v poste téléphonique automatique m
telefonbeszélgetés communication; conversation (téléphonique) f
telefonfülke cabine téléphonique f
telefónia téléphonie f
telefonkagyló récepteur m
telefonkészülék appareil (téléphonique) m
telefonkönyv annuaire m des téléphones
telefonközpont central (téléphonique); bureau central
telefonösszeköttetés liaison v communication téléphonique f
telefonszám numéro m de téléphone
teleháló chambre f à coucher en bois plein
telehint 1. vmivel ~ parsemer de qc; couvrir de qc; (földet) joncher de qc; 2. (finom anyaggal) saupoudrer de qc; 3. (beszédet) parsemer de qc; larder de qc
teleír remplir d'écriture
telek [telkek, telket, telke] 1. (házhoz) terrain m (à bâtir), 2. (föld) lot de terrain; lopin de terre m; parcelle f; (bekerített) clos m
telekkönyv 1. cadastre m; 2. (bejegyzések szempontjából) registre m du conservateur des hypothèques; ~be jelzálogot kebeleztet prendre inscription hypothécaire
telekkönyvi hypothécaire; ~ átírás (tulajdonjogé) mutation (cadastrale); ~ beírást töröl rayer une inscription; ~ bekebelezés inscription hypothécaire f; ~ betét feuille f du registre foncier; ~ felvétel cadastrage m; cadastration f; ~ helyszínelő géomètre m du cadastre; ~ hivatal conservation f des hypothèques (de la situation des biens); ~ lap feuillet foncier; ~ törlési engedély consentement m à radiation; ~ tulajdon propriété immobilière inscrite v transcrite; ~ vázlat plan cadastral
telekkönyvvezető conservateur m des hypothèques
telekügynök courtier m en immeubles
telel [~tem, ~t, ~jen] passer l'hiver; hiverner
teleltet mettre en hivernage
telep [~ek, ~et, ~e] 1. colonie; agglomération (humaine); (lakóhely) habitat m; 2. (gyár, stb.) établissement; chantier m; 3. (állomás) station f; 4. kat: parc m; 5. vill: batterie f; 6. gisement (minier); gîte m
telepedik [~tem, ~ett, ~jék v ~jen] s'établir; s'installer; se fixer; élire domicile
telepes [~ek, ~t] colon; colonisateur; pionnier m
telepít [~ettem, ~ett, ~sen] 1. (embereket) établir; 2. (állatot, növényt) acclimater; planter
település colonie f; habitat m; site m; agglomération f; peuplement m
telér [~ek, ~t, ~je] gisement en filon; filon m; gangue f
telerak 1. bonder de qc; charger à plein; 2. (felületet) (re)couvrir de qc; occuper qc; 3. (emberrel, állattal nagyobb teret) peupler de qc

teleszór *vmivel* couvrir de qc; piquer de qc; saupoudrer de qc; *(földet)* joncher de qc; *ld. még*: **telehint teletölt** remplir; *(mértéket)* combler **teletöm 1.** bonder; bourrer; combler; fourrer *(mind:* de qc); **2.** *(emberrel, állattal)* peupler; **3.** *átv:* truffer de qc; hérisser de qc; **4.** *(embert, állatot)* gaver de qc; ~*i a hasát se gaver;* ~*i a fejét vkinek* bourrer le crâne à q; **5.** ~*i magát se gaver de qc; se gorger de qc* **televízió** [~t] télévision; T. V. *f;.* ~*n en petit écran;* ~*n közvetít* téléviser **televíziós** [~ak, ~at] télévisé, -e; ~ *készülék* poste *v* récepteur de télévision; téléviseur; appareil *m* de T. V.; ~ *közvetítés* v *sugárzás* télédiffusion; retransmission télévisée **telhetetlen 1.** insatiable; **2.** *(bendőjű)* il avalerait *v* boirait la mer et les poissons **teli** [~t] **I.** *(mn) ld:* **tele;** ~ *fa* bois plein; **II.** *(fn)* ~*be talál* mettre dans le plein **téli** [~ek, ~t] d'hiver; hivernal; hiémal, -e; ~ *álom* sommeil hivernal *v* hibernal *v* d'hiver; ~ *álmát alussza* s'engourdir; ~ *gyógyhely* station *f* d'hiver; ~ *kikötő* hivernage; port *m* d'hivernage *v* de refuge; ~ *ruha* vêtement *m* d'hiver; robe *f* d'hiver; ~ *sport* sport *m* d'hiver; ~ *üdülő* hivernant *m;* *(hely)* station *f* d'hiver (-nage); *mez:* ~ *vetés* hivernaux *m pl* **telihold** la pleine lune; le plein de la lune **telik** [~leni *v* ~ni, ~lett, ~jék *v* ~jen] **1.** se remplir de qc; se garnir de qc; **2.** *(idő)* passer; **3.** *öröme* ~ *vmiben* prendre plaisir à qc; *öröme* ~ *vkiben* être toute la joie de q; **4.** *amennyire tőlem* ~ autant qu'il est en moi; *mindent megtesz, ami tőle* ~ il fait l'impossible pour *(inf)* v pour qc; **5.** *ebből nem fog* ~*ni* cela ne suffira pas (pour qc) **télikabát** *(férfi)* pardessus *m* d'hiver; *(női)* manteau *m* d'hiver **telít** [~ettem, ~ett, ~sen] **1.** saturer; **2.** *(szövetet)* imprégner; **3.** *(fát)* injecter; imprégner; **4.** *átv:.* imprégner *v* saturer de qc **telitalálat** coup portant (en plein); obus *m* de plein fouet **telítés 1.** saturation *f;* **2.** *(folyadékkal)* imprégnation *f* **telivér** pur sang; ~ *ló* cheval pur sang; cheval *m* de sang **teljes** [~ek, ~et] **1.** plein, -e; **2.** complet, -ète; entier, -ière; totai; intégral; global, -e; *nem* ~ incomplet, -ète; **3.** *(tökéletes)* absolu; achevé, -e; ~*sé tesz* mettre le comble à qc; achever de *(inf);* *(gyüjteményt)* compléter; mettre au complet; ~ *bevétel* recette totale; ~ *bizalom* une entière confiance; ~ *cselekvési szabadság* pleine liberté d'agir; ~ *díszben* en grand gala; en grande pompe; ~ *egészében* dans son intégrité; dans sa totalité; en bloc; ~ *ellátás* pension (bourgeoise *v* entière); ~ *ellátást kap* être nourri(e) et logé(e); ~ *épségben ld:* **épség;** ~ *erejében* dans toute la vigueur de l'âge; ~ *erejéből v erejével* à tour de bras; ~ *erővel* de toutes ses forces; intensivement; ~ *erővel dolgozik (gép)* travailler à plein rendement; *a szó* ~ *értelmében* au vrai sens du mot; littéralement; ~ *fegyverzetben* en armure compléte; armé de pied en cap; ~ *fejlődésében* en plein essor; ~ *fényt derít vmire* mettre qc en plein jour; ~ *foglalkoztatás* le plein temps; ~ *foglalkoztatottság* plein emploi; ~ *gázt ad (motornak)* mettre pleins gaz; ~ *gyógyulás* guérison complète; ~ *haszon* bénéfice total; ~ *hatalom ld:* **teljhatalom;** ~ *hiány* manque absolu *v* total; ~ *igazság* la vérité entière *v* absolue *v* toute nue; ~ *joggal* à juste titre; à bon droit; de droit;, ~ *jogú* de pleine capacité; *(iskola)* de plein exercice; ~ *korú* majeur, -e; *nem* ~ *korú* non-majeur, -e; ~ *lehetetlenség* impossibilité absolue; ~ *létszám* effectif complet; ~ *mértékben* au plus haut point; intégralement; ~ *mértékben kihasznál* v *felhasznál* utiliser au maximum *v* à plein; *jog:*

egy ~ nap un jour franc; ~ nyolc nap huit jours francs; huitaine franche; ~ odaadás dévouement entier; egy ~ óráig une heure d'horloge; ~ pusztulással fenyegeti être menacé(e) de destruction totale; ~ sebességgel à toute allure; ~ siker plein succès; ~ súly poids brut; bon poids; ~ súlyban brut, -e; ~ súlyával elvágódik tomber lourdement sur le sol; ~ számban au (grand) complet; ~ számú total, -e; au complet; ~ szívemből de tout mon cœur; ~ szöveg texte m in extenso; ~ tej bon lait; lait non écrémé v entier; műsz: ~ teljesítmény pleine puissance; ~ terhelés charge pleine; ~ ülés réunion v séance v assemblée plénière; ~ üzemmel à pleine capacité
teljesedés réalisation f; accomplissement m; ~be megy se réaliser
teljesedik [~ett, ~jék v ~jen] s'accomplir; se réaliser
teljesen totalement; tout à fait; absolument; parfaitement; complètement; entièrement; intégralement; du tout au tout
teljesít [~ettem, ~ett, ~sen] 1. (feladatot) remplir; faire; achever; exécuter; ~i a normáját remplir la norme; ~i a tervet remplir v accomplir le plan; 120 százalékra ~i a tervet réaliser le plan à 120%; 2. (feltételt) remplir; satisfaire à qc; 3. (igéretet) accomplir; réaliser; 4. (kérést) exaucer; écouter; donner suite à qc; 5. (megbízást, kötelességet) (bien) remplir; accomplir; s'acquitter de qc; kötelességet ~ s'acquitter d'un devoir; szolgálatot ~ être de service; (vki mellett) être affecté(e) au service de q; 6. (parancsot) exécuter; accomplir; 7. ker: (megbízást) exécuter v effectuer (un ordre); 8. sp: réaliser; 9. (gép) effectuer
teljesítés 1. (feladaté) achèvement m; exécution f; nem ~ inexécution f; a ~ helye le lieu de l'exécution; 2. (feltételé) exécution; 3. (kérésé) accomplissement m; 4. (kötelességé) accomplissement; 5. (megbízásé, parancsé) exécution; effectuation f; 6. vall: exaucement m
teljesíthetetlen (kérés) inadmissible; irrecevable; inaccordable; (parancs) irréalisable
teljesítmény 1. rendement m; a legnagyobb ~ le maximum de rendement; 2. sp: performance; prestation f; 3. (gépé, üzemé) rendement; débit; performance; 4. vill: puissance f
teljesítménybér salaire m au rendement
teljeskorúság majorité f; nem ~ non-majorité f
teljesség 1. intégralité; totalité; plénitude f; az idők ~e la plénitude des temps; 2. achèvement m; 3. ker: entièreté f; 4. ~gel lehetetlen cela est matériellement impossible
teljhatalom 1. pleins pouvoirs m pl; (rendelkezésben) pouvoir discrétionnaire m; ~mal felruház; -lmat ad vkinek donner pleins pouvoirs à q; 2. (uralkodói) pouvoir absolu v illimité
telt [~ek, ~et] rempli(e) de qc; ld. még: tele; ~ arc visage plein; ~ ház salle comble f
télutó hiver tardif; la queue de l'hiver
téma [-ák, -át, -ája] 1. thème, sujet m (de pièce, de roman); kiadós ~ sujet abondant; egy -át kimerít épuiser une matière; 2. zen: thème; motif m
tematika 1. programme m; 2. thématisme m
temet 1. (embert) enterrer; ensevelir; inhumer; 2. (tárgyat) enfouir; enterrer; 3. maga alá ~ ensevelir (sous les décombres); engloutir; arcát kezébe ~i cacher son visage entre ses mains
temetés enterrement m; inhumation f; (ünnepélyes) funérailles; obsèques f pl; vkinek a ~én megjelenik assister à l'enterrement de q
temetési funéraire; funèbre; obituaire; ~ engedély permis m d'inhumer; ~ költség frais funéraires m pl; ~ menet convoi v cortège funèbre m; ~ segély allocation f pour frais d'inhumation

60 Magyar–Francia kézi

temetkezés enterrement *m;* inhumation *f*
temetkezési *hely* sépulture *f;* lieu *m* de sépulture; ~ *vállalat* service *m* v entreprise *f* des pompes funèbres
temetkezik [~tem, ~ett, ~zék v ~zen] 1. *(egyén)* se faire ensevelir; 2. *(nép)* enterrer les morts dans qc; 3. *könyveibe* ~ s'enterrer dans ses livres
temető [~k, ~t, ~je] *(hely)* cimetière *m*
temperamentum [~ok, ~ot, ~a] 1. tempérament *m;* 2. *(tűz)* fougue; impétuosité *f;* brio *m*
templom [~ok, ~ot, ~a] église *f; (zsidó, protestáns, antik)* temple *m; szegény, mint a* ~ *egere* gueux comme un rat d'église; ~*ba jár* fréquenter l'église; *(protestáns)* aller au prêche
templomajtó porte *f* d'église; *(díszes)* portail *m*
templomi [~ak, ~t] 1. d'église; 2. *(művészet)* religieux, -euse; ~ *énekkar* chœur *m;* maîtriste; psallette *f;* ~ *szer* v *tárgy* objet liturgique *m;* ~ *zászló* gonfalon; gonfanon *m;* ~ *zene* musique religieuse
templomszentelés dédicace *f*
templomtér *(nagy templomok előtt)* parvis *m*
templomtorony clocher *m; (csúcsos)* flèche *f*
tempó [~k, ~t, ~ja] 1. cadence *f;* rythme *m;* 2. *zen:* mouvement *m;* 3. *(úszó)* brassée; brasse *f;* 4. *sp:* élan; mouvement; entrain *m;* 5. *(modor)* manières *f pl;* procédé *m*
tempós [~ak, ~at] cérémonieux, -euse; compassé, -e
tendenciózus tendancieux, -euse; ~ *sajtó* presse *f* de mensonge v de désinformation
tendenciózusság caractère tendancieux
ténfereg [~tem, -rgett, ~jen] musarder; badauder; flâner; battre le pavé; *az utcán* ~ traîner dans les rues
tengelice [-ék, -ét, -éje] *áll:* chardonneret *m*
tengely [~ek, ~t, ~e] 1. axe *m;* 2. *(kocsié)* essieu *m;* 3. *(gépben)* arbre *m; (csuklós)* cardan *m;* 4. ~*en par* charroi; ~*en szállít* expédier par roulage

tengelycsapágy palier *m* d'essieu; couette *f*
tengelytörés rupture *f* d'essieu v d'arbre
tenger [~ek, ~t, ~e] I. *(fn)* mer *f; (a nyílt* ~*)* le large; *csendes* ~ mer calme; *a* ~ *apad* la mer descend; *a* ~ *dagad* la mer monte; *a* ~ *háborog* il y a de la mer; *a* ~ *nyugodt* la mer est belle; *a* ~ *zúg, bömböl* la mer rugit; *5000 m-re a* ~ *színe felett* à 5000 m au-dessus du niveau de la mer; *a* ~ *mélye* les profondeurs de la mer; *a* ~*ek szabadsága* la liberté des mers; ~*be ömlő folyó* fleuve tributaire *f* d'une mer; ~*en sur* mer; ~*en át par* mer; *a* ~*en túl(ra)* outre-mer; ~*en túli* d'outre-mer; ~*en túli ország* pays *m* d'ourte-mer; *uralkodik a* ~*en* tenir la mer; ~*en utazik* prendre la voie de mer; ~*re bocsát* mettre à la mer; *a nyílt* ~*re megy* prendre le large; gagner la haute mer; ~*re száll* s'embarquer; *birja a* ~*t (ember)* avoir le pied marin; *(hajó)* tenir la mer; *járja a* ~*eket* courir les mers; II. *(hat)* ~ *sok* une quantité énorme de ...; une immense quantité de ...; *un monde de* ...; ~ *sok baj* un abîme de maux; ~ *sok pénz* quantité d'argent; ~ *nép* v *sokaság* une foule immense
tengeralattjáró sous-marin, -e; submersible *(m)*
tengerapály reflux; jusant *m;*marée basse
tengerár *(dagály)* flux *m;* marée haute
tengeráramlás v -áramlat courant marin; dérive *f* de la mer
tengerész [~ek, ~t, ~e] marin; homme de mer
tengerészet marine *f*
tengerészeti marinier, -ière; de la marine; maritime; nautique; ~ *akadémia* v *főiskola* école supérieure de la marine; ~ *attasé* attaché naval; ~ *támaszpont* base maritime *f*
tengerészgyalogos fusilier marin
tengerészkék bleu marine
tengerésztiszt officier *m* de marine
tengerfenék fond marin; fond (de la mer); *sekély* ~ bas-fond *m; igen mély* ~ abysse *m*

tengerhajózás navigation maritime *f*
tengeri [~ek, ~t] **I.** *(mn)* maritime; naval, -e; océanique; ~ *akna* mine sous-marine; ~ *állat* animal marin; ~ *állatvilág* faune pélagique *f*; pélagisme *m;* ~ *áramlat* courant marin; ~ *betegség* mal de mer; ~ *blokád* blocus *m;* ~ *felségterület* mer territoriale; ~ *flotta* armée *f* de mer; ~ *fóka* phoque *m;* öreg ~ *fóka (tengerész)* loup *m* de mer; ~ *fuvarlevél* connaissement maritime *m;* ~ *fürdő* bain(s) *m (pl)* de mer; station balnéaire *f;* ~ *gyógykúra* cure marine; ~ *háború* la guerre sur *v* de mer; ~ *haderő* forces navales *v* maritimes; ~ *hajó* navire; bâtiment marin; ~ *hajóhad* flotte *f;* ~ *hajóraj* escadre *f;* ~ *hajóstársaság* compagnie de navigation; société *f* de transports maritimes; ~ *hajózás* navigation maritime *f;* ~ *hal* poisson *m* de mer; ~ *halászat* pêche maritime *v* en mer *f;* ~ *hatalom* puissance maritime *f;* ~ *kereskedelem* commerce maritime *m;* ~ *kígyó* serpent *m* de mer; ~ *kikötő* port *m* de mer *v* maritime; *(nagy)* rade *f;* ~ *levegő* air marin; ~ *madár* oiseau *m* de mer; ~ *mérföld* lieue marine; ~ *örvény* gouffre; courant tourbillonnaire *m;* ~ *rabló* pirate; corsaire; forban *m;* ~ *rák* écrevisse *f* de mer; ~ *só* sel marin; ~ *szállítás* transport maritime *v* sur mer; transports maritimes *m pl;* ~ *szél* vent marin; brise *f* de mer; ~ *táj(kép)* marine *f;* ~ *uralom* domination *f* sur les mers; ~ *út* v *utazás* voyage *m* en mer *v* sur mer; croisère *f;* ~ *ütközet* combat naval; bataille navale; ~ *zár* blocus *m;* **II.** *(fn) növ:* maïs; blé *m* de Turquie
tengericső épi *m* de maïs
tengerimalac cobaye; cochon *m* d'Inde
tengerimoszat *növ:* algue *f*
tengerinyúl 1. lapin *m* de garenne; **2.** chat *m* de mer
tengerjáró *(hajó)* de long cours; transatlantique; ~ *hajós* navigateur *m*
tengerjog droit maritime *m*
tengerkék bleu marine

tengerkutatás océanographie *f*
tengermellék littoral; pays riverain
tengermélységmérő sonde; machine *f* à sonder; bathymètre *m*
tengermozgás mouvement *m* de la mer
tengernagy amiral *m*
tengeröböl golfe *m;* baie *f;* bassin *m; (kisebb)* crique; anse *f*
tengerpart rivage *v* bord de la mer; littoral *m*
tengerparti du bord de mer; littoral, -e; de la côte; ~ *éghajlat* climat maritime *m;* ~ *fürdőhely* station balnéaire maritime *f;* ~ *hajós* caboteur *m;* ~ *hajózás* cabotage *m;* ~ *távközlés* vigigraphie *f;* ~ *üteg ld:* **parti**
tengerszint niveau *m* de la mer; base marine; *a* ~ *feletti magasság* altitude; élévation *f* au-dessus du niveau de la mer
tengerszoros détroit; bras *m* de mer
tengervíz eau de mer *v* marine
tengerzár 1. blocus maritime *m;* **2.** *tört:* *(Napóleon elleni)* blocus continental
tengerzöld vert d'eau de mer; glauque
tengődés existence misérable *f*
tengődik [~tem, ~ött, ~jék *v* ~jön] mener une vie précaire; végéter; traîner une misérable existence; *keservesen* ~ vivoter péniblement
tenisz [~t] tennis *m*
teniszcipő chaussure *f* de tennis
teniszezik [~tem, ~ett, ~zék *v* ~zen] jouer au tennis
teniszháló 1. filet *m* de tennis; **2.** *(pálya körül)* grilles *f pl* du tennis
teniszing chemise *f* de tennis
teniszlabda balle *f* de tennis
teniszmérkőzés match *m* de tennis
tenisznadrág 1. pantalon *m* de tennis; **2.** *(női)* culotte *f* de tennis; short *m*
teniszpálya court; tennis *m*
teniszrakett; teniszütő raquette *f* de tennis
tenor [~ok, ~t, ~ja] **1.** ténor *m;* **2.** *a beszéd* ~*ja* le ton du discours
tenorénekes ténor *m*
tény fait; fait acquis *v* matériel; *ez* ~ c'est un fait; c'est un fait acquis;

itt a ~ek beszélnek les faits parlent d'eux-mêmes; *annyi* ~, *hogy;* ~ *az, hogy* le fait est que; il est avéré que; il est de fait que; il est acquis que; ~ *gyanánt állít* poser *v* mettre en fait; ~ *gyanánt elfogad* recevoir comme un fait; *a* ~*ek előtt meg kell hajolni* il faut se rendre à l'évidence; *a* ~*ek embere* esprit positif; *nem felel meg a* ~*eknek*... ne répond pas à la réalité des faits
tényálladék; tényállás la matérialité de faits; l'exposé *v* l'ensemble *m* des faits; *jog:* état *m* de fait; *jog: egy vétség* ~*a* la matière d'un délit; *nem meríti ki a* ~*ot* n'épuise pas la matérialité des faits; ~*ot felvesz v megállapít* articuler les faits; rédiger un état
tenyér [tenyerek, tenyeret, tenyere] la paume; le creux *v* le plat de la main; *(sokszor csak:)* la main; *viszket a tenyerem* j'ai la main qui me chatouille; *akkora, mint a tenyerem* grand(e) comme la main; *tenyerében* sur la main à plat; *tenyerében eltüntet (bűvész)* empalmer; ~*ből jósol* pratiquer la chiromancie; *tenyeréből iszik* boire dans (le creux de) la main; *tenyerén hord* v *hordoz* tenir dans du coton; *ismerem, mint a tenyeremet* je le connais comme ma poche
tenyérjóslás chiromancie *f*
tenyészállat (animal) reproducteur; géniteur; sujet *m* d'élevage
tenyészbika taureau reproducteur
tenyészcsődör étalon *m* (de race)
tenyészés propagation; végétation *f; buja* ~ luxuriance *f*
tenyészet 1. végétation *f;* **2.** *(baktérium)* culture *f*
tenyészik [~ett, -ésszék, *v* -ésszen] **1.** se propager; *(élő lény)* se multiplier; vivre; se reproduire; *(növény)* végéter; pousser; **2.** *átv:* foisonner
tenyészkanca jument *f* de race *v* de haras
tenyészkoca truie portière
tenyészt [~ettem, ~ett, -ésszen] **1.** *(növényt)* cultiver; **2.** *(állatot)* élever; **3.** *(baktériumot) ld:* **kitenyészt**

tenyésztalaj 1. sol nourricier; **2.** *él:* bouillon (de culture)
tenyésztés 1. *(növényé és áll:)* culture *f;* **2.** *(állaté)* élevage *m;* éducation *f*
tenyésztörzs lignée sélectionnée
tényező [~k, ~t, ~je] **1.** *mat:* facteur *m; (szorzásban)* sous-multiple *m;* **2.** *fiz: (erő stb.)* composante *f;* **3.** *ált:* facteur; élément; principe *m;* **4.** *(emberről)* personnalité *f*
ténykedés activité *f;* acte *m;* action *f;* fonctions *f pl; hivatalos* ~*e* l'exercice *m* de ses fonctions
ténykérdés 1. question *f v* point *m* de fait; **2.** interrogation *f* délibérative
ténykörülmény fait *m;* circonstance *f;* élément *m*
tényleg en effet; en réalité; effectivement; réellement
tényleges [~ek, ~et] **I.** *(mn)* **1.** effectif, -ive; réel, -elle; positif, -ive; actuel, -elle; ~ *állapot* état *m* de fait; *jog:* ~ *birtoklás* possession *f* de fait; ~ *hatalom* pouvoir *m* de fait; ~ *helyzet* situation *f* de fait; ~ *kiadások* frais matériels; **2.** *(véglegesített)* titulaire; **3.** *kat:* en activité (de service); *nem* ~ *(állományban)* en disponibilité; en non-activité; **II.** *(fn) a* ~ le positif
tényleges ít [~ettem, ~ett, ~sen] **1.** titulariser; **2.** *kat:* verser dans l'armée active
ténymegállapítás constatation *f v* établissement *m* d'un fait
teodolit [~ok, ~ot] théodolite *f*
teológia [-ák, -át] théologie *f*
teológus théologien *m*
teoretikus I. *(mn)* théorique; **II.** *(fn)* théoricien, -enne *n;* doctrinaire *m*
tép [~tem, ~ett, ~jen] **1.** déchirer; lacérer; **2.** *(nem jól vágó szerszám)* mâcher; brouter; **3.** *(virágot)* cueillir; détacher; *(egy szálat)* arracher; *a haját* ~*i* s'arracher les cheveux
tépelődés sombres réflexions; méditations *f pl*
tépelődik [~tem, ~ött, ~jék *v* ~jön] *(magában)* se livrer à des scrupules; s'interroger

teper [~tem, ~t, ~jen] *földre* ~ terrasser; jeter à terre
tépés 1. déchirement *m*; 2. *(eredménye)* déchirure *f*; 3. *(kötöző)* charpie *f*
tépőfog crocs *m pl*; dent laniaire *v* carnassière
tepsi [~k, ~t, ~je] plat à rôtir; plat *m* à gratin
I. *(ige)* **tér** [~tem, ~t, ~jen] 1. prendre la direction de qc; se diriger vers qc; *jobbra* ~ tourner à droite; *más irányba* ~ prendre une autre direction; 2. *~jünk egyenesen a tárgyra* venons au fait; allons droit au fait; 3. *más vallásra* ~ changer de religion; 4. *magához* ~ reprendre ses sens; revenir à soi; *átv:* *alig* ~ *magához* il n'en revient pas
II. *(fn)* **tér** [terek, teret *v* tért, tere] 1. *(űr, hely)* espace *m*; *(gép mozgásában)* jeu *m*; *az* n *dimenziós tér* l'espace à *n* dimensions; *~ben és időben* dans le temps et dans l'espace; 2. *(nagyobb, szabad)* espace libre; terrain; emplacement; champ *m*; 3. *(mágneses, elektromos)* champ; 4. *(városban)* place *f*; 5. *(mozgási)* marge *f*; 6. *átv:* domaine; secteur; compartiment *m*; *vminek terén* dans le domaine du...; en matière de...; *ezen a téren* dans ce domaine; en la matière; dans cet ordre d'idées; *más téren* sur un autre plan; *minden téren* dans tous les domaines; *politikai téren* en matière politique; 7. *(szólásokban)* teret *enged vminek* laisser le champ libre à qc; *tért hódít v nyer* gagner du terrain; marquer un point
tér- spatial, -e
terápia; terapeutika thérapeutique *f*
terasz [~ok, ~t, ~a] 1. terrasse *f*; terre-plein; terrassement *m*; plateforme *f*; 2. *földr:* terrasse *f*; escarpement *m*
térbeli 1. spatial, -e; *tér- és időbeli* spatio-temporel, -elle; *mat:* ~ *vetület* projection gauche *f*; 2. *vegy:* stérique
terc [~ek, ~et, ~e] 1. *zen:* tierce *f*; 2. *kárty: király~* tierce au roi

térd [~ek, ~et, ~e] genou *m*; *a* ~ *alatt* à mi-jambe; *~ig* jusqu'à mi-jambe; *~ig ér* monter à mi-jambe; *a víz már ~ig ér* l'eau monte à mi-jambe; *~en áll* se tenir à genoux; *~en állva* à genoux; *~re!* à genoux! *~re kényszerít* réduire à merci; mettre au pas; *~re rogy* tomber à genoux; *~ére ültet* asseoir *v* prendre sur les genoux; *~et hajt* fléchir *v* plier *v* ployer le(s) genou(x) devant q
térdel [~tem, ~t, ~jen] être *v* se tenir à genoux; s'agenouiller
térdhajlás; térdhajlat jarret *m*
térdharisnya bas *m* de sport
térdkalács rotule *f*
térdnadrág culotte *f*; une paire de culottes
terebélyes [~ek, ~et, ~en] majestueux, -euse; grand; branchu; imposant -e
terefere [-ék, -ét, -éje] commérage; bavardage; potin *m*
tereferél [~tem, ~t, ~jen] tailler une bavette; palabrer
tereget étendre; *fehérneműt* ~ mettre (à) sécher du linge
terel [~tem, ~t, ~jen] 1. diriger; acheminer; 2. *(nyájat)* conduire; mener; 3. *(váltóval)* aiguiller; 4. *más irányba* ~ donner une tournure nouvelle à qc; 5. *(szólások:) a bíró gyanúját ártatlanra ~i* dévier vers un innocent les soupçons du juge; *a beszédet vmire ~i* amener la conversation sur qc; *a figyelmet vmire ~i* attirer *v* appeler l'attention de q sur qc
I. *(ige)* **terem** [termettem, termett, ~jen] I. *(tgyl i)* 1. pousser; croître; venir; 2. *ez a körtefa már nem* ~ ce poirier ne donne plus; 3. *átv:* naître; prendre naissance; 4. *(hirtelen) ott* ~ surgir; apparaître; *hol itt, hol ott* ~ se multiplier; II. *(tgy i)* produire; rapporter; donner
II. *(fn)* **terem** [termek, termet, terme] salle *f*; *(hosszú, fedett)* galerie *f*
teremőr garçon de salle; huissier *m*
teremt [~ettem, ~ett, ~sen] 1. *(személy)* créer; *békét* ~ faire *v* rétablir la paix; 2. *(dolog)* faire naître; produire; créer

teremtés 1. création *f;* a ~ *koronája* le chef-d'œuvre *v* la perle *v* le roi de la création; **2.** *fiatal, szép* ~ *une jeune personne; micsoda elviselhetetlen ~!* quel être insupportable! *szánalmas* ~ *le pauvre* hère; **3.** *(az alkotott dolgok együtt)* le monde; l'univers *m*
teremtette! morbleu! mordieu! sacrebleu!
teremtmény créature *f*
terep [~ek, ~et, ~e] terrain *m; felderíti a ~et* sonder *v* reconnaître le terrain
terepakadály obstacle *m*
terepalakulás configuration *f* du sol
terepfutás *sp:* course *f* sur terrain; cross *m*
terepjáró I. *(mn)* ~ *autó* automobile à tous terrains; **II.** *(fn)* tout-terrain *m*
tereplovaglás équitation *f* de terrain
terepszemle inspection du terrain; reconnaissance *f* des lieux *v* du terrain; *-ét tart* tâter *v* sonder le terrain
tereptan topographie *f*
Teréz [~ek, ~t, ~e]; **Terézia** [-ák, -át, -ája] Thérèse *f*
térfogat 1. volume *m;* **2.** encombrement *m*
térfogatmérés mesure *f* du volume
térfoglalás 1. avance *f;* progrès *m pl;* conquêtes *f pl;* expansion; pénétration *f;* **2.** *(jogtalan)* empiètement *m;* **3.** *(tárgyaké)* encombrement *m*
térgeometria la géométrie dans l'espace; stéréométrie *f*
térhangosítás sonorisation *f*
terhel [~tem, ~t, ~jen] **1.** *(vmit)* peser sur qc; **2.** *(vád, gyanú vkit)* peser sur q; **3.** *(gond)* accabler; écraser; *(felelősség, vminek gondja stb.)* incomber à q; être à la charge de q; **4.** *(vmivel)* charger de qc; **5.** *(lovat versenyen)* handicaper; **6.** *(pénzbeli teherrel vmit)* grever de qc; obérer de qc; **7.** *átv:* déranger; incommoder; importuner (de qc)
terhelés 1. chargement *m;* charge *f;* **2.** *ép:* mise *f* en charge; **3.** *haj:* port *m;* ~*en könnyít* jeter du lest
terhelő [~k, ~t] **1.** *(anyagilag)* grevant qc; *az őt* ~ *költségek* les frais

à sa charge; **2.** *átv: ez rá nézve* ~ *cela* constitue une charge accablante contre lui; ~ *vallomás* charge; ~ *tanú* témoin *m* à charge
terhelt [~ek, ~et; ~en] **I.** *(mn)* **1.** *(vmivel)* chargé(e) de qc; **2.** *adósságokkal* ~ grevé(e) de dettes *v (ingatlan)* d'hypothèques; **3.** *(egyén)* taré; dégénéré, -e; **II.** *(fn) (vádlott)* prévenu; inculpé, -e *n*
terheltség hérédité morbide *v* chargée
terhes [~ek, ~et] **1.** lourd; accablant; écrasant, -e; ~ *látogatás* visite accablante; ~ *örökség* succession onéreuse; **2.** *viharral* ~ *ég* ciel gros d'orage; **3.** *(asszony)* enceinte; *orv:* gravide; *(állat)* pleine; ~ *állapot* état *m* de grossesse; ~ *ruha* robe prénatale *v* de future maman
terhesség 1. lourdeur *f;* poids; fardeau *m;* **2.** *(asszonyé)* grossesse; gravidité *f; (állaté)* gestation *f; a* ~ *megszakítása* interruption *f* de la grossesse
terhességi gravidique; de grossesse
térhódítás pénétration *f; (jogtalan)* empiètement *m*
tériszony agoraphobie; kénophobie *f*
terít [~ettem, ~ett, ~sen] **I.** (tgy *i)* **1.** *(vhová)* étendre; mettre; **2.** *földre* ~ *(embert)* jeter à terre; **II.** *(tgyl i)* **1.** *kárty:* abattre (son jeu); **2.** *(asztalt)* servir (la table); mettre le couvert
térít [~ettem, ~ett, ~sen] **1.** *jó útra* ~ (re)mettre dans la bonne voie; *rossz útra* ~ mettre dans la mauvaise voie; fourvoyer; **2.** *vall:* prêcher q; prêcher la foi; évangéliser q; *a maga véleményére* ~*i* ramener q à son opinion; **3.** *(összeget)* bonifier; restituer
teríték [~ek, ~et, ~e] **1.** couvert *m;* **2.** *vad:* tableau *m;* ~*re kerül* être abattu(e); *átv:* tomber dans le filet
térítés 1. *vall:* apostolat; ministère *m;* **2.** *ker:* bonification *f;* ~ *ellenében* contre remboursement
térítmény équivalent *m;* compensation *f*
terítő [~k, ~t, ~je] **1.** couverture *f;* **2.** *(ebédlőasztalon, oltáron)* nappe *f;* **3.** *(ágyon)* couvre-lit *m*

térítő [~k, ~t] **1.** missionnaire *m;* *(népé)* évangélisateur *m;* **2.** *csill:* tropique *m*
terjed [~t, ~jen] **1.** se répandre; se propager; **2.** *(betegség, tűz, baj)* se propager; gagner qc; prendre de l'importance; **3.** *(eszme)* faire son chemin; se propager; **4.** *(hang, fény)* se transmettre; **5.** *(hatalom, uralom)* s'étendre (à qc); **6.** *(hír)* se répandre; **7.** *zen: (regiszter)* monter jusqu'à...; **8.** *(szólások:) mindjobban* ~ gagner de proche en proche; *a járvány* ~ l'épidémie augmente; ~ *a tűz* l'incendie gagne; *hatalma messze* ~ avoir le bras long; **9.** *(vmire vonatkozik)* comprendre qc; **10.** *(terület)* s'étendre; courir; *(vmeddig)* aller jusqu'à...; **11.** *(büntetés)* aller de... à ...; *(határidő)* courir de ... à ...
terjedelem [-lmet, -lme] **1.** étendue *f;* dimension(s) *f (pl);* ampleur *f;* **2.** *(térbeli)* volume *m;* étendue *f;* **3.** *(birtoké)* contenance; étendue *f;* **4.** *(árué)* encombrement *m;* **5.** *(hangé, hangszeré)* diapason *m;* **6.** *átv:* extension *f; a piac -lme* l'importance *f* du marché
terjedelmes [~ek, ~et, ~en] **1.** *(síkban)* étendu, -e; vaste; **2.** *(térben)* volumineux, -euse; ~ *csomag* paquet volumineux; ~ *hang* voix étendue
terjedés expansion; propagation; extension *f;* *(betegségé, hangé)* transmission; propagation *f; egy járvány* ~*e* le progrès *v* l'extension d'une épidémie
terjengős [~ek, ~et] prolixe; délayé, -e; interminable; languissant, diffus, -e
terjeszkedik [~tem, ~ett, ~jék *v* ~jen] **1.** *(vki)* donner de l'extension à ses enterprises; *vminek rovására* ~ prendre de l'extension aux dépens de qc; **2.** *(vmi)* se développer
terjeszt [~ettem, ~ett, -esszen] **1.** répandre; propager; **2.** *(betegséget)* transmettre; véhiculer; **3.** *(hírt)* répandre; colporter; diffuser; **4.** *(könyvet)* diffuser; *(ajtóról ajtóra, vásárban)* colporter; **5.** *(vki elé)* saisir q de qc; porter devant q; soumettre qc à (l'approbation de) q
terjesztés 1. *(könyvé)* diffusion *f;* *(házról házra)* colportage *m;* **2.** *(betegségé)* propagation *f;* **3.** *(híreké)* propagation; colportage; **4.** *az eszmék* ~*e külföldön* l'exportation *f* des idées
térkép 1. carte (géographique) *f; általános* ~ carte générale; **2.** *(gyüjtemény)* atlas *m*
térképészeti cartographique; topographique; *Térképészeti Intézet* Institut de Cartographie *v* cartographique *m*
térképez [~tem, ~ett, ~zen] dresser *v* lever *v* faire la carte de qc
térképfelvétel levée *f*
térképjelek signes topographiques *m pl*
térképolvasás lecture *f* de la carte
térköz 1. interstice; intervalle; entredeux *m;* **2.** *(vasút)* block *m;* section *f;* **3.** *műsz:* jeu *m*
termék [~ek, ~et, ~e] **1.** produit; fruit *m* de qc; **2.** *átv:* production *f*
termékeny [~ek, ~et] **1.** fécond, -e; fertile; ~ *föld* terre généreuse; ~ *vidék* pays plantureux; **2.** *(faj, állat)* prolifique; fécond, -e; **3.** *átv:* fécond, -e; ~ *elme* esprit fertile *m;* ~ *képzelet* imagination féconde
termékenyít [~ettem, ~ett, ~sen] féconder
termékenyítés fécondation *f*
termékenység *(állati)* fécondité *f;* *(földé és állat:)* fertilité; productivité; richesse *f*
terméketlen 1. *(talaj)* infécond, -e; infertile; stérile; aride; improductif, -ive; ~ *föld* terre stérile *f;* ~ *talaj* sol ingrat; **2.** *(állat)* stérile; infécond, -e; **3.** *átv:* infructueux, -euse; inopérant, -e; stérile
terméketlenség stérilité; infécondité; infructuosité *f*
termel [~tem, ~t, ~jen] **1.** produire; donner; *(energiát)* débiter; **2.** *(földön)* produire; cultiver; **3.** *(élő szervezet, kor)* produire; générer; donner naissance (à)
termelékenység production *f;* rendement *m; a munka* ~*e* la productivité

termelés   952   **természet**

v le rendement du travail; *fokozza a ~et* relever la productivité
termelés 1. production *f; a ~ alakulása* l'évolution *f* de la production; *a ~ elégtelensége* la sous-production; *a ~ gépezete* les rouages *m* de la production; *a ~ üteme* le rythme *v* la cadence de la production; *korlátozza, csökkenti a ~t* comprimer la production; *szabályozza a ~t* régler la production; **2.** *(növényé)* culture; récolte *f*
termelési de production; *(csak földművelési)* cultural, -e; *~ ág* branche *f* de la production; *~ ár* prix *m* de production; *~ értekezlet* réunion *v* conférence *f* de production; *~ eszköz* moyen *m* de production; *~ időszak* campagne *f;* exercice *m; ~ javak* biens *m pl* de capacité; *~ kapacitás* capacité *f* de rendement; *~ költség* prix *m* de revient; *~ mód* méthode *f v* mode *m* de production; *~ osztály* division *f* de la production; *~ rendszer* mode de production; régime *m; ~ szerződés a)* contrat *m* de culture; *b)* contrat de stockage; *~ szövetkezet* (société) coopérative de production; *~ terv* plan *v* programme de production; plan *m; ~ többlet* v *fölösleg* excédent *m* de la production; *~ válság* crise *f* de production; *a ~ viszonyok* les conditions *f pl* de la production
termelő [*~k, ~t*] producteur, -trice *m; magától a ~től* de la main à la main
termelőcsoport *ld:* **termelőszövetkezeti**
termelőeszköz moyen *v* instrument *m* de production
termelői *ár* prix *m* à la production
termelőipar industrie productrice
termelőképesség capacité productive; puissance *f* de la production; (capacité *f* de) rendement; productivité *f*
termelőmunka travail producteur
termelőszövetkezet société coopérative de production; coopérative agricole de production
termelőszövetkezeti *csoport* groupe *m* de coopératives d'agriculture *v* agricoles
termelőüzem entreprise *f*

termelvény produit *m; a föld ~ei* fruits naturels; *a munka ~ei* fruits industriels
termény produit agricole *v* naturel; *(tőzsdén)* denrée *f;* gyári v *ipari ~* produit manufacturé *v* industriel
terményárak les prix *m pl* du marché
terménybegyűjtés rentrée *f* de la récolte; rentrage *m*
terménykereskedő marchand *m* de blés *v* de grains
terménytőzsde bourse *f* de commerce; marché *m* aux blés
termés 1. *(hozam)* récolte; moisson; cueillette *f; közepes ~* récolte *v* année moyenne; *behordja a ~t* rentrer la moisson; **2.** *növ:* fruit *m;* száraz *~* fruit sec
termésarany or natif *v* vierge
termésátlag moyenne *f* de récolte
termésbegyűjtés rentrée *f* des produits; rentrage *m*
terméskő pierre (de construction) brute; bloc; moellon *m*
termesz [*~ek, ~t*] termite *m;* fourmi blanche; pou *m* de bois
természet 1. nature *f; ~ szerint* naturellement; *~ után* d'après nature; *a ~ törvényei* les lois de la nature; *kimenekül a ~be* se cacher dans la nature; *a szabad ~ben* dans la grande nature; en pleine nature; **2.** *~ben adózó* prestataire *m; ~ben fizet* payer en nature; **3.** *(jellem)* naturel *m;* nature; complexion *f; jó ~* naturel bénin; *szerencsés ~* heureux naturel; *ez ~ dolga* c'est une question de tempérament; *ilyen a ~e* c'est inné chez *v* en lui; *~e folytán* par nature; *a dolgok ~e szerint* selon la nature des choses; *nem ~em* cela n'est pas dans ma nature; *~ében rejlő hajlam* penchant naturel; *~ében gyökerező* foncier, -ière; *~énél* v *~étől fogva* par (sa) nature; en nature; *a dolgok ~énél fogva* par la force des choses; *megváltoztatja ~ét* modifier son comportement; *megváltoztatja vminek a ~ét* dénaturer qc; *~évé válik* passer en nature

természetbarát ami v amateur m de la nature
természetbeni en nature; ~ *járadék* rente f en nature; ~ *szolgáltatás* prestation f en nature
természetbúvár naturaliste n
természetellenes 1. contre v hors nature; dénaturé; pervers, -e; **2.** *(beszéd, modor)* affecté; maniéré, -e
természetellenesség 1. anomalie; monstruosité f; **2.** *(modorban, beszédben)* affectation; prétention; préciosité f
természetes [~ek, ~et] **1.** naturel, -elle; natif, -ive; inné, -e; **2.** *nem* ~ affecté; maniéré; forcé, -e; **3.** *természetes!* naturellement! bien entendu! assurément! *ez egészen* ~ c'est tout indiqué; ~, *hogy* il est bien entendu que; il est naturel que *(subj)*; ~ *állapot (emberiségé)* état primitif v de nature; ~ *báj* grâces naïves; ~ *erény* vertu native; a ~ *ész* la logique (naturelle); le bon sens; ~ *gáz* gaz naturel; ~ *gyermek* enfant naturel; ~ *halállal hal meg* mourir de mort naturelle; *nem* ~ *halállal hal meg* mourir d'une mort violente; ~ *határ* frontière v barrière naturelle; ~ *kiválasztás* sélection naturelle; ~ *nagyság* grandeur nature v naturelle; *ez a dolgok* ~ *rendje szerint történik* cela se fait naturellement; ~ *szaporodás* reproduction naturelle; ~ *tulajdonság* qualité native v innée; *átv:* a *maga* ~ *útján halad* aller son cours naturel
természetesség le naturel; le naïf; naturalisme m
természetfilozófus naturaliste n
természetfölötti [~ek, ~t] surnaturel, -elle; transcendant, -e
természethű réaliste; fidèle
természeti de nature; naturel, -elle; natif, -ive; ~ *adottság* donnée physique f; ~ *állapot* état m de nature; ~ *csapás* fléau m; ~ *erők* les forces f pl de la nature; a ~ *kincsek* les produits naturels; ressources naturelles; les richesses du sol; ~ *törvény* loi naturelle v de la nature

természetimádás adoration f de la nature; naturalisme m; religion naturaliste f
természetjárás tourisme m
természetjog droit naturel
természetrajz histoire naturelle
természetszerű conforme à la nature; normal, -e; naturel, -elle
természettan physique f
természettörvény loi naturelle
természettudomány science f de la nature; sciences exactes; *(iskolában)* sciences
termeszt [~ettem, ~ett, -esszen] cultiver; produire
termesztés culture; production f
termet taille; stature f; physique m; tournure f; *(női így is:) corsage m; elhízott* ~ corpulence f
termikus thermique
termisztor thermisztor m, résistance sémi-conductrice
termodinamika thermodynamique f
termoelem thermocouple m
termofor [~ok, ~t, ~ja] thermophore m
termométer thermomètre m
termonukleáris thermonucléaire
termosz(palack) thermos m; bouteille-thermos f
termő [~k, ~t] *növ:* pistil m; gynécée f
termőföld terre productive; terre arable
termőréteg couche arable f
termőtalaj 1. sol productif v cultivable; **2.** *átv:* sol nourricier
térnyerés gain m de place v d'espace
terpentin [~ek, ~t, ~je] térébenthine; essence f de térébenthine
terpeszkedik [~tem, ~ett, ~jék v ~jen] **1.** s'étaler; se carrer; **2.** *átv:* ~ *sötét tömegével (vmire)* écraser qc de sa masse sombre; **3.** *átv:* étendre sa puissance aux dépens des autres
terrakotta [-ák, -át, -ája] terre cuite
terrorista [-ák, -át, -ája] terroriste *(m)*
terroruralom terrorisme; régime de terreur m; *tört:* la Terreur
térség 1. terrain; champ m; **2.** *(emelkedett helyen)* plate-forme; terrasse f; **3.** *met: alacsony nyomású* ~ aire cyclonale; *magas nyomású* ~ aire anticyclonale
térti *jegy* billet m de retour

terül [~tem, ~t, ~jön] *földre* ~ rouler *v* tomber à terre
terület 1. *(nagyobb)* territoire *m;* région *f;* *(kisebb)* terrain *m;* *(országé, városé stb.)* superficie *f;* *semleges* ~ territoire neutre *m;* *egy ház beépített* ~*e* l'aire *f* d'une maison; *francia* ~*en sur territoire français;* **2.** *mat:* surface; aire *f;* *a hengerpalást* ~*e* l'aire du cylindre; **3.** *met:* *alacsony nyomású* ~ aire de basse pression; **4.** *nyelv:* elterjedési ~ aire; **5.** *(szellemi)* terrain; domaine *m;* *kényes* ~ terrain brûlant; *szűkebb* ~*en* dans un champ plus restreint
területenkívüliség exterritorialité *f;* *(szállásé)* franchise *f* de l'hôtel
területi territorial, -e; ~ *elhelyezés* répartition géographique *f;* ~ *épség* v *integritás* intégrité territoriale *v* du territoire; *(a jelenlegi)* le statut territorial
területmérés 1. mesure *f* des surfaces *v* des aires; *mat:* planimétrie *f;* **2.** arpentage; relevé *m*
területsáv bande de territoire *v* de terrain; zone *f*
terv [~ek, ~et, ~e] **1.** projet; plan; système *m;* **2.** *(épületé)* plan; projet *m* (de construction); **3.** *(szoboré)* maquette *f;* *(rajzé, festményé)* ébauche; esquisse *f;* *(gobeliné stb.)* carton *m;* **4.** *(szólásokban:)* *a* ~*ek elkészítése* la rédaction des projets; *előre megállapított* ~ *szerint* suivant un plan concerté; *gonosz* ~ projet sinistre; *hiú* ~ projet chimérique; ~*e van* avoir un projet en tête; *az a* ~*e, hogy* avoir la pensée de *(inf);* ~*ei vannak vmivel* v *vkivel* avoir des projets *v* vues *v* visées sur qc *v* q; ~*ébe avat* mettre dans le secret; ~*be vesz* envisager *(inf);* avoir en vue; ~*be vett* envisagé, -e; ~*be vett munka* ouvrage *m* en projet; ~*en felül* en sus du plan; ~*et forral* faire *v* former *v* ourdir un projet; ~*eket kovácsol* forger des projets; *vkinek a* ~*eit leleplezi* dénoncer les visées de q; *egy* ~*et megbuktat* torpiller un projet; ~*ét megvalósítja* réaliser son projet; *pej:* faire son coup; **5.** *polgaz:* plan; planning *m;* *a* ~ *szerint* suivant le plan; *a* ~ *felemelése* v *kibővítése* l'élargissement *m* du plan; *egységes* ~ plan d'ensemble; *a* ~*et elkészíti* établir le plan; *az ötéves* ~*et felemeli* élargir le plan quinquennal; *100%-ra teljesíti a* ~*et* réaliser le plan 100 p. c.
tervberuházás investissements *m pl* du plan
tervév année *f* du plan
tervez [~tem, ~ett, ~zen] **1.** *(mérnök stb.)* dresser *v* tracer *v* dessiner le plan de qc; **2.** *(vmit)* projeter qc; envisager qc; *vmivel* v *vkivel* ~ *vmit* faire des projets sur qc *v* q; *azt* ~*i, hogy* projeter de *(inf);* se proposer de *(inf);* former le projet de *(inf);* *ember* ~, *Isten végez* l'homme propose (et) Dieu dispose
tervezés 1. projets; desseins *m pl;* **2.** *polgaz:* établissement *m* du plan; planification *f;* planning *m;* **3.** *(művészé)* ébauche *f;* projet; **4.** *(építészé stb.)* rédaction *f* de projets; *(részletes)* épure *f* d'exécution; **5.** *(gyári)* épure de chantier
tervezésvezető chef *m* du planning
tervező [~k, ~t, ~je] dessinateur-projeteur; auteur *m* du projet *v* du plan
tervezőintézet *ép:* institut *m* de construction
tervezőiroda bureau d'études *v* technique *m*
tervezőmérnök ingénieur-constructeur; ingénieur *m* d'études
tervfegyelem discipline *f* du plan
tervfeladat objectif *m* du plan
tervfelbontás répartition *v* spécification *f* du plan
tervfelelős responsable *n* du plan
tervgazdálkodás économie planifiée *v* dirigée; planification (économique) *f*
tervgazdaságtan économie planifiée
Tervhivatal l'Office *m* du Plan
tervjelentés rapport *m* sur la réalisation du plan
tervrajz plan (graphique); plan géométral; *ép:* dessin (technique) *m;* *műsz:* feuille de plan; épure *f*

tervszám — testmozgás

tervszám; a ~ok les indices m pl du plan
tervszerű 1. méthodique; systématique; 2. planifié, -e
tervszerűség caractère méthodique m; préparation méthodique f
tervszerűtlen irrationnel, -elle; désordonné, -e
tervtörvény loi f sur le plan...; *(hároméves:* triennal, *ötéves:* quinquennal *stb.)*
térzene musique f v concert m sur la place
terzina [-ák, -át] *irod:* tercet m; rime terciée
tesped [~tem, ~ett, ~jen] dépérir; languir
tespedés; tespedtség stagnation; torpeur f; engourdissement d'esprit; marasme m
tessék! 1. *(mutatva)* (le) voici! (le) voilà! 2. *(asztalnál)* servez-vous v prenez-en, s. v. p. (s'il vous plaît); 3. *(beszéljen)* je vous écoute; je suis à vous; 4. *(kopogásra)* entrez! 5. *csak ~!* ne vous gênez pas! 6. *na ~!* allons bon! 7. *hát ~!* eh bien, soit! eh bien, allez-y! 8. *tessék?* plaît-il? vous dites? comment? pardon! 9. s'il vous plaît; je vous en prie; ~ *helyet foglalni* veuillez vous donner la peine de vous asseoir; asseyez-vous, Monsieur; ~ *parancsolni!* je suis à vous; qu'y a-t-il à votre service?
test [~ek, ~et, ~e] 1. corps m; anatomie f *biz; (felső)* torse m; a ~ *melege* la chaleur animale; *nem kívánja se ~em se lelkem* je m'en passerais bien; *egész ~ében reszket* trembler de tous ses membres; *~ben és lélekben egészséges* sain(e) de corps et d'esprit; *~hez áll (ruháról)* mouler le corps v les formes; *~hez álló* v *simuló* collant, -e; *~ét áruba bocsátja* se prostituer; *~ével védi* protéger v couvrir de son corps; 2. *(lélekkel szemben)* physique; corps m; 3. *egyh:* la chair; *a ~ kívánságai* l'aiguillon m de la chair; 4. *zen:* *(hangszeré)* caisse f; 5. *(hajóé)* coque f; 6. *mat:* solide m; surface fermée; 7. *fiz:* corps (solide, liquide, gazeux); *szilárd ~* solide m; 8. *átv:* *~et ad vminek* matérialiser qc; *~et ölt* prendre corps; se matérialiser
testalkat constitution (physique) f; physique m; *(állaté)* conformation f
testápolás soins m pl v hygiène f au corps
testedzés culture physique f; entraînement m du corps
testes [~ek, ~t] 1. *(ember)* corpulent, -e; 2. *(könyv)* volumineux, -euse
testestől-lelkestől jusqu'au bout des ongles; *övé vagyok ~* je lui appartiens corps et âme
testgyakorlás exercice gymnastique; exercice (de culture) physique m; ~ *és sport* activités physiques et sportives
testhelyzet position f du corps
testhossz *sp:* longueur f
testi [~ek, ~t] corporel, -elle; physique; ~ *bántalmazás* sévices m pl; ~ *biztonság* sécurité f; ~ *büntetés* peine corporelle v afflictive; ~ *élvezetek* jouissances matérielles; ~ *épség* intégrité corporelle; ~ *erő* énergie v force v vigueur physique f; ~ *fehérnemű* linge m de corps; ~ *fenyíték* punition corporelle; ~ *hiba* v *fogyatékosság* vice m de conformation v de constitution; tare f; ~ *fölény* supériorité physique f; ~ *gyönyör* plaisir sensuel; ~ *javak* les biens du corps; ~ *kívánság* désir charnel; ~ *munka* travail physique v manuel; ~ *munkás* manœuvre m de force; ~ *sértés* lésion f; *könnyű ~ sértés* coups et blessures; *súlyos ~ sértés* blessures graves; *halált okozó súlyos ~ sértés* coups et violences ayant occasionné la mort; ~ *tulajdonság* qualité physique f; ~ *ügyesség* habileté sportive
testi-lelki *jó barát* ami à toute épreuve; ami m de cœur
testmagasság taille f
testmértan stéréométrie; géométrie f à trois dimensions
testmozgás exercice physique m; *egy kis ~* un peu d'exercice

testműködés activité physique *f*
testnevelés culture physique *f*
testnevelési *főiskola* école normale d'éducation physique; ~ *tanár* professeur *m* d'éducation physique
testőr garde du corps; garde royal
testőrség garde *f;* corps *m* de garde
testrész partie *f* du corps; organe; membre *m*
testsúly poids *m* (du corps)
testsúytöbblet excédent *m* de poids
testszín couleur chair *f; (emberen)* carnation *f*
testszínű 1. couleur *v* rose chair; 2. *ker:* nature
testtartás port *m;* station *(ülésnél:* station assise); tenue; attitude *f*
testület 1. corps (constitué); 2. syndicat (corporatif); corporation *f*
testületi corporatif, -ive
testvér [~ek, ~t, ~e] frère *m;* sœur *f*
testvérbátyja son frère aîné
testvérharc lutte fratricide; querelle *f* de famille
testvérhuga sa sœur cadette; sa petite sœur
testvéri [~ek, ~t] fraternel, -elle *(nőtestvérről szólva is);* ~ *szeretet* amour fraternel
testvériség fraternité *f*
testvérnemzet nation sœur *f*
testvérnép peuple frère *m*
testvérpár deux frères; deux sœurs
testvértelen isolé; orphelin; abandonné, -e
tesz [tenni, tettem, tett, tegyen] I. *(tgy i)* 1. faire (qc); agir; *azt már nem* ~*em* pour cela, non! pour cela, jamais! *nem tud mit tenni* il ne sait quoi *v* que faire *v* sur quel pied danser; *nincs mit tenni* il n'y a rien à faire; *mit tegyek?* que veux-tu *v* que voulez-vous que je fasse? que faire? *ne tegye azt* n'en faites rien; *jól tette* il a bien fait; *az éghajlat nem* ~ *jót neki* le climat ne lui vaut rien; *rosszul* ~*i*, *hogy nem mondja meg az igazat* il a tort de ne pas dire la vérité; *teheti* il (en) a les moyens; il peut se le permettre; *mit tehetek én róla, ha ...* qu'y puis-je si ...? *nem sokat tehet* il ne peut pas grand-chose; 2. *úgy* ~, *mintha* il fait semblant de *(inf);* il fait le simulacre de *(inf);* 3. *(vmit vhová)* mettre; poser; placer; *egymásra* ~*ik* superposer; *hová tette?* a) qu'est-ce que vous en avez fait? b) qu'avez-vous fait de lui? 4. *az ünnepséget március 15-re tették* la fête a été mise *v* fixée au 15 mars; 5. *nem tudom, hová tegyelek (nem ismeri fel)* je ne te remets pas; 6. *(dominóban)* poser; adapter; 7. *ját:* miser; mettre au jeu; ~ *vmire* miser sur qc; 8. *(vmivé)* rendre; 9. *(vmi állásba)* faire; en faire; 10. *(kitesz)* faire; *ez mennyit* ~*?* ca fait combien? 11. *ez már* ~*i!* voilà qui est bien! *nem* ~ *semmit* cela ne fait rien; 12. *(jelent)* vouloir dire; signifier; *ez annyit* ~, *hogy* cela veut dire que; 13. *veszt rajta,* ~*em azt, ezer frankot* vous y perdez, mettons, mille francs; 14. *(játssza)* faire; affecter; II. *(tgyl i) (vmiről)* avoir soin de qc; aviser de qc; *ő tehet róla* c'est sa faute; *nem tehetek róla* je n'y peux rien; je n'y suis pour rien
tészta [-ák, -át, -ája] 1. *(sült)* gâteau *m;* pâtisserie *f;* 2. *(főtt)* pâtes *f pl* d'Italie *v* alimentaires *v* de farine; 3. *(vminek a -ája)* pâte; 4. *arg:* beveszi *a* -*át* mordre à l'hameçon; gober le morceau
tesz-vesz bricoler; fourrager
tét [~ek, ~et, ~je] 1. mise *f;* enjeu *m;* cave *f;* 2. *(lóversenyen)* mise
tetanusz [~t, ~a] tétanos *m*
tétel [~ek, ~t, ~e] 1. *(tudományos)* théorème *m;* thèse; formule; position *f; (erkölcsi)* sentence *f;* Newton ~*e* la formule de Newton; 2. *mat:* proposition *f;* théorème; 3. *(vizsgán)* question *f;* 4. *zen:* mouvement *m;* 5. *(áru)* lot; compartiment *m;* *(mérlegben)* poste; article *m; (összegből)* tranche *f; egy számla* ~*ei* les articles *m pl* d'un mémoire; *egy* ~*ben* en bloc
tételes [~ek, ~et] ~ *jog* droit positif
tetem [~ek, ~et, ~e] corps; cadavre *m;* dépouille *f*

tetemes [~et; ~en] important, -e; considérable
tetemnéző morgue *f*
tetéz [~tem, ~ett, ~zen] 1. *(mérésnél)* combler; 2. *átv*: mettre le comble à qc
tétlen inactif; oisif, -ive; inerte; *(lusta)* oiseux, -euse
tétlenség inaction; oisiveté *f;* ~*ben él* rester oisif *v* oisive
tétova [-ák, -át] I. *(hat)* de côté et d'autre; à l'aventure; II. *(mn)* hésitant; irrésolu, -e; vague
tetovál [~tam, ~t, ~jon] tatouer
tétován à tâtons; ~ *néz* avoir le regard vacillant *v* avoir les yeux hagards
tétovázás irrésolution *f;* hésitation(s) *f (pl);* indécision *f*
tétovázik [~tam, ~ott, ~zék *v* ~zon] hésiter; balancer; ne savoir sur quel pied danser; lanterner *biz*
tető [~k, ~t, teteje] 1. *(legmagasabb pont)* sommet *m;* cime *f;* a fa teteje le haut d'un arbre; *vminek a tetején* en haut de qc; au sommet de qc; 2. *(házé)* toit; faîte; comble *m;* 3. *(vonaté, autóbuszé)* pavillon *m; (ülőhelyekkel)* impériale *f; egy kandalló teteje* le dessus d'une cheminée; 4. *átv:* ~ *alá juttat* mener à bonne fin; 5. *(edényé)* couvercle *m;* 6. *(vminek a legnagyobb foka)* le comble de qc; *(méltatlankodva) ez a teteje!* c'est le comble; 7. *és a tetejébe...* et, pardessus le marché...; 8. *feje tetején jár* marcher la tête en bas; *még ha a feje tetejére áll is...* n'en déplaise à Monsieur; 9. ~*től talpig* de la tête aux pieds; des pieds à la tête; *(dologról)* de fond en comble; ~*től talpig becsületes ember* homme carré par la base; ~*től talpig fegyverben* armé de pied en cap; ~*től talpig végigmér* regarder de haut en bas
tetőablak lucarne (faîtière)
tetőcsatorna chéneau *m;* gouttière *f*
tetőcserép 1. tuile *f;* 2. enfaîteau *m*
tetőcsúcs faîtage; faîte *m*
tetőfedés couverture *f;* tuilage *m*
tetőfedő *(munkás)* (ouvrier) couvreur; ~ *anyag* couverture *f*

tetőfok comble; summum; plafond *m;* le fort de...; *(fájdalomé, szenvedélyé, betegségé)* paroxysme *m*
tetőkert 1. jardin terrasse *m;* 2. *ép:* belvédère *m*
tetőpont 1. point culminant; apogée; comble; zénith; plafond *m; (fájdalomé, indulaté)* paroxysme *m;* szerencséjének ~*ján* au point culminant de sa fortune; ~*ján van* battre son plein; ~*ra hág* arriver *v* parvenir à son point culminant; 2. *csill:* culmination *f;* 3. *orv:* *(betegségé)* acmé *m*
tetőszék ferme *f;* comble *m;* charpente *f*
tetőszerkezet construction *f* de toiture
tetőterasz toit terrasse *m*
tetővilágítás éclairage *m* par toit vitré
tetraéder [~ek, ~t] tétraèdre *m*
tetróda tétrode, lampe bigrille *f*
tetszeleg [~tem, -Igett, ~jen] prendre des airs; minauder; avoir des manières affectées; ~ *vmivel* s'applaudir de qc; ~ *abban, hogy* mettre de la coquetterie à *(inf);* ~ *magának* se complaire; se plaire (dans un rôle); ~*ve* complaisamment
tetszelgés prétention *f;* affection(s); coquetterie(s) *f (pl)*
tetszés 1. approbation *f;* suffrage *m; nem*~ désapprobation *f;* déplaisir *m; a* ~ *jele* signe *m* d'approbation; *nem*~*ének jelét adja* marquer sa désapprobation; *vkinek* ~*ére bíz vmit* se remettre *v* se rapporter à q de qc; *a* ~*ére bízom* je m'en remets à vous; *általános* ~*re talál* obtenir un succès général; ~*t arat* avoir *v* obtenir du succès; *elnyeri vkinek a* ~*ét* mériter l'approbation de q; ~*ét leli vmiben* prendre goût à qc; ~*t nyilvánít* marquer son approbation; *nem*~*t nyilvánítja* exprimer sa désapprobation; *az ön* ~*étől függ* cela dépend de vous; *a maga* ~*étől függ, hogy* vous avez le loisir de *(inf);* libre à vous de *(inf); nagy* ~*sel fogad* accueillir avec enthousiasme; *vkinek* ~*ével találkozik* être du goût de q; 2. ~ *szerint* à discrétion; à son gré; au choix; *kenyér* ~ *szerint*

pain à discrétion; *ez a rugó ~ szerint működik* ce ressort joue à volonté; *~ szerinti* quelconque; n'importe quel(le); *~ szerinti függvény* fonction arbitraire *f; vkinek ~e ellenére* contre le gré de q; *(saját)* contre son gré; malgré lui
tetszésmoraj murmure flatteur
tetszésnyilvánítás signes *m pl* d'approbation
tetszetős [~ek, ~et] tenant, -e; agréable; attrayant; séduisant, -e; *~ érvek* arguments plausibles *v (pej:)* spécieux
tetszhalál mort apparente; léthargie *f*
tetszhalott léthargique; cataleptique *(n)*
tetszik [~eni, ~ettem, ~ett; tessék, tessenek] 1. *vkinek ~* plaire à q; convenir à q; *ez nekem ~* cela me plaît; cela me convient *(nagyon:)* parfaitement); *~ neki a terv* il goûte le projet; *~ neked?* cela te plaît? tu aimes? biz; *tetszem magának?* voulez-vous de moi? *ez ~ magának?* cela vous dit quelque chose? 2. *hogy ~ magának?* comment trouvez-vous cela? *ahogy v amint ~* à son aise! à son goût! *amint neki ~* à son aise; comme il l'entend; 3. *ahová ~* où bon lui plaît; 4. *nem ~ vkinek* déplaire à q; *ez magának nem ~?* cela ne vous dit *v* fait rien? 5. *ha ~, kimehet* libre à vous de sortir; *ha ~, ha nem; akár ~, akár nem* bon gré mal gré; de force ou de gré; *ha úgy ~* si le cœur vous en dit; 6. *ezek a fiatalok tetszenek egymásnak* ces jeunes gens se plaisent; 7. *mi ~? (mit kér?)* qu'y a-t-il à votre service? *nem ~ elmenni?* vous ne partez pas, Monsieur? *~ még valami? (boltban)* et avec cela, Monsieur? 8. *(látszik)* paraître; *ez nekem különösnek ~ cela me paraît bizarre*; 9. *tessék! ld: külön*
tetszőleges... que vous voudrez; (l'un) quelconque (des...); n'importe quel...; *mat: ~ érték* valeur arbitraire *f*
tett [~ek, ~et, ~e] acte *m;* action *f;* geste *m; (hősi)* exploit *m; ~ek*

embere homme d'action *v* d'exécution *v* expéditif; *a ~ek mezejére lép* passer aux actes; *felel ~éért* répondre de son acte; *~en ér* prendre sur le fait; surprendre en flagrant délit; *~re kész* déterminé; décidé, -e; *~re vágyó* entreprenant, -e; actif, -ive; *~ekre váltja fel* traduire en actes
tetterős énergique (et actif)
tettes [~ek, ~t, ~e] auteur *m* de l'infraction *v* du crime; coupable; délinquant, -e *n*
tettestárs complice *n;* co-auteur *m*
tettet 1. feindre; contrefaire; affecter; simuler; 2. *~i magát* se contrefaire; *betegnek ~i magát* il fait le malade
tettetés feinte; affection; simulation *f*
tettleg 1. par les faits; positivement; 2. *~ bántalmaz* se livrer à des voies de fait sur q
tettlegesség violences; voies de fait; extrémités *f pl; ~re került a sor* ils en sont venus aux mains
tetű [tetvek, ~t, ~je *v* tetve] 1. pou *m; lassú, mint a ~* c'est une tortue; il marche comme une tortue; 2. *(növényen)* puceron *m*
tetves [~ek, ~et; ~en] 1. pouilleux, -euse; *~ kölyök* morpion *m;* 2. *(növény)* attaqué(e) *v* envahi(e) par les pucerons
tetvetlenít [~ettem, ~ett, ~sen] épouiller
teve [-ék, -ét, -éje] chameau *m;* nôstény *~ chamelle f; könnyebb a -ének átmenni a tű fokán* il est plus facile à un chameau de passer par le trou d'une aiguille
téved [~tem, ~ett, ~jen] 1. se tromper; s'abuser; faire erreur; *~ vmiben* se méprendre sur qc; *hacsak nem ~ek* sauf erreur; si je ne me trompe; *számításában ~* se tromper dans ses calculs; 2. *(vhová)* échouer; entrer par erreur *v* par hasard; se fourvoyer (dans); *rossz útra ~* faire fausse route; se tromper de chemin; s'égarer; *(erkölcsileg)* se dévoyer; se fourvoyer
tévedés erreur; méprise *f;* pas *m* de clerc; *(vaskos)* bévue *f; (számítás-*

ban) mécompte *m;* *(magyarázatban, olvasásban stb.)* contresens *m;* *tévedés!* erreur! *nagy ~!* quelle erreur! *ker:* ~ *esetét fenntartva* sauf erreur de calcul; sauf erreur ou omission; ~ *lenne azt hinni, hogy* c'est une erreur (que) de croire que; *~ek eloszlatására* pour éviter toute erreur; *~ek forrása* principe *m* d'erreur; *~be ejt* induire en erreur; mettre dans l'erreur; *~be esik* tomber dans l'erreur; *~ből* par erreur; par mégarde; *~en alapul* reposer sur une erreur; *~re ad alkalmat* donner lieu à une erreur *v* méprise; *~ét belátja* revenir de son erreur; *súlyos ~t követ el* commettre une lourde méprise; *~ét felismeri* revenir de son erreur
tevehajcsár chamelier *m*
tevékeny [~ek, ~et; ~en] 1. plein(e) d'activité; actif, -ive; ~ *élet* vie *f* d'action; ~ *részt vesz vmiben* prendre une part active à qc; 2. *vegy:* nem ~ inerte
tevékenykedik [~tem, ~ett, ~jék *v* ~jen] 1. remplir les fonctions de...; 2. déployer de l'activité
tevékenység activité; agilité *f; élénk* ~ une forte activité; *kereseti* ~ activité à but lucratif; *társadalmi* ~ activité sociale
tévelyeg [~tem, -lygett, ~jen] 1. errer (à l'aventure); 2. *átv:* errer; faire fausse route
tévelygés égarements *m pl;* erreurs *f pl*
téves [~ek, ~et] erroné; inexact, -e; faux, fausse; *(érv, okoskodás)* porter à faux; ~, *hogy* il est faux que *(subj); ~nek nyilvánít vmit* s'inscrire en faux contre qc; ~ *hiedelem* croyance erronée; préjugé *m;* ~ *kapcsolás* erreur de communication; ~ *okoskodás* raisonnement faux; ~ *számolás* calcul faux
tévesen par erreur; à tort; faussement
téveszme conception *v* idée délirante
teveszőr (poil *m* de) chameau; *ker:* testif *m*
tévhit croyance *v* opinion hétérodoxe *v* erronée; préjugé *m*

tévtan hérésie; hétérodoxie; doctrine hérétique *v* hétérodoxe *f*
tévúton *jár* faire fausse route; *~ra jut* se fourvoyer; *~ra vezet v visz* égarer; induire en erreur; *(nyomon követőt)* dépister
textil [~ek, ~t, ~je] textile *(m)*
textilgép machine *f* pour l'industrie textile
textilgyár fabrique *f* de textiles
textilipar industrie textile *f*; textile *m*
textilmunkás ouvrier (-ière) *v* salarié(e) du textile
textiltermelés production textile *f*
textúra [-ák, -át, -ája] contexture; structure micrographique *f*
Theokritosz [~t] Théocrite *m*
Thézeüsz Thésée *m*
Thuküdidész [~t] Thucydide *m*
ti I. *(mn)* vous; *ti magyarok* vous (autres), Hongrois; II. *(mn)* votre; vos; *a ti házatok* votre maison
ti. c.-à-d. *(röv:* c'est-à-dire); c'est à savoir; sc. *(röv:* scilicet)
tiara [-ák, -át, -ája] tiare; triple couronne *f; felteszi a -át* ceindre la tiare
Tiberius Tibère *m*
Tibet le Tibet; le Thibet
tibeti tibétain; thibétain, -e; thibétique
tibia(csont) tibia *m*
Tibor [~ok, ~t, ~ja] Tibor; Tiburce *m*
Tibullus Tibulle *m*
tied; tiéd; *a* ~ le tien, la tienne; *ez a* ~ ceci est à toi
tieid; *a* ~ les tiens *v* tiennes
tieitek; *a* ~ les vôtres
tietek; tiétek; *a* ~ le *v* la vôtre
tífusz [~ok, ~t, ~a] (fièvre) typhoïde *f*
tifuszbeteg typhique; typhoïdique
tifuszoltás vaccination antityphique *v* antityphoïque *f*
tigris [~ek, ~t, ~e] tigre *m; nőstény* ~ tigresse *f; a* ~ *fúj* le tigre feule; *a* ~ *ordít* le tigre rauque
tikkadt [~ak, ~at; ~an] 1. *(ember)* mourant(e) de soif; exténué, -e; 2. *(növényzet)* altéré(e) de pluie
tikkasztó [~ak, ~t; ~an] accablant; étouffant; lourd, -e; ~ *hőség* chaleur étouffante *v* de plomb

tilalmas [~at] prohibé, -e; illicite; interdit; défendu, -e
tilalmi [~ak, ~t] prohibitif, -ive; ~ *idő* temps prohibé; *(vadászat)* temps *m* de fermeture; ~ *idő megszűnése* ouverture *f* de la chasse *v* de la pêche
tilalom [-lmak, -lmat, -lma] 1. défense; interdiction; consigne *f;* *(vám~)* prohibition *f;* ~ *alá helyez* frapper d'interdiction; 2. *egyházi* ~ interdit *m;* interdiction
tilalomtábla pancarte prohibitive *v* de défense
tilinkó [~k, ~t, ~ja] flageolet *m;* flûte champêtre *f*
tilos [~ak, ~at] I. *(mn)* défendu; interdit, -e; illicite; *(hirdetményekben)* il est fait défense de *(inf);* *a gyepre lépni* ~ défense de marcher sur le gazon; ~ *az átjárás* passage interdit; ~ *a bemenet* entrée interdite; ~ *a dohányzás* défense de fumer; *hirdetések felragasztása* ~ défense d'afficher; ~ *az utánzás* marque déposée; II. *(fn)* 1. *vmi ~at csinál* faire quelque chose de défendu; 2. *~ba téved* s'égarer en territoire interdit; *vasút:* *~ra állít* fermer le signal; *~ra van állítva* être à l'arrêt
tilt [~ottam, ~ott, ~son] défendre; interdire; *(árubehozatalt)* prohiber
tiltakozás protestation(s) *f (pl); dipl:* représentations *f pl; a ~ok özöne* un tollé de protestations; *~a jeléül* en signe *v* par mesure de protestation
tiltakozik [~tam, ~ott, ~zék *v* ~zon] 1. protester; réclamer; s'élever contre qc *(erélyesen:* avec force); *hevesen* ~ faire de vives réclamations; *ez ellen ~om* je proteste; j'en appelle; 2. *(gyűlés)* voter un ordre de jour de protestation
tiltakozó [~k, ~t] I. *(mn)* protestataire; protestatoire; ~ *gyűlés* séance *f v* meeting *m* de protestation; II. *(fn)* protestataire *n*
tiltó [~ak *v* ~k, ~t] 1. prohibitif; abolitif, ´-ive; ~ *akadály* empêchement prohibitif; ~ *vám* taxe prohibitive; 2. *nyelv:* ~ *mondat* phrase prohibitive
tiltott [~ak, ~at] interdit; défendu, -e; illicite; prohibé, -e; ~ *cselekmény* acte illicite *v* illégal; ~ *fegyverviselés* port *m* d'armes prohibées; ~ *gyümölcs* fruit défendu; ~ *műtét* manœuvres abortives; *~sáv* bande non-occupée *v* interdite
tímár [~ok, ~t, ~ja] tanneur; mégisseur; corroyeur
timföld *vegy:* alumine *f*
timkő *(borbélyé)* pierre *f* d'alun
timsó alun *m*
tincs [~ek, ~et, ~e] natte; boucle *f*
tinktúra [-ák, -át, -ája] *vegy:* teinture *f*
tinó [~k, ~t, ~ja] bouvillon; bouveau *m*
tinta [-ák, -át, -ája] encre *f*
tintaceruza crayon à encre *v* à copier *m*
tintafolt 1. tache *f* d'encre; 2. *(paca)* pâté; pochon *m*
tintagomba coprin *m*
tintahal sèche; seiche; sépia *f*
tintatartó encrier *m*
tipeg [~tem, ~ett, ~jen] trottiner; marcher à petits pas
tipikus [~ok, ~t] typique; type; caractéristique; classique; ~ *eset* cas type *m*
tipor [~tam, ~t, ~jon] 1. piétiner; marcher sur qc; 2. *földre* ~ terrasser
tipp [~ek, ~et, ~je] pronostic *m;* prévision *f;* tuyau *m biz*
tippel [~tem, ~t, ~jen] 1. *sp:* pronostiquer; 2. *sp:* ~ *vkire* pointer pour q
tipp-topp *arg:* d'un chic; au poil
típus 1. *(faj)* type *m;* catégorie *f;* 2. *(betű~)* caractère; type; 3. *(minta)* prototype; modèle *m;* *(gyári)* modèle de série; 4. norme *f;* standard *m;* 5. *irod:* le typique
típusáru article *m* de série
típusterv projet-type *m*
tirátron thyratron, tube relais *m*
Tisza [-át] la Tisza; la Theiss; *a -án innen* en deçà de la Tisza; *a -án túl* au-delà de la Tisza
tiszafa if *m*
tiszavirág *áll:* éphémère *m;* mouche *v* manne *f* des poissons

tiszt [~ek, ~et, ~je] **1.** officier *m;* ~*ek és altisztek* les gradés de l'armée; **2.** *vasúti* ~ agent *v* employé(e) des chemins de fer; **3.** *sakk:* pièce *f;* **4.** *(hivatal)* charge *f;* office *m;* fonctions *f pl;* poste *m;* ~*ében eljár* s'acquitter de ses fonctions
tiszta [-ák, -át] **I.** *(mn)* **1.** *(nem piszkos)* propre; net, nette; *(folyadék, stílus)* limpide; *(olaj)* lampant, -e; *(emberről)* avoir de la propreté; propre; *csinos,* ~ propret, -ette; ~ *fehérnemű* linge propre *v* frais; ~ *fehérneműt vesz* se changer; ~ *inget vesz* mettre une chemise propre; ~ *tányér* assiette blanche; **2.** *(nem kevert)* pur; clair, -e; sans mélange; *(termék)* naturel, -elle; ~ *mint a víz* clair(e) comme l'eau de la roche; ~ *állapotban* à l'état de pureté; ~ *cérnavászon* toile *f* pur fil; ~ *ég* ciel pur *v* clair; ~ *gyapjú* laine pure; ~ *hús* viande nette; ~ *időben* par temps clair; ~ *kő* le roc vif; ~ *kőből épített fal* massif *m* de pierre; ~ *víz* eau pure *v* claire; *töltsünk* ~ *vizet a pohárba* mettons les points sur les i; **3.** ~ *beszéd* langage clair *v* net; ~ *franciasággal* dans un français pur; **4.** *átv:* ~ *dolog v sor!* c'est évident; c'est clair comme de l'eau de roche; *ez nem* ~ *dolog* cela n'est pas catholique; le diable s'en mêle; ~ *helyzet* situation franche; ~ *helyzetet teremt* faire table rase; ~ *a keze vmiben* avoir les mains nettes de qc; ~ *kezű* intègre; ~ *lelkiismeret* conscience nette; *a* ~ *igazság* la pure *v* la stricte vérité; ~ *őrület* c'est de la pure folie! ~ *szívemből* du meilleur de mon cœur; ~ *szívből szeret* aimer sans mélange; *-ára mos* blanchir; *átv:* laver q; **5.** ~ *ár* prix net; ~ *bevétel* produit net; ~ *haszon* bénéfice *v* produit net; *ez* ~ *haszon* c'est autant de gagné; quelle aubaine! ~ *jövedelem* revenu net; ~ *súly* poids net; *ker:* ~ *súlyú* nu, -e; **6.** *(faj)* pur, -e; **7.** *(nőről)* vierge; pure; chaste; **8.** *vall:* *a* ~ *és tisztátalan állatok* les animaux mondes et immondes;

II. *(fn)* **1.** *-ába tesz* changer (de langes); relanger; *-át vesz v vált* se changer; **2.** *átv:* *-ába hoz* mettre *v* tirer au clair; *-ába jön vmivel* tirer qc au clair; *-ába jön vki szándékaival* être édifié sur les intentions de q; *-ában van vmivel* se rendre compte de qc
tisztálkodás toilette *f;* soins *m pl* de propreté
tisztálkodik [~tam, ~ott, ~jék *v* ~jon] faire sa toilette; se débarbouiller
tisztán 1. *(nem piszkosan)* proprement; avec propreté; ~ *öltözködik* être soigneux *v* soigneuse de sa personne; **2.** *(világosan, nem keverve)* purement; clairement; **3.** *jog:* en pur don; **4.** *marad neki* ~ *100 forint* il lui reste 100 forint net; **5.** chastement; avec chasteté; virginalement; **6.** *(igékkel:)* ~ *beszél (világosan)* parler distinctement; ~ *érthető v kivehető* distinct, -e; ~ *isszák* il se boit nature; ~ *lát* voir clair
tisztánlátás lucidité *f* d'esprit
tisztára purement; complètement; *ez* ~ *lehetetlen* c'est absolument impossible; ~ *megbolondult* il est devenu complètement fou; ~ *mos ld:* tiszta **I.**
tisztás clairière; éclaircie *f*
tisztaság 1. *(nem piszkos)* propreté *f;* **2.** *(anyagé)* pureté *f;* **3.** *(stíluse, beszédé)* clarté; netteté *f; (nyelvé)* pureté; *(folyadéké, stílusé)* limpidité *f;* **4.** *átv: az érzések* ~*a* la fraîcheur des sentiments
tisztát(a)lan impur, -e; malpropre; maculé, -e; *(folyadékról)* pâteux, -euse; *vall:* *a* ~ *lélek* l'esprit immonde *m*
tisztáz [~tam, ~ott, ~zon] **1.** *(zavaros dolgot)* éclaircir; débrouiller; mettre au point; tirer au clair; ~*za a dolgot* faire le point; ~ *egy kérdést* éclaircir *v* élucider une question; **2.** *(vkit)* justifier; mettre hors de cause; blanchir; **3.** ~*za magát vmi alól* se justifier de qc; se disculper de qc; se mettre hors de cause; **4.** *(írást)* mettre au net; recopier

tisztázás 1. éclaircissement *m;* mise *f au point;* **2.** *(vád alól)* justification; disculpation *f;* **3.** *(írásban)* mise *f au net* **tisztázat** copie (au net); transcription *f au net* **tisztel** honorer; vénérer; respecter; révérer; rendre hommage à qc; *mélyen ~* révérer; *nem ~ vkit* manquer de respect à *v* pour q; *nem ~ semmit* il ne respecte rien; *~ni kell az öregeket* il faut avoir de la déférence pour les vieillards; *~jétek az erényt* honorez la vertu **tiszteleg** [~tem, -lgett, ~jen] **1.** *kat:* faire le salut militaire; saluer (militairement); *(fegyverrel)* présenter *v* porter les armes; *tisztelegj!* portez armes! **2.** *~ vkinél* présenter ses respects *v* ses hommages à q; *~ vmi előtt* s'incliner devant qc **tisztelendő** [~k, ~t, ~je] *egyh:* révérend, -e **tisztelet 1.** respect *m;* vénération; considération; déférence *f;* vall: *(szenté)* admiration *f; ~ és hódolat (nőknek)* hommage *m; ~ az ő nézetének, de* tous mes respects pour son opinion, mais; *~ jeléül* comme marque de déférence; *~e jeléül* souvenir respectueux; *a szokások ~e* le respect des moeurs; *nagy ~ben áll* être *v* demeurer en vénération; *~ben tart (szabályt)* respecter; observer; *~ben tart (személyt)* avoir de la considération pour q; *(vmit)* vouer un culte à qc; *a törvényeket ~ben tartja* observer *v* maintenir les lois; *nem tartja ~ben kötelezettségeit* mépriser ses engagements; *~ből vki iránt* par déférence *v* par égard pour q; *nagy ~nek örvend* être en grande recommandation; *~ének jelét adja* donner une marque *v* une preuve de déférence à q; *~re méltó* honorable; respectable; vénérable; *~re tanít vkit* imposer respect à q; *~et gerjeszt* inspirer *v* imprimer du respect (pour q); *~ét nyilvánítja vki előtt* présenter ses hommages à q; *~et parancsol* commander *v* imposer le respect; *~et tanúsít* témoigner du respect *v* de la déférence à q *v* pour qc; *~tel adózik* v *van vmi iránt* respecter qc; avoir de la déférence *v* de la considération pour q; *~tel veszi körül vkinek emlékét* vouer un culte à q; *~tel teljes* révérenciel, -elle; **2.** honneur *m;* marque *f* d'honneur; *vkinek ~ére* en l'honneur de q; **3.** *(üdvözlő formulák:) adja át ~emet* faites-lui mes amitiés; *~emet kérem kedves feleségének átadni* mes hommages à Mme X...; *Fogadja ~em kifejezését* Recevez l'assurance *v* l'expression de ma considération distinguée; *~ét jelenti* présenter *v* adresser ses civilités à q; *~ét küldi vkinek* assurer q de ses respects *v* de son respect; *kedves feleségének ~emet küldöm* rappelez-moi au bon souvenir de Mme X...; *Tisztelettel... (levélben)* Agréez, Monsieur, mes salutations empressées; *~tel közlöm* j'ai l'honneur de vous faire part de qc; **4.** *~ét teszi vkinél* rendre ses devoirs à q; apporter *v* offrir *v* présenter ses hommages à q **tiszteletbeli** d'honneur; honorifique; *~ doktor* docteur *honoris causa; ~ elnök* président d'honneur *v* honoraire *m* **tiszteletdíj 1.** honoraires *m pl; (óráért, fellépésért)* cachet *m;* **2.** *sp:* trophée *m* **tiszteletjegy** billet *m* de faveur **tiszteletlen** irrévérencieux; irrespectueux, -euse; *~ vkivel szemben* prendre des libertés avec q **tiszteletpéldány** hommage de l'auteur; spécimen *m* **tiszteletteljes** respectueux, -euse; déférent, -e; *~ hódolat* hommage *m; ~ üdvözlet* v *jókívánság* civilités *f pl* **tiszteléttudás** bonnes manières; courtoisie *f* **tisztelgés 1.** *kat:* salut militaire *m; (vállhoz tett fegyverrel)* port *m* d'arme; **2.** *(vkinél)* (présentation des) hommages *m pl;* visite *f* **tisztelt** [~ek, ~et; ~en] honorable; vénérable; *~ barátom!* (mon) cher ami; *~ cím!* Madame, Monsieur;

~ Ház! Messieurs; **~ közönség!** Mesdames, Messieurs
tisztes [~ek, ~et] **I.** *(mn)* honorable, vénérable; respectable; **~ családanya** digne mère de famille; **~ kor** âge respectable *m;* **~ távolban** v *távolból* à une distance respectueuse; **~ távolban marad vkitől** v *vmitől* se tenir à une distance respectueuse de q v de qc; **II.** *(fn) kat:* gradé *m;* galonné *m biz*
tisztesség 1. *ld:* **tisztelet; 2.** *(kitüntető)* marque *f* d'honneur; **3.** *(becsület)* respectabilité; honorabilité; intégrité *f; van benne annyi ~, hogy hallgat* il a la décence de se taire; **~gel** honorablement
tisztességes [~ek, ~et] **1.** *(becsületes)* honnête; probe; intègre; brave; **~ lány** une fille sérieuse; **2.** *(jövedelem, fizetés)* raisonnable; convenable; **~ ár** prix honnête *m;* **3.** *(öltözék)* décent, -e; sobre; convenable
tisztességtelen 1. malhonnête; indélicat, -e; indigne; **~ haszon** profit illicite *m;* **~ verseny** concurrence déloyafe; **2.** *(öltözék stb.)* indécent, -e
tiszti [~ek, ~t] d'officier; **~ állomány** effectif officiers *m;* **~ becsület** honneur militaire *v* d'officier *m;* **~ címtár** annuaire *m;* **~ eskü** serment professionnel; **~ kaszinó** cercle des officiers *v* militaire *m;* **~ rang** rang *m* d'officier; **~ rendfokozat** grade *m* d'officier
tisztiorvos médecin inspecteur *v* de l'état civil
tisztít [~ottam, ~ott, ~son] **1.** nettoyer; *(cipőt)* brosser; *(fehérneműt)* blanchir; *(csipkét)* nettoyer; *(ruhát)* dégraisser; détacher; **2.** *(folyadékot)* clarifier; épurer; *(gázt)* épurer; *(alkoholt)* rectifier; *(petróleumot)* raffiner; *(cukrot)* (r)affiner; **3.** *(árnyékszéket)* vidanger; *(árkot, csatornát, kutat)* curer; **4.** *(hüvelyest)* écosser; *(zöldséget, gyümölcsöt)* éplucher; **5.** *(csövet)* nettoyer; *(gépet)* décrasser; *fogát, fülét ~ja* se curer les dents, les oreilles;
6. *(levegőt)* purifier; assainir; **7.** *(lovat)* panser; **8.** *(beleket)* purger; *(sebet)* absterger; **9.** *konyh:* *(állatot)* vider
tisztítás 1. nettoyage *m;* *(cipőé)* brossage *m;* *(fehérneműé)* blanchissage *m;* *(ruháé)* dégraissage *m;* **2.** *(folyadéké)* clarification *f;* *(gázé, folyadéké)* épurage *m;* **3.** *(árnyékszéké)* vidange *f;* *a kutak ~a* le curage des puits; **4.** *(hüvelyesé)* dérobage *m;* *(főzeléké, gyümölcsé)* épluchage *m;* **5.** *(csöé)* nettoyage; **6.** *(levegőé)* purification *f;* **7.** *orv:* *(beleké)* purgation *f; (sebé)* abstersion *f;* **8.** *(állaté)* vidage *m;* **9.** *konyh:* *(sütéshez)* habillage *m*
tisztítószer 1. produit *m* de nettoyage *v* d'entretien; poudre *f* à récurer; dégraissant *m;* **2.** *orv:* *(bélé, sebé)* détergent; détersif *m*
tisztítótűz 1. *vall:* purgatoire *m;* **2.** *átv:* le creuset de qc
tisztiügyész *kb:* avocat-conseil *m* de la préfecture
tisztképző *intézet* école militaire *f*
tisztogat 1. nettoyer; donner un coup de balai; **2.** curer; **3.** fourbir; astiquer; **4.** *átv:* faire maison nette; *ld. még:* **tisztít**
tisztogatás 1. nettoyage; coup *m* de balai; **2.** *(gépé)* décrassage *m;* *(fémé)* fourbissage; astiquage *m;* **3.** *átv:* coup *m* de balai; mesure d'épuration; épuration *f; folyik a ~* l'épuration se poursuit
tisztség charge *f;* poste; emploi *m;* fonctions *f pl;* place *f;* **~éről lemond** se démettre de ses fonctions
tisztul [~tam, ~t, ~jon] **1.** se nettoyer; **2.** *(folyadék)* s'épurer; se clarifier; *(fém, ízlés)* s'affiner; **3.** *(egészségügyileg)* s'assainir; **4.** *(vér)* dépurer; **5.** *(levegő)* se purifier; **6.** *(ég, láthatár)* s'éclaircir; **7.** *(utca, szervek)* se dégager; **8.** *(ügy)* se débrouiller; s'éclaircir; **9.** *(erkölcsileg)* se purifier; s'assainir
tisztulás 1. purification *f;* **2.** *(folyadéké)* épuration, clarification *f; (egészségügyileg)* assainissement *m;*

tisztviselő 964 **titok**

3. *(véré)* dépuration *f;* 4. *(havi)* règles *f pl;* menstruation *f;* 5. *(helyzeté, időé)* éclaircissement *m;* 6. *(erkölcsi)* purification
tisztviselő [~k, ~t, ~je] employé; agent *m;* *(köz~)* fonctionnaire *n;* *(magas, jogi)* magistrat *m*
I. **titán** [~ok, ~t, ~ja] titan *m*
II. **titán** *vegy:* titane; titanium *m*
titeket vous
titkár [~ok, ~t, ~a] secrétaire *n;* ~ *személyi* ~ secrétaire particulier
titkárság secrétariat *m*
titkol [~tam, ~t, ~jon] dissimuler; tenir secret *v* secrète; cacher; *nem ~ja* il ne s'en cache pas; *(hogy)* il ne fait pas mystère que; *~ja terveit* couvrir ses projets; *nem ~ja a véleményét* penser tout haut
titkoló(d)zás [~ok, ~t, ~a] discrétion (mystérieuse *v* extrême); cacherie *f;* *(nevetséges)* cachotterie(s) *f (pl)*
titkoló(d)zik [~tam, ~ott, ~(dd)zék *v* ~(dd)zon] 1. s'entourer de mystères; faire des cachotteries; 2. *(vki előtt)* se cacher de q; faire des cachotteries à q
titkolt [~ak, ~at] caché; dissimulé, -e; secret, -ète
titkon en secret; en cachette; à la dérobée
titkos [~ak, ~at] secret, -ète; caché; dissimulé; clandestin, -e; *(közlés)* confidentiel, -elle; *(tan)* hermétique; ésotérique; ~ *ajtó* porte dérobée; ~ *bánat* chagrin secret; le ver rongeur; ~ *beszéd* langage secret; ~ *ellenzés* opposition sourde; ~ *fiók* tiroir secret; ~ *imádó* adorateur muet; ~ *írás* écriture chiffrée; chiffres *m pl;* ~ *írással* en chiffres; ~ *írású* codé; chiffré; cryptographique; *egy* ~ *jelre* sur un signe convenu; *jog:* ~ *kéjelgés* prostitution clandestine; ~ *megállapodás* clause secrète; ~ *óhajtás* vœu *v* désir intime *m;* ~ *összejövetel* conventicule *m;* ~ *összejöveteleket tartanak* tenir des conciliabules; ~ *parancs* ordre secret *v* confidentiel; ~ *rugó* le secret d'une ser-

rure; *a politika* ~ *rugói v háttere* les coulisses de la politique; *az ügy* ~ *rugói* le dessous du jeu; ~ *sajtóalap* fonds des reptiles; fonds secret(s); ~ *szándék(ok)* dessein caché; ~ *szavazás* vote secret; scrutin secret; ~ *szenvedély* vice *m;* ~ *szer* drogue *f;* ~ *szövetkezés* association secrète *v* ténébreuse; complot *m;* ~ *tanács* conseil privé; ~ *tanácsos* conseiller intime *v* privé; ~ *társaság* société secrète; ~ *tartalék* réserve occulte *v (intézetnél)* latente; ~ *utakon* par des voies secrètes *v* clandestines; *a diplomácia* ~ *útjai, eszközei* les arcanes *m pl* de la diplomatie; ~ *ügynök* émissaire secret; ~ *üzelmek* secrètes pratiques; *a szív, a lélek* ~ *zugai* les replis *m* du cœur, de l'âme
titkosrendőr agent *v* inspecteur *m* de la Sûreté; agent secret
titkosrendőrség police secrète *v* de sûreté; la Sûreté
titok [titkok, titkot, titka] 1. secret; mystère *m;* les arcanes *m* de qc; *(talányé, kérdésé)* le (fin) mot de qc; *nem* ~, *hogy* ce n'est un secret pour personne que; *a* ~ *terhe alatt* sous le sceau du secret; *beavat a ~ba* mettre dans le secret; *beavatja vminek a titkaiba* initier aux mystères de qc; *~ban* en secret; dans le secret; à l'insu de tous; *nagy ~ban* en grand secret *v* mystère; *~ban árul* vendre *v* débiter sous le manteau *v* à la sauvette; *~ban közöl vmit* communiquer confidentiellement; *~ban örül, mulat* rire dans sa barbe; *~ban tart* tenir secret; *~ban távozik* partir sans tambour ni trompette; *(köszönés nélkül)* filer à l'anglaise; *~ban tesz vmit* faire qc en sous-main; *vki titkának az őrzője* être le dépositaire du secret de q; *titkot csinál vmiből* faire mystère de qc; *vminek titkát feltárja* livrer le secret de qc; *megtartja a titkot* garder *v* tenir un secret; *tudja vminek a titkát* savoir le dernier mot de qc; 2. *vall:* mystère

titoktartás discrétion f; a ~ megsértése indiscrétion f; ~ alól felold délier du secret professionnel; ~ terhe alatt sous le sceau du secret
titokzatos [~ak, ~at] mystérieux, -euse
titokzatosság mystère; .caractère mystérieux
titrálás titrage m
Titus Livius Tite-Live m
Tivadar [~ok, ~t, ~ja] Théodore m
tivornyázik [~tam, ~ott, ~zék v ~zon] faire des orgies; faire ripaille; faire bombance
tíz [~et] I. (mn) 1. dix; körülbelül ~ une dizaine de...; environ dix; 2. (szólásokban:) a ~ ujjával avec la fourchette du père Adam; a ~ ujjamon el tudom számlálni on les compterait sur les doigts de la main; úgy viselkedik, mintha ~ig se tudna olvasni on lui donnerait le bon Dieu sans confession; II. (fn) ~et ütött az óra l'horloge vient de sonner le dix
tized [~ek, ~et, ~e] I. (mn) egy ~ rész une dixième partie; II. (fn) 1. (rész) dixième m; 2. feud: dîme f
tizedes [~ek, ~t] I. (mn) décimal, -e; ~ osztályozás (könyvtárban) classification décimale; ~ pont kb: virgule (décimale); a szorzatban kiteszi a ~ pontot séparer les décimales d'un produit; ~ szám nombre décimal; ~ tört fraction décimale; ~ vessző virgule (d'une fraction) décimale; II. (fn) 1. mat: décimale f; 2. kat: caporal m
tizedik [~et] dixième
tizenegy onze; a magyar ~ le onze hongrois
tizenegyedik onzième
tizenegyes futb: 1. penalty f; 2. point m de penalty
tizenhárom treize
tizenhat seize; csak ~ éven felülieknek! interdit aux moins de 16 ans
tizenhatodrét in-seize; in-16
tizenhatos futb: surface f de réparation
tizenhét dix-sept
tizenkettedik [~et] douzième; itt a ~ óra nous sommes à l'heure H
tizenkettő 1. douze; 2. pont ~kor à midi sonnant v tapant

tizenkilenc dix-neuf; egyik ~, másik egy híján húsz ils logent à la même enseigne; c'est blanc bonnet et bonnet blanc
tizennyolc dix-huit
tizenöt quinze
tízes [~ek, ~t, ~e] I. (mn) décimal, -e; II. (fn) 1. dizaine f; 2. (bankjegy) un billet de dix
tízezer dix mille
tízórai casse-croûte m
tízparancsolat les dix commandements de Dieu; le décalogue
tízperc isk: récréation f
tízpróba sp: décathlon m
tízszeres [~ek, ~t; ~en] dix fois le volume v la quantité de...; le décuple; dix fois autant
tó [tavak, tavat, tava] lac m; (kisebb, halas) étang m
toboroz [~tam, -rzott, ~zon] 1. recruter; embrigader; 2. (munkásokat) embaucher; 3. ~ vhová embrigader v enrôler (dans)
toborzás 1. recrutement; embrigadement m; 2. (munkásoké) embauchage m
toboz [~ok, ~t, ~a] cône m; pomme f de pin
tobzódás débauche; orgie; ripaille f; bombe f nép
tobzódik [~tam, ~ott, ~jék v ~jon] (vmiben) s'en donner à cœur joie; s'enivrer de qc; se gorger de qc; faire une orgie
tócsa [-ák, -át, -ája] mare f; bourbier m
tocsog [~tam, ~ott, ~jon] (pocsolyában) patauger; sárban ~ patouiller
tódul [~tam, ~t, ~jon] 1. (emberek) affluer; se presser; 2. (folyadék) affluer; fejébe ~ a vér le sang lui monte à la tête
tógazdaság aquiculture; exploitation piscicole f
toilette [~k, ~t, ~je] toilette f
toilette-asztalka toilette f
toilette-papír papier hygiénique m
toilette-szappan savon m de toilette
toilette-tükör glace de la coiffeuse; psyché f

tojás 1. œuf *m;* kemény ~ œuf dur; olyan egyformák, mint két ~ se ressembler comme deux œufs; **2.** *(halé)* œuf; frai *m;* **3.** *(cselekmény)* ponte *f*
tojásbrikett boulet *m*
tojásdad [~ok, ~ot] ovale; ové, -e; oviforme
tojásfehérje blanc d'œuf; albumen *m; (nyers)* glaire *f*
tojásgránát *kat:* grenade automatique *f*
tojáshab neige *f*
tojáshéj coquille *v* coque *f* d'œuf
tojáslepény omelette plate
tojáspor œufs pulvérisés
tojásrántotta œufs brouillés
tojássárgája jaune *m* d'œuf; bekenés -ával *(süteményé)* dorage *m*
tojástánc danse *f* des œufs; ~ot jár marcher sur des rasoirs
tojik [~tam, ~t, ~jék *v* ~jon] pondre
tojóstyúk (poule) pondeuse *f*
I. tok [~ok, ~ot, ~ja] **1.** étui *m;* trousse *f; (papírból)* boîte *f;* carton *m; (zsebórá́é)* boîtier *m; (ékszeré)* écrin *m; (kését, szervé)* gaine *f;* **2.** *(levelek őrzésére)* relieur *m;* **3.** *(géprészé)* manchon; bout femelle *m;* **4.** *(termés)* capsule; enveloppe; robe *f;* **5.** *orv:* capsule
II. tok *hal:* esturgeon; huso; crat; créat *m*
toka 1. double menton; menton *m* à double étage; abajoue *f;* **2.** *(disznóé)* le gras du menton
tokmány chuck, mandrin *m* de serrage
tol [~tam, ~t, ~jon] **1.** pousser; repousser; *(vonatot sínre)* garer; **2.** másra ~ja bűnét rejeter sa faute sur un autre
tolakodik [~tam, ~ott, ~jék *v* ~jon] **1.** *(egy ember)* jouer des coudes; **2.** *(tömeg)* se bousculer; se pousser; **3.** *átv:* s'introduire indiscrètement chez q; ~va indiscrètement
tolattyú [~k, ~t, ~ja] piston; tiroir *m*
toldalék [~ok, ~ot, ~a] **1.** *(tárgyon)* rallonge *f;* rallongement *m;* **2.** addition *f; (írásban)* morceau ajouté; *(könyvben)* appendice *m*
toll [~ak, ~at, ~a] **1.** plume *f; finom* ~ duvet *m;* ~at foszt ébarber les plumes; kitépi a ~át déplumer; más ~ával ékeskedik c'est le geai qui se pare des plumes du paon; **2.** *(író)* plume; jó ~a van avoir une bonne plume; ~ba mond dicter; ~at forgat manier la plume; jól megnyomja a ~at écrire de bonne encre; *(túlságosan)* forcer la note; **3.** *(záré)* ressort *m*
tollasodik [~tam, ~ott, ~jék *v* ~jon] **1.** se couvrir de plumes; **2.** *átv:* faire sa pelote
tollazat plumage *m;* livrée *f;* vêtement *m*
tollbamondás dictée *f*
tollhegy bec *m* de plume; ~re vesz monter en épingle
tollhiba erreur *f v* écart *m* de plume
tollpárna coussin *v* oreiller *m* de plumes
tollrajz dessin *m* à la plume
tollseprű plumeau; plumard *m;* époussette *f*
tollszár porte-plume *m*
tollvonás barre *f;* trait *m* de plume
tolmács [~ok, ~ot, ~a] interprète *n;* truchement *m (átv is)*
tolmácsol [~tam, ~t, ~jon] **1.** interpréter; franciául ~ interpréter en français; **2.** érzelmeit ~ja traduire ses sentiments
tolóajtó 1. porte *f* à coulisse; **2.** *(tárlón)* vanne *f;* **3.** *(ólon)* trappe *f*
tolóasztalka table desserte roulante
tologat pousser; ranger; déplacer
tologatás déplacement *m*
tolóhajó remorqueur *m* à poussée
tolókocsi 1. voiture *v* charrette *f* à bras; **2.** chariot *m* à roulettes; **3.** *(betegé)* fauteuil roulant; roulette *f;* **4.** *(utcai árusé)* baladeuse *f*
tolómérce pied *v* compas *m* à coulisse; műsz: palmer *m*
tolonc [~ok, ~ot, ~a] refoulé; interdit de séjour; expulsé *m;* indésirable *n*
tolonchá́z *kb:* dépôt de mendicité; Dépôt *m*
tolonckocsi voiture cellulaire *f;* panier *m* à salade *biz*
toloncol [~tam, ~t, ~jon] refouler; expulser

tolong [~tam, ~ott, ~jon] se bousculer; se presser en foule; *(egy ember)* jouer des coudes
tolószék fauteuil (de malade) à roulette *v* roulant
tolul [~t, ~jon] 1. affluer; 2. *(tömeg)* se porter en masse; 3. *könnyek ~tak szemébe* ses yeux s'embuaient
toluol [~ok, ~t] *vegy:* toluène *m*
tolvaj [~ok, ~t, ~a] I. *(mn)* voleur, -euse; *a ~ szarka* la pie voleuse; II. *(fn)* 1. voleur; maraudeur; larron; 2. plagiaire *n*
tolvajkulcs crochet; passe-partout *m;* rossignol *m biz; (álkulcs)* fausse clef
tolvajlámpa lanterne sourde; fanal sourd
tolvajnyelv 1. le jargon des voleurs; 2. *(csoporté)* jargon *m; az orvosok ~e* le jargon *v* le patois des médecins
tombol [~tam, ~t, ~jon] 1. *(vihar)* faire rage; 2. *(őrült)* se démener; 3. *(dühös ember)* trépigner de colère; se débattre avec rage
tompa [-ák, -át] 1. *(nem hegyes)* émoussé, -e; mousse; épointé, -e; *~ reszelő* lime sourde; 2. *mat:* obtus, -e; *~ ékezet* accent grave *m; ~ szög* angle obtus; 3. *(ész)* obtus, -e; *~ agy* v *elme* cerveau perclus; esprit obtus *v* hébété; 4. *~ hang* son mat *v* sourd; *~ kábultság* torpeur *f;* 5. *orv: ~ fájások* douleurs sourdes; 6. *~ szín* couleur mate
tompít [~ottam, ~ott, ~son] 1. émousser; épointer; 2. *(hangot)* assourdir; amortir; *(hangot, zajt)* feutrer; *(szint)* ternir; 3. *(ütést)* amortir; 4. *(hatást)* estomper
tompor [~ok, ~t, ~a] 1. hanche *f;* les reins *m pl;* 2. *orv:* trochanter *m;* 3. *(rovaroké)* trochantin *m*
tompultság hébétement; engourdissement *m; lelki ~* torpeur *f*
tonhal thon; toun *m*
tonna [-ák, -át, -ája] 1. *(súly)* tonne; tonne métrique *f;* 2. *(ürmérték)* tonneau *m*
tonnatartalom tonnage *m;* jauge *f*
tónus 1. ton *m;* nuance *f; fest:* teinte *f;* 2. *orv:* ton(us) *m*

topáz topaze *f*
topog [~tam, ~ott, ~jon] 1. *egy helyben ~* piétiner (sur place); 2. *dühében ~* trépigner *v* piétiner de colère
topogás 1. piétinement *m; (türelmetlen)* piaffement *m;* 2. *helyben ~* immobilisme *m*
topográfia [-ák, -át, -ája] topographie *f*
toporzékol [~tam, ~t, ~jon] 1. piétiner *v* trépigner *v* piaffer *(dühében:* de colère); 2. *(ló)* piaffer
toprongyos [~ak, ~at; ~an] dépenaillé; déguenillé, -e; loqueteux, -euse
I. **tor** [~ok, ~t, ~a] *(halotti)* repas *m* de funérailles
II. **tor** *(rovaré)* thorax; tronc; corselet *m*
tórium [~ok, ~ot] *vegy:* thorium *m*
torkolat 1. embouchure *f; (folyamé)* bouches *f pl; (öbölszerű)* estuaire *m;* 2. *(úté, hegyszorosé, folyóé)* débouché *m*
torkolattűz *kat:* lumière *f* du canon
torkollik [~ott, ~jék *v* ~jon] 1. *(folyó)* se jeter; 2. *(utca)* donner dans qc; 3. *(cső)* s'emboucher dans qc; 4. *orv: egymásba ~ (szervek)* s'anastomoser
torkos [~ak, ~at] gourmand, friand, -e
torkoskodás gourmandise *f*
torlasz [~ok, ~t, ~a] barricade *f*
torlaszol [~tam, ~t, ~jon] barricader; barrer
torlódás 1. accumulation *f;* amoncellement; engorgement *m;* 2. *(forgalmi)* encombrement; embouteiłage *m*
torma [-ák, -át, -ája] *növ:* raifort *m*
torna [-át] 1. gymnastique *f;* culture physique *f;* 2. *(viadal)* tournoi *m*
tornác [~ok, ~ot, ~a] 1. portique; porche *m;* 2. *ép: (oszlopos)* péristyle; portique *m;* 3. *vall: a pokol ~a* les limbes *m pl;* 4. *orv: (fülben)* vestibule *m*
tornacipő chaussons; souliers *m pl* de gymnastique
tornádó [~k, ~t, ~ja] tornade *f;* orage tropical

tornaeszköz agrès *v* appareil *m* de gymnastique
tornanadrág pantalon *m* de gymnaste
tornaruha tenue *f* de gymnaste
tornászik [~tam, ~ott, -ásszék *v* -ásszon] faire de la gymnastique *v* de la culture physique
tornatanár professeur *v* maître *v* moniteur *m* de gymnastique
tornaterem salle *f* de gymnastique
tornatrikó maillot *m*
torok [torkok, torkot, torka] **1.** gorge *f;* gosier; pharynx *m; a torka belepett v rekedt* il a la gorge prise; *ég a torka (szomjas)* avoir la gorge en feu; *elszorul a torka* avoir la gorge serrée; *fáj a torka* avoir mal à la gorge; *jó torka van* avoir du poumon; *(jól iszik)* il a l'entonnoir large; *a halál torkából ragad ki* arracher aux griffes de la mort; *torkig jóllakik* être rassasié(e) jusqu'au menton; *torkig van vmivel* en avoir plein le dos; *elég! torkig vagyok vele* j'en ai marre! *nép: torkán akad a falat* le morceau ne lui passe pas; *torkán akad a lélegzet* suffoquer; *torkán akad a szó* rester *v* être à quia; *torkán a kés* avoir le couteau *v* l'épée sur la gorge; *torkon ragad* saisir *v* prendre *v* attraper à la gorge; *torkára fojtja a szót vkinek* réduire q au silence; rabattre le caquet de q; *torkára forrasztotta a szót* cela lui a coupé le sifflet; *elvágja a torkát vkinek* couper la gorge à q; *(állatnak)* égorger qc; *torkát fojtogatja (íz, szag)* prendre à la gorge; *ingerli a torkot* altérer *v* chatouiller la gorge; *torkát köszörüli* se racler la gorge; *torkát öblíti* se gargariser (la gorge); *teli ~kal énekel* chanter à tue-tête; **2.** *(kürtté, trombitáé, műszeré stb.)* pavillon *m;* **3.** *(ágyúé)* gueule; bouche *f;* **4.** *(kemencéé)* gueulard *m*
torokfájás mal *m* de gorge
torokgyík diphtérie; angine couenneuse
torokhang gutturale *f*
torokmandula amygdale palatine
torokpenész muguet *m;* stomatite crémeuse

torony [tornyok, tornyot, tornya] **1.** tour *f; (kicsi)* tourelle *f; (templomé)* clocher *m; (hegyes végű)* flèche; aiguille *f; ~irányban* à travers champs; tout droit; **2.** *(páncél~)* tourelle *f;* **3.** *rep:* tour de contrôle; **4.** *(vasgerendákból)* pylône *m*
toronyóra horloge *f* (du clocher)
toronyugrás *sp:* plongeon *m* de *v* du haut vol
torpedó [~k, ~t, ~ja] torpille *f;* szárnyas ~ torpille à ailettes
torpedónaszád bateau porte-torpille *m*
torpedóromboló contre-torpilleur; destroyer *m*
Torricelli; *a ~-féle űr* chambre barométrique *f*
torta [-ák, -át, -ája] gâteau *m;* tarte; tourte *f; (francia módra)* flan *m; csokoládés ~* génoise *f* au chocolat
tortakés pelle *f* à tarte
tortalap feuille *f* de gâteau
tortapapír papier dentelle *m* pour gâteau
tortúra [-ák, -át] torture *f;* supplice *m; (régen)* question *f*
torz [~ak, ~at] **1.** difforme; grotesque; contrefait, -e; monstrueux, -euse; **2.** *(rajzban)* caricatural, -e; **3.** *irod:* burlesque
torziós [~ak, ~at] *fiz:* ~ *inga* balance *f* de torsion
torzít [~ottam, ~ott, ~son] **1.** déformer; défigurer; *(tükör)* déformer; **2.** *(érzést, arcot)* décomposer (les traits *v* le visage de q); **3.** *(rajzban)* caricaturer; charger
torzítás distorsion; aberration *f*
torzkép caricature; charge *f*
torzó [~k, ~t, ~ja] torse *m*
torzonborz [~at; ~an] **1.** *(szőrözet)* hirsute; broussailleux, -euse; **2.** *(alak)* farouche; sinistre
torzszülött 1. avorton; monstre; être difforme *m;* **2.** *átv:* avorton; monstre
torzul [~tam, ~t, ~jon] **1.** se déformer; **2.** *(arc)* se décomposer; se convulser
torzulás 1. déformation *f;* **2.** *orv:* malformation; atrophie *f;* **3.** *(arcé)* décomposition *f;* **4.** *fiz:* distorsion *f*
torzsa [-ák, -át, -ája] trognon *m*

tószt [~ok, ~ot, ~ja] toast; brindisi *m;* ~*ot mond vkire* porter un toast *v* une santé à q
tótágast *áll* faire l'arbre fourchu; *átv:* être sens dessus dessous
totális [~ak, ~at; ~an] **1.** total; intégral, -e; **2.** totalitaire
totalizatőr [~ök, ~t, ~je] pari mutuel
totó [~t, ~ja] tot-foot; football-pool *m*
totószelvény grille *f v* coupon *m* de football-pool
totótipp tuyau *v* pronostic *m* de football-pool
totózik [~tam, ~ott, ~zék *v* ~zon] parier au football-pool
totyakos [~ak, ~at; ~an] **1.** *(körte)* blet, blette; **2.** sénile; décrépit, -e; **3.** *(nadrág)* en accordéon
tovább 1. plus loin; plus avant; *csak* ~*!* allez toujours! *tovább, tovább!* marche! marche! **2.** *(időben)* plus longtemps; davantage; *(igével:)* continuer à *v* de *(inf); egy óránál* ~ plus d'une heure; *és így* ~ et ainsi de suite; **3.** *nem v ne* ... ~ ne... plus; ne ... pas plus loin; ne ... pas davantage; *ne* ~*!* halte-là! *nincs* ~ c'est fini; **4.** *(igékkel:)* ~ *ad* passer à q; transmettre à q; *(árut)* revendre; *(hírt)* se faire l'écho de qc; colporter; *(jogot)* rétrocéder; *adja* ~*!* faites passer! ~ *beszél* continuer son discours; *nem bírom* ~ je n'en peux plus *v* mais; ~ *dolgozik* continuer de travailler *v* le travail; ~ *él* continuer à vivre; *(vkinél, vminél)* survivre (à q, à qc); *(hagyomány)* se transmettre; *a helyzet csak* ~ *élesedik* la situation ne cesse pas de se tendre; ~ *erőlteti* insister; ~ *fejleszt* développer progressivement; ~ *fejlődik* se développer (progressivement); *(él:)* évoluer; ~ *folytat* continuer; poursuivre; ~ *halad* faire des progrès; *(fiz:)* se transmettre; *ld még:* **tovább megy;** ~ *játszó mozi* cinéma permanent; ~ *jut* se pousser en avant; *(sp: döntő felé)* se qualifier; ~ *képezi magát* se perfectionner; ~ *marad* rester encore à *(inf);* ~ *megy* aller plus loin; pousser en avant; *(elmegy)* s'éloigner; partir; *(megállás nélkül)* passer son chemin; continuer à *v* de marcher; *(átv:)* passer (plus) outre; *de* ~ *megyek* mais il y a plus; *ha így megyünk* ~ si l'on devait continuer de ce train-là; *ha a dolgok így mennek* ~ si les choses continuent de ce train; *ne mondja* ~ ne le répétez pas; ~ *nő* continuer de pousser *v* de croître; ~ *sürgeti* insister; ~ *szállít* réexpédier; ~ *szolgál (katona)* se rengager; ~ *tart* persister; continuer; *a szép idő* ~ *tart* le beau temps continue; *ez nem tarthat így* ~ ceci ne peut pas continuer; ~ *terjed* se transmettre (de proche en proche); se propager; ~ *utazik* poursuivre son voyage; ~ *vezet* continuer la direction de qc; ~ *visz* transporter; véhiculer; *(átv:)* faire avancer; *egy gondolatot* ~ *visz* pousser une idée
továbbá 1. en outre; ensuite; de plus; **2.** *(elsorolásban)* plus; *item*
továbbfejlesztés développement progressif
továbbfeldolgozó *ipar* industrie *f* de transformation
további [~ak, ~t] **I.** *(mn)* complémentaire; supplémentaire; ultérieur; renouvelé; suivant, -e; *minden* ~ *formaság nélkül* sans plus de formalités; *a* ~ *események* la suite des événements; *a* ~ *feladat* le reste de la tâche; ~ *intézkedésig* jusqu'à nouvel ordre; **II.** *(fn)* **1.** *minden* ~ *nélkül* sans plus; sans autre (forme de procès); purement et simplement; **2.** *a* ~*ak* la suite; *a* ~*akban* dans *v* par la suite
továbbít [~ottam, ~ott, ~son] **1.** *(tárgyat)* passer à q; réexpédier; **2.** *(hírt, parancsot)* transmettre; **3.** *(levelet stb. utána küldve)* faire suivre (à destination)
továbbképző *iskola* école *f* de perfectionnement; ~ *tanfolyam* cours *m* de perfectionnement; *(szakmai)* cours de formation professionnelle
továbbra par la suite; dorénavant; désormais; ~ *is* par la suite; à l'avenir aussi

továbbszállít réexpédier; retransporter
tovaröppen s'envoler; prendre son vol
tovasiet s'éloigner à pas rapides
tovasiklik 1. s'éloigner en glissant; 2. ~ *vmi fölött* passer outre à qc; passer qc sous silence
tovaszállít véhiculer; transporter; réexpédier
tovaterjedés transmission; propagation; extension *f*; *a járvány ~ét megakadályozza* enrayer l'extension de l'épidémie; *a tűz ~ét megakadályozza* localiser l'incendie
toxin [~ok, ~t, ~ja] *orv*: toxine *f*
tő [tövek, tövet, töve] 1. (*növény, növényé*) pied *m;* base *f;* (*vastag*) souche *f;* (*szőlő~*) cep *m;* pied de vigne; (*virágé*) plant *m;* egy ~ *ibolya* un plant de violettes; egy ~ *saláta* un pied de salade; 2. naissance *f;* *a váll töve* la naissance de l'épaule; *a fal tövében* au pied du mur; 3. *áll: a farok tövénél* à la base de la queue; 4. *nyelv:* radical *m;* (*igei*) thème *m*
több [~et] I. (*mn*) 1. plus de...; davantage de...; ~ *bizalmat keltett bennem* il m'inspirait davantage confiance; 2. (*néhány*) plusieurs; divers; un certain nombre de...; plus d'un; ~ *heti* de plusieurs semaines; ~ *ízben* à plusieurs *v* à maintes *v* à diverses reprises; ~ *tanú vallott plus d'un témoin* a déposé; II. (*fn*) 1. (*összehasonlításnál*) plus; davantage; *ez* ~ *c'est plus grand;* cela fait plus; *nincs* ~ il n'y en a plus; *ez már* ~ *a soknál* c'est excessif; c'est un peu fort, tout de même; c'en est trop; *neki se kellett* ~ il ne demanda pas son reste; *felével* ~ plus de la moitié; ~, *mint* plus que; plus de...; ~, *mint egy éve* il y a plus d'un an; ~, *mint kétszerese* plus du double; 2. *nem* ~ *mint* ne... pas plus que *v* plus de...; ne... pas davantage que; 3. (*ragokkal:*) *a kiadást ~nek tünteti fel* forcer la dépense; ~*re becsül* v *tart vminél* préférer à qc; ~*re értékel* majorer; ~*re megy* mieux réussir; ~*et igér*

faire une offre plus avantageuse; offrir davantage; (*árverésen*) surenchérir; *ez ~et mond mint* cela en dit plus long que; 4. (*néhány*) plusieurs; plus d'un; ~ *hiányzik* plusieurs font défaut *v* manquent; 5. ~*ek között* entre autres; dont...; notamment; ~*eknek à plusieurs* (personnes); ~*eket érdekel* cela intéresse un certain nombre de personnes *v* de gens; ~*ektől* de plusieurs personnes
többé; *nem* ... ~ *ne* ... *plus; nincs* ~ *il n'est plus;* ~ *ugyan nem* ... *plus souvent que* ... *nép*
többé-kevésbé plus ou moins; peu ou prou; ~ *jól* tant bien que mal
többen 1. ~ *mint* plus que; 2. plusieurs (personnes); plus d'un; ~ *közülünk* plusieurs d'entre nous
többes [~ek, ~t] I. (*mn*) 1. *nyelv:* du pluriel; pluriel, -elle; ~ *szám* pluriel; nombre pluriel; ~ *számba tesz* mettre au pluriel; 2. ~ *fejedelemség* synarchie *f;* 3. *orv:* ~ *látás* polyopie *f;* II. (*fn*) 1. pluriel *m;* 2. *mat:* multiple *m; legkisebb közös* ~ le plus petit des multiples communs
többféle divers; de plusieurs sortes *v* espèces
többférjűség polyandrie *f*
többi [~ek, ~t] I. (*mn*) *a* ~ *állat* les autres animaux; *a* ~ *ember* le reste des hommes; *dipl: a* ~ *hatalmak* les Puissances tierces; II. (*fn*) 1. *a* ~ le reste; le surplus; *a* ~*t elfelejtettem* j'ai oublié le reste; *és a* ~ et ainsi de suite; et ainsi du reste; *et caetera* (*etc.*); 2. ~ *közt* entre autres (choses); 3. *a* ~*ek* les autres
többlet excédent; surplus; surcroît *m;* différence *f* en plus; (*értékben*) plus-value *f;* (*pénztárban*) boni *m;* (*behajtásnál*) somme perçue en trop
többletadó surtaxe *f;* super-impôt *m*
többletérték *közg:* valeur ajoutée
többnejűség polygamie *f*
többnyire 1. (*időben*) la plupart du temps; le plus souvent; 2. ((*legtöbben*) pour la plupart

többpártrendszer régime politique *m* à plusieurs partis
többrendbeli réitéré, -e; ~ *gyilkosság* plusieurs meurtres; ~ *lopásért* pour vol réitéré
többség 1. majorité *f*; le grand nombre; *fejbólintó* v *automatikus* ~ majorité mécanique; *meghajlik a* ~ *akarata előtt* céder au nombre; *nagy* ~*et kap* rallier une forte majorité; *nagy* ~*gel* à une forte majorité; 2. *vminek nagy* ~*e* la majorité de qc; la majeure partie des ...
többségi majoritaire; ~ *párt* parti *m* de la majorité; ~ *rendszer* système majoritaire *m*
többszínű polychrome; ~ *nyomás* impression *f* en couleurs
többszólamú *zen*: polyphone; polyphonique
többször 1. fréquemment; plusieurs fois; assez souvent; à plusieurs *v* à maintes reprises; ~ *elmond* répéter; ~ *ismétlődik* se répéter; *(betegség)* récidiver; 2. ~ *nem* ne ... plus
többszörös [~ek, ~t] I. *(mn)* multiple; redoublé; fréquent; multiplié, -e; ~ *bűnös* récidiviste; repris *m* de justice; II. *(fn) mat:* multiple; numératif multiple *m; a legkisebb közös* ~ le moindre commun multiple
többtagú *(szó)* polysyllabe; polysyllabique
többtermelés augmentation *v* intensification *f* de la production
tőgy [~ek, ~et, ~e] pis *m;* tétine; tetine *f*
tőhangzó 1. voyelle *v* consonne radicale; 2. *(igei)* voyelle thématique
tök [~ök, ~öt, ~je *v nép:* ~e] 1. *növ:* citrouille; courge *f;* 2. ~*kel ütött* empoté; lourdaud; rustre *m;* 3. *kárty:* carreau *m*
tőke [-ék, -ét, -éje] 1. *(fa)* billot *m;* 2. *(földben)* souche *f;* 3. *(gyökér)* rhizome *m;* 4. *(szőlő*~*)* cep; cépage *m;* 5. *(hajóé)* étrave *f;* 6. *(zongorában)* sommier *m;* 7. *(pénz)* capital *m;* mise *f* de fonds; fonds *m; (kamathoz viszonyítva)* principal *m;* ~ *és kamatok* principal et intérêts;

-*éje kamataiból él* vivre de ses rentes; -*éjéhez nyúl* entamer le capital; -*ét kovácsol magának vmiből* battre monnaie de qc; *mindenből -ét kovácsol magának* faire flèche de tout bois; *idegen -ével* avec des capitaux étrangers
tőkeadó impôt *m* sur le capital
tőkebefektetés mise *f* de fonds; capital investi; placement *m*
tőkecsoport groupe *m* de capitaux
tőkehal 1. *közönséges* ~ morue *f;* gade *m;* 2. *friss* ~ morue fraîche; cabillaud *m*
tőkeképződés formation des capitaux; naissance *f* du capital
tőkekiáramlás exode *m* des capitaux
tőkekivitel exportation *f* de capitaux
tökéletes [~ek, ~et *v* ~t] I. *(mn)* 1. parfait, -e; impeccable; accompli; achevé, -e; *nem* ~ *(igével:)* laisser à désirer; 2. *(jelzős főnevekkel)* ~ *bölcsesség* sagesse consommée; ~ *hülye* un complet idiot; *a* ~ *igazság* la vérité parfaite *v* absolue; ~ *munka* travail irréprochable; II. *(fn)* le parfait
tökéletesedés perfectionnement *m;* progrès *m pl*
tökéletesedik [~tem, ~ett, ~jék *v* ~jen] se perfectionner; s'affiner
tökéletesen parfaitement; à la perfection; en perfection; irréprochablement; ~ *beszél franciául* parler français à la perfection; ~ *hülye* un parfait imbécile; ~ *meggyógyul* guérir radicalement
tökéletesít [~ettem, ~ett, ~sen] perfectionner; mettre au point
tökéletlen I. *(mn)* 1. imparfait, -e; défectueux, -euse; 2. *(emberi természetről)* défectible; 3. *(buta)* imbécile; timbré, -e; II. *(fn)* imbécile; empoté; timbré; cinglé *m*
tökéletlenség 1. imperfection *f;* 2. infirmité; imbécillité *f*
tőkepénzes capitaliste *n;* rentier; épargnant *m*
tőkeprofit *polgazd:* profit *m* du capital
tőkés I. *(mn)* 1. *növ:* rhizomateux, -euse; 2. capitaliste; ~ *gazdálko-*

tőkésállam 972 **töm**

dás économie capitaliste *f;* ~ *társadalmi rendszer* capitalisme *m;* II. *(fn)* capitaliste *n*
tőkésállam État capitaliste *m*
tőkéscsoport groupement financier; konzern *m*
tőkésítés capitalisation; conversion *f* en capital
tőkésosztály classe *f* des capitalistes
tőkésszellem esprit capitaliste *m*
tőkéstárs (associé) commanditaire
tőkeszegény pauvre en capitaux
tőketörlesztés amortissement *m* de la dette principale
tökfilkó 1. *kárty:* dame *f* de carreau; 2. nigaud; imbécile; benêt; butor *m*
tökgyalu coupe-légumes *m*
tökrészeg fin saoûl; ivre mort; plein, *-e nép*
tölcsér [~ek, ~t, ~e] 1. entonnoir *m;* 2. *ép: (beton-, cementöntésre)* trémie *f;* 3. *műsz:* vanne *f;* 4. *(hangszeré, füle)* pavillon *m; (halló)* cornet acoustique *m;* 5. *(tűzhányóé)* cratère *m;* 6. *(bombáé)* trou *m; (ostya)* plaisir *m; (papír)* cornet
tölcsérfagylalt cornet *m* de crème à la glace
tölcsérostya oublie *f;* plaisir *m*
tőle [~m, ~d, -ünk, -etek, -ük] 1. de lui, d'elle; *(részéről)* de sa part; *ez nem szép* ~ ce n'est pas chic de sa part; 2. *(tárgyról ige előtt)* en; sokat *vár* ~ il en espère beaucoup
tölgy [~ek, ~et, ~e] chêne *m*
tölgyfa chêne *m*
tölgyfagubacs pomme *f* de chêne
tölt [~öttem, ~ött, ~sön] 1. *(folyadékot)* verser; *(át)* transvaser; *tölts!* verse à boire! 2. *(edényt)* remplir; emplir *(vmivel:* de qc); 3. *(kályhát, fegyvert, akkumulátort)* charger; *kat: tölts!* chargez! 4. *(párnát, bútort stb.) ld:* **töm;** 5. *konyh:* farcir; garnir; 6. *idejét ~i vmivel* passer son temps à *(inf);* s'amuser à *(inf)*
töltelék [~et, ~e] 1. *konyh:* farce; farcissure; garniture *f;* 2. *(bútorban)* garniture; *(kóc)* bourre *f*

töltény cartouche *f; éles* ~ cartouche à balle; *kiképzésnél használt* ~ cartouche d'instruction
töltenydob *(forgópisztolyban)* barillet *m*
töltenygyár cartoucherie *f*
töltényheveder *kat:* bande *f* à cartouches
töltényhüvely douille *f*
tölténykivető éjecteur *m*
tölténryakasz coffre *m v* caisse *f* de cartouches
tölténytár magasin; chargeur; étui *m* de cartouche
tölténytartó cartouchière; boîte *f* à cartouches
tölténryűr chambre *f*
töltés 1. *(edényé)* remplissage *m; (gőzgépé, turbináé)* admission *f;* 2. *(bútoré)* remplissage; *(a művelet)* garnissage *m; (az anyag)* garniture *f;* 3. *(kályhaé)* chargement *m;* 4. *(öngyújtóé)* charge *f;* az akkumulátor *~e* la charge de l'accumulateur; *(elemé)* charge; *fiz:* elektromos ~ charge électrique; 5. *(lőfegyveré)* charge; *(töltés művelete)* chargement; *a puskából kiveszi a ~t* décharger le fusil; *éles ~sel lő* tirer à balles *v* à projectiles; 6. *(gát)* digue; levée *f; (rőzsékből)* vergne *f;* ~*t hány v emel* élever *v* faire *v* construire des digues; 7. *(vasúti stb.)* remblai; talus *m;* 8. *(tüdőé)* pneumothorax *m;* 9. *bány* remblai
töltet 1. *kat:* charge *f;* 2. *bány: (robbantásnál)* charge
töltőceruza porte-mine; crayon portemine; stylo-mine *m*
töltőcső *(edényben)* bec verseur; *(gépen)* tuyau *m* d'admission
töltőkályha calorifère *m* à feu continu
töltőtoll stylo; stylographe; porte-plume réservoir *m*
töltőtolltinta encre de stylo *v* stylographique *f*
töltött [~ek, ~et] 1. *(fegyver)* chargé, *-e; (ágyú)* chargé; armé, -e; 2. *konyh:* farci; fourré, -e; ~ *káposzta* feuille de chou farcie; ~ *tojás* œufs farcis
töm [~tem, ~ött, ~jön] 1. *(nyílást)* obturer; boucher; *(vmi)* obstruer;

engorger; *fogat* ~ plomber *v* obturer une dent; *a terem ~ve volt* la salle était comble; 2. *(tárgyat vmivel) bourrer v* garnir de qc; 3. *(állatot, embert)* gaver *v* gorger de qc; *(baromfit így is:)* empâter; 4. *(ételről)* bourrer; 5. *~i magát se gaver; se gorger;* 6. *~i a fejét ostobaságokkal se bourrer* le crâne de sottises
tömb [~ök, ~öt, ~je] 1. bloc *m; (rajz~)* carton *m* de dessins; 2. *(ház~)* îlot; pâté *m* de maisons
tömbhegység massif *m*
tömblevélpapír bloc correspondance *v* de papier à lettres
tömbmegbízott chef *m* d'îlot
tömbnaptár bloc calendrier
tömeg [~ek, ~et, ~e] I. *(fn)* 1. *(ember)* foule; cohue; presse; affluence (de peuple); multitude *f; (egyénnel szemben)* collectivité *f; a ~ek les masses f pl; nincsenek mögötte ~ek* il est sans audience; *nagy ~* une foule nombreuse; *~be verődik se* masser; *~ben* en foule; *sűrű ~ekben* à flots pressés; *a ~ben szerepel* faire nombre; *beszél a ~nek* parler à la foule; haranguer la foule; *teret hódít a ~eknél* gagner la masse; *hat a ~re* agir sur la masse; *egybeforrt a ~ekkel* il est uni aux masses; 2. *(lenézően szólva:) a ~* le populaire; le vulgaire; le populo; 3. *(anyagé)* masse *f;* bloc; cube *m; egy ~ben* en bloc; 4. *(mennyiség)* masse; *~be gyűjt* amasser; *nagy ~ben gyárt* fabriquer en grande série; *levelek ~ét kapja* recevoir une avalanche de lettres; *~ével pusztul* périr en masse; *~ével van vhol* peupler qc; envahir qc; II. *(számn.) egy tömeg ...* une (grande) masse de; *egy ~ új gondolat* un bloc d'idées nouvelles
tömegagitáció agitation *f* de masse
tömegáru article *m* de grande consommation
tömegbázis base *f* de masse
tömegbefolyás influence *f* sur les masses
tömegbutítás bourrage *m* de crâne
tömegcikk article *m* de grande consommation *v* de grande série

tömeges [~ek, ~et] massif; collectif, -ive; ~ *(munkás)elbocsátások* licenciements massifs; ~ *jelentkezés* offres nombreuses; ~ *kivégzések* exécutions *f pl* en masse; ~ *megbetegedések* de multiples cas de maladies; ~ *mészárlás* massacre(s) *m (pl);* ~ *odaözönlés* afflux massif
tömegfelvonulás défilé *m* de manifestants
tömegfogyasztás la grande consommation
tömeggondok administrateur *m* de la masse
tömeggyilkosság tuerie *f;* massacre(s) *m (pl)*
tömeghangulat 1. humeur *v* disposition *f* de la foule; 2. moral *m* de la population
tömeghiány *fiz* défauts *m pl* de masse
tömegjelenet scène *f* de masses
tömeglakás habitation encombrée; taudis; casernement *m*
tömegmegmozdulás mouvement *m* des masses
tömegmunka; *politikai ~* travail (politique) *m* de masse
tömegnevelés éducation *f* des masses
tömegnyomor paupérisme *m*
tömegpusztító *fegyver* arme *f* d'extermination *v* de destruction massive
tömegsír fosse commune
tömegsport sport *m* de masse
tömegszállás centre d'hébergement; asile *m* de nuit
tömegszervezet organisation *f* de masse
tömegsztrájk débrayements massifs
tömegtüntetés manifestation *f* de masse
tömegvonzás gravitation; attraction *f*
tömegzavargás agitation *f* de masse
töméntelen *(sok);* **tömérdek** *(sok)* un nombre prodigieux; une quantité innombrable; une profusion *(mind:* de ...)
tömény *vegy:* concentré, -e
tömés 1. bourrage *m; (bútoré)* rembourrage *m;* 2. *(fogé)* plombage *m;* 3. *(nyílásé)* obturation *f;* 4. *(szárnyasé)* gavage *m*
tömít [~ettem, ~ett, ~sen] 1. garnir; étouper; 2. *műsz:* étancher

tömítés garniture *f;* bourrage; tampon *m;* *(csepűvel, kóccal)* étoupage; étanchage *m;* garniture étanche
tömítőgyűrű joint *m* (d'étanchéité); rondelle *f* de joint; anneau *m* de garniture
tömjén [~t, ~je] encens *m*
tömjénez [~tem, ~ett, ~zen] 1. encenser; 2. *átv:* brûler de l'encens devant q; *(túlságosan)* casser l'encensoir sur le nez de q
tömjéntartó encensoir *m*
tömlő 1. outre *f;* 2. *(öntöző)* tuyau de caoutchouc; boyau *m;* 3. *aut:* chambre *f* à air; 4. *orv:* bourse *f*
tömlőbelűek *áll:* cœlentérés *m pl*
tömlöc [~ök, ~öt, ~e] cachot *m; ~be vet* plonger dans un cachot
tőmondat; egyszerű ~ *(egytagú)* phrase monorème *f; (kéttagú)* phrase dirème
tömöntés *nyomd:* stéréotypage *m*
tömöntöde atelier *m* de stéréotypie
tömöntvény *nyomd:* stéréotype *m*
tömör [~ek, ~t] 1. massif, -ive; compact, -e; 2. *(stílus)* nourri; concis; contenu, -e; lapidaire; *(beszéd, elbeszélés)* succinct; concis; étoffé; ramassé, -e; 3. *(jelzős főnevekkel)* ~ *beszéd* discours bref et concis; ~ *bükkfabútor* meuble *m* en hêtre; ~ *fa* bois plein *v* compact; ~ *fal* mur plein; ~ *gumi* caoutchouc plein; ~ *kerék* roue pleine
tömörít [~ettem, ~ett, ~sen] 1. condenser; presser; 2. *műsz:* refouler; 3. *átv:* concentrer; masser; 4. *kat:* *egy helyre* ~ parquer
tömörség 1. massiveté; densité; compacité *f; (anyagszerkezeté)* fermeté *f;* 2. *(stílusé)* concision *f*
tömörül [~tem, ~t, ~jön] 1. se condenser; se concentrer; 2. *(emberek)* se grouper; se masser; *(szakszervezetbe)* se syndiquer
tömörülés 1. concentration; condensation *f;* 2. *fiz:* concrétion *f; ásv:* agrégation *f;* 3. *(emberéké)* association *f;* groupement *m;* union *f*
tömött [~ek, ~et] 1. compact, -e; à grains serrés; 2. *(tárca)* bien garni(e); 3. ~ *kalászok* épis drus; 4. ~ *sorokban* en rangs serrés

tömpe [-ék, -ét] *orr* nez écrasé *v* camard *v* camus
tömszelence presse-étoupe *m*
tömzsi [~k, ~t] trapu; ramassé; tassé, -e; courtaud, -e
tönk [~ök, ~öt, ~je] 1. souche; bille *f; (földben)* quille *f;* 2. *(gombáé)* pied *m;* 3. *a* ~ *szélén áll* être menacé(e) de la déconfiture; être sur le penchant de la ruine
tönkrejut faire faillite; se ruiner; être en faillite
tönkrejuttat ruiner; acculer à la déconfiture
tönkremegy 1. faire faillite; être en faillite; 2. *(tárgy)* s'abîmer; se détériorer; se détraquer; 3. *(vállalkozás)* échouer; aller à veau-l'eau
tönkretesz 1. *(embert)* ruiner; acculer à la faillite; achever la ruine de q *v* de qc; 2. számtalan fiatalembert tett tönkre il a perdu une infinité de jeunes gens; 3. *átv:* ~*i magát* se ruiner; se couler; *(fölöslegesen)* se tuer à plaisir; 4. *(tárgyat)* abîmer; ruiner; gâter; *(munkát)* massacrer; ~*i az egészség°t* s'abîmer la santé; 5. *átv:* battre en ruine(s); désorganiser; gâter; ruiner; *vkinek a hitelét, jóhírét* ~*i* démolir le crédit de q
tönkrever 1. *(sereget)* battre à plate couture; 2. *(összever)* mettre à mal
töpörödik [~tem, ~ött, ~jék *v* ~jön] se ratatiner; se recoquiller
töpörödött [~ek, ~et; ~en] ratatiné; rabougri, -e
töpörtyű [~k, ~t, ~je] grattons; fritons; cretons *m*
töpreng [~tem, ~ett, ~jen] se creuser *v* se casser la tête (sur la question de savoir si . . .); s'interroger
töprengés méditation *f;* longues réflexions; soucieuse rêverie
tör [~tem, ~t, ~jön] I. *(tgy i)* 1. briser; casser; *(cukrot stb.)* casser; *(porrá)* broyer; piler; *(diót így is:)* écacher; *(követ)* concasser; tör, zúz il casse tout; 2. *(földet, csontot, jeget stb.)* rompre; *lábát* ~*i* se casser la jambe; *nyakát* ~*i* se rompre le cou;

3. *(kendert)* teiller; tiller; 4. *(cipő a lábát)* blesser; écorcher; 5. ~*i a fejét, az eszét* se casser *v* se creuser la tête; *(vmiben)* méditer qc; rouler *v* ruminer qc dans sa tête; *azon* ~*i a fejét, hogy* se mettre l'esprit à la torture pour *(inf)*; 6. ~*ve beszéli*, ~*i (nyelvet)* baragouiner; écorcher; ~*i a francia nyelvet* écorcher le français comme une vache espagnole; 7. ~*i magát vmi után* se donner toutes les peines du monde pour *(inf)*; s'évertuer à *(inf)*; *az ember* ~*i magát* l'homme s'agite; II. *(tgyl i)* 1. *vki ellen* ~ s'attaquer à q; 2. *vmire* ~ prétendre à qc; briguer qc; mirer qc; avoir des visées sur qc; *magas állásra* ~ briguer un haut emploi *v* les honneurs; *egy célra* ~ poursuivre un but; *vkinek biztonságára* ~ s'en prendre à la vie *v* à la sécurité de q; 3. *vkire* ~ se jeter sur q
I. **tőr** [~ök, ~t, ~e] 1. poignard *m;* dague *f;* 2. *(modern)* stylet *m;* 3. *(vívó)* fleuret *m*
II. **tőr** [~ök, ~t, ~je] *(csapda)* piège *m;* embûche *f;* engin; lacet *m (főleg: pl);* attrape; traquenard *m;* ~*be ejt* v *csal* entraîner dans le piège; attraper; *(csak embert)* attirer dans une embuscade *v* dans un guet-apens; ~*be esik* tomber *v* donner dans un piège; *(csak ember)* tomber dans une embuscade; ~*t hány* v *vet* tendre un piège pour (prendre) qc
töredék [~ek, ~et, ~e] fragment *m;* débris *m pl; (párté)* fraction *f;* ~*ekre oszt* fragmenter
töredékes [~ek, ~et] fragmentaire
töredelmes [~ek, ~et] contrit; pénitent, -e
töredezik [~ett, ~zék *v* ~zen] 1. s'émietter; s'effriter; se fragmenter; 2. *(felületen)* se craqueler; *(zománc így is:)* s'ébrécher
törek [~ek, ~et] menue paille; paille hachée
törékeny [~ek, ~et; ~en] 1. fragile; cassant, -e; *áll:* ~ *gyík* anguis *m;* 2. *átv:* frêle; morbide; de plâtre; *(kecsesen)* gracile; ~ *egészség* santé frêle *v* fragile
törekszik [törekedtem, törekedett, törekedjék *v* törekedjen] 1. *(tanuló)* s'appliquer à l'étude; 2. *vmire* ~ prétendre *v* aspirer *v* tendre à qc; viser qc *v* à qc; *(csellel)* briguer qc; *jóra* ~ avoir pour objet *v* objectif le bien; 3. *arra* ~, *hogy* s'efforcer de *(inf);* faire effort de *(inf);* tâcher de *(inf);* aspirer à *(inf); minden erejével arra* ~, *hogy* employer tous ses efforts à *(inf)*
törekvés effort(s) *m (pl);* aspiration; prétention; ambition; préoccupation *f*
törekvő [~k, ~t] 1. appliqué, -e; studieux; ambitieux, -euse; 2. *vmire* ~ aspirant *v* à qc
törés 1. cassement *m;* casse *f; (gépalkatrészé)* bris *m;* 2. *(porrá)* pulvérisation *f;* 3. *(lábé stb.)* fracture *f;* 4. *(tárgyaké)* casse; 5. *(helye)* brisure; cassure *f;* 6. *(fényé)* réfraction *f;* 7. *(felületé)* angle (rentrant); 8. *geol:* faille; cassure *f;* 9. *átv:* rupture *f; (életpályán, fejlődésben)* cassure
töretlen 1. *(föld)* vierge; non défriché(e); 2. *átv:* sans traces; nouveau, nouvel, nouvelle; ~ *út* voie non frayée; 3. ~ *akarat* volonté inflexible *f*
törhetetlen 1. incassable; imbrisable; ~ *üveg* verre incassable *m;* 2. *átv:* invincible; inébranlable; ~ *akarat* volonté inflexible; intransigeance *f*
törik [~tem, ~ött, ~jék *v* ~jön] casser; se briser; se rompre; *darabokra* ~ se briser en mille morceaux
törik-szakad: *ha* ~ *is; ha törik, ha szakad* vaille que vaille; coûte que coûte
törköly [~ök, ~t, ~e] 1. marc *m;* 2. *(pálinka)* eau-de-vie *f* de marc
törlés 1. essuyage *m;* 2. suppression *f;* retranchement; effacement *m;* 3. *(listából)* radiation *f;* 4. *(írásé)* effacement; biffage; raturage *m;* 5. *(maga a javítás)* rature; effaçure;

biffure *f;* **6.** *(jelzálogé)* purge; radiation *f;* **7.** *(kikötése)* annulation *f*
törleszkedik [~tem, ~ett, ~jék *v* ~jen] faire des chatteries à q; se frotter à q
törleszt [~ettem, ~ett, -esszen] amortir; payer
törlesztés 1. amortissement *m;* **2.** *(részlet)* acompte (d'amortissement); à-valoir *m;* évi ~ annuité *f;* havi ~ mensualité *f*
törlőfej tête *f* d'effacement
törlőrongy 1. torchon *m;* torchette *f;* **2.** chiffon à meuble; essuie-meubles *m*
törmelék [~ek, ~et, ~e] **1.** *(fal~)* gravats; décombres *m pl;* **2.** *(tárgyé)* débris *m pl;* brisure *f;* **3.** geol: débris *m pl;* détritus *m;* **4.** átv: débris *m pl*
törmelékcsokoládé bris *m* de chocolat
törmelékrizs riz *m* en brisure; brisure *f*
törmeléktea thé brisé
törődés; *vmivel való* ~ le(s) soin(s) de qc; la curiosité (pour); *a gyermekeivel való* ~ le soin de ses enfants
törődik [~tem, ~ött, ~jék *v* ~jön] **1.** *sokat* ~ se peiner; se donner beaucoup de peine; **2.** *(vmivel)* se soucier de qc; se préoccuper de qc; avoir soin de qc; *túl sokat* ~ *önmagával* il s'écoute; ~*jék a maga dolgával!* mêlez-vous *v* occupez-vous de vos affaires! **3.** *nem* ~ *vmivel* passer outre à qc *v* sur qc; ne pas regarder à qc; négliger qc; *nem* ~ *vele* il n'en a cure; il laisse faire; il s'en moque; *nem* ~*öm vele* je m'en moque; je m'en bats l'œil *biz; sose törődjék vele!* ne faites pas attention! ne vous en faites pas *biz; mit* ~*öm vele?* que m'importe? *nem* ~ *érdekeivel* être insoucieux *v* insoucieuse de ses intérêts; *nem* ~ *az ügyeivel* négliger ses affaires; *azzal én nem* ~*öm* je n'y fais pas attention; *nem* ~ *azzal, mi lesz holnap* il vit *v* il est insoucieux du lendemain; *nem* ~ *azzal, hogy mit mond a világ* se moquer du qu'en-dira-t-on; *nem* ~*ve a veszéllyel* insouciant(e) du danger; **4.** *(gyümölcs, virág)* se taler

török [~ök, ~öt] **I.** *(mn)* turc, turque; *(néha)* ottoman, -e; *a* ~ *birodalom* l'Empire Ottoman; ~ *hódoltság* (époque de la) domination ottomane; ~ *kávé* café turc *v* à la turque; moka *m;* ~ *nő* Turque *f;* femme turque; **II.** *(fn)* **1.** Turc *m;* **2.** *tört: a* ~ *birodalom* l'Empire Ottoman; le Croissant
törökbúza blé *m* de Turquie *v* d'Espagne
Törökország la Turquie
töröl [~tem, ~t, ~jön] **1.** *(piszoktól)* essuyer; torcher; *törli a homlokát* s'éponger le front; **2.** *(ki~)* rayer; effacer; raturer; *(listából)* rayer; *(könyvben stb.)* censurer qc; *(cenzúra, festékkel)* caviarder; ~*t rész* rature *f;* **3.** *sp:* *(indulás előtt)* scratcher; **4.** *(telekkönyvileg)* radier; purger; **5.** *(tartozást)* annuler; décharger q de qc; **6.** supprimer; abolir
törött [~ek, ~et] **1.** *ld:* **tört; 2.** ~ *bors* poivre pilé
törpe [-ék, -ét, -éje] **I.** *(mn)* nain, -e; pygméen, -enne; ~ *kisebbség* infime minorité *f;* **II.** *(fn)* nain; pygmée; gnome *m; kis* ~ *(ember)* nabot *m*
törpeautó voiturette *f*
törpebirtokos petit loti; tout petit propriétaire
törpefenyő pin nain
törpeharcsa poisson-chat *m*
törpenge lame *f* du fleuret
törpetyúk bantam *m;* poule *f* de Bantam
tört [~ek, ~et] **I.** *(mn)* **1.** cassé; brisé, -e; ~*arany* or *m* à refondre; ~ *hang* voix cassée; **2.** *(porrá)* pulvérisé; pilé, -e; (réduit) en poudre; broyé, -e; **3.** *(tag)* cassé; rompu; fracturé; fracassé, -e; **4.** *her:* rompu, -e; ~ *címer* armes brisées; **5.** *zen:* ~ *hangzat* arpège *m;* batterie *f;* **6.** *mat:* ~ *alak* expression fractionnaire *f;* ~ *vonal* ligne brisée; **7.** ~ *magyarsággal* dans un hongrois approximatif; **8.** ~ *út* sentier *v* chemin battu; **II.** *(fn) mat:* fraction *f;* emeletes *v* többszörös ~ fraction de fraction; ~*ekre oszt* fractionner; ~*et egyszerűsít* simpli-

fier une fraction; a ~eket közös nevezőre hozza réduire les fractions au même dénominateur
történelem [-lmet, -lme] histoire f; a ~ ítélőszéke le tribunal de l'histoire; ~ előtti préhistorique
történelmi [~ek, ~t] historique; ~ adat donnée historique f; ~ emlék monument historique m; ~ festészet peinture historique v d'histoire f; ~ festmény peinture historique f; ~ folyamat processus historique m; ~ háttér climat politique m; ~ hitelesség historicité f; ~ jelentőség intérêt rétrospectif; ~ materializmus matérialisme historique m; ~ nevezetesség (tárgy) curiosité historique f; (tárgyé) intérêt m d'histoire; ~ nevezetességű mémorable; illustré(e) par l'histoire; ~ regény roman historique m; ~ szükségszerűség fatalité v nécessité historique f; ~ tény fait d'histoire v historique m; ~ tévedés erreur historique f; ld még: történeti
történész historien m; historiographe (n)
történet 1. (vminek a ~e) histoire f; historique m; igaz ~ histoire authentique; 2. (elbeszélés) histoire f; récit m; anecdote f; (szóbeli) conte m; 3. (tudomány) histoire; historiographie f
történetesen par hasard; d'aventure; par aventure
történeti [~ek, ~t] historique; ~ adat donnée historique f; document historique m; ~ emlék monument historique m; ~ intézet institut m d'histoire; ~ múlt passé historique m; nyelv: passé défini; jelentékeny ~ múltra tekinthet vissza il se glorifie d'un passé illustre; ~ múzeum musée m d'histoire; a nagy ~ változások les grandes mutations historiques; ld: történelmi
történetírás histoire; historiographie f
történetíró historien; historiographe m
történettudomány histoire f; science(s) historique(s) f (pl)
történik [~t, ~jék v ~jen] 1. arriver; se passer; avoir lieu; se faire; (közbejő) intervenir; ~t, hogy il arriva que; un jour ...; a dolog így ~t les choses se sont passées ainsi; valami ~t il y a du neuf; ez ~t voilà tout; et voilà tout; így is ~t ainsi fut fait; bármi ~jék is quoi qu'il (en) arrive; vaille que vaille; ilyen még nem ~t cela ne s'est jamais vu v ne s'est encore point vu; mi ~? qu'est-ce qu'il y a? qu'est-ce qui se passe? mi ~nék, ha que serait-ce si ...? ha semmi sem ~ (baj) si rien de fâcheux n'arrive; ha baja ~ s'il lui arrive quelque chose v un malheur; a fizetés január 5. után ~ le payement intervient après le 5 janvier; 2. (vmi eljárás) s'opérer; s'exécuter; se faire; az aláírás tanúk előtt ~ la signature a lieu en présence de témoins; az eset tegnap ~t le cas s'est produit hier; a szervezkedés sejtek útján ~ l'organisation s'effectue v se fait par noyautage; 3. (vkivel) arriver à q; advenir à q; bármi ~jék is vele quoi qu'il lui arrive; igazságtalanság ~t vele il a été victime d'une injustice
törtet 1. avancer; pousser jusqu'à ...; 2. átv: vouloir arriver; jouer des coudes; 3. ~ vmi után ambitionner qc; briguer qc
törtető [~k, ~t] arriviste (n)
törtjel mat: signe m de la fraction
törtszám fraction f; ordinal fractionnel
törtvonal ligne brisée
törülközik [~tem, ~ött, ~zék v ~zon] s'essuyer; s'éponger
törülköző [~k, ~t, ~je] serviette f (de toilette); essuie-main(s) m
törvény 1. loi f; (a ~ek összessége) la législation; (sokszor) statut m; törvény által de par la loi; a ~ elé visz egy dolgot porter une affaire devant les tribunaux; a ~ ellenére au mépris de la loi; ~ nélküli extralégal, -e; anarchique; ~ nélküli állapot anarchie f; a ~ értelmében en vertu de la loi; a ~ hatálya la vigueur de la loi; a ~ kihirdetése la promulgation de la loi; a ~ nevé-

62 Magyar–Francia kézi

ben! au nom de la loi! *a ~ szelleme* l'esprit *m* de la loi; *~ erejével bír* tenir lieu de loi; avoir force de loi; *a ~ keretein belül marad* rester dans la légalité; *a ~ úgy rendelkezik, hogy* la loi porte que; *törvénybe foglalt jog* droit codifié; *~be iktat* insérer dans le recueil des lois; *~be ütközik* tomber sous le coup de la loi; *~be ütköző cselekmény* infraction *f* à la loi; acte délictueux; *~en kívül álló személy* hors-la-loi *m;* *~en kívül helyez* mettre hors la loi; *a ~nek megfelelően* conformément à la loi; en bonne règle; *a ~t áthágja* violer *v* transgresser *v* enfreindre la loi; *a ~t eltörli* abolir *v* abroger la loi; *~t hatályon kívül helyez* abroger une loi; *~t hoz* établir une législation (sur qc); *egy ~t kihirdet* promulguer une loi; *a ~t megtartja* observer la loi; *~t szab* faire loi; *~ül szolgál* faire loi; *-nnyé válik* passer en (force de) loi; **2.** *(bíróság)* justice *f;* *~ elé állít* traduire en justice; *a ~ előtt minden ember egyenlő* tous les hommes sont égaux devant la loi; *~ előtti egyenlőség* égalité *f* devant la loi; **3.** *fiz, vegy stb.:* loi *f;* principe *m*
törvényalkotás législation *f*
törvényalkotó législateur *m*
törvénycikk article *m* de loi
törvényellenes illégal, -e; contraire à la loi; *~ fogvatartás* détention arbitraire *f*
törvényerejű ayant force de loi; *~ rendelet* décret-loi *m*
törvényes [~ek, ~t] légitime; légal, -e; *~ életkor* âge légal; *betartja a ~ előírásokat* observer la légalité; *a ~ előírások meg nem tartása esetén* en cas d'inobservation des formalités légales; *minden ~ eszközzel* par toutes les voies de droit; *~ fizetési eszköz* monnaie légale; *a ~ formák között* dans les formes voulues *v* prescrites par la loi; en bonne et due forme; *~ gyám* tuteur légal; *~ gyermek* enfant légitime; *~ házasság* mariage légitime *v* légal; *~ jogcím* titre constitutif; *~ kamat* intérêt légal; *~ kamatláb* taux légal; *~ képviselő* représentant légal; *~ kor* âge légal *v* requis; *~ következmények* conséquences prévues par la loi; *megteszi vki ellen a ~ lépéseket* entamer *v* engager des poursuites contre q; *~ munkanap* jour légal; *~ örökös* successeur régulier; *~ rész* (part) légitime *f;* *~ úton* par la voie légale; légalement; *~ ünnep* jour férié
törvényesen légalement; *,,~ védve"* marque déposée
törvényesség 1. légitimité; légalité *f;* **2.** *(gyermeké)* légitimité
törvényhatóság *(megyei)* conseil général; *(városi)* municipalité *f*
törvényhatósági municipal, -e; *~ bizottság* conseil municipal; *~ város* commune *f* de plein exercice
törvényhozás 1. corps législatif; assemblée législative; **2.** *(cselekmény)* confection des lois; législation *f*
törvényhozó I. *(mn)* législatif, -ive; *~ hatalom* pouvoir législatif; le législateur; **II.** *(fn)* législateur *m*
törvényjavaslat proposition *f* de loi; projet *m* de loi
törvénykezés juridiction; l'administration *f* de la justice
törvénykezési judiciaire; juridique; *~ gyakorlat.*jurisprudence *f;* *~ költségek* frais *m pl* de justice
törvénykönyv code; corps *m* de lois
törvényrendelet arrêté-loi *m*
törvénysértés infraction (à la loi); contravention *f*
törvényszék tribunal *m;* *a ~ előtt* devant le tribunal; *(büntető ~, esküdtszékkel)* cour *f* d'assises; assises *f pl*
törvényszéki [~ek, ~t] du tribunal; *jog:* judiciaire; légal, -e; *~ altiszt v hivatalsegéd* (huissier) audiencier *m;* *~ bíró* juge au tribunal; *bonctani intézet* l'Institut médico-légal; *~ elnök* président *m* du tribunal; *~ jegyző* greffier *m* (du tribunal); *~ orvos* médecin légiste *v* légal; *~ orvostan* médecine légale; *~ orvosi szemle v szakvélemény* expertise médico-légale; *~ szakértő* expert (asser-

menté) près les tribunaux; ~ *tárgyalás* audience *f;* ~ *ülnök* (conseiller) assesseur *m*
törvényszentesítés sanction *f*
törvényszerűség 1. régularité *f;* 2. légalité; légitimité *f*
törvényszöveg texte législatif *v* légal
törvénytár bulletin *v* recueil *m* des lois
törvénytelen extralégal; illégal, -e; illégitime; *(tilos)* illicite; *jog:* ~ *letartóztatás* arrêt nul; ~ *örökös* successeur irrégulier
törvénytelenség illégalité; illégitimité *f*
törzs [~ek, ~et, ~e] 1. *(testrész)* tronc; torse; buste *m; (nyak és csípő közt)* corsage *m;* 2. *orv: (éré, idegé)* tronc *m;* 3. *(nép~)* tribu; peuplade *f;* clan *m;* 4. *(családé)* lignée; tige; souche *f;* 5. *(állatcsalád)* race; famille *f;* 6. *(bacilus~)* race; colonie *f;* 7. *kat:* état-major *m;* 8. *(fáé)* tronc; fût *m; növ:* tige *f;* 9. *(hajóé)* tronc; 10. *ép: az oszlop ~e* le fût *v* la tige d'une colonne; 11. *rep: (orsó alakú)* ~ fuselage *m;* 12. *(vasúti vonal)* lignemère *f*
törzsállat animal reproducteur
törzsállomány *(állatoké)* cheptel *m*
törzsasztal table *f* des habitués
törzsfejlődés *él:* phylogénèse; phylogénie *f*
törzsfizetés traitement sec; traitement *m* de base
törzsfőnök chef *m* de clan *v* de tribu
törzskar état-major *m*
törzskönyv 1. livre-matricule; registre *m* d'immatriculation; *(adó)* matrice *f* du rôle des contributions; 2. *kat: (személyleírási)* état signalétique *m;* 3. *(származási)* livre généalogique *m*
törzskönyvi [~ek, ~t] matriculaire; matriciel, -elle
törzslap 1. feuille signalétique *f;* 2. *(állaté)* pedigree *m*
törzsökös [~ek, ~et] autochtone; pur sang
törzsőrmester adjudant chef *m*
törzsrendszer organisation tribale
törzsszám 1. (numéro) matricule *m;* 2. *mat:* nombre premier *v* primaire

62*

törzsszervezet union clanaire *f;* régime clanaire *m*
törzstényező *mat:* facteur primaire *v* premier
törzstiszt officier d'état-major *v* général
törzsvendég habitué *m; a kávéház ~ei* les piliers du café
tősgyökeres pur sang; pur, -e; bon teint; vrai de vrai
tőszám nombre *v* numératif cardinal
tőszomszéd voisin de palier; voisin immédiat
tőváltozás *nyelv:* changement radical; *(igei)* alternance thématique *f*
tővég *nyelv:* suffixe *m* de thème
tövestől; tövestül 1. avec la racine; 2. *átv:* radicalement; ~ *kiirt* extirper radicalement
tőviről hegyire *elmond* raconter de fil en aiguille; ~ *ismer vmit* savoir le fin du fin *v* le fort et le fin d'une chose
tövis [~ek, ~t, ~e] épine *f;* piquant; aiguillon *m*
tövisszúró *gébics* pie-grièche *f*
tőzeg [~et, ~e] tourbe *f*
tőzegfejtés extraction *f* de la tourbe; tourbage *m*
tőzegkocka motte *f* à brûler
tőzegtalaj sol *v* terrain tourbeux
tőzsde [-ék, -ét, -éje] bourse *f;* la Bourse; *a mai* ~ la séance d'aujourd'hui; *a ~ szilárd* la Bourse *v* le marché est ferme; *a -én* en bourse; *-én elad* négocier à la Bourse; *-én jegyzett papírok* valeurs de Bourse
tőzsdealkusz courtier *m* en bourse
tőzsdebizományos négociant *m* de titres
tőzsdei [~ek, ~t] de Bourse; ~ *árfolyam* le cours de la Bourse; ~ *árfolyamok* cours cotés en bourse; ~ *érték* valeur *f* en *v* de Bourse; ~ *forgalomban van* être négocié(e) à la bourse; ~ *játék* spéculation de bourse; ~ *kötés* ordre *m* en *v* de Bourse; ~ *szokás* usage *m* de la Bourse
tőzsdés; tőzsdetag boursier *m*
tőzsdeügynök courtier en bourse; agent *m* de change; *(összességük)* le parquet

trachoma [-át, -ája] trachoma *m;* conjonctive granuleuse
tradíció [~k, ~t, ~ja] tradition *f*
tradicionális [~ok, ~t; ~an] traditionnel, -elle
trafik [~ok, ~ot, ~ja] bureau *v* débit *m* de tabac
trafikáru article *m* de fumeur
trafikos(nő) 1. marchand(e) *v* débitant(e) de tabac; buraliste *n;* 2. vendeur (-euse) de cigares et de cigarettes
tragacs [~ok, ~ot, ~a] 1. civière *f;* brancard *m;* 2. *(rossz autó)* tacot *m*
trágár [~ok, ~t] ordurier, -ière; obscène; licencieux, -euse; ~ *beszéd* obscénités; horreurs *f pl*
tragédia [-ák, -át, -ája] tragédie; scène tragique *f; átv: egész -át csinált belőle* il en a fait tout un drame
tragika tragédienne *f*
tragikomédia tragi-comédie *f*
tragikum [~ot, ~a] le tragique; l'élément tragique *m*
tragikus tragique; fatal, -e; *ez az ügy ~ fordulatot vesz* cette affaire tourne au tragique; ~ *hős* héros tragique *v* de tragédie; ~ *sorsra jutott* il eut un destin tragique
trágya [-át] 1. engrais *m;* fumure *f;* 2. *(istálló~)* fumier *m* (de ferme); gadoue *f; kevert ~ compost m; -át tereget egy földön* épandre du fumier dans un champ
trágyadomb fumière *f;* tas *m* de fumier
trágyagödör fossé à fumier; fumière *f*
trágyáz [~tam, ~ott, ~zon] fumer; engraisser; *(kert:)* réchauffer
trágyázás fumage; emploi des engrais; épandage *m*
traktor [~ok, ~t, ~a] tracteur *m*
traktorállomás station *f* des machines et des tracteurs; M.T.S.
traktorista [-ák, -át, -ája], -nő tractoriste *n*
traktoros [~ak, ~at] I. *(mn)* tracté, -e; II. *(fn) ld:* **traktorista**
trancsíroz [~tam, ~ott, ~zon] *konyh:* découper; dépecer
transz [~ok, ~ot, ~a] transe *f;* état second; ~*ba hoz* entrancer

transzcendens [~ek, ~t] transcendant, -e
transzformátor [~ok, ~t, ~a] 1. transformateur *m;* 2. convertisseur *m*
transzmissziószíj courroie *f* de transmission
transzparens [~ek, ~t, ~e] I. *(mn)* ~ *tábla* tableau lumineux; II. *(fn)* 1. dispositif lumineux; 2. *(reklám)* publicité lumineuse; 3. transparent *m;* 4. *(tüntetéskor)* banderole *f*
transzponálás *rád* superposition *f*
transzport [~ok, ~ot] 1. envoi *m* (de troupes); 2. *az első ~tal* par le premier transport
tranzisztor [~ok, ~t, ~a] transistor *m*
tranzitóáru marchandise transitaire *v* de transit *f*
tranzitóforgalom *v* -**szállítás** transit *m*
trapéz [~ek, ~t, ~e] 1. *mat:* trapèze *m;* 2. *sp:* ~ trapèze (volant)
trapézművész trapéziste *n*
trappista [-ák, -át] trappiste *m;* ~ *sajt* trappiste; fromage de la Trappe; port-salut *m*
trappol [~tam, ~t, ~jon] 1. aller le trot; prendre le trot; trotter; 2. *(ember)* trotter
trauma [-át, -ája] *orv:* traumatisme *m*
traumás *orv:* traumatique; ~ *megrázkódtatás* choc traumatique *m*
trébel [~tem, ~t, ~jen] repousser; travailler en bosselage
tréfa [-ák, -át, -ája] plaisanterie; facétie; bouffonnerie; farce; blague *f biz; (intézeti, kaszárnyai)* brimade *f; rossz ~* mauvaise plaisanterie; *ez ~* c'est pour rire; c'est une blague *biz; ez csak ~ volt* c'était pour plaisanter; *ennek fele se ~* cela passe la plaisanterie; *-ából* pour rire; histoire de rire; *ért a -ához* manier bien la plaisanterie; *-án kívül* plaisanterie à part; sans rire; *-ára fogja v veszi a dolgot* tourner la chose en plaisanterie; *nem veszi -ára a dolgot* prendre mal la chose; *rossz -át csinál vkivel* jouer à q un vilain tour; *megérti a -át* entrer dans la plaisanterie; *nem értette a -át* il n'a pas pris la chose en *v* à la plaisanterie; *ebben nem ismer -át* il ne

tréfál — tropus

plaisante pas *v* il n'entend pas raillerie là-dessus; *szereti a -át* il aime à plaisanter; *-át üz vkiből* se moquer de q; se payer la tête de q
tréfál [~tam, ~t, ~jon] plaisanter; faire rire; faire une plaisanterie; *maga csak ~ vous* voulez rire; *ne ~j!* tu veux rire! *nem ~ il* ne badine pas
tréfás I. *(mn)* 1. *(dolog)* drôle; plaisant, -e; comique; ~ *eset* histoire amusante; ~ *hang* ton badin *v* railleur; ~ *ötlet* boutade *f*; 2. *(ember)* facétieux, -euse; impayable; farceur, -euse; ~ *ember* farceur; loustic *m*; II. *(fn) mindig tud valami ~at mondani* avoir le mot pour rire
treff [~ek, ~et, ~je] *kárty:* trèfle *m*
tréner [~ek, ~t, ~je] entraîneur; soigneur *m*
tréning [~ek, ~et. ~je] entraînement; training *m*
tréningruha tenue *f* d'entraînement; survêtement *m*
treníroz [~tam, ~ott, ~zon] I. *(tgyl i)* s'entraîner; II. *(tgy i)* entraîner; mettre à l'entraînement
trén(katona) soldat *m* du train; tringlot *m biz*
trepanál [~tam, ~t, ~jon] trépaner
tribün [~ök, ~t, ~je] tribune *f; (kisebb)* estrade *f*
tricikli [~k, ~t, ~je] tricycle *m; (kézbesítő)* triporteur *m*
trigger basculeur; trigger *m*
trigonometria [-át] trigonométrie *f*
trikó [~k, ~t, ~ja] 1. *(ing)* maillot; chandail *m*; 2. *(anyag)* (tissu) tricot; jersey *m*
trikónadrág culotte *f v* pantalon *m* en tricot
trikóselyem tricot *m* de soie; *(áru)* bonneterie *f* de soie
trilógia [-ák, -át, -ája] *irod:* trilogie *f*
trinitrotoluol [~ok, ~t] *vegy:* trinitrotoluène; trotyle *m*
trió [~k, ~t, ~ja] trio *m*
trióda triode *f*
triptichon [~ok, ~t, ~ja]: **triptik** [~et, ~e] triptique *m*
Trisztán [~ok, ~t, ~ja]; Tristan; ~ *és Izolda* Tristan et Yseult

triumfus triomphe *m*
triumvír [~ek, ~t, ~je] triumvir *m*
triviális [~ak, ~at] trivial, -e
trocheus trochée *m*
trockista [~ák -át] trotskyste *(n)*
trófea [-ák, -át, -ája]; **trofeum** [~ok, ~ot, ~a] trophée *m*
tróger [~ek, ~t, ~e] *arg:* 1. portefaix *m*; 2. propre-à-rien; feignant *m nép*; 3. mufle *m*
Trója [-át] Troie *f*
trójai [~ak, ~at] troyen, -enne; *a ~ faló* le cheval de Troie
trolibusz; troli trolleybus *m*
trombita [-ák, -át, -ája] trompette *f; (gyalogsági)* clairon *m; (zenekarban)* trompette *f* d'harmonie; cornet *m* à pistons; *(együtt)* les cuivres *m pl*
trombitahang; trombitaharsogás sonnerie de clairon; fanfare *f*
trombitál [~tam, ~t, ~jon] sonner de la trompette *v* du clairon; trompeter
trombitás trompette *m; (gyalogos)* clairon *m*
trombózis [~ok, ~t, ~a] thrombose *f*
tromf [~ot, ~ja] atout *m*
trón [~ok, ~t, ~ja] trône *m; ~ra jut* parvenir au trône; *~ra lép* monter au *v* sur le trône; *~ra lép vki után* succéder à q; *~járól elüz* détrôner; chasser du trône; *lemond a ~ról* renoncer au trône
trónbitorló usurpateur, -trice *n*
trónfosztás détrônement *m*
trónfosztott; trónjavesztett détrôné; déchu, -e
trónkövetelő prétendant *m*
trónöröklés succession (au trône *v* à la couronne); l'hérédité *f* de la couronne; *a ~ rendje* l'ordre *m* de succession
trónörökös prince héritier; *tört:* a *francia ~* le dauphin; le Dauphin
trónváltozás changement *m* de règne
tropikál [~ok, ~t, ~ja] fil à fil *m*
tropikalizálás tropicalisation *f*
tropikus 1. tropical, -e; ~ *sisak* casque colonial; 2. *földr:* tropique
troposzféra [-ák, -át] *met:* troposphère *f*
trópus 1. *földr:* tropique *m; a ~ok alatt* sous les tropiques; 2. *ret:* trope *m*

trópusi tropical; subtropical; équatorial, -e; *a ~ vidékek* les régions torrides *v* tropicales
trotli [~k, ~t, ~ja] gaga; remolli *m*
trottőr *ruha* costume trotteur; *~ szoknya (jupe)* trotteuse *f*
tröszt [~ök, ~öt, ~je] trust; trusteeship *m*; *~öt alakító* trusteur *(m)*
trösztellenes antitrust
trösztösít [~ettem, ~ett, ~sen] truster
trubadúr [~ok, ~t, ~ja] *(dél-francia)* troubadour *m*; *(észak-francia)* trouvère *m*
trükk [~ök, ~öt, ~je] *biz:* truc; tour *m* de main; combine *f; színpadi ~ök* artifices *m pl* de théâtre; *tudja a ~jét* avoir le truc *v* le tour de main; *ismerem ezt a ~öt* je connais ce fil-là *v* ce truc-là
trükkfilm dessins animés
TSZ [~ek, ~t, ~e]; **TSZCS** [-ék, -ét, -éje] *ld:* **termelőszövetkezeti** *csoport*
tubák [~ot, ~ja] tabac *m* à priser; poudre *f* de tabac
tubarózsa tubéreuse *f*
tuberkulin [~ok, ~t] tuberculine *f*
tuberkulotikus tuberculeux, -euse *(n)*
tuberkulózis [~ok, ~t, ~a] tuberculose *f*
tuberkulózisbacilus bacille *m* de la tuberculose
tubus tube *m; (orvosságos)* tube à médicament; *(festék)* tube couleur
tucat douzaine *f; ~jával* à la douzaine; *nagy ~ (tizenkettő)* grosse *f*
tucatáru marchandise de pacotille; camelote *f*
tucatember homme médiocre *v* insignifiant
tucatnyi [~ak, ~t] une douzaine de...
tud [~tam, ~ott, ~jon] **1.** *(képességei folytán)* savoir; **Főnévi igenévvel és főnévi igenév:** *~ mozogni (társaságban)* savoir se conduire; *~ hegedülni* savoir jouer du violon; *ezt jó ~ni* c'est très utile à connaître; *~ni szeretné, hogyan* il se demande comment; *szeretném ~ni miért?* je vous demande un peu; **Tárgyas alakban:** *~om!* je sais; *most már ~om* me voilà fixé(e); *~om, mit akar* je vois ce que c'est; *majd meglátjuk, mit ~* nous l'attendons aux actes; *amit csak ő ~* dont seul il a le secret; *ön bizonyára ~ja, hogy* vous n'êtes pas sans savoir que; *ön nyilván ~ja, hogy* je ne vous apprends pas que; *már mindenki ~ja* c'est le secret de la comédie *v* de Polichinelle; *(magyarázva:) ~nunk kell, hogy* il est rappelé que; *tudjuk, tudjuk?* connu! nous savons! **Közbevetve:** *meg is veszem, ~ja!* je l'achèterai bien, voyez-vous? **Hogyan?** *ő jól ~ja* il ne s'y trompe pas; il ne le sait que trop; *nem jól ~ja* il est mal renseigné; *mint ~juk* comme l'on sait; *úgy ~om, hogy* je crois savoir que; *amennyire* v *amint én ~om* autant que je sache; *nem, amennyire én ~om* non que je sache; *~ franciául?* parlez-vous français? *~ görögül, latinul* connaître le grec, le latin; **Honnan?** savoir par qc; *az iratokból ~juk* on sait par les documents que; **Valamiről:** être au fait; être (mis) au courant de qc; *ő sok mindenről ~* il en sait long; *~ egy eladó telekről* il sait un terrain à vendre; **Tagadott alakban:** *nem ~ vmit* v *vmiről* ignorer qc; être ignorant de qc; *nem ~om* je l'ignore; je ne sais (pas); *semmit se ~* il n'en sait rien; *(tudásbelileg)* ne savoir ni A ni B; *úgy tesz, mintha nem ~na semmiről* faire l'ignorant; *nem ~ok róla* je n'en sais rien; *(egy idő óta) semmit sem ~ róla* n'avoir pas de nouvelles de q; *nem ~ja, mit csináljon* il ne sait pas sur quel pied danser; *nem ~ja, vajon* il ignore si; *nem ~ja bizonyosan, hogy* douter si *v* que *(subj); magam sem ~om* je me le demande; **Kérdésben, felkiáltásban:** *ki ~ja! mit lehessen ~ni!* sait-on jamais? qu'en savez-vous? *ki ne ~ná ezt?* qui peut l'ignorer? *mit ~om én! ~om is én!* comment voulez-vous que je sache? *honnan ~ja (nem ~hatja)* qu'en savez-vous? *(kitől hallotta?)* comment (le) savez-vous? *honnan ~jam?* comment voulez-vous que je sache? *hát még*

ezt sem ~ja! d'où sortez-vous? 2. *(lehetőségei folytán)* pouvoir *(inf);* être à même de *(inf);* être capable de *(inf); nem ~ az ember ellenállni* on ne peut y résister; *nem ~ (inf)* ne pas pouvoir; être incapable de; ne pas être à même de *(mind: inf)*
tudakol [~tam, ~t, ~jon] *(vmit)* s'enquérir de qc; s'informer de qc
tudákos [~ak, ~at] faux savant; demi-savant; demi-lettré; demi-cultivé, -e; ~ *alak* pédant *m*
tudakozó [~k, ~t] 1. *(iroda)* bureau *m* d'information; 2. *(távbeszélő)* poste *m* d'information
tudakozódás informations *f pl* sur qc; enquête sur qc
tudakozódik [~tam, ~ott, ~jék *v* ~jon] *(vkiről)* prendre des informations *v* des renseignements sur q *v* au sujet de q *v* sur le compte de q; *(vmiről)* s'informer de qc; se renseigner sur qc
tudakozóiroda *ld:* tudakozó 1.
tudás 1. savoir *m;* science *f;* connaissances *f pl; nem ~* ignorance *f* (de qc); *némi matematikai ~* un certain bagage mathématique; *a jó és gonosz ~ fája* l'arbre de la science du bien et du mal; *a ~ tárháza* des trésors *m pl* d'érudition; *széleskörű ~a van* avoir des connaissances étendues; *legjobb ~a szerint* d'après son intime conviction; *francia ~a* ses connaissances en français; *a törvény ~a* la connaissance de la loi; *a törvény nem ~a* l'ignorance de la loi; *az ő ~ához képest* à son niveau; 2. *az ártani ~* la faculté de nuire
tudásszomj la soif de connaître; l'envie de s'instruire
tudat I. *(fn)* conscience; connaissance *f; vminek a ~a* la science *v* la conscience de qc; *az a ~, hogy* de savoir que; *~ alatt* dans le subconscient; *a ~ alá visszaszorít* refouler; *abban a ~ban, hogy* sachant que; croyant que; dans la croyance de *(inf); igazának ~ában* fort(e) de son bon droit; *~ában van vminek* avoir conscience de qc; *kötelességének, jogainak ~ában van* être conscient(e)

de ses devoirs, de ses droits; *~ában van cselekménye következményeinek* agir avec discernement; *jelen van ~ában* être présent(e) à l'esprit; *nincs ~ában vminek* être dans l'ignorance de qc; *~ára ébred v jut* se rendre compte de qc; comprendre l'importance de qc; **II.** *(ige)* 1. *vkivel ~* faire savoir à q; faire part à q de qc; communiquer à q; 2. *(hivatalosan)* notifier qc à q
tudathasadás la dissociation des idées; *orv:* schizophrénie *f*
tudatküszöb seuil *m* de la conscience; ~ *alatti* subliminal, -e
tudatlan ignorant; illettré; innocent; incompétent, -e; obscurantiste; *adja a ~t* faire la bête
tudatlanság ignorance; innocence; incompétence *f; tökéletes ~* ignorance abécédaire
tudatos [~ak, ~at] conscient, -e; volontaire; intentionnel, -elle; *~sá lett előtte, hogy* il vit clairement *v* il comprit que
tudatosság conscience *f;* discernement *m*
tudniillik 1. en effet; j'ai nommé... ; 2. *(azaz)* c'est-à-dire (c.-à-d.); *(elsorolásban)* (à) savoir...
tudnivaló I. *(mn) ~ hogy* il faut savoir que; rappelons que; **II.** *(fn)* ce qu'il faut savoir; avis *m;* documentation *f*
tudomány 1. science; érudition *f;* savoir *m; egy ~ ágai* les provinces d'une science; 2. *kifogyott a ~a* être au bout de son latin; *itt megáll a ~om* je donne ma langue au chat
tudományág branche d'études; spécialité *f*
tudományos [~ak, ~at] scientifique; érudit, -e; *nem ~* antiscientifique; *~ akadémia* académie *f* des sciences; *(franciáknál)* l'Institut *m* (de France); *(természettudományi osztály)* Académie des Sciences; *~ apparátus* documentation *f; ~ dolgozó* travailleur scientifique *m; ~ egyesület* société savante; *~ feltárás v felfedezés (vidéké)* exploration *f; ~ folyóirat* revue scientifique *f; ~ intézmény* œuvre

tudomás 984 **túl**

f de science; ~ *irodalom* littérature scientifique *f;* ~ *képzettség* formation scientifique; érudition *f;* ~ *kiadás* édition savante; ~ *kifejezés* terme didactique *m;* ~ *kísérleteket végez* instituer des expériences; ~ *kutatás(ok)* recherches savantes *v* scientifiques *v* érudites; investigations scientifiques; ~ *kutató* chercheur scientifique; ~ *kutatóintézet* institut *v* établissement *m* de recherches scientifique; ~ *műveltség* culture scientifique; érudition *f;* ~ *pálya* carrière scientifique *v* des sciences *f;* ~ *probléma* sujet *m* d'étude; ~ *szakember* technicien scientifique *m;* ~ *társaság* société scientifique *f;* ~ *társulat* société savante; ~ *testület* corps savant; *a* ~ *világ* le monde savant
tudomás connaissance *f;* ~*a van vmiről* avoir connaissance de qc; être au courant *v* au fait de qc; ~*om nélkül ld:* **tudta** *(tudtomon kívül);* ~*om szerint* à mon escient; à ma connaissance; ~*ára ad v hoz v juttat vkinek vmit* informer q de qc; renseigner q sur qc; ~*ára jut* parvenir à la connaissance de q; ~*omra jutott, hogy* je me suis laissé dire que; *(hiv:)* j'ai été informé que; *bátorkodom szíves* ~*ára hozni* j'ai l'honneur *v* je prends la liberté de vous faire savoir; ~*ul* dont acte; ~*ul vesz* prendre acte de qc; *vegye* ~*ul!* Avis!
tudós [~ok, ~t} I. *(mn)* savant; érudit, -e; ~ *gyülekezet* assemblée savante; II. *(fn)* savant; érudit; homme *m* de science; *gúny: adja a* ~*t* faire le docteur
tudósít [~ottam, ~ott, ~son] *vmiről* ~ donner avis *v* informer de qc; renseigner sur qc; *(hivatalosan)* notifier qc à q; informer; *(újs:)* mander qc à q
tudósítás avis *m;* information *f;* renseignement; avertissement; message; *m; (jelentve)* rapport; compte rendu *m; újs:* reportage *m; (állandó)* chronique *f*

tudósító [~k, ~t, ~ja] 1. informateur, -trice *n;* 2. *újs:* correspondant; courriériste *n; saját* ~*nktól* par fil spécial
tudta [tudtom, tudtod, tudta, tudtunk, tudtotok, tudtuk] *vkinek* ~ *nélkül* à l'insu de q; *vkinek -ára* au su de q; *-ára v tudtul ad vkinek* donner à entendre; laisser entendre; *(hivatalosan)* notifier; signifier; *-án kívül* sans le savoir; à son insu; *tudtomon kívül* à mon insu; en dehors de moi; *tudtommal* à mon escient; autant que je sache; *tudtommal nem pas v* non que je sache; *-ával ld:* **tudtárá**
tudvalevő notoire; connu, -e; ~ *dolog, hogy* il est notoire *v* l'on sait que
tufa [-át, -ája] tuf *m;* ~ *tartalmú* tufacé, -e
tuja [-ák, -át] **tujafa;** **tujacserje** *növ:* thuya; arbre *m* de vie
túl 1. *(helyhat:)* au delà *v* au-delà (de qc); par-delà (qc); de l'autre côté (de qc); passé qc; hors de qc; *azon* ~ au-delà; *a tengeren* ~ outre-mer; *a sarkon* ~ passé le coin; *illetősége azon* ~ *terjed* sa compétence s'étend au-delà; 2. *(időhat:)* au-delà de qc; passé qc; *öt órán* ~ plus de cinq heures; passé cinq heures; *(jól)* ~ *van az ötvenen* il a cinquante ans (bien) sonnés; *ő már* ~ *van azon, hogy* il n'en est plus à *(inf); a síron* ~ *is* jusqu'au-delà de la tombe; ~ *van vmin* être quitte de qc; 3. *(módhat:)* trop; par trop; excessivement; à l'excès; ~ *bő (ruha)* trop ample; ~ *bőven van* surabonder; foisonner; il y en a pléthore; ~ *drága* trop cher (chère); prohibitif, -ive; ~ *erős* trop fort(e) *v* intense *v* violent(e); *(ellenfél)* supérieur(e) en force; *(vonás)* appuyé, -e; ~ *érzékeny (ember)* trop sensible *v* susceptible; hypersensible; ~ *finom* trop fin(e) *v* raffiné(e); ~ *hangos* (trop) bruyant(e) *v* turbulent(e); ~ *hosszú* trop long(ue); ~ *korai* prématuré, -e; précoce; ~ *korán* avant le temps; avant l'heure; ~ *magas* trop haut(e); surélevé, -e; ~ *merész* trop auda-

cieux; *(vicc)* trop risqué(e); ~ *nagy trop grand(e)*, escessif, -ive; *a ~ nagy bizalom* l'excés de confiance; ~ *népes* surpeuplé, -e; ~ *rövid trop sommaire; (hang, hullám)* ultrabref, ultra-brève; ~ *sok* trop (de...); excédentaire; un excès de...; ~ *sok van belőle* il y en a trop; il surabonde *v* foisonne; il y en a pléthore; ~ *sokat* avec excès; plus que de raison; ~ *sós* sursalé, -e; ~ *sűrű* trop épais(se); trop dense; hyperdense; ~ *szégyellős* pudibond, -e; ~ *szép ahhoz, hogy igaz legyen* trop beau pour être vrai; ~ *szigorú* trop sévère *v* austère; ~ *zsíros* trop gras (-sse); *(sajt)* ultra-gras
túl- ultra-; hyper-; supra-; super**túlad** *(vmin)* se débarrasser de qc; se dessaisir de qc; *(vkin)* se défaire *v* se débarrasser de q; semer q
tulaj [~ok, ~t, ~a] *arg:* proprio *n;* le singe
tulajdon [~ok, ~t, ~a] I. *(mn)* propre; ~ *akarata szerint cselekszik* agir de son propre mouvement; ~ *szemével de ses propres yeux;* II. *(fn)* propriété *f; az ez ő ~a* cela lui appartient en propre; *átmegy vkinek a ~ába* la propriété de qc est transférée à q; ~*ába vesz* prendre possession de qc; *(önkényesen)* s'emparer de qc; faire main basse sur qc; ~*ában van vmi* détenir qc; *a ~t átruházza* transférer la propriété à q
tulajdonátruházás translation *f* de (la) propriété; *jog:* mutation *f*
tulajdonít [~ottam, ~ott, ~son] 1. *(vmit vkinek)* prêter qc à qc; attribuer qc à qc; *(bajt)* incriminer qc; *jelentést v nagy fontosságot ~ vminek* attacher de la signification *v* de l'importance à qc; 2. *(vkinek)* attribuer à q; prêter à q; *(szavakat)* mettre dans la bouche de q; *(hibát vkinek)* imputer à q
tulajdonjog droit *m* de propriété (sur qc); possession *f; jog:* possessoire *m;* (*irodalmi, művészeti* v *kiadói)* copyright *m;* ~ *átruházása* translation *f* de la propriété; *jog:* ~ *meg-*

állapítása établissement *m* de propriété
tulajdonképpen 1. en propre; 2. *átv:* au juste; au fait; à proprement parler; au fond
tulajdonközösség copropriété; indivision *f*
tulajdonnév nom propre *m*
tulajdonos [~ok, ~t, ~a] 1. propriétaire *(n); (vállalatban)* patron *m;* 2. *(állásé, rangé)* titulaire *(n);* 3. *(tárgyé stb.)* détenteur, -trice *n; jogos ~* détenteur légitime
tulajdonság 1. qualité; propriété *f; (anyagé, élőlényé)* faculté; nature *f; jó ~* (bonne) qualité; *rossz ~* mauvais côté; 2. *fil:* attribut *m*
tulajdonviszonyok rapports *m pl* de propriété
túlárad (se) dégorger; *(vmin)* déborder qc
túláradó débordant; exubérant, -e; ~ *érzelmek* abondance de *v* du cœur; effusion *f* du cœur; ~ *jókedv* gaîté folle; ~ *öröm* excès *m* de joie; ~ *szeretet* le trop-plein de sa tendresse
túlbecsül surestimer; surévaluer; mettre trop haut; avoir une trop haute idée de qc
túlburjánzás foisonnement *m;* luxuriance *f*
túlbuzgó trop zélé(e); fanatique; *vall:* bigot, -e, *(álszent is:)* cagot, -e;
túlbuzgóság 1. excès *m* de zèle; *(támadó jellegű)* fanatisme *m; vall:* bigoterie *f; (álszent)* cagoterie *f*
túlél *vmit v vkit* survivre à qc *v* à q; ~*i a szerencsétlenséget, ami érte* survivre à son malheur; *nem éli túl az éjszakát* il ne passera pas la nuit; *nem éli túl a telet* il ne reverra pas le printemps
túlélés survie; survivance *f*
túlemelkedik 1. *vmin ~* surplomber qc; 2. *átv: (összeg)* excéder qc; *(fontosságban)* dépasser qc (en importance)
túlérett avancé, -e; trop mûr; surmaturé; surmûr, -e
túlerő supériorité numérique *v* des forces; prépondérance *f; enged a ~nek* céder au nombre

túlerőltet 1. *(vkit)* surmener; excéder; **2.** *(vmit)* abuser de qc
túlértékel surévaluer; surestimer
túlérzékenység 1. hypersensibilité; hyperémotivité *f;* **2.** *(műszeré, tárgyé)* ultra-sensibilité *f*
túlesik *vmin* traverser qc; passer par qc; *ezen túl kell esni* il faut passer par là
túlfelől 1. de l'autre côté; de l'au-delà; **2.** au-delà; par-delà
túlfeszít 1. tendre à l'extrême; (dis-) tendre trop; **2.** *vill:* survolter *(biz, átv* is); **3.** *(kedélyeket stb.)* surexciter; exalter; ~*i a húrt* (trop) tirer sur la corde
túlfizet 1. payer trop cher; surpayer; **2.** payer en sus
túlfolyik déborder; se dégorger
túlfűt surchauffer; *(átv így is:)* exalter; ~*ött ambíció* ambition démesurée
túlhajt exagérer; outrer; pousser *v* porter à l'extrême
túlhajtott immodéré, -e; excessif, -ive; ~ *általánosítás* généralisation abusive; ~ *buzgalom* excès *m* de zèle; ~ *munka-ütem* les cadences infernales
túlhalad 1. *(vmin)* dépasser qc; franchir qc; passer qc; distancer qc *(vkin: ua. és)* avoir le pas sur q; *az események* ~*tak rajta* il se trouve dépassé; **2.** *(összeg stb.)* être en excédent sur qc; **3.** *ez* ~*ja erőmet* cela dépasse *v* surpasse mes forces *v (pénzbelileg:)* mes moyens; ~*ja értelmemet* cela me dépasse
túlhevít surchauffer
túli [~ak, ~t] de delà; *a Lajtán* ~ *(francia nézetből)* transleithanien, -enne; *a Rajnán* ~ d'outre-Rhin; *a tengeren* ~ d'outre mer
túlígér surenchérir
tulipán [~ok, ~t, ~ja] tulipe *f*
tulipiros d'un rouge violent
túljár 1. *(vmin)* être au-delà de qc; *gúny: az már* ~ *erdőn, mezőn (nem fogják meg)* il court encore; **2.** ~ *az eszén vkinek* ne pas être la dupe de q
túljut *vmin* dépasser (le stade de...); *szerencsésen* ~ *a nehézségen* doubler le cap

túlkapás 1. empiètement; abus *m;* **2.** *(hatósági)* excès *m* de pouvoir
túlkiabál *(vkit)* couvrir la voix de q; *(vmit)* sa voix couvre qc *v* domine (qc)
túllép 1. *(víz)* ~ *vmin* déborder qc; **2.** ~ *vmin (jogtalanul)* excéder *v* outrepasser qc; *(mértékben)* dépasser *v* passer (la mesure); *hatáskörén* ~ excéder ses pouvoirs; ~ *vminek a keretén* déborder le cadre de qc; **3.** *(szellemileg)* transcender qc
túllépés *(hitelé)* dépassement *m* (de crédit); *hatalmi* ~ excès *v* abus *m* de pouvoir; *határidő* ~*e* le dépassement du délai
túllő *a célon* viser trop haut; *átv:* dépasser le but *v* la mesure
túlmegy 1. *(vmin)* dépasser qc; passer qc; franchir qc; **2.** ~ *a határon* aller trop loin; dépasser les bornes; *ez már* ~ *a határon* cela passe le jeu; ~ *vkinek a képességén* dépasser (les facultés de) q
túlméretez surdimensionner; surmesurer; suréquiper
túlmunka surtravail *m*
túlmunkaidő temps extra *m*
túlnépesedés surpeuplement *m;* *a fő-város* ~*e* la congestion de la capitale
túlnépesít surpeupler
túlnő surcroître; ~ *a kereten* déborder le cadre
túlnövekedés 1. surcroissance *f;* **2.** *orv:* hypertrophie *f*
túlnyomó [~ak, ~t] prédominant; prépondérant; en ~ *részben* pour la plupart; en majorité
tulok [tulkok, tulkot, tulka] bouvillon *m*
túloldal 1. le côté opposé; l'autre côté; *átmegy a* ~*ra* passer de l'autre côté; **2.** *(könyvben)* verso *m;* page suivante; *a* ~*on* au verso; *ld. a* ~*on* voir page suivante *v* ci-dessous; *(szem-benlevő oldalon)* voir (page) ci-contre
túlontúl par trop; outre mesure; à l'excès
túlóra heure supplémentaire *f*
túlóradíj prime *v* rémunération *v* redevance *f* pour travaux *v* heures supplémentaires

túlórázik [~tam, ~ott, ~zék v ~zon] faire des heures supplémentaires
túloz [~tam, ~ott, ~zon] exagérer; outrer; *(nagyítva)* grandir; pousser; *kicsit* ~ il y a un peu fort; *maga* ~ vous allez trop loin; ~*za a históriát* il charge son récit
túlragyog *(vmit)* éclipser qc; surpasser en éclat
túlról d'au-delà (de qc); de delà (le...); *a Tiszán* ~ d'au-delà de la Tisza
túlság surabondance *f;* excès *m;* ~*ba hajt* pousser à l'excès; ~*ba visz* pousser
túlságos [~at] I. *(mn)* 1. exagéré, -e; excessif, -ive; 2. *(ár)* exorbitant, -e; ~ *megtisztel(tet)és* excès *m* d'honneur; II. *(hat)* trop; *ld. még :* **túl 3.**
túlságosan trop; par trop; exagérément; à l'excès; *nem* ~ médiocrement; ~ *buta* il est richement bête; ~ *elnéző* il pèche par excès de bonté; ~ *nehéz a)* trop lourd(e); *b)* trop difficile; *ld. még:* **túl 3.**
túlsó [~k, ~t] 1. de l'autre côté; de face; d'en face; *a* ~ *part* l'autre rive; 2. *földr:* ultérieur, -e
túlsúly 1. excédent de poids; surpoids *m;* 2. *átv:* prépondérance; supériorité; prédominance *f;* ~*ba kerül (vmivel szemben)* prendre v avoir le dessus; prendre le pas sur qc
túlszárnyal surpasser; prendre le dessus sur q
túltáplál suralimenter; surnourrir
túlteljesít dépasser; ~*i a normát, a tervet* dépasser la norme, le plan
túlteng prédominer; surabonder; être de trop
túltengés 1. surabondance; hypertrophie; inflation *f;* *hatalmi* ~ abus de pouvoir; 2. *orv:* hyperplasie *f*
túlterhel 1. *vmivel* surcharger de qc; *(szellemileg)* surmener; surcharger; 2. *(forgalmat)* encombrer; 3. *vill:* survolter
túlterhelt 1. *(jármű)* surchargé, -e; 2. surchargé(e) *v* accablé(e) de qc; *(szellemileg)* surmené, -e; *adósságokkal* ~ criblé(e) de dettes
túlterjed *vmin* dépasser qc

túltermelés surproduction; superproduction *f;* excédent *v* excès *m* de production
túltesz 1. *vkin* ~ en remontrer à q; surpasser q; ~ *minden vetélytársán* devancer tous ses rivaux; 2. ~*i magát vmin* passer outre (à qc); ~*i magát az emberi gyöngeségeken* s'élever au-dessus des faiblesses humaines
túltölt remplir trop *v* à l'excès; *(mértéket)* combler
túltöm bourrer à l'excès; gorger de qc; *(embert)* gaver
túlvilág *vall:* (le monde de) l'au-delà; l'autre monde *m*
túlvilági *vall:* de l'autre monde; d'outre-tombe; *a* ~ *élet* la vie future
túlzás exagération; outrance *f;* ez *már* ~! c'en est trop ! ~ *nélkül* sans exagérer; ~*ba esik* tomber dans l'exagération; pécher par l'excès; ~*ba visz* pousser jusqu'à l'excès; ~*ba viszi a tréfát* pousser trop loin la plaisanterie; *egyik* ~*ból a másikba esik* passer d'un extrême à l'autre
túlzó I. *(mn)* 1. outrancier, -ière; abusif, -ive; 2. *(nézet, párt)* trop avancé(e); extrême; ultra; extrémiste; II. *(fn)* extrémiste; ultra *m*
túlzott [~ak, ~at] excessif, -ive; extrême; poussé(e) jusqu'à l'excès; ~ *elragadtatást érez vki iránt* être infatué(e) de q; avoir de l'engouement pour q; *vminek* ~ *használata v élvezete* l'usage abusif de qc
túlzsúfol combler; bonder; encombrer
túlzsúfolt 1. bondé, -e; comble; encombré, -e; 2. *(lakás)* surpeuplé, -e;
tumor [~ok, ~t, ~a] *orv:* tumeur *f*
tunya [-ák, -át, -án] indolent; nonchalant, -e; paresseux, -euse; veule; inerte
tunyaság indolence; nonchalance; paresse; veulerie; inertie *f*
túr [~tam, ~t, ~jon] 1. *(disznó)* fouiller la terre; fouir; 2. *(kutya)* muloter; 3. *(ember)* ~*ja a földet* remuer la terre; labourer
túraautó voiture de tourisme *v* routière
túragép bicyclette type randonneur *f*

turáni [~ak, ~t] touranien, -enne; touranique
túrázik [~tam, ~ott, ~zék v ~zon] faire du tourisme
turbékol [~t, ~jon] roucouler; glouglouter; gémir
turbékolás roucoulement m; roucoulade f
turbina [-ák, -át, -ája] turbine f; turbomoteur m
turbógenerátor turbo-générateur m; turbo-génératrice f
turbóreaktor rep: turbo-réacteur m
turhamirigy orv: hypophyse f
turista [-ák, -át, -ája] touriste n
turistabot canne alpine; alpenstock m
turistaegyesület société touristique f; club alpin
turistaház chalet m
turistajelzés 1. signalisation f; 2. marque f de couleur v de chiffres
turistaszálló hôtel m de tourisme
turistatérkép carte f de tourisme
turistaút chemin m pour touristes
turkál [~tam, ~t, ~jon] fouiller; fouiner; *(össze-vissza)* fourgonner; farfouiller; ~ *az ételben* manger du bout des dents; *az ujjával* ~ *az orrában* fourrager du doigt dans ses narines
turné [~k, ~t, ~ja] tournée f
turnus 1. tour m; *az első* ~*ban* au premier tour; 2. *(műszak)* équipe f
túró [~k, ~t] kb: fromage blanc aigre
turpisság supercherie f; artifice m; finasserie f; tour malin
I. **tus** [~t, ~a] *(festék)* encre f de Chine; ~*sal festés* lavis m
II. **tus** *(zuhany)* douche f; hideg ~ douche écossaise
III. **tus** *vívás, biliárd*: touche f; *tus!* touché!
tusakodás lutte f; combat (intérieur)
tusakodik [~tam, ~ott, ~jék v ~jon] lutter; être en lutte (avec)
tuskó [~k, ~t, ~ja] 1. bûche f; *(gyökeres)* souche f; *(tőke)* billot m; 2. *(robbantásnál)* mortier m
tussol [~tam, ~t, ~jon] 1. doucher; 2. se doucher; 3. *átv:* étouffer; assoupir *(pl:* le scandale)

túsz [~ok, ~t, ~a] otage m; ~*okat szed* prendre des otages
tuszkol [~tam, ~t, ~jon] pousser
tutaj [~ok, ~t, ~a] radeau m
tutajoz [~tam, ~ott, ~zon] flotter (des bois)
tutyi-mutyi [tutyi-mutyik, tutyi-mutyit] I. *(mn)* empoté, -e; débonnaire; II. *(fn)* une chiffe; nouille f; poire molle
túzok [~ot] *áll:* outarde f
tű [~k, ~t, ~je] 1. *(varró)* aiguille f; *(más)* épingle f; *egy csomag* ~ *un paquet v un cent d'épingles; tű szára (feje nélkül)* hanse f; *tűre tűz monter en épingle; kiveszi a tüket vmiből* désépingler v dépingler qc; *tűvel másol* poncer; *tűvel megerősít* attacher v fixer avec une épingle; 2. *geol:* spicule f; 3. *(szólások:) tükön ül* être sur les charbons; *tűvé teszi az egész házat* fouiller dans tous les coins et recoins; *mindent tűvé tesz vkiért* chercher q par mer et par terre
tübing [~et, ~je] anneau m de cuvelage
tücsök [tücskök, tücsköt, tücske] grillon; cri-cri m; *házi* ~ criquet m; *a* ~ *és a hangya* la cigale et la fourmi; *öszszebeszélt tücsköt -bogarat* il lui a raconté un tas d'histoires
tücsökciripelés le chant des cigales
tüdő [~k, ~t, tüdeje] poumon m; *konyh:* mou m; *beteg a tüdeje sa poitrine s'engage; jó tüdeje van* avoir de bons poumons; *tüdeje meg van támadva* i la la poitrine prise; *a bal tüdeje meg van támadva* avoir le poumon gauche atteint; *tüdejét kikiabálja* user ses poumons; s'époumoner; s'égosiller; *tele* ~*vel kiált* crier à pleins poumons
tüdőbaj tuberculose pulmonaire; phtisie; affection v maladie pulmonaire f
tüdőbajos I. *(mn)* phtisique; poitrinaire; pulmonique; II. *(fn)* poitrinaire; phtisique n
tüdőbeteggondozó *intézet* dispensaire antituberculeux
tüdőbetegszanatórium sanatorium; sana m

tüdőcsúcs sommet de poumon *v* pulmonaire *m*
tüdőcsúcshurut bronchite aiguë
tüdőgyulladás pneumonie; fluxion *f* de poitrine; *tüdő- és mellhártyagyulladás* pleuropneumonie *f*
tüdőhám épithélium respiratoire *m*
tüdőhártya plèvre *f*
tüdőlebeny lobe pulmonaire *v* du poumon *m*
tüdőrák cancer *m* du poumon
tüdőszűrővizsgálat; tüdőszűrés filtrage pulmonaire *m*
tüdőtöltés pneumothorax *m*
tüdővérzés pneumorragie; pneumohémorragie *f*
tüdővész phtisie; tuberculose (pulmonaire)
tüdővészbacilus bacille tuberculeux
tüdővészes phtisique; tuberculotique *(n)*
tüdővizenyő œdème pulmonaire *v* du poumon *m*
tűfej tête *f* d'épingle
tűfok chas *m*
tűhegy la pointe de l'aiguille; ~*re tüz* épingler; *átv:* ~*re vesz* monter en épingle
tükör [tükrök, tükröt, tükre] 1. miroir *m;* glace *f; állítható (asztali)* ~ miroir à support; ~*ben nézi magát* se mirer dans la glace; consulter son miroir; 2. *orv:* spéculum *m;* 3. *átv:* miroir; *a víz tükre* le miroir de l'eau; *az irodalom kis tükre* petit abrégé de littérature; 4. *nyomd:* justification *f*
tükörfényes on s'y mirerait; poli(e) à reflets; d'un lustre éclatant
tükörkép 1. image réfléchie; 2. *fiz, mat:* image
tükörkészítés glacerie *f*
tükörlap glace *f* de miroir
tükörponty carpe *f* (à) miroir
tükörsima lisse comme un miroir
tükörtojás œufs *m pl* sur le plat *v* au miroir
tükörüveg verre *m* à glaces; glace étamée
tükrös [~ek, ~et] à glace; ~ *szekrény* armoire *f* à glace

tükröz [~tem, ~ött, ~zön] 1. réfléchir; 2. *átv:* refléter; ~*i a helyzetet* indiquer la situation
tükröződik [~ött, ~jék, *v* ~jön] se réfléchir; se refléter; se mirer; ~ *vmiben* retentir sur qc; *a fegyverkezési verseny az 1967-es költségvetésben öt milliárdos hiányban* ~ la course aux armements se traduit par un déficit de 5 milliards dans l'exercice 1967
tülekedés 1. bousculade; bagarre *f (sp. is);* cohue *f;* 2. *(vmiért)* course au clocher; compétition acharnée
tűlevelű à feuilles aciculaires; pinifolié, -e; ~ *erdő* forêt *f* de sapins *v* de résineux; ~ *fa* (arbre) conifère
tülköl [~tem, ~t, ~jön] corner
tülkölés *aut:* coup *m* de klaxon
tüll [~ök, ~t, ~je] tulle *m*
tüllruha une robe de voile
tüllszoknya; *rövid* ~ tutu *m*
tülök [tülkök, tülköt, tülke] 1. corne *f* (d'appel); 2. *aut:* klaxon; cornet (avertisseur) *m*
tündér fée *f; a gonosz* ~ la fée Carabosse
tündérálom 1. rêve féerique *m;* 2. féerie *f*
tündéri [~ek, ~t; ~en] féerique; ~ *látvány* féerie *f;* ~ *szép* féerique; ~ *varázslat* magie rose *f*
tündérkert jardin *m* de fées
tündérkirályfi prince charmant
tündérkirályné reine *f* des fées
tündérleány fée *f*
tündérmese conte de fées; conte bleu; *-ébe illő* féerique
tündöklés splendeur *f;* rayonnement *m*
tündöklik [-költem, ~ött, -köljék *v* -köljön]; **tündököl** [~tem, ~t, ~jön] briller; rayonner; resplendir
tünemény 1. phénomène *m;* 2. *(égi)* météore *m;* 3. *(kísértet)* apparition *f;* 4. *(emberről)* phénomène; prodige *m*
tüneményes [~ek, ~et] brillant; prodigieux, -euse; phénoménal, -e; ~ *pályát fut be* fournir une carrière brillante; ~ *szépség* beauté phénoménale

tünet symptôme; accident *m*
tüneti symptomatique; ~ *gyógyítás* palliatif *m*
tűnik [~tem, ~t, ~jön] 1. *szemébe* ~ il aperçoit; il entrevoit; surgir devant q; se présenter devant q; 2. *nekem úgy* ~ j'ai l'impression que; il me semble que *(ind)*; 3. *(vhová) hová tűnhetett a pápaszemem?* où donc mes lunettes ont-elles pu s'égarer
tünődés méditation; rêverie *f*
tünődik [~tem, ~ött, ~jék *v* ~jön] rester pensif *v* pensive; rêver; méditer
tüntet I. *(tgyl i)* 1. *(vki elé)* présenter à q; montrer à q; offrir à q; 2. *(tömeg)* manifester; faire une manifestation; 3. ~ *vmivel* faire étalage *v* montre *v* ostentation de qc; afficher qc; II. *(tgy i) hová* ~*ték a könyvemet?* où a-t-on fourré mon livre?
tüntetés manifestation *f; utcai* ~ manifestation dans la rue; *betilt egy* ~*t* interdire une manifestation
tüntető [~k, ~t] I. *(mn)* 1. ostentatoire; spectaculaire; démonstratif, -ive; 2. ~ *csoport* colonne *f* de manifestants; II. *(fn)* manifestant, -e; protestataire *n*
tűnyomás pression *f* d'aiguille
tűpárna pelote *f* à épingles; porte-aiguilles *m*
I. **tűr** [~tem, ~t, ~jön] *ld:* **feltűr**
II. **tűr** [~tem, ~t, ~jön] I. *(tgy i)* 1. souffrir; supporter; endurer; subir; *nehezen* ~*i* ronger son frein; *szó nélkül* ~*i a sértéseket* avaler des couleuvres; ~*i vkinek a szeszélyeit* essuyer les caprices de q; *ez nem* ~ *halasztást* cela ne souffre point de retard; *nem* ~*öm, hogy azt mondják, hogy* il ne sera pas dit que; *nem* ~*hetem, hogy* je ne souffrirai pas que *(subj)*; 2. *(erkölcsileg, vallás stb.)* tolérer; II. *(tgyl i)* s'armer de patience; souffrir; patienter
türelem [-lmet, -lme] 1. patience; indulgence *f; angyali* ~ patience d'ange *v* de Job; ~ *rózsát terem* patience passe science; *elfogy a -lme* être à bout de patience; *sok a -lme* avoir beaucoup *v* un grand fonds de patience; *kihozza -lméből* lasser *v* épuiser *v* mettre à bout la patience dé q; *elveszti -lmét* cela met votre patience à une rude épreuve; *minden -lmét összeszedi* faire provision de patience; *legyen* ~*mel* veuillez patienter; prenez patience; ~*mel vár* attendre patiemment; ı~*mel viseltetik vki iránt* user d'indulgence envers q *v* à l'égard de q; *visszaél vkinek a -lmével* abuser de l'indulgence de q; 2. *(vallási, erkölcsi)* tolérance *f*
türelmes [~ek, ~et] avoir de la patience; patient, -e; *(szelíd)* indulgent, -e; *(politikailag, vallásilag)* tolérant, -e
türelmetlen 1. impatient, -e; 2. *(vallásilag, erkölcsileg)* intolérant,' -e; sectaire; ~ *gondolkodás* bigotisme *m*
türelmetlenkedik [~tem, ~ett, ~jék *v* ~jen] s'impatienter; montrer de l'impatience; se faire du mauvais sang; ronger son frein
türelmetlenség 1. impatience *f;* 2. *(vallási)* intolérance; bigoterie *f; (véleménybeli)* sectarisme *m*
tűrhetetlen intolérable; insupportable; inadmissible
tűrhető passable; supportable; tolérable
türkiz [~ek, ~t, ~e] turquoise *f*
türkizkék turquoise
türtőztet 1. ~*i haragját* contenir *v* réprimer *v* dévorer *v* modérer sa colère; 2. ~*i magát* s'armer *v* se munir de patience; se contenir; *türtőztesse magát!* modérez-vous!
tüske 1. épine *f;* piquant; aiguillon *m;* ~ *ment a lábába* une épine lui est entrée dans le pied; 2. *műsz:* support; mandrin *m;* broche *f*
tüskebokor buisson épineux; ronce *f*
tüskés hérissé(e) *v* armé(e) d'épines *v* de piquants; ~ *sövény* haie *f* d'épines; ~ *szakáll* barbe hérissée
tüskétlen *növ:* inerme
tüstént 1. sur l'heure; sur-le-champ; tout de suite; aussitôt; sur le coup; *ott* ~ séance tenante; *illico;* 2. à l'instant; dans un moment

tüsző [~k, ~t, ~je] 1. ceinture *f;* 2. *(bőrön)* pustule *f;* 3. *orv:* follicule *m*
tüszős [~ek, ~t] *orv:* folliculeux, -euse; ~ *mandulagyulladás* angine folliculaire *f*
tüszőtermés *növ:* follicule *m*
tüsszent [~ettem, ~ett, ~sen] éternuer
tüsszentés éternuement *m;* sternutation *f*
tüsszentőpor poudre sternutatoire *f*
I. *(ige)* tűz [~tem, ~ött, ~zön] I. *(tgy i)* 1. *(tűvel)* épingler; *(vhová)* attacher; épingler; 2. *(lobogót)* arborer; hisser; 3. *maga elé* ~ se proposer de *(inf);* prendre à tâche ce *(inf);* mettre à son programme; II. *(tgyl i)* 1. *kézzel, géppel* ~ piquer à la main, à la machine; 2. *(nap)* plomber; ~ *a nap vmire* le soleil brûle qc; *szemébe* ~ *a nap* avoir le soleil dans les yeux; le soleil lui donne dans ses yeux
II. *(fn)* tűz [tüzek, tüzet, tüze] 1. feu *m;* *(rakott)* flambée *f;* *(égő zsarátnok)* brasier *m; otthon, a* ~ *mellett* au coin du feu; *a* ~ *meggyullad* le feu commence à prendre; *a nap tüze* les flammes du soleil; ~*be dob* jeter au feu; *konyh: erős tüzön* à feu vif; *konyh:* lassú *tüzön* à feu doux; ~*re tesz* ranimer *v* entretenir *v* alimenter le feu; *(ételt)* mettre au feu *v* sur le feu; *tüzet csinál* faire du feu; *a tüzet eloltja* éteindre le feu; *(tűzhelyen)* éteindre un foyer; *tüzet fog* prendre feu; flamber; *tüzet hány v okád* cracher du feu; *biz: (haragjában)* jeter feu et flamme; *tüzet rak* allumer du feu; *tüzet szít* ranimer *v* attiser le feu; 2. *(tűzvész)* feu; incendie *m; a* ~ *fényénél* à la lueur du feu; *a* ~ *fészke* le foyer de l'incendie; *a* ~ *martaléka lesz* devenir la proie de l'incendie; ~ *üt ki a* ...*-ban* l'incendie *v* le feu se déclare au...; ~ *van!* au feu! *kiment a* ~*ből* sauver de l'incendie; *tüzet okoz* causer un incendie; 3. *kat:* tir; feu; *tűz!* feu! en joue, feu! *megnyitja a tüzet* ouvrir le feu; *a* ~*be megy* marcher *v* aller au feu; *egy csapatot a* ~*be visz* mener une troupe au feu *v* au combat; *tüzet nyit* ouvrir le feu; *tüzet szüntet* cesser le feu; 4. *átv:* feu; ardeur; brio *m;* fouge; chaleur *f;* mordant *m;* *(szerelmi)* flamme *f;* ~*be hoz* enflammer; incendier; monter la tête *v* l'imagination à q; ~*zel játszik* jouer avec brio; *szính:* brûler les planches; 5. *(szólások) két* ~ *között van* se trouver *v* être pris entre deux feux; ~*be megy érte* il se jetterait au feu pour lui; *nem teszem* ~*be a kezem érte* je n'en mettrais pas la main au feu; *félnek tőle, mint a* ~*től* craindre q comme le feu; fuir q comme la peste
tűzálló réfractaire; ignifuge; calorifuge; ~ *anyag* argile réfractaire *v* infusible *f;* ~ *tál* plat *m v* terrine *f* de procelaine à feu; ~ *üvegedény(ek)* verrerie *f* à feu
tűzbiztosítás assurance incendie *v* contre l'incendie *f*
tűzcsap bouche *f* d'incendie
tűzcsóva gerbe *f* de feu
tűzdel [~tem, ~t, ~jen] 1. piquer de qc; 2. *(szalonnával)* larder; piquer de lardons; 3. *(tűvel)* épingler qc; 4. *(steppelve)* piquer; contre-pointer; 5. *átv: vmivel* ~ hérisser *v* larder *v* truffer *v* entrelarder de qc
tüzel [~tem, ~t, ~jen] I. *(tgyl i)* 1. *(fűtve)* chauffer; 2. *(fegyverrel)* ouvrir le feu (sur q); faire feu sur q; 3. ~ *az arca* avoir les joues en feu; 4. *átv:* ~ *vmi ellen* s'échauffer contre qc; II. *(tgy i)* enflammer *v* échauffer le courage de q; stimuler; exciter; ~ *vki ellen* monter contre q; *harcra* ~*i a katonákat* animer les soldats au combat
tüzelés 1. chauffage *m;* 2. *kat:* feu *m;* fusillade *f; erős* ~ fusillade bien nourrie; 3. *(ágyúból)* canonnade *f;* tir; feu
tüzeléstechnika technique *f* du chauffage
tüzelő [~t, ~je] I. *(mn)* en position de tir; qui fait feu; II. *(fn)* combustible *m*

tüzelőállás 1. position *f* du tireur; **2.** *(lövegé)* rampe *f*
tüzelőberendezés installation *f v* appareil *m* de chauffage
tüzelőfa bois *m* de chauffage *v* de chauffe *v* de feu
tüzelőtér foyer *m;* chambre *f* de combustion
tüzér [~ek, ~t, ~e] artilleur; canonnier *m*
tüzérség artillerie *f*
tüzérségi d'artillerie; ~ *előkészítés* préparation *f* d'artillerie; ~ *gyakorlótér* polygone *m;* ~ *látcső* oculaire *m;* ~ *lőszer* munition *f* d'artillerie; ~ *lőtér* polygone *m* de tir; ~ *megfigyelő* observateur *m* (d'artillerie); ~ *megfigyelőhely* mirador *m*
tüzértiszt officier *m* d'artillerie
tüzes [~ek, ~et] **1.** chauffé(e) à blanc; rouge; *(láztól, homlok stb.)* échauffé, -e; ~ *bélyeg* stigmate *m;* *(állaton)* marque *f* à chaud; ~ *csóva* brandon *m;* ~ *lehelet* haleine brûlante; ~ *nap* soleil ardent; ~ *vas* fer rouge; ~ *vassal éget vmit* appliquer un fer ardent sur qc; *(orvos)* cautériser; *(hóhér)* tenailler; ~ *zsarátnok* fournaise *f;* *(repülő)* escarbille *f;* **2.** *geol:* igné, -e; **3.** *átv:* ardent, -e; plein(e) de feu; fougueux, -euse; impétueux; verveux, -euse; pétulant; fringant, -e; ~ *beszéd* discours enflammé; ~ *bor* vin capiteux *v* généreux; ~ *ékesszólás* éloquence vibrante; ~ *nő* femme ardente *v* au tempérament ardent; ~ *pillantás* regard brûlant *v* de feu *v* ardent; **4.** ~ *ló* cheval fougueux *v* ardent *v* vif; **5.** *(ritmus)* endiablé, -e; fougueux, -euse
tüzesít [~ettem, ~ett, ~sen] rougir (au feu); chauffer à blanc
tüzetes [~ek, ~et] détaillé, -e; soigneux, -euse; précis, -e; minutieux, -euse
tűzfal mur coupe-feu *v* isolant
tűzfegyver arme *f* à feu
tűzfészek 1. *koh:* foyer *m;* **2.** *átv:* guêpier; foyer *m* d'incendie
Tűzföld la Terre de Feu
tűzföldi fuégien, -enne

tűzhányó I. *(mn)* ignivome; flammivome; **II.** *(fn)* volcan *m*
tűzharc fusillade; mitraillade *f*
tűzhatás *kat:* efficacité *f* (du tir)
tűzhely 1. foyer; âtre *m;* **2.** *(takarék-~)* fourneau *m*
tűzhelykarika rondelle *f*
tűzhelylap plaque *f*
tűzifa bois de feu *v* de chauffage; bois débité
tűzifecskendő pompe *f* à feu *v* à incendie
tűzijáték feu *m* d'artifice; ~ *ot rendez* tirer des feux d'artifice
tűzilapát pelle *f* à feu
tűzjelzés avertissement *m* d'incendie; alarme *f*
tűzjelző *állomás* poste (avertisseur) d'incendie
tűzkár dommage causé par l'incendie; atteinte du feu; perte *f* au feu
tűzkeresztség baptême *m* du feu
tűzkő silex *m;* pierre *f* à briquet *v* à fusils
tűzliliom lis rouge *m*
tűzmentes ignifuge; calorifuge; *(szilárd anyag)* réfractaire; *(szekrény, pince)* incombustible
tűzmester chef de corps *v* de pièce; sapeur-pompier *m*
tűzoltó pompier; sapeur(-pompier) *m*
tűzoltóállomás poste *m* de pompiers
tűzoltófecskendő pompe *f* à feu *v* à incendie
tűzoltókészülék extincteur *m* (d'incendie)
tűzoltólétra échelle *f* de pompier *v* de secours
tűzoltóosztag piquet *m* d'incendie
tűzoltóság 1. les pompiers; compagnie *f* de pompiers; **2.** *(hely)* poste *m* de sapeurs-pompiers
tűzoltósisak casque *m* de pompier
tűzoltótestület corps *m* de sapeurs-pompiers
tűzoszlop colonne *f* de feu
tűző [~k, ~t] *(rettenetesen)* ~ *nap* soleil ardent *v* inclément; *a* ~ *napon* en plein soleil
tűzpiros couleur de feu
tűzpiszkáló attisoir; attisonnoir; tisonnier *m*

tűzpróba 1. épreuve *f* du feu; essai *m* au feu; 2. *kat:* a *-án keresztülmegy* recevoir le baptême du feu; 3. *átv: a tapasztalat -ája* le creuset de l'expérience
tűzrendészet police *f* des incendies
tűzrendészeti *szabályok* prescriptions *f pl* contre les incendies
tűzrevaló I. *(mn)* 1. bon(ne) à jeter au feu; 2. qu'il faudrait brûler; II. *(fn)* combustible *m*
tűzszerész artificier; sapeur-mineur *m*
tűzszünet *kat:* cessez-le-feu *m*
tűztér 1. chambre *f* de combustion; 2. *(lőfegyverben)* tonnerre *m*
tűzvédő pare-feu *m*
tűzvész incendie; sinistre *m;* a ~*t elszigeteli* v *lokalizálja* circonscrire le sinistre; *úrrá lesz a* ~*en* se rendre maître du feu
tűzveszélyes particulièrement menacé(e) par l'incendie; ~ *anyag* matière inflammable *f;* ~ *üzem* exploitation offrant des risques d'incendie
tűzvonal ligne *f* de feu; *a* ~*ba megy* se rendre sur la ligne de feu
tűzvonalbeli de première ligne
tűzvörös feu; couleur de feu; ignicolore
tűzzel-vassal par le fer et le feu; ~ *pusztít* mettre à feu et à sang

Ty

tyúk [~ok, ~ot, ~ja] 1. poule *f; hízott* ~ poularde *f;* ~*ot ültet* faire couver une poule; *a* ~*okkal megy aludni* se coucher comme les poules; *biz: annyit ért hozzá, mint* ~ *az ábécéhez* il s'y entend comme à ramer des choux; 2. *erdei* ~*ok* tétraonidés *m pl;* 3. *köz: (nőről)* poule
tyúkanyó cocotte *f*
tyúkcomb jambon *m* de poule
tyúkeszű écervelé; évaporé, -e; sot, sotte
tyúkfarm aviculture fermière
tyúkfélék gallinacés *m pl*
tyúkház poulerie *f*
tyúkhúr 1. stellaire; morgeline *f ;* 2. mouron *m*
tyúkhús viande *f* de poule
tyúkketrec *(nagy)* poulailler *m; (kicsi)* cage *f* de poulets
tyúkmell *konyh:* blanc *m* de poule
tyúkól poulailler *m*
tyúkper procès ridicule; procillon *m*
tyúkszem cor; oignon *m; átv: vkinek a* ~*ére hág* marcher sur le pied à q
tyúkszemirtás extirpation *f* du cor
tyúkszemvágás excision *f* du cor
tyúktenyésztés élevage *m* de poules; aviculture *f*
tyúktojás œuf *m* de poule
tyúkülő perchoir; juchoir *m*
tyúkvész pullorose; diarrhée blanche
tyüh! mâtin! bigre! diantre! sapristi! ça, par exemple! ~ *de szép!* peste! que cela est beau!

63 Magyar–Francia kézi

U, Ú

u 1. *(betű)* u *m;* **2.** *(hang)* ou
ua. *(ugyanaz)* id. *(idem)*
uborka concombre *m;* *(fiatal eltett)* cornichon *m*
uborkasaláta salade *f* de concombre
uborkaszezon morte saison; calme plat
uccu! hop là! ollé! ô gué!
udvar [~ok, ~t, ~a] **1.** cour *f;* *(iskolában így is:)* préau *m;* *a templom* ~*a* l'enceinte *f* de l'église; *az* ~*on* dans la cour; **2.** *(fejedelmi)* cour; *az angol* ~ la cour d'Angleterre *v* de Saint-James; *átv:* ~*t tart* tenir sa cour; **3.** *a holdnak* ~*a van* la lune est entourée d'un halo; **4.** *orv:* aréole *f*
udvari [~ak, ~t] **1.** ~ *lakás* logement donnant sur la cour; ~ *szoba* chambre *f v* cabinet *m* (donnant) sur la cour; **2.** de cour; de la Cour; aulique; ~ *bolond* bouffon de cour; ~ *szállító* fournisseur (attitré *v* breveté) de la cour; ~ *tanácsos* conseiller aulique *m*
udvarias [~ak, ~at] obligeant; courtois; poli, -e (envers); civil, -e; *(nőkkel)* galant; *nagyon* ~ être d'une grande politesse; *túlságosan* ~ obséquieux, -euse; ~ *szavak* paroles obligeantes
udvariaskodik [~tam, ~ott, ~jék *v* ~jon] faire assaut de politesses; faire mille honnêtetés à q; *(nőkkel)* faire le galant (homme); *ne* ~*jék* ne faites pas tant de cérémonies
udvariasság courtoisie; politesse; civilité; urbanité *f;* savoir-vivre *m; az* ~ *szabályai* les lois *m pl* de la politesse; ~*ból* par déférence
udvariatlan impoli; incivil; discourtois, -e; sans usage; ~ *fráter* malappris; mufle *m;* ~ *hang* mauvais ton ; ~ *modor* mauvais genre
udvariatlanság impolitesse; incivilité *f;* manque *m* d'usage; malhonnêteté *f*

udvarlás assiduités *f pl* (auprès de q); avances *f pl;* soins *(kitartó:* continus, assidus); galanterie *f*
udvarló [~k, ~t, ~ja] **1.** soupirant; adorateur; valet *m* de cœur; **2.** *(szerető)* amant; galant *m*
udvarol [~tam, ~t, ~jon] *(nőnek)* faire la cour; faire sa cour (à une femme); courtiser q; *gúny:* madrigaliser
udvaronc [~ok, ~ot, ~a] courtisan *m*
udvartartás la cour *v* le train d'un prince; la maison; *az* ~ *költségei* liste civile
ugar [~t, ~a] jachère; terre *f* en friche *v* en jachère; ~*on hagy* laisser en friche; ~*t felszánt, megművel* lever une jachère; ~*t tör* jachérer *v* défricher qc
ugat 1. aboyer (après *v* contre q); appeler; *(róka, kiskutya)* glapir; *amelyik kutya* ~, *nem harap* chien qui aboie ne mord pas; **2.** *átv: együtt* ~ *a többivel* faire chorus
ugatás aboiement *m;* l'appel des chiens; *(kis kutyáé)* glapissement *m*
ugrál [~tam, ~t, ~jon] **1.** faire des sauts; sautiller; gambader; bondir; ~ *örömében* gambader de joie; **2.** *(jármű ide-oda)* chasser de droite à gauche; cahoter; **3.** *(szív)* bondir; danser
ugrálás 1. sautillement; bondissement *m;* **2.** *(járműé)* cahots *m pl*
ugrándozik [~tam, ~ott, ~zék *v* ~zon] s'ébattre; prendre ses ébats
ugrás 1. saut; bond *m;* enjambée *f;* ~ *a sötétbe* saut dans les ténèbres; *egy* ~*sal* d'un bond; d'un seul élan; **2.** *zen:* degré disjoint; **3.** *átv: (hirtelen* ~ *vmiben, pl. üzletben)* soubresaut *m;* *(árban)* pointe *f;* *(tőzsdén)* sursaut de hausse
ugrásszerű 1. *pol:* par bonds; **2.** ~ *emelkedés, (áraké, emberé)* montée *f* en flèche; **3.** *él:* ~ *mutáció* mutation brusque *f*

ugrat 1. *(lovat stb.)* faire sauter; 2. *(vkit)* faire marcher; monter un bateau à q; *(intézetben)* brimer; *maga csak* ~ vous voulez rire
ugratás 1. *(lóé)* saut *m*; 2. *(hecc)* attrape; farce *f*
ugrik [~ottam, ~ott, ugorjék *v* ugorjon] sauter; bondir; s'élancer; *(vízbe)* plonger
ugróbajnok champion *m* du saut
ugródeszka tremplin; plongeoir *m*; *-ául szolgál* servir de marchepied
ugrókötél corde *f* à sauter
ugrópálya sautoir *m*
ugrórúd perche *f* à sauter
ugróverseny compétition *f* de saut
úgy 1. ainsi; comme cela; de cette manière(-là); *úgy-e?* est-ce comme cela? *(de ld: ugye); hja úgy?* ah, c'est comme cela? *úgy ám* certes, oui; dame, oui; *úgy hát* (eh bien) alors; *én is úgy gondolom* je pense comme vous; je suis du même avis; *úgy kell neki!* c'est bien fait pour lui; c'est pain bénit; *úgy látszik* il semble; il paraît; à ce qu'il semble; *úgy legyen (ima végén)* ainsi soit-il; *úgy van!* c'est juste; parfaitement; *(gyűlésben)* bravo! *ha úgy áll a dolog* s'il en est ainsi; *ha ez úgy volna* si cela était; 2. *csak úgy* comme cela; à propos de bottes; 3. *úgy hiszem, hogy* je crois que; il me paraît que; 4. *úgy sincs értelme, hogy elutazzál* comme cela *v* alors il est inutile de partir; 5. *úgy csinálja, ahogy mondtam* faites comme je vous ai dit; *nem úgy válaszolt, ahogy kellett volna* il a répondu autrement qu'il ne fallait; *úgy van, ahogy mondja!* c'est comme vous dites; *úgy, ahogy van* tel quel, telle quelle; 6. *úgy bánik vele, mint egy idegennel* traiter q comme un étranger; *ezzel is úgy van az ember, mint mindennel a világon* il en est de cela comme de tout dans ce monde; *úgy, amint van* tel qu'il est; tel quel; en l'état; 7. *úgy beszél, mintha* il parle comme si; *úgy érzem, mintha* j'ai l'impression de *(inf) v* que; 8. *(következményes értelemben) úgy...*

63*

hogy tellement... que; si bien que; à tel point que; en sorte de *(inf)*; de manière à *(inf) v* à ce que *(subj)*; de (telle) manière que; *úgy kiabál, hogy az ember a saját szavát se hallja* il crie qu'on ne s'entend plus; 9. *úgy... mint* tant... que; comme... ainsi; et... et...; *úgy háborúban, mint békében* en temps de guerre comme en temps de paix; *éppen úgy, mint* aussi bien que; 10. *úgy reggel felé* vers l'aube; *van annak már úgy három éve* il y a bien trois ans de cela
úgy-ahogy tant bien que mal; cahin-caha; *megy* ~ ça va
ugyan 1. *(ámbár)* bien, bien que *(subj)*; encore que *(subj)*; ~ *kiküszöbölték, de* certes, il a été éliminé mais; 2. *ha* ~ *nem* sinon; 3. *(kételkedve)* ~ *ki?* qui alors? qui cela? ~ *hol?* où donc? où alors? *ha* ~ à moins que *(subj)*; à moins de *(inf)*; pourvu que *(subj)*; 4. *(nógatva)* donc! allez! va! ~ *hagyj már békét!* ah flûte! laisse-moi tranquille! ~, *ne mondja* non, vrai? ~ *hagyjon már békét!* laissez-moi tranquille, voulez-vous? 5. *(megvetően) ugyan!* ah bah! allons donc! pensez-vous! *ugyan, ugyan!* laissez-moi rire! allons, allons! ~ *kérem! allons donc! ugyan! nincs miért!* il n'y a pas de quoi; allez!
ugyanakkor à ce *v* au même moment; en même temps; ~, *amikor* au moment même où
ugyanannyi 1. la même quantité; le même nombre; (tout) autant; 2. ~ *mint* tout autant que
ugyanaz I. *(mn)* le *v* la même...; ~ *a ház* la même maison; *egy és* ~ *a személy* la seule et même personne; II. *(fn)* 1. la même chose; le même fait; *ez* ~ c'est la même chose; *vagy,* — *ami* ~, —... ou, — ce qui revient au même —,...; *számuk* ~ leur nombre demeure constant; *ez nem* ~ ce n'est pas pareil; ~*t teszi* il en fait autant; faire pareil; 2. *(elsorolásban, idézésnél) idem*

ugyanazért pour la même raison; au même titre
ugyancsak 1. encore; 2. *(alaposan)* de belle sorte; de la belle manière; ~ *erőlködik, hogy* il ne se fait pas faute de *(inf)*; ~ *rövid szoknyái voltak!* elle portait de fort courtes jupes, ma foi!
ugyanez *ld:* **ugyanaz**
ugyanezért pour le même motif; pour la même raison
ugyanígy (tout) de même; de la même façon; ~ *van* v *állunk vmivel* il en va *v* il en est de même pour *v* de qc
ugyanis en effet; c'est que
ugyanitt ici même; en ces mêmes lieux
ugyanolyan tout pareil, toute pareille
ugyanott 1. là-même; au *v* dans le même endroit; au même lieu; ~ *van* v *tart* être logé(e) à la même enseigne; 2. *(jegyzetben) ibidem (röv:* ibid.)
ugyanúgy 1. de la même manière *v* façon; de même; au même titre; *és én* ~ *et moi,* tout comme; *a többi* ~ *le reste* à l'avenant; ~ *mint* au même titre que; aussi bien que; ~ *bánik vele, mint* traiter q sur le même pied que; ~ *csinálja* faire pareil; *tegyen* ~ faites-en autant; ~ *van* c'est du pareil au même; 2. *szính, zen:* même jeu
úgyannyira *hogy* tellement que; si bien que
ugye? n'est-ce pas? pas vrai? hein?
ugyebár n'est-ce pas?
úgyis sans cela; aussi bien
úgymint (à) savoir; c'est-à-dire
úgynevezett nommé, -e; *gúny:* soi-disant *(m és f);* prétendu, -e
úgyse; úgysem même sans cela... ne ... pas; puisque (aussi bien)... ne... pas aussi; *ne mondd el,* ~ *igaz* ne le raconte point, puisque (aussi bien) ce n'est pas vrai
úgyszólván; úgyszólva pour ainsi dire pour ainsi parler; autant dire; quasi; ~ *az egész* le tout ou presque; ~ *nincs* il est proprement inexistant; ~ *semmi* à peu près rien; ~ *soha* autant dire jamais

uhu [~k, ~t] *áll:* grand-duc *m*
új [~ak, ~at] I. *(mn)* 1. nouveau, nouvel, nouvelle; neuf, neuve; récent; inédit, -e; *egészen új* tout à fait neuf; *ragyogóan új* flambant neuf; *semmi sem új a nap alatt* rien de nouveau sous le soleil; *új állapotban* à l'état de neuf; *új bekezdés* nouvel alinéa; *(diktálásnál)* à la ligne! *új életet kezd* faire peau neuve; *új ember* homme nouveau; *új erőt merít* puiser un regain de force dans qc; *boldog új évet!* bonne année! *boldog új évet kívánok* je vous la souhaite bonne et heureuse! *új gond* souci nouveau; nouvel élément de préoccupation; *új gondolat* pensée neuve; *új ház* maison neuve; *új házasok* les nouveaux mariés; les jeunes époux; *új hír* nouvelle récente; *új idők* temps nouveaux; *új kiadás* édition nouvelle; *új korszak* ère nouveile; *új ruha* habit neuf; robe neuve; *új ruhában* habillé de neuf; *új szellemű* conçu(e) dans l'esprit nouveau; *új találmány* invention nouvelle; *új tárgy* v *téma* sujet neuf; *új típusú (autó stb.)* nouveau modèle; dernier modèle; dernier cri; 2. *lépten-nyomon új meg új nehézségek támadnak* à tout instant les difficultés surgissent à chaque pas; II. *(fn) az új* le nouveau; le neuf; *újat hoz vmiben* innover qc; *újat mond* dire *v* donner du neuf *v* du nouveau
újabb [~ak, ~at] (plus) nouveau *v* neuf; (plus) récent(e); ~ *hideghullám* une recrudescence de froid; ~ *kori* moderne
újabban récemmenté; depuis peu
újból de nouveau; à nouveau; une fois de plus; *ld még:* **újra**
újburgonya pommes de terre nouvelles
újdivatú de (la dernière) mode; dernier cri *v* genre
újdonság 1. nouveaut *f;* 2. *(termék)* primeur; nouveauté *f*
újév; újesztendő *(napja)* le jour de l'an; *ld. még:* **új évet**
újévi de nouvel an; ~ *ajándék* étrenne *f*

újfent derechef
újgazdag nouveau riche; nouvel enrichi
Új-Guinea [-át] la Nouvelle-Guinée
új-guineai [~ak, ~t] néo-guinéen, -enne
újhold la nouvelle lune; ~ *van* c'est la nouvelle lune
újít [~ottam, ~ott, ~son] innover; faire des innovations
újítás 1. innovation *f;* perfectionnement *m; (egy gépnél stb.)* tour *m* de main; *az ~ szelleme* esprit *m* d'innovation *v* de réforme; 2. réforme *f*
újítási d'innovation; innovateur; réformateur, -trice; ~ *javaslat* suggestions *f* de perfectionnement
újító [~k, ~t] I. *(mn)* 1. innovateur, -trice; réformateur; réformiste *(n);* 2. *polgaz:* novateur, -trice *n;* II. *(fn)* 1. *polgaz:* novateur, -trice; 2. innovateur; réformateur, -trice
újítómozgalom mouvement *m* des novateurs
ujj [~ak, ~at, ~a] 1. doigt *m; az ~ hegyével* du bout du doigt; *átv: az ~a körül csavar* entortiller; *~ai közül kisiklik* glisser entre les doigts de q; *az ~ából szopja* inventer de toutes pièces; controuver; *az ~ain számol* compter sur ses doigts; *~ára húz (vkinek)* passer au doigt; *~ára koppint* taper sur les doigts; *~at húz vkivel* chercher noise à q; *megégeti az ~át (átv is)* se brûler les doigts; *az ~át is megnyalja (utána)* s'en lécher les doigts *v* les pouces; *~ával érint* toucher du doigt; *~al mutat* montrer du doigt *v* de l'index; *(lapon)* pointer; *~át sem mozdítja* ne pas remuer le petit doigt; 2. *(ruháé)* manche *f;* 3. *(mérték)* pouce *m*
újjáalakít 1. remettre *v* façonner à neuf; 2. restaurer; réorganiser
újjáalkot restaurer; réorganiser
újjáébredés renaissance *f*
újjáéled reprendre vie; se ranimer
újjáéledés relèvement *m;* renaissance; résurrection; reprise *f*
újjáépít reconstruire; reconstituer; restaurer
újjáépítés reconstruction; restauration *f; (gazdasági)* reprise *f;* redressement *m; a mezőgazdaság szocialista ~e* reconstruction socialiste de l'agriculture
újjáértékel réévaluer; réinterpréter; reclasser
ujjas [~ok, ~t, ~a] I. *(mn)* 1. *áll:* digité, -e; 2. *növ:* palmé, -e; 3. ~ *kötény* blouse-tablier *f;* ~ *mellény* gilet *m* à manches; II. *(fn)* veste *f; (régen)* justaucorps *m*
újjászervez réorganiser; réaménager; *~i az állam pénzügyeit* renflouer les finances de l'État
újjászervezés réorganisation *f*
újjászületés 1. renaissance; régénération; régénérescence *f;* renouveau *m;* 2. *vall:* naissance spirituelle
újjászületik 1. ressusciter; renaître (à une vie nouvelle); faire peau neuve; 2. dépouiller le vieil homme
újjáteremt recréer; *ld. még:* **újjáalakít**
ujjatlan 1. *(ember)* sans doigts; *(állat)* adactyle; 2. *(ruha)* sans manches; ~ *rövid kabát* veston-gilet *m*
újjávarázsol remettre à neuf; restaurer
ujjgyakorlat exercices *m pl*
ujjhegy le bout du doigt
ujjlenyomat empreinte digitale *v* dactyloscopique *f*
ujjnyi [~ak, ~t] un doigt de...; *egy ~ bor* un doigt de vin; *egy ~ széles* un pouce de large
ujjong [~tam, ~ott, ~jon] jubiler; exulter; pousser des cris d'allégresse; triompher
ujjongás allégresse; exultation *f;* acclamations *f pl; a tömeg ~a közben* au milieu des cris d'allégresse de la foule; *~ba tör ki* pousser des cris de joie
ujjperec phalange *f*
ujjrakás; ujjrend *zen:* doigté; doigter *m*
ujjvédő 1. *orv:* doigtier *m;* 2. *műsz:* ~ *(gyűszű helyett bőrből)* paumelle *f*
újkeletű [~ek, ~t] de fraîche *v* de nouvelle date; de date récente
újklasszicizmus néo-classicisme
újkor 1. temps moderne *m;* ère moderne *f; az ~ története* l'histoire

újkori

moderne *f;* **2.** *geol:* période quaternaire *f;* le quaternaire
újkori 1. du temps *v* de l'âge moderne; **2.** *geol:* quaternaire; pléistocène
újnyomat réimpression *f*
újólag une fois de plus; de *v* à nouveau
újonc [~ok, ~ot, ~a] **1.** *kat:* conscrit *m;* recrue *f;* **2.** *(vmiben)* novice; nouveau; apprenti *m;* néophyte *(n)*
újoncállítási lajstrom tableau *m* de recensement
újonc(ki)képzés instruction militaire *f* des recrues
újoncoz [~tam, ~ott, ~zon] lever *v* faire des recrues
újonnan nouvellement; récemment; ~ *bebútorozott* meublé(e) de neuf; ~ *épült ház* maison nouvellement bâtie; ~ *felállított* nouvellement *v* récemment institué; ~ *festett* peint(e) de frais
újplatonista néo-platonicien, -enne *(n)*
újra de nouveau; à nouveau; une nouvelle fois; derechef; encore une fois; encore; *újra!* bis! encore! ~ *ad* redonner; ~ *bélel* redoubler; ~ *egyesít* réunifier; ~ *felfegyverez* réarmer; remilitariser; ~ *felhasznál* remployer; *növ:* ~ *hajt* rejeter; ~ *lát* revoir; *(tgyl)* recouvrer sa vue; ~ *megállapítja* établir une nouvelle fois; ~ *megnyit* rouvrir; *próbálja meg* ~ essayez encore; ~ *megtölt* remplir de nouveau; ~ *számol* recompter; ~ *az(zá lesz),* ami volt il retombe d'où il vient; *egy óra múlva itt leszek* ~ je repasserai dans une heure; ~ *meg újra* à plusieurs reprises; ~ *meg újra elolvas* lire et relire
újraegyesítés réunification *f*
újraelad revendre
újraéled se raviver; se ranimer; se réveiller
újraéledés reviviscence *f;* réveil *m;* renaissance; résurrection *f*
újraéleszt revivifier; ranimer; réveiller
újraépít reconstruire; réédifier; restaurer
újrafelvétel réadmission; révision *f; jog:* egy per ~*e* reprise d'instance;

újsághirdetés

réouverture *f* de la procédure; ~*t kér se pourvoir* en révision
újrafertőzés réinfection; réinoculation *f*
újrafest repeindre
újrakezd recommencer; reprendre; refaire; recommencer de plus belle; *se remettre à (inf);* se reprendre à *(inf); újra kell kezdeni* c'est à refaire; *ne kezdje újra ny'* retournez plus
újrakezdés 1. recommencement *m;* reprise *f;* **2.** *sp:* remise *f* de jeu
újrakezdődik recommencer; reprendre
újraoltás 1. revaccination; réinoculation; injection *f* de rappel; **2.** *kert:* réentement; rebottage *m*
újraoltási *bizonyítvány* certificat *m* de revaccination
újraolvas relire
újraosztás redistribution *f*
újraösszeállítás recompositon *f*
újrasugároz *rád:* réémettre
újraszed *nyomd:* recomposer
újratermelés *polgaz:* reproduction *f; bővített* ~ reproduction élargie
újraválaszt réélire
újráz [~tam, ~ott, ~zon] bisser; redemander
újrázás bis *m;* les honneurs *m pl* du bis
újrazöldelés reverdissement *m*
újrealista néo-réaliste *(n)*
újrendszerű nouveau système
újromantikus néo-romantique *(n)*
újság 1. *(lap)* journal *m;* feuille publique; gazette *f; ír az* ~*okba* écrire dans les journaux; faire du journalisme; **2.** *(hír)* nouvelle *f; mi* ~*?* qu'y a-t-il de noveau? quoi de neuf? *semmi* ~*?* rien de nouveau? *van* ~ il y a du neuf; *az az* ~, *hogy* il y a ceci de nouveau que; *ez aztán* ~*!* voilà du nouveau! **3.** *(ételben)* primeur *f;* **4.** *(vminek az* ~*a)* nouveauté *f; elveszti az* ~ *ingerét* se déflorer
újságárus marchand(e) de journaux; *(rikkancs)* camelot *m*
újságcikk article *m* de journal; *(írásos)* copie *f; rövid* ~ entrefilet *m*
újsághirdetés annonce (de journal); publicité *f*

újságírás journalisme *m;* presse périodique *f*
újságíró 1. journaliste; reporter; rédacteur *m* (de journal); 2. *(politikai)* publiciste *(n)*
újságírói journalistique
újságírónő (femme) journaliste *f*
újságíróskodik [~tam, ~ott, ~jék *v* ~jon] faire du journalisme
újságkiadó éditeur *m* de journaux
újságkivágás *v* -**kivágat** découpure de journal; coupure *f* de presse
újságol [~tam, ~t, ~jon] informer q de qc; communiquer qc à q; *azt ~ja, hogy* rapporter la nouvelle que
újságolvasó lecteur (-trice) d'un journal; abonné *m* (du journal)
újságpapír papier journal
újságpéldány numéro *m* de journal *v* de presse
újságrovat rubrique *f*
újságtöltelék bouche-trou *m*
újskolasztika néo-thomisme *m*
újszerű moderne; nouveau genre; inédit; inattendu, -e; neuf, neuve; *~ állapotban* comme neuf; en très bon état *(röv:* tr. b. état); replâtré, -e *gúny*
újszerűség modernité *f;* moderne *m; az ~* le nouveau
Újszövetség *bibl:* la nouvelle alliance; le Nouveau Testament
újszülött [~ek, ~et] I. *(mn)* nouveau- -né; néo-natal, -e; II. *(fn)* 1. nouveau-né, -e *n;* 2. *jog:* part *m; az ~ek* les tout petits
újul [~tam, ~t, ~jon] se renouveler
újult *erővel támad* revenir à la charge
újvilág le nouveau monde
Új-Zéland [~ot] la Nouvelle-Zélande
ukrajnai [~ak, ~t]; **ukrán** [~ok, ~t; ~ul] ukrainien, -enne
ultimátum [~ok, ~ot, ~a] ultimatum *m;* mise *f* en demeure
ultimátumszerű ultimatif, -ive
ultimó [~k, ~t, ~ja] 1. *ker:* fin *v* liquidation *f* de fin de mois; 2. *kárty:* dernière levée
ultra- [-át] ultra-
ultrahang ultra(-)son *m; ~gal kezel* ultrasonner

ultrahangcella cellule ultrasonore *f*
ultrahanghullám onde ultrasonore *f*
ultrahangvizsgálat contrôle *m* par ultrasons
ultramarin [~ok, ~t] 1. *ásv:* ultra- -marine *f;* 2. *(festék)* outremer; bleu *m* d'azur
ultramikroszkóp ultra-microscope *m*
ultramodern ultra-moderne; ultra- moderniste
ultrarezgésszám *rád:* hyperfréquence *f*
ultrarövid ultra-court, -e; *~ hullám* onde ultracourte; micro-onde *f*
ultraszonikus ultra-sonique
ultraviolett ultra-violet, -ette
Umberto [~k, ~t, ~ja] Humbert *m*
un [~tam, ~t, ~jon] 1. être las (lasse) *v* lassé(e) de qc; se lasser de qc *v* de *(inf); unom már!* j'en ai jusque-là; j'en ai assez (de); la barbe! *biz; unlak* tu m'ennuies; tu m'embêtes *biz;* 2. *unja magát ld:* **unatkozik**
unalmas [~ak, ~at] ennuyeux, ~euse; fade; assommant, -e; fastidieux, -euse; fatigant, -e; monotone; embêtant, -e *biz;* rasant, -e *biz; halálosan v rém ~* soporifique; ennuyeux comme la pluie; *milyen ~!* la barbe! quelle barbe! *biz; ~ alak* personnage ennuyeux; *~ beszéd v discours* rasoir; *~ dolog* scie *f biz; ~ fecsegő* raseur, -euse *n biz; ~ ízű* d'un goût fade; on dirait du veau; *~ könyv* livre maussade *m; ~ részek* longueurs *f pl; ~ történet* conte *m v* histoire *f* à dormir debout
unalom [-lmat, -lma] ennui; spleen *m;* la lassitude de qc; *árad belőle az ~* il sue l'ennui; *eszi az ~* l'ennui le dévore; *-lmában, ~ból* pour tromper son ennui; pour tuer le temps; *az ~ig* à satiété; *(majd) meghal az ~tól* mourir *v* sécher *v* crever d'ennui
unatkozik [~tam, ~ott, ~zék *v* ~zon] s'ennuyer; être blasé(e); s'embêter *biz; halálosan ~* s'ennuyer à mort *v* mortellement; *~ vkinek a társaságában* s'ennuyer avec q; *nagyon ~* avaler sa langue
uncia [-ák, -át, -ája] once

undokság 1. *(vmi undok dolog)* horreurs *f pl;* saleté *f;* **2.** *(vminek az ~a)* abomination; abjection; ignominie; monstruosité *f*
undor [~t, ~a] dégoût *m* (pour qc); nausée; répugnance (pour qc); écœurement *m; az embert ~ tölti el* v *fogja el* on est pris de nausées; le cœur se soulève (de dégoût); *~t érez vmi iránt* éprouver de la répugnance v de l'aversion pour qc; *~t kelt* faire horreur; *~t kelt vkiben* inspirer du dégoût v de la répugnance à q; répugner à q
undorít [~ottam, ~ott, ~son] inspirer du dégoût à q; donner la nausée à q; écœurer
undorító [~ak, ~t] écœurant; dégoûtant, -e; innommable; nauséabond; répugnant; repoussant, -e; immonde; *~ alak* sale individu *m;* une infection; *~ cselekedet* horreur *f; ~ látvány* spectacle hideux v repoussant
undorodik [~tam, ~ott, ~jék v ~jon] **1.** *(vmitől)* avoir v éprouver du dégoût pour qc; répugner à qc v à *(inf);* **2.** *(vkitől)* avoir de l'aversion pour q; **3.** *~ magától* il se fait horreur
unikum [~ok, ~ot, ~a] **I.** *(mn)* unique en son genre; **II.** *(fn)* pièce unique *f*
unitárius *vall:* unitaire; socinien, -enne *n*
unitárizmus *vall:* unitarisme *m*
univerzális universel, -elle
unka *áll:* bombinateur *m*
U. N. O. O. N. U. *f (röv:* Organisation des Nations Unies); *U. N. O.-beli* onusien, -enne
unoka 1. petit-fils; petite-fille; **2.** *átv:* postérité *f;* descendants *m pl*
unokabátya; unokafivér cousin *m*
ukokahug(a); unokanővér 1. *(szülő testvérének leánya)* cousine *f;* **2.** *(a testvér leánya)* nièce *f*
unokaöcs 1. *(szülő testvérének fia)* cousin *m;* **2.** *(testvér fia)* neveu *m*
unokatestvér 1. *(fiú) a)* cousin *m; b)* neveu *m;* **2.** *(leány) a)* cousine *f; b)* nièce *f; ~ek (két testvér fiai* v *leányai)* cousins germains, cousines germaines; *másodfokú ~ek* cousins issus de germain
unott [~ak, ~at] blasé, -e
unottság spleen; air blasé v cafardeux; blasement *m*
unszol [~tam, ~t, ~jon] stimuler; pousser à *(inf);* encourager à *(inf)*
unszolás insistance; stimulation *f; vkinek az ~ára* sur les instances de q
untat 1. ennuyer; faire ennuyer; énerver; vexer; embêter *biz;* raser *biz; halálosan ~* c'est ma bête d'aversion; **2.** *(vmivel)* fatiguer les oreilles à q avec qc; casser les pieds à q avec qc
úr [urak, urat, ura] **1.** *vall: az Úr* le Seigneur; *Uram!* Seigneur; *az Úr Jézus* le Seigneur Jésus; *az Úr asztala* la sainte table; *az Úr 1632. esztendejében* l'an de grâce 1632; *az egek Ura* le Dieu du ciel; *az Úrban boldogult feu le...;* le *feu...; (nőnem:* la feue...); **2.** *(szolgával szemben)* maître *m; (gazda, főnök)* patron *m; az ~ (cseléd részéről)* Monsieur; *(munkavállaló részéről)* le patron; *az úr nincs itthon* Monsieur est sorti; *az urat keresik* on demande Monsieur; *az úr meg a nagysága* Monsieur et Madame; **3.** *(vminek ura)* maître de qc; dirigeant *m; korlátlan úr* maître souverain; **4.** *(cselekedetnek)* avoir le contrôle de qc; *itt én vagyok az úr* ici, je suis le maître; c'est moi qui commande; *mindenki úr a saját házában* charbonnier est maître chez lui; *a maga ura* devenir v être son maître; *(nőről)* être maîtresse de soi; *ura szenvedélyeinek* maître de ses passions; *ura a tárgyának* posséder son sujet; *a tengerek ura* avoir le contrôle des mers; *kárty: úr a kártőn* être maître à carreau; *úrrá lesz vmi fölött* maîtriser qc; *(szenvedély)* s'emparer de q v de l'âme de q; **5.** *(feleségé)* mari *m; az uram, férj(em) uram* mon mari; mon époux; *uram és parancsolóm* mon seigneur et maître; **6.** *(társadalmi szempontból régen)* seigneur; noble; aristocrate *m; (ma a nép nyelvén)* un monsieur; mec; meg *m* arg; *az urak* les Mes-

uradalmi sieurs; *az urak (régen)* les grands seigneurs; les aristocrates; *(ma)* les Messieurs; *él, mint egy úr* vivre en (grand) seigneur; *elég nagy úr ahhoz, hogy* il est assez grand garçon pour *(inf); játssza az urat* faire le monsieur; trancher du grand seigneur; **7.** *(mint általános társadalmi cím)* Monsieur *(tb:* Messieurs); Legrand János úr Monsieur Jean Legrand *(röv:* M. Jean Legrand); *(ha ügyvéd vagy közjegyző:)* Maître Jean Legrand; *(röv:* Me Jean Legrand); X. Y. úr Monsieur Un tel *v* Untel; *gúny:* sieur *m*; Baranès „úr" le sieur Baranès; *az ügyvéd urak* Messieurs les avocats; *uram* Monsieur; *öcsém uram* Monsieur mon frère; mon jeune ami; **8.** *(tört. drámában)* Seigneur; *uram királyom!* Sire

uradalmi [~ak, ~t] de la grande propriété; du domaine; domanial, -e; *(rég:)* seigneurial, -e; ~ *birtokok* biens domaniaux

uradalom [-lmak, -lmat, -lma] domaine seigneurial *v* réservée; grande propriété; domaine *m*

ural [~tam, ~t, ~jon] **1.** *(ő az ura)* commander; être maître de qc; *futb:* ~*ja a mezőnyt* dominer territorialement; **2.** *(magas tárgy)* dominer qc; **3.** *(rajta uralkodnak)* être régi(e) *v* dominé(e) par q

ural-altáji [~ak, ~t] ouralo-altaïque; ~ *nyelvész* ouralo-altaïste *n*

uralkodás règne; gouvernement; empire; régime *m;* vkinek ~*a alatt* sous *v* pendant *v* durant le règne de q; du règne de q

uralkodik [~tam, ~ott, ~jék *v* ~jon] **1.** régner sur qc; dominer q *v* sur qc; ~ *egész Európán* dominer sur toute l'Europe; ~ *érzelmein* dominer (sur) ses passions; *nem tud* ~*ni idegein* il ne sait pas commander à ses nerfs; ~ *szenvedélyein* être maître *v* roi de ses passions; ~ *tárgyán* être plein(e) de son sujet; *zsarnoki módon* ~ exercer un empire despotique; **2.** *(vmi)* régner; prédominer qc; dominer qc; ~ *vmi fölött* contrôler qc;

az éhinség ~ la famine sévit; **3.** ~ *magán* se maîtriser; se posséder; régner sur soi; être maître de soi

uralkodó [~k, ~t, ~ja] **I.** *(mn)* **1.** *(személy)* régnant, -e; ~ *herceg* v *fejedelem* prince souverain; ~ *osztály* classe dirigeante *v* dominante; *az* ~ *rendszer* le régime en place; **2.** *(dolog)* dominant; prédominant, -e; prépondérant; souverain, -e; ~ *ízlés* goût régnant; ~ *nézet* opinion dominante; **II.** *(fn)* **1.** souverain; prince; monarque *m;* **2.** *(politikus)* gouvernant *m;* **3.** *(dolgok felett)* dominateur *m,* -trice *n*

uralkodócsalád; uralkodóház dynastie; maison régnante

uralom [-lmat, -lma] règne; pouvoir *m;* domination *f;* empire *m (mind:* sur qc); maîtrise *f* de qc; régime *m; övé a légi* ~ il contrôle l'air; *a divat -lma* l'empire de la mode; *az ember -lma a természet fölött* la maîtrise de l'homme sur la nature; *az ész -lma* le règne de la raison; *-lma alá hajt* ranger sous ses lois; soumettre; assujettir; *vkinek -lma alá jut* v *kerül* tomber sous la domination de q; *-lmon marad* se maintenir; rester au pouvoir; *az -lmon van* être au pouvoir; ~*ra jut* arriver *v* parvenir au pouvoir; *az -lmat gyakorolja* exercer le pouvoir; *-lmától megfoszt* déposséder; détrôner

uralomvágy esprit *m* de domination

uránérc minerai *m* d'uranium

urán(ium) [~ok, ~ot, ~a] uranium *m*

urániumtelep gisement *m* d'uranium

uránreaktor réacteur *m* d'uranium

uránszurokérc pechblende; pechurane *f*

Uránusz [~t] csill: Uranus *(névelő nélkül) f*

uraság 1. seigneur censier; seigneurie *f; gúny:* ~*októl levetett* usagé; usé, -e; **2.** ~*od,* ~ vous, Monsieur

uraskodik [~tam, ~ott, ~jék *v* ~jon] **1.** prendre *v* avoir des allures de grand seigneur; jouer *v* faire le (gros) monsieur; **2.** *átv:* mener grand train; **3.** mener joyeuse vie

uratlan sans maître *v* propriétaire; à l'abandon; ~ *dolog* bien vacant; ~ *jószág* chose *f* sans maître

úrfi 1. *(régen)* fils *m* de famille; *(most)* le jeune Monsieur; **2.** *gúny:* mon petit monsieur

URH-kocsi voiture-pie *f* avec poste OUC

úrhatnám [~ok, ~ot] parvenu, -e; prétentieux, -euse

úri [~ak, ~t] **1.** bien né(e); seigneurial, -e; ~ *becsületszó* parole *f* d'honneur; ~ *család* famille honorable *f*; ~ *dolga van* il vit comme un monsieur *v* un prince; ~ *fiú* fils *m* de famille; ~ *gyerek* enfant *(n)* de bonne famille; ~ *ház* hôtel *m*; *(család)* des gens comme il faut; ~ *huncutság* ce sont jeux de prince; ~ *kedvéből*; ~ *kedve szerint* de son propre chef; du fait du prince; ~ *közönség* société select *f*; grand monde; ~ *lak* maison *f* de maître; *(vidéki)* manoir *m*; ~ *módban él* vivre dans l'aisance; ~ *nevelés* bonne éducation; ~ *osztály* *v* *rend kb:* aristocratie; caste nobiliaire; classe *f* des privilégiés; ~ *szabó* tailleur pour messieurs; ~ *társaság* le monde; le grand monde; ~ *társaságba jár* fréquenter *v* frayer le monde; **2.** *(jó modorú)* comme il faut; bien élevé(e); mondain, -e; ~ *modor* le bon ton

úriasszony femme *v* dame du monde; grande dame

úriember homme *m v* personne *f* de bonne compagnie; gentleman; monsieur comme il faut; ~ *nem csinál ilyet* cela ne se fait pas

úrileány jeune fille du monde; une fille bien

Úristen 1. le Seigneur; le bon Dieu; **2.** Dieu! bon Dieu! mon Dieu!

úriszoba cabinet *m* de travail

úrlovas gentleman-rider *m*

urna [-ák, -át, -ája] **1.** urne *f*; **2.** *ép: (szobordísz)* pot *m*; **3.** *az -ákhoz járul* marcher aux urnes

úrnő 1. dame *f*; **2.** Madame; **3.** *a ház ~je* la maîtresse du logis *v* de la maison

urológia [-át] *orv:* urologie *f*

Úrvacsora *vall:* cène *f*; *-át vesz magához* faire la Cène

úrvezető chauffeur amateur; gentleman-driver *m*

uszály [~ok, ~t, ~a] **1.** traîne; queue; balayeuse *f*; **2.** *(hajó)* chaland *m*; péniche *f*; **3.** *átv:* séquelle; escorte *f*; *vkinek ~ában jár* être à la remorque

úszás 1. natation; nage *f*; **2.** *(tárgyé a vízen)* flottement *m*

úszik [~tam, ~ott, ússzék *v* ússzon] **1.** *(ember, állat)* nager; *háton ~* nager sur le dos; *partra ~* gagner la rive à la nage; *víz alatt ~* nager entre deux eaux; ~, *mint az öreg fejsze nyelestől* nager comme un chien de plomb; *úszni tudó* sachant nager; bon nageur; *úszva* à la nage; *(tárgy)* à vau-l'eau; **2.** *(tárgy vízen)* flotter; dériver; surnager; **3.** *(hajó)* filer; voguer; *(felfelé)* remonter le courant; *lefelé ~* suivre le fil de l'eau; **4.** *(bő lében)* baigner dans qc; **5.** *(szólások:)* ~ *az adósságban* être criblé(e) de dettes; ~ *az árral* suivre le courant; ~ *az ár ellen* remonter le courant; ~ *a boldogságban* nager dans la joie; ~ *a gazdagságban* nager en grande eau; *könnyben ~ a szeme* ses yeux s'embuent de larmes; ~ *a pénz* l'argent file

uszít [~ottam, ~ott, ~son] **1.** *kutyákat ~ vkire* lancer ses chiens après q; **2.** exciter; fanatiser; ameuter; soulever; *egymás ellen ~* exciter les gens les uns contre les autres; *háborúra ~* exciter à la guerre

uszítás provocation; excitation *f*; *vkinek ~ára* à l'instigation de q

uszító [~k, ~t] **I.** *(mn)* excitateur, -trice; ~ *cikk* article incendiaire *m*; **II.** *(fn)* provocateur, -trice *n*

uszkár [~ok, ~t, ~ja] barbet (chien, chienne) caniche *m*

úszó [~k, ~t] **I.** *(mn)* **1.** *(ember, állat)* nageant, -e; **2.** *(tárgy)* flottant; dérivant, -e; ~ *jégsziget* île de glace flottante; **II.** *(fn)* **1.** nageur, -euse *n*; **2.** *(halé)* nageoire *f*; aileron *m*; **3.** *vízirep:* ballonnet; *aut* flot-

úszóakna — út

teur *m;* 4. *(horgászé)* flotteur *m*
úszóakna mine flottante *v* dérivante
úszóbúvár *(könnyű)* homme-grenouille *m*
uszoda [-ák, -át, -ája] piscine *f; (sport~)* stade nautique *m*
úszódokk dock flottant; forme flottante
úszódressz maillot *v* costume *m* de bain
úszóhólyag 1. vessie natatoire; vésicule *f;* 2. *(úszni tanulóknak)* nageoire *f*
úszóláb patte palmée; pied palmé
úszómester professeur de natation; maître-nageur *m*
úszónadrág caleçon *m* de bain; *(rövid)* slip *m; (női, modern)* paréo; bikini *m; (szoknyás)* maillot-jupe *m*
uszony [~ok, ~t, ~a] nageoire *f*
úszóöv 1. ceinture *v* bouée *f* de natation; 2. *(tanításhoz)* sangle *f* de poitrine
úszósapka bonnet de bain; serre-tête *m*
úszósport natation; nage *f*
úsztat 1. *(lovat)* baigner *v* aiguayer un cheval; 2. *(fát)* flotter (des bois); 3. *(hajócskát stb.)* lancer
út [utak, utat, ~ja] 1. chemin *m; (nagy)* route *f; (ösvény)* sentier *m;* sente *f;* ált*:* voie *f;* Rákóczi út avenue *f v* boulevard *m* Rákóczi; *kivezető út* débouché *m; út széle* les abords *m pl* de la voie; *melyik út vezet Párizsba?* quel est le chemin qui conduit à Paris; 2. *(utazás)* voyage; trajet; itinéraire *m; (sokszor)* déplacement *m; (hajón)* croisière; traversée *f; (repülőgépen még:)* raid *m;* croisière *f; egy óránryi út* une heure de chemin; *10 kilométeres út* une marche de dix kilomètres; *a Budapestről Vácra vezető út* la route *v* le trajet de B. à V.; *a templom felé vezető út* le chemin de l'église; *útban Párizs felé* en route vers Paris; *szárazföldi úton* par terre; *tengeri úton* par mer; 3. *(fizikában)* trajectoire *f;* espace (parcouru); parcours *m;* 4. *átv:* voie *f;* chemin *m;* nyitva áll az útja a magas tisztségekhez avoir accès aux dignités; 5. *(szólásokban) fel is út, le is út* les chemins sont libres; *útjába akad se* trouver dans son chemin; *útjába áll* se jeter au travers *v* à la traverse; *útba ejt* passer chez q; *útba esik* être *v* se trouver sur le chemin de q; *útba igazít* remettre dans *v* sur son chemin; mettre q sur la (bonne) voie; *(átv:)* renseigner q; orienter q; *útban van (áru)* être en route; *útjában van* s'empêcher de q; *elmegy az útból* s'écarter; s'effacer; *menjen az utamból* ôtez-vous de mon passage; *az úton* au cours de son voyage; *úton van* être en route *v* en voyage; *azon az úton van, hogy* être en voie de *(inf);* être en passe de *(inf); ezen az úton értesítem* je saisis cette occasion pour vous informer; *az egész úton* durant tout le parcours; *jó úton van* être dans la bonne voie; *más utakon jár* suivre d'autres chemins; *peres úton jár* par la voie contentieuse; *rossz úton jár* faire fausse route; *új utakon jár* s'engager dans des chemins nouveaux; *vegyi úton* chimiquement; par des procédés chimiques; *útjain, útjai folyamán* au cours de ses déplacements; *vki útján* par l'entremise de q; par l'intermédiaire de q; par le canal de q; *a becsület útján jár* suivre le chemin de l'honneur; *a megegyezés útján van* être en voie d'accommodement *v* de s'arranger; *a maga útján jár* faire cavalier seul; *útnak ered v indul* partir; se mettre en route; *útnak indul* s'acheminer; *(hajó)* partir; *(hajó, autó, gép)* démarrer; *útnak indít* diriger; acheminer; mettre en route; *útra kel* se mettre en voyage *v* en chemin *v* en route *v* en marche; *útra készül* faire ses préparatifs de départ; *végzetes útra lép* s'engager dans un chemin fatal; *menjen útjára!* allez *v* passez votre chemin ! *jó útra tér* prendre la bonne voie; *rossz útra tér* faire fausse route; *szerencsés utat!* bon voyage ! *útját állja vminek* enrayer qc; couper court à qc; *vki útját egyengeti* marcher devant q; *utat enged vminek* donner passage à qc; *kiadja az útját vkinek* éconduire q; mettre q à la

porte; *megfizeti az utat* payer la course; *megszakítja útját* interrompre son voyage; *megtalálja útját* trouver sa voie; *megváltoztatja útját* modifier son itinéraire; changer de direction; *utat mutat ld:* **útba igazít**; *utat nyer* gagner du chemin; *utat téveszt* se tromper de route; *új utat tör* frayer un chemin nouveau; *utat tör magának a tömegen át* se faire *v* se frayer un passage à travers la foule; *percer la foule; utat vág magának* s'ouvrir un passage; *útját veszi vmi felé* s'acheminer vers qc; *utat-módot talál* trouver moyen de *(inf)*
utal [~tam, ~t, ~jon] 1. *(vmire)* alléguer qc; renvoyer à qc; faire allusion à qc; *minden arra ~, hogy* tout porte à supposer que; *~junk arra, hogy* rappelons *v* signalons que; 2. *(vkihez)* renvoyer à q; adresser à q; *(bírósághoz)* déférer (à la justice); 3. *~va van vmire* en être réduit(e) à qc *v* à *(inf)*
utál [~tam, ~t, ~jon] détester; exécrer; abhorrer; abominer; haïr; *ld még:* **undorodik**; *~om az ilyen beszédet* ce langage m'écœure *v* m'exaspère; *~ják egymást* se détester; s'exécrer
utalás renvoi *m;* référence; indication *f; ~ csillag alatt* appel *m* en astérisque
utálat aversion *f;* dégoût *m;* répugnance *f; ~ tárgya mindenütt* il est l'objet de l'exécration universelle; *~ot kelt* inspirer du dégoût à q
utálatos [~ak, ~at] dégoûtant, -e; détestable; exécrable; repoussant, -e
utalójegyzet note *f* de référence
utalószám nombre *m* de référence
utalvány 1. assignation *f;* mandat *m* sur qc; *~t kiállít* émettre *v* tirer un mandat sur q; 2. *(pénztári)* bon *m; egy ~t kiállít* établir un bon; 3. *(kereskedelmi)* traite *f;* effet de commerce; billet *m* à ordre; 4. *post:* mandat-poste *m*
utalványos assignataire; délégataire *m*
utalványoz [~tam, ~ott, ~zon] assigner sur q; tirer sur q; ordonner; *(vmi célra)* allouer; affecter

utalványozás assignation *f;* ordonnancement; mandatement *m; (vmilyen célra)* allocation; affectation *f*
utalványozó [~k, ~t] délégant *m;* mandant *m;* ordonnateur, -trice *n*
után 1. *(helyben)* après; à la suite de...; *utánam!* suivez-moi! 2. *(időben)* après; à la suite de ...; à l'issue de ...; *ezek ~* ce point acquis, ...; après cela ...; ceci dit *v* posé; *tíz óra ~* après dix heures; 3. *lakás ~ néz* chercher un logement *v* un gîte; 4. *(szerint)* d'après; *természet ~* d'après nature; 5. *adót fizet a háza ~* il paye un impôt sur sa maison
utána [~m, ~d, -nunk, -natok, -nuk] 1. après lui; à sa suite; derrière; 2. *(időhatározó)* après; ensuite; par la suite
utánacsinál imiter; copier; singer
utánaered s'élancer à la poursuite de q
utánafizet 1. *(rá)* payer en sus; 2. *(utólag)* payer après coup
utánafut régler sur ...
utánaigazít régler sur ...
utánajár 1. courir après q; 2. *(vminek, hogy megtudja)* aller aux renseignements; *~va a dolognak* renseignement(s) pris; *ha nem hiszi, járjon utána* allez-y voir; 3. *(vminek, hogy elnyerje)* faire des démarches; presser qc
utánajárás démarche(s) *f (pl)*
utánajön succéder à qc; suivre q
utánaküld réexpédier; envoyer à la suite de q; *(levelet)* faire suivre
utánamegy aller rejoindre q; suivre q
utánanéz 1. *(vkinek)* suivre q du regard; 2. aller voir *v* se renseigner; vérifier; contrôler
utánarohan se précipiter derrière q *v* à la suite de q
utánasiet; utánaszalad courir après q
utánaszállít faire suivre
utánaszámít vérifier le compte
utánaugrik sauter *v* se lancer après q
utánaúszik suivre q à la nage; se jeter à l'eau pour ramener q
utánavisz porter chez q; porter derrière q *v* après q
utánbiztosítás assurance additionnelle

utánérzés sympathie intuitive; intuition *f*
utánfutó *aut*: remorque; baladeuse *f;* *(kétkerekű)* remorque à un essieu
utáni [~ak, ~t] d'après ...; postérieur à ...; succédant à ...; *a* háború ~ *időben* pendant l'après guerre; au lendemain de la guerre
utánjárás efforts *m pl;* démarches *f pl*
utánjátszó *mozi* salle *f* de seconde semaine
utánkeltez postdater
utánnyomás réimpression; reproduction *f;* ~ *tilos* reproduction interdite; copyright by X ...
utánoz [~tam, ~ott, ~zon] 1. imiter; copier (sur *v* d'après); prendre modèle (sur qc); *híven* ~ reproduire; *vkit* ~*va* à l'imitation de q; 2. *(csalásból)* contrefaire; calquer sur qc; 3. *(csúfságból)* contredire; parodier; *vkinek mozdulatait* ~*za* mimer q; 4. *(irodalmi műben)* imiter; *(kiírva)* démarquer; plagier; *(stílust)* pasticher; 5. *(hangot, taglejtést)* mimer; 6. *(sznobizmusból)* snober
utánpótlás recrutement *m;* la reconstitution des cadres; ravitaillement *m*
utánvét(el) remboursement; paiement *m* au facteur; ~*tel* (en) port dû
utánvételez se rembourser d'un montant; faire suivre (en remboursement)
utánzás 1. imitation *f;* calque; décalque; décalcage *m;* ~*ra méltó* à suivre; digne d'être suivi(e); 2. *(csalás céljából)* contrefaçon *f;* *(művészetben stílusbeli)* pastiche *m;* 3. conformisme *m*
utánzat 1. imitation; copie; contrefaçon *f;* décalque; décalquage; décalcage *m;* *óvakodjunk az* ~*októl se méfier des contrefaçons!* 2. *(műtárgy)* fac-similé *m;* 3. *(stílusbeli)* pastiche *m;* du calqué; 4. *(anyagról)* d'imitation; en toc; simili; toc
utánzó [~k, ~t] I. *(mn)* imitateur, -trice; ~ *művészetek* les arts d'imitation; II. *(fn)* 1. imitateur, -trice; copiste *n;* *gúny*: singe *m;* 2. *(hamisítva)* contrefacteur, -trice *m;* 3.

(hangot stb.) mime *m;* 4. *(stílusbeli)* pasticheur *m*
utas [~ok, ~t, ~a] voyageur, -euse *n;* *(járműé)* passager, -ère *n;* *(vállalkozó szempontjából)* usager; client *m;* ~*t felvesz (vonat)* prendre des voyageurs; *(taxi)* charger un client
utasforgalom trafic-passager *m*
utasgép *rep*: avion *m* de transport
utasít [~ottam, ~ott, ~son] 1. donner des instructions à q; ~ *arra, hogy* ordonner à q de *(inf);* enjoindre à q de *(inf);* intimer à q l'ordre de *(inf);* 2. *vkihez* ~ adresser à q; renvoyer à q *v* devant q
utasítás 1. consigne *f;* ordre *m* de service; instructions *f pl;* injonction; prescription *f;* directive(s) *f (pl);* ~ *szerint* d'après la consigne; conformément à vos instructions; ~*t* donner des directives *v* des instructions; 2. *(követi)* mandat impératif; 3. *(használati)* mode *m* d'emploi; 4. *(tantervi)* programme *m;* 5. *orv*: indication; ordonnance *f*
utasszállító *repülőgép* avion *m* de transport (de passagers)
utász [~ok, ~t, ~a] sapeur; soldat *m* du génie
utászezred régiment *m* de génie
utazás voyage *m;* déplacement *m;* *(haza)* voyage de retour; *(vakációról)* retour *m* de vacances; ~ *közben* en trajet; *az* ~ *alatt* pendant le passage
utazási de voyage; touristique; ~ *csekk* chèque *m* de voyage; ~ *iroda* bureau *m* de voyage; agence *f* de tourisme; ~ *kedvezmény* facilités *f pl* aux voyageurs; *jog*: ~ *okmány (pl. útlevél)* titre *m* de circulation; ~ *sebesség* vitesse *f* de voyage *v* de croisière
utazik [~tam, ~ott, ~zék *v* ~zon] 1. voyager; faire un voyage; être en voyage; *(utazást kezd)* partir; *vhová* ~ partir pour ...; *együtt* ~ *vkivel* faire route avec q; *kellemesen v jól* ~*ott* il a fait (un) bon voyage; *vonaton, hajón, repülőgépen, tengeren* ~ voyager en bateau, en avion, par mer; prendre le train, le bateau,

l'avion; 2. *ker:* borban, szövetben ~ faire les vins, les draps; *élelmiszerben* ~ placer des denrées; 3. *biz: (vkire)* avoir q dans le nez
utazó [~k, ~t] 1. voyageur, -euse *n; haj, rep:* passager *m;* 2. commis voyageur; 3. *(kutató)* explorateur *m*
utazóbőrönd mallette; valise *f; (nagy)* malle *f*
utazókosár malle *f* d'osier; *(kisebb)* valise *f* d'osier *v* en osier
utazóláda coffre *m* de voyage; malle *f*
utazósebesség vitesse *f* de croisière
utazótáska sac de voyage; portemanteau *m* (de voyage)
útbaigazítás informations *f pl;* renseignements; éclaircissements *m pl*
útbiztos agent voyer; inspecteur de la voirie
útburkolat revêtement *m* de la chaussée *v* des chemins *v* de la route
útburkoló paveur *m*
utca [-ák, -át, -ája] 1. rue *f; (széles, forgalmas nagy városban)* artère *f; az* ~ *népe, embere* les gens, l'homme de la rue; *az* ~ *nyelve* le langage des carrefours; *nép: jössz te még az én utcámba!* tu ne perds rien pour attendre; vous y viendrez; *az utcán* dans la rue; *bort -án át árusít* vendre du vin à emporter; *az -án hever* les rues en sont pavées; *az -ákon kódorog* flâner dans les rues; *nyílt -án* en pleine rue; *az utcára kerül (nyomorúságba)* être à la rue *v* sur le pavé; *kimegy az -ára* sortir *v* descendre dans la rue; *(tüntetni)* descendre sur le pavé *v* dans la rue; *utcát nyit* v *tör* percer une rue; 2. *tex: (szövetben)* entrebas *m*
utcafelelős chef *m* de la rue
utcagyerek gamin *m* de la rue; polisson, -onne *n*
utcai [~ak, ~t] de rue; de la rue; ~ *ablak* fenêtre (donnant) sur la rue; ~ *botrányt okoz* faire du scandale sur la voie publique; ~ *harc* bagarre dans la rue; bataille *f* de rue; ~ *illemhely* urinoir *m;* vespasienne *f; (házikó)* chalet *m* de nécessité; ~ *ismerős* ami *m* de rencontre; ~ *lámpa* réverbère *m;* lanterne *f* des rues; ~ *nő* fille des rues *v* publique; prostituée; grue; racoleuse; ~ *óra* horloge publique *f;* ~ *ruha* habit *m* de ville; *(női)* costume trotteur; ~ *világítás* éclairage public; ~ *villanylámpa* réverbère électrique *m*
utcajelző plaque *f* de la rue
utcakereszteződés croisement *m* des rues; carrefour *m*
utcalány fille (des rues); fille publique; gigolette; marcheuse; grue *f biz*
utcasarok coin *m* de la rue
utcaseprés nettoyage des voies publiques; balayage des rues; service *m* de voirie
utcaseprő balayeur, -euse *n;* boueur *m*
útelágazás bifurcation *f* (de chemin); branchement *m v* ramification *f* de la route
útelzárás barrage *m* d'une rue
útépítés construction routière
útépítészet voirie *f;* construction *f v* établissement *m* des routes
útépítészeti *hivatal* voirie *f; (állami)* grande voirie
útgyalu scraper *m*
úthálózat réseau routier *v* de routes
úthenger rouleau à vapeur; cylindre *v* rouleau compresseur
úthossz distance de parcours; longueur *f* du chemin; *átfiz: közepes szabad* ~ libre parcours moyen
úti [~ak, ~t] de voyage; itinéraire; *ld még: utazási;* ~ *élmény* impression *f* de voyage; ~ *kaland* incident *m* de route; ~ *kalauz* guide *m;* ~ *napló* journal *m* de voyage; *feladott* ~ *poggyász* bagage enregistré; ~ *program* programme de voyage; itinéraire *m;* ~ *térkép* carte routière
útiátalány indemnité *f* de voyage
útikalauz guide *m* (de tourisme)
útiköltség remboursement *m v* indemnité *f* des frais de déplacement
útiköpeny manteau *m* de voyage
útilapu plantain *m;* ~*t köt talpa alá* signifier congé à q; ~*t kötöttek a talpa alá* recevoir *v* avoir son paquet; on l'a envoyé planter ses choux

útirány direction *f* de marche; itinéraire *m*
útirányváltoztatás changement *m* de route
útiszámla note *f* de frais de voyage
útitárs compagnon *m* v compagne *f* de voyage
útiterv 1. itinéraire *m*; **2.** *rep*: plan *m* de vol
útjelzés 1. signal *m* de route; **2.** signalisation routière v des routes; **3.** *(kikötőben)* balisage *m*; signalisation *f*
útkanyar(ulat) virage *m*; *(hirtelen)* crochet *m*
útkaparó I. *(mn)* ~ *gép* scraper *m*; **II.** *(fn)* cantonnier *m*
útkeresztez(őd)és croisement (de routes); carrefour *m*; intersection de routes; croisée *f* de chemins; *(szintben)* croisement à niveau
útkövezet pavé *m*; ~ *felszedése* dépavage *m*
útkövező paveur *m*
útközben en chemin; en cours de route; chemin faisant; ~ *elakad* s'arrêter en beau chemin
útleírás relation *f* de voyage; impressions *f pl* de voyage
útlevél passeport *m*; *útlevelet kiállít* délivrer un passeport
útlevélhamisítás faux *m* dans les passeports
útlevélkényszer obligation *f* du passeport
útlevélláttamozás visa *m*
útlevélosztály 1. *(hatóságnál)* service *m* des passeports; **2.** *(követségen)* chancellerie *f*
útlevélvizsgálat visite *f* des passeports
útmester chef cantonnier; (agent) voyer
útmutatás direction; instruction; directive *f*; *vkinek ~a mellett* sous la direction de q; *~t ad* tracer à q sa ligne de conduite
útmutató 1. *(könyv)* guide *m*; **2.** *(tábla)* poteau indicateur; **3.** *(révben)*· pilote *m*; **4.** *átv*: guide; pilote *m*
utó 1. fin *f*; derniers jours; **2.** *már az ~ját járja* tirer à sa fin
utó- postérieur, -e; post-

utóajánlat surenchère *f*
utóbb 1. postérieurement; plus tard; après coup; ~ *említett* ce dernier, cette dernière; **2.** par la suite; **3.** *még* ~ *elhiszi* il finira par le croire; *még* ~ *nem is igaz* il y a des chances que cela ne soit pas vrai
utóbbi [~ak, ~t] **I.** *(mn) ez v az* ~... ce dernier ..., cette dernière ...; ~ *időben* dernièrement; (dans) ces derniers temps; **II.** *(fn) az v ez* ~ le dernier, la dernière; ce dernier, cette dernière; celui-ci, celle-ci
utóbiztosítás avenant *m* d'assurance
utócsapat arrière-garde; troupe de couverture
utód [~ok, ~ot, ~a] **1.** successeur *m*; *ker: Kovács ~a Kiss* ancienne maison Kovács, Kiss successeur; **2.** *(hivatalban)* remplaçant, -e *n*; **3.** *(származásbeli)* descendant; rejeton *m*; la postérité de q; *késői* ~ arrière-neveu *m*; *~ok* les générations futures; *az ~ok számára* pour la postérité; *a legtávolabbi ~okig* jusqu'à la postérité la plus reculée
utódállam État successeur
utódlás succession *f*; ~ *címén* à titre de successeur
utódlási *jog* droit *m* de succession; succession *f* (à qc); ~ *rend* ordre *m* de succession
utóerjedés seconde fermentation
utóétel dessert *m*
utóévad arrière-saison *f*
utófájdalmak 1. *(szülési)* douleurs utérines succédant à l'accouchement; **2.** *(operáció után)* douleurs postopératoires
utóhad troupes *f pl* de couverture, arrière-garde *f*
utóhang épilogue; écho *m*
utóhatás effet ultérieur v résiduel; prolongement *m*
utóidejű postérieur, -e
utóirat post-scriptum *m (röv:* P.-S.); apostille *f*
utóíz arrière-goût *m*; *(pikáns)* haut goût; *(húsé, kellemes)* fumet *m*; *(boré)* bouquet *m*; *(rossz, keserű)* déboire *m*

utójáték 1. épilogue *m;* 2. *zen:* coda *f*
utókalkuláció calcul *m* du coût effectif *v* des dépenses
utókezelés *orv:* soins postopératoires *v* supplémentaires *m pl*
utókor postérité *f;* les siècles futurs; *nevét ismerni fogja az ~ son* nom passera à la postérité
utókövetkezmény suites *f pl;* séquelle *f*
utókúra post-cure *f;* soins donnés après la cure
utólag après coup; postérieurement; subséquemment; *~ fizet* verser la somme *v* payer ultérieurement; *ker:* payer à terme échu
utólagos [~ak, ~at] postérieur; ultérieur; subséquent, -e; *~ felszólamlás* réclamation *f; ~ jóváhagyás reményében* sauf approbation ultérieure
utolér 1. rattraper; rejoindre; atteindre; *(futásban)* prendre de vitesse; 2. *a halál álmában érte utól* la mort l'a surpris dans son sommeil; 3. *~te a sorsa* son destin s'est consommé
utolérhetetlen 1. qui ne peut-être rattrapé(e); 2. inégalable; inégalé, -e
utoljára 1. *(utolsó sorban)* en dernier lieu; en dernier; 2. *(utolsó alkalommal)* (pour) la dernière fois; 3. *~ is a) ld:* **elvégre** *is; b)* à la fin; finalement
utolsó [~k, ~t] I. *(mn)* 1. dernier, -ière; ultime; suprême; *~ előtti* avant-dernier, -ière; 2. *~ (rongy) alak* v *ember* la dernière des créatures; *nem ~ dolog* ce n'est pas de la crotte de chat; 3. *egyh:* az *~ kenet* l'extrême-onction *f;* le viatique; les saintes huiles; *feladja az ~ kenetet vkinek* administrer l'extrême-onction; *az ~ vacsora* la Cène; 4. *nyelv: (szótagról)* pénultième; *az ~ alkalommal* (pour) la dernière fois; *az ~ ár* son dernier prix *v* mot; *~ cseppig kiissza* boire *v* faire rubis sur l'ongle; *az ~ fillérig elkölti* dépenser jusqu'à son dernier sou; *az ~ fillérig megfizet* payer ric-à-ric; *~ fogás* dessert *m; vall: az ~ ítélet* le jugement dernier; *~ kísérletet tesz a*

megbékélésre faire un dernier effort de conciliation; *vkinek ~ kívánsága* les dernières volontés d'une personne; *az ~ kocsi* la voiture *v* le wagon en queue; *kiadja ~ leheletét* rendre le dernier soupir; *~ mentsvár* dernière ressource; *~ napjait éli* il est à son dernier jour; *~ óra* moment *m v* heure *f* suprême; *az ~ órában: in extremis; az ~ percig* jusqu'au bout; *~ posta Vevey* sur *v* par Vevey; bureau de poste Vevey; *~ reménye* son dernier *v* son suprême espoir; *az ~ simítás* les derniers soins; le coup de rabot; *megadja az ~ simítást* donner le coup de pouce; *~ simítást végez vmin* mettre la dernière main à q; *az ~ szálig* jusqu'au dernier homme; *az ~ szó* le mot de la fin; *ez az ~ szavam* c'est là mon dernier mot; *~ útjára indul* faire le grand voyage *biz;* II. *(fn) az ~* le dernier *v* la dernière (en date); *az ~ig* jusqu'au dernier homme
utómunkálatok travaux *m pl* d'achèvement; exécution *f*
útonállás brigandage *m*
útonálló détrousseur de grand-route; voleur *v* brigand *m* de grand chemin
utónév prénom; petit nom
úton-módon; *valami ~* d'une façon quelconque; d'une façon ou d'une autre
úton-útfélen un peu partout; à tout bout de champ; *~ beszélik* cela court les rues
utópia [-ák, -át, -ája] utopie *f*
útoszlop poteau indicateur *m*
utószó épilogue *m;* postface *f*
utószülött posthume
utótermék sous-produit *m*
utóvéd arrière-garde; troupe *f* de couverture
utózengés réverbération *f*
útőr agent voyer; cantonnier *m*
útrabocsátás 1. *haj:* partance *f;* 2. *rep:* décollage *m;* 3. *(emberé)* départ *m*
útrakelés départ *m; (táborból)* décampement *m*

útrakészen 1. prêt(e) à partir *v* pour le départ; **2.** *haj:* prêt(e) à appareiller; en partance
útravaló viatique *m;* provisions *f pl* de voyage
útszegély bordure *f* de chaussée; bord *m* de la route
útszéli [~ek, ~t] **1.** ~ *árok* fossé longeant la rue; **2.** *átv:* trivial, -e; ~ *beszéd* langage de carrefour *v* de corps de garde; ~ *dolgok* trivialités *f pl*
útszoros défilé; passage *m*
úttest 1. chaussée *f;* corps *m* de la chaussée; **2.** *(vasúti)* voie *f*
úttörő [~k, ~t, ~je] **I.** *(mn)* ~ *mozgalom* le mouvement des pionniers; ~ *munkásságot fejt ki* frayer le chemin à q; poser les jalons; **II.** *(fn)* **1.** pionnier; initiateur; précurseur *m;* **2.** vaillant, -e; pionnier, -ière
úttörőnyakkendő foulard *m* de pionnier
úttörőtábor camp *m* de pionniers
útvesztő 1. dédale; labyrinthe *m;* **2.** *átv:* a *pereskedés ~je* le marquis de la procédure
útvonal 1. parcours; trajet; tracé *m;* ~*at befut* effectuer un parcours; **2.** *(lövedéké)* trajectoire *f*
uzsonna [-ák, -át, ~ája] **1.** goûter *m;* **2.** collation *f;* casse-croûte *m*
uzsonnál [~tam, ~t, ~jon]; **uzsonnázik** [~tam, ~ott, ~zék *v* ~zon] **1.** goûter; **2.** casser la croûte
uzsora [-át] usure *f; -ából él; -ával foglalkozik* faire l'usure; se livrer à l'usure
uzsoraár prix exorbitant
uzsorakamat intérêt *v* taux usuraire *m;* ~*ra ad kölcsön* prêter à usure; ~*ra vesz* emprunter à gros intérêt *v* usure
uzsorás usurier; marchand d'argent; tire-sou; vautour; loup-cervier *m*

64 Magyar–Francia kézi

Ü, Ű

ü *(hang)* u m
üde [-ék, -ét] dispos *(nőn. nincs);* frais, fraîche; ~ *báj* grâce printanière
üdeség fraîcheur *f; elveszti* ~*ét* se défraîchir; se défleurir
üdít [~ettem, ~ett, ~sen] 1. rafraîchir; désaltérer; 2. *átv:* recréer; rafraîchir; délasser
üdül [~tem, ~t, ~jön] 1. se reposer de ses fatigues; se restaurer; 2. *(szellem)* se récréer; se délasser
üdülés villégiature; récréation *f;* délassement *m*
üdülő 1. villégiateur; touriste *n; (nyáron)* estivant *m; (télen)* hivernant *m;* 2. *(épület)* maison *f* de repos
üdülőhely station balnéaire *v* climatérique
üdülőotthon centre *m* de vacances *v* de repos
üdültetés congé payé
üdv [~öt, ~e] salut *m; üdv!* salut!
üdvlövés salve (tirée en l'honneur de ...)
üdvös [~ek, ~et] 1. salutaire; avantageux, -euse; ~ *hatású* bienfaisant, -e; 2. ~ *intézkedés* mesure *v* disposition prudente *v* intelligente *v* utile
üdvösség 1. *vall:* salut *m;* béatitude; félicité *f; az* ~*et elnyeri* faire son salut; 2. *gúny: ez nem elég az* ~*re* c'est en peu court
üdvözítő [~k, ~t] I. *(mn)* 1. *egyh:* salutaire; béatifique; 2. *átv:* qui rend heureux; qui porte le bonheur; II. *(fn) az Üdvözítő* le Sauveur
üdvözlés 1. *(köszöntve)* salut *m;* salutation *f;* 2. *(jókívánságokkal)* félicitations *f pl;* compliments *m pl; a kölcsönös* ~*ek után* après les compliments d'usage
üdvözlet salutation(s) *f (pl);* amitiés *f pl;* respects; hommages *m pl; (alkalmi)* félicitations *f pl; adja át*

neki ~*emet* dites-lui bien des choses de ma part; *szíves* v *meleg* ~*tel (levélben)* bien à vous ...; votre *(tout)* dévoué; *(hidegebben)* Recevez, Monsieur, mes salutations empressées
üdvözöl [~tem, ~t, ~jön] 1. *(mozdulattal)* saluer; faire la révérence à q; 2. *(vmi alkalommal)* féliciter q de *(inf); (érkezőt)* dire la bienvenue à q; 3. *(jókívánatait küldve)* saluer; envoyer ses meilleures salutations à q; *üdvözlöm!* je vous salue; *melegen üdvözlöm fivérét* mes amitiés à votre frère
üdvözülés salut *m*
üget trotter; aller au trot
ügetés trot *m*
ügetőló cheval de course au trot; trotteur *m*
ügetőpálya piste *f* de trot
ügetőverseny trotting *m;* course *f* de v au trot (attelé)
ügy [~ek, ~et, ~e] 1. affaire *f;* négoce; marché *m; (peres)* cause; affaire *f; (jog)* matière *f; belső* ~ affaire intime; *az* ~ *el van döntve* la cause est entendue; *az* ~ *érdekében* pour les besoins de la cause; *jog: az* ~ *érdeme* le principal; *az* ~ *érdemére nézve nem nyilatkozhatom* sur le fond de l'affaire je suis tenu à la discrétion; *az* ~ *ismeretében* en connaissance de cause; *így áll az* ~ voilà l'affaire; *az* ~*ek ilyetén állása mellett* dans ces circonstances; dans cet état de choses; *az* ~*ek folyása* la marche des affaires; *hogy áll az* ~*e?* où en est son affaire? *egy* ~*be keveredik* s'attirer une méchante affaire; *vminek* ~*ében* au sujet de qc; *dans l'affaire de qc; büntető* ~*ben* en matière criminelle; *polgári* ~*ben* en matière civile; *üzleti* ~*ben* pour affaires commerciales; *ebben az*

ügybuzgó 1011 **ügynökség**

~*ben* dans cette affaire; à ce sujet; *a jó* ~*ért* pour la bonne cause; *az* ~*et előkészíti* mettre l'affaire en état; ~*eit intézi* vaquer à ses affaires; *kinyomozza az* ~*et* enquêter sur l'affaire; *vkinek az* ~*ét magáévá teszi* faire cause commune avec q; **2.** ~*et sem vet vmire* dédaigner qc; ne pas porter attention à qc; *a szóbeszédre* ~*et sem vet* se moquer du qu'en-dira-t-on
ügybuzgó zélé; empressé, -e
ügydarab pièce *f* du dossier
ügyefogyott [~ak, ~at; ~an] **I.** *(mn)* maladroit, -e; gauche; **II.** *(fn)* lourdaud; abruti *m*
ügyel [~tem, ~t, ~jen] **1.** *(vkire)* veiller sur q; surveiller q; garder q; **2.** *(vmire)* faire attention à qc; avoir soin de qc; garder qc; ~ *arra, hogy* veiller à ce que *(subj);* mettre tout ses soins à *(inf)*
ügyelet permanence; garde *f*
ügyeletes [~ek, ~t] **I.** *(mn)* de service; de garde; ~ *ápoló* infirmier *m* de garde; ~ *szolgálat* service *m* de permanence; ~ *tűzoltó* pompier *m* de service; **II.** *(fn)* permanencier *m;* *(heti)* semainier *m*
ügyelő [~k, ~t, ~je] *szính, film:* régisseur (de théâtre *v* de plateau); avertisseur *m*
ügyes [~ek, ~et] **I.** *(mn)* **1.** habile; adroit, -e; agile; leste; avisé; dégourdi, -e; *(nehéz helyzetben)* débrouillard, -e; *(vmiben)* habile dans qc; avoir la main pour *(inf);* *igen* ~ il sait faire; ~ *abban, hogy* habile à *(inf);* **2.** *(tárgy)* ingénieux, -euse; **3.** *(huncutul)* malin, maligne; chiqué, -e *nép;* **4.** *(jelzős főnevekkel:)* ~ *állat* bête savante; *nagyon* ~ *diplomata* diplomate plein de doigté; ~ *fogás (munkásé)* le tour de main; ~ *tervet eszel ki* préméditer un coup habile; ~ *válasz* réponse adroite; **II.** *(fn) pej: az* ~*ek* les débrouillards
ügyesen habilement; adroitement; savamment; subtilement; lestement; ~ *bánik az emberekkel* c'est un manieur d'hommes; ~ *elintézi a dolgot* se tirer habilement *v* expertement d'affaire; ~ *intéz egy ügyet* conduire une affaire avec dextérité; ~ *vezeti az ügyet* jouer bien son jeu
ügyeskedés tours *m pl* d'adresse; finasserie *f*
ügyeskedik [~tem, ~ett, ~jék *v* ~jen] **1.** faire des tours d'adresse; **2.** *vki körül* ~ s'affairer *v* s'empresser autour de q
ügyesség 1. adresse; habileté; dextérité *f;* doigté; doigter *m;* routine *f; kézi* ~ tour *m* de main; ~ *kérdése* c'est une question de savoir-faire; *testi* ~*e* son adresse dans les exercices du corps; *nagy* ~*et fejt ki* déployer une grande habileté; **2.** *pej:* artifice *m;* roublardise *f biz*
ügyész [~ek, ~t, ~e] **1.** avocat général; procureur; **2.** *(vállalati)* avocat conseil; chef *m* de contentieux
ügyészi [~ek, ~t] du procureur; de l'avocat général; ~ *hivatal* le Parquet; ~ *vádbeszéd* réquisitoire *m*
ügyetlen maladroit, -e; malhabile; malavisé, -e; gauche; lourd, -e
ügyetlenség 1. maladresse; inhabilité; gaucherie; incapacité *f;* **2.** bévue; gaffe *f*
ügyfél 1. client, -e *n; (ügyfelek)* clientèle *f;* **2.** *(bíróság előtt)* partie *f*
ügygondnok curateur *m*
ügyigazgatás; ügyintézés gestion *f*
ügyirat pièce *f* (du dossier); document; acte *m*
ügykezelés direction *f v* maniement *m* des affaires
ügykör 1. ressort *m;* sphère *f v* champ *m* d'activité; compétence *f;* **2.** *(minisztériumi)* département *m (pl:* de l'intérieur)
ügylet affaire *f;* acte *m;* transaction; opération *f;* marché *m; jog:* magánjogi ~ acte civil
ügynök [~ök, ~öt, ~e] **1.** agent (d'affaires); commissionnaire; courtier; commis voyageur *v* placeur *m;* **2.** *(politikai)* émissaire *n*
ügynökség 1. agence *f* (d'affaires); **2.** *(konzulátus)* consulat *m*

64*

ügyosztály 1. bureau; service *m;* jogi ~ service de contentieux; 2. section *f;* département *m;* division *f*
ügyrend règlement *m*
ügyvéd [~ek, ~et, ~je] avocat; avoué *m;* (*magánjogi tanácsadó*) avocat conseil; conseil *m;* ~*ek* les gens de robe; *Pierre Georges* ~ Maître (M°) P. G.; *bejegyzett* ~ avocat inscrit au barreau; ~ *lesz* entrer dans le barreau; ~ *közbenjötte nélkül* sans ministère d'avoué; *az* ~*ek padja* le barreau; ~*nek meghatalmazást ad* constituer avoué; ~*et kirendel* désigner un avocat d'office; *tanácsot kér egy* ~*től* consulter un avocat *v* un avocat-conseil; ~*del képvielteti magát* comparaître par avoué
ügyvédi [~ek, ~t] d'avocat; d'avoué; ~ *beszéd* plaidoirie *f;* plaidoyer *m;* ~ *díjszabás* taxe *f;* ~ *fogás* avocasserie; chicane *f;* ~ *gyakorlat* l'excercice de la profession d'avocat; ~ *gyakorlatra bejegyzett* inscrit au stage du barreau; ~ *gyakorlattól eltilt* exclure du barreau; ~ *iroda* étude *f* d'avocat *v* d'avoué; ~ *kamara* le barreau; ~ *kamara elnöke* le bâtonnier (de la Cour des avocats); ~ *kamara fegyelmi tanácsa* le conseil de l'ordre; ~ *kar* l'ordre des avocats; le barreau; ~ *képviselet* ministère *m* d'avocat; ~ *költség* rétribution *f v* honoraires *m pl* de l'avocat; ~ *meghatalmazás* constitution *f* d'avocat; ~ *rendtartás* décret régissant la discipline du barreau; ~ *talár* robe *f* d'avocat; *ingyenes* ~ *tanácsadás* assistance judiciaire *f*
ügyvédjelölt avocat stagiaire; clerc *m* (d'avoué)
ügyvédnő femme avocat
ügyvezetés direction des affaires; gestion *f*
ügyvivő 1. chargé *m* d'affaires; 2. agent *m*
ükanya arrière-arrière-grand-mère; trisaïeule *f*
ükapa arrière-arrière-grand-père; trisaïeul *m*
ükunoka arrière-arrière-petit-enfant
ül [~tem, ~t, ~jön] I. *(tgyl i)* 1. être assis(e); s'asseoir; se placer; se tenir assis(e); *(járműben)* prendre place dans qc; *mellém ült* il s'est assis *v* a pris place à mon côté; *mozdulatlanul ül* se tenir immobile; *vkinek helyére ül* occuper la place de q; *az ablaknál ül* il est assis à la fenêtre; *az ágyában ül* il était *v* il s'était mis sur son séant; *asztalhoz ül* s'asseoir à table; *s'attabler; lóra ül* monter à cheval; *vonatra, repülőgépre, autóra ül* monter dans le train, en avion, en auto; embarquer; *üljön ide* mettez-vous là; ~*ve marad* se tenir assis(e); 2. *műv, fényk:* poser; accorder des séances de pose (à un peintre); 3. *(börtönben) purger sa peine;* 4. *(szólások) (vmi) ül az arcán* être empreint(e) sur sa physionomie; II. *(tgy i)* 1. *ünnepet ül* célébrer une fête; 2. *tíz évet ült* il a tiré dix ans *nép*
üldöz [~tem, ~ött, ~zön] 1. *(nyomában járva)* poursuivre; ; pourchasser; *(különösen vadat)* traquer; *képe mindenütt* ~ son image me suit partout; 2. *átv:* persécuter; s'acharner sur *v* contre *v* après q; *a sors* ~*i* le sort s'est acharné sur lui; 3. *(visszaélést)* réprimer; 4. ~ *vkit szerelmével* poursuivre q de ses offres galantes *v* de ses assiduités
üldözés 1. poursuite *f;* talonnement *m;* chasse *f* à l'homme; *az* ~ *nem vezet eredményre* la poursuite ne mène à rien; 2. *átv:* persécution *f;* 3. *(versenyben)* chasse *f;* 4. *(visszaélése)* répression *f*
üldözési *mánia* le délire *v* la manie de la persécution
üledék [~et, ~e] 1. sédiment; sédimentaire; dépôt *m;* 2. *vegy:* dépôt
üledékes [~ek, ~et] sédimentaire; sédimenteux, -euse
ülep [~ek, ~et, ~e] derrière *m;* fesses *f pl;* séant; siège *m*
ülepedik [~tem, ~ett, ~jék *v* ~jen] *(üledék)* se déposer
ülés 1. position assise; 2. *műv:* pose; séance *f;* 3. *orv:* séance; 4. *(szék, hely)* siège *m;* place *f; (vasúton)* banquette *f; (kerékpáron)* selle *f;* 5. *műsz:* cas *m* d'ajustement; 6.

(gyűlés) séance; assemblée; réunion *f; teljes ~* séance plénière; *az ~ folyamán* au cours de la séance; *az ~ben* en séance; *az ~t bezárom* la séance est levée; *az ~t megnyitom* la séance est ouverte; 7. *(bírósági)* audience *f; az ~ben* au cours de l'audience
ülésezik [~tem, ~ett, ~zék *v* ~zen] tenir séance *v* ses assises
ülési *díj* jeton *m* de présence
ülésszak session *f; az ~ bezárása* la clôture de la session
ülésterem 1. salle *f* des séances; 2. *(bírósági)* salle d'audience
üllő 1. enclume *f; (kicsi)* tasseau; enclumeau *m;* 2. *orv: (fülben)* enclume
ülnök [~ök, ~öt, ~e] assesseur *m; népi ~* assesseur populaire
ülő [~k, ~t] I. *(mn)* 1. assis, -e; *(magasan)* juché, -e; *(madár)* percher, -e; 2. *jól ~ ütés* coup ferme; 3. *~ arckép* portrait assis; *~ élet v életmód* vie sédentaire; *~ helyzet* position assise; II. *(fn)* 1. *a kocsiban, a repülőgépben ~k* les occupants de la voiture, de l'avion; 2. *(baromfié)* juchoir *m*
ülődeszka siège *m*
ülőfürdő bain de siège; demi-bain *m*
ülőke siège *m*
ülőpárna rond-de-cuir; coussin de siège *m*
ülősztrájk grève *f* des bras croisés *v* sur le tas
ültében étant assis(e); *egy ~* sur le champ
ültet 1. *(vkit)* (faire) asseoir; placer; 2. *(növényt)* planter; 3. *(vmibe, átv is)* implanter; 4. *(tyúkot)* accouver
ültetvény plantation *f; (kerti)* plant *m*
ünnep [~ek, ~et, ~e] 1. fête *f; ~et ül v tart* célébrer une fête; 2. *(ünnepség)* solennité *f;* gala *m;* fête; 3. *sp:* meeting *m;* journée *f; (zenei)* festival *m*
ünnepel [~tem, ~t, ~jen] 1. *(ünnepet)* célébrer; férier; 2. *(város)* être en fête; fêter; 3. *(vkit)* faire fête à q (de qc)

ünnepelt [~ek, ~et; ~en] I. *(mn)* fêté, -e; II. *(fn) az ~* le jubilaire
ünnepély [~ek, ~t, ~e] cérémonie; fête; solennité *f; (műsoros)* gala *m*
ünnepélyes [~ek, ~et] solennel, -elle; *gúny:* pompeux, -euse; *~ fogadás* réception *f* de gala; *~ hangulat* air *m* de dimanche
ünnepélyesség 1. solennité *f;* apparat *m;* 2. *(modorban, hangban)* gravité *f;* pathétique *m*
ünnepi [~ek, ~t] de fête; solennel, -elle; *~ ajándék* cadeau *m* de fête; étrenne *f; ~ beszéd* discours *m* d'usage *v* d'apparat; *~ díszben* en grand gala; *~ előadás* représentation *f* de gala; *~ est* soirée *f* de gala; *~ játék szính:* pièce *f* de circonstance; *sp:* journée sportive; *zen:* festival *m; ~ menet* cortège *m; egyh:* procession *f; ~ ruha* habit *m* de fête; *~ szám* numéro spécial; *~ ülés* séance solennelle
ünneplés [~ek, ~t, ~e] 1. *(vkié)* hommage(s) solennel(s) rendu(s) à q; ovation *f;* 2. *(ünnepé)* célébration *f*
ünnepnap jour de fête; jour férié *v* fériable *v* chômé; *ld. még:* ünnep
űr [~ök, ~t, ~je] 1. vide *m; (belső)* lacune *f; az űrt betölti* combler la lacune; 2. *csill:* espace cosmique *v* vide *m;* 3. *fiz:* vacuum *m;* le vide; 4. *átv:* halála nagy űrt hagy maga után sa mort fait un grand vide
üreg [~ek, ~et, ~e] 1. cavité; excavation *f;* creux *m;* poche *f;* 2. *orv:* cavité *f;* sinus *m; (szerven belül)* ventricule *m; (tüdőben)* caverne *f; (protoplazmában)* vacuole *f*
üreges [~ek, ~et] creux, creuse; caverneux, -euse
üregi *nyúl* lapin (domestique) *m*
üres [~ek, ~et] 1. vide; creux, creuse; *~ fej* tête vide *f;* esprit creux; *~ hangot ad* sonner creux; *~ a hasa* avoir le ventre plat; *~ kézzel távozik* s'en aller les mains vides; *~ kézzel jön meg* rentrer bredouille; 2. *(állás, lakás)* vacant, -e; *~ lakás* logement inoccupé *v* libre; 3. *(tér, utca)* désert,

-e; ~ *telek* propriété non bâtie; ~ *tér* espace vide *m;* ~ *utca* rue déserte; 4. *növ: (termésről)* abortif, -ive; 5. *zen:* ~ *húr* v *húron* corde *f* à jour *v* à vide; 6. *(rovat átírása)* Néant; ~ *helyek (írásban)* blancs *m pl;* ~ *(még be nem írt) lap* page vierge *f;* blanc *m;* ~ *szavazólap* bulletin blanc; abstention *f;* 7. ~ *idejében* à ses loisirs; dans ses moments perdus; ~ *idejét arra használja fel, hogy* occuper ses loisirs à *(inf); (tanulásra:* dans l'étude); 8. *pej:* creux, creuse; chimérique; gratuit, -e; ~ *ábránd* chimère; rêverie *f;* ~ *beszéd* discours creux; ~ *címek* vains titres; ~ *csillogás* (faux) clinquant; ~ *élet* vie atone *f;* ~ *ember* homme nul *v* médiocre; ~ *fecsegés* bavardage fastidieux; *(gyűlésen)* parlote *f; ezek* ~ *fecsegések* ce sont des contes en l'air; ~ *fenyegető(d)zés* menaces *f pl* en l'air; ~ *igérgetés* promesses *f pl* en l'air; ~ *szó* mot vide de sens; vain mot; ~ *szavakkal tart* payer en monnaie de singe; ~ *szólam* phrase creuse
üresedés vacance *f;* emplacement *v* poste vacant; ~*ben levő* vacant, -e
üresfejű *(ember)* une tête *v* un homme sans cervelle; cerveau vide
üreslelkű sans cœur
üresség 1. vide *m;* les vides; 2. *fiz:* vacuum *m;* le vide; 3. *életének* ~*e* la vanité de sa vie
ürge [-ék, -ét, -éje] 1. spermophile *m; úgy megázott, mint az* ~ être mouillé(e) *v* trempé(e) comme un canard; 2. *arg:* mec; type *m*
űrhajó vaisseau *v* spatial; navire intersidéral *v* cosmique; astronef
űrhajós cosmonaute, astronaute *n*
ürít [~ettem, ~ett, ~sen] 1. vider; évacuer; désemplir; ~*em poharamat szeretett szaktársunk egészségére* je bois à la santé de notre cher collègue; 2. *kat:* décharger
űrlap formulaire; bulletin *m*
űrméret 1. calibre *m;* 2. contenance *f*
űrmérték mesure *f* de capacité

üröm [~öt, ~e] 1. *fehér* ~ (armoise) absinthe *f; fekete* ~ armoise *f;* 2. *az örömbe* ~ *vegyült* sa joie n'était pas sans mélange
űrrakéta fusée spatiale *v* intersidérale *v* cosmique
ürszelvény gabarit *m*
űrtartalom contenance; capacité *f; (hajóé)* tonnage *m*
ürügy [~ek, ~et, ~e] prétexte; fuyant; subterfuge *m; azon* ~ *alatt, hogy* sous prétexte que *(ind) v* de *(inf); vminek az* ~*e alatt* sous prétexte de qc; sous (l')ombre de qc; par le biais de qc; *különböző* ~*eket hoz fel* alléguer des raisons; ~*et szolgáltat vmire* autoriser qc; ~*et talál arra, hogy* trouver matière à *(inf);* ~*ül hozza fel* prendre pour prétexte
ürühús viande *f* de mouton
ürülék [~ek, ~et, ~e] 1. excrément *m;* matières (fécales); fèces *f pl;* ~*et kiválaszt* expulser les matières fécales; 2. *orv:* excreta *m pl;* fèces *f pl*
üst [~ök, ~öt, ~je] chaudron *m; (főző)* chaudière; marmite *f; (mosó)* lessiveuse *f; (pálinkafőző)* bouilleur *m*
üstdob timbale *f;* ~*öt ver* faire les timbales
üstház foyer *m* pour lessiveuse
üstök [~öt, ~e] 1. toupet *m (lóé is);* 2. *(madáron)* houppe *f;* 3. *(hajzat)* chevelure *f (csill. is);* 4. ~*ön ragad prendre* v saisir à la volée
üstökös [~ök, ~t, ~e] comète *f;* ~ *csóvája* v *farka* chevelure *f;* ~ *feje* tête cométaire *f*
üszkös [~ek, ~et] 1. *(testrész)* gangrené, -e; gangréneux, -euse; 2. *(gabona)* niellé; ergoté, -e
üszkösödés 1. gangrène; *orv:* mortification *f; (csonté)* nécrose *f;* 2. *(gabonáé)* charbon *m;* nielle *f;* 3. *(égő fáé)* carbonisation *f*
üszkösödik [~tem, ~ött, ~jék *v* ~jön] 1. *(seb)* se gangrener; *(csont)* se nécroser; 2. *(gabona)* se nieller; 3. *(égő fa)* se carboniser
üsző [~k, ~t, ~je] génisse; taure *f*
üszög [~öt, ~je] 1. *orv:* pustule maligne; 2. *növ:* rouillure; nécrose *f*

üszök [üszköt, üszke] 1. *(tüzes)* brandon; tison *m;* 2. *orv: ld:* **üszkösödés**
üt [~öttem, ~ött, üssön] I. *(tgy i)* 1. battre; frapper; cogner; taper; *(tárgy)* percuter; *nagyot üt rá* donner une bourrade à q; *üsd!* tapez dessus! *vas-y! üti, veri* rouer de coups; brutaliser; maltraiter; *hátba üt* frapper dans le dos; *fejen üt* frapper à la tête; *öklével üti az asztalt* frapper *v* marteler la table du poing; *ütik egymást* se battre à coups de poing; *üti a labdát* frapper la balle; 2. *(óra)* sonner; *az óra tízet ütött* dix heures viennent de sonner; la pendule a sonné les dix heures; *hányat ütött (az óra)?* quelle heure a-t-il sonné? *átv: tudja hányat ütött az óra* il sait de quoi il retourne; *ütött az óra!* l'heure vient de sonner; *rosszul üt* sonner mal; 3. *a zöld üti a kéket* le vert jure avec le bleu; 4. *kárty:* couper; *(erősebb kártya a kisebbet)* manger; 5. *sakk:* prendre; II. *(tgyl i)* 1. *az országba üt* il envahit le pays; 2. *(hasonlít) apjára üt* il ressemble à son père; 3. *mi ütött magába?* qu'est-ce qui vous prend? *ld. még:* **beléüt**
üteg [~ek, ~et, ~e] batterie *f; egy ~et felállít* mettre en batterie
ütegállás position *f* de batterie
ütegparancsnok commandant *m* de la batterie
ütem [~ek, ~et, ~e] 1. *zen, irod:* mesure *f; irod:* battement *m;* 2. *(ritmus)* cadence *f;* rythme *m;* 3. *műsz:* temps *m;* période *f; (motorkerékpár)* cycle *m;* 4. *átv: (munkáé)* cadence; *gyors ~ben* à cadence vive *v* accélérée
ütemes [~ek, ~et] rythmé; mesuré; cadencé, -e; *~ taps* applaudissements rythmés; ban (rythmé)
ütemez [~tem, ~ett, ~zen] cadencer; rythmer
ütemterv répartition *f* du plan *v* du programme
ütés 1. *(embernek)* coup; coup de poing *v* de bâton *m; kis ~* tapette *f; az ~ ereje* la violence du coup; *~ helye* meurtrissure *f; ~ a szemen* pochon *m; egy ~t elhárít* rompre un coup; *~t kap* recevoir un coup; *~eket kap* prendre des coups; *sp: ~eket osztogat* distribuer des coups de poing; 2. *(ökölvívóé)* coup; punch *m; egyenes ~* direct *m;* 3. *(vmire)* coup; percussion *f;* 4. *(ütődés)* choc; heurt *m;* atteinte *f;* 5. *kárty:* levée *f; egy ~t csinál* faire une levée *v* un pli *v* une main; *minden ~t elvisz* faire un capot; *egyetlen ~t sem csinált* ne pas faire une levée; 6. *sakk:* prise *f*
ütközés 1. choc; heurt *m; (vasúti)* tamponnement *m;* 2. *(elfoglaltságé)* coïncidence *f;* 3. *(érdekeké)* conflit *m* (d'intérêts); 4. *atfiz* collision *f*
ütközet bataille *f;* combat *m;* affaire *f;* engagement *m; kat:* action *f; (kisebb)* accrochage *m; az ~ helye* le champ de bataille; *az ~ hevében* au plus fort du combat; *~et vív vkivel* livrer bataille à q
ütközik [~tem, ~ött, ~zék *v* ~zen] 1. *(vmibe, vmivel össze)* entrer en collision avec qc; heurter contre qc; donner contre qc; *(vonat)* tamponner qc; *(oldalról)* accrocher qc; *(oldalába)* prendre qc en écharpe; 2. *egymásba ~* se heurter; *(egymásba fúródva)* se télescoper; 3. *kat:* livrer bataille *f;* 4. *(elfoglaltság)* coïncider; *ellenállásba ~* se heurter à la résistance de q; *törvénybe ~* être contraire à la loi; 5. *(bajusz)* commencer à pousser; *(gabona így is:)* pointer
ütköző [~k, ~t] 1. *(vasút)* tampon *m; (vasúti sín végén)* butoir *m;* 2. *(zárban)* gâche *f;* 3. *átv: ~ül szolgál* faire *v* former un tampon
ütközőállam État tampon *v* intermédiaire *m*
ütközőpont cause *f* de conflit; point *m* de friction
ütleg [~ek, ~et] coup *m;* bourrade *f; ~ek* volée *f* de coups
ütő [~k, ~t] 1. *(munkás)* batteur, -euse *n;* 2. *tenisz:* raquette *f;* 3. *golf:* maillet *m; (hoki)* stick *m;* crosse *f*

ütődés choc; heurt *m;* percussion *f*
ütődött [~ek, ~et; ~en] 1. *(gyümölcs)* talé; meurtri, -e; 2. *(ember)* cinglé; sonné; toqué, maboul
ütőér artère *f; (nyakon)* carotide *f*
ütőerő 1. force *f* de percussion; 2. force *v* puissance *f* de frappe
ütőeszköz instrument contondant
ütőfegyver arme contondante *v* de choc
ütöget tapoter; donner des coups sur qc
ütőhangszer *zen:* instrument *m* de *v* à percussion; *(együtt)* batterie *f*
ütőkártya atout *m;* carte maîtresse
ütőképes combatif, -ive
ütőképesség combativité; puissance *f* de choc; *hadsereg* ~*e* potentiel *m* de guerre
ütőóra *(fali)* pendule *f* à répétition
ütött-kopott [~ak, ~at; ~an] usé; râpé; fripé; fatigué, -e; minable; ~ *külső* aspect minable *m*
üveg [~ek, ~et, ~e] 1. verre *m;* *csiszolt* ~ cristal; verre poli; 2. *(ablak-~)* vitre *f;* carreau *m; (képé)* verrière *f; (kirakaté, kocsié, autóé)* glace *f;* 3. *(palack)* bouteille *f;* 4. *(hasas)* carafe *f;* 5. *(mézes, befőttes)* bocal *m; (keskeny, magas)* flûte *f;* 6. *egy* ~ *parfüm, illatszer* un flacon d'odeurs *v* de parfum
üvegajtó porte vitrée; vitrage *m*
üvegáru verrerie; vitrerie *f*
üvegbetét *(termoszban)* ampoule *f* en verre
üvegbura 1. cloche *f;* 2. *kert:* verrière; cloche *f*
üvegcserép débris *m* de verre; *(palackcserép)* tesson *m*
üvegcsiszolás polissage *m* de verre
üveges [~ek, ~et] I. *(mn)* vitreux, -euse; hyalin, -e; II. *(fn)* 1. vitrier *m;* 2. *(mester)* verrier *m*
üvegesedik [~ett, ~jék *v* ~jen] se vitrifier; *(tekintet)* devenir vitreux *v* vitreuse
üvegesmesterség verrerie *f; (ablakos)* vitrerie *f*
üvegez [~tem, ~ett, ~zen] poser une vitre
üvegezett vitré, -e; à vitraux; ~ *ajtó* porte-fenêtre *m*

üvegfestés peinture *f* sur verre *v* d'apprêt *v* en apprêt
üvegfestő peintre verrier; apprêteur *m*
üvegfúvás soufflage *m* de verre
üvegfúvó *(munkás)* souffleur; félatier *m*
üveggolyó *ját:* bille *f* de cristal
üveggyár verrerie *f*
üveggyöngy verrerie; perle *f* de *v* en verre
üveghang *zen:* flageolet; son flûté
üvegharang cloche de verre; verrine *f*
üvegház *kert:* serre *f*
üvegházi 1. *kert:* ~ *kertész* forceur, -euse *n;* ~*növény* plante *f* de serre; 2. *átv:* ~ *palánta* fruit *m* de serre chaude
üveghuta soufflerie de verre; verrerie *f*
üveghúzás étirage *m* du verre
üvegipar vitrerie; hyalurgie *f*
üvegköszörülés taille *f v* polissage *m* du verre
üveglap plaque *v* tablette de verre; vitre; feuille *f*
üveglemez lame *f* de verre
üveglencse lentille *f*
üvegmáz glaçure *f*
üvegnemű I. *(mn)* vitreux, -euse; II. *(fn)* verrerie *f*
üvegnyak goulot *m*
üvegpalack bouteille *f;* *(asztali, vizes)* carafe *f*
üvegpohár verre *m* (à boire)
üvegsör canette *v* bouteille de bière; canette *f*
üvegszem œil de verre *v* artificiel
üvegszínű vert bouteille
üvegtábla 1. *(gyári)* feuille *f* de verre; 2. *(ablak)* glace; vitre *f;* carreau *m;* 3. *(kép előtti)* verrière *f*
üvegtest *orv: (szemben)* humeur hyaloïde *f;* vitré *m*
üvegtető toiture en vitrage; toiture vitrée; *(nagy csarnokok fölött)* verrière *f; (bejárat fölött)* marquise *f*
üvegtörlő *léc aut:* essuie-glace *m*
üvegvágás la coupe du verre
üvegvágó coupe-verre *m;* tournette *f*
üvegzöld vert-bouteille; cul(-)de(-)bouteille *f*
üvölt [~öttem, ~ött, ~sön] hurler> pousser des hurlements; vociférer

~ *fájdalmában* hurler de douleur; *együtt* ~ *a farkasokkal* faire chorus
üvöltés 1. hurlement *m;* vociférations *f pl;* **2.** *rád:* effet microphonique *m;* **3.** *a vihar* ~*e* le hurlement du vent
űz [űztem, űzött, űzzön] **1.** chasser; poursuivre; pourchasser; traquer; **2.** *(foglalkozást)* suivre; professer; pratiquer *(sportot is); űzi a mesterséget* se livrer à son négoce
üzekedés *(emlősöké)* rut *m;* folie *f; (hímé)* approche *f*
üzem [~ek, ~et, ~e] **1.** exploitation *f;* teljes ~ complète activité; *teljes* ~*ben* en pleine activité; ~*be helyez v állít* exploiter; mettre en exploitation; **2.** *(üzletmenet)* trafic *m; (vasúti)* trafic; mouvement; service *m* d'exploitation; *az* ~*ek* les services (techniques); ~*en kívül helyez (gyárat)* fermer; **3.** *(gépé)* fonctionnement *m;* ~*be helyez (gépet)* mettre en service *v* usage; *folyamatos* ~*ben* (en) fonctionnement continu
üzemanyag *műsz:* combustible *m; (folyékony)* carburant; fuel *m;* ~*gal megtölt* faire le plein
üzemanyagellátás ravitaillement *m*
üzembehelyezés mise en exploitation *v* en train *v* en service
üzembentartás exploitation *f*
üzemberendezés outillage *m*
üzembeszüntetés 1. arrêt *m v* cessation *f* (de l'exploitation *v* du travail); **2.** *(dolgozók részéről)* débrayage *m*
üzemegészségügy hygiène *f* des usines *v* des entreprises
üzemgazdaság organisation *f* de production
üzemgazdaságtan économie *f* de production; *ipari* ~ économie industrielle
üzemi [~ek, ~t] ~ *baleset* accident *m* de travail; ~ *bizottság (Ü. B.)* comité d'entreprise; ~ *bizottsági tag* délégué(e) d'usine; ~ *eljárás* méthode *f* d'exploitation; mode opératoire *m;* ~ *felszerelés* matériel *m* d'exploitation; ~ *feltételek* conditions *f pl* de fonctionnement *v* de marche; ~ *igénybevétel* charge *f* de service; ~ *kiadások* frais *m pl* d'exploitation; ~ *konyha* cuisine *v* cantine *f* d'entreprise *v* d'usine; ~ *költség* frais généraux; ~ *munkás* travailleur de chantier; ~ *nyomás* pression *f* de service; *vasút:* ~ *szabályzat* règlements *m pl* d'exploitation
üzemképes *(állapotban levő)* en état de service *v* de servir; en état de fonctionner
üzemmérnök 1. ingénieur des services techniques; **2.** ingénieur exploitant *v* des arts et manufactures
üzemszervezés organisation de la production; économie *f* d'organisation technique
üzemszünet arrêt de marche; chômage *m*
üzemterv programme de production; plan *m* d'exploitation
üzemvezető directeur *m* des services techniques
üzemzavar 1. panne; défaillance *f;* incident mécanique *m;* ~ *esetén* en cas de défaillance; **2.** dérangement *m v* entrave *f* dans l'exploitation
üzen [~tem, ~t, ~jen] **1.** ~ *vkinek* faire dire à q; prévenir q de qc; annoncer qc à q; *mondja meg, hogy ezt én* ~*em* dites-lui cela de ma part; **2.** *hadat* ~ déclarer la guerre
üzenet 1. message *m; (egy személytől vkinek)* commission *f;* ~*et hoz* porter un message; **2.** *újs:* szerkesztői ~*ek* courrier *m* de la rédaction; **3.** *(testületé)* adresse *f;* részvétet kifejező ~ adresse de condoléance
üzér [~ek, ~t, ~e] brasseur d'affaires; faiseur (d'affaires); spéculateur; mercanti *m*
üzérkedés spéculation *f* (sur); agiotage; trafic; tripotage *m;* összeköttetésekkel való ~ trafic d'influence
üzérkedik [~tem, ~ett, ~jék *v* ~jen] agioter; brasser des affaires (louches); tripoter; ~ *vmivel* faire trafic de qc; spéculer sur qc
üzés 1. chasse (à); poursuite *f* (de); **2.** *(foglalkozásé)* exercice *m*
üzlet 1. *(ügy)* affaire *f;* marché *m; kitűnő* ~ excellente affaire; *piszkos* ~ affaire véreuse *v* louche; ~*eket csinál*

üzletbér

faire des affaires; *mindenféle ~eket csinál* brasser des affaires; *rossz ~et csinál vkivel* faire un marché de dupe avec q; *~et köt* conclure une affaire v le marché; passer marché; *visszavonul az ~től* se retirer du commerce; *(egytől)* abandonner l'affaire; *~ekkel kezd foglalkozni* se mettre dans les affaires; **2.** *(helyiség, cég)* magasin *m;* boutique *f;* fonds de commerce; commerce *m; az ~ jól megy* la vente va; *~e van* exploiter un magasin; tenir boutique; *~et folytat* exploiter un commerce; *~et nyit* ouvrir un magasin
üzletbér loyer (commercial)
üzletember homme d'affaires; businessman *m; az ~ek* les gens d'affaires; *jó ~* excellent homme d'affaires
üzletfél client, -e *n;* correspondant *m*
üzletház maison *f* de vente; grand magasin
üzlethelyiség local à usage de commerce; siège commercial; magasin *m*
üzleti [~ek, ~t] d'affaires; de commerce; commercial, -e; *pej:* mercantile; *~ célból* dans un but lucratif; *~ élet* vie commerciale; *~ érzék* le sens des affaires; *van ~ érzéke* avoir l'intelligence des affaires; *~ forgalom* mouvement *v* chiffre *m* d'affaires; transactions *f pl; az ~ hajsza* le tracas des affaires; *~ kapcsolatok* relations d'affaires *v* commerciales; *~ kilátások* la conjoncture; *~ költség* frais généraux; *~ könyv* livre *m* de commerce *v* de comptabilité; *~ könyveket vezet* tenir *v* faire les écritures; *~ körök* milieux d'affaires *v* commerciaux; *~ levél* lettre *f* de commerce; *~ levelezés* correspondance commerciale; *~ napló* mémorial; brouillard *m;* main courante; *~ órák* heures de bureau *v* de magasin; heures ouvrables *f pl; ~ összeköttetés* relation *f* d'affaires; *~ pangás* marasme *m* des affaires; *~ része vminek* côté affaires; aspect commercial; *~ szellem* génie *v* esprit des affaires; esprit mercantile *m; ~ szempontból* dans un but lucratif; au point de vue commercial *v* affaires; *~ tevékenység* activité commerciale; commerce *m; az ~ titok* le secret-maison; le secret des affaires; *~ tőke* capitalfonds *m; ~ út* voyage *m* d'affaires; *~ város(negyed)* quartier *m* des affaires; city *f; ~ verseny* concurrence *f; ~ világ* le monde des affaires; *~ viszony* relations *f* d'affaires
üzletkör branche; sphère *f* d'activité
üzletkötés transaction *v* opération (commerciale)
üzletmenet 1. affaires *f pl;* marche *f* des affaires; **2.** *(tőzsdén)* la cote
üzletrész apport *m;* part sociale *v* d'intérêt; *(szövetkezeti)* part de société coopérative; action *f*
üzletszerű professionnel, -elle; commercial, -e; *~ kihasználás* exploitation commerciale
üzletszerző démarcheur *m*
üzlettárs associé, -e *n*
üzlettelenség marasme *m;* stagnation des affaires; accalmie *f*
üzlettulajdonos propriétaire d'un fonds de commerce; patron *m*
üzletvezető 1. (directeur) gérant; chef d'entreprise; administrateur délégué; **2.** *(vasúti)* chef *m* du mouvement
üzletzárás fermeture *f* (du magasin); *~kor* à l'heure de la fermeture

V

v *(betű)* v *m;* V-*alakú* en (forme de) V
vacak [~ok, ~ot, ~ul] I. *(mn)* moche; ridicule; II. *(fn)* 1. fichaise; foutaise *f nép; ez a ~* ce machin; 2. *(kép)* croûte *f*
vacakol [~tam, ~t, ~jon] 1. bricoler; 2. faire des chichis; *ne ~j!* (ne fais) pas d'histoires
vackor poire sauvage *f*
vacog [~tam, ~ott, ~jon] grelotter; se morfondre de froid; *~ a foga* claquer des dents
vacok [vackok, vackot, vacka] 1. *(állaté)* gîte *m; vackába húzódott* terré, -e; 2. *(emberé)* bouge; trou; réduit; taudis *m; visszahúzódik a vackába* rentrer dans sa coquille; 3. *növ:* réceptacle *m; (virágé)* capitule *m*
vacsora [-ák, -át, -ája] dîner *m; (vidéken és rég:)* souper *m; ~ után* après dîner; *a ~ végén* entre la poire et le fromage; *~ vendégekkel* dîner prié; *-ához ül* se mettre à table
vacsorázik [~tam, ~ott, ~zék v ~zon] dîner; *(éjjel felé és régen:)* souper; *állva ~* dîner sur le pouce; *semmit sem ~* dîner par cœur
vad [~ak, ~at] I. *(mn)* 1. sauvage; féroce; inhumain, -e; barbare; brutal, -e; farouche; violent, -e; *~ állapotban* à l'état sauvage; 2. *(műveletlen)* sauvage; inculte; barbare; *~ futás* course *v* fuite éperdue; *(katonáké)* débandade; débâcle *f; ~ nép* peuple sauvage *v* barbare *m;* 3. *(fékezhetetlen)* insociable; indompté, -e; 4. *(állat, növény)* sauvage; 5. *(íz, szag)* sauvagin, -e; *~ íz* goût acerbe *v* violent; *(hús)* goût faisandé; 6. *(műalkotás)* saugrenu, -e; 7. *(jellemileg)* sauvage; brutal, -e; *~ elszántság* farouche résolution *f;* mœurs sauvage *v* barbares *f pl; ~ külső* aspect farouche *m; a leg~abb feltevések* les plus folles suppositions; II. *(fn)* 1. sauvage *m;* 2. *műv:* fauve *m;* 3. *(állat)* gibier *m;* venaison *f;* apró *~* menu gibier; *nagy ~* gros gibier; *(oroszlán, tigris stb.)* fauve *m; élő ~* gibier vivant; *~ban dús* giboyeux, -euse; *~at befog* v *megfog (tenyésztés céljára)* capturer; *a kutya ~at jelez* le chien appelle; *~at lő* tuer du gibier; 4. *~akat beszél* dire des choses saugrenues *v* des stupidités
vád [~ak, ~at, ~ja] accusation; incrimination; inculpation *f; az ellene felhozott ~* le grief articulé contre lui; *a ~ szerint* selon la prévention; *~ alá helyez* mettre en accusation; *~ alá helyezés* mise en accusation; inculpation *f; a ~ alól felment* acquitter; *jog: indítvány a ~ elutasítására* fin *f* de non recevoir; *a ~ tárgya* grief; chef *m* d'accusation; *gyilkosság -jával letartóztatták* être arrêté(e) sous l'inculpation d'assassinat; *a ~at elejti* abandonner l'accusation; *~at emel* porter une accusation contre q; *~at emel vki ellen* décréter q d'accusation; se porter contre q; *a ~at indokolja* soutenir l'accusation; *a ~at képviseli a törvényszék előtt* soutenir l'accusation devant le tribunal
vadállat 1. animal sauvage *m;* bête sauvage *v* féroce *v* farouche *f; (oroszlán, tigris)* fauve *m;* 2. *(emberről)* brute *f*
vadállati férin, -e; *(erkölcsileg)* bestial, -e
vadállomány réserve de gibier; chasse *f;* le gibier
vadaskert chasse *f;* tirés *m pl*
vadász [~ok, ~t, ~a] 1. chasseur *m (kat. is); kat: hegyi ~* chasseur alpin; *kitűnő ~* c'est un bon fusil; 2. *(alkalmazott)* piqueur; garde-chasse *m*
vadászat chasse (à qc *v* de qc); partie de chasse *f; (lőfegyverrel)* chasse à tir; *~ nagy vadra* grande vénerie; *Tilos a*

vadászati

~! Chasse interdite; *nincs szerencséje a ~ban* il fait mauvaise chasse
vadászati de chasse; cynégétique; *~ évad* la saison cynégétique; *(kezdete:)* ouverture *f; vége:* fermeture *v* clôture *f* de la chasse); *~ felügyelő* gardechasse *m; ~ jog* droit *m* de chasse
vadászengedély permis *m* de chasse
vadászfegyver arme *f* de chasse; *(puska)* fusil *m* de chasse
vadászgép avion de chasse; chasseur *m; (együtt)* la chasse
vadászgörény *áll:* furet *m*
vadászháló 1. filet de chasse; traîneau *m; (tőr)* piège à filet; filet *m;* **2.** *(lőtt vadnak)* carnier *m*
vadászik [~tam, ~ott, -ásszék *v* -ásszon] **1.** être à la chasse; *vmire ~* chasser qc; faire la chasse à qc; *(hajtva)* courir qc; *(állat)* braconner; *csapdával ~* chasser au piège; *szerencsével ~* faire bonne chasse; *tilosban ~* braconner; **2.** *átv:* chasser qc; briguer qc
vadászjegy permis *m* de chasse
vadászkastély rendez-vous *m* de chasse; muette *f*
vadászkés couteau *v* coutelas *m* de chasse
vadászkopó braque; chien *m* de quête
vadászkutya chien *m* de chasse *v* d'arrêt
vadászkürt cor *m* de chasse; trompe; corne *f*
vadászles poste *m* d'affût; *(magas)* affût perché; mirador *m; (álcázott)* hutte *f*
vadászlokátor radar *m* d'interception à air
vadászmadár oiseau *m* de chasse
vadászmenyét furet *m*
vadászmese histoire *f* de chasse; *(nagyzoló)* tartarinade *f*
vadászmester capitaine *m* des chasses
vadászösvény layon *m;* laie *f*
vadászpuska fusil *m* de chasse
vadászrepülő avion de chasse; chasseur *m*
vadászsíp sifflet *m; (csali)* appeau *m*
vadászsólyom faucon; gerfaut *m*
vadászszék pinchart; siège portatif; *(háromlábú)* trépied pliant
vadászszenvedély la passion de la chasse

1020

vadkár

vadásztarisznya; vadásztáska carnier *m* de chasse; gibecière; carnassière *f*
vadásztársaság groupe *m* de chasseurs; société *f* de chasse
vadászterület chasse; chasse réservée; *gazdag ~* chasse giboyeuse
vadásztőr 1. lacets; lacs; piège *m; (hurok)* collet *m;* **2.** poignard *m* de chasse
vadászzsákmány butin; trophée *m* de chasse; *(kiterített)* tableau *m*
vádbeszéd réquisitoire *m*
vadcsapás passée; piste; voie; trace; foulée; allure *f*
vadcsemete sauvageon *m*
vaddisznó sanglier; porc sauvage *m; (koca)* laie *f; ~ orra* boutoir *m; ~ pocsolyája* bauge; souille *f*
vaddisznóagyar défenses du sanglier; broches *f pl*
vaddisznómalac marcassin *m*
vádeljárás procédure *f* de mise en accusation
vadember sauvage *m;* primitif *m; gúny:* ez egy *~* c'est un vrai Huron
vádemelés accusation; inculpation; mise *f* en accusation
vadevezős flambard; flambert *m*
vadgalamb pigeon sauvage; (pigeon) ramier *m*
vadgesztenye marron *m* d'Inde; châtaigne *f* de cheval
vadhajtás *(gyümölcsfán)* franc; sauvageon *m*
vádhatározat arrêt *m* de mise en accusation
vádhatóság le Parquet; le ministère public
vadházas concubinaire *m;* concubine *f*
vadházasság concubinage *m;* collage *m biz;* mariage *m* de la main gauche
vadhús 1. chair *v* viande *f* de gibier; gibier *m; (tengeri madaraké)* sauvagine *f;* **2.** *orv:* carnosité *f*
vádirat acte d'accusation; réquisitoire *m*
vadít [~ottam, ~ott, ~son] effaroucher; effarer
vadjuh mouflon *m*
vadkacsa canard sauvage *m*
vadkan sanglier *m;* bête noire
vadkár dommage causé par le gibier

vadkecske bouquetin *m*
vadkereskedelem; vadkereskedés commerce *m* du gibier
vadkörte poire sauvage *f*
vádló [~k, ~t, ~ja] accusateur, -trice *n*
vádlott [~ak, ~at] accusé(e); inculpé(e); prévenu(e); justiciable *(n);* *a* ~*ak padja* le banc *v* la stalle des accusée *v* des prévenus; *(franciáknál rekeszben)* le box des accusés
vádlott-társ co-inculpé; co-accusé, -e *n*
vadlúd oie sauvage *f*
vadmacska chat sauvage *m*
vadmadár oiseau *m* de proie
vadmályva mauve sauvage *f*
vadméh abeille sauvage *v* menuisière
vadnyugati *film* western *m*
vadnyúl 1. lapin de garenne; garenne *m;* 2. lièvre *m*
vadóc [~ok, ~ot, ~a] 1. sauvageon; franc; sujet *m;* 2. lolie *m*
vádol [~tam, ~t, ~jon] 1. accuser *(lopással:* de vol); inculper de qc; taxer de...; incriminer de qc; *jog:* prévenir; *(ügyész)* requérir; *azzal* ~*ják, hogy* on lui impute de *(inf);* *gyilkossággal* ~*va* v ~*tan* accusé(e) d'un assasinat; *hiúsággal* ~*ják* on le taxe de vanité; *lopással* ~ accuser (du chef) de vol; 2. *magát* ~*ja vmivel* s'accuser de qc
I. *(fn)* **vadon** [~ok, ~t, ~ja] 1. fourré *m;* *(afrikai)* brousse *f;* 2. *(kietlen)* désert *m;* 3. *(erdő)* forêt sauvage *f*
II. *(hat)* **vadon** 1. à l'état sauvage; ~ *nő* v *terem* croître *v* venir à l'état sauvage; 2. farouchement; sauvagement
vadonatúj flambant neuf *v* neuve
vadorzás braconnage *m*
vadorzó braconnier *m*
vadőr garde-chasse *m*
vádpont point *v* grief *v* chef *m* d'accusation; *(elsorolása:* articulation *f)*
vadregényes romantique; pittoresque; d'un romantisme sauvage
vadrepce sanve; raveluche; moutarde *f* des champs
vadrepceirtás essanvage *m*
vadrózsa églantine; rose sauvage *v* de chien *f*

vadrózsabokor églantier *m*
vadság sauvagerie; brutalité; férocité; barbarie *f;* *a szenvedélyek* ~*a* la violence des passions
vadszamár 1. *áll:* onagre *m;* 2. *gúny:* âne bâté; gros âne
vadszőlő vigne vierge *f*
vádtanács chambre *f* des mises en accusation
vadul I. *(ige)* [~tam, ~t, ~jon] 1. s'ensauvager; s'effaroucher; 2. dégénérer; *a helyzet odáig* ~*t, hogy* la situation s'est envenimée à tel point que; II. *(hat)* sauvagement;ׅ brutalement; farouchement
vadvirág fleur sauvage *f*
vadvizek eaux folles *v* sauvages
vág [~tam, ~ott, ~jon] I. *(így i)* 1. couper; trancher; tailler; sectionner; *apróra* ~ hacher (menu *v* très fin); *élesen* ~ couper net; *jól* ~ bien couper; *úgy lehet* ~*ni, mint a vajat* on y entre comme dans du beurre; *húsba* ~ tailler dans le vif; *itt* ~*ni lehet a levegőt (a dohányfüsttől)* c'est une vraie tabagie; 2. *fát* ~ couper du bois; *(apróra)* débiter du bois; *(erdőn)* abattre du bois; 3. *müsz:* *(pl: fémet)* découper; cisailler; 4. *ablakot, ajtót* ~ percer une fenêtre, une porte; 5. *(hajat)* couper; tailler; *(hajat körül*~*)* rafraîchir; 6. *(nagy állatot)* abattre; *(kisebbet)* tuer; *(szárnyast, disznót)* tuer; saigner; 7. *(ruha)* gêner; 8. *egyet* ~ *vkire* donner *v* administrer *v* flanquer un coup à q; *falhoz* ~ plaquer contre le mur; *(tárgyat)* flanquer *v* lancer contre le mur; *fejbe, fejéhez, földhöz* ~ *ld:* fej; föld; 9. *díszbe* ~*ja magát* endosser (rapidement) ses habits de gala; *kocsiba* ~*ja magát* sauter dans une voiture; 10. *isk:* *(be*~*)* potasser; piocher; II. *(tgyl i)* 1. *szavába* v *beszédébe* ~ couper la parole à q; 2. *az elevenébe* ~ blesser *v* toucher q au vif; *a becsületbe* ~ porter atteinte à l'honneur; 3. *(vmibe tartozik)* rentrer dans qc; 4. *(vmihez)* aller parfaitement avec qc; *ez kitűnően* ~ cela tombe à pic *v* à merveille

vagány *arg:* I. *(mn)* 1. avoir du cran; 2. canaille; II. *(fn)* 1. casse-cou; risque-tout *m;* 2. voyou *m*
vágány *(vasúti)* voie (ferrée); les rails *m pl*
vágányú [~ak, ~t] *egy~* à voie unique; *keskeny ~* à voie étroite
vágás 1. *(vmié)* coupe; section *f;* sectionnement; tranchement *m; (mint munka)* coupement *m; (ollóval)* coup *m* de ciseaux; *(apróra)* hachage *m;* 2. *(állaté)* abattage; abat; tuage *m;* 3. *(hajé)* coupe *f;* 4. *(tárgyon)* coupure; entaille *f;* 5. *(seb)* taillade *f; (beforrott, arcon)* balafre *f;* 6. *film:* coupure *f;* 7. *nyomd:* massicotage *m;* 8. *(fémé, főképp pénzverésnél)* cisaillement *m;* 9. *(csapás)* coup d'épée *v* de sabre *v* de taille; coup *m; egy ~ra (átv is)* d'un seul coup; 10. *(vívásban)* botte *f;* 11. *(fáé erdőn)* coupe *f;* abat(t)age *m; erd: 3 éves ~ taille f* de trois ans; 12. *(erdőben kivágott sáv)* layon *m;* 13. *(sértő)* coup *m* de langue *v* de dent
I. *(ige)* **vágat** 1. faire couper; 2. *hajat ~* faire couper les cheveux; 3. *(állatot)* faire abattre
II. *(fn)* **vágat** *bány:* taille; galerie; voie; costresse *f; ~ot fával biztosít* boiser une galerie
vagdal [~tam, ~t, ~jon] 1. hacher *(apróra:* menu *v* très fin); 2. *(követ)* tailler à la hachette; 3. *(papirost, szövetet)* découper; 4. *(késsel)* taillader; *(karddal)* sabrer; 5. *falhoz ~* lancer *v* flanquer contre le mur
vagdalék [~ok, ~ot, ~a] 1. *(apróra vágott)* hachis *m;* 2. *(nagyobb darabokra)* ragoût *m;* rata *m* nép
vagdalkozik [~tam, ~ott, ~zék *v* ~zon] 1. sabrer; ferrailler; *(összevissza)* frapper d'estoc et de taille; 2. *átv:* s'escrimer (en paroles)
vagdalt [~ak, ~at; ~an] haché, -e; *~ borjú* ragout *m* de veau; *~ hús* croquette *f; ~ ürühús* ragoût *m* de mouton
vágóállat viande *f* sur pied
vágódeszka planche *f* à hacher
vágódik [~tam, ~ott, ~jék *v* ~jon]
1. se couper; 2. *(vmihez)* se jeter contre qc
vágófegyver arme tranchante *v* blanche
vágófej tête *f* d'enregistrement
vágóhíd 1. abattoir(s) *m (pl);* 2. *átv: a ~ra küld* envoyer à la boucherie
vágókés coupe-papier *m*
vágómarha animal *m v* bête *f* de boucherie
vagon wagon; vagon *m; ~ba rak* enwagonner
vagonpark parc à wagons; matériel roulant
vágópisztoly chalumeau découpeur
vágószék étal *m*
vágószerszám 1. outil de coupe; coupoir *m;* 2. instrument tranchant *v* coupant
vágótőke billot *m*
vágott [~ak, ~at] coupé, -e; *~ baromfi* volaille morte; *~ dohány* tabac haché; *~ fa* bois coupé *v* débité; *~ marha* bœuf abattu; *~ seb* blessure par instruments tranchants; *~ virág* fleur coupée
vágta [-ák, -át, -ája] 1. galop *m; rövid ~* un temps de galop; *-ában* au (grand) galop; 2. *sp: (futásnál)* sprint *m*
vágtat 1. galoper; aller au galop; courir ventre à terre; brûler le pavé *(kocsiról is); ~ utána ~* s'élancer à sa suite; 2. *aut:* prendre une allure folle; filer à une allure folle
vagy ou; bien; 1. *Pál ~ János kimegy a pályaudvarra* Paul ou Jean ira à la gare; 2. *~ nincs okom haragudni?* ou alors, ai-je tort d'être fâché(e)? 3. *~ pedig* au contraire; ou bien; 4. *vagy... vagy* ou... ou; soit... soit; *vagy vagy!* c'est à prendre ou à laisser; *~ így ~ úgy* d'une manière ou d'une autre; *óvatosságból ~ gyávaságból* soit prudence soit lâcheté; *~ tetszik, ~ nem* c'est à prendre où à laisser; 5. *(körülbelül)* environ; dans les...; *lehet ~ ötven éves* il est dans les cinquante
vágy [~ak, ~at, ~a] désir *m;* envie *f;* appétit *m; vmi utáni ~* l'envie *v* le désir *v* l'appétit de qc; *bűnös ~* convoitise *f* (de qc); *mohó ~* appétit

vágyálom 1023 **vajon**

ardent *v* effréné; *az utazási* ~ *la nostalgie du voyage; ez minden* ~*a c'est là toute son ambition; leghőbb* ~*a le désir le plus cher à son cœur; szíve* ~*a le vœu intime de son cœur;* ~*a teljesül* il voit son désir s'accomplir *v* se combler; *kielégíti* ~*át* assouvir *v* éteindre sa convoitise; *ég a* ~*tól, hogy* mourir de l'envie de *(inf);* griller *v* brûler (du désir) de *(inf); ég a* ~*tól, hogy elutazzon* il brûle de partir
vágyálom rêve; désir inavoué; nostalgie *f*
vágyik [~tam, ~ott, ~jék *v* ~jon] 1. *(vmire, vmi után)* aspirer à qc; désirer qc; être jaloux *v* jalouse de qc; en vouloir à qc; *gúny:* être en mal de... *(pl: kalandra:* d'aventure); *a máséra* ~ convoiter *v* désirer le bien d'autrui; 2. *(vhová)* désirer aller à...
vagyis 1. c'est-à-dire; soit...; autrement dit; 2. ~ *jobban mondva* ou pour mieux dire
vagylagos [~ak, ~at] alternatif, -ive
vágyódás 1. *(vmi után)* le désir de qc; la convoitise de qc; 2. *(elmúlt dolgok után)* le regret de qc; 3. *(szerelmi)* langueur *f* (d'amour)
vagyok je suis; *itt* ~ me voilà; me voici; *kész* ~ me voilà (prêt *v* prête)
vagyon [~ok, ~t, ~a] 1. fortune *f;* biens *m pl;* avoir *m; nagy* ~ une grosse fortune; ~ *elleni büncselekmény* délit *m* contre la propriété; *van* ~*a* avoir *v* posséder du bien; *vkit kiforgat* ~*ából* frustrer q; déposséder q de sa fortune; *(apránként)* gruger q; *egy* ~*t fizet érte* acheter au poids de l'or; 2. *(társasági)* actif *m;* 3. *jog:* solde *m* d'actif; masse active
vagyonadó impôt *m* sur la richesse *v* sur les biens
vagyonátruházás transfert *m v* transmission *f* de la propriété
vagyonbukott failli, -e; banqueroutier, -ière
vagyoni [~ak, ~t] pécuniaire; affectant la fortune *v* les biens; ~ *állapot* état *m* de fortune; ~ *felelősséggel tartozik* être matériellement responsable de qc; ~ *körülmények* condition *v* situation *f* de fortune
vagyonjog droit des biens *v* matériel
vagyonközösség communauté *f* de biens
vagyonleltár inventaire *m*
vagyonos [~ak, ~at] riche; aisé; fortuné, -e; pécunieux, -euse; *(igével)* avoir de la fortune; *a* ~ *osztály* la classe possédante
vagyontalan 1. sans fortune *v* ressources; dépourvu(e) de moyens; 2. *(szerény) viszonyok közt élő)* de modeste condition
vagyontárgy partie *v* portion *f* de l'actif; *jog:* valeur patrimoniale
vagyontömeg actif *m;* masse *f*
vaj [~ak, ~at, ~a] 1. beurre *m; csomagolt* ~ pain de beurre; *egy darab* ~ un pain de beurre; ~*at ken (kenyérre)* étendre du beurre (sur le pain); tartiner; 2. ~ *van a fején* avoir quelque chose sur la conscience; avoir du beurre sur la tête *arg*
vájár [~ok, ~t, ~a] mineur; abatteur; piqueur *m*
vajas [~ak, ~at; ~an] au beurre; beurré, -e; ~ *kenyér* tartine *f* de beurre; ~ *rántás* sauce rousse; ~ *sütemény a)* croissant *m; b)* pâtisserie *f* au beurre
vájat 1. rainure *v* coulisse; gorge *f;* 2. cavité *f;* creux; évidement *m*
vajbab haricots mange-tout *m pl*
vajborsó pois mange-tout *m pl*
vajda [-ák, -át, -ája] voïvode *m*
vájdling [~ok, ~ot, ~ja] rinçoir *m*
vajgyár beurrerie *f*
vajha pourvu que *(subj);* puisse *(inf)*
vajköpülő 1. *(gép)* baratte(-malaxeur); beurrière *f;* 2. *(ember)* barratteur, -euse *m*
vajmi *kevés* moins que rien; si peu que rien; *ez* ~ *kevés* c'est plutôt faible; c'est faiblard
vájolat congé *m;* gorge *f*
vajon 1. *(mondat élén)* ~ *mit csinál most?* qu'est-ce qu'il peut bien faire en ce moment? ~ *mikor utazik?* j'aimerais bien savoir quand il partira? 2. *(mellékmondat élén)* si; *nem tudom* ~

megérkezik-e? je ne sais pas s'il arrive; 3. *(hogy)* ~ la question de savoir si
vajszínű beurre frais
vajszívű au cœur trop tendre *v* mou; ~ *apa* papa gâteau
vajúdás 1. mal d'enfant; travail *m;* 2. *átv:* gestation *f*
vajúdik [~tam, ~ott, ~jék *v* ~jon] 1. être en travail; elle est dans les douleurs; 2. *átv:* être en gestation; couver
vak [~ok, ~ot] I. *(mn)* 1. aveugle; privé(c) de lumière; ~ *és süket* aveugle-sourd, -e; 2. *átv:* être aveugle; avoir un bandeau sur les yeux; *nem* ~ *il n'a pas les yeux dans sa poche;* ~ *engedelmesség* soumission aveugle *f;* ~ *tükör* glace terne *f; a* ~ *véletlen* le hasard aveugle; II. *(fn)* 1. aveugle *n; született* ~ aveugle de naissance; 2. *még a* ~ *is látja* mais cela saute aux yeux *v* crève les yeux
vakáció [~k, ~t, ~ja] vacances *f pl*
vakar [~tam, ~t, ~jon] 1. gratter; *most* ~*hatja a fejét* il s'en mord les doigts; 2. *(lovat)* étriller; panser; 3. *műsz:* riper; racler
vakarás 1. grattage *m;* 2. raclage *m;* 3. *(írásban)* rature *f;* biffage *m;* 4. étrillage; pansage *m*
vakarcs [~ok, ~ot, ~a] 1. *(tészta)* raclures *f pl* de pâte; 2. *(ember)* nabot; bout *m* d'homme; 3. *(gyerekről)* tardillon *m*
vakaró(d)zik [~tam, ~ott, -ddzék *v* -ddzon] se gratter
vákát *nyomd* fenêtre *f*
vakbél 1. caecum *m;* 2. *(nyúlvány)* appendice *m*
vakbélgyulladás appendicite *f*
vakbuzgó bigot, -e; fanatique *n*
vakhír fausse rumeur *v* alarme
vakírás alphabet *m* des aveugles *v* de Braille
vakító [~ak, ~t] aveuglant; éblouissant, -e
vaklárma fausse alerte *v* alarme
vakleszállás *rep:* atterrissage *m* sans visibilité *v* avec plafond nul
vakmerő [~ek, ~t] 1. audacieux, -euse; hardi, -e; ~ *ember* casse-cou;

risque-tout m; 2. *pej:* téméraire; présomptueux, -euse
vakmerőség 1. coup *m* d'audace; audace; hardiesse *f;* 2. *pej:* témérité; folie; outrecuidance *f*
vakol [~tam, ~t, ~jon] crépir; ravaler
vakolat crépi; enduit *m;* crépissure *f; (síma)* ravalement *m; táskásodó* ~ crépi en ampoule
vakolatréteg couche *f* de plâtre
vakolókanál truelle *f*
vakolóléc équerre *f* de plâtrier
vakon 1. aveugle; 2. *átv:* aveuglément; en aveugle; à l'aveugle; ~ *engedelmeskedik* obéir sans réplique; ~ *hisz* voir avec les yeux de la foi; ~ *hisz vmiben* croire aveuglément à qc; ~ *követi mestere tanítását* jurer sur la parole du maître; ~ *követő* moutonnier, -ière
vakondok [~ot] taupe *f*
vakondszínű taupe
vakondtúrás taupinière; taupinée *f*
vakpadló faux plancher
vakrémület (terreur) panique *f;* affolement général; ~*et okoz* provoquer *v* répandre *v* semer la panique
vakrepülés vol aveugle; pilotage *m* sans visibilité
vakság 1. cécité; anopsie *f;* ~*gal veri meg* frapper de cécité; 2. *(tükrön)* ternissure *f;* 3. *átv:* aveuglement *m*
vaksi [~k, ~t] myope; myope comme une taupe
vaksötétség obscurité complète *v* parfaite; nuit noire
vakszerencse (bonne) chance; fortune aveugle *f*
vaktában à l'aveuglette; à l'aventure; au petit bonheur; ~ *belevág* risquer le coup au hasard; ~ *lő* tirer au jugé *v* au juger
vaktöltés; vaktöltény cartouche *v* balle *f* à blanc; ~*sel lő* tirer à blanc *v* à poudre
vákuum [~ok, ~ot] espace d'air raréfié; vide; vacuum *m*
vákuumjavító getter *m*
vákuumtechnika technique *f* du vide (poussé)

vakvágány voie *f* de garage *v* de remisage *v* en cul-de sac
váladék [~ot, ~a] 1. sécrétion *f;* 2. *él:* produit *m*
valaha 1. *(jövőben és főmondati tagadással)* jamais; *ha* ~ *si* jamais; 2. *(múltban)* autrefois; jadis
valahány tous ceux qui; tous *v* toutes tant que; *valahány... annyi...* autant... autant
valahára enfin; pour une fois; *végre* ~ enfin; cette fois enfin
valahogy *(csak)* d'une manière quelconque; un peu; tant bien que mal; ~ *csak lesz* on finira par se débrouiller d'une manière ou d'une autre; ~ *így* un peu comme cela
valahol 1. quelque part; je ne sais où; 2. ~ *csak* où que *(subj)*
valaki [~t, ~je] I. *(mn)* 1. quelqu'un; je ne sais qui; il ne sait qui; *mint mondta* ~ comme a dit l'autre; *egy* ~ quelqu'un; un quidam; 2. *(tagadással olykor)* personne; *anélkül, hogy* ~*t megkérdezett volna* sans consulter personne; II. *(fn)* 1. *(egy)* ~ un individu; personne *f; helyes* ~ c'est une gentille personne; 2. *lesz* ~ *belőle* devenir quelqu'un; 3. *van* ~*je* il a une amie; elle a un ami *v* un amant; III. *(mn)* ~ *más* quelque autre; quelqu'un d'autre
valameddig 1. jusqu'à un certain point; 2. *(időről)* un peu de temps; quelque temps; 3. ~ *csak...* partout là où; *(időben)* ~ *csak...* tant que
valamely(ik) I. *(mn)* 1. *(önállóan)* l'un d'eux; un de ceux-là *v* de ceux-ci; 2. *(tagadással olykor)* aucun, -e; II. *(mn)* l'un des...; un(e) des...; quelqu'un(e) des...
valamennyi I. *(mn)* tous, toutes; les uns et les autres; II. *(mn)* la totalité des...; tous les...; toutes les...; *majdnem* ~ la quasi-totalité des...
valamennyire 1. *(úgy-ahogy)* tant bien que mal; quelque peu; 2. *(valameddig)* jusqu'à un certain point
valami [~t, ~je] I. *(mn)* 1. quelque chose; un je ne sais quoi; *más* ~ quelque chose de différent; *ez már* ~*!* c'est déjà quelque chose; *ez is* ~ c'est autant de gagné; *alig* ~ peu ou point; *200 és még* ~ 200 et quelque; ~*ből* de *v* dans *v* à partir de qc; *egyék* ~*t* preñez quelque chose; 2. *(tagadással olykor)* rien; *anélkül, hogy tudnának róla* ~*t* sans qu'on en sache rien *v* quoi que ce soit; II. *(mn)* 1. quelque chose de...; je ne sais quoi de...; *van* ~ *újság?* y a-t-il quelque chose de nouveau? *nem* ~ *jó* ce n'est pas fameux; ~ *kevés* si peu que rien; ~ *különös v sajátos* un je ne sais quoi; 2. *(egy bizonyos)* un certain...; une espèce de...; quelque; ... quelconque; ~ *alak* un quidam; un individu; ~ *állat* lehetett cela devait être une bête; ~ *bolond* une espèce de fou; ~ *Kiss (nevű)* un certain Kiss; ~ *módon* en quelque manière; ~ *nem-tudom-mi* un je ne sais quoi; 3. ~ *doktorféle* une façon de docteur; ~ *előérzetféle* un vague pressentiment; III. *(hat)* 1. environ; ~ *húszan lehettek* ils étaient une vingtaine; 2. *nem* ~ *híres* ce n'est pas fameux; 3. ~ *kis...* un rien de...; un soupçon de...
valamiképp(en) en quelque sorte *v* manière
valamikor 1. *(jövőben)* un jour; en son temps; quelque jour; 2. *(múltban)* autrefois; jadis; ~ *hajdanában* au temps jadis
valamint 1. ainsi que; de même que; 2. *(hasonlítva)* tel, telle
válás 1. séparation *f;* 2. *(házastársak közt jogilag)* divorce *m;* séparation; ~ *ágytól és asztaltól* séparation de corps
válasz [~ok, ~t, ~a] 1. réponse; réplique *f; kemény* ~ réponse cinglante; *levelemre nem jött* ~ ma lettre est demeurée sans réponse; ~ *nélkül hagy* laisser sans réponse; ~ *fizetve* réponse payée (R.P.); ~*t ad vmire* donner une réponse à qc; *(levélre, kérésre stb.)* donner suite à qc; *(vmiről)* rendre réponse de qc; ~*t kérünk;* ~ *kéretik* réponse, s'il

vous plaît (R.S.V.P.); *a ~t (pl: apróhirdetésre) az alábbi címre küldje domicilier la réponse à...; ~át várva* dans l'attente de votre réponse; 2. *(visszavágó)* repartie; riposte *f*
válaszfal 1. cloison; séparation *f;* 2. *átv:* mur *m* d'airain; *az Alpok ~a* la barrière des Alpes
válaszképpen 1. *(vmire)* en réponse à qc; 2. *(elégtételt véve)* par représailles
válaszol [~tam, ~t] 1. répondre à q; donner (une) réponse à q; *(beszédben így is:)* enchaîner; *(kérésre stb.)* donner suite à qc; *levélben, írásban ~* répondre par lettre, par écrit; *nem ~ demeurer bouche cousue;* 2. *(viszszavágva)* riposter; repartir
választ [~ottam, ~ott, -asszon] 1. *(több közül)* choisir (parmi *v* entre); faire choix de qc; *(vmi között)* avoir l'alternative de... et de...; opter (entre..., pour qc); *~ a sok közül* choisir dans la foule; *a nagyobbakat ~ja* son choix va aux plus grands; *élettársat ~ magának* se choisir une compagne; *~ania kellett felesége és lánya között* il devait choisir entre sa femme et sa fille; *~ania kellett kötelessége és szerelme között* il était placé entre son devoir et son amour; *mesterséget ~ prendre v* choisir un métier; *utat ~* emprunter une route; *van miből ~ani* avoir de quoi choisir; *~hat... között* avoir le choix de *(inf)* et de *(inf); szabadon ~hat* avoir le choix libre; 2. *(gyűlésbe)* élire; nommer; *Franciaország ~ la France* élit ses représentants; *képviselővé ~* élire député; 3. *(szót)* couper qc; aller à la ligne
választás 1. choix *m; nehéz ~ dure* option; *más ~ nincs* on n'a pas le choix; c'est à prendre ou à laisser; *a ~ ő rá esett* le choix s'est porté *v* fixé *v* arrêté sur lui; *nem volt más ~a* il n'avait plus le choix; *szabad ~a van* avoir le choix libre; *szabad ~a szerint* à son gré; *rossz ~t csinált* il a fait un mauvais choix; 2. *(tisztségre)* élection *f; (parlamenti) ~ok* les élections; consultation électorale;

(ténye) scrutin *m; a ~ eredménye* les résultats des élections; *a ~ lefolyása* les opérations électorales; *a ~ napja* journée électorale; *~ útján* par élection; électivement; *egy képviselő ~a* l'élection *v* le choix d'un député; *az első ~ra* au premier tour de scrutin; *~t tart* procéder à une élection; 3. *(elektronika)* sélection *f*
választási 1. électoral, -e; *~ bizottság* comité électoral; *~ csalás* v *visszaélés* manipulation électorale; truquage électoral; *~ forduló* tour *m* (de scrutin); *~ fülke* isoloir *m; ~ gyűlés* meeting *m* de vote; *~ hadjárat* campagne électorale; *~ hirdetmény* affiche électorale; *~ körzet* section *f* de vote; collège électoral; *~ névjegyzék* liste électorale; *~ törvény* loi électorale; *~ urna* urne électorale; 2. *~ malac* porc laiton *m*
választék [~ok, ~ot, ~a] 1. assortiment *m;* collection *f* d'échantillons; un choix de...; *nincs ~* il n'y a pas de choix; 2. *(könyv)* choix *m* de livres; 3. *(haj)* raie *f*
választékos [~ak, ~t] 1. choisi, -e; d'élite; 2. *(öltözék)* sobre; élégant, -e; 3. *ált:* élégant; distingué, -e; *~ ízlés* goût exquis *v* judicieux *v* raffiné; 4. *ker: legválasztékosabb* de surchoix
választmány comité *m*
választó [~k, ~t] électeur, -trice *n; (adófizetés alapján)* (électeur) censitaire *m; a ~k jegyzéke* la liste électorale
választói [~ak, ~t] d'électeur; électoral, -e; *~ jogosultság* électorat *m; ~ névjegyzék* liste électorale
választójog droit électoral; droit de vote *v* de suffrage; électorat *m; a ~ reformja* la réforme électorale
választókerület circonscription électorale; collège *m*
választótestület collège électoral
választott [~ak, ~at] I. *(mn)* 1. choisi, -e; 2. élu, -e; électif, -ive; d'élection; *~ király* roi électif; 3. *jog: ~ bíró* arbitre; compromissaire *m; ~ bíróság* tribunal arbitral; *(intéz*

mény) arbitrage *m;* ~ *bírósági egyezmény* compromis *m;* **II.** *(fn) szíve ~ja* l'élu(e) de son cœur
választóvonal ligne séparative *v* divisoire; ligne de démarcation
válaszút croisée *f* des chemins; carrefour *m; a ~on van* se trouver *v* être à une croisée de chemins
valcer [~ek, ~t, ~e] valse *f*
válfaj variété; variante *f*
válik [~tam, ~t, ~jon] 1. *(házasfél)* divorcer; être en instance de divorce; se séparer; ~ *a férjétől* divorcer avec *v* d'avec *v* de son mari; 2. *(vmivé)* devenir qc; se transformer en qc; *kővé* ~ se changer *v* se métamorphoser en pierre; *közmondásossá* ~ passer en proverbe; *rendszerré* ~ devenir systématique; 3. *dicsőségére* ~ faire honneur à q; *vkinek szégyenére* ~ être la honte de q; *(dolog)* cela ne lui fait pas honneur; *gúny: egészségére váljék!* grand bien lui fasse!
vall [~ottam, ~ott, ~jon] I. *(tgy i)* 1. *(bűnös)* avouer; faire des aveux; *~ani kezd* entrer dans la voie des aveux; se mettre à table *arg;* 2. *(tanú vki ellen)* déposer contre q; *(vmiről)* déposer sur qc; 3. *vall: (gyónásban)* confesser; *egy nézetet* ~ professer une opinion; 4. *magát vminek ~ja* se dire qc; 5. *magáénak* ~ *(egy művet)* avouer (un ouvrage); reconnaître comme sien; **II.** *(tgyl i) (vmire vkinél)* dénoter qc chez q; marquer qc; déceler qc chez q; *ez rád* ~ c'est bien de toi; c'est ta griffe; *minden arra* ~, *hogy* tout porte à croire que; *gonoszságra* ~ voilà qui marque de la méchanceté; *rossz ízlésre* ~ c'est faire preuve de mauvais goût; *ez a tett őrültségre* ~ cette action accuse de la folie
váll [~ak, ~at, ~a] 1. épaule *f; vállhoz!* portez arme(s)! *~án hord* porter sur les épaules; *~on ragadja* prendre par ses épaules; *~on vereget vkit* taper sur l'épaule à q; *~aira kap v emel* porter en triomphe; *~ára vesz* charger sur les épaules *v* sur son épaule; *vágja a ~at* scier l'épaule; *~ára vet* mettre sur l'épaule; *~ára vet egy sálat* jeter un châle sur les épaules; *~at von* hausser *v* secouer *v* lever les épaules; 2. *sp: „két ~"* tombé *m;* *két vállra fektet* faire toucher les épaules à q; 3. *átv: barátai ~án emelkedik* se faire un piédestal du crédit de ses amis; *leveszi vki ~áról a gondot* décharger q d'un soin; 4. *(ruhae)* épaule; épaulette *f*
vállal [~tam, ~t, ~jon] 1. *(munkát)* entreprendre; se charger de qc; *a felelősséget ~ja* assumer *v* prendre la responsabilité de qc; *munkát* ~ louer *v* engager ses services; s'embaucher; *szerepet* ~ accepter *v* assumer un rôle; *csúnya ügyet* ~ endosser une vilaine affaire; *~ja a kockázat viselését* se charger des risques; 2. *magára* ~ prendre à sa charge; prendre sur soi de *(inf);* se charger de *(inf); magára ~ja, hogy* prendre sur soi de *(inf); (magára) ~ja a felelősséget egy ügyért* endosser la responsabilité d'une affaire
vállalat entreprise *f;* établissement *m;* agence *f*
vállalati; *a dolgozók* ~ *érdekeltsége* intéressement *m* des travailleurs à l'entreprise; ~ *forma* régime *m* d'entreprise; ~ *tőke* capital *m* de l'entreprise; ~ *ügyész* chef *m* de contentieux
vállalatvezető chef *m* d'entreprise; gérant(e) d'une entreprise
vállalkozás 1. entreprise; opération *f; nagyarányú* ~ vaste entreprise; 2. *kat: (támadásra, felderítésre)* entreprise
vállalkozik [~tam, ~ott, ~zék *v* ~zon] ~ *vmire* entreprendre qc; s'imposer qc; ~ *arra, hogy* entreprendre de *(inf);* se charger de *(inf); vmilyen feladatra* ~ s'atteler à une tâche
vállalkozó [~k, ~t] I. *(mn)* ~ *szellem* esprit entreprenant; **II.** *(fn)* 1. *(mutatványnál)* amateur *m;* 2. entrepreneur *m;* concessionnaire *n;* *építési* ~ entrepreneur de bâtiments
vallás religion; confession *f;* culte *m*

vallásellenes antireligieux, -euse
vallásfelekezet confession *f*
vallásgyakorlat l'exercice *m* du culte *v* de la religion
vallásháború guerre *f* de religion
vallási religieux, -euse; confessionnel, -elle; ~ *közömbösség* indifférence religieuse; ~ *rajongás* fanatisme *m*; bigoterie *f*; *a* ~ *szertartások* les pratiques religieuses; les cérémonies du culte; ~ *türelem* v *türelmesség* tolérance (religieuse); ~ *türelmetlenség* intolérance *f*
vallásoktatás enseignement religieux; ~ *nélküli* laïque; laïc, laïque
vallásos [~ak, ~at] **1.** religieux; pieux, -euse; croyant; dévot, -e; ~ *érzelmek* sentiments religieux; ~ *gyakorlatok* exercices *m pl* de piété; **2.** cultuel, -elle; pieux, pieuse; ~ *alapítvány* fondation pieuse; ~ *célzatú* édifiant, -e; ~ *nevelés* éducation religieuse; ~ *szertartás* cérémonie *f* du culte
vallásosság piété; dévotion; religiosité *f*
vallásszabadság liberté religieuse *v* de croyance *v* de cultes
vallásszakadás schisme *m*
vallástalan irréligieux, -euse; athée; indévot, -e
vallástanár maître *m* de catéchisme
vallástanítás enseignement religieux
vallásváltoztatás changement *m* de religion; conversion *f*
vallat 1. interroger; faire subir à q un interrogatoire; soumettre q à une interrogation (serrée); tenir sur la sellette; ~*ják* subir un interrogatoire; être sur la sellette; **2.** *átv:* confesser; questionner
vallatás audition *f*; interrogatoire *m*; *(veréssel)* emploi *m* de sévices à l'interrogatoire
vállcsont humérus; os huméral
vállheveder bandoulière *f*
vállkendő châle; sautoir *m*
vállkő *(oszlopé)* chapiteau *m*; *(boltozaté)* imposte *f*
váll-lap *kat*: patte *f* d'épaule
vállmagasság hauteur *f* des épaules; ~*ban* à hauteur d'épaules

vallomás 1. aveu *m*; *(tanúé)* déposition *f*; *megmarad* ~*a mellett* persister dans ses aveux; ~*ra bír vkit* obtenir un aveu de q; ~*t kicsikar vkiből* arracher un aveu à q; ~*át fenntartja* persister dans ses aveux *v* dépositions; *megváltoztatja* ~*át (tanú)* modifier sa déposition; *teljes* ~*t tesz* passer un aveu complet; *vki ellen* ~*t tesz a bíróságon* témoigner en justice contre q; *visszavonja* ~*át (tanú)* retirer sa déposition; revenir sur sa première déposition; *(vádlott)* revenir sur ses aveux; **2.** *(bizalmas)* confidence *f*; **3.** *(szerelmi)* déclaration *f* d'amour; aveu; *szerelmi* ~*t tesz vkinek* faire une déclaration à q
vallon [~ok, ~t; ~ul] vallon; wallon, -onne
vállpánt 1. épaulière; épaulette *f*; bretelles *f pl*; **2.** *kat:* patte *f* d'épaule
vállpárkány 1. corniche *f*; **2.** imposte *f*
vállperec le joint de l'épaule; clavicule *f*
vállrózsa épaulette *f*
vállszélesség carrure *f*
vállszíj 1. *(puskáé)* bretelle; bandoulière *f*; **2.** *(zsáké, puttonyé)* bretelles; brassières *f pl*
válltömés rembourrage *m*
vállveregető condescendant; hautain, -e
vállvetve épaule contre épaule; la main dans la main
való [~k, ~t] **I.** *(mn)* **1.** *(igaz)* vrai, -e; réel, réelle; effectif, -ive; physique; *ez* ~ c'est juste *v* vrai; *a* ~ *életből merített regény* roman vécu; ~ *történet* histoire vraie; ~ *igaz, hogy* certes; il est vrai que; il est avéré que; ~ *tény* fait réel *v* acquis *v* avéré; ~*nak bizonyul* s'avérer; ~*ra válik* se réaliser; se vérifier; ~*ra vált* réaliser; **2.** *vmire* ~ servir de qc; être propre à qc; être bon(ne) à qc; se prêter à qc; *(személy)* être bon(ne) à qc; *arra* ~, *hogy* servir à *(inf)*; être appelé(e) à *(inf)*; *(személy)* être fait(e) pour *(inf)*; être bon(ne) pour *(inf)*; *semmire se* ~ cela n'est bon à rien; *mire* ~ *ez?*

à quoi sert ceci? *(helytelenítve)* à quoi bon tout cela? 3. *hová, honnan ~?* du quel pays *v* de quelle ville est-il? d'où vient-il? *(tárgy)* où faut-il le mettre *v* le classer? *ez nem ide ~ (tárgy)* cela n'est pas à sa place; *átv:* c'est déplacé; cela détonne; *a kézirat a XVI. századból ~* le manuscrit date du XVIe siècle; *ez a szokás még a múlt századból ~* cette coutume remonte au siècle passé; *a fordítás nem tőle ~* la traduction n'est pas de lui; 4. *vasból ~* en fer; *rézből ~* en cuivre; 5. *(vkinek, vkihez)* convenable à q; convenir à q; 6. *ez nem ~ (nem illik)* cela ne se fait pas; 7. *nincs semmi írni~ja* il n'a rien à écrire; 8. *(két főnév kapcsolatában nem fordítandó) egy más papírosra ~ átírás* la transcription sur un autre papier; II. *(fn)* 1. *a ~* la vérité; le vrai; la réalité; *szomorú ~ra ébredt* il dut déchanter; il dut rabattre de ses illusions; 2. *egész ~jában* dans tout son être; *~jából kiforgat* dénaturer; 3. *sok ezen a gondolkozni ~* il y a là beaucoup à réfléchir; 4. *(metafizikai)* substance; essence *f; a maga ~jában* dans sa substance
valóban 1. vraiment; de fait; effectivement; en effet; en *v* à la vérité; réellement; bien; en réalité; *valóban?* vrai? c'est vrai? 2. *(mondatban)* aussi bien *v* aussi *(ford. v egyenes szórenddel); ~ meg volt lepve, mikor* aussi était-il surpris lorsque
valódi [~ak, ~t] original, -e; authentique; vrai, -e; *nem ~* faux, fausse; irréel, -elle; inauthentique; *~ érték* valeur réelle; *~ gyémánt* vrai diamant; *~ okmány* pièce originale *v* authentique; *~ tokaji bor* véritable vin *m* de Tokay
valódiság 1. *(okmányé)* authenticité *f;* 2. *(állításé)* vérité *f; a ~ bizonyítása* la preuve de la vérité
válogat 1. trier; sélectionner; opérer un triage; *borsót ~* trier des pois; *nem ~ja eszközeit* il n'y va pas avec le dos de la cuiller *v* de main morte; 2. *sp:* sélectionner; 3. *(~va enged be)* filtrer; 4. *embere ~ja* cela dépend qui
válogatás tri; triage *m;* sélection *f;* filtrage *m; ~ nélkül* sans choix; pêle-mêle
válogatós [~ak, ~at] difficile (sur qc); délicat, -e; très regardant(e); dégoûté, -e
válogatott [~ak, ~at; ~an] I. *(mn)* de choix; choisi; sélectionné, e; *ker: legválogatottabb* de surchoix; *sp: ~ csapat* équipe sélectionnée *v* de sélection; sélection *f; kat: ~ csapatok* troupes d'élite *f pl; ~ gorombaságokat vág vkinek fejéhez* agonir q de sottises *v* d'injures; *~ költemények* choix *m* de poésies; *~ mérkőzés* match *m* de sélection; II. *(fn)* sélectionné *m; a magyar ~* la sélection hongroise
valójában à la vérité; au vrai; en réalité; au fond
válókereset demande *f* en divorce *v* en séparation; *~et indít* intenter une action en divorce
válóok cas *m v* cause *f* de divorce
válóper instance *f* en divorce; *ld. még:* válókereset
valós [~ak, ~at] 1. *mat: ~ függvény* fonction réelle; *~ gyök* racine rationnelle; *~ szám* nombre réel; 2. *műv:* réaliste
valóság vérité; réalité *f;* le positif; le réel; *a ~ban* dans le fait; en réalité; pratiquement; *a maga ~ában* dans toute sa réalité *v* vérité; *a ~nak megfelelően látja a dolgokat* voir les choses sous leur vrai visage; *a ~ra ébred* redescendre sur terre
valósággal formellement; littéralement; proprement
valóságos [~at] 1. véritable; réel, réelle; effectif; positif, -ive; actuel, -elle; *~ tény* une réalité de fait; 2. *ez ~ bandita* c'est un véritable bandit
valószerűség vraisemblance *f;* réalisme *m*
valószerűtlen irréel, -elle
valószínű 1. probable; vraisemblable; *~ élettartam* probabilité *f* de la vie humaine; *nagyon ~, hogy* il y a a

valószínűleg

gros à parier que; *nem ~ ce n'est pas probable; nem ~, hogy eljön* il n'est pas probable qu'il vienne; *egy cseppet sem ~* il n'est pas du tout probable que *(subj)*; **2.** présomptif, -ive
valószínűleg 1. probablement; sans doute; **2.** *(igével:)* devoir *(inf)*; *~ tegnap utazott el* elle a dû partir hier
valószínűség probabilité; vraisemblance; apparence *f*; *~ szerint* présomptivement; *minden ~ szerint* il y a toute probabilité que *(ind)*; *minden ~ ellenére* contre toute apparence; *a legkisebb ~ sincs arra, hogy* il n'y a nulle apparence que *(subj)*; *a ~ némi látszatával* avec quelque apparence de raison
valószínűségelmélet la théorie des chances
valószínűségi *táblázat* hypothèse démographique *f*
valószínűségszámítás calcul *m* des probabilités
valótlan faux, fausse; mensonger, -ère; controuvé, -e
valótlanság 1. *(vmié)* fausseté; inexactitude *f*; **2.** *(valótlan tény)* fausseté *f*; mensonge *m*
válság crise *f*; *a(z általános) ~ elmélyülése* l'aggravation *f* de la crise (générale); *a lelkek ~a* la crise des esprits; *vkit ~ba sodor* compromettre gravement la situation de q; *~ban van* traverser une crise grave; *~on megy át* subir *v* traverser une crise
válságos [~ak, ~t] critique; décisif, -ive; *(időszak)* climatérique; *a beteg állapota ~* l'état du malade est critique; *~ korszak* période *f* de crise; *~ időkben* en temps de crise
vált [~ottam, ~ott, ~son] **1.** *(váltogatva)* varier; **2.** *(cserélve)* échanger; *fehérneműt v ruhát ~ se* changer; *changer de linge v de vêtements; jegyet ~ vkivel* se fiancer avec q; *lépést ~* changer le pas; *levelet ~* échanger des lettres; *őrséget ~* relever la garde; *színt ~* changer de couleur; **3.** *(pénzt)* changer; *(apróra)* faire

váltó

de la monnaie; **4.** *jegyet ~ (útra)* prendre un billet; **5.** *magához ~* acheter; racheter; **6.** *egymást ~ja* se relayer
váltakozás 1. alternance; alternative; succession *f*; *szabályos ~* rythme *m*; *az évszakok ~a* la révolution *v* le rythme des saisons; **2.** *(embereké)* roulement *m*; **3.** variation *f*
váltakozik [~tam, ~ott, ~zék *v* ~zon] **1.** alterner; se succéder; se diversifier; **2.** *(emberek)* rouler; **3.** varier
váltakozó [~ak, ~t] **1.** alternant, -e; successif; alternatif, -ive; **2.** *nyelv:* muté, -e; **3.** *növ:* alterne; **4.** *(jelzős főnevekben:)* *~ áram* courant alternatif; *~ láz* fièvre erratique *f*; *~ szerencsével* avec des alternatives diverses
váltás I. *(fn)* **1.** *(munkásoké)* brigade; équipe; relève *f*; **2.** *(őrség)* relève *f*; **3.** *(lovaké)* relais *m* (*sp. is*); **4.** *(pénzé)* change *m*; **II.** *(mn) ~ fehérneműi* change de linge; linge *m* de rechange; *~ ruha* vêtement *m* de rechange
váltó [~k, ~t, ~ja] **1.** *(vasúti)* aiguille *f*; *~t állít* manœuvrer l'aiguille; **2.** *(írógépen)* touche de transposition *v* des majuscules; touche majuscule *f*; **3.** *ker:* lettre de change; traite *f*; effet; papier *m*; *belföldre szóló ~* lettre de change sur l'intérieur; *saját ~* billet *m* (à ordre); *Budapestre szóló ~* effet sur Budapest; *Londonban fizetendő ~* papier sur Londres; *~ elfogadója* accepteur d'une lettre de change; *~ fizetője* payeur d'une lettre de change; *~ forgatója* endosseur d'une lettre de change; *a ~ kiállításának napja* la date du jour où la lettre de change a été créée; *~ kibocsátója* souscripteur d'un effet; *fizessen ezen első ~nál fogva* payez par cette première de change; *egy ~t elad* négocier une lettre de change; *egy ~t elfogad* accepter une traite; *~t kiállít (vkire)* faire *v* tirer une lettre de change; *~t óvatoltat* lever protêt d'une lettre de change; **4.** *műsz:* modificateur instantané; *aut* changement *m* de vitesses;

váltóbélyeg 1031 **változik**

5. *(pénz~)* changeur *m;* 6. *(kerékpáron)* manette *f;* levier *m;* 7. *(verseny)* (course *f* de) relais *m*
váltóbélyeg timbre de change; droit *m* de timbre des lettres de change
váltogat 1. changer; varier (tour à tour); 2. *~ják egymást* se relayer; 3. *(vetésfajtát)* alterner qc
váltogatás 1. alternance *f;* roulement; système *m* de roulement; 2. *(terményeké a vetésben)* alternat *m*
váltogatva 1. successivement; tour à tour; 2. par roulement
váltógazdaság assolement *m;* rotation *f*
váltóhamisítás faux *m* en écriture (de commerce); falsification *f* d'une traite
váltóhamisító faussaire *n*
váltójog droit cambial *m*
váltókezesség aval *m;* intervention *f;* *~et vállal* apposer l'aval sur une lettre de change
váltóláz paludisme *m;* fièvre intermittente *v* paludéenne
váltóleszámítolás escompte *m* des effets de commerce *v* des traites
váltóőr aiguilleur *m;* *(nálunk inkább:)* garde-voie *m*
váltóőrház maisonnette *f* de garde-voie; *(állomás közelében)* guérite *f;* poste *m v* cabine *f* de manœuvre
váltópénz monnaie divisionnaire *v* de billon *f;* billon *m*
váltósúly *sp*: poids mi-moyen *v* welter *m*
váltószög angle alterne *m;* *belső, külső ~* angle alterne interne, externe
váltótárca portefeuille-titres *m*
váltótörvény loi *f* sur le change
váltott [*~*ak, *~*at] *~ ló* cheval *m* de relais
váltóúszás relais *m*
váltóügynök agent *v* courtier *m* de change
váltóűrlap formule *f* de lettre de change
változandóság inconstance; instabilité; mutabilité *f; a sors ~a* les vicissitudes du sort
változás 1. changement *m;* modification; mutation *f; (teljes)* transformation; métamorphose *f; (hirtelen)* revirement *m;* *~ történik* un changement se produit; *~on megy át* subir un changement; *~t idéz elő v okoz* opérer *v* faire un changement; 2. *csill:* *a hold ~ai* les changements *v* les phases de la Lune; 3. *orv:* *(nőké)* *~ kora* retour *m* d'âge; ménopause *f;* 4. *vmivé ~* changement en...; transformation en...; métamorphose *f*
változat 1. variété; variation; altération *f;* 2. *(szövegbeli)* variante *f;* *(elmondásban)* version *f;* 3. *zen:* registre *m*
változatlan 1. invariable; immuable; constant; inchangé; inaltéré, -e; stéréotypé, -e; *a nyomozás ~ eréllyel folyik* une enquête sévère *v* serrée est en cours; *~ hányad* fraction immuable *f; ~ kiadás* édition invariable *f;* 2. *(helyzet, egészségi állapot)* stationnaire; 3. *(idő)* fixe
változatos [*~*ak, *~*at] varié; mouvementé, -e; *~ élet* vie accidentée *v* mouvementée; *~ talaj* terrain mouvementé *v* accidenté; *~sá tesz* relever; donner plus de saveur *v* de piquant à qc; *(tárgyat)* égayer *v* agrémenter de qc
változatosság variété; diversité *f; (képé)* mouvement *m;* *~ kedvéért* par souci d'agrémenter son récit
változékony [*~*ak, *~*at] 1. changeant; inconstant, -e; variable; ondoyant, -e; *~ jellem* caractère mobile *m;* caractère instable; 2. *(idő)* variable; *~ idő* temps changeant *v* variable
változékonyság variabilité; inconstance *f*
változik [*~*tam, *~*ott, *~*zék *v ~*zon] 1. changer; varier; subir un changement; se modifier; *az idő (meg)~* le temps va changer; *nem ~ (állapot, helyzet)* rester stationnaire *v* inchangé; *a hőmérséklet nem ~* le thermomètre est stationnaire; 2. *vmivé ~* se changer *v* se transformer *v* se métamorphoser en qc; *a béka királykisasszonnyá ~ott* le crapaud s'est transformé *v* changé en princesse; *szerelme gyűlöletté ~* son amour se

változó

convertit en haine; *pirosra, kékre* ~ tourner au rouge, au bleu
változó [~ak, ~t; ~an] I. *(mn)* variable; changeant, -e; muable; ondoyant; inconstant, -e; mobile; *folyton* ~ protéique; ~ *évszak* saison inconstante; ~ *hőmérsékletű* à température variable; ~ *mennyiség* quantité variable *f; fiz:* egyenletesen ~ *mozgás* mouvement uniformément varié; ~ *szerencsével* avec fortunes diverses; ~ *terep* terrain varié; II. *(fn) mat:* variable *f*
változtat I. *(tgy i)* 1. changer qc; changer de *(fn);* modifier; *elveit nem ~ja* être invariable dans ses principes; *nevet* ~ changer de nom *v* son nom; *taktikát* ~ changer de tactique; 2. *(rosszra)* altérer; 3. *(büntetést)* commuer; 4. *vmivé* ~ transformer *v* changer *v* métamorphoser en qc; *madárrá* ~ métamorphoser en oiseau; *bibl: a vizet borrá ~ja* changer *v* convertir l'eau en vin; *az ólmot arannyá ~ja (alkimista)* transmuer le plomb en or; II. *(tgyl i)* ~ *vmin* changer à qc; *ez nem* ~ *a dolgon* cela ne change rien; *ezen már nem lehet ~ni* il n'y a plus à y revenir
változtatás 1. changement *m;* modification *f;* ~*okat tesz v eszközöl vmiben v vmin* faire (subir) des modifications à qc; *bizonyos ~okkal elfogad* adopter sous réserve d'amendements; 2. *(rosszra)* altération *f;* 3. *(büntetésé)* commutation *f;* 4. *vmivé* ~ changement; transformation *f;* 5. *(fémé)* transmutation; conversion *f*
váltság 1. *(összeg)* rançon *f;* 2. *(megváltás)* rachat *m*
váltságdíj rançon *f*
valuta [-ák, -át, -ája] 1. devise *f;* change *m;* monnaie étrangère; *külföldi* ~ devise étrangère; *kemény* ~ valeur refuge *f;* change élevé; devise appréciée; *kemény -ájú ország* pays à change élevé; 2. *(ércfedezet)* étalon *m; arany* ~ étalon or *m*
valutabeszolgáltatás livraison (obligatoire) *f* des devises étrangères

valutacsempészet trafic *m* des changes
valutaforgalom mouvement *m* des devises étrangères
valutahatóságok office *m* des changes
valutakiajánlás infraction aux règlements sur les devises; fraude *f* en matière de devises
valutakülföldi non résident(e); étranger, -ère
valutapiac marché cambiste *m v* des changes
valutapolitika politique monétaire *f*
valutareform réforme monétaire *f*
valutaüzlet opération *f* de change
valutázó [~k, ~t] agioteur, -euse
vályog [~ot, ~ja] torchis *m;* bauge *f;* ~*ból épít* torcher; construire en torchis *v* en pisé *v* en adobe; ~*ot vet* faire du torchis
vályogfal mur *m* en torchis
vályú [~k, ~t, ~ja] 1. mangeoire; auge *f;* bac *m;* 2. *(itató)* auge *f* d'abreuvoir; abreuvoir *m*
vám [~ok, ~ot, ~ja] 1. taxe *f;* droit *m* (de douane); ~ *alá eső* assujetti(e) au droit; passible d'un droit; *ennek az árunak 10 frank a ~ja* cette marchandise est tarifée dix francs; ~*ot fizet* acquitter un droit; ~*ot vet ki vmire* frapper qc d'un droit *v* d'une taxe; 2. *(átkelésnél)* passage *m; (híd~, kövezet~)* péage *m;* 3. *(hivatal)* douane *f; (városi)* octroi *m*
vámbárca acquit *m* de douane; billette *f*
vámbevétel perception douanière
vámbódé la cabane *v* la maisonnette du poste de douane
vámcsalás fraude *f;* ~*t követ el* frauder (la douane)
vámdíjtétel taxe de droit de douane *v* douanière
vámegyesülés union douanière
vámeljárás formalité *f* en douane
vámháború guerre de tarifs
vámhatár barrage douanier; *városi* ~ barrière *f*
vámhatóság police *f v* service *m* des douanes
vámhivatal douane *f;* bureaux *m pl* de la douane

vámhivatalnok agent des douanes; *(városi)* agent de l'octroi
vámigazolás *(áru továbbvitelére)* passavant; permis *m* de circulation
vámilleték taxe *f;* droit *m* de douane
vámjövedék régie *f* des douanes
vámjövedéki *kihágás* contravention *f* en matière de douane
vámkedvezmény concession tarifaire *v* sur les droits; préférence douanière
vámkezelés visite douanière *v* de douane; examen douanier; ~ *alatt álló áru* marchandise entreposée
vámkezeltet passer en douane; dédouaner
vámköteles passible d'un droit; ~ *áru* produit soumis à la perception douanière; marchandise tarifée
vámközösség union douanière
vámmentes exempt(e) (des droits) de douane *v* de droit; ~ *behozatal* entrée *f* en franchise douanière; ~ *kikötő* port franc; ~ *raktár* entrepôt réel
vámmentesség exemption de droits de douane *v* douanière; franchise *f*
vámnyilatkozat déclaration *f* de douane
vámol [~tam, ~t, ~jon] percevoir *v* prélever les droits de douane
vámos [~ok, ~t, ~a] 1. receveur des douanes; douanier *m;* 2. *bibl:* publicain *m*
vámőr commis des douanes; douanier; commis *m* aux portes; *(tisztes)* brigadier des douanes
vámőrhajó patache *f*
vámőrlés taux *m* de blutage
vámőrség 1. garde douanière; 2. poste *m* de douane
vámpír [~ok, ~t, ~ja] 1. *áll: közönséges* ~ vampire *m;* 2. *mit:* strige *f;* 3. *(női)* vampire *m;* vamp *f*
vámpolitika politique douanière
vámpótlék surtaxe (douanière)
vámrepülőtér aérodrome douanier
vámsorompó barrière douanière; barrage douanier
vámszabadraktár entrepôt réel
vámszabályzat règlements douaniers; Code *m* des douanes
vámszedő 1. *ld:* **vámos**; 2. *a közélet ~i* les profiteurs de la vie politique

vámszövetség alliance *v* union douanière
vámtarifa tarif douanier; répertoire *m* du tarif
vámterület domaine *v* territoire douanier
vámtétel position de tarif *v* douanière; numéro du tarif douanier; *a legalacsonyabb* ~ taux minimum *m* des droits de douane
vámtiszt agent des douanes; receveur principal
vámvédelmi *rendszer* système *m* de protection
vámvisszatérítés drawback *m*
vámvizsgálat visite de douane *v* douanière; *a* ~ *a vonatban fog történni* la visite douanière aura lieu dans le train même; ~*on átmegy* passer à la douane
vámzár scellé *m*
van [vagyok, vagy, vagyunk, vagytok, vannak; voltam, voltál, volt; lettem, lettél, lett; leszek, leszel, lesz; lennék, lennél, lenne; volnék, volnál, volna; lettem volna; lenni] 1. *(létezik)* il y a; il existe; il est; ~ *olyan ember, aki* il y a *v* il existe *v* il est des hommes *v* un homme qui; ~ *közte egy* il y en a un; il en est un; ~ *olyan is, aki* il y en a (de tels) qui; ~ *eset rá, hogy* il arrive que; *van-e annál meghatóbb, mint...?* quoi de plus émouvant que...? ~ *ez úgy!* cela arrive; *mi* ~ *abban, ha* quel mal *v* quel malheur y a-t-il à *(inf)?* ~ *benne valami az apjából* il tient de son père; *egy frankban száz centime* ~ un franc vaut cent centimes; ~ *vagy hetven éves* il est dans les soixante-dix; 2. *éjjel* ~ il fait nuit; *nappal* ~ il fait jour; *hideg, hűvös* ~ il fait froid, frais; 3. *(létige)* être *(a 3. sz. copulának jelene nincs a magyarban); te nagy vagy* tu es grand; 4. *(valahol)* être; se trouver; être situé(e); séjourner; *nem tudom hol* ~ je ne sais pas où il est; *amíg Párizsban* ~ pendant qu'il est *v* qu'il séjourne à Paris; *itt* ~ le *v* la voici *v* voilà; *ott* ~ le *v* là voilà; *ezer frank volt nála* il avait sur lui mille francs; *már a közepén* ~ il en est au milieu; 5. *(valahogy)*

être; se trouver; *nyitva* ~ c'est ouvert; *tele* ~ c'est plein *v* rempli; *hogy* ~? *a)* comment va-t-il? *b)* comment allez-vous? *jól* ~ il va bien; *rosszul* ~ il est indisposé; 6. *neki* ~ *(vmije) a)* avoir; posséder; *b)* il en a; ~ *neki miből* il a de quoi; ~ *tapasztalata* il a de l'expérience *v* de l'acquis; 7. *te egész jó szakács lennél* tu ferais un excellent cuisinier; 8. *azon* ~, *hogy* s'appliquer à *(inf); mindenképpen azon* ~, *hogy* faire tous ses efforts pour *(inf);* mettre toutes ses forces à *(inf)*
vanádium [~ok, ~ot] *vegy:* vanadium *m*
vandál [~ok, ~t; ~ul] vandale; ~ *pusztítás* vandalisme *m*
vándor [~ok, ~t, ~a] I. *(mn)* 1. *(személy)* errant, -e; nomade; ambulant, -e; 2. *(madár)* migrateur, -trice; 3. *(tárgy)* itinérant, -e; II. *(fn)* 1. passant; voyageur (à pied); 2. *(zarándokló)* pèlerin *m*
vándorárus marchand ambulant
vándorcirkusz cirque ambulant
vándordíj challenge *m*
vándorévek années *f* d'apprentissage ambulant; *Petőfi -évei* les années de vagabondage de P.
vándorgyűlés congrès ambulant
vándoriparos artisan ambulant
vándorköszörűs rémouleur ambulant; gagne-petit *m*
vándorlás 1. pérégrinations *f pl;* randonnée *f;* vagabondage *m;* 2. nomadisme *m;* 3. *(madaraké)* migration; émigration *f;* 4. *(szervezetben)* cheminement *m;* 5. *(munkásoké, népeké)* nomadisme; migration; 6. *fiz* migration; mobilité *f*
vándormadár oiseau de passage *v* migrateur *v* passager
vándorméhészet apiculture migratrice
vándormunkás; *mezőgazdasági* ~ ouvrier agricole migrant
vándorol [~tam, ~t, ~jon] voyager (à pied); cheminer; errer; vagabonder; pérégriner; *(egyik vidékről, országból a másikba)* transmigrer
vándorsáska criquet (voyageur *v* migrateur *v* pèlerin)

vándorserleg coupe-challenge *f*
vándorsólyom autour; faucon pèlerin *v* commun
vándorszínész comédien ambulant *v* itinérant
vándorszíntársulat troupe de passage *v* ambulante
vándorút voyage *m;* tournée *f;* vagabondage *m;* *(iparoslegényé)* tour *m* de France; ~*ra kel* se mettre en route
vándorvese rein flottant *v* mobile *m*
vándorzászló *kb:* pennon challenge *m*
vanília [-át, -ája] 1. vanilie; 2. *növ:* vanillier *m*
vanílialikőr huile *f* de vanille
vaníliás vanillé, -e; ~ *cukor* sucre vanillé; ~ *fagylalt* glace *f* à la vanille
vánkos [~ok, ~t, ~a] 1. oreiller; coussin *m;* *(kisebb)* coussinet *m;* 2. *ép:* *(oszloplábon)* tore *m*
vánkosfa *(parketta, padló alatt)* lambourde *f*
vánkoshéj; vánkoshuzat taie *f* d'oreiller
vannak 1. il y a ...; il est des ...; il y en a qui ...; se trouver; ils sont ...; ~ *emberek, akik* il est des hommes qui; ~, *akik azt mondják, hogy* certains disent que; 2. se trouver; être situés; ils sont; 3. *neki* ~ il a des ...
vánszorog [~tam, -rgott, ~jon] traîner la jambe; se traîner
ványadt [~ak, ~at; ~an] 1. flétri; étiolé, -e; 2. malingre
ványol [~tam, ~t, ~jon] fouler; pilonner
var [~ok, ~t] 1. croûte *f;* 2. *(ótvar)* teigne; gourme *f*
I. *(fn)* **vár** [~ak, ~at, ~a] 1. *(középkori)* château(-fort) *m;* *(város felett)* citadelle *f;* *királyi* ~ château royal; *Buda* ~*a* le château de Bude *v* de Buda; 2. *(erőd)* fort *m;* forteresse *f;* *(várossal együtt)* place (forte); 3. *átv:* citadelle; forteresse *f*
II. *(ige)* **vár** [~tam, ~t, ~jon] I. *(tgy i)* 1. *vmit* ~ attendre qc; être dans l'attente de qc; *(előrelátva)* escompter qc; espérer qc; *alig* ~*ja, hogy* il brûle *v* il a hâte (de és *inf); alig*

várakozás

~*om, hogy* quelle impatience j'ai de *(inf)*; il me tarde de *(inf) v* que *(subj)*; *nehezen ~om,* le temps me dure; *vacsorára ~om* je vous attends à dîner; *gúny: ~hatja, míg* il fera beau temps quand *(futur)*; csak *~juk meg a végét!* mais attendons la fin! **2.** *vkitől vmit ~* attendre *v* espérer qc de q; *ezt nem ~tam volna magától* je n'attendais pas cela de vous; **II.** *(tgyl i)* **1.** attendre; *(vhol állva)* faire sentinelle; faire le pied de grue; *sokáig ~* attendre longtemps; *addig ~, míg* il attend que *(subj)*; *sokáig ~, míg* rester longtemps à *(inf)*; *~jon csak!* attendez un peu! une seconde! **2.** *zen: ~ egy ideig (átv is)* marquer un temps; **3.** *(vkire, vmire)* attendre q *v* qc; prévoir qc; attendre à qc; *(rossz)* être sous le coup de qc; menacer q; *vmire ~va* en expectance *v* dans l'expectance de qc; *mire ~?* qu'attendez-vous? *arra ~, hogy* il s'attend (à ce) que *(subj)*; *ez ~ rá (rossz)* cela lui pend au nez; *~ok parancsaira* j'attends (après) vos ordres; *mint ~tuk* v *~ták* comme prévu
várakozás [~ok, ~t, ~a] **1.** attente *f;* *hosszú ~* attente prolongée; *~ álláspontján áll* être dans l'expectative; *a ~ ellenére* contre l'attente générale; *minden ~ ellenére* contre toute prévision; *~ában csalódik* être déçu(e) *v* trompé(e) v frustré(e) dans son attente; *~on felül* au-delà de toute attente; *megfelel a ~nak* répondre à l'attente; *megfelel a közönség ~ának* remplir les espérances du public; *vkinek ~át felülmúlja* surpasser l'attente de q; *minden ~t felülmúl* défier toute imagination; **2.** *(jármű)* stationnement *m;* **3.** *(időközről)* battement *m;* *két órai ~* deux heures de battement
várakozik [~tam, ~ott, ~zék *v* ~zon] **1.** attendre (son tour); être dans l'attente; *türelmetlenül ~* faire les cent pas; sécher *biz; sokáig ~* faire le planton *v* la sentinelle; poireauter *biz; (utcán)* faire le pied de grue;

(hivatalban) faire antichambre; **2.** *(áru)* rester en suffrance; **3.** *(jármű)* stationner
várandós [~ak, ~at] enceinte; *~ állapot* grossesse *f*
varangyosbéka crapaud *m*
várat faire attendre; *soká ~ magára* se faire attendre
váratlan inattendu; inespéré; imprévu; inopiné; -e; imprévisible; subit; soudain, -e; *~ csapás* coup *m* de massue; *~ esemény* événement inattendu; *~ (bosszantó) eset* contretemps *m; ~ fordulat* coup *m v* surprise *f* de théâtre; *~ haszon* aubaine *f; ~ szerencse* bonheur inespéré; *~ támadás* coup *m* de main
váratlanul inopinément; à l'improviste; *~ befejeződik* finir en queue de poisson *~ bekövetkezik* survenir; *~ megtámad* attaquer de but en blanc; *kat:* surprendre; *~ mond vmit vkinek* dire qc à q à brûle-pourpoint
varázs [~ok, ~t, ~a] **1.** charme *f;* enchantement; envoûtement; effet magique *m; ~ elhárítása* conjuration *f;* *elüzi a ~t* conjurer le charme; *megtöri v feloldja a ~t* lever le sort; **2.** *átv:* magie *f;* charme; prestige *m;* *beszédjének ~a* la séduction de son langage; *~ával lenyűgöz vkit* tenir q sous le charme; **3.** *a dicsőség ~a* les appas de la gloire; *az újdonság ~a* l'attrait de (la) nouveauté
varázserő pouvoir *m v* vertu *f* magique; prestige *m; (tündéri)* féerie *f*
varázsgyűrű anneau magique *m*
varázsigék formule magique *f;* paroles magiques
varázsital philtre *m*
varázslat enchantement *m;* incantation *f;* ensorcellement *m;* magie *f;* prestige; mauvais sort; sortilège; maléfice *m; (tündéri)* féerie *f;* *~ alatt áll* subir un prestige; *~ot űz v gyakorol* pratiquer la magie; *~ot űz vkivel* exercer un prestige sur q
varázslatos [~ak, ~at] prestigieux, -euse; ensorcelant, -e
varázsló [~k, ~t, ~ja] **I.** *(mn)* magique; incantatoire; ensorceleur, -euse; *~*

varázsol 1036 **városiasság**

szavak formule d'envoûtement *f;*
II. *(fn)* magicien; jeteur de sort; sorcier; mage *m;* *(bennszülött)* sorcier; féticheur *m*
varázsol [~tam, ~t, ~jon] **1.** pratiquer la magie *v* l'envoûtement; **2.** *maga elé ~ revoir* dans l'esprit; *vki elé ~* évoquer devant q
varázspálca 1. baguette magique *v* divinatoire; *f;* **2.** *(forráskutatóké)* baguette fourchue
varázsszem *rád:* œil magique; trèfle cathodique *m*
varázsszer talisman; sortilège *m*
varázsszőnyeg tapis enchanté *v* magique
varázsütés coup *m* de la baguette de fée; *mint egy ~re* comme par enchantement
varázsvessző 1. *(varázslóé)* baguette magique *f;* **2.** *(kutató)* baguette divinatoire *v* fourchue
várbörtön prison *f* dans la casemate; *régi (mély) ~* oubliettes *f pl*
várfal mur *m* d'enceinte; murs *m pl;* murailles *f pl*
várfogság arrêt *m* de forteresse; détention *f*
várfok rempart *m*
varga [-ák, -át, -ája] savetier; cordonnier *m*
vargabetű crochet *m;* *~t csinál* faire un crochet
vargánya [-ák, -át] bolet (comestible); cèpe *m* de Bordeaux
várható présumé, -e; probable; ~, *hogy* il est à prévoir que; *nem ~ ...* n'est pas à envisager; *~ időjárás* probabilités *f pl* (pour ...)
variációszámítás *mat:* calcul *m* de variations
variál [~tam, ~t, ~jon] varier
variáns *ld* **változat**
varieté [~k, ~t, ~je] variétés *f pl*
varjú [varjak, ~t, ~ja] corneille *f;* *dolmányos v hamvas ~* corneille mantelée; *fekete v vetési ~* corneille noire *v* commune
varjúháj *növ:* orpin; sédum; sédon *m*
várkastély château (fort); *(kisebb)* châtelet *m*
varkocs [~ok, ~t, ~a] natte *f*

vármegye *(magyar)* comitat *m*
vármegyeház (hôtel de la) préfecture *f*
vármegyei départemental, -e; du comitat
várnagy capitaine *m* du guet
várócsarnok refuge abri *m;* *(épületben)* salle *f* des pas perdus
váróhelyiség salle *f* d'attente
várományos [~ok, ~t, ~a] héritier présomptif; successeur légitime
város [~ok, ~t, ~a] ville *f;* *(nagyobb)* cité *f;* *(kisebb)* bourg *m;* bourgade *f;* *(mint hatóság)* municipalité *f;* *~ körüli* suburbain -e; *~ok közti* interville; interurbain, -e; *a ~ban à la ville;* *en ville;* *~ban lakó* citadin, -e; *~ szerte* par toute la ville
városatya conseiller municipal; édile *m*
városépítés travaux *m pl* d'urbanisme; urbanisme *m*
városépítészeti; városépítési urbaniste; édilitaire; *~ terv* plain *m* d'aménagement
városfejlesztés urbanisme; développement urbain
városháza hôtel *m* de ville; mairie *f*
városi [~ak, ~t] **I.** *(mn)* municipal, -e; de (la) ville; urbain; citadin, -e; *~ adó* taxe communale; *~ bizottsági tag* conseiller municipal; *~ ember(ek)* citadin *m;* les gens de la ville; *~ hatóság* autorité municipale; mairie; municipalité *f;* *~ ház* maison urbaine; *~ iskola* école communale; *~ képviselőtestület* conseil municipal; *~ közművek* les services *m pl;* *~ lakos* habitant de la ville; *~ lakosság* population urbaine; *aut:* *~ lámpa* (phare-)code *m;* *~ önkormányzat* municipalité *f;* *~ polgárság* bourgeoisie urbaine; *~ pótadó* centimes additionnels *v* communaux; *~ tanács* conseil municipal; *~ tanácsos* conseiller municipal; *~ üzem* régie municipale; *~ vám* droit d'octroi; octroi *m;* *aut:* *~ világítás* phare-code *m:*
II. *(fn) a ~ak* les citadins; les gens de la ville
városiasság urbanité *f*

városkép physionomie urbaine; paysage urbain
városkörnyék banlieue *f; a távolabbi* ~ la grande banlieue
városkörnyéki de la banlieue; suburbain, -e
városliget bois *m* de ville; jardin public
városnegyed quartier *m*
városnézés tourisme; tour *m* dans la ville
városparancsnok commandant *m* de place
városrendészet la police des villes
városrendezés travaux *m pl* d'édilité *v* d'urbanisme; urbanisme *m*
városrész quartier *m*
várószoba salon *v* cabinet *m* d'attente
varr [~tam, ~t, ~jon] 1. coudre; s'occuper de travaux d'aiguille; *kézzel, gépen* ~ coudre à la main, à la machine; 2. *orv:* suturer
varrás 1. couture *f;* 2. *orv:* suture *f*
varrat I. *(ige)* 1. ~ *vkivel* faire coudre par q; 2. *cipőt, ruhát* ~ se faire faire des chaussures, un complet *v (női)* une robe; II. *(fn)* 1. couture *f;* 2. *orv:* suture *f;* 3. soudure *f;* cordon *m*
varratgyök racine *f* de la soudure
varróasztal table *f* à ouvrage; travailleur *m*
varrócérna fil *m* à coudre
varroda [-ák, -át, -ája] école *f* de couture
varrógép machine *f* à coudre
varrókészlet trousse à couture; trousse garnie *v* à coudre *v* broder
varrókosár panier *m* à ouvrage
varrólány jeune couturière; cousette *f*
varrónő couturière; couseuse *f; (fehérneműˇ)* lingère *f;* első ~ *(legfinomabb munkához)* première main
varróöltés couture piquée
varrott [~ak, ~at] cousu; brodé, -e; *sutile;* ~ *talp* semelle cousue
varrótű aiguille *f* (à coudre)
varsa [-ák, -át] nasse; claie *f*
Varsó [~t] Varsovie *f*
vartyog [~ott, ~jon] coasser
várúr (seigneur) châtelain *m*
várva; *válaszát* ~ dans l'attente de votre réponse; *az eseményeket* ~ dans l'attente des événements

várva-vár appeler de ses vœux; ~*t tant désiré(e)*
vas [~at, ~a] 1. fer *m; (öntött)* fonte *f; egy darab* ~ un morceau de fonte; ~*ból való* de fer; en fer; de fonte; en fonte; ~*at gyüjt v guberál* récupérer de fer; ~*at szed* prendre du fer *v* un ferrugineux; 2. *(szólásokban:) a* ~*at is megemészti (olyan jó a gyomra)* avoir un estomac d'autruche; *két* ~*at tart a tűzben* souffler le froid et le chaud; *egyszerre több* ~*at tart a tűzben* avoir plusieurs cordes à son arc; 3. ~*ban van* porter des fers; ~*ra ver* mettre aux fers; jeter dans les fers; 4. *(vasaló)* fer; *(betétje)* plaque chauffante; 5. *nincs egy* ~*am* je n'ai pas le sou *v* un rouge liard
vas- de fer; *(öntött)* de fonte
vaságy lit *m v* couchette *f* de fer
vasajtó porte *f* de fer *v* de fonte
vasal [~tam, ~t, ~jon] 1. *(ruhát)* repasser; donner un coup de fer à qc; 2. *(tárgyat)* ferrer; fretter; *(gerendát)* garnir *v* armer de bandes de fer
vasalás 1. *(ruháé)* repassage *m;* (nadrágon) pli *m;* 2. *(tárgyé)* garniture de fer; ferrure *f;* 3. *(abronccsal)* frette *f;* 4. *műsz:* armure; armature *f;* 5. *(ajtón)* ferrage *m;* penture *f;* 6. *(lóé)* ferrage; ferrure
vasaló [~k, ~t, ~ja] fer *m* (à repasser); *(szabóké)* carreau *m*
vasalóalátét pose-fer *m*
vasalóasztal table *f* à repasser
vasalódeszka planche *f* à repasser *v* à jupons
vasalónő repasseuse *f*
vasalóüzem repasserie *f*
vásár 1. foire *f;* marché *m* en plein vent; *a lipcsei* ~ la foire de Leipzig; ~*ra hajt* mener à la foire; ~*ra visz* porter au marché; 2. *(nagy áruházakban)* exposition *f; (pl: fehérneműˇ* ~ exposition de blanc); 3. *(szólásokban:)* áll a ~ l'affaire est conclue; *kettőn áll a* ~ c'est compter sans son hôte; ~*ra viszi (becsületét stb.)* mettre à l'encan; ~*ra viszi a bőrét* risquer sa peau

vásárcsarnok halle *f*
vásári [~ak, ~t] du marché; forain, -e; ~ *áru* (marchandise de) pacotille*f;* ~ *bódé* baraque de (marchand) forain; baraque *f* de foire; *(nemzetközi vásáron)* stand *m;* ~ *kép* image *f* d'Épinal; *(festett)* croûte *f;* ~ *kikiáltó* crieur public; camelot *m;* ~ *komédiás* acteur forain; baladin; saltimbanque *m;* bateleur, -euse *n;* ~ *nóta* rengaine *f;* ~ *reklám* puffisme; puff *m; (beszéd)* boniment *m*
vásárlás 1. achat *m;* acquisition *f;* 2. commission; emplette *f*
vásárló [~k, ~t] I. *(mn)* ~ *erő* v *képesség* pouvoir *m* v capacité *f* d'achat; pouvoir-achat *m;* ~ *kedv* envie d'acheter; ~ *közönség* clientèle *f;* achalandage *m;* II. *(fn)* 1. client *m;* pratique *f;* állandó ~ client fidèle; 2. *(adásvételnél)* preneur; acheteur *m*
vasárnap *(fn* és *hat)* dimanche *(m)*
vasárnapi dominical, -e; de dimanche; ~ *hangulat* atmosphère dominicale; ~ *kimenő* sortie *f* de dimanche; ~ *melléklet* supplément dominical; *a* ~ *pihenés* le repos dominical; ~ *ruha* costume *m* de dimanche; habits *m pl* des dimanches; tenue *f* de dimanche
vásárol [~tam, ~t, ~jon] faire un achat v des achats; faire ses commissions v ses emplettes; acheter; *vkinél* ~ se fournir chez q; ~*t holmik* emplettes *f pl*
vásártér champ *m* de foire; place *f* du marché
vasáru quincaillerie; ferronnerie *f*
vasas [~ok, ~t] I. *(mn)* ferrugineux, -euse; ~ *orvosság* ferrugineux *m;* II. *(fn)* 1. *(kereskedő)* quincaillier; ferronnier *m; (ócska~)* ferrailleur *m;* 2. *(munkás)* métallo *m*
vasbádog fer battu; tôle (ondulée)
vasbádogos tôlier; ferblantier *m*
vasbetét 1. *ép* armature *f;* 2. *koh* charge *f* de ferraille
vasbeton béton armé; sidérociment; ferrociment *m*
vasbetonfödém plancher *m* en béton armé
vasbetonszerkezet v -váz armature; construction *f* en ciment armé
vasderes *(ló)* pinchard, -e *(n)*
vasdrótkerítés treillis *m* de fil de fer
vasedény 1. ustensile *m* en fonte; 2. ustensile en fer battu
vasegészség santé *f* de fer; ~*e van* il est de fer
vasérc minerai *m* de fer; *ásv:* sidérolithe *f; barna* ~ limonite *f*
vasérctelep gisement de fer v ferrifère *m*
vaseszterga tour *m* à métaux
vasesztergályos tourneur *m* sur métaux
vasfegyelem discipline *f* de fer
vasfejű tête *f* de fer; avoir une tête de Breton
vasfog; *az idő* ~*a* l'injure v les injures du temps; le dent v la lime du temps; *nem árt neki az idő* ~*a* résister à la morsure du temps
vasfű *növ:* verveine *f*
vasfüggöny rideau *m* de fer
vasgyár forge; usine sidérurgique v métallurgique *f*
vasgyáros maître de forge; métallurgiste *m; (francia) Vas- és Gépgyárosok Szövetsége* le Comité des Forges
vasgyúró hercule *m*
vashidrogéncső tube ballast; barretter *m*
vásik [~ott, ~sék v ~son] 1. s'user; 2. *(fog)* avoir les dents agacées; ~ *a foga tőle* il en a les dents agacées
vasipar industrie sidérurgique v du fer; sidérurgie; sidérotechnie *f; vas- és fémipar* métallurgie *f*
vasipari sidérurgiste; métallurgiste; ~ *munkás* v *dolgozó* ouvrier sidérurgiste; *vas- és fémipari dolgozó* métallurgiste *n;* métallo *m*
vaskalapos I. *(mn)* collet monté; académique; pédant, -e; magistral; professoral, -e; II. *(fn)* vieille perruque; mandarin; vieux bonze; pédant *m*
vaskalaposság routine *f;* pédantisme; académisme *m*
vaskályha poêle *m* en fonte

vaskampó crochet (de charge); crampon *m* (de fer)
Vaskapu les Portes de Fer *f*
vaskarika 1. anneau *m* de fer; **2.** *műsz:* frette *f;* **3.** *ez fából* ~ *c'est un non-sens v contresens*
vaskereskedés; **vaskereskedelem** quincaillerie; ferrerie *f*
vaskereskedő quincaillier *m*
vaskezű *ember* homme à poigne
vaskohászat sidérurgie; industrie sidérurgique *f*
vaskohó forge *f*
vaskos [~ak, ~at] **1.** gros, grosse; robuste; ramassé, -e; **2.** *(tréfa, beszéd)* cru; dru, -e; gaillard; gaulois; corsé, -e; gras, grasse; ~ *beszéd* crudité *f* de langage; *(igével:)* parler gras; ~ *gorombaság* injure grossière; ~ *hazugság* gros mensonge; grosse bourde; ~ *káromkodás* gros juron; ~ *szellemesség* esprit gaulois; *ez* ~ *tévedés* cette erreur est de poids; ~ *tréfákat mond* tenir des propos gaillards; ~ *tudatlanság* ignorance crasse
vaslánc chaîne *f* de fer
vaslapát pelle *f* de fer
vaslemez lame *f* de fer; fer laminé
vasmacska grappin *m*
vasmag *vill:* noyau *m* de fer
vasmunkás (ouvrier) métallurgiste; métallo *m*
vasmű combinat *v* complexe sidérurgique *m*
vasolvasztó fonderie *f* de fer; haut fourneau
vásott [~ak, ~at] polisson, -onne; méchant, -e
vasoxid oxyde *m* de fer
vasöntecs fonte coquillée
vasöntő 1. fondeur *m* (de fer); **2.** *(vasöntöde)* fonderie *f* de fer
vasöntvény fonte *f* de fer
vaspor 1. plombagine; mine *f* de plomb; **2.** limaille *f* de fer
vasrács grille *f* de *v* en fer; treillis *m*
vasredőny rideau *m* de fer
vasrostély 1. treillis *m* de fer; **2.** *(sütésre)* gril *m*
vasszeg clou *m;* pointe *f*

vasszerkezet 1. bâti *m* en fonte; **2.** *ép;* charpente *f* en fer; **3.** *műsz:* armure; armature *f*
vasszigor la dernière sévérité *v* rigueur; ~*ral kormányoz* gouverner avec une verge de fer
vasszorgalom application obstinée; zèle extrème *m*
vasszürke gris fer
vastag [~ok, ~ot] **1.** gros, grosse; épais, épaisse; de forte épaisseur; *(folyadékról)* pâteux, -euse; *egy méter* ~ épais d'un mètre; ~ *ajkú* lippu, -e; ~ *bőre van* avoir la peau épaisse; *(szemérmetlen)* avoir le cuir épais *v* la peau dure *v* une bonne carapace; ~ *derék* taille épaisse; ~ *hang* grosse voix; ~ *lemez* tôle forte; **2.** *(kövér)* gros, grosse; fort, -e
vastagbél *orv:* côlon; gros intestin
vastagbőrű [~ek, ~t] *áll:* pachyderme *(m)*
vastagodik [~tam, ~ott, ~jék *v* ~jon] **1.** (s')épaissir; grossir; **2.** *átv:* s'étoffer; **3.** *(vonások)* s'empâter; **4.** *konyh:* *(mártás)* se lier
vastagság épaisseur; grosseur *f;* travers *m;* *több láb* ~ plusieurs pieds d'épais
vastapasz lut *v* ciment *m* de fer
vastartalék ultime réserve *f*
vastartalom teneur en fer; ferruginosité *f*
vastermelés production de fer *v* en minerai de fer *v* métallique *f*
vastörvény loi *f* de fer
vastraverz traverse *f*
vastüdő poumon *m* d'acier
vasút chemin *m* de fer; voie ferrée *v* de chemin de fer; ~*on* en chemin de fer; par chemin de fer; ~*on szállít* expédier *v* transporter par le chemin de fer; ~*ra száll* prendre le train
vasútállomás 1. station *f* de chemin de fer; **2.** *(épület)* gare *f;* *ker:* ~*on átvéve* pris à la gare
vasutas [~ok, ~t, ~a] employé *v* agent de chemin de fer; cheminot *m;* *(nem tiszt)* homme *m* d'équipe
vasútépítés construction *f* des chemins de fer; posage *m*

vasúthálózat réseau de voies ferrées; réseau ferré v ferroviaire
vasúti [~ak, ~t] de(s) chemins de fer; ferroviaire; ~ *alépítmény* (travaux d')infrastructure *f;* ~ *állomás* station de chemin de fer; gare *f;* ~ *aluljáró* passage inférieur; ~ *anyag* matériel roulant; ~ *átjáró (felül)* passage supérieur; *(egyszinten)* passage à niveau; ~ *csatlakozás* correspondance *f;* ~ *csomópont* nœud *m* de chemin de fer; ~ *díjszabás* tarification *f;* ~ *elágazás* embranchement *m* de voie ferrée; ~ *étterem* buffet *m* de gare; ~ *felépítmény* (travaux de) surperstructure *f;* ouvrage *m* d'art; ~ *forgalom* circulation *f v* trafic *m* ferroviaire; *nemzetközi* ~ *forgalom* trafic international par voie ferrée; *a* ~ *forgalom szünetel* le trafic a été interrompu; ~ *fuvar(díj)* prix *m* du transport (par chemin de fer); ~ *fuvarozás* transport(s) *m (pl)* par chemin de fer; ~ *fűtő* chauffeur *m* aux chemins de fer; ~ *gócpont* nœud *m* de chemin de fer; ~ *hálózat* réseau *m* de chemins de fer *v* de lignes; *széles* ~ *hálózat* réseau ramifié de chemin de fer; ~ *híd* pont-rail *m;* ~ *jegy* billet *v* ticket *m* de chemin de fer; ~ *kalauz* conducteur; contrôleur *m;* ~ *kocsi* voiture *f;* wagon *m;* ~ *kocsi ablaka* glace *f* du coupé; ~ *kocsi ajtaja* la portière de la voiture; *egy* ~ *kocsi rakomány* un wagon de ... wagonnée *f; a* ~ *kocsipark* le matériel roulant; ~ *komp* ferry-boat *m;* ~ *közlekedés* communication ferroviaire *f;* trafic *m;* circulation ferrée; ~ *menetjegy* billet *m* de chemin de fer; ~ *menetrend (tábla)* horaire *m* (des trains); *(könyv)* indicateur des chemins de fer; livret Chaix *m;* ~ *mérnök* ingénieur *m* des chemins de fer; ~ *motorkocsi* micheline *f;* ~ *munkás* ouvrier des chemins de fer; ~ *óra* horloge *f* de la gare; ~ *őr* garde-ligne; garde-voie; garde-barrière *m;* ~ *őrház* maisonnette *v* cabane *f* de garde-barrière; ~ *összeköttetés* communication ferroviaire *f;*
~ *pályatest* assiette *f* de la voie; ~ *pályaudvar* gare *f;* ~ *postahivatal* bureau-gare *m;* ~ *postakocsi* wagon-poste *m;* ~ *raktár* hangar *m* aux marchandises *v* aux colis; ~ *sín* rail *m;* ~ *szállítás* transport(s) *m (pl)* par chemin de fer *v* par fer; ~ *szerelvény* rame *f;* convoi *m;* ~ *szerencsétlenség* catastrophe *f v* accident *m* de chemin de fer; ~ *szolgálat* service *m* des chemins de fer; ~ *térkép* carte ferroviaire *f;* ~ *üzem* trafic *m;* exploitation *f* des chemins de fer; ~ *üzletszabályzat* règlement *m* de l'exploitation; ~ *üzletvezetőség* service *m* de direction des chemins de fer; ~ *vágány* voie ferrée *v* de chemin de fer; ~ *vendéglő* buffet *m* de gare; ~ *vonal* ligne *f* de chemin de fer; ~ *vontatás* traction ferroviaire *f; (villamos)* traction électrique
vasútigazgatóság direction *v* administration *f* des chemins de fer
vasúttársaság compagnie *f* de chemin de fer
vasútvonal ligne *f* de chemin de fer
vasváz armature *f*
vasvilla I. *(fn)* fourche *f* (de fer); trident; croc *m;* II. *(mn)* ~ *szemeket mereszt vkire* jeter sur q des regards farouches
vászon [vásznak, vásznat, vászna] 1. toile; toilerie *f;* linge *m;* durva ~ toile bise; *vásznat sző* tisser *v* faire de la toile; ouvrer du ligne; 2. *(film:)* écran *m; (háttérvetítéshez)* glace *f;* 3. *(amelyre ráhúznak, ragasztanak)* entoilage *m*
vászonipar industrie toilière
vászonkötés reliure (en) toile *f; egész* ~ reliure pleine toile; ~*ben* relié(e) (en) toile
vászonnadrág pantalon *m* de toile
vászonredőny store *m*
vászonruha 1. costume *m* de toile; *(női)* robe *f* de toile; 2. *(darab)* chiffon *m* de toile
vászonszövőipar industrie toilière
vatelin [~ok, ~t] ouatine *f;* ~*nal bélel* ouatiner

| Vatikán | 1041 | védelem |

Vatikán [~t] *a* ~ le Vatican
vatikáni [~ak, ~t] du Vatican; vaticanesque; *(nőnemben:)* vaticane
vatta [-ák, -át, -ája] ouate *f;* coton *m v* ouate hydrophile; ~ *közt neveli a gyermekeit* élever ses enfants dans du coton *nép*
vattacsomó *orv:* tampon *m*
vattaruha; *tűzött* ~ vêtement molletonné
vattás ouaté, -e; ouateux, -euse; cotonné, -e; cotonneux, -euse
váz [~ak, ~at, ~a] 1. *(csont~)* squelette *m;* carcasse; ossature; charpente *f;* 2. *(kerékpáré)* cadre *m;* 3. *vegy:* squelette; 4. *(tárgyé)* charpente; *gép(alkatrész) szilárd ~a* bâti *m;* 5. *irod:* a *dráma ~a* la charpente de la pièce
váza [-ák, -át, -ája] vase *m*
vazelin [~ok, ~t, ~ja] *vegy:* vaseline *f*
vázlat 1. *(rajz)* esquisse; ébauche *f;* croquis *m;* dessin à main levée; crayon; carton *m; első* ~ premier jet; *odavetett* ~ croquade *f; egy kép ~a* l'ébauche *f* d'un tableau; 2. *(szoboré)* maquette; ébauche *f;* 3. *(írás)* pochade *f;* 4. *(írásbeli dolgozaté)* plan *m;* 5. *(színdarabé, filmé)* scénario *m;* 6. *műsz:* tracé; schéma; tracement *m; kapcsolási* ~ schéma *m* des connections; 7. *átv:* esquisse; minute *f;* les grandes lignes de qc; précis *m; vmiről ~ot ír* faire une notice sur qc
vázlatfüzet carnet *m* de croquis
vázlatkönyv album; album *m* à croquis
vázlatos [~ak, ~at] esquissé, -e; schématique; ~ *kép* tableau brossé à grands traits; croquis schématique *m;* exquisse *f;* ~ *rajz* ébauche; esquisse *f*
vázlatrajz 1. esquisse; ébauche *f;* croquis *m;* 2. dessin schématique; schéma *m*
vázlatterv *(nagy arányokban)* épure *f*
vázol [~tam, ~t, ~jon] esquisser; croquer; ébaucher; crayonner; charbonner; *az eszmemenetet ~ja* indiquer *v* esquisser son plan; ~*ja a helyzetet* faire le point *v* brosser un tableau de la situation
vázrajz schéma *m*
vécé [~k, ~t, ~je] W. C. *m*
vécépapír papier hygiénique *m*
véd [~tem, ~ett, ~jen] 1. *(így i)* 1. défendre (de); protéger (contre); abriter (contre); ~*ve vmi ellen* à l'abri de qc; ~*i a hazát* défendre la patrie; 2. *(perben)* défendre; assister (en justice); *bíróság előtt* ~ *vmit* plaider qc; 3. ~ *egy állítást* soutenir une proposition; défendre un point de vue; 4. *a hadsereg ~i határainkat* l'armée couvre nos frontières; *kat: egymást ~ik* se flanquer; 5. ~*i magát ld:* **védekezik**; II. *(tgyl i) sp:* garder les bois; arrêter
védekezés 1. défense *f; (betegség ellen:* prophylaxie; défense; lutte *f* contre qc; *(kártevő ellen)* lutte; *a tüdővész elleni* ~ la défense *v* la lutte contre la tuberculose; 2. *kat:* défensive *f;* ~*re szorul* être *v* se tenir sur la défensive
védekezik [~tem, ~ett, ~zék *v* ~zen] 1. *vmi ellen* ~ se défendre de qc; se garantir *v* se protéger *v* réagir *v* s'armer contre qc; *(káros állat stb. ellen)* combattre qc; *betegség ellen* ~ se précautionner contre la maladie; *nem tud ~ni* être hors de défense *v* hors d'état de se défendre; *előre* ~ se prémunir; *nem* ~ passer condamnation; 2. *kat:* être *v* se tenir sur la défensive; *az ellenség makacsul* ~ l'ennemi se défend avec acharnement; 3. *(mentegetődzik)* s'excuser; chercher des excuses; *azzal* ~, *hogy* alléguer pour sa défense que; *azzal* ~, *hogy nem ért hozzá* protester de son ignorance
vedel [~tem, ~t, ~jen] pinter; lamper; ~*i a pezsgőt* sabler le champagne
védelem [-lmet, -lme] 1. défense; protection; garde *f;* 2. *átv:* tutelle; sauvegarde *f* de qc; rempart; palladium *m;* 3. *(szóbeli)* apologie *f;* 4. *(perben)* la défense; *a* ~ *álláspontja* la thèse de la défense; 5. *kat:* défensive; défense *f;* 6. *futb:*

66 Magyar–Francia kézi

(két hátvéd és kapus) la défense; **a ~ben** en défense; **áttöri a -lmet** percer la garde; **7. *(szólásokban:)* biztos ~** abri sûr; **erős ~** défense énergique; **az igazság -lme** la défense du bon droit; **a törvény -lme** la tutelle des lois; **vminek a -lme alatt** à la faveur de qc; sous la protection *v* la garde de q; **a törvények -lme alatt** sous l'égide des lois; **-lmébe vesz vkit** prendre q sous sa protection; **-lmére felhozza** alléguer *v* invoquer pour sa défense; **vkinek -lmére kel** prendre le parti de q; prendre fait et cause pour q; **-lmet nyújt** offrir un abri à q; **8.** *(berendezés)* dispositif *m* de protection; **9. atfiz** protection; blindage *m*
védelmez [~tem, ~ett, ~zen] **1.** défendre de qc; **2.** *(szóban)* **~ vmit** faire l'apologie de qc; *ld. még:* **véd**
védelmi [~ek, ~t] défensif, -ive; de défense; **~ állapotba helyezkedik** se mettre en état de défense *v* en garde; **~ állás** position défensive *v* de résistance; **~ arcvonal** ligne *f* de défense; **~ berendezések** ouvrages *v* travaux *m pl* de défense; **~ eszköz** moyen *m* de protection *v* de défense; **~ intézkedések** mesures préventives; **~ mű** ouvrage défensif; **~ vonal** ligne *f* de défense; **második ~ vonal** tranchée *f* de soutien
veder [vedrek, vedret, vedre] **1.** seau *m;* *(fából, kétfüles)* seille *m;* **2.** *(kotrón)* louchet *m;* *(vízikeréken)* godet *m;* **3. műsz:** benne; banne *f*
vederő force armée
vederőjavaslat projet *m* de loi sur la force armée
védett [~ek, ~et; ~en] **1.** abrité; défendu, -e; *kat:* couvert, -e; **2.** *(műemlék, táj)* classé, -e; **3.** *(jelzős főnevekben)* **~ hely** abri *m;* *(törvényileg)* **~ név** nom déposé; *kat, pol:* **~ övezet** zone protégée; **~ terület** réserve *f*
védhetetlen 1. intenable; indéfendable; **2.** *(állítás)* insoutenable; **3.** *(viselkedés)* injustifiable; **4. jog:** *(büntett)* implaidable; **5. sp:** *(lövés stb.)* imparable

védjegy marque de fabrique *v* de commerce; estampille *f;* trademark *m;* *(árun felírás)* marque déposée; **hamis ~** fausse marque (de fabrique); **~ bejelentése** dépôt *m* de la marque; **egy ~et bejegyez** enregistrer une marque
védjegybitorlás contrefaçon *f* de marque de fabrique (et de commerce)
védkötelesség l'obligation *f* du service militaire
vedlett [~ek, ~et] mué, -e; **~ bőr** dépouille *f*
védlevél lettre *f* de privilège; *(személynek)* sauf-conduit *m*
vedlik [~ettem, ~ett] muer; faire peau neuve; (se) peler
védnök [~ök, ~öt, ~e] patron; protecteur *m*
védnökség 1. patronage *m;* **2.** *(területi)* protectorat; mandat *m*
védő [~k, ~t] **I.** *(mn)* protecteur, -trice; de défense; défensif, -ive; **~ pápaszem** lunettes protectrices; **II.** *(fn)* **1.** *(ügyvéd)* défenseur *m;* hivatalból kirendelt **~** avocat *m* d'office; **2. a város ~i** les défenseurs de la ville; **3.** *(vmi díjé)* tenant *m;* **4.** *(tárgyhoz)* protecteur *m;* *(pl:* de selle de vélo); protège- *(pl:* protège-bas *stb.)*
védőállás ligne *f* de résistance; abri *m*
védőangyal ange tutélaire *v* protecteur
védőanyag matière *v* couche *v* substance protectrice
védőbástya rempart; bastion; boulevard *m;* *(csak átv:)* glacis *m*
védőbeszéd 1. plaidoirie *f;* **2.** *(nem bírósági)* apologie; défense; plaidoirie *f*
védőcsapat troupe *f* de couverture
védőerdősáv écran forestier protecteur
védőfal mur de défense; rempart; parapet *m*
védőgát digue *f;* *(tengeri)* digue en pleine mer; jetée *f*
védőháló filet *m* de protection
védőhuzat *(bútoré)* housse *f;* *(tárgyé)* fourreau *m*
védőirat défense; apologie *f*
védőkesztyű orv: gant(s) protecteur(s); **műsz:** paumelle *f*

védőkorlát parapet; garde-fou *m*
védőmű ouvrage de défense *v* d'art; retranchement *m*
védőnő assistante sociale; infirmière *v* dame visiteuse
védőoltás 1. vaccination préventive; immunisation *f;* 2. *(anyaga)* vaccin *m*
védőőrizet surveillance de la police; garde *f* à vue; ~*be helyez* placer sous la surveillance de la police
védőpajzs bouclier de défense; rempart *m*
védőponyva *(árun)* bâche *f;* *(ülők felett)* vélum *m*
védőszárnyai *alatt* à l'ombre de son bras; sous les auspices de q; ~*ai alá vesz* prendre sous sa protection
védőszemüveg lunettes de protection *v* protectrices; *(motorosé)* lunette antiéblouissante; lunette moto
védőszent patron(ne) *n;* saint(e) protecteur (-trice)
védőtáplálék aliment antidéperditeur
védőtápszer protecteur *m*
védőügyvéd avocat; conseil; défenseur *m; jog:* défense *f*
védőüveg verre protecteur; vitre protectrice
védővám droit protecteur; taxe prohibitive
védővámrendszer régime prohibitif; protectionnisme *m*
védővámtarifa tarif *m* de protection
védővonal ligne *f* de défense
védtelen sans défense *v* protection; désarmé; abandonné, -e; hors d'état de se défendre; *sp, kat:* découvert, -e
vég [~ek, ~et, ~e] 1. *ld:* **vége;** *itt a* ~ c'est la fin; ~ *nélküli* interminale; à n'en pas finir; sans fin; ~ *nélküli történet* un vrai conte de Schéhérazade; 2. ~*et ér* se terminer; prendre fin; s'achever; *(szerencsésen)* aboutir; *a fegyverszünet tegnap* ~*et ért* la trêve a expiré hier; *nem fog jó* ~*et érni* il finira mal; ~*et vet vminek* mettre un terme à qc; mettre fin à qc; *(viszálynak, pernek)* éteindre; 3. *kat:* ~*ek rég:* confins militaires *m pl;* *(ma)* zone frontière *f;* 4. *egy* ~ *posztó* une pièce de drap *v* d'étoffe
végállomás tête *f* de ligne; terminus *m*
végbél rectum; siège; boyau culier
végbélkúp suppositoire *m*
végbélnyílás anus; orifice anal; fondement *m*
végbemegy s'opérer; s'accomplir; avoir lieu
végcél but final; fin(s) dernière(s); terme *m*
vége 1. *(tárgyé)* bout *m;* extrémité *f;* *(hegyes tárgyé)* pointe *f; sajt, kenyér* ~ *talon m* du fromage, du pain; 2. *(meneté, soré, évszaké)* queue *f;* bout; 3. *(teremé, téré, kerté)* fond *m;* 4. *(időbeli)* fin *f;* terme *m;* 5. *(ügyé, könyvé)* fin; conclusion *f;* dénouement *m;* *(ügyé)* terminaison; issue *f;* 6. *(szóé)* terminaison; désinence *f;* 7. *vége!* c'est fini! *s azzal* ~*!* un point, c'est tout; *ez év* ~ la fin de l'année; *mindennek* ~ *köztük* tout est rompu entre eux; *örömünknek* ~*!* c'en est fait de notre joie; *minden jó, ha* ~ *jó* tout est bien qui finit bien; ~ *felé jár* s'achever; tirer *v* toucher *v* courir à sa fin; ~ *következik* la fin dans notre prochain numéro; *hát ennek sose lesz* ~*?* ce ne sera donc jamais fini? *rossz* ~ *lesz ennek* cela finira mal; *szörnyű* ~ *lett* il a eu une fin terrible; ~ *szakad* prendre fin; finir; cesser; *(láz, öröm, vihar)* tomber; *(szöveg)* s'interrompre; ~ *szakad a türelemnek* être à bout (de patience); ~ *van* finir; prendre fin; *(elveszett ember)* son compte est bon; c'en est fait de lui; *(meghalt)* c'est fini; *legyen* ~ *a vitának* trêve *f* de discussions! ~*-hossza nincs a dolognak* cela n'en finit pas; *se* ~, *se hossza* c'est à n'en pas finir; *ld. még:* **vég;** *végem van* je suis perdu; c'en est fait de moi; *-éhez közeledik* être à son terme; toucher à son terme; *a végén* au bout (de qc); à l'extrémité (de qc); à la queue; *vminek a -én* à l'arrière de qc *v* de q; *a -én (egy sornak)* en queue; *a két -én* aux deux extrémités; *a*

tanácskozás -én à l'issue de la conférence; *tanulmánya -én* en conclusion de son étude; *a tél -én* au sortir de l'hiver; *az utca -én* au bout de la rue; *a világ -én* au bout du monde; *március -én* fin mars; *az asztal -én ül le* s'asseoir au bas bout de la table; *végére áll (sorban)* prendre la queue; *-ére jár* venir à bien; *-ére jár vminek;* venir à bout de qc; *(radikálisan elintézve)* faire justice de qc; *hogy a -ére járjak a dolognak* pour en avoir le cœur net; *-ére jut a tudományának* être au bout de son rouleau; perdre son latin; *-ére tartogat* garder pour le bouquet; *végét járja* tirer *v* toucher à sa fin; *a -ét érzi közeledni* sentir approcher sa fin; *várjuk* v *várd meg a -ét* attendons la fin; *egyik végétől a másikig* de bout en bout; *az év végével* à la fin de l'année
végeladás liquidation *f*
végelbánás mise *f* à pied; ~*ban részesít* congédier
végelgyengülés mort par extinction *v* par sénilité; collabescence *f*
végelszámolás règlement définitif; ~*t tart* régler son compte
végeredmény résultat définitif; conclusion; issue *f; az összeadás ~e* le total d'une addition; ~*ben* en définitive; en dernière analyse
végérvényesen définitivement; une bonne fois; une fois pour toutes
véges [~ek, ~et] fini; limité; borné, -e
vegetál [~tam, ~t, ~jon] végéter; traîner une existence misérable
vegetáriánus végétarien, -enne *(n)*
végett aux fins de ...; en vue de ...; pour; *mi ~* à quelle fin?
végez [~tem, végzett, ~zen] I. *(tgy i)* 1. finir; terminer; achever; *a dolgát végzi* vaquer à ses affaires; *(ürül:)* faire ses besoins; *rosszul végzi* faire mauvaise fin; 2. *(ügyben) azt ~ték, hogy* on prit la résolution de *(inf);* ils ont décidé de *(inf); mit ~tél?* eh bien, où en es-tu? II. *(tgyl i)* 1. *(vmivel)* en finir avec qc; en terminer avec qc; *(üggyel)* liquider qc; ~*tem!* j'ai fini; j'en ai

fini; ~*zünk!* finissons-en! *gyorsan ~ a munkájával* expédier son travail; 2. *(vkivel)* arranger *v* liquider une affaire avec qc; *(gyilkos stb.)* avoir raison de q; expédier; ~ *magával* mettre fin à ses jours; *(bűntett után)* se faire justice
végezetül pour conclure *v* finir *v* terminer
végfokozat étage final *v* de puissance
véghangsúly accent final
véghatározat 1. décision finale; 2. arrêt définitif
véghetetlen I. *(mn)* interminable; **II.** *(hat)* ~ sok en nombre infini
véghezvisz exécuter; accomplir; consommer; *(bűnt)* perpétrer; commettre
végig 1. d'un bout à l'autre; jusqu'au bout; 2. *vmin* ~ (tout) le long de qc; *Összetételt ld. még* **át-** *és* **keresztülalatt**
végigfekszik *vmin* s'étendre *v* s'allonger sur qc
végigfolyik *vmin* ruisseler *v* couler sur qc; *a könnyek -nak arcán* les armes coulent le long de ses joues
végigfut parcourir qc; ~ *vki agyán* traverser l'esprit de q; ~ *a hideg rajtam* cela me fait froid dans le dos
végighallgat écouter *v* suivre jusqu'au bout
végighúzódik *vmin* jalonner qc; *ez a gondolat húzódik végig a könyvön* le livre est dominé par cette idée
végigjár *vmit* parcourir; faire le tour de qc; *(hír igy is:)* courir qc; ~*ja a hivatalok útvesztőjét* passer par toutes les filières administratives
végigmér dévisager; toiser; regarder de la tête aux pieds; *tetőtől talpig ~* mesurer des yeux
végignéz I. *(tgy i)* 1. *(vmit)* assister à qc *v* au spectacle de qc; 2. *(könyveket, stb.)* parcourir; **II.** *(tgyl i) megvetően ~ vkin* toiser q (de haut en bas)
végigtapogat 1. tâter; 2. balayer
végigvág *vkin* allonger un coup à q; *(ostorral)* cingler d'un coup de fouet

végigvágódik 1. ~ *a földön* tomber de tout son long; 2. *(hasra)* s'étaler
végínség pénurie *v* misère extrême *f*
végintézkedés dernières dispositions
végítélet le jugement dernier
végjáték *sakk:* finale *f*
végképp(en) 1. définitivement; totalement; 2. ~ *nem akarsz semmit sem enni?* tu ne veux décidément rien manger?
végkielégítés indemnité *v* prime de renvoi; indemnité *f* de licenciement
végkimerülés épuisement complet; ~*ig* jusqu'à épuisement complet
végleg définitivement; à titre définitif; sans retour
végleges [~ek, ~et] définitif; décisif, -ive
véglegesít [~ettem, ~ett, ~sen] 1. rendre définitif *v* définitive; stabiliser; 2. *(hivatalnokot)* titulariser
véglény protozoaire *m*
véglet excès; extrême *m;* *(érzésben)* paroxysme *m;* *a* ~*ek találkoznak* les extrêmes se touchent; *az ellenkező* ~*be esik* tomber dans l'excès contraire; *a* ~*ekbe kerget* *v* *visz* porter *v* pousser à l'extrémité; *(érzést)* exarcerber; exaspérer; *a* ~*ekig* jusqu'au bout; ~*ekig visz* pousser jusqu'à l'excès
végóra dernière heure; l'heure suprême
végösszeg somme totale; montant; total *m*
végpont point final *v* terminus *v* terminal; extrémité *f;* *az utazás* ~*ja* l'étape finale
I. **végre** 1. enfin; finalement; pour finir; pour conclure; *(igével:)* finir par *(inf)*; 2. *(más határozószókkal)* ~ *egyszer* une bonne fois; ~ *is* après tout; ~ *már* à la fin; ~ *valahára* enfin
II. **végre;** *mi* ~*?* dans quel but? pourquoi (faire)? *ld. még:* **vég; végett**
végrehajt 1. exécuter; mettre à exécution; mener à bien *v* à bonne fin; accomplir; 2. *(bűnt)* perpétrer; commettre; accomplir; consommer; 3. *(vkit)* saisir q
végrehajtás 1. exécution *f;* accomplissement *m;* mise à exécution; application *f;* *végre nem hajtás* non-exécution; inexécution *f;* *egy törvény* ~*a* l'application d'une loi; 2. *műsz:* *(pl. szerelése)* pratique *f;* 3. *(büné)* perpétration; accomplissement *m;* 4. saisie *f;* *(ingatlanra)* saisie immobilière; *(ingóságra)* saisie-exécution *f*
végrehajtási 1. ~ *rendelet* règlement *m* d'application; ~ *utasítás* décret portant règlement d'administration publique; 2. ~ *árverés* vente *f* (après saisie); ~ *eljárás* mode *m* de saisie; ~ *költségek* frais *m pl* d'huissier
végrehajtó I. *(mn)* 1. exécutif, -ive; ~ *bizottság* comité exécutif *v* d'action; ~ *hatalom* (pouvoir) exécutif *m;* 2. *jog:* exécutoire; II. *(fn)* 1. exécutant, -en *n;* 2. *(hivatalnok)* huissier; commissaire-priseur *m; végrendelet* ~*ja* exécuteur testamentaire *m*
végrendelet testament *m* *(magán:* olographe; *közjegyző előtt készített:* par acte publique); ~ *hátrahagyása nélkül (ab) intestat;* ~ *szerinti örökösödés* *v* *örökség* succession testamentaire *f*
végrendeleti testamentaire
végrendelkezik tester; faire un testament
végromlás déconfiture; ruine (totale); ~*ba dönt* acculer à la ruine
végső [~k, ~t] I. *(mn)* dernier, -ière; extrême; final, -e; suprême; *a haldokló* ~ *akarata* les volontés suprêmes d'un mourant; ~ *ár* dernier prix; ~ *csapás* coup funeste; coup *m* de grâce; ~ *erőfeszítés* effort suprême *m; (sp:)* enlevée *f;* ~ *esetben* au pis aller; à la riguer; ~ *eszközök* expédients; moyens extrêmes *m pl; a* ~ *eszközökhöz nyúl* empoyer les grands moyens; ~ *fokon* en dernier ressort; en dernière instance; ~ *harc* lutte finale; *elmegy a* ~ *határig* aller jusqu'à l'extrême limite; ~ *menedék* planche *f* de salut; ~ *ok* cause finale; *a* ~ *simításokat végzi vmin* mettre qc au point; mettre la dernière main à qc; ~ *soron* finalement; ~ *szorultságban van* être à l'extrémité;

szükség esetén à toute extrémité; ~ **szükségében tette** il a fait cela en désespoir de cause; ~ **vonaglás** dernières convulsions; **II.** *(fn)* **1.** *a ~kig* à l'extrême; jusqu'au bout; **2.** *a ~t járja* il est à toute extrémité; ~*t lehel* expirer
végszó 1. *(könyvben)* épilogue *m;* **2.** *szính:* réplique; réclame *f;* **3.** *~ra érkezik* arriver au dernier moment
végszükség extrême nécessité *f;* ~ *esetén* en cas d'extrême péril
végtag extrémité *f;* membre *m*
végtelen I. *(mn)* **1.** sans fin; infini, -e; *(nagyon nagy)* extrême; infini, -e; ~ *boldogság* bonheur sans bornes; ~ *csavar* vis sans fin *f;* **2.** *mat:* ~ *sor* série infinie; **II.** *(hat)* extrêmement; sans fin; ~ *hosszú* d'une longueur sans fin; *(unalmas)* long(ue) comme un jour sans pain; ~ *sok* une infinité de ...; infiniment de ...; **III.** *(fn) a* ~ l'infini
végtelenség 1. infini *m; a ~be nyúlik* s'éterniser; **2.** infinité; immensité *f;* **3.** *az idő ~e* l'infinitude *f* du temps; **4.** *áiv: a ~ig elhúz* éterniser
végtelenül infiniment; extrêmement; au suprême *v* au dernier degré *v* point
végtisztesség honneurs suprêmes *m pl*
végül 1. enfin; en dernier lieu; *(igével:)* finir par *(inf);* **2.** ~ *is* en dernière analyse; à la longue
végveszély détresse *f;* péril extrême *m*
végzés 1. décision; résolution *f;* arrêt *m;* **2.** *(bírói)* ordonnance *f;* arrêt; jugement *m; (hatósági)* arrêté *m* **3.** *(irat, bírói)* exploit *m* d'huissier; *(hatósági)* arrêté *m*
végzet fatalité *f;* destin *m;* destinée *f; elérte ~e* le destin l'a frappé; *betölti ~ét* accomplir sa destinée
végzetes [~ek, ~et] fatal, -e; funeste; catastrophique; tragique; ~ *cselekedet* action néfaste *f;* ~ *kimenetelű (betegség)* à pronostic fatal; ~ *következmény* conséquence désastreuse; ~ *tévedés* erreur fatale *v* funeste
végzett [~ek, ~et] **1.** *a ~ munka arányában* en raison du travail fourni;

2. ~ *növendék* élève sortant(e); **3.** *nyelv:* ~ *jövő* futur antérieur; ~ *múlt* plus-que-parfait *m*
végződés 1. *(tárgyon)* extrémité *f;* bout *m;* **2.** *(ügyé)* aboutissement *m;* **3.** *nyelv:* terminaison; désinence; finale *f*
végződik [~ött, ~jék *v* ~jön] **1.** finir; s'achever; se terminer; *jól* ~ bien finir; **2.** *(vmivel)* finir par qc; se terminer par *v* avec qc; aboutir à qc; **3.** *(vmiben)* finir en qc; **4.** *nyelv: vmivel v vmire* ~ finir en ...
vegyelemzés analyse chimique *f*
vegyérték valence *f*
vegyes [~ek, ~et] **I.** *(mn)* **1.** mélangé, -e; mixte; varié, -e; disparate; ~ *bizottság* commission mixte *f;* ~ *hírek* faits divers; ~ *lakosság* population disparate *f;* ~ *nyelvű* de langue mixte; **2.** *pej:* composite: hétéroclite; ~ *érzelmek* sentiments mêlés; **3.** *konyh:* ~ *felvágott* assiette garnie; *(húsokkal)* assiette anglaise; ~ *finom főzelék* ragoût *m* de légumes; **4.** ~ *szám* réductible *f;* nombre hétérogène *m;* **II.** *(fn)* **1.** *újs: ~ek* faits divers; *(folyóiratban)* mélange *m;* **2.** *sok* ~ *van benne* contenir du tout-venant
vegyesen pêle-mêle; mêlé, -e
vegyeskar chœur mixte *m*
vegyeskereskedés épicerie *f*
vegyespáros *tenisz:* double mixte *m*
vegyészet chimie *f*
vegyi [~ek, ~t] chimique; ~ *előállítás* synthèse chimique *f;* ~ *folyamat* processus chimique *m;* réaction *f; (szerves)* chimisme *m;* ~ *gyár* usine *v* manufacture *f* de produits chimiques; ~ *ipar* industrie chimique *f;* ~ *termék* produit chimique *m;* ~ *úton előállított* synthétique
vegyít [~ettem, ~ett, ~sen] **1.** mêler; mélanger; faire un mélange de ...; **2.** *(vmivel)* mêler a *v* avec qc; allier à *v* avec qc; **3.** *(vmibe)* ajouter à qc; **4.** *vmi közé* ~ entremêler
vegyjel symbole chimique *m*
vegyszer agent *v* produit chimique *m*
vegyszerkereskedés *v* **-bolt** droguerie *f*

vegytan chimie f
vegytinta encre sympathique v indélébile f
vegytisztítás teinture f en chiffonnage
vegyül [~tem, ~t, ~jön] 1. se mélanger (avec v à qc); se mêler avec qc; s'allier avec qc; 2. *(vegyileg)* se combiner avec qc; 3. *átv:* s'allier à qc; se mêler à qc; 4. se nuancer de qc; *szavaiba nehezteles ~t* ses paroles se nuançaient de ressentiment
vegyület 1. *vegy:* composé m; combinaison f; 2. *átt:* mélange m; composition f
vegyvizsgálat analyse chimique f
véka boisseau m; ~ *alá rejt* mettre sous le boisseau; *nem rejti ~ alá a véleményét* mettre la lumière sur le chandelier
vékony [~ak, ~at; ~an] mince; fin; délié; ténu,·-e; grêle; ~ *bőr* peau fine; ~ *derék* taille pincée; ~ *hang* voix fluette v grêle; ~ *jövedelem* un mince revenu; ~ *láb* jambe grêle f; ~ *vízsugár* filet m (d'ean)
vékonybél intestin grêle m
vékonyít [~ottam, ~ott, ~son] amincir
vékonyság maigreur; minceur; finesse; ténuité f
vektor [~ok, ~t, ~a] vecteur m
vektoriális [~ak, ~at] vectoriel, -elle
vél [~tem, ~t, ~jen] 1. croire; penser; être d'avis v de l'opinion que; *úgy ~em* ce me semble; *tudni ~i, hogy* il croit savoir que; *nem tudja mire ~je (a dolgot)* il ne sait que'en penser; 2. *szükségesnek, hasznosnak ~i, hogy* juger nécessaire, utile de *(inf)* v que *(subj);* *halottnak ~ik* il est censé être mort
vele [~em, ~d, velünk, ~tek, velük] 1. avec lui v elle; ~ *alszik* coucher ensemble; ~ *dolgozik* collaborer avec q à qc; ~ *érez* être de cœur avec q; sympathiser avec q; ~ *született* natif, -ive; inné, -e; *(ismeret)* infus; inné, -e; *(betegség)* congénital, -e; ~ *született hajlam* penchant naturel; ~ *vagyok lélekben* je suis de cœur avec lui; ~ *van (személy)* tenir compagnie à q; *(bajban)* assister q;

(tárgy) il l'a sur lui; 2. *(ezzel)* par là; 3. *(tárgyról olykor)* avec; *mit akar ~ csinálni?* qu'est-ce que vous voulez faire avec? *biz: mit ér ~?* à quoi bon?
velejáró I. *(mn)* concomitant, -e; son cortège de ...; inhérent(e) à qc; II. *(fn)* contingence f; apanage m; compagne f; *(betegségé, bajé)* séquelle f
vélekedik [~tem, ~ett, ~jék v ~jen] penser de qc; *hogyan ~ a dologról?* quelle est son opinion sur cette affaire?
vélelem [-lmet, -lme] *jog:* présomption f
vélelmezett [~ek, ~et] *jog:* 1. putatif, -ive; présumé, -e *(pl.* innocent); présomptif, -ive; 2. hypothétique
vélemény 1. opinion f; avis m; vues f pl; 2. *(szak~)* expertise f; avis m; 3. *(szólásokban:) a ~ek megoszlanak* les opinions sont partagées; *~e szerint* à son avis: d'après v selon v suivant son avis; *vkinek ~e szerint* au dire de q; *mi a ~e róla?* que vous en semble? *vkiről jó* v *rossz ~e van* avoir bonne v mauvaise opinion de q; *megvan a ~em róla* j'ai mon opinion sur lui; *csatlakozik vkinek a ~éhez* se ranger à l'avis de q; *azon a ~en van, hogy* il est d'avis que v de *(inf);* *teljesen az ő ~én vagyok* j'abonde dans son sens; *más ~en van* être d'un avis différent; *fenntartja ~ét* soutenir sa thèse; *~t kér* demander l'avis de q; *~ét nyilvánítja* émettre v avancer son avis; *vkinek ~ét osztja* entrer dans les vues de q; *jó -nnyel van vkiről* avoir bonne opinion de q
véleményeltérés divergence f de vues v d'opinion
véleményez [~tem, ~ett, ~zen] donner avis de qc
véleménynyilvánítás manifestation f de son opinion; *a ~ szabadsága* liberté f d'expression
Velence [-ét] Venise f
velencei [~ek, ~t] vénétien, -enne
véletlen I. *(mn)* fortuit, -e; accidentel, -elle; ~ *siker* succès m de circonstance; ~ *szerencse* coup m de

véletlenül

chance; II. *(fn)* hasard; accident *m;* *(eset)* coup *m* de hasard; *a ~ úgy hozta magával, hogy* le hasard a voulu que; *~ folytán* par un effet du hasard; par cas fortuit; *vajon ~-e, hogy ...?* est-ce un fait du hasard que ...? *tiszta ~* c'est un pur hasard; *~től függő* frappé(e) de contingence

véletlenül par hasard; d'aventure; par aventure; par *v* de rencontre; *ha ~ sikerülne neki* s'il venait à réussir

velő [~k, ~t, veleje] 1. *(agyban)* cervelle *f;* 2. *(csontban)* moelle; médulle *f; ~ tartalmú* moelleux, -euse; 3. *átv:* substance; quintessence; moelle *f;* fond; suc *m; a dolog veleje* l'essentiel d'une affaire; *~kig ható, metsző hideg* froid pénétrant

velős [~ek, ~et] 1. moelleux, -euse; *orv:* médullaire; *~ csont* os à moelle *v* moelleux; *~ puding* soufflé *m* de cervelle; 2. *átv:* concis, -e; lapidaire; succulent; succinct, -e; *rövid de ~* c'est concis et substantiel

vemhes [~ek, ~et; ~en] poulinière; prégnante

vén [~ek, ~t; ~en] I. *(mn)* vieux; vieil, vieille; *~ boszorkány* vieille chipie *nép; ~ kecske* vieux galantin; *~ napjaimra* pour mes vieux jours; *~ róka* vieux madré; *~ szamár* vieille perruque; vieux chameau; *~ mint az országút* vieux comme le Pont-Neuf; II. *(fn) a falu ~ei* les anciens du village

véna [-ák, -át, -ája] 1. veine *f;* 2. *költői ~* veine poétique

vénasszony vieille femme; *pej:* vieille mégère *v* bique

vendég [~ek, ~et, ~e] I. *(mn)* en visite; invité; convié, -e; II. *(fn)* 1. invité, -e *n;* hôte; convive *m; ~ van* il y a du monde; *~eim várnak otthon* il y a du monde chez moi; *~ként* en qualité d'hôte *v* d'étranger; *ebéd v vacsora ~ekkel* repas prié; *~ül hív* inviter; *~ül lát* héberger; offrir l'hospitalité à q; 2. *(éttermi)* consommateur, -trice *n; (állandó ~)* habitué *m; (szállodai)* voyageur,

-euse; client, -e; pensionnaire *n;* 3. *(utas)* touriste *n;* 4. *(látogató)* visiteur, -euse *n;* 5. *T. Gobbi mint ~* avec le concours de M. T. Gobbi

vendégfogadás accueil *m v* réception *f* des hôtes; hospitalité *f*

vendégfogadó hôtel *m;* auberge *f;* asile; hospice *m*

vendégjáték le concours de ...; *(sorozatos)* tournée *f*

vendéglátás hospitalité *f;* accueil *m*

vendéglátóipar 'industrie hôtelière *v* de l'hôtellerie; l'hôtellerie *f*

vendéglő [~k, ~t, ~je] *(étkező)* restaurant *m;* auberge *f; rossz ~* gargote

vendéglős [~ök, ~t, ~e] hôtelier; restaurateur; aubergiste *m*

vendégség 1. hospitalité *f;* 2. repas *m* d'invités

vendégsereg la foule des invités

vendégszereplés concours *v* engagement *m* d'artistes étrangers

vendégszerető hospitalier, -ière *n;* accueillant, -e

vénkisasszony; vénl(e)ány vieille demoiselle *v* fille

vénség 1. vieillesse; décrépitude *f; (tárgyé)* vétusté *f;* 2. *pej: ez a ~* cette vieille bique

ventillátor [~ok, ~t, ~a] ventilateur *m;* soufflerie *f*

Vénusz Vénus

vénül [~tem, ~t, ~jön] vieillir

vény *(orvosi) ~* ordonnance (pharmaceutique); *f;* récipé *m;* formule *f*

venyige [-ék, -ét, -éje] sarment; cep *m*

ver [~tem, ~t, ~jen] I. *(tgy i)* 1. *(ütlegel)* battre; frapper; brutaliser; maltraiter; *fejbe ~* frapper à la tête; 2. *(ellenfelet)* battre; 3. *(vmit)* battre; frapper; *(eső ablakot)* battre contre qc; *(eső, hó arcot, ablakot)* fouetter; cingler; *öklével ~i az asztalt* frapper la table du poing; *~i a mellét* se frapper la poitrine; *~i a mellét, hogy majd* se faire fort de *(inf);* 4. *(szöget, éket stb. vmibe)* enfoncer; 5. *fejét a falba veri* donner de la tête contre le mur; *a falhoz ~ envoyer v* lancer contre le mur;

vér 1049 **verejték**

földhöz ~ (vkit) terrasser; jeter à terre; 6. (pénzt) frapper; II. (tgyl i) 1. (vkire) donner v alonger un coup à q; 2. *a szív* ~ *le cœur bat* **vér** [~t, ~e] 1. sang *m; forr a* ~ *az ereiben* le sang lui bout dans les veines; *színészvér folyik benne* il a le théâtre dans le sang; *a* ~ *a fejébe száll* le sang lui porte v monte à la tête; *érzem, hogy a* ~ *elönti az arcom* je sens le pourpre me monter au visage; ~ *tapad kezéhez* tremper ses mains dans le sang; ~*e hullásával* en versant son sang; ~*be borít* ensanglanter; ~*be borul* s'injecter; ~*be fagyva* baigné(e) dans son sang; ~*be fojt* écraser dans le sang; ~*ében fetreng* baigner dans son sang; ~*ben forog a szeme* rouler des yeux féroces v furieux; ~*ben gázol* se baigner v se noyer dans le sang; ~*ében van* cela est dans le sang; ~*ig sért* blesser à vif; ~*re megy a dolog* l'affaire se gâte; il y aura du sang versé; ~*t ereszt* pratiquer une saignée; ~*t hány* rendre le sang par la bouche; ~*t izzad* suer sang et eau; *(író)* suer de l'encre; ~*t köp* cracher le sang; ~*t ont* faire couler le sang; *rossz* ~*t szül* faire du scandale; ~*t vesz vkitől* pratiquer un prélèvement de sang sur q; ~*től áztatott* arrosé du sang des *(pl.* des héros); ~*rel fizet érte* acheter de son sang; ~*rel beszennyez* ensanglanter; 2. *orv:* ~ *alvadó része* cruor *m;* 3. *a* ~ *joga(i)* le(s) droit(s) du sang; *a* ~ *szava* la voix v le cri du sang; ~ *szerinti szülei* ses parents selon la chair; 4. ~*eink* nos compatriotes; nos parents; nos frères
véradás transfusion *f*
véradó donneur *m* de sang
véradóközpont œuvre de la transfusion sanguine d'urgence; banque *f* de sang
véraláfutás diffusion sanguine; ecchymose; infiltration *f* de sang
véraláfutásos [~ak, ~at] poché, -e; *orv:* ecchymosé, -e
véralkat tempérament *m*
véralvadás coagulation *f* du sang
véralvadásgátló antithrombine *f*

veranda [-ák, -át, -ája] véranda(h) *f*
vérátömlesztés 1. transfusion sanguine; 2. *(mint gyógymód)* hémothérapie *f*
vérbaj syphilis *f*
vérbajos syphilitique *(n)*
vérbeli vrai, -e; pur sang; racé, -e; bon teint; à tous crins; ~ *diplomata* diplomate subtil; ~ *muzsikus* musicien véritable *m*
verbéna [-ák, -át] *illatos* ~ verveine *f*
vérbosszú la loi du talion; vendetta *f*
vérbőség congestion (sanguine); pléthore; hyper(h)émie *f*
verbuvál [~tam, ~t, ~jon] 1. *rég:* lever des soldats; racoler; *kat:* recruter; 2. *átv:* vhová ~ embrigader dans qc; *ld még:* **beszervez**
vércukor glycémie *f*
vércse [-ék, -ét, -éje] *kék* ~ faucon Kobez *m;* vörös ~ émouchet *m;* crécerelle *f*
vércsepp goutte *f* de sang
vércsoport groupe sanguin *v* de sang
verdes [~tem, ~ett, ~sen] 1. battre; 2. *az eget* ~*i* menacer la ciel
vérdíj 1. *tört:* composition *f;* 2. prix *m* du sang
veréb [verebek, verebet, verebe] 1. moineau *m;* 2. *(szólásokban) olyan jó kedve van, hogy verebet lehetne vele fogatni* on le ferait grimper aux arbres; *minden* ~ *ezt csiripeli* c'est le secret de Polichinelle; *verebekre ágyúval lövöldöz* c'est brûler sa poudre aux moineaux; *jobb ma egy* ~, *mint holnap egy túzok* un tiens vaut mieux que deux tu l'auras; *veréb mondja bagolynak: te nagyfejű* la pelle se moque du fourgon
véreb 1. Saint-Hubert; molosse *m;* 2. *(kegyetlen emberről)* bourreau *m;* 3. *(vkinek a* ~*ei)* sicaire; homme de main; nervi *m; (rendőri)* limier *m*
verébcsiripelés pépiement *v* piaillement *m* des moineaux
véredény vaisseau (sanguin)
véredénymeszesedés artériosclérose *f*
verejték [~et, ~e] sueur *f; (bőrfelületen)* transpiration *f;* csurog róla a ~ être (tout) en nage; *kiveri a hideg* ~ une sueur froide inonde son visage

verejtékez [~tem, ~ett, ~zen] suer (à grosses gouttes)
verekedés rixe; bagarre; empoignade *f;* rififi *m arg; (puszta kézzel)* pugilat *m biz; kocsmai* ~ rixe d'auberge
verekszik [verekedni, verekedett, verekedjék *v* verekedjen] se battre; se colleter; en venir aux mains; *(asszonyok)* se créper le chignon
verem [vermek, vermet, verme] 1. fosse; caverne *f;* 2. *mez:* silo *m;* 3. *bor: (pincét helyettesítő) földszinti* ~ chai; chais *m;* 4. *aki másnak vermet ás, maga esik bele* tel est pris qui croyait prendre
vérengzés massacre *m;* tuerie *f*
vérengző [~k, ~t; ~en] I. *(mn)* sanguinaire; acharné(e) au meurtre; II. *(fn)* massacreur; tigre *m*
verés 1. coups *m pl* (de bâton); volée de coups; raclée; correction; bastonnade *f; (korbáccsal, ostorral)* cinglée *f;* ~*t kap* recevoir des coups *v* une raclée; être fessé(e); 2. *egy híd* ~*e a folyón* le jetage d'un pont sur une rivière
véres [~ek, ~et] I. *(mn)* 1. sanglant, -e; souillé(e) *v* couvert(e) *v* taché(e) de sang; ~ *a szeme* voir les yeux injectés de sang; ~*re harap* mordre jusqu'au sang; ~*re ver* mettre en sang; mettre à mal; 2. *(sült)* saignant, -e; 3. *(jelzős főnevekben)* ~ *bosszú* vengeance sanguinaire *f;* ~ *fejjel* la tête en sang; ~ *fejjel vonul vissza* se retirer avec de lourdes pertes; ~ *hurka* boudin *m;* ~ *veríték* sueur *f* de sang; II. *(fn)* ~*et köp* cracher du sang
vereség défaite *f;* déconfiture; déconvenue *f;* échec *m; elismeri* ~*ét* se tenir pour battu(e); s'avouer vaincu(e); ~*et szenved* essuyer une défaite
véresszájú violent, -e; démagogue; *(szónoklat)* incendiaire
I. *(ige)* **veret** 1. faire battre; 2. *(pénzt)* faire frapper
II. *(fn)* **veret** 1. *(pénzen)* empreinte; frappe *f; (kibocsátás)* émission *f;* 2. *(ládán)* ferrure *f*
veretlen invaincu, -e; *(csúcs)* imbattu, -e

vérfertőző I. *(mn)* incestueux, -euse; ~ *viszony* commerce incestueux; II. *(fn)* inceste *n*
vérfesték hémoglobine *f*
vérfolt tache *f* de sang; *(bőr alatt)* hématome *m*
vérfolyás flux de sang *v* hémorroïdaire *m*
vérfürdő massacre; carnage *m;* boucherie *f*
Vergilius Virgile *m*
vergődés convulsions *f pl;* les derniers sursauts; agonie *f*
vergődik [~tem, ~ött, ~jék *v* ~jön] 1. se débattre (entre les mains de q); 2. *átv:* battre de l'aile
vérhas dysenterie; colique dysentérique *f*
vérkép hématogramme *m*
vérképzés; vérképződés hématopoïèse; sanguification *f*
vérkeringés la circulation (du sang); fonction circulatoire *f*
vérkeveredés mélange *m* des races *v* de sang
verkli [~k, ~t, ~je] 1. orgue *m* de Barbarie; 2. *(játék)* boîte *f* à musique; 3. *átv: a* ~ *le train-train quotidien*
vérköpés crachement *m* de sang; hémoptysie *f*
vérkör; *nagy* ~ circulation générale; grande circulation
vérlázító révoltant; répugnant, -e; ~ *igazságtalanság* injustice criant
vermel [~tem, ~t, ~jen] ensiler; siloter
vérmérgezés septicémie *f;* empoisonnement *m* du sang
vérmérséklet tempérament *m*
vérmes [~ek, ~et] 1. sanguin, -e; pléthorique; ~ *alkat* constitution pléthorique *f;* 2. ~ *remények* folle espérance
vérnyomás pression artérielle *v* sanguine
vérontás effusion *f* de sang
verődik [~tem, ~ött, ~jék *v* ~jön] 1. donner contre qc; s'abattre sur qc; 2. *(fény)* se réfléchir sur qc; 3. *(hullám)* déferler sur qc; se briser contre qc
verőér artère *f*

verőfény soleil radieux; journée radieuse
verőfényes ensoleillé, -e; radieux, -euse
vérömlés hémorragie; extravasation *f* du sang
vérpad échafaud *m;* les bois de justice; ~*on hal meg* finir sur l'échafaud
vérpiros couleur (de) sang; rouge sang
vérrokon 1. consanguin *(m);* -e; congénère *n;* 2. ~ *férfiágon* agnat, -e *(n);* agnatique
vérrokonság 1. consanguinité *f;* 2. *jog:* ~ *férfiágon* agnation *f*
vérrög caillot (de sang *v* sanguin); thrombus *m*
vers [~ek, ~et, ~e] 1. *(időmértékes stb.)* vers; mètre; genre *m;* *hétszólamú* ~ vers de sept; *jambusi* ~ genre ïambique *m; rossz* ~ vers incorrect *v* faux; 2. *(költemény)* poésie; pièce *f* (de vers); vers *m pl;* 3. *(zsoltáré)* verset *m;* 4. *sírt egy* ~*et* il a pleuré un coup
versalkat structure *v* forme métrique; métrique *f*
vérsavó sérum (sanguin); liquide séreux
vérség le sang; la consanguinité; *a* ~ *ereje* la force du sang
vérsejt globule sanguin
vérsejtsüllyedés sédimentation sanguine *v* du sang; vitesse *f* de sédimentation (V. S.)
vérsejtszámlálás dénombrement *m* des globules sanguins
versel [~tem, ~t, ~jen] versifier; faire des vers
verselés métrique *f*
verseng [~tem, ~ett, ~jen] 1. *(vmiért)* concourir pour qc; entrer en rivalité avec q; rivaliser d'efforts pour *(inf);* ~*enek vkinek a kegyéért* se disputer à l'envi les bonnes grâces de q; ~ *vkinek a kezéért* se disputer la main de q; *egymással* ~*ve dolgoztak* ils ont travaillé à qui mieux mieux; 2. *(vmiben)* rivaliser de ...; *gyorsaságban* ~ *vkivel* lutter de vitesse avec q; ~ *az udvariaskodásban* faire assaut de politesse
verseny [~ek, ~t, ~e] 1. *(versengés)* concurrence *f;* ~*en kívül* hors compétition; *a* ~*t felveszi* v *kiállja* soutenir *v* supporter la concurrence; 2. *ld:* **munkaverseny;** ~*ben áll* v *van vkivel* être en émulation avec q; 3. *(üzleti)* concurrence; 4. *(rendezett)* concours *m;* compétition *f;* tournoi *m;* 5. *sp:* épreuve *f;* tournoi *m;* course; compétition *f;* *(atlétikai)* match *m;* *(sakk, kártya)* tournoi; 6. *(szólásokban:) a* ~*ek (le-) folynak* les épreuves se disputent; *nők* ~*e* épreuve de dames; ~*be állít* aligner; *résztvesz a* ~*ben* disputer le concours
versenyautó auto(mobile) *v* voiture *f* de course; racer; bolide *m*
versenybíró arbitre *v* juge *m* (du concours *v* du match)
versenybrigád brigade *f* d'émulation
versenydíj prix *m* de concours
versenyeredmény résultat *m* des courses *v* du match; *(pontszám)* score *m*
versenyez [~tem, -nyzett, ~zen] 1. concourir; rivaliser; 2. *(vmiben)* faire assaut de ...; rivaliser de ...; ~*ve* à qui mieux mieux; à l'envi; *valósággal* ~*tek abban, hogy* ils s'efforçaient à qui mieux mieux de *(inf);* 3. *(vmiért)* se disputer qc; concourir pour qc; 4. *sp:* concourir; participer au concours
versenyfelhívás *(szocialista)* appel *m* à l'émulation
versenyfutás course *f;* racing *m*
versenyiroda bureau *m* du pari mutuel
versenyistálló écurie *f* de courses; haras privé
versenyképes capable de soutenir la concurrence; compétitif, -ive; ~ *áron* à un prix compétitif
versenyképtelen non-compétitif, -ive
versenykocsi voiture *f* de course
versenyló cheval de course *v* de sport; coureur; racer *m*
versenylovaglás course *f* à cheval
versenylövészet concours *m* de tir
versenymozgalom mouvement *m v* campagne *f* d'émulation
versenymű *zen:* concerto *m*
versenypálya piste *f;* parcours; circuit *m*
versenypályázat concours *m*

versenyszám épreuve; course *f*
versenyszellem 1. *(szocialista)* esprit *m* d'émulation; **2.** *ker:* esprit de concurrence
versenytábla tableau *m* d'affichage
versenytárgyalás adjudication *f* sur soumission; ~*ra bocsát* mettre en adjudication
versenytárs rival; concurrent; compétiteur; émule *m; (sp. így is:)* sparring-partner *m; (nő)* rivale *f*
versenyugrás saut *m*
versenyúszás nage *f* de concurrence
versenyúszó concurrent(e) de natation; champion(ne) de nage
versenyvizsga concours *m*
versenyző [~k, ~t] **1.** *sp:* concurrent, -e *n;* coureur *m;* **2.** *(munka~)* émulateur, -trice *n;* **3.** *átv:* concurrent, -e
verses [~ek, ~et] en vers; versifié, -e; ~ *dráma* poème dramatique *m;* ~ *levél* épître *f;* ~ *próza* prose métrique *f*
verseskötet volume *v* livre *m* de poésies
versfaragó rimailleur; rimeur; poétastre *m*
versforma vers *m;* mesure *f*
versláb pied *m*
versmérték mesure *f;* mètre *m*
verssor vers *m; (rövid)* versicule(t) *m*
versszak strophe *f;* couplet *m*
vérszegény 1. anémique *(n);* **2.** *átv:* exsangue; ~ *stílus* style terne *m*
vérszegénység 1. anémie *f;* **2.** *átv:* egy *érvelés* ~*e* la ténuité *v* la pauvreté d'un raisonnement
vérszemet *kap* s'enhardir
vérszínű rouge sanguin; couleur de sang; sang de bœuf
vérszomjas sanguinaire; avide *v* altéré *v* ivre de sang; ~ *fenevad* monstre *m* de cruauté; ~ *nő* tigresse *f*
vérszopó 1. buveur *m* de sang; **2.** *átv:* sangsue; pieuvre *f*
vert [~ek, ~et] battu, -e; ~ *csipke* dentelle *v* guipure *f* aux fuseaux; ~ *fal* pisé; torchis *m;* bauge *f;* ~ *föld* sol battu; *(szobáé)* terre battue; ~ *hab* crème fouettée

vért [~ek, ~et, ~je] **1.** armure *f; (lovasé és lóé)* harnais *m;* **2.** *(vértesé)* cuirasse *f*
vértanú martyr *m; (nő)* martyre *f*
vértanúság martyre *m*
vértelen 1. exsangue; *orv:* ischémique; **2.** *(műtét)* sans perte de sang; ~ *áldozat* sacrifice non sanglant; **3.** ~ *stílus* style étriqué; ~ *természet* tempérament lymphatique *m*
vértes *kat:* cuirassier *m*
vértez [~tem, ~ett, ~zen] **1.** cuirasser; **2.** blinder; armer
vértezet armure *f;* harnais *m*
vertikális [~ok, ~t] vertical, -e
vértolulás congestion; hyperémie *f; a hőség* ~*t idéz elő az agyban* la chaleur congestionne le cerveau
vérvesztés; vérveszteség hémorragie; perte *f* de sang
vérvétel prise *f* de sang; prélèvement *m* de sang
vérvizsgálat examen du sang *v* sanguin; hématoscopie *f;* prélèvement *m* de sang
vérvörös rouge sang; d'un sang de bœuf; *tréf:* rouge comme une tomate
vérzékenység hémophilie *f*
vérzés 1. hémorragie *f;* écoulement *m* de sang; ~ *megállítása* l'étanchement *m* du sang; *a* ~*t elállítja* arrêter l'hémorragie; *a* ~*t letörölgeti* étancher le sang; **2.** *(női)* règles; menstrues *f pl;* **3.** *(festéké)* déteinte *f;* **4.** *(betoné)* bleeding *m*
vérzéscsillapító hémostatique
vérzik [véreztem, vérzett, vérezzék *v* vérezzen] **1.** saigner; rendre du sang; ~ *az orra* il saigne du nez; **2.** *átv: a seb még mindig* ~ la plaie saigne encore; ~ *a szívem* le cœur me saigne; ~ *a szívem, ha látom* j'ai le cœur navré si je le vois
verzió version; thèse *f*
vérző [~k, ~t] saignant; sanguinolent, -e; ~ *szívvel* la mort dans l'âme; le cœur navré; ~ *szívvel jelenti, hogy* . . . à l'honneur de vous faire part de la perte douloureuse qu'il vient d'éprouver en la personne de . . .

vés [~tem, ~ett, ~sen] 1. graver; buriner; ciseler; *(szobrász)* sculpter; 2. *szívébe* ~ inculquer à q
vese [-ék, -ét, -éje] 1. rein *m;* 2. *konyh*: *(állati)* rognon(s) *m (pl);* ~ *velővel* rognons et cervelle à la hongroise; 3. *átv:* **belát a -ékbe** sonder les reins et les cœurs; *a -éjébe lát vkinek* pénétrer q; *a -éjéig* jusque dans la moelle des os
vesebajos néphrétique; brightique *n*
vesebántalom néphropathie; affection rénale
vesegennyedés néphropyose *f*
vesegörcs colique néphrétique *f*
vesehomok sable urinaire; gravier *m*
vesekő 1. calcul du rein *v* rénal; 2. *(betegség)* lithiase rénale
vesemedence bassinet *m*
vesemedencegyulladás pyélite *f*
vesepecsenye filet (de bœuf); aloyau *m;* longe *f*
vésés gravure; taille *f*
véset 1. gravure; taille *f;* 2. incision *f; (írás)* inscription *f*
vésnök [~ök, ~öt, ~e] graveur; burineur *m; (feliratoké)* lapicide *m*
véső [~k, ~t, ~je] 1. ciseau *m;* 2. *(vésnöké)* burin *m;* 3. *(művész)* graveur; burineur *m*
vésőgép mortaiseuse *f*
I. **vesz** [vettem, vett, vegyek, vegyél *v* végy, vegyen; vegyed *v* vedd] 1. *(kezével stb.)* prendre; saisir; ~ *a tálból* se servir; 2. *órákat* ~ prendre des leçons; 3. *rád:* prendre; capter; 4. *(levelet)* recevoir; accuser réception de qc; *vettem márc. 5-én kelt levelét* j'ai bien reçu votre lettre du 5 mars; j'accuse réception de votre honorée du 5 mars; 5. *maga mellé* ~ s'adjoindre; 6. *magához vesz (vkit)* prendre chez soi; *(Isten)* appeler à soi; *(ételt)* absorber; 7. *magára* ~ *(ruhát)* mettre qc; *(kabátot)* endosser qc; *(hibát)* prendre sur soi; 8. *az erdőbe ~i magát* se sauver *v* se réfugier dans la forêt; 9. *(vmiből, vhonnan)* tirer de qc; extraire de qc; 10. *(vminek)* regarder *v* considérer comme ...; prendre pour qc; *ahogy vesszük* ça dépend; c'est selon; *vegyük a dolgot amint van* prenons l'affaire comme elle est; 11. *(pénzen)* acheter; s'offrir; acquérir; faire acquisition de qc; *(vkitől vmit)* acheter qc de q *v* à q; *(vkinek)* acheter qc pour q *v* à q; *száz frankért vettem* je l'ai acheté cent francs; *drágán* ~ acheter *v* payer cher; *hogy vetted?* combien l'as-tu payé *v* acheté? 12. ~ *és elad* revendre
II. **vesz; vész** [veszett, vesszen] se perdre; périr; *ott ~ett a pénzem* j'en suis pour mon argent; *felhőkbe* ~ se perdre dans les nuages; *tengerbe* ~ se perdre *v* sombrer dans la mer; *(hajó így is)* se perdre *v* périr corps et biens
vész [~ek, ~t, ~e] 1. sinistre *m;* catastrophe *f; a mohácsi* ~ la catastrophe de Mohács; 2. *(állat~)* peste *f; (tyúkoké)* choléra *m;* 3. *(vihar)* orage *m*
vészcsengő sonnette *f* d'alarme
veszedelem [-lmek, -lmet, -lme] péril; danger *m;* détresse *f;* ld. *még*: **veszély**
veszedelmes [~ek, ~et] dangereux, -euse; *(csak dologról)* périlleux, -euse; ld. *még*: **veszélyes**
veszekedés querelle; altercation; zizanie; contestation; disputation; dispute *f;* ~*be bonyolódik vkivel* se prendre de querelle avec q
veszekedik [~tem, ~ett, ~jék *v* ~jen] se disputer; se quereller; chamailler; batailler; ~ *vkivel* quereller q; ~*nek a zsákmányért* se disputer la proie; *úgy ~nek mint a cigányok* se disputer comme des chiffonniers; ~ *vkivel vmiről* disputer de *v* sur qc avec q
veszély [~ek, ~t, ~e] danger; péril *m; (vminek a ~e)* la menace de qc; *nagy* ~ péril extrême; *az a* ~ *fenyegeti, hogy* il court le risque de *(inf);* ~*be dönt* précipiter dans la ruine; ~*be rohan* courir au danger; ~*be sodor v dönt* mettre en danger; compromettre; *a béke* ~*ben!* menaces sur la paix; *nincs* ~*ben* ne courir aucun

risque; *a ~ben forgó* en détresse; *élete ~ben van* sa vie est en danger; *túl van a ~en* être hors de danger *v* d'affaire; *~nek kitesz* exposer; risquer; *saját ~ére* à ses risques et périls; *a ~t elhárítja* détourner *v* conjurer le danger; *~t jelent* constituer un péril; *kikerülte a ~t* il a échappé au danger; *dacol a -llyel* affronter *v* braver le danger; *ez azzal a -llyel jár, hogy* cela risque de *(inf)*
veszélyes [~ek, ~et] dangeureux, -euse; *(csak dologról)* périlleux, -euse; *~ (inf)* il y a du danger à *(inf); nem ~ il n'y a pas de danger; ~ dolog (lenne) (inf)* il serait dangeureux de *(inf); ~ kanyar* tournant dangeureux; *~ terület* zone *f* de danger; *~ üzem* établissement dangeureux
veszélyességi *pótlék* indemnité *f* pour risques professionnels
veszélyeztet compromettre; exposer; mettre en danger
vészes [~ek, ~et] fatal, -e; funeste; sinistre; *~ hatással van vkire* exercer une influence funeste sur q; *orv: ~ vérszegénység* anémie pernicieuse
veszett [~ek, ~et] 1. perdu, -e; 2. *(állat)* atteint(e) de la rage; enragé, -e; rabique; *~ eb* chien enragé *v* fou; *átv: (akitől óvakodnak)* brebis galeuse; 3. *~ hideg van* il fait bougrement froid; *~ vágtatás* galop furieux; *aut:* allure folle
veszettség rage *f;* enragement *m*
veszettül furieusement; frénétiquement
vészfék frein *m* de secours; *(vonaton)* frain *v* signal *m* d'alarme
vészhír nouvelle alarmiste *v* funeste *f*
vészjel signal *m* d'alarme *v* de détresse
vészjósló sinistre; menaçant; augural, -e
vészkijárat issue *v* sortie *v* porte *f* de secours; *(lépcső)* escalier *m* de secours
vesződés; vesződség tracas *m;* tracasserie; préoccupation *f;* soucis *m pl;* ennui *m;* sok *~ van vele* il me donne beaucoup de tracas; *(tárgyról)* il est d'un maniement délicat
vesződik [~tem, ~ött, ~jék *v* ~jön] se peiner; se donner du mal avec qc; *sokat ~, hogy* se dépenser à *(inf)*

vessző [~k, ~t, vesszeje *v* ~je] 1. verge; baguette *f;* 2. *(fűzfa)* osier *m;* 3. *(szőlő)* sarment; cep *m;* 4. *(írásban)* virgule *f; a ~ket kiteszi* mettre les virgules; 5. *mat:* A' A prime; A" A seconde
vesszőfonás vannerie *f;* tressage *m* de l'osier
vesszőfutás 1. peine *f* des baguettes; 2. *átv:* humiliation publique *f;* avanies *f pl*
vesszőparipa 1. dada *m;* 2. *átv:* dada *m;* marotte *f; ez az ő -ája* c'est son cheval de bataille
veszt [~ettem, ~ett, veszítsen] I. *(tgy i)* perdre; *ezer frankot ~ vmin* perdre mille frs sur qc; *repülőszerencsétlenség alkalmával életét ~ette* se tuer en avion; *eszét, életét ~i* laisser sa raison, sa vie; II. *(tgyl i)* 1. perdre; 2. *(versenyben, ütközetben, perben)* succomber; 3. *~ vmiből* perdre de qc; *~ a szépségéből* perdre de sa beauté
veszte [~m, ~d, -tünk, ~tek, -tük] perte *f; ez lett a ~* c'est ce qui le perdit; *-ébe rohan* courir *v* aller à sa perte; *~mre* pour mon malheur; par malheur pour moi; *-ére tör vkinek* jurer *v* décider la perte de q; *-ét érzi* pressentir sa fin
veszteg *marad* rester tranquille
vesztegel [~tem, ~t, ~jen] stationner; *(áru)* rester en souffrance; *a hajó ~* le navire est immobilisé
vesztenet 1. *(értéket)* gaspiller; semer l'argent; *az időt ~i* enfiler des perles; *nincs ~ni való idő* il n'y a pas de temps à perdre; *az időt azzal ~i, hogy* il s'amuse à *(inf);* 2. graisser les pattes; *tréf:* arroser
vesztegetés 1. *(pazarlás)* gaspillage *m;* dilapidation *f;* 2. corruption *f; (tanúké)* subornation *f; tréf:* arrosage *m*
vesztegelés stationnement *m;* attente; inaction *f*
vesztegzár 1. *kat:* blocus *m;* 2. *(egészségügyi)* quarantaine *f*
vesztes [~ek, ~t] perdant, -e *(n); (versenyben stb.)* battu; vaincu, -e

veszteség perte; moins-value *f; (árunál súlyban)* déchet *m* (sur qc); *tiszta* ~ perte sèche; *25%-os* ~ *25% de perte; a* ~ *nagysága* l'étendue de la perte (subie par ...); *nagy* ~ *érte il a éprouvé v essuyé* une grosse perte; ~*re* à perte; ~*et okoz* causer *v* infliger une perte à q; ~*et szenved* subir *v* faire *v* éprouver une (grosse) perte; ~*gel* à perte; ~*gel jár* entraîner une perte; ~*gel zárul* se terminer en perte; se solder par une perte **veszteséges** [~ek, ~et] 1. désastreux; ruineux, -euse; 2. *(mérleg)* déficitaire; ~ *eladás* mévente *f*
veszteségkimutatás *v* **-lista** liste *f* des morts et disparus
veszteségszámla compte *m* de pertes
vesztőhely échafaud *m*
vésztörvényszék tribunal *m* d'exception; cour martiale
vet [~ettem, ~ett, vessen] I. *(tgy i)* 1. *(dob)* jeter; envoyer; lancer; *(kockán)* jouer; 2. *(földbe)* semer; *ki mint* ~, *úgy arat* qui sème bon grain recueille bon grain; 3. ~*i magát* se lancer; se jeter; a *folyóba* ~*i magát* se jeter dans la rivière; 4. *magát vmire* ~*i* se rabattre sur qc; *maga alá* ~ assujettir; assujétir; II. *(tgyl i) csak magára vessen* il n'a qu'à s'en prendre à soi-même
vét [~ettem, ~ett, ~sen] I. *(tgyl i)* faillir *v* manquer à qc; pécher contre qc; ~ *az illendőség ellen* manquer aux règles de la bienséance; *nem* ~ *ez a légynek sem* il ne ferait pas de mal à une mouche; II. *(tgy i) mit* ~*ett?* de quoi s'est-il rendu coupable?
vétek [vétkek, vétket, vétke] péché *m;* faute *f; tort m; iniquité f; súlyos* ~ faute grave; *egyh:* offense *f; nagy* ~ *(inf)* c'est un meurtre que de *(inf); halálos* ~ *volna* ce serait un péché *v* un meurtre (que) de *(inf)*
vetekedik [~tem, ~ett, ~jék *v* ~jen]; **vetekszik** [vetekedtem stb.] *vkivel* ~ disputer à q en qc; n'avoir d'égal(e) que ...; rivaliser de qc avec q
vétel [~ek, ~t, ~e] 1. achat *m;* acquisition *f; ker, jog:* vente *f;* ~ *útján* à titre onéreux; 2. *levelének* ~*e után au reçu* de votre lettre; 3. *rád:* réception; audition *f*
vételár prix *m* (d'achat)
vételezés prélèvement *m;* perception *f*
vetélkedés 1. rivalité; compétition; émulation *f;* 2. débat *m;* dispute *f*
vetélkedik [~tem, ~ett, ~jék *v* ~jen] 1. se faire concurrence; rivaliser; 2. disputer
vetélő [~k, ~t, ~je] *tex:* navette (volante)
vételzavar trouble parasitaire *m*
vetélytárs rival, -e; émule; concurrent, -e *n*
vetemedik [~tem, ~ett, ~jék *v* ~jen] *vmire* ~ se laisser entraîner dans qc; se livrer à qc
vetemény 1. plante potagère; légume(s) *m (pl);* 2. *(a vetés)* semis *m;* culture *f* en terre
veteményes [~ek, ~t] ~ *kert* jardin potager
vetés 1. *(vminek a* ~*e)* semis *m (pl);* ensemencement; emblavage *m; őszi* ~ semailles *f pl* d'automne; 2. *(föld)* emblavure *f;* semis *m; a* ~*ek állása* l'état des cultures; 3. *(hálóé, diszkoszé stb.)* lancer *m*
vetésforgó rotation annuelle *v* des cultures; assolement *m; hármas* ~ assolement de trois cultures
vetésjelentés rapport *m* sur l'état des cultures
vetetlen [~ek, ~t] 1. *(föld)* non ensemencé(e); 2. ~ *ágy* lit défait
vetít [~ettem, ~ett, ~sen] projeter
vetítés projection *f*
vetített [~ek, ~et] ~ *kép* image de projection; projection lumineuse
vetítőernyő écran *m* de projection
vetítőgép 1. appareil *m* de *v* à projection; 2. *(fény*~*)* réflecteur *m*
vétkes [~ek, ~t] coupable (de qc *v* de *és inf) (n);* (être) en faute; fautif, -ive; ~*nek mondja ki* déclarer coupable; ~ *gondatlanság* incurie coupable *f;* ~ *könnyelműség* insouciance impardonnable *f;* ~ *mulasztás* négligence coupable *f;* ~ *személy* personne fautive

vétkezik [~tem, ~ett, ~zék *v* ~zen] pécher (contre); faillir; se trouver *v* être en faute; ~ *a józan ész ellen* pécher contre le bon sens
vetkőzik [~tem, ~ött, ~zék *v* ~zön] se déshabiller
vetkőzőszekrény armoire *f* de vestiaire
vetkőztet déshabiller; dévêtir; mettre à nu
vétó [~k, ~t, ~ja] veto *m;* (*ENSZ-ben:*) principe *m* de l'unanimité
vetőburgonya tubercule *m* de semence
vetődés 1. *geol:* faille *f;* 2. *bány:* barle *f;* rejet; glissement *m;* 3. *(deszkáé)* gondolage *m*
vetődik [~tem, ~ött, ~jék *v* ~jön] 1. *ide-oda* ~ *(hajó)* être ballotté(e); *(jármű)* cahoter; 2. *(vhová)* parvenir; échouer
vetőgép 1. semoir *m;* machine planteuse; 2. *(hadi)* catapulte; baliste *f*
vetőkártya cartes *f pl* à prédire
vetőmag grain *m v* graine *f* de semence; blé *m* de semence
vetőmagbolt graineterie *f*
vetőmagcsávázás macération *f* des grains
vetőmagkísérleti *állomás* station *f* d'essais de semences
vétség 1. *jog:* délit *m;* 2. *átv:* faute *f*
vetülék [~ek, ~et, ~e] *(tex)* trame *f;* espolin *m*
vetület projection; épure *f*
vevény récepissé; reçu *m;* *(csomagfeladásnál)* bulletin *m* (de bagages)
vevő [~k, ~t] 1. acheteur; acquéreur, -euse; *ker:* preneur, -euse *n;* 2. *(üzletben)* client, -e; *tb:* la clientèle; ~*ket szerez* achalander; 3. *(árverésen)* adjudicataire *n;* 4. *rád ld:* **vevőkészülék**
vevőkészülék (poste) récepteur; poste *m*
vevőközönség clientèle *f;* achalandage *m*
vevőszolgálat le service de la clientèle
vezekel [~tem, ~t, ~jen] 1. *(vmiért)* expier qc; 2. *egyh:* faire pénitence
vezeklés 1. expiation *f;* 2. *egyh:* pénitence *f*
vezényel [~tem, ~t, ~jen] 1. *kat:* commander; *tüzet* ~ commander le feu; 2. *(katonát vhová)* détacher (à); affecter; 3. *zen;* diriger; conduire
vezénylet 1. *kat:* commandement *m;* 2. *zen:* direction *v* conduite *f* de l'orchestre
vezérlőasztal pupitre *m* de commande
vezényszó commandement *m*
vezér [~ek, ~t, ~e] 1. *(Árpád-kori)* duc; chef *m* de clan; 2. *(csapatoké)* commandant *m;* 3. *vkinek v vminek* ~*e* chef; guide; mentor *m;* 4. *ált:* chef (de file); meneur *m;* 5. *sakk:* dame; reine *f*
vezércikk éditorial; leader; article *m* de fond
vezércsel gambit *m* de la dame
vezéregyéniség personnalité *f* de premier plan
vezérel [~tem, ~t, ~jen] 1. guider; conduire; 2. *műsz:* commander; contrôler; distribuer; asservir; 3. *(sereget)* commander
vezérelv principe directeur; norme *f;* idée maîtresse; exergue *m*
vezérfonal fil conducteur; leitmotiv *m;* *(könyv)* précis *m* (de ...)
vezérigazgató administrateur délégué; directeur général
vezérkar état-major *m*
vezérkari *főnök* chef *m* d'état-major
vezérképviselet *ker:* représentation générale
vezérlés commande; distribution *f*
vezérlőszerkezet *műsz:* commande *f;* mécanisme *m* de distribution
vezérlőtengely arbre *m* de commande
vezérorsó vis-mère *f*
vezérsugár *mat:* rayon vecteur *v* focal
vezérszerep rôle prépondérant *v* principal
vezérszó 1. mot directeur *v* clef; mot-vedette; 2. *szính:* réplique *f*
vezérszólam *zen:* direction *f: a hegedűk* ~*a* le chant des violons
vezérszónok leader; porte-parole *m*
vezértitkár secrétaire général
vezet I. *(tgy i)* 1. conduire; guider (les pas de) q; piloter; remorquer; *(a beszélő felé, vmeddig)* amener; *(a beszélőtől el)* emmener; *vki elé* ~ amener devant q; *kezénél*

fogva ~ mener par la main; *csak a saját érdeke ~i* le seul intérêt le guide; **2.** *(autót)* conduire; *(hajót)* diriger *v* gouverner; *lovat* ~ guider *v* mener *v* conduire un cheval; *(rajta ülve)* diriger; *kézzel* ~ *(biciklit)* tenir à la main; **3.** *(ügyeket)* gérer; administrer; conduire; *(vitát)* présider à qc; *a munkát ~i* avoir la conduite du travail; *elhatározásait az ész ~i* la raison préside dans ses résolutions; **4.** *(villanyt, gázt, vizet stb. vhova)* installer; **5.** *(utat vmeddig)* conduire; **6.** ~*i a hőt, a villamosságot* conduire la chaleur, l'électricité; *a fa rosszul ~i a hőt* le bois est mauvais conducteur de la chaleur; *jegyzéket* ~ *vmiről* tenir registre de qc; *naplót* ~ tenir un journal; **II.** *(tgyl i)* **1.** *(út)* conduire; mener; donner accès à qc; *vmi mellett* ~ longer qc; *ez az út Párizsba* ~ ce chemin conduit à Paris; **2.** *aut:* conduire; *tud ~ni* il sait conduire; **3.** *ez ~ett a választásnál* c'est ce qui m'a inspiré ce choix; **4.** *(vminek élén)* ~ mener le train; mener devant; venir en tête; **5.** *sp:* être leader; être à l'honneur; tenir la corde; *3 : 2 arányban* ~ mener par 3 à 2; **6.** *ját:* mener; **7.** *(vmire)* conduire à qc; aboutir à qc; amener qc; *(vhová)* aboutir à ... ; *ez semmire sem* ~ cela n'avance à rien
vezeték [~et, ~e] **1.** conducteur *m;* *rád, vill:* conducteur; fil(s) conducteur(s); *földr, geol, csill, fiz, mat, rád, vill:* ligne *f;* **2.** *(csőben)* conduit *m;* **3.** *(vízé)* conduite *f* (d'eau); **4.** *műsz: (mozgásvezető gépelem)* guide; coulisseau *m;* **5.** *(állaté)* longe *f; (kutyáé)* laisse *f*
vezetékhálózat 1. *vill:* réseau *m* de lignes; *(körzet)* secteur *m;* **2.** *(gáz, házi)* tuyauterie *f;* *(utcai)* réseau de conduites; **3.** *(víz~)* canalisation *f*
vezetékló cheval *m* de main; *(befogott)* sous-verge *m*
vezetéknév nom *m* de famille
vezetékoszlop *vill:* pylône *m;* *(fa)* poteau *m* de ligne

vezetékszár longe *f* (de cheval)
vezetés 1. conduite *f;* guidage *m;* **2.** *(járműé)* conduite *f;* *(rep. így is:)* pilotage *m;* **3.** *(film, telegráf, magnó)* entraînement *m;* **4.** *a víz ~e* adduction *f;* **5.** *(ügyeké)* direction; gestion; administration *f;* *(könyveké)* tenue *f;* *az ügyek ~e* la direction des affaires; *egy vállalat ~e* la gestion d'une entreprise; **6.** *futb: csapatának megszerzi a ~t* assurer *v* redonner l'avantage à son équipe; **7.** *(múzeumban, kiállításon)* visite-conférence *f*
vezető [~k, ~t] **I.** *(mn)* **1.** *a Dunán át* ~ *híd* pont (jeté) sur le Danube; *a Párizsba* ~ *út* le chemin qui va *v* conduit *v* mène à Paris; **2.** dirigeant, -e; **3.** *fiz:* conductible; **4.** *(jelzős főnevek:)* ~ *alak* personnalité *f* de premier plan; ~ *állás* poste de direction *v* éminent; poste-clé; *zen:* ~ *hang* note sensible *f;* *újs:* ~ *helyen közlik* annoncer en manchette *v* en vedette; ~ *káderek* cadres dirigeants; ~ *körök* milieux dirigeants; ~ *közeg* véhicule *m;* *vminek* ~ *szelleme* la lumière de qc; ~ *szempontok vmi körül* ligne *f* de conduite en matière de ... ; ~ *szerep* rôle prépondérant; **II.** *(fn)* **1.** chef; chef de file; mentor *m; (politikus)* gouvernant *m; (rossz társaságban)* meneur *m;* **2.** *(idegen~)* guide *m;* *(nő)* femme guide *f;* **3.** *(villanyoson)* wattman; mécanicien *m;* **4.** *(autóversenyen)* pilote *m;* **5.** *(gépé)* conducteur; **6.** *(vállalaté)* directeur; administrateur gérant *m;* *(hivatalban)* préposé, -e *n;* **7.** *fiz:* conducteur, -trice *n*
vezetőfülke cabine *f* de conduite; *rep:* carlingue *f;* cockpit *m*
vezetői *igazolvány* permis *m* de conduire; *(nemzetközi)* triptyque *m*
vezetőség 1. administration; direction *f;* **2.** *pol:* direction *f;* bureau *m*
vézna [-ák, -át] malingre; chétif, -ive
viadal [~ok, ~t, ~a] **1.** duel; tournoi *m;* **2.** *sp:* rencontre *f;* meeting *m;* compétition *f*
viaskodás lutte *f;* combat *m*

viaskodik [~tam, ~ott, ~jék v ~jon]
1. combattre q; lutter avec q; 2. *a betegséggel* ~ se débattre contre la maladie; *önmagával* ~ se livrer bataille à soi-même
viasz [~ok, ~t, ~a] cire *f; puha* ~ cire molle; *tiszta (olvasztatlan)* ~ cire vierge; *fehér lett mint a* ~ son teint prit une pâleur cireuse; *sárga mint a* ~ jaune comme cire
viaszgyertya cierge *v* bougie *f* en cire
viaszospapír papier ciré
viaszosvászon toile cirée; moleskine *f*
viaszsárga jaune comme cire
viasszerű cireux, -euse; céroïde; céracé, -e
vibrálás 1. trépidation *f;* 2. *ép:* vibration *f;* 3. *a színek ködös* ~*a* le flou d'un tableau
vicc [~ek, ~et, ~e] 1. mot d'esprit; bon mot; plaisanterie *f;* blague *f biz;* 2. *(tréfás cselekedet)* facétie; farce; bouffonnerie; plaisanterie *f;* tour *m;* 3. *(szólások) ez* ~ c'est une dérision; *az a* ~, *hogy* l'astuce *v* le drôle c'est que; *ez nem* ~ *a)* ce n'est pas une blague; *b) (könnyű megcsinálni)* ce n'est pas malin; ~*ből* histoire de rire; pour rire; ~*eket mond* dire des bons mots *v* des astuces; faire des calembours
viccel [~tem, ~t, ~jen] 1. dire des bons mots *v* ̀ des blagues; 2. *(tréfál)* plaisanter; blaguer; *maga* ~ vous vous moquez; *maga csak* ~ *velem* vous vous payez ma tête; *ne* ~*jen* vous me faites rire
vicces [~ek, ~t] amusant, -e; drôle; impayable
vicclap journal amusant *v* humoristique
vicinális [~ok, ~t, ~a] I. *(mn) pej:* de petit village; ~ *út* chemin vicinal; II. *(fn)* (chemin de fer) vicinal *m;* tacot *m biz*
vicsorgat avoir un rictus; ~*ja fogát* grincer des dents
vidám [~ak, ~at] réjoui; enjoué; gai, -e; joyeux, -euse; ~ *arc* un air enjoué; ~ *elbeszélések* histoires amusantes

vidámság enjouement *m;* gaieté *f*
vidék [~ek, ~et, ~e] 1. pays *m;* contrée *f;* les environs *m pl;* région *f; a Duna* ~ la région danubienne *v* du Danube; *hegyes* ~ pays montagneux; *kopár* ~ pays désert; *Budapest és* ~*e* Budapest et ses environs; *ezen a* ~*en* dans cette région; ~*enként* par région; *az ország minden* ~*éről* de tous les coins *v* de toutes les régions du pays; 2. *(nagyváros közvetlen* ~*e)* banlieue *f;* 3. *(fővároshoz képest)* province *f;* ~*en* en province
vidéki [~ek, ~t] I. *(mn)* de (la) province; provincial; régional, -e; *Toulouse* ~ de la région de Toulouse; ~ *felfogás* v *szokás* v *viselkedés* provincialisme *m;* ~ *lakos* habitant de la province; provincial *m;* ~ *levegő* l'air *m* de campagne; ~ *város* ville *f* de (la) province; II. *(fn)* provincial, -e; campagnard *m*
vidékies [~ek, ~t; ~en] de province; province; rustique; provincial, -e
videojel signal *m* vidéo *v* d'image
vidra [-ák, -át, -ája] *áll:* loutre *f*
vidramenyét 1. petite loutre; 2. vison *m*
vidranyest petite loutre
vidul [~tam, ~t, ~jon] se rasséréner; s'égayer
Vietnam [~ok] le Vietnam
víg [~ak, ~at] gai, -e; joyeux, -euse; enjoué; réjoui, -e; allègre; *nagyon* ~ gai(e) comme un pinson
vigad [~tam, ~ott, ~jon] se donner du bon temps; faire la fête; s'amuser
vigalmi *adó* taxe *f* sur les spectacles
vígan 1. gaiement; gaîment; joyeusement; ~ *él(i világát)* prendre *v* se donner du bon temps; 2. *(garázdálkodik stb.)* à l'aise; à son aise
vigaszdíj 1. prix *m* de consolation; prime *f* d'encouragement; 2. *átv:* fiche *f* de consolation
vigasztal [~tam, ~t, ~jon] consoler (de qc); réconforter
vigasztalan désolé; désespéré, -e; ~ *jövő* avenir *m* sans issue
vigasztalás consolation *f;* réconfort *m;* allégeance *f; az egyetlen* ~ le seul

motif de consolation; *gyenge* ~ *mince consolation*; *sovány* ~ *(maigre) fiche f de consolation*; *~t merít puiser des consolations*; *~t nyújt vkinek apporter du réconfort à q*
vigasztaló [~ak, ~t] de consolation; consolateur, -trice; réconfortant, -e; ~ *jelenség, hogy il est consolant de se dire que*; ~ *szavak* v *beszéd paroles f pl de consolation*; ~ *tudat sujet m de consolation*
vigasztalódik [~tam, ~ott, ~jék v ~jon] se consoler (de qc)
vigéc [~ek, ~et, ~e] commis voyageur; *ld. még*: **ügynök**
vígjáték comédie; la scène comique; *zenés* ~ comédie-vaudeville *f*
vígopera opéra comique; opéra-bouffe *m*
vígság gaieté; gaîté *f;* enjouement *m*
vigyáz [~tam, ~ott, ~zon] 1. faire attention (à); veiller (sur); surveiller (qc *v* q); avoir soin (de); prendre soin (de); *jól* ~ faire bonne garde; *nem* ~ manquer de vigilance; ~ *az egészségére* veiller à sa santé; ~ *vkinek az érdekeire* veiller aux intérêts de q; *~zatok a fejetekre!* gare les têtes! *a házra* ~ *(kutya)* garder la maison; ~ *a nyelvére* tenir la langue; ~ *a tűzre* entretenir le feu; 2. ~ *magára* se tenir bien; se méfier; *(egészségileg)* veiller à sa santé; 3. *(felszólító alakok:) vigyázz!* attention! prends garde! *kat:* garde à vous, fixe! *sp: vigyázz! kész? rajt!* A vos marques! Prêts? Partez! *vigyázz, ha jön a vonat!* attention au train! *~zon!* prenez garde! *meg fogom büntetni, ~zon!* je vous châtierai, je vous en avertis; *~zon, autó jön* prenez garde à la voiture; *jól ~zanak a nép ellenségei!* avis aux ennemis du peuple! *~zunk a tolvajokra!* gare aux pickpockets! 4. *~zon arra, hogy* veillez à ce que *(subj)*; prenez garde que *(subj) v* de *(inf); ~zatok arra, amit mondok* faites attention à ce que je vais vous dire
vigyázat attention; vigilance; prudence; précaution *f; vigyázat!* attention! ~, *mázolva!* prenez garde à la peinture! *vigyázat! törékeny!* fragile! gare aux chutes!
vigyázatlan imprudent, -e; inattentif, -ive
vigyázatlanság imprudence *f;* manque *m* d'attention; *~ból* sans y penser; par négligence; par mégarde
vigyázz-állás attitude militaire *f; ~ban au garde-à-vous*
vigyorgás rincanement; rictus *m*
vigyorog [~tam, -rgott, ~jon] ricaner; avoir le rictus aux lèvres
viháncol [~tam, ~t, ~jon] glousser; pouffer
viháncolás gloussement *m;* cris joyeux
vihar [~ok, ~t, ~ja] 1. tempête *f;* orage *m;* gros temps; *(erős, de rövid)* tourmente *f;* 2. *(szél)* rafale; bourrasque; trombe *f;* ~ *készül le temps est à l'orage; ~ba kerül* être pris(e) dans une tempête; 3. *átv: az élet ~ai* les rafales de la vie; *a szenvedélyek ~a* le tumulte des passions; *~ként száguld* passer comme une trombe; *lecsillapítja a ~t* apaiser le tumulte
viharedzett aguerri, -e
viharfelhő nuage d'orage *v* tempétueux; *~k tornyosulnak* l'orage s'amoncelle
viharlámpa lanterne *f* (à) tempête
viharmadár oiseau des tempêtes; thalassidrome *m*
viharos [~ak, ~at] 1. orageux; tempétueux, -euse; *(szél)* soufflant en tempête; *(tenger)* houleux, -euse; ~ *időben* par gros temps; ~ *szél* vent forcé; 2. *átv:* orageux; houleux; tumultueux, -euse; ~ *gyűlés* séance tumultueuse; ~ *szenvedélyek* les orages des passions; ~ *tetszés* applaudissements frénétiques; ~ *tiltakozások özöne* une flambée de protestations
viharvert 1. battu(e) par l'orage; 2. miné(e) par les années
vihog [~tam, ~ott, ~jon] 1. ricaner; rioter; 2. *(ló)* hennir
vijjog [~tam, ~ott, ~jon] crier; *(sas stb.)* trompeter; glatir

vijjogás cris aigus
vikend [~ek, ~et, ~je] week-end *m*, fin *f* de semaine; *(üzemekben)* semaine anglaise
viking [~ek, ~et] viking *m*
világ [~ok, ~ot, ~a] 1. monde; univers *m;* *a ~ keletkezése* la genèse; *a ~ keletkezéséről szóló* cosmogonique; *az egész ~* le monde entier; *tout l'univers; a ~ vége* la fin du monde; *la consommation du monde;* 2. *a ~ (az emberek)* le monde; *az egész ~ előtt* à la face du monde; *fél a ~ szájától* avoir peur du qu'en-dira-t-on; 3. *egyh: a ~* le siècle; 4. *(fény)* lumière *f;* *egy gyertya ~ánál* à la lueur d'une chandelle;
ilyen a ~ ainsi va le monde; *nem a ~* ce n'est pas la mer à boire; *a ~ folyása* le train *v* le courant *v* la marche du monde; *biz: azt hiszi, ő a ~ közepe* se croire le premier moutardier du pape; *~ körüli utat tesz* faire le tour du monde; *a ~ proletárjai* le prolétariat mondial; *a ~ ura* le roi de l'univers; *a ~ vége (térben)* les derniers confins de la terre; *a ~ végén* au bout du monde; à Tombouctou *biz; a ~ minden kincséért sem* pour rien au monde; *míg a ~ világ lesz* tant que le monde tournera; *más ~ volt akkor* mais où sont les neiges d'antan?
a képzelet ~a le monde des chimères; *beszél a ~ba* ce sont propos en l'air; *gúny: a régi jó ~ban* dans le(s) bon(s) vieux temps; *micsoda ~ban élünk?* dans quel siècle vivons-nous? *a ~ért sem* pour rien du monde; pas pour un empire; *az egész ~on* dans le monde entier; *a ~on van* être au monde; *nincs a ~on jobb v nagyszerűbb mint* rien de tel que ... ; *a ~on semmit* rien de rien; *~ra hoz vkit* donner le jour à q; *~ra jön* venir au monde; voir le jour; *éli ~át* se donner du bon temps; se la couler douce; *a ~ot kiforgatja sarkaiból* soulever le monde; *~ot lát* voir du pays; *a ~tól elvonult(an)* retiré(e) du monde; *~gá kürtöl* divul-
guer; crier sur les toits; *~gá megy* aller de par le vaste monde
világbajnok champion(ne) du monde
világbajnokság championnat *m* du monde
világbéke paix mondiale *v* universelle *v* générale
világbirodalom l'empire *m* du monde
világcsaló escroc *m* de grande envergure
világcsúcs *sp:* record mondial *v* du monde
világegyetem univers *m;* macrocosme; le grand Tout
világfájdalom pessimisme *m*
világfelfogás vision du monde; philosophie; mentalité *f*
világfi mondain; un homme du monde
világforradalom révolution mondiale *v* internationale
világgazdaság économie mondiale
világháború guerre mondiale; conflagration européenne; *a két ~ közti idő* entre-deux-guerres *m*
világhatalom puissance mondiale
világhír; világhíresség célébrité *v* réputation mondiale
világi [~ak, ~t] I. *(mn)* mondain, -e; profane; *(nem szerzetesi)* séculier, -ière; *(nem egyházi)* laïque; laïcal, -e; laïc, laïque; *(nem lelki)* temporel, -elle; *az életet él* vivre dans le monde; *~ hatalom* le pouvoir temporel; *a ~ hiúságok* les vanités du monde; *~ javak* biens temporels; *~ oktatás* instruction laïque *f; (szemben az egyházival)* la laïcité de l'enseignement; *~ örömök* les plaisirs du siècle; II. *(fn)* laïque *n;* laïc, laïque *n;* séculier *m*
világias profane; mondain, -e
világifjúsági *találkozó* festival mondial de la jeunesse
világimperializmus impérialisme mondial
világirodalom littérature mondiale
világít [~ottam, ~ott, ~son] éclairer; luire; illuminer
világítás 1. éclairage; éclairement *m; (amint a fény esik)* jour *m;* lumière *f;* *zavaros ~* faux jour; *aut: szabályzat szerinti ~* éclairage code; *(városi ~)* (phares-)code; *kellő ~ba*

helyez mettre au (grand) jour; mettre au point; *kedvező* ~*ba helyez* mettre sous un jour favorable; 2. illumination *f*
világító [~k, ~t] I. *(mn)* éclairant, -e; lumineux, -euse; luisant, -e; illuminatif, -ive; *(pl: számlap)* luminescent, -e; ~ *berendezés* dispositif *m* d'éclairage; ~ *bomba* bombe lumineuse *v* éclairante; ~ *rakéta* fusée éclairante; *(légitámadáskor)* flamme *f* à parachute; ~ *reklám* lumière publicitaire; enseigne lumineuse; transparent *m*; ~ *számlap* cadran lumineux; ~ *számtábla* plaque lumineuse; II. *(fn)* 1. illuminateur *m*; 2. *szính:* électricien *m*
világítóablak jour *m* (de souffrance); *(nem nyitható és szomszéd telekre nyíló)* verre dormant
világítóakna arrière-cour; courette *f*
világítócső tube (luminescent); lampe *f*
világítógáz gaz d'éclairage *v* éclairant; gaz de ville
világítótest 1. corps lumineux; 2. appereil *m v* armature *f* d'éclairage
világítótorony phare *m*
világítóudvar arrière-cour; courette *f*
világkereskedelem commerce mondial *v* universel
világkiállítás exposition universelle
világmárka produit de réputation mondiale
világmindenség univers *m*
világnap intervalle mondial *v* géophysique
világnézet conception *v* vue *v* vision du monde; philosophie; manière de voir; idéologie *f*
világnyelv langue *f* de rayonnement mondial
világos [~ak, ~at] I. *(mn)* 1. clair, -e; ~ *bőr(ű)* teint clair; ~ *dohány* tabac blond; ~ *fény* un jour clair; ~ *lakás* appartement bien éclairé; ~ *sör* bière blonde; ~ *színek* couleurs claires; 2. *fest:* ~ *hely* lumière *f*; 3. *átv:* clair; évident, -e; manifeste; lumineux, -euse; formel, -elle; explicite; *egyszerű és* ~ *(stílus)* limpide; *ez* ~ c'est évident; cela tombe sous le sens; *egészen* ~ être de toute évidence; *nem* ~ ce n'est pas clair; ~, *hogy* il est évident *v* clair que *(ind)*; *ebből* ~, *hogy* cela permet de vous rendre compte que; il en ressort clairement que; ~ *mint a nap* v *(tréf) a vakablak* c'est simple comme bonjour; *ez* ~ *beszéd* c'est parler clair et net; ~ *fej* esprit lucide *v* bien fait; ~ *helyzet* situation franche; ~ *pillanat* intervalle lucide; *(őrültnél)* lueurs *f pl* de raison; ~ *stílus* style clair *v* limpide; *minden* ~*sá válik* tout s'explique; II. *(fn) sakk:* les blancs
világosan clairement; nettement; distinctement; formellement; lucidement; positivement; en termes exprès; ~ *beszél* parler net; parler français; *a törvény* ~ *intézkedik erre a pontra vonatkozólag* la loi est expresse sur ce point; ~ *kirajzolódik* se découper nettement; ~ *látja, hogy* il se rend nettement compte que; ~ *megmond* dire expressément *v* en termes clairs et nets; ~ *tagolt* bien articulé(e); martelé, -e
világosbarna bistre; clair-brun, -e; brun clair
világosító [~k, ~t] *szính: film:* électricien, -enne *n; szính;* luministe *m*
világoskék bleu clair
világosodik [~ott, ~jék *v* ~jon] I. *(tgyl i)* se faire jour; II. *(szmt i) (hajnal)* le jour paraît *v* vient *v* approche
világospiros rouge clair; ~ *szín(ű)* pelure d'oignon
világosság 1. jour *m*; clarté; lumière; luminosité *f*; ~*ot gyújt* allumer la lumière; *a* ~*ot kapja* prendre jour; ~*ot terjeszt* verser la clarté; 2. *átv:* clarté; netteté; lucidité *f*; *egyszerűség és* ~ *(stílusé)* limpidité *f; (teljes)* ~ *derül vmire* la (pleine) lumière se fait *v* est fait sur qc; ~*ot derít v vet vmire* jeter de la lumière sur qc; *kioltja a* ~*ot* éteindre la lumière
világossárga jaune clair
világosszőke blond clair
világosszürke gris clair

világosvörös rouge clair
világoszöld vert clair; vert gai
világpiac marché mondial *v* universel
világpiaci *ár* prix mondial
világpolgári cosmopolite; ~ *életszemlélet, életforma, gondolkozás* cosmopolitisme *m*
világpolitika politique mondiale
világproletariátus prolétariat mondial *v* du monde
világrahozás accouchement; enfantement *m*
világraszóló d'une importance colossale *v* capitale
világrekord record *m* du monde
világrend ordre universel
világrész partie *f* du monde; continent *m;* az *öt* ~ les parties du monde
világszép belle comme le jour; la belle des belles
világszerte dans le monde entier
világszövetség fédération mondiale
világtáj région *f* (du ciel); *a négy* ~ les quatre régions du ciel; les quatre vents; les points cardinaux
világtalan aveugle
világtérkép *(földgömbé két részben)* mappemonde *f*
világtörténelem l'histoire universelle *v* du monde
világuralom domination universelle
világutazó globe-trotter *m*
világűr espaces intersidéraux *v* cosmiques
világűrhajó astronef *v* navire intersidéral *v* cosmique
világűrrakéta fusée interplanétaire *v* intersidérale *v* cosmique *f;* *(utassal)* astronef équipé
világváros grande ville *v* capitale; métropole *f*
világviszonylatban sur le plan mondial; à l'échelle universelle
I. **villa** [-ák, -át, -ája] 1. *(evéshez)* fourchette *f;* 2. *(szerszám)* fourche *f;* trident *m;* 3. *(csónakon)* système *m* (forme lyre); 4. ~ *alakú* fourchu, -e
II. **villa** [-ák, -át, -ája] villa *f;* cottage *m*
villám [~ok, ~ot, ~a] 1. éclair *m;* 2. *(lecsapó)* foudre *f;* le feu du ciel; *gyors, mint a* ~ rapide *v* prompt(e) comme l'éclair; *mint a* ~, *terjedt*

el a hír le . bruit se répandit somme une traînée de poudre; *szeme ~okat szórt* ses yeux lançaient des éclairs
villámgyors rapide *v* prompt(e) (comme l'éclair); fulgurant, -e
villámháború guerre-éclair *f;* le blitz *(német)*
villámlik [~ott, -oljon] 1. il fait des éclairs; 2. *(szem)* jeter des éclairs
villámló fulgurant; foudroyant, -e
villamos [~ak, ~t] I. *(mn)* électrique; *a* ~ *áram megölte* il a été foudroyé; ~ *elem* pile électrique *f;* ~ *elosztó hálózat* réseau *m* de distribution électrique; ~ *erőátvitel* transport *m* d'énergie; ~ *erőmű* station d'énergie électrique *f;* ~ *fűtés* chauffage électrique *v* à l'électricité *m;* ~ *gyógymód* électrothérapie *f;* ~ *hegesztés* soudure électrique *f; (ellenállás~)* par résistance; ~ *ív* arc voltaïque *m; orv:* ~ *kezelés* diathermie *f; rövid hullámú* ~ *kezelés* diathermie à ondes courtes; ~ *kisülés* décharge électrique *f;* ~ *önborotvakészülék* rasoir électrique *m;* ~ *tűzhely* cuisine électrique *f;* ~ *vezeték* ligne électrique *f;* fils conducteurs; II. *(fn)* tramway; tram *m* biz; *a ~on* dans le tramway; *felszáll a ~ra* monter dans le tram; *a* ~ *pótkocsija* voiture remorquée; remorque; baladeuse *f;* *~sal* par (le) tram
villamosipar industrie électrique *f*
villamosít [~ottam, ~ott, ~son] électrifier
villamosjegy billet *m* de tramway
villamoskalauz receveur *v* conducteur *m* de tramway
villamoskocsi tramway *m;* voiture *f* de tramway
villamosmegálló station *f* de tramway
villamosművek services électriques *m pl; (francia:)* Électricité de France (E. F.)
villamosság électricité *f; a* ~ *a háztartásban* l'électricité domestique
villamossági d'électricité électricien, -enne; ~ *szaküzlet* commerce *m* d'articles électro-techniques
villamossín rail *m* de tramway

villamosszék 1063 virágágy

villamosszék chaise électrique *f*; ~*ben kivégez* électrocuter
villamostársaság compagnie *f* des chemins de fer électriques
villámsújtott(a) [~ak, ~at] foudroyé; électrocuté, -e
villámzár fermeture éclair *f*
villan [~t, ~jon] 1. briller; jeter une lueur *v* un éclair; 2. *egy gondolat* ~*t elméjébe* une pensée traversa son esprit
villanás 1. éclair *m*; lueur *f*; 2. *(magnéziumé)* flash *m*; 3. *átv:* lueur; brève éclaircie
villanegyed quartier *m* de villas
villanó [~ak *v* ~k, ~t] rapide; fulgurant, -e
villanófény, villogó *aut* clignoteur *m*
villany [~t, ~a] électricité *f*; *megüti a* ~ s'électrocuter; *bevezeti a* ~*t faire poser *v* installer l'électricité; *felcsavarja a* ~*t* tourner le bouton de l'électricité
villanyborotva rasoir électrique *m*
villanydrót 1. ligne électrique *f*; 2. fil électrique *m*
villanyégő ampoule électrique *f*
villanyfogyasztó usager *m* de l'électricité
villanyfőző cuiseur *v* réchaud électrique *m*
villanyfőzőlap chauffe-plat *m*
villanygyár compagnie *v* usine *v* fabrique *f* d'électricité
villanykályha radiateur électrique *m*
villanykapcsoló commutateur; interrupteur électrique *m*
villanykörte ampoule (électrique); tulipe électrique *f*
villanymérő compteur *m* d'électricité
villanymotor électromoteur *m*
villanyóra 1. compteur *m* d'électricité; 2. horloge électrique *f*
villanyos; villanyosít stb. *ld:* villamosít; villamosság stb.
villanyoz [~tam, ~ott, ~zon] électriser; darsonvaliser; faradiser; ~*va kínoz* passer à la magnéto
villanyozás *orv:* darsonvalisation; faradisation *f*; *(rövidhullám)* traitement *m v* diathermie *f* à ondes courtes

villanyszerelés montage *m* d'installation électrique
villanyszerelő ouvrier électricien; (monteur) électricien
villanytelep 1. batterie électrique *f*; 2. usine *v* fabrique *v* compagnie *f* d'électricité
villanytűzhely fourneau électrique *m*
villanyvasaló fer *m* (à repasser) électrique
villanyvezeték câble (électrique); fil conducteur; ligne électrique *f*
villanyvilágítás éclairage électrique *v* par l'électricité *m*
villáskulcs clé à fourche *v* à griffes *v* de serrage; clef double *f*
villásreggeli lunch; déjeuner *m* à la fourchette
villódzás phosphorescence *f*
villó(d)zik [~ott, -ddzék *v* -ddzon] émaner des lueurs phosporescentes
villog [~ott, ~jon] 1. étinceler; briller; luire; 2. *(szem)* jeter des éclairs
villogó [~ak, ~t] brillant; étincelant; luisant, -e; ~ *szemü* aux yeux de feu
vincellér vigneron *m*
vindikál [~tam, ~t, ~jon] s'arroger qc
vinnyog [~tam, ~ott, ~jon] glapir; vagir; couiner
I. *(mn)* **viola** *(színü)* violet, -ette
II. *(fn)* **viola** [-ák, -át, -ája] *növ:* 1. giroflée *f*; violier *m*; *sárga* ~ bâton d'or; carafet *m*; 2. matthiole *f*
II. *(fn)* **viola** *zen:* viole *f*
violaszín(ü) violet, -ette
violinkulcs la clef *v* clé de *sol*
vipera [-ák, -át, -ája] vipère *f*; *keresztes v rákosi* ~ vipère péliade *v* commune
viperafészek nœud *m* de vipère
virág [~ok, ~ot, ~ja *v* ~a] 1. fleur *f*; *(összesen sokszor)* flore *f*; *a* ~ *kinyílása* éclosion *f* de la fleur; ~*ba borul* tomber en efflorescence; *teljes* ~*ában* en plein épanouissement; *egy* ~*ot letép v leszakít* cueillir une fleur; ~*ot tesz vmire* fleurir qc; ~*gal díszít* fleurir; 2. *átv:* *vminek a* ~*a* la fleur de qc; *élete* ~*ában* dans *v* à la fleur de l'âge
virágágy parterre *m* de fleurs; plate bande; planche *f*

virágárus fleuriste; marchand de fleurs; bouquetier *m*
virágbimbó bourgeon à fleurs; bouton floral
virágcserép pot *m* de fleurs
virágcsokor bouquet *m* (de fleurs); gerbe *f* (de fleurs)
virágdísz décoration *v* ornementation florale; *(tárgyon)* décor floral
virágfüzér guirlande *f;* *(főleg műv:)* feston *m*
virágkereskedés boutique *f* de fleuriste; magasin *m* de fleurs
virágkertész fleuriste *n;* jardinier fleuriste
virágkocsány pédoncule *m*
virágkor période de prospérité *v* de gloire; époque glorieuse
virágmag semence *f* de fleurs
virágminta *(tárgyon)* décor floral
virágos [~ak, ~at] 1. *(rét)* fleuri, -e; émaillé(e) de fleurs; 2. *(növény)* phanérogame; 3. *(díszes)* orné(e) de fleurs; 4. *(szövet)* à fleurs; à ramage; 5. *(bor)* piqué; afflé, -e; 6. ~ *beszéd* langage prétentieux; 7. ~ *kedvében van* être de joyeuse humeur; *(bortól)* un peu éméché(e) *v* en goguette
virágpor *növ:* pollen *m*
virágszál 1. fleur *f;* 2. *édes ~am ma toute belle*
virágszirom pétale *m*
virágváza vase à fleurs; bouquetier; porte-bouquet *m*
virágzás 1. fleuraison; floraison; éclosion *f* des fleurs; 2. *növ:* exanthèse *f;* 3. *átv:* prospérité *f;* teljes ~*ban van* être dans tout son épanouissement; ~*nak indul* connaître une période de prospérité
virágzat inflorescence *f*
virágzik [~ottam, ~ott, -gozzék *v* -gozzon] 1. être en fleur(s); fleurir; 2. *(virágról)* s'épanouir; éclore; 3. *átv:* être dans la prospérité; fleurir; prospérer
virágzó [~ak *v* ~k, ~t] 1. *(rét)* fleurissant, -e; *(fa)* en fleurs; 2. *(növény)* efflorescent, -e; 3. *átv:* florissant, -e; prospère; 4. *(jelzős főnevek-*

ben:) ~ *asszony* femme *f* en fleur; ~ *egészség* santé florissante
virgács verge(s) *f (pl);* fouet *m*
virginál *zen:* virginale *f*
virgonc [~ok, ~ot, ~an] agile; leste; gaillard, -e
virít [~ott, ~son] 1. fleurir; être en fleurs; 2. *(egy virág)* s'épanouir; fleurir; 3. *átv:* nagyon ~ *(kiüt)* détoner
virrad [~t, ~jon] I. *(szmt i)* l'aube arrive *v* pointe; II. *(tgyl i)* ki tudja *mire ~unk holnap?* qui sait de quoi demain sera fait?
virradat aube *f;* point *m* du jour; ~*kor* dès l'aube; à la pointe du jour
virraszt [~ottam, ~ott, -asszon] veiller; *beteg mellett ~* veiller un malade
virrasztás veillée; veille; nuit *f* de veille
virsli [~k, ~t, ~je] saucisse *f*
virtus tour *m* de force; bravoure *f*
virtuskodik [~tam, ~ott, ~jék *v* ~jon] faire ostentation *v* faire parade de sa force *v* de son adresse
viruló [~ak, ~t] ~ *arc* teint fleuri; ~ *egészség* plénitude *f* de santé
vírus virus *m;* elölt ~ virus mort
vírusgazda porteur de virus; hôte *m* à virus
vírusos à virus; virusal, -e; ~ *májgyulladás* hépatite *f* à virus
visel [~tem, ~t, ~jen] 1. porter; magán ~*i vminek nyomait* porter les traces de qc; ~*i vminek a következményeit* supporter les conséquences de qc; 2. *(állat)* porter; 3. ~*i magát* se conduire; se comporter
viselés 1. port *m;* 2. *a költségek* ~*e* la charge des frais; 3. *a tisztség* ~*e* l'exercice *m* des fonctions
viselet 1. *(vmié)* port *m;* 2. *(öltözködés)* costume *m*
viselkedés 1. conduite *f;* allure(s) *f (pl);* attitude; tenue *f;* façons; manières *f pl;* comportement *m;* jó ~ *(gyermekről)* sagesse *f;* rossz ~ inconduite *f;* kölcsönös ~ *(találkozáskor)* abord *m;* ügyes ~ entregent *m;* illetlen *v* furcsa ~*t tanúsít* ne pas avoir *v* manquer de conduite; 2. *(állaté)* manœuvre *f*

viselkedik [~tem, ~ett, ~jék v ~jen]
1. se conduire; se tenir; se comporter; agir; *jól* ~ avoir une bonne conduite; *rosszul* ~ manquer de conduite; *szépen* v *csúnyán* ~ *vkivel szemben* agir bien v mal envers v avec q; *hogy kell ilyenkor* ~*ni?* quelle est dans ce cas la conduite à tenir? 2. *tud* ~*ni* avoir de la tenue v de l'entregent; *nem tud* ~*ni* manquer d'entregent v de conduite
viselős [~ek, ~et] *(asszony)* enceinte; *(állat)* pleine
viselősség grossesse *f;* *(állaté)* (état m v période *f* de) gestation *f*
viselt [~ek, ~et] 1. usagé, -e; 2. *vkinek* ~ *dolgai* les faits et gestes de q
viseltetik; *nagy barátsággal* ~ *ön iránt* vous avez beaucoup de part à son amitié; *gyűlölettel* ~ *vki iránt* nourrir v éprouver de la haine envers q; *szeretettel* ~ *vki iránt* porter de l'affection à q; *tisztelettel* ~ *vki iránt* avoir du respect pour q
visít [~ottam, ~ott, ~son] 1. hurler; glapir; 2. *(csecsemő)* vagir; 3. *(madár)* piailler
visítozás criailleries *f pl;* hauts cris; glapissement *m*
viskó [~k, ~t, ~ja] 1. cabane; masure *f;* 2. *(házról)* bicoque *f*
visz [vittem, vitt, vigyen, vidd, vigye] I. *(tgy i)* 1. porter; *magával* ~ emporter; *a hátán* ~ porter à dos; 2. *(járművet, lábon járó lényt)* mener; emmener; *utasokat* ~ *a pályaudvarra* mener des voyageurs à la gare; *a rendőrségre vitték* il a été emmené au poste; 3. *(járművön)* conduire; emporter; 4. *(foglyot, katonát, szállítmányt)* diriger sur...; pousser à qc; 5. *annyira* ~*i, hogy (jó ért.)* parvenir à *(inf);* réussir à *(inf); (rossz ért.)* aller jusqu'à *(inf);* pousser la fantaisie jusqu'à *(inf);* 6. *(vmi)* faire marcher; 7. ~*i az ügyeket* gérer v diriger les affaires; 8. ~*i az ügyet (bíróság előtt)* défendre v plaider une cause; 9. *már nem* ~*i soká* il n'ira pas loin; *sohasem* ~*i semmire* il n'arrivera jamais à rien; II. *(tgyl i)* *hová* ~ *ez az út?* où va v mène ce chemin?

viszály [~ok, ~t, ~a] conflit *m;* discorde; querelle *f;* différend *m; a* ~ *magvát hinti (... közé)* semer la discorde v zizanie (parmi); *a* ~ *ördöge* le brandon de la discorde; ~*ban van vkivel* avoir un différend avec q; *elsimítja a* ~*t* aplanir v apaiser le différend; vider la querelle; ~*t támaszt* v *szít* fomenter la discorde
viszálykodik [~tam, ~ott, ~jék v ~jon] se quereller; se disputer
viszket démanger; *itt* ~ ici, j'éprouve des démangeaisons
viszketegség; viszketeg [~ek, ~et] démangeaison *f;* prurit *m; feltűnési* ~ la manie de briller v de paraître
viszonosság réciprocité; mutualité *f;* ~ *alapján* à charge de réciprocité
viszonoz [~tam, -nzott, ~zon] 1. rendre; rendre la pareille; se revancher; *(érzést)* payer de retour; ~*za vkinek a látogatását* rendre à q sa visite; ~*za vkinek a szerelmét* répondre aux vœux de q; 2. *(vmivel)* offrir v donner qc en retour; *hálátlansággal* ~ payer d'ingratitude; 3. *(felel)* répliquer; répondre
viszont 1. en retour; en revanche; en compensation; par contre; d'autre part; par ailleurs; 2. *és* ~ et *vice versa;* et réciproquement; 3. mais; par contre
viszontagság(ok) péripéties; tribulations *f pl;* contretemps *m;* vicissitudes *f pl; az idő* ~*ainak kitéve* exposé(e) aux intempéries
viszontbiztosítás réassurance *f;* assurance mutuelle
viszonteladás revente *f;* regrat *m*
viszontlát revoir; retrouver; ~*ják egymást* se revoir
viszontlátás retour *m;* rencontre prochaine; *a* ~*ig* jusqu'au revoir; ~*ra* au revoir; *(ma este)* à ce soir! *(holnap)* à demain! ~*ra hamarosan!* à tout à l'heure! à bientôt!
viszonzás retour *m;* compensation *f;* un prêté rendu; ~ *ellenében* v *remé-*

nyében à charge de revanche; *a ~ reménye nélkül* sans espoir de retour; *~ul* à titre de revanche

viszonzatlan(ul) qui n'est pas payé(e) de retour; non partagé(e); sans second(e)

viszony [~ok, ~t, ~a] 1. rapport *m;* relation; liaison *f; feszült ~ban van vkivel* avoir des relations tendues avec q; *jó ~ban van vkivel* être bien avec q; *meghitt v bizalmas ~ban van vkivel* être sur le pied de l'intimité avec q; *semmilyen ~ban nem vagyok vele* il ne m'est rien; 2. *~a van vkivel* avoir une liaison *v* des relations avec q; *~a van egy nővel* avoir des relations intimes *v* avoir des rapports avec une femme; *~t kezd vkivel* nouer une intrigue avec q; 3. *(csak összefüggésről)* connexion; corrélation *f; ~ban van vmivel* être en rapport *v* en connexion avec q; 4. *(vkinek a ~ai)* les conditions de q; *(üzleti világé)* conjonctures *f pl; anyagi ~ok* situation matérielle *v* pécuniaire; *a ~okhoz képest* dans la situation donnée; *a magyarországi ~ok (helyzet)* les choses de la Hongrie; 5. *mat:* rapport *m*

viszonyítva *vmihez* relativement à qc; par rapport à qc; au regard de qc; *ahhoz ~, hogy* étant donné le . . .; en nous rapportant à . . .

viszonylag relativement, toute proportion gardée

viszonylagos [~ak, ~at] relatif; corrélatif, -ive

viszonylat 1. rapport *m;* relation; échelle *f; ebben a ~ban* sous ce rapport; *nemzetközi ~ban* dans les rapports internationaux; 2. *(közlekedési)* ligne *f*

viszonyszám nombre proportionnel

viszonyszó préposition; particule (prépositive *v* postpositive)

viszonyul [~tam, ~t, ~jon] se rapporter à qc

vissza I. *(hat)* 1. en arrière; *vissza!* (en) arrière! *~ az egész!* rien de fait! 2. en retour; 3. *(levélben)* refusé; II. *(fn) ld:* visszája

visszaad I. *(tgy i)* 1. rendre; rapporter; rétrocéder; retourner; restituer; recéder; redonner *(inkább csak elvontságokra); ~ja erejét* restaurer ses forces; *~ja a kölcsönt vkinek* rendre à q la monnaie de sa pièce; rendre la pareille; *~ja a látogatást* rendre visite pour visite; 2. *(labdát)* renvoyer; rechasser; 3. *~ja a pénzt vkinek* rembourser q; 4. *(fordításban)* rendre; traduire; 5. *(képet)* refléter; II. *(tgyl i) (pénzből)* rendre la monnaie

visszaadás 1. remise *f;* rapport *m; (iraté)* remise; *(ételé)* régurgitation *f;* 2. *(labdáé)* relance *f;* 3. *(pénzé)* remboursement *m;* 4. *rád* reproduction *f; (hangé)* audition *f; (magnó)* lecture *f*

visszaállít 1. *(eredeti alakjába)* restituer; rétablir; 2. *(sebességre)* ramener; 3. *(egy helyre)* remettre à sa place

visszaállítás 1. restitution *f; a királyság ~a* la restauration de la monarchie; *a rend ~a* le rétablissement de l'ordre; 2. *a nemzetgazdaság ~a szocialista termelésre* reconversion *f* de l'économie nationale en vue de la production socialiste

visszaáramlás course *f* de retour

visszaborzad *vmitől* reculer (de frayeur *v* d'horreur) devant qc

visszabukik tomber en arrière; retomber

visszacsap I. *(tgyl i)* 1. *(füst stb.)* se rabattre; 2. *(ütődő tárgy)* faire ricochet; ricocher; 3. *(hullám)* refouler devant qc; refluer; déferler; 4. *(ember)* rendre le coup; 5. *átv:* avoir une répercussion; *(vkire)* retourner à q; II. *(tgy i) ~ja a füstöt* refouler la fumée

visszacsatol 1. rattacher; 2. *(szíjat)* reboucler; 3. *(országot)* réannexer; rattacher; *~t országrész* territoire réintégré; 4. coupler par réaction

visszacsavar 1. *(karját)* tordre en arrière; 2. *(csavart)* revisser

visszadől *v* -dül 1. retomber; tomber en arrière; 2. *(kimerülten)* s'affaler

visszadug remettre à sa place

visszaél *vmivel* abuser de qc; faire abus de qc; ~ *vkinek bizalmával* tromper *v* trahir la confiance de q; ~ *a hatalmával* excéder son pouvoir; ~*ve hatalmával* par abus; ~ *vkinek a jóhiszeműségével* surprendre la bonne foi de q; ~ *vkinek a tudatlanságával* abuser de l'ignorance de q; ~ *vkinek a türelmével* mettre à l'épreuve la patience de q
visszaélés abus *m*; *(iparban)* malfaçon *f*; *hivatalos hatalommal való* ~ abus de pouvoir; *a bizalommal való* ~ abus de confiance; ~*ekre vezet* donner lieu à des abus
visszaemlékezés les ressouvenirs de qc; le souvenir de qc
visszaenged 1. *(tárgyat)* recéder; rétrocéder; 2. *(személyt)* laisser rentrer
visszaesés 1. rechute *f*; 2. *(bűnbe, betegségbe)* récidive; rechute *f*; *hajlam a* ~*re* récidivité *f*; 3. *(tulajdoné)* récession *f*; 4. *(fejlődésben)* recul *m*; 5. *(börzén)* repli *m*
visszaesik 1. *(tárgy)* retomber; 2. *(nem fejlődik)* être en recul *v* en régression; 3. *(betegségbe)* rechuter; 4. ~ *a bűnbe* récidiver; retomber dans le péché
visszaeső 1. retombant, -e; 2. ~ *bűnöző* récidiviste *(n)*
visszafejlődés 1. régression *f*; retour *m* en arrière; 2. *él:* régression *f*; effacement *m*
visszafejlődik 1. être en régression; reculer; *(növény)* se rabougrir; 2. *orv:* *(kelés, kiütés)* rentrer; *(betegség)* être en régression
visszafelé 1. en sens inverse; en arrière; à rebours; à reculons; 2. ~ *is átrepüli az óceánt* retraverser l'océan; ~ *sül el* tourner à sa confusion; ~ *halad* reculer; marcher en crabe; ~ *kefél* rebrousser; ~ *kefélve* à rebrousse-poil; ~ *mozgó* rétrograde
visszafelel dire en retour; répondre; riposter
visszafelémenet course *f* en arrière
visszafiatalít rajeunir
visszafizet 1. rembourser; rencaisser; 2. *ker:* *(javára írva)* ristourner; ristorner; 3. *átv:* *(sérelmet)* payer de la même monnaie; rendre la pareille
visszafizetés remboursement *m*
visszafogad reprendre; réadmettre
visszafoglal réoccuper; reprendre; reconquérir
visszafojt contenir; comprimer; étouffer; ~*ja haragját* retenir sa colère; ~*ja könnyeit* comprimer *v* dévorer *v* refouler *v* avaler ses larmes; ~*ja lélegzetét* retenir son haleine
visszafordít 1. retourner; renverser; 2. ~ *egy okoskodást* rétorquer un raisonnement
visszafordul 1. *(ember)* retourner; s'en retourner; ~ *vhová* retourner le chemin de qc; *kénytelen volt útközben* ~*ni* il a été contraint à rebrousser (chemin); 2. *(hátra)* se retourner; faire demi-tour; 3. *aut, rep:* faire demi-tour; *haj, rep:* virer de bord
visszagondol *vmire* se rappeler qc; se remémorer qc; ~ *a múltra* ramener sa pensée en arrière
visszagörbít recourber; *(kiegyenesítve)* redresser
visszagyalogol retourner à pied; regagner qc à pied
visszahajlás recourbement *m*; *(szélen)* repli *m*
visszahajlik 1. se recourber; 2. se replier
visszahajlít 1. recourber; 2. replier; 3. *(egyenesítve)* redresser
visszahajt I. *(tgy i)* 1. *(állatot)* ramener; (faire) rentrer; 2. *(ellenséget)* faire replier; chasser devant soi; 3. *(papírt, takarót)* replier; 4. *(nadrágot, inget)* retrousser; *(szög kiálló végét)* river un clou; II. *(tgyl i)* *(kocsiban)* regagner qc (en voiture)
visszahajtás 1. *(állatoké)* rentrée *f*; 2. *(ruhán)* repli *m*; *(pl: lepedőn)* retour *m*; *(rövidítve)* troussis *m*; *(kabáton)* revers *m*
visszaháramlik *(vkire)* faire retour à q; retomber sur q; revenir à q
visszahat 1. *(vkire)* réagir contre *v* sur q; exercer une influence sur q par un choc en retour; 2. *(vmire)* réagir; agir par contrecoup sur qc

visszahatás 1. réaction *f* (contre qc, sur qc); ~*t vált ki* v *kelt* entraîner v provoquer v opérer une réaction; **2.** *(vmi harmadik dologra)* contrecoup *m;* répercussion *f*
visszaható 1. réactif, -ive; réagissant, -e; **2.** *jog:* rétroactif, -ive; ~ *erő* rétroactivité *f;* **3.** *nyelv:* ~ *alak* forme pronominale; ~ *névmás* pronom réfléchi
visszahelyez 1. *(tárgyat)* remettre (à sa place); replacer; **2.** *(eredeti állapotába)* restituer; **3.** ~ *állásába* réintégrer dans ses fonctions; **4.** *(hivatalába)* réinstituer; réinstaller; **5.** *(birtokba bíróság)* faire réintégrer; recaser; **6.** *orv:* egy *eltört testrészt* ~ réduire une fracture
visszahelyezés 1. *(tárgyé)* remise *f* (en place); **2.** *(állásba)* réintégration *f* (dans ses fonctions); **3.** *(hivatalba)* réinstitution; réinstallation *f;* **4.** *(birtokba)* recasement *m;* **5.** *orv: (kificamodott* v *eltört testrészé)* réduction *f*
visszahív rappeler; faire revenir
visszahódít reconquérir; reprendre; réannexer
visszahonosít repatrier
visszahoz 1. *(tárgyat)* rapporter; **2.** *(személyt, járművet)* ramener; **3.** *az emlékezetbe* ~ rappeler; faire ressouvenir
visszahőköl reculer; faire v avoir un haut-le-corps
visszahúz 1. retirer; tirer à soi; **2.** *(amit kidugott)* rétracter
visszahúzódás 1. *(medrébe)* retraite; exondation *f;* **2.** *kat:* repli *m;* **3.** *(közélettől)* retraite; **4.** ~ *önmagába* repliem ent *m* sur soi-même
visszahúzódik 1. ~ *a medrébe* rentrer dans son lit; **2.** *(daganat)* se résorber; **3.** *(kidugott dolog)* se rétracter; **4.** *(vki)* se retirer (de qc); se tenir à l'écart
visszaidéz évoquer (le souvenir de) qc
visszailleszt 1. réajuster; **2.** *(tagot)* remboîter
visszaindul se mettre en route; repartir

visszairányít retourner; réexpédier
visszája [-át] *(vminek)* **1.** rebours; contre-poil; envers *m;* **2.** *(szöveté)* rebours; dessous *m;* -*ára* à rebroussepoil; *éppen -ára csinálja a dolgot* brider son âne par la queue; -*ára fordít* retourner
visszajár 1. revenir de temps à autre v souvent; **2.** *(másvilágról)* revenir de l'autre monde; **3.** *(pénzből)* être dû v due
visszajön revenir; s'en revenir; retourner
visszajövetel retour *m*
visszakap 1. rentrer en possession de qc; recouvrer; ~*ja állását* rentrer v être réintégré(e) dans ses fonctions; **2.** ~ *ezer frankot* il lui revient mille francs; ~*ja pénzét* rentrer dans ses fonds v frais
visszakérés prière *f* de rendre v de restituer
visszakerget 1. chasser; renvoyer; **2.** *(ellenséget)* repousser
visszakísér reconduire; raccompagner
visszakíván souhaiter le retour de qc; rappeler de ses vœux
visszakozik [~tam, ~zott, ~zék v ~zon] **1.** reculer; se retirer; *visszakozz!* autant; au temps! **2.** revenir sur sa décision
visszaköltözik 1. retourner (dans son pays); **2.** *(lakásba)* réemménager
visszaköszön répondre au salut de q; rendre son salut à q
visszakövetel 1. revendiquer; réclamer; **2.** *jog:* répéter; ~*i a kártérítést* répéter les dommages et intérêts
visszakövetelés 1. revendication; réclamation *f;* **2.** *jog:* répétition *f*
visszaküld renvoyer; réexpédier; retourner
visszalép 1. faire un pas en arrière; reculer d'un pas; **2.** *vmitől* ~ se retirer de qc; ~ *egy üzlettől* défaire v résilier un marché; **3.** ~ *a jelöltségtől* se désister (de la candidature); **4.** *sp:* abandonner la lutte
visszalépés 1. *(hivatalnoké)* démission *f;* **2.** *(kereskedőé)* contremandement *m;* *(szerződésnél)* désistement *m;*

3. *(jelölte)* désistement; 4. *sp:* abandon *m*
visszalő riposter
visszalök 1. *(így i)* repousser; II. *(tgyl i) (lőfegyver)* reculer
visszamaradó 1. de reste; restant, -e; 2. *(anyag)* résiduel, -elle
visszamaradottság 1. état arriéré; 2. *(testi)* retard *m* dans l'évolution; 3. *szociális ~* infériorité sociale
visszamegy 1. retourner; regagner qc; 2. *(kutatásban)* remonter à qc; *~ az eredetire* recourir à l'original; *meszszire ~ (időben)* remonter bien loin; 3. *(üzlet)* être défait(e) *v* résilié(e); 4. *(házassági terv)* ne pas aboutir
visszamenő 1. de retour; retournant, -e; 2. régressif, -ive; 3. *fizetésemelés ~ hatállyal* augmentation *f* de traitement avec effet rétroactif
visszamutat *vmire* renvoyer à qc
visszanéz regarder derrière soi; jeter un coup d'œil en arrière
visszanyer regagner; reconquérir; *(különösen anyagot)* récupérer; *~i alakját* reprendre sa forme (première *v* primitive); *~i állását* réprendre son poste; *~i becsületét* se réhabiliter; *~i egészségét* recouvrer la santé; *~i vkinek kegyeit* rentrer dans les bonnes grâces de q; *~i látását* recouvrer sa vue; *veszteségét ~i* prendre sa revanche; *~i a pénzét* regagner son argent; *veszteségét ~i* prendre sa revanche
visszanyom repousser; refouler; comprimer
visszanyúl *vmihez* faire appel à qc; *~ a történelembe* remonter dans l'histoire
visszaömlik refluer
visszapattan rebondir; ricocher; *(golyó)* faire ricochet
visszapillant *vmire* ramener ses regards sur qc; jeter un coup d'œil en arrière; *(átv még így is:)* faire un tour d'horizon
visszapillantás 1. coup *m* d'œil rétrospectif; 2. chronique *f;* compte rendu
visszaránt *(erőszakkal)* arracher
visszarendel 1. contremander; 2. *(vkit)* rappeler

visszaretten 1. se laisser décourager; reculer devant qc; *~ a nehézségektől* reculer devant les difficultés; 2. *(lelkiismeret)* se cabrer
visszáru *rep, haj:* fret *m* de retour; marchandise *f* de retour
visszarúg I. *(tgyl i)* 1. rendre un coup de pied; 2. *(rugó)* rebondir; 3. *(fegyver)* donner un recul; II. *(így i) ~ja a labdát* renvoyer la balle
visszás anormal, -e; fâcheux, -euse; faux, fausse; *~ állapotok* anarchie *f*
visszasétál retourner en se promenant
visszasiet rentrer *v* rentrer en hâte; regagner qc à la hâte
visszasír 1. souhaiter le retour de q en pleurant; 2. *átv:* regretter; rappeler de tous ses vœux
visszásság 1. abus *m;* désordres *m pl;* 2. *(vmié)* fausseté; absurdité *f;* 3. *(jellembeli)* travers *m*
visszasugárzik se refléter; se réfléchir
visszasüllyed (se) replonger; retomber; *~ a semmibe* rentrer dans le néant
visszaszáll *(jószág)* faire retour à q; retourner à q
visszaszállít réexpédier; retransporter; *(hajóra)* rembarquer
visszaszármaztat retourner; restituer
visszaszerez 1. racheter; regagner; *-rzi jogait* rentrer dans ses droits; 2. *~ vkinek vmit* faire rentrer q dans la possession de qc
visszaszerzés rachat *m;* récupération *f*
visszaszivárog 1. refiltrer; 2. *(nem kívánatos elemek)* retourner clandestinement
visszaszolgál payer de *v* en retour
visszaszolgáltat restituer; faire restitution de qc
visszaszórás rétrodiffusion *f*
visszaszorít 1. acculer contre qc *v* à qc; repousser; 2. *(tömeget)* contenir; repousser; 3. *(ellenséget)* repousser; refouler; 4. *(társadalmilag)* écarter; éliminer
visszatart 1. retenir; *~ja lélegzetét* retenir son haleine; *nem tudom mi tart vissza, hogy* je ne sais ce qui me tient *v* retient de *(inf) v* que *(subj);* 2. *(tömeget)* contenir; 3. *~ja magát*

visszataszít se contenir; se retenir; *(vmitől)* s'abstenir de qc; **4.** *(tisztviselőt)* maintenir dans ses fonctions; **5.** *(lovat)* retenir; parer; **6.** *(bért, pénzt)* retenir; **7.** ~ *magának* retenir; détenir
visszataszít repousser
visszataszító 1. *fiz:* répulsif, -ive; **2.** *átv:* repoussant; répugnant; dégoûtant; infect, -e
visszatelepít rapatrier; recaser
visszatér 1. retourner; être de retour; faire sa rentrée; *ismét* ~*t a hideg idő* il y eut un vif retour de froid; **2.** *(vhová)* regagner qc; réintégrer qc; **3.** *(vhonnan)* s'en revenir; **4.** *(vonal)* rebrousser; ~ *önmagába* se refermer sur soi-même; **5.** *(vkihez)* revenir à q; *(vmihez)* retourner à qc; *térjünk vissza az ügyhöz* revenons à nos moutons; **6.** *(vmire)* revenir sur qc; revenir à la charge; *erre még* ~*ünk* nous y reviendrons; **7.** *(vallásra)* faire retour à l'Église
visszatérés 1. retour *m;* rentrée *f;* **2.** *(vallásra)* retour; reconversion *f;* **3.** *zen:* *(fugában)* contre-exposition *f;* *egy motívum* ~*e* la rentrée d'un motif
visszatérít 1. *(vmit)* restituer; rembourser; **2.** *(vkit)* reconvertir; faire revenir
visszatérítés 1. remboursement *m;* restitution *f;* *(kárért)* indemnité *f;* **2.** *(vásárlásnál)* prime; bonification; ristourne *f;* **3.** *(vallásra)* reconversion *f*
visszatérő 1. reparaissant; intermittent, -e; périodique; régressif, -ive; ~ *betegség* maladie cyclique *f;* ~ *láz* fièvre intermittente *v* récurrente; ~ *sor* série récurrente; **2.** *(utas)* de retour
visszatesz 1. replacer; reposer; remettre à sa place; *(fiókba)* resserrer; **2.** ~*i állásába* réintégrer dans un emploi; **3.** ~*i kardját hüvelyébe* rengainer son épée
visszatetszés désapprobation *f;* déplaisir *m*
visszatetsző déplaisant, -e

visszatol refouler
visszatoloncol refouler
visszatükröz refléter; réfléchir
visszaugrik 1. faire un saut *v* un bond en arrière; **2.** *(ruganyos tárgy)* rebondir
visszaút chemin *v* voyage *m* de retour
visszautasít 1. *(vkit)* refuser; évincer; éconduire; **2.** *(esküdtet, bírót)* récuser; **3.** *(vmit)* refuser; repousser; *egy ajánlatot* ~ décliner une offre; **4.** *jog:* *(örökséget)* répudier qc; renoncer à qc; **5.** *(hatóság, ügyet)* se dessaisir de qc; **6.** ~*ja a rágalmat* repousser la calomnie
visszautasítás 1. refus; rebutement *m;* *(kérő)* évincement *m;* ~*ban van része* essuyer un refus *v* une rebuffade; ~*sal találkozik* se heurter à une fin de non-recevoir; **2.** *(kérésé)* rejet *m;* **3.** *(bíróé, esküdté)* récusation *f;* **4.** *(örökségé)* renonciation (à)
visszautazik repartir (pour)...; reprendre le train (pour)...
visszaül reprendre sa place; ~ *az asztalhoz* se rasseoir à la table
visszaüt I. *(tgy i)* **1.** *(vkit)* rendre le coup à q; riposter à q; **2.** *(labdát)* renvoyer; **II.** *(tgyl i)* **1.** *(vkire)* tenir de q; ressembler par régression à q; **2.** *gonoszság, mely* ~ *arra, aki elkövette* méchanceté qui retourne à son auteur
visszaütés 1. coup rendu; **2.** *(labdáé)* renvoi *m;* **3.** *(ökölvívás)* contre *m;* **4.** *fiz:* choc *m* en retour; **5.** *(vkire)* atavisme *m*
visszavág 1. rendre le coup; riposter; **2.** *(szóval)* riposter; répliquer; repartir
visszavágás riposte, repartie; réplique *f;* *szellemes* ~ boutade *f*
visszavágó *sp:* *(mérkőzés)* match (de) revanche; match-retour *m*
visszavált 1. racheter; reprendre; **2.** *(zálogból)* retirer; dégager
visszaváltozik reprendre sa forme (première *v* primitive); redevenir qc
visszavándorol retourner (dans son pays); revenir
visszavásárlás rachat *m;* réemption *f*
visszavásárol racheter

visszaver 1. *(támadást)* repousser; refouler; **2.** *fiz:* renvoyer; *(fényt)* réfléchir; *(sugarat)* refléter; *(hőt)* réverbérer; ~*i a hangot* renvoyer le son; **3.** *(füstöt)* rabattre; **4.** ~*i az érveket* rétorquer les arguments
visszaverődés retour; renvoi *m;* *(fényé)* réflexion *f;* *(hangé)* répercussion; réflexion *f;* écho *m;* *(hőé)* réverbération *f*
visszavesz 1. *(vkit)* reprendre; rengager; **2.** *kat:* reprendre; *(területet)* reconquérir *(vkitől:* sur q); **3.** ~*i a szavát* reprendre *v* dégager sa parole; **4.** *ld:* **visszavásárol**
visszavet 1. rejeter; **2.** *(tanút, bírót)* récuser; **3.** *(vizsgán)* refuser; **4.** *kat:* repousser; refouler; **5.** ~*i a fejlődésben* arrêter dans son évolution
visszavezet *(vmit vmire)* ramener qc à qc; faire remonter à qc
visszavisz 1. rapporter; remporter; **2.** *ker: (behozott árut)* ~ réexporter; **3.** *(járművet, lábon járó lényt)* ramener; **4.** *(származást)* faire remonter à q; **5.** *vmit vmire ld:* **visszavezet**
visszavon 1. retirer; **2.** *kat:* ~*ja a csapatokat* replier les troupes; **3.** *(kijelentést)* retirer; rétracter; revenir sur qc; **4.** *(véleményt, nézetet)* désavouer; **5.** *(rendelkezés)* rapporter; *egy parancsot* ~ contremander *v* révoquer un ordre; **6.** ~*ja rendelését* révoquer *v* annuler sa commande
visszavonás 1. *(csapatoké, javaslaté)* retrait *m;* **2.** *(kijelentésé)* rétractation *f;* **3.** *(rendelésé)* annulation; révocation *f;* *(parancsé, rendelésé)* contre-ordre *m*
visszavonhatatlan *(elhatározás)* irrévocable; *(vallomásról)* irrétractable
visszavonul 1. se retirer; **2.** *(had)* se replier; se retirer; battre en retraite; ~ *új állásokba* opérer un repli; **3.** *átv:* se retirer; quitter la partie; ~ *a közéleti pályáról* se retirer de la vie publique; ~ *a színpadtól* quitter la scène; ~ *a világtól* faire divorce avec le monde
· **visszavonulás** retraite *f;* repli; repliement *m;* *a* ~ *útját elvágja* couper la retraite; *jelt ad a* ~*ra* sonner la retraite
visszavonultan solitairement
visszavonultság retraite; solitude; réclusion *f*
visszér veine *f*
visszeres variqueux, -euse
visszfény reflet *m*
visszhang écho *m;* *(átv így is:)* retentissement *m;* *többszörös* ~ écho multiple; *nagy* ~*ja van* v *támadt* avoir un grand retentissement
visszhangzik retentir de qc; résonner; faire écho
visszkereset *jog:* recours *m;* demande reconventionnelle
visszszámla compte *m* de retour
visszterhes *jog:* onéreux, -euse
vita [-ák, -át, -ája] **1.** discussion *f;* débat(s) *m (pl);* controverse *f;* *-ába bocsátkozik* v *száll vkivel* entrer en discussion; *a -ában álló felek* les contestants; *jóhiszeműsége -án felül áll* sa bonne foi n'est pas en cause; *ez -án felül van* cela est hors de cause; *-án felül álló* indiscutable; incontestable; *véget vet a -ának* mettre fin à la dispute *v* à la discussion; *a -át eldönti* trancher la discussion *v* le débat; **2.** *(nyilvános, főleg régebben)* dispute; contestation *f;* *(most inkább)* réunion contradictoire *f;* *parlamenti* ~ les débats de la Chambre; *a* ~ *hevében* dans le vif *v* dans le feu de la discussion; *a* ~ *tárgya* l'objet *m* du litige *v* du différend; ~ *tárgyává tesz* mettre en débat; *a jelen szerződésből előálló -ák* les différends découlant du présent contrat; *felszólal a -ában* intervenir dans la discussion; **3.** *(írásbeli)* polémique *f;* *-ába száll vmiről* v *bocsátkozik vmi ellen* engager une polémique sur qc *v* contre qc; *-ára bocsát* mettre en discussion; *nagy -át kelt* soulever de grands débats
vitaest réunion contradictoire; séance *f* de controverse; *pol:* assemblée *f* de discussion
vitális [~ak, ~at] vital, -e

vitamin [~ok, ~t, ~ja] vitamine *f*
vitamindús riche en vitamine
vitaminhiány déficit *m* v absence *f* de vitamines; avitaminose *f*; *D*-~ avitaminose D
vitamintartalom richesse *v* teneur *f* en vitamine
vitás litigeux, -euse; contesté; discuté; débattu, -e; contestable; *(igével:)* être sujet(te) *v* donner lieu à discussion; *nem ~* incontesté; indiscuté, -e; indiscutable; *nem ~, hogy* il n'est pas contestable que; *~ kérdés* point de controverse; différend *m*; *a ~ ügyek* le contentieux
vitat 1. discuter; controverser; débattre; *(kétségbevonva)* contester; 2. *ártatlanságát ~ja* plaider innocence
vitatkozás discussion; controverse *f*; *(írásban)* polémique *f*; *ld még:* **vita**
vitatkozik [~tam, ~ott, ~zék *v* ~zon] discuter qc *v* sur qc; disputer de qc *v* sur qc; controverser; *(írásban)* polémiquer; polémiser; *katonai parancson nem lehet ~ni* un ordre militaire ne se raisonne pas
vitatlan incontesté; indiscuté, -e
vitatott [~ak, ~at] discuté; agité, -e
viteldíj 1. *(járművön)* prix *m v* taxe *f* de transport; 2. *haj:* fret; nolis *m;* 3. *post:* port *m*
viteldíjszabás 1. tarif *m* de transport; tarification *f;* 2. tarif de la course
vitéz [~ek, ~t] I. *(mn)* brave; vaillant, -e; courageux, -euse; II. *(fn)* brave *m;* vaillant *v* valeureux soldat; héros; preux *m*
vitézkedik [~tem, ~jék *v* ~jen] 1. se battre avec courage; 2. *gúny:* fanfaronner; faire le brave
vitézség prouesse; vaillance; bravoure *f;* cran *m*
vitorla [-ák, -át, -ája] 1. voile *f; egy hajó -ái* un jeu de voiles; *haj: -át bevon* border; *-át felhúz* hisser la voile; *(valamennyit)* faire force de voiles; *-át kifeszít* tendre la voile: *-át (ki)bont, kifeszít* déployer les voiles; 2. *(szélmalmon)* toiles *f pl*
vitorlakötélzet gréement; cordage *m*
vitorlarúd vergue *f*

vitorlás voilier *m*
vitorláscsónak canot *m* à voiles
vitorlázás navigation *f* à la voile; yachting *m*
vitorlázik [~tam, ~ott, ~zék *v* ~zon] naviguer à la voile; ~ *vmi felé* cingler
vitorlázógép planeur; avion planeur (de vol à voile)
vitriol [~ok, ~t, ~ja] vitriol *m*
vitustánc chorée; danse *f* de Saint-Guy
vív [~tam, ~ott, ~jon] I. *(tgyl i)* faire de l'escrime; II. *(tgy i) csatát v harcot ~* livrer bataille à q; livrer un combat; *nagy csatát ~ott önmagával* un combat douloureux se livrait dans son âme
vívás *sp:* escrime *f*
vívmány conquête; acquisition *f; a tudomány ~a* une réalisation de la science
vívó [~k, ~t] escrimeur; tireur, -euse
vívóállás position de garde; garde *f*
vívóbajnok champion(ne) *n* de l'escrime
vívódás lutte *f;* combat *m*
vívókard sabre *m;* rapière *f*
vívómaszk masque *m* (d'escrime)
vívómellvédő plastron *m* (d'escrime)
vívómester maître *v* professeur d'armes; moniteur *m* d'escrime
vívótőr fleuret *m*
vívő(hullám) (onde) porteuse
víz [vizek, vizet, vize] eau *f; (folyóé, tengeré sokszor)* eaux *f pl;*
~ alá merít submerger; *~ alá merül* sombrer; *(szándékkal)* plonger; *~ alatt úszik* nager entre deux eaux *v* sous l'eau; *~ ellen* contre le courant; *(hajóról)* en amont; *a ~ hátán* au fil de l'eau; *a ~ mentében* le long du fleuve; en aval; *a ~ színén* au fil de l'eau; à fleur d'eau; *a ~ szintje* nappe *f* d'eau; *bemegy a csizmájába a ~* l'eau lui entre dans les bottes; *sok ~ lefolyt azóta a Dunán* depuis lors, il a coulé beaucoup d'eau sous les ponts; *~be fojt v öl* noyer; *~be ful(lad) se* noyer; *~be ugrik (, hogy ússzon)* se jeter à la nage; *(fürödni, úszni)* se jeter dans *v* à l'eau; *(hogy meg-*

ölje magát) se jeter à l'eau; (hogy fürödjön) plonger; gúny: kint vagyok a ~ból cela me fait une belle jambe; ~ért megy aller chercher de l'eau; a vízen sur l'eau; au fil de l'eau; szárazon és vízen par terre et par mer; sur terre et sur mer; a vízen (lefelé) au fil de l'eau; az európai vizeken dans les eaux européennes; átkel a vízen (folyón, tengeren stb.) passer v traverser l'eau; vízen szállít transporter par eau; ~nek megy se jeter à l'eau; ~re bocsát lancer; vizet ereszt rendre v perdre de l'eau; vizet húz tirer de l'eau; vizet iszik boire de l'eau; vizet önt a borba tremper son vin; couper son vin (d'eau v avec de l'eau); vizet prédikál és bort iszik à beau parler qui n'a cure de bien faire; nem sok vizet zavar il ne casse rien biz; ~zel eláraszt inonder; a ~zel együtt kiönti a gyereket le remède est pire que le mal m; c'est le pavé de l'ours

vízállás 1. niveau m; eau f; alacsony ~ niveau faible v bas; magas ~nál par forte crue; legalacsonyabb ~ étiage m; magas a ~ les eaux sont hautes; 2. fiz: plan m d'eau; 3. (kazáné) niveau d'eau

vízálló à l'épreuve de l'eau; humidifuge; étanche; (szövet) imperméable

vízállóság étanchéité f; (szöveté) imperméabilité f

vízátbocsátó; vízáteresztő I. (mn) perméable à l'eau; II. (fn) caniveau m

vízbőség 1. abondance v richesse f en eau; 2. műsz: (forrásé, folyóé) débit; régime m; 3. földr: (folyóé) abondance

vízcsap 1. robinet m d'eau v à eau; 2. (fürdőkádban) robinet d'arrivée d'eau; 3. (utcai, kerti) prise d'eau; bouche f à eau

vízcsatorna 1. (házon) gouttière f; 2. (földben) conduite v canalisation f d'eau; 3. (öntöző) canal m d'irrigation; (levezető) rigole f d'écoulement

vízcsepp goutte f d'eau

vízcső tube; tuyau m de canalisation

vízderítés clarification f des eaux

vizel [~tem, ~t, ~jen] uriner; lâcher v faire de l'eau

vizelde [-ék, -ét, -éje] vespasienne f; urinoir; pissoir m

vizelet urine f

vizelethajtó (szer) diurétique (m)

vizeletvizsgálat uroscopie f; examen m v analyse f de l'urine

vízellátás alimentation f d'eau v en eau

vízelnyelőképesség (talajé) hygroscopicité f (du sol)

vízenergia énergie hydraulique; houille blanche

vizenyő [~k, ~t] œdème m

vizenyős [~ek, ~et] 1. humide; marécageux, -euse; 2. orv: œdémateux, -euse; 3. (stílus) délayé, -e; fade

vízépítés constructions hydrauliques f pl

vízépítéstan hydraulique f

vízerőtan hydrodynamique f

vizes [~ek, ~et] mouillé, -e; humide; (talaj) détrempé, -e; (víztartalmú) aqueux, -euse; ~ lepedő drap mouillé; ráhúzza a ~ lepedőt il en dit pis que pendre; ráhúzzák a ~ lepedőt on lui passera un de ces savons; ~ oldat solution diluée v aqueuse; soluté m

vízesés chute f d'eau; (nagy) cataracte f; (kicsi) cascatelle f

vizeskancsó; vizeskanna; vizeskorsó broc; pot m à eau; cruche f d'eau; (öntöző) arroseuse f

vizespohár verre m à eau

vizez [~tem, ~ett, ~zen] 1. (folyadékot) additionner d'eau; 2. (bort) mouiller; couper (d'eau v avec de l'eau); 3. (tárgyat) mouiller; humecter; madéfier

vízfecskendő lance; pompe f

vízfejű orv: hydrocéphale

vízfesték couleur f d'aquarelle; (enyves) détrempe f; (futtatás) lavis m

vízfestmény aquarelle; détrempe f; lavis m

vízfolyás 1. cours m d'eau; ~ iránya aval m; megy mint a ~ cela marche comme sur des roulettes; 2. écoulement m d'eau; 3. orv: hydrorrhée f

vízfűtés chauffage central à eau chaude

vízgazdálkodás aménagement *m* des eaux
vízgépészet machinerie hydraulique *f*
vízgőz vapeur *f* d'eau
vízgyógyászat hydrothérapeutique; hydrothérapie *f*
vízgyűjtő *akna* puits collecteur *m;* ~ *medence* barrage-réservoir *m*
vízhasználat jouissance *f* de l'eau
vízhatlan étanche; humidifuge; hydrofuge; impénétrable à l'eau; *(igével:)* tenir l'eau; *(szövet)* imperméable
vízháztartás régime hydraulique *m*
vízhiány disette *f* d'eau
vízhólyag 1. bulle *f* d'eau; 2. *orv:* ampoule *f* (pleine d'eau)
vízhozam débit *v* régime *m* de l'eau
vízhullám *(hajé)* mise *f* en pli
vízhűtés refroidissement *m* à eau
vízi [~ek, ~t] 1. d'eau; *(folyón)* fluvial, -e; *(tengeren)* maritime; ~ *jármű* embarcation *f;* ~ *jártasság* capacité *f* de manœuvrer sur l'eau; ~ *rendőrség* police fluviale *v* maritime; ~ *út a)* voie de mer *v* d'eau; *(folyón)* voie fluviale; *b)* voyage *m* en mer *v* d'outre-mer *v* transatlantique; croisière *f;* ~ *úton való szállítás* transport *m* par eau; 2. *növ, áll:* d'eau; aquatique; aquicole; ~ *madár* oiseau aquatique *v* d'eau *m;* ~ *növény* plante *f* d'eau; ~ *vad v szárnyas gibier m* d'eau; 3. *műsz:* hydraulique; 4. *sp:* nautique; ~ *sportpálya v sporttelep* piste nautique *f*
vízibolha puce d'eau *v* aquatique; daphnie *f*
vízibusz coche d'eau; bateau-mouche *m*
vízierő; vízienergia énergie *v* force hydraulique *f;* la houille blanche
vízierőmű aménagement hydroélectrique *v* de chute *m*
vízifecskendő pompe à incendie; lance *f*
vízilabda *sp:* water-polo *m*
vízilabdázó *sp:* poloïste *m*
víziló hippopotame *m*
vízimalom moulin *m* à eau
vízió [~k, ~t, ~ja] vision *f; orv:* fantasme *m*
vízipoló water-polo *m*
vízirigó merle d'eau: cincle *m*
vízirózsa; *fehér* ~ nénufar *v* nénuphar blanc; *sárga* ~ jaunet *m* d'eau
víziszony hydrophobie *f*
vizit [~ek, ~et, ~je] visite *f; orvosi* ~ visite (médicale); consultation *f;* ~*be megy* aller en visite
vizitel [~tem, ~t, ~jen] *vkinél* faire (une) visite à q; rendre visite à q
vízityúk poule d'eau; gallinule *f*
vízivás la consommation d'eau
vízjegy; vízjel filigrane *m*
vízjelző *szolgálat* service *m* d'annonce des crues
vízkárosult sinistré(e) des inondations
vízkiszorítás déplacement *m* (d'eau)
vízkóros hydropique *(n)*
vízkő incrustation *f* (de chaudières); tartre *m*
vízköpeny chemise *f* d'eau
vízlágyító *berendezés* appareil *m* pour l'adoucissement d'eau; adoucisseur *m*
vízlecsapolás dérivation *f* des eaux; drainage *m*
vízlevezető *árok* rigole *f;* fossé *m* de drainage; ~ *csatorna* rigole *f* d'écoulement; caniveau *m; (házban)* tout-à-l'égout *m*
vízmedence 1. *földr:* bassin hydrographique *m;* 2. bassin; réservoir *m* d'eau; 3. *lapos* ~ *(szökőkúté)* vasque *f;* 4. *(fürdő)* piscine *f*
vízmeder lit *m* de la rivière *v* du fleuve
vízmelegítő chauffe-eau *m;* bouillotte *f*
vízmélység profondeur *f* de l'eau
vízmentes étanche; imperméable; humidifuge
vízmérőóra compteur *m* à eau
vízmérték niveau *m* (d'eau)
vízmosás 1. ravin *m;* 2. *földr:* couloir *m;* 3. *(mint hatás)* action torrentielle
vízművek le service des eaux; la Société des Eaux
víznyomás 1. pression de l'eau *v* hydrostatique *f;* 2. *műsz: (gőz)* primage; priming *m*
vízoszlop 1. *met:* trombe *f;* 2. *fiz:* colonne *f* d'eau; 3. jet *m* d'eau
vízöblítés 1. *(földmunkáknál)* marinage *m;* 2. *(árnyékszéken)* chasse *f* d'eau

vízözön déluge *m;* ~ *előtti* antédiluvien, -enne; ~ *utáni* postdiluvien, -enne
vízpára vapeur *f* d'eau
vízpart rive *f*
vízrajz hydrographie *f*
vízrajzi hydrographique; ~ *szelvény* coupe hydrologique *f;* ~ *térkép* carte hydrographique *f*
vízrebocsátás lancement *m;* mise *f* à l'eau; lançage *m*
vízrendészet police des eaux *v* fluviale
vízsugár jet *m* d'eau; lance *f* d'eau *v* à eau
vízszabályozás régularisation *f* des eaux
vízszennyezés pollution *f* des eaux
vízszint niveau *m* d'eau; *vízép: felső* ~ étiage amont *m; legalacsonyabb* ~ *(folyóé)* étiage *m; a legmagasabb* ~ *(dagálykor)* mer étale
vízszintes [~ek, ~et] I. *(mn)* horizontal, -e; II. *(fn)* 1. *mat:* horizontale *f;* 2. ~*be állítja a gépet* se mettre en palier
vízszintez niveler
vízszintező niveau *m; (vízzel töltött)* niveau d'eau; *(levegőhólyaggal)* niveau *m* à bulle (d'air); nivelle *f*
vízszolgáltatás 1. la distribution *f* l'eau; 2. *(folyóvízé)* débit; régime *m*
víztartály 1. réservoir *m* à eau *v* d'eau; *(medence)* bassin *m;* 2. *(illemhelyen)* réservoir de chasse d'eau
víztelenít [~ettem, ~ett, ~sen] 1. *(levegőn)* essorer; *(falat)* assécher; 2. désamorcer; 3. *bány:* démerger; 4. *vegy:* déshydrater; 5. *(szövetet)* hydrofuger; imperméabiliser
víztiszta limpide
víztorony élévateur d'eau; château *m* d'eau
víztölcsér *met:* trombe (d'eau) *v* marine; *(kisebb)* remous *m*
víztömeg volume *m*
víztömlő 1. outre *f* à eau; 2. tuyau *m* d'arrosage
vízturbina turbine *f* à eau
víztükör 1. le miroir de l'eau *v* des eaux; nappe *f* d'eau; 2. *fiz:* plan *m* d'eau
vizuális [~ak, ~at] visuel, -elle

vízum [~ok, ~ot, ~a] visa *m;* ~*mal ellát* viser; *útlevélbe beüti a* ~*ot apposer* le visa sur un passeport
vízügyi *igazgatás v rend* régime *m* des eaux
vízüveg verre soluble; silicate *m* de soude
vízválasztó *gerinc* crête topographique; ligne *f* de faîte
vízvezeték 1. canalisation *f* d'eau; service *m* des eaux; 2. *(kifolyó)* évier *m;* 3. *fiz:* *(nyomásos)* colonne montante
vízvezetéki *berendezés* installation *f* d'eau; ~ *fogyasztásmérő* compteur *m* à eau
vízvezetékszerelő plombier *m*
vízvonal ligne *f* (d'eau de flottaison)
vizsga [-ák, -át, -ája] I. *(mn)* investigateur; inquisiteur, -trice; ~ *szemmel de ses yeux fureteurs;* II. *(fn)* 1. examen *m;* épreuve *f; (franciáknál legtöbbször verseny*~*)* concours *m;* 2. *(képesítő sokszor:)* brevet *m; a -án* dans l'examen; *átmegy a -án* passer *v* subir l'examen; *megbukik a -án* échouer *v* être refusé(e) à l'examen; *-ára bocsát* admettre aux concours; *-ára készül* se préparer à un examen; *leteszi a -át* passer *v* subir l'examen; *(sikerrel)* être admis(e) *v* reçu(e)
vizsgabizottság jury *m* d'examen
vizsgahalasztás ajournement *m*
vizsgaidő date *v* époque de l'examen; session *f*
vizsgál [~tam, ~t, ~jon] 1. examiner; faire *v* passer l'examen de qc; soumettre à l'examen; *behatóan* ~ *vmit* se pencher sur qc; 2. *vegy:* analyser; soumettre à l'analyse; 3. *(számadást)* apurer; vérifier
vizsgálat 1. examen *m;* inspection; révision *f; részletesebb, alaposabb* ~ un plus ample examen; *vmit* ~ *alá vesz v von* soumettre qc à un examen *v* à l'examen; ~ *alatt áll* être en cours d'examen; 2. *(hivatalos)* enquête; information; *f; (tárgyalást megelőző bírói)* instruction *f; a* ~ *megindult* la justice informe; l'enquête est ouverte; *egy* ~ *anyaga*

vizsgálati 1076 vonal

les éléments d'une enquête; ~*ot folytat* v *tart* enquêter; faire une enquête; *(jegyzőkönyveket felvéve)* instrumenter; ~*ot indít* ouvrir une enquête *v* une information; ~*ot indít vki ellen* informer contre q; *a* ~*ot megejti* procéder à un examen *v* à une enquête; *a* ~*ot megszünteti (bíróság)* rendre une ordonnance de non-lieu; *a* ~*ot vezeti* mener l'enquête; **3.** *vegy:* analyse *f;* **4.** *(orvos)* visite médicale; consultation; exploration *f;* **5.** *(szakértői)* expertise *f;* **6.** *(számadásé)* apurement *m;* vérification *f;* **7.** *mat: egyenlet, feladat megoldásainak* ~*a* discussion *f* d'une équation, d'un problème; **8.** *műsz:* essai *m;* épreuve *f*
vizsgálati 1. *jog:* ~ *eljárás* procédure *f* d'enquête; *(bűnvádi)* instruction (préparatoire) *f;* ~ *fogság* détention préventive; *a* ~ *jegyzőkönyv* le procès-verbal de l'enquête; ~ *lelet* constatation *f* du procès-verbal; **2.** *isk:* d'examen; **3.** *vegy:* ~ *díj* frais *m pl* d'analyse; ~ *műszer* v *eszköz* instrument servant à examiner
vizsgálóábra *tv* mire *f*
vizsgálóadó station *f* d'essai
vizsgálóbíró juge *m* d'instruction
vizsgálóbizottság 1. commission *f* d'enquête; **2.** *(vizsgán)* jury *m* d'examen
vizsgálódás recherches *f pl;* enquête; investigations *f pl*
vizsgálódik [~tam, ~ott, ~jék *v* ~jon] **1.** *(szemlélődik)* reconnaître le terrain; inspecter les lieux; **2.** *(kutatva)* faire une enquête *v* des recherches sur qc
vizsgatárgy matière *f* d'examen
vizsgázik [~tam, ~ott, ~zék *v* ~zon] passer l'examen *v* l'épreuve; *mikor* ~? quand passez-vous?
vizsgáztat interroger; faire passer un examen à q; examiner
vizsla [-ák, -át, -ája] **I.** *(mn) ld:* **vizsga I.; II.** *(fn)* braque; chien *m* d'arrêt
vocativus *nyelv:* vocatif *m*
vokális [~ok, ~t] **I.** *(mn)* vocal, -e; **II.** *(fn)* voyelle *f*
volfram [~ot, ~ja] tungstène; wolfram *m*

volna 1. il serait; **2.** il y aurait; *ha nem* ~ s'il n'y avait pas; n'était...; *ha ez nem lett* ~ sans cela; *mintha nem is lett* ~ autant en emporte le vent; **3.** *játszott* ~ il aurait joué
I. volt I. *(ige)* **1.** il était; il a été; il avait été; il fut; ~ *pénze* il avait de l'argent; *ön valósággal apám* ~ vous m'avez tenu lieu de père; *hol is* ~*unk?* nous disions donc? **2.** il y avait; ~ *nincs (elpárolgott)* ni vu ni connu; **II.** *(mn)* ancien, -enne; *pej:* ex-...; ~ *képviselő* député sortant; ~ *ügyvéd* ex-avocat *m*
II. volt [~ok, ~ot, ~ja] *vill:* volt *m*
volta [voltam, voltod, voltunk, voltotok, voltunk] son état de...; sa qualité de...; son rang de...
von [~tam, ~t, ~jon] **1.** entraîner; *(vontatva)* haler; *maga után* ~ entraîner; comporter; impliquer; *magára* ~ *vmit* s'attirer qc; **2.** *mat: átlót* ~ mener une diagonale; *gyököt* ~ extraire la racine
vonaglás convulsions *f pl;* sursaut *m;* spasme *m; az utolsó* ~*ok* les derniers sursauts
vonaglik [~ottam, ~ott, -goljék *v* -goljon] se tordre; se tortiller; être saisi(e) de convulsions
vonakodás résistance; répugnance *f;* rechignement *m*
vonakodik [~tam, ~ott, ~jék *v* ~jon] faire des difficultés (pour *és inf);* rechigner à *(inf);* ~ *vmit vállalni* se dérober à qc; ~*va* à son corps défendant; à contre-cœur
vonal [~ak, ~at, ~a] **1.** ligne *f;* tracé; trait *m; egy* ~*ba esik* coïncider; *egy* ~*ba helyez vkit* mettre q sur la même ligne; *vmivel egy* ~*ban* à la hauteur de qc; *egy* ~*ban vannak egymással* affleurer; *egyenes* ~*ban* en droite ligne; *megőrzi* ~*ait* garder la ligne; ~*at húz* tracer *v* tirer *v* mener une ligne; *tessék tartani a* ~*at* ne quittet pas; *halló, kérem tartani a* ~*at* Allô, ne coupez pas! **2.** *(statisztikai)* graphique; diagramme *m;* **3.** *(egyenes sorról)* alignement *m;* **4.** *(körvonalak)* contour(s) *m (pl);*

(emberi alakról) silhouette *f;* 5. *(írástanulásnál)* bâton *m;* barre *f;* 6. *(sávszerű)* raie *f;* 7. *kat:* ligne; *első* ~ avant-ligne *f; a front jelenlegi* ~*a* le tracé actuel du front; 8. *(vasút)* voie *f;* tracé *m; a budapest — bécsi* ~ la ligne de Budapest-Vienne; *egy autóbusz* ~ le parcours d'un autobus; 9. *(testé)* modelé; galbe *m; div:* mouvement *m;* 10. *átv:* ligne; *pol: a* ~ *kidolgozása* élaboration *f* de la ligne; *az egész* ~*on* sur une vaste *v* grande échelle; sur toute la ligne; *vkivel egy* ~*on áll* v *mozog* être sur la même ligne que q (d'autre); *megyei* ~*on* sur le plan départemental
vonalas [~ak, ~at; ~an] 1. *(irka, papír)* réglé, -e; 2. graphique; linéaire; 3. dans la note *v* ligne; conforme à la ligne du Parti
vonalbíró juge de touche *v* de ligne; linesman *m*
vonaljegy billet *m* de parcours entier
vonalkás 1. en pointillé; 2. hachuré, -e; ombré(e) de traits
vonalkáz [~tam, ~ott, ~zon] 1. *(egy vonalat)* pointiller à petits traits; 2. *(árnyékolva)* ombrer de traits; hachurer; hacher
vonalszakasz tronçon *m;* section *f*
vonalvezetés tracé *m;* ligne *f; (írásban)* tracé scriptural; *átv: a kormány külpolitikai* ~*e* la ligne du gouvernement en politique extérieure
vonalzó [~k, ~t, ~ja] règle *f; (kicsi)* réglet *m; (háromszögű)* équerre *f*
vonás 1. trait *m; (rajzban így is:)* ligne *f;* 2. *(párbeszédet jelző)* tiret *m;* 3. *(írásban)* barre *f;* bâton *m;* 4. *fest:* touche *f;* 5. *átv:* note *f;* trait; *(életrajzban, előadásban)* ligne; *nagy* ~*okban* en grandes lignes; *nagy* ~*okban vázol* esquisser *v* peindre à grands traits; 6. *(vonóval)* coup *m* d'archet
vonat 1. train; convoi *m; (szerelvény)* rame *f; környékbeli, helyi* ~ train de banlieue; *a* ~ *elment* le train est parti; *a* ~ *indul* le train part; *rossz* ~*ba száll fel* se tromper de train; *a* ~*ból*
kiszáll descendre de *v* du train; ~*on utazik* prendre le train; *lekésik a* ~*ról* manquer le train; 2. *kat:* train (des équipages); charroi *m*
vonatcsatlakozás correspondance *f*
vonatkísérő 1. agent *m* de train; 2. *(szállítmányé)* convoyeur *m* (des rames)
vonatkisiklás déraillement *m*
vonatkozás relation *f;* rapport *m;* ~*ban van vmivel* avoir trait à qc; *minden* ~*ban* sous tous les rapports
vonatkozik [~ott, ~zék *v* ~zon] *(vkire, vmire)* avoir trait à qc; se rapporter à qc; *ez rám* ~ cela me regarde
vonatkozó [~ak, ~t] 1. relatif (-ive) à qc; respectif, -ive; concernant qc; afférent à qc; *az ide* ~ y relatif (-ive); *a rá* ~ y afférent(e); *a* ~ *törvényhely* le texte formel; 2. *nyelv:* relatif; conjonctif, -ive; ~ *névmás* (pronom) relatif
vonatkoztat 1. rapporter à . . .; rapprocher de qc; 2. *magára* ~ *vmit* s'appliquer qc
vonatoszlop *kat:* convoi *m*
vonatösszeköttetés communication ferroviaire *f*
vonatszerelvény rame *f* (de wagons); convoi *m*
vonatszertár *kat:* dépôt *m* du train des équipages
vonatvezető chef *m* de train
vonít [~ott, ~son] crier; hurler
vonó [~k, ~t] *zen:* archet *m;* ~ *szőrözete* crins *m pl; húzza a* ~*t* conduire *v* promener son archet
vonóerő force *f* de traction; *(mozdonyé)* effort *m* de traction
vonólánc chaîne *f* de traction *v* d'attelage
vonós [~ok, ~t] I. *(mn)* ~ *hangszer* instrument à cordes; II. *(fn)* joueur (-euse) d'instrument à cordes; *a* ~*ok* les instruments à cordes
vonósnégyes quatuor *m* à cordes *v* d'archet
vonszol [~tam, ~t, ~jon] traîner; *magával* ~ tirer après soi; traîner à sa suite; *alig* ~*ja magát* avoir du plomb dans l'aile

vontat 1. *(uszály)* prendre *v* conduire à la remorque; **2.** *(kötéllel)* haler; **3.** *(lánccal)* touer
vontatás 1. traînage *m;* traîne *f;* **2.** *(uszályé)* remorquage *m;* **3.** *(kötélen)* halage *m;* **4.** *(fenéklánccal)* touage *m;* **5.** *(vasúti)* traction *f*
vontató [~k, ~t] **1.** remorqueur *m;* **2.** haleur *m;* **3.** *(fenékláncon)* toueur *m;* **4.** tracteur *m*
vontatókötél (corde) remorque *f;* câble remorque *v* de remorquage *m;* hajót ~re vesz prendre *v* conduire un bateau à la *v* en remorque
vontatott [~ak, ~at] **1.** *(jármű)* remorqué, -e; halé; tracté, -e; ~ *kocsi* (voiture) remorque *f;* **2.** *átv:* languissant, -e; sans entrain; *(igével:)* manquer d'entrain; **3.** ~ *hang* voie traînarde *v* traînante; **4.** *(tőzsde)* lent; lourd; hésitant, -e
vonul [~tam, ~t, ~jon] **1.** *(vhová tömeg)* se diriger; se porter; *a tömeg a Téli Palota felé ~t* la foule se porta *v* se rendit devant le Palais d'Hiver; **2.** *(madár)* passer; **3.** *(had)* défiler; passer; **4.** *szobájába* ~ s'enfermer *v* se retirer dans sa chambre; **5.** *(hegység, terület stb.)* s'étendre; courir; s'allonger; *a felhők* ~nak les nuages voyagent
vonulás 1. passage *m (pl:* des oiseaux); *vad:* passe *f;* **2.** *(hadé)* défilé *m*
vonulat *geol:* couche *f*
vonz [~ottam, ~ott, ~zon] **1.** attirer; solliciter; **2.** *(vkit)* attirer; **3.** *(vhová)* appeler; **4.** *nyelv:* régir
vonzalom [-lmat, -lma) inclination (pour qc); affection *f* (pour qc); attachement *m* (pour q); sympathie *f* (pour q); *-lmat érez vki iránt* sentir de l'attachement *v* de l'affection pour q; *vkinek -lmát megnyeri* gagner q
vonzás 1. attraction *f;* **2.** *átv:* attraction; attirance *f;* **3.** *nyelv:* rection *f*
vonzat *nyelv:* attraction modale; rection *f*
vonzó [~ak, ~t] attrayant; attachant; attirant; affriolant; appétissant; engageant, -e

vonzódik [~tam, ~ott, ~jék *v* ~jon] *(vkihez)* se sentir attiré(e) vers q; avoir de l'attachement pour *v* vers q
vonz(ó)erő 1. *fiz:* attraction; force attractive; *a föld -ereje* l'attraction terrestre; **2.** *átv:* attraction; séduction *f;* attrait *m*
vö. *röv:* *(vesd össze)* cf.; conf.; (confer; conférez)
vő [~k, ~t, ~je] gendre; beau-fils
vöcsök [vöcsköt, vöcske] *áll:* grèbe *m; búbos* ~ grèbe huppé
vödör [vödrök, vödröt, vödre] *ld:* veder
vőlegény 1. fiancé; prétendu *m;* **2.** *(esküvőn)* marié *m*
völgy [~ek, ~et, ~e] vallée *f;* *(kicsi)* vallon *m*
völgyáthidalás viaduc *m*
völgybejárat port *m*
völgyfenék thalweg; fond *m* de vallée
völgygát barrage *m*
völgykatlan vallée encaissée; cirque *m;* excavation *f*
völgyszoros défilé; val *m;* gorge *f*
vörheny [~t, ~e] scarlatine *f*
vörhenyes [~ek, ~et, ~e] **1.** *(beteg)* scarlatineux, -euse *(n);* **2.** *(szín)* écarlate *(f)*
vörös [~ek, ~t, ~e] **I.** *(mn)* rouge; *(tégla~)* vermillon; brique; *(kármin~)* carminé, -e; *(vörhenyes)* écarlate; *(buzér~)* garance; *(barnás)* roux, rousse; *(meggyszínű)* cerise; *(arcról)* rubicond, -e; *(hajról)* roux, rousse; ~ *lett, mint a főtt rák* il devint écarlate; ~ *arc* visage empourpré; *(ivástól, jóléttől)* rubicond; *a* ~ *bor* le vin rouge; le rouge; ~ *bőr* peau rouge *f;* *Vörös Csillag (dísz, rendjel, idom)* l'Étoile rouge *f;* *a Vörös Hadsereg* l'Armée Rouge; ~ *hajú* roux, rousse; ~ *izzásig hevít* porter au rouge; rougir; ~ *jelzőlámpa* feu *v* réverbère rouge *m;* ~ *kakas (tűzvész)* le coq rouge; ~ *kutya,* ~ *ló,* ~ *ember egy se jó* Barbe rousse et noirs cheveux, Ne t'y fie pas si tu veux; ~ *vérsejt* globule rouge *m;* **II.** *(fn) a* ~ök les rouges
vörösbegy *áll:* rouge-gorge; cou-rouge *m*

vörösbőrű *(indián)* Peau-Rouge *m*
vöröses [~ek, ~et] rougeâtre; *(hajról)* roussâtre
vöröseslila lilas-rouge; pourpre; zinzolin, -e
vörösessárga fromenté, -e; beige
vörösesszőke blond roux *v* fauve
vörösfenyő mélèze *m*
vöröshagyma oignon *m*
vörösít roussir
vöröskáposzta chou rouge *m*
vöröskatona soldat rouge *m*
Vöröskereszt; *a* ~ la Croix rouge; *a* ~ *Nemzetközi Bizottsága* le Comité international de la Croix-Rouge (C. I. C. R.)
vöröskeresztes *karszalag* brassard *m* de la Croix-Rouge; ~ *zászló* fanion *m* d'ambulance
vörösödő [~ek, ~t] rougissant; rubescent, -e

vörösöninneni; vörösöntúli infrarouge; infrarouge; ~ *sugarak* rayons infrarouges *m*
vörösőr *tört:* garde rouge *m*
vörösréz cuivre (rouge *v* rosette)
vöröstörésű cassant(e) à chaud
vörösvérsejtoldódás hémolyse *f*
vörösvérsejtszám nombre *m* des hématies
vörösvérsejtszámláló hématimètre *m*
vörösvértest hématie *f*
Vulcanus Vulcain *m*
vulgáris [~ak, ~at] vulgaire; ~ *nyelven* vulgairement; *vulgo*
vulkán [~ok, ~t, ~ja] volcan *m*
vulkanikus volcanique; de nature volcanique; ~ *eredetű hőforrás* source hypogée *f;* ~ *eredetű kőzet* roche *f* de formation ignée; ~ *képződmény* formation volcanique *f*
vulkanizál [~tam, ~t, ~jon] vulcaniser
vurstli [~k, ~t, ~ja] fête foraine

W

w *(betű)* w *m* (un double v)
watt [~ok, ~ot, ~ja] watt; voltampère *m*
W. C. W. C.; cabinet; water-closet *m; leereszti a vizet a ~ben* faire fonctionner la chasse d'eau; ~*re megy* aller à la garde-robe; aller quelquepart

W. C.-gyűrű abattant *m* de W.C.
wertheim-kassza; wertheim-szekrény coffre-fort *m*
wertheim-zár serrure perfectionnée *v* à pompe
wobbulátor wobbulateur *m*
wolfram [~ot] *vegy:* tungstène *m*

X

x [~ek, ~et] 1. *(betű)* x *m;* 2. *x-edik hatvány* la puissance x; *X-szer* X fois; *x-sugarak* les rayons X; 3. *X. úr* Monsieur trois étoiles (M***); *X. Y* Monsieur X ....; le sieur X; *X. Y. úr* Monsieur Untel; Monsieur Z; 4. *X-láb* jambes cagneuses

xenon [~t] *vegy:* xénon *m*
Xerxes [~t] Xerxès *m*
xilofon [~ok, ~t, ~ja] *zen:* xylophone; claquebois *m*
X-varrat suture *f* en V double

Y

y *(betű)* y *m* (i grec)
yoghurt [~ok, ~ot, ~ja] yogourt *m*

yperit [~et] ypérite *f;* gaz moutarde *m*
Ypern [~t] Ypres *f*

Z

z *(betű és hang)* z *m (olv:* zεd)
zab [~ot, ~ja] avoine *f*
zabál [~tam, ~t, ~jon] **1.** bâfrer; s'empiffrer; **2.** *(állat)* dévorer sa nourriture
zabdara gruau *m* d'avoine
zabla [-ák, -át, -ája] mors *m; -áját harap(dál)ja* ronger son frein
zablaszár branche *f*
zabolátlan effréné, -e; indomptable; impétueux, -euse
zabolátlanság 1. nature indomptable *f;* **2.** incontinence; démesure; impétuosité *f*
zaboláz [~tam, ~ott, ~zon] contenir; dompter; maîtriser
zabosbükköny vesce et avoine
zabpehely porridge *m;* cats *m pl*
zabrál [~tam, ~t, ~jon] *biz:* marauder; enlever
zacskó [~k, ~t, ~ja] **1.** petit sac; sachet; cornet *m;* **2.** *(pénzes)* bourse *f;* **3.** *(dohány~)* blague *f* (à tabac); **4.** *(tartónak használt)* pochette *f;* **5.** *(állaton)* poche *f*
zafír [~ok, ~t, ~ja] saphir *m*
zafírkék bleu saphir; saphirin, -e
zaftos [~ak, ~at; ~an] *biz:* **1.** juteux, -euse; **2.** *átv:* truculent; trivial, -e
zagyva confus, -e; chaotique; incohérent; embrouillé, -e; prolixe; ~ *beszéd* galimatias; baragouin *m;* ~ *stílus* style baroque *v* confus
zagyvaság 1. galimatias; fatras; coq-à-l'âne; méli-mélo *m; ez* ~ *c'est de l'allemand;* **2.** *vminek a* ~*a* incohérence; confusion *f*
zaj [~ok, ~t, ~a] **1.** bruit *m;* rumeur *f; nagy* ~ vacarme; tapage *m; vminek* ~*ára* au bruit de qc; ~*t csap* faire du tapage *v* du vacarme; *nagy* ~*t csap vmi körül* faire beaucoup de bruit autour de qc; ~*t hall* entendre du bruit; ~*t üt* faire du bruit;
2. *(tömegé)* brouhaha *m;* clameur; rumeur *f;* **3.** bruit, souffe *m*
zajlás 1. *(jégé)* débâcle *f;* *(úszva)* charriage *m* (des glaçons); **2.** *a hullámok* ~*a* le tumulte des flots
zajos [~ak, ~at] bruyant, -e; tumultueux, -euse; ~ *derültség* hilarité bruyante; ~ *élet* vie tumultueuse; ~ *gyűlés* réunion bruyante *v* houleuse; ~ *helyeslés* bruyante approbation; ~ *jelenet* scène tumultueuse; ~ *reklám* publicité tapageuse; ~ *sikert arat* avoir un succès foudroyant; ~ *taps* applaudissements nourris
zajtalan silencieux, -euse
zajtalanít [~ottam, ~ott, ~son] insonoriser
zajtompítás amortissement *m* du bruit
zakatol [~t, ~jon] **1.** *(gép)* trépider; cliqueter; **2.** ~ *a szíve* il a le cœur qui bat follement *v* qui bat la chamade
zaklat 1. *(vmivel)* vexer *v* molester *v* importuner *v* assassiner *v* tracasser *v* fatiguer (de qc); obséder; *kérdésekkel* ~ harceler de questions; *kérésekkel* ~ importuner de ses demandes; **2.** *(hitelező)* presser; harceler; **3.** ~*ja lelkét* cela l'obsède *v* le tracasse
zaklatás vexation; chicanerie *f;* importunités *f pl*
zaklatott *élet* vie tourmentée *v* trépidante *v* de tracas
zakókabát veston *m*
zakóruha complet (veston) *m*
zálog [~ok, ~ot, ~a] gage *m; jog:* nantissement *m;* ~*ba tesz* mettre en gage; engager; *kivált a* ~*ból (zálogházból)* retirer du mont-de-piété; *barátsága, szerelme* ~*ául* en gage d'amitié, d'amour
zálogadósság dette sur gage *v* hypothécaire *f;* nantissement *m*
zálogcédula reconnaissance *f* du mont-de-piété
zálogház mont-de-piété; clou *m nép*

záloghitelező détenteur du gage; (créancier) gagiste *m*
zálogjegy 1. bulletin *m v* reconnaissance *f* de gage; 2. *(raktári)* warrant *m*
zálogjog 1. droit *m* de gage; 2. *(ingatlanra)* droit *m* d'hypothèque; ~ *bekebelezése* constitution *v* inscription d'hypothèque; inscription hypothécaire *f*
zálogkölcsön 1. prêt *v* emprunt *m* sur gage *v* sur valeurs; 2. ~*t vesz fel házára* hypothéquer sa maison; ~ *törlése* radiation *f* (de l'hypothèque)
záloglevél 1. titre hypothécaire *m*; 2. lettre *f* de gage
zálogtárgy gage *m*
zamat 1. arôme *m*; succulence *f*; *(pecsenyéé)* fumet *m*; 2. *(boré)* bouquet *m*; sève *f*
zamatos [~ak, ~at] 1. succulent, -e; savoureux; juteux, -euse; 2. *(bor)* étoffé, -e; aromatique; généreux, -euse; 3. *átv:* savoureux, -euse; succulent, -e; 4. *(stílus)* nourri; succulent, -e; *(történeté, viccé)* sel *m*
zamatosság succulence *f*; arôme *m*; *(stílusé)* saveur *f*; *(vaskos)* truculence *f*; *ld. még:* **zamat**
zápfog molaire *f*; *áll:* mâchelière *f*
zápor [~ok, .~t] 1. averse *f*; ondée; lavasse *f*; 2. *átv:* une grêle de...; une averse de...; 3. *atfiz* gerbe *f*
záptojás œuf pourri *v* couvi
I. *(fn)* **zár** [~ak, ~at, ~a] 1. fermeture *f*; 2. *(ajtón stb.)* serrure *f*; verrou *m*; *a* ~ *nyelve* le pêne; ~ *alatt tart* tenir sous clef; *a* ~*ban hagyja a kulcsot* laisser la clef sur la porte; 3. *(ablakon)* crémone; espagnolette *f*; 4. *(táskán, könyvön)* fermoir *m*; 5. *(karperecen)* attache *f*; 6. *fényk:* obturateur *m*; 7. *(völgyé, folyóé)* barrage *m*; 8. *nyelv.: (szótagban)* entrave *f*; 9. *kat:* blocus *m*; 10. *(egészségügyi)* quarantaine *f*; 11. *(határé stb.)* fermeture; 12. *(bírói)* séquestre *m*; ~ *alá vesz v helyez* apposer les scellés à qc; *jog:* ~ *alá vesz* frapper de saisie; saisir; *(hajórakományt)* mettre l'embargo sur qc; *(követelést)* bloquer;

~ *alól felold* lever les scellés; lever le séquestre; *(hajót)* lever l'embargo; *(követelést)* débloquer
II. *(ige)* **zár** [~tam, ~t, ~jon] I. *(tgy i)* 1. *(vmit)* enfermer; fermer; serrer; *kulccsal* ~ fermer à clef; 2. *(vkit)* emferner; *börtönbe* ~ emprisonner; *kolostorba* ~ cloîtrer q; *szobájába* ~ chambrer; 3. *karjába* ~ serrer *v* enserrer dans ses bras; *szívébe* ~ garder en son cœur; 4. *(villamos) áramkört* ~ fermer un circuit (électrique); 5. *(közlekedést, kijárást)* barrer; clore; 6. *(csövet légmentesen)* sceller; 7. *(beszédet, levelet stb.)* terminer; clore; II. *(tgyl i)* 1. fermer; *légmentesen* ~ fermer hermétiquement; 2. *a hivatal két órakor* ~ le bureau ferme à 2 heures; ~*unk!* la clôture! on ferme!
záradék [~ok, ~ot, ~a] 1. *ép:* clef; clé *f*; 2. *(levélben)* formule finale; *(oklevélé)* clauses finales; 3. *(kikötés okmányban)* clause *f*
zarándok [~ok, ~ot, ~a] pèlerin *m*
zarándokol [~tam, ~t, ~jon] faire le pèlerinage de qc
zárás 1. fermeture; clôture *f*; *zárás!* la clôture! 2. *(csöveké légmentesen)* scellage *m*; *(folyadékmentesen)* étanchéité *f*; 3. *(üzleti)* fermeture; 4. *(tőzsdéé)* clôture *f*
zárda [-ák, -át, -ája] couvent *m*; -*ába vonul* se retir dans un couvent
zárdafőnök prieur
zárdai [~ak, ~t] claustral, -e; du couvent
zárgondnok 1. gardien *m* des scellés; 2. *(csődben)* syndic *m* de la faillite; 3. *(gyámság alá helyezésnél)* curateur *m*
zárka 1. cellule *f*; cachot *m*; 2. *kat:* salle *f* de police; 3. *(őrült számára)* cabanon *m*
zárkózik [~tam, ~ott, ~zék *v* ~zon] 1. *szobájába* ~ s'enfermer dans sa chambre; se claquemurer; *(nem fogad)* consigner sa porte; *magába* ~ devenir renfermé; 2. *torn:* zárkózz! serrez les files
zárkózott [~ak, ~at; ~an] impénétrable; boutonné; réservé, -e

zárlat 1. *ker:* *(könyveké)* clôture *f* des comptes; *(számláé)* fermeture *f;* **2.** *(tőzsdén)* clôture *f;* **3.** *árubehozatali* ~ blocage *m* des importations; **4.** *(hadi)* blocus *m;* **5.** *(bírói)* séquestre *m;* saisie *f;* **6.** *vill:* fermeture *f* du circuit; *(rövid~)* court-circuit *m;* **7.** *(zen:* mondaté*)* cadence *f*
zárobeszéd discours *m* de clôture
zárócsap robinet *m* de retenue *v* d'arrêt
záródik [~ott, ~jék *v* ~jon] **1.** se fermer; *(tárgy)* fermer; clore; (se) joindre; **2.** *az év nagy veszteséggel* ~ *le compte se balance v se solde par un déficit important*
záródísz *nyomd:* cul-de-lampe; vignette *f*
záróirány sens *m* de blocage
zárójel parenthèse *f; szögletes* ~ crochets *m pl;* ~ *bezárva* fermer la parenthèse; ~*be tesz* mettre entre parenthèses
zárójelentés 1. rapport final *v* terminal; **2.** rapport de fin d'exercice
zárol [~tam, ~t, ~jon] bloquer; frapper d'opposition
záróra 1. l'heure *f* de la fermeture; **2.** *(utcai tartózkodásé)* couvre-feu *m*
záróréteg couche *f* d'arrêt *v* blocage
záros [~ak, ~at] ~ *határidő* délai *v* terme *m* de rigueur
zárótűz *kat:* tir *v* feu *m* de barrage
záróülés séance *f* de clôture
zárszámadás 1. *(állami)* comptes *m pl* de clôture; **2.** *ker:* compte final
zárszó 1. discours *m* de clôture; conclusion *f;* **2.** *(könyvben)* épilogue *m*
zárt [~ak, ~at] **1.** fermé; clos, -e; **2.** *hegyek közé* ~ encaissé, -e; **3.** *nyelv:* fermé, -e; **4.** *(jelzős főnevekben:)* ~ *ajtók mögött* à porte close; *à huis clos;* ~ *ajtókra talál* trouver visage de bois; ~ *alakulat* formation serrée; ~ *cipő* soulier montant; ~ *egész* un tout complet; ~ *front* front occlus; ~ *helyen tart* tenir sous clef; ~ *intézetben levő elmebeteg* aliéné interné; ~ *körben* en circuit fermé; *átv:* en petit comité; *(családi)* en famille; ~ *levegő* air confiné; ~ *levelezőlap* carte-lettre *f; nyelv:* ~ *magánhangzó v hang* voyelle fermée; ~ *sorokban felvonul* défiler en rangs serrés; ~ *szótag* syllabe entravée; *jog:* ~ *tárgyalás* le huis clos; ~ *udvar* cour intérieure; ~ *ülés* séance à huis clos
zártkörű [~ek, ~t] **1.** *(estély, fogadás stb.)* prié, -e; **2.** privé, -e; **3.** *(jelzős főnevekben)* ~ *értekezlet* conférence *f* en petit comité; ~ *összejövetel* réunion privée; ~ *társaság* société *f* d'élite
zárul [~tam, ~t, ~jon] se terminer; se clore; se fermer
zászló [~k, ~t, zászlaja] **1.** drapeau; fanion; étendard *m;* *(templomi)* bannière *f; (háromszínű nemzeti)* drapeau tricolore *m;* couleurs nationales; *francia* ~ *alatt közlekedő* battant pavillon français; *a mi ~nk alatt* sous nos couleurs; *a* ~*t bevonja* retirer le drapeau; ~*t bont* déployer le drapeau du parti; ~*t kitűz* hisser *v* arborer le drapeau; *a* ~*kat kitűzi a házakra* pavoiser les maisons; *a* ~*t a gyász jeléül leereszti* mettre le pavillon *v* le drapeau en berne; **2.** *(pillangós virágé)* étendard; **3.** *(tollé)* barbe *f;* **4.** *(kukoricáé)* épi *m*
zászlóalj bataillon *m*
zászlóanya marraine *f* du drapeau
zászlóavatás *egyh:* bénédiction *f* des drapeaux
zászlójel signal *m* de fanion
zászlójelzés signalisation *f*
zászlórúd hampe *f* du drapeau
zászlós [~ak, ~at] **1.** *(tiszti rang)* enseigne; aspirant *m;* **2.** *(zászlóvivő)* porte-étendard *m*
zátony [~ok, ~t, ~a] **1.** banc (de sable); écueil; bas-fonds; haut fond; ~*ra fut* échouer; **2.** *átv: az ész ~a* l'écueil de la raison
zavar I. *(fn)* [~ok, ~t, ~a] **1.** trouble; désordre *m;* altération; confusion *f; az eszmék ~a* la confusion des idées; ~*t csinál vmiben* brouiller qc; mettre le trouble dans qc; ~*t okozó elem* élément *m* de trouble; *(csak ember:)* trublion *m;* **2.** *(vkié)* embarras *m;* confusion; perplexité *f;* ~*ba ejt v*

zavarás 1084 **zendül**

hoz mettre *v* jeter *v* plonger dans l'embarras; déconcerter; désorienter; ~*ba jön* rester perplexe *v* tout penaud; demeurer tout confus; *könnyen* ~*ba jön* se laisser facilement démonter; *nem jön* ~*ba* il ne se laisse pas démonter; ~*ában nem tud mit mondani* demeurer interdit(e); ~*ban van* être dans l'embarras; éprouver de l'embarras; *rettentő* ~*ban van* être aux cent coups; ~*ban van, hogy* être embarrassé de *v* pour *(inf)*; 3. *(pénzbeli)* gêne *f*; embarras *m*; 4. *orv:* accident *m*; *a vérkeringés* ~*ai* les troubles de la circulation; 5. *müsz:* défaut; dérangement *m*; 6. *(tudományos jelenségben)* perturbation *f*; *légköri* ~*ok* perturbations atmosphériques; 7. *rád: más állomások által okozott* ~ brouillage *m*; 8. ~*ok* troubles *m pl*;
II. *(ige)* [~tam, ~t, ~jon] 1. troubler; ~*ja a látást, kilátást* troubler la vue; *átv: nem sok vizet* ~ il ne casse rien; 2. *(tudományos jelenségeket)* perturber; 3. *rád:* brouiller; 4. *(vkit)* déranger; incommoder; ~*ja jelenlétével* importuner q de sa présence; ~*om?* ~*ok?* je (ne) vous dérange (pas)? *bocsásson meg, hogy* ~*om* excusez-moi de vous déranger *v* si je vous dérange; 5. ~*ja az ellenséget* harceler *v* inquiéter l'ennemi; 6. *(marhát, vadat)* traquer; chasser
zavarás 1. dérangement *m*; importunité *f*; *bocsánat a* ~*ért* je vous demande pardon de vous avoir dérangé; 2. *kat: (ellenségé)* harcèlement *m*; 3. *rád:* brouillage; trouble; parasite *m*; ~ *elleni védekezés (leblokkolás)* antiparasitage *m*
zavargás troubles *m pl*; émeute; tourmente *f*; *(utcai)* bagarre *f*; ~ *van az utcán* il y a des désordres dans la rue; *nagy* ~*ok törtek ki a vidéken* de graves désordres ont éclaté en province; ~*ra izgat* exciter au trouble
zavargó [~k, ~t] 1. émeutier, -ière; manifestant, -e *n*; 2. *(teremben)* perturbateur, -trice *n*

zavaró [~k *v* ~ak, ~t] ~ *körülmény* circonstance troublante
zavaróállomás *rád:* station *f* de brouillage
zavarodás 1. trouble *m*; 2. *(folyadékról)* louchissement *m*
zavarodott [~ak, ~at] *(elme)* dérangé; désaxé; détraqué, -e
zavarodottság 1. *(elméé)* dérangement; détraquement *m*; 2. *(emberé)* aliénation mentale; folie *f*; 3. *(alkalmi)* embarras *m*
zavarórepülés *kat:* vol *m* de harcèlement
zavaros [~ak, ~at] I. *(mn)* 1. *(folyadék)* trouble; *(borról így is:)* louche; ~ *szem* œil trouble *m*; 2. *átv:* confus; désordonné, -e; prolixe; nébuleux, -euse; *mindez igen* ~ tout cela est bien trouble; *ez a szöveg igen* ~ ce texte manque de clarté; ~ *beszéd* bafouillage; baragouin; langage incohérent; ~ *fejü (ember)* avoir l'esprit de travers; esprit brouillon; ~ *fény* lueur louche *f*; ~ *fogalmak* idées *v* notions confuses; ~ *história* micmac *m*; ~ *ügy* affaire embrouillé *v* inextricable ; ~ *viselkedés* conduite trouble *f*; II. *(fn)* ~*ban halászás* grappillage *m*; gabegie *f*
zavarosan confusément; indistinctement
zavartalan pur, -e; sans mélange; ~ *békességben* dans une entente parfaite; ~ *boldogság* bonheur *m* sans mélange
závárzat 1. fermeture *f*; mécanisme *m* de fermeture; 2. *kat:* culasse *f*
zebra [-ák, -át, -ája] 1. zèbre *m*; 2. passage clouté
zebu [~k, ~t] *(púpos)* ~ zebu *m*
zefír [~t] 1. zéphire; zéphyr *m*; 2. *(vászon)* zéphyr *m*
zegzug [zeget-zugot, zege-zuga] recoin *m*; *ismeri az ügy minden zege-zugát* il connaît les fonds et les tréfonds de l'affaire
zegzugos [~ak, ~at] 1. tortueux, -euse; labyrinthique; 2. zigzagué, -e
zeller [~ek, ~t] céleri *m*
zendül [~tem, ~t, ~jön] 1. résonner; retentir; *(kürt)* sonner; 2. *nagyot* ~*t*

az ég un grand coup de tonnerre se fit entendre
zendülés émeute; rébellion; mutinerie; insurrection *f*
zene [-ét, -éje] musique *f;* un air de musique; mélodie *f; ez még a jövő -éje* mais cela, c'est (l'affaire de) l'avenir; *a* -*ében* en musique; -*ét ír* écrire *v* composer de la musique; -*ét ír vmire* mettre qc en musique
zeneakadémia conservatoire national de musique
zenebohóc clown musical
zenebolond musicomane; mélomane *(n)*
zenebona [-át] charivari; tintamarre; hourvari; vacarme; boucan; raffut; chahut *m;* bagarre *f; nagy -ával* à cor et à cri
zenedarab morceau *m v* pièce *f* de musique
zenede [-ék, -ét, -éje] école *f* de musique; conservatoire *m* (de musique)
zenedoboz boîte *f* à musique
zeneelmélet théorie musical
zenegép poste *m* de T.S.F. avec pick-up
zenei [~ek, ~t] musical, -e; de musique; ~ *alkotás* œuvre musicale; ~ *hallás* oreille musicale; *kitűnő* ~ *hallása van* avoir l'oreille fine *v* juste; ~ *hangsor* échelle *f* musicale; ~ *szempontból* musicalement
zenekar orchestre *m; katonai* ~ musïque *f; orchestre militaire; egyházi* ~ chapelle *f*
zenekari *hangverseny* concert symphonique *m;* ~ *kíséret* accompagnement *m* à grand orchestre
zenekedvelő philharmonique
zenél [~tem, ~t, ~jen] faire de la musique
zenélőóra pendule à musique; montre *v* boîte *f* à carillon
zenemű œuvre *v* composition musicale
zeneműkereskedő marchand *m* de musique
zeneműkiadó éditeur *m* de musique
zeneművész musicien *m*
zeneművészet art musical; musique *f*
zenés avec accompagnement de musique; en musique; ~ *estély* soirée musicale; ~ *kabaré* music-hall *m;* ~ *kávéház* café-concert *m;* ~ *színdarab* drame lyrique *m;* ~ *színház* théâtre lyrique *m*
zenész [~ek, ~t, ~e] musicien *m; (nő)* musicienne *f*
zeneszerző compositeur *m* (de musique); musicien, -enne *n*
zeneszó musique *f;* ~*val* musique en tête
zenetörténész musicographe; musicologue *n*
zenetudomány musicographie; musicologie *f*
zeng [~tem *v* ~ettem, ~ett, ~jen] 1. *(vmi)* retentir; résonner; 2. *(dalt)* entonner; chanter; 3. ~ *az ég le* tonnerre gronde
zengés 1. musique; résonance *f;* timbre *m;* 2. *(hangszín)* timbre; chant *m*
zengzetes [~ek, ~et] sonore; retentissant, -e
zenit [~et, ~je] zénith *m*
zerge [-ék, -ét, -éje] chamois *m*
zergeszakáll bouc *m*
zergetoll crin *m* de chamois
zéró [~k, ~t, ~ja] zéro; néant *m*
zihál [~tam, ~t, ~jon] haleter; battre des flancs
zihálás 1. halètement; essoufflement *m;* 2. *orv:* anhélation *f*
zilált [~ak, ~at; ~an] 1. *(haj)* échevelé, -e; ébouriffé, -e; 2. *átv: vminek* ~ *állapota* le délabrement de qc; ~ *anyagi viszonyok közt él* vivre d'expédients
zivatar [~ok, ~t, ~a] orage *m;* rafale *f; (különösen tengeren)* tempête *f;* ~ *készül* l'orage gronde; *a* ~ *kitör* l'orage éclate; ~*ba kerül* essuyer un orage; *helyenként* ~*ok* orages épars *v* par places
zizeg [~ett, ~jen] froufrouter; bruire
zizegés bruissement; friselis; grésillement *m; (faleveleké)* froufrou *m; összegyűrt papír* ~*e* le crissement du papier
zokni [~k, ~t, ~ja] chaussette(s) *f (pl)*
zoknitartó fixe-chaussettes *m*

zokog [~tam, ~ott, ~jon] sangloter; pousser des sanglots; ~va d'une voix entrecoupée de sanglots
zokogás sanglot(s) *m (pl)*
zokon *esik neki* faire de la peine à q; ~ *vesz vmit* s'offusquer de qc; s'émouvoir de qc
zománc [~ok, ~a] **1.** émail *m;* **2.** *(cserépedényen)* glaçure *f;* émail; *(porcelané, fajánszé)* couverte *f;* émail
zománcfesték émail *m*
zománcoz [~tam, ~ott, ~zon] émailler
zóna [-ák, -át, -ája] **1.** zone *f;* **2.** *(beosztásnál)* secteur *m;* zone
zónaidő heure légale
zónaközi [~ek, ~t] interzones
zongora [-ák, -át, -ája] piano *m; rövid* ~ demi-queue *f; -án kísér* accompagner au piano
zongoradarab morceau *m* pour piano
zongoraest récital *m* de piano
zongoragyáros facteur *v* fabricant *m* de pianos
zongorahangoló accordeur *m* de pianos
zongorahangverseny **1.** récital *m* de piano; **2.** *(műfaj)* concerto *m* pour piano
zongorajátékos pianiste *n;* joueur *v* joueuse de piano
zongorakivonat réduction *f* pour piano
zongoraművész pianiste; maître *v* virtuose *m* du piano
zongoraóra leçon *f* de piano
zongoraszék tabouret *m* de piano
zongorázik [~tam, ~ott, ~zék *v* ~zon] jouer *v* faire du piano
zongorista [-ák, -át, -ája] pianiste *n*
zord [~ak, ~at] **1.** *(vidék)* farouche; inhospitalier, -ière; **2.** *(éghajlat, idő)* inclément, -e; âpre; rude; *átv:* ~ *idők* temps durs; ~ *tél* hiver rigoureux; **3.** *(arc, ember)* farouche; maussade
zökkenés **1.** cahot(s) *m (pl);* saccade *f;* à-coup; *m;* **2.** *átv:* à-coup; ~*ekkel* par à-coups
zökkenő [~k, ~t] **1.** cahot; heurt *m;* saccade *f;* ~ *nélkül működik* fonctionner sans heurts; **2.** *(úton)* accident *m;* **3.** *átv:* accrochage; accident *m;* à-coup *m*

zöld [~ek, ~et, ~je] **I.** *(mn)* **1.** vert, -e; *élénk* ~ vert chasseur; **2.** *(gyümölcs, növény)* vert; verdaud, -e; *(bor)* verdelet, -ette; ~ *tea* thé vert; **3.** *(fiatal emberről)* naïf, naïve; candide; **II.** *(fn)* **1.** *(szín)* le vert; **2.** *(természetben)* verdure *f;* **3.** *(saláta stb.)* verdure; **4.** *növények* ~*je* fane *f;* fanage *m; sárgarépa* ~*je* fanes de carottes; **5.** ~*eket beszél* dire des naïvetés *v* des inepties
zöldbab haricots verts
zöldbéka; *európai* ~ grenouille verte
zöldborsó petits pois; pois verts
zöldell [~ettem, ~t, ~jen] verdir; verdoyer
zöldeskék bleu vert; pers, -e; glauque
zöldessárga jaune vert; vert jaunâtre; ~ *szín(ű)* (couleur) merde d'oie
zöldesszürke gris vert; vert grisâtre
zöldfőzelék légumes verts
zöldfülű *(ifjonc)* novice; bleu; naïf
zöldhagyma petit oignon (vert)
zöldhályog *orv:* cataracte verte; glaucome *m*
zöldharkály pivert *m*
zöldhitel prêt *m* de financement de récoltes
zöldpaprika piment vert
zöldség **1.** légume *m;* plante potagère; **2.** *konyh:* légume *m;* herbe *f;* **3.** *(ostobaság)* ineptie; faribole; fadaise *f*
zöldségfélék légumes *m pl*
zöldségtermelés culture maraîchère
zöldtakarmány fourrage vert; vert *m*
zöldvendéglő guinguette *f;* restaurant *m* en plein air
zöm [~öt, ~e] **1.** la majorité de qc; **2.** *ép:* bloc *m;* **3.** *sp:* le gros du peloton
zömök [~ök, ~öt] massif, -ive; ramassé; trapu; courtaud, -e
zönges *nyelv:* sonore
zöngésedik [~ett, ~jék *v* ~jen] *nyelv:* se sonoriser
zöngétlen *nyelv:* sourd, -e; muet, muette
zöngétlenedik [~ett, ~jék *v* ~jen] *nyelv:* s'assourdir

zörej [~ek, ~t, ~e] **1.** bruit *m;* **2.** *rád:* bruit parasite *m*
zörgés 1. bruit *m;* **2.** *(csörgő)* cliquetis *m;* **3.** *(recsegő)* craquement *m;* **4.** *(rázó)* tremblement *m;* **5.** *(kocsié)* roulement *m;* **6.** *(papírlapé)* froissement; froissis *m*
zörget 1. faire du bruit; **2.** *(pénzt)* faire sonner; **3.** ~ *az ajtón* frapper à la porte; *(halkan)* gratter à la porte
zörög [~tem, -gött, ~jön] **1.** faire du bruit; **2.** cliqueter; **3.** ~*nek a csontjai* on croit entendre ses os
zötykölődik [~tem, ~ött, ~jék *v* ~jön];
zötyög [~tem, ~ött, ~jön] cahoter; se laisser brimbaler
zötyögés cahotement *m;* cahots *m pl*
zubbony [~ok, ~t, ~a] **1.** veste *f;* **2.** *(munkásé)* blouse *f;* **3.** *(katonatiszti)* tunique *f;* **4.** *(női)* camisole *f*
zúdít [~ottam, ~ott, ~son] **1.** verser; répandre; déverser; **2.** *átv:* déchaîner; *bajt* ~ *vkinek a fejére* porter malheur à q; *sértéseket* ~ *vkire* accabler q d'injures
zúdul [~t, ~jon] **1.** *(ár)* se déverser; **2.** *(baj)* s'abattre (sur q)
zug [~ot, ~a] **1.** coin; angle; réduit *m;* *rejtett* ~*ok* les recoins (de qc); *békés kis* ~ réduit paisible; **2.** *(félreeső vidékről)* trou *m;* *piszkos* ~ *(lakás)* bouge *f;* **3.** *lelkének rejtett* ~*ai* les replis *v* les recoins de sa conscience; **4.** ~*ban* au marché noir; ~*ban árul* vendre à la sauvette
zúg [~tam, ~ott, ~jon] **1.** bruire; ronronner; **2.** *(bogár)* bourdonner; **3.** *(motor, gép)* ronronner; vrombir; **4.** *(búgócsigáról)* brondir; **5.** *(szél)* siffler; gémir; mugir; hurler; **6.** *(víz)* murmurer; gronder; mugir; *a tenger* ~ la mer gronde *v* frémit; **7.** *(harangról)* sonner en branle; **8.** ~ *a tömeg* la foule murmure *v* gronde; **9.** ~ *a feje* la tête lui tourne
zugárfolyam cours *m* au *v* du marché noir *v* clandestin
zugáru marchandise *f* de contrebande
zúgás 1. bruissement *m;* **2.** *(bogáré; fülben)* bourdonnement *m;* **3.** *(motoré)* ronflement; vrombissement *m;* **4.** *(búgócsigáé)* brondissement *m;* **5.** *(telefoné)* bruits *m pl* de friture; *rád:* parasites *m pl;* **6.** *(szélé)* sifflement *m;* **7.** *(vízé, tömegé)* murmure; grondement *m*
zugipar marronnage *m*
zugírász avocat marron
zugkereskedelem marché *v* trafic clandestin; le circuit «B»
zugnyomda imprimerie clandestine
zúgó [~k, ~t] I. *(mn)* bruyant; murmurant; grondant; sifflant; mugissant, -e; II. *(fn)* **1.** *(folyón)* rapide *m;* cascatelle *f;* **2.** *(kifolyó)* décharge *f*
zúgolódás murmure *m* de désapprobation *v* d'indignation
zúgolódik [~tam, ~ott, ~jék *v* ~jon] murmurer; grogner; se rebiffer
zugpiac marché noir *v* clandestin
zugsajtó presse de chantage; basse presse
zugszálló hôtel borgne *m*
zugtőzsde bourse noire
zuhan [~tam, ~t, ~jon] **1.** tomber; dégringoler; *(vmibe)* être précipité(e) dans qc; *az ország anarchiába* ~*t* le pays tomba dans l'anarchie; **2.** *(ár)* dégringoler; s'effondrer; **3.** *rep:* piquer vers le sol
zuhanás 1. une (lourde) chute; dégringolade *f;* **2.** *(áré)* effondrement *m;* **3.** *rep:* abattée *f*
zuhanóbombázás bombardement *m* en piqué
zuhanórepülés piqué *m;* ~*ben* en piqué
zuhany [~ok, ~t, ~a] douche *f;* ~ *alá áll* passer sous la douche
zuhog [~ott, ~jon] **1.** *(víz)* tomber à flots; couler à (gros) flots; ~*tak a csapások* les coups pleuvaient; **2.** *ld:* **zúg**
zúz [~tam, ~ott, ~zon] **1.** concasser; broyer; piler; *halálra* ~ broyer; écrabouiller; *átv:* pulvériser; écraser; **2.** *(ércet)* bocarder; moudre
zuza [-ák, -át, -ája] gésier *m*
zúzda [-ák, -át, -ája] moulin *m* à papier; -*ába küld* mettre *v* envoyer au pilon
zúzmara [-át] **1.** givre *m;* **2.** *(eső)* frimas *m*

zuzmó [~k, ~t] *növ:* lichen *m;* cladonie *f*
zúzódás 1. contusion *f; orv:* ecchymose *f;* **2.** *(gyümölcsön)* mâchure *f*
zúzógép 1. broyeur; bocard *m;* **2.** *(papír~)* pilon *m;* **3.** *mez:* broyeuse *f;* concasseur *m*
zúzott *kő* pierre cassée *v* concassée; ~ *seb* plaie contuse; blessure *f* par instruments contondants
züllés 1. *(erkölcsi)* déchéance *f;* avilissement *m;* crapule *f; az erkölcsi* ~ la perversion des mœurs; ~ *veszélyének kitett* pré-délinquant, -e *(n);* **2.** *(osztályról)* déclassement *m;* déchéance *f;* **3.** *(dologról)* (état de) délabrement; relâchement *m* de qc; **4.** *(irodalomé)* décadence *f;* **5.** *(lumpolva)* partie de débauche; ripaille *f*
züllik [~öttem, ~ött, ~jék *v* ~jön] **1.** *(erkölcsileg)* se dépraver; s'avilir; **2.** *(mulatva)* faire la noce *v* la bombe; **3.** *(intézményről)* se délabrer; se disloquer; tomber en ruines
züllött [~ek, ~et] **1.** *(egyén)* débauché, -e; crapuleux, -euse; dévoyé; perverti, -e; ~ *alak v egyén* débauché, -e *n;* crapule *f; (külsőleg)* misérable loqueteux; individu suspect; ~ *életet él vivre dans la débauche;* ~ *erkölcsök* mœurs crapuleuses *v* perverties; ~ *nő* fille perdue; une pourriture; **2.** *(társadalmilag)* déclassé, -e; *(vminek)* ~ *állapot(a)* l'état *m* de délabrement *v* le délabrement (de qc); *a* ~ *állapotok v viszonyok* anarchie *f*
züllöttség 1. *(erkölcsileg)* dépravation; débauche *f; (szívbeli)* cœur dépravé; ~ *foka (bűnözőnél)* degré *m* d'immoralité; **2.** *(állapotoké)* délabrement *m;* anarchie *f; ld. még:* züllés
zümmög [~tem, ~ött, ~jön] **I.** *(tgyl i)* bourdonner; zonzonner; **II.** *(tgy i)* ~ *magában* fredonner (un refrain)
zümmögés bourdonnement; zonzon *m; még a légy ~ét is meg lehetett hallani* on entendait voler une mouche *v* trotter une souris
zümmögő vibreur, vibrateur
zűr [~ök, ~t, ~je] *biz:* pagaïe *f;* chambard *m*
zűrzavar 1. *(lótás-futás)* désarroi; affolement; tumulte *m;* bagarre *f;* rififi *m biz; leírhatatlan* ~ tohu-bohu indescriptible; *micsoda* ~*!* c'est une vraie foire ici; *rendet teremt a* ~*ban* apaiser le tumulte; **2.** *(rendetlenség)* désordre *m;* confusion *f;* brouillamini *m;* eszmei ~ confusionnisme *m; az elmék nagy* ~*a* le désarroi des esprits; **3.** *(bonyodalom)* imbroglio *m*
zűrzavaros 1. désordonné, -e; chaotique; **2.** *(beszédről)* décousu, -e
zwitterion ion amphotérique *m*

Zs

zs *(betű, hang)* j m *(olv:* zsi)
zsába [-át] névralgie *f*
zsák [~ok, ~ot, ~ja] 1. sac *m; (mint mennyiség)* sachée *f;* ~*ba tesz* ensacher; ~*ba macskát vesz* acheter chat en poche; *beköti a* ~*ot* ficeler *v* nouer le sac; *kibont egy* ~*ot* dénouer un sac; 2. *kat, vad:* poche *f*
zsákbamacska pochette surprise *f*
zsakett [~ek, ~et, ~je] jaquette *f*
zsákhordó portefaix; docker; débardeur *m*
zsákmány 1. butin *m;* proie *f; gazdag* ~ riche butin; ~*t ejt* faire du butin; ~*ul ejt* prendre qc sur l'ennemi; capturer q; ~*ul esik* devenir la proie de q; *a tűz* ~*ává lesz* être la proie des flammes; 2. *(állaté)* proie; capture *f;* 3. *(vadászé)* gibier *m; (együtt)* tableau *m;* 4. *(tengeren)* prise *f;* 5. *átv: túl kicsi* ~ *(áldozat) neki* ce n'est pas un gibier pour lui; ~*ul odadobja vkinek* livrer en proie à q
zsákruha robe-sac *f*
zsákutca impasse *f;* cul-de-sac *m;* -*ába szorít* acculer; mettre au pied du mur
zsalu [~k, ~t, ~ja] 1. jalousie *f; francia* ~ persienne *f;* 2. ~*ban készített beton* béton banché
zsaluz [~tam, ~ott, ~zon] *ép:* coffrer; bancher
zsálya [-ák, -át] *növ:* sauge *f; orvosi* ~ sauge officinale
zsámoly [~ok, ~t, ~a] tabouret; banc *m* de pieds
zsandár [~ok, ~t, ~ja] gendarme *m; átv, pej:* sbire *m; ld. még:* **csendőr**
zsáner [~ek, ~t, ~e] genre *m; ez nem az én* ~*em* ce n'est pas mon genre
zsánerfestő peintre *m* de genre
zsarátnok [~ok, ~ot] 1. braisier *m;* braise *f;* 2. brandon *m*
zsargon [~ok, ~t, ~ja] 1. *(zsidó)* yiddish *m;* 2. *(tolvajnyelv)* jargon *m*

zsarnok [~ok, ~ot, ~a] tyran; despote; dictateur; autocrate *m*
zsarnoki [~ak, ~t] tyrannique; despotique; arbitraire; totalitaire; autocratique; ~ *férj* mari despote; ~ *önkény* pouvoir despotique; le bon plaisir; ~ *uralom* régime despotique; totalitarisme *m*
zsarnokoskodik [~tam, ~ott, ~jék *v* ~jon] *vkin* ~ tyranniser q; ~ *a lelkek felett* despotiser les âmes
zsarol [~tam, ~t, ~jon] I. *(tgy i)* 1. faire chanter; rançonner; 2. *(hatóság)* pressurer; II. *(tgyl i)* pratiquer le chantage
zsarolás 1. chantage *m;* 2. *(hatósági v vásárlásnál)* pressurage *m;* piraterie *f; (fogyasztásnál)* le coup de fusil
zsaroló [~k, ~t] maître chanteur; rançonneur, -euse *n*
zsaru [~k, ~t, ~ja] *arg:* flic; cogne *m;* vache *f; le a* ~*kal!* mort aux vaches!
zsávoly [~ok, ~t] coutil *m*
zseb [~ek, ~et, ~e] poche *f; (kicsi)* pochette *f; (mellényen)* gousset *m;* ~ *alakú* de format pochable; *tele van a* ~*e* avoir le gousset bien garni; ~*ébe nyúl* plonger la main dans sa poche; *kezét* ~*ébe dugja* plonger *v* mettre la main dans sa poche; ~*ben hordoz* porter sur soi; *mindenki* ~*ének hozzáférhető* accessible à toutes les bourses; *az ő* ~*ére megy (a dolog)* il y va de sa poche; ~*re vág* mettre *v* serrer *v* fourrer dans sa poche; *pofonokat* ~*re rak* encaisser des gifles; *a sértést* ~*re vágja* encaisser *v* avaler l'affront; *ezt nem lehet* ~*re rakni* cela ne peut pas s'empocher; ~*re vághatná (olyan fölényben van fölötte)* il le mettrait dans sa poche; ~*re tett kézzel* les mains dans les poches
zsebalak format pochable *v* de poche *m*

69 Magyar–Francia kézi

zsebfésű peigne *m* de poche
zsebkendő mouchoir *m; (dísz)* pochette *f*
zsebkés canif *m; (bugyli)* jambette *f*
zsebkiadás édition *f* de poche *v* de format pochable
zsebkönyv calepin; agenda *m* de poche
zseblámpa lampe *f* de poche; *(hosszúkás)* torche *f*
zsebmetsző; zsebtolvaj pickpocket; voleur *m* à la tire
zsebnaptár agenda *m*
zsebóra montre *f*
zsebpénz argent *m* de poche
zsebszótár dictionnaire *m* de poche
zselatin [~t, ~ja] gélatine *f*
zsémbel [~tem, ~t, ~jen]; **zsémbelődik** [~tem, ~ött, ~jék *v* ~jön] grognonner; bougonner
zsémbelődő [~k, ~t]; **zsémbes** [~ek, ~t] grincheux, -euse; acariâtre; grognard, -e
zsemle [-ék, -ét, -éje] petit pain
zsemlemorzsa chapelure *f*
zsemlesárga; zsemleszínű ventre de biche
zsenge [-ék, -ét] tendre; frêle; ~ *fiatalságától kezdve* dès son âge le plus tendre
zseni [~k, ~t, ~je] génie *m*
zseniális [~ak, ~at] génial, -e
zseton [~ok, ~t, ~ja] jeton *m;* marque *f*
zsibáru brocant *f;* bric-à-brac *m;* bibeloterie *f*
zsibárus (marchand) fripier; marchand de bric-à-brac; brocanteur *m*
zsibbadás engourdissement *m*
zsibbadtság 1. engourdissement *m;* 2. *átv:* engourdissement; torpeur *f*
zsibong [~tam, ~ott, ~jon] s'agiter; grouiller; bruire
zsibongás grouillement; brouhaha *m*
zsibongó [~ak *v* ~k, ~t] tumultueux, -euse; grouillant, -e
zsibvásár 1. foire *f* aux puces; 2. *átv:* pétaudière; petaudière *f*
zsidó [~k, ~t, ~ja *v* zsidaja] juif, -ive; judaïque; israélite; ~ *hitközség* consistoire israélite *m; a* ~ *nyelv* l'hébreu *m;* ~ *templom* synagogue *f; (a jeruzsálemi:)* le Temple

zsidóellenes antisémite *(n);* antisémitique
zsidóság 1. *(nép)* les Juifs *v* juifs; la nation juive; *(különösen vallásos értelemben)* le judaïsme; 2. *(szellem, jelleg)* caractère juif *v* sémitique
zsidóüldözés la persécution des juifs
zsiger [~ek, ~t, ~e] 1. viscère *m;* 2. *(állati)* ~ek fressure *f*
zsigerel [~tem, ~t, ~jen] étriper
zsilett [~ek, ~et, ~je] rasoir mécanique *v* de sûreté *m*
zsilettpenge lame *f* de rasoir mécanique
zsilip [~ek, ~et, ~je] écluse; vanne *f*
zsilipfal bajoyer; mur *m* de l'écluse
zsilipfej tête *f* d'amont *(felső) v* d'aval *(alsó)*
zsilipkamra chambre *f* d'éclusage *v* des vannes; sas *m*
zsilipkapu porte éclusière *v* d'écluse; porte-vanne *f*
zsinagóga [-ák, -át, -ája] synagogue *f*
zsinat *egyh:* concile *m; (egyházmegyei)* synode *m; (protestáns)* synode; *egyetemes* ~ concile général *v* œcuménique
zsindely [~ek, ~t, ~e] bardeau *m; orv:* ~*be tesz (kart)* fixer avec des attelles; éclisser
zsindelytető toit *m* de bardeaux
zsineg [~ek, ~et, ~e] 1. ficelle *f;* cordon *m;* 2. *(cipő~)* lacet *m* (de chaussure); 3. *(kőművesé, ácsé stb.)* ligne *f*
zsinór [~ok, ~t, ~ja] 1. cordon; cordonnet *m;* 2. *(szegély~)* ganse *f;* brodé *m; (lapos szegély)* galon *m;* 3. *(kőművesé, ácsé, stb.)* ligne *f*
zsinórlabda *sp:* balle *f v* ballon *m* au poing
zsinórmérték directive; règle *f* de conduite; ~*ül vesz* prendre pour modèle
zsinórszegély bordure en passementerie; crête *f*
zsír [~ok, ~t, ~ja] 1. graisse *f;* ~*ban kisüt* faire rôtir *v* cuire dans de la graisse; 2. *(disznó~)* saindoux *m; megfullad a saját* ~*jában* étouffer dans sa graisse; ~*t ereszt* rendre sa graisse; ~*t olvaszt* faire fondre de la graisse; 3. *(bálnáé stb.)* huile *f;* 4.

zsiráf *(húson)* le gras de qc; **5.** *vegy:* corps *v* principe gras; matière grasse
zsiráf [~ok, ~ot, ~ja] girafe *f*
zsírkő stéatite; pierre *f* à lard
zsíros [~ak, ~at] **1.** *(kövér, hús)* gras, grasse; *(túl* ~*)* adipeux, -euse; **2.** *(anyag, foltos)* graisseux, -euse; **3.** *(jelzős főnevekben:)* ~ *anyag* matière *v* substance grasse; *átv:* ~ *falat* un fromage; une bonne aubaine; ~ *hús* viande grasse; *átv:* ~ *javadalmak* de grasses prébendes; *egyh:* vigne *f* de l'abbé; ~ *leves* soupe grasse
zsírosbödön boîte *f v* pot *m* à graisse
zsírosparaszt paysan cossu; koulak *m*
zsírószámla compte *m* de virement
zsírpapír papier à beurre; papier paraffiné
zsírpárna bourrelet *m* de graisse
zsírprés pompe *f* à graisse
zsírsav acide gras *v* sébatique
zsírszalonna lard gras
zsírtalan sans graisse; maigre; ~ *leves* bouillon aveugle
zsírtalanítás dégraissage;dégraissement *m*
zsivaj [~t, ~a] vacarme; tapage; tumulte; brouhaha; tintamarre *m*
zsivány **1.** brigand, bandit *m;* **2.** (gros) malin; lapin *biz;* *kis* ~ le petit coquin !
zsiványbecsület honneur *m* de brigand
zsiványkodik [~tam, ~ott, ~jék *v* ~jon] **1.** brigander; vivre de brigandage; **2.** *(gyerek)* faire des malices *v* espiègleries
zsiványtanya repaire *m v* caverne *f* de brigands
zsizsik [~et] *áll:* **1.** charançon *m;* **2.** bruche *m*
zsoké [~k, ~t, ~ja] jockey *m*
zsold [~ok, ~ot, ~ja] solde; paye *f;* *(tiszti csak:)* solde; *vkinek* ~*jában áll* être à la solde de q; ~*ban tart* stipendier; soudoyer
zsoldos [~ok, ~t, ~a] **I.** *(mn)* mercenaire; stipendiaire; stipendié, -e; ~ *csapat* troupe *f* de mercenaires; **II.** *(fn)* soldat mercenaire *m*
zsolozsma [-ák, -át, -ája] *egyh:* office *m;* hymne *f; délutáni* ~ vêpres *f pl*
zsoltár [~ok, ~t, ~ja] *egyh:* psaume *m*

zsoltárkönyv psautier *m*
zsong [~tam *v* ~ottam, ~ott, ~jon] **1.** bourdonner; résonner; gronder; **2.** grouiller
zsongás bourdonnement; bruissement; ronflement *m*
zsonglőr [~ök, ~t, ~je] jongleur *m*
zsöllye [-ék, -ét] **1.** fauteuil *m;* **2.** *szinh:* stalle *f;* parterre *m*
zsörtölődik [~tem, ~ött, ~jék *v* ~jön] disputailler; grommeler; ronchonner
zsörtölődő [~k, ~t] grincheux; ronchonneur, -euse
zsúfol [~tam, ~t, ~jon] bonder; encombrer; ~*va vmivel* archiplein de ...; bondé de ...
zsúfolás encombrement *m;* ~*ig megtelt* être plein(e) à craquer; ~*ig megtelt kocsi* wagon bondé de voyageurs
zsúfolt [~ak, ~at; ~an] **1.** *(terem, kocsi)* plein(e) à craquer; comble; bondé; engorgé, -e; ~ *ház előtt játszik* jouer à guichet fermé; **2.** *(pálya, utca)* encombré, -e; *nagyon* ~ *program* un programme très fourni
zsúfoltság **1.** affluence; presse *f;* **2.** encombrement *m*
zsugorgat amasser péniblement; thésauriser
zsugori [~k, ~t] **I.** *(mn)* avare; avaricieux, -euse; ladre; pingre; **II.** *(fn)* avare; ladre; pingre; harpagon; grippe-sou *m; vén* ~ vieux grigou
zsugoriság avarice; ladrerie; lésinerie *f*
zsugorít [~ottam, ~ott, ~son] ratatiner; racornir; recroqueviller
zsugorodás **1.** contraction; *f* racornissement; resserrement; *(mosástól)* retrait *m;* **2.** *átv:* diminution *f;* étranglement *m*
zsugorodik [~tam, ~o¹t, jék *v* ~jon] **1.** se contracter; se ratatiner; **2.** *átv:* se réduire; diminuer
zsúp [~ot] botte *f* de paille; chaume *m*
zsupfedél toit de chaume; chaume *m*
zsúpfedelű *ház* chaumière *f*
zsuppol *haza* ~ refouler
zsupsz! **1.** pouf ! crac ! patatras ! bing ! **2.** hop !

zsúr [~ok, ~t, ~ja] 1. réception *v* soirée intime *f;* thé *m;* 2. *(fogadónap)* jour *m*
zsúrkenyér pain *m* gibier *v* de fantaisie; royal sandwich
zsúrkocsi table (desserte) roulante; *(polcos)* servante *f*

zsurló [~t] *növ:* prèle; queue-de-cheval *f; mezei* ~ prèle des champs; *mocsári* ~ prèle des marais
zsurnalisztika journalisme *m*
Zsuzsanna Susanne *f*
zsuzsu [~k, ~t, ~ja] breloque *f*
zsüri [~k, ~t, ~je] jury *m*

JEGYZETEK

JEGYZETEK

JEGYZETEK

JEGYZETEK

JEGYZETEK

JEGYZETEK

JEGYZETEK

JEGYZETEK

JEGYZETEK

JEGYZETEK

JEGYZETEK

JEGYZETEK